HISTORISCHES WÖRTERBUCH DER PHILOSOPHIE

HISTORISCHES WÖRTERBUCH DER PHILOSOPHIE

UNTER MITWIRKUNG VON MEHR ALS 800 FACHGELEHRTEN

IN VERBINDUNG MIT
GUENTHER BIEN, WILHELM GOERDT, OSKAR GRAEFE
KARLFRIED GRÜNDER, FRIEDRICH KAMBARTEL, FRIEDRICH KAULBACH
HERMANN LÜBBE, ODO MARQUARD, REINHART MAURER
LUDGER OEING-HANHOFF, WILLI OELMÜLLER, KURT RÖTTGERS
HEINRICH SCHEPERS, ROBERT SPAEMANN

HERAUSGEGEBEN VON
JOACHIM RITTER

VÖLLIG NEUBEARBEITETE AUSGABE
DES ‹WÖRTERBUCHS DER PHILOSOPHISCHEN BEGRIFFE›
VON RUDOLF EISLER

BAND 3: G-H

SCHWABE & CO · VERLAG · BASEL/STUTTGART

HERAUSGEBER UND BEARBEITER DES INDEXBANDES
Klaus Peter Sternschulte, Münster

WISSENSCHAFTLICHE MITARBEITER DES HERAUSGEBERKREISES

In Münster: Rainer Piepmeier (seit 1973), Reinhard Romberg (1971–1973), Klaus Peter Sternschulte (seit 1970)
In Bochum: Ulrich Dierse (seit 1970), Ute Schönpflug (seit 1966)
In Konstanz: Christine Badura (seit 1969), Gottfried Gabriel (seit 1967)
Beim Verlag in Basel: Jakob Lanz (seit 1961), Rudolf Ružička (seit 1973)

ADMINISTRATIVE MITARBEITER

Gerhild Adams, Münster (seit 1968), Inge Gertisser, Basel (seit 1968)

Hist. Wb. Philos. 3

© 1974 by Schwabe & Co · Basel
Gesamtherstellung: Schwabe & Co · Basel
ISBN 3-7965-0115-x (für das Gesamtwerk)

VORBEMERKUNG

Der dritte Band des ‹Historischen Wörterbuchs der Philosophie› erscheint später als vorgesehen. Ein Grund dafür liegt darin, daß sich die Belastung der meisten Herausgeber und vieler Autoren im Hochschulbereich weiterhin verschärft und sie genötigt hat, für ihre Arbeiten am Wörterbuch mehr und mehr in die vorlesungsfreie Zeit auszuweichen. Der zweite Grund liegt in der zunehmenden, von der Kritik vielfach unterstützten Tendenz mancher Mitarbeiter, die Belege für den Gebrauch eines Begriffes möglichst umfassend in ihre Beiträge einzubringen. Das hat dazu geführt, daß die Darstellung einiger großer Titel (z. B. Geist, Gesetz, Geschichte, Gott) sich stark ausgeweitet und damit natürlich auch Zeit über das normale Maß hinaus beansprucht hat.

Solche Artikel begründen einerseits das wissenschaftliche Niveau des Wörterbuches; sie bringen auf der anderen Seite aber auch Risiken und Nachteile mit sich: Die Tendenz zur immer vollständigeren Berücksichtigung auch kleinerer Autoren und weniger bekannter Epochen könnte im Extrem dazu führen, daß Struktur und Kontur der Geschichte eines Begriffes mit ihren Wendungen, Umschlägen und Höhepunkten in der Fülle des Materials verschwinden und für den Leser ungreifbar werden; und sie hat schon jetzt – durch Vermehrung der durchschnittlichen Artikelumfänge um die Hälfte gegenüber dem ersten Band – zur Folge gehabt, daß sich Herausgeber und Verlag entschließen mußten, den dritten Band auf die Buchstaben ‹G› und ‹H› zu beschränken, um ihn nicht unhandlich werden zu lassen. Er ist trotzdem noch um 120 Spalten umfangreicher geworden als sein Vorgänger.

Der Verzicht auf die Einbeziehung von Artikeln zum Buchstaben ‹I› in den dritten Band hat sich auf den Herausgabeplan des Gesamtwerkes in der Weise ausgewirkt, daß nun mit dem Erscheinen von 9 bis 10 Textbänden anstelle der angekündigten 8 zu rechnen ist. Es wird eine stete Sorge der Herausgeber und des Verlags sein müssen, einer weiteren Vermehrung der Bandzahl und einer entsprechenden Verlängerung der Erscheinungsdauer entgegenzuwirken. Diese Aufgabe wird um einiges durch eine noch engere Zusammenarbeit zwischen dem Wörterbuch und dem ‹Archiv für Begriffsgeschichte› erleichtert werden. Sie bietet die Möglichkeit, Artikel, die sich zu umfänglicheren Abhandlungen ausgewachsen haben, im Wörterbuch in einer Kurzfassung erscheinen zu lassen, den vollen Text aber im ‹Archiv› zu veröffentlichen und so zu verhindern, daß aus Raumgründen begriffsgeschichtliche Informationen verlorengehen.

Während der Arbeit an diesem Band mußte Herr Jürgen Frese wegen Überlastung aus dem Herausgeberkreis ausscheiden. Seine Nachfolge hat Herr Kurt Röttgers angetreten. Ich danke Herrn Frese sehr herzlich für die wichtige Arbeit, die er redaktionell und als Autor für das Wörterbuch geleistet hat, und Herrn Röttgers für seine Bereitschaft, diese Arbeit weiterzuführen.

Die Akademie der Wissenschaften und der Literatur zu Mainz hat beschlossen, das Patronat über die Arbeit an den noch ausstehenden Bänden zu übernehmen. Ihrem Präsidenten, Herrn Heinrich Bredt, und ihrem Generalsekretär, Herrn Günter Brenner, schulden Herausgeber und Verlag besonderen Dank für ihre Bemühungen um die langfristige Sicherung des Unternehmens.

Der Dank der Herausgeber gilt wiederum der Deutschen Forschungsgemeinschaft, dem Verlag Schwabe und der Wissenschaftlichen Buchgesellschaft. Er gilt allen Autoren, die für den vorliegenden Band Artikel verfaßt haben, Herrn H. Kamp vom Rechenzentrum der Universität Münster, der seine Erfahrungen in der Computertechnik für die Vorbereitung des Indexbandes und die administrativen Belange des Wörterbuches zur Verfügung stellt, den wissenschaftlichen Mitarbeitern des Herausgeberkreises sowie den Damen und Herren, die an den Editionsarbeiten für kürzere oder längere Zeit beteiligt gewesen sind: in Bielefeld: I. v. Hunnius; in Bochum: P. Laßlop, G. Treder; in Gießen: P. Jaenecke, P. Probst; in Konstanz: I. Richter, J. Schneider, L. Welsch; in Münster: St. v. Beverfoerde, D. Friedrichs, L. Hellweg, N. Herold, A. Hillmann, W. Knispel, S. Kunkel, W. Nieke, S. Rücker, U. Schniering, F. Steinbeck; in Stuttgart: K. H. Nusser; im Rechenzentrum der Universität Münster: Chr. F. Görlich, I. Sternschulte. Die Herausgeber danken schließlich den Universitätsbibliotheken in Bielefeld, Bochum, Gießen, Konstanz, Münster und Stuttgart sowie der Phototechnischen Zentrale der Universität Münster für ihre unentbehrliche Mithilfe bei der Beschaffung und Vervielfältigung schwer erreichbarer Texte.

Münster, im Winter 1973/74   J. RITTER

Jedem Band des Wörterbuches werden am Schluß Verzeichnisse der Artikel und der Artikelautoren sowie häufig verwendeter Abkürzungen und Zeichen beigegeben. Nach dem Autorenverzeichnis sind Bemerkungen zur formalen Gestaltung des Werkes abgedruckt.

G

Galimathias ist eine im 16. Jh. zuerst in Frankreich aufgekommene Bezeichnung für sprachlichen Unsinn, unverständliches Geschwätz, für zwar wohlklingende, aber bedeutungslose Redensarten (MONTAIGNE: « un jargon de G., propos sans suite, tissu de pièces rapportées » [1]). In seinem etymologischen Ursprung seit je unklar, hat dieser Begriff bisher viele verschiedene Deutungen erfahren (z. B. aus griech. χαλιμάζεις, du rasest; oder aus lat.-griech. galli-μαθεία, Hühnerweisheit; oder aus galli = « Kampfhähne » eines akademischen Streitgesprächs [in der Studentensprache der Pariser Universität] und μάθησις, Wissenschaft; alte Volksetymologie: gallus Matthiae (Hahn des Matthias) mit Verdrehung zu galli Matthias, also G. = Kauderwelsch [2]). Durch CHR. GRYPHIUS ins Deutsche eingeführt (G. = « zwar köstlich lautende aber vielmahl weniger oder nichts bedeutende Wörter und der hieraus entspringende Mischmasch » [3]), wird der Terminus im 18. Jh. und darüber hinaus ein geläufiges Schlagwort der literarischen Kritik im Kampf um Klarheit des Sinnes gegen rhetorisch verdeckten Widerspruch und Schwulst [4]. J. CHR. GOTTSCHED bezeichnet G. « als eine ungereimte und unverständliche Vermischung untereinanderlaufender verblümter Redensarten; aus welchen es zuweilen unmöglich ist, einen Verstand herauszubringen » [5]. J. G. HAMANN gebraucht ‹G.› sowohl gegen Herders Erklärung des Ursprungs der Sprache [6] als auch gegen Kant, dem er vorwirft, einen « periodischen G. per Thesin et Antithesin » statt der « gemeinen Volkssprache » verwandt zu haben [7].

Anmerkungen. [1] M. DE MONTAIGNE, Essais I, 24; vgl. die anonyme Satyre ‹Ménippé›, hg. J. FRANCK (1884) 13. – [2] Ausführlicher Bericht über alle Deutungen und eigener Lösungsversuch bei A. NELSON: Gallimatias. Ett försök till ny tolkning, in: Strena philol. Upsaliensis. Festskrift P. Persson (Upsala 1922) 289-308. – [3] CHR. GRYPHIUS: Poetische Wälder (1698) Vorwort 4 b. – [4] Vgl. GRIMM 4/1 (1878) 1179 f.; W. FELDMANN, Z. dtsch. Wortforsch. 7 (1905/06) 56; 8 (1906/07) 72; R. HOFMANN, a. a. O. 13 (1911/12) 48; H. SCHULZ: Dtsch. Fremdwb. (1913-42) 1, 233 f.; P.-E. LITTRÉ: Dict. de la langue française 2 (1957); in der Musik z. B. W. A. MOZART, G. musicum. Köchel-Verzeichnis 32. – [5] J. CHR. GOTTSCHED: Versuch einer krit. Dichtkunst (⁴1751, ND 1962) 280. – [6] J. G. HAMANN, Werke, hg. NADLER (1949-57) 3, 18. – [7] a. a. O. 3, 287; vgl. 2, 281. 343.   E. BÜCHSEL

Galvanismus. L. GALVANI entdeckte 1780, daß ein frischpräparierter Froschschenkel zu zucken beginnt, wenn die Nerven mit einem Messer berührt werden und bei einer nahegelegenen Elektrisiermaschine zugleich Funken überspringen. Weitere Untersuchungen ergaben 1786, daß der Froschschenkel auch dann zuckt, wenn man die Nervenenden mit einem Draht berührt und diesen mit der Metallplatte verbindet, auf der der Froschschenkel liegt [1]. Daß aber außerdem Draht und Platte aus verschiedenen Metallen bestehen müssen, erkannte erst 1789 A. VOLTA. Er unterschied Leiter 1. Art (Metalle) und wäßrige Leiter (Leiter 2. Art, Elektrolyte) und fand, daß eine « galvanische Aktion » zustande kommt, wenn mindestens drei verschiedene Leiter miteinander verbunden werden; dabei ist die Reihenfolge und der Typ der Leiter beliebig, nur dürfen es nicht ausnahmslos Leiter der 1. Art sein [2].

Im G. treffen also zwei verschiedene Phänomene zusammen: 1. die Ausbildung einer Kontaktspannung an den Berührungsflächen von zwei verschiedenen Stoffen, der Volta-Effekt, der von HELMHOLTZ 1882 mit der Ausbildung einer elektrischen Doppelschicht erklärt werden konnte und der heute in der Halbleiterphysik ein neues Anwendungsgebiet fand, und 2. die Art der Stromleitung in wäßrigen Lösungen, die bereits 1798 der romantische Physiker J. W. RITTER auf einen chemischen Vorgang zurückführte [3]. Dieser wies darauf hin, daß die Reihenfolge der galvanischen Wirksamkeit der Metalle mit ihrer Affinität zum Sauerstoff in Verbindung steht [4]. Zu einem gewissen Abschluß kamen die Untersuchungen über die elektrolytische Leitfähigkeit erst am Ende des 19. Jh. durch die Ionenlehre von S. ARRHENIUS und W. OSTWALD.

Eine galvanische Kette, d. h. eine beliebige Verbindung von festen und flüssigen Leitern, war die erste Quelle für eine strömende Elektrizität. Zuvor kannte man nur den statischen Fall, der sich durch Reibung herstellen ließ.

1800 konstruierte VOLTA die nach ihm benannte « Säule », die Zusammenstellung von n galvanischen Ketten, bei der sich die galvanische Einzelspannung mit n vervielfacht [5]. Damit standen erstmals physikalisch brauchbare Stromquellen zur Verfügung; die Elektrizitätslehre konnte sich nun entscheidend entwickeln. – Von Galvanis Entdeckung geht ebenso die Untersuchung der elektrophysiologischen Erscheinungen aus, ein Gebiet, das E. DU BOIS-REYMOND 1848/49 zusammenfassend darstellte [6].

Auch für die *romantische Naturphilosophie* wurde der G. von Wichtigkeit. SCHELLING bemühte sich um die Erklärung dafür, daß die galvanische Kette « nur unter der Bedingung der Triplizität als thätig erscheint » [7], erfaßte aber nicht die physikalische Natur des Phänomens. Die Romantiker (z. B. J. W. RITTER) sahen einen innigen Zusammenhang zwischen G. und Lebensprozeß [8] bzw. Bewegung: « Jede Bewegung beruht auf dem galvanischen Prozeß. Strenggenommen gibt es keinen Bewegungsprozeß, sondern nur Bewegung. Denn Bewegung ist ja nur das Phänomen des G. » (L. OKEN [9]).

Anmerkungen. [1] L. GALVANI: De viribus electricitatis in motu musculari commentarius ... (Bologna 1791); dtsch. in: Ostwalds Klassiker Nr. 52. – [2] A. VOLTAS zweiter Brief an Gren (Aug. 1797); dtsch. in: Beytrage zur nähern Kenntnis des G., hg. J. W. RITTER 1 (1800) 43-75; auch in: Ostwalds Klassiker Nr. 118, 32-53, zit. bes. 34. – [3] J. W. RITTER: Beweis, daß ein beständiger G. den Lebensprozeß in dem Thierreich begleite (1798) 70 f. – [4] J. W. RITTER: Beweis, daß der G. auch in der anorganischen Natur zugegen sey (1799), in: Phys.-chem. Abh. in chronol. Folge 1 (1806) 139-164; auch in: J. W. RITTER: Die Begründung der Elektrochemie. Eine Auswahl aus den Schriften des romantischen Physikers, hg. und komm. A. HERMANN, in: Ostwalds Klassiker NF 2. – [5] VOLTAS Brief an Sir Joseph Banks (20. 3. 1800): On the electricity excited by the mere contact of conducting substances of different kinds. Philos. Trans. 2 (1800) 403-431; dtsch. in: Ostwalds Klassiker Nr. 118, 76-97. – [6] E. DU BOIS-REYMOND: Untersuchungen über thierische Elektrizität 1. 2. (1848/49); vgl. K. E. ROTHSCHUH: Gesch. der Physiol. (1953). – [7] F. W. J. SCHELLING: Erster Entwurf eines Systems der Naturphilos. (1799). Werke, hg. K. F. A. SCHELLING (1856-1861) 3, 163. – [8] J. W. RITTER: Über den G. (1797), in: Phys.-chem. Abh. 1, 39; vgl. Briefe eines romantischen Physikers. J. W. RITTER an G. H. Schubert und K. v. Hardenberg (1966) 41. – [9] L. OKEN: Lb. der Naturphilos. (1809) Frg. 127.

ARMIN HERMANN

Ganz Andere (das). Der Begriff ist durch den Religionsphilosophen R. OTTO 1917 in seinem Buch ‹Das Heilige› geprägt worden. Otto, der hiermit ausdrücklich nicht Rationales, sondern Irrationales fassen will, verwendet ihn zur Erläuterung des «Mysteriösen im Numinosen», das er als ein Hauptmoment in Gott bzw. im numinosen Objekt ansieht: «Das religiös Mysteriöse, das echte Mirum, ist ... das ‹Ganz andere›, ... das Fremde und Befremdende, das aus dem Gewohnten, Verstandenen und Vertrauten und damit ‹Heimlichen› schlechterdings Herausfallende» [1]. Historisch zurückgreifend meint Otto das g.A. bereits in den Upanischaden *(anyad evā)*, bei PLOTIN (θἄτερον) und bei AUGUSTIN *(aliud valde)* finden zu dürfen [2]. Nach Otto und wahrscheinlich von ihm beeinflußt haben K. BARTH und die frühe dialektische Theologie den Begriff gebraucht, um durch ihn Gott als die Krisis aller menschlich-religiösen Bemühungen zu beschreiben: «Gott ist ... die Krisis aller Kräfte, das ganz andere, an dem gemessen sie etwas sind und nichts, nichts und etwas, ... ihr sie alle aufhebender Ursprung und sie alle begründendes Ziel» [3].

Anmerkungen. [1] R. OTTO: Das Heilige (zit. ¹⁶1927; ²⁹/³⁰1958) 33. – [2] a. a. O. 33 sowie Aufsätze, das Numinose betreffend (1923) 16-36. – [3] K. BARTH: Der Römerbrief (22.-23. Tausend 1954) 11; vgl. 274. 351. 431f.

Literaturhinweise. R. OTTO s. Anm. [1. 2].

M. SEILS

Ganzes/Teil (griech. ὅλον/μέρος; lat. totum/pars; frz. tout/partie; engl. whole/part).

I. Der Begriff des Ganzen (= G.) tritt am Anfang der *griechischen* Philosophie in einen Problemzusammenhang mit dem Begriff des Einen: Dieser zeigt sich in PARMENIDES' Formel des ἓν καὶ πᾶν. In dieser Formel, in der das Eine und das G. identisch gedacht werden, ist zugleich die philosophische Aufgabe bezeichnet, das Eine mit seinem Gegenstück, dem Vielen, und das G. mit seinem Gegenstück, den Teilen (= T.), zu vermitteln. Diese Aufgabe wird bei Parmenides und seinen Schülern so gelöst, wie PLATON mit dialektischer Schärfe im ‹Sophistes› gezeigt hat [1]. Die Aufgabe der Vermittlung zwischen dem G. und seinen T. hat der Parmenides-Schüler ZENON in Angriff genommen, in dessen bekannten Paradoxien das Verfahren der Teilung z. B. einer ganzen Wegstrecke entdeckt wird, insofern es hier darum geht, nach einer Teilungsvorschrift die Teilung ins Endlose weiterzutreiben (Achilles holt die Schildkröte niemals ein, der fliegende Pfeil ruht). Da Zenon das Verfahren der Teilung in der Weise geschehen läßt, daß z. B. die Wegstrecke des Pfeiles durch die Teilung in immer kleinere Teile aufgelöst und atomisiert wird, geht der Charakter des Einen und G. dieser Strecke verloren. Die Aufgabe ist nicht gelöst, die T. im G. und das G. in den T., das Eine im Vielen und das Viele im Einen zu denken. Zugleich tritt der Zusammenhang mit dem Problem der Bewegung ins Licht. Da der Pfeil auf die bei dem Verfahren des Teilens durch Zenon resultierenden Wegatome festgelegt wird, muß auch die Bewegung verneint werden: Da es kein G. aus T. geben kann, gibt es auch keine Bewegung.

Den Zusammenhang zwischen dem Problem des Einen, des G. und der Bewegung betont auch PLATON im ‹Sophistes› [2]. Er selbst versucht in seiner späteren Philosophie die Vermittlung des G. mit seinen T. auf dialektischem Wege zu lösen, indem er die Atomisierung und Vereinzelung der Ideen durch die These ihrer Gemeinsamkeit (κοινωνία τῶν γενῶν) begründet. Er wirft den «Ideenfreunden» vor, einen analogen Fehler wie Parmenides und seine Schüler zu begehen und im Bereich der Ideen einen Atomismus zu vertreten. Daß der Begriff des Atoms, der bei LEUKIPP und DEMOKRIT auftritt, im Kreise der Konzeption des G. und seiner T. entstanden ist, läßt sich auf Grund der persönlichen Nähe zwischen Leukipp und Zenon auch historisch beweisen. Aber während Zenon an eine mathematische, ideale Teilung einer Wegstrecke gedacht hat und deshalb zum Gedanken der Teilung ins Endlose gekommen ist, haben Leukipp und Demokrit die Teilung wirklicher Körper ins Auge gefaßt. Dabei begegneten sie der Notwendigkeit, der Teilung ein Ende beim Unteilbaren, den Atomen, zu setzen. – Der Gedanke des G. als des Welt-G. begegnet vor allem auch in PLATONS ‹Timaios›, wo die Komposition dieses G. aus den Elementen durch den Demiurgen philosophisch beschrieben wird. Der Demiurg habe es auf ein G. (ὅλον, τέλεον ζῷον) abgesehen, welches ein möglichst vollkommenes Lebewesen, ein Organismus sein soll, der aus T. besteht, so daß eine vollkommene Einheit und Einfachheit im Vielen, eine Ganzheit in den Teilen besteht [3]. (SCHELLING wird in seiner Schrift über die Weltseele in diesem Zusammenhang vom «Gesamtorganismus» sprechen [4]). Bei Platon ist die Rede von dem «Band» (δεσμός), welches sich selbst und auch die Vielheit zu einer Eins und zu einem G. zusammenhalte [5]. Der Charakter der Ganzheit wird, wie es in der parmenideischen Tradition angelegt ist, auch mit demjenigen der Beständigkeit und Dauerhaftigkeit in Verbindung gebracht. Pantheistische Gedankengänge der *Stoa* und des *Neuplatonismus*, in denen der Weltraum und der Weltgeist bzw. die Weltseele zusammengedacht werden, führen zu einer neuen gedanklichen Kombination, in die der Begriff des G. eintritt: Wird der Raum im G. vom Weltgeist erfüllt, dann ist das Ausgedehnte im G. zugleich auch das Gemeinsame und sogar das Allgemeine. Hier entspringt eine Verbindung zwischen dem Verhältnis G./T. und Allgemeines/Besonderes, die stets in Gedankengängen mit pantheistischem Einschlag eine Rolle spielt.

Nach ARISTOTELES bestimmt sich der Begriff des G. auf mehrfache Weise. Er verstehe sich z. B. als das Vollständige, an dem kein T. fehlt. Ebenso als das umfassende Band, welches das umfaßte Viele zu Einem zusammenfaßt [6]. Momente am G. ergeben sich als Anfang, als Mitte und Ende einer Erstreckung. In diesem Zusammenhang tritt auch das Kontinuum (συνεχές) als das zusammenhaltende Band auf. Nach Aristoteles gabelt sich die Bedeutung des «G.» in diejenige der ungeteilten Erstreckung (wie z. B. Wasser, alles Flüssige, ja auch eine Zahl im G.) einerseits und diejenige einer Zusammenfassung von vielem Unterschiedenen andererseits. «Von demjenigen, was als Größe Anfang, Verlauf und Ende hat, wird das als G. (ὅλον) angesprochen, an dem keine Unterscheidung getroffen wird. Dasjenige aber, an welchem sie getroffen wird, wird als Alles (πᾶν) angesprochen.» Entsprechend wird auch verfolgt, wie der Begriff des T. zustandekommt: Liegen z. B. drei Sachen vor, so seien zwei von ihnen als T. der Dreiheit anzusprechen. Von T. spreche man aber auch im nichtquantitativen Bereich, z. B. in dem Sinne, in dem man das Metall als Teil einer metallenen Kugel anspricht [7]. Der Begriff des G. im Sinne der Einsheit und Einfachheit wird durch den Gedanken der das Viele des Stoffes zum einen Eidos zusammenhaltenden Energeia (ἐνέργεια) begründet. Die Wegstrecke des Pfeiles z. B. sei ein G. anstatt, wie Zenon angenommen hat, aus Punkten oder kleinen Teilen zusammengesetzt zu sein. Auf diesem gedanklichen Wege berührt Aristoteles im Zusammenhang mit der Ganzheits- und Kontinuitätsproblematik den Begriff der Bewegung [8]. Das Prinzip des Zusammenwachsens (συμφύεσθαι) spielt hier eine entscheidende Rolle. Wird das «Wesen» weniger als ein fertiges Ding denn als ein in der Einigung und Gestaltung geschehender Vollzug aufgefaßt, dann wird es als ἐντελέχεια, als sich zusammenfindendes G. begriffen: Die Momente, die sich auf diese Weise zum «G.» des Wesens vereinigen, sind Dynamis (δύναμις) und Energeia. – Das Verhältnis zwischen dem quantitativen G. und seinen T. ist in der auch in der metaphysischen Tradition immer wieder zur Sprache gekommenen 5. Axiom des EUKLID zum Thema gemacht worden: «Und das G. ist größer als der T.» [9]. Ebenso bedeutsam ist freilich die aristotelische Maxime: «Das G. ist notwendig früher als der T.» [10], mit der Aristoteles auch zur Aussage bringt, daß die Polis «von Natur» früher als das Haus und «jeder von uns» ist.

Anmerkungen. [1] PLATON, Soph. 244 e f. – [2] a. a. O. 257 a; Einheit im Vielen im Zusammenhang mit Bewegung wird zum Thema bei F. KAULBACH: Der philos. Begriff der Bewegung (1965). – [3] PLATON, Tim. 32 d f. – [4] F. W. J. SCHELLING, Werke, hg. SCHRÖTER 1, 413. – [5] PLATON, Tim. 31 c. – [6] ARISTOTELES, Met. V, 26, 1023 b 26ff. – [7] a. a. O. 1024 a 1ff. – [8] Vgl. KAULBACH, a. a. O. [2] 1–22. – [9] EUKLID, Elem. 1. – [10] ARISTOTELES, Pol. I, 2, 1253 a 19ff.   F. KAULBACH

II. Die *scholastische Philosophie* nahm in ihren Bemühungen, die in der Sprache vorgegebenen Ausdrücke ‹totum› und ‹pars› begrifflich genauer zu fassen und sie in den Rahmen ihrer naturphilosophischen und ontologischen Theorien zu stellen, die aristotelischen Bestimmungen zum Leitfaden. Aber schon BOETHIUS gibt in ‹De divisione› eine Einteilung verschiedener Arten des G., die über Aristoteles hinausgeht. Er führt nämlich neben dem universalen, begrifflichen G. (totum universale), zu dem als T. etwa die im Gattungsbegriff begriffenen Arten oder die unter dem Artbegriff unterstellten Individuen gehören, als reales G. nicht nur das kontinuierliche G. (totum continuum), wie es «ein Körper oder eine Linie» sind oder das nicht-kontinuierliche, aber aus sinnfällig gegebenen T. bestehende G. wie «eine Herde oder ein Volk» (totum, quod continuum non est) an, erwähnt nicht nur das später ‹totum essentiale› genannte, aus Wesensbestand-T. wie Form und Materie bestehende G., sondern nennt auch noch im Unterschied zu Aristoteles « das aus Kräften bestehende G.» (totum constans ex virtutibus), wie es die nicht aus quantitativen T. bestehende Seele mit ihrem verschiedenen Vermögen sei [1]. Mit Hilfe dieses fortan häufig wiederholten Einteilungsschemas konnte die Scholastik den schon auf PLOTIN zurückgehenden bis weit in die Neuzeit hinein festgehaltenen Satz AUGUSTINS interpretieren, die Seele sei in jeglichem Körper «sowohl ganz im ganzen wie auch ganz in jedem seiner T.» (anima ... in unoquoque corpore et in toto tota est, et in qualibet eius parte tota est) [2]. BOETHIUS handelt vom G. und seinen T. aber auch – darin ARISTOTELES folgend – im Rahmen der Topik oder Dialektik, indem er aus diesen Grundbegriffen gebildete dialektische Maximen anführt [3].

Daher finden sich in der scholastischen Literatur Bemerkungen über das Verhältnis des G. zu seinen T. in fast allen Abhandlungen über die Seele, in den Kommentaren zur aristotelischen Physik und Metaphysik – hingewiesen sei hier auf die zusammenfassende Darlegung ALBERTS DES GROSSEN in seiner ‹Metaphysik› [4] –, aber auch in wohl jeder Darstellung der Topik oder Dialektik, wie etwa in der frühen ‹Logica Modernorum› [5] oder in den ‹Institutiones Dialecticae› von PETRUS DA FONSECA, der hier etwa die Maxime behandelt: «Wenn ein integrales G. gesetzt wird, werden auch alle seine T. gesetzt», oder: «Wenn ein universales G. gesetzt wird, wird irgendein ihm unterstellter T. gesetzt» [6].

Eine umfassendere begriffs- und problemgeschichtliche Darstellung dieses scholastischen Lehrstücks dürfte noch nicht vorliegen. Daher bleibt der Überblick über einschlägige Lehrmeinungen von scholastischen Autoren, den F. SUÁREZ in seinen ‹Disputationes Metaphysicae› gibt, trotz seiner Lückenhaftigkeit wichtig [7]. Suárez behandelt hier freilich nur die Frage, ob das G. von seinen T., insgesamt genommen, real, modal oder nur gedanklich verschieden sei. Eben das ist auch die zentrale Frage in der ausführlichen Abhandlung des JOHANNES A S. THOMA über «das zusammengesetzte substantiale G.» [8]. Demgegenüber bietet R. GOCLENIUS einen vorzüglichen lexikalischen Gesamtüberblick über die scholastische Ausprägung dieses Lehrstücks, in dem er das G. wiederum einteilt nach totum essentiale, universale und integrale, wobei insbesondere das letztere noch weiter unterteilt wird in das physische G. mit naturvorgegebenen T. und das «nicht-physische, positive» G., dessen T. vom Menschen «willentlich» zusammengesetzt werden, wie es Artefakte, aber auch politische Gebilde als Zusammenschluß von Menschen seien [9].

Daß sich die scholastische Behandlung des G. und seiner T. aber nicht in einer Registrierung verschiedener Wortbedeutungen erschöpft, soll wenigstens skizziert werden anhand der einschlägigen Problemfaltung, die THOMAS VON AQUIN gegeben hat. Gelegentlich eingestreute Hinweise auf andere Autoren können freilich eine noch ausstehende umfassende Begriffsgeschichte in diesem Problemfeld nicht vorwegnehmen.

Die philosophische Erörterung des G. und seiner T. kann davon ausgehen, daß diese Begriffe korrelativ sind [10]; denn wie das G. das ist, «was T. hat» oder «was in T. geteilt werden kann» [11], so wird ein T. beschrieben als «das, worin ein G. geteilt wird» [12]. Teilbarkeit und T. gibt es nun ursprünglich im Bereich der Quantität, die wesentlich teilbar ist und der G. und T. als mit ihr gegebene Bestimmungen folgen [13]. Daher ist das *quantitative* G. (totum quantitativum) die erste und eigentlichste Art von Ganzheiten.

Die auf die mathematische Betrachtung des quantitativen G. bezogene Bestimmung des ARISTOTELES, T. werde genannt, «worin ein Quantum in irgendeiner Weise geteilt werde», weshalb auch die Zahl ‹zwei› in gewisser Weise T. von ‹drei›» sei [14], führte schon in der Scholastik zur Unterscheidung von *aliquoten* und *aliquanten* T. Wie etwa P. DA FONSECA erläutert [15], ist z. B. die Zahl ‹zwei› aliquoter T. aller größeren geraden Zahlen, die ja durch Multiplikation dieses ihres aliquoten T. gebildet werden können, während die Zahl ‹zwei› aliquanter Teil der größeren ungeraden Zahlen ist, da sie jeweils etwas G. sind, das nicht durch Multiplikation dieses aliquanten T. gebildet werden kann. Diese Unterscheidung, bei der auffällt, daß ‹G.› nicht von ‹Summe› abgehoben wird, scheint erst in der späteren Scholastik terminologisch fixiert zu sein. Auch AVERROES, der hinsichtlich der Begriffe ‹G.› und ‹T.› eine sehr differenzierte Terminologie entfaltet, dürfte sie noch nicht gebrauchen. Sie wird dann aber anscheinend so üblich, daß sie noch in DIDEROTS ‹Encyclopédie› angeführt wird [16].

Bedeutsamer aber ist folgender offenkundiger Unterschied zwischen quantitativen Ganzheiten: Während jeder T. einer Linie eine Linie, jeder T. eines «ganzen» Liter Wassers Wasser ist, ist ein T. eines Pferdes kein Pferd. So gilt es, innerhalb des quantitativen G. «ein doppeltes G.» zu unterscheiden: «das *homogene* G., das aus ähnlichen T. besteht, und das *heterogene* G., das aus unähnlichen T. zusammengesetzt ist» [17]. THOMAS nennt das homogene, aus gleichartigen oder ähnlichen T. bestehende G. gelegentlich auch «totum homoeomerum» (was ja wiederum «aus ähnlichen T. bestehend» bedeutet), das heterogene G. «totum anomoeomerum» [18].

Mit dem Begriff des heterogenen G. wird der Organismus philosophisch zu begreifen versucht. Seine verschiedenen T., Glieder und Organe «bestehen im G.» [19] und sind, sofern sie T. des G. sind, von ihm nicht aktuell getrennt, sondern «im G. verbunden» [20]. Eine abgeschlagene Hand wird nur noch äquivok ‹Hand› genannt, wie die steinerne Hand einer Statue [21]. Die vom G. losgelösten T. bleiben zwar «irgendetwas» (res quaedam) – sie können also im Unterschied zu Akzidentien, wie es die Quantität oder die Tätigkeiten sind, selbständig bestehen –, sie können aber nicht mehr das verrichten, was sie als T. des Organismus vermochten: Die abgeschlagene Hand ist nicht mehr «das Werkzeug der Werkzeuge» [22]. Freilich ist auch nicht eigentlich der T. für sich tätig, denn nicht die Hand schreibt, sondern der Mensch mit ihr, weshalb gilt: «actiones sunt totorum», Subjekt der Handlungen ist nicht der T., sondern das G. [23]. Wenn der Rang und die Seinsmächtigkeit eines Wesens an seiner Wirkfähigkeit gemessen werden kann, dann ist ein Organismus um so vollkommener und höher, je differenzierter er strukturiert und gegliedert ist; denn um verschiedenartige Tätigkeiten auszuüben, braucht er verschiedene Organe [24].

Größere Wirk- und Seinsvollkommenheit aber bedeutet auch höhere Einheitlichkeit: «in dem Maße, wie etwas mehr ein Eines ist, ist es auch wirkfähiger (magis virtuosum) und vollkommener, seinsmächtiger (dignius)» [25]. Daher erkennen wir höhere Organismen wie ein Pferd oder einen Menschen in der Einheitlichkeit und Geschlossenheit ihrer organisierten Ganzheit als ein Individuum einer spezifischen Art. Ihre Individualität ist zweifellos ausgeprägter als die eines Mooses, das eine Anhäufung verschiedener Moospflanzen sein mag; größer auch als die eines niederen Organismus; denn ein Wurm kann ja, wird er geteilt, in den dann selbständigen T. als zwei Würmer weiterleben [26]. Wenn aber die T. eines höheren Organismus als T. eines individuellen selbständigen Einzelwesens, also *einer* Substanz erkannt werden können, müssen sie «substantiale T.» genannt werden [27]. T. sind ontologisch weder Akzidentien noch die «absolute», d. h. die abstraktiv ohne ihre Akzidentien betrachtete Substanz; denn «eine jede Substanz ist ohne die Quantität», die das erste notwendige und wesenseigene Akzidens der materiellen Substanz ist, «unteilbar» [28], weshalb sie erst durch die notwendige Entfaltung («Resultation») der Quantität als ihres wesenseigenen Akzidens ein ausgedehntes, teilbares G. wird.

Aber auch die absolut betrachtete materielle Substanz ist ein zusammengesetztes G., das, wie substantielle Veränderungen (aus einem Baum wird Asche) zeigen, aus Form und Materie (s. d.) besteht. Dieses nicht aus quantitativen T., sondern aus «Wesens-T.» bestehende G. heißt «totum essentiale» [29], die ihm entsprechende Teilung «divisio essentialis» [30]. Wir erkennen eine Substanz aber nicht in sinnlicher Wahrnehmung, sondern nur «ur-teilend» in der Zusammensetzung ihrer Bestand-T.: diesem hier (das in seiner Individualität begrifflich nicht faßbar ist, sich aber in seiner Individualität der sinnlichen Wahrnehmung zeigt) kommt Menschsein und Sein schlechthin zu. Die derart erkannte aus Wesens-T. zusammengesetzte Substanz besteht also aus der an sich unerkennbaren Materie, die durch die wahrgenommenen räumlichen und zeitlichen Bestimmungen des sinnlich Erscheinenden «bezeichnet» wird, der begrifflich erfaßten allgemeinen spezifischen Wesensform und dem das individuelle, aus Form und Materie zusammengesetzte Wesen aktuierenden Sein [31]. Da die Materie die allgemeinen spezifischen Formen individuiert, muß es ursprünglich verschiedene «T.» der in ihrer Formlosigkeit auch gleichwesentlichen Materie geben: «partes materiae» [32]. Deshalb ist auch die wesentlich teilbare Quantität Folge und Wesensäußerung der Materie [33], während die Substanzen aufgrund ihrer Formen qualitativ bestimmt sind und sich bei höheren Formen in heterogene T. aufgliedern, wobei es «die eine Form ist, die zugleich die Materie des ganzen Körpers und aller seiner T. vollendet» [34].

Da die Form belebter organischer Körper «Seele» heißt, ist damit auch die Wahrheit der Lehre Augustins dargelegt, die Seele sei ganz im ganzen Körper und ganz in jedem seiner Teile. Thomas erläutert das jedoch noch dahingehend, daß die Seele zwar «ganz in jedem T. des Körpers gemäß der Ganzheit des Wesens (totalitas essentiae)» sei, «nicht aber gemäß der Ganzheit ihrer Kraft und Wirkfähigkeit (totalitas virtutis)» [35]. Diese weitere Art einer Ganzheit herauszustellen ist notwendig, weil die Seele nicht gemäß ihrem «ganzen» Wirkvermögen in jedem Teil des von ihr beseelten Körpers ist; denn ihre Seh- oder Hörkraft erfordert ja verschiedene Organe. Daher hat das G. gemäß dem Wirkvermögen (totum potentiale, totum potestativum) als seine T. die ja auch «Seelen-T.» genannten Vermögen [36].

Damit sind die wichtigsten Arten von Ganzheit genannt, die Thomas aufzählt: «Es gibt eine dreifache Ganzheit (triplex totalitas). Die erste offenkundigere gemäß der Quantität, wie G. ein Quantum genannt wird, das in T. der Quantität geteilt werden kann; die zweite Ganzheit aber kommt in Betracht hinsichtlich der Vollkommenheit eines Wesens, welcher Ganzheit die T. eines Wesens entsprechen, nämlich physisch in den zusammengesetzten Dingen Form und Materie, logisch aber Gattung und Artunterschied; die dritte Ganzheit aber ist die gemäß der Kraft» [37].

Thomas hat jedoch noch eine andere Einteilung des G. in verschiedene Arten oder Gattungen übernommen, die sich mit der genannten überschneidet: «Jegliches G. läßt sich auf drei Gattungen zurückführen, nämlich auf das universale, integrale und vermögensmäßige (potentiale) G.» [38]. Diese vor allem anläßlich der Frage nach T. der Tugend herangezogene Einteilung führt zu weiteren Differenzierungen im Gebrauch des Begriffes «totum potentiale›, der etwa auch besagen kann, daß eine Fertigkeit oder Tugend wie die Tapferkeit in schwierigen Situationen ganz gefordert wird und zum Einsatz kommt, in anderen Situationen jedoch nur teilhaft [39].

Das hier angeführte begriffliche G. (totum universale) ist, wenn der Begriff in seiner Zusammensetzung aus T.-Inhalten betrachtet wird, dem totum essentiale zugeordnet. Als seine «subjektiven T.» (partes subjectivae) gelten die ihm «unterstellten» Begriffe geringeren Umfanges, wie ‹Mensch›, ‹Pferd›, ‹Esel› usw. subjektive T. des Gattungsbegriffes ‹Sinneswesen› sind [40].

Der Begriff des integralen G. überschneidet sich mit allen in der ersten Einteilung genannten Arten des G.; denn zum integeren, ganzen Menschen gehören als Wesens-T. Form und Materie, Seele und Leib, weshalb nicht Petrus im Himmel ist, sondern die Seele des Petrus [41]. Ebenso gehören etwa das Sehvermögen oder der Wille als integrale T. seines Wirkvermögens zur Integrität des Menschen [42]. Daß auch ein quantitatives G. aus integralen T. bestehen kann, leuchtet von dem Beispiel her ein, daß an einem «ganzen» Liter Milch oft mehr als ein Tropfen, der nicht mehr integraler T. wäre, fehlt. Thomas hat diesen weiten Umfang des Begriffes ‹integraler T.› ausdrücklich vermerkt [43].

Prototyp des integralen G., dessen T. zur Unversehrtheit und Vollständigkeit eines G. erforderlich sind – «integral» heißen ja «die T., aus denen sich die Vollkommenheit eines G. ergibt» [44] –, ist aber das heterogene G., z. B. ein Mensch. Fehlt einem solchen G. eines seiner hauptsächlichen T., ist es kein unversehrtes, heiles G. mehr, sondern Krüppel, Rumpfstück, Torso (colobon) [45]. Von hier aus ist dann mit Aristoteles das G. zu bestimmen als das, «dem keines seiner T. fehlt» [46]. Daher sind auch «das G. und das Vollkommene identisch» [47]. Offensichtlich lassen sich bei einem solchen integralen heterogenen G. «hauptsächliche und nebensächliche» (partes principales et secundariae), «wesentliche und unwesentliche, akzidentelle T.» (partes essentiales et accidentales) unterscheiden [48], wobei aber zu bemerken ist, daß Thomas im Rahmen der Abstraktionslehre ‹akzidentell› auch die T. nennen kann, welche nicht die in die Definition aufzunehmenden Wesens-T. einer Substanz sind [49]. Daß mit einem unwesentlichen, nebensächlichen T. ein nicht-integraler T. eines heterogenen G. bezeichnet wird, belegt das Dictum: «calvi non dicuntur colobi» (Kahlköpfe heißen nicht Krüppel) [50]. In der Tat machen's die Haare nicht, wenn es darum geht, ganz, d. h. vollkommen, Mensch zu sein.

Wichtiger als der Hinweis, daß auch Thomas eine hier nicht anzuführende Vielzahl von Maximen kennt, die in den Begriffen ‹G.› und ‹T.› und deren verschiedenen Arten fundiert sind [51], dürfte die Erwähnung einer weiteren Unterscheidung von Ganzheiten sein. Sie sind nämlich entweder natürliche Ganzheiten (totum naturale) wie die Organismen oder künstliche Ganzheiten (totum compositione tantum) wie ein Haus [52]. Da ein Organismus «schlechthin eines», nämlich eine Substanz ist, die sich freilich in viele heterogene T. aufgegliedert hat und daher nur «in gewisser Hinsicht vieles» ist, ein künstliches G. wie ein Haus aber «schlechthin vieles» ist und nur «in gewisser Hinsicht» – nämlich durch «Zusammensetzung» und «Anhäufung» zuvor getrennt bestehender verschiedener Materialien – «eines» [53], kann das sich durch Zusammensetzung und Anordnung ergebene G. auch ein «Ordnungs-G.» (totum ordine) genannt werden [54].

Bei der Unterscheidung von natürlichen und künstlichen Ganzheiten und den von Natur aus Seienden von den künstlich hergestellten Artefakten bleibt der Vollzug des eigentlich menschlichen Lebens unberücksichtigt; denn das wissenschaftliche Erkennen und sittlich-politische Handeln vollzieht sich weder naturhaft noch ist es als ein Herstellen zu begreifen. Daher ist etwa der Staat als die Institution rechtlich verfaßten gemeinsamen Lebens und Handelns weder eine künstlich hergestellte Maschine im Sinne von Hobbes noch ein naturgegebener Organismus im Sinne der romantischen Staatstheorien. Das hat Thomas in solcher Ausdrücklichkeit zwar nicht gelehrt, aber seine Bestimmungen des Staates weisen in diese Richtung. Einerseits ist der Staat nämlich wie Sprache und Sitte vor dem Einzelnen, dieser also auf ihn bezogen wie ein T. auf das ihn enthaltende und tragende organische G., das früher als seine T. ist. Deshalb kann Thomas erklären, jede Einzelperson verhalte sich zur staatlichen Gemeinschaft wie der T. zum G., wobei sie wie ein T. dem G. gehöre und nur um des G. willen sei (omnis pars naturaliter est propter totum) [55]. Andererseits heißt es jedoch, der Mensch sei nicht seinem ganzen Selbst nach (secundum se totum) und gemäß allem Seinigen auf die politische Gemeinschaft hingeordnet [56]. Der Einzelne ist nämlich derart T. des Staates als eines Ordnungs-G., daß er Tätigkeiten vollzieht, die nicht so die des G. sind, wie das Schreiben der Hand die Tätigkeit des Menschen ist; jedoch kommen einem Ordnungs-G. wie einem Staat oder Schiff auch einige Tätigkeiten und Vollzüge zu, deren Subjekt nicht einer seiner T. ist [57]. Als Ordnungs-G., dessen Teile gegenüber dem G. selbständig bleiben, gleicht der Staat aber eher einem Artefakt als einem Organismus. Ähnlich kann auch die Ganzheit der Wissenschaft, die GOCLENIUS in seine Überlegungen zum Ganzheitsproblem einbezieht [58], nach Analogie einer organischen oder künstlichen Ganzheit beschrieben werden. Bekanntlich vergleicht DESCARTES «die ganze Philosophie» bald mit einem Baum mit Wurzeln, Stamm und Zweigen, bald mit einem auf sicherem Fundament zu errichtenden Gebäude [59].

Endlich sei bemerkt, daß THOMAS auch das Universum eine Ganzheit nennt, es als Ordnungsganzheit auffaßt und seine Ganzheit also eher nach Analogie eines Artefakts als eines Organismus denkt [60]. Wird jedoch eine das Universum und alle seine Teile prägende Weltseele angenommen, wie es im Mittelalter AVICEBRON und zu Beginn der Neuzeit G. BRUNO tun, müßte das Universum als organische Ganzheit gedacht werden. Wieweit das der Fall war, bedürfte noch eigener Untersuchungen, die vielleicht auch Verbindungslinien zu Ganzheitskonzeptionen des Deutschen Idealismus ziehen könnten.

Anmerkungen. [1] BOETHIUS, Lib. de divisione. MPL 64, 887f. – [2] AUGUSTIN, De Trin. VI, VI, 8; vgl. PLOTIN, Enn. IV, 2, (4), 1, 65f. – [3] BOETHIUS, De diff. Top. II. MPL 64, 1188. – [4] ALBERTUS MAGNUS, Met., hg. GEYER V, 6, cap. 2ff. – [5] Logica Mod., hg. DE RIJK Index: s.v. ‹pars› und ‹totus›. – [6] PETRUS DA FONSECA: Inst. Dial. (1611) VII, 18. – [7] F. SUÁREZ, Disp. Met. XXXVI, sect. III. – [8] JOAN. A S. THOMA, Philos. Nat. I,

VI, art. 1-3. – [9] R. Goclenius: Lex. philos. (1613, ND 1964) s.v. ‹totus›. – [10] Thomas von Aquin, S. theol. (= ST) I, 8, 2, 3; S. contra gent. (= ScG) 2, 72. – [11] ST I, 10, 1, obi. 3; Spir. Creat. 4. – [12] Div. Nom. 4, 8 (385). – [13] De pot. 7, 10. – [14] Aristoteles, Met. V, 25, 1023 b 12ff. – [15] Fonseca, In Met. V, cap. 25. – [16] Encyclopédie ..., hg. Diderot/d'Alembert (1751ff., ND 1960) s.v. ‹partie (Métaph.)›. – [17] Thomas, ST I, 11, 2, 2. – [18] In de cael. I, 13. – [19] ScG 4, 9. – [20] In Met. 7, 16 (1632). – [21] ScG 2, 57; 4, 32. – [22] ST I, 76, 8; vgl. De nat. gen. 10. – [23] ST II/II, 58, 2. – [24] Spir. Creat. 4. – [25] ScG 4, 1. – [26] De an. 10. – [27] De an. 1. – [28] ScG 4, 65. – [29] ST I, 76, 8. – [30] I Sent. 24, 1, 1. – [31] ScG 2, 54; vgl. zur Interpretation L. Oeing-Hanhoff: Die Methoden der Met. im MA, in: Die Met. im MA, hg. P. Wilpert (1963) 71-91. – [32] Thomas, ST III, 72, 2; Subs. sep. V. – [33] De hebd. 2; ScG 3, 54. – [34] De an. 6. – [35] ST I, 76, 8. – [36] ST II/II, 48, 1; ScG 4, 36. – [37] Spir. Creat. 4; vgl. ST I, 76, 8. – [38] III Sent. 33, 3, 1 sol. 1. – [39] ST II/II, 128, 1. – [40] In Met. 5, 21 (1097 u. 1100); ST II/II, 120, 2. – [41] ST I, 75, 4; II/II, 83, 11, obi. 5. – [42] ScG 4, 36. – [43] IV Sent. 16, 1, 1 ad 3 qu. – [44] ST III, 90, 3 s. c. – [45] In Met. 5, 21 (1109-1118). – [46] In Met. 5, 21 (1098); In Phys. 3, 11 (385). – [47] III Sent. 27, 3, 4. – [48] IV Sent. 1, 1 sol. 3; ScG 3, 112. – [49] De Trin. 5, 3. – [50] In Met. 5, 21 (1118). – [51] Vgl. die freilich unvollständige Slg. bei L. Schütz: Thomas-Lex. (1895, ND 1958) s.v. ‹totus›. – [52] Thomas, De an. 10, 16. – [53] De an. 10. – [54] In Ethic. 1, 1, (5). – [55] ST II/II, 64, 2 u. 5. – [56] ST I/II, 21, 4, 3. – [57] In Ethic. 1, 1 (5). – [58] Goclenius, a. a. O. [9]. – [59] R. Descartes, Princ. Préf.; Discours I. – [60] Thomas, Div. Nom. 13, 2 (978).

Literaturhinweise. L. Oeing-Hanhoff: Das G. und seine substantialen T., in: Ens et unum convertuntur (1953) 155-163. – B. Bro: La notion de tout en S. Thomas. Rev. Thom. (1967) 32-61; Analytiques de la notion de tout a. a. O. 561-583.

III. In der unter der Bedingung der neuzeitlichen Naturwissenschaft stehenden *Philosophie des 17. und 18. Jh.* verliert das Problem des G. und seiner T. an Bedeutung. Das ist darin begründet, daß die natürliche Sprache nicht mehr den Leitfaden der philosophischen Reflexion bildet und daß die mechanistische Erklärung des Organismus es erübrigte, in ihm eine ausgezeichnete Art der Ganzheit anzunehmen. Daher finden in dieser Zeit vorwiegend logische und mathematische Aspekte des G. und seiner T. Beachtung.

Descartes war der Überzeugung, daß in ihrem Gebrauch klare Begriffe nicht definiert zu werden brauchen. So bedarf es zum Verständnis der These: «chaque corps peut être divisé en des parties extrêmement petites» [1] keiner Definition von ‹partie›. Bei der Betrachtung einer einfachen «ganz gleichförmigen» Bewegung präzisiert Descartes jedoch, was er in diesem Zusammenhang genau unter «*einem* T.» verstanden wissen will: «je prends ici ... pour une seule partie, tout ce qui est joint ensemble et qui n'est point en action pour se separer» [2].

Hobbes wiederholt in seiner ‹Ersten Philosophie› die klassische Bestimmung, offenkundig könne nichts zu Recht ein G. genannt werden, von dem man nicht einsähe, daß es aus T. zusammengesetzt sei und in T. geteilt werden könne (manifestum est, totum nihil recte appellari, quod non intelligatur ex partibus componi, et in partes dividi posse) [3]. Da Hobbes aber nicht zugleich die Bestimmung des G. als des Vollkommenen, dem keines seiner T. fehlt, das aber verstümmelt werden kann, übernimmt und sich am Körper überhaupt, nicht am Organismus orientiert, hält er es auch für «offenkundig», «daß nichts einen T. hat, bevor es geteilt wird» und «daß, wenn etwas geteilt ist, es nur so viele T. von ihm gibt, wie oft es geteilt ist» [4]. Solange der Kopf nicht abgeschlagen wird, ist er also nicht T. des Leibes. Aber Hobbes erläutert seine These bezeichnenderweise auch an einem mathematischen Beispiel. Bemerkenswert ist schließlich, daß Hobbes den Satz: «das G. ist größer als sein T.», der als Axiom galt, beweist, um darzulegen, wie falsch es wäre, Euklids Axiome als tatsächlich unbeweisbare erste Prinzipien zu übernehmen [5].

Pascal hebt jedoch einen Aspekt des G. und seiner T. hervor, der vor ihm vermutlich noch nicht so scharf ins philosophische Bewußtsein gehoben wurde und der für sein Denken charakteristisch ist: «Comment se pourrait-il qu'une partie connût le tout? – Mais il aspirera peut-être à connaître au moins les parties avec lesquelles il a de la proportion? – Mais les parties du monde ont toutes un tel rapport et un tel enchaînement l'une avec l'autre, que je crois impossible de connaître l'une sans l'autre et sans le tout.» Und nachdem die Verflechtung aller Dinge mit allem eindringlich vorgeführt wird, heißt es erneut: «je tiens impossible de connaître les parties sans connaître le tout, non plus que de connaître le tout sans connaître particulièrement les parties» [6].

Dieser Gedanke, man müsse «die ganze Natur und alle ihre T.» erkennen, um einzusehen, wie «ein T. der Natur mit seinem G. übereinkomme und mit den übrigen (T.) zusammenhänge», findet sich auch bei Spinoza [7]. Es dürfte freilich schwierig sein, diese Aussage mit der Lehre zu vereinbaren, daß die eine ewige Substanz nicht teilbar ist und es also eigentliche T. nicht gibt, die endliche Substanzen sein müßten [8]. So gilt es als Lehre Spinozas, die Rede vom «G.» sei nur eine Redeweise, das G. sei lediglich ein «ens rationis» [9].

Leibniz ist für die einschlägige Problemführung in der frühneuzeitlichen Philosophie deshalb bedeutsam, weil seine spiritualistische Ontologie der Monaden ebenso wie die mechanistische Leugnung der Besonderheit des Organismus dazu führt, die Frage nach dem G. und seinen T. auf ein logisches und mathematisches Problem zu reduzieren; denn die Monaden sind keine Ganzheiten, da sie als unteilbare Einheiten keine T. haben; sie sind aber auch keine T., denn sie sind nicht Bestandteile selbständiger Ganzheiten. Daher bestimmt Leibniz die Relation «G./T.», wie jüngst zusammengefaßt wurde [10], als «Einheit von mehreren», als «ein logisches Enthaltensein» (Artbegriff im «ganzen» Gattungsbegriff) und als das Verhältnis des «ganzen» Kontinuums zu seinem homogenen Ingrediens. Für die erstgenannte Bestimmung sei folgende Definition angeführt: «Wenn mehreres gesetzt ist und eben dadurch ein Etwas als unvermittelt verstanden wird, so heißt jenes die T., dieses das G.» [11].

Diese Bestimmung hat Schule gemacht: Chr. Wolff erklärt: «Unum, quod idem est cum multis, dicitur totum: ex adverso multa, quae simul sumpta idem sunt cum uno, dicuntur partes eius et unum quodque eorum dicitur pars» (Das Eine, das identisch ist mit vielen, heißt G.: Umgekehrt heißt vieles, das zusammengenommen mit einem identisch ist, seine T., und ein jedes dieser vielen heißt T.) [12]. Ähnliche Bestimmungen geben A. G. Baumgarten [13] und Chr. A. Crusius [14].

Dagegen führt J. G. Walch in seinem ‹Philosophischen Lexicon› mit Berufung u. a. auf Hebenstreit, Scheibler und Buddeus nochmals die scholastischen Definitionen und Einteilungen des G. an [15]. Daher bringt auch in diesem Problemfeld erst Kants Philosophie den entscheidenden Bruch mit der älteren Tradition, wobei Kant aber zugleich wieder im Organismus eine besondere ausgezeichnete Form der Ganzheit anerkennt.

Anmerkungen. [1] R. Descartes, Le monde. Werke, hg. Adam/Tannery 11, 12. – [2] a. a. O. 15. – [3] Th. Hobbes, De corpore II, 7. Opera lat., hg. Molesworth 1, 86. – [4] a. a. O. 86f. – [5] II, 8 = 1, 105f. – [6] B. Pascal, Pensées, hg. Brunschvicg 72.

– [7] B. Spinoza, Ep. 32. – [8] Ethica prop. XII u. XIII. – [9] Vgl. H. H. Joachim: A study of the ethics of Spinoza (Oxford 1901) 89. – [10] F. Schmidt: G. und T. bei Leibniz. Arch. Gesch. Philos. 53 (1971) 267-278. – [11] G. W. Leibniz, Frg. zur Logik, hg. F. Schmidt (1960) 467f. – [12] Chr. Wolff, Ontologia § 341. – [13] A. G. Baumgarten, Met. § 155. – [14] Chr. A. Crusius, Entwurf der notwendigen Vernunft-Wahrheiten § 103. – [15] J. G. Walch: Philos. Lex. (1740) s.v. ‹Gantze›.

Literaturhinweis. F. Schmidt s. Anm. [10].

L. Oeing-Hanhoff

IV. Kant hat in seiner Frühzeit [1] das G. im Bereich der Problematik Seele – Leib angesprochen, indem er sich gegen die Lokalisierung der Seele auf ein «kleines Plätzchen» meines Leibes wendet und den scholastischen Satz in Anspruch nimmt, daß die Seele ganz in jedem der Teile des Leibes, sowohl in der Fingerspitze wie auch in der Zehe sei. Auch hier wird die Zugehörigkeit des Ganzheitsprinzips zu demjenigen der aristotelischen Entelechie aufs neue deutlich: daß sich diese Zugehörigkeit auf der Ebene der Leib-Seele-Problematik zeigt, hat seine Ursache in der aristotelischen Erklärung der Seele als der ersten Entelechie des Leibes, eine Bestimmung, welche durch die Tradition fortwirkt. Was das Schicksal des Ganzheitsbegriffes bei Kant angeht, so ist es unter der Voraussetzung der Transzendentalphilosophie zu fassen, nach welcher die subjektive Vernunft das Material (das Gegebene) in apriori vorbereiteten Synthesen zusammensetzt, damit Erfahrung zustande kommen kann. In der ‹Kritik der reinen Vernunft› begegnet uns das Prinzip des G. vor allem in folgender doppelter Hinsicht: 1. auf dem Boden des Anschauungsproblems und 2. auf der Ebene der Ideenlehre, in deren Bereich die Frage nach dem G. der Erfahrung überhaupt und nach dem architektonischen System der Vernunft behandelt wird.

In den Reflexionen, insbesondere um das Jahr 1769, wird die Frage der Welt im G. vordringlich erörtert. Als Zusammenhangsstrukturen werden genannt: Koordination als das einfache Beisammensein der vielen Dinge zum Einen und G. der Welt und Subordination als die Reihenfolge der Dinge, die durch Grund und Folge bestimmt ist. Der Gedanke der Synthesis completa wird erörtert, aber kritisch zurückgewiesen, da gemäß auch den Ansätzen der späteren ‹Kritik der reinen Vernunft› für uns menschliche Subjekte ein G. nur durch sukzessive Synthesis in einer endlichen Zeit gewonnen werden kann. Der Gedanke an das Ich als den letzten Grund jeder möglichen sukzessiven Synthesis und als das Prinzip des G. der Zusammenfassung tritt auf [2]. In der ‹Dissertation› von 1770 [3] beschreibt Kant zwei Weltbegriffe: sowohl der mundus sensibilis wie auch der mundus intelligibilis ist ein Totum, bei dem man aber bedenken müsse, daß das «G. der Vorstellung» nicht «die Vorstellung des G.» sei (§ 2). Das G. der Erscheinungen wird durch die «Schemata» des phänomenalen Universums, durch Zeit und Raum bestimmt. Im Blick auf den mundus intelligibilis ist zu sagen, daß Gott die Ursache des notwendigen G., des Weltzusammenhanges ist, das Ens realissimum als erste Ursache dieses Zusammenhanges kann nicht im Raume existieren. In der ‹Kritik der reinen Vernunft› werden Raum und Zeit als Anschauungen a priori erwiesen, wobei auch das Argument eine Rolle spielt, daß es sich hierbei jeweils um individuelle G. handelt. Der Raum als G. ist z. B. ein zusammenhängendes Individuum, das sich zu den einzelnen Räumen nicht wie ein Allgemeines zum Besonderen, sondern wie ein G. zu seinen T. verhält. Kant unterscheidet das Verhältnis zwischen dem Allgemeinen und dem Besonderen als einen logisch-begrifflichen Bezug und das Verhältnis des G. zu seinen T., welches der Anschauung eignet. Raum und Zeit sind Quanta continua, «weil kein T. derselben gegeben werden kann, ohne ihn zwischen Grenzen (Punkten und Augenblicken) einzuschließen, mithin nur so, daß dieser T. selbst wiederum ein Raum, oder eine Zeit ist» [4]. Alle T. des Raumes bis ins Unendliche seien zugleich: d. h. die anschauliche Idee des ganzen Raumes ist auch dann immer gegenwärtig, wenn eine räumlich begrenzte Sache angeschaut wird. Der Raum ist ein G. und keine Zusammensetzung: kein Kompositum, sondern ein Kontinuum. Die T. des Raumes setzen nicht den Raum zusammen, sondern können nur «in ihm gedacht werden». Nicht ganz konsequent spricht Kant an anderer Stelle den Raum als ein Aggregat an, während die Zeit eine Reihe sei. Für den Raum sei die Koordination, für die Zeit die Subordination in Anspruch zu nehmen [5]. Der Raum sei kein Kompositum, sondern ein Totum [6]. – Zur Problematik des G. und seiner Teile gehören die Erörterungen der zweiten Vernunftantinomie, derjenigen, die den Streit um die Frage, ob eine zusammengesetzte Substanz in der Welt aus einfachen, letztlich unteilbaren Elementen besteht oder ob solche nicht existieren. Hier führt der Gedankengang zu der Unterscheidung zwischen einem G. aus Substanzen, «welches bloß durch den reinen Verstand gedacht wird», für welches die Leibnizsche Annahme gelten mag, daß wir zu seiner Zusammenstellung des absolut Einfachen bedürfen. Das gelte jedoch nicht vom «Totum substantiale phaenomenon», von der empirischen Anschauung eines Erscheinungs-G. [7]. Denn jede Erscheinung sei ein Zusammengesetztes, ein G. im Sinne eines Kompositums, aber nicht im Sinne eines endgültig Einfachen. Auf diese Weise wird sichtbar, daß der Begriff des G., wie ihn Kant im Bereich der Anschauung faßt, von demjenigen Ganzheitsbegriff verschieden ist, der im Bereich der Synthesis durch den Verstand auftritt. Der letztere faßt das G. immer als Zusammensetzung aus T., wobei folgende beiden Möglichkeiten existieren: entweder diejenige, welche durch die extensive Größe gegeben ist, in der «die Vorstellung der T. die Vorstellung des G. möglich macht (und also notwendig vor dieser vorhergeht)» [8], oder im anderen Falle, demjenigen der intensiven Größen, wird das G. der Erscheinung nicht aus Teilen zusammengesetzt, sondern geht diesem vorher. In ihr wird die Vielheit der zum G. gehörigen T. durch Einschränkung (Annäherung zur Negation) hergestellt. Das jedesmal durch eine Erscheinungssynthesis hergestellte relative G., welches sich im Verlaufe der Erfahrungsgeschichte ergibt, steht unter der regulativen Idee einer umfassenden systematischen Einheit der Erfahrung und vergegenwärtigt auf diese Weise das absolute Erfahrungs-G. Kant spricht von einer «einigen, allbefassenden Erfahrung», in der das Reale aller Erscheinungen gegeben sein müsse. Nichts kann für uns ein Gegenstand sein, das nicht den «Inbegriff aller empirischen Realität» als Möglichkeitsbedingung voraussetze. Die Kritik der Vernunft verlangt aber, daß wir uns vor dem von den dogmatischen Philosophen gemachten Fehler hüten, die «distributive Einheit» des Erfahrungsgebrauchs des Verstandes in die «kollektive Einheit eines Erfahrungs-G.» dialektisch zu verwandeln und dieses G. der Erscheinung dann als ein einzelnes Ding vorstellen, welches alle empirische Realität in sich enthalte [9]. So kann das G. der Erfahrung nur eine den Fortgang (Bewegung) des Erkennens regelnde Idee sein, welche Ausdruck des Bedürfnisses der Vernunft nach durchgängiger Einheit und Ganzheit des Weltzusammenhanges ist. Der «transzendentale Vernunftbegriff» ziele immer nur auf die absolute Totalität in der Synthesis der Bedingungen ab, anstatt jemals ein Unbedingtes in der Weise eines einzelnen empirischen Dinges zu denken. Die Vernunft überlasse es dem Verstande, die relativen, empirischen Erscheinungsganzheiten zu denken, und behält sich selbst die «absolute Totalität im Gebrauche der Verstandesbegriffe» vor [10]. Die Situation unseres menschlichen Denkens ist dadurch charakterisiert, daß wir inmitten des Spannungsfeldes zwischen zwei Ganzheiten stehen: Die eine Ganzheit, die Ergebnis jeweils einer im Bereich möglicher Erfahrung geschehenen Synthesis ist, steht uns «vor Augen»: sie hat phänomenalen Charakter. Die andere Ganzheit jedoch liegt «weit davon uns im Rücken»: sie hat rein intelligiblen Charakter und stellt die Idee einer systematischen Einheit der Erfahrung im G. dar. Auf diese Weise gerät die Idee des G. zugleich in die Nähe des Systembegriffes. In der Idee des G. setzt die Vernunft ihr letztes unüberbietbares Vermögen der Bildung von Einheit ein, in welcher der Zufall, der sich auch immer noch im Bereich der reinen Naturwissenschaft findet, keine Stelle mehr hat. Die Idee des G. der Welt, die zugleich das G. der Erkenntnis ist, «postuliert demnach vollständige Einheit der Verstandeserkenntnis, wodurch diese nicht bloß ein zufälliges Aggregat, sondern ein nach notwendigen Gesetzen zusammenhängendes System» wird [11]. Unsere subjektive Vernunft sei selbst ein System, allerdings nur im regulativen Sinne, in demjenigen also, demzufolge sie dem empirischen Weg des Verstandes Einheitsziele gibt. Die Ganzheit der Vernunft diene als «Maxime», die Idee des G. über «alles mögliche empirische Erkenntnis der Gegenstände zu verbreiten» [12]. Ganzheit, Systematik wird auch in einen Zusammenhang zur Architektonik der Vernunft gebracht. Die menschliche Vernunft sei ihrer Natur nach architektonisch, weil sie alle Erkenntnisse zugleich in den Rahmen eines möglichen Systems einfüge [13]. Ganzheit und System der Vernunft werden von Kant am Modell des Organischen beschrieben. Der hier waltende Charakter des «G.» ist der des Zweckes, um dessen willen die einzelnen Teile zusammengehalten werden: Das System der Erkenntnis duldet keine «zufällige Hinzusetzung». Das G. sei «gegliedert (articulatio) und nicht gehäuft (coacervatio)». Es könne zwar «innerlich (per intus susceptionem), aber nicht äußerlich (per appositionem) wachsen, wie ein tierischer Körper, dessen Wachstum kein Glied hinzusetzt, sondern, ohne Veränderung der Proportion, ein jedes zu seinen Zwecken stärker und tüchtiger macht» [14]. Für die Idee des systematischen absoluten G. ergibt sich aber auch eine Chance im Bereich der teleologischen Urteilskraft: Spricht diese nämlich die Sprache der reflektierenden Urteilskraft, dann vermag sie die Natur im G. unter dem Gesichtspunkt der Zweckmäßigkeit ebenso zu beurteilen und anzusprechen wie auch einzelne ihrer Gebilde: die Organismen. Der Organismus ist als eine Einheit zu beurteilen, deren T. sich dadurch zu einem G. verbinden, daß sie «voneinander wechselseitig Ursache und Wirkung ihrer Form sind». Auf solche Weise «ist es allein möglich, daß umgekehrt (wechselseitig) die Idee des G. wiederum die Form und Verbindung aller T. bestimme» [15]. So führt die Ganzheitsproblematik zum Begriff der «inneren Zweckmäßigkeit». In dem als G. beurteilten Organismus sieht die Vernunft ein Gegenbild ihrer eigenen Natur: Da sie selbst systematischer Verfassung ist, beurteilt sie das G. der Natur und die organischen Gebilde innerhalb der Natur als zweckmäßige Systeme. Die auch über die ‹Kritik der Urteilskraft› noch hinaus- und weiterführende Erfüllung der Aufgabe, die Transzendentalphilosophie vom Standpunkt des Vernunftsystems und der absoluten Einheit der Erfahrung her zu entwickeln, führt Kant zu den Überlegungen des ‹Opus Postumum›. Die Wege des «Übergangs», die Kant hier gehen will, wollen eine transzendentale Brücke herstellen, die von der reinen Vernunft und ihrem System mitten in den Bereich hinüberführt, der noch in der Vernunftkritik zum bloßen «Material», welches von Hause aus formfremd ist, gestempelt war, so daß die Empfindungssphäre selbst einen transzendentalen Charakter gewinnt. Auch die sensible Welt mitsamt ihrem transzendentalen Material findet sich dann bereits im Subjekt selbst angelegt, dessen transzendentales Leib-System nun Bedeutung gewinnt [16]. Hierfür ist eine Aussage repräsentativ, in welcher von der Möglichkeit gesprochen wird, die empirischen Vorstellungen «als Wahrnehmungen der Sinneobjecte an seinem eigenen körperlichen Subject in der Erscheinung auch als ein System welches sich a priori nach Art und Zahl specificiren läßt», aufzustellen und zu klassifizieren sowie einen Übergang zu «einem Gantzen ausserhalb dem Subject welches ihm selbst Erscheinung ist» zu vollziehen [17].

Die idealistischen Nachfolger Kants haben ihre Aufgabe darin gesehen, das Einzelne vom Standpunkt des G., des Vernunftsystems aus philosophisch zu beurteilen und zu beschreiben. So erklärt z. B. Schelling, daß «der besonderen Bildung zu einem einzelnen Fach» die Erkenntnis «des organischen G. der Wissenschaften» vorangehen müsse. Die Rolle der Kunst wird in dieser Philosophie darin gesehen, im einzelnen Kunstprodukt das G., welches die Philosophie spekulativ zu ergreifen hat, anschaulich zu machen. In einem Atem wird von Schelling die Philosophie als die Wissenschaft vom G. und zugleich als die «allgemeine» Wissenschaft bezeichnet [18]. Verwandt ist hiermit das «gegenständliche Denken» Goethes, der seinen eigenen Denkweg als «vom G. in die T. strebend» auffaßt.

Auch das dialektische Denken Hegels orientiert sich am Prinzip des G.; der Weg seines Denkens geht durch die Momente der Sache hindurch zum G. vor, in welchem er diese Momente aufzuheben bestrebt ist. Die Wahrheit der Sache ist für ihn das G. Das G. sei das Setzen seiner T. und bestehe umgekehrt aus ihnen. «Beide Seiten machen Ein und Dasselbe aus» [19]. Die empirischen Gegenstände finden sich als einzelne T. der Welt unmittelbar vor (sind vorhanden), schließen sich aber durch eine Reflexion in sich zum G. der an und für sich seienden Welt zusammen [20]. Das G. dürfe nicht auf die eine Seite, die T. nicht auf die andere Seite gesetzt werden, sondern «das ganze Verhältnis ist durch diese Gegenseitigkeit die Rückkehr des Bedingens in sich selbst, das nicht Relative, das Unbedingte» [21]. So sei die Wahrheit des Verhältnisses zwischen dem G. und den T. ihre beiderseitige Vermittlung: in der Richtung von Leibniz betont Hegel, daß sich diese Vermittlung als «Kraft» und ihre «Äußerung» erweise. Man verfehle die Wahrheit des Verhältnisses, wenn man das G. als Ergebnis der «Zusammensetzung» der T. auffasse, weil man dadurch die T. verselbständige und das G. zerstöre. «Das Verhältnis des G. und der T. ist ... das unpassendste für das Lebendige, oder wenn es nach diesem Verhältnisse betrachtet wird, wird es als todtes genommen, weil die Theile solcher Unterschiede sind, welche ein selbständiges Bestehen für sich haben sollen» [22].

Die Aufgabe, das G. in den «T.» zu vergegenwärtigen, wird in der Philosophie und Wissenschaft der Gegenwart von verschiedenen Ansätzen her als vordringlich angesehen. So sieht sich das physikalische Denken, welches in der «klassischen» Physik als Wortführer der bloß «gedankenlosen» (Hegel) Zusammensetzung der T. zum Kompositum aufgetreten ist, in ihrer modernen Form dazu veranlaßt, z. B. die einzelne physikalische Konstellation im Zusammenhang eines ganzen Geschehensverlaufes zu beurteilen. Zuweilen wird das G. gegenüber den T. dadurch ausgezeichnet, daß es als nicht dinglich faßbare Bewegung des Einigens der T. aufgefaßt wird [23]. Das Prinzip des G. wird z. B. in der von Aristoteles, Goethe und Kant her bestimmten Gegenstandstheorie GLOCKNERS als maßgebend für die Gegenständlichkeit überhaupt angesehen [24]. Auch Denker, welche im Umkreis der Husserlschen Phänomenologie philosophieren, orientieren sich am G., so z.B. HEIDEGGER, SZILASI, MERLEAU-PONTY [25]. Bei letzterem kommt das Prinzip des G. gemäß den letzten Ansätzen Kants im ‹Opus Postumum› als der Weltcharakter des als leiblicher Standpunkt existierenden geschichtlichen Wesens Mensch zur Geltung.

Auch in natur- und geschichtsphilosophischen Gedankengängen der Gegenwart, die von der marxistischen Dialektik her beeinflußt sind, spielt das Prinzip des G. unter den Namen der «Totalität» bzw. «Totalisierung» eine Rolle; diese Termini bezeichnen den dialektischen Schritt, der von einer Betrachtung der «Momente» zum Begriff des «G.» einer Sache führt [26].

Anmerkungen. [1] I. KANT, Träume eines Geistersehers... Akad.-A. 2, 315ff. – [2] Reflexionen. Akad.-A. 17, z. B. Nr. 3985. 3988. 3992. – [3] De mundi sensibilis atque intelligibilis forma et principiis. Akad.-A. 2, 385ff. – [4] KrV B 211. – [5] a. a. O. B 439f. – [6] B 466. – [7] B 470. – [8] B 203. – [9] Vgl. F. KAULBACH: Der philos. Begriff der Bewegung (1965) 216ff. – [10] KANT, KrV B 382. – [11] a. a. O. B 673. – [12] B 708. – [13] B 860ff. – [14] B 861. – [15] KU B 291. – [16] Vgl. F. KAULBACH: Leibbewußtsein und Welterfahrung beim frühen und späten Kant. Kantstudien 54 (1963) 464ff. – [17] KANT, Akad.-A. 22, 357. – [18] F. W. J. SCHELLING, Vorles. über die Methode des akad. Studiums 1, Werke, hg. SCHRÖTER 3, 233ff. – [19] G. W. F. HEGEL, Werke, hg. GLOCKNER 3, 177. – [20] a. a. O. 4, 642. – [21] 644. – [22] 6, 133. – [23] Vgl. KAULBACH, a.a.O. [9] 232ff. – [24] H. GLOCKNER: Gegenständlichkeit und Freiheit 1 (1963) 83f.; 2 (1966) 136f. – [25] M. HEIDEGGER: Sein und Zeit (1927); W. SZILASI: Philos. und Naturwiss. (1961); M. MERLEAU-PONTY: Phänomenol. der Wahrnehmung (dtsch. 1966). – [26] Vgl. K. MARX: Die Frühschriften (1953) 139f. 239; TH. W. ADORNO: Negative Dialektik (1966) 307ff.; Gesellschaft, in: Aufsätze zur Gesellschaftstheorie und Methodol. (1970) 138f.; M. HORKHEIMER: Krit. Theorie 2 (1968) 156f. 188; J.-P. SARTRE: Kritik der dialektischen Vernunft (dtsch. 1967) 46ff. 97. 717; K. KOSIK: Die Dialektik des Konkreten (1967) 37. 246.

Literaturhinweise. K. LASSWITZ: Gesch. der Atomistik vom MA bis Newton (1890). – H. DRIESCH: Die Summe und das G. (1921). – E. CASSIRER: Das Erkenntnisproblem in der Philos. und Wiss. der neueren Zeit 1-3 (1922). – R. LEINEN: Der Wille zum G. (1922). – K. FAIGL: Ganzheit und Zahl (1926). – H. HEIMSOETH: Met. der NZ, in: SCHRÖTER'sches Hb. (1929); Atom, Seele, Monade (1960). – D. MAHNKE: Unendliche Sphäre und Allmittelpunkt (1937). – A. VAN MELSEN: Atom gestern und heute (1957).   F. KAULBACH

V. Die *gegenwärtige Problematik* in der Frage nach dem Wesen der Ganzheit und nach dem Verhältnis des G. zu seinen T. ist nachhaltig durch die Beiträge bestimmt, welche die *Einzelwissenschaften* dazu geleistet haben.

1. *Physik, Biologie, Medizin.* In einem wenigstens anfänglichen und analogen Sinne versuchte man schon *anorganische Gebilde* (Atome: Z. BUCHER; Moleküle: A. MITTASCH; Sonnensysteme: N. HARTMANN; Landschaften: C.G. CARUS) als Ganzheiten zu denken. Neben J. REINKE (1849–1931) begründete vor allem H. DRIESCH (1867–1941), gestützt auf seine Versuche zur Keimesentwicklung der Echinodermen, eine ganzheitliche Auffassung des *Lebens*, den *Neovitalismus*. Die ganzheitsbestimmende Regenerationsfähigkeit des embryonalen Organismus kann nach ihm kausal-mechanisch nicht erklärt werden. Driesch sieht sich zur Einführung eines nicht-physikalischen, unräumlichen, teleologisch wirkenden Agens gezwungen, eines substanziellen Trägers der im «äquipotentiellen System» des Organismus wirkenden Ganzheitskausalität, den Driesch im Anschluß an Aristoteles ‹Entelechie› nennt. Die Ergebnisse der Ganzheitsbiologie und Ganzheitspsychologie (bes. auch des Naturphilosophen H. ANDRÉ) wurden durch VIKTOR V. WEIZSÄCKER (1886–1957) (beeinflußt von M. Scheler), V. E. v. GEBSATTEL, A. MÜLLER (gest. 1967), F. HUNEKE («Sekundenphänomen») u. a. für eine *ganzheitliche Medizin* fruchtbar gemacht; auch die durch S. Hahnemann begründete *Homöopathie* (Ähnlichkeitsgesetz: similia similibus curantur) versteht sich als Ganzheitsmedizin.

2. *Psychologie und Pädagogik.* Schon 1890 hatte der von F. Brentano und A. Meinong ausgehende CHR. V. EHRENFELS (1859–1932) die beiden «Ehrenfelskriterien» der *Übersummativität* und der *Transponierbarkeit* zur Bestimmung der *Gestaltqualität* aufgestellt. In den Untersuchungen der Berliner Schule (M. WERTHEIMER, K. KOFFKA, K. LEWIN, W. KÖHLER, heute auch W. METZGER und K. GOTTSCHALDT) und der Leipziger Schule (F. KRUEGER, O. KLEMM, H. VOLKELT, heute auch J. RUDERT, F. SANDER, E. WARTEGG und A. WELLEK) wurde die ältere Assoziations- und Elementenpsychologie wesentlich ergänzt und modifiziert, indem die seelischen Vorgänge als ganzheitlich strukturiert aufgewiesen werden konnten; Bedeutung erlangte auch die ganzheitliche *Persönlichkeitspsychologie* von W. STERN. Von diesen Ergebnissen, insbesondere zur Gestaltgenese und -reproduktion, ging dann die Entwicklung der *Ganzheitspädagogik* aus (J. WITTMANN, A. KERN, H. VOLKELT, F. SANDER), vereinigte sich mit den Bestrebungen der Dilthey-Sprangerschen Pädagogik und Gedankengängen der Romantik (W. v. HUMBOLDT), um nach der Unterbrechung durch das Dritte Reich in den Jahren nach 1950 endgültig zum Durchbruch und zu bis heute noch nicht grundlegend beeinträchtigter Geltung und Wirksamkeit zu kommen.

3. *Soziologie, Geschichts- und Kulturtheorie.* Von der Biosoziologie A. SCHÄFFLES (1831–1903) ausgehend und dessen Abkehr von der «Organismustheorie der Gesellschaft» mit vollziehend, unternahm es der Soziologe, Volkswirtschaftler und Philosoph O. SPANN (1878 bis 1950), die spezifische Ganzheitlichkeit des *subjektiven und objektiven Geistes*, der *Gesellschaft* und *Wirtschaft* aufzuzeigen. Im Anschluß an Platon, Aristoteles, die Scholastik, die Mystik Meister Eckharts sowie an Goethe und an den deutschen Idealismus (bes. A. Müller, F. v. Baader, Schelling und Fichte) konzipierte er (angeregt durch W. Dilthey) eine durchdifferenzierte ganzheitliche Kategorienlehre. In seinem System des kinetischen Universalismus beruht alle (soziale) Realität auf der «Ausgliederung» durch die höhere (überreale) Ganzheit (= objektiver Geist im Sinne Hegels). In seiner *ganzheitlichen Logik* suchte er eine nicht-kausale, ganzheitliche Methode für die Geisteswissenschaften zu be-

gründen, die von W. HEINRICH, L. GABRIEL, U. SCHÖNDORFER u. a. fortgeführt wurde. – Die *geschichtliche* Dimension der menschlichen Gesellschaft und *Kultur* wurde in der geschichtsphilosophischen These ganzheitstheoretisch dahingehend artikuliert, daß die Geschichte eine Abfolge von in sich geschlossenen Kulturgestalten sei (O. SPENGLER, O. ANDERLE). – Eine Ganzheit, die ihr Ganzheitsprinzip nicht in sich selbst, sondern (zumindest wesentlich auch) im freien Willen des Menschen hat, ist das (äußere) Werk der Kultur; ein Haus z. B. ist mehr als die Summe der Steine, ein Buch mehr als die Summe der Buchstaben, ein Satz mehr als die Summe der Worte (ganzheitliche Sprachtheorie), eine Melodie mehr als die Summe der Töne (ganzheitliche Musiktheorie). Der ganzheitliche Sinn besteht hier jeweils im Bezug auf den Menschen, der in die Ganzheiten als ihr Prinzip miteingeht.

4. *Die Anwendung des Ganzheitsbegriffs* (z. B. nach dem Typos der Ganzheitsbiologie) auf das Weltall wurde – zum Teil unter Berufung auf die ganzheitliche Natur- und Wirklichkeitsbetrachtung GOETHES, SCHELLINGS und der Romantik (NOVALIS) – besonders im sogenannten *Holismus* versucht (von griech. τὸ ὅλον, das G.). Er ging aus von J. CH. SMUTS, wurde dann von J. S. HALDANE und A. N. WHITEHEAD in England, A. MEYER-ABICH in Deutschland und von W. M. WHEELER in Amerika vertreten. Für den Holismus stellen alle Wirklichkeitsbereiche vollständige Ganzheiten dar, die einen Gesamtstufenbau bilden. Aus den komplexeren, höheren Ganzheiten können die einfacheren durch «holistische Simplifikation» (MEYER-ABICH) abgeleitet werden. Jeder Wirklichkeitsbereich ist durch «Komplementaritäten» gegliedert und durch «Kontingenzen» von den anderen getrennt. Der Erfahrung zugänglich sind jedoch nur partikuläre (transzendentale) Wirklichkeiten (Ganzheiten); die totalen (transzendenten) sind nur den Ideen (dem Denken) zugänglich.

Literaturhinweise. A. MEINONG: Psychol. der Komplexionen und Relationen (1891). – E. HUSSERL: Log. Untersuch. (1900/01, ⁵1968) II/1, 225-293: Zur Lehre von den G. und T. – H. DRIESCH: Der Vitalismus als Gesch. und als Lehre (1905); Philos. des Organischen (⁴1928); Die Maschine und der Organismus (1935). – H. HÖFFDING: Der Totalitätsbegriff (1917). – J. v. UEXKÜLL: Umwelt und Innenwelt der Tiere (²1921); Der Mensch und die Natur. Grundzüge einer Naturphilos. (1953); Grundfragen der psychosomat. Medizin (³1968). – J. HALDANE: Mechanism, life and personality (London ²1921). – O. SPANN: Der Schöpfungsgang des Geistes. Die Wiederherstellung des Idealismus auf allen Gebieten der Philos. (1928); Gesellschaftslehre (³1930); Der wahre Staat. Vorles. über Abbruch und Neubau der Gesellschaft (⁴1938); Kategorienlehre (²1939); Festschrift O. Spann: Die Ganzheit in Philos. und Wiss., hg. W. HEINRICH (1950); Naturphilos. = Gesamt-A. 15 (1963); Gesellschaftsphilos. a. a. O. 11 (1968). – A. WENZL: Der Gestalt- und Ganzheitsbegriff in der modernen Psychol., Biol. und Philos., in: Festschrift J. Geyser 1. 2 (1930). – F. KRUEGER: Das Problem der Ganzheit (1932); Lehre vom G. (1948). – O. KÖHLER: Das Ganzheitsproblem in der Biol. (1933). – H. SCHICKLING: Sinn und Grenze des arist. Satzes: «Das G. ist vor dem T.», in: Beitr. zur Erziehungswiss. H. 2 (1936) 1-85. – A. WELLEK: Das Problem des seelischen Seins. Die Strukturtheorie F. Kruegers: Deutung und Kritik (1941, ²1953). – A. MEYER-ABICH: Naturphilos. auf neuen Wegen (1948). – R. SCHUBERT-SOLDERN: Philos. des Lebendigen (1951). – W. WITTE: Zur Gesch. des psychol. Ganzheits- und Gestaltbegriffs. Stud. gen. 5 (1952) 455-464. – TH. HERRMANN: Problem und Begriff der Ganzheit in der Psychol. (1957). – W. HEINRICH (Hg.): Ganzheitliche Logik (1958). – F. FEIGL: Das Ganzheitsproblem der Natur 1 (1959). – F. MÄRKER: Weltbild der Goethezeit: Die Ganzheitsidee (1961). – W. SCHÖNFELD: Erfahrung und Ganzheit (1962). – E. NAGEL: Wholes, sums and organic unities, in: Hayden Coll. on sci. method and concept, hg. D. LERNER (New York 1963) 135-155. – H. U. v. BALTHASAR: Das G. im Fragment. Aspekte der Geschichtstheol. (1963). – A. KERN: Die Idee der Ganzheit in Philos., Pädag. und Didaktik (1965). –

L. GABRIEL: Integrale Logik. Die Wahrheit des G. (1965). – O. LANGE: Ganzheit und Entwickl. in kybernetischer Sicht (1966). – E. RAUSCH: Über Summativität und Nichtsummativität (²1967). – A. MÜLLER: Das Problem der Ganzheit in der Biol. (1967). – A. RIEBER: Vom Positivismus zum Universalismus. Untersuch. zu Entwickl. und Krit. des Ganzheitsbegriffs von O. Spann (1971).

H. BECK

Ganzheit

I. ‹G.› galt lange Zeit als einer der programmatischen Leitbegriffe *psychologischer* Schulrichtungen (G.-Psychologie; s. d.), die den «Atomismus», «Mechanismus», «Sensualismus» und «Subjektivismus» [1] der «Elementenpsychologie» der Ära W. WUNDTS [2] bekämpften.

Nach F. KRUEGER ist G. eine «Vernunftidee» [3], nach H. DRIESCH eine «Ursetzung» [4]; G. ist nach A. WELLEK «unableitbar», aber in der Ganzheitlichkeit des «Seins» und des «Erlebens» «aufweisbar» [5]. Zum Zwecke begrifflicher Bestimmung wird G. häufig der «Summe» (auch der bloßen Summe von Relationen zwischen Elementen) gegenübergestellt. Dieser Ansatz kann bis auf LAO-TSE zurückverfolgt werden: «Die Summe der Teile ist nicht das Ganze.» G. ist nach F. KRUEGER ein «geschlossenes Kraftsystem» [6]. Das Ganze, schreibt O. SPANN, «geht in den Teilen nicht unter», es ist «logisch» und «zeitlich» vor seinen Gliedern (Teilen); G.en «gliedern sich aus» [7]. Das Ganze «bestimmt» also das Dasein und Sosein seiner Glieder. F. KRUEGER und O. SPANN trennen G. (im Unterschied zu W. DILTHEY [8] und H. DRIESCH) begrifflich vom «Zweck» bzw. «Zweckzusammenhang».

Nach F. KRUEGER, A. WELLEK und anderen umfaßt der Begriff der G. 1. *Seins-G.en* (= «Strukturen»), und zwar a) *reale* G.en, z. B. «Person», «Wille», «Familie», und b) *ideale* G.en, z. B. «Zahl», «Tugend», «Kunstwerk» sowie 2. *Erlebnis-G.en,* und zwar a) Gestaltqualitäten, z. B. «Dreieck», «Melodie», und b) Ganzqualitäten (= Komplexqualitäten), z. B. «A-Dur-Charakter einer Melodie», «Sehnsucht».

Während die «Genetische G.-Psychologie» F. KRUEGERS und seiner Schule Gestalten als eine spezifische Untergruppe der Erlebnis-G.en bestimmt, werden in neueren gestalttheoretischen Darstellungen die Termini ‹Gestalt› und ‹G.› synonym verwendet (z. B. bei W. METZGER [9] und RAUSCH [10]). Der Ausdruck ‹G.› tritt immer dann an die Stelle des Terminus ‹Gestalt›, wenn die Vereinigung von Elementen in einem anschaulich zusammenhängenden Gebilde mit dadurch neu entstehenden Ganz- und Teileigenschaften betont werden soll.

Anmerkungen. [1] K. BÜHLER: Die Krise der Psychol. (²1929). – [2] W. WUNDT: Grundzüge der physiol. Psychol. (⁶1908-11). – [3] F. KRUEGER: Zur Philos. und G., hg. E. Heuss (1953). – [4] H. DRIESCH: Das Ganze und die Summe (1921). – [5] A. WELLEK: G.-Psychol. und Strukturtheorie (1955). – [6] F. KRUEGER: Entwicklungspsychol. der G. (1940). – [7] O. SPANN: Kategorienlehre (²1939). – [8] W. DILTHEY, Schriften 5 (1921ff.) 139ff. – [9] W. METZGER: Psychol. (³1963). – [10] E. RAUSCH: Das Eigenschaftsproblem in der Gestalttheorie der Wahrnehmung, in: Hb. der Psychol. I/1 (1966) 876ff.

Literaturhinweise. W. WITTE: Zur Gesch. des psychol. G.- und Gestaltbegriffes. Stud. gen. 5 (1952) 455ff. – TH. HERRMANN: Problem und Begriff der G. in der Psychol. (1957).

THEO HERRMANN

II. Als eine spezifische Art von G. kann die *geographische* gelten, die in der modernen Literatur eine (wenn auch nicht unbestrittene) zentrale Bedeutung gewonnen hat; «... es sind die Länder-(und Landschafts-)individuen, die man als Ganze auffassen will» [1]. Diese Ansicht scheint bereits in der Antike Vertreter gehabt zu haben, etwa in STRABO, wenn auch kaum im modernen Sinne.

Ins volle Bewußtsein der Erdkundler tritt sie mit der Begründung der wissenschaftlichen Geographie namentlich durch A. v. HUMBOLDT und C. RITTER. Der letztere betont die Notwendigkeit «ganzheitlicher» Betrachtung, so in der ‹Einleitung zu dem Versuch einer allgemeinen vergleichenden Geographie›: «Jede Betrachtung über den Menschen und über die Natur führt uns von dem Einzelnen zu seinem Verhältnisse mit dem Ganzen, von dem scheinbar Zufälligen zu dem wesentlich Gesetzmäßigen. Aus dem Einzelnen geht die volle Erkenntniß des Ganzen nicht hervor, wenn nicht auch dieses zugleich erkannt ist. Wie durch das Ganze erst der Theil gebildet wird, so löset sich auch in der Betrachtung durch das Gesetz erst das Besondere ab, und wird zum Einzelnen oder zum Individuum» [2]. Der Philosoph K. ROSENKRANZ formuliert, Ritter folgend, 1850: «Der orographische, hydrographische und organographische Factor (wozu noch der atmosphärische käme) treten in der Erdoberflächenbildung als relative Ganze zusammen, die wir Landschaften nennen. Die Bedingung der Landschaft ist 1) das besondere Formverhältniß des starren Elements zum flüssigen, 2) die Kerngestalt eines Landes. Diese Bedingungen, welche den Umriß des Ganzen ausmachen, heben sich 3) in dem ästhetischen Charakter der Landschaft auf», wobei Rosenkranz sowohl monotone als auch kontrastierende und harmonische (romantische) Landschaften unterschied [3]. Diese offenbar vornehmlich ästhetische Konzeption wurde namentlich gegen Ende des 19. und im 20. Jh. von der Geographie zur funktionellen transformiert. Die G. wurde als das «organische» Zusammensein und Zusammenwirken von Landschaftselementen (Boden, Gewässer, Luft, Pflanzen, Tieren, Menschen und Menschenwerken, wie Siedlungen, Verkehrswege usw.) in einem «offenen System» aufgefaßt, das Stoffe und Energien ständig ein- und austreten läßt (Landschaftsökologie) und das demgemäß ein «fließendes» oder «quasistationäres», sich aber auch wandelndes «Gleichgewicht» bildet. Mit den G.-Theoretikern anderer Wissenschaften (z. B. DRIESCH, EHRENFELS, KRUEGER) wurde dabei nachzuweisen versucht, daß auch die geographische G. «mehr als die Summe der Teile» repräsentiert und die «Teile im Gestaltzusammenhang etwas anderes sind als isoliert», außerdem, daß die Gestalt «transponierbar» sei [4]. Zu den Verfechtern der geographischen G. zählen prominente Empiriker, wie J. G. GRANÖ, A. HETTNER, F. HUTTENLOCHER, denen als Kritiker z. B. R. HARTSHORNE und W. GERLING gegenüberstehen. Diese betrachten entweder die Verwendung des G.-Begriffes in der Geographie als irrelevant oder lehnen sie völlig ab, weil nach ihnen das geographische Objekt mehr summenhaft als ganzheitlich sei. Vermittelnde Forscher (H. LAUTENRACH) sprechen von «starken Einheiten». Wie bei der aggregativen Konzeption bestehen Argumente sowohl für diese als jene Auffassung. Das Problem ist noch offen.

Anmerkungen. [1] A. HETTNER: Der Begriff der G. in der Geographie. Geogr. Z. 40 (1934) 141-144. – [2] C. RITTER: Einl. zur allg. vergl. Geogr. und Abh. zur Begründung einer mehr wiss. Behandlung der Erdkunde (1852) 10; der Aufsatz wurde 1818 geschrieben. – [3] K. ROSENKRANZ: System der Wiss. (1850) 319f. – [4] R. WÖRNER: Das geogr. G.-Problem vom Standpunkt der Psychol. aus. Geogr. Z. 44 (1939) 340-347.

Literaturhinweise. F. HUTTENLOCHER: G.-Züge in der modernen Geogr. Die Erde NF 3 (1925) 461-465. – W. VOLZ: Geogr. Ganzheitlichkeit. Ber. math.-phys. Kl. der sächs. Akad. Wiss. Leipzig 84 (1932) 91-113; G., Rhythmus und Harmonie in der Geogr. Erde (1951/52) 97-116. – J. G. GRANÖ: Geogr. G. Petermanns geogr. Mitt. 81 (1935) 295-302. – M. J. PETERSEN: Erdkunde als G.-Lehre. Die deutsche höhere Schule 3 (1936) 680-687. – P. BOMMERSHEIM: Von der Einheit der Wirklichkeit in der Heimat (1940). – R. HARTSHORNE: The nature of geogr. (1951) 265f. 274f.; Perspective on the nature of geogr. (1960) bes. 103ff. – E. NAGEL: On the statement ‹The whole is more than the sum of its parts› (1955). – G. DE JONG: Het karakter van de geogr. totaliteit (1955); Chronol. differentation as the fundamental principle of geogr. (1962). – W. GERLING: Der Landschaftsbegriff in der Geogr. Kritik einer Methode (1965) 15-30. – R. J. CHORLEY und P. HAGGET: Integrated models in geogr. (1969). – D. HARVEY: Explanation in geogr. (1969). – Zur Gesamtgesch. des Problems vgl. R. E. DICKINSON: The makers of modern geogr. (1969). – Vgl. auch Anm. [1-4].

E. WINKLER

Ganzheitsmethode. Die G. wurde als eine im Erstlese- und Erstrechenunterricht, aber auch in anderen Unterrichtsbereichen angewandte und weitverbreitete, jedoch nicht einheitlich anerkannte Unterrichtsmethode unter dem Einfluß von J. WITTMANN und A. KERN, der 1930 erstmals von einer ‹G.› sprach, in die Pädagogik eingeführt [1]. Ansätze zur G. gab es bereits im 18. Jh.; so führte F. GEDICKE 1791 eine von den elementistischen Verfahrensweisen abweichende «Normalmethode» als analytisch-synthetisches Verfahren ein. Im 16. Jh. hatte V. ICKELSAMERS ‹Ein Teutsche Grammatica› den Ausgang vom Wort statt von den Buchstaben empfohlen [2]. WITTMANN und KERN sind der Ganzheits- und Gestaltpsychologie verpflichtet. Die G. geht davon aus, daß sich die Unterrichtsgegenstände, z. B. die Schrift, den Schülern zunächst als relativ ungegliederte, aber in einem Sinnhorizont stehende Ganzheiten darbieten. Diese werden durch steten, methodisch gelenkten Umgang allmählich durchgegliedert und Einzelheiten (Teile) in ihrer Funktion und Stellung im Ganzen immer klarer erfaßt [3]. Mit der Fähigkeit, das Ganze durchzugliedern, pflegt der Drang zu erwachen, es in immer umfassendere Zusammenhänge einzuordnen [4]. Die G. kommt so der pädagogischen Forderung nach Selbsttätigkeit entgegen.

Anmerkungen. [1] J. WITTMANN: Theorie und Praxis eines ganzheitlichen, analytisch-synthetischen Unterrichts (1933); A. KERN: Ist unsere Lesemethode richtig? (1930). – [2] Vgl. E. SCHWARTZ: Der Leseunterricht (1964) 77. 79f. – [3] Vgl. B. BOSCH: Grundlagen des Erstleseunterrichts (²1949); A. und E. KERN: Praxis des ganzheitlichen Lesenlernens (¹²1964). – [4] Vgl. W. METZGER: Die Idee der Ganzheitlichkeit im psychol. Raum, in: Die Idee der Ganzheit in Philos., Pädag. und Didaktik, hg. A. KERN (1965).

CHR. SALZMANN

Ganzheitspsychologie bezeichnet im engeren Sinne die «Zweite Leipziger Psychologenschule» (auch «genetische G.» genannt), die von F. KRUEGER begründet wurde und zu deren Mitgliedern F. SANDER, H. VOLKELT, J. RUDERT und A. WELLEK gehörten. Im weiteren Sinne meint ‹G.› eine heterogene Gruppe psychologischer Schulrichtungen, die ihren Haupteinfluß zwischen beiden Weltkriegen im deutschsprachigen Bereich entfalteten und die sich in Frontstellung zur «Elementenpsychologie» der Ära W. WUNDTS entwickelt hatten. Dazu gehören – neben der «Leipziger Schule» – die (ehemals Berliner) «Gestalttheorie» M. WERTHEIMERS, W. KÖHLERS, K. KOFFKAS und ihrer Mitarbeiter, der «Personalismus» W. STERNS, aber auch die bereits kurz vor der Jahrhundertwende entstandene «Österreichische Psychologenschule» (CHR. V. EHRENFELS, A. HÖFLER, V. BENUSSI u. a.). Der «Atomismus», «Mechanismus», «Sensualismus» und «Subjektivismus» der «Elementenpsychologie» [1] wurde von diesen Schulrichtungen mit verschiedener Begründung und mit unterschiedlicher Akzentsetzung und Schärfe abgelehnt.

Gegenüber den Grundpositionen der «Elementenpsychologie» betonte die «genetische G.» F. KRUEGERS die «Ganzheitlichkeit» des Seelenlebens [2]; sie unterstellte «seelisches Sein» («Struktur»), das allen psychischen Phänomenen «denkend zugrunde gelegt» wird und diese «bedingt»; sie akzentuierte die Erforschung der «emotionalen» bzw. «irrationalen» Aspekte des Seelischen und beachtete bevorzugt die Entwicklung («Entfaltung») seelischen Seins und seelischer Phänomene [3]. Die «Gestalttheorie» M. WERTHEIMERS betonte gegenüber der «Elementenpsychologie» den «Systemcharakter» des psychischen Geschehens; psychische Phänomene resultieren nicht aus der Summierung bzw. Verknüpfung von «Elementen», sondern sind «übersummative» Gestalten bzw. Felder. Die «Systemeigenschaften» der Gestalten bestimmen die Beschaffenheit des «Einzelnen» (d. h. der Gestaltglieder, der Teile) [4]. Gestalten sind nach W. KÖHLER «unableitbar», sie bilden «natürliche Einheiten» [5]. Gestalten haben die autochthone Tendenz, in einen Optimalzustand zu gelangen («Prägnanztendenz»); die phänomenale Beschaffenheit der wahrgenommenen Welt ist schon deshalb nicht eindeutig durch die Merkmale der jeweiligen «physikalischen» Reizkonstellation bestimmt. Das Erlebte und die mit ihm korrespondierenden physiologischen Vorgänge und Zustände gelten als «gleichgestaltet» («Isormorphie-Prinzip»); zwischen Psychischem und Physischem besteht keine unilaterale Verursachungsrichtung. Beide Bereiche der Wirklichkeit sind nach denselben wissenschaftlichen Prinzipien zu erklären (z. B. Ablehnung spezifischer «psychischer Kausalität» und gestaltender Kräfte des «Ich») und mit denselben Methoden zu erforschen [6].

Der Grundlagenstreit zwischen Elementenpsychologie und G. im weitesten Sinne spielt in der Psychologie unserer Tage keine bedeutsame Rolle mehr. Viele wertvolle Erkenntnisse der G. sind zum Bestandteil moderner psychologischer Methodologie wie auch der heutigen Theorie- und Modellbildung geworden.

Anmerkungen. [1] K. BÜHLER: Die Krise der Psychol. (²1929). – [2] F. KRUEGER: Zur Philos. und Psychol. der Ganzheit, hg. E. HEUSS (1953). – [3] A. WELLEK: Die Wiederherstellung der Seelenwiss. im Lebenswerk F. Kruegers (1950); Die genetische G. (1954); G. und Strukturpsychol. (1955). – [4] M. WERTHEIMER: Über Gestalttheorie (1925). – [5] W. KÖHLER: Gestalt psychology (New York 1947). – [6] W. METZGER: Psychol. (²1954).
Literaturhinweise. W. STERN: Allg. Psychol. auf personalistischer Grundlage (²1950). – W. WITTE: Zur Gesch. des psychol. Ganzheits- und Gestaltbegriffes. Stud. gen. 5 (1952) 455ff. – TH. HERRMANN: Problem und Begriff der Ganzheit in der Psychol. (1957). – Vgl. Anm. [1-6]. THEO HERRMANN

Ganzqualitäten. Erlebnisverläufe sind nach Auffassung der genetischen Ganzheitspsychologie F. KRUEGERS [1] und seiner Schule (sukzessive) Ganzheiten, an denen man (als «phänomenale Gliedbestände») [1] Gestaltqualitäten und G. (= Komplexqualitäten) unterscheiden kann. Gestaltqualitäten sind «übersummativ», haben figuralen Charakter, sind «abgesetzt» (von einem Grund, Hintergrund) und (meist) «gegliedert» (z. B. Melodien, geometrische Figuren usf.). G. sind ebenfalls «übersummativ», aber gefühlsartig, eher «zuständlich» als «gegenständlich», nicht (figural) gegliedert, jedoch phänomenal nuanciert (differenziert); sie bilden meist den phänomenalen Hintergrund figuraler Gestaltqualitäten (z. B. Bedrohlichkeit einer Situation, A-Dur-Charakter einer Melodie, «Spitzigkeit» eines Dreiecks usf.). Gefühle sind die G. des jeweiligen «Erlebnistotals».

G. haben nach Krueger zeitlichen und «logischen» Primat vor den Gestaltqualitäten. So ist sowohl phylogenetisch als auch ontogenetisch frühes Erleben (bei Naturvölkern und Kindern) durch das Vorherrschen gefühlsartiger, komplexqualitativer Erlebnisweisen charakterisierbar [2]. Aber auch bei der aktuellen Entwicklung (der Aktualgenese nach F. SANDER [3]) einzelner Erlebnisse (vor allem bei Wahrnehmungs- und Problemlösungsvorgängen) sollen am Anfang G. dominieren, aus denen sich erst mit fortschreitender Erlebnisgenese Gestaltqualitäten «ausgliedern». Bei pathogenen Erlebnisänderungen (z. B. Agnosien) können komplexqualitative Gegebenheitsweisen (sog. «Vorgestalten») die («normale») gestaltqualitative Auffassungsweise ersetzen [4].

In der neueren Gestalttheorie wird der Begriff der G. teils mit dem der ‹Gestaltqualität› (Gestalteigenschaft, Gestaltbeschaffenheit) synonym verwendet, teils ihm aber auch untergeordnet. METZGER [5] gliedert die Gestalteigenschaften in drei Gruppen: 1. Struktur- und Gefügeeigenschaften (gerade, rund), 2. Ganzeigenschaften (Materialbeschaffenheiten oder stoffliche Eigenschaften, wie hohl, durchsichtig) und 3. Wesenseigenschaften (Ausdruckseigenschaften, wie freundlich, bedrohlich). Doch gleichzeitig – wohl bedingt durch die synonyme Verwendung der Begriffe ‹Ganzheit› (Ganzes) und ‹Gestalt› – gebraucht er ‹G.› zuweilen auch als weiteren Terminus für Gestalteigenschaft. RAUSCH [6] schlägt deshalb vor, ‹G.› und ‹Gestalteigenschaften› synonym zu verwenden und für die G. als Untergruppe der Gestalteigenschaften nur den Begriff ‹Materialqualität› zu benutzen. Er hebt hervor, daß die synonyme Verwendung von ‹G.› und ‹Gestalteigenschaften› eine Entwicklung der Gestalttheorie zum Ausdruck bringe, die neuerdings G. als korrelative Zusammenhänge von Ganz- und Teileigenschaften verstanden wissen will.

Anmerkungen. [1] F. KRUEGER: Zur Philos. und Psychol. der Ganzheit, hg. E. HEUSS (1953). – [2] F. KRUEGER: Über Entwicklungspsychol. (1915). – [3] F. SANDER: Funktionale Struktur, Erlebnisganzheit und Gestalt (1943). – [4] A. RÜSSEL: Zur Psychol. der opt. Agnosien. N. Psychol. Stud. 13 (1937) 1ff.; K. CONRAD: Über den Begriff der Vorgestalt und seine Bedeutung für die Hirnpathol. Der Nervenarzt 18 (1947) 289ff. – [5] W. METZGER: Psychol. (³1963) 62-73. – [6] E. RAUSCH: Das Eigenschaftsproblem in der Wahrnehmung. Hb. der Psychol. I/1 (1966) 876ff.
Literaturhinweise s. Art. ‹Ganzheit I›, ‹Ganzheitspsychol.› und Anm. [1-6]. THEO HERRMANN

Gattung, Genus (griech. γένος, lat. genus; das dtsch. ‹G.› hat CHR. WOLFF in die Logik eingeführt [1])

I. Als *philosophischer* Begriff wird γένος zuerst von PLATON verwendet, der im Rahmen der Problematik von Einheit und Vielheit, Sein und Werden durch seine Lehre von der wechselseitigen Verflechtung der fünf höchsten G. (μέγιστα γένη) Seiendes, Bewegung, Ruhe, Einheit, Verschiedenheit (ὄν, κίνησις, στάσις, ταὐτόν, θάτερον) eine Synthese von Parmenides und Heraklit intendiert [2]. Zum ausdrücklichen Grundbegriff der Logik wird ‹G.› bei ARISTOTELES, der ihre Bedeutung als allgemeiner Begriff und mögliches Prädikat für Definition, Einteilung und Klassifikation herausstellt. Er definiert: «G. ist, was von mehreren und der Art nach verschiedenen Dingen bei der Angabe ihres Was oder Wesens (ἐν τῷ τί ἐστιν) prädiziert wird» [3]. Diese Bestimmung hat PORPHYRIOS übernommen und durch seine systematische Explikation im Zusammenhang der Prädikabilien [4] für die gesamte spätere Logik bedeutsam werden lassen. So knüpfen sich an diesen Begriff nicht nur die logischen Schulprobleme von Überordnung und Unterordnung, von Inhalt und Umfang allgemeiner Begriffe, sondern ebenso jene ontologisch-metaphysischen Probleme der Realität und Geltung von universalen Prädikaten, die den Universalienstreit des Mittelalters hervorriefen. Die Fragen nach einer möglichen obersten G., nach einer möglichen untersten Art, nach einer fortschreitenden Einteilung des

Seienden, die nicht erst der Neuplatoniker Porphyrios behandelt, blieben nicht nur philosophieintern bestimmend, sie klingen noch in den Klassifikationsversuchen der beschreibenden Naturwissenschaften, insbesondere der Biologie, nach.

KANT nimmt insofern eine gewisse Sonderstellung ein, als er unbeschadet seiner im traditionellen Rahmen verbleibenden Definition von ‹G.› («der höhere Begriff in Rücksicht seines niederen» [5]) hinter dem logischen ein transzendentales Prinzip der G. als regulative Idee für den Verstandesgebrauch ansetzt, nach welcher «in dem Mannigfaltigen einer möglichen Erfahrung notwendig Gleichartigkeit vorausgesetzt [wird]» [6]. Dieses Prinzip der Homogenität [7] des Mannigfaltigen unter höheren G. «verhütet die Ausschweifung in die Mannigfaltigkeit verschiedener ursprünglicher G.» [8] und fordert als Repräsentant des Einheitsinteresses der Vernunft ein Voranschreiten des Verstandes zu immer höheren allgemeineren G., ohne jedoch im Erfahrungsgebrauch die jeweils oberste als absolut letzten systematischen Einheitsbegriff zu behaupten.

In der modernen klassenlogischen Interpretation verliert der G.-Begriff den ihm in der Tradition durchweg anhaftenden Charakter einer Wesensbestimmung und eines der Natur nach Früheren, indem das logisch-ontologische Überordnungsverhältnis ersetzt wird durch die mathematische Relation des Enthaltens: jede Klasse G, welche echte Teilklassen $A_1, A_2, ..., A_n$ besitzt, ist G. von $A_1, A_2, ..., A_n$; jede echte Teilklasse $A_1, A_2, ..., A_n$ ist Art von G. Mit anderen Worten: Jedes Element einer Klasse A' ist ein Element der Klasse G; und es gibt mindestens ein Element der Klasse G, welches nicht Element von A' ist.

Anmerkungen. [1] CHR. WOLFF: Vernünftige Gedanken von den Kräften des menschl. Verstandes ... (1713) c. 1 § 26ff. – [2] PLATON, Soph. 254 b ff. – [3] ARISTOTELES, Top. 102 a 31f. – [4] PORPHYRIOS, Isagoge 2. 8. – [5] KANT, Logik § 10. – [6] KrV A 654/B 682. – [7] A 658/B 686. – [8] A 660/B 688.

Literaturhinweise. C. PRANTL: Gesch. der Logik im Abendlande 1-4 (1855-1870; ND 1955). – R. J. AARON: The theory of universals (Oxford 1952). – J. M. BOCHEŃSKI: Formale Logik. Orbis academicus. Problemgesch. der Wiss. in Dokumenten und Darstellungen (1956). – W. und M. KNEALE: The development of logic (Oxford 1962). – B. VON FREYTAG-LÖRINGHOFF: Logik, ihr System und ihr Verhältnis zur Logistik (⁴1966). – A. MENNE: Einf. in die Logik (1966).   H. M. BAUMGARTNER

II. γένος ist ursprünglich (seit ARISTOTELES) auch in *biologischem* Sinne jede höhere zusammenfassende Gruppierung von εἴδη (und γένη), daneben als das populäre «Geschlecht», «Sorte» auch Terminus für das gewesen, was als Art galt [1]. In den Dichotomien PLATONS hatten für alle Stufen der Dihairesis γένος, εἶδος, ἰδέα, φύσις und μέρος gleichwertig nebeneinander gestanden [2], wenn auch Formulierungen zeigen [3], daß schon für ihn γένος Terminus für die relativ übergeordnete, εἶδος für die relativ untergeordnete Einheit sein konnte. Dieser relative Gebrauch (γένος zerfällt in εἴδη, die gegenüber den nächst tieferen εἴδη wieder als γένη fungieren) spiegelt sich in Buchtiteln (Περὶ γενῶν καὶ εἰδῶν) von SPEUSIPP [4] und XENOKRATES [5] und findet sich auch in den nicht-dichotomischen Dihaireisis bei ARISTOTELES [6] und THEOPHRAST; beide bezeichnen jedoch höhere Gruppen auch absolut neben γένος mit εἶδος («Form») als Terminus für «morphologische Typen», die ARISTOTELES zu γένη zusammenfaßte [7] (bei THEOPHRAST für ‹Art› neben εἶδος und γένος vereinzelt noch ἰδέα [8], φύσις [9] und μέρος [10]). Diese terminologische und begriffliche Mehrschichtigkeit [11] vermeidet ARISTOTELES fast nur in theoretischen Abschnitten über die Dihairesis des Tierreiches [12]: Hier steht für jede zusammenfassende höhere Gruppierung γένος, εἶδος dagegen stets absolut für die kleinste Gruppe «Art»; doch erst nach der Zeitenwende (DIOSKURIDES), beginnt die Terminologie sich in diesem Sinne zu verfestigen: ATHENAIOS spricht von den εἴδη zweier γένη bei Aristoteles [13], die dieser noch als γένη bezeichnet hatte [14].

ARISTOTELES und THEOPHRAST wollten weder zu diagnostischen noch zu systematischen Zwecken «Arten» unterscheiden und bestimmen, sondern allein im Rahmen ihrer Naturphilosophie eine Aitiologie für die Formen und die Formenfülle der beiden Reiche geben [15] und dazu das Material nach vorwiegend morphologisch-phänomenologischen Gesichtspunkten sammeln [16]. Um dabei nicht oft dasselbe wiederholen zu müssen [17], wird zu Gruppen zusammengefaßt, was die ins Auge gefaßten Teile, Organe und körperlichen Eigenschaften, Lebensweisen und -räume, Fortbewegungsarten bzw. Vermehrungs- und Zeugungsarten jeweils gemeinsam haben. Es entstehen so mehr oder weniger umfassende «morphologische Typen» bzw. «biologische Gruppen» der verschiedensten Art, die sich nur zu einem geringen Teil miteinander decken und auch jeweils nicht erfaßbare Zwischengruppen übrig lassen [18]. Die wichtigste Unterteilung ist für beide allerdings jene nach typologischen Gesichtspunkten; hier sprechen sie auch, meist im Anschluß an volkstümliche Sammelbegriffe, von μέγιστα γένη (bzw. εἴδη bei THEOPHRAST [19], der speziellere Typen μέγιστα γένη nennt [20]): Vögel, Fische, Wale, Schaltiere, «Weichschaligen», «Weichtiere» und «Insekten», von den «Bluttieren» die «lebendgebärenden» und die «eiergebärenden Vierfüßler» bei ARISTOTELES [21] – auf derselben typologischen Stufe stehen γένη, die nur «Arten», keine G.» bzw. ἀνόμοια εἴδη [22] enthalten oder selbst schon eine «Art» darstellen wie die «Art» Mensch [23] –, Bäume, Sträucher, Halbsträucher und Kräuter bei THEOPHRAST [24]. Sie gelten als Typen, die nur die meisten oder viele Tiere bzw. Pflanzen charakterisieren sollen [25] und auch typologische «Zwitter» nicht ausschließen [26]. Auf sie folgen bei ARISTOTELES oft als Beispiele bereits seine «Arten», doch zeigt der Zusatz μέγιστος, daß zwischen beiden theoretisch stets kleinere γένη («G.») anzusetzen sind; denn die Teile und Organe der Tiere und Pflanzen sollen entweder «analog» sein (κοινὰ κατ'ἀναλογίαν: Flügel/Flossen, Stamm/Stengel usw.) (= μέγιστα γένη) oder «ähnlich» (κοινὰ κατὰ γένος, ὅμοιος) mit nur graduellen morphologischen Unterschieden [27] oder «gleich» (κοινὰ κατ' εἶδος) [28]. Zu solchen «G.» werden innerhalb eines μέγιστον γένος «Arten» mit ähnlichem Gesamthabitus zusammengefaßt, ohne daß sie oft vorerst als γένη bezeichnet und fixiert werden können [29], weil der Sprache noch Sammelnamen fehlen: sie sind (ἑνὶ ὀνόματι) ἀνώνυμα [30]. Erst THEOPHRAST bildet dann häufiger einheitliche künstliche Sammelnamen, meist Adjektiva auf -οειδής und -ώδης [31], wobei der bekannteste Vertreter mit seinem Namen gleichzeitig die ganze «G.» (etwa ναρθηκώδη) charakterisiert. Es fehlen jedoch einheitliche Kriterien zur Abgrenzung solcher «G.», die wie die antiken «Arten» relative Gruppierungen verschiedenen Differenzierungsgrades bleiben. Ein geschlossenes taxonomisches System lag auch außerhalb der Absichten, ja des Bewußtseins der Antike, obwohl sie der Neuzeit Anregungen zu derartigen Versuchen gegeben hat.

Anmerkungen. [1] ARISTOTELES, Hist. animal. (= HA) VI, 20, 574 a 16; IX, 44, 629 b 33; De gen. animal. (= GA) II, 7,

746 b 19; vgl. H. BONITZ: Index Aristotelicus (1870) 151 b 35ff.; THEOPHRAST, Hist. plant. (= HP) I, 8, 2; 9, 3; II, 2, 4; 6, 6-8. 10f.; 8, 2; VI 2, 1, 4f. 7; 5, 3 u. ö. – [2] PLATON, Soph. 219 a ff.; Polit. 260 e ff. – [3] Soph. 220 a 8f. – [4] DIOG. LAERT. IV, 5. – [5] a. a. O. IV, 13. – [6] ARIST., Phys. V, 4, 227 b 9ff.; HA I, 6, 490 b 31ff.; BON. 151 b 54ff. – [7] HA I, 6, 490 b 17. 19. 31; II, 15, 505 b 31; IV, 1, 523 b 13; 7, 531 b 21; HP I, 3, 1 u. ö. – [8] THEOPHR., HP I, 1, 4f.; VI, 2, 7. – [9] HP VI, 3, 1; vgl. EPIKRATES, Frg. 11 = II, 287 (KOCK). – [10] THEOPHR., HP VI, 1, 2. – [11] bes. auffallend HP VI, 1, 2. – [12] Vgl. D. M. BALME: EIDOS and GENOS in Aristotle's biol. Class. Quart. NS 12 (1962) 81-98. – [13] ATHENAIOS, Deipnosoph. IX, 393f.; VII, 318 e. – [14] ARIST., HA V, 13, 544 b 1; vgl. VIII, 3, 593 a 15f.; IV, 1, 523 b 29; 525 a 13; X, 37, 622 a 14; De part. animal. (= PA) IV, 9, 685 b 13. – [15] PA; GA; De motu animal.; De causis plant. – [16] HA; vgl. I, 6, 491 a 7ff.; HP. – [17] PA I, 4, 644 a 34ff. – [18] z. B. HA II, 14, 505 b 5ff.; VIII, 1ff.; PA IV, 13f., 697 a 15ff. – [19] THEOPHR., HP I, 3, 1. – [20] HP VIII, 1, 1; vgl. ARIST., PA IV, 8, 683 b 26. – [21] ARIST., HA I, 6, 490 b 7ff.; IV, 1, 523 b 1ff.; II, 15, 505 b 25ff. – [22] HA IV, 1, 523 b 12f.; vgl. I, 6, 490 b 16f. – [23] a. a. O. [21]. – [24] a. a. O. [19]. – [25] Vgl. z. B. PA IV, 5, 681 a 35ff.; HA IV, 5f. – [26] Außer den Belegen a. a. O. [20ff.] vgl. z. B. HA II, 8f.; HP I, 3, 2ff.; VI, 6, 1. – [27] Vgl. Artikel ‹Art II› = GÉNE. – [28] ARIST., PA I, 5, 645 b 20ff.; I, 4, 644 a 12ff.; HA I, 1, 486 a 5-487 b 10; I, 2, 488 b 30ff.; II, 1, 497 b 32ff.; THEOPHR., HP I, 1, 4ff.; 2, 3; III, 8, 1 u. ö. – [29] Vgl. ARIST., HA II, 8f., wo die Affen nur aufgezählt werden. – [30] BONITZ, a. a. O. [1] 69 b 4ff. – [31] Vgl. L. HINDELANG: Sprachl. Untersuch. zu Theophrasts botanischen Schriften (1910) 167-169.

Literaturhinweise. P. LOUIS: Remarques sur la classification des animaux chez Aristote. Autour d'Aristote... Recueil d'Études à Mansion (Löwen 1955) 297-304. – G. E. R. LLOYD: The development of Aristotle's theory of the classification of animals. Phronesis 6 (1961) 59-81. – D. M. BALME s. Anm. [12]. – Vgl. Lit. zu Artikel ‹Art II›.   F. KRAFFT

III. Materielle Voraussetzung für die Entwicklung des *naturwissenschaftlichen* G.-Begriffs in der *Neuzeit* war die erweiterte Kenntnis einzelner Pflanzen und Tiere, die sich vor allem dem Interesse der Mediziner an Botanik und Anatomie verdankt. Ein Beleg dafür ist, daß die ersten Werke, die Kriterien für die botanische Klassifikation entwickelten, Kräuterbücher sind. Die Fortschritte der Klassifikation in Botanik, Anatomie und Zoologie wurden aber auch von den humanistischen Lexikographen durch die Genauigkeit ihrer Beobachtungsglossen zu den Klassikern der antiken Naturkunde (Aristoteles, Theophrast, Dioskurides, Plinius) gefördert. Das Studium der zoologischen Werke des Aristoteles führte zu genauerer Naturbeschreibung und weiterer Forschung. Dabei diente seine Klassifikation, die von Albertus Magnus übernommen und von der Oxforder Schule weiterentwickelt worden war, als Grundlage. Im 16. Jh. wurde sie von E. WATTON in eine neue, den damaligen Erkenntnissen angepaßte Form gebracht [1].

Zwei Hilfsmittel dienen ARISTOTELES für die Einteilung der Lebewesen: die Sprache und der Ähnlichkeitsvergleich. Erst nachträglich sucht man dann nach wesentlichen Merkmalen der dadurch gefundenen Gruppen. Die Bedeutung der Sprache für die aristotelische Klassifikation betraf vor allem die Definition der verschiedenen G. Der Ähnlichkeitsvergleich geschah mit Hilfe der Kategorien der G. (γένος) und der Art (εἶδος). Diese gaben aber nur relative Beziehungen an, d. h. eine Subordination zwischen zwei Formenkreisen. Die Crustaceen stellen z. B. gegenüber der einzelnen Krebsart eine G. dar, gegenüber dem Oberbegriff der blutlosen Tiere dagegen gelten sie als Art. Durch diese Schwierigkeit war Aristoteles zu einer drei- bis viergliedrigen Abstufung des G.-Begriffes gezwungen: Er unterschied neben der untersten G. eine grobe G. (γένος μέγα) und sogar eine größte G. (γένος μέγιστον). Um das Wesensmerkmal einer Gruppe zu erhalten, verfuhr Aristoteles nicht wie PLATON dichotom zergliedernd [2], sondern bestimmte dieses unter gleichzeitiger Berücksichtigung vieler diagnostischer Merkmale. Die Einteilung sollte dann aufgrund der substantiellen und nicht der akzidentellen Eigenschaften geschehen [3].

Bei den *Kommentatoren* hatten sich dann – entsprechend der Möglichkeit, nach substantiellen oder akzidentellen Merkmalen zu klassifizieren – zwei biologische Theorien ausgebildet, die in der Neuzeit weiterwirkten. Nach der einen besteht das Gesamt der Organismen aus einer Mannigfaltigkeit verschiedener G. und Arten in hierarchischer Gliederung mit einer verhältnismäßig großen Diskontinuität zwischen den einzelnen Gliedern, während sich nach der anderen die Lebewesen als Glieder einer großen Kette darstellen, die sich in unmerklichen Übergängen kontinuierlich aneinanderreihen. Besonders in der *arabischen* Biologie spielte die zweite Lehre eine Rolle [4]. Diese Betrachtungsweisen über das Verhältnis des organischen Naturgesamt zu seinen einzelnen Gliedern unter dem Gesichtspunkt entweder der Kontinuität oder der Diskontinuität führten in der Neuzeit zu zwei möglichen Klassifikationsweisen, aus denen sich die sogenannten künstlichen bzw. natürlichen Systeme ergaben. Die *künstlichen* Systeme teilen die Organismen aufgrund von Ähnlichkeiten in gut unterscheidbare hierarchisch gegliederte diskontinuierliche Gruppen. Zur Bestimmung einer G. reichen nur wenige oder sogar nur ein einziges charakteristisches Merkmal aus, z. B. die Beschaffenheit der Fortpflanzungsorgane. Bei den *natürlichen* Systemen dagegen dienen zur Feststellung der Ähnlichkeit bzw. der Verwandtschaft zwischen den einzelnen Organismen einer Gruppe möglichst viele Merkmale, und als Gruppen werden solche Einheiten angesehen, unter deren Gliedern eine enge Beziehung erkennbar ist.

So klassifiziert A. CESALPINUS 1583 alle Pflanzen nach Anzahl, Stellung und Gestalt der Fruchtteile mit Berücksichtigung von Wurzel, Stengel und Blatt bei den Unterteilungen und bezeichnet diese als substantielle Verschiedenheiten, wogegen er die ehemals qualitativen Kriterien Farbe, Geruch und medizinische Eigenschaften als akzidentell ansieht. Ausgehend von der «anima vegetativa» als dem Lebensprinzip der Pflanze, als deren Telos die Ernährung erscheint, dient ihm diese als Haupteinteilungskriterium. Die oberste Einteilung erfolgt daher nach der Natur der nährstoffhaltigen Stengel und ergibt die beiden Klassen der Holzpflanzen und Kräuter. Innerhalb dieser Gruppen wird weiter nach fruchttragenden Organen unterteilt, weil die Zeugung neben der Ernährung als wichtigste Tätigkeit der anima vegetativa aufgefaßt wird. Für Cesalpinus sind daher nur Pflanzenteile, die der Erzeugung dienen, geeignet, G.-Unterschiede zu konstituieren, also die Fortpflanzungsorgane und die Frucht. Die Einteilung in G. geschieht nach der Ähnlichkeit bzw. Mannigfaltigkeit der Fruchtbildung [5].

Bei Cesalpinus' Schüler J. JUNGIUS kommt der differenzierte logische Apparat der Spätscholastik in der genauen Definition von Pflanzenteilen zum Tragen [6] und wird für die Begründung einer vergleichenden Morphologie wichtig. Diese ist ihrerseits Voraussetzung dafür, daß die natürliche Klassifikation sich gegenüber den im 16. Jh. entwickelten künstlichen Klassifikationen auf die Dauer durchsetzt.

Obwohl sich nachweisen läßt, daß schon im 15. Jh. erstmals eine binäre Systemnomenklatur benutzt wurde, finden sich noch im 17. Jh. bei C. BAUHIN gelegentlich quaternäre Ausdrücke, z. B. «equisetum palustre brevioribus setis» [7]. Endgültig setzte sich die binäre Nomenklatur mit LINNÉ durch, der diese Klassifikation auf alle Naturreiche ausdehnte. Der sprachliche Faktor in der Definition der G. spielt bei der Benennung der Lebewesen noch Ende des 17. Jh. eine Rolle. So heißt in P. PITTON DE TOURNEFORTS ‹Eléments de botanique› (1694), die 500 G. behandeln: «während Adam alle Tier-G. endgültig benannt hat, sind wir hinsichtlich der Pflanzen frei» [8]. Trotzdem sei bei den Pflanzennamen zu beachten, daß der Schöpfer den Pflanzen-G. einen durchgehenden Charakter gegeben bzw. ihn allen unter eine G. fallenden Arten eingeprägt (imprimé) habe [9]. Daher will Pitton als wesentliches Kennzeichen jeder G. auch nur den Charakter angeben, durch den sie sich von allen anderen unterscheidet. Als Prinzip gilt ihm dabei die Ausdrucksähnlichkeit der nächsten Beziehung und die Vernachlässigung entfernterer Beziehungen, wie z. B. des Standorts und der medizinischen Wirkungen. Als Kriterium dient wie bei Cesalpinus die Struktur der Blüten und Früchte, während die anderen Teile, wie Wurzeln, Blätter und Zweige, nur aushilfsweise herangezogen werden. Als Glieder einer G. sind diejenigen anzusprechen, bei denen dieselbe Struktur der Teile vorliegt. Im Rahmen der Entwicklung einer vergleichenden Morphologie nach Jungius brachte P. MAGNOL als erster die Existenz genealogischer Verwandtschaft durch den Begriff der sogenannten nächsten Verwandtschaft ins Spiel. Als Ausdruck einer solchen realen Verwandtschaft führte er gegenüber dem Begriff G. den der Familie ein [10].

In der Zoologie führte das Aufsuchen realer Verwandtschaften durch M. MALPIGHI – im Zusammenhang mit dem Gedanken der Lebenskette – zur Entdekkung der Methode, alle Lebewesen in aufsteigender Reihe zu ordnen. Ausgangspunkt dafür waren die Blutkreislauftheorie Harveys und das Atmungsproblem. Als empirische Grundlage dienten Malpighi mikroskopische Untersuchungen von Kapillaren. Prinzip war die Ähnlichkeit von Organen [11].

Durch die Konzipierung des Begriffes der natürlichen Verwandtschaft begann bereits die Auflösung des statischen G.- und Artbegriffes, wie ihn vor allem LINNÉS Forderung der Artenkonstanz und sein auf ihr beruhendes künstliches System repräsentieren. Dynamisiert wurde der G.-Begriff aber endgültig durch die im Gefolge der romantischen Naturphilosophie sich durchsetzende phylogenetische Betrachtungsweise, welche die realen Verwandtschaftsbeziehungen nun zeitlich deutet und aus Abstammungsverhältnissen erklärt. Grundlage dafür war das Verständnis der G. als Inbegriff der durch gemeinschaftliche Merkmale zu einer engeren Klasse gehörenden ausgezeichneten Arten von Organismen und die Beobachtung, daß Organismen einer solchen G. sich niemals mit denen einer anderen G. begatten, öfters dagegen untereinander (z. B. Esel und Pferd). Andererseits wurde gerade durch phylogenetische Überlegungen der G.-Begriff immer enger gezogen. Dadurch gerieten Tiere, die früher zur gleichen G. gerechnet wurden, in zwei verschiedene G., obwohl sie an sich leicht miteinander bastardieren. Es stellte sich mit der Zeit heraus, daß streng systematische Einteilungseinheiten wie G. und Art und die Unterscheidung zwischen ihnen sich nicht aufrechterhalten ließen. Gerade diese auf realen Übergängen beruhende Unsicherheit in der Klassifikation bildet für die Abstammungslehre ein Kriterium ihrer Belegbarkeit auch vom Standpunkt des Systematikers aus, so daß das natürliche System der Pflanzen nunmehr als Versuch erscheint, «den Stammbaum aus den jetzt noch lebenden Formen zu rekonstruieren» [12]. Schon DARWIN erkannte die Schwierigkeit einer klaren Abgrenzung von systematischen Einheiten [13]. Dadurch wurde aber auch der G.-Begriff zu einer bloßen Konvention, weit entfernt von dem, was noch Pitton darunter verstanden hatte. Heute ist er nur mehr durch operationale Definitionen festzulegen, d. h. durch eine Anzahl künstlicher bereichs- und zeitbestimmter sowie transformationsfähiger Erfahrungssätze, die vor allem auf paläontologischen Funden sowie auf der morphologischen und ontogenetisch-embryologischen Ähnlichkeit der Individuen beruhen und es gestatten, den genealogischen Zusammenhang im einzelnen zu ermitteln [14]. Durch diese nominalistische Präzisierung des Gruppenbegriffes ‹G.› ist man in der Lage, das Alter einiger G. anzugeben. Dabei ist zu sagen, daß das G.-Alter im allgemeinen jeweils etwa dem Zehnfachen des Alters der Arten entspricht. Die metaphysische Grundlage des zeitlich-dynamischen Zusammenhanges der G. mit den Arten hatte bereits A. V. BRAUN im 19. Jh. formuliert: «Wie sich das Individuum realisiert durch eine zeitliche Sukzession von Bildungen und räumlicher Teilung in untergeordnete Glieder ..., so realisiert sich als weiteres übergeordnetes Ganzes die G. durch den Kreis ihrer Arten» [15].

Anmerkungen. [1] E. WATTON: De differentiis animalium (Paris 1552). – [2] PLATON, Polit. 265 b-266 a; vgl. Art. ‹Dichotomie›. – [3] ARISTOTELES, Hist. an. I, 6, 490 b 7-491 a 26; De part. an. I, 3, 642 b 21-644 a 11. – [4] F. DITERICI: Die Philos. der Araber im 10. Jh. (1875-1879) 1, 141; 2, 24f. 43. – [5] A. CESALPINUS: De plantis (Florenz 1583) I, 13f. – [6] J. JUNGIUS: Isagoge phytoxopica (Hamburg 1638). – [7] C. BAUHIN: Pinix Theatri botanici (Basilea 1623) – [8] P. PITTON DE TOURNEFORT: Eléments de botanique 1-3 (Paris 1694) zit. 1, 2f. – [9] Vgl. Gen. I, 12. 29; II, 5. – [10] P. MAGNOL: Prodromos hist. gen. plantarum (Montpellier 1689). – [11] M. MALPIGHI: Anatome plantarum (London 1675); La structure du ver à soie (Paris 1686). – [12] S. STRUGGER: Biol. 1: Botanik, in: Fischer-Lex. (1962) 127f. – [13] CH. DARWIN: Essai zur Entstehung der Arten, hg. H. M. NOBIS (1971) 17. – [14] Zur palingenetischen Rekapitulation vgl. W. ZIMMERMANN: Die Phylogenie der Pflanzen (1930); Evolution. Die Gesch. ihrer Probleme und Erkenntnisse (1953); A. N. SEWERTZOFF: Über die Beziehung zwischen Ontogenese und Phylogenese der Tiere. Jen. Ztg. Nat.wiss. 63 (1927) G; B. RENSCH: Neuere Probleme der Abstammungslehre (1947, ²1954). – [15] A. V. BRAUN: Das Individuum der Pflanze in seinem Verhältnis zur Species (1853) 345.

Literaturhinweise. A. N. SEWERTZOFF s. Anm. [14]. – W. ZIMMERMANN s. Anm. [14]. – ST. F. MASON: Gesch. der Naturwiss. in der Entwickl. ihrer Denkweisen, dtsch. hg. B. STRICKER (1961). – S. STRUGGER s. Anm. [12]. – H. M. NOBIS: Die Umwandlung der mittelalterl. Naturvorstellung. Ihre Ursachen und ihre wissenschaftsgesch. Folgen. Arch. Begriffsgesch. 13 (1969) 43. 50; Darwins erster Entwurf zur Entstehung der Arten. Ideengesch. Hintergründe, methodol. Voraussetzungen, gesellschaftspolit. Folgen. Einf. in: CH. DARWIN: Essai zur Entstehung der Arten, dtsch. hg. H. M. NOBIS (1971).   H. M. NOBIS

Gebärde, Gebärdensprache. ‹Gebärde› (G.) (von ahd. ‹gibârida›), wie das Äquivalent des romanischen Sprachstamms ‹Geste› auf ‹tragen› (gerere/bher) zurückweisend, wird in der älteren Ausdruckspsychologie zu den Ausdrucksbewegungen der Gliedmaßen und des gesamten Körpers (Pantomimik), insbesondere jedoch der Hände (Gestik), gerechnet. Die früheste Erörterung der G. in der neueren Zeit findet sich bei J. J. ENGEL, der – unter Rückbezug auf Cicero – auch schon im Prinzip die Einsicht in die Doppelnatur der G. als einerseits signifikativem (sprachlichem), andererseits expressivem Organon zugrunde legt [1]. In der klassischen Psychologie hat sich am ausgiebigsten W. WUNDT mit der G. befaßt, ihren Sprachcharakter betont («G.-Sprache»), sie zugleich aber als «Ausdrucksbewegungen» aufgefaßt, was lange Zeit fortwirkte [2]. Die jüngere Ausdruckspsychologie unterscheidet an allen Arten von G. jeweils deren signifikativen (darstellenden, zeigenden, zeichnenden, nachbildenden usf.) *Was*-Anteil von deren expressivem *Wie*-Anteil und sieht demgemäß die G.-Sprache in struktureller Analogie zur Lautsprache: Laut- wie G.-Sprache weisen, bei Verschiedenheit des Mediums (akustisch/optisch), jeweils ein Signifikativ-Profil (Zeichenanteil) und ein Expressiv-Profil (Ausdrucksanteil) auf.

Anmerkungen. [1] J. J. ENGEL: Ideen zu einer Mimik 1. 2 (1785/86). – [2] W. WUNDT: Völkerpsychol. I: Die Sprache 1. Teil (⁷1911) 143–258.

Literaturhinweise. L. KLAGES: Grundlegung der Wiss. vom Ausdruck (⁷1950). – R. KIRCHHOFF: Allg. Ausdruckslehre (1957); Vom Ausdruck des Menschenblicks. Studium generale 13 (1960) 585–606; Methodologische und theoretische Grundprobleme der Ausdrucksforschung. Studium generale 15 (1962) 135–156. – Hb. Psychol. 5; Ausdruckspsychol., hg. R. KIRCHHOFF (1965) Kap. 2. 4. 9.
R. KIRCHHOFF

Gebot (mhd. gebot). Dieser Begriff hat seine grundsätzliche und damit philosophisch relevante Bedeutung durch die christliche Moral erhalten, indem durch und seit LUTHER der in der Bibel zentrale Begriff ἐντολή mit ‹G.› übersetzt wurde. Im Griechischen entspricht ihm außerdem auch πρόσταγμα, das bei PLATON [1] und in vereinzelter Formulierung auch bei den *Stoikern* – in der Verbindung νόμου πρόσταγμα [2] – vorkommt. In der Vulgata ist ἐντολή gewöhnlich mit *mandatum*, gelegentlich (Mark. 10, 5) aber mit *praeceptum* übersetzt. Gleichwohl hat HIERONYMUS, der den Vulgatatext der Evangelien festgelegt hat, beide Begriffe verschieden interpretiert, mit der Erklärung «in praeceptis est justitia, in mandatis vero caritas» [3]. Ihm folgte THOMAS V. AQUIN. Er erklärt, zum Gebot (praeceptum) gehöre der Charakter des Gesollten (debitum), und unterscheidet dann zwischen debitum legale und morale. Zu letzterem führt er aus: «Debitum autem morale est duplex: dictat enim ratio aliquid faciendum vel tamquam necessarium, sine quo non potest esse ordo virtutis, vel tamquam utile ad hoc, quod ordo virtutis melius conservetur; et secundum hoc quaedam moralium praecise praecipiuntur vel prohibentur in lege, sicut: ‹Non occides; non furtum facies›; et haec proprie dicuntur praecepta. Quaedam vero praecipiuntur vel prohibentur, non quasi praecise debita, sed propter melius; et ista possunt dici mandata, quia quamdam inductionem habent et persuasionem» (Das Gesollte aber ist zweifach: die Vernunft diktiert nämlich, es sei etwas zu tun entweder als etwas Notwendiges, ohne das die Ordnung der Tugend nicht bestehen kann, oder als etwas, was nützlich ist dazu, daß die Ordnung der Tugend besser erhalten bleibt. Und dementsprechend werden gewisse Verhaltensweisen im Gesetz schlechthin vorgeschrieben oder untersagt, wie z. B. ‹Du sollst nicht töten›, ‹Du sollst nicht stehlen›; und diese Anweisungen werden als praecepta (Gebote) im eigentlichen Sinn bezeichnet. Manches aber wird vorgeschrieben oder untersagt nicht als schlechthin Gesolltes, sondern wegen des Besseren; und diese Anweisungen kann man als mandata (Aufträge) bezeichnen, weil sie eine gewisse Hinleitung und Überredung enthalten) [4].

Eine Definition des G. als solchen hat erst KANT gegeben: «Die Vorstellung eines objektiven Prinzips, sofern es für einen Willen nötigend ist, heißt ein G. (der Vernunft), und die Formel des G. heißt Imperativ» [5]. Über das Verhältnis zum Gesetz erklärt Kant: «G. sind Gesetze, denen gehorcht, d. i. wider Neigung Folge geleistet werden muß» [6].

HEGEL gebraucht, ohne eine Definition zu geben, ‹G.› im Sinn einer nur den Anspruch der Verbindlichkeit erhebenden sittlichen Forderung, im Unterschied zu Gesetz als einer wirklich geltenden [7]. KRUG dagegen erklärt G. (es dem Verbot gegenüberstellend) als «die Bestimmung dessen, was von einem vernünftigen Wesen geschehen oder getan werden soll», und fügt hinzu: «G. und Verbote sind also Gesetze, die sich bloß auf unser Tun und Lassen, wiefern es von der Freiheit abhangt, beziehn, mithin moralische Gesetze» [8]. SCHELER bemerkt: «G. geben die Werte, die sie zu verwirklichen gebieten, fundiert auf die erblickte mögliche Gegenregung des Strebens gegen deren Realisierung». Insofern dies wirklich zutrifft oder nicht, können G. berechtigt oder unberechtigt sein [9].

Anmerkungen. [1] PLATON, Resp. IV, 423 c; Leges VI, 755 b; X, 891 a. 926 a. – [2] PLUTARCH, De Stoic. rep. cap. 11, p. 1037 c. SVF III, 520. – [3] HIERONYMUS, In Marc., Prooem. – [4] THOMAS VON AQUIN, S. theol. I/II, 99, 5 c. – [5] KANT, Grundl. Met. Sitten. Akad.-A. 4, 413. – [6] a. a. O. 416. – [7] HEGEL, Phänomenol. des Geistes, hg. LASSON (1928) 303ff. – [8] W. T. KRUG: Allg. Handwb. der philos. Wiss. 2 (1827) Art. ‹G.› – [9] M. SCHELER: Der Formalismus in der Ethik und die materiale Wertethik (⁵1966) 219ff.; Husserls Jb. 2, 73ff.
H. REINER

Gebrauchsdefinition. Das deutsche ‹G.› geht auf RUSSELLS Terminus ‹definition in use› zurück [1]. Statt ‹G.› ist auch ‹kontextuale Definition (contextual definition)› oder ‹Kontextdefinition› üblich. Nach Russell gibt die G. ein Zeichen an, wie ein Ausdruck (Definiendum), der dieses Zeichen neben anderen enthält, in einen Ausdruck (Definiens) umgeformt werden kann, der dieses Zeichen nicht enthält.

Je nachdem, wie eng der Terminus ‹explizite Definition› [2] in Abhebung von ‹G.› gefaßt wird (d. h., welche Zeichen neben dem zu eliminierenden im Definiendum der expliziten Definitionen zugelassen werden), können zwei Verwendungen von ‹G.› unterschieden werden:

Die erste Auffassung vertritt CARNAP in ‹Der logische Aufbau der Welt› [3], indem er ‹explizite Definition› für solche Definitionen reserviert, die einem Ausdruck eine selbständige abgeschlossene Bedeutung verleihen (Carnaps Beispiel: «$2 =_{df} 1 + 1$»). Dies führt dann dazu, daß Carnap auch alle Definitionen von Begriffen usw. ‹G.› nennt, weil alle Begriffe wegen ihrer (von FREGE so genannten) «Ungesättigtheit oder Ergänzungsbedürftigkeit» in ihrem Ausdruck unbestimmt andeutende Zeichen (Variablen) mitführen müssen (Carnaps Beispiel für eine Begriffsdefinition: «x ist eine Primzahl $=_{df} x$ ist eine natürliche Zahl; x hat nur 1 und x als Teiler»).

Nach der zweiten, heute üblichen Auffassung, der sich auch CARNAP später [4] angeschlossen hat, wird das Vorkommen von Variablen im Definiendum (im Definiens müssen dann dieselben vorkommen) bei Definitionen zugelassen. G.en sind dann solche Definitionen, in deren Definiendum neben dem zu erklärenden Zeichen auch logisch einfache Grundzeichen oder bereits erklärte Zeichen enthalten sind [5]. Die Verwendung dieser G.en erfordert, wie bereits FREGE, allerdings ohne Nennung des Terminus, gegen sie geltend macht [6], den gesonderten Nachweis, daß die Bedeutung des zu erklärenden Zeichens eindeutig bestimmt wird.

Anmerkungen. [1] A. N. WHITEHEAD und B. RUSSELL: Principia Mathematica 1 (Cambridge ²1925) 66. – [2] Vgl. Art. ‹Definition II, 3›. – [3] R. CARNAP: Der log. Aufbau der Welt (1928) §§ 38f. – [4] Testability and meaning. Philos. Science 3 (1936) 439. – [5] F. v. KUTSCHERA: Freges Definitionslehre. Elementare Logik (1967) 354–378, bes. 369. – [6] G. FREGE: Grundgesetze der Arithmetik II (1903) § 66.
G. GABRIEL

Gebrauchsnorm. Der *sprachwissenschaftliche* Begriff ‹G.› hat sich terminologisch noch nicht stabilisiert [1]. Er trägt der sprachtheoretischen Unterscheidung zwischen relativ festen «inneren» Strukturverhältnissen und -regeln von Sprachen einerseits und der Tatsache der konkreten Anwendung von Sprachen andererseits, vor allem deren Handlungs- und Interaktionscharakter (zumal beim «durchschnittlichen» Sprecher-Hörer), Rechnung. Auch die mehr und mehr an Gewicht gewinnende Annahme, daß sprachliche Erscheinungen strukturell mittels sehr verschiedener grammatischer Systemtypen beschrieben und reguliert werden können oder daß sie gar nicht mehr Gegenstand der Grammatik im traditionellen Sinn sein könnten, motiviert die Unterscheidung zwischen allgemeiner Struktur und Problemen der Anwendung [2]. Ein Abrücken von einer «statischen», im engeren Sinne textlich-verbal orientierten Grammatik zugunsten einer «dynamischen» und kontextlich pragmatischen Betrachtungsweise ist hierbei bemerkbar. So ist der Begriff der G. und der mit ihm verbundenen Forschungsthematik folgerichtig im Bereich des «pragmatischen» Aspekts einzuordnen, den Ch. Morris und R. Carnap neben dem semantischen und syntaktischen als einen der drei Aspekte der Sprachwissenschaft (als Teil der Semiotik) herausgestellt haben [3]. Die Beziehung auf die allgemeine philosophische und wissenschaftliche Strömung des Pragmatismus und Behaviorismus mit den entsprechenden soziologisierenden Tendenzen [4] ist dabei zu berücksichtigen und gleichzeitig zu unterscheiden. – Drei historisch vorliegende und schulmäßig manifestierte Ansätze zum Thema sind zu nennen, ohne daß eine systematische gegenseitige Beeinflussung – im Sinne einer regulären Entwicklung – nachgewiesen werden könnte.

1. Der *Strukturalismus:* Schon F. de Saussure stellt fest: «on ne peut ni la [langue] décrire ni fixer des *normes pour l'usage* qu'en se plaçant dans un certain état» [5] und unterstreicht damit den Bezug auf die «Rede» (la parole) trotz seiner Betonung des objektiven Sprachphänomens (la langue) neben langage und parole. A. W. De Groot trifft im Hinblick auf bedeutsame Zeichen (im Sinne Saussures) die Unterscheidung zwischen «gegeben», «gedacht» und «gebraucht» [6]. «Gegeben» meint die isolierte grammatische Bestimmtheit eines Zeichens (z. B. ‹Mut› als Substantiv), «gedacht» die internalisierte Interpretation des Sprecher-Hörers (z. B. Mut als Eigenschaft), «gebraucht» die tatsächliche grammatikalische Verwendung im vollzogenen Satz (z. B. das intr. gegebene Verb ‹gehen› wird trans. in der Wendung «die Sache geht ihren Gang» gebraucht).

2. Die *transformative und generative Grammatiktheorie* trifft die Unterscheidung zwischen «Oberflächenstruktur» und «Tiefenstruktur» (vgl. Humboldts «äußere» und «innere Sprachform»), zwischen «Akzeptabilität» und «Grammatikalität», «Sprachverwendung» (performance) und «Sprachkompetenz» [7]. Es wird an einem allgemeinen Begriff von Grammatik festgehalten, der sich nach einzelnen Sprachen spezifiziert [8]; mit dem Begriff der G. kann man eventuell hier allerdings so etwas wie ein sprachliches Schematismusproblem (im Sinne Kants) bezeichnen.

3. Die *Language Analysis* und die *Ordinary Language Philosophy* haben ausgehend von konkreten sprachlichen Erscheinungen wichtige Beiträge geleistet. Anzuknüpfen ist an L. Wittgensteins Revision der analytischen Philosophie (und seines ‹Tractatus›) in den ‹Philosophical Investigations› [9], wo mit den Begriffen «Lebensform[en]» und «Sprachspiel[e]» eine Absage an die Idee einer logik-analogen Grammatiktheorie zum Ausdruck kommt zugunsten eines (teils außersprachlichen) kontextbedingten Spiels als letzter Instanz des Sprachlichen. Auch schon im ‹Tractatus› wird der «Gebrauch» für die Sprachanalyse berücksichtigt [10]. – Daß die Verständigung über Sätze und Ausdrücke meist eine solche über deren Gebrauch ist, stellt P. F. Strawson fest und zeigt, daß es dabei nicht um vereinzelte Gelegenheiten des Gebrauchs geht, sondern um typisierbare Regeln und Konventionen, die den korrekten Gebrauch bei allen Gelegenheiten lenken [11]. – J. L. Austin entwickelt dann den Begriff der «performatorischen Ausdrücke» [12], deren Eigenheit es ist, das zu tun, was sie sagen (z. B. «ich begrüße dich»). Daraus ergibt sich eine Untersuchung der Sprechakte (speech-acts), die nach feststellenden «lokutorischen» (acts of saying), nach illokutorischen (die das sind, was sie im Sagen tun: acts in saying) und nach «perlokutorischen» (die das sind, was man tut, wenn man spricht: acts by saying), gegliedert werden [13]. – J. R. Searle widmet diesem streng pragmatischen Thema eine detailliertere Untersuchung [14]. Im Hinblick auf performatorische Ausdrücke und Sprechakte muß an E. Husserls Auffassung von den «occasionellen Bedeutungen» erinnert werden [15], wie überhaupt der Vergleich einiger phänomenologischer Aspekte der Sprachbetrachtung mit denen der Ordinary Language Philosophy naheliegt [16].

Sprachphilosophisch ist der Begriff G. interessant, weil er a) die im engeren Sinne logische Auffassung der Sprache und damit die Logik selbst in Frage zu stellen scheint, b) den Begriff der Grammatik erweitert oder sprengt, c) den Sprachbegriff selbst auszudehnen scheint, z. B. auf das Feld der Soziologie und Psychologie (Sozio- und Psycholinguistik) bis zur soziophilosophischen Spekulation [17]. Die Frage, ob und in welchem Sinne die in ‹G.› genannte(n) ‹Norm(en)› sprachlich, metasprachlich, extrasprachlich, kommunikativ, metakommunikativ oder extrakommunikativ ist (sind), ist noch offen.

Anmerkungen. [1] H. Arens: Sprachwiss. Der Gang ihrer Entwickl. von der Antike bis zur Gegenwart (²1969) enthält den Terminus *nicht;* J. Knobloch: Wb. der Sprachwiss. (1969ff.) ist noch nicht bis G. gelangt; vgl. aber E. v. Savigny und J. L. Austin: Zur Theorie der Sprechakte (1972) 211ff.: Sachreg. – [2] N. Chomsky: On the notion ‹rule of grammar›, in: J. A. Fodor/J. J. Katz (Hg.): The structure of language (New Jersey 1964) 119-134. – [3] Vgl. D. Wunderlich: Die Rolle der Pragmatik in der Linguistik. Der Deutschunterricht 22 (1970) 5-41. – [4] Vgl. H. Wein: Sprachphilos. der Gegenwart (Den Haag 1963) bes. 18. 39-46. 73ff. mit Hinweisen auf Segerstedt und B. Malinowski sowie Wittgenstein und auch Heidegger. – [5] F. de Saussure: Cours de linguistique générale (1916, ND Paris 1971) 117. – [6] A. W. De Groot: Zur Grundlegung der Morphol. und der Syntax. Algemeen Nederlands Tijdschrift voor Wijsbegeerde en Psychol. 32 (1938/39) 145-174, bes. 150ff. 164ff. – [7] Vgl. N. Chomsky: Aspects of the theory of syntax (1965), dtsch. Aspekte der Syntax-Theorie (1969) 14. 22. 30. 39. – [8] a. a. O. dtsch. 40. – [9] L. Wittgenstein: Tractatus Logico-Philosophicus (1922); Philosophical investigations (1953); vgl. E. v. Savigny: Die Philos. der normalen Sprache (1969). – [10] Zum «sinnvollen Gebrauch» vgl. Tractatus 3.326/3.328; zu den Investigations Wein, a. a. O. [4]. – [11] P. F. Strawson: On referring. Mind 59 (1950) 320-344. – [12] Vgl. J. L. Austin: Performative utterances, in: Philos. Papers (Oxford 1961). – [13] How to do things with words (Cambridge, Mass. 1962); vgl. v. Savigny, a. a. O. [1]. – [14] J. R. Searle: Speech acts. An essay in the philos. of language (Cambridge 1969). – [15] Vgl. E. Husserl: Log. Untersuch. 2/1 (²1923) 79ff. und 85ff. mit Hinweis auf usuelle Bedeutung bei H. Paul. – [16] Vgl. P. Ricœur: Phänomenol. des Wollens und Ordinary Language Approach. Vortrag zum Pfänder-Kongreß der Ges. für phänomenol. Forsch. (München, April 1971). – [17] Vgl. J. Habermas: Vorbereitende Bemerk. zu einer Theorie der kommunikativen Kompetenz, in: J. Habermas/N. Luhmann: Theorie der Gesellschaft oder Sozialtechnologie (1971) 101-141. E. W. Orth

Gedächtnis (griech. μνήμη, lat. *memoria*; s. d.). Der Begriff ‹G.› wird in der wissenschaftlichen *Psychologie* ähnlich unbestimmt und unterschiedlich verwendet wie in der Umgangssprache. Man bezeichnet damit:

1. die hypostasierte Fähigkeit von Organismen zu Reproduktionen irgendwelcher Art (z. B. Vererbung, Instinktverhalten, Gewohnheiten, Erinnerungen) und zugleich die Summe der dadurch erworbenen kollektiven und individuellen Dispositionen, Spuren oder Engramme (E. Hering [1]);

2. ein theoretisches Konstrukt zur Beschreibung der Tatsache, daß das Verhalten und Erleben eines Organismus zu einem bestimmten Zeitpunkt durch sein Verhalten und Erleben zu einem früheren Zeitpunkt beeinflußt wird (W. Stern: «G. ist Vergangenheitsbedingtheit des Erlebens» [2]);

3. die explikativ gemeinte psychische und/oder organische Bedingung der Möglichkeit eines Organismus, aus Erfahrung zu lernen, das Gelernte in irgendeiner Form über die zeitliche Dauer des Lernprozesses hinaus zu speichern und unter bestimmten Bedingungen zu einem späteren Zeitpunkt wieder im Verhalten zu aktualisieren (K. Koffka: «Alles Lernen beruht darauf, daß wir ein G. haben, d. h. die Tatsache, daß die Vergangenheit für uns, für unseren ganzen Organismus nicht tot ist, sondern uns in irgendeiner Form erhalten bleibt» [3]);

4. die Tatsache und/oder die Fähigkeit des Organismus, sich an vergangene Erlebnisse mehr oder minder bewußt erinnern zu können (M. Offner: G. ist «die Fähigkeit der Seele, früher gehabte Bewußtseinserlebnisse – Inhalte und Ich-Erlebnisse – unter bestimmten Bedingungen, aber ohne Wiederkehr der äußeren Umstände, welche sie erstmals veranlaßt haben, in mehr oder weniger ähnlicher Weise wiederzuerleben» [4]).

In diesem Zusammenhang muß darauf hingewiesen werden, daß das englische Wort ‹memory› sowohl G. als auch Erinnerung bedeutet und im wissenschaftlichen Sprachgebrauch ebenfalls in dieser doppeldeutigen Art verwendet wird [5].

Bei der Mehrdeutigkeit des G.-Begriffs, bei der durch die Umgangssprache nahegelegten vermögenspsychologischen Interpretation und bei der philosophiegeschichtlich vermittelten Überlappung psychologischer und physiologischer Definitionskriterien (W. James: «Jede Verbesserung des G. ist also offenbar nur in der Weise möglich, daß für jedes der zu erinnernden Dinge Assoziationen gestiftet werden. Keine noch so intensive Geisteskultur dürfte imstande sein, die allgemeine Fähigkeit eines Menschen zum Behalten zu modifizieren. Diese ist eine physiologische Qualität, die ihm ein für allemal mit seiner Organisation gegeben ist ...» [6]) hat es nicht an Versuchen gefehlt, das Wort ‹G.› ganz aus dem wissenschaftlichen Sprachgebrauch zu eliminieren bzw. es durch andere, präziser umschriebene Begriffe zu ersetzen. So schreibt schon J. F. Herbart, daß «die Lehre vom G. und von der Einbildungskraft, von der Sinnlichkeit und von der Vernunft ... ohne Zweifel noch lange ihre Liebhaber behalten [werden]; allein hier kommt es nur darauf an, ob wohl mit und neben den Gesetzen der Mechanik von der unmittelbaren und der mittelbaren Wiedererweckung der Vorstellungen an eine Wirksamkeit solcher besonderen Vermögen, wie G. und Einbildungskraft, könne gedacht werden.» Herbart verneint dies [7]. W. Wundt betont ebenfalls, daß «dieser der vulgären Psychologie entnommene und aus ihr in die ehemalige Vermögenspsychologie übergegangene Begriff in jedem einzelnen Fall einer besonderen Analyse in die den Erscheinungen zugrunde liegenden elementaren Assoziationsprozesse und ihre Wirkung» bedarf [8]. Viele im 19. Jh. entstandene Studien zur G.-Psychologie bevorzugten dehalb Begriffe wie ‹Assoziation, Disposition, Reproduktion, Vergessen›. Auch R. Semon versucht, in seiner allgemeinen physiologischen Theorie organischer Reproduktionsvorgänge den Begriff des G. durch den der *Mneme* zu ersetzen [9].

Von besonderer begriffsgeschichtlicher Bedeutung erwies sich schließlich die von J. B. Watson vertretene und von vielen *behavioristisch* orientierten Lernpsychologen übernommene Auffassung: «Anstatt den Begriff G. zu gebrauchen, redet der Behaviorist davon, wieviel von einer Fertigkeit während einer Periode ohne Übung bewahrt und wieviel eingebüßt wurde. Gegen den Begriff des G. haben wir einzuwenden, daß er mit allen möglichen philosophischen und subjektiven Konnotationen behaftet ist» [10]. Im angloamerikanischen Sprachgebiet wurde in der Folgezeit der Begriff ‹memory› nur sehr selten verwendet; statt von G.-Psychologie sprach man fast ausschließlich von Lernpsychologie; der Begriff selbst wurde weitgehend durch Konzepte wie ‹retention, actualization, recognition, recall, extinction, forgetting› usw. ersetzt. Bedeutende ältere Lehrbücher enthalten das Wort ‹memory› nicht einmal im Sachwortregister [11]. Erst seit etwa 15 Jahren findet unter dem Einfluß der Übertragung von Computermodellen auf Probleme des menschlichen Verhaltens und begünstigt durch verschiedene neurophysiologische Forschungsansätze der Terminus ‹G.› (bzw. memory) als Inbegriff informationsverarbeitender und -speichernder Prozesse und Systeme wieder zunehmende Verwendung.

Der Beginn der *experimentalpsychologischen* G.-Forschung wird durch das 1885 erschienene Buch von H. Ebbinghaus ‹Über das G.› markiert [12]. Angeregt durch die Verwendung quantitativer Methoden in der Psychophysik und beeinflußt von der Assoziationstheorie der englischen Empiristen, verwendete Ebbinghaus den G.-Begriff explizit in einem sehr weiten Sinn und verstand darunter alle Vorgänge des (sprachlichen) Lernens und Behaltens, der Assoziation und Reproduktion. Mit der Konstruktion sinn-armer Silben als G.-Material, mit der Benutzung statistischer Verfahren und mathematischer ‹Modelle› zur Analyse und Beschreibung der im Selbstversuch gewonnenen Daten und mit der Einführung spezieller Methoden zur Prüfung der Behaltensleistung schuf Ebbinghaus die methodischen Grundlagen für ungezählte spätere Untersuchungen des Lernens und des G. Er fand auf diese Weise z. B., daß die Anzahl der zum Erreichen des Lernkriteriums notwendigen Wiederholungen mit zunehmender Silbenzahl zuerst schnell, dann langsamer und schließlich sehr langsam anwächst; daß das Behalten des Lernmaterials zum Teil von der Anzahl der vorausgegangenen Wiederholungen abhängt; daß durch zeitliche Verteilung der Wiederholungen der günstigste Effekt erzielt werden kann; daß das Erlernen von sinnvollem Material wesentlich leichter ist als das Einprägen sinnarmer Silben und daß der Vorgang des Vergessens anfangs sehr schnell, dann langsamer und schließlich mit äußerster Langsamkeit verläuft. Diese Ergebnisse interpretierte Ebbinghaus im Sinne der damals vorherrschenden Assoziationstheorie. Mehr als 80 Jahre später konstatierte R. K. Young: «In the 1880's *Ebbinghaus* did extensive work using serial learning procedures, formulating hypotheses to explain his results; these have lasted until the present day ...» [13].

Die G.-Psychologie entwickelte sich in den vergangenen acht Jahrzehnten keineswegs einheitlich. Dementsprechend wurde auch der G.-Begriff in verschiedenen theoretischen Bezugssystemen unterschiedlich definiert: «Actually, there are four or perhaps five distinct conceptual traditions on the subject of memory, though many psychologists manage to embrace several of these at once. First of all there is the cognitive tradition, embedded in ordinary language and made most explicit in classical mentalistic psychology and its modern descendents. Secondly, there is a broad biological-memory tradition in which concern for brain mechanisms has been most prominent but which includes theories about the accumulated effects of environment upon living systems in general. Expressions such as ‹memory trace› and ‹fixation of experience› occur conspicuously in this tradition. Thirdly, there is the verbal learning tradition which flourished for several decades following its origin with *Ebbinghaus*, sank into decline during the '30s and '40s, and has recently burst forth again with greater vitality than ever. It is in the verbal-learning literature that memory-words have been most extensively deployed in technical roles. Fourth, a distinctive conceptual tone heavy with metaphor-hardware has emanated from cybernetics theory, though this is perhaps too recent in origin and has too quickly infiltrated the older traditions to qualify as a separate movement of its own. And finally, the remarkable consistency with which specialists in behavior theory and conditioning manage to avoid the term ‹memory› and its cognates altogether demarks this, too, as a major conceptual tradition on the matter, namely, one which in effect denies that memory involves anything of behavior-theoretical importance which is not better addressed in other terms» (W. W. ROZEBOOM [14]).

Gemeinsames Bezugssystem der älteren G.-Psychologie ist die *Assoziationstheorie*. So unterschiedliche Forschungsansätze wie die von *Ebbinghaus*, *Thorndike* und *Pawlow* interpretierten ihre Befunde durch impliziten und expliziten Rekurs auf die «Assoziationsgesetze», von denen das der Kontiguität innerhalb der theoretischen Diskussion eine besonders ausgezeichnete Rolle spielte. «Die zeitweilige nervöse Verbindung ist somit das allgegenwärtige physiologische Phänomen in der Welt des Tieres und des Menschen. Zugleich ist sie aber auch ein psychologisches Phänomen – nämlich das, was die Psychologen ‹Assoziation› nennen, mag es sich dabei nun um Kombinationen von Handlungen oder Eindrücken, Buchstaben, Wörtern oder Gedanken handeln. Haben wir irgendeine Ursache, zwischen den vom Physiologen ‹zeitweilige Verbindung› und dem vom Psychologen ‹Assoziation› genannten Vorgang einen Unterschied zu machen? Beide Begriffe sind vollständig miteinander identisch; sie verschmelzen und beschreiben die gleichen Phänomene» [15]. Zu unterscheiden ist dabei allerdings zwischen einer deskriptiven Verwendung des Begriffes ‹Assoziation› im Sinne der Wahrscheinlichkeit, mit der eine Einheit eine andere aktualisiert, und einem explikativen Gebrauch, bei dem die Assoziation als (psychologisch und/oder physiologisch definierte) Ursache der gemeinsamen Auftretenswahrscheinlichkeit angesehen wird.

Kennzeichnend für die assoziationstheoretische Interpretation des G. ist die Annahme, daß gleichzeitig oder unmittelbar aufeinanderfolgende Erlebnisse eine gemeinsame «Reproduktionsgrundlage» bilden, deren organisches Korrelat (Spur, Engramm, G.-Disposition) während der Behaltenszeit seine separate Identität bewahrt, und daß das Vergessen weniger ein passiver Vorgang in Abhängigkeit von der seit der Einprägung verstrichenen Zeit ist, sondern eher durch retroaktive Hemmung der verhaltensmanifesten Assoziationsglieder durch andere (interferierende) Erlebnisse erklärt werden muß («Interferenztheorie» des Vergessens) [16].

Diese theoretischen Annahmen der Assoziationspsychologie sind nicht unwidersprochen geblieben: Schon durch die von O. SELZ und G. E. MÜLLER eingeführten Begriffe der ‹Konstellation› und des ‹Vorstellungskomplexes› wurde der Ansatz wesentlich erweitert [17]. Als grundlegender erwies sich jedoch die Kritik der *Gestaltpsychologie*. KOFFKA verdeutlicht die unterschiedlichen theoretischen Positionen wie folgt: «Das [Assoziations-] Gesetz wurde etwa so ausgesprochen: Sind Phänomene A, B, C ... gleichzeitig oder unmittelbar nacheinander mehrmals im Bewußtsein gewesen und tritt eins von ihnen wieder auf, so hat es die Tendenz, die übrigen zu reproduzieren. Besondre Gesetze regeln die Stärke der von einem Glied zu jedem anderen führenden Tendenzen. Dieses Gesetz müssen wir durch ein andres ersetzen: Sind Phänomene A, B, C ... einmal, oder mehrere Male *als Glieder einer Struktur dagewesen*, und tritt eines von ihnen mit diesem ‹Gliedcharakter› versehen wieder auf, so hat es die Tendenz, von sich aus die gesamte Struktur mehr oder weniger vollständig und scharf zu ergänzen» [18]; und an anderer Stelle: «To explain reproduction we do not need an assumption of special associative bonds; rather the possibility of reproduction follows from the fact of organization and the general principle of the interaction between trace and process» [19]. Im Mittelpunkt der gestaltpsychologischen Theorie des G. steht also der Begriff der psychophysiologisch isomorphen «Spur», von der postuliert wird, daß sie sich während des Behaltensintervalls in einem autonomen Prozeß gemäß den Gestaltgesetzen verändert, so daß die Reproduktion im Vergleich zum Original entweder nivelliert oder präzisiert wird [20]. Entsprechend der Differenzierung zwischen «memorizing» (verständnisarmes, mechanisches Auswendiglernen) und «organizing» (Problemlösen, Entdecken eines Prinzips, Organisation des Lernmaterials) beim Lernen unterscheidet G. KATONA zwischen individuellen (sich langsam bildenden, rigiden und ohne Verstärkung schnell verblassenden) und strukturellen (sich oft sehr schnell bildenden, anpassungsfähigen, vergessensresistenten) Spuren.

Werden die Veränderungen der Spur von den Gestalttheoretikern als autonome Prozesse unter dem Einfluß der Gestaltgesetze erklärt, so interpretiert F. C. BARTLETT die Modifikationen des Gelernten während des Behaltensintervalls als Folge von assimilativen Schematisierungsprozessen und den in der Erinnerung sich vollziehenden schöpferischen Rekonstruktionen. Diese den Prinzipien der Rationalisierung und Konventionalisierung unterworfenen Vorgänge (Vermeidung von Widersprüchen, nachträgliche Sinnverleihung) werden durch affektive Bedingungen beeinflußt [21]. Motivationale Determinanten des G. und der G.-Leistungen werden jedoch nicht nur im Bartlettschen Ansatz, sondern auch in der Feldtheorie K. LEWINS (*Zeigarnik*-Effekt: unerledigte Aufgaben werden im allgemeinen besser behalten als erledigte) [22] und in der Psychoanalyse S. FREUDS («Verdrängung»; «Vergessen» als Fehlleistung) [23] berücksichtigt.

Unabhängig von der Billigung oder Ablehnung bestimmter gestaltpsychologischer Postulate hat sich das Konzept der «Organisation» als ein heuristisch und theoretisch fruchtbarer Begriff der neueren G.-Forschung erwiesen. H. H. Kendler [24] vermutet sogar, daß über die Bedeutung organisationaler Faktoren für das Behalten gegenwärtig volle wissenschaftliche Übereinstimmung besteht; die prinzipiellen theoretischen Diskussionen lägen ausschließlich in der Frage nach der Eigenart der Prozesse oder Mechanismen, die der Organisation zugrunde liegen. Organisation heißt in diesem Zusammenhang: A set of objects or events are said to be organized when a consistent relation among the members of the set can be specified and, specifically, when memberships of the objects or events in subsets (groups, concepts, categories, chunks) is stable and identifiable» [25]. Unterschieden wird dabei zwischen «primärer Organisation» (zur Beschreibung einer Ordnungs- oder Gruppierungsstrategie, bei der der «Sinn» des Materials nicht berücksichtigt wird) und «sekundärer Organisation» (zur Beschreibung einer Ordnungs- oder Gruppierungsstrategie, bei der semantische und syntaktische Faktoren oder subjektive Erfahrungen mit dem Material dominieren) [26]. Stark beeinflußt wurden die Arbeiten über organisationale Bedingungen der G.-Leistung durch eine Untersuchung von G. A. Miller über «recoding» [27], in der gezeigt werden konnte, daß sich die Leistungen beim unmittelbaren Behalten nicht auf (7 ± 2) items, sondern auf Einheiten («chunks»), beziehen, in denen ein je unterschiedliches Maß an Information organisiert sein kann. Untersucht wurden in diesem Zusammenhang die Auswirkungen kategorialer, sequentieller und hierarchischer Organisation [28]. Umstritten ist dabei, ob sich diese Prozesse assoziationstheoretisch erklären lassen oder ob zusätzliche Annahmen einer kognitiven Theorie des G. notwendig sind [29].

Forschungsarbeiten zum Problem des Kodierens und Dekodierens von Informationen, von den Computerwissenschaften inspirierte Versuche, menschliches Verhalten teilweise in Analogie zu technologisch realisierbaren Modellen zu beschreiben, und neurophysiologische Untersuchungsergebnisse begünstigten einerseits die begriffliche Unterscheidung zwischen verschiedenen G.-Komponenten und andererseits die Entwicklung komplexer Strukturmodelle des G. Eine Binnendifferenzierung der G.-Funktion hat innerhalb der wissenschaftlichen Psychologie eine lange Tradition. Sie geht zurück auf W. James (primäres und sekundäres G.), G. E. Müller (perseverative und assoziative Reproduktionstendenzen), E. Meumann (unmittelbares, vorübergehendes und dauerndes Behalten) und W. Stern (unmittelbares und mittelbares G.) [30] und wurde besonders nachhaltig weiterentwickelt durch D. O. Hebb (spekulatives neurophysiologisches Modell für das unmittelbare und langfristige Behalten, wobei das unmittelbare Behalten auf Grund einer neuralen Resonanzaktivität und das langfristige Behalten durch strukturelle anatomische Veränderungen an den Synapsen erklärt wird) [31], und durch D. E. Broadbent [32], der ein explizites und prüfbares G.-Modell vorlegte, das den engen Zusammenhang zwischen Aufmerksamkeit und Erinnerung und die selektive Funktion des G. berücksichtigt.

Besonders der Ansatz von Broadbent wurde in den folgenden Jahren intensiv weiterentwickelt und führte zur Konstruktion einer Reihe untereinander prinzipiell ähnlicher Modelle [33]. «Many, but not all, represent what we will refer to as ‹boxes-in-the-head›-type of theory of memory: the memory system is thought of as consisting of several different storage ‹compartments› with mnemonic information being transferred from one compartment to another» [34]. So wird in dem Strukturmodell von R. C. Atkinson und R. M. Shiffrin zwischen drei Speicherungssystemen (sensorisches Register, Kurzzeit- und Langzeitspeicher) und verschiedenen Kontrollprozessen («processes under the voluntary control of the subject such as rehearsal, coding, retrieval, and search strategies ... subject controlled memory processes include any schemes, coding techniques, or mnemonics used by the effort to remember») unterschieden [35]. Bezogen auf die maximale Informationsmenge und auf die zeitliche Dauer, haben die verschiedenen «Speicher» unterschiedliche Kapazität. Im Mittelpunkt des gegenwärtigen Forschungsinteresses stehen die Transformationsprozesse von einem Speicher zum anderen, komplementär dazu die speichertypischen Vorgänge des «Vergessens» und die Formen und Mechanismen des Abrufs gespeicherter Informationen. Dabei wird angenommen, daß die verschiedenen G.-Leistungen sowohl von externen Bedingungen (aufzunehmende Informationsmenge, Art der Information, serielle Position, Zahl der Wiederholungen, Zeitspanne und Art der Aktivität seit dem stimulus-input usw.) als auch von internen Faktoren (Aufmerksamkeit, Einstellung, kognitiver Strategie des Kodierens, der Organisation, des Dekodierens usw.) abhängen [36]. Atkinson und Shiffrin charakterisieren ihr theoretisches Bezugssystem selbst als «extremely general». Die Problematik interindividueller Differenzen der G.-Leistungen bleibt deshalb weitgehend unberücksichtigt. Dabei hatte schon W. Wundt betont, daß das G. «gerade für die Hervorhebung der individuellen Unterschiede des Erinnerungsvorgangs immerhin ein brauchbarer Hilfsbegriff» sei [37].

Erstreckte sich das Interesse zu Beginn der experimentellen Forschungsarbeit auf die Unterscheidung verschiedener G.-Typen, so verlagerte es sich bald auf faktorenanalytische Untersuchungen der Speicherkapazität. Die Ergebnisse können als Hinweise auf die selbständigen Faktoren «G.-Umfang» (unmittelbares Behalten), «G. für das langfristige Behalten sinnvollen Materials», «mechanisches G.» und auf einige materialspezifische G.-Faktoren interpretiert werden [38]. Unabhängig davon haben G. S. Klein u. Mitarb. unter Berücksichtigung motivationaler und kognitiver Bedingungen interindividuelle Behaltensdifferenzen auf der (in Anlehnung an F. Wulf konzipierten) Dimension «levelling – sharpening» (Nivellierung – Präzisierung) zu beschreiben versucht und dabei auf die Beziehung zwischen dieser Dimension und dem Abwehrmechanismus der Verdrängung hingewiesen [39].

Zweifellos gibt es zwischen den differentialpsychologisch konzipierten Prinzipien der kognitiven Kontrolle und den innerhalb der Psychologie des verbalen Lernens allgemeinpsychologisch untersuchten kognitiven Strategien interessante Berührungspunkte.

Es wurde bereits erwähnt, daß die in jüngster Zeit zu beobachtende Renaissance der G.-Forschung im allgemeinen und die Konstruktion von Strukturmodellen des G. im besonderen nicht zuletzt durch die Intensivierung neurophysiologischer Untersuchungsansätze begünstigt worden ist [40]. Mit der forschungsstrategischen und konzeptuellen Verknüpfung von Verhaltenspsychologie und Neurophysiologie wurde eine der ältesten Traditionen der Gedächtnisforschung weitergeführt. Mit E. R. John gehen viele Forscher davon aus, daß: «There seem to be four fundamental functions that a memory mechanism must perform: (1) the configuration of external and internal stimuli impinging upon an organism, which constitute an experience, must somehow be coded into a neural representation; (2) the neural representation of that experience (coded information about the set of stimuli) must be stored; (3) it must be possible to gain access to the coded information in order to retrieve specific experiences from storage; and (4) the retrieved data must again be decoded into neural activity, which somehow recreates the sensations and qualities of the original experience and thus constitutes a ‹memory›» [41]. Obwohl die damit aufgeworfenen Fragen wissenschaftlich noch keineswegs beantwortet werden können, lassen sich schon erste theorierelevante Anhaltspunkte erkennen. Im einzelnen sind allerdings die neurophysiologischen Hypothesen und Interpretationen durchweg kontrovers, unabhängig davon, ob es sich um die «Konsolidierungshypothese», um die «Lokalisationshypothese» oder um die «Ribonukleinsäure-Hypothese» des G. handelt [42].

Anmerkungen. [1] E. HERING: Über das G. als eine allg. Funktion der organischen Materie (1870); R. SEMON: Die Mneme (⁴/⁵1920); E. BLEULER: Die Psychoide (1925). – [2] W. STERN: Allg. Psychol. auf personalistischer Grundlage (Den Haag ²1950) 253. – [3] K. KOFFKA: Die Grundl. der psychischen Entwicklung (²1925) 115. – [4] M. OFFNER: Das G. (²1911) 5. – [5] H. D. ENGLISH und A. C. ENGLISH: A comprehensive dict. of psychol. and psychoanal. terms (New York 1958). – [6] W. JAMES: Psychol., dtsch. Überarb. M. und E. DÜRR (1961) 297. – [7] J. F. HERBART: Lb. zur Psychol. (³1882) 47. – [8] W. WUNDT: Grundriß der Psychol. (⁵1902) 296. – [9] SEMON a. a. O. [1]. – [10] J. B. WATSON: Behaviorismus, dtsch. Bearb. L. KRUSE (1969) 227. – [11] Vgl. z. B. G. A. KIMBLE: Readiness to remember (New York 1969); E. R. HILGARD und D. G. MARQUIS: Conditioning and learning (New York ²1961); J. J. MCGEOCH und A. L. IRON: The psychol. of human learning (New York ²1952). – [12] H. EBBINGHAUS: Über das G. (1885). – [13] R. K. YOUNG: Serial learning, in: T. R. DIXON und D. L. HORTON (Hg.): Verbal behavior and general behavior theory (Englewood Cliffs 1968) 122. – [14] W. W. ROZEBOOM: The concept of ‹memory›. Psychol. Record 15 (1965) 329-368, zit. 331. – [15] zit. nach E. R. HILGARD und G. H. BOWER: Theorien des Lernens (1970) 1, 74. – [16] Vgl. J. DEESE: Association and memory, in: DIXON und HORTON, a. a. O. [13] 97-108; G. KEPPEL: Retroactive and proactive inhibition, a. a. O. [13] 172-213; B. J. UNDERWOOD und L. POSTMAN: Extraexperimental sources of interference in forgetting. Psychol. Rev. 67 (1960) 73-95. – [17] O. SELZ: Über die Gesetze des geordneten Denkverlaufs (1913); G. E. MÜLLER: Zur Analyse der G.-Tätigkeit und des Vorstellungsverlaufs (1911) Teil I. – [18] KOFFKA, a. a. O. [3] 184. – [19] K. KOFFKA: Principles of gestalt psychology (New York 1935) 567. – [20] B. R. GOMULICKI: The development and present status of the trace theory of memory. Brit. J. Psychol. Monogr. Suppl. No. 29 (1953); W. KÖHLER und H. v. RESTORFF: Analyse von Vorgängen im Spurenfeld. I: H. V. RESTORFF: Über die Wirkung von Bereichsbildungen im Spurenfeld. Psychol. Forsch. 18 (1933) 299-342; II: W. KÖHLER und H. v. RESTORFF: Zur Theorie der Reproduktion. Psychol. Forsch. 21 (1937) 56-112; F. WULF: Über die Veränderung von Vorstellungen (G. und Gestalt). Psychol. Forsch. 1 (1922) 333-373; zur Kritik dieses Ansatzes vgl. die zusammenfassende Darstellung von H. HÖRMANN: Die Bedingungen für das Behalten, Vergessen und Erinnern, in: R. BERGIUS (Hg.): Allg. Psychol. I: Der Aufbau des Erkennens; 2: Lernen und Denken (1964). – [21] F. C. BARTLETT: Remembering (Cambridge 1932). – [22] K. LEWIN: Behavior and development as a function of the total situation, in: G. CARMICHAEL: Manual of child psychol. (New York ²1946); B. ZEIGARNIK: Das Behalten erledigter und unerledigter Handlungen. Psychol. Forsch. 9 (1927) 1-85; vgl. HÖRMANN, a. a. O. [20] 225-283. – [23] S. FREUD: Vorles. zur Einf. in die Psychoanal. (1916, ²1932). – [24] H. H. KENDLER: Coding: associationistic or organizational? J. verbal Learning and verbal Behavior 5 (1965) 198-200. – [25] G. MANDLER: Organization and memory, in: K. W. SPENCE und J. T. SPENCE (Hg.): The psychol. of learning and motivation (New York 1967) 1, 327-372. – [26] E. TULVING: Theoretical issues in free recall, in: DIXON und HORTON, a. a. O. [13] 2-36. – [27] G. A. MILLER: The magical number seven, plus or minus two: some limits on our capacity for processing information. Psychol. Rev. 63 (1956) 81-97. – [28] Vgl. MANDLER, a. a. O. [25]; G. MANDLER: Association and organization: facts, fancies, and theories, in: DIXON und HORTON, a. a. O. [13] 109-119; G. H. BOWER: Organizational factors in memory. Cogn. Psychol. 1 (1970) 18-46. – [29] C. N. COFER: On some factors in the organizational characteristics of free recall. Amer. Psychologist 20 (1965) 261-272; MANDLER, Association and organization ... a. a. O. [28]. – [30] C. WEINSCHENK: Das unmittelbare G. als selbständige Funktion (1955). – [31] D. O. HEBB: Organization of behavior (New York 1949). – [32] D. E. BROADBENT: Perception and communication (Oxford 1958). – [33] Vgl. zusammenfassend D. A. NORMAN (Hg.): Models of human memory (New York 1970); W. KINTSCH: Learning, memory, and conceptual processes (New York 1970). – [34] E. TULVING und S. A. MADIGAN: Memory and verbal learning. Ann. Rev. Psychol. 21 (1970) 437-484. – [35] R. C. ATKINSON und R. M. SHIFFRIN: Human memory: a proposed system, in: SPENCE und SPENCE, a. a. O. [25] 90-195. – [36] a. a. O. 3. – [37] WUNDT, a. a. O. [8] 305. – [38] J. P. GUILFORD: The nature of human intelligence (New York 1967); K. PAWLIK: Dimensionen des Verhaltens (1968); L. F. KATZENBERGER: Dimensionen des G. Z. exp. angew. Psychol. 12 (1965) 451-492. – [39] WULF a. a. O. [20]; P. S. HOLZMAN und R. W. GARDNER: Levelling and repression. J. abnorm. soc. Psychol. 59 (1959) 151-155; Levelling – sharpening and memory organization a. a. O. 61 (1960) 176-180; R. W. GARDNER, P. S. HOLZMAN, G. S. KLEIN, H. B. LINTON und D. P. SPENCE: Cognitive control: a study of individual consistencies in cognitive behavior. Psychol. Issues 1 (1959) Nr. 4. – [40] D. RICHTER (Hg.): Aspects of learning and memory (New York 1966); A. H. PRIBRAM und D. C. BROADBENT (Hg.): Biol. of memory (London 1970); KIMBLE, a. a. O. [11]. – [41] E. R. JOHN: Mechanisms of memory (New York 1967) 2f. – [42] Vgl. z. B. E. R. HILGARD und G. H. BOWER: Theorien des Lernens 2 (1971); PRIBRAM und BROADBENT, a. a. O. [40].

Literaturhinweise. H. EBBINGHAUS s. Anm. [12]. – F. C. BARTLETT s. Anm. [21]. – G. KATONA: Organizing and memorizing (New York 1940). – H. HÖRMANN s. Anm. [20]. – W. W. ROZEBOOM s. Anm. [14]. – D. A. NORMAN: Memory and attention (New York 1969); s. Anm. [32]. – E. R. HILGARD und G. H. BOWER s. Anm. [42]. – M. J. A. HOWE: Introduction to human memory (New York 1970). – A. H. PRIBRAM und D. E. BROADBENT s. Anm. [40].
F. E. WEINERT

Gedächtnisspanne. Die G. wird in der Psychologie als operationales Maß für die Leistung beim *unmittelbaren Behalten* verwendet; sie ist definiert als die Anzahl von Einheiten (z. B. Ziffern, Buchstaben), die im Anschluß an eine einmalige Darbietung richtig reproduziert werden kann.

Der Begriff der G. ging aus Gelegenheitsbeobachtungen hervor, die eine hohe individuelle Stabilität der Anzahl reproduzierbarer Einheiten, zugleich aber auch interindividuelle Unterschiede in der Behaltensleistung gezeigt hatten (HOLMES 1871 [1], JACOBS 1886 [2]). Die erste, an diese Beobachtungen anknüpfende experimentelle Untersuchung der G. nahm Jacobs 1887 [3] vor. Sein Konzept der ‹mental span› setzte sich in der Folgezeit unter der Bezeichnung ‹memory span› in der angelsächsischen Psychologie allgemein durch [4]; 1906 übersetzte es POHLMANN mit ‹G.› ins Deutsche [5].

Das bereits die ersten Beobachtungen und Untersuchungen kennzeichnende Interesse am *differentialpsychologischen* Aspekt der G. blieb in der älteren Forschung, insbesondere im angelsächsischen Bereich und in Frankreich, beherrschend. Bevorzugte Fragestellungen waren die Altersabhängigkeit der G. (JACOBS [6], BINET [7], BOURDON [8], WINCH [9]) und ihre Korrelation mit anderen intellektuellen Leistungen (JACOBS [10], GALTON [11], JOHNSON [12]). Zu Beginn des 20. Jh. fanden diese Untersuchungen ihre Fortsetzung im Rahmen der sich entwickelnden *Testpsychologie*. Seit BINET und SIMON [13] und TERMAN [14] gehört die Bestimmung der G. zu den geläufigsten Teilverfahren der Intelligenzdiagnostik.

Die weitgehende Beschränkung auf die Untersuchung interindividueller Unterschiede in dieser Forschungsrichtung brachte es mit sich, daß die G. häufig eher als Maß für Leistungs*fähigkeit* denn als Maß für *Leistung* verstanden wurde. Als Bezeichnung für eine individuelle «ability» (HUMPSTONE [15], BLANKENSHIP [16]) wandelte der Begriff der G. sich damit vom deskriptiven empirischen Maß zum hypothetischen Konstrukt, das eine «erschlossene formale Eigenheit des Gedächtnisses» zum Inhalt hat (DREVER und FRÖHLICH [17]).

Dieser Aspekt des differentialpsychologischen G.-Begriffs verweist auf eine zweite, *allgemeinpsychologisch* orientierte Forschungstradition, die ihren Ausgang nicht vom Phänomen der *quantitativen* Beschränktheit der G., sondern von der – zunächst introspektiv in Erscheinung tretenden – *qualitativen* Besonderheit des unmittelbaren Behaltens als vom Langzeitgedächtnis zu sondernden Phänomens nahm. Diese Entwicklungslinie reicht bis zu LOCKES Begriff der «contemplation» zurück, einer Form des Behaltens, die als «... keeping the idea, which is brought into [the mind], for some time actually in view» beschrieben und der «... power to revive again in our minds those ideas which after imprinting have disappeared» als dem eigentlichen Gedächtnis gegenübergestellt wird [18]. In der Psychologie des 19. Jh. hat erstmals wieder FECHNER (1860) das Phänomen des unmittelbaren Behaltens beschrieben. Er sieht darin ein «Erinnerungsnachbild ..., [das] nur vermöge einer unmittelbaren Fortsetzung der, dem gewöhnlichen Nachbilde unterliegenden Thätigkeit in das Feld der Vorstellungsbilder hinein zu Stande kommt, wo es noch durch Erinnerungsthätigkeit ... ergriffen werden kann» [19]. Diese Formulierung enthält bereits eine präzise Bestimmung des späteren Begriffs des Kurzzeitgedächtnisses, beschränkt allerdings auf die visuelle Modalität. Wie Fechners Phänomenbeschreibung und sein Hinweis auf die Untersuchungen Purkinjes zeigen [20], entspricht das «Erinnerungsnachbild» in der Tat dem ein Jh. später von SPERLING wiederentdeckten «visuellen Informationsspeicher» [21].

Fechners Konzept wurde 1879 von EXNER aufgegriffen und unter der Bezeichnung ‹primäres Gedächtnisbild› über den Bereich der visuellen Modalität hinaus verallgemeinert [22]. 1890 führte JAMES den Begriff als ‹primary memory› in die angelsächsische Terminologie ein [23]. Er folgt in seiner Darstellung phänomendeskriptiv Exner, doch gewinnt der Begriff durch Einordnung in den Kontext seiner funktionalistischen Bewußtseinspsychologie größeres theoretisches Gewicht. Indem er wirksames Bewußtsein von Erinnerung abhängig macht, faßt James das primäre Gedächtnis als Substrat des Bewußtseinsstroms: «... the effective consciousness we have of our states is the afterconsciousness» [24].

Während die Begriffsgeschichte bis James durch die Herleitung des Konzepts aus *introspektiven* Befunden gekennzeichnet ist, wird in der Folgezeit die *experimentelle* Forschung bestimmt. Der Bruch mit der vorausgehenden Forschungsgeschichte findet seinen Niederschlag in der Terminologie: 1905 wird von EBERT und MEUMANN das Konzept eines gesonderten Kurzzeitgedächtnisses erstmals im Rahmen einer experimentalpsychologischen Untersuchung entwickelt [25], doch findet sich bei ihnen weder ein Hinweis auf die früheren Arbeiten noch die Kontinuität der Terminologie. Als Bezeichnung für das Kurzzeitgedächtnis führen sie den Terminus ‹unmittelbares Behalten› ein, der zuvor in der angelsächsischen und französischen Psychologie (immediate recall; mémoire immédiate) als rein deskriptiver Ausdruck für den Vorgang des sofortigen Reproduzierens verwendet worden war [26]. Ebenso neu ist die Definition des Begriffs, die nun aufgrund funktionaler anstatt introspektiver Kriterien erfolgt: «Für das unmittelbare Behalten ist die Hauptbedingung eine einmalige ... Konzentration der Aufmerksamkeit mit ... Hemmung aller störenden Eindrücke ... Bei dem Dauernd-Behalten ist die Hauptbedingung die Wiederholung der Eindrücke ...» [27]. Eine Bestätigung für die Existenz eines Kurzzeitgedächtnisses sehen die Autoren in interindividuellen Unterschieden der Behaltensleistung bei sofortiger Reproduktion, die unabhängig von Leistungsunterschieden beim Dauerbehalten seien [28]. Mit dieser Beobachtung schließt die allgemeinpsychologisch orientierte Forschung inhaltlich an die differentialpsychologische Forschung zur G. an. Doch bleibt eine theoretische Integration der beiden Richtungen in der älteren Psychologie aus; die Frage, in welcher Beziehung die quantitative Beschränkung der G. zur Existenz eines Primärgedächtnisses steht, ist überraschenderweise erst in neuerer Zeit gestellt worden.

Bis zur Mitte des 20. Jh. stagnierte die theoretische Entwicklung; das Konzept des Primärgedächtnisses geriet in Vergessenheit, während sich die Forschung zur G. weitgehend auf die Sammlung empirischer Daten beschränkte (vgl. BLANKENSHIP [29]). Den Anstoß zur erneuten Beschäftigung mit dem Problem erhielt die Psychologie von zwei Nachbardisziplinen. 1949 legte HEBB den Entwurf einer *Neuropsychologie* vor [30], in dem, aufbauend auf LORENTE DE NÓ [31] sowie HILGARD und MARQUIS [32], zwei mögliche nervöse Substrate des Gedächtnisses postuliert werden: strukturelle, an Synapsen eintretende Veränderungen als Träger des permanenten Gedächtnisses und «reverberatory after-effects of a sensory event» [33] als Basis einer kurzfristigen Speicherung. Zwei Jahre später griff MILLER [34] das Problem der G. unter *informationstheoretischem* Aspekt auf; seine Hypothese war, daß der G. eine Beschränkung der kurzzeitig speicherbaren Informationsmenge zugrunde liegt.

Diese beiden Ansätze haben – in jeweils modifizierter Form – die nachfolgende theoretische Diskussion bestimmt. An die Stelle von Hebbs Konzept der «activity trace», das als *physiologische* Hypothese umstritten blieb [35], trat hierbei – in Rückgriff auf eine historisch weit zurückreichende [36], in der modernen Psychologie aber lange Zeit durch die Interferenzannahme verdrängte [37] Gedächtnistheorie – das *psychologische* Konstrukt einer schnell absinkenden Gedächtnisspur (CONRAD 1957 [38], BROADBENT 1957 [39], BROWN 1958 [40]); die Beschränkung der G. wäre hiernach durch die Annahme zu erklären, daß von einer bestimmten Anzahl von Lerneinheiten an nicht mehr alle Spuren zum Zeitpunkt der Reproduktion in hinreichender Stärke verfügbar sind.

Millers Hypothese einer konstanten Speicherkapazität des Kurzzeitgedächtnisses erwies sich zwar, bezogen auf die zu speichernde Informations*menge* (gemessen in Bits) als empirisch unzutreffend (POLLACK [41]), doch ist sie als Annahme einer konstanten Speicherkapazität für informationstragende *Einheiten* von MILLER (1956) weiterentwickelt worden [42]. Ausgehend von dieser Annahme haben WAUGH und NORMAN (1965) [43] und ATKINSON und SHIFFRIN (1965) [44] Modelle formuliert, die das Primärgedächtnis als «Schieberegister» mit einer begrenzten Anzahl von Speicherplätzen auffassen; der Vergessensprozeß bestünde dann nicht in einem Absinken der Spur, sondern in der Ersetzung gespeicherter durch neu hinzukommende Einheiten.

In der gegenwärtigen Forschung kann die Annahme eines Kurzzeitspeichers in der einen oder anderen Form als weithin – wenn auch nicht ausnahmslos [45] – akzeptiert gelten. Die augenblickliche Tendenz geht dahin, die das Kurzzeitgedächtnis konstituierenden Teilmechanismen (visueller Informationsspeicher, akustischer Informationsspeicher) und Teilprozesse (Kodierung, Speicherung, Abrufung) zu differenzieren und in ihrem Wirkungszusammenhang zu beschreiben (Murdock [46]; Posner [47]; Sperling [48]).

Anmerkungen. [1] W. O. Holmes: Mechanisms in thought and morals (Boston 1871) 101. – [2] J. Jacobs: The need for a soc. for exp. psych. Mind 11 (1886) 49-54. – [3] Experiments on «prehension». Mind 12 (1887) 75-79. – [4] A. H. Daniels: The memory after-image and attention. Amer. J. Psychol. 6 (1893) 558-564. – [5] A. Pohlmann: Exp. Beiträge zur Lehre vom Gedächtnis (1906). – [6] Jacobs, a. a. O. [3]. – [7] A. Binet: Introd. à la psychol. exp. (Paris 1894). – [8] B. Bourdon: Influence de l'âge sur la mémoire immédiate. Rev. philos. 38 (1894) 148-167. – [9] W. H. Winch: Immediate memory in school children. Brit. J. Psychol. 1 (1904) 127-134. – [10] Jacobs, a. a. O. [3]. – [11] F. Galton: Supplementary notes on «prehension» in idiots. Mind 12 (1887) 79-82. – [12] G. E. Johnson: Contribution to the psychol. and pedag. of feeble-minded children. Pedag. Seminary 3 (1895) 246-301. – [13] A. Binet und T. Simon: Méthodes nouvelles pour le diagnostic du niveau intellectuel des anormaux. Ann. psychol. 12 (1905) 191-244. – [14] L. M. Terman: The measurement of intelligence (New York 1916). – [15] H. J. Humpstone: Memory span tests. Psychol. Clin. 12 (1919) 196-200. – [16] A. B. Blankenship: Memory span: A review of the lit. Psychol. Bull. 35 (1938) 1-25. – [17] J. Drever und W. D. Fröhlich: Wb. zur Psychol. (³1970) 112. – [18] J. Locke, Works (London 1823) 1, 137. – [19] G. Th. Fechner: Elemente der Psychophysik (1860) 2, 496. – [20] a. a. O. 497. – [21] G. Sperling: The information available in brief visual presentations. Psychol. Monogr. 74 (1960) Nr. 498. – [22] S. Exner: Physiol. der Großhirnrinde, in: L. Hermann (Hg.): Hb. der Physiol. (1879) 2/2, 189–350, zit. 281. – [23] W. James: The principles of psychol. (New York 1890) 2, 643-648. – [24] a. a. O. 644. – [25] E. Ebert und E. Meumann: Über einige Grundfragen der Psychol. der Übungsphänomene im Bereiche des Gedächtnisses. Arch. ges. Psychol. 4 (1905) 1-232. – [26] z. B. M. W. Calkins: A study of immediate and delayed recall of the concrete and of the verbal. Psychol. Rev. 5 (1898) 451-456; Bourdon, a. a. O. [8]. – [27] Ebert und Meumann, a. a. O. [25] 205. – [28] a. a. O. 206. – [29] Blankenship, a. a. O. [16]. – [30] D. O. Hebb: The organization of behavior (New York/London 1949). – [31] R. Lorente de Nó: Analysis of the activity of the chains of internuncial neurons. J. Neurophysiol. 1 (1938) 207-244. – [32] E. R. Hilgard und D. G. Marquis: Conditioning and learning (New York 1940). – [33] Hebb, a. a. O. [30] 61. – [34] G. A. Miller: Language and communication (New York/Toronto/London 1951) 209ff. – [35] E. R. John: Mechanisms of memory (New York und London 1967); D. J. Lewis und B. A. Maher: Neural consolidation and electroconvulsive shock. Psychol. Rev. 72 (1965) 225-239. – [36] B. R. Gomulicki: The development and present status of the trace theory of memory. Brit. J. Psychol. Monogr., Suppl. 29 (1953). – [37] J. A. McGeoch: The psychol. of human learning (New York 1942); B. J. Underwood: Interference and forgetting. Psychol. Rev. 64 (1957) 49-60. – [38] R. Conrad: Decay theory of immediate memory. Nature (Lond.) 179 (1957) 831-832. – [39] D. E. Broadbent: A mechanical model for human attention and memory. Psychol. Rev. 64 (1957) 205-215. – [40] J. Brown: Some tests of the decay theory of immediate memory. Quart. J. exp. Psychol. 10 (1958) 12-21. – [41] I. Pollack: The assimilation of sequentially encoded information. Amer. J. Psychol. 66 (1953) 421-435. – [42] G. A. Miller: The magical number seven, plus or minus two: Some limits on our capacity for processing information. Psychol. Rev. 63 (1956) 81-97. – [43] N. C. Waugh und D. A. Norman: Primary memory. Psychol. Rev. 72 (1965) 89-104. – [44] R. C. Atkinson und R. M. Shiffrin: Math. models for memory and learning. Technical Rep. Nr. 79, Inst. math. Stud. in social Sci., Stanford Univ. (1965). – [45] A. W. Melton: Implications of short-term memory for a general theory of memory. J. Verbal Learning 2 (1963) 1-21; M. M. Gruneberg: A dichotomous theory of memory – unproved and unprovable? Acta psychol. (Amst.) 34 (1970) 489-496. – [46] B. B. Murdock: Recent developments in short-term memory. Brit. J. Psychol. 58 (1967) 421-433. – [47] M. I. Posner: Short-term memory systems in human information processing. Acta psychol. (Amst.) 27 (1967) 267-284. – [48] G. Sperling: Successive approximations to a model for short-term memory. Acta psychol. (Amst.) 27 (1967) 285-292.

Literaturhinweise. A. B. Blankenship s. Anm. [16]. – C. Weinschenk: Das unmittelbare Gedächtnis als selbständige Funktion (1955). – J. Brown: Short-term memory. Brit. med. Bull. 20 (1964) 8-11. – F. Süllwold: Das unmittelbare Behalten und seine denkpsychol. Bedeutung (1964). – L. R. Peterson: Short-term memory. Sci. Amer. 215 (1) (1966) 90-95. – B. B. Murdock s. Anm. [46]. – C. Florès: Mémoire à court terme et mémoire à long terme, in: D. Bovet, A. Fessard, C. Florès, N. H. Frijda, B. Inhelder, B. Milner und J. Piaget: La mémoire (Paris 1970).

O. Neumann

Gedächtnistäuschung (Erinnerungstäuschung; frz. fausse mémoire, fausse reconnaissance, déjà vu). Der Ausdruck ‹G.› bezeichnet gegenwärtig in Abgrenzung gegen die verschiedenen Formen der quantitativen Gedächtnisbeeinträchtigungen (Amnesien: Hyper- und Hypomnesie) alle *qualitativen* Störungen des Gedächtnisses. Der Terminus ‹*Erinnerungstäuschung*› wird meist synonym verwendet. Der Begriff ‹G.› dient in neueren Systematiken der Gedächtnisstörungen als Oberbegriff für zwei verschiedene Formen von qualitativen Beeinträchtigungen: 1. *Allomnesien* (Erinnerungsverfälschungen, d. h. inhaltliche Verfälschungen von Gedächtnismaterial) und 2. *Pseudomnesien* oder *Paramnesien* (G. im engeren Sinne; ein Bewußtseinsinhalt wird vom Subjekt ohne Grundlage als Erinnerung erlebt) [1]. Allomnesien und Pseudomnesien unterscheiden sich nur gradweise voneinander und werden teilweise als pathologische, teilweise als gesund-normale Erscheinungen klassifiziert. Beruht der Bewußtseinsinhalt auf einer Gesichtswahrnehmung, spricht man von ‹*déjà vu*›, repräsentiert er ein komplexes Erlebnisgesamt von ‹déjà vécu›, entsprechend werden in der Literatur ‹déjà entendu›, ‹déjà raconté›, ‹déjà parlé›, ‹déjà pensé› unterschieden. Die Bezeichnung ‹déjà vu› steht jedoch meist stellvertretend für alle übrigen Differenzierungen.

1. Unter ‹*Allomnesie*› kann in einer weiten Fassung des Begriffes jede Veränderung im Gedächtnismaterial zum Zeitpunkt der Reproduktion gegenüber der Beschaffenheit des Materials zur Zeit der Aufnahme in den Gedächtnisspeicher verstanden werden. Der Terminus findet jedoch fast ausschließlich Verwendung in der Psychopathologie und bezeichnet hier lediglich solche Entstellungen, deren Genese in pathologischen Zuständen (Depression, Wahn) vermutet wird. Der Ausdruck ‹Allomnesie› erreichte durch die Phänomensystematik K. Schneiders [2] zunächst seine Bedeutung, er wurde auch später gelegentlich aufgegriffen, doch dem Anschein nach gehört er nicht zu den weitverbreiteten Termini der gedächtnispathologischen Forschung [3].

2. Verschiedene, heute unter dem Begriff ‹*Pseudomnesie*› oder ‹*Paramnesie*› zusammengefaßte Phänomene wurden bereits in der Antike beachtet und auch in nachfolgenden psychologisierenden Schriften gelegentlich erwähnt [4]. Aber erst seit der Mitte des 19. Jh. dienen eingehendere Beobachtungen an psychisch Kranken als Grundlage für eine Analyse qualitativer Gedächtnisstörungen.

Die erste begriffsgeschichtliche Phase um 1850 (a) ist gekennzeichnet durch eine Vielfalt von Bezeichnungen, die durch eine ausgedehnte Phänomensammlung nahegelegt wird. Sie läßt sich weiterhin charakterisieren als Phase der (unsystematischen) *Erklärungs*begriffe, die erst allmählich abgelöst wird durch die Phase der ihrer Intention nach *deskriptiven* Begriffe (b) und der *Begriffs- und Phänomensystematik* gegen Ende des 19. Jh. (c). Parallel zu den Phasen (a) und (c) verläuft die Begriffsentwicklung in der *französischen* Literatur (d); während der G.-Begriff in der *Psychoanalyse* einen von der übrigen Begriffsentwicklung unabhängigen Bedeutungswandel erfährt (e).

a) *Die Phase der Erklärungsbegriffe.* Erste spezifische Benennungen für fast ausnahmslos ungenau beschriebene Formen von G. liefern E. v. FEUCHTERSLEBEN 1845 («Phantasma des Gedächtnisses») [5], A. L. WIGAN 1844 mit seiner physiologischen Theorie vom «Doppelten Bewußtsein» [6], H. NEUMANN 1859 («Empfindungs-» oder «Gedankenspiegelung) [7], J. JENSEN 1868/69 («Doppelwahrnehmung») [8] und M. HUPPERT 1869 («Doppeldenken» oder «-vorstellung») [9]. Mit Ausnahme des Ausdrucks ‹Phantasma› beinhalten die Bezeichnungen eine Erklärung für G., die man als Verdoppelungstheorie» etikettieren kann: Die Täuschung wird durch die Duplizierung einer gegebenen Empfindung, Wahrnehmung, Vorstellung, eines Gedankens in Form einer irgendwie gearteten «Kopie» (NEUMANN) hervorgerufen, wobei Original und Kopie nicht gleichgewichtig im Bewußtsein repräsentiert sein sollen. Die «blassere», kürzere, frühere Repräsentation wird fälschlich als Erinnerung gewertet. Die Entstehungsbedingungen dieser Verdoppelung werden meist in der asynchronen Tätigkeit beider Hirnhälften gesehen, oder sie bleiben ungeklärt.

b) *Die Phase der deskriptiven Begriffe.* Der Beginn des zweiten begriffsgeschichtlichen Abschnittes kann mit der Veröffentlichung W. SANDERS 1873 angesetzt werden. Sander nimmt eine erste Begriffserklärung vor, indem er die Vielfalt der theoretischen Begriffe ersetzen möchte durch den phänomendeskriptiv intendierten Ausdruck ‹Erinnerungstäuschung› (E.) [10]; er bildet ihn analog zu ‹Sinnestäuschung›. Bei genauer Betrachtung handelt es sich hierbei ebenso wie bei den verworfenen Begriffen um ein Erklärungskonstrukt, denn ‹E.› besagt zumindest, daß die Täuschung bei *Gedächtnis*prozessen vermutet wird und nicht – wie vorher verschiedentlich angenommen – in Perzeptions- oder Apperzeptionsvorgängen. Ergänzungen terminologischer und phänomenanalytischer Art zu Sanders Darstellung liefern F. Oetiker und, in Abgrenzung gegen ihn, G. E. Müller. OETIKER möchte den Sanderschen Terminus noch als «positiv» spezifizieren, um das Phänomen der Erinnerung ohne Gedächtnisgrundlage abzuheben gegen den «negativen» Fall, in dem eine solche Grundlage vorhanden ist, die ins Bewußtsein getretene Spur aber als neuer Einfall gedeutet wird (negative E.) [11]. G. E. MÜLLER engt die Bedeutung dieser Neuprägung insofern ein, als er nur solche E. als negativ kennzeichnet, in denen das «Erinnerungsvermögen» diese negative Entscheidung trifft [12].

c) *Die Phase der Phänomen- und Begriffssystematiken.* Der erste Ansatz einer Systematisierung der G. und der Vereinheitlichung ihrer Bezeichnungen findet sich bei J. SULLY [13]. Sully unterscheidet drei Formen der G.: Die erste und leichteste besteht in einer «zeitlichen Fehllokalisation» eines sonst genau erinnerten Vorganges. Die zweite bezeichnet er in Übereinstimmung mit Sander als «Illusion des Gedächtnisses», sie umfaßt teilweise richtig reproduzierte Gedächtnisbestände. Als dritte Form nennt er die «Halluzination des Gedächtnisses», in der kein objektiv vorhandener Gedächtnisinhalt gegeben ist, obwohl das Erlebnis der Erinnerung vorliegt [14]. Hier begegnet ‹G.› zum ersten Mal als Sammelbezeichnung, doch bürgert sich diese umfassende Begriffsbedeutung erst nach weiteren Systematisierungsversuchen ein.

Ein richtungsweisender Beitrag zur Begriffsentwicklung wird zwei Jahre später von E. KRAEPELIN (1886/87) geleistet [15]. Er erstellt eine Systematik der Gedächtnisstörungen, in der er die qualitativen Störungen (Erinnerungsfälschungen, Pseudoreminiszenzen) als *Reproduktionsstörungen* versteht und sie in dreifacher Weise differenziert: 1. *einfache*, frei entstehende oder eigentliche Erinnerungsfälschung (Sullys Halluzination des Gedächtnisses); 2. *assoziierende* Erinnerungsfälschungen; 3. *identifizierende* Erinnerungsfälschungen (2. und 3. entsprechen Sanders ‹E.›). Die einfache unterscheidet sich von der assoziierenden Fälschung durch die der zweiten zugrunde liegenden Wahrnehmung; die assoziierende Erinnerungsfälschung wird gegen die identifizierende dadurch abgehoben, daß in der assoziierenden nur eine partielle, in der identifizierenden jedoch eine totale phänomenale Übereinstimmung zwischen vermeintlichem Erinnerungsbild nebst begleitenden subjektiven Gefühlszuständen und gegenwärtiger Wahrnehmung besteht [16]. Die Ursachen der drei Formen der G. sind nach Kraepelin unterschiedlich. In der identifizierenden Fälschung kann sogar eine Entstellung der *Wahrnehmung* nicht ausgeschlossen werden; in diesem Falle müßte sie den Sinnestäuschungen und nicht den G. zugeordnet werden. Erst seit E. EMMINGHAUS [17] gehört zur Definition der von Kraepelin «identifizierend» genannten G. die Gewißheit, man könne die erneut «durchlebte» Situation auch in ihrem Fortgang voraussehen. KRAEPELIN übernimmt diese Begleiterscheinung des Phänomens in seine Definition und deutet sie als notwendige Konsequenz der Totalität des Wiederholungserlebnisses. Das bereits von Sander als charakteristisch hervorgehobene Unlustgefühl während der identifizierenden G. wird ebenfalls Bestandteil der Definition und als Folge der zunächst beeinträchtigten, dann wieder hergestellten Aufmerksamkeit erklärt.

Etwa gleichzeitig mit Kraepelins Begriffssystematik stellt A. PICK ein Phänomen vor, welches bisher in der Literatur noch nicht beschrieben worden war. Die nachfolgend als ‹reduplizierende Paramnesie› bezeichnete Form der G. bestimmt Pick als eine Auflösung des kontinuierlichen Erinnerungsstromes, in dem eine Erlebnissequenz gespeichert ist, in einzelne, identisch erscheinende Verläufe [18]. Zumeist handelt es sich um das Erlebnis *zweier* identischer Verläufe, obwohl auch eine Verdreifachung vorkommen kann. Pick interpretiert den Zerfall des Erinnerungsstromes mit dem Ausbleiben des alle Vorgänge des Wiedererkennens begleitenden Bekanntheitsgefühls [19]. M. ROSENBERG führt die Phänomenanalyse weiter, indem er hervorhebt, bei der reduplizierenden Paramnesie handle es sich um eine Zweiteilung einer langen Erlebnisreihe, und nicht um eine Verdoppelung, wie die Bezeichnung besagt. Als Grundlage der Störung nimmt Rosenberg an, daß eine Fähigkeit zur Synthese von im Detail verschiedenen, in der zugrunde liegenden Struktur aber ähnlichen Einzelereignissen zu einem Kontinuum fehlt [20]. Bereits M. LEON-KINDBERG hatte eine solche These in modifizierter Form aufgestellt [21]. Eine neuere Deutung des Phänomens liefert L. VAN DER HORST [22].

Die Entwicklung der Begriffssystematik in den letzten Jahrzehnten wird von zwei Forschungsrichtungen bestimmt: Einmal versucht die Psychopathologie durch weitere kritische Prüfungen an neuen Fällen eine gegen alle Einwände gerüstete Begriffssystematik und Phänomenklassifikation zu liefern und nach Möglichkeit die psychopathologischen Grundlagen der G. zu eruieren; zum zweiten bemüht sich die allgemeinpsychologische Gedächtnisforschung im Zusammenhang mit der Erforschung von allgemeingültigen Gesetzmäßigkeiten der Gedächtnistätigkeit zur Erkenntnis der G.-Mechanismen beizutragen.

Eine wichtige Begriffsklärung verdankt die neuere G.-Forschung dem Psychiater K. SCHNEIDER. In seiner Systematik zerfallen qualitative Gedächtnisstörungen in Allo- und Pseudomnesien mit den eingangs erwähnten Definitionen. Die Pseudomnesien umfassen nach Schneider nicht die früher so genannten «negativen E.», er ordnet sie vielmehr unter der Bezeichnung «Kryptomnesie» den quantitativen Gedächtnisstörungen, speziell den Hypomnesien, zu [23]. Die «einfachen Erinnerungsfälschungen» Kraepelins umfassen die gegenwärtig allgemein mit dem Ausdruck ‹Konfabulationen› belegten Phantasieprodukte. Schneider erweitert die Kategorie der «einfachen Erinnerungsfälschungen» gegenüber Kraepelin beträchtlich, indem er darunter zusätzlich noch Wahrnehmungen faßt, die unbegründet dem Betroffenen den Eindruck des Erinnerten vermitteln, jedoch nicht die unabdingbaren Definitionsmerkmale des déjà vu aufweisen; G., die den Namen ‹déjà vu› zu Recht führen, beziehen sich stets auf einen Gesamteindruck (deshalb richtiger: déjà vécu) und werden als Täuschung erkannt [24].

Weiterhin erhält der G.-Begriff eine schärfere Abgrenzung durch die Ausführungen H. BERNDT-LARSSONS (1931) [25]. Aufgrund ihrer eigenen klinischen Beobachtungen möchte die Autorin G. bei Gesunden und G. bei Kranken als völlig verschiedene Phänomene ansehen. Sie beruft sich auf A. ALBÈS, der bereits 1906 eine solche Trennung für sachlich unumgänglich hielt [26]. Ebenso in Anlehnung an Albès schlägt sie für die Pseudomnesie bei Gesunden die Bezeichnung ‹déjà éprouvé› vor, für die vergleichbare Erscheinung bei Kranken den Begriff ‹G.›. G. bei Kranken können auftreten in Form von déjà vu im engen Sinne und reduplizierender Paramnesie. Ihre Definition des déjà vu beinhaltet im Unterschied zu Schneider die Unkorrigierbarkeit der Täuschung; gemeinsam haben beide Begriffsbestimmungen die Identität oder Fast-Identität der scheinbar erinnerten mit der gegenwärtig wahrgenommenen Situation. Berndt-Larsson hält dieses «echte» déjà vu für eine paranoide oder schizophrene *Sinnestäuschung*. In der neueren Psychiatrie tritt man den Abgrenzungsversuchen im Bereich der G. mit Skepsis entgegen. Die traditionellen Phänometikettierungen, auch die Unterscheidung zwischen G. bei Gesunden und Kranken können nach neueren Studien in der bisher angestrebten Schärfe nicht aufrechterhalten werden [27].

Bereits gegen Ende des 19. Jh., besonders aber nach 1900, erscheinen Erklärungsversuche von einzelnen G.-Phänomenen, insbesondere des déjà vu in der damals noch ungenauen Begriffsfassung, die durch eine Funktionsanalyse der unbeeinträchtigten Gedächtnistätigkeit, wiederum insbesondere des Wiedererkennungsvorganges, bestimmt sind. Die Kontroverse über den Mechanismus des Wiedererkennens bzw. über den des Auftretens eines Bekanntheitserlebnisses (HÖFFDING [28]; A. LEHMANN [29]) bestimmt auch die Diskussion über die Entstehung einer *Wiedererkennungstäuschung*. Diese Bezeichnung löst in der Diskussion den G.-Begriff ab (J. LINDWORSKY [30]).

Eine neuere Fassung des G.-Begriffes aus der Sicht der Struktur- und Ganzheitspsychologie stammt von TH. HERRMANN [31]. Seine Definition von G., speziell der Wiedererkennungstäuschung, beinhaltet das Schneidersche Merkmal der Korrektur, das Kraepelinsche und Sandersche des Bezugs auf die Gesamtheit einer Situation, die von einigen Autoren bereits konstatierte kurze Dauer des Täuschungserlebnisses und schließlich das Merkmal des Fehlens jeglicher objektiver Grundlage für die Erinnerung. Gerade das letzte Charakteristikum wird nur von wenigen zur Bestimmung der G. herangezogen. Die Herrmannsche Fassung des Begriffes ist wohl die engste, der man in der Literatur begegnen kann. [32].

Aus der Sicht der allgemeinen Psychologie sind in neuerer Zeit insofern keine bedeutsamen Beiträge zu einer Begriffsklärung oder einer theoretischen Fundierung der G. geliefert worden, als die neuere Gedächtnisforschung pathologische Funktionsvariationen, speziell aber qualitative G., in ihren Modellen nicht berücksichtigt [33]. Dies mag vor allem daran liegen, daß bis jetzt noch nicht die auslösenden Bedingungen so weit bekannt sind, daß die in der allgemeinen Psychologie vorherrschende experimentelle Analyse von Phänomenen eingeleitet werden könnte [34].

d) In den letzten beiden Jahrzehnten des 19. Jh. wird auch in der *französischen* Psychiatrie den Phänomenen der G. (fausse mémoire, fausse reconnaissance, déjà vu) Aufmerksamkeit geschenkt. Zweifellos erfolgt die Anregung durch deutschsprachige Veröffentlichungen. In den ersten Arbeiten (C. ANJEL 1878; TH. RIBOT 1882; A. LALANDE 1893; L. DUGAS 1894, 1908; F. L. ARNAUD 1896; E. BERNARD-LEROY 1898) [35] werden Erklärungen angeboten, die in ihrem Kern mit den bereits bekannten Theorien identisch sind. Die Verdoppelungsannahme ARNAUDS bringt nur insofern einen neuen Aspekt, als sie zwei korrespondierende Wahrnehmungseindrücke postuliert, von denen der erste dem Unbewußten, der zweite dem Bewußtsein zugeordnet wird. Können beide nicht integriert werden, wird stets der im Unbewußten rezipierte Eindruck in die Vergangenheit projiziert [36]. Arnaud nimmt damit die Grundlage der psychoanalytischen Konzeption der G. vorweg.

A. Forel, P. Janet und H. Bergson leiten in den folgenden Jahren eine Umzentrierung von der partikularistischen Betrachtung einzelner psychischer Funktionen in der traditionellen G.-Analyse zur ganzheitlichen Deutung der G. ein und leisten damit einen bedeutsamen Beitrag zur Entfaltung des Begriffes. FORELS Interpretation der G.-Phänomene geht von einer allgemeinen Störung der Realitätsauffassung und der Gegenwartsperzeption aus; sie resultiert in einer Beeinträchtigung des realitätsangemessenen Verhaltens [37]. JANET führt die bekannten G.-Formen auf ein plötzliches, starkes Nachlassen des normalen psychischen Aktiviertheitszustandes zurück, in dessen Folge erst die von Forel angenommene Grundstörung auftritt. Dieser Grundstörung können die einzelnen G. untergeordnet werden, sie sind werden austauschbar, auf sprachliche ‹Artefakte› reduziert [38]. Das Prinzip der Annahme einer Allgemeinstörung, in der die G. den Stellenwert eines Symptoms erhalten, wird auch von BERGSON beibehalten. Er postuliert eine Verminderung der «attention à la vie», die weniger individuell als vielmehr artspezifisch verstanden werden soll; sie dient allgemein der Anpassung an die Umwelt. Bergson greift jedoch insofern die Verdoppelungsannahme wieder auf, als er in Übereinstimmung mit Arnaud eine der Wahrnehmung parallel laufende Spurenbildung im Unbewußten annimmt. Er prägt dafür die Wendung «souvenir du présent» [39].

e) Der G.-Begriff erhält in der *psychoanalytischen* Theorie eine eigene Interpretation. Von den unter ‹G.›

zusammengefaßten Phänomenen werden besonders die déjà vu- und die déjà raconté-Täuschungen Ausgangspunkt für theoretische Überlegungen. S. FREUD setzt das déjà vu-Erlebnis zunächst in Beziehung zu Inhalten, die im Unbewußten gespeichert, aber nie zum Bewußtsein vordringen konnten. Der verdrängte Inhalt kann sich jedoch in Form eines Erinnerungserlebnisses an einen gegenwärtigen Eindruck binden und zur G. führen [40]. C. P. OBERNDORF [41] erweiterte in Anlehnung an Freud [42] diese Konzeption, indem er auch Inhalte einbezieht, die früher einmal bewußt waren, dann aber verdrängt wurden. Nach O. FENICHEL setzen sie sich gegen die Abwehrversuche des Ich durch [43]. E. MARCOVITZ [44] wendet dagegen ein, daß hierbei dem charakteristischen Element des déjà vu, dem Eindruck der genauen Wiederholung, nicht Rechnung getragen wird. O. PÖTZL knüpft jedoch 1926 [45] wieder an die frühe Annahme Freuds an und überführt sie in ein Entelechiekonzept der G.: Einer ersten bewußtseinsunfähigen (verdrängten) Situation folgt die «Täuschungs»-Situation, in der eine Vollendungstendenz unterbrochener Intentionen aus der ersten Situation wirksam wird. Durch diese Deutung wird die begriffliche Abgrenzung zwischen ‹G.› und ‹Deckerinnerung› verwischt. Mit dem ausdrücklichen Hinweis auf das Entelechieprinzip erinnern die Überlegungen Pötzls an frühere Vorstellungen, in denen das déjà vu als Zeichen einer Präexistenz des Menschen interpretiert wurde [46]. Ohne die weitreichenden Implikationen Pötzls findet sich ein ähnliches Begriffsverständnis bei MARCOVITZ [47]. Parallel zu der Begriffsentwicklung, die G. als Auswirkung der Es-Funktionen betrachtet, läßt sich noch ein weiteres psychoanalytisches Begriffsverständnis feststellen, welches die G. im Zusammenhang mit Ich-Funktionen analysiert. G. erscheint bei dieser Betrachtungsweise als Abwehrmechanismus zur Bewältigung von Konflikten, indem Unvertrautes Vertrautheit gewinnen soll (FREUD 1936; OBERNDORF 1941 [48]). Im Gegensatz zu Freud betrachtet P. FEDERN G. und Depersonalisationserscheinungen als Symptome einer Grundstörung. Déjà vu wie auch Depersonalisation entstehen aufgrund eines Entfremdungserlebnisses von kurzer Dauer, in der ein Erlebnis ohne Beteiligung des Ich nach Abklingen des Entfremdungserlebnisses, aber unter Beteiligung der Ich-Funktionen ins Bewußtsein tritt. Durch die Abtrennung vom Ich wird nach Federn vor allen Dingen eine Störung der Zeitauffassung hervorgerufen [49]. In der neueren psychoanalytischen Literatur herrscht die Interpretation der G. als Abwehrmechanismus des Ich vor [50]. J. A. ARLOW betont, daß die G. nicht als Symptome oder Kompromißbildungen mißverstanden werden sollen, sondern selbst umschriebene Störungen der Ich-Funktion darstellen [51]. Der entscheidende Unterschied des Begriffsverständnisses von ‹G.› in der Psychoanalyse gegenüber den Bedeutungen, die andere psychologische Richtungen dem Begriff geben, besteht in der Akzentuierung des *Inhaltes* der G. Eine Berechtigung dazu kann jedoch nach HERRMANN bis jetzt aus keiner der Phänomenanalysen abgeleitet werden [52].

Anmerkungen. [1] Nach K. SCHNEIDER: Die Störungen des Gedächtnisses, in: Hb. der Geisteskr. 1, hg. O. BUMKE (1928) 508-529. – [2] ebda. – [3] Vgl. Nomenklatur gebräuchlicher Lexika der Med. – [4] Vgl. ARISTOTELES, De memoria 1; AUGUSTIN, MPL 42, 1012. – [5] E. v. FEUCHTERSLEBEN: Lb. der ärztl. Seelenheilk. (1845). – [6] A. L. WIGAN: A new view of insanity: the duality of the mind (London 1844). – [7] H. NEUMANN: Lb. der Psychiat. (1859) §§ 199ff. – [8] J. JENSEN: Über Doppelwahrnehmungen in der gesunden, wie in der kranken Psyche. Allg. Z. Psychiat. (= AZP) 25 (1868) Suppl. T. 1, 48-64; Doppelwahrnehmungen. Arch. Psychiat. Nervenkr. (= APN) 4 (1873) 547-558. – [9] M. HUPPERT: Doppelwahrnehmung und Doppeldenken. AZP 26 (1869) 529-550; Über das Vorkommen von Doppelvorstellungen, eine formale Elementarstörung. APN 3 (1872) 66-110. 330-337. – [10] W. SANDER: Über Erinnerungstäuschungen. APN 4 (1873) 244-253; vgl. Vortrag, gehalten in der Berl. med.-psychol. Ges. am 19. 12. 1871. APN 3 (1872) 503-505; vgl. dazu LAZARUS, a. a. O. 504. – [11] F. OETIKER: Casuistischer Beitrag zur Kenntnis der Erinnerungsfälschungen. AZP 54 (1898) 149-177. – [12] G. E. MÜLLER: Zur Analyse der Gedächtnistätigkeit und des Vorstellungsverlaufes (1913) bes. 319-361. – [13] J. SULLY: Die Illusionen (1884). – [14] a. a. O. 227ff. – [15] E. KRAEPELIN: Über Erinnerungsfälschungen. APN 17 (1886) 830-843; 18 (1887) 395-436. – [16] a. a. O. 831ff. 837. – [17] E. EMMINGHAUS: Allg. Psychopathol. (1878). – [18] A. PICK: Über eine neuartige Form von Paramnesie. Jb. Psychiat. Neurol. 20 (1901) 1-35. – [19] Zur Pathol. des Bekanntheitsgefühls. Neurol. Zbl. 22 (1903) 2-7. – [20] M. ROSENBERG: Die E. der ‹reduplizierenden Paramnesie› und des ‹déjà vu›, ihre klin. Differenzierung und ihre psychol. Beziehungen zueinander. Z. Pathopsychol. 1 (1912) 561-602; bes. 583f. – [21] M. LEON-KINDBERG: Le sentiment du déjà vu et l'illusion de fausse reconnaissance. Rev. de Psychiat. 3e Sect. 7 (1903) 139-166. – [22] L. VAN DER HORST: Über die Psychol. des Korsakow-Syndroms. Mschr. Psychiat. Neurol. 83 (1932) 65-84; vgl. dazu auch S. S. KORSAKOW: E. (Pseudoreminiszenzen) bei polyneuritischer Psychose. AZP 47 (1892) 390-410. – [23] SCHNEIDER, a. a. O. [1] 517. – [24] 523f. – [25] H. BERNDT-LARSSON: Über das ‹déjà vu› und andere Täuschungen des Bekanntheitsgefühls. Z. Neurol. Psychiat. 133 (1931) 521-543. – [26] A. ALBÈS: L'illusion de fausse reconnaissance (Diss. Paris 1906); G. DROMMARD a. ALBÈS: Essai théorique sur l'illusion dite de «fausse reconnaissance». J. de Psychol. 2 (1905) 216-228. – [27] Vgl. etwa H. H. MEYER: Zur Klinik der Gedächtnisstörungen. (Die reduplizierende Paramnesie). Arb. zur Psychiat., Neurol. und ihren Grenzgebieten. Festschr. K. Schneider, hg. H. KRANZ (1947) 174-185. – [28] H. HÖFFDING: Psychol. (⁵1914) 179ff. – [29] A. LEHMANN: Über Wiedererkennen. Philos. Stud. 5 (1889) 152ff. – [30] J. LINDWORSKY: Exp. Psychol. (³1931) 196ff.; Zum Problem des falschen Wiedererkennens. Arch. ges. Psychol. 15 (1909) 256-260. – [31] TH. HERRMANN: Das Bekanntheitserlebnis und seine Bedeutung für eine Strukturtheorie des Gedächtnisses (Diss. Mainz 1956). – [32] a. a. O. 138ff. – [33] Vgl. etwa G. A. TALLAND und N. C. WAUGH: The pathol. of memory (New York/London 1969). – [34] G. HEYMANS: Eine Enquête über Depersonalisation und ‹fausse reconnaissance›. Z. Psychol. 36 (1904) 321ff.; 43 (1906) 1ff. – [35] C. ANJEL: Beitrag zum Kap. über E. APN 8 (1878) 57-64; TH. RIBOT: Das Gedächtnis und seine Störungen (1882) 121ff.; A. LALANDE: Des paramnésies. Rev. philos. France Étrang. (= RphFE) 36 (1893) 485-497; L. DUGAS: Observations sur la fausse mémoire. RphFE 37 (1894) 34-45; L'impression de l'entièrement nouveau et celle du ‹déjà vu› a. a. O. 38 (1894) 40-46; Observations sur des erreurs ‹formelles› de la mémoire. RphFE 66 (1908) 79-84; F. L. ARNAUD: Un cas d'illusion de ‹déjà vu› ou de ‹fausse mémoire›. Annales méd.-psychol. 3 (1896) 455-470; E. BERNARD-LEROY: L'illusion de fausse reconnaissance (Paris 1898) bes. c. 1. – [36] ARNAUD, a. a. O. 466ff. – [37] A. FOREL: Das Gedächtnis und seine Abnormitäten (1885) 44ff. – [38] P. JANET: A propos du ‹déjà vu›. J. Psychol. norm. et pathol. 2 (1905) 289-307. – [39] H. BERGSON: Le souvenir du présent et la fausse reconnaissance. RphFE 66 (1908) 561-593. – [40] S. FREUD: Psychopathol. des Alltagslebens (1904). Werke 4; Über fausse reconnaissance (déjà raconté) während der psychoanal. Arbeit (1914). Werke 10, 116-123. – [41] C. P. OBERNDORF: Erroneous recognition. Psychiat. Quart. 15 (1941) 316-326. – [42] S. FREUD: Hemmung, Symptom und Angst (1926). Werke 14, 111-205. – [43] O. FENICHEL: The psychoanal. theory of neurosis (New York 1945) 145f. – [44] E. MARCOVITZ: The meaning of déjà vu. Psychoanal. Quart. 21 (1952) 481-489. – [45] O. PÖTZL: Zur Metapsychol. des déjà vu. Imago 12 (1926) 393-402. – [46] O. FISCHER: Eine psychol. Grundlage des Wiederkunftsgedankens. Z. angew. Psychol. 5 (1911) 487ff. – [47] MARCOVITZ, a. a. O. [44]. – [48] S. FREUD: A disturbance of memory on the acropolis (1936). Int. J. Psychoanal. 22 (1941) 93-101; dtsch. Werke 16, 250-257; OBERNDORF, a. a. O. [41]. – [49] P. FEDERN: Narzißmus im Ich-Gefüge (1927), in: Ich-Psychol. und die Psychosen (1956) 53f. – [50] J. A. ARLOW: The structure of the déjà vu experience. J. amer. psychoanal. Ass. 7 (1959) 611-631. – [51] a. a. O. 627. – [52] HERRMANN, a. a. O. [31] 130.   U. SCHÖNPFLUG

Gedanke (griech. νόημα, λόγος; lat. cogitatio, notio, idea; ital. pensiero; frz. pensée; engl. thought)

I. Der auf das Verbum ‹denken› (s. d.) verweisende deutsche Ausdruck ‹G.› war und ist auch in seinem philosophischen Gebrauch vieldeutig. Bis ins 16. Jh. diente er zur Übersetzung von ‹mens›, ‹dianoea› und ‹sententia› [1]. ‹G.› wird freilich im Sinne von ‹Geist› oder ‹Seele›, wie etwa «anima mea» als «min gedanc» übersetzt werden konnte [2], nicht mehr gebraucht; immerhin verdient bemerkt zu werden, daß auch nach DESCARTES «cogitatio», das ja mit ‹G.› übersetzt wurde, «mitunter auch die Substanz» bezeichnet, «in der das Denkvermögen ist» [3].

Als Übersetzung von ‹dianoea› bezeichnet ‹G.› «das Folgern oder den Diskurs in der dritten Tätigkeit des Geistes» [4], also allgemein gefaßt den Akt oder die Tätigkeit des Verstandes. Diese Bedeutung von G. als Akt des Denkens hat DESCARTES ebenfalls herausgestellt: «cogitatio interdum pro actione ... sumitur» (G. wird mitunter als die Tätigkeit des Denkens genommen) [5]; HAMILTON z. B. wiederholt diese Bestimmung [6].

‹G.› bezeichnet aber nicht nur den Akt des Denkens, sondern kann auch – und darauf weist die angeführte Möglichkeit, mit diesem Ausdruck ‹sententia› zu übersetzen, hin – das immanente Resultat des Denkens, das in einer Aussage oder einem Satz Ausgesagte (propositio, sententia) oder Gedachte (verbum mentis, νόημα) bezeichnen, sofern es als G. oder als Gedachtes im Denkenden ist. In diesem Sinne werden in der Schulphilosophie des 17. Jh. die «gedanken des gemüets» u. a. als die «cogitata, ... quae cogitantur» oder als «conceptus mentis» (die Konzeptionen oder Begriffe des Geistes) beschrieben [7]. Hierhin gehören auch die Bestimmungen CHR. WOLFFS und seiner Schule, wonach ein G. «diejenige Würkung der Seele» (oder des Verstandes) heißt, «wodurch wir uns bewußt sind» (oder uns Dinge bewußt werden) [8]. Zwar wird hier nicht ausdrücklich zwischen der gedachten Sache an sich und ihrer Repräsentation in Ideen unterschieden, aber J. G. WALCH bestimmt doch in diesem Sinne sowohl den G. als auch die Idee als «Wirkung des Verstandes» [9].

Die Bedeutung von ‹G.› als dem immanenten Resultat des Ideen konzipierenden, begriffsbildenden oder Begriffe zur Aussage verbindenden Denkaktes kommt auch mit HAMILTONS Bestimmung von «thought» überein, insofern damit nicht nur der Akt, sondern gerade auch «das Produkt» der diskursiven Fähigkeit bezeichnet wird [10]. Natürlich impliziert ein solcher Sprachgebrauch eine wie immer des näheren verstandene Abbildtheorie, der gemäß G. als Begriffe (Ideen) oder Sätze Wesenheiten oder Tatsachen abbilden oder repräsentieren. In diesem Sinne heißt es bei WITTGENSTEIN: «Das logische Bild der Tatsachen ist der G.» [11]. Eine solche Abbildtheorie und die ihr gemäße Bestimmung des G. wird vom Standpunkt einer idealistischen, intuitionistischen oder phänomenologischen Philosophie her nicht anerkannt, da unmittelbares Korrelat des Denkaktes die von ihm produzierte oder ihm vorgegebene Sache selbst sei, die denkend erfaßt werde, also im Unterschied zum sinnlich Wahrgenommenen νοητόν oder νοούμενον (ein nur denkend erfaßbares gedachtes Wesen) sei. Der Tendenz, zwischen dem Denken und dem G. als seinem immanenten Resultat nicht zu unterscheiden, kommt auch der seit dem Ende des 19. Jh. sich verbreitende Sprachgebrauch entgegen, stattdessen den psychologischen Akt des Denkens von seinem «idealen» Inhalt zu unterscheiden, was zweifellos eine oft zu fraglos angesetzte Unterscheidung ist, der gegenüber HEIDEGGER gefordert hat, «die Seinsart des Denkens und des Gedachten ontologisch aufzuklären» [12].

Aber auch die Sachen selbst können G. genannt werden. Das war selbst dem allgemeinen Sprachgebrauch nicht fremd, sofern sie als «G. Gottes» hingestellt wurden [13], wie GOETHE etwa Adam und Eva «Gottes zwei lieblichste G.» nennt [14]. Aber auch von Gott selbst kann, wie SCHILLER es tut [15], gesagt werden, er sei «der höchste G.».

Damit wird modifiziert die erstgenannte Bestimmung von ‹G.› als Geist wiederholt. Von hier aus läßt sich aber auch HEGELS Lehre vom «objektiven G.» verstehen. Danach sind die G. des wahren Denkens, das seinen Gegenstand erreicht hat und mit ihm übereinstimmt, «die Wesenheiten der Dinge», «das Innere der Welt», die der Welt «immanente Vernunft» als ihre «innerste Natur» [16]. Hegel nennt die objektiven G. auch «die Denkbestimmungen» als die «Grundbestimmungen der Dinge» [17] und erklärt: «die G. sind dagegen (gegen das sinnlich Wahrnehmbare) das wahrhaft Selbständige und Primitive», weshalb «die G. nicht bloß unsere G., sondern zugleich das Ansich der Dinge und des Gegenständlichen überhaupt sind» [18].

Von dieser platonisierenden Auffassung des objektiven G. führt wahrscheinlich eine nicht nur sachliche, sondern auch eine historische Beziehung zu FREGES Lehre von dem objektiven G. hin.

Anmerkungen. [1] Vgl. GRIMM 4, 1943; Trübners Dtsch. Wb. 3, 44. – [2] ebda. – [3] R. DESCARTES, Med. Resp. III. Oeuvres, hg. ADAM/TANNERY 7, 174. – [4] Vgl. MICRAELIUS: Lexicon Philos. (1662, ND 1966) s.v. ‹dianoea›. – [5] DESCARTES, a. a. O. [3]. – [6] W. HAMILTON, Logic 5, 73, zit. nach LALANDE⁹ s.v. ‹pensée›; vgl. zu dieser Bestimmung auch EISLER⁴ s.v. ‹G.›. – [7] Vgl. GRIMM, a. a. O. [1] 1947. – [8] CHR. WOLFF: Vernünfftige Gedanken von den Kräften des menschlichen Verstandes ..., hg. H. W. Arndt (1965) 123; J. G. WALCH: Philos. Lexicon (1740) s.v. ‹Gedancken›. – [9] WALCH, a. a. O. s.v. ‹Idee›. – [10] HAMILTON, a. a. O. [6]. – [11] L. WITTGENSTEIN, Tractatus logico-philos. 3. – [12] M. HEIDEGGER: Sein und Zeit (⁵1941) 217; vgl. H. KRINGS: Transzendentale Logik (1964) 22ff. – [13] Vgl. die Belege bei GRIMM, a. a. O. [1] 1955f. – [14] J. W. GOETHE, West-Östl. Divan, Buch der Parabeln, «Es ist gut». – [15] FR. SCHILLER, Säkular-A. 1, 164. – [16] G. W. F. HEGEL, Enzyklop. der philos. Wiss. § 24, Z. 1. – [17] a. a. O. § 28. – [18] § 41, Z. 2.   L. OEING-HANHOFF

II. B. BOLZANO versteht unter G. die Sätze an sich (s. d.) und die Vorstellungen an sich (s. d.), sofern sie gedacht werden [1]. Als psychischen Akten kommt den G. im Unterschied zu den Sätzen an sich und den Vorstellungen an sich das «ein wirkliches Dasein» von bestimmter Zeitdauer zu. Das Fürwahrhalten eines Satzes nennt Bolzano ‹Urteil› [2]. Wie G. sind auch Urteile psychische Akte.

Im Gegensatz zu Bolzano verwendet G. FREGE den Terminus ‹G.› eher im Sinne des Bolzanoschen Satzes an sich [3]. Er unterscheidet zwischen G. und Vorstellungen [4]. G. sind nach ihm objektiv, d. h. sie existieren unabhängig von der Innenwelt (dem Bewußtsein) und der Außenwelt des Denkenden [5]. Daher muß für die G. ein «drittes Reich» anerkannt werden. Vorstellungen sind subjektiv, d. h. sie kommen in der Innenwelt als Sinneseindrücke, Gefühle, Neigungen usw. vor [6]. Eine heutige Redeweise in der Logik gebraucht statt ‹G.› das Wort ‹Sachverhalt›, wobei ‹wahrer Sachverhalt› synonym mit ‹Tatsache› verwendet wird [7]. Dieser Sprachgebrauch schließt in gewisser Weise an den Freges an, nach dem eine Tatsache ein «wahrer Gedanke» ist [8]. Für ihn ist ein G. «etwas, von dem gilt: wahr oder falsch, ein Drittes gibt es nicht» [9]. Der G. wird in einem Satz ausgedrückt (faßbar) [10]. Enthält der Satz kontextabhängige Bestandteile (z. B. Indikatoren), so sind gewisse das Sprechen begleitende Umstände auch Mittel des G.-Ausdrucks [11]. Der G. wird als der Sinn gewisser

Sätze bestimmt. Dabei denkt Frege vor allem an Behauptungssätze [12]. In einem Behauptungssatz muß unterschieden werden zwischen dem Inhalt und der Behauptung. Der Inhalt ist der G. oder kann ihn wenigstens enthalten [13]. G. und Inhalt müssen aber nicht identisch sein. Frege unterscheidet nämlich neben dem G. und der Behauptung noch die Färbung (Beleuchtung) [14]. Das Fassen eines G. nennt er ‹Denken›, das Anerkennen der Wahrheit eines G. ‹Urteilen› und das Kundgeben eines Urteils ‹Behaupten› [15].

Anmerkungen. [1] B. BOLZANO: Wissenschaftslehre (1837) §§ 19. 25. 50. 54. – [2] a. a. O. §§ 19. 34. – [3] Vgl. F. KAMBARTEL: Der philos. Standpunkt der Bolzanoschen Wissenschaftslehre, in: B. BOLZANOS Grundlegung der Logik. Philos. Bibl. 259 (1963) bes. XVIIIff. – [4] G. FREGE: Der G., in: Beiträge zur Philos. des dtsch. Idealismus 1 (1918/19) 58-77. – [5] a. a. O. 69. – [6] 66. – [7] W. KAMLAH und P. LORENZEN: Logische Propädeutik oder Vorschule des vernünftigen Redens (²1967) 131. – [8] FREGE, a. a. O. [4] 74. – [9] G.-Gefüge, in: Beiträge zur Philos. des dtsch. Idealismus 3 (1923/26) 36-51, 38. – [10] Der G. a. a. O. [4] 61. – [11] 64. – [12] 62f. – [13] 63f. – [14] Vgl. G. GABRIEL: Logik und Sprachphilos. bei Frege, in: G. FREGE, Schriften zur Logik und Sprachphilos. aus dem Nachlaß hg. G. GABRIEL, in: Philos. Bibl. 277 (1971) bes. XXIVff. – [15] FREGE, Der G. a. a. O. [4] 62.
A. VERAART

Gedankending (ens rationis). ‹G.› ist seit KANT [1] die geläufigste Übersetzung von ‹ens rationis›, womit das vom Verstand bewirkte Seiende bezeichnet wird. Kant gebraucht daneben den Ausdruck «Gedankenwesen» [2]. Mitunter wird – wohl neuerdings – ‹ens rationis› auch mit ‹Vernunftding› oder ‹Verstandesding› übersetzt [3].

Die mit dem Ausdruck ‹ens rationis› angezeigte Problematik besteht darin, «die Seiensart ... des Gedachten ontologisch aufzuklären» (HEIDEGGER [4]). Dabei geht es unter der Voraussetzung, daß die Unterscheidung zwischen rezeptiver sinnlicher Wahrnehmung und spontanem Denken (s. d.) berechtigt ist, um folgendes: Wenn wahrgenommenes Einzelnes im allgemeinen, also in nur denkend erfaßbaren, gedachten Bestimmungen erkannt wird, wenn also z. B. aufgrund von in den Sinn fallenden farbigen Gestalten als unmittelbaren Objekts des Gesichtssinnes ein Barockschloß erkannt wird, dann muß man schon wissen und denkend präsent haben, was ein Barockschloß ist. Der gedachte Allgemeinbegriff ‹Barockschloß› ist also konstitutiv für die in der Aussage: «dies ist ein Barockschloß», sich vollziehende Erkenntnis, wobei die Aussage auch eine Leistung und ein Produkt des Denkens, etwas Gedachtes ist, sofern nicht unverstandene Wörter, wie von einem Papagei, geplappert werden. Jedem Gedachten als solchem kommt nun eine ihm eigene «objektive Realität» zu, und das Gedachte ist aufgrund des Denkens oder der Tätigkeit des Verstandes etwas Seiendes eigener Art: das ist eine, vor allem von DESCARTES vertretene Auffassung vom «ens rationis».

Die ältere und wohl immer noch geläufigere Auffassung nennt nicht jedes Gedachte als solches «ens rationis», sondern lediglich das bloß Gedachte, dem kein wirkliches, extramentales Sein entspricht, z. B. den Gedanken «romanisches Schloß». Dann wird ‹ens rationis› gleichbedeutend mit den Ausdrücken ‹fingiertes Sein› oder ‹Hirngespinst› gebraucht.

Die zentrale Bedeutung einer Aufklärung der Seinsart des Gedachten für Metaphysik und Erkenntnislehre hat in jüngster Zeit vor allem D. FEULING betont, jedoch zugleich bemerkt: «Eine durchgreifende Lehre vom nur-gedanklichen Sein, seiner Seinsweise und seinen Kategorien und Arten, wurde unseres Wissens noch niemals gegeben ... Die bisherigen metaphysischen Versuche über die ‹gedanklichen Dinge› haben weithin an Vermengungen des echten Gedanklichen mit dem Nichtsein und den negativen Begriffen gelitten» [5].

Aber es gibt ebenfalls keine einigermaßen umfassende Information über die Begriffsgeschichte des Ausdrucks ‹ens rationis› [6]. Auch hier sind dazu nur erste vorläufige Hinweise möglich.

Die wohl immer noch umfassendste Problemdarstellung ist die Abhandlung ‹De entibus rationis›, mit der F. SUÁREZ seine ‹Disputationes Metaphysicae› beschließt [7]. Hier wird auch ein Überblick über die Problemgeschichte gegeben, die mit ARISTOTELES beginnt, der erklärt hat, auch Privationen und Negationen würden «seiend» genannt [8]. Diesen Ansatz haben, wie Suárez ausführt, die Kommentatoren, vorab AVERROES und THOMAS VON AQUIN ausgebaut. Aber obwohl auch von scholastischen Kontroversen in diesem Lehrstück – etwa über die Eigenlehre des DURANDUS – berichtet wird, bleiben wichtige einschlägige Theorien der Scholastik, etwa die Wilhelms von Ockham und des Cusaners, unberücksichtigt.

OCKHAMS Lehre über das ens rationis ist abhängig von seinem nicht einheitlichen Verständnis des Wesens des Begriffs. Wird dieser als reale Qualität des Geistes verstanden, gilt, daß alle Sätze und Termini, die ja nur im Verstande sind, «entia rationis» sind. Dann aber muß auch gesagt werden: «ens rationis est ens reale» [9]. Andererseits hält Ockham wenigstens zeitweilig auch die Meinung für probabel, das Universale oder der Begriff sei keine seelische Qualität, habe daher kein reales «subjektives» Sein, sondern als «quoddam fictum» (etwas vom Verstand Gebildetes) nur «objektives» Sein, so zwar, daß dieses um der Erkenntnis willen bewirkte, etwas abbildende und repräsentierende, dem Geist «vorgestellte» (objektive) Sein das Erkanntsein oder das Gedachtsein ist. Dann aber sei zu unterscheiden zwischen Fingiertem, dem nichts Ähnliches in der Außenwelt (in re extra) entspräche, und solchem, das wie die Universalien Entsprechendes und Ähnliches im realen Sein habe [10]. Diese These, das Gedachtsein bzw. Erkanntsein, das die Vernunft durch ihre Tätigkeit der Begriffsbildung oder der Begriffsverbindung im Satz «bewirke», sei ein von den realen psychischen Akten und ihren Qualitäten verschiedenes Sein, deckt sich mit der thomistischen Lehre vom «verbum mentis», dem Erkannten als solchem im Intellekt (intentio intellecta). Auch dessen Sein besteht im Unterschied zu dem des Intellekts und seiner Akte «im Erkanntwerden» bzw. «im Gedachtwerden» [11].

NIKOLAUS VON KUES aber ist hier eigens zu nennen, weil er gelehrt hat, die mathematischen Gegenstände, die Zahlen und die Figuren, seien G.: «Die Zahl ist ens rationis, durch unsere vergleichende Unterscheidung gebildet» [12]. Aber auch «die gebräuchlichen Begriffe» (usuales termini) sind nach ihm «entia rationis» [13].

SUÁREZ entwickelt seine eigene Lehre vom ens rationis, indem er zunächst diesen Begriff definiert. Zwar könnten, wenn G. das sich dem Verstand verdankende Seiende ist, auch Artefakte so genannt werden, ferner auch alles, was irgendwie als Bestimmung oder als Gegenstand im Verstande sei, aber eigentlichst besage G. «das, was vom Verstande als Seiendes gedacht wird, während es gleichwohl in sich eine Seiendheit nicht hat» (id, quod a ratione cogitatur ut ens, cum tamen in se entitatem non habet) [14]. Daneben führt Suárez die in seiner Zeit übliche Definition an, G. sei das, «was nur objektives Sein im Intellekt hat» (quod habet esse objective tantum in intellectu) [15]. Aber im Unterschied zu der schon genannten Lehre, das objektive Sein als Gedacht- oder Erkanntsein sei eine vom realen Sein, das es für das Erkennen abbildet und repräsentiert, verschiedene Seinsweise eigener Art, erklärt Suárez, das Erkannt- oder Gedachtsein des realen Seins, das durch eine reale Angleichung des intentionalen Erkenntnisaktes an sein Objekt im «formalen Konzept» als einer seelischen Realität geschieht, sei für dieses reale Sein «äußerlich und zufällig» (objici autem rationi est illi [enti reali] extrinsecum et accidentale) [16]. Indem etwas Reales erkannt wird – und die Sache oder ihr Wesenszug (ratio), der eigentlich und unmittelbar durch den formalen Konzept erkannt wird, heißt in einer äußeren Benennung «conceptus objectivus» oder «intentio objectiva» [17] –, wird nämlich kein «Erkanntsein» konstituiert, das eine eigene Seinsweise gegenüber dem realen Sein bildete; denn das, was erkannt ist, ist das reale Sein. Sein «Erkanntsein» ist sein reales Sein selbst, sofern es dem intentionalen Geist «objiziert» ist. Andererseits wird ja unmittelbar auch gar nicht das Erkanntsein der Sache erkannt, sondern die Sache selbst. Erst reflexive Erkenntnis erkennt das Erkanntsein der Sache. Aber auch dabei wird keine eigene vom Realsein zu unterscheidende Seinsweise konstituiert [18]. Außer dem realen Sein, dem eigentlichen Bezugspunkt des Erkennens und Denkens, gibt es eben nur G., die als seiend gedacht werden, ohne in sich seiend zu sein.

Des näheren unterscheidet Suárez die G., die «völlig» oder «rein» fingiert sind, «kein Fundament in der Sache» haben, von solchen, die sachlich begründet sind [19]. G. der ersten Art heißen, wie etwa JOHANNES A S. THOMA bemerkt [20], «entia rationis ratiocinantis», die der zweiten Art «entia rationis ratiocinati» (G. des denkenden bzw. der gedacht habenden Verstandes), was eine noch KANT [21] geläufige Unterscheidung ist. Als sachlich begründete G. behandelt SUÁREZ dann ausführlich Negationen (z. B.: etwas ist eines, d. h. *nicht* geteilt), Privationen (es gibt Blindheit unter den Menschen), gedachte Relationen (eine Sache ist mit sich identisch, das Gesehensein eines Körpers) und die «Zweiten Intentionen» (Gattung, Art usw.) [22].

Daß und wie sehr das Problem des Gedachtseins und der G. in der Schulphilosophie des 16. und 17. Jh. umstritten war, ist der ‹Summa Philosophiae› des EUSTACHIUS A S. PAULO zu entnehmen, die auch Descartes gelesen hat. Denn Eustachius erklärt zwar, nur das «reale Seiende» sei Gegenstand der Metaphysik, dennoch geht er bei der Frage der Einteilung des Seienden von einem «weiteren Begriff» des Seienden aus, demgemäß seiend alles das ist, «was irgendwie vom Geist konzipiert werden kann». Daher sei auch die erste und grundlegendste Einteilung des weitest gefaßten Begriffes «Seiendes» die in «ens rei et rationis» [23]. «Weit genommen» sei nun ens rationis, sofern es «dem wahren, realen und positiven Seienden» entgegengesetzt wird, «alles das, was nicht wahrhaft und real existieren kann ..., sondern nur vermöge der Vernunft (beneficio rationis) objektiv im Intellekt existieren kann, insofern es aktuell vom Intellekt perzipiert werden kann». Offensichtlich ist damit das Gedachtsein überhaupt beschrieben; denn ein durch die Tätigkeit des Verstandes gebildeter Begriff oder ein aus Begriffen gebildeter Satz kann ja nicht wie ein Ding oder eine Tätigkeit «real» oder, wie es bei Eustachius (und schon bei Ockham) auch heißt, «subjektiv» existieren, sondern eben nur «objektiv». Im engeren Sinn heißt nach Eustachius dann G. das, was nur «objektives Sein» als Erkanntsein durch den Intellekt besitzt.

Da Eustachius das objektive Sein aber schon aus dem Gegenstandsbereich der Metaphysik ausgeklammert hat, sucht er das zu rechtfertigen mit der These, der Begriff ‹Seiendes› in seiner weitesten Bedeutung komme dem subjektiven und objektiven Sein «nicht analog, wenn nicht sehr uneigentlich, sondern homonym» (aequivok) zu; denn auch von einem lebendigen und einem gemalten, abgebildeten Menschen werde ‹Mensch› trotz der zwischen ihnen bestehenden Ähnlichkeiten nicht analog ausgesagt [24].

Das aber ist keineswegs überzeugend. Zwar ist ein gemalter Mensch, also das Bild eines Menschen, kein Mensch; zwar ist auch der Begriff eines Pferdes kein Pferd, sondern repräsentiert ein Pferd; aber – und so hat L.-B. GEIGER im Rahmen seiner grundlegenden Interpretation der thomistischen Lehre über Abstraktion (s. d.) und Separation argumentiert – «der Begriff des Seienden bezeichnet das Seiende und ist selbst Seiendes, weil ‹seiend› ja den Kategorien gegenüber transzendent ist» [25]. Die Konsequenz aus dieser Unstimmigkeit der einschlägigen Lehre des Eustachius hat auf seine Weise Descartes gezogen.

DESCARTES' bekannte Unterscheidung zwischen «aktualer, formaler Realität», wie sie dem Bewußtsein (res cogitans) und seinen Tätigkeiten eignet, und «objektiver Realität», die dem in den Ideen repräsentierten Sein, also dem gedachten, bewußten Sein eignet [26], ist nämlich offenkundig eine dezidierte Antwort auf die in der Schulphilosophie seiner Zeit kontroverse Frage, ob das «objektive Sein» neben dem «subjektiven», d. h. aktualen oder formalen Sein eine eigene zum Bereich des Seienden überhaupt gehörige Seinsweise sei. Descartes' Antwort ist bekannt: «quantumvis imperfectus sit iste essendi modus quo res est objective in intellectu per ideam, non tamen profecto plane nihil est» (wie unvollkommen auch diese Seinsweise ist, wodurch die Sache objektiv [gedacht oder repräsentiert] im Intellekt durch die Idee ist, so ist sie gleichwohl doch gewiß nicht schlechthin nichts) [27]. Descartes ist bekanntlich an der Realität dieser Seinsweise des Gedachten interessiert, weil das endliche Bewußtsein auch Gott als das unendliche Sein denkt. Wenn aber ein zureichender Grund nicht nur für das Repräsentieren als Akt des Bewußtseins, sondern auch für das durch diesen Akt dem Bewußtsein Repräsentierte angegeben werden muß, dann kann das endliche Bewußtsein das Bild, die objektive Realität, Gottes nicht aus sich in sich haben, dann muß auch das im Bewußtsein abgebildete unendliche Urbild existieren [28].

Für Suárez bedeutet «Gott wird von mir gedacht» erstens eine äußere Benennung Gottes, der dadurch ja nicht affiziert wird, und zweitens eine Modifikation meiner realen psychischen Intentionalität: Ich bin, wie man im Deutschen sagen kann, «im Begriff», nicht an mein Geld, sondern an Gott zu denken. Descartes akzeptiert die erste These, nicht aber die zweite, da er weiter differenziert: Wenn ich im Begriff bin, Gott zu denken, gibt es erstens die formale und aktuale Realität meines Bewußtseins und seines Aktes des Vorstellens und zweitens das durch diesen Akt Vorgestellte oder Gedachte, mit dem ich in mir den Begriff, die Idee, von der durch sie repräsentierten Sache erhalte. In dem, was sie repräsentieren, mag das an sich formal existieren oder nicht, sind die Ideen voneinander verschieden. Diese Verschiedenheit des Gehaltes der Ideen zeigt ihre ihnen eigene objektive Realität, die von der formalen Realität der psychischen Akte verschieden ist [29].

Die Verbindung dieser Lehre von der objektiven Realität der Ideen mit der Schuldoktrin vom G. stellt Descartes anläßlich des Einwandes her, die Idee Gottes sei ein G. Versteht man darunter etwas nur Fingiertes, bloß Gedachtes, das nicht auch aktual ist – für solche «ficta» hat Descartes, der Weltmann, kein Schulphilosoph war, auch die Bezeichnung «entia philosophica» [30] –, dann sei die Idee ‹Gott› natürlich kein G., aber andererseits sei auch die Idee ‹Gott› ein «ens a ratione profectum» (ein von der Vernunft hervorgebrachtes, bewirktes Seiendes) [31], was Descartes auch von der Gottesidee durchaus sagen kann, weil auch sie «geformt» oder gebildet wird, freilich aufgrund einer eingeborenen Erkenntnis Gottes. Was von Gott erkannt ist, stellt sich dann die Vernunft in der Idee als der Repräsentation des Erkannten vor [32]. Im übrigen, so schließt Descartes diese Bemerkung über das ens rationis, könne man «die ganze Welt hier» als «ens rationis divinae» (G. Gottes) bezeichnen, was nach Descartes deshalb möglich ist, weil er Ideen (s. d.) in Gott nicht anerkennt und die Ununterscheidbarkeit des göttlichen Wissens und Wollens betont.

Die ganze Welt hier ein Gedanken der weisesten allmächtigen Vernunft? J. COCTEAU, der seinen Descartes wohl kannte, hatte hier seine Zweifel, die im Film ‹Orphée› zum Ausdruck kommen: «Die einen glauben, daß er an uns denkt, die anderen, daß er uns denkt. Andere wiederum glauben, daß er schläft, und daß wir sein Traum sind, sein schlechter Traum» [33].

Descartes hielt bekanntlich auch die Idee von der ausgedehnten Substanz und ihren vielen Teilen nicht für ein bloßes G. Aber der Weg von seinem Ansatz beim «cogito» zu BERKELEYS Phänomenalismus war nicht weit: «According to my Doctrine all things are entia rationis i.e. solum habent esse in intellectu», heißt es dann bei Berkeley [34], für den hinsichtlich der Körper die Gleichung gilt: ‹Their esse is percipi› [35].

Descartes hat zwar in Grundzügen eine «Ontologie der Ideen» gegeben [36], war aber an einer allgemeinen Ontologie nicht interessiert und hinterließ die Frage, wie die Unterscheidung zwischen aktualem und objektivem Sein in einer Lehre vom Seienden als solchem einzubauen ist. Genau dieser Aufgabe stellte sich der Cartesianer J. CLAUBERG in seiner ‹Metaphysik› oder ‹Ontosophia›. Hier wird «die weiteste Bedeutung» von «ens» zugrunde gelegt, dergemäß gilt: «ens est quicquid quovis modo est, cogitari ac dici potest» (seiend ist, was auch immer in irgendeiner Weise ist, gedacht und gesagt werden kann). Diese weite Bedeutung von ‹ens› wird auch etymologisch zu unterbauen gesucht: «Sache res a sagen dicere, ... res ... a ῥέω loquor» usw. [37]. Auch «non ens» oder «non intelligibile» sei, sofern davon geredet werde, eben etwas im Verstand Verstandenes, also ein «Rationis ens» [38].

Dieser «erste und allgemeinste» Begriff «Seiendes» schließt nun nicht aus, sondern vielmehr ein, daß wir denken und urteilen können, das, was gedacht wird, sei «in rerum natura» (in der dem Denken vorgegebenen Natur der Dinge) oder könne es dann sein, wenn es keinen Widerspruch enthält, kein «unmöglich Ding» ist wie ein viereckiger Zirkel. So ist zwischen «esse objectivum» und «esse reale» zu unterscheiden [39].

Von hier aus unterscheidet dann Clauberg verschiedene Gattungen des ens rationis, u. a. das vom Realsein unterschiedene Gedachtsein schlechthin, ferner Negationen und Privationen, unmögliche Dinge, wie einen quadratischen Kreis, und mögliche, aber nicht real existierende Fiktionen wie einen goldenen Berg. Von solchen G. gelte: das ens rationis ist Affe des ens reale [40].

Claubergs Ontologie, die ausdrücklich die Lehre vom Gedachtsein in die Lehre vom Seienden als solchem einbezieht, verdiente wegen ihrer Verbindung Cartesianischer Philosophie, die Metaphysik ohne Ontologie ist, mit traditioneller Seinslehre zweifellos größere Beachtung, als sie im philosophischen Bewußtsein der Gegenwart, sofern dieses noch historisch ist, einnimmt. Sie könnte anregen, etwa genauer die aristotelisch-thomistische Lehre zu explizieren, «Seiendes» könne «alles das genannt werden, über das eine affirmative Aussage gebildet werden kann» [41], wie ja sicher gesagt werden kann, der Begriff «Nichts» sei für das diskursive philosophische Denken bedeutsam. Und hat die Seinsweise der Sprache, sofern jedenfalls Sprache verstanden ist, nicht mit einer Seinsweise des objektiven Seins zu tun?

Mit Claubergs Lehre vom G. kann hier zwar nicht die Begriffsgeschichte von G., wohl aber die Problemgeschichte dessen, was objektives Sein hieß, mit noch zu nennenden Ausnahmen abgeschlossen werden, weil dieses Problem fortan primär unter anderen Titeln behandelt wurde, also auch unter anderen Stichwörtern nachzulesen ist. Offensichtlich steht nämlich das Problem des objektiven Seins in engstem Zusammenhang mit dem Problem der «Sätze an sich» BOLZANOS', der «Gedanken» als eines «dritten Reiches» im Sinne FREGES, ferner mit der Lehre des frühen RUSSELL, Zahlen und Chimären hätten Sein (being), denn nur über «entities» könnte man Aussagen machen, während «Existenz» die Prärogative von nur einigen unter den Seienden sei [42], oder mit der «Gegenstandstheorie» MEINONGS, nach der «es Gegenstände» wie das runde Rechteck «gibt, von denen gilt, daß es dergleichen Gegenstände nicht gibt» [43]. Vor allem aber wird das objektive Sein auch «ideales Sein», die objektive Realität auch «ideale Wirklichkeit» genannt. Vom idealen Sein (esse ideale) ist schon 1613 bei GOCLENIUS in genau diesem Sinn die Rede: «ideales Sein, wie es die barbarischen Scholastiker nennen, ist das Sein von etwas im Geist gemäß seinem Bild [secundum speciem (expressam)], in dem als einem objektiven Prinzip die Sache erkannt wird» [44]. Bei M. MENDELSSOHN heißt es dann 1785: «Das erste, von dessen Wirklichkeit ich überzeugt bin, sind meine Gedanken. Ich schreibe ihnen eine ideale Wirklichkeit zu ... Ich selbst ... habe eine Wirklichkeit, die nicht bloß ideal, sondern real ist. Ich bin ... nicht bloß Gedanke, sondern ein denkendes Wesen ... Wir haben hier also die Quelle eines zweyfachen Daseins oder einer zweyfachen Wirklichkeit» [45].

Dieses ideale oder objektive Sein nennt W. T. KRUG 1832 dann erstaunlicherweise nochmals ‹G.›. Er erklärt: «G. ist alles, was gedacht wird (νοούμενον). Ob ein solches auch wirklich sei, ist eine Frage, die sich aus der bloßen Widerspruchslosigkeit des Gedankens nicht bejahen läßt.» Es folgt dann die Erklärung eines «bloßen G. (ens merae cogitationis)» [46].

Damit aber ist schon der bei Clauberg verlassenen Begriffsgeschichte von G. vorgegriffen. Die nicht-cartesianische *Schulphilosophie des 17. Jh.* wiederholt nur die einschlägige Lehre des Suárez [47]. SPINOZA legt seine Lehre vom ens rationis ausführlich in den ‹Cogitata Metaphysica› dar, die vor allem deswegen Interesse verdient, weil Descartes' Lehre von der objektiven Realität der Ideen radikal abgelehnt wird. Die Einteilung des Seienden in ens reale et rationis sei töricht, denn sie teile das ens entweder in ens und non-ens oder in ens und modus cogitandi ein, da ein ens rationis nichts sei, außer einer Weise des Bewußtseins, welche dazu dient, erkannte Dinge leichter zu betrachten (genus, species), zu erklären (Zeit, Zahlen) und in der Phantasie vorzustellen (Blindheit, Dunkelheit). Von den entia rationis als Weisen des Bewußtseins sind das ens fictum als willkürliche Verbindung zweier Termini und die Chimära, d. h. für Spinoza das, was einen Widerspruch impliziert wie «viereckiger Kreis», zu unterscheiden. Letzteres aber sei nur ein «ens verbale», das man nur mit Worten ausdrücken, aber weder imaginativ vorstellen und noch weniger denken könne. Spinoza kann eben nur widerspruchslos denken [48].

Während bei LEIBNIZ, CHR. WOLFF und in seiner Schule von reellen und chimärischen Ideen, von fiktiven Dingen und Undingen gehandelt wird, ohne daß sich gegenüber der Tradition neue Gesichtspunkte ergäben [49], stellt KANT das Problem der G. in einen neuen Bezugsrahmen, den seiner Transzendentalphilosophie. Während man, wie er erklärt [50], gemeinhin, d. h. in der Wolffschen Schulphilosophie, von der Einteilung in das Mögliche (Ding, Seiendes) und das Unmögliche (Unding) ausgehe, setze seine Transzendentalphilosophie bei einem dieser Unterscheidung noch vorausliegenden Begriff an, dem «des Gegenstandes überhaupt (problematisch genommen und unausgemacht, ob er Etwas oder Nichts sei)» [51]. Was gedacht oder vorgestellt wird, d. h. ein Gegenstand, ist nun Nichts, wenn es sich handelt um 1. einen «leeren Begriff ohne (allein durch Anschauung zu gebenden) Gegenstand», 2. einen «leeren Gegenstand eines Begriffes» (z. B. Schatten), 3. eine «leere Anschauung ohne Gegenstand» (z. B. den reinen Raum) und 4. einen «leeren Gegenstand ohne Begriff» (der Gegenstand eines solchen Begriffs, der sich selbst widerspricht, wie gradlinige Figur aus zwei Seiten). Von hier aus bestimmt Kant das ens rationis als den erstgenannten leeren Begriff ohne Gegenstand, während die in der älteren Tradition auch ‹G.› genannten übrigen angeführten Gegenstände anders benannt werden: die privativen Begriffe als «nihil privativum», die leere Anschauung etwa des reinen Raumes «ens imaginarium» und der leere Gegenstand ohne Begriff «nihil negativum» [52]. Solche entia rationis, wie Kant sie versteht, sind nun die Noumena und die Ideen, die aber keineswegs «leere G. (entia rationis ratiocinantis)» [53] sind, sondern, wie man wohl interpretieren muß, entia rationis ratiocinati, welche die Vernunft, «die [mit Kant] gedacht hat», anerkennen muß.

Diese Begriffsgeschichte von G. wäre noch unvollständiger, als sie es ohnehin bleiben muß, würde abschließend nicht noch auf F. BRENTANOS u. a. gegen Meinong gerichtete Behandlung des Problems der G. hingewiesen, in der er die Theorie zu begründen sucht, daß wir nur Reales denken können [54]; denn einzig das Reale – und nicht Sachverhalte oder Abstrakta – könne Gegenstand eines Urteils sein, in dem Dasein bejaht oder verneint wird. Es mag genügen, hier darauf zu verweisen, daß damit die dargelegte Position des Suárez noch verschärft wird: Auch nach Brentano ist «das Gedachte als Gedachtes nichts Wirkliches» [55].

Anmerkungen. [1] I. KANT, KrV A 290ff. – [2] KrV A 673. – [3] Vgl. z. B. D. FEULING: Hauptfragen der Met. (1949) 166. – [4] M. HEIDEGGER, Sein und Zeit (⁵1941) 217. – [5] FEULING, a. a. O. [3] 152. – [6] Vgl. J. ROIG GIRONELLA: Investigación sobre ... el ente de razón. Pensamiento 11 (1955) 285-302; ferner die einschlägigen Aufsätze in: New Scholasticism 23 (1949) 395-413 und Sapientia Rev. Tom. 1 (1946) 58-68. – [7] F. SUÁREZ, Disp. met. LIV = Werke, hg. C. BERTON 26, 1014-1041. – [8] ARISTOTELES, Met. IV, 2, 1003 b 8ff. – [9] WILHELM VON OCKHAM, Quodl. V, 21. – [10] I Sent. 2, 8 e und h; vgl. E. HOCHSTETTER: Stud. zur Met. und Erkenntnislehre Wilhelms von Ockham (1927) 85ff. – [11] THOMAS VON AQUIN, S. c. gent. 4, 11; De ver. 3, 2; 4, 2. – [12] CUSANUS, De doct. ign. I, 5. – [13] De conject. I, 8. – [14] SUÁREZ, Disp. met. LIV, 1, 6 = 26, 1016. – [15] ebda. – [16] ebda. – [17] Vgl. II, 1, 1 = 25, 65; E. ELORDUY: El concepto objectivo en Suárez. Pensamiento 4 (1948) Sonder-H. bes. 337ff. 351ff.; H.-J. MÜLLER: Die Lehre vom verbum mentis in der span. Scholastik (Diss. Münster 1968) bes. 155ff. – [18] SUÁREZ, Disp. met. LIV, 2, 11-14 = 26, 1020f. – [19] a. a. O. LIV, 4, 2 = 26, 1029. – [20] JOHANNES A S. THOMA, Cursus Philos. I. Logica 2, 2, 1 (Paris 1883) 218. – [21] KANT, KrV A 670. – [22] SUÁREZ, Disp. met. LIV, 5-6 = 26, 1031-1041. – [23] EUSTACHIUS, S. philos. IV. Met. I. Pars. Tr. II, q. 1. –[24] a. a. O. q. 3. – [25] L.-B. GEIGER: Abstraction et séparation ... in: Philos. et spiritualité (Paris 1963) 1, 109. – [26] R. DESCARTES, Med. III = Oeuvres, hg. ADAM/TANNERY (= A/T) 7, 40f. – [27] a. a. O. 7, 41. – [28] Vgl. zur Interpretation L. OEING-HANHOFF: Der Mensch in der Philos. Descartes, in: Die Frage nach dem Menschen, hg. H. ROMBACH (1966) bes. 391ff. – [29] DESCARTES, Med. Resp. I = A/T 7, 102; vgl. H. GOUHIER: La pensée mét. de Descartes (Paris 1962) 124ff. – [30] Reg. XIV = A/T 10, 442. – [31] Med. Resp. II = A/T 7, 134. – [32] Vgl. OEING-HANHOFF, a. a. O. [28]. – [33] J. COCTEAU: Orphée, in: Cinemathek 6 (1968) 63.–[34] G. BERKELEY, Philos. Comm. Notebook A 474 = Works, hg. A. A. LUCE 1, 59. – [35] Princ. I, 3 = 2, 42. – [36] GOUHIER, a. a. O. [29] 126. – [37] J. CLAUBERG: Met. II, 6f. = Opera omnia (ND 1968) 283. – [38] a. a. O. II, 9 = 284. – [39] III, 18 = 285. – [40] III, 36-40 = 358 f. – [41] THOMAS VON AQUIN, De ente et essentia I, 2; vgl. In Met. 5, 9 (897). – [42] B. RUSSELL: Existence and being. Mind 10 (1901) 330f. – [43] A. MEINONG: Untersuch. zur Gegenstandstheorie ... (1904) 7ff. – [44] GOCLENIUS: Lex. philos. (1613, ND 1964) s.v. ‹idea›. – [45] M. MENDELSSOHN: Morgenstunden 1 = Werke (1838) 110. – [46] W. T. KRUG: Allg. Handwb. der philos. Wiss. (1832, ND 1969) s.v. – [47] Vgl. M. WUNDT: Die dtsch. Schulmet. des 17. Jh. (1939) 175ff. – [48] B. DE SPINOZA, Cog. Met. cap. I, §§ 1-11; cap. III, 4, § 4. – [49] Vgl. G. W. LEIBNIZ, Nouv. Ess. II, 30; CHR. WOLFF, Ontol. I, 2, 3; §§ 140f.; CHR. CRUSIUS: Entwurf der notwendigen Vernunftwahrheiten, Ontol. Kap. 2, § 11; ferner zum Problem der «entia moralia», das sich z. B. bei J.-J. ROUSSEAU, Contrat soc. I, 6 mit dem der G. berührt: W. RÖD: E. Weigels Met. der Gesellschaft und des Staates. Stud. Leibn. 3 (1971) 5-28. – [50] KANT, KrV A 290. – [51] ebda. – [52] a. a. O. A 292. – [53] A 670. – [54] F. BRENTANO: Psychol. vom emp. Standpunkt 2 (1925) 238-277: «Vom ens rationis». – [55] O. MOST: Die Ethik Fr. Brentanos ... (1931) 30ff.

L. OEING-HANHOFF

Gedankenexperiment. Dem Terminus ‹G.› wird erstmals von E. MACH größere Bedeutung beigemessen [1]. Im G. werden bestimmte Umstände mit bestimmten Folgen verknüpft *vorgestellt*. In Analogie zum «physischen Experiment» wird dabei versucht, mittels Variation der vorgestellten Umstände zu einer Reihe von G. mit gleichen vorgestellten Folgen zu gelangen, was dann die Formulierung einer allgemeineren Kausalbeziehung erlaubt. Mach betont den didaktischen Wert des G., mit dessen Hilfe der Schüler den Erfolg einer gegebenen Versuchsanordnung vorherzusagen hat. – Nach P. DUHEM liefert das G. nur postulierte Kausalbeziehungen, die durch das physische Experiment kontrolliert werden müssen; wer den vorbereitenden Charakter des G. übersieht, läuft Gefahr, G., die nicht realisiert werden können (expérience irréalisable), oder gar der Erfahrung widersprechende G. (expérience absurde) zu formulieren [2].

Anmerkungen. [1] E. MACH: Über G. Z. phys. chem. Unterricht 10 (1897) 1-5; Erkenntnis und Irrtum (⁵1926) 183ff.; vgl. hierzu: F. KAULBACH: Das anthropol. Interesse in E. Machs Positivismus, in: Positivismus im 19. Jh., hg. J. BLÜHDORN/J. RITTER (1971) 39-55. – [2] P. DUHEM: La théorie physique, son objet et sa structure (Paris ²1914) 304ff.

Literaturhinweise. A. MEINONG: Über die Stellung der Gegenstandstheorie im System der Wiss. (1907) 67ff. – K. R. POPPER: Über den Gebrauch und Mißbrauch von G.en, bes. in der Quantentheorie, in: Logik der Forsch. (⁴1971) 397-411.

J. SCHNEIDER

Gedankenfreiheit. Der Begriff ‹G.›, den SCHILLER gebildet hat und der durch den ‹Don Karlos› zu allgemeinerer Geltung gelangte, ist eine Übersetzung von englisch ‹Freedom of Thought› und französisch ‹Liberté de Pensées›. Am 5. Oktober 1785 schrieb Schiller seinem Freunde Huber aus Dresden: «Ich lese jetzt stark im *Watson* und meinem Philipp und Alba drohen wichtige Reformen» [1]. In R. WATSONS zweibändiger Geschichte Philipps II., in der er die geschichtlichen Vorgänge aus der Sicht der Aufklärung erläuterte, heißt es im vierten Buch über das Inquisitionsgericht: «This institution was, no doubt, well calculated to produce an uniformity of religious profession; but it had a tendency likewise to destroy the sweets of social life; to banish all *freedom of thought and speach*; to disturb mens minds with the most disquieting apprehensions, and to produce the most intolerable slavery» [2]. SCHILLER wird den englischen Text kaum benutzt haben; hingegen kannte er die französische und wohl auch die deutsche Übersetzung. In seiner ‹Geschichte des Abfalls der Niederlande› verweist er auf die von MIRABEAU, dem Verfasser des ‹Essai sur le despotisme›, herausgegebene französische Übersetzung: «Il n'est pas douteux que cette institution ne fut très bien calculée pour établir dans le Royaume l'uniformité de religion; mais elle était plus propre encore à détruire les douceurs de la vie sociale, à bannir *toute liberté de paroles et de pensées*, à frapper les esprits de terreur, à introduire enfin l'esclavage le plus intolérable ...» [3]. In der 1778 in Lübeck veröffentlichten deutschen Übersetzung heißen die entsprechenden Sätze über die Inquisition: «Ohnstreitig war diese Einrichtung sehr gut geschickt, eine Einförmigkeit in dem Bekenntnis der Religion hervorzubringen, aber sie diente auch ebenfalls dazu, die Annehmlichkeiten eines gesellschaftlichen Lebens zu vertilgen, alle *Freiheit* im *Denken* und *Reden* zu verbannen; den menschlichen Verstand mit den unruhigsten Besorgnissen zu verwirren; Personen von einem jeden Range zu einer kriechenden Abhängigkeit von den Priestern herunter zu setzen ... und dadurch die unerträglichste Sklaverei einzuführen» [4].

Doch diese scheinbar so eindeutige Übereinstimmung kann nicht als Beweis gelten, daß SCHILLER den Ausdruck von Watson übernommen hat, denn bereits im ersten Thaliafragment vom März 1785, also vor der Watsonlektüre im Herbst des Jahres, kennzeichnet das Wort das politische Ideal Posas, der es aber zunächst nur im Gespräch mit Karlos benutzt, dessen Herz vergessen hat, für «Menschlichkeit» zu schlagen: «Spricht so / der große Mensch – vielleicht der einz'ge, den / die Geisterseuche seiner Zeit verschonte? ... der zu Madrid für Ketzer bat, ... für die Duldung stimmte? / So fliehe dann aus dem Gebiet der Christen / Gedankenfreiheit! Sünderin Vernunft, / bekehre dich zu frommer Tollheit wieder! / zerbrich dein Wappen, ewige Natur!» [5].

In der von DIDEROT und D'ALEMBERT herausgegebenen ‹Encyclopédie› (1751–1772) findet sich zu dem Stichwort ‹Liberté› ein umfangreicher, mit ‹G.› (= M. l'abbé MALLET) gezeichneter Beitrag über ‹Liberté de Penser›. Hier wird eine allgemeinere und eine begrenztere Bedeutung des Wortes unterschieden: Im allgemeineren Sinn meint es eine Geisteskraft, die unsere Redeweise allein an die Wahrheit bindet und jene Wirkung hervorruft, die man im Sinne der «esprits forts» von einer genauen und freien Prüfung der Sachverhalte erwarten könne. Dann heißt es jedoch: «La véritable liberté de penser tient l'esprit en garde contre les préjugés et la précipitation» [6]. Gegenüber Vorurteilen und Übereilungen des Bewußtseins rechtfertigt G. die Skepsis, droht aber selber zum Vorurteil zu werden, wenn sie nur den Unglauben, die Irreligiosität, unterstützt, wie es bei den englischen Freidenkern der Fall sei: «On y abuse de ce que présente de bon ce mot, ‹liberté de penser›, pour la réduire à l'irréligion; comme si toute recherche libre de la vérité devait nécessairement y aboutir» [7].

In diesem Sinne wendet sich der Verfasser gegen J.A. Collins, der 1713 den ‹Discourse of Free-Thinking› veröffentlichte und im Sinne der Deisten den freien Gebrauch der Vernunft in Religionsangelegenheiten, uneingeschränkt durch kirchliche Autoritäten, forderte. Demnach zeigt die Freiheit des Denkens ein Doppelgesicht; als Palladium gegen jede Art von Dogmatismus inquisitorischer Glaubensgerichte droht sie zugleich jede Art von Unglauben zu befördern: «Le traité de la liberté de penser, de *Collins*, passe parmi les inconvaincus pour le chef-d'œuvre de la raison humaine; et les jeunes inconvaincus se cachent derrière ce redoutable volume, comme si c'était l'égide de Minerve» [8].

Der Begriff ‹liberté de penser› hat also eine Vorgeschichte und läßt fragen, wie der Begriff ‹Freidenker› auf den Bedeutungshorizont des Wortes ‹G.› einzuwirken vermochte und in welcher Weise die Schrift von COLLINS (1676–1729) die Diskussionen des 18. Jh. mitbestimmte.

Der ‹Discourse of Free-Thinking› mit dem Untertitel ‹Occasioned by the Rise and Growth of a Sect called Free-Thinkers› erschien zuerst in London anonym; er erlebte verschiedene Neuauflagen mit einzelnen Änderungen, wurde aber weiterhin mit dem Erscheinungsjahr 1713 gedruckt [9]. Eine Ausgabe in Den Haag, auch von 1713, bildete die Grundlage für die französische Übersetzung mit dem Titel ‹Discours sur la liberté de Penser. Ecrit à l'occasion d'une nouvelle Secte d'Esprits forts, ou de Gens qui pensent librement› (1714). Die Veröffentlichung führte zu heftigen Auseinandersetzungen; unter ihnen ist eine anonyme Schrift von 1732 wegen ihres Titels aufschlußreich, der die Denkfreiheit mit dem Atheismus konfrontiert und den rechten Gebrauch von dessen Korruption unterscheidet und dabei die Formel «Freedom of Thought» gebraucht: ‹Free-Thinking, prov'd Atheism: Or, Freedom of Thought, Natural if rightly Stated, shewing the Dangerous Consequences of its Corruption› [10].

Wenn Collins auch die Formel «freedom of thought» selber nicht gebraucht, so hat er doch den mit ihr gemeinten Sinngehalt genau umgrenzt. Er versteht unter einem freien Denken «den Gebrauch des Verstandes im Bemühen, den Sinn jeder möglichen Aussage herauszufinden, die Natur der für oder gegen sie sprechenden Beweise zu erwägen und über sie entsprechend der vermeintlichen Stärke oder Schwäche der Beweise zu urteilen» [11]. Er verweist mit dieser Definition – wie er sagt – auf ein «Menschenrecht des freien Denkens» (Man's right to think freely), «for all the Free-Thinkers who ever were or ever shall be», ein Recht, das selbst deren Gegner anerkennen müßten. Wenn den Menschen die Kenntnis bestimmter Wahrheiten von Gott abgefordert wird und andere Kenntnisse der Gesellschaft nutzen sollen, dann ist damit zugleich ein Recht, frei zu denken, anerkannt; keine Behauptung kann ohne den Gebrauch des Verstandes als wahr oder falsch beurteilt werden. Deshalb schließt das Recht, irgendwelche Wahrheiten zu kennen, auch das Recht auf freies Denken ein («Therefore a right to know any truth what so ever, implies a right to think freely» [12]). Alle Methoden dagegen, die die Menschen im Gebrauch ihrer eigensten Fähigkeiten beschränken, führen zu den Absurditäten des Aberglaubens.

Weil die Menschen ihre Sinne häufiger benutzen als ihren Verstand, haben sie klarere Vorstellungen von den

Sinneswahrnehmungen als von den Verstandesurteilen, deren Einschränkung sich deshalb stärker auswirken muß: «the absurditys which relate to the Facultys of the Mind must be greater and more numerous than those which relate to the Senses» [13]. Dem Denken darf keine Beschränkung auferlegt werden außer durch einen Gedanken oder ein Argument, das dem Menschen zeigt, warum es ungesetzlich ist, über einen Gegenstand nachzudenken, den er sich vorgenommen hat, also etwa ob die christliche Religion in einer göttlichen Offenbarung gegründet ist. Aber auch dann ist es offensichtlich, daß dieses einschränkende Argument frei durchdacht und geprüft werden muß, «da ich sonst nicht wissen kann, daß ich dadurch beschränkt werden sollte statt in der beabsichtigten Untersuchung fortschreiten zu können»: «this restraining Argument must be thought freely on or examined» [14].

Die Forderungen von Collins stehen in engerem Zusammenhang mit den Lehren von Locke (1632–1704) und Shaftesbury (1671–1713).

LOCKES ‹Letters concerning Toleration› (1689) wenden sich gegen die Anwendung von Gewalt in allen Glaubensfragen, da sie unfähig ist, die Gemüter zu überzeugen. Wenn der Zwang auch eine kirchliche Konformität herzustellen vermag, so befördert er doch eher den Irrtum als die Wahrheit und kann die Vorurteile nicht beseitigen. Statt dessen sollten die Kirchen Toleranz und Gewissensfreiheit lehren: «that all churches were obliged to lay down toleration as the foundation of their own liberty; and teach that liberty of conscience is every man's natural right, equally belonging to dissenters as to themselves; and that nobody ought to be compelled in matters of religion either by law or force» [15]. – COLLINS, der Locke kurz vor dessen Tod 1704 noch persönlich kennenlernte, radikalisierte dessen Position: Einer Gewalt gegenüber, die bestimmte Lehren als verbindlich durchsetzen will, um ihre eigene Macht zu behaupten, wird das Prinzip der Gewissens- und Denkfreiheit als ein ursprüngliches Menschenrecht verteidigt.

Seine Verbundenheit mit Shaftesbury gibt Collins selber gelegentlich zu erkennen. Er setzt seinem ‹Discourse of Free-Thinking› als Motto verschiedene Worte aus der 1711 erschienenen Shaftesbury-Gesamtausgabe, den ‹Characteristics of Men, Manners, Opinions and Times› voran und hat auch im Text einzelne Sätze von ihm übernommen. Auf dem Titelblatt der Haager Ausgabe von 1713 heißt es mit SHAFTESBURYS Worten: «Who shall be judge of what may be freely examined and what may not? ... What remedy shall we prescribe to this in general? Can there be a better than from that liberty itself which is complained of?» [16]. In seinem eigenen Text lehnt sich COLLINS an Shaftesbury an, wenn er sagt: «No just restraint can be put to my thinking, but some thought ..., which shews me that it is not lawful for me to think on the subject I propose to do» [17]. Entsprechendes findet sich bei SHAFTESBURYS ‹Miscellaneous Reflections›, in dem Abschnitt V, 3, der im besonderen von der «Weite der Gedanken» und den «Freidenkern» handelt. Dort heißt es: «Tis our own thought which must restrain our thinking. And whether the restraining thought be just, how shall we ever judge without examining it freely and out of all constraint» [18]. Auch bei der Abweisung der Verdächtigungen der Freidenker weiß sich COLLINS in Übereinstimmung mit SHAFTESBURY, wenn er dessen Worte (wieder aus den ‹Reflections› V, 3) als Motto aufnimmt: «Fain would they confound licentiousness in morals with liberty in thought and action, and make the libertine resemble his direct opposite» [19].

Die Wendung, die Shaftesbury dem Prinzip der Denkfreiheit gibt, indem er Witz und Humor als Waffen des Geistes ins Spiel bringt, die die Macht des Schriftstellers stärken und die Überlegenheit einer urbanen Bildung begründen, taucht in dem ‹Discourse of Free-Thinking› nicht auf. SHAFTESBURYS ‹Essay on the Freedom of Wit and Humour› hat COLLINS aber in einer späteren Schrift verteidigt: ‹A Discourse concerning Ridicule and Irony in Writing› (1729); dort rechtfertigte er gegenüber den Theologen das Verfahren Shaftesburys, den «test of ridicule» auch auf religiöse Fragen anzuwenden [20].

SHAFTESBURY selber hat in den ‹Miscellaneous Reflections› V, 3 seiner Verbundenheit mit den «Free-Thinkers» besonderen Nachdruck gegeben, wenn er sie «the noblest of Characters» nennt und seine eigenen Erörterungen als «defence of that freedom of thought» versteht, der er mit seiner Schriftstellerei dienen möchte [21]. Damit begegnet bei ihm eine der ersten Belegstellen für die weiterhin so bedeutsame Formel, für die das Oxford Dictionary einen Beleg von 1718 aus der Zeitschrift ‹The Freethinkers› (Nr. 1, 5) beibringt: «Freedom of Thought is like Freedom in Actions» [22]. Zugleich läßt Shaftesbury erkennen, daß er die Denkfreiheit nicht nur auf die religiösen, sondern auch die politischen Fragen bezieht und die bürgerliche Freiheit an eine konstitutionelle Verfassung gebunden sieht: «For no people in a civil state can possibly be free, when they are otherwise governed than by such laws as they themselves have constituted, or to which they have freely given consent» [23]. Die Sprengkraft, die dem neuen Grundprinzip eignet, wird früh sichtbar.

Für die Situation in *Deutschland* ist es kennzeichnend, daß die Schrift von Collins nicht übersetzt wurde, aber polemische Entgegnungen erhielt, nachdem die ‹Acta Eruditorum› auf sie verwiesen hatten. Einen Einblick in die damaligen Erörterungen gibt ein umfangreicher Artikel im ‹Universal-Lexikon aller Wissenschaften und Künste› von H. ZEDLER. Im 47. Band (1746) findet sich zu dem Stichwort ‹Verstand des Menschen› ein Unterabschnitt «Von der Freyheit zu gedencken», der Collins ‹Discours sur la liberté de penser›, also die französische Übersetzung von 1714, genauer kennzeichnet und sich im Urteil den kritischen Gegenschriften anschließt [24]; es wird außer den in Helmstedt 1714 erschienenen Arbeiten von Treuer und Koch die Gegenschrift von J. F. BUDDEUS (1667–1729), die ‹Commentatio Theologica de Libertate Cogitandi› (1715), genannt. Das deutsche Stichwort, die «Freiheit zu gedencken», schließt sich offenbar an diesen lateinischen Begriff im Sinn des Erdenkens und Ersinnens an und nicht an den französischen Infinitiv. Die Erörterungen von Collins erfahren eine scharfe Zurechtweisung, schon weil die von ihm zugrunde gelegte Definition des «Free-Thinking» als theologisches Ärgernis empfunden wird und nicht der «Grenze ... gedenket», «wie weit sich diese Freiheit erstrecke»; sie werde «auf Geheimnisse extendiret», die in der ‹Heiligen Schrift› als Gottes Wort bezeugt sind und deshalb nicht wider, sondern über die Vernunft gehen. Collins habe nicht ‹libertatem›, sondern ‹licentiam cogitandi› vorgetragen und setze das Denken bloß in das Zweifeln; er habe zwar den Papisten «ihre Sklaverei im Denken» vorgeworfen, aber kein Wort von dem «Mißbrauch dieser Freiheit» durch eine «Freigeisterei» gesagt. Weil er die Geheimnisse des Glaubens verwirft, könne bei ihm «der Mensch über alles, auch Religions-Dinge raisonniren».

Trotz dieser Ablehnung der Schrift ist der Artikel bemüht, der Denkfreiheit ein relatives Recht zuzugestehen, sofern sie nur die vom Glauben geforderte Grenze anerkennt: «Ein vernünftiger Philosoph hütet sich wohl, daß er die Vernunft mit der Heiligen Schrift nicht vermischet, welches vielmals geschehen, indem man entweder aus den Grund-Sätzen der Göttlichen Offenbarung Schlüsse, so zur Vernunft gehören; oder aus den Grund-Sätzen der Menschlichen Vernunft Schlüsse von Geheimnissen des Glaubens geleitet» [25]. Im Hinblick auf diese in sich widersprüchliche Situation wird verständlich, welche revolutionierende Kraft das Wort von der G. gewinnen konnte, als es ohne Vorbehalte anerkannt wurde. Man möchte einen Mittelweg finden und der Freiheit weder zu wenig noch zu viel vertrauen: «Gibt die Sklaverei des Verstandes in Ansehung der Religion Anlaß zum Aberglauben; so bahnet hingegen der Mißbrauch desselben den Weg zur Atheisterei und zum Naturalismo» [26]. Wohl heißt es: «Unter dem Prätext der Religion hat man die Leute am meisten dumm zu machen und ihnen alle Freiheit im Denken zu benehmen gesuchet» [27]. So werden die Fehlentscheidungen der Kirche angeführt, wie man «wider *Cartesium* alles aufzuwiegeln» suchte, gegen *Pufendorfs* Naturrecht Stellung nahm und wie der «gelehrte und fleißige Mathematicus *Galiläus* darum ins Gefängnis geworfen wurde, daß er durch Hülfe seiner Fern-Gläser mehr sahe als andere»; den «Anatomicus *Harväus*» habe man wegen seiner «Erfindung von der Circulation des Geblüts» angegriffen. Dabei seien die Theologen doch selber darauf angewiesen, «mit Beweis-Gründen die göttlichen Wahrheiten wider die Ketzer» zu verteidigen; die Kirche dürfe sich deshalb keine «Herrschaft über die Gewissen» anmaßen. Aber diese Toleranz gilt nur so lange, als die Denkfreiheit die biblische Offenbarung nicht in Frage stellt. Ausdrücklich wird eine «uneingeschränkte Freiheit zu lehren und zu schreiben» abgelehnt, im Hinblick auf den Schaden, «der mit der Zeit unter den Christen und in der Kirche daraus entstehen kann» [28]. Deshalb wird *Spinoza* mit seinem Traktat ‹De libertate philosophandi› als einer «der vornehmsten Atheisten» ebenso gescholten wie *Locke* oder *Bayle*. Offenbar hat die damalige protestantische Theologie keine Möglichkeit gefunden, zwischen Deismus und Atheismus zu unterscheiden, so daß die Worte ‹Freidenker› und ‹Atheisten› gleichgesetzt wurden, ein Wortgebrauch, der bis in das 19. Jh. hinein wirksam geblieben ist.

Diese aus der Auseinandersetzung mit den englischen Deisten sich ergebende Position sucht LESSING durch die Veröffentlichung der ‹Fragmente eines Ungenannten› zu überwinden. Das erste der Fragmente aus der ‹Schutzschrift für die vernünftigen Verehrer Gottes› von H. S. REIMARUS (1694–1768) erschien 1774 unter dem Titel ‹Von Duldung der Deisten›. Er wendet sich gegen die Geistlichen, die die Obrigkeit antreiben, als Beschützerin des Glaubens «die freidenkerischen Schriften in den Buchläden bei großer Strafe verbieten und durch des Scharfrichters Hand verbrennen» zu lassen [29]. Der «Glaubenszwang» bewirke nur «Heuchelei»; man solle anerkennen, daß «die gesunde Vernunft und das Naturgesetz ... die eigentliche Quelle aller Pflichten und Tugenden wäre». So gilt nun der Grundsatz: «Die Wahrheit muß durch Gründe ausgemacht werden», wenn die «Vereinigung des Glaubens mit der Vernunft» gelingen soll. Man solle deshalb die «vernünftigen Verehrer Gottes» nicht zu unterdrücken suchen, sondern ihnen «mit gutem Willen eine bürgerliche und Religionsfreiheit zugestehen», statt sie «mit allen Unchristen, Religionsspöttern, Atheisten und Gotteslästerern in eine Classe zu setzen», als wären «Naturalisten, Deisten, Freidenker» ... «die abscheulichsten Kreaturen, die man ausrotten und vertilgen müsse» [30]. Das Prinzip eines «freien Gebrauchs» der Vernunft tritt an die Stelle des Bekenntnisses der Kirche. LESSING selber macht es sich auf seine Weise zu eigen, wenn er in einem Nachwort auffordert, nicht mehr «die Schriften der Freigeister zu unterdrükken» [31].

SCHILLERS Formel von der «G.» ist in ihrem wesentlichen Gehalt vorgeformt und mitbestimmt durch die im Anfang des 18. Jh. von den Freidenkern in Gang gesetzten Diskussionen über den Anspruch auf «Freethinking» und «Freedom of Thought». Daß Schiller mit den Vorstellungen der «freethinkers» von früh an vertraut war, beweist die Überschrift seines wohl 1784 in Mannheim entstandenen Gedichts «Freigeisterei der Leidenschaft», in dem er im Sinne eines «esprit fort» die Forderungen der «Tugend» und eines Gottes, der wie ein «Wüterich» gebietet, als «Menschenwahn» zu entlarven bereit ist und das Recht der Leidenschaft im Namen der Natur gegenüber einer schon bestehenden ehelichen Bindung verteidigt [32]. Dabei scheint er die Frage offen zu lassen, ob die Entlarvung nur als eine «Freigeisterei» oder als Einsicht des freien Geistes gelten soll. – Auch im ‹Don Karlos› (III, 10) verweist er auf den «Freigeist», der die «ewigen Gesetze» der Natur sieht, aber nicht den Schöpfer, der sich in sie verhüllt [33]. Es geht ihm bei der G. nicht mehr nur um die Toleranz und die religiöse Denkfreiheit, sondern um einen Anspruch an jede politische und gesellschaftliche Ordnung, als Aufforderung, den Eigenwert des Menschen in seinem Denken zu achten. Das Wort rechtfertigt die geistige Spontaneität, die sich durch keine Institution normieren läßt, und meint die Freiheit, dem eigenen Fühlen und Erfahren auch Sprache zu geben. Eine solche Erweiterung der dem Begriff zugehörigen Vorstellungen gelingt Schiller durch seine Hinwendung zu Rousseau.

Es lassen sich zwei Bezugspunkte fixieren, die für Schillers Beschäftigung mit Rousseau wesentlich wurden und die «politische Philosophie» Posas in der großen Gesprächsszene mitbestimmten: einmal die auf die Freiheit des Denkens bezogene Selbstrechtfertigung ROUSSEAUS gegenüber den kirchlichen und staatlichen Verfolgungen, die er nach dem Erscheinen des ‹Contrat Social› und des ‹Emile› zu erleiden hatte; und zum anderen das in den ersten Kapiteln des ‹Contrat Social› ausgesprochene Freiheitsprinzip, das nicht mehr von der Denkfreiheit ausgeht, sondern die Freiheit als eine Übereinstimmung des Menschen mit sich selbst versteht, der die politische Ordnung entsprechen muß.

Schiller sah sich auf diese Begriffs- und Vorstellungswelt durch die ‹Denkwürdigkeiten von *Rousseau*› verwiesen, die H. P. STURZ in seinen ‹Schriften› 1779 veröffentlichte; SCHILLER berief sich auf sie im Frühjahr 1782 in seiner Selbstrezension über ‹Die Räuber› und zitierte aus ihnen noch im Brief an Körner vom 11. Juli 1785 [34]. Zu diesen ‹Denkwürdigkeiten› gehört ein Rechtfertigungsbrief ROUSSEAUS, in dem er sich im Sinne einer evangelischen Freiheit gegen eine Inquisition wehrt, die ein «Verhör über den Glauben» anstellt statt über gesetzwidrige Handlungen. So sagt er: «Ich bin schuldig, meine Handlungen gegen Gesetze und Menschen zu verteidigen, aber meine Meinungen nicht» [35]. In diesem Sinne habe er «Briefe vom Berge» als eine «Schutzschrift» verfaßt, um seine «Ehre» und die bedrohte «Freiheit» seiner «Mitbürger» zu verteidigen [36].

Was ROUSSEAU mit dieser Freiheit gemeint hat, läßt sich durch seine Äußerungen in den ‹Lettres Ecrites de la Montagne›, die Schiller gelesen haben kann, genauer bestimmen. Er spricht davon, wie sehr die Freiheit des

Denkens zum Wesen des Menschen gehört: «Il est tellement de l'essence de la raison d'être libre, que quand elle voudrait s'asservir à l'autorité, cela ne dépendrait pas d'elle» [37]. Er fragt: «Hommes, et sujets à l'erreur ainsi que moi, sur quoi prétendent-ils que leur raison soit l'arbitre de la mienne, et que je sois punissable pour n'avoir pas pensé comme eux?» [38]. Damit wird vor allem das Verfahren der Inquisition zurückgewiesen, die verschwiegenen Gedanken der Menschen ausforschen zu wollen oder den ausgesprochenen Worten verborgene Absichten unterzulegen, um eine Konformität der Gesinnungen durchzusetzen. Zur Freiheit des Denkens gehört statt dessen die freie Beurteilung der Interpretation der Überlieferung: «Y-a-t-il un seul livre au monde, quelque vrai, quelque bon, quelque excellent qu'il puisse être, qui pût échapper à cette infame inquisition? Non, Monsieur, il n'y en a pas un, pas un seul, non pas l'évangile même: car le mal qui n'y serait pas, il sauraient l'y mettre par leurs extraits infidèles, par leurs fausses interprétations» [39]. Diese Abwehr jeder Art von Dogmatismus führt zu der These, daß nicht über Meinungen, sondern nur über Taten abgeurteilt werden kann: «Les magistrats, les rois, n'ont aucune autorité sur les âmes ... Si l'on perdait ce principe de vue, les lois faites pour le bonheur du genre-humain en seraient bientôt le tourment; et, sous leur inquisition terrible, les hommes, jugés par leur foi plus que par leurs œuvres, seraient tous à la merci de quiconque voudrait les opprimer» [40].

Damit ist zugleich gesagt, daß die Ausübung der Freiheit nur möglich ist, sofern die Freiheit des einen auf die des anderen bezogen bleibt und also ein Gesetz anerkannt wird, das die Erhaltung der Freiheit gewährleistet. Die Anhänger der Reformation rechtfertigten nach Rousseau auf diese Weise die Freiheit der Bibelinterpretation: «Ils toléraient, et ils devaient tolérer toutes les interprétations hors une, savoir celle qui ôte la liberté des interprétations ... La diversité même de leurs façons de penser sur tout le reste, était le lien commun qui les unissait» [41]. Die Freiheit des Denkens steht also im Gegensatz zu jeder Art von Glaubenszwang und wird in der Konsequenz der Religionskämpfe als eine politische Forderung verstanden, als ein Prinzip gesellschaftlicher Ordnung, sofern diese die Toleranz zu gewährleisten hat, die sie als ihre eigene Voraussetzung begreifen muß. Die Freiheit des Denkens wird damit für Rousseau zur eigentlichen Grundlage seiner Lehre vom Gesellschaftsvertrag: «J'ai posé pour fondement du corps politique la convention de ses membres ...; car quel fondement plus sûr peut avoir l'obligation parmi les hommes, que le libre engagement de celui qui s'oblige»? Jede Verpflichtung kann nur gelten, sofern sie in der Freiheit des Einzelnen gegründet ist und auf sie bezogen bleibt, so daß dieses Wechselverhältnis des Einzelnen zur Gesamtheit als bestimmend gilt und die Unterscheidung zwischen der «volonté de tous» und der «volonté général» ermöglicht. Im 6. Brief der ‹Lettres de la Montagne› hat Rousseau das Grundprinzip des den Staat begründenden Vertrags besonders prägnant ausgesprochen: «J'ai pour résultat de cet examen, que l'établissement du contrat social est un pacte d'une espèce particulière, par lequel chacun s'engage envers tous, d'où s'ensuit l'engagement réciproque de tous envers chacun, qui est l'objet immédiat de l'union» [42].

SCHILLER hat sich eng an Rousseaus Begründung des Gesellschaftsvertrags angeschlossen, wenn Posa den König auffordert: «Geben Sie, / was Sie uns nahmen, wieder. Werden Sie / von Millionen Königen ein König ... / Geben Sie / die unnatürliche Vergöttrung auf, / die uns vernichtet» [43]. Diese Worte sind eine situationsgerechte Umsetzung der von ROUSSEAU im ‹Contrat Social› (I, 6) formulierten Aufgabe: «Trouver une forme d'association qui défende et protège de toute la force commune la personne et les biens de chaque associé, et par laquelle chacun, s'unissant à tous, n'obéisse pourtant qu'à lui-même, et reste aussi libre qu'auparavant» [44]. Nach Schiller kann eine solche Gesellschaftsform, in der der König nur einer «von Millionen Königen» sein wird, «Menschenglück aus ihrem Füllhorn strömen» lassen, wie von Rousseau von den Gesetzen – «faites pour le bonheur du genre-humain» – erwartet [45]. Ihre Voraussetzung und Begründung findet sich in der G., in die Posas Mahnung ausmündet.

So geht es in der Gesprächsszene zwischen Posa und dem König denn auch nicht um eine einzelne politische Forderung, sondern um das Selbstverständnis des Menschen, um dessen Bedrohung und Rechtfertigung. Posas Formel: «Geben Sie G.» – kann die Erörterungen nur zusammenfassen, weil die im Denken sich vollziehende Selbstbestimmung des Menschen sein eigentliches Wesen ausmacht [46]. Nur deshalb kann Posa dem König vorwerfen: «Der Mensch ist mehr, als Sie von ihm gehalten» und ihn auffordern: «Stellen Sie der Menschheit / Verlornen Adel wieder her». Menschliche Tätigkeit bleibt darauf angewiesen, daß «das Selbstgefühl, die Wollust des Erfinders», sich regen kann und «das Königsrecht der innern Geistesbilligung» geachtet wird. Wenn die Menschen darauf verzichten, haben sie «freiwillig ihres Adels sich begeben», so daß sie nur auf eine Zukunft verwiesen werden können, in der der Mensch «sich selbst zurückgegeben, / zu seines Werts Gefühl erwacht». Erst dann wird Bürgerglück «versöhnt mit Fürstengröße wandeln» und der König nicht mehr «niedrig ... von Menschenwürde denken». So muß die G. als eine Bedingung des Menschseins begriffen werden, die sich durch die politisch-gesellschaftlichen Ordnungen in Frage gestellt weiß.

In ‹Der Geisterseher›, im ‹Philosophischen Gespräch› des 4. Briefs, heißt es dementsprechend: «Der Despot ist das unnützlichste Geschöpf in seinen Staaten, weil er durch Furcht und Sorge die tätigsten Kräfte bindet, und die schöpferische Freude erstickt. Sein ganzes Dasein ist eine fürchterliche Negative; und wenn er gar an das edelste, heiligste Leben greift und die Freiheit des Denkens zerstöret – hunderttausend tätige Menschen ersetzen in einem Jahrhunderte nicht, was ein *Hildebrand* [Papst Gregor VII.], ein *Philipp* von Spanien in wenig Jahren verwüsteten» [47]. Wenn Schiller derart den Begriff der G. auf eine in der Despotie entstehende Notlage des Menschen bezieht, so ist es nur folgerichtig, daß er auch den Komplementärbegriff der «Gedankenknechtschaft» gebraucht. In seiner ‹Vorrede zu *Niethammers* Bearbeitung der Geschichte des Malteserordens von *Vertot*› spricht er mit Bezug auf die Zeiten der Kreuzzüge von dem verachtenden Blick, «den wir gewohnt sind auf jene Periode des Aberglaubens, des Fanatismus, der Gedankenknechtschaft zu werfen» [48]. Entsprechend spricht er in der ‹Geschichte des Abfalls der Niederlande› von «Religionsfreiheit» und «Glaubensfreiheit», um der «Gewissensfreiheit» den «Gewissenszwang» gegenüberzustellen [49]. Die in dem Verlangen nach G. angelegte Dramatik wird zum bestimmenden Thema einer Dichtung, die den Menschen in die Verantwortung seines Handelns zurückholt.

Daß die *Zeitgenossen* diesen für Schiller wesentlichen

Gehalt des Wortes sehr wohl verstanden haben, bezeugen die Äußerungen einzelner Vertreter der jüngeren Generation. HÖLDERLIN erläutert im September 1793 seinem Bruder die durch die politischen Ereignisse jener Tage geweckten Erwartungen ganz im Sinne der Worte Posas und nennt die Unterredung des Marquis mit dem König ausdrücklich sein «Leibstück» [50]. – Aber auch eine ironisch-humorvolle Distanzierung zeigt sich früh, als wäre G. eine tautologische Selbstverständlichkeit. JEAN PAUL bringt 1805 in seinem ‹Freiheitsbüchlein› einen Abschnitt unter der Überschrift ‹Unterschied der Denk-, Schreib-, Druck- und Lese-Freiheit› und sagt: «Die erste, die Denkfreiheit, hat meines Wissens bisher niemand verboten als der Schlaf, der Rausch und die Tollheit». Aber auch er beschwört abschließend die Fürsten, «die große Freilassung der freigeborenen Gedanken» fortzusetzen [51]. – Eine kritische Einstellung von prinzipieller Bedeutung äußert sich im Zeichen einer christlich-konservativen Restaurationsgesinnung dann in EICHENDORFFS ‹Geschichte der poetischen Literatur Deutschlands› von 1857, wenn dort bei Schiller «die alte Erbsünde der Reformation, die Heiligsprechung der subjektiven Eigenmacht», gefunden wird; im Marquis Posa begegne «der religiöse und politische Liberalismus, der damals die Weltbeglückung übernommen» habe [52]. Damit ist jene Verengung auf eine politische Ideologie wirksam geworden, die dem humanen Anspruch an jede politische Ordnung – wie ihn Posa erhebt – nicht mehr gerecht wird. Das Wort von der G. rückt fortan in ein Zwielicht, als zeuge es eher von einer Parteilichkeit als von einem Wesenszug des Menschen, und als verberge sich hinter ihm ein gesellschaftlicher Machtwille, der die wirtschaftlichen Interessen mit einem ideologischen Pathos verbräme. Diesen Ideologieverdacht sprechen MARX und ENGELS im ‹Kommunistischen Manifest› aus: «Streitet nicht mit uns, indem ihr an euren bürgerlichen Vorstellungen von Freiheit, Bildung, Recht usw. die Abschaffung des bürgerlichen Eigentums meßt. Eure Ideen selbst sind Erzeugnisse der bürgerlichen Produktions- und Eigentumsverhältnisse ...» [53].

Im Hinblick auf die Zuspitzung der politischen Diskussion gewinnt die Wiederaufnahme des Begriffs der G. bei Th. Mann im ‹Zauberberg› und bei B. Brecht ein besonderes Interesse. Während bei TH. MANN die ironisch vermittelte Dialektik von Freiheit und Terror, in der Auseinandersetzung von Settembrini und Naphta [54], dem Verlangen nach G. sein volles Eigenrecht zurückgibt, begnügt sich B. BRECHT in seinem ‹Leben des Galilei› mit einer ökonomisch begründeten Desillusionierung des ideellen Anspruchs, um die Dialektik in der Situation des Wissenschaftlers bewußt zu machen. Sofern die G. nur bestimmten Interessen zu dienen verspricht, verliert sie ihre verpflichtende Kraft, ohne jenseits der dialektischen Bewegung der gesellschaftlichen Interessen einen übergeordneten Anspruch noch zur Geltung zu bringen [55]. Damit scheint das Wort seine zündende Kraft mehr oder minder einzubüßen.

Diesem Befund gegenüber mag es nachdenklich stimmen, daß der *englische* Begriff ‹freedom of thought› seine Geltung viel selbstverständlicher behalten hat. Er taucht nicht nur im Titel von F. S. TAYLORS ‹Galilei and the freedom of thought› (London 1938) auf, sondern wird auch von John F. Kennedy in seinem Buch ‹Profiles in Courage› (1956) benutzt. Er zitiert dort Worte des Senators ROBERT A. TAFT, der aus Anlaß des Nürnberger Prozesses seine von der öffentlichen Meinung abweichenden Vorstellungen festgehalten und mit der Berufung auf die G. gerechtfertigt hat: «Liberalism implies particularly freedom of thought, freedom of orthodox dogma, the right of others to think differently from one's self. It implies a free mind, open to new ideas and willing to give attentive consideration.» KENNEDY fügt diesem Zitat den Satz hinzu: «When I say liberty, I mean liberty of the individual to think his own thoughts and live his own life as he desires to think and live» [56].

Solche Sätze bezeugen, daß Schillers Wortprägung im Zusammenhang mit den entsprechenden Wortbildungen im Englischen und Französischen gesehen sein will. Es gibt offenbar eine gemeineuropäische Begrifflichkeit, die der gemeinsamen Teilhabe an den großen geistigen Auseinandersetzungen entspricht und den Bedeutungshorizont der Wörter erst verständlich macht.

Anmerkungen. [1] FR. SCHILLER, Briefe, hg. F. JONAS (1892-96) 1, 272. – [2] R. WATSON: The hist. of the reign of Philip the Second, King of Spain (Dublin 1777) 1, 91f. – [3] Hist. du règne de Philippe II, roi d'Espagne (Amsterdam 1777) 1, 146; vgl. SCHILLER, Säkular-A. (1904/05) 14: Hist. Schr., hg. R. FESTER 141. 419. – [4] D. R. WATSON: öffentliche Lehrers der Vernunftlehre auf der hohen Schule zu St. Andrews in Schottland, Gesch. der Regierung Philipps des Zweyten, Königs von Spanien. Aus dem Engl. übers. (1778) 1, 122f. – [5] SCHILLER, Don Karlos, ND der 1. A., hg. W. VOLLMER (1880) 11; vgl. Werke, hg. G. FRICKE/ H. GÖPFERT (1962) 1111. – [6] Encyclop. ou dict. raisonné..., hg. DIDEROT/D'ALEMBERT, Nouvelle Ed. (Genève 1777) 19, 998. – [7] a. a. O. 999. – [8] ebda. – [9] Vgl. A. COLLINS: A Discourse of Free-Thinking. Faks.-ND der Erst-A. (London 1713) mit dtsch. Paralleltext, hg., übers. und eingel. G. GAWLICK. Mit einem Geleitwort von J. EBBINGHAUS (1965). – [10] GAWLICK, a. a. O. Bibliogr. 27-32; 41 Anm. 59. – [11] COLLINS, a. a. O. [9] 5; vgl. P. HAZARD: Die Krise des europ. Geistes 1680-1715, dtsch. H. WEGENER (1939) 305-310; E. HIRSCH: Gesch. der neueren evang. Theol. 1 (²1960) 306-315. – [12] COLLINS, a. a. O. 5f. – [13] 25. – [14] 26. – [15] J. LOCKE, Works (London 1823, ND 1963) 6, 47f.; vgl. Ein Brief über Toleranz, engl.-dtsch. mit Anm. hg. J. EBBINGHAUS (²1966). – [16] COLLINS, a. a. O. [9] 180; vgl. A. A. C. SHAFTESBURY, Characteristics of men, manners, opinions, times, hg. J. M. Robertson (1900) 1, 9f. – [17] COLLINS, a. a. O. 25. 184. – [18] SHAFTESBURY, a. a. O. [16] 2, 342. – [19] COLLINS, Titelblatt; vgl. SHAFTESBURY 2, 346. – [20] GAWLICK, a. a. O. [9] 36 Anm. 22. – [21] SHAFTESBURY, a. a. O. [16] 2, 340. 349. – [22] Oxford Dict. 4 (1901) 524: Art. ‹Freedom›; 9 (1919) 313: Art. ‹Thinking› nach Locke. – [23] SHAFTESBURY, Miscellaneous Reflections V, 3 = a. a. O. [16] 2, 349. – [24] J. H. ZEDLER: Großes vollständiges Universal-Lex. ... 47 (1746) 1995-2017, bes. 2008-2015. – [25] a. a. O. 2003. – [26] 2002. – [27] 1999. – [28] 2004. – [29] LESSING, Werke, hg. BOXBERGER 15; Theol. Schr., hg. CHR. GROSS 79; vgl. bes. 87ff. – [30] a. a. O. 89. – [31] 102. – [32] SCHILLER, National-A. (1943) 163ff. (ungekürzte Fassung). – [33] a. a. O. [5] 229: V. 3878. 3881. – [34] H. P. STURZ: Schriften, 1. Slg. (1779) 129-180; vgl. SCHILLER, National-A. 22 (1958) 118. 385. – [35] STURZ, a. a. O. 156f. – [36] 160. – [37] J.-J. ROUSSEAU, Oeuvres compl. 24 (Paris 1793) 58. – [38] a. a. O. 17. – [39] 50. – [40] 53. – [41] 57. – [42] 243f.; zum Verhältnis von Freiheit und Gesetz vgl. E. CASSIRER: Das Problem J.-J. Rousseau. Arch. Gesch. Philos. 41 (1932) 177-213. 479-513, bes. 189. 494; ND (1970); E. CASSIRER: Die Philos. der Aufklärung (1932) 207ff. 346ff.; I. FETSCHER: Rousseaus polit. Philos. Zur Gesch. des modernen. Freiheitsbegriffes (1968) bes. 99f. – [43] SCHILLER, Don Karlos V, 3845ff. – [44] J.-J. ROUSSEAU, Du Contrat Social ... (Amsterdam 1762) I, 6. – [45] SCHILLER, Don Karlos V. 3843; ROUSSEAU, a. a. O. [37] 53. – [46] SCHILLER, Don Karlos III, 10. – [47] National-A. 16 (1954) 169. 452. – [48] a. a. O. [3] 13, 277. – [49] a. a. O. 14, 9f.; vgl. 41. 44. 207. – [50] F. HÖLDERLIN, Große Stuttgarter A. 6: Briefe, hg. A. BECK (1954) 93: Br. Nr. 65; vgl. Br. Nr. 194. 365. – [51] JEAN PAUL, Hist.-krit. A. 1/12 (1937) 24. 62f. – [52] J. VON EICHENDORFF, Neue Gesamt-A. 1-4, hg. G. BAUMANN (1958) 4, 235. 211. – [53] K. MARX, Die Frühschriften, hg. S. LANDSHUT (1964) 543. – [54] Vgl. TH. MANN: Der Zauberberg (1925) 1, 267. 494ff.; 2, 100. 106. 603. 619. – [55] Vgl. B. BRECHT, Werke (1967) Stücke 2, 1241f. 1326. – [56] JOHN F. KENNEDY: Profiles in courage (Cardinal Ed. 1957) 190.

Literaturhinweise. J. B. BURY: A hist. of freedom of thought (London/New York/Toronto 1913). – J. M. ROBERTSON: A short hist. of freethought, ancient and modern 1. 2 (London ³1914). – P. BÖCKMANN: Glossen zur G., in: Zeiten und Formen in Sprache und Dichtung. Festschr. F. Tschirch (1972) 264-277; Schillers Don Karlos, Untersuch. zur Entstehungsgesch. (1973) Kap. VII.

P. BÖCKMANN

Gedankensystem. In seiner Anthropologie bezeichnet K. F. VON IRWING mit ‹G.› das, was heute eher unter ‹*Weltanschauung*› gefaßt würde: Der «Zusammenhang derjenigen Begriffe und Urteile, welche sich ... als wahr und als ungezweifelte Resultate formiert haben», «macht eines jeden besonderes G. aus» [1]. G. und Vorstellungsart – der «Gesichtspunkt, aus welchem jemand die Dinge, worüber er nachdenkt, zu betrachten gewohnt ist» [2] – bestimmen die Denkungsart. «Die Resultate dieser Begriffe, die Urteile und Maximen, welche nach und nach unser G. formieren, hangen wiederum größtenteils von unserer Vorstellungsart ab, und leiden in der Folge selten große Veränderungen, weil die wenigsten Menschen in solche Lagen kommen, wo es ihnen interessant wird, gewohnte Vorstellungsarten aufzugeben, und sich über vorgefaßte Urteile zu erheben» [3]. Das G. enthält in sich die Grenzen der Erkenntnismöglichkeit des jeweiligen Individuums [4]. Erkenntnisse, die «in eine gute Harmonie» [5] zu dem bereits formierten G. gebracht werden können, werden in eine «beruhigende Überzeugung» [6] überführt; Einsichten, die sich nicht in das G. einordnen lassen, können nicht als wahr erkannt werden. Da Sprache sich nach der Denkungsart des Sprechenden richte [7], müsse man seine Vorstellungsart und sein G. kennen, um seine Sprachart vollkommen zu verstehen.

In J. H. LAMBERTS fragmentarischer Systematologie findet sich G. sinngemäß als «Gedenkensarten einzelner Völker, Menschen etc.» [8] in der Klasse der Intellektualsysteme, deren Spezifikum die verbindende Kraft des Verstandes ist, welche die einzelnen Elemente zusammenhält.

Die großen Denker des 19. Jh. reflektieren ihre eigene denkerische Produktion nicht als G. Erst die Philosophiegeschichte zu Ende des 19. Jh. erfaßt philosophische Systeme als Systeme von Gedanken [9]. So bezeichnet W. WUNDT ein philosophisches System als G. [10]: Die Aufgabe der Philosophie sei es, «die durch die Einzelwissenschaften vermittelten allgemeinen Erkenntnisse zu einem widerspruchslosen System zu vereinigen» [11]. Wundt verhehlt jedoch nicht die problematische Einseitigkeit eines philosophischen G.: «Auch enthält wohl jedes G. von bleibender geschichtlicher Bedeutung irgendeinen richtigen Grundgedanken, und es verfehlt nur deshalb das Ziel, weil es von diesem Grundgedanken aus alles in einseitiger Beleuchtung erblickt» [12].

Für H. GOMPERZ wird «das Ganze der Erfahrung durch beliebig viele G. wiedergegeben» [13], die jeweils eine Weltanschauung darstellen. Auf sie richtet sich die als Weltanschauungslehre verstandene Philosophie bei Gomperz und ebenso bei H. RICKERT [14]. Dabei kann auch für Rickert die Erkenntnis des Weltganzen «nur durch ein Ganzes von Gedanken zustande kommen» [15], das als System aufgefaßt wird. Ein solches G. transzendiert die Enge der vorwissenschaftlichen Weltanschauung [16], führt aber notwendig alles gegebene, erfahrbare, immanente, im Bewußtsein vorgefundene Seiende hinaus in den Bereich der Metaphysik [17]. Gegen die aus dem Bereich der Lebens- und Existenzphilosophie kommende Kritik am Systembegriff [18] entwickelt Rickert sein Konzept des «offenen Systems» [19], das durch die spätere Forschung nicht gesprengt, sondern vervollständigt wird.

N. HARTMANN sieht in der logischen Identität der Begriffe «ein Ideal, das innerhalb eines G. allenfalls eine gewisse Erfüllung finden kann, niemals aber über dessen Grenze hinaus sich bestätigt findet» [20]. Wenn Begriffe aus dem G. herausgenommen werden, in dem sie geprägt worden sind, verblassen sie. Der verlorene Gehalt kann nur durch Rückgriff auf den ursprünglichen Problemzusammenhang wiedergewonnen werden [21]. Verblassen können jedoch auch ganze G.: «So ist es schon überall da, wo ein G. nicht mehr in seinem Ringen mit dem Problem erfaßt wird, aus denen es hervorwächst, sondern nur noch in den Resultaten dieses Ringens, als ‹fertiges› System» [22]. Wo ein G. Schule mache, sei es sofort dieser Gefahr ausgesetzt, es sei «als Herausstellung von Unbewältigtem und Bedrängendem aus dem lebenden Geiste zu verstehen, um damit ‹fertig zu werden›» [23].

Für die folgende philosophische Diskussion wird der Begriff ‹G.› irrelevant. Man begegnet ihm am Rande in HÖNIGWALDS Denkpsychologie, so in der Auffassung, daß alle Gedanken in einem Zusammenhang stehen, jedoch ist von G. nur einmal und peripher die Rede [24]. Allgemein scheint sich der Akzent der Reflexion des Systembegriffs von den Elementen – Gedanke, Begriff – auf die Struktur zu verlegen. Als Nachklang wirkt der Gebrauch des Terminus ‹Denksystem› dort, wo die Philosophen zu Anfang des 20. Jh. ‹G.› gesagt hätten [25].

Anmerkungen. [1] K. F. VON IRWING: Erfahrungen und Untersuchungen über den Menschen 4 (1785) 41. – [2] ebda. – [3] a. a. O. 42f. – [4] 64f. – [5] ebda. – [6] ebda. – [7] a. a. O. 58. – [8] J. H. LAMBERT: Fragment einer Systematologie (1787), in: Philos. Schriften, hg. H. W. ARNDT 7 (1967) 395. 397. – [9] P. DEUSSEN: Allg. Gesch. der Philos. 1/2 (²1907) 48; vgl. 1/1 (²1906) 27f. – [10] W. WUNDT: System der Philos. (²1897) 189. 190. – [11] a. a. O. 17. – [12] 191. – [13] H. GOMPERZ: Weltanschauungslehre 1 (1905) 39; vgl. 5. – [14] H. RICKERT: Grundprobleme der Philos. (1934) 10. 18. – [15] a. a. O. 21. – [16] Vgl. 25. – [17] Vgl. 136. – [18] Vgl. K. JASPERS: Psychol. der Weltanschauungen (³1925) 19. – [19] RICKERT, a. a. O. [14] 24; vgl. Psychol. der Weltanschauungen und Philos. der Werte. Logos 9 (1920/21) 24. – [20] N. HARTMANN: Das Problem des geistigen Seins (1933) 427. – [21] a. a. O. 429. – [22] 430. – [23] 464. – [24] R. HÖNIGSWALD: Die Grundl. der Denkpsychol. (²1925) 254. – [25] W. STEGMÜLLER: Hauptströmungen der Gegenwartsphilos. (²1960) XVI. W. NIEKE

Geduld. Griechisches Denken versteht unter dem ursprünglich wertneutralen, anschaulichen Wort ὑπομονή (Darunter-verharren) tapferes Standhalten, tätigen Widerstand, eine Tugend mit aktivem Inhalt. Schon das frühe Epos feiert den «göttlichen Dulder», der Leiden und Mühsale mutig erträgt [1]. ARISTOTELES ordnet die G. der Tapferkeit unter und stellt sie der Feigheit entgegen. Nicht menschliche Rücksicht oder Glücksverlangen, sondern die Ehrliebe soll ihr Motiv sein; καλοῦ ἕνεκα soll der Tapfere standhalten [2]. Nicht anders versteht die *Stoa* die G. Der Weise bewährt sich durch gelassenes Ertragen aller Übel und erringt dadurch seelische Größe. Das meint z. B. EPIKTETS Regel: ἀνέχου καὶ ἀπέχου (ertrage und halte dich fern) [3]. Die *mittelalterliche* Ethik und auch Calvin übernehmen die antike Tradition. THOMAS VON AQUIN ordnet die *patientia* nach Aristoteles als pars quasi potentialis der Tapferkeit zu [4]; CALVIN nennt Seneca als Gewährsmann [5]. – Anders ist die *biblische* Auffassung von G. Zunächst sind Mühsal und Leiden im Dasein nicht unergründliches Schicksal, sondern Prüfung und Versuchung. Hinter allem steht Gottes Führung und Verheißung. Gott erprobt den Glaubenden, überläßt ihn für eine Zeit den Leiden und der Dunkelheit, doch ist der Ausgang in seiner Verheißung willen gewiß (Röm. 8, 28). «Auf Gott harren» ist der Inhalt der G. [6], die von ihm verheißene Zukunft trägt sie, sie gehört wesentlich zur eschatologischen Haltung des Christen [7], die besonders der Märtyrer verwirklicht. Auch ihr Motiv ist nicht mehr die eigene Kraft des Helden oder der Gleichmut des Weisen, sondern Vertrauen und Glaube an Gott. Sie heißt darum «die Geduld Christi» und wird geschenkt vom «Gott der G.» [8]. Solcher Gestalt gehört sie eher der Hoffnung zu, wird nach ihr geradezu genannt (1. Thess. 1, 3). Mehr als im griechischen Verständnis enthält sie das Element geduldigen Wartens, ist aber keineswegs rein passiv gemeint. Nach GREGOR DEM GROSSEN «radix et custos omnium virtutum» [9], Wurzel und Wächter aller Tugenden, findet sie in der christlichen Literatur alter und neuer Zeit häufig eine eigene Darstellung [10].

Anmerkungen. [1] TLENAI bei HOMER, Ilias 5, 382; 19, 308; 24, 549; Odyssee 5, 362; 19, 27. – [2] ARISTOTELES, Eth. Nic. III, 10, 1115 b; II, 2, 1104 a. – [3] H. SCHENKL: Die epiktet. Fragmente (1887) 463: Frg. 10; vgl. SENECA, Ep. mor. 41; 67, 10; EPIKTET, Diss. I, 2, 25; II, 2, 13. – [4] THOMAS V. AQUIN, S. theol. II/II, 136. – [5] CALVIN, Instit. III, 8, 4. 10ff. – [6] Ps. 25, 3; 37, 34; 62, 6; vgl. Jes. 40, 31; Mich. 7, 7; Hab. 2, 3; Luk. 8, 15; Röm. 12, 12; 1. Petr. 2, 20; Apok. 1, 9; 2, 2f. 19; 3, 10. – [7] Mark. 13, 13; Luk. 21, 19; Röm. 15, 4; 1 Thess. 1, 3; 2. Tim. 2, 12; Apok. 13, 10; 14, 12 u. ö. – [8] Röm. 15, 5; 2. Thess. 3, 5. – [9] MPL 76, 1261. – [10] TERTULLIAN, De patientia; CYPRIAN, De bono patientiae; AUGUSTINUS, De patientia; S. KIERKEGAARD: Erbauliche Reden (1843/44). Ges. Werke Abt. VII–IX; D. VON HILDEBRAND: Die Umgestaltung in Christus (³1950) 219ff.

Literaturhinweise. C. SPICQ: Patientia. Rev. Sci. philos. et théol. 19 (1930) 95ff. – A. M. FESTUGIÈRE: HYPOMONÉ dans la tradition grecque. Recherches Sci. rélig. 30 (1931) 477ff. – E. PRZYWARA: Vom Sinn der G. Z. Aszese und Mystik 15 (1940) 114ff. – E. GILSON: La vertu de patience selon St. Thomas et St. Augustin. Arch. Hist. doctr. litt. Moyen-âge 15 (1946) 93ff. – D. LANG-HINRICHSEN: Die Lehre von der G. in der Patristik und bei Thomas von Aquin. Geist und Leben 24 (1951) 209ff. 284f. – O. F. BOLLNOW: Die Tugend der G. Die Sammlung 7 (1952) 296ff.

R. HAUSER

Gefallen, Wohlgefallen. ‹G.› bedeutet ursprünglich den für das Kriegerleben bedeutsamen, aber zufälligen Fall von Spielwürfeln bei Beute- und Erbteilungen und meint darum in der Verbindung ‹wol gefallen› soviel wie «Glück haben» [1]. Seit der Ästhetik des 18. Jh. erhielt ‹G.› die doppelte Funktion eines Beschreibungs- und eines Reflexionsbegriffs.

1. J. J. WINCKELMANN ersetzt die rational-widerspruchsfreie Methode zur Erkenntnis des Schönen durch die genaue Beschreibung [2]. Für ihn ist G. die Anmutungsvalenz z. B. einer Skulptur, deren «gefällige Gratie» eine liebenswert vernünftige Anmut vereinigt mit jener holden, geschmeidigen Zuvorkommenheit und versprechenden Hingabefähigkeit [3], welche griechisch χάρις heißt [4]. GOETHES gegenständlicher Denkart ist dieser Wortgebrauch von ‹G.› gemäß. So heißt es im ‹Vorspiel auf dem Theater› des ‹Faust›: «Wie machen wirs, daß alles frisch und neu / Und mit Bedeutung auch gefällig sei?» Oder im ‹Tasso›: «Euch zu gefallen war mein höchster Wunsch, / Euch zu ergötzen war mein letzter Zweck» [5]. SCHILLER sagt in der ‹Braut von Messina›: «König ist hier, wer den Augen gefällt!» [6].

Im frühen 19. Jh. wird diese transitive Bedeutung von ‹G.› im Sinne der Selbstdemonstration einer schönen Erscheinung lexikonreif: «G. heißt auf eine solche Weise sich der äußeren oder inneren Wahrnehmung darbieten, daß in dem Wahrnehmenden ein Lustgefühl entsteht» [7]. Realontologische Philosophien des Schönen brauchen ‹G.› immer als Beschreibungsbegriff und lehnen ihn ausdrücklich als Reflexionsbegriff eines ästhetischen Bewßtseins ab, so auch J. FR. HERBART: «... bei dem Ausdrucke: es gefällt, wird Etwas, das da gefalle, als etwas bestimmtes vor Augen zu Stellendes vorausgesetzt» [8]. Herbart will G. nicht als Empfindung verstanden wissen. Eine Empfindung ist «*in* einem Menschen» und als «*in* ihm befindliche» Anderen weder mitteilbar noch wie ein Objekt der Betrachtung aufweisbar [9]. Darum wird das Formalschöne als das mathematisch oder auch dynamisch «Gefällige» bestimmt [10]. Ebenso spricht die Naturästhetik von einer «gefälligen» Landschaft im Sinne eines Naturwappens [11]. Es gibt Landschaften, sagt FR. RATZEL, «mit denen es uns geradeso geht, wie mit gewissen Gesichtern oder auserlesenen Menschengestalten: sie gefallen uns auf den ersten Blick, ihr G. ist ein In die Augen fallen» [12].

2. Die Auffassung vom Sein des Bewußt-seins impliziert die Konzentration auf äußere und innere Erfahrungen. Durch Rezeption der englischen und französischen Aufklärungsphilosophie wird im Umkreis der Berliner Popularphilosophie die Seele «theoretisch» reicher [13]: Sie kann auch sich selbst gefallen. G. wird ein bei und an sich selbst empfind- bzw. fühlbares *Wohlgefallen* (W.) und gewinnt so die Bedeutung eines Reflexionsbegriffs.

Die Empfindung wird nicht mehr wie nach der Zweivermögenslehre der Wolffschen Schule als eine Abart des Erkenntnisvermögens gewertet, sondern als ein neben diesem und dem Begehrungsvermögen selbständiges drittes Vermögen angesehen. Der von Goethe verlachte, von Kant aber zu den vortrefflichen und nachdenklichen Männern gezählte J. G. SULZER hebt die spezifische Leistung des dritten Seelenvermögens hervor, indem er das Schöne nicht mehr als das Vollkommene begreift und es somit auch nicht mehr dem Erkenntnisvermögen zuordnet [14]. In Anlehnung an Shaftesbury [15] greift er die seit der griechischen Ästhetik geläufige Trennung einer intelligiblen, d. h. «paradiesischen oder himmlischen», von einer sinnesvermittelten und somit aisthetischen Schönheit auf. Die erste gewährt mehr und anderes als W., nämlich «die innere Wollust der Seele» oder Glückseligkeit [16]. Die zweite, W. gewährende Schönheit ist Angelegenheit der Empfindung – wenn auch nicht der «bloßen», d. h. der nur sinnlichen Empfindung. Bloß sinnliches Empfinden erfaßt nur die stimmungshafte Zuständlichkeit der Seele. Daher ist bloß sinnliches Empfinden das Selbstempfinden der Seele, die nichts Gegenständliches sieht und nur stark empfindet [17]. Zwischen den beiden Positionen des völlig empfindungslosen und rein gegenständlichen Erkennens und des gegenstandslosen, d. h. blinden Selbstempfindens fixiert Sulzer als mittlere Position die der *Betrachtung* [18]. In dieser contemplatio wird weder nur gegenständlich erkannt noch nur zuständlich empfunden, so daß die Empfindlichkeit «des Herzens», d. h. der Geschmack, mit dem Erkennen von Gegenständlichem zusammengeht. «Die Seele genießt alsdann eine vollkommene Stille» [19]. Sulzer nennt die exemplarische Form der Zuständliches und Gegenständliches vereinenden Betrachtung in Unterscheidung zum bloßen G. ‹W.›. Das betrachtende Verhalten, in dem der Seele wohl ist, wird definiert als «selbsttätige Vereinigung aller Seelenkräfte» [20].

Ähnlich grenzt M. MENDELSSOHN das «ruhige W.» gegen das Begehrungsvermögen ab. «Allein mich dünkt, zwischen dem Erkennen und Begehren liege ... das W. der Seele, welches noch eigentlich von der Begierde weit entfernt ist ... Es ist gleichsam der Übergang vom Erkennen zum Begehren, und verbindet diese beiden Vermögen durch die feinste Abstufung, die nur nach einem gewissen Abstande bemerkbar wird» [21].

Durch die universitätsphilosophische Autorität J. N. TETENS' avanciert die Dreivermögenslehre der Seele zur

Kathederweisheit [22]. Tetens definiert im Unterschied zu Sulzer die Empfindung durch ihre Gegenstandsbezogenheit. Empfindungen sind Empfindnisse, in denen etwas empfunden wird. Dagegen wird das gegenstandslose Gestimmt- und Zumutesein der Seele ‹Gefühl› genannt im Sinne des zuständlichen Selbstgefühls der Seele. Dieses wird als «das erste und ursprünglichste Vermögen» der Seele bewertet und von den Kräften des Verstandes und des Willens unterschieden: «Laßt also dies für einen Urcharakter angesehen werden, so wird die Grundkraft der Seele eine Kraft sein, welche fühlet» [23].

Für KANT, der in aestheticis sich keine der «vortrefflichen Analysen» seiner Zeitgenossen entgehen läßt [24], ist das «bloße» G. die erste Erscheinungsbedingung von Schönem. «Bloßes» G. ist interesseloses, uninteressiertes, d. h. «freies» W. [25]. Dessen Interesselosigkeit hat viel Polemik auf sich gezogen, am schärfsten bei NIETZSCHE: «Seit Kant ist alles Reden von Kunst, Schönheit, Erkenntnis, Weisheit vermantscht und beschmutzt durch den Begriff ‹ohne Interesse›» [26]. KANT denkt jedoch bei ‹Interesse› an das «mihi interest», «mir ist an etwas gelegen», nämlich an der realen Existenz von etwas. Dies zeichnet ein *interessiertes* W. aus. In ihm wird Sinnlich-Gegebenes, an dem sich das W. entzündet, nicht anschauend um seiner selbst willen gewürdigt, sondern im Hinblick auf anderes mediatisiert und relativiert. Es könnte z. B. so angesehen werden, als ob es nur zum wissenschaftlich Erkanntwerden bestimmt sei [28] oder als ob es zur vergnüglichen und behaglichen Empfindung in den Sinnen dienen solle [29] oder als ob es um eines von der Vernunft gesetzten Sollgehaltes geachtet werden müsse [30]. Erst ein W. ohne Interesse an der realen Existenz von etwas, also ein W. an der bloßen Vorstellung bzw. dem Bild von etwas, ist ein freies W., und zwar in der Form der *Gunst*. «Der Gegenstand eines solchen W. heißt schön» [31].

Zwölf Jahre nach Erscheinen der ‹Kritik der Urteilskraft› wird Kant in diesem Punkte schon nicht mehr verstanden. Der soeben in Jena habilitierte HEGEL [32] stellt die heute noch [33] anzutreffende Behauptung auf, Kant habe das Schöne subjektiviert [34]. Hegel überliest, daß nur das bloße G., nämlich die Gunst als «das einzige freie W.» [35], und nicht die Neigung zum Angenehmen oder die Achtung vor dem sittlich Guten, es dem endlichen Menschen erlaubt, sinnlich Gegebenes als schöne Erscheinung vor sich zu haben [36].

Die tatsächliche Subjektivierung des Schönen nehmen «strenge» Kantianer wie Chr. W. Snell und J. G. E. Maass vor. Für das W. sucht SNELL «psychologisch-empirische Regeln», nach denen der Geschmack in seinem Urteil verfährt [37]. MAASS nennt das G. am G. schön. Dieses G. ist ihm ein Schöpfungsgefühl, welches im Gegensatz zum unangenehmen ein von Lebensstörungen unberührtes angenehmes Gefühl sein soll [38]. Es stellt sich ein, wenn wir so beschäftigt sind, daß wir auf «der einen Seite keine Leere, keine Untätigkeit empfinden und auf der anderen auch nicht übermäßig oder so angestrengt werden, daß wir die Eingeschränktheit unserer Kräfte fühlen, in dem in beiden Fällen eine Hemmung und Störung unseres Lebensgefühls entstehen würde» [39].

G. TH. FECHNER bestimmt die Ästhetik als Lehre vom G. bzw. Mißfallen [40]. G. ist nicht Lust. Lust ist nur zu fühlen bzw. zu empfinden. Lust überkommt einen von selbst. G. ist dagegen G. an etwas. «Woran» man G. haben kann, das sind lustvolle Bewußtseinsinhalte, mögen sie von außen oder innen kommen [41]. Man hat daran G., weil man sich wohlfühlen *soll* [42]. Fechner kommt von der Medizin her. Die Gesetze, nach denen das Wohlgefühl sich einstellt, sind die der Empfindungsschwelle, des widerspruchslosen Zusammentreffens von Lustgefühlen, der einheitlichen Verknüpfung von Mannigfaltigem, der Klarheit und der Assoziation. Mögen diese «Gesetze» auch empirisch nachweisbar sein, sie werden in dem Augenblick Normgesetze, in dem sie als Mittel zur Erreichung eines Lebenszieles erklärt werden. Sie haben Rezeptcharakter. Wider seine eigene Absicht schreibt Fechner statt einer Ästhetik «von unten» eine «von oben». Denn wer kann empirisch belegen, daß das Wohlgefühl der Sinn des Lebens ist? Gesetzt, der Sinn des Lebens sei ein Sich-Wohlfühlen im G. an lustvollen Vorstellungen, so fragt sich weiter, ob diese Sinnerfüllung nur über das Schöne zu erzielen ist. Der ästhetische Genuß – und darum handelt es sich bei Fechner letztlich – ist nicht mit dem G. am Schönen gleichzusetzen. Hier liegen die Verdienste der phänomenologischen Ästhetik [43].

Durch die tradierte Einordnung in den Problemzusammenhang der Ästhetik ist dem Begriff des G. eine Schlüsselkraft in der lebensphilosophisch konzipierten Kulturanthropologie versagt geblieben. Leider – denn die *Mode* zählt zu den elementarsten Erscheinungen der Menschheitsgeschichte, und die *Koketterie* ist ebenfalls ein Phänomen der Mitwelt. Für ein auf Mode und Koketterie bezogenes G. hat G. SIMMEL Wichtigstes angemeldet [44].

Anmerkungen. [1] GRIMM 4/1, 1 (1878) 2103-05: Art. ‹G.›; Etymol. Wb. dtsch. Sprache, hg. KLUGE/GÖTZ (¹⁶1953) 248. – [2] J. J. WINCKELMANN, Werke, hg. J. EISELEIN 4 (1825, ND 1965) 11. 38. 51; vgl. A. BAEUMLER: Kants KU (¹1923) 104ff. – [3] vgl. WINCKELMANN, a. a. O. [2] 1, 130. 154. 217. 223; W. BOSSHARD: Winckelmann (1960) 224 Anm. 23. – [4] Vgl. W. F. OTTO: Die Götter Griechenlands (1947) 103; W. SCHADEWALDT: Faust und Helena. Dtsch. Vjschr. Lit.wiss. 30 (1956) 8. – [5] J. W. GOETHE, Faust, Vorspiel I. Artemis-A. 5 (1950) 143; Tasso I, 3 a. a. O. 6 (1954) 226. – [6] FR. SCHILLER, Werke, hg. G. FRICKE/H. GÖPFERT 2 (1958) 851, V. 895. – [7] W. T. KRUG: Allg. Handwb. philos. Wiss. 2 (1827) 120. – [8] J. F. HERBART, Werke, hg. G. HARTENSTEIN 1 (1850) 177. – [9] a. a. O. 128. – [10] E. v. HARTMANN: Philos. des Schönen 2 (1887) 94-133; N. HARTMANN: Ästhetik (1953) 68ff. – [11] FR. RATZEL: Über Naturschilderung (⁵1968) 222; A. BARTHELMESS: Wald – Umwelt des Menschen (1972) Kap. 8: Forstästhetik. – [12] RATZEL, a. a. O. [11] 66. – [13] F. SCHALK: Hist. Wb. Philos., hg. J. RITTER 1 (1971) 620ff.: Art. ‹Aufklärung›. – [14] J. W. GOETHE, Schriften zur Kunst. Artemis-A. 13 (1954) 26-32; KANT, KrV B 486. – [15] Vgl. K. J. GROSS: Sulzers Allg. Theorie der schönen Künste (Diss. Berlin 1905) 12; FR. SCHULTZ: Die Göttin Freude. Jb. fr. dtsch. Hochstift Frankfurt/M. (1926) 8ff.; A. TUMARKIN: Der Ästhetiker Joh. Georg Sulzer (1933) 38. 92. – [16] J. G. SULZER: Allg. Theorie der schönen Künste (²1794) 309f. – [17] Vermischte philos. Schriften 1 (1773) 299ff.; vgl. C. KNÜFER: Grundzüge der Gesch. des Begriffs Vorstellung von Wolff bis Kant (1911) 34f.; A. BAEUMLER, a. a. O. [2] 128ff.; A. NIVELLE: Kunst- und Dichtungstheorien zwischen Aufklärung und Klassik (²1971) 49ff. – [18] SULZER, a. a. O. [17] 238. – [19] 240. – [20] a. a. O. [16] 374. – [21] M. MENDELSSOHN: Morgenstunden, in: Schriften zur Philos., Ästhetik und Apologetik, hg. M. BRASCH 1 (1880, ND 1968) 352f. – [22] J. N. TETENS: Philos. versuche über die menschl. Natur und ihre Entwicklung 1. 2 (1776/77, ND 1913); vgl. R. SOMMER: Grundzüge einer Gesch. der dtsch. Psychol. und Ästhetik (1892) 290ff. – [23] TETENS, a. a. O. [22] 378. – [24] Vgl. B. CROCE: Ästhetik als Wiss. vom Ausdruck (dtsch. 1930) 291; P. MENZER: Kants Ästhetik in ihrer Entwicklung (1952) 41. – [25] KANT, KU (¹1790) § 5, S. 210. – [26] FR. NIETZSCHE, Musarion-A. 17 (1926) 304. – [27] Vgl. M. HEIDEGGER: Nietzsche 1 (¹1961) 128; W. BIEMEL: Die Bedeutung von Kants Begründung der Ästhetik für die Philos. der Kunst. Kantstudien Erg.-H. 77 (1959) 38ff. – [28] KANT, KU § 1, S. 203. – [29] a. a. O. § 3, S. 205. – [30] § 4, S. 207. – [31] § 5, S. 211. – [32] Briefe von und an HEGEL, hg. J. HOFFMEISTER 1 (1952) 65. – [33] Vgl. H.-G. GADAMER: Wahrheit und Methode (²1960) 40; NIVELLE, a. a. O. [17] 181ff. – [34] G. W. F. HEGEL: Glauben und Wissen oder die

Reflexionsphilos. der Subjektivität in der Vollständigkeit ihrer Formen als Kantische, Jacobische und Fichtesche Philos. Philos. Bibl. 62b (1962) 32. – [35] KANT, KU § 5, 210. – [36] Vgl. G. DENCKMANN: Kants Philos. des Ästhetischen (1947) 44ff.; BIEMEL, a. a. O. [27] 117f.; O. BECKER: Die Fragwürdigkeit der Transzendierung der ästhetischen Dimension der Kunst. Philos. Rdsch. 10 (1962) 226ff. – [37] CHR. W. SNELL: Lb. der Kritik des Geschmacks, mit beständiger Rücksicht auf die Kantische Kritik der ästhetischen Urteilskraft (1795) 4f. – [38] J. G. E. MAASS: Versuch über die Gefühle bes. über die Affekten 1 (1811) 39f. – [39] a. a. O. 2 (1812) 130f. – [40] G. TH. FECHNER: Vorschule der Ästhetik 1 (1876) 5. 34. – [41] a. a. O. 7f. – [42] 53. – [43] Vgl. M. GEIGER: Beiträge zur Phänomenol. des ästhetischen Genusses. Jb. Philos. u. phänomenol. Forsch. 1 (1913) 573ff. – [44] G. SIMMEL: Philos. Kultur (²1919) 25-57. 95-116.   W. PERPEET

Gefordertheit. Der Begriff wurde von emigrierten deutschen Gestaltpsychologen zunächst in englischen Veröffentlichungen unter der Bezeichnung ‹requiredness› verwendet; später wurde der Terminus mit ‹G.› ins Deutsche übersetzt [1].

Nach Auffassung der Gestaltpsychologen erfordern unvollständig verwirklichte Ordnungen, Lücken und Leerstellen innerhalb eines Ganzen «von sich aus» Verbesserung, Vervollständigung, Ausfüllung, Ergänzung, Herstellung eines unter den gegebenen Bedingungen optimalen Zustandes. Das Hinweisen, Hinstreben und Hindrängen auf ein prägnantes Endgebilde wird von der Gestalttheorie als Ausdruck sachimmanenter Ordnungstendenzen, die weitgehend der Auffassungswillkür entzogen sind, verstanden [2].

In der Psychologie des *Denkens* tritt G. in der jeweils spezifischen Aufgabenstruktur eines Problems in mehr oder weniger verhüllter Weise in Erscheinung, und mit der Erkenntnis dessen, was gefordert ist, wird eine einsichtige Problemlösung eingeleitet [3].

Eine allgemeinere Bedeutung gewinnt der Begriff der G. in der Psychologie des menschlichen *Verhaltens*, etwa dann, wenn aus einem Widerstreit zwischen sachlichen Forderungen und persönlichen Bedürfnissen, Interessen und Strebungen Konflikte erwachen, deren Lösung – z. B. in einem therapeutischen Gespräch – dadurch ermöglicht wird, daß vom Individuum schließlich die Priorität sachlicher G. vor ichhafter Einstellung akzeptiert wird [4].

Anmerkungen. [1] M. WERTHEIMER: Some problems in the theory of ethics. Social Res. 2 (1935); W. KÖHLER: The place of value in a world of facts (New York 1938); Werte und Tatsachen (1968). – [2] W. METZGER: Psychol. (²1954) 230f. – [3] M. WERTHEIMER: Produktives Denken (1957). – [4] WERTHEIMER, a. a. O. [1].

Literaturhinweise. W. KÖHLER: Psychol. Probleme (1933). – W. METZGER s. Anm. [2]. – E. RAUSCH: Das Eigenschaftsproblem in der Gestalttheorie der Wahrnehmung, in: Hb. der Psychol. I/1 (1966) 866-953.   KURT MÜLLER

Gefüge meint bei N. HARTMANN eine Kategorie, die in der Tafel der Seinsgegensätze innerhalb der zweiten Gruppe an zwölfter Stelle dem Element zugeordnet erscheint [1]. Das G. ist ein relationaler Einheitstyp. Der reale Bau der Welt hat die Einheit des G. [2]. Dem Element kommt keine grundsätzliche Priorität zu: «Im G. sind nicht so sehr die Elemente maßgebend wie ihr Verhältnis zueinander und zum G.» [3]. In der Ordnungsfolge der dynamischen G. – absolut statische gibt es nicht – im Einheitsbild der Welt nimmt der Mensch eine Mittelstellung ein [4]. Bedeutsam ist das G. für die kategorialen Kohärenzgesetze, insofern die kategoriale Schicht als G. von Kategorien und interkategorialen Relationen selber eine hochkomplexe Gesamtkategorie darstellt [5].

Anmerkungen. [1] N. HARTMANN: Der Aufbau der realen Welt (³1964) Kap. 24 a. – [2] a. a. O. Kap. 24f. – [3] Kap. 33 a. – [4] Kap. 33 c. – [5] Kap. 46 a/b; vgl. auch Philos. der Natur (1950) Kap. 38-43. 45-50.   H. HÜLSMANN

Gefügegesetzlichkeit. Der Ausdruck bezeichnet allgemein Gesetzmäßigkeiten der Ordnung und der Organisation. Der naturwissenschaftliche Begriff der G. oder Organisationsgesetzmäßigkeit kann in verschiedener Weise gerechtfertigt und definiert werden. Man kann z. B. sagen, daß der Prototyp von Gesetzmäßigkeiten der klassischen Physik solche von *Prozessen* seien, die durch Differentialgleichungen ausgedrückt werden, wie z. B. das Newtonsche Gravitationsgesetz mit Galileis Fallgesetz und den Keplerschen Gesetzen der Planetenbewegung als Ableitungen. Dem stehen Gesetzmäßigkeiten des *Gefüges* oder der *Organisation* gegenüber, wie z. B. die (gegenwärtig unvollkommen bekannten) der Anordnung von Partikeln in Atomkernen, stereochemische Prinzipien (z. B. Isomerieverbindungen gleicher Zusammensetzung, aber mit verschiedener Anordnung von Atomen oder Atomgruppen im Molekül) oder des genetischen Code (Triplets von Nucleotiden in den Desoxyribonukleinsäuren (DNS) der Erbsubstanz «bezeichnen» je nach Anordnung verschiedene Aminosäuren und die Anordnung der Triplets in den DNS «bezeichnet» verschiedene artspezifische Proteine).

BERTALANFFY hat in seiner organismischen Auffassung der Biologie auf die Wichtigkeit von G. oder Systemgesetzmäßigkeiten hingewiesen: «Da die Grundlage des Lebens die Organisation, die Charakteristik der Lebenserscheinungen ihre Ordnung ist, so kann die Untersuchung der Einzelstoffe und -vorgänge im Organismus keine vollständige Erklärung des Lebensphänomens bedeuten. Eine Systemgesetzlichkeit des Organismus ist es, die zu den Erklärungen der Einzelphänomene hinzutreten muß. In der Auffindung derselben sehen wir die grundlegende Aufgabe der modernen Biologie» [1].

In ähnlichem Sinne führte WEAVER [2] aus, daß sich die Wissenschaft bisher mit *linearer Kausalität* (Ursache – Wirkung, Beziehungen zweier oder weniger Variabler) oder aber mit Gesetzen der *unorganisierten Kompliziertheit* beschäftigte, d. h. mit statistischen Gesetzen, die aus dem durchschnittlichen Verhalten einer großen Menge von Elementenprozessen resultieren (z. B. Gesetze der Thermodynamik, der zweite Hauptsatz als Folge zufallsmäßiger Verteilung der Moleküle nach Boltzmann, die vom zweiten Hauptsatz logisch abstammenden Gesetzmäßigkeiten). Demgegenüber treten uns gegenwärtig Probleme der *organisierten Kompliziertheit* gegenüber, die auf allen Forschungsgebieten von der Kernphysik über die Biologie bis zur Soziologie nach Antwort verlangen.

Der Soziologe SOROKIN [3] unterscheidet einen «Mikrokosmos der Gesetzlosigkeit» (undeterminierte mikrophysikalische Ereignisse, nicht-wiederholbare soziokulturelle Erscheinungen), statistische Regelmäßigkeiten in «Anhäufungen» («congeries», z. B. statistische Gesetze der Physik, psychosoziale Massenerscheinungen) und Organisationsgesetze (z. B. chemische Organisation des Gens, vielleicht Gesetzmäßigkeiten soziokultureller Systeme).

Die hier durch Autoren aus den Gebieten der Physik, Biologie und Soziologie illustrierte Frage von Organisations- oder Gefügegesetzen ist auch in anderen Formulierungen ausgesprochen worden. Sie umfaßt einerseits die Frage nach diesen Gesetzmäßigkeiten im konkreten

Fall (z. B. Gesetze des Atomkerns oder der Ordnung von Prozessen im lebenden Organismus, um zwei sehr verschiedene Probleme zu nennen); andererseits die Frage nach allgemeinen Prinzipien der «organisierten Kompliziertheit», welch letztere ein Problem der allgemeinen Systemtheorie ist.

Das Problem der G. erfordert neue mathematische Denkmittel gegenüber den «klassischen» des Kalküls und der Statistik. Dazu gehören z. B. Systeme von (oft nicht-linearen) Differentialgleichungen, die erst durch moderne Computer zugänglich wurden, Mengentheorie, Netz- und Graphentheorie sowie Topologie in Anwendung auf allgemeine Systeme.

Die Frage der G. ist verknüpft mit jener der Wechselwirkung vieler Variabler im Vergleich zur linearen Kausalität (z. B. das Zweikörperproblem der Physik hat eine klassische Newtonsche Lösung, aber schon das Dreikörperproblem ist prinzipiell unlösbar und nur approximativ zugänglich); der Emergenz (das System ist nicht durch Summation der isoliert betrachteten Teile erhältlich; «das Ganze ist mehr als die Summe der Teile» nach Aristotelischer Formulierung); des Reduktionismus (das «höhere» System kann nicht auf «niedrigere» reduziert werden, weil zur Kenntnis des ersteren sowohl die Teile wie auch die zwischen ihnen bestehenden Beziehungen, d. h. die Gefügegesetze – bekannt sein müssen). Besonders aktuell scheint gegenwärtig die Frage nach Gefügegesetzmäßigkeiten im biologischen Bereich, z. B. im genetischen Code und in der elektronenmikroskopischen Struktur der Zelle, die übermolekulare (heute wenig bekannte) Gesetzmäßigkeiten zu verraten scheinen. Dies führt zu Fragen wie der, ob das Zustandekommen der biologischen Organisation (in der Entstehung des Lebens wie in der biologischen Evolution) durch die gegenwärtig fast allgemein angenommene Selektionstheorie (zufällige Mutation der Erbsubstanz, gefolgt von Auslese jener Systeme, die in der jeweiligen Umgebung die meisten Nachkommen produzieren) ausreichend erklärt sei, und andern nach der «negentropischen» Tendenz der Evolution und dem Erscheinen immer höherer Organisationsstufen in ihr.

Die Frage der G. oder Organisationsgesetzmäßigkeiten ist von weitreichender Bedeutung, obwohl ihre Beantwortung noch am Anfang steht. Sie ist verknüpft mit der Ersetzung des mechanistischen Weltbildes (gekennzeichnet durch «blinde» Naturgesetzlichkeit, lineare Kausalität, ungeordnete Komplexität usf.) durch ein neues Weltbild, das durch organismische oder Systembegriffe gekennzeichnet ist.

Angesichts der umfassenden Natur des Problems ist es schwer, den Ursprung des Begriffes und des Wortes ‹G.› anzugeben. BERTALANFFY [4] hat ‹Gefüge des Lebens› als Buchtitel verwendet und Begriffe wie ‹Gengefüge› gegenüber einer atomistischen Auffassung der Vererbung verteidigt. RENSCH [5] hat ausgeführt, daß «die wesentlichen Regelhaftigkeiten, denen die Biologie heute nachspürt, ‹G.en›» seien mit Bezug auf «‹Systemeigenschaften›, die aus wechselseitigen Beeinflussungen entspringen und sich nur durch ‹ganzheitliche› Betrachtungsweise verstehen lassen». Wichtiger als das Wort ist die zugrunde liegende Problematik, die gegenwärtig im Gesamtgebiet der Wissenschaft auftritt.

Anmerkungen. [1] L. VON BERTALANFFY: Theoretische Biol. 1 (1932). – [2] W. WEAVER: Sci. and complexity. Amer. Scientist 36 (1948) 536-644. – [3] P. A. SOROKIN: Sociol. theories of today (New York/London 1966). – [4] L. VON BERTALANFFY: Das Gefüge des Lebens (1937). – [5] B. RENSCH: Neuere Probleme der Abstammungslehre (²1954).

Literaturhinweise. L. VON BERTALANFFY: Das biol. Weltbild (1949); Robots, men and minds (New York 1967). – B. RENSCH: Biol. G., in: Das Problem der Gesetzlichkeit (1949).

L. VON BERTALANFFY

Gefühl (ital. sentimento; frz. sentiment; engl. feeling, sentiment)

I. Als eigenständiger philosophischer Begriff wird das deutsche ‹G.›, das sich nach GRIMM erst am Ende des 17. Jh. in den Wörterbüchern findet [1], zuerst im 18. Jh. reflektiert und terminologisch schärfer umrissen als ‹moralisches G.› und als ‹ästhetisches G.›.

Die *Antike* und das *Mittelalter*, die keinen eigenen Namen für das G. hatten, bezeichneten sowohl Gemütszustände (Lust und Unlust) als auch Gemütsbewegungen (Liebe, Haß, Freude, Furcht usw.) griechisch mit πάθος und lateinisch mit ‹passio› [2] oder den weitgehend synonymen Ausdrücken ‹affectus› und ‹affectio› [3].

In der *Neuzeit* wird der Begriff zunächst unspezifisch verwendet sowohl zur Bezeichnung von G.en im Sinne von Gemütsbewegungen (emotions) im weiteren und Leidenschaften (passions) im engeren Sinn als auch zur Benennung von Sinnesempfindungen (sensations). Bei DESCARTES steht für Empfindungen des Hungers, des Durstes usw. ‹sentiment› [4], für das er – in Übereinstimmung mit der Wortgeschichte [5] – lateinisch ‹sensus› setzt [6]. Daneben verwendet er – ebenso wie dann etwa auch noch ROUSSEAU [7] – ‹sentiment› aber auch, um Leidenschaften, wie Freude, Wut «et autres semblables» zu bezeichnen [8]. HUME, auf dem Höhepunkt der englischen Erfahrungsphilosophie der Aufklärung, differenziert im Zusammenhang seiner Grundlegung einer Psychologie des G. und des Willens beiläufig zwischen ‹feeling› und ‹sentiment›; ‹feeling› steht für das Dasein von Eindrücken (impressions) überhaupt, d. h. für «sensations, passions and emotions as they make their first appearance in the soul» [9]; ‹sentiment› dagegen gibt eher das Dasein eines inneren Eindrucks (der Lust, der Hoffnung, der Furcht usw.) wieder; auch wird der Glaube (belief) «a peculiar feeling or sentiment» genannt; als ein von der bloßen Vorstellung (simple conception) unterschiedenes G. «consists [the belief] in some impression or feeling» [10].

Der terminologisch unscharfe Gebrauch von ‹feeling› wird von H. HOME in den Begriffserklärungen hervorgehoben, die er seinen ‹Elements of Criticism› (1762) als Appendix beigegeben hat: «The term feeling is frequently used in a less proper sense to signify what we feel or are conscious of; and in that sense it is a general term for all our passions and emotions and for all our pleasures and pains» [11]. Daneben benennt ‹feeling› den Tastsinn (touch) [12]. Eine über Home hinausgehende Bedeutung erhält ‹G.› in der deutschen Übersetzung der ‹Elements›. Hier wird der Akt «by which we are made conscious of our pleasures and pains», d. h. der innere Sinn (internal sense), «the power or faculty from which consciousness proceeds» [13], wiedergegeben als das «innere G. oder das innere Empfindungsvermögen» im Unterschied zum «äußeren G.» als der «Fähigkeit, durch welche die Wahrnehmung der äußern Dinge geschieht» [14].

Auch in der *deutschen Aufklärungsphilosophie* wird ‹G.› in unterschiedlicher Bedeutung verwendet. Es bezeichnet den Tastsinn (tactus), so z. B. bei CHR. WOLFF [15], CHR. THOMASIUS [16] oder G. FR. MEIER [17]. Unter Verweis auf LOCKE [18] und LEIBNIZ [19] spricht der Skeptiker G. E. SCHULZE vom «G. unserer Individualität» und dem es implizierenden «G. der Existenz», das er zu den «G. des inneren Sinnes» zählt und in der Bedeutung des cartesischen cogito ergo sum verstanden wissen will [20]. Der materialistische Psychologe J. K. WEZEL wiederum kennt neben den körperlichen G. das «Selbst-G.», das ihm Beweis für das Dasein der Seele ist und aus dem er ihre willkürliche Einflußnahme auf den Körper erklärt [21]. Dem Leibnizianer J. A. EBERHARD zufolge sind G. und Empfindung «sinnverwandt». Man verstehe darunter «anschauende oder unmittelbare Vorstellungen, die einen beträchtlichen Grad der Sinnlichkeit haben» [22]. J. N. TETENS, der als Psychologe in der zweiten Hälfte des 18. Jh. hervorragt, hebt «eine gewisse Unbestimmtheit in der Bedeutung der Worte» hervor: «Die Wörter G. und fühlen haben jetzo beynahe einen so ausgedehnten Umfang erhalten, als die Wörter Empfindung und empfinden» [23]. Für Tetens bestehen «alle Thätigkeiten der Erkenntnißkraft, von den ersten sinnlichen Aeußerungen an bis zu ihren feinsten und höchsten Spekulationen, ... im Fühlen, im Vorstellen und im Denken»; er unterscheidet also «drey Seelenvermögen»: «das G., die vorstellende Kraft, und die Denkkraft» [24] und rechnet damit «das G. ... zu den einfachsten Grundäußerungen der Seele» [25]; zwischen G. und Empfindung unterscheidet er insofern, als er «fühlen ... mehr auf den Aktus des Empfindens als auf den Gegenstand desselben» bezieht: «G.e, den Empfindungen entgegen gesetzt, sind solche, wo bloß eine Veränderung oder ein Eindruck in uns und auf uns gefühlet wird, ohne daß wir das Objekt durch diesen Eindruck erkennen, welches solches bewirket hat» [26]. Damit nimmt Tetens KANTS Dreiteilung der Erkenntniskräfte in der ‹Kritik der Urteilskraft› [27] beiläufig vorweg, ohne sie jedoch wie dieser zu systematisieren.

Außer in psychologisch-anthropologischem Zusammenhang wurde das G. auch in der *literarkritischen* und *moralphilosophischen* Diskussion über den «guten Geschmack», welcher «der schönen Natur seinen Beyfall giebt» [28], reflektiert; als Kennzeichen des Geschmacksurteils wird es exemplarisch für diesen Standpunkt beispielsweise vom französischen Dichter und Kritiker A. H. LA MOTTE als «jugement confus et presque de simple sentiment» beschrieben [29] und im Anschluß an SHAFTESBURY [30] von LEIBNIZ ergänzend als «quelque chose d'approchant de l'instinct» bestimmt [31]. Hier bahnt sich die Auffassung des G. als einer eigenständigen Weise menschlicher Weltvergegenwärtigung an [32].

Wichtig geworden ist dabei das dem gefühlsbedingten Geschmacksurteil zugesprochene logische Kriterium der Undeutlichkeit, des «confus». LEIBNIZ begreift die ihm eigene Undeutlichkeit als unauflösliches Miteinanderverbundensein von Merkmalen, das der aus der fühlenden Vergegenwärtigung resultierenden «cognitio clara et confusa» zukommt im Unterschied zur intellektuellen «cognitio clara et distincta», die in ihre Elemente aufgelöst werden kann [33]. Leibniz wertet das G. im Sinne von «undeutlichen Empfindungen», die «an sich selbst etwas Schädliches in sich» haben, «dadurch wir ... verdunkelt und unvollkommener werden» [34], in traditioneller Weise sowohl hinsichtlich seines Erkenntniswertes als auch unter sittlichem Aspekt kritisch ab. Leibniz', von CHR. WOLFF [35] und seiner Schule weitergegebene Bestimmung der fühlenden Weltvergegenwärtigung als sinnliche Erkenntnis (cognitio sensitiva) übernimmt A. G. BAUMGARTEN und bestimmt diesen Schlüsselbegriff der von ihm begründeten Ästhetik als «complexus repraesentationum infra distinctionem subsistentium» [36]. Von hier aus erhält ‹G.› seine bis Hegel und die auf ihn folgende Ästhetik nachhaltig wirksam gewordene Bedeutung eines ästhetischen G. Baumgarten verlangt vom Künstler (ingenium venustum, pulchre cogitaturus, felix aestheticus) ein «inneres G.» [37], ein inniges Bewußtsein (conscientia intima) für die aus der Sinnlichkeit gespeisten Bewegungen der Seele [38]. Das «innere G.» wird hier zur Quelle der sinnlichen, den Künstler als solchen ausweisenden schöpferischen Erkenntnis der Vollkommenheit des Ganzen als des Schönen [39]. Diese aus der fühlenden Weltvergegenwärtigung resultierende Erkenntnis, eine «repraesentatio clara et confusa» erlangt in Baumgartens Kunsttheorie die Bedeutung eines Analogons der Vernunft [40]. Für seine Ausbildung zur Repräsentation von Schönem in den Künsten soll die Ästhetik, eine – so HERDER – «Wißenschaft des G. des Schönen, oder nach der Wolfischen Sprache, der sinnlichen Erkenntniß» [41] das Rüstzeug bereitstellen [42].

Dem Verständnis des G. als ästhetisches, d. h. Schönes vorstellendes G. gibt G. FR. MEIER, der Schüler Baumgartens, im Deutschen die Wendung, die Schönheit sei «eine Vollkommenheit, insofern sie undeutlich oder sinnlich» [43], also fühlend aufgefaßt wird. In dieser Bestimmung wurde Baumgartens Lehre schnell wirksam. So merkt Gottsched an, man brauche «heut zu Tage ... das G. ... die feinsten Regungen der Seele auszudrücken» [44].

In der von Shaftesbury beeinflußten Populärästhetik M. MENDELSSOHNS bleibt das «G. der Schönheit» als G. für die Ordnung des «Weltgebäudes» zentral, jetzt aber nicht – wie bei Baumgarten – als Erkenntnisfunktion aufgefaßt, sondern als Genuß, als G. der Lust [45], wie es die «undeutliche Vorstellung einer Vollkommenheit» [46] mit sich führt, in der «nach dem Ausspruch aller Weltweisen» [47] «die Schönheit beruht» [48]. Die sinnhafte Freude an ihr fördert die Harmonie aller Fähigkeiten des Menschen. Deshalb sind wir – entgegen der Behauptung einer «düsteren», sinnenfeindlichen «Sittenlehre» – dazu bestimmt, «in diesem Leben nicht nur die Kräfte des Verstandes und des Willens zu verbessern, sondern auch das G. durch sinnliche Erkenntnis, und die dunkeln Triebe der Seele durch das sinnliche Vergnügen zu einer höhern Vollkommenheit zu erziehen» [49]. Für J. G. SULZER ist es unter der Voraussetzung, daß die Schönheit «die in ihrer Wirkung empfundene» Vollkommenheit ist [50], das «eigentliche Geschäft» der Kunst, «ein lebhaftes G. für das Schöne und Gute und eine starke Abneigung gegen das Häßliche und Böse zu erwecken» [51], um so die Entwicklung des «sittlichen G.» im Sinne eines «G. für sittliche Ordnung» zu fördern, von dessen Ausbildung die «Glückseligkeit des gesellschaftlichen Lebens» ebenso abhängt wie von der Ausbildung der Verstandeskräfte [52].

Im Gegensatz zu den Popularphilosophen, die das ästhetische G. des Schönen verstehen als eine das sittliche G. fördernde Lust an der dem Menschen gegenüber objektiv gedachten Vollkommenheit der Welt [53], trennt KANT (unter Beibehaltung seiner auf Moralität abzielenden Wirkung) in der ‹Kritik der Urteilskraft› die im «G. (des inneren Sinns)» gründende Lust am Schönen von der Vollkommenheit [54]. Er betont die Subjektivität des G. der Lust am Schönen (Wohlgefallen) und des G. der Unlust am Häßlichen (Mißfallen), die wie die G. überhaupt zu den «empirischen Erkenntnisquellen» gehören [55]: Das G. der Lust bzw. der Unlust ist eine an den «inwendigen Sinn (sensus interior)» gebundene

«Empfänglichkeit des Subjects, durch gewisse Vorstellungen zur Erhaltung oder Abwehrung des Zustandes dieser Vorstellungen bestimmt zu werden» [56]. Daher gilt: Durch das «G. der Lust und Unlust» wird «gar nichts im Objekt bezeichnet», sondern es ist ein G., in dem «das Subjekt ... sich selbst fühlt» [57]. Die so «gegebenen Vorstellungen» sind, da sie «lediglich auf das Subjekt (sein G.) bezogen» sind, ebenso wie das aus ihnen resultierende Urteil über das Schöne, «jederzeit ästhetisch» [58], d. h. Schönheit ist «ohne Beziehung auf das G. des Subjekts für sich nichts» [59].

Von hier aus unterscheidet Kant das G. für das Schöne der Natur von ihrer Auffassung durch die bloße Sinnesempfindung: «Wir verstehen ... unter dem Worte Empfindung eine objektive Vorstellung der Sinne; und ... wollen das, was jederzeit bloß subjektiv bleiben muß und schlechterdings keine Vorstellung eines Gegenstandes ausmachen kann, mit dem sonst üblichen Namen des G. benennen» [60]. Eine «objektive Empfindung» ist z. B. «die grüne Farbe der Wiesen», während die «Annehmlichkeit derselben» zur «subjektiven Empfindung» gehört, «wodurch kein Gegenstand vorgestellt wird: d. i. zum G., wodurch der Gegenstand als Objekt des Wohlgefallens (welches kein Erkenntniß desselben ist) betrachtet wird». Wenn nämlich «eine Bestimmung des G. der Lust oder Unlust Empfindung genannt wird, so bedeutet dieser Ausdruck etwas ganz anderes, als wenn ich die Vorstellung einer Sache (durch Sinne, als eine zum Erkenntnisvermögen gehörige Rezeptivität) Empfindung nenne» [61]. Wenn demnach durch das G. der Lust, das die fühlende Vergegenwärtigung des Naturschönen wie auch des Kunstschönen begleitet, «nichts an dem Gegenstande der Vorstellung» erkannt wird [62], so ist mit dem G. der Lust, insofern es aus der «Auffassung (apprehensio) der Form eines Gegenstandes der Anschauung» entspringt, gleichwohl die subjektive Vorstellung der Zweckmäßigkeit der Natur verbunden. Das mit der Auffassung der Form einhergehende G. der Lust aber «kann nichts anderes als die Angemessenheit desselben zu den Erkenntnisvermögen», zu Einbildungskraft und Verstand also, sein, d. h. die Lust drückt eine «subjektive formale Zweckmäßigkeit des Objekts» aus, insoweit «jene Auffassung der Formen in die Einbildungskraft ... niemals geschehen» kann, «ohne daß die reflektierende Urteilskraft ... sie wenigstens mit ihrem Vermögen, Anschauungen auf Begriffe zu beziehen», vergleicht. Insofern bewirkt die Zusammenstimmung von Einbildungskraft und Verstand eine «ästhetische Vorstellung der Zweckmäßigkeit» [63].

Damit holt Kant seine früheren, an der empirischen Psychologie orientierten ‹Beobachtungen über das G. des Schönen und Erhabenen› (1764), nach denen die «Empfindungen des Vergnügens oder des Verdrusses ... nicht so sehr auf der Beschaffenheit der äußeren Dinge die sie erregen», beruhen, «als auf dem jedem Menschen eigenen G.e, dadurch mit Lust oder Unlust gerührt zu werden» [64], in die transzendentalphilosophische Argumentation ein. Dabei ist für ihn das «G. für das Schöne» als interesseloses Wohlgefallen am Schönen vom «moralischen G.», einer «Anlage zum G. für (praktische) Ideen» [65] als «Grundlage» für unser «Interesse an moralischen Gesetzen» [66] zwar «spezifisch verschieden», jedoch zeigt das ästhetische «G. für die schöne Natur» als «ein unmittelbares Interesse» an ihrer Schönheit, wenn es «habituell» ist, «wenigstens eine dem moralischen G. günstige Gemütsstimmung» an [67]. Und das «G. des Erhabenen in der Natur» ist als solches Achtung für unsere eigene Bestimmung als Vernunftwesen; es erzeugt in uns das «G. unserer übersinnlichen Bestimmung» [68]. Wenn Kant hier den Begriff des moralischen G., des «moral sense» der englischen Moralphilosophie aufnimmt, wie er in Deutschland außerordentlich wirksam geworden war durch die Übersetzungen von F. HUTCHESONS Abhandlungen ‹A system of moral philosophy› (1755) durch LESSING [69] und der ‹Inquiry into the original of our ideas of beauty and virtue› (1725) durch Goethes Freund J. H. MERCK [70], so macht er mit seiner Auffassung vom «Ideal der Schönheit» darüber hinaus seine Überzeugung von einer grundsätzlichen Verwandtschaft des ästhetischen mit dem moralischen G. ausdrücklich geltend: Als «Symbol der Sittlichkeit» ist die Schönheit, d. h. die ästhetische Dimension der Kunst, das Medium, durch das die Natur empfänglich wird für die Freiheit [71].

Dieselbe Vermittlungsfunktion hat das ästhetische G. für Schiller. Ebenso wie etwa der Pietist N. L. v. ZINZENDORF [72] oder CHR. O. v. SCHÖNAICH [73], ein Anhänger Gottscheds und Kritiker der Poetik Bodmers und Breitingers, setzt der junge SCHILLER für ‹Empfindung› auch den Ausdruck ‹Fühlung›. Er unterscheidet «thierische Fühlungen (thierisches G.)», moralische und intellektuelle G. bzw. Empfindungen [74]. In der Rezeption Kants bezieht er das moralische G. auf Ideen und das ästhetische G. auf die sinnliche Erscheinung und fordert später die Vermittlung beider Bereiche: «Wo das moralische G. Befriedigung findet, da will das ästhetische nicht verkürzt seyn, und die Übereinstimmung mit einer Idee darf in der Erscheinung kein Opfer kosten. So streng also auch immer die Vernunft einen Ausdruck der Sittlichkeit fordert, so unnachläßlich fordert das Auge Schönheit» [75]. Exemplarischer Ausdruck der Vermittlung von Sinnlichkeit und Vernunft ist die «schöne Seele», ausgezeichnet durch Anmut, d. h. geprägt durch eine «sittliche Harmonie der G.» [76]; ein Mensch dagegen, der «unterjocht vom Bedürfniß, den Naturtrieb ungebunden über sich herrschen läßt», «empört nicht bloß den moralischen Sinn ...; auch der ästhetische Sinn ... wird sich mit Ekel von einem solchen Anblick abwenden» [77].

Das ästhetische G. gewinnt bei Schiller einen zentralen Stellenwert nicht zuletzt unter *politischem* und *kulturkritischem* Aspekt. Der ästhetische Staat soll die Kluft zwischen Staat und Bürger, die sich «mit Kaltsinn» [78] gegenüberstehen, überwinden. Der Staat bleibt seinen Bürgern ewig fremd, wenn «ihn das G. nirgends findet» [79], d. h. wenn er der «objektiven Menschheit in der Brust seiner Bürger» nicht «zum Repräsentanten dient» [80]. Es ist Aufgabe der Kultur, diesen Zwiespalt zu überwinden. Es kommt darauf an: «erstlich: die Sinnlichkeit gegen die Eingriffe der Freyheit zu verwahren: zweytens: die Persönlichkeit gegen die Macht der Empfindungen sicher zu stellen.» Jenes wird erreicht «durch die Ausbildung des G.-Vermögens, dieses durch die Ausbildung des Vernunftvermögens» [81]. Unterschieden sind diese beiden Fähigkeiten durch ihr Verhältnis zur Sinnlichkeit einerseits und zur Reflexion andererseits: «Zwar giebt es auch von der höchsten Abstraktion einen Rückweg zur Sinnlichkeit, denn der Gedanke rührt die innere Empfindung, und die Vorstellung logischer und moralischer Einheit geht in ein G. sinnlicher Übereinstimmung über». Aber die «ergötzende Empfindung» haftet einer logischen Erkenntnis bloß «zufällig» an. Erst für die «Vorstellung der Schönheit» gilt: «Die Reflexion zerfließt hier so vollkommen mit dem G.e, daß wir die Form unmittelbar zu empfinden glauben. Die Schönheit ist also zwar Gegenstand für uns, weil die Reflexion Bedingung ist, unter der wir eine Empfindung von ihr haben; zugleich aber ist sie ein Zustand unseres Subjekts, weil das G. die Bedingung ist, unter der wir eine Vorstellung von ihr haben» [82]. Im ästhetischen G., im «Genuss der Schönheit oder der ästhetischen Einheit» (von Form und Materie), besteht, wie schon für Kant, so auch für Schiller «die sinnliche Abhängigkeit» mit «der moralischen Freyheit ... vollkommen zusammen» so, daß «die ästhetische Stimmung des Gemüths ... der Freyheit erst die Entstehung giebt» [83]. Von hier aus weist Schiller dem ästhetischen G. für das Schöne dann ausdrücklich eine die rohen Affekte sublimierende Funktion zu: «Der unausbleibliche Effekt des Schönen ist Freyheit von Leidenschaften» [84]. Es gilt: «Die Kunst bedient sich des [sinnlichen] Reizes nur, um die höhern G.e der Zweckmäßigkeit zu begleiten; allein betrachtet verliert sich» der Reiz «unter die Lebens-G., und die Kunst verschmäht ihn wie alle sinnlichen Lüste» [85].

In diesem Kontext steht bereits die Stellungnahme des jungen Schiller zu den Aufgaben von Schaubühne und Dichtung. Die Bühne, die, «nach Sulzers Ausdruck» [86], aus dem «unwiderstehlichen Hang» des Menschen, «sich in einem leidenschaftlichen Zustande zu fühlen», entstanden ist, vereinigt «die Bildung des Verstandes und des Herzens mit der edelsten Unterhaltung» [87]. Vom Dichter, der ein Volksdichter sein will, verlangt Schiller in der Auseinandersetzung mit G. A. Bürger, er solle kraft seines «geübten Schönheits-G.», dem als solchem eine karthartische Wirkung innewohnt, «der aufgeklärte verfeinerte Wortführer der Volks-G.» sein [88].

Einen weiteren Aspekt des ästhetischen G. bringt Schiller zur Sprache in seiner Gegenüberstellung von naiver und sentimentalischer Dichtung. Er vergleicht kulturkritisch das unmittelbare G. der «alten Griechen» für die Schönheit der Natur wie für «das Natürliche» überhaupt mit dem reflektierten G. eines Menschen der modernen, durch die «ausgearteten» Kultur geprägten Welt: «Das G., von dem hier die Rede ist, ist also nicht das, was die Alten hatten; es ist vielmehr einerley mit demjenigen, welches wir für die Alten haben. Sie empfanden natürlich; wir empfinden das Natürliche. Es war ohne Zweifel ein ganz anderes G., was Homers Seele füllte, als er seinen göttlichen Sauhirt den Ulysses bewirthen ließ, als was die Seele des jungen Werthers bewegte, da er nach einer lästigen Gesellschaft diesen Gesang las. Unser G. für Natur gleicht der Empfindung des Kranken für die Gesundheit» [89]. Naivität, d. h. Unmittelbarkeit des G., ist in der modernen Zeit das Kennzeichen des «wahren Genies»: «Es verfährt nicht nach erkannten Prinzipien, sondern nach Einfällen u. G.en»; dabei sind «seine Einfälle ... Eingebungen Gottes», denn: «alles was die gesunde Natur thut ist göttlich» [90]. Dilettantisch freilich wäre es – so GOETHE –, die gefühlsmäßige Rezeption von Kunst zum Ausgangspunkt ihrer Produktion zu nehmen: «Das an das G. sprechende, die letzte Wirkung aller poetischen Organisationen, welche aber den Aufwand der ganzen Kunst selbst voraussetzt, sieht der Dilettant als das Wesen derselben an, und will damit selbst hervorbringen» [91].

Einen besonderen Stellenwert erhält das G. schließlich im Zusammenhang einer sich immer entschiedener auch im bürgerlichen Leben ausprägenden G.-*Kultur*. Dabei ist es kennzeichnend, daß – so auf dem Boden der Anthropologie des ausgehenden 18. Jh. E. PLATNER –

«des wahren ästhetischen Vergnügens» nur die vernunftbestimmte Tugend für fähig erachtet wird [92], somit also das ästhetische G. im moralischen G. mehr und mehr aufgeht. Die Bedeutung des G. für die Ausbildung bürgerlichen Selbstverständnisses und für die Förderung bürgerlicher Tugenden [93] wird belegt etwa durch A. W. IFFLANDS Appell an die Schaubühnen, durch «Gemälde edler Handlungen ... häuslicher Tugenden, bürgerlicher G.» zur «Volksbildung und Aufklärung» zu erziehen [94]. J. G. HERDERS Dictum, das Fundament menschlicher Gesellschaft bestimme sich durch das Mit-G. in der Familie [95], weist dem G. eine pädagogische Funktion zu, während eine emanzipatorische Funktion in der häufigen Verwendung des Wortes «Freiheits-G.» anklingt [96]. In seinem geschichtsphilosophisch ansetzenden Aufsatz ‹Reise nach Frankreich› ist für FR. SCHLEGEL ein «angeborenes G.» zur Freiheit sowie eine, an Religion und Sitte gebundene, «gefühlte Rechtlichkeit, die mehr ist als die Gerechtigkeit des Gesetzes und der Ehre» ein «hoffentlich nie ganz zu vertilgender Zug des deutschen Charakters» [97]. Die im 19. Jh. sich durchsetzende Kritik der Religion zielt dann bei den Schriftstellern zugleich auch auf die bürgerliche G.-Kultur, wie es etwa H. HEINES programmatische Legitimation im Vorwort zur zweiten Auflage seiner ‹Reisebilder› (1831) belegt. Heine stellt nicht nur seine Prosa, sondern auch seine Lieder an die Seite «jener modernen Lieder, die keine katholische Harmonie der G. erlügen wollen und vielmehr, jakobinisch unerbittlich, die G. zerschneiden, der Wahrheit wegen» [98].

Anmerkungen. [1] GRIMM IV/1, 2, 2167. – [2] Vgl. F. AST: Lex. Platonicum (1835-38, ND 1956) s.v. ‹PATHOS›; H. BONITZ: Index Aristotelicus (1870, ND 1960) s.v. ‹PATHOS›; L. SCHÜTZ: Thomas-Lex. (²1895, ND 1958) s.v. ‹affectio, affectus, passio›. – [3] Vgl. E. LERCH: Passion und G. Arch. romanicum 22 (1938) 320-348, bes. 336f.; vgl. Art. ‹Affekt I, 3›. – [4] R. DESCARTES, Oeuvres, hg. ADAM/TANNERY (= A/T) 9/1, 64. – [5] Vgl. LERCH, a. a. O. [3] 339f. – [6] DESCARTES, A/T 7, 81. – [7] J.-J. ROUSSEAU: Emile ... (1762). Oeuvres, Bibl. de la Pleïade (Paris 1969) 4, 600. – [8] DESCARTES, A/T 11, 347. – [9] D. HUME: A treatise on human nature (London 1739/40), hg. GREEN/GROSE (London 1909) 1, 311. – [10] Vgl. a. a. O. 555f. – [11] H. HOME: Elements of criticism (Edinburgh 1795) 3, 283. – [12] a. a. O. 3, 278. – [13] ebda. – [14] J. N. MEINHARD: Grundsätze d. Kritik v. Heinrich Home (³1791) 3, 401. – [15] CHR. WOLFF: Vern. Gedanken von Gott ... (1719) § 223. – [16] CHR. THOMASIUS: Einl. in die Vernunftlehre (1691, ND 1968) 3, 27. – [17] G. FR. MEIER: Baumgartens Met. ins Deutsche übersetzt (1776) § 397. – [18] Vgl. J. LOCKE: An essay conc. humane understanding (London 1690) IV, 9, § 3. – [19] Vgl. G. W. LEIBNIZ: Nouveaux essais ... (posth. 1765). Akad.-A. VI/2, 434. – [20] G. E. SCHULZE: Grundriß der philosoph. Wiss. (1788-90) 1, 14-17. – [21] J. K. WEZEL: Versuch über die Kenntnis des Menschen (1784) 1, 251. – [22] J. A. EBERHARD: Versuch einer allg. dtsch. Synonymik (1795) 1, 119. – [23] J. N. TETENS: Philos. Versuche über die menschl. Natur und ihre Entwickl. (1777) 1, 167f. – [24] a. a. O. 1, 590. – [25] 1, 166. – [26] 1, 167f. – [27] Vgl. I. KANT, Akad.-A. 5, 198. – [28] J. CHR. GOTTSCHED: Handlex. oder Kurzgefaßtes Wb. der schönen Wiss. und freyen Künste (1760, ND 1970) 760. – [29] zit. N. H. V. STEIN: Die Entstehung der neueren Ästhetik (1886, ND 1964) 94. – [30] A. A. C. SHAFTESBURY: Characteristics of men, manners, opinions, times (London 1711) Nro. 18, 2. – [31] Vgl. [P. DES MAIZEAUX:] Recueil de diverses pièces sur la philos. ... par Mrs. Leibniz, Clarke, Newton et autres auteurs célèbres (Amst. 1720) 2, 285. – [32] Vgl. A. BAEUMLER: Das Irrationalitätsproblem in der Ästhetik und Logik des 18. Jh. (1932, ND 1967) 18-64. – [33] G. W. LEIBNIZ, Philos. Schr., hg. C. J. GERHARDT (1875-90, ND 1962) 4, 422. – [34] Dtsch. Schr., hg. G. E. GUHRAUER (1838/40, ND 1966) 2, 37f. – [35] CHR. WOLFF: Vern. Ged. von den Kräften des menschl. Verstandes (¹⁴1754), hg. H. W. ARNDT (1965) 130f. – [36] A. G. BAUMGARTEN: Aesthetica (1750/58, ND 1961) § 17. – [37] Vgl. B. POPPE: A. G. Baumgarten. Seine Stellung ... in der Leibniz-Wolffischen Philos. ... Kollegnachschrift der Ästhetik (1907) § 29; vgl. S. 65. – [38] BAUMGARTEN, a. a. O. [36] § 30. – [39] Sect. I; vgl. U. FRANKE: Kunst als Erkenntnis (1972) 88ff. – [40] A. G. BAUMGARTEN: Met. (1739, ⁷1779, ND 1963) § 640. – [41] J. G. HERDER: Krit. Wälder (1769). Werke, hg. SUPHAN 4, 22. – [42]

BAUMGARTEN, a. a. O. [36] § 1. – [43] G. FR. MEIER: Anfangsgründe aller schönen Wiss. (1748/50) § 23. – [44] J. CHR. GOTTSCHED, a. a. O. [28]. – [45] M. MENDELSSOHN: Briefe über die Empfindungen (1755). Schr. zur Philos., Aesthetik und Apologetik, hg. M. BRASCH (1880, ND 1968) 2, 21f. – [46] a. a. O. 20. – [47] Vgl. CHR. WOLFF: Psychol. empirica (²1738, ND 1968) §§ 543ff. – [48] MENDELSSOHN, a. a. O. [45]. – [49] 109. – [50] J. G. SULZER: Allg. Theorie der schönen Künste (1771-74) 2, 1240 b. – [51] a. a. O. 1, IV. – [52] 1, III. – [53] Vgl. BAEUMLER, a. a. O. [32] 108-122. – [54] I. KANT: Akad.-A. 5, 226-229. – [55] a. a. O. 3, 45. – [56] 7, 153. – [57] 5, 204. – [58] ebda. – [59] 5, 218. – [60] 5, 206. – [61] ebda. – [62] 5, 189. – [63] Vgl. ebda. – [64] 2, 207. – [65] 5, 265. – [66] 4, 460. – [67] 5, 298f. – [68] 5, 257. – [69] F. HUTCHESON: Sittenlehre der Vernunft, dtsch. [G. E. LESSING] (1756) I, 4. – [70] F. HUTCHESON, Unters. unserer Begriffe von Schönheit und Tugend, dtsch. J. H. MERCK (1762) passim. – [71] I. KANT, Akad.-A. 5, 353. – [72] N. L. v. ZINZENDORF, in: Das Gesangbuch der Gemeine in Herrnhuth (1737) N. 779. – [73] CHR. O. v. SCHÖNAICH: Die ganze Aesthetik in einer Nuß oder Neologisches Wb. (1754), hg. A. KÖSTER (1900, ND 1968) 136. – [74] FR. SCHILLER, National-A. 20: Philos. Schr. 1 (1962) 47. – [75] a. a. O. 277. – [76] 288. – [77] 281. – [78] 325. – [79] 324. – [80] 318. – [81] 348. – [82] 396. – [83] 397f. – [84] 382. – [85] 136. – [86] Vgl. SULZER, a. a. O. [50] 2, 1020ff. – [87] SCHILLER, a. a. O. [74] 90. – [88] Säkular-A. 16, 231. – [89] Nat.-A. 20, 431. – [90] a. a. O. 424. – [91] J. W. GOETHE, Sophien-A. 47, 319. – [92] E. PLATNER: Philos. Aphorismen (³1793, 1800) II, 3. – [93] Vgl. K. R. SCHERPE: Analogon actionis u. lyrisches System. Poetica 4/1 (1971) 33. 40. – [94] A. W. IFFLAND: Komödianten. Staatsanzeiger H. 16 (1784) 423. – [95] J. G. HERDER: Ideen zur Philos. der Gesch. der Menschheit (1784-95). Werke, hg. SUPHAN 13, 159. – [96] Vgl. F. D. SCHUBART: Dtsch. Chronik (1775) 217; FR. SCHILLER: Fiesko (1783) I, 3. – [97] ‹Europa›, hg. FR. SCHLEGEL (1803) hg. BEHLER (1963) 12. – [98] H. HEINE, Sämtl. Schr., hg. K. BRIEGLEB 2, hg. G. HÄNTZSCHEL (1969) 209.

Literaturhinweise. I. POKORNY: Zur Gesch. der Lehre von den G. von Wolff bis Hegel. Zwölftes Programm des K.K. Obergymnasiums zu Iglau (1863). – R. SOMMER: Gesch. der dtsch. Psychol. und Ästhetik (1892) 277-297. – TH. ZIEGLER: Das G. Eine psychol. Unters. (1893, ³1912). – M. DESSOIR: Gesch. der neueren dtsch. Psychol. (²1902) 432-438. – J. ORTH: G. und Bewußtseinslage (1903). – H. M. GARDINER, R. C. METCALF und J. G. BEEBE-CENTER: Feeling and emotion. A hist. of theories (New York 1937).

URSULA FRANKE/G. OESTERLE

II. G. ist «der mütterliche Ursprung der übrigen Erlebnisarten und ihrer aller ergiebiger Nährboden»; hinter dieser in der modernen Psychologie viel zitierten Äußerung F. KRUEGERS steht die Bemühung, das bis dahin immer nur unvollkommen beschriebene Phänomen G. nicht von einem Teilaspekt her anzugehen, sondern im Hinblick auf den «Ganzheitscharakter aller echten Erlebnisse» zu betrachten [1]. Die wissenschaftliche Auffassung Kruegers entspricht – so wenig ihre Formulierung befriedigen mag – den Vorstellungen der führenden Geister der zweiten Hälfte des 18. Jh., die – unter dem Eindruck der G.-Kultur, die durch Pietismus und Empfindsamkeit in Deutschland entstanden war – sich bewußt wurden, daß das G. als eine entscheidende Grundkraft des Menschen zu gelten hätte.

KANT führt in seiner Preisschrift von 1763 – also noch vor der Hochflut der deutschen Empfindsamkeit – aus: «Man hat es nämlich in unseren Tagen allererst einzusehen angefangen: daß das Vermögen, das *Wahre* vorzustellen, die *Erkenntnis*, dasjenige aber, das *Gute* zu empfinden, das *G.* sei»; es gibt für Kant hier «ein unauflösliches G. des Guten (dieses wird niemals in einem Ding schlechthin, sondern immer beziehungsweise auf ein empfindendes Wesen, angetroffen)» [2]. In ähnlicher Weise spricht Kant ein Jahr später über «das G. des Schönen und Erhabenen». Ausschlaggebend sind auch hier für ihn die Voraussetzungen, die der Mensch mit seinem G. für einen von außen auf ihn eindringenden Eindruck mitbringt: Die verschiedenen Empfindungen des Vergnügens, oder des Verdrusses, beruhen nicht so sehr auf der Beschaffenheit der «äußeren Dinge, die sie erregen, als auf dem jedem Menschen eigenen G., dadurch mit Lust oder Unlust gerührt zu werden. ... Weil ein Mensch sich nur in so ferne glücklich findet, als er eine Neigung befriedigt, so ist das G., welches ihn fähig macht, große Vergnügen zu genießen, ohne dazu ausnehmende Talente zu bedürfen, gewiß nicht eine Kleinigkeit». Von diesem G. unterscheidet Kant «ein G. von feinerer Art»; es setzt eine «Reizbarkeit der Seele» voraus, «die diese zugleich zu tugendhaften Regungen geschickt macht», ... es «ist vornehmlich zwiefacher Art: Das G. des *Erhabenen* und des *Schönen*» [3]. Wenn Kant im weiteren Verlauf seiner frühen Schrift noch das G. «des Mitleidens» und das G. der «Gefälligkeit» bespricht, das G. «von der Schönheit und Würde der menschlichen Natur», das G. «der Ehre und dessen Folge die Scham» und dann untersucht, inwiefern das G. «des Erhabenen und Schönen» unterschiedlich sowohl auf die Geschlechter wie die Nationen verteilt ist, so öffnet sich schon hier ein Ausblick in die Welt der G., die die moderne Psychologie zu untersuchen bestrebt ist. – Definiert hat Kant das G. später in der ‹Kritik der Urteilskraft› als das, «was jederzeit bloß subjektiv bleiben muß und schlechterdings keine Vorstellung eines Gegenstandes ausmachen kann». Er weist hier auf die doppelte Bedeutung des Wortes ‹Empfindung› hin und verbindet die objektive (sinnliche) Empfindung mit dem Erkenntnisvermögen, die subjektive mit dem G. [4].

Im Gegensatz zu Kant kam es HERDER nicht auf eine Sondierung der verschiedenen Möglichkeiten des Menschen an, sondern auf ihre organische Verbundenheit. Er verwandte nicht nur ‹Empfindung› und ‹G.› oft als Synonyme, er sprach von «geistiger Empfindung» und vom Erkenntnisvermögen der Seele: «Erkennen und Empfinden» seien nicht voneinander zu trennen und müßten «am Ende gar Einerlei seyn». «Kein Erkennen ist ohne Empfindung, d. i. ohne G. des Guten und Bösen. ... Die Seele muß fühlen, daß sie indem sie Wahrheit sehe, mithin sich geniesse. ... Das Erkennen der Seele läßt sich also nicht ohne G. des Wohl- und Uebelseyns, ohne die innigste, geistige Empfindung der Wahrheit und Güte denken». Gleichzeitig läßt sich «keine Empfindung ganz ohne Erkennung» denken; man müsse sich «und seinen Zustand fühlen, ... d. i. dunkel erkennen» [5].

Das Verhältnis von Denken und Fühlen, von «Kopf und Herz», hat das gesamte Zeitalter der Aufklärung beschäftigt. «Wir haben ein G. ... des Unstreitigwahren und Ungereimten, das unserm Geiste, bey der Anwendung der Kraft zu denken, zum Führer dient», lehrt CH. F. GELLERT [6]. Die Anerkennung des G. als eines Organs, das dem Menschen zur Auseinandersetzung mit der Welt dienlich ist, gehört zu den großen Leistungen der Aufklärung und vollzog sich konsequent im Zuge der allgemeinen Befreiung von überlieferten Autoritäten. Bezeichnenderweise werden in der Dichtung zunächst mehr «Gedanken über das G., nicht das Gefühl selbst» [7] ausgesprochen. Inwiefern die Reflexion über das G. noch den Vorrang vor dem Fühlen hat, wird im Werk KLOPSTOCKS besonders deutlich: «Süß ist, fröhlicher Lenz, deiner Begeisterung Hauch, / Wenn die Flur dich gebirt ... Ach, du machst das Gefühl siegend, es steigt durch dich / Jede blühende Brust schöner und bebender ...» [8].

F. H. JACOBI entwickelt eine eigene G.-Lehre, wobei er dem G. Erkenntnisfunktion zuspricht: «Und so gestehen wir denn ohne Scheu, daß unsere Philosophie von dem G., dem objektiven nämlich und reinen, ausgeht;

daß sie seine Autorität für eine allerhöchste erkennt, und sich als Lehre von dem Übersinnlichen auf diese Autorität allein gründet» [9]. FR. BOUTERWEK verknüpft das G. mit der Idee des Absoluten, die es «wie ein Schatten begleitet. Wir nennen dies G. Ueberzeugung» [10].

Der Durchbruch zur unmittelbaren G.-Aussage erfolgte erst beim jungen GOETHE (ab 1770). Dieser Durchbruch war von einmaliger Kraft und Unmittelbarkeit. Es entstand mit ihm eine ganz neue Weise des Dichtens, vornehmlich des lyrischen Sprechens, die ein Jh. lang im Bereich der deutschen Sprache als die eigentliche und echte, die allein legitime Weise des Dichtens galt. Das G. selbst spricht und schafft sich die ihm gemäße Form in Gedichten wie ‹Mailied›, ‹Auf dem See›, in einer Hymne wie ‹Ganymed›, im Gottesanruf Mahomets: «Teilen kann ich euch nicht dieser Seele Gefühl. / Fühlen kann ich euch nicht allen ganzes Gefühl» [11], im Religionsbekenntnis Fausts [12]. Die Haupterfahrung des jungen Goethe, die er viele Male bezeugt, ist die Unteilbarkeit einer den ganzen Menschen erfassenden, ihn selbst überraschenden, überstarken Bewegung, die er als Antwort auf ein auf ihn Zukommendes empfindet, das Besitz von ihm ergreift und das er sich so zu eigen macht, daß jene Vereinigung von Innen und Außen, von Ich und begegnender Welt, sich vollzieht, die das Geheimnis und zugleich die Eigenart des Erlebnisphänomens ist, für das er «keinen Namen» hat, «G. ist alles» [13]; dies besagt: es ist nicht zu definieren und nicht zu bezeichnen, was sich da mit verwandelnder Wirkung ereignet. Daneben ist das G. für Goethe eine selbstverständliche, ruhige Gegebenheit, von der immer wieder fast sachlich die Rede ist. «Laß das, mein Kind, du fühlst, ich bin dir gut; ... Will niemand sein Gefühl und seine Kirche rauben» [14]. Iphigenie verteidigt sich gegen Pylades: «Ich untersuche nicht, ich fühle nur» [15].

Auf allen Ebenen hat Goethe bis ins Alter dem G. einen weiten Raum zuerkannt und die eigene Erfahrung zu einem vielschichtigen Wissen verarbeitet. Die Vorstellungen, die er im Zusammenhang mit seiner jugendlichen Ergriffenheit gewann, entsprechen denen, die er in seiner Wissenschaftslehre, in seiner späten Lyrik und in ‹Faust II› [16] ausspricht. Wie eine Wiederholung seiner frühen Bekenntnisse aus der Geniezeit, angewandt auf einen neuen Bereich, hört sich an, was er über die «Betätigung eines originalen Wahrheits-G.» sagt: «Alles, was wir Erfinden, Entdecken im höheren Sinne nennen, ist die bedeutende Ausübung, Betätigung eines originalen Wahrheits-G., das, im stillen längst ausgebildet, unversehens mit Blitzesschnelle zu einer fruchtbaren Erkenntnis führt. Es ist eine aus dem Innern am Äußern sich entwickelnde Offenbarung, die den Menschen seine Gottähnlichkeit vorahnen läßt. Es ist eine Synthese von Welt und Geist, welche von der ewigen Harmonie des Daseins die seeligste Versicherung gibt» [17].

Die um die Wende vom 18. zum 19. Jh. hervortretende Generation hält das G. für ein wesentliches Organ. SCHLEIERMACHER legt die grundlegende Bedeutung des G. für die Religion des Menschen dar. Daß der Mensch sich «seiner G. als unmittelbarer Einwirkungen des Universums bewußt ist, und etwas eignes in ihnen kennt, was nicht nachgebildet sein kann, sondern ihren reinen Ursprung aus dem Innersten verbürgt» [18], scheint ihm entscheidend für die Frage, ob jemand Religion habe, und wichtiger als der Glaube. Er gründet die Religion auf das G.: «Ihr Wesen ist weder Denken noch Handeln, sondern Anschauung und G.» [19]. Nur durch das G. gelingt es, das Einzelne als Teil des Ganzen zu sehen [20] und das Ich mit dem Universum als dem Unendlichen zu verbinden [21].

Auch in der Dichtungs- und Kunsttheorie wird G. zu einem zentralen Begriff. HÖLDERLIN geht von der Notwendigkeit des «organisierten G.» für die dichterische Produktivität aus [22]. Der Zusatz ‹organisiert› weist auf die notwendige Verbindung mit dem Verstand. Das G. ist «Verstand und Wille zugleich» [23]. Für die Frühromantiker Novalis und Fr. Schlegel kann die Kunst als Steigerung der Philosophie Nichtbegriffliches im Reich der G. wie des Phantastischen offenbaren [24]. Dabei betont NOVALIS den Vorrang des G. vor dem Denken: «Das Element des G. ist ein inneres Licht ... Das Denken ist nur ein Traum des Fühlens, ein erstorbenes Fühlen, ein blaßgraues schwaches Leben» [25]. In den Fragmenten nennt er die Anschauung das «vereinigende Dritte» von G. und Reflexion [26]. «Reinheit und Einfachheit» des G. zeichnet für FR. SCHLEGEL die Poesie der Griechen aus, während in der modernen Welt durch die «Vermischung und Abschweifung aller G. – eine allgemeine Gefühlbarkeit» entstanden ist [27]. Das einzige sich daraus entwickelnde universale G. ist die Liebe. «Diese ist bei uns das hervorstechendste, reinste, edelste, beste G., in dem sich alle anderen als in einem Zentralpunkt auflösen» [28]. Eine «Beziehung auf das Übersinnliche, Unendliche» ist «nicht ohne Denken, nicht ohne Teilnahme der Einbildungskraft, des Verstandes und der Phantasie als Vermögen sich über das Endliche zu erheben, möglich» [29].

Anders als die Romantiker erkennt FICHTE im G. ein bloß eingeschränktes Vermögen. Es steht bei ihm für die nur eingeschränkte subjektive Reflexion des Ich. Doch setzt diese Beschränkung «notwendig einen Trieb voraus, weiter hinaus zu gehen ... Das G. ist lediglich subjektiv» [30]. – Die Einsicht in die Begrenztheit des G. bildet den Ausgangspunkt der Kritik, die das G. deutlich in seine Schranken verweist. Sie findet sich beim späten SCHELLING: «Das Gefühl ist herrlich, wenn im Grunde bleibt; nicht aber, wenn es an den Tag tritt, sich zum Wesen machen und herrschen will» [31]. – Noch deutlicher und schärfer wendet sich HEGEL gegen eine Art des Philosophierens, die sich statt auf die «Anstrengung des Begriffs» auf das G. beruft: «Das Absolute soll nicht begriffen, sondern gefühlt und angeschaut, nicht sein Begriff sondern seine G. und Anschauungen sollen das Wort führen und angesprochen werden» [32]. Das G. ist nicht länger mehr Erkenntnisorgan des Absoluten. Es vermag nicht mehr, sondern weniger als das Denken. Nicht durch das G. wird der bestimmte Inhalt des Rechts, der Religion, der Kunst oder Sittlichkeit deutlich, sondern allein durch die Anstrengung des Begriffs: «... aber dadurch, daß solcher Inhalt in unterschiedlichen Formen des G. vorhanden ist, kommt noch seine wesentliche und bestimmte Natur nicht zum Vorschein, sondern bleibt eine bloß subjektive Affektion meiner, in welcher die konkrete Sache als in den abstraktesten Kreis zusammengezogen, verschwindet» [33]. Erst das Denken als «begreifendes Erkennen» hebt die Unmittelbarkeit des bloßen G. auf und macht das wahrhaft Menschliche aus: «Das Widermenschliche, das Tierische besteht darin, im G. stehen zu bleiben und nur durch dieses sich mitteilen zu können» [34]. Hegel wendet sich gegen das «Vorurteil jetziger Zeiten, welche Gefühl und Denken so voneinander trennt, daß sie sich entgegengesetzt» sind [35]. Das Gefühl ist nur die unterste Stufe des Geistes, die überwunden und aufgehoben werden muß durch die «unendliche Allgemeinheit» [36], die allein von der Vernunft garantiert wird. Wer sich dagegen nur auf sein G. beruft, verweigert sich «der Gemeinschaft der Vernünftigkeit» und schließt sich «in eine isolierte Subjektivität, die Partikularität», ein [37].

Beißend kritisiert FR. NIETZSCHE die banalisierte, verinnerlichte bürgerliche G.-Kultur des 19. Jh. «Man hat zu allen Zeiten die ‹schönen G.› für Argumente genommen, den ‹gehobenen Busen› für den Blasebalg der Gottheit, die Überzeugungen als Kriterium der Wahrheit ...» [38]. Nietzsche durchschaut die hinter der G.-Kultur verborgenen wirklichen Motive: «‹Der gute Wille, die edelen G.›, die ‹hohen Zustände› sind in ihren Mitteln ebensolche Falschmünzer und Betrüger als die moralisch abgelehnten und egoistisch genannten Affekte Liebe, Haß, Rache ... Die schönen G., die erhabenen Wallungen gehören physiologisch geredet, unter die narkotischen Mittel» [39]. Diese Kritik macht deutlich, wie problematisch der philosophische und ästhetische Gebrauch des Begriffs gegen Ende des 19. Jh. geworden ist; er tritt in den Hintergrund zurück.

Anmerkungen. [1] F. KRUEGER: Das Wesen der G. Entwurf einer systemat. Theorie (1928, zit. ⁵1937) 21. 14. – [2] I. KANT: Untersuch. über die Deutlichkeit der Grundsätze der natürlichen Theol. und der Moral (1764) IV, § 2. – [3] Beobachtungen über das G. des Schönen und Erhabenen (1764). Akad.-A. 2, 207f.: 1. Abschn. – [4] KU (1793) I, § 3. – [5] J. G. HERDER: Übers Erkennen und Empfinden in der menschlichen Seele (1774) I. Werke, hg. SUPHAN 8, 236f. – [6] CH. F. GELLERT: Moralische Vorles. II Mitte. Sämtl. Schr. (1775) 6, 44. – [7] F. BRÜGGEMANN, H. PAUSTIAN: Einl. zu: Der Anbruch der G.-Kultur in den fünfziger Jahren. Dtsch. Lit. in Entwicklungsreihen, Aufklärung VII, 6. – [8] F. G. KLOPSTOCK: Der Züricher See (1750). – [9] FR. H. JACOBI: Werke (1812-16) 2, 61. – [10] FR. BOUTERWEK: Idee einer Apodiktik (1799) 1, 180. – [11] J. W. GOETHE: Mahomet-Frg., Anfang. – [12] Faust I, 3431ff. – [13] a. a. O. 3455f. – [14] 3418/22. – [15] Iphigenie 1650. – [16] Faust II, etwa 6271ff. – [17] Wilhelm Meisters Wanderjahre II, Betrachtungen im Sinne der Wanderer 123. – [18] FR. SCHLEIERMACHER: Über die Relig. Reden an die Gebildeten unter ihren Verächtern (1799) 120f. – [19] a. a. O. 50. – [20] 62f. – [21] 65ff. 11. – [22] FR. HÖLDERLIN, Große Stuttgarter A. IV/1, 234f. – [23] a. a. O. 233f. – [24] A. NIVELLE: Frühromantische Dichtungstheorie (1970) 90. – [25] NOVALIS, Schriften, hg. KLUCKHOHN 1, 96. – [26] a. a. O. 2, 114. – [27] FR. SCHLEGEL, Krit. A., hg. E. BEHLER 11, 64. – [28] a. a. O. 65. – [29] ebda. – [30] J. G. FICHTE, Werke, hg. LAUTH u. a. I/2, 419. – [31] F. W. J. SCHELLING, Werke, hg. K. F. A. SCHELLING I/7, 414. – [32] G. W. F. HEGEL, Phänomenol., hg. J. HOFFMEISTER (1952) 13. – [33] Ästhetik, hg. BASSENGE 1, 43f. – [34] Phänomenol. a. a. O. [32] 56. – [35] Enzyklop., hg. NICOLIN/PÖGGELER 34. – [36] a. a. O. 316f. – [37] 362. – [38] FR. NIETZSCHE, Werke, hg. SCHLECHTA 3, 824. – [39] a. a. O. 803.

Literaturhinweise. Art. ‹G.›, in Grimm IV/1, 2 (1897). – E. RAITZ V. FRENTZ: Bedeutung, Ursprung und Sein der G. Scholastik 2 (1927) 380-411. – F. KRUEGER s. Anm. [1]. – H. BOESCHENSTEIN: Dtsch. G.-Kultur. Stud. zu ihrer dichterischen Gestaltung (1954). – A. NIVELLE s. Anm. [24].

H. EMMEL/SILVIE RÜCKER

III. – 1. Eine *psychologische* Reflexion über den Begriff des G. begegnet erstmals im 18. Jh. bei den Vertretern der psychologischen Ästhetik. MENDELSSOHN, der in seinen ‹Briefen über die Empfindungen› [1] die innige Verbindung von Psychologie und Ästhetik begründet und vorschlägt, die «Triebfedern unserer Seele mathematisch zu bestimmen» [1], rückt ebenso wie SULZER [2] den Begriff des Empfindens, der im Sinne von ‹G.› gebraucht wird, als selbständiges Prinzip neben das Denken. Dies geschieht in Abhebung gegenüber der rationalistischen Auffassung von Empfindung als untergeordneter Äußerung des Erkenntnisvermögens. TETENS schließlich, der sich als empirischer Psychologe versteht und für Experimente eintritt, schlägt eine Dreiteilung der Seelenvermögen in Verstand, G. und Willen vor [3]. Auf diesem Einteilungsprinzip beruht die Gliederung der Kantschen Philosophie. KANT selbst diskutiert dieses Einteilungsprinzip nicht weiter, was für die Überzeugungskraft der von Tetens vorgebrachten Argumente sprechen könnte.

In der Psychologie des 19. und 20. Jh. wird G. nicht einheitlich definiert. Mit dem Vordringen physiologischer und behavioristischer Konzeptionen tritt die Behandlung des G. zeitweise ganz in den Hintergrund [4]. Generell wird der uneinheitliche und unspezifische Gebrauch des Terminus ‹G.› bemängelt, so z. B. von JASPERS [5].

Eine Abgrenzung der Begriffe ‹G.› und ‹Emotion› findet sich z. B. bei TH. RIBOT, der den normalen «sentiments ou états affectifs» die eruptiven «émotions» gegenüberstellt [5a]. In der angloamerikanischen Psychologie wird ‹emotion› zuweilen als klassifikatorischer Begriff von dem des ‹feeling› unterschieden, der bestimmte Erlebnisinhalte bezeichnet; diese Unterscheidung wird aber nicht systematisch durchgehalten.

2. WUNDT versucht den Nachweis zu führen, daß Empfindungen regelmäßig von G.en begleitet werden, und zwar so, daß eine «unabsehbar große Mannigfaltigkeit» von G.en möglich ist. In einem gegebenen Moment wird nach Wundt allerdings immer nur *ein* «Total-G.» erlebt, das die Resultante aus «Partial-G.en» darstellt. Er nennt den Integrationsprozeß, in dem aus unterschiedlichen Einheiten das Ganze des «Total-G.» entsteht, die «Einheit der G.-Lage» [6]. Mit dieser Annahme verweist die Psychologie des G. schon bei Wundt über sich hinaus auf das Problem übergreifender psychischer Strukturen, und Wundt spricht demgemäß an anderer Stelle von G. als einer «Reaktion der Apperzeption auf den einzelnen Bewußtseinsinhalt» [7]. CORNELIUS stellt den Gedanken der Einheitlichkeit von G.en in den Vordergrund seiner Überlegung und spricht, in Anlehnung an v. EHRENFELS, von G.en als den «Gestaltqualitäten des jeweiligen Gesamtbewußtseinsinhalts», die «nicht Teilinhalte unter anderen, sondern Prädikate der jeweiligen Gesamterlebnisse» seien [8]. LIPPS [9] und nach ihm KRUEGER [10] thematisieren in ihren G.-Theorien konstante Bedingungen, Kräfte, Vermögen, ein ruhendes Sein, das reale Ich (LIPPS), eine transphänomenale psychische Struktur (KRUEGER), die sie als Bedingungen der Möglichkeit von G.en postulieren. In verwandtem Sinne definiert ARNOLD G.e als wertende Stellungnahmen des Individuums [11], wie es in anderem Zusammenhang auch JUNG, wenn auch ohne empirische Begründung, tut, wenn er G.e als rationale (weil wertende) Funktionen behandelt [12]. Nach KRUEGER sind G.e den genetisch frühesten Äußerungen zuzurechnen und «Ursprung» sowie «ergiebigster Nährboden» anderer Erlebnisarten. In diesem Sinne hat sein Schüler WELLEK dem G. eine zentrale Rolle im «Aufbau des Charakters» eingeräumt [13]. Da einige Arten von G.-Erlebnissen ontogenetisch erst spät beobachtet werden, schlägt EWERT im Anschluß an BÜHLER [14] und KAFKA [15] die Unterscheidung von G.en im engeren Sinne als Formen sozialer Begegnungsweisen vor, die im Unterschied zu anderen G.-Erlebnissen nicht durch ihre Bindung an Empfindungen und biotische Zuständlichkeiten charakterisiert sind. Sie werden als soziale Phänomene verstanden, die sich als «Bezugswendungen» (BÜHLER) auf die erlebte Mitwelt richten und durch Sozialisationsprozesse hinsichtlich auslösender Situationen und spezifischer Ausdruckskomponenten geformt werden. Zusammen mit motorischen Komponenten vermitteln G.e eine Art von Handlungsentwurf für bestimmte Formen der Begegnung mit anderen [16].

Ein Beschreibungssystem für G.-Erlebnisse wurde erstmalig von WUNDT [17] vorgelegt, der sich an «G.-Gegensätzen von dominierendem Charakter» orientierte. Mit den Gegensatzpaaren «Lust–Unlust; Spannung–Lösung; Erregung–Beruhigung» überwand er zwar die einseitige Lust-Unlust-Charakterisierung der G.e, doch sind die von ihm postulierten Dimensionen eher spekulativen Charakters und unterscheiden sich im Prinzip nicht von älteren Vorschlägen, z. B. denen MENDELSSOHNS, die an der zeitbedingten Nichtkalkulierbarkeit der «mathesis intensorum» scheiterten. Neuere Beschreibungssysteme, die sich der in den letzten Jahrzehnten entwickelten Techniken der multidimensionalen Skalierung bedienen, sind von BURT [18], CATTELL [19], EKMAN [20], TRAXEL [21], WOODWORTH [22] und SCHLOSBERG [23] vorgelegt worden.

3. Der leibseelische Zusammenhang der G.e, der seit Aristoteles in der Literatur diskutiert wird, spiegelt sich in G.-Theorien wieder. JAMES [24] und LANGE [25] verstehen G.e als Rückmeldungen *peripherer* physiologischer Prozesse (besonders vasomotorischer Art). *Zentrale* physiologische Prozesse werden von CANNON [26], MAGDA ARNOLD [27] und anderen als physische Korrelate von G.-Erlebnissen angenommen. Die Intensität von G.-Erlebnissen wurde schon von CANNON (Notfallfunktion) mit der Energiemobilisierung des Organismus in Beziehung gesetzt. In den Aktivationstheorien DUFFYS [28] und LINDSLEYS [29] wird dieser Gedanke fortgeführt und durch neurophysiologische Analysen des «aufsteigenden retikularen Aktivationssystems» gestützt.

Im engeren Sinne psychologische G.-Theorien schreiben den G. in Anlehnung an das Konfliktmodell eine Funktion bei der Störung psychischer Abläufe zu (CLAPARÈDE [30], JANET [31]). Gegen neuere Versionen der Konflikttheorie hat sich insbesondere LEEPER ausgesprochen, indem er die verhaltenssteuernde Funktion von G.en nachwies [32]. Für FREUD haben G. eine Doppelfunktion als bewußte Indikatoren für Triebspannungen und gegebenenfalls als Entladungsphänomene triebhafter Energien [33]. Als Exponent einer kognitiven G.-Theorie schließlich vertritt SCHACHTER die These, daß G.e aus der Interaktion von Aktivation und Einschätzung einer Situation zu verstehen sind, und zwar so, daß gleiche Aktivationszustände je nach Einschätzung einer Situation durch den Erlebenden verschiedenartige G.-Erlebnisse zur Folge haben können [34].

Anmerkungen. [1] M. MENDELSSOHN: Briefe über die Empfindungen (1755). – [2] J. G. SULZER: Theorie der angenehmen Empfindungen (1762). – [3] N. TETENS: Philos. Versuche über die menschl. Natur und ihre Entwicklung (1776). – [4] Vgl. den psychologiegesch. Überblick bei MAGDA ARNOLD: Emotion and personality 1. 2 (New York ²1963). – [5] K. JASPERS: Allg. Psychopathol. (⁶1948). – [5a] TH. RIBOT: Essai sur les passions (Paris ³1910) 4-8. – [6] W. WUNDT: Grundzüge der physiol. Psychol. (⁶1911) pass. – [7] a. a. O. pass. – [8] H. CORNELIUS: Psychol. als Erfahrungswiss. (1897). – [9] TH. LIPPS: Grundtatsachen des Seelenlebens (1883). – [10] F. KRUEGER: Das Wesen der G., Entwurf einer systemat. Theorie (1928). – [11] ARNOLD, a. a. O. [4]. – [12] C. G. JUNG: Psychol. Typen. Werke 6 (⁹1960). – [13] A. WELLEK: Die Polarität im Aufbau des Charakters. System der konkreten Charakterkunde (³1966). – [14] K. BÜHLER: Ausdruckstheorie (1933). – [15] G. KAFKA: Über Uraffekte. Acta Psychol. 7 (1950) 256-278. – [16] O. EWERT: G. und Stimmungen, in: Hb. der Psychol. 2 (1965) 229-271. – [17] WUNDT, a. a. O. [6] pass. – [18] C. BURT: The factors of the mind (London 1940). – [19] R. B. CATTELL: Personality and motivation structure and measurement (New York 1957). – [20] G. EKMAN: Dimensions of emotion. Acta Psychol. 11 (1955) 279-288. – [21] W. TRAXEL: Empirische Untersuch. zur Einteilung von Gefühlsqualitäten. Ber. 22. Kongr. Dtsch. Ges. Psychol. (1960). – [22] R. S. WOODWORTH: Exp. psychol. (New York 1938). – [23] H. SCHLOSBERG: Three dimensions of emotion, in: H. A. ABRAMSON (Hg.): Problems of consciousness (New York 1955). – [24] W. JAMES: Psychol., dtsch. M. und E. DÜRR (1920). – [25] C. G. LANGE: Über Gemütsbewegungen (1855). – [26] W. B. CANNON: Bodily changes in hunger, fear, and rage (New York 1915). – [27] ARNOLD, a. a. O. [4]. – [28] ELIZABETH DUFFY: Activation and behavior (New York/London 1962). – [29] D. B. LINDSLEY: Emotion, in: S. S. STEVENS (Hg.): Handbook of exp. psychol. (New York/London ³1960) 473-516. – [30] E. CLAPARÈDE: Feelings and emotions, in REYMERT (Hg.): Feelings and emotions (1928) 124-139. – [31] P. JANET: De l'angoisse à l'extase 1. 2 (Paris 1928). – [32] R. W. LEEPER: A motivational theory of emotion to replace «emotion as disorganized response». Psychol. Rev. 55 (1948) 5-21. – [33] S. FREUD: Vorles. zur Einf. in die Psychoanal. Werke 11 (London 1948). – [34] S. SCHACHTER und J. E. SINGER: Cognitive, social, and physiol. determinants of emotional state. Psychol. Rev. 69 (1962) 379-399.

Literaturhinweise. Zur Gesch. des G.-Begriffs: MAGDA ARNOLD s. Anm. [4]. – Neuere systematische Darstellungen: F. KRUEGER s. Anm. [10]. – S. STRASSER: Das Gemüt. Grundgedanken zu einer phänomenol. Philos. und Theorie des menschl. G.-Lebens (1956). – O. EWERT s. Anm. [16]. – A. WELLEK s. Anm. [13].

O. EWERT

Gefühl, moralisches. SHAFTESBURY begründet die Lehre vom m.G. (moral sense) im Zusammenhang seiner Theorie von der Stellung und Bestimmung des Menschen im Universum und leitet damit die epochale Wende ein, in der Gefühl zum Grund und zum Träger menschlicher Entscheidungen und Urteile wird, wo sich Vernunft dieser Aufgabe zu entziehen beginnt. Der Mensch ist dadurch gekennzeichnet, daß er – im Unterschied zur Tier- und Pflanzenwelt – mit «mind» begabt ist, d. h. die Fähigkeit hat, über sich selbst zu reflektieren, eine Fähigkeit, die Shaftesbury «reflected Sense» [1] oder «moral sense» nennt. Der Besitz von mind ist gleichbedeutend mit der Fähigkeit zur Tugend; und «moral sense» – häufig auch «Sense of Right and Wrong» [2] genannt – als Voraussetzung der Tugend impliziert für Shaftesbury «a real Antipathy or Aversion to Injustice or Wrong, and ... a real Affection or Love towards Equity and Right, for its own sake, and on the account of its own natural Beauty and Worth» [3]. Während Shaftesbury das m.G. als ein ästhetisch-moralisches Vermögen begreift, wodurch der Mensch die Einheit des Wahren, Schönen und Guten im Universum nachzuvollziehen vermag, engt F. HUTCHESON – in seinem Versuch, Shaftesburys Lehre zu systematisieren – das m.G. auf seine moralische Funktion ein. Er unterscheidet zwischen einem «Internal Sense», den er mit «Perception of Beauty and Harmony» gleichsetzt [4], und dem «Moral Sense by which we perceive Virtue and Vice, and approve or disapprove them in others» [5]. Im Zusammenhang der Frage, ob die Quelle der moralischen Urteile im Verstand (reason) oder im m.G. (moral sentiment) zu suchen sei, bestimmt D. HUME das m.G., das er als «a feeling for the hapiness of mankind, and a resentment of their misery» beschreibt [6], als das Vermögen moralischer Billigung und Mißbilligung (sentiment of approbation): «It maintains that morality is determined by sentiment. It defines virtue to be whatever mental action or quality gives to a spectator the pleasing sentiment of approbation; and vice the contrary» [7]. Auch H. HOME [8] und A. FERGUSON [9] optieren für das m.G. als Voraussetzung moralischen Verhaltens, während A. SMITH [10] «sympathy» für die Grundlage der Moral hält. Ausdrücklich gegen die Theorie vom m.G. opponieren G. BERKELEY [11], S. CLARKE [12], J. BUTLER [13], J. BALGUY [14], R. PRICE [15] und W. PALEY [16], da sie moralisches Handeln auf die Vernunft zurückführen [17].

In Deutschland wird die englische Moral-sense-Philosophie nur bedingt akzeptiert. J. B. BASEDOW lehnt die Lehre vom m.G. als geradezu moralschädigend ab: «Ich halte dieses Lehrgebäude für irrig und deßwegen für schädlich, weil sich aus dem vorgegebenen moralischen Gefühle viele beliebte Laster rechtfertigen lassen; weil man sich gegen einen Moralisten allemal ohne Widerrede damit vertheidigen kann, daß unserem moralischen Gefühle so etwas gut schmecke, was er tadelt; besonders aber weil wir durch die Gewohnheit, unsere Pflichten aus einem locherigten Brunnen zu schöpfen, verhindert werden, zur lebendigen Quellen derselben zu gehen, welche aus der Religion fleußt» [18]. J. G. H. FEDER bestreitet, daß das m.G. «eine eigene Grundbestimmung der menschlichen Natur» sei; das Vermögen einiger Menschen «Recht oder Unrecht .. ohne Nachdenken und Überlegen, schnell gewahr zu werden», «dieses moralische Gefühl» hält er «für eine Folge vorhergehender Begriffe und ihrer Verknüpfung unter einander» [19]. Platner und Kant unterscheiden zwischen moralischer bzw. praktischer Vernunft und m.G. Für E. PLATNER ist das «moralische Vernunft ... die Erkenntnis von der Nothwendigkeit und dem Werthe der Tugend, in Beziehung auf Eigenschaften und Endzwecke des höchsten Wesens»; dagegen ist das m.G. «die Fähigkeit zu unterscheiden Gutes und Böses, Recht und Unrecht, nach Merkmalen des Wahren und Widersinnigen, Natürlichen und Unnatürlichen, in eigenen und fremden Gesinnungen und Handlungen» [20]. Während KANT in seiner frühen Ethik der Moralphilosophie von Shaftesbury, Hutcheson und Hume noch sehr nahe steht [21], fällt das m.G. für ihn nach der Grundlegung seiner kritischen Ethik unter das Verdikt der Heteronomie des Willens: «Feiner noch, obgleich ebenso unwahr, ist das Vorgeben derer, die einen gewissen moralischen besondern Sinn annehmen, der und nicht die Vernunft das moralische Gesetz bestimmt, nach welchem das Bewußtsein der Tugend unmittelbar mit Zufriedenheit und Vergnügen, das des Lasters aber nit Seelenunruhe und Schmerz verbunden wäre, und so alles doch auf Verlangen nach eigener Glückseligkeit aussetzen» [22]. Obgleich Kant das m.G. als objektives «Richtmaß unserer sittlichen Beurteilung» entschieden ablehnt, gesteht er ihm doch eine subjektive Berechtigung zu, «da es vielmehr als die subjektive Wirkung, die das Gesetz auf den Willen ausübt, angesehen werden muß» [23]: «Die Empfänglichkeit der bloßen Achtung für das moralische Gesetz in uns wäre das m.G.» [24].

Nachdem im 19. Jh. bereits H. LOTZE die Vorstellung eines wertempfindlichen Gefühls entwickelt hatte [25], behaupten F. BRENTANO [26], E. HUSSERL [27] – beide unter ausdrücklichem, aber kritischem Rekurs auf die englische Moral-sense-Philosophie – und vor allem M. SCHELER [28] gegenüber dem Kantischen Formalismus den materialen Charakter ethischer Aussagen, als deren Grundlage sie (aktive oder intentionale, d. h. werterfassende bzw. -antizipierende) m.G. postulieren; die Allgemeinheit moralischer Sätze soll durch die Apriorität des jeweiligen m.G. garantiert sein.

In neueren Untersuchungen wird das m.G. nicht mehr als ein inneres Vermögen betrachtet, sondern eher als ein Ergebnis von Erziehung bzw. Sozialisation analysiert [29].

Anmerkungen. [1] A. A. C. SHAFTESBURY: An inquiry conc. virtue, in: Characteristicks of men, manners, opinions, times (London 1711, ND Farnborough 1968) 2, 28. – [2] a. a. O. 42. – [3] 42. – [4] F. HUTCHESON: An inquiry into the original of our ideas of beauty and virtue ... Coll. Works (London 1725, ND Hildesheim 1971) 1, 7. – [5] a. a. O. 107; vgl. An essay on the nature and conduct of the passions and affections with illustrations on the moral sense (London 1728) a. a. O. 2, 205-333. – [6] D. HUME: Enquiries conc. the human unterstanding and conc. the principles of morals (London 1748/1751, ND Oxford 1963) 283. – [7] a. a. O. 298; vgl. A treatise on human nature (London 1739/40, ND 1952) 2, 178-205. – [8] H. HOME: Elements of criticism (Edinburgh 1762, zit. London 1909). – [9] A. FERGUSON: Institutes of moral philosophy (Edinburgh 1769, Mentz/Frankfurt 1786). – [10] A. SMITH: Theory of moral sentiments (London 1759). – [11] G. BERKELEY: Alciphron or the minute philosopher (London 1732). Works, hg. T. F. JESSOP (ND London/Edinburgh u. a. 1950) 3, 112-140. – [12] S. CLARKE: A discourse conc. the unchangeable obligations of natural religion and the truth and certainty of the Christian revelation (London 1706). – [13] J. BUTLER: Fifteen sermons upon human nature, or man considered as a moral agent (London 1726). – [14] J. BALGUY: The foundation of moral goodness (London 1728). – [15] R. PRICE: A review of the principal questions and difficulties in morals (London 1758). – [16] W. PALEY: Moral and political philosophy. Works 1 (London 1832). – [17] Vgl. hierzu Art. ‹Moral Sense›, in: Encyclop. of philos., hg. P. EDWARDS 5 (New York/London 1967) 386f. – [18] J. B. BASEDOW: Philalethie. Neue Ansichten in die Wahrheit und Relig. der Vernunft bis in die Gränzen der glaubwürdigen Offenbarung dem denkenden Publico eröffnet (1764) 41. – [19] J. G. H. FEDER: Lb. der Prakt. Philos. (1770) 60; vgl. Untersuch. über den menschl. Willen dessen Naturtriebe, Veränderlichkeit, Verhältniß zur Tugend und Glückseligkeit und die Grundregeln, die menschlichen Gemüther zu erkennen und zu regieren (1779) 383-393. – [20] E. PLATNER: Philos. Aphorismen nebst einigen Anleitungen zur philos. Gesch. 2 (1782) 68. – [21] I. KANT: Nachricht von der Einrichtung seiner Vorles. in dem Winterlinjahre von 1765-1766. Akad.-A. 2, 311. – [22] KpV a. a. O. 5, 67; vgl. 4, 442. – [23] Grundlegung Met. Sitten a. a. O. 4, 460. – [24] Die Relig. innerhalb ... a. a. O. 6, 27. – [25] H. LOTZE: Mikrokosmos 1 (1856) 260ff. – [26] F. BRENTANO: Grundlegung und Aufbau der Ethik (1952) 54ff. – [27] A. ROTH: E. Husserls ethische Untersuch. (Den Haag 1960) 36ff. – [28] M. SCHELER: Der Formalismus in der Ethik und die materiale Wertethik (⁵1966). – [29] J. BONAR: Moral sense (London/New York 1930); D. DAICHES RAPHAEL: The moral sense (London/New York 1947); J. PIAGET: Le jugement moral chez l'enfant; dtsch. Das moralische Urteil beim Kinde (1954). R. POHLMANN

Gefühl schlechthinniger Abhängigkeit. Der von SCHLEIERMACHER gebildete Ausdruck ist Leitbegriff seiner Theorie der Religion, wie er sie – in korrigierender Fortbildung der Aussagen seiner Frühschrift ‹Über die Religion. Reden an die Gebildeten unter ihren Verächtern› (1799) – in der Einleitung zu seinem dogmatischen Hauptwerk ‹Der christliche Glaube› entwickelt hat. Die in der Glaubenslehre gegebene Wesensbestimmung von Religion, von Frömmigkeit lautet: «Die Frömmigkeit, welche die Basis aller kirchlichen Gemeinschaften ausmacht, ist rein für sich betrachtet weder ein Wissen noch ein Tun, sondern eine Bestimmtheit des Gefühls oder des unmittelbaren Selbstbewußtseins. – Das Gemeinsame aller noch so verschiedenen Äußerungen der Frömmigkeit, wodurch diese sich zugleich von allen anderen Gefühlen unterscheiden, also das sich selbst gleiche Wesen der Frömmigkeit ist dieses, daß wir uns unsrer selbst als schlechthin abhängig, oder, was dasselbe sagen will, als in Beziehung mit Gott bewußt sind» [1]. Diese Wesensbestimmung bildet die Grundlage für Schleiermachers Theorie des Christentums und für seine Interpretation der christlichen Lehrüberlieferung.

Anmerkung. [1] F. E. D. SCHLEIERMACHER: Der christl. Glaube (²1830/31), Leitsätze §§ 3. 4.

Literaturhinweis. E. HUBER: Die Entwicklung des Religionsbegriffs bei Schleiermacher (1901). H.-J. BIRKNER

HEGEL äußert demgegenüber polemisch, daß der Hund der beste Christ sei, sofern sich die Religion im Menschen nur auf ein Gefühl gründe, das keine weitere Bestimmung habe, als das Gefühl seiner Abhängigkeit zu sein, «denn er trägt dieses am stärksten in sich, und lebt vornehmlich in diesem Gefühle» [1].

Anmerkung. [1] G. W. F. HEGEL: Vorwort zu H. F. W. HINRICHS: Die Relig. im inneren Verhältnisse zur Wiss. (1822) XVIIIf.
Red.

Gefühlsdrang bezeichnet bei M. SCHELER in der «*Stufenfolge der psychischen Kräfte*» [1] die unterste Stufe des Psychischen: «In ihm ist ‹Gefühl› und ‹Trieb› (der als solcher stets bereits eine spezifische Richtung und Zielhaftigkeit ‹nach› etwas ... hat) noch nicht geschieden. Ein bloßes ‹Hinzu› ... und ‹Vonweg›, eine objektlose Lust als ein objektloses Leiden sind seine zwei einzigen Zuständlichkeiten» [2]. «Diese erste Stufe der Innenseite des Lebens, der G., ist nicht nur in allen Tieren, sondern auch im Menschen noch vorhanden ... Es gibt keine Empfindung, keine Wahrnehmung, keine Vorstellung, hinter der nicht der dunkle Drang stünde. ... Gleichzeitig stellt der Drang die *Einheit* aller reich gegliederten Triebe und Affekte des Menschen dar» [3]. Zugleich gilt: «Der G. ist auch im Menschen das Subjekt jenes primären *Widerstands*erlebnisses, das die Wurzel alles Habens von ‹Realität›, von ‹Wirklichkeit› ist, insbesondere auch der Einheit und des allen vorstellenden Funktionen vorgängigen Eindrucks der Wirklichkeit» [4].

Anmerkungen. [1] M. SCHELER: Die Stellung des Menschen im Kosmos (⁶1962) 11. – [2] a. a. O. 12. – [3] 16f. – [4] 17. P. PROBST

Gefühlsmoral (auch ‹Gefühlsethik›) ist die in der philosophischen Literatur seit der zweiten Hälfte des 19. Jh. gebräuchlich gewordene Bezeichnung für den Typus der Ethik, in dem das seit Kant so genannte «moralische Gefühl» als Beurteilungsorgan für den Unterschied von Gut und Böse und zugleich als Triebfeder (Bestimmungsgrund, Motiv) für das gute Handeln angesehen wird [1]. Als Hauptvertreter der G. erscheinen dabei SHAFTESBURY und HUTCHESON, zum Teil auch HUME. Manchmal wird von G. auch in weiterem Sinn gesprochen, so daß jegliche Ethik, in der das Gefühl irgendwie eine entscheidende Rolle spielt – z. B. als Lust und Unlust oder als Mitleid – als G. erscheint. Dann werden auch ethische Lehren wie die von CUMBERLAND, BENTHAM, J. ST. MILL und SCHOPENHAUER unter die G. gerechnet [2].

Anmerkungen. [1] z. B. bei ED. V. HARTMANN: Phänomenol. des sittl. Bewußtseins (1879); W. WUNDT: Ethik (1888, ⁴1912); V. CATHREIN: Moralphilos. (1890/91, ⁶1924); A. LEHMEN: Lehrbuch der Philos. 4 (1906, ³1919); M. WITTMANN: Ethik (1923); J. HIRSCHBERGER: Gesch. der Philos. (1948, ⁸1965). – [2] So bei WUNDT, a. a. O. und HIRSCHBERGER, a. a. O. H. REINER

Gefühlsreligion. Der Begriff ist zu Beginn des 19. Jh. in Analysen der religiösen Situation hervorgetreten. J. J. SPALDING hatte im Blick auf den Pietismus bereits 1761 kritische ‹Gedanken über den Wert der Gefühle im Christentum› veröffentlicht. Im Gefolge von Romantik und Erweckungsbewegung sind dann neue Debatten über «G. und Christentum» [1] entstanden. Von Vertretern der christlichen Aufklärung ebenso wie von Hegel und seinen Schülern wie auch von Theologen der Neuorthodoxie ist der Ausdruck ‹G.› als Instrument zeitdiagnostischer und religionstheoretischer Auseinandersetzung gehandhabt worden. Nahezu gleichsinnig werden daneben die Begriffe ‹Mystizismus› und ‹Gefühlschristentum› gebraucht.

In einer Schrift zum Reformationsjubiläum von 1817 hat der Göttinger Aufklärungstheologe G. J. PLANK es für «dringendstes Zeitbedürfnis» erklärt, «daß der Neigung des Zeitgeistes zu einer bloßen Gefühlsreligion und -religiosität durch jedes Mittel unter uns entgegengewirkt werden muß, von dem sich nur irgendein Erfolg erwarten läßt» [2]. – Nur *eine* von mehreren modernen Fehlgestaltungen und Fehldeutungen der Religion sieht C. F. v. AMMON durch «die Religion des Gefühls» bezeichnet; er setzt sich unter diesem Titel vor allem mit B. Constant auseinander [3]. – HEGEL hat über die Entwicklung der Religion geurteilt, daß sie «in der neuesten Zeit ... immer mehr die gebildete Ausdehnung ihres Inhalts zusammengezogen und sich in das Intensive der Frömmigkeit oder auch des Gefühls» zurückgezogen habe. In nachdrücklicher Ablehnung von Schleiermachers Formel «Gefühl schlechthinniger Abhängigkeit» hat er der Religion, die sich «nur auf ein Gefühl» gründet, «die wahrhafte Religion, die Religion der Freiheit» entgegengesetzt [4]. – GOETHE hat dem Streit der «Schüler einer Gefühls- und Vernunftsreligion» 1824 die Bemerkung gewidmet: «Wenn die letzteren nicht eingestehen wollen, daß die Religion vom Gefühl anfange, so wollen die ersten nicht zugeben, daß sie sich zur Vernünftigkeit ausbilden müsse» [5]. – Der lutherische Dogmatiker F. A. PHILIPPI läßt seine kritischen Auslassungen über «das in der Neuzeit so weit verbreitete, durch und durch krankhafte Gefühlchristentum» [6], dem er neben Erscheinungen seiner eigenen Epoche vor allem Pietismus und Herrnhutertum zurechnet, gipfeln in dem Satz: «Das Christentum ist nicht Gefühls-, sondern Geistesreligion, Verhältnis des persönlichen Menschengeistes zum persönlichen Gottesgeiste» [7].

Neben der diagnostisch-kritischen Verwendung des Begriffs ist eine deskriptive zu beobachten. Er findet sich gelegentlich als Glied religionsphilosophischer Schematik, die – neben anderen Distinktionen – eine Einteilung der Religionen vollzieht «in Rücksicht des menschlichen Vermögens, das durch sie vorzugsweise beschäftigt wird, in sinnliche (Natur-)Religionen, in Verstandes-, Gefühls-Religion» [8]. Für den Hegelschüler H. F. W. HINRICHS ist die «Religion des Gefühls» zwar die «das Innerste und Eigenste des Menschen» ausmachende «Form der Religion», eben deswegen aber nur *ein* Moment auf dem Weg zur absoluten Religion [9]. Bei K. VON HASE bezeichnet ‹G.› einen Aspekt von Religion, der jedoch nicht vereinseitigt werden dürfe [10]. Als Bezeichnung einer Fehlgestaltung, von welcher «der integrale Charakter des religiösen Aktes geleugnet wird», stellt das ‹Lexikon für Theologie und Kirche› G. in einem eigenen Artikel vor [11]. Literatur- und Geistesgeschichtsschreibung haben den Begriff in Dienst nehmen können als Kennzeichnung des Pietismus und pietistisch beeinflußter Gestaltungen der «Religion der Goethezeit» [12].

Anmerkungen. [1] J. S. VATER: Über Rationalismus, G. und Christentum (1823). – [2] G. J. PLANK: Über den gegenwärtigen Zustand und die Bedürfnisse unserer prot. Kirche bei dem Schlusse ihres dritten Jh. (1817) 105. – [3] C. F. VON AMMON: Die Fortbildung des Christentums zur Weltrelig. (²1836-1838) 42ff. – [4] G. W. F. HEGEL, Enzyklop., Vorrede zur 2. Aufl., hg. NICOLIN/PÖGGELER (⁶1959) 12; Werke, hg. GLOCKNER 20, 19 (Vorwort zu Hinrichs). – [5] J. W. GOETHE, Weimarer A. II/11, 75; Hamburger A. 13, 42. – [6] F. A. PHILIPPI: Kirchl. Glaubenslehre (1854-1882) 1, 59. – [7] a. a. O. 1, 64. – [8] K. G. BRETSCHNEIDER: Hdb. der Dogmatik der evang.-luth. Kirche (⁴1838) 1, 10. – [9] H. F. W. HINRICHS: Die Relig. im innern Verhältnisse zur Wiss. (1822) 12. 21. – [10] K. VON HASE: Gnosis (1827-1829) 1, 178f. – [11] W. BULST: Art. ‹G., Gefühlschristentum›, in: LThK² 4, 580. – [12] H. A. KORFF: Geist der Goethezeit 4 (1953) 382ff.
H.-J. BIRKNER

Gefühlstheologie begegnet seit dem frühen 19. Jh. als – zumeist kritisch gemeinte – Bezeichnung für religionsphilosophische bzw. theologische Theorien, in denen der Begriff des Gefühls leitende Bedeutung hat. Der Begriff tritt vor allem in der Debatte über die Religionstheorie Schleiermachers auf. Seine Formel für das Wesen der Religion – Gefühl schlechthinniger Abhängigkeit – hat besonders bei Hegel (und bei seinen Schülern) scharfe Ablehnung erfahren. HEGELS Polemik gegen «eine Theologie ..., die nur Gefühle beschreibt» und «es mit Gedanken, die einen Inhalt haben, noch nicht zu tun» hat [1], steht im Hintergrund, wenn D. F. STRAUSS die Theologie Schleiermachers als G. etikettiert [2]. Aber auch von einem Vertreter der konfessionellen Neuorthodoxie wie F. A. PHILIPPI ist Schleiermacher als «Vater der G.» befehdet worden, in dessen Dogmatik «der spinozistische Pantheismus seiner Reden über die Religion sein Bundes- und Vermählungsfest mit dem Zinzendorfschen Mystizismus seiner Jugendzeit» feiere [3]. Ein Jh. später hat die dialektische Theologie neben anderen Motiven der älteren Schleiermacherkritik auch die polemische Vokabel ‹G.› wieder aufgegriffen [4]. Gelegentlich findet sich der Begriff als Richtungsname gebraucht, der dann neben Schleiermacher und seinen Schülern auch W.M.L. de Wette (und seinen philosophischen Gewährsmann J. F. Fries) umfaßt [5].

Anmerkungen. [1] G. W. F. HEGEL, Werke, hg. GLOCKNER 15, 145. – [2] D. F. STRAUSS: Die christl. Glaubenslehre (1840) 1, XI. 8f. – [3] F.A. PHILIPPI: Kirchl. Glaubenslehre (1854-1882) 1, 65f. – [4] K. BARTH: Die prot. Theol. im 19. Jh. ([2]1952) 406. 409. – [5] C. E. LUTHARDT: Kompendium der Dogmatik ([4]1873) 54f.
H.-J. BIRKNER

Gegeben(es) (lat. sing. datum, plur. data; frz. donné, donnée; engl. given; ital. dato; adjektiv. und substantiv. gebraucht: sowohl = ‹(das) G. insgesamt› wie auch ‹je (ein) einzelnes G.›). Das deutsche Wort ‹G.› ist eine Übersetzung CHR. WOLFFS von lateinisch ‹datum›: «Da man aus Nichts nichts erfinden kann, sondern allezeit etwas gegeben sein muß ...» [1]; seine Bedeutung ist letztlich von griechisch δεδομένον, δοϑέν her zu verstehen. Aus noch sinnfälligem Gebrauch von διδόναι (geben), etwa im Handwerksbetrieb als «*Aus-*geben von Materialien usw. zur Annahme für vorgesehene Arbeit» oder auch bloß als «*An-*geben von Maßzahlen als Berechnungsunterlagen für Bauausführungen» [2] erklärt sich die Bedeutung des Wortes, wie es vornehmlich in der mathematischen Fachsprache der Griechen (PLATON [3], ARISTOTELES [4], bes. EUKLID [5], PAPPUS u. a.) verwandt wurde, wo gewisse «Stücke» für Konstruktionsaufgaben ‹G.› genannt wurden; entsprechend hieß ‹G.› im Frage-Antwort-Dialog ein strittiger Satz [6], insofern er dem Gesprächspartner *auf-* bzw. *zu*-gegeben wurde zur «*Annahme*», d. h. zwecks Zusage seiner Verteidigung, nämlich als Grundlage für (syllogistische) Prüfung seiner Gültigkeit.

Zunehmend verallgemeinert ist der G.-Begriff über das Lateinische bis heute wirksam geblieben. ‹G.› meint allgemein 1. etwas, d. h. ein je besonderes Seiendes, das sich 2. dem Denkenden zeigt, und zwar ohne dessen Zutun (G. ist «nicht *durch,* sondern *für* Denken») und 3. als so Vorfindliches zur Voraussetzung weiterer Behandlung wird.

Erhöhte Bedeutung erlangte der Terminus als erkenntnistheoretisch verengter Fachausdruck hauptsächlich durch den *Kritizismus* [7]. So besteht nach KANT 1. das G. als jenes maßgeblich Besondere in dem «rohen Stoff sinnlicher Eindrücke und der Sinnlichkeit a priori» [8], 2. das Unbeteiligtsein (Rezeptivität) des Subjekts am «Liefern» [9] des G. in dessen Unmittelbarkeit als eines *un*gedachten, nicht mittels «Funktionen des Denkens» [10] Gewordenen, und 3. der Voraussetzungscharakter des G. in dessen Betreffbarkeit durch das spontan formende Denken [11].

Dieser – in bezug auf Kants Gleichung «Erkennen = Anschauung + Denken» [12] – empiristisch nur den «Sinnesdaten» zugeordnete G.-Begriff wurde bald angegriffen, zunächst von E. SCHULZE, S. MAIMON, S. BECK, dann besonders von J. G. FICHTE, der aufgrund jenes Widerspruches des (als Ursache für die Empfindungen benötigten) «Dinges an sich» zum transzendentalen Idealismus das G. für ein vom Bewußtsein «Gesetzes» erklärte. Später wurde der Begriff auch von Vertretern des *Neukantianismus* (H. COHEN, P. NATORP, H. RICKERT, E. CASSIRER u. a.) kritisiert, die das Gegebensein des G. – die «Gegebenheit» – als Denkerzeugung erachteten, wie sie auch «Gegenstand der Erkenntnis» und «Tatsache», als «Aufgegebenes» auslegten.

Dieser idealistischen Abwertung des G.-Begriffs steht in anderer philosophischer Überlieferung – gemäß deren Auffassung des Denkens als eines Vorfindens – eine gesteigerte Schätzung des G. gegenüber: So gilt besonders der *Immanenzphilosophie* (W. SCHUPPE, A. V. LECLAIR. R. V. SCHUBERT-SOLDERN) fast durchweg aller Bewußtseins*in*halt, oft einschließlich des wirklich Seienden, als G. Der *Empiriokritizismus* (R. AVENARIUS, E. MACH, J. PETZOLDT) wie zuvor der englische *Empirismus* (D. HUME, J. ST. MILL) und der *Positivismus* (A. COMTE) setzen, unter Abwehr alles metaphysischen wie überhaupt spekulativen (Wert-, Sinn-, Norm-)Denkens, das «positive», d. h. «tatsächliche» G. mit den «Empfindungen» gleich. Fortgeführt wurde der Positivismus im Wiener Kreis (M. SCHLICK, R. CARNAP, H. REICHENBACH, V. KRAFT, H. HAHN, O. NEURATH, L. WITTGENSTEIN) als *Neupositivismus* oder *logischer Positivismus,* der, eine physikalisch strenge Form der Wissenschaft anstrebend, vom «Erlebten» als G. ausgeht unter steter Umdeutung desselben bis zur Hinzunahme des «transgressiv», d. h. nicht gegebenen Wirklichen, um logistisch in zu verifizierenden «Aussagen» (Protokollsätzen) das eigentlich Positive zu sehen. In der Fortentwicklung des Positivismus in Semantik, Sprachlogik und Linguistik, Analytischer Philosophie und Wissenschaftstheorie trat der G.-Begriff in seiner erkenntnistheoretischen Bedeutung, die etwa noch für J. VOLKELT und für E. HUSSERL maßgebend war, zwangsläufig zurück.

Schon früher ist J. REHMKE in seiner «Philosophie des G.» der Verkennung dieses Grundbegriffs entgegengetreten, und zwar in seiner Kritik an der Zweiweltenlehre, d. h. einerseits an der erkenntnistheoretischen Annahme einer ursprünglichen, unmittelbar gegebenen *Innen*welt, der «innerseelischen» Welt der «Inhalte des Bewußtseins», und andererseits an der Behauptung einer zweiten, nur mittelbar erfahrbaren *Außen*welt, der «außerseelischen» Welt der den jeweiligen Inhalten des Bewußtseins zuzuordnenden Gegenstände. Den Grundfehler solcher Subjektivierung des G. sieht Rehmke in der Anwendung raumbezogener Ausdrücke (wie innerhalb/außerhalb, gerichtet auf) auf das nicht raumhaft zu denkende Bewußtsein, und er versteht deshalb das Wissen überhaupt nicht als eine – immer eine Zweiheit voraussetzende – Beziehung, sondern ihm gilt Wissen als ein beziehungsfreies, d. h. unmittelbares «Haben» des Seienden selbst bzw. der – und besonders auch der außerleiblichen – Gegenstände. Während die Immanenzphilosophen in ihrer Kritik an der Zweiweltenlehre den «Gegenstand» verneinen, um (psychologistisch) nur den «Inhalt» zu bejahen, verneint Rehmke umgekehrt den «Inhalt», um (ontologisch) den «Gegenstand» zu bejahen. So bedeutet ‹G.› für Rehmke 1. etwas, d. h. ein je besonderes Seiendes, das 2. vorgefunden wird als fachlich noch nicht (z. B. als «wirklich») Vorbeurteiltes (= «G. schlechtweg») und umfassend, also nicht auf einiges Besondere (z. B. das Psychische) eingeschränkt ist (=«G. überhaupt») und das 3. allein die sichere Ausgangsvoraussetzung für die überfachliche Philosophie als «Grundwissenschaft», als Wissenschaft vom Allgemeinsten, bildet [13].

Anmerkungen. [1] CHR. WOLFF: Vern. Gedanken von den Kräften des menschlichen Verstandes ... (¹1712) Kap. VIII, § 1; W. T. KRUG: Allg. Handwb. philos. Wiss. 2 (¹1827) 126f. – [2] POLYBIOS, Historiae VI, 32, 1-2: Beschreibung des Verfahrens der Herrichtung eines röm. Heerlagers. – [3] PLATON, Menon 87 a. – [4] ARISTOTELES, z. B. Meteor. 376 a 3. – [5] Die Data von EUKLID, übers. und hg. CL. THAER (1962); CH. MUGLER: Dict. hist. de la terminol. géométrique des Grecs (Paris 1958) 138f. – [6] E. KAPP: Art. ‹Syllogistik›, in: PAULY/WISSOWA: Realencycl. class. Altertumswiss. 2/7 (1931) 1046-67; Der Ursprung der Logik bei den Griechen (1956). – [7] G. S. A. MELLIN: Encyclop. Wb. krit. Philos. (1799) 2/2, 711-717. – [8] I. KANT, KrV B 1. 29. 34. – [9] a. a. O. B 33. 36. – [10] B 428. – [11] B 75. 428. – [12] B 146. 165. – [13] J. REHMKE: Philos. als Grundwiss. (¹1910, ²1929) 262f. 392f. 449f. 473f.; Logik oder Philos. als Wissenslehre (²1923) 1f. 215f.

Literaturhinweise. H. RICKERT: Der Gegenstand der Erkenntnis (¹1892, ⁶1928) 129. 331. 325ff. – H. COHEN: Logik der reinen Erkenntnis (¹1902, ³1922); vgl. Index A. GÖRLAND (1906) s. v. – P. STERN: Das Problem der Gegebenheit (1903). – K. GROOS: Beiträge zum Problem des G. Z. Philos. u. philos. Kritik 130 (1907) 75–92. – P. NATORP: Die log. Grundlagen der exakten Wiss. (¹1910, ³1923) 47f. – J. REHMKE s. Anm. [13]. – J. VOLKELT: Gewißheit und Wahrheit (1918); vgl. dazu J. E. HEYDE: Krit. Bemerkungen zu Volkelts ‹Gewißheit und Wahrheit›. Grundwiss. 1 (1919) 153–211. – Eisler⁴ 1, 477-480. – J. v. MALOTTKI: Das Problem des G. (1929). – N. HARTMANN: Zum Problem der Realitätsgegebenheit (1931). – C. W. WERKMEISTER: Sieben Leitsätze des logistischen Positivismus in krit. Beleuchtung. Philos. Jb. Görres-Ges. 55 (1942) 162-186. – J. THYSSEN: Vom G. zum Realen. Kantstudien 46 (1954/55) 68-87. 157-171. – H. HAEBERLI: Der Begriff der Wiss. im log. Positivismus (1955). – W. STEGMÜLLER: Hauptströmungen der Gegenwartsphilos. (²1960) 346f. – J. E. HEYDE: Entwertung der Kausalität? Für und wider den Positivismus (¹1962). – L. KOLAKOWSKI: Die Philos. des Positivismus (1971). – H. POSER: Das Scheitern der log. Positivismus an moraltheoret. Problemen. Stud. gen. 241 (1971) 1522-1535. – D. KAMPER: Das G. als Problem, in: 9. Dtsch. Kongr. Philos., Düsseldorf 1969, hg. LANDGREBE (1972) 452-463.   J. E. HEYDE

Gegenbesetzung. Mit diesem Begriff bringt die *psychoanalytische* Verdrängungslehre zum Ausdruck, daß die «Abweisung und Fernhaltung» der «Besetzung» tragenden Triebkorrelate (mit Libido bzw. Energie des Lebenstriebes oder Destrudo bzw. Energie des Todestriebes verbundene Objekt*vorstellungen*) «vom Bewußtsein» mit einem bestimmten psychischen Energieaufwand durch Ausübung eines «unausgesetzten Gegendruckes» [1] verbunden ist. Dieser Gegendruck, durch den «sich das System *Vbw* [Vorbewußt; im Original hervorgehoben] gegen das Andrängen der unbewußten Vorstellung schützt», ist eine Funktion der G. [2]. Empirische Korrelate der G., d. h. beobachtbare Verhaltensformen, denen die Funktion einer G. zukommt, sind: a) *Ersatzvorstellungen* [z. B. eine Tierphobie, die dann den Charakter einer G. hat, wenn sie «das Auftauchen der verdrängten Vorstellung [etwa der Angst vor dem erzürnten Vater] im Bewußtsein» verhütet [3]; b) der in der psychoanalytischen Therapie beim «freien Assoziieren» auftretende «*Widerstand*», der sich gegen die Äußerung bestimmter Wahrnehmungen, Vorstellungen oder Regungen richtet [4]; c) «*Reaktionsbildungen*», das sind «Ich-Veränderungen», denen gleichsam «innere G.» zugrunde liegen [5] (z. B. «Ordentlichkeit, Sparsamkeit und Eigensinn» [6]). Reaktionsbildungen bzw. die ihnen entsprechenden Verhaltensformen verbinden mit ihrem Träger mit derjenigen Wirklichkeit, aus der ihn kontradiktorischen Elemente ausgeschaltet sind (z. B. bewahrt eine altruistische Handlungsweise das betreffende Individuum vor der Realisierung seiner egoistischen, womöglich aggressiv-destruktiven Tendenzen [7]). Als spezielle, die Bewußtseinsfunktion stimulierende Form der G. gilt d) das Merkmal «besondere Wachsamkeit» (z. B. die der Hysteriker, die damit der Wahrnehmung von ihnen gefürchteter Vorkommnisse oder Gegenstände zu entgehen versuchen [8]).

G. sind hinsichtlich ihrer Funktion identisch mit der des «Zensors» [9]. Sie spielen demgemäß auch in der normalen psychischen Ontogenese eine sehr bedeutende Rolle und werden hier als das psychologisch-strukturelle Korrelat zu den physiologischen Schwellenwerten, die die Abfuhr der Triebenergien regeln, betrachtet [10]. Im Verlauf der durch bio-psycho-soziale Interaktionen gelenkten wie hervorgebrachten seelischen Entwicklung bilden sie ein «System», das, «nachdem es als eine primäre Struktur» entstanden ist, «die Abfuhr *aller* Triebbesetzungen kontrolliert oder verzögert» [11] und das im «psychologischen» Konflikt die dem Trieb entgegengesetzte, dem Ich (genauer dem «Abwehr-Ich» [12]) zugehörige Seite repräsentiert [13]. Da Es- wie Über-Ich-Inhalte und -Funktionen durch nicht-neutralisierte Triebenergie gespeist werden, richten sich G. gegen Aspekte beider Strukturen [14].

Über die Natur der der G. zur Verfügung stehenden Energie bestehen keine einheitlichen Vorstellungen. S. FREUD sprach die Vermutung aus, daß «die der [verdrängten] Vorstellung entzogene Besetzung zur G. verwendet wird» [15]. H. HARTMANN denkt demgegenüber vor allem an aggressive bzw. «mehr oder weniger neutralisierte aggressive Energie» [16]. Wenn man von der schon genannten Unterscheidung zwischen der Struktur und Funktion der G. ausgeht und berücksichtigt, daß sie letztlich als Abwehrformationen ein hierarchisch-gegliedertes System bilden, dann folgt daraus, daß frühen psychosexuellen Organisationsstufen zugehörige G. aus ungebundener Triebenergie, G., die späteren Organisationsstufen angehören, aus mehr gebundener oder neutralisierter Energie aufgebaut sind. Mit anderen Worten: G. liegen in struktureller wie funktioneller Hinsicht auf einem Kontinuum, an dessen einem Ende die psychischen Vorgänge nach dem Primärprozeß, an dessen anderem sie nach dem Sekundärprozeß organisiert sind [17]. Diejenigen G., die als «alleinige[r] Mechanismus der Urverdrängung[en]» gelten [18], arbeiten sehr wahrscheinlich mit primärer Triebenergie, denn die Urverdrängung kommt wohl durch diejenige Besetzung jener Objektbeziehung zustande, die die Kopplung von Triebreizen mit Affekt- und/oder Vorstellungsrepräsentanzen (was nur möglich ist, insoweit hier kein «biologischer» Zwang vorliegt) im Ansatz unterbindet, wodurch den letzteren die Teilnahme an einer aufsteigenden psychischen Entwicklung verwehrt wird [19].

Anmerkungen. [1] S. FREUD: Die Verdrängung (1915). Werke 10, 250; Das Unbewußte (1915). Werke 10, 280. – [2] Das Unbewußte a. a. O. 10, 280. – [3] 281. – [4] Hemmung, Symptom und Angst (1926). Werke 14, 191. – [5] Das Unbewußte a. a. O. [1] 285; Hemmung... a. a. O. [4] 190. – [6] Charakter u. Analerotik (1908). Werke 7, 203. 209. – [7] D. RAPAPORT: On the psychoanal. theory of motivation (New York 1963) 212. – [8] FREUD, a. a. O. [4]. – [9] M. M. GILL: Topography and systems in psychoanal. theory (New York 1963) 114ff. – [10] D. RAPAPORT: The structure of the psychoanal. theory (New York 1960) 27ff. – [11] Organization and pathol. of thought (New York 1951) 696. 700. – [12]

B. APFELBAUM: On ego psychol.: A critique of the structural approach to psycho-anal. theory. Int. J. Psychoanal. 47 (1966) 451. 462. – [13] RAPAPORT, a. a. O. [7] 217. – [14] CH. BRENNER: Grundzüge der Psychoanal. (1967) 152. – [15] FREUD, a. a. O. [1] ebda. – [16] H. HARTMANN: Bemerkungen zur psychoanal. Theorie des Ichs. Psyche 18 (1964/65) 346; U. MOSER: Die Entwicklung der Objektbesetzung. Psyche 21 (1967) 97ff. – [17] GILL, a. a. O. [9]. – [18] FREUD, a. a. O. [1] ebda. – [19] W. LOCH: Grundriß der psychoanal. Theorie, in: Die Krankheitslehre der Psychoanal. (²1972) 41.

W. LOCH

Gegensatz (griech. ἐναντίον, ἀντικείμενον, ἀντίθεσις; lat. contrarium, contrarietas, oppositum, oppositio)

I. – 1. Nach dem doxographischen Bericht des ARISTOTELES [1], der die ihm voraufgehenden Philosophien auf ihren Prinzipien- oder Ursachenbegriff hin befragt, haben die *Pythagoreer* «die G. als Prinzipien des Seienden» [2] gedacht. Dies hängt mit ihrer Grundannahme zusammen, daß die Zahl das Seiende konstituiere und es durch sich selbst auch erkennbar mache, die Zahl aber aus der Eins entspringe und sich als gerad und ungerad, begrenzt und unbegrenzt synthetisiere. Die Tafel der zehn G. (ἐναντία, ἐναντιότητες) umfaßt: «Grenze und Unbegrenztes, Ungerades und Gerades, Eines und Vieles, Rechtes und Linkes, Männliches und Weibliches, Ruhendes und Bewegtes, Gerades und Krummes, Licht und Finsternis, Gutes und Böses, gleichseitiges und ungleichseitiges Viereck» [3]. Diese Tafel ist in variabler Form überliefert. Auf Pythagoras selbst gehen wohl die G. Grenze und Unbegrenztes, Licht und Finsternis zurück; letzteres macht das zweite Teil des Gedichts des Parmenides deutlich. Da die genannten G. Bestimmungen des Seienden, des Erkennens und Handelns sein sollen, also einen ontologischen, logischen und ethischen Aspekt haben, sind sie als der erste Versuch zu verstehen, das Ganze des Seins «kategorial» zu polarisieren und zu vereinigen. Die G. führen noch nicht zu einer formal-mechanischen Dichotomie des Seienden, obgleich sie wirkungsgeschichtlich einer solchen Vorschub geleistet haben.

Der Grundsatz des PARMENIDES: «Sein ist, Nicht-Sein ist nicht» [4] läßt den Gedanken plausibel erscheinen, daß *eine* wesentliche Intention seines Denkens die Widerlegung des pythagoreischen G.-Begriffs sein könne [5]. – «Sein» ist durch Grundcharaktere bestimmt, die dessen Einheit oder Identität ohne alle Differenz zu erweisen versuchen: eins zugleich ganz, zusammenhängend, unteilbar, voll des Seins, in sich selbst verharrend, unveränderbar, unentstanden und unzerstörbar, unverletzlich, vollendete Begrenztheit und so einer Kugel gleich, in der alles ist, was ist, – auch das Denken, welches als «Selbstevidenz» im Sein ausgesprochen ist [6].

Während Sein als reine Identität dem Bereich der Wahrheit (ἀλήθεια) und damit dem Vollzug des Philosophierens zugehört, ist in sich durch G. Differentes nur in «der Sterblichen Doxa», d. h. den physikalischen (u. a. pythagoreischen) Erklärungen der sinnenfälligen Welt vorstellbar (zweiter Teil des parmenideischen Gedichts). Die Welt ist durch zwei Urprinzipien geordnet [7]: Licht (Feuer) und Nacht. Diese sind als in gleicher Intensität in allem Seienden wirkliche, gegenseitig sich fordernde G. zu denken, so daß auch in diesem Bereich Nicht-Sein nicht ist (Licht *ist* als Nicht-Nacht, Nacht als Nicht-Licht). «Alles ist Licht und Nacht benannt oder mit den ihren Kräften entsprechenden Namen, jeweils für die verschiedenen Dinge; daher ist das Ganze voll von Licht zusammen und unsichtbarer Nacht, beiden gleichstarken, da bei keinem der beiden Nichts ist» [8]. Auch den Tod betrifft das Nicht-Sein, d. h. er ist nicht weniger seiend als das Leben, «es gibt kein Sterben» [9]. Die in sich unveränderlichen G. verursachen durch Mischung die vielheitliche und in sich bewegte Struktur der Welt [10]. Diese Mischungstheorie ist Resultat der G.-Theorie.

Die wirkungsgeschichtliche Antwort auf Parmenides' Begriff der differenzlosen Identität des Seins ist PLATONS Einführung des Nicht-Seins in das Sein: Nicht-Sein als Andersheit steht zu Sein nicht in ausschließendem [11], sondern relativem oder komplementärem G.; es macht eine Differenziertheit des Seins (der Ideen) in sich und damit auch eine reflektierte κοινωνία (Gemeinsamkeit) der einzelnen Seienden miteinander allererst möglich. Um sowohl die Differenz in der Identität als auch deren Einheit-Sein aus Differentem zu begründen, bestimmt Platon (im ‹Sophistes›) [12] die Struktur des Seins durch fünf «sehr wichtige Begriffe» (μέγιστα γένη): Sein, Selbigkeit-Andersheit (Nicht-Sein), Ständigkeit-Bewegung. Die Relationalität (Verflechtung) der teilweise gegensätzlichen Bestimmungen zu erkennen und sie adäquat im λόγος (Urteil) anzuwenden, ist ein wesentliches Ziel spätplatonischen Philosophierens: Einheit und Vielheit, Identität und Differenz sollen im Sein und in der Sprache vermittelt werden. – Aufgrund der Tatsache, daß Nicht-Sein als Anders-Sein nur vom Sein als dessen Grund her verstanden werden kann, Nicht-Sein also ein Relatives ist, bleibt trotz der Differenzierung des parmenideischen Ansatzes paradoxerweise auch bei Platon der Satz gültig: nur *Sein ist*.

Vor der platonischen Differenzierung der parmenideischen Identität ist das Problem des G. für eine Philosophie im Ganzen thematisch geworden: für die HERAKLITS. Dieser ist nicht, wie seit Platon die philosophiegeschichtliche Legende will, «der Philosoph des Werdens», sondern der des λόγος. Λόγος im Sinne Heraklits zeigt, daß die vielheitliche Struktur des Seienden oder Geschehenden auf eine einigende Gesetzlichkeit [13], auf eine sinngebende und ordnende γνώμη [14] zurückführbar ist und nur in dieser Rückführung verstanden werden kann. Λόγος *ist* die «Harmonie», in der Gegensätzliches eine sinnvolle Einheit ausmacht: «Sie verstehen nicht, wie das Unstimmige mit sich übereinstimmt: widerstrebige Fügung, wie bei Bogen und Leier» [15]. Seiendes und seine Bewegtheit *ist* nur in und durch Fügungen (συλλάψιες) von G.: «Ganzes und Nicht-Ganzes, Einträchtig-Zwieträchtiges, Einstimmend-Mißstimmendes, und aus Allem Eins und aus Einem Alles» [16]. Alles, d. h. das in sich Gegensätzliche, ist Eines (Einheit oder Ganzheit, Kosmos) vom einigenden Grund, dem λόγος her. Das Einzelne ist nicht abstrakt isolierbar: Wachen-Schlafen, Leben-Tod, Tag-Nacht, Winter-Sommer, der «Weg hinauf und hinab» z. B. ist *ein* und dasselbe Geschehen oder *ein* Sein [17]. Das Eine schlägt ins Andere um [18], keines ist ohne das Andere, nur «zusammengenommen» sind sie das Ganze. Metapher dieser Einheit sind «Krieg» [19] und «Fluß»; ersterer bewegt oder vermittelt die G. («die einen macht er zu Sklaven, die anderen zu Freien»), letzterer verweist auf den universalen Zusammenfall von Beständigkeit und Bewegung: die Identität des Flusses, der ganze Fluß *bleibt* im zeitmäßig sich vollziehenden Wandel er selbst [20]. – «Feuer» ist die elementare Wirklichkeit des λόγος: Es ist und wirkt als Grundelement in Allem, verwandelt sich Alles an. Der Kosmos ist daher verstanden als «immer-lebendes Feuer, aufflammend nach Maßen und erlöschend nach Maßen» [21]. Diese Aussage meint keinen periodisch wiederkehrenden Weltbrand (ἐκπύρωσις), sondern daß die sichtbare Ordnung in einer im bleibenden, «vernunftbegabten» [22] Feuer sich vollziehenden Verwandlung (Umschlag) von G. gründet. Das Feuer ist die «unsichtbare» und erscheinende Harmonie der Gegensätze zugleich.

Auf der durch Parmenides und Heraklit erreichten Stufe der Reflexion nimmt EMPEDOKLES die ionische Naturerklärung, sie umformend, wieder auf: Das Seiende insgesamt ist durch die vier an sich selbständigen «elementaren» G. «Feucht-Trocken, Kalt-Warm» konstituiert; sie sind die «Wurzeln von Allem» (πάντων ῥιζώματα) [23], immer schon seiend und unvergänglich [24]; allegorisch individualisiert sind sie «Zeus, Hera, Aidoneus, Nestis» [25]. Durch sie ist Seiendes «von Anfang an» – gegen Parmenides – als vielheitlich strukturiert gedacht. Diejenigen Prinzipien, die die vier Urgegensätze immerfort «mischen» (κρῆσις) [26] und trennen (διατέμνειν) [27], sind «Liebe» (φιλία, 'Αφροδίτη) und «Streit» (νεῖκος) [28]. Trennung wird in einem kreishaften Wechsel immer wieder durch Verbindung «in *eine* Geordnetheit» (εἰς ἕνα κόσμον) [29] aufgehoben. Namen und Wirkweise der Bewegungsprinzipien entspringen der Intention, Sein und Verhalten von Organischem *und* Unorganischem durch eine nicht-materielle Wirkkraft zu beschreiben und zu erklären.

Anmerkungen. [1] ARISTOTELES, Met. 985 b 23ff. – [2] a. a. O. 986 b 2. – [3] 986 a 22-26. – [4] PARMENIDES, VS B 6, 1f.; 8, 2; 16; 36; 46. – [5] Vermittelnd gegenüber J. E. RAVEN: Pythagoreans and Eleatics (Cambridge 1948) 10ff. 43ff. – [6] PARMENIDES, VS B 8, 2ff. – [7] B 8, 60. – [8] B 9 (dtsch. nach HÖLSCHER). – [9] Vgl. U. HÖLSCHER: Anfängliches Fragen (1968) 129. – [10] PARMENIDES, VS B 12. – [11] PLATON, Soph. 258 e f. – [12] a. a. O. 254 d ff. – [13] HERAKLIT, VS B 1. 114. – [14] B 8. 54. – [15] B 51. – [16] B 10. – [17] B 15. 26. 88. 67. 60. – [18] B 88. – [19] B 53. – [20] B 12. 49 a. 91; vgl. G. S. KIRK: The cosmic fragments (Cambridge ³1970) 376ff. – [21] B 30. – [22] B 64 a. – [23] EMPEDOKLES, VS B 6, 1. – [24] B 12. – [25] B 6, 2f. – [26] B 21, 14. – [27] B 20, 4. – [28] B 17, 7ff. 19f. 20, 2f. 22, 5f. – [29] B 26, 5; vgl. G. MARTANO: Contrarietà e dialettica nel pensiero antico (Neapel 1972) 127ff.

2. Durch die Lehre von den Ideen, wie sie in den mittleren Dialogen PLATONS (bes. ‹Phaidon›, ‹Symposion› und ‹Staat›) expliziert ist, wird ein dem Sinnenfälligen (mundus sensibilis) gegenüber transzendenter Bereich wahrhaften Seins konstituiert. Dieser begründet zwar den Bereich des Sinnenfälligen, steht zu ihm jedoch im G. als Sein zum Schein, als Sein, welches immer auf dieselbe Weise, d. h. unveränderlich *ist*, zum Werden, welches nie im eigentlichen Sinne ist, sondern dies immer nur zu sein *strebt* (βούλεσθαι, ὀρέγεσθαι, προθυμεῖσθαι) [1]. Daß beide Bereiche nicht im Sinne eines groben Dualismus sich einander ausschließend gegenüberstehen (Problem des χωρισμός) [2], bewirken die ontologische und logische *Teilhabe* (μέθεξις) des Ideierten an der Idee, durch die das an sich gegensätzliche Verhältnis von Eins (Idee) und Vielem (Ideiertem), Allgemeinem und Besonderem jeweils (für jede Idee) legitimiert sein soll, und der *Eros*, der beide Bereiche denkend vermittelt, indem er auch die sinnliche Wahrnehmung in Erkenntnis (als Wissen der Idee) überführt. Kosmologisch ist der Bereich des Seins (οὐσία) mit dem Werden (γένεσις) durch die Wirksamkeit des Demiurgen vermittelt, der «im Blick auf die Ideen» den Kosmos als Bild dem Urbild «möglichst ähnlich» macht, indem er dem Werden die Zeit als Bild der Ewigkeit einstiftet [3]. Die für die genannte Periode seines Denkens eigentümliche schroffe Gegenüberstellung von νόησις (reines Denken oder Wissen der Idee) und δόξα (unbegründetes und auch nicht weiter begründbares Meinen über Seiendes) modifiziert Platon in den späteren Dialogen, indem er sowohl der αἴσθησις (Wahrnehmung) als auch der δόξα ein gewisses Maß an sich selbst legitimierender Erkenntnis zugesteht [4].

Der im Zusammenhang mit Platons Umformung des parmenideischen Identitätsbegriffs gegebene Hinweis auf die fünf «sehr wichtigen Begriffe» ist nun zu ergänzen durch einen Verweis auf die platonische Umformung des pythagoreischen G. von πέρας und ἄπειρον, Bestimmendem (Grenze als aktiv Begrenzendem) und Unbestimmtem (Unbegrenztem), welches jedoch der Begrenzung oder Bestimmung bedürftig und fähig ist [5]. Beide heben sich in der «Mischung» auf, d. h. das Bestimmen des Unbestimmten führt zu einer neuen Einheit. Diese Vereinigung ist «Werden zum Sein» [6], so daß alles Seiende zu Recht als ein aus Bestimmendem und Unbestimmtem «Gemischtes» (σύμφυτον, μεικτὴ οὐσία) [7] begriffen werden kann. Voraussetzung dieses Gedankens ist die Erkenntnis, daß Zahl und Maß (= πέρας) von anderer Seinsdignität sind als der von ihnen bestimmte Bereich der «Phänomene», daß aber beide Bereiche durch πέρας vermittelt werden müssen, damit die «Phänomene» überhaupt verstanden und ausgewiesen werden können; dies ist das platonische Motiv in der eudoxischen Maxime, «die Phänomene zu retten» (σῴζειν τὰ φαινόμενα) [8].

Die Problematik des Bezuges von Bestimmendem und Unbestimmtem ist eine Konkretion der Grundfrage in Platons «ungeschriebener Lehre»: wie das Eine (ἕν) und die «unbestimmte Zweiheit» (ἀόριστος δυάς) sich zueinander als Prinzipien verhalten. Auf sie sind *alle* polargegensätzlichen Seinsprinzipien (Beständigkeit und Bewegung, Identität und Differenz, Ähnlichkeit und Unähnlichkeit, Gleichheit und Ungleichheit, Bestimmendes und Unbestimmtes, Sein und Nicht-Sein) und damit die dialektische Struktur des Seienden überhaupt rückführbar. Dies gilt in gleichem Maße für die mathematisch-geometrische Struktur des Kosmos, die im Dimensionszusammenhang von «Punkt(Zahl)–Linie–Fläche–Körper» angezeigt ist [9].

Das Verhältnis von ἕν und ἀόριστος δυάς ist zum Grundprinzip der *neuplatonischen* Metaphysik geworden: dem absoluten, differenzlosen Einen entspringt das seiende oder vielheitliche Eine als die erste Andersheit, die sich aus ihrer «anfänglichen» Unbestimmtheit durch Reflexion (ἐπιστροφή) zum in sich differenten, aber doch eine Einheit seienden νοῦς begrenzt [10]. Dieser νοῦς ist im Denken seiner selbst die wirklich seiende «hypostatische» Einheit gegensätzlicher Bestimmungen, wie Beständigkeit und Bewegtheit, Identität und Differenz, Begrenzendes und Begrenztes, Möglichkeit und Wirklichkeit [11]. – Der spätere Neuplatonismus hat die bei PLOTIN in die Identität des νοῦς integrierten gegensätzlichen Bestimmungen teilweise wieder als gegensätzliche Prinzipien isoliert; so wird z. B. bei PROKLOS αὐτόπερας und αὐτοάπειρον zum universalen Prinzipienpaar unmittelbar nach dem Einen selbst [12]. Letzteres ist von jedem G. und jeglicher Differenz frei es selbst: εἴτε οὖν νοητόν τί ἐστι πέρας, εἴτε νοερόν, τὸ ἓν ἐπέκεινά ἐστι πάσης τῆς τοῦ πέρατος σειρᾶς («sei es, daß Grenze etwas Gedachtes oder Denkendes ist, das Eine [selbst] ist jenseits des gesamten Bereichs von Grenze oder Bestimmtheit» [weil es dessen Grund ist] [13]. In dem vom Einen Hervorgehenden gründet die gegenseitig sich fortbestimmende Aktivität des Prinzipienpaares αὐτόπερας und αὐτοάπειρον (Grenze und Unbegrenztes selbst, d. h. erste Form von Grenze und Unbegrenztem, Bestimmung und Unbestimmtem) den vom «ersten Sein» (πρώτως ὄν) ausgehenden Bereich des Seienden als eine jeweils konkrete Einheit ihrer selbst: Alles hat an πέρας und ἄπειρον teil, um sein zu können. Πέρας hat in diesem Gründungszusammenhang, der sich im Einzelnen und Ganzen vorwiegend triadisch entfaltet, die Funktion des platonischen ἕν, ἀπειρία die der platonischen ἀόριστος δυάς [14].

Primär unter *logischem* oder *semantischem* Aspekt hat ARISTOTELES Problem und Begriff des G. expliziert [15]. Dies gilt auch für seinen Versuch im 10. Buch der ‹Metaphysik›, zum Teil im Anschluß an seine eigene Schrift über die ‹Einteilung der G.› [16] einen präzisen Begriff von der Variationsbreite des Gegensätzlichen zu gewinnen, um *Seiendes* zu verstehen. «G.» (ἐναντίωσις, ἐναντιότης) bestimmt er als «größten» oder «vollkommenen» Unterschied [17], dem nur *Eines* im eigentlichen Sinne entgegengesetzt sein kann. Dies trifft nur für die ἔσχατα (Äußersten) innerhalb desselben γένος (Gattung) und derselben ὕλη (Materie) zu, die alle Übergänge (μεταξύ) in sich umfassen [18].

Durch seine Tendenz, die G. auf «erste G.» (πρῶται διαφοραὶ καὶ ἐναντιώσεις) oder auf den Grund-G. Eines-Vieles (ἕν-πολλά) zurückzuführen [19], macht er auch die *ontologische* Relevanz der G. deutlich: Seiendes ist selbst durch konträr – oder relativ – gegensätzliche Strukturen konstituiert. Deshalb ist es Aufgabe der Philosophie (Metaphysik), den Bezug von Substanz (οὐσία) zu den G. zu reflektieren [20]. Letztere sind als die «Affektionen» (ἴδια, ὑπάρχοντα) des Seienden als Seienden begreifbar [21].

Dies ist – wenn der λόγος nicht nur Reproduktion von Sprache ist, sondern auf Seiendes geht – auch die Voraussetzung dafür, daß Seiendes insgesamt als Bezug von Substanz und Akzidenz (οὐσία – συμβεβηκός), Gattung und Art (γένος – διαφορά), Allgemeinem und Besonderem (καθόλου – τόδε τι), Materie und Form (ὕλη – εἶδος, μορφή), Möglichkeit und Wirklichkeit (δύναμις – ἐνέργεια) denkbar, d. h. logisch formulierbar sein soll. Aus diesem ontologisch-logischen Bezugssystem ist einzig der Gott herausgehoben, da er reine, d. h. Möglichkeit ausschließende Wirklichkeit ist [22], die die Bewegung aus der Möglichkeit zur Wirklichkeit in jedem Seienden erst ermöglicht. Da Aristoteles diesen Gott als das erste Prinzip (πρώτη ἀρχή) denkt [23], dieses aber nur *Eines* sein kann, polemisiert er gegen diejenigen kosmologischen Theorien, die «Alles aus G. sein lassen» [24], d. h. die als letztes Seins- und Erklärungsprinzip ein G.-Paar annehmen. «Für das Erste gibt es keinen G.» [25].

Anmerkungen. [1] PLATON, Phaidon 74 d 9. 75 a 2. b 7. – [2] ARISTOTELES, Met. 1040 b 28. 1086 a 33. – [3] PLATON, Tim. 38 b 8. – [4] Theait. 202 c; Phileb. 11 b; Politikos 309 c. – [5] Phileb. 23 c ff. – [6] a. a. O. 26 d 8. – [7] Met. 16 c 10. 27 b 8. – [8] J. MITTELSTRASS: Die Rettung der Phänomene (1962). – [9] K. GAISER: Platons ungeschriebene Lehre (1963) 107ff.; H. J. KRÄMER: Die platon. Akademie und das Problem einer systemat. Interpretation der Philos. Platons. Kantstudien 5 (1964) 88ff.; Der Ursprung der Geistmet. (Amsterdam 1964) passim. – [10] PLOTIN, Enn. V, 1, 7, 5f.; 5, 5, 17f.; 6, 5, 10ff.; VI, 7, 17, 25f. – [11] Vgl. W. BEIERWALTES: Plotin. Über Ewigkeit und Zeit (1967) 23ff. – [12] PROKLOS, Theol. Plat. III, 7, 132, 50 (PORTUS); In Parm. 1190, 17 (COUSIN). – [13] In Parm. 1124, 14f. 1127, 20; In Tim. I, 176, 9ff. (DIEHL). – [14] Theol. Plat. III, 7, 133, 18ff. 134, 28ff. (PORTUS). – [15] ARISTOTELES, Cat. 11 b 17ff.; Interpret. 23 a 27ff. – [16] Met. 1054 a 30; Fragmenta (Ross) 105-110. – [17] Met. 1055 a 4. 16. – [18] a. a. O. 1055 a 19ff. 1057 a 18ff. – [19] 1054 a 30ff. 1061 a 11f. – [20] 1061 b 5. 1004 a 32ff. 1005 a 2ff. – [21] 1004 b 15. 1005 a 14. – [22] 1072 b 23ff. – [23] 1072 b 11ff. – [24] 1075 a 28; Phys. 188 a 19ff. – [25] Met. 1075 b 21f.

3. In einer grundsätzlich metaphysischen Auslegung der ersten Hypothesis des platonischen ‹Parmenides› haben PLOTIN und PROKLOS dem Einen selbst alle kategoriale Gegensätzlichkeit abgesprochen: Das Eine ist demnach weder Ganzes noch Teil, es ist nicht wie der Bereich des Seienden Ständigkeit und Bewegung, Identität und Differenz, Gleich und Ungleich, Älter und Jünger etc., sondern differenz- und relationslos in sich nur es selbst, als solches deshalb «verschieden von Allem» (πάντων ἕτερον) [1], «jenseits von Allem» (ἐπέκεινα πάντων) [2], «über allen G. erhaben» (πρὸ πάσης ἀντιθέσεως, ἐναντιώσεως, exaltatum ab omni oppositione [3]). Dieser «Rückzug» des Einen aus dem gegensätzlich Seienden impliziert die Aporie, wie das Eine aus sich selbst herausgehen und «geben» könne, «was es selbst nicht hat» [4], und wie es Vielheit als aus ihm hervorgegangene begründen und wieder in sich selbst zurückführen könne.

Die neuplatonische, durch die ‹Parmenides›-Rezeption bestimmte «negative Theologie» blieb auch für den Gottesbegriff des Ps.-DIONYSIUS AREOPAGITA maßgebend. Sein Versuch, die Begrifflichkeit und Unbegreiflichkeit des christlichen Gottes durch vorwiegend proklische Philosopheme zu vermitteln, verursacht gerade in der Frage der G. eine Ambivalenz: Einerseits spricht er Gott jegliche kategoriale Bestimmtheit ab [5] und läßt ihn «jenseits von Allem» [6], also auch über den G. sein (ὑπεροχικῶς τῶν ὡς ἀντικειμένων) [7], andererseits aber sieht er «mit überweltlichen Augen» in Gott alles Gegensätzliche «in der Weise der Einheit und geeinigt» [8].

Abgesehen von dem intensiven logischen Interesse für das Problem des G. hat dieser von Dionysius ausgehende und auf Cusanus zugehende Gedanke die metaphysische und ontologische Diskussion des Problems im *Mittelalter* konturiert. Nur der Anfang und die Vollendung dieser durch neuplatonische Elemente geprägten Tradition sei skizziert.

JOHANNES SCOTUS ERIUGENA, der wirkungsreichste und philosophisch wie theologisch gründlichste Vermittler des Dionysius, denkt Gott als den «ambitus omnium», der Alles umfaßt, d. h. verursacht, bestimmt und erhält. Als universaler Grund umfaßt er auch «contraria seu opposita»: «all dies sammelt und fügt er in schöner und unaussprechlicher Harmonie in *eine* Eintracht» [9]. Er ist, paradox formuliert, «oppositorum oppositio et contrariorum contrarietas» [10], d. h. er ist Grund dafür, daß G. *als* G. sind, und dieser G. zu diesen G., insofern sie in ihm als deren «concordia» nicht als G., sondern als Momente seiner Einheit aufgehoben *sind*.

Ausschluß aus oder Aufhebung der G. in Gott mußte auch für MEISTER ECKHART thematisch werden, da er Gott, die neuplatonische Tradition aufnehmend und umformend, mit besonderer Intensität als Einheit, jedoch als trinitarisch sich vermittelnde, zu denken versuchte. Einheit ist Negation von Vielheit (Zahl), Verschieden- oder Unterschiedenheit (divisio, diversitas, distinctio [11]) oder Andersheit (alietas, in deo non est aliud [12]). In Gott ist all das, was im Bereich des «ens creatum» als «hoc aut hoc» getrennt, also gegeneinander anderes und gegensätzlich ist, nicht als solches, sondern als «reinste Einheit» (merissima unitas). Gerade durch sein absolutes Eins-Sein («indistinctio» in sich), das als «negatio negationis» in reiner Affirmation reflexiv sich selbst durchdringt und in dieser Selbstreflexion *trinitarische* Einheit oder das *Sein selbst* ist [13], ist er von allem Anderen verschieden: «Deus ... indistinctum quoddam est quod sua indistinctione distinguitur ... est enim deus pelagus infinitae substantiae et per consequens indistinctae» (Gott ist ein Ununterschiedenes, das sich durch seine Ununterschiedenheit unterscheidet [von dem geschaffenen Seienden] ... er ist ein Meer von unendlicher und infolgedessen ununterschiedener Substanz) [14].

Beide Elemente des Gedankens: daß Gott über den G. sei *und* daß er als absolute Einheit Gegensätzliches in sich als solches aufhebe, hat CUSANUS in der Formel «coincidentia oppositorum» zum Prinzip seines philosophischen und theologischen Denkens gemacht. Im Rückgriff auf Dionysius und Eriugena bestimmt auch er Gott als «oppositorum oppositio sine oppositione» [15], um dadurch die unvergleichliche, weil die G. aufhebende und sie übersteigende Andersheit Gottes deutlich zu machen. Der Gottesname «non aliud» nennt die absolute Einheit göttlichen Ursprungs mit sich selbst und zugleich dessen überkategoriale Andersheit zu allem Anderen, das in sich gegensätzlich oder zumindest «anderes» ist. Diese übergegensätzliche Einheit als Nicht-Andersheit ist absolute Identität: «ipsum ‹idem› absolutum omni diversitati et oppositioni suprapositum, quoniam idem» (Das absolute ‹Identische› selbst ist über aller Verschiedenheit und Gegensätzlichkeit, weil es identisch ist) [16]. Absolute Identität nämlich bestimmt sich gerade als die Vereinigung oder Aufhebung der G. (in quo omnia idem [17]); dadurch setzt sie sich selbst *über* die G.

Implizit thematisch ist (in der gesamten philosophischen Theologie des Mittelalters) das Problem des G., sofern sie das Verhältnis von Gott und Welt (Problem der Schöpfung und Vorsehung, Verhältnis von Sein und Nichts), Gott und Mensch (aufgehoben in der Inkarnation und in der mystischen Einung), Gut und Böse, Freiheit und Notwendigkeit, Leib und Seele reflektiert. Dies gilt im Horizont dieser Fragestellungen analog auch für die Philosophie der Neuzeit. An diese Konkretionen des G. kann hier nur erinnert werden.

Anmerkungen. [1] PLOTIN, Enn. V, 3, 11, 18; 4, 1, 6; VI, 7, 42, 13. – [2] PROKLOS, z. B. In Parm. 1065, 29f. (COUSIN); vgl. W. BEIERWALTES: Proklos (1965) 353. – [3] PROKLOS, In Parm. 1123, 26ff. 1127, 20; In Tim. I, 176, 9ff. (DIEHL); In Parm. VII, 70, 9f. (KLIBANSKY). – [4] PLOTIN, Enn. VI, 7, 15, 19f. – [5] Ps.-DIONYSIUS, Theol. myst. 4. MPG 3, 1040 D; 5, 1045 D ff. – [6] a. a. O. 1, 3, 1000 C; Ep. 5. MPG 3, 1076 A. – [7] De div. nom. V, 10. MPG 3, 825 B. – [8] a. a. O. V, 7, 821 B; XIII, 2f., 980 AB. – [9] ERIUGENA, De divis. nat. I, 72, MPL 122, 517 B f. – [10] ebda. – [11] ECKHART, In Joh. 208, Lat. Werke (= LW) 3, 176, 6; 342, 291, 6f.; Sermo 4, 1, LW 4, 28, 5. – [12] In Joh. 133, LW 3, 114, 7; Sermo 29, LW 4, 270, 7f. – [13] Vgl. W. BEIERWALTES: Platonismus und Idealismus (1972) 38ff. (zu Eckharts Auslegung von Exodus 3, 14). – [14] ECKHART, In Sap. 154, LW 2, 490, 7ff.; In Joh. 99, LW 3, 85, 13. – [15] CUSANUS, De non aliud 19, 47, 9f. (WILPERT); Vis. dei 13, 1, 105v (FABER STAPULENSIS); vgl. W. BEIERWALTES: Deus oppositio oppositorum. Salzbg. Jb. Philos. 8 (1964) 175ff. – [16] CUSANUS, De Gen. 145, 8f. (WILPERT). – [17] a. a. O. 145, 10.

4. Begriff und Problem des G. sind wieder *explizit* konstitutiv für die *idealistische* Philosophie: in der Frage nach dem Verhältnis von ichhaftem Subjekt zum gesetzten oder intendierten Objekt, nach der Selbstkonstitution des ichhaften Subjektes und dem Vollzug des Denkens, der Strukturiertheit und Bewegung des Seins allgemein und der prozeßhaften Einheit oder Identität des Absoluten.

a) In der transzendentalen Grundlegung der Gewißheit und damit der Reflexivität des Subjektes geht J. G. FICHTE von dem Satz (der Identität) «A = A» aus; er begreift ihn als eine völlig gewisse *Tatsache* des Bewußtseins [1]. Die logische Gewißheit der Identität verweist auf die Gewißheit des Vernunftsubjektes selbst: A ist *im* und *durch* das Ich gesetzt; wenn es gesetzt ist, *ist* es [2]. So zeigt es, daß im Ich etwas ist, das stets mit sich identisch ist: Ich, welches Ich *ist*. Sich selbst als seiend zu setzen ist die *Tathandlung* dieses Ich (Thesis). Dadurch, daß es frei ist von jeder «äußeren» Bestimmung, ist es «absolutes» Subjekt.

Die Tathandlung, in der das Ich sich selbst als seiend setzt, ist die Grundlage aller Setzung, also auch der logischen Setzung A = A. Der logische Grundsatz ist damit auf den transzendentalen «Ich bin Ich» oder «Ich bin» reduziert und nur aus ihm begreifbar. Dieses Sich-selbst-Setzen des Ich *ist* sein «Bewußtsein». Fichte nennt es auch «intellektuelle Anschauung»: den «einzig festen Standpunkt der Philosophie», weil in reflexivem Selbstbezug (Anschauung) die Gewißheit sich bildet, «Ich» sei die Identität von Denken und Sein, Subjekt und Objekt, Idealität und Realität [3]. Nur in diesem identifizierenden Zurückgehen des Denkens auf sich [4] selbst kommt «Ich» überhaupt zustande. Seine Selbstkonstitution ist der ursprüngliche Akt der Freiheit.

Dem Ich als dem Gegenstand der Reflexion setzt das Ich sich selbst ein Nicht-Ich «schlechthin» entgegen (Antithesis) [5]. Dieses Entgegensetzen setzt die Identität des Ich (Thesis) voraus: Das Nicht-Ich ist wie das Ich *im* und *durch* das Ich gesetzt. In der denkenden Tathandlung des Ich, sich ein Nicht-Ich als widersprüchlich erscheinenden G. entgegenzusetzen, vollzieht das Ich den Satz des Widerspruchs: «A nicht = Non-A».

In der Selbstkonstitution des Bewußtseins, welches nicht unbestimmte, tautologische Identität bleiben soll, stellt sich als Grundfrage, *wie* die G. A und Non-A, Sein und Nicht-Sein, Realität und Negation, Ich und Nicht-Ich zusammen sich denken lassen, ohne daß sie sich vernichtend gegenseitig aufheben [6]. Als den Identitätspunkt, der eine die G. versöhnende Synthesis möglich macht, begreift Fichte die «Schranke» [7]. In der als Schranke gedachten Tathandlung setzt das Ich die genannten G. in sich selbst zueinander in Beziehung, indem es beide Seiten «einschränkt», «teilt», und dennoch in eine Einheit zusammenführt. Dadurch gibt sich das Ich nicht als unbeschränkte, und das heißt konfuse Identität von Setzen und Entgegensetzen, was einer Selbstaufhebung des Ich gleichkäme, sondern als in sich durch die «Schranke» konturierte Identität oder Einheit. In der Synthesis vollzieht das Ich den Satz vom Grund [8], indem es sich dadurch als Identität bestimmt oder begründet, daß es sich auf das, was es nicht ist, bezieht und sich zugleich von ihm unterscheidet.

Die vollkommene Tathandlung des Bewußtseins ist die unmittelbare, d. h. zeitlose dialektische Einheit der G. im Bewußtsein, die in den sich gegenseitig bedingenden Momenten Thesis – Antithesis – Synthesis oder in den drei transzendental-logischen Grundsätzen sich aktuiert [9]. Diese Dialektik des Selbstbewußtseins aber ist nicht nur Anfang, sondern sich durchhaltendes Prinzip der Philosophie als «Wissenschaftslehre».

Der geschichtliche und sachliche Ansatzpunkt Fichtes ist KANTS Begriff der transzendentalen oder reinen (im Gegensatz zur empirischen) Apperzeption, die als Einheit des alle Vorstellungen oder Begriffe begleitenden «Ich denke» zu verstehen ist; in der transzendentalen Apperzeption wird die Synthesis des Mannigfaltigen oder die Identität des Bewußtseins selbst bewußt [10]. FICHTE hat diesen für die kantische Deduktion der reinen Verstandesbegriffe (Kategorien) wesentlichen Gedanken zum Grundgedanken seiner Philosophie gemacht, indem er ihn als Fundament eines transzendentalen Idealismus modifizierte und radikalisierte.

b) Im wirkungsgeschichtlichen Zusammenhang mit Fichtes Grundlehre thematisiert schon SCHELLINGS frühe Philosophie das Problem des G. in der Frage nach dem Bezug von absolutem und endlichem Ich oder von Unendlichem zu Endlichem. Das ‹System des transcendentalen Idealismus› (1800) markiert den ersten Höhepunkt dieser Entwicklung: der «transcendentale Idealismus» zielt darauf ab, daß das Ich im Begreifen seiner selbst das Absolute selbst begreife. Das unvermittelt nicht faßbare Absolute erscheint im Kunstwerk als Einheit von Bewußtem und Unbewußtem. Die Kunst wird deshalb «das einzige wahre und ewige Organon zugleich und Dokument der Philosophie», sie öffnet dem Philosophen «das Allerheiligste, wo in ewiger und ursprünglicher Vereinigung gleichsam in Einer Flamme brennt, was in der Natur und Geschichte gesondert ist, und was im Leben und Handeln ebenso wie im Denken ewig sich fliehen muß» [11]. Aufgrund ihrer «Anschaulichkeit» also bleibt Kunst die Vermittlung des Endlichen mit dem Unendlichen oder Absoluten; sie ist Verweis auf reine Identität. – Zugang zu dieser reinen Identität hat nur eine ihr angemessene Erkenntnisart: die intellektuelle Anschauung. Sie vermag das aus Endlichem und Unendlichem verschlungene Wesen des Absoluten zu entwirren und einzusehen, «daß und wie in allem alles enthalten und auch in dem Einzelnen die Fülle des Ganzen niedergelegt ist» [12]. Sie erfaßt das Absolute, ohne es zum Objekt zu machen. Insofern ist sie etwa der plotinischen Ekstasis vergleichbar und steht der an den theoretischen Abstand von Subjekt und Objekt gebundenen diskursiven Denken gegenüber, dem eine Einheit mit dem Sein des Gedachten immer nur in relativer Weise möglich ist [13].

Unter dem unmittelbaren Einfluß G. Brunos und dem mittelbaren des Cusanus expliziert Schelling das Problem der Einheit der G. insbesondere in seinem 1802 veröffentlichten Gespräch ‹Bruno›. Intendiert ist eine Bestimmung des Absoluten als absoluter Identität. Einheit der G. erweist sich als Wesenszug des Absoluten. Die G. Endlich-Unendlich, Form-Wesen, Denken-Anschauung, Denken-Sein, Subjekt-Objekt, Wirklichkeit-Möglichkeit, Sein-Nichtsein, Indifferenz-Differenz werden auf den Grund-G. Ideal-Real zurückgeführt. Diese G. als Konkretionen des Ur-G. schließen sich gegenseitig nicht aus, sondern können vielmehr nur *miteinander* sein. Miteinander aber sind sie *durch* das Absolute oder das Eine. Das Absolute bestimmt sich somit als die Einheit der G.: «Absolut oder in Ansehung der göttlichen Natur ist nichts außer ihr selbst und dem, wodurch sie vollkommen ist, der absoluten Einheit der Einheit und des G.» [14]. Die Erscheinungswelt ist gegenüber dieser absoluten Identität lediglich «auseinandergezogenes Bild» dieser ursprünglichen Einheit [15].

Der die Einheit der G. *im* Absoluten leistende Akt ist die Reflexion. Das Absolute erkennt sich selbst; seine Selbsterkenntnis ist unendliche Affirmation seiner selbst [16]. Im Sich-selbst-Denken affirmiert Gott sich selbst als das absolute All [17] und damit auch die Totalität des Gegensätzlichen in ihm selbst. Das Absolute als absolutes All (das nicht mit der Erscheinungswelt identisch ist) ist schlechthin einfach, ist nicht durch Zusammensetzung entstanden; deshalb ist es ein absolut teilloses Ganzes [18]. Weil in ihm als der Indifferenz oder Einheit schlechthin alle G. aufgehoben sind, ist es – gemäß der idealistischen Umformung des Theologumenons 1. Kor. 15, 28 «ut sit Deus omnia in omnibus» – «alles in allem» [19]. Dies heißt: Gott oder das Absolute ist 1. als absolute Totalität: er ist universale Vollendetheit, die nicht nur Alles begründend und erhaltend umfaßt, sondern Alles als das absolute All *ist;* 2. als das in jeder Rücksicht Bestimmungslose oder als das Indifferente, Eine, in dem «Alles», das heißt jede Differenz, aufgehoben und «in Allem», das heißt in jedem anderen aufgehobenen Differenten, zu sein imstande ist. «Alles in allem» ist also Index für eine dynamische Identität des Absoluten, in der keine Differenz (G.) in sich fixiert bleibt, sondern jede Differenz die anderen Differenzen durchdringt und sich in ihnen wiederfindet. Dieser Begriff des Absoluten entspricht sachlich dem Hegelschen Begriff der absoluten Idee, die allen G. und Widerspruch in sich aufgehoben hat.

c) HEGELS Logik begreift den G. zunächst als ein Moment im Prozeß des Logischen selbst. Vermittelt und wieder vermittelbar strukturiert er das «*Wesen*» und damit einen Bereich des *Seins*, das sich aus der Unmittelbarkeit in den «Begriff» und in die «Idee» entfaltet. Im Gang der Logik ist G. eine Reflexionsbestimmung. Dies heißt: G. bestimmt neben Identität, Unterschied und Widerspruch das Wesen, sofern dies Reflexion: «Scheinen» in sich selbst oder denkende Rückkehr in sich selbst ist. Reflexion garantiert, daß keine dieser Bestimmungen des Wesens abstrakt in sich verbleibt, sondern nur als verschwindende oder aufgehobene wirksam ist. Durch die Bestimmung «Identität» ist das Wesen reflektierte Beziehung auf sich, «Schein in sich selbst». Indem es sich selbst reflektiert, differenziert es sich von sich selbst, ist es «die sich auf sich beziehende Negativität» [20], da es den Unterschied bereits in sich hat. Das Sein der Reflexion erweist sich als ein solches, in dem ein Anderes (Unterschied, Widerspruch) «scheint», das aber zugleich in einem Andern scheint und sich so mit sich selbst zu einer Einheit vermittelt. Unterschied und G. sind daher auch nicht leeres Anderes, radikal ausschließender «G.» zur Identität, sondern selbst ein Moment der Identität. «Im G. ist die bestimmte Reflexion, der Unterschied vollendet. Er ist die Einheit der Identität und der Verschiedenheit» [21]. Der Identität und Verschiedenheit, die sich im G. einen, entsprechen das Positive und Negative als die selbständig gewordenen Seiten des G. [22]. «Selbständig» sind sie durch ihr Nicht-Sein des Anderen. Jedes von beiden ist für sich nur deshalb, weil das Andere ist; es bestimmt sich selbst, insofern es auf das Andere bezogen ist – reflektiert in sich als reflektiert ins Andere. Indem beide, das Positive und Negative, als an sich selbständig seiende, den Widerspruch setzen, hebt jedes das Andere und sich selbst negierend auf, beide gehen «zu Grunde»; diesen «Grund» stellen sie in der Fortbestimmung des Wesens als ein mit sich Identisches her.

Neben der speziellen Vorstellung des G. als einer Reflexionsbestimmung sind zahlreiche G.-Paare für die Hegelsche Logik im ganzen und für deren Konkretionen, im Bereich etwa der Religion oder der Kunst, bestimmend. Zu bedenken wäre in diesem Zusammenhang das Verhältnis von Sein und Nichts, Endlichkeit und Unendlichkeit, Identität und Differenz, Ganzes und Teil, Freiheit und Notwendigkeit, Subjektivität und Objektivität, Denken und Sein, Idee und Natur. Durch diese G. hindurch, sie negierend und vermittelnd, vollzieht sich der Prozeß des Logischen oder die dialektische Bewegung des Seins. In und durch G. begreift die im Sein an sich gegebene Vernunft sich selbst und überführt sich in diesem Sich-selbst-Begreifen aus ihrem anfänglichen abstrakten Sein in ein konkretes, erfülltes Sein, welches das wahrhaft Absolute ist. Im Ende des Prozesses hat sich der Anfang mit sich selbst vermittelt. Dieses Ende des Prozesses als der mit sich selbst vermittelte, also begriffene Anfang oder das zu sich selbst gekommene Absolute denkt Hegel als die «*Idee*» [23]. Diese ist «sich wissende Wahrheit», die sich entfaltend und zusammennehmend zur in sich reichsten, konkretesten Subjektivität konstituiert, Totalität oder durch alle möglichen Bestimmungen angereicherte Identität: Absolute Identität als reines Sich-selbst-Denken hat alles im Prozeß erscheinende Gegensätzliche in sich aufgehoben; sie ist dadurch reflexive Einheit von Begriff und Objektivität oder von Subjekt und Objekt [24]. Sie ist «selbst die Dialektik» [25], indem sie das Verschiedene in ihr differenziert *und* in zeitlosem Prozeß in die Einheit zurückführt. Dadurch ist sie «reine Persönlichkeit» und das «Freiste» [26]. Hegels Begriff des Absoluten, welches mit der absoluten Dialektik des Seins identisch ist, erweist sich als die idealistische Form der Cusanischen «coincidentia oppositorum» [27].

Das konkreszierende, ihrer eigenen Vollendung vorlaufende Wirken der Idee zeigt sich z. B. in der *Kunst*. In ihr kommt die Idee als Schönes zur Erscheinung. Das Schöne «bestimmt sich als das *sinnliche* Scheinen der Idee» [28]. Durch die im Kunstwerk sinnlich erscheinende, sich äußerlich realisierende Idee – Hegel nennt sie auf dieser Stufe «Ideal» [29] – versöhnt Kunst Idee und Erscheinung, Inneres und Äußeres, Geist und Natur. Wenn Idee als Ideal zeigt und Ideal als Prinzip von Kunst gefaßt wird, so erscheint in der Kunst die an und für sich seiende Vernünftigkeit des Wirklichen. Ideal als *wirkliche* Idee [30] oder als die mit ihrer Realität identifizierte Idee ist zwar entäußerte, aber in dieser Entäußerung zugleich die sich mit ihrem Grund versöhnende Idee; sie produziert zwar Anschaulichkeit, verfängt oder entfremdet sich jedoch nicht in ihr als einer äußerlichen Natur. Das Prinzip, daß Kunst die Natur nachahme, hat Hegel durch seinen Ideal-Begriff in das der Aufhebung von Natur in Kunst überführt: Kunst als Ideal der Idee versöhnt das Andere des Geistes, die Natur, mit dessen eigener, im Anderen nie ganz zum Vorschein kommender Innerlichkeit [31].

Einen auf das Sein der Welt im ganzen sich beziehenden Akt der Versöhnung von G. zeigt die *Religionsphilosophie:* Es ist Gott wesentlich, das von ihm Erschaffene, das sich in die physische Natur und den endlichen Geist gespalten hat, mit sich zu versöhnen, «so wie die Idee sich dirimiert hat, abgefallen ist von sich selbst, diesen Abfall zu seiner Wahrheit zurückzubringen» [32]. Aus dieser Intention nimmt Gott das «Fremde», d. h. Endliche in der Inkarnation an, «er hat es aber angenommen, um es durch seinen Tod zu töten» [33]. Der Tod Christi wird zum Tod des Todes [34] oder des Endlichen, ist Negation der Negation und damit Aufhebung der Entfremdung (Diremtion) – «Erlösung». Die höchste Verendlichung des Unendlichen (Gottes) oder der «Tod Gottes» als notwendiges, aber tilgbares Moment in der Geschichte der göttlichen Idee führt zur «Conversion» des Endlichen ins Unendliche.

d) Um «den rationellen Kern in der mystischen Hülle» zu entdecken, «stülpt» MARX die Hegelsche Dialektik «um» [35]: Nicht mehr die Vernunft, die Idee oder das Absolute ist Gegenstand theoretischer Analyse, sondern die Gesellschaft und in ihr die geschichtliche Selbstproduktion des Menschen. Die dialektische Methode wird als eine historische, frei von ontologischer und reflexiver Grundlegung, *praktiziert*. In diesem Horizont verlagert sich auch das Problem des G. von Kategorien der Logik und deren Konkretionen ausschließlich auf die Gesellschaft und deren geschichtliche Entwicklung. Grund-G. in ihr sind Kapital und Proletariat [36]. Letzteres muß sich der durch die Herrschaft seines eigenen Produkts (Ware) über es verursachten Entfremdung und damit seiner Entmenschung *bewußt* werden, um sich selbst *und* seinen bedingenden G., den Reichtum, aufzuheben. Erst durch diese Aufhebung der G., die den «ökonomischen Menschen» erzwingen, entsteht die Freiheit des «totalen Menschen» [37].

Anmerkungen. [1] J. G. FICHTE, Grundlage der ges. Wissenschaftslehre. Werke, hg. I. H. FICHTE 1, 92. – [2] a. a. O. 94. – [3] Versuch einer neuen Darstellung der Wissenschaftslehre a. a. O. 1, 528f.; Zweite Einl. 1, 466. – [4] Versuch ... 1, 523f. – [5] Grundlage ... 1, 104. – [6] 1, 108. – [7] ebda. – [8] 1, 111f. 123. – [9] 1, 110. 113ff. – [10] I. KANT, KrV B 132ff. – [11] F. W. J. SCHELLING, System des transcendentalen Idealismus. Werke, hg. K. F. A. Schelling 3, 627f. – [12] Bruno a. a. O. 4, 291. – [13] 325. – [14] 298. – [15] 264. – [16] System der gesammten Philos. a. a. O. 6, 172. – [17] 175. – [18] ebda. – [19] Aphorismen zur Einl. in die Naturphilos. a. a. O. 7, 149f. – [20] G. W. F. HEGEL: Enzyklopädie (1830), hg. NICOLIN/PÖGGELER § 116, S. 126. – [21] Logik, hg. LASSON 2, 40. – [22] a. a. O. 42. – [23] 484. – [24] Enz. § 213, S. 182; Logik 2, 408. 411. – [25] Enz. § 214, S. 184. – [26] Logik 2, 502. – [27] J. STALLMACH: Das Absolute und die Dialektik bei Cusanus im Vergleich zu Hegel. Scholastik 39 (1964) 495ff. – [28] Ästhetik, hg. BASSENGE (²1965) 1, 117. – [29] a. a. O. 112. – [30] 239f. – [31] 274. 19. – [32] Religionsphilos. Werke, hg. GLOCKNER 16, 219. – [33] a. a. O. 301. – [34] ebda. – [35] K. MARX, Das Kapital, Nachwort zur 2. Aufl. MEW 23 (1962) 27. – [36] Die Heilige Familie. MEW 2 (1962) 37ff. – [37] Ökonomisch-philos. Ms. MEW Erg.Bd. 1 (1968) 539.

5. In der *nachidealistischen* Philosophie ist das Problem des G. noch einmal explizit bestimmend geworden in der Lebensphilosophie und in der Ontologie N. Hartmanns.

a) Die *Lebensphilosophie* hat intensive Impulse aufgenommen aus dem Denken *Goethes*, in dem Polarität und Kreislauf, Diastole und Systole, Geist und Körperliches miteinander streiten und zusammenwirken [1], dem dynamischen, antithetischen Lebens- und Organismusbegriff der deutschen *Romantik* [2], der zum Irrationalismus tendierenden Willensmetaphysik *Schopenhauers* und der Lebens-, Welt- und Geschichtsvorstellung *Nietzsches*, der als ‹Heraclitus redivivus› den «Kampf» von G. als ein Konstituens von Welt und Geschichte vorstellte und in seinem in sich selbst gegensätzlichen Philosophieren die nicht zu erreichende und auch nicht erreichte Synthese der G. in der Konstruktion des «Übermenschen» versuchte [3]. Diese Impulse haben sich im Zusammenwirken mit transzendental-philosophischen und idealistischen Elementen – etwa bei H. BERGSON, G. SIMMEL oder W. DILTHEY – in eine je verschiedene Gestalt des Philosophierens gefügt. Ausdrücklich und umfassend hat das Problem des G. als «Kategorie des Lebens» [4] R. GUARDINI thematisiert [5]. Als G. versteht er dasjenige «Verhältnis, in dem jeweils zwei Momente einander ausschließen, und doch wieder verbunden sind und einander geradezu voraussetzen ... [ein Verhältnis] ..., das innerhalb der jeweiligen quantitativen, qualitativen und gestaltmäßigen Bestimmtheiten auftritt» [6]. G. ist ein «Urphänomen»: keine der G.-Seiten kann aus der anderen abgeleitet werden. Erfahren werden G. am individuellen Leben, am Konkret-Lebendigen: «lebend erfahren wir uns als in G. stehend und wirkend» [7], sie sind die Weise, wie das Leben lebendig ist. Daher ist eine Analyse des Lebens wesentlich eine Analyse von Grundformen der Gegensätzlichkeit; sie tendiert auf die Erstellung eines «Systems» von G. Umgekehrt: die G.-Philosophie ist «Strukturlehre des Lebens» [8]. Das «System» der G. versucht Guardini durch eine Gliederung in intraempirische, transempirische und transzendentale zu konstituieren. Letztere sind nicht transzendentalphilosophisch, sondern eher im Sinne des mittelalterlichen Begriffs ‹transcendentale› zu verstehen als ‹allen G. zukommend› oder bestimmend für Gegensätzlichkeit als solche: Verwandtschaft und Besonderung, Einheit und Mannigfaltigkeit, Zusammenhang und Gliederung. Außer durch die genannten beschreibt Guardini den Akt und die Erfahrung des Lebens durch die «enantiologischen Reihen» [9]: Akt – Bau, Dynamik – Statik, Strömen – Dauer, Fülle – Form, Produktion – Disposition, Ursprünglichkeit – Regel, Immanenz (Selbstinnigkeit) und Transzendenz (Selbstjenseitigkeit) des Lebens. Im Zusammenwirken der diffundierenden oder impulsiven Kräfte mit den begrenzenden oder bestimmenden zeigen sich Sinn, Struktur und Lebendigkeit des Lebens. Wie alle Lebensphilosophie [10], so hat auch dieser «Versuch einer Philosophie des Lebendig-Konkreten» einen antirationalen Zug in der Reaktion auf positivistischen Formalismus, ein geradezu schwärmerisches Streben in die durch ratio scheinbar verstellte «Wirklichkeit»: «So gilt es, wohl das der Wirklichkeit entfremdende, mechanische System abzulegen, dafür aber dessen edleres lebendiges Äquivalent zu gewinnen: Richtung in's Blut» [11], eine in ihren späteren Auswirkungen sicher nicht intendierte Konsequenz der seit Nietzsche gängigen Pejorisierung rationaler Klarheit gegenüber dem elementar drängenden Leben, der Vorstellung gegenüber dem Willen, dem «Werden» gegenüber dem «Sein».

b) Im Sinne N. HARTMANNS gehören die G. zu den Fundamentalkategorien. Diese sind zu verstehen als gemeinsame Prinzipien aller Schichten des Realen; an ihnen wird die «Einheit im Aufbau der realen Welt strukturell greifbar» [12]. Hartmann nennt – «rhapsodisch» – eine Tafel der Elementar-G., die als Elemente einer Relation nicht mehr reduzierbar sind:
1. Gruppe: Prinzip – Concretum; Struktur – Modus; Form – Materie; Inneres – Äußeres; Determination – Dependenz; Qualität – Quantität;
2. Gruppe: Einheit – Mannigfaltigkeit; Einstimmigkeit – Widerstreit; G. – Dimension; Diskretion – Kontinuität; Substrat – Relation; Element – Gefüge [13].

Diese G. sind streng korrelativ, setzen sich gegenseitig voraus (das Prinzip z. B. setzt sein Concretum ebenso voraus, wie dieses das Prinzip; ohne einander sind beide nicht, was sie sind). Sie bilden, weil jedes Seiende durch sie bestimmt ist, «eine Art kategorialen Stellensystems» [14] des Realen, das je nach der Schicht des Seienden verschieden «gefüllt» ist (sich «abwandelt»). Ein wesentliches Element in der Erkenntnis des Aufbaus des Seienden insgesamt ist es daher, das innere Dimensionsgefüge einzusehen, welches die G. durch gegenseitige Verflechtung und zugleich Verschiedenheit konstituieren. Ontologie erweist sich auch vom Problem des G. her als «Kategorialanalyse».

Anmerkungen. [1] H. SCHMITZ: Goethes Altersdenken (1959) 541ff. – [2] Vgl. z. B. NOVALIS in Anlehnung an Fichte, Schriften, hg. SAMUEL/MÄHL/SCHULZ (1965) 2, 159ff. 196ff. – [3] W. MÜLLER-LAUTER: Nietzsche. Seine Philos. der G. und die G. seiner Philos. (1971). – [4] W. DILTHEY, Schriften 7, 228ff. – [5] R. GUARDINI: Der G. (1925). – [6] a. a. O. 23. – [7] 179. – [8] 187. – [9] 112ff. – [10] DILTHEY, a. a. O. [4] 6, 287. – [11] GUARDINI, a. a. O. [5] 257. – [12] N. HARTMANN: Der Aufbau der realen Welt (1940) 200. – [13] a. a. O. 230f. – [14] 263.   W. BEIERWALTES

II. *Logischer* G. kann bestehen zwischen Begriffen und Aussagen.

1. Bereits ARISTOTELES unterscheidet zwischen *Begriffen* vier Arten des G. (ἀντικείμενον): a) den *relativen* Gegensatz (πρός τι), z. B. doppelt/halb (dieser G. entspricht in der modernen Logik dem Verhältnis einer *Relation* zu ihrer *Konversen*); b) den *konträren* G. (ἐναντίον), der eventuell ein mittleres zuläßt, z. B. gut/ schlecht; c) den *privativen* G. (zwischen στέρησις und ἕξις), z. B. blind/sehend; d) den *kontradiktorischen* G. (ἀντίφασις: zwischen κατάφασις und ἀπόφασις), z. B. sitzen/nicht-sitzen [1]. Diese Einteilung hat sich bis auf den heutigen Tag in den Logiklehrbüchern erhalten, sofern überhaupt vom G. der Begriffe gehandelt wird. Gelegentlich wird dabei auf a), manchmal auch auf c) verzichtet; gelegentlich wird auch der *polare* (polar-konträre) oder *diametrale* G. hinzugefügt, der zwischen den Extremen einer graduellen Skala besteht, wie z. B. zwischen warm und kalt oder hell und dunkel. Er stellt einen Sonderfall von b) dar, wird gelegentlich auch mit diesem gleichgesetzt.

Nach zunächst schwebender Terminologie im Lateinischen setzten sich dann die von BOETHIUS geprägten Ausdrücke durch: Er handelt *de opposito* [2] und hat als Arten a) *opposita relativa* [3], b) *opposita contraria* [4], c) *habitus et privatio* [5], d) *opposita contradictoria* [6]. Dieselbe Einteilung hat auch z. B. WILHELM VON OCCAM, der das Problem der G. zwischen Begriffen (incomplexa) ausführlich behandelt [7]. JUNGIUS behandelt die vier opposita unter den *Postprädikamenten* [8]. Auf KIESEWETTER geht die Unterscheidung von *Widerspruch* (kontradiktorisch) und *Widerstreit* (konträr) zurück [9]. ÜBERWEG behandelt konträr und kontradiktorisch als Arten der Umfangsverhältnisse von Begriffen [10]. SIGWART erwähnt beide im Kapitel ‹Die Verneinung› und schlägt vor, von Kontrast statt von G. zu sprechen [11]. B. ERDMANN behandelt beide als Arten der Verschiedenheit [12]. TH. ZIEHEN bringt sie wieder unter Verneinung neben einer unübersichtlichen Fülle weiterer Verneinungen [13]. In Weiterführung der klassischen Lehre von G. zwischen Begriffen sind in der modernen Logik für Prädikatorenpaare P, Q die folgenden Verwendungen von ‹konträr› und ‹kontradiktorisch› eingeführt: P und Q heißen konträr genau dann, wenn die terminologische Regel: $x \, \varepsilon \, P \Rightarrow x \, \varepsilon' \, Q$ in Kraft ist. Prädikatoren, für die außerdem gilt: $x \, \varepsilon' \, Q \Rightarrow x \, \varepsilon \, P$, heißen kontradiktorisch [14].

2. Auch die klassische G.-Lehre für *Aussagen* geht auf ARISTOTELES zurück, der hier zwei Arten des G. kennt, nämlich den *konträren* G. (ἐναντίον) zwischen SaP und SeP, und den *kontradiktorischen* G. (ἀντίφασις) zwischen SaP und SoP bzw. SeP und SiP [15]. ALEXANDER VON APHRODISIAS fügt den subkonträren G. (ὑπεναντίον) hinzu [16]. Er besteht zwischen SiP und SoP. BOETHIUS faßt diese drei G. dann mit dem subalternen Verhältnis (zwischen SaP und SiP bzw. SeP und SoP) im anschaulichen Schema des *logischen Quadrats* zusammen [17] (s. Sp. 119). In anderer Terminologie war dies zwar schon früher bekannt. Doch in der Gestalt, die Boethius ihm gab, ist es seitdem Gemeingut der Logik geworden und fehlt in fast keinem Lehrbuch der formalen Logik.

WILHELM VON OCCAM definiert die G. sorgfältig, läßt jedoch subaltern und subkonträr nicht als G. gelten, fügt dafür aber andererseits eine neue G.-Art hinzu, für die er keinen Namen hat. Er schlägt nämlich vor, Aussagen auch dann als gegensätzlich zu bezeichnen, wenn sie kontradiktorische Sätze implizieren. Als Beispiel gibt er an: «Nullum animal currit», «Aliquis homo currit» [18]. JUNGIUS unterscheidet zwischen oppositio proprie

Gegensatz

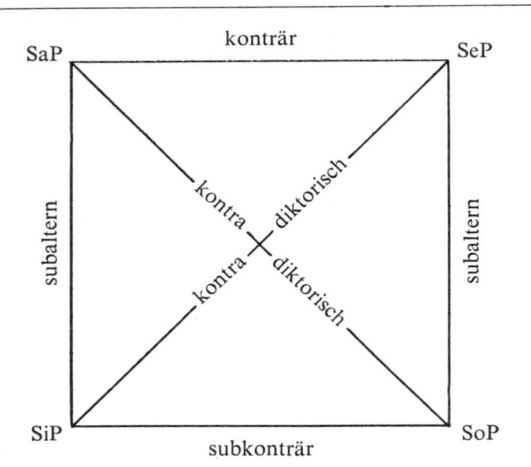

```
        kontär
SaP ─────────────── SeP
  \               /
   \  kontra    /
    \ diktorisch/
sub  \   ╳    / sub
altern\ /    /  altern
       ╳    /
      / \  /
     /   \/
SiP ─────────────── SoP
        subkonträr
```

dicta (kontradiktorisch und konträr), die er auch repugnantia nennt, und improprie dicta (subkonträr und subaltern) [19]. G. F. MEIER verdeutscht: «enthalten einander sich» (subaltern), «widersprechen einander» (kontradiktorisch), «sind auf eine besondere Art einander entgegengesetzt» (konträr) [20]. KANT bleibt bei der üblichen Terminologie, behandelt die iudicia subalternata und die drei opposita jedoch nicht unter den Urteilen, sondern zu Beginn des Abschnittes «Verstandesschlüsse» [21]. Das bestimmt die fernere Entwicklung; man behandelt sie als unmittelbare Schlüsse in der Schlußlehre vor den Syllogismen als den mittelbaren Schlüssen.

Anmerkungen. [1] ARISTOTELES, De cat. 10, 11 b 17-23. – [2] BOETHII in categorias Aristotelis lib. IV. MPL 64, 264 b. – [3] a. a. O. 265 b. – [4] 264 c. – [5] 264 b. – [6] 364 b. – [7] WILHELM VON OCCAM, S. logicae, hg. PH. BOEHNER (Louvain 1957) 91ff. – [8] J. JUNGIUS, Logica Hamburgensis, hg. R. W. MEYER (1957) 61. – [9] J. G. C. C. KIESEWETTER: Grundriß einer reinen allg. Logik (1791) 60. – [10] F. ÜBERWEG: System der Logik (⁴1874) 111. – [11] CHR. SIGWART: Logik (1873) 1, 136f. – [12] B. ERDMANN: Logik (²1907) 205f. – [13] TH. ZIEHEN: Lb. der Logik (1920) 547-578. – [14] KAMLAH/LORENZEN: Log. Propädeutik (1967) 73f. – [15] ARISTOTELES, De interpretatione 7, 17 b 16-22. – [16] Nach C. PRANTL: Die Gesch. der Logik im Abendlande (1855-1870) 1, 625. – [17] BOETHIUS, a. a. O. [2] 321 b. – [18] OCCAM, a. a. O. [7] 92f. – [19] JUNGIUS, a. a. O. [8] 85f. – [20] G. F. MEIER: Auszug aus der Vernunftlehre (1760) 100f. – [21] KANTS Logik, hg. G. B. JÄSCHE (1800). Akad.-A. 9, 116f.

A. MENNE/Red.

Gegenseitigkeit (Wechselseitigkeit, Mutualität, Reziprozität; engl. mutuality, reciprocity; frz. mutualité, réciprocité). Begriff und Theorie der G. sind erst neuerdings Thema der soziologischen und sozialanthropologischen Theorie elementarer gesellschaftlicher Verhaltensmuster geworden. Faktum und Modifikationen eines an G. orientierten oder sie spontan vollziehenden Handelns waren bereits von den ersten Ansätzen einer nicht mehr individualistischen oder «monologischen» Begründung der Soziologie und in der Abwendung von den klassischen Konstitutionstheorien des Sozialen betont worden: G. SIMMELS Kategorie der «Wechselwirkung» wies ebenso in diese Richtung wie die Beziehungssoziologie L. VON WIESES, die interaktionistische Sozialpsychologie in der Nachfolge von G. H. MEAD und der rollentheoretisch formulierte Sachverhalt einer «Reziprozität der Perspektiven» (TH. LITT). Thesen zum fundamentalen Charakter von G. vertreten heute vor allem die strukturalistische Sozialanthropologie (C. LÉVI-STRAUSS), die interaktionistische Analyse des sozialen Verhaltens als «Austausch» (exchange) (G. C. HOMANS, P. M. BLAU, A. W. GOULDNER) und die Ansätze zu einer Theorie kommunikativen Handelns (J. HABERMAS).

Die vom Paradigma des Vertrages und der Rechtssphäre insgesamt sich lösende Soziologie hat zugleich den Blick für die «primitiven», archaischen und mikrosoziologischen Dimensionen des G.-Denkens und der Institutionalisierungen von G.-Beziehungen geschärft, ohne freilich die historischen Zusammenhänge anders als rhapsodisch zu behandeln. Die im Umkreis von Wort und Begriff der G. abgelagerten Bedeutungen weisen auf archaisches Ausgleichs- und Vergeltungsdenken zurück [1], in dem Rechts-, Moral- und Naturvorstellungen nach allgemeiner Auffassung noch ungeschieden sind. Eine Geschichte der Aussagen über G. könnte so mit dem Spruch des Anaximander einsetzen, wollte sie ihn in dem Sinne verstehen, daß die Dinge «eine Art von Wechselwirtschaft in einem gleichbleibenden Haushalt der Natur» zeigen [2]. Berechtigt wäre eine solche Anknüpfung an Archaisches sogar aus der Perspektive soziologischer Theorie, die im Reziprozitätsprinzip das permanente Hin und Her von Geben und Nehmen im gleichbleibenden Haushalt der Gesellschaft auf den Begriff bringen will; so sieht G. SIMMEL die philosophische Bedeutung des Geldes darin, daß es «die deutlichste Wirklichkeit der Formel des allgemeinen Seins ist, nach der die Dinge ihren Sinn aneinander finden und die G. der Verhältnisse, in denen sie schweben, ihr Sein und Sosein ausmacht» [3].

Sprach- und institutionengeschichtliche Forschung hat gezeigt, daß das indoeuropäische Vokabular von Schenken und Tauschen – wie das daran orientierte Handeln – in seiner tiefsten historisch greifbaren Schicht Mechanismen der G. expliziert [4], und die ethnologische Wirtschafts- und Rechtstheorie hat auf die große Verbreitung und Haltbarkeit von sozialstrukturell verankerten Institutionalisierungen von G.-Beziehungen hingewiesen (s. u. 3). Demgegenüber handelt es sich bei den in der Geschichte der europäischen Philosophie und Gesellschaftstheorie greifbaren Reflexionen zur G. eher um Korollarien zu den Begriffen von Vertrag und Tausch (do, ut des; do, ut facias), zur Idee der Tauschgerechtigkeit und zur Rechtfertigung des prototypisch an Vertrag und Tausch gebundenen sozialen Handelns.

1. *Soziologische und sozialphilosophische* Theorien der G. gehen von der Krise des Vertragsdenkens aus und bezeichnen eine tiefere Grundlegungsschicht des Sozialen mit einem Argument, das einem «selbstbewußten Individualismus» unverständlich bleiben mußte: daß «Verabredung ... schon das voraussetzt, was ihr zugemutet wird, das Einverständnis nämlich in einem Medium von G.» [5]. Explizit ist diese historische und theoretische Motivierung in J. HABERMAS' Ansätzen zu einer Theorie kommunikativen Handelns [6]. Sie setzt voraus, daß die bürgerliche «Basisideologie» des gerechten Tausches ihre spezifische Wirksamkeit verloren hat; diese beruhte darauf, daß «das Prinzip der G. ... Organisationsprinzip der gesellschaftlichen Produktions- und Reproduktionsprozesse selber» war [7]. Wenn der gegenseitige Interessen- und Bedürfnisausgleich nicht mehr garantiert ist, zerfällt die Legitimationsgrundlage der Institutionen, und ‹G.› wird zum Stichwort für eine der Legitimationskrise nicht unterworfene Form von Vergesellschaftung; sie gründet auf einem – zuletzt durchs technokratische Bewußtsein verletzten – «Interesse, das an einer der beiden fundamentalen Bedingungen unserer kulturellen Existenz haftet: an Sprache, genauer an der durch umgangssprachliche Kommunikation bestimmten

Form der Vergesellschaftung und Individuierung» [8]. Sprache ist das Paradigma für Vergesellschaftung und Handeln auf der Basis der G., insofern sie zugleich Grund und Produkt von Prozessen ist, in welchen die Bildung der Identität von Bedeutungen, obligatorische Geltung von Normen und gegenseitige Reflexivität der Erwartungen ineinander verschränkt sind [9]. Sprache expliziert strukturell das paradoxe Verhältnis gegenseitiger Anerkennung, das Hegel zuerst als das von Identifikation und absoluter Verschiedenheit bestimmt hat [10]. Eine systematische Assimilation gesellschaftlicher an sprachliche Strukturen scheint freilich die Universalität des sprachlichen Mediums nicht auf die Ebene des Institutionellen transponieren zu können, wenn Institutionen und soziales Handeln tendenziell aus der Perspektive gesellschaftlicher Nahverhältnisse aktiver G. rekonstruiert werden [11].

Demgegenüber korrespondiert dem Zurückdrängen des Moments von G. etwa in M. WEBERS Begriff des «sozialen Handelns» die Insistenz auf der Versachlichung und Verselbständigung von Institutionen gegenüber den sie gründenden Vergesellschaftungsprozessen. Zwar gehört für Weber zum sozialen Handeln allgemein die Erwartung, daß eine bestimmte Handlung gegenwärtig oder künftig in einer gegenläufigen ihre Entsprechung findet [12], doch ist dieses Verhältnis lediglich ein formales, aus dem keine Ansprüche abzuleiten sind. Im prägnanten Sinne besteht G. nur dort, wo «die an dem aufeinander eingestellten Handeln Beteiligten ... den *gleichen* Sinngehalt in die soziale Beziehung legen oder sich sinnhaft entsprechend der Einstellung des Gegenpartners innerlich zu ihm einstellen», so daß eine «völlig und restlos auf gegenseitiger sinn*entsprechender* Einstellung ruhende soziale Beziehung ... in der Realität nur ein Grenzfall» ist [13]. Problematisch wird diese Abwehr einer allgemeinen Institutionalisierung von G.-Beziehungen, wenn G. zugleich als «allgemeinstes Prinzip des sozialen Handelns» bestimmt wird, «das auf der Erwartung einer ‹adäquaten› Gegenleistung beruht» [14]. Die Enttäuschung der den Vergesellschaftungsprozeß leitenden Erwartungen wird in dessen sozialpsychologisches Grundgesetz eingebaut und durch die Erfahrung bestätigt, «daß nur in den wenigsten sozialen Rollen die Erwartung der G. voll erfüllt werden kann» [15]. Die Diskrepanz von Prinzip und Realität wird so, paradoxerweise, gerade von soziologischen Ansätzen fixiert, die tendenziell alle sozialen Beziehungen als Formen gegenseitigen Austauschs analysieren wollen; sie zeigen, daß die strukturell vorherrschenden Formen des Handelns gerade nicht als Realisierungen der G. zu erfassen sind. Bezeichnend dafür ist, daß A. W. GOULDNER die Funktion der Kategorie der Reziprozität darin sieht, die von der strukturell-funktionalen Theorie nicht erfaßbare Tatsache der «Ausbeutung» zu konstatieren [16].

Die genaueste Reflexion des Verhältnisses von G.-Prozessen und Institutionen dokumentiert die Soziologie G. SIMMELS. Einerseits vollzieht sie eine konsequente Sensibilisierung für die unterschwelligen Prozesse des «Gebens und Nehmens» als Ausdruck der soziologischen Grundkategorie der «Wechselwirkung», andrerseits gesteht sie den ausdrücklich durch G. bestimmten Verhaltensweisen – wie Treue, Dankbarkeit, Pietät usf. – lediglich einen, wenn auch notwendigen, «Ergänzungscharakter» zu. Wenn nämlich Institutionen gegenüber den sie gründenden Interessen, Erfahrungen und Affekten versachlichte Selbständigkeit gewinnen, treten «ergänzend» Gefühle und Verhaltensweisen hinzu, die die Individuen durch eine supplementäre Motivation an die fremd gewordene soziale Beziehung binden [17]. G. wird deswegen gerade dort akzentuiert und als Bedürfnis erfahren, wo die soziale Beziehung eine geregelte, mit objektiver Gewalt versehene Gestalt ihres Mangels ist; sie erscheint dann als Komplement von Herrschaft und als Mittel, «ihre psychologischen Folgen ... zu beseitigen» [18], im Idealfall durch ihre wechselseitige Ausübung [19]. Als Beispiel für die supplementäre Vergesellschaftung durch G. zitiert Simmel Bismarcks Schilderung seines Verhältnisses zu Wilhelm I.: für die «Hingabe», die über das «durch Gesetze und politische Überzeugungen» bestimmte Maß hinausgeht, bedürfe «es eines persönlichen Gefühls von G. ..., zwischen Herr und Diener» [20].

Anmerkungen. [1] W. E. MÜHLMANN: Art. ‹G.›, in: W. BERNSDORF (Hg.): Wb. der Soziol. (1969) 328–330; vgl. auch H. KELSEN: Vergeltung und Kausalität (Den Haag 1941) 59ff. u. passim. – [2] M. HEIDEGGER: Holzwege (1950) 304ff. – [3] G. SIMMEL: Philos. des Geldes (²1958) 98. – [4] E. BENVENISTE: Don et échange dans le vocabulaire indo-européen, in: Problèmes de linguistique générale (Paris 1966) 315ff.; vgl. Le Vocabulaire des institutions indo-européennes 1: Économie, parenté, société (Paris 1969) passim; B. LAUM: Schenkende Wirtschaft (1960) 102–119 u. passim. – [5] H. PLESSNER: Conditio humana (1964) 39. – [6] J. HABERMAS: Technik und Wiss. als Ideologie (²1969) 48ff. 65ff.; vgl. J. HABERMAS und N. LUHMANN: Theorie der Gesellschaft oder Sozialtechnologie (1971). – [7] Technik und Wiss. a. a. O. 69. – [8] 91. – [9] Theorie der Ges. a. a. O. [6] 171ff. 190ff. u. passim; Technik und Wiss. a. a. O. [6] 62ff. – [10] J. HABERMAS: Arbeit und Interaktion. Bemerk. zu Hegels Jenenser Philos. des Geistes, in: Technik und Wiss. a. a. O. [6] 9–47; Theorie der Ges. a. a. O. [6] 192ff. – [11] Vgl. dagegen J. HABERMAS: Nachgeahmte Substanzialität (Arnold Gehlen), in: Philos.-polit. Profile (1971) 203ff. – [12] M. WEBER: Wirtschaft und Gesellschaft (1964) 16ff. – [13] a. a. O. 19. – [14] MÜHLMANN, a. a. O. [1] 328. – [15] 329; Homo Creator (1962) 99, 111. – [16] A. W. GOULDNER: The norm of reciprocity. Amer. sociol. Rev. 25 (1960) 161–178; vgl. Reciprocity and autonomy in functional theory, in: L. GROSS (Hg.): Symposium on sociol. theory (Evanston 1959) 241–270. – [17] G. SIMMEL: Soziol. (⁴1958) 1–31. 438–447 u. passim. – [18] a. a. O. 342f.; vgl. auch 101–185 (Über- und Unterordnung). – [19] 172ff. – [20] 104 u. ff.

2. Die ambivalente Stellung neuerer soziologischer Theorien zu Prinzip oder Norm der G. hat ihre Vorgeschichte in der traditionellen *politischen Philosophie*. Wird G. von ihr als fundamental erkannt, so wird ihr aktiver Vollzug zugleich begrenzt und einem Typus von Institutionen untergeordnet, der durch die maßstäbliche und entscheidende Instanz eines in Verhältnisse direkten Gegenübers regulierend eingreifenden «Dritten» charakterisiert ist.

In Formulierungen, die auf die archaischen Formen des Austauschs hinweisen und den Übergang zur Geldwirtschaft entwickeln, bestimmt ARISTOTELES, das pythagoreische strikte Vergeltungsrecht modifizierend, das verhältnismäßige Entgelten im Guten wie Bösen als Mittel des Zusammenhalts der «Tauschgemeinschaften» (κοινωνίαι ἀλλακτικαί) innerhalb der Polis wie der Polis selbst [1]. Die Polis beruht jedoch nicht auf der Regelung von Tauschbeziehungen allein: ihr Zweck ist das «gute Leben» in Formen des Zusammenlebens, die ihrerseits aus anderen Gründen zustande kommen. «Schwägerschaften und Geschlechtsverbände sowie Opfergenossenschaften» usf. nennt Aristoteles das «Werk der Freundschaft» als der «freien Entscheidung miteinander zu leben» [2] und erinnert damit an eine Schicht des Gesellschaftlichen, die den durch abstrakte Gerechtigkeit geregelten Beziehungen zwischen wesentlich Ungleichen vorausliegt. In dieselbe Richtung weisen die substanziellen Formen der Dankbarkeit, welche noch nicht an eine den Ausgleich mechanisch regulierende Instanz übertragen oder in abstrakte Maßstäbe für Leistung und Gegenleistung eingelassen sind. So bestimmt Aristoteles die Funktion des Kultes der Chariten: «Den Chariten errichtet man allen sichtbar ein Heiligtum, damit die Gegengabe (ἀνταπόδωσις) sei» [3]. Freundschaft und Dankbarkeit in einem Medium substanzieller Gleichheit bleiben repräsentativ für G.-Beziehungen, welche sich ohne Dazwischentreten einer dritten Instanz spontan selbst einspielen.

Im Umkreis der modernen Theorie von Vereinbarung und Vertrag lassen sich grob zwei Strategien der Reduktion von G. umreißen. Einerseits – exemplarisch bei D. HUME – die Zurückführung aller «conventions» auf einen «common sense of interest» [4], der sich aus dem allgemeinen Situationsverständnis und der Kenntnis von Verhaltensregelmäßigkeiten des anderen in einer gemeinsam erfahrenen Situation ergibt, ohne daß die G. eines Versprechens hinzukommen müßte [5]. Die Gemeinsamkeit der Situationskenntnis und des Interesses ergeben sich naturwüchsig aus der Kontinuität der Erfahrung. An sie knüpfen die ungeachtet dessen «künstlichen» Institutionen an [6]. Auf der anderen Seite – exemplarisch bei TH. HOBBES – wird das Problem, welches Prozesse aktiver G. lösen sollten, an den Staat als äußeren Vermittlungsmechanismus delegiert. Im Unterschied zum synthetischen Charakter direkter G. treten dadurch moralische Innerlichkeit und Konformität mit positiven Gesetzen auseinander [7]. Obgleich bei Hobbes ein Teil der «natürlichen Gesetze» auf der Evidenz der G.-Forderung beruht [8], gelten sie unverbrüchlich nur «in foro interno», während die politische Institution ihr Gelten in «foro externo» garantieren soll [9]. Überflüssig wird damit der aktive Vollzug von G., solange nur die grundlegende Friedensforderung erfüllt wird.

Rationale Allgemeinheit oder «Allseitigkeit» gewinnt innerhalb der bürgerlichen Gesellschaft den Vorrang vor G., welche zum Regulativ verblaßt. Es wird herrschende Überzeugung, daß Allgemeinheit G. einschließe, während G. Allgemeinheit nicht zu begründen vermöge. Real korrespondiert dem die Auflösung der korporativen gesellschaftlichen Nahverhältnisse durch die modernen abstrakten Verkehrsformen.

Die Skepsis gegen Institutionalisierungen auf der Basis der G. wird selbst von G. W. F. HEGEL geteilt – trotz seiner Theorie der Konstitution des Selbstbewußtseins in Prozessen gegenseitiger Anerkennung [10] und trotz des spekulativen Begriffs von «Versöhnung» als «gegenseitiges Anerkennen, welches der absolute Geist ist» [11]. Während der Begriff des «allgemeinen Selbstbewußtseins» für Hegel Allgemeinheit mit G. identifiziert – es hat «die reelle Allgemeinheit als G. so ..., als es im freien Anderen sich anerkannt weiß und dies weiß, insofern es das Andere anerkennt und es frei weiß» [12] – trennt seine Rechtstheorie Anerkennen und G.: «Anerkennen hat nicht den Grund der G. Ich anerkenne [das Eigentum] nicht darum, weil du es anerkennst und umgekehrt, sondern der Grund dieses gegenseitigen Anerkennens ist die Natur der Sache selbst. Ich anerkenne den Willen des anderen, weil er an und für sich anzuerkennen ist» [13]. Damit sind frühe Versuche Hegels, Gesellschaft nach dem Modell des sittlichen Verhältnisses der Liebe zu rekonstruieren, abgeschlossen [14]. Dem entspricht die in einer Randnotiz festgehaltene Deutung des Kampfes um Anerkennung: «Barbarisches Verhältnis ist die erste Stufe zur Kultur» [15] – die entwicklungsgeschichtliche Lokalisierung markiert die Trennung von Genesis und Geltung des Selbstbewußtseins.

Inflationär ist dagegen das Stichwort der G. in den physiokratischen Konstruktionen eines als «communication réciproque» definierten «commerce» [16], welcher alle nicht «natürlichen» Institutionalisierungen aufheben und die ursprüngliche Reziprozität von Bedürfnis und Befriedigung auf der Ebene des Ausgleichs der Interessen des fortgeschritten sozialisierten Menschen wiederherstellen soll. Als Mittel dazu erscheint die an der «goldenen Regel» der G. ausschließlich orientierte Einheit von Ökonomie, Recht und Moral. Wenngleich schon der junge MARX beispielsweise Destutt de Tracys Begriff der Gesellschaft als einer «Reihe von wechselseitigen échanges», als «Bewegung der wechselseitigen Integration» kritisiert, weil er «die entfremdete Form des geselligen Verkehrs als die wesentliche und ursprüngliche und der menschlichen Bestimmung entsprechende fixiert» [17], behält der Begriff des «commerce» auch für die Marxsche Theorie eine positive Bedeutung [18], solange er nicht zu abstrakten Gerechtigkeits- und G.-Spekulationen Anlaß gibt [19]. In der liberalen Reduktion aller Verhältnisse auf die Wechselseitigkeit im Austausch ist ein Prozeß eingeleitet, an dessen vorläufigem Ende steht: «Alles Ständische und Stehende verdampft, alles Heilige wird entweiht, und die Menschen sind endlich gezwungen, ihre gegenseitigen Beziehungen mit nüchternen Augen zu sehen» [20].

Daß der Begriff der G. symptomatisch sowohl zur Legitimation einer sich als natürlich verstehenden bürgerlichen Ordnung wie zur Krise des Vertragsdenkens in seiner Verschränkung von Tauschgerechtigkeit und Herrschaft gehört, erhellt aus dem Versuch J.-J. ROUSSEAUS, den Begriff eines «reinen», vom Herrschaftsvertrag abgelösten Gesellschaftsvertrages zu bilden, der änigmatisch einen «totalen Tausch» [21] rückhaltloser G. entwirft: «Chacun de nous met en commun sa personne et toute sa puissance sous la suprême direction de la volonté générale; et nous recevons en corps chaque membre comme partie indivisible du tout» [22]. Die Allgemeinheit des Willens soll auf die G. der Verpflichtung gegründet werden, in genauer Umkehrung des dann von Hegel betonten Verhältnisses von Recht und G.: «... les engagements qui nous lient au corps social ne sont obligatoires que parce qu'ils sont mutuels ...» [23]. Die totale, rückhaltlose G. im permanenten Vollzug ist das einzige Mittel der Herstellung von Gleichheit [24].

Es charakterisiert auch spätere Versuche einer Umstülpung der bürgerlichen Ordnung mit den Mitteln des Bestehenden, daß G. als der Hebel gilt «pour déplacer l'axe de la civilisation», wie der Theoretiker des «Mutualismus» P.-J. PROUDHON programmatisch für eine neue Sozialwissenschaft formuliert [25]. Die Durchsetzung vollkommener G. ist zugleich die Ergänzung der einseitigen ökonomischen Ordnung des Profits, wie die Rückkehr zur «ursprünglichen Praxis», zum «fundamentalen A = A», einer Durchdringung von Privateigentum und Gemeineigentum [26]. «Privateigentum ist Nicht-G. und Nicht-G. ist Diebstahl ... Aber Gemeineigentum ist auch Nicht-G., weil es die Negation einander entgegengesetzter Begriffe ist; es ist immer noch Diebstahl. Zwischen Privateigentum und Gemeineigentum könnte ich eine ganze Welt konstruieren» [27] – auf der Basis der Mutualität, welche die Tauschordnung mit der Rechtsordnung wieder versöhnt [28]. Die Formen der Verwirklichung – «un dédale d'inventions et de systèmes» – dieser «umgekehrten Anwendung des antiken

Vergeltungsrechts» sind die «Institutionen des Mutualismus»: «gegenseitige Versicherung, gegenseitiger Kredit, gegenseitige Unterstützungen, gegenseitiger Unterricht, sowie gegenseitige Verbürgung des Absatzes, des Tausches, der guten Beschaffenheit und des gerechten Preises der Waren usf. Das ist es, woraus der Mutualismus mit Hilfe gewisser Institutionen ein Staatsprinzip, ein Staatsgesetz, ich möchte sogar sagen, eine Staatsreligion machen will ...» [29]. Bei Proudhon und in der mutualistischen Fraktion des Anarchismus wird der Versuch gemacht, die mißlungene Synthese von Freiheit und Gleichheit von der Brüderlichkeit her und durch G. zustande zu bringen. P. KROPOTKINS Untersuchung über ‹Gegenseitige Hilfe in der Tier- und Menschenwelt› (Mutual Aid), die der auf Darwin sich berufenden Fixierung der Disposition zur Konkurrenz (T. H. HUXLEY [30]) opponiert, deutet die natürlichen und historischen Erscheinungsformen der G. als Beweis für die spontanen Grundlagen der Brüderlichkeitsinstitutionen [31].

Einsam bleibt im 19. Jh. FR. NIETZSCHES Protest gegen die liberale Sozialmoral, die sich aus der zuletzt mythologischen Form der Komplexion der Motive von Vergelten, Strafen, Tauschen, Äquivalenz und Gleichheit im Gedanken der G. rechtfertigt. Gegen J. St. Mill polemisiert Nietzsche im Nachlaß der Achtziger Jahre: «Ich perhorresziere seine Gemeinheit ..., welche den ganzen menschlichen Verkehr auf G. der Leistungen begründen will ... Hier wird die Äquivalenz der Werte von Handlungen vorausgesetzt bei mir und bei dir ... Die ‹G.› ist eine große Gemeinheit; gerade daß etwas, das ich tue, nicht von einem andern getan werden dürfte und könnte, daß es keinen Ausgleich geben darf (außer in der ausgewähltesten Sphäre der ‹meines-gleichen›, inter pares –), daß man in einem tieferen Sinne nie zurückgibt, weil man etwas Einmaliges ist und nur Einmaliges tut – diese Grundüberzeugung enthält die Ursache der aristokratischen Absonderung von der Menge, weil die Menge an ‹Gleichheit› und folglich Ausgleichbarkeit und ‹G.› glaubt» [32]. In den Abhandlungen zur Genealogie der Moral deutet Nietzsche den «‹Willen zur G.›, zur Herdenbildung, zur ‹Gemeinde›, zum ‹Zönakel›» [33] als eine Gestalt des Willens zur Macht der Schwachen: «Wenn man nach den Anfängen des Christentums in der römischen Welt sucht, so findet man Vereine zur gegenseitigen Unterstützung, Armen-, Kranken-, Begräbnis-Vereine, aufgewachsen auf dem Boden der damaligen Gesellschaft, in denen mit Bewußtsein jenes Hauptmittel gegen die Depression, die kleine Freude, die des gegenseitigen Wohltuns gepflegt wurde – vielleicht war dies damals etwas Neues, eine eigentliche Entdeckung» [34]. Der Wille zur G. ist für Nietzsche Moment einer von Herrschaft zu Herrschaft sich bewegenden Geschichte, während er sich selbst als die Überführung von Gewaltverhältnissen in friedliche Nahverhältnisse begreift, welche durch Organisationsformen reziproken Verhaltens universell erweiterbar sind [35].

Anmerkungen. [1] ARISTOTELES, Eth. Nic. 1132 b 21ff.; vgl. Polit. 1261 a 30f. – [2] Polit. 1280 b 29ff. – [3] Eth. Nic. 1133 a 1ff. – [4] D. HUME: A treatise of human nature (1739/40) III, 11, 2, hg. L. A. SELBY-BIGGE (Oxford 1888) 490. – [5] ebda. – [6] a.a.O. 489. – [7] Vgl. R. K. MAURER: Platons ‹Staat› und die Demokratie (1970) 285. – [8] TH. HOBBES: Leviathan I, 14, 15, hg. M. OAKESHOTT (Oxford 1960) 85ff. 93ff. 99f.; vgl. M. SAHLINS: Philos. politique de l'«Essai sur le don». Hobbes et Mauss, L'Homme 8 (1968) 5-17. – [9] HOBBES, a.a.O. [8] 103. – [10] G. W. F. HEGEL: Phänomenol. des Geistes (1806/07), hg. J. HOFFMEISTER (⁶1952) 141-150; vgl. HABERMAS, Arbeit und Interaktion a.a.O. [10 zu 1]. – [11] HEGEL, Phänomenol. a.a.O. 471. – [12] Enzyklop. (1830) § 436, hg. F. NICOLIN/O. PÖGGELER (1959) 353. – [13] Philos. Propädeutik (1809/11) 1. Abschn. Rechtslehre § 11, hg. K. ROSENKRANZ. Werke, hg. GLOCKNER 3, 61. – [14] Vgl. HABERMAS, a.a.O. [10 zu 1]. – [15] G. W. F. HEGEL: Bewußtseinslehre (1808/09). Werke, hg. E. MOLDENHAUER/K. M. MICHEL 4, 79. – [16] E. DAIRE: Physiocrates (Paris 1846, ND Genf 1971) passim; vgl. Art. ‹Commerce› und ‹Homme (Morale)›, in: Encyclop. ..., hg. DIDEROT/D'ALEMBERT. – [17] K. MARX: Auszüge aus Mills ‹Elémens ...› (1844). MEW Erg.Bd. 1 (1968) 451. – [18] z. B. MEW 27, 453. – [19] Das Kapital I. MEW 23, 99f. Anm. – [20] Komm. Manifest, in: K. MARX: Die Frühschriften, hg. S. LANDSHUT (1964) 529. – [21] Vgl. L. ALTHUSSER: Sur le Contrat Social, Cahier pour l'Analyse 8 (Paris o. J.) 5-42. – [22] J.-J. ROUSSEAU: Du contrat social (Amsterdam 1762) I, 6. – [23] a. a. O. II, 4. – [24] Vgl. unter dem Gesichtspunkt der G.: L. SEBAG: Marxismus und Strukturalismus (1967) 12f. 15f. 114f. – [25] P. J. PROUDHON, L'organisation du crédit et de la circulation, zit. nach Art. ‹Mutuellisme›, in: Grande Encyclop. (Paris o. J.) 24, 650f. – [26] ebda. – [27 Solution du problème social, in: Oeuvres (Paris 1897) 6, 131. – [28] Vgl. De la capacité politique des classes ouvrières (Paris 1865). – [29] a. a. O. 69f. – [30] T. H. HUXLEY: The Struggle for Existence, in: The 19th century, Febr. 1888. Neu-A. hg. A. MONTAGU (Cambridge, Mass. o. J.). – [31] P. KROPOTKIN: Mutual Aid (New York 1902), dtsch. hg. G. LANDAUER (1908). – [32] FR. NIETZSCHE: Werke, hg. K. SCHLECHTA (o. J.) 3, 670; vgl. 3, 658. – [33] a. O. 2, 876. – [34] ebda. – [35] Vgl. M. FOUCAULT: Nietzsche, la généal., l'hist., in: Hommage à Jean Hyppolite (Paris 1971) 157.

3. Die *ethnologische und anthropologische* Theorie der G., die vor allem von B. Malinowski, M. Mauss und C. Lévi-Strauss entwickelt worden ist, knüpft nicht nur an vereinzelte Motive der traditionellen Reflexion der Problematik an, sie vollendet vielmehr mit unterschiedlichen Tendenzen die Zurückdrängung der G.-Ordnungen ins Archaische und Vorzivilisatorische. Indem jedoch die ‹primitiven› Gesellschaften als sozialstrukturelle Realisierungen von G.-Beziehungen und -Prozessen analysiert werden, die die Qualitäten des Institutionellen – Dauer und Stabilität – aufweisen, um deretwillen G. verdrängt wurde, wird das Verdrängte zugleich aktualisiert.

Gegenüber bedächtigeren, Reziprozität als ein methodologisches Prinzip definierenden Untersuchungen von Verwandtschaftsordnung, Ökonomie und Recht primitiver Gesellschaften [1] kennzeichnet die genannten Autoren eine sehr weitreichende Verallgemeinerung von G.- oder Reziprozitätsstrukturen und deren Deutung als Ausdruck eines fundamentalen Prinzips des Gesellschaftlichen. C. LÉVI-STRAUSS hat die moderne Ethnologie geradezu mit der «Theorie der G.» identifiziert: «Für das ethnologische Denken bleibt sie heute begründet auf einer so festen Unterlage, wie es in der Astronomie die Gravitation ist» [2]. Zugleich ist bei ihm wie bei M. MAUSS die Beziehung auf die politischen G.-Spekulationen des Mutualismus in Anspielungen gegenwärtig [3]: Wenn die primitiven Gesellschaften als «friendly societies» bezeichnet werden, so verweist dieses Synonym der «mutual aid societies» auf die politische Intention des Mutualismus; ihr wird freilich die vorpolitische Organisation primitiver oder archaischer Gesellschaften unterlegt [4].

Die Verschränkung von politischer und anthropologischer Theorie wird jedoch explizit kaum reflektiert; sie drückt sich vielmehr in der an Begriff und Theorie der G. besonders augenfälligen Ambiguität von Bruch und Kontinuität zwischen primitiven und zivilisierten Gesellschaften aus. Ein Leitmotiv der Diskussion über gesellschaftliche Strukturen auf der Basis der G. ist dabei die Opposition von Reziprozität und Hierarchie [5], welche die Thematik der G. ins Zentrum der ethnologisch-anthropologischen Institutionentheorie rückt.

R. THURNWALD hat das «Prinzip der G.» – bezeichnenderweise als das der «Vergeltung» – wohl zuerst formuliert: « Die Symmetrie von Handlungen nennen wir das Prinzip der Vergeltung. Dieses liegt tief verwurzelt im menschlichen Empfinden – als adäquate Reaktion – und ihm kam von jeher die größte Bedeutung im sozialen Leben zu» [6]. Spätere, kaum abweichende Formulierungen [7] katalogisieren die Modifikationen des Prinzips so umfassend, daß nahezu alle sozialen Erscheinungen darunter subsumierbar werden: Zu seinen elementaren Ausprägungen rechnet die «bio-psychische Verzahnung» in der Arbeitsteilung der Geschlechter, die gegenseitige Fürsorge innerhalb und zwischen den Generationen, Altersklassen usf.; die Verwandtschaftsstrukturen schließen weitverzweigte G.-Verpflichtungen ein, die den Verwandtschaftstermini wie den Heiratsbräuchen Sinn geben; Vergesellschaftung durch G. ist allgemein ein sozialer Anlaufmechanismus und treibendes Motiv in allen Formen des Austauschens – von direktem und gleichzeitigem Austausch von Dingen gleicher Qualität, über den gestundeten Austausch (in dem das Geld zunächst Stundungssymbol ist) bis zum Austausch von Leistungen und Dingen unterschiedlicher Qualität; in der Organisation von Abhängigkeitsverhältnissen zeigt sich die G. im Schutz-gegen-Treue-Verhältnis zwischen Herr und Gefolgsleuten [8]. Demnach ist G. nicht nur konstitutiv wirksam in den Nahverhältnissen einfacher Gesellschaften, sondern ebenso in komplexen, funktional ausdifferenzierten und geschichteten Gesellschaften – es handelt sich für Thurnwald und seine Nachfolger um einen elementaren «Kulturmechanismus», dem eine obsessiv an Gleichgewichtsvorstellungen orientierte Sozialpsychologie nachgeht, welche alle gesellschaftlichen Sachverhalte in letzter Instanz an die «adäquate nervöse Reaktion» binden will [9].

Im Anschluß an Thurnwalds frühe Formulierung des «Prinzips der Vergeltung», jedoch kritisch gegen dessen sozialpsychologische Deutung, grenzt B. MALINOWSKI die Rechtssphäre in primitiven Gesellschaften als spezifische Domäne der G. aus [10]. Die Analyse von Tauschritualen hatte eine in die Gesamtstruktur des gesellschaftlichen Prozesses eingelassene soziale Funktion sichtbar werden lassen, die als ein funktionales Äquivalent des Rechts gedeutet werden konnte [11]. Vor der Ausbildung selbständiger Rechtsinstitutionen mit äußerer Sanktionsgewalt ist es der Mechanismus der G., der Verpflichtungen schafft, das Verhältnis von Rechten und Pflichten reguliert und Sanktionen setzt [12]. Verallgemeinert ist der Mechanismus der G. ein elementares Modell der Aufrechterhaltung sozialer Normen [13]. Die Akzentuierung des Rechtscharakters der G. in primitiven Gesellschaften wendet sich dabei gegen Thesen wie die vom primitiven Kollektivismus, gegen den Begriff des Kollektivbewußtseins und gegen die entwicklungsgeschichtliche Theorie des Urkommunismus (ebenso wie gegen deren aktuelles Pendant) [14]. Malinowski betont den «rationalen» Charakter der auf G. beruhenden Sozialordnungen, die auch in ihnen vorausgesetzte individuelle Interessenorientiertheit und Interessenkalkulation sowie den weiten Spielraum heterogener individueller Bedürfnisse [15], so daß sich das spezifische Unterscheidungsmerkmal primitiver und moderner Sozialbeziehungen auf den hohen Grad der Konformität gegenüber G.-Normen reduziert. Malinowskis Modell der Aufrechterhaltung sozialer Normen exponiert die liberale Idee einer interventionslos funktionierenden Marktordnung. Durch die mechanische Deutung der G. als Selbststeuerungsmechanismus reduziert sich die Idee herrschaftsfreier (durch das Fehlen einer Zentralinstanz charakterisierter) Gesellschaften auf das Konzept einer Konstitution des gesellschaftlichen Allgemeinen durch Anpassung unter dem Druck heterogener Interessen: «Die Aufrechterhaltung einer gegebenen sozialen Ordnung wird durch Reziprozitätsmechanismen auch ohne Vermittlung einer Instanz ermöglicht: der Druck der Einzelinteressen führt zu einer Reduzierung des abweichenden auf die Linie des erwarteten Verhaltens» [16].

Derartige Reduktionen hat M. MAUSS in seiner Theorie des archaischen Austauschs [17] schon dadurch abgewehrt, daß er die empirisch nur bruchstückhaft greifbaren Merkmale des archaischen «Gabentausches» als Momente eines Phänomens eigener, fundamentaler Ordnung – von ihm «phénomène social total» genannt [18] – konstruiert. Der Gabentausch ist ein soziales Totalphänomen nicht bloß in dem extensiven Sinne, daß er sich nicht nur auf bestimmte Güter und Leistungen, sondern auf die Gesamtheit von materiellen und immateriellen Dingen, Leistungen usf. erstreckt, und nicht nur Individuen, sondern Familien, Clans, Stämme, also das soziale System in seiner Totalität erfaßt. Er ist ein soziales Totalphänomen vor allem durch die synthetische Funktion, welche in der dreifachen Verpflichtung sich ausdrückt «zu geben, zu nehmen, wiederzugeben» [19]. Diese Struktur von G., die LÉVI-STRAUSS das «Problem der Ethnologie» schließlich als «ein Problem der Kommunikation» fassen läßt [20], führt hinter die – von der Soziologie E. DURKHEIMS zugespitzten – begrifflichen Oppositionen von Zwang und Freiwilligkeit, Individuum und Gruppe, Ding und Vorstellung zurück – auf eine institutionelle Realität, in welcher Spontaneität und mechanischer Charakter der G. miteinander verschmolzen sind. Die begriffliche Ambiguität aus der Perspektive traditioneller Unterscheidungen schlägt sich in zwei konkurrierenden Deutungen des Gabensystems nieder: Einmal erscheint es als eine der unterscheidenden und trennenden Rationalität vorausliegende symbolische und magische Identifikation von Personen und Sachen, zum anderen als eine eigene Gestalt von Rationalität, welche an die Stelle des Abstandes der Fremdheit friedlichen Ausgleich treten läßt [21]. Das Prinzip des Geschenktauschs muß «für jene Gesellschaften charakteristisch gewesen sein, welche ... noch nicht das Stadium des reinen Individualvertrages, des Geldmarktes, des eigentlichen Verkaufs erreicht haben, und vor allem nicht zum Begriff des festen Preises und des gewogenen und gemünzten Geldes gelangt sind» [22]. Ist damit die historische Zäsur bezeichnet, die die G.-Ordnungen begrenzt, so eignet ihnen gleichwohl jene Qualität des Archaischen, welche sie unterschwellig mit der Gegenwart verbindet [23].

Unter dem Gesichtspunkt des Verhältnisses von Theorie der G. und anthropologischer Institutionentheorie stehen sich heute, ausgehend von den gleichen Befunden, zwei Positionen undiskutiert gegenüber. LÉVI-STRAUSS hat das «Prinzip der Reziprozität» [24] zum einzigen Fundament sozialer Organisation durch die These universalisiert, daß das den Übergang von der Natur zur Kultur markierende Inzestverbot nur die Kehrseite der positiven Regelung der Exogamie sei, die ihrerseits auf dem Prinzip der Reziprozität beruhe. Dieses erhält sich durch die «institutionellen Gebäude» hindurch wirksam, die eine kontingente Realität sind: Bewußte Institutionalisierung von Verhalten und Handlungszielen kann den unbewußten Mechanismus der Integration des Ich und des Anderen, welcher sich auf der Ebene von Sprache und Sozialstruktur an den bewußt nicht kontrollierten Schichten des Verhaltens vollzieht, nur von außen, eher störend als fördernd, beeinflussen. Die strukturalistische Analyse der auf Reziprozität beruhenden Sozialordnungen ist anti-institutionalistisch, sie rechnet freilich mit einer Tendenz zur «Ordnung», die sich spontan einspielt.

Demgegenüber betont A. GEHLEN, daß «anthropologisch fundamental» die Tatsache ist, «daß Verhaltensweisen aktiver G. die einzige Möglichkeit bieten, um einen sozialen Zusammenhang herzustellen und festzuhalten, wenn keine feste staatliche Herrschaftsstruktur ein generelles Sollverhalten des Menschen auf sich zieht und somit ihr Verhalten gegeneinander in dem Sinne vergleichgültigt, daß das Bewußtsein vom Bestehen einer Sozialordnung genügt» [25]. Die Kategorie der «Entlastung» sichert auch gegenüber Verhaltensweisen aktiver G., die die Merkmale des Institutionellen im Übergang von Instinkt zu Institution bereits inkorporieren [26], den Primat eines bestimmten Institutionstypus – staatlicher Herrschaft. Die neuerdings von Gehlen verschärfte Polemik gegen die «humanitaristische Ethik», die die «Grundsätze der G.» über die Grenzen verwandtschaftlich konstruierter Sozialordnungen «erweitern» will [27], richtet sich nicht zuletzt gegen das institutionelle Potential von Verhaltensweisen aktiver G., das sich nicht restlos auf Institutionen vom Typ der staatlichen übertragen läßt. Daß G. institutionalisierbar ist, hat ethnologische Forschung nachgewiesen, ob darüber hinaus Institutionen unabdingbar sind, ist der Streitpunkt.

Anmerkungen. [1] Vgl. R. FIRTH (Hg.): Themes in economic anthropol. (London 1967) mit weiterer Lit. – [2] C. LÉVI-STRAUSS: Anthropol. structurale (Paris 1958); dtsch. Strukturale Anthropol. (1967) 180. – [3] Les structures élémentaires de la parenté (Paris ²1967). – [4] Vgl. M. MAUSS: Essai sur le don, in: Sociol. et anthropol. (Paris ²1968) 285ff.; dtsch. Die Gabe (1968) 157ff. – [5] Vgl. C. LÉVI-STRAUSS: Reciprocity and hierarchy. Amer. Anthropologist 46 (1944); La théorie du pouvoir dans une société primitive, in: Les doctrines politiques modernes (New York 1947) 41-63. – [6] R. THURNWALD: Die Gemeinde der Bánaro (1921), Teilabdr. in: R. KÖNIG/A. SCHMALFUSS (Hg.): Kulturanthropol. (1972) 190. – [7] Die menschl. Gesellschaft in ihren ethnosoziol. Grundlagen 5 (1934) 5. 6. 43. – [8] G. im Aufbau und Funktionieren von Gesellungen, in: E. JURKAT (Hg.): Reine und angewandte Soziol. (1936) 275-297. – [9] Vgl. auch Beiträge zur Analyse des Kulturmechanismus (1936/37), in: W. E. MÜHLMANN/E. W. MÜLLER (Hg.): Kulturanthropol. (1966) 356-391. – [10] B. MALINOWSKI: Crime and custom in savage society (London 1926) 24ff. – [11] a. a. O. passim; vgl. Argonauts of the Western Pacific (London 1922). – [12] a. a. O. [10] 23. 26. 28-29. 31-32. 39. 46-47. 67-68. – [13] Vgl. CH. SIGRIST: Regulierte Anarchie (1967) 112ff. – [14] MALINOWSKI, a. a. O. [10] 3. 41f. 55f. – [15] a. a. O. passim; vgl. H. SCHELSKY: Systemfunktionaler, anthropol. und personfunktionaler Rechtsbegriff, in: Jb. für Rechtssoziol. und Rechtstheorie 1 (1970) 39ff. 69-76. – [16] SIGRIST, a. a. O. [13] 115. – [17] MAUSS a. a. O. [4]. – [18] 147; vgl. C. LÉVI-STRAUSS: Introd. à l'œuvre de Marcel Mauss a. a. O. XXIVff. – [19] MAUSS, a. a. O. [4] 161ff. 205ff. – [20] LÉVI-STRAUSS, a. a. O. [4] XXXIII. – [21] SAHLINS, a. a. O. [8 zu 2] 5-17. – [22] MAUSS, a. a. O. [4] 119. – [23] Vgl. 157ff. – [24] C. LÉVI-STRAUSS: Les structures élémentaires de la parenté (Paris ²1967) Kap. V u. passim. – [25] A. GEHLEN: Die Sozialstrukturen primitiver Gesellschaften, in: A. GEHLEN/H. SCHELSKY (Hg.): Soziol. (1966) 17f. – [26] Urmensch und Spätkultur (²1964) 45-50 u. passim. – [27] Moral und Hypermoral (1969) 47ff. 79ff.

H. H. RITTER

Gegenstand (lat. obiectum, ital. oggetto, frz. objet, engl. object; vgl. Art. ‹Objekt›)

I. Der Ausdruck ‹G.› wird seit dem 16. Jh. in der heutigen Bedeutung, seit dem 18. Jh. philosophisch auch für ‹obiectum› verwendet, das zuerst mit ‹Gegenwurf› übersetzt wurde. Sofern die Ausdrücke ‹G.›, ‹Gegenständlichkeit›, ‹gegenständlich› von Philosophen in alltagssprachlicher Bedeutung verwendet werden, können sie alles meinen, wovon überhaupt die Rede ist. Von einem einigermaßen festgelegten Gebrauch dieser Ausdrücke kann nicht gesprochen werden. Gegenständlichkeit kann mit Bestimmtheit überhaupt zusammenfallen, wobei manche Philosophen sich mit der Frage beschäftigen, ob man auch bei widersprechenden Begriffen von G. sprechen kann (z. B. bei einem runden Viereck). In einem engeren Sinn (insbesondere in transzendentalphilosophischen Positionen) wird das Gegenständliche nur mit dem unmittelbar Gegebenen identifiziert, während die Vermittlung (durch das transzendentale Ich) als nicht-gegenständlich betrachtet wird. Fraglich ist auch, ob das unmittelbar Gewisse (das einzelne Dies, Hier und Jetzt, das nach Hegel nur gemeint, aber nicht ausgesagt werden kann) als G. bezeichnet werden darf. Im engsten Wortsinn wird nur das Ontische im Sinne eines Erfahrungsgegenstandes als G. betrachtet. Bei mehreren Philosophen erhielt jedoch der Ausdruck ‹G.› systembedingt eine spezifische und fundamentalphilosophisch relevante Bedeutung, in der sie geschichtsmächtig wurde.

Das trifft zunächst aufgrund seines transzendentalkritischen Anliegens für KANT zu: «Es sind aber zwei Bedingungen, unter denen allein die Erkenntnis eines Gegenstandes möglich ist, erstlich Anschauung, dadurch derselbe, aber nur als Erscheinung, gegeben wird: zweitens Begriff, dadurch ein Gegenstand gedacht wird, der dieser Anschauung entspricht» [1]. Da Kant Anschauung und Begriff völlig von der Transzendentalität des Subjekts her versteht, deren Funktion sich in der transzendentalen Ästhetik und Logik darstellt, ergeben sich für seinen G.-Begriff folgende Konsequenzen: Der apriorische Konnex von logischer (kategorialer) und ästhetischer (sinnlicher) Synthesis bringt es mit sich, daß ein jeder G. «unter den notwendigen Bedingungen der synthetischen Einheit des Mannigfaltigen der Anschauung in einer möglichen Erfahrung» steht [2], womit für die theoretische Erkenntnis jeder nicht-erscheinende (etwa metaphysische) G. unmöglich wird. Nun aber faßt Kant stets die in der ‹Kritik der reinen Vernunft› analysierte Erkenntnis als «unsere» Erkenntnis, womit er die menschlich-endliche G.-Konstitution von der absoluten intellektuellen Anschauung abhebt. Im Sinne dieser Differenz ist der «für uns» erkennbare G., das Phaenomenon in der Synthesis von Anschauung und Begriff, nicht der «Gegenstand an sich selbst» [3]. Obwohl der G. an sich selbst «für uns» unerkennbar bleibt, ist seine grenzbegriffliche Konzeption als «Noumenon, im negativen Verstande» legitim und notwendig, sofern er nur in negativer Bedeutung verstanden wird [4]. Während also Kant einerseits den G. kritisch auf die Anschauung als Bedingung des Begriffs einschränkt, hält er andererseits der für «unsere» theoretische Erkenntnis unmöglichen Metaphysik den Platz frei, der ihr von der praktischen Vernunft her zukommt. Diese Differenz im G.-Begriff bei Kant garantiert insofern den Unterschied von absolutem und endlichem Subjekt, von absoluter (kreativer) und endlicher G.-Konstitution. Alle folgenden philosophischen Auffassungen von G. bestimmen sich letztlich von dieser Differenz her.

Den Hauptvertretern des *Deutschen Idealismus* mußte diese Differenz notwendig als Inkonsequenz erscheinen; sie wird im absoluten Vermittlungsanspruch des Systems beseitigt. In diesem Sinne resultiert etwa bei FICHTE der G. aus der produktiven Einbildungskraft als Selbstbegrenzung des Ich: «Das Bewußtsein des G. ist nur ein nicht dafür erkanntes Bewußtsein meiner Erzeugung einer Vorstellung vom G.» [5]. Bei SCHELLING setzt sich diese Entwicklung fort, so besonders in der Unterscheidung zwischen «gegenständlich» und «urständlich» (in ähnlichem Sinn, wie im gegenwärtigen Philosophieren von «gegenständlichem» und «nicht-gegenständlichem» Denken und Erkennen die Rede sein kann) [6]. Resultat dieser Entwicklung ist die völlige Aufhebung der Kantischen Differenz und die Überwindung der Subjekt-Objekt-Relation in der Dialektik HEGELS, wo diese Differenz als Unterschied des transzendentalen und des ontologischen Moments in der Bewegung des Begriffs verschwindet: «Der G. ist vielmehr in einer und derselben Rücksicht das Gegenteil seiner selbst: für sich, insofern er für anderes, und für anderes, insofern er für sich ist. Er ist für sich, in sich reflektiert, Eins; aber dies für sich, in sich reflektiert, Eins sein ist mit seinem Gegenteile, dem Sein für ein Anderes, in einer Einheit und darum nur als Aufgehobenes gesetzt; oder dies Fürsichsein ist ebenso unwesentlich als dasjenige, was allein das Unwesentliche sein sollte, nämlich das Verhältnis zu anderem» [7]. Seit Hegel und insbesondere bei FEUERBACH und im *Marxismus* spielen die Begriffe der Gegenständlichkeit und der Vergegenständlichung eine bedeutsame Rolle besonders im Zusammenhang mit dem Problem der Entfremdung.

Aus anderen Gründen verschwindet die geschilderte Differenz im Kantischen G.-Begriff im *Neukantianismus* der Marburger und der Badener Schule. Auf das «Bewußtsein überhaupt» (RICKERT) hin betrachtet, das an die Stelle der ursprünglichen Synthesis der transzendentalen Apperzeption bei Kant tritt, ist G. radikal als Produkt des ihn erschaffenden Denkens gefaßt, wobei eine Unterscheidung von G. an sich und G. im Sinne des Kantischen Phaenomenon sinnlos wird. Der G. resultiert somit aus der Transzendentalität der immanenten logischen Gesetze der reinen Vernunft, für welche die Mannigfaltigkeit der Empfindungen nicht als Erkenntnisfaktor, sondern lediglich als eine aufgegebene, unbekannte, zu bestimmende Größe fungiert. In diesem panlogistischen Sinne resultiert der G. aus der Erkenntnis: «Er muß für sie in ihr immer erst erzeugt werden, seine Gegebenheit muß erzeugt werden» (COHEN [8]). «Der G. ist nicht gegeben, sondern vielmehr aufgegeben; aller Begriff vom G., der unserer Erkenntnis gelten soll, muß erst sich aufbauen aus den Grundfaktoren der Erkenntnis selbst, bis zurück zu den schlechthin fundamentalen» (NATORP [9]). Während es vor allem die Intention der Marburger Schule war, Gegenständlichkeit überhaupt als Resultat logischer Relationen zu fassen, wurde für die Badener Schule die Thematisierung einer von der (theoretischen) Gegenständlichkeit völlig verschiedenen G. Weise bedeutsam: «Den realen G. stehen Wert- und Sinngebilde als das Andere, Unwirkliche gegenüber. Sie machen zusammen mit dem Wirklichen erst das Ganze der Welt aus» (RICKERT [10]).

Weit bedeutsamer für das G.-Verständnis der Gegenwart wurde jedoch die von BRENTANO ausgehende Entwicklung. Als Schlüsselbegriff für seine G.-Konzeption fungiert die Intentionalität, die er als die allen psychischen Vorgängen typische «Beziehung auf einen Inhalt», die «immanente Gegenständlichkeit», die «Richtung auf ein Objekt» faßt [11]. Der Inhalt des (psychischen) Aktes ist ein G., der als dem Denken innewohnender «intentional» besteht. Nach der Weise der Inexistenz des intentionalen G. in einem Akt klassifiziert Brentano die psychischen Vorgänge in Akte des Vorstellens, des Urteilens, des Liebens oder Hassens. Von dieser immanenten (intentionalen) Gegenständlichkeit zu unterscheiden ist der transzendenten G., auf den sich die erstere bezieht. Vor allem der späte Brentano betont, daß dieser transzendente G. ausschließlich Reales, Ding, Substantielles im Sinne der klassischen Ontologie sei. Alle anderen vermeintlichen Gegenständlichkeiten seien prinzipiell auf verschiedene Bewußtseinsweisen reduzierbar. Brentano setzt sich damit klar von der G.-Theorie seines Schülers MEINONG ab, der schlechthin alles, worauf sich Akte richten, als G. faßte und so aus verschiedenen Aktarten verschiedene G.-Arten ableitete und klassifizierte. Diese G.-Arten werden bei Meinong so gefaßt, daß «die den G. erfassenden Erlebnisse ... nicht etwa als für den G. irgendwie konstitutiv anzusehen sind» [12]. Die als Ersatz für die Ontologie ausgegebene G.-Theorie vermochte in der Tat jede ontologische Problematik aus dem G.-Begriff auszutreiben.

Von Brentano und Meinong beeinflußt, wirkte die Phänomenologie HUSSERLS maßgeblich auf den philosophischen G.-Begriff der Gegenwart. Dabei ist zu unterscheiden zwischen dem G.-Problem der phänomenologischen Methode und der Anwendung dieser Methode auf die G.-Konstitution. Als den G. der phänomenologischen Methode betrachtet Husserl von Anfang an die immanente und insofern adäquate Gegebenheit des bewußten Geschehens in der phänomenologischen Reflexion. Während jedoch in den ‹Logischen Untersuchungen› der G. der Phänomenologie als das psychischreale Erlebnisfeld des reflektierenden Subjekts gefaßt wird, klammert die transzendental-phänomenologische Reduktion schlechthin alles ein, was nicht als noetisch-noematisch Gegebenes zum reinen Bewußtsein gehört, nämlich die Generalthesis der natürlichen Einstellung und damit die Existenz. G. der phänomenologischen Methode ist somit nur noch das reine Korrelationsverhältnis intentional-leistender Noesen und noematischer Korrelate, womit Husserl ein G.-Feld phänomenologischer Analysen zu besitzen glaubte, welches die totale Aufklärung transzendentalen Lebens und gegenstandskonstitutiver Leistung zu ermöglichen vermag, «das reine Bewußtsein in seinem absoluten Eigensinn» [13]. Die Intentionalität, die Husserl über Brentano hinaus im Sinne der noetisch-noematischen Korrelation interpretiert, ist somit gewissermaßen der G. schlechthin für die phänomenologische Methode. In der Anwendung dieser Methode auf die Intentionalität wird die G.-Konstitution in der Weise thematisch, daß die Analyse der noetischen Akte eidetisch die Genesis der noematischen Gegenständlichkeit erhellt. Zu beachten ist dabei der Unterschied zwischen dem G., «welcher intendiert ist», und dem G., «so wie er intendiert ist» [14], wobei letzteres mit ‹Sinn› bezeichnet wird. Husserls Analysen zur G.-Konstitution führten zur Unterscheidung folgender Haupttypen von G.: Der reale G. wird vom idealen G. unterschieden, wobei für den realen G. bezeichnend ist, daß er sich «im Wahrnehmungsakte in schlichter Weise konstituiert» [15]; er ist also «in einer Aktstufe da» [16], was nicht heißt, daß diese Aktstufe nicht weiter analysierbar ist; sie ist jedoch prinzipiell nicht fundiert in anderen Akten. Für den idealen G. ist typisch, daß er sich immer in einem fundierten synthetischen Akt konstituiert. Jeder derartige Akt ist also in anderen und letztlich in sinnlichen Akten fundiert. Eine Hauptgliederung des idealen G. unterscheidet den kategorialen G. vom eidetischen G. der Wesensanschauung. Der empirischkategoriale G. konstituiert sich in einem Akt, der fundiert ist in jeweils bestimmten sinnlichen Akten, während der rein-kategoriale G. auf eine Fundierung in beliebig vorgestellten sinnlichen Stoffen verweist (z. B. *S* ist *p*). Bei der Wesenserschauung geht es um einen fundierten gegenstandskonstitutiven Akt, der aus der eidetischen Variation als Deckungssynthesis resultiert. Hingewiesen sei auf die bedeutsamen Analysen Husserls bezüglich des logischen und des mathematischen G. Schon bei Husserl, aber besonders bei SCHELER spielt die Unterscheidung zwischen dem G. theoretischer Akte und dem G. emotionaler Akte, dem Wert (Wertfühlen), eine wichtige Rolle.

Eine gewisse Bedeutung kommt jenen vorwiegend von der Existenzphilosophie geprägten Philosophen zu, welche die theoretisch-technische Beziehung auf einen G. im weitesten Sinne abwerten und ihr ein völlig anders geartetes «ungegenständliches» Bezogensein als das «Eigentliche» gegenüberstellen. Diese Tendenz geht letztlich auf die Differenz im G.-Begriff bei Kant zurück, kommt aber auch bei Fichte (‹Die Bestimmung des Menschen›) wenn auch nur peripher zum Ausdruck und erlangte Bedeutung in der «positiven Philosophie» Schellings. Sie war bestimmend für die Hegelkritik Feuerbachs und Kierkegaards. Hauptvertreter dieser Tendenz wurden MARCEL, EBNER, BUBER, ROSENZWEIG, GOGARTEN, HEIM und in gewisser Hinsicht JASPERS. Die für diese Denker grundlegende und eigentliche Dimension des Ungegenständlichen betrifft durchwegs die zwischenmenschliche (dialogische) oder die religiöse Beziehung, in welcher die Unmittelbarkeit des begegnenden (göttlichen oder menschlichen) Du radikal unterschieden ist von aller gegenständlichen Erkenntnis. In diesem Sinne führen die Unterscheidungen von Existenz und Objektivität (MARCEL), Ich-Du und Ich-Es (BUBER), Existenz und Dasein (JASPERS) zu einem G.-Verständnis, in welchem der Mensch, sofern er gegenständlich bezogen ist, geradezu in einem defizienten Modus seines Menschseins steht, während das Un-gegenständliche, Irrationale die Bewandtnis des Eigentlichen erhält. Diese Un-gegenständlichkeit des Eigentlichen führt dann unvermeidlich zur Kompetenz-, ja Belanglosigkeit jeder letztlich notwendig gegenständlichen (philosophischen, theologischen) Vermittlung.

In jüngster Zeit hat GLOCKNER unter dem Titel ‹Gegenständlichkeit und Freiheit› das G.-Problem zum fundamentalphilosophischen Grundproblem gemacht. Er versteht ‹G.› folgendermaßen: «Ich will darunter das einzelne Bestimmte verstehen, d. h. Alles und Jedes, als Etwas, während Inderweltsein den Zustand absoluter und durchgängiger Bestimmtheit bezeichnet. In der Welt sein bedeutet also: G. unter G.en sein, Etwas sein, d. h. etwas Bestimmtes, etwas durch anderes in bestimmter Weise Bestimmtes und seinerseits Bestimmendes. Jeder G. modifiziert andere» [17].

Anmerkungen. [1] I. KANT, KrV B 125. – [2] a. a. O. 197. – [3] 306. – [4] 308f. – [5] J. G. FICHTE: Die Bestimmung des Menschen (1800), hg. TH. BALANFF/I. KLEIN, in: Reclams Universal-Bibl. (1962) 58. – [6] F. W. J. SCHELLING: Münchener Vorles.: Cartesius. Werke, hg. M. SCHRÖTER 5, 88. – [7] G. W. F. HEGEL: Phänomenol. des Geistes (1806), hg. J. HOFFMEISTER (1952) 99. – [8] H. COHEN: Ästhetik des reinen Gefühls (1912) 1, 78. – [9] P. NATORP: Platons Ideenlehre (²1921) 367. – [10] H. RICKERT: System der Philos. (1921) 1, 102. – [11] F. BRENTANO: Psychol. vom empirischen Standpunkte (1874) 1, 124f. – [12] A. VON MEINONG: Selbstdarstellung, in: Dtsch. Philos. der Gegenwart in Selbstdarst. (1921) 1, 102f.; vgl. Über die Stellung der G.-Theorie im System der Wiss. (1907). – [13] E. HUSSERL: Ideen zu einer reinen Phänomenol. und phänomenol. Philos. 1 (1913). Husserliana 3 (Den Haag 1950) 118. – [14] Log. Untersuch. 2/1 (1901, zit. ²1913) 400. – [15] a. a. O. 2/2, 145. – [16] 146. – [17] H. GLOCKNER: Ges. Schr. Gegenständlichkeit und Freiheit ... 1: Fundamentalphilos. (1963) 43.

E. HEINTEL/A. ANZENBACHER

II. Die heutige *Logik* versteht unter ‹G.› alles dasjenige, dem ein Prädikator zugesprochen werden kann oder worauf man sich durch Eigennamen (s. d.), Kennzeichnungen (s. d.) oder deiktische Handlungen beziehen kann [1].

Dieser Wortgebrauch geht vornehmlich auf G. FREGE zurück, der zwischen Begriff und G. unterscheidet [2]. Ein G. fällt dann nach Frege unter einen Begriff (Subsumtion), wenn er die Merkmale, die den Begriff konstituieren, als Eigenschaften besitzt [3]. L. WITTGENSTEIN bestimmt G. als bloßen «Scheinbegriff», der einen nicht näher bestimmten Prädikator *P* in «dies *P*» vertritt, ebenso R. CARNAP [4].

W. KAMLAH schlägt vor, den Ausdruck ‹G.› synsemantisch einzuführen [5], indem z. B. in der deiktischen Aussage «dies ist eine Flöte» das grammatische Demonstrativpronomen ‹dies› um das Hilfswort ‹G.› verlängert wird, so daß die Aussage jetzt lautet: «dieser G. ist eine Flöte», ohne daß sich dabei der «Inhalt» der Aussage geändert hat. Prinzipiell kann also das Hilfswort ‹G.› wegfallen. Nur des syntaktischen Vorteils einer bequemeren Formulierungsmöglichkeit wegen kann nach Kamlah weiterhin von ‹G.› die Rede sein.

Anmerkungen. [1] Vgl. z. B. W. KAMLAH und P. LORENZEN: Logische Propädeutik (²1967) 42. – [2] G. FREGE: Die Grundlagen der Arithmetik (1884); Über Begriff und G. Vjschr. für wiss. Philos. 16 (1892) 192-205. – [3] a. a. O. 201. – [4] L. WITTGENSTEIN: Tractatus logico-philosophicus 4. 1272.; R. CARNAP: Der logische Aufbau der Welt (²1961) 1; vgl. K. LORENZ: Elemente der Sprachkritik (1970) 165 Anm. 42. – [5] KAMLAH und LORENZEN, a. a. O. [1] 39-44.

A. VERAART

Gegenstandstheorie ist für A. MEINONG die umfassende «Wissenschaft vom reinen Gegenstand» [1]. Dabei soll «Gegenstand» nicht mehr durch den Bereich des Wirklichen begrenzt, sondern universell geöffnet für alles werden, worauf sich menschliche Akte intentional richten können. In diesem Sinne unterscheidet Meinong G. und Metaphysik: «Metaphysik hat ohne Zweifel mit der Gesamtheit dessen zu tun, was existiert. Aber die Gesamtheit dessen, was existiert, mit Einschluß dessen, was existiert hat und existieren wird, ist unendlich klein im Vergleiche mit der Gesamtheit der Erkenntnisgegenstände» [2]. Dem stellt Meinong die Theorie des reinen Gegenstandes gegenüber mit dem Anspruch, daß sie frei von jeder besonderen Erfahrung «daseinsfrei» und a priori auf das von empirischer Existenz unabhängige Wesen von Vorgestelltem und Gedachtem und so auf evidente Beziehungen von Gegenständen geht [3]. «Soll ich in betreff eines Gegenstandes urteilen können, daß er nicht ist, so scheine ich den Gegenstand gewissermaßen erst einmal ergreifen zu müssen, um das Nichtsein von ihm aussagen, genauer es ihm zuurteilen oder es ihm aburteilen zu können» [4]. Damit wird zugleich ein Hinweis auf Möglichkeiten zur näheren Charakterisierung des Gegenstandsbegriffs gegeben: bereits in der Etymologie des Wortes zeige sich die nicht zu beseitigende Spannung des Gegen-stehens von Erkenntnissubjekt und -objekt, die im Begriff des Gegenstands gleichsam aufbewahrt wird [5]. Von der Seite des Subjekts sind hierbei die den Gegenstand erfassenden Erlebnisse gemeint, welche zu seiner Bestimmung erforderlich, für den Gegenstand selbst aber in keiner Weise konstitutiv sind [6]. In diesem Sinne unterscheidet Meinong an Hand der Einteilung der «Elementarerlebnisse»: Vorstellen, Denken, Fühlen, Begehren, vier «Hauptklassen der erfassenden Erlebnisse»; er charakterisiert sie durch die «Hauptgegenstandsklassen» [7]:

Elementar-erlebnisse:	Vorstellen	Denken	Fühlen	Begehren
Hauptgegen-standsklassen:	Objekte	Objektive	Dignitative	Desiderative

Für alle «Gegenstände höherer Ordnung» gilt das «Prinzip der obligatorischen Infima» [8]. Dies besagt, daß Superiora jederzeit wieder Inferiora zu den nächst höheren Superiora abgeben; die so gebildeten Ordnungsreihen bleiben «nach oben stets unabgeschlossen und führen in der entgegengesetzten Richtung auf Infima» [9]. Neben den Objekten, die als Gegenstandsklasse den Vorstellungen gegenüberstehen, spricht Meinong von Objektiven, die den Urteilen und Annahmen, dem Denken gegenüberstehen [10]. Ähnlich werden die nächsten Gegenstandsklassen der Dignitative und Desiderative beschrieben [11]. Zu den Dignitativen zählt Meinong das Wahre, das Schöne und das Gute; als Desiderative erkennt er das Sollen und den Zweck.

Meinongs Theorie der reinen Gegenstände hat bereits in ihrer Frühphase sowohl Widerspruch als auch Anerkennung hervorgerufen. – Daß seine Arbeiten zur G. insbesondere in *England* sogleich besondere Beachtung fanden, liegt insofern nah, als seine ersten umfassenden Voruntersuchungen zur G. [12] von den Problemen des angelsächsischen psychologischen Empirismus ausgingen. Während etwa B. RUSSELL in seiner Rezension der Abhandlung ‹Über G.› (1904) [13] die These Meinongs, Philosophie könne sich nicht ausschließlich mit existierenden Dingen beschäftigen, einerseits anerkannte und als originelle und fruchtbare Einsicht würdigte, konzentrierte sich andererseits seine eigentliche Kritik auf die Konzeption der «unmöglichen Gegenstände» [14]. Mit dem Vorwurf, daß durch jene Gegenstände der Bereich des Seienden unnötig vermehrt werde, hatte sich MEINONG bereits 1904 auseinandergesetzt: Es sei dies das «Vorurteil zugunsten der Wirklichkeitserkenntnis», das uns hindere, den gesamten Bereich wissenschaftlicher Erkenntnismöglichkeiten angemessen zu beschreiben [15]. – 1910 bezeichneten die *amerikanischen* «Neurealisten» den Urheber der G., neben B. Russell und G. E. Moore als ihren philosophischen «big brother» in Europa [16]. – Unbeschadet grundsätzlicher Selbständigkeit haben sich besonders A. HÖFLER [17], A. OELZELT-NEWIEN [18], E. MARTINAK [19] und E. MALLY [20] mit der Weiterentwicklung bzw. Modifikation der G. beschäftigt.

Anmerkungen. [1] A. MEINONG, in: Die Philos. der Gegenwart in Selbstdarstellungen, hg. R. SCHMIDT (²1923) 13. – [2] Über G. (1904). Gesamt-A. = GA 2 (1971) 486. – [3] a. a. O. [1] 14. – [4] a. a. O. [2] 491; vgl. Über die Stellung der G. im System der Wiss. (1907) 16; B. RUSSELL: Rez. von Über G., in: Mind (1905) 532f. – [5] R. FREUNDLICH: Die beiden Aspekte der Meinongschen G., in: Meinong-Gedenkschr., hg. R. RADAKOVIC u. a. (1952) 22. – [6] MEINONG, a. a. O. [1] 112. – [7] a. a. O. [2] 517ff. – [8] a. a. O. [1] 13. – [9] ebda. – [10] Über Annahmen (²1910) 14. – [11] Über emotionale Präsentation. Sber. Wien. Akad. Wiss. 183 (1917) § 11. – [12] Hume-Stud. Zur Relationstheorie. GA 2, 1–72. – [13] RUSSELL, a. a. O. [4] 530. – [14] On denoting (1904); vgl. Philosophenbriefe A. Meinong, hg. R. KINDINGER (1965) 150–153. – [15] MEINONG, a. a. O. [2] 494. – [16] R. M. CHISHOLM: Realism and the background of phenomenol. (1959). – [17] A. HÖFLER: Die unabhängigen Realitäten. Kantstudien 12 (1907) 361–392. – [18] A. OELZELT-NEWIEN: Die unabhängigen Realitäten. Philos. u. philos. Kritik 129 (1906) 113–135. – [19] E. MARTINAK: Psychol. Untersuchungen zur Bedeutungslehre (1901). – [20] E. MALLY: Gegenstandstheoretische Grundlagen der Logik und Logistik. Z. Philos. Sonderh. (1912).

Literaturhinweise. A. MEINONG s. Anm. [2]. – B. RUSSELL s. Anm. [4]. – E. MALLY s. Anm. [20].   D. FRIEDRICHS

Gegenteil eines *Begriffes* A heißt ein Begriff, der sich zu A *ausschließend, widersprechend* oder *widerstreitend* verhält; ‹G.› einer *Aussage* p heißt eine Aussage q, wenn zwischen beiden die *Exklusion* p/q (s. d.) oder die *Kontravalenz* p›—‹q (s. d.) besteht oder wenn p und q in *Widerstreit* (s. d.) stehen.   A. MENNE

Gegenwart (griech. παρουσία, lat. praesentia). – 1. *Wortgeschichtlich* [1] bezeichnet ‹G.› Räumliches; das Adjektiv (bis ins 14. Jh. ‹gegenwart›) wurde früh auf Zeitliches angewandt, aber in übertragener Bedeutung. Das seit NOTKER [2] durch ‹G.› wiedergegebene ‹praesentia› hatte im klassischen Latein die besondere Bedeutung von «Beistand», während ‹G.› zuerst feindlich Begegnendes meint. Beide Bedeutungen bezeichneten etwas meinem Zugriff Entzogenes; jedoch ist das lateinische ‹ens› statisch, während das deutsche ‹-wart›, wie immer auch abzuleiten, dynamisch ist.

2. Für den philosophischen Begriff sind aus der Vorgeschichte bedeutsam: a) der *juristische* Gebrauch zur Bezeichnung von Verhältnissen zwischen Vorgesetzten und Untergebenen [3] (bis hin zu ‹Repräsent ...›); b) damit oft verbunden der *theologische* Gebrauch von ‹G. (eines) Gottes›, auch für das Eingehen des Ewigen in die Zeit, besonders für die «wirkliche G.» Christi in der Eucharistie, deren Deutung in Reform und Reformkatholizismus [4], die durch den Gebrauch von ‹gegenwirtig/gegenwärtigkeit› in der Mystik [5] beeinflußt wird, den Begriff ‹innere G.› begründete. Der in der Theologie häufig verwendete Begriff ‹Parusie› meint jedoch weniger G. als vielmehr «Dasein», «Angekommensein», «Erscheinen» [6]. Die Ersetzung von ‹G.› durch ‹Anwesenheit› [7] wurde in diesem Bereich neuerdings befördert durch den niederländischen Sprachgebrauch; c) ist der *grammatikalische* Gebrauch zu erwähnen [8] (auch hier bis zum Ende des 18. Jh. ‹gegenwärtige Zeit› aus ἐνεστὼς χρόνος = τὰ παρόντα; letzterem entspricht das Adjektiv ‹praesentia›, das Dinge oder Zeiten bezeichnet und durch den Gleichlaut mit dem Substantiv den Unterschied zwischen Inhalt und Form verschleiert).

3. Eine frühe deutschsprachige Wiedergabe der scholastischen Lehre von der praesentia, nach der Gott in allen Dingen gegenwärtig ist [9], sagt: «G., in so ferne sie von Creaturen gesagt wird, bestehet in derjenigen Relation, da eine Sache mit der andern so zugleich existieret, daß sie sich mit ihrem Wesen bey derselben entweder nahe oder nicht nahe befindet» [10]. Bei KANT hat ‹G.› noch vorzugsweise räumliche Bedeutung [11]. Die 1745 erstmalig belegte zeitliche Bedeutung von ‹G.› kannte ADELUNG noch nicht, wenn er G. definiert als den «Zustand, da man durch seine eigene Substanz, ohne moralische Mittelursachen, ja ohne alle Werkzeuge an einem Orte wirken kann» [12]. Die dynamische Interpretation rückte ‹G.› näher an ‹Wirklichkeit›. Das Begreifen der G. ist für FICHTE [13] wie für HEGEL [14] Aufgabe der Philosophie und meint das Begreifen der eigenen Zeit und Wirklichkeit. Dagegen flieht NIETZSCHES Zarathustra von den «Gegenwärtigen», die sich mit ihrer «Wirklichkeit» brüsten [15]. Die Annäherung von ‹G.› an ‹Wirklichkeit› legte den Grund für die Bestimmung von G. als «intensives Dasein»: «Die G. allein ist uns Glück und (Hoch)gewinn» [16]. Bei GOETHE dient die reiche G.-Terminologie zur Bezeichnung von vorwiegend menschlichen, subjektbezogenen Zuständen und Beziehungen mit Hervortreten der zeitlichen Bedeutung [17].

4. In der *philosophischen* Lehre von der Zeit [18] hat ‹G.› das ältere «Jetzt» (νῦν, nunc, nun) nicht ersetzt. So heißt es bei M. HEIDEGGER: «Das vulgäre Zeitverständnis sieht das Grundphänomen der Zeit im Jetzt und zwar dem in seiner vollen Struktur beschnittenen, puren Jetzt, das man G. nennt» [19]; und A. NEUHÄUSLER: «Wir scheuen uns nicht, die Aktualität objektiver Daten ‹Gegenwärtigkeit› zu nennen und dementsprechend das Jetzt ‹G.› – einfach weil diese Ausdrücke einen so spezifischen Bezug zum bewußten Zeiterleben haben, daß wir ihnen diesen Bezug gern lassen möchten» [20]. Die entscheidende Wendung der Zeitlehre zum existentiellen G.-Begriff war die Lehre, daß G. nicht ein Punkt [21] ist, sondern der Horizont [22], innerhalb dessen ich etwas gut oder schlecht machen kann. Die rein zeitliche Bedeutung von ‹G.› ist am historischen Bereich orientiert, etwa in H. HEIMPELS Unterscheidung von jeweiliger, dauernder, einmaliger und unserer G. [23] oder in Wortzusammensetzungen mit ‹G.› (z. B. G.-Probleme usw.) [24]. Der moderne philosophische Begriff entspringt der Verquickung des in ‹présence› und ‹present› Unterschiedenen auf Grund der Verbindungen der Hochschätzung des Selbst(seins, also meiner Geistes-G.) mit der politischen G. (‹modern›, ‹aktuell›, ‹zeit-›, d. h. gegenwartsgemäß›, ‹neu›), hat also primär zeitliche, positive und dynamische Bedeutung (s. o. 1). Das Interesse verlagert sich von der als «bloßer» G. abgewerteten physisch-historischen Es-G. auf die Ich-G., so bei H. BERGSON: «Mon présent consiste dans la conscience que j'ai de mon corps» [25]. Ähnlich heißt es bei W. DILTHEY: «Was sich im Fluß der Zeit als Einheit der Präsenz bildet, weil es eine einheitliche Bedeutung hat, ist die kleinste Einheit, die wir als Erlebnis bezeichnen können» [26]. E. HUSSERL: «Wahrnehmung ist das Bewußtsein, eine G. sozusagen selbst beim Schopf zu fassen, ist originaliter gegenwärtigendes» Bewußtsein [27]. G. JACOBYS Definition steht heute praktisch allein da als Versuch einer «Gnoseologie» der G.: «Unter [ontologischer] G. verstehen wir eine von allem Erleben unabhängige, über die ganze Welt verbreitete Zeitregion, die jeweils alleinwirklich mithin die ganze Wirklichkeit zu sein beansprucht, in der all ihre Bestände gleichzeitig sind und in der der ontologische Bestand unserer jeweiligen Erlebniseinheit auftritt» [28]. Die Vorstellung von G. als Bühne ist mit der Erweiterung des G.-Horizontes ins Unendliche verbunden. AUGUSTINS Lehre von der G. von Vergangenheit und Zukunft [29], bei HEGEL erweitert zu der Theorie von der «wahrhaften G.» als «Ewigkeit» [30], beruhte auf der Erfahrung, daß auch in Raum und Zeit Abwesendes G. sein kann. Dieser Erfahrung trat die existentielle zur Seite, daß auch räumlich und zeitlich Anwesendes mir *nicht* G. zu werden braucht [31]. Hieraus leitet sich die tragische Interpretation von G. ab, z. B. bei N. BERDJAJEFF: «Die Melancholie dem Vergangenen gegenüber, das Entsetzen der Zukunft gegenüber, vergehen nur in der schöpferischen Aktualität der G. [russ. ‹nastojaschtscheje›, ein statischer Begriff]. Die größte Tragödie der menschlichen Existenz wird dadurch verursacht, daß der Akt, der im Augenblick der G. vollzogen wird, für die Zukunft, für das ganze Leben, vielleicht für ewig bindet» [32]. In diesem tragischen G.-Bewußtsein liefert E. GRISEBACH der dialektischen Theologie eine philosophische Grundlage: «Die G. gebietet allen unbegrenzten Ausdehnungsmöglichkeiten des Wesens jederzeit Halt» [33]. Die Unterscheidungen von «gegenwärtigen» und «vergegenwärtigen» (E. HUSSERL) oder von «G.» und «Gegenwärtigkeit» (H. CONRAD-MARTIUS) [34] konnten sich nicht durchsetzen. Da im Unterschied zum Es das Ich G. (in dem doppelten Sinne von span. ‹haber› und ‹tener›) «hat», bleibt der existentielle G.-Begriff zweideutig, was aber dann irrelevant wird, wenn die Nichtdeckung von G. und Gegenwärtigkeit nicht mehr wahrgenommen wird, wie in dem heutigen Begriff «Engagement»: Man beansprucht, in allem engagiert zu sein, was G. ist, und alles, worin man engagiert ist, ist G.

Anmerkungen. [1] H. HILDEBRAND: Art. ‹G.›, in: GRIMM IV/2 (1897) 2281-2292; dazu F. MAUTHNER: Wb. der Philos. (1923); TRÜBNER, Dtsch. Wb. (1937). – [2] E. SEHRT: Notker-Glossarium (1962); H. EGGERS: Lat./ahd. Wb. (1966) 4, 30. – [3] CH. DUCANGE: Glossarium 5 (1845) 409-411. – [4] J. HENNIG: Zur Stellung des Begriffs «gegenwärtig» in Religions- u. Geistesgesch. Z. f. Relig.- u. Geistesgesch. 17 (1965) 193-206. – [5] F. MAURER/F. STROH: Dtsch. Wortgesch. 1 (1943) 256-259. – [6] A. OEPKE: Art. ‹PAROUSÍA›, in: Theol. Wb. zum NT 5 (1954) 856-869; G. TEICHMÜLLER: Arist.-Forsch. 3: Gesch. des Begriffs Parusie (1873, ND 1964); vgl. Art. ‹Parusie (verzögerte)›. – [7] M. HEIDEGGER: Sein und Zeit (1927) 25. – [8] E. LESER: in Z. dtsch. Wortforsch. 15 (1914) 61. – [9] THOMAS VON AQUIN, S. theol. I, 8, 3; vgl. a. a. O. II/II, 188, 2 ad 3; 3 Sent. 22, 3, 1 ad 5. – [10] J. H. ZEDLER: Großes vollständiges Universal-Lex. 10 (1735) 594 unter Zitierung v. J. G. RAB(E)NER: Disp. de duratione et praesentia rerum (1708); ‹G.› in dtsch. Wb. des 17. u. 18. Jh. vgl. J. KRAUS: Wort und Begriff ‹G.› bei Goethe (1962) 6f. – [11] I. KANT: z. B. Träume eines Geistersehers (1766), Akad.-A. 2, 322f. – [12] J. CHR. ADELUNG: Versuch eines grammat.-krit. Wb. 2 (1755) 483. – [13] J. G. FICHTE, Werke, hg. MEDICUS 5, 558. – [14] G. W. F. HEGEL, Religionsphilos., hg. GLOCKNER 15, 293; Die Vernunft in der Gesch., hg. HOFFMEISTER (⁵1955) 182f. – [15] F. NIETZSCHE, Musarion-A. 13, 155ff. – [16] J. W. GOETHE: Faust II, 9382. Weimarer A. I/15, 112; vgl. ähnlich A. SCHOPENHAUER, Werke, hg. FRAUENSTÄDT/HÜBSCHER 2, 328f.; 3, 656; 5, 442ff. 465f.; 6, 289. – [17] Vgl. KRAUS, a. a. O. [10]. – [18] J. VOLKELT: Phänomenol. und Met. der Zeit (1925) 17, 29f. 63; R. REININGER: Philos. der Wirklichkeit (1947) § 16. – [19] HEIDEGGER, a. a. O. [7]. – [20] A. NEUHÄUSLER: Zeit und Sein (1957) 139. – [21] E. HUSSERL: Erfahrung und Urteil (1939) 467f. – [22] VOLKELT, a. a. O. [18] (nach W. JAMES: «saddle-back»); HEIDEGGER, a. a. O. [7] 368: «Spielraum»; vgl. über die existentiellen Anrainerbegriffe ‹Augenblick› (KIERKEGAARD) ‹Kairos› und ‹Heute› E. GRISEBACH: G. (1928) 552ff.; zum existenzphilos. G.-Begriff vgl. K. JASPERS: Philos. (1948) Sachverzeichnis. – [23] H. HEIMPEL: Der Mensch und seine Gesch. (1954); vgl. auch H. E. BECKER: G. als Aufgabe (1969) zum G.-Begriff bei W. Dilthey, J. Dewey, E. Grisebach, K. Jaspers und M. Buber; H. HERRMANN: Der Gegenwärtigkeitsgedanke bei Lessing, Schlegel und Hegel (1934). – [24] Wb. der G.-Sprache 2 (1967) 149f. – [25] H. BERGSON: Matière et mémoire (1896) 55. – [26] W. DILTHEY, Ges. Schr. 7 (1927) 194; vgl. 6 (1924) 315; 8 (1931) 14, 69. – [27] HUSSERLIANA 11 (1966) 304; vgl. zum Begriff «Gegenwärtigung› im Unterschied zu ‹Vergegenwärtigung› a. a. O. 10 (1966) 38f. – [28] G. JACOBY: Allg. Ontol. der Wirklichkeit 2 (1955) 524f. – [29] AUGUSTIN, Conf. XI, 28. – [30] G. W. F. HEGEL: Encycl. § 259 Zusatz. Werke, hg. GLOCKNER 9, 86; vgl. auch JASPERS, a. a. O. [22] 716; A. DARLAPP: Art. ‹G.-Weisen›, in: LThK² 4, 588-592. – [31] R. MEHL: La notion de présence. Rev. Hist. et Philos. relig. 38 (1958) 171-176. – [32] N. BERDJAJEFF: Ja i mir objektov (1934) 124; dtsch. Das Ich und die Welt der Objekte (1951) 173. – [33] GRISEBACH, a. a. O. [22] 147. – [34] H. CONRAD-MARTIUS: Die Zeit (1954) 15, 17; vgl. die Unterscheidung von zeitlicher und vollständiger G. bei H. SCHMITZ: System der Philos. 1: G. (1964) Kap. 2. 3.

J. HENNIG

Gegenwart, lebendige. Die Zeitform der l.G. [1] (auch ‹urtümliche, urphänomenale, urmodale, strömende Gegenwart›, ‹nunc stans› und anders genannt [2]) bezeichnet in der Spätphase der Phänomenologie E. HUSSERLS die Seinsweise des letztfungierenden transzendentalen Ich (Ur-Ich), d. h. der absoluten Subjektivität in ihrem Konstituierend- und nicht mehr Konstituiertsein [3]. Da der Bewußtseins- oder Erlebnisstrom mit seinen immanenten (reellen) Gehalten selbst noch ein in der Form der immanenten Zeit konstituiertes Gebilde ist [4], kann der Zugang zum letztkonstituierenden Ich nur durch eine Einklammerung der immanenten Zeithorizonte, d. h. durch eine Vertiefung der transzendentalphänomenologischen Epoché und Reduktion gewonnen werden [5]. Die transzendentale Selbsterfahrung wird damit einer abschließenden Kritik im Hinblick auf ihre möglichen adäquaten und apodiktischen Gehalte unterzogen [6]. Ergebnis dieser Kritik ist, daß die Zeitform des letztkonstituierenden Ich in apodiktischer Evidenz gegeben ist [7]. Das letztfungierende Ich ist der jeweils auf dieses Ich phänomenologisch Reflektierende selbst. Das Reflektieren hat den Charakter der Selbstidentifikation über einen ersten zeitlichen Abstand zwischen reflektiertem und reflektierendem Ich hinweg [8]. Daß «beide» Ich identisch sind, kann erst durch einen nachkommenden Reflexionsakt («Nachgewahren») [9] festgestellt werden. Zur Identifikation des in diesem Reflexionsakt fungierenden Ich mit dem vergangenen Ich, auf das es reflektiert, bedarf es einer weiteren nachfolgenden Reflexion usw. [10]. Das letztfungierende Reflektieren bekommt damit notwendig die Form einer endlosen zeitlichen Iteration [11]. Da diese notwendige Iteration ein Ineins von Selbstidentifikation und zeitlicher Ausbreitung des transzendentalen Ich darstellt, bekundet sich in ihr mit apodiktischer Evidenz, daß die Seinsweise des transzendentalen Ich als Ureinheit von stehender Identität und strömender Selbstobjektivation [12], d. h. als l.G. begriffen werden muß [13]. Als Strukturen dieser l.G. erweisen sich in den nachgelassenen Forschungsmanuskripten Husserls zu diesem Thema [14] die aus der phänomenologischen Zeitanalyse bekannten Urmodi des inneren Zeitbewußtseins: Urimpression, Retention und Protention [15]. Aufgrund seiner strömenden Selbstobjektivation oder «Verzeitlichung» tritt das transzendentale Ich der l.G. niemals als bloß konstituierend, sondern immer schon auch als ein in der immanenten Zeit Konstituiertes auf. Gemäß dem strömend-ständigen Doppelcharakter [16] der l.G. konstituiert sich das transzendentale Ich einerseits als das Vollzugs-Ich einzelner Akte in den jeweiligen Gegenwarten des Bewußtseinslebens, andererseits als der verharrend identische Pol [17], der im Strome des intentionalen Lebens als dessen allzeitliches Zentrum gegenwärtig ist. Da das Ich jeder jeweiligen Gegenwart und der verharrende Ichpol beide nur Selbstobjektivationen [18] der einen l.G. und somit identisch sind, schlagen sich im verharrenden Ichpol bleibende Bestimmungen des Ich, die es in seinen jeweiligen Einzelvollzügen erwirbt, als Habitualitäten [19] und Vermöglichkeiten nieder [20]. Infolgedessen liegen in jeder Bewußtseinsgegenwart des transzendentalen Ich alle Aktualitäten und Potentialitäten (Vermöglichkeiten) der Selbst- und Welterfahrung intentional beschlossen [21]. Das transzendentale Ich der l.G., das auf diese Weise durch notwendige Verzeitlichung seine volle Konkretion gewonnen hat, nennt Husserl Monade [22].

Anmerkungen. [1] Der Begriff tritt schon in E. HUSSERL: Zur Phänomenol. des inneren Zeitbewußtseins (1893-1917), Husserliana 10 (Den Haag 1966) 54 auf, ebenso in der Formulierung «Lebendige immanente Gegenwart» in: Ideen zu einer reinen Phänomenol. und phänomenol. Philos. 1. Buch. Husserliana 3 (Den Haag 1950) 108. – [2] Vgl. Werke der Sekundärlit. [5, 7, 13]; ein Beispiel eines späten Textes über die l.G. enthält: Phänomenol. Psychol. Husserliana 9 (Den Haag 1962) 475ff. – [3] Also desjenigen, wovon HUSSERL, Zur Phänomenol. ... a. a. O. [1] 75 noch gesagt hatte: «Für all das fehlen uns die Namen». – [4] Ideen ... 1. Buch a. a. O. [1] 198; Ideen ... 2. Buch. Husserliana 4 (Den Haag 1952) 102; Analysen zur passiven Synthesis. Husserliana 11 (Den Haag 1966) 204f. – [5] K. HELD: l.G. Die Frage nach der Seinsweise des transzendentalen Ich bei E. Husserl, entwickelt am Leitfaden der Zeitproblematik (Den Haag 1966) 66f.; vgl. E. HUSSERL: Erste Philos. (1923/24) 2. Teil. Husserliana 8 (Den Haag 1959) 411ff. – [6] Cartesiansche Meditationen und Pariser Vorträge. Husserliana 1 (Den Haag ²1963) 62; Erste Philos. a. a. O. [5] 80; Zur Phänomenol. ... a. a. O. [1] 339ff. – [7] Cartesianische Meditationen ... a. a. O. [6] 133; vgl. hierzu und zum Folgenden: TH. SEEBOHM: Die Bedingungen der Möglichkeit der Transzendentalphilos. (1962) 105ff. – [8] HUSSERL, Erste Philos. a. a. O. [5] 80ff. – [9] a. a. O. 89. – [10] Ideen ... 2. Buch a. a. O. [4] 101ff. – [11] Cartesianische Meditationen ... a. a. O. [6] 81; Erste Philos. a. a. O. [5] 442; vgl. schon Zur Phänomenol. ... a. a. O. [1] 119. – [12] a. a. O. 83; Erste Philos. a. a. O. [5] 412. – [13] HELD, a. a. O. [5] 74; G. BRAND: Welt, Ich und Zeit. Nach unveröffentlichten Ms. Edmund Husserls (Den Haag 1955) 75. – [14] Diese Ms. befinden sich im Husserl-Archiv zu Löwen (Belgien) und wurden zur Zeit der Abfassung dieses Wörterbuches für die Herausgabe in der ges. Werken vorbereitet. In größerem Umfange benutzt sind sie in den Werken der Sekundärlit. [5, 7, 13]. – [15] HUSSERL, Erste Philos. a. a. O. [5] 175. – [16] Die Krisis der europäischen Wiss. und die transzendentale Phänomenol. Husserliana 6 (Den Haag ²1962) 171. – [17] Ideen ... 2. Buch a. a. O. [4] 97ff. – [18] a. a. O. 102f. – [19] Cartesianische Meditationen ... a. a. O. [6] 100ff.; Phänomenol. Psych. a. a. O. [2] 208-215. – [20] Analysen zur passiven Synthesis. Husserliana 11 (Den Haag 1966) 360f. – [21] Erste Philos. a. a. O. [5] 86. 161. 470; Phänomenol. Psychol. a. a. O. [2] 475ff. – [22] a. a. O. 216f.; Ideen ... 2. Buch a. a. O. [4] 111; Cartesianische Meditationen ... a. a. O. [6] 102.

Literaturhinweise. G. BRAND s. Anm. [13]. – TH. SEEBOHM s. Anm. [7]. – K. HELD s. Anm. [5].   K. HELD

Gehabe(n) bezeichnet wie ἕξις und ‹habitus› ein mögliches subjektives Angeeignetsein des Verhaltens; ἕξις gehört schon zu den Aristotelischen Prädikamenten; diese ermöglichen als Kategorien die verschiedenen Arten von Aussagen, die von einem bestimmten Gegenstand gemacht werden können; die Bestimmung entsprechend solchen Kategorien legt den Gegenstand erschöpfend fest [1], d. h. jedes Ansichhaben und jedes Innehaben ist ein *Gegenstands*moment; wenn Habitus dann der Modus ist, wie ein X ein Y «hat» oder wie ein X sich selbst «hat», wie es sich in einem Zustand «hält» oder wie «es sich verhält» (se habet), dann ist G. die besondere Weise des Sichverhaltens, die einem X auf Grund von Gewöhnung und Übung zukommt; und dabei ist der Gegenstand, der durch dieses Prädikament bestimmt wird, das Subjekt einer möglichen Aussage, welches eine bestimmte Disposition besitzt oder erworben hat oder zu besitzen bzw. zu erwerben überhaupt in der Lage ist [2].

ARISTOTELES hat ἕξις mit διάθεσις (Disposition) zusammen behandelt; danach stellen G. und Gewohnheit je eigene Seinsweisen dar, die weiter reichen als die bloße Disposition, denn die Disposition besitzt einen transitorischeren Charakter als die erworbene und fest etablierte Gewohnheit, und die formgebende Leistung des G. bleibt nicht so akzidentiell wie die der Dispositionen. Dementsprechend ist es folgerichtig, wenn die scholastischen Begriffsanalysen ‹habitus› zu den Prädikamenten stellen und Haben wie G. stets dem Gegenstand zuschreiben, wobei diese Gegenstände im engeren Sinne Objekte oder Subjekte sein können [3]. Es gibt G. auf Grund eines Seinszustandes und G. auf Grund einer Tätigkeit; statusbezogen ist ein G. bei Gesundheit, Krankheit usw., tätigkeitsbezogen ist ein G., wenn es eine gewonnene Fertigkeit bezeichnet (Lesen, Rechnen usw.).

Anmerkungen. [1] ARISTOTELES, Top. I, 9, 103 b 20; Cat. 41 b 25. – [2] J. FERRATER MORA: Dicc. de filos. (Buenos Aires ³1951) 411: Art. ‹hábito›. – [3] G. FUNKE: Gewohnheit (1958, ²1961) 14.   G. FUNKE

Gehalt wurde seit dem 15. Jh. der Bestandteil der Münzen an Gold oder Silber genannt; LUTHER übertrug das Wort und die mit ihm verbundene Wertvorstellung auf den Menschen, um seine Amtswürde zu kennzeichnen [1]. Die metaphorische Übertragung wurde jedoch erst im 18. Jh. gebräuchlich, und J. L. FRISCH konnte 1741 ‹G.› mit lateinisch ‹valor› wiedergeben [2]. In der zweiten Hälfte des 18. Jh. erhielt dann ‹G.› die begriffliche Prägung im Bereich des Geistigen und der Ästhetik; ADELUNG erwähnt diesen Sprachgebrauch 1775 noch nicht [3], SCHILLER setzt 1781 für das Verständnis seiner ‹Räuber› bei Dichter und Leser einen gewissen «G. von Geisteskraft» [4] voraus. Zum Teil aufgrund seines noch bewußten metaphorischen Gebrauchs [5] blieb der Begriff in seinen Bedeutungsmöglichkeiten unbestimmt und ließ sich oft nur durch Beifügung oder Zusammensetzung prägnant gebrauchen: ‹geistiger G.›, ‹moralischer G.›, ‹epischer G.›, ‹Wahrheits-G.› usw. [6]. ‹G.› wird als Komplementärbegriff zu ‹Form› meist mit ‹Inhalt› gleichgesetzt, bewahrt aber in Wendungen wie «tiefer, körniger G.» [7] seine besondere Bedeutungs- und Wertnuance; als Begriff eines strukturellen, auf ein Ganzes bezogenen und es durchdringenden Denkens gewinnt ‹G.› erst in seiner jeweiligen Konkretion begriffliche Kontur und kann so, wie R. ZIMMERMANN feststellt, je nachdem «als Vollkommenheit, Wahrheit, sittliche Güte oder als Idee, als absoluter Geist, als Gott» [8] aufgefaßt werden.

Seinen Ursprung hat der ästhetische G.-Begriff im Kontext der idealistischen Philosophie. Die Verbindung von Kants formalistischem Idealismus [9] mit pädagogischen Implikaten der englischen Ästhetiker Home, Hutcheson und vor allem Shaftesbury [10] in SCHILLERS Ästhetik spiegelt sich auch in der Entwicklung des G.-Begriffs bei Schiller. Der Inhalt bzw. der Stoff – 1794 werden beide Ausdrücke synonym gebraucht [11] – soll durch die Form völlig vertilgt werden, um wahrhafte Schönheit entstehen zu lassen [12]. Als neuer Gegenbegriff zu ‹Form› erscheint nun auch ‹G.›, doch ist der Ausdruck zunächst noch nicht terminologisch fixiert. Zwar freut sich Schiller: «nie habe ich soviel G. des Gedankens in einer so glücklichen Form vereinigt» [13], aber in der Formulierung von 1794, daß man «auf den G. und nicht auf den Stempel sehen wird» [14], ist noch die Erinnerung an die ursprüngliche Wortbedeutung erhalten. Im selben Jahr spaltet Schiller Kants Prinzip der die Gemütskräfte bewegenden «ästhetischen Idee» [15], deren Inhalt von grundloser Tiefe sei [16], in ihre Komponenten auf: «Der wirkliche und ausdrückliche G., den der Dichter hineinlegt, bleibt stets eine endliche; der mögliche G., den er uns hineinzulegen überläßt, ist eine unendliche Größe» [17]. Diese Aufspaltung von intentionalem G. und interpolierbarem G., dessen Grenzwert der Inhalt wäre, wird 1795 im Begriff des «objektiven G.» versöhnt, der die Kräfte nicht bewegen darf, «wie sie wirklich sind» [18], sondern den Geist erweitert, dessen Tendenz ins Unendliche weisen muß [19]. Diese geistige Transzendierung des bestehenden Endlichen durch den G. bedarf als Voraussetzung der Vermittlung zwischen Kunstwerk und Mensch; sie ist im Begriff des «ästhetischen G.» geleistet, welcher enthalten ist «nur in der innigen Verbindung des Geistes mit dem Stoff und in der vereinigten Beziehung eines Produktes auf das Gefühlsvermögen und auf das Ideenvermögen» [20].

Aus der Dualität ‹Form-Stoff(Inhalt)› wird in der klassischen Ästhetik Schillers und auch GOETHES die Trias ‹Form-Stoff (bei Schiller z.T.: Inhalt)-G.›: «Die Besonnenheit des Dichters bezieht sich eigentlich auf die Form, den Stoff gibt ihm die Welt nur allzu freigebig, der G. entspringt freiwillig aus der Fülle seines Innern» [21]. Der G. als Lebens-G. des Künstlers [22] vermittelt sich der Rezeption des Lesers im formgelungenen Werk. «Der Grad seiner [des Poeten] Vollkommenheit beruht auf dem Reichtum, dem G., den er in sich hat und folglich außer sich darstellt, und auf dem Grad von Notwendigkeit, die sein Werk ausübt» [23]. Allerdings gelten diese Aussagen über den G. und seinen Begriffskontext uneingeschränkt nur für die Dichtung [24], obschon aus dem Ursprung aller Kunst im Genie die Gemeinsamkeit der Kunstwerke sich ableiten ließe: «Denn das Kunstwerk soll aus dem Genie entspringen, der Künstler soll G. und Form aus der Tiefe seines eigenen Wesens hervorrufen, sich gegen den Stoff beherrschend verhalten und sich der äußern Einflüsse nur zu seiner Ausbildung bedienen» [25].

Bei HEGEL ist die Unterscheidung zwischen Inhalt und G. meist auf Nuancierungen im dialektischen Prozeß begrenzt, die definitorisch schwer zu erfassen sind [26] (auch wenn sich ganze G.-Schulen auf Hegel berufen [27] und Lukács die zentrale Stellung dieses Begriffs für Hegels Ästhetik betont [28]). Die dem Begriff beigefügten Attribute ‹wesentlich› und ‹substantiell› [29] kennzeichnen die Vorstellung vom Kern, dem die Form entspringt [30]. Dieser Kern aber ist nur noch mittelbar im Genie, im Individuum [31], gedacht, in zweierlei Hinsicht. Einmal, indem dieser G. dem theoretischen Bewußtsein nicht mehr inkommensurabel bleibt, sondern im Gegenteil eine Stufe hin zum philosophischen G. markiert. Der ästhetische G. nämlich verbindet nur auf geringerer Stufe, als es jene der Konkretion im Begriff ist, die Allgemeinheit des Gedankens mit der äußeren Erscheinung zur individuellen Subjektivität: «die individuelle Subjektivität, welche einen substantiellen G. in sich trägt und denselben zugleich an ihr selber äußerlich erscheinen macht, steht in dieser Mitte, in der das Substantielle des Inhalts nicht abstrakt für sich seiner Allgemeinheit nach heraustreten kann, sondern in der Individualität noch eingeschlossen bleibt und dadurch wie einem bestimmten Dasein verschlungen erscheint – welches nun auch seinerseits, von der bloßen Endlichkeit und Bedingtheit losgewunden, mit dem Innern der Seele zu freiem Einklange zusammengeht» [32]. Zum andern ist der ästhetische G. mittelbar, weil er nicht mehr, wie noch selbstverständlich bei Goethe, ursprünglich individuell (das eigenste Innere des Künstlers) ist, sondern die Erscheinung der allgemeinen Substanz im besonderen Individuellen: der «Weltzustand» treibt, im Gegensatz zu sich, den «wesentlichen G.» in den Individuen hervor [33]. Damit ist der G. nur durch die Wahrheit des jeweiligen Weltzustandes wahrer G. [34]. Für ZIMMERMANN ist hier die pure Ästhetik überschritten, da nur der Einklang von Form und G., nicht die Grundlegung des G. eine ästhetische Frage sei [35]. Für HEGEL wiederum wäre eine solche Scheidung Willkür: «Denn der G. ist es, der, wie in allem Menschenwerk, so auch in der Kunst entscheidet. Die Kunst, ihrem Begriffe nach, hat nichts anderes zu ihrem Beruf, als das in sich selbst Gehaltvolle zu adäquater, sinnlicher Gegenwart herauszustellen, und die Philosophie der Kunst muß es sich deshalb zu ihrem Hauptgeschäft werden lassen, was dies Gehaltvolle und seine schöne Erscheinungsweise ist, denkend zu begreifen» [36].

F. TH. VISCHER sieht im G. zwei Momente: den «G. in der Seele des Künstlers» und den «Lebens-G. im Gegenstand» [37], der zusammen mit der Materie und dem Sujet den Stoff ausmacht: «Der Lebens-G. im historischen Stoff Wallenstein ist die zum Verbrechen schreitende Selbstüberhebung; und diesen Kern hat Schiller nicht weggelassen, sondern gefaßt; er scheint aus seinem Werk hervor wie aus einem durchsichtigen Körper ... Zum Lebens-G. schlägt sich der Geist des Auffassenden und vollzieht an ihm einen schöpferisch umbildenden Akt» [38]. Im Genie wird dieser G. zur Form und geht ganz in ihr auf [39]. Die primäre Zuordnung des G. zum Stoff ist Vischers Neuerung; sie ergibt sich unter dem Einfluß von Hegels Konzeption des den wesentlichen G. hervorbringenden Weltzustandes, löst aber den G.-Begriff, indem sie ihn auf den individuell-isolierten Stoff bezieht, zugleich aus dem philosophischen Zusammenhang, in den ihn Hegel gestellt hatte und den die Form-Inhalt-Diskussion der marxistischen Ästhetik noch einmal hergestellt hat [40]. Der Abstieg in die spätbürgerliche Ästhetik zeigt sich bei Vischer deutlich im Verlust der historischen Dimension Hegels: «Lebens-G. Darunter verstehen wir eben, was der Gegenstand seinem inneren Wesen nach ist, z. B. ein Baum, ein Tier. – Man kann dies auch Idee nennen, aber dieser Begriff hat unendliche Schwierigkeiten» [41]. Der «höchste» G. ist für Vischer die werdende Persönlichkeit [42], die «würdigsten» G. sind die «sittlichen Mächte des öffentlichen Lebens» [43].

Auch Vischer unterscheidet noch nicht scharf zwischen Inhalt und G. [44]. Dies unternimmt in der Musiktheorie E. HANSLICK: Für ihn hat die Musik, weil sie nur Form ist, keinen Inhalt (Gegenstand), wohl aber G.: «Mag man den ‹G.› nun mit Goethe als ‹etwas Mystisches an und über dem Gegenstand und Inhalt› des Dinges begreifen oder dem allgemeinen Verstand gemäßer als die substantiell wertvolle Grundlage, das geistige Substrat überhaupt, immer wird man ihn der Tonkunst zuerkennen, und in ihren höchsten Gebilden als gewaltige Offenbarung bewundern müssen» [45].

Die in der Geschichte des G.-Begriffs immer wieder begegnende Verbindung von psychischer Disposition und ästhetischem Gegenstand wird in der Ästhetik als psychologischer Wissenschaft thematisch [46]. J. VOLKELT hat diese Verbindung in den ersten beiden seiner vier ästhetischen Grundnormen behandelt: 1. Der psychologischen Bezeichnung «gefühlserfülltes Anschauen» entspricht der gegenständliche Ausdruck «Einheit von Form und G.», wobei das Anschauen der Form, das Fühlen dem G. zugeordnet wird [47]. 2. Der «Ausweitung unseres fühlenden Vorstellens» entspricht der «menschlich-bedeutungsvolle G.» [48]. Innerhalb dieses Systems, dessen prinzipiell abschließender Teil sinnvoll die Metaphysik der Ästhetik ist [49], versteht Volkelt «unter G. dasjenige an den Gegenständen, was von ihnen im ästhetischen Verhalten innerlich erlebt wird. G. ist die erlebte Bedeutung der Gegenstände» [50]. Die Mehrschichtigkeit dieses G.-Begriffs wird leicht übersehen, «weil bei G. immer nur an Vorstellungs- und Gedanken-G., nicht aber an den symbolischen Stimmungs-G. gedacht wird» [51]. Wahr jedoch ist der G. nicht allein dadurch, daß er vom Rezipienten des Kunstwerks erlebt wird, sondern er muß auch die «fühlende Vorstellung» des Rezipierenden ausweiten, er muß «menschlich-bedeutungsvoll» sein. Volkelt setzt damit «das Schöne und die Kunst» als Wert neben Sittlichkeit, Religion und Wissenschaft [52]: «Der G. eines Gegenstandes ist dann menschlich-bedeutungsvoll, wenn sich in ihm etwas vom Zweck und Wert des Menschlichen offenbart» [53].

Vor allem auf die Dichtungstheorien des 20. Jh. hat Volkelts G.-Begriff mittelbar Einfluß genommen. O. WALZEL beruft sich in der Grundlegung seiner morphologischen Theorie [54] auf ihn und auf Dilthey [55]. Er ersetzt den traditionellen Komplementärbegriff ‹Form› durch ‹Gestalt›, die er nach Volkelt als «Oberflächenerscheinung des Gegenstandes» in Gegensatz rückt zum G. als deren «erlebter Bedeutung» [56]. Allerdings ist für Walzel ein gesetzmäßiger Bezug zwischen G. und Gestalt begrifflich nicht zu erfassen [57]. Seine G.-Definition – in Anlehnung an die erste Volkelts – ist pauschal: «Zum G. zähle ich in einer Dichtung alles, was an Erkennen, Wollen, Fühlen in ihr enthalten ist oder von ihr erwirkt wird» [58]. Fast gleichzeitig schreibt, ebenfalls in der Nachfolge Diltheys, R. UNGER: «Es sind vor allem ... die elementaren Probleme des Menschenlebens, die großen, ewigen Rätsel- und Schicksalsfragen des Daseins, deren gestaltende Deutung den Kern-G. alles Dichtens bildet» [59]. Die fast tautologische Zusammensetzung ‹Kern-G.› belegt die Abnutzung des Begriffs, die Definition die Tendenz, ihn auf eine werkimmanente Bedeutung einzuschränken. W. KAYSER kann deshalb in neuer Unschuld schreiben, daß man unter G. «also die Gesamtheit der in einem Werk enthaltenen Probleme und Lösungen versteht» [60].

Überhaupt verliert im 20. Jh. ‹G.› zunehmend seine begrifflichen Konturen, wie etwa bei N. HARTMANN [61], oder ‹G.› bleibt ein rhetorisches Synonym für ‹Inhalt› in der Inhalt-Form-Diskussion, wie zum Teil in der marxistischen Ästhetik [62]. LUKÁCS freilich gibt dem Begriff innerhalb seiner Hegelkritik eine zentrale Stellung: Hegels «Theorie über die Priorität des G. bleibt ... bei einer Selbstbespiegelung des absoluten Geistes stehen und dringt nicht zur Widerspiegelung der von unserem Bewußtsein unabhängigen objektiven Wirklichkeit in dem Bewußtsein des sich geschichtlich wandelnden Menschen vor» [63]. Gemäß ADORNOS Konzeption, die Begriffe durch ihre Konkurrenz sich der Qualität von Namen annähern zu lassen [64], wird der G.-Begriff im dialektischen Stil, der den definitorischen aufgehoben hält [65], eingeebnet und doch der Sinn seiner Geschichte zugleich transponiert: «Was das Faktische am Kunstwerk transzendiert, sein geistiger G., ist nicht festzunageln auf die einzelne sinnliche Gegebenheit, konstituiert sich durch diese hindurch. Darin besteht der vermittelte Charakter des Wahrheits-G. Der geistige G. schwebt nicht jenseits der Faktur, sondern die Kunstwerke transzendieren ihr Tatsächliches durch ihre Faktur, durch die Konsequenz ihrer Durchbildung» [66].

Anmerkungen. [1] GRIMM IV/1 (1897) 2317f. – [2] J. L. FRISCH: Teutsch-lat. Wb. 1 (1741). – [3] ADELUNG: Versuch eines vollständigen grammat.-krit. Wb. der Hochdeutschen Mundart ..., 2 (1775). – [4] SCHILLER, Vorrede zur 1. Aufl. der ‹Räuber› (1781), in: Dichter über ihre Dichtungen. F. Schiller, hg. B. LECKE (1969f.) 1, 111. – [5] Vgl. a. a. O. 879. – [6] Vgl. 2, 745; SCHILLER, Briefe 1795-96. National-A. (= NA) (1969) 13. 145. 233. 258. 314; Sämtl. Werke (= SW) 5: Theoret. Schr. (1962) 722. 730. 740. bes. 778. – [7] GRIMM a. a. O. [1]; vgl. E. WILKINSON: ‹Form› and ‹Content› in the aesthetics of German classicism, in: Stil- und Formprobleme in der Lit., hg. P. BÖCKMANN (1959) 18ff. bes. 23. – [8] R. ZIMMERMANN: Gesch. der Ästhetik als philos. Wiss. (1858) 696. – [9] Vgl. G. LUKÁCS: Zur Ästhetik Schillers, in: Beitr. zur Gesch. der Ästhetik (1954) 11ff., bes. 40ff.; K. S. LAURILA: Ästhet. Streitfragen (Helsinki 1944) 227ff.; EMIL UTITZ: Gesch. der Ästhetik (1932) 45ff. – [10] Vgl. LUKÁCS, a. a. O. [9] 20. 42. – [11] SCHILLER im 22. Brief der ‹ästhetischen Erziehung›. SW 5, 639. – [12] Vgl. aber LAURILAS Hinweis auf die Kallias-Briefe, a. a. O. [9] 273f.; E. v. HARTMANN: Gesch. der dtsch. Ästhetik seit Kant (Leipzig o.J.) 26. – [13] SCHILLER: Brief vom 3. 11. 1789. LECKE, a. a. O. [4] 474. – [14] 879. – [15] KANT, KU § 49. Akad.-A. 5, 313ff. – [16] SCHILLER, SW 5, 1000f. – [17] a. a. O. 1001. – [18] Brief vom 25. 12. 1795. NA 145f. – [19] ebda. – [20] SW 5, 740. – [21] GOETHE, Hamburger A. (= HA) (1949ff.) 2, 178; vgl. WILKIN-

SON, a. a. O. [7] 19. – [22] SCHILLER, Brief vom 18. 6. 1796. NA 227. – [23] Brief vom 27. 3. 1801. LECKE, a. a. O. [4] 770. – [24] Vgl. GOETHE, HA 8, 290; SCHILLER, a. a. O. [18]. – [25] GOETHE, HA 8, 522. – [26] HEGEL, Ästhetik, hg. BASSENGE 1, 157f. – [27] Vgl. LAURILA, a. a. O. [12]; M. HAMBURGER: Das Form-Problem in der neueren dtsch. Ästhetik und Kunsttheorie (1915) 67ff. – [28] G. LUKÁCS: Hegels Ästhetik, als Nachwort in: HEGEL, Ästhetik a. a. O. [26] 599ff. – [29] HEGEL, a. a. O. [26] 157f. 197f. – [30] 498. – [31] LUKÁCS, a. a. O. [28] 599. – [32] HEGEL, a. a. O. [26] 158. – [33] 196ff., bes. 197; vgl. LUKÁCS, a. a. O. [28] 599f. – [34] Vgl. HEGEL, a. a. O. [26] 64. – [35] ZIMMERMANN, a. a. O. [8] 750. – [36] HEGEL, a. a. O. [26] 583. – [37] F. TH. VISCHER: Das Schöne und die Kunst, hg. R. VISCHER (1898) 60f. – [38] a. a. O. 63. – [39] 60. 77ff.; vgl. dazu F. TH. VISCHER: Ästhetik (1846) 1, §§ 56-59. – [40] Vgl. LUKÁCS, a. a. O. [28]; M. (S.) KAGAN: M. Kagan. Vorles. zur marxistisch-leninistischen Ästhetik (1971). – [41] VISCHER, a. a. O. [37] 100. – [42] Ästhetik 1, a. a. O. [39] 72. – [43] 75. – [44] Vgl. Das Schöne 61. 63.; Ästhetik 1, 150f. – [45] E. HANSLICK: Vom Musikalisch-Schönen (²1858) 116. – [46] Vgl. etwa SCHILLER, a. a. O. [17]. – [47] J. VOLKELT: System der Ästhetik 1 (1905) 370ff. – [48] a. a. O. 458ff. – [49] 31f. – [50] 392. – [51] 432. – [52] 458f. – [53] 462. – [54] O. WALZEL: G. und Gestalt im Kunstwerk des Dichters (1929). – [55] W. DILTHEY: Das Erlebnis und die Dichtung (1905); vgl. etwa in der Vandenhoeck-Ausg. (¹¹1965) 307. – [56] WALZEL, a. a. O. [54] 145f. – [57] 368. – [58] 178. – [59] R. UNGER: Literaturgesch. als Problemgesch. (1924), in: Aufsätze zur Prinzipienlehre der Literaturgesch. (1929), S. 155. – [60] W. KAYSER: Das sprachliche Kunstwerk (¹⁰1964) 230. – [61] N. HARTMANN: Ästhetik (1953) z. B. 314ff. – [62] Vgl. MARX/ENGELS über Kunst und Lit. 2, hg. M. KLIEM (1968) 40-403; LUKÁCS, a. a. O. [9. 28]. – [63] LUKÁCS, a. a. O. [28] 615, vgl. den Kontext. – [64] TH. W. ADORNO: Negative Dialektik (1966) 58f. – [65] Vgl. M. HORKHEIMER: Probleme der Wahrheit (Berlin o.J.) 33. – [66] TH. W. ADORNO: Ästhet. Theorie (1970) 195.

Literaturhinweise. R. ZIMMERMANN s. Anm. [8]. – TH. VOGT: Form und G. in der Ästhetik (1865). – E. v. HARTMANN s. Anm. [12]. – O. WALZEL s. Anm. [54]. – K. S. LAURILA s. Anm. [9] 227ff. – G. LUKÁCS: Beiträge zur Gesch. der Ästhetik (1954). – M. HAMBURGER s. Anm. [27] 67ff. – E. WILKINSON s. Anm. [7]. – M. KAGAN s. Anm. [40]. H. DITTBERNER

Gehäuse (mhd. gehiuse [1]) hat im modernen Sprachgebrauch fast nur die Bedeutung von festem, schützendem, umschließendem Behältnis [2].
‹G.› wird in K. JASPERS' Jugendwerk ‹Psychologie der Weltanschauungen› vorübergehend zu einem psychologisch-philosophischen Terminus [3]. G. sind die zum Leben notwendigen «Formen des Begrenzten» [4], die, jeweils zu einem Ganzen geschlossen, dem Menschen angesichts des offenen Lebensprozesses einen Halt im Endlichen geben. «Wir leben immerfort in einem solchen G.» [5]. Jaspers erfaßt ihre Mannigfaltigkeit typologisch vom Subjekt her in den geistigen Haltungen: im Autoritarismus (Halt in der Überlieferung), Liberalismus (Halt in der eigenen Individualität) und Wertabsolutismus (Halt in gesetzten Werten); vom Objekt her in den geistigen Gebilden: in Weltbildern, Lebenslehren, Glaubensvorstellungen, Weltanschauungen und philosophischen Systemen. Ihnen gemeinsam ist eine jeweils rationale Struktur. Als gewachsene G. sind sie «unmittelbar, selbstverständlich, naiv» [6] übernommene, selber lebendige Emanationen des Lebensprozesses, die durch diesen wieder umgebildet oder aufgelöst werden, «um neuen Platz zu machen» [7]. Als gewählte G. sind sie willentliche Begrenzungen, die entweder in ihrer Abgeschlossenheit das Leben des Geistes aufheben oder in ihrer Loslösung vom Leben in nihilistische Prozesse führen. Das Bewußtsein von ihrem G.-Charakter öffnet sie wieder auf den Lebensprozeß hin, in dem sich nun Antinomien, Paradoxien und Grenzsituationen als das Letzte in der Endlichkeit erweisen. Von ihm aus wird der Überschritt zum Halt im Unendlichen möglich, der sich als der Schritt zur Freiheit im Endlichen erweist [8].

Anmerkungen. [1] GRIMM 4/1, 2 (1897) 2330ff. – [2] Wb. der dtsch. Gegenwartssprache, hg. RUTH KLAPPENBACH/W. STEINITZ (1961ff.) 1494. – [3] K. JASPERS: Psychol. der Weltanschauungen (1919, zit. ⁵1960) bes. 304-326. – [4] a. a. O. 305. – [5] 141. – [6] 305. – [7] 282. – [8] 283.

Literaturhinweis. H. RICKERT: Psychol. der Weltanschauungen und Philos. der Werte. Logos 9 (1920) 1-42, bes. 25-34.
H. SANER

Geheimwissenschaft ist ein modernes Kunstwort unter anderem für einen außerhalb der gewöhnlichen Erfahrung und der normalen natur- und geisteswissenschaftlichen Kausalitäten liegenden Erfahrungs- und Wissensbereich, eine mit der Existenz geheimer Kräfte rechnende und ihrer sich bedienende, nur für bestimmte Menschen (Adepten) zugängliche Methode der Welt- und Menschenforschung, die sich z. B. auf «Experimente» und intuitive Erkenntnisse beruft, in einzelnen Aspekten als Okkultismus, Magie, Wahrsagekunst, Astrologie, Alchemie, Kabbalistik, Spiritismus erscheinend. Geschichtliche Beziehungen zu Gnosis, Hermetik und Neuplatonismus bestehen. Zahlreiche Verbindungen mit ‹geheim› (soviel wie ‹chiffriert›, ‹esoterisch›, ‹magisch›) zeigen sich im Deutschen seit dem 16. Jh., stärker seit der Goethezeit und dem frühen 19. Jh. [1]. Ein entsprechender Ausdruck des Humanismus ist ‹Philosophia Occulta›, z. B. bei AGRIPPA VON NETTESHEIM [2]. Bei TRITHEMIUS VON SPONHEIM wird G. als ‹magia naturalis› stark rationalisiert unter verschiedenen Bezeichnungen, z. B. ‹Steganographia› (1500, gedruckt erst 1606 und später), ‹Polygraphia› (1507, gedruckt 1518 und später) abgehandelt. PARACELSUS kennt innerhalb seines Wissenschaftssystems «artes incertae» (im Unterschied zu den «freien Künsten» und «Eigenkünsten»), aber auch andere Gebiete seiner ‹Astronomia Magna› oder ‹Philosophia Sagax› [3] ebenso wie der pseudoparacelsischen ‹Philosophia Occulta› [4] entsprechen dem, was heute mit ‹G.› bezeichnet. Ähnliches findet sich in den «Künsten» der «natürlichen Magie» späterer Renaissanceautoren, z. B. des HIERONYMUS CARDANUS, TOMMASO CAMPANELLA und anderer.

Anmerkungen. [1] Vgl. GRIMM 4/1, 2 (1897) Art. ‹geheim›, ‹Geheimkunst›, ‹Geheimkünstler›, ‹Geheime Künste›, ‹Geheimlehre›, ‹Geheimnislehrer›, ‹Geheimniswort›, ‹Geheimweiser›. – [2] H. C. AGRIPPA VON NETTESHEIM: Philosophia Occulta (1510, umfassende Darstellung; 1531, 1533 und später gedruckt). – [3] PARACELSUS, Werke, hg. SUDHOFF 12, 1-444 sowie die anhängenden Entwürfe und Fragmente. – [4] a. a. O. 14, 513-542.

Literaturhinweise. W. SCHNEEGANS: Abt J. Trithemius (1882). – R. STEINER: Die G. im Umriß (1948). – G. DE PURUCKER: Studies in occult philosophy (Pasadena 1949). – D. P. WALKER: Spiritual and demonic magic from Ficino to Campanella (London 1958). – W. SCHMITT: Hans Hartlieb und seine Beeinflussung durch Nikolaus v. Kues (Diss. Heidelberg 1962). – E. A. YATES: Giordano Bruno and the Hermetic tradition (Chicago 1964). – Weiteres zur sehr umfangreichen Lit. vgl. Art. ‹Magie›. – *Wörterbücher und Enzyklopädien:* V. BRESLE: Thes. magiae. Encyclop. du poétisme et des sci. occultes 1-12 (Paris 1944-47). – M. VERNEUIL: Dict. pratique des sci. occultes (Paris 1950). – F. GAYNOR: Dict. of mysticism (New York 1953). – A. E. ABBOT: A dict. of occult sci. (London 1960); Encyclop. of the occult sci. (London 1960). – L. SPENCE: Encyclop. of occultism (New York/Toronto 1960). – *Zeitschriften und Bibliographien:* Révélations. Rev. mens. de sci. occultes (Brüssel 1945ff.). – Bibliogr. et Ann. int. sci. psychophysiques et occultes (Paris 1949). – Bibl. magica. Bibliogr. und Besprechungen (1961).
K. GOLDAMMER

Gehorsam. Das *Wort* ‹G.› kommt von der althochdeutschen Form ‹gihorsami› (ungihorsami) und ‹horsami› (unhorsami). Ursprünglich weiblichen Geschlechts erhält es vor allem durch LUTHERS Sprachgebrauch seine heutige männliche Form und seinen Bedeutungsumfang

[1]. Im Griechischen entspricht dem deutschen Wort die Gerundivverbindung ὑπήκοον εἶναι (ὑπακοή, ὑπακούειν); im Lateinischen ‹oboedientia›.

Der Akt, in dem sich menschliche Freiheit verwirklicht, impliziert immer und in jedem Falle einen *Akt* des G. Der sittlich Handelnde übernimmt einen in Evidenz gegebenen Zusammenhang, d. h. er ordnet sich dem darin gebotenen Anspruch unter. (Ohne eine philosophische Überlegung, die den bloßen Reflexionsbegriff von Freiheit im Sinne von Beliebigkeit und Willkür übersteigt, gibt es keinen philosophischen Zugang zum Phänomen G.) Die zwischen der Evidenz einer Sache und dem G. gegenüber Personen auftretende Spannung hat die Philosophie aller Zeiten als Herausforderung und Aufgabe empfunden.

Anmerkung. [1] Vgl. GRIMM IV/2 (1897) 2535ff.; TRÜBNERS Dtsch. Wb., hg. A. GÖTZE (1939) 3, 64.

1. Es gehört zum ungebrochenen *griechischen* Dasein, den das Leben bestimmenden Mächten, dem Vater, dem König und den Göttern zu gehorchen [1]. Das dem naturhaft ablaufenden Leben sich angleichende höchste Gebot der Erziehung: «Erhalte die Ordnung des Nomos» zeigt die den Griechen gegenwärtige Verflechtung des Schicksals der Seele des Einzelnen mit der Stadt (πόλις) [2].

Durch die Auflösungserscheinungen der Polis und die gefährlichen Fragen der Sophisten wird es nötig, die theoretischen Grundlagen der Polis zu reflektieren und den Anspruch des Nomos vernünftig zu artikulieren. Dieser Anspruch verkörpert sich in PLATONS ‹Politeia› im Philosophenherrscher, der aus Einsicht in die Idee des Guten das Gerechte anordnet [3]. Nach ihrer Einsicht in das Gute sind nur wenige Menschen zur politischen Führung befähigt; ihnen ordnen sich die übrigen Bürger, soweit sie besonnen sind, unter [4]. Nicht die Nötigung zur Zusammenfassung der Autorität im *Willen* eines Einzigen (wie später bei Hobbes), sondern die Annahme, daß nur einer es sein kann, der das Gute am besten *einsieht*, beweist für Platon die Herrschaft der Philosophen. Während die zur politischen Herrschaft geeigneten Bürger die obere Seelenkraft (vernünftiger Teil, λογιστικόν) über die anderen Kräfte (muthafter Teil, θυμοειδές, begierdehafter Teil, ἐπιθυμητικόν) herrschen lassen, überwiegen bei den übrigen Bürgern die begierdehaften Kräfte. Das Problem der Einordnung der begierdehaften Seelenkräfte ist daher allgemein mit der Lösung der sittlich aufgegebenen Frage nach dem Gerechten und dem gerechten Staat identisch [5]. Die Homologie von Seele und Staat macht indes deutlich, daß Plato vom Bürger keinen blinden G. verlangt. Für ihn gilt, was Sokrates von seinem G. sagt: «Ich bin euch ihr Athener zwar zugetan und freund, gehorchen aber werde ich dem Gotte mehr als euch» [6]. G. gegen die Herrschaft der Philosophen ist daher in höherem Maße Autonomie als G. gegen die eigene unvernünftige Begierde. Denn das von den Philosophenherrschern erkannte Gute ist auch das Beste des Gehorchenden. Noch in den ‹Nomoi› heißt es: «Gegen den Staat und seine Mitbürger ist gewiß derjenige bei weitem der Beste, welcher dem Siege zu Olympia und in allen friedlichen und kriegerischen Wettkämpfen es vorzieht, obzusiegen durch den Ruhm des G. gegen die vaterländischen Gesetze ...» [7].

Auch für ARISTOTELES liegt der Wert eines Staates in der Vernünftigkeit seiner Bürger. Der wahrhafte Staatsmann bemüht sich um die Tugend und den Gesetzes-G. der Mitbürger [8].

Anmerkungen. [1] Vgl. L. DEUBNER: Attische Feste (1932); A. LESKY: Thalatta, der Weg der Griechen zum Meer (1947); K. LATTE: Heiliges Recht (1920). – [2] Vgl. PLATON, Krit. 50ff. – [3] Vgl. Resp. 473 d-474. – [4] Vgl. a. a. O. 430 e ff. 431 e-432 a. 434. – [5] Vgl. 428 b ff. – [6] Apol. 29 d. – [7] Leg. XI, 729 d/e. – [8] Vgl. ARISTOTELES, Eth. Nic. 1102 a 10.

2. G. wird in der *Stoa* die Unterwerfung unter das Schicksal (εἱμαρμένη, fatum) [1], in dem sich das ewige Gesetz (lex aeterna et perpetua) [2] ausspricht. Nur der Mensch kann durch G. und Gelassenheit der Natur, die alles nimmt und alles gibt, einen Sinn abgewinnen. Von der Unterordnung unter das Weltgesetz hängen Tugend und Glückseligkeit ab [3]. Der G. gegen dieses Gesetz ist rechte Verehrung der Götter [4]. Die stoische Lehre sucht so den Menschen von allen äußeren Gütern unabhängig zu machen. Dabei lehnt sie – wie EPIKTET – Ungehorsam und Auflehnung gegen den Staat in jedem Falle ab [5].

Bei CICERO dagegen entspricht der Pflicht des «guten Mannes», den Gesetzen zu gehorchen», die Pflicht des Regierenden, eine gerechte Herrschaft auszuüben. Im Falle einer Tyrannis räumen Cicero wie auch SENECA ein Widerstandsrecht ein [6].

Anmerkungen. [1] SENECA, Ep. 107, 11. – [2] CHRYSIPP bei CICERO, De natura deorum I, 15, 40. – [3] Vgl. M. POHLENZ: Die Stoa (²1959) 1, 116ff. – [4] SENECA, Ep. 95, 47; EPIKTET, Enchir. 31, 1. – [5] EPIKTET, a. a. O. I, 29, 9ff. – [6] CICERO, Über den Staat, hg. W. SONTHEIMER (1967) 106, 56f.; SENECA, De beneficiis VII, 19, 4ff.

3. Während im *Alten Testament* G. in der Furcht Gottes (Dt. 5, 29), der der einzige Herr ist (Ex. 20, 2, Ri. 8, 23) die wesentliche Pflicht für die Wirksamkeit des Bundes zwischen Jahwe und seinem Volk ist, betont Jesus im *Neuen Testament* gegenüber einem auch äußerlich verstandenen Gesetzesverständnis die Aufrichtigkeit der Gesinnung bei der Befolgung des Gesetzes. Jesus selbst sieht sich und sein Leben ganz unter dem G. gegen den gütigen Vater (Mt. 5, 17. 24ff. 26; Lk. 2, 49). In dem Satz: «Christus ist für uns gehorsam geworden bis zum Tode» faßt PAULUS das ganze Heilswerk Jesu zusammen. G. gegen Gott bedeutet für die Evangelisten die Annahme seiner Botschaft und Nachfolge Christi um der verheißenen Erlösung willen. Aus der Situation der Urgemeinde heraus und gegen eine Heilserwartung, die die Aufgabe des Christen in der Welt zugunsten des kommenden Reiches Gottes überspringt, steht das Wort des hl. Paulus: «Jedermann unterwerfe sich den vorgesetzten Obrigkeiten» [1].

Die bereits bei Paulus entwickelnde G.-Theologie erfährt ihre volle Entfaltung bei AUGUSTINUS. Für ihn ist der G. eine theologische und moralische Tugend: «Fac opus et accipe praemium. Quod est opus? Obedientia. Quod est praemium? Resurrectio sine morte» (Tu das Werk und empfange den Lohn. Was ist das Werk? G. Was ist der Lohn? Auferstehung ohne Tod) [2]. Im G. vollzieht der Mensch die Verbindung mit Gott. Eine moralische und damit eingeschränktere Tugend ist der G. gegenüber menschlichen Autoritäten gegenüber [3]. Damit hängt die Gestuftheit des G. zusammen: Der G. gegen die Eltern wird übertroffen vom G. gegen den Staat und dieser vom G. gegen Gott [4]. Wegen der ersten Sünde der Menschen ist der G. beschwerlich geworden [5]; auch ist die irdische Herrschaft, der der Mensch gehorchen muß, an gute und böse Menschen verliehen [6]; die Staatsform ist eine gottgewollte Gegebenheit und bleibt so lange ohne Bedeutung, als sie nicht im Widerspruch zu den Geboten Gottes steht: «quid interest, sub cuius imperio vivat homo moriturus, si illi qui imperant, ad impia et iniqua non cogant» (Was ist daran gelegen, unter wessen Herrschaft der todgeweihte Mensch lebt, sofern jene, die herrschen, [ihn] nicht zu Gottlosem und Ungerechtem nötigen) [7], und zwar dient hier der G. gegen den Oberen als Heilmittel für den Menschen, der durch die Sünde aus dem Urstand des unmittelbaren G. gegen Gott herausgetreten ist [8]. Unter dem Einfluß Benedikts spricht Papst GREGOR DER GROSSE vom G. als der einzigartigen Tugend, «die die übrigen Tugenden dem Geist einpflanzt und, wenn sie eingepflanzt sind, beschützt» (quae virtutes ceteras menti inserit, insertasque custodit) [9]. G. wird hier zur universalen Reflexionsform der Moral.

THOMAS VON AQUIN stimmt mit der augustinischen Lehre im wesentlichen überein. Die Reflexionsform des G. gibt der reifen Natürlichkeit des Urstandes erst die übernatürlich-humane Öffnung. Die Sünde Adams besteht deshalb darin, daß er ein rein positives, allein dem G. gegen Gott dienendes Gesetz verletzt hat [10]. Für die Nachkommen Adams gibt es neben dem G., mit dem Gott schlechthin gehorcht wird («Deo subjicitur homo simpliciter quantum ad omnia, et interiora et exteriora: et ideo in omnibus ei obedire tenetur») [11], den durch das jeweilige menschliche Verhältnis festgelegten G., wobei aber stets der Vorrang des Gewissens vor Befehlen des Vorgesetzten gilt. Der G. zwischen Menschen bezieht sich nur auf dasjenige, was die Menschen «nach außen hin mittels des Körpers» tun, nicht hingegen auf die Motivation des Willens und ebenso nicht auf die Natur des Leibes selbst, auf seine Erhaltung und auf seine Fortpflanzung. So sind z. B. Eheschließung und Jungfräulichkeitsgelübde kein legitimer Gegenstand des G. gegenüber den Eltern. Denn für die Natur des Leibes, die bei allen Menschen gleich ist, gibt es keinen zwischenmenschlichen G. Thomas erwähnt beispielsweise die «Erhaltung des Leibes» [12]: «Gott, mit Berufung auf dessen Gebot das Gewissen bindet, ist größer als der Vorgesetzte» [13]. Ungehorsam in der Form des gewaltsamen Widerstandes gegen die Gewalt des Tyrannen lehnt Thomas wegen der zu großen damit verbundenen Gefahren ab. Aber «wenn es zum Rechte eines Volkes gehört, sich selbst einen König zu bestimmen, so kann mit vollem Rechte der eingesetzte König von ebendemselben Volke von seinem Platz entfernt oder seine Macht eingeschränkt werden» [14].

Anmerkungen. [1] Römer 13, 1. – [2] AUGUSTIN, De fide et symb. I, 3; vgl. De coniugali bono c. 23; ferner Ad Bonif. IV, 6; De civ. Dei XIV, 12. – [3] Vgl. De verbo Domini VII, 1; Ps. 70 contra partem Donati. – [4] Vgl. Sermo 62. – [5] De peccatorum meritis et remissione, lib. 2, cap. 19. – [6] Vgl. De civ. Dei V, 21. – [7] a. a. O. V, 17. – [8] Vgl. Prol. zur Benediktinerregel. – [9] GREGOR, Moral. XXXV, cap. 14. MPL 76, 765. – [10] THOMAS VON AQUIN, Compend. theologiae c. 188. – [11] S. theol. II/II, 104, 5 ad 2. – [12] Vgl. ebda. – [13] De ver. q. 17, a. 5 ad 3. – [14] Vgl. De regimine principum I, 6; vgl. S. theol. La justice. Traduction franç. C. SPICQ (Paris 1934) 221-227.

4. LUTHERS Überlegungen zum G. sind durchwegs theologisch. Es ist Gottes Wille und Gebot, daß der staatlichen Herrschaft zu gehorchen ist [1]. Auch einer ungerechten Herrschaft muß, soweit diese nicht die Ausübung des Glaubens antastet, gehorcht werden [2]. Gegenüber einem Staat, der sich nicht in die religiösen Angelegenheiten einmischt, gibt es durchaus einen G., der sich mit Kritik an den Maßnahmen der Regierung verbindet [3]. Der Grund des G., den der Christ dennoch einem solchen Staat erweist, ist die aus dem geistlichen «Naturgesetz» heraus vollbrachte Liebe des Nächsten [4]. Die Annahme einer theologisch neutralen Rechtsgemeinschaft auf der Grundlage eines Naturrechts entfällt dagegen bei Luther. Die Nicht-Christen erfahren den Staat nur als äußeren Zwang. Im Glauben an das Wort Gottes wird der Staat als instrumenteller Ausdruck des göttlichen Willens, die Welt zu regieren, einsichtig [5].

MELANCHTHON betont – in der aristotelischen Schultradition stehend – die Bedeutung des G. stärker als Luther. Der G., der einmal gleichrangig mit der spontanen Liebe [6] ist, wird zugleich auch der Liebe übergeordnet, insofern diese als von Gott geboten bezeichnet wird [7]. Das dem Glauben entspringende Leben wird als «nova oboedientia», später auch als «inchoata (nova) oboedientia» eingestuft [8].

In Aufnahme der monastischen Tradition versucht FÉNELON, positiv-kirchlichen G. als Vollendung des alle Positivität hinter sich lassenden mystischen «Entwerdens» zu begreifen [9].

Anmerkungen. [1] M. LUTHER, Krit. Gesamt-A. (1883ff.) 12, 328. 27f.; vgl. 6, 256ff. 153. 286. 301. – [2] a. a. O. 11, 251. 261ff. – [3] 7, 257. – [4] 6, 252; 7, 21. – [5] Vgl. Joh. HECKEL: Die Entfaltung der Zwei-Reiche-Lehre als Reichs- und Regimentslehre, in: Evang. Kirchenlex., hg. H. BRUNOTTE/O. WEBER (1958) 3, 1937-1945. – [6] Vgl. PH. MELANCHTHON, Apologia confessionis, in: Corpus Reformatorum (1834ff.) 27, 478; vgl. Anm. 12. 14. – [7] Wider die Artikel der Bauernschaft. Werke in Auswahl 1 (1951) 193f. – [8] Comentarii in Epistola Pauli ad Romanos (1540), in: Corp. Ref. 15, 587. – [9] Vgl. R. SPAEMANN: Reflexion und Spontaneität (1963) 28.

5. Während der mittelalterliche *Nominalismus* in seiner G.-Lehre von der Unterscheidung zwischen Gottes absolutem Wollen (potentia absoluta) und Gottes positivem, weltschaffendem Wollen (potentia ordinata) ausgeht und für ihn die bonitas Dei immer letzter Grund normativen Argumentierens bleibt, wird diese Unterscheidung bei HOBBES in die Zweiheit des natürlichen, menschlichen Machttriebes und der Furcht vor dem gewaltsamen Tode verschoben. G. bedeutet deshalb für Hobbes grundsätzlich die Unterwerfung des Gehorchenden unter den Willen eines anderen, der die absolute Gewalt hat. Von der Seite des Gehorchenden ist der G. blind: «Wir können dazu sagen, daß alles, was ein Untertan aus Gründen des G. gegen seinen Souverän zu tun gezwungen wird und dies nicht aus eigenem Willen, sondern im Hinblick auf die Gesetze seines Landes tut, nicht seine Handlung ist, sondern die seines Souveräns» [1]. Grund des G. ist nicht mehr irgendeine supponierte bessere Einsicht des Trägers der Autorität, sondern der Schutz, den dieser gewährt. Die Pflicht zum G. erlischt daher, wenn der Souverän die Macht zu schützen verliert. Eine Pflicht zur Tapferkeit vor dem Feind oder eine Pflicht, sich einem Todesurteil zu unterwerfen, kann es nicht geben. Religiöse Motive sind dagegen kein Grund zum Ungehorsam. Ein christlicher König irrt gegebenenfalls nicht schlimmer als ein Apostel. In nichtchristlichen Staaten aber gilt, daß der Glaube des Christen «rein innerlich und unsichtbar» ist. Äußerstenfalls müßte der Christ das Martyrium auf sich nehmen, niemals aber aktiven Widerstand leisten [2].

SPINOZA geht wie Hobbes von der Idee des Sozialvertrages aus. Der Bürger hat dem gebietenden Willen der Gesamtheit zu gehorchen, anderenfalls kann er dazu gezwungen werden. G. ist deshalb «der beständige Wille, das auszuführen, was dem Rechte nach gut ist und was auf Beschluß der Gesamtheit geschehen muß» [3]. G. gibt es nach Spinoza nur im Staate, weil in der Zunahme der menschlichen Freiheit der gottgehorsame Mensch seine Begierden immer mehr selbst zu zügeln in der Lage ist, so daß schließlich die Tugend des G. als moralische Anstrengung verschwindet. Dies entspricht Spinozas Lehre, daß Glückseligkeit nicht erst die Wirkung der Tugend ist, sondern in dieser selbst schon liegt [4]. Dennoch gibt es nach ihm keinen Hiatus zwischen Politik und Moral. Im freien Staat ist es «jedem erlaubt zu denken, was er will, und zu sagen, was er denkt», unter der Voraussetzung, daß den faktischen Gesetzen gehorcht wird [5].

Nach ROUSSEAU ist der G. diejenige Tugend des Patrioten, kraft der er seinen Partikularwillen dem Gemeinwillen unterstellt. G. ist aber für ihn im Gegensatz zu den Naturrechtstheoretikern der Antike und des Mittelalters nicht schon mit der Freiheit als Wesensbestandteil des animal sociale gegeben, sondern, wie für Hobbes, erst Resultat eines Sozialvertrags [6]. Entsprechend der anderen Deutung dieses Vertrages aber bleibt der Gehorchende «so frei wie zuvor», da der G. einem Gesetz gilt, das man sich selbst gegeben hat. Innerhalb der Individualerziehung des ‹Emile› gibt es G. erst in der Phase der Pubertät. Das Kind folgt nicht im G., sondern weicht der Macht der stärkeren Umstände. Erst in der Pubertät darf der Erzieher als moralische Autorität auftreten; denn jetzt ist der junge Mensch aufgrund des Ungleichgewichts von Begierden und der Fähigkeit, diese zu befriedigen, moralisch verpflichtet, seinen unbeständigen Willen dem Willen des Erziehers unterzuordnen.

Anmerkungen. [1] TH. HOBBES, Leviathan, hg. FETSCHER (1969) 381; vgl. 160ff. 283f. 456ff. – [2] a. a. O. 457ff. – [3] Abh. vom Staate, hg. C. GEBHARD (1922) 68. – [4] Vgl. B. SPINOZA, Ethica, bes. V. – [5] ebda.; Theol.-polit. Traktat Kap. 20; vgl. R. SPAEMANN: Moral und Gewalt, in: Rehabilitierung der praktischen Philos., hg. M. RIEDEL (1972) 1, 215-242. – [6] J.-J. ROUSSEAU, Contrat sociale I, 8.

6. Entgegen der auf den ersten Blick naheliegenden Vermutung gibt es bei KANT eine prinzipielle moralische Bedeutung von G. Alle kategorischen Imperative werden dadurch, daß sie nicht die «Materie der Handlung», sondern deren Form und Prinzip betreffen, zu Geboten (Gesetzen) der Sittlichkeit [1]. Der kategorische Imperativ ist durch keine Bedingung eingeschränkt und kann als «absolut – obgleich praktisch notwendig – ganz eigentlich ein Gebot heißen». «Gebote sind Gesetze, denen *gehorcht*, d. i. auch wider Neigung Folge geleistet werden muß» [2]. G. läßt sich innerhalb der Analyse der sittlichen Handlung als diejenige Beschaffenheit des Willens bestimmen, durch die er entgegen der (sinnlichen) Neigung einem Gebot Folge leistet. Dabei ist es durchaus der eigene Wille (als Vernunftwille), der sich das Gebot auferlegt und gehorcht. Es erscheint innerhalb der Trennung von Sittlichkeit und Recht völlig konsequent, daß Kant den eigenen Willen des Subjekts in seiner praktischen Konstitutionsfunktion in Zusammenhang mit anderen Willen als Ursache einer republikanischen Gesetzgebung beschreibt, der jedermann, weil er zugestimmt habe, gehorchen müsse [3]. Daraus ergibt sich die rechtliche Unmöglichkeit des Ungehorsams und des gewaltsamen Widerstandes gegen die Staatsgewalt [4]. Gleichwohl kann Kant Hobbes Gedanken der nichtqualifizierbaren Omnipotenz des Staatsoberhaupts als «erschrecklich» ablehnen [5].

‹G.› hat für FICHTE eine zweifache Bedeutung. Im eingeschränkten pädagogischen Gebrauch ist der G. die «Pflicht der Kinder», den Anweisungen der Eltern Folge zu leisten. Der G. muß nicht auf Einsicht beruhen, sondern soll zu ihr führen. G. ist so kein moralisches Phänomen, sondern die Voraussetzung von Moralität, d. h. freier Selbstbestimmung. Dieses muß ihrerseits allerdings wieder als G. verstanden werden, nämlich als diejenige Haltung des Menschen, wodurch er auf die Stimme des «Inneren», das «Gebot des Gewissens» hört [6]. Der Anruf des Pflichtgebots, dem der G. entspricht, ist die individuell-moralische Ausprägung der Vernunft, die auf die Erscheinung ihrer selbst abzweckt. Wenn das Wissen jedoch absolut und eins sein soll, dann muß nach Fichtes Auffassung die Differenz zwischen dem G. und dem Pflichtgebot auf die Freiheit selbst zurückgeführt werden. Fichtes Wissenschaftslehre sucht deshalb die Aufgabe zu lösen, wie die Freiheit des Handelnden im Handeln die absolute Freiheit darstellen könne.

Bei dem von Fichte und Kant stark beeinflußten J. F. HERBART wird der G. zum «ersten Prädikat» des bereits sittlich guten Willens. Dabei ist vorausgesetzt, daß der Gehorchende den «Befehl» geprüft hat, damit er ihn für sich selbst zum «Befehl» erheben kann. Fichtes transzendentale Zwecksetzung, die Freiheit als Annäherung an das «reine Ich», lehnt Herbart jedoch mit der Begründung ab, daß der Begriff der Sittlichkeit keinen bestimmten Gegenstand enthalte [7].

Der G. gehört für HEGEL zu denjenigen Bestimmungen des Willens, die die Sphären der Moralität und der Sittlichkeit konstituieren. Der Wille überschreitet die bloß formelle, d. h. beliebige Bestimmung des Willensaktes und macht die Freiheit «zu seinem Dasein» [8]. Der G. gehört daher als konstitutives Moment ebenso zur individuellen Bildung des Menschen wie zur staatspolitischen Entwicklung eines Volkes. Im ersteren Fall hilft er dem Menschen, seine Selbstsucht als nichtig zu überwinden [9]. Im zweiten Fall befähigt er ein Volk, in einer schwierigen Situation nicht den Weg der geringsten Anstrengung zu gehen: «Die Entäußerung der unwesentlichen Willkür macht das Moment des *wahren G.* aus.». Hegel erwähnt als Beispiel die Einführung der Solonischen Gesetze durch Peisistratos [10]. Wenn Hegel in den ‹Vorlesungen über die Philosophie der Geschichte› behauptet, daß «nur der Wille, der dem Gesetze *gehorcht*, frei ist, denn er gehorcht sich selbst und ist bei sich selbst und frei» [11], dann meint er damit, daß nur die Anerkenntnis der im gesetzten Recht geleisteten Vermittlung dem Menschen mögliche Freiheit garantiere. Ein Staat, der sich diese gesetzmäßige Vermittlung nicht zum Selbstzweck setzt, ist für Hegel kein Staat [12]. Für seine Zeit jedoch, zumal für den damals noch reformfreudigen preußischen Staat [13], lehnt Hegel einen sittlich begründeten Ungehorsam, der die Existenz des Staates negieren würde, ab. Das gleiche gilt für einen Gewissensspruch, der solch ein Urteil enthalten würde [14]. Er erlaubt dem einzelnen Gewissen nur dann von staatlichen Gesetzen abzuweichen, wenn der Staat seinerseits – wie im Falle der Quäker – in der Lage ist, dies als Ausnahme zu tolerieren [15].

Anmerkungen. [1] I. KANT, Grundl. Met. Sitten, Akad.-A. 4, 416. – [2] ebda. (Hervorhebung vom Verfasser). – [3] Vgl. Akad.-A. 8, 350 Anm. – [4] a. a. O. 289ff. – [5] 304. – [6] J. G. FICHTE: Die Bestimmung des Menschen (1800). Werke, hg. MEDICUS 3, 345. 355. – [7] J. FR. HERBART, Werke, hg. O. WILLMANN/TH. FRITZSCH (1913) 1, 95-97. – [8] Vgl. HEGEL, Enzyklop., hg. NICOLIN/PÖGGELER § 469-482; ferner Rechtsphilos., hg. HOFFMEISTER § 17-29. – [9] Werke, hg. GLOCKNER 10, 288; 3, 51. – [10] a. O. 110f. – [11] 11, 71. – [12] Logik, hg. LASSON 2, 410. – [13] Vgl. E. WEIL: Hegel et l'état (Paris 1950); J. RITTER: Hegel und die Frz. Revolution (1957). – [14] HEGEL, Grundlinien der Philos. des Rechts, hg. HOFFMEISTER (⁴1955) 232. – [15] a. a. O. 225f. 225 Anm.

7. Erwähnenswert ist der Versuch des Nordamerikaners H. D. THOREAU, eine moralische Verpflichtung des Ungehorsams gegen den Staat abzuleiten. In seinem Essay ‹The Resistence to Civil Government› [1], der eine große Wirkung auf die amerikanische Philosophie, auf Mahatma Gandhi, aber auch auf die gegenwärtige civil rights-Bewegung in Nordamerika ausübt, verficht Thoreau das Recht des Individuums, aus dem Gewissen und der Gerechtigkeit heraus dem Staat durch Verweigern der Steuern Widerstand zu leisten [2]. Thoreau propagiert angesichts des Krieges gegen Mexiko (1846-48) eine Regierung, «welche gar nicht regiert» oder «bestenfalls ein nützliches Instrument ist» [3].

In NIETZSCHES kulturgeschichtlichem Denken gewinnt der Begriff des G. kritische Bedeutung. «Moralisch, sittlich, ethisch sein heißt: G. gegen ein altbegründetes Gesetz oder Herkommen haben» [4]. Da der Mensch keine «aeterna veritas» hat, zielt der Philosoph auf die «große Loslösung» von der Vergangenheit als Verfallsgeschichte [5]. Weil «alles Leben ein Gehorchendes ist» [6], gilt es, «die Kunst befehlen zu können» und «die Kunst des stolzen G.» zu erlernen [7]. Ein Hindernis auf diesem Wege ist, daß «der Herden-Instinkt des G. ... auf Kosten der Kunst des Befehlens vererbt wird» [8].

SCHELERS Wertphänomenologie kennt das intuitive Erfassen eines qualifizierten Personenwertes, um dessen willen G. geboten sein kann. Der G. ist ein autonomer Willensakt, der aber «gleichzeitig fremder Einsicht folgt». Er beruht dann auf Evidenz, wenn der Gehorchende einsieht, daß «der Befehlende ein höheres Maß von sittlicher Einsicht habe als ... [er] selbst» [9]. In Frontstellung gegen den Autonomiebegriff Kants spricht Scheler dem Akt des G. eine «autonome unmittelbare Einsicht in den sittlichen Wertgehalt des ... Gebotenen» ab [10]. Das sittliche Apriori des G. knüpft sich bei Scheler grundsätzlich nicht an den Inhalt des Befehls, sondern an die Qualität des Befehlenden.

Die Kritische Theorie M. HORKHEIMERS und TH. W. ADORNOS ist nicht mehr eindeutig einem Theoriebegriff verpflichtet, der die «unbedingte Achtung vor der Wahrheit» als «hinreichende Bedingung» des Philosophierens ansieht [11]. Sie verdankt ihre prinzipielle Stoßrichtung nachhaltig der Frontstellung gegen den nationalsozialistischen Faschismus [12]. Im Mittelpunkt ihres Interesses steht die Entwicklung der Arbeits- und Gesellschaftsformen des Menschen. G. kommt nur als mehr oder weniger erzwungene Unterwerfung unter die jeweilige Autorität in den Blick. Zwischen der Behauptung geschichtlich weitergegebener Unterordnung und dem Extrem des «antiautoritären» Anarchismus meint die Kritische Theorie als eine Mitte «die Idee einer anderen Autorität» ausmachen zu können, die ohne Gegensatz von Vernunft und Autorität, rein nur der «Ausdruck der eigenen Interessen» der Arbeitenden ist [13].

Anmerkungen. [1] H. D. THOREAU: The resistence to civil government, in: Aesthetic papers, hg. HAWTHORNES/PEABODY (1849). – [2] Über die Pflicht zum Ungehorsam gegen den Staat, hg. W. E. RICHARTZ (1967) 13f. 96. – [3] a. a. O. 7f. – [4] FR. NIETZSCHE, Werke, hg. SCHLECHTA 1, 504. – [5] a. a. O. 440. 448. – [6] 370. – [7] 667. – [8] 2, 655. – [9] M. SCHELER: Der Formalismus in der Ethik und die materiale Wertethik ([1]1916, [3]1966) 99 Anm. 330. – [10] a. a. O. 490f. – [11] Vgl. M. HORKHEIMER: Kritische Theorie, hg. A. SCHMIDT (1968) 1, 108. – [12] a. a. O. 1, 93. 97; 2, 246f.; vgl. TH. W. ADORNO: Negative Dialektik (1970) 352-356. Erziehung zur Mündigkeit, hg. KADELBACH (1970) bes. 92-139. – [13] HORKHEIMER, a. a. O. [11] 1, 328f.

Literaturhinweise. – *Allgemein:* E. FINK: Met. der Erziehung (1970). – Vgl. auch Lit. zu den Art. ‹Ethik› und ‹Freiheit›. – *Zur Antike:* S. BLACKERT: Seneca über Natur und Kultur (Amsterdam 1940). – J. HADOT: Seneca und die griech.-röm. Tradition der Seelenleitung (1969). – K. BÜCHNER, Cicero (1964). – *Zur christlichen G.-Lehre:* O. SCHILLING: Die Staats- und Soziallehre des hl. Thomas v. Aquin (1923). – W. C. SCHERER: Der G. nach der Lehre des hl. Thomas v. Aquin dargestellt (1926). – F. FALLER, Die rechtsphilos. Begründung der gesellschaftlichen und staatlichen Autorität bei Thomas v. Aquin (1954). – A. MIRGELER: Rückblick auf das abendländische Christentum (1961). – H. A. OBERMAN: Spätscholastik und Reformation 1: Der Herbst der mittelalterlichen Theol. (1965). – *Zur Neuzeit:* C. H. BOEHNKE: Gedanken über Recht, Macht, G. und Widerstand in den polit. Theorien der frz. Religionskriege (Diss. Göttingen 1952).

K. NUSSER

Geist (griech. πνεῦμα, hebr. ruach, lat. spiritus, mens, ital. spirito, frz. esprit, engl. spirit, mind)

I. *Einführung und Überblick.* – G. ist die Materie, die zu behandeln als Sache der Philosophie gilt, und Philosophie sollte ihre Kompetenz dafür auch dann nicht aufgeben, wenn es ihr schwerfällt, sie zu erweisen. Zwar entspricht es dem G. gegenwärtigen Philosophierens, sofern er sich am Wissenschaftsbegriff der Naturwissenschaft orientiert, etwa mit G. RYLE [1] den Gebrauch des Wortes ‹G.› zu verwerfen, da es nicht eindeutig zu definieren sei; und derart wird gefordert, über das zu schweigen, wovon man nicht exakt reden kann.

Aber da man das faktische Sprechen nicht durch eine in diesem Sinn «geistlose» Wissenschaftssprache ersetzen kann, darf Philosophie sich nicht auf das logisch-naturwissenschaftlich exakte Reden beschränken, wenn sie nicht darauf verzichten will, ihre kritische Rationalität in der Sprache des Alltags, der Sittlichkeit und der Politik, der G.-Wissenschaften und der Theologie zur Geltung zu bringen. Wie man nach einem berühmten Bild durchaus in schmutzigem Wasser und mit schmutzigen Tüchern schmutziges Geschirr reinigen kann, so kann es doch eine reinigende Kritik der Philosophie auch dann geben, wenn ihre Begriffe und Methoden nicht so rein sind wie die der exakten Wissenschaft.

Philosophische Kritik wird aber vor allem durch vorgegebene Philosophien provoziert, sofern deren Falschheit oder Einseitigkeit vermutet oder auch ihre Unverständlichkeit empfunden wird. Ist G. in der Tat Epiphänomen der Materie, also die Materie, die idealistische Philosophie als solche verkennt? Oder kann man sich HEIDEGGERS Erklärung zu eigen machen, der nicht «zur Intelligenz umgefälschter» G. sei «ursprünglich gestimmte, wissende Entschlossenheit zum Wesen des Seins», und daher gelte: «Wo G. herrscht, wird das Seiende als solches immer ... seiender» [2]? Die hier gegebene Verknüpfung des Begriffes ‹G.› nicht nur mit seinem Gegenbegriff ‹Materie›, sondern mit einer Deutung des Seienden als solchen findet sich aber auch bei TH. W. ADORNO: «Sowenig der G. das Absolute ist, sowenig geht er auf im Seienden. Nur dann wird er erkennen, was ist, wenn er sich durchstreicht» [3].

Auf ein solches Sich-Durchstreichen des G., den Technik und Wissenschaft überflüssig machten, läuft nach M. HORKHEIMER aber «der Gang der Gesellschaft» hin, deren «zukünftige rationale Struktur nur mit dem Verschwinden der Freiheit des Einzelnen und des Geistigen selbst erkauft» werden könne. So sei «der G. eine Übergangserscheinung». Er gehört zur Kindheitsepoche der Menschheit» [3a].

Die Verknüpfung des Begriffes ‹G.› mit vielen Grundbegriffen der Philosophie macht es schwer, ihn kritisch und aufgeklärt auch über die etwa mit der Rede vom Absoluten in ihn eingehenden geschichtlichen Implikationen zu gebrauchen. Eben solcher kritisch aufgeklärter Rationalität im Gebrauch philosophischer Begriffe sollen begriffsgeschichtliche Untersuchungen dienen, die auch dann nicht überflüssig werden, wenn man glaubt, sich einer bedeutenden geschichtlich vorgegebenen Bestimmung von G. anschließen zu können, wie es H.-G. GADAMER tut, indem er in der Bestimmung von G. an Hegel anknüpft: «Im Fremden das Eigene zu erkennen, in ihm heimisch zu werden, ist die Grundbewegung des G., dessen Sein nur Rückkehr zu sich selbst aus dem Anderssein ist» [4].

Bei dieser Aufgabe einer umfassenderen Begriffsgeschichte von ‹G.› sieht man sich freilich dem Einwand ausgesetzt, «eine ... Aneinanderreihung dessen, was man in der Philosophie alles als ‹G.› bezeichnet hat», bleibt «immer geistlos» [5]. Eine solche a priori-Behauptung braucht freilich für einen kritischen G. nicht erst durch die folgenden Darlegungen (zumindest in einigen Partien) widerlegt zu werden; sie vergißt nämlich, indem sie den Umweg über die oft dürren Strecken der Philosophiehistorie diskreditiert, daß, wie HEGEL jedenfalls lehrte, der Umweg der Weg des G. ist.

Erhellend für das anstehende Problem eines kritischen Gebrauches des Wortes ‹G.› ist aber schon die Etymologie der einschlägigen Wörter in den philosophisch wichtigen Sprachen, also gewissermaßen ihre Vorgeschichte. Denn das griechische Wort ‹Pneuma› (πνεῦμα) bezeichnet ebenso wie hebräisch ‹ruach›, arabisch ‹ruh›, oder lateinisch ‹spiritus›, den Hauch, den Atem (nicht das Atmen) und bald den Lebensodem.

Wie die immer noch gebräuchliche Redensart «seine Seele aushauchen» bezeugt, liegt es nahe, derart das Lebensprinzip oder die Seele als luftige Substanz zu fassen und vom warmen belebenden Atem her die Seele auch dann noch ‹Pneuma› oder ‹spiritus› zu nennen, wenn sie nicht mehr als materiell gedacht wird. Der Weg zum Intelligiblen führt eben über das Sinnenfällige, und dieses kann Bild für Geistiges sein.

Von der Bedeutung der Wörter ‹Pneuma›, ‹ruach›, ‹spiritus› als Lebensodem oder Seele her erklären sich auch leicht weitere übertragene Bedeutungen, die in der späteren Geschichte üblich wurden. So ist der G. eines Volkes oder einer Zeit das alles Einzelne verbindende und sein Leben prägende Prinzip, der G. eines Gesetzes sein die einzelnen Bestimmungen übergreifender Sinn, und ohne den eigentlichen Sinn eines Textes oder Wortes hat man nur den toten Buchstaben, der, allein genommen, auch töten kann, während der G. lebendig macht. Diesem Sprachgebrauch entspricht die Bestimmung, die der frühe HEGEL gibt: «Der G. ist belebendes Gesetz in Vereinigung mit dem Mannigfaltigen, das alsdann ein Belebtes ist» [6].

Aber der Weg zu dieser unanschaulichen Bestimmung von G. als Gesetz oder Lebensprinzip war weit. In der griechischen Philosophie wurde Pneuma in der Regel als materiell gedacht, vor allem in der *Stoa*, welche die Einzelseele, die Weltseele und die Gottheit als materielles Pneuma faßte. Die Ausnahme von dieser Regel bildet PHILON, der den unstofflichen unsterblichen Seelenteil als Pneuma bezeichnet. Eine wichtige Rolle spielte der Pneuma-Begriff schließlich in der griechischen Medizin, wo er die im Herzen oder im Gehirn befindlichen «spiritus vitales» – so hat CICERO übersetzt – bezeichnet. Diese Lehre von den «Lebensgeistern» blieb bis weit in die Neuzeit hinein lebendig. Auch heute noch sprechen wir ja davon, daß unsere Lebensgeister wieder erwachen, und bekanntlich lassen sie sich vor allem durch geistige Getränke anregen.

«Die Entdeckung des G.» vollzog sich aber in Griechenland auch gar nicht primär mittels des Begriffes ‹Pneuma›, sondern anhand des Begriffes νοῦς (Verstand oder Vernunft). ANAXAGORAS, der die Vernunft als Prinzip der Welt anführte, weil er ihre vernünftige Ordnung zur Aussage und zur Geltung bringen wollte, erschien dem ARISTOTELES daher wie ein Nüchterner unter Trunkenen. Als innerer Grund vernünftiger Ordnung besagt dieser νοῦς aber auch keineswegs schon Selbstbewußtsein, subjektives Denken. Denken als immateriellen Vollzug und Akt eines geistigen Wesens kennen erst Platon und Aristoteles, obwohl auch PLATON primär das objektiv Geistige, die Idee, thematisiert und auch ARISTOTELES den νοῦς oder G. ontologisch durch seine Immaterialität und seine ihm im Unterschied zur sinnlichen Seele eigenen Leistungen charakterisiert, nicht aber durch sein Selbstbewußtsein. Das ist bekanntlich erst die – freilich AUGUSTINUS voraussetzende – Fassung des Geistbegriffes durch DESCARTES: «Une chose qui pense, c'est à dire un esprit» [7], und Descartes hat deutlich gemacht, daß das Selbstbewußtsein, d. h. das individuelle G., sowohl das denkende und frei urteilende Ich, das SPINOZA dann wieder unterschlägt, wie auch seinen Akt des Denkens und das Gedachte in sich begreift.

Daß diese Bestimmung eines geistigen Wesens, frei urteilendes und handelndes Selbstbewußtsein zu sein, uns in der Geschichte des Denkens so spät begegnet, zeigt, wie schwer es für das an die sinnliche Wahrnehmung gebundene Denken und das zunächst an die äußeren Dinge verlorene Bewußtsein ist, sich auf sich selbst zu richten, vom zunächst erkannten Anderen zu sich selbst zu kommen. Freies Selbstbewußtsein zu sein ist aber eine bildlose Bestimmung des G., in der sinnlich-anschauliche Vorstellungen keine Rolle mehr spielen.

Die Begriffs- und Problemgeschichte von ‹G.› in der Philosophie der Neuzeit hat ihren Schwerpunkt zweifellos in der Philosophie des Deutschen Idealismus. Sie ist gebunden an den deutschen Ausdruck ‹G.›, der freilich schon in frühmittelalterlichen Bibelübersetzungen den Bedeutungsgehalt von ‹spiritus› aufgenommen hatte [8], wie er auch in der Philosophie des Deutschen Idealismus wiederum vom französischen Begriff ‹génie› bestimmt wurde [9]. Ursprünglich hat – und auch das verdient Beachtung – das deutsche Wort ‹G.› (und seine germanischen Äquivalente) nicht die Bedeutung von Hauch und Atem, hat aber auch nicht, wie die frühere Forschung annahm, die dämonologische Bedeutung von «Gespenst» und «Geistererscheinung», die sich heute noch mit dem englischen Wort ‹ghost› verbindet, sondern bezeichnet eine übermenschliche belebende göttliche Kraft, die sich in der religiösen Ekstase wirksam zeigt [10].

Dieser sprachliche Befund ist sachlich wichtig, belegt er doch, daß menschliches Denken und Sprechen, mag es auch zunächst fast ganz am Sinnenfälligen haften, gleichwohl ursprünglich nicht empiristisch im modernen Sinne war, sondern auch eine religiöse Erfahrung kannte, die bekanntlich im jüdischen Volk eine einmalige Ausprägung hat. Da aber ebenfalls in solcher religiösen Erfahrung das übermächtige Andere und nicht das eigene Erleben als geistig erfaßt und benannt wird, bestätigt sich hier HEGELS These, «der Schauder vor dem Übersinnlichen hat sich im Anfang noch auf ungebildete Weise ausgedrückt» [11], vor allem aber seine für das Problem des G. zentrale Einsicht, Grundbewegung des G. sei die Rückkehr zu sich selbst aus dem Beim-Anderen-sein.

Daß das in religiöser Erfahrung gegebene oder in philosophischem Begriff gedachte Göttliche dann aber auch wiederum durch Bilder und Analogien aus dem Bereich des Sinnenfällig-Anschaulichen treffend ausgesagt werden kann, gehört zu den erstaunlichsten Leistungen der Sprache und des Denkens. So greift ja die trinitarische Rede vom Heiligen G. auf den Wortsinn von ‹spirare› als «hauchen» zurück. «Spiritus», so bemerkt THOMAS VON AQUIN [12], heiße hier «quasi spiratus» (gleichsam gehaucht); und BONAVENTURA, der diese Konzeption des Heiligen G. nachdrücklicher und in ausführlicher Reflexion auf die verschiedensten Bedeutungen des Wortes ‹spiritus› entwickelt [13], schreibt: «Spiritus dicitur, quia spiratur» (er heißt G. [Hauch], weil er gehaucht wird). Wenn die gegenseitige Liebe von Vater und Sohn in der Trinität als Ursprung des Hervorganges des G. gedacht wird, dann liegt es in der Tat nahe, das liebende Sich-Mitteilen als «Hauchen» zu fassen und die derart mitgeteilte, einander geschenkte Gottheit als das gehauchte heilige Unterpfand der Liebe, als Heiligen G. in diesem Sinne des Gehaucht-Seins zu verstehen. So erhält das Bild vom lebensspendenden Hauch seinen sublimsten Sinn.

Dieser Hinweis auf die trinitätstheologische Bedeutung von ‹G.› erfolgte hier auch deshalb, weil in den folgenden begriffsgeschichtlichen Darlegungen dieser Zweig der Begriffsgeschichte nur vom Neuen Testament her bis zu AUGUSTINUS verfolgt wird, damit Überschneidungen mit dem Artikel ‹Trinität› vermieden werden. Ähnlich muß für die sich an den Wörtern λόγος und νοῦς vollziehende Entdeckung des G. in Griechenland auf die Artikel ‹Logos› und ‹Vernunft und Verstand› verwiesen werden.

Gerade weil der Begriff ‹G.› mit zahlreichen anderen Grundbegriffen der Philosophie verknüpft ist, kann es nicht das Ziel der folgenden Begriffsgeschichte von ‹G.› sein, die Geschichte des G. auf *einen* Begriff zu bringen; es geht vielmehr darum, sie in ihrer Fülle, Vielfalt und in der wenigstens mitunter sichtbaren Konsequenz ihrer Entfaltung dem Verstehen zu vergegenwärtigen.

Anmerkungen. [1] G. RYLE: Der Begriff des G. (1969) z. B. 4f. 452ff. – [2] M. HEIDEGGER: Einf. in die Met. (1953) 35-38. – [3] TH. W. ADORNO: Eingriffe (1963) 25. – [3a] M. HORKHEIMER: «Es geht um die Moral der Deutschen». Über die Zukunftsgesellschaft. Der Spiegel 27 (16. 7. 73) Nr. 29, 95. 97. – [4] H.-G. GADAMER: Wahrheit und Methode (²1965) 11. – [5] H. BUCHNER: Art. ‹G.›, in: Hb. philos. Grundbegriffe, hg. H. KRINGS 1, 539. – [6] G. W. F. HEGEL, Systemfragment von 1800. Theorie-Werk-A. 1, 421. – [7] R. DESCARTES, Med. II. Werke, hg. ADAM/TANNERY 9, 21. – [8] Vgl. E. LUTZE: Die german. Übersetz. von spiritus und pneuma. Ein Beitrag zur Frühgesch. des Wortes ‹G.› (Diss. Bonn 1950). – [9] Vgl. zur Begriffsentwicklung in den Romania W. HEMPEL: Zur Gesch. von spiritus, mens und ingenium in den roman. Sprachen. Roman. Jb. 16 (1965) 21-33. – [10] Vgl. W. BETZ: Die frühdtsch. Spiritus-Übersetz. und die Anfänge des Wortes ‹G.›, in: Liturgie und Mönchtum 20 (1957) bes. 54ff.; G. BECHER: G. und Seele im Altsächsischen und im Ahd. Der Sinnbereich des Seelischen und die Wörter gêst – geist ... in den Denkmälern bis zum 11. Jh. (1964) bes. 170ff. – [11] G. W. F. HEGEL, Vorles. über die Philos. der Relig. I. Theorie-Werk-A. 16, 214f. – [12] THOMAS VON AQUIN, S. theol. I, 36, 1, 2. – [13] BONAVENTURA, I Sent. 10, 2, 3. — L. OEING-HANHOFF

II. *Pneuma.* – Der griechische Ausdruck πνεῦμα (P.) ist ein Substantiv, welches vom Verbum πνέω abgeleitet ist. ‹P.› bedeutet ursprünglich: Luft in Bewegung, eingeatmete Luft, Atem. Das Wort bezeichnet nicht die Tätigkeit des Atmens, sondern hat eine objektiv-materiale Bedeutung.

Der Ausdruck wurde schon früh durch die griechische Medizin und Philosophie übernommen. ANAXIMENES im 6. Jh. v. Chr. gebraucht ihn, um den Zusammenhang des Kosmos zu erklären: Wie die aus Luft bestehende Seele den Menschen zusammenhält, so ist es auch mit dem Kosmos, den er als einen lebendigen Organismus auffaßt; er wird durch P. und Luft zusammengehalten (οἶον ἡ ψυχή, φησίν, ἡ ἡμετέρα ἀὴρ οὖσα συγκρατεῖ ἡμᾶς, καὶ ὅλον τὸν κόσμον πνεῦμα καὶ ἀὴρ περιέχει) [1]. Der Arztphilosoph DIOGENES VON APOLLONIA repräsentiert eine differenziertere P.-Lehre. Er betrachtet die Luft als das universale Prinzip des Kosmos und schreibt dem P. zugleich eine bedeutsame Funktion in der menschlichen Physiologie zu: Der Lebensatem bewegt sich zusammen mit dem Blut durch die Adern und bildet den Ursprung der biologischen Verrichtungen [2]. Das P. wurde so in den Sprachschatz der griechischen Medizin aufgenommen, vor allem in der sizilianischen Schule und der hippokratischen Schule der Insel Kos. Nach den hippokratischen Ärzten liegt das Zentrum des P. im Gehirn und beherrscht von dort aus den ganzen menschlichen Organismus. Nach der sizilianischen Schule muß das P. im Herzen lokalisiert werden und durchdringt von dort aus zusammen mit dem Blut den ganzen Körper [3]. Diese Auffassung wird auch von DIOKLES VON KARYSTOS, einem Zeitgenossen Zenons von Kition, vertreten. Bei ihm spielt das P. eine wichtige Rolle auf pathologischem und psychologischem Gebiet. Das psychische P., das unter dem Einfluß der Lebenswärme aus dem Blut verdunstet, bildet den Ursprung der Bewegung und der sinnlichen Erkenntnis. Wird das freie Zirkulieren dieses Prinzips behindert, dann treten allerlei Krankheiten und Störungen auf [4].

Auch Platon und Aristoteles übernehmen die Pneumalehre von der sizilianischen Schule, wahrscheinlich durch den Einfluß PHILISTIONS, eines Repräsentanten dieser Schule, der zwischen 370 und 360 eine Reise nach Athen unternahm [5]. ARISTOTELES unterscheidet wie Diokles von Karystos ein zweifaches P.: die Luft, die man einatmet und welche die innere Temperatur auf normaler Höhe erhält, und das psychische P., welches unter dem Einfluß der Lebenswärme beständig aus dem Blut verdunstet [6]. Dieses psychische P. ist das Substrat der Lebenswärme und wird als das erste Werkzeug der Seele betrachtet. Wie bei Diokles und den sizilianischen Ärzten wird sein Sitz ins Herz verlegt [7]. Nach W. Jaeger könnte man «bei Aristoteles das P. Subjekt der Wärme nennen. Bei den Stoikern hat sie keins nötig, weil sie Körper ist» [8].

In der *stoischen* Philosophie erhält der Ausdruck ‹P.› eine umfassende Bedeutung. Er wird einerseits gebraucht, um ebenso die Substanz der immanenten Gottheit wie die der individuellen Seele zu bezeichnen: «... πνεῦμα ἔνθερμον εἶναι τὴν ψυχήν» (... warmes P. sei die Seele) [9]. Dies ist übrigens leicht zu verstehen, weil die Einzelseelen als Teile der allgemeinen Weltseele betrachtet werden: «Ratio autem nihil aliud est quam in corpus humanum pars divini spiritus mersa» (Die Vernunft aber ist nichts anderes als ein Teil des göttlichen G., der in den menschlichen Körper hineingesetzt ist) [10]. Das P. durchdringt alles und garantiert die Einheit des Kosmos und der Einzelwesen, die in ihm enthalten sind. Der Kosmos wird als ein großer Organismus betrachtet, als ein Lebewesen, dessen Teile alle aufeinander abgestimmt sind und sich gegenseitig beeinflussen. So wird die Gottheit als ein Lebensatem aufgefaßt, der den kosmischen Organismus von seinem Innern her beseelt wie die individuelle Psyche den Leib: «Haec igitur ita fieri omnibus inter se concinentibus mundi partibus profecto non possent nisi ea uno divino et continuato spiritu continerentur» (Das also könnte so wahrlich nicht geschehen, da alle Teile der Welt untereinander im Einklang sind, wenn sie nicht von einem göttlichen und Zusammenhang stiftenden G. zusammengehalten würden) [11]. Alles ist aus dem göttlichen P. entstanden. Dieses ist ein schöpferisches Feuer, das die geordnete Wirklichkeit des Kosmos aus sich hervorbringt [12]. Deswegen wird die Entstehung der Welt wie die eines einzelnen Lebewesens betrachtet: Der Kosmos entsteht aus einem ersten Sperma, das schon alle Bestandteile in sich enthält, die sich später entfalten sollen [13]. Es gibt auch einen periodischen Weltbrand, eine regelmäßige Rückkehr zum ursprünglichen Samen, aus dem der Kosmos entstanden ist [14]. In gleicher Weise werden auch die Lebensäußerungen des Menschen aufgrund des in allen Teilen des Leibes anwesenden psychischen P. erklärt. So wird die sinnliche Erkenntnis aufgefaßt als der Eindruck eines Abbilds des wahrgenommenen Gegenstandes im psychischen P. [15]. Dieser Eindruck wird durch pneumatische Strömungen zustande gebracht, die vom Zentralteil (ἡγεμονικόν) der Seele aus zur Peripherie des Leibes fließen und von der Peripherie zum Hegemonikon. Die besagten Strömungen sorgen für die Kohäsie des Organismus. Sie erklären auch das Zustandekommen gewisser Leibesbewegungen durch den Zentralteil der Seele, und wie andererseits Eindrücke von außen im Hegemonikon aufgenommen werden [16]. Innerhalb der Stoa wurde das P. stets als ein stoffliches Prinzip betrachtet, und zwar legte man sehr großen Nachdruck auf seine Feinheit und Beweglichkeit. Gewöhnlich wird das P. über die vier Elemente gestellt als ein ätherischer Bestandteil nach der Art der quinta essentia des ARISTOTELES [17]. Für andere, z. B. für CHRYSIPP, ist das P. aus Feuer und Luft zusammengesetzt [18]. Nach dem Tod eines Menschen behält das psychische P. noch eine Zeitlang seine Individualität, um dann in die allgemeine Weltseele aufgenommen zu werden [19]. So verläuft alles in einem zyklischen Prozeß in der Einzelseele wie in der kosmischen Entwicklung. Die Physik der Stoa stellt also eine «materialistische» Kosmobiologie dar, in die auch der Mensch voll aufgenommen ist.

Gleichzeitig mit der Entwicklung der Pneumalehre bei den Stoikern wurde auch in den Lehren verschiedener *Ärzte* dem Pneumabegriff eine wichtige Stelle zuerkannt. Dies gilt u. a. für ERASISTRATOS (erste Hälfte des 3. Jh. v. Chr.), der ein doppeltes P. annimmt: das Lebens-P., dessen Zentrum im Herzen liegt, und das psychische P., das ins Gehirn verlegt wird [20]. Die Repräsentanten der pneumatischen Schule (1. Jh. n. Chr.) räumen in gleicher Weise dem P. einen zentralen Ort in ihrer Physiologie und Pathologie ein. Sie erklären alle Lebenstätigkeiten durch pneumatische Strömungen, die vom Herzen ausgehen [21]. Das P. selber wird in Dasein gehalten durch die eingeatmete Luft, welche seine Substanz erhält und die Temperatur mäßigt [22]. GALEN schließt sich Erasistratos an hinsichtlich der Art des Unterschieds, den er zwischen dem Lebens-P. und dem psychischen P. macht: Das erste befindet sich im Herzen, während das Zentrum des zweiten im Gehirn liegt [23]. Keines dieser beiden Prinzipien wird mit der Seele identifiziert. Denn nach GALEN ist das psychische P. das erste Werkzeug der Seele und wird als solches gebraucht beim sinnlichen Erkennen und der Leibesbewegung [24].

Neben der P.-Lehre der medizinischen Schulen erkennen auch die Repräsentanten des religiösen und philosophischen *Synkretismus* ungefähr am Beginn unserer Zeitrechnung dem P. einen wichtigen Platz zu. Man findet den Ausdruck im ‹*Buch der Weisheit*›, wo er für die symbolische Darstellung des Eingreifens Gottes in der Welt gebraucht wird. Das P. ist also keine selbständige Emanation aus der göttlichen Substanz, kein Zwischenwesen, sondern das direkte Eingreifen Gottes ins Weltgeschehen [25]. Wichtig ist in dieser Hinsicht die Tatsache, daß das P. nicht mehr stofflich aufgefaßt wird, ohne daß indessen sein immaterieller Charakter des näheren bestimmt würde [26]. Dergestalt hat das ‹Buch der Weisheit› eine wichtige Rolle im Vergeistigungsprozeß des P.-Begriffs gespielt. – Dies gilt auch für PHILON VON ALEXANDRIEN, der mit ‹P.› einmal den höheren Seelenteil bezeichnet, den er für unstofflich und unsterblich hält [27]. Sodann benennt er auch das Prinzip der prophetischen Erkenntnis so. Dieses übersteigt die Möglichkeiten des Menschen und wird von Gott direkt jenem Menschen verliehen, der eine besondere Sendung erfüllen soll. In diesem Fall nimmt dann das göttliche P. die Stelle des menschlichen Intellekts ein [28]. – Auch in den Werken PLUTARCHS kommt der Begriff ‹P.› des öfteren vor. Er wird gebraucht zur Bezeichnung des nicht-vernünftigen Vermögens in der menschlichen Seele sowie zur Erklärung des Vorhersagens [29]. Nach diesem Schriftsteller besitzt die Seele fortwährend das Vermögen zur Vorhersage der Zukunft. Sie kann es aber nicht ausüben, weil sie sich im unmittelbar Wahrnehmbaren verliert und durch die Sorge für das tägliche Leben in Beschlag genommen wird. Der ἐνθουσιασμός (göttliche Begeisterung) kann vielleicht ohne jede Einwirkung einer äußeren Ursache erreicht werden, im allgemeinen aber gelangt der Mensch in diesen Zustand nur durch den Einfluß des mantischen P., das an verschiedenen Orten der Erde entsteigt [30]. Das bedeutet jedoch nicht, daß Plutarch eine rein naturalistische Erklärung der Inspiration verträte. Vielmehr bezieht er auch die Dämonen in die Interpretation dieser Erscheinung ein. – Bei den *Gnostikern* wird der Ausdruck ‹P.› in verschiedener Bedeutung gebraucht. Manchmal meint dieses Wort das formale Prinzip des Kosmos, welches die chaotische und plastische Materie beseelt. Bei anderen wird der gleiche Ausdruck gebraucht zur Bezeichnung eines kosmischen Prinzips, das in der Mitte zwischen Licht und Finsternis liegt oder zwischen den höheren Regionen des Universums und der Welt. Manchmal bedeutet ‹P.› auch den höheren Teil des Menschen wie bei Philon. Dies ist der Fall bei den *Valentianern* und dem Gnostiker JUSTINUS [31]. Diese Bedeutung steht zu der anderen in einem gewissen Gegensatz, weil es hier um etwas geht, das dem gewöhnlichen Stoff und der wahrnehmbaren Wirklichkeit entgegengesetzt wird. – In der *hermetischen* Literatur wird das Wort ‹P.› in einer Vielfalt von Bedeutungen gebraucht, die schwer auf einen gemeinsamen Nenner gebracht werden können. Trotzdem gibt es eine Grundbedeutung, auf die hingewiesen werden muß: Das P. ist eine luftartige Hülle, welche das Band zwischen Leib und Seele bildet [32]. Daß es sich hier um ein stoffliches Prinzip handelt, steht außer Zweifel: Dieser pneumatische Träger der Seele ist eigentlich nichts anderes als das in die platonische Psychologie übertragene P. der Mediziner. Die bezeichnendste Bedeutung des P. in den magischen Papyri hängt gerade mit den Praktiken des Zauberers zusammen: Das P. ist die geheimnisvolle Kraft, die ihm von einer Gottheit verliehen wird zur Erreichung eines konkreten Zieles. Durch dieses göttliche Fluidum gelangt der Zauberer in den Besitz einer übernatürlichen Macht und erreicht mystische Kenntnisse [33]. Auch in den *alchimistischen* Schriften wird der Ausdruck ‹P.› oft gebraucht. Er weist auf eine geheime und verborgene Kraft, die in den Dingen liegt und hauptsächlich durch den Einfluß von Wärme freigesetzt werden kann. Man kann sie gebrauchen, um Metalle in Gold oder Silber zu verwandeln [34]. In der gesamten hier besprochenen synkretistischen Literatur schälen sich also zwei neue Bedeutungen von ‹P.› heraus: Einmal das prophetische P. Philons und das mantische P. Plutarchs; in beiden Formen ist das P. Prinzip höherer Erkenntnis. Zum andern bedeutet ‹P.› eine verborgene und geheimnisvolle Kraft, deren man sich bemächtigen kann, um ein bestimmtes Ziel zu erreichen (magische Papyri und Alchimisten).

In der *neuplatonischen* Philosophie wird das P. vor allem als ein Zwischenglied zwischen dem Unstofflichen und dem Stofflichen betrachtet. In der Psychologie meint ‹P.› die Lichtaureole, welche die Seele umgibt und sie vor der befleckenden Berührung mit dem Leibe bewahrt [35]. Dies äußert sich deutlich beim Erkennen: Die Seele kommt nicht in unmittelbare Berührung mit den materiellen Gegenständen, sondern erfaßt die Abbilder der Dinge in der pneumatischen Hülle der Seele. Auch das Vorhersagen und der Enthusiasmus werden auf ähnliche Weise erklärt: Ein direkter Kontakt zwischen Menschen und Gottheit wird ausgeschlossen; Vorhersagen und Enthusiasmus geschehen mittels eines göttlichen P., durch welches die Seele erleuchtet und gereinigt und so der Mensch befähigt wird, eine höhere Erkenntnis zu erlangen und Tätigkeiten auszuführen, die seine natürlichen Möglichkeiten übersteigen [36].

Dem Ausdruck ‹P.› oder ‹Spiritus› begegnet man zu wiederholten Malen auch in der *christlichen* Literatur der ersten Jahrhunderte. Einige Schriftsteller übernahmen die materialistische Pneumatologie der stoischen Philosophie. Dies gilt für TATIAN, ATHENAGORAS und THEOPHILOS VON ANTIOCHIEN, die sowohl das kosmische P. als stoffliche Weltseele als auch das individuelle psychische P. als Lebensatem übernommen haben, obwohl sie auch ein immaterielles P. kennen, welches das Wesen der transzendenten Gottheit oder eine Teilhabe am göttlichen Leben ausdrückt, das in der Menschenseele aufgenommen wurde. In diesem Zusammenhang sind auch TERTULLIAN, der zwischen «flatus» (= Seele) und «spiritus» (= Gott) unterscheidet [37], LAKTANZ und MAKARIOS VON ÄGYPTEN zu nennen. Alle diese Schriftsteller sind in ihrer P.-Lehre deutlich von den Stoikern beeinflußt, obwohl sie sich von deren monistischem Materialismus absetzen. Unter die Repräsentanten einer spiritualistischen P.-Lehre kann man JUSTINUS, CLEMENS VON ALEXANDRIEN, ORIGENES und AUGUSTINUS einordnen [38]. Dabei gebraucht Augustinus den Ausdruck ‹spiritus› vor allem zur Bezeichnung einer unstofflichen Wirklichkeit, nämlich Gottes oder der menschlichen Seele. Das Geistige erhält dabei eine positive Bedeutung; unter dem Einfluß des Neuplatonismus wird es als einfach und unteilbar betrachtet [39].

Die semantische Entwicklung des P.-Begriffs ist so ein gutes Beispiel für die Entwicklung der Sprache unter dem Einfluß des philosophischen Denkens. Ein Ausdruck, der zuerst in der Alltagssprache einen konkretgegenständlichen Inhalt hatte, erhält durch den allmählichen Einfluß des philosophischen Nachdenkens eine neue Bedeutung, die von der ursprünglichen sehr weit entfernt ist.

Anmerkungen. [1] ANAXIMENES, VS 13 B 2. – [2] DIOGENES VON APOLLONIA, VS 64 B 5. – [3] Vgl. W. JAEGER: Diokles von Karystos (1938) 214-215. – [4] Vgl. M. WELLMANN: Die Frg. der Sikelischen Ärzte Akron, Philistion und des Diokles von Karystos (1902) 79. – [5] Vgl. JAEGER, a. a. O. [3] 219. – [6] Vgl. FR. RÜSCHE: Blut, Leben und Seele (1930) 209; W. JAEGER: Das Pneuma im Lykeion. Hermes 18 (1913) 44. – [7] RÜSCHE, a. a. O. [6] 220ff. 228ff. 235ff. – [8] JAEGER, a. a. O. [6] 50 Anm. 1. – [9] DIOG. LAERT. VII, 157. SVF I, 135; vgl. TERTULLIANUS, Apol. 21, 10. – [10] SENECA, Ep. 66, 12. – [11] CICERO, De natura deorum II, 7, 19; vgl. II, 8, 22; SEXT. EMP., Adv. Math. IX, 101. – [12] DIOG. LAERT. VII, 156. SVF II, 774; CICERO, a. a. O. II, 11, 15. 22. 32. – [13] AETIUS, Plac. I, 7, 33. SVF III, 1027. – [14] STOBAEUS, Eclogae I, p. 171, 2 W. SVF II, 596. – [15] SEXT. EMP., a. a. O. [11] VII, 228. SVF I, 484. – [16] DIOG. LAERT. VII, 158. SVF II, 766; SEXT. EMP., Pyrrh. hypotyp. II, 70. SVF I, 484. – [17] ARIUS DID., Epit. fr. phys. 33. Doxogr. 467. – [18] ALEXANDER APHROD., De mixtione hg. BRUNS 224, 32. SVF II, 310. – [19] EPIPHANIUS, Adv. haer. III, 36. Doxogr. 592. – [20] GALEN, De plac. Hippocr. et Plat., hg. MÜLLER 141. 245. – [21] PS.-GALEN, Horoi iatrikoi 33. 113, hg. KÜHN 19, 357. 378; ARETAEUS, De causis II, 1, hg. ERMERINS 23; vgl. M. WELLMANN: Die pneumatische Schule bis auf Archigenes (1895) 67 Anm. 3. – [22] ORIBASIUS, Corp. med. graec. VI/1, 1, S. 163, hg. DAREMBERG 1, 461, 5-11. – [23] GALEN, a. a. O. [20] VII, S. 604. – [24] 604f.; De locis affectis IV, 3; III, 9, hg. KÜHN 8, 233. 174. – [25] Vgl. M. HEINZE: Die Lehre vom Logos (1872) 200; P. HEINISCH: Das Buch der Weisheit (1912) p. 156. – [26] a. a. O. 153. – [27] PHILO, Leg. alleg. I, 37; vgl. G. VERBEKE: L'Evolution de la doctrine du P. (Louvain/Paris 1945) 247. – [28] PHILO, De fuga et inventione 186; De Vita Mosis II, 40; De gigant. 24. – [29] PLUTARCH, Def. orac. 432 d. – [30] a. a. O. 39-40, 431 e-432 e. – [31] Vgl. VERBEKE, a. a. O. [27] 287-306. – [32] HERM. X, 13, hg. SCOTT 1, 149, 27; vgl. VERBEKE, a. a. O. [27] 307-329. – [33] A. WIEDEMANN: Magie und Zauberei im alten Ägypten, in: Der alte Orient VI/4 (1905) 12; vgl. Pap. I, 284, Preis. I, 16; Pap. XII, 331, Preis. II, 80; Pap. IV, 959, Preis. I, 104; Pap. III, 48, Preis. I, 34. – [34] M. BERTHELOT: Introd. à l'étude de la chimie des anciens et du moyen âge (Paris 1938) 2, 194. 195. 126. – [35] PLOTIN, Enn. II, 2, 2; PORPHYRIUS, Sententiae c. 29, hg. MOMMERT 13. – [36] JAMBLICH, De mysteriis III, 11; V, 26, hg. PARTHEY 126, 4; 239, 7. – [37] TERTULLIAN, De res. carn. 7, hg. KROYMANN 35, 25; Adv. Marc. II 9, hg. KROYMANN, a. a. O. 345ff. – [38] Vgl. VERBEKE, a. a. O. [27] 387-510. – [39] AUGUSTIN, De natura et origine animae IV, 22-23, hg. URBA/ZYCHA, 414-416; De fide et symbolo X, 23. MPL 40, 193-194; In Joh. Evang. cap. 4, Tract. XV, 24. MPL, 35, 1519; De Trinitate XV, 5, 7. MPL 42, 1061-1062.

Literaturhinweise. – *Wörterbuchartikel zu ‹Pneuma›*: H. KLEINKNECHT, Theol. Wb. zum NT, hg. KITTEL (1933ff.) 6, 330-357. – G. FAGGIN, Enciclop. filos. 3 (Venedig/Rom 1957) 1472f. – C. J. CLASSEN, Lex. der Alten Welt (1966) 2384. – *Untersuchungen*: M. HEINZE s. Anm. [25]. – M. WELLMANN s. Anm. [21. 4]. – A. WIEDEMANN s. Anm. [33]. – P. HEINISCH s. Anm. [25]. – W. JAEGER s. Anm. [6. 3]. – FR. RÜSCHE s. Anm. [6]; Das Seelen-P. (1933). – M. BERTHELOT s. Anm. [34]. – G. VERBEKE s. Anm. [27]. – M. POHLENZ: Die Stoa 1. 2 (1948/49) Reg. – J. H. TAYLOR: The meaning of "spiritus" in St. Augustine's De Genesi XII. Modern Schoolman 26 (1949) 211-218. – A. LAURENTIN: Le P. dans la doctrine de Philon. Ephemerides theol. 27 (Louvain 1951) 390-437. – J. PÉPIN: Primitiae Spiritus. Rev. Hist. Relig. 140 (1951) 178. – W. A. SCHUMACHER: Spiritus and spiritualis. A study in the Sermons of Saint Augustine (Mundelein, Ill. 1957).

G. VERBEKE

III. *Der jüdische und christliche G.-Begriff.* – 1. *Judentum.* – Das geläufigste Wort im *Alten Testament* für die Beschreibung geistiger Wirklichkeitsbereiche ist hebräisch ‹rûah› (R.). Es besagt in seiner ursprünglichen Bedeutung: Hauch, Wind. So wird gesprochen vom Hauch des Mundes [1], vom Atem [2], vom Lebensodem [3], von Wind und Sturm [4]. Es handelt sich um uralte Vorstellungen lebenstiftender Kräfte. Der altisraelitische Jahveglaube verbindet diese Gedanken mit dem Schöpfungsglauben, so daß die «R. Jahve» als Atem Gottes oder Hauch seines Mundes zur physiologischen Wirkkraft allen geschaffenen Lebens wird. Menschen- und Tierwelt sind durch dieselbe Lebenskraft ins Dasein gerufen [5]. Die R. ist der Lebenshauch [6], alles Geschöpfliche versinkt im Tod, wo sein Lebens-G. von Jahve an sich gezogen wird [7]. Das Geheimnis des Lebens liegt in der R. beschlossen. ‹R. Jahve› besagt die absolute, unverfügbare, lebenstiftende Macht des Schöpfergottes.

In der Prophetenzeit wird mitunter der Lebenshauch Jahves mit dem personalen Wort Jahves in Verbindung gebracht, so daß der Psalmist sagen kann: «Der Himmel ist durch das Wort Jahves gemacht und all sein Heer durch den Hauch seines Mundes» [8].

Bisweilen wird der Lebenshauch auch mit dem Wort ‹nefeš› wiedergegeben [9]. Doch unterscheidet sich ‹nefeš› von ‹R.› dadurch, daß ‹nefeš› mehr das individuelle, konkrete Leben von Mensch und Tier bezeichnet, und nicht so sehr die allgemein belebende Kraft wie ‹R.›. So wird vom Sterben der nefeš gesprochen [10], aber nie vom Sterben der R. Doch in Gefühlsbezeichnungen tritt ‹nefeš› parallel zur anthropologischen ‹R.› auf. Mit dem Lebensodem sind nämlich auch die Gemütsbewegungen, die geistigen Funktionen und die Willenshaltung gegeben, so daß der Ausdruck ‹R.› auch für diese Bereiche Anwendung findet. So bezeichnet ‹R.› den Menschen-G. [11] und verschiedene Gemütszustände: der Schwermütige ist «schwer von R.» [12], der Erbitterte «bitter von R.» [13]. ‹R.› als psychologischer Terminus ist aber wohl zu unterscheiden von ‹R. Jahve›, obwohl gerade der Gebrauch von ‹R.› für Gott einerseits und den Menschen andererseits den schöpfungsmäßigen dynamischen Zusammenhang von Gottes- und Menschenwelt im hebräischen Denken deutlich macht. Im anthropologisch-geistigen Bereich findet man ferner die Ausdrücke ‹nešamah› für Atem und Lebenshauch, oder ‹leb› (Herz) für intellektuelle Vorgänge oder allgemein für das Innere.

Die R. Jahve bekommt in der Erfahrung des *geschichtlichen* Handelns Gottes einmalige Bedeutung. Nicht nur in den Wundertaten, sondern auch durch besonders ausgerüstete Männer und Frauen zur politischen Führung des Gottesvolkes sieht man die R. Jahve am Werk. Wenn Gideon [14] oder Jephtah [15] das Volk mutig mit sich reißen, wenn Simson [16] Riesenkräfte entfaltet, so handelt Gott mit seiner R. Ebenso sieht man die Mitteilung der R. Jahve in der Ekstase der Prophetenscharen, wo Wunder geschehen und Verzückung herrscht. Der Prophet Bileam spricht sein Orakel durch die R. Jahve [17]. Jahve wirkt mit seiner R. auch verblüffende Traumdeutungen. Vorherrschend ist der Wundercharakter und das Ekstatische des R.-Wirkens. Ein Charakteristikum für die R.-gewirkte Ekstase ist das intermittierende Überwältigtwerden von übermenschlicher Kraft. Die R.-gewirkte politische Führung erobert sich zunächst auch den Platz im Königtum, wo nach anfänglichen Schwierigkeiten [18] R. Jahve und politisches Amt zur königlichen Institution verbunden werden. Die R. Jahve durchdringt somit auch jene heidnische und darum mißtrauisch betrachtete Institution des Königtums. Saul wird der kraftbewußte und befehlsgewaltige Führer [19], sein Ausweis als König ist das mit göttlicher Kraft Erfülltsein, aber gerade der Fall Sauls zeigt bereits das Auseinanderbrechen von offiziellem Amt und restloser Hingabe des G.-Ergriffenen an Jahve. König David gelingt es in seiner Person, die R. Jahve und das Amt zu versöhnen. 2. Sam 23, 1 beschreibt David selbst als gottbegeisterten Seher. Doch in der folgenden Königszeit verschwindet die R. Jahve immer mehr aus dem Königspalast. Sie läßt sich mit ihrem unberechenbaren Wirken schwer mit einer festen Machtinstitution vereinbaren. So sieht der Prophet Hosea [20] den Untergang des Königtums im Abfall von der R. Jahve.

Die *Prophetenzeit* läßt die enthusiastische R.-Wirkung, das Wunderbare mehr und mehr zurücktreten. Es dominiert das geistgewirkte Wort der Propheten. Der G. wird verstanden als Organ der Weisungen Jahves durch das vermittelnde Wort der Propheten. Darin ist der transzendente Gott anwesend. Jahve erscheint als sittliche Hoheit, die durch ihre R. ethische Normen gibt [21]. Der G. ist die Kraft zu Umkehr und Bundestreue. Der G. Jahves ist auch der G. des Gerichts und der Vertilgung [22]. Isaias stellt politische Machenschaften als Feindschaft gegen den G. Jahves hin [23]. In die Zukunft weisend, wird als neuer König und Repräsentant der neuen geistgewirkten sittlichen Haltung des Messiaskönig angesagt [24], auf dem der G. Jahves in ganzer Fülle sich niederlassen und ruhen wird. Dasselbe gilt vom Gottesknecht [25]. Ferner wird von der allgemeinen Ausgießung des G. in der messianischen Zeit gesprochen [26]. Damit gewinnt die R. Jahve den Charakter einer neuschaffenden sittlichen Lebensmacht im neuen Äon. Diese prophetische G.-Ansage und die Erfahrung vergangener G.-Wirkungen vertieft das Bewußtsein der Gegenwart der G.-Macht Gottes. Der G. bekommt als «Heiliger G.» Gottes hypostatisch-personale Züge, jedoch ohne begriffliche Festlegung. So wird der G. gesandt [27], gegeben [28], ist Israels Schützer [29], Offenbarungsvermittler [30]. Es werden ihm mitunter auch Empfindungen zugeschrieben [31]. Er gewinnt eine Art Mittlerstellung zwischen Gott und Mensch. Er wird nunmehr angesehen als der eigentliche Lenker Israels [32]. Nehemias scheint der Gefahr einer subjektiven Mystifizierung des G. vorzubeugen durch die Bindung seines Wirkens an das Wort des Gesetzes und der Propheten [33]. Fremdartig mag erscheinen, daß der G. in der Prophetenzeit bisweilen auch als Kraft zum Bösen auftaucht, er tritt als Lügen-G. auf [34]. Die stark ethisch akzentuierte R.-Tätigkeit hat auch zur Folge, daß die R. des Menschen als Organ des geistigen Lebens insgesamt [35] eine betont ethische Willensrichtung bekommt. Für die messianische Heilszeit verheißt Ezechiel eine neue R., einen neuen geistigen Habitus [36]. Ferner wird vom «G. der Unzucht» [37], der «Unreinheit» [38] gesprochen oder vom «G. der Gnade» und des «Gebetes» [39]. Im ‹Buch der Weisheit›, in ‹Jesus Sirach› und in den ‹Sprüchen› kommt es zur eigentümlichen Verbindung von G. (πνεῦμα) Gottes und Weisheit (σοφία). Weisheit als Schöpfungsordnung wird mit dem Schöpfungsplan zusammengedacht, und in Sir. 24, 3ff. erscheint die personifizierte uranfängliche Weisheit als mit der kosmischen Schöpfungskraft des πνεῦμα, mit seinem geschichtlichen Walten identifiziert. Die Weisheit ist ein G., der den Willen Gottes offenbart [40]; dieser G. ist allen Menschen überlegen, immateriell, unbeschränkt, unvergänglich, verständig, hört alles und überschaut alles [41]. Der G. der Weisheit steht in einzigartigem Verhältnis zu Gott, dem er zu eigen gehört, ist der Atem seiner Herrlichkeit.

In der ‹Septuaginta›, der griechischen Übersetzung des Alten Testaments (LXX), wird das hebräische Wort ‹R.› meist mit πνεῦμα ausgedrückt und behält großenteils dessen Bedeutung. – Bei PHILON VON ALEXANDRIEN fließenst gnosche und stoische Elemente zusammen. Er sieht πνεῦμα einerseits als Zeugungsorgan höherer Erkenntnis und für sich als prophetischen G., andererseits identifiziert er das göttliche πνεῦμα mit dem Logos. – Das *späte und nachbiblische Judentum* zeigt gewisse Ausprägungen alttestamentlicher und persisch beeinflußter G.-Vorstellungen. So wird die G.-Wirkung auf das Zustandekommen der Schriften bezogen und als Inspiration der biblischen Schriftsteller verstanden [42]. Aus der alttestamentlichen Vorstellung vom G. als der göttlichen Lebenskraft bildet sich die Vorstellung von der Präexistenz der Seele aus. Als der vom Himmel stammende ist der G. der höhere Teil des Menschen. Hier knüpfen auch die Unsterblichkeitsvorstellung, die Auffassung vom «Umherschweifen des G.» und die Bezeichnung der Seelen der Verstorbenen als die «Geister der Toten» an [43]. Auch die *Angelo-* und *Dämonologie* entwickelt sich stärker, und man differenziert zwischen guten und bösen G. mit Wirkungsbereich in Natur und Mensch [44], sie werden aber immer vom G. Gottes unterschieden. Dazu kommen der Satan und die Schar der bösen G. als kosmische Gegner Gottes und Feinde des Menschen, besonders in der apokalyptischen Literatur und in den Rollen von Qumran. Dort hat sich die Vorstellung von den beiden widerstreitenden G. am deutlichsten ausgeprägt. Die Rollen sprechen vom G. des Lichtes, dem G. der Wahrheit und Erkenntnis bzw. vom G. der Finsternis. Sie kämpfen um den Menschen. Ein allgemeiner Grundzug der *Gnosis* ist die Vorstellung von der im fleischlichen Leibe gefangenen G.-Seele, die aus der göttlichen Sphäre niedersteigt, für die Gnostiker ein unverlierbarer Besitz ist und durch asketisches Leben befreit wird.

Anmerkungen. [1] Ps. 33, 6. – [2] Job 19, 17. – [3] Jer. 10, 14. – [4] Gen. 3, 8; Ex. 10, 19. – [5] Ps. 104, 30. – [6] Gen. 6, 17. – [7] Gen. 6, 17. – [8] Ps. 33, 6. – [9] Ex. 23, 12. – [10] Num. 23, 40. – [11] Job 10, 12. – [12] 1. Sam. 1, 15. – [13] Sir. 7, 11. – [14] Ri. 6, 34. – [15] Ri. 11, 29. – [16] Ri. 13, 25. – [17] Num. 24, 2. – [18] 1. Sam. 8, 6. – [19] 1. Sam. 10, 6. – [20] Hos. 9, 15ff. – [21] Is. 32, 15f. – [22] Is. 4, 4. – [23] Is. 30, 1. – [24] Is. 11, 2. – [25] Is. 42, 1. – [26] Is. 32, 15. – [27] Is. 48, 40. – [28] Is. 63, 11. – [29] Zach. 4, 6. – [30] Neh. 9, 30. – [31] Is. 63, 10. – [32] Hag. 2, 4. – [33] Neh. 9, 20. – [34] 1. Kg. 22, 21. – [35] Ez. 11, 5. – [36] Ez. 11, 19. – [37] Hos. 4, 12. – [38] Zach. 13, 2. – [39] Zach. 12, 10. – [40] Weish. 9, 17. – [41] Weish. 1, 7; 7, 22. – [42] 4. Esr. 14, 22-45. – [43] Hen. 22, 3. – [44] Dan. 8, 16.

2. *Neues Testament und Urchristentum.* – Im Neuen Testament steht für G. in Entsprechung zu ‹rûah›, wie schon in der LXX, das griechische Wort πνεῦμα (P.), das ursprünglich «energiegeladene Bewegung der Luft, Wind, Atemhauch» bedeutet und also physiologisch-stofflich gemeint ist. Es wird vor allem verwendet, um damit – nicht ohne eine gewisse Begriffsverfremdung – die Aussage vom Heiligen G. (Hl.G.) als einem transzendenten, selbständigen, personhaft lebenden G.- und Gotteswesen zu machen. Ferner dient ‹P.› auch zur Bezeichnung von Dämonen-, Geister-, und Zwischenwesen hebräisch-jüdischer Tradition.

Bei MARKUS und MATTHÄUS liegt das Verständnis des Menschen-G. auf der Linie des Alten Testaments. So steht ‹P.› in Mt. 27, 50 für Lebenskraft und in Mk. 2, 8 für Sitz der Wahrnehmung, Erkenntnis und Empfindung. Das Getriebenwerden vom G. [1] läßt die alttestamentliche unwiderstehliche Gotteskraft erkennen. Dasselbe gilt für das Entrücktwerden. In Mk. 12,36 taucht die rabbinische Verknüpfung von Hl.G. und Schrift auf. Bei der Taufe Jesu am Jordan [2] wird der Hl.G. in Gestalt einer Taube dargestellt. Mit dem eschatologischen Getauftwerden im Hl.G. werden Gerichtsbilder vom Sturmwind und Feuer in Verbindung gebracht [3]. In der Zeugung Jesu aus dem Hl.G. [4] ist G. die göttliche Schöpferkraft und das Heilshandeln in einem. Im Missionsbefehl Mt. 28, 19 wird ὄνομα τοῦ πνεύματος (der Name des G.) neben den beiden anderen trinitarischen Namen genannt. Bei LUKAS in der Geschichte von der Zeugung Jesu [5] erscheint G. noch stärker als bei Matthäus als lebenzeugende Schöpferkraft Gottes. Im Magnificat gebraucht Lukas ‹P.› auch für den Menschen-G. Lk. 4, 14 stellt Jesus nicht bloß als Objekt des Gottes-G., sondern als dessen Besitzer hin. Er ist auch der Spender des G. Der G. ist die Gabe der Christen und wird durch die Taufe gespendet [6]. Der Glaubende *hat* somit den G. und wird dadurch zur missionarischen Verkündigung befähigt. Auffallend ist in der Apostelgeschichte die Verbindung von G. und kirchlichem Amt.

Auch PAULUS nimmt für das Verständnis von P. zum Teil alttestamentliche und hellenistische Elemente auf. Röm. 1, 3f. zeigt, daß nach Paulus Jesus in seiner *pneumatischen Existenz* Gottes Sohn ist. Schon vor Paulus bezeichnet ‹P.› die Sphäre göttlicher Herrlichkeit, in die der Erlöser bei seiner Erhöhung eintritt. Die Existenzweise des Kyrios ist das P. So werden in 2. Kor. 3, 17 κύριος (Herr) und πνεῦμα (G.) identifiziert. Glaube an Jesus Christus bedeutet Teilnahme am G. des Kyrios [7]. Nach 1. Kor. 15, 45f. wird der Kyrios zum lebenspendenden G.-Wesen. Da der gegenwärtige G. für die Wirklichkeit des Kommenden bürgt, kann Paulus den G. als ἀπαρχή (Beginn, Grund) der noch zu erwartenden Erlösung des Leibes bezeichnen [8]. G. ist dann auch nach 1. Kor. 15, 35ff. der Stoff des Auferstehungsleibes. Paulus übernimmt ferner die Anschauung von Wunderwirkungen des G. So ist in 1. Thess. 5, 19 G. eine sich außerordentlich manifestierende Kraft. In 1. Kor. 14, 14–16 erscheint das P. – im Gegensatz zum νοῦς (Sinn, Verstand) als die Glossolalie schenkende Wunderkraft. Gnadengaben wie die Glossolalie zählen für Paulus zu den Wirkungen des G. [9]. Ferner zählt er noch verschiedene Möglichkeiten der G.-Wirkung auf [10]. In der Auseinandersetzung mit der Gnosis zeigt er einige spezifische Prägungen der G.-Auffassung. So bezeichnet er in 1. Kor. 2, 6ff. den G. als die Wunderkraft, die übernatürliche Erkenntnis vermittelt, aber mit dem Blick auf den Gekreuzigten; auch kann er ihn als das πνεῦμα τῆς πίστεως (den G. des Glaubens) bezeichnen [11]. Nach Röm. 1–5 zeigt sich der Glaube geradezu als Bedingung des G. in Röm. 6–8 als die Möglichkeit der neuen Existenz. Der G. ist die Kraft, die sich ständig im Glauben manifestiert. Auch die Einführung in das σῶμα Χριστοῦ (Leib Christi = Gemeinschaft der Gläubigen) kann auf diesen G. zurückgeführt werden [12]. Ferner wird G. als die Kraft Christi der eigenen Gerechtigkeit aus dem Gesetz gegenübergestellt [13]. In Gal. 5, 25 beschreibt Paulus den G. einerseits als die unser Leben tragende Gotteskraft, andererseits als die Lebensnorm, auf die sich der Mensch einlassen soll. In Röm. 8, 27 tritt der G. als Fürsprecher für den Menschen auf, ferner ist er Kraft zur Heiligung [14]. Die stellenweise parallele Verwendung von θεός, κύριος, πνεῦμα (Gott, Herr, G.) [15] zeigt das Fehlen einer trinitarischen Reflexion. Anthropologisch gesehen verwendet Paulus ‹P.› neben νοῦς (G.) und ψυχή (Seele) als Inbegriff der psychischen Funktionen des Menschen [16]. Diesbezüglich übernimmt er im allgemeinen die traditionellen Vorstellungen.

JOHANNES denkt das P. im Horizont eines dualistischen Weltverständnisses. So spielen weder Geistesgaben noch auf Leiblichkeit und Auferstehung bezogener Geist eine Rolle. G. und σάρξ (Fleisch) halten die Sphäre Gottes und der Welt auseinander [17]. ‹P.› bezeichnet nach Johannes zunächst wie ἀλήθεια (Wahrheit) die Wirklichkeit Gottes, formal hellenistisch-substanziell, sachlich getragen von der Erscheinung Jesu Christi. So erscheint in Jo. 3, 3ff. G. als die dem Menschen unzugängliche Gotteswelt, solange er nicht ἐν πνεύματι (im Geiste) lebt. Dafür muß er aus dem G. gezeugt werden. In Jo. 3, 8 bekommt ‹P.› die Bedeutung von Wind, zur Beschreibung der Unverfügbarkeit des Gottesgeistes. Nach Jo. 7, 38 ist G. das Lebenswasser der Glaubenden. In den *Parakletsprüchen* wird der von Jesus den Jüngern verheißene G. παράκλητος (Beistand, Fürsprecher) genannt. Als solcher führt er die Sache Jesu fort; der Paraklet führt als G. der Wahrheit in alle Wahrheit ein [18]; er ist die Kraft der christlichen Verkündigung und der Repräsentant der erschienenen Gotteswelt, wie sie in Jesus da war und in seinem Wort weiterhin da sein wird [19]. Der G. (Paraklet) offenbart die Wirklichkeit Jesu und verherrlicht ihn. Der G. ist vom Vater gesandt und geht von ihm aus [20], lehrt und bezeugt und wird von den Jüngern erkannt. Er hat Personcharakter und ist die Kraft zum Zeugnis.

Im *Pauluskreis* zeigt sich G. etwa als Kraft des Wachstums der Gemeinde, als Kraft des Gebetes, als G. der Weisheit. Im Hebräerbrief ist der Gebrauch von ‹P.› ziemlich komplex und jüdisch gefärbt. Geister sind die Abgeschiedenen [21], die Engel [22], oder es wird von dem in der Schrift redenden G. gesprochen, oder vom G. der Wundertaten. In Hebr. 4, 12 werden πνεῦμα und ψυχή als zwei Momente des Menschen unterschieden. – In den *katholischen* Briefen zeigt sich G. als Kraft der Prophetie, der Heiligung, als Inspirator. – Die *Apokalypse* nimmt im G.-Verständnis eine Sonderstellung ein, die in Kreise des vorgnostischen Judentums verweist. Auch hier erscheinen unreine Dämonengeister als Geister [23]; die rein vitale Lebenskraft zeigt sich als von Gott oder vom Dämon geschenktes P. [24]. Dominierend ist der prophetische Geist; dieser Geist ist der Erhöhte selbst, indem er zur Gemeinde redet und nur als G. ist er bei den Seinen. Dazu kommt die seltsame Anschauung von den sieben Geistern, die zwischen Gott und Christus stehen, von denen Gnade und Friede ausgeht, die wie die Engel vor Gott stehen und als Boten Gottes und Christi über die ganze Erde gesandt sind [25]. Den sieben Geistern entsprechen die sieben Gemeinden in Kleinasien.

Anmerkungen. [1] Mk. 1, 12. – [2] Mk. 1, 9ff. – [3] Mt. 3, 12. – [4] Mt. 1, 18. 20. – [5] Lk. 1, 35. – [6] Apg. 2, 38. – [7] 1. Kor. 6, 17. – [8] Röm. 8, 23. – [9] 1. Kor. 12, 9. – [10] Röm. 12, 7f. – [11] 2. Kor. 4, 13. – [12] 1. Kor. 6, 11. – [13] Phil. 3, 3f. – [14] Röm. 15, 16. – [15] 1. Kor. 12, 4f.; 2. Kor. 3, 17; Röm. 5, 1ff.; Gl. 4, 4ff. – [16] 1. Kor. 7, 34. – [17] Jo. 3, 6. – [18] Jo. 16, 13. – [19] Jo. 17, 13ff. – [20] Jo. 14, 24. 26; 16, 27. – [21] Hebr. 12, 23. – [22] Hebr. 1, 14. – [23] Apk. 16, 13f. – [24] Apk. 11, 11. – [25] Apk. 1, 4; 4, 5; 5, 6.

3. *Der nachbiblische G.-Begriff.* – In der *griechischen* apologetischen und patristischen Literatur wird das Wort πνεῦμα (P.) im allgemeinen dem religiösen Bereich vorbehalten, wenn auch der ursprüngliche Zusammenhang von G. und menschlichem Odem nicht ganz verschwindet. Es geht nun in erster Linie um die theologisch bedeutsame Bestimmung des *Hl.G.*, während für den anthropologischen Bereich die Ausdrücke νοῦς und ψυχή verwendet werden.

Die *Lateiner* gebrauchen für das griechische ‹P.› das etymologisch entsprechende Wort ‹spiritus›, das ursprünglich ebenfalls Hauch und Wind bedeutet. Sie verwenden für πνεῦμα ἅγιον (Hl.G.) nicht etwa den stoisch vorbelasteten ‹spiritus sacer› oder ‹spiritus divinus›, sondern prägen den Ausdruck ‹spiritus sanctus›. Bisweilen wird ‹spiritus› auch für den anthropologischen Bereich verwendet, besonders in physiologischem Zusammenhang, ferner in der dichotomischen Trennung von Geist und Fleisch; meist jedoch kommen im menschlichen Bereich ‹mens›, ‹animus› und ‹anima› zur Anwendung.

Bei den *apostolischen* Vätern bezeichnet ‹Hl.G.› entweder das Wesen Gottes überhaupt oder von Gott unterschieden oft die göttliche, präexistente Seite Christi. Dem neben Vater und Sohn genannten Hl.G. werden zugeordnet: Inspiration der Propheten und Apostel, das Leben und Wachsen der Kirche mit ihren Ämtern und Sakramenten. Die Apologeten, selbst von hellenistischen Logosspekulationen beeinflußt, setzen sich mit den philosophischen Strömungen auseinander: So verteidigen sie gegen die Stoa, die G. als kosmisch-universale Kraftsubstanz begriffen, das Gottesprädikat des G. vor Materialisierung [1]. THEOPHIL VON ANTIOCHIEN, bei dem das Wort Τριάς als Bezeichnung für die göttliche Dreieinigkeit erstmals belegt ist, versteht den Hl.G. mitunter auch als die neben dem Logos waltende Sophia, in Anlehnung an die alttestamentliche Weisheitsliteratur; überhaupt macht er zwischen λόγος, σοφία und πνεῦμα kaum Unterschiede; sie dienen ihm als psychologisch auf Gott angewandte Begriffe. – Bei TATIAN zeigt sich der Hl.G. als die unpersönliche, die Welt durchflutende Lebenskraft oder auch als Subjekt spezieller Gaben (Inspiration usw.).

Auch CLEMENS VON ALEXANDRIEN sieht bisweilen im Hl.G. die auf die Gläubigen herabströmende inspiratorische Kraft zur Erleuchtung des Intellekts. Im allgemeinen aber bleibt es zunächst bei der Wiederholung der übernommenen trinitarischen Formeln, so auch noch bei IRENAEUS, der sich zwar zur innertrinitarischen Wesensgleichheit des Hl.G. bekennt, aber im heilsökonomischen Horizont doch die Vorstellung von Sohn und G. als von Gott ausgehenden Kräften und «Dienern» hat [2]. Er nennt den Hl.G. auch ‹sapientia› [3] und unterscheidet zwischen dem Hauch (afflatus) des Lebens als dem Lebenshauch der Schöpfung und dem lebenspendenden G. (spiritus vivificans), als Kraft des geistigen Lebens, die den Menschen geistig macht [4].

ORIGENES kommt in der Bestimmung des Hl.G. nicht über die alttestamentliche Vorstellung von der inspirierenden Gotteskraft hinaus und weist dem G., als einem durch den Logos «Gewordenen» die niedrigste Stelle in der Trinität zu, ja mitunter nimmt der G. bei ihm nahezu stofflichen Charakter an. Die Folge dieser Auffassung sind subordinatianistische Tendenzen bis hin zur extremen Position des ARIUS, nach dem der Hl.G. zum Geschöpf wird. Auf der anderen Seite sieht die sabellianische Irrlehre im Hl.G. nur eine Erscheinungsform (πρόσωπον) des Vaters. Das Symbolum Nicaenum geht über die Feststellung des Glaubens an den Hl.G. nicht hinaus. Die noch herrschende Unsicherheit zeigt sich auch bei MARCELLUS VON ANCYRA, der im Hl.G. eine weitere Ausdehnung jener ewig in Gott seienden Schöpferkraft (ἐνέργεια δραστική) erkennt.

Nach der Mitte des 4. Jh. konzentriert man sich mehr auf die Pneumatologie, und in Konstantinopel (381) wird die Gottheit des G. gegenüber der Lehre des Macedonius dogmatisiert. Bei den *Kappadoziern* ist das Ausgehen (ἐκπόρευσις) des Hl.G. aus dem Vater durch den Sohn eine ihm eigene Ursprungsrelation, und er ist als wesensgleich und ehrengleich (ὡς ὁμοούσιον καὶ ὁμότιμον) zu betrachten. Nach JOHANNES DAMASCENUS kommt dem Hl.G. zu, daß er ausgegangen (ἐκπορευόμενον) aus dem Vater, mitgeteilt (μεταδιδόμενον) durch den Sohn und ausgeteilt (μεταλαμβανόμενον) über die ganze Schöpfung, heiligend (ἁγιάζον) und erhaltend (συνέχον) sei.

Im christlichen *Westen* gewinnt die Auffassung vom Ausgehen des G. von Vater *und* Sohn mehr Sympathie. HILARIUS VON POITIERS sieht den G. geradezu in der unanimitas zwischen Vater und Sohn. – AUGUSTINUS, in dessen Reflexionen sich christliche Lehre und Neuplatonismus vermischen, bekräftigt die Homousie und Persönlichkeit des G. und versucht ihn als gegenseitige Liebe von Vater und Sohn zu verstehen; von diesen beiden ausgehend ist der G. der schlechthinnige Vermittler aller Gnadenwirkungen. Zu diesen Auseinandersetzungen um die Geistauffassung kommt nun noch die filioque-Frage, d. h. daß der Geist von Vater *und* Sohn ausgehen soll [5]. (Diese Frage ist neben anderem Grund für die große ost-westliche Kirchenspaltung im 11. Jh.) Nebenher geht eine schon bei IGNATIUS VON ANTIOCHIEN, dann bei CYPRIAN deutlich spürbare kirchenamtliche Sicht des Hl.G., d. h. die Ausgießung des G. in der Kirche geschieht durch das kirchliche Amt.

JOHANNES SCOTUS ERIUGENA greift den Neuplatonismus wieder auf und bestimmt den G. als Medium zur Verwirklichung der ewigen göttlichen Weltidee. – In diese Zeit fallen auch die ersten *deutschen* Übersetzungen der Symbolen und der Bibel. Dabei stehen sich zunächst zwei Übersetzungen von ‹spiritus› gegenüber: ‹atum› und ‹G.› [6]. Doch setzt sich durch angelsächsischen Einfluß ‹G.› durch und wird von ‹spiritus› her theologisch aufgefüllt.

Anmerkungen. [1] CLEMENS ALEX., Strom. V, 89, 2. – [2] IRENAEUS, Adv. haer. V, 1, 3. – [3] a. a. O. IV, 7, 4. – [4] a. a. O. V, 12, 2. – [5] DENZINGER-SCHÖNMETZER, Ench. Symb. Nr. 150. 800. 1300. – [6] Weißenburger Katechismus (um 800).

Literaturhinweise. – *Allgemein:* RGG³ 2, 1270-1289; Theol. Wb. zum NT, hg. KITTEL, 6, 330-450; Bibellex., hg. H. HAAG (²1968) 534-544. – *Zum AT:* P. VAN IMSCHOOT: L'action de l'esprit de Jahvé dans l'AT. Rev. Sci. philos. et théol. 23 (1934) 553-587; L'esprit de Jahvé, source de vie dans l'AT. Rev. bibl. 47 (1938) 23-49. – W. EICHRODT: Theol. des AT 1. 2 (⁷1962). – *Zum NT:* S. MOWINKEL, Die Vorstellungen des Spätjudentums vom Hl.G. als Fürsprecher und der joh. Paraklet. Z. alttestamentl. Wiss. 32 (1933) 97-130. – R. BULTMANN: Theol. des NT (⁴1961). – C. ANDRESSEN: Zur Entstehung und Gesch. des trinitarischen Personbegriffs. Z. neutestamentl. Wiss. 52 (1961) 1-39. – *Zum nachbiblischen G.-Begriff:* K. FR. NOESGEN: Gesch. der Lehre vom Hl.G. (1899). – H. LEISEGANG: Der Hl.G. (1919). – P. E. LUTZE: Die german. Übersetzungen von Spiritus und Pneuma. Ein Beitrag zur Frühgesch. des Wortes ‹G.› (Diss. Bonn 1950). – TH. RUESCH: Die Entstehung der Lehre vom Hl.G. (1952). – W. BETZ: Die frühdtsch. spiritus-Übersetzungen und die Anfänge des Wortes ‹G.›. Liturgie und Mönchtum 20 (1957) 48-55. – H. OPITZ: Ursprünge frühchristl. Pneumatol. (1960). – P. GERLITZ: Außerchristl. Einflüsse auf die Entwicklung des christl. Trinitätsdogmas (Leiden 1963). – G. KRETSCHMER: Le développement de la doctrine du Saint-Esprit du NT à Nicée. Verbum Caro 88 (1968) 5-55.   B. SCHROTT

IV. *Der lateinische G.-Begriff von der Antike bis zum 12. Jh.* – In der lateinischen Antike ist der G.-Begriff primär kosmologisch und teleologisch bestimmt. Die Äquivalente für ‹G.› sind ‹animus›, ‹mens› und ‹spiritus›. Auch wenn, wie bei LUCRETIUS, kein eigener Ursprung des G. angenommen wird – «mentis naturam animaeque ... pauxillis esse creatam seminibus» (G. und Seele ... sind aus sehr kleinen Samen entstanden) – und der G. wie die Körperteile als Teil des Menschen angesehen wird, ist der G. Ort des «consilium vitaeque regimen» (der besonnenen Lebensführung) [1]. – Mens ist für CICERO die Zielstrebigkeit in der Welt und wird daher mit prudentia oder providentia gleichgesetzt [2]. Die kosmologisch garantierte Teleologie erfordert eine enge Verbindung der mens mit der mens divina wie ihre Erkennbarkeit durch den menschlichen G., die durch die Ursprungsrelation des Menschen-G. zum G.-Prinzip ermöglicht wird: «humanus ... animus decerptus ex mente divina» (der menschliche G. ... ein Ausfluß aus göttlichem G.) [3]; «ut ipsa se mens ... coniunctam cum divina mente se sentiat» (so daß sich der G. ... mit dem göttlichen G. verbunden fühlt) [4]. Mit der Ursprungsrelation ist eine hierarchische Gliederung gesetzt: «... omnem naturam necesse est ... habere aliquem in se principatum, ut in homine mentem ...» (für jedes Wesen ist es notwendig, ein Höchstes in sich zu haben, wie den G. im Menschen). Trotz der Bedeutung der Sinne im Erkenntnisvollzug hat der G. eine eigene Kraft: «Mens enim ipsa, quae sensuum fons est atque etiam ipsa sensus est, naturalem vim habet, quam intendit ad ea quibus movetur» (Der G. nämlich, der die Quelle der Sinne und auch selbst Sinn ist, hat eine natürliche Kraft, die er auf das richtet, von dem er bewegt wird) [5]. In diesem Kontext ist die religiöse Personifikation des G. (Mens dea Romanorum) verständlich [6]. – Auch SENECA geht von einem unmittelbaren Gottesbezug des menschlichen G. aus: «in corpus humanum pars divini spiritus mersa» (in den menschlichen Körper [ist] ein Teil göttlichen G. gesenkt). In uns hat der «spiritus sacer» seinen Sitz. Er ist «malorum bonorumque nostrorum observator et custos» (Beobachter und Hüter unserer bösen und guten Taten) [7]. Die Stellung, die Gott in der Welt zukommt, kommt im Menschen dem G. zu [8].

Für TERTULLIAN sind ‹animus› und ‹mens› ausdrücklich die lateinische Übersetzung von νοῦς und bezeichnen das von der Seele nicht substantiell getrennte Tätigkeitsprinzip: «Nos autem animum dicimus animae concretum, non ut substantia alium, sed ut substantiae officium» (Wir aber nennen den G. die Verdichtung der Seele, von ihr nicht substantiell, sondern als Tätigkeit der Substanz verschieden) [9]. ‹Spiritus› als der weitere Begriff ist dem Begriff ‹Körper› (corpus) nicht direkt entgegengesetzt, das Problem wird aber im Zusammenhang mit dem Gottesbegriff bereits ausführlich diskutiert [10]. In der stoischen Tradition verbleibt Tertullian mit seiner Unterscheidung von gradus in der Seele, wo höchster G. ist: «summus in anima gradus vitalis et sapientialis» (die höchste Stufe des Lebens und Erkennens in der Seele) [11]. – Der Begriff ‹spiritus› war durch seinen weiten sinnlichen Bedeutungsbereich belastet und wurde daher nur zögernd zur Bezeichnung Gottes aufgenommen. NOVATIAN schreibt: «... si acceperis spiritum substantiam dei, creaturam feceris deum: omnis enim spiritus creatura est» (... wenn man den G. als Wesen Gottes auffaßt, dann macht man Gott zum Geschöpf; denn jeder G. ist Geschöpf) [12]. Für die Begriffsgeschichte ist insbesondere die Verbindung zweier heterogener Traditionen entscheidend geworden. Der dem griechischen πνεῦμα entwachsende Bedeutungsbereich umfaßt neben den sinnlichen Bedeutungen (Luftzug) die in verschiedenen Ausprägungen weiterwirkende Tradition von Stoa und Neuem Testament [12a]. Die Timaios-Übersetzung des CHALCIDIUS ist signifikant für das Weiterwirken von νοῦς und διάνοια im lateinischen Sprachbereich (als mens) [12b].

Grundlegend für die Folgezeit wurde das G.-Verständnis AUGUSTINS, das sich von den naturhaften Bedeutungen (aer, flatus, anima pecoris usw.) im wesentlichen absetzt und seinen Schwerpunkt in Gottesbegriff und Gottesbezug hat [13]. Er legt Wert darauf, seinen Sprachgebrauch biblisch abzusichern. Ausgehend von Johannes 4, 24 (quoniam deus spiritus est) wird die Substantialität des G. festgehalten: «Mens et spiritus non relative dicuntur, sed essentiam demonstrant» (‹mens› und ‹spiritus› sind keine Verhältnis-, sondern Wesensbestimmungen) [14]. Die trinitarische Terminologie, in der ‹spiritus sanctus› personorientiert, d. h.

«relative» ausgesagt wird, muß von der Wesensaussage unterschieden werden [15]. Der Sprachgebrauch der ‹Vulgata› setzt sich durch, wenn ‹spiritus› mit ‹lex fidei›, ‹gratuita gratia› parallelisiert wird und wenn die ‹novitas spiritus› von der ‹litterae vetustas› abgehoben wird [16]. Die menschliche Seele ist eine substantia spiritualis [17]. ‹Mens› ist der engere Begriff für den höheren Teil der Seele [18]. Auch ‹animus› wird in diesem Sinne gebraucht, wie aus der Identifikation beider Begriffe mit ‹memoria› hervorgeht [19]. Der G. leitet den Leib: «substantia quaedam rationis particeps regendo corpori accomodata» ([der G. ist] eine an der Vernunft teilhabende Substanz, die zur Leitung des Leibes bestimmt ist) [20]. Um ihrer Stellung als «principale hominis, caput humanae substantiae» (führende Kraft des Menschen, Haupt der menschlichen Substanz) [21] gerecht zu werden, muß die mens durch den Glauben gereinigt werden: «mens, cui ratio et intelligentia naturaliter inest, vitiis quibusdam tenebrosis et veteribus invalida est, ... donec ... renovata atque sanata, fiat tantae felicitatis capax, fide primum fuerat imbuenda atque purganda» (weil ... der G., dem wesensmäßig Vernunft und Einsicht zukommt, durch finstere und alte Laster geschwächt ist ..., bis ... er, erneuert und geheilt, so großen Glücks fähig wird, mußte er zuerst in den Glauben getaucht und durch ihn gereinigt werden) [22]. Die Wendung der mens zu sich selbst ist zugleich die Wendung zur Transparenz ihrer Ursprungsbeziehung. Die Frage: «Et quid tam menti adest quam ipsa sibi?» (Was ist dem G. denn so nahe wie dieser sich selbst?) [23] führt zu der supra mentem liegenden Wirklichkeit: «Et inde admonitus redire ad memetipsum intravi in intima mea duce te et potui, quoniam factus es adiutor meus. Intravi et vidi qualicumque oculo animae meae supra eundem oculum animae meae, supra mentem meam lucem incommutabilem» (Ermahnt, zu mir zurückzukehren, trat ich in mein Innerstes unter deiner Führung. Ich war dazu fähig, da du mein Helfer bist. Ich trat ein und sah wie mit einem Auge meiner Seele über diesem Auge meiner Seele, über meinem G. ein unveränderliches Licht) [24]. Diese Wendung zum Ursprung wird auch «conversio» genannt [25]. In diesem Selbstvollzug wird die Einheit des G. offenkundig: «intellectum nostrum et actionem ... una mentis natura complectitur» (das eine Wesen des G. umfaßt unser Erkennen und Handeln) [26]. Der G. als «imago dei» [27] ist ternarisch gegliedert. Gegenüber dem Ternar ‹mens-notitia-amor› hat der Ternar ‹memoria-intelligentia-voluntas› den Vorrang wegen der Konzinnität seiner Glieder, die Modi der G.-Tätigkeit bezeichnen [28]. Für den G. kennzeichnend ist also der Selbstbezug. Dieser zeigt, verbunden mit den negativen Bestimmungen der Einfachheit, Unteilbarkeit, Unveränderlichkeit, die Eigenständigkeit des G. (und die dem Begriff ‹G.› immanente Spannung) auf [29].

Für BOETHIUS ist mens der Bezugspunkt der Teleologie. Die «divina providentia» eint das Viele in der «divina mens» [30]. Gott im G. ähnlich (deo mente consimilis) [31], hat der Mensch die Aufgabe, sich dem göttlichen G. zu unterwerfen [32]. Ihm ist es gegeben, naturaliter nach dem wahrhaft Guten zu verlangen [33], und aufgegeben, das Wahre in der Rückwendung auf ihn (den G.) selbst zu suchen [34]. Die Eigenständigkeit des G. wird durch fama, gloria [35] und den Sachbereich der Mathematik deutlich aufgezeigt [36].

Eine breite Aufnahme fand die terminologische Gliederung des ISIDOR VON SEVILLA: «anima est qua vivimus, animus quo regimur, spiritus quo spiramus, mens qualitas est quae bona aut mala potest referri ad cogitationem» (die anima ist es, durch die wir leben, der animus, durch den wir geleitet werden, der spiritus, durch den wir atmen, mens ist die Fähigkeit, Gutes und Böses ins Denken einzubeziehen) [37]. – Nach JOHANNES SCOTUS ERIUGENA ist «spiritus natura incorporea, forma per se atque materia carens» (der G. ein unkörperliches Wesen, reine Form und ohne Materie). Die «spiritus rationabiles et intellectuales» werden durch das «verbum Dei», die «spiritus irrationabiles» durch die sinnenabhängige «phantasia» geformt [38]. Die «divina similitudo in mente humana» wird nur dem «esse», nicht dem «quid esse» gemäß erkannt [39]. – Nach ANSELM VON CANTERBURY ist spiritus das Prinzip der Tätigkeit von mens und ratio. ‹Spiritus› ist ausdrücklich Gegenbegriff zu ‹corpus› [40]. Der «summus spiritus» wird im Rückgriff auf die «mens rationalis» erkennbar: «... summus ille spiritus ... aeterne sui memor est et intelligit se ad similitudinem mentis rationalis; immo non ad ullius similitudinem, sed ille principaliter et mens rationalis ad eius similitudinem» (dieser höchste G. ... ist sich ewig seiner bewußt und erkennt sich nach Ähnlichkeit mit dem vernünftigen G.; doch nein, nicht nach Ähnlichkeit mit etwas anderem, sondern er in ursprünglicher Weise und der vernünftige G. nach Ähnlichkeit mit ihm) [41]. Der geschaffene G. muß seine Bildhaftigkeit willentlich vollziehen, will er der Aufgabe, aus unmittelbarem Sachbezug sinnenunabhängig zu unterscheiden, genügen [42]. Er steht unter der Verpflichtung zur «rectitudo» und damit zur Wahrheit [43].

Im 12. Jh. werden in unserem Kontext besonders Augustin, Boethius und Macrobius studiert. So schreibt PETRUS ABAELARDUS unter Bezug auf Macrobius und Dionysius Cato (die sog. ‹Dicta Catonis›): «Mentem itaque, id est animum sive animam, Deum dixerunt secundum hoc quod totius mundi regimini quasi anima corpori praeest. Unde et per sapientem quemdam adhortantem nos digne Deum excolere, mente scl. a vitiis purgata et virtutibus adornata, pulchre ... dictum est: ‹Si Deus est animus nobis, ut carmina dicunt Hic tibi praecipue sit pura mente colendus›» (Den G. nannten sie Gott, weil er wie die Seele den Leib die ganze Welt leitet. Daher hat ein Weiser, der uns dazu auffordert, den Gott würdig, d. h. mit einem von Lastern befreiten und durch Tugenden geschmückten G. zu verehren, so schön gesagt: «Wenn, wie im Liede gesagt wird, der Gott uns führt, dann soll er von dir besonders durch einen lauteren G. verehrt werden») [44]. Für Abälard ist (wie Gott) der G. das Prinzip anderer Dinge und durch Notwendigkeit und Ewigkeit ausgezeichnet [45]. Viele Schriften des 12. Jh. haben den Bedeutungsumfang des G.-Begriffes und seine Äquivozität zum Gegenstand [46]. In der *Schule von Chartres* und von ihr nahestehenden Denkern wird der christliche Gottesbegriff mit der Lehre von der «anima mundi» in Verbindung gebracht [47]. Bei AELRED VON RIEVAULX steht der G.-Begriff in einem aszetischen Kontext: mens ist durch prudentia ausgezeichnet. Als Zentrum des geistlichen Lebens ist sie «multarum virtutum quasi conscientia» [48]. Die Seele wird von HUGO VON ST. VICTOR als «rationalis spiritus» traditionell durch Leibesunabhängigkeit und Einfachheit, aber auch durch «discretio personalis» und die Fähigkeit, sich für das Gute oder Böse zu entscheiden, bestimmt [49]. Die Einheit aller Begriffsdifferenzierungen von ‹spiritus› sieht er in der subtilitas [50]. RICHARD VON ST. VICTOR nennt spiritus das Lebensprinzip. Er unterscheidet «vita corporum» (spiritus humanus) und «vita spirituum» (spiritus divinus) [51]. Die Aufgabe der contemplatio ist es, «de corporalibus ad spiritualia» aufzusteigen. Die geistige Welt ist dreifach gegliedert: in inmortalitas (regio spiritūs humani), incorruptibilitas (regio spiritūs angelici) und aeternitas (regio spiritūs divini) [52]. Große Verbreitung fand die anonyme, im Mittelalter Augustin zugeschriebene Schrift ‹De spiritu et anima›. Nach ihr umfaßt spiritus «Deus, ... quaedam vis animae mente inferior ... ubi corporalium rerum similitudines exprimuntur, mens rationalis» und «anima sive hominis sive pecoris» (Gott; eine dem G. untergeordnete Kraft der Seele ..., wo die Abbilder der körperlichen Dinge zum Ausdruck kommen; vernunftbestimmter G.; Menschen- und Tierseele) [53]. Der Begriff ‹mens› wird als «rationale et intellectuale lumen quo ratiocinamur, intelligimus et sapimus» (vernunftbestimmtes und einsichtsvolles Licht, durch das wir vernünftig denken, Einsicht und Weisheit erlangen) aufgefaßt. «Mens universorum capax et omnium rerum similitudine insignita omnia esse dicitur naturali quadam potentia et naturali dignitate» (Der Geist, der alles erfaßt und durch Ähnlichkeit zu allem bestimmt ist, wird nach wesenseigener Fähigkeit und Auszeichnung alles genannt) [54]. ALANUS AB INSULIS, der in der Schrift ‹Virtutes nominum› zum Begriff ‹spiritus› Stellung nimmt [55], unterscheidet deutlich zwischen «spiritus rationalis et incorporeus» und «spiritus physicus sive naturalis» [56].

Anmerkungen. [1] LUKREZ, De rerum nat. III, 94ff. 136ff. 161ff. – [2] CICERO, De nat. deor. 2, 58; Acad. 1, 29. – [3] Tusc. 5, 38. – [4] a. a. O. 5, 70. – [5] Luc. 10, 30f. – [6] De nat. deor. 2, 61; LIVIUS 22, 9, 8; vgl. RE 15 (1932) 936ff. – [7] SENECA, Ep. mor. 66, 11f.; 41, 2. – [8] a. a. O. 65, 23. – [9] TERTULLIAN, De an. 12, 6. – [10] Adv. Prax. 7. – [11] De an. 15; vgl. VARRO bei AUGUSTIN, De civ. Dei 7, 23. – [12] NOVATIAN, De trin. 7. – [12a] Vgl. Theol. Wb. zum NT, hg. KITTEL 6 (1959) 330ff. – [12b] Platonis Timaeus a CALCIDIO transl. ed. J. H. WASZINK, in: Plato Latinus 4 (1962) 44, 17ff. – [13] Terminologieübersichten: AUGUSTIN, De Gen. ad litt. 12, 7, 18; De trin. 14, 6. – [14] Vgl. bes. De Gen. ad litt. 12, 7, 18. – [15] De trin. 9, 2. – [16] De spir. et litt. 13, 22; 14, 26. – [17] De trin. 2, 9. – [18] a. a. O. 9, 2; 14, 16. – [19] Conf. 10, 16; De trin. 14, 6. 11; 15, 7. – [20] De animae quant. 13. – [21] De trin. 6, 19; 15, 7. – [22] De civ. Dei 11, 2; vgl. Solil. 1, 6; De trin. 4, 18. – [23] De trin. 10, 7. 10; vgl. 14, 6. – [24] Conf. 7, 10. – [25] De trin. 8, 3. – [26] a. a. O. 12, 3. – [27] 14, 8. – [28] 9, 8 bzw. 10 passim. – [29] De immortal. animae; De trin. 1, 1; 15, 5, 7. – [30] BOETHIUS, Cons. philos. V pr. 3, 76ff.; IV pr. 6, 43f. 90ff. – [31] a. a. O. II pr. 5, 75ff. – [32] V pr. 5, 46ff. – [33] III pr. 2, 13-15. – [34] III m. 11, 1ff. – [35] II pr. 4, 91ff.; pr. 7, 83. – [36] De hebd., hg. STEWART-RAND 87ff. – [37] ISIDOR, Diff. app. 177; vgl. Diff. 2, 87; Glossa ordin. in Ex. 40, 16 und Etym. 11, 1, 12f.; vgl. auch ALKUIN, De animae ratione. MPL 101, 644. – [38] JOH. SCOTUS ERIUGENA, De div. nat. I, 29. – [39] a. a. O. IV, 7. – [40] ANSELM, Monol. c. 27. – [41] a. a. O. c. 32. – [42] bes. c. 10. 62f. 66. 68. – [43] Vgl. De ver. c. 11. – [44] ABAELARD, Theol. christ. I, 94; vgl. MACROBIUS, In Somn. Scipionis I, 2; DIONYSIUS, Cato I, 94. – [45] Super Perierm. in: 12th century logic, hg. L. MINIO-PALUELLO 2 (1958) n. 191. – [46] z. B. ACHARD VON ST. VICTOR, De discretione animae, spiritus et mentis. – [47] z. B. bei WILHELM VON CONCHES; vgl. T. GREGORY: Anima mundi. La filos. di Guglielmo di Conches e la scuola di Chartres (1955). – [48] AELRED VON RIEVAULX, Sermones inediti, hg. C. H. TALBOT (1952) 88. 160. – [49] HUGO VON ST. VIKTOR, Erud. didasc. II, 4; De sacra christ. fid. I, 5, 7f. 6, 1. – [50] De unione corporis et spir. MPL 177, 286. – [51] RICHARD VON ST. VIKTOR, De trin. VI, 10. – [52] a. a. O. Prol. – [53] De spiritu et anima. MPL 40, c. 10. – [54] a. a. O. 11. – [55] ALANUS, MPL 210, 952f. – [56] Contra haereticos I, 28. MPL 210, 329.

V. *Der lateinische G.-Begriff von der Hochscholastik bis zur Schulphilosophie des 18. Jh.* – Trotz der Übersetzung von νοῦς mit ‹animus› und ‹intellectus› bei Johannes Scotus Eriugena setzt sich im 13. Jh. im wesentlichen ‹mens› durch. Daneben wird auch διάνοια mit ‹mens› übersetzt [1]. ALBERTUS MAGNUS bestimmt den göttlichen G. (mens) als Ort allumfassender Erkenntnis: «... continet in se omnia cognoscibilia per scientiam altiorem omnibus scientiis, accipiens primo in se cognitionem omnem, quae est per primam causam omnium rerum, quae est ipsemet deus» (er enthält in sich alles Erkennbare durch ein Wissen, das höher ist als alles Wissen, indem er zuerst in sich die ganze Erkenntnis aufnimmt, die durch die Ersturache aller Dinge gewonnen wird, die ja Gott selber ist) [2]. Es gibt kein medium zwischen göttlichem und menschlichem G. [3]. Der menschliche G. hat die Aufgabe, die Wahrheit zu sichern: «... omne sententionale ... et omne intellectuale ... mens, quae metitur sermonem et intellectum ad res, aut affirmat aut negat» (... der G., der Rede und Einsicht an den Sachen mißt, nimmt positiv oder negativ zu jedem Gesprochenen und Eingesehenen Stellung) [4]. Mens – häufig mit intellectus identifiziert [5] – ist der Ort der Erkenntnis der Prinzipien im Unterschied zu «ratio ... deducens principia in principiata» [6]. Als «subiectum primum infusae virtutis» wird der G. durch sapientia vervollkommnet [7]. Zwischen der G.-Seele und dem Körper vermitteln «spiritūs vitales», die körperlichen Charakter haben [8].

Einen Überblick über das zeitgenössische Verständnis des Begriffes ‹spiritus› gibt ALEXANDER VON HALES. Die naturales und medici verstehen darunter «corpus spirituale». Der Begriff ‹spiritualis vis› nennt die Voraussetzung der Vorstellung nicht-gegenwärtiger Körper. Den Unterschied von ‹spiritus› und ‹anima› kennzeichnet er: «... secundum enim quod per se sumitur, spiritus dicitur; secundum autem quod ad corpus comparatur, anima» (an sich betrachtet, wird von ‹spiritus› gesprochen; im Vergleich zum Körper von ‹anima›) [9]. BONAVENTURA unterscheidet drei Aspekte des G., 1. die «sensualitas», die den Bezug zum Körperlich-Äußeren, 2. den «spiritus», der den Selbstbezug und 3. die «mens», die den Gottesbezug ermöglicht. Diese Unterscheidung gibt die Wegmarken im ‹Itinerarium mentis ad deum› ab. Die Theologie findet ihren Gegenstand im vestigium der äußeren Welt (theologia symbolica), in der imago dei, dem G. des Menschen (theologia propria) und im unmittelbaren Gottesbezug (theologia mystica) [10]. Von Gott her ist das Ziel der «ascensio in deum» garantiert: «... deus immediate influit in mentem, et ipsa mens immediate a prima veritate formatur» (... Gott hat unmittelbare Verbindung zum G., der G. selbst wird unmittelbar von der ersten Wahrheit bestimmt). Gott ist das «medium efficiens et obiectum ipsius mentis» [11]. Den Ort der Gottesbegegnung nennt er apex mentis seu synderesis scintilla.

Für THOMAS VON AQUIN ist «mens quoddam genus potentiarum animae ... quae [potentiae] in suis actibus omnino a materie et conditionibus materiae recedunt» (eine Gattung der Seelenkräfte ..., die sich in ihren Akten gänzlich von der Materie und ihren Bedingungen trennen) [12]. Er betont, daß die anima rationalis mit dem Leib eine Einheit bildet («anima rationalis corpori unitur et sicut materiae et sicut instrumento»; die vernünftige Seele wird mit dem Leib wie mit dem Stoff und wie mit einem Werkzeug vereint) [13] und daß der G. zur Erkenntnis auf sinnliche Vermittlung angewiesen ist [14]. Die Lehre von der anima humana als substantia spiritualis wird präzisiert: Die Seele ist «substantia spiritualis inquantum ... supergreditur esse materiae corporalis, inquantum vero attingitur a materia et esse suum communicat illi, est corporis forma» (eine geistige Substanz, insofern sie das Sein der körperlichen Materie überschreitet, jedoch des Leibes Form, insofern sie vom Stoff berührt wird und ihr Sein der Materie mitteilt) [15]. Selbstredend wird die Eigenständigkeit geistiger Wirklichkeit betont [16]. Mit spiritus bezeichnet Thomas primär das intellektive immaterielle Lebensprinzip [17].

Gemäß dem Aristotelesverständnis seiner Zeit sieht DANTE in «mente» den Ort des «ragionare» und kennzeichnet den G. als «ultima e nobilissima parte de l'anima» [18]. Aristotelisch bestimmt ist auch der übliche Beweis für die Unsterblichkeit des G. aus der Art seiner Tätigkeit, wie wir ihn z. B. bei J. WYCLIF antreffen [19]. Er führt «tres maneries spirituum» (drei Weisen der G.) auf, nämlich den «spiritus animalis in cerebro», den «spiritus vitalis in corde» und den «spiritus naturalis in epate» [20]. JOHANNES GERSON sieht im G. die «potentia intellectiva superior», die «post cognitionem rationis deducit rem ... ad lumen pure et simplicis intelligentie, secundum quod ordinem habet immediatum ad angelicam cognitionem» (die höhere Einsichtsfähigkeit, die nach der Verstandeserkenntnis die Sache ... ans Licht der reinen und einfachen Einsicht bringt, gemäß sie eine unmittelbare Hinordnung auf die Erkenntnisweise der Engel besitzt) [21]. Die klare Entscheidung des NICOLAUS CUSANUS für ‹mensurare› als dem etymologischen Ableitungswort für ‹mens› ermöglicht ihm die Bestimmung von ‹mens› als «omnium rerum terminus et mensura» [22]. Diese zentrale Stellung wird schöpfungstheologisch durch die Parallelisierung der «conceptio divinae mentis» als «rerum productio» bzw. «entium creatio» und der «conceptio nostrae mentis» als «rerum notio» bzw. «entium assimilatio» motiviert [23]. Die «vis assimilativa» des menschlichen G. wird als Sehen begriffen [24]. Im «intellectus», dem «mentis motus perfectus», kommt die «conceptio mentis», die Abbilder der Dinge (notiones) schafft, zur Vollendung [25]. Der G. ist als die «concipiendi virtus», als «totum virtuale ex omnibus comprehendendi virtutibus compositum» (ein Ganzes, der Kraft und dem Vermögen nach, das aus allen Vermögen des Begreifens zusammengesetzt ist), eine miterschaffende Kraft, «per quam excitata se actualitati divinae artis conformiorem facere potest» (durch die veranlaßt er sich der Wirklichkeit der göttlichen Fertigkeit konformer machen kann) [26]. «Mens nostra vis est notionalis secundum quam virtutem facit omnia notionaliter esse» (Unser G. ist eine Kraft der Begriffe, mit der er alles dem Begriffe nach schafft) [27]. Er übersteigt die ratio, d. h. die Einheit der Erfassung des Sinnlichen, und damit auch Zahl, Harmonie und Maß [28].

Bei einigen Denkern des italienischen Humanismus, wie z. B. bei B. TELESIO, wird erneut die medizinische und stoische Tradition des G.-Begriffes wirksam [29]. Die Universalität des G.-Prinzips steht im Mittelpunkt des Denkens des G. BRUNO: «... est insita rebus, intimius cunctis, quam sint sibi quaeque, vigens est, entis principium, cunctarum fons specierum, Mens, Deus» (ist den Dingen eingepflanzt, allem näher, als sie sich selbst sind, voller Kraft, Seinsprinzip, Quell aller Arten, der Dinge, G., Gott) [30]. Der G. sprengt alle Schranken und ist damit die Substanz einer sich in der Pluralität von Erscheinungsweisen auslegenden Welt: «... mens omnem intellectum, rationem atque sensum antecedens et superstans, lux inaccessibilis omnem lucem terminans a nullo terminata» (... der G., der Vernunft, Verstand und Sinnlichkeit vorausgeht und überragt, unzugängliches Licht, das jedes Licht begrenzt und von keinem Licht begrenzt wird) [31].

Trotz nicht durchgängiger Einheitlichkeit in der Übersetzung kann besonders bei kultischen Texten eine Übernahme des theologischen und dämonologischen Bedeutungsbereiches von ‹spiritus› bzw. seiner griechischen und hebräischen Äquivalente durch alle Sprachen des germanischen Sprachraumes festgestellt werden [32]. MEISTER ECKART kennt G. als den Ort der Gottesschau [33] und ist in seinem G.-Verständnis stark durch den biblischen Sprachgebrauch geprägt (vgl. den Gegensatz ‹G.-Fleisch›, Armut des G.) [34]. Auch LUTHER kennt den G.-Begriff in diesem Zusammenhang, auch wenn es ihm besonders auf die Parallelisierung von G. (spiritus) und Lehre [35] und die Unterscheidung des mammonabhängigen spiritus mundi und des G. aus Gott [36] ankommt. Für TH. MÜNTZER ist alle Gewißheit im G. begründet. Der Empfang des G. im «Abgrund der Seele» setzt die Vernichtung der menschlichen Natur voraus, durch die der Mensch zu einem «innerlichen Narren» wird [37]. Der kosmologische G.-Begriff und damit die Parallelisierung von Welt und Mensch wird bei AGRIPPA VON NETTESHEIM wieder aufgenommen. Für ihn ist der spiritus mundi das «vinculum occultarum virtutum», das zwischen Leib und Seele Vermittelnde, die «quinta essentia» [37a]. Für PARACELSUS ist der G. mit der Willenssphäre verbunden. Er wirkt in der Imagination und im «liecht der natur» [38]. «Was lebt nach seinem Willen, das lebt im G., was aber lebt nach der Vernunft, das lebt wider den G.» [39]. Die materia prima der Welt – im Unterschied zur materia prima der Einzelwesen – ist das Fiat [40]. Allen Dingen wird Form und Funktion durch die «wesentlichen» Geister verliehen [41]. Zentral ist der G.-Begriff bei J. BÖHME. Gottes Wille und Kraft, bildhaft als Feuer bezeichnet, ist G. [42]. «Ein einiger G. ... ist in jedem Dinge wie des Dinges Eigenschaft» [43]. In den sieben Natureigenschaften oder Quellgeistern [44] wird das Werden zu gegenwärtiger Wirklichkeit. «Gottes Amtmann in der Natur» [45], der spiritus mundi, «ist das Leben der äußeren Welt» [46]. Im Wort, das das göttliche Sprechen mit dem menschlichen vereinigt, vollendet sich die G.-Tätigkeit.

Eine Synthese von traditionellem und neuzeitlichem Denken treffen wir bei MELANCHTHON an, der in der «mens humana» das «evidentissimum testimonium» für Gott sieht und sie als «mens architectatrix sapiens» bezeichnet [47]. Da nur das Denken von Ich nicht abgetrennt werden kann, ist für DESCARTES in ihm die Garantie seiner Existenz und damit die Natur des G. gegeben [48]. Nichts kann leichter als der G., der Grund jeder Erkenntnis ist, erkannt werden [49]. Klar und deutlich voneinander unterschieden erkannte Substanzen wie Körper und G. sind auch der Sache nach unterschieden [50]. Der G. ist der Ort der Axiome und der «communes notiones» [51]. MALEBRANCHE leugnet jede Kausalität zwischen Körper und G. [52]. P. BAYLE bestimmt die «essentia spirituum» im cartesischen Sinne [53]. Die Bestimmung, daß mens nicht eine «tabula rasa» ist, sondern «infinitis notis insignita, quae referri possunt ad quatuor capita, nempe ideas, species, communes notiones, conclusiones» ([ein Blatt, das] mit unendlich vielen Zeichen beschrieben ist, die auf vier Hauptzeichen zurückgeführt werden können, nämlich Ideen, Arten, Axiome, Schlußfolgerungen), wird auch dann festgehalten, wenn man mit A. GEULINCX drei «status humanae mentis» unterscheidet [54].

In seiner Descartes-Kritik lehnt TH. HOBBES die Identifikation von res cogitans mit mens, animus usw. ab und betont die Unterscheidung zwischen dem möglicherweise körperlich zu denkenden subiectum und den facultates und actus [54a]. Im ‹Leviathan› zieht er politisch-pädagogische Konsequenzen aus der tabula-rasa-Vorstellung: «... the common people's minds ... like clean paper, fit to receive whatsoever by public authority shall be imprinted in them» [54b]. Nach J. LOCKE nimmt der G. (mind) alle Inhalte der Erkenntnis (reason and knowledge) von der Erfahrung (experience) [55]. Er ist nur über seine Tätigkeiten und den aus ihnen zu erschließenden einfachen Ideen zu erfassen: Er ist die Idee einer Substanz, die denkt und vermag, durch Wollen und Denken in einem Körper Bewegung hervorzurufen [56]. Der G. ist, in bezug auf die einfachen Ideen gesehen, passiv – und insofern «white paper, void of all characters, without any ideas» [57] –, hingegen aktiv in der Bildung der komplexen, d. h. allgemeinen Ideen [58]. Demgegenüber hält R. CUDWORTH daran fest, daß «Mind is the oldest of all things» [59]. Er versteht den G. als den Weltarchitekten.

SPINOZA überwindet den cartesischen Dualismus durch seine Auffassung von idea. Der Konstitutionsgrund des «actuale Mentis humanae esse» ist die «idea rei alicuius singularis actu existentis» [60], die aus mehreren Ideen zusammengesetzt ist und «per ideas affectionum sui Corporis» [61] Erkenntnis vermittelt. Der Erkenntnisakt des G. ist im Leibbewußtsein begründet [62]. «Mentem et Corpus unum et idem esse Individuum, quod jam sub Cogitationis, jam sub Extensionis attributo concipitur» (Geist und Körper sind ein und dasselbe Individuum, das einmal mit dem Attribut Denken, einmal mit dem Attribut Ausdehnung erfaßt wird [63]. In seinem Erkenntnisakt steht der G. in einem ihn übergreifenden Zusammenhang, der «dei aeternum et infinitum intellectum» konstituiert [64]. – G. W. LEIBNIZ ist vom Primat des G. überzeugt: «... un seul esprit vaut tout un monde, puisqu'il ne l'exprime pas seulement mais le concoist aussi, et s'y gouverne à la façon de Dieu» [65]. Der G. muß als Disposition, die dem einzelnen G.-Akt sachlich vorausliegt, verstanden werden [66]. Es genügt nicht, in ihm nur eine «faculté nue» sehen zu wollen. Das ist auch der Grund dafür, daß «la considération de la nature des choses, n'est autre chose que la connoissance de la nature de notre esprit et des idées inées». Besonders in der Auseinandersetzung mit Locke wird dieses Thema abgehandelt [67].

G. BERKELEY unterscheidet ein aktives Prinzip, das perzipierende, denkende, wollende, unausgedehnte und unteilbare Wesen (soul, mind, spirit, I, myself) und die ausgedehnten, gestalteten Ideen, die von den spirituellen Substanzen abhängen. Der G. kann nicht an sich, sondern nur über seine Wirkungen wahrgenommen werden [68]. Nur ein gewisser Begriff des G. (notion) wird allenfalls zugegeben [69]. Andere Geister können über die eigene Seele, in diesem Falle die Idee jener, erkannt werden. Diese Theorie versucht eine Synthese von Substantialität des G. und Abhängigkeit aller Erkenntnis von der Erfahrung. – Gegen sie wendet D. HUME ein, daß eine Analyse des Wissens, die zeigt, «that substantiation in matter is just as necessary to knowledge as substantiation in mind», den G. «as the source of all substantiation» erweisen könnte. Für ihn ist der G. (mind) «a kind of theatre, where several perceptions succesively make their appearance ... There are the succesive perceptions only, that constitute the mind» [70]. Man muß sich bescheiden, «this mental geography, or delination of the distinct parts and powers of the mind» [71] zu erkennen. Eine letzte Reminiszenz an die traditionelle Bestimmung ist die Betonung, der G. sei «a kind of Fiat».

Die Begriffsgeschichte von ‹esprit› geht zunächst eigene Wege. MONTAIGNE sieht den G. als «un util vagabond, dangereux et temeraire: il est malaise d'y joindre l'ordre et la mesure» [72]. PASCALS grundsätzliche Unterscheidung eines «esprit de géométrie», der klare, aber dem Alltagsleben fern liegende Prinzipien, und des «esprit de finesse», der die allen offenkundigen, aber wegen ihrer Vielzahl beinahe undurchschaubaren Prinzipien des täglichen Weltverhältnisses erfaßt, zieht die Konsequenz aus der Verwissenschaftlichung des Weltbezuges seit dem Entstehen der modernen Naturwissenschaft [72a]. BOSSUET versteht «esprit» als «imagination» und «entendement». Er unterscheidet drei Operationen des G., das Verstehen der Begriffe, das Urteil und die vollkommene Unterscheidung des Wahren und Falschen [73]. Für D'ALEMBERT ist der G. in seiner Vorstellung von Dingen abhängig, die denen ähneln, die er «par des idées directes et par des sensations» kennt [74]. HELVÉTIUS schreibt in seinem vielbeachteten und umstrittenen Werk ‹De l'esprit› (1758), daß der G. wesentlich in bezug zur Gesellschaft zu sehen ist, und entwickelt Überlegungen über die Gründe der «inégalité d'esprit parmi les hommes». In seiner Betrachtungsweise setzt sich das eingeschränkte Begriffsfeld, das esprit als «esprit fin» mit Genialität gleichsetzt, durch [75]. Auch er sieht den G. in Abhängigkeit von Sinneseindrücken [76]. DIDEROT betont, das allgemeine Interesse sei der Maßstab für unsere Einschätzung des G., nicht aber die der erfaßten Sache immanente Komplexität, der Umfang der Kenntnisse oder das Wesen der Tugend [77]. Für ihn ist der G. nämlich die Fähigkeit, an einem Ding Beziehungen wahrzunehmen, die vorher nicht einmal einige wahrgenommen haben (Originalität) [78]. Die Rolle der Organe wird durch ihre Bezeichnung als «Thermometer des G.» [79] deutlich.

Für CHR. WOLFF ist der G. traditionell durch intellectus und voluntas bestimmt [80], der menschliche G. (mens humana, anima) durch Bewußtsein seiner selbst und anderer Dinge außer uns [81]. CHR. A. CRUSIUS kennt zwei oberste Hauptklassen der Substanzen, die Materie, die durch Bewegungsfähigkeit, und den G., der mit und ohne Bewegungsfähigkeit gegeben sein kann [82]. Neben der theoretischen natürlichen Theologie und der Kosmologie behandelt er die Pneumatologie oder die Lehre von dem notwendigen Wesen der Geister als einen Teilbereich der metaphysischen Kosmologie [83]. Den G. nennt er «eine Substanz, welche denken und wollen kann» [84]. Der Hauptfehler der Materialisten bestehe darin, daß sie die zweifache Bedeutung des Wortes ‹Vorstellung› (körperliche Abbildung und Gedanke) nicht unterscheiden [85]. A. G. BAUMGARTEN übersetzt ‹animus› mit ‹Gemüt› [86]. Aus dem Begriff ‹spiritus› leitet er die Freiheit ab, da er als substantia intellectualis «quasdam distinctas repraesentationes actuandi facultatem habet» (die Fähigkeit hat, verschiedene Vorstellungen zu bewirken) [87].

Anmerkungen. [1] z. B. ARISTOTELES, Topica, hg. L. MINIO-PALUELLO (1969) in: Aristoteles Latinus V, 1-3, 108 a 11; 112 a 19; Politica, hg. P. Michaud-Quantin (1961) a. a. O. 29, 1, 52 a 31ff.; Met., hg. G. VUILLEMIN-DIEM (1970) a. a. O. 25, 1-1a, 986 b 10f.; 995 a 30. – [2] ALBERT, De div. nomin. 7, 14; Ed. Col. 37, 347. – [3] a. a. O. 4, 24. – [4] Met. 4, 4, 1. – [5] z. B. De div. nom. 7, 1. – [6] De unit. intell. 7. – [7] De div. nom. 7, 1. – [8] a. a. O. 2, 30. 33. – [9] ALEXANDER VON HALES, Quaest. disp. 18, 1, 9. – [10] BONAVENTURA, Itin. 1, 4. – [11] Sent. I, 3, 1, 3. – [12] THOMAS VON AQUIN, De ver. 10, 1 ad 2. – [13] S. contra gentes 4, 41. – [14] De ver. 10, 6. – [15] De spir. cr. 2 resp. – [16] a. a. O. 1. – [17] S. theol. I, 97, 3. – [18] DANTE, Conviv. 3, 2. – [19] J. WYCLIF, Trial. II, 5. – [20] a. a. O. II, 6. – [21] J. GERSON, De mystic.

theol. Tract. secundus pract. XII, 3, hg. A. COMBES (1957). – [22] CUSANUS, Idiota de mente I. – [23] a. a. O. III. – [24] De aequalitate; De visione dei 5, 22; De apice theor. 5f.; De non aliud prop. 9. – [25] Id. de mente 3, 8. – [26] a. a. O. 11. 13. – [27] De ludo globi II. – [28] De coniecturis I, 10; Id. de mente 5, 15; De doct. ign. II, 3. – [29] B. TELESIO, De rerum natura VII. VIII. – [30] G. BRUNO, De immenso et innumerabilibus 8, 10. Opera (1889) I/2, 314. – [31] Summa terminorum metaphysicorum a. a. O. I/4, 78. – [32] Vgl. E. LUTZE: Die germanischen Übersetz. von spiritus und pneuma. Ein Beitrag zur Frühgesch. des Wortes «Geist» (Diss. Bonn 1960) bes. 148ff. – [33] ECKHART, Dtsch. Werke, hg. QUINT 5 (1963) 116, 21. – [34] a. a. O. 110, 7; 431, 10ff.; 297, 6 u a. – [35] M. LUTHER, Weimarer A. 31/I, 548 – [36] a. a. O. 17/I, 435. – [37] Vgl. C. HINRICHS: Th. Müntzers polit. Schr. (1950) 14. – [37a] AGRIPPA, De occulta philos. I, 14. – [38] PARACELSUS, Lib. de imag. Werke, hg. SUDHOFF 13, 384 bzw. Frg. de fundam. sap. a. a. O. 325. – [39] a. a. O. 1, 217f. – [40] Vgl. W. PAGEL: The prime matter of Paracelsus. Ambix 9 (1961) 117ff. – [41] Paracelsus, a. a. O. [38] 9, 48. – [42] J. BÖHME, Drey Princ. göttl. Wesens 1, 3; 8, 21. – [43] De sign. rerum 16, 12. – [44] z. B. Aurora 10, 39ff. – [45] Sign. rer. 8, 3. – [46] Gnadenwahl 5, 18. – [47] PH. MELANCHTHON, De anima (1553). Werke, hg. R. STUPPERICH 3 (1961) 326ff. – [48] R. DESCARTES, Medit. 2, 6; Princ. philos. I, 8. – [49] Medit. 2, 16. – [50] Medit. 6. – [51] Princ. I, 13. 49. – [52] N. MALEBRANCHE, Entret. sur la Mét. IV, 11. – [53] P. BAYLE, Systema totius philos. Met. II, 3, 1. – [54] A. GEULINCX, Annotata in Cartesium I, art. 13. 71. – [54a] TH. HOBBES, Object. ad Cartesii Medit. obj. 2. – [54b] Leviathan 2, 30. – [55] J. LOCKE, Essay conc. human understanding IV, 1, 2. – [56] a. a. O. II, 23, 22. – [57] II, 1, 2. – [58] II, 9ff. – [59] R. CUDWORTH, The true intellectual system of the universe (1678) 858. – [60] B. SPINOZA, Eth. II, prop. 11. – [61] a. a. O. prop. 26. – [62] V, prop. 20. – [63] II, prop. 21. – [64] V, prop. 40, schol. – [65] G. W. LEIBNIZ: Discours de met. (1686) 36. – [66] Nouv. ess. sur l'entendement humain (1704) I, 3. – [67] a. a. O. I, 1. – [68] G. BERKELEY, Principl. § 27. – [69] a. a. O. §140 Zus. 2. Aufl. – [70] D. HUME, A treat. of human nature IV, 5. – [71] An enqu. conc. human understanding I, 8. – [72] M. MONTAIGNE, Essais 2, 12. – [72a] B. PASCAL, Reflexionen über die Geometrie im allg. De l'esprit géométrique und De l'art de persuader, frz./dtsch. hg. und komm. J.-P. SCHOBINGER (1974) Reg. s.v. «esprit». – [73] J. B. BOSSUET, De la connaissance de Dieu et de soi-même I, 11, 13. – [74] J. D'ALEMBERT, Discours préliminaire de l'Encycl. (1751), hg. E. KÖHLER (1955) 92f. – [75] CL. A. HELVÉTIUS, Dis. 2, 3, 4. – [76] Oeuvr. compl. 5 (²1795) 237. – [77] D. DIDEROT: Reflexions sur le livre de l'esprit par M. Helvétius (1758). – [78] Réfutation suivie de l'ouvrage d'Helvétius intitulé L'Homme (1773/1774) I, 2, 14-15. – [79] a. a. O. II, 5, 1. – [80] CHR. WOLFF: Theol. nat. (1737) § 186. – [81] Psychol. empirica § 20; vgl. auch: Vom menschl. Verst. § 13. – [82] CHR. A. CRUSIUS, Entwurf der notwendigen Vernunftwahrheiten § 364. – [83] a. a. O. § 424. – [84] § 434. – [85] § 436. – [86] A. G. BAUMGARTEN: Met. (⁷1779) § 653. – [87] a. a. O. § 756.

Literaturhinweise. – Antike: H. SIEBECK: Neue Beitr. zur Entwicklungsgesch. des G.-Begriffs. Arch. Gesch. Philos. NF 20 (1914) 1-16; F. RÜSCHE: Pneuma, Seele u. G. Theol. u. Glaube 23 (1932) 606-625; Das Seelenpneuma. Seine Entwicklung von der Hauchseele zur G.-Seele (1933). – G. VERBEKE: L'évolution de la doctrine du pneuma du stoïcisme à St-Augustin (1945). – K. KERÉNYI: Der G. Albae Vigilae NF 3 (1945) 29-41. – E. v. IVÁNKA: Apex mentis. Wanderung und Wandlung eines stoischen Terminus. Z. kath. Theol. 72 (1950) 161-176. – H. LEY: Gesch. der Aufklärung und des Atheismus 1 (1966); 2/1 (1970); 2/2 (1971). – W. SEIBEL: Fleisch und G. beim hl. Ambrosius (1958). – A. GARDEIL: Le «Mens» d'après s. Augustin et s. Thomas. Rev. Sci. philos. théol. 13 (1924) 145-161. – M. SCHMAUS: Die psychol. Trinitätslehre des hl. Augustinus (1927) bes. 310ff. – F. CAYRÉ: S. Augustin. Dieu présent dans la vie de l'esprit (1951). – C. A. VAN PEURSEN: Augustins Visie op de mens. Wending 9 (1954/55) 662-673. – J. MADER: Die logische Struktur des personalen Denkens (1965) 152ff. – *Mittelalter:* M.-D. CHENU: Spiritus, le vocabulaire de l'âme au 12e siècle. Rev. Sci. philos. théol. 41 (1957) 209-232. – R. JAVELET: Image et ressemblance au 12e siècle (1967) bes. 1, 176ff. – L. NORPOTH: Der pseudo-augustinische Traktat De spiritu et anima (Diss. München 1924, ND 1971). – E. BENZ: Creator spiritus. Die G.-Lehre des Joachim von Fiore. Eranos-Jb. 25 (1956) 285-355. – A. J. BACKES: Der G. als höherer Teil der Seele. Studia Albertina (1952) 52-67. – A. HUFNAGEL: Zur G.-Philosophie Alberts des Großen. Theol. Jb. (1965) 533-547. – F. IMLE: Gott und G. Das Zusammenwirken des geschaffenen und ungeschaffenen G. im höheren Erkenntnisakt nach Bonaventura (1934). – O. HUNOLD: Das geistige Sein bei N. Hartmann und Thomas von Aquin (Diss. Bonn 1950). – R. HAUBST: Das Bild des Einen und Dreieinen Gottes in der Welt nach Nikolaus von Kues (1952) 145ff. – J. HIRSCHBERGER: Gegenstand und G. bei Nikolaus von Kues. Stud. gen. 21 (1968) 274ff. – *Neuzeit:* R. HILDEBRAND: Art. ‹G.›, in: GRIMM IV/1/2 (1926) 2623-2741. – W. BETZ: Die frühgermanischen Spiritus-Übersetzungen. Liturgie u. Mönchtum 20 (1957). – G. BECKER: G. und Seele im Altsächs. und Althochdtsch. (1964). – E. WECHSSLER: Esprit und G. (1927) 43ff. – R. GOCLENIUS: Lex. philos. (1613) 681f. – J. MICRAELIUS: Lex. philos. (²1662) 127-750. – W. PAGEL: Das med. Weltbild des Paracelsus (1962). – F. RUSCHE: Zur Lehre Descartes' von den Lebensgeistern. Philos. Jb. 60 (1950) 450-456. – K. JAENICKE: Das Verhältnis des Körperlichen zum Geistigen und die Entwicklung des Geistigen bei Leibniz (1913). – M. H. REINHARDT: Diss. de recentissimorum philosophorum sententiis circa spiritum (1729). – D. DIDEROT und J. LE ROND D'ALEMBERT, Encyclop. 5 (1755) 972-976.

H. K. KOHLENBERGER

VI. *Der Begriff des G. in der Naturphilosophie.* – 1. In der mittelalterlichen Alchemie bezeichnete das Wort ‹spiritūs› (Geister) Ausströmungen feinster körperlicher Natur, die jeweils für einen bestimmten Stoff spezifisch waren. Man sprach vom «spiritus vini», dem Wein-G., der zur Klasse der sogenannten Spiritūs sulphurei, näherhin zu den trockenen Geistern gezählt wurde. Als eine zweite Klasse galten die «spiritūs mercurii», die feuchten Geister [1].

Diese Unterscheidung geht auf ARISTOTELES zurück, der in seiner ‹Meteorologie› die Entstehung der Metalle und der nicht-metallischen Stoffe in der Erde aus feuchten und trockenen Dünsten erklärt. Die Grundlage der späteren, vor allem von den «Pneumatikern» ausgebauten Theorie von den physiologischen Geistern findet sich im letzten Teil seiner Schrift ‹Über das Atmen›, in der auch eine Beziehung zu den Ausführungen in der ‹Meteorologie› deutlich anklingt [2]. – ATHENAEUS VON ATTALEIA begründete im 1. Jh. in Rom die medizinische Schule der *Pneumatiker*, in der die Lehre vom πνεῦμα im Mittelpunkt physiologischer und pathologischer Betrachtungen stand. Als Quelle des G., der den Menschen von Natur aus eingeboren ist, galt ihnen die Weltseele. Durch die Atmung gelangte neuer Lebens-G. in den Körper und assimilierte sich mit dem eingeborenen. Durch das Blut gelangte der G. in alle Körperteile. Gemäß der stoischen Lehre unterschieden die Pneumatiker drei Grade des Lebens-G.: eine gröbere Form, in der der G. als Kraft den Körper zusammenhält, eine mittlere, die für Zeugung und Wachstum maßgebend ist, und eine feinste, die als Lebensstoff und Substrat der psychischen Funktion dient [3].

Im Anschluß an die Lehre der Pneumatiker, die sich auch bei GALEN findet [4], wird G. in der mittelalterlichen und frühneuzeitlichen physiologischen Literatur als ein «instrumentum animae» verstanden, mittels dessen die Seele die «virtutes» oder «facultates principales» den Gliedern und den übrigen Teilen des Körpers überträgt. Man stellte sich den G. als eine luftige, sehr zarte körperliche Substanz vor.

Hinsichtlich der Herkunft sprach man zunächst von einem «spiritus insitus aut implantatus», der mit dem «calidum innatum seu nativum», der Urwärme des Lebewesens, identisch ist. Erzeugt wird dieser «calor innatus» im Herzen aus dem Blut, und zwar aus sehr dünnem Blut (ex tenuissima sanguine). Von diesem «spiritus insitus», der auch «*spiritus vitalis*» heißt und von Herzen her durch die Arterien verteilt wird, unterschieden die alten Physiologen einen «*spiritus naturalis*», der in der Leber aus dem «spiritus vitalis» entsteht, mit Blut vermischt wird und, in die Venen verteilt, der natürlichen Körpertätigkeit dient. Schließlich war noch der «*spiritus animalis*» bekannt, der vom Herzen aus durch die Arterien ins Gehirn gelangt, dort angeglichen wird, dann durch die Nerven als Nerven-G. zurückströmt und zur Hervorbringung der organischen Bewegungs- und Sinnestätigkeit dient. Zu diesen «spiritūs nervorum» gehörten insbesondere der «spiritus opticus» und der «spiritus acusticus».

Generell ist die Tätigkeit des *spiritus vitalis* «in actu primo», d. h. von sich aus ewig. Sie hängt jedoch «in actu secundo» von einem feuchten Untergrund, dem «humidum radicale» ab. Dieses galt als die «causa principalis» des Lebens, und der Tod konnte somit als eine Mangelerscheinung erklärt werden: als Abwesenheit des feuchten Untergrunds, aus dem sich die Urwärme der Lebewesen nährt. Das entsprechende Lebensmodell war die Flamme, die sich vom Öl nährt und nicht erlischt, solange das Öl währt. Auch mit dem Bild der Genesis vom G., der über dem Urmeer brütet, konnte diese Vorstellung leicht in Zusammenhang gebracht werden und schien daher bis zu einem gewissen Grade von der Offenbarung her gerechtfertigt.

Die beiden übrigen spiritūs, der *spiritus naturalis* und der *spiritus animalis* hießen demgegenüber «spiritūs influentes», da sie insofern von außenher kommen, als der erste aus der Nahrung erzeugt wird und der zweite direkt aus sehr dünnem Blut entsteht. Ihre Tätigkeit dient dem spiritus vitalis nur als Mittel, damit dieser nicht aus dem Lebewesen entflieht. Sie galten daher nur als «causae instrumentales» [5].

Die Lehre von den drei Lebens-G. war eng mit der von zwei verschiedenen Blutarten verbunden und stellte deshalb bis in die Neuzeit hinein ein großes Hindernis für die Entwicklung einer Theorie des Blutkreislaufes dar. Sie konnte zunächst auch nur durch ein außerwissenschaftliches Argument erschüttert werden. Der christliche Platoniker M. SERVET versuchte dies durch seine Lehre von dem ἅγιον πνεῦμα (heiligen G.), an dem jede Einzelseele partizipiert. Er leugnete die dreifache Hierarchie der Lebens-G. und behauptete, daß «in allen diesen die Energie dieses einen G. und Gottes» sei [6]. Es gebe darum auch keine zwei Arten von Blut, welche die Verschiedenheit des Lebens-G. bewirken, sondern nur ein Blut und eine Kraft im Blut. Die Unterscheidung verschiedener Lebens-G. in natürliche, animalische und vitale bestand für Servet also nur noch «secundum rationem», nicht mehr «secundum rem»: Der frühneuzeitliche Nominalismus hat durch ihn schon relativ früh die Unterscheidung verschiedener Lebens-G. in Frage gestellt. Um so erstaunlicher ist es, daß sich diese Lehre nach ihm noch mehr als 200 Jahre behaupten konnte, so daß GALVANI, als er seinen berühmten Froschschenkelversuch entdeckte, glaubte, nun endlich experimentell mit der «tierischen Elektrizität» einen Lebens-G. nachgewiesen zu haben [7].

Anmerkungen. – [1] Turba philosophorum, sermo 32, hg. RUSKA 139, 14. 29. – [2] ARISTOTELES, Meteor. III, 378 a; PERI PNEUMATOS 481 a 1-486 b 4. – [3] Vgl. F. KUDLIEN: Art. ‹Pneumatische Ärzte›, in: RE Suppl. 11 (1968) 1097ff. – [4] GALEN, Peri physikōn dynameōn, hg. BROCK II, 6. – [5] Vgl. ST. CHAUVIN: Art. ‹Spiritus›, in: Lexicon philos. (Leovardiae ²1713, ND 1967) 628f. – [6] M. SERVET: Christianismi restitutio (Vienne 1553, ND 1966) 169. – [7] L. GALVANI: De viribus electricitatis in motu musculari commentarius, in: Bononiae scientiarum et artium institutionis et Accademiae Commentarius 7 (1791).

Literaturhinweise. P. DIEPGEN: Gesch. der Med. 1: Altertum (1913). – K. E. ROTHSCHUH: Physiol. Der Wandel ihrer Konzeptionen, Probleme und Methoden vom 16. bis 19. Jh. (1968).
H. M. NOBIS

2. Nachdem bereits der Cambridger Platonist H. MORE von dem «Spiritus Naturae», dem Werkzeug Gottes an der Materie gesprochen hatte, der offenbare, daß die Materie vom G. des göttlichen Baumeisters gelenkt werde [1], hat dann die *romantische Naturphilosophie* als Reaktion auf eine rein mechanistische Deutung der Natur die Theorie des Lebens-G. erneuert und, diese erweiternd, die Natur allgemein als beseelt und durchgeistigt angesehen [2]. I. P. V. TROXLER nennt G. das «unendliche Lebensprinzip», das «Leben an sich», den «Grund alles Wirkens». «Der Odem ist der Athem des Lebens, so wie der G. selbst Odem des Schöpfers ist». «Als Pneuma dringt der Lebens-G. in die Materie, ist als solches selbst schon materiell, das überirdische Mittel allen irdischen Wirkens» [3]. Für G. H. SCHUBERT ist der «G. aus Gott» das Urbild des «Lebens-G.» und die «Überkleidung der Seele mit dem G.», nach dem sich der Mensch sehnt, dem «leiblichen Athmen» vergleichbar [4]. In Anlehnung an Gen. 1, 2 heißt es bei J. ENNEMOSER: «Der über dem Wasser schwebende und bildende G. ist zugleich die göttliche uranfängliche Idee des Grundgesetzes der Ordnung im Weltall für alle Bewegungen in den Räumen und in den Zeiten; er ist das Pneuma, der Hauch, die Inspiration des allgemeinen Naturlebens, wie eines jeden besonderen Lebendigen» [5].

Anmerkungen. [1] H. MORE, Opera omnia (London 1674-79, ND 1966) II/1, 329f. – [2] Vgl. H. CHR. OERSTED: Der G. in der Natur (1850). – [3] I. P. V. TROXLER: Blicke in das Wesen des Menschen (1812) 45f. 150. 155. – [4] G. H. SCHUBERT: Gesch. der Seele (³1839) 748f. 752f. – [5] J. ENNEMOSER: Der G. des Menschen in der Natur (1849) 23; vgl. 55ff. 402ff.; vgl. Anthropolog. Ansichten (1828) 94. 181; vgl. L. OKEN: Lb. der Naturphilos. (1809-11) 2, 35; J. W. RITTER: Fragmente aus dem Nachlaß eines jungen Physikers (1810) 1, 51.
Red.

VII. *Der G.-Begriff von Kant bis zum späten Schelling (außer Hegel).* – Das Schicksal des Begriffs ‹G.› im deutschen Idealismus vor Hegel ist sein Schicksal vor seiner erfolgreichsten Ausrufung zum regierenden Fundamentalbegriff. Ihr geht voraus die Singularisierung von G.: In der «großen Zeit der Singularisierungen» [1] wird nicht allein aus den Revolutionen die Revolution, aus den Geschichten die Geschichte, aus den Freiheiten die Freiheit, sondern ebenso aus den Geistern der G. Das geschieht für ‹G.› vergleichsweise spät – die Datierung durch R. Hildebrand auf «etwa gegen 1800» [2] trifft zweifellos zu – möglicherweise deswegen, weil im Falle von ‹G.› ein konkurrierender traditioneller Singular intakt existierte und im Hintergrund dominant blieb, der theologische: Gott ist in seiner Einzigkeit G. und trinitarisch Heiliger G.

Anmerkungen. [1] R. KOSELLECK: Historia Magistra Vitae, in: Natur und Gesch. Löwith-Festschr. (1967) 205. – [2] Art. ‹G.› II.29.c in: GRIMM IV/1, 2 (1897) 2736; vgl. f. sowie II.24.a = 2715; II.25.e = 2722.

1. Darum ist die kritische Einsatzstelle der idealistischen G.-Diskussion bei KANT nicht die Auseinandersetzung mit der philosophischen Theologie, sondern die mit der schulphilosophischen Psychologie, näherhin der Pneumatologie: «Man wird» – schreibt Kant 1766 in den ‹Träumen eines Geistersehers› und nimmt damit «das Wort G. in der gewöhnlichen philosophischen Bedeutung» [1] – «hier leichtlich gewahr: daß ich nur von Geistern, die als Theile zum Weltganzen gehören, und nicht von dem unendlichen G. rede, der der Urheber und Erhalter desselben ist» [2]. Von jenen aber redet Kant – unterm Eindruck der Krise der metaphysischen Psychologie – kritisch: Die genannte Krise erlaubt es ihm, die Auseinandersetzung mit der Pneumatologie als Angriff auf *Swedenborg* zu führen, der «mit Geistern und abgeschiedenen Seelen im genauesten Umgange

stehet» [3]. «Ein G., heißt es, ist ein Wesen, welches Vernunft hat. So ist es denn also keine Wundergabe, Geister zu sehen; denn wer Menschen sieht, der sieht Wesen, die Vernunft haben» [4]; indes: die Schulmetaphysik, wenn sie die geistige Seele als abtrennbare spirituelle Substanz «erdichtet», und Swedenborg, wenn er Geister «träumt», meinen anderes: nämlich «Wesen ..., welche die Eigenschaft der Undurchdringlichkeit nicht an sich haben ... Einfache Wesen von dieser Art werden immaterielle Wesen und, wenn sie Vernunft haben, Geister genannt» [5]; diese – traditionelle [6] – Definition hat Kant aufrechterhalten [7]. Das Wesen und die Existenz solcher Geister aber ist unbeweisbar, so «daß man davon vielleicht künftighin noch allerlei meinen, niemals aber mehr wissen könne ... Auf diesem Fuß kann die Pneumatologie der Menschen ein Lehrbegriff ihrer notwendigen Unwissenheit in Absicht auf eine vermuthete Art Wesen genannt werden und als ein solcher der Aufgabe leichtlich adaequat sein. Nunmehro lege ich die ganze Materie von Geistern, ein weitläuftig Stück der Metaphysik, als abgemacht und vollendet beiseite. Sie geht mich künftig nicht mehr an» [8].

Das bleibt Kants Antwort auf diese Frage: Sie findet sich ebenso 1790 in der ‹Kritik der Urteilskraft› [9] wie 1793 in der Preisschrift über die Fortschritte der Metaphysik [10], ebenso in der Metaphysikvorlesung [11] wie noch im Opus postumum [12]. Im Paralogismenkapitel der ‹Kritik der reinen Vernunft› [13] dehnt Kant – ohne mit dem Wort ‹G.› zu operieren – diese Kritik auf den gesamten Thesenbestand der rationalen Psychologie aus. An die Stelle spekulativer Metaphysik der durch «Spiritualität» zur «Immortalität» disponierten «Animalität» der Seelensubstanz [14] tritt für Kant die Transzendentalphilosophie des in Verstand und Vernunft differenzierten und durch Sinnlichkeit restringierten transzendentalen Selbstbewußtseins als der Möglichkeitsbedingung menschlichen Erfahrungs- und Handlungsdaseins; an die Stelle metaphysischer Spekulation über die «Geisterwelt» [15] bzw. das «Geisterreich» [16] tritt der transzendentale Grenzbegriff des «mundus intelligibilis» der «Noumena» und seine praktische Legitimation als «Reich der Zwecke», dessen unbedingte Gesetze es in Moralität dem «G.» und nicht nur in Legalität dem «Buchstaben» nach zu erfüllen gilt [17]: Hier – beiläufiger Wortgebrauch der ‹Kritik der praktischen Vernunft› und der Religionsschrift von 1793 – wird ‹G.› synonym mit moralischer ‹Gesinnung› [18]. Insgesamt aber bringt es Kants Kritik der metaphysischen Vernunft mit sich, daß G. – selbst das Wort wird im Hauptwerk gemieden [19] – aus der kritischen Transzendentalphilosophie verstoßen wird; dort, wo wir rückblickend ‹G.› erwarten würden, steht ‹Ich›, ‹Intelligenz›, ‹Bewußtsein überhaupt›, ‹transzendentale Einheit der Apperzeption›: ‹G.› ist für Kants anfängliche Transzendentalphilosophie kein zentraler Begriff.

Anmerkungen. [1] Art. ‹G.› in: J. G. WALCH: Philos. Lex. (1740) 1140; vgl. 1125ff. – [2] I. KANT: Träume eines Geistersehers, erläutert durch Träume der Met. (1766). Akad.-A. 2, 321 Anm. – [3] a. a. O. 354. – [4] 319. – [5] 321. – [6] Vgl. WALCH, a. a. O. [1] 1125; CHR. WOLFF: Psychol. rationalis (1734) § 443. – [7] Vgl. noch KANT, Op. post. Akad.-A. 22, 18. – [8] Träume ... Akad.-A. 2, 351f. – [9] Akad.-A. 5, 467f. – [10] Akad.-A. 20, 309. – [11] 28/2, 1, 755. – [12] 21, 105. – [13] KrV B 399-432 = Akad.-A. 3, 262-281. – [14] KrV B 403 = Akad.-A. 3, 265. – [15] Allg. Naturgesch. und Theorie des Himmels (1755). Akad.-A. 1, 360. 365. – [16] Träume ... Akad.-A. 2, 332. – [17] KpV. Akad.-A. 5, 5, 72. 83. 152. – [18] a. a. O. 72 Anm.; vgl. Die Relig. innerhalb ... (1793). Akad.-A. 6, 70. – [19] Vgl. Allg. Kantindex zu Kants gesammelten Schriften, hg. G. MARTIN 16 (= Wortindex 1) 393f.

2. Eine Änderung bahnt sich bei KANT einzig und bemerkenswerterweise dort an, wo noch innerhalb seiner Philosophie eine Antwort auf die Fragen nötig wird, die die Transzendentalphilosophie der beiden ersten Kritiken offenläßt. Wo die «Gesetzgebungen» des «Verstandes» und der «Vernunft» unverbunden und die Vernunft der moralischen Prinzipien und die Vernunft der Naturgesetze (Verstand) unfähig scheinen, Fülle und Überschuß des sinnlichen Lebens zu fassen, ruft 1790 in Kants dritter Kritik die «reflektierende Urteilskraft» nach einer des Lebendigen mächtigen, einer *lebendigen Vernunft;* das ist der G.: «das Gebiet des G. erstreckt sich so weit, als die Natur lebendig ist», schreibt SCHILLER [1]; G. ist «des Lebens Leben», sagt der alte GOETHE [2]; «G. u. Leben sind Eins; und nur das Leblose ist absolut geistlos», meint FICHTE [3]; «G. ist das *belebende* Princip im Menschen», definiert KANT in seiner Anthropologievorlesung nicht zufällig im Paragraphen über das Genie [4]; es darf angenommen werden, daß ‹G.› als Wort in der Transzendentalphilosophie nachpneumatologisch interessant wurde, wo die Übersetzung ins französisch ‹génie› – Kant schlägt vor: «eigenthümlicher G.» [5] – Schwierigkeiten macht: Das Avancement des Begriffs ‹G.› ist im deutschen Idealismus offenkundig untrennbar vom Avancement des Begriffs ‹Genie› [6]. Darum wird ‹G.› zu einem Schlüsselbegriff durch jene «Kritik» Kants, die Leben und Genie gleichermaßen thematisiert: 1790 durch die ‹Kritik der Urteilskraft›; in ihr wird nicht nur komplementär zur «Kritik des Geschmacks» der Ästhetik des Schönen für die Ästhetik des Erhabenen eine «Kritik des G.-Gefühls» [7] erwogen; in ihr wird ebenso – im Zusammenhang der Analyse des Genies und seiner «produktiven Einbildungskraft», durch welche die Kunst zur «geistreichen» wird [8] – der Begriff ‹G.› auf neue, nämlich ästhetische Weise definiert: «G., in ästhetischer Bedeutung, heißt das belebende Princip im Gemüthe ... Nun behaupte ich, dieses Princip sei nichts anderes als das Vermögen der Darstellung ästhetischer Ideen» [9]: das Wort ‹G.› hat bereits hier die Tendenz, nicht allein die lebendige Vernunft, sondern – als ein Vermögen, Ideen anschaulich zu machen – eine *produktiv anschauende Vernunft* zu bezeichnen. Nur deswegen, weil Kant diese – die «intellektuelle Anschauung», den «intuitiven Verstand» – einzig «einem anderen möglichen Verstande als dem menschlichen», d. h. problematisch Gott zu- und sie dem Menschen abspricht [10], wird der G.-Begriff bei ihm gleichwohl nicht zentral. Er reüssiert offenbar erst dort, wo intellektuelle Anschauung ausdrücklich als menschenmöglich anerkannt wird: darum bei GOETHE [11].

Insgesamt beginnt die Karriere des G.-Begriffs im deutschen Idealismus jedenfalls ästhetisch; er wird von den Kantianern zunächst dort signifikant aufgenommen, wo es sich um überwiegend ästhetische Überlegungen handelt: bei FICHTE – nach zunächst beiläufiger und mehr traditioneller Verwendung des Wortes [12] – in den 1798 erschienenen Briefen ‹Über G. und Buchstab in der Philosophie›, der am meisten ästhetischen Schrift Fichtes, die auf die Vorlesungen ‹Über den Unterschied des G. u. des Buchstabens in der Philosophie› von 1794 [13] zurückgehen, und in den ästhetischen Schriften SCHILLERS. «G. überhaupt» – definiert 1794 FICHTE im Anschluß an die §§ 49f. von Kants ‹Kritik der Urteilskraft› [14] «ist das, was man sonst auch produktive Einbildungskraft» nennt [14]: «im Gebiete des ästhetischen Triebes» heißt «dieses freie Schöpfungsvermögen ... G. ... Der G. ist demnach ein Vermögen der Ideale» [15].

«Der Mensch ist nur in sofern u. in dem Grade Mensch, als er G. hat» [16], der «Einer» ist und «der Gemeinsinn des gesammten Geschlechts» [17]. Dabei ist «der menschliche G. ... Thätigkeit, u. nichts als Thätigkeit» [18]; weil aber Geister nicht unmittelbar aufeinander wirken können [19] und doch zum Zwecke der «Bildung des G.» miteinander «ringen» müssen [20], «kleidet» sich «der freie G.» «in einen Körper» und «Buchstaben» und drückt sich – seine Ideale, seine Philosophie – dadurch aus [21]: Fichte benutzt die Opposition von «G.» und «Buchstaben» [22] – die auf 2. Kor. 3, 6 zurückgeht und die lange theologische Diskussion um den sensus spiritualis und sensus litteralis der Bibel [23] aufnimmt – gleichermaßen, um einerseits den «G.» vor allem auch der Philosophie Kants vor ihrem «Buchstaben» und damit u. a. die menschliche Fundamentalstellung der intellektuellen Anschauung vor ihrer kantischen Verleugnung zu retten [24] (wogegen Kant protestiert [25]) und um andererseits Kontinuität zu wahren gegenüber der traditionellen Diskussion des Verhältnisses von «G.» und «Fleisch» bzw. «Leib» bzw. «Körper» bzw. «Materie».

Innerhalb dieser traditionellen Diskussion steht der frühe SCHILLER mit seinem ‹Versuch über den Zusammenhang der tierischen Natur des Menschen mit seiner geistigen› (1780): dessen Grundopposition verwendet auch der reife, zum Kantianer gewordene Schiller nicht nur 1793 in ‹Über Anmut und Würde› [26], sondern auch noch 1794 dort, wo er in den Briefen ‹Über die Ästhetische Erziehung des Menschen› «Sinnenwelt» und «G.» und entsprechend «Stofftrieb» und «Formtrieb» unterscheidet [27]; bemerkenswert ist, daß in diesen ästhetischen Briefen ‹G.› zugleich derjenige Begriff wird, der diese traditionelle Opposition überwindet: «Diese Innewohnung zweier Grundtriebe widerspricht ... auf keine Weise der absoluten Einheit des G., sobald man nur von beiden Trieben ihn selbst unterscheidet. Beide Triebe existieren und wirken zwar in ihm, aber er selbst ist weder Materie noch Form, weder Sinnlichkeit noch Vernunft» [28], getrennt, sondern vereinigt beide: Die Bestimmung von G. als lebendige und produktiv anschauende Vernunft beginnt, sich auf ästhetischem Wege durchzusetzen. Freilich: zu einem klaren und tragenden Grundbegriff wird ‹G.› vor 1795 noch nicht, was angesichts des Einzugsgebiets seiner Bedeutungen nicht verwundern kann: ‹G.› verbindet nicht allein – mit zunehmender Relevanz – ‹génie› und ‹esprit›, sondern bleibt zugleich Übersetzungsbegriff ebenso für ‹mens› wie für ‹anima›, ebenso für ‹genius malignus› wie für ‹genius loci›, ebenso für ‹spiritus sanctus› wie für ‹spiritus familiaris›, bedeutet gleichzeitig «Erd-G.» [29] und «G. der Erde» [30] und «G. der Zeiten» [31] und «Welt-G.» [32]; HERDERS «G. einer Nation» [33] und «Genius eines Volks» [34] wollen ebenso berücksichtigt sein wie MONTESQUIEUS ‹Esprit des lois› [35]. Bei HAMANN wiederum müssen, wenn er vom «Sacrament der Sprache» und dem «G. ihrer Einsetzung» spricht, Evangelium und Gnade mitgedacht werden [36]; Der G. ist zerstreut, er muß sich sammeln, ehe er philosophisch fundamental zu werden vermag. Auch die Kantianer haben ihn – und dies zunächst im Anschluß an Kants dritte Kritik ästhetisch – zwar lanciert, aber noch nicht inthronisiert: G. ist bis 1795 in der Philosophie noch überwiegend pluralfähig und noch nicht das Absolute.

Anmerkungen. [1] FR. SCHILLER: Über Anmut und Würde (1793). Säkular-A. 11, 193. – [2] J. W. GOETHE: Westöstlicher Divan (1819). Hamburger A. 2, 75. – [3] J. G. FICHTE: Über den Unterschied des G. u. des Buchstabens in der Philos. (1794). Gesamt-A. II/3, 317. – [4] I. KANT: Anthropol. in pragmatischer Hinsicht (1798) § 57 = Akad.-A. 7, 225. – [5] ebda. – [6] Vgl. Art. ‹G.› II.23 in: GRIMM IV/1, 2 (1897) 2710ff.; vgl. Art. ‹Genie› a. a. O. 3396ff. – [7] KANT: Erste Einl. in die KU (1789/90). Akad.-A. 20, 250/1. – [8] KU § 50 = Akad.-A. 5, 319. – [9] a. a. O. § 49 = 313/4. – [10] § 77 = 405-410. – [11] 196. – [12] Vgl. rückblickend GOETHE: Anschauende Urteilskraft (1817, publ. 1820). Hamburger A. 13, 30/31. – [12] Vgl. J. G. FICHTE: u. a. Versuch einer Critik aller Offenbarung (1792). Gesamt-A. I/1, 94; Beitrag zur Berichtigung der Urtheile des Publicums über die frz. Revolution (1793). a. a. O. I/1, 278. 310; Eigne Meditationen über Elementar-Philos. (1793/4) a. a. O. II/3, 41. – [13] II/3, 313-343; vgl. 259ff. 445ff. – [14] 316. – [15] Über G. und Buchstab in der Philos. (1795 bzw. 1798). Werke, hg. I. H. FICHTE 8, 290/1; vgl. SCHILLERS Kritik in seinen Briefentwürfen vom 23. 6. 1795 in: J. G. FICHTE, Gesamt-A. III/2, 329ff. – [16] Unterschied ... a. a. O. [3] II/3, 322. – [17] Über G. ... a. a. O. [15] 8, 292. – [18] Unterschied. a. a. O. [3] II/3, 325. – [19] 319. – [20] 320. – [21] 319; vgl. SCHILLER, a. a. O. [1] 11, 196. – [22] Vgl. KANT, KU § 49 = Akad.-A. 5, 316. – [23] Vgl. K. GRÜNDER: Figur und Gesch. (1958) 93ff.; G. EBELING: Art. ‹G. und Buchstabe›, in: RGG³ 2 (1958) 1290-1296. – [24] J. G. FICHTE: Zweite Einl. in die Wissenschaftslehre (1797). Gesamt-A. I/4, 231f., insges. 216ff.; vgl. Grundlage der gesammten Wissenschaftslehre (1794) a. a. O. I/2, 335 Anm. – [25] KANT: Erklärung in Beziehung auf Fichtes Wissenschaftslehre (1799). Werke, hg. CASSIRER 8, 515/6. – [26] SCHILLER, a. a. O. [1] 193ff. – [27] Säkular-A. 12, 41ff. – [28] a. a. O. 73. – [29] GOETHE, Faust I, 460ff. – [30] J. G. HERDER: Ideen zur Philos. der Gesch. der Menschheit (1784/5). Werke, hg. SUPHAN 13, 309. – [31] Briefe zur Beförderung der Humanität (1794) a. a. O. 17, 77-81. – [32] 81; SCHILLER, Wallensteins Tod 898. – [33] HERDER: Über die neuere Dtsch. Lit. (1767/68) a. a. O. [30] 2, 144. – [34] HERDER, Ideen ... a. a. O. [30] 13, 306ff. – [35] Vgl. R. VIERHAUS: Montesquieu in Deutschland, in: Collegium Philos. Ritter-Festschr. (1965) 403-437. – [36] J.G. HAMANN: Metakritik über den Purismum der Vernunft (1784). Werke, hg. NADLER 3, 289.

3. Die Einsetzung von ‹G.› zum regierenden Fundamentalbegriff bahnt sich also an, wo ästhetische Analysen philosophisch zentral werden; sie wird im engeren Sinne möglich, wo die intellektuelle Anschauung aus einer menschlichen Unmöglichkeit zu einer menschlichen Notwendigkeit avanciert; wirklich aber und notwendig wird sie offenbar erst dort, wo die intellektuelle Anschauung konsequent ästhetisch gedeutet wird: «Die Philosophie des G. ist eine ästhetische Philosophie. Man kann in nichts geistreich sein, selbst über Geschichte kann man nicht geistreich räsonieren – ohne ästhetischen Sinn»: das schreibt programmatisch der frühe SCHELLING [1]; er, der ästhetischste der deutschen Idealisten, proklamiert daher ‹G.› – wenn auch nur vorübergehend und wegen der ästhetischen Basis anders als Hegel instabil – zum regierenden Fundamentalbegriff, und zwar, nach unspezifischem Wortgebrauch in den ersten Schriften [2], andeutungsweise 1795 in den ‹Philosophischen Briefen über Dogmatismus und Kritizismus› – «intelltuale Anschauung» ist «die letzte Stufe der Erkenntniß, zu der ein endliches Wesen sich erheben kann, das eigentliche Leben des G.» [3] – und massiv ausdrücklich 1796/97 in den ‹Abhandlungen zur Erläuterung des Idealismus der Wissenschaftslehre› [4]; die intellektuelle Anschauung ist dort – als selbstlebendige Selbstanschauung des Ich – absolutes Prinzip der Philosophie und heißt zunächst «ein», schließlich «der» G.: «es [ist] widersinnig, vom Ich noch ein anderes Prädikat als das des Selbstbewußtseins zu verlangen. Eben darin besteht das Wesen eines G., daß er für sich kein anderes Prädikat hat als sich selbst» [5]. «Deßwegen habe ich mehrmals wiederholt, G. heiße mir, was für sich selbst ... ist» [6]. «Wenn man uns fragt, worin das Wesen des G. bestehe, so antworten wir: in der Tendenz, sich selbst anzuschauen. Über diese Thätigkeit können wir mit unseren Erklärungen nicht hinaus» [7]; alle weiteren Prädikate sind Explikationen: «Der G. ist alles nur durch

sich selbst» [8], «Ursprung und Endzweck seines Daseins» [9], «absolute Tätigkeit» [10], «ursprüngliches Wollen» [11]; er ist «absoluter Selbstgrund seines Seins und Wissens, und dadurch, daß er überhaupt ist, ist er auch das, was er ist» [12].

G. wird regierender Fundamentalbegriff; er wird das Absolute und erhält absolute Prädikate: wo aus den Geistern der G. und wo dieser – im Singular als er selbst – absolutes Prinzip wird, übernimmt er die traditionellen Prädikate Gottes; «der G. des Menschen ist Spinozens Gott», kommentiert der ganz alte KANT [13]: dort, wo G. philosophisch zum regierenden Fundamentalbegriff wird, vereinigt sich Ästhetik mit Theologie. Darum entstehen – nach W. v. HUMBOLDTS ‹Über den G. der Menschheit› (1797) [14] und S. MAIMONS ‹Kritische Untersuchungen über den menschlichen G.› (1797) – 1798 gleichermaßen ästhetische und theologische G.-Schriften: ebenso ‹Über die Verfahrensweise des poetischen G.› von HÖLDERLIN [15] wie HERDERS ‹Vom G. des Christenthums› [16] und HEGELS ‹Der G. des Christentums und sein Schicksal› [17]. Freilich: was traditionell Gottesbeweis war, wird jetzt – in der Ichphilosophie des G. – Selbstbeweis: «Der G. führt in einen ewigen Selbstbeweis», so F. SCHLEGEL bzw. NOVALIS 1798 im ‹Athenäum› [18]. Seine Explikation wird das entscheidende Pensum der Philosophie: «die ganze Transcendentalphilosophie» – schrieb schon FICHTE – «soll u. kann nichts anderes seyn als ein getroffenes Schema des menschl. G. überhaupt[19]; «Philosophie also» – sagt nun SCHELLING – «ist nichts anders, als eine Naturlehre unseres G.» [20]; «Philosophie soll nicht ein Kunststück sein, das nur den Witz seines Urhebers bewundern läßt. Sie soll den Gang des menschlichen G. selbst ... darstellen» [21]. Der aber ist notwendig, «alles strebt daher in ihm zum System» [22]; darum ist die Transzendentalphilosophie des G. wesentlich *System*: sie konstruiert «die notwendige Handlungsart des menschlichen G.» [23], den «ganzen Mechanismus des menschlichen G.» [24], «das System des menschlichen G.» [25]. Wegen der «absoluten Identität des G. in uns und der Natur außer uns» [26] ist – das macht SCHELLING 1797 in den ‹Ideen zu einer Philosophie der Natur› geltend – auch «das System der Natur ... zugleich das System unseres G.» [27]; durch diese Gleichsetzung beweist sich der anschauende G. zugleich als der lebendige G., und: «G., als Princip des Lebens gedacht, heißt Seele» [28], gegebenenfalls «Weltseele» [29]; darum kann die Naturphilosophie 1798 unter diesem Titel abgehandelt werden [30]. Sie verfährt als Philosophie des G. «genetisch» [31]; denn der G. «ist nur insofern G., als er für sich selber Objekt, d. h. insofern er endlich wird» [32]: «nur allmählich» – sukzessiv – «nähert sich der G. sich selbst an» [33]; darum ist die Transzendentalphilosophie des G. zugleich wesentlich *Geschichte*: was bereits 1772 HERDER, sozusagen, von einem quasi begriffsgeschichtlich Historischen Wörterbuch der Philosophie erwartete «in einem philosophischen Wörterbuch ... wäre jedes Stammwort mit seiner Familie recht gestellt und gesund entwickelt, eine Charte vom Gange des menschlichen G., eine Geschichte seiner Entwicklung» [34] –, was FICHTE 1794 beiläufig forderte – «die Wissenschaftslehre soll seyn eine pragmatische Geschichte des menschlichen G.» [35] –, was beide dort intendierten, wo sie den G. emphatisch als ihren Protagonisten feierten [36]: das versucht 1796/97 SCHELLING einzulösen: die ganze Philosophie wird die Geschichte des G.; «alle Handlungen des G. also gehen darauf, das Unendliche im Endlichen darzustellen. Das Ziel aller dieser Handlungen ist das Selbstbewußtsein, und die Geschichte dieser Handlungen ist nichts anderes als die Geschichte des Selbstbewußtseins ... Die Geschichte des menschlichen G. also wird nichts anderes sein als die Geschichte der verschiedenen Zustände, durch welche hindurch er allmählich zur Anschauung seiner selbst, zum reinen Selbstbewußtsein gelangt ... Die äußere Welt liegt vor uns aufgeschlagen, um in ihr die Geschichte unseres G. wiederzufinden. Wir werden also in der Philosophie nicht eher ruhen, als wir den G. zum Ziel alles seines Strebens, zum Selbstbewußtsein begleitet haben» [37]: die Philosophie des G. ist nicht nur «auch», sie ist wesentlich und ausschließlich Philosophie der Geschichte; hier knüpft HEGEL an. Daß der G. schon vor ihm, schon 1795-97 zum regierenden Fundamentalprinzip wurde: das war also – scheint es – das Produkt einer Verbindung von Ästhetik und Theologie; aber wenn doch im Tübinger Stift und in Jena allenfalls deren Verlobung, ihre Ehe jedoch nicht vor 1800 stattfand, ist er in dieser Hinsicht ein voreheliches Kind, das alsbald aus dem romantischen Hause gegeben, von Hegel adoptiert und von der «Anschauung» zum «Begriff» umerzogen wurde, um daraufhin geschichtsphilosophisch und systematisch seinen Mann zu stehen, ehe er von den Junghegelianern aufs Altenteil gesetzt und – als der G. den G. aufgab – schließlich auf dem Friedhof der Systeme beigesetzt wurde, unter reger Anteilnahme der Hinterbliebenen: der Geisteswissenschaften.

Anmerkungen. [1] F. W. J. SCHELLING: Das älteste Systemprogramm des dtsch. Idealismus (1796), in: J. HOFFMEISTER: Dokumente zu Hegels Entwicklung (1936) 220. – [2] u. a. Über Mythen, hist. Sagen und Philosophie der ältesten Welt (1793). Werke, hg. K. F. A. SCHELLING (=WS) 1, 51; Vom Ich als Princip der Philos. (1795). WS 1, 156. – [3] 1, 317. – [4] 1, 343-452. – [5] Abh. WS 1, 366. – [6] 366f. Anm. – [7] 380. – [8] 368. – [9] 386. – [10] 429. – [11] 395. – [12] Ideen zu einer Philos. der Natur (1797). WS 2, 39; vgl. 38. – [13] I. KANT, Op. post. Akad.-A. 21, 99. – [14] W. v. HUMBOLDT, Akad.-A. 2, 324-334, bes. 332ff. – [15] FR. HÖLDERLIN, Gr. Stuttgarter A. 4, 241-265. – [16] J. G. HERDER, Werke, hg. SUPHAN 20, 1-131. – [17] G. W. F. HEGEL: Vom G. des Christentums ... (1798/1800) Theorie Werk-A. 1, 274-418. – [18] FR. SCHLEGEL, Krit. A. 2, 213; NOVALIS, Schriften, hg. KLUCKHOHN/SAMUEL 2, 412. – [19] J. G. FICHTE: Über den Unterschied des G. u. des Buchstabens in der Philos. (1794). Gesamt-A. II/3, 328. – [20] SCHELLING, Ideen ... WS 2, 39. – [21] Philos. Briefe über Dogmatismus und Kritizismus (1795). WS 1, 293. – [22] Abh. WS 1, 386. – [23] J. G. FICHTE: Über den Begriff der Wissenschaftslehre (1794). Gesamt-A. I/2, 143. – [24] Grundl. der ges. Wissenschaftslehre (1794/5) a. a. O. I/2, 353. 368. – [25] Über den Begriff ... a. a. O. I/2, 144. – [26] SCHELLING, Ideen ... WS 2, 56. – [27] a. a. O. 39. – [28] 51. – [29] 46. – [30] Von der Weltseele, eine Hypothese der höheren Physik zur Erklärung des Organismus (1798). – [31] Ideen ... WS 2, 39. – [32] Abh. WS 1, 367. – [33] a. a. O. 388. – [34] J. G. HERDER: Abh. über den Ursprung der Sprache (1772) a. a. O. [16] 5, 53. – [35] FICHTE, a. a. O. I/2, 365. – [36] J. G. HERDER: Briefe zur Beförderung der Humanität (1793/5) a. a. O. [16] 17, 77-79; J. G. FICHTE: Über die Würde des Menschen (1794). Gesamt-A. I/2, 87ff. – [37] SCHELLING, Abh. WS 1, 382f.

4. Das wurde das große Begriffsschicksal von ‹G.›; aber es gab zugleich noch ein kleines an Hegel vorbei: Es ist zweckmäßig, darauf hinzuweisen, ehe der Gang des G. bei Hegel zur Sprache kommt. Bei SCHELLING ist ‹G.› zwar 1795–97 regierender Fundamentalbegriff gewesen, dann aber – das ist auffällig und bedenkenswert – nicht mehr; und dafür gibt es Gründe [1]: «Der eigentliche Sinn» – schreibt Schelling 1800 über seine Philosophie – «mit dem diese Art der Philosophie aufgefaßt werden muß, ist also der ästhetische, und eben darum die Philosophie der Kunst das wahre Organ der Philosophie» [2]; «denn die ästhetische Anschauung eben ist die objektiv gewordene intellektuelle» [3]: ihr Inhaber ist das

Genie; die Konsequenz formuliert NOVALIS: «der G. soll ... total Genie werden» [4]. Zwar erhob die Ästhetisierung der intellektuellen Anschauung diese zum G.; ihre *Überästhetisierung* – zu der die Fundamentalisierung der Kunstphilosophie um 1800 gehört – zwingt sie nunmehr jedoch, ihre Selbstbezeichnung als «G.» wieder preiszugeben und sie spätestens ab 1800 durch die Selbstbezeichnung als «Genie» zu ersetzen. Dieser Vorgang – der G. zugleich freisetzt, menschlich, d. h. (wie im Kreise der SCHLEGELS, wo man nicht nur über, sondern mit G. schrieb) als «Witz» kultiviert zu werden: «Witz ist unbedingt geselliger G., oder fragmentarische Genialität» [5] – hat begriffsgeschichtlich mindestens drei weitere Konsequenzen:

Erstens: es wird bei SCHELLING und nicht nur bei ihm – da ‹G.› nach 1797 nicht mehr Grundwort und dadurch frei ist für diese neue Rolle – G. *Komplementärbegriff zu* «*Natur*»; «Natur» und «Intelligenz» – entsprechend «Naturphilosophie» und «System des transcendentalen Idealismus» – ergänzen einander [6]; in der Folge unterscheidet Schelling das «reale All» und die «ideale Welt» [7] spätestens ab 1810 als «Natur» und «Geisterwelt» [8], und zwar unter dem Aspekt des «Zusammenhanges der Natur mit der Geisterwelt» [9], in Bezug auf deren spezielle Philosophien zunächst die Kunstphilosophie, später die Philosophie der Mythologie und Offenbarung Verbindung und Kulmination bedeutet. Auch NOVALIS unterscheidet so: «Die Factur ist der Natur entgegengesetzt. Der G. ist der Künstler ... Die Natur zeugt, der G. macht» [10]; «die höhere Philosophie behandelt die Ehe von Natur und G.» [11]. «Sie wissen ja doch von Leib und G., und der Identität beider, und das ist doch das ganze Geheimnis»: so 1800 SCHLEIERMACHER [12], und in der ‹Dialektik› spricht er von der «Theilung in physisches Wissen und ethisches Wissen und dem Sein nach in Natur und G. Der Gegensatz ist aber kein absoluter» [13]: vollends verschwindet er in jenen radikal «naturphilosophischen» Überlegungen, die – angeregt durch GÖRRES – nicht mehr dualistisch oder triadisch, sondern, wie etwa TROXLER, quaternär bestimmen – «der G. ist das lebhafteste Leben, der Körper das lebloseste; Seele und Leib stellen den Übergang und die Verknüpfung des einen und anderen dar» [14] – oder insgesamt, wie STEFFENS, die «Idee der wirklichen Einheit der Natur und des G.» [15] verkünden. «Die Philosophie» – schreibt SCHELLING 1827 schon im Rückblick auf diese Versuche – «mußte in die Tiefen der Natur hinabsteigen, um sich von dort aus zu den Höhen des G. zu erheben» [16].

Zweitens: *G. wird Thema eines speziellen anthropologischen Lehrstücks.* 1810 unterscheidet SCHELLING in den ‹Stuttgarter Privatvorlesungen› «Gemüth», «G.» und «Seele» als «Potenzen» des «individuellen Menschengeists» [17] und 1840 in seinem ‹Anthropologischen Schema› «Wille», «Verstand» und «G.» [18]; u. a. mit dieser Intention wurde auch ‹De anima› unterm Stichwort ‹G.› interpretiert [19]. Ähnlich – als Vermögen des Menschen – interessiert G. in den romantischen Anthropologien u. a. in M. GEITNERS ‹Physiologie des Menschen oder Darstellung des Absoluten in den Funktionen des G. und den den reellen Organismus konstituierenden Organen› (1812), in PH. C. HARTMANNS ‹Der G. des Menschen in seinen Verhältnissen zum physischen Leben, oder Grundzüge zu einer Physiologie des Denkens› (1820), in FRIES' ‹Handbuch der psychischen Anthropologie oder der Lehre von der Natur des menschlichen G.› (1820/1) und in den einschlägigen Werken von BURDACH [20] und HILLEBRAND [21]. ENNEMOSER nimmt dabei Thesen Schelers und Gehlens vorweg: «Der Mensch ... Nach seinen physischen Kräften entdeckt man an ihm bald ... Mängel, vermöge welcher er mit den Thieren keinen Vergleich aushält ... Aber vermöge seines G.» – der «ein absolut von der Natur verschiedenes Wesen» ist und «nie erscheint» – «ist er über die Natur erhaben» [22]. Und HEINROTH – unterwegs zur theologischen Spätposition romantischer Anthropologie – verlangt 1822: «Der G. soll das suchen, was über die Natur hinaus, oder was höher als die Natur ist, Gott» [23].

Drittens: *G. wird als nur noch theologische Definition Gottes unmittelbar philosophisch bedeutsam.* Das geschieht nur ansatzweise und beiläufig – nicht ohne Anknüpfung an das Johannes-Evangelium [24] – beim späten FICHTE 1813 in den ‹Einleitungsvorlesungen in die Wissenschaftslehre› [25], die – zur «Selbstbesinnung» [26] und «Wiedergeburt» [27] – «einen neuen und besondern Sinn» [28] «wecken» wollen fürs «Überseyn» [29]: «Der neue Sinn ist demnach der Sinn für den G.; der, für den *nur* G. ist und durchaus nichts Anderes, und dem auch das Andere, das gegebene Seyn, annimmt die Form des G.» [30]; er ist «das Sehen des G.» [31], d. i. Gottes. Das führt weiter zur G.-Lehre des «spekulativen Theismus» der «Spätidealisten» [32] I. H. FICHTE [33] und WEISSE [34], die auf der Suche sind nach einem Gott, der «absoluter G. und absolute Persönlichkeit» [35] ist. Schließlich ist beim späten SCHELLING zunächst freiheits- und weltalterphilosophisch G. absolutes Prädikat Gottes: dieser – traditionell theologisch «der geistigste G.» [36] – ist gegenüber der «Natur in Gott» [37] «der ewige G.» [38] bzw. «G. in Gott» [39], d. i. als «an sich unergreiflicher G.» [40] «die Freiheit zu seyn» [41]. Daß Gott in Schellings ‹Identitätsphilosophie ... nicht G. genannt wurde, konnte guten Grund haben. Denn man hat keine Ursache, in der Philosophie mit Worten verschwenderisch zu seyn, und sollte sich daher wohl bedenken, das Absolute, das nur *Ende* ist, mit dem Wort G. zu bezeichnen. Denn der Gott, sofern er nur Ende ist, wie er in der rein rationalen Philosophie nur Ende sein kann, der Gott, der keine Zukunft hat, der nichts anfangen kann, der bloß als Finalursache, auf keine Weise Princip, anfangende, hervorbringende Ursache seyn kann, ein solcher Gott ist doch offenbar nur der Natur und dem Wesen nach G., nicht G. in dem Sinn, in welchem die Frömmigkeit oder auch der gewöhnliche Sprachgebrauch das Wort zu nehmen pflegt ... *wirklicher G.*» [42]: diesen meint gegenüber der «reinrationalen» «negativen» die «positive Philosophie», nämlich G. als «Neues» [43]. Gott nicht bloß als Ende, als «absoluten G.», sondern als Anfang, als «lebendigen G.» [44] in dem Sinne zu denken, daß G. Gottes wirkliche Freiheit ist, Gott zu werden [45], ihn also zu denken als den «wirklichen Herrn des Seyns ... ist die Aufgabe der zweiten [positiven] Philosophie; der Übergang zu ihr ist gleich dem Übergang vom alten zum neuen Bunde, vom Gesetz zum Evangelium, von der Natur zum G.» [46]. Dieser Übergang freilich ist längst [47] Replik auf *Hegel*.

Anmerkungen. [1] Vgl. u. Anm. [42]. – [2] F. W. J. SCHELLING: System des transcendentalen Idealismus (1800). Werke, hg. K. F. A. SCHELLING (=WS) 3, 351; vgl. 349. – [3] a. a. O. 625. – [4] NOVALIS: Frg. aus der ersten Hälfte des Jahres 1798. Schriften, hg. KLUCKHOHN/SAMUEL 2, 584. – [5] FR. SCHLEGEL: Lyceums-Frg. (1797). Krit. A. 2, 148. – [6] Vgl. SCHELLING, a. a. O. [2] 339-342. – [7] System der ges. Philos. und der Naturphilos. insbes. (1804). WS 6, 131ff. – [8] Stuttgarter Privatvorles. (1810). WS 7, 478ff.; Die Weltalter (1813). WS 8, 243-251. 275-296. 305-339. – [9] Clara oder über den Zusammenhang der

Natur mit der Geisterwelt (1810). WS 9, 1-110. – [10] NOVALIS: Das allgemeine Brouillon (1798/9) a. a. O. [4] 3, 247f. – [11] 247. – [12] FR. SCHLEIERMACHER: Vertraute Briefe über Friedrich Schlegels Lucinde (1800) 106. – [13] Dialektik (1811-31). Werke, hg. JONAS III/4, 2, 521. – [14] I. P. V. TROXLER: Blicke in das Wesen des Menschen (1811), hg. LAUER (1921) 65. – [15] H. STEFFENS: Anthropol. 1 (1822) 4. 7ff. – [16] F. W. J. SCHELLING: Zur Gesch. der neueren Philos. (1827). WS 10, 107. – [17] WS 7, 465ff. – [18] WS 10, 287-294. – [19] Philos. der Mythol. (1830ff.). WS 11, bes. 459. – [20] K. F. BURDACH: Der Mensch nach den verschiedenen Seiten seiner Natur (1837) bes. §§ 273-280. 332-350. – [21] J. HILLEBRAND: Philos. des G. oder Encyclop. der ges. Geisterlehre (1835/6). – [22] J. ENNEMOSER: Anthropol. Ansichten (1828) 38f. – [23] J. CHR. A. HEINROTH: Lb. der Anthropol. (²1831) 116. – [24] Vgl. FICHTE: Die Anweisung zum seligen Leben (1806). Werke, hg. I. H. Fichte (= WF) 5, 476ff. – [25] WF 9, 1-102. – [26] a. a. O. 15. – [27] 9. – [28] 5. – [29] 16f. – [30] 19. – [31] 20. – [32] Vgl. K. LEESE: Philos. und Theol. im Spätidealismus (1929). – [33] I. H. FICHTE: Grundzüge zum Systeme der Philos. III: Die speculative Theol. oder allg. Religionslehre (1846). – [34] CHR. H. WEISSE: Philos. Dogmatik oder Philos. des Christenthums (1855ff.) bes. §§ 460-481. – [35] I. H. FICHTE: Anthropol. (1856) 608 Anm. – [36] SCHELLING, Weltalter. WS 8, 237. – [37] Philos. Untersuch. über das Wesen der menschl. Freiheit (1809). WS 7, 358. – [38] a. a. O. 361. – [39] Stuttg. Privatvorles. WS 7, 479. – [40] Weltalter. WS 8, 240. – [41] a. a. O. 239; vgl. 236ff. – [42] Gesch. der neueren Philos. WS 10, 155; vgl. Philos. der Offenbarung (1841f.). WS 13, 91. – [43] Philos. der Mythol. WS 11, 459. – [44] Philos. der Offenbarung. WS 13, 260f. – [45] Vgl. a. a. O. 239-261 u. ff. – [46] Philos. der Mythol. WS 11, 571. – [47] Vgl. Gesch. der neueren Philos. WS 10, 126-164; Philos. der Offenbarung. WS 13, 80-93.

Literaturhinweise. R. HILDEBRAND, Art. ‹G.›, in: GRIMM IV/1, 2 (1897) 2623-2741; Art. ‹Genie› a. a. O. 3396-3450. – H. DREYER: Der Begriff G. in der dtsch. Philos. von Kant bis Hegel (1908). – J. HOFFMEISTER: Zum G.-Begriff des dtsch. Idealismus bei Hölderlin und Hegel. Dtsch. Vjschr. Lit.wiss. 10 (1932) 1-44.

O. MARQUARD

VIII. *Der Begriff des G. bei Hegel und seine Wirkungsgeschichte.* – 1. *Bedeutung und Funktion von ‹G.› beim reifen Hegel.* – Viele der Bedeutungen, die in der Philosophie nach Kant mit ‹G.› verbunden wurden, finden sich auch bei HEGEL. Um einige davon zu belegen: Der G. ist nicht ein Ruhendes, sondern vielmehr «das absolut Unruhige, die reine Tätigkeit» [1]. Er ist Komplementärbegriff zu ‹Natur›: Der Bestimmtheit «des G. überhaupt steht zunächst die der Natur gegenüber; jene ist daher nur zugleich mit dieser zu fassen» [2]. Zugleich aber transzendiert der G. diese Opposition so gut wie andere, traditionellere Oppositionen: «Der Schein, als ob der G. durch ein Anderes vermittelt sei, wird vom G. selber aufgehoben, da dieser – so zu sagen – die souveräne Undankbarkeit hat, dasjenige, durch welches er vermittelt scheint, aufzuheben, zu mediatisieren, zu einem nur durch ihn Bestehenden herabzusetzen und sich auf diese Weise vollkommen selbständig zu machen» [3]. Der G. ist «das absolute *Sichselbstbestimmen*» [4]. Sein Weg ist «die Vermittlung, der Umweg» [5]. Sein Fortschreiten auf diesem Weg «*Entwicklung*» [6].

Andere, aus der nachkantischen Philosophie kommende Bestimmungen des G. erhalten ihren spezifisch Hegelschen Sinn erst dadurch, daß die charakterisierenden Ausdrücke in Sätzen, die den G. thematisch machen, ihre grammatischen Rollen ändern. So sind es zum Beispiel nicht mehr nur die einzelnen G., die zum Zweck der Bildung des G. miteinander ringen müssen. Sondern die Entwicklung ist «im G. ein harter, unendlicher Kampf gegen sich selbst» [7]. Es ist nicht mehr bloß die Philosophie des G., die wesentlich Philosophie der Geschichte ist, sondern «der G. ist es, der die Weltbegebenheit geführt hat und führt» [8]. Hegels Pointe besteht auch nicht darin, daß der G. das Absolute ist, sondern darin, daß das Absolute G. ist. Und nicht darin, daß die Philosophie des G. wesentlich System ist, sondern: «daß das Wahre nur als System wirklich ... ist, ist in der Vorstellung ausgedrückt, welche das Absolute als G. ausspricht» [9]. Oft wird ‹G.› von Hegel als umfassender Subjektausdruck verwendet. Dem entspricht eine Inflation kennzeichnender Deskriptoren, die angeben, in welcher näheren Hinsicht von G. die Rede sein soll. Einige der typischen Formen sind: «der G. in seiner ...», «der G. der ...», «der G. als ...». Aus der Unzahl spezifizierender Adjektiva ragen hervor: «subjektiver», «objektiver», «absoluter», «theoretischer», «praktischer», «endlicher», «unendlicher», «schlafender», «freier», «wahrer», «sich entfremdeter», «seiner selbst gewisser», «allgemeiner», «lebendiger», «selbstbewußter», «konkreter», «abstrakter».

Eine tiefer gehende Veränderung am Bedeutungsbestand von ‹G.› hat Hegel insofern vorgenommen, als es für ihn nicht mehr die ästhetischen Phänomene sind, die den G. paradigmatisch repräsentieren. Allerdings genießt die schöne Kunst im Vergleich zum Naturschönen einen Vorzug an Geistigkeit. Alles Schöne ist nur wahrhaft schön als des G. teilhaftig. «In diesem Sinne erscheint das Naturschöne nur als ein Reflex des dem G. angehörigen Schönen» [10]. Aber auch in der Kunst kommt «der G. nicht seinem *wahren Begriff nach* zur Darstellung» [11]. Die Kunst ist nicht Organon der Philosophie. Nach der Abgrenzung gegen Schelling vermeidet es Hegel deshalb, sich auf intellektuelle Anschauung zu berufen [12]. «Der wesentliche Zweck einer Philosophie des G. kann nur der sein, den Begriff in die Erkenntnis des G. wieder einzuführen» [13]. Paradigmatisches Phänomen des G., wenn man ein solches anführen will, ist für Hegel darum auch nicht Ich oder Selbstbewußtsein. Sondern es ist die Beziehung von selbstbewußten Individuen, die einander «alles» sind, indem sie sich rückhaltlos entäußern und zugleich wissen, daß sie im Anderen nicht von einem Fremden abhängen. Wie Fichte das Ich, so hat Hegel diesen Prozeß des Sich-Hingebens und Sich-Findens absolut gesetzt. Und wie Schelling das Ich, hat er ihn substantialisiert. Auf diese Weise wurde der G. «die absolute Substanz, welche in der vollkommenen Freiheit und Selbständigkeit ... verschiedener für sich seiender Selbstbewußtsein die Einheit derselben ist: *Ich,* das *Wir,* und *Wir,* das *Ich* ist» [14]. Er hörte auf, bloß Wissen seiner selbst zu sein, und wurde stattdessen «das Wissen seiner selbst in seiner Entäußerung; das Wesen, das die Bewegung ist, in seinem Anderssein die Gleichheit mit sich selbst zu halten» [15]. Erst diese Bedeutungsmodifikation machte ‹G.› zum regierenden Fundamentalbegriff bei Hegel.

Anmerkungen. [1] G. W. F. HEGEL: Encyclop. der philos. Wiss. (³1830). Werke, hg. H. GLOCKNER (= WG) (1929) 10, § 378 Zusatz, 12. – [2] a. a. O. § 381 Zusatz, 20. – [3] 29. – [4] § 442 Zusatz, 301. – [5] WG 17, 66. – [6] 10, § 442. – [7] Die Vernunft in der Gesch. Werke, hg. J. HOFFMEISTER (= WH) (1955) 18 A, 152. – [8] a. a. O. 22. – [9] Phänomenol. WH 5, 24. – [10] WG 12, 21. – [11] a. a. O. 119. – [12] Vgl. dagegen WG 1, 509. – [13] WG 10, § 378. – [14] Phänomenol. WH 5, 140. – [15] a. a. O. 528.

2. *Die Entwicklung des G.-Begriffes beim jungen Hegel.* – Zum Fundamentalbegriff ist ‹G.› bei HEGEL verhältnismäßig spät geworden. Noch bis 1797 war Hegel Kantianer. Er versuchte das Prinzip der Autonomie so als Ursprung von Religion zu denken, daß daraus die Wirklichkeit der Freiheit, die Tatsache ihres Verlustes und die Möglichkeit ihrer Wiederherstellung verständlich wurden. In den historischen Aufklärungsschriften, an denen er während dieser Zeit arbeitete, gebrauchte er ‹G.› vornehmlich in der Weise Montesquieus und Her-

ders. Erst die Wiederbegegnung mit Hölderlin und die Bekanntschaft mit dessen Freunden in Frankfurt machten ihm die Unzulänglichkeit seiner Position bewußt. Um den Freiheitsbegriff als Grundlage allen Wirklichkeitsbewußtseins zu deuten, genügte es nicht, Freiheit mit Kant als Selbstbeziehung aufzufassen. Sie mußte ebenso als Hingabe verstanden werden. Ihre entgegensetzende Tätigkeit war zu ergänzen durch ein übergeordnetes Prinzip der Vereinigung [1]. In einem der Gleichnisse, mithilfe deren HÖLDERLIN auf das ursprünglich Einige verwies, war vom G. die Rede. «Begegnet nicht in allem / Was da ist, unsrem Geist ein freundlicher / Verwandter Geist?» [2]. HEGEL konnte sich im Kontext seiner Untersuchungen zum G. des Christentums das Vereinigende, das Wesen alles Wirklichen Offenbarende durch Auslegung des neutestamentlichen πνεῦμα vergegenwärtigen. Sein Lieblingsausdruck indes war ‹Leben›. Nur vom «unendlichen Leben» räumte er ein – im Systemfragment von 1800 –, daß man es «einen G.» nennen könne – «im Gegensatz zu der abstrakten Vielheit, denn G. ist die lebendige Einigkeit des Mannigfaltigen im Gegensatz gegen dasselbe als seine Gestalt, nicht im Gegensatz gegen dasselbe als von ihm getrennte, tote, bloße Vielheit; denn alsdann wäre er die bloße Einheit, die Gesetz heißt und ein bloß Gedachtes, Unlebendiges ist. Der G. ist belebendes Gesetz in Vereinigung mit dem Mannigfaltigen, das alsdann ein Belebtes ist» [3]. Es mag sein, daß die Verbindung, die ‹G.› bei Schelling mit ‹Selbstbewußtsein› eingegangen war, Hegel zunächst davon abhielt, ‹G.› zum «erhabensten Begriff» [4] zu erklären. Tatsächlich aber besaß er auch noch keine angemessenen Mittel, um die durch den Ausdruck ‹Leben› bezeichnete Struktur als eine des Sich-Wissens zu begreifen. Erst die Auseinandersetzung mit der «Reflexionsphilosophie der Subjektivität» [5] setzte ihn dazu instand. Es ist wohl kaum Zufall und keine Folge der Angleichung an fremde Terminologie [6], daß Hegel gerade im Zusammenhang dieser Auseinandersetzung dazu überging, die Totalität dessen, was nicht zur bloß physischen Welt gehört, ‹G.› zu nennen [7], und daß er im selben Jahr 1802 für das «System der Sittlichkeit», das er zuvor mithilfe des Lebensbegriffs gedacht hatte, auch den Ausdruck ‹G.› zu verwenden begann [8]. Diesen Ansatz haben dann Hegels Jenaer Systementwürfe weiterentwickelt und kanonisiert.

Mit der kosmologischen Verallgemeinerung des Schemas, das ursprünglich an Phänomenen des Sittlichen abgelesen war, tritt das raumbestimmte Außereinander überhaupt an die Stelle der Entzweiung zwischen den Menschen und in ihnen. Der G. wird zur Aufhebung des Äußerlichen, zur «Idealität» als «Zurückkommen» aus der Natur: «Der G. hat *für uns die Natur* zu seiner *Voraussetzung*, deren *Wahrheit*, und damit deren *absolut Erstes* er ist. In dieser Wahrheit ist die Natur verschwunden, und der G. hat sich als zu ihrem Fürsichsein gelangte Idee ergeben, deren *Objekt* ebensowohl als das *Subjekt der Begriff* ist» [9]. Doch bleibt auch in dieser allgemeinsten Bestimmung von G. dessen Wesen die Freiheit und seine Bestimmtheit Manifestation, Offenbaren seiner selbst [10]. Ein Weiteres kommt hinzu: Der von Hölderlin empfangene Anstoß hatte es von Anfang an nahegelegt und methodische Probleme der sich entwickelnden Systematik hatten es inzwischen notwendig gemacht, den G. nicht nur als terminus ad quem von Vereinigung, sondern ebenso als Ausgangspunkt und Substanz von Entfaltung zu nehmen. Somit ergab sich die Möglichkeit, ‹G.› in Anlehnung an Aristoteles' ψυχή-Begriff als das durch sich selbst Tätige zu deuten, das sich zu dem macht, was es ist, und das ist, wozu es sich macht [11]. Diese Aristotelesrezeption wurde für Hegels G.-Begriff womöglich noch folgenreicher als dessen Ursprung in der Auseinandersetzung mit der Kantischen Moraltheologie und der Beeinflussung durch Hölderlins Fichtekritik. Das zeigt sich an der Architektonik der Philosophie des G.

Anmerkungen. [1] Vgl. D. HENRICH: Hegel und Hölderlin, in: Hegel im Kontext (1971) 22ff.; H. HEGEL: Isaak von Sinclair zwischen Fichte, Hölderlin und Hegel (1971) 68ff. – [2] FR. HÖLDERLIN, Große Stuttgarter A. 3, 191. – [3] HEGELS theol. Jugendschr., hg. H. NOHL (1907) 347. – [4] Phänomenol. WH 5, 24. – [5] Vgl. den Untertitel von ‹Glauben und Wissen›. – [6] F. W. J. SCHELLINGS bevorzugter Terminus war ‹Intelligenz›; vgl. Werke, hg. K. F. A. SCHELLING 3, 339. – [7] HEGEL, WG 1, 424. – [8] a. a. O. 505. 509. 513. – [9] 10, § 381. – [10] § 382f. – [11] § 378; 18, 372f.

3. *Die Gliederung der G.-Philosophie Hegels: subjektiver, objektiver und absoluter G.* – ‹Subjektiver G.› ist bei HEGEL der Titel für die Gegenstände a) der «Anthropologie», b) der «Phänomenologie des G.» und c) der «Psychologie»: d. i. a) die Seele in ihrer Beziehung zu natürlichen und lokalen Gegebenheiten (Lebensart, Nationalcharakter usw.) sowie in ihrer Entwicklung und Leiblichkeit; b) das Bewußtsein auf verschiedenen Stufen seines Wissens von Objekten, zu denen auch das Bewußtsein von sich selbst und von seinesgleichen gehört; c) der G. als Entfaltung solcher «Vermögen», wie sie die Seelenlehre des 18. Jh. thematisierte. – Der *objektive* G. ist Gegenstand der «Philosophie des Rechts». Er gliedert sich a) in Personen- und Eigentumsrecht, b) Moralität als Selbstbestimmung des einzelnen Willenssubjekts, das an nichts Äußerliches gebunden ist, und c) Sittlichkeit in den Bereichen der Familie, der bürgerlichen Gesellschaft und vor allem des Staats als jenes selbstbewußten Zustands zur Natur gewordener Freiheit, den auch die Weltgeschichte darstellt. – Der *absolute* G. umfaßt geschichtlich aufeinanderfolgende Stadien der Vollendung des G. a) in der klassischen Kunst, b) der christlichen Religion und c) der innerhalb des Christentums entstandenen Philosophie.

Aus dem angedeuteten Umfang der hier zu behandelnden Begriffe ergibt sich, welches die Gesichtspunkte *nicht* sind, nach denen Hegel den G. einteilt: Der *subjektive* G. bezeichnet *nicht* den Menschen als einzelnes Individuum, wie oft behauptet wird. Denn Hegels Anthropologie würde auch Ethnologie und Völkerpsychologie einschließen, soweit diese den «normativen» Gedanken des Rechten nicht enthalten. – *Ebensowenig* ist der *objektive* G. gleichbedeutend mit dem geistigen Sein intersubjektiver Institutionen; denn gerade die Moralität, das Extrem subjektiver Innerlichkeit, gehört zu ihm. – Der *absolute* G. schließlich ist *kein* jenseits menschlicher Realität stehender, reiner Vollzug zeitloser «Gehalte» oder deren Inbegriff, sondern ein zeitlicher Prozeß aufeinanderfolgender Gestalten, in denen die Menschen sich zum Bewußtsein bringen, was der G. ist.

Es ist vielmehr der Gedanke der *Selbstverwirklichung*, der den Gesichtspunkt für die Einteilung abgibt. Seiner systematischen Stellung nach Zurückkommen aus der Natur, entwickelt sich nämlich der G. zunächst so, «daß das, was sein Begriff ist, für ihn wird und ihm sein Sein dies ist, bei sich, d. i. frei zu sein, – subjektiver G.» [1]. Diese Entwicklung bestimmt den G. in drei Phasen: in der Ununterschiedenheit von der Natur (als Seele), der Entgegensetzung gegen sie (als Bewußtsein) und in der von diesem Gegensatz befreiten, affirmativen Beziehung auf sich selbst, in der für ihn wird, was sein Begriff ist: «So ist ... an dem G.e jede Bestimmtheit, in der er sich zeigt, Moment der Entwicklung und in der Fortbestimmung Vorwärtsgehen seinem Ziele zu, sich zu dem zu machen und für sich zu werden das, was er an sich ist» [2]. Der G. ist daher *subjektiv*, insofern er sich in der Sphäre seiner Subjektivität zu dem macht, was er dem Begriff dieser Sphäre nach «an sich» ist. Am Ende dieser Entwicklung ist er «der G., der sich als frei weiß und sich als diesen seinen Gegenstand will, d. i. sein Wesen zur Bestimmung und zum Zwecke hat» [3]. Als solcher existiert er jedoch zunächst nur in einem einzelnen Willen und in den Sachen, in die dieser das Dasein seiner Freiheit legt. Die Freiheit als innerer Bestimmung und Zweck steht gegenüber eine äußerliche vorgefundene Objektivität von Bedürfnissen, Naturdingen und Willensverhältnissen [4]. – Um in dieser seinen Zweck zu verwirklichen, muß daher der G. sich nun auch in der Form der *Objektivität* erfassen, «in der Form der Realität als einer von ihm hervorzubringenden und hervorgebrachten Welt, in welcher die Freiheit als vorhandene Notwendigkeit ist, – objektiver G.» [5], indem er sich zu einer Tätigkeit entwickelt, die eine zwecksprechende Wirksamkeit der vorausgesetzten Objektivität hervorbringt und garantiert [6]. Auf der Ebene der Geschichte ist diese Bewegung, «der Weg zur Befreiung der geistigen Substanz, die Tat, wodurch der absolute Endzweck der Welt sich in ihr vollführt, der nur erst an sich seiende G. sich zum Bewußtsein und Selbstbewußtsein und damit zur Offenbarung und Wirklichkeit seines an und für sich seienden Wesens bringt, und sich auch zum äußerlich allgemeinen, zum Welt-G., wird» [7]. Dabei angelangt, ist er dann wieder «für sich», was in dieser Sphäre sein Begriff oder seine Weise, sich zu erfassen, ist: *objektiver* G. In den Gang dieser Entwicklung gehört auch die Moralität; denn auch sie ist eine Weise, die Freiheit des Willens in der äußerlichen Objektivität von Bedürfnissen, Dingen und Willensverhältnissen zu realisieren [8]. – Der *absolute* G. schließlich erfaßt sich in beiden Formen zumal: sowohl als freie Intelligenz, die ihr Wesen zur Bestimmung hat und zu dieser Bestimmung auch in ihrer Wirklichkeit gelangt sein muß, wie auch als vernünftige Tätigkeit, die sich ihr Bewußtsein und Organ in den Subjekten schafft [9]. Zugleich ist dieses Erfassen nicht mehr eines, das bloß relativ auf sein Anderes ist: das Nicht-Erfaßtsein der Natur und das Vorgefundensein der Objektivität, auf die sich die Zwecktätigkeit der Freiheit richtet. Da der G. definiert ist durch die Weise, in der er sich erfaßt, und da diese nicht mehr derart relativ ist, ist der G. nun *absolut*, – aber auch nur insofern und nicht etwa aus Gründen einer törichten Unterstellung von Allwissenheit. Und noch einmal wird er auch in seinem Wissen von sich zu dem, was er ist, indem er den Gegensatz zur geistigen Befreiung in ihm aufhebt, und schließlich das an keine Voraussetzungen mehr geknüpfte «Logische» als das «Geistige» zum Resultat der philosophischen Wissenschaft macht [10].

Innerhalb dieser Gliederung hat Hegel den Lehrbestand der Anthropologie und Psychologie dem *subjektiven* G. zugeordnet [11]. Er hat dabei das noch für *Kant* maßgebliche Schema zerbrochen, das Vorstellungskräfte, Fühlen und Wollen aufeinanderfolgen ließ; er hat die Alternative zwischen der rationalistischen Annahme einer unkörperlichen Seelensubstanz und ihrer empirischen Destruktion vermieden und den traditionellen Pluralismus der Seelenvermögen nicht durch die erfolglose Suche nach einer Generalkraft zu überwinden versucht.

Die Seele ist nicht so etwas wie ein «G. in der Maschine» des menschlichen Körpers, – keine supponierte Entität, die um so mehr Scheinprobleme aufwirft, als ihr Eigenschaften zugedacht werden: «Die Seele ist nicht nur für sich immateriell, sondern die allgemeine Immaterialität der Natur, deren einfaches ideelles Leben. Sie ist die Substanz, so die absolute Grundlage aller Besonderung und Vereinzelung des G., so daß er in ihr allen Stoff seiner Bestimmung hat und sie die durchdringende, identische Idealität derselben bleibt» [12]. Eine nachträgliche Frage nach dem «Verhältnis» von G. und Körper kann so gar nicht auftauchen; denn jeder Begriff von der Seele bezeichnet nichts anderes als ein Negieren, Assimilieren und Idealisieren der Natur. In der Ausführung dieses Gedankens hat Hegel auf *Aristoteles'* Lehre von der empfindenden Seele zurückgegriffen [13]. Indem er ihr grundlegende Bedeutung gab, vermied er es, den subjektiven G. als Bewußtsein, als dessen Grundstruktur oder als Ich zu definieren. Indem er andererseits das Bewußtsein zusammen mit den grundlegenden Erkenntnisbegriffen der *Kantschen* Kritik als eigene Sphäre innerhalb des subjektiven G. behandelte, konnte er mittels der übrigen traditionellen psychologischen Begriffe die Subjektivität des G. in ihrer Beziehung auf sich selbst bestimmen [14].

Die Entfaltung des *objektiven* G. nimmt die Tradition der Naturrechtslehre, Moralphilosophie, Ethik, Politik und Geschichtsphilosophie auf [15]. Ausgehend von *Kants* Unterschied zwischen Legalität und Moralität macht sie – gewissermaßen in umgekehrter Richtung – die Beschränkung der praktischen Subjektivität auf die Innerlichkeit rückgängig, die zur Loslösung der Ethik von der Rechts- und Staatstheorie geführt hatte. Indem sie die Moralität in der Sittlichkeit «aufhebt», schafft sie sich die Möglichkeit, die institutionelle Ethik, die zur Tradition der *Aristotelischen* Politik gehört hatte, zu erneuern und von ihr aus die geschichtsphilosophischen Abstraktionen der Aufklärung zu korrigieren: «Die Sittlichkeit ist die Vollendung des objektiven G., die Wahrheit des subjektiven und objektiven G. selbst» [16].

Im Begriff des *absoluten* G. schließlich hat Hegel die idealistische Kunst- und Religionsphilosophie – und darin seine eigenen Anfänge – mit seiner philososophischen Systematik zusammengedacht [17]. Mittels seiner Definition klassischer Kunst und christlicher Religion bestimmt er nun den Begriff der Philosophie selber. «Diese Wissenschaft ist insofern die Einheit der Kunst und Religion, als die der Form nach äußerliche Anschauungsweise der ersteren ... in der Totalität der zweiten ... nicht nur zu einem Ganzen zusammengehalten, sondern auch in die einfache geistige Anschauung vereint und dann darin zum selbstbewußten Denken erhoben ist. Dies Wissen ist damit der denkend erkannte Begriff der Kunst und Religion, in welchem das in dem Inhalte Verschiedene als notwendig und dies Notwendige als frei erkannt ist» [18]. Daß Hegel mit seiner Auffassung von Philosophie auch auf Aristoteles zurückgehen will, zeigt das Zitat über die θεωρία, mit dem die ‹Encyclopädie der philosophischen Wissenschaften› abschließt.

Anmerkungen. [1] HEGEL, WG 10, § 385. – [2] a. a. O. § 387. – [3] § 482; vgl. § 481. – [4] § 483. – [5] § 385. – [6] § 484. – [7] § 549. – [8] § 503. – [9] § 553f.; vgl. §§ 385. 481f. – [10] §§ 555. 574. – [11] Vgl. F. NICOLIN: Hegels Arbeiten zur Theorie des subjektiven G., in: Erkenntnis und Verantwortung. Festschr. Th. Litt (1960) 356ff.; J. FETSCHER: Hegels Lehre vom Menschen. Kommentar zu den §§ 387 bis 482 der Enzyklop. der philos. Wiss. (1970). – [12] HEGEL, Enzyklop. WG 10, § 389. – [13] ebda. –

[14] § 413ff. – [15] Vgl. J. Ritter: Moralität und Sittlichkeit. Zu Hegels Auseinandersetzung mit der kantischen Ethik, in: Kritik und Met. Studien. H. Heimsoeth zum 80. Geburtstag (1966) 331ff. – [16] Hegel, a. a. O. [12] § 513. – [17] Vgl. H. F. Fulda: Das Problem einer Einl. in Hegels Wiss. der Logik (1965) 225ff.; M. Theunissen: Hegels Lehre vom absoluten G. als theol.-polit. Traktat (1970). – [18] Hegel, a. a. O. [12] § 572; vgl. § 573f.

4. *Die Wirkungsgeschichte von Hegels G.-Begriff.* – Hegels Einteilung und die entsprechenden Begriffe des G. haben die nachfolgende Philosophie direkt nur wenig beeinflußt. Seine Schüler behandelten zwar kaum eine Disziplin häufiger als die Philosophie des *subjektiven* G. oder Teile derselben [1], aber nicht sie, sondern der Empirismus und zunächst vor allem Herbart haben die Entwicklung der Psychologie in Deutschland bestimmt. Von Herbarts Position aus wurden die subjektivitätstheoretischen Versuche der Hegelschule z. B. durch Exner kritisiert [2], und diese Kritik fand unter den Spätidealisten Zustimmung [3]. Damit war die direkte Wirkung der Philosophie des subjektiven G. zu Ende. – Die sehr viel intensivere Auseinandersetzung mit Themen von Hegels Rechtsphilosophie dagegen ließ von Anfang an den Begriff des *objektiven* G. aus dem Spiel. – Nur um den Begriff des *absoluten* G. kam es zu einer umfänglicheren Diskussion. Hier erregte vor allem die Rang- und Reihenfolge der Glieder Kunst, Religion und Philosophie Anstoß. Im Anschluß an Schelling, der die Kunst und später auch die Religion über die Spekulation erhob, wollte Chr. H. Weisse und ähnlich I. H. Fichte von der Idee der Wahrheit über diejenige der Schönheit zu derjenigen der Gottheit fortschreiten, um die «trostlose Kahlheit» der Hegelschen Resultate zu vermeiden [4]. Alle diese Versuche scheiterten jedoch am Problem der spekulativen Methode, und mit der Einsicht hierein verlor auch diese Auseinandersetzung ihr Interesse. E. v. Hartmanns Rede vom absoluten G. ist schon ein Symptom für die Kraftlosigkeit der Hegelschen Tradition. Für v. Hartmann ist der absolute G. das substantielle Subjekt aller Wesenheit und Tätigkeit. Dies Subjekt ist in jedem Bewußtsein ein- und dasselbe, erscheint aber in einem jeden als eingeschränktes, weil es das Subjekt jener eingeschränkten Gruppe von Tätigkeiten ist, aus denen das Bewußtseinssubjekt entspringt. Es selbst dagegen in seinem Wesen und in seiner produktiven Tätigkeit ist unbewußt [5]. Eine ähnliche Tendenz, den G. als das Absolute von seinen Erscheinungen zu reinigen, herrschte im *englischen* Hegelianismus, wo im übrigen Begriff und Gliederung des Geistes kaum Beachtung fanden [6]. Im Gegensatz dazu bemüht sich derzeit die *Theologie*, wieder an Hegels Offenbarungs- und Geschichtsspekulation anzuknüpfen [7].

Hat also die direkte Bezugnahme auf Hegels Systematik des G. eine bescheidene Rolle gespielt, so steht dem die weitreichende *indirekte* Wirkung des vergessenen Hegel gegenüber. Sie reicht von systematischen Gliederungen innerhalb der Schulphilosophie des 19. Jh.s, die nun auf die Philosophie der Natur eine solche des G. folgen läßt [8], über den Gedanken der Entwicklung, der Kontinuität [9] und der allseitigen Verbundenheit geistiger Erscheinungen (vgl. H. Taines Milieutheorie [10], W. Wundts «Gesamt-G.» [11], R. Euckens «höhere Geisteswelt» [12], Ch. S. Peirces [13] «Synechism») bis zu den Grundkategorien des Geschichtsverständnisses in der *historischen Schule*.

Unter dem Einfluss der historischen Schule hat dann W. Dilthey den Begriff des *objektiven* G. wieder zu Ehren gebracht. Er beruft sich dafür auf Hegel, unterscheidet aber seinen Begriff von dem Hegels: «Wir können den objektiven G. nicht in eine ideale Konstruktion einordnen, vielmehr müssen wir seine Wirklichkeit in der Geschichte zugrunde legen ... In ihm sind Sprache, Sitte, jede Art von Lebensform, von Stil des Lebens ebenso gut umfaßt wie Familie, bürgerliche Gesellschaft, Staat und Recht. Und nun fällt auch ... Kunst und Religion und Philosophie unter diesen Begriff» [14]. Objektiver G. bedeutet für Dilthey «Objektivation des Lebens» in jeglicher Hinsicht, also auch in der von Hegel dem subjektiven und dem absoluten G. zugeordneten. Durch «Nacherleben des inneren Zusammenhanges, der vom Allgemeinmenschlichen in seine Individuation führt», wird die Gliederung des objektiven G. im Verstehen erfaßt, und darin besteht die Aufgabe der Geisteswissenschaften [15].

Hieran anknüpfend hat H. Freyer eine Theorie des objektiven G. entworfen, die die methodologische Frage der Grundlegung der Geisteswissenschaften als einer Kritik des historischen Bewußtseins durch die gegenständliche der Systematik einer Kulturphilosophie ergänzen sollte. Zu diesem Zweck legt er dar, wie «die Welt des objektiven G. ... ihre natürliche Gliederung [hat], sie besteht aus relativ selbständigen, wenn auch zum Wirkungszusammenhang verbundenen Kultursystemen» [16], und er unterscheidet zwischen dem objektiven G. als Sein, als Prozeß und als System. – In ähnliche Richtung, aber dem badischen Neukantianismus verpflichtet, ging R. Kroner mit der Konzeption einer Philosophie der Kultur als Selbstverwirklichung des Bewußtseins [17]. Während die Grundlage hier das Bewußtsein bleibt und ‹G.› nur die übersinnliche Seite des Menschen im Gegensatz zu seiner Sinnlichkeit bezeichnet, wird in der ebenfalls den Rickertschen Standpunkt teilenden Wertwissenschaft J. Cohns der Vollzug der idealen Sinngebilde ausdrücklich als G. gefaßt. Cohn unterscheidet zwischen «lebendigem», d. h. sich verwirklichendem G., der im Handeln einzelner Menschen das Außergeistige in die Form des G. erhebt, und seinem Grenzfall, dem «reinen» G., der dem idealen Sinn als solchem zugewandt ist und sich durch Ablösung vom Wirklichen betrachtend verhält [18] (ähnlich dem absoluten G. Hegels, der die Welt «frei entlassen» hat) [19].

Sich freimachend von den systematischen Voraussetzungen des Neukantianismus und auf differenzierterem ontologischen Fundament fußend als Dilthey, welcher vom physisch-psychischen Dualismus ausgegangen war, thematisierte N. Hartmann den G. zwar «als getragenes G.-Leben – getragen vom seelischen Sein», das aber doch «als geistiges Leben eine Seinsschicht eigener und höherer Art» bildet, zu der «die Sphäre des Wollens und Handelns, der Wertung, des Rechts, des Ethos, der Religion, der Kunst» gehören [20]. Das geistige Sein wird beschrieben in drei Grundkategorien: als personaler G., lebendig und real in einzelnen Personen; als objektivierter G., d. i. die überindividuellen, irrealen, unlebendigen Produkte geistigen Schaffens; und als objektiver G., der Leben, Macht und Realität besitzt, die Geschichte trägt und geschichtliche Schicksale erleidet, aber überindividuell und bewußtlos ist und insofern vermittelnd zwischen den beiden anderen steht: «Sein Ineinssein mit dem personalen G. macht die reale Welt geistigen Lebens aus; sein Ineinssein mit dem objektivierten macht den Inbegriff des geschichtlichen G. aus» [21]. Spuren dessen, was Hegel unter dem absoluten G. begriff, enthält Hartmanns Lehre vom Echten im objektiven G. [22].

Anmerkungen. [1] z. B. G. A. GABLER: Lb. der philos. Propädeutik 1. Abt.: Kritik des Bewußtseins (1827); J. G. MUSSMANN: Lb. der Seelenwiss. oder rationalen und empirischen Psychol. (1827); J. K. F. ROSENKRANZ: Psychol. oder Wiss. vom subjektiven G. (1837); C. L. MICHELET: Anthropol. und Psychol. (1840); J. E. ERDMANN: Grundriß der Psychol. (1840). – [2] F. EXNER: Die Psychol. der Hegelschen Schule (1842); zweites Heft (1844). – [3] CHR. H. WEISSE: Die Hegelsche Psychol. und die Exnersche Kritik. Z. Philos. spekulat. Theol. 13 (1844) 296. – [4] Die Idee der Gottheit (1833) 50ff. – [5] E. v. HARTMANN: System der Philos. im Grundriß (1908) 4, 109. – [6] F. H. BRADLEY: Appearance and reality (¹1893, zit. Oxford ⁹1930) 441f. – [7] Vgl. W. PANNENBERG (Hg.): Offenbarung als Gesch. (²1963); Gottes Gedanke und menschliche Freiheit (1972) 78; H. KÜNG: Menschwerdung Gottes. Eine Einführung in Hegels theolog. Denken als Prolegomena zu einer künftigen Christol. (1970). – [8] Vgl. W. WUNDT: System der Philos. (¹1889, ⁴1919) 2, 136ff. – [9] Vgl. CH. S. PEIRCE, Coll. Papers, hg. HARSHORNE/WEISS (Cambridge, Mass. 1931) 1. 40f. – [10] Vgl. O. ENGEL: Der Einfluß Hegels auf die Bildung der Gedankenwelt H. Taines (1920). – [11] W. WUNDT, a. a. O. [8]. – [12] R. EUCKEN: Die Einheit des Geisteslebens in Bewußtsein und Tat der Menschen (1888). – [13] PEIRCE, a. a. O. [9] 6. 102ff. – [14] W. DILTHEY, Ges. Schr. 7, 150f. – [15] a. a. O. 151; vgl. 146ff. – [16] H. FREYER: Theorie des objektiven G. (²1928) 12. – [17] R. KRONER: Selbstverwirklichung des G. (1928). – [18] J. COHN: Wertwiss. (1932) 362ff. – [19] HEGEL, WG 10, 41. – [20] N. HARTMANN: Das Problem des geistigen Seins (³1962) 16f. – [21] a. a. O. 72; vgl. 66ff. – [22] Vgl. E. SPRANGER: Das Echte im objektiven G., in: Nicolai Hartmann. Der Denker und sein Werk, hg. H. HEIMSOETH/R. HEISS (1952) 29ff. F. FULDA

IX. Der G.-Begriff nach Hegel. – 1. Der Begriff ‹G.› erfährt im 19. Jh. im Zusammenhang mit dem Zurücktreten metaphysischen und transzendental-reflexiven Denkens zugunsten einer positivistisch am unmittelbaren Objektbezug der Naturwissenschaften orientierten Methode eine entscheidende, bis heute wirksame Verengung und Reduzierung auf die Gehalte des «Bewußtseins» und Denkvermögens des einzelnen Menschen. Diese Einschränkung vollzieht sich zunächst wesentlich als Auseinandersetzung mit Hegels umfassender G.-Philosophie, deren logische, metaphysische, theologische und geschichtsphilosophische Momente dabei zurücktreten zugunsten der empirisch aufweisbaren *psychologischen* und *anthropologischen* Inhalte.

War für Gegner Hegels wie HERBART oder SCHOPENHAUER der Geist ohnehin nur der Inbegriff der «intellektuellen Fähigkeiten des Menschen» [1], so wird er dann von FEUERBACH gegen Hegel ausschließlich als das einzelne, empirische Bewußtsein bestimmt [2], von dem EXNER fordert, es müsse zum Gegenstand der Beobachtung, Messung und «Rechnung» [3] nach dem «Maßstab echter Naturforschung» gemacht werden [4]. Ein weiterreichender G.-Begriff wird als «irrige Spekulation» abgelehnt [5]. Diese Psychologisierung des Geistbegriffes, die sich auch innerhalb der engeren Hegelschule selbst vollzog [6], ist um die Jahrhundertmitte zur Selbstverständlichkeit geworden [7]. Symptomatisch hierfür ist die Gleichsetzung der Begriffe ‹G.› und ‹Seele› sowie die zunehmende Verdrängung des ersten durch den zweiten, der dabei zugleich zum Oberbegriff wird. Zwar erscheint im Rahmen der frühen Naturphilosophie der G. zunächst noch als göttliche Kraft der Natur, so bei OERSTED oder BURDACH [8], und steht damit über der zur Natur selbst gehörenden Seele; das gilt auch für TROXLER [9], der jedoch zugleich den menschlichen oder endlichen G. als «Seele» bestimmt [10]. Ebenso wird G. von PLANCK verstanden [11], während ihn BURDACH schon als Moment des «Seelenlebens» auffaßt [12], wobei die Wissenschaften und Künste als das «Schaffen der Seele» behandelt werden [13]. Für LOTZE bildet die gleiche «concentrierte idealreale Lebenskraft», welche die Seele bewegt, auch das Wesen des «geistigen Lebens» [14]. ULRICI gebraucht ‹G.› und ‹Seele› synonym [15], wobei ‹G.› selten vorkommt und ‹Seele› den ganzen menschlichen G. einschließlich des Selbstbewußtseins umfaßt [16]. EXNER verwendet einerseits beide Begriffe als völlig austauschbar [17], andererseits erscheint ‹Seele› auch schon als Oberbegriff [18]. LOTZE behandelt Bewußtsein und Verstand als Formen der «wissenden Seele» [19] und den G. insgesamt als Erscheinung der menschlichen Seele [20]. Für W. WUNDT sind ‹G.› und ‹Seele› «Wechselbegriffe» zur Bezeichnung des gleichen psychischen Phänomens: «bloß Klassenbezeichnungen für bestimmte Gebiete der inneren Erfahrung» [21]. FREYER bezeichnet den «subjektiven G.» als ‹Seele› [22], und in der anthropologischen Zuwendung der Philosophie zum Menschen als einem primär und unmittelbar natürlichen Lebewesen erscheint der G. ganz allgemein als die denkende «Intelligenz» und «bewußte Seele» (GROOS [23]) oder bei GEHLEN, PLESSNER, GROETHUYSEN u. a. als Bewußtsein der Innerlichkeit der eigenen Lebendigkeit, wobei ‹Seele› den Oberbegriff bildet [24] oder bei PORTMANN als die übergreifende Einheit des G. selbst gefaßt wird [25]. Beispiele des verbreiteten heutigen Sprachgebrauchs unmittelbarer Gleichsetzung von G. und denkender Intelligenz finden sich vielfach auch sonst [26].

Anmerkungen. [1] A. SCHOPENHAUER, Werke, hg. FRISCHEISEN-KÖHLER 5, 249. – [2] L. FEUERBACH, Werke, hg. F. JODL (1904) 2, 264ff. – [3] F. S. EXNER: Psychol. der Hegelschen Schule (1842) 4, 110. – [4] a. a. O. 56. – [5] 29; FEUERBACH, a. a. O. [2] 1, 256; 2, 194ff. – [6] Vgl. G. A. GABLER: Lb. der philos. Propäd. I: Kritik des Bewußtseins (1827); J. G. MUSSMANN: Lb. der Seelenwiss. (1827); J. E. ERDMANN: Leib und Seele (1837); K. ROSENKRANZ: Psychol. oder die Philos. des subjektiven G. (1837); K. L. MICHELET: Anthropol. oder Philos. des subjektiven G. (1840). – [7] Vgl. R. HAYM: Hegel ... (1857) 461. 468; K. F. GÖSCHEL: Der Mensch nach Leib, Seele ... (1856); J. H. FICHTE: Anthropol., die Lehre von der menschl. Seele (1856); H. ULRICI: Gott und der Mensch I: Leib und Seele (1866) V. – [8] CHR. OERSTED: Der G. in der Natur (1854) 1, 210. 212. 245; K. F. BURDACH: Anthropol. (1837) 307. 451. – [9] I. P. V. TROXLER: Naturlehre des menschl. Erkennens oder Met. (1828, zit. 1944) 60. 253; Frg. (1936) 176. – [10] Frg. 147. – [11] K. CHR. PLANCK: Grundl. einer Wiss. der Natur (1864) 303f. – [12] BURDACH, a. a. O. [8] 280. 307. – [13] 397. – [14] H. LOTZE: Med. Psychol. oder Physiol. der Seele (1852) 50. 58. – [15] ULRICI, a. a. O. [7] II, 437. – [16] Gott und die Natur (³1875) 563. – [17] EXNER, a. a. O. [3] 14. 18. – [18] a. a. O. 28. – [19] H. LOTZE: Mikrokosmos 1 (1856) 181. 239f.; Med. Psychol. a. a. O. [14] 455f. 493f. – [20] Mikrokosmos, Buch 5 insges. – [21] W. WUNDT: Grundzüge der physiol. Psychol. 1 (⁶1908) 11. – [22] H. FREYER: Theorie des objektiven G. (1923) 86. – [23] K. GROOS: Von der Seele zum G. Z. dtsch. Kulturphilos. 4 (1938) 244. 267; Über das Wesen des Seelengrundes. Bl. dtsch. Philos. 15 (1941/42) 365-395. 384. – [24] A. GEHLEN: Wirklicher und unwirklicher G. (1931) 188; Der Mensch ... (³1944) 13. 22. 27. 93; H. PLESSNER: Die Stufen des Organischen und der Mensch (1928) 33. 36. 288f.; B. GROETHUYSEN: Philos. Anthropol. (1928) 203. – [25] A. PORTMANN: Biol. und G. (1965, ²1968) 10. 29. – [26] W. CRAMER: Monade (1954) 56f.; Grundlegung einer Theorie des G. (1957) 86f.; H. GIPPER: Bausteine zur Sprachinhaltsforsch. (1963) 116; G. RYLE: Der Begriff des G. (1969) 6. 13ff.

2. Im Zusammenhang mit der Historisierung der Philosophie und dem Bemühen um eine Grundlegung der G.-Wissenschaften und ihrer hermeneutischen Methode erscheint der Begriff des G. und besonders des *objektiven G.* zur Bezeichnung derjenigen Gehalte, die über das einzelne Bewußtsein hinausreichen und in denen «das Individuum als Repräsentant von Gemeinsamkeit erscheint» (DILTHEY [1]). DREYER nennt den G. dabei «ein kulturphilosophisches Universale» [2], WINDELBAND den «Inbegriff der Werte des Kulturlebens» [3], die den Inhalt der «Kulturwissenschaft» bilden [4]. Er stellt für ROTHACKER einen geschichtlichen Gesamtbegriff dar [5], «der allem als das Totale ... Vollkommene zu Grunde

liegt» [6] und in solcher Weise als ein unmittelbares Ganzes gefaßt zum Teil romantisch-völkisch, zum Teil lebensphilosophisch gefärbt erscheint, wobei irrationale Momente anklingen. DILTHEY und MARCUSE bezeichnen ihn als Inbegriff des geschichtlichen Lebens [7], EUCKEN nennt ihn «G.-Leben», das «weit mehr als Denken ist» [8]. Ähnlich äußert sich SPRANGER [9], der ebenso wie LITT den G. als die Totalität der menschlichen Gemeinschaft und ihrer Bestimmungen versteht [10]. Bei diesen Autoren werden bewußt schon manche Bestimmungen Hegels teilweise wieder aufgenommen; dieser lebensphilosophisch ganzheitliche, leicht irrationalistisch schillernde G.-Begriff tritt dann noch stärker im Neuhegelianismus hervor [11].

FREYER nahm dagegen den Begriff des «objektiven G.» unter Zurückweisung jeglicher metaphysischer Spekulation [12] auf, um die «Kultur» als «Inbegriff aller menschlichen Werke» [13] methodisch abzuheben gegenüber psychischen Phänomenen des einzelnen Individuums [14]. Die gleiche bewußte Abgrenzung findet bei N. HARTMANN ihren Ausdruck in der Fassung des «geistigen Seins» als einer eigenen «Seinsschicht» [15]. In der weitverbreiteten Bestimmung als «Kultur» [16] – WEIN spricht vom «Inbegriff der überbiologischen und überindividualpsychologischen Determinanten der Geschichte» [17] – wird der objektive G. wesentlich durch Gegenständlichkeit und Intersubjektivität seiner Inhalte gekennzeichnet. Er ist «Form geworden», wie FREYER und HARTMANN betonen [18], ist «Leben mit gegenständlichem Sinngehalt» [19] und so für CASSIRER, V. BRANDENSTEIN, SPRANGER, HAERING u. a. die Wirklichkeit der intersubjektiven Geltung der Bedeutungen und Sinnformen [20]. HARTMANN bezeichnet ihn als das real vermittelnde Medium menschlicher Gemeinsamkeit [21], PLESSNER als «Wir-Sphäre» und Mitwelt [22], SPRANGER als «Medium der Verstehbarkeit» [23], ähnlich GROOS [24], während JASPERS den G. in diesem Sinne das «Medium gegenständlicher Intentionen der Subjekte» nennt [25], BLOCH die «objekthaft vermittelte Vernunft» [26]. Von diesem in den Individuen und ihren Institutionen lebenden überindividuellen Bedeutungsgefügen unterscheiden FREYER und HARTMANN noch den «objektivierten G.» [27], zu dem z. B. Werkzeuge und Bücher gerechnet werden, und der von OBERER auch als die Gesamtheit der Gegenstände der Kultur bestimmt wird [28].

Anmerkungen. [1] W. DILTHEY: Der Aufbau der gesch. Welt in den G.-Wiss. Schriften 7, 150f. – [2] H. DREYER: Der Begriff G. in der dtsch. Philos. (1907) 21. – [3] W. WINDELBAND: Präludien 2 (1919) 8. – [4] a. a. O. 1, 273f. – [5] W. PERPEET: E. Rothacker, Philosophie des G. aus der G. der dtsch. hist. Schule (1968) 30f. – [6] E. SPRANGER: Das Echte im objektiven G., in: N. Hartmann, der Denker und sein Werk (1952) 30; ähnlich TH. LITT: Hegels Begriff des G. ... Stud. gen. 4 (1951) 313. – [7] DILTHEY, a. a. O. [1] 151; Frg. aus Diltheys Hegelwerk. Hegel-Stud. 1 (1961) 112; H. MARCUSE: Hegels Ontol. ... (1932) 227. [8] R. EUCKEN: Die Träger der Dtsch. Idealismus (1915) 199. – [9] SPRANGER, a. a. O. [6] 36. – [10] TH. LITT: Individuum und Gemeinschaft (1919); Hegel (²1961) 56; a. a. O. [6] 320; vgl. auch E. SPRANGER: G. und Seele. Bl. dtsch. Philos. 10 (1937) 358-383, bes. 374f.; PERPEET, a. a. O. [5] 18. 35. – [11] z. B. bei J. SCHWARZ: Hegels philos. Entwickl. (1938) 5. 41. 60; R. KRONER, Von Kant bis Hegel (1924) 271f. 311; H. GLOCKNER: Hegelrenaissance und Neuhegelianismus. Logos 20 (1931) 169-195, bes. 194; Hegel 2 (1940) 18f.; vgl. auch H. LEVY: Die Hegelrenaissance (1927). – [12] H. FREYER: Theorie des objektiven G. (1923) 11. 118. – [13] a. a. O. 78; vgl. 9. 63. 69. 102. – [14] 10. 17. 22. – [15] N. HARTMANN: Das Problem des geistigen Seins (1933) 15, 52. – [16] Vgl. E. CASSIRER: G. und Leben in der Philos. der Gegenwart. Neue Rdsch. (1930) 244-264, bes. 247. 254; K. GROOS, Von der Seele zum G. Z. dtsch. Kulturphilos. 4 (1938) 244-268, zit. 246; LITT, a. a. O. [6] 313; H. PLESSNER: Die Stufen des Organischen und der Mensch (1928) 303. 305; SPRANGER, a.a. O. [6] 36; a. a. O. [10] 358. – [17] H. WEIN: Philos. als Erfahrungswiss. (Den Haag 1965) 72; Realdial. (1957) 43. 45. – [18] FREYER, a. a. O. [12] 43; HARTMANN, a. a. O. [15] 170f. – [19] FREYER, a. a. O. [12] 119. – [20] E. CASSIRER: Was ist d. Mensch (1960) 166; a. a. O. [16] 250; B. V. BRANDENSTEIN: Die Seele im Gebiete des G. Bl. dtsch. Philos. 11 (1937) 8-23, zit. 10; SPRANGER, a. a. O. [6] 40; a. a. O. [10] 373; TH. HAERING: Bemerk. zum Begriff des geistigen Seins. Z. philos. Forsch. 11 (1957) 338-356, zit. 344; E. CORETH: Grundfragen der Hermeneutik (1969) 59. – [21] HARTMANN, a. a. O. [15] 60. 67. 170. – [22] H. PLESSNER, a. a. O. [16] 303. – [23] SPRANGER, a. a. O. [10] 358. 373. – [24] K. GROOS: Über das Wesen des Seelengrundes. Bl. dtsch. Philos. 15 (1941/42) 365-395; a. a. O. [16] 246. 266. – [25] K. JASPERS: Philos. 1 (²1948) 142. – [26] E. BLOCH: Subjekt-Objekt (²1962) 67. – [27] FREYER, a. a. O. [12] 68; HARTMANN, a. a. O. [15] 63f. 170. 348f. – [28] H. OBERER, Vom Problem des objektivierten G. (1965) 19. 48f.

3. Im Ausgang von einem umfassenden Begriff des Psychischen als natürlich vitaler Welt- und Lebenseinheit wird der G. «als höheres Schauen» als Teilmoment solch unmittelbar erfüllter Weltverbindung der Seele bestimmt [1], oder aber er wird negativ gewertet als bedrohende, zersetzende Rationalität, die den Lebensstrom zerreißt und seine Fülle tötet. So faßt KLAGES den allein durch «Urteilen, Erfassen, Begreifen» gekennzeichneten G. [2] als «Urgegensatz» zur Seele und zum Leben [3]. Er fußt hierbei auf der Bewußtseinstheorie von PALÁGYI mit ihrer an Bergsons Gegensatz von «temps» und «durée», «pensée conceptuelle» und «élan vital» [4] erinnernden Unterscheidung von Erkennen und Erleben [5], und der G. erscheint ganz als rationale Intelligenz und als technischer Herrschaftswille «in zerstörerischer Gegenstellung zum Leben und mit dem absehbaren Ende von dessen Vernichtung» [6]. Seine Wirklichkeit ist die Geschichte «der Vergewaltigungen» der mütterlichen Natur [7] und des «Lebens der Erde» [8]. Ebenso ist für TH. LESSING der G. «wachsende Auflösung der Seele» [9] in Gestalt der Technisierung [10] und seine Geschichte insgesamt die Erscheinung «eines am Menschen erkrankten Lebens» [11]. SCHELER sah in der «Urspannung von G. und Drang» den «tiefsten Gegensatz» [12], wollte ihn aber nicht als Kampf, sondern als «steigende Durchdringung» [13] des irrationalen «Lebensdranges» [14] durch den G. sehen, der so den «Prozeß ... fortlaufender Selbstdeificatio» des «Weltgrundes» bildet [15] und im Menschen als «Erlösungswissen» gegenüber dem bloß technisch funktionalen «Herrschaftswissen» des Intellekts erscheint [16]. Ähnlich sieht SEIFERT einen Gegensatz der «Grundpole» «Bios und Logos» [17], wendet sich aber zugleich gegen «die Mißdeutung des G. als Intellekt» [18] und tritt in Anlehnung an C. G. JUNG für einen Weg des Ausgleichs beider Momente ein. JAEGER versteht den G. ganz als den rationalen Bereich der Bewußtsein und Unbewußtes umfassenden «Seele», die «als Ganzes eine irrationale Gegebenheit» darstelle und «in einem absoluten Unbewußten wurzelt» [19]. Der G. ist nur die «abstrakte Komponente des menschlichen Bewußtseins» [20], deren «Hypertrophie ... auf Kosten des Gefühlsmäßigen» und des «Lebens» der Seele zurückgewiesen werden müsse [21]. Ähnliche Gedanken entwickelt O. BREDT [22]. Anklänge der Gleichsetzung von G. und technischer Rationalität, der eine ästhetisch oder religiös gemeinte «Eigentlichkeit» der Dinge und des Menschen entgegengehalten wird, finden sich bei manchen neueren Autoren [23].

Andererseits wird der G. gegenüber der vitalistisch gefaßten Natur- und Lebenssphäre aber auch als späte und schwache Erscheinung angesehen. SCHELER sprach von der «Ohnmacht» des G., der «von Hause aus und ursprünglich ... keine eigene Energie» habe [24]. «Der

G. ist ontisch sekundär» für N. Hartmann [25], er sei zwar «höher», aber auch schwächer als das Leben [26]. Er ist «nicht durch sich selbst» (Jaspers [27]), eine späte Erscheinung des Lebens (Plessner [28]).

Anmerkungen. [1] K. Joël: Seele und Welt (1913) 289f. 370f. – [2] L. Klages: Der G. als Widersacher der Seele (1929-32). Werke 1. 2 (1969) 61 (Kap. 7). – [3] a. a. O. 70f., vgl. 68. 69. – [4] H. Bergson: L'évolution créatrice (Paris ⁸⁶1959) VII. 89f. 330ff. – [5] M. Palágyi: Die Logik am Scheidewege (1903) 163. 174ff. 195. – [6] Klages, a. a. O. [2] 815. – [7] 80f. 1330f. – [8] 673. – [9] Th. Lessing: Gesch. als Sinngebung des Sinnlosen (⁴1927) 306. – [10] a. a. O. 175. 307. – [11] 32; vgl. 125. 176. 296. – [12] M. Scheler: Die Stellung des Menschen im Kosmos (1947) 64. 74. 85. – [13] a. a. O. 65. 84. – [14] 57. 63. – [15] Die Formen des Wissens und die Bildung (1925) 13. 33. – [16] a. a. O. 32f. – [17] F. Seifert: Seele und Bewußtsein (1962) 167. – [18] a. a. O. 176. – [19] M. A. Jaeger: Relativitätstheorie des Menschen-G. (1958) 17f. – [20] a. a. O. 25. – [21] 364. 365; vgl. G. und Seele im techn. Zeitalter (1968). – [22] O. Bredt: Die Grenzen des G. im Reiche der Seele (1969). – [23] K. H. Haag: Philos. Idealismus (1967) 10. 23. 63; J. Hommes: Krise der Freiheit (1958) 8. 17. 101; F. G. Jünger: Sprache und Denken (1962) 82. 113; E. Vollrath, Die Thesen der Met. (1969) 11. 245f. u. a. Autoren. – [24] Scheler, a. a. O. [12] 61. 64. – [25] N. Hartmann: Das Problem des geistigen Seins (1933) 173. – [26] a. a. O. 57f. 45. 174f.; ähnlich Spranger, a. a. O. [6 zu 2] 36. – [27] K. Jaspers: Philos. (²1948) 158. – [28] H. Plessner: Zwischen Philos. und Gesellschaft (1953) 131; ähnlich J. Lachs: A modest proposal conc. spirit and the world, in: Akten 14. int. Kongr. Philos. 1 (1968) 96.

4. Schließlich dient der Begriff des G. zur Bezeichnung der «Personalität», sofern diese als Grund und Prinzip der Intersubjektivität und Allgemeingültigkeit des Denkens und seiner Inhalte gegenüber den psychischen Gegebenheiten des Individuums abgehoben werden soll. So ist für Kroner das Selbstbewußtsein als Geltungsbezugspunkt seiner über die individuelle Besonderheit hinausreichende Akte «das absolute Urphänomen» des G. [1]. Cramer bezeichnet das Selbstbewußtsein als Prinzip der gegenständlichen Konstituierung seiner «Welt» als den G. [2], Oberer nennt ihn «Geltungsbezug» [3] der Akte des Subjekts, Scheler spricht vom «Aktzentrum der Person» als dem G. [4]. Die Person in ihrer Ganzheit als subjektives Zentrum übersubjektiver Kulturgehalte wird von Bauch, Scheler, Seifert, Wenke u. a. als Geist bezeichnet [5], während Portmann darunter die tätig erlebte Einheit von Selbst und Welt versteht [6]. N. Hartmann sprach so vom «personalen G.» und grenzte ihn gegen das psychische Sein des Individuums ab [7].

Als inhaltliche Erfüllung dieses G. werden dabei die Gehalte der menschlichen Kulturwelt verstanden, die näher von Haering als «das allgemeine Sein» und als «Reich der Ideen» [8], von Scheler und Hartmann als die Sphäre der «reinen Apriorität» [9] und von Hartmann vor allem auch als das «Reich der Werte», als «eine andere Welt» des idealen Seins gegenüber den realen Gebilden der Natur bestimmt werden [10]. Der personale G. erscheint so als Geltungsträger der Werte, und die Werthaftigkeit bildet hierbei für Hartmann, Burkamp, Groos, v. Brandenstein, Haering, Wein u. a. die wesentliche Bestimmung des geistigen Seins überhaupt [11], wobei das nähere Verhältnis von personalem G. und der als «objektiver G.» gefaßten «Kultur» allgemein als offenes Problem [12] und «ungelöstes Rätsel» erscheint [13].

Anmerkungen. [1] R. Kroner: Von Kant bis Hegel 2 (1924) 279. 342. – [2] W. Cramer: Grundlegung einer Theorie des G. (1957) 86f. – [3] H. Oberer: Vom Problem des objektivierten Geistes (1965) 156; vgl. 121f. – [4] M. Scheler: Die Stellung des Menschen im Kosmos (1947) 44. – [5] B. Bauch: Über den Begriff der G.-Kultur, in: Relig. und G.-Kultur 1 (1907) 143-158, zit. 144. 158; M. Scheler: Die Formen des Wissens und die Bildung (1925) 33. 45; F. Seifert: Seele und Bewußtsein (1962) 188; H. Wenke: G. und Organisation (1961) 11f. 37. – [6] A. Portmann: Biol. und G. (1956) 10. 29. 44. – [7] N. Hartmann: Das Problem des geistigen Seins (1933) 14. 54. 98. 123f. – [8] Th. Haering: Bemerk. zum Begriff des geistigen Seins. Z. philos. Forsch. 11 (1957) 338-356, zit. 342. 344. – [9] Scheler, a. a. O. [5] 19. 20; a. a. O. [4] 36. 48; Hartmann, a. a. O. [7] 140. – [10] 137f.; vgl. Spranger, a. a. O. [6 zu 2] 14. – [11] Hartmann, a. a. O. [7] 137ff.; Kleinere Schriften 3 (1958) 332; W. Burkamp: Der Mensch als Naturwesen und als normen realisierender G. Bl. dtsch. Philos. 3 (1929/30) 66-78, zit. 73; K. Groos: Von der Seele zum Geist. Z. dtsch. Kulturphilos. 4 (1938) 246. 266; B. v. Brandenstein: Die Seele im Gebiete des G. Bl. dtsch. Philos. 11 (1937) 8-23. 20; Haering, a. a. O. [8] 342; H. Wein: Realdialektik (1957) 49; Philos. als Erfahrungswiss. (Den Haag 1965) 81ff. – [12] Hartmann, a. a. O. [7] 272; Klein. Schriften I (1955) 31f.; Oberer, a. a. O. [3] 28f. 48f. – [13] Wein, Realdial. a. a. O. [11] 56; Philos. ... a. a. O. [11] 79. 84.

5. In der Analytischen Philosophie der Gegenwart, in sprachphilosophischen und neopositivistischen Richtungen wird der Begriff ‹G.› als ein nicht eindeutig zu definierender Ausdruck verworfen [1]. Auch innerhalb der philosophischen Anthropologie ist eine bewußte Tendenz festzustellen, diesen Begriff zu vermeiden, weil er mit zu vielen metaphysischen Bestimmungen und Gehalten behaftet sei [2].

Anmerkungen. [1] Vgl. G. Ryle: Der Begriff des G. (1969). – [2] So ausdrücklich H. Wein: Philos. als Erfahrungswiss. (Den Haag 1965) 89; A. Portmann: Biol. und G. (1956, ²1968) 9; A. Gehlen: Urmensch und Spätkultur (²1964) 90f.; vgl. auch Der Mensch ... (³1944) 85; ähnlich Portmann, a. a. O. 354; H. Plessner: Die Stufen des Organischen und der Mensch (1928) 305; vgl. ferner zu dieser Tendenz: W. Zimmermann: Evolution und Naturphilos. (1968) 239f.; W. Rudolph: Die amer. Cultural Anthropology und das Wertproblem (1959) 17. 162ff.

Literaturhinweise. E. Cassirer s. Anm. [16 zu 2]. – H. Dreyer s. Anm. [2 zu 2]. – H. Freyer s. Anm. [22 zu 1]. – A. Gehlen s. Anm. [24 zu 1]. – Th. Haering s. Anm. [20 zu 2]. – N. Hartmann s. Anm. [15 zu 2]. – M. A. Jaeger s. Anm. [19 zu 3]. – L. Klages s. Anm. [2 zu 3]. – E. Spranger s. Anm. [10 zu 2].
K. Rothe

Geist, freier. Der Begriff ‹f.G.› gehört geistesgeschichtlich in breitgefächerter Bedeutung vor allem dem Denken der Aufklärung an und entwickelt sich in seinen verschiedenen Aspekten wesentlich im Horizont europäischer, speziell französischer Aufklärungsphilosophie.

La Bruyère polemisiert 1688 ironisch gegen die «esprits forts», die er als Atheisten versteht: «Les esprits forts savent-ils qu'on les appelle ainsi par ironie? Quelle plus grande faiblesse d'être incertain quel est le principe de son être ... N'y a-t-il pas plus de force et de grandeur à recevoir dans notre esprit l'idée d'un être supérieur à tous les êtres ...?» [1]. In Frankreich werden die «libres penseurs» mit den «esprits forts» gleichgesetzt; sie verfallen so zunächst der gleichen Abwertung. – P. Bayle unterscheidet unter den «esprits forts» solche, die an der Existenz Gottes zweifeln, und Deisten [2]; er fordert zwei notwendige Voraussetzungen zur Erlangung der vertu: «force d'esprit» und «liberté d'esprit». Ausgehend von der Überzeugung «que Dieu est la cause immédiate de nos connoissances», definiert er die Stärke des Geistes als «le travail de l'attention», zu der die «liberté d'esprit, par laquelle l'homme retient toûjours son consentement jusqu'à ce qu'il soit invinciblement porté à le donner» hinzukommen muß. Sowohl Denken, das sich durch die Evidenz der Sache leiten läßt, als auch die Bereitschaft zur Aufnahme der göttlichen Eingebung «doivent être accompagnées d'une disposition stable et dominante, de régler sur l'ordre connu tous les mouvements de son cœur, et toutes les démarches de sa conduite ...» [3]. Spinoza, um den sich schon früh der Kreis der Amsterdamer Freigeister sammelt, schreibt im

Schlußkapitel seines ‹Theologisch-politischen Traktats›, der in seiner philologischen Bibelkritik zu den kühnen Leistungen in der Geschichte des f.G. im 17. Jh. gehört: «Was ... kann verderblicher sein, als wenn Männer nicht wegen einer Freveltat, sondern nur weil sie f.G. sind, als Feinde erklärt und zum Tode geführt werden?» [4]. Freiheit des Geistes könne «nicht nur ohne Schaden für den Frieden des Staates, die Frömmigkeit und das Recht der höchsten Gewalten zugestanden werden»; sie sei notwendig, «um all dies zu erhalten» [5].

Die Vorgeschichte des f.G. beginnt in der *Schule von Padua* und den Lehren von Pomponazzi, Cardano und Gassendi. Insofern sich der f.G. mit dem englischen Deismus verbindet – wie bei Voltaire –, richtet er sich in seinen mächtigsten Tendenzen keineswegs gegen die Annahme des Daseins Gottes, sondern gegen die kirchliche Autorität. In Verbindung mit dem Materialismus und Sensualismus reicht das Spektrum des f.G. von dem pyrrhonischen Skeptizismus Bayles über den skeptischen Positivismus d'Alemberts bis zu dem jede Form von Metaphysik zurückweisenden Atheismus Holbachs. In Deutschland vollzieht sich die Entwicklung des f.G. zunächst in einer einerseits an Voltaire und den Enzyklopädisten orientierten, andererseits vom Spinozismus bestimmten Rezeption. Sie wird geleistet durch J. Ch. Edelmann, H. S. Reimarus und G. E. Lessing.

I. Kant versucht in der kritischen Grundhaltung des f.G. Antwort auf die Frage: «Was ist Aufklärung» zu finden: «Wenn denn die Natur unter dieser harten Hülle den Keim, für den sie am zärtlichsten sorgt, nämlich den Hang und Beruf zum freien Denken, ausgewickelt hat: so wirkt dieser allmählich zurück auf die Sinnesart des Volkes (wodurch dieses der *Freiheit zu handeln* nach und nach fähiger wird) und endlich auch sogar auf die Grundsätze der *Regierung*, die es ihr selbst zuträglich findet, den Menschen, der nun *mehr als Maschine* ist, seiner Würde gemäß zu behandeln» [6].

In Hegels Philosophie des Geistes gewinnt der Begriff des f.G. insofern eine von der Tradition verschiedene Bedeutung, als die Substanz des Geistes die Freiheit ist, das «Nichtabhängigseyn von einem Anderen», das nicht «Flucht» ist, sondern dessen «Überwindung zur Wirklichkeit». Der f.G. ist der «Geist, der sich als frei weiß», als «vollkommene Einheit des Subjektiven und Objektiven». In seiner Auseinandersetzung mit der ‹Glaubenslehre› Schleiermachers macht Hegel geltend, daß Religion nicht auf ein Gefühl gegründet werden könne. Vielmehr sei der «Naturgeist» durch die «göttliche Idee ursprünglich überwunden und der f.G. erlöst». «Nur der f.G. hat Religion und kann Religion haben» [6a].

Für Fr. Nietzsche ist der f.G., dem er ‹Menschliches, Allzumenschliches› widmet, im Gegensatz zum «gebundenen Geist» der Umwerter aller tradierten Wertschätzungen. Er ist als «Erlöser von der Moral» eine Erscheinungsweise jener von Nietzsche entworfenen «Philosophie der Zukunft», innerhalb derer sich die «große Loslösung» aus der von Platonismus und Christentum bestimmten Vergangenheit vollzieht, die Nietzsche positiv als Wille zur Selbstbestimmung und Selbstwertsetzung bestimmt [7]. Es sei «eine Lust und Kraft der Selbstbestimmung, eine *Freiheit* des Willens denkbar, bei der ein Geist jedem Glauben, jedem Wunsch nach Gewißheit den Abschied giebt, geübt, wie er ist, auf leichten Seilen und Möglichkeiten sich halten zu können und selbst an Abgründen noch zu tanzen. Ein solcher Geist wäre der *Freie Geist* par excellence» [8]. – Den von ihm entwickelten Begriff von f.G. grenzt Nietzsche jedoch im Entwurf eines «Philosophen der Zukunft» im Sinne einer «Kritik der Modernität» streng von dem ab, was er «Mißbrauch» dieses Begriffs nennt. Er wendet sich gegen jene «Art von Geister», welche «als beredte und schreibfingrige Sklaven des demokratischen Geschmacks und seiner modernen Ideen» das hermetische Moment im f.G. auf «das allgemeine grüne-Weide-Glück der Herde» reduzieren [9].

Anmerkungen. [1] J. de la Bruyère, Les caractères (Paris 1864) 416. – [2] P. Bayle, Oeuvres diverses (Paris 1964) 3, 89. – [3] a. a. O. 1, 105. – [4] B. de Spinoza, Theol.-polit. Traktat Kap. 20. Werke, hg. O. Baensch u. a. (1914) 358. – [5] a. a.O. 360ff. – [6] I. Kant, Beantwortung der Frage: Was ist Aufklärung? Akad.-A. (1923) 8, 41f. – [6a] G. W. F. Hegel, System der Philos. Werke, hg. H. Glockner 10, 31. 379. 397; Vorrede zu Hinrichs Relig.philos. a. a. O. 20, 5. 19f.; vgl. auch L. Feuerbach, Philos. und Christentum. Werke, hg. W. Bolin/F. Jodl (ND 1960) 7, 45; Das Wesen des Christentums a. a. O. 6, 40; M. Stirner, Die Freien, in: Der Einzige und sein Eigentum. Schriften, hg. H. G. Helms (²1969) 31. 44. – [7] Fr. Nietzsche, Musarion-A. 8, 5f. – [8] a. a. O. 7, 269f. – [9] 15, 59 (44).

Literaturhinweise. P. Hazard: Die Krise des europ. Geistes (1939); Die Herrschaft der Vernunft (1949). – K. Vorländer: Gesch. der Philos. 2: Neuzeit bis Kant, hg. H. Knittermeyer (⁹1955) 213-309. – P. Foulquié: Dict. de la langue philos. (Paris 1962) 230f. – R. Oehler: Nietzsche-Reg. (1965) s.v. Freigeist, Freidenker, f.G., gebundene Geister. – W. Oelmüller: Die unbefriedigte Aufklärung. Beitr. zu einer Theorie der Moderne von Lessing, Kant und Hegel (1969).
W. Ries

Geist, Laplacescher. E. du Bois-Reymond hat den Ausdruck ‹L.G.› für das Modell eines unendlichen Geistes in die naturphilosophische Diskussion unter Berufung auf folgende Beschreibung von Laplace [1] eingeführt: Ein Geist, «der für einen gegebenen Augenblick alle Kräfte kennte, welche die Natur beleben, und die gegenseitige Lage der Wesen, aus denen sie besteht, wenn sonst er umfassend genug wäre, um diese Angaben der Analyse zu unterwerfen, würde in derselben Formel die Bewegungen der größten Weltkörper und des leichtesten Atoms begreifen: nichts wäre ungewiß für ihn, und Zukunft wie Vergangenheit wäre seinem Blick gegenwärtig. Der menschliche Verstand bietet in der Vollendung, die er der Astronomie zu geben gewußt hat, ein schwaches Abbild solchen Geistes dar» [2]. Aber auch dieser L.G. wäre nach du Bois-Reymond unfähig, 1. das «Unding» eines «philosophischen Atomes ..., d. h. einer angeblich nicht weiter theilbaren Masse» aufzulösen [3] – er muß es vielmehr voraussetzen – und 2. die Entstehung des Bewußtseins jemals zu erklären [4]. Der L.G. würde «in seinen Anstrengungen, über diese Schranke sich fortzuheben, einem nach dem Monde trachtenden Luftschiffer» gleichen [5]. Zum Begriff des L.G. selber bemerkt du Bois-Reymond: «Er sollte eigentlich der Leibnizische Geist heißen, indessen war die Bezeichnung ‹L.G.› schon durch mich eingebürgert, als ich denselben Gedanken bei Leibniz fand ...» [6].

Anmerkungen. [1] P. A. de Laplace: Essai philos. sur les probabilités (Paris ²1814) 2ff. – [2] E. du Bois-Reymond: Über die Grenzen des Naturerkennens – Die sieben Welträtsel. Zwei Vorträge (1891) 17f. 22. – [3] a. a. O. 25. – [4] 33. – [5] 44. – [6] 58 Anm. 9.
F. Kaulbach

Geist, objektivierter. Nach N. Hartmann ist o.G. die dritte Grundgestalt des geistigen Seins, in der der lebende Geist schaffend «sich objektiviert». Diese Objektivation ist wohl zu unterscheiden von dem Erkenntnisphänomen der Objektion, worin der lebende Geist sich rezeptiv verhält. In der Objektivation löst sich der Geist von seinem objektiven Leben, macht sich gegenständlich faßbar, fixiert sich in einem sinnlich-materiellen Träger und überdauert so seine personale und objektive Form. Dies Enthobensein zeigt eine gewisse Irrealität. Der geschaffene Geist ist dem Geschick des schaffenden enthoben und führt ein Dasein eigener Art, das in einer gewissen Entfernung zum unmittelbaren Gang der Geschichte steht, doch aber auch nicht die Zeitlosigkeit des «idealen Seins» besitzt. Schrifttum und Kunstwerk dienen als Beispiel. Im Wandel des lebenden Geistes erhalten sich diese seine Produkte über die Zeit hinweg, können selbst aus der Vergessenheit wieder hervortreten, da er mittelbar ins Überzeitliche hineinragt. Ontisch gesehen zeigt alle Objektivation eine Zweischichtigkeit, wobei die beiden Schichten heterogen sind: eine sinnlich reale Schicht (z. B. die Schrift) und der in ihr fixierte geistige Gehalt. Für die Seinsweise des o.G. bleibt die Dreigliedrigkeit wesentlich: zum dinglich-realen Träger und dem in ihm festgehaltenen geistigen Gehalt tritt notwendig als dritter Faktor der lebende Geist als personaler und objektiver. Der o.G. hat in seiner erscheinenden Idealität eine getragene Autonomie, sein geschichtliches Schicksal aber im Wandel des lebenden Geistes, in der Kontinuität der Tradition ebenso wie im Herausgelöstsein als Werk. Die Frage ist jedoch, was eigentlich im o.G. sich geschichtlich erhält, was nur etwas sein kann, das weder mit dem Realgebilde selbst noch mit dem getragenen geistigen Gut noch mit dem Verstehen des lebenden Geistes zusammenfällt. Es zeigt sich in einer von der Objektivation an den lebenden Geist ausgehenden «Anforderung», einem «Ansinnen», das als «Ansprechen» des Realgebildes auch einen «Anspruch» stellt. Der lebende Geist empfindet auch die unverstandene Geformtheit des Realgebildes schon als an ihn gestellte Anforderung, er fühlt sich vom Werke erfaßt, bevor er selber es erfaßt. Im Ringen des lebenden Geistes mit dem o.G. vollzieht sich das lebendige Verhältnis des Geistes zu seinen Objektivationen, seiner Geschichte, einerseits als aktuelles Gegenwartsbewußtsein, das über das noch unmittelbar lebendig gebliebene Vergangene entscheidet, andererseits als eigentlich historisches Bewußtsein, welches alles Gegenwartsgewicht neutralisiert und so den unterschiedslosen Zugang zu allen erhaltenen Objektivationen vergangenen Geistes ermöglicht.

Literaturhinweise. N. HARTMANN: Das Problem des geistigen Seins (³1962) Kap. 44-62; Kategorien der Gesch. (1931). Kleinere Schriften 3 (1958) 321-327. – K. GROOS: N. Hartmanns Lehre vom objektiven und o. G. Z. dtsch. Kulturphilos. 3 (1937) 266-285.

H. HÜLSMANN

Geistesgeschichte ist eine spezifisch deutsche Form der modernen Literatur- und Kulturgeschichtsschreibung. Ihre Eigentümlichkeit ergibt sich aus der Verbindung der Betrachtungsweisen der verschiedenen historischen Disziplinen, wobei jedoch der Hauptakzent auf Philosophie-, Religions- und allgemeiner Literaturgeschichte unter Heranziehung der Sozial- und Institutionengeschichte liegt.

Die Ursprünge des Grundgedankens einer Kunde von den Manifestationsweisen eines wie auch immer gearteten Geistes, die hier beschrieben werden sollen, weisen im säkularen Bereich zurück auf Werke wie JOHN BARCLAYS ‹Icon Animorum› (1614), in dem es sich der Autor zur Aufgabe macht, den jedem Zeitalter eigenen Geist aufzuspüren (proprium spiritum ... investigari) [1], wie MONTESQUIEUS ‹De l'esprit des lois› (1748) [2] und VOLTAIRES ‹Essai sur les mœurs et l'esprit des Nations› [3].

Die Aufklärung in Deutschland nahm diese Fäden auf, so etwa D. TIEDEMANN mit seinem großen Philosophiegeschichtswerk ‹Geist der speculativen Philosophie (Von Thales bis Berkeley)› (1791-1797) [4]. G. G. FÜLLEBORN bemühte sich dann 1795 in einem programmatischen Aufsatz als erster um die Klärung der Frage: ‹Was heißt den Geist einer Philosophie darstellen?› Geist meine « 1. den Begriff des *Inneren* eines Gegenstandes, welches man im Gegensatz zu der äußeren Form die Materie nennen könnte. 2. des *Allgemeinen* oder Ganzen, welches durch die besonderen Teile verbreitet oder hervorgebracht wird. 3. des *Wesentlichen* in einem Gegenstande, im Gegensatze des Zufälligen. 4. des *Hauptsächlichsten*, Vornehmsten, Wichtigsten. 5. des *Reinen*, welches nach der Absonderung alles Fremdartigen übrig bleibt oder vor jenem Zusatze schon da war. 6. des *Lebendigen* in und durch sich selbst Wirkenden. 7. des *Belebenden*, welches seine Kraft außer sich mitteilt» [5]. Im selben Jahr hält auch J. NEEB die damalige Verwendung des aufklärerischen «Zeitgeist»-Begriffes fest [6], über den sich bekanntlich schon GOETHE lustig machte («Was ihr den Geist der Zeiten heißt, / das ist im Grund der Herren eigner Geist, / in dem die Zeiten sich bespiegeln»).

Im deutschen Idealismus und insbesondere in der Romantik wird der in der christlichen Theologie seit Anbeginn bedeutsame theologische Geistbegriff von zumeist theologisch geschulten Philosophen mit der aufklärerischen Tradition verschmolzen und für die geistesgeschichtliche Betrachtungsweise fruchtbar gemacht. Hieraus ergibt sich das Denken in Hypostasen, die Redeweise vom «objektiven Geist» oder vom «höheren Geistesleben», wie es seitdem, auch für die spätere, lebensphilosophisch orientierte G., kennzeichnend geworden ist. So formuliert der Schellingianer FR. AST schon 1807: «Alle Systeme, Ideen und Meinungen sind Offenbarungen Eines Geistes, und durch diesen in sich selbst verbunden. Ihre Einheit ist keine von außen durch irgend einen Begriff ihnen aufgedrungene, sondern ihnen unmittelbar eingeboren; sie sind ein «Organismus», «höheres Leben» [7]. HEGEL hat mit seiner Theorie des Geistes diese Tendenz unterstützt, wenn er von der Philosophiegeschichte sagt: «Die wesentliche Kategorie ist die Einheit aller dieser verschiedenen Gestaltungen, daß Ein Geist nur ist, der sich in verschiedenen Momenten manifestiert und auslegt» [8]. Der Schleiermacherianer HEINRICH RITTER gibt ein Programm geistesgeschichtlicher Studien: «Nicht nur der Geist des einzelnen Philosophen soll erkannt werden, auch der Geist seiner Schule, der Geist seiner Zeit, der Geist seines Volkes, indem vorausgesetzt wird, daß in allen diesen Gestalten sich eine eigentümliche Art finde, nach welcher die Kraft der Menschheit sich äußere. Die höchste Aufgabe für die Geschichte würde es sein, wenn sie erreichbar wäre, den Geist der Menschheit selbst darzustellen» [9].

Aber noch ein dritter Gedankenstrom speist diese Diskussion. Es ist die sich zu Beginn des 19. Jh. anbahnende Unterscheidung und Entgegensetzung von Natur und Kultur bzw. von Geist und den entsprechenden «Natur- und Geisteswissenschaften», wie sie schon sehr früh in der Schellingsschule üblich war. Eine verbreitete zeitgenössische Terminologie erfordert hier aber den Parallelismus «Naturgeschichte/Geistesgeschichte». So finden wir den Terminus ‹Geistesgeschichte› bei SCHLEGEL [10] sowie bei dem Schellingianer TROXLER (er spricht auch von «Geisteschemie», «Geistesphysik» u. ä.), bei welchem sie im Sinne Fr. Schlegels derjenige Teil der Philosophie bzw. «Geisteswissenschaft» ist, der die «Entwicklung fortschreitender Offenbarung» nachvollzieht [11].

Mit R. HAYMS ‹Vorlesungen zur Geschichte des deutschen Geistes seit Kant und Lessing›, die er als eine «Verbindung von Literargeschichte und Geschichte der Philosophie» verstand [12], begann sich die G. auch als literarische Gattung zu etablieren. DILTHEY gab dann mit seinen eindrucksvollen ‹Studien zur Geschichte des deutschen Geistes› im Rahmen seiner Konzeption der Geisteswissenschaft ein glänzendes Beispiel [13]. Seine Schule, in der auch entsprechende Publikationsorgane gegründet wurden, deren wohl bekanntestes die ‹Deutsche Vierteljahrsschrift für Literaturwissenschaft und G.› (seit 1923) ist, und andere der Lebensphilosophie nahestehende Autoren bemühten sich um eine eingehendere methodologische Fundierung einer «geistesgeschichtlichen Methode» [14], untersuchten das Verhältnis der G. zu anderen historischen Gattungen [15] und gaben weitere Beispiele [16].

Im angelsächsischen Sprachbereich hat die G. auf die ‹History of Ideas› Einfluß gehabt. Ähnliche Studien stehen dort auch unter dem Titel ‹Intellectual History› oder ‹History of Thought› [17].

Allgemein läßt sich sagen, daß sich in der Entwicklung der «Geistesgeschichte» das Ungenügen an einer disziplinär beengten historiographischen Fragestellung manifestiert hat, die zudem auf wichtige Interpretationshilfen der jeweils anderen historischen Disziplinen verzichtet hatte. So besteht das Kennzeichnende der modernen geistesgeschichtlichen Forschung nicht mehr in einem vage mit «Geist» bezeichneten Forschungsgegenstand, sondern in der systematischen Nutzung aller irgend vorhandenen hermeneutischen Hilfsmittel aller historischen Disziplinen zu historischen Forschungen, die sich allen historischen Phänomenen zuwenden können.

Anmerkungen. [1] J. BARCLAY: Icon Animorum (London 1614, Frankfurt/Paris 1625, zuletzt mit Indices in vermehrter A. Frankfurt 1774) 7. – [2] CH. MONTESQUIEU: De l'esprit des lois, ou du rapport que les lois doivent avoir avec la constitution de chaque gouvernement, les mœurs, le climat, la religion, le commerce, etc. (Genf 1748). – [3] VOLTAIRE: Essai sur les mœurs et l'esprit des Nations (1756). – [4] D. TIEDEMANN: Geist der speculativen Philos. 1-6 u. Reg. (Marburg 1791-1797). – [5] G. G. FÜLLEBORN: Was heißt den Geist einer Philos. darstellen?, in: Beitr. zur Gesch. der Philos. (1795) 192. – [6] J. NEEB: Über den in verschiedenen Epochen der Wiss. allgemein herrschenden Geist und seinen Einfluß auf dieselben (1795). – [7] FR. AST: Grundriß einer Gesch. der Philos. (1807) 3. – [8] G. W. F. HEGEL, Vorles. über die Gesch. der Philos. Werke, hg. H. GLOCKNER 17, 81. – [9] HEINRICH RITTER: Über die Bildung des Philosophen durch die Gesch. der Philos. (1817) 108. – [10] FR. SCHLEGEL: Gesch. der alten und neuen Lit. 5. Vorles. Krit. A., hg. E. BEHLER (1958ff.) 6, 119. – [11] I. P. V. TROXLER: Vorles. über Philos. Über Inhalt, Bildungsgang, Zweck und Anwendung derselben aufs Leben, als Enzyklop. und Methodol. der philos. Wiss. (1835) 20. – [12] Vgl. Briefwechsel R. HAYMS, hg. H. ROSENBERG (1930) 14. – [13] W. DILTHEY: Studien zur Gesch. des dtsch. Geistes. Ges. Schriften 3 (³1959). – [14] E. ROTHACKER: Philosophiegesch. und G. Dtsch. Vjschr. Litwiss. u. G. (= DVLG) 18 (1940) 1-25; auch in: Mensch und Gesch. (1950); weitere Arbeiten hierzu: H. BEENKEN: G. als System geistiger Möglichkeiten. Ideen zu einer Ordnungslehre der Stile in den Kulturwiss. Logos 19 (1930) 213-263; TH. L. HAERING: Krisenepochen und G. Ein Beitrag zur Philos. des jungen Hegel. Bl. dtsch. Philos. 1 (1927/28) 133-148; ED. SPRANGER: Was heißt G.? Die Erziehung 12 (1937) 289-302. – [15] Vgl. ROTHACKER, a. a. O. [14]; R. UNGER: Literaturgesch. als Problemgesch. DVLG 4 (1926) 177-192; auch in: Aufsätze zur Prinzipienlehre der Literaturgesch. (1929). – [16] z. B. E. TROELTSCH: Aufsätze zur G. und Religionssoziol. Ges. Schriften 4 (1925, ND 1966); E. CASSIRER: Freiheit und Form. Stud. zur dtsch. G. (Berlin 1917); H. NAUMANN: Versuch einer Gesch. der dtsch. Sprache als Gesch. des dtsch. Geistes. DVLG 1 (1923) 139-160. – [17] Vgl. M. MANDELBAUM: The hist. of ideas, intellectual hist. and the hist. of philos., in: The historiography of the hist. of philos. Hist. a. Theory, Suppl. 5 (1965) 33-66; J. TH. MERZ: A hist. of European thought in the 19th century 1-4 (Edinburgh 1904-1912, ND New York 1965); P. KRISTELLER: The philos. significance of the hist. of thought, in: Studies in the Renaissance thought and letters (Rom 1956).

Literaturhinweise. P. KLUCKHOHN: Art. ‹G.›, in: Reallex. der dtsch. Literaturgesch., hg. W. KOHLENSCHMIDT/W. MOHR 1 (1958) 537-540. – *Zeitschriften:* Dtsch. Vjschr. Lit.wiss. u. G., hg. P. KLUCKHOHN/E. ROTHACKER (1923ff.). – Z. Relig.- u. G., hg. H.-J. SCHOEPS (1948ff.).

L. GELDSETZER

Geisteskrankheit (engl. insanity; frz. aliénation mentale; ital. alienazione mentale; span. locura) ist ein seit dem 19. Jh. gebräuchlicher Ausdruck für Psychose. Für die Begriffsentwicklung bedeutsam waren u. a. A. CHRICHTON (‹An inquiry into the nature and origin of mental derangement›, London 1798) und PH. PINEL (‹Traité medicophilosophique sur l'aliénation mental ...›, Paris 1801). Die Begriffe ‹geisteskrank› und ‹G.› finden sich in der deutschen Literatur erstmals bei J. H. CAMPE und FR. SCHLEGEL [1]. Sie bürgerten sich dann bald auch in der Fachsprache ein [2]. – Die mit dem Begriff ‹G.› bezeichneten Phänomene selbst sind so alt wie die Menschheit. In dem historischen Wandel ihrer Interpretationen spiegelt sich die Geistesgeschichte [2a]; er beansprucht daher philosophisches Interesse.

Der Ausdruck ‹G.› ist fragwürdig. Er wurde immer wieder mit dem Hinweis kritisiert, daß der Geist prinzipiell nicht erkranken könne; lediglich die Bedingungen seines Erscheinens könnten auf krankhafte Weise verändert sein. In diesem Sinne läßt sich auch die auf J.-E.-D. ESQUIROL [3], W. GRIESINGER [4] und C. WERNICKE [5] zurückgehende Arbeitshypothese «G. sind Gehirnkrankheiten» interpretieren. Unter den Psychiatern des 20. Jh. hat allein K. SCHNEIDER unter dem Einfluß aristotelisch-thomistischer Gedankengänge vorübergehend erwogen, ob nicht in den endogenen Psychosen der Geist bzw. die Seele als forma corporis gleichsam aus sich selbst heraus sich verirren könnte, ohne daß dies durch eine Erkrankung der Materie bewirkt sein müßte; diese Auffassung zog er später jedoch wieder zurück [6]. – Die philosophisch begründete Definition von P. HÄBERLIN: «Was wir G. ... nennen, ist diejenige organische Krankheit, welche als psychische Störung in Erscheinung tritt» [7] ist überholt, da sie eine Alternative zwischen organischer und psychosozialer Genese voraussetzt, die heute im Hinblick auf die endogenen Psychosen mehr als fragwürdig geworden ist.

Wenn die Bezeichnung ‹G.›, ohne irgendein ätiologisches Postulat zu implizieren, lediglich die Tatsache meint, daß bestimmte Erkrankungen – mehr qualitativ als quantitativ – die geistigen Fähigkeiten des Menschen in Mitleidenschaft ziehen, ist theoretisch nichts gegen sie einzuwenden. Sie trifft dann in erster Linie für die Schizophrenie und für bestimmte Arten körperlich bedingter Psychosen zu. G. im engeren Sinn sind dann gegen die Gemütsleiden, d. h. die manisch-depressiven Psychosen, abzugrenzen, bei denen die geistigen Fähigkeiten nur sekundär betroffen sind. Da sich jedoch mit dem Wort ‹G.› viele Vorurteile verbinden (vgl. H. KEUPP [8]), wird es in der neueren Fachliteratur meist vermieden und stattdessen der weitere und zugleich weniger belastete Terminus ‹Psychose› verwendet. – In den letzten Jahren wurden in zunehmendem Maße wissenschaftssoziologische wie sozialgeschichtliche Hinterfragungen von Begriff und Tatbestand der ‹G.› aktuell [9]. Zu ihrer Beurteilung bedarf es – ebenso wie zu der damit in Zusammenhang stehenden «Antipsychiatrie» – fachkundiger Kritik [10].

Anmerkungen. [1] GRIMM IV/1², 2763. – [2] J. G. LANGERMANN: Über den gegenwärtigen Zustand der psych. Heilmethoden der G. ... (1805); ND in: Allg. Z. Psychiat. 2 (1845) 601-605; J.-E. D. ESQUIROL: Des maladies mentales (Paris 1838); dtsch. Von den G. (1968). – [2a] Vgl. W. LEIBBRAND und A. WETTLEY: Der Wahnsinn (1961); A. A. ROBACK: Hist. of psychol. and psychiat. (1961, dtsch. 1970). – [3] a. a. O. 17. – [4] W. GRIESINGER: Die Pathol. und Therapie der psych. Krankheiten (¹1845, ²1876). – [5] C. WERNICKE: Grundzüge der Psychiat. (²1906). – [6] K. SCHNEIDER: Psychiat. heute (²1955). – [7] P. HÄBERLIN: Der Gegenstand der Psychiat. Schweiz. Arch. Neurol. Psychiat. 60 (1947) 132-144. – [8] H. KEUPP: Der Krankheitsmythos in der Psychopathol. (1972). – [9] M. FOUCAULT: Folie et déraison (1961, dtsch. 1969); K. DÖRNER: Zur Sozialgesch. und Wissenschaftssoziol. der Psychiat. (1969). – [10] Vgl. Évolut. psychiat. 36/2 (1971); 37 (1972).

Literaturhinweise. K. JASPERS: Allg. Psychopathol. (⁷1946). – W. LEIBBRAND und A. WETTLEY s. Anm. [2a]. – A. A. ROBACK s. Anm. [2a]. – Vgl. Anm. [6-9]. W. BLANKENBURG

Geisteswissenschaften. Das Wort ‹G.› und der mit ihm bezeichnete Komplex von Aktivitäten, Produkten, Disziplinen usw., die als Wissenschaften verstanden und auch bezeichnet werden, können als eine spezifische Manifestation deutscher traditioneller Philosophie und deutschen traditionellen Wissenschaftverständnisses angesehen werden.

1. Das Wort ‹Geisteswissenschaft› bzw. sein Plural ‹G.› ist *nicht*, wie meist im Anschluß an Dilthey und Rothacker behauptet wird, von Schiele in seiner Übersetzung der ‹Logik› J. St. Mills als Übertragung des englischen Terminus ‹moral science› zum ersten Male geprägt worden. Es wird vorher schon in verschiedener Bedeutung verwendet; umgekehrt bringt die zweite deutsche Übersetzung von Mills ‹Logik› wieder die wörtliche Wiedergabe ‹moralische Wissenschaft›.

Wann ‹G.› zum ersten Male aufkommt, ist nicht klar. Ein erster Beleg, der bisher noch nicht überholt ist, findet sich in der 1787 erschienenen Schrift ‹Wer sind die Aufklärer?› eines Anonymus: «Wenn sage ich, Geistliche, die doch in der Gottesgelehrtheit und *Geisteswissenschaft* sorgfältigst sind unterrichtet worden ...» [1]. Es liegt auf der Hand, daß hierbei im Hintergrund der Begriff der «Pneumatologie oder Geisterlehre» (FEDER [2]) steht; sie macht etwa nach GOTTSCHED einen Teil der «Weltweisheit» aus, die sich in «Vernunftlehre, Grundlehre, die Naturlehre, die Geisterlehre, die natürliche Rechtslehre, die Sittenlehre und die Staatslehre» gliedert [3]. In der Folgezeit begegnet der Begriff der G. immer wieder: Nach F. VAN CALKER soll er als Synonym für ‹Philosophie› verwendet werden [4], und so findet er sich auch schon um 1800 in einem aus dem Nachlaß von FR. SCHLEGEL herausgegebenen Manuskript [5]. Dem heutigen Sinne kommt es schon näher, wenn W. J. A. WERBER in seinem Buch ‹Der Parallelismus zwischen Natur und Kultur. Ein System der Natur- und Geistphilosophie› 1824 von «Oken und Troxler – diesen mächtigen Säulen der Natur- und G.» spricht [6]. Ganz klar unterscheidet dann – und das dürfte wohl die erste, dem heutigen Bedeutungssinn entsprechende Verwendung sein – der sonst unbekannte E. A. E. CALINICH 1847 zwischen der «naturwissenschaftlichen und der geisteswissenschaftlichen Methode» [7].

Eine Ausbreitung des Terminus läßt sich erst seit Ende des 19. Jh. feststellen. Initiierend mag hierfür DILTHEYS ‹Einleitung in die G.› (1883) gewesen sein; sie soll als «Erfahrungswissenschaft der geistigen Erscheinungen» bzw. als «Wissenschaft der geistigen Welt», gewissermaßen in der Empirisierung einer ursprünglich konzipierten «Kritik der historischen Vernunft» begründet werden. Zwar finden sich um 1900 auch andere Bezeichnungen. Doch der zunehmende Einfluß des neuidealistischen und neuhegelschen Denkens in Deutschland läßt den lebensphilosophisch verstandenen Geistbegriff zum Zentralbegriff der Philosophie werden. Geist verwirklicht sich im «Geistesleben» einer Gruppe, eines Volkes, einer Kultur, sei es – im Sinne Hegels – im subjektiven Geist, sei es im objektiven Geist, in der Gesellschaft oder in der lebensphilosophisch-völkisch verstandenen Gemeinschaft, oder in der geschaffenen Kultur und ihren Werken (N. HARTMANN). Vertreter dieser Richtung, wie E. SPRANGER, TH. LITT, O. F. BOLLNOW, beziehen den Begriff dann auch in den pädagogischen Raum ein; vor allem die Pädagogik des höheren Schulwesens und der Universität wird dadurch stark bestimmt [8]. Das führt dahin, daß das deutsche philosophische und vor allem wissenschaftstheoretische Denken sich in starkem Maße an den G. orientiert. Die «wissenschaftlich-technische» Welt und ihre Entwicklung können als «gefährlich» und als technisch-mechanistisch-positivistisches «westliches» Denken dem organisch-völkisch-lebendigen «deutschen» Denken als fremd gegenübergestellt werden. In der Zeit nach 1945 wird vor allem in der marxistischen Philosophie der Ausdruck ‹G.› so gut wie ganz durch ‹Sozial-› oder ‹Gesellschaftswissenschaften› ersetzt, die neben den Naturwissenschaften und technischen Wissenschaften das System der Wissenschaften ausmachen. Andererseits hält sich die deutsche idealistische Tradition in der Weiterverwendung des Wortes ‹G.› und der mit ihr verbundenen Konzeption der Wissenschaft. Dabei entwickelt sich in Auseinandersetzung mit dem positivistisch-pragmatisch-analytischen Denken auf der einen Seite ein «hermeneutisch-geisteswissenschaftliches», auf der anderen ein «analytisch-positivistisches» Denken. Diese Trennung geht vielfach durch die einzelnen G. hindurch, so in der Pädagogik, vor allem aber in der Soziologie; Beispiel ist der «Positivismusstreit in der deutschen Soziologie»

Eine Bestätigung dafür, wie sehr ‹G.› auf dem Boden der deutschen Geistesphilosophie gewachsen und aus ihm hervorgegangen sind, ist die Schwierigkeit, das Wort angemessen in andere Sprachen zu übersetzen.

Dem deutschen Begriff scheint zunächst im *Englischen* A. STEWARTS ‹Elements of the philosophy of human mind› (1792ff.) zu entsprechen; doch ergibt sich aus der deutschen Übersetzung von S. W. LANGE: ‹Anfangsgründe der Philosophie über die menschliche Seele› (1794) der andere Sinn. Die üblichen Analoga ‹humanities› und ‹(liberal) arts› zeigen sodann, daß die Beschäftigung und Befassung mit diesem Bereich weniger eine Wissenschaft bzw. einen Wissenschaftskomplex ausmachen, als daß es sich hier mehr um Bildungselemente handelt. Als bezeichnend können so HODGES' Worte in seinem Diltheybuch gelten: «There is no generally accepted English name for them, but I have called them the ‹human studies›» [9].

Im *französischen* Raum findet sich bei E. RENAN eine eindeutige Zuordnungsübersetzung: er stellt einerseits die «science de l'humanité» den «sciences de la nature» gegenüber und meint andererseits: «La science de l'esprit humain doit surtout être l'histoire de l'esprit humain, et cette histoire n'est possible que par l'étude patiente et philologique des œuvres qu'il a produit à ses différents âges» [10]. Damit leitet er zur nächsten Bezeichnung über, und so heißt es entsprechend: «Deux voies, qui n'en font qu'une mènent à la connaissance directe et pragmatique des choses; pour le monde physique, ce sont les sciences physiques; pour le monde intellectuel, c'est la science des faits de l'esprit. Or, à cette science je ne trouve d'autre nom que celui de philologie» [11]. Sie wird so eine «science des produits de l'esprit humain». Heute ist das französische Analogon so gut wie ausschließlich «*sciences humaines*».

Eine wörtliche Übersetzung, die vor allem das Hegelsche Moment des objektiv-objektivierten Geistes miteinschließt, findet sich in der *italienischen* Philosophie – wohl unter dem Einfluß von B. Croces ‹Filosofia dello spirito› – und in der *spanischen* Philosophie.

Bezeichnend sind die verschiedenen Übersetzungen für den Titel von Diltheys ‹Einleitung in die G.›: ‹Introduction à l'étude des sciences humaines› (L. Sauzin 1942); ‹Introduzione alle scienze dello spirito› (O. Bianco 1949); ‹Introducción a las ciencias del espíritu› (J. Marias 1956).

2. ‹G.› ist eine späte Wortbildung; in sie geht über die in ihr lebendig fortwirkenden Traditionen des deutschen Idealismus ein breit gefächertes Spektrum alter und neuerer Wissenschaften und Wissenschaftsrichtungen mittelbar und unmittelbar ein und wird in ihr aufgehoben; es läßt sich durch folgende Felder etwa umreißen:

a) die wohl ältesten Bezeichnungen leiten sich von der Ethik (Moral) als einer der drei klassischen Stammdisziplinen der Philosophie ab.

b) Fast ebenso alt sind die Namen, die sich von den griechischen und lateinischen Äquivalenten für ‹Mensch› herleiten: Anthropinon bzw. Humanum (Humanitas).

c) Spezifischer sind die Namen, die sich vom Wesenselement des Menschen, seinem Geist, bestimmen lassen. Allerdings wird in der Geschichte nur die Wortgruppe, die von griechisch ‹Pneuma› ausgeht, von Bedeutung.

d) Im engen Zusammenhang damit steht die Wortgruppe der Philologie, deren Zentrum die Vieldeutigkeit des Wortes ‹Logos› als Geist, Gedanke (Begriff) und Rede ausmacht. Damit verbunden ist der Hermeneutikkomplex.

e) Eine weitere Differenzierung führt zu dem Feld, das als Vorstufe der G. die «schönen Wissenschaften» des 18. Jh. bezeichnet.

f) Einen umfassenderen Aspekt bringen die Kulturbezeichnungen.

g) In engem Zusammenhang damit stehen zwei weitere Bezeichnungsfelder, und zwar 1. das der *Wertwissenschaften*, von dem 2. als weiteres Feld die sich am *Sinn* orientierende Wissenschaft unterschieden werden kann.

h) Die Bezeichnung und Bestimmung der G. als *Geschichte* und *historische Wissenschaften* versteht sich grundsätzlich aus der Antiposition zu den Naturwissenschaften. Dabei werden diese primär als Wissenschaften genommen und bedingen ein entsprechendes Vorverständnis von Geschichte, das in die Abgrenzung der G. von den Naturwissenschaften unmittelbar eingeht.

i) Während alle diese Bestimmungen am Menschen und seiner Geschichte orientiert sind, bilden Gesellschaft und Gemeinschaften den ältesten Horizont der G.; sie gewinnen für sie in der Gegenwart zunehmende Bedeutung.

3. Die für die Konzeption der G. so wichtige Unterscheidung zwischen Naturwissenschaften und G., in die Vorstellungen aus dem deutschen Idealismus hineinwirken, läßt sich zusammenfassend an folgendem Modell illustrieren:

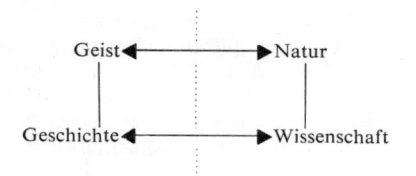

```
Geist  ◄────────►  Natur
  ▲                  ▲
  │                  │
  ▼                  ▼
Geschichte ◄──────► Wissenschaft
```

Die beiden Antithesen bzw. Polaritäten (◄─►) werden so miteinander verbunden, daß Natur und Wissenschaften einerseits, Geist und Geschichte andererseits eine Einheit (−) bilden. Das bedingt, daß zunächst in die Konzeption der Naturwissenschaft alle bisherigen Wissenschaftscharaktere und -postulate eingehen; sie wird zur ‹science› der englischen wie der französischen Sprache. Sie geht auf das Allgemeine, auf Gesetze usw. Ihr Vorgehen ist nomothetisch; ihre Aufgabe das Erklären. Demgegenüber beziehen sich die G. als historische Wissenschaften auf das (menschliche) Individuelle, das Einmalige und Unüberholbare als das «Geschichtliche», das sie «verstehen». Fast pathetisch erklärt Renan: «L'histoire est la forme nécessaire de la science de tout ce qui est dans le devenir. La science des langues, c'est l'histoire des langues; la science des littératures et des religions, c'est l'histoire des littératures et des religions. La science de l'esprit humain, c'est l'histoire de l'esprit humain» [12]. Ihre Methodik ist idio-graphisch. Hieraus erwächst sekundär die für die Folgezeit entscheidende – fatale – Antithetik der beiden Wissenschaftstypen, die sich als Verstehen und Erklären entgegensetzen [13].

4. Von besonderer Bedeutung ist schließlich die Bezeichnung der G. nach ihrem *sozialen Aspekt*, zu deren Tradition ihre Charakterisierung als ethisch-moralische Wissenschaften gehört. War im Griechischen das Soziale immer schon in das Ethische impliziert, so erfolgt eine Differenzierung vor allem seit der lateinischen Bezeichnung; sie setzt sich in den englischen, französischen, italienischen und nicht zuletzt auch in den deutschen Bezeichnungen fort.

Im Lateinischen stehen am Anfang drei Bezeichnungsgruppen: scientia civilis – scientia politica – scientia socialis; vielfach wird dabei noch zwischen scientia und historia unterschieden. – Die Rede von der *scientia civilis* hat eine lange Geschichte, die von Cicero über Cassiodor, Fr. Bacon (der zwischen scientia und historia civilis unterscheidet), Vico (der dem «mondo naturale» den «mondo civile» gegenübergestellt), bis zur französischen Enzyklopädie mit Beiträgen vor allem d'Alemberts reicht.

Das lebt in der Klasse der «sciences morales et politiques» der französischen Akademie und ebenso in unmittelbarer Beziehung zu der G. in Diltheys Rede von den «moralischen-politischen Wissenschaften» fort. – Auch die *scientia socialis* hat sich immer als Gegensatz zur Naturwissenschaft verstanden, sei es im Hinblick auf den Gegenstand, sei es vor allem im Hinblick auf die verschiedenen Methoden. In diesem Sinne klagt 1859 der Verfasser einer der ersten Darstellungen von Comtes Lehre: «In den Naturwissenschaften ist die positive Methode zur vollen Herrschaft gelangt, in den moralischen und sozialen Wissenschaften gilt es erst ihre Durchführung. Hier haben die theologischen und metaphysischen Doctrinen noch ihr Ansehen in weitem Umfange und namentlich in den allgemeinsten leitenden Grundsätzen behauptet» – eine Feststellung, die auch heute noch gilt.

So kommt es, daß die G. in der Nachkriegszeit mehr

und mehr als *Sozialwissenschaften* konzipiert und bezeichnet werden. Dies gilt einmal für den Bereich marxistischen Denkens, ebenso aber auch für die englisch-amerikanische Philosophie. Hier wird entweder der Gesamtkomplex der G. von vornherein als ‹Social Sciences› bezeichnet, oder die Humanities werden durch Reduktion auf sie zurückgeführt. Dabei können die Social Sciences wiederum als *Behavioral Sciences* verstanden und aufgebaut werden.

Anmerkungen. [1] Vgl. A. DIEMER: Die Differenzierung der Wiss. in Natur- und G. ..., in: Stud. zur Wissenschaftstheorie 1 (1968); Die Trias Beschreiben, Erklären, Verstehen a. a. O. 6 (1971). – [2] J. G. H. FEDER: Logik und Met. (⁴1775) 349. – [3] J. CHR. GOTTSCHED: Erste Gründe der gesamten Weltweisheit (1762) 101ff. – [4] F. VAN CALKER: Propädeutik der Philos. H. 1: Methodol. der Philos. (1821). – [5] Vgl. E. BEHLER, in: FR. SCHLEGEL, Krit. A. 18 (1963) XXVIII. – [6] a. a. O. XI. – [7] E. A. E. CALINICH: Philos. Propädeutik für Gymnasien, Realschulen und höhere Bildungsanstalten sowie zum Selbstunterricht (1847). – [8] Vgl. z. B. E. SPRANGER: Der gegenwärtige Stand der G. und die Schule (²1925). – [9] Vgl. Mind. A quarterly rev. of psychol. and philos. (London 1876ff.). – [10] E. RENAN: L'avenir de la sci. (1848/90). Oeuvres, hg. PSICHARI (Paris 1949) 3, 713f. – [11] ebda. – [12] ebda. – [13] Für Einzelheiten vgl. DIEMER, a. a. O. [1]. A. DIEMER

Geisteswissenschaftliche Pädagogik ist eine methodisch wie inhaltlich bestimmte Richtung innerhalb der Erziehungswissenschaft. Sie will in enger Verbindung mit kulturphilosophischen, soziologischen und sozialpsychologischen Fragestellungen und Befunden die Entwicklung und die Erlebnisstruktur des Heranwachsenden verstehen und den Erziehungs- und Bildungsprozeß sowie die pädagogischen Zusammenhänge und Aufgaben analysieren. Dabei betont sie die Verflechtung der individuellen seelischen Struktur mit den objektiv-geistigen Sinnbezügen (Kulturbereichen) und die Einordnung aller Einzelerscheinungen in die geschichtlich-kulturell-gesellschaftliche Gesamtlage und -entwicklung. Die g.P. hebt sich damit sowohl von der isolierenden, auf Sinnneutralisierung drängenden Tendenz der im engeren Sinne empirischen pädagogischen Forschungsmethoden (Experimentalpädagogik, neopositivistische Tatsachenforschung) ab wie auch von existenzphilosophisch, anthropologisch, phänomenologisch oder theologisch orientierten Richtungen der Pädagogik.

Unter Anknüpfung an Motive des organisch-geschichtlichen Denkens bei Herder, dem deutschen Idealismus und der Romantik, aber unter Ablehnung der idealistischen Spekulation sowie in Abwehr naturwissenschaftlich-ungeschichtlicher Denkweise und parallel mit der methodologischen Scheidung von nomothetischen und ideographischen Wissenschaften durch *Windelband* ist die g.P. auf der Basis lebensphilosophischer Gesamtschau von W. DILTHEY entwickelt worden, und zwar in engem Zusammenhang mit einer geisteswissenschaftlichen Psychologie und im Zuge seiner Bemühungen, den Geisteswissenschaften ihre eigene Methode («Verstehen» statt «Erklären») und Selbständigkeit zu sichern. Dieser Ansatz ist dann besonders von H. NOHL und (unter Lösung von der bei Nohl festgehaltenen lebensphilosophischen Fundierung und mit stärker kulturphilosophischer Grundlegung) vor allem von E. SPRANGER, TH. LITT, W. FLITNER, E. WENIGER und ihren Schülern in einer breiten und produktiven Forschung weitergeführt, im einzelnen auch abgewandelt worden. Sie hat das Verständnis der geschichtlichen Dimension der Pädagogik stark befruchtet (in erster Linie ideengeschichtlich, aber auch schulgeschichtlich) und hat auf systematischem Gebiet das Verhältnis der Erziehung zu den anderen Kulturbereichen genauer untersucht, auch die wissenschaftstheoretische und methodologische Reflexion (Problem der Autonomie) vorangetrieben, pädagogische Grundprobleme geklärt, schließlich auch mehr in das schultheoretische und didaktische Feld hineingeführt (WENIGER, KLAFKI). Die in jüngster Zeit neubelebte, noch nicht abgeschlossene sozialwissenschaftliche und erziehungswissenschaftliche Methodenreflexion kann, trotz gelegentlicher radikaler Kritik an der g.P., deren grundsätzliches Recht nicht aufheben, läßt aber ihre stärkere Eingrenzung und Ergänzung durch exaktere empirische Methoden notwendig erscheinen.

Literaturhinweise. W. DILTHEY: Einl. in die Geisteswiss. (1883). Ges. Schr. 1 (⁶1966); Über die Möglichkeit einer allgemeingültigen Pädag. (1888). Ges. Schr. 6 (⁴1962); Ideen über eine beschreibende und zergliedernde Psychol. (1894). Ges. Schr. 5 (⁴1964). – Der Aufbau der gesch. Welt in den Geisteswiss. (1910). Ges. Schr. 7 (⁴1965). – E. SPRANGER: Lebensformen (1914, ⁹1966); Psychol. des Jugendalters (1924, ²⁸1966). – TH. LITT: ‹Führen› oder ‹Wachsenlassen›? (1927, ¹³1967); Pädag. und Kultur, hg. F. NICOLIN (1965). – H. NOHL: Die pädag. Bewegung in Deutschland und ihre Theorie (⁵1963). – W. FLITNER: Allg. Pädag. (1933, ¹¹1966); Das Selbstverständnis der Erziehungswiss. in der Gegenwart (1957, ⁴1966). – E. WENIGER: Die Eigenständigkeit der Erziehung in Theorie und Praxis (1952, ³1964). – L. FROESE: Voraussetzungen der g.P., in: Beispiele. Festschr. E. Fink, hg. L. LANDGREBE (1966). – I. DAHMER und W. KLAFKI (Hg.): G. P. am Ausgang ihrer Epoche. E. Weniger (1968). – H. RÖHRS: Forschungsmethoden in der Erziehungswiss. (1968). – K. BARTELS: Die Pädag. H. Nohls in ihrem Verhältnis zum Werk W. Diltheys und zur heutigen Erziehungswiss. (1969). – W. BREZINKA: Von der Pädag. zur Erziehungswiss. (1971, ²1972). – S. OPPOLZER: Denkformen und Forschungsmethoden der Erziehungswiss. 1. 2 (1969). – W. KLAFKI: Erziehungswiss. als kritisch-konstruktive Theorie: Hermeneutik – Empirie – Ideologiekritik. Z. Pädag. 17 (1971) 351-385. A. REBLE

Geistiges Sein ist nach N. HARTMANN die vierte und höchste Schicht im Aufbau der realen Welt. Zwischen psychischem und geistigem Sein waltet ein reines Überbauungsverhältnis. Während zwischen den unteren Schichten, dem Physisch-Materiellen und dem Organischen, ein Überformungsverhältnis derart herrscht, daß die Kategorien der niederen Schicht in der höheren wiederkehren und von den ihr eigenen neuen überformt werden, treten z. B. die Kategorien des Materiellen und Räumlichen nicht in den Schichten des Seelischen und Geistigen wieder auf: Sie haben ihre eigenen Formen, es besteht so etwas wie ein «Überbau». Besonders deshalb zeigt das g.S. innerhalb der Dependenzgesetze eine klare Autonomie und Irreduzibilität und ist in seiner Kohärenz eigengesetzlich. Die psychische Schicht trägt mit Subjektivität, Bewußtsein und Aktvollzug das g.S., das mit ihm die Kategorien der Zeit, des Werdens, der Kausalität gemeinsam hat. Da Wissenschaft, Recht, Sprache, Ethos nicht nur seelische Funktionen sind, sondern ihr eigenes Sein haben, wird an ihnen die einzigartige Autonomie des g.S. deutlich. Das Bewußtsein isoliert, der Geist aber verbindet. Auch g.S. vergeht und entsteht, darf nicht mit zeitlos idealem Sein in eins gesetzt werden. Seine drei kategorialen Grundformen sind: personaler Geist, objektiver Geist, objektivierter Geist, wobei personaler und objektivierter Geist tief heterogen sind, durch den objektiven aber aufeinander bezogen. Personaler und objektiver Geist haben Lebendigkeit und darum auch Realität, Individualität, Existenz und Zeitlichkeit gemeinsam; objektiver und objektivierter dies, daß sie überindividuell und überpersönlich sind. Nur der personale Geist kann lieben und hassen, hat Gewissen, nur der objektive ist Geschichtsträger im strengen Sinne, während der objektivierte in Werk und Institution ins zeitlos ideale Sein hineinreicht.

Literaturhinweise. N. HARTMANN: Das Problem des g.S. (³1962) 15-42. 66-100; Der Aufbau der realen Welt (³1964) Kap. 20. 21. 50-52; Teleologisches Denken (1951) 80. – H. PLESSNER: g. S. Kantstudien 38 (1933) 408ff. – M. BRELAGE: Die Schichtenlehre N. Hartmanns. Stud. gen. 9 (1956) 297-306. – H. OBERER: Vom Problem des objektiven Geistes (1965). H. HÜLSMANN.

Geistseele, Vernunftseele. Der Ausdruck bezeichnet seit Aristoteles die menschliche Seele, insofern ihr Geist (Vernunft) als das Andere des vegetativen und sensitiven Lebens und doch damit engstens Vereinte eigen ist.

Dieses dialektische Seelenverständnis leitet PLATON ein; für ihn gibt es in der Seele – obzwar sie als eine, ungeteilte dem μονοειδές (Einfachen) und ἀδιάλυτον (Unauflöslichen) am ähnlichsten ist [1] – ein edelstes Aufscheinen (εἶδος) oder einen höchsten Bereich (γένος, μέρος) der Verwirklichung: das göttliche und unsterbliche λογιστικόν (Vernunftvermögen), das mythisch im Haupt angesiedelt und vom sterblichen Bereich der Seele getrennt wird [2]. Der νοῦς (Geist) ist als ψυχῆς κυβερνήτης (Steuermann der Seele) der Überlegene, zugleich aber einbezogen in das Gesamtgeschehen der Seele, das der zusammengewachsenen Kraft eines Zwiegespanns und seines Lenkers gleicht [3].

ARISTOTELES, der die Aporien der Seelenteilung kennt [4] und die Einheit der Seele zu wahren sucht [5], spricht gleichwohl von dem μόριον (Teil), mit dem die Seele erkennt und denkt [6]. Es ist das von den übrigen Seelenkräften verschiedene διανοητικόν (Denkende) [7], das auch – die Dualität anzeigend – τῆς ψυχῆς νοῦς (der Geist der Seele) [8] oder – den Geist integrierend – νοητικὴ ψυχή (denkende Seele) [9] und διανοητικὴ ψυχή (überlegende Seele) [10] genannt wird. Die Vernunft (νοῦς) scheint als ein schon bestehendes Wesen in uns einzugehen [11] von außen her (θύραθεν) [12] und als θειότερον (Göttlicheres) weder leiden noch vergehen zu können [13]. Sie erscheint so als ψυχῆς γένος ἕτερον (von der Seele unterschiedener Bereich), abtrennbar von der übrigen Seele wie das Ewige vom Vergänglichen [14]. Dies gilt jedoch, genau genommen, nur von dem νοῦς, der sich im Denken als ποιητικόν (Wirkendes) zeigt [15].

Die späteren Versuche, Identität und Differenz von Geist und Seele im Menschen zu verstehen, bewegen sich meist in dem platonisch-aristotelischen Denkfeld, soweit nicht der höchste Seelenbereich, wie schon das stoische ἡγεμονικόν (führender Teil), materialistisch bestimmt oder, wie seit Descartes, im Sinn des neuzeitlichen Cogito interpretiert wird.

Anmerkungen. [1] PLATON, Phaid. 80 b. – [2] Resp. IV, 439 d-442 c; Tim. 69 c-72 e. – [3] Phaidr. 246 a-247 c. – [4] ARISTOTELES, De an. III, 8, 432 ab. – [5] a. a. O. I, 5, 411 b. – [6] III, 4, 429 a 10. – [7] II, 3, 414 a 32. – [8] III, 4, 429 a 22. – [9] III, 4, 429 a 28. – [10] III, 7, 431 a 14. – [11] I, 4, 408 b 18. – [12] De gen. an. II, 3, 736 b 28. – [13] De an. I, 4, 408 b 19-29. – [14] II, 2, 413 b 26. – [15] III, 5, 430 a. H. RIEDLINGER.

Geiz. Was wir heute ‹G.› nennen, war den Griechen schon wohl bekannt, aber unter vielen in dieser Richtung ihnen dienenden Worten bedeutet doch keines ganz dasselbe wie ‹G.›. Der φειδωλός ist zwar sparsam bis zur Knickerigkeit, aber nicht eigentlich geizig. Auch der φιλοχρήματος und φιλάργυρος ist es noch nicht ohne weiteres, wenn auch der Gelderwerb sein Hauptlebensziel ist, so daß er an die Habsucht nahe herankommt [1]. Die πλεονεξία kann Mehrhabenwollen und damit Habsucht bedeuten, aber auch das einfache Mehrhaben. Die von ARISTOTELES berührte und von THEOPHRAST eingehend beschriebene αἰσχροκέρδεια, die kleinliche und schmutzige Profitgier, kommt der Habsucht (nicht dem G.) nahe [2]. Die ἀνελευθερία bei Aristoteles und Theophrast [3] schließt sowohl einen Zug von G. als auch von Habsucht ein, ist aber harmloser als beide.

Die *Stoiker* haben die φιλαργυρία als krankhafte Sucht (νόσημα) erklärt, die sie näher bestimmten als «zu einer dauernden Haltung (ἕξις) entwickelte und verhärtete Meinung (δόξα), bei der man das nicht zu Wählende für im höchsten Grade zu Wählendes hält» [4]. Die φιλαργυρία umfaßt damit G. und Habsucht. Dasselbe gilt für die *avaritia* der Römer, die CICERO, den Stoikern folgend, definiert als «opinatio vehemens de pecunia, quasi valde expetenda sit, inhaerens et penitus insita» (eine heftige Vorstellung vom Geld, als ob es sehr erstrebenswert wäre, festsitzend und tief eingewurzelt) [5].

Im Neuen Testament bezeichnet der Timotheus-Brief (6, 10) die φιλαργυρία als Wurzel aller Übel. Die Vulgata setzt dafür ‹cupiditas›, während AUGUSTINUS mit ‹avaritia› übersetzt, dazu aber erklärt, der Apostel habe «mit diesem Namen die Gattung durch die Art bezeichnet», denn es handle sich hier nur um «avaritia generalis», die er mit πλεονεξία gleichsetzt als der Einstellung «qua quis plus appetit, quam satis est» [6]. Dieser wird die «avaritia specialis» gegenübergestellt, «quae usitatius appellatur amor pecuniae» [7]. Diese Unterscheidung hat THOMAS V. AQUIN übernommen [8]. Die «avaritia, quae consistit in appetitu pecuniae», bestimmt er als eine der sieben «vitia capitalia» (Hauptsünden) [9].

Aus althochdeutsch und mittelhochdeutsch ‹gît› entstanden, bedeutet ‹G.› ursprünglich allgemein Gier, besonders solche nach Besitz. Was heute ‹G.› heißt, faßt noch THOMASIUS als «Geldgeitz», den er, Cicero referierend und damit ‹avaritia› wiedergebend [10], neben den «Ehrgeitz», die «gloriae cupiditas», stellt. Beide gehören für Thomasius zu den vier Hauptleidenschaften; zusammen mit der ‹Wollust› bilden sie zugleich die drei Hauptformen der «unvernünftigen Liebe» oder «Haupt-Laster», aus denen als deren «Töchter» die anderen Laster entstehen [11]. Die allgemeine Bedeutung von Gier hat ‹G.› im 18.Jh. noch weithin. So spricht noch SCHILLER von «des eitlen Ruhmes G.» [12]. In engerem Sinn bestimmt indes doch schon CHR. WOLFF den G. schlechthin als «eine Begierde mehr zu haben, als die Notdurft und der Wohlstand erfordert und man nach seinen Umständen vor sich bringen kann». Nach Wolff ist solcher G. keine ursprüngliche Leidenschaft, sondern er entsteht aus der «Furcht, wenn man nämlich besorgt ist, man werde bei sich ereignenden Unglücks-Fällen nicht haben, wovon man leben könne» [13]. Bei KANT bahnt sich die (dem heutigen Sprachgebrauch entsprechende) weitere Verengung des G.-Begriffs an, die mit der Unterscheidung von G. und *Habsucht* verbunden ist. Unter der Überschrift ‹Vom Geize› erklärt Kant nämlich: «Ich verstehe hier unter diesem Namen nicht den *habsüchtigen* G. (den Hang zur Erweiterung seines Erwerbs der Mittel zum Wohlleben über die Schranken des wahren Bedürfnisses): denn dieser kann auch als bloße Verletzung seiner Pflicht (der Wohltätigkeit) gegen *andere* betrachtet werden; sondern den *kargen* G., welcher, wenn er schimpflich ist, *Knickerei* oder Knauserei genannt wird, und zwar nicht insofern er in Vernachlässigung seiner Liebespflichten gegen andere besteht, sondern insofern, als die Verengung *seines eigenen* Genusses der Mittel zum Wohlleben unter das Maß des wahren Bedürfnisses der Pflicht *gegen sich selbst* widerstreitet» [14]. Damit ist das Moment der Gier (Begierde) aus dem G.-Begriff ausgeschaltet. Noch schärfer bestimmt Kant das Wesen des G., indem er ihn bei Zurückweisung der Aristotelischen Theorie der Tugend als Mitte zwischen zwei Lastern als Beispiel nimmt: «Der G. (als Laster) ist von der Sparsamkeit (als Tugend) nicht darin unterschieden, daß diese *zu weit* getrieben wird, sondern hat ein ganz *anderes Prinzip* (Maxime), nämlich den Zweck der Haushaltung nicht in den *Genuß* seines Vermögens, sondern mit Entsagung auf denselben bloß in den *Besitz* desselben zu setzen» [15].

Im Sinne Kants erklärt KRUG: «Der G. verwechselt das Mittel mit dem Zweck; er strebt bloß nach dem Besitze von jenem und freut sich dieses Besitzes, versagt aber den Genuß davon nicht bloß andern, sondern auch sich selbst ...». Dagegen wird die *Habsucht* in einem dieser gewidmeten Artikel gefaßt als «die zur Leidenschaft gewordene Begierde, immer mehr zu haben, indem diese Begierde mit der Befriedigung immer stärker wird» [16].

Vom G. erklärt SCHOPENHAUER, seine Stelle unter den Lastern lasse «sich in Zweifel ziehen. Nur muß man solchen nicht mit der Habsucht verwechseln». Zugunsten des G. führt er dann im Sinne seiner Philosophie an: «Der G. geht nämlich von dem richtigen Grundsatz aus, daß alle Genüsse bloß negativ wirken und daher eine aus ihnen zusammengesetzte Glückseligkeit eine Chimäre ist, daß hingegen die Schmerzen positiv und sehr real sind. Daher versagt er sich jene, um sich vor diesen desto besser zu sichern». Wenn aber andererseits der Mensch «durch Körperschwäche oder Alter dahin gekommen ist, daß die Laster ... ihn verlassen, indem seine Fähigkeit zu sinnlichen Genüssen erstorben ist; da überlebt, wenn er sich zum G. wendet, die geistige Gier die fleischliche. Das Geld als welches der Repräsentant aller Güter der Welt, das abstractum derselben ist, wird jetzt der dürre Stamm, an welchem seine abgestorbenen Begierden als Egoismus in abstracto sich klammern ...» [17].

Ähnlich wie Krug erklärt SCHELER: «G. besteht ... in der Einstellung, am Gelde als bloßem Mittel für ein beliebiges anderes, das Lust bereiten oder ‹angenehm› sein kann, selbst Lust zu haben» [18].

Anmerkungen. [1] Für beides siehe z. B. PLATON, Resp. 553 c ff. – [2] ARISTOTELES, Eth. Nic. 1122 a 2ff.; THEOPHRAST, Charaktere 30. – [3] ARISTOTELES, Eth. Nic. 1107 b 9ff. 1108 b 20ff. 1119 b 27ff. 1121 b 13ff.; THEOPHRAST, Charaktere 22. – [4] STOBAEUS, Ecl. II, 93, 7ff. – [5] CICERO, Tusc. IV, 26. – [6] AUGUSTIN, In Ps. 118; Sermo 12, 6; ähnlich De ill. arb. III, 17, 48. – [7] De Genesi ad litteram XI, 15. – [8] THOMAS V. AQUIN, De malo 13, 1 c; vgl. S. theol. I/II, 118, 2. – [9] De malo 13, 3 c; S. theol. I/II, 84, 4; 118, 7. – [10] Siehe Texte zu [5]. – [11] CHR. THOMASIUS: Von der Artzeney wider die unvernünftige Liebe ... oder Ausübung der Sittenlehre (1696) 51ff. – [12] SCHILLER, Maria Stuart II, 6. – [13] CHR. WOLFF: Vernünftige Gedanken von der Menschen Thun und Lassen (1720) §§ 538. 556. – [14] KANT, Met. Sitten, Tugendlehre § 10. – [15] Met. Sitten, Einl. zur Tugendlehre XIII. – [16] W. T. KRUG: Allg. Handwb. philos. Wiss. (1827). – [17] A. SCHOPENHAUER, Paralipomena § 112. – [18] M. SCHELER: Der Formalismus in der Ethik und die materiale Wertethik (⁵1966) 240 Anm. H. REINER

Gelassenheit

I. Um mit Gott vereint zu sein, muß der Mensch – nach der Lehre der deutschen *Mystiker* – aus dem Seinen herausgehen, er muß das Kreatürliche verlassen, seinen eigenen Willen aufgeben, ganz leer werden, um Gottes voll zu werden. In der wahren G., sagt ECKHART, empfindet man auch kein süßes Gottgefühl mehr, ist aber Gott genauso treu, wie wenn man die stärksten Empfindungen hätte [1]. SEUSE beschreibt den gelassenen Menschen als sich selbst entfremdet, als Menschen, der sich von sich und allen Dingen abwendet, der allezeit die Natur im Zaume hat und so geeinigt und beseligt ist [2]. Für TAULER ist wahre G. noch nicht erreicht, selbst wenn der Mensch tausend Welten hinter sich ließe, sondern erst wenn er auch in den Grund des göttlichen Willens versinkt, der ihn zur ewigen Hölle verdammte [3]. Rechte G. ist Willenslosigkeit [4].

Anmerkungen. [1] MEISTER ECKHART, Die rede der unterscheidunge 21. Dtsch. Werke 5 (1963) 282f. u. Anm.; vgl. Pr. 6. Dtsch. Werke 1 (1958) 100. – [2] H. SEUSE, Dtsch. Schriften, hg. BIHLMEYER (1907, ND 1961) 160-170; vgl. Büchlein der Wahrheit Kap. 4, 333ff. – [3] J. TAULER, Pr. 26. Predigten, hg. VETTER (1910) 108, 12-22. – [4] a. a. O. Pr. 64, 30f. P. HEIDRICH

II. Wie manch andere Begriffe übernimmt die *Reformation* auch den Begriff ‹G.› von der Mystik. LUTHER fordert ganz im Sinne seiner Theologie, nach der der Mensch aus sich heraus nichts vermag, das Aufgeben des «Eigenwillens», so daß der menschliche Wille «dem gotlichen willen ... unterthenig und gleichformig wirth, Also lange bis der mensch werde gantz gelassen, frey, willelosz und nichts mehr weysz, dan das er gotis willen gewarte» [1]. Bei Luthers Gegner TH. MÜNTZER finden sich ähnliche Bestimmungen: «der allergelassenste mensch» muß «von Gott erwecket werden auß der wüstney seyns hertzens» [2]. Für A. KARLSTADT bedeutet G. vor allem Vertrauen und Zuversicht auf den Beistand Gottes in der Bedrängnis seiner Zeit. Es ist ein Sich-Verlassen und Bauen auf die Hilfe des Herrn [3]. Dazu ist er bereit, in der Nachfolge Christi alle weltlichen Bindungen aufzugeben: «es muß alles seyn gelassen / das in mir un auß mir ist» [4]. ‹G.› meint also nicht nur Verlassen aller dem Menschen äußeren Verhältnisse, sondern auch Selbstverleugnung, Aufgabe des «aygen willens» und Anheimstellen der ganzen Person an den Willen Gottes: «Ja ich muß / nicht allein euch / sonder mich selber gelassen / ich darff mich meynes leybs un lebens nicht annehmen» [5]. Die G., von der Karlstadt weiß, «das keyn grösser tugent / auff erden und yn hymeln / ist», bewährt sich in der Annahme von Kreuz und Leid, im «vorsencken» der Seele «ynn den gotlichen willen» [6]. In einer weiteren Schrift gibt Karlstadt noch genauere Erklärungen des Begriffs ‹G.›: er kann «active» in der Bedeutung von ‹etwas verlassen›, ‹sich von etwas abwenden› und «passive» für ‹verlassen sein› gebraucht werden [7]. Karlstadt gebraucht ‹G.› meist im ersten Sinne und versteht dann darunter die Lösung von allen weltlichen Bindungen [8], so daß die Seele «bloß und wüest» ist und Gott sie «besytzet / herrschet und zyeret» [9]: «Darumb ist dise gelassenheit ain abschneydung aller lieb / lust / sorg / vertrawen / un forcht die wir zuo uns / und zuo dem unnsern haben / kürtzlich diser geläß ist / vernichten alles das du bist / un ain abker von allen dingen so dich moegen geluste. Also das got dein lieb / lust / sorg / vertrawen / hilff / forcht und alles ist an dan du klebest» [10]. Der Mensch soll sein Ich, Sich und «Sicheit gelassen und ordentlich übergeben» an den Willen Gottes und darin «nider tauchen», «unwidernemlich entwerden und sein icheit oder sicheit frey außgeben» [11]. Zugleich darf er aber auch nicht an der G. Gefallen finden, sondern muß «dise edle tugent auch gelassen». Er soll G. in G. und nicht Selbstgerechtigkeit zeigen [12], bis daß die Seele am Ende der Zeiten von Gott ganz erfüllt und auch die G. zu einer «göttlich ungelassenheit» wird [13]. – Stärker im Zusammenhang mit der reformatorischen Rechtfertigungslehre sieht S. FRANCK die G.: Der Mensch soll «gelassen und gläubig» leben und Gott in sich wirken lassen, denn durch Werke kann er keine Gerechtigkeit erlangen [14].

In der Mystik und Theosophie der *Barockzeit* wird die G. besonders als Demut, Ergebenheit in Gottes Willen, «Armut des Geistes» und dadurch Empfänglichkeit für die Gnade verstanden [15]. Durch G. und Lösung von der «Selbstheit» bleibt der Mensch in Gott [16], ja er wird «einig» mit ihm [17]. J. BÖHME hat den Begriff ‹G.› in seiner Sündenfalltheorie verwandt: Die Seele «muß in der gelassenen Demuth bleiben, gleichwie ein Quell an seinem Ursprung, und muß ... aus Gottes Wege nicht begehren auszugehen» [18]. Lehnt sie sich aber gegen Gott auf, so fällt sie aus die G. in die «Selbheit» und Sünde: «Der gelassene Wille vertrauet Gott ...; Aber der eigene Wille regieret sich selber, denn er hat sich von Gott abgebrochen» [19].

Der *Pietismus* hat diese Bestimmungen übernommen, dabei aber die Tugend der G. noch stärker verinnerlicht. Gleichzeitig wird G. jetzt nicht nur als «verlassen», sondern auch als «sich überlassen» verstanden. Der «Eigenwille» soll «ersterben», die «Vernunft» soll «gefangen» genommen werden und der Mensch sich in kindlicher Demut Gott «überlassen». So nur kann er sich selbst («seinen grund») bewahren vor der Veräußerlichung. Nur so kann er inneren Frieden, Zufriedenheit, Abgeschiedenheit von der Welt, Ruhe und Stille erlangen [20]. Der Mensch nimmt im Vertrauen auf Gott sein Schicksal an, «verläugnet sich selbst» [21] und soll sich ganz Gott ergeben: «Und in dieser gäntzlichen Aufopferung und G. in Gottes Willen bestehet das Wachsthum oder das Alter einer christlichen Seele: wobey Gott freye Hand hat / eine Seele gefangen zu nehmen / zu binden / und in den Probir-Ofen zu werfen; auff daß der alte Mensch / zu Gottes Lob und Verklärung Christi / verzehret und getödtet werde» [22]. In Kirchenliedern, Betrachtungs- und Erbauungsschriften, Lebensbeschreibungen usw. findet der Begriff eine weite Verbreitung. G. TERSTEEGEN verwendet die alte Theorie von Tätigkeit und Leiden, vom Sichzusammenziehen und Entfalten/ Entäußern der Gottheit und der Kreatur (kabbalistisch: Zimzum), um die G. des Menschen zu kennzeichnen «nicht so sehr [als] ein Ausathmen als ein Einathmen, oder sanftes Zuneigen zu dem Herrn im Grunde» [23]. G. ist dann «Verläugnung der Kreatur» und «Einkehrung» der «innigen Seele» [24]. Gleichzeitig fühlt er sich aber genötigt, vor einer falschen, quietistischen G. zu warnen, wo der Mensch «die Hände in den Schooß leget, und alles gehen läßt, wie es geht»; die wahre G. ist schon da vorhanden, wo «eine Seele mit ihrem innersten und aufrichtigen Willen von allem, was Gott nicht ist, in Wahrheit abgewandt stehet, dabei aber kein Vermögen in sich findet, um sich wirklich und völlig loszumachen und zu reinigen von allen Anklebungen und Wurzeln der Sünde und Eigenheit» [25]. Zur G. gehört nicht zuletzt die Absage an die Sünde, sondern auch das Erdulden des Bösen bis zur Erlösung [26]. Auch A. BERND versucht eine Klärung des Begriffs, «weil das Wort Gott-G. schon von vielen vor verdächtig und ketzerisch war gehalten worden» [27]. Das für die G. zentrale Verhältnis von Eigenwillen des Menschen und Gottes Willen ist von TERSTEEGEN exemplarisch für seine Zeit gefaßt: «Soll Gottes Wille dich bewegen, / so muß dein Will in Tod sich legen: / Deß Will ist frei, deß Werk ist gut, / wer selbst nichts will, und selbst nichts thut». Damit ist aber nicht nur völlige Aufgabe des eigenen Ich gemeint, sondern umgekehrt ein Sich-Finden, da das wahre Ich erst durch Abstreifung aller Äußerlichkeiten in Gott gefunden wird. Nicht ängstliche Sorge, sondern Vertrauen und Hoffnung auf Gott, Handeln in und durch Gott ist «wahre Überlassung»: «Willst du dich selbst besehn und halten, / so bleibt dein Herz in Zwang und Pein / Laß Gott mit dir freimächtig schalten, / folg ohne Sehn, und liebe rein» [28].

Im Französischen entspricht dem Begriff ‹G.› der Ausdruck ‹délaissement›, wie ihn im 17. Jh. vor allem die Frau von GUYON verwandt hat. Sie spricht von der «gänzlichen äußeren und inneren Überlassung in die Hand Gottes», vom «Vergessen seiner selbst», der «Entblößung aller Sorgen und Bekümmerniß für sich selbst» und von der «Selbstverläugnung», die schließlich dazu führt, daß die Seelen «alles in Gott anschauen» [29]. In Spanien hat bei M. DE MOLINOS ‹G.› die Bedeutung von ‹Entsagung›, ‹Ergebung in Gottes Willen›, ‹Ruhe›, ‹Sicherheit› und ‹Selbstentäußerung› [30]. Auch der Begriff ‹indifférence›, wenn er, wie besonders bei FÉNELON, die «Gleichgültigkeit» gegenüber den weltlichen Dingen meint [31], entspricht dem deutschen ‹G.›. – Korrespondierende bzw. Gegenbegriffe zu ‹G.› sind u.a.: Sammlung/Zerstreuung, Abkehr von der Welt/Zukehr zu Gott, Entwerdung, Versenkung in Gott, Entblößung des Geistes, Selbstvergessenheit und -vernichtung/Selbstheit, Ichheit, Eigenheit, Nun der Ewigkeit/Zeit, Ruhe der Affekte, der Sinne und der Vernunft, Einkehr, Vertrauen, Innigkeit (Inwendigkeit)/Äußeres, Leere von allem Kreatürlichen/Fülle und Angefülltsein von Gott.

Während des Pietismus ‹G.› verschiedentlich auch für ‹Geduld›, ‹Gleichmut› und ‹Gemütsruhe› verwendete, diese Bedeutungen aber immer im Zusammenhang der Zuwendung zu Gott standen, wird ‹G.› im *späteren 18. Jh.* fast ausschließlich im Sinne der stoischen ἀπάθεια oder der epikureischen ἀταραξία gebraucht. Zwar sehen J. G. SCHNABEL und J. G. HAMANN die G., die jetzt nur noch Ruhe, Großmut, geduldiges Ertragen des Schicksals meint, noch gelegentlich als «Gott-G.» [32] bzw. als Überlassung an eine «höhere Hand und Leitung» [33], im *empfindsamen Roman* wird G. jedoch eine rein innerweltliche Tugend: ‹G.› steht neben ‹Sanftmut›, ‹Ruhe›, ‹Zufriedenheit› und rückt in die Nähe von ‹Gleichgültigkeit›; jede religiöse Bedeutung geht dem Begriff verloren [34]. Deutlich wird dieser Übergang an CHR. F. GELLERT: Während in seinen geistlichen Gedichten ‹G.› noch religiös gemeint ist, ist es in seinem Roman ‹Leben der schwedischen Gräfin von G...› (1747/48) völlig «verweltlicht» [35].

Gegen das aufklärerische Ideal der Überlegenheit, Ruhe und G. rebelliert der *Sturm und Drang:* GOETHES ‹Werther› klagt die «gelassenen, vernünftigen Menschen» der Gefühllosigkeit und des Unverständnisses für die Leidenschaften an: «Ihr steht so gelassen, so ohne Teilnehmung da, ihr sittlichen Menschen ...» [36]. Erst der Tod gibt ihm die G., die er im Leben verachtet [37]. (FR. CHR. NICOLAI hat dann in seiner Werther-Parodie die G. als Tugend des gereiften Mannes empfohlen [38].) J. VON GÖRRES hat die G. als Tugend der christlichen Askese wiederzubeleben versucht: «Starkmuth und G.» helfen auf der irdischen Wanderschaft des Gläubigen gegen alle Anfechtungen [39].

Dem Quietismus SCHOPENHAUERS dient der Begriff ‹G.› zur Kennzeichnung jener Bewußtseinslage, in der der Mensch sich in die «Reflexion» zurückgezogen und von allen Äußerlichkeiten getrennt hat, bzw. die Übel des Lebens in stoischer Ruhe erträgt, da er überzeugt ist, daß alles, was geschieht, notwendig geschieht [40]. So wird G. schließlich für NIETZSCHE zur Haltung des über seine Zeit erhobenen großen Einsamen: «Mit einer ungeheuren und stolzen G. leben; immer jenseits –. Seine Affekte, sein Für und Wider willkürlich haben und nicht haben, sich auf sie herablassen, ... Und Herr seiner vier Tugenden bleiben, des Mutes, der Einsicht, des Mitgefühls, der Einsamkeit» [41].

Eine Neubelebung erfuhr der Begriff ‹G.› in der *Existenzphilosophie*, jedoch in verschiedener Funktion und Bedeutung: Für K. JASPERS hat G. die Aufgabe, vorübergehend Sicherung und Halt zu gewähren, wo die «Daseinsangst ... nicht überwunden werden» kann oder das Sein sich noch nicht bzw. nicht mehr als gegenwärtig offenbart, aber als gewiß empfunden wird. G. dient dann, obwohl sie nicht die «Erfüllung» des Seins bieten kann, als «erworbener Hintergrund und als künftige Möglichkeit» [42]. W. WEISCHEDEL möchte unter Verweis auf die Bedeutung von ‹G.› in der Mystik und Reformation der G. sowohl im Sinne von «Ablassen von den Verstrickungen in die Welt» und «zu sich selbst finden» als auch in ihrem «religiösen Aspekt» Anerkennung verschaffen; jedoch ist das, dem sich der Mensch in G. überläßt, nicht mehr Gott, sondern das «Geheimnis», das «Unbekannte, ... das den Menschen gelassen sein läßt» [43]. – M. HEIDEGGER bestimmt die G. in seiner gleichnamigen Schrift zunächst als die notwendige «Haltung», als gleichzeitige Bejahung und Negierung der Technik: «Die G. zu den Dingen und die Offenheit für das Geheimnis gehören zusammen ... Sie versprechen uns einen neuen Grund und Boden, auf dem wir innerhalb der technischen Welt, und ungefährdet durch sie, stehen und bestehen können» [44]. Näherhin ergibt sich die G. aus dem Wesen des Denkens, insofern das Denken «die G. zur Gegnet, die Entschlossenheit [d. h. das Offensein] zur wesenden Wahrheit» ist [45]. G., die Warten, Ruhe, Weg und Bewegung zugleich ist, ist «das gemäße Verhältnis zur Gegnet», zum «Öffnenden des Offenen», und besteht darin, daß der Mensch dieser Gegnet zugehört und in sie eingelassen ist. Das Wesen des Denkens ist dann nicht transzendentales Vorstellen, sondern wandelt sich in der G. zum «Warten auf die Gegnet», auf «das verborgen Wesende der Wahrheit» [46].

Anmerkungen. [1] M. LUTHER, Weimarer A. 2, 102. 103f.; vgl. 7, 555; 18, 368. – [2] TH. MÜNTZER, Schriften und Briefe, hg. G. FRANZ (1968) 308. – [3] A. BODENSTEIN VON KARLSTADT: Missive vonn der allerhochste tugent gelassenheyt (1520) fol. a 2ff. – [4] a. a. O. fol. b 3r. – [5] fol. b 2v; b 3v. – [6] fol. b 3v f. – [7] Was gesagt ist: Sich gelassen. Unnd was das wort gelassenhait bedeüt / und was in hayliger geschryfft begryffen (1523) fol. a 2v. – [8] a. a. O. fol. a 3v ff. – [9] fol. b 4r. – [10] fol. c 3v. – [11] fol. b 2r; d 3r f.; vgl. fol. e 4v. – [12] fol. b 3v. – [13] fol. f 3r. – [14] S. FRANCK, Paradoxa, hg. H. ZIEGLER (1909) 59f. 77. 215. 240. 260f. – [15] V. WEIGEL, Werke 3, hg. W. ZELLER (1966) 55. 56. 75; D. SUDERMANN: Hohe geistl. Lehren / und Erklärungen: Uber der fürnembsten Sprüche des Hohen Lieds Salomonis (1622) 60; vgl. auch in: W. WACKERNAGEL: Das dtsch. Kirchenlied (1864-77, ND 1964) 5, 606; QU. KUHLMANN: Der Kühlpsalter (1684-85), hg. R. L. BEARE (1971) 98f.; J. BÖHME, Schriften (1730), ND hg. PEUCKERT (1955-61) 17, 735; ANGELUS SILESIUS: Cherubinischer Wandersmann (1674) II, 92 u. ö. – [16] KUHLMANN, a. a. O. 56; J. ARNDT: Vier Bücher von wahrem Christentumb (1626) 2, 198; 3, 22. – [17] WEIGEL, a. a. O. [15] 86. – [18] BÖHME, a. a. O. [15] 9, 92. – [19] a. a. O. 9, 86. 87. 94. 107; vgl. 17, 424. 741. 808. – [20] Das Gesang-Buch der Gemeine zu Herrn-Huth (1737) 446. 550. 563. 565. 595. 672. 455. 501; C. H. VON GERSDORF: Geistreiche Lieder und poetische Betrachtungen (1729) 57f. 134; G. TERSTEEGEN: Geistl. und erbaul. Briefe über das inwendige Leben und wahre Wesen des Christenthums (²1778-1799) 1, 15. 35. 43. 47. 55. 85. 161. 195. 290. 277f.; 2, 190f. 241; G. ARNOLD: Hist. und Beschreibung der Mystischen Theol. (1703, ND 1969) 55; Sämtl. geistl. Lieder, hg. EHMANN (1856) 84f. 93. 119. 145. 164f. 204. 260. 264f. 293; Geistl. Minne-Lieder, hg. EHMANN (1856) 3. 9. 14; FR. CHR. OETINGER: Die Sitten-Lehre Salomo (1758) 140. 159. 238. 240f. 245. 253f. 270. – [21] J. A. FREYLINGHAUSEN: Geistreiches Gesang-Buch, den Kern alter und neuer Lieder in sich haltend (1741) 669-692. 501; J. E. PETERSEN: Leben Frauen Joh. Eleonora Petersen / von Ihr selbst mit eigener Hand aufgesetzet (1718) 25; A. H. FRANCKE: Bruckstück eines Tagebuchs; Brief an Spener vom 15. 7. 1690, in: Beiträge zur Geschichte A. H. Francke's, hg. G. KRAMER (1861) 159. 198; N. L. ZINZENDORF, Hauptschriften (1962-1966) Erg.-Bd. 2, 71. 266; J. H. REITZ: Hist. der Wiedergebohrnen (⁴1717) 1, 84. 151; 2, 72. 140. 180. 183; 4, 41. 103. 115. 116. 177; 5, 64. 123. 171. 211. 356; G. ARNOLD: Das Geheimnis der göttlichen Sophia (1700, ND 1963) 98f.; E. H. Graf HENCKEL: Die letzten Stunden einiger ... selig in dem Herrn Verstorbenen Personen (²1722) 1, 38. 194. 277. – [22] REITZ, a. a. O. 4, 155. – [23] TERSTEEGEN, a. a. O. [20] 1, 408. – [24] a. a. O. 1, 162. – [25] 1, 161. – [26] CHR. FR. RICHTER: Erbaul. Betrachtungen vom Ursprung und Adel der Seelen (1718) 406ff. – [27] A. BERND: Eigene Lebensbeschreibung (1738) 391f. – [28] G. TERSTEEGEN: Geistl. Blumengärtlein (1768, ND 1956) 444. 449. 454; vgl. 1. 11. 18. 34. 35. 49. 59. 71. 88. 94. 96. 104. 116. 146f. 213. 215. 218. 225. 243. 251. 256. 263. 283. 300. 307f. 405. 421. 423. 443. 464; «überlassen»: 16. 79. 106. 114. 152. 154. 246f. 277. 284. 293. 327. 338. 341. 352f. 361. 364. – [29] J. M. BOUVIÈRE DE LA MOTHE-GUYON: Kurzes und sehr leichtes Mittel, das innere Gebet zu verrichten, in: Kleine Schriften über das innere Leben (1836) 1, 16ff.; 2, 31ff. – [30] M. DE MOLINOS: Guida spirituale (1699), dtsch. G. PRIEM (o. J.) 2. 35. – [31] Vgl. J. L. GORÉ: La notion d'indifférence chez Fénelon et ses sources (Paris 1956). – [32] J. G. SCHNABEL: Die Insel Felsenburg (1731), hg. ULLRICH (1902) 167; vgl. 4. 59. 64. 164. 403. 407. 410. 414. – [33] J. G. HAMANN, Briefwechsel mit Fr. H. Jacobi, in: Hamanns Leben und Schriften, hg. GILDEMEISTER 5 (1868) 518; vgl. 227. 250. – [34] J. M. MILLER: Siegwart. Eine Klostergesch. (1776, ND 1971) 445. 501. 507; S. VON LAROCHE: Gesch. des Fräuleins von Sternheim (1771), hg. RIDDERHOFF (1907) 139. – [35] CHR. F. GELLERT, Sämtl. Schriften (1836) 2, 79f.; 4, 194. 217. 237. 263. – [36] J. W. GOETHE, Die Leiden des jungen Werther. Hamburger A. 6, 47. 48; vgl. Torquato Tasso II, 4. Hamburger A. 5, 113. – [37] Hamburger A. 6, 104; vgl. K. PH. MORITZ: Beiträge zur Philos. des Lebens (²1781) 35: «kalte G.». – [38] FR. CHR. NICOLAI: Freuden und Leiden des jungen Werther. Leiden und Freuden Werthers des Mannes (1775) 55-59. – [39] J. VON GÖRRES: Die christl. Mystik (1836-42) 1, 420ff. – [40] A. SCHOPENHAUER, Sämtl. Werke, hg. FRAUENSTÄDT/HÜBSCHER (²1946-50) 2, 102. 386; 5, 504f. – [41] FR. NIETZSCHE, Werke, hg. SCHLECHTA (⁶1969) 2, 749. – [42] K. JASPERS: Philos. (²1948) 523. 544; vgl. 878. – [43] W. WEISCHEDEL: Philos. Grenzgänge (1967) 111-115. – [44] M. HEIDEGGER: G. (1955) 26. – [45] a. a. O. 61. – [46] 46f. 51f. 61.

Literaturhinweise. C. HEINE: Der Roman in Deutschland von 1774-1778 (1892) 30. – E. METZKE: J. G. Hamanns Stellung in der Philos. des 18. Jh. (1934, ND 1967) 57. – VÖLKER/BAUMGARTEN, Art. ‹G.›, in: RGG² 2, 968ff. – A. LANGEN: Der Wortschatz der dtsch. Pietismus (²1968) 220-223. 400. 402. 408. 413. 454f. 464.

U. DIERSE

Geld verdankt sich als das, was im Tauschverkehr allgemein «gilt», der «Massengewohnheit der Annahme» [1] durch die Gesellschaft, die ihm seine Geltung auch eben so versagen kann (Repudiation «unterwertigen» G.). Heute vorrangig als wirtschaftliche Kategorie begriffen, stammt es ursprünglich aus anderen gesellschaftlichen (wahrscheinlich sakralen) Bezirken, aus denen es in einem langen Entwicklungsprozeß in die Wirtschaft vordringt [2]. Allgemein schätzenswerte Dinge des Privateigentums (ohne das die Entstehung von G. nicht denkbar wäre) eignen sich als Tempelabgaben, zur prestigesteigernden Hortung, Hortgegenstände wiederum zum Austausch von Geschenken und schließlich zum Tausch überhaupt. Damit werden sie G. Die ihm wesenhafte Tauschmittlerfunktion setzt seine ursprüngliche Fähigkeit, Wertdarstellungs-, Wertaufbewahrungsmittel und Wertmesser zu sein, notwendig voraus.

Die immer stärkere Funktionalisierung des G. in Richtung auf seine Tauschmittlerrolle setzt es einem säkularen Abstraktionsprozeß aus, an dessen Anfang das ungezeichnete (Vieh-G.; ungemünztes Metall-G.) bzw.

gezeichnete Waren-G. (vollwertiges Münz-G.), an dessen Ende der abstrakte schuldrechtliche Anspruch in Form des Buch- oder Giral-G. ohne jede «Verkörperung» steht. Dazwischen liegen die Mischformen des unterwertigen Münz-G. bzw. des völlig substanzwertlosen Zeichen-G. (Papier-G.). G. bedarf, um seine Tauschmittlerfunktion erfüllen zu können, keiner Verkörperung, was insbesondere beim Buch-G. zutage tritt. Andererseits erfordert es als generelle Anweisung auf einen Teil des Sozialprodukts eine so enge Beziehung zwischen dem G.- und Güterkreislauf, daß es selbst «Gutscharakter» tragen muß; ein Auseinanderreißen beider Kreisläufe kann zu schweren Schäden führen.

Die Geschichte des G.-*Begriffes* ist die Geschichte des Abstraktionsprozesses vom Waren-G. zum substanzwertlosen Zeichen-G. bzw. zum unkörperlichen schuldrechtlichen Anspruch in Form des Buch-G. Dem Begriff des Waren-G., wie er im lateinischen ‹pecunia› (pecus, Vieh) zum Ausdruck kommt, liegt die Vorstellung zugrunde, G. müsse in sich einen «objektiven», realen Substanzwert haben (extremer geldtheoretischer *Realismus* [3]). Dem widerspricht jene Auffassung, die im G. nicht mehr als ein reines Instrument des Wirtschaftsprozesses erblickt und es zu einem «manageable thing» in der Hand der verantwortlichen Wirtschafts- und Währungspolitiker werden läßt, etwa unter dem Motto der von G. F. KNAPP vertretenen «staatlichen Theorie des G.», wonach G. (ausschließlich) «ein Geschöpf der Rechtsordnung» [4] ist (extremer geldtheoretischer *Nominalismus*). G. ist, was die staatliche Rechtsordnung als solches deklariert; Begriff des G. und praktische G.-Politik bewegen sich im Laufe der Geschichte im ständigen Wechsel zwischen den beiden Extremen des geldtheoretischen Realismus und des Nominalismus.

Die dem nominalistischen Denkansatz entsprechende (willkürliche) Verfügbarkeit über das G. und seine Manipulierbarkeit finden beim ungezeichneten, vollwertigen Waren-G. die geringsten Angriffspunkte; umgekehrt sind der «G.-Schöpfung aus dem Nichts» beim Institut des Buch-G. theoretisch keine Schranken gesetzt. Daraus folgt, daß einer auf diesem Denkansatz basierenden G.-Politik um so mehr Chancen zuwachsen, je mehr der Abstraktionsprozeß im G.-Wesen fortschreitet, je mehr G. «machbar» wird [5]. Andererseits steht «machbares» G. weder notwendig noch auch in vielen Fällen tatsächlich einer «realen» Gestaltung des G.-Wesens im Wege. «Papier-G. kann ebenso real gestaltet werden wie G. aus Edelmetall oder aus anderer Substanz» [6].

Um den mit der wachsenden Manipulierbarkeit des G. und insbesondere mit dem geldtheoretischen Nominalismus als währungspolitischem Prinzip gegebenen Versuchungen vorzubeugen (Münzverfälschungen; inflationäre Fiskalpolitik), erscheint G. von seinen Ursprüngen an stets im Bannkreis der *Ethik*. Alte römische Münzen tragen nicht selten das Bildnis einer weiblichen Person, die durch die Beischrift «Moneta» als Münzgöttin bezeichnet ist (lat. moneta, Münze) [7] und als Attribut eine Waage hält. Dieses Attribut ist sonst nur noch der «Aequitas» zu eigen, einer Schwester der Göttin Justitia. Sowohl Moneta wie Aequitas verweisen auf den Bereich der Verteilungsgerechtigkeit, insofern Aequitas auf den Anteil des Zugemessenen zu achten, Moneta dagegen die Aufmerksamkeit auf den Ausschluß des Betrugs beim Verteilungsakt nahezulegen hat – im Sinne der etymologischen Deutung, die THOMAS VON AQUIN dem Wort ‹Moneta› gegeben hat: «Moneta heißt [das G.], weil es uns ‹moniert›, daß kein Betrug unter den Menschen vorkomme, da es das geschuldete Wertmaß ist» [8]. Aus dem im Griechischen gebräuchlichen νόμισμα leitet ARISTOTELES die Deutung her, G. habe seine Wertigkeit nicht von Natur (φύσει), sondern durch den geltenden Brauch (νόμῳ), «weil es in unserer Macht steht, dasselbe zu verändern und unbrauchbar zu machen» [9]. Daraus hat man schließen wollen, Aristoteles habe «wohl als erster das nominalistische Prinzip in seiner Nikomachischen Ethik niedergelegt» [10]. Jedoch verweist νόμος auf νέμω (verteilen), und «Nemesis», die auf den Münzen der griechisch sprechenden Landstriche die Stelle der «Moneta» einnimmt, trägt alle Attribute der letzteren. Damit wird wieder der Boden der «objektiven», der Willkür entzogenen Gerechtigkeit betreten.

Anmerkungen. [1] F. WIESER: Art. ‹G.›, in: Handwb. der Staatswiss. 4 (⁴1927) 681ff. – [2] W. GERLOFF: G. und Gesellschaft. Versuch einer gesellschaftlichen Theorie des G. (1952). – [3] Vgl. O. VEIT: Pecunia in ordine rerum. Ordo. Jb. für die Ordnung von Wirtschaft und Gesellschaft 6 (1954) 39ff. – [4] G. F. KNAPP: Staatliche Theorie des G. (⁴1923) 1. – [5] W. WEBER: Stabiler G.-Wert in geordneter Wirtschaft (1965) 18ff. – [6] VEIT, a. a. O. [3] 55. – [7] Vgl. dazu B. LAUM: Über die soziale Funktion der Münze. Finanzarch. NF 13 (1951/52) 120ff. – [8] THOMAS VON AQUIN, De regimine principum ad regem Cypri II, 13. – [9] ARISTOTELES, Eth. Nic. V, 5, 11. – [10] F. A. MANN: Das Recht des G. (1960) 68.

Literaturhinweise. G. SIMMEL: Philos. des G. (⁵1930). – W. TAEUBER: Philos. des G. Finanzarch. NF 9 (1943) 429ff. – R. KAULLA: Beiträge zur Entstehungsgesch. des G. (1945). – O. VEIT: Scheinprobleme der G.-Theorie. Z. ges. Staatswiss. 107 (1951) 265. – B. MOLL: Logik des G. (⁴1956). – W. WEBER: G. und Zins in der spanischen Spätscholastik (1962). – G. SCHMÖLDERS: Psychol. des G. (1966). – O. VEIT: Reale Theorie des G. (1966). – N. LUHMANN: Knappheit, G. und die bürgerl. Gesellschaft. Jb. Sozialwiss. (1972) 186-210. W. WEBER

Gelehrtenrepublik. Als literarischer Titel meint ‹G.› (frz. république des lettres; lat. respublica litteraria; span. república litteraria; selten lat.: democratia litteraria) die Idee einer Vereinigung aller Gelehrten. Er kommt auf in engem Zusammenhang mit der Bildung von Akademien, gelehrten Gesellschaften (bes. auch der Sprachgesellschaften) seit dem 17. Jh., die im Dienste der neuen Wissenschaften und oft in Opposition zum Latein der scholastischen Universitäten (so in ihrer Ausgangsposition die florentinische Akademie 1470 und etwa die Accademia della Crusca 1582) sich zusammenschließen, um theoretische Erkenntnisse zu suchen und dem praktischen Leben anzuwenden und zu verbreiten [1].

Auf dem Boden von nationalen gelehrten Gesellschaften entsteht die Idee der G. als eines übernationalen Zusammenschlusses aller Gelehrten (LEIBNIZ, LESSING). Abbé ARNAUD schreibt 1760: «Nous regardons tous les gens de lettres sans aucune distinction comme Citoyens d'une seule et même République, dont tous les nombres sont égaux et où il n'est permis à personne d'affecter la tyrannie» [2]. Für DUCLOS besteht der Dienst, den die sociétés littéraires den Wissenschaften und Künsten (aux lettres, aux sciences et aux arts) leisten, darin, ihre Methoden auszuarbeiten und Wege zu bahnen, die der gelehrten Arbeit Irrtümer ersparen und zur Wahrheit auf der kürzesten und sichersten Bahn führen [3]. Dabei werden die Forderungen nach freier gelehrter Diskussion auch dem Staat gegenüber vertreten und zugleich das eigene – politische Kategorien implizierende – Selbstverständnis gleichsam als Modellvorstellung auf die politischen Verhältnisse projiziert. Die Esoterik dieser gelehrten Gesellschaften entkräftet dabei jedoch die politische Bedeutung der Idee einer G.: Das Wort wird daher oft politisch neutral in seinem ursprünglichen literarischen Sinn gebraucht, und seine ironische Verwendung ist als Reaktion auf die wirklichkeitsfremde Selbststilisierung akademischer Zirkel zu einem politischen Leitbild zu verstehen.

Die im Vergleich mit Frankreich «mehr weltliche Orientierung der spanischen Bildung» [4] unter Alfonso dem Weisen und damit die vergleichsweise frühe Emanzipation des Gelehrten aus der scholastisch-theologischen Tradition gehört sicherlich zur Voraussetzung der Möglichkeit einer ‹República Literaria›, wie sie 1612 von D. de Saavedra verfaßt wurde. Freilich erlaubte die Rücksicht auf die katholische Kirche eine Veröffentlichung selbst unter dem Pseudonym ‹Cl. de Cabrura› erst 1655 nach dem Tode des Verfassers. Das sehr unterschiedlich als «satira de la ciencia», «burla» oder «libro subversivo» [5] gedeutete Werk lebt in seinem Witz vor allem aus dem «Beim-Wort-Nehmen» der in der geistigen Welt gängigen Metaphorik. In einer Art himmlischem Jerusalem – die Mauern jedoch mit Gänsekielen bewehrt, die Gräben voller Tinte – stellt es einen gelehrten Stadtstaat dar; der Autor entlarvt ihn als Chimäre aus Eitelkeit und Mißgunst. Bei aller kritischen Beurteilung des Gelehrtentums wird aber eine bestimmte politische Doktrin deutlich. Saavedra fordert vor allem anderen eine praxisnahe, politische Wissenschaft: «Unter den menschlichen Erkenntnissen hält natürlicherweise die politische Wissenschaft den Primat: sie ist die Norm des Glücks der Republik und der Bürger. Und sogar innerhalb dieser Wissenschaft muß man auch die Theorie der Praxis unterordnen» [6].

Ein direktes literarisches Vorbild der ‹República Literaria› ist nicht mit Sicherheit belegt. Das utopische Grundmodell freilich findet sich vorgeformt in Platos ‹Politeia› und in Thomas Morus' ‹Utopia›. Zumindest in den näheren Umkreis gehören T. Campanellas 1602 erschienene ‹Civitas Solis›, T. Boccalinis ‹Ragguagli di Parnaso› (1612/13) und Fr. Bacons ‹Nova Atlantis› (1627). L. Olschki wendet 1922 hierauf den Begriff ‹G.› an [7]. Die Bedeutung von Saavedras ‹República Literaria› für die Verbreitung des G.-Begriffs wird neben zahlreichen spanischen Ausgaben (1922 Aufnahme in die Clásicos Castellanos) durch Übersetzungen ins Französische, Englische und Deutsche belegt. J. E. Kappens übersetzt 1748: «Die gelehrte Republic ...» [8] und fügt dieser ersten deutschen Fassung eine weitere Übersetzung aus dem Französischen bei: «... des Herrn le C. ... gelehrte Republic ...», die auf Grund ihrer augenfälligen Ähnlichkeit die verbreitete Kenntnis Saavedras in Frankreich belegt.

1684 veröffentlicht P. Bayle in Amsterdam, dem «Vorort der Aufklärung», eine Zeitschrift, der er den anspruchsvollen Titel ‹Nouvelles de la République des Lettres› gibt [9]. Er setzt darin die faktisch vorhandene Gelehrtenwelt mit der «République des Lettres» nahezu gleich, ohne daß das Bewußtsein des Gebrauchs einer Metapher verloren geht. Seine ‹Nouvelles› versteht er als Gerichtsforum dieses Gelehrtenstaates, vor dem im Sinne einer natürlichen Gerechtigkeit (justice naturelle) ohne jede Benachteiligung Zeuge wie Angeklagter – Rezensent und Autor – gehört werden: «Chacun y est tout ensemble souverain, et justicable de chacun» [10]. War bei Saavedra kritisch vom Tun der Gelehrten die Rede, so erörtert Bayle, wie sich die Gelehrten im Bewußtsein ihrer vorbildlichen Rolle zueinander verhalten. Unter der Herrschaft der «raison» sollen sich liberté, égalité und fraternité verwirklichen; die «République des Lettres» wird zum idealen Musterstaat für aufgeklärte Hoffnungen: «Cette République est un état extrêmement libre. On n'y reconoit que l'empire de la vérité et de la raison; et sous leurs auspices on fait la guerre innocemment à qui que ce soit» [11]. – Im direkten Anschluß an Bayle geht der Begriff in die Titel einer beträchtlichen Reihe von Zeitschriften ein [12] und repräsentiert so die enzyklopädische Idee einer Zusammenfassung aller Wissensgebiete der geistigen Welt. Damit wird zugleich dokumentiert, daß die entscheidende Aufgabe der ‹République des Lettres› in der Aufklärung der Öffentlichkeit liegt. Was dem Mittelalter der Klerus war, wird dem aufgeklärten 18. Jh. die G. In ihr repräsentiert sich der Geist der neuen Gesellschaft. Der Ungebildete ist der neue Laie.

Wenn noch 1693 J. Thomasius – aus Mißtrauen gegenüber den Gelehrten – die Gleichheit aller nur durch die Monarchie für gewährleistet hält: «Nusquam felicior est ut civilis, ita literaria Respublica, quam sub unius imperio» (nirgends ist wie der bürgerliche, so der literarische Staat glücklicher als unter der Herrschaft eines Einzigen) [13], so wird um und nach 1700 die Stellung des Monarchen zunehmend mit dem Anspruch der Ratio konfrontiert. 1698 fordert J. G. Pritrius in seiner ‹Dissertatio academica de Republica litteraria› [14] die Gleichheit aller bei politischer Freiheit. Weiter in ihren Forderungen gehen 1708 Chr. Loeber [15] und noch entschiedener Chr. G. Hofmann, der in der Idee der «république des lettres» selbst schon eine «wunderliche Chimäre und eingebildete Phantasie herrschsüchtiger Gelehrter» zu erkennen meint: «Eine Obrigkeit hat Gewalt, Gesetze vorzuschreiben und die hohen Regalien auszuüben. Das geht mit der Vernunft derer Menschen nicht an. Dem Verstande derer Menschen gebiethen wollen, ist die unbesonnenste Herrschsucht: seinen Verstand nach Willen und Einbildung eines andern richten, ist die größte und schändlichste Sklaverei. Die Gelehrten haben keinen Monarchen, Kayser oder König ...» [16]. Die Gelehrten bedürfen der Freiheit, auch der politischen; so schreibt Chr. A. Heumann in seinem ‹Conspectus Reipublicae literariae sive Via ad historiam litterariam› 1719: «Ac libertas ista est rei-publicae literariae anima ...» (und diese Freiheit ist die Seele der G.) [17]. J. F. Schneider [18] sieht bei gleichbleibender Intention die Freiheit der Gelehrten am besten in einer Verbindung von Monarchie und Aristokratie gewahrt. Während Fr. Nicolai 1769 feststellt: «Die gelehrte Republik ist eine vollkommene Demokratie» [19], formuliert J. Hermanson schon 1735 das Thema seiner Schrift prägnant und programmatisch: ‹De Democratia litteraria› [20]. Eine weitere Variante für ‹G.› heißt ‹Republica Eruditorum› [21].

In der Diskussion des Problems der rechten Staatsform weisen die angeführten Autoren auch auf wesentliche Unterschiede zwischen der G. und dem politischen Staat hin. Die Ausgrenzung einer G. innerhalb der größeren politischen Republik ist zu verstehen als eine bewußte Absetzung vom Staate, doch so, daß gerade dadurch der Staat dem Gerichtshof der Vernunft unterworfen werden soll. In dieser Trennung von unpolitischer Kritik und politischer Öffentlichkeit bereitet sich die Trennung von Innen und Außen, von Moral und Politik vor. Die daraus resultierende Spannung zwischen dem Reich der Kritik und der Herrschaft des Staates führt dann zu einer Neubestimmung der Kategorien ‹öffentlich› und ‹privat›. Das wird deutlich bei Kant. Für ihn ist die – nach heutigem Sprachgebrauch – öffentliche Predigt ebenso privater Vernunftgebrauch wie die

Diensterfüllung des Verwaltungsbeamten; dagegen ist etwa das Verfassen von Abhandlungen kein privater, sondern ein öffentlicher Vernunftgebrauch [22].

Von den *inneren* Verhältnissen der G. handelt ein Beitrag in einer der moralischen Wochenschriften [23]. Die Fakultäten erscheinen hier als «gelehrte Zünfte», der gelehrte Streit der Weltweisen und Kunstrichter als Krieg. Um der Qualität demokratischer Abstimmungen willen soll den «gelehrten Stümpern das Bürgerrecht in der gelehrten Republik» erst zugestanden werden, wenn sie «eine wahrhaftige Gelehrsamkeit erworben haben» [24]. An diese Stelle gehört auch die immer wieder aufgenommene Diskussion um die Rolle der «critici»: «Wenn die Teutschen es in den freyen Künsten, die mit zur Gelehrsamkeit gerechnet werden, noch nicht so weit gebracht haben, als die alten Griechen und Römer, oder als die heutigen Frantzosen; so kommt das bloß daher, weil wir noch so wenige *Criticos* oder Beurtheiler von dergleichen Sachen gehabt haben. Diese Gattung von Leuten ist überhaupt in der Republic der Gelehrten sehr nöthig, um den nachlässigen Scribenten die Schlaffsucht und Sicherheit im Schreiben abzugewöhnen» [25]. Der Gefahr, daß die «Freiheit zu denken» in die «Frechheit zu denken» umschlägt, gilt es zu begegnen. So wehrt sich J. G. Hamann gegen eine «schnöde Anzeige» von Chr. Ziegra in den ‹Hamburgischen Nachrichten aus dem Reiche der Gelehrsamkeit›: «Man denke ja nicht, daß die Aufschrift der Charteque ihren Inhalt angebe: Hinkender Bote aus dem Raspelhause der gelehrten Republik würde ihn ebensogut, und noch besser ausgedrückt haben» [26]. Gleichermaßen, und schon gegen Klopstock gerichtet, argumentiert G. Chr. Lichtenberg: «Es giebt in der Gelehrten Republick Männer, die ohne das geringste wahre Verdienst ein sehr großes Aufsehen machen, wenige untersuchen ihren Werth und die, die ihn kennen, würde man für Lästerer halten, wenn sie ihre Meinung öffentlich sagten» [27].

Verbreitung und Popularität des Begriffs – er läßt sich vielfach auch in England belegen (Addison 1702 [28], Hume 1739 [29]) – brachten ihn auf die Bühne und führten ihn in die *Dichtung* ein; so findet er sich beispielsweise bei Molière [30], Lessing [31], Beaumarchais [32] und Flaubert [33]. Bei Lessing soll er die Herrschaft der neuen Göttin Vernunft demonstrieren und steht im Kontext von Überkonfessionalität, Toleranz und Weltbürgertum: «Die Vernunft ist die einzige Religion der Gelehrten – als Gelehrten – und Heiden, Mohammedaner, Juden, Christen sind dort zusammen» [34]. Im ‹Jungen Gelehrten› sagt der Held: «Ich rede von der Republik der Gelehrten. Was geht uns Gelehrten Sachsen, was Deutschland, was Europa an? Ein Gelehrter, wie ich bin, ist für die ganze Welt, er ist ein Kosmopolit ...» [35].

Solchen Kosmopolitismus versteht Klopstock als Verlust, ja als Verrat am eigentlichen, nationalen Wesen des Gelehrtentums und veröffentlicht 1774 in Umkehrung der Intentionen der «Republik der Gelehrten» seine ‹Deutsche G.› [36] (durch deren Titel die an dem romanischen Vorbild orientierte getrennte Schreibweise abgelöst wird). Klopstock bestimmt den schon fast zum Synonym für ‹gelehrte Welt› [37] gewordenen Terminus neu, indem er auf eine nationale G. abzielt und den Einfluß ausländischer G.en abwehrt: «In keiner G. ist soviel entdeckt und erfunden worden, als in der deutschen» [38]. ‹G.› wird damit zum Leitbegriff eines kulturpolitischen Programms, das gegen die allgemein anerkannte und undiskutierte Autorität der «Alten» (und der romanischen Völker) eine neue Begründung und Tradition in volkstümlicher, nordischer Überlieferung zu schaffen sucht. Bei Klopstock schließen sich wieder die «Tore» der längst weltbürgerlich geöffneten G.: «Die Einrichtung der Republik ist aristokratisch. Da die Gesetze auch die Größten unserer Mitbürger angehen, so kann es nicht geschehen, dass die Aristokratie in Oligarchie ausarte. Im vorigen Jh. fing die Republik an, ziemlich demokratisch zu werden; aber diesem Übel ist im Anfange des jetzigen dadurch völlig gesteuert worden, dass das Volk die vierte Stimme völlig verloren hat, und die Aldermänner den Vortrag des Rathsfragens abweisen können» [39]. (Solche «Aldermännerei» ironisiert Lichtenberg: «In der Republick der Gelehrten will jeder herrschen, es giebt da keine Aldermänner, das ist übel, jeder General muß so zu reden den Plan entwerfen, Schildwache stehen und die Wachtstube fegen ...» [40].)

Klopstocks Versuch, die G. als eine nationale Institution zu verwirklichen, hat den Stellenwert des Begriffs verändert. Zwar stehen von Anfang an alle Entwürfe einer G. in Beziehung zu den jeweils vorhandenen, in der Regel ‹Akademien› genannten gelehrten Gesellschaften, doch wahren sie ihnen gegenüber immer eine kritische Distanz, indem sie der Realität eine Fiktion oder ein Programm entgegensetzen. (Allenfalls deckten sich Fiktion und Realisation annäherungsweise im freimaurerischen Logenwesen.) Nach dem Erscheinen von Klopstocks Schrift wird es nötig, beim Gebrauch des Begriffs Mißverständnissen vorzubeugen. J. G. Fichte hebt darum von der Konzeption einer G., «deren ganzes Wesen doch nur Empirie ist» und die sich allein durch die «Kraft der Druckerpresse» konstituiert [41], die Begriffe ‹Republik der Wissenschaften› (bzw. ‹der Wissenschaftskundigen›) und ‹Gelehrten-Gemeinde› ab [42] und betont mit diesen Ersatzbildungen den politischen Anspruch des Gemeinten.

Noch schärfer formuliert den Unterschied zwischen der eigentlich zu fordernden und der faktisch vorhandenen G. Schopenhauer: Gegen die Gefahr einer «Proletarierrepublik» gilt es, die «monarchische Verfassung» der «geistigen Aristokratie» zu wahren. «Übrigens ist es in der G., wie in andern Republiken: Gegen die excentrischen Köpfe, als welche Gefahr drohen, vereinigt man sich ...» [43].

An Schopenhauer knüpft Nietzsche an: «So bilden sie [die altgriechischen Philosophengesellschaften] zusammen das, was Schopenhauer im Gegensatz zu der Gelehrten-Republik eine Genialen-Republik genannt hat» [44], und später wirft er in zeitkritischer Wendung seinen gelehrten Zeitgenossen vor, sie seien, wenn auch unfreiwillig, die wichtigsten «Träger des demokratischen Gedankens» und damit «unserer gelehrten Pöbelrepublik» [45].

Gemeinsam ist den meisten Autoren des späten 18. und des 19. Jh. das Bemühen, die unter der Herrschaft der Vernunft allmählich vollzogene Ausweisung der *Künste* aus der G. wieder rückgängig zu machen. Die Einführung des Geniebegriffs bedeutet für die G. den Kampf um das Bürgerrecht der im 18. Jh. aus ihr vertriebenen Künste.

Im 20. Jh. tritt der Terminus ‹G.› zurück. In einer der G. so auffällig ähnlichen Utopie wie im ‹Glasperlenspiel› H. Hesses wird der Begriff nicht aufgenommen: «Jeder Bewegung des Geistes gegen das ideale Ziel einer Universitas Litterarum hin, jeder platonischen Akademie, jeder Geselligkeit einer geistigen Elite, jedem Annäherungsversuch zwischen den exakten und freieren

Wissenschaften, jedem Versöhnungsversuch zwischen Wissenschaft und Kunst oder Wissenschaft und Religion lag dieselbe ewige Idee zugrunde, welche für uns im Glasperlenspiel Gestalt gewonnen hat» [46]. – Wenn dagegen A. SCHMIDT ‹G.› wieder für zitier- und titelfähig hält, so geschieht das in bewußtem Rückgriff auf Klopstock [47]. Die Konstruktion einer künstlichen und beweglichen Insel soll die gelehrte und künstlerische Kreativität fördern, führt aber zu ihrer Lähmung. Klopstocks ‹G.› erweist sich dabei als ironische Folie, die eigentlich die Kritik Saavedra Fajardos an der G. durchscheinen läßt: Der Ruhm des Gelehrtenbetriebes ist unberechtigt und die G. selbst ist Farce. Die Idee der G. wird satirisch als Fiktion entlarvt. Der Kritiker der G. kann sich dabei dennoch nicht ihrem Bann entziehen: Die Kritik entspringt selbst einer gelehrten Reflexion, deren Abstand zur Praxis bewußt ist und ironisch überspielt wird.

Anmerkungen. [1] Vgl. M. KIRSCHSTEIN: Klopstocks Dtsch. G. (1928) 9. – [2] Abbé ARNAUD: Prospectus du Nouv. Journal Etranger (1760) XXXIII, zit. bei KIRSCHSTEIN, a. a. O. 62f. – [3] M. DUCLOS: Considérations sur les mœurs ch. 12 (Paris 1764) 315. – [4] U. RICKEN: ‹Gelehrter› und ‹Wissenschaft› im Frz. (1961) 292 Anm. 1. – [5] D. DE SAAVEDRA: República Literaria (Madrid 1922) 51-54. – [6] a. a. O. 55f. – [7] L. OLSCHKI: Bildung und Wiss. im Zeitalter der Renaissance in Italien (1922) 238. – [8] Die gelehrte Republik durch Don Diego Saavedra ..., hg. J. E. KAPPENS (1748, ²1771). – [9] Nouvelles de la République des Lettres, hg. P. BAYLE 1-11 (Amsterdam 1684-1687). ND in: Oeuvres diverses, hg. E. LAROUSSE 1 (1964). – [10] P. BAYLE: Dict. hist. et crit. (Rotterdam ³1720) 812: Art. ‹Catius›. – [11] ebda. – [12] Relationes Reipublicae litterariae sive apparatus ad historiam scientiarum et Artium I: Auctor Johannes Graeningius Wismariensis (Hamburg 1702); Het Republic der Geleerden of Boekzaal van Europa door J. Ruyter (Amsterdam 1710-74) 128 Deele; Republyk der Geleerden, of kort begryp van Europas letternieuws Voor den Kunst en Letterminnaren; opgemaakt door Verscheide Liefhebbers ... (Amsterdam 1711-31); Hist. crit. de la république des lettres, tant ancienne que moderne, hg. S., J. et PH. MASSON 1-15 (Utrecht/Amsterdam 1712-1718), zit. KIRSCHSTEIN, a. a. O. [1] 47; Nouvelles littéraires contenant ce qui passe de plus considérable dans la République des Lettres, hg. H. DU SAUZET 1-11 (Amsterdam 1715-1720); Marquis d'ARGENS: Mémoires secrets et universels de la république des lettres (¹1743), 2. Aufl.: Hist. de l'esprit humain ou Mém. secrets ... 1-15 (Berlin 1765-68). – [13] J. THOMASIUS: Adversus Philosophos libertinos, in: Dissert. LXIII, zit. CHR. THOMASIUS (1693) 445, zit. bei KIRSCHSTEIN, a. a. O. [1] 49 (dort auch die folgenden Diss.). – [14] J. G. PRITRIUS: Diss. acad. de Republica litteraria (1698). – [15] CHR. LOEBER: Diss. politica. De Forma Regiminis Reipublicae litterariae (1708). – [16] CHR. G. HOFMANN: Unpartheyische Gedanken über die Journale 1/4: Vorrede de libertate sentiendi in Republica Eruditorum (1708) 300. – [17] CHR. A. HEUMANN: Conspectus Reipublicae litterariae sive Via ad historiam litterariam (1719, ²1763). – [18] J. F. SCHNEIDER: Oratio solemnis De forma Reipublicae litterariae. Von der besten Art zu regieren in der Republik der Gelehrten (1727). – [19] FR. NICOLAI: Rez. über den ‹Antikriticus›, in: Allg. Dtsch. Bibl. 10/2 (1769) 103. – [20] J. HERMANSOHN: De Democratia litteraria (Uppsala 1735/37). – [21] Vgl. Anm. [16]. – [22] I. KANT: Beantwortung der Frage: Was ist Aufklärung? (1784). Akad.A. 8, 37; vgl. Der Streit der Fakultäten (1798) a. a. O. 7, 1ff. – [23] Anonym: Ergötzungen der vernünftigen Seele (1745) 1, 395-412. – [24] a. a. O. 397. – [25] J. F. MAY, in: J. CHR. GOTTSCHEDS ‹Vernünftige Tadlerinnen› (12. 4. 1726) 105. – [26] J. G. HAMANN: Wolken (1761) 1. Aufzug Anm 9. – [27] G. CHR. LICHTENBERG, Aphorismen, in: Dtsch. Literaturdenkmale, hg. A. LEITZMANN (1906) 123. 131. – [28] J. ADDISON: Dial. Medals (London 1702) 1, 19. – [29] D. HUME: An essay conc. human nature I, 7, hg. T. H. GREEN/T. H. GROSE (London 1874) 1, 325. – [30] J.-B. MOLIÈRE: Le mariage forcé (¹1664). – [31] G. E. LESSING: Der junge Gelehrte (1747) II, 4. Sämtl. Schr., hg. K. LACHMANN (1886ff.) 1, 318; vgl. E. SCHMIDT: Lessing (⁴1923) 1, 136. – [32] P. A. C. DE BEAUMARCHAIS: Barb. de Séville (1775) I, 2. – [33] G. FLAUBERT: Bouvard et Pécuchet (1881) VI. – [34] LESSING, a. a. O. [31] ebda. – [35] 401. – [36] FR. G. KLOPSTOCK: Die dtsch. G., ihre Einrichtung, ihre Gesetze, Gesch. des letzten Landtags ... (1774, 1817). – [37] Vgl. KIRSCHSTEIN, a. a. O. [1] 48; O. LADENDORF: Hist. Schlagwb. (1906) s.v. – [38] KLOPSTOCK, a. a. O. [36] 11. – [39] 26. – [40] LICHTENBERG, a. a. O. [27] Nr. D 479. – [41] J. G. FICHTE: Die Grundzüge des gegenwärtigen Zeitalters (1804/05). Werke, hg. I. H. FICHTE 7, 86. – [42] Annalen des philos. Tons (1797) a. a. O. 2, 461; Über die Bestimmung des Gelehrten (1811) a. a. O. 11, 170. 185. – [43] A. SCHOPENHAUER, Parerga und Paralipomena. Über die Universitäts-Philos. Werke, hg. A. HÜBSCHER (1946ff.) 5, 193 Anm.; Über Gelehrsamkeit und Gelehrte a. a. O. 6, §§ 252. 248, a. a. O. 6, 514. 511. – [44] FR. NIETZSCHE, Die Philos. im trag. Zeitalter der Griechen. Musarion-A. 4, 157. – [45] Die fröhliche Wiss. a. a. O. 12, 270; Gedanken zu einer Festschrift über die «Möglichkeiten einer dtsch. Cultur». a. a. O. 7, 236. – [46] H. HESSE: Das Glasperlenspiel (1946) 18/20. – [47] A. SCHMIDT: Die G. (1957) bes. 61. 65. 74f.

Literaturhinweise. L. OLSCHKI s. Anm. [7]. – M. KIRSCHSTEIN s. Anm. [1]. – H. GRUNDMANN: Vom Ursprung der Univ. im MA (1957) bes. 16. 61ff. – A. SCHMIDT s. Anm. [47]. – U. RICKEN s. Anm. [4].
W. KNISPEL

Gelten, Geltung. ‹Gelten› ist nach GRIMM «ein Wort mit großem Bedeutungsreichtum» [1], das über gotisch ‹gildan› (fragildan, usgildan – erstatten, vergelten) und althochdeutsch ‹keltan, geltan›, mittelhochdeutsch ‹gelten› aus dem mythisch-sakralen über den rechtlichen, sozialen, wirtschaftlichen Bereich zu logischer, ethischer und ästhetischer terminologischer Relevanz gelangt ist. So gehört es – semantisch gesehen – zur normativen Sprache. KRUG verweist auf die Bedeutung von allgemeingeltend im Sinne eines common sense und logischer Gültigkeit [2]. Auch KANT kennt eine logische und ethische Verwendung des Wortes, wie vor allem die ‹Transzendentale Analytik› in ihrem obersten Grundsatz beweist [3] und nicht minder die Ethik, wo analog sowohl inhaltlich wie formal die Allgemeingültigkeit des Sittengesetzes betont wird [4].

‹Gelten› und ‹G.› haben ihre zentrale terminologische Bedeutung jedoch erst in der Wertphilosophie des 19. Jh. gewonnen. Insofern «die Wert-Philosophie eine Reaktion auf die Nihilismuskrise des 19. Jh.» [5] ist, bleibt zu beachten, «daß der Wert, von dem die Wertphilosophie spricht, nicht Sein haben soll, sondern eine G.» [6]. G. ist dann aktualisierter Wert, Gelten ein Vollzug, der Werte zur G. bringt [7].

Misch [8] weist darauf hin, daß LOTZE im Zusammenhang der Zwei-Welten-Theorie den Ausdruck ‹gelten›, den auch Herbart benutzte, verwendet, allerdings noch nicht in terminologischer Bestimmtheit. In der ‹Logik› formuliert er: «Philosophie ist eine Untersuchung, welche zu ihrem Gegenstande die Begriffe hat, die in den speziellen Wissenschaften, sowie im Leben als Prinzipien der Beurteilung der Dinge und der Handlungen *gelten*» [9]. Oder: «Wirklich nennen wir ein Ding, welches *ist*, ... wirklich auch ein Ereignis, welches geschieht ..., wirklich ein Verhältnis, welches besteht ..., endlich wirklich nennen wir einen Satz, welcher gilt ...» [10]. «So wenig Jemand sagen kann, wie es gemacht wird, daß etwas ist oder Etwas geschieht, ebensowenig läßt sich angeben, wie es gemacht wird, daß eine Wahrheit gelte» [11]. Die Differenz von Seins-, Ereignis- und G.-Wirklichkeit ist hier als unhintergehbar letzte formuliert. Daraus folgt keineswegs die beziehungslose Isoliertheit der verschiedenen Bereiche der Wirklichkeit, vielmehr sind diese teleologisch vermittelt, haben eine vorgängige Bezogenheit aufeinander, die sich im Anerkennungszwang des Urteils als Wahrheit in der Logik zeigt, wie sie sich ästhetisch in der Unmittelbarkeit des Schönen als Wert offenbart und ethisch im Wert des Guten auf den höchsten Wert hinführt, auf Gott. Dem Gelten und der G. kommt dergestalt kein ontischer Charakter zu, wohl aber sind die in den Dingen und Ereignissen wirksamen Gesetze von solcher Struktur, daß sie notwendig und immer so und nicht anders gelten. Das unveränderliche Reich des Geltens erweckt platonische Reminiszenzen.

RICKERT kritisiert Lotzes Begriff des Geltens und der G., weil er dessen an Platon orientierte Idealität für verfehlt hält und auf der Irrealität des Geltens im Sinne der Nichtexistenz insistiert [12]. Zwar hat Rickert später die ontologische Terminologie doch akzeptiert [13], aber so, daß Gelten und G. den Charakter der Nichtexistenz behalten: «Etwas, das nur existiert, gilt nie. ... Wer sagt, daß ‹Tatsachen› gelten, die nicht Werte sind, redet ungenau, ja, gedankenlos» [14]. Gelten und Wert, die sich für Rickert weithin decken, bestimmen demnach eine eigene Seinsart oder -sphäre [15]. Es gibt Stufen irrealen Geltens [16], die vom ideell subjektiven über den allgemein subjektiven zum objektiv geltenden Wert führen. Ist die G. einerseits von einer irrealen Aseität, so haftet sie andererseits doch an einem Gut, das ein Ding oder ein Seiendes sein kann, und wird jeweils in einem Akt vollzogen. Diese Dreiheit von G., Gut und Akt bestimmt ihrer Struktur nach sowohl die theoretische wie auch die atheoretische G., also die logische wie die ästhetische und die ethische. Für den logischen Bereich formuliert Rickert: «Wir müssen daher von dem eigentlichen Urteilsgehalt, der unabhängig von allen Sätzen und psychischen Vorgängen gilt, und den wir deshalb auch den ‹transzendenten› logischen Sinn nennen können, einerseits das objektive Gut, an dem er haftet, und andererseits den subjektiven Akt der Stellungnahme mit dem ihm ‹immanenten› Sinn sorgfältig scheiden. Der Urteilsgehalt ist von der Logik dann mit Rücksicht auf seine ‹Form› und seinen Inhalt zu untersuchen, wobei wir unter ‹Form› das theoretische G.-Moment in seiner begrifflichen Isolierung verstehen, durch welches der für sich logisch indifferente Inhalt in die logische Sphäre gehoben, also zum logischen gültigen Sinngebilde erst gemacht wird» [17]. Das gilt analog für den ästhetischen Bereich. Für die Ethik ist die Struktur variant. Hier finden wir «das höchste ethische Gut oder die denkbar vollkommenste Realisierung des Ethischen in einer vom Pflichtbewußtsein beherrschten, freien, autonomen Persönlichkeit» [18].

NIETZSCHE, der die Worte ‹G.› und ‹gelten› höchst selten und nicht terminologisch verwendet, bringt doch eine semantische Transformation ins Spiel, insofern als seine Kritik der Moral die Differenz von Sein und Schein, Sein und Sollen negiert: «Die scheinbare Welt» gilt uns nicht als eine «wertvolle» Welt; der Schein soll eine Instanz gegen den obersten Wert sein. Wertvoll an sich kann nur eine «wahre» Welt sein [19]. Nietzsches Konsequenz ist, daß physiologische und psychologische Voraussetzungen die Interpretation, d. h. die G. von Werten bestimmen, diese also auf die realen Bedingungen des Lebens zurückzubeziehen seien, in welchen der Wille zur Macht sich durchsetzt. «Das moralische Wertschätzen ist eine Auslegung, eine Art zu interpretieren. Die Auslegung selbst ist ein Symptom bestimmter physiologischer Zustände, ebenso eines bestimmten geistigen Niveaus von herrschenden Urteilen: Wer legt aus? – Unsere Affekte» [20]. Nietzsche gibt damit die Möglichkeit, ‹G.› und ‹gelten› nicht nur normativ in logischen, ethischen und ästhetischen Zusammenhängen, sondern auch deskriptiv in physiologischem und psychologischem Kontext zu verwenden.

Für SCHELER bezeichnen die Termini die historische Relevanz einer Werthaltung, die somit jeweils eine bestimmte Variation z. B. sittlicher Wertschätzung anzeigt, die in Handlungen und Institutionen sich dokumentiert. So besagt Allgemeingültigkeit von Normen einmal «den faktischen Allgemeinbesitz von Anlagen, bestimmte Werte zu erfassen. Zweitens das, was in einem gegebenen Kreis von Menschen allgemein als sittlich gilt oder das sittlich allgemein ‹Geltende›, gleichgültig, ob alle diesem Kreise Angehörigen auch die Fähigkeit haben, die allgemein geltenden Werte zu erfassen. Und endlich diejenigen Werte, deren Anerkennung allgemein ‹gültig› ist, gleichgültig, ob sie faktisch ‹allgemein geltend› sind oder nicht. In diesem Sinne liegt es in der Natur des ‹Allgemeingültigen›, daß es im Unterschiede von jenen zwei anderen Arten des Allgemeinen auf ein ideal Gesolltes zurückgeht; wogegen das allgemein Geltende nur eine jeweilig das allgemeine Urteil faktisch beherrschende Meinung über jenes ideal Gesollte einschließt» [21]. Scheler hebt hervor, daß die historischen, jeweils verschiedenen Moralen, der ethische Stil einer Kultur, durch die je geltenden Werte bestimmt werden, wobei die Werte weder relativiert werden noch etwas von ihrer Allgemeingültigkeit verlieren.

N. HARTMANN ist darin mit Scheler einig. Er betont: «Werte gelten für etwas und für jemanden» [22]. Mit den Begriffen ‹gelten› und ‹G.› ist die Weise der Determination bezeichnet, die das ideale Sein der Werte in das reale hinein über die Vermittlung der aktualen Sphäre des Subjektes ausübt, der modus ihrer Transzendenz. Dieser werttheoretische Begriff umfaßt nicht nur die je verschiedenen Moralen, sondern auch den ästhetischen Stil einer Kultur. Die Relation des Kunstwerkes und des produzierenden Künstlers auf den ästhetischen Wert ist notwendige Bedingung dafür, daß das Resultat eines solchen künstlerischen Schaffens ein Gut realisiert, woran der Wert des Schönen haftet. Die G. des ästhetischen Wertes wird am Kunstwerk sichtbar, ohne daß dieser selbst in den historischen Prozeß eingeht oder aus ihm hergeleitet werden könnte. Insbesondere die ethische G. läßt nun deutlich werden, welche Aporien sich einstellen [23], wenn nicht ein objektives Gut als ethischer Wert subjektdifferent und unabhängig thematisch wird, sondern das autonome wollende Subjekt zugleich das Subjekt des Sollens ist, dessen Freiheit eine unmittelbare Koinzidenz von Sollen und Wollen, von Norm und Akt, von Person und Gut erfordert, während die Sozialität des Ethischen seinerseits die normative Intersubjektivität der Werte, der Normen, in ihrer Verbindlichkeit in Gewissen und Verantwortung impliziert. Hier meldet sich das Problem des Verhältnisses von Theorie und Praxis. Zum anderen wird die Differenz objektiv-theoretischer G. im Sinne der Naturwissenschaften einerseits und der Geisteswissenschaften andererseits thematisch [24]. Die Wertindifferenz der Natur, für die Naturgesetze gelten, die selber theoretische G.-Relevanz haben, und die Wertrelevanz der Kultur, die als solche wiederum Naturwissenschaften und Geisteswissenschaften umfaßt, fordert einen G.-Horizont, der systematisch die Totalität von Welt zu umfassen in der Lage sein soll und/oder erzwingt eine Problemlage, die im Werturteilsstreit [25] zwar initiiert wurde, jedoch zu entschieden radikaleren Fragestellungen hinführte und die Abstinenz vom Theorie-Praxis-Verhältnis ebenso überholte, wie sie das Verhältnis von Erkenntnis und Interesse ernst zu nehmen gezwungen wurde [26]. In dieser Hinsicht hat nicht nur der Werturteilsstreit das G.-Problem aktualisiert, sondern hat wissenschaftliche Theorie das Verhältnis von Natur zu Kultur und Geschichte, von naturaler und sozialer Welt empirisch und evolutiv zur Debatte gestellt, die Problemlage des 19. Jh. transformiert, die logischpsychologische und noetische Problemlage weitergeführt, dies um so mehr, als sozialpsychologische Resultate – deskriptiv, experimentell erarbeitet – und biologische wie auch ethologische Ergebnisse sich zusammenfügen zu einer Argumentationskette, welche die antimetaphysische Kontroverse in eine Analyse ideologischer Verhaltensgebundenheit überführt, womit das G.-Problem sich im historisch naturalen Kontext neu und anders stellt.

Dies zeigt exemplarisch die Arbeit von CLAESSENS, die eine semantische und terminologische Transformation der Begriffe wie auch der wissenschaftlichen Intentionalität dokumentiert. Seine These lautet: «... daß der dem Instinktsystem immanente G.-Anspruch beim Menschen auf die Gruppe (oder Gesellschaft) übergegangen sei» [27]. Der Terminus ‹G.› hat hier eine deskriptive Funktion. Der Prozeß der Insulation transformiert die Autorität von Umwelt in eine soziokliamtische Gruppen-G. als Innenklima. Instinkt- und Gruppensystem als G.-Systeme stellen eine Folge evolutiver Phasen dar [28]. Der Begriff der G. und des Geltens dient der deskriptiven Erfassung auch naturaler Phänomene, wodurch er weitere wissenschaftliche Anwendungsmöglichkeiten gewinnt.

Anmerkungen. [1] GRIMM 4/1-2, 3066-3096. – [2] W. T. KRUG, Allg. Handwb. der philos. Wiss. (1827) 2, 154; 1, 94. – [3] I. KANT, KrV B 193-197. – [4] Grundl. Met. Sitten. Akad.-A. 4, 460f. – [5] C. SCHMITT: Die Tyrannei der Werte, in: Säkularisation und Utopie. Ebracher Studien, Festschrift E. Forsthoff (1967) 46. – [6] a. a. O. 52. – [7] ebda. – [8] G. MISCH: Einl. in: H. LOTZE: Logik (1912). Philos. Bibl. 141, XXXII. – [9] H. LOTZE: Grundzüge der Logik und Encyklop. der Philos. (1902) 94. – [10] Logik a. a. O. [8] 511. – [11] ebda.; vgl. auch Mikrokosmos 3 (1864) 500. 510. – [12] H. RICKERT: System der Philos. 1: Allg. Grundl. der Philos. (1921) 121. – [13] Die Logik des Prädikats und das Problem der Ontologie (1930) 9. – [14] System a. a. O. [12] 122. – [15] Logik des Prädikats a. a. O. [13] 9. – [16] System a. a. O. [12] 132. – [17] Über log. und ethische G. Kantstudien 19 (1914) 182-221. – [18] ebda. – [19] FR. NIETZSCHE, Der Wille zur Macht. Musarion-A. 19, 73. – [20] a. a. O. 18, 189. – [21] M. SCHELER: Der Formalismus in der Ethik und die materiale Wertethik (⁴1954) 286f. – [22] N. HARTMANN: Ethik (³1949) 179. – [23] NIETZSCHE, a. a. O. [19] Nr. 254. – [24] H. RICKERT: Kulturwiss. und Naturwiss. (¹1899). – [25] CHR. V. FERBER: Der Werturteilsstreit 1909/1959, in: Logik der Sozialwiss., hg. E. TOPITSCH (³1966) 167-180. – [26] J. HABERMAS: Erkenntnis und Interesse, in: Wiss. und Technik als Ideol. (1968) 146-168. – [27] D. CLAESSENS: Instinkt, Psyche, G. (1968) 190. – [28] a. a. O. 184ff.

Literaturhinweise. A. LIEBERT: Das Problem der G. (1914). – B. BAUCH: Wert, Wahrheit, Wirklichkeit (1923). – H. DINGLER: Das G.-Problem, in: Clausthaler Gespräche (1949).

H. HÜLSMANN

Geltungsstreben (Synonyma und Ausdrücke für Steigerungs- und Übersteigerungsformen: Geltungtrieb, -drang, -sucht, -bedürfnis; in der Individualpsychologie auch: Streben nach Überlegenheit, Vollkommenheit, Macht, Gottähnlichkeit, Selbstvergötzung). Der Begriff gewinnt zentrale Bedeutung in der *Individualpsychologie* A. ADLERS: Das G. entsteht als Folge eines Minderwertigkeitsgefühls, das in der menschlichen Natur wurzelt. Es ist Ausdruck des Bestrebens, das Minderwertigkeitsgefühl, d. h. die Beeinträchtigung des Selbstwerterlebens, durch den Erwerb von Ansehen in der sozialen Umwelt zu überwinden [1]. In seinen ersten Schriften gebraucht Adler für ‹G.› noch *Nietzsches* Ausdruck ‹Wille zur Macht› [2] und hält diesen Willen für ein Zeichen des menschlichen «Aggressionstriebes» [3]. Je mehr Adler sich jedoch von organismischen Vorstellungen löst und sich auf eine rein psychologische Deutung psychischer Phänomene konzentriert, um so seltener verwendet er die Begriffe ‹Wille zur Macht› und ‹Aggressionstrieb› und gebraucht stattdessen den Ausdruck ‹Geltungs*trieb*› [4]. Sein Interesse an pathologischen Entwicklungen des psychischen Systems bringt es mit sich, daß er sich vor allem mit Steigerungsformen des G. beschäftigt; er führt dafür Termini wie ‹Überlegenheitsstreben› [5], ‹Vollkommenheitsstreben› [6], ‹Gottähnlichkeitsstreben› [7], ‹männlicher Protest› [8] ein. Dem Begriff ‹männlicher Protest› kommt besondere Bedeutung zu. Noch unter dem Einfluß der fast ausschließlich sexuellen Interpretation psychischen Geschehens im Wiener psychoanalytischen Kreis und unter dem Einfluß anderer zeitgenössischer Auffassungen neigt Adler in den ersten Jahren der Entwicklung seiner Individualpsychologie dazu, das Minderwertigkeitsgefühl und dessen Kompensation durch G. auf die Geschlechtsrolle zu beziehen: Sich-minderwertig-fühlen heißt für ihn «weiblich» sein, «unten» sein; sich überlegen fühlen «männlich» sein, «oben» sein. Ein Überlegenheitsstreben oder G. stellt demnach einen Wunsch nach der männlichen Geschlechtsrolle dar [9]. Diese Deutung des G. tritt später zugunsten einer sozialen und einer individuell-teleologischen Interpretation zurück. Beide Deutungsweisen bleiben aber gleichwertig und unvermittelt nebeneinander stehen und finden ihren Ausdruck in der Verwendung der Begriffe ‹G.› und ‹Überlegenheitsstreben› einerseits und ‹Streben nach Vollkommenheit› bzw. ‹Gottähnlichkeit› andererseits [10].

In der Nachfolge Adlers bleibt nur dessen spätere Konzeption des Begriffes erhalten. F. BIRNBAUM modifiziert sie, indem er die von Adler hypostasierte Ursache-Wirkung-Folge: Minderwertigkeitsgefühl → G. (bei Birnbaum auch ‹Selbstvergötterung›) für umkehrbar erklärt. Die Intensität des Minderwertigkeitsgefühls kann von der des G. abhängen [11]. – Bei F. KÜNKEL finden sich ähnliche Gedanken: Minderwertigkeitsgefühl und G. sind einander in ihrer Stärke direkt proportional. Die Spannung zwischen diesen beiden Komponenten bezeichnet er als ‹Reizbarkeit› [12]. G. führt zur Ichhaftigkeit unter Vernachlässigung der (positiv bewerteten) Sachlichkeit. – Einer ähnlichen Sicht begegnet man bei dem Persönlichkeitspsychologen W. ARNOLD [13]. – E. WEXBERG faßt in seiner ‹Individualpsychologie› die methodische Funktion der Begriffe ‹G.› und ‹Minderwertigkeitsgefühl› genauer: ‹G.› ist ein phänomendeskriptiver Begriff, der eine «seelische Realität» beschreibt, während ‹Minderwertigkeitsgefühl› bei Adler nach Wexbergs Analyse als Erklärungsbegriff fungiert und einen hypothetischen Zustand bezeichnet [14].

Außerhalb der Individualpsychologie spielt der G.-Begriff in einigen *Persönlichkeitslehren* eine Rolle, insbesondere in der frühen Charakterologie L. KLAGES'. Inwieweit eine gegenseitige Anregung stattfand, ist umstritten; Belege H. L. Ansbachers zeigen jedoch, daß Adler die Schriften von Klages kannte, so daß ein Einfluß von Klages auf Adler vermutet werden kann [15]. Klages veröffentlichte seine ‹Grundlagen der Charakterkunde› 1910 [16], also etwa in den gleichen Jahren, in denen Adler seine ersten Gedanken über das G. formulierte. Wie Adler spricht auch Klages zunächst von ‹Geltungtrieb›. Trotz dieser veralteten Begriffsprägung finden sich bei ihm Überlegungen, die neuere psychologische Analysen der Selbsteinschätzung vorwegnehmen [17]. Der allgemeine «Selbsteinschätzungstrieb» beruht auf dem Vergleich mit sozialen Partnern. Erst durch diese soziale Orientierung wird das Streben nach Selbsteinschätzung zu einem «Geltungtrieb» [18]. – Eine ähnlich sozialpsychologisch ausgerichtete Deutung des G.

versucht zwei Jahrzehnte später P. LERSCH: Das Kind bildet sein Selbstwertgefühl durch das Urteil anderer über seine Person aus; dadurch wird es in seiner Selbstschätzung von anderen abhängig. Dieser Umstand macht es erklärlich, daß zunächst das G., d. h. das auf die soziale Umwelt gerichtete Selbstwertstreben, gegenüber dem von der sozialen Umwelt unabhängigen *Eigenwertstreben* vorherrscht [19]. Beide Aspekte des Selbstwertgefühls sollten jedoch beim Erwachsenen gleichmäßig ausgebildet sein. Die G. steigert sich nach Lersch zur Geltungs*sucht*, wenn es ständig frustriert wird [20].

Das G. ist eine normale psychische Erscheinung. Erst durch Übersteigerung wird es zum *pathologischen* Phänomen und damit zum Gegenstand psychopathologischer Forschung. In seiner grundlegenden Systematisierung der abnormen Charakteranlagen, zu denen auch Geltungsbedürfnis und Geltungssucht zählen, erkennt K. SCHNEIDER im geltungsbedürftigen Psychopathen hysterische Züge [21] und gibt als Merkmal des Geltungssüchtigen den Aufbau einer Scheinwelt an, in der er seine n. G. genügende Rolle spielen kann; diese Scheinwelt wird aufgebaut durch Exzentrizität, Renommiersucht und Pseudologien [22]. – N. PETRILOWITSCHS Analyse abnormer Persönlichkeiten fußt auf der Einteilung Schneiders. Als Wurzeln des G. stellt er zusammen: a) naturgegebene «Machtstrebigkeit», b) naives, mit vitaler Mächtigkeit korrespondierendes G. expansiv-hyperthymischer Persönlichkeiten, c) das kompensatorische G. bei selbstunsicheren, depressiven Persönlichkeiten, deren Selbsteinschätzung und «innerer Halt» von äußerer Anerkennung abhängig ist, d) das durchaus sachlich orientierte, doch alle anderen Gesichtspunkte der Lebensgestaltung hintanstellende Karrierestreben. Petrilowitsch betont, daß die Geltungsbedürftigen keinen einheitlichen Typus bilden, sondern auf vielerlei Weise «erlebnisreaktiv» determiniert sind. Dagegen könne man bei *habituell* Geltungssüchtigen von einem einheitlichen Typus sprechen [23].

Anmerkungen. [1] A. ADLER: Über den nervösen Charakter (¹1912, ³1922) 29. – [2] 5. 24. – [3] Der Aggressionstrieb im Leben und in der Neurose (1908); auch in: A. ADLER und C. FURTMÜLLER: Heilen und Bilden (³1928) 33-42; vgl. auch Art. ‹Aggression› Nr. 2. – [4] a. a. O. [1] ebda. – [5] Über den Ursprung des Strebens nach Überlegenheit und des Gemeinschaftsgefühls. Int. Z. Individualpsychol. (= IZI) 11 (1933) 257-263. – [6] ebda. – [7] Relig. und Individualpsych., in: A. ADLER und E. JAHN: Relig. und Individualpsychol. (1933) 58-92. – [8] Der psychische Hermaphroditismus im Leben und in der Neurose (1910); auch in: A. ADLER und C. FURTMÜLLER, a. a. O. [3] 76-84. – [9] ebda.; vgl. V. ADLER: Bemerk. über die soziol. Grundl. des männl. Protestes. IZI 3 (1925) 307-310. – [10] Vgl. a. a. O. [5]; Menschenkenntnis (1926); Persönlichkeit als geschlossene Einheit. IZI 10 (1932) 81-88; vgl. a. a. O. [7]. – [11] F. BIRNBAUM: Inferno, Purgatorio, Paradiso. IZI 17 (1948) 97-108. – [12] F. KÜNKEL: Einf. in die Charakterkunde (1928). – [13] W. ARNOLD: Person, Charakter, Persönlichkeit (³1969) 179. – [14] E. WEXBERG: Individualpsychol. (²1931) 69. – [15] H. L. ANSBACHER und R. ANSBACHER: The Individual Psychol. of Alfred Adler (New York 1956) 220f. – [16] L. KLAGES: Die Grundl. der Charakterkunde (¹1910, ⁷/⁸1936). – [17] L. FESTINGER: A theory of social comparison processes. Human Relations 7 (1954) 117-140. – [18] KLAGES, a. a. O. [16] 202. – [19] P. LERSCH: Aufbau der Person (⁹1964). – [20] a. a. O. 256. – [21] K. SCHNEIDER: Die psychopathischen Persönlichkeiten (⁶1943). – [22] a. a. O. 85. – [23] N. PETRILOWITSCH: Abnorme Persönlichkeiten (1960) 105ff. O. BRACHFELD

Geltungstheorie bedeutet in der traditionellen Logik die Lehre, daß das Wesen des Urteils in seiner objektiven Geltung oder in einem subjektiven Geltungsbewußtsein des Urteilenden bestehe. B. ERDMANN faßt den Begriff ‹G.› so weit, daß auch die *Anerkennungstheorie* (s. d.) mit darunter fällt [1]. Eine Andeutung der G. findet sich schon bei KANT: «Dadurch allein wird aus diesem Verhältnis ein Urteil d. i. ein Verhältnis, das objektiv gültig ist» [2]. F. ÜBERWEG definiert: «Das Urteil ... ist das Bewußtsein über die objektive Gültigkeit einer subjektiven Verbindung von Vorstellungen ...» [3]. CHR. SIGWART verbindet die G. mit einer *Identitätstheorie* (s. d.): «... es liegt zugleich in jedem vollendeten Urteil als solchem das Bewußtsein der objektiven Gültigkeit dieser In-Einssetzung» [4]. J. N. KEYNES sagt: ‹The fundamental characteristic then of judgements is their objective reference, their claim to objective validity» [5]. Eine G. in diesem Sinne vertreten auch G. HAGEMANN [6], G. STÖRRING [7], O. KÜLPE [8] und A. V. PAULER [9].

Anmerkungen. [1] B. ERDMANN: Logik (²1909) 398ff. – [2] KANT, KrV B 142. – [3] F. Überweg: System der Logik (⁴1874) 154. – [4] CHR. SIGWART: Logik (1873) I, 77. – [5] J. N. KEYNES: Studies and exercises in formal logic (¹1906) 76. – [6] G. HAGEMANN: Logik und Noetik, hg. A. DYROFF (¹¹1915) 62. – [7] G. STÖRRING: Logik (1916) 54. – [8] O. KÜLPE: Vorles. über Logik (1923) 222f. – [9] A. V. PAULER: Logik (1929). A. MENNE

Gemeinde. In seiner allgemeinen Verwendung für die bürgerliche G. (Kommune) wie für die Kirchen-G. enthält der Begriff sowohl die räumliche Zusammengehörigkeit als auch die Definition von Aufgaben und Tätigkeiten und vermittelt den Bedeutungsgehalt von ‹Institution› und ‹Gemeinschaft› in sich.

Die begriffliche Ausarbeitung wird zuerst von M. LUTHER vorgenommen, der den neutestamentlichen Begriff ἐκκλησία [1] pointiert nicht mit ‹Kirche› übersetzt wissen will, sondern mit «ein christliche Gemeine oder Sammlung» [2]. In der Erörterung der Bedeutung von «communio sanctorum» im Apostolischen Glaubensbekenntnis dann als «Gemeine der Heiligen» oder «heilige Gemeine» präzisiert, die durch die Tätigkeit des Geistes zusammengeführt wird und durch ihren Gebrauch des Wortes Gottes sich zusammenhält, wird der neuzeitliche Begriff vorbereitet, in dem ‹G.› die Tätigkeit des religiösen Selbstbewußtseins bezeichnet, in der es sich seiner Voraussetzungen manifest vergewissert. Als Vermittlung objektiv vorgestellter Inhalte und eigener Tätigkeit der Glaubenden erweist der Begriff sich im *Pietismus* als institutionskritisch, indem die Erzeugung der Institution Kirche aus dem Leben der G. gegen deren historische Verfassung aktualisiert wird [3].

Die religionsphilosophische Ausarbeitung bei HEGEL begreift die G. als «wirkliches allgemeines Selbstbewußtsein», in dem die göttliche Idee sich vollendet im Vollzug einer Tätigkeit, die die Einzelnen «zur Einheit des Geistes, zur G. zurückbringt» [4], so daß sich das Selbstbewußtsein als vermittelt weiß. Das Bewußtsein der G. «macht» den entscheidenden Übergang vom bloßen Menschen zum Gottmenschen und wird somit als Ort der Entstehung von Christologie und damit christlicher Theologie bzw. Philosophie überhaupt begriffen. Damit rückt der Begriff G. in die zentrale konstruktive Position ein, die er für das moderne Bewußtsein hat.

Im Rückgang auf den Bezugspunkt der Vermittlung des Bewußtseins von G. prägt BONHOEFFER die Formel «Christus als G. existierend» [5], mit der zugleich das Problem von Sozialität und Personalität exemplarisch ausgedrückt werden soll. Die Formel wird dann von K. BARTH aufgegriffen [6] und bei BULTMANN hermeneutisch gewendet, sofern «Jesus ins Kerygma [der ἐκκλησία.] auferstanden» sei [7]. Der G.-Begriff faßt somit die Tätigkeit der christologischen Konstruktion wie deren

Ergebnis zusammen. Auf diesem Wege kann dann auch die Formel «Christen-G. und Bürger-G.» [8], die sich an den unreflektierten historisch-institutionellen Gebrauch Schweizer Provenienz anschließt, auf die beherrschende Tätigkeit des vorbildlichen Subjekts hin durchsichtig gemacht werden und die Gegenüberstellung von Staat und Kirche abzulösen suchen.

Das Interesse an der Soziologie der G. [9] repräsentiert dann das Bedürfnis, den dogmatisch verschlüsselten Gehalt des Begriffs im Medium empirischer Tätigkeiten anschaulich zu machen und für die freie Entfaltung der gegenwärtigen Träger der darin erfaßten allgemeinen Selbstbewußtseins zu reklamieren, über die kirchliche bzw. institutionelle Fassung hinaus. Ferner vermag der Begriff die Tätigkeit der freien Subjektivität in den von ihr selbst her geforderten Vermittlungen zu bestimmen und sich dabei der abstrakten Entgegensetzung von Individuum und Gemeinschaft, Institution und Gemeinschaft, Gemeinschaft und Gesellschaft (Tönnies) zu entziehen.

Anmerkungen. [1] Art. EKKLESIA, in: Theol. Wb. zum NT 3, 505ff. – [2] Großer Katechismus, in: Bekenntnisschriften (1931) 656. – [3] J. WALLMANN: Ph. J. Spener und die Anfänge des Pietismus (1970) 253ff.; H. RENKEWITZ: Die Brüdergemeinde (1949). – [4] G. W. F. HEGEL, Vorles. über die Philos. der Religion, hg. LASSON, in: Philos. Bibl. 63, 164. 173. – [5] D. BONHOEFFER: Sanctorum communio. (1954) 138. – [6] K. BARTH: Kirchl. Dogmatik IV/2, 725f. – [7] R. BULTMANN: Das Verhältnis der urchristl. Christusbotschaft zum hist. Jesus (²1961) 27. – [8] K. BARTH: Christen-G. und Bürger-G. (1946). – [9] T. RENDTORFF: Die soziale Struktur der G. (²1959).

Literaturhinweise. K. HOLL: Die Entstehung von Luthers Kirchenbegriff. Ges. Aufsätze 1 (³1923) 288ff. – P. ALTHAUS: Communio sanctorum. Die G. im luth. Kirchengedanken (1929). – T. RENDTORFF: Kirche und Theol. Die systematische Funktion des Kirchenbegriffs in der neueren Theol. (²1970).

T. RENDTORFF

Gemeinschaft. Das Wort ‹G.› gehört zu jenen elementaren Gebrauchsausdrücken der Umgangssprache, dessen Verwendung in der Philosophie trotz früher Aufnahme und mannigfacher Klärungsversuche stets außerordentlich vieldeutig gewesen und dies auch bis heute geblieben ist. Das griechische Äquivalent heißt κοινωνία, eine ursprünglich der mythisch-kultischen Sprechweise verhaftete Bezeichnung, die zuerst Plato zum philosophischen Kunstwort erhoben hat. In der antiken (griechischen) und neuzeitlichen Philosophie hat G. sowohl 1. eine logisch-metaphysische als auch 2. eine moralisch-politische Bedeutung, während der Ausdruck dem gegenwärtigen Sprachgebrauch meist nur noch als theologischer und sozialphilosophischer Terminus vertraut ist.

1. *Die logisch-metaphysische Bedeutung.* – Bei PLATO tritt ‹G.› im Theorem der κοινωνία τῶν γενῶν (bzw. εἰδῶν) als Grundbegriff der Ideenlehre auf. Nach der ‹Politeia› bezeichnet der Ausdruck in einer mehr pejorativen Verwendung einerseits die Vielfalt der Ideen, wie sie durch «G. untereinander und mit den Handlungen und körperlichen Dingen» (τῇ δὲ τῶν πράξεων καὶ σωμάτων καὶ ἀλλήλων κοινωνίᾳ) erscheint [1]. Wer die Ideen nur auf der Grundlage jener κοινωνία erkennt, gelangt über eine alles- und nichtswissende Philodoxie, z. B. im Bereich der Fachwissenschaften, nicht hinaus. Andererseits bezieht sich der Ausdruck im positiven Sinne auf die dem Dialektiker übertragene Aufgabe, die Vielfalt solchen Wissens durch Einsicht in seine wechselseitige «G.» und «Verwandtschaft» (κοινωνία καὶ συγγένεια) und den Zusammenhang mit der Grundvoraussetzung aller Wissenschaften, der Idee des Guten, sichtbar zu machen [2]. Das Theorem der Ideen-G. wird in Platos Spätdialogen auf dem Weg einer methodischen Weiterbildung der Dialektik durch das dihairetische Verfahren (Sophistes, Politikos) entwickelt. Die Kunst der «Begriffseinteilung» beruht auf der dialektischen Kunst der Feststellung des «Gemeinsamen», der «Verbindung» (κοινωνία, συμπλοκή) und Unterscheidung der Ideen. Die Rede von einer κοινωνία τῶν γενῶν meint daher logische Verhältnisse der Unter- und Überordnung von «Begriffen» und ihre Verknüpfbarkeit in der Prädikation, die nach Plato in einer nicht näher unterschiedenen Weise *sprachlich* (Soph. 252 c wird die κοινωνία an der Mischung und Verwandtschaft der Buchstaben und Vokale exemplifiziert) wie *ontologisch* («G. der Ideen» ist nach Soph. 250 b nicht ohne «G. des Seins», οὐσίας κοινωνία) fundiert sind [3].

Während die Platonische Sprechweise im ‹Organon› und in der ‹Metaphysik› des ARISTOTELES zurücktritt bzw. nur in kritisch modifizierter Form begegnet [4], erhält das Wort in ‹De anima› eine speziell ontologische Bedeutung. ‹G.› heißt hier so viel wie die ursprüngliche Zusammengehörigkeit von Seele und Körper, die als Teile eines Ganzen voneinander abhängen und sich gegenseitig beeinflussen: διὰ γὰρ τὴν κοινωνίαν τὸ μὲν ποιεῖ τὸ δὲ πάσχει [5]. Diese Bedeutung wird in der neuzeitlichen Metaphysik bei LEIBNIZ aufgenommen und in Verbindung mit dem neuplatonisch-christlichen Gedanken der Gottes-G. (κοινωνία τοῦ θεοῦ) spekulativ entfaltet. Nicht nur Seele und Körper, sondern der monadologisch verstandene Kosmos im ganzen hat jene Struktur der G., die Leibniz als prästabiliertes «système de la communication des substances» dem Cartesischen System der Trennungen zwischen Körper und Seele (res extensa / res cogitans) entgegensetzt [6].

Leibniz' Theorem des Kosmos als G. wird in der Schulphilosophie des 18. Jh. (CHR. WOLFF) zunächst rationalisiert, um dann bei KANT kritisch eingeschränkt und in seiner Verwendung präzisiert zu werden. Nach der ‹Kritik der reinen Vernunft› gehört ‹G.› zur Tafel der Grundtermini (Kategorien) des wissenschaftlichen Denkens und drückt als Relationskategorie einen speziellen Fall von Beziehung («Wechselwirkung zwischen dem Handelnden und Leidenden») aus. Kant unterscheidet zwischen einer weiteren und engeren Bedeutung: «Das Wort G. ist in unserer Sprache zweideutig und kann so viel als *communio*, aber auch als *commercium* bedeuten» [7]. Die erste meint eine lediglich «formale» Negation der Vereinzelung, wobei die Negierten nicht mehr aufeinander Einfluß nehmen, die zweite eine reale Beziehung, wechselseitiger Einfluß und Teilhabe Individuierter innerhalb eines Ganzen, das als «dynamische G.» vor aller bloß «lokalen» (dem räumlichen Nebeneinander von Teilen) ausgezeichnet ist.

Kants Ableitung der Kategorie der G. findet bereits bei G. E. SCHULZE [8] und F. BERG [9] Widerspruch und wird nach dem Verdikt von SCHOPENHAUER [10] in der Logik und Metaphysik des 19. Jh. nur noch gelegentlich (z. B. in der Fries-Schule) weitergeführt [11]. Das Wort tritt auch in HEGELS ‹Logik› terminologisch nicht mehr unter der Kategorie der Wechselwirkung auf, sondern bezieht sich im negativen Sinn auf die Struktur des Allgemeinen, das unter Zuhilfenahme bloß quantitativer Gesichtspunkte, d. h. dessen, was einer Vielheit von Individuen «gemeinschaftlich» ist, mißverstanden würde [12]. Paradoxerweise hat sich der Neukantianismus solcher Begriffe wieder bedient und ‹G.› der Kategorie der Allheit (nach Kant eine Subkategorie der Quantität) zugeordnet [13]. In jüngerer Zeit haben H. PICHLER [14] und D. v. HILDEBRANDT [15] die logisch-metaphysische Bedeutung des Terminus neu zu bestimmen versucht. Ihre Rehabilitierungsversuche sind auf das philosophische Denken der Gegenwart jedoch von keinem bleibenden Einfluß gewesen.

Anmerkungen. [1] PLATON, Resp. 476 a. – [2] a. a. O. 531 c-d. – [3] Soph. 253 c-254 d; vgl. J. STENZEL: Stud. zur Entwicklung der Platonischen Dial. (³1961) 62ff. – [4] Vgl. ARISTOTELES, Anal. post. 77 a 26. – [5] De an. 407 b 17f. – [6] G. W. LEIBNIZ, Opera omnia, hg. J. E. ERDMANN (1840) 1, 124 u. ö.; De ipsa natura a. a. O. 157. – [7] I. KANT, KrV B 260f. – [8] G. E. SCHULZE: Kritik der theoret. Philos. (1801). – [9] F. BERG: Epikritik der Philos. (1805). – [10] A. SCHOPENHAUER: Die Welt als Wille und Vorstellung Anhang. Werke, hg. E. GRISEBACH 1, 585ff. – [11] E. F. APELT: Met. (1857) 130f. 144 u. ö. – [12] G. F. W. HEGEL, Wiss. der Logik 2 (1951) 263. – [13] H. COHEN: Logik der reinen Erkenntnis (²1914) 202. – [14] H. PICHLER: Zur Logik der G. (1924). – [15] D. v. HILDEBRANDT: Met. der G. (²1955).

Literaturhinweise. H. PICHLER: Leibniz' Met. der G. (1928); Ganzheit und G., hg. E. PLEWE/E. STURM (1967). – F. KRÜGER (Hg.): Philos. der G. (1929). – M. RIEDEL: Art. ‹Gesellschaft-G.›, in: BRUNNER/CONZE/KOSELLECK (Hg.): Gesch. Grundbegriffe. Lex. zur polit.-sozialen Sprache in Deutschland 2 (1974).

2. In *moralisch-politischer Bedeutung* bezeichnet ‹G.› a) die durch Sprechen (so bereits ahd. ‹meinan› = denken, sagen im Sinne von: innerhalb des «Ringes» einer G. gemeinsam reden und raten) und Handeln bewirkte personale Verbundenheit einer Gruppe und b) den Zustand des Verbundenseins als soziales Schema («Institution»), das der Aktualisierung bedarf (Beispiele: Ehe-, Dorf-, Stadt-, Berufs-, Religions-G.). In der Sprache der Rechts- und Sozialphilosophie bedeutet ‹G.› in ursprünglich synonymer Verwendung mit ‹Gemeinde› allgemein ein Verbandsverhältnis von Personen auf der Grundlage eines gemeinsamen Verhältnisses zu Sachen. Daneben kann das Wort alle anderen, insbesondere sach- und zweckfreien Weisen menschlichen Zusammenlebens bezeichnen. So spricht die sakrale Sprache der Theologie seit alters von einer «G. der Heiligen» oder, in metaphorischer Erweiterung des Wortgebrauchs über den Bereich des Miteinandersprechens und -handelns hinaus, von der G. der Menschen mit Gott. Auch die profane Sprache der Philosophie kennt in umgekehrter Richtung, in der Anwendung auf engere und engste Bereiche des Miteinanderlebens, die extreme Profilierung des Wortgebrauchs zu einer rein personalen Bedeutung, z. B. in der Einschränkung auf Liebes-, Genossenschafts- und Freundschaftsbeziehungen. Vor allem in der neueren Ethik, Soziologie und Geschichtsphilosophie bildet sich jene ausgesprochen emphatische Bedeutung des Wortes ‹G.› im Sinne eines «höchsten Wertgefühls» [1], die im deutschen Sprachbereich zu sozialphilosophischen Aporien und zur Trennung zwischen ‹G.› und ‹Gesellschaft› führt.

Der moralisch-politische Sinn des Wortes weist zurück auf die klassisch-griechische Theorie der G., die in dem sprachlich umfassenderen Zusammenhang einer Lehre von der Freundschaft (φιλία) steht und, nach Ansätzen bei XENOPHON [2] und PLATO [3], in der praktischen Philosophie des ARISTOTELES ihren systematischen Abschluß findet. G. (κοινωνία) heißt nach Aristoteles allgemein eine Verbindung von mehreren Individuen, so daß der Ausdruck sowohl die explizit (z. B. durch Vertrag) vereinbarten und stets wechselnden sozialen Beziehungen als auch naturwüchsige, durch Zugehörigkeits- und Herrschaftsverhältnisse definierte Dauerformen sozialen Handelns bezeichnet. In diesem Sinne ist κοινωνία ein genereller Begriff, die «Gattung» der verschiedenen «Arten» von G. Gleichwohl ist er nicht der «oberste», die Koinonialehre fundierende Begriff, weil Aristoteles eine bestimmte Art dieser Gattung, die «bürgerliche» G. oder «Gesellschaft», zum Subjekt aller Aussagen über G.-Beziehungen erhebt. Wie jede einzelne G. inhaltlich stets an komplementäre Weisen sozialer Interaktion wie Freundschaft, Recht und Herrschaft gebunden bleibt, so wird G. überhaupt in der Ethik und Politik des Aristoteles methodisch und systematisch nicht verselbständigt, sondern immer nur teilhaft und in ihrer Bezogenheit auf das Ganze der Polis verstanden: αἱ δὲ κοινωνίαι πᾶσαι μορίοις ἐοίκασι τῆς πολιτικῆς (alle G. aber sind gleichsam Teile der bürgerlichen) [4].

Die Aristotelische Koinonialehre wird trotz der in Spätantike (Stoa) und frühem Christentum erfolgten Ausdehnung des begrifflichen Anwendungsbereichs über die Institution der Polis hinaus [5] mit den lateinischen Aristotelesübersetzungen der Hochscholastik (13. Jh.) und des Humanismus (15./16. Jh.) rezipiert und in der mittelalterlich-frühneuzeitlichen Philosophie als exemplarische Sozialtheorie angesehen. Noch das Naturrecht der Aufklärung bleibt in Zustimmung (LEIBNIZ, GROTIUS, LOCKE, WOLFF) oder polemischer Abwehr (HOBBES, PUFENDORF, THOMASIUS) von dieser Theorie der «natürlichen Gemeinschafften» (LEIBNIZ) [6] abhängig. Ihr ist sowohl die mit der romantischen Reaktion gegen die Aufklärung aufkommende terminologische Trennung zwischen ‹Staat› und ‹G.› als auch jene in ihrem Gefolge entstehende Unterscheidung zwischen ‹G.› und ‹Gesellschaft› fremd, die F. TÖNNIES in die Sprache der neueren Soziologie eingeführt hat. Danach heißt ‹G.› das «dauernde und echte Zusammenleben», während ‹Gesellschaft› ein «vorübergehendes und scheinbares» bezeichnet. G., so meint Tönnies, ist «alt, Gesellschaft ist neu, als Sache und Namen» [7]. Im Ausgang von Tönnies ist die bis hin zu Hegels ‹Rechtsphilosophie› geltende sprachliche Synonymität von ‹G.› und ‹Gesellschaft› verkannt und mehrfach der Versuch unternommen worden, den G.-Begriff in die Tradition einer von der westeuropäischen Sozialphilosophie unterschiedenen, spezifisch «deutschen Soziologie» einzuordnen.

Der Kult der G., der sich mit diesen Versuchen verbindet und zu begrifflicher Dogmatisierung führt, hat auch in die Sprache der Philosophie Eingang gefunden. Nach M. SCHELER ist ‹Gesellschaft› so wenig der «Oberbegriff» zu den durch «Blut, Tradition, Geschichtlichkeit des Lebens» bestimmten G.en, daß vielmehr «alle ‹Gesellschaft› nur der Rest, der Abfall ist, der sich bei den inneren Zersetzungsprozessen der G.en ergibt» [8]. Schelers Sozialideal, das Tönnies' Unterscheidung radikalisiert, ist die «Liebesgemeinschaft», die Intimgruppe, die in abgewandelter Form auch in der existenzialistischen und personalistischen Sozialphilosophie auftritt. Nach dem hier vorherrschenden Begriffsverständnis ist ‹Gesellschaft› synonym mit ‹Öffentlichkeit›, die das Individuum ständig von sich entfernt, ‹G.› gleichbedeutend mit «personaler Verbundenheit», die es wieder zu sich selbst kommen läßt, die Sphäre des Selbstseins im Unterschied zu der des Andersseins. Der politisch und sozialphilosophisch gleichermaßen verhängnisvolle Einfluß der G.-Ideologie in der Periode vor und nach dem Ersten Weltkrieg ist von H. PLESSNER frühzeitig diagnostiziert [9], aber erst nach dem Ende des Zweiten Weltkriegs allmählich abgebaut worden. Ein später Nachhall der Tönniesschen Unterscheidung findet sich in der von H. FREYER entwickelten Antithese von «primären» und «sekundären» Systemen, von «gewachsenen Ordnungen» (= G.) und «gemachten Strukturen» (= Gesellschaft) [10].

Anmerkungen. [1] R. KÖNIG: Die Begriffe G. und Gesellschaft bei F. Tönnies. Kölner Z. Soziol. Sozialpsychol. 7 (1955) 388. – [2] XENOPHON, Mem. II, 2-6; 3, 11. – [3] PLATON, Gorg. 507c bis 508a; Symp. 188 b-d; Resp. 351 d. 442 c-d; Leg. 738 d-e. – [4] ARISTOTELES, Eth. Nic. 1160 a 8-9. 28. – [5] Vgl. SVF 3, Nr. 346. 686; EPIKTET, Diss. III 13, 5; CICERO, De off. I, 7, 20-23; 44, 157-158; III, 6, 27-28; 17, 69-72; SENECA, De clementia I, 3, 2. – [6] G. W. LEIBNIZ, Textes inédites, hg. G. GRUA (1948) 2, 600f. – [7] F. TÖNNIES: G. und Gesellschaft (¹1887, ⁸1935) Einl. § 1. – [8] M. SCHELER, Vom Umsturz der Werte. Werke 3 (¹1955) 140. – [9] H. PLESSNER: Grenzen der G. Eine Kritik des sozialen Radikalismus (1924). – [10] H. FREYER: Theorie des gegenwärtigen Zeitalters (1955) 83ff.

Literaturhinweise. F. TÖNNIES s. Anm. [7]; Art. ‹G. und Gesellschaft›, in: Handwb. der Soziol. (1931) 180-191. – H. PLESSNER s. Anm. [9]. – TH. LITT: Individuum und G. (1929). – TH. GEIGER: Art. ‹G.›, in Handwb. der Soziol. (1931) 173ff. – G. GURVITSCH: La vocation actuelle de la sociol. (1950). – R. KÖNIG s. Anm. [1]. – J. KOPPER: Zur Dialektik der G. (1960). – M. RIEDEL: Zur Topol. des klass.-polit. und modern-naturrechtl. Gesellschaftsbegriffs. Arch. Rechts- u. Sozialphilos. 51 (1965) 291-318; Aporien sozialphilos. Begriffsbildung (1974); s. Lit zu 1.

M. RIEDEL

Gemeinschaftsgefühl. Der Begriff ‹G.› bedeutet im allgemeinen Sprachgebrauch das Erleben der Verbundenheit von Mitgliedern einer Gruppe untereinander.

Bei A. ADLER gehört die Bezeichnung ‹G.› zu den Grundbegriffen seiner Individualpsychologie. Wesentlich umfassender als die Bedeutung des Begriffes im allgemeinen Sprachgebrauch definiert Adler G. als «eine Angeschlossenheit an das Ganze des Lebens», die Fähigkeit zur «Mitarbeit und Mitmenschlichkeit» in einer Gemeinschaft «sub specie aeternitatis» [1]. Für Adler ist das G. angeboren, in der frühen Phase der Entwicklung seiner individualpsychologischen Lehre nimmt er sogar eine physiologische Grundlage an [2], eine Annahme, die er mit der weiteren Entwicklung seiner Lehre aufgab. Eine Störung des G. durch Erziehungsfehler der Pflegeperson eines Kindes führt stets zur Entwicklung eines Minderwertigkeitsgefühls. Das Gefühl der Minderwertigkeit nimmt Adler als den Kern aller Lebensprobleme und neurotischer Fehlentwicklungen an [3]. Aus dem G. entfalten sich bei ungestörter Entwicklung positive Beziehungen zu Mitmenschen, wie z. B. Zärtlichkeit, Nächstenliebe, Freundschaft und Liebe [4].

Die Verwendung des G.-Begriffes in der Psychologie blieb bis zur Gegenwart auf individualpsychologische Veröffentlichungen beschränkt. Das spätere, rein psychologisch orientierte Begriffsverständnis Adlers blieb auch in der auf ihn folgenden Individualpsychologie erhalten [5].

Anmerkungen. [1] A. ADLER: Sinn des Lebens (1933) 25. – [2] Individualpsychol., ihre Voraussetzungen und Ergebnisse. Scientia 16 (1914) 74. – [3] a. a. O. 74-86. – [4] ebda. – [5] Vgl. z. B. R. DREIKURS: Grundbegriffe der Individualpsychol. (1969).

Literaturhinweis. H. L. ANSBACHER und R. ANSBACHER: The Individual Psychol. of Alfred Adler (New York 1956).

U. SCHÖNPFLUG

Gemeinsinn (lat. sensus communis; ital. senso commune; frz. sens commun, bon sens; engl. common sense). Der Begriff des G. erscheint im deutschsprachigen Raum innerhalb der Übersetzungsgeschichte des lateinischen Terminus ‹sensus communis› (s. d.) gegen Ende des 17. Jh. Sein terminologischer Gebrauch bleibt bis zu Beginn des 19. Jh. vom Bewußtsein begleitet, daß der lateinische Ausdruck im Deutschen keine adäquate Entsprechung hat. So bleibt in vielen Schriften dieser Epoche der lateinische Ausdruck im Gebrauch, so bei HAMANN, speziell in seiner Übersetzung (1755) des Sensus Communis-Aufsatzes von SHAFTESBURY (1711), und bei JACOBI. Ebenso häufig findet sich ein entsprechender Ausdruck der deutschen Sprache durch den in Klammern hinzugefügten lateinischen Terminus erläutert (u. a. bei M. MENDELSSOHN, TETENS, KANT). Als deutsche Ausdrücke für ‹sensus communis› finden sich neben ‹G.› in mannigfacher Bedeutungsüberlappung: ‹Gemeiner Sinn›, ‹Menschensinn›, ‹gemeiner oder gesunder (Menschen-)Verstand›, ‹gesunde Vernunft›. Zu festen Bedeutungsabgrenzungen zwischen den genannten Ausdrücken kommt es im allgemeinen nicht, obwohl die Untersuchung der verschiedenen menschlichen Erkenntnisquellen und die Relationsbestimmung zwischen Sinnlichkeit und Verstand zu den zentralen philosophischen Themen dieses Zeitabschnittes gehört. Erst in KANTS transzendentaler Theorie des Geschmacks erfährt der G. durch seine Zuordnung zur ästhetischen Urteilskraft eine klare Begriffsabgrenzung gegenüber den menschlichen Verstandes- und Vernunftvermögen, in der ‹Kritik der Urteilskraft› (1790). Damit beginnt die Verfallsgeschichte des Begriffes ‹G.›.

Soweit der Ausdruck ‹G.› sich an seinem lateinischen Korrelatsbegriff orientiert, finden sich in ihm dessen Bedeutungskomponenten wieder: 1. wird in dem G. eine Quelle und ein Vermögen primärer Einsichten gesehen, welches ohne Hilfe expliziter Verstandesargumente und Vernunftschlüsse Wahrheit ermöglicht; 2. hat der G. eine gesellschaftlich-ethische Funktion. Er ist nicht nur eine Quelle der Erkenntnis für das dem «Gemeinwesen» Nützliche, sondern eine Ursache gesellig-gesellschaftlichen menschlichen Verhaltens. Neben diesen der aristotelisch-stoischen Tradition des sensus communis entstammenden Bedeutungen und Funktionen findet sich 3. eine psychologisch-erkenntnistheoretische Bedeutung, die auf aristotelisch-scholastische Tradition zurückgeht. Danach bezeichnet ‹G.› das allgemeine Wahrnehmungsvermögen (κοινὴ αἴσθησις), welches die verschiedenen Tätigkeiten der äußeren Sinne (Sehen, Hören usw.) vereinheitlicht und dadurch die Vergleichung der Gegenstände verschiedener Sinne ermöglicht.

Die *naturrechtliche* Funktion, die dem lateinischen Terminus von jeher anhaftet, ist auch in seine deutsche Übersetzungsgeschichte eingegangen. Diese Funktion steht im Mittelalter im Spannungsfeld zwischen menschlichem Wissen und göttlicher Offenbarung, dem sich mit beginnender Neuzeit die Spannung zwischen Laien- und Schulwissen überlagert. In der Epoche der Aufklärung wird die Frage nach dem sensus communis zu einem Problem der Orts- und Funktionsbestimmung desselben im Hinblick auf das vollständige System der Vernunft dadurch, daß diese das allein maßgebliche Prinzip menschlicher Selbstbestimmung wird. Dabei entwickelt sich die Problematik des G. in der deutschsprachigen Philosophie innerhalb verschiedener, sich schneidender Wirkungsgeschichten: a) der Leibniz-Wolffschen Schulmetaphysik; b) der der common-sense-Philosophie der Schottischen Schule (u. a. TH. REID, J. BEATTIE, J. OSWALD). Diese Geschichten finden in Kants Transzendentalphilosophie eine vorläufig abschließende Einheit.

In den Anfängen der deutschen Übersetzungsgeschichte von ‹sensus communis› in der frühen Aufklärung bei CHR. THOMASIUS findet sich die Unterscheidung zwischen dem «gemeinen Verstand» und dem «G. (sensus communis)». Der Verstand als allen Menschen gemeinsames Erkenntnisvermögen verbürgt die allgemeine Fähigkeit zur Wissenschaft und Weltweisheit [1]. Dagegen ist der G. auf die Funktion eines allgemeinen äußeren Wahrnehmungssinnes beschränkt [2], der, der cartesischen cogitatio entsprechend, Bewußtsein einschließt bzw. den «Gedanken, daß ich sehe und höre» [3], und der insofern ein innerer Sinn ist. Grundsätzlicher und charakteristisch für die Funktionsbestimmung des G. in der deutschen Aufklärungsphilosophie klingt die Änderung von M. MENDELSSOHN, daß «sich G. (sensus communis) und Beschauung (contemplatio) zuweilen auf eine kurze Zeit entzweien» und daß der Vernunft «zwischen diesen beiden Wegweisern» die Rolle des Schiedsrichters zukommt [4]. Insbesondere die Leibniz-Wolffsche Schulmetaphysik findet ihre Kritik im Namen des sensus communis. So hat CHR. A. CRUSIUS gegen sie das methodische Postulat aufgestellt, daß Philosophie «ohne alles Künsteln bloß nach dem sensus communis, d. i. nach dem allgemeinen menschlichen Verstande sich zu richten», und von demselben anzufangen habe, «was derselbe alle unparteiischen Leute vorerst durch eine noch dunkle oder wenigstens unaufgelöste Empfindung lehret». Von hier aus sei im stufenweisen Fortgang «eine genaue und aufgelöste Vorstellung sowohl der Begriffe als der Gründe der Dinge» zu suchen [5]. Verschärft wird diese kritische Funktion des G. in der *Popularphilosophie*, die sich gegen alle unnütze Spekulation wendet und dem G. seine ursprünglich gesellschaftlich-praktische Bedeutung zurückgewinnen will. So spricht CHR. GARVE von dem «allgemeinen Menschensinn» in Analogie zur «gemeinen Menschenvernunft». Diese «ist nicht gemein, weil sie verächtlich, sondern weil sie gemeinschaftliches Eigentum aller Menschen ist oder sein soll». Sie ist «eine Vollkommenheit», welche ihr «die der menschlichen Natur überhaupt zukommende Würde sichert», ein Prinzip gesellschaftlichen Gemeinnutzes, «das sich auf alle Reden und Handlungen der Menschen erstreckt» [6].

Der Aufgabe einer Vermittlung zwischen sensus communis und Vernunfterkenntnis gibt J. N. TETENS in seinen ‹Philosophischen Versuchen über die menschliche Natur› (1777) methodische Bedeutung. Im Blick auf den Sprachgebrauch von ‹common sense› in der Schottischen Schule spricht er vom «gemeinen Verstand» und setzt diesen der räsonnierenden Vernunft gegenüber [7]. Diese wird als «ein Zweig desselben Beziehungsvermögens und derselben Denkkraft» angesehen, welche den sensus communis ausmacht. Sie ist das Vermögen, gewisse Beziehungen und Verhältnisse aus anderen herzuleiten und ermöglicht die Bildung allgemeiner Theorien, während der gemeine Verstand unmittelbar unterscheidet und bezieht [8]. Die kritische Vergleichung zwischen den Sätzen des sensus communis und der räsonnierenden Vernunft dient der Überprüfung von Wahrheitsansprüchen [9].

Dagegen anerkennt KANT nur eine praktische Bedeutung des gemeinen Verstandes [10] als Bedingung für den «Übergang von der populären sittlichen Weltweisheit zur Metaphysik der Sitten» [11]. Insofern steht die Problementwicklung des G. in Kants Philosophie innerhalb einer Grundunterscheidung zwischen theoretischer und praktischer Vernunfterkenntnis. In anthropologischer Hinsicht teilt Kant die Menschen in solche, «denen G. (sensus communis), der freilich nicht gemein (sensus vulgaris) ist, zugestanden werden muß, und in Leute von Wissenschaft. Die ersteren sind der Regeln Kundige in Fällen der Anwendung (in concreto), die anderen für sich selbst und vor ihrer Anwendung (in abstracto)». Der Verstand wird dabei, sofern er dem Erkenntnisvermögen des G. zugerechnet wird, als «gesunder Menschenverstand» bezeichnet, der «gewöhnlich nur als praktisches Erkenntnisvermögen betrachtet wird» [12]. Dessen Maximen sind: «1. Selbstdenken 2. An der Stelle jedes Anderen denken. 3. Jederzeit mit sich einstimmig denken» [13]. Diese «gewöhnlichen» Bestimmungen des sensus communis werden aber von Kant in seiner ‹Kritik der Urteilskraft› (1790) auf der Suche nach der inneren Einheit von theoretischer und praktischer Vernunft eingeschränkt. G. wird zu einer transzendentalen Bedingung reiner ästhetischer Geschmacksurteile mit der Folge, «daß Geschmack mit mehrerem Rechte sensus communis genannt werden könne als der gesunde Verstand und die aesthetische Urteilskraft eher als die intellektuelle den Namen eines gemeinschaftlichen Sinnes führen könne» [14].

SCHILLER hat in seinen ‹Briefen zur ästhetischen Erziehung des Menschen› (1795) eine andeutende Bemerkung von Kant aufgenommen, daß möglicherweise «Vernunft es uns zum regulativen Prinzip mache, allererst einen G. zu höheren Zwecken in uns hervorzubringen» [15]. Er hat die Funktion des G. an das Postulat der Selbstverwirklichung der Menschheit durch ästhetisch-praktische Vernunft geknüpft, indem er forderte, daß «der Geschmack die Erkenntnis aus den Mysterien der Wissenschaft unter den offenen Himmel des G. herausführe und das Eigentum der Schulen in ein Gemeingut der ganzen menschlichen Gesellschaft verwandle» [16]. Dagegen ist HERDERS Stellung zu Kants Theorie des G. polemisch. Er hatte zunächst, ähnlich wie Hamann und dann Jacobi, die Zersplitterung des menschlichen Daseins- und Weltgefühls in isolierte abstrakte Erkenntnisvermögen kritisiert, sich insbesondere gegen die Verteilung der Zuständigkeiten für das Wahre, Gute und Schöne auf verschiedene Sinne gewandt, welche den sensus communis auf einen Sinn für theoretische Wahrheit einschränkt [17]. In direktem Gegensatz zu Kant suchte er die Einseitigkeit einer ausschließlich am Geschmacksurteil orientierten Ästhetik aufzuheben [18].

Bei HEGEL zeichnet sich bereits das Ende der primären Begriffsgeschichte des G. ab. Der Terminus dient hier nur zur Bezeichnung des Erkenntnisprinzips der Schottischen Schule [19], der Geschmack wird als unzureichend zur Begründung einer wissenschaftlichen Ästhetik kritisiert [20]. Die methodische Erkenntnisfunktion des sensus communis wird ersetzt durch die des «natürlichen Bewußtseins», das sich mit dem «absoluten Wissen» der spekulativen Philosophie zu versöhnen hat [21]. Indem Bewußtsein aber als bloße Erscheinungsweise des objektiven und absoluten Geistes angesehen wird, verliert sich hier dazu wie in den romantischen Staatstheorien die subjektive Kategorie eines praktischen G. An ihrer Stelle kennt die Romantik die spekulative Kategorie des «Gemeingeistes» (u. a. F. v. BAADER, FR. SCHLEIERMACHER).

Anmerkungen. [1] CHR. THOMASIUS: Einl. zu der Vernunftlehre (1691) I, § 1 = S. 76. – [2] a. a. O. III, § 34 = S. 106. – [3] III, § 49 = S. 110. – [4] M. MENDELSSOHN: Morgenstunden (1786) 164f. – [5] CHR. A. CRUSIUS: Entwurf der notwendigen Vernunftwahrheiten, wiefern sie den zufälligen entgegengesetzt werden (1753) Vorrede zur anderen Aufl. b 5. – [6] CHR. GARVE: Einige Betrachtungen über die allgemeinsten Grundsätze der Sittenlehre (1798) 1f. 93–94. – [7] J. N. TETENS: Philos. Versuche über die menschl. Natur und ihre Entwickl. (1777) 520. – [8] a. a. O. 571. – [9] 584–589. – [10] I. KANT: Grundl. Met. Sitten (1785, ²1786). Akad.-A. 4, 404f. – [11] a. a. O. 405f. – [12] Anthropol. (publ. 1798). Akad.-A. 7, 405. – [13] KU (1790). Akad.-

A. 5, 294f. – [14] a. a. O. 295. – [15] 240. – [16] Fr. Schiller, Werke, hg. Fricke (²1960) 5, 668. – [17] J. G. Herder, Krit. Wälder oder Betrachtungen über die Wissenschaft und Kunst des Schönen. 4. Wäldchen über Riedels Theorie der schönen Künste (1769). Werke, hg. B. Suphan 4, 5. – [18] Kalligone (1800). – [19] G. W. F. Hegel, Vorles. über die Gesch. der Philos. Werke, hg. Glockner 19, 500-506. – [20] Vorles. über die Ästhetik a. a. O. 12, 61f. – [21] Phänomenol., hg. Hoffmeister (1952) 67.
Literaturhinweise. G. S. A. Mellin: Enzyklop. Wb. der krit. Philos. 6 (1799). – J. u. W. Grimm: Dtsch. Wb. IV/1, 2 (1897) s.v. – Th. Litt: Individuum und Gemeinschaft (1924). – M. Scheler: Wesen u. Formen der Sympathie (1926). – Fr. Schümmer: Die Entwickl. des Geschmacksbegriffes in der Philos. des 17. und 18. Jh. Arch. Begriffsgesch. 1 (1955) 120ff. – H.-G. Gadamer: Wahrheit und Methode (¹1960). – L. Pareyson: Filosofia e senso commune, in: Verità e interpretazione (1971).

A. v. Maydell/R. Wiehl

Gemeintes. In der Sprachwissenschaft wurde wiederholt versucht, eine Schicht des G. abzugrenzen, auf die sprachwissenschaftliche Befunde bezogen werden könnten. Diese weithin naiv vorausgesetzte Schicht müßte geistig oder sachlich außersprachlich, aber doch hinreichend erreichbar und durchschaubar sein, um sprachliche Fakten an ihr messen zu können. Eine solche, der Idee nach allgemeingültige oder allgemeinmenschliche Bezugsebene ist aber noch nicht ausreichend aufgewiesen und begründet; es kann daher mit ihr nicht exakt gearbeitet werden [1]. In der gegenwärtigen deutschen Sprachwissenschaft rechnet am konsequentesten die Noetik E. Koschmieders mit dem G. (Intentum) als einem allen sprachlichen Sonderungen vorausliegenden allgemein menschlichen geistigen Bewegungsraum, d. h. mit einem logischen «Kategoriensystem ..., unabhängig von den sprachlichen Mitteln ihres Ausdrucks» [2], innerhalb dessen der Aufschlußwert aller tatsächlichen Sprachprägungen beurteilt werden könnte [3].

Anmerkungen. [1] L. Weisgerber: Die sprachliche Gestaltung der Welt (³1962) 319ff.; H. Gipper: Bausteine zur Sprachinhaltsforsch. (1963) 31. – [2] E. Koschmieder: Beiträge zur allg. Syntax (1965) 19. – [3] Das G. Lexis 3 (1953) 308-315, auch in: Beiträge ... a. a. O. 101-106; Die noetischen Grundlagen der Syntax a. a. O. 70-89.

L. Weisgerber

Gemeinwesen, d. i. «das gemeine Wesen», erhält als Übersetzungsbegriff von lateinisch ‹res publica› im 18. Jh. im Deutschen die Bedeutung von Republik (s. d.): «Gemeines Wesen, ist eine Gesellschaft vieler Menschen, die sich vereiniget, daß sie bey einander bleiben, und sich auf eine gewisse Art wollen regieren lassen, damit sie sicher und vergnügt leben können, wovon ausführlich unten in dem Artikel Republic gehandelt worden» [1]. – ‹G.› wird zum Zentralbegriff der politischen Philosophie Chr. Wolffs: «Die Einrichtung eines Staats nennt man das gemeine Wesen (respublica). Obgleich einige den Staat und das gemeine Wesen für einerley halten, so geschieht dieses doch mit Unrecht: massen der Vertrag, wodurch ein Staat errichtet wird, von der Einrichtung desselben unterschieden ist, in welcher man die Mittel, die Absicht des Staates zu erreichen, fest stellet. Denn aus jenem erhält der Staat noch nicht seine besondere Art (forma specifica), sondern aus dieser» [2].

In der Schrift von 1793 ‹Über den Gemeinspruch ...›, die in Teil II gegen Hobbes gerichtet ist, setzt Kant das «gemeine Wesen» gleich mit «einer Gesellschaft, so fern sie sich im bürgerlichen Zustande befindet», wobei sich der «bürgerliche Zustand» als Rechtszustand auf drei Prinzipien a priori gründet: «1. Die *Freiheit* jedes Gliedes der Societät, als *Menschen.* 2. Die *Gleichheit* desselben mit jedem Anderen, als *Unterthan.* 3. Die *Selbständigkeit* jedes Gliedes eines gemeinen Wesens, als *Bürgers*» [3]. – Unter dem Vorzeichen der «Idee eines Volks Gottes», welche «nicht anders als in der Form einer Kirche auszuführen» ist, bestimmt Kant eine Kirche, die «ein ethisches gemeines Wesen unter der göttlichen moralischen Gesetzgebung ist» und sofern diese «kein Gegenstand möglicher Erfahrung ist», als «die *unsichtbare* Kirche», während die «*sichtbare* die wirkliche Vereinigung der Menschen zu einem Ganzen, das mit jenem Ideal zusammenstimmt», ist [4].

Für J. G. Fichte erhebt sich aus der begrifflich-rationalistisch deduzierenden Methode heraus die Frage, wie «eine Macht zu realisieren» sei, «durch welche zwischen Personen, die bei einander leben, das Recht oder das, was sie nothwendig alle wollen, erzwungen werden könne.» Ideell muß für den Staatsbürgervertrag Einstimmigkeit vorliegen: «Jeder muß für seine Person erklären, daß er mit dieser bestimmten Volksmenge in ein gemeines Wesen zur Erhaltung des Rechtes zusammentreten wolle» [5].

G. W. F. Hegel rezipiert in der ‹Phänomenologie des Geistes› G. als «das obere und offenbar an der Sonne geltende Gesetz», welches «seine wirkliche Lebendigkeit in der *Regierung*» hat, «als worin es Individuum ist». Er bestimmt – kritisch – «das negative Wesen ... als die eigentliche *Macht* des G. und die *Kraft* seiner Selbsterhaltung; dieses hat also der Wahrheit und Bekräftigung seiner Macht an dem Wesen des *göttlichen Gesetzes* und dem *unterirdischen Reiche*» [6].

Später tritt der Begriff des G. mehr und mehr zurück und wird besonders in politischer Abhebung gegen den der Gesellschaft durch ‹Gemeinschaft› ersetzt.

Anmerkungen. [1] J. G. Walch: Philos. Lex. (⁴1775) 1582; vgl. Chr. Besold: Thesaurus Practicus (1641) ‹Gemaind›; W. T. Krug: Allg. Handwb. der philos. Wiss. (1827) 158: ‹Gemeine oder Gemeinde›; Grimm IV/1, 2 (1897) 3271f. – [2] Chr. Wolff: Grundsätze des Natur- und Völkerrechts (1754) § 973 = S. 698; vgl. Vernünftige Gedanken von dem gesellschaftl. Leben ... = Politick (1725) §§ 213-215. 229-230. – [3] I. Kant, Vom Verhältnis der Theorie zur Praxis im Staatsrecht. Akad.-A. 8, 289f.; vgl. An das gemeine Wesen a. a. O. 2, 449ff.; Zum ewigen Frieden a. a. O. 8, 343ff. – [4] Die Relig. innerhalb ... a. a. O. 6, 100f. – [5] J. G. Fichte, Zur Rechts- und Sittenlehre I. Werke, hg. I. H. Fichte 3, 150ff. 178: ‹Vom Staatsrechte oder dem Rechte in einem gemeinen Wesen›. – [6] G. W. F. Hegel, Phänomenol. Werke, hg. Glockner 2, 346f.; vgl. 364ff. 380; 14, 257f.

A. Voigt

Gemeinwohl (griech. τὸ κοινῇ συμφέρον; lat. bonum commune, bonum publicum; frz. bien commun, bien publique; engl. common good, public good)

I. Das G. wird in der Tradition dem Interesse des Einzelnen gegenübergestellt. Dieser Gegensatz wird umgriffen von der für den Menschen konstitutiven Beziehung auf die universale Ordnung. Das Wohl des Einzelnen wird so dem G. verdankt, indem es an ihm teilhat und es realisiert. Das Wohl des Ganzen und des Einzelnen sind – recht verstanden – identisch. – In der Nachscholastik, zu Beginn der Neuzeit wird dann der Ausgleich zwischen dem Interesse des Einzelnen und seinem Wohl im Rahmen der Gesellschaft zum Problem.

1. Platons Ansatz, «daß die wahre Staatskunst notwendig nicht das Einzelne (ἴδιον), sondern das Gemeinsame (κοινόν) zu besorgen hat – denn das Gemeinsame bindet, das Einzelne trennt die Staaten – und daß es beiden, dem Gemeinsamen und dem Einzelnen nutzt, wenn das Gemeinwesen bevorzugt behandelt wird gegenüber dem Einzelnen» [1], bedarf der Konkretisierung, worin denn nun das G. besteht. Wenngleich Platon die

Staatenbildung aus dem Bedürfnis erklärt [2], faßt er dennoch nicht die Bedürfnisbefriedigung als das dem Staat innewohnende Telos. Tragend ist die Idee der Gerechtigkeit, die auch jeweils dem Ungleichen « die natürliche Gleichheit» (τὸ κατὰ φύσιν ἴσον) [3] gewährleistet. Das G. ist die durch Gesetz hergestellte und formulierte Gleichheit aller.

In der Formulierung des τὸ κοινῇ συμφέρον differiert ARISTOTELES' Fassung des G. nicht von der Platons. Die zweckgerichtete, letztliche Hinordnung auf das Gute kulminiert in der politischen Ordnung im G. Ἐπεὶ δ' ἐν πάσαις μὲν ταῖς ἐπιστήμαις καὶ τέχναις ἀγαθὸν τὸ τέλος, μέγιστον δὲ καὶ μάλιστα ἐν τῇ κυριωτάτῃ πασῶν αὕτη δ'ἐστὶν ἡ πολιτικὴ δύναμις, ἔστι δὲ πολιτικὸν ἀγαθόν. τὸ δίκαιον, τοῦτο δ'ἐστὶν τὸ κοινῇ συμφέρον. (Da in allen Wissenschaften und Künsten der Zweck ein Gut ist, so besonders der vornehmsten von allen, der Staatswissenschaft, ist das Gut des Staates das Rechte, dies aber ist das G.) [4]. G. resultiert als Oberbegriff gemeinsamer Interessen, in dem der bestimmte Nutzen (τί συμφέρον) bestimmter Gemeinschaften (κοινωνίαι) aufgehoben ist. Wenn die politische – wie jede andere – Gemeinschaft sich des Nutzens wegen bildet, so ist die politische die übergreifende und ihr Nutzen der gemeinsame. Entsprechend ist der Gesetzgeber gebunden, für gerecht zu erklären, « was allen nützt» [5]. – Der scholastische Begriff der « austeilenden Gerechtigkeit» ist hier vorgebildet, indem das Problem des G. als Problem der staatlichen Verfassung, der Gesetzgeber und Gesetzgebung aufgefaßt wird. Sie haben die Durchsetzung der einzelnen Interessen zu ermöglichen und zu verhindern im Maß des G., nach dem gleichen Interesse aller.

Hier scheint PLATONS Vorstellung vom Vorrang des Ganzen vor dem Teil [6] bei ARISTOTELES auf: καὶ πρότερον δὴ τῇ φύσει πόλις ἢ οἰκία καὶ ἕκαστος ἡμῶν ἐστίν. τὸ γὰρ ὅλον πρότερον ἀναγκαῖον εἶναι τοῦ μέρους (So ist der Natur nach die Polis vor dem Haus und jedem von uns. Denn das Ganze ist seiner Natur nach vor dem Teil) [7]. Die naturwüchsige Sozialisation, das gemeinsame Bedürfnis, erzeugt eine höhere Form menschlicher Gemeinsamkeit, die Polis, als ihre abschließende Formierung und ihr natürliches Telos.

Der lateinische Terminus ‹bonum commune› wird erstmals von SENECA verwendet: « non desinemus communi bono operam dare» [8], und auch der Ausdruck ‹bonum publicum› begegnet in nicht-philosophischen Zusammenhängen [9]. Doch läßt sich ein philosophischer Gebrauch des Begriffs erst in der hochscholastischen Rezeption vor allem von Aristoteles belegen, die namentlich durch THOMAS VON AQUIN für die Diskussion dieses Begriffs bestimmend geblieben ist.

Entscheidend ist in Thomas' Gedankenführung die metaphysische und theologische Überhöhung des G.-Begriffs gegenüber dem früheren, vorwiegend politischen Verständnis. Wenn schließlich Gott als das allgemeinste Ziel und damit als das bonum commune aller Geschöpfe aufgefaßt wird [10], strebt alle Kreatur gemäß ihrer natürlichen Ausrichtung nach Gott als dem und ihrem bonum commune (bonum commune extrinsecum und intrinsecum) [11]. Durch Partizipation nimmt sie an der göttlichen Vollkommenheit teil, das Einzelne empfängt und profitiert vom Vollkommenen und Ganzen. In der von Gott gewollten Vollkommenheit des Ganzen ist das Wohl des Einzelnen fundiert und auch seine moralische Verpflichtung; im Entscheidungsfall verpflichtet das universalere Gut. In diesem Ordnungsschema ist der Gerechtigkeitsbegriff (justitia legalis) verankert, der durch das bonum commune im politischen Sinn definiert ist: « Sicut enim caritas potest dici virtus generalis inquantum ordinat actus omnium virtutum ad bonum divinum, ita etiam justitia legalis inquantum ordinat actus omnium virtutum ad bonum commune. Sicut ergo caritas, quae respicit bonum divinum et proprium objectum, est quaedam specialis virtus secundum suam essentiam; ita etiam justitia legalis est specialis virtus secundum suam essentiam, secundum quod respicit commune bonum ut proprium objectum» (Wie nämlich die Liebe als allgemeine Tugend bezeichnet werden kann, sofern sie die Akte aller Tugenden auf das göttliche Gut ausrichtet, so auch die Gesetzesgerechtigkeit, sofern sie die Akte aller Tugenden ausrichtet auf das G. Wie demnach die Liebe, die das göttliche Gut zum eigentlichen Gegenstand hat, ihrem Wesen nach eine besondere Tugend ist, so ist auch die Gesetzesgerechtigkeit ihrem Wesen nach eine besondere Tugend, sofern sie das G. zu ihrem eigentlichen Gegenstand hat) [12].

In der Nachfolge Thomas von Aquins wird der Begriff des bonum commune nur allmählich verändert. Interessant ist, daß PETER VON AUVERGNE um 1300 zusätzlich den Begriff ‹communiter conferens› bildet als Übersetzung des griechischen τὸ κοινῇ συμφέρον [13]. Bei HEINRICH VON GENT wird das G. dem zeitlichen Einzelwohl und der natürlichen Eigenliebe vorangestellt, weil es göttlich sei, andererseits wird aber – und hier ist die thomanische Lehre subjektiviert – das geistliche Wohl des Einzelnen, weil es nicht im G. enthalten ist, über das G. gestellt [14].

Aufgrund einer veränderten theologischen Position geht JOHANNES DUNS SCOTUS nicht von einer substantiellen kosmischen Ordnung aus, sondern von Gottes freier Äußerung seiner Natur. Gottes notwendige Liebe zu sich selbst findet in ihrer freien Äußerung an die Kreatur ein zweites Objekt. Aufgrund seiner Güte ist Gott auch hier genötigt, für das G. (bonum commune, salus communis, bonum publicum, justum boni publici) zu sorgen und den Vorrang des G. gegenüber dem Einzelwohl durchzusetzen, weil die Förderung der Gerechtigkeit seiner Natur entspricht (Deus simpliciter determinatur ad justum publicum communitatis ..., quod est justum condecens bonitatem suam) [15].

Im Grunde aber bleibt der Gebrauch des Begriffs ‹bonum commune› einheitlich, so daß etwa noch W. VON OCKHAM trotz theologischer Unterschiede den Kernsatz festhält: « Nec mirum: bonum enim commune preferendum est bono privato» [16]. – Für ROBERT Kardinal BELLARMIN ist G. Ordnungsprinzip politischer Gemeinschaften [17], überhöht durch den Gedanken, daß Gott das « communissimum bonum totius universi» sei [18].

Ausgehend von der Lehre des Thomas, in der das G. Finalursache ist, versteht auch F. SUÁREZ das bonum commune als Ziel, doch entwickelt er es dezidierter als Thomas als Objekt der Gerechtigkeit. Die ontologische Ordnung des G. tritt gegenüber ihrer Auslegung als juristische Verpflichtung zurück [19]. DOMINGO DE SOTO [20] und Kardinal CAJETAN [21] wiederum vertreten exakter die thomanische Position, in der die Legalgerechtigkeit im Zusammenhang der seinsmäßigen Hinordnung des Einzelnen auf das Ganze und das universale G. entwickelt ist.

Anmerkungen. [1] PLATON, Leg. 875. – [2] Pol. 369 b-c. – [3] Leg. 757. – [4] ARISTOTELES, Pol. 1282 b 14-18. – [5] a. a. O. 1160 a 14. – [6] PLATON, Leg. 903 c. – [7] ARISTOTELES, Pol.

1253 a 18-20. – [8] Seneca, De otio 1 (28) 4. – [9] Vgl. Thes. ling. lat. 2 (1900-1906) 2099. – [10] Thomas von Aquin, S. contra gent. 1, 89; S. theol. I/II, 19, 10; III, 46, 2 ad 3. – [11] Vgl. A. Verpaalen: Der Begriff des G. bei Thomas von Aquin (1954) 47ff. 53ff. – [12] Thomas von Aquin, S. theol. II/II, 58, 6. – [13] Peter von Auvergne, Scriptum Mag. Petri de Alvernia super librum politicorum, hg. G. M. Grech (Rom 1967) 113. 117. 119f. 126. – [14] Heinrich von Gent, Quodlibeta IX, qu. 19 (ND Louvain 1961) 2, 388. – [15] Johannes Duns Scotus, Opus Oxon. N 11, 427 a. – [16] Wilhelm von Ockham, Prologus in Breviloquium de principatu tyrannico, hg. R. Scholz, in: R. Scholz: W. v. Occam als politischer Denker und sein Breviloquium de principatu tyrannico (1944) 59. – [17] Robert Kardinal Bellarmin, De laicis c. 13. – [18] De reg. princ. 1, 14. – [19] Vgl. Fr. Suárez, De justitia, disp. 4, q. 2 u. ö. – [20] Domingo de Soto, De justitia et jure III, q. 2, a. 5. – [21] Vgl. J. Giers: Die Gerechtigkeitslehre des jungen Suárez (1958) 226.

Literaturhinweise. H. Schickling: Sinn u. Grenze des arist. Satzes: «Das Ganze ist vor dem Teil» (1936). – A. F. Utz: Sozialethik (1958). – J. Messner: Naturrecht (1958). – A. Verpaalen s. Anm. [11]. – O. v. Nell-Breuning: Wb. der Politik (1954). – J. Maritain: La personne et le bien commun (Paris/Brügge 1947).

2. Mit dem Ende der scholastischen Tradition und des nominalistischen Denkens erhält die Lehre vom G. ein neues Fundament. Nachdem H. Grotius das *Naturrecht* von der lex aeterna abgelöst hatte, fand die Gerechtigkeit ihre Definition in ihrer Beziehung auf das soziale Leben, als Ordnung menschlichen Lebens, die aus ihm selbst hervorgeht, und nicht als durch die lex aeterna verbindliche, theologisch auszulegende Rechtsordnung. Die Unterscheidung von Naturrecht und biblischer Weisung läßt gleichwohl ihre Übereinstimmung zu, oder sie werden systematisch kompatibel gedacht. Grotius' Kerngedanken – und von ihnen sind noch S. Pufendorf und Chr. Thomasius beeinflußt – sind die des menschlichen Gemeinschaftstriebs (appetitus societatis) und des Naturrechts als «dictatum rectae rationis» [1]. Über den Gemeinschaftstrieb wird in der weiteren Debatte ebenso gehandelt wie über die intendierte Übereinstimmung zwischen Naturrecht und biblischer Weisung. Diese Diskussion artikuliert sich nicht zuletzt in der Auseinandersetzung mit Th. Hobbes und J. Locke; sie wird bestritten von Pufendorf und Thomasius neben anderen bis hin zu Leibniz und Chr. Wolff, in England von R. Cudworth, H. More, Th. Burnet und R. Cumberland als den Intellektualisten und Fr. Hutcheson, A. Shaftesbury und J. Butler als den sentimentalen Moralisten. Im Brennpunkt der Auseinandersetzung stehen der Charakter und die Geselligkeit menschlicher Triebe, der primäre Trieb der Geselligkeit und Liebe und die Instanz der sittlichen Begründung und Rechtsfindung, die im Begriffsfeld der recta ratio zwischen Verstand, common sense und moralischem Gefühl gesucht wird. Mit der Grundannahme einer soziablen Natur des Menschen läßt sich – vernünftig – ein Gemeinwesen konstruieren, in dem das G. gewahrt wird.

Von den englischen Autoren werden die Termini ‹public good›, ‹common good› benutzt. In Entgegensetzung zur Notkonstruktion eines Staates, der die Menschen zwingt «under the Yoke of a Common Coercive Power, whose Will being the Will of them all» [2], der die Menschen durch ihr eigenes Interesse und ihre Schwäche verbindet (according to their Appetite and Utility), begründet R. Cudworth die individuelle Haltung zur Civil Sovereignty (oder Civil Society) im «Publick Conscience»: «Wherefore Conscience also, as in it self not of a Private and Partial, but of a Publick and Common Nature; it respecting Divine Laws, Impartial Justice, and Equity, and the Good of the Whole, when clashing with our own Selfish Good; and Private Utility» [3].

Die Verbindung von Vernunftbegründung und christlicher Religion tritt bei Th. Burnet besonders hervor: «varii sunt gradus et officia: his singulis poposcit Religio Christiana secundum aequi rectique rationes, ad pacem, ad pietatem, bonumque publicum promovenda» (Es gibt verschiedene Rangstufen und Ämter: von diesen forderte die christliche Religion die Beförderung des Friedens, der Frömmigkeit und des Gemeinwohls gemäß den Gründen des Gleichen und Richtigen) [4]. Eine in der Liebe zu Gott gegründete Liebe zum Nächsten begründet die Naturrechtslehre von R. Cumberland; durch sie ist die Gesellschaft konstituiert; ihr entsprechend ist das G. höchstes Gesetz der Natur: «Benevolentia maxima singulorum agentium Rationalium erga omnes statum constituit singulorum, omniumque Benevolorum, quantum fieri ab ipsis potest, foelicissimum; et ad statum eorum, quem possunt assequi, foelicissimum necessario requiritur; ac proinde Commune Bonum erit suprema lex» (Das größte Wohlwollen der Einzelnen gegenüber allen, die vernünftig handeln, begründet den glücklichsten Zustand der Einzelnen und aller Wohlwollenden, insoweit er von ihnen ausgehen kann; und es wird notwendig zu ihrem glücklichsten Zustand, den sie erlangen können, erfordert; und daher wird das G. das oberste Gesetz sein) [5].

Aus der Annahme der geselligen Natur des Menschen ließ sich mittels der Vernunft ableiten, daß das G. ihr politischer Ausdruck ist und die individuelle Disposition ihm als sittliches Verhalten zugeordnet ist. Für Shaftesbury und Fr. Hutcheson hingegen verdankt sich die Einsicht, die zu sozialem Verhalten führt, dem «moral sense»; die Balance des individuellen Interesses in sich und mit dem allgemeinen Interesse bedeutet Glück für den Einzelnen und «greatest happiness of greatest numbers» (Hutcheson). Tugend und Schönheit vermitteln für Shaftesbury das widerstrebende private, dem wahren gegenüber defiziente Interesse zum wohlverstandenen Interesse im Einklang mit dem G.; die einsichtige Hinwendung zum G., das der wahren Natur des Interesses entspricht, entspringt dem «moral sense»; das Resultat ist «happiness and enjoyment» [6]. Die Einheit von «Good of the Whole» und «greatest private Good» ist vermittelt durch die Einsicht in den Sinn von Gesetzen, durch den «moral sense», der subjektiv stimuliert und auch die erkenntnismäßige Voraussetzung bildet, die von Gott geschaffene Ordnung zu begreifen und zu akzeptieren [7].

Historisch schwierig zu präzisieren ist die Position von G. W. Leibniz. G. ist bei ihm nicht bloß auf den Nutzen des Staates bezogen, sondern vorrangig auf das Menschengeschlecht und darüber hinaus auf die «societas universalis sub Rectore Deo» [8]. Prinzip der Gesetzgebung ist die «utilitas Reipublicae, quae ita est ad Rempublicam, uti pietas ad mundum et Rempublicam universalem» [9]. Das «bonum civium» besteht in Eudaimonia und Autarkeia (seu bonis animi et fortunae) [10]; privates und öffentliches Wohl sind miteinander verbunden [11]. Nach der zitierten Schrift hebt Leibniz zunehmend die Liebe hervor, aus der die rechtliche Verpflichtung für den anderen entspringe: «Justitia est constans conatus ad felicitatem communem salva sua» [12]; «Justitia est habitus amandi omnes» [13].

Auch für B. Spinoza ist das G. Zweck des Staates, damit aber auch Kriterium der staatlichen Handlungen. Im Zweifelsfall votiert er für das staatliche Reglement. Wenn auch die Einheit von individuellem und allgemeinem Interesse als Institution zu wechselseitigem Nutzen prinzipiell möglich scheint, konkret aber noch aussteht, empfiehlt sich für das Individuum die absolute Unterordnung unter das Reglement, das dem G. dient und damit dem rechtverstandenen individuellen Interesse [14].

In der deutschen Aufklärung tritt der Begriff des G. zurück. A. BAUMGARTEN und G. F. MEIER erwähnen ihn nicht mehr; einzig bei CHR. WOLFF wird er noch – in einer für die Naturrechtsdiskussion repräsentativen Weise – behandelt. Wolff begründet das G. im natürlichen Streben nach menschlicher Geselligkeit (bonum communionis refertur ad appetitum, quatenus is naturaliter determinatus est ad appetendum societatem et ad inserviendum aliis [15]) und leitet daraus zugleich die sittliche Verpflichtung gesellschaftlichen Verhaltens ab (Unusquisque hominum ad perfectionem alterius statusque ipsius conferre obligatur per ipsam essentiam atque naturam suam, quantum conferre valet [16]). So ist das Eigeninteresse untrennbar mit dem G. verbunden: «Nostra nimirum perfectio cum perfectione aliorum adeo arcto nexu cohaeret, ut neutra ab altera separari possit. Obligatio igitur ad perfectionem propriam et obligatio ad alienam promovendam pari passu ambulant, immo, si quod verum fatendum est, non sunt nisi una eademque obligatio» (Unsere Vollkommenheit hängt ohne Zweifel mit der Vollkommenheit anderer so eng zusammen, daß keine von der anderen getrennt werden kann. Folglich gehen die Verpflichtung, die eigene Vollkommenheit und die Verpflichtung, die fremde zu befördern, zusammen, ja sogar, wenn dieses als wahr zugegeben wird, ist es nur ein und dieselbe Verpflichtung) [17]. Wolff gebraucht als Bild für diese Interdependenz das «bonum commune omnium organorum corporis» [18]. Zur Auslegung bedarf es – Wolff zeigt sich hier als rationalistischer Vertreter des Naturrechts – der Vernunft: «ante intellectus usum et absque eo bonum communionis cognosci nequit» [19].

Mit Chr. Wolff ist die Naturrechtsdiskussion zunächst abgeschlossen. Der spätere Gebrauch des Wortes ‹G.› gehört einmal in die an die Scholastik anschließende Naturrechtsdiskussion der katholischen Theologie und Sozialphilosophie (J. Maritain, J. Messner, O. Nell-Breuning, päpstliche Enzykliken), zum anderen bleibt er in der Rechtsprechung, wenn auch vage und partiell ideologisch, normativer Leitbegriff in rechtlichen Konfliktsituationen [20].

Anmerkungen. [1] H. GROTIUS: De jure belli et pacis (Paris 1625) Prol. 6; I, 1, § 10, 1; vgl. auch CHR. THOMASIUS: Institutiones (1688) I, 4, § 55; I, 2, § 140. – [2] R. CUDWORTH: The true intellectual system of the universe (London 1678, ND 1964) 891. – [3] a. a. O. 898. – [4] TH. BURNET: De fide et officiis Christianorum (London 1727) 100: c. 6. – [5] R. CUMBERLAND, De legibus naturae (London 1672) c. 1, § 4. – [6] A. SHAFTESBURY: An inquiry conc. virtue, in: Characteristicks of Men ... (London 1699, ⁵1732) 65. – [7] FR. HUTCHESON: An inquiry conc. moral good and evil (London 1729) 300. 304. – [8] G. W. LEIBNIZ, Nova methodus discendae docendaeque jurisprudentiae. Akad.-A. 6/2, 300f. – [9] a. a. O. 345. – [10] ebda. – [11] Elementa juris naturalis a. a. O. [8] 454. – [12] Untersuchungen (Konzept A, 1669-70, A VI-1, 454), zit. nach H.-P. SCHNEIDER: Justitia universalis (1967) 377. – [13] Elementa juris naturalis (Konzept B, A VI-1, 465), zit. a. a. O. 379. – [14] B. SPINOZA, Tractatus politicus. Opera, hg. C. GEBHARDT 3, 287. 285. – [15] CHR. WOLFF: Philos. moralis sive Ethica (1751) 108: § 91. – [16] Philos. practica universalis (1738) 177: § 222. – [17] a. a. O. 176: § 221. – [18] a. a. O. [36] 109: § 92. – [19] ebda. § 93. – [20] Vgl. W. KRAWIETZ: Unbestimmter Rechtsbegriff, öffentl. Interesse und gesetzl. G.-Klauseln als jur. Entscheidungsproblem. Der Staat 11 (1972) 349-366.

Literaturhinweise. H.-P. SCHNEIDER s. Anm. [12]. – W. SCHNEIDERS: Naturrecht und Liebesethik (1971).

3. Für eine andere Autorengruppe beruht das Verständnis des Begriffs ‹G.› auf der Theorie des *Gesellschaftsvertrags*. In diese gehen zwar naturrechtliche Begründungen mit ein, erfahren in ihr aber entscheidende Veränderungen. Charakteristisch ist, daß das G. zwar im gesellschaftskonstitutiven Vertragsschluß intendiert, jedoch nicht inhaltlich festgelegt wird. Außerdem rückt mit Hobbes das egoistische Interesse in den Vordergrund, so daß das G. zum Interessenkalkül wird, und es entfällt eine moralische Instanz wie die recta ratio oder der moral sense. Der Grund der Verpflichtung geht aus dem Vertrag und einigen naturrechtlichen Annahmen hervor, etwa der des Selbsterhaltungs- oder Machttriebs.

Als Vorgänger der eigentlichen Vertragstheoretiker erweist sich FR. BACON in seiner «doctrina de bono communionis». «Inditus est atque impressus unicuique rei appetitus ad duplicem naturam boni; alteram qua est pars totius alicujus majoris. Atque posterior haec illa altera dignior est, et potentior, cum tendat ad conservationem formae amplioris» [1]. Beide Begehren streben nach dem ihrer Natur entsprechenden Gut, nach dem bonum individuale bzw. dem – vorrangigen – bonum communionis (publicum). Eine Versöhnung zwischen beiden ist nicht möglich (nonnunquam ambo coincidant [2]), selbst wenn das egoistische Interesse sich als gemeinnützig erweist. Die Verfolgung des bonum communionis ist entweder Pflicht oder für den «animo intra se recte formato et composito» [3] Tugend. Das bonum communionis entspringt immer einer wechselseitigen Beziehung Einzelner, in der das Wohl das anderen oder das gemeinsame Wohl im Vordergrund steht, wie es besonders vom Christentum geboten wird; ein politischer Sinn wird jedoch ausgeschlossen: «non quatenus sunt partes societatis civilis (id enim ad politicam refertur» [4].

TH. HOBBES gebraucht in seiner politischen Philosophie den Begriff ‹G.› nur beiläufig. G. ist jedoch indirekt im Vertragsschluß impliziert als dessen Formular. Hobbes' rationalistische Naturrechtskonstruktion stellt den Staat ins Zentrum als Instanz der Selbsterhaltung des Menschen, der, weil er im Naturstand zerstörerisch wirkt, erst in der vertraglichen Übertragung der Gewalt an den einen, allgemeinen Willen des Herrschers zu einem gesicherten Dasein kommt. Indem der Staat als Ergebnis eines Kalküls zum Träger der privaten Interessen wird, fallen privates und öffentliches Interesse zusammen. Das so sozialisierte unendliche Begehren kulminiert in der staatlichen Sicherung durch das Recht. Die Möglichkeit für den einzelnen Bürger, sein Interesse in das allgemeine zu setzen, entscheidet über die Staatsform. Die sicherste Garantie ist die enge Verschränkung beider; in der Monarchie ist sie am deutlichsten, in Demokratie und Aristokratie hingegen unvollkommen: «Quando ergo bonum publicum et privatum arctissime uniuntur, tunc maxime procuratur bonum publicum. In monarchia autem bonum publicum et privatum idem est. Regis enim divitiae, potentiae, et honor a viribus et existimatione civium proficiscuntur» [5].

Hobbes' Deduktion der staatlichen Gewalt verlangt die Transformation des individuellen Willens, unter qualitativer Veränderung der individuellen Interessen. Für J. LOCKE hingegen konstituiert sich der Staat nicht im Bruch mit den gesellschaftlichen Formen des Naturstands, sondern führt sie aus ihrer Krise heraus und restituiert sie. Dabei scheint die Vermittlung von privatem und gesellschaftlichem Interesse problemlos: Moralisch ist sie gesichert durch die angenommene Übereinstimmung der menschlichen Neigung zu Selbsterhaltung und zum Glück, empirisch durch die Ausweitung der Produktion und die Zunahme des gesellschaftlichen Reichtums. Darin ist die Annahme impliziert, daß die Verfolgung des privaten Interesses dem gemeinsamen Interesse dient, dem G., und daß die staatliche Regulierung des gemeinsamen Interesses dem Interesse der Einzelnen dienen soll [6]. « Mit ihrem Eintritt in die Gesellschaft verzichten nun die Menschen zwar auf die Gleichheit, Freiheit und exekutive Gewalt des Naturzustandes, um sie in die Hände der Gesellschaft zu legen, damit die Legislative so weit darüber verfügen kann, wie es das Wohl der Gesellschaft erfordert. Doch geschieht das nur mit der Absicht jedes einzelnen, um damit sich selbst, seine Freiheit und sein Eigentum besser zu erhalten ... Man kann deshalb auch nie annehmen, daß sich die Gewalt der Gesellschaft oder der von ihr eingesetzten Legislative weiter erstrecken soll als auf das G. (common good) ... Und all dies darf zu keinem anderen Ziel führen als zum Frieden, zur Sicherheit und zum öffentlichen Wohl (public good) des Volkes» [7]. Die Selbstregulierung der naturwüchsigen Interessen durch die Gesellschaft ist deshalb durch einen bruchlosen Übergang vom Naturstand zum gesellschaftlichen Zustand möglich; das G. ist damit bei Locke – im Unterschied zu Hobbes – «natürliches» Implikat und Zweck jeder Staatskonstruktion.

Die Sicherung des G. durch naturrechtliche Konstruktionen wird später nicht mehr gewagt. So haben P. NICOLE [8], B. MANDEVILLE [9] und A. SMITH [10] die Sicherung des G. als Sicherung des Einzelwohls durch die These der indirekten Förderung des G. durch die Verfolgung des Eigeninteresses abzuleiten versucht. G. entspringt dem Eigeninteresse und hat ihm zu dienen; diese Rückkoppelung ist «automatisch» (A. Smith spricht von der «unsichtbaren Hand Gottes»).

Der Gesellschaftsvertrag konstituiert bei Hobbes und Locke nur formal die Übereinstimmung der Vertragschließenden. Der Vertrag beinhaltet eine prinzipielle Garantie, deren Exponent die öffentliche Gewalt ist. Diese Konstruktion der Interessenidentität delegiert die inhaltliche Konkretion und Durchsetzung an die Regierung; entsprechend unbestimmt und allgemein bleiben deshalb bei Hobbes und Locke auch der Zweck des Vertragsschlusses und der Begriff des G. – Diese Konstruktion wird fraglich durch die Unterscheidung von volonté générale und volonté de tous, die ROUSSEAU vornimmt und die auch zu einer Weiterbestimmung des Begriffs ‹G.› führt. Das G. ist der für die Staatsbildung konstitutive Zweck; die Hinordnung auf das G. ist die Idee des Sozialvertrags, der volonté générale, auf die sich der konkrete Vertragsschluß bezieht und die er impliziert. «Das erste Gesetz und das einzig wahrhaft fundamentale Gesetz, das unmittelbar aus dem Contrat social hervorgeht, ist nämlich, daß jeder in allen Angelegenheiten das größtmögliche G. vorzieht» [11]. Die Idee des G. muß im Gemeinwillen, der volonté de tous, verankert sein; die faktische Übereinstimmung der Mehrzahl in der Verfolgung des G. ist erforderlich. So leitet Rousseau einen Erziehungsauftrag ab, der die – zunächst nicht vorauszusetzende – Übereinstimmung der Individuen mit der volonté générale intendiert: «... man muß doch auch zugeben, daß es möglich ist, die Menschen zu lehren, eher den einen als den anderen Gegenstand und lieber das wahrhaft Schöne als das Unförmige zu lieben. Wenn man sie z. B. rechtzeitig darin übt, ihr Individuum nur in seinen Beziehungen zum Staatskörper zu betrachten und ihre eigene Existenz gleichsam nur als einen Teil der seinen zu erfassen, dann könnten sie endlich dazu kommen, sich in gewisser Weise mit dem größeren Ganzen zu identifizieren ...» [12].

In der ‹Enzyklopädie› DIDEROTS und D'ALEMBERTS begegnen die Termini ‹bien commun› und ‹bien public› ebenfalls. Diderot begründet das G. zwar wie (und vor!) Rousseau in der volonté générale; doch versteht er sie nicht als Idee des Vertragsschlusses, sondern als «allgemeinen Willen des Menschengeschlechts» [13], dessen Kenntnis das geschriebene Recht der zivilisierten Nationen vermittelt und dessen Vorrang das Individuum einsehen und ethisch verwirklichen kann. Nach dieser Vorstellung ist «der Staat eine Gemeinschaft, die belebt ist durch die einzige Seele, welche alle seine Bewegungen auf eine gleichbleibende Art lenkt, so wie es der gemeinsame Nutzen erfordert. Das ist der glückliche, der ideale Staat» [14]. Nachdem der G.-Begriff in der politischen Philosophie – wie auch bei den Physiokraten – eine bedeutende Rolle gespielt hatte, tritt sein philosophischer Gebrauch auch im Englischen und Französischen hinter seiner juristischen Verwendung zurück.

Anmerkungen. [1] FR. BACON, De augmentis scientiarum VII, 2 Works (London 1841) 389. – [2] a. a. O. c. 3 = 391. – [3] 392. –. [4] 393. – [5] TH. HOBBES, De cive. Opera lat., hg. G. MOLESWORTH (London 1841) 3, 143. – [6] J. LOCKE, Zwei Abhandlungen über die Regierung II, § 2, hg. W. EUCHNER (1967) 200. – [7] a. a. O. § 131 = 286. – [8] P. NICOLE: Essais de morale (La Haye 1702) 3, 120ff. – [9] B. MANDEVILLE, Die Bienenfabel (dtsch. 1968). – [10] A. SMITH: An inquiry into the nature of the wealth of nations (London/New York 1964) 1, 400. – [11] J.-J. ROUSSEAU, Première Version du Contrat Social, in: The political Writings of Jean Jacques Rousseau, hg. C. E. VAUGHAN (Cambridge 1915) 1, 493. – [12] Economie politique a. a. O. 255f. – [13] D. DE DIDEROT: Art. ‹Droit naturel›, in: Encyclopédie ... 11 (Lausanne/Bern 1779) 409ff. – [14] JAUCOURT, Art. ‹Etat›, a.a.O. 13, 139ff.

Literaturhinweise. C. B. MACPHERSON: Die polit. Theorie des Besitzindividualismus (1967). – W. EUCHNER: Naturrecht und Politik bei John Locke (1969). – H. MEDICK: Naturzustand und Naturgeschichte der bürgerlichen Gesellschaft (1973). – H. SCHMIDT: Seinserkenntnis u. Staatsdenken (1965). – I. FETSCHER: Rousseaus politische Philosophie (1960). – E. WEIS: Geschichtsschreibung und Staatsauffassung in der französischen Enzyklopädie (1956).
Red.

II. Seine philosophisch entscheidende Prägung erhielt der Begriff ‹G.› durch die Gesellschaftslehre THOMAS VON AQUINS. In ihr bezeichnet ‹G.› den Inbegriff der erstrebenswerten Güter natürlicher und sozialer Herkunft und die gesellschaftliche Ordnung ihrer angemessenen Verteilung, die den Menschen befähigen, sein irdisches Ziel zu erreichen. Indem das bonum commune auch das System der perfecta communitas übersteigt, dient es als sittlicher Maßstab jeglichen Sozialverhaltens, ausgedrückt in dem Grundsatz: «quod bonum commune potius est bono privato» [1]. Die Beachtung und Verwirklichung des G. ist danach einerseits oberste Aufgabe der Herrschenden und zum andern auch eine wesentliche Richtlinie für das Verhalten der Beherrschten untereinander und gegenüber dem Gemeinwesen. Durch das erste Moment des G.-Begriffs wird also der Herrscher auf eine außerhalb seiner persönlichen Interessen liegende Instanz verwiesen und seine Willkür dadurch beschränkt; damit ist eine wichtige gedankliche Voraussetzung des modernen Amtsbegriffs geschaffen. Das zweite Moment hingegen bildet den Ansatzpunkt für jahrhundertelange Überlegungen zum Freiheitsproblem. Mit der neuentstehenden Auffassung vom Staat als einer von der Person des jeweiligen Herrschers gelösten Rechtsperson verdichtet sich das zweite Moment des G.-Begriffs fast zwangsläufig zum Schlüssel jeglicher Abgrenzung zwischen der individuellen und der staatlichen Zuständigkeitssphäre.

Der deutsche Begriff ‹G.›, der sich in Wörtern wie ‹Gemeinnutzen›, ‹Gemeingut›, ‹gemeines Bestes›, ‹gemeines Wohlsein› ausdrückte, wurde daneben aber auch unter dem Einfluß der Begriffe ‹res publica› und ‹salus publica› geprägt. Dieser Einfluß ging zeitweise so weit, daß G. mit dem Wohl des Staates gleichgesetzt wurde [2], indem das gemeine Wohl in das Wohl der Gemeine umgedeutet und vom privaten Wohlergehen unterschieden wurde [3]. Damit übernimmt der Begriff auch eine wichtige Funktion in der Lehre von den Staatszwecken bzw. Staatsaufgaben und in der Lehre von der Rechtfertigung des Staates: Die Wahrung und Förderung des G. wird als oberster, ja als alleiniger Zweck des Staates und als theoretischer Grund staatlicher Existenz betrachtet, dies insbesondere in der den Absolutismus rechtfertigenden deutschen Literatur des 18. Jh. [4].

Sowohl für sich als auch im Verhältnis zum Individualinteresse ist der Begriff des G., soll er keine Leerform bleiben, untrennbar mit dem jeweiligen ideologisch-weltanschaulich vorgeprägten Menschen- und folglich auch Gesellschafts- und Staatsbild dessen verbunden, der sich an seine Konkretisierung macht. Das erhellt deutlich aus der Tatsache, daß der Begriff des «bonum commune» im Mittelalter «zunächst nur als Synonym für Recht und Frieden» [5], für «ordo und pax» [6], dient, daß er während des 17. und 18. Jh. als «(gemeine) Wohlfahrt» zahlreichen absolutistischen Staatstheorien zugrunde liegt [7], daß er als «bonheur commun» in der jakobinischen Verfassung von 1793 auftreten kann, als «G.» der Grundbegriff des Allgemeinen Landrechts von 1794 ist [8], als «bien public» (= l'intérêt public) in der ‹Encyclopédie› formuliert wird [9] und daß er als «öffentliches Interesse» auch heute noch ein wichtiges Requisit des geltenden Zivil-, Straf- und Verwaltungsrechts bildet [10].

Die Folgen der geschichtlichen Bedingtheit des G.-Verständnisses sind je nach Ausgangspunkt grundsätzlich verschieden. Entweder kennzeichnet die Verwendung des G.-Begriffs in theoretischen oder praktischen Ausführungen jenen Punkt, an dem ein gutgläubiger Autor ein unlösbares Problem für gelöst hält; das dürfte zum großen Teil z. B. von den staatstheoretischen Untersuchungen der katholischen Sozial- und Staatslehre gelten, in der das bonum commune bis heute eine überragende Rolle spielt. Oder die Appellation an das G. ist mit der Vorstellung verbunden, daß der Appellierende selbst bzw. seine Klasse oder seine Partei imstande sei, das G. allgemein oder in der jeweiligen geschichtlichen Situation verbindlich zu konkretisieren – diese Vorstellung beherrscht letztlich alle Totalitarismen vom jakobinischen bis zum leninistischen. Schließlich besteht die Möglichkeit, daß mit der Verwendung des G.-Begriffs auf eine Lösung bewußt verzichtet wird, sei es, um überhaupt zu einer oder mehrere Meinungen einenden Formel zu gelangen (Formelkompromiß), oder aus der Erkenntnis der sich gerade auch im staatlichen Bereich manifestierenden Endlichkeit und Vorläufigkeit menschlicher Spekulation heraus; auf der daraus resultierenden Ideologie des Diskutierens und Vorwärtstastens beruht nicht zuletzt die westlich-demokratische G.-Auffassung, die allermeist sogar zum vollständigen Verzicht auf das Wort führt [11]: G. gilt nicht als etwas absolut Erkennbares und zu Verwirklichendes, sondern als etwas Aufgegebenes, stets nur in Bruchstücken Erreichbares [12].

Wegen der Besonderheit des westlichen Staatsverständnisses überwiegt im staatstheoretischen und politischen Sprachgebrauch heute ein ideologisch vorgeprägter und zugleich polemischer Sprachgebrauch: Das G. wird irgendwie abgelehnten «Partialinteressen» fordernd gegenübergestellt. Die Richtung, in die diese Polemik geht, ist augenblicklich im wesentlichen eine dreifache: G., in einem links- oder rechtskollektivistischen Sinne verstanden, als Gegensatz zum eigensüchtigen «Individualinteresse» («Gemeinnutz geht vor Eigennutz»); G. als Gegensatz zu den «Parteiinteressen», wobei z. B. «politische Strategen» als «Treuhänder des G.» [13] ausgegeben werden; und schließlich G. als Gegensatz zum «Gruppeninteresse», wobei dann im allgemeinen der Staat insgesamt als Garant des G. auftritt [14].

Anmerkungen. [1] THOMAS VON AQUIN, S. theol. II/II 152, 4 ad 3. – [2] W. TR. KRUG: Allg. Handwb. der philos. Wiss. (1833) 2, 165; vgl. F. SUÁREZ, Opera omnia 5, 30; K. SONTHEIMER, in: E. FRAENKEL/K. SONTHEIMER: Zur Theorie der pluralistischen Demokratie (1964) 20. – [3] J. H. G. v. JUSTI: Die Grundfeste zu der Macht und Glückseligkeit der Staaten (1760, ND 1965) bes. 1, 9-24. – [4] CHR. WOLFF: Vernünfftige Gedanken von dem gesellschafftlichen Leben der Menschen (²1736) 3; J. V. SONNENFELS: Grundsätze der Policey, Handlung und Finanzwiss. 1 (²1768) 12. – [5] H. MAIER: Die ältere dtsch. Staats- und Verwaltungslehre (1966) 79. – [6] H. O. H. v. d. GABLENTZ: Polit. Gesittung, in: Politik und Ethik, hg. WENDLAND (1969) 38-60. – [7] CHR. WOLFF, Ges. Werke 2, 24, 7. – [8] Allg. Landrecht bes. §§ 73ff. – [9] Encyclopédie, hg. DIDEROT/D'ALEMBERT (1751ff.) 27/2, 752. – [10] Vgl. F. v. ZEZSCHWITZ: Das G. als Rechtsbegriff (Diss. Marburg 1967) bes. 13-32. – [11] H. RYFFEL: Grundproblem der Rechts- und Staatsphilos. (1969) 227. – H. HENKEL: Einf. in die Rechtsphilos. (1964) 371-378. – [13] O. H. v. d. GABLENTZ: Einf. in die polit. Wiss. (1965) 328. – [14] Vgl. SONTHEIMER, a. a. O. [2].

Literaturhinweise. G. JELLINEK: Allg. Staatslehre (³1913). – R. KAIBACH: Das G. und seine ethische Bedeutung (1928). – J. MARITAIN: La personne et le bien commun (1947). – O. v. NELL-BREUNING: Einzelmensch und Gemeinschaft (1950). – E. WELTY: Herders Sozialkatechismus 1 (³1950). – A. P. VERPAALEN: Der Begriff des G. bei Thomas v. Aquin (1954). – A. F. UTZ: Sozialethik 1 (1958). – G. GUNDLACH: Art. ‹G.›, in: Staatslex. 3 (⁶1959). – J. MESSNER: Das G. (1962). – K. MOLLNAU: Der Mythos vom G. (1962). – W. HENNIS: Politik und praktische Philos. (1962). – B. DE JOUVENEL: Über Souveränität (1963). – H. MAIER s. Anm. [5]. – F. v. ZEZSCHWITZ s. Anm. [10]. – Wohl der Allgemeinheit und öffentliche Interessen, hg. Hochschule Speyer (1968). R. HERZOG

Gemüt

I. Der Begriff des G. umfaßt in der deutschen *Mystik* die gesamte innere Welt des Menschen. Vor der späteren Bedeutungsverschiebung zu einem Begriff der Innerlichkeit und der späteren Entgegensetzung von Denken, Verstand, Vernunft, Geist einerseits und Seele, Herz, Empfindung als Bereich des G. andererseits ist G. (verknüpft mit dem Geist oder gleichgesetzt mit ihm) der innere Ort der Vorstellungen und der Ideen. – Bei MEISTER ECKART heißt es: «Ein kraft ist in der sêle, diu heizet daz gemüete, die hât got geschaffen mit der sêle wesen, diu ist ein ûfenthalt geistlîcher [geistiger] forme und vernünftiger bilde» [1]. Im G. scheint der Bereich des Denkens, des Verstandes und der Vernunft mit dem der Seele, mit Herz und Empfindung zusammenzufallen, oder sie gehen aus ihm hervor. – J. BÖHME schreibt: «so aber nun das Gemüth gebieret den Willen, und der Wille das Hertze, und das Hertze das Licht, und das Licht die Kraft, und die Kraft den Geist» [2].

Zunächst hat sich ein eindeutig fixierbarer Sprachgebrauch nicht ergeben, ‹G.› hält sich weiter im Bedeutungsfeld des griechischen θυμός und des lateinischen ‹animus›: So versteht J. MAALER in seinem ‹Dictionarium Germanicolatinum› (1561) ‹G.› als Übersetzung von ‹mens› und ‹animus› [3]. Für GOTTSCHED meint ‹G.› – und in dieser Bedeutung wird das Wort nun üblich – den Ort der Begierden und Affekte: «das Gemüthe

[wird] gleichsam von den Affecten bestürmet und beunruhiget» und verhält sich dabei «fast nur leidend ... Eigentlich ist die Seele niemals thätiger und geschäfftiger, als wenn sie im Affecte steht: indem sie alsdann entweder mit der größesten Heftigkeit nach einem Dinge strebet, oder davor fliehet» [4]. CHR. WOLFF kennt einen weiteren Bedeutungsaspekt: Die Einsicht ins menschliche G. führe zur Wertschätzung der Tugend [5]. G. ist bei G. F. MEIER und M. MENDELSSOHN – und diese Definition ist typisch für das 18. Jh. vor Kant – der «Inbegriff unserer Begehrungsvermögen» [6]. Ähnlich definiert J. CHR. ADELUNG ‹G.› als «die Seele, in Ansehung der Begierden und des Willens, so wie sie in Ansehung des Verstandes und der Vernunft oft der Geist genannt wird» [7]. Für W. T. KRUG ist G. «dasjenige innere Princip..., welches uns vorzüglich in Bewegung setzt, das Bestrebungsvermögen, aus welchem sich eine Menge von Gefühlen, Neigungen und Abneigungen, Affecten und Leidenschaften entwickeln». «Wenn daher Geist und Gemüth (mens animusque) oder bildlich Kopf und Herz mit einander verbunden werden, so will man damit das ganze (theoretische und praktische) Vermögen der menschlichen Seele befassen» [8]. Schließlich erklärt SCHOPENHAUER: «animus ... ist das belebende Princip und zugleich der Wille, das Subjekt der Neigungen, Absichten, Leidenschaften und Affekte ..., es ist das Griechische θυμος, als Gemüth, Herz, nicht aber Kopf» [9].

Im Rahmen der Vernunftkritik KANTS dagegen wird ‹G.› zum Inbegriff der transzendentalen Vermögen im Sinne ihres Grundes und Ursprungs als «das die gegebenen Vorstellungen zusammensetzende und die Einheit der empirischen Apprehension bewirkende Vermögen (animus)» [10]. «Unsere Erkenntnis entspringt aus zwei Grundquellen des G., deren die erste ist, die Vorstellungen zu empfangen (die Rezeptivität der Eindrücke), die zweite das Vermögen, durch diese Vorstellungen einen Gegenstand zu erkennen (Spontaneität der Begriffe)» [11]. – FICHTE nimmt die Diskussion um «die in unserem Gemüthe zu denkenden Handlungen» [12] auf, betont aber gegenüber Kant deren empirischen Charakter: «Ist nemlich alles, was im Gemüthe vorgeht, ein Vorstellen; alles Vorstellen aber unläugbar eine empirische Bestimmung des Gemüthes, so wird das Vorstellen selbst (und alle seine Bedingungen) nur durch Vorstellungen deßselben, mithin empirisch gegeben» [13]. – Auch SCHILLER vereinigt in seiner Definition des ästhetischen Zustands Empfinden und Denken unter dem Begriff des G.: «Der Mensch kann nicht unmittelbar vom Empfinden zum Denken übergehen; ... Das geht also von der Empfindung zum Gedanken durch eine mittlere Stimmung über, in welcher Sinnlichkeit und Vernunft *zugleich* tätig sind ...» [14].

Um die Wende zum 19. Jh. ändert sich der Wortgebrauch, nicht unter der Herrschaft einer allgemein akzeptierten Neudefinition, sondern allmählich, während gleichzeitig die ältere Bedeutung weiterbesteht. Man zergliedert den Begriff in seine Bestandteile und setzt ihn immer öfter und entschiedener in Gegensatz zu den Begriffen, die er bisher mit umfaßt hatte: zu ‹Geist›, ‹Seele›, ‹Herz› und ‹Sinn›.

Wohl einer der ersten, die ‹G.› in diesem neuen Sinn gebrauchen, ist FR. SCHLEGEL: «Sinn, der sich selbst sieht, wird Geist; Geist ist innre Geselligkeit, Seele ist verborgene Liebenswürdigkeit. Aber die eigentliche Lebenskraft der innren Schönheit und Vollendung ist das G. Man kann etwas Geist haben ohne Seele und viel Seele bei weniger G. Der Instinkt der sittlichen Größe aber, den wir G. nennen, darf nur sprechen lernen, so hat er Geist ... G. ist die Poesie der erhabenen Vernunft, und durch Vereinigung mit Philosophie und sittlicher Erfahrung entspringt aus ihm die namenlose Kunst, welche das verworrene flüchtige Leben ergreift und zur ewigen Einheit bildet» [15]. Allein schon durch die bloße Differenzierung zwischen ‹Geist›, ‹Seele› und ‹G.› kündigt sich hier der Bedeutungswandel des Begriffes an; der Text weist aber bereits auch auf den neuen, verengten Bedeutungsgehalt des Wortes hin: ‹G.› bezeichnet nur noch den Bereich der Gefühlskräfte und des Wertempfindens, wobei das G. zunächst noch als schöpferisches Vermögen angesehen und in engen Zusammenhang mit der dichterischen Produktivität gebracht wird.

Auffällig ist, wie häufig NOVALIS das Wort ‹G.› in seinem Roman ‹Heinrich von Ofterdingen› (1800) verwendet. Es bezeichnet den tragenden Wesenskern des Menschen. Die Unterweisung, die Heinrich von Klingsor in der Poesie erhält, ist zum großen Teil eine Lehre vom G. [16]. Novalis sondert dabei sehr deutlich Verstand, Herz und Gefühl vom G. ab und stellt ganz bestimmte Forderungen an den Dichter, der sich «den zweckmäßigsten und natürlichsten Gebrauch» seiner «G.-Kräfte zu sichern» habe. Wenn Heinrich gegen Ende des Romanfragments einzusehen glaubt, «daß Schicksal und G. Namen *eines* Begriffes sind», so wird deutlich, wie ernst die Auseinandersetzung der Frühromantik mit dem Begriff ‹G.› gemeint ist.

Rege beteiligt an ihr war L. TIECK. Dies geht sowohl aus seinem ‹Bericht über die Fortsetzung› des Ofterdingen hervor wie aus vielen anderen Äußerungen. Wie Novalis hat auch ihn das Verhältnis von G. und Poesie vordringlich beschäftigt. Poesie sei «nichts weiter als das menschliche G. selbst in allen seinen Tiefen, jenes unbekannte Wesen, welches immer ein Geheimnis bleiben wird, das sich aber auf unendliche Weise zu gestalten sucht. ... Je mehr der Mensch von seinem G. weiß, je mehr weiß er von der Poesie, ihre Geschichte kann keine andere sein als die des G.» [17]. Merkwürdigerweise heißt es kurz darauf: «So ist die wahre Geschichte der Poesie die Geschichte eines Geistes, sie wird in diesem Sinne immer ein unerreichbares Ideal bleiben». Wahrscheinlich ist dies ein Beweis dafür, daß jene durch die Reflexion Fr. Schlegels eingeleitete Trennung von ‹G.› und ‹Geist› noch nicht ins Sprachgefühl eingegangen war.

Bald jedoch prägt sich die Tendenz, G. mit Empfindung und Gefühl gleichzusetzen, so stark aus, daß der Ausdruck einen Nebensinn von Empfindelei, Zärtelei und Passivität erhält. GOETHE registriert deshalb um 1820 kritisch: «Die Deutschen sollten in einem Zeitraum von dreißig Jahren das Wort Gemüth nicht aussprechen, dann würde nach und nach Gemüth sich wieder erzeugen. Jetzt heißt es nur Nachsicht mit Schwächen, eigenen und fremden» [18]. Durch diesen Gebrauch bildet sich schließlich die Nebenbedeutung heraus, die das Wort auch heute noch in der Umgangssprache hat: «Reichtum an G.» sagt man am ehesten Menschen nach, deren Gefühlskräfte sich auf Kosten ihrer Verstandeskräfte entwickelt haben [19], d. h. G. wird Verstand und Geist entgegengesetzt.

In der *philosophischen* Tradition hat der Begriff weiterhin eine Rolle gespielt. – In HEGELS ‹Ästhetik› werden Herz und G. zusammengenommen und im Gegensatz zum abstrakt Allgemeinen des Willens, als Natur, sinnliche Triebe, eigensüchtige Interessen und Leidenschaften bestimmt [20]; dieses G., «... die schlummernden Gefühle, Neigungen und Leidenschaften *aller* Art zu wekken und zu beleben, das Herz zu *erfüllen* und den Menschen, entwickelt oder noch unentwickelt, alles durchfühlen oder zu lassen, was das menschliche G. in seinem Innersten und Geheimsten tragen, erfahren und hervorbringen kann» [21], das sei der Zweck der Kunst. Die *Form*, «wodurch der an und für sich allgemeine Inhalt» der Religion angehört, ist durch «unmittelbare äußere Anschauung», «Vorstellung» und «Empfindung» gegeben. Die *Bedeutung* als «Zeugnis des Geistes» ist «für das sinnige G.» bestimmt. Religion muß «als Religion, ausdrücklich als an das Herz und G. gerichtet, in die Sphäre der Subjektivität hereintreten» [22]. In dieser Bestimmung darf jedoch der kritische Akzent nicht überhört werden, den Hegel dem G., an seine Pietismus- und Romantikkritik anknüpfend, als Begriff der bloßen Innerlichkeit und Subjektivität verleiht und der schließlich zur philosophischen Darstellung des absoluten Inhalts nötigt. «G. ist diese eingehüllte, unbestimmte Totalität des Geistes, in Beziehung auf den Willen, worin der Mensch auf ebenso allgemeine und unbestimmte Weise die Befriedigung in sich hat ... Das G. hat keinen besonderen Inhalt. Aber im G. liegt eben dies Befriedigtseinwollen auf eine ganz allgemeine Weise» [23].

TROXLER versteht unter G. die Einheit von Geist und Herz [24]. BRENTANO nennt G.-Bewegungen die Phänomene der Liebe und des Hasses und kontrastiert sie innerhalb seiner Dreiteilung der grundlegenden Seelentätigkeiten den Tätigkeiten des Vorstellens und Urteilens [25]. HUSSERL rückt G.- und Willenssphäre aneinander und bestimmt beide als «Erlebnisse des Gefallens und Mißfallens, des Wertens in jedem Sinne, des Wünschens, sich Entschließens, Handelns ...» [26]. SCHELER schließlich definiert das G. als den «Inbegriff aller intentionalen und wertkognitiven emotionalen Akte und Funktionen» [27].

Wie die Beispiele zeigen, wird ‹G.› in philosophischen Texten in verschiedenem Sinn gebraucht; die grundsätzliche Beschränkung auf den Bereich des Wertens, Fühlens, auch Wollens und der Ausschluß rationaler Funktionen wird jedoch mehr oder weniger deutlich beibehalten. Dabei setzt sich im Anschluß an Schopenhauer die Tendenz durch, G. als das Innere des Menschen zu verstehen, das den rationalen Funktionen, Geist, Verstand und Bewußtsein entgegengesetzt ist. Damit beginnt der Begriff seine philosophische Bedeutung zu verlieren und tritt im philosophischen Sprachgebrauch zurück.

Anmerkungen. [1] ECKART, in: Dtsch. Mystiker des 14. Jh., hg. F. PFEIFFER 2 (1857) 585, 34ff. – [2] J. BÖHME, Von den drei Prinzipien 10, 37. Sämtl. Schr., hg. W.-E. PEUCKERT 2, 113. – [3] J. MAALER: Die Teütsch spraach. Dict. Germanicolatinum novum (Zürich 1561, ND 1971) 168. – [4] J. CHR. GOTTSCHED: Erste Gründe der gesammten Weltweisheit 1 (1743) 493; vgl. auch A. BAUMGARTEN: Philos. Briefe (1741) 85ff. – [5] CHR. WOLFF: Kleine philos. Schr. 5 (1740) 308f. – [6] M. MENDELSSOHN: Abh. über die Evidenz in den met. Wiss. ([1]1764, [2]1786). Ges. Schr., hg. J. ELBOGEN, J. GUTTMANN, E. MITTWOCH (1931) 2, 326; G. F. MEIER: Theoret. Lehre von den G.-Bewegungen (1744) passim. – [7] J. CHR. ADELUNG: Grammat.-krit. Wb. 2 (1808) Sp. 556. – [8] W. T. KRUG: Allg. Handwb. der philos. Wiss. 2 (1827) 166. – [9] A. SCHOPENHAUER, Werke, hg. A. HÜBSCHER (1949) 2, 268. – [10] I. KANT, Akad.-A. 12, 32. – [11] KrV B 74. – [12] J. G. FICHTE, Akad.-A. 2, 2, 305. – [13] a. a. O. 288. – [14] F. SCHILLER: Über die ästhetische Erziehung des Menschen 20. Brief. Werke, hg. GÖPFERT (1966) 2, 493. – [15] FR. SCHLEGEL: Athenäum-Frg. (ND 1960) 1, 275f. – [16] NOVALIS: Heinrich von Ofterdingen (1800) I, 7. – [17] L. TIECK: Die altdtsch. Minnelieder (1803), in: Dtsch. Lit. Slg. lit. Kunst- und Kulturdenkmäler in Entwicklungsreihen 10, hg. P. KLUCKHOHN (1935) 84. – [18] J. W. GOETHE, Hamburger A. 12, 386. – [19] GRIMM 4, 3325f. – [20] G. W. F. HEGEL, Ästhetik, hg. BASSENGE (1955) 1, 62. – [21] a. a. O. 55. – [22] Werke, hg. GLOCKNER 17, 99. 102. – [23] a. a. O. 11, 447f. – [24] I. P. V. TROXLER: Naturlehre des menschl. Erkennens und Met. ([2]1944) 224. – [25] F. BRENTANO: Psychol. (1925) 2. 28. 35. – [26] E. HUSSERL: Ideen zu einer reinen Phänomenol. ... Husserliana 1 (Den Haag 1950) 237. – [27] M. SCHELER: Wesen und Formen der Sympathie ([3]1926) 120.

Literaturhinweise. J. JUNGMANN: Das G. ([2]1885). – J. REHMKE: G. und G.-Bildung ([2]1924). – PH. LERSCH: Aufbau der Person (1951). – A. WELLEK: Die Polarität im Aufbau des Charakters (1950) 248. – Vgl. auch Lit. zu II. H. EMMEL/Red.

II. Der Begriff ‹G.› ist nach PH. LERSCH «mit einem Hof schillernder, definitorisch schwer faßbarer Bedeutungen umgeben» [1]. Insbesondere im vorwissenschaftlichen Sprachgebrauch ist das Bedeutungsfeld von ‹G.› kaum abgesteckt. Nach W. WUNDT fließen «selbst im Anfang des 19. Jh. ... noch häufig die Begriffe G., Seele, Geist, Bewußtsein ohne bestimmte Sonderung ineinander» [2]. Wundts Bemühungen um eine Abgrenzung dieser Konzepte manifestiert sich in der Forderung, namentlich die bereits in der romantischen Literatur vorgezeichnete Trennung zwischen ‹G.› und ‹Geist› auch in Philosophie und Psychologie nachzuvollziehen und ‹G.› nicht mehr als «unbestimmten Ausdruck für das Innere des Menschen überhaupt» zu verstehen, sondern als «Bezeichnung derjenigen subjektiven Zustände und Regungen» zu verwenden, «die alles Vorstellen, Erkennen und Denken» (d. h. die Funktionen des Geistes) begleiten [3]. Wundt knüpft ausdrücklich an J. G. FICHTE an, dem er das Verdienst zuschreibt, zum ersten Male mit der Gegenüberstellung von ‹Geist› und ‹G.› deren begriffliche Sonderung angeregt zu haben [4].

1. Gegenstand *psychologischer Theoriebildung* wird ‹G.› zunehmend zu Beginn des 20. Jh. J. REHMKE bestimmt ‹G.› als «zusammenfassenden Ausdruck alles dessen, was die besondere Bedingung des G.-Zustandes der Seele, also insbesondere der Bestimmtheitsbesonderheiten, die wir ‹Gefühl› und Stimmung nennen, bildet» [5]. Von Konzepten wie ‹Geist› und ‹Charakter› ist ‹G.› insofern abgehoben, als «wir das Bewußtsein oder die Seele des Menschen Geist nennen, insofern es ‹denken›, G., insofern es ‹fühlen›, und Charakter, insofern es ‹wollen› kann» [6].

Volle psychologisch-wissenschaftliche Legitimation erhält ‹G.› schließlich im Rahmen der schichtentheoretisch orientierten Charakterologien. Sie beziehen richtungsweisende Impulse aus dem strukturtheoretischen Ansatz des Wundtschülers F. KRUEGER, der durch die Einführung der Dimension der «Tiefe» die Gefühlspsychologie bereichert. G. ist nach Krueger die seelische Kernschicht des «Grundes» (d. h. der ganzheitlichen überdauernden personalen Struktur), der «von gegliedertem Leben beharrlich erfüllt ist». In ihr «wurzelt am tiefsten ... die Früh- und Hauptform alles Erlebens, das Gefühl mit seinen Drängen, seinen Strebungen, seinen Wertgerichtetheiten» [7].

A. WELLEK, der in Anknüpfung an seinen Lehrer Krueger ein charakterologisches System entwickelt, sieht im G. den «Ort unserer Bindungen» [8], insonderheit auch den «Ort der Zusammenbindung zur Gemeinschaft und eben dadurch der sozialen Haltungen und Gefühle.» G. stellt in «Zweieinigkeit» mit Gewissen die Kernschicht des Charakters dar. Gewissen als «Ort der verantwortlichen Bindungen» und Instanz des Willens und damit des Logos, ist auf G., das dagegen dem Fühlen Richtung gibt, in charakteristische Weise bezogen: Gewissen ist durch G. fundiert, setzt G. voraus [9].

Auch nach LERSCH trifft «Bindung», «wertfühlende Teilnahme an Menschen, Wesen und Dingen und ein Verbundensein mit ihnen» am prägnantesten das Wesen des G.: «G. haben heißt die Mitwelt und Umwelt in sich widerklingen und aufleuchten, sie unmittelbar werden zu lassen» [10].

J. RUDERT, ebenfalls ein Schüler Kruegers, bestimmt das «G.-Hafte» als «unspezifisches Ja zum Daseienden» und verweist nachdrücklich auf die «Beziehung des G.-Haften zur Innerlichkeit sowie zur Ganzheit und Ganzheitlichkeit ... seelischen Lebens» [11]. H. W. GRUHLE vertritt innerhalb seiner ‹Verstehenden Psychologie› einen G.-Begriff, mit dem er ausdrücklich von schichtentheoretischen Konzeptionen abrückt, da das Schichtkonzept mißverständlich sei und die Sicht auf das Gesamtgeschehen des Seelischen verstelle. ‹G.› bezeichnet den «Organismus der Gefühle» und dient schlicht als «Sammelname für alle Gefühlsregungen» [12].

‹G.› ist als durch vielfältige, oft wenig explizite Konnotationen vorbelastetes Konzept kaum noch Gegenstand der neueren experimentalpsychologischen Forschung, der an eindeutiger operationaler Definition ihrer Begriffe gelegen ist. Zu den wenigen Autoren, die den G.-Begriff in eine erfahrungswissenschaftlich orientierte Persönlichkeitstheorie einbeziehen, gehört H. THOMAE: In Anlehnung an den charakterologischen Sprachgebrauch (Wellek, Lersch, Rudert) schlägt er ‹G.› als Namen für den «Konstanzbereich» der Persönlichkeit (d. h. ihre Grundfunktion im Sinne einer überdauernden Eigenschaft) vor und nennt «Mitschwingungsfähigkeit» («Ansprechbarkeit für mitmenschliche Gefühle und Werte») und «Bindungsfähigkeit» als der Verhaltensbeobachtung zugängliche Kriterien für die Ausprägung dieses Bereichs [13].

2. Eingang in die Begrifflichkeit der *Psychopathologie* hat ‹G.› vornehmlich durch den Leipziger Psychiater P. SCHRÖDER gefunden, der auf der Charakterologie von L. Klages fußt. Er begreift G. als eine im Ausprägungsgrad interindividuell variierende «Eigenschaft aller Menschen ..., welche vor allem die Stellungnahme zu den Mitmenschen bestimmt. Sie bildet den wesentlichen Kern dessen, was in Bezeichnungen wie Rücksichtnahme auf andere, Mitgefühl, Altruismus, Anhänglichkeit, Menschenliebe, Gemeinschaftsgefühl ... steckt» [14]. Schröders Empfehlung, für ‹G.› den griechischen Begriff des Neuen Testaments ‹Agape› (caritas, Nächstenliebe) zu setzen, ist ohne Resonanz geblieben.

Eine maßgebliche Rolle spielt der G.-Begriff im Rahmen der Psychopathentypologie K. SCHNEIDERS. Die Beschreibung der «gemütlosen Psychopathen» als «abnorme Persönlichkeiten», die sich durch einen Mangel an «Mitleid, Scham, Ehrgefühl, Reue, Gewissen» auszeichnen [15], erhellt, daß in Schneiders Sprachgebrauch G. als Eigenschaft angesprochen wird, die sich in positiv bewertetem sozialen Verhalten äußert. Schneider beruft sich auf bereits von E. KRAEPELIN berichtete Beobachtungen an Kranken, die auf Eindrücke der Außenwelt mit «Gleichgiltigkeit und Theilnahmslosigkeit» reagieren und keinerlei «gemütliche Regungen» erkennen lassen [16]. Die Prägung der mittlerweile als stehende Wortverknüpfung in die gegenwärtige Psychiatrie eingegangene Bezeichnung ‹gemütlose Psychopathen› dürfte SCHNEIDER zuzuschreiben sein. Kraepelin verwendet sie offenbar noch nicht.

H. ALBRECHT vertritt in einer neueren Monographie die Auffassung, daß der psychopathologische G.-Begriff ein engeres Bedeutungsfeld abdeckt als der psychologische, indem er lediglich den «weitgehend umweltunabhängigen, anlagebedingten Kern der G.-Haftigkeit» (Mitgefühlfähigkeit, Sympathievermögen) erfaßt, das dagegen jene Gehalte nicht umgreift, die Bezug nehmen auf die Rolle des G. «im großen sozialen Rahmen»: die in innerer Anteilnahme an der Gemeinschaft wurzelnde «Verhaftung an große Sinnzusammenhänge» und die Bejahung der «Verbindlichkeit allgemeiner Regeln und Forderungen» [17] (wie sie etwa die G.-Konzeptionen Lerschs und Welleks enthalten und bei beiden Autoren als «Religio» akzentuiert werden). Albrecht schließt sich im übrigen Äußerungen Welleks an, wenn er geltend macht, daß psychopathologische Betrachtungen zum G. richtungsweisend für die psychologischen G.-Lehren waren.

3. Als Exponenten gegenwärtiger *philosophischer* Ansätze, die dem G. gelten, sind S. Strasser und H. Friedmann hervorzuheben. STRASSER, der eine phänomenologisch-ganzheitliche Position bezieht, umschreibt G. als «integrierende und dabei wesenhaft geistbezogene Instanz», deren Postulierung «Kontinuität, die relative Stabilität und Einheit des normalen psychischen Lebens überhaupt erst erklärlich werden läßt» [18]. – FRIEDMANN trägt den G.-Begriff in das Zentrum einer besonderen, den Gegenstandsbereich «bloßer Psychologie» überschreitenden Lehre vom G., die als «Korrelat zur Gestaltpsychologie» entworfen ist: ‹G.› ist ‹Gestalt› «wesenhaft zugeordnet», ist definitorisch nur bestimmbar aus seinem Funktionszusammenhang mit dem Gestaltbegriff. Nur wo dem Menschen in der Außenwelt Gestalt gegenübertritt, da entspringt im Innern G. [19].

Anmerkungen. [1] PH. LERSCH: Aufbau der Person (⁹1964) 280. – [2] W. WUNDT: Kleine Schr. 2 (1911) 366ff. – [3] a. a. O. 366f. – [4] J. G. FICHTE, Werke, hg. I. H. FICHTE 7 (1846) 311ff. – [5] J. REHMKE: Zur Lehre vom G. (²1911) 114. – [6] a. a. O. 112. – [7] F. KRUEGER: Zur Philos. und Psychol. der Ganzheit (1953) 301. – [8] A. WELLEK: Die Polarität im Aufbau des Charakters (1950) 48. – [9] a. a. O. 247ff. – [10] LERSCH, a. a. O. [1] 281. – [11] J. RUDERT: G. als charakterol. Begriff, in: Seelenleben und Menschenbild, hg. A. DÄUMLING (1958) 71. – [12] H. W. GRUHLE: Verstehende Psychol. (²1956) 39. – [13] H. THOMAE: Das Problem der Konstanz und Variabilität der Eigenschaften, in: Hb. der Psychol. 4, hg. H. THOMAE/PH. LERSCH (²1960) 281-353. – [14] P. SCHRÖDER: Kindliche Charaktere und ihre Abartigkeiten (1931) 28ff. – [15] K. SCHNEIDER: Die psychopathischen Persönlichkeiten (⁴1940) 99ff. – [16] E. KRAEPELIN: Psychiatrie (1889) 124ff. – [17] H. ALBRECHT: Über das G. (1961) 2f. – [18] S. STRASSER: Das G. (1956) 121ff. – [19] H. FRIEDMANN: Das G. (1956) 8. 21. 36.

Literaturhinweise. J. REHMKE s. Anm. [5]. – A. WELLEK s. Anm. [8]. – S. STRASSER s. Anm. [18]. – H. FRIEDMANN s. Anm. [19]. – J. RUDERT s. Anm. [11]. – H. THOMAE s. Anm. [13]. – H. ALBRECHT s. Anm. [17].

P. LASSLOP

Gemütsbewegung. – 1. Als Nachbildung des griechischen τῆς ψυχῆς κίνησις, das ARISTOTELES und ZENON in ihren Definitionen des Affekts als genus proximum angeben [1], wird der Ausdruck ‹G.› im Deutschen zunächst als Übersetzung von ‹passio› bzw. ‹affectus› im Sinne von ‹Leidenschaft› gebraucht [2], so bei STIELER «... ein armer, der auch seine affecten oder gemütsbewegungen und lüste hat» [3]. ‹Gemüt› wird dabei wie im Mittelhochdeutschen als Kollektivbegriff zu ‹muot› im Sinne der «gesammtheit der gedanken und empfindungen» [4] verstanden und kann auch die Bedeutung von ‹Sinn›, ‹Interesse› oder ‹Herz› haben [5]. Später wird ‹G.› gefaßt als Oberbegriff «so wie Gemüthsneigung, Gemüthsäußerung und Gemüthsregung, theils ein allgemeiner Ausdruck, welcher die Affecten und Leidenschaften unter sich begreift ..., theils eine Benennung der schwächsten Arten der Gemüthsbewegungen [ist], welche auch Gemüthsneigungen und Gemüthsregungen im engern Verstande heißen» [6].

Schon früh wird also mit ‹G.› ein Zweifaches gemeint: a) die «natürliche» G. als echte Herzensregung, als Rührung und insbesondere als Mitgefühl und Anteilnahme, so OLEARIUS [7] und noch heutige Wortschatzerklärungen [8], und b) die perturbatio animi, die «lebhaftere Aufregung des Gemüths», wie W. T. KRUG übersetzt [9]. In der zweiten Bedeutung erhält ‹G.› insofern einen negativen Akzent, als es überwiegend das menschliche Wirkungsvermögen schwächende, «deprimierende» Gefühlszustände bezeichnet. Deprimierend wirken Emotionen wie «Furcht, Schreck, Traurigkeit, Schwermuth» [10]. Zu den das Wirkungsvermögen stärkenden, «excitirende[n]» G. gehören dagegen Zorn, Mut, Haß oder Liebe. Nach Krug läßt sich allerdings die Unterscheidung der G., die anregen, von den G., die hemmen, im einzelnen nicht streng durchführen; so gilt z. B. für die Liebe, die ja unter a) fallen müßte: «Liebe stärkt nicht immer die Kraft, sie schwächt sie auch oft bis zum Nichtsthun, besonders wenn sie nicht glücklich ist. Es kommt dabei so sehr auf Temperament und Charakter an, daß sich im Allgemeinen nichts darüber bestimmen läßt» [11].

2. KANT behandelt die G. hauptsächlich in der ‹Kritik der Urteilskraft› und da speziell bei der Analytik des Erhabenen innerhalb der Deduktion der reinen ästhetischen Urteile. Wie seine Zeitgenossen bringt er die G. in Verbindung mit der «Sinnlichkeit» oder mit der «Natur in uns» und versteht Affekte und Leidenschaften als Gefühle und/oder Stimmungen, die «man hat» [12], ob gern oder nicht. Er prüft, ob die G. das «Wohlgefallen der Vernunft» verdienen. Dies trifft nicht zu für «stürmische G.», selbst wenn sie sich an respektablen Ideen entzünden, weshalb Kant ihnen «die Ehre einer *erhabenen* Darstellung» abspricht [13], sofern sie «nicht eine Gemütsstimmung zurücklassen, die, wenngleich nur indirekt, auf das Bewußtsein seiner Stärke und Entschlossenheit zu dem, was reine intellektuelle Zweckmässigkeit bei sich führt (dem Übersinnlichen), Einfluß hat» [14]. Kant läßt nur jene G. gelten, die das Gemüt *erweitern* (die Einbildungskraft in Freiheit setzen) und/ oder *stärken* und es so dazu befähigen, «die Natur als Erscheinung, nach Ansichten zu betrachten und zu beurteilen» [15]; solche G. können von der Dichtung und der Tonkunst hervorgebracht werden.

Kant setzt die G. in Relation zu einer «mit ihr harmonierende[n] inwendige[n] körperliche[n] Bewegung» [16]. Er gebraucht dafür das Bild der Saite, die angespannt und losgelassen wird; er spricht sogar davon, daß mit der G. «eine wechselseitige Anpassung und Loslassung der elastischen Teile unserer Eingeweide ... korrespondieren könne» [17], und vermutet, daß z. B. beim Lachen «die der Gesundheit zuträgliche Bewegung ... die eigentliche Ursache des Vergnügens» sei [18]. – Insgesamt aber hat Kant die G., als zum Begehrungsvermögen gehörend, zusammen mit dem Erkenntnisvermögen und dem Gefühl der Lust und Unlust zu den drei «*Seelenvermögen*» gerechnet [19].

Für HEGEL ist das Gemüt «diese eingehüllte, unbestimmte Totalität des Geistes, in Beziehung auf den Willen, worin der Mensch auf ebenso allgemeine und unbestimmte Weise die Befriedigung in sich hat» [20]. Die «Bewegungen des Gemüths» [21] interessieren ihn weniger als emotionale Phänomene des Individuums; sie werden vielmehr als Momente im Prozeß der Gestaltung der Totalität des Geistes, d. h. des Kunstwerks wichtig. In seinen Ausführungen über die ‹Idee des Kunstschönen oder das Ideal› ergänzt Hegel die G. durch die Bewegungen des Charakters und versteht beide als drittes Moment neben dem der sittlichen und geistigen Seite des Gestaltungsprozesses: «... die Hauptsache [ist] nicht der äußere Gang und Wechsel der Begebnisse, so daß dieselben als Begebnisse und Geschichten den Inhalt des Kunstwerks erschöpfen, sondern die sittliche und geistige Gestaltung und die großen Bewegungen des Gemüths und Charakters, welche sich durch den Proceß dieser Gestaltung darlegen und enthüllen» [22].

FICHTE schließt sich wieder mehr der herkömmlichen Auffassung an, wenn er die G. als «natürliche» seelische Reaktion versteht. Er definiert ‹G.› im engeren Sinne als «Rührung», die er mit einer Neubildung als «entweilend» beschreibt: «... also das ergötzende, zeitvertreibende. – Alles was entweilt gehört zu dieser Art, und ist daran zu erkennen. – Aber entweilt nicht auch das angenehme ...» [23]. Im Gegensatz zu den G. aus äußeren Ursachen bestimmt Fichte die G. aus «innern Ursachen» näher: «... Freude, Schmerz, Traurigkeit, kurz *Rührung* – ist entweilend. Also das entweilende findet nur bei *gemischten* Empfindungen statt: wo die Grenze des Moments so enge in einanander läuft, daß man es nicht genau unterscheiden kann. – ... die gemischte Empfindung, Rührung, Gemüthsbewegung [ist] schon an sich, und in der Empfindung angenehm» [24]. Nach Fichte ist also mit der G. – modern ausgedrückt – das Moment der Reizminderung und damit des Lustgewinns verbunden.

Entsprechend der Trennung von Geist und Gemüt werden die G. – ob verstanden als «alle stärkeren Veränderungen der Stimmung» [25], d. h. als Affekte und Leidenschaften, oder als die Gesamtheit der nicht-rationalen «Bewußtseinsinhalte» [26] – oft in Gegensatz zu Vernunft, Denken und Geist gebracht, wobei z. B. W. WUNDT, übrigens ganz im Sinne der Tradition, die Willensvorgänge einschließt, ohne damit jedoch ausdrücklich die intentionale Seite zu betonen [27].

Bei NIETZSCHE verschärft sich die Trennung noch. Er polemisiert gegen den Glauben an Affekte, die er für eine «Konstruktion des Intellekts», für eine «*Erdichtung von Ursachen*, die es nicht gibt», hält. Er bezeichnet sie als «körperliche *Gemeingefühle*», die intellektuell ausgedeutet werden, weil man sie nicht versteht [28]. Die «edlen Gefühle» nennt er «Falschmünzer und Betrüger» und rechnet die «schönen Gefühle, die erhabenen Wallungen» «physiologisch geredet, unter die narkotischen Mittel» [29]. Wenn er dabei von einem «in Dienst nehmen» der Affekte redet [30] – den Ausdruck ‹G.› gebraucht er nicht –, spricht er ihnen die Möglichkeit eigener Aktivität zu, die, in den Dienst der Stärke gestellt, eine «vertrauensvolle Freiheit» bekommt und nun freiwillig dorthin geht, «wo unser Bestes hin soll» [31].

Ähnlich wie Nietzsche legt auch die heutige philosophische Anthropologie beim Reden von G. das Gewicht weniger auf wertende Urteilen als vielmehr darauf, den «in seinen wechselseitigen Relationen wandlungsfähigen Komplex» [32] zu verstehen, der zwischen dem zum passiven Erleiden wie zum aktiven Erleben von Emotionen fähigen Ich und dessen «unbestimmte[r] Fähigkeit des ändernden Eingriffs» besteht [33].

3. Ein neuerer Versuch S. STRASSERS [34], «aus dem Gemüt Grundgedanken zu einer phänomenologischen Philosophie zu entwickeln» [35], blieb ohne Erfolg, ebenso das Bemühen H. FRIEDMANNS, den Bedeutungsgehalt der Gemüts- und G.-Phänomene zu verabsolutieren [36]. In der heutigen psychologischen Literatur tritt der Ausdruck ‹G.› als Übersetzung von ‹Affekt› zugunsten des

aus dem Französischen und Englischen übernommenen Terminus ‹Emotion› und seines deutschen Äquivalents ‹Gemütserregung› zurück. Statt dem schillernden ‹G.en› gebraucht man oft auch die sachgemäßere Bezeichnung ‹Gefühlszustände› [37]. G. als Ausdruck des Gestimmtseins gehört so in den Bereich der «Gemütsbedürfnisse», auf deren «Pflege» bereits das Kleinkind angewiesen ist.

Die schon von Nietzsche bemerkte Zusammengehörigkeit des passiven Erlebtwerdens der G. im Sinne emotionaler Bedürfnisse und des intentional ausgerichteten Eingreifenkönnens versucht man neuerdings als Ambivalenz zu sehen und spricht den G.en nicht mehr, wie nach herkömmlichem begriffsgeschichtlichem und psychologischem Verständnis, nur die Rolle der anteilnehmenden, weil «bewegten» Gefühle zu, genau so wenig, wie man ‹G.› nur im «transitiven» Sinne LERSCHS verstanden wissen will [38].

Anmerkungen. [1] ARISTOTELES, Eth. Nic. II, 1105 b 21-23; ZENON, SVF 1, 205. – [2] GRIMM 4 (1897) 3335f. – [3] STIELER, zit. bei GRIMM a. a. O. – [4] Mhd. Wb., hg. M. LEXER 1 (1872) 847. – [5] ebda. – [6] J. C. ADELUNG: Grammat.-krit. Wb. der hochdtsch. Mundart (1811) 557. – [7] OLEARIUS, zit. bei GRIMM a. a. O. [2]. – [8] Dtsch. Wortschatz, hg. WEHRLE/EGGERS (1961) 279. – [9] W. T. KRUG: Allg. Handwb. der philos. Wiss. (1833) 188. – [10] ebda. – [11] ebda. – [12] I. KANT, KU (1799) 120. – [13] a. a. O. 121. – [14] ebda. – [15] 183. – [16-18] 192. – [19] 13. – [20] G. W. F. HEGEL, Werke, hg. GLOCKNER 4, 447. – [21] a. a. O. 12, 294. – [22] ebda. – [23] J. G. FICHTE, Akad.-A. 3, 219 Anm. – [24] a. a. O. 221. – [25] J. HOFFMEISTER: Wb. der philos. Begriffe (1955) 257. – [26] W. WUNDT: Grundzüge der physiol. Psychol. ([6]1908) 1, 409. – [27] EISLER[4] 1, 502. – [28] FR. NIETZSCHE, Werke, hg. SCHLECHTA 3, 871. – [29] a. a. O. 803. – [30] 849. – [31] ebda. – [32] H. KUNZ: Die anthropol. Bedeutung der Phantasie (1946) 1, 49. – [33] ebda. – [34] S. STRASSER: Das Gemüt. Grundgedanken zu einer phänomenol. Philos. und Theorie des menschl. Gefühlslebens (1956). – [35] W. ARNOLD: Person, Charakter, Persönlichkeit ([2]1962) 52. – [36] H. FRIEDMANN: Das Gemüt. Gedanken zu einer Thymologie (1956) 8. – [37] KUNZ, a. a. O. [32] 1, 45. – [38] PH. LERSCH: Aufbau der Person ([7]1956).

Literaturhinweise. G. F. MEIER: Theoret. Lehre von den G. (1744). – C. LANGE: Über G.en (1887, [2]1910). – W. WUNDT s. Anm. [26]. – J. RUDERT: Zum Problem der Triebe und Rührung des Menschen. Z. angew. Psychol. 63 (1942). – M. KEILHACKER: Entwickl. und Aufbau der menschl. Gefühle (1947). – A. WELLEK: Die Polarität im Aufbau des Charakters (1950). – Ph. LERSCH s. Anm. [38]. – S. STRASSER s. Anm. [34] 179ff. – Hb. der Psychol., hg. PH. LERSCH u. a. 4: Persönlichkeitsforsch. und -theorie, hg. LERSCH/THOMAE (1960). – J. REVERS: Gefühl, Wille, Persönlichkeit, in: Kleines Hb. der Psychol., hg. D. und A. KATZ ([3]1972) 195-253. – Vgl. auch Lit. zu den Art. ‹Affekt› und ‹Gemüt›.　　　　　　　　　　　P. SCHMIDT-SAUERHÖFER

Gemütsruhe. Die G. wurde von mehreren Philosophen des Altertums als ethisches Gut bezeichnet und vielfach mit der Glückseligkeit (εὐδαιμονία) gleichgesetzt. EPIKUR sieht die Glückseligkeit dann verwirklicht, wenn die Seele frei von der Beunruhigung durch die Leidenschaften und die religiöse Furcht still ist wie das Meer (γαληνιᾷ) [1]. Für PYRRHON [2] und die Skeptiker der Kaiserzeit, die ihn als ihren Schulgründer betrachten, ist die Enthaltung (ἐποχή) von positiven Urteilen auf Grund der Unerkennbarkeit der Wirklichkeit der Weg zur Unerschütterlichkeit (ἀταραξία) des Gemüts [3], die von SEXTUS EMPIRICUS [4] als Ungestörtheit (ἀοχλησία) und Zustand der Meeresstille (γαληνότης) bezeichnet wird. Auch die *Stoiker* nennen unter den Gütern der Seele die wohlgeordnete Ruhe (εὔτακτος ἡσυχία) [5].

Anmerkungen. [1] Epicurea, hg. USENER Frg. 425. – [2] CIC., Acad. II, 130. – [3] SEXT. EMP., Pyrrh. hyp. I, 8-10. 25-30. – [4] Pyrrh. hyp. I, 10. – [5] SVF III, 111.

Literaturhinweise. L. ROBIN: Pyrrhon et le scepticisme grec (Paris 1944) 9-24. – V. D'AGOSTINO: Contributi allo studio del lessico latino (Turin 1949) 21-28.　　　　　A. WEISCHE

Gen. Die von JOHANNSEN [1] eingeführte Bezeichnung ‹G.› für eine nach der mendelistischen Gesetzmäßigkeit sich übertragende Erbeinheit hat sich inzwischen allgemein durchgesetzt. Die Zytogenetik (Chromosomenforschung) erforscht die Lokalisation der G. in den Chromosomen. Die Mutationsforschung untersucht den Übergang der G.-Struktur von einem stabilen Zustand in einen anderen stabilen Zustand. Die biochemische Forschung hat zu Ergebnissen geführt, die uns eine Vorstellung von der molekularen Struktur geben: G. sind langgestreckte Abschnitte in den Fadenmolekülen der Desoxyribonukleinsäure. Nach dem genetischen Code werden drei Nukleotide angenommen für den Einbau einer bestimmten Aminosäure in die lange Kette eines Eiweißmoleküls. Man kennt heute Beispiele von Mutationen eines G., deren Phän (Merkmal) sich durch den veränderten Einbau der einen oder der anderen Aminosäure in die Polypeptidkette eines Eiweißmoleküls (z. B. Hämoglobin) genau feststellen läßt.

Anmerkung. [1] W. JOHANNSEN: Elemente der exakten Erblichkeitslehre ([3]1926).　　　　　　　　　　O. V. VERSCHUER

Genau dann, wenn p, **so** q wird umgangssprachlich die *Äquivalenz* (s. d.) oder *Bisubjunktion* (s. d.) der beiden Aussagen p und q umschrieben. Man sagt stattdessen auch: «Dann und nur dann, wenn p, so q». Im Englischen hat sich dafür die Abkürzung «iff» eingebürgert. Man schreibt: «$p \leftrightarrow q$».　　　　　　　　　A. MENNE

Genealogie ist zunächst – seit dem 17. Jh. – Bezeichnung für eine historische Wissenschaft: die Herkunfts-, Sippen- und Geschlechterkunde. Schon vorher wurden Geschlechter- und Verwandtschaftsregister – bekannt sind die des Neuen Testaments [1] – aufgestellt, deren moderne Nachfolger u. a. die genealogischen Handbücher – z. B. der ‹Gotha› [2] – sind. Wegbereiter der G. waren DUCHESNE, CHIFFLET, RITTERSHAUSEN, SPENER, IMHOF, DUGDALE, Pionierarbeiten J. HÜBNERS ‹Genealogische Tabellen› (1708ff.) und G. F. GAUHES ‹Genealogisch-Historisches Adelslexikon› (1719). Die G. wurde akademisches Lehrfach und gehört heute zum Kanon der «Historischen Hilfswissenschaften». Ein zweckentfremdeter Ableger war die rassenkundliche Ahnenforschung.

Philosophisch bedeutsam wurde das Wort ‹G.› gegen Ende des 19. Jh. in Zusammensetzungen: Vor allem NIETZSCHE sucht in seiner – Intentionen *Freuds* vorwegnehmenden [3] – Streitschrift ‹Zur G. der Moral› (1887) mit kritischer Berufung auf die «englischen Moralgenealogen» und «Psychologen» [4] und auf P. RÉE [5] «die Herkunft unserer moralischen Vorurteile» [6] zu klären mit dem Ziel einer «wirklichen Historie der Moral»: entlarvender Anamnese der «ganzen langen, schwer zu entziffernden Hieroglyphenschrift der menschlichen Moral-Vergangenheit» [7] zum Zwecke einer «Kritik der moralischen Werthe» [8].

Seither ist ‹G.› in der Philosophie geläufige Verfahrensbezeichnung. Erwägungen zur Unterscheidung zwischen «kompromittierender G.» und «legitimierender G.» [9] bestimmen jene als Weise der Ideologiekritik, diese als Weise der Berufung auf Vergangenheiten zum Zwecke der Klärung und Bestätigung der eigenen Identität: Das Pensum beider ist die historische Diskussion von Legitimitätsproblemen bis hin zum Problem der «Legitimität der Neuzeit» [10].

Anmerkungen. [1] Matth. 1, 1-17; Luk. 3, 23-38. – [2] Gothaische Geneal. Taschenbücher (1763-1943). – [3] Vgl. R. J. BRANDT:

Freud and Nietzsche: a comparison. Rev. Univ. Ottawa 25 (1955) 225-234. - [4] FR. NIETZSCHE, Krit. Gesamt-A. 6/2, 263. - [5] P. RÉE: Der Ursprung der moralischen Empfindungen (1877). - [6] NIETZSCHE, a. a. O. [4] 260. - [7] 266. - [8] 265. - [9] Vgl. O. MARQUARD: Skeptische Methode im Blick auf Kant (1958) 9 Anm. 1. - [10] H. BLUMENBERG: Die Legitimität der Neuzeit (1966).

O. MARQUARD

Generalisation (Reiz- und Reaktionenverallgemeinerung). Beim Herstellen bedingter Reaktionen wird a) mit der neuen Reaktion nicht nur auf den bedingten Reiz, sondern auch auf ähnliche Reize geantwortet, und es wird b) nicht nur mit der genau gleichartigen Reaktion geantwortet, sondern auch mit ähnlichen [1]. Die operationale Definition der Ähnlichkeit durch das Auftreten gleicher Reaktionen in verschiedenen Situationen ist ein Zirkel [2]. Durch Nichtverstärken (oder Bestrafen) der Reaktionen auf die dem bedingten Reiz ähnlichen Reize wird die Auslöschung (Extinktion) dieser Reaktionen und damit die Diskrimination der Reize erzielt.

Anmerkungen. [1] K. EYFERTH: Lernen als Anpassung des Organismus durch bedingte Reaktionen, in: Hb. Psychol., hg. R. BERGIUS I/2 (1964) 104f. - [2] H. HÖRMANN: Die Bedingungen für das Verhalten, Vergessen und Erinnern a. a. O. 235ff.

R. BERGIUS

Generalisator, auch ‹*Allquantor*›, heißt in der Logik die Ausdrucksweise «für alle x gilt: ...» bzw. bedeutungsgleiche Wendungen. (Beispiel: «für alle x gilt: wenn x ein Mensch ist, so ist x sterblich», kurz «alle Menschen sind sterblich».)

Die erste präzise Einführung des G. bringt die ‹Begriffsschrift› (1879) von G. FREGE. Frege nennt den G. ‹Allgemeinheit› und schreibt: «⫟ $\Phi(\mathfrak{a})$». Er ordnet der Allgemeinheit als Bedeutung eine Wahrheitsfunktion zu, die er wie folgt erklärt: «⫟ $\Phi(\mathfrak{a})$» ergibt für ein Argument Φ den Wert «wahr», wenn die Funktion $\Phi(\mathfrak{a})$ für jedes Argument den Wert «wahr» hat, sonst den Wert «falsch» [1].

Heute noch übliche Schreibweisen des G. sind das von G. PEANO eingeführte und von B. RUSSELL in die ‹Principia Mathematica› übernommene «(x) ...», ferner, auf G. GENTZEN zurückgehend, «$\forall x$ ...». ŁUKASIEWICZ schreibt «Πx ...». Im deutschsprachigen Bereich hat sich «$\bigwedge_x$ ...» weitgehend durchgesetzt.

An FREGES Definition des Allquantors ist wie an den meisten späteren Präzisierungen mißlich, daß «metasprachlich» (im Text der Einführung) bereits von einem G. Gebrauch gemacht wird, bei unserer Wiedergabe mit der Ausdrucksweise «für jedes Argument». Diesen Zirkel bzw. unzulässigen Regreß vermeidet die dialogische Einführung des G. nach P. LORENZEN, ausgearbeitet von K. LORENZ [2].

Anmerkungen. [1] G. FREGE: Grundgesetze der Arithmetik 1 (1893) § 8. - [2] Vgl. Art. ‹Logik, dialogische›.

Red.

Generalisierung

I. ‹G.› (Generalisation) heißt häufig der Schluß auf eine (evtl. weitergehende) Allaussage $\bigwedge_x a(x)$. Ferner nennt man ‹G.› in der *modernen Logik* sowohl den Übergang von einer Aussageform $a(x)$ zu Ausdrücken der Form $\bigwedge_x a(x)$ mit Hilfe des Allquantors oder Generalisators [1] als auch das Ergebnis dieses Übergangs.

Anmerkung. [1] Vgl. Art. ‹Prädikatenlogik› Nr. 2. 9. 10 und ‹Logik, dialogische› Nr. 2.

A. MENNE

II. Der Ausdruck ‹G.› bezeichnet in der *Phänomenologie* E. HUSSERLS im Unterschied zu ‹Formalisierung› das Verfahren der eidetischen Verallgemeinerung [1]. Diese vollzieht sich durch die wiederholte Anwendung der eidetischen Reduktion auf Wesen niederer Allgemeinheitsstufe; sie terminiert in obersten sachhaltigen Allgemeinheiten, den «regionalen Wesen» [2]. Diese regionalen Wesen sind durch eidetische Reduktion nicht ineinander überführbar, sie lassen keine G., sondern nur noch eine Formalisierung zu.

Anmerkungen. [1] E. HUSSERL: Ideen zu einer reinen Phänomenol. und phänomenol. Philos. 1. Buch. Husserliana 3 (Den Haag 1950) 32. - [2] Phänomenol. Psychol. Vorlesungen Sommersemester 1925. Husserliana 9 (Den Haag 1962) 81ff.

U. CLAESGES

Generalthesis (in der terminologischen Figur ‹G. der natürlichen Einstellung›) ist ein vorwiegend erkenntnistheoretischer Methodenbegriff der (transzendentalen) Phänomenologie E. HUSSERLS. Im ersten Buch der ‹Ideen ...› (1913) gehört er zur «Phänomenologischen Fundamentalbetrachtung» [1] und hat nur dort eine ausdrückliche terminologische Stabilität; später ist er selten und begrifflich instabil [2]. ‹G.› gehört zu dem (sich schon in dem genannten Werk entfaltenden) Wortfeld: ‹natürliche Einstellung [3], natürlicher Weltbegriff, natürliche Erfahrung, Horizont, Welthorizont, Umwelt, Glaubensgewißheit, Doxa, Urdoxa› usw. Die Thematisierung der G. führt dann zu dem späteren Begriff der ‹Lebenswelt› [4], in dem die erwähnten Termini eine gewisse Konzentrierung erfahren [5]. ‹G.› und ‹Lebenswelt› charakterisieren zwei terminologische Pole des Husserlschen Problems einer phänomenologischen Fundamentalbetrachtung. Vor allem muß diese Fundamentalbetrachtung im Zusammenhang der detaillierten Reduktionsmethoden gesehen werden, die ihrerseits eine (doppelte) Rolle - für die Klärung von Fundierungsverhältnissen und für die Gewinnung des Transzendentalen - spielen. ‹G.›, ‹natürliche Einstellung›, ‹Bewußthabe einer realen Welt› drücken denselben Sachverhalt aus [6].

Zunächst lassen sich an der G. zwei - gleichursprüngliche - Momente unterscheiden: a) die Setzung eines *Welthorizontes*, mit dem sich ein gewisser Allgemeinheitscharakter manifestiert als Möglichkeitshorizont (nicht «wirklich», aber «immer») im Sinne des konkreten Verweises vom aktuell gegebenen «Ding» auf andere «Dinge»; b) die Setzung des *raum-zeitlichen Dinges* (im Welthorizont), mit dem sich ein Aktualitäts- und Wirklichkeitscharakter als doxische Habe des einzelnen Dinges («wirklich», aber nicht «immer») manifestiert. Diese schematische Unterscheidung trennt jedoch in der Analyse theoretisch, was faktisch untrennbar ist. Weder das einzelne Ding, das «durchstreichbar» ist, noch der Horizont (des Dinges) als solche sind wirklich [7]: Wirklich ist vielmehr der Gesamtbegriff der Dinge, «die Welt» als omnitudo realitatis [8]. - Neben dieser Schematisierung muß G. gemäß der intentional-analytischen Methode Husserls differenziert werden nach cogito und cogitatum: G. läßt sich (wieder nur in abstracto, nicht faktisch) in eine objektive Seite (Welt, Umwelt, Welthorizont) und in eine subjektive Seite als Vollzug (Glauben, Implikation, Potentialität) zerlegen. Die die Thesis vollziehende Instanz ist allerdings selbst Moment des Welthorizonts und umgekehrt der Welthorizont nur Horizont eines vollziehenden Ichs: «im natürlichen Dahinleben lebe ich immerfort in dieser *Grundform alles* ‹aktuellen› *Lebens*» [9].

Die G. ist kein bestimmter einzelner Akt, vielmehr diesem entgegengesetzt; sie ist «potentiell», nicht «ausdrücklich» [10]. Der G. wird die «einzelne ... Thesis» mit der Unterscheidung jeweils verschiedener, zugehöriger Aktualitätsarten gegenübergestellt [11]. Ihre Allgemeinheit ist nicht die des (ontologisch) Idealen oder der Idee oder des logisch Formalen [12]. Im «Natürlichen» der natürlichen Einstellung sind zwei andere Einstellungsmöglichkeiten angelegt und zu unterscheiden: die «naturale» – auf quantifizierende Raum-Zeitlichkeit der res extensa ausgehende – und die «personal-kulturale» – auf subjektiv lebendige Aktivität ausgerichtete [13]. Daraus ergeben sich auch die ontologischen und anthropologischen Implikate der Begriffe ‹natürliche Einstellung› und ‹Lebenswelt›.

Die G. der natürlichen Einstellung hat vor allem eine methodische Funktion bezüglich des transzendentalen Begründungsversuchs der Phänomenologie und wird demgemäß als Methodenbegriff bei der Fundamentalbetrachtung und der anschließenden reduktiven universalen Epoché entwickelt. Der Universalität (Generalität) der G. entspricht die der Epoché [14]. Die G. der natürlichen Einstellung ist die Form der Welthabe, die 1. von dem begründenden Philosophen als immer schon wirksame vorgefunden wird, die 2. als Ausgangsboden für die transzendental-philosophische Betrachtung benutzt wird und werden muß, die 3. als «naive» Einstellung zu überwinden ist und die 4. in ihrer Möglichkeit durch transzendental-phänomenologische Untersuchungen verständlich und durchschaubar zu machen ist. Insofern bekundet der Begriff ‹G.› eine Abwendung (s. 1. und 2.) von herkömmlichen transzendentalphilosophischen Einstellungen und zugleich eine Hinwendung (s. 3. und 4.) zu ihnen. Husserl will mit der Auszeichnung der G. die natürliche Einstellung und die natürliche Welthabe als faktischen Ausgang auch für Transzendentalphilosophie begreifen, um damit das unvermittelte und unfundierte Theoretisieren im «luftleeren Raum» der herkömmlichen Transzendentalphilosophie zu vermeiden. Diese Abkehr von den Formen des transzendentalen «Rationalismus» und «Formalismus» führt allerdings zu einer neuerlichen Inanspruchnahme der Rationalität und Formalität, denn Husserl unterstellt, daß nach Abschluß der transzendentalen Untersuchungen eine verständige und authentische Charakterisierung der natürlichen Einstellung, die von den herkömmlichen Transzendentalphilosophen gerade als irrational gekennzeichnet würde, möglich ist, ja, daß schon vor vollendeter Gewinnung des Transzendentalen, lediglich nach «transzendentaler Einstellung», die natürliche Welthabe gemäß einer eigenen Eidetik strukturell bestimmt werden kann. Im argumentativen Fortschreiten muß die «natürliche Einstellung» überwunden werden, um in der eidetischen und dann in der transzendentalphänomenologischen (ihrerseits auch eidetischen) Reduktion zur reinen Region des absoluten transzendentalen Bewußtseins als Inbegriff transzendentaler Regelstrukturen vorzudringen.

Anmerkungen. [1] E. HUSSERL: Ideen zu einer reinen Phänomenol. und phänomenol. Philos. (1913) (= Id. I) Abschn. 2, Kap. 1, §§ 27-32; § 30: Die G. der natürlichen Einstellung. Husserliana (= Hua) 3 (Den Haag 1950) 57-69. – [2] Phänomenol. Psychol. Vorles. SS 1925 (= Ps.). Hua 9 (1962) 464: Unterabschn.: «Sinn der G. und generalen Epoché». – [3] Schon in: Logische Untersuchungen (²1913 = LU) 2/1, 7; vgl. Die Idee der Phänomenol. (Vorles. 1907). Hua 2 (²1958) 17ff. – [4] Die Krisis der europ. Wiss. und die transzendentale Phänomenol. (= Kr.) Hua 6 (²1962) bes. 105-193, §§ 28-55: 3. Tl. «A. Der Weg in die Phänomenol. Transzendentalphilos. in der Rückfrage von der vorgegebenen Lebenswelt»; vgl. Erfahrung und Urteil (= EU), hg. L. LANDGREBE (1948) 38ff.; auch schon Id. II. Hua 4 (1952) 373ff.; vgl. Erste Philos., Vorles. 1923/24 (= EPh) Hua 7 (1956) 232. 293f.; Hua 8 (1959) 292f.; vgl. Ps. a. a. O. [2] 496. 499f.

463. 469; vgl. Cartesianische Meditationen (= CM). Hua 1 (1950) 60. 159f. 162. – [5] Vgl. H.-G. GADAMER: Die phänomenol. Bewegung. Philos. Rdsch. 11 (1963) 19-34; W. H. MÜLLER: Die Philos. E. Husserls (1956) 80; E. W. ORTH: Bedeutung, Sinn, Gegenstand. Studien zur Sprachphilos. E. Husserls und R. Hönigswalds (1967) bes. 165ff. 249ff.; P. JANSSEN: Gesch. und Lebenswelt (Den Haag 1970) 29; A. AGUIRRE: Genetische Phänomenol. und Reduktion (Den Haag 1970) 3-30; L. LANDGREBE: Der Weg der Phänomenol. (1963) 41-52. 163-206. – [6] K. SCHUHMANN: Die Fundamentalbetrachtung der Phänomenol. Zum Weltproblem in der Philos. E. Husserls (Den Haag 1971) 26. – [7] Vgl. HUSSERL, Ps. a. a. O. [2] 56ff. 62. – [8] SCHUHMANN, a. a. O. [6] 27. – [9] HUSSERL, Id. I a. a. O. [1] 60. – [10] Id. I 63f. 256. 286ff.; vgl. SCHUHMANN, a. a. O. [6] 29. – [11] HUSSERL, Ps. a. a. O. [2] 466f. – [12] Vgl. Id. I 58f. 170f.; Ps. 89ff.; EU a. a. O. [4] 25. 31. – [13] Vgl. Id. II 332ff. 359-372. 372ff.; Ps. 381f. 487. – [14] Vgl. Id. I 63ff. 69ff. 88; Ps. 464ff.; Kr. a. a. O. [4], 151. 176f.

Literaturhinweise. A. SCHÜTZ: Der sinnhafte Aufbau der sozialen Welt (1932, ²1960) § 19. – H. G. GADAMER s. Anm. [5]. – L. LANDGREBE s. Anm. [5]. – E. W. ORTH s. Anm. [5]. – P. JANSSEN s. Anm. [5]. – A. AGUIRRE s. Anm. [5]. – K. SCHUHMANN s. Anm. [6].

E. W. ORTH

Generatianismus und Traduzianismus. Der Bedeutungsunterschied der in der scholastischen Theologie und Philosophie etwa seit dem 19. Jh. geläufigen Titel ‹G.› und ‹T.› läßt sich nicht genau abgrenzen, da manche Autoren den G. als spiritualistische Variante des T. und andere den T. als materialistische Abart des G. ansehen, während die meisten heute beide Titel mehr oder weniger synonym verwenden. Dies letztere dürfte der Geschichte am ehesten entsprechen, da sich nicht zwei mit je einem der beiden Titel adäquat benennbare Phänomene zeigen. ‹G.› oder ‹T.› bezeichnen demnach die Lehre, nach der die menschliche Seele aus den Seelen der Eltern – bzw. der Seele des Vaters – erzeugt (lat. generare) oder übertragen wird (lat. traducere).

In *materialistischen* Psychologien ist der G. oder T. mehr oder weniger selbstverständlich. So sieht ZENON, der Begründer der *Stoa*, das menschliche Sperma als Mischung als ätherischem, logosbegabtem Pneuma mit Flüssigkeit und als Teil der Seele des Vaters, aus dem, wenn es in dem der mütterlichen Seele entstammenden Pneuma aufgenommen wird, die Seele des Kindes erwächst [1]. Eine solche Seelenerzeugung erscheint besonders dann naheliegend, wenn die menschlichen Seelen, wie bei CHRYSIPP, als Teile der ätherischen Weltseele aufgefaßt sind [2].

Für das *christliche* Denken wird der G. oder T. jedoch zu einem schweren Problem. Zwar denkt TERTULLIAN, von der Stoa inspiriert, an eine Erzeugung des Leibes und der Seele des Menschen aus semen corporis (Körpersamen) und feinstofflichem semen animae (Seelensamen), die beide, wie Lehm und Geisthauch bei der Erschaffung Adams, zusammenwirken [3]. Er kann von einem «tradux animae» sprechen [4], weil er die Fortpflanzung der Seele wie die Fortpflanzung eines Weinstocks durch einen tradux (wörtlich: Weinranke) versteht, oder er betrachtet die Seele als surculus (Ableger) aus dem Stamm Adam [5], wodurch die Infektion der Menschheit durch Adams Sünde verständlich wird [6]. Doch AUGUSTIN verwirft den stoischen Seelenmaterialismus Tertullians und nimmt die Notwendigkeit einer unmittelbaren Erschaffung der Einzelseele an. Anderseits erwägt er vor allem der Erbsündenlehre wegen dennoch die Möglichkeit eines Zeugungszusammenhangs von Seele zu Seele mittels eines immateriellen semen animae (auch propago oder tradux animae), ohne je zu klarer Einsicht zu gelangen [7]. Er und die übrigen Verteidiger der Erbsündenlehre müssen sich daher von den Pelagianern als «traduciani» bezeichnen lassen [8]. Trotz Augustins Schwanken setzt sich aber in der mittelalterlichen Theologie die Lehre von der Erschaffung der Einzelseelen (Kreatianismus) durch.

Da dem naturwissenschaftlich orientierten Denken der *Neuzeit* die Annahme nicht feststellbarer, punktueller Schöpfungen aus Nichts immer fragwürdiger wird, leben auch die alten Versuche wieder auf, die Erzeugung der menschlichen Seele in das leibliche Werden einzubeziehen. LEIBNIZ nimmt an, daß die menschlichen Seelen bereits in pflanzlichen, tierischen und menschlichen Organismen existieren, bevor sie durch eine «Transkreation» die Vernunft erlangen [9].

Die *Theologie* – zunächst die lutherische, später auch die katholische (E. NORIS, J. FROHSCHAMMER, A. ROSMINI, J. HESSEN) – sucht die augustinischen Erwägungen aufzunehmen und weiterzuführen. In einer vom Evolutionismus geprägten Welt geht es ihr heute darum, vor dem Hintergrund des überkategorialen Schöpferwirkens Gottes den Anteil der innerweltlichen leiblichen und geistigen Ursachen am Werden der Seele voll zu respektieren.

Anmerkungen. [1] ZENON, SVF I, 128. – [2] CHRYSIPP bei DIOG. LAERT. VII, 142f. – [3] TERTULLIAN, De an. 27. – [4] a. a. O. 36. – [5] 19. – [6] De test. an. 3. – [7] AUGUSTIN, De Gen. ad litt. X; De lib. arb. III, 55-59; De an. et eius orig.; Contra Iul. II, 178; Ep. 190; vgl. A. MITTERER: Die Entwicklungslehre Augustins (1956) 117. – [8] Contra Iul. I, 6. – [9] LEIBNIZ, Théodicée § 91.

Literaturhinweise. A. MICHEL: Traducianisme, in: Dict. théol. cath. 15, 1350-65. – H. KARPP: Probleme altchristl. Anthropol. (1950). – J. HESSEN: Lb. des Philos. 3 (1950) 328-331. – E. LESKY: Die Zeugungs- und Vererbungslehren der Antike und ihr Nachwirken (1951). – P. OVERHAGE und K. RAHNER: Das Problem der Hominisation (1961). H. RIEDLINGER

Generatio, Übersetzung des aristotelischen γένεσις, Gegensatz von *corruptio* (φθορά), meint Entstehung, Erzeugung, Zeugung; allgemein «mutatio de non esse ad esse», bei Lebendigem «origo alicuius viventis a principio vivente coniuncto» [1]; hier erfordert G. Wärme, Feuchtigkeit und Lebensgeist [2]. Jedes Erzeugende bringt etwas hervor, das ihm der Form nach ähnlich ist, durch die es zeugt [3]; entsprechend gilt die bei ARISTOTELES vorgezeichnete Unterscheidung *G. univoca* und *G. aequivoca.* Univoke G.: das Erzeugte ist vom Erzeugenden individuell, nicht spezifisch verschieden [4] – ein Mensch zeugt einen Menschen. Äquivoke G.: das Erzeugte ist vom Erzeugenden individuell und spezifisch verschieden – die Sonne erzeugt Wärme, obgleich sie selbst nicht warm ist. Unvollkommene Lebewesen bedürfen nur der G. aequivoca (Spontanzeugung): die Sonne erzeugt aus Fäulnis Würmer; als Autorität gilt ARISTOTELES (γένεσις αὐτόματος) [5]; noch DESCARTES stützt sich zur Begründung des Automatismus auf diese Lehre [6]. Bei vollkommenen Lebewesen besteht zwar G. aequivoca: «sol est causa generationis omnium hominum» [7]; aber da sie aus Samen entstehen, bedürfen sie außerdem der G. univoca [8]. Weil auch nicht-univok Erzeugendes, sofern es sich Ähnliches hervorbringt [9], nicht gänzlich äquivok wirkt, könnte schließlich von *G. analoga* die Rede sein.

Anmerkungen. [1] THOMAS V. AQUIN, S. theol. I, q. 27, a. 2 c. – [2] a. a. O. II/II, q. 147, a. 8, 1. – [3] a. a. O. I, q. 33, a. 2, 4. – [4] S. contra gentes IV, 10; vgl. ARISTOTELES, De anima II, 415 a 28. – [5] H. BONITZ, Index Aristotelicus 124. 149. – [6] DESCARTES, Meditationes, 2ae Respons. Werke, hg. ADAM/TANNERY 7, 133f.; Generatio animalium a. a. O. 11, 506. – [7] THOMAS, S. theol. I, q. 13, a. 5, 1. – [8] S. contra gentes III, 69. – [9] S. theol. I, q. 13, a. 5, 1. R. SPECHT

Generation (von lat. generatio, Zeugung; griech. γενεά, γένος, Geschlecht). Das Wort gehört zu den Grundtermini der Anthropologie, Soziologie sowie der neueren Literatur-, Kunst- und Geschichtswissenschaften. In allgemein-biologischer Verwendung bezeichnet es die jeweiligen *Glieder* der Geschlechterfolge bei Lebewesen (Pflanzen, Tiere, Menschen), in sprachlicher Eingrenzung auf den Menschen 1. den mittleren Abstand zwischen Väter- und Kinder-G. als *Zeitmaß* im Reproduktionsprozeß der menschlichen Gattung und 2. die *soziale Gruppe,* die sich während eines bestimmten Zeitraums in diesem Prozeß als eine von anderen Gruppierungen unterscheidbare anthropologisch-historische Einheit herausprofiliert.

1. Die Gliederung menschlicher Geschlechterfolge nach G. wird schon in mythisch-dichterischer Sprechweise als elementare Selbsterfahrung des Menschen und seiner Geschichte benannt. Bei HOMER verdankt Nestor die hohe Weisheit ratender Rede dem Umstand, daß er schon zwei G. sterblicher Menschen (δύο μὲν γενεαὶ μερόπων ἀνθρώπων) vergehen sah und eine dritte überlebt [1]. Ausdruck und Schema der drei G. (= «Menschenalter») werden dann von HERODOT aufgegriffen und im Zusammenhang eines ersten Periodisierungsversuchs der geschichtlichen Zeit verwendet. Nach Herodot umfaßt das Zeitmaß eines Jahrhunderts drei Menschenalter oder G. (γενεαὶ γὰρ τρεῖς ἀνδρῶν ἑκατὸν ἔτεά εἰσιν) [2], so daß sich als Maß für die Dauer einer G. ca. 33 Jahre ergeben. Obwohl die Funktion des hundertjährigen Zyklus im Aufbau der historischen Zeit wiederholt mit demselben Argument gerechtfertigt worden ist, hat die auf Herodot folgende Historiographie den Terminus nicht weiter präzisiert. Die damit verbundenen Fragen werden unter dem Titel der «Genealogie» behandelt, die sich auf Äußerlichkeiten von Herrscherstammtafeln beschränkt.

2. Auch die Philosophie hat trotz der mit Augustin beginnenden Zuwendung zur Geschichte Ausdruck und Schema der G. im Bann eines naturalisierten Zeitverständnisses belassen, das sich in der Metaphorik der Welt- und Lebensalter einerseits, der Annahme kosmologisch-biologischer Konstanten in der Zeitfolge herrschender Geschlechter andererseits bekundet. Seit PLATON [3] steht der Ausdruck im Zusammenhang der Kosmologie, der Lehre vom periodischen Umlauf der Welt- und Menschengeschichte mit seiner unendlichen Menge der G. (= Zeugungen). Der kosmologische Zusammenhang bleibt auch nach der anthropozentrischen Wende des Christentums erhalten. Obwohl AUGUSTIN das Wort mit der heilsgeschichtlichen Unterscheidung zwischen civitas Dei und civitas terrena auf die Annahme zweier «Bürgerschaften» des Menschengeschlechts einschränkt, die von Anbeginn verschiedene Zwecke verfolgen [4], fällt in der griechisch bestimmten Schulphilosophie des Mittelalters und der frühen Neuzeit das G.-Problem stets mit dem kosmologischen Problem, der Frage der Ewigkeit oder Zeitlichkeit der Welt, zusammen.

Die metaphysische Sprechweise der Schöpfungskosmologie, die in Übereinstimmung mit der geschlossenen Bilderwelt christlicher Geschichtstheologie die G.-Reihe auf die biblische Metaphorik des «ersten Menschenpaars» als Anfang der Menschengeschichte zurückführt, verliert mit der Galilei-Newtonischen Physik und ihrer Durchsetzung im 18. Jh. an Glaubwürdigkeit. Mit der auf ihrem Boden entstehenden Naturgeschichte (Fontenelle, Buffon, Kant) kommt es zu jenem bekannten Widerstreit der Thesis vom Weltanfang mit der Antithesis von der Ewigkeit der Welt, den KANT im Antinomien-Kapitel der ‹Kritik der reinen Vernunft› nicht zuletzt unter dem kosmologischen Aspekt der G. behandelt hat. Das am Muster der neuen Erfahrungswissenschaft orientierte Verfahren kritischer Auflösung setzt an die Stelle der dogmatischen Alternative zwischen dem Anfang des «ersten Menschenpaars» oder der Endlosigkeit der G.-Folge die methodische Aufgabe eines Rückgangs bzw. Fortschreitens von Erscheinung zu Erscheinungen, wobei dann die etwaige Konstatierung zeitlich «erster» Menschenpaare zu empirisch weitergehender Forschung (nach dem Leitfaden einer «Archäologie der Natur») nötigt [5].

Obwohl Kant bereits hier, im Rahmen der sprachlichen Destruktion des Zusammenhangs zwischen Kosmologie und metaphysischer G.-Theorie, von einem «Leitfaden der Geschichte» [6] spricht, hat er den Ausdruck in seinen Schriften zur Neubegründung der Geschichtsphilosophie an keiner Stelle explizit eingeführt. Das gilt auch für die Weiterführung dieser Disziplin bei Fichte, Schiller, Schelling und Hegel, die das Wort ‹G.› in einem nicht mehr kosmologisch ausgeweiteten Sinne gebrauchen, aber diesen Gebrauch nirgends kritisch rekonstruieren und deshalb in der Regel wieder in den metaphorischen Bann der Lehre von den Welt- und Lebensaltern zurückfallen.

3. Eine selbständige, philosophisch, soziologisch und historiographisch gleichermaßen relevante *Theorie der G.* entsteht erst mit der Entdeckung des geschichtlichen Wandels bzw. Fortschritts im Gefolge der Französischen und der von England ausgehenden industriellen Revolution. Nachdem bereits HUME an der Hypothese eines momentanen Verschwindens der älteren und des ebenso momentanen Entstehens einer neuen G. als Erklärungsmittel politischer Verfassungsänderung die unhintergehbare Kontinuität menschlicher Geschichte demonstriert hatte [7], macht COMTE die methodische Möglichkeit eines Andersdenkens der G.-Folge zur Strukturbestimmung der geschichtlichen Zeit nutzbar. Durch Verlängerung der Lebensdauer der Individuen würden Tempo und Dynamik des Fortschritts gehemmt, durch eine Verkürzung der Lebensdauer entsprechend beschleunigt. Für Comte bleibt jedoch die Struktur der historischen Zeit an eine konstante Zeitstruktur der G. gebunden, die ein Korrelat des menschlichen Organismus, seiner begrenzten Lebensdauer und der Gegebenheiten von Altersstufen ist [8].

Um diese Zeitstruktur näher bestimmen zu können, wird der Ausdruck im 19. Jh. terminologisch eingegrenzt und zur Grundlegung einer Theorie der Geschichte, insbesondere des geschichtlichen Wandels in den verschiedenen Kulturbereichen, verwendet. Während G. RÜMELINS Definitionsversuch (‹Über den Begriff und die Dauer einer G.›) [9] noch von quantifizierenden Denkmethoden des Positivismus abhängig und O. LORENZ' Theorem eines «natürlichen Periodenbaus der Geschichte» (‹Grundlagen einer G.-Theorie›) [10] in biologistisch mißverstandener Genealogie befangen bleibt, präzisiert DILTHEY den Terminus durch die seiner Theorie der Geisteswissenschaften zugrunde liegende Unterscheidung zwischen quantitativ meßbarer und qualitativ «erlebter» und «verstandener» Zeit. Die Struktur der historischen Zeit läßt sich nicht aus generellen Gesetzen eines immer gleichen G.-Schemas ableiten, sondern ist umgekehrt durch speziell-geschichtstheoretische Einschränkung dieses Terminus zu erklären. Von ‹G.› in chronologisch-biologischem Verwendungssinn unterscheidet Dilthey eine spezifische historische Bedeutung, nach der das Wort Verhältnisse der Gleichzeitigkeit von Individuen in einem gesellschaftlich-geschichtlichen Wirkungszusammenhang bezeichnet. Eine G. bildet «einen engeren Kreis von Individuen, welche durch Abhängigkeit von denselben großen Tatsachen und Veränderungen, wie sie in dem Zeitalter ihrer Empfänglichkeit auftraten, trotz der Verschiedenheit hinzutretender anderer Faktoren zu einem homogenen Ganzen verbunden sind» [11]. Die hier vorgenommene Klärung, die nach Dilthey das äußere Gerüst des Verlaufs geistig-geschichtlicher Bewegungen, das nur Stunden, Tage, Monate, Jahre und Jahrhunderte kennt, durch eine «von innen abmessende Vorstellung» ersetzen und dem Historiker ein tieferes Verständnis historischer Epochen ermöglichen soll, ist in der Folgezeit teilweise wieder in Frage gestellt worden.

Das trifft z. B. auf K. MANNHEIMS Versuch einer soziologischen Theorie der G. zu, in deren kategorialem Aufbau (G.-Zusammenhang, G.-Lagerung und G.-Einheit) biologisch-naturale und historisch-hermeneutische Begriffsbildungen nur ungenügend unterschieden sind [12]. Ähnliches gilt für die Verwendung des Terminus in der neueren Literatur- und Kunstwissenschaft, die den dogmatischen Naturalismus der älteren G.-Theorie (W. SCHERER, E. SCHMIDT) nicht überwindet, sondern durch unkritische Sprechweisen eines geisteswissenschaftlichen Monismus ersetzt. Die G. im speziell-historischen Sinne radikalisiert sich hier zu «G.-Entelechien» (PINDER) und «G.-Typen» (PETERSEN), die als heuristische Begriffsbildung und gleichzeitig als «Realfaktoren» kultureller Erscheinungen verstanden werden [13]. Der Wirkungszusammenhang der gesellschaftlich-geschichtlichen Welt wird unter den Gesichtspunkten der «Gleichzeitigkeit des Ungleichzeitigen» bzw. verschieden konstituierter («führender», «umgelenkter», «unterdrückter») G.-Typen in Phasen, Epochen, Reihen (G.- als «Jugendreihe») [14], Stile und Stilrichtungen zerlegt – ein Vorgang, der nicht das methodische Verfahren wissenschaftlicher Begriffsbildung und Zergliederung, sondern in der ihm eigentümlichen Beliebigkeit den kritischen Kulturzustand der modernen Gesellschaft und der auf ihrem Boden entstandenen Geisteswissenschaften bekundet.

Die hermeneutische Überspitzung des G.-Problems findet ihren Widerhall auch in der Philosophie. Während bei JASPERS das Wort den Sinn von «Geschichtlichkeit» mit ausdrückt, spricht HEIDEGGER unter Berufung auf Dilthey davon, daß das «schicksalhafte Geschick des Daseins in und mit seiner ‹G.›» das «volle, eigentliche Geschehen des Daseins» ausmache [15]. – Im Gegensatz zur existenzialphilosophischen Stilisierung der G. in die Nähe geschichtlicher «Schicksalsgemeinschaft» hat sich HUSSERL um prinzipielle Klärung der mit diesem Terminus bezeichneten Sachverhalte bemüht. Das G.-Problem ist kein «Geschick» einer geschichtlich verbundenen Gruppe von Individuen, sondern fundiert in der ursprünglichen «Generativität» menschlicher Lebens- und Welterfahrung. Jede «Menschheit» hat, «abgesehen von der physisch organischen Generativität eine spezifisch geistige und zwar eine personale» [16]. «Personale Generativität» besagt, daß jedermann («ich») nicht nur faktisch in einer mitmenschlichen Gegenwart und einem menschheitlichen offenen Horizont *ist*, sondern sich innerhalb eines generativen Zusammenhangs *weiß*, in dessen «Einheitsstrom» die mitmenschliche Welt «der Universalität menschlicher Erfahrung ausgesetzt, d. h. stets historische Gegenwart einer historischen Vergangenheit und einer historischen Zukunft ist» [17].

Husserls Unterscheidung zwischen *naturaler* und *personaler* Generativität rührt an Grundfragen einer G.-Theorie, die sich als *Teil philosophischer Anthropologie* zu verstehen und nicht zuletzt zur Aufgabe hätte, ihre sprachlichen Mittel noch vor der Anwendung auf gesellschaftlich-geschichtliche Zusammenhänge kritisch zu klären.

Anmerkungen. [1] HOMER, Il. 1, 250-252; vgl. 6, 146; 19, 105; 23, 790; Od. 14, 325; 19, 294. – [2] HERODOT II, 142. – [3] PLATON, Polit. 269 c-274 e; Tim. 19 d-26 c. – [4] AUGUSTIN, De civ. Dei XV, 1-14. – [5] KANT, KrV B 536-542. – [6] B 523. – [7] D. HUME, Of the original contract, in: Essays moral, political and literary, hg. T. H. GREEN/T. H. GROSE 1 (1912) 452. – [8] A. COMTE: Système de politique positive ou traité de sociol. 3 (Paris 1853) 27ff.; 4 (Paris 1854) 177ff. – [9] G. RÜMELIN: Über den Begriff und die Dauer einer G., in: Reden und Aufsätze 1 (1875). – [10] O. LORENZ: Die Geschichtswiss. in Hauptrichtungen und Aufgaben 1 (1886) 272ff. – [11] W. DILTHEY: Über das Studium der Wiss. vom Menschen, der Gesellschaft und dem Staat (1875). Ges. Schr. 5 (⁴1964) 37. – [12] K. MANNHEIM: Das Problem der G. (1928/29), in: Wissenssoziol., hg. K. H. WOLFF, Soziol. Texte 28 (1964). – [13] J. PETERSEN: Wesensbestimmung der Romantik (1925); W. PINDER: Das Problem der G. in der Kunstgesch. Europas (1926). – [14] Vgl. E. WECHSSLER: Die G. als Jugendreihe und ihr Kampf um die Denkform (1930). – [15] K. JASPERS: Die geistige Situation der Zeit (1931) 91f. 108. 112f.; M. HEIDEGGER: Sein und Zeit (1927, ¹1957) 384f. – [16] E. HUSSERL, Nachlaß K III 3, S. 60, zit. nach B. WALDENFELS: Das Zwischenreich des Dialogs. Sozialphilos. Untersuch. im Anschluß an Edmund Husserl (1971) 346. – [17] E. HUSSERL, Die Krisis der europ. Wiss. und die transzendentale Phänomenol., hg. W. BIEMEL. Husserliana 6 (Den Haag 1954, ²1962) 256.

Literaturhinweise. G. RÜMELIN s. Anm. [9]. – F. BOLL: Die Lebensalter. Ein Beitrag zur antiken Ethol. und zur Gesch. der Zahlen (1913). – F. MENTRÉ: Les générations sociales (1920). – W. PINDER s. Anm. [13]. – K. MANNHEIM s. Anm. [12]. – E. WECHSSLER s. Anm. [14]. – TH. LITT: Das Verhältnis der G. ehedem und heute (1947). – H. PEYRE: Les générations litt. (1948). – R. TARTLER: Die soziale G.-Gestalt und das G.-Verhältnis der Gegenwart (1954). – H. SCHELSKY: Die skeptische G. (1957). – M. RIEDEL: Wandel des G.-Problems in der modernen Gesellschaft (1969). M. RIEDEL

Generationswechsel. Bei verschiedenen Klassen wirbelloser Tiere wechseln geschlechtlich und ungeschlechtlich sich vermehrende Generationen (viele Hohltiere, Würmer, Moostierchen, Manteltiere) oder zweigeschlechtlich und eingeschlechtlich erzeugte Generationen miteinander ab (Saugwürmer, Rädertierchen, Wasserflöhe, Blattläuse, Gallwespen). Der erstere Fall, die *Metagenese*, kann so aufgefaßt werden, daß die ungeschlechtlich sich vermehrende Generation gewissermaßen den jugendlichen Abschnitt eines Individualzyklus darstellt. Im zweiten Falle, bei der *Heterogonie*, handelt es sich trotz gleichbleibendem Erbgut um morphologisch meist stärker unterschiedene Generationen, die, soweit bisher analysiert, durch abweichende Umweltverhältnisse spezifisch differenziert werden (z. B. Sommer- und Herbstgenerationen von Wasserflöhen, Blatt- und Wurzelgenerationen bei Rebläusen).

Literaturhinweis. M. HARTMANN und H. BAUER: Allg. Biol. (1953) Abschn. V, A, c. B. RENSCH

Generell heißt ursprünglich dem *genus*, d. h. der Gattung entsprechend, alle Glieder der Gattung umfassend, dann soviel wie *allgemein*. In der Logik wird ‹generell› gelegentlich auch das *universelle* oder *allgemeine* Urteil genannt [1]. LOTZE allerdings unterscheidet beide: «... alle Menschen sind sterblich. ... Das universale Urteil ist nur eine Sammlung vieler Einzelurteile, deren Subjekte zusammengenommen tatsächlich den ganzen Umfang des Allgemeinbegriffs M ausfüllen; ... Das generelle Urteil dagegen: der Mensch ist sterblich, behauptet seiner Form nach; an dem Charakter der Menschheit liege es, daß die Sterblichkeit von jedem unzertrennlich ist, der an diesem Charakter teilnimmt» [2].

Anmerkungen. [1] Vgl. Art. ‹Urteil, allgemeines›. – [2] H. LOTZE: Logik, hg. G. MISCH (1912) 93. A. MENNE

Genese, genetisch. Der Begriff der G. bedeutet *allgemein*: Ursprung, Entstehung oder Entwicklung einer Erscheinung, eines Zustandes oder einer organischen – auch nach Analogie des Organischen aufgefaßten – Struktur bzw. deren Entstehungs- oder Entwicklungszusammenhänge und -bedingungen.

In Biologie und Psychologie werden *spezielle* Arten von Entwicklungen unterschieden, wie Onto-G. (Entwicklung des Einzelwesens), Phylo-G. (Art- und Stammesentwicklung, psychologisch auch Entwicklung der Menschheit), Aktual-G. (Ausformung des psychischen Aktes in der Zeit), Epi-G. (im Unterschied zur Präformation).

Die verschiedenen Arten der G. können *vergleichend* betrachtet werden: Über den Zusammenhang von Phylo- und Onto-G. z. B. gibt es in der Psychologie verschiedene Annahmen: a) die Rekapitulationstheorie behauptet unter Rückgriff auf das «biogenetische Grundgesetz» E. HAECKELS [1], in der Entwicklung des Einzelmenschen kehrten die Stadien der Menschheitsentwicklung, wenn auch gerafft und bis zum gewissen Grade verzerrt, in chronologischer Reihenfolge wieder (G. S. HALL [2]); b) die Nützlichkeitstheorie erklärt das – nicht-chronologische – Wiederauftauchen ähnlicher Formen und Inhalte auf der Grundlage der Variations- und Selektionsprinzipien Ch. Darwins (E. L. THORNDIKE [3]); c) die Übereinstimmungstheorie setzt eine Vergleichbarkeit allgemeiner Differenzierungsstadien bei allen Arten von Entwicklung voraus, will aber diesen Vergleich auf das Formale, z. B. ähnliche «Baupläne», beschränken (H. WERNER [4]).

Anmerkungen. [1] E. HAECKEL: Generelle Morphol. der Organismen (1866). – [2] G. S. HALL: Adolescence (New York 1904). – [3] E. L. THORNDIKE: Animal intelligence (New York 1911). – [4] H. WERNER: Einf. in die Entwicklungspsychol. (³1953).
G. MÜHLE

Genetik. Als G. bezeichnet man die Vererbungswissenschaft seit Einführung des Begriffs ‹Gen›. Die G. im engeren Sinne ist die Wissenschaft von den Gesetzmäßigkeiten der Weitervererbung, also dem Aufbau der Erbsubstanz und der Weitergabe der genetischen Information von einer Generation zur anderen. Die mendelistische G. stand am Anfang des 20. Jh. ganz und gar im Vordergrund, heute ist die G. hauptsächlich durch die molekulare G. gefördert worden: durch das Eindringen der biochemischen Forschung in den molekularen Aufbau der Erbsubstanz. Je nach dem Objekt der Forschung wird zwischen einer Pflanzen- und Tier-G. unterschieden. Ein Sondergebiet ist die G. des Menschen; sie wird im angloamerikanischen Bereich als ‹human genetics› bezeichnet, und dieser Name hat sich inzwischen international durchgesetzt (zuweilen wird auch die Bezeichnung ‹medizinische G.› gebraucht). So bestehen seit 1951 in Medizinischen Fakultäten Lehrstühle und Institute für Human-G.

Literaturhinweise. W. LENZ: Med. G. Eine Einf. in ihre Grundlagen und Probleme (1961). – C. BRESCH: Klassische und molekulare G. (1964). – O. v. VERSCHUER: Hundert Jahre Human-G. Nova Acta Leopoldina 172 (1965) 169-180. O. v. VERSCHUER

Genie (lat. genius, ingenium, ital. genio, ingegno, frz. génie, engl. genius)

I. In *französisch* ‹*génie*› fallen lateinisch ‹*genius*› und ‹*ingenium*› zusammen. In beiden Bedeutungen ist es spätestens seit 1532 belegt [1]. In der ingenium-Bedeutung findet es sich jedoch erst seit Anfang des 17. Jh. häufiger, nachdem die Konkurrenz des Erbworts ‹engin› durch Bedeutungsverengung auf ‹Kriegsgerät›, ‹Jagdgerät› ausgefallen war. Im Laufe des 17. Jh. übernimmt es, als Synonym zu ‹esprit, caractère, nature, don, talent›, die ganze Skala der ingenium-Bedeutungen, es bezeichnet also die Gesamtheit der charakterlich-geistigen Fähigkeiten (son noble génie, son génie étroit), dann das Talent, die spezifische Neigung, Anlage, Begabung (son génie de la géométrie), schließlich, metonymisch, die Person selbst (être un grand génie). Der neben diesen ingenium-Bedeutungen fortbestehende antikisierende Wortgebrauch im Sinne des genius-Mythologems ist für die Herausbildung des G.-Begriffs zunächst ohne Einfluß geblieben. Dessen Geschichte steht bis hin zu seiner Rezeption durch die deutsche Frühromantik nicht im Zeichen einer metaphorisierten oder säkularisierten Inspirationsgottheit, sondern eindeutig in der ingenium-Tradition.

Sie beginnt in der *Ästhetik* der französischen Klassik, wo ‹génie› im Anschluß an die antik-rhetorische Dichotomie von *ingenium* und *studium* [2] diejenigen Fähigkeiten bezeichnet, die der Dichter vor aller Regelkenntnis von Natur aus mitbringt. Daß das Wort allererst im ästhetischen Bereich als systematischer Begriff erscheint, hat seine weitere Geschichte entscheidend beeinflußt. Das künstlerische G. entwickelte sich zum Prototyp des G. schlechthin, von ihm und seiner Definition wurde, insbesondere im 18. Jh., das wissenschaftliche, politische oder militärische G. abgeleitet. Folgenreich war die Okkupierung des Begriffs durch die rhetorische Tradition vor allem aber auch insofern, als das seit der Renaissance gerade mit dem künstlerischen Ingenium verbundene Pathos des Schöpferischen bis ins 18. Jh. hinein ohne jene ontologische Fundierung blieb, welche die neuzeitliche, insbesondere die cartesische Philosophie den seinsoriginären Konstruktionen des technischen Ingeniums bereitgestellt hatte [3]. Zwar wird ‹génie› bisweilen synonymisch mit ‹imagination› gefaßt, aber diese entspricht der rhetorischen ‹inventio›, als welche sie die im Prinzip der ‹imitatio naturae› vorausgesetzte Identität von Natur und Sein nicht aufzuheben vermag. Die ontologische Unartikulierbarkeit des Kunstprodukts als eines authentischen Menschenwerks dürfte der Hauptgrund für das Beharrungsvermögen der klassisch-antiken Inspirationstopoi sein, die, obwohl den rationalistischen Prämissen der klassischen Ästhetik wesentlich nicht angemessen, bis ins 18. Jh. hinein zur Bestimmung bzw. Umschreibung der Dichter-G. zitiert werden: ‹fureur poétique, feu céleste, sage manie, enthousiasme, ie ne sçai quoi de divin›. Für PERRAULTS programmatische Begründung des G.-Begriffs [4] ist der Katalog dieser Topoi nicht weniger bezeichnend als die Tatsache, daß seine Bewunderung der ohne Modell schaffenden technischen ‹inventio› eines Maschinenkonstrukteurs [5] keinerlei Niederschlag in ihr findet: Das G. schafft – in polemischer Auflösung der rhetorischen Dichotomie – ohne Studium, in direkter Schau der himmlischen Urbilder des Schönen; diese und nicht die vermeintlichen Vorbilder der Antike sind die ewigen Modelle künstlerischer Nachahmung. Die Hervorbringungen des G. sind somit zwar nicht seinsoriginär, wohl aber ontologisch vorrangig gegenüber der den Ideenkosmos nur unvollkommen abbildenden phänomenalen Natur. Diese traditionelle, die Dichtungsapologetik der Renaissance aufnehmende Position gerät erst dort in Bewegung, wo sie in Widerspruch zu der zentralen These eines allgemeinen Fortschritts der Künste tritt. Die Unmittelbarkeit des G. zur Idee begründet zwar die potentielle Gleichrangigkeit, nicht aber die Überlegenheit moderner Kunst über die Produktionen der Antike. Perrault sieht sich daher genötigt, zwischen der zu allen Zeiten gleichen Naturbegabung des ‹ouvrier› und dem zeitbedingten Vollkommenheitsgrad des ‹ouvrage› zu unterscheiden [6], womit der «génie inimitable» [7] des Künstlers von der Beweislast der Fortschrittsidee befreit, gleichzeitig aber die zunächst vorausgesetzte Identität des von ihm Hervorgebrachten mit dem Begriff vollkommener Schönheit preisgegeben wird.

Aus dieser Aporie im System der ‹Modernen› empfing die G.-Diskussion des 18. Jh. ihre Impulse. Für DU BOS erlangt das als spezielle Naturbegabung definierte G. durch langes Studium Vollkommenheit. Diese scheinbar traditionelle Lösung erscheint im Rahmen einer in der Geschichte des Begriffs hier erstmals verwandten Metaphorik: Das G. wächst, einer Pflanze gleich, seinem «point de perfection» entgegen [8]. Die Vollkommenheit ist also bezogen nicht auf das Produkt, sondern auf die immanente Entwicklung des sie erst am Ende erreichenden Produzierenden. Das Kriterium des G. verlagert sich damit vom Was auf das Wie seines Schaffens, vom Hervorgebrachten auf die – zunächst unvollkommen ausgeschöpfte – Potentialität seiner «imagination» [9]. Dementsprechend fragt Du Bos nicht mehr nach dem ontologischen Rang des Imaginierten, sondern nach den physiologischen Bedingungen des Imaginierens. Die Bedeutung dieser Fragestellung läßt die – von Du Bos selbst gesehene – Problematik seiner vulgärcartesianischen Erklärungsversuche [10] geringfügig erscheinen. Entscheidend ist die Tendenz einer Betrachtungsweise, mit der für die Diskussion des Begriffs die produktionsästhetische Perspektive gewonnen ist. Du Bos wird damit zum Vorläufer DIDEROTS, der nicht nur die französische, sondern auch die englische Diskussion (SHAFTESBURY, YOUNG) aufnimmt, fortführt und seinerseits die deutsche G.-Lehre entscheidend beeinflußt hat. Das G. steht im Zentrum seiner ästhetischen Reflexion und konzentriert auf sich die für Diderots Denken und seine Begrifflichkeit charakteristische Mobilität. Gegenüber dem noch 1747 von BATTEUX unternommenen Versuch einer Rückbindung des künstlerischen Vermögens an die Imitation einer klassizistisch-normaiven «belle nature» [11] beschreibt DIDEROT den Schaffensvorgang selbst. Das G. ist nicht mehr unmittelbar zur platonischen Idee, sondern unmittelbar zur Natur, von der es in den Zustand enthusiastisch-selbstvergessener Schöpferkraft versetzt wird [12]. Sein Werk ist Vorbild für den Imitator [13]. Diese Naturunmittelbarkeit meint jedoch noch nicht ein unbewußtes Produzieren in Analogie zu dem der Natur, sondern die Wahrnehmung verborgener Beziehungen und Zusammenhänge (rapports) [14]. Das G. zeichnet sich aus durch seinen «esprit observateur»: ein angeborener, nicht erlernbarer und weder auf ein rein rationales noch rein instinktartiges Vermögen reduzierbarer Sinn für das Richtige [15]. Die Natur als Objekt dieses Vermögens bleibt somit Inbegriff des ästhetisch wie moralisch Verbindlichen. Die Leistung des «génie créateur» 16] ist in den Künsten wie in den Wissenschaften nicht die Heraussetzung eines authentisch Neuen, sondern eine interpretierende Erweiterung unserer Kenntnisse des in der Natur immer schon Vorhandenen. Die Imagination wird demgemäß nicht als kreatives, sondern als imitatives Vermögen bestimmt [17]. Diese im Prinzip schlüssige Konzeption wird dadurch widersprüchlich, daß Diderot bisweilen isolierte Elemente pointiert und bis zu extremen Positionen vortreibt. So wird einerseits die Kaltblütigkeit als Korrektiv zum Enthusiasmus gefordert oder aber das G. geradezu in der Antithese zum Emotionalen, sein Werk als Leistung des Kopfes und nicht des Herzens definiert [18]. Dem steht eine extreme Betonung der Irrationalität gegenüber, die Definition des G. in der Antithese zum «esprit» [19], die Apotheose an die überragende, seiner Epoche vorauseilende und erst in zukünftigen Zeiten zu Ruhm und Anerkennung gelangende Individualität [20]. In seiner großartigen Einseitigkeit kann das G. zu einem psychopathologischen Phänomen, zu einem «monstre» [21] werden, das im Ästhetischen wie im Moralischen in Gegensatz zu allem Konventionellen tritt und diesen Gegensatz in seiner eigenen Person zu einer provozierenden Ambivalenz von moralischer Verwerflichkeit und ästhetischer Faszination steigert [22]. Diese ‹romantische› Position artikuliert vor allem der ‹Encyclopédie›-Artikel (1757), der von SAINT-LAMBERT stammt, aber wahrscheinlich von DIDEROT überarbeitet wurde und wirkungsgeschichtlich mit seinem Namen verbunden ist [23]. Dort ist das Werk des G. als «négligé, irrégulier, sauvage» charakterisiert und der Regelschönheit des «goût» entgegengesetzt. Ontologisch wird seine Göttlichkeit hier – im französischen Bereich erstmals – mit dem voluntaristischen Theologumenon der ungeschaffenen Welten in Zusammenhang gebracht: «le génie, semblable à la Divinité, parcoure d'un coup d'œil la multitude des possibles, voie le mieux et l'exécute» [24]. Was hier noch – unprogrammatisch – auf das politische und militärische Genie bezogen ist, hatten die Schweizer BODMER und BREITINGER bereits 1740 zur systematischen Fundierung der Dichtkunst benutzt: die Leibnizsche Vorstellung der möglichen Welten als ontologische Sanktionierung der «metaphysischen Thätigkeit» des Dichtergenies [25]. Damit ist der Punkt bezeichnet, wo die französische Entwicklung von der deutschen bereits überholt war. Der G.-Begriff des französischen 19. Jh. steht ganz im Zeichen der deutschen Romantik und des deutschen Idealismus.

Anmerkungen. [1] RABELAIS, Pantagruel VI, Tiers Livre I, III. – [2] Locus classicus: HORAZ, De arte poetica 409f. – [3] Vgl. H. BLUMENBERG: ‹Nachahmung der Natur› – zur Vorgesch. der Idee des schöpferischen Menschen. Stud. gen. 10 (1957) 280f. – [4] PERRAULT: Le génie – épistre à M. de Fontenelle (1688), dem 1. Bd. der ‹Parallèle des Anciens et des Modernes› beigedruckt. – [5] a. a. O. I, 73ff. – [6] Vgl. H. R. JAUSS: Ästhetische Normen und gesch. Reflexion in der ‹Querelle des Anciens et des Modernes›. Einl. zur Neuausgabe von PERRAULTS ‹Parallèle› (1964) 51ff. ›. – [7] a. a. O. [4] I, 88. – [8] J.-B. DU BOS: Réflexions critiques sur la poésie et la peinture (Paris 1719) II, 5, 10. – [9] a. a. O. II, 10. – [10] II, 2. – [11] CH. BATTEUX: Les beaux arts réduits à un même principe (Paris 1747) III-V. – [12] D. DIDEROT, Œuvres, hg. ASSÉZAT/TOURNEUX (Paris 1875-1877) 7, 102f. – [13] a. a. O. 2, 411: «Il n'y a point d'intermédiaire entre la nature et le génie qui est toujours interposé entre la nature et l'imitateur» (Nichts steht zwischen der Natur und dem G., das seinerseits immer zwischen der Natur und dem Imitator steht); ähnlich 7, 341. – [14] 14, 313. – [15] Art. ‹Sur le génie› 4, 26f. – [16] a. a. O. 2, 12. 18. – [17] 11, 131. – [18] Bes. im ‹Paradoxe sur le comédien› a. a. O. 8, 367f. – [19] 10, 251. – [20] Briefwechsel mit Falconet. – [21] a. a. O. [12] 2, 290. – [22] So im ‹Neveu de Rameau›. – [23] a. a. O. [12] 15, 35ff.; H. DIECKMANN: Diderot's conception of genius. J. Hist. Ideas 2 (1941) 163. – [24] DIDEROT, a. a. O. [12] 15, 37. 41. – [25] BLUMENBERG, a. a. O. [3] 281f.

Literaturhinweise. H. BLUMENBERG s. Anm. [3] 266-283. – H. R. JAUSS s. Anm. [6]. – H. DIECKMANN s. Anm. [23] 151-182.

– P. E. KNABE: Schlüsselbegriffe des kunsttheoret. Denkens in Frankreich (1972) 204-238.
R. WARNING

II. – 1. Neben der ursprünglichen lateinischen Bedeutung «Schutzgeist», «Schutzgott» (Belege seit dem 14. Jh.) hat *englisch* ‹genius› in weitgehender Übereinstimmung mit dem Französischen seit dem Ende des 16. Jh. die heute teils eingeschränkte, teils veraltete Bedeutung «characteristic disposition, inclination, bent, turn or temper of the mind» [1]. Etwa: «Every age has a kind of universal genius» [2]. Besonders im frühen 18. Jh. neigt sie zur Verengung: «A man's nature, fancy, or inclination» [3]. ‹Genius› wurde damit neben dem rasch an Bedeutung verlierenden ‹humour› eine in vieler Hinsicht suggestive Bezeichnung für persönliche Eigenart. Die intensive Suche nach dem principium individuationis in der philosophischen Anthropologie der Zeit (u. a. ALEXANDER POPES «ruling passion») verstärkte diese Entwicklung, so daß ‹genius› eine starke Konnotation des Einmalig-Unverwechselbaren annahm. In der nationalen Eigencharakteristik des Engländers taucht seit dem späten 17. Jh. ‹original› im Begriffsfeld von ‹genius› zur Bezeichnung einer eigenständigen Geistesart auf [4].

2. Die Ausbildung der später vorherrschenden Bedeutung «special mental endowment» und, daraus abgeleitet, «a man endowed with superiour faculties» [5] wurde dadurch verzögert, daß von der Elisabethanischen Zeit bis ins frühe 18. Jh. vornehmlich ‹wit› das englische Äquivalent für ‹ingenium› war. Die spezifische Geistesgabe des Dichters wurde überwiegend so bezeichnet. Erst als ‹wit›, besonders in der Formel «man of wit», im Zusammenhang mit den soziologischen Veränderungen im Übergang vom 17. zum 18. Jh. eine engere, oft pejorative Bedeutung erhielt, setzte sich ‹genius› durch. «Great genius, true genius» und andere Wendungen lassen erkennen, daß häufig Talent oder geistiges Vermögen überhaupt ohne Rücksicht auf Größe und Besonderheit ‹genius› hieß. Dieser Wortgebrauch (verbunden mit der Auffassung, daß «superiority in the human genius» nicht angeboren, sondern erworben sei) findet sich noch bei WILLIAM SHARPE, dessen ‹Dissertation on genius› (1755) bisweilen fälschlich als erste Schrift über das Original-G. hingestellt wird. Die Kontroverse, ob G. eine Naturgabe sei, dauert lange [6].

3. In ihren Ursprüngen geht die klassische englische G.-Konzeption auf die Restaurationsepoche (1660–1700) zurück. Zwei Sachverhalte prägten sie entscheidend: das Shakespeare-Problem und die Erfolge der Wissenschaftsbewegung. Durch *Shakespeare* erhielt die im ganzen neoklassischen Zeitalter andauernde Kontroverse um *ingenium* und *studium*, um natürliche Anlage und Observanz der Regel, beständig neue Impulse. Durch seine dichterische Leistung wurde im Kantischen Sinne entschieden, daß im G. «die Natur der Kunst die Regel gibt». Als «poet of nature» galt Shakespeare seit dem späten 17. Jh. für «an illustrious instance of the force of unassisted Genius» [7]. Die polemische Durchsetzung dieser Auffassung wird zusammen mit der Facettierung des Begriffs (von Neigung über Talent bis überragende Fähigkeit) bei DRYDEN deutlich: «Shakespear had a Genius for [Tragedy]; ... Genius alone is a greater Virtue (if I may so call it) than all other Qualifications put together» [8]. Als charakteristisch für Shakespeare erschien Dryden «copiousness of invention», womit hier und später weniger eine Nachahmung der ‹Natur› als die schöpferische Hervorbringung von nicht in der ‹Natur› vorgegebenen Gestalten gemeint ist (Beispiel: Caliban im ‹Tempest›).

Die *Wissenschaftsbewegung* des 17. Jh. leistete ihren Beitrag durch den Entwurf der idealtypischen Figur des Naturwissenschaftlers. THOMAS SPRAT («Invention is an Heroic thing, and plac'd above the reach of a low, and vulgar Genius» [9]), JOSEPH GLANVILL und andere Theoretiker sprachen in Fortführung BACONscher Gedanken dem durch die außergewöhnliche geistige Leistung sich auszeichnenden Naturwissenschaftler eine höhere Seinsform und das Charisma einer heroischen Gestalt zu [10]. Die anthropologische Charakteristik dieses Typus bildete in der klassischen englischen G.-Lehre des 18. Jh. die Grundlage für die Konzeption jenes anti-traditionellen, anti-autoritären G., dessen Originalität im geistigen Wagnis bestand. Maßstab für die ‹Genialität› des Naturwissenschaftlers war die ‹Entdeckung› von ‹Neuem›, wobei das Vorstellungsmodell die columbianische Entdeckung Amerikas war [11]. Die hierfür meist synonym verwendeten Begriffe ‹discovery› und ‹invention› finden sich, gekoppelt mit dem unreflektierten erkenntnistheoretischen Realismus des 17. Jh., später wieder, ohne daß ihre naturwissenschaftliche Provenienz sofort erkennbar wäre. Die für England teilweise sogar primäre Verbindung von Naturwissenschaft und G.-Begriff wird erst von KANT gelöst [12].

4. Die erste englische Abhandlung über das G. ist JOSEPH ADDISONS ‹Spectator› no. 160 (1711) [13]. Ihr Wortgebrauch markiert den Übergang von der frühen Form ‹G. haben› zu der erst 1755 von JOHNSON fixierten und seither üblichen Form ‹G. sein›. Wissenschaftliches und künstlerisches G. sind für ADDISON (ohne weitere Erörterung) parallele Erscheinungen. Er übernimmt, vertieft und popularisiert die schon früher belegbare und für die Folgezeit fundamentale Unterscheidung von Natur-G. («natural Genius's that were never disciplined and broken by Rules of Art») und Bildungs-G. («those that formed themselves by Rules, and submitted the Greatness of their natural Talents to the Corrections and Restraints of Art»). *Homer, Pindar* und *Shakespeare* sind Beispiele für das als ur- und wildwüchsig angesehene Natur-G. («there appears something nobly wild and extravagant in these great natural Genius's»). Addison besteht auf der Gleichrangigkeit der beiden Arten von G., gibt aber dem ‹originalen› den Vorzug. Den Terminus ‹*original genius*› benutzt Addison noch nicht, doch legt er den Begriffsinhalt soweit fest, daß EDWARD YOUNG in seinen ‹Conjectures on original composition› (1759) davon ausgehen kann. Trotz ihrer historischen Bedeutung bietet Youngs Schrift nichts grundlegend Neues, wie sie denn überhaupt weniger eine Analyse des G. ist als ein Plädoyer für den in Analogie zu den naturwissenschaftlichen Entwicklungen des 17. Jh. gedachten ‹Fortschritt› in der Literatur. Auffällig ist bei Young ein differenziertes Bildfeld vegetativer Analogien, die zwar in den ‹Conjectures› nicht erstmalig auftreten (Vorgänger: Addison, Pope u. a.), aber sich damit doch so allgemein durchsetzen, daß es hinfort eine neue Art metaphorischer Verständigung über den künstlerischen Schaffensprozeß gibt: «An *Original* may be said to be of a *vegetable* nature; it rises spontaneously from the vital root of Genius; it *grows*, it is not *made*» [14]. Hierauf fußen die G.-Konzeption und die Dichtungsauffassung der englischen Romantik.

5. Die erste umfassende Definition des Original-G. gab WILLIAM DUFF in ‹An Essay on Original Genius› (1767): «By the word ORIGINAL, when applied to Genius, we mean that NATIVE and RADICAL power which the mind possesses, of discovering something NEW and UNCOMMON in every subject on which it employs its Faculties. This power appears in various forms, and operates with various energy... The word ORIGINAL, considered in Connection with Genius, indicates the DEGREE, not the KIND of this accomplishment, and ... it always denotes its highest DEGREE» [15]. Duffs G.-Lehre sollte für Wissenschaft, Philosophie und Kunst gelten. Zur Bezeichnung der Leistung des G. verwendet Duff auf der naturwissenschaftlichen Seite ‹discovery› und ‹invention›, auf der künstlerischen ‹invention› und ‹creation›. Der Inhalt dieser Begriffe bestimmt sich dadurch, daß die Imagination, neben ‹taste› das fundamentale Vermögen des G. («the most essential ingredient»), im traditionellen Sinne als reproduktiv aufgefaßt wird. Zudem teilte Duff mit Young als Erbe des 17. Jh. die Konzeption einer vorgegebenen und nur zu ‹entdeckenden› Wirklichkeit. Die Originalität des dichterischen G. entfaltet sich für Duff am besten in den frühen und unkultivierten Phasen der Gesellschaftsentwicklung. Damit wird der ‹Essay› zu einem Zeugnis für den auch in der nachfolgenden Zeit häufigen Primitivismus in der G.-Lehre (vgl. etwa JAMES BEATTIE, The minstrel; The progress of genius).

6. Systematischer Abschluß in der Analyse des G. war ALEXANDER GERARDS ‹Essay on genius› (1774; doch bereits 1758/59 konzipiert, so daß Gerard als frühester Theoretiker zu gelten hat) [16]. Gerard setzte schärfer als andere G. gegen Talent und gegen Imitation ab. Er definierte: «Genius is properly the faculty of *invention*; by means of which a man is qualified for making new discoveries in science, or for producing original works of art» (p. 8). Mit der Klammer des Begriffs ‹invention›, dessen doppelte Herkunft Gerard verbirgt, sind hier - und letztmalig vor Kant - naturwissenschaftliche Entdeckung und künstlerische Produktion in einem homogenen G.-Begriff zusammengefaßt. Die Voraussetzung für die geniale Leistung sieht Gerard in der Imagination, die nach einem das ganze Jh. währenden Prozeß der ‹Aufwertung› nunmehr ein in Grenzen produktives Vermögen ist.

Die Bindung der als ‹comprehensive, regular› und ‹active› bezeichneten Imagination an die von HUME übernommenen Gesetze der Assoziation erlaubt zusammen mit dem Verzicht auf eine kategoriale Vermögenspsychologie eine von keinem anderen Theoretiker erreichte Differenzierung der Betrachtung. Künstlerisches und wissenschaftliches G. können aus einer unterschiedlichen Strukturierung der Imagination oder aus verschiedenen Arten des Zusammenwirkens von Imagination und anderen Geisteskräften erklärt werden. Die vegetative Analogie, die Gerard selbständig entwickelt zu haben scheint, diente ihm als Denkmodell für den *inventio* und *dispositio* zu einer unauflöslichen Einheit verschmelzenden Akt genialer Hervorbringung.

7. Die spätere englische G.-Lehre, vor allem der Romantik, übernimmt die in Deutschland unter englischem Einfluß entwickelten Konzeptionen.

Anmerkungen. [1] Oxford English dictionary (1933) Art. ‹genius›. - [2] J. DRYDEN: Of dramatic poesy: An essay, hg. G. WATSON (London 1962) 1, 26. - [3] N. BAILEY: An universal etymological English dictionary (1721). - [4] So etwa bei W. TEMPLE: Of poetry (1690). - [5] S. JOHNSON: Dictionary (1755). - [6] Vgl. etwa J. FR. ABEL: Rede über das G. (1778). - [7] W. SHARPE: A dissertation upon genius (London 1755) 114; vgl. weiterhin: D. N. SMITH, Shakespeare in the 18th century (Oxford ²1967); R. W. BABCOCK: The genesis of Shakespeare idolatry, 1766-1799 (New York ²1964). - [8] Letters of J. DRYDEN (1693/94) hg. C. E. WARD (Durham 1942) 71. - [9] T. SPRAT: Hist. of the Royal Society (1667; zit. St. Louis 1958) 392. - [10] So J. GLANVILL: The vanity of dogmatizing (London 1661) 239f. - [11] So R. HOOKE,

Posthumous Works (London 1705) 20f. – [12] KANT, KU § 47. – [13] hg. D. F. BOND (Oxford 1965) 2, 126-130. – [14] ED. YOUNG: Conjectures (Leeds 1966) 12. – [15] hg. J. L. MAHONEY (Gainesville 1964) 86. – [16] Vgl. die Einl. zur Neuausgabe (München 1966).

Literaturhinweise. P. KAUFMAN: Heralds of original genius. Essays in memory of B. Wendell (Cambridge, Mass. 1926) 191-217. – H. THÜME: Beiträge zur Gesch. des G.-Begriffs in England (1927). – M. L. WILEY: Genius, a problem in definition. Texas Studies in English 16 (1936) 77-83. – B. FABIAN: Der Naturwissenschaftler als Original-G., in: Europäische Aufklärung, hg. H. FRIEDRICH und F. SCHALK (1966) 47-68. – HERBERT MAINUSCH: Romantische Ästhetik: Untersuch. zur engl. Kunstlehre des späten 18. und frühen 19.Jh. (1969). B. FABIAN

III. – 1. *Die Rezeption des G.-Begriffs in Deutschland.* – Das Wort ‹G.› (der G., das G., gelegentlich in der Schreibung ‹Schenie›, ingenium, genius [1]) wird nach seltenem Gebrauch im 17., im 18. Jh. allgemein in die *deutsche* Sprache der Literatur, der Kritik und Philosophie eingebürgert. J. CHR. GOTTSCHED will das Wort noch als «undeutsches Ding» abwehren und es durch «Geist und Lebhaftigkeit des Geistes» ersetzen [2]; KANT schlägt gelegentlich vor, dafür das deutsche Wort «eigenthümlicher Geist» einzuführen [3], ohne dem selbst zu folgen. J. A. EBERHARD ist zwar bewußt, daß Worte wie ‹G.› und ‹Talent› einer fremden Sprache angehören; sie seien inzwischen aber der unsrigen einverleibt und können nicht mehr ersetzt werden [4].

Voraussetzung und Anstoß für die Rezeption von ‹G.› ist die französische und englische Theorie, die unmittelbar in Übersetzungen, so von J. BATTEUX (GOTTSCHED 1754 [im Auszug], J. A. SCHLEGEL 1759, K. W. RAMLER 1763) und vor allem von SHAFTESBURY (zuerst 1745, dann von WIELAND 1760-1776) in Deutschland wirksam werden. Entscheidend für die inhaltliche Bedeutung und Funktion von ‹G.› wird die europäische, von A. Bäumler eine der «wichtigsten Umwälzungen innerhalb des europäischen Selbstbewußtseins» [5] genannte, in Deutschland mit der neuen Wissenschaft der ‹Aesthetica› (1750) BAUMGARTENS aufgenommene Bewegung, in der die Philosophie mit dem Problem konfrontiert wird, daß ihr und den rationalen Wissenschaften die Dichtung und mit ihr «Mahlerei, Musik, Bildhauer- und Bau-Kunst, Kupferstechen, und was man sonst zu denen schönen und freien Künsten rechnet» [6] mit dem Anspruch einer ästhetischen, auf sinnliches Empfinden und Fühlen gegründeten Wahrheit (veritas aesthetica) [7] entgegentreten, die jede rationale Philosophie als ihr Fernliegendes und Entgegengesetztes außer sich hat [8]. Damit vollendet sich die Emanzipation der schönen Künste aus der 2000jährigen Tradition der Herrschaft der Vernunft, der Beschränkung auf die Nachahmung der Natur und der Anwendung technisch erlernbarer Regeln; sie werden zu dem Organ, durch das die im Gemüt und Herz sich der Aufklärung des Verstandes entgegensetzende Innerlichkeit ausgesagt und dargestellt wird. In dieser Entwicklung erhält ‹G.› seine epochale Bedeutung: Es wird der Begriff, durch die sich bildende ästhetische Subjektivität als Ursprung und Grund aller künstlerischen Hervorbringung und der in ihr vermittelten ästhetischen Wahrheit begriffen und aufgefaßt wird. ‹G.› wird zum Grundbegriff der ästhetischen Kunst.

In einer ersten Stufe seiner Geschichte erhält ‹G.› seine Funktion als Übersetzung des lateinischen ‹ingenium› im Felde der deutschen Synonyma wie ‹Witz›, ‹Geist›, ‹großer Geist›, ‹Mann von vielem Kopf›. ADELUNG sucht nachzuweisen, daß das «in neuern Zeiten» ins Deutsche aufgenommene französische Wort keineswegs wie gemeiniglich behauptet wird, von ‹genius›, sondern von ‹ingenium› abstamme. Es bezeichne so in seiner Grundbedeutung «die natürliche Art eines Dinges, die angeborne Art eines Menschen in Ansehung der Kräfte seines Geistes» [9]. GELLERT, der zuerst im Anschluß an Batteux von ‹G.› «ausgiebigen gebrauch in seinen vorlesungen» macht [10], übersetzt ‹ingenium› bei Quintilian mit ‹G.› in der Bedeutung von angeborener Anlage, die nicht in einer Kunst weitergegeben wird [11].

In der Philosophie der Schule hatte CHR. WOLFF (ohne auf ‹G.› Bezug zu nehmen) ‹ingenium› in der Bedeutung u. a. von «Leichtigkeit in der Beobachtung der sinnfälligen Ähnlichkeit der Dinge» (facilitatem observandi rerum similitudines) und ‹ingenioso› für denjenigen, der von blühendem Geist ist (ingenio pollet), als neue Wörter eingeführt, vor deren Gebrauch man nicht zurückschrecken solle. Im Ausgang von der Grundbedeutung meint ‹ingenium› hier das Ensemble aller nicht erwerbbaren «Gaben»: Gedächtnis, Einbildungskraft, Urteilskraft, Scharfsinnigkeit, Witz, durch die ein Einzelner über andere hinausragt. Ingenium wird so allgemein als Grund einer Leichtigkeit im bildenden Schaffen (facile fingendi) auf alle Erfinder (inventores), aber zugleich im Sinne der poetologischen und rhetorischen Tradition besonders auf den Rhetor und auf den Dichter bezogen: «ingenium tribui Poetae» [12]. Im gleichen Sinne macht für BAUMGARTEN ingenium in der Historie, Dichtung, Philosophie, Mathematik, Musik usf. «geeigneter» dafür, «aller Dinge Geschlechter zu erkennen» [13]. Für ADELUNG sind groß G. u. a. Locke, Newton, Leibniz [14], J. A. EBERHARD spricht von Raphael, Shakespeare, Ramler, Gleim, Goethe als G., aber ebenso vom mathematischen G. Newtons [15].

In dieser doppelten Beziehung auf Dichtung und schöne Kunst und zugleich auf alle Erfinder in den «arts et métiers» dient ‹G.› in der Nachfolge von ‹ingenium› dazu, teilweise emphatisch, den großen Geist hervorzuheben, der sich durch Taten und meisterhafte Werke in Kunst und Wissenschaft über den «großen Haufen» erhebt und die Bewunderung aller Zeiten fordert [16]. Ein Dichter von G. erhebe sich in seiner Dichtung über denjenigen, der als «gemeine Seele» nicht viel mehr als «Versmaschine» sei [17].

Darin zeigt sich, daß mit dem G.-Begriff in der sich in Deutschland erst durchsetzenden freien Dichtung und Literatur grundsätzlich die angeborene und nicht erwerbbare Anlage des Fühlens im Subjekt als Grund der Künste gegen die schulmäßig vermittelte Regelkunst gesetzt und diese entwertet und schließlich paralysiert wird. Exemplarisch heißt es bei GELLERT: «der Name eines großen Gelehrten» werde nicht durch Studieren, nicht durch das ängstliche Durchlaufen gewisser Kompendien und Systeme, nicht «durch Regeln» gewonnen; er setze «eine gewisse natürliche Größe und Lebhaftigkeit» voraus, «die den Menschen zu allen großen Unternehmungen begeistern muß» [18]. Zwar gelte es, im Gebrauch der Regeln die Mitte zwischen den Extremen eines «abergläubischen Gebrauchs» derselben und «kühner Verachtung» [19] zu halten; aber ihre Stellung ist sekundär geworden: «Wenn man nicht G. ... besitzt, so werden uns die Regeln» nicht weiterhelfen, «als daß sie uns die kunstmäßige Einrichtung einer Rede, oder eines Gedichts, entwerfen und beurtheilen lehren» [20]. Analog bestimmt EBERHARD das Verhältnis, in dem G. und Talent zueinander stehen. Beide sind «Gaben», «größere Anlagen zur Erkenntnis»; während aber G. «nicht erworben» werden kann, gehören Talente als «Geschicklichkeiten» zu den verschiedenen Künsten; ein großer Dichter muß «G. zur Dichtkunst» haben, das Talent benötigt er dazu, um die «schöne Versifikation, glänzende Dichtersprache, Beobachtung der Natur, getreue Nachahmung zu erreichen»; Talent gehört zum lernbaren technischen Instrumentarium der durch das G. hervorgebrachten Dichtung; es kann daher auch heißen, daß das G. «sich ohne die gewöhnliche Hülfe zu dem höchsten Gipfel seiner Kunst» aufschwinge, während ein Talent nur mit Hilfe von Regeln und Übung die diesen angemessene Stufe erreiche. Das G. kann nicht erworben werden; es sei, wenn es da ist, allein hinreichend [21]. GELLERT tut den entscheidenden Schritt, die Regeln auf das G. zurückzuführen: Die Werke der prosaischen und poetischen Beredsamkeit seien älter als die Regeln dieser Künste [22]; diese sind daher nur «Anleitungen, die man aus den Meisterstücken gezogen»; «sie waren in dem Geiste großer Männer zugegen, ehe sie redeten und dichteten» [23]. Damit wird die Begründung der Dichtung und Kunst auf Regeln zum Vorurteil: Wer daher das Vorurteil der Regeln ausräumt, macht sich für Gellert um den «guten Geschmack» und um die «Ehre des Vaterlandes» verdient; «es werden sich alsdann weniger Poeten auf die Bahn des Heldengedichtes, welche durch große G.s bey uns geöffnet worden, unrühmlich wagen» [24].

Anmerkungen. [1] Vgl. B. ROSENTHAL: Der G.-Begriff des Aufklärungszeitalters. German. Stud. 138 (1933) 17ff. – [2] J. CHR. GOTTSCHED: Das Neueste aus der anmuthigen Gelehrsamkeit (1757) 2, 152. – [3] I. KANT: Anthropol. in pragmat. Hinsicht (1798) § 57. Akad.-A. 7, 225. – [4] J. A. EBERHARD: Versuch einer allg. dtsch. Synonymik 3 (1798) 248f.; J. CHR. GARVE: Slg. einiger Abh. aus der Neuen Bibl. der schönen Wiss. und der freyen Künste (1802) 328. – [5] A. BÄUMLER: Kants KU. Ihre Gesch. und Systematik 1: Das Irrationalitätsproblem in der Ästhetik und Logik des 18. Jh. bis zur KU (1923) 1. – [6] A. G. BAUMGARTEN: Philos. Brieffe von Aletheophilus (1741) 35. – [7] Aesthetica (1750, ND 1961) §§ 423ff. – [8] Meditationes philosophicae de nonnullis ad poema pertinentibus (1735) Praef. 4, hg. K. ASCHENBRENNER/ W. B. HOLTHER, in: Reflections on Poetry (Berkeley/Los Angeles 1954) 91ff. – [9] J. CHR. ADELUNG: Grammat.-krit. Wb. der hochdtsch. Mundart 2 (1808) 564f. – [10] GRIMM 4/I, 2 (1897) 3412. – [11] CHR. F. GELLERT, Sämtl. Schriften (1769) 5, 175f. – [12] CHR. WOLFF: Psychol. empirica (1732) §§ 476ff. – [13] A. G. BAUMGARTEN: Met. (³1757) § 649. – [14] ADELUNG, a. a. O. [9] 565. – [15] EBERHARD, a. a. O. [4] 248ff. – [16] J. G. SULZER: Entwickl. des Begriffs vom G., in: Vermischte philos. Schriften 1 (²1782) 309. – [17] Art. ‹G.› in: Allg. Theorie der schönen Künste 1 (1771) 456ff. – [18] CHR. F. GELLERT: Von dem Einflusse der schönen Wiss. auf das Herz und die Sitten. Sämtl. Schriften (1769) 5, 76ff. – [19] a. a. O. 153. – [20] 154f. – [21] EBERHARD, a. a. O. [4] 248ff. 251. – [22] GELLERT, a. a. O. [18] 156. – [23] a. a. O. 156. – [24] 170f.

2. *Der G.-Begriff in Ästhetik und Literaturkritik der Aufklärung.* – A. G. BAUMGARTENS ‹Aesthetica› bleibt einerseits in der Bestimmung des «felix aestheticus» als «schöner und eleganter angeborener Geist» (ingenium connatum venustum et elegans) [1] in der Bahn der Schulphilosophie, sprengt aber andererseits im Begriff des ästhetischen Gegenstandes und seiner Zuordnung zum Empfinden und Fühlen die Grenzen des ingenium und öffnet den Weg zur Aufnahme des vor allem durch England vermittelten, nicht im Erkennen, sondern im Schaffen aus dem Grunde der Subjektivität gegründeten G. ohne doch diesen Weg selbst schon zu gehen. Indem er die Ästhetik zur «Wissenschaft des Schönen» und «Metaphysik des Schönen» erweitert [2] und «Schönheit» als «scheinende Vollkommenheit der Welt» [3] universal begreift, werden der ästhetische Künstler und sein schönes Denken als «rührendes Denken» [4] autonom; die Kunst tritt als «analogon rationis» [5] selbständig neben die rationale Metaphysik und vergegenwärtigt die Vollkommenheit der Welt als Schönheit, die Philosophie und Wissenschaft in ihrem menschlichen, nun auf ästhetische Vermittlung verwiesenen Sinn nicht mehr auszusagen vermögen. Damit beginnt das ästhetische Schaffen aus dem Grunde des Gefühls für den Künstler als «Ausdruck» an die Stelle des erkennenden Nachahmens zu treten. Baumgarten nennt den Dichter «Macher und Schöpfer» (factorem et creatorem); «natura et poeta producunt similia»: Das Werk wird ästhetisch vom Dichter und Künstler so hervorgebracht, wie die Natur real die Vollkommenheit in sich trägt [6].

Die ästhetische, auf das Fühlen des Menschen bezogene Sphäre und die Wissenschaft treten auseinander [7]. G. F. MEIER stellt den Stubengelehrten als «schulfüchsische und düstere Creatur» dem «menschlichen» Aestheticus gegenüber, der den Weg bahnt, «worauf die Wahrheit in die Seele ihren Einzug halten kann» [8]. Der Schritt ist damit wenigstens grundsätzlich getan, der für die deutsche Entwicklung spezifisch wird: In der Abgrenzung der ästhetischen menschlichen Sphäre von den Wissenschaften wird das G. aus der Beziehung zur Erfindung in allen Bereichen gelöst und beschränkt sich notwendig schließlich darauf, allein Träger der ästhetischen Produktion zu sein und darin seine geschichtliche Rolle und seine Größe zu finden.

In diesem Prozeß verliert ‹G.› schnell die Bindung an ‹ingenium›. Die Literatur der ersten Stufe wird obsolet, für die G. lediglich eine höhere und leichtere Gabe des Erkennens und Erfindens bezeichnet [9]. J. G. SULZER versteht G. als «Geschicklichkeit, die ein Mensch von der Natur empfangen hat, gewisse Dinge gut und leicht [zu] verrichten» [10]. Aber zugleich beginnt sich zu zeigen, daß im G. ein Problem gestellt ist, dem solche Bestimmungen nicht mehr genügen können: Es gelte den Ursprung von G. «im Innersten der Seele» zu suchen [11]. Die Frage wird gestellt, ob G. einzig und allein «Geschenk der Natur» sei oder ob es sich wenigstens zum Teil erwerben lasse [12]. Die «Originalgeister» seien «unsere großen Lieblinge» und im Verhältnis zum «großen Haufen» «eigentliche Führer der Menschen». «Höchster Ruhm» gebühre denen, «die ... Original seien» [13]. Im Artikel ‹G.› [14] heißt es, daß Homer, Phidias, Händel in der Geschichte des menschlichen Geistes «G.en» und «Sterne der ersten Größe» seien. Die Werke des wahren G. hätten «das Gepräge der Natur selbst» [15]. C. F. FLÖGEL, der ebenfalls durchaus herkömmlich «Erfindung» als die vornehmste Eigenschaft des G. bestimmt, nennt es doch zugleich «Macher», der eine eigene Bahn betrete und in der «heiligen Gluth des Enthusiasmus» die «gewöhnliche Laufbahn des Verstandes» zu «neuen, unbetretenen Wegen» verläßt [16]. G. haben «große Leidenschaften» [17].

Auch M. MENDELSSOHN bleibt äußerlich auf den Wegen Baumgartens. Das Wesen der schönen Künste liege in der Schönheit als sinnlichen Ausdruck der Vollkommenheit. Diese ist die Beherrscherin aller unserer Empfindungen, bezaubert uns in der Natur, und das G. hat sie in den Werken der Kunst nachzubilden gewußt [18]. Indem er aber Schönheit als scheinende Vollkommenheit zum einzigen Endzweck des Künstlers setzt, wird die traditionelle Kategorie der Nachahmung brüchig: Die Schönheit als Schönheit werde nur im «Ganzen» angetroffen; die Kunst bilde den Gegenstand so ab, wie ihn Gott geschaffen haben würde, wenn sinnliche Schönheit sein einziger Endzweck gewesen wäre [19]. Mendelssohn bleibt daher nicht bei der gemeinen Natur stehen, er wendet sich in ihrer künstlerischen Verschönerung der vollkommenen «idealischen» Schönheit zu, die doch in den Werken der Kunst «vielleicht nie völlig zu erreichen ist» [20]. In dieser «idealischen Schönheit» hat das G. sein eigentümliches, von allem, was der emsigste Fleiß vermag, unterschiedenes Werk [21]. Ohne daß dies schon in seinem vollen Sinne gefaßt wird, liegt das, was das G. befähigt, die Natur zur idealischen Schönheit zu erheben, in ihm selbst beschlossen und begründet: Das G. erfordere in sich eine Vollkommenheit aller Seelenkräfte und eine Übereinstimmung derselben zur Schönheit als einzigem Endzweck [22]. Es sieht die Natur so an, als wäre die Schönheit dieses Vorwurfs ihre einzige Absicht [23]. Darin weist das Kunstwerk auf das G. und auf die innere Substanz zurück, aus der es hervorgebracht wird. In dem, was der Künstler und sein G. ausüben, liegen «die tiefsten Geheimnisse unserer Seele verborgen» [24]. Beim Erhabenen wird von Mendelssohn als zweite Gattung von dem Vorgestellten die Kunst der Vorstellung unterschieden, die auf das G., die Tätigkeiten des Künstlers, das große Talent des Dichters, seine glückliche Einbildungskraft, seine tiefe Einsicht in die Natur der Sinne, der Charaktere und Leidenschaften zurückfällt [25]. Zusammenfassend heißt es, daß alle Werke der schönen Geister sinnliche Abdrücke der Tätigkeiten der Seele wie beim G. sind, das unsere Bewunderung erregt [26]. Damit wird das Kunstwerk als Werk des G. von den «kleinen Pinselzügen» abgegrenzt, die nur Fleiß und Sorgfalt des Meisters bezeugen; das Erhabene, das unsere Bewunderung verdient, suchen wir nicht in ihnen. Diese Bewunderung ist «ein Zoll», den wir den außerordentlichen Gaben des Geistes schuldig sind, die «das G. genannt werden». Dem entspricht es, daß wir dem G. abrechnen, was wir dem Fleiß zuschreiben [27]. Das Kunstwerk läßt alles, was «Fleiß» zu schaffen vermag, faktisch hinter sich und wird auf das G. zurückgeführt. In der Auswirkung der ästhetischen Position tritt es daher als das hervor, was im Aufweisen der Schönheit allein Autonomie und Wahrheit beanspruchen kann. Das gilt auch für die Regeln, die die Kritik durch Nachdenken absondert [28]. Wie schon bei Gellert übt der Künstler sie allein von seinem G. geleitet aus. Er soll sie völlig innehaben; kommt es aber zur Ausführung, dann sei er ganz von seinem Gegenstand erfüllt und lasse die Regeln nur gleichsam von ferne auf seine Einbildungskraft wirken [29]. Gegen Sulzer, für den die Muster der antiken Autoren erste Bedingung für einen werdenden Schriftsteller sind, wendet Mendelssohn ein, daß ein solches Gesetz uns «um alle Werke Shakespeares hätte bringen können»: Das G. könne den Mangel der Exempel ersetzen, «aber der Mangel des G. ist unersetzlich» [30].

Für G. E. LESSING wird der G.-Begriff erst etwa ab 1759 wichtig. Obwohl ‹G.› schon 1751 in einer Besprechung von Batteux begegnet, gebraucht er in seinen früheren Schriften ‹Geist›, ‹Schöpfergeist›, ‹Meister›, ‹großer Geist› usf.; er übersetzt 1752 J. HUARTES ‹Examen de los ingenios› mit ‹Prüfung der Köpfe› [31]. Diese verzögerte Aufnahme von ‹G.› ist nicht zufällig. Indem Lessing die Welt der Deutschen, die «treuherzig genug» bekennen, daß «wir kein Theater haben» [32], endgültig für die große Dichtung öffnet, werden G. und das vom G. hervorgebrachte Werk zum Kriterium und Maß, im Verhältnis zu denen Dichtungen, die nicht das Zeichen des G. tragen, zu sekundären Erscheinungen werden und aus dem Bereich wahrer Dichtung auszuscheiden beginnen. Das geschieht in der Form, daß Lessing das englische Theater und Shakespeare in der Auseinandersetzung mit Gottsched und mit dem von ihm zum Vorbild genommenen französischen Theater (Racine und bes. Corneille) als G. begreift, vor dem sich der französische Weg, trotz seines Anspruchs, das «beste Theater von ganz Europa» zu haben [33], als Irrweg erweist und das allein den Deutschen die Schaffung eines Theaters verheißen kann. «Es wäre zu wünschen», heißt es im 17. Literaturbrief vom 16. Februar 1759, «daß sich Herr Gottsched niemals mit dem Theater vermengt hätte» [34]. Er verfertigte «mit Kleister und Schere», um unser altes Theater zu ersetzen, ein ganz neues «französierendes» und schneidet sich so den Weg ab, der zum englischen Theater führt. Das war für Gottsched, der in seiner Jugend noch für einen Dichter gelten konnte, – «weil man damals den Versmacher von dem Dichter nicht zu unterscheiden wußte» [35] –, darin begründet, daß er keinen Shakespeare, keinen Jonson, keinen Beaumont und Fletscher kannte [36]. Er hat sich dann «aus Stolz» dagegen gesperrt, sie kennenzulernen [37]; er hält daran fest, mit den Augen der Franzosen zu sehen, und bringt sich so um die Möglichkeit, das deutsche Theater nach dem Beispiel Shakespeares zu erneuern, der auch nach dem Muster der Alten ein viel größerer Dichter als Corneille ist und den Alten, obgleich er sie fast gar nicht kennt, im Wesentlichen nahe bleibt, wo Corneille sich nur an die «mechanische Einrichtung» hält [38]. Shakespeares G. erhält so für Lessing die ungemeine Funktion, das französische Theater in Frage zu stellen und an die Stelle der Galanterie und Politik, die uns kalt lassen [39], der Artigen, Zärtlichen und Verliebten [40], der «kalten Einförmigkeit, durch die ... der gute Ton, die feine Welt, die Hofmanier und wie dergleichen Armseligkeiten mehr heißen, unfehlbar einschläfert» [41], positiv das «Große, Schreckliche, das Melancholische», den Menschen in seiner Natur, Charakter und Leidenschaft zum Inhalt des Dramas zu nehmen. Racine, der an sich und ursprünglich den «Geschmack der Natur hatte» und «dessen G. mit dem Geiste der Alten genährt war», wurde durch «Galanterie» und durch den Geschmack, dem Hofe zu schmeicheln, «entnervt» [42]. «Sie wissen wohl», so heißt es gelegentlich [43], daß «die Natur einen Wohlgefallen daran [hat] ... aus diesem [Stande der Mittelmäßigkeit] immer mehr große Geister hervorzubringen als aus irgend einem anderen». In dieser Absage an das zum Ancien régime gehörige Theater und in der Vorbereitung des bürgerlichen vollzieht sich aber zugleich im G.-Begriff ein grundsätzlicher Bruch: Mit ihm wird die ursprüngliche Natur für Lessing zum Grunde des dichterischen Werks und das G. zum Träger und Subjekt einer Dichtung, die autonom die Natur des Menschen aufnimmt und zum Inhalt des großen Dramas setzt: Shakespeare sei «unter allen Dichtern seit Homer» derjenige, «der den Menschen, vom Könige bis zum Bettler, und von Julius Caesar bis zu Jak Falstaff, am besten gekannt und mit einer Art von unbegreiflicher Intuition durch und durch gesehen hat» [44]. Er kopiert die Natur getreulich, und sein reges und feuriges G., das gleich einem reißenden Strome sich selbst seinen Weg durch die größten Hindernisse bahnt [45], wird auf alles aufmerksam, was ihm im Verlauf der Szenen Dienliches aufstoßen konnte, während bloße Nachahmung den geringeren Fähigkeiten kleinerer Skribenten vorbehalten bleibt [46]. G. wird so aus dem Grunde und Ursprung der Natur hervorgehend und schaffend zum Organ der Dichtung und Kunst, die ebenbürtig in den Kreis der Philosophie und Theologie als «eine Art und Weise» treten, «das Göttliche, die tiefsten Interessen des Menschen, die umfassendsten Wahrheiten des Geistes zum Bewußtsein zu bringen» [47]. Lessing zitiert Warton: Ein poetisches G. sei so außerordentlich selten, daß in jeder Nation nur drei oder vier diesen Titel verdienen; ein Mann der Reime sei leicht zu finden, «aber der echte Dichter mit lebhafter plastischer Phantasie, der wahre Bildner oder Schöpfer ist ein ... seltenes Wunder» [48]. Diese seltenen G. werden für Lessing zu Trägern der Wahrheit und Schönheit einer sich aus Vergangenheit und Gegenwart gegenwärtig versammelnden G.-Dichtung, gegen die sich Corneille, Racine, Crébillon und Voltaire nicht zu halten vermögen: Sie haben wenig oder nichts von dem, was Sophokles zu Sophokles, Euripides zu Euripides, Shakespeare zu Shakespeare macht [49]. Lessing weist dafür auf die spanische Dichtung, in Deutschland auf den Doktor Faust hin, der eine Menge Szenen habe, die «nur ein shakespeares G. zu denken vermögend gewesen» (17. Br.). Seine antiquarische Forschung erhält ebenso den Sinn, Vergessenes und Verlorenes in die Gegenwart einzuholen und zum «Aufleben» zu bringen [50]. Zugleich verliert die Philosophie damit den Anspruch, die Dichtung zu reglementieren: «Bloß aus allgemeinen Begriffen über die Kunst vernünfteln kann zu Grillen verführen, die man ... zu seiner Beschämung in den Werken der Kunst widerlegt findet» [51]. In der ‹Hamburgischen Dramaturgie› heißt es ausdrücklich: «Durch Erwägung der allgemeinen Natur des Menschen lernet der Philosoph ... Aber deutlich und zuverlässig zu wissen, wie ... sich dieser oder jener Charakter ... wahrscheinlicher Weise äußern würde, das ist einzig und allein eine Frucht von unserer Kenntnis der Welt» [52].

Lessing übersetzt das ‹Theater des Herrn Diderot› (1760), der gesteht, daß die französischen Dichter noch weit von der Natur und Wahrheit entfernt sind und ihre Werke auf «handwerksmäßigen Zwang, auf kalte Etikette» hinauslaufen, um dafür «das G. in seine alte Rechte wieder einzusetzen, aus welchen es die mißverstandene Kunst verdrängt» [53]. Das Bündnis, das Lessing so mit Diderot eingeht, steht in der Hoffnung und in der Erwartung der Erneuerung des Theaters in Deutschland. Dies muß geschehen, «wenn auch wir einst zu den gesitteten Völkern gehören wollen, deren jedes *seine* Bühne hatte» [54]. Die gleiche Hoffnung hatte Lessing an Shakespeare als an das G. geknüpft, das «alles bloß der Natur zu danken» hat und die «mühsamen Vollkommenheiten der Kunst» hinter sich läßt. Es würde ganz andere Köpfe unter uns geweckt haben, als Gottsched es je vermochte: «Denn ein G. kann nur von einem G. angezündet werden» [55].

Anmerkungen. [1] A. G. BAUMGARTEN: Aesthetica (1750) §§ 27. 29. – [2] Met. (¹1757) § 533; Nachschrift einer Ästhetik-Vorles. bei B. POPPE: A. G. Baumgarten, seine Bedeutung und seine Stellung in der Leibniz-Wolffischen Philos. und seine Beziehungen zu Kant (1907) § 1. – [3] Met. § 521. – [4] POPPE, a. a. O. [2] § 14. – [5] Aesth. § 1. – [6] Vgl. Medit. philos. [8 zu 1] §§ 110. 68. – [7] Ebda. § 429; vgl. POPPE, a. a. O. [2] § 6. – [8] G. F. MEIER: Anfangsgründe aller schönen Wiss. (²1754) I, §§ 5. 15. – [9] R. RESEWITZ: Versuch über das G. (1759), in: Slg. verm. Schr. (1759) 3, 3; S. FR. TRECHOW: Betrachtungen über das G. (1754), in: H. WOLF: Versuch einer Gesch. des G.-Begriffs in der dtsch. Ästhetik im 18. Jh. (1923) 1, 159ff.; J. A. SCHLEGEL: Abh. vom G. in den schönen Künsten in seiner Übersetzung des Batteux 2 (³1770) 1ff. (nicht in ²1759); J. J. ESCHENBURG: Entwurf einer Theorie und Lit. der schönen Redekünste (³1805) Einl. 30. S. 21; E. K. WIELAND: Versuch über das G. (1779). – [10] J. G. SULZER: Entwickel. des Begriffs des G. Verm. Schr. (²1782) 310. – [11] a. a. O. 309. – [12] 320f. – [13] Allg. Theorie der Schönen Künste (1774) 2, 861ff.: Art. ‹Originalgeist›. – [14] a. a. O. 1, 458: Art. ‹G.›. – [15] ebda. – [16] C. F. FLÖGEL: Vom G., in: Gesch. des menschl. Verstandes (²1773) 24. 43. 45. – [17] a. a. O. 55. – [18] M. MENDELSSOHN: Betrachtungen über die Quellen und Verbindungen der schönen Künste und Wiss. Schr. zur Philos. und Ästhetik, bearb. F. BAMBERGER, in: Jubiläums-A. 1 (1929) 170. 167f. – [19] Über die Hauptsätze der schönen Künste und Wiss. a. a. O. 435. – [20] ebda. – [21] Vgl. 171. – [22] ebda. – [23] 173. – [24] 167. – [25] Über das Erhabene und Naive in den schönen Wiss. a. a. O. [18] 473; vgl. 195. – [26] 195. – [27] 208f. – [28] 167. – [29] Schreiben eines jungen Gelehrten zu B. an seinen Freund a. a. O. [18] 527. – [30] 60. Br., die neue Lit. betreffend. Ges. Schr., hg. G. B. MENDELSSOHN (1844) 4/1, 569f. – [31] Zum Ganzen vgl. ROSENTHAL, a. a. O. [1 zu 1] 149ff. – [32] G. E. LESSING, Hamburgische Dramaturgie (= HD) 80. Stück = Werke, hg. RILLA (=WR) 6, 405. – [33] a. a. O. 6, 406. – [34] Briefe die neueste Lit. betreffend (= BL) Br. 17 = WR 4, 135ff. – [35] HD 81 = WR 6, 410f. – [36] Vgl. hierzu auch Beitr. zur Hist. und Aufnahme des Theaters, Vorrede = WR 3, 167. – [37] BL Br. 17 = WR 4, 137. – [38] a. a. O. 4, 138. – [39] HD 80 = WR 6, 407. – [40] BL Br. 17 = WR 4, 157. – [41] HD 68 = WR 6, 351. – [42] WR 4, 435. – [43] Vorrede zu den verm. Schr. des Herrn Ch. Mylius (1754) = WR 3, 680. – [44] HD 69 = WR 6, 353. – [45] WR 4, 434. – [46] HD 93 = WR 6, 470. – [47] G. W. F. HEGEL, Ästhetik, hg. BASSENGE 1, 19. – [48] LESSING, BL Br. 103 = WR 4, 372. – [49] HD 81 = WR 6, 414. – [50] Rettungen des Horaz = WR 3, 548. – [51] Laokoon c. 26 = WR 5, 190. – [52] HD 94 = WR 6, 474. – [53] Das Theater des Herrn Diderot. Vorrede des Übers. zur 1. A. (1768) = WR 3, 719f. – [54] a. a. O. 3, 720. – [55] BL Br. 17 = WR 4, 138.

3. *G.-Zeit und G.-Kult.* – In der ersten Hälfte des 18. Jh. steht der G.-Begriff in Deutschland unter dem bestimmenden Einfluß der englischen Dichtungs- und Kunsttheorie (Shaftesbury, Addison, Young u. a.). Damit wird ‹ingenium› in seiner gnoseologischen Bindung an ‹Nachahmung› durch den Begriff eines ursprünglichen und originalen schöpferischen Geistes ersetzt, der wie Gott im Verhältnis zur Welt zum Grunde einer in Analogie zur Schöpfung aus ihm hervorgebrachten ästhetischen ‹Welt› wird. SHAFTESBURYS Wort, daß der Dichter als ein zweiter Macher ein wahrer Prometheus unter Jupiter sei [1] und aus sich ein Ganzes hervorbringe, erhält exemplarische und wegweisende Bedeutung [2]. Mit ihm verbindet sich zugleich, jedoch in der Beschränkung auf die ästhetische Sphäre und das poetische G., der Gedanke vom Menschen als zweitem Gott, der sich in allgemeiner Form schon bei CUSANUS (hominem esse secundum deum), bei LEIBNIZ (l'homme est «un petit Dieu dans son propre monde») und bei SCALIGER (der Mensch schafft «wie ein zweiter Gott») findet [3]. MALER MÜLLER nennt – in der doppeldeutigen Übertragung des G.-Begriffs vom Menschen auf Gott – «Gott» das «größte G.» und SCHUBART umgekehrt die G.s «sichtbare Gottheiten» [4]. C. M. WIELAND, der von Shaftesbury die Unterscheidung von Enthusiasmus und Schwärmerei übernimmt, bezeugt, daß die Begriffe göttlichen Schaffens durchgängig den Enthusiasmus platonischer Herkunft implizieren: Die Alten konnten den Enthusiasmus des Dichters und des Propheten nur aus dem Innewohnen eines Gottes in der Seele deuten; wovon die Seele glüht, sei Einwirkung der Gottheit oder – wie Platon sagt – Gott ist in uns [5]. Mit der Nähe der Zeit zur griechischen Götterwelt hängt es schließlich zusammen, daß aus humanistischer Tradition ‹genius› ein weitverbreitetes Wort wird (HAMANN, HERDER, GOETHE, HÖLDERLIN, LESSING, SCHILLER u. a.), das einerseits die schöpferische Gabe des dichtenden Menschen, andererseits die den Menschen begleitende höhere «göttliche» Fügung meint. So trägt für HERDER die höhere Macht, die einen Menschen im «heiligen Trieb» des Enthusiasmus zur Hervorbringung eines unnachahmlichen und unerreichbaren Werks belebt, bei den Alten als «Himmelsgabe» den Namen «Geist», «Genius», «mit uns gebohrner Geist», δαίμων; dieser Genius sei als Geist des Dichters die diesem eigene Kraft originalen Schaffens,

Erzeugens, sich selbst Darstellens. Zugleich aber nennt Herder ihn «höherer himmlischer Geist», «Schutzgeist», der im Werk als «der Vorsehung wirkender Bote» lebt, ohne daß diese doppelte Bedeutung als Spannung und Widerspruch empfunden wird [6]. J. G. HAMANN, für den das alte Prinzip, daß «Poesie die Muttersprache des menschlichen Geschlechts» ist [7], zum Leitfaden für eine ursprüngliche Deutung der Dichtung wird, deutet Homers «Unwissenheit» der Regeln aus seinem G. [8], führt G. aber zugleich auf das theologisch-hieroglyphisch verstandene Daimonion des Sokrates zurück: Sokrates beziehe sich in seinem Nichtwissen auf die vom Gott herkommende Wissenschaft; er liebte und fürchtete das Daimonion als seinen Gott, an dessen Frieden ihm mehr gelegen war als an aller «Vernunft der Egypter und Griechen» [9]. Während sonst im 18. Jh. gelegentlich das G. in seiner Bedeutung kritisch durch christliche Wahrheit und ethische Lebensordnungen begrenzt wird [10], ist für Hamann änigmatisch das christliche «Wort» seine der Aufklärung und ihrer Vernunft verborgene Wahrheit.

Der junge Goethe und Herder vollenden – vom Vorbild Shakespeares entzündet, hierin Lessing nahe und auch von Bodmer und Breitinger noch beeinflußt [11] – die Deutung des Dichters und Künstlers als G. – genius – Schöpfer – Prometheus. GOETHE schreibt: « Er [Shakespeare] wetteiferte mit dem Prometheus, bildete ihm Zug vor Zug seine Menschen nach, nur in kolossalischer Größe» [12]. HERDER nennt ihn «Schöpfer, Dichter, dramatischer Gott», dem frei von allen Regeln der Einheit, des Raumes, der Zeit «keine Uhr auf Thurm und Tempel schlägt» [13]. Nicht Theater, Akteur, Kulisse, sondern «Sturmwind der Zeiten, wehende Blätter aus dem Buch der Begebenheiten, der Vorsehung der Welt». Shakespeare, das G. schlechthin, ist «Dolmetscher der Natur», «Vertrauter Einer Gottheit», Deuter der «Sprache aller Alter» [14], «Sterblicher mit Götterkraft», «kein Dichter», sondern in der Urkraft seines Berufes «Schöpfer, ist Geschichte der Menschen und Menschenarten» [15].

In der Begegnung mit dem Straßburger Münster wird GOETHE dem Vorurteil, das «Gothische» sei «mißgeformtes, krausborstiges Ungeheuer» entrissen [16]; im «Unterricht des Genius» füllt seine Seele ein ganzer, großer Eindruck vor dem herrlichen Denkmal, das «im gleichen Schicksal mit dem Baumeister, der Berge auftürmte in die Wolken», «sich nicht um die Ameisen kümmert, die drum krabbeln» [17]. Am Anblick des «Kolosses» scheiden sich die Geister: «dem schwachen Geschmäckler wird's ewig schwindeln, ganze Seelen werden dich erkennen ohne Deuter» [18]. Das G. – «Gesalbter Gottes» [19] – ist «Fülle des Herzens», die nicht Theaterdekoration, sondern Stimme und Offenbarung Gottes fühlen läßt; sie redet heilig wie die schriftliche uns im Herz [20]. Das G. setzt sich so dem Verfall der Künste und der Philosophie in der Gegenwart, der Üppigkeit, Schande, Schwäche, Knechtschaft, Lüsternheit entgegen, die für HERDER keine edlen Zwecke oder edlen Mittel mehr kennen [21]: Das Ganze der Kunst ist hier «ohne Natur», «abentheuerlich» und «eckel» [22]. «Die wahren großen Triebfedern der Menschlichen Natur sind gelähmt: die Leidenschaften, das Weltmeer aller großen Tugenden und Handlungen und Laster, sind aus einer lebendigen Quelle ein elendes Springwerk der Kunst geworden.» Daher gelte es, zur ältesten menschlichen Natur zurückzukehren, und alles – «Gemälde der Menschlichen Natur, Ebenbild der höchsten Würde und Schönheit» – werde sich finden [23]. Im Verhältnis zum «Altvater Homer», der «noch keine Bücher, noch keine Grammatiken, und am wenigsten eine wissenschaftliche Sprache» kannte, ist «unser Jahrhundert, es sei so hochgekommen als es will, doch nicht höher, ja ich behaupte, daß es weit hinten nach sei» [24].

Das Vorbildliche der griechischen Kunst, des Aeschylos und des großen Sophokles, schufen für Herder G. und tatvolle Überlegung, doch «ohne Kunst und Zauberei natürlich und wesentlich» [25], so daß das Drama der Griechen eine «Naturblume» und ihr guter Geschmack eine «natürliche Hervorbringung als ihre Bildung, Clima, Lebensart und Verfaßung» sind; das ganze Gesetzbuch des Aristoteles wurde «dem Munde des Volks» entnommen [26].

In diesem Zusammenhang steht auch Shakespeare in der Bestimmung, G. zu sein. Sein Drama und das des Sophokles haben im gewissen Sinne kaum den Namen gemein; Shakespeare fand im Unterschied zu den Griechen vor sich und um sich nichts weniger als Simplizität von Vaterlandssitten, Taten, Neigungen, Geschichtstraditionen; er war aber G. und so ein Sterblicher mit Gotteskraft und bildete und rührte die nordischen Menschen und rief dieselbe Wirkung hervor wie die Alten [27]. Daher kann GOETHE sagen, daß in Shakespeare und in seinen Menschen die Natur «weissage» [28]. In der Begegnung mit ihm ergreift Goethe zuerst die Freiheit, die ihm die «Herrn der Regeln» «in ihrem Loche» genommen hatten; es gelte daher, «alle edlen Seelen» aus dem «Elysium des sogenannten guten Geschmacks» herauszutrompeten, wo sie ein «Schattenleben» in «langweiliger Dämmerung verschlendern und vergähnen» [29]. In der Begegnung mit dem G. erkennt «das tiefste Gefühl» «Wahrheit und Schönheit der Verhältnisse»; die Natur erzieht in dieser Begegnung die Kräfte des Menschen, bis er in der Hoffnung auf die himmlische Schönheit, die Mittlerin zwischen Göttern und Menschen «mehr als Prometheus die Seligkeit der Götter auf die Erde» leitet [30].

Damit wird G. zur «allgemeinen Losung» in einer «berühmten und verrufenen Literarepoche, in welcher eine Masse junger genialer Männer mit aller Mutigkeit und Anmaßung» hervorbricht, alle vorhandenen Grenzen überschreitet und sich «ins Grenzenlose verliert» [31]. J. G. ZIMMERMANN spricht schärfer von der «G.-Seuche»: Eine Anzahl «Sprudelgeister» suchte in fünf Jahren ganz Deutschland umzustimmen und in der stolzen Anführung durch die deutsche Nation alle Nationen und alle Zeitalter vor sich zu verdunkeln und zu überflügeln [32]. HERDER wendet sich dagegen, daß «einige freche Jünglinge» den Namen des G. mißbrauchten und in einem «Allemanismus», der die Hochachtung benachbarter Nationen nicht vermehrte, auch den Deutschen selbst dies Wort zu Spott und Ekel machten, später von «G.-Männern», «G.-Streichen», «er ist ein G.» redeten [33]. Am Prometheus, dem «ersten G., das den Funken vom Himmel stal, nagte der Geier, und jene G.s, die gar den Himmel bestürmen wollten, liegen unter dem Aetna und andern Bergen» [34].

Das Besondere und Einmalige der G.-Zeit, des «Sturm und Drang», liegt darin, daß hier in einer radikalen Emanzipation aus Philosophie und Metaphysik und aus den ihnen zugeordneten «schönen Künsten» das G. endgültig zum Begriff der ursprünglichen, originalen, an keine Voraussetzungen und Vorgegebenheiten gebundenen «Subjektivität» wird. Während anfänglich bei Baumgarten der schöne Geist als veritas aesthetica die in der Metaphysik nicht mehr ausgesagte menschliche Welt erkennend vergegenwärtigt, wird mit dem schöpferisch hervorbringenden G. der Anspruch gestellt, die Entzweiung praktisch und politisch zu überwinden und sie zur Einheit und Ganzheit ästhetisch zu versöhnen. Die Ausklammerung aller philosophischen und sonstigen Vorgegebenheiten im Rückgang auf das Selbst bedeutet es, wenn LENZ die «Meinungen eines Laien» zum «Grundstein» seiner ganzen Poetik, seiner Wahrheit, seines Gefühls macht [35]. Für v. GERSTENBERG sagen, wo keine Definition von G. mehr trägt, allein Erfahrung und Gefühl, was dies sei [36].

In der Zurückführung des G. auf «Subjektivität» in Analogie zu dem, was dies für die Religion und für die Philosophie bedeutet (F. H. JACOBI), bleibt die revolutionäre Radikalität der G.-Zeit in ihrem Grunde ästhetisch. An F. H. Jacobi schreibt GOETHE am 21. August 1774: «... was doch alles Schreibens Anfang und Ende ist, die Reproduktion der Welt um mich durch die *innere* Welt, die alles packt, verbindet, neu schafft, knetet und in eigner Form, Manier wieder hinstellt, bleibt ewig» – den Gaffern und Schwätzern verborgenes, nicht offenbares – «Geheimnis» [37]. In dieser Wende wird Goethe zum Künstler und entdeckt den für die Folgezeit leitenden Begriff einer «wahren großen Kunst», die «oft wahrer und größer als die schöne» Kunst selbst ist [38]. Die Gestalten wahrer Kunst treten zum G. transformiert und umgedeutet in den Horizont gegenwärtiger künstlerischer Produktion. Dies ist das allgemeine Resultat. Indem aber ‹G.› zugleich als Losung und Leitwort der G.-Zeit aus allen geschichtlichen Bindungen herausgelöst wird, wird es als Anfang und Ursprung in der radikalen Entgegensetzung zur Zeit zur negativen Freiheit. An das G., «das alles sich selbst verdankt und durch kein Studium und durch keine Regel, keine Nachahmung vorbereitet und keinem Vorbild nachgebildet ist, knüpft sich als neuer Anfang die Hoffnung, «neue Bahnen und neue Schöpfungen» zu erreichen [39]. In der Negativität der für sich gesetzten Subjektivität bleibt die ästhetische Revolution der G.-Zeit notwendigerweise «folgelos» [40], sie leitet aber die Entwicklung ein, in der der Künstler vor den Philosophen tritt und als G. ästhetisch die Entzweiung austragen und überwinden soll. Das wird programmatisch im ‹ältesten Systemprogramm› formuliert: «Es gibt keine Philosophie, keine Geschichte mehr, die Dichtkunst allein wird alle übrigen Wissenschaften und Künste überleben ...» «Ein höherer Geist vom Himmel gesandt, muß diese neue Religion unter uns stiften; sie wird das letzte größte Werk der Menschheit sein» [41].

Anmerkungen. [1] Vgl. O. WALZEL: Das Prometheussymbol von Shaftesbury zu Goethe (²1932). – [2] A. A. C. Earl of SHAFTESBURY: Characteristicks ... 1-3 (1714, ND Farnborough 1968) 1, 207f.; 2, 393f. 407f.; dtsch. b. bei J. G. SULZER: Allg. Theorie der schönen Künste 1 (1771) 249. – [3] NICOLAUS DE CUSA, De Beryllo. Opera omnia XI/1, hg. L. BAUER (1940) 6f.; De coniecturis a. a. O. 3, hg. J. KOCH/C. BORMANN (1972) 143; G. W. LEIBNIZ, Essais de Théodicée, in: Philos. Schr., hg. GERHARDT 4 (1932) 197; J. C. SCALIGER: Poetices (Lyon 1561) 3. – [4] MALER MÜLLER: Br. vom 23. 10. 1776; Br. SCHUBART's an Maler Müller vom 27. 11. 1776, zit. nach WALZEL, a. a. O. [1] 25. – [5] C. M. WIELAND: Enthusiasmus und Schwärmerei (1775). Sämmtl. Werke 35 (1858) 134-137; vgl. G. E. LESSING, Hamburgische Dramaturgie 34. Stück. Werke, hg. P. RILLA 6 (1954) 173-178; vgl. SCALIGER, a. a. O. [3] 4. – [6] J. G. HERDER: Kalligone (1800). Werke, hg. B. SUPHAN (=WS) 22, 200. 202. 203. 205; zu ‹Genius› vgl. PAULY/WISSOWA, RE I/1 (1910) 1155ff.; GRIMM 4/I, 2 (1897) 3396ff. – [7] J. G. HAMANN, Aesthetica in nuce. Sämtl. Werke hg. J. NADLER 2 (1950) 197. – [8] F. BLANKE und K. GRÜNDER (Hg.): J. G. Hamanns Hauptschriften erklärt 2 (1959) 150. – [9] a. a. O. 153. – [10] Vgl. z. B. J. A. SCHLEGEL: Vorrede zu CH. BATTEUX: Einschränkung der schönen Künste (²1759) XXVI. – [11] Vgl. J. J. BODMER: Crit. Abh. von dem Wunderbaren in der Poesie (1740) z. B. 32; J. J. BREITINGER: Crit. Dichtkunst (1740) z. B. 59ff. 123. – [12] J. W. GOETHE: Zum Shakespeares-Tag (1771). Hamburger A. 12 (1953) 227. – [13] J. G. HERDER: Shakespear. WS 5, 227. – [14] a. a. O. 219. – [15] 218. 223. – [16] J. W. GOETHE: Von dtsch. Baukunst (1772) a. a. O. [12] 12, 11. – [17] a. a. O. [12] 7. – [18] 7. – [19] 14. – [20] FR. L. Graf zu STOLBERG: Über die Fülle des Herzens (1777), in: Sturm und Drang. Krit. Schriften, hg. E. LOEWENTHAL (1949) 795. – [21] J. G. HERDER: Ursachen des gesunknen Geschmacks bei den verschiednen Völkern, da er gebühet (1775). WS 5, 612. – [22] Shakespear. WS 5, 216. – [23] Frg. zu einer ‹Archäol. des Morgenlandes› (1769). WS 6, 103. 104. 106; analog zu Ossian vgl. WS 5, 325. – [24] Krit. Wälder (1769). WS 3, 197. – [25] Shakespear. WS 5, 210. – [26] Ursachen ... WS 5, 616. 617. 615. – [27] Shakespear. WS 5, 210. 216. 218. 219. – [28] GOETHE, a. a. O. [12]. – [29] a. a. O. 225. 227. – [30] a. a. O. [16] 14. 15. – [31] Dichtung und Wahrheit III, 12; IV, 19. Hamburger A. 9, 520; 10, 160ff. – [32] J. G. ZIMMERMANN: Über die Einsamkeit 2 (1790) 7f.; vgl. EBERHARD, a. a. O. [4 zu III, 1] 250; vgl. G. CHR. LICHTENBERG, Vermischte Schr. 3 (1844) 5-14. – [33] HERDER, a. a. O. [6] 201f. – [34] Vom Erkennen und Empfinden der menschl. Seele (1778) WS 8, 251. – [35] J. M. R. LENZ: Notizen und Frg. Ges. Schr., hg. F. BLEI 4 (1910) 283f. – [36] H. W. v. GERSTENBERG: Briefe über Merkwürdigkeiten der Lit., in: Sturm und Drang a. a. O. [20] 50. – [37] J. W. GOETHE: Brief an F. H. Jacobi (21. Aug. 1774), zit. nach Komm. in: Hamburger A. 12, 559f. – [38] a. a. O. [16] 13. – [39] EBERHARD, a. a. O. [4 zu III, 1]. – [40] Vgl. E. TRUNZ: Komm. zu Goethes ‹Dichtung und Wahrheit› (18. Buch). Hamburger A. 10, 632. – [41] Das älteste Systemprogramm des dtsch. Idealismus (1796 oder 1797), in: Hegeltage in Villigst, hg. R. BUBNER (1973) 264. 265.

4. *Der G.-Begriff Kants und der Idealisten.* – I. KANT übernimmt in der ‹Anthropologie› in scharfer Kritik und Distanzierung von den «G.-Männern» [1] G. als «Talent zum Erfinden» nicht im Sinne nachahmenden Machens, sondern eines ursprünglichen Hervorbringens von «musterhaften» Werken; G. sei «musterhafte Originalität seines Talents» [2]. Während G. hier zunächst auf Kunst allgemein bezogen und Leonardo als «G. in vielen Fächern» «ein vastes G.» genannt wird [3], bestimmt Kant dann als eigentliches Feld des G. die «schöpferische Einbildungskraft» und setzt G. zum «Geist als belebendes Prinzip des Menschen» in Beziehung; die musterhafte Originalität des Talentes werde mit diesem «mystischen Namen» belegt, weil das G. das, was es hat und wie es zu seiner Kunst kommt, weder erklären noch erlernen könne; das G., das dem Talentvollen schon in seiner Geburt beigesellt wurde, folge so seiner Eingebung [4].

Das wird von Kant in die ästhetische Theorie der ‹Kritik der Urteilskraft› (= KU) in der Definition des G. übernommen, es sei «angeborne Gemüthsanlage (ingenium), durch welche die Natur der Kunst die Regel giebt» [5]. Dabei wird G. ausdrücklich auf die schöne Kunst beschränkt; «schöne Kunst ist nur als Product des G.» möglich [6]; «mechanische Kunst» sei «Kunst des Fleißes und der Erlernung», schöne Kunst die des G. [7].

In dieser Zuordnung zu den schönen Künsten bleibt G. im Sinne der Philosophie der Zeit Subjekt, Ursprung und schöpferischer Grund des Werkes, der Ausdruck mag in «Sprache oder Malerei oder Plastik» bestehen [8]. Aber zugleich verändern Kunst und G. in der KU grundlegend ihre Stellung und ihre Funktion. In einer epochalen Wende, mit der die KU zum «Ausgangspunkt für das wahre Begreifen des Kunstschönen» wird [9], erhält die Kunst im Verhältnis zu der «unübersehbaren Kluft» zwischen der Natur und der Freiheit – als ob diese «verschiedene Welten» wären – ihre Aufgabe der Vermittlung «zwischen den Naturbegriffen und dem Freiheitsbegriffe» und ästhetisch in der Versöhnung der in sich entzweiten Ganzheit zur Einheit [10]. Die produktive Einbildungskraft bringt, indem sie aus dem Stoffe, den ihr die wirkliche Natur gibt, eine ganz «andere Natur» hervorbringt, die der Erkenntnis verschlossenen und überschwänglichen Ideen zum sinnlichen Scheinen; der Dichter wagt «Vernunftideen von unsichtbaren Wesen» (so der Ewigkeit, der Schöpfung) «zu versinnlichen» und «sinnlich zu machen»; für die «sich in der Natur kein Beispiel findet»; er sucht über alle Erfahrungsgrenze hinaus den Vernunftbegriffen (als intellektuellen Ideen) im Spiele der Kunst den «Anschein einer objectiven Realität» zu geben [11]. Die Kunst des G. ist «Schema des Übersinnlichen» [12]. Da für Kant «Schönheit ohne Beziehung auf das Gefühl des Subjects für sich nichts ist» [13] und wahre Erhabenheit «im Gemüthe des Urtheilenden, nicht in dem Naturobjecte» gründet [14], ist G. «Geist»; es drückt das «Unnennbare» in einem «Gemüthszustande» aus, und öffnet für das Gemüt die Aussicht in «ein unabsehliches Feld verwandter Vorstellungen» [15]. G. ist Ursprung und Grund der Kunst als ursprüngliche, originale und schöpferische Kraft des Gemüts; Kant nennt es eine «seltene Erscheinung» [16]. Da es nicht weiß, wie es seine Produkte zustande bringt, und nicht ausdrücken kann, «wie sich in ihm die Ideen dazu herbei finden» [17], sondern seine Geschicklichkeit «jedem unmittelbar von der Hand der Natur ertheilt sein will» [18], gibt es hier keine Kontinuität und keinen Fortschritt: Das G. stirbt, und erst wenn ein anderes durch sein Beispiel geweckt wird, kommt es zu einer ähnlichen Wirkung. Demgegenüber berechtigen die methodisch auf Weitergabe, Nachprüfung und auf die Wiederholbarkeit der Ergebnisse gestellten Wissenschaften nicht dazu, selbst den «großen Kopf» ‹G.› zu nennen; auch «der größte Erfinder», «Newton in seinem unsterblichen Werke», ist «vom mühseligsten Nachahmer und Lehrlinge nur dem Grade nach unterschieden». Aber dies bedeutet «keine Herabsetzung» [19]. Der Fortschritt der Menschheit beruht auf den Wissenschaften und den mechanischen Künsten, die «langsam am Stecken und Stabe der Erfahrung» fortschreiten und am meisten zum Wachstum der Künste und Wissenschaften beitragen [20]. Die G.-Kunst als freies ästhetisches Spiel gehört nicht auf diese Ebene. Es gibt zwar für Kant auch eine Geschichte der Künste; aber sie wird nicht von G. getragen und beruht auf der Nachahmung der von seinem Produkt abstrahierten Regeln [21]. Das G. selbst steht «irgendwo still» an einer Grenze, die «vermuthlich auch schon seit lange her erreicht ist» [22]; seine Muster sind «in alten, todten, und jetzt nur als gelehrte aufbehaltenen Sprachen classisch» geworden [23].

Gleichwohl gibt Kants Verständnis des G. der nachfolgenden Ästhetik das große Thema an die Hand, sofern es ästhetisch in der sinnlichen Vergegenwärtigung des Übersinnlichen den «Vereinigungspunkt aller unserer Vermögen» vermittelt und die in sich entzweite Vernunft «mit sich selbst einstimmig macht» [24]. In der Abgrenzung gegen die Unmittelbarkeit des G., mit der sich «seichte Köpfe» vom «Schulzwange aller Regeln» lossagen, um als «aufblühende G.» zu erscheinen [25], führt Kant das Unnennbare des Gemüts für das G. auf die «Natur» zurück, die Grund und Substanz seines Schaffens ist: G. ist «Günstling der Natur» [26], durch dessen «angeborne Gemüthslage» «die Natur der Kunst die Regeln giebt» [27]. Im Vermögen der ästhetischen Ideen, d. i. in der Beziehung auf das jeder Erkenntnis verschlossene Ganze, zeigt sich, daß in Produkten des G. «die Natur des Subjects» als das «übersinnliche Substrat aller seiner Vermögen» und als der «letzte» durch das «Intelligible unserer Natur» gegebene «Zweck» den schönen Künsten zum «subjectiven Richtmaße» dient [28].

Damit wird von Kant spekulativ die produktive Subjektivität des G. auf die ihr zugrunde liegende Natur in uns in ihrer Identität mit der das Subjektive und Objektive umgreifenden Natur selbst zurückgeführt und die Möglichkeit ästhetischer Versöhnung in ihrem verborgenen Grunde verständlich gemacht. Die Ästhetik wird vor das Problem gestellt, ob Kunst den Dualismus der neueren Zeit, aus dem sie ästhetisch entspringt, auflösen und den Menschen in der Wiederherstellung seiner Welt zur Einheit des Endlichen und des Unendlichen zu führen vermag oder ob die Verwirklichung der Versöhnung politisch ist und ästhetisch durch Kunst nicht erreicht werden kann.

F. W. J. SCHELLING begreift im Ausgang von Fichtes absolutem Ich in seiner Identität mit Gott «das Universum in Gott als absolutes Kunstwerk ... in ewiger Schönheit» [29]; er setzt die Kunst in der Sprache des Enthusiasmus als «heiligere Kunst», «Werkzeug der Götter ... Verkündigerin göttlicher Geheimnisse ... Enthüllerin der Ideen» vor die Philosophie und über sie [30]. In der Vereinigung von «Musik, Gesang, Tanz» wird einmal ein «innerliches ideales Drama» als «Gottesdienst» und «einzige Art wahrhaft öffentlicher Handlung» das «Volk» als «politische oder sittliche Totalität» vereinigen [31]. Dem entspricht die Theorie des G.: Es ist als Möglichkeit des Vollendeten dasselbe ästhetisch, «was das Ich für die Philosophie [ist], nämlich das Höchste absolut Reelle, was selbst nie objektiv wird, aber Ursache alles Objektiven ist» [32]. Indem es in der «Invention» sich in das Besondere ergießt und in der Form das Besondere zurück ins Unendliche nimmt [33], erweist es sich als das «innewohnende Göttliche des Menschen» und «sozusagen ein Stück aus der Absolutheit Gottes» [34]. Es lebt in seiner Hervorbringung unter der Einwirkung einer Macht, die es «von allem anderen, was bloß Talent oder Geschicklichkeit ist», absondert [35]. Dante steht im Bündnis von Religion und Dichtung als der «Hohepriester» da, und «weiht die ganze moderne Kunst für ihre Bestimmung ein» [36]. Im Sinne Kants bleibt so für Schelling G. allein und nur auf die Hervorbringung der Kunst beschränkt [37]; anders als bei Kant steht es aber zugleich in seiner enthusiastischen Erhöhung als Organ der Philosophie über ihr. Das hängt hintergründig mit dem utopischen Ideal des Staates als Kunstwerk, den das G. hervorbringen soll, zusammen; die Philosophie, die dies spekulativ betreibt, bläht die Funktion und Rolle des G. auf, ohne daß noch neue Elemente ins Spiel gebracht werden.

Im Zustande der Kultur, in dem wir mit der Freiheit das Glück und die Vollkommenheit verloren haben, die wir als «bloße Naturkinder» ursprünglich besaßen, erhält der Dichter für SCHILLER die Aufgabe, «Bewahrer der Natur» zu sein und die verlorene Natur in einer Kunst zu suchen, die die des Unendlichen ist [38]. Das G. ist naiv. Es löst «die verwickeltsten Aufgaben» mit «anspruchsloser Simplizität» und legitimiert sich als G. dadurch allein, daß es «durch Einfalt über die verwickelte Kunst triumphiert». Darin verfährt es nach Einfällen und Gefühlen, die «Eingebungen eines Gottes» sind [39]. Aber diese Bestimmungen werden bei Schiller in auffälliger Weise eingeschränkt. Die Eingebungen Gottes werden im Sinne der «gesunden Natur» gedeutet, für die alles göttlich und alles «Gesetze für alle Zeiten und für alle Geschlechter der Menschen» sind [40]. Wo das G. verabsäumt, «sich durch Grundsätze, Geschmack und Wissenschaft zu stärken», und keine «verhältnismäßige Kraft der Vernunft» herrscht, wird die «üppige Naturkraft über die Freiheit des Verstandes hinauswachsen» und sie «ersticken» [41]. Dafür liefert die Erfahrung reichliche Belege; so zeige sich bei früh berühmt gewordenen Dichter-G.en, wenn sie «mündig» werden, daß das «ganze Talent oft die Jugend» ist [42]. Solche Behauptungen über das G. bedürfen der Bestätigung durch Erfahrung; es wird bewußt, daß wir «wenig von dem Privatleben der größten G.en» wissen [43]. Damit verliert das G. seine Sonderstellung, und sein Problem wird wenigstens tendenziell auf das des Künstlers eingeschränkt. Die Gründe hierfür liegen darin, daß Kunst bei Schiller im Zusammenhang der «schönen Empfindung» mit der ganzen Kultur steht und in exemplarischer Weise dem allgemeinen menschlichen ästhetischen Bildungstrieb eingeordnet wird, der «mitten in dem furchtbaren Reich der Kräfte und mitten in dem heiligen Reich der Gesetze» sich ein drittes «fröhliches Reich des Spiels und des Scheins» baut, um darin den Menschen «von allem, was Zwang heißt, sowohl im Physischen als im Moralischen» zu entbinden [44]. Nicht die Kunst, sondern die ästhetische Erziehung des Menschen ist die Substanz der Theorie Schillers, die im ästhetischen Staat zur Veredlung des Menschen zum Menschen im Sinne dem «Ideal der Gleichheit» politisch die Bahn eröffnen soll [45]. Hierzu gehört bei Schiller zugleich der Utopie-Vorbehalt, daß, obzwar das Bedürfnis nach ästhetischer Versöhnung in «jeder feingestimmten Seele» wohnt, der ästhetische Staat sich wohl nur «wie die reine Kirche und die reine Republik in einigen wenigen auserlesenen Zirkeln finden» lasse [46].

Die Resignation Schillers ist Resignation über die politische reale Möglichkeit ästhetischer Versöhnung. Das nimmt HEGELS Kunstphilosophie auf. Sie stellt die Frage, ob die ästhetische, auf das Fühlen und Empfinden und die originale Schöpfung der Subjektivität in sich gestellte Vergegenwärtigung des Göttlichen und der Idee diese immanent als die «Substanz», und das «Ewige», das in dem Zeitlichen und Vorübergehenden und als dieses gegenwärtig ist [47], zu begreifen vermag, und verneint dies. Die christliche Auffassung der Wahrheit, vor allem der Geist unserer heutigen Welt, sind über die Stufe hinaus, in der die Kunst ihre Aufgabe darin erfüllt hat, die «Idee für die unmittelbare Anschauung in sinnlicher Gestalt» darzustellen [48]. Seit der Reformation ist die religiöse Vorstellung von dem sinnlichen Element «abgerufen» und zum «Eigentum des Herzens und Gemüts» geworden, die sich im eigenen Innern als der Form der Wahrheit zu befriedigen suchen [49]. In dieser Innerlichkeit ist der Gedanke als das Allgemeine eingeschlossen, die denkende Betrachtung als der «geistigste Kultus», sich denkend dasjenige anzueignen und zu wissen, was sonst nur Inhalt subjektiver Empfindung und Vorstellung ist [50]. Die Philosophie faßt als Denken die «innerste, eigenste Subjektivität» und «die objektivste Allgemeinheit» zusammen und versöhnt im Begreifen die Vernunft als «selbstbewußten Geist» mit der Vernunft als «vorhandener Wirklichkeit» [51].

Damit ist Kunst «nach der Seite ihrer höchsten Bestimmung für uns ein Vergangenes» geworden [52]. Die «Manifestation der Wahrheit in sinnlicher Form» ist dem Geist nicht mehr angemessen [53]. «Was durch Kunstwerke jetzt in uns erregt wird», ist neben dem unmittelbaren Genuß das «Urteil», mit dem wir den Inhalt und die Darstellung der Kunst «unserer denkenden Betrachtung unterwerfen» [54]. Das gilt auch für den «ausübenden Künstler»; er steht selbst «innerhalb solcher reflektierenden Welt und ihrer Verhältnisse» [55]. Damit ist die Kunst jetzt über den Inhalt und über die Funktion der früheren Kunst hinaus: «Kein Homer, Sophokles usf., kein Dante, Ariost oder Shakespeare können in unserer Zeit hervortreten» [56]. Die Kunst hat alle Beschränkung auf einen bestimmten Kreis des Inhalts und der Auffassung abgestreift. Das Göttliche ist aus sich zum weltlichen Inhalt der Subjektivität fortgegangen und hat – verweltlicht – den «Humanus» zum «neuen Heiligen» in der Zuwendung zum «Allgemeinmenschlichen in seinen Freuden und Leiden, seinen Bestrebungen, Taten und Schicksalen» genommen [57].

Damit wird die Aufgabe der Ästhetik am Ende ihrer Entwicklung einmal positiv im Verhältnis zu der alten vergangenen Kunst bestimmt. Sie hat hier die große Bestimmung, für die empfindende, fühlende, denkende Subjektivität des Menschen das «weite Pantheon» aller Künste [58] als «Frage» und «Anrede an die widerklingende Brust», als «Ruf an die Gemüter und Geister» gegenwärtig zu halten, ohne daß wir noch die Knie beugen, «mögen wir die griechischen Götterbilder noch so vortrefflich finden und Gottvater, Christus, Maria noch so würdig und vollendet dargestellt» sehen [59].

Indem aber die ästhetische Subjektivität zugleich zum Grunde und Ursprung der Produktion von Kunstwerken wird, die das G. aus seiner Natur, aus seinem Fühlen und Empfinden schöpferisch wie der Gott hervorbringen soll, bleibt diese die Subjektivität, die sich nicht auf die objektive Wirklichkeit einläßt. Sie baut im Herzen ihre Tempel und Altäre und versagt sich da, wo Verdinglichung die objektive Welt beherrscht, die Anschauung Gottes und das Durchdringen der Wirklichkeit und hält sich wie Fichtes Philosophie statt im wirklichen Handeln und Sein nur auf der Seite des Subjektes in der «bloßen Sehnsüchtigkeit des Gemütes» [60] der unendlichen Wirklichkeit gegenüber [61]. Das G. als aus sich hervorbringende Subjektivität ist ebenso, wie ihre Gott nur im Gefühl und Herzen kennende Theologie «Theologie der Verzweiflung» oder die «schöne Seele» in der «Unwirklichkeit ihrer selbst» «verglimmende Subjektivität» ist, zuletzt nur Ohnmacht und Zuflucht in die Vergangenheit [62]. Symptomatisch dafür ist die häufige Neigung des Künstlers, sich in der Entfernung aus den jetzigen Lebensverhältnissen «vergangene Weltanschauungen» anzueignen [63]: Doch «nur die Gegenwart ist frisch, das andere fahl und fahler» [64].

Gegenüber solchen «Verwirrungen» [65] und gegenüber dem Standpunkt, «auf welchem das alles aus sich setzende und auflösende Ich» keinen Inhalt des Bewußtseins mehr als «absolut und an und für sich» künstlerisch anerkennt und in der «genialen göttlichen Ironie» (Fr. Schlegel) alle Bande zerbricht und allein die «Seligkeit des Selbstgenusses» kennt [66], macht Hegel den Ernst des Subjekt und Objekt in sich vereinigenden konkreten Kunstwerks geltend. Das allgemeine Bedürfnis der Kunst ist es, die innere und die äußere Welt in ihrer wechselseitigen Durchdringung zu Einem Gegenstand zu machen [67]. Damit werden die Begriffe des G., seiner Originalität und seiner Begeisterung korrigiert. Nicht das Jugendfeuer der Begeisterung, in dem die ersten Produkte Goethes und Schillers in einer erschreckenden Barbarei vor uns hintreten, sondern erst das «reife Mannesalter dieser beiden G.n» hat sie zu unseren Nationaldichtern gemacht [68]. G. ist die allgemeine Fähigkeit zur wahren Produktion des Kunstwerks, zu der aber die «Energie der Ausbildung und Betätigung» gehört [69], damit sie in das Werk eingehe und in ihm wirklich werde. Daher muß das G. «viel gesehen, viel gehört und viel in sich aufbewahrt haben» [70]. Die Phantasie als solche ist «leichtfertig» und bringt kein gediegenes Werk hervor; ihr muß bei der Ineinanderverarbeitung des vernünftigen Inhalts zur realen Gestalt die «wache Besonnenheit des Verstandes, die Tiefe des Gemüts und der beseelenden Empfindung» zu Hilfe kommen. Erst damit wird das Kunstwerk aus der «schöpferischen Subjektivität» zur Wirklichkeit «herausgeboren» [71]. Zu allen Künsten gehört so konstitutiv «ein weitläufiges Studium, ein anhaltender Fleiß» und eine vielfach ausgebildete Fertigkeit [72]. In dieser Verwirklichung des G. und der Originalität seiner Anlagen hat der Künstler im Werk sein Wesen. Wo er ein wesentliches Interesse hat und den Gegenstand in sich lebendig werden lässt, da kommt die Begeisterung dem G. «von selbst»; sie ist nichts anderes als «von der Sache ganz erfüllt zu werden» und «ganz in der Sache gegenwärtig zu sein». Eine Begeisterung, in der sich das Subjekt als Subjekt «aufspreizt», statt das Organ und die lebendige Tätigkeit der Seele selber zu sein, ist eine «schlechte Begeisterung» [73]. Homer, Sophokles, Raffael, Shakespeare waren originell in dem genauen Sinne, daß «keine Manier zu haben von jeher die einzig große Manier war» [74].

Damit führt Hegel das G. in das allgemeine Reich des Geistes und der tätigen Verwirklichung der Subjektivität in ihm zurück. Es verliert seine ästhetische Aussonderung und kann als ein «ganz allgemeiner Ausdruck» nicht nur vom «Künstler, sondern ebensosehr von großen Feldherrn und Königen» und «von den Heroen der Wissenschaft» gebraucht werden [75].

Anmerkungen. [1] I. KANT: Anthropol. in pragmat. Hinsicht (1798). Akad.-A. 7, 226; vgl. KU § 47. Akad.-A. 5, 310. – [2] Anthropol. § 57 = Akad.-A. 7, 224. – [3] ebda. – [4] ebda. 225. – [5] KU § 46 = 5, 307. – [6] ebda. – [7] 310. – [8] § 49 = 5, 317. – [9] G. W. F. HEGEL, Ästhetik, hg. BASSENGE (¹1955) 1, 69. – [10] KANT, KU, Einl. II = 5, 175f.; IX = 5, 196. – [11] a. a. O. § 49 = 5, 314. – [12] § 53 = 5, 326. – [13] § 9 = 5, 218; vgl. § 15 = 5, 228. – [14] § 26 = 5, 256. – [15] § 49 = 5, 315ff. – [16] 318. – [17] § 46 = 5, 308. – [18] § 47 = 5, 309. – [19] 308f. – [20] Anthropol. § 58 = 7, 226. – [21] Vgl. KU § 47 = 5, 309. – [22] ebda. – [23] 309f. – [24] § 57 = 5, 341. – [25] § 47 = 5, 310. – [26] § 49 = 5, 318. – [27] § 46 = 5, 307. – [28] Anm. [11] = 5, 344. – [29] F. W. J. SCHELLING: Philos. der Kunst (ND 1960) 29: § 21. – [30] Über Wissenschaft der Kunst in Bezug auf das akademische Studium, 14. Vorles. a. a. O. 384. – [31] 380. – [32] System des transcendentalen Idealismus (1800). Werke, hg. M. SCHRÖTER 2. Hauptbd. (1927) 619. – [33] a. a. O. [29] 105. – [34] 104. – [35] a. a. O. [32] 624. – [36] a. a. O. [29] 396. – [37] a. a. O. [32] 623. – [38] FR. SCHILLER: Über naive und sentimentalische Dichtung (1795). Säkular-A. 12, 183f. 188. 191. – [39] a. a. O. 174. – [40] ebda. – [41] Über Anmut und Würde (1793) a. a. O. 11, 208f. – [42] 209. – [43] a. a. O. [38] 12, 174. – [44] Über die ästhetische Erziehung des Menschen, 27. Br. = 12, 117. – [45] a. a. O. 117. 119f. – [46] 120. – [47] G. W. F. HEGEL, Grundlinien der Philos. des Rechts, Vorrede. Werke, hg. GLOCKNER 7, 33. – [48] a. a. O. [9] 1, 79. – [49] 110f. – [50] 111. – [51] ebda. und a. a. O. [47] 7, 35. – [52] a. a. O. [9] 1, 22. – [53] 112. – [54] 22. – [55] ebda. – [56] 581. – [57] 580f. – [58] 95. – [59] 79. 110. – [60] 161. – [61] Glauben und Wissen. Werke, hg. G. LASSON 1: Erste Druckschriften (1928) 225. 327. – [62] a.a.O. [47] § 140; vgl. hierzu O. PÖGGELER: Hegels Kritik der Romantik (1956) bes. 61-106. – [63] HEGEL, a. a. O. [9] 579. – [64] 581. – [65] 38. – [66] 73f. – [67] 42. – [68] 39. – [69] 277. – [70] 275. – [71] 274. 276. – [72] 279. – [73] 282. – [74] 291. – [75] 275.

5. *Der nachidealistische G.-Begriff.* – a) *Klassik, Romantik, Kierkegaard.* – J. W. GOETHE behandelt in seiner mittleren und späten Zeit – darin Vorbild und Maß für Hegel – in der für ihn wesentlichen Beziehung der Künste auf Autorität und Tradition [1] Galilei [2], Kepler u. a. als «Genius» [3] und nennt Newton «eine tüchtige geniale Natur» [4]. Er begreift G. als Grund, der das Werk «aus der Tiefe seines Wesens» hervorruft, aber dies in der Durchdringung und Beherrschung des objektiven Stoffes [5], so daß G. wie für Hegel das Element wird, in dessen Darstellung der Gegenstand sich selbst und sein Wesen aussagt [6]. HERDER, der sich in der ‹Kalligone› gegen Kants Beschränkung des G. auf die «Kunst als schöne Kunst» wendet [7] und gegen die «Unförmlichkeit» seines eigenen frühen G.-Begriffs, aber auch gegen «Bücher-G.s und Papiermotten», dehnt die Bezeichnung ‹G.› auf «jeden Menschen von edeln lebendigen Kräften» aus [8]: «jede Anlage der Menschheit zu erwecken und zu ihrem Zwecke zu finden ist Genius» [9].

Im Kreise der *Romantiker* wird im Verhältnis zur Literatur und den Künsten in ihrer Geschichte einmal gegen die Stümperei des G.-Begriffs sein universeller Sinn [10] als «Geist» der Geschichte und der Zeit [11] und «Genius des Zeitalters» [12] geltend gemacht und G. konkret als Gestalt und Problem des Künstlers gefaßt [13]. Zugleich aber gilt der totalen Poetisierung der Welt gemäß programmatisch das Wort SCHLEIERMACHERS, daß «alle Menschen Künstler» seien [14]. FR. SCHLEGEL formuliert einen «kategorischen Imperativ der Genialität» für jedermann [15]; es sei nur der sittlichen Verwilderung zuzuschreiben, «daß nicht ein jeder Mensch G. hat» [16]; «G. zu haben» sei «der natürliche Zustand des Menschen» [17]. Im Sinne Fichtes und des artistischen «Fichtisirens» in der Erzeugung wunderbarer Kunstwerke [18] werden für NOVALIS ‹Geist› und ‹G.› zu Wechselbegriffen: Geist soll total G. werden [19]; Leben und geniales Prinzip oder G. seien eins [20]. Die alte Vorstellung von der Dichtung als Anfang des Menschengeschlechts wird zu der seines Endes und seines Abschlusses erweitert [21]. Poesie gilt als «eigentümliche Handlungsweise des menschlichen Geistes» [22], so daß ‹Dichter› und ‹Mensch› im Grunde das gleiche meinen. Bei JEAN PAUL tritt die Phantasie als Einbildungskraft in die Mitte der Einheit des Unendlichen und Endlichen, in der sie alles «totalisiert» [23]; durch den Geist und das poetische G. wird jede irdische Begebenheit eine «überirdische» [24]. Die «Brotverwandlung ins Göttliche» ist der poetische Stoff schlechthin [25]; das G. unterscheidet sich vom Talente (dem nachhandelnden Affen des G. [26]) durch die «Anschauung des Universums» [27] wie eine «Windharfen-Saite»; im Genius stehen «alle Kräfte auf einmal in Blüte» [28]. Bei Jean Paul wird aber zugleich die Bedrängnis der Poetisierung deutlich; Poesie sei «die einzige Friedensgöttin der Erde und der Engel, der uns ... auf Stunden ... auf Sterne» führt [29]. Der Dichter baut aus der ihm verbliebenen inneren Welt poetisch «das Reich des Unendlichen über der Brandstätte der Endlichkeit» [30]. Die Poetisierung der Welt und mit ihr universelle Anspruch der Subjektivität werden von der Prosa der endlichen und verdinglichten Wirklichkeit als von den «Eisen-Räder[n]» und der «Eisen-Achse der ... Geschicht- und Säkular-Uhr» [31] überspielt.

Symptomatisch ist S. KIERKEGAARDS christliche Infragestellung der ästhetischen Kategorie und des G. auf seinem Wege, der rückblickend von Anfang an durch die Aufgabe bestimmt wird, vom Ästhetischen fortzugehen, um auf das Christliche und auf das «Existieren» anstelle des dichterischen Lebens im Phantastischen und Spekulativen aufmerksam zu machen [32]. Die Dichterexistenz in der Identität mit der Subjektivität als G. [33]

– Kierkegaards eigene Lebensform –, zu dichten und sich zu dem Guten und Wahren durch die Phantasie zu verhalten statt «existenziell danach zu streben, es zu sein», wird in christlicher Sicht zur «Sünde» [34]. Das G. – überwiegend Unmittelbarkeit und Immanenz [35] – bleibt subjektiv «Leidenschaft der Möglichkeit» [36] und so vom Ernst der Wirklichkeit abgetrennt; es kann sich weder religiös auffassen noch zur Sünde und Vorsehung gelangen [37]. Dieser Unterschied zum Religiösen wird von Kierkegaard am Verhältnis des G. zum Apostel aufgewiesen. Der geniale Mensch ist, was er ist, aus sich selber, während der Apostel alles, was er ist, allein «kraft seiner göttlichen Vollmacht» ist [38]. Das G. ohne Auftrag und ohne Vollmacht kann daher in seinen Aussagen «schlecht und recht nur ästhetisch oder philosophisch gewürdigt» werden [39]; es verfällt der gleichen Abwertung wie die Kategorie des Ästhetischen überhaupt: «ein köstlicher Schmuck» und zugleich eine «unnütze Überflüssigkeit» [40].

Anmerkungen. [1] J. W. GOETHE, Gesch. der Farbenlehre (1810). Hamburger A. 14, 56. – [2] a. a. O. 98. – [3] 99. – [4] 14, 143. – [5] Zur Farbenlehre (1810) 13, 522. – [6] Vgl. H. J. SCHRIMPF: Das Weltbild des späten Goethe. Überlieferung und Bewahrung in Goethes Alterswerk (1956) bes. 200-203. – [7] J. G. HERDER, Kalligone. Werke, hg. SUPHAN 22, 198. – [8] Vom Erkennen und Empfinden der menschl. Seele (1778) a. a. O. 8, 223. – [9] 203. – [10] FR. SCHLEGEL, Ideen ... 141. Krit. A., hg. E. BEHLER 2, 270f. – [11] a. a. O. 124 = 2, 268. – [12] 139 = 2, 270. – [13] Hierzu grundlegend H. MAINUSCH: G. u. Künstler, in: Romantische Ästhetik. Untersuch. zur engl. Kunstlehre des späten 18. und frühen 19. Jh. (1969) 259ff., bes. 288. – [14] F. E. D. SCHLEIERMACHER, Entwurf eines Systems der Sittenlehre, hg. A. SCHWEIZER (1835) 253f. – [15] FR. SCHLEGEL, Lyceums-Frag. 10. Krit. A. 2, 148. – [16] Die Entwickelung der Philos. (1806/07). Krit. A. 12, 368. – [17] Philos. Lehrjahre. Krit. A. 18, 315. – [18] NOVALIS, Werke, hg. P. KLUCKHOHN/R. SAMUEL (²1965) 2, 524. – [19] Werke, Briefe, Dokumente, hg. E. WASMUTH (1957) 3, 143. – [20] a. a. O. 2, 106f.: Frg. 322. – [21] a. a. O. [18] 2, 533. – [22] Heinrich von Ofterdingen Kap. 8 a. a. O. [18] 1, 287; vgl. 279ff. – [23] JEAN PAUL: Vorschule der Ästhetik (¹1804, ²1813), hg. N. MILLER (1963) § 7 = S. 47. – [24] 45. – [25] § 4 = 43. – [26] § 10 = 52. – [27] § 10 = 53. – [28] § 11 = 56. – [29] § 3 = 35. – [30] § 23 = 93. – [31] § 3 = 39. – [32] S. KIERKEGAARD: Über meine Wirksamkeit als Schriftsteller (1849). Werke, dtsch. hg. E. HIRSCH 33. Abt. (1951) 7. 10. 74; vgl. 4. – [33] Der Begriff Angst (1844) a. a. O. 11/12 (1952) 101. – [34] Die Krankheit zum Tode a. a. O. 24/25 (1954) 75. – [35] Tagebuchaufzeichnungen April 1848, jetzt: Über meine Wirksamkeit ... a. a. O. [32] Anlage II, 167. – [36] Entweder/Oder I (1843) a. a. O. 1 (1956) 45; vgl. II = 2/3 (1957) 268. – [37] Der Begriff Angst a. a. O. [33] 103. – [38] Über den Unterschied zwischen einem G. und einem Apostel a. a. O. 21-23 (1960) 118f. – [39] a. a. O. 122. – [40] 134.

b) *Schopenhauer und Nietzsche.* – Während Kierkegaard in der Wende zur christlichen Existenz das ästhetische Dasein – gegen sich selbst gewendet – zerstört, wird eine Generation später von Fr. Nietzsche in der Konzentration auf die «dionysische» Musik Richard Wagners der G.-Begriff auf eine äußerste Höhe gebracht, um dann nach dem Bruch mit Wagner eine nicht weniger radikale Absage zu erfahren.

Philosophische Voraussetzung hierfür ist A. SCHOPENHAUERS Philosophie, in deren Übernahme Nietzsche von einer einzigartigen Überordnung der Künste über alle Philosophie, Wissenschaft und ihre begriffliche, «abstrakte» Erkenntnis ausgeht. Während die Wissenschaft in ihrem dem Satze vom Grunde folgenden Begriff immer dem «rast- und bestandlosen Strom der Erscheinungen» überantwortet, nie «ein letztes Ziel» finden kann, sind einziger Ursprung und einziger Grund der Kunst die Ideen, die, unabhängig von jeder Relation, das bestehende und keinem Wechsel unterworfene wahre und eigentlich «Wesentliche ... der Welt» sind [1]. In der so für die Kunst konstitutiven Kontemplation reißt diese das Objekt aus dem Strome des Weltlaufs heraus und hält «das Rad der Zeit» an [2]. In solcher qualitativ von aller vernünftig verständigen begrifflichen Erkenntnis unterschiedenen Kontemplation hat das G. sein Wesen; es ist «gänzliches Vergessen der eigenen Person», um allein in der Kontemplation und in der Entäußerung aller Beziehung zur Zeit «rein erkennendes Subjekt» und «klares Weltauge» zu werden [3]. Darin hat das G. Erlösungsfunktion: Dem «gewöhnlichen Menschen», dieser täglich «zu Tausenden» hervorgebrachten «Fabrikwaare der Natur» [4], und seinem Leben voll Not, Plage, Schmerz, Angst und voller Langeweile [5] wirkt das G. entgegen und entreißt ihn «dem Sklavendienste des Willens»; es führt ihn in eine «andere Welt», wo alles, was unseren Willen bewegt, nicht mehr ist [6], doch dies zugleich nur ästhetisch wie «Schlaf und Traum», in denen Glück und Unglück, das Individuum verschwunden sind, bis der «Zauber» zu Ende ist und wir «allem unsern Jammer wieder hingegeben» werden [7].

Von dieser Kontemplation der Ideen durch die Kunst ist die *Musik* für Schopenhauer «ganz abgesondert»; ihr erkennen wir eine tiefere, sich auf das äußerste Wesen der Welt und unserer Selbst beziehende Bedeutung zu [8]: Musik ist «unmittelbare Objektivation und Abbild des ganzen Willens» [9] und spricht das An-sich aller Erscheinungen, die «Quintessenz des Lebens», aus [10]. Sie ist so nicht wie die anderen Künste Abbild der Erscheinungen, sondern «zu allem Physischen die Welt des Metaphysischen, zu aller Erscheinung das Ding an sich» [11]. In ihrer Wahrheit wird die Musik so zum Grunde auch der wahren Philosophie [12].

In der Enthüllung des verborgenen Wesens der Welt hat nach Schopenhauer das G. sein Wesen; sie gibt ihm kompensatorisch die einzige Entschädigung für das schreckliche und jämmerliche Leiden der Welt; die großen Geister, zu denen unter Millionen kaum einer kommt, sind wie «Leuchttürme der Menschheit», ohne welche diese sich in das «grenzenlose Meer der entsetzlichen Irrtümer und der Verwilderung verlieren würde», obwohl auch die Kunst den Menschen nur «auf Augenblicke» vom Leben erlösen kann [13].

In der ‹Geburt der Tragödie aus dem Geiste der Musik› (1870/71) wird von FR. NIETZSCHE der «dionysische Genius», der seit Sokrates durch die Jahrhunderte der Weltgeschichte vergessene und zum Verschwinden gebrachte Gott der frühesten griechischen Welt, auf R. Wagner bezogen, der für Nietzsche «das einzige unvergleichliche G. dieses Zeitalters» ist [14], und zum Schlüssel seiner Deutung gemacht. R. Wagner wird die ‹Geburt der Tragödie› gewidmet. In seiner «philologische[n]» Entdeckung zweier in ihren Zielen und ihrem Wesen unterschiedener Kunstwelten – der des Apollo, des «verklärende[n] Genius des principii individuationis», der Erlösung in einem den Grund der Welt verdeckenden schönen Schein verheißt, und der anderen, in der der «mystische Jubelruf des Dionysus» den Bann der Individuation sprengt und das Ansich, den Willen, als Wesen und innersten Kern der Dinge bloßlegt [15] – folgt Nietzsche in der Übernahme der zwei Klassen von Künsten und in der metaphysischen Deutung der Welt als Wille Schopenhauer. Dionysus wird von Nietzsche später die «Erfindung» einer grundsätzlichen Gegenlehre und Gegenwertung genannt; er habe diese auf den Namen des Gottes Dionysus getauft und «dionysisch» geheißen [16]. Der dionysische Genius ist im Sinne von Schopenhauer «der in völliger Selbstvergessenheit mit dem Urgrunde der Welt eins gewordene Mensch» [17]; die dionysische Musik wird als das Metaphysische und als Darstellung des «Ding an sich» unmittelbar und in ausdrücklicher Zitierung von Schopenhauer übernommen [18].

Nicht das inhaltlich im Sinne Schopenhauers erfüllte «Historische» des Dionysus ist so für Nietzsche entscheidend, sondern die Aufnahme der Frage der jetzigen Kultur als die Frage, ob für eine werdende Kultur überhaupt noch Fundamente da seien [19]. In die gegenwärtige, schon einer «grauenvollen Vernichtung» entgegengehende Kultur ruft Nietzsche die bereits bei den Griechen «durch den andrängenden Geist des Undionysischen» zerstörte und in die «Unterwelt» verdrängte wahrhafte dionysische Musik als ewige Wahrheit zurück [20]: «Alles was wir jetzt Cultur, Bildung, Civilisation nennen, wird einmal vor dem untrüglichen Richter Dionysus erscheinen müssen» [21].

Das Problem, das Nietzsche damit als «eine tief persönliche Frage» aufnimmt, ist das Problem der Wissenschaft [22] als Fragwürdigkeit des «wissenschaftlichen Optimismus», der im Glauben an «die Ergründlichkeit der Natur der Dinge dem Wissen und Erkennen die Kraft einer Universalmedizin beilegt und im Irrtum das Übel an sich begreift» [23]. Das aber, was so zum ersten Male hier geschieht, ist die Begründung solcher Deutung der Wissenschaft im Horizont der Geschichte von Griechenland her: Der Vorbote und Herold dieser wissenschaftlichen Kultur ist Sokrates, der im Optimismus des theoretischen Menschen – wahrhaft ein «Wendepunkt und Wirbel der sogenannten Weltgeschichte» [24] – fortwirkend und endgültig das dionysische Musikdrama vernichtet hat [25]. Zusammenfassend heißt es: «Unsere ganze moderne Welt ist in einem Netz der alexandrinischen Cultur befangen» und kennt das Ideal des «im Dienste der Wissenschaft arbeitenden theoretischen Menschen, dessen Urbild und Stammvater Sokrates ist» [26]; sein optimistischer Geist ist der «Vernichtungskeim unserer Gesellschaft» [27].

Wie für Schopenhauer steht als einzige Kraft hiergegen die Kunst und «Weisheit unabhängig vom Wissen der Wissenschaft» [28]: «Wenn wir noch je eine Cultur erringen sollen, so sind unerhörte Kunstkräfte nöthig, um den unbeschränkten Erkenntnistrieb zu brechen» [29]; gegen die elende Unsterblichkeit des Intellekts steht «die herrliche Kunstwelt» [30], aber dies nun vertieft im Kampf gegen eine vom dionysischen Grunde getrennte und ihn vergessende und überdeckende Weltgeschichte des Verfalls der Kultur. In solchem Verfall der Kultur wird Wagner als der «einzig reine, lautere und läuternde Feuergeist» [31] zu einer unerhörten Hoffnung: «Aus dem dionysischen Grund des deutschen Geistes ist ... die deutsche Musik ... in ihrem mächtigen Sonnenlaufe von Bach zu Beethoven, von Beethoven zu Wagner» als eine «Macht emporgestiegen, die mit den Urbedingungen der sokratischen Cultur nichts gemein hat» [32]. Wir scheinen jetzt «aus dem alexandrinischen Zeitalter rückwärts zur Periode der Tragödie» zu schreiten [33]. Der deutsche Geist darf in der «Wiedergeburt der Tragödie» und nach seiner «Heimkehr zum Urquell seines Wesens ... kühn und frei ... einherzuschreiten wagen» [34]. Mit Wagner ist die «einzige productive politische Macht in Deutschland ... in der ungeheuersten Weise zum Siege gekommen» [35].

Aber dieser Sieg ist zugleich allein an das G. gebunden. Wo die wiederhergestellte Kunst aus dem Urgrund des Dionysischen kommt und nichts in der verfallenden Kultur sie trägt, es keine Kontinuität und Tradition geben kann, da ist die erhoffte Erneuerung der Kultur allein und nur durch das G. und für das G. möglich; es ist seinem Wesen und Grunde nach dionysisch; es gibt nichts in der herrschenden Kultur, was es erzeugt und trägt; daher nennt Nietzsche die «wahrhaft reale ‹Geschichte›» eines Volkes die «unsichtbare Brücke von Genius zu Genius», während alles andere «schattenhafte unzählige Variationen im schlechteren Stoffe» sind [36]. Die G.s bilden zusammen im Gegensatz zu der Gelehrtenrepublik eine «Genialen-Republik»: Ein Riese ruft dem andern durch die öden Zwischenräume der Zeiten zu und ungestört «durch das ... lärmende Gezwerge ... setzt sich das hohe Geistergespräch fort» [37].

In dieser von allem isolierten Höhe des dionysischen G. ist es begründet, daß die erhoffte Erneuerung der Kultur die Vorbereitung und Erzeugung des Genius zum einzigen Inhalt hat. Im Vorwort an R. Wagner weist Nietzsche «mit Abscheu jenen Irrwahn» zurück, «daß das Volk oder gar der Staat ‹Selbstzweck› sein solle ... Weder der Staat, noch das Volk, noch die Menschheit sind ihrer selbst wegen da ..., in ihren Spitzen, in den großen ‹Einzelnen› ... liegt das Ziel, also weder vor noch hinter uns, sondern außerhalb der Zeit» [38]. Das G. ist so immer das künftige: «es giebt keine höhere Culturtendenz als die Vorbereitung und Erzeugung des Genius»; das durch den Genius gedeutete «erhabenste Daseinsziel» kann so nur geahnt und nur «mit Schauer» gefühlt werden [39].

Als Nietzsche spätestens 1876 R. Wagner als «das erkannte, was er ist, nämlich ein großer Schauspieler, der zu keinem Ding ein echtes Verhältnis (selbst zur Musik nicht)» hat, gesteht er zu: «Alles, was ich über Richard Wagner gesagt hatte, ist falsch» [40]. In der Abrechnung mit ihm im ‹Fall Wagner› (1888) wird auch mit dem G. und mit der unermeßlichen auf es gesetzten Hoffnung abgerechnet: Wagner «macht Alles krank, woran er rührt; – er hat die Musik krank gemacht»; er ist ein «typischer décadent, ... der seine Verderbnis als Gesetz, als Fortschritt, als die Erfüllung in Geltung zu bringen weiß» [41].

Damit geht auch die G.-Theorie in ihrer letzten «metaphysischen» Begründung zu Ende: Der Glaube ist falsch, «daß die G.s dem Wesen der Welt näher ständen» [42]; es ist «wie ein blinder Seekrebs, der ... gelegentlich etwas fängt» [43]. Mit den ‹Unzeitgemäßen Betrachtungen› rücken 1873/74 die Wissenschaften für Nietzsche an die erste Stelle. Die Theorie der Kunst verlangt nach anderen und neuen Ansätzen.

Anmerkungen. [1] A. SCHOPENHAUER: Die Welt als Wille und Vorstellung (=WWV) (1818) I, § 36. Werke, hg. A. HÜBSCHER (²1949) 2, 217. – [2] a. a. O. 218. – [3] 218f. – [4] 220. – [5] WWV II, c. 28 = 3, 409. – [6] I, § 38 = 2, 232f. – [7] ebda. – [8] WWV I, § 52 = 2, 302. – [9] 2, 304. – [10] 309. – [11] 310. – [12] 312. – [13] 2, 315f.; vgl. Parerga und Paralipomena a. a. O. [1] 2 (²1947) 81f. – [14] K. JASPERS: Nietzsche (²1947) 66. – [15] FR. NIETZSCHE, Geburt der Tragödie ... Musarion-A. (= Mus.) 3, 107; vgl. Art. ‹Apollinisch/dionysisch›. – [16] Versuch einer Selbstkritik (1886). Mus. 3, 12. – [17] Nachträge zu einer erweiterten Form der Geburt der Tragödie (1870). Mus. 3, 279. – [18] 3, 108-110; Nietzsche zitiert hier WWV a. a. O. [1] 2, 309. – [19] Gedanken zu einer Betrachtung: Der Philosoph in der Bedrängnis (1873). Mus. 7, 12. – [20] Geburt ... Mus. 3, 119. 122. – [21] 134. – [22] a. a. O. [16] 3, 5. – [23] Geburt ... Mus. 3, 104. – [24] 103. – [25] Aus dem Vortrag ‹Sokrates und die Tragödie› (1. 2. 1870). Mus. 3, 190. – [26] 121. – [27] 123. – [28] Mus. 7, 13. – [29] Der letzte Philosoph. Mus. 6, 8. – [30] 6, 4. 3. – [31] Geburt ... Mus. 3, 134. – [32] 133. – [33] 135. – [34] ebda. – [35] Geburt ... Vorwort an R. Wagner. Mus. 3, 271. – [36] Der letzte Philosoph. Mus. 6, 3. – [37] Die Philos. im tragischen Zeitalter der Griechen (1873). Mus. 4, 157. – [38] a. a. O. [35] 3, 270. – [39] 271. – [40]

Aus den Vorreden (1885/88). Mus. 14, 334f. – [41] Der Fall Wagner (1888). Mus. 17, 15f. – [42] Aus der Zeit der Morgenröthe (1880/81). Mus. 11, 9. – [43] a. a. O. 52.

c) *Der Verlust der metaphysischen und ästhetischen Bedeutung des G.-Begriffs*. – Die Geschichte eines Begriffs kann seine prinzipielle Infragestellung ignorieren und so lange über sie hinaus fortgehen, als das Feld seiner Funktion erhalten bleibt, ohne daß noch die Tiefe gewahrt werden muß, aus der er herkommt. Das gilt in der zweiten Hälfte des 19. Jh. auch für ‹G.›; es steigt hier zu einem universellen «Wertbegriff» auf und erfährt «eine wahre Apotheose» [1]; es gibt in dieser Zeit kaum eine Ästhetik und Theorie der Kunst, in der nicht auch vom G. gehandelt wird [2]. In vorsichtiger Typisierung läßt sich das nahezu unübersehbare Feld nach folgenden Aspekten gliedern:

1. BRENTANO sucht das G. gegen seine Deutung aus Inspiration und Eingebung in seiner «sehr feinen Empfindlichkeit für das ästhetisch Wirksame» nur durch einen «bloß graduellen Unterschied» zu anderen Menschen zu bestimmen [3].

2. K. FIEDLER sieht das Wesen des G. darin, daß es nicht nur für seine Zeit und sein Volk, sondern für die Welt «ein neues Evangelium predigt»; es sei vom Talent dadurch unterschieden, daß dieses sich «auf den ausgetretenen Wegen der Kunst» hält, während das G. «neue Gebiete» auftut, die es kühn entdeckt hat [4]. Für M. SCHELER tritt das G. «meteorartig» ins Dasein, gekennzeichnet durch «eine bis zur ekstatischen Hingabe an Ideen und Werte gehende Liebe zur Sache»; die Originalität seines Werks sei im Überschuß des Geistes über das Biologische nach keiner Regel geschaffen [5]. K. JASPERS gibt dem G. seinen Ort da, wo der Mensch an die Gründe des Seins rührt und nur in Chiffren zu sagen vermag, was ist [6].

3. Vor 1900 tritt G. – freigesetzt von metaphysischer und transzendentalphilosophischer Theorie – in den Aspekt einer *psychopathologischen* Deutung ein, die schon SCHOPENHAUER als Beziehung zum Wahnsinn beschäftigt hat [7]. Als erster [8] führt J. MOREAU DE TOURS G. auf die «gleichen organischen Veränderungen» zurück, deren «vollständigster Ausdruck Wahnsinn und Idiotie» sind [9]. C. LOMBROSO kommt in seinem berühmten ‹Genio e Follia› nach zunächst vorsichtigen Versuchen, es als «krankhaftes Selbstbewußtsein» zu deuten, zu der These, daß «das geniale Schaffen Ausfluß einer degenerativen Form von Psychose» aus der «Familie der Epilepsie» sei [10], und findet hierin in mannigfaltigen Abwandlungen eine große Zahl von Nachfolgern (A. ADLER, E. KRETSCHMER, O. WEININGER u. a. m.). In diesem Prozeß verliert ‹G.› mehr und mehr seine spezifische Bedeutung. W. LANGE-EICHBAUMS Interesse gilt nicht so sehr dem G. als Individuum und seiner pathologischen Deutung als seiner Wirkung: «Je stärker das Bionegative (neben Talent), desto eher die Neigung, die Ehrentitel ‹genial› oder ‹Genie› anzuwenden»; entscheidend sei die Verehrergemeinde, von der es als heilig erlebt wird [11]. Neben Pathographien (JASPERS, SPÖRRI) entwickelt sich eine soziologische Forschung und Deutung (A. VIERKANDT, J. M. GUYAU, G. SIMMEL, T. GEIGER, A. WEBER); sie läuft darauf hinaus, «die angeblich metaphysischen Gegebenheiten des G.-Problems «aus der Struktur der Gesellschaft» abzuleiten [12].

4. Demgegenüber hält W. DILTHEY daran fest, daß das G. zwar von der Norm eines Durchschnittsmenschen abweiche, aber «keine pathologische Erscheinung, sondern der gesunde, der vollkommene Mensch» sei. Seine großen Leistungen seien in der Wirksamkeit des erworbenen seelischen Zusammenhangs begründet [13].

5. Für E. GRISEBACH beruht der G.-Glaube, «den fast alle Gebildeten teilen», auf der Voraussetzung, daß im Menschen ein ursprüngliches Element zum Durchbruch komme, das ihn in einer «Selbsttranszendierung des Lebens» mit dem All eine [14]. Das G. erscheint so als «mythische Gestalt» mit Vergangenheitscharakter: «Mit der Gegenwart und ihren Konflikten hat diese Schöpferkraft und Genialität garnichts mehr zu tun» [15].

So gleicht sich der philosophische und wissenschaftliche G.-Begriff mehr und mehr dem allgemeinen Sprachgebrauch an, in dem ‹G.› und ‹Genialität› auch den großen Menschen, Helden, Erfinder bezeichnen als Ausdruck für besondere Gaben und hervorragende Begabung in allen Bereichen kreativer Produktion, ohne daß ‹G.› noch eine metaphysische oder ästhetisch begründbare Sonderstellung zukommt. Der Faktor Subjektivität bleibt hintergründig im Spiel und wird auch in der marxistischen Theorie anerkannt [16]. Im ganzen gilt, daß, wie GADAMER sagt, eine Art «G.-Dämmerung» eintritt: «Die Vorstellung von der nachtwandlerischen Unbewußtheit, mit der das G. schafft, ... erscheint uns heute als eine falsche Romantik» [17]. ADORNO spricht von der «mittlerweile zum Schwindel verkommenen imago des Dichters als dessen, der den Ursprüngen lauscht» [18].

Anmerkungen. [1] H.-G. GADAMER: Wahrheit und Methode (⁴1960) 56. – [2] Vgl. Lit. – [3] F. BRENTANO: Das G. (1892) 19; jetzt in: Grundzüge der Ästhetik, hg. F. MAYER-HILLEBRAND (1959) 88ff. – [4] K. FIEDLER: Schriften zur Kunst, hg. G. BÖHM (1971) 2, 120; vgl. 382f. – [5] M. SCHELER, Werke 8 (²1960) 54; vgl. 10 (²1957) 288ff. 326ff. – [6] K. JASPERS: Philos. (²1948) 842f. – [7] A. SCHOPENHAUER, Welt als Wille und Vorstellung I, § 36; II, c. 31f. – [8] W. LANGE-EICHBAUM: G., Irrsinn und Ruhm (²1935) 46. – [9] J. MOREAU DE TOURS: La psychol. morbide dans ses rapports avec la philos. de l'hist. (Paris 1859). – [10] C. LOMBROSO: Genio e follia (Turin ⁴1882); dtsch. G. und Irrsinn (1887, ND 1920) 339. – [11] LANGE-EICHBAUM, a. a. O. [8] 336. – [12] A. GEHRING: G. und Verehrergemeinde (1968) 147f. – [13] W. DILTHEY: Dichterische Einbildungskraft und Wahnsinn. Werke 6 (³1958) 90; Die Einbildungskraft des Dichters a. a. O. 168. – [14] E. GRISEBACH: Gegenwart (1928) 97f. – [15] a. a. O. 377. – [16] G. LUKÁCZ: Schr. zur Literatursoziol., hg. P. LUDZ (1961) 233. – [17] GADAMER, a. a. O. [1] 88. – [18] TH. W. ADORNO: Noten zur Lit. 3 (1965) 153; vgl. Ästhetische Theorie. Ges. Schr. 7 (1970) 253ff.

Literaturhinweise. C. LOMBROSO s. o. Anm. [10]. – F. BRENTANO s. o. Anm. [3]. – W. HIRSCH: G. und Entartung. Eine psychol. Studie (1894). – A. WOHLTAT: Zur Charakteristik und Gesch. der G.-Periode (1896). – E. GYSTROW: Soziol. des G. (1900). – O. SCHLAPP: Kants Lehre vom G. und die Entstehung der KU (1901). – P. DAHLKE: Das Buch vom G. (1905). – K. A. GERHARDT: Das Wesen des G. (1907). – G. SIMMEL: Schopenhauer und Nietzsche. Ein Vortragszyklus (1907). – R. DEHMEL: Naivität und G. Neue Rdsch. 20 (1908) 168-182. – A. VIERKANDT: Die Stetigkeit im Kulturwandel (1908); Gesellschaftslehre (1923, ²1928). – R. MÜLLER-FREIENFELS: Zur Analyse der schöpferischen Phantasie (1909). – O. WALZEL s. Anm. [1 zu III/3]. – J. M. GUYAU: Die Kunst als soziol. Phänomen (1911). – J. ERNST: Der G.-Begriff des Sturm und Drang und der Frühromantik (1916). – E. ZILSEL: Die G.-Relig. Ein krit. Versuch über das moderne Persönlichkeitsideal mit einer hist. Begründung (1918). – K. JASPERS: Strindberg und van Gogh. Versuch einer pathogr. Analyse unter vergl. Heranziehung von Swedenborg und Hölderlin, in: Arb. angew. Psychiat. 5 (1922). – F. GUNDOLF: Dichter und Helden (1923). – F. GUNDOLF und K. HILDEBRANDT: Nietzsche als Richter unseres Zeitalters (1923). – H. WOLF: Versuch einer Gesch. des G.-Begriffs in der dtsch. Ästhetik des 18. Jh. 1: Von Gottsched bis auf Lessing (1923). – A. BÄUMLER s. Anm. [5 zu III/1]. – T. GEIGER: Führer und G. Kölner Vjh. Soziol. 6 (1926/27). – E. ZILSEL: Die Entstehung des G.-Begriffs (1926). – E. KRETSCHMER: Geniale Menschen (1929, ⁵1958). – W. LANGE-EICHBAUM: Das G.-Problem (1931, ³1951); G., Irrsinn und Ruhm (²1935); vollst. erw. Ausg. hg. W. KURTH (⁴1956, ⁶1967) mit Bibliogr. und Slg. von Pathogr. – B. ROSENTHAL s. Anm. [1 zu III, 1]. – R. E. L. FARIS: Sociol.

causes of genius. Amer. sociol. Rev. 5 (1940). – K. SCHNEIDER: Die psychopathol. Persönlichkeit (⁶1943). – H. SOMMER: ‹G.›. Beitr. zur Bedeutungsgesch. des Wortes (1943). – R. SCHNEIDER: Macht und Gnade (1946) 101-104: ‹Von der Bewertung des G.›. – R. RÉVÉSZ: Talent und G. (1952). – H. BINDER: Das Problem des genialen Menschen (1952). – P. GRAPPIN: La théorie du génie dans le préclassicisme allemand (Paris 1952). – TH. SPOERRI: G. und Krankheit. Eine psycho-pathol. Untersuch. der Familie Feuerbach (1952). – A. WEBER: Einf. in die Soziologie (1955). – K. SACHERL: Psychol. und soziol. G.-Begriff. Stud. gen. 10 (1957) 44-55. – G. BENN, Werke, hg. D. WELLERSHOFF (1958-61) 1, 84-89. 107-122. 459-461; 2, 165. – A. HOCK: Reason and genius: Stud. in their origin (New York 1960). – D. V. KLEBELSBERG: Über grundsätzliche Fragen des Genialitätsbegriffs. Stud. gen. 13 (1960) 739-745. – H.-G. GADAMER s. o. Anm. [1] (1960, ²1965) 51ff. – A. EICHSTAEDT: Gedichtete Poetik, Versuch über das Kunstgespräch der G.-Zeit, in: Festschrift B. Markwardt (1960). – W. E. MÜHLMANN: Homo creator (1962) 60-69: ‹Gnadengabe und Mythos des G.›. – H. MAINUSCH s. Anm. [13 zu III, 5a]. – H. J. SCHRIMPF s. Anm. [6 zu III, 5a]. – A. GEHRING: G. und Verehrergemeinde. Eine soziol. Analyse des G.-Problems (1968). J. RITTER

Genius malignus. DESCARTES benutzt die Hypothese eines mächtigen G.m. in der ersten Meditation, um den Zweifel an der Wahrheit unserer Erkenntnis zu stabilisieren: Die äußere Welt könnte eine Illusion sein, die durch Vorspiegelungen dieses «Betrügers» hervorgerufen wird. Der G.m. löst die Fiktion eines täuschenden Gottes ab, die zunächst eingeführt wurde, die sich aber wegen ihrer inneren Widersprüchlichkeit nicht halten und daher als psychologische Basis eines länger durchgehaltenen Zweifels nicht brauchen läßt. Schon PLATON hatte den Gedanken eines täuschenden Gottes als mit Gottes Vollkommenheit unvereinbar, daher gotteslästerlich abgewiesen [1]. Es kann für Gott keinen Grund zur Lüge geben. Der täuschende Dämon dagegen ist eine in der mystisch-aszetischen Literatur des 16. Jh. geläufige Figur. Sie geht letzten Endes zurück auf den «Vater der Lüge» [2] im Neuen Testament. AUGUSTIN spricht von den «spiritus maligni fallaces», die in der Seele «falsche Erinnerungen» und «falsche Meinungen» bezüglich der Seelenwanderung hervorrufen [3].

Im 16. Jh. gewinnt im Zusammenhang mit dem Problem der Heilsgewißheit die Figur des dämonischen Illusionskünstlers an Bedeutung. TERESA VON AVILA spricht von der Hervorrufung geistlicher Regungen oder der Illusion eigener Tugend durch den Dämon und sucht demgegenüber nach einem «absolut sicheren und evidenten Beweis, daß eine Seele vom Geist Gottes geleitet und nicht in der Illusion ist» [4].

Ähnlich JOHANNES VOM KREUZ, FRANZ VON SALES und Kardinal DE BÉRULLE, der seinerseits Descartes zur Veröffentlichung seiner Meditationen ermunterte. Bérulle spricht von der Gefahr, durch Illusionen eines «malin esprit» getäuscht zu werden. Die Annahme solcher Täuschungen hat für die geistlichen Lehrer – analog zu Descartes – eine positive Funktion. Sie dient dazu, in einer purificatio mentis zu jenem Punkt durchzustoßen, der solchen Täuschungen grundsätzlich nicht zugänglich ist und der im allgemeinen in der vollkommenen Demut und Selbstlosigkeit des Willens gesehen wird. Denn nach scholastischer Tradition stehen nur Sinnlichkeit und Einbildungskraft, nicht jedoch der Wille der Einwirkung dämonischer Mächte offen, und die Vernunft nur, insofern sie als «ratio discursiva» auf Einbildungskraft bezogen ist [5]. Die Figur des G.m. dient Descartes dazu, im Cogito den Punkt unangreifbarer Selbstgewißheit zu gewinnen.

Anmerkungen. [1] PLATON, Resp. 380ff. – [2] Joh. 8, 45. – [3] AUGUSTIN, De Trinitate XII, 15. – [4] TERESA VON AVILA, Camino de perfeccion, dtsch. Weg der Vollkommenheit. Sämtl. Schriften 6 (³1963). – [5] THOMAS VON AQUIN, S. theol. I, qu. 111 art. 3f.
R. SPAEMANN

Genotyp/Phänotyp. Die Unterscheidung zwischen G. und Ph. geht auf den dänischen Forscher W. JOHANNSEN zurück [1], der seit 1903 Vorlesungen über «exakte Erblichkeitslehre» gehalten hat. Von seinen Untersuchungen an «reinen Linien» (d. h. an bezüglich eines Merkmals reinerbigen Lebewesen) ausgehend, hat er die Modifikationen von Merkmalen als nicht-erbliche Variationen nachgewiesen. Entscheidend für die Nachkommen sind allein die erblichen Variationen. Somit wird unter G. die Gesamtheit der Gene (d. h. der erblichen Anlagen eines Organismus) verstanden und als Ph. die Gesamtheit der Erscheinungen (Phäne) des Organismus, also die Gesamtheit der morphologischen und physiologischen Merkmale im Laufe des Lebens. Der Begriff des Phäns ist somit immer zu verstehen in bezug auf ein Gen. Doch lehnt Johannsen ausdrücklich jede atomistische Vorstellung ab; sowohl der Ph. wie der G. sind immer als Gesamtheit zu verstehen.

G. BENN hat (unter Berufung auf Johannsen) die Begriffe des G. und Ph. in seine Dichtungen [2] und Essays [3] übernommen und bezeichnet den Ph. als «das Individuum einer jeweiligen Epoche, das die charakteristischen Züge dieser Epoche evident zum Ausdruck bringt» [4].

Anmerkungen. [1] W. JOHANNSEN: Elemente der exakten Erblichkeitslehre (³1926). – [2] G. BENN: Roman des Ph. Werke, hg. D. WELLERSHOFF (1958-61) 2, 152-204. – [3] Der Aufbau der Persönlichkeit a. a. O. 1, 90ff.; vgl. 1, 125. – [4] a. a. O. 4, 143f.; vgl. 132.

Literaturhinweis. A. BARTHELMESS: Vererbungswiss. (⁴1952).
O. V. VERSCHUER

Genugtuung (Satisfaktion). ‹Satisfactiones› nennt die *alte Kirche* mit TERTULLIAN und CYPRIAN die für schwere Vergehen auferlegten Bußleistungen (Fasten, Almosen, Gebet, Liebeswerke) der einmaligen öffentlichen *Kirchenbuße* [1]. Als gute Werke sind dies Sühnemittel wie Kompensation für die nach der Taufe begangenen Sünden und gewinnen eine Gott versöhnende Funktion. Seit der Einführung der heimlichen Beichte versteht die katholische Kirche mit dem *Dekret für die Armenier* (1439) und dem *Tridentinum* (Sessio XIV, 1551) [2] unter ‹G.› (satisfactio operum) den dritten Bestandteil der Akte des Pönitenten; diese tritt neben die Herzensreue (contritio cordis) und das mündliche Bekenntnis (confessio oris). Die G. tilgt die nach der priesterlichen Absolution noch verbleibenden zeitlichen Sündenstrafen. Die Lehre vom Fegfeuer sowie vom Schatz der Heiligen entfaltet die dogmatische Dimension der G.

Sowohl die Sache der G. als auch der Terminus ‹satisfactio› werden in einem Jahrhunderte währenden Prozeß aus der Bußlehre in die *Christologie* rückübertragen. ORIGENES deutet Jesu Tod als ein Gott dargebrachtes Sühnopfer [3]. Im Abendland entfalten HILARIUS, AMBROSIUS, AUGUSTIN, LEO I. und GREGOR I. [4] diesen Ansatz, freilich noch ohne dabei den Terminus ‹satisfactio› zu benutzen. Nach seinem Menschsein tritt Christus an die Stelle der Sünder und versöhnt den heiligen Gott. Im eucharistischen Opfer wird jene einmalige G. ständig vor Gott repräsentiert. So treiben die Meßliturgie wie das Bußsakrament auch das Verständnis der «Satisfactio Christi» voran. Erst ANSELM VON CANTERBURY rückt den Terminus ‹satisfactio› ins Zentrum der Versöhnungslehre. Die G. für die Sündenschuld kann der Mensch nicht aus sich heraus erbringen, da alle Sühne nicht ausreicht, Gott zu versöhnen. Nur der Gottmensch Christus kann eine angemessene G. leisten [5]. Anselms stringentes Denkmodell hat sich in der abendländischen Christenheit in allen Konfessionen durchgesetzt und deren Erlösungslehren – freilich in höchst unterschiedlichen Ausprägungen (Straf-, Sühne-, Theorien) [6] – bis in die Moderne hinein beherrscht. Die *Reformatoren* verwerfen um der freien, ungeschuldeten Gottesgnade willen die Verknüpfung zwischen den Strafen Gottes und den von Menschen auferlegten Bußen und damit den Begriff ‹G.› [7], behalten ihn aber für die stellvertretende Sühneleistung Christi bei [8]. KANT sieht in beiden G.-Begriffen die Antinomie, daß der Mensch sich eine ohne eigenes Zutun nur von Christus geleistete G. ebensowenig als ausreichend vorstellen kann wie eine vom Menschen vollzogene Bekehrung ohne fremde G., da er doch «von Natur verderbt ist». Dieser Widerstreit ist nicht theoretisch, sondern nur praktisch aufzulösen: als Maxime für das Handeln gilt, daß wir mit der «Besserung des Lebens anfangen» müssen [9].

Anmerkungen. [1] TERTULLIAN, De paen. 8, 9; 9, 2. MPL 1, 1353f.; De ieiun. 3. MPL 2, 958; CYPRIAN, De laps. 32. 34. 36. MPL 4, 505. 506f. 508f.; De op. et eleem. 4, 5. MPL 4, 628; vgl. AMBROSIUS, Expos. evang. sec. Lucam 7, 156. MPL 15, 1829; De laps. virg. 8, 37. MPL 16, 397; AUGUSTINUS, Serm. 351, 4, 9; 5, 12. MPL 39, 1545. 1549; Enchir. 70. 71. MPL 40, 265; weitere Belege bei A. DENEFFE: Das Wort satisfactio. Z. kath. Theol. 43 (1919) 158-175. – [2] H. DENZINGER/A. SCHÖNMETZER: Enchiridion symbolorum (³⁴1967) Nr. 1323. 1673-75. 1689-93. – [3] ORIGENES, In Gen. hom. 1, 5, 7; In Joh. com. 6, 55 (37); vgl. In Ex. hom. 6, 9; In Röm. com. 5, 1. 10; In Joh. com. 6, 18 (10). 53 (35). – [4] Wichtige Belege bei H. E. W. TURNER: The Patristic doctrine of redemption (London 1952) 96-113 und FR. LOOFS: Leitfaden zum Studium der Dogmengesch. (⁵1953) 318-323. 358-363. 412 Anm. 5. – [5] ANSELM VON CANTERBURY, Cur Deus homo 1, 19ff.; 2, 20; Meditationes 11; vgl. THOMAS VON AQUIN, S. theol. III, 48, 2; suppl. 12-15. – [6] Vgl. hierzu F. LAKNER: Art. ‹Satisfaktionstheorien›, in: LThK² 9, 341-343; W. JOEST: Art. ‹Versöhnung›, in: RGG³ 4, 1367-1379. – [7] M. LUTHER, Weimarer A. 1, 243-246; 2, 373-383; 7, 352ff.; 30 II, 288-292; Schmalkaldische Artikel Teil III, a. 3.; J. CALVIN, Inst. rel. christ. III, 4, 25. – [8] LUTHER, Weimarer A. 10 I, 1, 121f. 470f. 719ff.; 10 III, 49; 17 II, 291; 21, 264; 29, 578; 34 I, 301f.; CALVIN, a. a. O. III, 4, 26; 16, 4; Confessio Augustana a. 4; J. A. QUENSTED: Theol. didact.-pol. (1702) 3, 225ff. – [9] I. KANT, Relig. innerhalb ... Akad.-A. 6, 116-118.

Literaturhinweise. C. ANDRESEN: Art. ‹Erlösung›, in: Reallex. für Antike und Christentum 6, 54-219. – A. DENEFFE s. Anm. [1]. – J. RIVIÈRE: Sur les premières applications du terme satisfaction à l'œuvre du Christ. Bull. Litt. eccl. 25 (1924) 285-297. 353-369. – A. SJÖSTRAND: Satisfactio Christi (1937). – O. TIILILÄ: Das Strafleiden Christi (1941). – J. RIVIÈRE: Le dogme de la Rédemption dans la théol. contemporaine (Albi 1948). – Vgl. F. LAKNER: Z. kath. Theol. 73 (1951) 221-229. – J. CAPELLA: De satisfactione Jesu Christi et de satisfactione nostra (Ferrara 1951). – B. POSCHMANN: Buße und letzte Ölung, Hb. der Dogmengesch. IV/3 (1951). – H. E. W. TURNER s. Anm. [4]. – F. BOURASSA: La satisfaction du Christ. Sci. eccl. 15 (1963) 351-382. – H. ALPERS: Die Versöhnung durch Christus (1964). – H. KESSLER: Die theol. Bedeutung des Todes Jesu (1970). A. PETERS

Genus, Sexus. Die Bezeichnung γένος (Gattung, Geschlecht) wird bereits von ARISTOTELES mit Bezug auf PROTAGORAS als gängiger Terminus für die grammatische Kategorie zur Klassifikation der Nomina verwandt [1] und dient in der latinisierten Form ‹G.› bis heute als grammatischer terminus technicus bei der Deskription der nominalen Klassifikationssysteme vor allem der indogermanischen Sprachen. Bei der Bezeichnung ‹S.› handelt es sich um ein Wort lateinischen Ursprungs [2], das bei der Spezifikation des Genus dort, wo die griechische Grammatik φύσις bzw. φυσικῶς verwendet [3], ins Spiel kommt [4]. Im Einzelfall ist später, etwa bei T. CAMPANELLA, ‹G.› durch ‹S.› ersetzt [5]. Die damit sichtbar werdende Beziehung zwischen dem grammatischen Terminus und seiner Bedeutung bestimmt die Geschichte des Begriffs ‹G.› bis heute [6].

Wahrscheinlich hat schon PROTAGORAS seine Trias ἄρρεν (männlich), θῆλυ (γένος) (weiblich), σκεῦα (Sachen) mit Bezug auf die außersprachlichen Korrelate etabliert, während ARISTOTELES durch einen Beispielsatz verdeutlicht [7], daß er diese Bezeichnungen auf innersprachliche Kongruenzerscheinungen bezogen wissen möchte. Außerdem ersetzte er σκεῦος durch μεταξύ (dazwischen) und gliederte die Nomina nach formalen Kriterien (Endungen) der drei Genera [8]. Von hier an wird der G.-Begriff durch das wechselweise Vorherrschen der semantischen oder der syntaktischen Implikationen bestimmt (schon ARISTOPHANES hatte das sophistische Anliegen, den Sprachgebrauch den Gesetzen der Vernunft zu unterwerfen, verspottet [9]). Diese werden in der Nachfolge des Aristoteles vor allem betont von den *Stoikern* [10], dem Römer VARRO [11] und den spätantiken Grammtikern DONAT [12] und PRISCIAN [13], die beide im mittelalterlichen System der septem artes geradezu die ars grammatica repräsentieren. Ihrem Vorbild folgen in pragmatischer Haltung – zunächst noch zur Erlernung des Lateinischen, dann auch mit Bezug auf die angestrebte Sprachrichtigkeit in den Volkssprachen – von MELANCHTHON über GOTTSCHED und ADELUNG [14] bis zum Beginn der modernen historischen Sprachwissenschaft im 19. Jh. die neuzeitlichen Regelgrammatiken, die mit ihrer Dichotomie «regulae generales» und «regulae speciales», einer Mischung von Klassifikation nach der Bedeutung und dem Wortausgang, dem Dilemma der Inkongruenz zwischen natürlichem und grammatischem Geschlecht beizukommen versuchen.

Die andere, mit *Protagoras* beginnende Reihe findet ihre stärksten Ausprägungen an Wende- oder Höhepunkten der Geistesgeschichte. In der Spätantike erklärt der Donatkommentator SERGIUS die G. nach zwei Prinzipien, und zwar einmal in der Nachfolge *Varros* etymologisierend (genus a generando) aus dem S., zum anderen nach dem Prinzip der «auctoritas», aus der sich die zusätzlichen Spezifizierungen «commune», «epicoenum» und «omne» herleiten, die insgesamt wiederum auf der S.-Differenzierung beruhen [15]. Auch die hochmittelalterliche Sprachlogik postuliert den Zusammenhang zwischen ontologischer und sprachlicher Realität, so daß das G. bei Abweichung von der natürlichen Ordnung als zuerteilte Qualität aufgefaßt wird [16]. Diesen harmonisierenden Vernunftglauben kann CAMPANELLA [17] nicht mehr teilen, erhebt aber in der G.-Frage den S. zur grammatischen Kategorie. Einen Schritt weiter geht der Engländer HARRIS [18], wenn er den poetischen G.-Gebrauch aus dem sprachschöpferischen Subjektivismus ableitet, während HERDER [19] zu der Auffassung einer allgemeinen Anthropomorphisierung der unbelebten Natur gelangt. W. v. HUMBOLDT [20] und J. GRIMM [21] schließlich vertreten eine Belebung der Wörter durch die poetische Imagination. Diese Theorie der Metaphorisierung behauptet sich bis zum Ausgang des 19. Jh., so daß z. B. die ‹Ausführliche Grammatik der lateinischen Sprache› von KÜHNER-HOLZWEISSIG noch 1912 in der 2., neubearbeiteten Auflage des 1877 erschienenen Werkes in dieser sprachlichen Gegebenheit «nichts Auffallendes» sieht [22]. Derartige «naiv» anmutende Scheinlösungen werden zuerst von K. BRUGMANN zurückgewiesen und auf das Grundproblem, die Frage nach einer möglichen bedeutungsmäßigen Beziehung zwischen den sprachlichen Formen und der Kategorie des G., zurückgeführt. Gestützt auf die an den Lautgesetzen orientierte Methode der historischen Sprachwissenschaft stellt er die These auf, daß die sprachlichen Formen ursprünglich nicht in Beziehung zum natürlichen Geschlecht gestanden hätten, diese Bedeutung sich vielmehr sekundär durch Analogiewirkungen herausgebildet habe [23].

Seit diesem Angriff auf die Grimmsche Deutung des G. ist das Problem unter Einbeziehung der Erkenntnisse und Hypothesen anderer Humanwissenschaften und der den Bereich des Indogermanischen transzendierenden Sprachwissenschaften und ihrer methodischen Neuorientierungen vielfältiger Gegenstand der wissenschaftlichen Diskussion geworden, bei der die vorwiegend monokausalen durch immer differenziertere Erklärungsversuche abgelöst werden. In dem so entstehenden Geflecht von sich teilweise ausschließenden, teilweise durch sich überlappenden Strängen zeichnen sich seit 1900 Versuche ab, das G. mit Hilfe einer umfassenderen Klassifikation auf der Basis elementarer Oppositionspaare zu erklären. Während B. I. WHEELER, von syntaktischen Überlegungen im Rahmen des Gegensatzpaares ‹aktiv/passiv› ausgehend, zur Begründung einer sekundären S.-Differenzierung gelangt [24], wird die S.-Idee von A. MEILLET, der auf Untersuchungen des Slavischen fußt, zugunsten der Opposition ‹animé/inanimé› in den Hintergrund gedrängt [25]. Diese Auffassung bedient sich vorwiegend religionswissenschaftlicher Stützargumente, etwa der Animismustheorie Tylors, auf die sich P. KRETSCHMER noch 1924 bezieht [26]. Solche auf der Vorstellung von ursprünglich relevanten semantischen Kontrastpaaren basierenden Hypothesen konnten leicht zur Annahme einer ursprünglichen, dem Psychologismus nahestehenden Differenzierung nach Rang- oder Wertstufen führen, auf die W. WUNDT [27] wie auch A. TROMBETTI in seinen 1905–1923 erschienenen Arbeiten [28] die G.-Unterscheidung zurückführen. Auch die Sprachphilosophie konnte diesen Ansatz übernehmen [29]. – Eine methodisch differenziertere, allerdings nicht für alle Sprachen gültige Werttheorie, die auch das G. umfaßt, entwickelt H. P. BLOK (1952) [30].

In der Abkehr von der Annahme einfacher bipolarer oder eindimensionaler Systeme wählen andere Forscher für die Erklärung des G. einen konträren Ansatzpunkt: Ein älteres umfangreiches pluralistisches Klassifikationssystem ist durch Reduktion zum jüngeren trigenerischen Nominalsystem des Indogermanischen umgebildet worden. Diese «Reinterpretationsthese» geht wesentlich auf die Untersuchung der hochzahligen Klassifikationssysteme in afrikanischen Sprachen zurück, mit deren «Verwandtschaft» mit dem Indogermanischen C. MEINHOF zunächst seine G.-Theorie begründet [31], sich dann aber nach dem Gegenbeweis A. KLINGENLEBENS [32] auf die Annahme einer «logischen» Vorgängerschaft der afrikanischen Klassensprachen vor den G.-Sprachen beschränken muß [33]. Für den Bereich des Indogermanischen hat G. ROYEN die Reinterpretationstheorie entwickelt. Er stellt sich die ältere Stufe des Vorindogermanischen als eine Art Bantuklassensystem vor, aus dem sich durch Synkretisierung das indogermanische Dreiklassensystem herausgebildet habe [34].

Alle diese Versuche, das G. aus zwei oder mehreren ursprünglich vorhandenen semantischen Klassifikationen abzuleiten, haben ihren vorläufigen Abschluß gefunden durch die glossematischen Untersuchungen L. HJELMSLEVS, der die Opposition ‹belebt/unbelebt› als die tiefere Schicht herausstellt, von der sich die S.-Differenzierung als sekundäre Entwicklung abhebe [35]. Diese Feststellung wird auch von W. SCHMIDT als wahrscheinlichstes Ergebnis gebucht [36], ebenso von K. AMMER, der allerdings mit der Annahme einer «Kreuzung von S.-Klassifizierung und Sachklassifizierung» [37] die Priorität eines dieser Prinzipien nicht mitformuliert.

Während alle bisher genannten Versuche darauf abzielen, den «Inhalt» des G. im Ursprung des nominalen Klassifikationssystems zu suchen und dabei über die Stufe der Hypothese nicht hinausgelangen, eliminieren andere Forscher in jüngster Zeit den diachronisch-etymologisierenden Ansatzpunkt und bringen in synchronischer Deskription den funktionalen Aspekt des G. zum Tragen. H. BRINKMANN und J. ERBEN betonen seine syntaktische Funktion [38], die A. MARTINET letztlich als Redundanzerscheinung ansieht [39]. Bei BRINKMANN tritt der semantische Aspekt der morphologischen Gruppenbildung durch das G. in den Vordergrund [40]. Diesen innersprachlichen Deskriptionen sind neuere Versuche an die Seite zu stellen, die das Verständnis des G. aus der Untersuchung der Relation von sprachlichem System und Außersprachlichem gewinnen möchten. Die Tradition einer solchen korrelativen Sicht ist alt, wie die zum Teil oben genannten Zusatzargumente aus der Mythologie, dem Animismus usw. zeigen. Wichtig sind außerdem philosophische Bedingungen (HERDER, HUMBOLDT), kulturhistorische (VOSSLER [41], STAMMLER [42]), psychologische (G. ROETHE [43], R. DE LA GRASSERIE [44]), ethnopsychologische (W. WUNDT, F. GRAEBNER [45]) und religionsgeschichtliche Begründungen (ROYEN, MEILLET, KRETSCHMER, A. NEHRING [46], E. BÖKLEN [47], F. SPECHT [48]) bis hin zur Relevanz primitiven und magischen Denkens (E. ABEGG [49], W. HAVERS [50], A. J. WENSINCK [51], M. DEUTSCHBEIN [52]), weil sie insgesamt eine Korrelation zwischen Sprache, Denken und Wirklichkeit formulieren und so die SAPIR-WHORF-Hypothese vorbereiten und stützen. Auf ihrer Basis soll eine methodologisch fundierte Sicherung der bislang nur partiell oder pauschal belegbaren Korrelationen zwischen außersprachlichen und sprachlichen Klassifikationssystemen erreicht werden. Die jüngste Untersuchung dieser Art für das Indogermanische von G. WIENOLD [53], der E. DAMMANN [54], A. CAPELL [55], P. M. WORSLEY [56] und W. H. WHITELEY [57] mit ihren gleichgerichteten Untersuchungen afrikanischer und nordaustralischer Sprachen zu seinen Vorläufern zählt, ihnen aber insgesamt das Gelingen einer «Gesamtcharakterisierung einer Klasse» abspricht [58], basiert auf der Wählbarkeit der indogermanischen Kosmogonie als außersprachlichem Kulturkorrelat. Auf diese Weise können zahlreiche Entsprechungen z. B. für Körper- und Gerätebezeichnungen, Zeit- und Raumbegriffe usw. nachgewiesen werden. WIENOLDS Korrelationsbegriff schaltet die Frage nach der Motivation für die aufgefundenen Entsprechungen ausdrücklich aus [59], so daß das Problem der Semantizität des G. hier auf eine andere Ebene übergeführt ist.

Damit lassen sich für die heute vorfindbaren Bestimmungen des G. wesentlich drei Lösungsvarianten unterscheiden: 1. Dem G. kommt eine Bedeutung (Inhalt) zu, die in einer ursprünglichen Sach- bzw. S.-Relation wurzelt [60]. 2. Das G. hat keinen Inhalt (mehr), sondern dient der Herstellung von Bezügen innerhalb des Redezusammenhanges (BRINKMANN, ERBEN, MARTINET).

3. Der «Inhalt» des G. besteht in seiner Potenz, Semantizität zu generieren (WIENOLD).

Anmerkungen. [1] ARISTOTELES, Rhet. III, 5. – [2] WALDE/HOFMANN: Lat. etymol. Wb. (^{3} 1954) 2, 529. – [3] z. B. Schola Marciana in artis Dionysianae § 12, in: A. HILGARD: Gram. graeci I/3, 362, 33. – [4] z. B. SERVIUS, Comm. in Donatum, zit. H. KEIL, Gram. lat. 4 (1864) 408, 1ff. – [5] Vgl. M. H. JELLINEK: Zur Gesch. einiger grammat. Theorien und Begriffe. Indogerman. Forsch. 19 (1906) 272-316, zit. 303. – [6] Zum Folgenden vgl. JELLINEK, a. a. O. bes. 295ff. mit Belegstellen; vgl. ferner M. H. JELLINEK: Gesch. der nhd. Gramm. von den Anfängen bis auf Adelung 2 (1914) 184-190. – [7] ARISTOTELES, Rhet. III, 5. – [8] Soph. Elench. 4. 14. – [9] ARISTOPHANES, Wolken 666ff. – [10] Vgl. DIOG. LAERT. VII, 58. – [11] VARRO, De ling. lat. IX, 41. – [12] KEIL, a. a. O. [4] 4, 375, 4. – [13] a. a. O. 2, 141ff. – [14] Vgl. JELLINEK, a. a. O. [6] 197ff. – [15] KEIL, a. a. O. [4] 4, 492, 37ff. – [16] Vgl. R. H. ROBINS: Ancient and mediaeval grammat. theory in Europe (London 1951) 84; JELLINEK, a. a. O. [5] 299f. – [17] Vgl. JELLINEK, a. a. O. 302f. – [18] 305f. – [19] J. G. HERDER: Abh. über den Ursprung der Sprache. Sprachphilos. Schriften, hg. E. HEINTEL (1960) 35. – [20] W. VON HUMBOLDT: Über den Dualismus. Akad.-A. I/4, 1 (1907). – [21] J. GRIMM: Dtsch. Gram. 3 (ND 1890) 343ff. – [22] KÜHNER-HOLZWEISSIG 1 (ND 1966) 257. – [23] K. BRUGMANN: Das Nominalgeschlecht in den idg. Sprachen, Int. Z. allg. Sprachwiss. 4 (1899) 100-109. – [24] B. I. WHEELER: The origin of grammat. gender. J. german. Philol. 2 (1899) 528-545. – [25] A. MEILLET: Du genre animé en vieuxslave et de ses origines indoeuropéennes (Paris 1897). – [26] P. KRETSCHMER: Dyaus, ZEUS, Diespiter und die Abstrakta im Idg. Glotta 13 (1924) 101-114. – [27] W. WUNDT: Völkerpsychol. II. Die Sprache, 2. Teil (^{4}1922) 20f. – [28] A. TROMBETTI: Elementi di glottologia (Bologna 1923). – [29] R. FRÖHLICH: Im Anfang war das Wort. Sprachphilos. Betrachtungen. Neuphilol. Z. 3 (1951) 195-204. – [30] H. P. BLOK: Negro-African linguistics, Lingua 3 (1952/3) 269-294. – [31] C. MEINHOF: Die afrikan. Klassensprachen in ihrer Bedeutung für die Gesch. der Sprache, Scientia 25/50 (1931) 165-173. – [32] A. KLINGENLEBEN: Die Permutation des Biafada und des Ful. Z. Eingeborenensprachen 15 (1924/25) 180-213. 266-272. – [33] C. MEINHOF: Die Entstehung flektierender Sprachen (1936) 11. – [34] G. ROYEN: Die nominalen Klassifikationssysteme in den Sprachen der Erde, in: Linguist. Bibl. Anthropos 4 (1929). – [35] L. HJELMSLEV: Animé et inanimé, personnel et impersonnel, in: Essais linguistiques. Travaux du Cercle linguist. de Copenhague 12 (Kopenhagen 1959) 211ff. – [36] W. SCHMIDT: Grundfragen der dtsch. Gram. (^{3}1967) 98. – [37] K. AMMER: Einf. in die Sprachwiss. (1958) 156. – [38] H. BRINKMANN: Die dtsch. Sprache. Gestalt und Leistung (^{2}1971) 3ff.; J. ERBEN: Dtsch. Gram. Ein Abriß (1972) § 219. – [39] A. MARTINET: A functional view of language (1962) 51ff. – [40] H. BRINKMANN: Zum grammat. Geschlecht im Deutschen. Ann. Acad. Sci. Fenn. Ser. B 84 (1954) 371-428. – [41] K. VOSSLER: Über grammat. und psychol. Sprachformen. Logos 8 (1919/20) 1-29, bes. 4. – [42] W. STAMMLER: Ideenwandel in Sprache und Lit. des dtsch. MA. Dtsch. Vjschr. Lit.wiss. 2 (1924) 753-769, bes. 768. – [43] G. ROETHE: Noch einmal das idg. G. Anz. dtsch. Altertum 17 (1891 181-184, bes. 182f. – [44] R. DE LA GRASSERIE: De la catégorie du genre. Etudes de linguistique et de psychol. (Paris 1906) 3. – [45] F. GRAEBNER: Das Weltbild der Primitiven (1924) 84. 89. – [46] A. NEHRING: Die Problematik der Indogermanenforsch. Würzburger Univ.-Reden 17 (1954) 16. – [47] E. BÖKLEN: Die Entstehung der Sprache im Lichte des Mythos (1922) 20ff. – [48] F. SPECHT: Der Ursprung der idg. Deklination (1944) bes. 385. – [49] E. ABEGG: Die Sprachen der Naturvölker als Ausdrucksformen des primitiven Bewußtseins. Mitt. geograph.-ethnograph. Ges. 23 (1922/23) 41-60. – [50] W. HAVERS: Hb. der erklärenden Syntax (1931) 102. – [51] A. J. WENSINCK: Some aspects of gender in the Semitic languages, Verslagen en Medelingen der Koninklijke Akademie van Wetenschappen te Amsterdam, Afd. Letterkunde NR 26/3 (Amsterdam 1927). – [52] M. DEUTSCHBEIN: Der Sinn des german. Neutrums. Euphorion 38 (1937) 401-418. – [53] G. WIENOLD: G. und Semantik (1967). – [54] E. DAMMANN: Die Sprache als Ausdruck des Denkens. J. South West Africa sci. Soc. 12 (1956/57) 69-80. – [55] A. CAPELL: A new approach to Australian linguistics, in: Handbook of Australian Languages I (Sydney 1956). – [56] P. M. WORSLEY: Noun-classification in Australian and Bantu: formal or semantic? Oceania (Sydney) 24 (1953/54) 275-288. – [57] W. H. WHITELEY: Shape and meaning in Yao nominal classes, African Language Stud. 2 (1961) 1-24. – [58] WIENOLD, a. a. O. [53] 143. – [59] a. a. O. 254. – [60] Vgl. H. GLINZ: Die innere Form des Deutschen (^{2}1961) 272.

Literaturhinweise. M. H. JELLINEK s. Anm. [5] und [6] bes. 184ff. 197ff. – G. ROYEN s. Anm. [34] 1-270. – G. WIENOLD s. Anm. [53] bes. 9-142. M. SCHERNER

Genuß. Bis zur Neuzeit steht der philosophische G.-Begriff überwiegend in der Tradition der Unterscheidung Augustins zwischen uti und frui (s. d.). – Das deutsche Wort ‹G.› hat sich erst seit dem 17. Jh. allmählich für mittelhochdeutsch ‹der geniesz› eingebürgert. Die verbale Form (mhd. geniezen, ahd. (gi)niozan) geht auf die germanische Wurzel ‹*nut-› zurück, deren Grundbedeutung «Erstrebtes ergreifen, in Nutzung nehmen» ist [1]. ‹G.› meint den Gebrauch oder die Inbesitznahme einer Sache ebenso wie die Empfindungen (s. d.) der Freude und Lust bei diesem Vorgang. Die Verwendung dieses Wortes, vor allem in Komposita, reicht von ‹rechtsgenusz› (J. MÖSER), ‹seelengenusz› (J. K. LAVATER), ‹G. Gottes› (J. CH. ADELUNG) bis zu ‹Kunst-G.› und ‹Sinnen-G.›.

Neben der Verwendung von ‹G.› in den eudämonistischen Lehren des 17. und 18. Jh. und bei deren Gegnern läßt sich vor allem in der Dichtung der Empfindsamkeit und des ‹Sturm und Drang› ein origineller, an die ursprüngliche Bedeutung von Teilhabe und Aneignung anknüpfender Gebrauch des Wortes bezeugen, der auch vereinzelt Aufnahme in die philosophische Redeweise erfuhr [2].

LEIBNIZ erörtert G. im Zusammenhang mit «Weisheit» als der Wissenschaft von der Glückseligkeit [3]. Er definiert Glückseligkeit als «Stand einer beständigen Freude» und unterscheidet sie von der sinnlichen, nur «gegenwärtigen Freude». Jene ist vielmehr «die Vergnügung, so die Seele an ihr selbst hat» und bemißt sich an deren «Ordnung, Freiheit, Kraft oder Vollkommenheit». Die größte «Erhöhung ihrer Vernunft» und somit «größte Lust ist in Liebe und Genießung der größten Vollkommenheit und Schönheit». Diese aber ist Gott. «Je mehr man die Schönheit und Ordnung der Werke Gottes versteht, je mehr genießt man Lust und Freude.» Es ist nämlich «eins der ewigen Gesetze der Natur, daß wir der Vollkommenheit der Dinge und [der] daraus entstehenden Lust nach Maß unsrer Erkenntnis, guter Neigung und vorgesetzten Beitrags genießen werden» [4].

CHR. THOMASIUS dagegen, der von einer Ethik des wahren Glücks zu einer strengen Pflichtethik übergeht, plädiert für Verzicht auf den G.: Das «Vergnügen, das der Mensch über alle Güter empfindet», besteht «mehr in den Gedanken als in der Geniessung» [5]. In der Ethik des 18. Jh. wandelt sich jedoch das Urteil über den G. der weltlichen Güter. Da Glück einhellig als oberstes Ziel menschlichen Handelns gilt, bleibt nur strittig, inwiefern G. und, wenn ja, welche Art von G. Bedingung dafür ist. Kennzeichnend für einen konsequenten Hedonismus ist etwa J. O. DE LAMETTRIES ‹L'art de jouir ou l'école de la volupté› (1751), das die Abhängigkeit des geistigen Lebens vom körperlichen lehrt.

In der deutschen Aufklärungsliteratur gibt es eine Reihe von Hinweisen darauf, welche Form des G. erstrebenswert sei. J. L. EWALD betont die Notwendigkeit kultureller Verfeinerung, zu der auch Bequemlichkeit und Sinnen-G. gehören. Ein solcher Lebens-G. ist einem Volk von wilder Roheit nicht möglich, das nur kennt, wozu es der «Thiertrieb» leitet [6]. Der Mangel an geistiger Ausbildung läßt das Moralität «der Nation» auf das Niveau «sinnlichen Pomps und G.» herabsinken [7]. M. EHLERS bringt die praktische Philosophie in Verbindung mit Lebensvorteilen. Erst dann, wenn kein Schutz gegen Angriffe anderer gegeben sei, unterwerfe sich der Mensch gesellschaftlichen Einschränkungen, während er sonst willkürlich seinem Hang zum G. der Güter dieser Welt folge. Dieser Trieb zum Selbst-G.

heißt Eigenliebe [8]. D. JENTSCH stellt in seiner Charakterisierung der geistigen Strömungen des 18. Jh. der «guten Art» von Eigenschaften, zu der er die «verfeinerte G.-Empfänglichkeit» zählt, die Vergnügungs- und Zerstreuungssucht grenzenlosem Egoismus' und roher Lustgier gegenüber [9]. Der verfeinerte G. steht hierbei in unmittelbarer Nachbarschaft zu «Tugendartigkeit oder bürgerlicher Sittlichkeit», denen «moralische Heuchelei und Ränkesucht» als «Fehler» gegenüberstehen [10].

Nach M. MENDELSSOHN befördert «der G. einer jeden sinnlichen Lust allerdings ... sowohl das Wohlsein unseres Körpers, als die Vollkommenheit der Empfindungen und Triebe unserer Seele». Wenn Mendelssohn dennoch vor Überschätzung der sinnlichen Lust warnt, so ergibt sich diese Einschränkung aus der Wertskala der Vollkommenheiten: Die höheren Arten der Vollkommenheit dürfen größere Ansprüche an den Menschen stellen als die niederen. Die reine Lust des Geistes muß als höchste Vollkommenheit stets der verworrenen Lust des Fleisches vorgezogen werden. Insofern jedoch die geistige und sinnliche Lust nicht miteinander in Konflikt stehen, ist letztere sittlich zulässig, denn sie trägt viel dazu bei, «die dunkeln Triebe der Seele durch das sinnliche Vergnügen zu einer höhern Vollkommenheit zu erziehen», so daß wir geradezu «wider die Ansichten des Schöpfers» handeln, wenn wir das Sinnliche vernachlässigen. «Wer bei der Berathschlagung die Folgen mit bedenkt, den höhern Bestimmungen ihre Wichtigkeit läßt, und der Sinnenlust nur den gebührenden Teil an seiner Glückseligkeit einräumt, der handelt offenbar den Absichten seines allgütigen Schöpfers gemäß und kann den G. der sinnlichen Ergötzlichkeiten mit zu den guten Handlungen rechnen» [11].

KANT dagegen scheidet alle empirischen Bestimmungsgründe des Begehrungsvermögens, wie das Gefühl von Lust und Unlust, die Begierde nach Glück und G., aus der Begründung des Sittengesetzes, das allein auf der Freiheit als der Autonomie der Vernunft gründet. «Daß aber eines Menschen Existenz an sich einen Wert habe, welcher bloß lebt ..., um zu genießen, ... das wird sich die Vernunft nie überreden lassen. Nur durch das, was er tut ohne Rücksicht auf G., in voller Freiheit ..., gibt er seinem Dasein als der Existenz einer Person einen absoluten Wert». Auch ein «mystischer, sogenannter himmlischer G.», wie im Pietismus geläufig war, wird von Kant nicht als «unbedingtes Gut» anerkannt; ein solches Genießen möge «so geistig ausgedacht (oder verbrämt) sein, wie es wolle» [12]. Während das Gute «durch den bloßen Begriff gefällt» und das Schöne in der «Reflexion über einen Gegenstand» Wohlgefallen verursacht, ruft das Angenehme, das «ganz auf der Empfindung beruht», auch Vergnügen hervor: «Annehmlichkeit ist G.» [13]. (Ähnlich macht W. T. KRUG später darauf aufmerksam, daß das Angenehme gefalle, weil es den sinnlichen Trieb befriedige und «Begierde nach Besitz und G. in dem jenigen, dessen Trieb nach Befriedigung heischt», erwecke. Das Wohlgefallen am Schönen dagegen werde nicht durch G. sinnlicher Begierden bedingt [14].)

Kants Kritik richtet sich auch gegen einen G.-Begriff, wie er im Pietismus und in der Empfindsamkeit gebräuchlich war. Dort wurde G. als Gottes-G. zum Leitbegriff der unmittelbaren Beziehung zu Gott [15]. «Gott fühlen» und G. sind eins, wenn S. VON KLETTENBERG schreibt, «wann unsere Seele ganz Empfindung ist, so höret der Ausdruck auf – sie mag nicht denken – es bemühet – es störet den unaussprechlichen sanften G.» [16].

G. ARNOLD glaubt, man könne die göttliche Wahrheit «nicht allein finden, sondern nachempfinden und in den Kräften oder geistlichen Sinnen seiner Seele schmecken, hören, sehen und genießen», und für G. TERSTEEGEN ist G. das «innige» Eingehen in Gott [17]. Im «G. Christi» erschließt sich für J. K. LAVATER die höchste der «Aussichten in die Ewigkeit» [18]. So wird, ausgehend von der reich entwickelten Geschmacksmetaphorik der mittelalterlichen und barocken Mystik, ‹Gott genießen› zu einer beliebten Formel. Nicht mehr Unterwerfung unter den Willen eines fernen Gottes steht im Vordergrund, sondern «genießendes Auskosten» göttlicher Allgegenwart und das Bestreben, sich Gottes ohne den Umweg über Vernunft und Dogma zu vergewissern.

Der Abschwächung des heiligen Ernstes des Christentums im späteren Pietismus, aber auch im Rationalismus und in der Empfindsamkeit hält HAMANN den ursprünglichen Sinn der Religion des Kreuzes entgegen, der nur aus Leid und Tod die Krone des Lebens erblüht. G. unserer Existenz wird durch das Kreuz bedingt: «Im Kreuz, wie uns unsere Religion schön sinnlich und bildlich nennt, liegt ein großer G. unserer Existenz und zugleich das wahre Triebwerk unserer verborgenen Kräfte» [19].

Nicht nur im philosophisch-theologischen Denken wie bei Hamann, sondern auch in der Dichtung der Epoche der Empfindsamkeit und des ‹Sturm und Drang› bahnt sich ein neuer Gebrauch von ‹G.› an. In KLOPSTOCKS Sprache bedeutet ‹G.› ein Denken, das als ein Schauen, Wissen, Fühlen und Anbeten umfassendes Tun den «Gedanken des Schöpfers nachdenkt». So heißt es etwa: «Hoher G. der Schöpfung, wenn wir, von des Denkens Feuer entflammt, sie empfinden» [20]. Während das Rokoko und die Anakreontik G. vornehmlich als sinnlichen G. kennen und zumeist ironisch vor seiner Übertreibung warnen, ist er bei Klopstock ein den Menschen in seiner Totalität beanspruchendes Tun. Der Sturm und Drang radikalisiert diese Vorstellung zum G. des eigenen Seins, dem Selbst-G. des «fühlenden Herzens», das «seiner selbst genießen» will [21]. Nicht nur sich selbst, sondern auch aus sich selbst, d. h. unabhängig von äußeren Bestimmungen, genießen zu können, macht die gottähnliche Selbstbezogenheit des Genies aus. Neben dem «hohen Selbst-G.» [21a] oder dem «Seelen-G.» (FR. L. STOLBERG) einerseits und dem vitalen «All-G.» seiner Kraft», den W. HEINSE als «Endzweck aller Existenz» proklamiert [22], findet sich im Sturm und Drang noch eine weitere Verwendungsweise des Begriffs im Rahmen einer pantheistischen Naturvorstellung. Im pseudogoethischen, d. h. TOBLERSCHEN Naturhymnus heißt es: «Die Natur hat sich auseinandergesetzt, um sich selbst zu genießen. Immer läßt sie neue Genießer erwachsen, unersättlich, sich mitzuteilen» [23]. In den genießenden Individuen kommt die Gottnatur zum G. ihrer selbst als der konkretesten Form ihrer Selbstaneignung und Bewußtwerdung. Das Schema dieses Gedankens geht auf SPINOZA zurück, der gerade in dieser Zeit wiederentdeckt und dabei den eigenen Intentionen der Epoche entsprechend umgedeutet wurde.

Während Kant im Begriff ‹G.› nur die Teilbedeutung «sich freuen» aktualisiert und G. als sittliches Ziel disqualifiziert, bezieht HERDER auch die ursprüngliche Komponente «sich zu eigen machen» in seine Theorie des G. als Ursprung der menschlichen Weltaneignung ein. G. ist soviel wie aufschließendes Besitzergreifen der Wirklichkeit: «Existenz ist ... G.» [24]. In seiner Schrift ‹Gott› (1787) versteht Herder «Dasein» als spezifisch menschliches Dasein, das in dem Gefühl «inniger Gewißheit» seiner selbst besteht. Diese Selbstgewißheit ist unmittelbares Bewußtsein, ein Sich-existent-Fühlen. Aus ihm resultiert ein Haben dessen, was ich nicht bin, also der Welt. «Dasein» und «Existenz» meinen ein erstes Haben der Wirklichkeit. Dieses Haben nennt Herder ‹G.› [25]. G. ist so ursprüngliches Aufschließen von Wirklichkeit. Herder weist G. einen quasi-transzendentalphilosophischen Status zu: G. ist Bedingung der Möglichkeit, Wirklichkeit anzuschauen und sich anzueignen. Herder verwendet ‹G.› ohne Übergang auch für die empirische Wirklichkeitsaneignung. Neben dem Satz «Existenz ... ist G.» steht der Satz «Dasein ... gibt G.»: G. ist also einerseits ein Aufgeschlossensein für Wirklichkeit überhaupt, andererseits ein faktisches Besitzergreifen von Wirklichem.

Schließlich versucht Herder eine Rangfolge von den niederen sinnlichen zu den höchsten sittlich-religiösen G.en aufzustellen. Während er im ‹Journal meiner Reise› (1769) innerliches Eindringen in eine Sache oder die an sie geknüpften Erwartungen als Umschreibung für «einfühlendes Geniessen» einführt, läßt er in seiner Schrift ‹Liebe und Selbstheit› (1781) im Körperlichen Selbstheit und Egoismus, Liebe und Vereinigungsstreben zusammenwirken. Solchem nur momentanen G. des Körperlichen, wo das Subjekt das Objekt gleichsam verschlingt, stellt Herder die höheren G.e gegenüber, die sich aus Freundschaft, Gattenliebe oder Religiosität ergeben. Die Liebe erwirkt Achtung vor dem Selbst des von ihr begehrten Objekts. Jedes höhere Genießen beruht darauf, daß Subjekt und Objekt, obgleich getrennt und einander gegenübergestellt, miteinander eins werden [26].

Eine solche Synthese steht dem sinnlich-sittlichen Parallelismus, wie ihn FR. HEMSTERHUIS vertritt, entgegen: höchster G. (jouissance) bedeutet dort im Körperlichen wie im Geistigen eine tiefgreifende Vereinigung von Subjekt und Objekt [27]. Hier klingt SHAFTESBURY an, demzufolge ein Wesen tugendhaft oder lasterhaft nach dem Verhältnis dreier Arten von Affekten in ihm ist, den «natural affections» (zum allgemeinen Wohl führend), den «self-affections» (zum individuellen Wohl führend) und den «unnatural affections», die weder auf das eine noch das andere gerichtet sind. Die erste Art ist die moralisch bedeutsamste. Starke, natürliche, gütige oder edle, auf das Allgemeinwohl gerichtete Affekte sind das Hauptmittel zum Selbst-G. (self-enjoyment), zur Glückseligkeit. Ihr Fehlen bedeutet sicheres Übel [28].

GOETHE bedient sich um 1800 des G.-Begriffs, um die Grundintention seines Faust-Dramas zu formulieren. Er gliedert Fausts Weltfahrt in die vier Stufen «Lebens-G.», «Taten-G.», «Schönheits-G.» und «Schöpfungs-G.» [29]. In seinen Dichtungen durchmißt Goethe die ganze Spannweite des Bedeutungsfeldes von ‹G.›, vom einfachen Haben bis zur durchdringenden Aneignung, vom sinnlichen Verzehren bis zur geistigen Schau. Wie bereits K. F. BAHRDT [30] bringt J. G. FICHTE den G.-Begriff in einen engen Zusammenhang mit der Wahrheit: «Entferne jedes Interesse, das dem reinen Interesse für Wahrheit entgegen ist, und suche jeden G., der das reine Interesse für Wahrheit befördert» [31]. Die Wahrheit allein gewährt – als Harmonie unseres Denkens – einen reinen, edlen G. [32].

FR. SCHILLER bezeichnet in seiner Ästhetik nur die Kunst als die wahre, «welche den höchsten G. verschafft. Der höchste G. aber ist die Freiheit des Gemüts in dem lebendigen Spiel aller seiner Kräfte» [33]. Geben wir uns «dem G. echter Schönheit» hin, so erlangen wir eine «hohe Gleichmütigkeit und Freiheit des Geistes» [34], und die Einheit unseres in Stoff- und Formtrieb entzweiten Wesens findet sich restituiert. Darüber hinaus vereint der «gesellige Charakter» des ästhetischen G. die Individuen im «ästhetischen Staat». «Die Freuden der Sinne genießen wir bloß als Individuen ... Die Freuden der Erkenntnis genießen wir bloß als Gattung ... Das Schöne allein genießen wir als Individuum und als Gattung zugleich.» Nur die Schönheit vereinigt die Gesellschaft, «weil sie sich auf das Gemeinsame aller bezieht» [35].

Für HEGEL, der jenen aufklärerischen «Eudämonismus» kritisiert, der empirische, endliche Vorstellungen von «Glückseligkeit und G.» zum Höchsten «machte» [36], ist ‹G.› neben ‹Arbeit› und ‹Begierde› eine wichtige Kategorie in der Dialektik von Herrschaft und Knechtschaft. «Der Herr bezieht sich auf den Knecht mittelbar durch das selbständige Sein» und «mittelbar durch den Knecht auf das Ding». Während der Knecht das Ding aber nie ganz negieren, «vernichten», kann, wird dem Herrn «durch diese Vermittlung die unmittelbare Beziehung als die reine Negation oder der G.; was der Begierde nicht gelang, gelingt ihm, damit fertig zu werden, und im G. sich zu befriedigen». Dadurch, daß der Knecht die Selbständigkeit des Dings «bearbeitet», kann sich der Herr mit der so erlangten Unselbständigkeit des Dings zusammenschließen, und er «genießt es rein» [37].

Auch M. STIRNER geht von der Bedeutung ‹genießen› = ‹nutzen› aus. G. ist für ihn die Lebensform des seiner selbst gewissen Einzigen, der nicht sehnsüchtig einem fernen Ideal von Leben und Ich folgt, sondern das Leben «verbraucht» in «Selbst-G.»: «Ich habe Mich, darum brauche und genieße Ich Mich.» «Von jetzt an lautet die Frage, nicht wie man das Leben erwerben, sondern wie man's vertun, genießen könne, oder nicht wie man das wahre Ich in sich herzustellen, sondern wie man sich aufzulösen, sich auszuleben habe» [38].

K. MARX und FR. ENGELS haben Stirners «Philosophie des G.» als die «geistreiche Sprache gewisser zum G. privilegierter gesellschaftlicher Kreise» kritisiert, als «reine Phrase, sobald sie einen allgemeinen Charakter in Anspruch nahm und sich als die Lebensanschauung der Gesellschaft im Ganzen proklamierte» [39].

Neben ‹G.› in der Bedeutung von ‹Nutznießung› erhält ‹G.› als ästhetische Kategorie im 19. Jh. zunehmende Verbreitung. Für SCHOPENHAUER kommt der G. des Schönen einer Betrachtung des Gegenstandes unabhängig vom Satz des Grundes gleich. Der ästhetische G. als Auffassen der Ideen «beruht nicht bloß darauf, daß die Kunst, durch Hervorheben des Wesentlichen und Aussonderung des Unwesentlichen, die Dinge ... deutlicher darstellt, sondern ebensosehr darauf, daß das zur rein objektiven Auffassung des Wesens der Dinge erforderte gänzliche Schweigen des Willens am sichersten dadurch erreicht wird, daß das angeschaute Objekt selbst gar nicht im Gebiete der Dinge liegt, welche einer Beziehung zum Willen fähig sind», weil es «nur Bild» ist [40]. Dagegen weisen uns «die Lockungen der Hoffnung ... die Süße der G.e, das Wohlseyn welches unserer Person mitten im Jammer einer leidenden Welt ... zu Theil wird» auf die Nichtigkeit aller irdischen G.e hin [41].

Die Kontemplationstheorie Schopenhauers findet sich unter anderm auch bei O. KÜLPE [42], während bei K. GROOS ästhetisches Genießen innere Nachahmung ist. Beim G. eines Kunstwerks findet danach stets ein innerliches Nachkonstruieren des äußerlich Gegebenen statt [43]. Nach C. LANGE besitzt die Menschheit ein angeborenes Illusionsbedürfnis, dem alle Kunst entsprungen ist. Der Kern des ästhetischen G. ist eine bewußte Selbsttäuschung, die darin besteht, daß man sich stets vortäuscht, ein Kunstwerk sei Wirklichkeit. Gelangt man dann zu der Einsicht, daß man nur ästhetischen Schein vor sich hat, so wird durch diese ständige Korrektur G. begründet [44]. Seit FR. TH. VISCHER dem «reinen Kunst-G.» vor dem begrifflichen, das Kunstwerk durchdringenden und es kritisierenden Denken den Vorzug gegeben hatte, erhält ‹G.› bis ins 20. Jh. hinein seinen festen Platz in den Systematiken der Ästhetik [45]. In Ablehnung des Naturalismus und einer Kunst, die außerhalb ihrer selbst liegenden Zwecken folgt, spricht der GEORGE-Kreis davon, daß zu den «geistigen wirkungen» des Kunstwerks auch «das klare genießen», das «eindringen» und «empfinden» gehöre [46].

Es scheint, daß seit der Mitte des 19. Jh. der im G.-Begriff ursprünglich mitgemeinte spezifische Weltbezug der geistigen Aneignung und Durchdringung zunehmend verschwindet, um der Bedeutungskomponente des Angenehmen und Erfreulichen Platz zu machen. Nur der ästhetische G.-Begriff gewährt jenem auf Welterfahrung bezogenen und den Menschen in seiner Totalität beanspruchenden Sinn zunächst noch ein Refugium. Doch selbst diese Kategorie ist von der Entleerung des G.-Begriffs betroffen. Dieser geschichtliche Vorgang wird greifbar an der Beobachtung TH. W. ADORNOS, daß Kunst-G. ein für die Spezifität ästhetischer Erfahrung obsoleter Begriff ist [47]. An das glückhafte, zuweilen rauschhafte Innewerden der Wahrheit von Kunstwerken reicht der G.-Begriff nicht heran. «Autonom ist künstlerische Erfahrung einzig, wo sie den genießenden Geschmack abwirft ... Die Emanzipation der Kunst von den Erzeugnissen der Küche oder der Pornographie ist irrevokabel» [48]. ‹G.› hat hier alle Bedeutungen verloren, die ihm im 18. und beginnenden 19. Jh. zugelegt wurden. In dieser Endform ist ‹G.› selbst für die Artikulation ästhetischer Erfahrungen unbrauchbar geworden.

Der «G. angenehmer Dinge» und die Gewährleistung der «G.-Fähigkeit ihrer Besitzer» [49] ist M. SCHELER zufolge der Sinn einer auf die Produktion nützlicher Güter basierenden Zivilisation. Eine Verkehrung der Zweck-Mittel-Relation zwischen dem G. und dem Nützlichen findet in dem «spezifisch modernen Asketismus» statt, der ein «Ressentiment gegen die höhere G.-Fähigkeit und G.-Kunst» entwickelt. Es entsteht ein der «alten Askese» entgegengesetztes «Ideal des Minimums von G. bei einem Maximalmaß angenehmer und nützlicher Dinge», das der modernen Zivilisation einen «spezifisch ‹komischen› und ‹grotesken› Anstrich» verleiht. «Sehr lustige Dinge, angeschaut von sehr traurigen Menschen, die nichts mehr damit anzufangen wissen» [50].

Anmerkungen. [1] F. KLUGE/W. MITZKA: Etymol. Wb. (¹⁸1960) 248. – [2] Vgl. W. BINDER: ‹G.› in Dichtung und Philos. des 17. und 18. Jh. Arch. Begriffsgesch. 17 (1973). – [3] G. W. LEIBNIZ, Philos. Schriften, hg. GERHARDT 7, 86ff.; Textes inédits, hg. GRUA (Paris 1948) 584ff. – [4] a. a. O. GERHARDT 7, 88. 89; GRUA, a. a. O. 585f. – [5] CHR. THOMASIUS: Einl. zur Sittenlehre (1962, ND 1968) 84; vgl. Ausübung der Vernunftlehre (1961, ND 1968). – [6] J. L. EWALD: Über Volksaufklärung, ihre Gränzen und Vortheile (1720) 29. 35. – [7] a. a. O. 35. – [8] M. EHLERS: Winke für gute Fürsten, Prinzenerzieher und Volksfreunde (1786) 25. 28. – [9] D. JENTSCH: Geist und Charakter des 18. Jh. (1800-1801) 3, 337. – [10] a. a. O. – [11] M. MENDELSSOHN, Ges. Schriften 1 (1843) 259; vgl. H. M. WOLFF: Die Weltanschauung der dtsch. Aufklärung ... (1949) 199ff. – [12] I. KANT, KU § 4, Akad.-A. 5, 208f. – [13] KU § 4. Akad.-A. 5, 207f. – [14] W. T. KRUG: Hb. der Philos. und der philos. Lit. (³1828, ND 1969) 2, 17f. – [15] A. LANGEN: Der Wortschatz des dtsch. Pietismus (²1968) 409; vgl. ANGELUS SILESIUS: Cherubinischer Wandersmann (1674) I, 83. – [16] S. VON KLETTENBERG: Die schöne Seele. Bekenntnisse, Schriften und Briefe, hg. H. FUNCK (1911) 250. – [17] G. ARNOLD: Unparteiische Kirchen- und Ketzerhist. (1729, ND 1967) 2, 694; G. TERSTEEGEN: Geistliches Blumengärtlein inniger Seelen (1729, ND 1931) 402. – [18] J. K. LAVATER, Ausgew. Schriften, hg. J. C. CRELLI 5 (1842) 232-240. – [19] J. G. HAMANN, Brief vom 17. 6. 1782. Briefwechsel, hg. ZIESEMER/HENKEL (1955ff.) 4, 391. – [20] FR. G. KLOPSTOCK, Oden, hg. F. MUNCKER (1889) 1, 228; vgl. BINDER, a. a. O. [2]. – [21] J. W. GOETHE, Jb.-A. 16, 5. – [21a] FR. H. JACOBI, Eduard Allwills Papiere. Werke (1812-16) 1, 56. – [22] W. HEINSE, Ardinghello, Sämtl. Werke, hg. SCHÜDDEKOPF (1902-25) 4, 323. 240. – [23] GOETHE, a. a. O. 39, 4. – [24] J. G. HERDER, Gott. Sämtl. Werke, hg. SUPHAN (1877-1913, ND 1967/68) 16, 502f. – [25] a. a. O. 16, 536. – [26] HERDER, Liebe und Selbstheit, a. a. O. 15, 304-326. – [27] FR. HEMSTERHIUS: Lettre sur les désirs. Oeuvres philos., hg. MEYBOOM (Leeuwarden 1846-50, ND 1972) 1, 52ff. – [28] A. SHAFTESBURY: An inquiry concerning virtue or merit (1699) II, 1, § 3; II, 2, § 1. – [29] GOETHE, Weimarer A. 14, 287 (sog. erstes Paralipomenon). – [30] K. F. BAHRDT: Über Aufklärung und die Beförderungsmittel derselben (1789) 34. – [31] J. G. FICHTE, Akad.-A. I/2, 84. – [32] a. a. O. I/2, 86. – [33] FR. SCHILLER, Über den Gebrauch des Chors in der Tragödie. Säkular-A. 16, 119. – [34] Briefe über die ästhet. Erziehung des Menschen, 22. Brief a. a. O. 12, 83. – [35] 27. Brief 12, 118. – [36] G. W. F. HEGEL, Glauben und Wissen. Werke, hg. GLOCKNER 1, 284f. – [37] Phänomenologie des Geistes, hg. HOFFMEISTER (⁵1949) 146f. – [38] M. STIRNER: Der Einzige und sein Eigentum, hg. A. MEYER (1972) 358f. – [39] K. MARX/FR. ENGELS, Die dtsch. Ideol. MEW 3, 402. – [40] A. SCHOPENHAUER, Werke, Großherzog-Wilhelm-Ernst-A. 2, 1130f. – [41] a. a. O. 1, 498. – [42] O. KÜLPE: Grundlagen der Ästhetik (1921). – [43] K. GROOS: Der ästhetische G. (1902). – [44] K. LANGE: Die bewußte Selbsttäuschung als Kern des künstlerischen G. (1895); Das Wesen der Kunst (1901). – [45] FR. TH. VISCHER: Ästhetik oder Wiss. des Schönen (1847-58, ²1922-23) 1, 213f.; J. H. VON KIRCHMANN: Ästhetik auf realistischer Grundlage (1868) 2, 253-276; J. VOLKELT: System der Ästhetik (1905-14) 1, 360-364; 3, 266. 348f. 363ff.; E. UTITZ: Grundlegung der allg. Kunstwiss. (1914-20) 1, 133-179. – [46] Blätter für die Kunst IV/1 (1897). Einl. und Merksprüche; vgl. II/2 (1894); beides in: Blätter für die Kunst. Eine Auslese aus den Jahren 1892-98 (1899) 13. 26; auch in: Der George-Kreis, hg. G. P. LANDMANN (1965) 17. 35. – [47] TH. W. ADORNO: Ästhetische Theorie (1970) 26-31. – [48] a. a. O. 26. – [49] M. SCHELER, Vom Umsturz der Werte (⁴1955) 128. – [50] a. a. O. 129ff.

Literaturhinweise. M. GEIGER: Beiträge zur Phänomenol. des ästhetischen G. Jb. philos. und phänomenol. Forsch. I/2 (1922) 567-684. – L. MARCUSE: Die Philos. des Glücks (1949). – H. MARCUSE: Zur Kritik des Hedonismus (1938), in: Kultur und Ges. 1 (1965) 128-168. – W. BINDER s. Anm. [2].   G. BILLER/R. MEYER

Geographie, philosophische. Ph.G. (oder auch philosophische Erdkunde, Geosophie, Chorosophie) ist der Zweig der G. bzw. Philosophie, der analog zur Natur- und Geschichtsphilosophie mit den Mitteln philosophischer Besinnung das Ganze der Zusammenhänge von Erde bzw. Landschaft und Mensch zu erfassen versucht. Insofern die Anfänge dieser Bemühungen bis in die Antike zurückreichen, ließen sich für die ph.G. in jener Epoche etwa in STRABO, HIPPARCH, ERATOSTHENES oder ARISTOTELES Vorläufer finden [1].

Systematische Bestrebungen, die G. mit der Philosophie bewußt zu verknüpfen, wurden jedoch erst möglich und notwendig, nachdem sich die G. gegenüber der Philosophie, mit der sie lange faktisch verbunden war, verselbständigt hatte, d. h. in der Epoche der Begründung der modernen wissenschaftlichen G. namentlich in der ersten Hälfte des 19. Jh. Zu den ersten, die den Anspruch erhoben, ph.G. zu bieten, gehört wohl J. R. FORSTER (1729–1798). Seine ‹Bemerkungen über Gegenstände der physischen Erdbeschreibung, Naturgeschichte und sittlichen Philosophie› [2] sind nach E. PLEWE «ein Hineinstürmen in eine neue Welt, ein Hineinschauen in Zusammenhänge und kausale Tiefen, wo vor ihnen die Masse der Einzelheiten erdrückte, die unübersehbare und ewig veränderliche Masse der Tatsachen problemlos aufzählend abgehandelt wurde» [3]. Forster half maßgeblich, der ph.G. den Weg zu bereiten; ihre Grundlagen haben jedoch vor allem A. v. HUMBOLDT und C. RITTER geschaffen. Zur gleichen Zeit hat KANT, dessen Wertschätzung der Erdkunde in dem Satz zum Ausdruck kommt: «Es ist nichts, was den geschulten Verstand ... mehr kultiviert und bildet als G.» [4], dieser Disziplin in seinen Vorlesungen über ‹Physische G.› nachhaltige Anregungen gegeben; sie sind für die ph.G. um so bedeutungsvoller, als Kant die Absicht aussprach, über die physische hinaus auch eine moralische und politische G. zu schaffen – ein Projekt, dessen Ausführung leider nicht über Umrisse hinausgediehen ist [5]. Während in der Folge A. v. HUMBOLDT, ohne die menschlichen Bezüge zu vernachlässigen, vornehmlich die Zusammenhänge der physischen Probleme in großartigen Analysen und Synthesen zu erkennen unternahm und dabei ein ausgeprägter Empiriker blieb, ging es RITTER in Verfolgung von Ideen Kants (und Herders) besonders darum, Mensch und (Erd-)Natur in ihren unauflöslichen Bindungen zu sehen. In zahlreichen Abhandlungen, so in seinem Hauptwerk ‹Die Erdkunde im Verhältnis zur Natur und Geschichte des Menschen› (1817–1859), suchte er immer wieder, das in den «landschaftlichen Komplexen» sich ausdrückende Ganze der Beziehungen zwischen Erde und Mensch herauszuarbeiten. Hierbei kam er zur Einsicht, daß die G. gleich der Geschichte in «der Darlegung der Verhältnisse und Gesetze wie der Entwicklung auf die Combination und das Maass des Gedankens angewiesen» sei, und dieses zwinge «diese positive Wissenschaften zum Philosophieren» [6]. Sein Schüler E. KAPP betonte, daß der Ruhm des dadurch bewirkten Fortschritts der G. Ritter gebühre und daß «die Erdkunde gleich der Geschichte einer philosophischen Behandlung fähig» sei; die ph.G. stelle eine «nothwendige Bedingung aller wahrhaften Geschichtskunde» dar. «Darin ruht die Selbständigkeit der geographischen Wissenschaft, darin die Möglichkeit und Nothwendigkeit einer Philosophie derselben, daß ihr Object die Erde ist, nicht blos in ihrem Fürsichsein, sondern die Erde als Prophezeiung des im Menschen zur Erscheinung kommenden Geistes, die Erde als Hintergrund aller geschichtlichen Färbung und als Material der Verklärung der Dinge, mit einem Worte, die Erde, wie sie bestimmend auf die Entwickelung des Geistes einwirkt, und hinwiederum vom Geist bestimmt und verändert wird» [7]. Sachlich gelang es Kapp, «über die ganze Erde hinweg, großzügige Parallelen zwischen Völkerschicksalen und Boden(bzw. Landschafts)konfigurationen aufzuzeigen und das ganze zu einem geschlossenen geographischen System zusammenzufügen» [8].

Eine erneute Wende brachte das Lebenswerk A. HETTNERS (1859–1941). Er vermochte der G. durch die Begründung eines neuen Wissenschaftssystems mit besonderen Raum-, Natur-, Geistes- und Geschichtswissenschaften (Raum-, Zeit-, Sachdisziplinen) nicht allein eine feste Stellung im Gebäude der Forschung zu geben, mehr noch durch Klärung von Begriffen und Sätzen eine logische Ordnung und erkenntnistheoretische Verankerung (in einem gemäßigten Positivismus) zu verleihen [9].

In diesem Zusammenhang kommt der ‹Philosophischen Erdkunde› von P. H. SCHMIDT eine wichtige Stellung zu, die sich bewußt auf eine «Wesenslehre» der geographischen Zusammenhänge ausrichtet. Die Disposition des Buches ‹Die Gestaltung – Das Leben – Der Geist – Der Sinn› zeigt, daß Schmidt als Ziel eine «Metaphysik» der Landschaft und der Erde vorschwebt, die für den Menschen «aus der lebendigen Verbundenheit mit der Erde eine Höhergestaltung seines Lebens» erwirken soll [10]. Dazu bedarf die G. vor allem einer umfassenden (u. a. auch mathematisch fundierten) Theorie der Landschaft bzw. der landschaftlichen Erdhülle oder Umwelt, die indessen noch in der Erarbeitung begriffen ist.

Anmerkungen. [1] Vgl. A. HETTNER: Die G., ihre Gesch., ihr Wesen und ihre Methoden (1927) bes. 7-34; R. CLOZIER: Les étapes de la géogr. (Paris 1942) 86ff.; E. H. BUNBURY: A hist. of ancient geogr. (Cambridge 1935). – [2] J. R. FORSTER's Bemerkungen über Gegenstände der physischen Erdbeschreibung, Naturgesch. und sittlichen Philos. auf seiner Reise um die Welt gesammelt, übersetzt und mit Anm. vermehrt von dessen Sohn und Reisegefährten G. FORSTER (1783). – [3] E. PLEWE: Philos. Erdkunde. Z. Erdkunde 6 (1938) I, 97. – [4] I. KANT, Physische G., hg. VOLLMER (1801) 8. – [5] Akad.-A. 9, bes. 4. – [6] C. RITTER: Einl. zur allg. vergleichenden G. (1852) 152. – [7]. E. KAPP: Philos. oder vergleichende allg. Erdkunde (1845) I, Vff. – [8] PLEWE, a. a. O. [3] 98. – [9] HETTNER, a. a. O. [1] (enthält die wesentliche Gedanken des Gesamtwerks. – [10] P. H. SCHMIDT: Philos. Erdkunde (1937).

Literaturhinweise. W. KAMINSKI: Über I. Kants Schriften zur physischen G. (1905). – O. GRAF: G. und Philos., in: Vom Begriff der G. im Verhältnis zu Gesch. und Naturwiss. (1925) 1-7. H. MACKINDER: The content of philos. geogr. Rep. of the int. geogr. Congr. (Cambridge 1930) 305-311. – H. SPETHMANN: Schicksal in der Landschaft (1932). – K. BLUME: Met. in der G. Geogr. Z. 39 (1935) 144-155. – G. SIMMEL: Philos. der Landschaft, in: Brücke und Tür (1957) 141-152. – P. BOMMERSHEIM: Von der Einheit der Wirklichkeit in der Heimat. Untersuchungen zur Philos. der Länderkunde (1940). – CH. BURKY: La géogr. humaine, une philos. (Genf 1948) 1-4. – S. W. WOOLDRIDGE und W. G. EAST: The philos. and purpose of geogr., in: The spirit and purpose of geogr. (London 1951) 24-38. – W. BUNGE: Geogr. dialectics. Professional Geographer 16 (1964) 28-29. – E. A. WRIGLEY: Changes in the philos. of geogr., in: R. J. CHORLEY und P. HAGGETT: Frontiers in geogr. teaching (London 1965) 3-20. – D. HARVEY: Explanation in geogr. (London 1969). – E. SZÁVA-KOVÁTS: The present state of landscape philos. and its main philos. problems. Sovjet Geography 7 (1966) 28-40. – D. BARTELS: Zur wiss.theoretischen Grundlegung einer G. des Menschen (1968). – I. BURTON: Quantitative Revolution und theoret. G., in: Wirtschafts- und Sozial-G., hg. D. Bartels (1970) 95-109. – J. A. MAY: Kant's concept of G. and its relation to recent geogr. thought (Toronto 1970). – H. BECK: G. Europ. Entwickl. (1972). – W. K. D. DAVIES (Hg.): The conceptual revolution in G. (London 1972).
E. WINKLER

Geometrie wurde schon von den Babyloniern und Ägyptern betrieben; die Griechen (als erster vermutlich THALES) haben das Beweisen in der G. zum Prinzip erhoben. Eine entscheidende Rolle mag dabei die (pythagoreische?) Entdeckung gespielt haben, daß Diagonale und Seite eines Quadrats sich nicht wie ganze Zahlen verhalten ($\sqrt{2}$ ist irrational). Die Proportionenlehre war damit ihrer naiven Grundlage beraubt. Daß Rechtecksflächen gleicher Höhe sich wie die Grundlinien verhalten, kann ganz einfach mit Kongruenz bewiesen werden, solange das Verhältnis in ganzen Zahlen auszudrücken ist. Wie beweist man so etwas bei irrationalem Verhältnis? Die tiefgründige Lösung dieses Problems (von EUDOXOS) findet man im 5.–6. Buch der EUKLIDischen ‹Elemente› (s. Art. ‹Stetigkeit›).

Die Entdeckung, daß gewisse geometrische Verhältnisse numerisch nicht greifbar sind, führte zur Verwerfung der traditionellen Algebra (vermutlich babylonischen Ursprungs). Sie wurde durch eine geometrisch eingekleidete Algebra ersetzt, die hauptsächlich in EUKLIDS ‹Data› zusammengefaßt ist. Diese Algebra war unpraktisch und auch ganz unzureichend, da sie von der geometrischen Seite her durch die Beschränkung auf Zirkel und Lineal auf die Behandlung quadratischer Probleme eingeengt war. In der axiomatischen Methode (s. d.), vor allem aber in der geometrischen Algebra ist die griechische Mathematik nach kurzer Blüte erstickt.

Eine Weiterentwicklung setzte erst ein, als die griechischen Gewissensbisse vergessen waren und man wieder naiv Algebra betrieb. Mit einem einfachen Kunstgriff hob DESCARTES die Beschränkung auf quadratische Probleme auf und leitete die Algebraisierung der G. ein. Der Raum mit seinen Figuren wird durch Zahlentripel und Gleichungen zwischen ihnen beschrieben. Es dauerte bis ins 19. Jh., bis die G. sich von dem Schlag der Algebraisierung erholte. Überdies interessierten die Mathematiker sich in jener Zeit mehr für die zwar schlecht begründete, aber sehr fruchtbare Analysis, bei aller Hochachtung, die sie der scheinbar exakteren G. zollten. Nun drängte sich in der Auseinandersetzung zwischen Rationalisten und Empiristen die Frage (F) auf, was den Geometer befähige, rein logisch und unabhängig von der Erfahrung Aussagen über ein Erfahrungsobjekt wie den Raum zu machen. Wie sind synthetische Urteile a priori möglich? – formuliert KANT es, und seine Antwort lautet: mittels der Anschauungsformen von Raum und Zeit. Oder vielmehr, so versteht man Kant im 19. Jh. Dieses sieht darin die Antwort auf eine präliminare Frage (F'), die durch den analytischen Charakter der neueren Naturwissenschaft bedingt war: Wie bringt die Seele es fertig, die von Netzhaut, Trommelfell und Epidermis analysierte Wirklichkeit zum Bilde der Wirklichkeit zu synthetisieren, das in der Seele erscheint? Kant will aber wissen, wie der Verstand es fertig bringt, Anschauliches zu wahren *Urteilen* zu synthetisieren, und das kann nicht nur mit Raum und Zeit geschehen, die Formen der Anschauung und nicht (wie die Kategorien) Formen des Verstandes sind. Kants echte Antwort steht in der ‹Transzendentalen Analytik› der ‹Kritik der reinen Vernunft›, aber wer sich für Raum und Zeit interessiert, begnügt sich mit der leichter verständlichen ‹Transzendentalen Ästhetik› desselben Werkes. Was im 19. Jh. als Kants Raum- und Zeittheorie zur Diskussion steht, ist eine trivialisierende Reduktion. Die ersten, die sich der Kantischen Raum- und Zeittheorie bemächtigten, waren die Sinnesphysiologen, und die geht ja nur die Frage F' an. Für den Status der G. bedeutet die Antwort auf die Frage F' aber nichts. So kommt es, daß H. VON HELMHOLTZ, der klarer sieht als andere, als Sinnesphysiologe Kantianer ist und als Mathematiker Kant ablehnt:

«Kant's Lehre von den apriori gegebenen Formen der Anschauung ist ein sehr glücklicher klarer Ausdruck des Sachverhältnisses; aber diese Formen müssen inhaltsleer und frei genug sein, um jeden Inhalt ... aufzunehmen. Die Axiome der G. aber beschränken die Anschauungsform des Raumes so, daß nicht mehr jeder denkbare Inhalt darin aufgenommen werden kann, wenn überhaupt G. auf die wirkliche Welt anwendbar sein soll» [1].

Helmholtz' Reaktion gegen Kant ging die Kritik B. RIEMANNS voraus, in seiner berühmten Habilitationsschrift [2] von 1854, die erst 1867 veröffentlicht wurde. Riemann war eher von HERBART beeinflußt. Herbarts ‹Reihenformen› als Raumsubstrat präzisiert er als (n-dimensionale) Mannigfaltigkeit (d. h. etwas, was im Kleinen durch n Koordinaten beschrieben werden kann). Höchstens das wäre a priori. Hinzukommt aus der Erfahrung die Metrik, das Vergleichen von Abständen, die «Hypothesen» des Titels. Die Metrik soll in erster Annäherung euklidisch sein, in zweiter Annäherung wird

nichts postuliert. Man denke etwa (zweidimensional) an eine Kugelfläche, die in erster Näherung (wenn man sie durch die Tangentialebene ersetzt) eben und in zweiter gekrümmt ist. Es war nun Riemanns Idee (die sich auch schon bei GAUSS fand), das Maß der Krümmung an inneren Eigenschaften abzulesen, etwa an dem Defekt der Hypotenuse eines kleinen rechtwinkligen Dreiecks (verglichen mit der nach Pythagoras) oder aus dem Überschuß der Winkelsumme im Dreieck (über 180°). Diese innere Definition der Raumkrümmung ist das Wesentliche in Riemanns Theorie, das allerdings bei allen Diskussionen im 19. Jh. immer übersehen wird. Erst in der Relativitätstheorie und im gekrümmten Weltraum der heutigen Kosmologen kommt es zur Geltung [3].

HELMHOLTZ' Schrift von 1868 [4] enthält im Titel eine Spitze gegen Riemann: Tatsachen versus Hypothesen. Auch Helmholtz geht von der n-dimensionalen Mannigfaltigkeit aus, aber obendrein von etwas, das er als «Tatsache» betrachtet, der Existenz starrer Körper, ohne die eine Metrik gar nicht möglich sei. Dieser Einwand gegen Riemann ist falsch; zur Metrik braucht man keine starren *Körper*, sondern nur starre *Maßstäbe* (eindimensionale Körper), und damit kommt Riemann auch aus. Helmholtz postuliert die «freie Beweglichkeit» der starren Körper (das «Raumproblem») und kommt zu dem Resultat, daß dann nur die euklidischen und nicht-euklidischen G. übrigbleiben. Helmholtz' Methode war noch unbefriedigend. Erst neuerdings ist sein Problem befriedigend gelöst worden.

Riemanns Ansatz war tiefer, allgemeiner und folgenreicher. Aber im 19. Jh. wurde er ganz von Helmholtz' Ansatz überschattet. Helmholtz' falsche Kritik wurde unbesehen wiederholt. Die sehr erhitzte Diskussion über Kant und die nicht-euklidischen Geometrien knüpfte an Helmholtz an. Unter den Philosophen propagierte B. ERDMANN Helmholtz' Ideen.

Am Ende des 19. Jh. wurde in HILBERTS ‹Grundlagen› die G. von ontologischen Voraussetzungen gelöst (s. Art. ‹Axiomatik›). Mit der axiomatischen Methode wurde die G. zur reinen Mathematik; es gab nun soviel G.en, wie man sich geometrisch interessante Axiomensysteme ausdenken konnte. Diese Entwicklung hatte schon im 19. Jh. angefangen; das zeigen: projektive und affine G. (PONCELET, MÖBIUS), die sich mit Inzidenzeigenschaften begnügen und von der Metrik abstrahieren; Linien-G. (PLÜCKER), deren Elemente Geraden statt Punkte sind; endliche G.en (FANO); G.en ohne Kontinuum (VERONESE); G.en, die wichtige Axiome verletzen (F. KLEINS nicht-desarguesche G.); höherdimensionale G.en (GRASSMANN).

Als eine G. kann man die Automorphismen betrachten, d. h. die Selbstabbildungen, die die Struktur invariant lassen. Sie bilden eine Gruppe. F. KLEINS ‹Erlanger Programm› (1872) propagierte die gruppentheoretische Methode in der G. und als Mittel zur Klassifikation von G.en. Im 20. Jh. wurde diese Idee von E. CARTAN weiter entwickelt zur Theorie der homogenen Räume, die sich als ungemein fruchtbar erwiesen hat. Hier wird einem strukturlosen Raumsubstrat eine Struktur aufgeprägt durch die Vorgabe seiner Automorphismengruppe.

Eine andere Richtung in der modernen G. ist die Inzidenz-Axiomatik, die übrigens von J. TITS [5] zu den homogenen Räumen in enge Beziehung gebracht worden ist.

Die geometrische Terminologie und Methode hat sich heute über die ganze Mathematik ausgedehnt. Sobald eine Menge mehr als eine bloß algebraische Struktur besitzt, spricht man schnell von einem Raum – im vorigen Jh. dagegen stritt man sich erbittert darum, ob man etwas anderes als den gewöhnlichen Raum ‹Raum› nennen dürfe. Taucht da eine Funktion von zwei Veränderlichen auf, die in ihren Eigenschaften dem Abstand ähnlich sieht, so spricht man schnell von metrischem Raum, und ganze große Gebiete der Algebra und Analysis hat man erst in geometrischer Terminologie recht verstehen gelernt. Der HILBERTsche Raum, vom Anfang des Jh., ein unendlich dimensionaler Raum, dessen Elemente Funktionen sind und dessen Metrik der gewöhnlichen euklidischen sehr ähnlich sieht, eröffnete ein ganz neues Kapitel der Analysis.

Anmerkungen. [1] H. v. HELMHOLTZ: Die Thatsachen in der Wahrnehmung, Beilage III: Die Anwendbarkeit der Axiome auf die physische Welt (1879) in: Vorträge und Reden 2 (⁴1896) 405f.; auch in: Schriften zur Erkenntnistheorie, hg. und erl. P. HERTZ und M. SCHLICK (1921) 152. – [2] B. RIEMANN: Über die Hypothesen, welche der G. zugrunde liegen (1867). Werke (1876) 254-269. – [3] Vgl. H. WEYL (Lit. ⁴1921). – [4] HELMHOLTZ: Über die Thatsachen, die der G. zum Grunde liegen (1868). Wiss. Abh. 2 (1883) 618-639. – [5] Vgl. H. FREUDENTHAL (Lit. 1965).

Literaturhinweise. H. WEYL: Raum, Zeit und Materie (⁴1921); Mathematische Analyse des Raumproblems (1923). – H. FREUDENTHAL: De ruimte-opvatting van Kant tot heden in de moderne natuurwetenschappen. Euclides 31 (1955/56) 165-182; Die Grundlagen der G. um die Wende des 19. Jh. Math.-Phys. Semesterber. 7 (1960) 2-25; Lie groups in the foundations of geometry. Advanc. Math. 1 (1965) 145-190. – Vgl. auch Lit. zu Art. ‹Raum›.
H. FREUDENTHAL

Geopolitik (von griech. γῆ, Erde, und πόλις, Stadt, Stadtstaat, Staat) ist ein um 1900 vom schwedischen Politiker und Staatsrechtslehrer R. KJELLÉN (1864–1922) gebildeter Ausdruck für die als Teildisziplin einer umfassenden Staatswissenschaft konzipierte «Lehre über den Staat als geographischen Organismus oder Erscheinung im Raum: also den Staat als Land, Territorium, Gebiet, oder, am ausgeprägtesten, als *Reich*» [1]. Kjellén stellte neben sie die Schwesterwissenschaften Demo-, Wirtschafts-, Sozio- und Herrschaftspolitik (Staat als Volk, Haushalt, Gesellschaft und Regiment), welches System er der früheren, den Staat vornehmlich als Rechtsobjekt auffassenden Politikwissenschaft entgegensetzte, wobei die G. für ihn eine maßgebliche Basis bildete. Hierbei leiteten ihn namentlich die Lehren F. RATZELS (1844–1904) [2], des Begründers der politischen *Geographie* (deren Gegenstand freilich mehr die vom Staat geprägte Landschaft ist), aber auch anderer Vorläufer (*Platon, M. Agrippa, J. Bodin, Montesquieu, W. Petty, H. Järta, A. T. Mahan*).

Für die Entwicklung der G. wurde der Erste Weltkrieg entscheidend. Sie wuchs sich, gefördert vor allem durch K. HAUSHOFER (1869–1946), besonders in Deutschland zum «geographischen Gewissen des Staates» aus, dessen sich vorab die Diktatoren teilweise rigoros bedienten, wodurch die G. bei der Wissenschaft in Mißkredit geriet. Die Tatsache der Mitbestimmtheit des Staatslebens durch die Natur der Erde war damit jedoch nicht aus der Welt zu schaffen, weshalb in der Folge immer wieder Rehabilitierungsversuche der G. unternommen wurden.

Anmerkungen. [1] J. KJELLÉN: Statem som Lifsform (Stockholm 1916); dtsch. Der Staat als Lebensform (1916) 46. – [2] R. RATZEL: Polit. Geogr. (1897, ³1923).

Literaturhinweise. R. KJELLÉN: Grundriß zu einem System der Politik (1920); Die Großmächte vor und nach dem Weltkriege, hg. K. HAUSHOFER (1930). – K. HAUSHOFER u. a.: Bausteine zur G. (1928). – L. DE MARCHI: Fondamenti di geogr. polit. (Padua 1929). – K. A. WITTFOGEL: G., geogr. Materialismus und Marxismus. Unter dem Banner des Marxismus 3 (1929) 17-51. 485-522. 698-735. – J. ANCEL: Géopolitique (Paris 1936). – E. H. SHORT: Esquisse de géopolitique (Paris 1936). – E. A. WALSH: Essay on geopolitics. Origin, meaning and value in the polit. economy of total war (Washington 1942). – G. A. GYÖRGY: Geopolitics (Berkeley 1944). – E. WINKLER: K. Haushofer und die dtsch. G. Schweiz. Mh. Politik u. Kultur 27 (1947) 29-35. – J. N. SEMENOV: Fashistskaia Geopolitika na Sluzhbe Amerikanskogo Imperializma (Moskau ²1954). – P. SCHÖLLER: Wege und Irrwege der polit. Geogr. und G. Erdkunde 11 (1957) 1-20 (Lit.). – A. GRABOWSKY: Raum, Staat und Gesch.: Grundl. einer G. (1960). – L. K. KRISTOF: The origins and evolution of geopolitics. Conflict resolutions 4 (1960) 15-51 (Lit.). – H. J. DE BLIJ: Systematic polit. geogr. (New York 1967).
E. WINKLER

Geopsychisch. Der Begriff ist von W. HELLPACH 1911 in seinem Buch ‹Die geopsychischen Erscheinungen› geprägt worden. Was damit gemeint ist, bringt der Untertitel dieses Werkes zum Ausdruck: ‹Wetter, Klima und Landschaft in ihrem Einfluß auf das Seelenleben› [1].

Einschlägige Gelegenheitsbeobachtungen gab es seit der Antike. 1835 sprach QUETELET [2] von «influence du climat et des saisons sur le penchant au crime». LOMBROSO widmete 1878 dem Einfluß atmosphärischer Erscheinungen auf das Denken eine psychiatrische Publikation [3]. DEXTER [4] untersuchte 1904 den Einfluß von Wetterschwankungen auf Betragen und Aufmerksamkeit der Schulkinder sowie auf Selbstmorde, Verbrechen und Ausbruch von Geistesströrungen.

HELLPACHS Ziel war umfassender und systematischer: das Studium der unmittelbaren Einwirkung der Erde auf die Psyche. Er unterschied dabei zwei Wege, auf denen sie diese Wirkung hervorbringt: «den Weg übers zentrale Nervensystem und den Weg durch die Sinne. Auf dem ersten Wege (hauptsächlich) tritt die Erde, ihr Luft- oder ihr Bodenanteil, als Wetter oder Klima, auf dem zweiten tritt sie (hauptsächlich) als Landschaft an uns heran; beide Arten von unmittelbarer Wirksamkeit unseres Lebensschauplatzes Erde auf unser seelisches Leben wollen wir ... als die geopsychischen Tatsachen zusammenfassen» [5].

Anmerkungen. [1] W. HELLPACH: Die geopsych. Erscheinungen (1911); seit der 4. Aufl.: Geopsyche (1935, ⁷1965). – [2] A. QUETELET: Sur l'homme et le développement de ses facultés. Un essai de physique sociale (Paris 1835). – [3] C. LOMBROSO: Pensiero et meteore (Mailand 1878). – [4] E. G. DEXTER: Weather influences (London 1904). – [5] HELLPACH, a. a. O. [1] (zit. ⁷1965) 271.

Literaturhinweise: W. HELLPACH s. Anm. [1]. – A. AIMES: Météoropathol. (Paris 1932). – W. F. PETERSEN: Man – weather – sun (New York 1947).
W. WITTE

Geosophie (auch Chorosophie) wurde um 1870 vom deutschen Geographen F. MARTHE (1832–1893) eingeführt als Bezeichnung für eine Auffassung der Geographie, die deren «Erhebung» über die bloße «Graphie» zum Ziel hatte: «Es wäre nun wünschenswert, diese γραφία, die auf Gestalt und Ort allein achtet, sich zu einer λογία verklären lassen zu können, indeß, da der Name Geologie unwiderruflich vergeben ist, so schlagen wir für die höchste und wahrhaft wissenschaftliche Stufe der auf die Ortsverhältnisse des Erdlichen gerichteten Studien den Namen *Geosophie* vor, wenn auch Chorosophie oder Chorologie ... passender schiene» [1]. Marthe war es nicht vergönnt, seine Gedanken zu einer umfassenden G. auszubauen. Auch seines Nachfolgers J. WIMMERS Versuch, in seiner ‹Historischen Landschaftskunde› der «gewöhnlichen» Geographie eine G. zu überlagern, blieb Torso [2].

Die Folgezeit verwendete den Ausdruck nurmehr spärlich und setzte an seine Stelle ‹philosophische Geographie›.

Anmerkungen. [1] F. MARTHE: Begriff, Ziel und Methode der Geogr. und Richthofens ‹China› Bd. I. Z. Ges. Erdkunde Berlin 12 (1877) 422-478, bes. 445. – [2] J. WIMMER: Hist. Landschaftskunde (1885) 1; dazu H. SPETHMANN: F. Marthe, ein vergessener dtsch. Geograph (1935).

Literaturhinweise. H. SPETHMANN: Möglichkeiten geosoph. Erkenntnis, in: Das länderkundl. Schema in der dtsch. Geogr. (1931) 219-229. – H. KERP: Auf der Suche nach einem philos. Einheitsbegriff in der Erdkunde, in: Abh. u. Verh.ber. Rhein. Ges. Gesch. Naturwiss. (1937) 104-112. E. WINKLER

Geozentrisch, geozentrisches Weltsystem. In der Astronomie spricht man von geozentrischen Koordinaten (nach Wahl der Ebene entweder von Äquatorial- oder Horizontalkoordinaten), wenn die Erde Bezugspunkt des Systems ist. In der Kosmologie führte die Auszeichnung dieses Bezugspunktes zum geozentrischen Weltsystem.

Als geozentrisch wird ein Weltsystem bezeichnet, in dem Weltzentrum und Erdzentrum zusammenfallen und die planetarischen Bewegungen (einschließlich der Sonnenbewegung) geometrisch auf Kurvenbewegungen um die als ruhend oder um ihre Achse rotierend gedachte Erde zurückgeführt werden. Von einem geozentrischen System spricht man dabei nicht allein, wenn diese Bewegungen a) wie im Falle des *homozentrischen* Systems des EUDOXOS auf Kreisbahnen stattfinden, deren Achsen durch das Erdzentrum gehen [1]. Die planetarischen Bewegungen können vielmehr auch b) unter Zuhilfenahme von *Exzentern* und *Epizykeln* (APOLLONIOS [2], HIPPARCH [3]) sowie *Ausgleichspunkten* (PTOLEMAIOS, unter Einschluß von Exzentern und Epizykeln) um fiktive «exzentrisch» gelegene Punkte erfolgen oder sogar c) wie im sogenannten Tychonischen System (einem Kompromiß zwischen geozentrischer und heliozentrischer Annahme) teilweise um die Sonne stattfinden. Im Falle c) drehen sich die Planeten um die Sonne, die sich ihrerseits wie der Mond und die Fixsternsphäre um die in ihrer Zentralstellung somit bewahrte Erde dreht (im sogenannten «ägyptischen», HERAKLEIDES [4] zugeschriebenen System drehen sich nur die beiden inneren Planeten, Merkur und Venus, um die Sonne).

Eine dynamische (mechanische) Begründung suchte das geozentrische System in der Aristotelischen Physik, obgleich diese strenggenommen nur mit einem Eudoxischen System (einem System ohne Exzenter, Epizykeln und Ausgleichspunkten) verträglich ist. Kinematisch (geometrisch) ist das geozentrische System dagegen äquivalent mit dem heliozentrischen System. So ergibt sich die geozentrische Planetenbewegung durch vektorielle Addition der scheinbaren Sonnenbewegung zu der heliozentrischen Planetenbewegung.

Anmerkungen. [1] Vgl. den Rekonstruktionsversuch von O. BECKER: Das math. Denken der Antike (1957) 80ff. – [2] PTOLEMAEUS, Synt. XII, 1. Heiberger A. 450. 456. – [3] THEON SM.: Expositio rerum mathematicarum ad legendum Platonem utilium, hg. E. HILLER (1878) 166. 188. – [4] Vgl. HERAKLEIDES, Frg. 104-117, hg. WEHRLI (1953).

Literaturhinweise. P. DUHEM: Le système du Monde (Paris 1914-59). – TH. HEATH: Greek astronomy (London 1932). – E. J. DIJKSTERHUIS: De Mechanisering van het Wereldbeeld (Amsterdam 1950); dtsch. H. HABICHT (1956). J. MITTELSTRASS

Gerechtigkeit (griech. δικαιοσύνη, lat. iustitia, ital. giustizia, frz./engl. justice)

I. G. setzt ein wie immer begründetes Wechselverhältnis von Partnern voraus. Nach deren Eigenart gestaltet sich die Rechtheit des Verhältnisses.

1. Griechisches Denken spricht vom Recht, der δίκη, zwischen Menschen. Von der Wurzel δεικ- abzuleiten, besagt das Wort das Gestellte, Festgesetzte und meint sowohl Weise, Zustand, Zukommendes wie eingegrenztes Recht, Rechtssache, Urteil oder Strafe, ist also eine sowohl religiös-ethische wie politische Größe [1]. In der Frühe mythisch als Göttin verstanden, gilt das Recht später und insbesondere in der philosophischen Staatslehre als göttliche Weltnorm.

Wie seine Existenz als Volk sieht *Israel* auch das Gerechte in dem von Gott gewährten Bund begründet. Hebräisch ‹Şādäq›, ‹Şədaqah› bezeichnet über ein nur forensisches oder ethisches Verständnis hinaus das ganze Bundesverhältnis und seine Forderungen. Es bleibt vorrangig ein theologischer Begriff. Gott setzt das Recht; sein heilschaffender Wille ist Quelle allen Rechts. «Der Fels [= Gott], untadelig ist sein Tun, denn Recht sind alle seine Wege» [2]. Darum ist dieses Gottesrecht die umfassende, unabänderliche Lebensordnung des Volkes. «Sädäq ist nicht im Menschen, sondern der Mensch ist in Sädäq» [3]. G., die willentliche Annahme und tätige Erfüllung des Gerechten, bestimmt sich nach dessen Inhalt und ist stets Antwort.

Das griechische Abstraktum δικαιοσύνη (G.) kommt erst in der nachepischen Zeit in Gebrauch, während sich das Adjektiv δίκαιος (gerecht) schon bei HOMER findet. Ist auch sein religiöser Bezug nicht vergessen, das Wort ist doch zunächst ethisch und rechtlich verstanden. PLATON unternimmt in der ‹Politeia› eine Begriffsbestimmung, die nach vergeblichen Versuchen des ersten Buches schließlich die G. sowohl im politischen wie individuellen Bereich unter die vier Kardinaltugenden einreiht. Während die drei übrigen aber einem Stand im Staat oder einem Seelenteil zugeordnet werden, soll die G. die Grundlage aller übrigen darstellen. Als allgemein rechtliche Beschaffenheit wird sie definiert: τὸ τὰ αὑτοῦ πράττειν καὶ μὴ πολυπραγμονεῖν δικαιοσύνη (Das Seinige tun und nicht vielerlei treiben ist G.) [4]; sie ist so die Zusammenfassung aller Tugenden.

ARISTOTELES, der der G. jeweils ein ganzes Buch seiner Ethiken widmet [5], übernimmt Platons Lehre. Auch ihm ist G. vollendete Tugend (ἀρετὴ τελεία), höchste der Tugenden (κρατίστη τῶν ἀρετῶν); «weder Abend- noch Morgenstern sind so wundervoll», «in der G. ist jegliche Tugend umfaßt», zitiert er zustimmend einen Spruch des THEOGNIS [6]. Aber ARISTOTELES fügt eine nähere Bestimmung hinzu, die die G. begrenzt; Gesamttugend ist sie nur, insofern sie das Verhalten zum Nebenmenschen ordnet, sie ist auf den Anderen bezogen (πρὸς ἕτερον). Von diesem Ansatz aus wird verständlich, daß Aristoteles die G. auch als einzelne Tugend neben andern kennt und sie im juridischen Bereich ansiedelt. In dieser Gestalt zerlegt sie sich in die ausgleichende und die austeilende, je nachdem, ob sie es mit dem Austausch von Gütern und Verträgen zu tun hat oder ob ihr das Zuteilen in einer Gemeinschaft aufgegeben ist. Beide Male muß das Prinzip der Gleichheit zur Anwendung kommen, nur im ersten Fall in arithmetisch absoluter im zweiten in geometrisch analoger Proportion. G. in dieser Gestalt definiert Aristoteles dann: «Es ist G. eine Tugend, durch die jeglicher das Seinige erhält und wie es das Gesetz angibt, Ungerechtigkeit dagegen ist es, wodurch einer fremdes Gut erhält und nicht nach dem Gesetz» [7]. G. ist demnach die Bürgertugend gegenüber

Gesetz und Brauch der Polis, das Gerechte, das Gesetzgemäße (νόμιμον) und Gleiche (ἴσον) [8].

Im doppelten Verständnis der allgemeinen und der forensischen G. tradiert die antike Philosophie weithin die Lehre des Aristoteles. *Stoa* wie *römische Popularphilosophie* stellen das Gerechte neben das Edle, Gute, Geziemende und sehen in ihm eine das ganze Leben umgreifende Eigenschaft: «In iustitia virtutis splendor est maximus, ex qua boni viri nominantur» (In der G. liegt der höchste Glanz der Tugend, nach ihr werden die guten Männer genannt) [9]. Für die G. im engeren Rechtsbereich aber erlangt die Definition ULPIANS maßgebende Bedeutung: «iustitia est constans et perpetua voluntas ius suum unicuique tribuendi» (G. ist der feste und dauernde Wille, jedem sein Recht zuzuteilen) [10].

Theologisch gedeutet wird der G.-Begriff im biblischen Gebrauch. Es begegnet im Neuen Testament zwar nebenher auch das Verständnis im Sinn einer konventionellen ethischen Rechtlichkeit; meistens aber heißt ‹gerecht› der den Willen Gottes erfüllende, gottesfürchtige Mensch. Die alttestamentliche Deutung wird übernommen und weitergeführt. Nach ihr ist G. Gottes die heilschaffende, machtvolle Bundestreue Gottes, die aber auch strafen kann. Ihr entspricht als G. des Menschen die gehorsame, fromme Unterordnung unter das Gottesgesetz. Insbesondere PAULUS baut den alttestamentlichen Ansatz in seinem Begriff der G. eigenständig aus. Nach ihm ist Gottes G. jener «Ort in Gottes Wesen ..., von dem her das rettende Eingreifen Gottes in dem Ereignis Jesus Christus seinen Ursprung und Fortgang nimmt» [11], Gottes liebende Güte und Barmherzigkeit also ebenso wie seine unnahbare Heiligkeit. G. des Menschen aber ist seine ihm aufgrund des Glaubens aus Gottes Heilshandeln zuteil gewordene, allein der Gnade verdankte Eigenschaft [12]. Paulus setzt in seiner Rechtfertigungslehre, die er in juristischen Begriffen entwickelt, die eigentliche G. als die G. Gottes (δικαιοσύνη θεοῦ) oder aus dem Glauben (ἐκ πίστεως) sehr scharf ab gegen die völlig unzureichende menschliche G. aus den Werken des Gesetzes (δικαιοσύνη ἐξ ἔργων νόμου).

Anmerkungen. [1] Zur ursprünglichen Gleichheit der ethischen und juristischen Bedeutung vgl. J. GONDA: DEÍKNYMI, Semantische Studie over den Indo-Germanischen Wortel deik (Diss. Utrecht 1929). – [2] Im Moselied Deut. 32, 4. – [3] K. KOCH: SDQ im AT. Eine traditionsgesch. Untersuch. (Diss. Heidelberg 1953) 41. – [4] PLATON, Resp. IV, 433 a. – [5] ARISTOTELES, Eth. Nic. (= EN) V; Eth. Eud. IV, 3, 1129 b 25ff.; THEOGNIS vgl. E. DIEHL: Anthologia Lyrica Graeca (1925) 1, 124. – [7] ARIST.; Rhet. I, 9, 1366 b 9ff. – [8] EN V, 2, 1129 a 33. – [9] CICERO, De officiis I, 7, 20; vgl. z. B. auch EPICTET; Diss. I, 22, 1; II, 17, 6. – [10] ULPIAN, Frg. 10. – [11] O. KUSS: Der Römerbrief (1957) 115. – [12] Vgl. z. B. Röm. 3, 25f.; 2. Kor. 5, 21; Röm. 4, 5; Gal. 2, 16; Phil. 3, 9.

2. Die theologische wie die ethisch politische Bedeutung von ‹G.› bleiben für sich oder in vielfacher Verschränkung, je nach dem Ansatz der Erlösungslehre, für das spätere Denken maßgebend. Die *patristische* Ethik bewahrt als festen Topos die überkommene Lehre von den Kardinaltugenden und unter ihnen der G. LAKTANZ erklärt sie nach der goldenen Regel [1]. Wenn AMBROSIUS auch einige christliche Korrekturen anbringt, stellt er doch im Gefolge Ciceros die G. als soziale Tugend im Rahmen der Kardinaltugenden dar [2]. Auch AUGUSTINUS hält an den vier Grundtugenden als bürgerlichen nicht nur in seinen Frühschriften fest, er lobt sie auch ausdrücklich in seinen späteren Predigten. G. verlange «sua cuique tribuere» [3], und er kann das in bestimmten Fällen kasuistisch genau untersuchen [4]. Ein andermal versteht er G. wieder als Harmonie aller Tugenden: «Iustitia, cuius munus est, sua cuique tribuere, unde fit in homine ipso quidam iustus ordo naturae ut anima subdatur deo et animae caro ...» (Die G., deren Aufgabe es ist, jedem das Seinige zuzuteilen, wodurch im Menschen selbst eine gewisse gerechte Ordnung der Natur aufgerichtet wird, so daß die Seele Gott und das Fleisch der Seele unterworfen wird ...) [5]. Wichtiger aber ist den Theologen der Väterzeit die gnadenhafte G. Augustinus stellt wie auch Ambrosius oder Basilius ganz paulinisch öfter die eigene G. durch das Gesetz oder die Naturanlage der G. Gottes durch die Gnade gegenüber [6]. Sie erst ist wirkliche G., nach der der Mensch hungert und dürstet [7], sie ist unverdientes Geschenk, besteht mehr im Nachlaß der Sünden als in tugendhafter Vollkommenheit und findet ihre Vollendung erst in der Liebe des Reiches Gottes: «Tunc ergo erit plena iustitia, quando plena sanitas; tunc plena sanitas, quando plena caritas, quando videbimus eum sicuti est» (Dann erst wird es vollkommene G. geben, wenn es vollkommene Gesundheit gibt; dann erst vollkommene Gesundheit, wenn vollkommene Liebe: wenn wir Ihn sehen, wie er ist) [8].

Mittelalterliches Denken geht das Thema der G. im allgemeinen von drei Seiten an: von der G. Gottes, von der Rechtfertigung des Sünders und von der sittlichen G. des Menschen. Dabei werden Begriffe der antiken Philosophie, etwa G. als Eigenschaft Gottes oder die Definition der sittlichen G., aufgenommen und behalten, nach Autoren und Schulen verschieden, auch in ihrem Eigengewicht, ohne daß aber im ganzen der biblische Horizont der Aussagen verlorengeht.

In sehr selbständiger Weise verwendet ANSELM VON CANTERBURY den Begriff ‹G.› Er kennt eine ontische rectitudo (Rechtheit), an der alle Wesen teilhaben und durch die sie erst «recht» werden. Auch die sittliche G., die in der rechten Freiheit gründet, wird durch diese rectitudo bestimmt: «Gerecht kann also nur der Wille heißen, der seine Richtigkeit um dieser Richtigkeit selbst willen bewahrt. Darin liegt demnach das Wesen der G.» [9]. Gott allein wird nicht durch eine ihm fremde rectitudo gerecht, er hat nicht nur G., sondern ist im Wesen selber G. Das führt Anselm im 16. Kapitel seines ‹Monologion› aus; er bleibt dabei, auch wenn es nach der Satisfaktionslehre im ‹Cur deus homo› stellenweise so scheinen könnte, als lege die G. Gott eine Nötigung auf. Durch Gottes G. empfängt auch der Mensch seine verlorene G. wieder. Die Antinomie, die aus der Lehre von verschiedenen Eigenschaften Gottes, von Barmherzigkeit und G. also, sich notwendig ergibt, löst Anselm, indem er auf die innerste Einheit des göttlichen Wesens und also den geheimnisvollen Zusammenfall aller Eigenschaften verweist: «Denn wenn du barmherzig bist, weil du höchst gütig bist, und nicht höchst gütig wärest, wenn nicht auch höchst gerecht, so bist du eben darum barmherzig, weil du höchst gerecht bist» [10].

In der Hochscholastik findet die Lehre von der G. im Werk THOMAS VON AQUINS ihre klassische Ausformung. Ursprunghaft findet sich die G. in Gott. Wenn Thomas sie auch als eine Eigenschaft Gottes darstellt, zeigt er doch von vornherein, daß der philosophische Begriff der G. dabei weit überschritten wird. Höchstens für das schöpferische Austeilen wäre er anwendbar, und das Zuzuteilende kann nur vom Austeilenden her gemessen werden: «Debitum enim est deo, ut impleatur in rebus id, quod eius sapientia et voluntas habet et quod suam bonitatem manifestat» (Es ist Verpflichtung gegen Gott, in den Dingen das zu erfüllen, was seiner Weisheit und seinem Willen entspricht und was seine Güte bekundet) [11]. Erst recht wird diese analoge Anwendung des überlieferten Begriffs deutlich, wenn im selben Zusammenhang die Verschränkung von G. und Barmherzigkeit gezeigt wird, weil die G. allein aus der überfließenden Güte austeilt: «Opus autem divinae iustitiae semper praesupponit opus misericordiae et in eo fundatur» (Das Werk der göttlichen G. setzt immer das Werk der Barmherzigkeit voraus und gründet in ihr) [12]. Von hier aus wird verständlich, daß Thomas die Rechtfertigung des Sünders aus der Güte Gottes ableitet und damit die biblische Aussage von Gottes G. in seine Terminologie überführt. Es gehört «iustificatio impii ad misericordiam et bonitatem se superabundanter diffundentem» (die Rechtfertigung des Sünders zur überströmenden Barmherzigkeit und Güte [Gottes]) [13]. Sie kommt aus dem Glauben, wie Thomas unter Berufung auf Römer 4, 5 feststellt, und schafft eine geordnete Rechtheit «in ipsa interiori dispositione hominis» (in der inneren Anlage des Menschen) durch Erlaß der Sünde und Eingießen der Gnade [14]. Sehr ausführlich handelt Thomas in seiner Ethik von der sittlichen Tugend der G. Er beginnt mit Ulpians Definition und baut auf der Lehre des Aristoteles auf. Die Kardinaltugend der G. rechnet er unter die erworbenen habitus; ihre nähere Bestimmung erhält sie durch den Bezug zum andern – «est ad alterum» – und durch das Prinzip der Gleichheit – «debitum secundum aequalitatem». Es gibt drei Arten der G.: iustitia commutativa, distributiva und legalis. Außerdem kennt Thomas noch «partes potentiales iustitiae», bei denen nur eine analoge «aequalitas» des Geforderten möglich ist. Dazu rechnet er z. B. religio, pietas, oboedientia und gratitudo [15]. – Der Tradition dieser Lehre bleibt auch BONAVENTURA verbunden, der allerdings die Tugenden platonisch einer urbildlichen Ursache entspringen läßt. Doch ist auch für ihn G. «rectitudo diffusionis», verbunden mit der Güte, hat zur Aufgabe, «servare unicuique quod suum est» und ordnet hin «zu den Höheren, zu den Untergeordneten und zu den Gleichen» [16].

Noch LUTHER kennt die überlieferte Lehre und teilt in iustitia evangelica und civilis. Letztere ist nach ihm freilich nur gesetzliches Wohlverhalten nach Normen einer äußerlichen G. Wahre G. ist nur die des Evangeliums. Luther versteht sie nach seiner Deutung der paulinischen Rechtfertigungslehre. Danach empfängt der Mensch Gottes G. durch die Gerechtsprechung aus reiner Gnade als Zuwendung Gottes, nicht aber als eigenen Besitz. Gottes G. selber ist nicht Eigenschaft, sondern wirkmächtiges, heilschaffendes Tun am Menschen [17].

Anmerkungen. [1] LACTANTIUS, Epitome 55. – [2] AMBROSIUS, De officiis I, 28f. – [3] AUGUSTIN, De lib. arbitrio I, 27; Sermo 150, 9; En. in ps. 83, 11. – [4] Ep. 153 ad Macedonium 20ff. – [5] De civ. Dei 19, 4, 4. – [6] z. B. Ep. 177 ad Innocentium Pap. 11. 14; Ep. 186 ad Paulinum 9; Ep. 194 ad Sixtum III 6; In. Jo. 26, 1; BASILIUS, Sermo 20, 3 (Mauriner A.); AMBROSIUS, Lukaskommentar V, 21ff. – [7] GREGOR VON NYSSA: Von den Seligpreisungen IV, 2; AUGUSTIN, Ep. 120 ad Consentium IV, 19. – [8] AUGUSTIN, De perfectione iustitiae hominis 8; vgl. De civ. Dei 19, 27; 21, 24. – [9] ANSELM VON CANTERBURY, Dialogus de veritate 12. – [10] Proslogion 9. – [11] THOMAS VON AQUIN: S. theol. I, 21, 1 ad 3. – [12] a. a. O. I, 21, 4 c. – [13] I, 45, 6 ad 3; vgl. IV Dist. 17, q. 1 a. 1, q. 4. – [14] S. theol. I/II, 113, 1. – [15] a. a. O. II/II, 58ff. – [16] BONAVENTURA: Collationes in hexaemeron VI, 7. 18. 29. – [17] Vgl. M. LUTHER: Vorles. über den Römerbrief (1515/16); Sermo de triplici iustitia (1518); Sermo de duplici iustitia (1519).

Literaturhinweise. K. H. FAHLGREN: Sedaka, nahestehende und entgegengesetzte Begriffe im AT (Uppsala 1932). – H. H. SCHREY und H. N. WALZ: G. in bibl. Sicht (1955). – M. SALOMON: Der Begriff der G. bei Aristoteles (Leiden 1937). – P. TRUDE: Der Begriff der G. in der arist. Rechts- und Staatsphilos. (1955). – D. LOENEN: Dike. Een hist.-semant. analyse van het griekse gerechtigheidsbegrip (Amsterdam 1948). – W. JOEST ‹G.›. RGG³, 2, 1407-1410. – W. MANN und J. PIEPER: Art. ‹G.›, in Hb. theol. Grundbegriffe 1, 468ff. – G. QUELL und G. SCHRENK: DÍKE, DÍKAIOS, DIKAIOSÝNE usw. in: Theol. Wb. zum NT 2, 176ff. – O. ZÄNKER: DIKAIOSÝNE THEOÛ bei Paulus. Z. systemat. Theol. 9 (1932) 398-420. – H. CREMER: Die paulinische Rechtfertigungslehre im Zusammenhang ihrer gesch. Voraussetzungen. (²1900). – K. HOLL: Die iustitia dei in der vorluth. Bibelauslegung des Abendlandes, in: Festgabe für A. von Harnack (1921), 73-92 = Ges. Aufsätze zur Kirchengesch. 3, 171-188. – H. BORNKAMM: Iustitia Dei in der Scholastik und bei Luther. Arch. Reformationsgesch. 39 (1942) 1-46.
R. HAUSER

II. – 1. Anders als Luther akzentuiert CALVIN die G. Für ihn besteht sie im unbeugsamen Gehorsam gegen Gottes Willen [1]. Dieser hat zur Voraussetzung, daß G. «nicht gnädige Zurechnung, sondern Heiligkeit und Reinheit ist, wie sie uns Gottes Wesen, das in uns seinen Sitz hat, einflößt» [2]. Diese theologisch motivierte Umdeutung der G. gibt den Raum frei für eine Konstruktion der rechtlichen Verhältnisse, die in erkenntnismäßiger Gewißheit fundiert ist. Schon bei dem noch von theologischen Prämissen ausgehenden FR. DE SUÁREZ hängt z. B. die Beurteilung der G. eines Krieges vom Grad der Gewißheit seines gerechten Grundes ab [3].

H. GROTIUS unterscheidet die iustitia expletrix (arithmetische G.) von der iustitia attributrix (geometrische G.) hinsichtlich ihres Anwendungsbereiches (res singulorum bzw. res communes). Entsprechend werden die Arten der G. der facultas (qualitas moralis perfecta) bzw. der aptitudo (dignitas) zugeordnet [4]. Die hier getroffenen Entscheidungen werden bei den Grotiuskommentatoren vielfacher Kritik unterzogen, die sich nicht zuletzt auf die Beschränkung der G. auf Ausgleich und Zuteilung der bona externa im Sinne der aristotelischen iustitia particularis beziehen [5].

FR. BACON schreibt noch im Kontext einer schon auf das Zwischenmenschliche reduzierten G.-Auffassung: «Iustitiae debetur quod homo homini sit deus, non lupus» (man schuldet es der Gerechtigkeit, daß der Mensch dem Menschen ein Gott ist, kein Wolf) [6]. Aber TH. HOBBES, für den Normen nicht ohne Verbindung zur institutionalisierten Macht zu sehen sind – «auctoritas non veritas facit legem» (Macht, nicht Wahrheit schafft Gesetz) [7] –, nennt einen Menschen gerecht, wenn er das Rechte in Folge des Gebotes des Gesetzes tut [8]. Gegen diese Unterordnung des Rechts unter die Macht nehmen vor allem die Vertreter der Cambridger Schule Stellung. R. CUDWORTH vergleicht die Regeln der G. mit den ewigen Wahrheiten der Geometrie [9]. Eine Retheologisierung wird durch die Feststellung der Übereinstimmung einer aus Vernunftgründen hergeleiteten G.-Idee mit den Forderungen des Dekalogs erreicht [10].

S. PUFENDORF bezieht den Begriff der G. stärker auf das Recht: Ihm schiene es richtiger, daß die Jurisprudenz, da sie sich mehr mit der G. von Handlungen befasse, die G. der Person (die Tugend der G.) nur nebenbei und nur in wenigen Materien behandle [11]. (Dieser Aspekt setzt sich in der Folgezeit immer stärker durch: schon bei Kant, dann bei Radbruch, Kelsen und neuerdings bei Engisch [12].)

Mit G. W. LEIBNIZ erlangt der Begriff ‹iustitia universalis›, der Nachfolgebegriff für ‹iustitia legalis›, zur Abhebung von ‹iustitia particularis› eine Schlüsselstellung. Er begründet die G. «non tantum in voluntate divina, sed et in intellectu, nec tantum in potentia Dei, sed et in sapientia» (nicht nur im göttlichen Willen, sondern auch im Intellekt, und nicht nur in der Macht

Gottes, sondern auch in der Weisheit) [13]. Nach langen Überlegungen definiert er seit 1677 die G. als «caritas sapientis» [14]. Diese Definition umfaßt als «notion commune» die menschliche und göttliche G. und kann damit unter die «veritates aeternae» gerechnet werden. Die G. wird so zum Fundament der Weltordnung. Die mögliche atheistische Konsequenz seines Ansatzes vermeidet Leibniz dadurch, daß Gott als Garant der Durchführung der ewigen G. gilt [15].

J. LOCKE sieht die G. in einer Gesellschaftsordnung, die das Privateigentum kennt, fundiert [16]. Die Pflicht der Regierenden ist es, zu ermöglichen, «ut ... harum rerum ad vitam utilium suam cuique privata et secura sit possessio» (daß ... der Besitz der zum Leben nützlichen Dinge für jeden privat [d. h. vom Staat unabhängig] und sicher sei) [17]. Im Rahmen seiner Theorie von der Demonstrierbarkeit der Moral erörtert er auch die G. im Sinne von «real knowledge» [18]. Für D. HUME ist der öffentliche Nutzen die ausschließliche Quelle der G. Sie hat ihre Bedeutung im gesellschaftlichen Normalzustand, der weder überreiche Fülle äußerer Güter noch äußersten Mangel kennt [19]. «Der Nutzen und ausschließliche Zweck dieser Tugend besteht darin, durch Aufrechterhaltung der Gesellschaftsordnung Glück und Sicherheit zu schaffen» [20]. Ihre Unentbehrlichkeit sichert ihre Dignität. «Natürlich» ist die G. in dem Sinne, daß sie notwendig aus der Betätigung intellektueller Anlagen entspringt [21]. In konsequenter Fortführung dieses Ansatzes ist die G. für J. BENTHAM «an imaginary instrument, employed to forward on certain occasions, and by certain means, the purposes of benevolence» [22]. A. SMITH kommt es vor allem auf den Charakter der G. als Regelsystem an, das der Grammatik vergleichbar ist [23].

J.-J. ROUSSEAU wendet sich gegen Hume, wenn er als Prinzip der G. die aus der Eigenliebe entspringende Liebe zu anderen ansieht [24]. Damit wird das Interesse zum Ansatzpunkt der G., unbeschadet dessen, daß alle G. von Gott kommt. Erst positive Gesetze garantieren G., die an die Stelle des Instinktes im Naturzustande tritt [25].

Anmerkungen. [1] J. CALVIN, Inst. chr. rel., dtsch. O. WEBER (1955) III, 18, 10. – [2] a. a. O. III, 11, 6. – [3] FR. SUÁREZ, De triplici virtute theol. III, 13, 6, hg. J. DE VRIES, in: Die Klassiker des Völkerrechts 4 (1965) 160ff. – [4] H. GROTIUS, De iure belli ac pacis I, 1, § 8, 3ff. – [5] J. VOM FELDE: Annotata in H. Grotium, De iure ... (1652) 63-67; J. H. BOECLER: Inst. politicae (1674) 138f.; vgl. H.-P. SCHNEIDER: Iustitia universalis (1967) 122ff. – [6] FR. BACON, De augm. VI, 3. – [7] TH. HOBBES, Leviathan cap. 26. – [8] De cive 3, 5; De homine 10, 5. – [9] R. CUDWORTH: Intellectual System (1668) I, 1, 5; 2, 1; 3, 1-4. – [10] R. CUMBERLAND: De legibus naturae disquisitio philosophica (1672) 7. 13. – [11] S. PUFENDORF: De jure naturae et gentium (1672) I, 7, 6. – [12] Vgl. unten Nr. 2. – [13] G. W. LEIBNIZ, Werke, hg. DUTENS (1768) IV/3, 272. – [14] Akad.-A. II/1 (1926) 23. – [15] Theodicée II, 184. – [16] J. LOCKE, On government §§ 26. 42. – [17] Epistola de Tolerantia, hg. R. KLIBANSKY (1968) 124. – [18] An essay conc. human understanding IV, 3, 18. – [19] D. HUME, Enquiry conc. the principles of morals III, 13ff. – [20] a. a. O. 15. – [21] App. III. – [22] J. BENTHAM: An introd. to the principles of morals and legislation, hg. BURNS/HART (1970) 10, 40 Anm. – [23] A. SMITH: Theory of moral sentiments III, 6. – [24] J.-J. ROUSSEAU, Emile VI. – [25] Contrat soc. I, 8; II, 6.

H. K. KOHLENBERGER

2. KANT versteht, wie schon Pufendorf, im Gegensatz zur antiken und mittelalterlichen Tradition, die G. nicht primär als Tugend, sondern als Eigenschaft der Gesellschaft im bürgerlichen Zustand («status civilis»). Er nennt sie das formale Prinzip der Möglichkeit des rechtlichen Zustandes unter Menschen; sie wird bestimmt durch den kategorischen Imperativ: «Der rechtliche Zustand ist dasjenige Verhältnis der Menschen unter einander, welches die Bedingungen enthält, unter denen allein jeder seines Rechts teilhaftig werden kann, und das formale Prinzip der Möglichkeit desselben, nach der Idee eines allgemein gesetzgebenden Willens betrachtet, heißt die öffentliche G.» [1].

HEGEL sieht G. nicht in einem Spannungsverhältnis zum staatlichen Recht [2]. Denn Philosophie ist für ihn als Ergründen des Vernünftigen das Erfassen des Gegenwärtigen und Wirklichen [3]. G. wird in objektiver Gestalt faßbar in der «Konstruktion des Staates als des sittlichen Lebens» [4]. Der Staat als Rechtsstaat ist «die Wirklichkeit der konkreten Freiheit». In ihr ist die Besonderheit des Einzelnen mit dem Allgemeinen in substantieller Einheit verbunden und erhalten [5].

Nach STAHL, dem geistigen Begründer des preußischen Konservativismus, ist die G. eine Idee, die dem gesamten Recht zur Grundlage dient und ihm «das Siegel der Unverbrüchlichkeit erteilt» [6]. Sie ist eine sittliche Macht, die «auf unverbrüchliche Aufrechterhaltung einer gegebenen ethischen Ordnung» [7] gerichtet ist. Sie hat zwei Funktionen, die der «schützenden Macht, die das erteilte Recht sowohl den anderen Menschen als ihr selbst gegenüber unverletzbar verbürgt», und die der «vergeltenden Macht, die je nach Erfüllung oder Übertretung Lohn oder Strafe verhängt» [8].

Eine materiale Umprägung erfährt der G.-Begriff durch die *Sozialisten.* Aus dem Nachweis, daß «Souveränität des Menschen, Ungleichheit und Eigentum ... eins sind», ist es nach PROUDHON möglich, «mit Hilfe des Prinzips des Widerspruchs die Grundlage ... des Rechtes abzuleiten» [9]. G. wird damit zur Verteilungsgleichheit. Eine derartige Argumentationsweise aus Prinzipien der G. findet sich auch noch beim *jungen* MARX, wobei ein die Freiheit und Gleichheit einschließender überpositiver Gesetzesbegriff Maßstab seiner Kritik ist: «Die Gesetze sind ... die positiven, lichten, allgemeinen Normen, in denen die Freiheit ein unpersönliches, theoretisches, von der Willkür des Einzelnen unabhängiges Dasein gewonnen hat» [10]. Die «Unsterblichkeit des Rechts» darf nicht dem «Privatinteresse» des Eigentümers geopfert werden [11]. Beim *späteren* Marx verschwindet die Selbständigkeit der praktischen Fragestellung hinter der Analyse der Determiniertheit des historischen Prozesses und der ökonomischen Verhältnisse des Kapitalismus. G.-Postulate sind nur noch indirekt als Movens der Kritik und in der kaum konkretisierten Vision des «Vereins freier Menschen» nach Aufhebung der antagonistischen ökonomisch-gesellschaftlichen Verhältnisse faßbar [12]. ENGELS formuliert diesen gesellschaftlichen Idealzustand: «Die Menschen, endlich Herren ihrer eigenen Art der Vergesellschaftung, werden damit zugleich Herren der Natur, Herren ihrer selbst – frei» [13]. Unter dem Einfluß des Neukantianismus heben die *Revisionisten* die Selbständigkeit des praktischen Aspektes der «Gleichheits- und G.-Vorstellung» [14] wieder hervor.

Für den an Marx anknüpfenden BLOCH ist G. Freiheit, Gleichheit, Brüderlichkeit, freilich nicht als «geschichtsfreies Ziel», sondern als Ideal, das «nachweisbar im gesellschaftlichen Gang seine Tendenz und seine Möglichkeit haben» muß [15]. Die «wirkliche G. als eine von unten richtet sich gegen die vergeltende und austeilende selber, gegen die wesenhafte Ungerechtigkeit, die überhaupt den Anspruch erhebt, G. zu üben» [16]. In der klassenlosen Gesellschaft, die alle Ausbeutung aufhebt, ergibt sich als «letztes subjektives Recht» die

«Befugnis, nach seinen Fähigkeiten zu produzieren, nach seinen Bedürfnissen zu konsumieren» [17].

Der Neukantianer STAMMLER formalisiert das kantische Prinzip eines allgemein gesetzgebenden Willens. G. ist eine reine, d. h. logisch bedingende, formale Art des unbedingt gleichmäßigen Urteilens. Sie ist eine Idee, d. h. eine in der bedingten Wirklichkeit niemals restlos vorkommende Vorstellung des Ganzen aller jemals denkbaren rechtlichen Bestrebungen. Stammler nennt G. die reine Denkform des «sozialen Ideals», des Gedankens der «absoluten Harmonie» des Zusammenlebens einer «Gemeinschaft frei wollender Menschen» [18].

KELSEN versteht G. in erster Linie als mögliche, aber nicht notwendige Eigenschaft einer Gesellschaftsordnung. «Absolute G. ist ein irrationales Ideal» [19]. Die angeblich rationalen Definitionen der G. sind «völlig leere Formeln», sie sind weder zur Rechtfertigung noch zur Kritik einer tatsächlich bestehenden rechtlichen Ordnung geeignet [20]. Kelsen bekennt sich zur Toleranz als dem materialen Prinzip einer relativistischen Wertlehre, mit der er Freiheit, Frieden und Demokratie verbunden sieht [21].

RADBRUCH unterscheidet drei in einem unaufhebbaren Spannungsverhältnis zueinander stehende «Seiten» der Rechtsidee, die G., die Zweckmäßigkeit und die Rechtssicherheit. Während er die G. als formale Gleichheit versteht, bestimmt die Zweckmäßigkeit den Inhalt des Rechts; in der Idee der Rechtssicherheit wird die Friedens- und Ordnungsaufgabe des Rechts erfaßt [22]. Im Gegensatz zu G. und Rechtssicherheit, die «überparteiliche Forderungen» sind, unterliegt die Zweckmäßigkeit dem Parteienstreit. Für die Zweckmäßigkeit gilt Radbruchs relativistische Methode, «eine Topik der möglichen Rechtsauffassungen zu entwerfen», die es ihm ermöglicht, den Weg zu inhaltlichen Wertbestimmungen des Rechts zurückzufinden [23].

Die *neueren* Erörterungen führen im Ergebnis darüber nicht entscheidend hinaus:

ENGISCH nennt den Begriff der G. relativ formal, wenn auch nicht völlig leer, aber ergänzungsbedürftig. Als formales Prinzip gebietet G., das «wesentlich» Gleiche gleich zu behandeln. Daher wird G. erst praktikabel, wenn sie durch andere Wertgesichtspunkte moralischer oder politischer Art, die eine Unterscheidung von wesentlich Gleichem und Ungleichem erlauben, ergänzt und konkretisiert wird [24].

PERELMAN versteht unter formaler G. die korrekte Folgerung aus einer Regel, die Gleichheit der Behandlung aller Mitglieder einer und derselben Wesenskategorie [25]. Die konkrete G. betrifft darüber hinaus die Bildung der «gerechten» Regel, in die die Willkürlichkeit einer «ganz persönlichen Weltanschauung» eingeht [26]. Diese wird nur begrenzt durch die Kohärenz in einem normativen System, das selbst auf letztlich irrationalen Basiswerten beruht [27].

COING nimmt die überlieferte Unterscheidung von iustitia commutativa und iustitia distributiva wieder auf. Erstere gilt innerhalb eines gegebenen Systems der Güterverteilung. Letztere regelt die Verteilung von Gütern und Lasten innerhalb einer Gruppe. Coing nennt diesen Aspekt der G. «dynamisch»; er sei es, der Reform und Revolution trage [28]. In Anlehnung an die Theorie der Aufklärung fügt er ein weiteres Moment hinzu, die «iustitia protectiva». Ihr oberster Satz lautet: «Alle Macht von Menschen über Menschen muß begrenzt sein.» Coing leitet daraus Aspekte her, die keine gerechte Ordnung außer Acht lassen dürfe: Grundrechte, Gewaltenteilung und oberste Grundsätze des rechtlichen Verfahrens [29].

WELZEL hält nur sinndeutende Entwürfe einer gerechten Sozialordnung unter den wechselnden Bedingungen geschichtlicher Existenz ohne Sicherung gegen Irrtum durch einen Vorgriff ins Absolute für möglich. Das positive Recht hat dafür zu sorgen, «daß der Kampf um die richtige Gestaltung der Sozialverhältnisse eine geistige Auseinandersetzung bleibt und nicht durch die Vergewaltigung oder gar die Vernichtung von Menschen durch Menschen beendet wird» [30].

Anmerkungen. [1] I. KANT, Met. Sitten. Akad.-A. 6, 305f. – [2] Vgl. J. BINDER: Philos. des Rechts (1925) 380. – [3] G. W. F. HEGEL, Grundlinien der Philos. des Rechts, hg. HOFFMEISTER (1955) Vorrede 14; vgl. Rechtsphilos. § 148. – [4] Encyclopädie, hg. HOFFMEISTER (1959) § 474. – [5] Rechtsphilos. § 260; vgl. J. RITTER: Hegel und die frz. Revolution (1957) 19ff. 27. – [6] F. J. STAHL: Rechts- und Staatslehre II/1 (³1854) § 51. – [7] ebda. – [8] ebda. a. a. O. – [9] P. J. PROUDHON: Was ist das Eigentum? Ausgewählte Texte, hg. von TH. RAMM (1963) 25. – [10] K. MARX, Debatten über die Preßfreiheit. MEW 1, 58. – [11] Debatten über das Holzdiebstahlsgesetz. MEW 1, 141f.; vgl. W. MAIHOFER: Demokratie im Sozialismus, Recht und Staat im Denken des jungen Marx (1968) 46ff. – [12] Kapital I. MEW 23, 92f.; vgl. Ökonomisch-philos. Mss. MEW Erg.bd. 1, 533ff.; Dtsch. Ideol. MEW 3, 74. – [13] FR. ENGELS: Die Entwicklung des Sozialismus von der Utopie zur Wiss. MEW 19, 228. – [14] E. BERNSTEIN: Das realistische und das ideal. Moment im Sozialismus. Die neue Zeit 16/2 (1898) 390ff.; vgl. M. ADLER: Marxistische Probleme (⁴1920) 108ff.; Kant und der Sozialismus (1904), in: Marxismus und Ethik, hg. SANDKÜHLER/DE LA VEGA (1970) 157ff. – [15] E. BLOCH: Naturrecht und menschliche Würde (1961) 226. – [16] a. a. O. 229. – [17] 252; vgl. K. MARX: Kritik des Gothaer Programms. MEW 19, 21. – [18] R. STAMMLER: Lb. der Rechtsphilos. (³1928) 201ff. 3. 206. – [19] H. KELSEN: Was ist G. (1953) 40, 2. – [20] a. a. O. 18, 23ff.; Reine Rechtslehre (²1960) 360f. – [21] a. a. O. [19] 40f. – [22] G. RADBRUCH: Rechtsphilos. (³1932) 30ff. 50ff. 70ff. – [23] a. a. O. 10f.; vgl. H. WELZEL: Naturrecht und materiale G. (⁴1962) 187f. – [24] K. ENGISCH: Auf der Suche nach der G. (1971) 178. 184. – [25] CH. PERELMAN: Über die G. (dtsch. 1967) 83. 28. – [26] a. a. O. 43. – [27] 83f. – [28] H. COING: Grundzüge der Rechtsphilos. (²1969) 211ff. 215. – [29] a. a. O. 215ff. 226. – [30] WELZEL, a. a. O. [23] 250. 253.

Literaturhinweise. G. SCHMOLLER: Die G. in der Volkswirtschaft. Jb. Gesetzgebung, Verwaltung u. Volkswirtschaft 5 (1881). – E. BRUNNER: G. (1943). – G. DEL VECCHIO: Die G. (dtsch. ²1950). – P. TILLICH: Liebe, Macht, G. (1955). – A. F. UTZ: Sozialethik 1 (1958); 2 (1963). – J. VON KEMPSKI: Bemerk. zum Begriff der G. Stud. gen. 12 (1959) 61ff. – R. JAFFÉ: Pragmatic conception of justice (1960). – M. KRIELE: Kriterien der G. (1963). – H. HENKEL: Einf. in die Rechtsphilos. (1964). – L. LEGAZ Y LACAMBRA: Rechtsphilos. (dtsch. 1965). – H. WELZEL: Die Frage nach der Rechtsgeltung (1966). – H. RYFFEL: Grundprobleme der Rechts- und Staatsphilos. (1969). – R. DAHRENDORF: Die Idee des Gerechten im Denken von Karl Marx (²1971).

F. LOOS/H.-L. SCHREIBER/H. WELZEL

Gericht (Gottes). Schon in den *ägyptischen* Pyramidentexten der frühen dritten Jahrtausends v. Chr. finden sich Hinweise auf ein G. Gottes nach dem Tode, und das ‹Totenbuch› vermittelt eine deutliche Vorstellung hierüber: Das Toten-G. findet statt in der im Totenreich gelegenen «Halle der beiden Wahrheiten», es wird vollzogen anhand von Gesetzen und hat sinnbildlichen Ausdruck gefunden in der Vorstellung der Waage, auf der die Taten des Menschen gewogen werden; Lohn oder Strafe werden ihm darauf sogleich zugesprochen [1]. Die genauen Gesetze, nach denen sich das Toten-G. vollzieht, werden so zugleich zu Geboten für die Lebenden, die vor allem ethische Fragen reglementieren [2]. Der Erlösungsgedanke ist dem Totenbuch fremd [3].

Hat in der Vorstellung des Totenbuches der Tote Gelegenheit zu einer Rede vor dem Jenseits-G. [4], so ist diese Vorstellung der *griechischen* Religion fremd, für die der Gedanke der Sühne beherrschend in den Vordergrund tritt. PLATON kennt genaue Abstufungen des Schicksals der Toten – je nach den von ihnen begangenen Taten im Diesseits. Die Gerechten gelangen kraft Richterspruch gleich in den Himmel [5], die Ungerechten in den Tartarus; wenn ihre Verfehlungen eine Sühne erlauben, erhalten sie Gelegenheit, nach der Sühnung ihre einstigen Opfer zu bitten, aus dem Tartarus aufsteigen zu dürfen. Wird der Wunsch abgelehnt, werden sie zurückgeworfen [6]. Im ‹Staat› tritt der Gedanke der Wiedergeburt hinzu; die Seelen können sich frei für ein neues Leben entscheiden, selbst den Tieren wird eine Wahlmöglichkeit zugesprochen [7].

Von den Hochreligionen haben *Hinduismus* und *Buddhismus* die Vorstellung eines G. nicht ausgeprägt; hinderlich war hierzu die Lehre der Wiedergeburt (Seelenwanderung, Samsara); das Nirvana kann hier nur durch die Kraft des Karma durch die verschiedenen Stationen der Wiedergeburt hindurch erreicht werden [8]. Der *Islam* kennt einen ausgeprägten G.-Gedanken. Das Bild der Waage taucht hier wieder auf, selbst kleinste Verfehlungen werden von ihr festgehalten [9]; jede Seele soll ihren Lohn nach ihrem Verdienst empfangen [10]. Das G. hat endgültigen Charakter, der Erlösungsgedanke fehlt [11]. Entschieden wird über die Taten der Menschen, vor allem jedoch über die Erfüllung der vier Grundpflichten des Gläubigen: Gebet, Fasten, Armenspende, Pilgerfahrt nach Mekka [12].

Sowohl nach dem Alten wie dem Neuen Testament enthält die Zuwendung Gottes dem Menschen gegenüber sowohl G. als auch Gnade. Die G.-Vorstellungen des *Alten Testaments* sind zumeist aus dem Bereich des Privatrechtes entlehnt, wobei der G.-Gedanke sich entweder auf das Gottesvolk als ganzes oder auf das Individuum bezieht. Für ersteres ist konstitutiv der aus dem Staatsrecht entlehnte Gedanke des Bundesschlusses [13]; Jede Übertretung des Jahwebundes verfällt dem G. Jahwes, was sich im Verlauf der irdischen Geschicke des Gottesvolkes manifestiert [14]. Umgekehrt werden Israels Feinde durch das G. Gottes bestraft [15]. Gott wird von den Menschen als Richter gegen die Gottlosen und Ungerechten angerufen [16]. Auch das G. dem Individuum gegenüber geschieht zunächst als der Tat unmittelbar folgendes Handeln Gottes, das in das persönliche, irdische Geschick eingreift [17]. Das G.-Geschehen wird dabei oft (vor allem von den Propheten, die Gottes Straf-G. über Israel ankündigen) in Form eines Rechtsstreites dargestellt [18]. Die Vorstellung eines End-G. mit eindeutig eschatologischem Charakter tritt hingegen relativ vereinzelt auf: Neben der Vorstellung des G. der Völker einschließlich Israels (der Tag Jahwes als Tag des G.) [19] ist auch die Vorstellung des G. der Menschen, besonders der Gottesfeinde und -abtrünnigen anzutreffen [20]. Trotz gelegentlichen forensischen Charakters [21] unterbleibt jedoch eine genauere Darstellung des G.-Verlaufes im Alten Testament.

Eine solche Darstellung kennt hingegen das *Neue Testament* im Bild des End-G., das Gott auf einen den Menschen unbekannten Tag festgesetzt hat [22], während das G. nach dem Tod eines jeden einzelnen Menschen kaum erwähnt wird. Das G. bedeutet die Scheidung von Guten und Bösen. Es fordert Rechenschaft von jedem Menschen [23] und bringt Erlösung für die Gläubigen, Verdammnis für die Ungerechten [24]. Für die nachösterliche Gemeinde wird Jesus in Gestalt des wiederkehrenden Christus die Rolle des Weltenrichters einnehmen [25]. Indem er aber nicht nur als wiederkommender Richter, sondern zugleich als Retter begriffen wird, wird der G.-Gedanke unlösbar mit dem Heilsgedanken verwoben [26]; das G. ist nur für den Ungläubigen Anlaß zur Furcht, für die Christen als durch Christus Erlöste Quelle des Heils; die Ungläubigen sind schon in dieser Welt gerichtet. Das G. ist gegenwärtig: «Die verheißene Zukunft erweist sich als heute schon wirksam» [27].

Das *nachbiblische Judentum* hat in seiner eschatologisch-apokalyptischen Literatur (bes. II. Enoch, IV. Esra, II. Baruch, Daniel-Apokalypse, Buch der Jubiläen) und bei den Rabbinen verschiedene G.-Gedanken geprägt. G. kann einmal bedeuten die Besiegung der gottlosen Völker und ihre Verdammnis, die zugleich die Befreiung Israels von seinen Feinden und Bedrückern (den Römern) meint. Gott rächt sich am Tag des G. und erlöst sein Volk. G. kann dann aber auch die endgültige Erlösung von allen Sünden und Dämonen heißen. Schließlich bedeutet G. die Urteilssprechung über *alle* Generationen und Völker und die Absonderung der Guten von den Bösen. Dieses End-G. («großes G.», «der jüngste Tag») wird mit Furcht und Zittern erwartet, während sonst das G. nur freudig herbeigesehnt wird. Das G. wird vollzogen aufgrund von Büchern, in denen die Taten der Menschen aufgezeichnet sind. Die guten und schlechten Taten werden genauestens auf Waagen gewogen, die guten Werke müssen zahlenmäßig überwiegen, um Rechtfertigung des Menschen zu bewirken. Gerechte und Ungerechte werden durch äußere Merkmale gekennzeichnet. G. ist dann oft gleichbedeutend mit Verdammnis. Bei den Rabbinen heißt «G. des Gehinnom» soviel wie «Verdammnis durch das G.». Neben diesem G. mit forensischen Formeln erscheint das G. als Katastrophe und Weltuntergang, das mit einer Vernichtung des Bösen und dem Sieg des Guten endet [28]. In der rabbinischen Literatur ist diese Vorstellung von G. jedoch selten (vielleicht deshalb, weil die Rabbinen es in die Zeit der Ankunft des Messias verlegten). Ein G. nach dem Tode jedes einzelnen Menschen wird seit Rabbi Jochanan ben Zakkai (gest. 80 n. Chr.) oft erwähnt [29].

Im Fortgang der Kirchengeschichte erfährt der G.-Gedanke eine gewisse Polarisierung. Während die Volksfrömmigkeit dazu neigt, die G.-Vorstellung immer mehr zu konkretisieren und auszuschmücken (Gedanke des Fegefeuers) und das G. vornehmlich als Straf-G. zu begreifen, hat in der theologischen Reflexion der Heilscharakter im Vordergrund gestanden. Von der Volksfrömmigkeit jedoch werden, ebenso wie von den biblischen Aussagen, *künstlerische* Gestaltungen des G. beeinflußt (Kirchenfresken mit Christus als Pantokrator, Reliefs, Buch- und Tafelmalerei u. a.) [30]. In der mittelalterlichen geistlichen *Dichtung* kommt es zur Tradition der Welt-G.-Spiele. Ihr Stoff hält sich eng an den Text der Apokalypse und wird später mit der Überlieferung des Antichrist verbunden. Sie stellen besonders den Zorn Gottes, die Verdammung der Sünder trotz der Fürbitten Marias und Johannes' des Täufers sowie die Erlösung der Guten und ihren jubelnden Einzug ins Reich Gottes dar. In der Reformationszeit werden diese Spiele wegen ihrer politischen und theologischen Intentionen häufiger [31].

Die *Kirchenväter* nehmen die biblischen Aussagen über das G. auf; Aussagen über das G. gehören zum festen Bestandteil ihrer Lehre. Jedoch ist für lange Zeit lediglich das Welt-G. bei der Ankunft des Herrn am Jüngsten Tag bekannt, kein besonderes G. über den

Einzelmenschen. Christus ist der Richter über alle Lebenden und Toten; Gott, der Schöpfer aller Dinge, vollzieht das G. durch ihn [32]. Die Vergeltung durch Strafen oder Belohnungen, das Vermögen zum Guten oder Bösen folgt aus dem freien Willen des Menschen [33]. Darin unterscheidet er sich vom Tier; für den Menschen also ist – so ATHENAGORAS – ein zukünftiges G. notwendig, da in dieser Welt keine gerechte Vergeltung erfolgt und sonst ein Leben nach den Geboten unnütz wäre. G. und Strafe ergehen über den ganzen Menschen, nicht über die Seele, da der Leib für Verfehlungen verantwortlich ist [34]. – Eine andere Begründung gibt TERTULLIAN für das G.: Gott ist notwendig Richter, da er Strafen für die Übertretung der Gebote ausspricht. Schon das Setzen von Verboten und Geboten bedeutet Richten. Die Scheidung der Guten und Bösen durch den Menschensohn ist ein G.-Akt [35]. Das G. ist vollständig, gerecht und letztgültig. Unser Leben ist sein Grund: «Vita est ergo causa judicii» [36]. So urteilt auch GREGOR VON NYSSA: Das G. richtet sich völlig nach unseren Werken. Die Gerechtigkeit des Urteilsspruches liegt darin, daß er ganz und gar von unserem Handeln abhängt [37]. Anders argumentiert IRENAEUS: Die Wiederkunft Christi ist unlösbar mit dem G. verbunden, denn ohne G. wäre die Welt Gott gleichgültig. Am Tag der Vergeltung, dem Tage des G., gibt Gott jedem nach seinen Werken und beruft die Guten zum Heil [38]. Während das allgemeine G. zum festen Bestand der Lehre der griechischen Kirchenväter gehört (nach ORIGENES zählt es zu den Glaubensartikeln der Kirche [39]) und mit dem Weltuntergang, der Wiederkunft Christi als gerechtem Richter, dem das G. vom Vater übertragen ist, der Auferstehung der Toten und der endgültigen Erlösung der Gerechten in eins gesehen wird [40], wird das besondere G. nicht ausdrücklich erwähnt. Es ist vielmehr nur in anderen Aussagen impliziert [41] und scheint wohl zuerst von JOHANNES CHRYSOSTOMOS erwähnt worden zu sein: Das G. (tribunal) erfolgt nach unserem Tode und urteilt nach unseren Taten [42].

In der *lateinischen Kirche* ist das Jüngste G. zwar auch seit je bekannt, besonders als Straf- und Vergeltungs-G. [43], aber nur AMBROSIUS gibt vor Augustin genauere Angaben über seinen Ablauf [44]. In der Lehre AUGUSTINS erhält das G. seinen systematischen Ort: Die Wiederkunft Christi zum G. über Lebende und Tote ist der *letzte* Tag des göttlichen G. Gott richtet uns auch schon auf Erden, indem er z. B. Glück und Gnade verleiht, aber erst beim Jüngsten Gericht werde sein bis dahin unerforschliches G. offenbar. Dann erkennen wir die Wege der göttlichen Vorsehung und seine Gerechtigkeit [45]. Anders als im Johannes-Evangelium ist G. nicht nur Straf-G., dem nur die Bösen verfallen; es kann auch G. der Scheidung (der Gerechten von den Ungerechten) bedeuten, und diesem sind alle Menschen unterworfen [46]. Ein *besonderes* G. über den Einzelmenschen, bereits von HIERONYMUS direkt konstatiert [46a], findet statt, wenn die Seele den Körper verläßt [47]. In der Folgezeit werden beide G.-Typen häufig erwähnt, ohne daß etwas Neues über sie ausgesagt wurde. Maßgebend für das Mittelalter wurde besonders GREGOR DER GROSSE [48]. Erst 1267 wurde die Unterscheidung von allgemeinem und besonderen G. durch Papst KLEMENS IV. festgelegt [49].

Nachdem PETRUS LOMBARDUS [50] und BONAVENTURA [51] über das Jüngste G., die Auferstehung und deren Begleitumstände gehandelt hatten, versucht THOMAS VON AQUIN erstmals die Notwendigkeit *beider* G. zu begründen: Der Mensch ist sowohl Einzelner als auch Teil der gesamten Menschheit. Deshalb ergeht über ihn als Einzelperson das G. direkt nach dem Tod und als Glied des ganzen Menschengeschlechts am Ende der Zeiten, wenn die Guten von den Bösen geschieden werden [52]. Beim besonderen G. wird nur Strafe oder Belohnung in bezug auf die Taten der Seele ausgesprochen, beim End-G., wenn der Leib wieder aufersteht, in bezug auf die von Leib und Seele [53]. Christus hat vom Vater die Machtvollkommenheit zu richten empfangen, weil er die «ars et sapientia Patris» ist und diese bei der Urteilsfindung notwendig sind [54].

In der *Reformation* kommt es mit LUTHER nicht nur zu einer vehementen Ablehnung der sich aus der Akzentuierung des G.-Gedankens ergebenden Ablaßpraxis der Kirche [55], sondern auch zu einer Neudeutung des G. im Rahmen der Rechtfertigungslehre: Der allein im Glauben gerechtfertigte Mensch braucht das G. nicht zu fürchten. Zwar entsetzt er sich in Anfechtungen vor Gottes G., aber «an jenem Tage ... wird dies alles aufhören, und sie werden von allem Übel erlöset sein. Daher nennt die Schrift diesen Tag den Tag unserer Erlösung» [56].

Die *protestantische Theologie* hat diese Lehre weitergeführt. A. RITSCHL sieht in der Rechtfertigung des Sünders gar keinen «richterlichen Akt», sondern außergerichtliche Begnadigung [57]. So meint auch E. HIRSCH, daß Gott nicht über unsere Werke richtet, sondern nur nach der ganzen Person. Das G. vollendet sich nicht in einem Urteil, sondern darin, daß in ihm die Liebe Gottes erfahren wird, die zwar das G. nicht mindert, es aber letztlich aufhebt, da von ihm die «Gemeinschaft mit Gott» ausgeht [58]. In anderen Deutungen verliert das G. seinen Charakter als endzeitliches Geschehen und wird zu einem bereits in der Gegenwart sich vollziehenden Vorgang: Die Krisis, Scheidung, geschieht *jetzt*, d. h. «in der Stellungnahme zur Sendung des Sohnes» [59]. Es ist «immanentes G., das immer in der Geschichte vorhanden ist», «Symbol» für den «dauernden Übergang vom Zeitlichen zum Ewigen», die Vernichtung des «Negativen» und damit der Überwindung der «Zweideutigkeiten des Lebens» [60]. Es erweist seine «Fruchtbarkeit» durch seine Gegenwart und «unentrinnbare Nähe». Der an Christus Glaubende weiß aber, daß er nicht dem G. verfällt; er geht in der Gewißheit des Heils dem End-G. als «der noch ausstehenden letzten Entscheidung» entgegen. Das «Verwerfungs-G.» ist verwandelt in ein «Berufungs-G.» [61]. Für K. BARTH «spricht alles gegen die Möglichkeit» eines letzten, abschließenden G. Vielmehr hat uns Gott bereits in Christus gerichtet. Dieser tritt an die Stelle des Menschen, übernimmt unsere Sache und läßt das G. und die Strafe über sich ergehen. Er ist «der Richter, der selber gerichtet wurde, der aber eben damit gerichtet hat. G., Tod, Ende ist in seiner Person, mit ihm, uns selbst ein für allemal widerfahren» [62]. Durch das Leiden und den Tod Christi, des einzigen göttlichen G., ist das G. «zum bloßen Zeichen des göttlichen G. geworden». Aber unter diesem Zeichen stehen wir und müssen uns als Sünder bekennen [63], denn gegenüber Gottes Gebot, das zugleich sein G. ist, kann es für den Menschen kein Recht geben. Da aber das G. «konkret in Jesus Christus geschehen» ist, ist es, obwohl Gott sich in seinem Gebot dem Menschen als Richter und als mächtiger Herr offenbart, «in der Sache identisch mit der ... Versöhnung». «Wenn Gottes Gebot dann auch uns richtet, so kann es uns doch nicht anders richten, als nach dem es und so wie es ihn gerichtet hat: ... zum Gerettetwerden aus der Verlorenheit» [64].

Anmerkungen. [1] Vgl. J. Spiegel: Die Idee vom Toten-G. in der ägyptischen Relig. (1935) 59. 70. 74 u. ö. – [2] a. a. O. 74. – [3] 77. – [4] 59. – [5] Platon, Resp. 614 c. – [6] Phaidon 114 a-b. – [7] Resp. 620 c-d. – [8] Vgl. W. Schumann: Buddhismus (1963) 31ff. – [9] Koran, Sure 21, 48. – [10] Sure 45, 21. – [11] Sure 82, 16. – [12] Sure 2. – [13] Gen. 15, 18ff.; Ex. 24, 8ff. u. ö. – [14] Jer. 31, 32. – [15] Ex. 6, 6; 7, 4; Weish. 11, 9. – [16] Gen. 16, 5; 1 Sam. 24, 16; Ps. 7, 9-12; 43, 1. – [17] z. B. Ps. 52, 7ff. u. ö. – [18] Jes. 1, 18; 3, 13f.; Os. 4, 1; Soph. 3, 8. – [19] z. B. Jes. 2, 2-5; Am. 5, 18-20; Ez. 39, 21-23; Soph. 1, 14-18. – [20] Weish. 2, 21ff.; 3, 18. – [21] Dan. 7, 9-12. – [22] Mt. 25, 31-46; 10, 15; 11, 24; Lk. 21, 25-28; Mk. 13, 24-27; Apg. 17, 31; 1 Thess. 5, 2 2 Petr. 3, 7-13. – [23] Mt. 12, 36; Röm. 2, 5; 2 Kor. 5, 10. – [24] 2 Petr. 2, 9; 2 Thess. 1, 5-10. – [25] Apg. 10, 42; 2 Tim. 4, 1; 1 Kor. 1, 8. – [26] Mt. 13, 41-43; Phil. 3, 20. – [27] H. Conzelmann, in: RGG³ 2, 1420; Joh. 3, 17-19; 5, 24-29; 8, 15f.; 9, 39; 12, 31f. – [28] Vgl. P. Volz: Die Eschatol. der jüd. Gemeinde im neutestamentl. Zeitalter (1934) 28f. 89-97; W. Bousset und H. Gressmann: Die Relig. des Judentums im späthellenistischen Zeitalter (⁴1966) 257ff. 393. 413. – M. Hengel: Judentum und Hellenismus (1969) 365ff. – [29] H. L. Strack und P. Billerbeck: Komm. zum NT aus Talmud und Midrasch (1922-61) 4, 1036-43. 1093-1118. 1199-1212. – [30] Vgl. V. H. Elbern: Art. ‹G. VI›. LthK² 4, 736f. – [31] Vgl. K. Reuschel: Die dtsch. Welt-G.-Spiele des MA und der Reformationszeit (1906). – [32] Justin, Dial. 36. 58. 118. 124 = MPG 6, 553. 608. 749. 764. – [33] Justin, Apol. I, 43 = MPG 6, 394. – [34] Athenagoras, De resur. mort. 19-21 = MPG 6, 1012-1017. – [35] Tertullian, Adv. Marc. I, 26f.; IV, 29, 7f.; vgl. De test. anim. 2. 6 = MPL 1, 611f. 618. – [36] De resur. carn. 14-15 = MPL 2, 813f. – [37] Gregor von Nyssa, De beat. V = MPG 44, 1256. – [38] Irenaeus, Adv. Haer. V, 27; II, 22, 2; IV, 36, 6. – [39] Origenes, De princ. III, 1, 1. – [40] z. B. Origenes, Contra Cels. IV, 9; Clemens von Alexandrien, Cohort. 9 = MPG 8, 196; Teppiche 6, 110, 3; Cyrill von Jerusalem, Catechesis XV, 1-4 = MPG 33, 870f.; Cyrill von Alexandrien, In Luc. XIV, 19 = MPG 72, 821-824; Hippolyt, Adv. Graec. 1-3 = MPG 10, 795-800. 802; De Antichr. 26. 64 = MPG 10, 748. 784; Johannes Chrysostomos, In Matth. hom. 13, 5 = MPG 57, 215-218; In Ep. ad Rom. hom. IV, 1f. = MPG 60, 423-425. – [41] z. B. Origenes, De princ. I, praef. 5; vgl. dagegen De princ. II, 9, 8. – [42] Joh. Chrysostomos, In 1 Cor. hom. 42 = MPG 61, 368; vgl. De Laz. hom. II, 2f. = MPG 48, 984-986. – [43] z. B. Ambrosiaster, In Rom. II, 3-6, MPL 17, 67-68. – [44] Ambrosius, z. B. MPL 15, 1353f.; 16, 605f. 690. 1305f. 1322; 14, 993f. 1084. 1122; 15, 1908f. 1652. 1664f. – [45] Augustin, De civ. Dei XX, 1f.; In Joa. LIII, 6. – [46] De civ. Dei XX, 5, 5; In Joa. XIX, 18; XXII, 5; Ep. CCXVII, 5, 16. – [46a] Hieronymus, Comm. in Joel II, 1 = MPL 25, 965. – [47] Augustin, De anima II, 4, 8; Serm. CIX, 4; Enarr. in Ps. XLIII, 7. – [48] Gregor der Grosse, MPL 75, 783f. 788. 819f. 836f. 1145; 76, 195. 305. 601f. – [49] Vgl. H. Denzinger und A. Schönmetzer, Enchiridion symbolorum (³⁴1967) Nr. 464; vgl. Nr. 530f. – [50] Petrus Lombardus, Sent. IV, d. 43. – [51] Bonaventura: Breviloquium VII. – [52] Thomas von Aquin, S. theol. suppl. 88, 1; eine andere Begründung in: S. theol. II, 59, 5. – [53] S. contra gent. IV, 91, 96; Comp. theol. c. 242. – [54] S. theol. III, 59, 1. – [55] M. Luther: Schmalkald. Art., Weimarer A. 50, 204f. – [56] a. a. O. 17/1, 220f.; 36, 444; vgl. W. Elert: Der Christl. Glaube (⁵1960) 529ff. – [57] A. Ritschl: Die christl. Lehre von der Rechtfertigung und Versöhnung (³1888/89) 3, 85ff. – [58] E. Hirsch: Das G. Gottes. Z. systemat. Theol. 1 (1923/24) 199-226, auch in: Schöpfung und Sünde in der natürl.-geschichtl. Wirklichkeit des einzelnen Menschen (1931) 103ff. – [59] R. Bultmann: Glauben und Verstehen 1 (1933) 143; Das Evangelium des Johannes (¹⁴/¹⁵1968) 330. 436. – [60] P. Tillich: Systemat. Theol. (1955-66) 2, 177; 3, 451-454. – [61] P. Althaus: Die letzten Dinge (⁸1961) 176-179. 198f. – [62] K. Barth: Die Kirchl. Dogmatik (1932-1959) 4/1, 243f. 278. 326f.; 1/2, 283; vgl. 2/2, 836ff. – [63] a. a. O. 2/1, 456; 3/2, 766. – [64] 4/1, 596f. 613; 2/2, 819f. 828.

Literaturhinweise. J. Rivière: Art. ‹Jugement›, in: Dict. de Theol. cath. 8 (1925) 1721-1828. – C. Stange: Die christl. Vorstellung vom jüngsten G. Z. systemat. Theol. 9 (1931/32) 441-454. – F. Büchsel und V. Herntrich: Art. ‹krino, krisis›, in: Theol. Wb. zum NT 3 (1938) 920-943. – L. Pinomaa: Der Zorn Gottes in der Theol. Luthers (1938). – L. Scheffczyk: Das besondere G. im Licht der gegenwärtigen Situation. Scholastik 37 (1957) 526-541. – N. J. Hein, F. Horst, H. Conzelmann und P. Althaus: Art. ‹G. Gottes›, in: RGG³ 2, 1415-1423. – M. Schmaus: Kath. Dogmatik 4/2 (⁵1959) 242-263. 432-452. – R. Hermann: Die reformatorische Botschaft vom G. angesichts der Probleme unserer Zeit, in: Ges. Stud. zur Theol. Luthers und der Reformation (1960).

L. PINOMAA/U. DIERSE

Geschichte, Historie (att. ἱστορία, ion. ἱστορίη, lat. historia, ital. storia, frz. histoire, engl. history)

I. *Antike.* – Das *griechische* Wort ἱστορία (H.) hat die Grundbedeutung ‹Erkundung›, hängt zusammen mit ἵστωρ, ‹der Kundige, Zeuge, Schiedsrichter› und ist vom Stamm Fιδ = ‹sehen, wissen› abgeleitet. ‹H.› bezeichnet (laut Platon und Theophrast) zunächst die «Naturkunde» der Ionier in ihrem ganzen Umfang, d.h. Naturphilosophie, «Physik», Geometrie, Geographie, Astronomie sowie Pflanzen- und Tierkunde. In diesem Sinne besteht die H. bei den ionischen Naturphilosophen wie Thales, Anaximander, Anaximenes und anderen nach späteren Berichten sowohl in der Frage nach dem Ursprung und Prinzip des Weltganzen und der Ableitung der Welt aus einem alles belebenden Grundstoff («Hylozoismus») als auch in der Erkundung und Erforschung seltener, entlegener und rätselhafter Naturphänomene, wie etwa Magnetismus, Nilüberschwemmungen und Sonnenfinsternisse [1]. Das aus der Erkundung vieler solcher «Wunder» gewonnene Wissen wird allerdings von Heraklit im Verhältnis zur eigenen Lehre vom einen Ursprung und Weltgesetz als «Vielwisserei» abgewertet [2].

Herodot nennt sein Geschichtswerk Ἱστορίης ἀπόδεξις, ‹Darlegung der Erkundung›, erwähnt wiederholt sein mündliches Forschen und Fragen (ἱστορεῖν) und macht es zum Prinzip seiner Darstellung, daß er vor allem von Zusammenhängen berichtet, die er selber durch Erkundigung erforscht hat [3].

Später verschiebt sich die Bedeutung des von Thukydides *gemiedenen* Wortes ‹H.› von der Tätigkeit auf das Ergebnis des Erkundens: So scheint Ephoros, der Verfasser der ersten griechischen Universalgeschichte, sein Werk Ἱστορίαι betitelt zu haben [4].

Seit Aristoteles ist ‹H.› fester Begriff für die Geschichtsschreibung als literarische Gattung und kann in dieser Bedeutung von der Dichtkunst unterschieden werden [5]. Jedoch umfaßt der Begriff bei Aristoteles [6] und auch weiterhin im Grunde alle Arten der Gelehrsamkeit auf den verschiedensten Gebieten (Polyhistorie).

In der *medizinischen Empirikerschule* kann der Begriff ‹H.› im Unterschied zur eigentlichen direkten Erfahrung (Empeiria) als Bericht über eine Erfahrung (etwa über einen Krankheitsverlauf oder die Wirkung einer Arznei) bestimmt werden, welcher entweder durch eigene Erfahrung oder durch das übereinstimmende Urteil der medizinischen Literatur gesichert ist [7].

Im *Lateinischen* ist das Lehnwort ‹H.› seit den Anfängen der Literatur gebräuchlich und bezeichnet im Unterschied zur ursprünglichen römischen Geschichtsschreibung nach Jahrbüchern (annales) eine tiefere Zusammenhänge erfassende oder zeitgeschichtliche Darstellung [8] und erhält neben der ursprünglichen Bedeutung ‹Kunde, Kenntnis oder Wissensstoff›, die es auch haben kann [9], den Sinn von ‹Geschichte›.

Anmerkungen. [1] Platon, Phaidon 96a ff., bes. 96 a 6-8; Aristoteles, De part. anim. III, 14, 674 b 16; Theophrast, Frg. 40. 48 (Wimmer); vgl. O. Gigon: Grundprobleme der antiken Philos. (1959) 17ff. 30ff. – [2] Diels/Kranz: Die Fragmente der Vorsokratiker I (¹⁰1961) 22 B 129. – [3] Herodot, Historien, Prooemium, I, 5; II, 99. 118. – [4] Schol. Plat. Lach. 187 b, Euthyd. 292 e; Macrob. V, 18, 6 aus Didymos. 20, 7; Harp. s. archaíos. Theon 2, p. 161; Athen. IV, 154 d; Lyd., De mens. p. 146 W. – [5] Aristoteles, Rhet. I, 4, 1360 a 37; III, 9, 1409 a 28; Poet. 9, 1451 b 3, 6; 23, 1459 a 21. – [6] Vgl. z. B. De gen. an. I, 3, 716 b 31; I, 4, 717 a 33; I, 20, 728 b 14. – [7] Galen, Subfiguratio empirica, hg. Deichgräber 65. – [8] Aulus Gellius, Noctes Atticae 5, 18. – [9] Cicero, Ad Att. 2, 8, 1; Gellius, a. a. O. 1, 8, 1.

Literaturhinweise. K. KEUCK: H. Gesch. des Wortes und seiner Bedeutungen in der Antike und in den romanischen Sprachen (Diss. Münster 1934) mit Lit. – W. BURKERT: Art. ‹H.›, in: Lex. der alten Welt (1965) 1310.
F. P. HAGER

II. *Der G.-Begriff der Bibel, der Patristik und des lateinischen Mittelalters.* – Das sich ausbreitende Christentum übernimmt als jüdisches Erbe, daß das religiöse Bewußtsein seinen Inhalt in geschichtlichen Ereignissen hat und im Zentrum des Kultus ein G.-Buch steht.

Das *Alte Testament* berichtet von der Erschaffung der Welt und des Menschen durch den einen Gott, von dessen Strafgerichten und Heilstaten gegenüber seinem auserwählten, jeweils sündigen oder gehorsamen Volk und von seinen Verheißungen für die Zukunft. Sucht man in der Moderne hier die Wurzel für den neuzeitlichen G.-Begriff (G. als zielgerichteter Gattungsprozeß) [1], so kennt doch gerade das Alte Testament kein vergleichbares Wort für ‹G.›: Der Ausdruck für «Chronik» ist ‹dibre ha-jamīm› (die Ereignisse [= Worte] der Tage); die erzählenden Schriften des AT werden unter dem Begriff ‹keṯūbīm› (das Geschriebene) zusammengefaßt; «Erzählung» heißt hebräisch ‹deḇārīm› (Worte, Dinge) [2]. Größere G.-Einheiten sind definiert als Geschlechterfolgen und Abstammungsreihen, bezeichnet mit ‹toleḏoṯ›; insofern das Wort die Bedeutung «Register», «Bericht» einbegreift, kommt es dem G.-Begriff noch am nächsten [3]. Daß aber das hebräische Wirklichkeitsverständnis als Grundlage eines «geschichtlichen» und als Gegenpol zum klassisch-antiken interpretiert werden konnte, ist ablesbar am Seinsbegriff: ‹hajah› heißt in der Zeit Mose soviel wie «Wirken», «Tun» und ist im Vollsinn nur Prädikat des allgegenwärtigen Gottes [4].

Auch im *Neuen Testament* fehlt ein adäquater Begriff; ἱστορεῖν erscheint nur einmal, in der Bedeutung «besuchen, um kennen zu lernen» (Gal. 1, 18).

Die von der christlichen *Frühkirche* ausgehende G.-Theologie gründet in dem Problem, daß zwar einerseits die von der jüdischen Apokalyptik prophezeite Äonenwende als durch Christi Erscheinen vollzogen geglaubt, anderseits aber das Weltende erst von Christi Wiederkunft erwartet wird. Die Kirche sieht sich genötigt, die sich ständig weitende Zeitspanne zwischen Kreuzestod und Parusie theologisch verständlich zu machen [5]. Gegen die gnostische Verwerfung des Alten Testaments und die Umdeutung der Naherwartung lehrt sie die Gegenwart gerade mit Hilfe des Alten Testaments als Zeit der Erziehung und des allmählichen Wachstums zum Ende hin verstehen. Bereits der erste Clemensbrief (um 100 n. Chr.) redet von einer Zeit natürlicher Reifung, in welcher Gott uns «durch seine heilige Erziehung» zur Gnade erzieht [6]. Diese Erziehung erfaßt in gleicher Weise alle Menschen (JUSTIN [7]); in ihr läßt der Logos wie ein besorgter Lehrer sich zum gefallenen Geschlecht herunter (ATHANASIUS [8]). G. ist die «Herstellung des Heils», in welcher Gott sukzessiv Patriarchen, Propheten und Jesus sandte und jedesmal das «geeignetste Gesetz» gibt, um die Menschen zur Gemeinschaft mit ihm und zur Ebenbildlichkeit zu führen (IRENÄUS [9]). Es gilt, in dieser «Zeit des Wachstums» auszuharren, in der die Spreu vom Weizen getrennt, gedroschen und gemahlen wird [10]. Sehr früh lernt man, den Erziehungsablauf durch Eingliederung in die Weltwoche zu periodisieren: Schon der Barnabasbrief bringt die Projektion der sieben Schöpfungstage auf die zeitliche Erstreckung des Kosmos: 6mal 1000 Jahre dauert Gottes Werk, bis schließlich in der Vollendungszeit, wenn alles ans Ziel gelangt ist (συντελεσθήσεται τὰ σύμπαντα), der Sohn das siebente Millennium einleitet, den Weltensabbat, an welchem die Kirche gerechtfertigt und das Unrecht getilgt sein wird. Der achte Tag ist der Tag Gottes, mit ihm beginnt eine andere Welt (ἄλλου κόσμου ἀρχή) [11]. Überdeckt wird dieses Schema schon hier von der Vier-Reiche-Lehre, die, bei Daniel aufgenommen, das nahe Gericht und das Ende verdeutlichen soll [12]. Die Herkunft des Weltwochengedankens aus dem Judentum ist der frühen Patristik bekannt [13], und der in ihm mitgegebene Chiliasmus findet sich nahezu bei allen Vätern (CYPRIAN, LACTANTIUS, HILARIUS, IRENÄUS, JUSTIN, HIPPOLYT [14]). Da allerdings die Enderwartung sich häretisch zugespitzt hatte (Montanismus), schwächte die Kirche später das Millenium zur undatierbaren nachgeschichtlichen Vollendungszeit ab (AUGUSTIN s. u.).

In der Berührung mit der antiken Wissenschaft nimmt die sich ausbildende christliche Theologie auch den Historia-(= H.-)Begriff auf, zunächst sehr allgemein in der Bedeutung von «Fabel», «Erzählung» (TERTULLIAN [15]) und «Begebenheit» (CYPRIAN: «H., quae ... facta est» [16]); freilich auch als G.-Bericht: ORIGENES kennt die großen G.-Werke der Spätantike und zählt diese «historiarum longa ac diversa volumina» zu den Reichtümern der Sünder und zur Weisheit dieser Welt [17]. Im spezifisch theologischen Begriffsfeld – das ist gerade auch bei Origenes gut belegbar – bekommt ‹H.› hingegen eine neue Funktion als Terminus der Schriftauslegung. Einen biblischen Bericht als H. lesen, heißt, ihn gemäß dem Buchstaben als zusammenhängende Erzählung von wirklich Geschehenem auffassen [18]. Das historische Verfahren soll zunächst das Ereignis selbst in den Blick rücken und damit der moralischen und allegorischen Auslegung das «Fundament» geben [19]. Eigentliches Ziel der Exegese aber ist für Origenes – unter möglichster Beibehaltung der geschichtlichen Wahrheit des Textes – der Aufstieg in der allegorisch-spiritualen Exegese zur Ergreifung des Logos [20]. Wer das unterläßt, am «nackten Buchstaben» klebt und in der Schrift nur «G.en von Geschehnissen und vergangenen Ereignissen» liest, denkt nicht christlich, sondern wie ein Jude [21]. ‹H.› als Bezeichnung für den Wortsinn der Schrift bleibt im gesamten Mittelalter ein gängiger Begriff, und die Betonung der «simplex et vera historia» [22] gehört allgemein zur Auslegungstheorie, gerade im Gegenzug zu Origenes' vornehmlich allegorischer Praxis [23]. – Zu einem großen heilsgeschichtlichen Zusammenhang arbeitet die antiochenische Exegetenschule den «historialiter» verstandenen Stoff der Bibel aus: Im typologischen oder figuralen Verfahren begreift sie die historisch gegebenen alttestamentlichen Ereignisse als Vorabbildungen der neutestamentlichen und damit als Realprophetien [24]. «Sub figuralitate historiae» verweist das geschichtliche Faktum an ihm selbst auf die zukünftige Erfüllung [25]. ‹H.› und ‹figura› werden dabei oft zu austauschbaren Begriffen [26].

Die Kanonisierung des Alten Testaments wie die Kirchen-G.-Schreibung dienten früh der *Apologie:* Die christliche Religion ist kein Neuling, und die bruchlose Sukzession der Bischöfe beweist die Reinheit der Lehre – die Häresien sind ohne diese Kontinuität (CLEMENS VON ROM, TERTULLIAN, IRENÄUS [27]). Der gleichen Intention entspringt das Werk Eusebs: Nach Vorstufen bei JULIUS AFRICANUS unternimmt EUSEB den ersten großen Versuch, die profanen Chronographien mit der hl. G. zusammenzuarbeiten und christliche Welt-G. zu schreiben. Das ‹Chronikon›, von Euseb selbst παντοδαπὴ ἱστορία genannt, versucht, mit ausführlichen tabellenförmigen Herrscherlisten die gesamte G. zu chronologisieren und dabei den Alters- und Wahrheitsbeweis für das Christentum zu liefern [28]. In der späteren ‹H. ecclesiastica› bekennt der Autor, daß er als erster die vorliegenden Bruchstücke der Alten «wie Blumen auf den Fluren des Geistes zu sammeln» und «in historischer Darstellung zu einem Werk zusammenzufügen» bemüht sei [29]. Das Werk beginnt mit dem uranfänglichen eingeborenen Logos, der das ehrwürdige Alter der christlichen Religion erweisen hilft, zeigt mit dem Pädagogiegedanken, wie allmählich erst «signa» auf Christus vorverwiesen und die Menschen dann im römischen Reich seiner Inkarnation würdig wurden, und schließt mit einem preisenden Bericht über das Reich Konstantins, in welchem erstmals die Kirche sich frei entfaltet [30]. Euseb hofft, mit seiner Universal-G. (καθόλου ἱστορία) sich und den Späteren zu nutzen; diese Absicht bestimmt die Quellenwahl [31]. Das Amt des G.-Schreibers wird dabei hoch eingeschätzt: denn auch Moses war «storiographus», und durch ihn bezeugt der Geist das Tun und Reden Gottes [32].

Ebenfalls als Apologie [33] wurde das seiner Quantität wie Wirkung nach mächtigste Werk der Väterzeit, AUGUSTINS ‹De civitate Dei›, geschrieben: Was wir ‹G.› nennen, ist die zeitliche Brücke zwischen Weltschöpfung und Gericht. Das G.-Drama wird entwickelt aus der Spannung der beiden Reiche, dem der Gläubigen (civitas Dei) und dem der Ungläubigen (civitas terrena oder diaboli). Beherrscht ist der Prozeß nicht durch Fatum oder Weltseele [34], sondern durch Gottes universale Providenz, welche die Natur wie die menschlichen Willensäußerungen, die Reiche und Herrschaftsgefüge umfaßt [35]. Die Einheit des gesamten Menschengeschlechtes, des «totum genus humanum», ist begründet – ganz im Gegensatz zur G.-Überlieferung der Heiden (H. gentium) – durch die Abstammung aller von dem einen Stammvater Adam, mit dessen Einzigkeit Gott das Geschlecht zur «einträchtigen Einheit» mahnte [36], und sie wird bestätigt durch den einen Erlöser Christus, den «zweiten Menschen» [37]. Von Gottes Präszienz aus gesehen, beginnen in Adam aber auch schon die beiden feindlichen Reiche – wenn auch die «civitas impiorum» erst beim Turmbau zu Babel sichtbar in Erscheinung tritt [38] –, so, daß de facto nach dem Sündenfall die Einheit des Geschlechts nur in der «series calamitatis», in der Abfolge von Sünde und Elend zu finden ist [39]. Ziel der Allmacht Gottes ist die Erziehung des Menschengeschlechts, die «humani generis recta eruditio», durch welche er es in gewissen «Zeitabschnitten» und «Altersstufen» vom Zeitlichen zum Ewigen führt [40]. In diesen Erziehungsplan sind verwoben die ständigen geheimen und unerforschlichen Gerichte Gottes, die das letzte Endgericht vorbereiten [41]. Die Gliederung ergibt sich nicht durch Kreisläufe – die Begriffe «revolutio saeculorum» und «circuitus temporum» sind Augustin verhaßt [42] –, sondern durch die Applikation der Lebensalter auf das Menschengeschlecht [43]: Eine Reihe von sechs «aetates generationum», von sechs Altersstufen, bildet gleichzeitig die Folge der sechs Schöpfungstage ab [44]. Die Gegenwart steht in Erwartung der siebten Epoche: «Der siebente Tag werden wir selbst sein», heimgeholt von Gott zu ihm [45]. Das Schema der vier Reiche wird nur gestreift [46]; die weltlichen regna, zwar bezeichnet als «civitates mundi», aber doch nicht mit der «civitas terrena» identisch, zeigen paradigmatisch die Vergeblichkeit und Vergänglichkeit der menschlichen Bemühungen [47]. Erwähnt werden lediglich Babylon und Rom, die – aufeinander bezogen – die Sünde des Menschenwerks wie die Richtung des göttlichen Erziehungsprozesses verdeutlichen, der von Osten nach Westen läuft [48].

Auf Augustins Veranlassung schreibt OROSIUS als Ergänzung seine ‹Historiae adversus paganos›; detaillierter wird nun der historische Stoff dargeboten, vor allem aber nach dem Vorbild Eusebs in das Schema der vier Reiche eingespannt und das Imperium Romanum zu dem der Endzeit deklariert [49]. Die mit dem politischen Hervortreten der germanischen Stämme seit dem 6. Jh. ausbildende G.-Schreibung übernimmt dies als Folie ihrer Darstellungen: Das Endreich wird durch «Übertragung» (translatio) von den Römern an die Franken übergegangen gedacht [50]. Der heilsgeschichtliche Rahmen bleibt auch für die politische G. weitgehend bestimmend, tritt zuweilen aber auch ganz in den Hintergrund. Nicht immer ist es für die Historiker leicht, die Verherrlichung des fränkischen Reiches mit der augustinischen Skepsis gegenüber der civitas terrena zusammenzubringen (vgl. ADO VON VIENNE, REGINO VON PRÜM [51]). Die Werke nennen sich zumeist ‹H.› bzw. ‹Historiae› und ‹Chronicon›, Begriffe, die aber auch durch ‹Res gestae› ersetzt werden können [52].

Für den Rang der H. als *Wissenschaft* ist bedeutsam, daß das Mittelalter ihr keinen besonderen Platz im Verband der Artes liberales zuweist. AUGUSTIN und ISIDOR gliedern sie unter die Grammatik, und zwar nicht als deren Hilfswissenschaft, sondern umgekehrt: Die Grammatik gibt das Rüstzeug, die Quellen zu verstehen und das Geschehene präsent zu halten, sie ist daher die «Hüterin der G.» [53]. AUGUSTIN mißt der H. als heiliger wie als profaner G. große Bedeutung bei: Die Bibel als H. zu lesen, d. h. als «narratio rerum proprie gestarum», und an ihrer «veritas historiae» festzuhalten, bleibt vordringliche Aufgabe der Exegese [54]. Die Zeugnisse der Schrift sind nie bloß spirituell, sondern zuerst historisch und dann allegorisch bzw. figural aufzufassen [55]. Da die in der H. gegebenen Fakten zugleich «Typen» und «Figuren» des Zukünftigen sind [56], rücken ‹H.› und ‹prophetia› begrifflich eng zusammen; als Zentrum der christlichen Lehre nennt Augustin «die G. und die Prophetie der zeitlichen Veranstaltung, wodurch die göttliche Vorsehung das Menschengeschlecht zum ewigen Leben erneuern und bereit machen wollte» [57]. Die Bestimmungen zu H. als Profanwissenschaft sind suchend und nicht eindeutig: Sie ist einmal ein Wissensgebiet, das zwar zur Allgemeinbildung wichtig und schlichten Namens ist, das aber – vielgestaltig und endlos der Sache nach – mehr Mühsal als Freude und Wahrheit einbringt [58]; andererseits dient die H. als nützliche Hilfswissenschaft der Exegese und bekommt schließlich an ihr selbst theologisches Gewicht: Indem sie treu und dienlich die «ordo temporum» und die nicht mehr ungeschehen zu machenden Ereignisse berichtet, die Gott hervorbrachte und lenkte, löst sie sich aus der Reihe der profanen Wissenschaften heraus [59].

Nach ISIDORS VON SEVILLA ‹Etymologien› bewahrt die H. als Literaturgattung das Denkwürdige der Vergangenheit in der Erinnerung; wegen ihrer Beziehung zur Memoria (Gedächtnis) – so etymologisiert Isidor – heißen G.-Werke «monumenta». Es werden drei Arten unterschieden: Die «Ephemeriden» (Tagebücher) berichten das Geschehen eines Tages, die «Kalendarien» das einiger Monate und die «Annalen» das einiger Jahre;

die H. allgemein umfaßt die Ereignisse vieler Jahre. Die Modalität der historischen Aussage wird im Anschluß an Cicero durch eine doppelte Abgrenzung bestimmt: Während die «fabula» Unwahres und Unwahrscheinliches und die «argumenta» das (Denk-)Mögliche zur Sprache bringen, berichtet die H. nur das wirklich Geschehene [60].

Die mittelalterliche *Rhetorik* enthält die gleiche Definition. ‹H.› rückt hier eng an den Begriff ‹narratio› heran, der den wahrheitsgetreuen Bericht eines Tatbestandes bezeichnet; Historia und narratio sollen die «notitia rerum» vermitteln. Das Stilideal eines solchen Berichtes umreißt die Rhetorik mit den Begriffen: vera, brevis, dilucida, probabilis (wahr, kurz, deutlich, wahrscheinlich) [61]. Die Forderung nach Wahrscheinlichkeit verlangte, daß die «Umstände» (circumstantiae) angegeben und – zuweilen durch nötige Interpolationen – ein sinnvolles Ganzes erstellt werden mußte [62].

Im Umkreis der Kirchen- und Profan-H. finden sich weitere und andere Bestimmungen zu Methode und Aufgabe der G. BEDA VENERABILIS hält es für das «wahre Gesetz der G.» (vera lex historiae), schlicht das öffentliche Gerücht (fama) zu sammeln und den Späteren zur Unterweisung weiterzugeben [63]. Einige schließen sich ihm an, andere versuchen, kritisch das Gerücht von der gesicherten Nachricht zu unterscheiden (RUDOLF VON FULDA [64]). Für HUGO VON ST. VICTOR ist die Prüfung der Tatsachen hinsichtlich von Zeit, Ort und Person konstitutiv für die G.-Schreibung; die Erzählung soll in einem kontinuierlichen Zusammenhang (series) den Gang der Zeiten (cursus temporum) darstellen [65]. Die Auswahl des Stoffes richtet sich allgemein nach der Wichtigkeit und Würdigkeit (dignitas) der Ereignisse und Personen (EINHARD, REGINO VON PRÜM) und nach ihrer Fähigkeit, Vorbilder und Beispiele (exempla) abzugeben: vor allem für ein christliches Leben, aber zuweilen auch schon für eine weltlich-kluge Lebensführung (GOTTFRIED VON VITERBO [66]); JOHANNES VON SALISBURY erklärt die H. bereits zum Prüfstein für juristische Ansprüche [67]. Wo die mit dem weltlichen Geschehen befaßte H. theologisch interpretiert wird, enthüllt sie die Eitelkeit der Welt (vanitas mundi) (HUGO und RICHARD VON ST. VICTOR [68]) oder verherrlicht Gott mit der «schlichten und wahren» Wiedergabe der unerforschlichen Zufälle der Dinge (eventus rerum) (ORDERICUS VITALIS) [69].

Im Anschluß vornehmlich an Augustin gelingen im *12. Jh.* einflußreiche theologische G.-Deutungen, und zwar gleichzeitig mit dem Aufblühen der rationalen Scholastik in Frankreich, von der sie sich deutlich abheben, und gleichzeitig mit dem Investiturstreit, den sie zu deuten suchen. HUGO VON ST. VICTOR denkt G. von der Christologie her: Kennt die heidnische Wissenschaft nur das «opus conditionis» (Schöpfung und Natur), so ist in der «divina H.» (der hl. Schrift) das «opus restaurationis» offenbart, das Heilswerk des Logos [70]. Von seinem Wirken und Erziehen handelt das Alte Testament; er erschien als Christus in der Mitte der Zeit und der Mitte der Welt; umgeben von seiner «Ritterschaft» kämpft er gegen den Teufel und führt die Weltregierung, zuletzt in der Kirche [71]: diese, umschrieben als «Christusfamilie», «Gottesstaat» und «mystischer Christusleib», ähnelt sich allmählich den himmlischen Ordnungen an [72]. Die Gliederung des opus restaurationis gewinnt Hugo, indem er mehrere Einteilungsschemata sich überlagern läßt: Es gibt zwei «status» (AT und NT), drei «tempora» (ante legem bzw. lex naturalis, sub lege und sub gratia) und sechs «aetates» (die Weltwoche); das zeitlich nicht fixierbare Millennium beginnt mit der Passion [73].

An Hugo teilweise anknüpfend arbeitet der Chronograph OTTO VON FREISING seine materialreichen ‹Chronica› zur «H. de duabus civitatibus» aus. In drei Stufen überwindet das Christusreich den Weltstaat: Zunächst verachtet und verborgen unter der Herrschaft der heidnischen Könige und Fürsten, erstarkt der Gottesstaat unter Theoderich und Konstantin zur «ecclesia» und «civitas permixta», dem Gute und Böse sowie Papst und Kaiser angehören, und erlangt in dieser zweiten Epoche schließlich auch die zeitliche Herrschaft über alle Reiche und offenbart Gott auch als Herrn der Erde; jetzt steht noch das Zeitende aus, an welchem er zum ewigen Frieden der Heiligen werden soll, ein dritter Status außerhalb der G. Dem Aufstieg der «civitas Christi» hin zum status beatus und perfectus entspricht der Niedergang der «civitas perversa» hin zum status miserrimus nach dem Gericht [74]. Im Investiturstreit sieht Otto die Zeichen des nahen Endes. Die Schatten des gegenwärtigen Umsturzes (mutatio) liegen aber auch insgesamt auf der zeitlichen Welt: Otto will in seinem Werk die «G. des menschlichen Elends» und den «Jammer des Vergänglichen» dartun; und weil der Historiograph nur von den «unsteten, elend auf- und abflutenden Weltläufen» berichten kann, verfaßt er – im Bewußtsein selbst «mit dem Vergänglichen zu vergehen» – eigentlich keine «Historien», sondern «Tragödien» [75].

Die nahe Endzeit stellt sich in den theologischen G.-Spekulationen dagegen gerade als Erfüllungszeit dar. Vor allem durch die Zuordnung der drei göttlichen trinitarischen Personen zu bestimmten G.-Epochen ergibt sich die Möglichkeit, G. als die fortschreitende Offenbarung Gottes, als sein Heilswerk (opus divinum) zu interpretieren und Gegenwart und Zukunft als höchste Offenbarungsstufe, als Geistzeit verstehen zu können; das Handeln des Geistes sieht man vor allem in den Orden wirksam (RUPERT VON DEUTZ [76], GERHOH VON REICHERSBERG [77], ANSELM VON HAVELSBERG) [78].

JOACHIM VON FIORE erst gibt diesen Gedanken eine apokalyptische Wendung: Das Reich des Geistes, der «tertius status», begann nicht mit Christi Auferstehung, sondern reift seit Benedikt verborgen heran und wird in nächster Zukunft in vollem Glanz aufbrechen. Die innerweltliche Vollendungsepoche der Kirche wird geprägt sein durch neue Orden, und deren vollkommene Kontemplation wird das dritte Testament, den tiefsten Sinn der Schrift enthüllen. Methodisch gelingt Joachim die G.-Konstruktion mit Hilfe der Typologie: Wie die Ereignisse des Alten Testaments die des Neuen vorabbilden, so prophezeien die Geschehnisse des Neuen Testaments die der Geistzeit; und wie sich jeweils die res gestae entsprechen, so auch die sieben Stufen und die Generationsfolgen der drei «status» [79]. Die Lehre findet schnell Verbreitung: Häresien und Sekten formulieren mit ihr ihre Enderwartung [80]. THOMAS VON AQUIN widerlegt und die Kirche verdammt sie.

Das *13. Jh.* bemüht sich, die Fülle des historischen Stoffes verfügbar zu sammeln und die G.-Schreibung in ein Wissenschaftssystem einzugliedern: MARTIN VON TROPPAUS große, wenn auch schematische und trockene Chronik bleibt lange die Hauptquelle der G.-Kenntnis; und VINCENT VON BEAUVAIS vor allem räumt in seiner Enzyklopädie sämtlicher Wissenschaften dem «speculum historiale» (der Welt-G. ab Adam) einen Platz ein neben dem «speculum naturale» (der Theologie und

Philosophie von Schöpfung und Natur) und dem «speculum doctrinale et morale» (dem Ensemble der praktischen und theoretischen Wissenschaften) [81].

Anmerkungen. [1] Vgl. u. a. K. Löwith: Welt-G. und Heilsgeschehen (1953); J. Taubes: Abendländ. Eschatol. (1947); M. Landmann: Ursprungsbild und Schöpfertat (1966). – [2] Vgl. Jer. 1, 1; Gen. 15, 1; 37, 14; 1. Kön. 14, 29 u. ö. – [3] Atl. heißt ‹tol°dot› vornehmlich progenies, aetas, origo; vgl. Gen. 2, 4; 5, 1; 6, 9 u. ö.; das moderne Hebräisch übernimmt das Wort als G.-Begriff. – [4] Vgl. C. H. Ratschow: Werden und Wirken (1941). – [5] A. Funkenstein: Heilsplan und natürliche Entwickl. (1965) bes. 11f.; R. Bultmann: G. und Eschatol. (1958) bes. 40ff.; W. Kamlah: Apokalypse und G.-Theologie (1935). – [6] 1. Clem. MPG 1, 259; vgl. 343ff. 323f.; vgl. dazu P. Stockmeier, in: Studia patristica 7 (1966) 401-408 mit Lit. – [7] Justin, Dial. XCII, 5. – [8] Athanasius, MPG 15, 121; vgl. Art. ‹Kondeszendenz›. – [9] Irenäus, MPG 7/1, 1011. – [10] Irenäus, Adv. haer. IV, 38, 4; 28, 4. – [11] Barnabasbr. XV. – [12] a. a. O. IV, 4ff. – [13] Vgl. Jos. Isaeus, MPL 4, 1006; dazu R. Schmidt: Aetates mundi. Z. Kirchengesch. 67 (1955/56) 299. – [14] Schmidt, a. a. O. 295f.; F. Hipler: Die christl. G.-Auffassung (1884) 11ff. – [15] Tertullian, Apol. XV, 4; De an. XXIII, 4; Ad nationes I, 10. 46; De spect. X, 13. – [16] Cyprian, Ep. 75, 10. – [17] Origenes, MPG 12, 1341. – [18] a. a. O. 12, 194. 769f. 552. – [19] 12, 173. 629. 1364; 14, 1297. – [20] 13, 867. 822; 12, 167. – [21] 13, 867; 12, 554. 960. – [22] Hieronymus, MPL 24, 849 c. – [23] H. de Lubac: Hist. et esprit (Paris 1950) hat das mit sehr viel Material belegt. – [24] L. Diestel: Die G. des AT in der christl. Kirche (1868); K. Gründer: Figur und G. (1958) 117ff.; F. Ohly, Vom geistigen Sinn des Wortes im MA (1966). – [25] Fabius Planciades Fulgentius, Opera, hg. R. Helm (1898) 90, 1. – [26] Abaelard, MPL 178, 770; vgl. E. Auerbach: Neue Dante-Stud. (1944) 41. – [27] 1. Clem. XLII, 1; Tertullian, De praescr. haer. 32, vgl. Adv. Marc. I, 21; IV, 15; Irenäus, Adv. haer. III, 3, 1; vgl. III, 3, 3; IV, 26, 2. – [28] Hipler, a. a. O. [14] 21; R. Helm: Eusebs Chronik und ihre Tabellenform (1924); A. Schöne: Die Weltchronik des Eusebius in ihrer Bearb. durch Hieronymus (1900). – [29] Eusebius, MPG 20, 51. – [30] a. a. O. 54. 70. 62ff. – [31] 743. – [32] De trin. I, 31; vgl. VII, 25; vgl. Isidor, MPL 82, 122 c; Hugo von St. Victor, MPL 176, 767 c. – [33] Augustin, vgl. De civ. Dei, prol. – [34] a. a. O. V, 9. 1; IV, 12f.; VII, 6. 23. – [35] V, 11. 9. – [36] XII, 28. 22f. – [37] XIV, 15. – [38] XII, 28; XVI, 10. – [39] XIII, 14. – [40] X, 14. – [41] XX, 19; I, 28; II, 23. – [42] XII, 14. – [43] X, 14. – [44] XVI, 43; XXI, 16; XXII, 30; vgl. XVI, 24; De Gen. contr. Manich. I, 23f. – [45] XXII, 30. – [46] XX, 23. – [47] XVIII, 2; XV, 5. – [48] XVIII, 2. 22. – [49] Orosius, MPL 31, 663-1216. – [50] W. Goez: Translatio imperii (1958). – [51] Vgl. H. Löwe, in: G.-Denken und G.-Bild im MA, hg. W. Lammers (1961) 91-134. – [52] Vgl. u. a. Cassiodor-Jordanes, De origine actibusque Getarum; Gregor von Tour, Historiarum liber decem; Isidor von Sevilla, H. Gothorum; Beda Venerabilis, H. eccl. gentis Anglorum; Paulus Diaconus, De gentis Langobardorum; Widukind von Korvei, Rerum Saxonicarum libri III. – [53] Augustin, MPL 32, 1099; vgl. 1022; Isidor, Etymol. I, 41; vgl. H. Wolter, in: Artes liberales, hg. J. Koch (1959) 70ff. – [54] Augustin, MPL 34, 372; De civ. Dei XIII, 21. – [55] a. a. O. XV, 27; XVII, 3; MPL 36, 73. – [56] MPL 37, 1431; 36, 300f.; 40, 335ff. – [57] 34, 128. – [58] 32, 1012. – [59] 34, 55f.; dageg. De civ. Dei XVIII, 40. – [60] Isidor, Etymol. I, 41-44. MPL 82, 122 b ff. – [61] Vgl. Wolter, a.a.O. [53] 75ff. – [62] C. Halm: Rhetores latini minores (1863) 202. 486. 84. – [63] Beda Venerabilis, MPL 95. 24 A. – [64] Vgl. M. Schulz: Die Lehre von der hist. Methode bei den G.-Schreibern des MA. Abh. mittl. u. neuer. Gesch. 13 (1909) bes. 36ff. – [65] Hugo von St. Victor, MPL 176, 799; 177, 141. – [66] Vgl. Schulz, a. a. O. [64]. – [67] Johann von Salisbury, Hist. pont. prol. 4. – [68] Hugo v. St. V., MPL 176, 711ff.; Richard v. St. V., MPL 196, 788ff.° Lit. dazu bei B. Wittmer: Heilsordnung und Zeitgeschehen in der Mystik Hildegards von Bingen (1955) 82-126. – [69] Ordericus Vitalis, MPL 188, 939 c. – [70] Hugo v. St. V., MPL 175, 11; 176, 777. 204. 183. – [71] MPL 176, 685; 177, 211; 176, 31. 735. 312; 175, 338. 349; 176, 785. – [72] 176, 625. 712; 175, 324; 176, 417. 335. 312. – [73] 175, 24. 607ff.; 177, 215. 281. 820; 175, 359. – [74] Otto von Freising, Chron. VIII, Prol.; IV, 3f.; Prol. von IV, V, VIII. – [75] Prol. von I u. V; VI, 36; VII, 34; I, 5; II, 32; VI, Prol.; II, 25; I, Prol. u. VII, 7. – [76] Rupert von Deutz, vgl. MPL 167, 198f. 372. 640f. 807f. 1269. 1571. 1603f.; 169, 925. – [77] Vgl. E. Meuthen, in: G.-Denken und G.-Bild im MA (1961) 200-246. – [78] Anselm von Havelsberg, MPL 188, 1147f. 1155-1160. – [79] H. Grundmann: Stud. über Joachim von Floris (1927). – [80] E. Benz, Ecclesia spiritualis (1934). – [81] H. Grundmann: G.-Schreibung im MA (1965) 69ff.

Literaturhinweise. M. Schulz s. Anm. [64]. – J. Delvaille: Essai sur l'hist. de l'idée du progrès jusqu'à la fin du 18e siècle (Paris 1910). – H. Scholz: Glaube und Unglaube in der Welt-G. (1911). – A. Dempf: Sacrum imperium (1929, ²1954). – E. Benz: Die Kat. des eschatol. Zeitbewußtseins. Dtsch. Vjschr. Lit.wiss. 11 (1933) 200 – 229; s. Anm. [80]. – W. Schneider: G. und G.-Philos. bei Hugo von St. Viktor (1933). – J. Spörl: Das Alte und das Neue im MA. Hist. Jb. 50 (1933) 297ff.; Grundformen der hochmittelalterl. G.-Anschauung (1935). – W. Kamlah s. Anm. [5]; Christentum und Geschichtlichkeit (²1951). – O. Herding: G.-Schreibung und G.-Denken im MA. Theol. Quart.schr. 130 (1950) 129-144. – H. de Lubac s. Anm. [23]. – H.-J. Marrou: L'ambivalence du temps de l'hist. chez St. Augustin (Montreal 1950). – J. Leuschner: Zur Idee der dtsch. G. im späten MA (Diss. Göttingen 1951). – K. A. Schoendorf: Die G.-Theol. des Orosius (1952). – E. Auerbach: Typol. Motive in der mittelalterl. Lit. (1953). – D. Haack: G.-Auffassung in dtsch. Epen des 12. Jh. (Diss. Heidelberg 1953). – P. Ariès: Le temps de l'hist. (Monaco 1954). – W. Kaegi: Chronica mundi (1954). – R. L. P. Milburn: Early Christian interpretations of hist. (London 1954). – M. Noth: Das G.-Verständnis der atl. Apokalyptik (1954). – H. Beumann: Die Historiogr. des MAs als Quelle für die Ideen-G. des Königtums. Hist. Z. 180 (1955) 449-488. – R. Schmidt s. Anm. [13] 288-317. – H. Löwe: Von Theoderich dem Großen zu Karl dem Großen (1956). – A. D. v. d. Brincken: Stud. zur lat. Weltchronistik bis in das Zeitalter Ottos von Freising (1957). – H. Grundmann: G.-Schreibung im MA, in: Dtsch. Philol. im Aufriß, hg. W. Stammler 3 (1957) 1273-1336; s. Anm. [81]. – R. Bultmann s. Anm. [5]. – W. Goez s. Anm. [50]. – J. Ratzinger: Die G.-Theologie des hl. Bonaventura (1959). – W. Kahles: G. als Liturgie (1960). – W. Lammers (Hg.) s. Anm. [51]. – J. Hempel: G. und G.en im AT bis zur persischen Zeit (1964).

III. *Der G.-Begriff vom Humanismus bis zur Aufklärung.* – Im 8. und 9. Jh. tritt neben das in vielfältigem Sinn gebrauchte Wort ‹historia› (= H.) das *deutsche* ‹G.›. Althochdeutsch ‹giskiht›, abgeleitet von ‹giskehen› (geschehen), übersetzt zunächst das lateinische ‹casus›; althochdeutsch ‹anaskiht› gibt lateinisch ‹eventus› wieder. «Der Wortinhalt faßt so das momentane, zufällige Ereignis, den Anfang irgendeines Geschehens» (Rupp und Köhler [1]). Erst allmählich bezeichnet ‹giskiht› nicht nur die einmalige Tat und Sache, sondern auch einen größeren Ereigniszusammenhang [2]. Die Unterscheidung von ‹G.› als Ereignis(kette) und ‹H.› als der wahrheitsgetreue Bericht spiegelt sich in Formulierungen wie «eine historie von G.en» (Konrad von Megenberg [3]). Aber beide Begriffe nähern ihre Bedeutung einander an und können schon im Humanismus einander vertreten, wenngleich dem Wort ‹H.› die Aura gelehrter, sich auf Quellen stützender Kenntnis, dem Wort ‹G.› der Beiklang von undurchschaubarem, blindem Geschehen erhalten bleibt [4]. Bis ins 18. Jh. dominiert jedoch das Wort ‹H.› in den Titeln der Werke, und ‹H.› heißt auch weiterhin die Disziplin der G.-Schreibung.

Das verstärkte Interesse an Kunst und Wissenschaft der Antike und die gleichzeitige Abwendung von der bloß formalen Denkschule der Dialektik bewirkt, daß im *Humanismus*, in der Mitte des 15. Jh., die H. in die Universitätsdisziplinen, in das Trivium der Artes liberales, einzurücken beginnt; H. ist nicht G.-Forschung und nicht (primär) Universal-G., sondern eine Disziplin, die in enger Nachbarschaft zu Rhetorik und Poesie moralische Belehrung anhand antiker Historiographien zu erteilen hat [5], so nach B. Schöfferlin, dem ersten Inhaber eines deutschen Lehrstuhls für G. (Universität Mainz): «Was einem weltlichen Manne allermeist zur Weisheit diene, so ist nichts nützlicher und fruchtbarer, als fleißig Historien und alte G.en lesen» (vgl. F. Petrarca, P. Luder [6]). Wie die humanistische Morallehre sich von der Theologie frei zu machen beginnt, so klammert die Lectura historialis inhaltlich die G. des

Alten Testaments sowie die Kirchen-G. aus und wendet sich stattdessen dem nationalen Ursprung der Völker, der G. von Städten und Fürstengeschlechtern zu (LUDER, CELTIS, CAMER [7]). MACHIAVELLI schließlich begründet eine G.-Schreibung, die nicht in moralischer, sondern politisch-pragmatischer Absicht den Staatsmännern «die Ursachen der Feindschaft und Zwietracht in den Städten» und den Gesetzgebern die «Bosheit» aller Menschen und die «Verkehrtheit ihres Gemütes» zeigen will [8].

Die hohe Einschätzung historischer Kenntnisse teilen die *Reformatoren*. Auch hier dienen alle Formen von «Historien und G.en» der – nun wieder dezidiert christlichen – Moral- und Glaubenserziehung, da sie «exempel» geben und «Gottes Werk, das ist Gnad und Zorn beschreiben» (M. LUTHER [9], PH. MELANCHTHON [10]). Die formale und inhaltliche Darstellung des geschichtlichen Stoffes schließt durchaus an die traditionellen mittelalterlichen Vorbilder an: MELANCHTHON, der ab 1555 an der Universität Wittenberg über Universal-G. liest, gliedert die «mundi H.» mit Hilfe der Vier-Reiche-Lehre und beschreibt sie als «procenium Dei» [11]. Auch LUTHERS Interpretamente sind traditionell (die geschichtlichen Berichte erzählen von Gottes Gericht, vom Kampf Christi mit dem Satan); zugleich leistet er jedoch der Profan-G.-Schreibung theologisch Vorschub: Denn Gottes Macht (anders als im Mittelalter und anders als z. B. bei ERASMUS) ist nirgends evident, da sie in «Larven und Mummerei» verborgen «so wunderlich regiert und rumort» und nur den «gar widersinnischen Gedanken» des Gläubigen sichtbar ist [12].

Die durch theologische und politische Auseinandersetzungen in Gang gebrachte und sich von der Theologie teilweise befreiende G.-Schreibung und -Forschung sieht sich im *16. und 17. Jh.* zunehmend mit Tatsachen und Argumenten konfrontiert, welche die überkommenen Darstellungsschemata und Interpretationskategorien fragwürdig werden lassen: Die Einteilung in vier Monarchien verliert ihre Glaubwürdigkeit durch den Aufweis der nicht beachteten, besonders asiatischen Reiche (schon bei J. BODIN [13]); man versucht eine Gliederung nach Erdteilen (G. HORNIUS [14]) und beginnt am Ende des 17. Jh. mit der Einteilung des Stoffes in Antike, Mittelalter und Neuzeit (CHR. CELLARIUS [15]). Die Datierung der Ereignisse «von der Erschaffung der Welt» (ab orbe condita) und die Dauer der biblischen Weltära werden zweifelhaft, da die biblischen Texte verschiedene Berechnungen des Weltenanfangs zulassen und das hohe Alter der orientalischen Kulturen nicht eingefügt werden kann; man versucht vergeblich eine astronomische Berechnung der Weltzeit (J. J. SCALIGER [16]) und geht schließlich dem Problem durch die Zählung «ante Christum natum» aus dem Weg (W. ROLEVINCK, J. F. F. BERGAMO, J. AURIFABER, D. PETAVIUS [17]). Dem Problem der zeitlichen Entgrenzung entspricht das der räumlichen: Denn es gilt die neuentdeckten Völker und Erdteile, besonders Amerika und China, in die Universal-G. einzubeziehen (J. DE ACOSTA, M. MARTINIUS, G. HORNIUS [18]).

Der Gegenstandsbereich der H. wird im 16. und 17. Jh. in weitverzweigten Systemtabellen gegliedert (vgl. u. a. J. J. BEURER, E. REUSNER, PH. GLASER, R. REINECCIUS, B. KECKERMANN [19]), und es kristallisiert sich folgende Grundeinteilung heraus, die – vielfach variiert und unterteilt – bis ins 18. Jh. bestimmend bleibt: H. divina, H. naturalis, H. civilis bzw. humana (H. litteraria) [20]. Entgegen Melanchthons Bestreben, Kirchen- und Profan-G. als Momente der einen H. mundi zusammenzuhalten, wird die «H. sacra et ecclesiastica» bzw. «divina» von der «H. profana et politica» abgetrennt: Jene bleibt der Theologie überlassen, diese rückt ins Interessenzentrum und zerfällt in mannigfache Teildisziplinen: die G. der Staaten, Völker, Städte, Personen, Wissenschaften, Künste, Institutionen, technischen Einrichtungen und der Ökonomie [21]. Doch diese enorme Ausweitung des Stoffgebietes der H. besagt nicht, daß G. zu einem beherrschenden Universitätsfach wurde: Ihre Bindung an Moral und Rhetorik blieb bis ins 18. Jh. erhalten; wichtig wurde sie mehr und mehr auch als Hilfswissenschaft, besonders für Theologie und Jurisprudenz [22].

Da die Wahrheit eines historischen Berichtes zu Beginn der Neuzeit nicht mehr durch ihre Übereinstimmung mit dem christlichen Dogma gewährleistet ist, werden für die Wahrheitsfrage der H. *wissenschaftstheoretische* und *methodische* Überlegungen nötig. Als Leitfaden für diese dient die aristotelische Unterscheidung von Theorie (bzw. Philosophie), die es mit dem Allgemeinen, und H., die es mit dem Einzelnen zu tun hat, und zwar mit den einzelnen Tatsachen und Begebenheiten aus dem Bereich der Natur sowohl wie dem der G.: ‹H.› ist der gängige Begriff für das Ganze des Erfahrungswissens [23]. Ihre Bedeutung für die Wissenschaft ist die der Erfahrung. F. BACON verankert die H. im menschlichen Geist: Wie die Philosophie im Verstand (ratio) und die Poesie in der Einbildungskraft (phantasia), so gründet die G. im Gedächtnis (memoria). Die drei Vermögen des menschlichen Geistes aktualisieren sich im Verhältnis zu den wahrnehmbaren Tatsachen: Die Philosophie bringt sie in den natürlichen, notwendigen Zusammenhang, die Phantasie in einen willkürlichen; das Gedächtnis bewahrt sie unverändert auf. Da Bacon im Gegenzug zur Scholastik gerade der Erfahrung die wichtigste Bedeutung zuweist, wird die (bei Aristoteles noch bedeutungslose) H. zum Fundament der Wissenschaften erklärt: Sie sammelt planvoll das Material, das die Philosophie bzw. Theorie in einen wissenschaftlichen Zusammenhang bringt. Bacon entwirft ein weitverzweigtes System der H., das alle Sonderformen auch der H. civilis detailliert aufzählt; den Grundstein der wahren neuen Philosophie sieht er jedoch in der H. naturalis, denn nur in ihr war theorierelevante Erfahrung möglich [24].

Als bloße Tatsachenkenntnis konnte die H. aber auch aus dem System der Wissenschaften ausgeschlossen werden: So erklärt TH. HOBBES die H. von den «effects of nature» sowohl wie die von den «voluntary actions of men in commonwealth» zum Faktenwissen (knowledge of facts), das selbst nicht den Wissenschaften (sciences) zugerechnet werden kann, wenngleich die H. noch die Erfahrungsbasis darstellt [25]. J. LOCKE hingegen hält sogar die Naturphilosophie (im Sinne der Physik Galileis und Newtons) als Wissenschaft für unmöglich, da sie auf Erfahrung, d. h. H., angewiesen ist [26]. G. W. LEIBNIZ wiederum rechtfertigt das historische Wissen neben dem rationalen: Die H. liefert die Einzelvorstellungen (propositiones singulares), aus denen die Beobachtung (observatio) die Allgemeinvorstellungen (propositiones universales) induktiv gewinnt: «H. igitur est mater observationum», und H. und observatio fallen schließlich zusammen [27]. Rationales und historisches Wissen haben einen prinzipiell unterscheidbaren Stellenwert, jenes hat seine Wahrheit in «essentia», dieses in «existentia»; d. h. dem Bereich der Vernunftwahrheiten steht der Bereich der Tatsachenwahrheiten (vérités de faits) zur Seite; das historische Faktum (aus Natur und G.) gehört nicht der notwendigen und «idealen», sondern der existierenden Welt und dem Bereich der Kontingenz zu [28]. Die schulmäßige Form, in der H. und Philosophie bis zum Ende des 18. Jh. einander gegenübergestellt wurden, lautet: «cognitio historica est cognitio factorum»; «cognitio philosophica ... est cognitio causarum» (Fr. Chr. Baumeister [29]). Auch I. Kant trifft diese Unterscheidung noch ähnlich und gliedert die philosophische Fakultät in eine Abteilung der historischen Erkenntnisse und eine der reinen Vernunfterkenntnisse [30].

Wegen des weiten Bedeutungsspektrums von ‹H.› ist es nötig, definitorisch kenntlich zu machen, wenn nur von der G. menschlicher Handlungen die Rede sein soll; J. Bodin schickt seiner G.-Methodologie die Bemerkung voraus, daß er sich nur für die H. im engeren Sinn, d. h. die H. humana, zuständig fühle, und definiert sie als «rerum ante gestarum vera narratio» [31]. Mit der Wahrheit ihrer Erkenntnisse ist es jedoch schlecht bestellt; Bodin nennt sie in dieser Hinsicht «incerta et confusa» (während die H. naturalis «certa», die H. divina «certissima» sei) [32]. B. Keckermann hält sie für eine «notitia imperfecta», da sie es nur mit Individuellem zu tun habe und nicht zum Universalen gelange [33]. Aus eben diesem Grunde ist die H. humana bis ins 18. Jh. hinein für die rationalen Wissenschaften von Staat und Recht eben nur «nützlich», aber nicht «notwendig»; sie dient lediglich zur Bestätigung für die von der Vernunft aus «Prinzipien» abgeleiteten Theoreme (Hobbes, Montesquieu, Rousseau [34]); und der Philosophie wird die G. sogar verdächtig: Locke gesteht zwar zu, daß in «manchen Fällen» nicht ohne G. auszukommen sei, mißtraut aber prinzipiell ihrem Wahrheitsgehalt, da Leidenschaften und Interessen jeden Bericht zu entstellen drohen; die älteste G.-Quelle ist daher die zweifelhafteste [35]. Mit dem gleichen Argument fordert B. Spinoza, daß die Gottesliebe nicht auf den «Glaube an G.en», die immer zweifelhaft sind, sondern auf «allgemeine Begriffe» gegründet sein müsse [36]. Für R. Descartes verfälscht jeder geschichtliche Bericht notgedrungen schon deshalb, weil er auswählen muß. Die Lektüre der «denkwürdigen Taten der G.» und das «Gespräch mit den rechtschaffensten Männern der verflossenen Jahrhunderte» hat seinen Wert, droht aber ständig, der Gegenwart zu entfremden und «Überspanntheiten» zu zeitigen [37]. N. Malebranche hält das historische Wissen für überflüssig, da ja auch Adam keine G. hatte und brauchte [38]. Die Orientierung an mathematisch-exakter Wissenschaft einerseits und die Enttäuschung über eine romanhaft-plaudernde und aus konfessionellen oder politischen Motiven verzerrende G.-Schreibung andererseits führt um die Wende zum 18. Jh. zum Skeptizismus gegenüber der H., zum «historischen Pyrrhonismus» (J. Hardouin, Fr. W. Bierling [39]): Die H. errichtet keine Bühne der Vorbilder für rechtes Handeln; sie ist das Feld von Lüge und Betrug. P. Bayle kämpft dagegen, daß jede Sekte die historischen Fakten behandelt, «wie man Fleisch in der Küche herrichtet und nach ihrem Geschmack würzt», und fordert strenge historische Kritik; in seinem ‹Dictionaire historique et critique› (1695/1697) weist er zudem nach, daß die G. stets nur «eine Sammlung der Verbrechen und des Unglücks des menschlichen Geschlechts» sein kann [40].

Diese Zweifel und Angriffe nötigen dazu, die G. als Wissenschaft behutsam zu begründen und zu rechtfertigen. Logisch geschieht dies, indem man eine Wahrscheinlichkeitstheorie für das historische Wissen aufstellt und die Grade der «probabilitas historica» erwägt, um Kriterien für die «fides historica» zu gewinnen (u. a. Leibniz, Thomasius, J. Eisenhart, J. G. Heineccius [41]); technisch sichert man sich durch gelehrte Archivarbeit und Quellenkritik ab (Leibniz, Pufendorf), und inhaltlich verteidigt man das historische Wissen durch den Nachweis, daß es für das gegenwärtige wissenschaftliche Arbeiten unentbehrlich ist, will man nicht im engen Kreis eigener Erfahrung und Empfindung befangen bleiben. Denn – so faßt Koselleck die repräsentativen Äußerungen in Zedlers ‹Universallexikon› [42] treffend zusammen – H. ist «eine Art Sammelbecken multiplizierter Fremderfahrungen» [43]. Chr. Thomasius' Apologie stellt die H. als Sammlung der «fremden Empfindungen» sogar in den Dienst der Aufklärung; denn man befreie sich von überlieferten Irrtümern nur, indem man «durch Hülffe der Historie den Ursprung der Vorurtheile erkennet». «Ohne dieselbe [H.] ist der menschliche Verstand blind» [44]. Später zeigt H. St. J. Bolingbroke, daß die eigene Erfahrung (experience) an den Erfahrungen der anderen (history) überprüft werden muß; die Fremderfahrung ist hier weder verstellt noch gleichgültig, denn auch sie ist Erfahrung der Gattung Mensch; das Motiv zum G.-Studium ist deshalb die «Selbstliebe» [45].

Den Nutzen der H. als Hilfswissenschaft der Jurisprudenz betonen Thomasius, Pufendorf und vor allem Leibniz: Das historische Studium soll keine «Morallehren» vermitteln, sondern innerhalb von Jurisprudenz und Politik technisch-praktische Hilfen geben, nämlich «Geschicklichkeiten und Kenntnisse, an die nicht jedermann bei Bedarf sogleich denken würde» [46].

Die Staats- und Reichshistoriographie an den Höfen versah bis ins 18. Jh. die Aufgabe, eine «Schule der Staatsdiener» zu sein und der Fürstenberatung und -erziehung zu dienen; zugleich hatte sie die Rechtslage des Reiches zu klären und dabei auch Machtpositionen und Territorialansprüche zu legitimieren (Sleidan, Conring, Pufendorf [47]). – Die Kirchen-G.-Schreibung ihrerseits hatte nach der Glaubensspaltung u. a. versucht, den Wahrheitsanspruch der Kirchen zu rechtfertigen und zu verteidigen (so Matthias Flacius auf protestantischer, Caesar Baronius auf katholischer Seite [48]).

Daß an diesen rechtlich-politischen und theologischen Funktionen der H. gerüttelt wird, führt im 18. Jh. eine Wende herbei, die dem Begriff ‹G.› einen völlig neuen Klang und einen neuen Inhalt gibt. – In Deutschland setzt sich G. Arnold in seiner ‹Unparteiischen Kirchen- und Ketzerhistorie› (1699/1700) zum Ziel, «nichts, was zum ganzen Begriff der historischen Wahrheit dient, auszulassen, zu bemänteln, zu verdrehen oder zu verkehren». Vom Standpunkt des Pietismus aus unterzieht er die offizielle Kirchen-G.-Schreibung wie die kirchlichen Entscheidungen einer radikalen Kritik und rechtfertigt die von der Kirche verfolgten Ketzer als die eigentlichen Träger des christlichen Glaubens [49].

In Frankreich kämpft Voltaire gegen Kirchenautorität und G.-Klitterung im Dienst von Machtansprüchen; programmatisch thematisiert er unter dem Titel der Historie (= H.e) nicht Gottes Vorsehung und nicht politische Konflikte und «Böswilligkeiten», sondern Kunst und Sitte, Gesellschaft und Familie [50]. In seinem Wörterbuchartikel ‹Histoire› läßt er die politische H.e ganz aus und erklärt die «histoire des arts» zur nützlichsten Form der G. [51]. Trotz Differenzen mit Voltaire ist D'ALEMBERT mit ihm darin einig, daß man gewöhnlich nur die « G. der Geier» erfahre, anstatt die Spuren der Anstrengungen des menschlichen Geistes dargestellt zu finden [52]. Und ROUSSEAU fordert vom Historiker, die Menschen nicht zu verbrämen, sondern zu «entschleiern», «kühl und leidenschaftslos, als ihr Richter»; er vermißt Berichte über die Gewohnheiten friedlicher Völker, während es an Kriegs- und Revolutionsschilderungen nicht fehle: «Wir erfahren also nur das Schlimme, das Gute macht kaum Epoche ... so verleumdet die H.e, genau so wie die Philosophie, unablässig das Menschengeschlecht» [53].

Das «Menschengeschlecht»: eben dies weist die Aufklärung der G. als Thema zu und versucht, die G. zu dessen Anwalt zu machen. An die Stelle der theologisch bestimmten Universal-G. tritt die G. der Menschheit als Zivilisationsprozeß und universelle Kulturentwicklung.

In Italien glaubt G. VICO zu erkennen, daß sich in der Gesamt-G. in regelmäßigen Umläufen (corsi und ricorsi) drei Zeitalter immer wiederholen, die durch eigene Rechtsordnungen und Sprachformen charakterisiert sind: das Zeitalter der Götter, der Heroen und der Menschen. Der gleichförmige Wechsel von Barbarei, kulturellem Aufstieg und Niedergang wird von der göttlichen Providenz garantiert. Vico deutet ein endgültiges G.-Ziel in der durch die christliche Religion vermittelten Humanität nur an [54]. – Die klassischen Fortschrittstheoretiker Frankreichs (R. J. TURGOT, M. A. DE CONDORCET, A. COMTE) begreifen – nach Ansätzen bei J. BODIN – den Entwicklungsgang der Menschheit ebenfalls als einen dreistufigen, jedoch streng zielgerichteten Prozeß, der vom Naturstand über die Ausbildung von Wissenschaft und Technik zu deren weltweiter Anwendung im Dienst der Perfektibilität des Menschen führt [55].

In England spricht vorsichtiger D. HUME den Gedanken eines «natürlichen Fortschrittes» der Menschen aus [56]; A. FERGUSON [57] und A. SMITH [58] analysieren unter besonderer Bgrücksichtigung der Ökonomie die Gesetze der sich emanzipierenden bürgerlichen Gesellschaft.

In Deutschland stechen theologische Motive für die Neufassung des G.-Begriffes hervor. Zum einen bleibt LEIBNIZ präsent, der – entgegen der Tendenz seiner Zeit – daran festgehalten hatte, daß die G. ein «Spiegel der göttlichen Providenz» sei, der als H. naturae Gottes Weisheit und als H. civilis seinen heiligen Willen zeige [59]. Zum anderen jedoch gefährden die Verfeinerung der historischen Bibelkritik (J. S. SEMLER) und die Annäherung der Kirchen-G. an die Profan-G. (J. L. v. MOSHEIM) den Anspruch der Bibel: G. E. LESSING formuliert die Aporie, daß die «zufälligen G.-Wahrheiten» zugleich «ewige Vernunftwahrheiten» sein sollen [60]; mit Hilfe des Gedankens von der Erziehung des Menschengeschlechts bietet er einen Lösungsversuch an: Die Vernunft wird an ihr selbst als geschichtlich gewachsen, göttliche Offenbarung und menschliche Vernunft werden als sich sukzessiv vermittelnd gedacht [61]. J. G. HAMANN löst das gleiche Problem durch die Aufnahme der Typologie: Die biblisch berichteten Ereignisse sind «zeitliche und ewige G.-Wahrheiten» zugleich, die ganze G. ist wie die Natur ein Offenbarungsbuch Gottes und voller «Weissagungen» [62].

Die Aufklärung hält weitgehend an der konstanten Menschennatur als Substrat der geschichtlichen Entwicklung wie als Prüfstein historischer Aussagen fest. D. HUME z. B. kann die H.e in den Dienst der Psychologie stellen, da sie geeignet sei, «die regelmäßigen Triebkräfte menschlichen Handelns und Betragens kennen zu lernen» [63]. I. ISELIN und viele andere beginnen ihre den Fortschritt darlegenden Menschheits-G.en mit einem psychologischen bzw. anthropologischen Vorspann, der die Menschennatur abgetrennt von ihrer geschichtlichen Bestimmtheit beschreibt [64]. Dieses Verhältnis von G. und geschichtlichem Substrat ist bei Lessing und Hamann, aber auch bei Winckelmann und Herder aufgegeben. J. G. HERDER gelingt es durch Übertragung des Leibnizschen Kraftbegriffes auf die G., die Menschennatur nicht als das Vorausgesetzte, sondern als das sich erst Realisierende zu denken; anders als die französischen Fortschrittstheorien will er die Eigenständigkeit und den Eigenwert der individuellen Epochen, Kulturen und Volksorganismen zur Geltung bringen [65]. J. J. WINCKELMANN möchte in seiner ‹G. der Kunst des Altertums› die Aufgabe der G. so verstanden wissen, daß die G. «keine bloße Erzählung der Zeitfolge und der Veränderungen in derselben darstellt», sondern in den historischen Gebilden das Wesen der Kunst aufweist und so ein «Lehrgebäude» liefert [66].

Bei alledem behauptet das 18. Jh. noch immer auch den praktisch-moralischen Nutzen der H.e: «Aufgeklärten Menschen den Werth der G. begreiflich machen wollen, hieße sie beleidigen. Jeder aus ihnen weiß, daß sie die wichtigste und wirksamste Klugheitslehre, eine personifizierte Philosophie und Moral ist» (FR. M. VIERTHALER) [67]. Aber sie avanciert – wenngleich noch D'ALEMBERT eine ständespezifische G.-Schreibung forderte [68] – allmählich von der Schule der Staats- und Kirchendiener zur Schule «für den Weltbürger, für den Menschen überhaupt» (A. L. SCHLÖZER; vgl. J. CH. GATTERER [69]), zur «Schule des Wettlaufs zu Erreichung des schönsten Kranzes der Humanität und Menschenwürde» (HERDER [70]). In der G. erkennt die Gattung Mensch sich selbst als «Menschheit» (BOLINGBROKE [71]), sie macht bewußt, daß in allen Sprachen, Kontinenten, Klassen und Ständen der Mensch immer Mensch ist (SCHLÖZER [72]), sie ist «das Studium der Humanität» (HERDER [73]); sie intendiert die universale Solidarität aller Menschen untereinander: «Menschenliebe» (C. C. L. HIRSCHFELD [74]).

Die Idee der Einheit der Menschheit und ihrer G. prägt die Titel der Werke: Diese lauten nicht ‹G.en/H.en der Menschheit› (Melanchthon übersetzte ‹mundi H.› noch mit ‹H.en der welt› [75]), sondern ‹G./H.e der Menschheit› –: der Kollektivsingular setzt sich im 18. Jh. breit durch [76]. Bezeichnete der Singular ‹H.› zumeist die Literaturgattung (analog zu ‹philosophia› und ‹poesia›), so zielt der Kollektivsingular ‹H.e/G.› nun auf die Kohärenz der berichteten Ereignisse und auf die Einheit des G.-Subjektes ab. J. WEGELIN reflektiert bereits 1783, daß der Begriff und die Tatsache mehrerer voneinander gesonderter «G.en» in der Teilung der Gesellschaft in drei voneinander getrennte Stände begründet sei [77], während G. STOLLES schon 1727 die Unterscheidung von gelehrter H.e und Staats-H.e aus den Standesunterschieden ableitete [78]. Auch da, wo nicht die ganze Menschheit, sondern Teilbereiche thematisiert werden, setzt sich der Singular ‹H.e/G.› durch, denn es ergeht die Aufforderung, aus der Faktensammelei zur Darstellung von Zusammenhängen zu gelangen. Die in der Rhetorik festgelegten «leges historicae», die Anweisungen gaben, wie ein verstehbarer Erzählzusammenhang herzustellen sei, werden zu gesetzlichen Zusammenhängen der Sache selbst [79].

Das hat seine Konsequenz für den deutschen G.-Begriff: Die Bezeichnung ‹H.e›, die primär den Bericht meinte, tritt zurück zugunsten des Wortes ‹G.›, das kraft seiner etymologischen Herkunft geeignet ist, den Geschehenszusammenhang selbst und den Bewegungscharakter des Dargestellten zu akzentuieren. Denn das Geschehen ist nun an sich selbst bedeutsam, verständlich und wichtig, es bedarf keiner rhetorischen Aufbereitung mehr. HERDER formuliert deshalb: «Bei uns kommt das Wort G. nicht von *Schichten* und Episch Ordnen und Pragmatisch Durchweben, sondern von dem vielbedeutenden strengen Worte *geschehen* her und darüber will ich auch nicht bis auf Einen Punkt in Ungewißheit bleiben». «G. ist die Wissenschaft dessen was da ist ...» [80].

Dem neuen G.-Verständnis entspricht eine neue Einschätzung der G. als Wissenschaft. Der im 18. Jh. aufkommende Disziplintitel ‹Philosophie der G.› hebt die grundsätzliche Spannung zwischen H. und Philosophie auf; die G. tritt als Wissenschaft selbstbewußt neben die Wissenschaften der Natur, wie die «G.überhaupt» neben der Natur einen eigenständigen Objektbereich, die «sittliche Welt», repräsentiert [81]. VICO und HERDER bestimmen ihre G.-Theorien deshalb in Parallele und Abgrenzung gegen die Naturwissenschaften. Wie in jenen soll auch innerhalb der G. die Kausalitätskategorie sich bewähren (HERDER, J. M. CHLADENIUS [82]). – Dem historischen Skeptizismus wird entgegengehalten, daß in der G. im Unterschied zur Natur den Mensch erkennt, was er selbst gemacht hat, daß der Schlüssel zur geschichtlichen Welt in den Prinzipien des menschlichen Geistes zu suchen und deshalb der Gewißheitsgrad größer als in den Naturwissenschaften sei (VICO; vgl. HERDER [83]). CHLADENIUS ordnet jedem der beiden Wissenszweige ein eigenes Erkenntnisvermögen zu: Werden die «physikalischen Dinge» der Natur, die «Veränderungen der Körper», durch die Sinne erkannt, so können die «moralischen Dinge», die «Ämter, Würden, Gerechtigkeiten, Beschwerungen, Privilegien», nur von der Vernunft aufgefaßt werden [84]. Ein wichtiger Unterschied der H.e zur Naturwissenschaft liegt ferner darin, daß die G. von der «Denkungsart des Zeitalters» (J. CHR. GATTERER [85]) und vom «Sehe-Punkt» des Erkennenden abhängig ist (CHLADENIUS [86]).

Anmerkungen. [1] H. RUPP und O. KÖHLER: H.-G. Saeculum 2 (1951) 629. – [2] Vgl. HARTMANN VON AUE, Gregorius 750f.; GOTTFRIED VON STRASSBURG, Tristan 213; RUPP/KÖHLER, a. a. O. [1] 630f. – [3] Bei J. HENNIG: Die G. des Wortes ‹G.›. Dtsch. Vjschr. Lit.wiss. 16 (1936) 514. – [4] RUPP/KÖHLER, a. a. O. [1] 634; HENNIG, a. a. O. [3] 514f. – [5] Vgl. J. ENGEL: Die dtsch. Univ.en und die G.-Wissenschaft, Hist. Z. 189 (1959) 239ff. – [6] E. C. SCHERER: G. und Kirchen-G. an den dtsch. Univ.en (1927) 22. – [7] a. a. O. 13ff. – [8] N. MACHIAVELLI, Werke (dtsch. 1834) 1, 6f.; 4, VIII; 1, 17. – [9] M. LUTHER, Weimarer A. (1914) 50, 383ff.; vgl. 6, 261. – [10] PH. MELANCHTHON: Corp. Ref., Op. omn. hg. BRETSCHNEIDER (1834ff.) 11, 58. – [11] a. a. O. 12, 714; 11, 166; 3, 883. – [12] LUTHER, a. a. O. [9] 18, 330. 635; 15, 373; 16, 262; 36, 257. – [13] J. BODINUS: Methodus ad facilem historiarum cognitionem (1566) c. 7. Oeuvres philos., hg. P. MESNARD (Paris 1951) 223ff.; vgl. hierzu und zum folgenden A. KLEMPT: Die Säkularisierung der universalhist. Auffassung (1960). – [14] G. HORNIUS: Brevis introductio ad historiam universalem (1655). – [15] CHR. CELLARIUS: H. universalis, in antiquam et medii aevi ac novam divisa (1696). – [16] J. J. SCALIGER: De emendatione temporum (Paris 1583). – [17] W. ROLEVINCK: Fasciculus temporum (1474); J. F. F. DI BERGAMO: Supplementum chronicarum (1486); J. AURIFABER: Chronica ... deutsch (1550); DION. PETAVIUS: Rationarium temporum (Paris 1633). – [18] J. DE ACOSTA: H. natural y moral de las Indias (Sevilla 1590); dtsch. Neue Welt oder America (1600); M. MARTINIUS: Sinicae Historiae decas prima ... (1658); G. HORNIUS: Arca Noae sive H. imperiorum et regnorum ... (Leiden 1666). – [19] Vgl. SCHERER, a. a. O. [6]; KLEMPT, a. a. O. [13]. – [20] Ähnlich schon BODIN, a. a. O. [13] 114; vgl. später u. a. J. CHR. GOTTSCHED: Erste Gründe der gesamten Weltweisheit ... 1 (1733) §§ 169-173; FR. CHR. BAUMEISTER: Philosophia definitiva ... (⁷1746) 55ff. – [21] KLEMPT, a. a. O. [13] 34ff. – [22] J. ENGEL, a. a. O. [5] 250ff. – [23] Vgl. dazu und zum folgenden F. KAMBARTEL: Erfahrung und Struktur (1968) 50-86. – [24] F. BACON: De dignitate et augmentis scientiarum c. 1-8. Works (ND 1963) 1, 425ff.; Bacons Verortung der H. wörtlich später in der Encyclopédie, hg. DIDEROT/D'ALEMBERT 1 (Paris 1751) Disc. prélim. – [25] TH. HOBBES, Leviathan I, 9. Engl. Works (London 1839ff., ND 1962) 3, 71; vgl. 4, 27; 1, 10; De homine XI, 10. – [26] J. LOCKE, An essay conc. human understanding IV, 12, § 10, hg. A. C. FRASER (Oxford 1894) 2, 350. – [27] G. W. LEIBNIZ, Akad.-A. VI/1, 284f.; VI/2, 395ff.; vgl. VI/1, 199. – [28] Nouveaux Essais III, 5, §§ 2. 3. – [29] BAUMEISTER, a. a. O. [20] 1, §§ 1. 2; vgl. u. a. CHR. THOMASIUS: Höchstnöthige Cautelen ... (1729) c. 5, 1ff. – [30] I. KANT, Akad.-A. 7, 28. – [31] BODIN, Methodus ... (A. 1607) 11. – [32] a. a. O. [13] 116; vgl. E. MENKE-GLÜCKERT: Die G.-Schreibung der Reformation und Gegenref. (1912) 110ff. – [33] B. KECKERMANN, Op. omn. (Genf 1614) 2, 1314ff. – [34] TH. HOBBES, De homine XI, 10; CH. MONTESQUIEU: De l'esprit des lois (Genf 1748) Préf.; J.-J. ROUSSEAU: Disc. sur l'origine de l'inégalité parmi les hommes (1755). Philos. Bibl. (1971) 136. – [35] LOCKE, a. a. O. [26] VI, 16, §§ 10. 11 = 377ff. – [36] B. DE SPINOZA, Tract. theol.-polit. Opera hg. C. GEBHARDT (1925) 3, 61. 76ff. 98ff.; dtsch. Philos. Bibl. (1955) 82. 103ff. 135ff. – [37] R. DESCARTES, Disc. de la méthode I, 7f. – [38] N. MALEBRANCHE bei P. HAZARD: Die Krise des europ. Geistes (dtsch. 5. Aufl. o. J.) 62. – [39] FR. W. BIERLING: De Pyrrhonismo historico (1707); vgl. HAZARD, a. a. O. [38] 56-80. – [40] P. BAYLE, Oeuvres div. (Haag 1725-31) 1, 510; 2, 53; 4, 740. – [41] Vgl. W. CONZE: Leibniz als Historiker (1951) bes. 55ff.; CHR. THOMASIUS: De fide iuridica (1699); J. EISENHART: De fide historica (1679); I. G. HEINECCIUS: Elementa philosophiae rationalis et moralis (¹⁰1752) §§ 132ff. – [42] J. H. ZEDLER: Großes vollständiges Universal-Lex. aller Wiss. und Künste 13 (1735) 281-286. – [43] R. KOSELLECK: H. magistra vitae, in: Natur und G. Festschr. K. LÖWITH (1967) 196. – [44] THOMASIUS, a. a. O. [29] 83f. 927f. – [45] H. ST. J. VISC. BOLINGBROKE: Letters on the study and use of hist. (1735). Works, hg. D. Mallet (London 1754) 2, 264ff. 269. 334. 345f. – [46] LEIBNIZ: Nouv. Ess. IV, 16, § 11. – [47] Vgl. J. STREISAND: Gesch. Denken von der dtsch. Frühaufklärung bis zur Klassik (²1967) 29ff. – [48] M. FLACIUS ILLYRICUS (Hg.): Magdeburger Zenturien (1559-1574); C. BARONIUS: Annales eccl. (1588-1607). – [49] G. ARNOLD: Unparteiische Kirchen- und Ketzerhist. (1699, 1700) Vorrede § 1, 29. 21. – [50] VOLTAIRE, Essai sur l'hist. gén. et sur les mœurs et l'esprit des nations, depuis Charlemagne jusqu'à nos jours (Genf 1756). – [51] Art. ‹Hist.›, in: Dict. philos. Oeuvres complètes 41 (1786) 40-71; vgl. den Art. der Encyclop. 17/2, 555-572. – [52] D'ALEMBERT: Réflexions sur l'hist. Oeuvres compl. (ND Genf 1967) 2, 2. – [53] J.-J. ROUSSEAU, Emile IV (dtsch. 1963) 491ff. – [54] G. VICO: Principi di una sci. nuova d'interno alla comune natura delle nazioni (Neapel 1725, endgültige A. 1744). – [55] Vgl. J. RITTER: Art. ‹Fortschritt› Hist. Wb. Philos. 2 (1972) bes. 1043ff. – [56] D. HUME: The natural hist. of relig. (London 1757). – [57] A. FERGUSON: Essay on the hist. of civil society (Edinburgh 1767). – [58] A. SMITH: Inquiry into the nature and causes of the wealth of nations 1. 2 (London 1776). – [59] G. W. LEIBNIZ, Philos. Schr., hg. C. J. GERHARDT 7, 139. – [60] G. E. LESSING: Über den Beweis des Geistes und der Kraft (1777). Werke, hg. P. RILLA (1956) 8, 9-16. – [61] Die Erziehung des Menschengeschlechts (1777/1780). – [62] J. G. HAMANN, Schr., hg. J. NADLER (1949ff.) 3, 304f. 311; 4, 217. – [63] D. HUME, An enquiry conc. human understanding VIII, 1. Philos. Works (London 1882, ND 1964) 4, 68ff.; vgl. Of the study of hist. a. a. O. 4, 388-391. – [64] I. ISELIN: Über die G. der Menschheit 1. 2 (1764, ⁵1786). – [65] J. G. HERDER: Auch eine Philos. der G. zur Bildung der Menschheit (1774); Ideen zur Philos. der G. der Menschheit 1-4 (1784-91); vgl. ebs. Werke, hg. B. SUPHAN 5, 509; 4, 38; 13, 350f.; 16, 44. – [66] J. J. WINCKELMANN, Werke, hg. J. EISELEIN (1825, ND 1965) 3, 9f.; vgl. HERDER, a. a. O. [65] 3, 374. – [67] FR. M. VIERTHALER: Philosophische G. der Menschen und Völker 1-5 (1787-94) 1, Vorwort. – [68] D'ALEMBERT, a. a. O. [52] 9. – [69] AUG. L. SCHLÖZER: Vorstellung seiner Universal-H.e (1772) 30, 36; J. CHR. GATTERER: Hb. der Universal-H.e, 1 Tl. (²1765) 3. – [70] J. G. HERDER, Werke, hg. B. SUPHAN (=WS) 14, 212f. – [71] BOLINGBROKE, a. a. O. [45] 345f. – [72] SCHLÖZER, a. a. O. [69]. – [73] HERDER, WS 17, 259. – [74] C. C. L. HIRSCHFELD: Bibl. der G. der Menschheit 1-8 (1780-85) 1, Vorber. – [75] MELANCHTHON bei HENNIG, a. a. O. [3] 514f. – [76] Vgl. KOSELLECK, a. a. O. [43] 203ff. – [77] J. WEGELIN: Briefe über den Werth der G. (1783) 17f. – [78] G. STOLLES: Anleitung zur H.e der Gelahrheit ... (1727) 248. – [79] HERDER, WS 14, 145. 250; SCHLÖZER, a. a. O.. [69] 45ff.; vgl. H. R. JAUSS: G. der Kunst und H.e: Lit.-G. als Provokation (1970) 208ff. – [80] HERDER, WS 3, 469; 14, 146. –

[81] WEGELIN, a. a. O. [77] 24. – [82] HERDER, WS 14, 144; J. M. CHLADENIUS: Einl. zur Auslegung vernünftiger Reden und Schriften (1742, ND 1969) 195. – [83] VICO, a. a. O. [54] I, 3; HERDER, u. a. WS 14, 230. – [84] CHLADENIUS, a. a. O. [82] 181ff. – [85] GATTERER, a. a. O. [69] 3. – [86] CHLADENIUS, a. a. O. [82] 187f.

Literaturhinweise. FR. X. v. WEGELE: G. der dtsch. Historiogr. seit dem Auftreten des Humanismus (1885). – P. E. GEIGER: Das Wort «Geschichte» und seine Zusammensetzungen (Diss. Freiburg i. Br. 1908). – P. JOACHIMSEN: G.-Auffassung und G.-Schreibung in Deutschland unter dem Einfluß des Humanismus (1908). – E. MENKE-GLÜCKERT s. Anm. [32]. – F. v. BEZOLD: Zur Entstehungs-G. der hist. Methodik. Int. Mschr. Wiss., Kunst u. Technik 8 (1914). – K. SCHULZ: Die Vorbereitung der G.-Philos. Herders im 18. Jh. (1926). – E. C. SCHERER s. Anm. [6]. – H. LILJE: Luthers G.-Anschauung (1932). – H. BARON: Das Erwachen des hist. Denkens im Humanismus des Quattrocento. Hist. Z. 147/8 (1933) 5-20. – J. HENNIG s. Anm. [3]. – FR. MEINECKE: Die Entstehung des Historismus (1936). Werke, hg. C. HINRICHS 3 (1959). – J. L. BROWN: The ‹Methodus ad facilem historiarum cognitionem› of Jean Bodin (Washington 1939). – E. BRANDENBURG: Der Begriff der Entwicklung und seine Anwendung auf die G. (1941). – W. KAEGI: Voltaire und der Zerfall des christlichen G.-Bildes, in: Hist. Meditationen 1 (1942) 223-248. – TH. LITT: Die Befreiung des gesch. Bewußtseins durch J. G. Herder (1943). – C. CAPPELLO: La visione della storia in G. B. Vico (Turin 1948). – H.-G. SCHULZE-KADELBACH: Herders G.-Denken und Humanitätsidee im Zusammenhang mit seinem Griechenbild (Diss. Würzburg 1950). – W. CONZE s. Anm. [41] – H. RUPP/O. KÖHLER s. Anm. [1]. – H. W. KRUMMWIEDE: Glaube und G. in der Theol. Luthers (1952). – H. ZAHRNT: Luther deutet G. (1952). – E. HINZ: Die wichtigsten geschichtsphilos. Strömungen in Deutschland in der 2. Hälfte des 18. Jh. (Diss. Jena 1953). – K. LÖWITH: Welt-G. und Heilsgeschehen (⁴1953). – H. BERGER: Calvins G.-Auffassung (Diss. Zürich 1955). – H. GOLLWITZER: Neuere dtsch. G.-Schreibung, in: Dtsch. Philol. im Aufriß, hg. W. STAMMLER 3 (1956) 1337-1406. – H. J. KRAUS: G. der hist.-krit. Erforsch. des AT (1956). – A. BUCK: Das G.-Denken der Renaissance (1957). – K. GRÜNDER: Figur und G. (1958). – K. v. RAUMER: Zum G.-Bild der Enzyklopädisten. Hist. Z. 188 (1959) 311-326. – J. ENGEL s. Anm. [5]. – A. KLEMPT s. Anm. [13]. – A. GRAU: Vernunft und G. Die Bedeutung der dtsch. Akad. für die Entwickl. der G.-Wiss. im späten 18. Jh. (1963). – R. KOSELLECK s. Anm. [43]. – W. MAURER: G. und Tradition bei Melanchthon, in: G.-Wirklichkeit und Glaubensbewährung. Festschr. Fr. Müller (1967) 167-191. – J. STREISAND s. Anm. [47]. – F. KAMBARTEL s. Anm. [23]. – P. HAZARD s. Anm. [38].

IV. *Deutscher Idealismus, Romantik und historische Schule.* – Es ist ein wichtiges Kennzeichen des deutschen Idealismus, daß Begriff und Problem der G. nicht eine, sondern die zentrale Stelle einnehmen. *Wortgeschichtlich* führt er dabei die Tendenzen fort, die sich in der Mitte des 18. Jh. anbahnten: Die G. ist vornehmlich die Entwicklungsprozeß der Gattung Mensch, so sehr, daß ‹Menschheit› bzw. ‹Gattung Mensch› und ‹G.› einander erläutern und präzisieren, ja sogar vertreten können. So kann SCHELLING von der universellen rechtlichen Verfassung als von einem Problem reden, «was nur durch die ganze Gattung, d. h. eben nur durch die G. realisierbar ist» [1]. Da es die Vernunft ist, wodurch die Menschheit G. hat, kann ‹G.› auch die Begriffe ‹Vernunft›, ‹Geist› und ‹Weltgeist› ersetzen. HEGEL formuliert in diesem Sinne gelegentlich, daß die G. von einem Volk zu einem anderen «übergehe» [1a]. Hingegen dient das Wort ‹Historie› (= H.) zumeist (aber keineswegs ausschließlich) zur Bezeichnung der empirischen Wissenschaft von den vergangenen Begebenheiten, vom «Geschichtlichen» und «Historischen» aus dem Bereich menschlichen Handelns. Im Anspruch, die Totalität dessen, was ist, aus einem Prinzip zu begreifen, sieht sich der Idealismus vor die Aufgabe gestellt, die spekulativ konzipierte G. mit dem historischen Wissen zu vermitteln und beide aufeinander zu beziehen.

KANTS Wortgebrauch von ‹G./H.› spiegelt teils noch den alten Gegensatz von ‹historia› und ‹philosophia›, so wenn er sagt, daß die «historische Erkenntnis» (z. B. einer Philosophie) keine Vernunfterkenntnis sei [2], oder wenn er den «historischen Glauben» den «sittlichen Grundsätzen» entgegenstellt [3]. «Bloß historisch» heißt für ihn von «fremder Vernunft» «gegeben», nicht von eigener erkannt [4]. Aber der Gegenbegriff zum «bloß Historischen» ist nun nicht mehr nur das «Vernünftige», sondern auch die «G.», und zwar als «G. a priori», als «Menschen-G.», im Sinne einer «G. der Freiheit» [5]. Diese G. a priori – die zu entwerfen man zugleich «geschichtskundig» zu sein hat – besagt inhaltlich, daß die menschlichen Handlungen insgesamt weder durch die Naturkausalität noch durch einen «verabredeten Plan» (die Vernunft aller) bestimmt sind, sondern daß in ihnen ein «verborgener Plan der Natur» sich vollzieht, demgemäß der Mensch genötigt ist, aus dem «Paradiese», d. h. «aus der Rohigkeit eines bloß thierischen Geschöpfes» und «aus dem Gängelwagen des Instincts», sich herauszuarbeiten «zur Leitung der Vernunft» und «in den Stand der Freiheit» [6]. Die G. a priori ist als Konstrukt der Vernunft eine Hypothese, und Kant weiß, daß ihre Aufstellung z. T. eine «Lustreise» bedeutet und sie zum bloßen «Roman» zu werden droht [7]. Aber zu ihrer Annahme berechtigen «G.-Zeichen» (wie besonders die französische Revolution), die die Tendenz des Ganzen zu einer «vollkommenen Staatsverfassung» (der republikanischen) zeigen, in der die «Naturanlagen» des Menschen sich frei entfalten können [8]. Die Annahme der hypothetischen G. ist zudem nützlich, indem sie die «eigentlich bloß empirisch aufgefaßte H.» nicht verdrängt, sondern ihr zur Seite tritt und einen «Leitfaden» abgibt, «ein sonst planloses *Aggregat* menschlicher Handlungen wenigstens im Großen als ein *System* darzustellen»; indem sie weiterhin den Nachkommen als Leitfaden dient, «die Last von G.», die Fülle des historischen Materials, zu tragen: denn sie gibt ein Kriterium für die Stoffauswahl an die Hand (die «weltbürgerliche Absicht») [9]. Die Annahme der G. a priori ist schließlich für das vernünftige Denken nötig, und zwar als eine «Rechtfertigung der Natur- oder besser Vorsehung» (mithin als Theodizee), da sonst die menschliche G. neben der Herrlichkeit der vernunftlosen Natur nur als ein Reich der «regellosen Freiheit» erschiene, «dessen Anblick uns nötigt unsere Augen von ihm mit Unwillen wegzuwenden» [10].

Auch J. G. FICHTE exponiert im Sinne des traditionellen Sprachgebrauches den Gegensatz von Philosophie und H. zunächst in seiner ganzen Schärfe: «das bloße Auffassen des Mannigfaltigen als solchen, in seinem Faktischen ist H.»; die Philosophie aber hat die «absolute Einheit», «das Wahre und Unveränderliche» zum Gegenstand, und sie geht für ihre Wahrheit davon aus, daß «kein Fünklein derselben historisch, als Bestimmung eines fremden Gemütes, sich auffassen» läßt [11]. In Weiterführung des Kantischen Systems stellt Fichte sich jedoch die Aufgabe, die Trennung von Philosophie und H. bzw. Erfahrung von Einheit und Mannigfaltigkeit nicht als gegeben hinzunehmen, sondern ihren notwendigen Zusammenhang zu deduzieren. Und dies führt zu einer transzendentalen Begründung der G. als empirischer Wissenschaft sowohl wie als Gattungs-G.; es erklärt «die bloße Möglichkeit einer G.»: Das «Wissen» (als «Dasein, Äußerung, vollkommenes Abbild der göttlichen Kraft») kommt zur eigenen Durchsichtigkeit und Klarheit, indem es sich an einem Gegenstand begreifend entwickelt, der durch das Sein des Wissens selbst vorausgesetzt ist: Natur. Der die Zeit stiftende und erfüllende Prozeß des Begreifens der Natur ist die Empirie als Physik; die diesen Prozeß («die Erfüllung der Zeitreihe») thematisierende Empirie ist die G.: «Ihr Gegenstand ist die zu aller Zeit unbegriffene Entwicklung des Wissens am Unbegriffenen» [12]. Denn «Unbegriffen» und mit dem Schein des Zufälligen behaftet ist der Gegenstand des Wissens (Natur) wie das Begreifen (Physik), da das Mannigfaltige unendlich ist und diese Unendlichkeit in der Unendlichkeit des Wissens und Seins selbst begründet liegt. Damit haben Philosophie und G. ihr je eigenes Gebiet: Jene deduziert als «G. a priori» den «Weltplan», nach dem sich das Wissen in der Menschengattung notwendig selbst durchsichtig wird; diese, die «eigentliche G.», notiert und verzeichnet rein empirisch «das Unbegreifliche» und «Unbegriffene», nämlich das faktische und unableitbar zufällige Geschehen [13]. Wie einerseits der Historiker als «Annalist» und «Sammler der bloßen Fakten» sich allgemeine Prinzipien, vor allem die Epocheneinteilung von der Philosophie entleihen muß und so auf sie verwiesen ist, so benutzt der Philosoph die wirklich geschichtlichen Fakten «erläuternd» zur Darstellung der «allmählichen Kultivierung des Menschengeschlechts» [14]. Die «eigentliche G.» (nämlich die Menschheits-G. im Unterschied zu den einzelnen G.en) hat so einen apriorischen und einen aposteriorischen Zweig. Ihren Inhalt deduziert allein die Philosophie: Er ist die werdende Freiheit, die sich in der Unterwerfung der Natur (dem «Stoff» und «Werkzeug» der Freiheit) realisiert und die schließlich als Staat in eine sichtbare Erscheinung tritt [15].

SCHELLING, den Ansatz von Fichtes Wissenschaftslehre weiterführend, geht davon aus, daß der «Eine absolute Akt» (das Ich, das Selbstbewußtsein) «eine Unendlichkeit von Handlungen» voraussetzt und einschließt, nämlich den gesamten Natur- und Vernunftprozeß. Die Philosophie hat damit keinen anderen Inhalt als die G., indem sie die «transzendentale Vergangenheit» des Ich aufzudecken und die «G. des Selbstbewußtseins» zu schreiben hat [16]. Indem diese G. (als Werdegang) die Totalität des Mannigfaltigen einbegreift, fällt die Unterscheidung von apriorischer und aposteriorischer G. (als Wissenschaft) fort; Schellings «Deduktion des Begriffs der G.» [17] weist der G. eine Mittelstellung zu: ‹G.› heißen kann 1. nur der Prozeß, der nicht zyklisch und notwendig nach bekannter Regel verläuft, der nicht sich a priori berechnen läßt; deshalb gilt: «Theorie und G. sind völlig Entgegengesetzte. Der Mensch hat nur deswegen G., weil, was er tun wird, sich nach keiner Theorie zum Voraus berechnen läßt.» ‹G.› kann 2. nicht «eine Reihe von Begebenheiten ohne Plan und Zweck» heißen [18]. Es ergibt sich daraus, «daß G. weder mit absoluter Zweckmäßigkeit, noch auch mit absoluter Freiheit besteht, sondern nur da ist, wo ein Ideal unter unendlich vielen Abweichungen so realisiert wird, daß zwar nicht das Einzelne, wohl aber das Ganze mit ihm congruirt» [19]. Dieser Begriff von G. besagt inhaltlich, daß die Menschheit im «unendlichen Progressus der G.» durch alle Freiheit und Willkür der Individuen hindurch notwendig eine allgemeine Rechtsverfassung realisiert [20]. Da in diesem Prozeß die Menschen-G. das vorausgesetzte Absolute als Identität von Subjektivem und Objektivem, von Freiheit und Notwendigkeit zur Erscheinung bringt, ist sie «eine fortgehende, allmählich sich enthüllende Offenbarung des Absoluten» und ein «fortgehender Beweis von Daseyn Gottes» [21].

Diesen G.-Begriff behält Schelling ähnlich auf allen Stufen seiner Systementwicklung bei. Die Identitätsphilosophie, die das Absolute «in der Doppelgestalt der Natur und G. als ein und dasselbige» auffaßt, begreift die G. als «höhere Potenz der Natur», denn in der G. «legt das Göttliche seine Hülle ab, sie ist das laut gewordene Mysterium des göttlichen Reiches»: «nichts, ist heiliger wäre als die G., dieser große Spiegel des Weltgeistes, dieses ewige Gedicht des göttlichen Verstandes» [22]. «Alle G.» geht «auf die Realisirung eines äußeren Organismus als Ausdruck von Ideen» [23]; und so hat die G. «im engeren Sinn des Wortes» (als Universitätsdisziplin) zum Gegenstand «die Bildung eines objektiven Organismus der Freiheit oder des Staates» [24]. Dabei darf sie keine rein empirische H. sein – als solche ist sie keine Wissenschaft –, sondern sie muß sich als «Epos» verstehen, das als «Drama» des unendlichen Geistes zu betrachten hat [25].

Auch SCHLEIERMACHER weist aus obersten spekulativen Prinzipien der G. ihren Ort im System der Wissenschaften zu: Da das Sein selbst durch den Gegensatz des Geistigen und Natürlichen konstituiert ist, da ferner beides sowohl der Gegenstand der Spekulation (des «beschaulichen Wissens») wie der Empirie (des «beachtenden», erfahrungsmäßigen Wissens) sein kann, ergibt sich folgende Gliederung [26]: Physik (bzw. Naturwissenschaft) und Naturkunde thematisieren die Natur; Ethik (bzw. Sittenlehre) und «G.-Kunde» thematisieren die Vernunft. Schleiermacher rechtfertigt die terminologische Unausgewogenheit dieser Bezeichnungen: Das Wort ‹Natur› läßt sich auf die «Kraft» (den Gegenstand der Physik) sowohl wie auf die «Erscheinungen» (den Gegenstand der Naturkunde) beziehen; ‹G.› hingegen – und das liegt an der Tradition dieses Begriffs – kann nur das empirische Feld bezeichnen; deshalb nennt Schleiermacher die spekulative Wissenschaft von der Vernunft «Ethik» und «Sittenlehre»; diese letztere «enthält … die Vernunftanfänge, in denen ebenso die Vernunfterscheinungen, deren ganzer Verlauf die G. im weitesten Umfange bildet, gegründet sind» [27]. – Es ist ein Spezifikum von Schleiermachers Denken, daß die Empirie die gleichberechtigte Partnerin der reinen Vernunfterkenntnis ist; d. h. Ethik und G.-Kunde – wenngleich prinzipiell getrennt – benötigen einander und bedingen sich in ihrem Fortschritt wechselseitig, und zwar ihrer «Gestalt» wie ihrem «Inhalt» nach («die G.-Kunde [ist] das Bilderbuch der Sittenlehre, und die Sittenlehre das Formelbuch der G.-Kunde») [28]. Für Darstellung und Verständnis der Traditionen resultiert als hermeneutische Maxime, daß weder die «sogenannte Konstruktion a priori» noch «die bloß empirische Auffassung» für das «geschichtliche Gebiet» allein angemessen ist, sondern das «Gleichgewicht des Geschichtlichen und Spekulativen» [29]: Zur Erhellung der G. im Sinne des konkreten Ganzen, dem einzelne Personen, Theorien oder Ereignisse angehören, ist die Dialektik (als Vernunftwissenschaft) und zugleich die Grammatik sowie die spezielle Anthropologie nötig [30]; die Religionsphilosophie muß Ethik und Kirchenhistorie zur «wissenschaftlichen G.-Kunde» vereinen [31]; die christliche Lehre, die als ein «Aggregat» von mannigfachen Lehrgebäuden historisch vorliegt, kann nicht nur «individualisiert» und «bloß geschichtlich» (als etwas Gegebenes), sondern muß «systematisch» und «verallgemeinert» zur Darstellung kommen, indem das Mannigfaltige «auf seine Einheit zurückgeführt und in seinem Zusammenhang dargestellt» wird [32].

HEGEL reflektiert den Doppelsinn des Wortes ‹G.› (als historia rerum gestarum und als res gestae) und unterscheidet diese Bedeutungen als die «subjektive» und «objektive» Seite des Begriffs [33]. Diese Doppeldeutigkeit ist für Hegel kein Zufall: Denn erst da, wo das gleichförmige Dasein der Stämme durch bedeutende Ereignisse und Schicksalswenden durchbrochen ist, schlägt sich solches in ausdrücklicher Erinnerung nieder; und erst da, wo solche bedeutenden Taten und Begebenheiten sich auf ein als Staat organisiertes Gemeinwesen und sein öffentliches Bewußtsein beziehen, entsteht auch G.-Schreibung: Denn die G. thematisiert die über das Individuelle hinausgreifende Wirklichkeit [34]. Anspielend auf das Nebeneinander von H.e und Poesie innerhalb der Artes bestimmt Hegel die G. als «Prosa»; aber dies ist sie nicht durch zufällige Konvention, «sondern die Natur ihres Inhalts ist es, welche sie prosaisch macht ...»; «das eigentlich dem Gegenstand und der Sache nach Historische nimmt erst da seinen Anfang, wo die Zeit des Heroentums, das ursprünglich der Poesie und Kunst zu vindiciren ist, aufhört ...» [35]. Und es ist der Staat, der mit seinen verbindlichen und dem allgemeinen Bewußtsein verständlichen Geboten und Gesetzen die prosaische Wirklichkeit und das prosaische Bewußtsein erzeugt und G. möglich macht; «denn zur geschichtlichen Betrachtung gehört die Nüchternheit, das Geschehene für sich in seiner wirklichen Gestalt, seinen empirischen Vermittlungen, Gründen, Zwecken und Ursachen aufzunehmen und zu verstehen» [36].

Hegel unterscheidet drei Arten der G.-Betrachtung: in der «ursprünglichen» G. legt der Autor im wesentlichen das nieder, was er gesehen und erlebt hat; «der Geist des Verfassers und der Geist der Handlungen, von denen er erzählt, ist *einer* und *derselbe*». Die zweite Art der G., die «reflektierende», setzt dagegen einen zeitlichen Abstand voraus; der Geist des Verfassers ist nicht der der Sache. Sie unterteilt sich a) in «allgemeine G.», die große Zusammenhänge kompilatorisch zusammenstellt und überschaubar macht, b) in «pragmatische G.», die auf moralische Belehrung abzielt, c) in «kritische G.», die als «G. der G.» die Glaubwürdigkeit der Berichte untersucht, und d) in «Begriffs-G.», die zum Leitfaden ihrer Darstellung bereits «allgemeine Gesichtspunkte» (Kunst, Recht, Religion) nimmt und zur dritten Art der G. überleitet, der «philosophischen» [37]. Diese thematisiert die G. als «Welt-G.» und verfolgt in ihr die logische Entwicklung der vernünftigen Substanz; die G. ist in den Augen der Philosophie die «ungeheure Arbeit» und die «Tat» des Geistes, als «Geist sich zum Gegenstande seines Bewußtseins zu machen, sich für sich selbst auslegend zu erfassen» [38]. Die G. leistet die Verwirklichung der Freiheit, die in der christlichen Religion vorgestellt wird, im Staat als weltliches Prinzip sich manifestiert und in der Philosophie zum Begriff ihrer selbst kommt [39].

Daß es eine «historische G.» und eine «philosophische G.» gibt, liegt bei Hegel in der Sache begründet, in «*der* G.» als «Gestaltung des Geistes in Form des Geschehens, der unmittelbaren natürlichen Wirklichkeit» [40]: Die Vernunft, die Substanz tritt in ihre zeitliche, äußere Erscheinung eingehüllt in die «bunte Rinde» des Mannigfaltigen; «die Wirklichkeit ist mit dem Erscheinenden als solchem, mit Nebendingen und Zufälligkeiten überladen» [41]. Deshalb ist zu unterscheiden: das «Geschichtliche», das ist einmal das Kontingente, rein Faktische, Vergangene und nur Äußerliche, das als solches der H.e, nicht aber der Philosophie zugehört, die es mit dem Notwendigen, Allgemeinen, Gegenwärtigen und Inneren zu tun hat. Zum anderen aber gehört das «Geschichtliche» hinzu zur «G.», zum «an die Zeit entäußerten Geist» [42], in dem die Vernunft sich selbst erkennt und erkennend sich gegenwärtig ist: «... der Verlauf der G. ist es, welcher uns nicht das Werden fremder Dinge, sondern dies unser Werden, das Werden unserer Wissenschaft darstellt» [43]. Hegel kann deshalb vom «Gedoppelten» reden, das in «jeder G.» liegt; denn «die G. hat [einerseits] ... diese vereinzelte Seite, Einzelnes, bis auf Äußerstes hinaus Individualisiertes, aber darin sind [andererseits] auch die allgemeinen Gesetze, Mächte des Sittlichen erkennbar» [44]. Und deshalb kann Hegel von der «Zweideutigkeit» reden, die in der Anforderung steckt, man müsse «das Historische [als Empirisches] getreu auffassen»; aber der Vernunft kann nicht verleugnen, daß sie beim Auffassen präsent ist und in der G. sich selbst erkennt [45]. In der Tat expliziert denn auch jede «echt geschichtliche Darstellung» den «inneren Geist» einer Sache und «die innere geschichtliche Bedeutung», die in der Beziehung zum Prozeß des Geistes besteht: «denn das Bedeutende in der G. ist seine Beziehung, Zusammenhang mit dem Allgemeinen» [46].

Mit dem Anschluß an den transzendentalen Idealismus, an Fichte und Schelling übernimmt die *Romantik* die Vorstellung vom Zusammenhang der Genese des Ich bzw. des Bewußtseins mit der G. der Natur und der Menschheit. So kann NOVALIS sagen, daß nur durch «genialische Selbstbeobachtung» «wahre G.» möglich werde, denn in der Selbstbeobachtung zeige sich der zurückgelegte Weg als «ein eigenes, durchaus erklärbares Ganzes» [47]. ‹G.› wird zu einem «erhabenen Wort», denn – so A. MÜLLER – sie wird als Wissenschaft gleichbedeutend und synonym mit Philosophie: Sie ist die schlechthin universale Wissenschaft, von der die Naturwissenschaften und sogar die Mathematik nur Zweige sind; ihr Zweck ist die «Darstellung des einfachen Zusammenhangs und der Folge in den Operationen des Bewußtseins» [48]. Und auch FR. SCHLEGEL nennt die G. eine «wahrhafte Philosophie»: «Da überhaupt alle Wissenschaft genetisch ist, so folgt, daß die G. die universellste, allgemeinste und höchste aller Wissenschaften sein müsse» [49]. – Für die G. als Gesamtprozeß der Gattung dominieren die theologischen Interpretamente: «die ganze G. ist Evangelium», und als solche «weissagend» und voll «Verheißungen» (NOVALIS [50]), «der Historiker ist ein rückwärts gekehrter Prophet» (FR. SCHLEGEL [51]). Die G. ist Offenbarungsprozeß (FR. SCHLEGEL, H. STEFFENS [52]), in diesem die Natur die erste Stufe; Natur ist «lauter Vergangenheit, ehemalige Freiheit; daher durchaus Boden der G.» (NOVALIS; vgl. H. STEFFENS [53]); von der Entwicklung der Natur erzählt nicht die G.-Überlieferung, sondern Mythos und Fabel (H. STEFFENS, J. GÖRRES [54]). Zugleich scheint der Gedanke auf, daß es die Natur selbst ist, die sich offenbart, der G.-Prozeß wird zum Naturprozeß (NOVALIS, H. STEFFENS, J. GÖRRES [55]). – Die Frühromantik hält es im wesentlichen daran fest, daß der Träger des historischen Prozesses nicht Volk und Nationalstaat, sondern die «Menschheit» und die «universelle Individualität» ist (NOVALIS, FR. SCHLEGEL [56]), und sie erhofft wie die Aufklärung einen weitertreibenden Fortschritt und eine erfüllte Zukunft. Aber – und das wird besonders bei NOVALIS deutlich – sie warnt davor, «die G. und die Menschheit zu modeln» [57], und möchte die Eigenmächtigkeit des Geschehens in seiner Tatsächlichkeit respektieren und verehren; zum Begriff der G. stellt sich der des Schicksals assoziativ ein, Novalis nennt den wahren Historiker «Liebhaber des Schicksals» [58]. Besonders das Vergangene bekommt als solches einen unermeßlichen Wert, Novalis fordert «Respekt für alles, was geschehen ist», «historisch religiös» zu sein [59], und er sieht in der erwachenden «Andacht zum Altertum» den Beginn einer neuen Menschheit, die «neue G.» [60]. Wurde in der Aufklärung «alle Gelehrsamkeit ... aufgeboten, um die Zuflucht zur G. abzuschneiden, indem man die G. zu einem häuslichen und bürgerlichen Sitten- und Familiengemälde zu veredeln sich bemühte», so sieht Novalis den geistigen Gehalt der G. und die die Kontinuität verbürgende Institution in der Kirche: «Die Kirche ist das Wohnhaus der G.» [61].

In engem Zusammenhang mit den Freiheitskriegen und der nationalen Erhebung setzt mit der «historischen Schule» und in ihrem Umkreis eine intensive G.-Forschung ein, die das gesamte 19. Jh. prägt und das Wichtigste dazu beitrug, daß es das «historische Jh.» im Gegensatz zum «philosophischen», dem 18. Jh., genannt werden konnte (ED. SCHMIDT 1839 [62]). So sehr die Ziele und Tendenzen bei den einzelnen Historikern divergieren, so kommen doch die meisten in folgendem Programm überein: Gegen die Verwerfung jeglicher geschichtlichen Tradition auf der einen und gegen das starre Festhalten an ihr auf der anderen Seite, gegen die «ungeschichtliche», abstrakte Aufklärung und das revolutionäre Jakobinertum hier und gegen Feudalismus und Traditionalismus dort gilt es, auf das kontinuierliche Wachstum von Staat und Volk theoretisch hinzuweisen und dieses durch die historische Darstellung auch praktisch zu fördern (F. C. v. SAVIGNY, H. v. SYBEL, L. v. RANKE [63]). Nicht was Naturrecht und rationale Philosophie über das Wesen des Menschen qua Vernunftwesen aussagen, ist nun interessant, sondern was der Mensch in seiner Besonderheit und Bestimmtheit, was er in und durch Nation, Volk und Staat ist. Aber davon handelt allein die G.: «Die G. ist ... der einzige Weg zur wahren Erkenntnis unseres eigenen Zustandes» (SAVIGNY) [64]. Dabei heißt «Erkenntnis» weniger kritische Analyse als Bewußtwerden des Wertes der eigenen «nationalen Eigentümlichkeit». Die Erforschung des germanischen Rechts und der deutschen Verfassungs-G., die Edition der mittelalterlichen Regesten und Dichtung, all das wird aufgeboten, um «dem Selbstbewußtsein unseres Volkes ... einigen Vorschub zu leisten», an früherer «Kraft und Größe» sich zu «stärken» (J. F. BÖHMER, J. GRIMM [65]). Auf den Beginn der nationalen Bewegung zurückblickend, schreibt H. v. SYBEL: «die G. war dem lebenden Geschlechte nähergerückt, ... es gab keine objektiven, unparteiischen, blut- und nervenlosen Historiker mehr» [66].

Das leitende Modell für das Verständnis des G.-Prozesses ist der Naturorganismus; J. GÖRRES redet vom «Baum der G.» [67], und z. T. im Anschluß an die spekulative Naturphilosophie (bes. Schellings) wird in vielfacher Variation «der organische Charakter der G.» hervorgekehrt [68]: «organisch» ist das Volk als ein «geschichtliches» und «eigentümliches Ganzes», dessen «lebendige Fortbildung» in der wechselseitigen Bestimmung und Durchdringung von Individuum und Ganzem begründet liegt (THORBECKE; vgl. SAVIGNY [69]); und als ein «organischer Körper» wird auch der wahre Staat gedacht, der nicht von Gesellschaft und Volk getrennt, sondern als deren lebendige Organisation besteht (A. MÜLLER [70]). Die deutsche G.-Schreibung, die im 19. Jh. vor allem politische G. betreibt und «die großen Staatshandlungen nach ihrer ganzen Bedeutung» darstellt (SYBEL; vgl. RANKE [71]), ist orientiert an dieser Einheit von Volk und Staat, setzt sie voraus oder zielt auf sie praktisch ab (H. v. TREITSCHKE am Ende des Jh.: «die Idee des Volkstums [ist] die bewegende Kraft der G. unseres Jh.», der Staat ist «das als unabhängige Macht rechtlich geeinte Volk» [72]). Dem Diktum SAVIGNYS: die Absonderung der Gegenwart von der G. (als gemeinsamer Vergangenheit) habe ihre Parallele in der Absonderung des Bürgers vom Staate [73], trägt die G.-Schreibung Rechnung, indem sie sich selbst im Verhältnis zum werdenden Nationalstaat ihren Ort gibt; sie intendiert im Verhältnis zur öffentlichen Praxis die Stellung einzunehmen, die ehemals die Philosophie innehatte (SYBEL) [74]: Nach RANKE verhalten sich Historik und Politik wie theoretische und praktische Philosophie [75]. Daß die G. (als res gestae) dem «lebenden Geschlecht» nach SYBELS Worten «nähergerückt» war, hatte den konkreten Sinn, daß das politische Handeln keine Kabinettspolitik, sondern Sache des lebendigen Geschlechts selbst war oder sein sollte. Und damit war auch die G. (als historia) nähergerückt, die von der gemeinsamen Vergangenheit berichtete und von der Entstehung der Gegenwart.

Doch neben und in dieser auf die nationale Politik bezogenen G.-Schreibung hält sich eine Tradition, die – Herder und der deutschen Klassik verbunden – die G. als Studium des Menschlich-Allgemeinen versteht und sie in den Dienst der Humanität stellt. So weist W. v. HUMBOLDT der G. ihre Aufgabe aus der Überzeugung zu, es werde «höchste Menschlichkeit durch das tiefste Studium des Menschen gewirkt»: «Wie die Philosophie nach dem ersten Grunde der Dinge, die Kunst nach dem Ideale der Schönheit, so strebt die G. nach dem Bilde des Menschenschicksals in treuer Wahrheit, lebendiger Fülle und reiner Klarheit ...» [76]. Im Umkreis dieser Tradition ist es dann ein häufig belegbarer Topos, daß der Historiker es mit dem «ganzen Menschen» zu tun hat, daß ihm nichts Menschliches fremd sein dürfe, daß die G. schließlich «die Achse aller menschlich moralischen Bildung» ist (HUMBOLDT, G. G. GERVINUS, B. G. NIEBUHR, L. v. RANKE, J. G. DROYSEN [77]). HUMBOLDT hatte gesagt, die wahre G. als «freie, in sich vollendete Kunst», die das Menschenschicksal in seiner ganzen Totalität, als «die Summe des Daseins» darstelle, sei «von einem dergestalt auf den Gegenstand gerichteten Gemüth empfunden, daß sich die Ansichten, Gefühle und Ansprüche der Persönlichkeit darin verlieren und auflösen. Diese Stimmung hervorzubringen und zu nähren, ist der letzte Zweck des G.-Schreibers» [78]. Auch RANKE, der alle vaterländische G.-Schreibung für eng erachtet, setzt sich die Haltung reiner Schau zum Ziel: Die G. strebt, «gleichsam ein Theil des göttlichen Wissens» zu werden [79]; sie will die Objektivität und Sachtreue der «Gottheit» erreichen, welche «die ganze historische Menschheit in ihrer Gesamtheit überschaut und überall gleich werth findet» [80]. Daraus folgt für die G. als Wissenschaft: «Die G. ist ihrer Natur nach universell» [81].

H. v. SYBEL begründet die Notwendigkeit der ‹Historischen Zeitung› 1858 mit der Tatsache, «daß mit jedem Jahre mehr die G. in Deutschland für die öffentliche Meinung und als Ferment der allgemeinen Bildung in die Stelle einrückt, welche vor 20 Jahren die Philosophie einnahm» [82]. Was die G. inhaltlich dazu geeignet macht, ist ihr Thema: Staat und Nation; was sie als Wissenschaft geeignet macht, ist das, was dem Rationalismus und zum Teil dem spekulativen Idealismus noch verdächtig war: G. ist das Wissen von Tatsachen, und als solche kann sie neben den «positiven», empirischen

Naturwissenschaften anerkannt bestehen. Im Gegensatz zur Philosophie übernimmt sie «die ausharrende Arbeit der Studien, durch welche das Einzelne erkannt wird» (RANKE [83]). NOVALIS' «Respekt für alles, was geschehen ist» [84], seine G.-Andacht, setzt die G.-Wissenschaft in philologisch-historische Quellenkritik um. Dem bekannten RANKE-Wort, es gelte zu «zeigen, wie es eigentlich gewesen» [85], lassen sich ähnliche Äußerungen von HUMBOLDT, NIEBUHR, SYBEL und GERVINUS zur Seite stellen [86]. J. E. DROYSEN, Schüler des Philologen A. Böckh, erstellt mit seiner ‹Historik› eine «Encyclopädie und Methodologie der G.», die detailliert zeigt, wie das Material der G.-Wissenschaft – der «Rest» der empirischen Fakten, den die mechanistischen Naturwissenschaften nicht erklären können – als Tatsache gesichert, wie es aufgefaßt und verstanden werden kann [87]. Zugleich aber ist die historische Wissenschaft genötigt, den Kreis bloßer Tatsachenforschung zu überschreiten, da sie an dem «verwirrten Gang der Dinge» (GERVINUS [88]) kein Genügen findet. RANKE stellte der oben zitierten Absicht die weitergreifende zur Seite, es gelte «die Entwicklung der Einheit und des Fortgangs der Begebenheiten» aufzuweisen [89]. Dazu aber genügt die an Philologie und Naturwissenschaft orientierte Faktensicherung nicht: NIEBUHR fordert deshalb neben der «Kritik» auch «Divination» und «Construction», denn «alle G., als Darstellung des Handelns, wird nur durch ein gedachtes Handeln begriffen ...» [90]; HUMBOLDT und GERVINUS nennen es das «Ahnden» [91], SYBEL und RANKE «geistiges Verständnis» [92], und DROYSEN legt eine explizite Theorie dazu vor: Die G. als Wissenschaft hat es mit menschlichen Zwecksetzungen, mit «Willensakten» zu tun; diese aber können anhand der Naturkausalität nicht erklärt werden, es gilt sie «forschend zu verstehen» [93]. – Was in der G. als der überlieferten Fülle der Begebenheiten so für den Historiker sichtbar wird, sind die «Ideen», der «Geist», das «Leben» – mithin stellen sich gleichsam mediatisierte Begriffe und Denkstrukturen des spekulativen Idealismus ein. Diese «Ideen» – von denen auch HUMBOLDT und GERVINUS sprechen [94] – bestimmt RANKE als die «großen geistigen Tendenzen, welche die Menschheit beherrschen»; und da diese Tendenzen sowohl Institutionen wie religiöse und politische Überzeugungen einbegreifen, kann er sagen, daß «die große G. der Menschheit ... der Complex dieser verschiedenen Tendenzen ist» [95]. DROYSEN faßt ähnlich, aber systematischer das «Allgemeine» und «Notwendige», auf das die G.-Wissenschaft abzielt, als die «sittlichen Mächte und Ideen» und unterscheidet «natürliche Gemeinsamkeiten» (Familie, Geschlecht, Volk), «ideale Gemeinsamkeiten» (Sprache, Kunst, Wissenschaft, Religion) und «praktische Gemeinsamkeiten» (Gesellschaft, Recht, Staat) [96]. Sieht Droysen – dem spekulativen Idealismus und besonders Fichte insofern noch verwandt – die G. als einen Fortschrittsprozeß an, in dem der Mensch in permanenter «Arbeit» der Natur seinen sittlichen Willen aufzwingt und die Welt zur sittlichen Welt umschafft [97], so formt sich für RANKE der Fortschrittsgedanke zur Überzeugung um, «daß die Menschheit eine unendliche Mannigfaltigkeit von Erscheinungen in sich birgt, welche nach und nach zum Vorschein kommen»; aber zugleich ist «jede Epoche ... unmittelbar zu Gott», «alle Generationen der Menschheit [sind] ... gleichberechtigt, und so muß auch der Historiker die Sache ansehen» [98]. Da Hegels Fortschritt der absoluten Idee die wirklichen Menschen zu Schatten verblassen lasse, spricht Ranke von der «Continuität des Lebens, welche wir dem menschlichen Geschlecht zuschreiben» [99]; aber auch vom ewigen «Geist, dessen unendliche Entwicklung in den Schicksalen des Menschengeschlechts die G. als Wissenschaft darstellt» [100]. – Daneben bildet sich, von Frankreich ausgehend, in der Mitte des 19. Jh. eine G.-Schreibung aus, zu welcher die «soziale Frage» den Anstoß gab und die – dem historischen Materialismus vorgreifend (s. u.) – mit Blick auf die ökonomischen Verhältnisse und Interessen den notwendigen Bewegungsgesetzen der Gesellschaft und dem Ziel der gesellschaftlichen Entwicklung auf die Spur kommen möchte (L. v. STEIN [101]).

Anmerkungen. [1] F. W. J. SCHELLING, Werke, hg. K. F. A. SCHELLING 3, 591. – [1a] HEGEL, Werke, hg. H. GLOCKNER 11, 153; 7, § 347. – [2] I. KANT: KrV B 864. – [3] Akad.-A. 7, 80. – [4] KrV B 864. – [5] Akad.-A. 7, 80. 109. 115; 8, 17. – [6] a. a. O. 8, 17. 27. 115. – [7] 8, 109. 29. – [8] 7, 84ff. – [9] 8, 29ff. – [10] 8, 30. – [11] J. G. FICHTE: Werke, hg. MEDICUS 4, 171. 168. – [12] a. a. O. 523-525. – [13] 530. 532ff. – [14] 533ff. – [15] 536ff.; vgl. insges. R. LAUTH: Der Begriff der G. nach Fichte. Philos. Jb. 72 (1964/65) 353-384. – [16] SCHELLING, a. a. O. [1] 1, 382ff. – [17] a. a. O. 3, 589. – [18] 3, 589. 587. – [19] 3, 588. – [20] 3, 591ff. – [21] 3, 603. – [22] 5, 306. 289. 309. – [23] 5, 280. – [24] 5, 312ff. – [25] 5, 310f. – [26] F. D. E. SCHLEIERMACHER: Ethik (1816), hg. O. BRAUN (²1927, ND 1967) 531ff.: §§ 46ff. 57. – [27] a. a. O. 536: § 60. – [28] 549: § 108. – [29] Der christl. Glaube ... (²1830/31), hg. M. REDEKER (1960) 1, 12f.: § 2, 2. – [30] Hermeneutik. Werke I/7 (1835-64) 260. – [31] a. a. O. [29]. – [32] Die christl. Sitte. Werke I/12, 9ff. – [33] G. F. W. HEGEL, Werke, hg. H. GLOCKNER 11, 97f.; vgl. 17, 145. – [34] a. a. O. 11, 96f. 98ff. – [35] 14, 256ff. – [36] 12, 447; 14, 257f. 259f. 265f. – [37] 11, 25ff. – [38] u. a. 2, 32. 614; 7, 447f.; 11, 35ff. 53f.; 17, 28. – [39] 2, 614; 7, 446f.; 11, 429. – [40] 7, 448f. – [41] 14, 97. – [42] 2, 618f. – [43] 17, 30. – [44] 15, 157f. – [45] 17, 37. – [46] 14, 256f.; 17, 33. – [47] NOVALIS, Schriften, hg. J. MINOR (1923) 2, 134f. – [48] A. MÜLLER, Krit., ästhet. und philos. Schr., hg. W. SCHROEDER/W. SIEBERT (1967) 2, 206f. 208f. 221f. – [49] FR. SCHLEGEL, Krit. A., hg. E. BEHLER 14, 3; vgl. 7, 127; 13, 23. – [50] NOVALIS, a. a. O. [47] 3, 25f.; 2, 37f. 315. – [51] FR. SCHLEGEL, Athenäum I, 2, Nr. 80, Krit. A. 2, 176. – [52] Philos. der G. Krit. A. 9, 3ff.; H. STEFFENS: Anthropol. (1822) bes. 1, 368. – [53] NOVALIS, a. a. O. [47] 2, 311; vgl. STEFFENS, a. a. O. – [54] STEFFENS, a. a. O. [52] 1, 182; J. GÖRRES: Wachstum der H. Ges. Schr., hg. W. SCHELLBERG (1926) 3, 413. – [55] NOVALIS, a. a. O. [47] 3, 104; H. STEFFENS: Die gegenwärtige Zeit und wie sie geworden. 1. 2 (1817) 312; a. a. O. [52] 1, 194; J. GÖRRES, a. a. O. [54] 3, 367; vgl. R. HABEL: J. Görres. Stud. über den Zusammenhang von Natur, G. und Mythos in seinen Schr. (1960) 116. – [56] NOVALIS, a. a. O. [47] 2, 38; FR. SCHLEGEL, Krit. A. 6, 339f. – [57] NOVALIS, a. a. O. [47] 2, 37. – [58] a. a. O. 2, 315. – [59] ebda. – [60] 2, 43. 38. – [61] 2, 34; 4, 136. – [62] E. SCHMIDT: Umrisse zur G. der Philos. (1839) 26. – [63] F. C. v. SAVIGNY, Verm. Schr. (1850) 1, 111. 117; H. v. SAVIGNY, Kleine hist. Schr. (³1880) 1, 362; L. v. RANKE, Sämtl. Werke (= SW) 24 (1872) 289; J. R. THORBECKE: Über das Wesen und den organischen Charakter der G. (1824) 18f. – [64] SAVIGNY, a. a. O. 1, 111. – [65] J. F. BÖHMER: Fontes rerum Germanicorum (1843-68, ND 1969) 1, IX; 2, VII; J. GRIMM: Kleine Schr. (1864, ND 1965) 8, 309; 1, 402. – [66] SYBEL, a. a. O. [63] 1, 354f. – [67] J. GÖRRES, Ges. Schr., hg. M. BRAUBACH 4 (1928) 55. – [68] THORBECKE, a. a. O. [63]; W. v. HUMBOLDT, Akad.-A. 1, 41. – [69] THORBECKE, a. a. O. 31f. 34f. 44; vgl. SAVIGNY, a. a. O. [63]. – [70] A. MÜLLER, a. a. O. [48] 2, 82-104. – [71] SYBEL, a. a. O. [63]; RANKE, SW 24, 288. – [72] H. v. TREITSCHKE, Preuß. Jb. 34 (1874) 253; Hist. und polit. Aufsätze 4 (1897) 449. – [73] SAVIGNY, a. a. O. [63]. – [74] SYBEL, a. a. O. [63] 1, 352f.; vgl. [82]. – [75] RANKE, SW 24, 289. – [76] W. v. HUMBOLDT, Akad.-A. 1, 262; 4, 39. – [77] a. a. O. 1, 258; 4, 37. 39; G. G. GERVINUS: Grundzüge der Historik (1837) 87. 89; B. G. NIEBUHR, Kleine hist. und philol. Schr. 2 (1843) 4; RANKE, SW 24, 291; 33, VIII; J. G. DROYSEN: Historik (⁵1971) 16. – [78] W. v. HUMBOLDT, Akad.-A. 4, 39. – [79] a. a. O. [77] 2, 285. – [80] Welt-G. 9/2 (1888) 5f.; vgl. NIEBUHR, a. a. O. [77] 2, 9. – [81] RANKE, SW 24, 291. – [82] SYBEL, Rundschr. (1858) bei FR. MEINECKE, Hist. Z. 100 (1907) 4f. – [83] RANKE, SW 24, 291. – [84] NOVALIS, a. a. O. [47] 2, 315. – [85] RANKE, SW 33, VII; vgl. SW 24, 285; Welt-G. 9/2, 9. – [86] W. v. HUMBOLDT, Akad.-A. 4, 35; B. G. NIEBUHR: Alte G. 1 (1847) 427; H. v. SYBEL: Vorträge und Aufsätze (²1875) 20; GERVINUS, a. a. O. [77] 65; Einl. in die G. des 19. Jh. (1853) 8. – [87] DROYSEN, a. a. O. [77] 5, 37ff. – [88] GERVINUS, a. a. O. [77]

Geschichte

65. – [89] Ranke, a. a. O. [85]. – [90] Niebuhr, a. a. O. [77] 2, 11. 4. – [91] W. v. Humboldt, Akad.-A. 4, 37; Gervinus, a.a.O. [77] 65. – [92] Sybel, a. a. O. [86] 5; Ranke, SW 24, 284. – [93] Droysen, a. a. O. [77] 22. 26. 97. 151. 183f. – [94] W. v. Humboldt, Akad.-A. 4, 46; Gervinus, a. a. O. [77] 65f.; Einl. a. a. O. [86] 12. – [95] Ranke, a. a. O. [80] 4. 7. – [96] Droysen, a. a. O. [77] bes. 180f. 207. – [97] a. a. O. bes. 29. 220f. – [98] Ranke. a. a. O. [80] 5-7. – [99] SW 24, 285f. – [100] a. a. O. [80] 9/1, 270. – [101] L. v. Stein: G. der sozialen Bewegung in Frankreich 1. 2. 3 (1849, ND 1959).

Literaturhinweise. R. Flint: Hist. of philos. of hist. (Edinburgh 1893). – J. Goldfriedrich: Die hist. Ideenlehre in Deutschland (1902). – G. Mehlis: Schellings G.-Philosophie in den Jahren 1799-1804 (1907). – A. Poetzsch: Stud. zur frühromant. Politik und G.-Auffassung (Diss. Leipzig 1907). – E. Fueter: G. der neueren Historiogr. (1911, ³1936, ND 1968). – G. P. Gooch: Hist. and historians in the 19th century (London 1913); dtsch. G. und G.-Schreiber im 19. Jh. (1964). – G. v. Below: Die dtsch. G.-Schreibung von den Befreiungskriegen bis zu unseren Tagen (1916, ²1924). – M. Ritter: Die Entwickl. der G.-Wiss. (1919). – G. Lasson: Hegel als G.-Philosoph (1920). – R. Samuel: Die poetische Staats- und G.-Auffassung Fr. von Hardenbergs (1925). – M. Foster: Die G. als Schicksal des Geistes in der Hegelschen Philos. (1929). – R. Kroner: System und G. bei Hegel. Logos 20 (1931) 243-258. – H. Marcuse: Hegels Ontol. und die Grundlegung einer Theorie der Geschichtlichkeit (1932). – J. Wach: Das Verstehen. 3: Das Verstehen in der Historik von Ranke bis zum Positivismus (1933, ND 1966). – H. H. Flöter: Die Begründung der Geschichtlichkeit der G. in der Philos. des dtsch. Idealismus (Diss. Halle 1936). – H. G. Gadamer: Hegel und der gesch. Geist, Z. ges. Staatswiss. 100 (1940) 25-37. – W. Emrich: Begriff und Symbolik der «Urgeschichte» in der romant. Dichtung. Dtsch. Vjschr. Lit.wiss. 20 (1942) 273-304. – C. Hinrichs: Ranke und die G.-Theologie der Goethezeit (1954). – J. Habermas: Das Absolute und die G. Von der Zwiespältigkeit in Schellings Denken (Diss. Bonn 1954). – L. Landgrebe: Die G. im Denken Kants. Stud. gen. 7 (1954) 533-544. – K. Ziegler: Zu Goethes Deutung der G. Dtsch. Vjschr. Lit.wiss. 30 (1956) 232-267. – J. Ritter: Hegel und die frz. Revolution (1957, 1965), jetzt in: Met. und Politik (1969) 183-233. – P. Stadtler: G.-Schreibung und hist. Denken in Frankreich 1789-1871 (1958). – Th. Schieder (Hg.): Hundert Jahre Hist. Z. 1859-1959. Sonder-A. Hist. Z. 189 (1959). – R. Spaemann: Der Ursprung der Soziol. aus dem Geist der Restauration. Stud. über L. G. A. de Bonald (1959). – J. Vogt: Wege zum hist. Universum (1961). – K. Weyand: Kants G.-Philos., Kantstudien Erg.-H. 85 (1963). – R. Lauth s. Anm. [15]. – R. C. Maurer: Hegel und das Ende der G. (1965). – W. Kasper: Das Absolute in der G. Philos. und Theol. der G. in der Spätphilos. Schellings (1965). – H.-J. Mähl: Die Idee des goldenen Zeitalters im Werk des Novalis (1965). – P. Hünermann: Der Durchbruch des gesch. Denkens im 19. Jh. (1967). – L. Geldsetzer: Die Philos. der Philosophie-G. im 19. Jh. (1968) bes. 125-137. – J. Rüsen: Begriffene G. Genesis und Begründung der G.-Theorie J. G. Droysens (1969). – H. Kimmerle: Zum Verhältnis von G. und Philos. im Denken Hegels, Anhang in: Das Problem der Abgeschlossenheit des Denkens (1970) 301-312; vgl. Hegel-Jb. 1968/69 (1970) 135-146.

V. *Das spät- und nachidealistische G.-Verständnis im 19. Jh.* – Die Theoretiker des *Positivismus* in Frankreich und England wollen die G. in Analogie zur Natur bearbeitet wissen und Gesetzmäßigkeiten herausstellen. Nach A. Comte ist nicht das theologische und metaphysische Denken, sondern allein der «positive Geist» (l'esprit positif) in der Lage, «eine echte Erklärung der gesamten Vergangenheit in Übereinstimmung mit den konstanten Gesetzen unserer individuellen und kollektiven Natur» zu leisten und «alle *großen G.-Epochen* als ebensoviele bestimmte Phasen einer gleichen grundlegenden Entwicklung dar[zu]stellen, wobei jede aus der vorangehenden hervorgeht und die folgende aufgrund unwandelbarer Gesetze vorbereitet ...» [1]. Die «historische Folge» der in der G. sich ausbildenden Wissenschaften entspricht auch ihrer «dogmatischen Abhängigkeit» voneinander, so daß die «G. des positiven Geistes» sich zugleich in seinem Wissenschaftssystem widerspiegelt [2]. – J. St. Mill versucht Comtes Theorie zu differenzieren und den logischen Stellenwert der historischen Gesetze anzugeben. Da die Unterschiede in der Menschheit bezüglich ihrer natürlichen Beschaffenheit und geographischen Bestimmtheit geringer sind als die Übereinstimmungen und da die Völker sich in zunehmendem Verkehr miteinander aneinander angleichen, bietet die G., «wenn sie umsichtig befragt wird, empirische Gesetze des gesellschaftlichen Lebens dar» [3]. Diese empirischen Gesetze sind keine Naturgesetze; sie sind problematisch, da sie durch Induktion aus relativ geringem Material gewonnen sind. Sie haben deshalb nur dann Geltung, wenn sie als Folge-Gesetze an die wissenschaftlichen und psychologischen Gesetze von der menschlichen Natur anknüpfen lassen, welch letztere allein allgemeine Geltung beanspruchen können. Die «Haupttriebkraft» für den Fortschritt sieht Mill wie Comte in den intellektuellen Fähigkeiten. Für deren Entwicklung wiederum ist entscheidend die «beständige Rückwirkung der Wirkungen auf ihre Ursachen»: die Menschen und ihre Verhältnisse bestimmen sich wechselseitig; und zugleich bestimmt zunehmend «die ganze vorhergehende G. der Menschheit» die weitere Entwicklung [4]. – In der G.-Schreibung macht sich vor allem H. Th. Buckle diese Prinzipien zu eigen und fordert konsequent für den Historiker das Studium der Naturwissenschaft und Statistik als Grundlage [5]. Die Natur hat ihre Gesetze, und der Geist hat die seinen, beide wirken aufeinander – das ist hier die Grundvoraussetzung für den Versuch, G. als Gesetzeswissenschaft zu betreiben (vgl. H. Taine [6]). – Weitgehend in Übereinstimmung mit Comte versucht H. Spencer den biologischen Evolutionsbegriff von Coleridge und Baer zum universalen Geltungsprinzip zu erheben; bezeichnend, daß auch er der G. in seinem weitverzweigten Wissenschaftssystem keine Stelle zuweist, sondern an ihrer Stelle die Soziologie einsetzt [7].

Ch. Darwin hatte in seinem epochemachenden Buch über die Entwicklung der Arten durch natürliche Zuchtwahl (1859) programmatisch gefordert, «Tiere und Pflanzen als etwas anzusehen, das eine lange G. hat», und vorhergesagt, daß durch diese naturgeschichtliche Betrachtung in der Zukunft auch Licht auf die G. der Menschen fallen werde [8]. Zu Beginn des 20. Jh. versuchen L. M. Hartmann und M. Nordau [9] diese Vorhersage einzulösen und den Darwinismus für die G.-Theorie fruchtbar zu machen: «G. im weitesten Sinne ist die Gesamtheit der Episoden des menschlichen Kampfes ums Dasein» [10]. E. Haeckels weltanschaulicher Materialismus sieht die «sog. ‹Welt-G.›» als kurze Episode in der Erd-G. und Planeten-G.; an der G. der Menschheit ist aus diesem Blickwinkel lediglich die Ontogenie («unsere Keimgeschichte») und die Phylogenie («unsere Stammesgeschichte») von wissenschaftlichem Interesse [11].

Die philosophischen Bemühungen um das Thema G. stehen in Deutschland in den Jahrzehnten nach 1830 im Zeichen der Auseinandersetzung mit der Philosophie Hegels. Die *Rechtshegelianer* sehen ihre Aufgabe zumeist darin, Hegels Grundgedanken von der G. als Entfaltung und Verwirklichung der Vernunft in einzelnen Sondergebieten sich bewähren zu lassen: in der Religionsphilosophie (K. Conradi, F. W. Carové, M. Carrière, J. G. Mussmann [12]), der politischen und Rechtsphilosophie (H. F. W. Hinrichs, E. Gans, K. L. Michelet, F. W. Carové [13]) und der Philosophie-G. (J. E. Erdmann, K. L. Michelet, K. Fischer [14]). Dabei tritt zuweilen allerdings die Hegelsche Systematik ganz in den Hintergrund. Zum anderen ergeben sich neue Gesichtspunkte. A. v. Cieszkowski möchte die «organische und ideelle Ganzheit der G.» und «ihre spekulative Gliederung und

Architektonik» noch deutlicher als Hegel herausarbeiten und die Unabgeschlossenheit der G. behaupten [15]. Bei F. Chr. Baur, der Hegels G.-Philosophie für die Kirchen-G.-Schreibung aufnimmt, um «in den inneren Zusammenhang des Geschehenen einzudringen», spiegelt sich die im 19. Jh. anwachsende Stoffülle historischen Wissens: «... die G. selbst ist, als der Inbegriff des Geschehenen, etwas so unendlich Großes, daß ihr Inhalt von dem geschichtlichen Wissen, durch welches das objektiv Geschehene auch ein subjektiv Gewußtes werden soll, nie erschöpft werden kann». Die G. als Wissenschaft sei «ihrer göttlichen Bestimmung zufolge ... die Selbstverständigung der Gegenwart aus der Vergangenheit» [16]. Ed. Gans trägt der Überzeugung Rechnung, daß nach der französischen Revolution die G. mit größerer Bewußtheit geschieht, und nennt deshalb die G. seiner Zeit «die Gedanken-G. selbst»: «Ihr Inhalt ist nichts als der logische Fortschritt und die dialektische Bewegung ihrer Gedanken, sie hat keinen Stoff als gerade diesen», das hebt sie von anderen Epochen ab [17].

Kritik an Hegels Gedanke der logischen Entwicklung der G. wird hingegen vom Kreis der «*spekulativen Theisten*», die in manchem den Rechtshegelianern nahestehen, geäußert: «ein so abstrakter und zwischen so formellen Kategorien eingeklemmter G.-Begriff, wie das Hegelsche System ihn darbietet» (I. H. Fichte [18]), scheint ihnen auf einen Determinismus hinauszulaufen; um Freiheit und Zukunft in der G. denken zu können, orientiert man sich an Kant und besonders an Schelling (H. Ulrici, I. H. Fichte, H. M. Chalybäus; ähnlich Chr. J. Braniss [19]). Mit ihrer Kritik am Hegelschen System kehren sie aber auch der G. als dem zentralen philosophischen Thema weitgehend den Rücken; bemüht um den Aufbau der Metaphysik, interessiert sie von der G. nur die «höhere Geister-G.» (die G. des Denkens) und zentral das Problem der Vorsehung, der «göttliche Inhalt» der G. (I. H. Fichte [20]).

Die Hegelschule spaltete sich an Problemen der Religionsphilosophie; und es ist zunächst eine Frage aus diesem Gebiet, welche die *Linkshegelianer* den G.-Begriff anders fassen läßt: Hegels Gedanke von der vernünftig-göttlichen Idee, die zugleich als geschichtlich-wirkliche Offenbarung sich manifestiert, wird von der historischen Kritik aufgesprengt und zerfällt in einen historischen Jesus, der kaum rekonstruiert werden kann, und in einen idealen Christus, der das Produkt menschlicher Phantasie und Einbildungskraft, eine «Idee», ein «Phantom», eine «Mythe» ist (D. F. Strauss, B. Bauer, L. Feuerbach [21]). Heilige G. und wirkliche G. fallen auseinander (bes. B. Bauer [22]). G. soll nur die G. der wirklichen Menschen sein; das Metaphysische des Hegelschen G.-Denkens wird gestrichen bzw. umgeformt. Nicht das Absolute kommt zur Erkenntnis seiner selbst, sondern: «Das Selbstbewußtseyn ist die einzige Macht der Welt und der G. und die G. hat keinen andern Sinn als den des Werdens und der Entwicklung des Selbstbewußtseyns...» (B. Bauer; vgl. L. Feuerbach, M. Stirner, D. F. Strauss [23]). Man redet von «Menschheit» und ihrem «Fortschritt», jedoch zurückhaltend (B. Bauer, Strauss [24]); man schreibt keine Welt-G., sondern Philosophie-G., politische G. (bes. Feuerbach, B. Bauer [25]) und enthält sich dabei aller Konstruktion; schon der junge Feuerbach fordert: «Man stelle doch nur rein objektiv die Facta ... hin ...: dann erklärt die G. sich durch sich selbst» [26]. Aber vor allem ist es ein politisches Motiv, das dazu nötigt, G. anders zu denken: In Hegels These, «daß die christlich-germanische Welt ... in der unfruchtbaren und tautologischen Reminiscenz der zurückgelegten G. ihre Vollendung erreiche», sieht man ein konservatives und wirklichkeitsfeindliches Element; nicht die Totalität des Vergangenen, sondern die in der Gegenwart anstehende und für die Zukunft erhoffte Realisierung von Freiheit und Humanität soll ‹G.› im wahren und emphatischen Sinn heißen (B. Bauer [27]). G. qua «geschehende G.» (A. Ruge [28]) wird zur Emanzipation aus der G. qua Vergangenheit; die philosophische Kritik wacht, daß erstere nicht durch die letztere desavouiert wird. Diese Tendenz artikuliert sich bei den Autoren verschieden. D. F. Strauss schreibt im Zusammenhang seiner Leben-Jesu-Forschung: «Unser Zweck ist es nicht, eine vergangene G. zu ermitteln, vielmehr dem menschlichen Geist zu künftiger Befreiung von einem drückenden Glaubensjoch behülflich zu sein» (vgl. Feuerbach [29]). M. Hess, der noch am wenigsten die Gegenwart von der durch Religion bestimmten Vergangenheit abschneiden möchte, sagt: «... unsere ganze bisherige G. ist nichts als die G. der sozialen Tierwelt» [30]. Auch Feuerbach, der verschiedentlich die Kontinuität des G.-Prozesses behauptet, spaltet die Vergangenheit ab: «Die Gegenwart erkennst Du nicht aus der G. ... Du verstehst sie nur, wenn Du selbst nicht bereits zur Vergangenheit, sondern zur Gegenwart, nicht zu den Todten, sondern zu den Lebendigen gehörst ...» [31]; deshalb trennt er auch den «G.-Schreiber» vom «G.-Macher» ab; «der Verstand schreibt, aber die Leidenschaft macht G.» [32]. Und da nun insgesamt G. und Vernunft kritisch geschieden werden, stellt die Alternative der Aufklärung sich wieder ein: zufällige G.-Wahrheiten contra notwendige Vernunftwahrheiten (Strauss, Feuerbach [33]). Die Philosophie, die sich für die «geschehende G.» engagiert, weiß sich als deren wichtigstes Moment, als ihr vorwärtstreibendes Bewußtsein, als «die freie Macht der werdenden G.» [34]. Pointiert spricht A. Ruge die Wendung aus, in welcher die Junghegelianer von der hegelisch-vernünftigen Betrachtung der vergangenen G. zur Kritik an der gegenwärtigen und zum Engagement für die zukünftige übergingen: «... Die Hegelingen [Junghegelianer] aber sind genötigt, wenn sie nicht der Historie den Kopf abreißen und sie als ein sterbendes Huhn wollen herumlaufen lassen ... von seinem [Hegels] Hochmute der absoluten Philosophie, die nur der gegenwärtige jüngste Tag die zuletzt kommende Registrierung der G. sein soll, zu der bescheidenen Stellung zurückzukehren, daß die Philosophie mit ihrer Kritik die Zukunft erst beginnt» [35].

«Wir kennen nur eine einzige Wissenschaft, die Wissenschaft der G.» [36]; «...die G. ist unser Eins und Alles» [37]. K. Marx und Fr. Engels haben in den Phasen ihrer Theoriebildung jeweils anderes akzentuiert: zunächst die «Natur-G. des Menschen», in der dieser seine «Wesenskräfte» herausprozessiert [38]; später vor allem den naturgeschichtlichen Prozeß der bürgerlichen Produktionsweise [39]. Sie haben ihre These präzisiert, aber nicht zurückgenommen. Daß G. nicht *eine*, sondern *die* Wissenschaft ist, darin fügt sich ihr Werk dem «historischen» 19. Jh. und dessen Hochschätzung der G. ein. – Dennoch ist es ihre polemisch zugespitzte These, daß Deutschland noch «nie einen Historiker gehabt» hat; denn es fehlte in jeglicher G.-Konzeption eine *irdische* Basis [40]. Diese «Basis» als die «wirkliche Grundlage» der G. aufzuweisen, ist seit 1845/46 Ziel und Absicht ihrer G.-Theorie [41]. Sie ist «materialistisch», indem sie «den Schlüssel ... zum Verständnis der gesamten G. der Gesellschaft» «in der Entwicklungs-G. der Arbeit», in der «sinnlich menschlichen Tätigkeit», in der «Praxis» findet und zum Ausgangspunkt die «revolutionierende Entdeckung» macht, «daß die Produktionsweise des materiellen Lebens den sozialen, politischen und geistigen Lebensprozeß überhaupt bedingt» [42]. Die durch Arbeit an der Natur vermittelte Befriedigung der Bedürfnisse und die Selbsterhaltung einerseits sowie die Fortpflanzung andererseits, die «Reproduktion des unmittelbaren Lebens» und seine «Produktion», gelten nun als «das in letzter Instanz bestimmende Moment in der G.», es ist die «erste geschichtliche Tat» wie die «Grundbedingung aller [weiteren] G.» [43]. Und aus dieser Grundbedingung leiten sich weitere Momente ab: Arbeitsteilung und Bedürfnisvermehrung; das soziale Verhältnis der Produzierenden untereinander («die Produktionsverhältnisse») und die im Verhältnis zur Natur sich entwickelnden körperlichen und geistigen Fähigkeiten, Organisationsformen, Geräte und Maschinen («die Produktivkräfte», «die Basis ihrer ganzen G.» [44]). Der jeweilige Stand der Produktivkräfte hat seine eigentümliche Gesellschaftsform; «Gesellschaftsformationen» bezeichnen die «Entwicklungsstufen in der G. der Menschheit», die «progressiven Epochen» (als solche gelten die [asiatische,] antike, feudale und bürgerliche Gesellschaft [45]). Werden die gesellschaftlichen Verhältnisse zur Fessel für die Produktivkräfte, so werden sie gesprengt: Revolutionen markieren den Fortschritt der Produktivkräfte; es sind soziale Revolutionen, da alle bisherigen Produktionsverhältnisse Klassengegensätze einschlossen. Deshalb gilt der zentrale Satz des kommunistischen Manifests: «Die G. aller bisherigen Gesellschaft ist die G. von Klassenkämpfen» [46] (Engels schränkt später ein: zumindest in der modernen G. [47]). – Der «Zusammenhang in der G. der Menschen», «die G. der Menschheit», entsteht, indem jede Generation die Produktivkräfte der vorangegangenen, das «Resultat [ihrer] ... angewandten Energie» als Mittel und «Rohmaterial» für die eigene Produktion einsetzt und zugleich fortbildet [48]. Der auch geographisch universale Zusammenhang der Menschen und Gesellschaften, die «Welt-G.» hingegen resultiert aus dem sich ausbreitenden Prozeß der Arbeitsteilung, besonders der maschinellen Produktionsweise, des Warenaustausches und des Verkehrs [49].

Die G. als «einzige Wissenschaft» heißt, daß ihr die Naturwissenschaft nicht prinzipiell entgegensteht. Denn die Natur hat ebenfalls G. und ist ein «geschichtliches Produkt», indem sie zunächst durch die menschliche Arbeit, den Produktionsprozeß, umgeformt wird [50]; sodann erweisen die «Fortschritte der Naturwissenschaft» (die Evolutionstheorie), daß Arten und Organismen nicht konstant bleiben und so «die Natur ebenfalls ihre G. in der Zeit hat» [51]. Zum anderen sprechen Marx und Engels die G. ein «Naturgesetz», und verstehen sie verschiedentlich als Naturprozeß [52]. Natur kann also als G., G. als Natur begriffen werden: Marx und Engels betonen, daß es nicht «Ideen» und anonyme «Mächte» sind, die die G. beherrschen, sondern «wirkliche Menschen», und diese «machen ihre G. selbst» [53]. Denn sie handeln mit Bewußtsein und nach Zwecken: «In der Natur sind es ... lauter bewußtlose blinde Agenzien, die aufeinander einwirken», hingegen für die G. gilt: «nichts geschieht ohne bewußte Absicht, ohne gewolltes Ziel» [54]. Die «zahllosen Einzelwillen und Einzelhandlungen» realisieren sich jedoch unter nicht durchschauten Bedingungen, sie durchkreuzen sich und führen andere Resultate herbei. So scheint es, daß der «Zufall» die G. beherrscht, aber es sind «innere allgemeine Gesetze», die Gesetze der Produktionsweisen, die sich geltend machen, die eine «Notwendigkeit» wie die Naturgesetze haben und die die «eigentlichen letzten Triebkräfte der G. ausmachen» [55]; die vielen Einzelwillen werden so zu «gesellschaftlich wirksamen Kräften», die «ganz wie die Naturkräfte: blindlings, gewaltsam, zerstörend» wirken [56]. Die Applikation der Naturkategorien auf den G.-Prozeß der Menschen hat also nur statt, solange die «gesellschaftliche Produktionsanarchie» [57] und der Antagonismus der Einzelnen die G. bestimmen und sie so noch blinde Natur-G. ist. Die G. wird menschliche G. sein, wenn die Menschen ihre G. «mit Gesamtwillen nach einem Gesamtplan», «mit vollem Bewußtsein selbst machen», denn erst dann werden sie endgültig «aus dem Tierreich ... aus tierischen Daseinsbedingungen in wirklich menschliche» übertreten und ihre «Vor-G.» abschließen [58]. Diesen Übergang, «diese weltbefreiende Tat durchzuführen, ist der geschichtliche Beruf des modernen Proletariats» [59]. – Obwohl ökonomische Gesetze notwendige Geltung beanspruchen, grenzt ENGELS die G.-Wissenschaft von den Naturwissenschaften ab; im Vergleich zu den Wissenschaften der organischen und anorganischen Natur sei die G. noch im Rückstand, denn die historischen Erscheinungsformen ließen ihre Gesetze meist in ihrem Verfallstadium erkennen und die Erkenntnis sei in diesem Gebiet «wesentlich relativ»: «Wer hier also auf endgültige Wahrheiten letzter Instanz ... Jagd macht, der wird wenig heimtragen» [60]. Weil die ökonomischen Formen und mit ihnen ihre Gesetze «*vorübergehende und historische*» sind, ist die materialistische G.-Auffassung «vor allem eine Anleitung beim Studium, kein Hebel der Konstruktion à la Hegelianertum» [61].

Die Kritik am Idealismus führt aber nicht nur zur Veränderung des G.-Denkens, sondern schreitet zur Abwendung von der philosophisch begriffenen G. und vom G.-Bewußtsein überhaupt fort. Waren es politisch-soziale Probleme, die die Linkshegelianer G. anders denken ließen, so ist es bei S. KIERKEGAARD die leidenschaftlich für ihre ewige Seligkeit interessierte Subjektivität, die in noch schärfere Distanz zu Hegel tritt und grundsätzlich alles «weltgeschichtliche Spekulieren» unernst und komisch erscheinen läßt: Wenn der «fortgesetzte weltgeschichtliche Prozeß» die Wahrheit ist, so «sind wir [die Stufen der Wahrheit] alle in einer Verfassung skeptischer Unsicherheit» [62]. Was an der G. als Gattungsprozeß für das religiöse Subjekt Bedeutung hat, ist allein dies, daß in ihm quantitativ die Sünde und damit die Angst wächst; die Welt-G. – so ließe sich Kierkegaards Auflösung des Hegelschen G.-Begriffes parodistisch formulieren – ist der Fortschritt im Bewußtsein der Angst. Aber auch diese Perspektive betrifft den Einzelnen nur deshalb, weil sie sein Bewußtsein dafür schärft, daß die Qualität der Sünde durch ihn selbst gesetzt ist und in die Welt kommt [63]. Da die im Idealismus überstrapazierte These, die G. als Ganzes sei der Offenbarungsprozeß, entschieden aufgegeben wird, stellt sich der Zwiespalt Lessings in seiner ganzen Schärfe ein, und Kierkegaard knüpft an ihn an: Das Ewige ist in Christus ein nur Geschichtliches; geschichtlich – d. h. erstens, «daß es geworden ist» (denn dies ist «das entscheidende Prädikat des Geschichtlichen»), und zweitens, daß es «das Vergangene» ist (das Gegenwärtige, an die Zukunft grenzend, ist noch nicht geschichtlich) [64]. Dies «Paradox», «daß das Ewige das Geschichtliche ist», kann vom Standpunkt der objektiv sein wollenden historischen Bibelkritik nicht begriffen, es kann nur im leidenschaftlichen Akt des Glaubens «inkraft des Absurden» ergriffen und angenommen werden [65]. Darum gilt es, die G. als die trennende Zeit im Glauben zu überspringen und mit der Erlösungstat «gleichzeitig» zu werden: Die «Gleichzeitigkeit» ist der Punkt, zu welchem die G. zusammenschrumpft [66].

Ebenso scharf wendet sich A. Schopenhauer gegen G.-Philosophie und G.-Wissenschaft. Die Aufgabe der Philosophie sieht er in der Erkenntnis des Immer-Gleichen, des ewigen Weltwillens, des gebärenden und zerstörenden blinden Lebens. Von diesem Prinzip her ist jeder Mensch in allen Epochen und allen Völkern gleichsehr «Objektivation» des Willens: «... folglich ist die G. des Menschengeschlechts, das Gedränge der Begebenheiten, der Wechsel der Zeiten ... nur die zufällige Form der Erscheinung der Idee» (des Menschen) [67]. «Die Devise der G. überhaupt müßte lauten: Eadem, sed aliter» [68]. Im Widerspruch zum common sense seiner Epoche erklärt Schopenhauer es für unsinnig, das Wesen der Welt historisch und genetisch erfassen zu wollen [69]; es öffnet sich vielmehr dem intuitiven Blick, der das «principium individuationis» und den Satz vom Grund überspringt und im Mannigfaltigen das eine Wesen erkennt; d. h. die G. als Wissenschaft hat wie bei Aristoteles geringeren Wahrheitsgehalt als die Kunst [70]; gezwungen, «gleichsam auf dem Boden der Erfahrung fort[zu]kriechen», findet die G. keine Gesetze und ist keine Wissenschaft [71]. Nur am Rande billigt Schopenhauer der G. als dem «vernünftigen Selbstbewußtsein des menschlichen Geschlechts» einen Wert zu, indem sie dem «weit geöffneten Rachen des ... Ungeheuers, der Vergangenheit» zumindest «das Andenken des Wichtigsten und Interessantesten» entreiße [72].

Den entscheidenden Angriff auf das historische Denken, der das G.-Bewußtsein nachhaltig in die Krise geraten ließ, führte Fr. Nietzsche. In seiner Abhandlung ‹Vom Nutzen und Nachteil der Historie für das Leben› (1874), dieser ‹unzeitgemäßen Betrachtung›, wurde – wie Nietzsche selbst rückblickend urteilt – «der ‹historische Sinn›, auf den dies [das 19.] Jh. stolz ist, zum erstenmal als Krankheit erkannt, als typisches Zeichen des Verfalls» [73]. Nietzsche fragt, was das allgemeine «historische Fieber» [74], das «überschwemmende, betäubende und gewaltsame Historisieren» [75], «das zügellos umschweifende G.-Unwesen» [76] für das «Leben» und die «Kultur» einbringt; und er stellt die Diagnose, daß die gegenwärtige Form der «historischen Bildung» das Leben vergiftet und die Kultur barbarisiert. Denn der «zappelnde» Forschungsbetrieb, der alles und jedes historisch thematisiert, erstickt seine eigene Bedingung, das Leben selbst: Begehren, Instinkt und Tatkraft [77]; und er vergleichgültigt und verflacht jedwedes kulturelle Erbe: « Der junge Mensch wird durch alle Jahrtausende gepeitscht», und die «Masse des Einströmenden» läßt schließlich nur «Stumpfsinn» oder «Ekel» zurück [78]. Demgegenüber konzipiert Nietzsche drei Formen der G., die dem «Lebendigen» dienen können: Die «monumentalische Historie» zeigt mit ihren Beispielen dem «Tätigen und Strebenden», daß das Große und Menschliche möglich ist; die «antiquarische Historie» bewahrt das geschichtlich Gewordene und vergewissert den Einzelnen seines Horizontes, seines Volkes und seiner Tradition; die «kritische Historie» befreit den «Leidenden» von belastenden, ihn niederdrückenden Überlieferungen [79]. Damit hat Nietzsche eine Wende vollzogen, die sich in der nachhegelschen Philosophie (vgl. Feuerbach) bereits anbahnte: Gegenwart und Leben werden nicht mehr an der Tradition und ihren Maßstäben gemessen, sondern was überhaupt als substanzieller Inhalt der Geschichte zu gelten hat, bestimmt sich aus dem gegenwärtigen, wirklichen Leben; dies, nicht die Fülle der Begebenheiten, steht im Mittelpunkt des Interesses. Für das menschliche Leben ist freilich G. konstitutiv: «Es ist wahr: ... erst durch die Kraft, das Vergangene zum Leben zu gebrauchen und aus dem Geschehenen wieder G. zu machen, wird der Mensch zum Menschen» [80].

Von diesem Standpunkt aus verfällt das Bemühen um historische «Objektivität» der Lächerlichkeit [81], und die moderne G.-Wissenschaft, die sich kritisch und neutral jeder Beurteilung enthält, ist im Kern «nihilistisch» und Ausdruck eines «ironischen Selbstbewußtseins» [82]. Denn, objektiv gesehen, sind die «Facta» uneindeutig und kaum faßbar [83], und als Inhalt zeigen sich «die großen Masseninstinkte», die «Massentriebe» und «der Kampf unendlich verschiedener und zahlloser Interessen für ihre Existenz» [84] – mithin ist die G. «brutal und sinnlos» [85]. Wer wie Hegel Vernunft in ihr sieht, rechtfertigt nur zynisch post festum den Erfolg der Sieger [86]. Wer nach Ziel und Gesetzen forscht, findet die unsinnige Macht des Zufalls [87]. Denn, so heißt es später, der «Wille zur Macht, der eben der Wille des Lebens ist», ist «das Ur-Faktum aller G.» [88]. Nietzsche destruiert das historische Denken, indem er genealogisch nach seiner historischen Bedingung fragt und als solche das Christentum ermittelt: Der historische Sinn ist nur «eine verkappte Theologie», ein Rest des Mittelalters, denn er ist der Ausdruck der religiös bestimmten Hoffnungslosigkeit, des «*Memento mori*» [89]; daher rührt der Blick zu den Anfängen, das Krebsartige des Historikers [90]. Demgemäß erhoffte sich Nietzsche von der Überwindung des Christentums durch die Lehre von der ewigen Wiederkunft und durch den Tod Gottes den «Wendepunkt der G.» und eine andere, «zukünftige G.» [91].

Gleichzeitig mit Nietzsche spricht J. Burckhardt die Skepsis gegenüber der idealistischen und vaterländisch-romantischen G.-Auffassung aus. Patriotismus ist Hochmut, der Staat organisierte Gewalt; von Fortschritt, Zukunft und Zwecken zu reden ist sinnlos [92]. Nicht der zweckgerichtete Prozeß von Volk oder Gattung tritt als G. entgegen, sondern «das geschichtliche Leben, wie es tausendgestaltig, komplex, unter allen möglichen Verkappungen, frei und unfrei daherwogt ... Staaten, Religionen, Kulturen gründend und zerstörend ...». «Das Wesen der G. [als Geschehen] ist die Wandlung» [93]. Daraus folgt: «Die G. ist ja überhaupt die unwissenschaftlichste aller Wissenschaften, nur daß sie viel Wissens*würdiges* überliefert» [94]. Es gilt nicht Bewegungsgesetze aufzuspüren, sondern zum «Geschichtlichen» in ein verstehendes Verhältnis zu kommen, der «Verwandtschaft mit allem Geistigen» inne zu werden, «das sich Wiederholende, Konstante, Typische als ein in uns Anklingendes und Verständliches» herauszulesen [95]. Was als Gliederung des G.-Inhaltes sich anbietet, sind die drei «Potenzen» Staat, Religion und Kultur, die sich wechselseitig bedingen, die als «Bedingtheiten» erscheinen [96]. Die Kultur zeichnet sich als die bewegliche, nicht in Institutionen verfestigte Potenz aus, und ihr gilt Burckhardts höchstes Interesse. Die adäquate Haltung zum Geschichtlichen ist ästhetisch, «beschauend»; schon 1842 schrieb Burckhardt: «Die G. ist mir immer noch Poesie» [97]. Später faßte er als Ideal einen Standpunkt ins Auge, wo «wir völlig auf unsere Individualität verzichten» und die G. wie «ein wunderbares Schauspiel» überblicken können, als den Weg des Geistes der Menschheit, «der, über all diesen Erscheinungen schwebend und doch mit allen verflochten, sich eine neue Wohnung baut» [98]. «Damit erhält auch der Satz *Historia vitae magistra* einen höheren und bescheideneren Sinn. Wir wollen durch Erfahrung nicht sowohl klug (für ein andermal) als weise (für immer) werden» [99].

Anmerkungen. [1] A. COMTE: Discours sur l'esprit positif (1844); frz.-dtsch. (1956) 127. – [2] a. a. O. 203. 209f. 211. – [3] J. ST. MILL: System der deduktiven und induktiven Logik VI, 10, § 4. Werke 4 (1886, ND 1968). – [4] a. a. O. §§ 3. 7. – [5] H. TH. BUCKLE: Hist. of civilization in England 1. 2 (1857-61); dtsch. A. RUGE (^{5}1874) bes. Kap. 1-4. – [6] H. A. TAINE: Hist. de la litt. anglaise (Paris 1864). – [7] H. SPENCER: The classification of the sciences (London 1864). Works 14 (ND 1966) 74-117. – [8] CH. DARWIN: On the origin of species by means of natural selection (London 1859); dtsch. C. W. NEUMANN (1963) 674ff. – [9] L. M. HARTMANN: Über hist. Entwickl. (1905); M. NORDAU: Der Sinn der G. (1909). – [10] NORDAU, a. a. O. 14. – [11] E. HAECKEL: Die Welträtsel (1899, ^{11}1919) 15. 57ff. 75ff. – [12] K. CONRADI: Selbstbewußtsein und Offenbarung (1831); L. W. CAROVÉ: Über allein seligmachende Kirche (1826/27); M. CARRIÈRE: Die Relig. in ihrem geschichtl., ihrer weltgeschichtl. Entwickl. und Vollendung (1841); J. G. MUSSMANN: Grundriß der Allg. G. der christl. Philos. (1830). – [13] H. FR. W. HINRICHS: G. der Rechts- und Staatsprinzipien 1-3 (1848-52); ED. GANS: Das Erbrecht in weltgesch. Entwickl. 1-4 (1824-35); K. L. MICHELET: System der philos. Moral (1828); Die G. der Menschheit ... 1. 2 (1859/60); F. W. CAROVÉ: Rückblick auf die Ursachen der frz. Revolution (1834). – [14] J. E. ERDMANN: Versuch einer wiss. Darstellung der G. der neueren Philos. 1-3 (1834-53); K. L. MICHELET: G. der letzten Systeme der Philos. in Deutschland 1. 2 (1837/38). – [15] A. V. CIESZKOWSKI: Prolegomena zur Historiosiophie (1838) bes. 3. 8. 19. 24 u. ö. – [16] F. CHR. BAUR: Die Epochen der kirchl. G.-Schreibung (1852). Ausgew. Werke, hg. K. SCHOLDER 2, 14. 275; Die christl. Lehre von der Versöhnung (1838) a. a. O. 2, 285ff. – [17] ED. GANS: Vorles. über die G. der letzten fünfzig Jahre. Raumers Hist. Taschenb. 4 (1833) 286ff. – [18] I. H. FICHTE: Ethik 1. 2 (1850/53) 1, 471. – [19] H. ULRICI: Das Grundprinzip der Philos. 1. 2 (1845/46); I. H. FICHTE, a. a. O.; H. M. CHALYBÄUS: Ethik 1. 2 (1850); CHR. J. BRANISS: Die wiss. Aufgabe der Gegenwart (1848). – [20] I. H. FICHTE, a. a. O. [18] 1, 3; Grundzüge zum System der Philos. 3 (1846) 617ff. – [21] D. FR. STRAUSS: Das Leben Jesu 1. 2 (1835/36) bes. 1, III-V; BR. BAUER: Kritik der evang. G. (1842); L. FEUERBACH: Vorles. über das Wesen der Relig. (1848/49). Sämtl. Werke, hg. BOLIN/JODL (= SW) 8 (^{2}1960) 238 u. ö. – [22] BR. BAUER: Das entdeckte Christentum (1843), hg. E. BARNIKOL (1927) 79ff. 123f.; Die Posaune des jüngsten Gerichts (1841) 128ff. – [23] Posaune a. a. O. 70; L. FEUERBACH: Vorläufige Thesen zur Reform der Philos. (1842). Kl. Schr. (1966) 140; vgl. 23; M. STIRNER: Der Einzige und sein Eigentum (1844), hg. A. MEYER (1972) 410f.; D. FR. STRAUSS: Die christl. Glaubenslehre in ihrer gesch. Entwickl. 1. 2 (1840/41) 1, 14. – [24] BAUER, a. a. O. [22] Vorrede; STRAUSS, a. a. O. [21] 2, Schlußabh. – [25] vgl. u. a. L. FEUERBACH: G. der neueren Philos. ... (1833); Pierre Bayle (1838); BR. BAUER: G. der Politik, Cultur und Aufklärung des 18. Jh. (1843/44); vollst. G. der Parteikämpfe in Deutschland 1. 2 (1847). – [26] FEUERBACH, SW 2, 359. – [27] BR. BAUER: Rußland und das Germanenthum (1853), in: Die Hegelschen Linken. Texte, hg. K. LÖWITH (1962) 75. – [28] A. RUGE: In: Die Junghegelianer, ausgew. Texte, hg. H. STEUSSLOFF (1963) 92. – [29] STRAUSS, a. a. O. [21] 1, Vorrede zur 1. u. 2. Aufl.; FEUERBACH, SW 7, 1ff. – [30] M. HESS: Die letzten Philosophen (1845) 13. – [31] FEUERBACH, SW 2, 386; vgl. M. HESS: Die hl. G. der Menschheit (1837) 265. – [32] ebda. – [33] STRAUSS, a. a. O. [21] 2 (^{4}1877) 386; FEUERBACH, SW 7, 77. – [34] RUGE, a. a. O. [28] 97. – [35] a. a. O. 96. 102. – [36] K. MARX/FR. ENGELS, MEW 3, 18. – [37] a. a. O. 1, 545. – [38] Erg.-Bd. 1, 579. 542. 544. – [39] 23, 15f. – [40] 3, 28. – [41] 21, 211f. 357f.; 19, 102f. 207ff.; 22, 509f. – [42] 21, 307. 264; Ausgew. Schr. 1 (1970) 340f. – [43] MEW 21, 27f.; 3, 28. – [44] 27, 452f. – [45] 6, 407f.; 13, 8f. – [46] 4, 462. 480; 19, 102f.; 21, 27f.; 13, 8f. – [47] 21, 300. – [48] 27, 452f.; 3, 45. – [49] 3, 45f. 35f.; 27, 452f. – [50] 3, 43. – [51] 20, 24; 21, 294ff. – [52] 23, 15. – [53] 3, 20. 25f.; 3, 33; 39, 206. – [54] 21, 296. – [55] 21, 296. 298. – [56] 20, 260f. – [57] 20, 261. – [58] 39, 206; 20, 264f.; 13, 9. – [59] 20, 265. – [60] 20, 83. – [61] 27, 453: 37, 436. – [62] S. KIERKEGAARD, Unwiss. Nachschr. I. Werke, hg. E. HIRSCH 16/I (1957) 29. – [63] Der Begriff Angst bes. Kap. 1, § 2; Kap. 2 Werke 11 (1958) 27ff. 51-81. – [64] Philos. Brocken. Werke 10 (1960) 72; vgl. Unwiss. Nachschr. a. a. O. [62] 85ff. – [65] a. a. O. 58f. – [66] Philos. Brocken a. a. O. [64] 52ff.; Unwiss. Nachschr. II. Werke 16/II (1958) 47ff. – [67] A. SCHOPENHAUER, Welt als Wille und Vorstellung. Werke, hg. A. HÜBSCHER 2 (1938) 214f. – [68] a. a. O. 3, 508. 504. – [69] 2, 322; Parerga und Paralipomena, Vereinzelte Gedanken § 242. – [70] a. a. O. [67] 3, 508. – [71] a. a. O. 502. – [72] 508ff. – [73] FR. NIETZSCHE, Werke, hg. K. SCHLECHTA (1954-56) (= Sch.) 2, 1113. – [74] Musarion-A. (= Mus.) 6, 333; Sch. 1, 260. – [75] Sch. 1, 255. – [76] Mus. 1, 294. – [77] Sch. 1, 214. – [78] a. a. O. 255. – [79] 219-230. – [80] 215. – [81] 241-251; vgl. Die Unschuld des Werdens 2, hg. A. BAEUMLER (1956) 278. – [82] Sch. 1, 258. 266; Mus. 18, 9. 58. – [83] Sch. 1, 1191; Mus. 1, 283; 2, 339; 16, 341. – [84] Sch. 1, 167; 1, 273; Mus. 1, 286. – [85] Mus. 7, 200. – [86] Mus. 7, 199; Sch. 1, 266ff. 274; Unschuld a. a. O. [81] 303. – [87] Mus. 11, 105; 15, 132; 16, 342; Unschuld ... 2, 371. – [88] Sch. 2, 729. – [89] Sch. 1, 260. – [90] Sch. 2, 946. – [91] Mus. 11, 185; 14, 132; Sch. 2, 127. 736. – [92] J. BURCKHARDT, Weltgesch. Betrachtungen, hg. R. STADELMANN (o. J.) 33f. 57. 64. 95. 35. 63. – [93] a. a. O. 29. 49. – [94] 115. – [95] 26. 27f. 34. 40. 49. – [96] 113ff. – [97] Brief an Beyschlag, in: Basler Jb. (1910) 109. – [98] Weltgesch. Betr. a. a. O. [92] 324f. – [99] a. a. O. 31.

Literaturhinweise. P. BARTH: Die G.-Philos. Hegels und der Hegelianer bis auf Marx und Hartmann (1890, ND 1967). – K. KAUTSKY: Die materialist. G.-Auffassung 1-2 (1927). – K. LÖWITH: L. Feuerbach und der Ausgang der klass. dtsch. Philos. Logos 17 (1928) 323-347; Von Hegel zu Nietzsche (1941, ^{5}1964); Jacob Burckhardt. Der Mensch inmitten der G. (1966). – K. KORSCH: Die materialist. G.-Auffassung (1929, ND 1971). – H. HEIMSOETH: Nietzsches Idee der G. (1938). – E. SCHAPER: H. und Historismus bei Ludwig Feuerbach. Gött. gelehrte Anz. 202 (1940) 453-461. – G. W. PLECHANOW: Über materialist. G.-Auffassung (1946). – M. BUHR: Feuerbach und Nietzsche (1948). – H. LÜBBE: Polit. Philos. in Deutschland (1963) bes. Tl. 1. – J. GEBHARDT: Politik und Eschatol. Stud. zur G. der Hegelschen Schule in den Jahren 1830-1840 (1963). – H. STUKE: Philos. der Tat. Stud. zur «Verwirklichung der Philos.» bei den Junghegelianern und den Wahren Sozialisten (1963). – J. v. KEMPSKI: Über Bruno Bauer, in: Brechungen (1964) 118-139. – A. SCHMIDT: Zum Verhältnis von G. und Natur im dial. Materialismus, in: Existentialismus und Marxismus (1965) 103-155; Über G. und G.-Schreibung in der materialist. Dial., in: Folgen einer Theorie (1967, ^{4}1971) 103-129. – E. HEFTRICH: Hegel und Jacob Burckhardt. Zur Krisis des gesch. Bewußtseins (1967). – H. POPITZ: Der entfremdete Mensch. Zeitkritik und G.-Philos. des jungen Marx (1967). – H. SCHWEPPENHÄUSER: Kierkegaards Angriff auf die Spekulation (1967). – H. FLEISCHER: Marxismus und G. (1969, ^{3}1970). – U. KÖSTER: Lit. Radikalismus. Zeitbewußtsein und G.-Philos. in der Entwickl. vom jungen Deutschland zur Hegelschen Linken (1972).

VI. 20. Jh. – 1. Kultur-G., *Neukantianismus, Lebensphilosophie, Kultur- und G.-Pessimismus, Neuhegelianer, Historismusproblem, Universal-G., Existenzphilosophie.* – Das 19. Jh. hatte die großen Persönlichkeiten zum Thema der G.-Schreibung gemacht (V. COUSIN, TH. CARLYLE [1]) und in Deutschland vor allem den Nationalstaat in das Interessenzentrum gerückt (H. v. TREITSCHKE) – zwei Inhalte der G., die die Anwendung strenger Gesetze ausschlossen und die Orientierung an der Individualitätskategorie nahelegten. Der Angriff auf diese Formen der Historiographie erfolgte unter dem Postulat einer «*Kultur-G.*». Dieser Begriff ist zwar schon seit dem 18. Jh. gebräuchlich; Ende des 19. Jh. entspinnt sich aber um die Kultur-G. eine Diskussion, in der es letztlich um eine neue Begründung der G. als Wissenschaft geht. D. SCHÄFER und E. GOTHEIN eröffnen eine Kontroverse, in deren Zentrum bald K. LAMPRECHT steht, bekämpft und kritisiert von den namhaften Historikern der Zeit (F. RACHFAHL, G. v. BELOW, O. HINTZE, F. MEINECKE [2]). Gegen die ausschließlich «individualistische G.-Forschung» will LAMPRECHT für eine «kollektivistische» den methodischen Grund legen, denn «die typischen Erscheinungen in der G. sind in ihren wichtigsten Auswirkungen grundsätzlich bedeutsamer und mächtiger als die persönlichen singulären» [3]. Lamprecht konnte sich auf die *Völkerpsychologie* stützen, die – von M. LAZARUS und H. STEINTHAL seit den 60er Jahren zu einigem Ansehen gebracht [4] – vor allem von

W. WUNDT ausgearbeitet wurde: «der Gegenstand der G. ist die Vergangenheit menschlicher Erlebnisse» [5]. Die Völkerpsychologie beanspruchte, gerade die Entwicklungen der Naturvölker und die der nicht mit Bewußtsein hervorgebrachten und gelenkten historischen Allgemeinheiten (Mythos, Sitte, Sprache) in den Begriff der G. mit aufzunehmen und thematisieren zu können [6]. – Die von LAMPRECHT intendierte Verbindung von G. und Soziologie bzw. Sozialpsychologie, die eine Absage an die G. als H. der Staatsaktionen war, gewann jedoch in Deutschland trotz einiger Ansätze (P. BARTH, K. BREYSIG [7]) kaum an Boden.

Nicht zuletzt die in diesen Auseinandersetzungen unzureichend geleisteten Bestimmungen dessen, was ein «historisches Gesetz» und was das «geschichtliche Allgemeine» ist, sind das Motiv für die prinzipiellen wissenschaftstheoretischen Klärungsversuche zum Begriff ‹G.› im *südwestdeutschen Neukantianismus*. W. WINDELBAND und H. RICKERT postulieren einen logisch fundierten G.-Begriff durch Abgrenzung der H. von den Naturwissenschaften: Die letzteren «suchen allgemeine Gesetze, die anderen geschichtliche Tatsachen»; «in der Sprache der formalen Logik ausgedrückt, ist das Ziel der einen das generelle, apodiktische Urteil, das der anderen der singuläre, assertorische Satz» (WINDELBAND [8]). «Der Gegensatz zum logischen Begriff der Natur als des Daseins der Dinge, sofern es nach allgemeinen Gesetzen bestimmt ist», ist der ebenfalls logische «Begriff der G. im weitesten Sinne des Wortes, d. h. der Begriff des einmaligen Geschehens in seiner Besonderheit und Individualität» (RICKERT [9]). Das führt zur Unterscheidung von «nomothetischen Wissenschaften», die abstrakte «Gesetze», und «ideographischen Wissenschaften», die anschauliche «Gestalten» beschreiben wollen [10]. G. kann und will nur die Wirklichkeit darstellen, die individuell ist, «der Begriff des ‹historischen Gesetzes› ist eine Contradictio in adjecto» [11]. Dieser logisch-methodischen Abgrenzung tritt eine materiale Unterscheidung zur Seite: die zwischen Natur- und Kulturwissenschaft, wobei «Kultur» definiert wird als «die Gesamtheit der Objekte, an denen anerkannte *Werte* haften» [12]. Aufgabe der wissenschaftlichen H. ist es nach RICKERT, gegebenes G.-Material auf geltende Werte zu «beziehen», nicht aber selbst zu «werten» [12a]. WINDELBAND hebt hervor, daß der Historiker das Verständnis für das «Kulturleben» als eines «sich verdichtenden historischen Zusammenhanges» mitbringen und in dieses eintreten muß, um das einzelne Phänomen zu verstehen; auch die einzelne «Tatsache» als solche ist nur als «Baustein im Gefüge einer Gesamterkenntnis» von Interesse [13]. Der Einfluß des Neukantianismus bestimmt weitgehend die Methodendiskussion in den ersten zwei Jahrzehnten des 20. Jh.; man vergleiche u. a. die Schriften von S. HESSEN, A. GROTENFELT, H. MAIER, G. MEHLIS, H. ENGERT, L. RIESS, F. NEEFF, J. THYSSEN, O. BRAUN [14]. Die gedankliche Schwierigkeit ist überall die, wie das als Gegenstand der H. bestimmte Individuelle auf Begriffe und Werte bezogen werden kann und wie das Allgemeine wiederum zu begründen und zu verankern sei. Es wird versucht, das «Individuelle» weiter zu fassen: als Komplex zusammengehöriger Ereignisse, als «Gestalt» und als «Typus» (M. WEBER, E. TROELTSCH, O. HINTZE [15]).

Hingegen ist dem Neukantianismus der *Marburger Schule* das Problem der G. vornehmlich eins der Ethik. «In den ewigen Aufgaben [der Vernunft] begründet sich der Begriff der G. In den ewigen Aufgaben begründet sich ebenso die Idee der Menschheit. So hängt das Problem der G. genau am Schwerpunkt der Ethik, am homo noumenon» (H. COHEN [16]). Die Kantrezeption hat hier *politische* Brisanz, da sie in der Auseinandersetzung mit dem Sozialismus steht: man will diesen durch die reine Vernunftethik transzendental fundieren, teils auf sie reduzieren, teils partiell versöhnen – Unternehmungen, die zur «Revision» des Marxismus führen. H. COHEN sieht den treibenden Kern der G. nicht in den Interessen und Produktivkräften, sondern in den Vernunftideen: «G. als G. der Menschen und ihrer Werke und Taten ist die G. des Geistes und der Ideen; oder aber: es gäbe keine Welt-G., sondern nur Natur-G.» [17]. – M. ADLER, C. SCHMIDT und ähnlich K. VORLÄNDER [18] finden anderseits die Nähe der Kantischen G.-Philosophie zum historischen Materialismus gerade in der Tatsache, daß Kant den Fortschritt der G. im Egoismus und in den «unedlen Instinkten» begründet sah. Insgesamt ist man der Ansicht, daß sich das Verhältnis von Teleologie und Kausalität auf dem Boden der Kantischen Philosophie genauer diskutieren lasse als im historischen Materialismus (ADLER, VORLÄNDER; vgl. insges. auch L. WOLTMANN, R. STAMMLER, P. MENZER und die Kritik von K. KAUTSKY [19]).

Diese Diskussion gewinnt unmittelbaren Einfluß auf das theoretische und praktische Konzept des Marxismus vor allem durch E. BERNSTEIN, der die Hegelsche Dialektik aus der G.-Theorie ausgeschieden, an die Stelle der Revolution die Evolution gesetzt und den «bedingungslos bestimmenden Einfluß» der ökonomischen Grundlage zur «immer wieder entscheidenden Kraft» abgeschwächt wissen will, so daß die Möglichkeit, G. zu beeinflussen und zu lenken, offen bleibt und «insbesondere den ethischen Faktoren ein größerer Spielraum selbständiger Betätigung» eingeräumt ist [20]. In Rußland stehen dieser Position P. STRUVE, N. BERDJAJEV, S. N. BULGAKOV und M. TUGAN-BARANOVSKI [21] nahe, die sich ebenfalls gegen die Auffassung eines durch die Ökonomie allein determinierten G.-Weges und gegen die kausale Abhängigkeit des Überbaus von der Basis zur Wehr setzen, da sie darin fatalistische Konsequenzen fürchten. Teilweise wandten sich diese Theoretiker später mystisch-idealistischen Gedanken zu; BERDJAJEV interpretiert unter Anknüpfung an Schellings Spätphilosophie die G. als Offenbarungsprozeß Gottes [22]. Angegriffen wurde der Revisionismus vor allem durch W. I. LENIN und G. V. PLECHANOV [23], wobei Plechanovs Insistieren auf der Notwendigkeit des G.-Prozesses später als «ökonomischer Materialismus» selbst der offiziellen Kritik verfällt.

Mit dem Anspruch, Kants Vernunftkritik zu überschreiten und um einen wesentlichen Teil zu ergänzen, konzipiert W. DILTHEY am Ende des 19. Jh. eine «Kritik der historischen Vernunft, d. h. des Vermögens des Menschen, sich selber und die von ihm geschaffene Gesellschaft und G. zu erkennen» [24]. Er will unter diesem Titel die Bedingungen der Möglichkeit von Wissenschaften nennen, die dem «Reich der G.» sich zuwenden, «in welchem, mitten in dem Zusammenhang einer objektiven Notwendigkeit, welcher Natur ist, Freiheit an unzähligen Punkten dieses Ganzen aufblitzt» [25]. Daß es hier keine reine Vernunft und keinen Standpunkt außerhalb des Erkenntnisbereiches gibt, ist für die Erkenntnis kein Nachteil; es ist vielmehr die erste Bedingung für das historische Erkennen, daß das erkennende Subjekt selbst ein «geschichtliches Wesen» ist, «daß der, welcher G. erforscht, derselbe ist, der die G. macht» [26]. Was die Kommunikation mit dem Vergangenen und das Verstehen vergangener Epochen ermöglicht, ist nicht die Vernunft, sondern das «Leben»; alle Erscheinungen, die in das Gebiet der geschichtlichen Wissenschaften, d. h. der Geisteswissenschaften, fallen, sind «Ausdruck» und «Objektivationen» des Lebens; deshalb gilt: «die Urzelle der geschichtlichen Welt ist das Erlebnis» [27]. Da das Erlebnis und das Erlebbare das «Innere» sind, das die an der Kausalitätskategorie orientierten Naturwissenschaften nicht erklären und fassen können, bedarf es einer eigenen Weise der Aneignung: «Nacherleben» und «Verstehen»; sie zielen auf das «Erlebbare» in allen geschichtlichen Erscheinungen, auf «das den Sinnen Unzugängliche»; «denn in diesem Erlebbaren ist jeder Wert des Lebens enthalten, um dieses dreht sich der ganze äußere Lärm der G.» [28]. Die Geisteswissenschaften, die «die Fülle des Lebens» verstehend erschließen, stehen im Dienst der «Besinnung des Menschen über sich selbst» [29], denn «der Mensch erkennt sich nur in der G., nicht durch Introspektion» [30]; und sie dienen der Praxis, «den Aufgaben des Lebens selbst» [31]. – Schon 1865 hatte Dilthey gesagt, das «Wesen der G.» sei «die geschichtliche Bewegung selber», und hatte den Gedanken eines «Endzieles» aufgegeben [31a]. Von hier aus wird verständlich, daß bei Dilthey der Begriff ‹G.› zurücktritt und dem der «Geschichtlichkeit» (s. d.) Platz macht [32].

In Analogie zu Kants Kritizismus versteht auch G. SIMMEL seine Reflexionen über die G. Wie Kant in der Naturerkenntnis die Freiheit und Autonomie des Geistes aufwies, so gelte es, auch im historischen Erkennen «die formende Produktivität» aufzuzeigen; denn es «ist die G. als ein Gegebenes, als eine überpersönliche Macht keine geringere Vergewaltigung des Ich durch ein Außer-ihm» als der «Naturalismus» [33]. Die leitende Frage «Wie ist G. möglich?» bzw. «Wie wird aus dem Geschehen G.?» führt zu «einer Kritik des historischen Realismus», indem sie das «Apriori des geschichtlichen Erkennens» aufdeckt [34]. Als solches ergibt sich, daß «die Subjektivität des Nacherlebens» und die «Individualität» des Erkennenden nicht ein Hemmnis, sondern die Bedingung des Erkennens sind [35]; daß das Erkennen selbst erst aus dem kontinuierlichen Geschehen bestimmte Ereignisse ausgrenzt und so eine inhaltlich bestimmte G. erstellt [36]; daß «Sinn» und «historische Wahrheit» nicht empirisch der «gelebten Wirklichkeit» abgelesen, sondern nur vom Geist im «Prozeß» und der Auseinandersetzung mit dem Geschehen gewonnen werden und in seinen «Interessen» gründen [37]. Die erkenntnistheoretische Voraussetzung für das Objekt der Erkenntnis ist die, daß es sich nicht um mechanisch ablaufende Naturvorgänge handelt, sondern um «Seelenbewegungen»: «Soll die G. [als Gegenstand] nicht ein Marionettenspiel sein, so ist sie die G. psychischer Vorgänge ...» [38]. Der G. als Wissenschaft geht es folglich um «die psychologische Entwicklung der Inhalte», um «den Sachgehalt in seiner seelischen Bewegtheit und Entwicklung» [39]. Daß G. es mit «Seelenbewegungen» zu tun hat, ist der Grund für die Möglichkeit des «historischen Verstehens», das eine Form des Fremdverstehens ist [40]; und es ist die Bedingung für die Beziehbarkeit von Geschehen und G.: beides entspringt der Seele und dem gleichen «Leben» [41].

Vom Neukantianismus und Kulturpessimismus vorbereitet und wie L. Klages überzeugt vom Dualismus von irrationalem Leben und Geist, reduziert TH. LESSING in seinem umstrittenen, aber signifikanten Buch ‹G. als Sinngebung des Sinnlosen› den G.-Begriff auf seine ‹subjektive› Bedeutung: Denn G. als «Geschehen» ist eine «blinde Kette von Machtwechselzufällen in der Zeit»; und streng genommen gibt es überhaupt kein «feststehendes Substrat» und keine «wirkliche G.» [42]. Was wir als solche verstehen, ist die Auferbauung und Verwerklichung bloßer Wünsche, ist eine auferhöhende, vergoldende Fälschung des Gedächtnisses, Projektion des Willens: G. ist keine «Wissenschaft», sondern eine «Willenschaft» [43]. Lessing faßt zusammen: «G. ... ist weder gelebte Unmittelbarkeit (vitalité), noch ist sie Wahrheit im logisch-mathematischen Sinne (vérité), noch auch darf man sie hinstellen als die Bewußtseinswirklichkeit der Menschen (réalité). G. ist eine nie beendete menschheitliche Mythendichtung. ... Sie ist ein immer werdender Mythos, zu welchem die Arbeit der Wissenschaftler eben nur die gute Erde und die festen Bausteine heranschafft ...» [44]. Verkommt die G. zur bloßen «Historik», verselbständigt sie sich zur Wissenschaft der «Wirklichkeit», so wird sie zur «Totengräbern der G.» und des «Mythos» und wendet sich feindlich gegen das «Leben», das den Mythos braucht [45].

Wie der Neukantianismus geht im *Neuhegelianismus* auch B. CROCE für seine G.-Theorie von der Analyse der logischen Leistung des erkennenden Subjekts aus: Die «G. als Erkenntnisakt» zeigt die logische Form des Individualurteils; Subjekt und Prädikat sind nicht identisch, sie verhalten sich wie Anschauung (bzw. Vorstellung) und Begriff [46]; d. h. genauer: jedes geschichtliche Erkennen bindet ein anschauliches Element (das allerdings nur visionär und intuitiv zu erfassen ist) mit einem logischen Element «im Akt der Repräsentation» zu einer «synthetischen Einheit» zusammen, verknüpft Tatsachen bzw. Individuen und Ideen, Dokumente und Erzählung, Seins- und Werturteile: «G. [ist] gar nichts anderes als eben jenes Band» [47]. Das hat die Konsequenz, «daß, wo man Sachen vermutete, stattdessen Geistesakte sind» [48]: «... einzig unsere Brust ist der Schmelztiegel, in welchem das *Gewisse* (certum) zum *Wahren* (verum) wird und die *Philologie* durch Verbindung mit der Philosophie die G. erzeugt» [49]. Croce geht davon aus, daß jegliches historische Erkennen seine Motive in der Gegenwart hat und dem gegenwärtigen Leben entspringt; nicht Hegels absoluter, sondern der sich selbst gegenwärtige endliche Menschengeist will in der «G. als Denkakt» [50] sich selbst und seine Gegenwart erkennen. Deshalb ist «jede wahre G. G. der Gegenwart», deshalb ist «die Gegenwärtigkeit ... der innere Charakter einer jeden G.»; deshalb fallen Philosophie und G. zusammen als «Erkenntnis des ewigen Gegenwärtigen» [51], und deshalb fallen auch schließlich Geist und G. zusammen: Denn «man wird nie etwas vom wirklichen Vorgang des geschichtlichen Denkens verstehen, wenn man nicht davon ausgeht, daß der Geist selbst G. und in jedem seiner Augenblicke zugleich G.-Faktor und Ergebnis der ganzen vorhergegangenen G. ist; so daß der Geist in sich seine ganze G. mitbringt, welche dann mit ihm selbst zusammenfällt» [52].

Im Anschluß an Croce kommt R. G. COLLINGWOOD in England zu ähnlichen Ergebnissen: Historischer Gegenstand kann nur sein, was vom Historiker selbst denkend nachvollzogen werden kann; demnach kann es keine «G. der Natur» geben; sondern: «G. ist immer die G. von Gedanken», politische G. ist die G. der politischen Gedanken [53]. Vom Subjekt aus ergibt sich die Abgrenzung von der Naturwissenschaft: Die eigene Freiheit erkennend, erkennt der Historiker auch die der geschichtlichen Personen und weiß so, daß ihre Handlungen nicht in das Gebiet der Naturwissenschaft fallen; G. ist «die Wissenschaft von den menschlichen Angelegenheiten» [54]. Die Erkenntnis der überlieferten Gedanken anderer hilft die eigene Situation zu erhellen und praktisch zu meistern. G. ist Selbsterkenntnis des Geistes [55].

Croce nannte seine Position ‹Historismus› (s. d.). Ihr steht entgegen, was seit der Jh.-Wende *kritisch* als ‹*Historismus*› gekennzeichnet und als Bedrohung erfahren wird: G. als belastendes, unendliches Tatsachenmaterial, das zur Gegenwart keine substanzielle Beziehung hat und keinen gültigen Sinn und keine bleibenden Werte aufweist, G. als Wissenschaft, die den Menschen nicht seiner selbst vergewissert, sondern seine Überzeugungen und seinen Orientierungsraum relativiert und Zweifel und Verzweiflung zeitigt. Vor allem E. TROELTSCH hat auf den Historismus in methodologischen und philosophischen Überlegungen eine Antwort gesucht. Er geht von der Tatsache aus, «daß die eigentliche H. die konkrete, anschauliche Darstellung der jedesmal individuellen Gebilde der G. nach allgemeiner Praxis ist». «Die grundlegende Kategorie» in der H. ist «die Kategorie der individuellen Totalität als Grundeinheit» [56]. Daß es die H. nie mit Elementen, sondern immer mit «historisch bedeutsamen Lebensganzen» zu tun hat (zumeist mit «Kollektiv-Individualitäten»: Völker, Staaten, Klassen) hebt sie grundsätzlich von den Naturwissenschaften ab und macht die Psychologie in jeder Form unanwendbar für diesen Erkenntnisbereich. Diesem Tatbestand trägt Troeltsch mit dem Entwurf einer «formalen G.-Logik» Rechnung, die die «logischen Voraussetzungen, Auslese-, Formungs- und Verknüpfungsprinzipien» aufstellt, nach denen wir zumeist unbewußt verfahren [57].

Da es keine «rein kontemplative G.» [58] gibt, sondern jedes historische Erkennen in das Begreifen von Gegenwart und Zukunft ausläuft (und dadurch auch motiviert ist), mündet die H. in die G.-Philosophie oder «Metaphysik der G.» ein. Troeltsch zielt hier auf eine «Universal-G.» ab, «die organisiert ist von der Idee einer gegenwärtigen Kultursynthese ...» [59]. Für diese, die sich der Humanität versichern und sie in die Gegenwart einholen will, müssen die Schichten des Aufbaues der europäischen Kultur freigelegt werden: «Die Idee des Aufbaues heißt G. durch G. überwinden» [60]. – Die Überwindung der G. und des Historismus ist nötig, da G. kein sinnvoller Prozeß, sondern «historischer Lebensstrom» ist [61]. Besonders in seinen letzten Überlegungen akzentuiert Troeltsch angesichts der Historisierung aller kulturellen Leistungen die Bedeutung des «Gewissens» und der «Entschlußkraft» des Einzelnen [62].

Mit größerem Vertrauen glaubt F. MEINECKE dem im Historismus steckenden Relativismus widerstehen zu können. Während «Vergangenheitsromantik» und «Fortschrittsoptimismus» einen «horizontal laufenden Werdestrom» ins Auge fassen, gilt es, «*vertikal* die Sache an[zu]sehen» [63]: Denn G. ist kein «geradliniger Prozeß», sondern «eine ewige Neugeburt wertvoller historischer Individualitäten» [64]. Das Werthafte in diesen entspringt vornehmlich dem Gewissen; denn «alle Ewigkeitswerte der G. stammen letzten Endes aus den Gewissensentscheidungen der handelnden Menschen». «Im Gewissen verschmilzt sich die Individualität mit dem Absoluten und das Geschichtliche mit dem Gegenwärtigen» [65]. Die H., die die werthaften Individualitäten verstehend in der Gegenwart auffaßt und sie auf die Gegenwart bezieht, ist damit «Dienst am Göttlichen» [66]. «Aus allem, was wir sagten, ergibt sich, daß G. nichts anderes ist als Kultur-G., wobei Kultur bedeutet Erzeugung jeweils eigenartiger geistiger Werte, historischer Individualitäten» [67].

Die in der Historismusdebatte ausgesprochene Selbstverunsicherung, die mit dem historischen Bewußtsein gegeben ist, wird ein wichtiges Motiv für *universalgeschichtliche* Fragestellungen. O. SPENGLERS ‹Untergang des Abendlandes› (1918/22), eine «Morphologie der Welt-G.», begreift G. als blindes Naturschauspiel: «eine Vielzahl mächtiger Kulturen, die mit urweltlicher Kraft aus dem Schoße einer mütterlichen Landschaft ... aufblühen», «wachsen in einer erhabenen Zwecklosigkeit auf wie die Blumen auf dem Felde» [68]. Die (moderne) «historische Morphologie» entspricht dem (antiken) Skeptizismus [69]. Die Mittel ihrer Forschung sind «Nachfühlen, Anschauen, Vergleichen», «die exakte sinnliche Phantasie» [70]. Sie zielt auf eine «universelle Symbolik», denn «sichtbare G. [ist] Ausdruck, Zeichen, formgewordenes Seelentum» [71]. Da es die G. nicht mit etwas «Gewordenem», sondern mit dem «Werden» und dem «Leben» zu tun hat, kann sie nicht wissenschaftlich betrieben werden; hier gibt es nicht falsch oder richtig, sondern nur «flach oder tief»; G. (als Objekt) muß «erlebt», G. (als Literaturgattung) müßte «gedichtet» werden [72]. Weder die Kategorie der Kausalität («Logik des Raumes») noch die der Teleologie («dieser Unsinn allen Unsinns»), sondern die Kategorie der «Notwendigkeit des *Schicksals*» (die «Logik der Zeit») [73] ist der Leitbegriff für das Verständnis von G.: «Wirkliche G. ist schicksalsschwer, aber frei von Gesetzen»; «Schicksal ist das Wort für eine nicht zu beschreibende Gewißheit». «G. ... ist das, was aus dunkler Vergangenheit auf den Schauenden zukommt und von ihm weiter in die Zukunft will» [74]. (Ein vergleichbarer G.-Begriff begegnet bei L. ZIEGLER und R. KASSNER [75].)

In Auseinandersetzung mit Spengler und philosophisch unter dem Einfluß besonders Bergsons entwirft A. J. TOYNBEE das seinem Umfang wie seiner Wirkung nach mächtigste universalgeschichtliche Werk: ‹A study of history› [76]. G. als Wissenschaft steht zwischen Gesetzeswissenschaften (genauer der Anthropologie) und Dichtung und partizipiert an beiden. Ihr Gegenstandsbereich sind die 21 Kulturen («societies», Gesellschaftskörper), die sich in dynamischer Bewegung befinden und durch die «Mimesis» schöpferischer Persönlichkeiten sich fortentwickeln, während die Anthropologie die ca. 650 Primitiv-Gesellschaften thematisiert, deren Statik in der Mimesis der Vorfahren gründet. Die Hochkulturen sind dem Historiker «in sich verständliche Sinneinheiten», die es ohne Wertunterschied zu vergleichen gilt: «Wir haben nicht zu billigen oder zu mißbilligen, sondern zu verstehen» [77]. An diesen Kulturen ist beobachtbar, daß ihre Entwicklung durch Herausforderung und Antwort (challenge/response; s. d.) sich vollzieht. Die erste Herausforderung stellt die Natur, später die andere Kultur; die Antwort gibt eine schöpferische Minderheit, die von der Masse nachgeahmt wird. Wenngleich alle Kulturen Aufstieg, Blüte und Verfall aufweisen, zeigt sich keine strenge Naturgesetzlichkeit, nur der Verfall hat einen fast konstanten Verlauf, aber die schöpferische Kraft ist nicht meßbar [78]. Toynbees spätere Konzeption sieht den Hochkulturen Hochreligionen entwachsen, die so etwas wie ein G.-Ziel darstellen und das natürliche Entstehen und Verfallen einhalten. (Zum G.-Begriff im Umkreis der Universal-G. vgl. auch die Werke von A. WEBER, A. SOROKIN und A. RÜSTOW [79].)

Nicht im Blick auf die Totalität der menschlichen Kulturen, sondern durch den radikalen Rekurs auf den in der G. stehenden und G. habenden Einzelnen gibt die *Existenzphilosophie* ihre Antwort auf das problematisch gewordene Thema der G. Die phänomenologische Bewußtseinsanalyse E. Husserls zur Daseinsanalyse ausweitend, versucht M. HEIDEGGER « das ontologische Problem der G. als existenziales zu exponieren » [80], d. h. die Möglichkeitsbedingungen für den gesamten Problemkreis G. in der Struktur des geschichtlich existierenden Menschen, im « Geschehen », in der « Geschichtlichkeit » des Daseins aufzuzeigen. Zum « In-der-Welt-sein » des Daseins, das wesenhaft « Sorge » ist, gehören Verstehen, Auslegung und Erschließung; vorlaufend zum Tode erschließt es « die jeweiligen faktischen Möglichkeiten eigentlichen Existierens », und zwar aus dem « Erbe », das das Dasein als Existenzmöglichkeit somit faktisch als « Schicksal » übernimmt [81]. Der existenziale Grund für jede G. also ist das Dasein als « die eigentliche Wiederholung einer gewesenen Existenzmöglichkeit ». Da diese Wiederholung im Vorlaufen zum Tode gründet, hat « die G. ... als Seinsweise des Daseins ihre Wurzel so wesenhaft in der Zukunft ... » [82]. G. als Existenzmöglichkeit schließt ein, daß es auch « geschichtliche » Dinge, « Zeug und Werk » gibt; denn: « Geschehen der G. ist Geschehen des In-der-Welt-seins » [83]. Im Geschehen des Daseins gründet nun sowohl « das vulgäre Verständnis der G. » wie die wissenschaftliche « H. ». Deren « Wahrheit » gründet in der Eigentlichkeit und Entschlossenheit dessen, der sie treibt und der das « thematische Seiende in der Ursprünglichkeit seines Seins dem Verstehen unverdeckt *entgegenbringen* kann » [84]. Das pure Sichern von Fakten und Tatsachen ist eine abgeleitete Möglichkeit nnd ein Verfall des *eigentlichen* Zugangs zur G. — Heidegger verstand seinen Ansatz als Weiterführung der Gedanken von W. Dilthey, Paul Yorck v. Wartenburg und Fr. Nietzsche. Später schlägt er jedoch einen anderen Weg ein. In seiner Spätphilosophie ist « G. » nicht mehr die Seinsweise des Daseins, sie hat sich von dessen Entschlußkraft abgelöst und erscheint nun als die Weise, in der das « Sein » bzw. die « Wahrheit » dem Denken unverfügbar begegnet, sich zuspricht und entzieht, kurz: das « Geschickhafte » des Seins. G. ist « Seinsgeschick » [85]. Gegen jegliches Prozeßdenken, wie gegen das « historische Bewußtsein », welches alles Überlieferte als hinter uns liegende Gegenstände faßt und deshalb an ihm selbst « ungeschichtlich » ist [86], versucht Heidegger im Wort ‹G.› das zu hören, was die Herrschaft der traditionellen Metaphysik verdeckt: « das Jähe des eigentlich Geschichtlichen », das « Plötzliche », worin sich das Sein « lichtet » und offenbart [87].

Auch in der Existenzphilosophie K. JASPERS' tritt G. als das erst sekundäre, von der Erfahrung der Geschichtlichkeit des Daseins her auftauchende Phänomen in den Blick, ohne aber gänzlich in dieser fundiert zu sein. G. meint – verkürzt gesagt – ein objektives Pendant zur Subjektivität der Existenz, das dieser zur Selbstrealisation dient: G. ist « der Raum der eigenen Wirkungsmöglichkeiten », ist das, was Kommunikation bedeutet und die Existenz aus der Isolierung herausnimmt [88]. Ist die geschichtliche Realität durch « Abfall und Aufstieg » gekennzeichnet und bedroht das Gefühl der « Ohnmacht » den in sie einbezogenen Menschen, so kann er doch in der G. die « Chiffren der Transzendenz » lesen, kann von ihr « betroffen » das Gewesene zum « faktischen Gehalt der Gegenwart » machen, kann die Wirklichkeit als das ihn Ermöglichende und Haltende erfahren [89]. So ausgerichtet auf « Transzendenz », zielt Jaspers' G.-Denken letztlich auf die Überwindung von G. ab: « Für das transzendente Bewußtsein der Existenz verschwindet die G. in ewiger Gegenwart » [90].

Der historische Kontext, die Zeit vor und nach dem Zweiten Weltkrieg, der für die G.-Auffassung der Existenzphilosophie bestimmend ist, spiegelt sich treffend in einem Satz von G. KRÜGER: « wer die G. existentiell erfährt, sieht, wie die menschliche Freiheit durchkreuzt und am Ende zuschanden wird: wie alles Schaffen und Handeln ganz anders gerät, als man wollte; wie Kriege und Staatsaktionen ihren Urhebern über den Kopf wachsen, wie Wirtschaft, Technik und geistige Strömungen als geradezu übermenschliche, dämonisch anmutende Mächte ihren eigenen Gang gehen, und wie alle für ewig gehaltene Wahrheit, aller vermeintliche Sinn des Lebens, für den die Opfer gebracht werden, nichtig wird, wenn die Zeiten sich ändern » [91].

Dergleichen Erfahrungen erklären, daß die Philosophie mit dem G.-Denken prinzipiell brechen konnte. K. LÖWITH, aus der Schule Heideggers, vollzieht die « Kritik der geschichtlichen Existenz », indem er die neuzeitliche G.-Philosophie und ihre Ausläufer als Säkularisation der jüdisch-christlichen G.-Theologie entlarvt und destruiert [92] und mit Blick auf die griechische Antike dem Menschen die Natur als bergenden Raum und Orientierungskontext zuweist; denn die Voraussetzungen für die G.-Philosophie sind verloren; « sich inmitten der G. an ihr orientieren wollen, das wäre so, wie wenn man sich bei einem Schiffbruch an den Wogen anhalten wollte » [93].

Anmerkungen. [1] TH. CARLYLE: On heroes, heroworship and the heroic in hist. (London 1841, dtsch. 1853). – [2] Vgl. FR. SEIFERT: Der Streit um K. Lamprechts G.-Philosophie (1925). – [3] K. LAMPRECHT: Zwei Streitschr. (1897) 37; vgl. Was ist Kultur-G.? Dtsch. Z. G.-Wiss. NF 1 (1896) 75ff.; Die kulturhist. Methode (1900). – [4] Z. Völkerpsychol. Sprachwiss., hg. M. LAZARUS/H. STEINTHAL 1 (1860) 1-73; vgl. H. STEINTHAL: Philol., G. und Psychol. (1864). – [5] W. WUNDT: Logik der Geisteswiss. (^{3}1908) 373. 391; vgl. 381. 383; Elemente der Völkerpsychol. (1912) IIIff. 502-515. – [6] Logik ... (^{2}1893-95) 2/II, 291ff. – [7] P. BARTH: Die Philos. der G. als Soziol. (1897); K. BREYSIG: Kultur-G. der Neuzeit 1. 2 (1900/01); Der Stufenbau und die Gesetze der Welt-G. (1905); vgl. demgegenüber die neutrale Def. der G.-Wiss. bei E. BERNHEIM: Lb. der hist. Methode und der G.-Philos. (1889, 21. $^{3/4}$1903) 6. – [8] W. WINDELBAND: G. und Naturwiss. (1894), in: Präludien (^{9}1924) 2, 144. – [9] H. RICKERT: Kulturwiss. und Naturwiss. (^{1}1899, zit. ^{2}1910) 16; Die Grenzen der naturwiss. Begriffsbildung (1896) 223f.; vgl. Die Probleme der G.-Philosophie (^{1}1904, ^{3}1924). – [10] WINDELBAND, a. a. O. [8] 145ff. – [11] RICKERT, Die Grenzen ... a. a. O. [9] 258; vgl. Kulturwiss. ... a. a. O. [9] 54. 59. – [12] Kulturwiss. ... a. a. O. bes. 17. 27. – [12a] a. a. O. 89f. – [13] WINDELBAND, a. a. O. [8] 152ff. – [14] S. HESSEN: Individuelle Kausalität (1909); A. GROTENFELT: Die Wertschätzung der G. (1903); H. MAIER: Das gesch. Erkennen (1914); G. MEHLIS: Lb. der G.-Philos. (1915); H. ENGERT: Teleol. und Kausalität (1911); L. RIESS: Historik (1912); F. NEEFF: Gesetz und G. (1917); J. THYSSEN: Die Einmaligkeit der G. (1924); O. BRAUN: G.-Philos. (1920); gegen *Rickert* u. a. E. SPRANGER: Die Grundl. der G.-Wiss. (1905). – [15] Zu *M. Weber und E. Troeltsch* vgl. J. J. SCHAAF: G. und Begriff (1946); O. HINTZE: Typol. der Neuzeit 1. Z. ständischen Verfassungen. Hist. Z. 141 (1930); vgl. F. NEEF: Gesetz und G. (1917) 25. – [16] H. COHEN: Kants Begründung der Ethik (^{2}1910) 555. – [17] Die Ethik des reinen Willens (^{1}1904, zit. ^{3}1921) 40. – [18] M. ADLER: Kant und der Marxismus (1925); C. SCHMIDT s. die Beiträge in: Socialist. Mh. 4 (1900); 7 (1903); 10 (1906); K. VORLÄNDER: Kant und der Sozialismus (1900); Kant und Marx (1911). – [19] L. WOLTMANN: Der hist. Materialismus (1900); R. STAMMLER: Wirtschaft und Recht (1896); P. MENZER: Kants Lehre von der Entwicklung in Natur und G. (1911); K. KAUTSKY: Ethik und materialist. G.-Auffassung (1906). – [20] ED. BERNSTEIN: Die Voraussetzungen des Sozialismus (^{1}1899, zit. 1921) 44. 38. – [21] Vgl. G. A. WETTER: Der dial. Materialismus (1952 u. ö.) bes. 79ff. 98ff. – [22] N. BERDJAJEW: Der Sinn der G. (1927). – [23] W. I. LENIN: Materialismus und Empiriokritizismus (1909); vgl. die Schr. in Bd. 14

u. 15 der dtsch. A. (1928-35); zu *Plechanow* vgl. WETTER, a. a. O. [21] 15ff. – [24] W. DILTHEY, Ges. Schr. 1, 116. – [25] a. a. O. 6. – [26] 7, 278; vgl. 1, 36. – [27] 7, 161. – [28] 82. – [29] 147. 157. 83. – [30] 279; vgl. 1, 271. – [31] 79. – [31a] C. MISCH (Hg.): Der junge Dilthey (²1960) 190. – [32] Vgl. L. V. RENTHE-FINK: Geschichtlichkeit (1963). – [33] G. SIMMEL: Die Probleme der G.-Philos. (¹1892, zit. ⁴1922) VIf. – [34] a. a. O. V; Brücke und Tür, in: Essays, hg. M. LANDMANN (1957) 57. – [35] Probleme ... a. a. O. [33] 77f. – [36] Brücke ... a. a. O. [34] 52f. – [37] Probleme ... a. a. O. [33] 197. 227ff. – [38] a. a. O. 1. – [39] 5. – [40] Brücke ... a. a. O. [34] 59ff. – [41] a. a. O. 57. – [42] TH. LESSING: G. als Sinngebung des Sinnlosen oder die Geburt der G. aus dem Mythos (1935), hg. CHR. GNEUSS (1962) 90. 89. 106. – [43] a. a. O. 85ff.: § 14. – [44] 11. – [45] 49; vgl. 41ff. 91. – [46] B. CROCE: Logik als Wiss. vom reinen Begriff. Ges. philos. Schr. in dtsch. Übers. I/2 (1930) 161. 183 u. ö. – [47] Theorie und G. der Historiogr. a. a. O. I/4, 7. 85; I/2, 183f. 196ff. – [48] a. a. O. I/4, 12. – [49] 16. – [50] 93. – [51] 4. 5. 45f. – [52] 15; vgl. insges. Die G. als Gedanke und als Tat (dtsch. 1944). – [53] R. G. COLLINGWOOD: The Idea of hist. (Oxford 1946); dtsch. Philos. der G. (1955) 307. 315ff.; An autobiogr. (Oxford 1939); dtsch. Denken (1955) 108ff. – [54] Philos. ... a. a. O. 332; Denken a. a. O. 113. – [55] Denken 112. 114; Philos. ... 329; zum Einfluß von Croce und Collingwood bes. auf die amer. G.-Methodol. vgl. A. SCHAFF: G. und Wahrheit (1970) 87ff. – [56] E. TROELTSCH: Der Historismus und seine Probleme (1922, ND 1961) 30. 32; vgl. Die Bedeutung der G. für die Weltanschauung (1918) 20. – [57] Historismus ... a. a. O. 33. 29. 38ff. – [58] a. a. O. 70. – [59] 692. – [60] 772. – [61] Der Historismus und seine Überwindung (1924) 3. 14. 59. 62. – [62] a. a. O. 21. 29. 40. – [63] FR. MEINECKE: G. und Gegenwart (1930), in: Zur Theorie und Philos. der G. (1959) 98; vgl. 101. – [64] Kausalitäten und Werte in der G. (1925); vgl. Zur Theorie ... a. a. O. 84. – [65] Zur Theorie ... 101. – [66] a. a. O. 70. – [67] 85. – [68] O. SPENGLER: Der Untergang des Abendlandes. Umriß einer Morphol. der Welt.-G. (1924) 1, 5f. 27f. – [69] a. a. O. 1, 61. – [70] 33; vgl. 5. – [71] 61. 8. 136. – [72] 128. – [73] 9. 156f. 152. – [74] 135; 2, 26. – [75] L. ZIEGLER: Gestaltwandel der Götter 1. 2 (³1922) bes. 2, 624-751; R. KASSNER: Das physiognomische Weltbild (1930). – [76] A. J. TOYNBEE: A study of history 1-12 (Oxford u. a. 1934-1961); vgl. dazu J. V. KEMPSKI: Brechungen (1964) 7-49; P. GEYL: Die Diskussion ohne Ende (1958). – [77] A. J. TOYNBEE: A Study of History, Kurzfassung der Bde. 1-6 hg. D. C. SOMERVELL; dtsch. J. v. KEMPSKI: Der Gang der Welt-G. (1970) 1, 91. 141. – [78] a. a. O. 117. – [79] A. WEBER: Kultur-G. als Kultursoziol. (1935); Prinzipien der G.- und Kultursoziol. (1951); A. SOROKIN: Social and cultural dynamics 1-4 (New York 1937); Die Krise unserer Zeit (1950); Die Wiederherstellung der Menschenwürde (1952); A. RÜSTOW: Ortsbestimmung der Gegenwart. Eine universalgesch. Kulturkritik 1-3 (1950/52/57); vgl. dazu: v. KEMPSKI, a. a. O. [76] 54-78. – [80] M. HEIDEGGER: Sein und Zeit (1927) 382. – [81] a. a. O. 383ff. 391f. – [82] 385f. 391f. – [83] 388. – [84] 378. 392ff. 394f. – [85] Der Satz vom Grund (1957) 108ff. – [86] a. a. O. 109. 120; Was heißt Denken? (1961) 71; Identität und Differenz (1957) 33. 65; Vorträge und Aufsätze (1954) 48. 80. – [87] Der Satz vom Grund a. a. O. [85] 160. – [88] K. JASPERS: Philos. (1932) 3, 98. 212; 2, 396. – [89] a. a. O. 3, 98-100; 2, 395. – [90] Vom Ursprung und Ziel der G. (1949) 339. – [91] G. KRÜGER: Die G. im Denken der Gegenwart (1947) 18; auch in: Freiheit und Weltverwaltung. Aufsätze zur Philos. der G. (1958). – [92] K. LÖWITH: Meaning in hist. (Chicago 1949); dtsch. Welt-G. und Heilsgeschehen (1953). – [93] Ges. Abh. Zur Kritik der gesch. Existenz (1960) 163.

2. Marxismus, Frankfurter Schule, Sartre, Strukturalismus, Neopositivismus, Hermeneutik, strukturale Sozial-G. – Da *Marxismus und Sozialismus* an der G. als fortschreitendem Gattungsprozeß festhalten, taucht hier das Problem des Historismus nicht auf. Dafür stellt sich die Frage nach dem Subjekt der G. und nach der Notwendigkeit ihres Fortschrittes.

G. LUKÁCS formuliert seine Aussagen zur G. in der Zeit um 1920 in doppelter Frontstellung: gegen die bürgerliche und gegen die sozialistisch-revisionistische G.-Theorie, gegen Rickert wie gegen E. Bernstein und M. Adler, die darin übereinstimmen, daß bei ihnen infolge der Orientierung an den Naturwissenschaften mit den «sogenannten Tatsachen ... ein Götzendienst getrieben wird» [1]. Besonders am Beispiel Rickerts versucht Lukács den Nachweis zu erbringen, daß die bürgerliche G.-Theorie den Prozeß zum Feld von Individuen und Fakten einebnet und zerstreut, so daß «die Wirklichkeit in eine nicht rationalisierbare Menge von Faktizitäten auseinanderfällt, über die ein Netz von inhaltsleeren, rein formellen ‹Gesetzen› geworfen» wird [2]. Dieser Schein unmittelbar gegebener Faktizität ist zu zerstören; denn «nur das Zerreißen dieser Hülle ermöglicht die geschichtliche Erkenntnis». Die Tatsachen müssen «geschichtlich, d. h. in einem ununterbrochenen Umwälzungsprozeß begriffen» werden, denn «sie sind – gerade in der Struktur ihrer Gegenständlichkeit – Produkte einer bestimmten G.-Epoche: des Kapitalismus». Es gilt zu verstehen, «daß den Entwicklungstendenzen der G. eine höhere Wirklichkeit zukommt als den ‹Tatsachen› der bloßen Empirie» [3]. Methodisch zu verwirklichen versucht Lukács dieses Programm durch «dialektische Totalitätsbetrachtung», durch den Begriff der Gesellschaft als «konkreter Totalität»: Die Dinge verlieren ihren Ewigkeits- und Gegenstandscharakter durch den Aufweis ihrer «Funktion in der *bestimmten* Totalität», und so ist der Totalitätsbegriff der wichtige Hebel, «die Wirklichkeit als gesellschaftliches Geschehen zu begreifen». Dem Revisionismus hingegen, der nur Teilbereiche der Wirklichkeit beschreibt, ist «die Erkennbarkeit der G. verloren gegangen» [4]. Lukács glaubt, mit seiner «dialektischen Totalitätsbetrachtung» das Auseinanderfallen von G.-Material und Gedanke zugleich dadurch aufzuheben, daß er die systematischen ökonomischen Kategorien, welche die Gesellschaft als ein Ganzes beschreiben, auch als Momente des historischen Prozesses begreift, dem die Gesellschaft sich verdankt; indem die Kategorien «als Bestimmungen dieses Daseins selbst (und nicht bloß seiner Begreifbarkeit) erscheinen», indem sie sich in ihrem Zusammenhang «als Momente des historischen Prozesses selbst, als struktive Charakteristik der Gegenwart zeigen», fallen «gedankliche und geschichtliche Genesis – dem Prinzip nach – zusammen» [5]. Aus dem gleichen Grund ist aber auch die Gegenwartserkenntnis des Proletariats G.-Erkenntnis [6].

Beeinflußt von A. Labriola und B. Croce hat A. GRAMSCI in Italien gegen die mechanizistische Theorie N. Bucharins [7], die «eine mechanische Formelsammlung» darstellt und «den Eindruck vermittelt, man habe die ganze Geschichte in der Tasche», Ansätze entworfen, um die Marxsche Theorie als «absoluten Historismus» und «absoluten Humanismus der G.» zu verstehen [8]. Wie bei Lukács gelten nach Gramsci die von der Ökonomie aufgedeckten Strukturen nur für eine bestimmte Epoche; weiterhin fordert er eine marxistische «allgemeine Methodologie der G.», die nicht nur abstrakte Gesetze und Schemata entwirft, sondern mit philologisch-kritischem Instrumentarium die allgemeinen «Tendenzgesetze» in besonderen Tatsachen und individuellen Erscheinungen aufweist und so der Konkretheit der Wirklichkeit gerecht werden kann [9]. Vor allem aber will Gramsci damit der «großen Errungenschaft ... des modernen Denkens» Rechnung tragen: der «konkrete[n] Historisierung der Philosophie und ihr[em] Identischsetzen mit der G.». Diesen Gedanken Croces gilt es sowohl zu korrigieren wie fortzuführen: Er ist von den «mythologischen Umhüllungen» zu befreien und um das Moment der politischen Praxis zu erweitern; nicht nur Philosophie und G. sind identisch, sondern auch G. und Politik (denn der Politiker interpretiert handelnd die Vergangenheit) und so ebenfalls Philosophie und Politik: nur so «ist die G. immer gegenwärtige G.» [10].

E. BLOCHS G.-Theorie hat ihr Zentrum in einer «Ontologie des Noch-Nicht-Seins». Diese unterscheidet am sich bewegenden «Weltstoff» drei Momente: «das Nicht im Ursprung» (der dunkle «Daß-Kern», der als Unmittelbarkeit des gelebten Augenblicks und im Bedürfnis noch immer präsent ist), «das Noch-Nicht in der G.» (die «Tendenz» des Ursprunges, sich herauszuprozessieren) und «das Nichts oder aber das Alles am Ende» (die «Latenz» des Prozesses, der gemeinte und entweder erreichte oder vereitelte Gehalt) [11]. Bloch hält mit dem Marxismus an der menschlichen Arbeit als Movens fest – «die Wurzel der G. ... ist der arbeitende ... Mensch» –, akzentuiert aber zugleich, daß dies die «Mitproduktivität der Natur» voraussetzt [12]. «Die Selbstergreifung des geschichtlichen Täters, als der arbeitenden Menschen», die «wachsende Selbstvermittlung des Herstellers der G.» hat ein «objektiv-utopisches Korrelat»: «die Fähigkeit des problemhaften Natursubjekts», das «Subjekt der materiellen Bewegung» [13]. Zuweilen legt Bloch nahe, eben in dieser Natur, die sich in der menschlichen Arbeit vermittelt, das treibende G.-Subjekt zu sehen; denn das Wesen des «Weltgrundes» ist die «höchstqualifizierte Materie»; und der «materielle Prozeß» ist nicht nur der «Stoffwechsel» mit der Natur, sondern deren Erscheinung [14]. Dieser Prozeß ist «dialektisch» in dem Sinn, daß es keinen gradlinigen Fortschritt, sondern ein fortschreitendes Anwachsen der Chancen und Gefahren, eine Annäherung an das Alles oder Nichts gibt: «Da er [der G.-Prozeß], infolge seines noch nicht verwirklichten Treibens- und Ursprungs-Inhalts, noch ein unentschiedener ist, kann sein Mündung ebensowohl das Nichts wie das Alles, das totale Umsonst wie die totale Gelungenheit sein» [15]. Bloch bestimmt dieses Gelungensein in Anknüpfung an Marx spekulativ als Humanisierung der Natur und als Naturalisierung des Menschen; die utopisch-antizipierende Phantasie nimmt dies Ziel in Kunst, Religion und Philosophie vorweg.

Der G.-Begriff der *Frankfurter Schule* grenzt sich im wesentlichen gegen zwei Positionen kritisch ab: erstens gegen die optimistische Auffassung, die G. sei der Fortschritt der Gattung auf dem Wege der Zivilisation, und zweitens gegen die Ausklammerung und Verdrängung jeglicher G. im Positivismus und dem sich verfestigenden Spätkapitalismus. An Hegel und den Marxismus anschließend und zugleich gegen sie opponierend, sehen M. HORKHEIMER, TH. W. ADORNO und H. MARCUSE in der gesamten bisherigen G. den Prozeß der wachsenden Herrschaft des Menschen über die Natur, der zugleich aber die wachsende Herrschaft des Menschen über den Menschen bedeutet, eine Herrschaft, die sich wiederum im Innern der Menschen selbst befestigt. Was als G. inhaltlich dem das Ganze erfassen wollenden Erkennen entgegentritt, ist deshalb das «Grauen» und «das absolute Leiden»; «die reale G. [ist] aus dem realen Leiden gewoben» [16]. Die Methode, welche die universalen Strukturen aufdecken soll, die das Leid zeitigen, darf als Erkenntnisinstrument nicht nur die Ökonomie, sie muß auch die Psychologie einsetzen; nur so kann z. B. die Autorität als verinnerlichte Herrschaft in ihrer Funktion für die G.-Bewegung aufgedeckt werden (HORKHEIMER [17]). – Die kritische Theorie will die Einheit der einen G. im Blick behalten, ohne die Menschheit als ihr fortschreitendes Subjekt zu benennen: «G. hat bis heute kein wie immer konstruierbares Gesamtsubjekt. Ihr Substrat ist der Funktionszusammenhang der realen Einzelsubjekte». «Die Behauptung eines in der G. sich manifestierenden ... Weltplans zum Besseren wäre nach den Katastrophen und im Angesicht der künftigen zynisch. Nicht aber ist darum die Einheit zu verleugnen, welche die diskontinuierlichen ... Momente und Phasen der G. zusammenschweißt, die von Naturbeherrschung, fortschreitend in die Herrschaft über Menschen und schließlich die über inwendige Natur» [18]. Die «Logizität», die der G. bei Hegel und Marx zugesprochen wurde, ist «index falsi», verrät die allgemeine Unvernunft in der G., die als Vernunft, Rationalität und «Identitätsprinzip» das ihr nicht Kommensurable vernichtet. Gegen die Herrschaft der Vernunft wird die leidende Natur eingeklagt [19]. Die «Vergottung der G.» [20], auch bei Marx und Engels, war immer auch eine von Geist und Vernunft. – Das heißt nicht, vom geschichtlichen Bewußtsein Abschied nehmen; kritisches ist wesentlich geschichtliches Bewußtsein [21]. Auch die Natur soll ja gerade als G. begriffen werden [22]. Die «Unterdrückung der G.» ist das Merkmal der am Ideal der Rationalität orientierten bürgerlichen Gesellschaft, die geschichtliches Wissen und Erinnerung «als eine Art irrationalen Rest liquidiert» und damit zugleich die ihr gefährlichen Tendenzen und Möglichkeiten verdeckt; besonders in Deutschland macht sich im G.-Verlust zugleich ein Verdrängungsmechanismus geltend, der die «Schwächung des Ichs» verrät, dessen Vergangenheit nicht bewußtseinsfähig ist (ADORNO, MARCUSE [23]). Freilich darf das kritische G.-Denken nicht im Sinne der Geistes- und Kulturwissenschaften bloß «kontemplativ» sein, es darf sich auch nicht im Sinne des Positivismus in der Ermittlung von Fakten erschöpfen; vielmehr muß es die «Präponderanz der Trends in den Fakten» aufspüren bzw. die «Faktoren» hinter den Fakten ermitteln [24]. – Vor allem gegen eine positivistische Soziologie hält J. HABERMAS an der G. als «Totalität» fest, «aus der wir auch noch eine scheinbar aus G. heraustretende Zivilisation begreifen müssen». Die kritische Reflexion muß unter Integration von analytischen und hermeneutischen Methoden diese Totalität als Arbeits- und Gewaltzusammenhang aufdecken, in dem gleichwohl das Interesse an Mündigkeit sichtbar ist, für das die Philosophie Partei nimmt [25].

Gegen den lediglich «formalen» Marxismus, der mit einem Katalog von Schemata die Wirklichkeit schon immer begriffen zu haben meint, will J.-P. SARTRE Perspektiven seines Existentialismus für den Marxismus fruchtbar machen: «ohne die [ökonomischen] Prinzipien gibt es keine historische Begreifbarkeit. Aber ohne lebende Menschen gibt es keine G.» [26]. Anknüpfungspunkt ist für Sartre die These von Marx und Engels, daß die Menschen ihre G. zwar selbst, aber unter ihnen tradierten Umständen machen. Damit sei jeglicher Determinismus überwunden und die Identität von Freiheit und Notwendigkeit ausgesprochen; denn der Mensch ist danach sowohl «Produkt» als auch «geschichtlich Handelnder», der seine jeweilige Situation auch überschreitet; er ist der, der die Dialektik der G. zugleich leidend erfährt und erzeugt [27]. Schlüsselbegriff für Sartres G.-Verständnis ist wie bei Lukács der der «Totalität», er ist «die Grundkategorie des historischen Seins und Denkens». Sein und Denken nämlich dürfen im Bereich der G. nicht auseinandergerissen werden, sondern es kommt darauf an, die dialektische Entwicklung der G. auf die dialektisch fortschreitende Erkenntnis der G. dialektisch zu beziehen. In diesem Sinne weiß sich das Denken durch das Ganze der G. bestimmt und bedingt («totalisiert»), wie es zugleich mitten in der G. sie als Ganzes denkt («totalisierend» ist) [28]. Die hierin ausgesprochene Doppelseitigkeit ist die Figur, mit der Sartre das Konkrete der G. greifbar machen will: Die Totalität eines jeden Individuums als ein psycho-physisches Ganzes ist die Bedingung für die Totalität der Produktionsverhältnisse, wie umgekehrt die Totalität der G. für die Bestimmtheit und Erkennbarkeit des Individuums vorausgesetzt ist. «Der Ort unserer kritischen Erfahrung ist nichts anderes als die grundlegende Identität eines einzelnen Lebens mit der menschlichen G. (oder, in methodologischer Hinsicht, der ‹Wechselseitigkeit ihrer Perspektiven›)». Dies «Totalisieren» (das Hinausgehen vom Besonderen zum Allgemeinen und umgekehrt) ist nicht nur die (begreifende) Methode des Denkens, sondern die Bewegung der Sache selbst: Die G. totalisiert Totalisierungen, sie ist damit identisch mit der «Dialektik» und der Wahrheit [29]. – Zum Teil in Auseinandersetzung mit dem französischen Existentialismus haben sich im Zusammenhang mit dem Reformkommunismus Versuche angebahnt, innerhalb der marxistischen G.-Theorie die Rolle des Individuums zu bestimmen: seine Verantwortlichkeit in der G. als Feld der Praxis und seine die Erkenntnis beeinflussende Funktion in der G. als Wissenschaft (L. KOLAKOWSKI, A. SCHAFF; vgl. P. VRANITZKI, A. HELLER, K. KOSIK [30]).

Einen einflußreichen Beitrag zum Streit um die Methode der G.-Wissenschaften leistet der besonders in Frankreich ausgebildete *Strukturalismus*, indem er jenseits der Alternative von Gesetzlichkeit oder Individualität «Ganzheiten» rational erfassen lehrt, die die relativ konstante «Struktur» einer Sprache, einer Gesellschaftsform, einer Epoche usw. ausmachen. Die Ausgangsbasis dieser Theorie liegt in der Linguistik und der Ethnologie; sie räumt dem sprachwissenschaftlichen Verfahren der Synchronie vor dem der Diachronie den Vorrang ein und läßt dementsprechend den Entwicklungscharakter der G. zurücktreten, so daß der Strukturalismus «eine gewisse Revision des G.-Begriffes impliziert»: Denn die Synchronie setzt «ein gewisses Stillstehen der Zeit» voraus, und auch die Diachronie sieht «den historischen Prozeß als bloße Aufeinanderfolge von Formen», nicht als Ergebnis zielgerichteter bewußter Handlungen (R. BARTHES [31]). – Der Strukturalismus anerkennt zwar die G. neben Ethnographie, Philologie, Biographie als wichtige Materiallieferantin, aber er bestreitet, daß die Methoden der H. zur Erklärung geschichtlicher Erscheinungen ausreichen. Denn es gibt keine isolierbaren Ereignisse, und jede «historische Tatsache ... löst sich in eine Vielzahl psychischer und individueller Bewegungen auf». Es lassen sich auch keine «motorischen Kräfte» als treibende Ursachen namhaft machen. Die G. liefert uns genau besehen «eine Reihe von dauernden Rückverweisungen»; orientiert am Ideal von Kausalität und Kontinuität steht die G.-Wissenschaft ständig «unter der Drohung eines unendlichen Regresses». Da die Masse an Einzelinformationen die Begreifbarkeit des Ganzen nicht fördert, sondern verhindert, «verliert der Historiker ... an Information, was er an Verständnis gewinnt oder umgekehrt»; er hat so «nur die Möglichkeit, die G. zu verlassen: entweder nach unten [in Richtung auf Psychologie und Physiologie] ... oder nach oben [in Richtung auf Vor-G., Biologie usw.]». Wenn jedenfalls der Historiker nur auf die bewußten Zwecksetzungen der Individuen achtet, entgehen ihm dabei die unbewußten «Strukturen der organisierten Systeme», durch welche die Zwecke überhaupt sowohl aufgestellt als ausgeführt werden können (L. SEBAG, C. LÉVI-STRAUSS [32]).

Die strukturale Methode hat weitreichende Konsequenzen für den inhaltlichen Begriff von G., denn im Kampf gegen die humanistische Ideologie geht es darum, «die Äquivalenz zwischen dem Begriff der G. und dem der Menschheit zu verwerfen» [33]. L. ALTHUSSER, die Marxsche Ökonomie strukural interpretierend, hält es für deren Ergebnis, «daß ... die G. kein Zentrum hat, sondern eine Struktur, die nur in ideologischer Verblendung ein notwendiges Zentrum besitzt» (vgl. J. LACAN, M. FOUCAULT) [34]. Die Frage nach der geschichtlichen Entwicklung stellt sich als Frage nach der «Transformation» der Großstrukturen, die das menschliche Handeln vorwegbestimmen. – M. FOUCAULT schreibt H. als «Archäologie» der G., d. h. als «Analyse der Diskurse in ihrer Archiveigenschaft», wobei die «historischen Diskurse» das schriftsprachlich überlieferte Wissen der Menschen von sich selbst sind. Es ergeben sich für Foucault drei relativ homogene Epochenstrukturen: Renaissance, Klassik, Moderne [35]. Für die Wandlung der Epochen gilt das gleiche, was L. SEBAG für die Sprachveränderung sagte: «Die Struktur erscheint hier als das eigentliche Subjekt ...» [36]. Die Frage nach einem G.-Ziel entspringt der «Utopie des kausalen Denkens» (FOUCAULT [37]). Im Spiegel der Strukturen erfährt der Mensch seine Endlichkeit.

Vor allem von seiten des Marxismus (J.-P. SARTRE, GARAUDY) wurde dem Strukturalismus G.-Feindlichkeit vorgeworfen [38]. LÉVI-STRAUSS, der «heiße» und «kalte» Gesellschaften unterscheidet, hat geantwortet, «G. um jeden Preis» sei «Mystizismus und Anthropozentrismus»; es gebe mehrere heterogene Entwicklungen und eine Vielzahl von Völkern ohne G. [39]. Auch J. LACAN, Vertreter einer strukturalen Psychologie, wehrt sich gegen den Vorwurf. Sein Satz «das Unbewußte ist G.» besagt aber nur, daß die Struktur des Unbewußten eine bereits geschichtliche Struktur wiederholt, daß letztlich G. also Wiederholung ist [40].

Für die Spielarten des *Neopositivismus* ist G. Wissensmaterial, dessen wissenschaftliche Bearbeitung ist mit dem Blick auf die Methode der Naturwissenschaften zu analysieren gilt. K. R. POPPERS Ablehnung, von *der* G. (im objektiven Sinn) zu sprechen, hat ein praktisch-moralisches und ein erkenntniskritisches Motiv: Alle Theorien, die die G. als Ganze in ihrer Gesetzmäßigkeit erfassen wollen («Holismus»), leisten a) dem Totalitarismus und der Vernichtung der «offenen», d. h. freiheitlich-demokratischen Gesellschaft Vorschub und postulieren b) für einen Bereich das Prinzip der «Generalisation», in dem es nicht bzw. nur sehr eingeschränkt Geltung haben kann. Denn die G. bietet für Induktion und allgemeine Gesetze (Hypothesen) zu wenig und immer schon interpretiertes, verändertes Quellenmaterial. Deswegen verteidigt Popper – wenngleich orientiert an der Einheit des Wissenschaftsbegriffes – die traditionelle Zweiteilung: Die «theoretischen» bzw. nomologischen oder generalisierenden Wissenschaften (z. B. Physik, Biologie, Soziologie) sind an der Aufstellung allgemeiner Gesetze und an der Möglichkeit ihrer (vorläufigen) Bestätigung bzw. ihrer (endgültigen) Falsifikation durch besondere Tatsachen interessiert, die «historischen» Wissenschaften hingegen an besonderen Ereignissen und ihrer kausalen Erklärung. Die zweite Gruppe verfährt so, daß sie für ein einzelnes Ereignis eine oder mehrere «Anfangsbedingungen» bzw. «Randbedingungen» (z. B. Interessen, Umwelt) aufsucht und sie nach allgemeinen Gesetzen mit dem zu erklärenden Ereignis (dem Explikandum) verknüpft. Die Gesetze sind in der Regel trivial und werden einfach vorausgesetzt. Hinzu kommt die Annahme einer «Logik der Situation», nach der wir für eine bestimmte Situation die und die Handlung stillschweigend als rational ansehen [41].

Die G. als Objektfeld gibt keine Gesetze und damit keine allgemein verpflichtenden «Standpunkte» an die Hand; nach welchen Kriterien ausgewählt, welche Seiten der Ereignisse beleuchtet werden sollen, dafür gibt es keine «prüfbaren Hypothesen», sondern nur «Einstellungen», genauer «historische» bzw. «allgemeine Interpretationen» («Quasitheorien»). Welche zu wählen sei, darüber entscheidet das «Interesse» und die Fruchtbarkeit des Ansatzes. Und wegen der prinzipiellen und fruchtbaren Pluralität der Möglichkeiten, G. zu sehen und darzustellen, zerfällt die Einheit des Begriffs G.: «Es gibt keine G. der Menschheit, es gibt nur eine unbegrenzte Anzahl von G.en, die alle möglichen Aspekte des menschlichen Lebens betreffen»; oder anders: es gibt eine «höchst pluralistische G.». Konsequent wird die Sinnfrage eindeutig negativ beantwortbar: «Die G. hat keinen Sinn, das ist meine Behauptung». Gleichwohl können wir ihr einen Sinn *geben*, wir können z. B. für die «Selbstbefreiung durch das Wissen kämpfen», da erfahrungsgemäß «unsere Ideen Mächte sind, die unsere G. beeinflussen» [42].

Poppers Analyse der historischen Erklärung – kurz als «covering-law-model» gekennzeichnet – wird in den angelsächsischen G.-Methodologien vielfältig aufgenommen, präzisiert (C. G. HEMPEL, P. L. GARDINER [43]) und modifiziert (W. DRAY [44]). A. C. DANTO hat in seiner *analytischen* G.-Philosophie die Erklärungstheorie prinzipiell relativiert. G. ist nicht als Kausalerklärung, sondern nur als «Erzählung» zu charakterisieren («history tells stories»); Beschreibung, Erklärung und Interpretation verklammert G. zu einer homogenen Einheit («history is all of a piece»). Jede G. ist die retrospektive narrative Organisation vergangener Ereignisse mit Hilfe von Schemata und geleitet durch Interessen. Sie ist mit ihrem «Gegenstand» nie deckungsgleich und prinzipiell durch die Subjektivität des Historikers bestimmt [45]. – Ähnlich charakterisiert S. KRAKAUER die G. als eine eigentümlich-zwiespältige Wissenschaft: Wie die Wissenschaften im strengen Sinne kennt auch sie Gesetze, stößt zugleich aber immer auf «irreduzible Wesenheiten», Zufälle und Neuheiten, auf Freiheit, so daß ihre eigentümliche Form das «Erzählen» ist, das Beschreibung und Deutung einbegreift [46].

Die theoretischen Formulierungen zur G., die im Zusammenhang von Theorie und Praxis der *Geisteswissenschaften* stehen, führen aus der neukantianischen Trennung von Erkenntnissubjekt und G.-Material heraus und nötigen dazu, G. weiter als wissenschaftliche H. zu fassen. J. HUIZINGA definiert: «G. ist die geistige Form, in der sich eine Kultur über ihre Vergangenheit Rechenschaft gibt». «Die Fragen, welche die G. stellt, hängen von der geistigen Einstellung und der kulturellen Haltung ab, mit denen eine Zeit oder ein Volk der Vergangenheit entgegentritt». H. und historisches Bewußtsein verdanken sich der Kultur ebenso, wie ihr Gegenstand deren Bestandteil ist, und deshalb gilt: «Subjekt und Objekt sind in ihrer gegenseitigen Abhängigkeit anerkannt» [47]. E. ROTHACKERS Aussagen über die Geisteswissenschaften, die als Kulturen entfaltende «Dogmatiken» selbst notgedrungen in den Strahlungsbereich dieser Kulturen einrücken, setzen den gleichen G.-Begriff voraus [48].

In Kontraposition vor allem gegen den Neopositivismus und alle Methodologien, die G. zu einem wissenschaftstheoretischen Problem reduzieren, faßt H.-G. GADAMER – teilweise im Blick auf Heidegger – G. als das, was uns immer schon vorausliegt: «Wir sind immer schon mitten in der G. darin»; «G. ist, was wir je waren und sind. Sie ist das Verbindliche unseres Schicksals» [49]. Die historische Aufklärung, die ein geschichtsfreies Subjekt imaginiert, das alles verstehen und begreifen könne, ist selbst nur eine «geschichtliche Möglichkeit». Sie bekommt «G.» selbst gar nicht zu fassen: Denn «gerade in dem, was dieser Aufklärung widersteht [z. B. der Mythos], was eine eigene Dauer steter Gegenwart beweist, liegt das eigentliche Wesen der G.» [50]. G. verstehen, heißt nicht Kausalketten und den geschichtlichen «Verlauf» aufzuzeigen, sondern das zu vernehmen, «was uns in der G. als ansprechend und angehend gegeben ist». Denn die G. birgt die «Möglichkeiten unserer Zukunft»: «Der Grundcharakter des Geschichtlichseienden ist offenbar, bedeutend zu sein, aber dies in dem aktiven Sinne des Wortes; und das Sein zur G., sich etwas bedeuten zu lassen» [51]. Das Sein zur G. besagt, daß Verstehen und Erinnerung «kein vergegenständlichendes Verhalten eines wissenschaftlichen Gegenüber, sondern der Lebensvollzug der Überlieferung selber» ist [52].

Die Reflexionen, die sich mit der Aufgabe der G.-Wissenschaft in der modernen Industriegesellschaft befassen, thematisieren die G.-Losigkeit und G.-Müdigkeit, welche die hochspezialisiert arbeitenden G.-Wissenschaften begleiten, und man schreibt diesen G.-Verlust dem Weltkrieg, der auf Emanzipation abzweckenden Gesellschaft und dem historischen Wissenschaftsbetrieb selbst zu (E. WITTRAM, R. HEIMPEL, A. HEUSS, FR. WAGNER, H. FREYER [53]). Für die methodische Besinnung innerhalb der G.-Schreibung ist in Deutschland der hermeneutische G.-Begriff (GADAMER) von Bedeutung [54], in der angelsächsischen Welt der Einfluß des Neuhegelianismus [55], vor allem aber der Neopositivismus [56]. Neben der Ausarbeitung und Differenzierung des Typus-Begriffes [57] kommt dem Begriff und dem Programm einer «Struktur-G.» großes Gewicht zu: Die französische Historikerschule der ‹Annales› unterscheidet eine «histoire structurale», welche die kontinuierlich und langsam sich ändernde Sozial-G. untersucht, von der «histoire événementielle», der «Ereignis-G.» (M. BLOCH, L. FEBVRE, F. BRAUDEL [58]). Da für die Struktur-G. die großen historischen Felder, insbesondere die politischen und sozialen Institutionen, im Interessenzentrum stehen, wird für die G.-Wissenschaft konsequent die enge Zusammenarbeit mit Soziologie, Wirtschaftswissenschaft, Sozialpsychologie und Anthropologie gefordert. In Deutschland haben W. CONZE, O. BRUNNER und andere [59] den Begriff der Struktur-G. aufgenommen; gegenwärtig ist er für Theorie und Praxis aller Forschungsunternehmungen unentbehrlich, die eine Zusammenarbeit mit Soziologie und Politikwissenschaft anstreben und ihr Hauptinteresse der Sozial-G. zuwenden (R. KOSELLECK, H. MOMMSEN, W. J. MOMMSEN, P. BOLLHAGEN [60]).

Anmerkungen. [1] G. LUKÁCS: G. und Klassenbewußtsein (1923) 17. – [2] a. a. O. 271; vgl. 167ff. – [3] 27. 19f. 198. – [4] 22f. 61. 26f. 25. – [5] 175f. 171. vgl. 22. – [6] 164f. – [7] N. BUCHARIN: Theorie des hist. Materialismus (dtsch. 1921). – [8] A. GRAMSCI: Philos. der Praxis, dtsch. hg. CH. RIECHERS (1967) 212. 205ff. – [9] a. a. O. 253. 212. – [10] 268f. 253. – [11] E. BLOCH: Das Prinzip Hoffnung (1953). Ges. A. 5 (1959) bes. 356ff. – [12] a. a. O. 16. 28. 805; vgl. 274. – [13] 235. 349. 807. 235. – [14] 223. – [15] 1562. 222. – [16] M. HORKHEIMER und TH. W. ADORNO: Dial.

der Aufklärung (1947) 267. 55; Th. W. Adorno: Negative Dial. (1966) 312. – [17] M. Horkheimer: G. und Psychol. (1932), in: Krit. Theorie. Eine Dokumentation, hg. A. Schmidt (1968) 1, 9-30; Autorität und Familie (1936) a. a. O. 1, 277-360. – [18] Adorno, Neg. Dial. a. a. O. [16] 297. 312. – [19] a. a. O. 309. 313; vgl. Dial. der Aufkl. a. a. O. [16] 266; vgl. H. Marcuse: The one-dimensional man (Boston 1964); dtsch. Der eindimensionale Mensch (1970) 247f. – [20] Adorno, Neg. Dial. 313. – [21] Marcuse, a. a. O. [19] 118. – [22] Adorno, Neg. Dial. 351. – [23] Was bedeutet: Aufarb. der Vergangenheit, in: Eingriffe (1963) 125ff.; Marcuse, a. a. O. [19] 116ff. – [24] Horkheimer, Krit. Theorie a. a. O. [17] 1, 290; Adorno, Neg. Dial. 294; Marcuse, a. a. O. 119. – [25] J. Habermas: Zur Logik der Sozialwiss. (1967, zit. 1970) 91. 97; Zwischen Philos. und Wiss.: Marxismus als Kritik, in: Theorie und Praxis (1963) 162-214. – [26] J.-P. Sartre: Crit. de la raison dial. (Paris 1960) Questions de méthode; dtsch. Marxismus und Existentialismus. Versuch einer Methodik, übers. H. Schmitt (1964) 107. – [27] a. a. O. 28f. 70ff.; Kritik der dial. Vernunft (dtsch. 1967) 36f.; Marxisme et Existentialisme (Paris 1962); dtsch. Existentialismus und Marxismus, übers. E. Schneider (1965) 35f. – [28] a. a. O. 18f.; Kritik ... a. a. O. 36. – [29] Existentialismus ... 20; Marxismus ... 28; Kritik ... 72. 37. – [30] L. Kolakowski: Der Mensch ohne Alternative (1967) bes. 53-124; A. Schaff: Marxismus und das menschl. Individuum (1965); G. und Wahrheit (1970); P. Vranitzki: Mensch und G. (1969); A. Heller: Alltag und G. (1970); K. Kosik: Dial. des Konkreten (1967) bes. 224ff. – [31] R. Barthes: Die structuralist. Tätigkeit, in: Essais crit. (Paris 1964); dtsch. in: Kursbuch 5 (1966) 190-196. – [32] L. Sebag: G. und Strukturalismus, in: Marxisme und Structuralisme (Paris 1964); dtsch. (1967) 170-178; C. Lévi-Strauss: La pensée sauvage (Paris 1962); dtsch.: Das wilde Denken (1968) Kap. IX. – [33] ebda. – [34] L. Althusser: Freud und Lacan (1970) 33; L. Althusser und E. Balibar: Lire le Capital (Paris 1966, gek. 1968, dtsch. 1972); zu Lacan und Foucault vgl. G. Schiwy: Der frz. Strukturalismus (1969) 197. 204. – [35] M. Foucault: Les mots et les choses. Une archéol. des sci. humaines (Paris 1966); dtsch.: Die Ordnung der Dinge (1971). – [36] Sebag, a. a. O. [32]. – [37] Foucault, a. a. O. [35] dtsch. 321f. – [38] Vgl. Schiwy, a. a. O. [34] 96. – [39] a. a. O. 146f.; vgl. U. Jaeggi: Ordnung und Chaos (1968). – [40] J. Lacan, in: alternative X/54 (1967) 125. – [41] K. R. Popper: Das Elend des Historizismus (²1965) bes. 112ff.; Die offene Gesellschaft und ihre Feinde (²1970) 2, 123. 323ff. – [42] Das Elend ... a. a. O. 118; Die offene Ges. a. a. O. 2, 328ff. 334. 344; Selbstbefreiung durch das Wissen, in: Im Bann der G. (1961, ⁴1970) 100-116, zit. 107. – [43] C. G. Hempel: The function of general laws in hist., in: P. L. Gardiner (Hg.): Theories of hist. (New York 1959) 344-355; P. L. Gardiner: The nature of hist. explanation (Oxford 1952) vgl. hierzu Habermas, Zur Logik ... a. a. O. [25] 103ff. – [44] W. H. Dray: Laws and explanation in hist. (London 1964). – [45] A. C. Danto: Anal. philos. of hist. (London 1965) 111. 115. 141. – [46] S. Kracauer: Hist. The last things before the last (New York 1969); dtsch. G. – Vor den letzten Dingen (1971). Schr. 4, 40. 50. 96 u. ö. – [47] J. Huizinga: Über eine Def. des Begriffs G. (1929), in: Im Bann der G. (1942) 94-106, zit. 104f.; Vier Kapitel über die Entwickl. der G. zur modernen Wiss. (1934) a. a. O. 3-92, zit. 37. – [48] E. Rothacker: Die dogmat. Denkform in den Geisteswiss. und das Problem des Historismus. Abh. Mainz. Akad. Wiss. 6 (1954). – [49] H.-G. Gadamer, Kl. Schr. 1 (1967) 44. 158. 10. – [50] a. a. O. 10. – [51] 158. 160. 9. – [52] 160; vgl. Wahrheit und Methode (²1965). – [53] E. Wittram: Das Interesse an der G. (1958) bes. 5; Anspruch und Fragwürdigkeit der G. (1969) 7ff.; H. Heimpel: Der Mensch in seiner Gegenwart (²1957) 32; Kapitulation vor der G. (³1960); A. Heuss: Verlust der G. (1959); Fr. Wagner: Der Historiker und die Welt-G. (1965) 3. Tl.; H. Freyer: Theorie des gegenwärtigen Zeitalters (1955). – [54] Vgl. u. a. Wittram, Das Interesse ... a. a. O. 18f. – [55] Vgl. Ad. Schaff: G. und Wahrheit (1970) 87ff. – [56] Vgl. u. a. Gardiner (Hg.), Theories ... a. a. O. [43]. – [57] Th. Schieder: Der Typus in der G.-Wiss. Stud. gen. 5 (1952); G. als Wiss. (1965) 44ff. – [58] Zu der nach den ‹Ann. Hist. écenom. et soc.› genannten Historikerschule vgl. M. Wüstenmeyer, Vjschr. Sozial- u. Wirtschaftsgesch. 54 (1967) 1-45. – [59] W. Conze: Die Struktur-G. des technisch industriellen Zeitalters als Aufgabe für Forsch. und Unterricht (1957); O. Brunner: Neue Wege der Sozial-G. (1956). – [60] Vgl. K. G. Faber: Theorie der G.-Wiss. (²1972) 89-108; G. G. Iggers: Dtsch. G.-Wiss. (1971) bes. 351ff.

Literaturhinweise. E. Bernheim s. Anm. [7 VI, zu 1]. – W. Bauer: Einf. in das Studium der G. (1921, ²1927). – E. Troeltsch s. Anm. [56 zu VI, 1]. – W. Demelt: Systemat. Darstellung der Begriffsbestimmungen der G. seit dem 19. Jh. (Diss. Greifswald 1923). – E. Zwirner: Zum Begriff der G. (Diss. Breslau 1926). – M. Scheler: Mensch und G. (1929). – Fr. Kaufmann: G.-Philos. der Gegenwart (1931). – K. Heussi: Die Krisis des Historismus (1932). – K. Keuck: Historia. G. des Worts und seiner Bedeutungen in der Antike und in den roman. Sprachen (Diss. Münster 1934). – R. Aron: Introd. à la philos. de l'hist. Essai sur les limites de l'objectivité hist. (Paris 1938); Dimensions de la conscience hist. (Paris 1961). – M. Mandelbaum: The problem of hist. knowledge. An answer to relativism (New York 1938). – H. E. Barnes: Hist. sociology: Its origins and development (New York 1948); dtsch. Soziol. der G. (1951); Hist. of hist. writing (New York 1962). – Th. Litt: Wege und Irrwege gesch. Denkens (1948); Die Wiedererweckung des gesch. Bewußtseins (1956). – J. W. Thompson und B. J. Holm: A Hist. of hist. writing 1. 2 (New York 1942). – H. Ritter v. Srbik: Geist und G. vom dtsch. Humanismus bis zur Gegenwart 1. 2 (1950/51). – Fr. Wagner: G.-Wiss. (1951); Moderne G.-Schreibung (1960). – L. Febvre: Combats pour l'hist. (Paris 1953, ²1965). – H. Ott: Neuere Publ. zum Problem von G. und Geschichtlichkeit. Theol. Rdsch. 21 (1953) 62-96. – Fr. Fischer: Objektivität und Subjektivität – ein Prinzipienstreit in der amer. G.-Schreibung, in: Aus G. und Politik. Festschr. L. Bergstraesser (1954). – H. J. Marrou: De la connaissance hist. (Paris 1954). – Is. Berlin: Hist. inevitability (London 1955). – H. Diwald: Das hist. Erkennen (Leiden 1955). – P. Ricœur: Hist. et vérité (Paris 1955). – G. Barraclough: Hist. in a changing world (Oxford 1955); dtsch. G. in einer sich wandelnden Welt (1957). – W. Hofer: G. zwischen Philos. und Politik (1956). – L. v. Mises: Theory and hist. (New Haven 1957). – O. F. Anderle: Die G.-Wiss. in der Krise, in: Festgabe J. Lortz 2 (1958) 491-550; Theoret. G. Hist. Z. 185 (1958) 1-54. – J. H. Randall jr.: Nature and hist. explanation (New York 1958). – G. Ritter: Zur Problematik gegenwärtiger G.-Schreibung, in: Lebendige Vergangenheit (1958) 255-283. – N. Rotenstreich: Between past and present (New Haven 1958). – H. Meyerhoff (Hg.): The philos. of hist. in our time (New York 1959). – G. Ritter: Wiss. H., Zeit-G. und «politische Wissenschaft» (1959). – P. L. Gardiner (Hg.): Theories of hist. (New York 1959). – Fr. Meinecke: Zur Theorie und Philos. der G. Werke, hg. Eb. Kessel 4 (1959). – O. Brunner: Das Fach ‹G.› und die hist. Wiss.en (1960). – W. Besson (Hg.): G. Fischer Lex. (1961 u. ö.). – E. H. Carr: What is hist.? (London 1961); dtsch. Was ist G.? (1963). – G. H. Nadel (Hg.): Hist. and theory. Stud. in the philos. of hist. 1ff. (s'Gravenhage 1961ff.). – L. Reinisch (Hg.): Der Sinn der G. (1961, ⁴1970). – J. Ritter: Die Aufgabe der Geisteswiss.en in der modernen Gesellschaft, in: Jahresschr. der Ges. zur Förderung der Westf. Wilh. Univ. Münster (1961) 11-39. – L. Gottschalk (Hg.): Generalization in the writing of hist. (Chicago, London 1963). – S. Hook (Hg.): Philos. and hist. (New York 1963). – Ch. Perelman (Hg.): Raisonnement et démarches de l'historien (Brüssel 1963). – M. Bloch: Apol. pour l'hist. ou métier d'historien (Paris 1964). – R. Dietrich: Hist. Theorie und G.-Forsch. der Gegenwart (1964). – O. Hintze: Soziol. und G. Ges. Abh. 2 (²1964). – J. v. Kempski: Brechungen (1964) bes. 79-100. – Th. Schieder: G. als Wiss. (1965). – M. White: Foundations of hist. knowledge (New York/London 1965). – P. Bollhagen: Soziol. und G. (1966). – W. H. Dray (Hg.): Philos. analysis and hist. (New York 1966). – Fr. Stern (Hg.): G. und G.-Schreibung (1966). – C. Bobinska: Historyk, fakt, metoda (Warszawa 1964); dtsch. Historiker und hist. Wahrheit (1967). – G. K. Clark: The crit. historian (London 1967). – K. Gründer: Hermeneutik und Wiss.theorie. Philos. Jb. 75 (1967) 152-165; Perspektiven für eine Theorie der G.-Wiss. Saeculum 22 (1971) 101-113. – L. Landgrebe: Phänomenol. und G. (1967). – A. Stern: G. und Wertproblem (1967). – R. Stover: The nature of hist. thinking (Chapell Hill 1967). – G. G. Iggers: The German conception of hist. (Middletown, Conn. 1968); dtsch. Dtsch. G.-Wiss. (1971, ²1972). – F. Braudel: Ecrits sur l'hist. (Paris 1969). – H.-W. Hedinger: Subjektivität und G. Wiss. Grundzüge einer Historik (1969). – Alfr. Schmidt: Der strukturalist. Angriff auf die G., in: Beiträge zur marxist. Erkenntnistheorie, hg. A. Schmidt (1969, ²1971). – H. Jonas: Wandel und Bestand, in: Durchblicke. M. Heidegger zum 80. Geburtstag (1970) 1-26. – H. Fain: Between philos. and hist. The resurrection of speculative philos. of hist. within the analytic tradition (Princeton, N.J. 1970). – A. Schaff s. Anm. [30 zu VI, 2]. – K.-G. Faber: Theorie der G.-Wiss. (1971, ²1972). – W. J. Mommsen: Die G.-Wiss. jenseits des Historismus (1971, ²1972). – A. Schmidt: G. und Struktur (1971, ²1972). – H. M. Baumgartner: Kontinuität und G. (1972). – H.-U. Wehler (Hg.): G. und Soziol. (1972). – G. Alföldy u. a. (Hg.): Probleme der G.-Wiss. (1973). – R. Koselleck und W.-D. Stempel (Hg.): G. – Ereignis und Erzählung = Poetik und Hermeneutik 5 (1973). – Vgl. Lit. zu I-V. G. Scholtz

Geschichte/Historie. Die Unterscheidung geht innerhalb der Theologie auf M. Kähler und seinen Vortrag ‹Der sogenannte historische Jesus und der geschichtlich-biblische Christus› (1892) zurück. Gegenüber dem Bemühen der Leben-Jesu-Forschung seiner Zeit, durch die Historie (dort = G.) zum Grund des Glaubens geführt zu werden, prägt er den Begriff ‹G.› neu: «Was ist denn eigentlich eine geschichtliche Größe? ein seine Nachwelt mitbestimmender Mensch, nach seinem Wert für die G. gewogen? Eben der Urheber und Träger seiner bleibenden Fortwirkung» [1]. In der Folge wurde diese zunächst nur personal bezogene Definition generell auf den Begriff ‹G.› übertragen. Dieses Verständnis ist betont abgesetzt gegenüber dem von Ranke formulierten Prinzip historischer Forschung, zu ermitteln, wie es eigentlich gewesen ist. Was derart faktisch feststellbar ist, faßt Kähler unter dem durch den Historismus für ihn abgewerteten Begriff ‹H.›, den er darum für die Evangelien als unangemessen zurückweist.

Die Unterscheidung ist also zunächst rein methodischer Art und nur für die Interpretation der Evangelien von grundsätzlicher Bedeutung. Sie bedeutet aber kein neues Verständnis der G., wie es im Gefolge von W. Dilthey, theologisch durch R. Bultmann Geltung erlangte. Vielmehr muß trotz mancher Parallelen die Unterscheidung unabhängig von der modernen theologischen Hermeneutik gesehen werden. Grundsätzliche Bedeutung gewinnt die Unterscheidung dadurch, daß die G. als auf ihr eschatologisches Ziel gerichtet verstanden wird. Während unter dem Einfluß der Existenzphilosophie die Theologie in der Eschatologie gerade eine Entgeschichtlichung des Daseinsverständnisses bewirkt sieht, insofern die Gemeinde sich aus der Welt und G. ausgegrenzt versteht, sieht Kähler zwar das Ziel der G. durch Gott gesetzt, aber da er Gott als den in der G. Handelnden versteht, ist das Ziel der G. dennoch immanent.

Noch «grundsätzlicher» als Kähler will G. WOBBERMIN zwischen G. und H. unterscheiden. H. ist «die wissenschaftlich geklärte und gereinigte G.», G. «im Sinne der Geschichtsüberlieferung». G. aber in dem Sinne, daß sie «in die Gegenwart hineinragt und in der Gegenwart erlebbar ist», bietet die Möglichkeit einer unmittelbaren Sicherheit», da sie «letztlich der Zusammenhang der Menschen als geistig-sittlicher Wesen in ihrer Entwicklung» ist, sie wirkt sich «nicht bloß durch einzelne Überlieferungen, sondern durch den Tatbestand der G. selbst» in der Gegenwart aus [2].

Übrigens wollte schon FR. SCHLEGEL zwischen G. als dem «Inbegriff der vergangenen Menschheit; nicht zu trennen von der Ahndung der künftigen» und H., die nur «eine philologische Behandlungsart, die wohl auf andre Gegenstände noch als auf die G. gehen könnte», unterschieden wissen [3].

Anmerkungen. [1] M. KÄHLER: Der sogenannte hist. Jesus und der gesch.-bibl. Christus (1892), hg. E. WOLF (⁵1961) 37. – [2] G. WOBBERMIN: G. und H. in der Religionswiss. (1911) 5. 6f. 10. 14. – [3] FR. SCHLEGEL, Krit. A., hg. E. BEHLER (1958ff.) 18, 389.

Literaturhinweise. R. BULTMANN: Gesch. und Eschatol. (³1958). – J. SCHNIEWIND: Martin Kähler, in: Nachgel. Reden und Aufsätze, hg. E. KÄHLER (1952). – G. BORNKAMM: Jesus von Nazareth (1956). – J. M. BOBINSON: Kerygma und hist. Jesus (1960). – Kerygma und Mythos, hg. H.-W. BARTSCH 1 (⁵1967); 2 (²1965). – H. BRAUN: Jesus (1969). – H.-W. BARTSCH: Jesus, Prophet und Messias aus Galiläa (1970). H.-W. BARTSCH

Geschichte der Natur. Zunächst tritt der Ausdruck gelegentlich gleichbedeutend mit ‹Naturgeschichte› auf. Dieser Terminus, der sich seit dem 18. Jh. als Ersatz für das lateinische ‹historia naturalis› [1] einbürgerte, hatte zwar auf Grund seiner Herkunft zunächst dieselbe Bedeutung wie ‹Naturbeschreibung›, konnte aber auch die zeitliche Entwicklung der Natur bzw. die Wissenschaft von dieser Entwicklung bezeichnen. KANT versuchte, ‹Naturgeschichte› (G.d.N.) [2] als Terminus für eine zeitbezogene Betrachtung der Natur zu reservieren [3], wie er sie selbst z. B. für das Planetensystem [4] angestellt hat. ‹Naturgeschichte› sollte danach der Name einer besonderen Wissenschaft sein, die als «Naturforschung des Ursprungs» nach Wirkungsgesetzen der gegenwärtigen Natur die Ursachen so weit zurückverfolgt, «als es die Analogie erlaubt» [5]. Für ‹Naturgeschichte› in diesem Sinne verwendete er auch ‹Physiogonie› und ‹Archäologie der Natur› [6]. Nach dieser Terminologie kann man von einer G.d.N. sprechen, ohne daß damit die Natur im Sinne besonderer Charakteristika als *geschichtlich* aufgefaßt wäre.

C. F. v. WEIZSÄCKER führte den Terminus 1946 in seinen Vorlesungen über die G.d.N. [7] erneut ein. Diese Neueinführung knüpft aber nicht an die auf ‹historia naturalis› zurückgehende Tradition an, sondern entspringt der seit dem Ende des 19. Jh. geübten Reflexion auf das Wesen der Geschichte. Sie dient zugleich dem Bemühen, den durch diese Reflexion hervorgetretenen Gegensatz von Natur- und Geisteswissenschaften zu überwinden [8]. Die logische Analyse dieses Gegensatzes in den Werken von WINDELBAND und RICKERT [9] hatte zu einer strengen Scheidung von Natur und Geschichte geführt. Naturwissenschaft und Geisteswissenschaft unterscheiden sich durch die verschiedenen Gesichtspunkte, unter denen sie die empirische Wirklichkeit betrachten: «Sie wird Natur, wenn wir sie betrachten mit Rücksicht auf das Allgemeine, sie wird Geschichte, wenn wir sie betrachten mit Rücksicht auf das Besondere und Individuelle» [10]. Danach kann zwar das Körperliche Gegenstand der Geschichte werden, aber nur im Sinne von Naturgeschichte als der Darstellung des faktisch Gewesenen. – Die Hervorhebung des auf einen Wert Bezogenen als des eigentlich Historischen bei RICKERT [11] und die Untersuchungen F. GOTTLS [12], nach denen auch Wissenschaften wie die historische Geologie, die Kosmogonie und die Abstammungslehre zu nicht-geschichtlichen werden, weil sie nicht ein Geschehen als solches behandeln, führen zu einer Verschärfung der Spaltung. Die Unterscheidung von Natur und Geschichte wird aus einer erkenntnistheoretischen schließlich zu einer ontologischen. – M. HEIDEGGER schränkt nach seiner Unterscheidung von Vorhandenem, Zuhandenem und Dasein den Begriff Geschichte auf das Dasein ein: «Geschichte ist das in der Zeit sich begebende spezifische Geschehen des existierenden Daseins» [13]. Natur ist nur sekundär geschichtlich [14], «zwar gerade *nicht*, sofern wir von ‹Naturgeschichte› sprechen; wohl dagegen als Landschaft, Ansiedlungs-, Ausbeutungsgebiet ...» [15]. Das Vorhandene als solches, der Gegenstand der Naturwissenschaft, ist damit – auch als kontingentes Faktum – *un*geschichtlich. Nur noch Seiendes gehört zur Geschichte, das wesentlich durch die Geschichtlichkeit des Daseins bestimmt ist. Die Geschichtlichkeit des Daseins versteht Heidegger aus der Zeitlichkeit: «So erweist sich im Grunde die Interpretation der Geschichtlichkeit des Daseins nur als eine konkretere Ausarbeitung der Zeitlichkeit» [16]. Dies ermöglichte im folgenden gerade wieder die Ausbildung eines formalen Begriffes von Geschichte, der geeignet war, auch das Geschehen der Natur zu umfassen [17].

C. F. v. WEIZSÄCKER nennt die Struktur der Zeit, die in den Verhältnissen der Zeitmodi Gegenwart, Vergangenheit und Zukunft liegt, ihre Geschichtlichkeit.

Geschichtlich kann ein Geschehen genannt werden, für das die modale Zeitstruktur wesentlich ist, und ein Gegenstand, für den ein geschichtliches Geschehen wesentlich ist. Das Naturgeschehen erweist sich in diesem Sinne als ein geschichtliches durch den zweiten Hauptsatz der Thermodynamik und die Phylogenese. Der *zweite Hauptsatz der Thermodynamik* besagt, daß die Entropie in abgeschlossenen Systemen nur zunehmen oder konstant bleiben kann. Es gibt damit irreversible Prozesse, die einen nicht-umkehrbaren Verlauf des Geschehens in der Natur bestimmen. Daß für solche Prozesse die modale Zeitstruktur wesentlich ist, folgt aus der Unmöglichkeit, den zweiten Hauptsatz sinnvoll auszusprechen, wenn man eine solche Zeitstruktur *nicht* zugrunde legt [18]. – Für *Phylogenese* läßt sich feststellen: a) Dieses Geschehen ist irreversibel. b) Es führt zu neuen Formen. c) Es zeigt eine bestimmte Tendenz. Für die Abhängigkeit der Art dieses Geschehens von der modalen Zeitstruktur zeigt v. Weizsäcker, daß die Selektionstheorie die Geschichtlichkeit der Zeit voraussetzt und daß bei Annahme eines energiereichen und gestaltarmen Urzustandes des Universums die Tendenz zur Differenzierung und Vermehrung der Formen folgt [19].

Hat man auf Grund dieser Tatsachen hinreichend Anlaß, von einer G.d.N. zu sprechen, so ist damit noch nicht entschieden, ob eine G.d.N. als Wissenschaft möglich ist. Gottls Einwand, daß die Naturwissenschaft ein Geschehen nicht als Geschehen, sondern durch gesetzlich verbundene Zustände beschreibt, trifft auf die bisher fundamentale und für den Erkenntnisstil repräsentative Naturwissenschaft, die Physik, zu. So beschreibt der zweite Hauptsatz nicht eigentlich ein geschichtliches Geschehen, sondern nur dessen faktisches Korrelat [20]. H. Bergson spricht der Wissenschaft grundsätzlich die Möglichkeit ab, ein Werden als solches zu erfassen, und versucht deshalb unter dem Namen einer Metaphysik eine nicht-wissenschaftliche Darstellung der Geschichte des Universums [21]. Da die Biologie grundsätzlich mit Gegenständen zu tun hat, für die ein geschichtliches Geschehen wesentlich ist, hätte sich eine allgemeine G.d.N. als Wissenschaft vor allem an ihr zu orientieren. Das ontologische Fundament einer solchen Wissenschaft versuchte A. N. Whitehead 1929 in ‹Process and Reality› zu geben.

Anmerkungen. [1] Titel des enzyklop., naturkundlichen Werkes von Plinius d. Ä.; Belege zur Wortgesch. von ‹Naturgesch.› vgl. P. E. Geiger: Das Wort ‹Gesch.› und seine Zusammensetzungen (Diss. Freiburg i. Br. 1908). – [2] I. Kant, Akad.-A. 2, 443; 8, 115; 9, 216. – [3] a. a. O. 2, 434; 8, 100. 161ff.; 9, 160ff. – [4] Allg. Naturgesch. und Theorie des Himmels (1755). – [5] a. a. O. [2] 8, 162. – [6] Physiogonie. Akad.-A. 8, 163; Archäol. der Natur. Akad.-A. 5, 428. – [7] C. F. v. Weizsäcker: G.d.N. (³1956). – [8] a. a. O. 1. Vorles. – [9] W. Windelband: Gesch. und Naturwiss. (1894); H. Rickert: Kulturwiss. und Naturwiss. (1899); Die Grenzen der naturwiss. Begriffsbildung (1902, ⁵1929). – [10] Rickert, Die Grenzen ... a. a. O. 227. – [11] 337. – [12] F. Gottl: Die Grenzen der Gesch. (1904). – [13] M. Heidegger: Sein und Zeit (1927, ⁸1957) 379. – [14] a. a. O. 381. – [15] 388. – [16] 382. – [17] Die Versuche, Gesch. vom Wesen der Zeit her zu verstehen, setzen ein mit M. Heidegger: Der Zeitbegriff in der Geschichtswiss. Z. Philos. philos. Krit. 161 (1916) 173; G. Simmel: Das Problem der hist. Zeit (1916). – [18] v. Weizsäcker, a. a. O. [7]; Ann. Phys. 36 (1939) 275; G. Böhme: Über die Zeitmodi (1966). – [19] v. Weizsäcker, a. a. O. [7] Vorles. 6. 9. – [20] Böhme, a. a. O. [18]. – [21] H. Bergson: L'évolution créatrice (Paris 1907).

Literaturhinweise. C. F. v. Weizsäcker s. Anm. [7. 18]. – G. Böhme s. Anm. [18].   G. BÖHME

Geschichte, pragmatische. Im Unterschied zu rein erzählender Geschichte hat die p.G. lehrhaften Charakter. Vergangenes gilt für wissenswert nicht um seiner selbst, sondern um bestimmter Nutzanwendungen willen: «man möchte für praktische Zwecke etwas aus dem Geschehenen lernen» [1]. Der erste Geschichtsschreiber mit eindeutig pragmatischer Tendenz ist Thukydides. Ihre letzte große Blüte erreicht die p.G. im 18.Jh.; für ein klassisches Beispiel aus dieser Zeit gelten die ‹Considérations sur les causes de la grandeur des Romains et de leur décadence› von Montesquieu. Der Ausdruck ‹p.G.› ist erstmalig – in griechischer Form – bei Polybios (etwa 198–117 v. Chr.) nachweisbar [2]; freilich meint πραγματικὴ ἱστορία bei ihm lediglich ein von Staatsangelegenheiten handelndes Geschichtswerk. Der deutsche Historiker Johann David Köler (1684–1755) nimmt die Wendung des Polybios auf, gibt ihr jedoch einen neuen Inhalt: er bestimmt die historia pragmatica als «historia, quae simul instituit lectorem quae ipsi in vita civili utilia vel noxia sectanda vel fugienda sunt» (Geschichte, die den Leser zugleich belehrt, was ihm im öffentlichen Leben nützt oder schadet, was er anstreben oder meiden muß) [3]. Kölers Begriff der p.G. setzt sich in Deutschland während des 18. Jh. durch. So formuliert Kant 1785, eine Geschichte sei «pragmatisch» abgefaßt, «wenn sie *klug* macht, d. i. die Welt belehrt, wie sie ihren Vorteil besser, oder wenigstens ebensogut, als die Vorwelt besorgen könne» [4]. Philosophische Farbe gewinnt der Begriff bei Fichte, der in seiner ‹Grundlage der gesamten Wissenschaftslehre› von 1794 die Bestimmung gibt, die Wissenschaftslehre solle sein «eine p.G. des menschlichen Geistes» [5]. Damit ist die Wissenschaftslehre als Geschichtsphilosophie lehrhaften Charakters angesprochen: aus der Geschichte des menschlichen Geistes werden allein *die* Tatsachen erinnert, die in Beziehung stehen zum Werden der Freiheit und aus deren Problematik der Sache der Freiheit dienende Belehrung sich gewinnen läßt. Philosophische Kritik an der p.G. wird zuerst bei Hegel laut. In seiner Vorlesung über die Philosophie der Weltgeschichte – erstmalig 1822/23 gehalten – setzt er einleitend die «philosophische Weltgeschichte» ab gegen die «andern Weisen, die Geschichte ... zu behandeln» [6]. Dabei trifft die p.G. der Vorwurf, ihre aus Ereignissen der Vergangenheit gezogenen Lehren leisteten «im Gedränge der Weltbegebenheiten» und «im Sturm der Gegenwart» gar nichts: «Man verweist Regenten, Staatsmänner, Völker vornehmlich an die Belehrung durch die Erfahrung der Geschichte. Was die Erfahrung aber und die Geschichte lehren, ist dies, daß Völker und Regierungen niemals etwas aus der Geschichte gelernt und nach Lehren, die aus derselben zu ziehen gewesen wären, gehandelt haben» [7]. Der Historiker E. Bernheim (1850 bis 1942) bemängelt das «subjektive Element» in der p.G.; sie werde leicht tendenziös, da sie das Geschehene nicht «naiv» wiedergebe, sondern «reflektiert durch eine bestimmte Auffassung» [8]. Die p.G. entspreche freilich einem bleibenden «Bedürfnis» und sei daher – sofern nicht entartet – anzuerkennen: «Immer wird für die heranwachsende Jugend und die große Menge des Volkes die Geschichte ein bildender Lehrstoff sein» [9].

Anmerkungen. [1] E. Bernheim: Lehrbuch der Hist. Methode und der Geschichtsphilos. (⁵/⁶1908) 26. – [2] Polybios, Historien I, 2. – [3] J. D. Köler: De historia pragmatica (1741), zit. nach Bernheim a. a. O. [1] 31. – [4] Kant, Akad.-A. 4, 417. – [5] J. G. Fichte, Werke, hg. F. Medicus 1 (1911) 415. – [6] G. W. F. Hegel, Die Vernunft in der Geschichte, hg. J. Hoffmeister (⁵1955) 3. – [7] a. a. O. 19. – [8] Bernheim, a. a. O. [1] 29. – [9] a. a. O. 31.

Literaturhinweis. E. Bernheim s. Anm. [1].   M. HAHN

Geschichten. Noch um die Mitte des 18. Jh. ist ‹die Geschichte› als Pluralform gebräuchlich. Zwischen 1760 und 1780 setzt sich, den älteren Ausdruck ‹Historie› verdrängend, das Wort ‹Geschichte› als Kollektivsingular allgemein durch [1]. «Um die neue Bedeutung zu apostrophieren, sprach man zunächst gern von Geschichte an sich, von der Geschichte schlechthin, von der Geschichte selbst, – eben von der Geschichte» [2]. In den Titeln der frühen deutschsprachigen Werke zur Geschichtsphilosophie (z. B. ISELIN [3], HERDER [4]) wird dieser sprachgeschichtliche Vorgang gespiegelt und vollendet, und die eine, von der «Natur» unterschiedene Geschichte, die nach DROYSEN «über den G. ist» [5], konstituiert sich als Gegenstand der Geschichte als Wissenschaft.

Im Horizont dieser geschichtsphilosophischen Thematisierung der Geschichte sind die G. philosophisch uninteressant geblieben, und auch die Kritik des Historismus an der Philosophie der Geschichte war kein Anlaß zur Thematisierung der G.: Der Zerfall des universalhistorischen Begriffs von der Einheit der Geschichte läßt die Einheit des Begriffs der Geschichte (im Unterschied zur Natur) unberührt.

Dieser historische Hintergrund des geschichtsphilosophischen und theoretischen Desinteresses am Thema ‹G.› hat den Titel des Buches ‹Philosophie der G.› des Husserlschülers W. SCHAPP [6] auffällig werden lassen. Der Sache nach ist diese Philosophie eine Phänomenologie der Subjektivität, die die Einheit des Subjekts, nach vergeblichen Anstrengungen Husserls, die Einheit in der Kontinuität des «Erlebnisstromes» zu finden [7], als die Mannigfaltigkeit der «G.» bestimmt, in die es «verstrickt» [8] ist. G. bilden jeweils den Situationskontext der Handlungen des Subjekts und in letzter Instanz das, was man erzählen muß, um zu wissen, «wer einer ist». Damit ist Schapps Phänomenologie der G. an die modernen psychologischen und soziologischen, zum Teil auch phänomenologisch beeinflußten Theorien der «Identität» anschließbar, die die Individualität als Resultat in sich reflektierter Prozesse der Selbstbehauptung in Gruppen unter gruppenabhängigen Bedingungen der Erfahrung der Wirklichkeit versteht [9].

Die analytische Geschichtsphilosophie hat die G. als das, was erzählt wird, im Gegensatz zu Gegebenheiten, die nicht «narrativ» dargestellt werden können, strukturell unterschieden. Nach A. DANTO [10] ist der narrative Satz u. a. dadurch charakterisiert, daß in ihm zwei im Ablauf der Zeit aufeinanderfolgende Ereignisse miteinander verknüpft sind, von denen das spätere aus dem früheren unableitbar ist, d. h. weder nach kausalen noch nach statistischen Gesetzmäßigkeiten aus ihm «erklärt» werden kann. Eine «Geschichte», in der Anfang und Ende in diesem Sinne «narrativ» miteinander verbunden sind, ist somit begrifflich von einer «Theorie» zu unterscheiden, in der jene Gesetzeshypothesen formuliert sind, die Ereignisse als gegebenen Voraussetzungen zu «erklären» (oder zu prognostizieren) erlauben. Diese wissenschaftstheoretische Unterscheidung von «Theorie» und «Geschichte» ist kein Reflex der älteren Unterscheidung von «Natur» und «Geschichte» (im Sinne von «Geschichte der Menschheit»), und zwar deswegen nicht, weil es in der Natur ebenso einzig narrativ beschreibbare (z. B. geologische) Vorgänge gibt wie in der Geschichte Prozesse von statistischer Regelhaftigkeit (z. B. Marktvorgänge). Unter dem Thema ‹Historical Explanation› sind in England und in den USA langanhaltende Debatten über die Rolle und Grenzen der zu «Erklärungen» befähigenden Theoriebildung in den Geschichtswissenschaften geführt worden [11]. Für das Verständnis dessen, was eine Geschichte ist, ist dabei die Antwort auf die von DANTO [12] gestellte Frage am wichtigsten, wann ein erklärungsbedürftiger Bestand nur durch eine Geschichte und nicht durch eine Theorie erklärt werden kann. Aus Beispielen für solche (befremdlichen) Bestände, wie sie C. LÉVI-STRAUSS zur funktionalen Erklärung des G.-Erzählens in einer strukturalen Ethnologie angeführt hat [13], ergibt sich, daß wir zu Erklärungszwecken auf eine Geschichte immer dann rekurrieren müssen, wenn erklärungsbedürftige Gegebenheiten weder aus kausaler oder statistischer Gesetzmäßigkeit abgeleitet noch als Resultat in sich geschlossener, rationaler Handlungen oder funktional verständlich gemacht werden können [14]. Solche erklärungsbedürftigen Gegebenheiten sind z. B. die Straßenführungen im Kern einer gegenwärtigen Stadt älterer Gründung [15] oder auch funktionslos gewordene Relikte im Organismus von Lebewesen. G., als erzählte, erklären funktional nicht vollständig erklärbare Gegebenheiten als Resultat der Überlagerung sich ablösender funktionaler Systeme, und die G., als passierte, lassen sich insoweit als Prozesse der Systemindividualisierung charakterisieren.

Die Unterscheidung von «G.» und «Theorien» ist inzwischen zum Gegenstand der linguistischen Analyse narrativer und theoretischer Texte geworden [16], die es erlaubt, auch innerhalb eines Textstückes beide Textsorten nach der «Distribution der syntaktischen Zeichen» [17] eindeutig zu unterscheiden. Die Ergebnisse sowohl der Phänomenologie der G. wie der analytischen Geschichtsphilosophie sind in diese Linguistik narrativer Texte eingegangen [18].

Anmerkungen. [1] R. KOSELLECK: Historia Magistra Vitae, in: Natur und Gesch. K. Löwith zum 70. Geburtstag (1967) 201 f.; Wozu noch Historie? in: Hist. Z. 212/1 (1971) 9. – [2] KOSELLECK, a. a. O. (1967) 203; vgl. hier auch die hist. Belege. – [3] I. ISELIN: Philos. Mutmaßungen über die Gesch. der Menschheit (1764). – [4] J. G. HERDER: Auch eine Philos. zur Gesch. zur Bildung der Menschheit (1774). – [5] J. G. DROYSEN, Historik, hg. R. HÜBNER (⁵1967) 354. – [6] W. SCHAPP: Philos. der G. (1959). – [7] H. LÜBBE: Bewußtsein in G. (1972) 98ff. – [8] W. SCHAPP: In G. verstrickt (1953). – [9] P. BERGER und TH. LUCKMANN: Die gesellschaftliche Konstruktion der Wirklichkeit (1969); E. ERIKSON: Identität und Lebenszyklus (1966). – [10] A. DANTO: Analytical philos. of hist. (1968) 143-181. – [11] Eine knappe Skizze des Gangs dieser Debatten sowie einen Überblick über die wichtigste einschlägige Lit. bietet R. WEINGARTNER: Art. ‹Hist. explanation›, in: Encyclopedia of philos. 4 (1967) 7-12. – [12] DANTO, a. a. O. [10] 233ff. – [13] C. LÉVI-STRAUSS: Strukturale Anthropol. (dtsch. 1971) 25. – [14] H. LÜBBE: Was heißt «Das kann man nur hist. erklären»? in: Poetik und Hermeneutik 5 (1973). – [15] TH. SCHIEDER: Gesch. als Wiss. (1965) 33ff. – [16] H. WEINRICH: Tempus. Besprochene und erzählte Welt (1964); S. SCHMIDT: «Text» und «Gesch.» als Fundierungskategorien, in: Beiträge zur Texlinguistik (1971) 31-52; R. BARTHES: Hist. und ihr Diskurs. Alternative 62/63 (1968) 171-180. – [17] H. WEINRICH: Erzählte Philos. oder Gesch. des Geistes. Linguistische Bemerk. zu Descartes und Rousseau, in: Poetik und Hermeneutik 5 (1973) 411-426. – [18] K. STIERLE: Gesch. als Exemplum – Exemplum als Gesch. Zur Pragmatik und Poetik narrativer Texte a. a. O. 5 (1973) 347-375.
H. LÜBBE

Geschichtlichkeit hat mehrere Bedeutungen, je nachdem, ob das Wort als terminus technicus der Geschichtswissenschaft oder als philosophischer Begriff verwendet wird. Im *geschichtstechnischen* Sinne meint es «die – in der Quellenkritik in Frage gestellte – Tatsächlichkeit eines überlieferten geschichtlichen Ereignisses» [1] (Synonym: ‹Historizität›), den Gegensatz zu Sage und Mythus. Die Bedeutung von G., «daß etwas Vergangenes trotz seiner Vergangenheit weiter wirksam geblieben ist», G. also «geschichtliche Wirksamkeit, besonders im Sinne des Epochemachenden» [2] sei, leitet schon zum zweiten Bedeutungsgehalt über. Als *philosophischer* Begriff hat das Wort einen erheblich erweiterten Sinn. Es meint «die geschichtliche Seinsweise des menschlichen Geistes» [3], einen Grundzug alles Menschlichen im Unterschied zum Natursein, die radikale Zeitlichkeit des menschlichen Daseins (HEIDEGGER).

In beiden Bedeutungen ist der Begriff eine Prägung des 19. Jh. Im theologisch-geschichtstechnischen Sinne ist er erstmals nachweisbar in christologischen Ausführungen von C. J. NITZSCH und FR. SCHLEIERMACHER [3a]. Im philosophischen Sinn begegnet er zum ersten Mal bei HEGEL, der ihn offenbar in Analogie zu sonstigen Abstrakta auf ‹-keit› und ‹-heit› geschaffen hat. (Die entsprechenden Wortbildungen im Englischen – ‹historicity› und ‹historicalness›, letzteres isoliert schon 1664 bei HENRY MORE – und in den romanischen Sprachen – z. B. französisch ‹historicité› – sind Neologismen des späten 19. Jh.) In den ‹Vorlesungen über die Geschichte der Philosophie› [4] erörtert HEGEL die tiefe, innerliche, heimatliche Beziehung, die uns mit der griechischen Philosophie verbindet, u. a. deswegen, weil das Selbstverständnis der Griechen ein deutliches Bewußtsein vom Ursprung aus dem eigenen Wesen gehabt habe. «In dieser existierenden Heimatlichkeit selbst, ... in diesem Charakter der freien, schönen G., daß, was sie sind, auch als Mnemosyne bei ihnen ist, liegt auch der Keim der denkenden Freiheit und so die Notwendigkeit, daß bei ihnen die Philosophie entstanden ist.» Die beiden anderen Stellen sind in HEGELS Charakteristik der Kirchenväter enthalten [5] und kreisen um das «ungeheure Moment im Christentum», das Wissen darum, «daß Christus ein wirklicher, dieser Mensch gewesen» sei, womit der Geist «eben in dieser Geschichte expliziert» sei, als «innige Vereinigung von Idee und geschichtlicher Gestalt. Es ist also die wahrhafte Idee des Geistes in der bestimmten Form der G. zugleich.» Beide Begriffsfassungen hängen durch ihren Kontext aufs engste mit Zentralproblemen Hegels zusammen, mit den historischen Phänomenen Griechentum und Christentum, mit dem Rätsel der Trinität, mit der Person Jesu Christi in ihrer spekulativen Bedeutung, mit der Mnemosyne als Er-Innerung sowie mit der Frage, «wie die Gedankenwelt dazu kommt, eine Geschichte zu haben» [6], eine Frage, deren Lösung bekanntlich der Ansatz der Hegelschen Konstruktion der Geschichte der Philosophie ist. G. drückt in diesen Zusammenhängen das Faktum aus, daß der Geist in die geschichtliche Realität verflochten, in die Zeit gefallen ist. Der Begriff wird also bei Hegel noch nicht verwendet für die philosophische Kennzeichnung des «Wesens» der Geschichte selber als einer werdenden Seinsart oder für die besondere Situation des Menschen in diesem Geschehen im Sinne eines sich als geschichtlich wissenden Existierens. Es bleibt bei der erwähnten isolierten Verwendung; ‹G.› wird kein systematischer Zentralbegriff Hegels, zweifellos wegen der in ihm verborgenen relativistischen, historistischen Konsequenzen und wegen der ambivalenten Haltung, die Hegel dem geschichtlichen Geschehen gegenüber einnimmt: Das «nur Faktische» und «bloß Historische» ist letztlich spekulativ gleichgültig.

Der Terminus wird denn auch von der Philosophie zunächst nicht aufgenommen. Ganz isoliert findet er sich im Hegelschen Umkreis, bei den beiden ersten Hegelbiographen K. ROSENKRANZ und R. HAYM, charakteristischerweise nicht als Hegelscher Fachbegriff, sondern als stilistischer Ausdruck des jeweiligen Autors, bei Rosenkranz in Verbindung mit seiner Kritik Feuerbachs [7], bei Haym in Verbindung mit der Kritik Hegels [8]: «Der Lebenslauf des Absoluten verwandelt sich für die Wissenschaft der Gegenwart in den Prozeß der lebendigen Geschichte; der teils unreine, teils illusorische Historismus des Hegelschen Systems übersetzt sich ihr in echte und wirkliche G.»

Der für die Begriffsentwicklung wichtigste Entstehungsort ist das philosophische Zwiegespräch zwischen W. DILTHEY und dem Grafen P. YORCK VON WARTENBURG, wie es sich sowohl in ihrem Briefwechsel aus den Jahre 1877–1897 [9] wie in ihren damit zusammenhängenden Arbeiten zur systematischen Philosophie und zur Philosophiegeschichte niederschlägt. Ob DILTHEY von Haym abhängig ist, ist nicht sicher. Dilthey läßt es ausdrücklich nicht erkennen. Auf alle Fälle stellt aber Haym, mit dem Dilthey in den Jugendjahren befreundet war, ein Bindeglied zwischen Hegel und Dilthey dar. Erstmals in der Philosophiegeschichte wird nunmehr der Terminus ‹G.› ein fester, zugleich emphatisch betonter Zentralbegriff, der die Auffassung der beiden Denker vom geschichtlichen Werde- und Entwicklungscharakter sowohl des menschlichen Geistes in seinen objektiven Gestaltungen wie auch des Menschen als Existenz sprachlich fixiert. Der junge Dilthey sieht dabei das allgemeine Problem der G. des Menschen und des Geistes sogleich als Problem der Pluralität möglicher existentieller Grundhaltungen; die Probleme G. und Typologie der Weltanschauungen sind in der Wurzel eins [10]. Auch bei Dilthey wird die Problematik der G. zunächst ohne den sprachlichen Terminus ‹G.› erörtert. In der ‹Einleitung in die Geisteswissenschaften› von 1883 formuliert er ein einziges Mal und gewissermaßen entschuldigend, daß das mittelalterliche Christentum dem Denken der Menschheit die Einsicht in die «innere Lebendigkeit und gleichsam G. Gottes» hinzugefügt habe: «Dem Christentum wird Gott geschichtlich.» «Die Gottheit tritt in die Zeit ein» [11]. Auch in den Altersstudien über den ‹Aufbau der geschichtlichen Welt in den Geisteswissenschaften› kommt der verbale Terminus ‹G.› nicht mehr vor. Seine Prägung und Verwendung fällt also fast ausschließlich in den Lebensabschnitt der produktiven Auseinandersetzung mit Yorck. Die Begriffsentwicklung verläuft in vier Phasen: Zunächst Entwicklung aus dem erkenntnistheoretischen Problemkreis ‹G. contra Allgemeingültigkeit› und Abgrenzung gegen den Relativismus. In der Zeit der geistesgeschichtlichen Arbeiten Diltheys zum 15., 16. und 17. Jh. gehört G. zum Problemkreis der christlichen Existenz und ihrer Dogmatik unter der Antithese ‹Transzendenz gegen Metaphysik›. Während der Ausarbeitung der ‹Ideen über eine beschreibende und zergliedernde Psychologie› (1894/96) wird der G.-Begriff vor allem in bezug auf das Problem der Lebendigkeit als unmittelbar gegebener erkenntnistheoretischer Ausgangsbasis einer geisteswissenschaftlichen Psychologie weiterentwickelt. In einer zeitlich ganz kurzen Schlußphase religiös-autobiographischer Selbstbesinnung, die bis zum Tode Yorcks 1897 reicht, tritt der verbale Terminus bei Dilthey bereits wieder zurück und ist mit seiner Problematik nur im Begriff ‹Lebendigkeit› weiter enthalten, während YORCK sein Buch über ‹Bewußtseinsstellung und Geschichte› [12] entwirft, in dem Problem und Begriff der G. an zentraler Stelle stehen. G. ist also für Dilthey und Yorck eine lebensphilosophische Kategorie; die Grundverfassung des Menschen besteht nicht nur in einem Sein, sondern in einem

Leben, das sowohl kosmisch und biologisch wie vor allem geschichtlich bestimmt ist. G. steht daher in engster Beziehung zu den Begriffen «ganzer Mensch», «Innerlichkeit» und «Lebendigkeit» und bildet damit den Nervenstrang, durch den beide Denker mit der geistigen Welt der Goethe-Zeit verbunden sind. (Neues Quellenmaterial zur Entwicklung dieser Begriffe beim Grafen Yorck hat K. Gründer erschlossen [12a].)

In der sonstigen Philosophie- und Geistesgeschichte des späten 19. und frühen 20. Jh. wird der G.-Begriff nicht aufgenommen; beispielsweise verwenden ihn weder Droysen noch Burckhardt, Nietzsche, Troeltsch oder Spengler, selbst in Zusammenhängen, die wir heute garnicht ohne den Terminus ‹G.› formulieren könnten. Auch die beiden ausgedehnten theologischen Diskussionswellen, die durch D. Fr. Strauß 1835 und E. Renan 1863 über die Frage der historischen Wirklichkeit Jesu Christi ausgelöst wurden, verwenden das Wort nicht. Nach einem vereinzelten Auftreten bei M. Kähler [13] wird der Begriff (im *geschichtstechnischen*, nicht im philosophischen Sinne) im Zusammenhang mit der theologischen Diskussion um A. Drews' ‹Christusmythe› von 1909 plötzlich zu einem Modewort, zumal A. Schweitzer in der zweiten Auflage seiner ‹Geschichte der Leben-Jesu-Forschung› von 1913 mit diesem Stichwort ‹G.› nicht nur diese theologischen Diskussionen referiert, sondern auch seine eigene eschatologische Lösung der Frage formuliert. (Auffallenderweise beziehen sich beide Autoren nicht auf die einschlägige, oben erwähnte Verwendung des Begriffs bei Schleiermacher und Nitzsch.)

Als *philosophischer* Begriff wird das Wort erst in den zwanziger Jahren unseres Jh. modern: Nach dem Ersten Weltkrieg beginnen die Schriften Diltheys zu erscheinen, wird der Briefwechsel Dilthey/Yorck veröffentlicht (ebenfalls 1923), und G. Misch weist 1924 im ‹Vorbericht› zum 5. Band der ‹Gesammelten Schriften› Diltheys die zentrale Stelle des Begriffs G. in dessen Philosophie auf.

1927 übernimmt Heidegger in ‹Sein und Zeit› unter ausdrücklicher Anknüpfung an Dilthey und Yorck den Begriff und erfüllt ihn zugleich mit völlig neuem, existenzphilosophischem Gehalt. Jaspers folgt diesem Wortgebrauch 1931 in ‹Die geistige Situation unserer Zeit› und in ‹Philosophie› (1932). Mit der Existenzphilosophie und der von ihr beeinflußten evangelischen Theologie wird ‹G.› zu einem Modewort. Der Begriff wird nunmehr auch von der Philosophiegeschichtsschreibung übernommen [14] und dabei in einem Vorgang der Rückübertragung zur Kennzeichnung auch solcher Denker verwendet, die den Terminus noch nicht gebrauchten. Charakteristisch ist die Jasperssche Nietzschedarstellung von 1936, die den von Nietzsche nicht verwendeten Begriff der ‹existentiellen G.› in den Mittelpunkt der Interpretation stellt. Auch in der «völkischen» Ideologie seit 1933 wird der G.-Begriff gebraucht. In die Naturphilosophie dringt der Begriff ebenfalls ein: Ganz ausdrücklich schreibt C. F. von Weizsäcker dem kosmischen Geschehen ein geschichtliches Werden zu und stellt den Begriff der ‹G.› in den Mittelpunkt seiner Zeit-Auffassung [15].

Die sich in diesen exemplarischen Stationen dokumentierende Begriffsausweitung führt nun faktisch zu einer terminologischen Verwässerung [16] und ruft seit einigen Jahren kritische Stimmen gegen seine Verwendung als Fachterminus auf den Plan [17]. Der Begriff ‹G.› löst sich auf, da er zu einer adäquaten Formulierung der Gesamtproblematik der G. des Menschen und des Geistes, insbesondere für die Beziehung der Geschichte und damit der G. zum Rätsel der Transzendenz nicht ausreicht. Stationen dieser Gegenbewegung sind (nach der isolierten Diltheykritik H. Freyers von 1927 [18]) die deutsche Selbstkritik an gewissen philosophischen Entwicklungen zwischen 1933 und 1945, die umstrittene Weiterbildung der Heideggerschen Philosophie und der Besinnungsprozeß in der evangelischen Religionswissenschaft, der die existenzphilosophische Beeinflussung der dialektischen Theologie kritisch untersucht.

Anmerkungen. [1] E. Bayer: Wb. zur Gesch. Kröners Taschen-A. 289 (²1965). – [2] Kirchner-Michaelis: Wb. philos. Begriffe, hg. Hoffmeister (1944). – [3] A. Gehlen: Art. ‹G.› in RGG (³1957). – [3a] Fr. Schleiermacher: Glaubenslehre (¹1821/22, umgearbeitet 1830); C. J. Nitzsch: System der christl. Lehre (1829). – [4] Hegel, Werke (1832ff.) 13, 173f. bzw. Werke, hg. Glockner 17, 189f. – [5] a. a. O. 15, 107. 137 bzw. 19, 137. – [6] a. a. O. XIII, 16; vgl. krit. A. der ‹Einleitung› zu den ‹Vorlesungen über die Gesch. der Philos.›, hg. J. Hoffmeister, Philos. Bibl. 15 a (1940) 6f. 84f. 265. 273. – [7] K. Rosenkranz: G. W. F. Hegels Leben (1844), in: Hegels Werke (1832ff.) Suppl. 19 (ND 1969). – [8] R. Haym: Hegel und seine Zeit (1857) 466f. – [9] Briefwechsel zwischen W. Dilthey und dem Grafen P. Yorck von Wartenburg 1877-1897, hg. S. v. D. Schulenburg (1923). – [10] C. Misch (Hg.): Der junge Dilthey, ein Lebensbild in Briefen und Tagebüchern 1852-1870 (1933, ²1960) 80f. 120. – [11] W. Dilthey, Ges. Schriften 1 (1924) 273. 349. – [12] P. Yorck v. Wartenburg: Bewußtseinsstellung und Geschichte. Ein Fragment aus dem philos. Nachlaß, hg. I. Fetscher (1956). – [12a] K. Gründer: Zur Philos. des Grafen Yorck von Wartenburg (1970). – [13] M. Kähler: Der sog. hist. Christus und/ der gesch.-bibl. Christus (1892), neu hg. E. Wolf, in: Theol. Bücherei. Neudrucke und Berichte aus dem 20. Jh. (1953). – [14] Vgl. Fr. Kaufmanns Forschungsber. über ‹Geschichtsphilos. der Gegenwart› (1931); H. Marcuse: Hegels Ontologie und die Grundlegung einer Theorie der G. (1923); H. Heimsoeth: Die Philos. im 20. Jh., in: W. Windelband: Lehrbuch der Gesch. der Philos. (¹³1935). – [15] C. F. von Weizsäcker: Die Gesch. der Natur (1948). – [16] Vgl. G. Bauer: ‹G.›, Wege und Irrwege eines Begriffs (1963). – [17] Charakteristisch K. Löwith: Heidegger, Denker in dürftiger Zeit (²1960). – [18] H. Freyer: Diltheys System der Geisteswiss. und das Problem der Gesch. und Soziol., in: Kultur- und Universalgesch. Festgabe W. Goetz (1927).

Literaturhinweise. A. Gehlen: Art. ‹G.› in RGG (³1957). – G. Bauer s. Anm. [16]. – L. von Renthe-Fink: G. Ihr terminologischer und begrifflicher Ursprung bei Hegel, Haym, Dilthey und Yorck. Abh. Gött. Akad. Wiss., philos.-hist. Kl. 3. F. 59 (1964, ²1968). – G. Scholtz: Ergänzungen zur Herkunft des Wortes ‹G.›. Arch. Begriffsgesch. 14 (1970) 112-118. – L. von Renthe-Fink: Noch einmal: Zur Herkunft des Wortes ‹G.› a. a. O. 15 (1971) 306-312.　　　　　　L. von Renthe-Fink

Geschichtsauffassung, materialistische. – 1. Der Begriff ‹m.G.› begegnet [1] – als Gegensatz zur «idealistischen G.» [2] und durchaus noch austauschbar mit dem Ausdruck «materialistische Anschauung» [3] – mehrfach in der ‹Deutschen Ideologie›. K. Marx und Fr. Engels setzen sich hier, in einer ihrem Selbstverständnis nach bereits geschichtlich überholten Frontstellung, nochmals eingehend mit der Geschichtsauffassung der Junghegelianer auseinander. Marx begreift die m.G. als eine Theorie auf Widerruf, die mit den Bedingungen ihrer eigenen Existenz, der entfremdeten Daseinsweise der Menschen, selbst verschwinden soll. Die Menschen, selbst Teil der Natur, haben sich unter der Form eines von ihnen selbst produzierten Überhangs an gesellschaftlicher Objektivität, hinter dem die konstituierende Subjektivität verschwindet, so weit von unmittelbaren Naturzwängen befreit, daß sie sich, in der sozialistischen Revolution als der letzten Emanzipationsschwelle, von der Form der Entfremdung, unter der die Menschen bisher miteinander verkehrten, emanzipieren können. Zugleich erhalten sie an dieser Schwelle Einblick in die Struktur der abgelaufenen Geschichte: Am «letzten Kulminationspunkt der Entwicklung des Privateigentums tritt ... sein Geheimnis hervor» [4]. Die m.G. ist eine Theorie, die den Schnittpunkt zweier Weltepochen markiert. Nach rückwärts gerichtet, ist sie die Theorie der menschlichen Vorgeschichte, die für sich beansprucht, die gesellschaftliche Entwicklung zum ersten Male unverstellt durch ein selbst noch dieser Vorgeschichte angehörendes, ideologisches Bewußtsein zu begreifen. In diesem Sinne und im Gegensatz zur «Spekulation» spricht Marx von ihr als von der «wirklichen, positiven Wissenschaft» [5]. Ideologisch sind Bewußtseinsformen deshalb, weil dem Theoretiker seine eigene Existenzgrundlage, nämlich die bürgerliche Gesellschaft als eine «verkehrte Form» der Naturaneignung, nicht als solche gegenwärtig ist, sondern von ihm in einer ihm selbst undurchsichtigen Weise zur Naturform der Produktion verkehrt wird. So bleibt ihm die Genesis aller anderen aus jener verkehrten Form entspringenden Formen des Überbaus (Politik, Recht, Moral, Religion) undurchschaubar; er muß sich zu einem an sich Vermittelten als einem Unmittelbaren, einem nicht mehr ableitbaren Letzten verhalten. Die idealistische Geschichtsauffassung ist deshalb idealistisch, weil sie die wirklichen Verhältnisse «auf den Kopf» [6] stellt, indem sie die Rechtsform der Person, die aus den kapitalistischen Verkehrsverhältnissen entspringt, zu einem Ersten verkehrt und dann die bürgerlichen Produktions- und Verkehrsformen als Produkt des freien Willens begreift.

Marx unterscheidet zwischen *Abstraktion* und *Darstellung*. Die m.G., wie sie im Frühwerk entwickelt wird, bewegt sich ausschließlich auf der Ebene von Abstraktionen, so z. B. in den ‹Ökonomisch-philosophischen Manuskripten› (1844), wo Marx zum ersten Male den Zusammenhang zwischen Basis und Überbau zusammenfassend formuliert und darauf hindeutet, daß mit dem Verschwinden der Basis, d. h. des Privateigentums als der entfremdeten Form der Naturaneignung, auch die Formen des Überbaus verschwinden müssen. «Dies materielle, unmittelbar sinnliche Privateigentum ist der materielle sinnliche Ausdruck des entfremdeten menschlichen Lebens. Seine Bewegung – Produktion und Konsumtion – ist die sinnliche Offenbarung von der Bewegung aller bisherigen Produktion, d. h. Verwirklichung oder Wirklichkeit des Menschen. Religion, Familie, Staat, Recht, Moral, Wissenschaft, Kunst etc. sind nur besondre Weisen der Produktion und fallen unter ihr allgemeines Gesetz. Die positive Aufhebung des Privateigentums ist daher die positive Aufhebung aller Entfremdung ... Die religiöse Entfremdung als solche geht nur in dem Gebiet des Bewußtseins des menschlichen Innern vor, aber die ökonomische Entfremdung ist die des wirklichen Lebens – ihre Aufhebung umfaßt daher beide Seiten» [7]. Diesen Abstraktionen hat die eigentliche Darstellung zu folgen, die nichts Geringeres als eine umfassende Nachzeichnung des Konstitutionsprozesses der menschlichen Gattung zu leisten hat. Mißt man jedoch das Marxsche Gesamtwerk an diesem anspruchsvollen Programm, so erscheint es nur in Bruchteilen erfüllt. Der reife Marx unterscheidet zwischen vorbürgerlicher und bürgerlicher Struktur, je nachdem, ob der Reichtum in seiner konkreten Gestalt oder in seiner abstrakt-allgemeinen Form unmittelbarer Zweck der Produktion ist. Das Spätwerk befaßt sich nahezu ausschließlich mit der kapitalistischen Form der Produktion und des Verkehrs, ohne dabei allerdings schon die geforderte Darstellung der wirklichen Verhältnisse zu geben. Marx entwickelt in seinem Hauptwerk den «allgemeinen Begriff des Kapitals» [8], d. h. er untersucht die Verhältnisse, soweit sie «ihrem Begriff entsprechen». Dabei beruft er sich auf die Hegelsche Logik, nennt seine Darstellungsform eine dialektische Entwicklung der Kategorien, erläutert aber nirgends, was ihn berechtigt, der m.G. diese Methode und mit ihr den Wahrheitsbegriff des absoluten Idealismus zu integrieren. Seinem Selbstverständnis zufolge ist dieser «allgemeine Begriff des Kapitals» der Inbegriff der zentralen Mechanismen und Gesetzmäßigkeiten des Kapitalismus schlechthin, und die dialektischen Methode hat so lange Gültigkeit, als der in dieser Weise dargestellte Gegenstand existiert.

In die Zukunft gerichtet ist die m.G. zugleich Anweisung für eine umwälzende Praxis, welche die von den Menschen selbst produzierten und sie ihrerseits beherrschenden Verhältnisse abschafft. Verkehrten die Menschen in der Vorgeschichte nur unter «borniertet» Form in den «Charaktermasken» des Sklaven und Sklavenhalters, des Leibeigenen und Feudalherrn, des Lohnarbeiters und Kapitalisten, so sollen in der eigentlich menschlichen Geschichte die «Individuen *als* Individuen» [9] miteinander in Verbindung treten.

Anmerkungen. [1] K. Marx, Dtsch. Ideol. MEW 3 (1962) 23. 36f. u. ö. – [2] a. a. O. 38. – [3] 17; vgl. H.-D. Sander: Marxistische Ideol. und allg. Kunsttheorie (1970) 6-9. – [4] K. Marx, Ök.-philos. Mss. Marx-Engels-Studien-A. (Fischer) 2, 84. – [5] Dtsch. Ideol. MEW 3, 27. – [6] a. a. O. 26. – [7] Ök.-philos. Mss. a. a. O. [4] 100. – [8] Vgl. Grundrisse der Kritik der polit. Ök. (1953) 353; Das Kapital 3. MEW 25 (1964) 152. – [9] Dtsch. Ideol. MEW 3, 75.

2. In dem Bestreben, die Theorie der veränderten geschichtlichen Wirklichkeit und der praktischen Politik der Arbeiterbewegung anzupassen, «revidiert» E. Bernstein in seinen Aufsätzen ‹Probleme des Sozialismus› in der ‹Neuen Zeit› 1896/97 die m.G. Für Bernstein, der die Dialektik als methodologischen Fallstrick aus der Theorie eliminiert, ist die m.G. identisch mit der Frage nach der geschichtlichen Notwendigkeit und ihren Ursachen. Orientiert an einem mechanistischen Materialismus, faßt er die «Gestaltungen der Ideen und Willensrichtungen» als durch die Bewegung der Materie bestimmt auf. Alles «Geschehen in der Menschenwelt ist materiell notwendig. So ist der Materialist ein Calvinist ohne Gott» [1]. Der Materialismus in der Geschichtserklärung ist die Lehre von der Notwendigkeit aller geschichtlichen Vorgänge, die Frage ist nur, in welcher Weise sich diese Notwendigkeit durchsetzt, d. h. welchen «Kraftfaktoren» die entscheidende Rolle zukommt. Im Anschluß an Engels Altersbriefe und dessen im ‹Anti-Dühring› vorgenommene Umformulierung der materialistischen Kritik zu einer ansatzweise positiven Weltanschauung versteht Bernstein unter der Anatomie der Gesellschaft nicht mehr die verkehrte Form der Naturaneignung im Kapitalismus, aus der alle anderen Formbestimmtheiten der Totalität des entfremdeten Lebensprozesses abzuleiten sind, sondern er bleibt bei eben jenen erst abzuleitenden Formen als einem schlechthin Letzten stehen. Für ihn sind die «ökonomischen Motive» als der «ökonomische Faktor» neben den «ideologischen und insbesondre den ethischen Faktoren» bedeutsam, aber sie bestimmen nicht allein den geschichtlichen Entwicklungsgang. Das Problem ist deshalb, wie in der gesamten neukantianischen Rezeption der Marxschen Theorie, «bis zu welchem Punkt die m.G. noch Anspruch auf ihren Namen hat, wenn man fortfährt, sie ... durch Einfügung anderer Potenzen zu erweitern» [2]. An dem in den 1890er Jahren von dem

Leipziger Dozenten P. BARTH vorgetragenen Einwand, daß Marx den Begriff des Materiellen auf das Technisch-Ökonomische beschränke und darum eher von einer *ökonomischen* G. zu sprechen sei, nimmt BERNSTEIN keinen Anstoß, sondern hält im Gegenteil diesen Ausdruck für die «angemessenste Bezeichnung» der marxistischen Geschichtstheorie. «In dem Gewicht, das sie auf die Ökonomie legt, ruht ihre Bedeutung ... Ökonomische G. braucht nicht zu heißen, daß bloß ökonomische Kräfte, bloß ökonomische Motive anerkannt werden, sondern nur, daß die Ökonomie die immer wieder entscheidende Kraft, den Angelpunkt der großen Bewegungen in der Geschichte bildet. Dem Worte ‹m.G.› haften von vornherein alle Mißverständnisse an, die sich überhaupt an den Begriff Materialismus knüpfen. Der philosophische oder naturwissenschaftliche Materialismus ist deterministisch, die marxistische G. ist es nicht, sie mißt der ökonomischen Grundlage des Völkerlebens keinen bedingungslos bestimmenden Einfluß auf dessen Gestaltungen zu» [3].

Im Gegensatz zu Bernstein hält K. KAUTSKY streng an der Bezeichnung ‹m.G.› fest [4]. Doch ist die Zurückweisung der neuen Ausdrucksweise verbale Orthodoxie: Denn die mit dem Begriff der ökonomischen G. verbundene Eliminierung des kritischen Gehaltes der Theorie und die – unhistorisch verfahrende – Reduktion der politischen Ökonomie auf einen «technisch-ökonomischen Faktor» liegen auch Kautskys Werk zugrunde. Ihn stört vor allem die «Farblosigkeit» der Formulierung, die «das Bestreben verrät, die Weltanschauung, aus der jene Auffassung hervorging, als illegitime Mutterschaft, die einen Makel bedeutet, diskret zu verschleiern. ... Im Ursprung der m.G. liegt nichts, dessen sich ihre Anhänger zu schämen haben» [5]. Aufgabe der Theoretiker sei es jedoch, ihr Gebiet so weit auszudehnen, daß es sich mit dem der Biologie berührt, denn das «gemeinsame Gesetz, dem menschliche wie tierische und pflanzliche Entwicklung unterworfen ist, [ist] darin zu finden, daß jede Veränderung der Gesellschaft wie der Arten zurückzuführen ist auf eine Veränderung der Umwelt» [6]. Kautsky, der «von Darwin ausgegangen war», hat die m.G. von Anfang an evolutionistisch interpretiert. Die m.G. beruhe auf «der Anerkennung der Einheitlichkeit des Geschehens in Natur und Gesellschaft ... sie zeigt in dem Allgemeinen der Weltentwicklung das Besondere der gesellschaftlichen Entwicklung» [7]. Die Einheitlichkeit des Geschehens in Natur und Geschichte wird von ihm konstruiert um den Preis einer affirmativen Konzeption von Gesetzlichkeit, die Marx – hinsichtlich der menschlichen Geschichte – nur kritisch, als aufzuhebende, begreifen konnte: Im Unterschied zu der durch Veränderung der Umwelt verursachten Veränderung der Arten verändern nach Kautsky die Menschen ihre Umwelt zum großen Teil selber, diese tritt ihnen aber in der Form verselbständigter Institutionen als eine neue Umwelt entgegen – ein «universelles Gesetz», das auch im Sozialismus nicht außer Geltung gesetzt werden könne.

Anmerkungen. [1] E. BERNSTEIN: Die Voraussetzungen des Sozialismus und die Aufgaben der Sozialdemokratie (1969) 32. – [2] a. a. O. 40. – [3] 41. – [4] Vgl. K. KAUTSKY: Die m.G. (1927) 1, 19f. – [5] a. a. O. 20. – [6] 2, 630f. – [7] 1, 8.

3. W. I. LENIN versteht die m.G. als «konsequente Fortführung, als Ausdehnung des Materialismus auf das Gebiet der gesellschaftlichen Erscheinungen» [1]. Seit der Veröffentlichung des ‹Kapitals› ist für ihn die m.G. keine Hypothese mehr, sondern eine wissenschaftlich bewiesene These, die sich bisher als die beste Methode erwiesen hat, das Funktionieren und die Entwicklung einer Gesellschaftsformation zu erklären. «Solange es keine bessre [Methode] gibt, solange bleibt die m.G. das Synonym für Gesellschaftswissenschaft» [2]. Lenin hebt hervor, daß der historische Materialismus bisher lediglich eine bestimmte, nämlich die kapitalistische Gesellschaft erklärt zu haben beansprucht, indem er nicht wie die vormarxsche Soziologie und Geschichtsschreibung eine Anhäufung von fragmentarisch gesammelten Tatsachen und Schilderungen einzelner Seiten des historischen Prozesses präsentiert oder dem Schein einer durch verschiedene – ökonomische, politische, moralische – Faktoren verursachten Entwicklung verfällt, sondern zum ersten Male eine umfassende Erforschung des Entwicklungsprozesses und Verfalls der ökonomischen Gesellschaftsformation vorweist, indem er die Gesamtheit aller widerstreitenden Tendenzen untersuchte und diese auf exakt bestimmbare Lebens- und Produktionsverhältnisse der verschiedenen Klassen der Gesellschaft zurückführte [3]. Die schon von Engels im ‹Anti-Dühring› als Keim einer umfassenden Weltanschauung apostrophierte Dialektik wird insbesondre von STALIN zu einem verbindlichen Kanon umgeformt, der in der Folgezeit weitere Systematisierung erfuhr. In der siebten Auflage des für die Entwicklung des Marxismus-Leninismus repräsentativen ‹Philosophischen Wörterbuchs› (Berlin 1970) wird unter dem Stichwort ‹m.G.› auf «Materialismus, dialektischer und historischer» verwiesen. Die m.G. ist als historischer Materialismus Teil der «wissenschaftlich-materialistischen Fundierung der Theorie, Programmatik und Taktik der marxistisch-leninistischen Partei» [4]. Während der dialektische Materialismus als philosophische Deutung des Wesens der Welt, der allgemeinen Gesetzmäßigkeit der Natur, der Gesellschaft und des Denkens verstanden wird, untersucht der historische Materialismus die grundlegenden Entwicklungsgesetze der menschlichen Gesellschaft. Er macht es möglich, beliebige gesellschaftliche Erscheinungen in ihren wirklichen, von subjektiven Vorstellungen und von der menschlichen Willkür unabhängigen, von objektiven Gesetzmäßigkeiten beherrschten Zusammenhängen zu sehen, er umfaßt einen Wirklichkeitsbereich, der auf der biologischen, physiologischen und anderen Naturgegebenheiten des menschlichen Lebens und seiner Umwelt beruht, diese aber prinzipiell überschreitet, da dieser Wirklichkeitsbereich in der praktischen Tätigkeit der mit Willen und Bewußtsein begabten Wesen entsteht und sich entwickelt, aber dennoch objektive Realität aufweist, dessen strukturelle Zusammenhänge und Dynamik aufgedeckt werden können.

Bedeutsam ist die neuerdings erfolgte Rückbesinnung auf zentrale Motive der m.G. von Marx – der durch das Handeln der Menschen vermittelten, historischen und darum prinzipiell aufzuhebenden Objektivität ihrer Verhältnisse –, die jedoch lediglich als methodologisches Problem erscheinen: «Der historische Materialismus hat jene Schwierigkeiten beseitigt, die sich aus der Tatsache ergeben, daß man es im gesellschaftlichen Leben stets mit Erscheinungen zu tun hat, die sich im Handeln der Menschen realisieren und insofern nicht unabhängig von den Menschen und ihrem Bewußtsein existieren» [5].

Anmerkungen. [1] W. I. LENIN: Karl Marx. Kurzer biogr. Abriß mit einer Darlegung des Marxismus (Lexikonsart. 1914). Dtsch. Werke 21 (1963) 45. – [2] Was sind die «Volksfreunde» und wie kämpfen sie gegen die Sozialdemokraten? a. a. O. 1 (1963) 133. – [3] 21, 45. – [4] Philos. Wb., hg. G. KLAUS/M. BUHR 2 (1970) 690. – [5] ebda.

4. Durch expliziten Rekurs auf die dialektische Philosophie Hegels führte G. LUKÁCS in der Schrift ‹Geschichte und Klassenbewußtsein› (1923) die kritische Dimension der m.G. wieder in die Diskussion ein, allerdings nicht ohne hegelianisierende Momente. Er hält an dem Marxschen Motiv fest, daß der historische Materialismus selbst das Produkt der kapitalistischen Gesellschaft sei, daß die dialektische Methode als Totalitätsbetrachtung gebunden ist an die kapitalistische Form der Objektivierung des gesellschaftlichen Lebensprozesses. Die m.G., welche die Objektivität als von Menschen gesetzte dechiffriert, ist zugleich die Selbsterkenntnis der kapitalistischen Gesellschaft bzw. jener, die diese Gesellschaft hervorbringen, also das Klassenbewußtsein des Proletariats, das sich als identisches Subjekt-Objekt der Geschichte, als die Überwindung einer starren bürgerlichen Subjekt-Objekt-Haltung in der Erkenntnis, als Aufhebung des Widerstreites zwischen Theorie und Praxis, zwischen Denken und Sein erkennt. Dieser umfassenden Logifizierung der Geschichte im identischen Subjekt-Objekt unterwirft Lukács auch die Natur: Was unter einer bestimmten Stufe der gesellschaftlichen Entwicklung als Natur gilt, was sie der Form und dem Inhalt, dem Umfang und der Gegenständlichkeit nach zu bedeuten hat, ist stets gesellschaftlich bedingt [1].

Diese dialektische Konzeption der m.G. ist mit Modifikationen zur selben Zeit auch von K. KORSCH entwickelt worden, der darauf insistiert, daß die m.G. selber noch als kritische Methode auf die seit Marx erfolgte Entwicklung der m.G. angewandt werden müsse [2]. Diese dialektischen und ideologiekritischen Motive wurden in den dreißiger Jahren von M. HORKHEIMER aufgenommen und in der Kritischen Theorie weitergeführt [3].

Anmerkungen. [1] G. LUKÁCS: Gesch. und Klassenbewußtsein (1923) 240. – [2] K. KORSCH: Marxismus und Philos. (1966) 34. – [3] Vgl. die Aufsätze in Z. Sozialforsch.; Auswahl in: Krit. Theorie, hg. A. SCHMIDT 1. 2 (1968).   H. REICHELT

Geschichtslosigkeit. Erst ein stärkeres Reflektieren über das Problem der Geschichte führt zur Prägung des Gegenbegriffs ‹G.›. In den adjektivischen Formen kommt der Begriff seit dem Anfang des 19. Jh. gelegentlich vor, wobei ‹ungeschichtlich› verbreiteter zu sein scheint [1].

Nach dem Vorkommen von ‹antihistorisch› bei F. SCHLEGEL [2] und SCHELLING [3] wird in der *Geschichtstheorie* der Begriff ‹G.› erstmals bei HEGEL reflektiert. Er spricht der Negerrasse Gott, Gesetz, Sittlichkeit, Ehrfurcht, also jede Form von Allgemeinheit, und jeden Wert der Subjektivität ab; sie lebt für ihn im rohen Naturzustand: «Was wir eigentlich unter Afrika verstehen, das ist das Geschichtslose und Unaufgeschlossene, das noch ganz im natürlichen Geiste befangen ist, und das hier bloß an der Schwelle der Weltgeschichte vorgeführt werden mußte» [4]. Am Beginn der Weltgeschichte in Mittelasien befinden sich die Staaten in «rastloser Veränderung», ohne daß allerdings ein Fortschritt stattfände. Daher erklärt Hegel: «Auch diese Geschichte ist selbst noch überwiegend geschichtslos ...». «Diese Unruhe ist eine ungeschichtliche Geschichte» [5]. – Den Gedanken führt K. ROSENKRANZ weiter: «Ich glaube, die Eigenthümlichkeit der Negerrace mit einem negativen Ausdruck erschöpfen zu können ... Sie ist die geschichtslose Race» [6].

Wo Hegels Geschichtsauffassung nicht mehr unverändert übernommen werden kann und vor allem das Problem der modernen industriellen Gesellschaft sich verschärft, wird G. dann zu einer Kategorie für die Deskription auch der *modernen* Welt. – Für J. BURCKHARDT besteht die Barbarei der Barbaren in ihrer «G.»; außerdem spricht er von modernen «ungeschichtlichen Bildungsmenschen» [7]. – Für O. SPENGLER sind China, Indien und die Antike «unhistorisch» und «geschichtslos», China ist ihm «die Dauer der G.». «Der ‹historische Mensch› ... ist der Mensch einer in Vollendung begriffenen Kultur. Vorher, nachher und außerhalb ist er geschichtslos. ... Und daraus folgt eine ganz entscheidende ... Tatsache: daß der Mensch nicht nur vor dem Entstehen einer Kultur geschichtslos ist, sondern wieder geschichtslos wird ...» [8]. – TH. W. ADORNO nimmt den Begriff in einem Aufsatz über Spengler auf [9]. – In seiner Erörterung der Grundlagen der Soziologie kritisiert H. FREYER den «Emanatismus» O. Spanns wegen seiner «Geschichtsfeindlichkeit» und «Ungeschichtlichkeit»; für ihn ist die ‹bürgerliche Gesellschaft› Hegels «geschichtslos» gedacht [10]. Später hält er die «absolute G.» der modernen technisierten Welt für unerreichbar [11]. – K. JASPERS spricht zum einen positiv von «geschichtsloser Unendlichkeit und geschichtlicher Endlichkeit», in deren «Polarität» allein sich das Sein zeigt [12]. Zum anderen lehnt er den «Glauben an geschichtliche Ganzheit» ebenso ab wie seinen Gegenpol, den «Willen zur G.», der «sich allein auf den vitalen Daseinswillen einer Menge», «der Massen», stützt; in der «Polarität» von beidem besteht die «existentielle Wahrheit» [13]. – In der Konzeption des «posthistoric man» von R. SEIDENBERG folgt auf eine vorgeschichtliche Zeit der Herrschaft der Instinkte eine relativ kurze Zeit der Geschichte mit dem Wechselspiel von Instinkt und Vernunft; sie wiederum wird abgelöst von einer «final posthistoric phase», in der sich durch die perfekte Organisation der modernen industriellen Welt auf rationaler Basis eine vollkommen stabile Geschaftordnung «not unlike that of the ants, the bees, and the termites» [14] realisieren wird. – A. GEHLEN verwendet 1952 den von COURNOT übernommenen Begriff ‹posthistoire› zur Bezeichnung einer durch Planung und Streben nach Sicherheit «zukunftslos» werdenden Welt [15]. 1960 kündigt sich für ihn in der nach Entwicklung der abstrakten Malerei zu beobachtenden «Neo-Aktualität aller vergangenen Werke als solcher» das «Posthistoire» an [16]. Für ihn sind in unserer Kultur «die darin angelegten Möglichkeiten in ihren grundsätzlichen Beständen alle entwickelt», was er als «Kristallisation» bezeichnet; daher sind wir «im Post-histoire angekommen» [17]. In der beginnenden «Welt-Industrie-Kultur» wird zunehmend «die echte Überlieferung der europäischen Geschichte in der Vergangenheit verschwinden», so daß für Gehlen möglicherweise «die Schwelle zum post-histoire, zu einem nachgeschichtlichen Zustand bereits überschritten» ist [18]. – Auch bei J. RITTER erweist sich G. als zentrale Kategorie der Deskription der modernen bürgerlichen Gesellschaft: Die durch die Entzweiungsstruktur der modernen Welt gesetzte «abstrakte G.» der allein auf das Naturverhältnis reduzierten und damit aus allen vorgegebenen geschichtlichen Ordnungen emanzipierten bürgerlichen Gesellschaft «setzt» auf der anderen Seite «die nicht auf sie reduzierbaren Lebenszusammenhänge frei» [19]; er sieht in den Geisteswissenschaften ein Organ, das die «Abstraktheit und G.» dieser Gesellschaft ausgleicht, also «kompensiert» [20]. – In ähnlicher Bestimmung nimmt H. SCHELSKY diesen Begriff auf. – Indes findet J. HABERMAS gerade in Schelskys und Ritters Theorie der Geisteswissenschaften eine «Dialektik der G.» [21] angelegt; solche Vergegenwärtigung von Tradition führt für ihn zu einer nur musealen Präsenz der Überlieferung. – Nach C. LÉVI-STRAUSS hat die Wissenschaft von der Geschichte auszugehen, aber aus ihr herauszutreten [22], den Menschen «aufzulösen» und «Invarianten» zu ermitteln [23]; Geschichte macht nur deren periphere Illustration aus. Daher bemüht er sich, die Prinzipien des «wilden Denkens», das «seinem Wesen nach zeitlos» ist [24], «zu legitimieren und es wieder in seine Rechte einzusetzen» [25]. Von diesem als theoretisch und auch als ästhetisch bezeichneten Ansatz hält Lévi-Strauss der auf Praxis abzielenden Dialektik Sartres vor, daß sie selbst das ist, was Sartre am Verhalten und Denken der ‹Wilden› kritisiert, nämlich «ahistorisch», insofern er «nicht ein konkretes Bild der Geschichte, sondern ein abstraktes Schema» bietet und Geschichte bei ihm so die «Rolle eines Mythos» [26] übernimmt.

Außer in seiner geschichtstheoretischen und kulturkritischen Funktion wird der Begriff – meist in seinen adjektivischen Formen – in der philosophischen und theologischen Diskussion auch in *erkenntnis- und methodenkritischer* Bedeutung gebraucht.

W. DILTHEY glaubt, im «Ausgangspunkte» mit Schleiermacher übereinzustimmen, jedoch über «seine zeit- und geschichtslose Auffassung der Lebensformen» [27] hinausgehen zu müssen. – Bei P. YORCK VON WARTENBURG finden sich Reflexionen über ungeschichtliche «Bewußtseinsstellungen». Er sieht in der «relativen Zeitlosigkeit des Denkens», in dem «ich aus dem Wechsel der Erscheinungen eine als fixum heraus[hebe]», «die psychische Wurzel aller Metaphysik, welche nur die willentliche Stabilisierung, Äternisierung der relativen Zeitlosigkeit jeder Vorstellung – ἐπιστήμη – ist» [28]. Daher werden jede «metaphysische Betrachtungsweise» als «innerlich unhistorische» und der Buddhismus als «volle Ungeschichtlichkeit involvierend» qualifiziert; auch Kants Trennung von «Intellektualität und Moralität» ist für ihn «im Grunde unhistorisch» [29]. «Geschichtslos» ist ihm außerdem der Mensch rationalistischen Planens mit seinem sich erfüllenden «Programm», dieser «von vorn herein fertig gemachte homunculus» [30]. – TH. LITT wendet sich entschieden gegen jede Form «antihistorischen», «geschichtsfremden» und «übergeschichtlichen» Denkens [31], betont aber andererseits den «zeitlosen» Charakter des Wahren, das jedoch nur in der «Dimension der Zeitlichkeit» [32] erfaßt wird. – K. LÖWITH kritisiert an Heidegger, daß dieser die Natur nicht «als solche», sondern nur als das «geschichtslose und nicht-existenziale Andere zum Sein des geschichtlichen Daseins» [33] denkt. – In einem ähnlichen Sinn kommt der Begriff auch vor bei K. MANNHEIM, F. KAUFMANN, W. ERXLEBEN, M. MÜLLER, H.-G. GADAMER [34] und in der Deutung der Marxschen Feuerbach-Thesen von E. BLOCH. Der Begriff, der bei diesen Autoren einen negativ-kritischen Sinn hat, erhält bei G. KRÜGER, W. WEISCHEDEL, B. LAKEBRINK und R. LAUTH eine positive Bedeutung, insofern sie einen ungeschichtlichen Standort zu gewinnen suchen.

In der *Theologie* wird mit dem Wort ‹ungeschichtlich› bestimmten, besonders in der Bibel berichteten Geschehnissen die Historizität abgesprochen. Ferner kommt dieser Begriff im Wechsel mit verschiedenen Synonymen in der Diskussion um die Theologie R. Bultmanns vor, der «Zeitlosigkeit» vorgeworfen (etwa von H. OTT, J. SCHIEDER, J. SCHNIEWIND, H. THIELICKE) und die gegen diesen Vorwurf verteidigt wird (von R. BULTMANN, J. KÖRNER). Besonders wichtig wird ‹G.› in philosophisch-theologischen Reflexionen über den Unterschied zwischen jüdisch-biblisch-christlichem Geschichtsdenken und ungeschichtlicher griechischer Metaphysik, so bei W. KAMLAH, F. GOGARTEN, G. VON RAD, H. THIELICKE, W. PANNENBERG, J. MOLTMANN, J. B. METZ. Für P. TILLICH wird «der ungeschichtliche Typus der Geschichtsdeutung», in dem Geschichte nicht aus sich selbst, sondern aus der Natur bzw. Übernatur gedeutet wird, «durch die chinesische Lehre vom Tao, durch die indische Brahma-Lehre, durch die griechische Lehre von der Natur und durch die späteuropäische Lehre vom Leben» [35] repräsentiert; ungeschichtliches Denken glaubt er auch in Heideggers Begriff der Geschichtlichkeit zu erkennen [36]. Bei den genannten Theologen dient der Begriff vor allem zur Kritik eines Denkens im Horizont des Kosmos, der Natur bzw. Übernatur, die von einem Denken im Horizont der Geschichte geleitet ist.

Anmerkungen. [1] Vgl. J. und W. GRIMM: Dtsch. Wb. IV/1, 2 (1897) 3869; XI/3 (1936) 836; P. E. GEIGER: Das Wort ‹Gesch.› und seine Zusammensetzungen (1908). – [2] Krit. F.-SCHLEGEL-A., hg. E. BEHLER (1958ff.) 18, 19. – [3] F. W. J. SCHELLING, Werke, hg. K. F. A. SCHELLING (1856-1861) I/3, 593. – [4] HEGEL, Die Vernunft in der Geschichte, hg. J. HOFFMEISTER, Philos. Bibl. 171a (⁵1955) 234. – [5] a. a. O. 245. – [6] K. ROSENKRANZ: Studien, 2. Theil (1844) 50f. – [7] J. BURCKHARDT, Gesamt-A. 7 (1929) 6. – [8] O. SPENGLER: Der Untergang des Abendlandes 2 (1962) 60. 58. – [9] TH. W. ADORNO: Prismen. Kulturkritik und Gesellschaft (1955) 51-81. – [10] H. FREYER: Soziol. als Wirklichkeitswiss. Logische Grundlegung des Systems der Soziol. (1930) 75. 78. 124. – [11] Theorie des gegenwärtigen Zeitalters (1955) 185. – [12] K. JASPERS: Von der Wahrheit (1947) 898. – [13] Philos. II: Existenzerhellung (³1956) 402. – [14] R. SEIDENBERG: Posthistoric man. An inquiry (Chapel Hill 1950) 56. 179. – [15] A. GEHLEN: Studien zur Anthropol. und Soziol. (1963) 246. – [16] Zeit-Bilder. Zur Soziol. und Ästhetik der modernen Malerei (1960) 48. – [17] Studien a. a. O. [15] 321-323. – [18] Anthropol. Forsch. (1961) 132-134. – [19] J. RITTER: Hegel und die frz. Revolution (²1965) 66. 65. – [20] Die Aufgabe der Geisteswiss. in der modernen Gesellschaft. Schriften der Ges. für Förderung der Westfälischen Wilhelms-Univ. Münster H. 51 (1961) 28. 27. – [21] J. HABERMAS: Zur Logik der Sozialwissenschaften. Philos. Rdsch. Beiheft 5 (1967) 21. – [22] C. LÉVI-STRAUSS: Das wilde Denken, dtsch. H. NAUMANN (1968) 302. – [23] a. a. O. 284. – [24] 302. – [25] 310. – [26] 292. – [27] Briefwechsel zwischen W. DILTHEY und dem Grafen P. YORCK VON WARTENBURG 1877-1897, hg. S. V. D. SCHULENBURG (1923) 247. – [28] P. YORCK VON WARTENBURG: Bewußtseinsstellung und Gesch. Ein Fragment aus dem philos. Nachlaß, hg. I. FETSCHER (1956) 174; Heraklit. Ein Fragment aus dem philos. Nachlaß, hg. I. FETSCHER. Arch. Philos. (Stuttgart) 9 (1959) 247 Anm. 14. – [29] Bewußtseinsstellung a. a. O. 57. 115. 121. – [30] Briefwechsel a. a. O. 63. – [31] TH. LITT: Die Wiedererweckung des gesch. Bewußtseins (1956). – [32] Denken und Sein (1948) 232. – [33] K. LÖWITH: Heidegger. Denker in dürftiger Zeit (²1960) 62. – [34] H.-G. GADAMER: Wahrheit und Methode. Grundzüge einer philos. Hermeneutik (²1965) 502ff. – [35] P. TILLICH, Ges. Werke 6 (1963) 110. – [36] a. O. 174-179.

Literaturhinweise. P. E. GEIGER s. Anm. [1]. – G. BAUER: ‹Geschichtlichkeit›. Wege und Irrwege eines Begriffs (1963). – L. VON RENTHE-FINK: Geschichtlichkeit. Ihr terminologischer und begrifflicher Ursprung bei Hegel, Haym, Dilthey und Yorck. Abh. Gött. Akad. Wiss., philos.-hist. Kl. 3. F. 59 (1964, ²1968).

K. HOMANN

Geschichtsphilosophie. – 1. Wie man schon im frühen 19. Jh. wußte [1], ist VOLTAIRE der Schöpfer des Begriffs ‹G.›: In einer Rezension über D. Humes ‹Complete History of England› formuliert er 1764 das Bedürfnis des Zeitalters nach einer ausschließlich *philosophisch* geschriebenen Geschichte: «Jamais le public n'a mieux senti qu'il n'appartient qu'aux philosophes d'écrire l'histoire» [2]; denn: «Le philosophe n'est d'aucune patrie, d'aucune faction». Hume ist darin Vorbild. G., Darstellung der Geschichte «en philosophe» – so bereits im ‹Essai sur l'histoire générale et sur les mœurs et l'esprit des nations› (1756), dann in der ‹Philosophie de l'Histoire› (1765), die 1769 als Einleitung zum ‹Essai ...›

diente [3] – bedeutet für Voltaire weiterhin Destruktion einer Historiographie, die alles auf göttliches Eingreifen in die Geschichte zurückführt (wie Bossuet im ‹Discours sur l'histoire universelle›, 1681), und vernünftige, d. h. natürliche Erklärung dessen, wozu andere Geschichtsschreiber Wunder- und Fabelerzählungen bemühen mußten. Nicht das von Gott auserwählte jüdische Volk bildet deshalb den Anfang der Geschichte, sondern der ferne Orient (China), von dem der Okzident vieles gelernt hat. Die Ursprünge der Völker und Gesellschaften sollen in der Natur gesucht werden: «Ce fut donc en consultant la nature que nous tâchâmes de porter quelque faible lumière dans le ténébreux chaos de l'antiquité» [4]. Das Ziel der G. ist, mit dem gesunden Menschenverstand (sens commun) die oft widersprüchlichen Fabelgeschichten des Altertums zu überprüfen: «Tout ce qui n'est pas dans la nature ... paraissait absurde, excepté ce qui concerne la foi» [5]. Zu einer philosophischen Geschichtsschreibung gehört für Voltaire schließlich auch, daß sie sich nicht in der Fülle der Einzelheiten verliert, sondern auf Geist, Sitten und Gebräuche der wichtigsten Völker sieht, um so eine «idée générale des nations qui habitent et qui désolent la terre» zu geben [6].

Im Geiste kritischer Aufklärung, die keine Autorität ungeprüft gelten läßt und alle geschichtlichen Erscheinungen natürlich zu begründen sucht, sind manche der ‹philosophischen Geschichten› geschrieben, die nach 1765 über verschiedene Themen erschienen [7]. Die Gegenschriften zu Voltaires ‹Philosophie de l'Histoire› [8] behandeln zwar nicht den Begriff ‹G.› selbst – vielfach wenden sie sich gegen den «despotisme philosophique» [9] –, trugen aber zur Verbreitung des neuen Terminus bei.

Eine Philosophie der Geschichte war aber nicht allein deshalb neu, weil mit ihr die theologisch begründete Universalgeschichte abgelöst wurde. Sie mußte es auch sein, weil Philosophie als Wissenschaft der Vernunftwahrheiten und Geschichte als Wissenschaft von den Erfahrungstatsachen im Sinne der griechischen ἱστορία bis dahin noch allgemein als entgegengesetzte und einander ausschließende Wissenschaften galten. Eine G., die Anwendung philosophischer, d. h. allgemeiner Prinzipien, auf nur empirisch Einzelnes, mußte deshalb zunächst als Verbindung zweier unvereinbarer Bereiche erscheinen.

Voltaires Wortbildung ‹Philosophie de l'histoire› war auch deshalb eine kühne Neuprägung. Zwar war im 18. Jh. einen geläufigen Ausdruck ‹historia philosophica› bzw. ‹philosophische Geschichte›; man bezeichnete damit aber die Geschichte der Philosophie, und erst später konnte der Begriff auch die Bedeutung von ‹G.› annehmen [10]. Zudem hatte bereits J. BODIN 1566 von den «Philosophistorici» gesprochen und damit jene antiken Historiker gemeint, die in die «Erzählung von den geschehenen Dingen» die «Vorschriften der Weisheit» einbrachten [11]. Dies war aber eine eigenwillige Wortbildung geblieben, die nicht rezipiert wurde.

Anmerkungen. [1] z. B. F. W. J. SCHELLING, Sämtl. Werke, hg. K. F. A. SCHELLING (1856-61) 11, 229; K. CHR. F. KRAUSE: Lebenslehre oder Philos. der Gesch. (1843, ²1904) 19; vgl. K. LÖWITH: Weltgesch. und Heilsgeschehen (1953) 99ff. – [2] VOLTAIRE, Oeuvres complètes, hg. BEUCHOT (Paris 1829-34) 41, 451. – [3] Essai ..., Avant-Propos a. a. O. 15, 247; La philos. de l'hist., hg. J. H. BRUMFITT (Genf 1963) 87. – [4] Fragment sur l'hist. générale (1773) a. 10 a. a. O. [2] 47, 561. – [5] La défense de mon oncle (1767) a. a. O. 43, 314; vgl. 15, 251. – [6] Essai ... a. a. O. 15, 245f. – [7] z. B. C. F. X. MILLOT: Hist. philos. de l'homme (London 1766); Abbé YVON: Hist. philos. de la relig. (Leiden 1779); J.-B.-C. IZOUARD, gen. DELISLE DE SALES: Hist. philos. du monde primitif (Paris 1793). – [8] P.-H. LARCHER: Supplément à la philos. de l'hist. ... (Amsterdam 1767, ²1769); Réponse à la défense de mon oncle ... (Amsterdam 1767); L. VIRET: Réponse à la philos. de l'hist. (Lyon 1767); J. G. CLÉMENCE: Défense des livres de l'ancien testament contre l'écrit intitulé: La philos. de l'hist. (Amsterdam 1767); A. J. ROUSTAN: Lettres sur l'état présent du Christianisme ... (London 1768); L. FRANÇOIS: Observations sur la philos. de l'hist. (Paris 1770); A. GUENÉE: Lettres de quelques juifs portugais, allemands et polonais, à M. de Voltaire (Paris 1769). – [9] VIRET, a. a. O. 2ff. 321. – [10] Belege bei L. GELDSETZER: Die Philos. der Philos.gesch.schreibung (1968) 26. 53f. 129f. – [11] J. BODIN, Methodus ad facilem historiarum cognitionem. Oeuvres philos., hg. P. MESNARD (Paris 1951) 138 b.

2. Der Schwierigkeit, Geschichte und Vernunft zu verbinden, ist sich I. ISELIN bewußt, wenn er 1764, also schon vor Voltaires ‹Philosophie de l'Histoire›, seine «Philosophischen Muthmaßungen über die Geschichte der Menschheit» ausdrücklich als Versuch konzipiert, «dessen Unvollkommenheit wir mehr als zuvor erkennen» [1]: Der Philosoph ist auf «eine richtige und genaue Erkenntnis des Menschen und seiner mannigfaltigen Verhältnisse» angewiesen. «Aber wie verwickelt ist nicht diese Erkenntnis? Welch ein Unterschied ergiebt sich nicht zwischen dem Menschen des Philosophen, und dem Menschen des Geschichtsschreibers?» [2]. Iselin entwirft seine G. als eine Geschichte der Vervollkommnung des Menschengeschlechts, des Fortschreitens aus dem «Stande der Natur» und aus dem «Stande der Wildheit» zum «gesitteten Stand», der Befreiung des Menschen von der alleinigen Herrschaft der Triebe und Begierden und der allmählichen Erlangung von Tugenden, Künsten und Wissenschaften.

Die Aufgabe, in der Geschichte der Menschheit deren Fortschritte und Rückfälle darzustellen, hatte sich Iselin schon 1750 gestellt: «Es würde kein würdigeres Vergnügen für eine philosophische Seele sein, als ... die Tugenden und Laster der Menschen aller Zeiten und aller Völker ... aus demjenigen, was uns die Geschichtsschreiber und andere Schriftsteller davon aufgezeichnet, hervorzusuchen und vielleicht gar der Welt vor die Augen zu legen» [3]. Auch Iselins ‹Philosophische und Politische Versuche› (1760) behandeln dieses Thema und dürfen als Vorstufe seiner G. gelten, so daß M. MENDELSSOHN darüber urteilt: «Man muß einigen schweizerischen Schriftstellern die Gerechtigkeit widerfahren lassen, daß sie die ersten unter den Deutschen gewesen sind, welche die Menschen in der großen politischen Gesellschaft mit wahren philosophischen Augen zu betrachten angefangen» [4]. Auch Mendelssohns Rezension über Iselins ‹Philosophische Muthmaßungen›, die er ausdrücklich als «philosophische Geschichte» bezeichnet [5], zeigt, daß Iselins Werk schon damals als G. gilt: «Philosophie und Kenntniß der Geschichte zeigen sich hier in ihrem Triumphe. ... Man unterscheidet gar bald den Weltweisen, welcher dem Faden der Geschichte folgt, und ihn nur da, wo er abgerissen ist, durch Muthmaßungen wieder anknüpft, von dem Systemsüchtigen, der seine Gespinnste aus dem Grunde nimt und zum Schein hier und da mit Beobachtungen aufstutzt» [6]. J. N. TETENS bezeugt, daß die ‹Muthmaßungen› auch als die *erste* G. angesehen wurden: «Der vortreffliche Plan einer allgemeinen Geschichte der Menschheit, den Herr Iselin entworfen, und die erste Linie davon mit scharfem Beobachtungsgeist gezogen hat, ist noch mehr eine Philosophie der Geschichte, als Geschichte selbst» [7]. So sind denn viele der nachfolgenden G. nach dem Begriff von G., den Iselin entwickelt hat, geschrieben worden, wenn sie auch teilweise, wie Herder, zu anderen Ergebnissen kommen.

J. WEGELIN, der 1770–1776 vor der Berliner Akademie seine ‹Philosophie de l'Histoire› vorträgt [8], ist mit seinen Aussagen über Plan und Ziel der Geschichte vorsichtig: Die Weltgeschichte läßt die Annäherung der Staaten an einen Zustand des Gleichgewichts der Kräfte und an ein friedliches Endstadium erkennen. Als «raisons finales» können der politische und gesellschaftliche Stand des Menschen gelten, denn nur hier kann der Mensch seine Anlagen verwirklichen [9]. Wichtiger aber als die Frage nach dem Ziel der Geschichte (ihre Finalität) ist für Wegelin das Problem des Zusammenhangs der historischen Ereignisse (Kausalität). Deshalb sind methodologische Überlegungen das Zentrum seiner G. Er ist sich bewußt, daß in der G. nicht der Grad der Allgemeinheit, Abstraktion und Vollständigkeit der Begriffe und Ideen und deshalb nicht der Grad der Gewißheit erreicht werden kann wie in der Metaphysik: «la philosophie de l'histoire est fondée sur les modifications et l'ordre successif des faits mêmes: au bien que la philosophie de l'entendement pur se rapporte aux notions abstraites formées par la considréation générale des faits» [10]. Da aber auch in der Geschichte Gesetze herrschen, das der «continuité indéfinie» einerseits und das der «diversité indéfinie» andererseits, und die Geschichte eine «partie raisonnée» hat, können die Kategorien der Angleichung (assimilation) und Verkettung (enchaînure) auf das historische Material angewandt werden, so daß eine G. möglich ist [11]: Dazu ist es nötig, daß man den «ordre successif» der geschichtlichen Fakta als Reihen (series), die ein bestimmtes Prinzip zur Grundlage haben (z. B. das Interesse einer ganzen Nation oder eines Teils von ihr), betrachtet [12]. Da nichts in der Geschichte durch Zufall geschieht und eine in verschiedenen Völkern wiederkehrende Handlung durch *einen* allgemeinen Grund bedingt ist, bildet sie gewissermaßen eine Verbindung der Tatsachen («anastomose des faits»). In diesem «système» modifizieren und variieren die jeweiligen Umstände nur *eine* Idee, «qui leur sert de principe et de point d'appui» und die allerdings durch neue Ideen verbessert oder ersetzt werden kann [13]. Auf diese Weise ist die Mannigfaltigkeit der Begebenheiten in der Geschichte gerettet und zugleich so relativiert, daß allgemeine Aussagen über die eine Gesellschaft oder Epoche leitenden Prinzipien und Ideen gemacht werden können [14].

Wie wenig eindeutig der Begriff noch war, zeigt sich bei H. M. G. KÖSTER, der unter ‹G.› auch eine «pragmatische» Geschichtsschreibung, die die «Begebenheiten so erzählt ..., daß daraus nützliche Wahrheiten ... hergeleitet werden» können, versteht [15]. G. bedeutet die «Ordnung» der Geschichte nach Grundsätzen und Zusammenhängen und ist eigentlich nur als Universalgeschichte möglich. Eine solche «Ontologie oder Grundlehre» der Geschichte steht aber, wie sich an Iselin zeige, in der Gefahr, mehr Philosophie als Geschichte zu sein, da in ihr vorher gewußte Sätze der Philosophie auf die Geschichte angewendet werden oder die Geschichte nur die Beispiele zur Erläuterung der Philosophie liefert [16]. Schließlich kann auch die Angabe der Regeln, die in der Geschichtsschreibung zu beobachten sind, ‹G.› heißen. G. wird dann «Theorie» oder «Logik der Geschichte» genannt [17].

In vielen nachfolgenden Werken – auch dort, wo ausdrücklich eine «philosophische Geschichte» intendiert ist [18] und Iselins «Philosophie, die auf die Geschichte gegründet ist», gelobt wird [19] – sucht man das Gleichgewicht zwischen dem philosophischen und dem geschichtlichen Moment in der G. dadurch zu wahren, daß man sich möglichst getreu an die historischen Daten hält und sie durch Quellen (Reiseberichte usw.) absichert in der Absicht, so einseitige und von der «Geschichte selbst» abgelöste «Raisonnements» zu vermeiden [20].

Anmerkungen. [1] I. ISELIN: Über die Gesch. der Menschheit. Philos. Muthmassungen (1764) Einl. zu 1 (nur ab ²1768). – [2] a. a. O. Schreiben «an die menschenfreundl. Gesellschaft in der Schweiz» zu 1 (ab ¹1764). – [3] zit. nach F. SCHWARZ: I. Iselins Jugend- und Bildungsjahre. 101. Neujahrsblatt, hg. von der Ges. zur Beförderung des Guten und Gemeinnützigen (1923) 23; vgl. A. STERN: Über I. Iselins Gesch. der Menschheit, Z. schweiz. Gesch. 10 (1930) 206; vgl. 208f. 210ff. – [4] M. MENDELSSOHN: 138. Brief die neueste Lit. betr. (1. 1. 1761). Ges. Schr. (1843-45) 4/II, 214; vgl. 4/II, 224. 360. – [5] Brief an Iselin vom 16. 11. 1763, zit. STERN, a. a. O. [3] 227. – [6] MENDELSSOHN, Ges. Schr. a. a. O. [4] 4/II, 522. – [7] J. N. TETENS: Philos. Versuche über die menschl. Natur und ihre Entwickl. (1777) 2, 370. – [8] J. WEGELIN (WEGUELIN): Sur la philos. de l'hist., in: Nouv. Mém. Acad. roy. (Berlin) Jg. 1770 (1772) 361-414; Jg. 1772 (1774) 450-516; 1773 (1775) 448-497; 1775 (1777) 490-536; 1776 (1779) 426-440; Teilübers. von Jg. 1770 und 1772 in: K. ROSENKRANZ: Das Verdienst der Deutschen um die Philos. der Gesch. (1835) 33-78. – [9] WEGELIN, a. a. O. 1770 (1772) 373. 375. 414. – [10] a. a. O. 361f. – [11] 362f. 386. – [12] 363-365. – [13] 366f. 395. – [14] 370. – [15] H. M. G. KÖSTER: Über die Philos. der Hist. (1775) 9; vgl. 22. – [16] a. O. 50-54. 68-72. – [17] 73f. – [18] FR. M. VIERTHALER: Philos. Gesch. der Menschen und Völker (1787-94). – [19] CHR. MEINERS: Grundriß der Gesch. der Menschheit (1785) Vorrede. – [20] VIERTHALER, a. a. O. [18] vgl. bes. Vorrede zu 3; MEINERS, a. a. O.; C. C. L. HIRSCHFELD, Vorrede zu: Bibl. der Gesch. der Menschheit 1 (1780).

3. Seit dem Erscheinen von J. G. HERDERS Schrift ‹Auch eine Philosophie der Geschichte zur Bildung der Menschheit› im Jahre 1774 steht dann aber fest, was der Begriff ‹G.› vor allem bedeutet: Reflexion über Plan und Ablauf der Geschichte. Im Titel des Werkes nimmt Herder Bezug auf bereits vorliegende Schriften dieses Namens (besonders auf Iselin), um sich aber zugleich von ihnen kritisch zu distanzieren: «Ich habe also den Seitenblick dieser [zeitgenössischen] philosophischen Kritik an den ältesten Zeiten, von der jetzt bekanntlich die Philosophien der Geschichte und Geschichte der Philosophie voll sind, mit einem Seitenblicke obwohl Unwillens und Eckels erwiedern müssen» [1]. Herder wendet sich gegen den Fortschrittsglauben, das Bewußtsein der eigenen Aufgeklärtheit und Vernünftigkeit, die zu einer hybriden Herabsetzung der vorangegangenen Epochen geführt haben. Eine solche G. (und zwar «alle Bücher unserer Voltäre und Hume, Robertsons und Iselins» [2]) legt an die alten Gesellschaften und Zeitalter einen ihnen nicht gerecht werdenden Maßstab an, wenn sie sie nur mit der eigenen Zeit vergleicht («im Grunde also wird alle Vergleichung mißlich») und an dem schon erreichten Fortschritt mißt (denn «ein Plan des Fortstrebens» wird allerdings «sichtbar») [3]. Jede einzelne Epoche hat ihr Eigenrecht, und der wahre Geschichtsphilosoph muß in sie «hineingehen», sich «in alles hineinfühlen» und es «erklären» [4]. Alle Prophezeiungen aber über die Zukunft der Geschichte sind nur Weissagungen vom eigenen, beschränkten Standpunkt aus [5]. Das bedeutet jedoch nicht, daß die Geschichte Chaos wäre. Sie ist vielmehr «Schauplatz einer leitenden Absicht auf Erden», nämlich Absicht «der Gottheit», aber dieser «Plan Gottes im Ganzen» kann nicht von einem einzelnen Menschen übersehen werden, denn er ist nur Mitspieler in diesem Schauspiel und kennt nicht die gesamte Handlung. Das Ganze muß ihm als Labyrinth erscheinen; könnte er jedoch einen Standpunkt über der Geschichte einnehmen, würde sie sich ihm als «Harmonie» und «Pallast Gottes, zu seiner Allerfüllung» offenbaren. «Eben die Eingeschränktheit meines Erdpunktes, die

Blendung meiner Blicke, das Fehlschlagen meiner Zwecke ... – eben das ist mir Bürge, daß *ich* Nichts, das *Ganze* aber Alles sey» [6]. «Aussichten auf ein höheres als menschliches Hiesein wird aus der trümmervollen Geschichte das Resultat werden, uns Plan zeigen, wo wir sonst Verwirrung fanden. Alles findet sich an Stelle und Ort – Geschichte der Menschheit ... – du wirst werden!» [7].

In den ‹Ideen zur Philosophie der Geschichte der Menschheit› (1784-91) hat Herder das Problem der Nichterkennbarkeit des Plans der Geschichte, der aber doch vorausgesetzt und angenommen werden muß, neu formuliert. Trotz aller Zweifel, ob «die Geschichte der Menschheit im Ganzen und Großen eine Philosophie und Wissenschaft haben» könne, ist der «Mensch dazu geschaffen, daß er Ordnung suchen, daß er einen Fleck der Zeiten übersehen, daß er die Nachwelt auf die Vergangenheit bauen soll: denn dazu hat er Erinnerung und Gedächtniß» [8]. G. ist ein praktisches, sich aus dem Wesen des Menschen ergebendes Postulat. Daß Gott in der Natur existiert, ist der Grund für die Überzeugung, daß es ihn auch in der Geschichte gibt, daß die Welt nicht «Kampfplatz sinnloser Leidenschaften, wilder Kräfte, zerstörender Künste» ist, und ist Grund für die «Zuversicht», sich «auch in die Labyrinthe der Menschengeschichte wagen» zu dürfen [9]. Aber «Allwissenheit» darf sich «der Philosoph dieser Geschichte» nicht anmaßen; «denn nur der Genius unsres Geschlechts übersieht desselben ganze Geschichte» [10]. Trotzdem postuliert Herder jetzt einen Zweck und damit einen «Leitfaden» für das «Labyrinth der Geschichte» [11], nämlich Humanität, «Vernunft und Billigkeit», «Gleichgewicht widerstrebender Kräfte» (die aber nicht entferntes Ziel der gesamten Geschichte, sondern in allen geschichtlichen Ausformungen und Zuständen wirksam sind, wenn sie auch selten voll erreicht werden [12]), und einige Hauptgesetze der Weltgeschichte (z. B. organische Kräfte sind Triebfedern der Geschichte; sie ergeben eine «aufsteigende Reihe») [13].

Das «Principium», wodurch G. möglich und nötig ist, liegt in der Tatsache, daß der Mensch nur durch Tradition zum Menschen wird; hätte das Individuum alles aus sich, gäbe es keine G. So aber verweist jedes bestimmte Individuum auf den Zusammenhang des Geschlechts, das durch Erfahrung und Weitergabe von Erfahrung erzogen wird: Es gibt «eine Erziehung des Menschengeschlechts und eine Philosophie seiner Geschichte so gewiß, so wahr es eine Menschheit d. i. eine Zusammenwirkung der Individuen gibt, die uns allein zum Menschen machte» [14]. Die G. verfolgt die unter wechselnden Gestalten erscheinende «Kette der Bildung» und «Tradition», die aus den «Trümmern ein Ganzes» macht und «ohne welche alle äußere Weltbegebenheiten nur Wolken wie sind oder erschreckende Mißgestalten werden» [15]. Damit sind die geschichtlichen Einzelmomente nicht nur Mittel zu einem Endzweck, sondern Zweck in sich selbst. «Was also jeder Mensch ist und seyn kann, das muß Zweck des Menschengeschlechts seyn; und was ist dies? Humanität und Glückseligkeit auf dieser Stelle in diesem Grad, als dies und kein anderes Glied der Kette von Bildung, die durchs ganze Geschlecht reichet» [16]. Vor begrifflichen Abstraktionen muß sich der Geschichtsphilosoph hüten. Er hat «rein zu sehen, was da ist» [17]. G. heißt Verbindung der Fakten «in einiger Allgemeinheit» und erreicht dadurch eine «lebendige Darstellung», die die Mannigfaltigkeit der historischen Erscheinungen berücksichtigt [18].

Anmerkungen. [1] J. G. HERDER, Sämtl. Werke, hg. B. SUPHAN (1877-1913, ND 1967/68) 5, 486. – [2] a. a. O. 5, 524. – [3] 5, 490. 508. 509. 511; vgl. 14, 27. – [4] 5, 503. 526. – [5] 5, 577. – [6] 5, 513. 558-560. 584f.; vgl. 581. – [7] 5, 567. – [8] 13, 7f. – [9] 13, 9. 374; 14, 207. – [10] 13, 207. – [11] 14, 250. – [12] 13, 154. 161. 189ff. 194f.; 14, 207ff. 235. – [13] 14, 84; 13, 167-188. – [14] 13, 345-347. – [15] 13, 352f. – [16] 13, 350. – [17] 14, 145. – [18] 13, 290. 387; ähnlich wie Herder vgl. NOVALIS, Schriften, hg. KLUCKHOHN/SAMUEL 2 (²1960) 23f.

4. KANT, der 1785 Herders ‹Ideen ...› rezensiert, wendet gegen sie ein, daß Begriffe wie ‹Menschengeschlecht› und ‹Gattung› keineswegs leere Begriffe seien. Herder, der jedem Einzelwesen seinen Eigenwert belassen will, sieht nicht, daß die Menschheit ihre Bestimmung in ihren Einzelgliedern nur annäherungsweise und erst «im Ganzen» «völlig erreichen» kann: «die Bestimmung des menschlichen Geschlechts im Ganzen ist unaufhörliches Fortschreiten, und die Vollendung derselben ist eine bloße, aber in aller Absicht sehr nützliche Idee von dem Ziele, worauf wir der Absicht der Vorsehung gemäß unsere Bestrebungen zu richten haben» [1]. Eine solche G., die ihr Ziel «nur in der Gattung nicht aber im Individuum» voll realisiert sieht, hatte Kant selbst schon 1784 mit seiner ‹Idee zu einer allgemeinen Geschichte in weltbürgerlicher Absicht› entworfen. Da die Menschen nur im Einzelnen, nicht aber insgesamt ihre Handlungen durch Vernunft und Freiheit bestimmen, scheint es für die Geschichte als Chaos von Willkür und Unvernunft keine Gesetze und damit keine Philosophie zu geben [2]. Als «Rechtfertigung der Natur» – oder besser der Vorsehung» jedoch, als Theodizee sowohl wie als « tröstende Aussicht in die Zukunft» [3], d. h. als wichtige Voraussetzung für das praktisch-moralische Handeln, ist G. nötig. Deshalb ist es Aufgabe des Philosophen, zu «versuchen, ob er nicht eine Naturabsicht in diesem widersinnigen Gange menschlicher Dinge entdecken könne» [4]. Kants hypothetischer Naturplan, seine «philosophische Geschichte», besagt: Die Natur zwingt den Menschen gerade durch seine «ungeselligen» Anlagen, durch den «Antagonismus» in der Gesellschaft, sich seiner Vernunft und Freiheit zu bedienen und eine vollkommen «bürgerliche Vereinigung» in der Menschengattung zu erreichen, in welcher er seine Anlagen frei entfalten kann [5]. Das Geschichtsziel ist die das Recht verwaltende bürgerliche Verfassung und darüber hinaus der «weltbürgerliche Zustand», der ewige Friede zwischen den Staaten.

Für den Philosophen ist dieses wenigstens in der «Idee» vorgestellte Ziel ein «Chiliasmus», der aber nicht «schwärmerisch» ist, sondern sich auf «schwache Spuren der Erfahrung», auf «wenige Geschichtszeichen» (s. d.) stützt [6], so daß der Endzustand als wirklich, wenn auch noch entfernt bevorstehend beglaubigt ist und mit «Sicherheit erwartet werden kann» [7]. Zudem leistet die G. dem Fortschritt selbst Vorschub, sie ist «für diese Naturabsicht beförderlich» [8], und eine «Geschichte a priori» ist immer dann möglich, «wenn der Wahrsager die Begebenheiten selber macht und veranstaltet, die er zum Voraus verkündigt» [9]. Aber auch die Natur selbst (das Schicksal, die Vorsehung), «aus deren mechanischen Laufe sichtbarlich Zweckmäßigkeit hervorleuchtet», garantiert «den ewigen Frieden; freilich mit einer Sicherheit, die nicht hinreichend ist, die Zukunft desselben (theoretisch) zu weissagen, aber doch in praktischer Absicht zulangt und es zur Pflicht macht, zu diesem (nicht bloß schimärischen) Zwecke hinzuarbeiten» [10].

Kant akzentuiert, daß der Fortschritt in der Geschichte ein Fortschritt in der Legalität, nicht aber notwendig auch in der Moralität bedeute [11]. Zugleich betont er aber, daß die Anlage zum Bösen den Fortschritt verzögert und gefährdet [12], daß «guter Wille» und «moralisch-gute Gesinnung» die Bedingung alles Guten und wesentlicher Inhalt der Kultur sind [13].

FR. MAIER übernimmt zwar völlig die inhaltlichen Bestimmungen Kants [14], schränkt aber die Bedeutung des Terminus ein: Die G. stellt nicht selbst das Ideal für die Menschheit auf, sondern sucht nach den «verborgenen Triebfedern der Begebenheiten» und den «innern Gesetzen», nach denen die Erscheinungen der Geschichte ablaufen. Die G. steht damit neben anderen Wissenschaften, die Regeln und Gesetze erforschen, etwa neben Physik, Psychologie und Anthropologie [15].

Die Überzeugung, «daß die Natur im politischen und moralischen, so wie in der physischen Welt, nach einerlei Gesezen wirke», ist für A. WEISHAUPT der Grund, warum «ein unbefangener, philosophischer Geschichtsschreiber» aus der Vergangenheit auf die Zukunft schließen kann [16]. G. ist «Weissagung», d. h. «Erwartung ähnlicher Fälle, ... sehr geschärftes Vorhersehungsvermögen ... sie gründet sich ... auf der Voraussetzung, daß ähnliche Ursachen ähnliche Wirkungen hervorbringen» [17]. Weishaupt widerspricht Herder auch darin, daß jede Zeit ihren Zweck in sich selbst habe. Die Geschichte ist jetzt ein Ganzes, in dem die Teile sich vervollkommnen und dadurch auch das «Wohl» des Ganzen befördern. Die Geschichte geht über die Einzelnen hinweg, wir spielen nur die «Rolle», «welche dieses Ganze erfordert» [18]. G. bedeutet Wissen um den sicheren Gang des Fortschritts zum Besseren, Einsicht in die Notwendigkeit der Entstehung, Veränderung und des Untergangs geschichtlicher Epochen und Institutionen, so daß sich nichts vor dem Gesetz der Geschichte als ewig betrachten kann und etwa «der Stolz mancher Stände» gedemütigt wird, «die sich aus einem thörrichten Irrthum mit der Welt gleich alt denken». G. kann uns «mit der Welt aussöhnen», da sie um die Vergänglichkeit gegenwärtiger Übel und die Perfektibilität des Ganzen weiß [19].

G. als Erforschung der Zukunft durch Kenntnis der Ursachen der Vergangenheit ist auch für FR. ANCILLON die einzige G., die diesen Namen verdient, während eine nur in philosophischem Geist geschriebene Geschichte der Gegenwart keine eigentliche G. sei [20]. G. wird notwendig als Antwort auf die Frage der Vernunft nach dem Endzweck allen Geschehens und nach der letzten Bestimmung der Menschheit. Ohne sie wäre die Welt ein ziel- und ruheloses Chaos, eine unbestimmt fluktuierende Masse von Geschehnissen. Wir erkennen aber in der Geschichte «l'action d'une grande sagesse conservant et dirigeant toutes les forces subalternes nécessaires à l'accomplissement de ses desseins». Da diese höchste Weisheit und Zweckbestimmung jedoch durch keine einzelnen Zielsetzungen je ausgeschöpft wird, können wir uns in keiner unserer Handlungen mit der unendlich weisen Vorsehung identifizieren [21]. Den Endzustand der Geschichte sieht Ancillon in der größtmöglichen Summe von Moralität, deren endliche Intelligenzen fähig sind: «Le monde avec lenteur, arrive à la vertu» [22].

Anmerkungen. [1] I. KANT, Akad.-A. 8, 65. – [2] a. a. O. 8, 17f. – [3] 8, 30. – [4] 8, 18. 29. – [5] 8, 18. 20ff. 31. – [6] 7, 84. 81; 8, 27. – [7] 8, 27. – [8] 8, 29. – [9] 7, 79f. – [10] 8, 360. 368. – [11] 7, 91. – [12] 7, 84; 8, 23. – [13] 8, 23. 26. 332. – [14] FR. MAIER: Briefe über das Ideal der Gesch. (1796) 56. 58ff. 68ff. 81ff. – [15] a. a. O. 170. 172ff. – [16] A. WEISHAUPT: Gesch. der Vervollkommnung des menschl. Geschlechts (1788) 19f. 23. 35f. – [17] a. a. O. 40f. – [18] 20f. – [19] 39f. 42f. – [20] FR. ANCILLON: Considérations sur la philos. de l'hist. (1796) 6. – [21] a. a. O. 7f. 10. 12-16. 17. – [22] 26-28. 32.

5. Seit ihrem Beginn behandelte die G. nicht nur die politische Geschichte, sondern in besonderem Maße, wenn nicht überwiegend, die Geschichte der Sitten, des Rechts, der Wissenschaften, Künste und Religion, d. h. der Kultur. Die Philosophie der *Kulturgeschichte* wird in verschiedenen Werken des späten 18. Jh. eigens thematisiert. So betrachtet C. F. VON IRWING seine Untersuchungen zur Frage, wie der Mensch allmählich zu immer vernunftgemäßerer Überzeugung von den Wahrheiten der Religion gelangt und den bloßen Autoritätsglauben ablegt, als eine «philosophische Geschichte», in der die Veränderungen «in Rücksicht seiner [des Menschen] Erkenntniß und Sitten» nach natürlichen Gründen und Ursachen erforscht werden [1].

K. H. L. PÖLITZ weiß sich in seiner Kulturgeschichte zwar Herder verpflichtet, findet aber erst in der kritischen Philosophie Kants das Prinzip, nach dem eine G. durchgeführt werden kann. Einen Maßstab zur Beurteilung der «großen Masse der Weltbegebenheiten» bietet die Geschichte selbst nicht, sie ist ohne ihn ein rätselhaftes Labyrinth. Erst die Philosophie, und zwar die praktische Philosophie, erfüllt das «Bedürfnis» der Vernunft, mit sich selbst «in Ordnung und Harmònie zu kommen», die Frage nach «sicheren Kriterien» und nach einer «bleibenden Norm» für die Beurteilung der Fakten der Geschichte und ihres möglichen Fortschritts oder Verfalls zu beantworten [2]. Der Endzweck des menschlichen Lebens ergibt sich aus der Doppelnatur des Menschen als eines zugleich vernünftigen und sinnlichen Wesens, so daß seine Bestimmung und damit das Ziel des «moralischen Weltplans» auch nur Moralität/Tugend und Glückseligkeit zugleich sein können. Dieses Ziel wird aber nur in einem «unendlichen Progress» und nicht schon auf Erden erreicht, denn die Erde ist lediglich eine «Epoche der Erziehung und Vorbereitung» [3]. In ihr vermag der Mensch nur zum «partialen Endzweck seines gesammten Daseyns» in der Entwicklung und Verbesserung von Religion, bürgerlicher Gesellschaft, der Wissenschaften und Künste zu gelangen, und diese Fortschritte der Kultur sind auch die «Vehikel» zur «Realisierung des moralischen Weltplans» [4].

Gegen den Einwand, daß der moralische Weltplan «bloß etwas Intelligibles» sei und als Idee nur «praktische Gültigkeit im Glauben» habe, also nicht a posteriori durch die empirische Geschichte zu belegen sei [5], präzisiert Pölitz später [6] seine Auffassung der G.: Das Prinzip der Geschichte, ihr notwendiger Gang durch die drei Perioden der Sinnlichkeit, des Verstandes und der Vernunft bis zur Erreichung des Gleichgewichts zwischen Sinnlichkeit und Vernunft, Tugend und Glückseligkeit und der «Einigkeit des Menschen mit sich selbst» (diese letzte Periode muß aber immer «idealisch» bleiben), ist nur von der Philosophie aufzustellen und kann durch die Geschichte nicht im nachhinein bestätigt werden [7].

Eine ‹Philosophie der Culturgeschichte› ist für D. JENISCH eine umfassende Geschichte der Menschheit, von der die Geschichte der «Reiche und Staaten» nur ein Teil ist. Die Kultur-G. betrachtet die Entwicklung der verschiedenen Anlagen des Menschen «nach der Idee einer fortschreitenden Vervollkommnung» und sieht als ihr Ziel die Erlangung von Sittlichkeit, Kunstsinn, Weisheit und Glückseligkeit. Dieses Ziel wird in einem nur allmählichen, aber sicheren Fortschritt erreicht. Den «keineswegs verworrenen Ideen-Gang des Ganzen» verfolgt er durch die fünf «Epochen» der «Thiermenschheit, des Vernunftkeims (oder der Vermenschlichung), der Verfeinerung, der Überfeinerung, und der Versittlichung», wobei die letzte Epoche noch «unter keinem Volke in der Wirklichkeit erschien» [8].

F. A. CARUS leugnet zwar nicht die Nützlichkeit der Philosophie für die Geschichte (sie gibt «dem Geschichtsforscher die reine Idee..., welche er durch die Geschichte durchzuführen hat ... den höchsten Zweck, ein sichres regulative Princip»), versteht sein Werk dann aber nicht als «Philosophie der Culturgeschichte, sondern [als] diese Geschichte selbst». Sie ist es, die über die Entwicklung der Natur des Menschen und deren Kultivierung und Vervollkommnung zur Menschheit handelt. Eine G. als «Wissenschaft der Geschichte a priori» würde sich dagegen selbst aufheben, da sie sich von den Fakten der Geschichte löst [9].

Anmerkungen. [1] C. F. VON IRWING: Versuch über den Ursprung der Erkenntniß der Wahrheit und der Wiss. (1781) 5f. 16. – [2] K. H. L. PÖLITZ: Gesch. der Kultur der Menschheit (1795) IVff. 5ff. 19. 46. – [3] a. a. O. 40f. 45f. 50ff. – [4] 53ff. 79f. – [5] Vgl. Rez. über Pölitz in: Ann. Philos. philos. Geistes, hg. L. H. JAKOB 1 (1795) 1105-1123, bes. 1116f. – [6] K. H. L. PÖLITZ: Über die letzten Principien der Philos., und über das daraus resultierende Princip zu einer Philos. der Gesch. der Menschheit. Dtsch. Magazin, hg. CHR. U. D. EGGERS, 13 (Jan.-Juni 1797) 405-462. 543-593; 14 (Juli-Dez. 1797) 28-66. – [7] a. a. O. 546f. 567. 589ff. 46ff. 55. – [8] D. JENISCH: Universalhist. Ueberblick der Entwickl. des Menschengeschlechts (1801) 1, 18. 20f. 27f. 31f. – [9] F. A. CARUS: Nachgelassene Werke 6: Ideen zur Gesch. der Menschheit (1809) 68-72; vgl. Über die Idee und die bisherige Behandlung einer Gesch. der Menschheit. Neue Leipziger Lit.-Ztg. (1804) I, 1-8. 17-32. 49-60. 401-412.

6. Die Philosophie der Kulturgeschichte ging davon aus, daß ein Fortschritt zum Besseren auf allen Gebieten des Lebens einschließlich der Moral stattfinde. Indem sie den Fortschritt der Institutionen der bürgerlichen Gesellschaft nur als Teilgebiet der G. anerkannte (so z. B. Pölitz), war sie – zum Teil unter dem Einfluß Herders – von Kant abgewichen, der ins Zentrum der G. den Fortschritt in der Legalität gestellt hatte. Kennzeichen der G. des klassischen *deutschen Idealismus* hingegen ist es, daß sie in der von Kant exponierten Themenstellung ihren Ausgangspunkt findet.

FR. SCHILLER zögert mit Kant, die philosophisch konzipierte Geschichte als den schlüssig aufweisbaren realen «Gang der Welt» zu unterstellen. Aber «der philosophische Geist», «der nach Übereinstimmung strebt», kann sich nicht mit dem Anblick von isolierten Erscheinungen und Traditionsbruchstücken begnügen: «unter dem geliehenen Lichte des Verstandes» fügt sich ihm das «Aggregat zum System», und er sieht im Ineinandergreifen von «Ursache und Wirkung» aufs Ganze der Geschichte bezogen «Mittel und Absicht». «Er nimmt also diese Harmonie aus sich selbst heraus und verpflanzt sie außer sich in die Ordnung der Dinge, d. i. er bringt einen vernünftigen Zweck in den Gang der Welt, und ein teleologisches Prinzip in die Weltgeschichte». Dies Prinzip ist beglaubigt nicht durch die Geschichte selbst – sie widerlegt es so sehr, wie sie es bestätigt –, sondern dadurch, daß es «dem Verstande die höhere Befriedigung und dem Herzen die größere Glückseligkeit anzubieten hat» [1]. Die Versöhnung von Natur und Freiheit, Individuum und Gesellschaft, d. h. das Ziel der Geschichte und die Erfüllung der G., vermag nach Schiller jedoch nur die Kunst und nicht die gesellschaftliche Wirklichkeit zu erreichen [2].

Um nicht in den «alten Streit zwischen Philosophie und Geschichte» zurückzufallen, weist J. G. FICHTE der G. die Aufgabe zu, a priori und unabhängig von empirisch-historischer Forschung einen «Weltplan» zu deduzieren, welcher als «Einheitsbegriff des gesamten menschlichen Erdenlebens» die «Hauptepochen» der Menschheit in ihrem Zusammenhang enthält [3]. Der nähere Inhalt des Weltplans, der das Fortschreiten der Gattung als Ganzes, nicht das der Individuen, angibt, wird gewonnen aus dem Hauptsatz, daß der «Zweck des Erdenlebens der Menschheit» der sei, «daß sie in demselben alle ihre Verhältnisse mit Freiheit nach der Vernunft einrichte» [4], daß sie ihre Handlungen nicht mehr durch Instinkt, sondern durch freie Vernunft vollziehe und ihr Naturdasein aufgebe. Fichte zeigt fünf notwendig aufeinanderfolgende Epochen auf, wobei er die philosophisch deduzierte Geschichte der Vernunft zugleich als theologische Heilsgeschichte versteht: 1. den Stand der Unschuld, die Herrschaft der Vernunft durch den Instinkt; 2. den Stand der anhebenden Sünde, in dem die Vernunft sich durch äußere Autorität Gehorsam und Geltung verschafft; 3. den Stand der vollendeten Sündhaftigkeit, die Abstreifung jeglicher Vernunftleitung; 4. den Stand der anhebenden Rechtfertigung, die Epoche der Vernunftwissenschaft und Wahrheit; 5. den Stand der vollendeten Rechtfertigung und Heiligung, die Zeit der praktischen Anwendung der Vernunft [5]. Fichtes G. erkennt in diesem Plan die «Führung des Menschengeschlechts» durch die «göttliche Kraft»; die Notwendigkeit des Prozesses ist «die sich selbst vollkommen klare und durchsichtige innere Notwendigkeit des göttlichen Seins» [6], das sich in der Geschichte zur Wirklichkeit bringt, zur Wirklichkeit letztlich im «absoluten Staat», in dem die individuellen Kräfte sich auf die Zwecke der Gattung richten [7].

F. W. J. SCHELLING hatte zwar noch 1798 eine «Philosophie der Geschichte» für unmöglich gehalten, weil die Geschichte wie die Natur «zum Gebiet der Erfahrung» gehöre und folglich die Philosophie ausschließe [8]. Aber schon 1800 nimmt die G., um deren Ausarbeitung (mit besonderer Berücksichtigung ihrer «praktischen Anwendbarkeit») Fichte Schelling gebeten hatte [9], eine wichtige Stelle im ‹System des transzendentalen Idealismus› ein. G. wird für Schelling notwendig, da anders als durch die Geschichte die Entstehung der «universellen rechtlichen Verfassung» und der «weltbürgerlichen Verfassung», die «das wahre Objekt der Historie» sind, nicht garantiert ist. Ausgeschlossen aus der G. ist die Erforschung der Fortschritte in Künsten und Wissenschaften, in der Moralität wie auch der Geschichte der Natur. Dies alles dient höchstens dazu, «den Fortschritt der Menschheit zur Errichtung einer allgemeinen Rechtsverfassung zu beschleunigen». Geschichte ist nur möglich, wo weder völlige Zufälligkeit noch totale Gesetzmäßigkeit, sondern Freiheit und Notwendigkeit zugleich herrschen. Sie ist nur da, «wo Ein Ideal unter unendlich vielen Abweichungen so realisiert wird, daß zwar nicht das Einzelne, wohl aber das Ganze mit ihm kongruiert» [10]. Dieses Ideal ist die «allgemeine, auch über die einzelnen Staaten wieder sich verbreitende Rechtsverfassung», die die Freiheit aller sichert und auch den Naturzustand unter den Staaten beendet [11]. Nun ist aber die Geschichte unabgeschlossen, ihr Zweck kann nur von der gesamten Gattung erreicht werden, in ihrem Begriff liegt «unendliche Progressivität»; wir befinden uns nur in «allmählicher Annäherung» an das Ziel der Geschichte, das somit nie vollständig realisiert und «ein ewiger Glaubensartikel des wirkenden und handelnden Menschen sein wird». Die letzte Epoche der Geschichte wäre die Epoche der absoluten Synthesis, der Identität zwischen Freiheit und Notwendigkeit, zwischen den einzelnen Intelligenzen und dem Absoluten, die Periode, in der die sich schon jetzt vollziehende Offenbarung Gottes vollendet ist, in der Gott *ist* und nicht nur immerfort *wird*. «Der Mensch führt durch seine Geschichte einen fortgehenden Beweis vom Dasein Gottes, einen Beweis, der aber nur durch die ganze Geschichte vollendet sein kann» [12]. Wegen der «nie ganz geschehenen Offenbarung jenes Absoluten» muß nach einem Produkt gesucht werden, das schon in der Gegenwart eine Anschauung von der Identität und der Realität des Absoluten gibt und diese nicht auf eine unendlich ferne Zukunft verschiebt. Die Kunst ist es, die auch für Schelling die Aufgabe hat, die von der Geschichte erst im Unendlichen zu leistende Versöhnung schon jetzt gegenwärtig zu veranschaulichen: «Die Kunst ist eben deswegen dem Philosophen das Höchste, weil sie ihm das Allerheiligste gleichsam öffnet, wo in ewiger und ursprünglicher Vereinigung gleichsam in Einer Flamme brennt, was in der Natur und Geschichte gesondert ist» [13].

In seinen späteren Schriften hat Schelling diese G. nicht wieder aufgenommen. Zwar hat er die Geschichte weiterhin als Offenbarung des Absoluten gesehen und sie ähnlich wie im ‹Transzendentalen Idealismus› in drei Perioden eingeteilt, die der Natur, die mit dem Sündenfall in die Periode des Schicksals übergeht, die wiederum durch das Christentum (Menschwerdung Gottes) in das Stadium der Vorsehung, der Wiederherstellung der ursprünglichen Einheit und der Versöhnung des Abfalls eintritt [14]. Dies ist aber die «höhere christliche Ansicht der Geschichte», die «Versöhnung des von Gott abgefallenen Endlichen»; und neben die philosophische tritt schon 1803 die theologische «Construction der Geschichte». Die mit Recht und Staat sich befassende G. ist nur «Geschichte im engeren Sinn des Wortes» (Historie als Universitätsdisziplin), und auch «Kants Plan einer Geschichte im weltbürgerlichen Sinn ... ist selbst nur der empirische Widerschein der wahren Nothwendigkeit», während die wahre Geschichte «auf einer Synthesis des Gegebenen und Wirklichen mit den Idealen» beruht, einer Synthesis, die nicht die Philosophie, sondern die Kunst leistet, denn Geschichte ist im wesentlichen nicht Geschichte irgendwelcher endlicher, innerweltlicher Fortschritte. Sie erhält erst dann «ihre Vollendung für die Vernunft», wenn sie «in einem unendlichen Geiste gedichtet» ist [15]. Später hat Schelling alle Versuche, Freiheit in einer Rechtsverfassung zu garantieren, also ein Ideal *in* der Geschichte zu realisieren, als vergeblich disqualifiziert und als Endziel der Geschichte die Rückkehr aus dem Sündenfall in die Einheit mit Gott, also ein *außerhalb* der empirischen Geschichte liegendes Ideal, gesehen. Er wendet sich gegen Hegel und dessen «Anwendung eines anderswoher genommenen Schemas auf die Geschichte». Stattdessen ist die «Philosophie der Mythologie ... der erste, also nothwendigste und unumgänglichste Theil einer Philosophie der Geschichte», denn eine G., «die der Geschichte keinen Anfang weiß, kann nur etwas völlig Bodenloses seyn» [16].

Auch J. GÖRRES verwendet den Terminus nicht (er spricht stattdessen oft von der «religiösen Ansicht» der Geschichte), wohl weil er die Aufhebung des bis «in die tiefste Mitte der menschlichen Natur und der Geschichte» reichenden Gegensatzes von Gut und Böse nur von einem außerhalb der Geschichte liegenden Prinzip, von Gott, erwartet [17]. Eine G., die die Weltgeschichte als «Offenbarung eines göttlichen Planes» und als eine «große Erziehungsanstalt» Gottes an der Menschheit erkennt [18], die am Anfang der Geschichte den Abfall vom Göttlichen und an deren Ende die Rückkehr zu ihm sieht, wird dagegen in der *Romantik* und ihrem Umkreis vertreten, so bei J. J. STUTZMANN [19], dem späten FR. SCHLEGEL [20] und FR. J. MOLITOR [21], und zwar so, daß die Geschichte «die Wiederherstellung des ganzen Menschengeschlechts zu dem verlornen göttlichen Ebenbilde» ist (SCHLEGEL) bzw. in die «zwei Hauptperioden» der Abtrennung von der Einheit und der Rückwendung zum Zentrum zerfällt (MOLITOR).

HEGEL hat in seinen von 1822 bis 1831 gehaltenen Vorlesungen über «Philosophie der Geschichte» die G. als die letzte und höchste der drei Arten der Geschichtsschreibung gekennzeichnet [22]. Da aber die philosophische Geschichte «die geistige Wirklichkeit in ihrem ganzen Umfange von Innerlichkeit und Äußerlichkeit», also als Totalität, zum Thema hat, ist die G. kein Systemglied neben anderen, sondern selbst eine umfassende Disziplin, wie andererseits die Philosophie des Rechts, der Religion und der Kunst jeweils zugleich auch philosophisch begriffene Geschichte sind.

Hegels einfachste Bestimmung zur G. lautet, «daß die Philosophie der Geschichte nichts Anderes, als die denkende Betrachtung derselben bedeutet» [23]. Das heißt nicht, daß historisch gegebenes Material durch eine ihm fremde, spekulativ erzeugte Begrifflichkeit geformt oder Geschichte «a priori konstruiert» werden soll. Vielmehr geht Hegels G. von der in der reinen «speculativen Erkenntnis» (d. i. der Logik) begründeten und gerechtfertigten Voraussetzung aus, daß in der Geschichte dieselbe Vernunft herrscht, die in der Philosophie im Element des reinen Gedankens sich ausspricht, daß in der Geschichte sich eben der Geist entfaltet, den die Philosophie als ihre eigene Substanz weiß [24]. Indem Hegels G. dies, «daß die Vernunft die Welt beherrsche», zum Ausgangspunkt und zu ihrem wichtigsten Resultat hat, macht sie philosophisch Ernst mit dem populären theologischen Gedanken der Vorsehung und versteht sich als «Theodicee» [25]. Indem Hegels G. im Inhalt der Geschichte die Entfaltungsstufen und Äußerungsweisen *der* Vernunft erkennt, die in der Philosophie als reiner Gedanke ist, kann sie sich als Befolgung des griechischen Gebotes «Erkenne dich selbst» verstehen [26]; die G. als Tat des Geistes erkennt den in der Weltgeschichte zu seiner Selbsterkenntnis fortgehenden Geist. Indem Hegel schließlich das Wesen des Geistes als Freiheit und die Weltgeschichte als «Fortschritt im Bewußtsein der Freiheit» bestimmt [27], trägt seine G. als Theorie dem in der französischen Revolution manifest gewordenen allgemeinen Willen nach politischer Freiheit Rechnung: Sie schließt die christlich-theologische und die philosophisch-spekulative Tradition mit der in der Neuzeit aufbrechenden Emanzipationsbewegung zusammen.

Da es der Geist ist, der in der Geschichte das, was er an sich ist, sein Wesen, zum Fürsichsein und zur Entfaltung bringt, ist die Geschichte kein natürliches Werden, sondern «Tat» und «Arbeit»: «Die Geschichte des Geistes ist seine Tat, denn er ist nur, was er tut, und seine Tat ist, sich, und zwar hier, als Geist sich zum Gegenstande seines Bewußtseins zu machen, sich für sich selbst auslegend zu erfassen» [28]. In der Arbeit seiner «Bildung» wird er seiner selbst in der Kunst als Anschauung, in der Religion als Vorstellung und Gefühl und in der Philosophie als Gedanke inne; er ist zugleich aber auch die «Macht», sein Wesen im Staat zum weltlichen Dasein zu bringen (denn «der Geist tut, was er weiß») [29]. Hegel nennt als «Entwicklungsstufen» die welthistorischen Völker, die nacheinander in die Geschichte eingreifen, um ein jeweils tieferes Moment des allgemeinen Geistes zur Erscheinung zu bringen; die Geschichte damit als ganze gliedernd, unterscheidet er vier welthistorische Reiche: das orientalische, griechische, römische und germanische Reich [30], und er kann den in dieser Abfolge sich vollziehenden Fortschritt in einer Dreistufung zusammenfassen: In der orientalischen Welt war ein einziger frei, in der griechisch-römischen waren es einige; in der germanisch-christlichen Welt aber weiß man, «alle Menschen an sich, das heißt der Mensch als Mensch sey frei» [31]. Während Kant und Fichte Vernunft und Freiheit ins Unendliche verlegten und damit nach Hegel zum bloßen Postulat (zum Ziel des Sollens) herabsetzten [32], sieht er das Prinzip der Freiheit aller in den mit der französischen Revolution sich ausbildenden modernen Staaten zum Prinzip auch der Wirklichkeit werden und hofft von der Zukunft lediglich seine tiefere Ausbildung und weltweite Ausbreitung [33]. Diesem Ziel, dem Wissen und Realisieren von Freiheit, das zugleich das Erinnern aller Gestalten des Geistes (Kunst, Religion, Wissenschaft) [34] und die Freisetzung des Menschen in seiner Subjektivität und Innerlichkeit innerhalb seines gesellschaftlichen Daseins bedeutet, diesem Ziel werden in der Geschichte das Glück der Völker und Individuen zum Opfer gebracht [35]; diesem weltgeschichtlichen Ziel – das ist die «List der Vernunft» [36] – müssen auch die Leidenschaften und die Selbstsucht der ihre egoistischen besonderen Zwecke verfolgenden Einzelnen dienen [37]. Indem die allgemeine Vernunft gegen die partikuläre Willkür sich behauptet und noch in dieser sich realisiert, ist die Geschichte durch die der Vernunft immanenten Gesetze bestimmt und kann deshalb von der Philosophie in ihrer immanenten Notwendigkeit begriffen werden [38].

Anmerkungen. [1] Fr. Schiller: Was heißt und zu welchem Ende studiert man Universalgesch.? (1789). Sämtl. Werke, hg. Fricke/Göpfert (³1962) 4, 763f. – [2] Briefe über die ästhet. Erziehung des Menschen (1795). – [3] J. G. Fichte, Sämtl. Werke, hg. I. H. Fichte (1845/46) 7, 140. 142. 6. – [4] a. a. O. 7, 7. – [5] 7, 11. – [6] 7, 142. – [7] 7, 143ff. – [8] F. W. J. Schelling, Sämtl. Werke, hg. K. F. A. Schelling (1856-61) 1, 465f. – [9] Fichte, Brief an Schelling vom 2. 8. 1800. – [10] Schelling, a. a. O. [8] 3, 591ff. 587ff. – [11] a. a. O. 3, 587. – [12] 3, 592f. 601ff. – [13] 3, 614f. 628. – [14] 5, 290; vgl. 6, 57. 63; 7, 403ff. 484. – [15] 5, 291. 294. 307. 309f. – [16] 7, 461f. 464f. 11, 230. 236f. – [17] J. Görres: Über Grundlage, Gliederung u. Zeitenfolge der Weltgesch. (1880) 49. 89. – [18] C. A. Eschenmayer: Religionsphilos. (1818) 57ff. – [19] J. J. Stutzmann: Philos. der Gesch. der Menschheit (1808). – [20] Fr. Schlegel: Krit. A., hg. E. Behler (1958ff.) 7, 3. 8; Philos. der Gesch. (1829) a. a. O. 9, 5. – [21] Fr. J. Molitor: Philos. der Gesch. oder über die Tradition (1827-52) 1, 108ff.; 4, 165; 2, 233ff. – [22] G. W. F. Hegel, Werke, hg. Glockner 11, 25. 33ff.; vgl. Art. ‹Geschichte›. – [23] a. a. O. – [24] 11, 34f. – [25] Enzyklop. (1830) § 549. – [25] a. a. O. [22] 11, 34. 42; 19, 103f. – [26] a. a. O. 19, 103f.; 7, 447f. – [27] 11, 46. – [28] 7, 447. – [29] 7, 446f.; 11, 35. 53f. 429. – [30] 11, 21f.; 7, 452ff. – [31] 11, 45f. – [32] Vgl. bes. O. Marquard: Hegel und das Sollen. Philos. Jb. 27 (1964/65) 103-119; jetzt in: Schwierigkeiten mit der G. (1973) 37-51. – [33] J. Ritter: Hegel und die Frz. Revolution (1957), in: Met. und Politik (1969), 183-255. – [34] Hegel, Phänomenol., hg. Hoffmeister (1952) 563f. – [35] a. a. O. 11, 49. 557. – [36] 11, 63. – [37] 11, 48ff. – [38] 11, 54f.

7. Die in der *Hegelnachfolge* stehenden G.n versuchen, die logische Gliederung der Weltgeschichte noch deutlicher, strenger und faßlicher herauszuarbeiten (Chr. Kapp, F. Lasalle, A. von Cieszkowski [1]). C. L. Michelets G. [2] ragt als das umfassendste Werk hervor, das im Anschluß an Hegel die Fülle des neuen Geschichtsstoffes, die politischen, sozialen und wissenschaftlichen Bewegungen seiner Zeit [3], in eine logisch gegliederte G. aufzunehmen bemüht ist. Die Diskussion der Hegelianer zielt auf einen Punkt ab, an welchem sich die Schule in verschiedene Richtungen trennt: die Frage nach dem «Weltgeist», dem Absoluten in der Geschichte [4]; anders als z. B. Gabler spricht Michelet hier eindeutig vom «Menschengeist», der in der Weltgeschichte zur Erkenntnis seiner selbst komme [5]. Besonders die spekulativen Theisten (I. H. Fichte, H. M. Chalybäus, ähnlich Chr. J. Braniss [6]), die sich auch an Schelling anlehnen, insistieren hingegen auf Gott als Subjekt der Geschichte, erklären die Vorsehung und die «Erziehung der Menschheit durch den göttlichen Geist» zum Zentralproblem der G. [7] und akzentuieren zugleich gegen Hegel die Freiheit des Einzelnen. Für Chr. H. Weisse soll die G. die (freilich ins Unendliche gehende) Annäherung des Endlichen, der «geschichtlichen Handlung und der handelnden Persönlichkeit», an das «geistig Absolute oder Göttliche» darstellen [8]. J. H. Pabst fordert die Restitution Gottes als eines «constitutiven Elements» der Geschichte, nicht jedoch so, daß, wie bei Fr. A. Staudenmaier [9], alle Momente der Weltgeschichte auf Gott zurückgeführt werden, sondern so, daß «Gott, Natur und Geist» miteinander «concurriren und sich organisch verschlingen und bedingen» [10].

K. Gutzkow dagegen findet nicht nur das theologische, sondern auch das logische und philosophisch-konstruktive Moment einer jeden G. entbehrlich, ja hinderlich, und postuliert im Gegenzug eine G., die ausgehend vom Individuellen Gleichartigkeiten aufweisen soll: «Philosophie der Geschichte ist die vergleichende Anatomie der Ereignisse» [11]. Die Linkshegelianer attackieren an der für sie maßgebenden G. Hegels, daß sie beim vernünftigen Begreifen der Vergangenheit stehen bleibt und die gesamte Geschichte mit der Philosophie zu enden scheint. Wie Cieszkowski [12] sehen sie die Hauptaufgabe der G. darin, auf die *Zukunft* der Geschichte hinzuarbeiten als der wichtigsten Epoche, in welcher es die philosophisch begriffene Freiheit praktisch zu realisieren gilt (A. Ruge [13]). «Zur Erkenntniß der Geschichte gehört wesentlich dieses: aus der Vergangenheit und Gegenwart, ... aus diesen beiden bekannten Größen eine unbekannte dritte, die Zukunft, das Werdende zu folgern ... Mit der Lösung dieser Aufgabe wird die Philosophie der Geschichte Philosophie der That» (M. Hess [14]). Da das «Mysterium der Geschichte ... klar geworden» und ihr Gesetz bekannt ist, so kann die G. «das Hinausgehen über die veralteten Lebenszustände» und «die Grundzüge der Zukunft» beinhalten (W. Löser [15]).

Hatte E. Gans an Hegels G. die gelungene Durchdringung von spekulativer Idee und Empirie hervorgehoben [16], so fordern andere Autoren ein noch weiter- und tiefergehendes Begreifen der Geschichte. Die G. soll «sich nicht einseitig auf das Staatsleben beschränken, sondern alle Formen des Volksgeistes mit gleicher Vorliebe und Anerkennung umfassen» [17]. So konnte M. Carrière eine G. «vom Standpunkt der Aesthetik» schreiben [18] und J. E. Erdmann die Prinzipien der G. auf die Philosophiegeschichtsschreibung anwenden [19].

Die in der Philosophiegeschichte dieser Epoche machenden neuen Positionen, die sich in bewußter Absetzung von der idealistischen Tradition ausformen, kommen bei aller Gegensätzlichkeit untereinander zumindest darin überein, daß sie sich zur G. kritisch verhalten und den durch den Idealismus inhaltlich bestimmten Begriff für ihre eigenen Geschichtstheorien meiden. Die klassische G. bis zu Hegel vereinte empirische und spekulative, theologische bzw. metaphysische und politische Momente. Die *Kritik an der G.* bricht diese Seiten auseinander. S. KIERKEGAARD macht der G. die Theologie streitig, um dieser als Sache des Einzelnen ihren Ernst zurückzugeben; das «weltgeschichtliche Spekulieren» wird angegriffen, um auf die unvertretbaren ethischen und religiösen Entscheidungen des Individuums aufmerksam zu machen [20]. Hingegen wird für K. MARX und FR. ENGELS die G. wegen ihrer spekulativ-theologischen Momente, wegen der «absoluten Idee» und der «mysteriösen Vorsehung», suspekt; die G. wird aufgegeben, um die «wirkliche Geschichte» zu begreifen. Sie werfen Hegels G., wie der G. überhaupt, vor, «daß an die Stelle des in den Ereignissen nachzuweisenden wirklichen Zusammenhangs ein im Kopf des Philosophen gemachter gesetzt wurde» [21]. Will der historische Materialismus die bessere Fortschrittstheorie sein, so destruiert A. SCHOPENHAUER die G., weil sie als dem «optimistischen Judentum» entspringende Fortschrittstheorie über den metaphysischen Weltgrund, den sinnlosen Weltwillen als das immer identische Natursubjekt, hinwegtäuscht [22]. FR. NIETZSCHE, dem die Geschichte sinnlos ist, kann in ihrer Deutung als Vernunftprozeß – wie auch noch in E. V. HARTMANNS den unbewußten Weltwillen zugrunde legender Philosophie [23] – nur die zynische Rechtfertigung des Erfolges und den «Götzendienst des Tatsächlichen» sehen [24]. In Schopenhauers und Nietzsches Kritik an der G. artikuliert sich, daß der Glaube an die Möglichkeit eines Vernunftfortschrittes und die Wünschbarkeit eines durch Naturbeherrschung bestimmten Zivilisationsprozesses in die Krise gerät. Für W. DILTHEY ist jede G. «metaphysischer Nebel» [25] und durch das geschichtliche Bewußtsein überwunden. Das Erbe der das Ganze begreifenden G. übernehmen für Dilthey die Geisteswissenschaften, die als Einzelwissenschaften kooperativ die Universalgeschichte aus der geschichtlichen Vielfalt herausheben sollen [26]. «Spricht man von einer Philosophie der Geschichte, so kann sie nur historische Forschung in philosophischer Absicht und mit philosophischen Hilfsmitteln sein» [27].

Trotz der allmählich laut werdenden Kritik findet sich der Begriff ‹G.› bis zum Ende des 19. Jh. noch sehr oft als Bezeichnung für meist *religiös* motivierte Welt- und Menschheitsgeschichten verschiedenster Provenienz. Ist für K. CHR. FR. KRAUSE die G. «die Wissenschaft des göttlichen Geistes in der Geschichte», die deshalb «göttlichen Trost und unzerstörbare Ermuthigung» spendet [28], so setzt E. VON LASAULX Gott als Anfang und Ziel aller Geschichte, so daß G. die Erkenntnis des sich in der Geschichte ausprägenden «objectiven Verstandes Gottes» ist [29]. Und auch der Hegelianer FR. W. CAROVÉ sieht das Ende der Geschichte als die universale Versöhnung durch das Wort Gottes [30]. In der G. von J. DONOSO CORTÉS findet die Geschichte im durch das «persönliche Eingreifen Gottes» vollzogenen «übernatürlichen Triumph des Guten über das Böse» ihr Ziel [31]. Ähnlich argumentieren zahlreiche religiös-theologisch begründete G.n, in denen es stets um die Offenbarung Gottes und die Verwirklichung seines Reiches geht [32], ohne daß sie, wie bei einigen Autoren [33], immer auch mit der Lehrmeinung der christlichen Kirchen übereinstimmen [34]. G. enthüllt «the providential government of God» [35], sie behandelt die Verwirklichung des göttlichen Geistes *in* der Zeit, zu der alle Epochen beitragen [36], oder die Manifestation der der Zeit und dem Raum vorausliegenden «Typen» in der Geschichte durch Gott [37]. Nur Gott, der uns die Gesetze der Geschichte offenbart und von denen die G. Zeugnis ablegt [38], garantiert Sinn und Vernunft des historischen Prozesses [39]. Gelegentlich stehen solche G.n im Zusammenhang mit der politischen Restauration: A. FABRE-D'OLIVET konzipiert eine Gesellschaft, in der alle Menschen unter *einem* König und Papst vereint werden [40]. J. M. HOËNE-WRONSKI leitet aus seiner messianischen G. absolute, apriorische Gesetze ab, die den Fortschritt der Menschheit regeln sollen und für das politische, religiöse und soziale Leben gültig sind, so daß sie auch für die «direction positive des gouvernements» verwendbar sind [41]. Andererseits wurde aus orthodox-kirchlicher Sicht alle G. als antireligiös verworfen und eine Geschichts*theologie* gefordert [42], wie sie später als «christliche G.» u. a. von N. BERDJAJEW, E. HIRSCH und J. MARITAIN ausgeführt wurde [43].

Neben diesen G.n stehen solche, die einen rein *innerweltlichen* Fortschritt annehmen (Geschichte als «développement de l'intelligence humaine» [44]) oder diesen verneinen und auf die Natur als Gestalterin der menschlichen Geschichte rekurrieren [45]; ebenfalls solche, die – antideterministisch – die Geschichte als freies Handeln des Menschen und Streben nach Gerechtigkeit begreifen und an ihrem Ende einen Zustand der Harmonie und des Friedens anvisieren [46]. Für A. COURNOT ist die Geschichte von Notwendigkeit und Zufall, Gleichmäßigkeit und Irregularität durchzogen, so daß für die G. das Problem besteht, die «raison des événements» zu finden. Die G. hat aber nur eine propädeutische Funktion; sie ist «Etiologie», nicht Teleologie [47]. Damit verfallen auch jene G.n, die die idealistische Tradition (Hegel) fortführen [48], der Kritik durch die G. als Geschichtsmethodologie [49].

Für A. COMTE, dessen Werk oft im Ganzen als G. gilt, bezeichnet der Titel ‹G.› ausdrücklich den Teil seines Werks, in dem im Gegensatz zur ‹sozialen Statik›, die den Begriff der Ordnung in den Mittelpunkt stellt, die ‹soziale Dynamik› mit dem Begriff des Fortschritts behandelt wird [50]. Im französischen Positivismus wurde jedoch der Begriff ‹philosophie de l'histoire› weitgehend vermieden und stattdessen «science de l'histoire» verwendet [51].

Anmerkungen. [1] CHR. KAPP: Das concrete Allgemeine der Weltgesch. (1826); F. LASALLE: Die Hegelsche und die Rosenkranzische Logik und die Grundlage der Hegelschen G. Der Gedanke 2 (1861) 123-150; A. v. CIESZKOWSKI: Proleg. zur Historiosophie (1838). – [2] C. L. MICHELET: Das System der Philos. als exakter Wiss. 4/5: Philos. der Gesch. (1879-81, ND 1968). – [3] Vgl. auch Gesch.-philos. Übersichten. Der Gedanke 5 (1864) 128-131. 200-204. 269-272; 6 (1865) 82-84. 149-151. 213-216. 266-269; 7 (1867) 83-87. – [4] G. A. GABLER: Über das Verhältnis der gesch. Entwickel. zum Absoluten (Thesen und Diskussion), in: Jb. speculat. Philos. 1 (1846) H. 4, 99-107; 2 (1847) 150-157. 223-282. – [5] MICHELET, a. a. O. [2] 4, 4. – [6] I. H. FICHTE: System der Ethik 1. 2 (1850-53); Grundzüge zum System der Philos. 3 (1846, ND 1969); H. M. CHALYBÄUS: System der speculat. Ethik 1. 2 (1850); Philos. der Gesch. und Gesch. der Philos. Z. Philos. u. spekulat. Theol. 1 (1837) 301-338; CHR. J. BRANISS: Met. (1834); Die wiss. Aufgabe der Gegenwart (1848). – [7] I. H. FICHTE: Die Seelenfortdauer und die Weltstellung des Menschen (1867) XXXIVf. 361-438; vgl. C. FRANTZ: Grundzüge des wahren und wirklichen absoluten Idealismus (1843, ND 1970) 210-219. – [8] CHR. H. WEISSE: Über das Verhältniß des Publicums zur Philos. in dem Zeitpuncte von Hegel's Abscheiden (1832) 70f.; vgl. Rez. über HEGELS G. (1837), in: Blätter für lit. Unterhaltung (1840) 273-287. – [9] FR. A. STAUDENMAIER: Das göttl. Princip in der Gesch. und seine Bedeutung für Philos. und Theol. Jb. Theol. u. christl. Philos. 4 (1835) 1-48; Darstellung und Kritik des Hegelschen Systems (1844, ND 1966)

567ff. 616. – [10] J. H. PABST: Zur Philos. der Gesch. Z. Philos. u. kathol. Theol. 6 (1837) H. 4, 98-163, zit. 127-131. – [11] K. GUTZKOW: Zur Philos. der Gesch. (1836, ND 1973) 60. 63. 59. – [12] v. CIESZKOWSKI, a. a. O. [1] 8ff. – [13] A. RUGE, Werke (²1847/48) 4, 403-407; 6, 133. – [14] M. HESS: Die europ. Triarchie (1841), in: Philos. und sozialist. Schr. 1837-50, hg. A. CORNU/W. MÖNKE (1961) 85f.; vgl. E. SILBERNER: M. Hess (1966) bes. 74; vgl. SZELIGA: Die Organisation der Arbeit der Menschheit ... (1846) 4. – [15] W. LÖSER: Das Entwicklungsgesetz des Zeitgeistes. Eine Einl. in die Philos. der Gesch. (1844) 88ff. 101. – [16] E. GANS, Vorwort zu: HEGEL, Vorles. über die Philos. der Gesch. Werke 9 (1837) XIII. – [17] A. H. SPRINGER: Die Hegel'sche Gesch.anschauung (1848) 3. 11. 90. – [18] M. CARRIÈRE: Die Kunst im Zusammenhang der Culturentwickl. und die Ideale der Menschheit (1863-1874) 2, V. – [19] J. E. ERDMANN: Darstellung und Kritik der Philos. des Cartesius, nebst einer Einl. in die Gesch. der neueren Philos. (1834) bes. 70ff. 82ff. – [20] S. KIERKEGAARD: Unwiss. Nachschrift I. Werke, hg. E. HIRSCH 16/I (1957) 29; vgl. Philos. Brocken. Werke 10 (1952); Der Begriff Angst. Werke 11/12 (1952). – [21] K. MARX und FR. ENGELS, MEW 21, 296. 298; vgl. 3, bes. 26f. 38f. – [22] A. SCHOPENHAUER, Die Welt als Wille und Vorstellung, hg. O. WEISS (1919) 2, 549; vgl. 546ff. 550f.; vgl. die Kritik an der Finalität der Gesch. bei J. BAHNSEN: Zur Philos. der Gesch. (1872). – [23] E. v. HARTMANN: Die Philos. des Unbewußten (1869). – [24] FR. NIETZSCHE, Werke, hg. K. SCHLECHTA (1958) 1, 146. 169. 263ff. 267ff. – [25] W. DILTHEY: Einl. in die Geisteswiss. (1883). Ges. Schr. 1 (1923) 112; vgl. 90ff. – [26] a. a. O. 95. 113. – [27] 92. – [28] K. CHR. FR. KRAUSE: Reine d.i. allg. Lebenlehre und Philos. der Gesch. (1843, ²1904) 1. 29; vgl. 11ff.; Vorles. über angewandte Philos. der Gesch. (1885); Abriß der Philos. der Gesch. (1889). – [29] E. v. LASAULX: Neuer Versuch einer alten auf die Wahrheit der Thatsachen gegründeten Philos. der Gesch. (1856) 10. 164f.; vgl. L. SCHMID: Grundzüge der Einl. in die Philos. (1860) 47ff. – [30] FR. W. CAROVÉ: Neorama 3 (1838) 1-84: Ideen zur Philos. der Gesch. der Menschheit. – [31] J. DONOSO CORTÉS, Brief vom 26. 5. 1849, zit. in: Der Staat Gottes, hg. L. FISCHER (1933, ND 1966) Einl. 33f. – [32] Vgl. G. MEHRING: Die philos.-krit. Grundsätze der Selbstvollendung, oder die G. (1877); K. STEFFENSEN: Zur Philos. der Gesch. (1894). – [33] A. GUIRAUD: Philos. cath. de l'hist. (Paris 1839); PH.-A. FRÈRE: Philos. de l'hist. (Paris 1835); Principes de la philos. de l'hist. (Paris 1838). – [34] z. B. E. QUINET, Einl. zur frz. A. von: HERDER, Ideen zur Philos. der Gesch. der Menschheit (Paris 1827) 1, 7-71; Philos. de l'hist. de France. Rev. des deux mondes 25, Bd. 9 (1855) 925-965. – [35] G. MILLER: Lectures on the philosophy of modern history (Dublin 1816-28) 8, 407; vgl. History, philos. illustrated (London 1832); A. DEAN: The hist. of civilization (Albany, N.Y. 1868/69). – [36] J. J. ALTMEYER: Cours de philos. de l'hist. (Bruxelles 1840) bes. 8-15. 442. – [37] A.-TH.-H. BARCHOU DE PENHOËN: Essai d'une philos. de l'hist. (Paris 1854) zit. 2, 476f. – [38] F. LAURENT: La philos. de l'hist. (= Hist. du droit des gens 18) (Paris 1870) bes. 16ff. 238ff. – [39] F. DE ROUGEMONT: Les deux cités. La philos. de l'hist. aux différents âges de l'humanité (Paris 1874) bes. 1, 2ff. – [40] A. FABRE-D'OLIVET: Hist. philos. du genre humain (Paris 1824). – [41] J. M. HOËNE-WRONSKI: Philos. absolue de l'hist. (Paris 1852) zit. 1, 149. – [42] P.-C. ROUX-LAVERGNE: De la philos. de l'hist. (Paris 1850). – [43] N. BERDJAJEW: Der Sinn der Gesch. (1927. dtsch. 1950); E. HIRSCH: Grundlegung einer christl. G. Z. systemat. Theol. 3 (1925/26) 211-247; J. MARITAIN: Pour une philos. de l'hist. (Paris 1957). – [44] TH. JOUFFROY: Mélanges philos. (²1838) 47ff.; Réflexions sur la philos. de l'hist.; vgl. F. BOUILLIER: Y a-t-il une philos. de l'hist.? Rev. philos. 21 (1886) 329-347. – [45] J. FERRARI: Essai sur le principe et les limites de la philos. de l'hist. (Paris 1843). – [46] CH. RENOUVIER: Philos. analytique de l'hist. (Paris 1896/97); Uchronie (l'utopie dans l'hist.), esquisse ... du développ. de la civilisation europ. (Paris 1876). – [47] A. COURNOT: Considérations sur la marche des idées ... (1872), hg. MENTRÉ (Paris 1934) 1-15. – [48] C. HERMANN: Proleg. zur Philos. der Gesch. (1849); Zwölf Vorles. über Philos. der Gesch. (1850); Philos. der Gesch. (1870); A. VERA: Essais de philos. hégélienne (Paris 1864) 125ff.; Introd. alla filos. della storia (Florenz 1869). – [49] A. LABRIOLA: Die Probleme einer Philos. der Gesch. (1888); Rez. über VERA, Introd. ... Z. exacte Philos. 10 (1873) 79-86. – [50] A. COMTE: Système de politique positive ou traité de sociologie 3 (1853). – [51] E. LITTRÉ: Conservation, révolution et positivisme (Paris 1852, ND 1971) 16; Fragments de philos. positive (Paris 1876) 16ff.; P.-J.-B. BUCHEZ: Introd. à la sci. de l'hist. (Paris 1833) bes. 1f.

8. Die *historische Forschung* hatte im 19. Jh. in eben dem Maße an Ansehen und Gewicht als empirischer Wissenschaft gewonnen, in dem sie sich von der Philosophie frei machte und die G. an Ansehen verlor. Die ‹historische Schule› hatte die G. perhorresziert, da es ihr wesentlich um die Auffassung des Individuellen (eines Volkes, einer Epoche, einer historischen Persönlichkeit) in seiner Besonderheit ging (W. v. HUMBOLDT, L. v. RANKE [1]). J. G. DROYSEN betont, daß seine ‹Historik› keine «Philosophie der Geschichte» sei [2]. – Als am Ende des 19. Jh. die historische Forschung als «Historismus» angegriffen und nun ihre Prinzipien selbst suspekt werden (so im Streit um die Kulturgeschichte [3]), verlangt sie die philosophische Reflexion zurück, und zwar zur Klärung ihrer Grundlagen, ihrer Methode und Aufgabe.

Diese wissenschaftstheoretische Reflexion übernimmt mit nachhaltigem Einfluß der *südwestdeutsche Neukantianismus*, und zwar unter dem Titel ‹G.›. Grundsätzlich skeptisch gegen die G. des Idealismus, der das Ganze der Geschichte deuten wollte und so «Geschichtsmetaphysik» trieb, wollen die Neukantianer zu «Vorfragen zurücktreten» [4]. Die Probleme der G. sind: 1. die Logik und Methodenlehre der Geschichtswissenschaft in Abgrenzung von der Naturwissenschaft; 2. die inhaltliche Bestimmung des Gebietes der Geschichte als Feld der Kultur und der Werte; 3. die Bedingungen einer Universalgeschichte (W. WINDELBAND, H. RICKERT, G. MEHLIS [5]). Zumeist kommt dem ersten Punkt das größte und dem letzten das geringste Gewicht zu. Denn: «Von einer Theorie der historischen Wissenschaft muß alle G. ausgehen», sie ist die «Grundlage» [6].

Die philosophische Methodologie, die nicht immer leicht gegen die der Historiker abgrenzbar ist [7], hat aber weniger als Basis der G. als vielmehr als Waffe gegen zwei Gegner der traditionellen Historie ihre wichtige Bedeutung: gegen den «Naturalismus» allgemein, für den – orientiert an den Naturwissenschaften – die Historie keine Wissenschaft ist [8]; sodann insbesondere gegen die in der Nachfolge Comtes stehende Soziologie, die die G. in sich aufnehmen will (P. BARTH [9]), und gegen den historischen Materialismus, die beide die Geschichte in Analogie zur Natur thematisieren möchten und auf Gesetze der historischen Entwicklung abzielen. Dagegen führen W. WINDELBAND und H. RICKERT die logisch fundierte Unterscheidung von nomothetischen (generalisierenden) und ideographischen (individualisierenden) Wissenschaften ins Feld und bestimmen die Geschichte als Wissenschaft des Besonderen und Individuellen, insoweit an diesen anerkannte ‹Werte› haften [10]. Die explizite G. hat zu klären, was in der historischen Forschung Geltung beansprucht und was vom Standpunkt des Historikers aus dem historischen Geschehen Sinn gibt. Ausgehend von formalen, «übergeschichtlichen Werten», welche die Philosophie als Wertwissenschaft apriorisch aufstellt, hat die G. schließlich das Ganze der geschichtlichen Welt in diesem Sinn zu deuten, indem sie die inhaltlich gegebenen Werte der «Kulturmenschheit» auf eben jenes apriorische Wertsystem bezieht [11]. – Bei G. SIMMEL fällt dieser apriorische, konstruktive Teil der G. weg. Seine G. ist eher ein Werk *über* die G.: Er reflektiert darauf, wie besonders außertheoretische Komponenten (Interessen, praktische Anforderungen, ästhetische Bedürfnisse) Perspektiven ergeben, von denen aus die Mannigfaltigkeit der Ereignisse der geschehenden Geschichte (die «gelebte Wirklichkeit») zu besonderen Bildern kristallisiert, die dann den Inhalt der materialen G.n ausmachen [12].

Unter den *Neuhegelianern* kennzeichnet B. CROCE die G. als eine spezifisch deutsche Disziplin, die ihren metaphysischen Charakter der Herkunft aus Theologie und Mythologie verdanke [13]. Für ihn ist die G. unsinnig, da sich für seinen konsequenten Historismus die Philosophie aufgehoben hat und mit der Geschichte identisch wurde; als rein formale Wissenschaft ist Philosophie nichts als «Methodologie des geschichtlichen Denkens» [14]; ihre Inhalte gingen an die Geschichte über, die immer Einzelnes und Allgemeines, Historisches und Philosophisches zusammenschließt. R. G. COLLINGWOOD hingegen nennt eben jene «Methodologie der Geschichte» die G. Historie als Wissenschaft thematisiert die Ereignisse der Vergangenheit, G. «das Denken des Historikers» [15]. Die G. macht das geschichtliche Erkennen als Denken nicht vom unmittelbar Gegebenen, sondern vom Gedachten durchsichtig. Die inhaltliche Selbsterkenntnis des Geistes leistet auch hier nicht die G., sondern die Geschichte (vgl. TH. LITT [16]).

E. TROELTSCH, der sich dem Problem der historischen Relativierbarkeit aller Werte radikaler als die Neukantianer stellt und der andererseits die Philosophie nicht schon vor der Historie zureichend miterledigt sieht, möchte den Prozeß rückgängig machen, in dem die G. zur bloßen «Geschichtslogik» und deshalb zum «Torso» wurde [17]. Er postuliert deshalb als ein Erfordernis der «Weltanschauung» und zur Auflösung der Krise, die als «Historismus» aufbricht, eine «materiale G.» [18] als «Mittelglied» zwischen Historie und Ethik [19].

Die materiale G. blieb jedoch im Gegensatz zu den Methodologien in Ansätzen stecken [20]. An ihre Stelle treten die verschiedenen Formen von *Soziologie*, die im Unterschied zur früheren G. empirisch, d. h. wissenschaftlich zu arbeiten beanspruchen [20a] und die sich von der G. als Theorie eines einheitlichen Sinnes und endgültigen utopischen Zieles der Geschichte distanzieren (H. FREYER [21]). Zum anderen ersetzen die *Universalgeschichten* die materiale G.: O. SPENGLERS «Morphologie der Weltgeschichte», die er als dem Skeptizismus entspringende «letzte faustische Philosophie» und als «Philosophie der Zukunft» bezeichnet, gibt eine Totaldeutung der Weltgeschichte, aber sie gibt sie im Sinne einer Naturtheorie: An die Stelle des Fortschritts tritt der Kreislauf, an die der Vernunft das Schicksal; den universalen Zusammenhang stiften lediglich die universelle Naturgesetzlichkeit und das (ungeklärte, metaphysische) Substrat «Leben» bzw. «Seelentum» [22].

Daneben tritt die *Existenzialanalyse* als Theorie der Geschichtlichkeit des Daseins, die die G. nicht zu wissenschaftstheoretischen, sondern fundamentalontologischen Vorfragen verengt. Geriet der Universalgeschichte Spenglers die Freiheit angesichts des Naturganges der Weltgeschichte aus dem Blick, so schmilzt das Freiheitsproblem hier zu dem der Existenz zusammen: G. als Theorie vom Ganzen ist deshalb suspekt; sie kann nur als defizienter Modus der Geschichtlichkeit des Daseins thematisiert werden (M. HEIDEGGER [23]) oder selbst nur Reflexion des Scheiterns von G. und des Scheiterns von Vernunftautonomie sein (G. KRÜGER [24]). Allein K. JASPERS hat eine den «Sinn und Ursprung» des Ganzen der Weltgeschichte deutende G. entworfen, überzeugt, daß zur Existenz- und Situationserhellung auch das «Innewerden der Geschichte im Ganzen» gehört, die sich Jaspers inhaltlich als universellen Kommunikationsraum denkt. Es geht aber auch Jaspers zugleich darum, daß alle «Totalbilder» in der «Schwebe» bleiben und daß der Mensch wesentlich aus dem «Ungenügen an der Geschichte» heraus sie in Richtung auf den ewigen, übergeschichtlichen «Seinsgrund» zu überschreiten bestrebt ist [25]. – Das faktische Scheitern einer materialen G., die zum Inhalt die Realisierung von Vernunft und Freiheit hat, besiegelt K. LÖWITH, indem er sie historisch als Säkularisation des jüdisch-christlichen Offenbarungsglaubens begreift, als eine Theorie also, der in der Neuzeit mit Verlust dieses Glaubens der Boden entzogen ist [26]. Diese These beherrscht bis heute die Diskussion [27].

Bereits im 19. Jh. subsumierte man unter den Begriff ‹G.› auch den *historischen Materialismus* [28]. Dieser selbst mied die Bezeichnung zumeist für sein eigenes Unternehmen und kritisierte die G. im Anschluß an Marx und Engels als die Geschichtsauffassung des Idealismus [29]. Vielleicht ist es kein Zufall, daß der Begriff im Marxismus gerade dort auftaucht, wo man nicht nur «wissenschaftlichen Sozialismus» treiben, sondern den Sozialismus in gewisser Kontinuität mit theologischen und spekulativen Traditionen verstehen möchte. W. BENJAMIN hat in diesem Sinne den historischen Materialismus in seinen «geschichtsphilosophischen Thesen» mit dem (jüdischen) Messianismus, die Idee des Glücks mit der Erlösung zusammengebracht. Die Vergangenheit ist hier nicht bloß verfügbares Wissensmaterial (Historismus) und auch nicht die in sich notwendige Abfolge von Vorstufen zum Geschichtsziel (Sozialdemokratie), sondern das, was selbst noch Anspruch auf Erlösung stellt, was in der «Jetztzeit» (der messianischen) vermittelt durch die revolutionäre Praxis das werden möchte, was ihm einst versagt war [30]. Für die *Frankfurter Schule* ist die G. (bes. die Hegelsche) wesentlich Gegenstand der Kritik, und TH. W. ADORNO und M. HORKHEIMER üben sie so, daß auch noch Marx und Engels getroffen werden: Die G. – mit Einschluß des historischen Materialismus – ist die «Vergottung» von Vernunft und Geschichte auf Kosten der leidenden Natur, die Glorifizierung des Allgemeinen zuungunsten des Besonderen; die G. sieht in der Geschichte lediglich die Ausfaltung des im Ursprung Vorhandenen, und sie sanktioniert und feiert das wirkliche Leid und Unrecht in der Geschichte als historisch notwendig [31] (vgl. auch E. BLOCH, L. KOLAKOWSKI, K. KOSIK [32]). Dennoch ist die Kritische Theorie selbst G., eine Gegen-G. gleichsam, gemäß dem Programm Horkheimers und Adornos: «Eine philosophische Konstruktion der Weltgeschichte hätte zu zeigen, wie sich trotz aller Umwege und Widerstände die konsequente Naturherrschaft immer entschiedener durchsetzt und alles Innermenschliche integriert» [33].

Gegenwärtig hat J. HABERMAS die Marxsche Ökonomiekritik in den Zusammenhang der klassischen G. hineingestellt und von Marx ausgehend die Notwendigkeit einer «materialistischen G.», «einer empirischen G. in praktischer Absicht» behauptet [34]; denn da die zwei Voraussetzungen der G., Einheit der Menschheit und Machbarkeit der Geschichte, jetzt faktisch gegeben sind, bedarf es einer Theorie, welche die universale gesellschaftliche Entwicklung in ihrem Mechanismus durchschaut und sie in die Verantwortung und den Willen der Menschen überzuführen intendiert [35].

Die Tradition der formalen G. als Wissenschaftstheorie setzt sich in der neueren Sprachanalyse fort: Die «analytische G.», wie sie neben W. H. DRAY [36] vor allem A. C. DANTO [37] ausgeführt hat, stellt heraus, daß jede Thematisierung von Geschichte eine erzählende Anordnung vergangener Ereignisse nach temporalen Strukturen ist; der zeitliche Abstand und die Nichtidentität der Interessen von Erzähler und Erzähltem sind für jede historische Darstellung wie auch für jede materiale G. konstitutiv. – G.n im Sinne sprachanalytischer und linguistischer Formalbestimmungen des geschichtlichen Denkens gewinnen gegenwärtig offensichtlich in eben dem Maße an Gewicht [38], wie die Tradition der klassischen G. abdankt (O. MARQUARD [39]) und eine materiale G. zum Postulat wird (W. SCHULZ [40]).

Anmerkungen. [1] W. v. HUMBOLDT, Akad.-A. 4, 45f.; vgl. 3, 360; L. v. RANKE: Weltgesch. IX/2 (1888) 6f.; vgl. ähnlich FR. AST: Entwurf der Universalgesch. (²1810) 3ff. (hier aber auch Verbindung von Philos. und Gesch. gefordert); Über die Gesch. Z. Wiss. u. Kunst 3 (1810, ND 1971) 7-44; A. ARNOLD: Wiss. Darstellung, oder Philos. der Gesch. (1833); H. LOTZE: Mikrokosmos. Ideen zur Naturgesch. und Gesch. der Menschheit (1856), hg. R. SCHMIDT (1923) 3, 40ff. – [2] J. G. DROYSEN: Grundriß der Historik § 16; in: Historik, hg. R. HÜBNER (⁶1971) 331. – [3] Vgl. Art. ‹Kulturgesch.› und ‹Gesch.›. – [4] N. HARTMANN: Das Problem des geistigen Seins (1933, zit. ³1962) 22f. – [5] W. WINDELBAND: G. Eine Kriegsvorles. (1916) bes. 23. 39. 49. 56ff.; Einl. in die Philos. (1914) 332ff.; H. RICKERT: Die Probleme der G. (³1924); F. MÜNCH: Das Problem der G. Kantstudien 17 (1912) 349-381; TH. ZIEHEN: Zum Begriff der G., a. a. O. 28 (1923) 66-89; W. WUNDT: System der Philos. (²1897) 635ff.; Logik (³1906-1908) 3, 392ff.; G. MEHLIS: Lb. der G. (1915); gegenwärtig ähnlich A. STERN: G. und Wertproblem (1967). – [6] MEHLIS, a. a. O. 107; RICKERT, a. a. O. VII. 8. – [7] E. MEYER: Zur Theorie und Methodik der Gesch. Geschichtsphilos. Untersuch. (1902); E. BERNHEIM: Lb. der Historischen Methode und der G. (³/⁴1903); dazu MEHLIS, a. a. O. [5] 2. – [8] Vgl. u. a. RICKERT, a. a. O. [5] 7ff.; vgl. Die Grenzen der naturwiss. Begriffsbildung (⁵1929) Einl. – [9] P. BARTH: Die Philos. der Gesch. als Soziol. (²1915) 124ff.; vgl. W. METZGER: G. und Soziol. Vjschr. Philos. 40 (1916) 279-292; W. JERUSALEM: Einl. in die Philos. (⁹/¹⁰1923) 334; zur Kritik vgl. A. HILCKMANN: G. – Kulturgesch. – Soziol. Saeculum 12 (1961) 405-420; A. LIEBERT: Aus der G. der Gegenwart. Kantstudien 22 (1918) 329-340. – [10] W. WINDELBAND: Gesch. und Naturwiss. (1894), in: Präludien (⁹1924) 2, 136-160; H. RICKERT: Kulturwiss. und Naturwiss. (1889). – [11] RICKERT, a. a. O. [5] 118; vgl. Die Grenzen ... a. a. O. [8] bes. 692-736. – [12] G. SIMMEL: Die Probleme der G. (1892, ⁵1923); vgl. R. EUCKEN, in: Systemat. Philos. Kultur der Gegenwart I/6 (1907) 280. – [13] B. CROCE: Die Gesch. als Gedanke und als Tat (1944) 218. – [14] a. a. O. 216f. – [15] R. G. COLLINGWOOD: The idea of hist. (Oxford 1946); dtsch. Philos. der Gesch., übers. G. HERDING (1955) 7-13; vgl. The nature and aims of a philos. of hist. Proceedings of the Aristot. Soc. 25 (1924/25) 151-174. – [16] TH. LITT: Geschichtswiss. und G. (1950) bes. 40ff. – [17] E. TROELTSCH: Der Historismus und seine Probleme (1922, ND 1961) 70. 74. – [18] a. a. O. 72f. – [19] 76. 80. – [20] Vgl. u. a. H. PICHLER: Zur Philos. der Gesch. (1922); E. ROTHACKER (1934), in: Hb. der Philos., hg. A. BÄUMLER/M. SCHRÖTER; Die Grenzen der geschichtsphilos. Begriffsbildung, in: Gedächtnisschrift für G. v. Below (1928); H. HEIMSOETH: G. (1942). – [20a] LE BON: Bases sci. d'une philos. de l'hist. (Paris 1931); A. WEBER: Prinzipien der Geschichts- und Kultursoziol. (1951) 35. – [21] H. FREYER: Theorie des gegenwärtigen Zeitalters (1955) 72ff.; vgl. H. KESTING: G. und Weltbürgerkrieg (1959). – [22] O. SPENGLER: Der Untergang des Abendlandes (1918/22, zit. 1924) 1, 6. 8. 61. 207. – [23] M. HEIDEGGER: Sein und Zeit (1927); vgl. Art. ‹Geschichtlichkeit› und ‹Gesch.›. – [24] G. KRÜGER: Freiheit und Weltverwaltung. Aufsätze zur Philos. der Gesch. (1958). – [25] K. JASPERS: Vom Sinn und Ursprung der Gesch. (1949) 333. 330. 355ff. – [26] K. LÖWITH: Meaning in hist. (Chicago 1949); dtsch. Weltgesch. und Heilsgeschehen (1953). – [27] Vgl. O. MARQUARD: Schwierigkeiten mit der G. (1973) 15ff. – [28] Vgl. z. B. P. BARTH: Die G. Hegels und der Hegelianer bis auf Marx und Hartmann (1890, ND 1967). – [29] Vgl. heute: Grundl. der marxistisch-leninistischen Philos., hg. Akad. Wiss. UdSSR (1971) 588ff.; Philos. Wb., hg. G. KLAUS/M. BUHR (⁶1969) 1, 415ff.; R. SCHULZ (Hg.): Beiträge zur Kritik der gegenwärtigen bürgerl. G. (1958) bes. 11-52. – [30] W. BENJAMIN: Geschichtsphilos. Thesen (1940), in: Illuminationen, Ausgew. Schr., hg. S. UNSELD (1961) 268-279; vgl. Theol.-polit. Frg. a. a. O. 280f.; vgl. dazu insges. G. KAISER: W. Benjamins Geschichtsphilos. Thesen. Dtsch. Vjschr. Lit.wiss. 46 (1972) 577-625. – [31] M. HORKHEIMER und TH. W. ADORNO: Dialektik der Aufklärung (Amsterdam 1947) 264-267; TH. W. ADORNO: Negative Dialektik (1966) 293-351. – [32] E. BLOCH: Subjekt-Objekt. Erläuterungen zu Hegel (erw. A. 1962) 226-244; L. KOLAKOWSKI: Der Mensch ohne Alternative (1960) 57-141; K. KOSIK: Dialektik des Konkreten (1971) bes. 224-238. – [33] HORKHEIMER/ADORNO, a. a. O. [31] 265. – [34] J. HABERMAS: Theorie und Praxis (1963, zit. ⁴1971) 244ff. 271ff. – [35] Über das Subjekt der Gesch., in: Gesch.-Ereignis und Erzählung, hg. R. KOSELLECK/W.-D. STEMPEL, in: Poetik und Hermeneutik 5 (1973) 470-476. – [36] W. H. DRAY: Philos. of hist. (Englewood Cliffs, N.Y. 1964). – [37] A. C. DANTO: Analytical philos. of hist. (Cambridge 1965); vgl. K. ACHAM, in: Neue Aspekte der Wiss.theorie, hg. H. LENK (1971) 129-167; Analyt. G. (1974). – [38] R. KOSELLECK/W.-D. STEMPEL (Hg.), a. a. O. [35]. – [39] MARQUARD, a. a. O. [27]; L. REINISCH (Hg.): Der Sinn der Gesch. (1961); R. WISSER: Ende der G.? Z. Relig.- und Geistesgesch. 15 (1963) 87-91. – [40] W. SCHULZ: Philos. in der veränderten Welt (1972) 470-672.

Literaturhinweise. K. ROSENKRANZ: Das Verdienst der Deutschen um die Philos. der Gesch. (1835). – J. BONA MEYER: Neuere Versuche einer Philos. der Gesch. Hist. Z. 25 (1871) 303-378. – B. FONTANA: La filos. della storia nei pensatori ital. (Imola 1873). – R. ROCHOLL: Die Philos. der Gesch. (1878-93). – G. BIEDERMANN: Philos. der Gesch. (1884). – E. BERNHEIM: Lehrbuch der hist. Methode und der G. (1889, ³/⁴1903). – P. BARTH: Die G. Hegels und der Hegelianer bis auf Marx und Hartmann (1890, ND 1967). – R. FESTER: Rousseau und die dtsch. G. (1890). – R. FLINT: History of the philos. of history (Edinburgh/London 1893). – CH. RAPPOPORT: Zur Charakteristik der Methode und Hauptrichtungen der Philos. der Gesch. (1896). – FR. MEDICUS: Kants Philos. der Gesch. Kantstudien 4 (1900) 61-67; 7 (1902) 171-229. – TH. LINDNER: G. (1901). – E. LASK: Fichtes Idealismus und die Gesch. (1902). Ges. Schr. 1 (1923) 1-274. – G. MEHLIS: Schellings G. in den Jahren 1799-1804 (1907). – F. LEDERBOGEN: Fr. Schlegels G. (1908). – FR. OPPENHEIMER: Moderne G., Vjschr. Philos. u. Soziol. 32 (1908) 237-266. – G. MEHLIS: Die G. Comtes (1909). – W. ELERT: Proleg. der G. (1911). – TH. G. MASARYK: Zur russ. Gesch.- und Religionsphilos. 1. 2 (1913). – FR. DITTMANN: Die G. Comtes und Hegels. Ein Vergleich. Vjschr. Philos. u. Soziol. 38 (1914) 281-312; 39 (1915) 38-81. – G. MEHLIS: Lb. der G. (1915). – E. TROELTSCH: Die Dynamik der Gesch. nach der G. des Positivismus (1919). – G. LASSON: Hegel als Geschichtsphilosoph (1920). – K. LEESE: Die G. Hegels (1922). – F. SAWICKI: G. (³1923). – L. HAERING: Hauptprobleme der Philos. der G. (1925). – K. SCHULZ: Die Vorbereitung der G. Herders im 18. Jh. (Diss. Greifswald 1926). – H. DRIESCH: Theoret. Möglichkeiten der G. und ihre Erfüllung, in: Geist und Ges. K. Breysig zum 60. Geb. (1927) 1, 11-26. – C. FRANKENSTEIN: Fr. J. Molitors met. G. (Diss. Erlangen 1928). – M. HORKHEIMER: Anfänge der bürgerlichen G. (1930). – K. JOËL: G. Problematik seit der Jh.-Wende. Arch. Kulturgesch. 20 (1930) 199ff. – A. STERN: Über I. Iselins Gesch. der Menschheit. Z. Schweiz. Gesch. 10 (1930) 205-253. – FR. KAUFMANN: G. der Gegenwart (1931). – O. SPANN: G. (1932). – H. HEIMSOETH: Politik und Moral in Hegels G. Bl. dtsch. Philos. 8 (1934/35) 127-148. – J. THYSSEN: Gesch. der G. (1936, 1954). – J. HORN: Die G. E. v. Lasaulx'. Z. dtsch. Kulturphilos. 3 (1937) 95-112. – J. HYPPOLITE: Introd. à la philos. de l'hist. de Hegel (Paris 1948). – E. HINZ: Die wichtigsten geschichtsphilos. Strömungen in Deutschland in der zweiten Hälfte des 18. Jh. (Diss. Jena 1953). – R. ARON: La philos. critique de l'hist. (Paris 1950); Introd. à la philos. de l'hist. (1948). – J. E. SALOMAA: Philos. der Gesch. (Turku 1950). – W. H. WALSH: An introd. to philos. of hist. (London ²1953). – L. LANDGREBE: Die Gesch. im Denken Kants. Stud. gen. 7 (1954) 533-544. – R. BOEHM: W. Löwith und das Problem der G. Z. philos. Forsch. 10 (1956) 94-109. – H. LÜBBE: Die Transzendentalphilos. und das Problem der Gesch. Untersuch. zur Genesis der G. (Habil.-Schr. Erlangen 1956). – J. RITTER: Hegel und die frz. Revolution (1957). – P. GARDINER (Hg.): Theories of hist. (New York 1959). – R. KOSELLECK: Kritik und Krise (1959). – H. MEYERHOFF (Hg.): The philos. of hist. in our time (New York 1959). – K. ROSSMANN: Dtsch. G. von Lessing bis Jaspers (1959). – W. BRÜNING: G. der Gegenwart (1961). – W. H. NADEL: Hist. and theory. Stud. in the philos. of hist. 1ff. ('s Gravenhage 1961ff.). – K. WEYAND: Kants G. Kantstudien Erg.-H. 85 (1963). – I. S. KON: Die G. des 20. Jh. 1. 2 (1964). – W. H. DRAY (Hg.): Philos. analysis and hist. (New York 1966). – K. WILLIMCZIK: Fr. Asts G. (1967). – U. IM HOF: I. Iselin und die Spätaufklärung (1967). – U. NIEDERWEMMER: Methodol. Probleme neuerer Kritik der G. (Diss. Bochum 1968). – J. GAUSS: Das Problem der G. bei H. Barth. Theol. Z. 25 (1969) 120ff. – H. FAIN: Between philos. and hist. The resurrection of speculative philos. of hist. within the analytical tradition (Princeton, N.J. 1970). – H. KIMMERLE: Zum Verhältnis von Gesch. und Philos. im Denken Hegels, in: Das Problem der Abgeschlossenheit des Denkens (1970) 301-312; vgl. Hegel-Jb. 1968/69 (1970) 135-146. – M. MURRAY: Modern philos. of hist. (Den Haag 1970). – H. M. SASS: Das Verhältnis der G. zur polit. Praxis bei Hegel. Hegel-Jb. 1968/69 (1970) 59-72. – H. LÜBBE: G. und polit. Praxis, in: Theorie und Entscheidung (1971) 111-133. – U. KÖSTER: Lit. Radikalismus. Zeitbewußtsein und G. in der Entwicklung vom jungen Deutschland zur Hegelschen Linken (1972). – O. MARQUARD: Schwierigkeiten mit der G. (1973). – M. RIEDEL: System und Gesch. Stud. zum Standort von Hegels Philos. (1973) bes. 40-64. – R. SCHAEFFLER: Einf. in die G. (1973).   U. DIERSE/G. SCHOLTZ

Geschichtstheologie. – 1. Der Begriff ist analog zu dem der Geschichtsphilosophie gebildet und kommt in Konkurrenz zu diesem erst nach 1920 zu allgemeiner Verwendung. (Allerdings hatte A. SCHWEITZER schon 1906 von der «G. von E. Troeltsch» gesprochen, obgleich dieser selbst den Begriff nicht gebraucht [1].) Auf dem Hintergrund von Krise und Kritik der Geschichtsphilosophie nach dem Ersten Weltkrieg wird Geschichte zu einem gegenüber der Philosophie wie der Geschichtswissenschaft selbständigen Thema, ausgestattet mit der Macht der Ereignisse. Die gleichzeitige radikale Aufwertung des Begriffs der Theologie im dezidierten Unterschied zur Philosophie schlägt sich im begrifflichen Reflex nieder, Geschichtsauffassungen von Personen [2] oder Epochen [3] nunmehr als ‹G.› zu charakterisieren. Die Verwendung des Begriffs hat also eine theologische Abwendung von der Geschichts*philosophie* zur Bedingung, wie sie etwa F. GOGARTEN in einer ‹Untersuchung über Glaube und Geschichte› vertritt [4]; er will darin der Theologie einen Weg öffnen, der «ihrer fortschreitenden Verwandlung in Geschichtsphilosophie Einhalt gebietet». Die Alternative «Geistesgeschichte oder Theologie» [5] ergibt sich aus der theologischen Intention, die dem Menschen von der Geschichtsphilosophie zugedachte Rolle als Subjekt der Geschichte zu bestreiten. Der G.-Begriff wird daher – mit gelegentlichen Ausnahmen [6] – nur in der Sekundärliteratur verwendet, während die konstruierende Theologie ihn kaum gebraucht. Sie sieht in der Geschichte das entscheidende Problem ihrer selbst. «Das theologische Problem der Geschichte» zielt auf die theologischen Voraussetzungen von Geschichtsauffassungen überhaupt. Aus der theologischen Auflösung gegenständlicher Geschichte «als radikalste Erledigung der Geschichte» [7] folgt deren Neukonstitution: Zwischen der These, «die Heilsgeschichte ist *die* Geschichte» [8], und der anderen, «daß sich in der Offenbarung nichts als Geschichte ereignet» [9], spannt sich der Bogen der theologischen Auseinandersetzung um das Problem der Geschichte, ohne sich im Begriff einer G. zu versammeln. So kommt der Begriff etwa bei R. BULTMANN nicht vor [10].

Wo diese theologische Radikalisierung nicht mitvollzogen wird, wie bei E. HIRSCH, bei dem der G.-Begriff ebenfalls fehlt [11], bleibt es bei der Verwendung des Begriffs ‹Geschichtsphilosophie›, jedoch so, daß ihr christlicher Charakter durch die Hervorhebung ihrer religiösen und theologischen Voraussetzungen thematisiert wird und Heilsgeschichte und Eschatologie in ihrer Konfiguration historisch als «die Anfänge aller Geschichtsphilosophie» [12] reklamiert werden. Die damit eingeleitete Umkehrung der Blickrichtung von der Geschichtsphilosophie auf deren theologische Voraussetzungen ist die historische Fassung für das systematische Problem des Subjekts der Geschichte. K. LÖWITHS Untersuchungen über ‹Die theologischen Voraussetzungen der Geschichtsphilosophie› [13] ziehen allein aus diesem Grunde erneut die Kritik der Geschichtsphilosophie als «einer Fortsetzung der Theologie mit anderen Mitteln» nach sich [14].

2. Als Selbstcharakterisierung findet nicht der Begriff ‹G.› Verwendung, sondern der Ausdruck ‹Theologie der Geschichte›. Die Aufgabe, «ein theologisches Verständnis der Geschichte» an der Stelle aufzunehmen, an der die Philosophie des Deutschen Idealismus «gescheitert» ist, nämlich am Verständnis «der faktischen Weltgeschichte» [15], wird von P. TILLICH allerdings durch neue Begriffsbildungen zu lösen versucht: Autonomes und theonomes Geschichtsbewußtsein vereinen sich im «Kairos» zu einer zugleich konkreten wie unbedingten Sicht der aktuellen geschichtlichen Stunde [16]. E. SEEBERGS ‹Idee zur Theologie der Geschichte des Christentums› (1928) wird überholt durch den aktuellen Streit um eine «Theologie der deutschen Geschichte» [17], in der sich der politische Umbruch 1933 reflektiert. Über solche historischen Identifikationen hinaus weitet sich das Thema immer wieder zu einer prinzipiellen «Theologie der Geschichte» [18].

3. In der Theologie regeneriert sich das Thema einer G. in der Auseinandersetzung mit der historischen Forschung, die nach Abzug der Geschichtsphilosophie die methodische und inhaltliche Basis für das Problem der Geschichte abgibt. Die permanente Diskussion um die Unterscheidung von «historisch» und «geschichtlich», die zuerst wohl von G. WOBBERMIN formuliert wurde [19], wird in der alttestamentlichen Forschung von G. v. RAD auf eine neue Ebene gehoben mit der These, die Geschichtsschreibung und Geschichtserzählungen des AT seien als solche bereits Theologie. Über die «G. des Deuteronomiums» kommt es zu einer «Theologie der geschichtlichen Überlieferungen Israels» [20]. Auf dem Weg über das theologische Interesse an historischer Forschung im Unterschied zur Geschichtsphilosophie wird so doch die geschichtsphilosophische Problematik in der Theologie rekonstruiert. W. PANNENBERG versucht, zusammen mit R. RENDTORFF, eine «Theologie der Geschichte» aus der «Sprache der Tatsachen» der Geschichte zu entwickeln, «die grundsätzlich historisch verifizierbar» sein soll [21]. Diese neue Verbindung der Theologie mit historischer Forschung führt zum Programm einer Universalgeschichte, dessen Einlösung über eine Theologie der Überlieferungsgeschichte [22] sich in Aufgaben einer Theologie der Religionsgeschichte, der Kirchengeschichte und der Christentumsgeschichte auseinanderlegt. Aber auch unmittelbare politische Aktualisierungen der Eschatologie als Theologie der Revolution können als G. charakterisiert werden [23]. Der kritische Punkt in der Konstruktion von G. ist wiederum die Frage nach dem Subjekt der Geschichte [24]: Der Gedanke der Vorwegereignung des Endes der Geschichte in der Auferstehung Jesu Christi [25] versucht dies Problem historisch zu orten und zugleich prinzipiell im Sinne der Eschatologie offen zu halten. Die Christologie ist dabei sowohl Bezeichnung wie Verschlüsselung des Problems, wie das konstruierende Selbstbewußtsein zugleich jeweils das Ende der Geschichte, etwa in der «hypothetischen Rolle eines letzten Historikers» [26], markiert und sich in dieser Geschichte begreift. In dieser Frage gehen philosophische und theologische Argumente offensichtlich notwendig ineinander über, etwa in der Verbindung der Frage, wie das Bewußtsein «das jeweils gegenwärtige Ganze vor sich haben und gleichzeitig selber am Geschichtsprozeß teilnehmen kann» [27], mit der Vermutung, «daß Geschichtsphilosophie nicht nur aus Theologie hervorgegangen, sondern nach wie vor nur als solche möglich ist» [28].

Anmerkungen. [1] A. SCHWEITZER: Von Reimarus zu Wrede. Gesch. der Leben-Jesu-Forsch. (1906) 495. – [2] So bei W. KAMLAH: Apokalypse und Geschichtstheol. (1935); H. EGER: Kaiser und Kirche in der G. des Euseb von Cäsarea. Z. neutestamentl.

Wiss. 38 (1939) 97ff.; E. STAKEMEIER: Civitas Dei. Die G. des Heiligen Augustinus als Apologie der Kirche (1955); W. GEIGER: Spekulation und Kritik. Die G. F. C. Baurs (1964). – [3] Etwa C. HINRICHS: Ranke und die G. der Goethezeit (1954). – [4] F. GOGARTEN: Ich glaube an den Dreieinigen Gott (1926) Vorwort. – [5] Theol. Tradition und theol. Arbeit (1927). – [6] Vgl. z. B. H. RAHNER: Grundzüge katholischer G. Stimmen der Zeit 140 (1947) 408-427. – [7] K. BARTH: Der Römerbrief (²1922) 34. – [8] Kirchl. Dogmatik III/1 (1946) 63. – [9] F. GOGARTEN: Theol. und Gesch. Z. Theol. u. Kirche 51 (1953) 391; vgl. 364. – [10] Vgl. zusammenfassend R. BULTMANN: Gesch. und Eschatol. (1958). – [11] E. HIRSCH: Grundl. einer christl. Geschichtsphilos., in: Die idealistische Philos. und das Christentum (1926) 1-35, bes. 3f.; vgl. auch R. SEEBERG: Die Gesch. und Gott. Betrachtungen über Wesen und Sinn der Gesch. (1928). – [12] P. ALTHAUS: Heilsgesch. und Eschatol. Z. systemat. Theol. 2 (1925) 605. – [13] K. LÖWITH: Weltgesch. und Heilsgeschehen (1953) im Anschluß an O. CULLMANN: Christus und die Zeit. Die neutestamentl. Zeit- und Geschichtsauffassung (1946). – [14] H. ALBERT: Traktat über kritische Vernunft (²1969) 157. – [15] G. KRÜGER: Wie ist eine christl. Met. der Gesch. möglich? Zwischen den Zeiten 9 (1931) 480. – [16] P. TILLICH: Kairos 1 (1927); 2 (1926), in: Werke 6, 9ff.; in seiner Nachfolge steht R. NIEBUHR: Faith and hist. (1949, dtsch. 1970). – [17] O. WESTPHAL: Theol. der dtsch. Gesch.? (1933). – [18] So z. B. H. THIELICKE: Gesch. und Existenz. Grundl. einer evang. Theol. der Gesch. (1935, ²1964); TH. MICHELS: Das Heilswerk der Kirche. Ein Beitrag zu einer Theol. der Gesch. (1935); F. DELEKAT: Der gegenwärtige Christus. Versuch einer Theol. der Gesch. (1949); L. SARTORI: Teol. della storia (Padua 1957); H. U. v. BALTHASAR: Theol. der Gesch. (1965). – [19] G. WOBBERMIN: Gesch. und Hist. in der Religionswiss. (1911). – [20] G. v. RAD: Theol. des AT 1 (1957) 332ff. passim. – [21] W. PANNENBERG: Heilsgeschehen und Gesch. (1959), in: Grundfragen der systemat. Theol. (1967) 22ff., bes. 76; (Hg.): Offenbarung als Gesch. (1961, ⁴1970) 99ff.; darin auch R. RENDTORFF. – [22] T. RENDTORFF: Überlieferungsgesch. als Problem der systemat. Theol. Theol. Theol. (1965) 81ff. – [23] T. RENDTORFF: Der Aufbau einer revolutionären Theol., in: Theol. der Revolution (⁴1970) 60 u. ö.; E. FEIL: «Polit. Theol.» und «Theol. der Revolution», in: Diskussion zur ‹Theol. der Revolution› (1969) 131. – [24] Zur Kritik G. KLEIN: Theol. des Wortes Gottes und die Hypothese der Universalgesch. (1964); M. SEILS: Zur sprachphilos. und wortheol. Problematik der Auseinandersetzung von Existenztheol. und G. Neue Z. systemat. Theol. 7 (1965) 1ff. – [25] PANNENBERG: Offenbarung als Gesch. a. a. O. [21] 103ff. – [26] J. HABERMAS: Zur Logik der Sozialwiss. (1967, ²1970) 272. – [27] M. THEUNISSEN: Gesellschaft und Gesch. (1969) 34. – [28] a. a. O. 39f.   T. RENDTORFF

Geschichtszeichen. Der Begriff hat seinen Ursprung in einem literarischen Disput zwischen Kant und Fr. Schlegel. – KANT hatte in seinem 1795, also im Jahre des Friedensschlusses von Basel und mit deutlichem Bezug auf diesen verfaßten philosophischen Entwurf ‹Zum ewigen Frieden›, der auch in seinem formalen Aufbau (Gliederung in Präliminar-, Definitiv-, Garantie- und Geheimartikel) den «Friedensinstrumenten» jener Zeit entsprach, die Gewährleistung für einen ewigen Frieden nicht der Legalität und politischen Vernunft oder gar der Moralität der Menschen anvertrauen wollen, sondern «der großen Künstlerin, der Natur», welche es einmal dahin bringen werde, durch die Zwietracht der Menschen Eintracht unter ihnen selbst wider ihren Willen emporkommen zu lassen [1].

FR. SCHLEGEL hatte in seiner Rezension außer an Kants These vom notwendig despotischen Charakter der Demokratie auch an diesem Gedanken Kritik geübt. Es sei nicht genug, die Mittel der Möglichkeit, die äußeren Veranlassungen des Schicksals (d. h. der Natur) aufzuzeigen: Ein Rekurs auf die gedachte Zweckmäßigkeit der Natur sei hier völlig gleichgültig; man erwarte vielmehr eine aus der inneren Entwicklung des Menschen hergenommene Begründung und den Aufweis notwendiger Gesetze der Erfahrung; in diesem Sinne komme es auf Gesetze der politischen Geschichte und die Prinzipien der politischen Bildung an [2].

KANT hat im zweiten Abschnitt der Schrift ‹Streit der Fakultäten› (Streit der philosophischen mit der juristischen Fakultät) unter dem allgemeiner gefaßten Titel «Erneuerte Frage: ob das menschliche Geschlecht im beständigen Fortschreiten zum Besseren sei» [3] auf diese Einwände mit einem hochreflektierten methodologischen Argument geantwortet, in dessen Mittelpunkt der Begriff des G. steht. Wenn das Fortschrittsproblem auch nicht unmittelbar durch Erfahrung, d. h. – nach Fr. Schlegels Forderung – durch den Rekurs auf Data der politischen Geschichte aufzulösen sei, so müsse doch an irgendeine Erfahrung hierbei angeknüpft werden. Solche Erfahrungen im Menschengeschlechte haben dabei die Funktion, auf eine hinter ihnen liegende Ursache in der Menschennatur zu verweisen bzw. auf eine solche rückschließen zu lassen, welche dann ihrerseits als Urheber einer im Menschengeschlecht als ganzem (in bezug auf das datierbare Eintreten der zu erwartenden Wirkungen nur mit probabilistischer Sicherheit, grundsätzlich aber als unausbleibliche Folge) anzusetzenden Tendenz des Fortschreitens zum Besseren anzusehen sei. Eine solche Begebenheit nun, welche auf das Dasein einer derartigen Ursache einerseits und auf die Wirkung der Kausalität dieser im Ablauf der Geschichte andererseits verweist, nennt Kant ein ‹G.› [4]. Nur ein Zeichen ist sie darum, weil sie ja selbst nicht identisch mit jener Ursache ist. Wegen des generellen und notwendigen, aber zeitlich unbestimmbaren Wirkens der genannten Kausalität erstreckt sich die auf sie verweisende Zeichen- und Beweisfunktion jener Begebenheit auf Vergangenheit, Gegenwart und Zukunft: Sie ist ein signum rememorativum, demonstrativum und prognosticon. – Welches ist nun eine Begebenheit von der Art, daß sie die Last solcher methodologisch präzisierten Beweisansprüche zu tragen vermöchte? Es kann sich um kein (einzelnes) politisches Faktum handeln, um keine von Menschen verrichteten und in eine Chronologie eintragbaren Taten oder Untaten, sondern – da es um ein Indiz für eine dem Menschengeschlecht als solchem zuschreibbare Eigenschaft geht – um aus Anlaß eines großen Ereignisses sich öffentlich dokumentierende Äußerungen der nur als moralisch (im Grundsatz) beschreibbaren Denkungsart der Menschen. Jenes große Ereignis erblickt Kant «in der Revolution eines geistreichen Volkes», in der Französischen Revolution also. Worauf es aber ankommt, ist die in den Gemütern auch aller unbeteiligten Zuschauer erwirkte «Teilnehmung dem Wunsche nach, die nahe an Enthusiasmus grenzt, und deren Äußerung selbst mit Gefahr verbunden war, die also keine andere, als eine moralische Anlage im Menschengeschlecht zur Ursache haben kann», für welche also jene Anteilnahme als signum demonstrativum fungieren kann.

Wie sehr Schlegels Einwand Kant beschäftigt hat, zeigt die erneute, ebenfalls mit dem Zeichenbegriff arbeitende Behandlung der Frage in einer ausführlichen Reflexion des ‹Opus posthumum› [5]. Das Problem war, so bemerkt Kant, nicht so unwichtig, um leichtsinnig beantwortet und, als ob es kein Interesse bei sich führte, dem Spiel einer müßigen Kasuistik überlassen zu werden. Werde die Antwort, so wie es sein müsse, nach dem regulativen Prinzip der moralisch-praktischen Vernunft gegeben, so sei sie unbedenklich; sie laute dann, daß die Arbeit am Fortschritt zum Besseren zwar Pflicht sei, wenngleich das Gelingen dieser Absicht immer problematisch bleibe. Aber der Kritiker verlange mehr, nämlich nach dem konstitutiven Prinzip der theoretischurteilenden Vernunft assertorisch und mit apodiktischer

Notwendigkeit einen solchen Fortschritt behaupten zu können. In seinem erneuten Lösungsversuch verbindet Kant die Ergebnisse der Fakultäts- mit denen der früheren Friedensschrift (auch – trotz Schlegels Kritik – durch erneute Betonung des Mitwirkens der Naturursachen): «Die *Zeichen* der Zeit entdecken öffentlich am menschlichen Geschlecht im Großen der Gesellschaften, worin sie antagonistisch nebeneinander stehen, eine moralische, sonst niemals in gleichem Grade wahrgenommene Anlage einer uneigennützigen Neigung, sich zu dem Zwecke zu verbünden, das größte Hindernis des Fortschreitens zum Besseren, den Krieg, wegzuschaffen». Dies sei Tatsache, welche Epoche macht, zwar vielleicht noch nicht mit ihrer Wirkung, so doch wenigstens als Gründung einer dahin zielenden Ursache [6].

Zuvor hatte bereits FICHTE, ebenfalls in einer Rezension der Schrift ‹Zum ewigen Frieden›, deren Intentionen mit denen Schlegels verbindend, auf «zwei neue Phänomene der Weltgeschichte» verwiesen, die für die Erreichung des Zweckes (ewiger Friede) bürgen könnten: «der auf der anderen Hemisphäre errichtete blühende nordamerikanische Freistaat, von welchem aus sich notwendig Aufklärung und Freiheit über die bis jetzt unterdrückten Weltteile verbreiten muß, und die große europäische Staatenrepublik, welche dem Einbruche barbarischer Völker in die Werkstätte der Kultur einen Damm setzt, den es in der alten Welt nicht gab» [7].

Anmerkungen. [1] I. KANT, Akad.-A. 8, 360. – [2] FR. SCHLEGEL: Versuch über den Begriff des Republikanismus, veranlaßt durch die Kantische Schrift zum ewigen Frieden. Deutschland 3 (1796). Krit. A., hg. E. BEHLER 7 (1966) 23. – [3] KANT, Akad.-A. 7, 79-94. – [4] a. a. O. 84. – [5] 22, 619-624. – [6] 623f. – [7] J. G. FICHTE, Philos. J. 4 (1796) 81-92. Werke, hg. I. H. FICHTE 8, 427-436, zit. 435.
G. BIEN

Geschlechtlichkeit (Sexualität). G. hat sich bei Pflanzen und Tieren schon auf dem stammesgeschichtlichen Stadium der Einzeller entwickelt und ist während der gesamten Phylogenese beider Organismenreiche beibehalten worden, weil sie für die Erhaltung der Arten von großem Vorteil war. Sie kommt zustande durch die polare Differenzierung von Fortpflanzungszellen. Bei der Befruchtung verschmelzen zumeist Fortpflanzungszellen von zwei verschiedenen Individuen miteinander. Dabei vereinigen sich Zellplasma und Zellkerne, aber nicht die eigentlichen Erbträger, die Chromosomen. Da alle Individuen einer Tier- oder Pflanzenart erbliche Unterschiede zeigen, kommt es durch die Befruchtungsvorgänge zu zahlreichen *Neukombinationen* von Erbmerkmalen. Damit werden die Chancen für das Überleben der Arten außerordentlich erhöht. Bei der Schärfe der in allen Lebensphasen geschehenen Auslesevorgänge können oftmals nur wenige «präadaptierte» Individuen überleben, deren Erbkombination eine genügende Resistenz ermöglicht. Ein weiterer Vorteil der Befruchtung ist damit gegeben, daß Zellen mit doppeltem Chromosomensatz (*diploide* Zellen) entstehen und die daraus hervorgehenden Zellen des embryonalen und erwachsenen Körpers meist diploid bleiben. Dadurch wirken sich die überwiegend schädlichen oder die Vitalität mindernden Mutationen einzelner Erbfaktoren (Gene) meist nicht aus, weil von dem homologen nicht-mutierten Gen des zweiten Chromosomensatzes die Entwicklung normal gesteuert werden kann (rezessive Vererbung). Vor einer Befruchtung, zumeist erst bei der Herausbildung reifer Geschlechtszellen, wird der Chromosomensatz wieder auf die Hälfte reduziert (Reduktionsteilung, Meiose).

Lange Zeit hindurch war ungeklärt, ob die körperlichen Merkmale nur durch das Ei übertragen werden (Ansicht der ‹*Ovulisten*›) oder nur durch das Spermatozoon (Auffassung der ‹*Animalculisten*›). Heute wissen wir, daß jede Keimzelle die Erbanlagen für beide Geschlechter bestimmt, so daß allen Lebewesen eine *bisexuelle Potenz* zukommt. In der Mehrzahl der Fälle ist das Geschlecht eines Individuums schon bei der Befruchtung durch besondere Geschlechtschromosomen festgelegt. Die Ausprägung der Geschlechtsunterschiede kommt aber erst im Laufe der Entwicklung zustande, bei Wirbeltieren unter dem Einfluß von Geschlechtshormonen. Daher lassen sich durch Behandlung von Embryonen mit dem Hormon des anderen Geschlechts zum Teil totale *Geschlechtsumwandlungen* bewirken (bei Säugetieren nur von weiblichen Embryonen in männliche Tiere). Bei manchen wirbellosen Tieren wird das Geschlecht erst während der Jugend- oder Larvenperiode durch Außenfaktoren bestimmt. Bei zwittrigen Arten teilen sich die Urgeschlechtszellen unter dem Einfluß physiologischer Faktoren in männliche und weibliche Keimzellen. Bei nicht genügend bipolar ausgebildeter Sexualität kann es zur Entstehung von Zwischenstufen, von *Intersexen*, kommen.

Das *Verhalten* der Geschlechter zueinander ist sehr verschieden (unmittelbare Kopulation der Keimzellen; bei manchen Einzellern nur Verschmelzen männlicher und weiblicher Zellkerne; zeremonielle Paarungseinleitungen, z. B. Balz; tierische Saisonehe oder Dauerehe; Polygamie oder Monogamie; sehr verschiedene Methoden der Samenübertragung; unterschiedliche Beteiligung der Geschlechter an der Betreuung der Nachkommenschaft).

Bei manchen Tiergruppen gelangen regelmäßig auch unbefruchtete Eier zur Entwicklung (Saugwürmer, Blattläuse, Bienen u. a.). In vielen Fällen wechseln dabei solche durch Jungfernzeugung (*Parthenogenese*) erzeugte mit durch Befruchtung erzeugten Generationen ab (Generationswechsel).

Literaturhinweise. J. MEISENHEIMER: Geschlecht und Geschlechter im Tierreich 1. 2 (1921-1930). – U. GERHARDT: Biol. der Fortpflanzung im Tierreich. Verständl. Wiss. 22 (1934). – V. DANTSCHAKOFF: Der Aufbau des Geschlechts beim höheren Wirbeltier (1941). – M. HARTMANN: Die Sexualität (1943); Geschlecht und Geschlechtsbestimmung im Tier- und Pflanzenreich. Slg. Göschen 1127 (²1951). – J. HÄMMERLING: Fortpflanzung im Tier- und Pflanzenreich. Slg. Göschen 1138 (1951). – J. W. HARMS: Die Fortpflanzung der Tiere, in: L. VON BERTALANFFY und F. GESSNER: Hb. Biol. III/1 (1963) 1-48.
B. RENSCH

Geschmack (lat. gustus, ital./span. gusto, frz. goût, engl. taste)

I. Der Begriff des ‹G.› (frz. goût) als Voraussetzung für die Möglichkeit der Begründung einer Ästhetik aus der Unmittelbarkeit und Gewißheit der ästhetischen Erfahrung hat seinen Ursprung in der *französischen* Literatur- und Kunsttheorie des ausgehenden 17. Jh. Dort entspricht ihm ein G.-Ideal von universalistischem Anspruch, das in den literarischen Werken dieser Epoche seine beispielhafte Verwirklichung findet. Während in der englischen und deutschen Rezeption die Diskussion um den G. früh in den Zusammenhang einer allgemein ästhetischen und erkenntnistheoretischen Fragestellung tritt (in Deutschland fehlt jede Möglichkeit einer Rückbeziehung auf eine vorausliegende Klassik), bleibt die Entwicklung des G.-Begriffs in Frankreich bezogen auf die in den Rang des Klassischen erhobene Literatur unter Ludwig XIV.

Der Ausbildung eines ästhetischen G.-Begriffs geht die Ausbildung eines G.-Begriffs im Bereich der *Moralistik* voraus, der die metaphorische Verwendung des G.-Sinns für das bloße Gefallen ablöst. ‹goût› (von lat. gustus) in übertragener Bedeutung meint bis zur Mitte des 17. Jh. zumeist die unverbindliche und unreflektierte Neigung, über die nicht zu streiten ist. Der Satz aus scholastischer Tradition «de gustibus et coloribus non disputandum», früh zum französischen Sprichwort geworden, bestimmt den Umkreis vorreflexiver Allgemeinerfahrung, in dem das Wort heimisch ist. Eine neue Bereicherung und Differenzierung zeigen LA ROCHEFOUCAULDS Reflexionen über den goût an [1]. Auch bei ihm bewahrt sich die alte Bedeutung eines ‹bloß subjektiven› Gefallens, das keiner Begründung fähig ist, in Wendungen wie «suivre notre goût» usw., mit denen er sein Pathos der Demaskierung des Ich auch in den Bereich des «jugement» trägt. Daneben aber kennt er eine neue Vorstellung von goût, die nicht durch die «pente de l'amour-propre et de l'humeur» [2] bestimmt ist. In seiner (posthum veröffentlichten) Reflexion ‹Des goûts›, in der die verschiedenen Bedeutungen von ‹goût› ausgemessen werden, steht dem bloß subjektiven G. ein anderer entgegen, der befähigt ist, den wahren Wert der Dinge zu erkennen und der in seiner vollkommensten Form als «une sorte d'instinct dont ils [die ihn besitzen] ignorent la cause» [3], unbeeinflußt von den Trübungen durch subjektives Interesse, sein Urteil spricht. Dieser goût, in seiner neuen Bedeutung ausgezeichnet als «bon goût», steht nach einer anderen Reflexion dem «jugement» näher als dem «esprit» [4], seine Regung bedeutet nicht mehr die Beliebigkeit der subjektiven Ansicht, sondern G.-Urteil.

Die neue Bedeutung von ‹goût› als Bezeichnung für ein besonderes Urteilsvermögen geht auf BALTASAR GRACIÁNS ‹El Discreto› (1646) zurück, Reflexionen über den vollkommenen Weltmann, deren Auszeichnung am reinsten im Begriff ‹gusto› gefaßt wird [5]. ‹gusto› bedeutet das durch Erfahrung und unablässige Introspektion zur Vollkommenheit gebrachte Vermögen des «hombre en su punto» (des Menschen, der den Punkt seiner Vollkommenheit erreicht hat), in allen Bereichen und Situationen des Lebens immer die rechte Wahl zu treffen und alle Dinge frei von subjektiver Täuschung nach ihrem wirklichen Wert zu beurteilen. Der Bereich, der ihm zufällt, ist der des praktischen, gesellschaftlich-politischen Lebens, und nur sofern diesem auch der ästhetische Bereich zugehört, ist auch er vom Urteil des G. betroffen.

Der Bindung des «(buen) gusto» an den «discreto» entspricht beim Übergang des Begriffs nach Frankreich die Bindung des «goût» an den «honnête homme». Die neue Bedeutung von ‹goût› im Sinne von ‹bon goût› setzt sich zunächst im Bereich der Moralistik durch, in der honnête homme durch LA ROCHEFOUCAULD, MÉRÉ, BOUHOURS, SAINT-EVREMOND, LA BRUYÈRE seine Selbstdarstellung gefunden hat. War der gusto bestimmt durch seine Anwendung auf den gesellschaftlich-politischen Bereich, so ist der des goût der gesellschaftlich-ästhetische, in dem der honnête homme die «délicatesse» seines Umgangs und Urteils erweist. (Der délicatesse der honnêtes gens setzt SAINT-EVREMOND den [schlechten] «goût de la Nation en général» entgegen [6]).

Ein Moment, das in Graciáns ‹gusto› implizit enthalten ist, wird für den ‹goût› des honnête homme ausdrücklich: die aller Reflexion vorausliegende Spontaneität des G.-Urteils. Dieser Zug, der schon in PASCALS Bestimmung des «esprit de finesse» wesentlich wird, ist bei MÉRÉ, LA ROCHEFOUCAULD und BOUHOURS ebenso hervorgehoben wie in der Mehrzahl aller nachfolgenden Versuche, den goût zu bestimmen. BOUHOURS, in seinen ‹Entretiens d'Ariste et d'Eugène› (1671), sucht diese Besonderheit des G.-Urteils aus der Besonderheit seines Gegenstandes zu begründen. Als eigentlicher Gegenstand dessen, was mit ‹goût›, aber auch mit ‹sentiment› und ‹instinct› bezeichnet wird, erscheint das «je ne sais quoi», das als eine sich dem Zugriff der «raison» entziehende Qualität der Objekte nicht auf Begriffe zu bringen ist, sondern sich nur in seiner Wirkung unmittelbar mitteilt [7]. Im Gegensatz zum analytischen Urteil des Verstandes ist das synthetische Urteil des G. befähigt, die Erscheinung des Besonderen in seiner Einmaligkeit, wie sie nur in der Unmittelbarkeit des ersten Moments hervortritt, zu erfassen und an der verbindlichen Norm der «honnêteté» zu messen.

Mit der Ausarbeitung dieses G.-Begriffs als eines Urteilsvermögens, das gerade durch die Spontaneität gesichert ist, in der sich der Gegenstand unbeeinflußt von den Vorurteilen und Bedingtheiten des Subjekts zur Geltung bringt, steht auch für die Werke der schönen Literatur und der schönen Künste ein Prinzip der Beurteilung bereit, das es ermöglicht, die humanistische, sich auf die Autoritäten der Antike berufende Kritik zu überwinden. In einer Vielfalt von Reflexionen kommt nun die von der humanistischen Kritik noch übergangene Seite des Aufnehmenden in den Blick und ermöglicht damit neue, von der traditionellen Gattungs- und Regelpoetik vorgegebene Perspektiven auf das Kunstwerk.

Der Eingang des Begriffs in den Zusammenhang der *ästhetischen* und poetologischen Theorie ist mit der ‹Querelle des Anciens et des Modernes›, dem Streit um den Vorrang von antiker oder moderner Dichtung und Kunst aufs engste verknüpft. Für FONTENELLE [8] und CH. PERRAULT [9] wird der goût zur Instanz, die Autorität der Antike kritisch in Frage stellt. Dabei setzt Perrault dem vernünftigen goût, der das Schöne unabhängig von Ort und Zeit beurteilt, die «fantaisie» entgegen, die als bloße Laune auf den Augenblick bezogen ist und somit jene Stelle einnimmt, die ‹goût› einst selbst bezeichnet hatte. Auch BOILEAU [10] und LA BRUYÈRE [11] nehmen, für die Seite der Anciens, den goût als letztes Argument in Anspruch. Sie decken am goût der Modernes die unzulässige Verallgemeinerung des gegenwärtigen Standpunkts auf, doch nur, um daran die zeitlose Gültigkeit der antiken G.-Norm zu erweisen.

Mit der verschiedenen Situierung des Vollkommenen, einmal als schon in der Antike erfüllt, einmal als Endpunkt eines unendlichen Weges der «perfectibilité», tritt erstmals die Geschichtlichkeit des G. in den Blick, um aber sogleich in einer geschichtsphilosophischen Konstruktion überschritten zu werden. Einzig SAINT-EVREMOND setzt den Bezugspunkt der Vollkommenheit hintan [12]. Er legitimiert den geschichtlichen Wandel des G. aus dem Wandel von Gesellschaft, Religion und wissenschaftlicher Erkenntnis und nimmt damit einen Gedanken vorweg, der mehr als ein Jahrhundert später erst zu seiner Wirkung gelangt.

Der G.-Begriff rückt mit Beginn des 18. Jh. immer mehr ins Zentrum der ästhetischen Diskussion. Die Geschichtlichkeit des G. bleibt dabei weitgehend ausgegrenzt. Der aus kritischem Geist der Frühaufklärung vollzogenen Wendung von positiver zu natürlicher Theologie, von positivem zu natürlichem Recht als Befreiung aus der Verstrickung des «préjugé» entspricht die Intention, auch den G., als ein natürliches Vermögen des Menschen so zu begründen, daß es dem Vorwurf des «préjugé» entzogen bleibt. So wird das G.-Urteil in der cartesianischen Ästhetik FONTENELLES [13], HOUDAR DE LA MOTTES [14] und CROUSAZ' [15] zum vorweggenommenen Verstandesurteil.

Gegen den ästhetischen Rationalismus im Umkreis Fontenelles gewinnen DU BOS ‹Réflexions critiques sur la Poésie et la Peinture› (1719) auf der Grundlage des Lockeschen Sensualismus der ästhetischen Erfahrung ihre Unmittelbarkeit zurück. Es gibt einen Sinn, der vom ästhetischen Gegenstand unmittelbar angesprochen wird und der ein Publikum zu spontaner Urteilsbildung befähigt. Dieser ist aber nicht mehr gefaßt als ‹goût›, sondern als ‹sentiment› [16]. Der Grad der Rührung entscheidet über den Rang der Kunstwerke. Das aristokratische Moment des goût, die wählende Distanz ist damit aufgegeben. Erst in zweiter Linie kommt auch der goût zu Bedeutung: Er erscheint als «goût de comparaison», als Vermögen, den unmittelbaren Eindruck im Hinblick auf andere Kunstwerke abzuwägen und einzuordnen [17].

CARTAUD DE LA VILLATTE [18] und MONTESQUIEU [19] führen diesen Ansatz fort. CARTAUD macht den G. abhängig von der gesellschaftlichen Bedingtheit des Aufnehmenden. Du Bos' homogenes Publikum zerfällt in die Vielheit von besonderen Interessen bestimmter beruflicher, politischer und nationaler Gruppen, die einen verbindlichen G. illusorisch erscheinen lassen. Auch MONTESQUIEU läßt das normative Moment des G. außer Betracht. Der G. als Organ der Lust- und Unlustempfindungen wird Gegenstand einer empirisch-sensualistischen Psychologie, die allein zwischen den Empfindungen, nicht mehr zwischen ihren Gegenständen differenziert, so daß Dichtung, Musik, Tanz, Gesellschaftsspiel und selbst Glücksspiel in eine Reihe zu stehen kommen.

BATTEUX und DIDEROT suchen die von der sensualistischen Ästhetik vernachlässigte Besonderheit des G.-Gegenstands neu zu bestimmen. Gegenstand des goût ist bei BATTEUX [20] die «belle nature», die sich in den Nachahmungen des «génie» konkretisiert. DIDEROT kommt zu einer Theorie der «perception de rapports», nach der sich ein Gegenstand dem G. als um so schöner darbietet, je mehr innere Wechselbezüge er zu erkennen gibt [21].

Dem deskriptiven G.-Begriff der sensualistischen Ästhetik setzt VOLTAIRE erneut einen normativen Begriff des ‹bon goût› entgegen [22]. Indem er diesen auf die klassische Norm des «Siècle de Louis Quatorze» bezieht, verfestigt er den Zusammenhang zwischen dem goût und einem als überzeitlich verstandenen Klassizismus. Diese Fixierung, die dem Klassizismus im Bereich der literarischen Praxis seine Geltung bis weit in die französische Romantik sicherte, ist andererseits eine wesentliche Ursache für das schließliche Ausscheiden des ‹goût› aus der ästhetischen Diskussion geworden.

Erstmals treten in dem aus DIDEROTS Umkreis stammenden Encyclopédieartikel ‹Génie› die Begriffe ‹génie› und ‹goût› in *Opposition*. Das Urteil des goût ist nicht mehr bestimmt durch Spontaneität, sondern durch Konventionalität, während Spontaneität das Schaffen des génie auszeichnet. Der goût als konventioneller G. kann den spontanen Produktionen des génie nicht mehr gerecht werden. Der erst mit STENDHALS ‹Racine et Shakespeare› (1823, 1825) zu Ende kommende Streit um Shakespeare ist ein Streit um den Vorrang von Genie und G., bei dem die Berufung auf den goût den Standort konservativer und zugleich national sich abschließender Gesinnung bezeichnet.

Mme DE STAËL, mit einem neuen Blick für die Vielfalt nationaler Charaktere und ihrer Bedingtheit durch Gesellschaftsform, Religion, Rasse und Klima, sucht im goût noch einmal nach einer diese Vielfalt umgreifenden Norm des Schönen, die nicht mehr vorgegeben ist, sondern sich erst im wechselseitigen Austausch verwirklicht [23].

Die Reflexionen JOUBERTS [24], STENDHALS ‹Racine et Shakespeare› und XIMENES DOUDANS ‹Les Révolutions du Goût› [25], ein letzter Nachklang der G.-Diskussion, zeigen, wie der Abbau dieser Norm zugunsten einer schon seit der ‹Querelle› vorbereiteten Einsicht in die Geschichtlichkeit des Kunstwerks dem G. als ästhetischem Urteilsvermögen die Grundlage entzieht [26]. An die Stelle der normativen Beurteilung durch den G. tritt das verstehende Eingehen auf das Besondere jedes Kunstwerks als neue Weise seiner ästhetischen Rezeption, während dem goût fortan allein noch das Gefällige von Mode und Dekoration überlassen bleibt.

Anmerkungen. [1] F. DE LA ROCHEFOUCAULD: Réflexions ou Sentences et Maximes morales (éd. déf. 1678). Oeuvres complètes, Bibl. de la Pléiade (Paris 1964). – [2] Réflexions diverses 10; Du Goût, a. a. O. 517. – [3] ebda. – [4] Nr. 258 a. a. O. 438. – [5] Vgl. K. BORINSKI: Baltasar Gracián und die Hoflitteratur in Deutschland (1894), und H. JANSEN: Die Grundbegriffe des Baltasar Gracián (Genf 1958). – [6] CH. DE SAINT-EVREMOND: Sur les Tragédies. Oeuvres meslées (Paris 1697) 2, 245. – [7] Vgl. E. KÖHLER: Je ne sais quoi. Ein Kapitel aus der Begriffsgesch. des Unbegreiflichen. Roman. Jb. 6 (1953-54) 21-59. – [8] B. LE BOVIER DE FONTENELLE: Digression sur les Anciens et les Modernes (Paris 1688). – [9] CH. PERRAULT: Parallèle des Anciens et des Modernes en ce qui regarde les Arts et les Sciences (1688-1697); Neuausgabe mit einleitender Abh.: H. R. JAUSS: Ästhetische Normen und gesch. Reflexion in der ‹Querelle des Anciens et des Modernes› (1964). – [10] N. BOILEAU: Réflexions critiques sur quelques passages du Rhéteur Longin (1694); Réflexion VII. Œuvres complètes, Bibl. de la Pléiade (Paris 1966) 522-527. – [11] J. DE LA BRUYÈRE: Discours sur Théophraste und Des Ouvrages de l'Esprit, in: Les Charactères ou les Mœurs de ce Siècle (1688). Oeuvres complètes, Bibl. de la Pléiade (Paris 1951) 65-90. – [12] SAINT-EVREMOND, bes. in: Sur les poèmes des Anciens et des Modernes (Fragment sur les Anciens; 1685) a. a. O. [6] 2, 165. 174. – [13] FONTENELLE: Réflexions sur la Poétique (verfaßt ca. 1695; Paris 1742). – [14] HOUDAR DE LA MOTTE: Réflexions sur la critique (Paris 1715). – [15] J.-P. CROUSAZ: Traité du Beau (Amsterdam 1715). – [16] J.-B. DU BOS: Réflexions critiques sur la Poésie et la Peinture (Paris ⁷1770) 2, 341f. – [17] a. a. O. 2, 352. – [18] F. CARTAUD DE LA VILLATTE: Essai historique et philos. sur le Goût (1736), in: W. KRAUSS: Cartaud de la Villatte, ein Beitrag zur Entstehung des modernen Denkens. Weltbildes in der frz. Aufklärung (1960) Bd. 1. – [19] MONTESQUIEU: Essai sur le Goût dans les choses de la Nature et de l'Art (posthum veröffentlicht als Teil des Art. ‹Goût› der Encyclopédie). – [20] CH. BATTEUX: Les Beaux Arts réduits à un même principe (Paris 1746). – [21] D. DIDEROT: Recherches philos. sur l'origine et la nature du Beau (1752). Oeuvres esthétiques, Classiques Garnier (Paris 1959) 387ff.; vgl. W. FOLKIERSKI: Entre le Classicisme et le Romantisme (Paris 1925). – [22] Vgl. Artikel ‹Goût› der Encyclopédie; hierzu R. NAVES: Le Goût de Voltaire (Paris 1938). – [23] Mme de STAËL: De la Littérature considérée dans ses rapports avec les Institutions sociales (1800), hg. P. VAN TIEGHEM, Textes litt. franç. 82 (Paris 1959); De l'Allemagne (1810), in: Les Grands Écrivains de la France (Paris 1958) chap. 14: Du goût. – [24] Les carnets de JOSEPH JOUBERT, hg. A. BEAUNIER (Paris 1938) bes. 1, 240. 417f. 430; 2, 537. 639. – [25] X. DOUDAN: Les Révolutions du Goût (posth. 1881), in: Bibl. Romantique 6 (Paris 1924). – [26] Zur Entstehung einer historischen Betrachtungsweise des ‹Beau relatif› als Ergebnis der ‹Querelle des Anciens et des Modernes›; vgl. JAUSS, a. a. O. [9].

Literaturhinweise. H. VON STEIN: Die Entstehung der neueren Ästhetik (1886). – B. CROCE: Estetica come sci. dell'espressione e linguistica generale (1902). – A. BÄUMLER: Kants Kritik der Urteilskraft. Ihre Gesch. und Systematik 1 (1923). – W. FOLKIERSKI s. Anm. [21]. – E. CASSIRER: Die Philos. der Aufklärung (1932). – R. NAVES s. Anm. [22]. – F. SCHÜMMER: Die Entwicklung des G.-Begriffes in der Philos. des 17. und 18. Jh. Arch. Begriffsgesch. 1 (1956) 120-141. – H.-G. GADAMER: Wahrheit und Methode (1960). – P.-E. KNABE: Schlüsselbegriffe des kunsttheoret. Denkens in Frankreich (1972). K. STIERLE

II. In *England* läßt sich der ästhetische Begriff ‹taste› in der zweiten Hälfte des 17. Jh. nachweisen [1]. Vorher erscheint das Wort ‹taste› nur als Metapher und bezieht sich stets auf den physiologischen G.-Sinn [2]. Kritische Untersuchungen, die den G. in seiner ästhetischen Bedeutung definieren oder erläutern, setzen um 1700 ein und klingen nach 1800 ab. Die im Laufe des 18. Jh. entstehenden Theorien verwenden ‹taste› an Stelle des traditionellen *decorum*-Begriffs. Letzterer verschwindet in dem Maße, in dem die Philosophie (seit HOBBES und LOCKE) die sinnliche Wahrnehmung zur primären Erkenntnisquelle erklärt. ‹taste› fügt sich organisch in eine derartige Konzeption ein und kann zudem als bloßer Formbegriff den Bedeutungsgehalt von ‹decorum› aufnehmen. Die neuen Erkenntnisprinzipien bewirken allerdings eine Umdeutung zahlreicher philosophischer Begriffe und eine veränderte Haltung gegenüber Philosophie, Wissenschaft und Kunst. Sie wird in den Theorien des G. sichtbar.

1704 definiert JOHN DENNIS G. als «Discernment of Truth» [3]. Truth ist für ihn das Wahre, Gute und Schöne, worin sich die Schöpfung manifestiert [4]. Während nach herkömmlicher Auffassung der Philosoph das Wahre erkennt und der Künstler es lediglich abbildend darstellt, ist truth für Dennis gerade in der Dichtung offenbar. Nicht die abstrakte philosophische Vernunft, sondern der G. dringt in metaphysische und religiöse Zusammenhänge ein. Damit ist der Primat der Philosophie angetastet; Dichter und Kritiker treten neben den Philosophen.

Der Widerspruch, daß ein sinnliches Vermögen Wahres objektiv erkennen soll, wird durch SHAFTESBURY beseitigt: Der G. kann das Wahre nur subjektiv wahrnehmen, und zwar als Schönheit [5]. Shaftesbury deutet den ontologischen Schönheitsbegriff der Tradition in einen empirisch-ästhetischen um. Die Ästhetik ist für ihn eine neue Disziplin der Philosophie, die das Wahre als Schönheit erfährt. Shaftesbury stellt sie gleichberechtigt neben die empiristische Philosophie. Der G. als Prinzip der Ästhetik und als Gefühl für das Schöne, Schickliche (decorum) und Gute (er ist identisch mit ‹moral sense›) kennzeichnet den «fine gentleman», dem es gelungen ist, alle Möglichkeiten seiner Existenz zu aktualisieren; er ist «by himself». Shaftesbury verweist den Menschen, der sein Dasein derart verwirklichen möchte, auf die Stimme des Herzens, den Rat seiner Freunde, die Landschaft als ungenutzte Natur und auf die Kunst. Wissenschaft und Philosophie klammern diese persönlichen Bereiche aus. Taste muß deshalb als Kompensationserscheinung des aufklärerischen Empirismus verstanden werden.

Das Wissen um den Zusammenhang zwischen Wahrheit und Schönheit verblaßt bereits bei JOSEPH ADDISON [6], weil von der Empirie her nicht mehr gefragt wird, *was* Schönheit ist. Addison untersucht, *wie* das wahrnehmende Subjekt auf Schönheit reagiert, er verwendet psychologische Kriterien. Dabei entdeckt er *imagination* als Organ des G. und *pleasure* als Effekt des Schönen. Schön ist, was allen Menschen zu allen Zeiten gefallen hat. Dieser Maßstab bleibt für das 18. Jh. verbindlich.

Die psychologische Betrachtungsweise wird durch HUME vertieft [7]. Er bezeichnet G. als Relation zwischen Kunstwerk und «mind». Der Urteilende konstituiert erst durch seine Zustimmung (pleasure) oder Ablehnung (dislike) den Gegenstand als schön oder häßlich. Das Urteil ist relativ, weil jeder Kritiker zu verschiedenen Zeiten und unter veränderten Umständen unterschiedliche Urteile fällt. Deshalb fordert Hume als erster einen allgemeinverbindlichen Maßstab für den G. Er leitet ihn aus der menschlichen Natur ab, die als «common nature» objektive Geltung erlangt. Durch den G. findet der Mensch Zugang zur Kunst, die seine subjektiven Empfindungen spiegelt. Diese Befriedigung versagt ihm die Wissenschaft. Humes sensualistischer Ansatz beweist jedoch, daß seine Untersuchungen über den G. naturwissenschaftlich begründet sind. Das erklärt sich daraus, daß die Theorie des G. wissenschaftlich auftreten muß, wenn sie sich behaupten will, bietet sich aber auch an, weil taste ein empirisches Vermögen ist. Allerdings kann der G. nun nicht mehr als Kompensation des Empirischen bezeichnet werden, sondern als seine Realisierung. Besonders deutlich zeigt sich dies bei ALEXANDER GERARD [8], der die Vorgänge, die sich bei der Bildung des G.-Urteils abspielen, als Ursachen und Wirkungen aufeinander bezieht und durch das Gesetz der Assoziation erklärt.

Das Auftauchen naturwissenschaftlicher Kriterien und Methoden weist mit Sicherheit darauf hin, daß der G. seine kompensatorische Funktion verloren hat. So gibt EDMUND BURKE [9] eine wissenschaftlich exakte Analyse der Prinzipien des G. in Form einer Affektenlehre; er bemüht sich um «logic of taste». Schönheit löst angenehme Empfindungen aus und weckt das Bedürfnis, sich anderen mitzuteilen. Die schönen Künste stärken das Zusammengehörigkeitsgefühl der Menschen und dienen dadurch den Interessen der emanzipierten bürgerlichen Gesellschaft, wie sie sich im 18. Jh. etabliert. Das Individuum ist nur als Glied der Gesellschaft, nicht als Person wichtig. Die Kunst soll ihm dies auf angenehme Weise zum Bewußtsein bringen. Daneben entwickelt Burke eine Ästhetik des Erhabenen. Der G. läßt angesichts erhabener Gegenstände Ehrfurcht und Staunen empfinden, er führt zur Kontemplation und Selbstbesinnung, zeigt dem Individuum aber auch seine Vereinzelung. Die Trennung des Schönen vom Erhabenen, d. h. des Gesellschaftlichen vom Persönlichen, macht eine Entzweiung deutlich, die bis in die Gegenwart fortwirkt. Für Burke ist nur der soziale Bereich bedeutsam. Der Mensch, der ihn verläßt, um zu sich selbst zu kommen, begegnet im Erhabenen einer unbestimmbaren Macht, die ihm lediglich seine Bedingtheit und Armseligkeit zum Bewußtsein bringt. Damit ist die ästhetische Funktion auch des Erhabenen ad absurdum geführt.

Die gesellschaftstheoretische Interpretation des G.-Begriffs gibt dem Sprichwort «De gustibus non disputandum est» eine neue Auslegung. Besagt es ursprünglich, daß der Einzelne auf bestimmten Gebieten das Recht hat, persönlich zu urteilen, so bedeutet es nun, daß die Belange der Gesellschaft dafür maßgebend sind, was schön oder häßlich ist. Äußerst konsequent wird diese Auffassung von Lord KAMES [10] vorgetragen. Persönliche G.-Urteile sind für ihn uninteressant und bleiben außer Betracht. Damit ist jedoch ein Fortleben des subjektiv Ästhetischen gewährleistet, und in der englischen Romantik kann ein neuer Ansatz für die Theorie des G. gefunden werden [11]. Taste wird nun zur Eigenschaft des *Genies*, das kraft seiner künstlerischen Subjektivität den G. schafft, durch den seine Werke gewürdigt werden. Die Bindung an das Genie besiegelt aber das Schicksal des literar-ästhetischen G.-Begriffs. Mit der Absage an den Geniekult im 19. Jh. bekommt er das Odium des Preziösen. Er hält sich noch im Bereich der Mode und ist das anerkennende Attribut für einen Menschen, der durch Kleidung und Einrichtung seine Eigenart harmonisch unterstreicht. In der Gegenwart erfahren derartige G.-Entscheidungen eine Einschränkung, weil die vom Konsum her gelenkte Reklame dem Menschen suggeriert, was schön, gut und deshalb wert ist, gekauft zu werden.

Anmerkungen. [1] Critical essays of the 17th century, hg. SPINGARN (Oxford 1908) 105ff. – [2] Oxford English Dictionary (Oxford 1961, repr.) 11, 106ff. – [3] The critical works of JOHN DENNIS, hg. HOOKER (Baltimore 1939) 2, 392. – [4] P. O. KRISTELLER: The modern system of the arts: A study in the hist. of aesthetics. J. Hist. Ideas 12 (1951) 499f.; 13 (1952) 17f.; H.-G. GADAMER: Wahrheit und Methode (²1965) 452-462. – [5] A. SHAFTESBURY: Characteristicks of men, manners, opinions, times (n. p. ³1723) 3, 182f. – [6] J. ADDISON, in: The Spectator (London 1788) Nr. 409. 411-421. – [7] The philos. works of DAVID HUME (Boston/Edinburgh 1854) Bd. 3. – [8] A. GERARD: An essay on taste (Edinburgh ²1764). – [9] E. BURKE: A philos. enquiry into the origin of our ideas of the sublime and beautiful, hg. BOULTON (London 1958). – [10] Lord KAMES (H. HOME): Elements of criticism (London 1795). – [11] z. B. TH. BLAKE: The prophetic writings (Oxford 1926) 2, 290-299; W. WORDSWORTH: The poetical works (Oxford 1944) 2, 426.

Literaturhinweis. H. KLEIN: There is no disputing about taste. Untersuchungen zum englischen G.-Begriff im 18. Jh. (1967).

H. KLEIN

III. Der G.-Begriff wird in *Deutschland* 1727 von J. U. KÖNIG in Anknüpfung vor allem an französische Autoren aufgenommen; obwohl die Bestimmungen, die er gibt, nirgends aus einem Prinzip abgeleitet werden, sondern aus Beobachtungen stammen, gilt allgemein, daß G. als die Fähigkeit zu empfinden und zu urteilen unterhalb des rationalen logischen Begriffs steht und Erkenntnis des Wahren, Schönen und Guten in der Vermittlung der Empfindung und in einer auf Fühlen gegründeten Erkenntnis gibt. So heißt es bei König, daß der «G. des Verstandes ... nicht anders als die zusammengesetzte Kraft der Seele zu empfinden und zu urteilen» sei. Er sei die «Fertigkeit des Verstandes, das Wahre, Schöne und Gute zu empfinden»; er sei darin «allen Völkern gemeinsam, bleibet allemal eben derselbige, und seine Grundsätze sind beständig» [1]. Auch für J. CHR. GOTTSCHED ist G. eine Funktion des Verstandes, doch im Bereich der verworrenen Vorstellungen: G. sei «der von der Schönheit eines Dinges nach der bloßen Empfindung richtig urtheilende Verstand, in Sachen, davon man kein deutliches und gründliches Erkenntniß hat» [2]. Er beruft sich hierfür auf LEIBNIZ: «Le goût distingué de l'entendement, consiste dans les perfections confuses, dont on ne sauroit assez rendre raison. C'est quelque chose d'approchant de l'instinct» [3]. CHR. F. GELLERT faßt ihn als «sensus communis»; er sei das «innere Gefühl der Seele, wodurch sie ohne Vernunftschlüsse von der Wahrheit oder Falschheit einer Sache überzeugt wird», und steht in gleicher Beziehung wie das Gewissen zum Guten und Bösen, in Beziehung zum Schönen [4]. Ähnlich urteilen u. a. M. HERZ [5] und J. MEINERS [6].

A. G. BAUMGARTEN tut den entscheidenden Schritt; er setzt den G. in Beziehung zur Ästhetik als «Wissenschaft des Schönen» [7] in der Bestimmung, daß er die Aufgabe hat, die scheinende Vollkommenheit der Welt als Schönheit zu beobachten: «perfectio phaenomenon s. gustui latius dicto observabilis est pulcritudo» [8]. In dieser Bestimmung wird G. einerseits zu einem Leitbegriff der Ästhetik als «dispositio ad saporem» und als «unterer Richter», ist aber zugleich mit Urteilskraft, Einbildungskraft, Hellsichtigkeit, Gedächtnis, sublimem Denken, Größe des Herzens und der Gesinnung [9] nur ein Element des Empfindens und Fühlens, in dem sich der «angeborene schöne Geist» des felix aestheticus [10] als Subjekt der schönen Kunst und des schönen Denkens äußert. G. gibt dem schaffenden Geist Regeln zur Hilfe, ohne die dieser «verrauen» würde, macht ihn fähig, das Vollkommene ästhetisch als Schönheit gegenwärtig zu halten [11], und bleibt als Element ästhetischen Fühlens und Empfindens, dem schönen angeborenen Geist zugeordnet und untergeordnet.

Für J. G. SULZER bleibt G. zunächst allgemein «das Vermögen das Schöne anschauend zu erkennen und vermittelst dieser Erkenntnis Vergnügen davon zu empfinden» [12], so wie auch J. J. WINCKELMANN den G. als Fähigkeit, «das Schöne zu kennen», bezeichnet [13]. Zugleich wird er von SULZER mit den notwendigen anderen Eigenschaften des Künstlers, Verstand und Genie, verbunden. Während jene dem Kunstwerk die «innere Vollkommenheit» geben, erhält es durch den G. eine «gefällige oder der Einbildungskraft sich lebhaft darstellende Form» und wird zu «einem Werk der schönen Kunst» [14]. Doch kann der G., wo er nicht von Verstand und Genie begleitet ist, keinen großen Künstler ausmachen [15]. Da das Schöne aber auch aus dem Wahren und Guten besteht, so erfüllt der G. darin seine Funktion, alle diese Elemente des Kunstwerks zu verbinden und sie mit «Feinheit und Schärfe» zu durchdringen, die den «Mann von G.» im Gegensatz zur «Stärke und großen Wirksamkeit» des großen Geistes auszeichnen [16]. Im G. bezieht sich Schönheit auf die ganze Seele: «Soll die ganze Seele von der Schönheit eines Werkes durchdrungen werden, so muß keine Sayte derselben unberührt bleiben» [17]. Darin wird ein nicht auf die Kunst eingeschränktes sittliches Allgemeines wirksam: In jedem Menschen finden sich Vernunft, sittliches Gefühl und G.; sie sind «im Grund ein und dasselbe Vermögen auf verschiedene Gegenstände angewendet» [18]. Die Ausbildung von G. wird so zur «großen Nationalangelegenheit». Durch sie werden die Handlungen des Menschen aus der «natürlichen Rohigkeit» herausgehoben und zu «Vernunft und Sittlichkeit vervollkommnet» [19].

G. kennzeichnet für KANT einen Menschen, der als feiner Mensch von guter Lebensart gelten will und den barbarischen, ungeselligen, bloß wetteifernden, rauhen und abstoßenden Zustand als wider den G. hinter sich gebracht hat. Er ist daher «Beurtheilungsvermögen alles dessen, wodurch man sogar sein Gefühl jedem anderen mittheilen kann» [20]. In «völliger Einsamkeit» – ein «verlassener Mensch auf einer wüsten Insel» – würde «niemand sein Haus schmücken oder anputzen» [21]. Die Allgemeinheit des Urteils im Verhältnis zur Sinnesempfindung ist wesentlich, so daß der G. als «das Vermögen der aesthetischen Urteilskraft allgemeingültig zu wählen» geschichtlich und sachlich die Gesellschaft voraussetzt, die sich zur geselligen Humanität und Sozialität und damit zur Freiheit entwickelt hat, in der der Mensch nur befriedigt ist, wenn er das Wohlgefallen an einem Objekt auch mit anderen fühlen kann. «Das Schöne interessiert nur in der Gesellschaft»; der G. gehört daher auf den höchsten Punkt gekommener Zivilisation an, in der «Empfindungen nur so viel werth gehalten werden, als sie sich allgemein mittheilen lassen» [22]. Das zeige die Geschichte des G. Bei den Griechen und Römern blühten «die edle Einfalt und stille Größe», deutliche Merkmale eines «ächten Gefühls für das Schöne», während nach dem «gänzlichen Verfall des Staates» die befestigte Macht der Barbaren einem verkehrten gothischen G. die Herrschaft gab, der auf «Fratzen hinauslief» [23] und das Gefühl zum Übertriebenen und Läppischen «verunartete» [24]. Die Aufgabe ist es daher, durch Bildung des G. den Menschen für seine gesellschaftliche Lage gesittet zu machen und «das sittliche Gefühl frühzeitig in den Busen eines jeden jungen Weltbürgers zu einer thätigen Empfindung zu erhöhen» [25]. Der G. kann in der freien und humanen Gesellschaft «Moralität in der äußeren Erscheinung» genannt werden [26].

Aus diesem in vielfältiger empirischer Beobachtung erschlossenen gesellschaftlichen Bereich wird der G. dann von Kant grundsätzlich im Sinne der transzendentalen Wende herausgehoben, mit der die Ideen «für unser theoretisches Erkenntnisvermögen überschwänglich» geworden sind [27], und Schönes und Schönheit durch keinen metaphysischen Begriff mehr ausgesagt werden können. Wo jede ästhetische Beschaffenheit eines Objekts «bloß subjektiv» und «Schönheit ohne Bezug auf das Gefühl des Subjekts für sich nichts» ist [28] und so ihr Grund «in uns selbst» liegt [29], wird «das Schöne als das, was ohne Begriff allgemein gefällt» genommen [30] und aus dem G. als «Beurtheilungsvermögen eines Gegenstandes ohne alles Interesse» erklärt [31]. Dabei hält das «uninteressierte freie Wohlgefallen» noch die Erinnerung an die Tradition der Theorie fest, die die Ästhetik übernommen hat, in der kein Interesse, weder das der Sinne noch das der Vernunft den Beifall abzwingen kann [32].

Die Frage, wie das Geschmacksurteil in seiner Subjektivität und als immer einzelnes Urteil «dennoch alle Subjekte – als ein sensus communis aestheticus [33] – so in Anspruch nimmt, als dies nur immer geschehen könnte, wenn es ein objektives Urtheil wäre» [34], löst Kant auf, indem er als seinen Bestimmungsgrund das übersinnliche Substrat der Menschheit begreift [35]; das Richtmaß in der Beurteilung der Schönheit liegt «in uns selbst» [36]; mit dem Schönen wird «einem Begriffe, den nur die Vernunft denken kann, eine sinnliche Anschauung» untergelegt [37]. Die unbestimmte Idee des Übersinnlichen in uns als das subjektive Prinzip, das als einziger Schlüssel der Enträtselung dieses uns seinen Quellen nach verborgenen Vermögens gebraucht werden kann [38].

Damit vollzieht Kant die Wende zur Begründung des Schönen in der Subjektivität und aus ihr; es ist nicht mehr Darstellung und Teilhabe an einem Sein, sondern «Versinnlichung der Idee» [39] und «Symbol des Sittlich Guten» [40]. Der G. erreicht seine höchste Geltung, indem er den Übergang vom Sinnenreiz zur Entwicklung von Ideen und zur «Cultur der moralischen Gefühles» bildet [41]. Zugleich wird er im Verhältnis zu der vom Genie aus dem Grunde der Subjektivität als dem «Unnennbaren in dem Gemütszustande» [42] produktiv hervorgebrachten schönen Kunst eingeschränkt. Er hat allein ästhetische Beurteilung, nicht aber die Hervorbringung des Kunstwerks zum Inhalt, das dem Genie und seiner «auf brausenden Lebhaftigkeit» angehört [43]; er wird dessen als seine «Disziplin und Zucht» zu- und untergeordnet [44]. Ebenso ist das Erhabene nicht Gegenstand für den G., der lediglich bei seiner künstlichen Darstellung in der «Beschreibung und Bekleidung (bei Nebenwerken)» wirksam wird, da das Erhabene sonst, «wild, rauh und abstoßend» wäre [45].

Für J. G. Herder hat der G. in der preisgekrönten Auflösung der Frage nach den Ursachen des gesunkenen G. (1773) [46] anders als für Kant von vornherein gegenüber dem Genie keinerlei Selbständigkeit. Er geht als Ordnung, Proportion und schöne Qualität aller Seelenkräfte aus ihm hervor; er ist «ohne Genie ein Unding» [47] und versteht sich da, wo aus dem Genie gebildet wird, von selbst [48]. Daher führt die geschichtliche, nicht spekulative Untersuchung der Gründe für die Irrbahn des G. für Kunst, Genie und G. auf die gleichen Gründe. Für die Griechen war der gute G. eine so «natürliche Hervorbringung als sie selbst und als ihre Bildung, Clima, Lebensart und Verfassung» [49], so daß die Kunst und alles, was zu ihr beiträgt, da die «schönste Zeit» hat, wo sie am meisten «Nationalblüthe» ist [50]. Guter G. erweist sich als «Nationalmedium der Denkart» [51]. Wo daher der Baum «aus seinem Klima und Erdboden» genommen und in die «enge Luft des Treibhauses gepflanzt wird, da ist er dahin, wenn er auch dem Scheine nach noch kränkelnd da steht» [52]. Wo der G. dies tragende Element verloren hat, da kann er nicht in toter Nachahmung der Alten [53] «ohne Gedanken und Sitten» wiederhergestellt werden; er ist übel daran, wo er nur «Hofgeschmack, Modegeschmack, tote Gelehrsamkeit, Buchstabenkram» ist [54]. Der wahre G. wirkt durch das Genie wie ein «Stern im Dunkeln»; er wird nach einem Kompendium oder einer Eselsbrücke und Vorlesung über schöne Natur her geplaudert. Da Freiheit und Menschengefühl allein der Himmeläther ist, aus dem alles Schöne und Gute keimt, gilt es, sich diesen Quellen des G. mehr als ihm selber zuzuwenden und diese zur Entfaltung zu bringen [55].

Zwar hält sich die Frage nach dem Verhältnis von G. und Genie (z. B. K. Ph. Moritz [56]) ebenso wie die mehr oder weniger voneinander abweichenden Definitionen von G. (z. B. G. E. Schulze [57], W. Tr. Krug [58]) in der Literatur, doch verliert ‹G.› im Verhältnis zum substantiellen Begriff von Kunst mehr und mehr seine Tragfähigkeit. Fr. Schlegel wertet in einer Kritik an der Nachahmung französischer «Schönweltsversemacher» (lauwarme Bewunderung, Korrektheit als Tugend) G. als «Idol» und als «Götze» ab, dem man nur ohne Freude dienen darf [59]; die Epiker und Dramatiker hätten nur einen eigentümlichen Genius, nicht aber einen eigentümlichen G. Auch der Lyriker sei unabhängig vom G. seines Zeitalters; er habe seine Schönheit als seine [60]. Fr. Schiller spricht gelegentlich von G. im Sinne Kants als «Beurtheilungsvermögen des Schönen zwischen Geist und Sinnlichkeit», der diese zu einer glücklichen Einheit verbindet, er ersetzt den Begriff dann aber charakteristischerweise durch den tragfähigeren und unmittelbar zu seiner Kunsttheorie gehörenden Begriff des Spieltriebs [61]. ‹G.› tritt so aus dem kunstphilosophischen Bereich mehr und mehr zurück. Dafür ist A. Schopenhauers scharfe Absage an Kants Behandlung des G.-Urteils symptomatisch. Er gehe in ihr immer von den Aussagen anderer und ihrem Urteil über das Schöne, nicht aber von diesem selbst aus, so als ob er das Schöne nur vom Hörensagen, nicht unmittelbar kenne; die eigentliche Auflösung seines Problems sei daher unstatthaft und unter der Würde des Gegenstandes, so «daß es uns nicht einfallen kann, sie für objektive Wahrheit zu halten» [62].

G. W. F. Hegel begreift die eigentümliche Macht der Kunst in der Erweckung aller Empfindungen und im «Hindurchziehen unseres Gemütes durch jeden Lebensinhalt» [63] und sieht die Kunst «die tiefsten Interessen des Menschen, die umfassendsten Wahrheiten des Geistes zum Bewußtsein bringen und aussprechen» [64]. Im Verhältnis hierzu verliert G. systematisch seine ästhetische Funktion. Der Genius ist über seine «Kleinigkeitskrämerei» hinweg [65]. Historisch gehört er der beschränkten Sphäre an, in der die Kunst allein darauf bezogen wird, die Empfindung und das Fühlen zu erregen, und hat an ihr als «Empfindung des Schönen» den Ursprung. Doch die Tiefe der Sache bleibt dem G. verschlossen; er berührt nur die äußerliche Oberfläche, um welche die Empfindungen herumspielen: Daher «fürchtet sich der sogenannte gute G. vor allen tieferen Wirkungen und schweigt»; er fühlt den Genius über solchen Boden wegschreiten und weiß sich nicht mehr zu lassen [66].

Obwohl der G.-Begriff fortan mehr und mehr seine tragende philosophische Funktion verliert, die in der Entwicklung der ästhetischen Kunstphilosophie wesentlich die eines Platzhalters gewesen war, bedeutet dies nicht, daß G. als Element des Urteils, der Auswahl und der Wertung im persönlichen Bereich seine Rolle verliert. Für GOETHE gibt es – vielleicht zuletzt – noch die Bildung des G.; durch sie wird erreicht, «die Gedanken der Besten gleich zu empfinden» und sich darin zu befestigen, indem man sich «am allervorzüglichsten» bildet und an ihm einen «Maßstab» gewinnt [67]. Mit dem Aufkommen der Pluralität der Richtungen und Stile ohne der Kraft normativer Bindung und Maßsetzung wird dieser Zusammenhang dann paralysiert; G. kann zur schließlich letzten Instanz werden, mit der das Individuum sich und seine Welt im ästhetischen und moralischen Sinne zu behaupten sucht. Wo schlechter G. die Basis der Meinungen und Urteile ist, muß man für FR. NIETZSCHE den Mut haben, in der Kunst zu lieben, was uns wirklich zusagt, und es sich eingestehen, selbst wenn es ein schlechter G. ist; nur so gebe es noch die Möglichkeit, vorwärts zu kommen. Viel Charakter sei nötig, die Sache des guten G. und der Vernunft aufrecht zu erhalten, wenn die großen Talente sich alle auf die entgegengesetzte Seite stellen [68]. In der radikalen Wende, in der ‹nützlich›, ‹schädlich›, ‹utilitarisch› nur Gerede, die erhabensten Worte ‹Pflicht›, ‹Tugend›, ‹Opfer› nur Benennungen und Meinungen als große Krankheiten über viele Geschlechter hin und Gewöhnungen sind [69], zählen allein die Einzelnen, Mächtigen, Einflußreichen, die das Urteil ihres G. und des Ekels frei aussprechen; ihre moralischen und ästhetischen Urteile sind «feinste Töne der Physis» [70]; sie haben den Mut, sich zu ihrer Physis zu bekennen [71]. In der Konsequenz der Umwertung, in der es heißen kann, daß die grandiose Paradoxie, «der Gott am Kreuze», allen guten G. in Europa auf Jahrtausende verdorben habe [72], kann «mein G.», «dessen ich weder Scham noch Hehl mehr habe», zum Grund alles Versuchens und Fragens werden; wo es «den Weg» nicht mehr gibt [73] und «aber tausend Entwicklungen» möglich sind, da werde die beste, die höchste Entscheidung zu einer «reinen Sache des G.» [74]; gleichwohl hält Nietzsche an «Schlichtheit im Leben, Kleiden, Wohnen, Essen», in der Aufnahme griechischer, stoischer und französischer Traditionen, inhaltlich als «Zeichen des höchsten G.» fest und setzt sie den üppigen, bequemen und prunkvollen Menschen und ihrer mangelnden Unabhängigkeit entgegen, die an sich selber keine so ausreichende Gesellschaft haben [75].

Nietzsches G.-Theorie ist ein extremer Fall, doch enthält sie geschichtlich das Allgemeine: Das Individuum kann sich in seinem G. die Distanz gegenüber den Ideologien und ideologisierten Programmen und das Refugium seiner Freiheit schaffen und erhalten; indem es seinen G. da zum Maßstab macht, wo vernünftige Diskussion nicht mehr möglich und sinnvoll erscheint, kehrt der G.-Begriff in Gracianische Bahnen zurück.

Anmerkungen. [1] J. U. KÖNIG: Unters. von dem guten G. als Anhang zu: Des Freyherrn von Caniz Gedichte (1727) 257. 259. 260. – [2] J. CHR. GOTTSCHED: Versuch einer Critischen Dichtkunst (1730) III. Hauptst.: Vom guten G. eines Poeten § 9. – [3] G. W. LEIBNIZ, Recueil de div. pièc. ... de Mrs. Clarke, Newton, hg. DES MAIZEAUX (Amsterdam 1720). – [4] CHR. F. GELLERT, Theorie der schönen Künste und Wiss. (1767) 7. – [5] M. HERZ: Vers. über den G. (1776). – [6] J. MEINERS, Verm. Philos. Schriften (1775) 1, 133ff. – [7] A. G. BAUMGARTEN: Met. (⁴1757) § 533. – [8] a. a. O. § 521. – [9] Aesthetica (1750) §§ 28-46. – [10] a. a. O. § 29. – [11] § 70; vgl. Meditationes philosophicae ..., hg. K. ASCHENBRENNER/W. B. HOLTHER lat. mit engl. Übers. (Berkeley/Los Angeles 1954) § 117. – [12] J. G. SULZER: Allg. Theorie der schönen Künste (1771) 1, 462. – [13] J. J. WINCKELMANN, Kleine Schriften zur Gesch. der Kunst des Altertums (1925) 1, 173. – [14] SULZER, a.a.O. [12] 1, 462. – [15] ebda. – [16] 463. – [17] ebda. – [18] ebda. – [19] 465. – [20] I. KANT: KU (1790) § 41. – Akad.-A. 5, 297. – [21] ebda. – [22] ebda.; vgl. Anthropol. (1798) = 7, 239ff. – [23] Beobachtungen über das Gefühl des Schönen und Erhabenen (1764) = 2, 255. – [24] ebda. – [25] 256. – [26] Anthropol. = 7, 244. – [27] KU Vorrede zur 1. Aufl. (1790) = 167. – [28] KU § 9 = 218. – [29] KU § 42 = 301. – [30] KU § 9 = 221. – [31] KU § 5 = 211. – [32] KU § 5 = 210. – [33] KU § 40 = 295 A. – [34] KU § 33 = 285. – [35] KU § 57 = 341. – [36] KU § 58 = 350. – [37] KU § 59 = 353. – [38] KU § 57 = 341. – [39] KU § 60 = 356. – [40] KU § 59 = 353. – [41] KU § 60 = 356. – [42] KU § 49 = 317. – [43] Anthropol. = 7, 241. – [44] KU § 50 = 319. – [45] Anthropol. = 7, 243. – [46] J. G. HERDER: Über die Ursachen des gesunkenen G. bei verschiedenen Völkern, da er geblühet (1773, 1775). Werke, hg. SUPHAN (1967) 5, 599ff. – [47] a. a. O. 601. 602. – [48] 648. – [49] 617. – [50] 620. – [51] 623. – [52] 629. – [53] 630. – [54] 638. 643. – [55] 653. 654. – [56] K. PH. MORITZ: Über die bildende Nachahmung des Schönen (1788), in: Schr. zur Ästhetik und Poetik, hg. H. J. SCHRIMPF (1962) 78. – [57] G. E. SCHULZE: Psychol. Anthropol. (1819) 361. – [58] W. T. KRUG: Allg. Handwb. der philos. Wiss. (1827) 2, 204ff. – [59] FR. SCHLEGEL, Athenäum Frg. Krit. A., hg. E. BEHLER 2 (1967) Nr. 205 = 197. – [60] Wiss. der europ. Lit. (1795-1804) a. a. O. (1958) 196. – [61] FR. SCHILLER: Über Anmut und Würde (1783). National-A. (1962) 20, 260. – [62] A. SCHOPENHAUER: Welt als Wille und Vorstellung, anhang: Kritik. der Kantischen Philos. (²1847) 528. – [63] G. W. F. HEGEL, Ästhetik, hg. F. BASSENGE (o. J.) 1, 56. – [64] a. a. O. 19. – [65] 44. – [66] 42ff. 44; vgl. 27. – [67] J. ECKERMANN: Gespräche mit Goethe (26. 2. 1824). – [68] FR. NIETZSCHE, Musarion-A. 9, 422. – [69] a. a. O. 11, 211. – [70] 12, 73. – [71] ebda. – [72] 16, 327. – [73] 13, 251. – [74] 11, 211. – [75] 14, 239.

Literaturhinweise. J. V. FAHLE: Gesch. des modernen G. (1880). – B. HEIMANN: Über den G. (1924). – F. SCHÜMMER: Die Entwicklung des G.-Begriffs in der Philos. des 17. und 18. Jh. Arch. Begriffsgesch. 1 (1956) 120-141. – A. BÄUMLER: Kants KU, ihre Gesch. und Systematik 1: Das Irrationalitätsproblem in der Ästhetik und Logik des 18. Jh. bis zur KU (1923, ND 1967).

F. SCHÜMMER

Geselligkeit, gesellig. Als erster hat FR. SCHLEIERMACHER mit seinem ‹Versuch einer Theorie des geselligen Betragens› (1799) dem Begriff zur philosophischen Geltung verholfen [1]. Zugleich kann seine Theorie der G. als Kern seiner gesamten Philosophie, Pädagogik [2] und Religionsphilosophie [3] angesehen werden. Seine Theorie vereinigt verschiedene philosophisch und gesellschaftlich bedingte Traditionen.

1. *Das sozialethisch-ästhetische Moment* des Begriffs der G. war bis zu Schleiermachers Zeit vorherrschend. PLATON begründete die Tradition des geistig *Erotischen* in den Beziehungen zwischen Menschen. In der mittelalterlichen Ritterlichkeit und Verehrung der *Frau* setzt sich diese Tradition vielleicht fort; auf jeden Fall knüpft die Renaissance an die platonische Tradition an. Das Selbstbewußtsein des Hofmannes (cortigiano), worüber Graf B. CASTIGLIONE in seinen dialogischen Büchern

schrieb, spiegelte und förderte das eigenartig andere Selbstbewußtsein der Dame am Hof und die höfliche Gesprächskultur der Renaissancewelt mit ihren Künsten [4]. Aus sozialen Spannungen entstand schließlich das liberal-aufklärerische Streben zur *Überwindung der Standesschranken*. Das geschah vornehmlich in dem einflußreichen kasuistischen Umgangskompendium von A. Frhr. v. Knigge ‹Über den Umgang mit Menschen› (1788), worin es um ehrbare und glückbringende Sicherheit in den Sitten und in der gefälligen Selbstdarstellung des bürgerlichen Menschen, auch gegenüber Vertretern der anderen Stände, ging. Es geschah ferner in der Popularphilosophie von Chr. Garve mit ähnlicher Absicht [5].

Doch erst I. Kant gebührt das Verdienst, die bisherigen Vorstellungen der G. weitgehend philosophisch aufgearbeitet zu haben: in seinen Bemühungen um eine Aufklärungsphilosophie der Kultur und Humanität. Einmal verknüpft er damit die Naturrechtsproblematik der «ungeselligen G.» im 4. Satz seiner ‹Idee zu einer allgemeinen Geschichte in weltbürgerlicher Absicht› (1784). Er führt so z. B. die Lehre der Herleitung des Staates aus der vernünftigen Regelung der ungesellig-egoistischen Bestrebungen der Einzelmenschen von Th. Hobbes ebenso weiter wie die Lehre des Aristoteles, wonach der Mensch ein von Natur geselliges Wesen (ζῷον πολιτικόν) ist. Zum anderen wird bei Kant in seiner ‹Anthropologie› unter demselben Leitgedanken – Kultivierung der Menschlichkeit – vor allem das vielfältige, von Knigge bereitgestellte Material feinsinnig und anregend philosophisch gesichtet, nun aber bereichert durch die ästhetische Version. In der «Konversation» als einem *(zweckfreien) Spiel der Gedanken und der Einbildungskraft (Phantasie)* bei einer guten Mahlzeit ist nach Kant die Kultur der «wahren Humanität» «noch am besten» erreichbar. Freilich bleibt hier trotz der auch ästhetischen Sicht ein Antagonismus. Der Geist und der Leib des Menschen, Pflicht und egoistische Neigung, Tugend und «geselliges Wohlleben» können für Kant gleichsam nur einen Burgfrieden schließen [6].

2. *Das pädagogische Moment* der G. hängt für Schleiermacher eng zusammen mit ihrem Schwebezustand zwischen der mehr gemütsbetonten Individuallage und Kindlichkeit des Menschen einerseits und der mehr rationalen Kultur der Erwachsenenwelt andererseits. Die Theorie der G. kann damit als Theorie der wesensnotwendigen *Jugendlichkeit des Menschen* und der lebenslangen *Bildungsbereitschaft* verstanden werden. Die gesellige Bildung soll unterhaltend sein, wie die *gesellige Unterhaltung* bildend sein soll. Kultur der Individualität und Kultivierung der (geselligen) Gesellschaft und Öffentlichkeit sollen einander bedingen.

Voraussetzung dazu ist die Annahme einer anregenden und verstehenden geistigen Elastizität, verbunden mit Standfestigkeit und Konsequenz.

3. *Das theoretische Moment* der G. sieht Schleiermacher damit als erster. Schon in seinem Frühwerk über das gesellige Betragen, das auch eine Theorie des geselligen *Gesprächs* ist, sind die Hauptmomente eines Theoriebegriffs mit bemerkenswerter Genauigkeit formuliert. Schleiermachers genannte Ausführungen legen Ergebnisse nahe, welche in der modernen *wissenschaftstheoretischen Standpunktfrage* klärend wirken können [7]. Denn Aufgeschlossenheit und Verstehen anderer Standpunkte ist für das Standpunktbewußtsein des (geselligen) Menschen prinzipiell notwendig und hat somit auch theoretische Konsequenzen. Die Kontinuität zwischen den rational orientierten und romantischen Tendenzen, die mit der G.-Theorie hergestellt wurde, gestattet es weder, diese Theorie der Romantik noch sie dem Deutschen Idealismus zuzurechnen, obwohl sie sich ohne diese beiden geistigen Schulen nicht profiliert hätte. In Schleiermachers Theorie der G. sind weit über die damalige Zeit hinausführende Fragen enthalten, die erst in neuen wissenschaftlichen Disziplinen verfolgt wurden, so in der Soziologie.

4. *Der soziologisch-sozialpsychologische Aspekt* des Begriffs der G. macht die Unterscheidung zwischen dem Begriff der *G.i.e.S.* und dem der *G.i.w.S.* nötig. Der letztere – noch nicht vom ersteren philosophisch abgegrenzt – findet sich vor allem im Zusammenhang mit einer bis auf die Antike zurückgehenden Tradition naturrechtlich-politisch weiterverfolgter Gesellschaftsvorstellungen, z. B. in der von I. Kant beschriebenen Problematik der «ungeselligen G.». Er kommt bei G. Simmel vor, dient dort einerseits der Grundlegung der Soziologie im Sinn einer Beziehungssoziologie und verengt sich andererseits nicht zufällig in der Weise, daß Simmel das Phänomen der Mahlzeit zum Gegenstand philosophischer Überlegungen über die G. macht [8].

Streng festzuhaltende Kriterien des aus der Analyse der G.i.e.S. gewonnenen abstrakten Modells einer G.i. w.S. sind die je eigentümliche *Teilhabe* des Individuums am jeweiligen geselligen Ganzen und damit eine *in sich selbst sinnvolle Wechselwirkung* der Partner aus dem gegenseitigen, individuell bedingten phantasievollen *Interesse an der «Sphäre» der Individualität jedes anderen Menschen* und deren Bildung und Kultur. In diesem von Schleiermacher im wesentlichen schon erkannten Kriterienzusammenhang kann eine Vorwegnahme des Begriffs der *sozialen Verschränkung* von Th. Litt gesehen werden [9].

Im Zeitalter der *industriellen Gesellschaft* und der *«sekundären Systeme»* [10] ist eine Soziologie der «Lebensgruppen erster Ordnung» oder der «primary groups» entstanden – offensichtlich in korrektiver Absicht [11]. Jedoch sind die G.i.w.S. und die G.i.e.S. im Gegensatz zu den Möglichkeiten einer Gruppe *keinesfalls wertneutral*, d. h. keinesfalls für beliebige Funktionen in beliebigen Systemen verwendbar. Vielmehr verbietet der G.-Begriff nach seiner philosophischen Tradition den Gebrauch der G. bloß als Mittel zu einem heterogenen Zweck. In diesem Sinne behält sie den Charakter der Zweckfreiheit oder des *Selbstzwecks*.

Anmerkungen. [1] Fr. Schleiermacher, Werke in Auswahl, hg. O. Braun/J. Bauer 1-4 (¹1910ff.); vgl. 2 (¹1913 = ²1927). – [2] Vgl. W. Hinrichs: Schleiermachers Theorie der G. u. ihre Bedeutung für die Pädag. (1965). – [3] W. Hinrichs: Schleiermachers Reden über die Relig. Eine Analyse für die Pädag., in: Pädag. Arbeitsbl. 14 (1962) 145-168. – [4] W. Flitner: Europ. Gesittung, Ursprung und Aufbau abendländ. Bildungsformen (¹1961) bes. 257-262. 369-390. – [5] Chr. Garve: Versuche über verschied. Gegenstände aus der Moral, der Lit. und dem gesellschaftl. Leben 1 (1792) 295ff., vgl. Hinrichs, a. a. O. [2] 6-9 mit Anm. – [6] I. Kant: Anthropol. (1798) §§ 14. 88; vgl. § 67; I. Kant, KU §§ 15. 20. – [7] Hinrichs, a. a. O. [2] 28-33. 23-28, bes. 27; vgl. Fr. Kaulbach über ‹Schleiermachers Theorie des Gesprächs› in dessen späteren Werken, in: Die Sammlung 14 (1959), 123-132. – [8] Vgl. u. a. G. Simmel: Grundfragen der Soziol. (²1920) 56; Soziol. der Mahlzeit, in: Brücke und Tür, im Verein mit M. Susman hg. M. Landmann (1957). – [9] Th. Litt: Individuum und Gemeinschaft (¹1919) 34f., vgl. 50; vgl. dazu Schleiermacher, a. a. O. 3. 9. – [10] H. Freyer: Theorie des gegenwärtigen Zeitalters (1955). – [11] O. H. v. d. Gablentz: Lebensgruppen erster Ordnung, in: Hb. Soziol., hg. W. Ziegenfuss (1956) 781-814.

Literaturhinweise. H. Nohl: Vom dtsch. Ideal der G., in: Pädag. und polit. Aufsätze (1919) 35-57, dort weitere Lit. bes. zur Gesch. der G. und des Ideals der G. – F. Fürstenberg: Art. ‹G.› in RGG³ 2, 1505-1507 mit weiterer Lit. – W. Hinrichs s. Anm. [2] mit neuerer Lit.

W. Hinrichs

Gesellschaft. – 1. ‹G.› ist einer der vieldeutigsten Grundbegriffe der Soziologie.

a) ‹G.› im weitesten Sinn verweist auf bestimmte soziale Gemeinsamkeiten aller Lebewesen. «Alle Organismen (auch Tiere und Pflanzen) sind, da ihr Dasein von anderen Lebewesen beeinflußt wird, Gegenstände der Soziologie im weiteren Sinn» [1]. In diesem Zusammenhang wurde der von A. COMTE geprägte Begriff ‹Soziologie› auch mit ‹G.-Lehre› übersetzt und auf Tier- und Pflanzen-G. übertragen. Spezifisch menschliche G. entwickelt sich jedoch immer mittels soziokultureller Lernprozesse und im Rahmen tradierter kultureller Werte und Vorstellungen.

b) Der G.-Begriff wird ferner verwendet, um historisch geprägte (z. B. Nationen) und oft mit partikulären Wertakzenten versehene Gruppierungen (z. B. europäische G.), aber auch um die gesamte Menschheit (menschliche G.) zu bezeichnen. Dabei werden jedoch unzulässigerweise sehr verschiedene Arten sozialer Gemeinsamkeit unter einem Begriff zusammengefaßt. Bereits L. GUMPLOWICZ hat deutlich darauf hingewiesen, daß ‹Menschheit› kein soziologischer Begriff sei, da er mit der Gattungsbezeichnung verschwimme und keinen realen sozialen Inhalt habe [2]. «Vom wissenschaftlichen Standpunkt aus ist es praktisch vollkommen sinnlos, wenn man G. als ... die Menschheit schlechthin definiert. Natürlich haben alle Menschen gewisse Merkmale gemeinsam, die sie zu sozialen Personen machen, aber diese Tatsache ... begründet kein beobachtbares und meßbares soziales Zusammenleben» [3].

c) ‹G.› wird sodann für verschiedene sekundäre Gruppierungen zur gemeinsamen Verfolgung bestimmter (z.T. sehr spezifischer) sozialer, wirtschaftlicher oder ideeller Ziele verwendet (z. B. Aktien-G., gelehrte G.). «G. ist eine würkliche Vereinbarung der Kräffte vieler zu Erlangung eines gemeinschafftlichen Zweckes» [4].

d) Auch mehr oder weniger zusammengesetzte «gesamtgesellschaftliche Gebilde» unterschiedlichen Umfangs (Clan, Phratrie, Stamm, Gemeinde) sind als ‹G.› bezeichnet worden. Diese sind in primitiven G. meist weniger differenziert als in komplexen G. mit mehr oder weniger fortgeschrittener Arbeitsteilung, unterschiedlichen inneren Strukturen und Wertsystemen (etwa nationaler Art).

e) Je nach der Art der konkret gegebenen G.- und besonders Wirtschaftsordnung hat man bestimmte Typen von G.-Systemen unterschieden (z. B. Kasten-, Stände-, Klassen-G.). Historisch verwandt mit der Klassen-G. ist – ohne daß diese Bezeichnung von vornherein einen Klassengegensatz einschließt – die auf Bildung und Besitz beruhende bürgerliche G. Als bürgerliche oder Klassen-G., die vor allem im Marxismus eine große Rolle spielt, hat G. aber auch einen bestimmten, über das Soziologische hinausreichenden Sinn.

2. Es gibt verschiedene Möglichkeiten, die G. einzuteilen [5]. Als Hauptunterscheidungsmerkmal wird allgemein die Kultur angenommen, die eine G. besitzt. Kultur und G. sind eng miteinander verbunden. Der Mensch ist als «sozialkulturelle Persönlichkeit» zu verstehen, die «die gesellschaftlichen Verhaltenserwartungen und kulturellen Wertgehalte internalisiert, um am Geschehen seiner sozialkulturellen Umwelt gliedhaft teilnehmen zu können» [6]. Kulturelle Unterschiede bestehen vor allem zwischen schriftlosen und schriftbesitzenden G., wobei erstere oft auch als primitive G. bezeichnet werden. Genauer ist jedoch die Einteilung nach der relativen Vorherrschaft bestimmter Hauptgruppen und -institutionen. Dabei werden vor allem vier G.-Typen unterschieden: von der Wirtschaft (agrarische, sozialistische, kapitalistische und pluralistische G.), der Familie, der Religion und von der autoritären Politik geprägte G. Eine weitere, soziologisch ebenfalls bedeutsame Einteilung der G. beruht auf der Unterscheidung zwischen einfachen – d. h. von Kleingemeinden und Primärgruppen geprägten – und komplexen – d. h. durch Assoziationen bzw. Großorganisationen und Sekundärgruppen charakterisierten – G.n. Die bis heute nachwirkende Scheidung von Statik und Dynamik geht auf A. COMTE und J. F. HERBART zurück. Statische G. suchen eine möglichst konfliktlose Übereinstimmung des Individuums mit den Wertvorstellungen und Verhaltenweisen des sie umgebenden Sozialsystems. Dynamische G. dagegen sind durch dauernde Auseinandersetzungen sowie ständiges Bemühen um Statussicherheit im Sozialsystem gekennzeichnet. Auch die Unterscheidung von industrieller und vorindustrieller G. hat eine gewisse Verbreitung erfahren.

3. Der etymologische Ursprung des Wortes ‹G.› verweist, wie T. GEIGER gezeigt hat, auf die Vorstellung des *räumlichen Nebeneinanders* bestimmter Personen: Das neuhochdeutsche ‹G.› geht zurück auf althochdeutsch ‹sal›, Raum (ahd. selida, Wohnung). «G. bedeutet wörtlich den Inbegriff räumlich vereint lebender oder vorübergehend auf einen Raum vereinter Personen» [7]. Nach G. FÜRSTENBERG war ‹G.› ursprünglich «ein am räumlichen Beisammensein orientierter Begriff, der den Kreis der Mitmenschen umschloß, mit denen unmittelbarer Kontakt aus einem gegebenen Anlaß möglich war» [8]. In der Handwerkssprache hat sich diese alte Wortbedeutung bis in die Neuzeit erhalten: Die Gesellen arbeiten zusammen mit dem Meister in einem Raum (‹Saal›). Auch verstand man schon früh die im Saal versammelten Gäste als G. Hier ist das Wort ‹G.› mit ‹Geselligkeit› auch in seiner moderneren Wortbedeutung verwandt, z. B. ‹eine G. geben› oder ‹jemandem G. leisten›. Sowohl ‹Geselle› als auch ‹Geselligkeit› bezogen sich ursprünglich auf ein räumliches Nebeneinander. Diese Vorstellung äußerer situationsgebundener Verbundenheit hat sich in der Umgangssprache bis in die Neuzeit erhalten (Reise-G., geschlossene G., G.-Reise).

Im Spätmittelalter löste sich der Begriff von der Raumvorstellung und erfuhr – vor allem im Zuge der juristischen Begriffsbildungen – im übertragenen Sinn einen doppelten Bedeutungszuwachs. Aus der anfangs räumlichen Bezeichnung wird im römisch-rechtssprachlichen Begriff der «societas» einmal eine solche für verschiedene gesellige, aber auch vertragsartige *Zweckvereinigungen prinzipiell freier und gleicher Partner:* «Demnach ist die G. nichts anders als ein Vertrag einiger Personen mit vereinigten Kräften ihr Bestes zu befördern» [9]. ‹G.› hat in dieser Verwendung also eine weitere Bedeutung als ‹Gemeinschaft›, das ursprünglich ein Besitzverhältnis im Sinne gemeinsamer Bodennutzung (als Siedlungsverband im Wort ‹Gemeinde› erhalten) anzeigte, später aber auch auf ideelle Gemeinsamkeiten übertragen wurde. Andererseits gewinnt das Wort ‹G.› eine den universellen Lebenszusammenhang betreffende Bedeutung, die ihren Ursprung in der Vorstellung einer das Individuum und die Gruppe umfassenden kulturellen Siedlungs- und Bürgergemeinde hat.

Dabei ist – vor allem in Zusammenhang mit der bei uns geläufig gewordenen Antinomie von ‹Gemeinschaft› und ‹G.› – wiederholt darauf hingewiesen worden, daß eine Bedeutungsverschiedenheit beider Begriffe dem lateinisch-romanischen Sprachraum fremd sei [10]. ‹Societas› und ‹communitas› sind im Lateinischen Synonyme. ‹societas› bezeichnet schon im klassischen Latein typisch ‹gemeinschaftliche› Lebensformen. Diese Eigentümlichkeit findet im klassisch-griechischen κοινωνία ihre Entsprechung. Dabei ist der Rechtsbegriff für die Bildung menschlicher G.n bzw. Gemeinschaften konstitutiv. Trotzdem handelt es sich z. B. bei der κοινωνία des ARISTOTELES um keinen mit der römisch-rechtlichen ‹societas› vergleichbaren Rechtsbegriff. Aristoteles versteht unter κοινωνία «sowohl die verschiedenen, auf Vertrag beruhenden Formen menschlicher Vereinigungen wie naturwüchsige Grundformen des Zusammenlebens in Haus- und Stammverband» [11]. In der Nachfolge der aristotelischen Identität von πόλις und κοινωνία war Politik zugleich Theorie der G., vorzugsweise der bürgerlichen G. (κοινωνία πολιτική). So gesehen hat der Begriff der bürgerlichen G. (s. d.) in der Lehre von der klassischen Politik seinen historischen Ursprung.

4. Etwa seit Ende des 17. Jh. gewinnt der G.-Begriff eine neue Dimension – zunächst bei den englischen Moralphilosophen (A. A. C. SHAFTESBURY, J. MILLAR, A. FERGUSON und A. SMITH), die den Ausdruck ‹society› für die *gesittete* (zivilisierte) *Menschheit* benützen. In Frankreich zeigt sich bei CH. DE MONTESQUIEU, D. DIDEROT, A. CONDORCET und A. R. J. TURGOT eine ähnliche Entwicklung. Die deutsche Literatursprache (HERDER, GOETHE, PESTALOZZI, SCHILLER u. a.) übernimmt so G. im humanitären Sinn von ‹gesittete Menschheit›. Der französische Begriff ‹société›, aus dem A. COMTE später die Bezeichnung ‹Soziologie› entwickelte, bedeutete für die *Enzyklopädisten* noch sowohl G. als auch Geselligkeit. Dabei wird erneut der mit Raumvorstellungen verbundene etymologische Ursprung des G.-Begriffs deutlich. Die Salons erfüllten auch eine soziologische Funktion: Geselligkeit fördert Wissenschaft und G.(ordnung). Allmählich wurde aus der Geselligkeit der moderne G.-Begriff geboren. «Nirgends fast wird die Bildung soziologischer Begriffe aus vorausgehenden sozialen Verbandsformen so deutlich wie gerade am Begriff der G. selbst. Die Salons des 18. Jh. waren zunächst von Mitgliedern der ‹G.›, der ‹gebildeten Gesellschaft›, bevölkert. Man diskutiert und politisiert. Man ‹fühlt sich›, mehr oder minder bewußt, als Elite, als Träger der kommenden Zeit. Man besinnt sich auf die eigene Funktion innerhalb des Volkes. Man beginnt sich als Schicht, als Gruppe, als ‹G.› im modernen Sinn zu sehen. So entsteht aus dem ‹G.-Empfinden› im 18. Jh. der Begriff der G. zugleich mit den Ansätzen der G.-Wissenschaft» [12].

J.-J. ROUSSEAUS am Modell des Genfer Bürgerstaates orientierte begriffliche Trennung von ‹G.› und ‹Regierung› machte ihn zu einem Vorläufer der modernen Sozialwissenschaft. Denn es war eine Voraussetzung für die G.-Wissenschaft, daß die Individuen als Staatsbürger Privatpersonen sind, es also eine bürgerliche G. *neben* dem Staat gibt. In der Aufklärung wurde dem von spätfeudalen Ordnungsideen geprägten Staatsbegriff ein weniger traditionsgebundener, am naturrechtlichen *Vertragsmodell* orientierter G.-Begriff vom menschlichen Zusammenleben als naturgegebener Tatsache gegenübergestellt. Zunächst sollte damit ‹G.› im Sinne der ganzen gesitteten Menschheit verstanden werden. Diese Sichtweise wurde später vor allem in Deutschland erheblich eingeschränkt. In Zusammenhang mit der politischen Emanzipation des Bürgertums verstand man G. bald immer mehr als bürgerliche G. (civil society) [13], d. h. als freies (wirtschafts)politisches Betätigungsfeld des dritten Standes.

5. Das materielle Substrat der bürgerlichen G. ist die *Wirtschaft als staatsfreie Sphäre*. So entsteht der durch den Gegensatz von G. und Wirtschaft sowie G. und Staat gekennzeichnete Dualismus, der in der Folgezeit die sozialökonomischen, sozialpolitischen und soziologischen Auseinandersetzungen bestimmt. Wo seit dem 17. und 18. Jh. von G. gesprochen wird, handelt es sich um jenen zwischen Staat und Individuen liegenden Bereich, der als «ein in sich selbst sich bewegendes und als ‹sozialer Prozeß› zu begreifendes Phänomen erscheint» [14]. Mit dem Vertragsdenken und der Vorstellung einer gesetzlichen Regelung menschlicher Lebensverhältnisse erreicht die bürgerliche Ethik im Staat ihre letzte verpflichtende und alle Menschen verbindende Ordnung.

Die für das politische und soziale Denken des 19. Jh. entscheidende Theorie der bürgerlichen G. stammt von HEGEL. In seiner Rechtsphilosophie wird das soziale Ganze dialektisch als These (Familie), Antithese (bürgerliche G.) und Synthese (Staat) verstanden. Dabei ist für ihn «die bürgerliche G. ... die Differenz, welche zwischen die Familie und den Staat tritt» [15]. Die umschließende Synthese aus Familie und G. ist bei ihm der Staat als Repräsentant der sittlichen (sozialen) Vernunft.

Im Anschluß an Hegel verläuft die Theorie der bürgerlichen G. in drei geistesgeschichtlichen Linien:

a) Unter dem Einfluß der Hegelschen Unterscheidung von Staat und G. sowie unter dem Eindruck der Französischen Revolution von 1789 hoben R. v. Mohl, L. v. Stein und H. v. Treitschke die G. als die Gesamtheit aller inner-, aber nicht-staatlichen *Gesellungen* vom Staat ab. Vor allem bei v. MOHL sind Staat und G. gleichgeordnete, miteinander in Wechselbeziehungen stehende Gebilde. Bereits L. V. STEIN zeigte – von der G.-Lehre des französischen Sozialismus ausgehend – die Pathologie der bürgerlichen G. in Form von Klassenbildungen auf und bereitete damit der marxistischen Theorie der Klassen-G. den Weg. H. V. TREITSCHKE, der allein den Staat für die organisierte G. hält, bestreitet entschieden die Möglichkeit einer gesonderten selbständigen G.-Wissenschaft außerhalb der Staatswissenschaft: «Die Staatswissenschaft ist unfähig, eine Anzahl ihrer bedeutendsten Probleme zu lösen, wenn sie den Staat nicht als die einheitlich geordnete G., als das zu einer Gesamtmacht zusammengefaßte Volksleben ansieht» [16]. Nach Anklängen bei Schleiermacher und Herbart (und in Parallele zur griechischen φύσει/θέσει-Diskussion) begründet F. TÖNNIES die idealtypische Dichotomie der gewachsenen oder spontanen, um ihrer selbst willen bejahten Gemeinschaft und der auf Konvention, Vertrag und Recht beruhenden, «gewillkürten» und überwiegend zweckrationalen G. [17]. Dieser G.-Begriff hat im deutschen Sprachbereich andere G.-Konzeptionen zeitweise völlig verdrängt.

b) Die zweite Linie knüpft an die Volkstumsvorstellungen der Romantik an, wo der mechanistischen eine «organizistische» G.-Auffassung entgegengesetzt wird, die jedoch nur zu einer Verklärung des mittelalterlichen Ständesystems führte. Diese Richtung kann als Soziologie des Volkstums bezeichnet werden. Als ihr bedeutendster Vertreter gilt W. H. RIEHL [18].

c) Die einflußreichste G.-Konzeption ist mit den Namen von K. MARX, F. ENGELS und W. I. LENIN verbunden. Nach marxistisch-leninistischer Auffassung ist G. «ein bestimmtes konkret-historisches System gesetzmäßig verbundener gesellschaftlicher Verhältnisse, die

die Menschen in ihrem Lebensprozeß eingehen und deren grundlegender Bestandteil das ökonomische System ... ist» [19]. In der Geschichte der europäischen G.-Theorien bildet dieser G.-Begriff als solcher keine revolutionäre Neuerung [20]. Historisch gesehen knüpft er an den G.-Begriff des 18./19. Jh. an, der die menschlichen Bedürfnisse auf materiell-wirtschaftliche Bedürfnisse reduzierte. Die Neigung, die G.-Entwicklung durch *einen* Hauptfaktor zu erklären, findet sich bei vielen Sozialphilosophien, von denen jedoch keine einen derart großen Einfluß erlangte wie der ökonomische Determinismus des Marxismus. Die Veränderungen in den materiellen Beziehungen erklären den Gang der Geschichte. Eine von der historischen Entwicklungsstufe unabhängige G.-Theorie ist für den Marxismus nicht vorstellbar. Der G.-Begriff ist vom Klassenbegriff nicht zu trennen. Der Kerngedanke der marxistischen Theorie der Klassen-G. ist ein entwicklungsgeschichtlicher, letztlich geschichtsphilosophischer: «Die Geschichte aller bisherigen G. ist die Geschichte von Klassenkämpfen» [21]. LENIN wies vor allem auf die Entwicklung der G. als naturgeschichtlichen Prozeß hin [22], nachdem bereits MARX im Vorwort zur ersten Auflage des ‹Kapitals› als letzten Endzweck seines Werkes herausgestellt hat, daß die «G. dem Naturgesetz ihrer Bewegung auf die Spur» kommt [23]. Wissenschaftliche Soziologie hat für LENIN in der «Zurückführung der gesellschaftlichen Verhältnisse auf die Produktionsverhältnisse und dieser wiederum auf den jeweiligen Stand der Produktivkräfte eine feste Grundlage dafür ..., die Entwicklung der G.-Formationen als einen naturgeschichtlichen Prozeß darzustellen» [24]. Die marxistische Soziologie richtet sich gegen eine ahistorische G.-Auffassung und die generelle Bestimmung des G.-Begriffs durch diejenigen (westlichen) Soziologen, die allein die mikrosoziologische Forschung für ein lohnendes Studienobjekt halten. Die Existenz verschiedener G.-Begriffe in der westlichen Diskussion gilt als Indiz für die Begriffsverwirrung in der bürgerlichen Soziologie. Jedoch hat die marxistische Soziologie in den letzten Jahren die Bedeutung des marxistischen G.-Begriffs erweitert, wertvolle Einsichten in die Komplexität gesellschaftlicher Vorgänge innerhalb der sozialistischen G. vermittelt und sich zunehmend der Untersuchung von Schichtungs-, Status- und Konfliktphänomenen zugewandt [25].

6. Der G.-Begriff eines pluralistischen Systems, das sich in vielen Schichten und Ebenen entfaltet (G. GURVITCH), führt konsequenterweise zur Trennung von Mikro- und Makrosoziologie, zwischen denen die Lehre von der Gruppe eine Mittelstellung einnimmt. Die Betrachtung gesamtgesellschaftlicher Strukturen ist heute – vor allem durch die amerikanische Kleingruppenforschung – zugunsten der Analyse kleinerer, den Methoden empirischer Sozialforschung (z. B. der Soziometrie; J. L. MORENO) leichter zugänglicher Teilstrukturen zurückgetreten. F. ZNANIECKI hat daraus die Konsequenz gezogen, den G.-Begriff durch den der Gruppe zu ersetzen. Allgemein wird heute das Gruppenleben als ein wichtiger Bestandteil der G. angesehen.

Da das Wort ‹G.› leicht zu Spekulationen, vor allem zu substantialisierenden Vorstellungen, verführt, hat L. v. WIESE es durch einen neutraleren Begriff ersetzt. Für ihn ist nicht die G. Gegenstand der Soziologie, «weil sich damit sogleich die irrige Vorstellung einschleicht, *die* G. sei ein Substantivum, ein Objekt oder eine Substanz» [26], sondern «das Soziale», d. h. «eine Gesamtheit von beobachtbaren Prozessen» [27], die «alle Äußerungen und Bekundungen des *zwischen*menschlichen Lebens» umfaßt [28] und «eine unaufhörliche Kette von Geschehnissen» bildet, «in denen sich Menschen enger miteinander verbinden und voneinander lösen» [29]. «Sie behandelt den Menschen als *Mit- und Gegenmenschen* [30]. Diese «vitalen Interrelationen» zwischen Menschen kann man mit T. GEIGER auch als «soziale Interdependenz» bezeichnen [31]. Damit ist G. kein ruhendes Gebilde, «sondern ein Kräftespiel in dauernder Tätigkeit» [32]. «Dies ist auch der Begriff G., wie er im Mittelpunkt der modernen Soziologie steht» [33]. Der moderne G.-Begriff ist vor allem durch diesen dynamischen Funktionsaspekt geprägt: «Eine G. ist eine organisierte Gesamtheit von Menschen, die in einem gemeinsamen Gebiet zusammenleben, zur Befriedigung ihrer sozialen Grundbedürfnisse in Gruppen zusammenarbeiten, sich zu einer gemeinsamen Kultur bekennen und als eigenständige soziale Einheit funktionieren» [34]. Ähnlich wie v. Wiese betrachtet auch P. A. SOROKIN [35] die Wechselbeziehungen unter den Menschen (human interactions) als den eigentlichen Gegenstand der Soziologie. L. v. WIESE geht im wesentlichen von G. Simmels Auffassung aus, daß G. keine Substanz, sondern ein Geschehen sei und das Hauptthema der Soziologie in der Herausarbeitung der verschiedenen sozialen Beziehungen liege [36]. Vor Simmel hatte bereits G. TARDE die Aufmerksamkeit auf die menschlichen Wechselbeziehungen als das eigentlich Soziale gelenkt. Damit wird nicht mehr – wie überwiegend in der antiken und mittelalterlichen Philosophie – nach Sinn und Ursprung, sondern nach den tatsächlichen Erscheinungsformen der G., die sich zunächst auf den zwischenmenschlichen Bereich beschränken, gefragt. Die nächste Frage geht dahin, wie diese Gleichförmigkeiten und Wiederholungen, die ja eine G.-Wissenschaft überhaupt erst ermöglichen, zu erklären sind. Tarde hat diese Gleichförmigkeiten auf rein reaktive Nachahmungen zurückgeführt [37]. E. DURKHEIM hat später gezeigt, daß Wiederholungen und Gleichförmigkeiten nicht reaktiv, sondern nur sozial erfaßt werden können. Individuum und G. bilden demzufolge keine Gegensätze, sondern sie sind untrennbar miteinander verbunden. Das menschliche Individuum wird im wesentlichen durch seinen Status und seine Rolle in der ihn umgebenden G. bestimmt. «Damit erscheint G. immer mehr als ein verwickeltes System von sozialen Handlungen, Gruppen und Verhaltensnormen» [38]. Bezeichnet man (mit L. v. Wiese) Tarde als Individualisten und Durkheim als Universalisten, so nimmt R. WORMS «in Überwindung dieser falschen und künstlich geschaffenen Gegensätze» einen vermittelnden Standpunkt ein, nach dem das Soziale aus individuellen Elementen besteht, das Individuelle von sozialen Elementen erfüllt ist und die G. nicht *neben* den Individuen, sondern als Organisation der Menschen existiert [39]. Dabei vertrat Worms in seinen jüngeren Jahren eine weitgehende Analogie zwischen Leib und G. [40]. Der Gedanke des Organizismus ist heute allgemein überwunden und wird nur noch vereinzelt vertreten (z. B. H. v. HENTIG: «Die G. in der die Menschen leben, läßt sich als ein geschlossener Organismus verstehen» [41]).

Die *moderne* soziologische Theorie hat verschiedene neue G.-Begriffe zur Diskussion gestellt. In der vor allem von Ethnologen und Sozialanthropologen (A. R. RADCLIFFE-BROWN, B. MALINOWSKI, R. THURNWALD) entwickelten strukturell-funktionalen Theorie steht – in Anlehnung an die biologisch-kybernetische Systemtheorie – der Begriff des sozialen Systems (T. PARSONS) im

Vordergrund. Dabei wird G. als ein autarkes Sozialsystem verstanden, in dem die Dichotomie von Individuum und Kollektiv durch die Konzeption standardisierter und integrierter sozialer Rollen überwunden wird. Nach dieser Lehre bestehen die Einheiten der G. nicht aus Individuen, sondern aus «sozialen Interaktionen». Da die G. je nach der Umwelt im Laufe der Entwicklung immer stärkere Differenzierungen aufweist, kann sie auch als umfassendes Sozialsystem immer nur einen Ausschnitt der gesamten menschlichen Handlungswirklichkeit umfassen.

In ganz ähnlicher Weise versucht R. DAHRENDORF den Menschen in der G. als Träger sozial vorgeformter Rollen zu erfassen [42]. So gesehen heißt G., «daß menschliches Verhalten nicht den Gesetzen der Zufallswahrscheinlichkeit folgt, sondern durch Normen geregelt erscheint» [43]. Das bedeutet, daß die Menschen in bestimmten Positionen, die durch Erwartungen an das Verhalten der Beteiligten geregelt sind (Rollenerwartungen), am gesellschaftlichen Leben teilnehmen. Gegen eine Verabsolutierung dieser Betrachtungsweise ist jedoch einzuwenden, daß das Konzept eines totalen «homo sociologicus» (wie das des totalen «homo oeconomicus») die Gefahr eines Menschenbildes in sich birgt, in dem die Freiheit des Menschen verloren geht. Tatsächlich schließen jedoch gewisse Normen und bestimmte Rollen menschliche Freiheit nicht aus. Eine ausschließlich von Normen und Rollen bestimmte G. ist genau so wenig vorstellbar wie eine G., in der «alles erlaubt» ist. Mit einer solchen «permissive society» – eine späte Nachwirkung des Naturbegriffs von Rousseau – wird die Möglichkeit einer Rückkehr zu einem normen- und rollenfreien «Naturzustand» vorgegaukelt, in dem die menschliche Freiheit wiederhergestellt werden kann – eine Fiktion, die sich kaum je verwirklichen lassen dürfte.

Anmerkungen. [1] L. v. WIESE: Soziol. (⁶1960) 12. – [2] L. GUMPLOWICZ: Der Rassenkampf (1883). – [3] J. H. FICHTER: Grundbegriffe der Soziol., hg. E. BODZENTA (Wien/New York 1968) 83. – [4] ZEDLERS Universallex. 10 (1735) 1260. – [5] FICHTER, a. a. O. [3] 89ff. – [6] E. M. WALLNER: Soziol. (1970) 17. – [7] T. GEIGER: Art. ‹G.›, in: Handwb. der Soziol., hg. A. VIERKANDT (1931, ND 1959) 202; vgl. Grimm IV/1, 2 (1897) 4049-61. – [8] F. FÜRSTENBERG: Was heißt G.? was heißt Soziol.? in: E. BODZENTA (Hg.): Soziol. und Soziologiestudium (Wien/New York 1966) 7. – [9] CHR. WOLFF: Vernünftige Gedanken vom gesellschaftl. Leben der Menschen (⁴1736) 3. – [10] Vgl. F. SCHALK, Dtsch. Vjschr. Lit.wiss. 25 (1951) 387ff. im Gegensatz zu E. LERCH: G. und Gemeinschaft a. a. O. 19 (1944) 106ff.; M. RIEDEL: Zur Topol. des klassisch-politischen und des modern-naturrechtlichen G.-Begriffs. Arch. Rechts- u. Sozialphilos. 51 (1965) 291-318. – [11] RIEDEL, a. a. O. 296. – [12] H. SCHOECK: Die Soziol. und die G. (1964) 107f. – [13] A. FERGUSON: Essay on the hist. of civil society (1767). – [14] R. KÖNIG, in: Wb. der Soziol., hg. W. BERNSDORF (1969) 356. – [15] G. W. F. HEGEL, Grundl. der Philos. des Rechts. Werke, hg. GLOCKNER 7, 262. – [16] H. v. TREITSCHKE: Die G.-Wiss. (1927) 79f. – [17] F. TÖNNIES: Gemeinschaft und G. (1887). – [18] W. H. RIEHL: Die bürgerliche G. (1851). – [19] Wb. der marxistisch-leninistischen Soziol., hg. I. W. EICHHORN (1969) 145. – [20] Vgl. Sowjetsystem und demokratische G. 2 (1968) 963-966. – [21] K. MARX und FR. ENGELS: Manifest der Kommunistischen Partei (1848). MEW 4, 462. – [22] W. I. LENIN, Werke 1 (1961) 127. – [23] K. MARX: Das Kapital 1 (1867). MEW 23, 15. – [24] LENIN, a. a. O. [22] 131. – [25] Vgl. G. KISS: Gibt es eine ‹marxistische› Soziol.? (1966). – [26] v. WIESE, a. a. O. [1] 19. – [27] 14. – [28] 147. – [29] 149. – [30] 12. – [31] G. EISERMANN (Hg.): Die Lehre von der G. (²1969) 66. – [32] WALLNER, a. a. O. [6] 17. – [33] R. KÖNIG: Fischer-Lex. Soziol. (1967) 106. – [34] FICHTER, a. a. O. [3] 85. – [35] P. A. SOROKIN: Society, culture, and personality (1947). – [36] G. SIMMEL: Soziol. (1908, ⁵1968). – [37] G. TARDE: Les lois de l'imitation (1890). – [38] KÖNIG, a. a. O. [33] 111. – [39] v. WIESE, a. a. O. [1] 91f. – [40] R. WORMS: Organisme et société (1896). – [41] H. v. HENTIG: Bildung. Die Grundlage unserer Zukunft (1968) 209. – [42] R. DAHRENDORF: Homo Sociologicus (⁷1968). – [43] R. DAHRENDORF, in: Wb. der Soziol., hg. W. BERNSDORF (1969) 902.

Literaturhinweise. M. GINSBERG: The psychol. of society (London 1921). – P. VOGEL: Hegels G.-Begriff und seine gesch. Fortbildung durch Lorenz Stein, Marx, Engels und Lasalle (1925). – B. LANDHEER: Der G.- und Staatsbegriff Platons (Rotterdam 1929). – R. THURNWALD: Die menschl. G. in ihren ethnosoziol. Grundlagen 1-5 (1931-35). – K. MANNHEIM: Mensch und G. im Zeitalter des Umbruchs (Leiden 1935). – O. ERB: Wirtschaft und G. im Denken der hellenistischen Antike (1939). – K. A. FISCHER: Kultur und Gesellung (1951). – H. KELSEN: Society and nature (Chicago 1943). – J. MARION LEVY jr.: The structure of society (Princeton 1952). – T. PARSONS (Hg.): Theories of society 1. 2 (Glencoe, Ill. 1952); Structure and process in modern societies (New York 1960); The social system (New York 1961). – H. PLESSNER: Zwischen Philos. und G. (1953). – J. T. SANDERS (Hg.): Societies around the world (New York 1953). – A. v. MARTIN: Soziol. (1956); Mensch u. G. heute (1965); Art. ‹G.›, in: Staatslex. 3 (⁶1959). – T. GEIGER: Die G. zwischen Pathos u. Nüchternheit (Kopenhagen 1960). – R. DAHRENDORF: G. u. Freiheit (1961). – H. FREYER: Theorie des gegenwärt. Zeitalters (1955). – R. ARON: Die industr. G. (1964). – H. SCHOECK: Die Soziol. u. die G.en (1964). – M. WEBER: Wirtschaft u. G., hg. J. WINCKELMANN 1. 2 (1964); Soziol. Grundbegr. (²1966). – D. AMBROS: Art. ‹G.›, in: Handwb. der Sozialwiss. 4 (1965) 427-433 (mit Lit.). – D. MCCLELLAND: Die Leistungs-G. (1966). – L. v. WIESE: System der allg. Soziol. als Lehre von den sozialen Prozessen und den sozialen Gebilden der Menschen (Beziehungslehre) (⁴1966); Soziologie und moderne G. Verh. 14. dtsch. Soziologentag (²1966). – J. E. BERGMANN: Talcott Parsons Theorie des sozialen Systems (1967). – W. E. MOORE: Strukturwandel der G. (1967). – F. JONAS: Gesch. der Soziol. 1-4 (1968f.). – L. H. MAYHEW: Art. ‹Society›, in: Encyclop. social sci. 14 (New York 1968) 577-585 (mit Lit.). – J. WOESSNER: Soziol. (1970). – E. FORSTHOFF: Der Staat der Industrie-G., dargestellt am Beispiel der Bundesrepublik (1971). – A. BELLEBAUM: Soziol. Grundbegriffe (1972).

P. KAUPP

Gesellschaft, bürgerliche. – 1. Der Ausdruck ‹bürgerliche Gesellschaft› ist von ARISTOTELES in die Sprache der Philosophie eingeführt worden. Er geht am Anfang der ‹Politik› von der zweifachen Voraussetzung aus, daß a) die πόλις eine κοινωνία und daß sie b) unter der Vielzahl der jeweils durch Zwecke entstehenden und bewegten κοινωνίαι diejenige sei, deren Zweck die Zwecke aller anderen überragt und sie befaßt: αὕτη δ' ἐστὶν ἡ καλουμένη πόλις καὶ ἡ κοινωνία ἡ πολιτική [1]. ‹Polis› und ‹Koinonia politike› sind synonym, weil die *Koinonia* selber politisch und die *Polis* «gesellschaftlich» aufgebaut eine «Vereinigung von Bürgern» (κοινωνία πολιτῶν) ist. Diesen Verbandscharakter der Polis, der sie von allen außereuropäischen (asiatisch-orientalischen) Stadtgebilden prinzipiell unterscheidet, hält der Ausdruck κοινωνία πολιτική (= κ. π.) sprachlich fest. Die Aufgliederung der verschiedenen Koinoniaarten in der ‹Nikomachischen Ethik› (VIII, 11) und die Erörterung ihrer Genesis in der ‹Politik› (I, 1) verweisen beide auf die Exposition jenes politisch-philosophischen Grundterminus, der «Staat» und «Gesellschaft» gleichermaßen bezeichnet. Die von Aristoteles thematisierten «Gesellschaften», sowohl die in der «Natur» gegründeten des Hauses (Mann-Weib, Eltern-Kinder, Herr-Knecht) wie diejenigen, die in Verkehr und Umgang der Bürger durch Übereinkunft (ὁμολογία) entstehen, bilden keinen selbständigen Bereich zwischen dem Einzelnen und der Polis, sondern sind abhängige Teile der κ. π.: αἱ δὲ κοινωνίαι πᾶσαι μορίοις ἐοίκασι τῆς πολιτικῆς [2]. Der Begriff der Koinonia wird als Analogon zum Koinoniabegriff der Polis gefaßt. Eine Scheidung beider findet nicht statt; ‹Polis› und ‹Koinonia politike› sind synonym, sie stellen sprachlich denselben Begriff und institutionell das gesellschaftliche Ganze dar, welches alle «Gesellschaften» als «Teile» in sich enthält [3].

Dieses Verhältnis verweist auf den Satz der ‹Metaphysik›, wonach als seiend im eigentlichen Sinne nur dasjenige gilt, was von sich selbst her Bestand hat [4]. Der kategorialen Bestimmung der Selbständigkeit (= Substanz) entspricht innerhalb der ‹Politik› die Bestimmung der Selbstgenügsamkeit (αὐτάρκεια) der Polis [5], die als κ.π. für sich zu bestehen vermag. Die Polis ist in höherem Maße seiend oder, wie Aristoteles es ausdrückt, von Natur aus früher (πρότερον τῇ φύσει) als der Einzelne und die anderen Koinoniai [6]. Hier bringt Aristoteles zugleich die ontologische Unterscheidung zwischen *Dynamis* und *Energeia* (*Entelecheia*) in die politische Theorie ein; die Polis ist die verwirklichte Natur des Menschen, womit dieser – bei Aristoteles zum ersten Mal systematisch wie terminologisch greifbar – zum Subjekt der politischen Verfassung wird. Wie Aristoteles den Menschen in seiner Vollendung, als μέρος πόλεως, das Edelste der Lebewesen nennt, so als ἄπολις das niederste, welches ohne Recht und Ordnung ist; denn das Recht gilt als die Ordnung der b.G.: ἡ γὰρ δίκη πολιτικῆς κοινωνίας τάξις ἐστιν [7]. Recht und b.G. bilden eine Einheit, was für Aristoteles nicht heißt, daß ihr ein «Menschenrecht» zugrunde liegt. Als Bürgergemeinschaft ist die Polis die Gemeinschaft von Freien (ἐλευθέρων) [8], deren Freiheit Herrschaft voraussetzt, – die *despotische* über ein Haus und dessen Anhang, über Unfreie (Knechte), Noch-Nicht-Freie (Kinder) und Freie minderen Rechts (Frauen), die *politische* über Bürger, die als Herrschaft unter Gleichen ausgezeichnet ist [9].

Konstitutiv für die geschichtliche Grundstellung des aristotelischen Begriffs ist die Differenz zwischen Oikos und Polis. Wie das Anfangskapitel der ‹Politik› verdeutlichen, vollzieht sich die Bildung der b.G. erst dann, wenn die Notwendigkeit der bloßen Lebenserhaltung gesichert ist. Im Gegensatz zur modernen Begriffskonzeption obliegt sie für Aristoteles dem Hauswesen. Die Ökonomik als Lehre von seiner Besorgung fällt in die Sphäre der Politik als Lehre von der b.G. nur insofern, als der Bürger zugleich Oikodespot ist. In dieser doppelten Stellung erscheint der Oikos als die Sphäre des Privaten (ἴδιον), die von dem, was allen Bürgern gemeinsam (κοινόν) ist, der κ.π., ausgeschlossen bleibt. Nach aristotelischer Ansicht besteht das «Gemeinsame» in der Übereinkunft der Bürger, nicht nur zu leben (ζῆν), sondern «gut» (εὖ ζῆν), d. h. tugendhaft und glücklich zu leben [10]. Aus diesem Zweck der b.G. ergibt sich ihre abschließende, die Institution der Polis nicht nur verklärende, sondern auch «begreifende» Normierung: Sie ist Gemeinschaft in einem guten Leben unter Häusern und Geschlechtern mit der Bestimmung des in sich ruhenden und selbständigen Lebens [11].

2. Als früheste lateinische Übersetzung von κ.π. begegnen bei CICERO die Wendungen: ‹conciliatio›, ‹communitas› und ‹societas civilis› [12]; in ‹De finibus› (IV, 5) wird ausdrücklich auf jenen Ort des Begriffs verwiesen, «quem civilem recte appellaturi videmur, Graeci πολιτικόν». Obwohl für Cicero b.G. als eine Naturbestimmung unverändert zu Lebensform und Dasein des Menschen in der Welt gehört – «... inter nos natura ad civilem communitatem coniuncti et consociati sumus» [13] –, folgt er der Wendung der klassischen Polistheorie in die Kosmo-Politik der spätantiken Philosophenschulen. Hier tritt zur « bürgerlichen » die « menschliche Gesellschaft » (societas humana) als « naturalis societas inter homines » hinzu [14], womit der aristotelische Begriff geschichtlich bereits entgrenzt ist. Dazu kommt die Aufsprengung der für die Polistheorie grundlegenden Identität von Bürger- und Kultgemeinde im Christentum. Zwar geht die Gemeinsamkeit der Opfer und Feste, die Verehrung der «stadthütenden Götter», die bei Aristoteles zum Begriffs-

sinn von κ.π. gehören [15], bereits früher verloren; aber erst mit der Ausbreitung des Christentums und seiner institutionellen Organisation treten ‹polis› bzw. ‹civitas› und ‹ecclesia› auseinander. Hieran knüpft sich AUGUSTINS dualistische Lehre von der *civitas dei* und *civitas terrena*, unter deren Einfluß die klassische Theorie der b.G. und das ihr zugrunde liegende Begriffsgefüge zunächst ganz in den Hintergrund der antik-heidnischen Vergangenheit rücken.

3. Die neuere Geschichte des Begriffs beginnt mit der Aristotelesrezeption des 13. Jh. In der ersten lateinischen Übersetzung der aristotelischen ‹Politik› durch W. v. MOERBECKE (1260) wird ‹κ.π.› mit ‹communitas›, ‹communicatio civilis›, ‹politica› wiedergegeben, woraus sich das Auftreten dieser Begriffswendungen bei ALBERTUS MAGNUS, THOMAS VON AQUIN, WILHELM VON OCKHAM, MARSILIUS VON PADUA u. a. erklärt. Als Grundbegriff der politischen und naturrechtlichen Theorie überwiegt seit dem 16./17. Jh. ‹societas civilis›, was auf den Einfluß der Aristoteles-Übersetzungen und -Kommentare der Humanisten (*Leonardo Bruni*) zurückgeht. Bei THOMAS VON AQUIN verschränkt sich der klassische Begriff der b.G. einerseits mit der biblisch-christlichen Vorstellungswelt, andererseits mit Strukturelementen der mittelalterlichen Stadtgemeinde. Aufschlußreich ist die thomistische *distinctio societatis* in private und öffentliche Gesellschaft (publicam et privatam), welche die aristotelische Politik in dieser Form nicht kennt. Hier wirken die Societasbegriff des Römischen Rechts und dessen Abgrenzung des Jus publicum vom Jus privatum auf die Rezeption des aristotelischen Begriffsschemas ein. Im Gegensatz zur ‹societas privata› bezieht sich ‹societas publica› auf das in «Stadt oder Reich» konstituierte politische Gemeinwesen, die respublica, womit sich Thomas ganz der klassischen Synonymitätsformel anschließt. Dazu kommt eine zweite Unterscheidung nach den Momenten des Immerwährenden und Zeitlichen (in perpetuum et temporale). Sie hängt mit der Auffassung vom «zeitlichen» Charakter des Politischen zusammen, die das Christentum der klassischen Naturtheorie der b.G. entgegensetzt. Obwohl immerwährende Gesellschaft (societas perpetua), erstreckt sich die societas publica nur auf die Zeitdauer des menschlichen Lebens, was für Thomas heißt: das «Verweilen» in der Bürgergemeinde (mansio civitatis). Unter diesem Gesichtspunkt findet bei Thomas die klassische Idee der b.G. Eingang in die politische Theorie, wobei ihre «Dauer» so interpretiert wird, daß sie die perpetuierende der Zeit selber ist [16]. Daneben erscheint die b.G. innerhalb eines Stufenbaus von «Gesellschaften», der dem antiken Naturdenken verpflichtet ist. Die Ecclesia bricht nun nicht mehr, wie noch im frühen Christentum, die Lebensform der b.G., die vielmehr wieder im Rahmen der traditionell-theologischen Begriffstopik von «natürlicher», «häuslicher» und «sakraler» Gesellschaft (communicatio naturalis, oeconomica, politica, divina) auftreten kann [17].

4. Die bei Thomas vorgezeichnete Einordnung der aristotelischen Sprechweise in die Sprache der neueren politischen Theorie findet sich zwischen dem 13. und 17. Jh. in den Lehrbüchern der «Schule» immer wieder; nach der Reformation zeitweilig aufgehoben, setzt sie sich – bis hin zu *Leibniz* [18] – auch in der protestantischen Schulphilosophie fort. Aufschlußreicher sind die Tradierungsvorgänge außerhalb der «Schule». Dabei zeigt sich, daß die politischen und naturrechtlichen Theorien der Neuzeit mit der Schulphilosophie im Prinzip der Nicht-Unterscheidung von Staat und b.G. übereinstimmen: ‹b.G.›

meint hier immer: politisch verfaßte Gesellschaft, in deren Formulierung die Termini ‹societas civilis›, ‹politica›, ‹populus›, ‹respublica› usf. gegeneinander austauschbar sind. Die sprachliche Synonymität läßt sich bis auf ALBERTUS MAGNUS zurückdatieren: «De numero eorum, quae sunt naturalia homini, civitas est et communicatio civilis, sive politica» [19]. Diese Wendungen begegnen im 16. und 17. Jh. u. a. bei MELANCHTHON (societas civilis seu imperium), F. SUÁREZ (societas civilis seu populi aut civitatis), COVARRUVIAS (civitas, id est civilis societas), F. BACON (civitas sive societas) [20]. Bei HOBBES heißt es bezüglich der Willensvereinigung (unio civilis), die dem bellum omnium contra omnes des Naturzustandes ein Ende setzt: «Unio autem sic facta appellatur *civitas* sive *societas civilis*» [21]. – «This union so made, is that which men call now-a-day a Body Politic or civil society; and the Greeks call it πόλις, that is to say, a city» [22]. Ähnlich gibt der von ganz anderen Voraussetzungen bestimmte J. LOCKE dem 7. Kapitel des ‹Second Treatise of Government› den Titel: ‹*Of political or civil society*› und schließlich stellt KANT in § 45 des II. Teils der ‹Rechtslehre› die Idee der ursprünglichen Vertragsgesellschaft als *societas civilis* vor und setzt sie mit dem «Staat» (civitas) gleich.

5. Gleichwohl zeichnet sich im Grundriß der naturrechtlichen Vertragslehre ein veränderter Begriff von b.G. ab. Die Bedeutungsgleichheit der politischen Grundtermini ‹Staat› und ‹bürgerliche Gesellschaft› ergibt sich einerseits daraus, daß die Kontrahenten des Vertrags bis hin zu Locke und Kant nicht die Einzelnen als «Menschen», sondern als «Hausherren» sind, die selber schon über präpolitische Herrschaftsrechte verfügen. Auf der anderen Seite schließt das Vertragsschema eine Umkehrung des traditionell-politischen Verhältnisses von Teil und Ganzem in sich ein. In HOBBES' Naturrecht wird weder ein «natürlicher» Vorrang der b.G. vor den Bürgern noch eine der Natur immanente Teleologie anerkannt, deren Gesetz das selbständige Bestehen des Ganzen legitimierte. Der Naturbegriff und die kategorialen Grundlagen der aristotelischen Politik-Tradition sind aufgegeben; wie Hobbes' *philosophia naturalis* mit der Privation der «gegebenen» Natur beginnt, so die *philosophia civilis* mit der der geschichtlich «gegebenen» b.G., ihrer Auflösung in die im status naturalis vereinzelt lebenden Einzelnen. Dem entspricht, daß nicht das Gut-Leben, sondern das Leben der Zweck ist, den die Rechts- und Vertragskonstruktion garantiert. Im Unterschied zu Hobbes, dessen status naturalis asozial bleibt, liegt ihr bei LOCKE eine Gesellschaft zugrunde, die bereits im Naturzustand durch Arbeit und Austausch entsteht. Hier ist es die sich mit den Dingen vermischende Arbeit des Einzelnen, die als Quelle des Eigentums die Annahme einer unveränderlichen Naturordnung destruiert und damit den Vertrag zur b.G. notwendig macht [23]. Weil dessen Konstituierung bis ins 18. Jh. hinein als politische und mit den Mitteln der Tradition begriffen wird, schlägt sie sich zunächst nicht in der Begriffsform der b.G. selbst nieder.

Eine erste Differenzierung nimmt PUFENDORF vor, der sich auf Hobbes' Grundsatz beruft, daß der Mensch nicht von der Natur selbst zur b.G. getrieben werde: «... non sufficit dixisse hominem per naturam rapi ad societatem civilem» [24]. Das gegenteilige Argument bezeichnet Pufendorf als «falsch», weil es voraussetzt, daß das Politische mit dem «Geselligen» identisch sei (politicum ipse idem est ac sociabile). Die Unterscheidung zwischen ‹societas civilis› und ‹socialitas› [25] besagt aber nicht, daß Pufendorf bereits die moderne Dichotomie zwischen Staat und b.G. entdeckt habe. Auf diesem Wege befindet sich erst MONTESQUIEU. Wie sein Vorgänger GRAVINA, so zieht er aus der Konstruktion eines doppelten Gesellschaftsvertrags (pactum unionis-subjectionis) die Konsequenz, daß der bürgerliche Status der Gesellschaft (l'état civil) von ihrem politischen (l'état politique) getrennt betrachtet werden müsse [26]. Die Synonymität von ‹civilis› und ‹politicus› löst sich auf; die im ursprünglichen Sinne «bürgerliche» G. trennt eine unpolitische, «zivile» Sphäre von sich ab, die im 17. und 18. Jh. zunehmend an Bedeutung gewinnt. Für den Naturrechtsbegriff der b.G. steht weniger der innere (klassisch-politische) Gegensatz zwischen civilis/oeconomicus als der äußere, zwischen civilis/naturalis, im Vordergrund, wobei die negative Interpretation des status naturalis darauf tendiert, die Schranke der Natur zu durchbrechen oder Mensch und Gesellschaft durch Überwindung «naturwüchsiger» Lebensformen zu «zivilisieren». An die Stelle der Statusordnung der b.G. tritt die fortschreitende Bewegung der «Civilisation». Begriffsgeschichtlich drückt sich dies darin aus, daß im 18. Jh. ‹civil society› bei den Engländern zu «civilized society», ‹société civile› bei den Franzosen zu «société civilisée» umgebildet wird [27]. Das von der schottischen Moralphilosophie angeschlagene Thema der «history of civil society» hat den «natural progress» der Zivilisierung – «from rude to civilized manners» – zum Gegenstand, womit die Freisetzung der ökonomischen und politischen Lebenselemente der modernen Gesellschaft eine erste geschichtsphilosophische Deutung erfährt.

Dem kommt die Ausbildung der klassischen Ökonomik zur modernen Politischen Ökonomie entgegen, welche die innere Trennungslinie der b.G. zwischen oeconomicus/civilis verwischt. Der Merkantilist J. J. BECHER legt der ökonomischen Theorie die b.G. als «Civil societät» zugrunde, die er als «Volckreiche Nahrhafte Gemeind» definiert [28]. Hier ist die klassische, im 18. Jh. noch von CHR. WOLFF [29] geteilte Voraussetzung aufgegeben, daß die Ökonomik zur b.G. in keinem Verhältnis stehe (nullo habito respectu ad societatem civilem). Im Aufbau des Begriffs vertauscht die Politik als alte «Stadt-Wissenschaft» (A. SCHLÖZER) mit der Ökonomik ihre Stelle. Indem sich die «Stadt» zum «Staat» und die Hauszur «Staats-Wirtschaft» entwickelt, erhält die b.G. ein «ökonomisches» Fundament, das nicht mehr auf die «societates minores» (WOLFF) des Haushalts oder eines «Standes» zu reduzieren ist. A. SMITH stellt das Handeln der politischen Herrschaftsstände, das ohne «Wert», weil nicht in einem dauerhaften Gegenstand fixiert ist, in eine Reihe mit dem des Hausgesindes. Die von der politischen Theorie der b.G. gezogenen Schranken zwischen dem Privaten und Öffentlichen werden aufgehoben; was bislang als öffentlich-repräsentatives Handeln galt, ist den privaten, an das Innere des Hauses gebundenen Verrichtungen gleich. Souverän, Politiker, Richter, Geistliche usf. sind bloße Diener des Publikums (servants of the public), das sich jetzt als die zugleich private und öffentliche Sphäre der vom städtischen Bürgertum gebildeten b.G. etabliert, die der produktiven Arbeit der vordem verachteten Stände, der Handwerker, Kaufleute und Manufakturarbeiter entspringt [30].

6. Die Wende von der «alten» zur modernen b.G. ist in der ‹Déclaration des droits de l'homme et du citoyen› (1789) geschichtlich dokumentiert. Unter Berufung auf das Recht des Menschen vernichtet die Französische Revolution die partikular-gesellschaftliche Institution, wel-

che die alte b.G. in den Rechten und Freiheiten der Provinzen, Städte, Gemeinden und Stände besaß. Die Gesellschaft wird «bürgerlich» in dem Sinne, daß sie nun nicht mehr aus den politisch und korporativ-ständisch berechtigten Bürgern, sondern der Gesamtheit der freien und gleichen, unter der souveränen Staatsgewalt vereinigten «Staatsbürger» (citoyens) besteht [31]. Erst damit konstituiert sich die b.G. als eine Gesellschaft, deren Subjekt der Mensch als Mensch ist. Bereits im Artikel ‹société› der ‹Encyclopédie› waren die Bestimmungen des Traditionsbegriffs der société civile ou politique auf die société übertragen worden, «qui embrasse tous les hommes» [32]. Das Recht des Menschen intendiert das Gesellschaftsrecht einer «société universelle», welche die französischen Revolutionäre jedoch vergeblich mit der von ihnen emanzipativ gesetzten b.G. zur Deckung zu bringen versuchten. Denn dasselbe Menschenrecht intendiert zugleich Individualrecht, – Freiheit, Eigentum und Sicherheit [33]. Die doppelte Fassung der droits de l'homme, die im citoyen den homme und in diesem den bourgeois befreien, enthält den Widerspruch in sich, der nach Ablauf der revolutionären Epoche zwischen bourgeois und citoyen einerseits, Staat und b.G. andererseits aufbricht.

Die erste prinzipielle Formulierung dieses Widerspruchs, die eine Neubestimmung des Begriffs zur Folge hat, gibt HEGEL in den ‹Grundlinien der Philosophie des Rechts› (1821). Während der «Staat» in der Sprache der klassischen Politik und auch des modernen Naturrechts bis hin zu Kant als b.G. bezeichnet wurde, weil diese an sich selber schon politisch verfaßt war, unterscheidet Hegel die politische Sphäre des Staats von dem nunmehr «bürgerlich» bestimmten Bereich der Gesellschaft, wobei das Adjektiv ‹bürgerlich›, entgegen seiner ursprünglichen Bedeutung, die nur noch privatrechtliche Stellung des zum *bourgeois* gewordenen Bürgers bezeichnet [34]. Der von seiner politisch-rechtlichen Bedeutung abgelöste Bürgerbegriff geht mit dem Begriff der ökonomisch und rechtlich sich emanzipierenden Gesellschaft eine terminologische Verbindung ein, die zwar äußerlich mit der Sprechweise der klassischen Politik und des modernen Naturrechts übereinstimmt, zu ihrer Entstehung aber deren Auflösung voraussetzt. So sieht es Hegel als einen Mangel an, daß die Lehrer des Naturrechts den Staat nur als Personenverband zu begreifen vermochten: «Wenn der Staat vorgestellt wird als Einheit verschiedener Personen, als eine Einheit, die nur Gemeinsamkeit ist, so ist damit nur die Bestimmung der b.G. gemeint» [35]. Der Einwand richtet sich gegen das traditionell-politische Verständnis der b.G. überhaupt, die sprachliche und institutionelle «Gemeinsamkeit» in der Bestimmung der Einheit von civitas und societas civilis, welche die naturrechtlichen Vertragslehren bis hin zu Kant beeinflußt hat. Im Unterschied dazu deutet Hegel die b.G. als Sphäre der Differenz, die er geschichtlich auf den modernen Staat bezieht, den sie «als Selbständiges vor sich haben muß, um zu bestehen» [36]. Ihre zweite Voraussetzung sind die von der Politischen Ökonomie des 18. Jh. erarbeiteten und in ein ‹System› gebrachten Kategorien von Bedürfnis und Arbeit, Tausch und Arbeitsteilung, Wert und Vermögen, die Hegel als kategoriale Bestimmungen der modernen b.G. begreift. An ihnen wird sichtbar, daß die politische Emanzipation und ihr Menschenrecht zum Aufkommen jenes Arbeits- und Bedürfnissystems gehören, das die Politische Ökonomie auf den Begriff bringt. Die gesellschaftliche, auf dem «Interesse» der Einzelnen beruhende Arbeit ist an die Freiheit von Person und Eigentum gebunden, die mit den droits de l'homme alle erreicht haben; in der modernen b.G. gilt der Mensch, «*weil er Mensch ist*, nicht weil er Jude, Katholik, Protestant, Deutscher, Italiener usf. ist» [37]. Aber zugleich gewinnt HEGEL Einsicht in die negativen Folgen ihres Arbeits- und Konkurrenzprinzips; die «ungehinderte Wirksamkeit» bringt die b.G. innerhalb ihrer selbst zu «fortschreitender Bevölkerung und Industrie», womit das «Herabsinken einer großen Masse unter das Maß einer gewissen Subsistenzweise», die Erzeugung des «Pöbels» verknüpft wird. Darin liegt für Hegel die «Dialektik» der b.G., – daß sie bei dem Übermaße des Reichtums nicht reich genug sei, dem Übermaß der Armut zu «steuern» [38].

Diese von Hegel entdeckte, auf die Probleme der Klassenbildung und des Proletariats vorausweisende Dialektik wird für die Geschichte des Begriffs im 19. Jh. bestimmend. Die Hegelsche Theorie, in der sie nur am Rande auftreten, erfährt durch die Entstehung der «sozialen Frage» einen nochmaligen Wandel. Während die Existenz des «Pöbels» bei Hegel zur «korporativen» Vermittlung mit der b.G. auffordert, steht das «Proletariat» der 40er Jahre bereits außerhalb ihres Begriffshorizontes, der sich jetzt zur «Bourgeois-Gesellschaft» [39] verengt. Die b.G. wird im sozialgeschichtlichen Kontext des 19. Jh. zur Klassengesellschaft, der Begriff im historischen Bewußtsein des Bürgertums zu einem «Drittenstandsbegriff» verengt [40]. In diesem Sprachgebrauch stimmen fortan die konservativen und liberalen mit den revolutionären Theoretikern überein. Auffällig ist, daß bei MARX, der an der Ideologisierung des Begriffs maßgeblichen Anteil hat, die vorrevolutionäre Bedeutung der «bürgerlichen» als «politischer Gesellschaft» erhalten bleibt [41]. Obwohl ihr geschichtlicher Sinn verblaßt ist, führt Marx in der Bestimmung des modernen Begriffs zu der Aporie, das «Wort bürgerliche Gesellschaft» als ein Produkt des 18. Jh. aufzufassen und zugleich zu konstatieren, daß die «gesellschaftliche Organisation, die zu allen Zeiten die Basis des Staats und der sonstigen idealistischen Superstruktur bildet ... indess fortwährend mit demselben Namen bezeichnet worden» sei [42]. Das Verständnis für die Problematik des Begriffs tritt freilich in der zweiten Hälfte des 19. Jh. ganz zurück. Auf dem Boden der als «Klassenordnung» [43] sich verfestigenden b.G. kommt es zu jener epochalen Umkehr des modernen historischen Bewußtseins, in dessen Perspektive sich die Gemeinsamkeit der politischen Sprache und die Verbindlichkeit der von ihr entwickelten Unterscheidungen auflöst. Der Ursprung des Begriffs wird in das 18. Jh. verlegt und geschichtlich mit der Emanzipation des Bürgerstandes verbunden. Erst damit besteht die Möglichkeit, ihn zu funktionalisieren und seinen Gebrauch nach Zwecken zu bestimmen, die ideologisch erheischt sind. Sie ist von den Globalideologien des 19. und 20. Jh. immer wieder ergriffen und bis hin zur Gegenwart sprachpolitisch genutzt worden. Eine sozialwissenschaftliche oder geschichtsphilosophisch verbindliche Bedeutung kommt dem Begriff jedoch nicht zu. Er ist nicht nur unvereinbar mit den komplexen Strukturen der Klassen- und Gruppenbildung innerhalb der modernen Industriegesellschaft, sondern widerspricht bei theoretisch reflexionsloser und unkritischer Anwendung der Bildungsstufe jenes geschichtlich aufgeklärten gesellschaftlichen Bewußtseins, das vom Ende des «bürgerlichen» Zeitalters weiß.

Anmerkungen. [1] ARISTOTELES, Pol. 1252 a 1-7. – [2] Eth. Nic. 1160 a 8f. a 28f. – [3] Pol. 1253 a 20-27. – [4] Met. 1028 a 23f. – [5] Pol. 1252 b 29. 1253 a 1. a 26ff. – [6] Pol. 1253 a 19.

a 25f. – [7] Pol. 1253 a 29-38. – [8] Pol. 1279 a 21. – [9] Pol. 1255 b 16-20. – [10] Pol. 1252 b 29f. – [11] Pol. 1280 b 33-35. – [12] Cicero, De nat. deor. II, 78; De fin. III, 66; Orat. II, 68; Leg. I, 62. – [13] De fin. III, 66; Leg. I, 7, 23; Off. I, 16-17. – [14] Leg. I, 16; Off. I, 17, 53; III, 5, 21-22; De fin. V, 23. – [15] Aristoteles, Pol. 1322 b 18ff. 1328 b 11ff. – [16] Thomas v. Aquin, Contra Imp. Dei cult., Opusc. omn. 4, hg. P. Mandonnet (1927) 25f.; S. theol. I/II, q. 100, 2 c; 98, 1. – [17] Libr. sent. III, dist. 29, 6. – [18] Leibniz, Dtsch. Schriften 1 (1838) 414-16; Textes inédites, hg. G. Grua (1948) 596-603. – [19] Albertus Magnus, Comment. in Lib. Polit. Arist. I, 1. Opera omnia 8 (1893) 6. – [20] Melanchthon, Corp. Ref. XXI, 991; Suárez, De op. 6 dier. V. 7, n. 1; Covarruvias, Practicae Quaest. (1556), I, 2; F. Bacon, De augm. scient. VII, 2. – [21] Th. Hobbes, De cive cap. 5, § 9. – [22] Elements of law, P. 1, Ch. 19, § 8. – [23] J. Locke, The second treatise of government Ch. 5, 27-32; 9, 123-124; 11, 134. – [24] S. Pufendorf, De officio hominis et civis cap. 5, § 2. – [25] a. a. O. cap. 1, § 2, ad 5. – [26] Montesquieu, De l'esprit des lois (1748) I, 3; vgl. G. V. Gravina, De iure naturali gentium cap. 17. – [27] A. Ferguson: An essay on the hist. of civil society (1759) P. I; A. Smith: An inquiry in the nature and causes of the wealth of nations (1776); Everyman's Libr. Ed. (1960) 1, 12. 230. 536, 2, 197f. 201. 264ff.; Dupont de Nemours, Correspondance avec J. B. Say, hg. E. Daire (1815) 397. – [28] J. J. Becher, Polit. discours (1673) 1. – [29] Chr. Wolff, Oeconomica 1 (1754) Prol. § 1. – [30] Smith, a. a. O. [27] B. 1, ch.; 2, ch. 3. – [31] Déclaration (1789) Art. 1. 3. 6; Constitution française (1791), Tit. 1; 2, Art. 1-4; 3, Art. 1. – [32] Encyclopédie, hg. Diderot/d'Alembert 31 (1781) 206ff.: Art. ‹Société, Morale›; 217-219: ‹Société, Jurisprud.›. – [33] Déclaration Art. 2. 4. 17. – [34] Hegel, Rechtsphilos. § 190 Anm. – [35] a. a. O. § 182 Zus. – [36] § 182 Zus. – [37] § 209 Anm. – [38] § 190 Anm. – [38] § 243-248. – [39] K. Marx: Dtsch. Ideol. (1845). MEW 3, 194. – [40] J. C. Bluntschli: Dtsch. Staatswb. 4 (1859) 247; H. Wagener: Staats- und Gesellschaftslex. 4 (1860) 674; W. H. Riehl, Die b.G. (1851) 4f. – [41] K. Marx: Krit. des Hegelschen Staatsrechts (1843). MEW 1, 283ff.; Zur Judenfrage (1844) 367f. – [42] Dtsch. Ideol. a. a. O. [39] 36. – [43] H. v. Treitschke: Der Socialismus und seine Gönner (1875) 106.

Literaturhinweise. A. v. Unruh: Dogmenhist. Untersuch. über den Gegensatz von Staat und Gesellschaft vor Hegel (1928). – R. Schwenger: Der Begriff der b.G. bei Kant und Fichte. (Diss. Bonn 1929). – O. Brunner: Neue Wege der Sozialgesch. (1956). – J. Ritter: Das bürgerl. Leben, in: Vjschr. wiss. Pädag. 32 (1956) 60-94. – L. Strauss: The city and man (1964). – M. Riedel: Studien zu Hegels Rechtsphilos. (1969). – H. Medick: Naturzustand und Naturgesch. der b.G. Die Ursprünge der bürgerlichen Sozialtheorie als Geschichtsphilos. bei Samuel Pufendorf, John Locke und Adam Smith (1973). M. Riedel

Gesellschaft, geschlossene/offene. Eine offene G. (o.G.) ist nach K. R. Popper diejenige G.-Ordnung, «die die kritischen Fähigkeiten des Menschen in Freiheit setzt» [1] – im Gegensatz zur geschlossenen G. (g.G.), die magischen Kräften unterworfen ist und keine freie Betätigung des individuellen Willens kennt. Die Begriffe haben eine ethnologische, soziologische und ethische Bedeutung.

Ethnologisch bezeichnen sie verschiedene Entwicklungsstufen der Kulturgeschichte. Die g.G., d. h. die magische, stammesgebundene oder kollektivistische G. «ähnelt immer einer Herde oder einem Stamm, sie ist eine halborganische Einheit, deren Mitglieder durch halbbiologische Bande ... zusammengehalten werden» [2]. Ihre Mitglieder leben «in einem Zauberkreis unveränderlicher Tabus, Gesetze und Sitten» [3], wohingegen sich der Einzelne in der o.G. als einem späten Sozialgebilde persönlichen Entscheidungen gegenübersieht [4]. Den Übergang von der g.G. zur o.G. deutet Popper als eine der größten «Revolutionen» in der Geschichte der Menschheit. – Der Sache nach trifft diese Unterscheidung bereits W. Wundt, der eine «einheitlich organisierte G.» von einer «G.-Ordnung mit freien Gruppierungen» [5] abgrenzt, jene dem «Stamm», diese dem «Staat» zuordnet und ebenfalls von der «größten Umwälzung, die die Geschichte der G. erlebt hat» [6], spricht.

Als *soziologische* Grundbegriffe dienen sie der Beschreibung gegenwärtiger Sozialgebilde, die innerhalb einer im ganzen offenen Struktur zahlreiche geschlossene Ordnungen aufweisen. In diesem Sinne gehen sie auf die Unterscheidung von Gemeinschaft und G. durch F. Tönnies und die durch ihn angeregte Diskussion zurück [7].

Ihre eigentümliche *ethische* Bedeutung gewinnen die Begriffe bei Popper jedoch erst durch ihre ideenpolitische Funktionalisierung: Sie implizieren die politische und sittliche Aufforderung, sich für die o.G. zu entscheiden, da allein in ihr «humanitäre Gesinnung» wirksam werde. Dem Bekenntnis zur o.G. liege eine Entscheidung zur Rationalität zugrunde, deren nicht intellektuelle, sondern politisch-moralische Natur Popper allerdings nur teilweise durchschaut. In seinen philosophiegeschichtlichen Darstellungen polemisiert er vor allem gegen Heraklit, Platon, Hegel und Marx, die diese Entscheidung nicht oder nur halbherzig getroffen haben. Deren wie jede «historizistische Geschichtsdeutung» lehnt er entschieden ab, da er «den Menschen für den Herrn seines eigenen Geschicks» [8] hält. Aus dieser Überzeugung heraus ist für ihn die Vervollkommnung der o.G. Aufgabe von «Sozialtechnikern», die eine Art «sozialer Technologie» als wissenschaftliche Basis der Politik entwickeln und Empfehlungen zu zweckrationaler Mittelwahl bereitstellen sollen [9].

Die wissenschaftliche Brauchbarkeit von Poppers Begriffspaar ist besonders von marxistischer Seite heftig bezweifelt worden. M. Cornforth hat 1968 eine umfangreiche Auseinandersetzung mit Poppers Schrift vorgelegt und auf das tagespolitische Engagement in Poppers Ausführungen und ihre Verwurzelung im westlichen Liberalismus hingewiesen und sie als «capitalist apologetics» [10] verworfen: «So far as most persons were concerned, the kind of class-divided society which succeeded tribalism was very far from ‹open›, not because their opportunities for ‹personal decision› in the conduct of life were thwarted by tribal taboos, but because they were thwarted by the subjection of their personal and group interests to those of the ruling class» [11]. Auf der anderen Seite gelte, daß die «unchanging taboos, laws and customs [der primitiven Stämme] represented no tyranny practised against individuals but rather the means of maintaining the tribal solidarity on which the very existence of every individual in such conditions depended» [12]. Popper komme aufgrund seines moralisch-politischen Engagements zu einer historisch schiefen Darstellung der Antriebskräfte geschichtlicher Entwicklung. Er sehe nicht, «that the development of forces of production and of relations of production, which led from the breakdown of primitive communism to the establishment of capitalism, was a development of different methods of exploiting labour. He only remarks superficially on some of their effects in institutions of social management, in ideologies and in the lives of individuals» [13].

Anmerkungen. [1] K. A. Popper: Die o.G. und ihre Feinde 1 (1957) 21. – [2] a. a. O. 233f. – [3] 91. – [4] Vgl. 233. – [5] W. Wundt: Völkerpsychol. Eine Untersuch. der Entwicklungsgesetze von Sprache, Mythus und Sitte 8 (1917) 214ff. – [6] a. a. O. 292. – [7] Vgl. Art ‹Gemeinschaft 2›. – [8] Popper, a. a. O. [1] 48. – [9] Vgl. 48f. – [10] M. Cornforth: The open philos. and the open society. A reply to Dr. Karl Popper's refutations of Marxism (London 1968) 336. – [11] a. a. O. 330. – [12] 331. – [13] 332f.

Literaturhinweise. K. R. Popper: The open society and its enemies 1: The spell of Plato; 2: The high tide of prophecy (Lon-

don 1945); dtsch. Der Zauber Platons. Die o.G. und ihre Feinde 1 (1957); Falsche Propheten. Hegel, Marx und die Folgen. Die o.G. und ihre Feinde 2 (1958). – M. CORNFORTH s. Anm. [10].
J. SCHULTE-SASSE

Gesellschaft, industrielle. Der Begriff ‹i.G.› entwickelt sich in mehreren Bezeichnungsvarianten (industrielles System, Industriesystem usw.) im Zuge der Entstehung der älteren Soziologie während der ersten Hälfte des 19. Jh. Er meint dort in theoretischer Auswertung des Tatsachenmaterials und spekulativer Projektion der einsetzenden «industriellen Revolution» einen gerade anbrechenden progressiven Gesellschaftszustand, der sowohl von der Leistungspotenz als auch von der sozialen Entwicklungsdynamik des Fabriksystems geprägt sein soll.

Der Begriff enthält – so insbesondere z. B. bei H. DE SAINT-SIMON – zunächst noch stark utopische Züge. Von dem von Saint-Simon beeinflußten A. COMTE wird er in eine modifizierte Variante der von der Sozialphilosophie des 18. Jh. entwickelten «Dreistadientheorie» eingearbeitet, in welcher Verfassung er – insbesondere über H. SPENCER – später in weite Bereiche der europäischen und nordamerikanischen Soziologie Eingang finden konnte und – ungeachtet der öffentlichen Grabtragung des evolutionistischen Denkens in den Sozialwissenschaften – auch gegenwärtig noch bei führenden Theoretikern wie T. PARSONS, J. J. FOURASTIÉ, W. W. ROSTOW und anderen aufspürbar ist.

Unabhängig davon, daß der Begriff in der gegenwärtigen Soziologie zur Kennzeichnung der «modernen» Gesellschaft schlechthin beinahe alltäglich und vielfach in gänzlich unspezifischer Weise verwendet wird, findet er doch seine Kritiker: Von *marxistischer* Seite wird eingewandt, daß der Begriff ‹i.G.› dazu verführe, zugunsten der um die technischen «Produktivkräfte» gruppierten gesellschaftlichen Entwicklungsmerkmale die «Produktionsverhältnisse» und damit auch die möglichen «Widersprüche» zwischen «Produktivkräften» und «Produktionsverhältnissen» zu übersehen und daß ihm somit die Tendenz innewohne, die für wesentlich erachtete Differenz zwischen kapitalistischer und sozialistischer Gesellschaft zu verdecken [1].

Nicht-marxistische Sozialwissenschaftler wie R. ARON und R. DAHRENDORF monieren, noch darüber hinausgehend und die marxistische Sozialtheorie selbst in ihre Kritik mit einschließend, daß der Begriff ‹i.G.› um so falscher werde, je mehr man ihn mit systematischem Inhalt auflade, da das nur in Richtung eines technisch-ökonomischen Vulgär-Determinismus geschehen könne, dem angesichts der vielfältigen «Modelle» und «Sonderentwicklungen» des Industrialisierungsprozesses jede Verbindlichkeit abgesprochen werden müsse [2].

Ihre Rechtfertigung findet die weitere Verwendung des Begriffs aber darin, daß er bei vorsichtigem und reflektiertem Gebrauch einen Rahmenbegriff für analytische Schemata abzugeben vermag, die in bewußter Handhabung des Instruments der isolierenden Abstraktion auf die Aufsuchung von typischen Struktur- und Entwicklungsaspekten im Modernisierungsprozeß befindlicher Gesellschaften zielen.

Anmerkungen. [1] So z. B. H. MARCUSE: Some propositions on the technological society, in: Symp. Technol. Soc. Center for the Study of Democratic Institutions (Santa Barbara, Cal. 1965); A. SCHAFF: In connection with Jacques Ellul's «The Technological Society» a. a. O. – [2] Vgl. R. ARON: Die i.G. (1964) passim; R. DAHRENDORF: Gesellschaft und Demokratie in Deutschland (1965) 56ff.
H. KLAGES

Gesellschaftsordnung. Der Begriff der Gesellschaftsordnung wird sowohl in einer statisch-deskriptiven als auch in einer dynamisch-normativen Bedeutung verwendet. Im ersteren Sinne bezeichnet er den konkreten Zustand einer konkreten Gesellschaft; dabei kann es sich wiederum um den *tatsächlichen*, durch Phänomene wie Freiheit, Wettbewerb, zentrale Lenkung, Vermachtung, Stände, Gruppen usw. bestimmten Zustand oder um die *rechtliche* Ordnung dieser Gesellschaft handeln. Überwiegend wird der Begriff aber in dynamisch-normativem Sinne gebraucht. Er bezeichnet dann die Notwendigkeit bzw. Forderung, einen bestimmten Zustand der Gesellschaft, meist: ein bestimmtes Gesellschaftssystem, herbeizuführen, gleich ob es sich dabei um das liberale System des Individualismus mit einem freien Spiel der Kräfte, um das sozialistische System des Kollektivismus mit starken Planungselementen oder um Zwischenlösungen wie das katholische System des Solidarismus handelt. Neuerdings verliert der Begriff unter dem Einfluß der vorwärtsstrebenden Gesellschaftswissenschaften zunehmend seinen ideologischen Charakter, so daß sich mit ihm auch die Vorstellung einer objektiv fundierten, nicht an einem vorgefaßten Menschenbild orientierten Gesellschaftspolitik (genauer: Gesellschaftsplanung) verknüpft. In diesen Zusammenhang gehören dann nicht nur ökonomische Phänomene, wie Wirtschafts- und insbesondere Konjunkturpolitik, sondern auch die Phänomene der allgemeinen Sozialpolitik, deren Ziel mehr und mehr eine «formierte Gesellschaft» zu sein scheint, ferner der Bevölkerungspolitik (Geburtensteuerung), der Bildungs- und Berufsplanung, in absehbarer Zeit aber z. B. wohl auch der genetischen Planung. Ungeklärt ist bislang, in welchem Umfang die am Einzelmenschen ausgerichteten Gesellschaften der westlichen Welt die Möglichkeiten dieser Planung für sich ausnutzen können, ohne ihre eigene Grundlage aufzugeben.

Literaturhinweis. R. HERZOG: Der Mensch des technischen Zeitalters als Problem der Staatslehre, in: Evang. Staatslex. (1966) XXI-XLVI.
R. HERZOG

Gesellschaftsvertrag, Herrschaftsvertrag. Die politischen Theorien, die die Vergesellschaftung der Menschen und die Entstehung von politischer Herrschaft von Verträge der Menschen untereinander oder des Volkes mit dem Herrscher zurückführten, erreichten hinsichtlich Entfaltung und Verbreitung im Verlauf des 17. Jh. ihren Höhepunkt. In dieser Epoche, in der sich die Bürger, als Selbständige an überregional erweiterten Märkten partizipierend, verstärkt unter Konflikten mit Feudalherren und Monarchen aus den feudalen Ordnungen lösten, erschienen die Rechte des bürgerlichen Individuums, die Konstitution des gesellschaftlichen Verkehrs und das Verhältnis von Bürgern und Herrschern als neu zu durchdenkendes Problem. Die Kategorie des Vertrags, dem Bürger von seinen Rechtsgeschäften her vertraut, wurde dazu benützt, auch die Frage der Entstehung legitimer Herrschaft zu erklären. Mit Hilfe des Vertrags konnte die politische Herrschaft als selbstgeschaffenes Rechtsverhältnis, dem man sich freiwillig unterwerfe, interpretiert werden – ein Prinzip, vor dem charismatische und traditionale Legitimationen als irrational erscheinen mußten.

Die Figuren des G. (*Sozialvertrag*, *pactum unionis*) und des H. (*Unterwerfungsvertrag*, *pactum subiectionis*), die in den G.-Theorien zumeist als komplementäre Komponenten auftreten, entstammen freilich nicht nur dem bürgerlichen Rechtsverkehr. G. wie H. finden sich bereits bei antiken Autoren angedeutet und besitzen in der biblischen Lehre vom Bunde des Gottesvolkes mit Gott (die von calvinistischen Theologen dazu verwandt wurde, die Kirche als durch Vertrag gestifteten Bund der Gläubigen zu deuten [1]) eine religiöse Wurzel, der im 16. und 17. Jh., der Zeit der konfessionellen Bürgerkriege, eine gewichtige Rolle in der bürgerlichen Emanzipationsbewegung zukam. Der Gedanke des H. reicht ferner bis zu dem germanischen Rechtsverständnis zurück, dem zufolge der König nicht nur königlichem Geblüt entstammen mußte, sondern auch der Zustimmung des Volkes in der Form der Wahl des Königs durch die Edlen bedurfte – eine Vorstellung, die in den Kapitularien fränkischer Könige Niederschlag gefunden hat. Die Durchsetzung des Feudalismus als politische Organisationsform, charakterisiert durch das vertraglich vereinbarte Treueverhältnis zwischen Lehnsherr und Vasall, hat ebenfalls zur Herausbildung der H.-Lehre beigetragen. Explizit von einem Vertrag (*pactum*) zwischen Volk und Monarch ist in einer parteilichen Interpretation der römischen lex regia, die in Zusammenhang mit dem Investiturstreit immer wieder zitiert wurde, die Rede. Königstreue, des römischen Rechts kundige Juristen interpretierten die Formel, daß «populus ei [sc. principi] et in eum omne suum imperium et potestatem conferat» [2] dahingehend, daß das Volk mit diesem Akt seine Gewalt dem König definitiv übertragen habe. Die päpstliche Gegenpartei, repräsentiert vor allem von MANEGOLD VON LAUTENBACH, machte dagegen geltend, daß, wenn das Volk dem Herrscher seine *potestas* übertragen habe, dieser seine Gewalt nicht zu dessen Schaden mißbrauchen dürfe. Ein König, der zum Tyrannen geworden ist, hat die dem Volk durch Vertrag zugesicherte Treupflicht, die gerechte Ordnung zu wahren, verletzt und kann deshalb vom Volk abgesetzt werden [3]. In dieser Version kommt die H.-Lehre auch bei THOMAS VON AQUIN vor [4]. Die calvinistischen und katholischen *Monarchomachen*, die in den konfessionellen Bürgerkriegen die absolutistischen Tendenzen der Monarchen bekämpften, haben aus der geschilderten Konstruktion des H. die Rechtmäßigkeit des Tyrannenmordes abgeleitet. Sie riefen damit die Gegenstimmen der Royalisten W. BARCLAY und R. FILMER auf den Plan, die die revolutionären Implikationen der H.-Theorie erkannt hatten und deshalb, gestützt auf eine konservative Aristotelesinterpretation und Theologie, die königliche Gewalt allein mit der göttlichen Ordnung begründeten.

Die mittelalterlichem Denken entsprungene Lehre vom H. steht mit der Tradition der aristotelischen Politik, wonach der als ζῷον πολιτικόν verstandene Mensch, seiner Natur entsprechend, immer schon in eine politische Gemeinschaft eingebunden ist, durchaus im Einklang: Das Volk, das einen Herrscher durch Vertrag einsetzt, ist bereits naturwüchsig vergesellschaftet. Die neuzeitlichen politischen Theorien, die die Vergesellschaftung der Menschen auf einen – ausdrücklich oder stillschweigend abgeschlossenen – G. zurückführen, wurden dagegen oftmals bewußt im Gegensatz zur Tradition der aristotelischen Politik formuliert. Freilich ist in der Geschichte der G.-Theorien nicht immer klar zwischen der naturgemäßen Vergesellschaftung des ζῷον πολιτικόν und der willkürlichen Vergesellschaftung durch Vertrag unterschieden worden. So stellten z. B. CICERO und HOOKER die Vergesellschaftung der Menschen auf Grund des natürlichen Geselligkeitstriebs und durch Übereinkommen nebeneinander [5]. Bei Autoren, die der klassischen Politik verpflichtet sind und zugleich von einem G. reden, wie z. B. HOOKER oder die Spätscholastiker VITORIA und MOLINA, ist diese Figur der vernünftige Ausdruck einer bereits bestehenden Soziabilität. Anders wiederum in den modernen Theorien: Dort wird der Vertrag zwischen isolierten – als bürgerliche Konkurrenten dechiffrierbaren – Individuen abgeschlossen, und zwar zu dem Zweck, soziale Beziehungen zwischen den einzelnen Menschen erst einmal zu konstituieren und sodann, weil die zwischenmenschlichen Beziehungen kein natürliches Fundament in den menschlichen Anlagen haben, institutionell zu stabilisieren.

Folgt man Gough, so hat SALAMONIUS zu Beginn des 16. Jh. zum ersten Mal das Konzept eines G., der von isolierten Individuen abgeschlossen wird, klar formuliert [6]. Bei den spanischen Spätscholastikern MARIANA und F. SUÁREZ erscheint schließlich das Konzept des *Naturzustands*, ein für die neueren G.-Theorien typisches Lehrstück. Es besitzt eine bis in die Antike zurückreichende Tradition. In den neueren Theorien von G. wird die Lehre vom Naturzustand zur Illustration der These aufgenommen, daß die Menschen ursprünglich als isolierte Individuen oder in Sippen ohne politische Herrschaft lebten, bis sie, vom armseligen und gefährlichen Leben in diesem Zustand gezwungen, durch gegenseitigen Vertrag ein Gemeinwesen gründeten, das das sichere Leben seiner Bürger garantiert. Dieses Gemeinwesen ist, wie SUÁREZ hervorhebt, mehr als die Summe seiner Glieder, die eine bloße «Menschenmenge» (hominum collectio) wäre, sondern eine überindividuelle Einheit (unum corpus mysticum, quod moraliter dici potest per se unum) [7]. Bei ALTHUSIUS assoziieren sich auf diese Weise die bereits in Städten und Provinzen vergesellschafteten Lebensgenossen (symbiotici).

MacPherson hat gezeigt, daß die G.-Theorien der Blütezeit häufig von einem typisch bürgerlichen «possessive individualism» durchdrungen waren [8]. Bei HOBBES z. B. trägt der Naturzustand Züge eines harten ökonomischen Konkurrenzkampfes, weshalb er als *Kriegszustand* erscheint (abgesehen davon, daß auch die Erfahrung des englischen Bürgerkriegs daraus spricht) [9]. Bei LOCKE ist der Naturzustand ursprünglich ein *Friedenszustand;* mit der Entfaltung einer bürgerlichen Ökonomie (Arbeit, Geldakkumulation und Handel gibt es bereits im Naturzustand) entsteht aber der Geist der Habgier und der Konkurrenz, wodurch der Naturzustand seinen friedlichen Charakter verliert [10]. ROUSSEAU schließlich behauptet den Verfall eines ursprünglich friedlichen und sittlichen Zusammenlebens im Naturzustand durch das ökonomisch motivierte (Entstehen von Arbeitsteilung und Eigentum) Überhandnehmen des «amour propre» [11]. Der Ausweg aus dem unerträglich gewordenen Naturzustand ist jedesmal der G.

Die einzelnen G.-Theorien besitzen im übrigen unterschiedliche politische Stoßrichtungen. Viele verfolgen die Absicht, die Herrschaftsgewalt einzuschränken. Dies geschieht häufig durch die These, die Menschen seien im Naturzustand *frei* und *gleich* gewesen, woraus die Ablehnung eines ius divinum der Könige und die ursprüngliche *Volkssouveränität* abgeleitet wird (so bereits SUÁREZ). Nach LOCKE besteht schon im Naturzustand *Eigentum* [12], dessen Schutz ein wesentliches Motiv beim Vertragsschluß und wichtigster Staatszweck ist. Diesen im Ansatz demokratischen und liberalen Lehren steht die autoritäre G.-Theorie von HOBBES gegenüber. Danach muß das im Naturzustand bestehende «Recht auf alles» beim Vertragsschluß bis auf ein Selbstverteidigungsrecht bei Angriffen gegen das Leben völlig aufgegeben werden, woraus eine absolute Machtstellung des Souveräns resultiert. Die absolute Stellung des Souveräns hat jedoch den Zweck, den bürgerlichen Rechtsverkehr zu garantieren, der vom unkontrollierten antagonistischen Verhalten der Einzelnen vereitelt würde; deshalb erblicken viele Autoren im autoritären System von Hobbes einen liberalen Kern [13].

Die politische Stoßrichtung einer G.-Theorie findet zumeist ihren Niederschlag in der Konstruktion der Vertragsformel. HOBBES erreichte seine autoritäre Version dadurch, daß er den Vertrag als einen Schenkungsvertrag zugunsten des Souveräns, den jeder mit jedem abschließt, konstruierte, so daß zwischen dem Souverän und den Einzelnen, die ihn durch diesen Vertrag eingesetzt haben, keine Rechtsbeziehungen entstehen. Deshalb kann der Souverän diesen Vertrag auch nicht brechen; es ist ausgeschlossen, daß dem Volk ein *Widerstandsrecht* auf Grund eines Vertragsbruchs durch den Souverän erwüchse. In dem einstufigen Vertragsmodell von Hobbes fallen G. und H. zusammen [14]. Auch bei ROUSSEAU gibt der Einzelne beim Vertragsschluß seine vorstaatlichen Rechte völlig auf; seine Bürgerrechte und -pflichten werden in der Tugendrepublik des ‹Contrat social›, die sich am Vorbild der antiken Polis orientiert, von der volonté générale neu definiert [15]. Bei LOCKE geben dagegen die Einzelnen, die sich vertraglich zur Gesellschaft zusammenschließen, ihre Rechte auf «their Lives, Liberties and Estates, which I call by the general Name, *Property*» [16] nicht auf. Mit den von ihnen eingesetzten politischen Institutionen (legislative power, executive power) verbindet die Einzelnen kein ausdrückliches Vertragsverhältnis von der Art eines H., sondern das moralische Verhältnis des «trust», der, verletzt die Herrschergewalt jene ursprünglichen Rechte, gebrochen wird und das Volk zum Widerstand und zur Revolution berechtigt. Andere Vertragskonstruktionen, z. B. die PUFENDORFS und seiner Nachfolger, nehmen einen mehrstufigen Vertrag an. Durch den ersten Vertrag, den eigentlichen G. oder Vereinigungsvertrag (pactum unionis), vergesellschaften sich die isolierten Einzelnen zu einem politischen Körper, durch den Unterwerfungsvertrag (pactum subiectionis) setzt das Volk einen Herrscher ein und unterwirft sich ihm zugleich. Dazwischen schiebt sich bei Pufendorf noch ein Beschluß der versammelten Bürger, ob der einzurichtende Staat monarchisch, aristokratisch oder demokratisch regiert werden solle; bei ihm liegt also ein dreistufiges Vertragsmodell vor [17].

Der Niedergang der G.-Theorien setzte gegen Ende des 18. Jh. ein. Bereits HUME hatte eingewandt, daß ein ursprünglicher Vertrag, wenn man einen solchen überhaupt annehmen dürfe, durch den historischen Prozeß ausgelöscht worden sei und keine rechtliche Wirkung mehr besitze. Die schottischen Moralphilosophen (FERGUSON, A. SMITH, J. MILLAR) gingen davon aus, daß die fortgeschrittene bürgerliche Gesellschaft ihrer Zeit einem in sich rotierenden System gleiche, das dadurch, daß jeder Einzelne sein Privatinteresse verfolge, sozusagen selbsttätig (durch eine «invisible hand») zu einem optimalen Gleichgewichtszustand finde. Das Vertragsmodell erschien ihnen nicht länger geeignet, die Selbsttätigkeit dieses das Gemeinwohl durch die bürgerlichen Antagonismen hindurch realisierende System zu erklären, und sie ließen es deshalb als obsolet fallen. PAINE bediente sich in einer Polemik gegen Burke noch einmal der politischen Stoßkraft der G.-Theorie, um die Prinzipien der französischen Revolution zu verteidigen. Bei KANT und FICHTE erscheint der «ursprüngliche Kontrakt» noch als «bloße Idee der Vernunft», die den Gesetzgeber verbinde, seine Gesetze so zu geben, als hätten sie aus dem vereinigten Willen des ganzen Volkes entspringen *können* [18]. HEGEL wies darauf hin, daß die Vorstellung, der Staat werde durch Vertrag konstituiert, den Staat der privaten Willkür der Einzelnen unterstelle. In Wirklichkeit lebe jedermann immer schon im Staat, der ein Zweck an und für sich sei [19]. MARX bezeichnete die Lehren vom Naturzustand und G. als Produkte der «Gesellschaft der freien Konkurrenz»; in ihr erscheine der Einzelne «losgelöst von den Naturbanden usw., die ihn in früheren Geschichtsepochen zum Zubehör eines bestimmten, begrenzten menschlichen Konglomerats machen» [20]. Die daraus abgeleiteten Thesen von der Freiheit und Gleichheit der Menschen seien pure Illusion, denn gerade in der bürgerlichen Gesellschaft seien die Menschen unfrei, d. h. vom Kapital abhängig, und ungleich. F. C. DAHLMANN konstatiert im ersten Satz seiner ‹Politik›, daß dem Staat kein Naturzustand vorausgehe und daß dieser kein «aus dem Naturleben hervorspringendes Vertragswerk» sei, vielmehr eine «ursprüngliche Ordnung» [21]. Die politischen Theorien des Historizismus und die organologischen Staatsauffassungen, etwa O. v. Gierkes Bestimmung des Staates als einer «realen Verbandsperson», haben die G.-Lehren als unhistorische Konstruktionen eines individualistisch denkenden Zeitalters, dem Staat und Volksgemeinschaft nur wenig bedeuteten, vollends diskreditiert. Heute erscheint die Denkfigur des G. nur noch gelegentlich als Metapher in der politischen Publizistik.

Anmerkungen. [1] W. FÖRSTER: Th. Hobbes und der Puritanismus (1969) 74ff. – [2] Digesten I, 4, 1. – [3] MANEGOLDI AD GEBEHARDUM Liber. MGH lib. de Lite 1, 308ff., abgedr. bei A. VOIGT (Hg.): Der H. (1965). – [4] THOMAS VON AQUIN, De regim. princ. I, 6. – [5] R. HOOKER: The laws of ecclesiastical polity 1-8 (1594ff.) I, 10, 1; CICERO, De re publica I, 25, 39. – [6] J. W. GOUGH: The social contract (³1963) 47f. – [7] E. SUÁREZ, Tractatus de legibus ac Deo legislatore III, 2, 4. – [8] C. B. MACPHERSON: The political theory of possessive individualism (Oxford 1962, dtsch. 1967). – [9] TH. HOBBES, Leviathan I, 13. – [10] W. EUCHNER: Naturrecht und Politik bei J. Locke (1969) 57ff. – [11] J.-J. ROUSSEAU, Discours sur l'origine et les fondements de l'inégalité parmi les hommes; vgl. I. FETSCHER: Rousseaus polit. Philos. (²1968) 57ff. – [12] J. LOCKE, Second treatise on government V. – [13] B. WILLMS: Die Antwort des Leviathan (1970). – [14] TH. HOBBES, Leviathan II, 17. – [15] J.-J. ROUSSEAU, Contrat social I, 6. – [16] J. LOCKE, Second treatise on government IX, 123. – [17] S. PUFENDORF, De iure naturae et gentium VII, 2. – [18] I. KANT, Akad.-A. 8, 297ff. – J. G. FICHTE, Werke hg. MEDICUS 2, 195ff. – [19] G. W. F. HEGEL, Werke, hg. GLOCKNER 7, 132f. – [20] K. MARX: Grundrisse der Kritik der politischen Ökonomie (1953). – [21] F. C. DAHLMANN: Die Politik (1847).

Literaturhinweise. O. v. GIERKE: Johannes Althusius und die Entwicklung der naturrechtl. Staatstheorien (⁵1958). – R. W. CARLYLE und A. J. CARLYLE: A hist. of mediaeval political theory in the West (⁵1962). – J. W. GOUGH s. Anm. [6]. – A. VOIGT (Hg.) s. Anm. [3]. – B. WILLMS: G. und Rollentheorie, in: Jb. Rechtssoziol. u. Rechtstheorie 1 (1970) 276-298.   W. EUCHNER

Gesetz (griech. νόμος, lat. lex, ital. legge, frz. loi, engl. law)

I. Im *Rechtssinne* ist G. die von einer hierzu befugten Rechtsautorität durch Satzung erzeugte Vorschrift für menschliches Verhalten und hat nicht bloß deskriptive, sondern vor allem präskriptive Funktion. Der rechtsstaatliche G.-Begriff der Gegenwart wird – geistesgeschichtlich gesehen – maßgeblich bestimmt durch Theorie und Praxis der konstitutionellen Epoche des 19. Jh. Jedoch hat der konstitutionelle Staat den G.-Begriff nicht hervorgebracht, sondern ihm nur seine spezifische

Bestimmung gegeben. Die durch das Wort ‹G.› umschriebene rechtliche Problematik ist der Sache nach schon in der Antike Gegenstand tief eindringender Überlegungen gewesen, deren Ergebnisse auch heute noch in der rechtswissenschaftlichen Diskussion nachwirken.

1. Der im früh*griechischen* Rechtsdenken wurzelnde, auch die Bemühungen der spartanischen und athenischen Thesmotheten umgreifende, vielschichtige Begriff des Nomos, der als verpflichtende Lebensordnung der griechischen Polis noch keine strikte Trennung zwischen Brauch und G., Ethos und Recht gestattet, bedarf in diesem Zusammenhang keiner weiteren Darlegung, soweit es um die Herkunft von Nomos aus Kult und Götterverehrung, um die Beziehung zu Sitte und Brauch als Voraussetzung und Grund gesatzten Rechts geht [1]. Ungeachtet seiner Herkunft aus diesem älteren Sprachgebrauch kann das Wort νόμος sowohl das aller Satzung zugrunde liegende Herkommen als auch das gesatzte G. bezeichnen [2].

Das Verständnis der im Begriff des G. erfaßten Rechtsprobleme wird vor allem durch die an Platon und Aristoteles anknüpfende Deutung bestimmt. In ‹Politikos›, ‹Politeia› und ‹Nomoi› hat PLATON das Verhältnis zwischen der Idee des Gerechten (αὐτὸ τὸ δίκαιον) und dem G. (νόμος), zwischen der im G. enthaltenen allgemeinen Norm und dem konkreten Fall eingehend erörtert. Während er in ‹Politikos› und ‹Politeia› die Bedeutung des G. unterschätzt und ein Idealbild des «besten Staates» zeichnet, in dem die Regenten eine wahre und sichere Kenntnis der Ideen haben, welche das G. entbehrlich erscheinen läßt, gelangt Platon in den ‹Nomoi› zu der Auffassung, daß in denjenigen Städten, in denen die Voraussetzungen der Politeia noch fehlen, Gesetze notwendig seien [3]. Bei ARISTOTELES, der sich von der Ideenlehre Platons und den aus ihr gezogenen Folgerungen kritisch distanziert, wird νόμος im Sinne des rechtlich verbindlichen G. als Satzung, d. h. als gesatztes, im Willen und der Einsicht des G.-Gebers gegründetes Recht verstanden, jedoch in der Zuordnung von Politie und G.-Gebung (νομοθεσία) die Bindung aller politischen Satzung an das vorgegebene Ethos deutlich [4]. Der Nomos der G.-Gebung ist in sich auf Brauch und Sitte bezogen.

Anmerkungen. [1] E. WOLF: Griech. Rechtsdenken 1: Vorsokratiker und frühe Dichter (1950) 169f. 210ff.; J. RITTER: ‹Politik› und ‹Ethik› in der prakt. Philos. des Aristoteles. Philos. Jb. 74 (1967) 235-253. 246. – [2] Vgl. J. RITTER: ‹Naturrecht› bei Aristoteles, in: Met. und Politik. Stud. zu Arist. und Hegel (1969) 156f. – [3] E. MICHELAKIS: Platons Lehre von der Anwendung des G. und der Begriff der Billigkeit bei Aristoteles (1953) passim. – [4] RITTER, a. a. O. [1] 240f.

2. Demgegenüber ist das *römische* Rechtsdenken eher auf das Verfahren gerichtet, in dem das G. zustande kommt. Obwohl die Annalistik von zahlreichen G. seit Beginn der Republik berichtet, liegt dem überlieferten römischen Begriff des G. kein einheitlicher Begriff des G. zugrunde. Knüpft man im Hinblick auf die Entstehungsquellen des römischen Rechts an ihre Bezeichnung durch das Wort ‹lex› an, so kann als G. im weiteren Sinne jede mehr oder weniger generalisierte bzw. generalisierungsfähige Rechtssatzung angesehen werden, wobei freilich die rechtstechnische Eigenart der einzelnen Rechtsquellen vernachlässigt wird. Als G. können dann sowohl die Zwölf-Tafel-G.-Gebung (lex data) als auch die im Zusammenwirken mit dem Magistrat vereinbarte lex rogata gelten, aber auch der Senatsbeschluß, rechtsverbindliche Beschlüsse der Plebs, endlich auch kaiserliche Konstitutionen sowie das Edikt, insbesondere die lex annua des Jurisdiktionsedikts der Jurisdiktionsprätoren, der Ädilen und der Provinzialstatthalter [1]. Man hat die Eigenart der lex in der Bindung des Rechtssubjekts gegenüber anderen erblickt, wobei die eine Seite die Bedingungen der Bindung formuliert und die Initiative hat, die andere hingegen in diese Bedingungen eintritt [2]. Diesem Verständnis des G., das zunächst auferlegt (lex data), später mit der Magistratur vereinbart (lex rogata) wird, fügt sich die im Zusammenwirken mit dem Magistrat erzeugte Bindung, infolge deren «populus lege tenetur», in konstruktiver Hinsicht ebenso ein wie der privatrechtliche Vertrag (lex contractus) [3]. Doch bleibt alle retrospektive Deutung der Rechtsquellen problematisch, weil das Rechtsdenken der Römer der Selbstanalyse, der Aufstellung abstrakter Begriffe und der Formulierung allgemeiner Grundsätze eher abgeneigt war. Definitorische Umschreibungen dessen, was ‹lex› bedeutet, knüpfen denn auch nicht bloß zufällig an die äußere Erscheinungsform der römischrechtlichen Formentypik an, die ihrerseits dem Wandel unterliegt. Daß das G. die auf Antrag (rogatio) eines Magistrats von der Bürgerschaft beschlossene lex ist, hat GAIUS in der Formel zum Ausdruck gebracht: «Lex est, quod populus Romanus senatore magistratu interrogante, veluti consule, constituebat» [4]. Aber auch die Plebiszite entwickelten sich mit der Zeit zur normalen Form des G., so daß selbst die amtliche Sprache schließlich nicht mehr zwischen dem in Comitien angenommenen G. (lex) und dem Beschluß der Plebs (plebiscitum) unterschied [5].

In der Epoche des Prinzipats werden die überkommenen Formen zusehends obsolet: «Quod principi placuit, legis habet vigorem» [6]. Die tradierte, vormals die einzelnen republikanischen Amtsgewalten des Princeps verdeutlichende Formentypik (Edikt, Mandat, Dekret, Reskript usf.) wird aufgelöst, denn was immer der Imperator «per epistulam et subscriptionem statuit vel cognoscens decrevit vel de plano interlocutus est vel edicto praecepit, legem esse constat» [7]. Wo hingegen der Gedanke der Allgemeinheit Eingang in die G.-Vorstellung findet, wie bei C. ATEIUS CAPITO, der das G. als «generale iussum» dem individuellen Privileg gegenüberstellt [8] oder bei PAPINIAN, der das G. als «commune praeceptum» begreift [9], läßt sich in der Regel der Einfluß griechischen Rechtsdenkens nachweisen. In der spätrömischen Kaisergesetzgebung erinnern nur noch bestimmte äußerliche Merkmale (z. B. Bezeichnung, Publikationsweise) an die Rechtsetzungsformen des Prinzipats. Unter dem Eindruck einer immer stärker anschwellenden, in großen Sammelwerken vereinigten Kaisergesetzgebung tritt deren Ergebnis in nachklassischer Zeit als G.-Recht (leges) dem in der klassischen Rechtsliteratur enthaltenen kasuistischen «Juristenrecht» (ius) gegenüber. Die nicht selten geübte Praxis, mit der kaiserlichen Entscheidung von Einzelfällen grundsätzliche Anordnungen zu verbinden, beförderte die Tendenz, das Recht nicht allein kasuistisch, aus dem konkreten Einzelfall zu ermitteln, sondern es durch Subsumtion des Tatbestandes unter allgemeine Rechtsregeln – in den oströmischen Rechtsschulen ‹canones› genannt – zu finden.

Anmerkungen. [1] F. SCHULZ: Prinzipien des römischen Rechts (²1954) 4ff. – [2] TH. MOMMSEN: Römisches Staatsrecht 3/1 (1887) 308ff. – [3] a. a. O. 309. – [4] Inst. 1, 2, 4. – [5] E. MEYER: Römischer Staat und Staatsgedanke (²1961) 85f. 198. – [6] ULPIAN, Inst. 1, 2, 6; Dig. 1, 4, 1 pr. – [7] Dig. 1, 4, 1, 1. – [8] GELLIUS, Noctium Atticarum Libri XX, X 20. – [9] Dig. 1, 3, 1.

3. Wie die Geschichte des G.-Begriffs seit dem fränkischen Königtum zeigt, schwingt in dem deutschen Wort ‹G.› (mnd. gesette; mhd. gesetze, gesetzede; ahd. gisezida) noch etwas mit von seiner ursprünglichen Bedeutung als von etwas Gesetztem, d. h. Vereinbartem oder Verordnetem. Jedoch reichen diese Wurzeln des G. in wesentlich tiefere Schichten der deutschen G.-Geschichte, die Ebel typisierend durch drei Grundformen gekennzeichnet hat: erstens das urteilsmäßige Weistum (modifiziert durch die sogenannte Rechtsbesserung), zweitens die von den Rechtsgenossen vereinbarte Satzung und drittens das von der Obrigkeit befohlene Rechtsgebot [1]. Symptomatisch für die G.-Geschichte – der Volksrechte wie des fränkischen Königrechts – ist das ‹Edictum Pistense› vom 26. 6. 864 n. Chr. [2], in dem es vom G. (lex) heißt, daß es «consensu populi et constitutione regis fit» (durch Zustimmung des Volkes und Feststellung seitens des Königs entsteht), wobei als Feststellung (constitutio) sowohl die Findung als auch die Setzung, d. h. das Gebot von Recht, verstanden wird.

Die weitere Entwicklung des G.-Begriffs wird jedoch nicht so sehr durch die Praxis mittelalterlicher G.-Gebung bestimmt, sondern vor allem durch die staatstheoretische Auseinandersetzung mit der geistlich-weltlichen Ordnung des Gemeinwesens. Sie vollzieht sich in der Aristotelesrezeption des hohen und späten Mittelalters im Horizont christlicher Tradition. Die in der mittelalterlichen Scholastik kulminierende Gesetzesauffassung, die die Einflüsse der Heiligen Schrift, der Patristik und der griechisch-römischen Philosophie der Antike in sich vereint, findet ihren Ausdruck in der berühmten Definition des G. durch THOMAS VON AQUIN, der in der Quaestio ‹De essentia legis› das G. seinem Wesen nach bestimmt durch die Formel: «potest colligi definitio legis, quae nihil est aliud quam quaedam rationis ordinatio ad bonum commune, ab eo qui curam communitatis habet, promulgata» [3]. Da er das G. als eine Ordnung der Vernunft (rationis ordinatio) begreift, die von demjenigen, der eine Gemeinschaft zu leiten hat, verkündet wird, aber stets dem Gemeinwohl (bonum commune) zu dienen hat, finden zugleich sachliche Anforderungen an den G.-Inhalt Eingang in seinen G.-Begriff. Indem Thomas der Art nach zwischen der «lex aeterna», der «lex naturalis» und der durch menschliche Satzung entstandenen «lex humana» unterscheidet, in der Quaestio ‹De lege humana› das Geben des G. in Argument, Gegenargument und Schlußfolgerung erörtert, die Promulgation (promulgatio) des G. als den Akt bestimmt, durch den der Gesetzgeber das G. auferlegt, und in der Quaestio ‹De mutatione legum› sogar die Änderung des G. in Betracht zieht, werden – bei aller Rückbindung an die lex naturalis und die lex aeterna – Gemeinwesen, G.-Geber und Gemeinwohl als bestimmende Faktoren des auf menschlicher Satzung beruhenden G. erkannt [4]. Bei Thomas wird somit das G. sowohl durch seinen rationalen Gehalt als auch durch seinen Ursprung im Willen des G.-Gebers bestimmt. Jedoch handelt es sich um eine im Grunde theologische Lehre vom G., bei der die Frage nach der verpflichtenden Kraft im Gewissen voransteht; denn auch «leges positae humanitus ... si quidem iustae sint, habent vim obligandi in foro conscientiae a lege aeterna a qua derivantur» (von Menschen aufgestellte G. haben ..., wenn sie gerecht sind, ihre verpflichtende Kraft vor dem Richterstuhl des Gewissens vom ewigen G., von dem sie abgeleitet werden) [5].

Der von Thomas vertretenen Auffassung, daß nur das mit der göttlichen Ordnung übereinstimmende G. verbindlich ist, tritt schon in der zweite Hälfte des 13. Jh. die Ansicht entgegen, daß die Verbindlichkeit des G. auf der Übereinstimmung mit dem göttlichen Willen beruht (J. DUNS SCOTUS, WILHELM VON OCCAM). Durch die Unterscheidung zwischen ratio und voluntas ist der voluntaristischen G.-Auffassung der Weg bereitet worden.

Anmerkungen. [1] W. EBEL: Gesch. der G.-Gebung in Deutschland (1956) 9ff. – [2] Capitularia Regum Francorum, in: Monumenta Germaniae Historica 2, 310ff. 313. – [3] THOMAS VON AQUIN, S. theol. II/1, q. 90, 4. – [4] a. a. O. II/1, q. 91. 95, 2; 97, 2 ad 1. – [5] II/1, q. 96, 4, 3.

4. Die Spaltung des G.-Begriffs in einen rationalen und einen politischen, der das G. nicht als durch seinen Inhalt verbindlich, sondern als Emanation der souveränen Gewalt begreift, wird im Streit um den Anspruch des Papstes auf Unterordnung der weltlichen Gewalt (vor allem durch MARSILIUS VON PADUA, GERSON, NIKOLAUS VON KUES u. a.) so weit gefördert, daß seit Beginn des 14. Jh. das politische G. nur mehr als Äußerung des Souveräns erscheint, der das rationale G. gegenübertritt mit dem Ziel, die Herrschaft des weltlichen Souveräns durch Anerkennung allgemeiner, Freiheit begründender Naturrechtsnormen zu beschränken.

In den sich über mehrere Jahrhunderte erstreckenden Auseinandersetzungen um den Vorrang der Herrscher- bzw. Volkssouveränität sieht J. BODIN das G. als «le commandement du souverain» an und begreift die gesetzgebende Gewalt als Hauptbestandteil der Souveränität des Herrschers: «Or il faut que ceux là qui sont souverains ne soient aucunement sugets aux commandemens de autruy, et qu'ils puissent donner loy aux sugets, et casser ou aneantir les loix inutiles, pour en faire d'autres ... et ce mot Loy emporte aussi en Latin le commandement de celuy qui a la souveraineté». Zugleich schränkt Bodin jedoch sein Bekenntnis zur Souveränität des Herrschers ein durch das Bekenntnis zum rationalen G., das den Herrscher bindet, «car si nous disons que celuy a puissance absolue, qui n'est point suget aux loix, il ne se trouvera Prince au monde souverain, veu que tous les Princes de la terre sont sugets aux loix de Dieu, et de nature, et à plusieurs loix humaines communes à tous peuples» [1].

In letzter Konsequenz wird die voluntaristische G.-Auffassung im 17. Jh. von TH. HOBBES vertreten, der mit seiner Konzeption eines autonomen G.-Gebers, dessen Befehle als G. publiziert werden, zugleich die Grundanschauungen für eine praxisbezogene, allgemeine Rechtslehre bietet. Das G. (law) ist für Hobbes eine Willensentschließung des Inhabers der höchsten Staatsgewalt: «the law is a command, and a command consisteth in declaration, or manifestation of the will of him that commandeth, by voice, writing, or some other sufficient argument of the same». Die Verbindlichkeit der bürgerlichen G. (civil laws) beruht nicht auf bestimmten inhaltlichen Eigenschaften, sondern auf der bloßen Verabschiedung durch den hierzu autorisierten G.-Geber (legislator), «for it is the sovereign power that obliges to obey them». In allen Staaten ist jedoch der G.-Geber selbst, sei es ein Einzelner, wie in der Monarchie, oder eine Mehrheit, wie in der Aristokratie oder Demokratie, «not subject to the civil laws». «For having power to make, and repeal laws, he may when he pleaseth, free himself from that subjection, by repealing those laws that trouble him, and making of new; and consequently he was free before» [2].

Seit seiner Blütezeit im Staatsabsolutismus ist der Gedanke vom G.-Befehl ein maßgebliches Element des G.-

Begriffs. Zugleich erlangt unter dem Einfluß von Hobbes die tradierte G.-Theorie auf deutschem Boden durch ihre Betonung des Primats der G.-Gebung eine für ihre Gegenwart wie für die Nachwelt bedeutsame Aktualität, angesichts welcher ein Naturrecht, das nicht mehr unerläßliche Voraussetzung für das Zustandekommen des G. ist, zur bloßen Morallehre verblaßt. Das zeigt sich schon bei THOMASIUS, für den nur der Herrscher G. geben kann (autor legis semper est imperans) und das menschliche G. (lex humana) als «norma imperii» verbindlich ist, während das Naturrecht «magis ad consilia pertinet», also bloß beratende Funktion hat [3]. Es wird vollends deutlich, wenn CHR. WOLFF als Vermittler zwischen der von Aristoteles ausgehenden Lehrtradition und den modernen Anschauungen von Staatsverfassung und G. an der Schwelle zum Zeitalter der französischen Revolution nahezu programmatisch erklärt: «Da nun die Obrigkeit vermöge ihrer Gewalt zu befehlen hat, was die Unterthanen thun und lassen sollen, die Handlungen der Unterthanen aber durch die bürgerlichen G. determiniret werden; so hat sie für allen Dingen hinlängliche G. zu geben, und wo sie findt, daß es noch an G. fehlet, diesem Mangel durch neue G. abzuhelfen» [4]. Folgerichtig bestimmt Wolff das G. als «regula iuxta quam actiones nostras determinare obligamur» [5].

Neben den Anhängern der Herrschersouveränität, die das Volk dem Herrscher unterordnen und das G. mit dem ausdrücklich oder stillschweigend erklärten Herrscherwillen identifizieren, wurde schon seit dem Mittelalter von den Anhängern der Volkssouveränität das Volk als die eigentliche Quelle der höchsten weltlichen und damit auch der gesetzgebenden Gewalt angesehen. In voller Schärfe war dieser Gegensatz zunächst in der von den Glossatoren geführten Kontroverse zutage getreten, ob die Herrschaftseinräumung des römischen Volkes an den Princeps als «translatio» oder bloß als «concessio» zu verstehen sei. Dieser Streit wird nun übertragen auf das Verhältnis von Volk und Herrscher im Staate überhaupt. Schon für MARSILIUS VON PADUA war G.-Geber das Volk (universitas civium), das mittels der G.-Gebung die Gliederung des Staates, die Verteilung der Ämter und damit die Verbindung aller Teile zum Ganzen ordnet, als dessen Teil auch der amtierende Herrscher (pars principans) begriffen wird: Er ist «quasi instrumentalis seu executiva pars» [6]. Deshalb hat der Herrscher seine gesamte Regierung in Übereinstimmung mit dem Volkswillen (iuxta subditorum suorum voluntatem et consensum) zu führen. Ähnlich erwächst bei NIKOLAUS VON KUES die bindende Kraft des G. «ex concordantia subiectionali eorum, qui per eam ligantur», da er der Auffassung war, alle irdische Gewalt entstehe «per viam enim voluntariae subiectonis et consensus» [7]. Während jedoch noch die Werke der Monarchomachen (BUCHANAN, LANGUET, MARIANA u. a.) sich eher als Gelegenheitsschriften zur Rechtfertigung einzelner Empörungsakte gegen den jeweiligen Herrscher darstellten, gab ALTHUSIUS zu Beginn des 17. Jh. der Lehre von der Volkssouveränität systematisch-juristischen Ausdruck, indem er dem Volk die als Majestätsrecht begriffene Souveränität zuschrieb: «iura maiestatis, ut a corpore consociato inceperunt, sic individue et inseparabiliter illi adhaerent nec in alium transferri possunt.» Die G.-Gebung erschien ihm geradezu als Hauptbestandteil der dem Volkswillen zustehenden Souveränität, denn «quod Deus est in mundo, ... hoc est lex in civitate» [8].

In der Folgezeit boten in England die Auseinandersetzungen zwischen den Stuarts und dem Parlament Anlaß zu einer Reihe von Schriften und Gegenschriften, in denen die mittelalterliche Lehre von der Volkssouveränität zur Begründung parlamentarischer Rechte aufgenommen und mit einem individualistischen Naturrechtsdenken verbunden wird (MILTON, SIDNEY), das die Gewalt des Monarchen als «limited by laws» ansieht. Auch LOCKE bejaht – obwohl er den Begriff des G. nicht ausdrücklich definiert – die Notwendigkeit eines «established, settled, known law, received and allowed by common consent to be the standard of right and wrong and the common measure to decide all controversies» [9].

Erst im 18. Jh. tritt das G. zunehmend in den Mittelpunkt des Rechtssystems. Für MONTESQUIEU ist es freilich auch noch inhaltlich bestimmte, sachbezogene, vernünftige Regel, denn «les loix politiques et civiles de chacque nation ne doivent être que les cas particuliers où s'applique cette raison humaine»; doch findet schon hier die Vorstellung von der Allgemeinheit des G. ihren Ausdruck in seiner Bezeichnung als «volonté générale de l'Etat» [10]. Hingegen ist das G. bei ROUSSEAU, der sich insoweit als strenger Verfechter der Volkssouveränität erweist (la puissance législative appartient au peuple et ne peut appartenir qu'à lui), aller inhaltlichen Kriterien ledig, bloßer Ausdruck des allgemeinen Willens (volonté générale), der alle Inhalte erst konstituiert, der von allen gebildet wird, um sich auf alle zu erstreken, und der auch dem Objekt nach allgemein sein muß: «Quand je dis que l'objet des lois est toujours général, j'entends que la loi considère les sujets en corps et les actions comme abstraites, jamais un homme comme individu ou une action particulière» [11]. Damit erweist sich die moderne Geschichte des juristischen G.-Begriffs zugleich als Teil einer umfassenderen geistesgeschichtlichen Entwicklung. KANT, der den in der Moralphilosophie nach Maßgabe des kategorischen Imperativs konzipierten G.-Begriff in seine Staatsphilosophie übernimmt, hat zu dieser Entwicklung beigetragen, indem er den Staat als «Vereinigung einer Menge von Menschen unter Rechts-G.» ansieht und das allgemeine G. als abstrakte Regel begreift, die dadurch zustande kommt, daß «ein jeder über alle und alle über einen jeden eben dasselbe beschließen» [12]. Derartige G.-Vorstellungen übten nachhaltigen Einfluß auf den Konstitutionalismus des 19. Jh. und den parlamentarischen Rechtsstaat des 20. Jh. aus.

Anmerkungen. [1] J. BODIN: Les six livres de la République (1576) I, 8. Faksimiledruck der Ausgabe letzter Hand Paris 1583 (1961) 131. – [2] TH. HOBBES: Leviathan (1651), hg. M. OAKESHOTT (Oxford 1960) II, 26, 1-8. – [3] CHR. THOMASIUS: Institutiones iurisprudentiae divinae (1688). ND der 7. Aufl. 1730 (1963) I, 1, § 30; Fundamenta iuris naturae et gentium (1705). ND der 4. Aufl. 1718 (1963) § 34. – [4] CHR. WOLFF: Vernünfftige Gedancken von dem gesellschaftlichen Leben der Menschen ... (1721) 4, § 401; 5, § 435; 6, § 468. – [5] Institutiones iuris naturae et gentium (1750) I, 2, § 39. – [6] MARSILIUS VON PADUA: Defensor pacis (1324), hg. R. SCHOLZ (1932) I, 12-13. 15. 18; II, 30; III, 2, § 6. – [7] NIKOLAUS VON KUES: De concordantia catholica libri tres (1433). Opera omnia 14/1-3, hg. G. KALLEN (1939-1965), Lib. I und II verbessert (²1964) II, 12, § 110, S. 145; III, 4, § 328, S. 346. – [8] J. ALTHUSIUS: Politica methodice digesta (1603, ³1614) 10, 8, S. 193; vgl. H. U. SCUPIN: Der Begriff der Souveränität bei Johannes Althusius und bei Jean Bodin. Der Staat 4 (1965) 1-26; D. WYDUCKEL: Althusius-Bibliogr., hg. H. U. SCUPIN/U. SCHEUNER (1973) I, 1-9. 19-26; 2, 673-679. – [9] J. LOCKE: Two treatises of government (1690), hg. P. LASLETT (Cambridge 1964) II, 9, 124. – [10] CH. MONTESQUIEU: De l'esprit des lois (1748), hg. J. BRETHE DE LA GRESSAYE (Paris 1950-61) I, 3; XI, 6. – [11] J.-J. ROUSSEAU: Du contrat social (1762), hg. B. DE JOUVENEL (Paris 1955) I, 4, 6; II, 6. – [12] I. KANT: Met. Sitten I: Met. Anfangsgründe der Rechtslehre (1797) §§ 45f. Akad.-A. 6, 313f.

5. Für die Entwicklung des G.-Begriffs auf dem europäischen Kontinent ist das französische Verfassungsrecht der Revolutionszeit, in dem die Prinzipien der Demokratie, der getrennten Ausübung der Gewalten und des Freiheitsrechte anerkennenden Rechtsstaats ihren Niederschlag finden, von maßgeblicher Bedeutung. Schon am 17. August 1789 hatte Mirabeau anläßlich der Beratung der Menschenrechtserklärung die Aufnahme folgender Bestimmung vorgeschlagen: «La Loi étant l'expression de la volonté générale doit être générale dans son objet.» Jedoch erhielt Art. 6 der «Déclaration des droits de l'homme et du citoyen» die weniger präzise, aber das Moment der Gleichheit stärker betonende Formulierung: «La Loi est l'expression de la volonté générale ... Elle doit être la même pour tous, soit qu'elle protège, soit qu'elle punisse.» Allein dem G. wird die Funktion zugestanden, der Freiheit Grenzen zu ziehen und dadurch das menschliche Verhalten zu regeln: «Tout ce, qui n'est pas défendu par la Loi, ne peut être empêché, et nul ne peut être contraint à faire ce qu'elle n'ordonne pas» [1]. Im Verlauf der Revolution, in der Verfassung von 1791 und in dem jakobinischen Entwurf zur Verfassung vom 24. Juni 1793 wird zwischen ‹loi› und ‹décret› unterschieden und die Bezeichnung ‹loi› nur für bestimmte G. vorgesehen: «Les décrets sanctionnés par le Roi, et ceux qui lui auront été présentés par trois législatures consécutives, ont force de loi, et portent le nom et l'intitulé de lois» [2]. Jedoch wird die Unterscheidung zwischen G. (loi) und Verordnung (décret) unter der Geltung des Prinzips der «généralité de la loi», das die Allgemeinheit der staatsleitenden Anordnungen postuliert, in dem Maße eine bloß technische, in dem auch die Verordnungsgewalt beim demokratischen G.-Geber monopolisiert wird [3]. Daß die dem Volksgesetzgeber überantwortete Allgemeinheit des G. die bürgerlichen Freiheiten nicht schlechthin gewährleistet, hat freilich schon B. CONSTANT bemerkt: «Lorsqu'on établit que la souveraineté du peuple est illimitée, on crée et l'on jette au hasard dans la société humaine un degré de pouvoir trop grand par lui-même, et qui est un mal, en quelques mains qu'on le place» [4].

Auch auf deutschem Boden ist im vorkonstitutionellen Staat hinsichtlich der Kriterien des G.-Begriffs eine einheitliche, allgemein gültige Vorstellung nicht zu finden, obwohl die Beschreibungen jeweils an bestimmte inhaltliche Merkmale (z. B. Normierung menschlichen Verhaltens, Allgemeinheit, Dauer) begriffs des G. anknüpfen. Die Entwicklung des G.-Begriffs vollzieht sich hier ohne revolutionären Bruch, zunächst noch unter dem Einfluß vernunftrechtlichen Denkens und der tradierten Reichsstaatsrechtslehre, für die das G. vom Landesherrn ausgeht: «Geseze seynd landesherrliche Befehle, Verordnungen, Gebote und Verbote, welche entweder alle Landesuntertanen oder doch eine gewisse Gattung derselbigen verbinden» [5]. Die gesetzgebende Gewalt wird noch nicht als Staatsfunktion verstanden, die eine bestimmte staatliche Tätigkeitsart als solche umfaßt, sondern als teils vernunftrechtlich, teils historisch-politisch geprägtes Hoheitsrecht. Für J. J. MOSER ist deshalb die G.-Gebungshoheit «das Recht, allgemeine Geseze und Ordnungen ergehen zu lassen». Vermöge der bei J. S. PÜTTER zu den allgemeinen Regierungsrechten des Fürsten zählenden gesetzgebenden Gewalt (potestas legislatoria) wird festgelegt, «quid constanter eodem modo fieri debeat» (was auf Dauer in gleicher Weise geschehen soll) [6]. Nicht nur die Theorie, sondern auch die Staatspraxis steht – wie die großen G.-Gebungswerke, z. B. das preußische allgemeine Landrecht von 1794, zeigen – am Ausgange des 18. Jh. noch ganz unter diesen Einflüssen. Der landrechtliche G.-Begriff des vorkonstitutionellen preußischen Staates wird demzufolge noch durch die Vorstellung geprägt, die gesetzgebende Gewalt sei ein dem Staatsoberhaupt zustehendes «Majestätsrecht» [7].

Anmerkungen. [1] Art. 5 der Erklärung der Menschen- und Bürgerrechte von 1789, zit. L. DUGUIT und H. MONNIER: Les constitutions et les principales lois politiques de la France depuis 1789 (Paris ²1908) 1f. – [2] Vgl. Frz. Verfassung vom 8. September 1791 III, 3, 3, Art. 6, zit. DUGUIT/MONNIER, a. a. O. 21. – [3] CHR. RASENACK: G. und Verordnung in Frankreich seit 1789 (1967) 38ff. – [4] B. CONSTANT: Principes de politique (1815). Oeuvres, hg. A. ROULIN (Paris 1957) 1104. – [5] J. J. MOSER: Von der Landeshoheit in Regierungssachen (1772) 192. 303. – [6] J. S. PÜTTER: Institutiones iuris publici germanici (1770) 200. – [7] ALR § 12 II 13; vgl. M. WENZEL: Der Begriff des G. (1920) 9f. 27.

6. Auch im konstitutionellen Staat des 19. Jh. gibt es keinen einheitlichen, allseitig anerkannten, durch eindeutige Kriterien gekennzeichneten G.-Begriff. Die unter dem Einfluß der französischen Doktrin auf deutschem Boden vordringende konstitutionelle Bewegung beschränkt tendenziell vermittels oktroyierter oder paktierter Verfassungen den Fürsten durch Aufteilung der Herrschaftsbefugnisse und bestimmt damit zugleich auch die gesetzgebende Gewalt neu. Da die Deutsche Bundesakte vom 8. Juni 1815 allen Bundesstaaten «eine Landständische Verfassung» verheißen, die Wiener Schlußakte vom 15. Mai 1820 den Fürsten jedoch überlassen hatte, «diese innere Landes-Angelegenheit mit Berücksichtigung sowohl der früherhin gesetzlich bestandenen ständischen Rechte als der gegenwärtig obwaltenden Verhältnisse zu ordnen», wurde nach der Württembergischen, Kurhessischen, Sächsischen und Preußischen Verfassung das Zustandekommen aller Gesetze von der Zustimmung der Stände bzw. in Preußen der beiden Kammern abhängig, während z. B. die Bayerische und die Badische Verfassung die Zustimmung der Stände zu «allgemeinen» Gesetzen postulierten, die «die Freiheit der Personen oder das Eigenthum der Staatsangehörigen betreffen» [1]. Diese Freiheits- und Eigentumsklausel galt schon bald in allen Ländern als gemeindeutsches Staatsrecht. Seit Inkrafttreten der Konstitutionen wird deshalb die Auseinandersetzung zwischen dem Fürsten und der ständischen Vertretung um den Begriff des G. in erster Linie als Streit darüber ausgetragen, was unter einem allgemeinen G. zu verstehen sei, das die Freiheit der Person oder das Eigentum betrifft. In der rechtswissenschaftlichen Diskussion geht im Laufe der Zeit die Auseinandersetzung jedoch nicht mehr allein um die Frage, ob es im Wesen des allgemeinen G. liege, Bestimmungen über Freiheit und Eigentum zu setzen, und damit die Definition des G. schlechthin gefunden sei, sondern um die weitere, primär politische Frage, ob neben der dem Landesherrn und den ständischen Vertretungen in dem dargelegten – strittigen – Umfange gemeinsam obliegenden G.-Gebungsbefugnis eine von ständischen Zuständigkeiten unabhängige G.-Gebungsbefugnis des Monarchen bestehe. Die dem G.-Begriff angehängte Freiheits- und Eigentumsklausel wird nun dazu benutzt, die G.-Gebung in zwei getrennte Zuständigkeitsbereiche zu zerlegen, und auf diese Weise ein selbständiges Verordnungsrecht des Königs mehr behauptet als begründet. Dem allgemeinen G., das die Freiheit und das Eigentum bestimmt und eben deswegen nur mit Zustimmung der Stände erlassen werden darf, wird das als ‹Verordnung›

bezeichnete G. der Krone gegenübergestellt, das – eben weil es Freiheit und Eigentum vermeintlich nicht betrifft – kraft einer selbständigen, der Zustimmung der Stände nicht unterworfenen landesherrlichen Verordnungsgewalt erlassen werden kann.

Angesichts der verfassungsrechtlichen Relevanz der das 19. Jh. beherrschenden Auseinandersetzung zwischen monarchischem Staat und bürgerlicher Gesellschaft hat die «konstitutionelle» Staatsrechtslehre von Hegel bis Bluntschli den Begriff des G. nach Maßgabe des durch diesen Dualismus gegebenen Bezugsrahmens bestimmt; doch überschneidet sie sich um die Mitte des Jahrhunderts in ihren Auswirkungen einerseits mit den Lehren der späten Vertreter eines vernunftrechtlich geprägten Denkens, andererseits mit denjenigen der Begründer eines staatsrechtlichen Positivismus [2]. Noch K. S. ZACHARIÄ hatte die Abgrenzung zwischen G.-Gebung und Regierung darin erblickt, daß erstere die Grundsätze aufzustellen, letztere dieselben zu vollziehen habe: «G. sind und sollen an sich dem Staate das seyn, was Grundsätze dem Menschen sind und seyn sollen.» Jedoch hatte er das Problematische einer derart typisierenden Unterscheidung erkannt und selbst die Frage gestellt: «Wo endet und wo beginnt also das Gebiet der G.-Gebung?» [3]. Vom Standpunkt einer rationalen, auf den «Staat an sich» gerichteten Metaphysik hat F. J. STAHL die G.-Gebung als «Aufstellung von Rechtsgrundsätzen für den Staat» bestimmt und die Funktion der G. darin erblickt, daß sie durch die in ihnen enthaltenen Rechtsgrundsätze «den Rechtszustand der Staatsbürger dauernd feststellen» [4]. Demgegenüber hat bei HEGEL, der – metaphysisches und geschichtliches Denken miteinander verbindend – den Staat als eine Institution der sozialen und geschichtlichen Wirklichkeit begreift, das G. im Verhältnis zwischen Staat und bürgerlicher Gesellschaft «das Allgemeine zu bestimmen und festzusetzen»; denn erst durch das G. wird das, was «an sich Recht ist», gesetzt und bekannt. Jedoch ist das G. als ordnungsstiftende Regel in den einzelnen Lebensbereichen nicht bloß äußerlich die «für alle gültige Regel des Benehmens», sondern zugleich substantiell die «Erkenntnis des Inhalts in seiner bestimmten Allgemeinheit», und als gesetztes Recht «überhaupt die Freiheit», d. h. das «Dasein aller Bestimmungen der Freiheit» [5]. Hegel hat nicht übersehen, daß damit eine eindeutige Abgrenzung zwischen Legislative und Exekutive nicht gewonnen ist, weil auch ein G., das «nur das dem Inhalte nach ganz Allgemeine» festsetzt, «in sich bestimmt sein muß»; «je bestimmter es aber ist, desto mehr nähert sich sein Inhalt der Fähigkeit, so wie es ist, ausgeführt zu werden» [6]. Auch für L. v. STEIN hat das G. die Aufgabe, «die für die ganze Gemeinschaft gleichmäßig gültigen Prinzipien des Gesamtlebens zum geltenden Recht zu erheben». Der Form nach sind G. und Verordnung zwei unterschiedliche Wege staatlicher Willensbildung: «G. ist Staatswille mit, Verordnung solcher ohne Volksvertretung.» Jedoch kann die Verordnung der Sache nach das G. nicht nur ausführen, sondern hat «die Funktion und das Recht des G. da, wo das G. mangelt oder unvollständig ist» [7]. In dem Bestreben, die verfassungsrechtlichen Postulate des politischen Liberalismus zur Geltung zu bringen, bestimmt R. v. MOHL die G.-Gebung als «Entwerfung und Bekanntmachung derjenigen allgemeinen Normen, welche das Verhältnis der Bürger zum Staate sowie das zu seinen Mituntertanen feststellen». Allgemeines G. ist für ihn dasjenige, das «allgemeine Sätze» enthält, d. h. «Vorschriften für sämmtliche Zustände einer bestimmten Art, welche nach der Erlassung des Gesetzes und während der Dauer desselben zur Entscheidung kommen» [8], weil ein G. «nur leitende Grundsätze feststelle ... und nicht sich verliere in eine unübersehbare und doch niemals vollständige Casuistik».

Der Begriff des G. steht im konstitutionellen, gewaltenteilenden, liberalen Rechtsstaat deswegen im Vordergrund der Diskussion, weil das G. geeignet erscheint, als generelle, auch die Staatsgewalt bindende Norm den Einfluß der dem Monarchen unterstehenden Exekutive zurückzudrängen, das Volk durch Repräsentanten an der staatlichen Willensbildung zu beteiligen und – ganz im Sinne des deutschen Liberalismus – einen möglichst weiten Bereich von staatlicher Gestaltung überhaupt freizuhalten. Im spätkonstitutionellen Staat wird die staatsrechtliche Diskussion erneut entfacht, da die Reichsverfassung vom 16. April 1871 – wie schon die Preußische Verfassung vom 31. Januar 1850 – den G.-Begriff nicht definiert, sondern ihn voraussetzt. Im Vordergrund steht die Lehre vom sogenannten doppelten G.-Begriff, die seit der bahnbrechenden, dem preußischen Budgetkonflikt gewidmeten Untersuchung von P. LABAND die deutsche Staatsrechtslehre beherrscht. Indem Laband das G. als «rechtsverbindliche Anordnung eines Rechtssatzes» bestimmt, vermag er zwischen dem G.-Inhalt und dem G.-Befehl zu unterscheiden. Neben dem als Rechtssatz begriffenen G. im materiellen Sinne kennt Laband das G. im formellen Sinne, das «in einer bestimmten feierlichen Weise zustande gekommen und erklärt worden ist»; es bezeichnet nur die «Form, in der der staatliche Wille erklärt wird, gleichviel was der Inhalt dieses Willens ist» [9]. Seither bestimmt dieser Dualismus in der rechtsstaatlichen Auffassung des modernen G.-Begriffs die Auseinandersetzungen in der deutschen Staatsrechtslehre. Während man jeden im vorgeschriebenen G.-Gebungsverfahren zustande gekommenen Willensakt der Legislative als G. im formellen Sinne bezeichnet, wird als G. im materiellen Sinne nur derjenige Willensakt angesehen, der eine allgemeine, d. h. generell-abstrakte Regel enthält, wobei sich die Generalität auf den angesprochenen Adressatenkreis und die Abstraktheit auf den zu regelnden Sachverhalt bezieht, mit der Folge, daß ein staatlicher Willensakt sowohl G. im formellen als auch im materiellen Sinne sein kann, aber nicht sein muß.

In dem Maße, in dem die spätkonstitutionelle Staatsrechtslehre G. im materiellen Sinne mit dem Rechtssatz identifiziert, geht die Auseinandersetzung nun um den Begriff des Rechtssatzes, der nach einer verbreiteten Meinung eine Abgrenzung der Willenssphären der Rechtssubjekte beinhaltet und damit der sozialen Schrankenziehung dient (LABAND, JELLINEK), nach anderer Ansicht sich als Eingriff in Freiheit und Eigentum der Staatsbürger darstellt (ANSCHÜTZ, THOMA) und nach einer weiteren Auffassung als generelle und abstrakte Anordnung (MEYER, BORNHAK) zu begreifen ist [10]. Die an diesen Begriffsbestimmungen des materiellen G. geübte Kritik richtet sich nicht nur prinzipiell gegen die auf eine bloß juristisch-formale Betrachtungsweise verengte, die soziale Funktion des positiven Rechts ignorierende Problemstellung und Methode des staatsrechtlichen Positivismus (O. V. GIERKE), sondern auch gegen die Unterscheidung zwischen formellem und materiellem G. überhaupt sowie gegen den jeweiligen Rechtssatzbegriff und dessen Auswirkungen (A. HAENEL, F. V. MARTITZ, O. V. SARWEY u. a.). Schon der kursorische Überblick zeigt, daß am Beginn der Entwicklung zum modernen

Rechtsstaat kein allseitig anerkannter Begriff des G. steht, auch nicht im Sinne des nicht selten für das 19. Jh. als maßgeblich angesehenen Kriteriums der Allgemeinheit des Adressatenkreises eines G., da die gesetzliche Privilegierung und die Dispensation nicht schlechthin ausgeschlossen werden. Vielmehr erweist sich der G.-Begriff im 19. Jh. in seinem jeweiligen Gehalt als bestimmt und geprägt durch die den politischen und sozialen Wandel mehr oder weniger reflektierende, bisweilen nur implicite nachweisbare G.-Theorie, die in der fortschreitenden, im Wege staatlicher G.-Gebung vorgenommenen Positivierung des Rechts jeweils spezifische Teilaspekte staatlicher G.-Gebung als charakteristisch betont und zur Grundlage ihrer Begriffsbildung erhebt.

In der deutschen Staatsrechtslehre seit dem Ersten Weltkrieg wird der historisch-konventionell verengte, auf das Verhältnis des Bürgers zum Staate und zu seinen Mitbürgern reduzierte Rechtssatzbegriff, der die innerstaatlichen Beziehungen (z. B. innere Amtsorganisation, Anstaltsordnung, besondere Gewaltverhältnisse) nicht erfaßte, zusehends aufgelöst. Da diese Auflösung des G.-Begriffs durch die Einsicht in die historisch-soziale Bedingtheit aller Vorstellungen über die Aufgaben des G.-Gebers und die Funktion des G. gefördert wird, wächst mit dem Wandel der sozialen Verhältnisse seit dem Ende der Weimarer Republik die Bereitschaft zu einer dezisionistischen Neuformulierung der G.-Theorie, die freilich schon bald der Tendenz zur einseitig weltanschaulichen Umgestaltung im nationalsozialistischen Geiste erlegen ist [11]. Das G. wird nun Ausdruck ideologisch-politischer Entscheidung, die beliebig wechselnde Rechtsinhalte in die geeignet erscheinenden Rechtsformen preßt und damit Rechtssystem und tradierte Formentypik bis zur Unkenntlichkeit deformiert.

Anmerkungen. [1] Vgl. E. R. HUBER: Dokumente zur dtschen Verfassungsgesch. 1: Dtsch. Verfassungsdokumente 1803-1850 (1961) Nr. 29f. 51-57. – [2] E. W. BÖCKENFÖRDE: G. und gesetzgebende Gewalt. Von den Anfängen der dtsch. Staatsrechtslehre bis zur Höhe des staatsrechtl. Positivismus (1958) 132ff. 201 Anm. 1. – [3] K. S. ZACHARIÄ: Vierzig Bücher vom Staate (1820-1832) 3 (²1835) 11f. 16. – [4] F. J. STAHL: Die Philos. des Rechts 2: Rechts- und Staatslehre auf der Grundlage christl. Weltanschauung 2/4: Die Staatslehre und die Principien des Staatsrechts (1837). Photomech. ND der 5., unveränderten Aufl. 1878 (⁶1963) 192. – [5] G. W. F. HEGEL: Grundlinien der Philos. des Rechts (1821), hg. J. HOFFMEISTER (⁴1955) §§ 29. 211. 273; Enzyklop. der philos. Wiss. im Grundrisse (1830), hg. F. NICOLIN/ O. PÖGGELER (⁶1959) § 486; vgl. J. RITTER: Hegel und die frz. Revolution a. a. O. [2 zu 1] 183ff. – [6] HEGEL, Grundlinien ... § 299. – [7] L. v. STEIN: Die Verwaltungslehre 1: Die Lehre von der vollziehenden Gewalt (¹1865) 53; 1/1: Die vollziehende Gewalt (²1869), ND der 1.-2. Aufl. 1866-1884 (1962) 76; Hdb. der Verwaltungslehre 1: Der Begriff der Verwaltung und das System der positiven Staatswiss. (³1887) 102. – [8] R. v. MOHL: Das Staatsrecht des Königreiches Württemberg (1829) 1: Das Verfassungsrecht (²1840) 193; Staatsrecht, Völkerrecht und Politik (1860-69) 2/1: Politik (1962) 428f. – [9] P. LABAND: Das Budgetrecht nach den Bestimmungen der preußischen Verfassungsurkunde unter Berücksichtigung der Verfassung des Norddeutschen Bundes. Z. Gesetzgebung u. Rechtspflege in Preußen 4 (1870) 625-707; Das Staatsrecht des Deutschen Reiches 2 (1878) 1ff. 60f. – [10] Vgl. BÖCKENFÖRDE, a. a. O. [2 zu 6] 226ff. 332. – [11] D. KIRSCHENMANN: «G.» im Staatsrecht und in der Staatsrechtslehre des Nationalsozialismus (1970).

7. In dem Maße, in dem die Staatsverfassungen, insbesondere diejenigen der kontinentaleuropäischen Staaten, beanspruchen, als letzter normativer Geltungsgrund des staatlich gesetzten oder doch von ihm abgeleiteten Rechts zu fungieren, indem sie von verfassungswegen nicht nur über die Staatsform (Monarchie, Republik, Demokratie) und den Staatsaufbau (Einheitsstaat, Bundesstaat) entscheiden, sondern auch die Staatsgewalt im Wege der Gewaltenteilung organisatorisch und funktionell in G.-Gebung, Regierung, Verwaltung und Rechtsprechung aufgliedern, den Prozeß der Rechtserzeugung als verfassungsgemäße Positivierung des Rechts begreifen, verfahrensmäßig regeln und endlich gegenüber der Ausübung aller Staatsgewalt zum Schutze des Individuums verfassungsmäßig gewährleistete Grund- und Freiheitsrechte einräumen, läßt sich auch der Begriff des G. mit der erforderlichen Eindeutigkeit jeweils nur für eine bestimmte, nach Maßgabe der geltenden Verfassung errichtete staatliche Rechtsordnung ermitteln.

Da sich die Verfassungsstruktur des deutschen Staates im 20. Jh. (konstitutionelle Monarchie, parlamentarische Demokratie, nationalsozialistischer Führerstaat, parlamentarische Demokratie) durchaus diskontinuierlich entwickelt hat, steht die Rechtswissenschaft angesichts des politischen und sozialen Wandels, der zugleich das Verhältnis von Staat und Gesellschaft tiefgreifend verändert hat, heute vor der Aufgabe, den G.-Begriff so zu bestimmen, daß er der sozialen Funktion des G. gerecht wird [1]. Dabei erweist sich die überkommene, aus der Verfassungsrechtslage des 19. Jh. erwachsene G.-Theorie der deutschen Staatsrechtslehre, die den G.-Begriff weiterhin überwiegend im Sinne des tradierten Dualismus bestimmt, obwohl die diese Dichotomie rechtfertigende historische Situation längst entfallen ist, als eher hinderlich. Für die heute noch vorherrschende Auffassung, die mangels einer gesetzlichen Legaldefinition den Begriff des G. nach Maßgabe der konventionellen staatsrechtlichen und politischen G.-Theorie bestimmt, ist G. im formellen Sinne jeder im verfassungsmäßigen G.-Gebungsverfahren zustande gekommene Akt der Legislative (des Bundes bzw. der Länder) ohne Rücksicht auf dessen Inhalt; G. im materiellen Sinne ist jeder generelle und abstrakte Rechtssatz.

Je mehr die maßgebende Vorrangstellung des Parlaments in den Vordergrund der Betrachtung gerückt wird, um so weniger erscheint es angebracht, den nicht aus der Verfassung entwickelten, sondern von außen an sie herangetragenen G.-Begriff dualistisch aufzuspalten [2]. In der aktuellen staatsrechtlichen Auseinandersetzung überwiegen denn auch die Bestrebungen, den Begriff des G. aus der Staatsverfassung, d. h. dem Grund-G. der Bundesrepublik Deutschland, in Anlehnung an die einschlägige Rechtsprechung des Bundesverfassungsgerichts zu entwickeln, doch sind die Bemühungen um den G.-Begriff des Grund-G. bislang nicht zu einem eindeutigen, die unterschiedlichen Erkenntnisinteressen im Bereich der gesamten Rechtswissenschaft befriedigenden Abschluß gelangt [3]. Immerhin lassen sich unter der Geltung des Grund-G. einige Tendenzen der Entwicklung des G.-Rechts und des zugehörigen G.-Begriffs deutlicher als bisher unterscheiden. Während im Bereich der deutschen Staatsrechtslehre neben der Erörterung von Detailproblemen des geltenden Verfassungsrechts gegenwärtig vor allem eine sehr lebhafte Diskussion über die mit der staatlichen G.-Gebungstätigkeit zusammenhängenden, grundlegenden organisatorischen und politisch-rechtlichen Entscheidungsprobleme geführt wird – wie z. B. über die Abgrenzung der gesetzgeberischen Funktionen zwischen Parlament und Regierung [4], die Schrankenfunktion des Grund-G. gegenüber dem aufgrund und nach Maßgabe des Verfassungsrechts erzeugten G.- und Verordnungsrecht, das Ausmaß der Bindung von Rechtsverordnungen der Exekutive an das G. [5] sowie die gesetzliche Bindung aller richterlichen Rechtsanwendung [6] –, sind mit den ständig wachsenden gesetzgeberischen Aktivitäten des Staates im Verlaufe des letzten Jahrzehnts auch die staats- und rechtstheoretischen sowie die methodologischen Grundlagen der Positivierung des Rechts im Wege staatlicher G.-Gebung in den Vordergrund einer die Grundlagen des Rechts und der Rechtswissenschaft mehr als bisher in Betracht ziehenden rechtswissenschaftlichen Forschung gerückt [7].

Schon im Jahre 1956 hatte U. SCHEUNER sehr scharfsichtig diagnostiziert, daß «die Entwicklung des modernen G.-Begriffes zu einer völligen Verschleißung seiner inhaltlichen Qualitäten vorwärts gegangen» ist [8]. Seither hat sich in Fortsetzung dieser Entwicklung das rechtswissenschaftliche Erkenntnisinteresse zunehmend auf die Struktur des Rechtssatzes und der juristischen Argumentation im Bereich der gesetzesanwendenden Verwaltung und Rechtsprechung gerichtet. Jedoch sind auch nach Überwindung der überkommenen, zum Teil noch an der monarchisch-konstitutionellen, zum Teil an der liberalen Tradition des 19. Jh. orientierten G.-Vorstellung die Bemühungen um eine inhaltliche Bestimmung des G.-Begriffs nicht hinfällig geworden. Das zeigt vor allem die von E. FORSTHOFF ausgelöste, seit mehr als eineinhalb Jahrzehnten andauernde Kontroverse um den Begriff des sogenannten Maßnahme-G., in der die grundlegende Vorstellung von der Allgemeinheit des G. zum Thema und Problem der staatsrechtlichen Auseinandersetzung gemacht worden ist [9]. Vor dem Hintergrund der geschichtlichen Entwicklung der staatlichen G.-Gebungstätigkeit erscheint das Phänomen einer sich ausdehnenden Maßnahmegesetzgebung als zunehmende Instrumentalisierung der G.-Vorstellung [10], ohne daß die Rechtswissenschaft bislang in rechtsbegrifflicher Hinsicht die notwendigen Konsequenzen bezüglich des G.-Begriffs gezogen hat [11]. Wenn nicht alle Anzeichen trügen, kündigt sich hier eine rechtspolitisch reflektierte, am jeweiligen Zweck des G. orientierte Restitution des materiellen G.-Begriffs an.

Anmerkungen. [1] W. KRAWIETZ: Das positive Recht und seine Funktion (1967) 65ff. 77f. – [2] G. ROELLECKE: Der Begriff des positiven G. und das Grund-G. (1969). – [3] N. ACHTERBERG: Kriterien des G.-Begriffs unter dem Grund-G. Öff. Verwaltung 26 (1973) 289-298. – [4] N. ACHTERBERG: Probleme der Funktionenlehre (1970); D. GRIMM: Aktuelle Tendenzen in der Aufteilung gesetzgeberischer Funktionen zwischen Parlament und Regierung. Z. Parlamentsfragen 1 (1970) 448-466. – [5] H. SINN: Die Änderung gesetzlicher Regelungen durch einfache Rechtsverordnung (1971). – [6] Th. VOGEL: Zur Praxis und Theorie der richterlichen Bindung an das G. im gewaltenteilenden Staat (1969). – [7] N. ACHTERBERG: Rechtstheoretische Grundlagen einer Kontrolle der G.-Gebung durch die Wiss. Rechtstheorie 1 (1970) 147-155; H. EICHLER: G. und System (1970). – [8] U. SCHEUNER, VVDStRL 15 (1957) 69-76, zit. 69f. – [9] E. FORSTHOFF: Über Maßnahme-Gesetze, in: Gedächtnisschr. W. Jellinek (1955) 221-236; CHR.-F. MENGER: Das G. als Norm und als Maßnahme. VVDStRL 15 (1957) 3-34; K. ZEIDLER: Maßnahme-G. und «klassisches» G. (1961); K. HUBER: Maßnahme-G. und Rechts-G. (1963). – [10] R. GRAWERT: Hist. Entwicklungslinien des neuzeitl. G.-Rechts. Der Staat 11 (1972) 1-25. – [11] W. KRAWIETZ: Zur Kritik am Begriff des Maßnahme-G. Öff. Verwaltung 22 (1969) 127-135.

Literaturhinweise. E. MICHELAKIS: Platons Lehre von der Anwendung des G. und der Begriff der Billigkeit bei Aristoteles (1953). – M. VANHOUTTE: La philos. politique de Platon dans les «Lois» (Louvain 1954). – S. COTTA: Il concetto di legge nella Summa Theologiae di S. Tommaso d'Aquino (Turin 1955). – S. GAGNÉR: Stud. zur Ideengesch. der G.-Gebung (Stockholm/ Uppsala/Göteborg 1960). – H. W. KOPP: Inhalt und Form der G. 1. 2 (Zürich 1958). – D. JESCH: G. und Verwaltung (1961). – G. ASTUTI: La nozione di legge nell'esperienza storico-giuridica. Ann. Storia Diritto 10/11 (1966/67) 1-59. – CHR. STARCK: Der G.-Begriff des Grund-G. (1970). – TH. UNVERHAU: Lex. Eine Untersuch. zum G.-Verständnis dtsch. Publizisten des 17. und 18. Jh. (Diss. Heidelberg 1971). – P. NOLL: G.-Gebungslehre (1973).

W. KRAWIETZ

II. *Die religiöse und theologische Bedeutung des G.-Begriffs.* – 1. *Der griechische Nomos.* – Das Wort νόμος (von νέμειν, zuteilen) meint in seiner ursprünglichen Bedeutung sowohl eine in mythischer Religiosität gegründete Seinsordnung als auch die durch Herkommen überlieferte allgemeingültige Art und Weise des Handelns in Sitte und Brauch. In der ältesten bekannten Quelle spricht HESIOD deshalb zwar von dem durch Zeus den Menschen gegebenen Nomos, versteht diesen aber als die «Lebensart», nach der sich die Menschen im allgemeinen richten [1]. Diese Nomoi werden nicht auf ihre Gültigkeit hin befragt, sie legitimieren sich durch Alter: νόμος δ'ἀρχαῖος ἄριστος (Das alte G. aber ist das beste) [2], sie sind Gewohnheit (κατὰ νόμον [3]). Alle Lebewesen haben so ihre Verhaltensmerkmale [4]. Für ‹G.› im Sinne des gesetzten Rechts wird dagegen oft θεσμός gebraucht [5].

Bei HERAKLIT wird G. Gegenstand philosophischer Reflexion. Es löst sich aus seinem unmittelbaren religiösen Bezug und wird als «göttliches G.» (θεῖος νόμος) mit dem λόγος als Weltprinzip identifiziert. Alle menschlichen G. erhalten ihre Legitimation erst durch Partizipation an ihm [6]. Damit wird erstmalig die Vorstellung von «falschen G.» denkmöglich. Bei SOPHOKLES steht das ungeschriebene göttliche G. dem G. der Polis entgegen [7]. In Anlehnung an Heraklit kann PINDAR dann das G. folgerichtig zum «König Nomos» (νόμος βασιλεύς) personifizieren [8], der später in den orphischen Kulten als Gott verehrt wurde.

HERODOT kennt in seinen Berichten über die orientalischen Völker zwar auch das G. als Oberherrn (δεσπότης νόμος [9]) und als verpflichtende Sitte, stellt es aber auch gelegentlich durch die Erkenntnisse der Forschung in Frage, so daß diese jetzt dem νόμος, der herkömmlichen Festsetzung widersprechen können [10]. Bei EMPEDOKLES steht der von Menschen gemachte Brauch (νόμος) im Gegensatz zum Recht (θέμις) [11].

DEMOKRIT weiß darum, daß das G. seinen bestimmenden Einfluß auf das Leben der Menschen verloren hat [12]. Das G. wird als bloße Konvention und (auch falsche) Meinung (δόξα) den wahren Ergebnissen wissenschaftlicher Erkenntnis gegenübergestellt [13]. Damit wird bereits die Diskussion der Sophisten über den Gegensatz zwischen naturhafter und konventioneller Ordnung (φύσις – νόμος) eingeleitet: «Die Gebote der G. sind willkürlich, die der Natur dagegen notwendig; und die der G. sind vereinbart, nicht gewachsen, die der Natur dagegen gewachsen, nicht vereinbart» [14]. In diesem Zusammenhang wird bereits der Begriff eines G. der Natur verwandt (ἀνάγκη oder νόμος φύσεως) [15]. Im Prozeß seiner «Entmythologisierung» erfährt das G. so einen zweifachen Bedeutungswandel: Das «göttliche» G. verliert seine absolute Autorität und wird zur oft falschen, menschlichen Satzung, der zugleich mit neuem Anspruch auf umfassende Geltung ein wissenschaftlich motiviertes Natur-G. entgegentritt.

Die gewandelten Voraussetzungen der Philosophie PLATONS stellen das G. in einen neuen Begründungszusammenhang, der die sophistische Relativierung überwindet. Bereits die Personifizierung der νόμοι in den sokratischen Frühdialogen, die ihre religiöse Bedeutung neuerlich hervorhebt, schaffen dem politischen G. neue Autorität [16]: «Wer den G. gemäß glaubt, daß die Götter sind, beging nie weder eine gottlose Handlung freiwillig, noch ließ er eine gesetzwidrige Rede vernehmen» [17]. Platon erklärt die Notwendigkeit der G. aus der Differenz zwischen göttlichem und menschlichem νοῦς: Weil dieser nur ein unvollkommenes Abbild ist, müssen die Menschen notwendig G. setzen und nach G. leben; nur ein durch göttliche Fügung als vollkommener Herrscher geborener Mensch bedürfte der G. nicht, denn «weder ein G. noch eine Ordnung ist stärker als die Erkenntnis». Da dies aber nicht so ist, müssen wir uns an G. und Ordnung als an das Zweitbeste halten [18].

In einem ähnlichen Sinne ist für ARISTOTELES ein Mensch, der wie ein Gott unter den Menschen lebt, über jede G.-Satzung erhoben: Er ist sich selbst G. G. und G.-Gebung sind daher für solche, die an Geschlecht und Macht gleich sind [19]. Die Gleichsetzung der göttlichen und menschlichen Vernunft führt dann zu der G.-Auffassung des *Hellenismus*, nach der der «Gottkönig» mit dem G. identisch ist [20].

Das Kriterium für den Wahrheitscharakter jedes G. liegt in dessen Übereinstimmung mit der menschlichen Seele, in der der νοῦς inkorporiert ist. Als νόμος ἔμψυχος nimmt die *Stoa* diese Vorstellung auf. Zugleich überträgt sie endgültig das G. auf die göttliche Weltvernunft. In der Erkenntnis dieses göttlichen G. gründet jedes menschliche G.

Anmerkungen. [1] HESIOD, Erga 276ff. – [2] Frg. 221. – [3] z. B. Theog. 417; Erga 388; GORGIAS, VS B 11, 16; PHERECYDES, VS B 2, 2. – [4] Vgl. ALKMAN, Frg. 40. – [5] z. B. SOLON, Frg. 24, 18. – [6] HERAKLIT, VS B 114. – [7] SOPHOKLES, Antigone 454f. – [8] PINDAR, Frg. 169. – [9] z. B. HERODOT VII, 104. – [10] a. a. O. IV, 39. – [11] EMPEDOKLES, VS B 9. – [12] DEMOKRIT, VS B 248.– [13] VS B 125; vgl. den auf Demokrit vorausweisenden Sprachgebrauch bei AISCHYLOS, Prom. 150. – [14] ANTIPHON, VS B 44; PLATON, Prot. 337 c. – [15] Vgl. R. HIRZEL: Themis, Dike und Verwandtes (1907) 388; F. HEINIMANN: Nomos und Physis (²1965) 131. – [16] PLATON, Krit. 50 a. – [17] Leg. 885 b; vgl. 890 d; Ep. VII, 354 e. – [18] Leg. 874 e. 875 c/d. – [19] ARISTOTELES, Pol. III, 13, 1284 a. – [20] Vgl. H. KLEINKNECHT: Art. ‹Nomos›, in: Theol. Wb. zum NT, hg. KITTEL 4 (1942) 1025ff.

Literaturhinweise. R. HIRZEL s. Anm. [15]. – H. E. STIER: Nomos Basileus. Philologus 83 (1928) 225ff. – H. KLEINKNECHT s. Anm. [20] 1016-1029. – C. SCHMITT: Nehmen – teilen – weiden, in: Verfassungsrechtl. Aufsätze (1958) 489-504. – F. HEINIMANN s. Anm. [15]. – G. J. A. AALDERS: Nomos empsychos, in: Politeia und Res publica. Festschrift R. Stark, hg. P. STEINMETZ (1969) 315-329. – J. RITTER: ‹Naturrecht› bei Aristoteles, in: Met. und Politik (1969) bes. 160ff.   G. PLUMPE

2. *Der Begriff des G.* (*Tora*, νόμος) *in der Bibel.* – a) Daß im *Alten Testament* das *chronistische* Geschichtswerk (Esra, Nehemia, Chronik) [1] den Pentateuch als G. versteht, das ist das Ende eines langen Prozesses, der als ständige Neuinterpretation bzw. Entfaltung der sich aus dem Bund Jahwes mit Israel ergebenden Gottesforderung [2] zu beschreiben ist. Dabei hat das Wort ‹Tora›, das ursprünglich die priesterliche Weisung bedeutete [3], die übrigen Bezeichnungen für gesetztes Recht in sich aufgesogen. Schon HOSEA nennt Gottes Forderung an Israel ‹Tora›, die sogar schriftlich vorliegt (8, 12). Im endzeitlichen Reich ergeht sie an alle Völker (Mi. 4, 2). Für das *deuteronomistische* Werk ist diese Bezeichnung selbstverständlich geworden. Manifestiert hat sie sich zuerst im Dekalog und ihm verwandten Verbotsreihen [4], in denen die Grenze zu den fremden Göttern gezogen wurde. Die Unterstellung aller Lebensbeziehungen unter den Bund und die Regelung des Kults führen zu den Rechtssammlungen des *Bundesbuchs* (Ex. 21-23), des *Heiligkeits-G.* (Lev. 17-26) und des *Deuteronomiums*, das sich wie ESRAS G.-Buch (Neh. 8, 3) als Tora schlechthin versteht: Sie ist unabänderlich [5]. Während das apodiktisch formulierte Recht («Du sollst nicht») genuin israelitisch ist, verdanken die kasuistischen Bestimmungen ihre Übernahme der Seßhaftwerdung [6]. Das Verständnis des G. als Ordnung der Amphiktyonie wandelte

sich in der späten Königszeit zu der Auffassung des G. als Staats-G. [7], die erst mit dem endgültigen Verlust der Staatlichkeit nach dem Bar Kochba-Krieg ein Ende fand. Für die Zuordnung von G. und Bund bedeutet das Exil einen Bruch. Nunmehr geht das G., als eigenständige Macht gepriesen (Ps. 1; 119), ihm sachlich voran. Der Gehorsam konstituiert die Zugehörigkeit zum Bund.

Anmerkungen. [1] 350-300 v. Chr.; vgl. O. EISSFELDT: Einl. in das AT (³1964) 733. – [2] Vgl. Hos. 8, 1 und allgemein die Verknüpfung des G. mit dem Sinaibund und Mose. – [3] Deut. 17, 11; 33, 10; Jer. 18, 18; Hag. 2, 11. – [4] Ex. 20, 2ff.; Lev. 19, 11ff.; Deut. 27, 15ff. – [5] Deut. 13, 1; vgl. Prov. 30, 6. – [6] Vgl. A. ALT: Die Ursprünge des israelit. Rechts (1934). Kleine Schriften zur Gesch. Israels 1 (1953) 278ff. – [7] M. NOTH: Die Gesetze im Pentateuch (1940), in: Ges. Studien (²1960) 67.

b) Der Stellenwert des G. im *Neuen Testament* wird durch die Spannung von Übernahme und Ablehnung bedingt, die bei den einzelnen Autoren schwankt. JESUS ficht die göttliche Herkunft des G. (des Pentateuchs) nicht an. Er vertritt lediglich ein neues Verständnis (Mk. 10, 17ff.). Die *Urgemeinde* hält an ihm als dem Zeichen der Erwählung fest. Die Auseinandersetzung zwischen Judenchristen und den bekehrten Heiden, wieweit die Forderungen des G. zu übernehmen sind, spiegeln sich in Apg. 15 und Gal. 2. Die sittlichen Gebote werden ohne weiteres anerkannt (Röm. 13, 8-10) und dienen als Grundlage einer neuen Sittenlehre. PAULUS versteht unter νόμος das ganze Alte Testament (Röm. 3, 10-19), dessen Forderungen in bestimmten Fällen auch die Heiden φύσει erfüllen können. Er begreift es als παιδαγωγὸς εἰς Χριστόν (Erzieher zu Christus) (Gal. 3, 24), da es in die Sünde stürzt und auf den Glauben als ausschließlichen Heilsweg verweist. So bleibt es dabei – trotz der «verständlichen Pervertierung» [1] durch den Menschen, der damit sich das Heil zu erwirken meint, daß Gott es zum Leben gegeben hat (Röm. 7, 10). Nach dem Hebräerbrief schattet das G. das in Christus erschienene Heil ab (10, 1).

Anmerkung. [1] R. BULTMANN: Theol. des NT (⁶1968) 268.

Literaturhinweise. A. ALT s. Anm. [6 zu a]. – M. NOTH s. Anm. [7 zu a] 9ff. – E. WÜRTHWEIN: Der Sinn des G. im AT. Z. Theol. u. Kirche 55 (1958) 255ff. – W. ZIMMERLI: Das G. im AT. Theol. Lit.-Ztg. 85 (1960) 481ff. – W. EICHRODT: Bund und G., in: H. Graf REVENTLOW (Hg.): Gottes Wort und Gottes Land (1965) 30ff. – E. GERSTENBERGER: Wesen und Herkunft des «apoditischen Rechts» (1965). – G. V. RAD: Theol. des AT 1 (³1966) 203ff. – R. BULTMANN s. Anm. [1 zu b]. – A. JEPSEN: Israel und das G. Theol. Lit.-Ztg. 93 (1968) 81ff. – H. SCHMID: G. und Gnade im AT. Judaica 25 (1969) 3ff.

3. *Der Begriff des G. im Judentum.* Das G. ist die unabdingbare Konstituante des Judentums. Es umschließt als *schriftliches* G. den Pentateuch, als *mündliches* G. (seit dem 1. Jh. n. Chr. nachweisbar [1]) Rechtssätze, die vom schriftlichen G. weder ableitbar noch auf es zurückzuführen sind. Gleichwohl liegt das mündliche G. heute in der Mischna und den Talmuden schriftlich fixiert vor. Da unter ‹G.› die jeweils geltende Auslegung mitgemeint ist, ergab sich, wahrscheinlich schon vor 200 n. Chr. [2], die Notwendigkeit, es in Kompendien zusammenzufassen, als deren wichtigste zu nennen sind: die ‹Halachot gedolot› des SCHIM'ON QAJJARA (9. Jh.), die ‹Halachot› des ALFASI (11. Jh.), der ‹Mischne Tora› des MAIMONIDES und der ‹Schulchan'aruch› des JOSEPH KARO (1564/65). Bis ins 20. Jh. galt das G. als der dem Volk Israel am Sinai durch die Vermittlung des Mose geoffenbarte Gotteswille. Entfaltet wird dieses Dogma bzw. die Gegebenheit des G. in geistiger Auseinandersetzung mit der Umwelt, so daß wir Bestimmung seines

Wesens nach kosmologischer und anthropologischer Seite sowie Darstellung seines Ziels in der Hauptsache nur zu Zeiten und in Gegenden finden, wo sich jüdische und nicht-jüdische Kultur begegnen und durchdringen.

a) Das jüdische *Altertum* wird geprägt durch das Zusammentreffen mit der hellenistischen Philosophie. Ausgangspunkt der kosmologischen Deutung ist die schon in der Bibel (Prov. 8, 22) angelegte Gleichsetzung von *G. und Weisheit* [3] bzw. *Logos* [4]. Die Erschaffung des Reichs der Ideen [5] geht der übrigen Schöpfung vorauf [6]. Gott pflanzt ihn der Welt ein, wo er weiterwirkt [7]. Somit wird das G. zum Werkzeug der Schöpfung [8], zum Plan der Welt [9], deren Bestand es garantiert [10]. Das G. ist das sichtbar gewordene *Welt-G.* [11]. Daran schließt sich die anthropologische Deutung an. Da es mit dem natürlichen G. zusammenfällt [12], ist es einerseits, wenn auch in verschiedenem Grade, der gesamten Menschheit bekannt [13], andererseits macht die daraus herrührende Vollkommenheit es zum *Ideal-G.* [14]. Als die «wahre Philosophie» [15], die alle griechischen Philosophen überbietet, bezweckt es das Glück, das aus der imitatio dei besteht [16], indem es zu den Tugenden anleitet [17]. Den Nachweis sucht PHILO so zu erbringen, daß er das G. in Einzelgebote zerlegt, die er dann klassifiziert und zu den Tugenden in Relation setzt [18]. Die auf Gott bezogenen Gebote 1-4 des Dekalogs samt den ihnen zugeordneten Einzel-G. führen zu den *dianoetischen* Tugenden: Frömmigkeit, Göttlichkeit, Heiligkeit, Glauben [19]. Die auf den Menschen bezogenen Gebote 6-10 mit Einschluß der Einzel-G. führen zu den *ethischen* Tugenden: Klugheit, Tapferkeit, Mäßigung, Gerechtigkeit [20]. Das 5. Gebot gehört zu beiden Gruppen [21]. Dianoetische und ethische Tugenden faßt Philo als theoretische zusammen, denen als praktische die aus ihnen resultierenden Taten korrespondieren [22]. Beide Aspekte der Tugend sind gleichwertig [23], ja die Praxis wird gepriesen [24]. Jetzt besitzt zwar nur das jüdische Volk diesen Führer zur Gottseligkeit, aber durch seine Vermittlung werden ihn dereinst alle Nationen erhalten [25].

Anmerkungen. [1] bab. Schabbat 31 a; JOSEPHUS, Ant. 13, 297. – [2] Tannaitischer Midrasch Mechilta zu Ex. 20, 2; dort schon die Einteilung in 618 Gebote und Verbote. – [3] Sir. 24; Bar. 3, 9-4, 4; 4. Makk. 1, 17; PHILO, Leg. all. 3, 46. – [4] Spec. leg. 1, 215. – [5] Somn. 2, 45. – [6] Migr. 6. – [7] Mos. 2, 127. – [8] Avot 3, 14. – [9] Gen. rabba 1, 1. – [10] PHILO, Opif. 10; bab. Nedarim 32 a. – [11] [7] 2, 51. – [12] [7] 2, 48. 52. – [13] Sir. 24, 5f.; JOSEPHUS, Ap. 2, 284; Mischna Qidduschin 4, 14. – [14] Sib. 3, 719f.; PHILO, Decal. 14; vgl. H. A. WOLFSON: Philo 2 (Cambridge, Mass. ³1962) 374ff. – [15] M. HENGEL: Hellenismus und Judentum (1969) 300: nach Aristobulos; JOSEPHUS, Ap. 2, 163ff. – [16] PHILO, Decal. 73; Virt. 168; JOSEPHUS, Ant. 4, 211. – [17] PHILO, Spec. leg. 4, 134; JOSEPHUS, Ap. 2, 146. – [18] bes. in Decal.; Spec. leg. – [19] WOLFSON, a. a. O. [14] 212f. – [20] 221f. – [21] PHILO, Decal. 106. – [22] Leg. all. 1, 57. – [23] a. a. O. 1, 58. – [24] Deter. 60. – [25] Mos. 2, 44; Sib. 3, 757f.

b) Die vom arabischen Kulturkreis und den durch ihn vermittelten Neuplatonismus und Aristotelismus bestimmten jüdischen Philosophen des *Mittelalters* definieren als Ziel des G. einhellig die *Glückseligkeit* (εὐδαιμονία, arab. sa'āda, hebr. haslacha). Nach SAADJA (882 bis 942) führen zu ihr die sich mühende Vernunft und das Studium des G., nachdem sie den Widerstand der Natur gebrochen haben [1]. Dementsprechend teilt er das G. in *Vernunftgebote*, die nur mit Rücksicht auf mögliche Denkfehler geoffenbart sind, und *Gehorsamsgebote* als aus Gottes Güte und Weisheit geflossene Anweisungen zur genauen Befolgung der Vernunftgebote [2]. BACHJA IBN PAQUDA (um 1080) faßt die beiden Gruppen als «*äußerliche Pflichten*» zusammen, denen er die zahlenmäßig nicht bestimmbaren «*Herzenspflichten*» gegenüberstellt. Die Erfüllung der äußerlichen Pflichten führt zur Erfüllung der Herzenspflichten [3], so daß der Weg zur Glückseligkeit über das sittliche Handeln führt. Auch JEHUDA HALEWI (1085-1141) übernimmt Saadjas Einteilung. Während die Vernunftgebote prinzipiell allen Völkern gegeben, vom G. aber genau umrissen wurden, ist die vollendete Seligkeit nur für das Volk Israel erreichbar [4], weil nur es das spezielle, die Vernunft überhöhende Organ besitzt [5], mit dem durch die «göttlichen Gebote» die Gottesgemeinschaft hergestellt wird [6]. In den Tagen des Messias wird Israel unter den Völkern aufgehen und so die gesamte Menschheit der vollendeten Glückseligkeit teilhaftig werden lassen [7]. ABRAHAM IBN DAUD (gest. um 1180) versteht das G. als Weg zur Vollkommenheit der *praktischen Vernunft*, insofern sie in ihrer Ethik, Ökonomik, Politik die vollendete praktische Philosophie darstellt [8]. Diesen rationalen G. sind die irrationalen Kult-G. als Mittel zum Zweck untergeordnet [9]. Die in Gotteserkenntnis und Gottesliebe bestehende Vollkommenheit der *theoretischen Vernunft* bewirkt die Glaubenslehren, die in ihrer Einteilung allen Geboten vorausgehen [10]. Bei MAIMONIDES (1135-1204) entspricht die Dreiteilung des G. *in Erkenntnis vermittelnde, sittliche und Handlungen betreffende Gebote* [11] der dreistufigen Vollkommenheit der Lebensverhältnisse, der Sitten und des Intellekts [12]. Vollkommene Erkenntnis bewirkt Gottesliebe [13] und Unsterblichkeit [14] und äußert sich in der ethisch verstandenen imitatio dei [15]. Da die Überbetonung des βίος θεωρητικός die große Masse von der ganzen Glückseligkeit ausschließt, füllt Maimonides die von Saadja bekannte Zweiteilung mit neuem Sinn. Während der philosophischen Elite das ganze G. einsichtig ist, teilen die Vernunftgesetze dem Volk gewisse Grundwahrheiten mit [16]. Dagegen lehrt CHASDAI CRESCAS (1340-1410), daß es zur Glückseligkeit nicht der Erkenntnis, sondern nur der Erfüllung des G. bedürfe [17]. Die Haltung seines Schülers JOSEPH ALBO (gest. 1444) ist nicht so eindeutig. Einerseits verleiht der Gehorsam gegenüber dem G. die Disposition für die Glückseligkeit, Ehrfurcht, Freude, Liebe [18], andererseits wird Wissen vermittelt, das zum Erreichen dieses Ziels dient [19]. Die Notwendigkeit der Offenbarung ergibt sich aus der Unzulänglichkeit des menschlichen Verstands [20]. Das kosmologische G.-Verständnis nimmt die Kabbala auf [21]: Die Befolgung der Tora wird «zum universalen kosmischen Erlösungsprozeß» [22].

Anmerkungen. [1] SAADJA, Einl. zum Proverbienkomm. – [2] Emunot we-de'ot III, 2-3. – [3] BACHJA IBN PAQUDA, Chobot halevavot, Einl. III, 3. – [4] JEHUDA HALEWI, Kuzari I, 111. – [5] a. a. O. I, 95. – [6] II, 26. – [7] IV, 23. – [8] ABRAHAM IBN DAUD, Emuna rama, hg. WEIL 98. 126. – [9] a. a. O. 102. – [10] 45. – [11] MAIMONIDES, More nevuchim III, 31. – [12] a. a. O. III, 27. – [13] a. a. O. III, 52. – [14] Hilchot Me'ila VIII, 8. – [15] a. a. O. III, 54. – [16] III, 26. – [17] Or adonai II, 6, 2. – [18] 'Iqqarim III, 31ff. – [19] a. a. O. III, 2. 5-7. – [20] a. a. O. I, 8. – [21] Vgl. G. SCHOLEM: Ursprung und Anfänge der Kabbala (1962) passim. – [22] J. MAIER: «G.» und «Gnade» im Wandel des G.-Verständnisses der nachtalmudischen Zeit. Judaica 25 (1969) 113.

c) Das Grundproblem der *Neuzeit* besteht darin, daß mit der Emanzipation das G. als evident notwendige Lebensordnung überflüssig geworden ist. Für M. MENDELSSOHN (1729-1786) setzt die *übernatürliche* Offenbarung des Gotteswillens an Israel die *natürliche* Offenbarung der «Vernunftwahrheiten» an die gesamte Menschheit voraus [1]. Zweck des G., dessen Bestimmungen mit den Vernunftwahrheiten korrelieren [2], ist die Erhaltung der Vernunftreligion. Indem das Judentum nach dem Gesetz lebt, weist es auf «gesunde, unverfälschte Begriffe von Gott und seinen Eigenschaften» hin [3]. S. R. HIRSCH (1808–1888) bestimmt als Ziel die *Erziehung* zum durch die höchste Sittlichkeit gekennzeichneten «Jissroel-Menschen», dessen Ideal nur über das G. zu erreichen ist [4]. Nach H. COHEN (1842–1918) sind der ausschließliche Zweck des G. nicht Aussagen über Gottes Wesen, sondern die *Versittlichung* des Menschen. Es ist «die notwendige Form für den Vollzug der Korrelation zwischen Gott und Mensch» [5]. Die unaufgebbare Bindung des Judentums an das G. «seinem Begriffe nach» [6] ergibt sich aus dem notwendigen Fortbestand der jüdischen Religion, solange das Ziel nicht erreicht ist. Es erhält das Judentum als Nationalität (= ein Staatselement), die Träger der Religion ist [7]. M. BUBERS (1878–1965) Standpunkt ist *metanomistisch* [8]. Zur Begegnung mit dem Unbedingten muß das G. als begrifflich gefaßte Lehre und als nur erfülltes G. überwunden werden [9]. So reduziert Buber das G. auf *Unterweisung* [10]. G.-Erfüllung, die sich auf die Persönlichkeit gründet, läßt er jedoch durchaus gelten [11]. Für F. ROSENZWEIG (1886–1929) muß das G., um wieder G. zu werden, seine «Heutigkeit» wiederbekommen, indem es zum *Gebot* wird [12], dessen Erfüllung im einen Reich des Tubaren dem Können anheimfällt [13]. Im Blick auf die amerikanischen Verhältnisse lehrt M. M. KAPLAN (geb. 1881), nach dem Ende des Supranaturalismus bedürfe das Judentum zum Überleben eines *Neuaufbaus* («reconstruction») als einer umfassenden *Volkskultur* auf der Grundlage einer wesensgemäßen Religion («Judaism as a civilization»), der auch das G. mit einschließt. Die Tora als historisches Zeugnis des jüdischen Volkes von seinem Bemühen, zu sich selbst zu kommen [14], ist von der Situation des Heute ausgehend so zu interpretieren, daß die jüdische Existenz mit Sinn erfüllt wird [15]. «Torah should mean to the Jew nothing less than a civilization which enables the individual to effect affirmative and creative adjustments in his living relationships with reality» [16]. A. J. HESCHEL (geb. 1907) versteht das G. als *Zeichen der Liebe Gottes*, die nach Antwort in Form von Taten verlangt [17]. Ziel ist die Heiligung [18].

Anmerkungen. [1] M. MENDELSSOHN: Jerusalem oder Über relig. Macht im Judenthum. Schriften zur Philos., Ästh. und Apologetik, hg. M. BRASCH, 2 (1880) 351ff., zit. 419. – [2] a. a. O. 430. – [3] 450. – [4] S. R. HIRSCH: Neunzehn Briefe über Judenthum (1836). – [5] H. COHEN: Relig. der Vernunft aus den Quellen des Judentums (²1929) 394. – [6] a. a. O. 425. – [7] 418-425. – [8] N. N. GLATZER: On Jewish learning (New York 1955) 22. – [9] M. BUBER: Der Jude und sein Judentum (1963) 122ff., zit. 143. – [10] A. A. COHEN: Der natürliche und der übernatürliche Jude (1966) 171. – [11] BUBER, a. a. O. [9] 136. – [12] F. ROSENZWEIG: Bauleute. Kleinere Schriften (1937) 106ff., zit. 116. – [13] a. a. O. 117. – [14] M. M. KAPLAN: The way I have come, in: Mordecai M. Kaplan: An evaluation, hg. I. EISENSTEIN/E. KOHN (New York 1952) 296. – [15] The purpose and meaning of Jewish existence (Philadelphia 1964) 326. – [16] Judaism as a civilization (New York ²1957) 414. – [17] A. J. HESCHEL: Between God and man. From the writings of Abraham J. Heschel, hg. F. A. ROTHSCHILD (New York 1959) 159ff. – [18] a. a. O. 164.

Literaturhinweise. M. WIENER: Jüdische Relig. im Zeitalter der Emanzipation (1933). – L. STRAUSS: Philos. und G. (1935). – E. I. J. ROSENTHAL: Judaism and Christianity III: Law and relig. (London 1938). – E. I. J. ROSENTHAL: Griech. Erbe in der jüdischen Religionsphilos. im MA (1960). – G. SCHOLEM s. Anm. [21 zu 3b]. – H. A. WOLFSON s. Anm. [14 zu a]. – E. SIMON: M. Buber und das dtsch. Judentum, in: Dtsch. Judentum, hg. R. WELTSCH (1963) 27ff. – J. GUTTMANN: Philosophies of Judaism (London 1964). – J. L. BLAU: Modern varieties of Judaism (New York/London 1966). – A. A. COHEN s. Anm. [10 zu c]. – W. D. DAVIES: Torah and Dogma. Harvard Theol. Rev. 61 (1968) 87ff. – M. HENGEL s. Anm. [15 zu a]. – J. MAIER s. Anm. [22 zu b].

GÜNTER MAYER

4. *Gesetz und Evangelium* (G.u.E.) wird erstmals von M. LUTHER nach Begriff und Sachverhalt zum konstitutiven und umfassenden kategorialen Horizont der gesamten Theologie erhoben, so daß dieses Begriffspaar die Grundstruktur seines Denkens abgibt und es im ganzen wie im einzelnen bestimmt. Problemgeschichtlich an PAULUS (G. und Christus, G. und Gnade, G. und Glaube, G. und Geist), AUGUSTIN (Geist und Buchstabe, 2. Kor. 3, 6) und – in schärfstem Widerspruch – an das scholastische Mittelalter (Alter und neuer Bund, Evangelium und/als neues G., Natur und Gnade/Übernatur, G. und Freiheit) anknüpfend hat Luther wohl nur in der «antithetischen» Theologie MARCIONS einen theologischen Vorgänger [1].

Nach LUTHER meint ‹G.› Gottes gebietend-fordernden Willen an und für den Menschen, dem dieser entsprechen soll, aber als «Sünder» nicht entsprechen kann, so daß er an ihm scheitert: «lex occidit per impossibilitatem suam» [2]. Solcher essentiellen «impossibilitas ad iustificationem» [3] des G. widerspricht und widerstreitet das Evangelium als Wort Christi und von Christus: Präzis als «negatio (abrogatio) legis» definiert und aus solcher Definition seine «vis» und «efficacia» ziehend, fordert es nicht vom Menschen seine Entsprechung zu Gott (iustitia activa), sondern übereignet ihm diese «gratis» (iustitia passiva) [4]. Solche Übereignung geschieht im Glauben (sola fide). Diese Dialektik von G.u.E. hat Konsequenzen für Gotteslehre (Zorn und Liebe Gottes, verborgener und offenbarer Gott), Offenbarungsverständnis («natürliche» und in Christus geschehene Offenbarung), Rechtfertigungslehre (iustitia propria, als Werk- und iustitia aliena als Glaubensgerechtigkeit), Anthropologie (alter und neuer Mensch, simul iustus et peccator), Ethik (Glaube und Werke) und biblische Hermeneutik (Altes und Neues Testament, Kanon im Kanon), so daß Luther die Unterscheidung von G.u.E. als das entscheidend und unterscheidend Christliche bestimmen kann [5].

In der *reformierten* Theologie des 16. und der folgenden Jh. wird ‹G.u.E.› nicht in dem Maß wie bei Luther zum zentralen und eigenständigen Thema erhoben, verliert vielmehr durch die Verhältnisbestimmung beider Größen als Kontinuität seine theologische Brisanz. Demgegenüber hält sich ‹G.u.E.› in der *lutherischen* Theologie des 16. und 17. Jh. durch, doch verblaßt der Gegensatz mehr und mehr und wird, formelhaft erstarrt, in das dogmatische und ethische System integriert, ebenso aber, rationalisiert, zum Synonym für die im Ansatz andersartige Thematik ‹Vernunft und Offenbarung› reduziert. Auch der im Widerspruch gegen das weithin «monistische» Gottes-, Menschen- und Erlösungsverständnis des neueren Protestantismus (FR. SCHLEIERMACHER, J. C. K. V. HOFMANN, A. RITSCHL) im 19. Jh. unternommene gelegentliche Rückgriff auf einen «dualistisch» verstandenen Luther innerhalb der Lutherforschung (TH. HARNACK) [6] und der systematischen Theologie (C. F. W. WALTHER) [7] führt nicht zur Neubelebung des Themas.

Das ändert sich im 20. Jh.: Historiographisch durch die Luther-Renaissance (C. STANGE, K. HOLL, P. ALTHAUS, W. ELERT, R. HERMANN u. a.) und systematisch durch die Dialektische Theologie [8] vorbereitet, zugleich herausgefordert durch die politisch-völkische Lehre vom «Volksnomos» [9], führt K. BARTH [10] das alte Thema mit nachhaltigem Erfolg wieder in die theologische Diskussion ein und eröffnet eine neue, bis heute andauernde Periode seiner intensiven Erörterung, die nahezu alle theologischen Einzelthemen einbezieht. Von der genuin-lutherischen Tradition unterscheidet sich die (mehr in der Linie Calvins stehende) Konzeption Barths durch die programmatische Umorientierung der überkommenen Reihung ‹G.u.E.› zu ‹E.u.G.›. Diese ist Ausdruck und Folge des fundamentalen Axioms, daß alles Reden Gottes mit und zu den Menschen, das im E. so gut wie das im G., «unter allen Umständen schon an sich Gnade» ist. Die eigentliche und primäre Verhältnisbestimmung von G.u.E. ist daher die der undialektischen, «friedlichen» Zusammengehörigkeit. Beide, G.u.E., stehen also a priori – und d. h. für Barth: von dem «ewigen» universalen göttlichen Heilsratschluß in Christus her – unter dem sie bestimmenden und vereinenden Vorzeichen der Gnade, doch so, daß das E. die «Priorität» vor dem G. hat [11].

Diese Konzeption Barths hat weithin Zustimmung gefunden (H. J. IWAND, E. WOLF, H. GOLLWITZER, H. VOGEL, H. BERKHOF), wird aber von bewußt in der lutherischen Tradition stehenden Theologen weithin mehr oder weniger bestimmt abgelehnt (W. ELERT, H. THIELICKE, W. JOEST, G. EBELING, R. BRING u. a.; sehr eigenständig und originell von F. GOGARTEN), wobei es an differenzierenden und so präzisierenden Vermittlungsversuchen nicht fehlt (P. ALTHAUS u. a.). Gegenüber der traditionellen Erörterung kommen neue Momente in die systematisch-theologische Diskussion hinein durch die Rezeption bibelwissenschaftlicher, vor allem alttestamentlicher Forschungsergebnisse (A. ALT, M. NOTH u. a.). Neuerdings beginnt auch die *katholische* Theologie das originär reformatorische und als solches antikatholische Thema ‹G.u.E.› zu entdecken und positiv zu rezipieren. Dabei schließt sie sich mehr der barthschen als der lutherischen Fassung an (G. SÖHNGEN u. a.).

Anmerkungen. [1] TERTULLIAN, Adv. Marcionem I, 19; IV, 1. 6. – [2] M. LUTHER, Weimarer A. (=WA) 39/1, 383, 22. – [3] a. a. O. 348, 11f. – [4] Vgl. WA 40/1, 4, 2ff. – [5] z. B. WA 7, 502, 34f.; 36, 9, 1ff.; 50/1, 207, 17f.; 486, 26f. – [6] TH. HARNACK: Luthers Theol. mit bes. Beziehung auf seine Versöhnungs- und Erlösungslehre 1 (1862). – [7] C. F. WALTHER: a. (1893); Die rechte Unterscheidung von G.u.E. (1897). – [8] Vor allem K. BARTH, etwa: Der Römerbrief (²1922) dort bes. 211-253. – [9] Dazu W. TILGNER: Volksnomostheol. und Schöpfungsglaube (1966). – [10] K. BARTH: E.u.G. (1935, ²1956). – [11] a. a. O. 6f.

Literaturhinweise. E. KINDLER und K. HAENDLER (Hg.): G.u.E. Beitr. zur gegenwärtigen theol. Diskussion (1968) 357-423: umfassende, bibelwiss., theologiegesch. und systemat.-theol. Bibliographie. – G. O. FORDE: The Law-Gospel-debate. An interpret. of its hist. development (1969).   L. PINOMAA/K. HAENDLER

III. *Der G.-Begriff in Philosophie und Wissenschaftstheorie der Neuzeit.* – In der Verwendung des G.-Begriffs, der vor allem mit dem Beginn der Neuzeit in der Auseinandersetzung mit dem aristotelisch-scholastischen Prinzip des Wesens seine philosophische Bedeutung gewinnt, können zwei grundsätzliche Tendenzen unterschieden werden. Die eine ist naturwissenschaftlich orientiert und behandelt das G. vorwiegend als relationalen Zusammenhang, durch den der menschliche Verstand die Gegenstände der Natur in eine mathematisch-physikalisch faßbare Beziehung bringt. Weil so das G. als vom Subjekt geleistete Verbindung aufgefaßt wird, stellen sich vor allem erkenntnistheoretische Fragen nach Art und Gültigkeit dieser Verbindung. – Auf der anderen Seite sehen z. B. Hegel und die marxistisch-leninistische Philosophie das G. in dem objektiven Zusammenhang eines Weltganzen. Es wird in dieser Sicht als «abhängiges Moment *Einer* Totalität» [1] betrachtet. Die G.-Formulierung ist daher nur eine relative, vom Subjekt geleistete Reproduktion eines dialektischen Vollzugs. Die Vertreter dieser Denkweise können sich auf die antike Tradition berufen, die seit ihren Anfängen im G. das Ordnungsprinzip sah, durch welches die Bewegung und Vielfalt der Welt geregelt wird [2].

Anmerkungen. [1] HEGEL, Werke, hg. GLOCKNER 7, 43. – [2] z. B. HERAKLIT, VS B 114; PLATON, Leg. 714 a; Tim. 83 e; ARISTOTELES, De coelo 268 a 10ff.; SVF III, 314; LUKREZ, De rerum natura I, 586; II 302; CICERO, De legibus II, 8; vgl. E. STIER: Nomos Basileus. Philologus 83 (1928) 225ff.; F. HEINIMANN: Nomos und Physis (²1965).

1. *Kepler und Galilei legen die Grundlage für den neuzeitlichen Begriff des G.* – So ist es für KEPLER Aufgabe des Erkennenden, die Naturerscheinungen mit Hilfe seines Verstandes zu bündeln (uno fasciculo colligare), d. h. in einen gesetzmäßigen Zusammenhang zu bringen, der mathematisch faßbar ist [1]. Kepler, der annimmt, daß es eine mathematisch ausdrückbare Struktur des Planetensystems geben muß, und versucht, die Bewegungsbahnen der Planeten auf einfache geometrische Figuren zurückzuführen, gebraucht den G.-Begriff in diesem neuen Sinne, wenn er ihn zur Bezeichnung seiner drei Grundregeln verwendet [2] und z. B. in der Einleitung zur ‹Neuen Astronomie› (1609) davon spricht, daß die Erde «die G. ihres schnelleren und langsameren Laufes (leges celeritatis et tarditatis suae) aus dem Maß ihrer Annäherung an die Sonne oder ihres Wegrückens von ihr entnimmt» [3]. Seine G. beziehen sich allerdings zunächst nur auf die Bewegung eines jeden einzelnen Planeten und werden erst später durch Verallgemeinerung für alle Planeten als gültig erklärt. Es gelingt Kepler nicht, eine physikalische Grundlage für seine G. zu finden [4]. Er stellt Hypothesen über Naturabläufe auf, leitet aus diesen Prämissen die Bewegungen mathematisch ab und überprüft die Ergebnisse wieder an den beobachtbaren Tatsachen [5].

GALILEI verzichtet ausdrücklich auf die Frage nach dem Wesen der Dinge und fragt stattdessen, *wie* sie uns erscheinen [6]. Zwar entwickelt auch er keine eigentliche Theorie des Erkennens, aber aus seinen wissenschaftlichen Arbeiten ergibt sich eine neue, einheitliche Grundauffassung von der Aufgabe der Erkenntnis, wenn er den einheitlichen Bewegungsvollzug in eine Raum- und Zeitkomponente auflöst und nach einer festen Regel, dem Natur-G., jeden Punkt auf der Wegstrecke einem bestimmten Punkt der Zeitlinie zuordnet. An die Stelle des Wesensdenkens, das z. B. bei den Bewegungsfiguren von unterschiedlichen Graden der Vollkommenheit ausgeht, tritt der Gedanke der prinzipiellen Gleichheit vor dem G. Dieser «revolutionäre» Zug des neuzeitlichen G.-Prinzips manifestiert sich in dem Ausspruch Galileis, er habe die Adelsregister der geometrischen Figuren nicht studiert [7].

Die gleiche Grundidee der neuzeitlichen Naturwissenschaft, die Auflösung einheitlicher Bewegungsfiguren zugunsten eines Bildungs-G., das Bewegungsvollzüge als Zusammenhänge von Punkten und ihre Abfolge als Funktion versteht, liegt auch der Entdeckung der analytischen Geometrie durch DESCARTES und der Erfindung der Differentialrechnung durch LEIBNIZ und NEWTON zugrunde [8].

SPINOZA hebt die grundsätzliche Bedeutung der in seiner Zeit formulierten einzelnen Natur-G. für das allgemeine Weltbild hervor. Der metaphorische Charakter des Begriffes «lex naturae» (nomen legis per translationem ad res naturales applicatum) wird von ihm reflektiert [9]. Stand jedoch noch bei DESCARTES hinter der

Metapher die voluntaristische Auffassung, daß Gott als G.-Geber wie ein König in seinem Reiche der Natur die G. gebe und sie daher auch aufheben könne, so vertritt SPINOZA nachdrücklich die Ewigkeit, Universalität und Unaufhebbarkeit der Natur-G. ‹Lex› wird von Spinoza nicht als normativer, sondern als deskriptiver Begriff verstanden. Er faßt seine Auffassung in der Formulierung zusammen: «...quidquid fit, id secundum leges et regulas, quae aeternam necessitatem et veritatem involvunt, fit; natura itaque leges et regulas, quae aeternam necessitatem et veritatem involvunt, quamvis omnes nobis notae non sint, semper tamen observat, adeoque etiam fixam et immutabilem ordinem» (... alles, was geschieht, geschieht nach G. und Regeln, die ewige Notwendigkeit und Wahrheit in sich schließen. Die Natur also beobachtet die G. und Regeln, welche ewige Notwendigkeit und Wahrheit in sich schließen, gleichwohl immer, auch wenn sie uns nicht alle bekannt sind, beobachtet somit auch eine feste und unveränderliche Ordnung) [10].

HOBBES versucht, das neue, am geometrischen Verfahren orientierte Wissenschaftsideal konsequent anzuwenden. Die als Wissenschaft verstandene Philosophie eröffnet «den Weg von der Betrachtung der einzelnen Dinge zu den allgemeinen G.» [11]. Die Wissenschaft – verstanden als die «in allgemeinen Sätzen enthaltene Wahrheit ..., d. h. die Wahrheit von Konsequenzen» [12] – verfährt dabei sowohl analytisch wie synthetisch. Ihr Ziel ist «die rationale Erkenntnis der Wirkungen oder Erscheinungen aus ihren bekannten Ursachen oder erzeugenden Gründen und umgekehrt der möglichen erzeugenden Gründe aus den bekannten Wirkungen» [13]. Während die Physik sich auf Erfahrungen stützen muß und insofern nur von den gegebenen Erscheinungen auf mögliche Ursachen zurückschließen kann, dient die Geometrie als Vorbild für das exakte Verfahren der logischen Deduktion eines Gegenstandes aus seinen Ursachen; denn die Eigenschaften geometrischer Figuren folgen aus ihrer Konstruktion, die wir selbst durchführen [14]. Um die Verhältnisse der menschlichen Handlungen mit der gleichen Gewißheit zu erkennen wie die Größenverhältnisse der Figuren in der Geometrie, sucht Hobbes als Ausgangspunkt, von dem aus er Politik und Ethik apriorisch demonstrieren kann, die «grundlegenden G. der Natur» [15]. Er gelangt durch die Analyse des Staates zu dem Grundsatz, «daß die Triebe und Seelenregungen der Menschen von irgendeiner Macht in Schranken gehalten werden müssen, weil die Menschen sich sonst gegenseitig bekämpfen und bekriegen würden» [16]. Diese gesuchten Bedingungen der Gesellschaft gibt das «natürliche G.» an, aus dem alle weiteren G. und Abmachungen abzuleiten sind. Es wird daher definiert als «das Gebot der rechten Vernunft in betreff dessen, was zu einer möglichst langen Erhaltung des Lebens und der Glieder zu tun und zu lassen ist» [17].

Im Verlauf des 17. Jh. bekommt ‹G.› den Sinn einer mathematisch faßbaren Regel. NEWTON spricht in diesem Sinne von den «Axiomen oder G. der Bewegung» [18], vom «G. der Kräfte», vom «astronomischen und mechanischen G.» und von dem «von Kepler gefundenen Planeten-G.» [19]. Er stellt die «G. der Bewegung und der Schwerkraft» auf, indem er die Sätze aus den Erscheinungen ableitet und durch Induktion verallgemeinert [20].

Bis zum Ende des 18. Jh. werden die G. der Natur noch weithin als Ausdruck göttlicher Satzung verstanden. Dagegen geht in der französischen Aufklärung z. B. D'ALEMBERT allein von positiv gegebenen, sinnlich wahrnehmbaren Grundelementen aus. Die G., die ihre Beziehungen regeln, können mit Hilfe der Erfahrung an den Körpern beobachtet werden. Daraus wird ihre notwendige Gültigkeit abgeleitet [21]. Etwa gleichzeitig kommt HUME von einem empiristischen Standpunkt aus zu dem Ergebnis, daß zwar Natur-G. allein durch die Erfahrung entdeckt werden [22], daß sie aber als die Verbindungen zwischen den beobachteten Ereignissen selbst nicht wieder Gegenstand von Beobachtungen sein können [23]. Da sie sich auch nicht aus dem Denken erschließen lassen, ist nicht einzusehen, wie es möglich sein soll, über Naturdinge apriorische Aussagen, die allein Notwendigkeit beanspruchen können, zu machen. Hume kommt daher zu dem Ergebnis, daß es sich bei der Verknüpfung von Ursache und Wirkung, auf der die Natur-G. beruhen, lediglich um eine subjektive Notwendigkeit oder Gewohnheit unseres Verstandes handelt, der die regelmäßige Aufeinanderfolge verschiedener Vorstellungen wahrnimmt und daher mit dem Auftauchen des einen Gegenstandes das des anderen verbindet.

KANT, der den Gedanken der Naturgesetzlichkeit erstmalig systematisch als Erkenntnisproblem behandelt, hält an der Objektivität, d. h. der Allgemeingültigkeit und Notwendigkeit der Natur-G. fest [24]. Die Argumentation Humes trifft ihn nicht, weil er darauf verzichtet, die «Dinge an sich selbst» zu betrachten, und von den Naturdingen nur redet, sofern sie durch die Kategorien der menschlichen Erkenntnis bestimmt sind [25]. Da Natur so nur als der «Inbegriff der Dinge als Gegenstände einer möglichen Erfahrung» verstanden wird [26], fallen die allgemeinen G. der Natur mit den Grundprinzipien der menschlichen Erkenntnis zusammen [27]. Daher besteht die Möglichkeit apriorischer Aussagen über die Natur. «Der Verstand schöpft seine G. (a priori) nicht aus der Natur, sondern schreibt sie dieser vor» [28]. Die empirischen G., die wir erst aus der Erfahrung lernen müssen, werden als besondere Bestimmungen der «reinen G. des Verstandes» aufgefaßt [29], welche die transzendentale Grundlage jeder G.-Mäßigkeit darstellen und nach deren Norm die Erscheinungen überhaupt erst eine gesetzliche Form annehmen [30].

Wie die theoretische Vernunft den Bereich möglicher Erfahrung durch ihre G.-Gebung konstituiert, so gibt die praktische Vernunft G., nach denen das vernünftige Wesen handelnd in die Welt eingreifen soll [31]. Das objektive Sitten-G. fordert den Menschen, der sich allzu leicht von den zufälligen Antrieben seiner natürlichen Neigungen leiten läßt, in Form eines kategorischen Imperativs auf, seine subjektiven Handlungsmaximen an dem Kriterium zu überprüfen, ob sie zugleich als «Prinzip einer allgemeinen G.-Gebung», als «allgemeines Natur-G.» dienen können [32]. Indem der vernünftige Mensch seine Handlungen «unter der Form der Gesetzlichkeit überhaupt» begreift, stellt er sich selbst unter das moralische G., das er sich in Orientierung an dem Weltzusammenhang selbst gibt und das doch zugleich allgemein ist [33]. Daher ist die Unterwerfung unter das moralische G. gleichbedeutend mit der Autonomie und Freiheit des vernünftigen Subjektes [34].

Schon beim späten Kant zeigt sich, daß die besonderen G. der Natur, die nur mittels der Erfahrung zu gewinnen sind, vom Standpunkt des gesetzgebenden Subjektes her als zufällig erscheinen müssen. Der Verstand, der apriorisch der Natur ihre «ontologische» Verfassung vorschreiben will, sieht sich einer unabhängigen, freien

Natur (Physis) gegenüber. Damit die Vernunft ihrem Anspruch auf Systematik gerecht werden kann, denkt sie Natur und Welt so, «als ob» sie überall systematische Einheit und innere Zweckmäßigkeit zeigen würde. Vom Standpunkt der reflektierenden Urteilskraft aus nimmt sie es als Prinzip a priori an, «daß das für die menschliche Einsicht Zufällige in den besonderen (empirischen) Natur-G. dennoch eine für uns zwar nicht zu ergründende, aber doch denkbare gesetzliche Einheit in der Verbindung ihres Mannigfaltigen zu einer an sich möglichen Erfahrung enthalte» [35].

Anmerkungen. [1] Vgl. F. KAULBACH: Philos. der Beschreibung (1968) 134. – [2] Vgl. E. CASSIRER: Das Erkenntnisproblem in der Philos. und Wiss. der neueren Zeit (²1911) 375. – [3] J. KEPLER, Neue Astronomie, dtsch. M. CASPAR (1929) 24. – [4] Vgl. E. J. DIJKSTERHUIS: Die Mechanisierung des Weltbildes (Amsterdam 1950, zit. dtsch. 1956) 358. – [5] J. KEPLER, Verteidigungsschrift für Tycho Brahe; vgl. H. SCHIMANK: Der Aspekt der Naturgesetzlichkeit im Wandel der Zeiten, in: Das Problem der Gesetzlichkeit 2: Naturwiss., hg. Jungius-Ges. der Wiss. (1949) 150. – [6] G. GALILEI, Opera (Florenz 1964-1966) 5, 187. – [7] Il saggiatore § 38 a. a. O. 4, 319. – [8] Vgl. KAULBACH, a. a. O. [1] 5ff. – [9] B. SPINOZA, Tractatus theologico-politicus (1670) c. 2 = Opera, hg. GEBHARDT 3, 58. – [10] a. a. O. c. 6 = 3, 83; vgl. G. NÁDOR: Leges et regulae, Bemerkungen zu Spinozas G.-Begriff. Stud. gen. 19 (1966) 696-698. – [11] TH. HOBBES, De cive, Dedicat., dtsch. hg. GAWLICK (= G) (1959) 60. – [12] De homine 10, 4, dtsch. hg. FRISCHEISEN-KÖHLER (= FK) (²1967) 10. – [13] De corpore 1, 1 = FK 6. – [14] Vgl. De homine 10, 5 = FK 19. – [15] De cive 1, 1 = G 75. – [16] De corpore 1, 6 = FK 63. – [17] De cive 2, 1 = G 87. – [18] I. NEWTON: Principia mathematica (1687), hg. LE SEUR/JACQUIER (Glasgow 1833) 1, 15. – [19] Vgl. SCHIMANK, a. a. O. [5] 182f. – [20] NEWTON, Princ. math. III, Scholium generale a. a. O. [18] 2, 202. – [21] J. D'ALEMBERT: Traité de dynamique (1743) préface; Encyclopédie, hg. D'ALEMBERT/DIDEROT (1751) Discours préliminaire. – [22] D. HUME, An essay conc. human understanding IV, 1, dtsch. hg. RICHTER (1964) 39. – [23] a. a. O. VII = 77. – [24] I. KANT, KrV A 126. – [25] KrV B XVI. – [26] Prol. 296. – [27] Prol. 319. – [28] Prol. 36. – [29] KrV B 128. – [30] Prol. 320; vgl. auch KrV A 126ff.; B 263. – [31] Vgl. F. KAULBACH: Immanuel Kant (1969) 131ff. – [32] Vgl. KANT, KpV § 7; Grundlegung Met. Sitten 421. – [33] a. a. O. 432. – [34] KpV 59, § 8. – [35] KU B XXXIII; vgl. KAULBACH, a. a. O. [1] 303f.

Literaturhinweise. E. CASSIRER s. Anm. [2]; Galileo Galilei. Eine neue Wiss. und ein neues wiss. Bewußtsein (1942), jetzt in: Philos. und exakte Wiss., hg. W. KRAMPF (1969) 115-131. – F. BORKENAU: Der Übergang vom feudalen zum bürgerlichen Weltbild. Studien zur Gesch. der Philos. der Manufakturperiode (Paris 1934, ND 1971) 15-96. – A. MAIER: Die Mechanisierung des Weltbildes im 17. Jh. (1938). – H. SCHIMANK s. Anm. [5]. – E. J. DIJKSTERHUIS s. Anm. [4]. – S. TOULMIN und J. GOODFIELD: The fabric of the heavens (London 1961, dtsch. 1970). – F. KAULBACH s. Anm. [1].

2. Gegen den nominalistischen Charakter der neuzeitlichen Naturwissenschaft und ihren abstrakten, mechanistischen G.-Begriff, der nur «ein durch Relation erzwungenes Band» des Verstandes sei [1], betont SCHELLING die Selbständigkeit und Originalität der Naturgebilde. Natur ist das objektiv Gewordene, das blinde Produzieren einer Intelligenz, des Ich, in der alle Gesetzlichkeit ihren Ursprung hat [2]. Die allgemeinen Natur-G. als «die Bedingungen der Möglichkeit einer Natur überhaupt» [3] werden in der erkennenden Reproduktion der ursprünglichen Produktionsweisen der Natur erfaßt [4]. Der freie, erkennende Nachvollzug seiner Geschichte und damit die Synthese von Zweckmäßigkeit und Freiheit ist Zweck des Ich: «Die Natur soll in ihrer blinden Gesetzmäßigkeit frei: und umgekehrt in ihrer vollen Freiheit gesetzmäßig sein» [5]; entsprechend soll das moralische G. «seine eigene Umwandlung in ein bloßes Natur-G. des Ichs» erfahren [6]. Im Rahmen der Überlegungen des *späten* Schelling zur Freiheit wird das G. schließlich ganz als Ergebnis schöpferischer Tat gesehen: Die Person Gottes ist «das allgemeine G.» Daraus resultiert die «Anerkennung der Natur-G. als sittlich –», nicht aber geometrisch notwendiger, und ebenso wenig willkürlicher G.» und die Tendenz der «Reduktion der Natur-G. auf Gemüt, Geist und Wille» [7].

HEGEL betont die Vermittlungsfunktion des Verstandes. Er entwickelt den Begriff des G. im Gedankengang seiner Logik, indem er die absolut wechselnde Erscheinung auf die «Einfachheit des Innern oder des Verstandes» bezieht [8]. Das G. wird von Hegel zunächst als das Feste und Bleibende in der Veränderung bestimmt. Es ist das «beständige Bild der unsteten Erscheinung» [9], das «im Wechsel der Erscheinung sich gleich Bleibende» [10]. Der Unmittelbarkeit des Seins, die die Existenz hat, wird das bleibende Bestehen gegenübergestellt, das die Erscheinung im G. hat, der nichtigen und der äußeren Unmittelbarkeit die reflektierte, der existierenden oder erscheinenden Welt das Reich der G. Dieses Gesetztsein gegen die seiende Unmittelbarkeit der bloßen Existenz, das in dem deutschen Ausdruck ‹G.› enthalten sei, wird als das «Wesentliche» und «wahrhaft Positive» bestimmt [11]. Es ist die Mannigfaltigkeit der Erscheinung «auf den einfachen Unterschied reduziert» [12]. Dennoch ist das G. «nicht jenseits der Erscheinung, sondern in ihr unmittelbar gegenwärtig». G. und Erscheinung sind als «Eine Totalität» zu betrachten [13]. Der unwesentliche Inhalt der Erscheinung wird nicht durch das G. gesetzt. Er ist für das G. ein Erstes und daher nur äußerlich mit ihm verbunden. G. sind insofern «nur ein ruhiges Aufnehmen rein seiender Unterschiede in die Form der Allgemeinheit» [14]. Im Verfahren der Naturwissenschaft, unter jeweils variierenden Bedingungen Untersuchungen über ein G. anzustellen, erkennt Hegel die Möglichkeit, sich von jeglicher Gebundenheit der Momente eines G. an bestimmtes sinnliches Sein zu lösen und die reinen Bedingungen des G. zu finden, «das Gesetz ganz in die Gestalt des Begriffes zu erheben» [15]. Hegels gewichtige Aussage: «alle Wirklichkeit ist an ihr selbst gesetzmäßig» [16], wird dann vom spekulativen Denken der Vernunft aufgenommen und das G. als «eine innere notwendige Einheit unterschiedener Bestimmungen» begriffen. Sein Wesen besteht «in einer *untrennbaren Einheit*, in einem *nothwendigen inneren Zusammenhange unterschiedener Bestimmungen*» [17]. Der in solcher Allgemeinheit entwickelte G.-Begriff gilt für die Natur wie für die sittliche Weltordnung. Hegels *Rechtsphilosophie* ist an die logischen Bestimmungen gebunden: Die G. werden als «die an und für sich seyende, aus der Natur der Sache fließende Bestimmung» verstanden [18]. Es gilt, die G. als «die einfachen Principien der Sache, den in ihr wirksamen und sie regierenden Verstand» herauszufinden [19], d. h. im Bereich der Gesellschaft: «zu einer Masse von Zufälligkeiten die G.» zu finden. Die bürgerliche Gesellschaft als System der Bedürfnisse hat «Ähnlichkeit mit dem Planetensystem, das immer dem Auge nur unregelmäßige Bewegungen zeigt, aber dessen G. doch erkannt werden können» [20].

Anmerkungen. [1] F. W. J. SCHELLING, Werke, hg. SCHRÖTER 4, 98. – [2] a. a. O. 2, 608. – [3] Erg.Bd. 1, 186. – [4] Vgl. F. KAULBACH: Philos. der Beschreibung (1968) 365. – [5] SCHELLING, a. a. O. [1] 1, 595. – [6] 1, 122. – [7] 4, 288. – [8] G. W. F. HEGEL, Werke, hg. GLOCKNER 2, 121. – [9] a. a. O. 2, 122. – [10] 4, 624. – [11] 4, 627. – [12] 4, 626. – [13] 4, 628. – [14] 2, 218. – [15] 2, 199. – [16] 2, 123. – [17] 10, 270. – [18] 7, 227. – [19] 7, 271. – [20] 7, 272.

3. Hegels G.-Begriff wird von MARX und ENGELS aufgenommen und im materialistischen Sinn weiterentwickelt. LENIN behandelt in seinem philosophischen Nachlaß ausführlich diesen allgemein-philosophischen G.-

Begriff; daher knüpfen die späteren Überlegungen marxistisch-leninistischer Philosophen im wesentlichen an seine Bestimmungen an.

Der dialektische Materialismus geht – im Anschluß an Lenin – allgemein von der Existenz objektiver, d. h. von der Erkenntnis des Menschen unabhängiger G. der Natur und der Gesellschaft aus. Diese objektiven Zusammenhänge spiegeln sich im Bewußtsein des Menschen [1]. Von dem G.-Begriff des mechanischen Materialismus des 18. Jh. [2] unterscheidet sich der dialektisch-materialistische Gesetzesbegriff in zwei wesentlichen Punkten, die Marx und Engels besonders betonten, die aber in der Fortbehandlung der Probleme nicht immer voll gewürdigt wurden: in der Übernahme des Entwicklungsgedankens und der Einbeziehung der gesellschaftlichen Praxis.

Wie Hegel «die ganze natürliche, geschichtliche und geistige Welt als einen Prozeß» gesehen und die «innere Gesetzmäßigkeit», den «inneren Zusammenhang in dieser Bewegung und Entwicklung» nachzuweisen versucht habe, so sieht auch nach Engels für den modernen Materialismus, daß die Natur «ebenfalls ihre Geschichte in der Zeit» hat. Er verwerfe gleichzeitig nicht naiv und revolutionär die Geschichte, sondern sehe in ihr den «Entwicklungsprozeß der Menschheit, dessen Bewegungs-G. zu entdecken seine Aufgabe ist» [3]. Die Aufgabe, die G.-Problematik mit dem Gedanken der dialektischen Entwicklung in Einklang zu bringen, fordert den Gedanken der Historizität der G. [4]. So hatte Marx verlangt, «das materielle G. einer bestimmten historischen Gesellschaftsstufe» nicht als «abstraktes, alle Gesellschaftsformen gleichmäßig beherrschendes G.» aufzufassen, sondern die Bedingtheit der jeweiligen ökonomischen Entwicklungsstufe zu berücksichtigen [5]. Jede gesetzmäßige Erkenntnis stellt daher nur eine relative Annäherung an die Wirklichkeit dar, auf jeder höheren Stufe ist eine Aufhebung und Neufestsetzung der G. möglich und notwendig [6].

Schon in den ‹Thesen über Feuerbach› hebt Marx die erkenntniskonstitutive Funktion der gesellschaftlichen Praxis hervor. Der «Hauptmangel alles bisherigen Materialismus» bestehe darin, daß «der Gegenstand, die Wirklichkeit, Sinnlichkeit nur unter der Form des Objekts oder der Anschauung gefaßt wird; nicht aber als sinnlich-menschliche Tätigkeit, Praxis, nicht subjektiv.» Es komme darauf an, «die Bedeutung der ‹revolutionären›, der praktisch-kritischen Tätigkeit» zu begreifen [7]. Entsprechend darf das wissenschaftliche G. nicht als Produkt bloßer Beobachtung der Wirklichkeit verstanden werden, sondern ist selber Ergebnis der praktischen Veränderung der Wirklichkeit [8].

Gegenüber der bloßen Regelmäßigkeit zeichnet sich die Gesetzmäßigkeit dadurch aus, daß sie allgemeiner [9], innerer und notwendiger Zusammenhang [10] zwischen den Erscheinungen der objektiven Realität ist. Da die in den Einzelwissenschaften formulierten G. als Abbild und Widerspiegelung der objektiven Zusammenhänge verstanden werden, besteht der Anspruch, die Natur vollständiger und genauer zu erfassen, als dies eine bloße Beschreibung von Erscheinungen zu leisten vermag. Das G. schreitet zur Erkenntnis des Wesens der Erscheinungen fort, es ist «die Widerspiegelung des Wesentlichen in der Bewegung des Universums». Lenin bezeichnet daher ‹G.› und ‹Wesen› als «Begriffe gleicher Ordnung» [11]. Auch wenn in der gegenwärtigen marxistischen Lehre die drei Momente Allgemeinheit, Notwendigkeit und Wesentlichkeit allgemein als hinreichend für eine Definition des G.-Begriffes gelten – lediglich über ihr gegenseitiges Verhältnis werden unterschiedliche Standpunkte vertreten –, werden als weitere Charakteristika des G. die Abhängigkeit seiner Existenz von bestimmten Bedingungen sowie die relative Beständigkeit und Wiederholbarkeit des G.-Zusammenhanges genannt [12].

Die Darlegung gesellschaftlicher G. leistete Marx im ‹Kapital›. Sie bringen die gesellschaftliche Struktur zum Ausdruck, indem sie die gesellschaftliche Praxis und die sie bedingenden und durch sie veränderten und veränderbaren materiellen Verhältnisse als das entscheidende Moment der gesellschaftlichen Totalität herauskristallisieren [13]. Entsprechend charakterisierte Marx seine Position als einen Standpunkt, der die Entwicklung der ökonomischen Gesellschaftsformation als einen naturgeschichtlichen Prozeß auffaßt, sprach vom «Natur-G.» der Bewegung einer Gesellschaft und bezeichnete es als den Endzweck seiner Arbeit am ‹Kapital›, «das ökonomische Bewegungs-G. der modernen Gesellschaft zu enthüllen» [14]. Dieser Ansatz bei der objektiven Struktur des sozial-historischen Geschehens (nomologischer Geschichtsansatz) wurde vor allem von den Theoretikern sowjetmarxistischer Richtung isoliert aufgenommen und ist bis zur Gegenwart für den «Diamat» entscheidend geblieben, während die bei Marx ebenfalls vorhandenen, von dem Ziel der Verwirklichung des Menschenwesens und von der konkret-historischen Praxis des Menschen ausgehenden Geschichtsansätze vernachlässigt werden [15].

Der Unterschied zwischen den Natur-G. und den gesellschaftlichen G. wird darin gesehen, daß diese es mit dem Bereich der bewußten, zielgerichteten Tätigkeit des Menschen zu tun haben [16]. Sie sind zugleich Produkt und Voraussetzung der menschlichen Tätigkeit. Eines der grundlegenden Merkmale der gesellschaftlichen G. – neben den konkret historischen Formen und ihrer qualitativen Vielfalt – ist die spezifische Dialektik von objektiven und subjektiven Faktoren [17]. Solange sie nicht erkannt sind, wirken die gesellschaftlichen G. wie Natur-G. [18]. Sie treten den Menschen als etwas Fremdes, sie Beherrschendes gegenüber, sofern das menschliche Handeln nicht bewußt auf ihre Durchsetzung gerichtet ist [19]. Da der Sozialismus die gesellschaftlichen Verhältnisse bewußt gestalten will, muß er sich in besonderem Maße dem Problem der Vermittlung von objektivem G. und gesellschaftlichem Handeln zuwenden. Daher steht diese Frage in der gegenwärtigen marxistischen Diskussion um die G.-Problematik im Vordergrund [20].

Anmerkungen. [1] W. I. LENIN, Dtsch. Werke (1955ff.) 14, 150f. – [2] z. B. P. H. TH. D'HOLBACH: Système de la nature ou des loix du monde physique & du monde moral (London 1770). – [3] F. ENGELS, MEW 19, 206f.; vgl. 20, 506; LENIN, a. a. O. [1] 38, 141. – [4] Vgl. MEW 20, 505f. – [5] MEW 26, 12. – [6] Vgl. MEW 20, 24; LENIN, a. a. O. [1] 38, 141. – [7] MEW 3, 5. – [8] Vgl. A. GRIESE: Philos. G.-Begriff und dialektisch-materialistische Entwicklungstheorie. Dtsch. Z. Philos. 19 (1971) 1181. – [9] MEW 20, 501. – [10] MEW 25, 235. – [11] LENIN, a. a. O. [1] 38, 142. – [12] Vgl. G. KRÖBER (Hg.): Der G.-Begriff in der Philos. und den Einzelwiss. (1968) 26ff. – [13] Vgl. LENIN, a. a. O. [1] 1, 126; P. BOLLHAGEN: Gesetzmäßigkeit und Gesellschaft (1967) 31ff.; KRÖBER, a. a. O. [12] 24. – [14] MEW 23, 15f. – [15] Vgl. H. FLEISCHER: Marxismus und Gesch. (1970) bes. 13. 33-43. – [16] MEW 21, 296. – [17] Vgl. BOLLHAGEN, a. a. O. [13] 41. – [18] MEW 20, 260f. – [19] MEW 19, 226. – [20] Vgl. H. HÖRZ: Ergebnisse und Aufgaben einer marxistischen Theorie des objektiven G. Sber. dtsch. Akad. Wiss. Berlin 7 (1968) 3ff.; GRIESE, a. a. O. [8] 1181.

Literaturhinweise. P. BOLLHAGEN s. Anm. [13]. – H. HÖRZ s. Anm. [20]. – G. KRÖBER s. Anm. [12]. – A. GRIESE s. Anm. [8].

4. Mit den wachsenden Fortschritten der Erfahrungswissenschaften setzt in der zweiten Hälfte des 19. Jh. in Deutschland eine radikale Abwendung von der spekulativen Metaphysik ein. Für die Weiterentwicklung des G.-Begriffs wird das Ideal empirisch bestimmter Exaktheit maßgeblich.

So fordert H. v. HELMHOLTZ, die Natur-G. in den Tatsachen zu entdecken. Da die Sinnesempfindungen nur Zeichen für die Veränderlichkeit in der Außenwelt sind, vermögen sie «die Gesetzmäßigkeit in der zeitlichen Folge der Naturphänomene direct abzubilden» [1]. Die Kenntnis der G. bedeutet «die Kenntnis, wie zu verschiedenen Zeiten auf gleiche Vorbedingungen gleiche Folgen eintreten» [2]. Ein G. wird daher allgemein definiert als «das gleichbleibende Verhältnis zwischen veränderlichen Größen» [3], als «der allgemeine Begriff, unter den sich eine Reihe von gleichartig ablaufenden Naturvorgängen zusammenfassen lassen». Aus der vollständigen Kenntnis eines Natur-G. resultiert die Forderung nach der Ausnahmslosigkeit seiner Geltung [4].

Der deutsche Positivismus des 19. Jh. (Empiriokritizismus) lehnt jede Metaphysik ab. E. MACH und R. AVENARIUS, die in diesem Sinne die Beschränkung der Wissenschaft auf eine exakte, vom Prinzip der Ökonomie geleitete Beschreibung des unmittelbar Gegebenen fordern, können mit ihrem G.-Begriff einerseits an die englischen Empiristen, wie FR. BACON und D. HUME, im 19. Jh. an J. ST. MILL [5] und H. SÉENCER [6], anknüpfen, andererseits sind sie in der positivistischen Tradition der französischen Enzyklopädisten und A. COMTES zu sehen, der die «positive Wissenschaft» durch das Verfahren charakterisiert, «überall an die Stelle der unerreichbaren Ursachen die einfache Erforschung von G., d. h. der konstanten Beziehungen zu setzen, die zwischen den beobachteten Phänomenen bestehen» [7].

MACH sieht die Natur-G. ihrem Ursprung nach als «Einschränkungen, die wir unter der Leitung der Erfahrung unserer Erwartung vorschreiben» [8]. «Ein G. besteht immer in einer Einschränkung der Möglichkeiten, ob dasselbe als Beschränkung des Handelns, als unabänderliche Leitbahn des Naturgeschehens oder als Wegbereiter für unser dem Geschehen ergänzend vorauseilendes Vorstellen und Denken in Betracht kommt» [9]. Mach will damit auf die biologische Bedeutung der Natur-G. hinweisen, die er als Resultat eines letztlich der Arterhaltung dienenden Interesses sieht. «Die Natur-G. sind ... ein Erzeugnis unseres psychologischen Bedürfnisses, uns in der Natur zurechtzufinden» [10]. Da das menschliche, psychische Individuum selber als Teil der Natur aufgefaßt wird, ist «keine scharfe, unüberschreitbare Schranke zwischen Ich und Welt anzunehmen» [11]. Die Anwendbarkeit der Natur-G. ist dadurch möglich, daß die konkreten, tatsächlichen Fälle einem Verfahren der Abstraktion, der Idealisierung der Tatsachen unterworfen werden. Der Machsche Positivismus wählt als Grundelemente des Systems diskrete Empfindungselemente. Aus derartigen einfachen Elementen, die durch die gedankliche Zerlegung des Konkreten gewonnen werden, lassen sich «die gegebenen Tatsachen mit zureichender Genauigkeit ... wieder gedanklich aufbauen» [12]. Motiviert durch das Anliegen, die Wahrnehmungen intersubjektiv faßbar zu machen, haben die Empfindungen für Mach nicht von der inhaltlichen, sondern nur von ihrer strukturellen Seite her Bedeutung. Die Gegenstände der Erkenntnis werden als «Bündel gesetzmäßig zusammenhängender Reaktionen» verstanden. «Immer ist der gesetzmäßige *Zusammenhang* der Reaktionen, und dieser *allein*, das Beständige» [13]. Die sinnliche Wirklichkeit entspricht der Erwartung nur innerhalb gewisser Grenzen. Daher müssen die «Natur-G. als bloße subjektive Vorschriften für die Erwartung des Beobachters, an welche die Wirklichkeit nicht gebunden ist», an der Erfahrung überprüft werden. Wird die Erwartung enttäuscht, so besteht «stets die Freiheit, statt der erwarteten Gleichförmigkeiten neue zu suchen» [14]. Mit dem Fortschritt der Naturwissenschaft ergibt sich eine zunehmende Einschränkung der Erwartung, die mit einer genaueren Anpassung der Gedanken an die Tatsachen Hand in Hand geht. Die Theorie schmiegt sich mehr und mehr der Wirklichkeit an, darin besteht der wissenschaftliche Fortschritt.

Der *Neukantianismus*, der die Rückkehr zur kritischen Erkenntnisposition Kants fordert [15], sieht die G. als Erzeugnis, als Konstruktion des menschlichen Verstandes und charakterisiert sie durch Begriffe wie ‹Relation›, ‹Funktion› und ‹Struktur›: «Aufgabe ist: Ordnung des Einen nach [d. h. gemäß] dem Anderen, wodurch ein System von Ordnungen, das heißt *eine* Gesamtordnung entstehe. Eine solche ist, in der Sprache der Mathematik: die Funktion, in der Sprache der Naturwissenschaft: das G. ...» [16]. E. CASSIRER wendet sich gegen den empiristischen Versuch, «die G., die wir aussprechen, ... als eine bloße Weiterführung bestimmter wahrnehmbarer Verhältnisse darzustellen» [17]. Die Geschichte der neuzeitlichen Naturwissenschaft zeige, daß sich mit dem Fortschritt der theoretischen Physik das Verhältnis von G. und Tatsache geändert habe. Durch die idealisierende Methode des «Gedankenexperimentes» ist das eigentliche Wahrnehmungsobjekt in der G.-Formel «durch seine ideale Grenze ersetzt und vertreten» [18]. Die naturwissenschaftlichen Idealbegriffe «gehen über das Gegebene hinaus, um die gesetzlichen Strukturverhältnisse des Gegebenen um so schärfer zu erfassen» [19]. Jeder Bestimmung naturgesetzlicher Zusammenhänge liegen a priori «letzte logische Invarianten» zugrunde, wie z. B. die Kategorien Raum und Zeit, Größe und funktionale Abhängigkeit von Größen, die von einem Wechsel im materialen Inhalt prinzipiell nicht betroffen werden [20]. «Die Besonderung eines G. setzt ... dieses G. selbst voraus und ist nur in Beziehung darauf verständlich» [21]. B. BAUCH nimmt die «Regelbestimmtheit der Erscheinungen» als Anknüpfungspunkt für die Erfassung des G.-Begriffs, sieht aber über die logischen Voraussetzungen des Natur-G. im System der Kategorien gegeben: In jedem Natur-G. «verbinden sich immer eine Mehrheit von Kategorien zur Einheit». Daher ist für ihn das Natur-G. ein «allgemeiner, durch empirische Inhalte erfüllter Kategorienkomplex» [22].

Da vom Neukantianismus Wissenschaft allgemein als Ergebnis der Vernunfttätigkeit angesprochen wird, befaßt sich vor allem die Südwestdeutsche Schule über die Frage der naturwissenschaftlichen Erkenntnis hinaus mit der Begründung und Methodik der Geisteswissenschaft. Maßgeblich sind dabei die Thesen W. WINDELBANDS, der der nomothetischen Methode der Naturwissenschaft das idographische Verfahren der Kulturwissenschaften gegenüberstellt [23], und H. RICKERTS, der von der generalisierenden naturwissenschaftlichen Methode das individualisierende Verfahren der Geisteswissenschaft unterscheidet [24].

Anmerkungen. [1] H. v. HELMHOLTZ: Über das Ziel und die Fortschritte der Naturwiss. (1864), in: Vorträge und Reden (⁴1896) 1, 395. – [2] a. a. O. 1, 394. – [3] 2, 240. – [4] 1, 375. –

[5] J. St. Mill: A system of logic (1843). – [6] H. Spencer: A system of synthetic philos. (1862-96). – [7] A. Comte: Rede über den Geist des Positivismus (1844), hg. I. Fetscher 27. – [8] E. Mach: Erkenntnis und Irrtum (^{2}1906) 449. – [9] a. a. O. 450. – [10] 453. – [11] 458. – [12] 455. – [13] 148. – [14] 458. – [15] O. Liebmann: Kant und die Epigonen (1865). – [16] P. Natorp: Die log. Grundl. der exakten Wiss. (1910) 67. – [17] E. Cassirer: Substanzbegriff und Funktionsbegriff (1910) 172. – [18] a. a. O. 231. – [19] 170. – [20] 356f. – [21] 413. – [22] B. Bauch: Das Natur-G. (1924) 17f. – [23] W. Windelband: Gesch. und Naturwiss. (1894). – [24] H. Rickert: Die Grenzen der naturwiss. Begriffsbildung (1896).

5. H. Dingler, der in seinen frühen Schriften [1] vom Konventionalismus H. Poincarés [2] beeinflußt ist, sucht in Frontstellung gegen die empiristische Anschauung – Mach gibt allerdings seiner Ansicht nach gerade wieder den «alten synthetisch-apriorischen Ableitungen und Gedankengängen» breiteren Raum [3] – den Gesichtspunkt apriorischer Konstruktion zur Geltung zu bringen. Ausgangspunkt ist für Dingler die Erkenntnis, «daß ich etwas will»; seine Auffassung kann daher als «operativer Cartesianismus» bezeichnet werden [4]. Die Ergreifung des Wirklichen erfolgt in seiner Reproduktion durch reine Synthesis. In die an sich fließende Natur bringen erst die Begriffe der «Idealwissenschaft», die «operativ» eingeführt werden, Konstanz. Mit ihnen schaffen wir uns «sozusagen ein *festes Gerüst* innerhalb der Natur. Und *nur*, was zu diesem Gerüst gehört ..., ist exakt reproduzierbar, nur an diesen Elementen sind also wirklich exakte ‹Natur-G.› möglich und vorhanden». Neben den G. der «Idealwissenschaft» (I.W.) unterscheidet Dingler noch empirische G., die (mindestens) einen «natürlichen Faktor enthalten, welcher noch nicht völlig durch reine I.W.-Begriffe darstellbar ist» [5], sowie praktische oder rein empirische G., die natürliche, nur in unserer normalen Umgebung eindeutig gewordene Begriffe enthalten und sich bisher als empirisch richtig erwiesen haben. Aber die Bemühung der Wissenschaft geht dahin, im Zuge der rationalen Bewältigung der Natur von rein empirischen Beobachtungen zu absolut gültigen Aussagen zu gelangen, die logisch tautologischer Natur sind [6]. Durch immer genauere Exhaustion werden die «wirklichen» Dinge und Vorgänge durch rationale Konstruktionen unbegrenzt besser approximiert. – In der Gegenwart wird der operative Begründungsansatz Dinglers vor allem von P. Lorenzen aufgenommen [7].

Der *Neopositivismus* oder logische Positivismus, der von dem durch Moritz Schlick um 1928 gegründeten Wiener Kreis ausging, unterscheidet sich vom älteren Positivismus durch die zentrale Rolle, die der Sprache und der Logik zugesprochen wird. G. als Verknüpfungen zwischen empirisch feststellbaren Ereignissen – im Anschluß an Hume wird ‹G.› in diesem weiteren Sinne eines regelmäßigen, nicht unbedingt kausalen Zusammenhanges gebraucht – werden selbst nicht als mögliche Gegenstände von Beobachtungen angesehen, sondern gehören in den Bereich logischer Analysen. Die positivistische Grundhaltung verbindet sich mit der vor allem von B. Russell und A. N. Whitehead vertretenen Auffassung, daß die Sätze der Mathematik Ausdruck rein logischer, durch Axiome und Definitionen bestimmter Verhältnisse sind [8].

Entscheidend ist der Einfluß L. Wittgensteins geworden [9]. Er erkennt Gesetzmäßigkeiten allein im Bereich der Logik an, während noch ihm die Welt aus einzelnen, elementaren Sachverhalten besteht, die nur über die logische Sprache zugänglich sind. Es ist daher eine grundlegende Täuschung anzunehmen, «daß die sogenannten Natur-G. die Erklärungen der Naturerscheinungen seien» [10]. G. sind rein logische Formen, «Einsichten a priori über die mögliche Formgebung der Sätze der Wissenschaft» [11], die gleichsam wie ein Netzwerk über die Wirklichkeit gelegt werden und der Beschreibung der Welt in einheitlicher Form dienen, aber nicht direkt von den Gegenständen der Welt sprechen: «Daß sich ein Bild ... durch ein Netz von gegebener Form beschreiben läßt, sagt über das Bild *nichts* aus ... Das aber charakterisiert das Bild, daß es sich durch ein bestimmtes Netz von *bestimmter* Feinheit *vollständig* beschreiben läßt» [12]. Thema der philosophischen Untersuchung ist nicht der Aufbau der Welt aus sinnlich-wahrnehmbaren Elementen, sondern die logische Untersuchung der Sätze, mit deren Hilfe wir von Tatsachen und ihrem Zusammenhang reden [13]. Die G.-Problematik erscheint so als die Frage nach der Möglichkeit und Berechtigung verallgemeinernder Aussagen. Entsprechend der Analyse Humes [14] werden nur solche Sätze als sinnvoll anerkannt, die entweder rein logisch (analytisch) sind oder sich auf sinnlich wahrnehmbare Tatsachen beziehen bzw. sich auf derartige durch Beobachtung nachprüfbare Sätze zurückführen lassen.

Gegen den z. B. von R. Carnap vertretenen Anspruch, daß alle sinnvollen empirischen Aussagen *verifizierbar*, d. h. am Gegebenen durch Beobachtung nachprüfbar sein müssen [15], haben sich vor allem K. R. Popper [16] und B. Russell [17] mit dem Argument gewandt, daß eine endliche Anzahl von Ereignissen eine Aussage über unendlich viele Fälle nicht rechtfertigen könne. Popper schlägt daher vor, daß eine Theorie so lange gelten solle, als sie nicht *falsifiziert* sei. Die Kritik veranlaßte Carnap dann später, den Begriff der Verifizierbarkeit fallen zu lassen und stattdessen von der Bestätigung einer Hypothese zu sprechen [18]. Er faßt den Bestätigungsgrad oder die induktive Wahrscheinlichkeit einer Hypothese als einen logischen Begriff, der die Bewertung der Hypothese relativ zu einem gegebenen Wissen angibt, und quantifiziert ihn mit Hilfe geeigneter Maßfunktionen. Da wissenschaftliche Aussagen nicht bloßer Bericht über Vergangenes sein dürfen, sondern zugleich die Funktion der Erklärung und Einordnung bekannter Ereignisse und der Voraussage künftiger erfüllen sollen [19], schließt die wissenschaftliche Theorie eine endgültige Rechtfertigung ihrer Aussagen aus. Auch wenn nur von der Wahrscheinlichkeit oder Bewährung empirischer Aussagen gesprochen wird und insofern das Problem der Rechtfertigung der Induktion nicht als sinnvolle Aufgabe erscheint, so ist doch weiter zu fragen, nach welchen Kriterien glaubwürdige von unglaubwürdigen Induktionen faktisch unterschieden werden. Es stellt sich darüber hinaus die Aufgabe, ein Kriterium der G.-Artigkeit einer Aussage zu finden, das es erlaubt, zufällige Verallgemeinerungen von Gesetzen zu unterscheiden.

N. Goodman [20] konnte zeigen, daß alle Versuche einer Abgrenzung unbrauchbar sind, solange sie – wie auch die Vorstellung der induktiven Bestätigung – von einem fiktiven tabula-rasa-Standpunkt ausgehen [21]. Er wendet das Induktionsproblem deskriptiv, indem er inhaltliche Kriterien aus vergangener Erfahrung darüber entscheiden läßt, ob die bei der Beschreibung von Beobachtungen verwendeten Prädikate sich dazu eignen, mit Hilfe einer Hypothese von gegebenen auf nicht-gegebene Fälle übertragen zu werden [22]. Nur wenn gut gestützte Hypothesen, über die keine sie erschütternden Erfahrungstatsachen bekannt sind, für die andererseits aber noch nicht alle unter sie subsumierbaren Einzelfälle überprüft wurden, in diesem Sinne «induktiv projizierbar» sind, werden sie als G.-Hypothesen zugelassen.

Es kann also nicht an der Auffassung festgehalten werden, man könne sich bei der Frage empirischer Gesetzlichkeit auf ein formales Operieren mit Symbolen beschränken. Gegenüber dem empiristischen Programm eines logischen Aufbaus der Wissenschaft auf dem Fundament der Wahrnehmung gewinnen in der Gegenwart pragmatische und operationalistische Gesichtspunkte an Bedeutung, welche – ausgehend von der Analyse des Forschungsprozesses – die Rolle der Wissenschaftsgeschichte und der in der Vergangenheit bewährten Sätze in ihre Überlegungen einbeziehen. Mit der Erkenntnis, daß die Wissenschaft einen Prozeß der Erkenntnisgewinnung darstellt, der sich selbst korrigiert [23], wird deutlich, daß der Sinn und die Wahrheit von G.-Aussagen in bezug auf schon bekanntes Vorwissen und bereits akzeptierte Theorien zu sehen sind.

Anmerkungen. [1] H. DINGLER: Physik und Hypothese (1921); Die Grundl. der Physik. Synthetische Prinzipien der math. Naturphilos. (²1923). – [2] H. POINCARÉ: Wiss. und Hypothese (³1914); Der Wert der Wiss. (²1910). – [3] DINGLER, Grundl. a. a. O. [1] 334. – [4] K. LORENZ und J. MITTELSTRASS: Einf. zu H. DINGLER: Die Ergreifung des Wirklichen (1955), hg. LORENZ/MITTELSTRASS (1969) 16. – [5] DINGLER, a. a. O. 162. 165. 489. – [6] 197. – [7] P. LORENZEN: Wie ist die Objektivität der Physik möglich? (1964), in: Methodisches Denken (1968) 142-151. – [8] B. RUSSELL und A. N. WHITEHEAD: Principia mathematica (1910-13). – [9] L. WITTGENSTEIN: Tractatus logico-philos. (1921) 6.3ff. – [10] a. a. O. 6.371. – [11] a. a. O. 6.34. – [12] 6.342. – [13] 4. 112. – [14] D. HUME, An enquiry conc. human understanding XII, 3, dtsch. (1964) 193. – [15] R. CARNAP: Der log. Aufbau der Welt (1928). – [16] K. R. POPPER: Logik der Forsch. (1934). – [17] B. RUSSELL: Human knowledge (London 1948); Logical positivism (1950). – [18] R. CARNAP: Testability and meaning. Philos. Sci. 3 (1936) 425ff. – [19] Vgl. L. KRÜGER (Hg.): Erkenntnisprobleme der Naturwiss. (1970) 25. – [20] N. GOODMAN: The structure of appearance (Cambridge, Mass. 1951); Fact, fiction and forecast (Cambridge, Mass. 1955). – [21] Vgl. W. STEGMÜLLER: Hauptströmungen der Gegenwartsphilos. (⁴1969) 484. – [22] Vgl. KRÜGER, a. a. O. [19] 25. – [23] Vgl. E. NAGEL: Verifiability, truth and verification. J. of Philos. 31 (1934), dtsch. in: KRÜGER, a. a. O. [19] 300.

Literaturhinweise. M. SCHLICK: Allg. Erkenntnislehre (1918); G., Kausalität und Wahrscheinlichkeit. Ges. Aufsätze 1926-1936 (1948). – C. G. HEMPEL und P. OPPENHEIM: Studies in the logic of explanation. Philos. Sci. 15 (1948) 135-175. – H. REICHENBACH: The theory of probability (Berkeley/Los Angeles 1949); Nomological statements and admissible operations (Amsterdam 1954). – G. RYLE: The concept of mind (London 1949); dtsch. Der Begriff des Geistes (1969). – H. FEIGL und M. BRODBECK (Hg.): Readings in the philos. of sci. (New York 1953). – S. TOULMIN: The philos. of sci. (London 1953); dtsch. kl. Vandenhoeck-Reihe 308. – W. BRÜNING: Der G.-Begriff im Positivismus der Wiener Schule (1954). – H. FEIGL, M. SCRIVEN und G. MAXWELL (Hg.): Minnesota Stud. Philos. Sci. 1 (1956); 2 (1958); 3 (1962). – A. AYER: What is a law of nature? Rev. int. Philos. 36 (1956); (Hg.): Logical positivism (Glencoe, Ill. 1959). – G. FREY: G. und Entwicklung in der Natur (1958). – R. CARNAP und W. STEGMÜLLER: Induktive Logik und Wahrscheinlichkeit (1959). – E. TOPITSCH (Hg.): Probleme der Wissenschaftstheorie. Festschr. V. Kraft (1960). – H. MÜLLER: G. und Denken in der exakten Naturwiss. Philos. nat. 7 (1961) 167-179. – H. FEIGL und G. MAXWELL (Hg.): Current issues in the philos. of sci. (New York 1961). – E. SCHRÖDINGER: Was ist ein Natur-G.? Beitr. zu einem naturwiss. Weltbild (1962). – N. RESCHER: Hypothetical reasoning (Amsterdam 1964). – P. PATER: Log. und methodol. Probleme der wiss. Erklärung. Eine krit. Übersicht über die neueste Entwicklung in den USA (Diss. 1965). – R. FEYNMAN: The character of physical law (Cambridge/Mass. 1965). – C. G. HEMPEL: Aspects of sci. explanation (New York/London 1965). – S. KÖRNER: Experience and theory (London 1966). – R. CARNAP: Philos. foundations of physics (New York 1966); dtsch. Einf. in die Philos. der Naturwiss. (1969). – W. STEGMÜLLER: Der Begriff des Natur-G. Stud. gen. 19 (1966) 649-657; Art. ‹Wissenschaftstheorie› in: Fischer-Lex. Philos. Neu-A. (1967) 334-360; s. Anm. [21]; Probleme und Resultate der Wissenschaftstheorie und analytischen Philos. 1; Wiss. Erklärung und Begründung (1969). – M. W. WARTOFSKY: Conceptual foundations of sci. thought (New York 1968). – F. KAMBARTEL: Erfahrung und Struktur. Bausteine einer Kritik des Empirismus und Formalismus (1968). – L. KRÜGER s. Anm. [19]. – H. SCHNÄDELBACH: Erfahrung, Begründung und Reflexion. Versuch über den Positivismus (1971).

N. HEROLD

Gesetz, ewiges (lat. lex aeterna). Der Ausdruck ‹e.G.›, der in der *Stoa* bedeutsam wird, dient dort zur Bezeichnung *einer* Eigenschaft des allumfassenden, unwandelbaren Welt-G. So nennt CHRYSIPP nach einem von Cicero überlieferten Ausspruch Zeus die Kraft des beständigen und immerwährenden G., das in eins gesetzt wird mit der schicksalhaften Notwendigkeit: «legis perpetuae et aeternae vim ... Iovem esse dicit eandemque fatalem necessitatem appellat» (er sagt, daß Jupiter die Kraft des immerwährenden und beständigen G. sei, und nennt es vom Schicksal verhängte Notwendigkeit) [1]; so spricht CICERO selbst von einem G., das weder in den Köpfen der Menschen erdacht noch durch Volksbeschluß festgestellt worden, sondern etwas Ewiges sei, das die gesamte Welt regiere («legem neque hominis ingeniis excogitatam nec scitum aliquod esse populorum, sed aeternum quidquam quod universum mundum regeret») [2]. Diesem G. – identisch mit dem Natur-G. – ist die Welt in ihrem Lauf ebenso unterworfen wie der Mensch in seinem sittlichen Handeln. – Die Bezeichnung *Christi* als endgültiges und ewiges G. (τελευταῖος νόμος αἰώνιος) bei JUSTIN [3], des *Neuen Bundes* als e.G. («lex aeternalis») gegenüber dem zeitlichen der Juden bei TERTULLIAN [4] zeigt die Verbreitung des Wortes und die mangelnde Fixiertheit des Begriffes an.

Eine spezifische Bedeutung erhält der Begriff ‹e.G.› erst dort, wo die Welt als Schöpfung verstanden wird und Natur-G. und e.G. klar zu unterscheiden sind. Das geschieht zuerst bei AUGUSTIN. Er überträgt die wesentlichen Merkmale des stoischen Welt-G.: Unwandelbarkeit und Universalität auf das e.G. [5], während das Natur-G. die besondere Weise menschlicher Teilhabe am e.G. besagt [6] und damit seine Universalität und Identität mit dem Weltgesetz einbüßt. Ausgangspunkt für die Annahme eines e.G. ist die Wandelbarkeit und beschränkte Gültigkeit des zeitlichen G. (das sind die göttlichen und staatlichen positiven Gesetze), das aus sich nichts Gerechtes zu gewährleisten vermöchte: «in illa temporali nihil esse iustum atque legitimum quod non ex hac aeterna sibi homines derivaverint» (in jenem zeitlichen G. gebe es nichts Gerechtes und Gesetzmäßiges, was die Menschen nicht aus diesem ewigen für sich abgeleitet hätten) [7]. – Die Bezeichnungen des e.G. als höchste Vernunft («summa ratio») [8], göttliche Weisheit («divina sapientia» [9]) oder auch als Gott selbst [10] machen deutlich, daß Augustin im e.G. nicht ausschließlich einen von Gott und seiner Schöpfungstat zu unterscheidenden Erlaß über das Universum sieht, sondern die im Sinne seiner Ideenlehre gefaßte Weltordnung, ohne daß jedoch das normative Moment vernachlässigt würde, da das e.G. ebenso auch Ausdruck des göttlichen Willens ist, die Geschöpfe je nach ihrer Eigenart zu lenken, und darüber hinaus unmittelbare Richtschnur für das Handeln des «homo ordinatissimus» [11].

Diese Elemente hat Augustin in einer für die weitere Entwicklung maßgebenden Bestimmung des e.G. zusammengefaßt: Das e.G. ist die göttliche Vernunft oder der Wille Gottes, der die natürliche Ordnung zu bewahren befiehlt und zu verwirren verbietet («lex vero aeterna est ratio divina vel voluntas dei ordinem naturalem conservari iubens, perturbari vetans») [12]. – Der normative

Aspekt tritt dort zurück, wo das e.G. als göttliche *Vorherbestimmung* gefaßt wird, wie bei JOHANNES SCOTUS ERIUGENA [13].

Die Erneuerung der Lehre von e.G. im 13. Jh. bewegt sich zunächst ganz im augustinischen Rahmen. JOHANNES VON RUPELLA, wohl der Verfasser des Traktats ‹De legibus› in der ‹Summa Fratris Alexandri›, betont die Einheit des e.G. und die Abhängigkeit aller anderen Gesetze von ihm [14], er hält auch an den gleichen Eigenschaften wie Augustin fest, obwohl ihm die Unveränderlichkeit Schwierigkeiten macht [15]. – Demgegenüber schränkt MATTHÄUS VON AQUASPARTA die Universalität des e.G. ein, da von G. im eigentlichen Sinne nur bei der Leitung von vernünftigen Geschöpfen die Rede sein kann [16].

THOMAS VON AQUIN sieht entsprechend seinem allgemeinen G.-Begriff im e.G. eine Anordnung der göttlichen Vernunft, die darauf abzielt, die gesamte Schöpfung in ihrem Wirken auf Gott selbst als auf das gemeinsame Gut des Universums hinzuordnen [17]. – Thomas hält also an der Universalität des e.G. fest, ebenso wie er die Abhängigkeit aller Gesetzlichkeit von diesem G. ausdrücklich hervorhebt. Doch im Gegensatz zu Augustin und der älteren Franziskanerschule fehlt jeder Hinweis auf eine unmittelbar handlungsleitende Funktion des e.G., dessen Position nicht praktisch, sondern spekulativ ist [18].

Während für Johannes Duns Scotus und Wilhelm Ockham das e.G. bedeutungslos bleibt, greift GREGOR VON RIMINI auf die augustinische Formulierung zurück, wobei er einseitig die göttliche *Vernunft* betont und sie mit der rechten («recta ratio») identifiziert, und zwar so, daß die Richtigkeit nicht in der Göttlichkeit ihren Grund hat [19]. – GABRIEL BIEL übernimmt weitgehend diese Auffassung [20]. – GABRIEL VASQUEZ zieht die in ihr liegenden Konsequenzen: Die Richtigkeit als erste Regel für Gut und Böse wird vollends von der Göttlichkeit gelöst und in die vernünftige Natur verlegt [21]. – Eine Ableitung des Natur-G. erübrigt sich also, das e.G. wird reduziert auf ein theoretisches Wissen von den Dingen im göttlichen Intellekt. Gegenüber dieser einseitigen Betonung der Vernunft, die den normativen Charakter des e.G. zurücktreten läßt, hält die Mehrheit der Barockscholastiker an dessen Normativität und praktischer Bedeutsamkeit fest, indem sie – wie z. B. FRANZ SUÁREZ – das e.G. als ein Dekret des göttlichen *Willens* bestimmen: «legem aeternam esse decretum liberum voluntatis dei statuentis ordinem servandum» (das e.G. sei ein freies Dekret des Willens Gottes, der die Ordnung zu bewahren bestimmt) [22] und – wie etwa BARTHOLOMÄUS MASTRIUS – die mit dem Gesetz gegebene *Verpflichtung* hervorheben: «legem essentialiter consistere in actu voluntatis, quo legislator vult subditos obligare» (das G. bestehe seinem Wesen nach in jenem Willensakt, durch den der Gesetzgeber die ihm Untergebenen verpflichten will) [23].

Eine Umwandlung erfährt der Begriff bei MELANCHTHON, der zwar das e.G. «Weisheit Gottes» nennt, es aber gleichsetzt mit dem Natur- oder Sitten-G. bzw. dem Dekalog: una lex aeterna omnium temporum, quae est sapientia Dei insita mentibus hominum in creatione, sive nominetur lex naturae sive lex moralis seu Decalogus» (es gibt ein e.G. für alle Zeiten: das ist die Weisheit Gottes, die dem Geist der Menschen bei der Erschaffung eingepflanzt worden ist, möge es nun Natur-G., moralisches G. oder Dekalog heißen) [24], so daß die spezielle Funktion des e.G. aufgehoben wird, eine Auffassung, die sich in der protestantischen Schulphilosophie allerdings nicht durchsetzt. So hält CALIXT an der Dreiteilung von e.G. – Naturgesetz – positivem G. (= Sitten-G. bzw. Dekalog) fest [25].

Außerhalb der Scholastik und Schulphilosophie verliert der Begriff ‹e.G.› jedoch jede Bedeutung. In der Neuscholastik wird er gewöhnlich nur in historischer Absicht referiert.

Anmerkungen. [1] CHRYSIPP bei CICERO, De natura deorum I, 15, 40. – [2] CICERO, De legibus II, 4, 8. – [3] JUSTIN, Dialogus 11. – [4] TERTULLIAN, Adv. Iudaeos 6 = CSEL 70, 269. – [5] Stellen bei A. SCHUBERT: Augustins Lex-aeterna-Lehre nach Inhalt und Quellen (1924) 6-9. – [6] Vgl. H. SPIEGELBERG: G. und Sitten-G. (1935) 306f. – [7] AUGUSTIN, De lib. arb. I, 6, 15 = CSEL 74, 15. – [8] ebda. – [9] De div. quaest. LXXXIII, 79, 1 = MPL 40, 90. – [10] De vera rel. 31 = CSEL 77, 42. – [11] Vgl. J. RIEF: Der Ordobegriff des jungen Augustinus (1962) 352f. – [12] AUGUSTIN, Contra Faustum 22, 27 = CSEL 25, 621. – [13] JOH. SCOTUS ERIUGENA, De praedest. 18, 10 = MPL 122, 436. – [14] ALEXANDER VON HALES, Summa III, p. 2, q.un., c. 6 u. 7 = Ed. Quaracchi IV, n. 229. 230. – [15] a. a. O. c. 5 = n. 228. – [16] MATTHÄUS VON AQUASPARTA, De legibus q. 1 = Bibl. Franç. Schol. 18 (1959) 436f. – [17] THOMAS VON AQUIN, S. theol. I/II, 91, 1; 93, 1. – [18] Vgl. W. KLUXEN: Philos. Ethik bei Thomas von Aquin (1964) 233f. – [19] GREGOR VON RIMINI, In I Sent., d. 34, q. 1, a. 2. – [20] Vgl. W. KÖLMEL: Von Ockham zu Gabriel Biel. Zur Naturrechtslehre des 14. und 15. Jh. Franz. Stud. 17 (1955) 252f. – [21] G. VASQUEZ, In S. theol. S. Thomae I/II, 93, 3, expl. 3-4. – [22] F. SUÁREZ, De legibus II, 3, 6. – [23] BARTHOLOMÄUS MASTRIUS, Disp. theol. III, d. 7, q. 8, a. 1. – [24] PH. MELANCHTHON, Postilla Melanchthoniana, in: Corpus Reformatorum 24, 557. – [25] G. CALIXT: Epitome philosophiae moralis (1662) 47.

Literaturhinweise. A. SCHUBERT s. Anm. [5]. – O. LOTTIN: La loi éternelle chez saint Thomas d'Aquin et ses prédécesseurs. Psychol. et Morale aux 12e et 13e siècle 2 (Löwen 1948) 51-67. – S. E. KLÖCKNER: Die Lehre vom e.G. bei Bartholomäus Mastrius von Meldola (1964). G. WIELAND

Gesetz, moralisches (Sittengesetz; lat. praeceptum morale, lex moralis; frz. loi morale; engl. moral law). Der Begriff des m.G. ist von Anfang an theologisch bestimmt. Die in ihm gelegene Verpflichtung zum moralischen Handeln erscheint allein sinnvoll, wenn sie sich auf das göttliche Gesetz oder eine göttliche Gesetzgebung zurückführen läßt. Bezeichnenderweise begegnet der Begriff des ‹praeceptum morale› erstmals bei IRENAEUS [1], jener der ‹lex aeterna› bei AUGUSTINUS [2]. Die stoische Herleitung der Handlungsverpflichtung aus dem νόμος und dem ὀρθὸς λόγος erfährt damit eine theologische Umformung. Die lex naturalis oder naturae wird aus der lex aeterna begriffen als manifestem Weltplan Gottes und begründet in dieser Überhöhung das praeceptum morale. Diese Sicht ist im wesentlichen bis zum Beginn der Neuzeit beibehalten, aber nicht unter dem Aspekt des praeceptum morale problematisiert und diskutiert worden.

Anmerkungen. [1] IRENAEUS, Adv. haer. IV, 15, 1. – [2] AUGUSTIN, Contra Faustum XXII, 27. MPL 42, 418.

1. Bei PH. MELANCHTHON wird der Begriff des m.G. wohl zum ersten Mal ausdrücklich aufgenommen. Er identifiziert die «lex moralis» mit der «lex Dei» (Lex Dei, quae nominatur lex moralis [1]) und leitet die Verbindlichkeit des m.G. für unser Handeln aus der ewigen und unveränderlichen Weisheit Gottes her, dessen gerechtes Wollen Regel (norma) für uns ist. – Für F. SUÁREZ ist die lex moralis eine Unterart der lex divina, deren Spezifikation gegenüber dem ewigen Gesetz im Charakter einer öffentlichen Ankündigung (promulgatio) besteht, also die Gestalt eines äußeren Gesetzes hat und darin dem natürlichen Gesetz eine bestimmte posi-

tive Verpflichtung hinzufügt: «Nos vero ... diximus, legem moralem ... Deo specialiter datam et promulgatam ... addidisse positivam obligationem legi naturali» [2].

Auch für FR. BACON gründen die moralischen Ordnungen in einem Gesetz der Natur, das als göttliche Naturanlage dem Menschen angeboren ist und von dem her wir unsere Begriffe von der Tugend, der Gerechtigkeit und dem Guten haben: «Habere homines etiam ex lumine et lege naturae notiones nonnullas virtutis, vitii, iustitiae, iniuriae, boni, mali; id verissimum est» [3]. Neu gegenüber der bei Melanchthon und Suárez wirkenden scholastischen Tradition ist bei Bacon die besondere Erörterung der Frage, wie das Bewußtsein des Naturgesetzes in uns zur Geltung gebracht, wie gegen seine Verdunkelung im Bewußtsein angegangen werden kann. Diese Erörterung ist im wesentlichen psychologisch-empirischer Art; sie klärt Fragen der möglichen Steuerung von Neigungen und Affekten und des möglichen Einflusses von Gewohnheit und Erziehung, von psychologischen Komponenten, deren rechte Behandlung erst die Wirksamkeit des Naturgesetzes ermöglicht, wobei die Weise dieser Behandlung nicht dem lumen naturale zu entnehmen ist, sondern der Erfahrung.

Eine den theologischen Bezug negierende Bedeutung erhält dann das m.G. bei TH. HOBBES. Den alten Topos, daß das natürliche Gesetz dasselbe sei wie das moralische («legem naturalem eandam esse cum lege morali consentiunt omnes scriptores» [4]), nimmt er auf, verändert ihn jedoch durch die Deutung dessen, was das natürliche Gesetz ist, nämlich «das Gebot der rechten Vernunft in betreff dessen, was zu einer möglichst langen Erhaltung des Lebens ... zu tun und zu lassen ist» [5]. Das Gebot, in vernünftiger Weise die Mittel zu finden, die den zur Erhaltung erforderlichen Frieden garantieren, ist ein natürliches Gesetz, weil es der Vernunft als Teil der menschlichen Natur entspringt [6], und es ist ein m.G., weil das Bereitstellen der zum Frieden tauglichen Mittel die Moralität des Menschen ausmacht [7]. Da dieser Friede aber nicht im Naturzustande möglich ist, sondern allein in einem kraft des Willens einer staatlichen Autorität geregelten bürgerlichen Zustand, erhält die Rede vom natürlichen Gesetz und damit vom m.G. erst ihre rechte Bedeutung; es handelt sich um ein Gesetz, weil etwas zu tun oder zu unterlassen mit Recht befohlen wird [8]. Von daher gesehen kann das m.G. auch als das göttliche Gesetz bezeichnet werden [9], sofern es einen unbedingten Gesetzgeber einschließt, nur überträgt Hobbes die gesetzgebende Allmacht Gottes auf den Souverän des Staates. In dessen Willen gründen die bürgerlichen Gesetze [10], die als geschriebene, d. h. positiv fixierte, gegenüber den ungeschriebenen natürlichen die Funktion haben, die Willkür des einzelnen Menschen, dessen natürliche Vernunft durch Leidenschaft und Selbstliebe getrübt ist, einzuschränken.

Gegen Hobbes wendet sich die platonisierende Schule von Cambridge, insbesondere R. CUDWORTH [11], der in dem in einem Willen gründenden m.G. keinen zureichenden Grund für eine sittliche Verpflichtung sieht. Grund hierfür kann nur eine ewige Wesenheit sein, die nicht von einer aus menschlichen Bedürfnissen resultierenden Satzung abhängig ist. – R. CUMBERLAND versteht als Inhalt des obersten m.G. das Wohl der Gesamtheit [12]; einerseits werden die Menschen zu diesem Gesetz durch einen göttlichen Gesetzgeber verpflichtet, dessen Vorschriften zu befolgen bzw. zu mißachten mit Lohn bzw. Strafe verbunden ist, andererseits kommen sie diesem Gesetz durch ihre natürlichen Neigungen zu sozialen Handlungen, durch die ihr eigenes Glück befestigt wird, entgegen.

Für J. LOCKE können m.G. nur die Bedeutung einer Einschränkung haben, und zwar durch Strafen und Belohnungen, die die zu erwartende Lust aus der Gesetzesübertretung überwiegen [13]. Diese Gesetze, die übertreten werden können, sind dem Menschen nicht angeboren; sie gliedern sich dreifach [14] in das göttliche Gesetz, das bürgerliche Gesetz und das Gesetz der öffentlichen Meinung und Achtung. Unsere Handlungen werden entsprechend ihrer Übereinstimmung oder Nichtübereinstimmung mit diesen Gesetzen als gut bzw. schlecht beurteilt, und zwar mit dem Charakter von Pflicht bzw. Sünde (gegenüber dem göttlichen Gesetz), Unschuld bzw. Verbrechen (gegenüber dem bürgerlichen Gesetz) und Tugend bzw. Laster (gegenüber dem Gesetz der öffentlichen Meinung).

In der Locke nachfolgenden angelsächsischen Moralphilosophie verliert der Begriff des m.G. an Bedeutung. Bei *Shaftesbury* wird das Sittliche als Ausbildung natürlicher Kräfte zu einer ungezwungenen Harmonie, die den Begriff eines durch Nötigung gekennzeichneten Gesetzes nicht aufkommen läßt; *Hutcheson* geht auf den moralischen Sinn als ein Gefühl zurück, das im Gegensatz zur Gesetze erkennenden Vernunft den sittlichen Verpflichtungen Eingang ins Subjekt verschafft. – Die Natürlichkeit eines Gefühls als das beherrschende Moralprinzip tritt bei ROUSSEAU im Rekurs auf einen vorreflexiven Naturzustand an die Stelle des Gesetzes: «la pitié, dans l'état de nature, tient lieu de lois» [15].

Im Rationalismus CHR. WOLFFS hingegen behält das m.G. seine Bedeutung als das, was dem endlichen Menschen die Verbindlichkeit auferlegt, sich zu vervollkommnen, d. h. das zu tun, was seine Vollkommenheit befördert, und das zu unterlassen, was ihr entgegen ist [16]. Diese Vervollkommnung bedeutet eine Übereinstimmung mit dem, was im Wesen der menschlichen Natur gelegen ist, so daß die ganze Ethik an der Verbindlichkeit eines Naturgesetzes ausgerichtet ist: «Philosophia moralis ... est scientia practica, docens modum, quo homo libere actiones suas ad legem naturae componere potest» (Die Moralphilosophie ist die praktische Wissenschaft, die lehrt, auf welche Weise der Mensch seine Handlungen freiwillig mit dem Gesetz der Natur in Übereinstimmung bringen kann) [17]. Sofern es sich um die Natur des Menschen handelt, kann Wolff sagen, der Mensch sei sich selbst Gesetz (homo sibimet ipsi lex est [18]), doch bleibt andererseits die Vervollkommnung auf Gott als das Prinzip der Vollkommenheit bezogen, dessen Willen zu befolgen wir durch das m.G. genötigt werden. – Die Verbindung von m.G. und Nötigung findet sich auch bei A. G. BAUMGARTEN: «Hinc normae (leges) morales definiri possunt per propositiones obligatorias» (Von daher können die m.G. definiert werden als verbindliche Vorschläge) [19]. In der Abgrenzung gegenüber den Naturgesetzen wird zugleich der Bezug der m.G. auf solches, was durch das Subjekt geschehen soll, hervorgehoben; m.G. sind auf freie Handlungen bezogen [20]. – Für CHR. A. CRUSIUS ist die Tugend «eine Übereinstimmung des moralischen Zustandes eines Geistes mit dem göttlichen Gesetze» [21]; dieses Gesetz formuliert, was die von Gott dependierenden Geschöpfe «tun oder lassen sollen, damit sie dadurch ihrer Dependenz von Gott gemäß handeln mögen» [22]. – Der *vorkritische* KANT versteht im Anschluß an Baumgarten die m.G. als «Gründe des göttlichen Willens» [23]. Die

Verbindlichkeit der Moralität ist nur gesichert, sofern sie unter Gesetzen steht, die ihrerseits den Grund ihrer Verbindlichkeit allein im göttlichen Willen haben [24].

Anmerkungen. [1] PH. MELANCHTHON: Definitiones (1552); vgl. Enarratio Symboli Niceni postrema (1557) Abschn. De lege divina. – [2] F. SUÁREZ, De legibus IX, 11, § 21. – [3] FR. BACON, De dignitate et augmentis scientiarum. Works, hg. SPEDDING/ELLIS/HEATH (London 1858) 1, 831. – [4] TH. HOBBES, De cive 3, 31. – [5] a. a. O. 2, 1. – [6] ebda. – [7] 3, 31. – [8] 3, 33. – [9] 4, 1. – [10] Leviathan c. 16. – [11] R. CUDWORTH: Treatise conc. eternal and immutable morality (London 1731). – [12] R. CUMBERLAND: Disquisitio philosophica de legibus naturae (1671) c. 1, § 4. – [13] J. LOCKE: An essay conc. human understanding (1690) I, 3, § 13. – [14] a. a. O. II, 28, § 7ff. – [15] J.-J. ROUSSEAU, Discours sur l'origine et les fondements de l'inégalité parmi les hommes (Amsterdam 1755) I. – [16] CHR. WOLFF: Vernünftige Gedanken von der Menschen Tun und Lassen (1720) c. 1, § 12. – [17] Philosophia moralis (1753) Prol. § 1. – [18] Philosophia practica universalis (1738) I, § 268. – [19] A. G. BAUMGARTEN: Initia philosophiae practicae (1760) § 60. – [20] Met. (1739) § 723. – [21] CHR. A. CRUSIUS: Anweisung vernünftig zu leben (1744) § 161. – [22] a. a. O. § 168. – [23] I. KANT, Refl. 6674 = Akad.-A. 19, 130. – [24] Refl. 7258 = 19, 296.

2. Im Verfolg der Frage, unter welcher Bedingung die Sittlichkeit «apodiktische Gesetze» [1] haben könne, ist der *kritische* KANT zu einer Position gelangt, in der er den Grund für die Notwendigkeit m.G. in einem Kriterium sieht, das in einer bestimmten formalen Beschaffenheit des Gesetzes selbst gelegen ist. Damit wendet sich Kant gegen die gesamte bisherige Auffassung der Weise, in der ein m.G. für den Handelnden Verbindlichkeit hat. Die Allgemeingültigkeit des m.G. ist nur dann gesichert, wenn in es keine Momente eingehen, die aus dem subjektiven Bedürfnis des Menschen resultieren, also keine inhaltlichen Bestimmungen, denen zufolge das m.G. zu befolgen ist, weil die Befolgung und Realisierung des im Gesetz inhaltlich Formulierten als gut angesehen wird. Das aus der endlichen Natur des Menschen entspringende Bedürfnis ist stets empirisch und würde dem auf es bezogenen Gesetz nur eine Notwendigkeit im Hinblick auf etwas, das selber zufällig ist, verleihen. Das subjektiv notwendige Gesetz wäre objektiv zufällig [2]. Praktische Gesetze sind demgegenüber für Kant Grundsätze, die nicht nur eine allgemeine Bestimmung des subjektiven Willens enthalten, sondern «als objektiv, d. i. für den Willen jedes vernünftigen Wesens gültig erkannt» werden [3]. Sie sind nur möglich, «wenn *reine* Vernunft einen praktisch, d. i. zur Willensbestimmung hinreichenden Grund in sich enthalten» kann [4], d. h. wenn der subjektive Wille nicht nur durch solche Prinzipien, die ein materiales Objekt des Begehrungsvermögens voraussetzen, zum Handeln bestimmt werden kann. Das m.G. muß also von der Vernunft gegeben werden, die rein ist, sofern sie nicht nur im Hinblick auf gegebene Bedingtheiten fungiert, und es muß, aller materialen Bestimmtheit beraubt, «die bloße Form» [5] einer möglichen allgemeinen Gesetzgebung enthalten. Nur das Handeln ist sittlich, das im m.G. seinen Bestimmungsgrund hat, d. h. durch es motiviert wird. Ein Handeln, das anderen Motivationsgründen folgt, dabei jedoch dem Gesetz gemäß handelt, ist bloß legal, nicht aber moralisch zu billigen [6]. Der subjektive Wille ist durch das Gesetz bestimmt und darin Prinzip moralischen Handelns, dessen Maxime so beschaffen ist, daß die bloße Form derselben zu einer allgemeinen Gesetzgebung tauglich ist. Das m.G. lautet deshalb: «Handle so, daß die Maxime deines Willens jederzeit zugleich als Prinzip einer allgemeinen Gesetzgebung gelten könne» [7]. – Ein subjektiver Wille, der allein «die bloße gesetzgebende Form der Maximen» [8] zu einem hinreichenden Bestimmungsgrund seines Handelns zu machen vermag, muß ein von materialen Bestimmungsgründen unabhängiger Wille sein, d. h. aber «ein freier Wille» [9]. «Freiheit und unbedingtes praktisches Gesetz weisen also wechselseitig aufeinander zurück» [10]. An der Wirksamkeit des m.G. auf unseren Willen werden wir uns unserer Freiheit bewußt [11], andererseits ist die Freiheit Voraussetzung dafür, daß wir uns das m.G. geben können; sie ist seine ratio essendi [12]: «Die Autonomie des Willens ist das alleinige Prinzip aller m.G.» [13]. Das m.G., das wir uns durch die Autonomie der reinen praktischen Vernunft geben, kann von Einfluß auf unsere subjektiven Maximen sein, sofern wir potentiell freie Wesen sind. Da wir in unserem Wollen aber nicht notwendigerweise unter dem Gesetz der reinen Vernunft stehen, sondern auch sinnlich-endlichen Antrieben unterliegen, erscheint das Sittengesetz im Hinblick auf unsere Endlichkeit in Gestalt eines Imperativs, der eine Nötigung impliziert, durch die wir erst zu einer Bestimmung gebracht werden sollen, der wir nicht notwendig gemäß sind [14]. Dieser Imperativ gebietet kategorisch, d. h. nicht mit Rücksicht auf etwas, das der Wille erreichen sollte. Das in Gestalt des kategorischen Imperativs auftretende m.G. stellt eine Modifikation mit Rücksicht auf unsere Endlichkeit dar, sein Prinzip erfährt durch diese Rücksichtnahme jedoch keine Beschränkung. Das m.G. gilt für jedes endliche Wesen, nicht nur für uns Menschen, und auch für ein unendliches Wesen, das einen heiligen Willen hat, gegenüber dem ein nötigender und darin eigens verpflichtender Imperativ sinnlos wäre [15]. Das reine Sittengesetz kann deshalb selbst als heilig bezeichnet werden [16]. – Dieses Nicht-Beschränktsein des Prinzips des m.G., d. h. der reinen praktischen Vernunft, auf Bedingt-Endliches erlaubt es, das m.G. anders zu fassen als die Naturgesetze des reinen Verstandes, nämlich nicht im Hinblick auf eine Gegebenheit, deren besondere Beschaffenheit ihrerseits das Prinzip des Gesetzes bestimmt. Das m.G. erkennt nicht, in welcher Weise den Subjekt Gegebene ist, sondern bestimmt, in welcher Weise ein subjektiven Triebfedern unterliegendes Handeln geschehen soll, ohne daß das Prinzip des Gesetzes sich nach diesen Triebfedern richten müßte. «Das m.G. ist ... ein Gesetz der Kausalität durch Freiheit» [17], das unabhängig ist von der im Naturgeschehen herrschenden Kausalität und dessen Prinzip dem in der ‹Kritik der reinen Vernunft› als möglich zugestandenen Bereich der Intelligibilität angehört. Sofern die von der Sinnenwelt her gesehene «Idee des Gesetzes einer Kausalität ... selbst Kausalität» [18] hat, nämlich dadurch, daß reine Vernunft unmittelbar den Willen zu bestimmen vermag, erhält der in der theoretischen Philosophie problematisch gehaltene intelligible Bereich «objektive ... unbezweifelte Realität», wenn auch ausschließlich in praktischer Hinsicht [19]. «Das m.G. beweist seine Realität» [20] durch das Praktischsein der reinen Vernunft und kann darüber hinaus «durch keine Anstrengung der theoretischen, spekulativen oder empirisch unterstützten Vernunft bewiesen ... werden» [21]. Die Unzulänglichkeit des theoretischen Vermögens, das die Geltung von Gesetzen nicht anders als im Hinblick auf sinnlich Gegebenes einzusehen vermag, macht eine theoretische Deduktion des m.G. unmöglich. Kant hat es deshalb als «Faktum der reinen Vernunft» [22] bezeichnet, welche Nicht-Ableitbarkeit der Index für seine autonome Selbstgenügsamkeit ist. Die Faktizität des Sittengesetzes, die Ausdruck dessen ist, daß vom Boden der Bedingtheit aus, auf dem sich die theoretische Vernunft bewegt, ein

Zugang zu ihm unmöglich ist, hat Kant schließlich dazu geführt, die Frage danach, wie das m.G. im endlichen Willen eine motivierende Triebfeder zum Handeln abgeben könne, zirkulär zu bestimmen. Der subjektive Antrieb zum moralischen Handeln kann allein die «Achtung fürs m.G.» [23] sein, d. h. ein «durch einen Vernunftbegriff selbstgewirktes Gefühl» [24], in dem sich also die «Wirkung des Gesetzes aufs Subjekt» [25] schon bezeugt. «Den Grund, woher das m.G. in sich eine Triebfeder abgebe», können wir nicht angeben, sondern nur, «was, sofern es eine solche ist, sie im Gemüt wirkt» [26]. Das Gefühl der Achtung setzt, damit es auftreten kann, die Wirksamkeit des m.G. also schon voraus. «Und so ist die Achtung fürs Gesetz nicht Triebfeder zur Sittlichkeit, sondern sie ist die Sittlichkeit selbst, subjektiv als Triebfeder betrachtet» [27]. Antrieb zum Handeln kann insbesondere nicht ein theoretisches Wissen um die Verbindlichkeit des m.G. sein. Wie ein reines Gesetz praktisch sein kann, bleibt theoretisch unbegreiflich [28].

Anmerkungen. [1] I. KANT, Refl. 7032 = Akad.-A. 19, 231. – [2] KpV Akad.-A. 5, 25. – [3] a. a. O. 5, 19. – [4] ebda. – [5] 5, 31. – [6] 5, 71. – [7] 5, 30. – [8] 5, 28. – [9] 5, 29. – [10] ebda. – [11] 5, 30. – [12] 5, 4. – [13] 5, 33. – [14] Grundl. Met. Sitten Akad.-A. 4, 413. – [15] KpV Akad.-A. 5, 32. – [16] ebda. – [17] 5, 47. – [18] 5, 50. – [19] 5, 49. – [20] 5, 48. – [21] 5, 47. – [22] 5, 31 u. ö. – [23] 5, 73 u. ö.; vgl. Grundl. 4, 400. – [24] a. a. O. 4, 400. – [25] ebda. – [26] KpV 5, 72. – [27] a. a. O. 5, 76. – [28] Vgl. Grundl. 4, 460ff.

3. J. G. FICHTE nimmt Kants Gedanken einer in Autonomie geschehenden vernünftigen Selbstgesetzgebung auf, doch mit dem Unterschied, daß das Subjekt, das sich dem Gesetz unterwirft, als «freie Intelligenz» [1] gefaßt wird, insofern es Einsicht in das Gesetz ist. Der freien Intelligenz «wird das Gesetz überhaupt ... nur dadurch zum Gesetze, daß sie darauf reflektiert, und mit Freiheit sich ihm unterwirft, d. i. selbsttätig es zur unverbrüchlichen Maxime alles ihres Wollens macht» [2]. «Sonach ist die ganze moralische Existenz nichts anderes, als eine ununterbrochene Gesetzgebung des vernünftigen Wesens an sich selbst ... Was den Inhalt des Gesetzes anbelangt, wird nichts gefordert als absolute Selbständigkeit, absolute Unbestimmbarkeit durch irgendetwas außer dem Ich» [3].

Für HEGEL ist Kants m.G. wesentlich abstrakt, das als bloß formale Allgemeinheit ohne Wirklichkeit sei [4], sofern ihm auf subjektiver Seite nur eine «Überzeugung» von der unbedingten Verbindlichkeit des Gesetzes entspricht [5], die noch nicht wirkliches Handeln bedeutet. Das Gesetz erhält dementsprechend bei Hegel erst eine Bedeutung auf einem Boden, der nicht nur die innere Bestimmtheit eines Willens betrachtet, sondern eine Wirklichkeit, die durch die sittlichen Mächte Familie, bürgerliche Gesellschaft und Staat entscheidend geprägt ist. Das sittliche Gesetz tritt erst in bezug auf das konkrete Recht innerhalb der bürgerlichen Gesellschaft auf [6].

FR. SCHLEIERMACHER hat Kants Entgegensetzung von Natur- und Sittengesetz zu beseitigen gesucht. Im Rückgang auf die Individualität des sittlich Handelnden erscheint es ihm fraglich, ob ein rein individueller Entschluß durch ein von der Allgemeinheit des m.G. ausgehendes Sollen hinreichend bestimmbar sei. Er folgert daraus, daß im praktischen Bereich «nicht ... alles auf solche Gesetze, vermöge deren es geschehen soll», zurückführbar ist [7], das Sittengesetz also nur Gesetz ist, «insofern es auch ein Sein bestimmt» [8], nämlich die Bestimmtheit des individuellen Ich, im Hinblick auf deren Wirklichkeit das Sittengesetz allein wirksam sein könne.

In der nachidealistischen Philosophie des 19. Jh. verblaßt der Begriff des m.G., mag auch die von Kant bestimmte deutsche Universitätsphilosophie an der Unterscheidung zwischen Natur- und Sittengesetz festhalten [9]. Allerdings nimmt der aufkommende *Positivismus* einen Gesetzesbegriff in Anspruch, von dem her moralisches Handeln zu bestimmen sei. Für A. COMTE ist «die Moral ... auf die positive Erkenntnis des Menschtums zu gründen» [10], die ihrerseits auf der Erkenntnis der Unwandelbarkeit der den Menschen bestimmenden Naturgesetze basiert. Für H. SPENCER ist es «die Hauptaufgabe der Moralwissenschaft, aus den Gesetzen des Lebens und den Existenzbedingungen abzuleiten, welche Arten des Handelns notwendigerweise Glück und welche Unglück zu erzeugen streben» [11]. Für J. M. GUYAU folgt sittliches Handeln aus einem instinktiven Lebensdrang, so daß sich eine Identität zwischen den höchsten Gesetzen der Sittenlehre und den tiefsten Lebensgesetzen ergibt [12]. Bei allen diesen Autoren steht das moralische Handeln unter keinem spezifischen Gesetz der Moralität. – Bei J. ST. MILL wird das m.G. als ein oberster Grundsatz verpflichtenden Handelns inhaltlich als Nützlichkeitsprinzip bestimmt [13], d. h. in einer Weise, die sich aus dem ergibt, was die Menschen tatsächlich zu erlangen wünschen. – Für FR. PAULSEN ist das Sittengesetz «Ausdruck einer inneren Naturgesetzmäßigkeit des menschlichen Lebens» [14].

Auf der anderen Seite geht von S. KIERKEGAARD eine Bewegung aus, die im m.G. wesentlich eine Abstraktion sieht [15], die dem konkreten Vollzug der Existenz und deren Entscheidungen in jeweils bestimmten Situationen nicht gerecht wird. Gegen den Versuch einer idealistischen Erneuerung des reinen Sittengesetzes durch H. COHEN, für den das m.G. ein «Gesetz des Selbstbewußtseins» ist, in dem gefordert wird, «in den Handlungen denjenigen Zusammenhang herzustellen, den das Gesetz des Selbstbewußtseins bezeichnet und fordert» [16], hat sich jene Bewegung im 20. Jh. vor allem in der *Existenzphilosophie* zur Geltung gebracht. Sie hat bei K. JASPERS zu einer Deutung geführt, die das m.G. auf die geschichtliche Auslegung durch das existierende Subjekt bezogen sein läßt: «Unbedingtheit der Existenz versteht sich durch Gesetze der Moral und hält in geschichtlicher Erscheinung an ihnen fest, solange die Auslegung wahr, d. h. in Einheit mit der Existenz bleibt» [17].

Im Rekurs auf ein sich selbst übersteigendes Leben hat FR. NIETZSCHE einen radikalen Angriff gegen die Gesetzesethik unternommen. Er entlarvt ein Gesetz als die «Formulierung gewisser Erhaltungsbedingungen einer Gemeinde» [18] und versteht Moralität gerade als jene lebensfeindliche Haltung, die wesentlich auf Erhaltung einmal fixierter Positionen aus ist, so daß ihm eine Moralität, die sich von Gesetzen her versteht, grundsätzlich verdächtig ist. – Ebenfalls im Rückgang auf das Leben, in bezug auf dessen Totalität praktisches Handeln allein bestimmbar sei, hat demgegenüber G. SIMMEL am Gesetzesbegriff festgehalten. Er faßt dabei, in der Kritik am Allgemeinheitscharakter des m.G. bei Kant, dieses als «individuelles Gesetz», womit eine «neue Synthese zwischen Individualität und Gesetzlichkeit» gelingen soll [19], die den Zweck hat, dem Leben als Basis alles sittlichen Handelns selbst normative Kraft zuzusprechen. Das m.G. ist individuell, weil sich das Leben allein in einem individuellen konkreten Lebensvollzug offenbart; in dieser Individualität ist der Mensch nicht auf ein Außerhalb des Lebens teleologisch hinbezogen, unterliegt aber einer seine subjektive Willkür transzendierenden Gesetzlichkeit, nämlich der, seine Lebenstotalität, die mehr ist, als er subjektiv weiß, zur Erfüllung zu bringen.

M. SCHELER als Vertreter einer materialen Wertethik hat Kants Begriff des m.G. und die mit ihm verbundenen Momente der Formalität (bloße Verallgemeinerungsfähigkeit der subjektiven Maxime) und Subjektivität (autonome Selbstgesetzgebung) kritisiert. An die Stelle des Sittengesetzes als des Antriebsgrundes moralischer Handlungen treten bei ihm und bei N. HARTMANN materiale Werte, die ein von subjektiver Setzung unabhängiges Reich des Ansich darstellen, dessen verpflichtende Wirksamkeit für das Subjekt sich über besondere subjektive Akte des Werterfassens dartut. Von Gesetzlichkeit ist dann besonders im Hinblick auf eine Rangordnung der Werte die Rede [20].

In der empiristischen Ethik M. SCHLICKS ist das Festhalten an einem m.G., das ein von der Naturgesetzlichkeit unterschiedenes Sollen gebietet, sinnlos. Denn Moralität ist für Schlick nur sinnvoll in bezug auf das, was dem empirischen Willen tatsächlich möglich ist; diese Möglichkeit hängt von psychologischen Gesetzen ab, denen der Wille «gehorcht» [21]. Diese Gesetze beschreiben die Natur des Willens, sie sind darin «Naturgesetze, die nur formulieren, welche Wünsche der Mensch unter bestimmten Umständen *tatsächlich* hat» [22]. Das, was moralisch gebilligt wird, ist aus der Verallgemeinerung dieser tatsächlichen Wünsche gewonnen. Sittliche Forderungen, die sich in staatlichen, Zwang ausübenden und darin von den Naturgesetzen unterschiedenen Gesetzen niederschlagen, ergeben sich aus dieser Form der Verallgemeinerung. Sie gründen in der «*Durchschnittsmeinung*» [23] der Mitglieder einer bestimmten Gesellschaft; diese Meinung ist «der Gesetzgeber, welcher die sittlichen Forderungen aufstellt» [24].

Anmerkungen. [1] J. G. FICHTE: Das System der Sittenlehre (1798). Werke, hg. MEDICUS 2, 450. – [2] ebda. – [3] ebda. – [4] G. W. F. HEGEL, Phänomenol., hg. HOFFMEISTER 305. – [5] Grundlinien der Philos. des Rechts § 140. – [6] a. a. O. § 211ff. – [7] FR. SCHLEIERMACHER: Über den Unterschied zwischen Naturgesetz und Sittengesetz (1825). Werke, hg. REIMER 3/2, 405. – [8] a. a. O. 409. – [9] Vgl. z. B. E. ZELLER: Über Begriff und Begründung der sittlichen Gesetze (1882), in: Vorträge und Abh. 3. Slg. (1884); W. WINDELBAND: Normen und Naturgesetze (1882), in: Präludien 2 (⁴1911). – [10] A. COMTE: Discours sur l'esprit positif (Paris 1844) II, 2. – [11] H. SPENCER: Data of ethics (London/New York 1879) c. 4, § 21. – [12] J. M. GUYAU: Esquisse d'une morale sans obligation ni sanction (1885, zit. dtsch. 1912) 104. – [13] J. ST. MILL: On utilitarianism (London 1861). – [14] F. PAULSEN: System der Ethik 1 (1889) 15. – [15] S. KIERKEGAARD: Entweder-Oder 2 (1843). Werke, dtsch. hg. HIRSCH 2, 272. – [16] H. COHEN: Ethik des reinen Willens (²1907) 286. – [17] K. JASPERS: Von der Wahrheit (1947) 718. – [18] FR. NIETZSCHE, Der Wille zur Macht. Großoktav-A. 15, 290. – [19] G. SIMMEL: Das individuelle Gesetz (1913), hg. LANDMANN (1968) 220. – [20] M. SCHELER: Der Formalismus in der Ethik und die materiale Wertethik (1913, ⁵1966) 104ff.; N. HARTMANN: Ethik (1926, ⁴1962) 544ff. – [21] M. SCHLICK: Fragen der Ethik (1930) 108. – [22] ebda. – [23] a. a. O. 70. – [24] ebda.

Literaturhinweise. E. ZELLER s. Anm. [9]. – C. G. FRENCH: The concept of law in ethics. Philos. Rev. 2 (1893). – H. SPIEGELBERG: Gesetz und Sittengesetz (1935). – H. WELZEL: Naturrecht und materiale Gerechtigkeit (1951). – R. LAUN: Recht und Sittlichkeit (³1955). – D. HENRICH: Der Begriff der sittlichen Einsicht und Kants Lehre vom Faktum der Vernunft. Festschr. H.-G. Gadamer (1960). – H. J. PATON: Der kategorische Imperativ. (dtsch. 1962).
W. BARTUSCHAT

Gesetz, natürliches (lex naturalis). Der Ausdruck ‹lex naturalis› enthält zwei Elemente, die beide gleich wichtig sind für die Entwicklung der Lehre über das Natur-G.: Die Natur des Menschen wird als unveränderliche, feste Norm des sittlichen Handelns betrachtet; das sittliche Verhalten wird so als ein Handeln gemäß der Natur angesehen; anderseits soll die Erkenntnis des Sitten-G. nicht erworben sein, sie ist nicht das Ergebnis persönlicher Nachforschung und Besinnung, sondern diese Erkenntnis ist in gewissem Umfang angeboren und gehört zur natürlichen Ausstattung des Menschen.

1. Der Gedanke, daß die moralische Vorzüglichkeit mit dem Handeln gemäß der Natur zusammenhängt, ist in der *Antike* schon bei HERAKLIT zu finden: σοφία ἀληθέα λέγειν καὶ ποιεῖν κατὰ φύσιν ἐπαίοντας (die Weisheit besteht darin, die Wahrheit zu sagen und zu handeln nach der Natur, auf sie hinhörend) [1]. Der Mensch soll also gemäß der Natur handeln, d. h. sich seinen individuellen Neigungen widersetzen und in Einklang leben mit dem universalen Logos, der das Weltgeschehen beherrscht. Hierbei sei angemerkt, daß Vernunft und Natur einander gleichgestellt werden: Gemäß der Natur leben heißt gemäß der Vernunft leben, was denn auch die spätere Entwicklung der Natur-G.-Lehre betont hat.

Das Thema des Natur-G. wird von den *Sophisten* ausdrücklich behandelt. Bei ANTIPHON, der in dieser Beziehung sehr wichtig ist, findet sich schon der Gegensatz zwischen dem positiven G. und dem Natur-G. Das zweite wird auf die im Menschen anwesende hedonistische Tendenz zurückgeführt, d. h. auf das Streben nach einem Maximum an Genuß und nach einem Minimum an Leiden [2]. Eine derartige Auffassung des Natur-G. muß im Rahmen des subjektivistischen Relativismus verstanden werden, welcher die ganze Sophistik kennzeichnet.

Die ethische Lehre des SOKRATES ist für die Entwicklung der Doktrin über das Natur-G. gleichfalls von Bedeutung. Die zwei oben angeführten mit dem Natur-G. verbundenen Elemente findet man bei ihm wieder, ohne daß er das Wort selbst gebrauchte. Die ethische Einsicht ist nicht eine erworbene Erkenntnis: Jeder Mensch trägt sie in sich selbst vom Anfang seines Daseins an, sie muß nur zur aktuellen Erkenntnis erhoben werden [3]. Die Menschen zu dieser aktuellen Einsicht zu führen, betrachtet Sokrates als seine bedeutsamste Aufgabe. Weiterhin liegt die ethische Vollkommenheit nicht außer den Menschen, im Erreichen eines Ideals, welches außerhalb des menschlichen Daseins läge, sondern Sokrates lehrt, daß der Mensch werden soll, was er ist, d. h. er muß danach streben, seine Psyche so vollkommen wie möglich zu machen [4]. In der Vortrefflichkeit der Psyche liegt die moralische Vollkommenheit; die Psyche bildet nach Sokrates den Kern der menschlichen Person, sie ist das Zentrum des Bewußtseins und der moralischen Verantwortlichkeit [5]. Weil nach Sokrates das sittliche Wissen das Handeln bestimmt, muß das Aufwecken des eingeborenen Wissens der Psyche unvermeidlich zur ethischen Vollkommenheit führen, zur Vorzüglichkeit der Seele. – Es ist darum auch nicht weiter verwunderlich, daß ANTISTHENES, einer der Sokratesschüler, so stark betont, daß die Natur (φύσις) die Grundlage aller Sittlichkeit sei. Der Mensch soll sich von allen Gewohnheiten, Bedürfnissen und gesellschaftlichen Konventionen befreien. Der νόμος, das von Menschen gesetzte G., ist die Ursache aller Entartung im menschlichen Dasein, und deswegen lehnt Antisthenes sowohl die Staatseinrichtungen wie auch das Familienleben ab und kommt auch zu der Behauptung, dem menschlichen G. nach (κατὰ νόμον) gebe es viele Götter, gemäß der

Natur aber (κατὰ δὲ φύσιν) nur einen [6]. Nach dem Bericht des DIOGENES LAERTIUS lehrt ANTISTHENES, der Weise richte sich in seinem öffentlichen Leben nicht «nach den bestehenden G.» (κατὰ τοὺς κειμένους νόμους) [7]. Diese Auffassung wird jedoch von ARISTIPPOS VON KYRENE verworfen: «nichts ist von Natur gerecht, sittlich gut oder sittlich schlecht» (μηδέν τε εἶναι φύσει δίκαιον ἢ καλὸν ἢ αἰσχρόν); die Sittlichkeit beruht nach ihm ganz «auf positiven Bestimmungen und Gewohnheit» (νόμῳ καὶ ἔθει) [8].

In der ‹Politeia› spricht PLATO von der Gesundheit des Leibes und der Seele: Sie besteht wesentlich in einem harmonischen Verhältnis; besser gesagt: in einer wechselseitigen Ordnung gemäß der Natur. Wenn die Elemente des Leibes auf widernatürliche Weise geordnet sind, führt dies zu einer Krankheit. Das gleiche gilt für die Seele: Ihre Teile müssen der Natur gemäß einander untergeordnet sein [9].

Bei ARISTOTELES spielt die Gesetzmäßigkeit der Physis eine wichtige Rolle, und zwar nicht nur in der Naturphilosophie, sondern auch in der Ethik. Dies wird klar, wenn man sich die fundamentale, das Weltbild des Stagiriten beherrschende Teleologie vergegenwärtigt. Die ganze Natur ist auf das Gute gerichtet. Am Anfang der ‹Nikomachischen Ethik› wird das Gute definiert als dasjenige, worauf alles gerichtet ist [10]. Dies gilt also auch für den Menschen: Von Natur aus ist er auf das Gute gerichtet, und wenn er so nach seiner Natur handelt, handelt er in Richtung auf das Gute. Darum ist die aristotelische Ethik keine Pflichtmoral, sondern eine Moral des Guten. Es kommt für den Menschen darauf an, in den konkreten Umständen des Lebens jenes Gut zu entdecken, auf das er von Natur aus gerichtet ist. Dies vermag er durch eine Besinnung auf seine eigene Natur. Schon im ‹Protreptikus› erscheint der Ausdruck ‹Natur› manchmal, und er spielt eine wichtige Rolle in ethischen Konzeptionen von Aristoteles; in den Fragmenten liest man, daß der Politiker gewisse Leitlinien braucht: ἀπὸ τῆς φύσεως αὐτῆς καὶ τῆς ἀληθείας, πρὸς οὓς κρινεῖ τί δίκαιον καὶ τί καλὸν καὶ τί συμφέρον (von der Natur selbst und von der Wahrheit, auf die hin er beurteilt, was gerecht, was sittlich gut und was zuträglich ist) [11]. Auf dem Gebiet der politischen Gerechtigkeit unterscheidet Aristoteles zwischen dem φυσικόν (Natürlichen) und dem νομικόν (Gesetzlichen); das erste hat überall die gleiche Geltung und basiert nicht auf dem Gutdünken der Menschen [12]. So kommt Aristoteles zu der Behauptung, die Eudämonie des Menschen liege in der vollkommenen Ausübung der höchsten Aktivität, deren er fähig ist, nämlich der Denkaktivität. Der Stagirite wird zu dieser Einsicht durch eine Analyse der menschlichen Natur gebracht. Diese sucht vor allem nach dem, was dem Menschen eigen ist, sowie nach jenem, was ihn von allen anderen Wesen unterscheidet. Die vollkommene und beständige Ausübung dieser ihm eigentümlichen Aktivität bildet also die menschliche Vollkommenheit [13]. Hat sich der Mensch aber durch sittliche Tugend vervollkommnet, dann liegt darin das «zuhöchst der Natur Gemäße» (τότε γὰρ μάλιστά ἐστι τὸ κατὰ φύσιν) [14]. Was aber die Entdeckung des Guten in den wechselnden Lebensumständen betrifft, so braucht man dazu sittliche Erfahrung. Und das entspricht der allgemeinen Auffassung der Erkenntnis bei Aristoteles. Diese Erfahrung ist sehr weit gespannt und bezieht sich nicht nur auf das Verhalten des Individuums, sondern auch auf das Handeln und die daraus entspringenden Einsichten der ganzen menschlichen Gemeinschaft. Einsichten, die sehr alt und allgemein anerkannt sind, müssen als ein «natürliches Kennen» betrachtet werden. Sie können nicht falsch sein, weil ein derartig allgemeiner und beständiger Irrtum der Gemeinschaft sich nicht mit der teleologischen Naturauffassung verträgt. Für Aristoteles hat alles einen Zweck und einen Sinn, die Natur tut nichts Nutzloses, und die ganze Tendenz der Natur geht auf das Gute, d. h. auf die Vollkommenheit [15].

Eine ausführliche Lehre über das Natur-G. findet sich zuerst bei den *Stoikern*. Zu einer Einheit verarbeitet, trifft man hier die wesentlichen Elemente an, die mit der in der Telosformel der Stoa ausgedrückten Lehre über das Natur-G. verbunden sind, d. h. Physis, Logos und antizipative Erkenntnis (πρόληψις). Nach dem Zeugnis des STOBAEUS [16] wäre die Telosformel des ZENON VON KITION einfach gewesen: τὸ ὁμολογουμένως ζῆν (übereinstimmend leben). KLEANTHES wäre der erste gewesen, der die Formel erweitert hätte, ohne jedoch ihre ursprüngliche Bedeutung zu verändern: τὸ ὁμολογουμένως τῇ φύσει ζῆν (übereinstimmend mit der Natur leben). Das wurde dann von CHRYSIPPOS weiter ergänzt durch folgenden Zusatz: ζῆν κατ' ἐμπειρίαν τῶν φύσει συμβαινόντων (leben nach der Erfahrung dessen, was mit der Natur übereinstimmt). DIOGENES LAERTIUS überliefert die Formel: τὸ ἀκολούθως τῇ φύσει ζῆν (der Natur folgend leben) [17]. Die grundsätzliche Norm des sittlichen Handelns besteht demnach darin, gemäß der Natur zu leben und sich durch ihr G. leiten zu lassen, wie es CICERO ausdrückte: «naturam sequi et eius quasi lege vivere» (der Natur folgen und gleichsam durch ihr G. leben) [18]. Dieses G. wurde nicht vom Menschen erfunden, sondern muß mit dem immanenten göttlichen Logos identifiziert werden, welcher die kosmische Evolution beseelt. Um gültig zu sein, braucht jenes G. nicht niedergeschrieben zu werden, und um es zu kennen, müssen die Menschen es nicht erlernen, denn es ist ihnen angeboren [19]. Ebenso kann es nicht durch positive Entscheidungen aufgehoben oder zunichte gemacht werden. Weder der Senat noch das Volk können jemand dieses obersten G. entheben. Es ist übrigens dasselbe in Athen, in Rom und überall sonst, es ist dasselbe für alle Völker und für alle Zeiten, denn es wurde von der Gottheit ausgedacht und erarbeitet. Jeder Mensch kennt dieses G., weil er teilhat am universalen Logos. Es bildet die Grundlage jeder positiven G.-Gebung [20]. Daß ein G. erlassen wurde, rechtfertigt noch nicht den Schluß, es sei auch gerecht [21]. Schließlich gibt es ja eine Norm, die fundamentaler ist als die positive G.-Gebung und in deren Lichte jede positive G.-Bestimmung beurteilt werden muß. Nach den Stoikern ist dieser fundamentale Maßstab die Natur [22]. Jeder Mensch hat eine antizipative Erkenntnis des Guten und Bösen. Es handelt sich dabei nicht um eine voll durchgeführte Erkenntnis, ein vollkommen ausgearbeitetes Wissen, sondern um ein inchoatives Wissen, das sich gleichartig bei allen Menschen finden läßt (inchoatae intellegentiae similiter in omnibus imprimuntur) [23]. Diese grundsätzliche ethische Erkenntnis liegt jedem sittlichen Urteil zugrunde. Daher besteht unter den Menschen eine weitgehende Übereinstimmung über das, was als gut und böse angesehen werden muß. Es gibt also gemeinsame Einsichten (communes notitiae, κοιναὶ ἔννοιαι) und auch eine gemeinsame Eignung zum tugendhaften Leben. Deswegen nehmen die Stoiker an, daß die Keime des sittlichen Lebens durch die Natur in jedem Menschen eingepflanzt wurden [24]. Das läßt sich hier noch leichter begreifen als bei Aristoteles, weil der allgemeine consensus bei den Stoikern unverkennbares Anzeichen dafür ist, daß diese Auffassungen mit dem universalen Logos in Übereinstimmung sind. Nach SENECA messen die Stoiker der antizipativen Erkenntnis aller Menschen große Bedeutung bei und benutzen die allgemeine Übereinstimmung als Wahrheitskriterium [25]. Das gilt ebenso auf dem Gebiete der sittlichen Erkenntnis. Jeder Mensch besitzt ein antizipatives Wissen über das Natur-G. und über den Unterschied zwischen Gut und Böse; ein Wissen, das er während seines Lebens zu entwickeln hat, indem er sich dessen, was ihm eigentümlich ist, immer mehr bewußt wird (οἰκείωσις) [26]. Diese stoische Lehre über das Natur-G. ist dem Rechtspositivismus EPIKURS und dem des CARNEADES gerade entgegengesetzt [27].

Anmerkungen. [1] HERAKLIT, VS 22 B 112. – [2] ANTIPHON, VS 87 B 44; A 2-5. – [3] ARISTOTELES, Eth. Eud. I, 5, 1216 b 6-8; Eth. Nic. VII, 3, 1145 b 21-27. – [4] PLATON, Apol. 30 a/b. – [5] Alkibiades 131 bff. – [6] ANTHISTENES bei PHILODEMUS, De piet. c. 7a = DIELS, Doxogr. 538. – [7] DIOG. LAERT. VI, 11. – [8] a. a. O. II, 93. – [9] PLATON, Resp. IV, 444 d. – [10] ARISTOTELES, Eth. Nic. I, 1, 1094 a 3. – [11] Protrept., Frg. 13, hg. ROSS. – [12] Eth. Nic. V, 7; Rhet. I, 13. – [13] Eth. Nic. I, 6, 1097 b 22-1098 a 20. – [14] Phys. VII, 3, 246 a 13-17. – [15] DIOG. G. VERBEKE: Philos. et conceptions préphilos. chez Aristote. Rev. philos. Louvain 59 (1961) 405-430. – [16] ZENON bei STOBAEUS, Ecl. II, 75, 11 W. – [17] DIOG. LAERT. VII, 88. – [18] CICERO, De legibus I, 21, 56; II, 4, 8. 10. – [19] De rep. III, 22, 33. – [20] Pro Milone 10. – [21] De legibus I, 15, 42. – [22] a. a. O. I, 16, 44. – [23] I, 10, 30. – [24] CLEANTHES, SVF I, 566; SENECA, Ep. 108, 8. [25] a. a. O. 117, 6. – [26] DIOG. LAERT. VII, 85. – [27] SENECA, Ep. 97, 13.

2. Auch im *mittelalterlichen* Denken spielt die Idee des Natur-G. eine wichtige Rolle. Bei ISIDOR VON SEVILLA findet man den Unterschied zwischen dem *ius civile*, das von einem Volke zum andern verschieden ist, und dem *ius naturale*, das allen Völkern gemeinsam ist [1]. Aber den Gedanken eines Rechtes, das allen Völkern gemeinsam ist und sich auf die natürliche Vernunft gründet, findet man schon bei dem römischen Juristen GAIUS: «Quod vero naturalis ratio inter omnes homines constituit, id apud omnes peraeque custoditur: vocaturque ius gentium, quasi quo iure omnes gentes utuntur» (Was aber die natürliche Vernunft unter allen Menschen eingerichtet hat, das wird bei allen völlig gleich beachtet und heißt Völkerrecht, weil alle Völker von diesem Recht Gebrauch machen) [2]. Nach ULPIAN ist das ius naturae Menschen und Tieren gemeinsam, während das ius gentium bei allen Völkern zu finden ist. JUSTINIAN übernimmt die Auffassung des Ulpian über das ius naturae, während seine Definition des ius gentium jener des Gaius entspricht [3].

Im *12. Jahrhundert* erscheint die Idee des Natur-G. im Werke ANSELMUS VON LAON und HUGOS VON SANKT VICTOR. Nach Hugo beinhaltet es zwei prinzipielle Vorschriften: Tue dem Andern, was du willst, daß man es dir gegenüber täte, und: tue dem Andern nicht, was du nicht willst, daß dir geschehe. Beide Vorschriften werden auch im ‹Decretum Gratiani› übernommen als zum Natur-G. gehörend [4]. ABÄLARD ist ebenso mit der Lehre vom Natur-G. vertraut. Er stützt sich dabei auf Cicero und unterscheidet das *ius naturae* vom *ius positivum*. Das erste wird von der menschlichen Vernunft erarbeitet und ist also allen Menschen gemeinschaftlich: «naturale quidem ius est quod opere complendum esse ipsa quae omnibus naturaliter inest ratio persuadet, et idcirco apud omnes manet» (natürliches Recht ist das, was sich im Wirken zu erfüllen die Vernunft selbst, die allen naturhaft einwohnt, befiehlt, und deshalb bleibt es bei allen) [5]. Die Kommentatoren des ‹Decretum Gra-

tiani› fassen das Natur-G. auf als eine Art fundamentaler Gerichtetheit des Menschen, das Gute zu tun und das Böse zu meiden. Einer dieser Dekretisten (SIMON DE BISINIANO) hat als erster das Natur-G. mit der Synderesis identifiziert, d. h. mit der natürlichen Einsicht in die ersten Prinzipien des sittlichen Lebens: Diese Einsicht kann niemals vernichtet werden, sogar in Kain blieb sie lebendig [6]. Nach JOANNES TEUTONICUS kann der Ausdruck ‹ius naturae› unter anderem die natürlichen Vorschriften des Dekalogs bedeuten, die unmittelbar mit der menschlichen Vernunft zusammenhängen [7].

Im Anfang des *13. Jahrhunderts* hat WILHELM VON AUXERRE das Natur-G. in die Theologie hinübergenommen, und zwar als den Ursprung und das Prinzip aller sittlichen Tugenden. ‹Ius naturale› bezeichnet dasjenige, «was die natürliche Vernunft vorschreibt», und in diesem Sinn erscheint es nur «bei vernunftbegabten Wesen» [8]. Hier wird also der Parallelismus zwischen spekulativer und praktischer Erkenntnis vertreten: Wie die ersten Prinzipien der spekulativen Vernunft unmittelbar evident sind, so auch die ersten Prinzipien der praktischen Vernunft. Hinsichtlich des Inhalts des Natur-G. unterscheidet dieser Autor zwischen Vorschriften, die zur Erreichung des Endzieles notwendig sind (primae necessitatis), und anderen, die nicht absolut erforderlich sind (secundae necessitatis). Zu den letzten wird auch die Vorschrift der Einehe gerechnet [9]. PHILIPP DER KANZLER führt den Unterschied zwischen dem «ius naturae ut natura» und dem «ius naturae ut ratio» ein. Im Bereich der Ehe schreibt das erste nur vor, auf das Weiterbestehen des menschlichen Geschlechtes zu achten, während das zweite die monogame Ehe vorschreibt [10].

In einer anonymen Quaestio ‹De lege naturali› [11] wird die Frage gestellt, ob das Natur-G. als ein Akt oder als ein Habitus zu betrachten sei. Der Autor antwortet, daß es ein Akt der Vernunft und ein Habitus des Willens ist: ein Akt der Vernunft, weil die Vernunft aufgrund einer natürlichen Erkenntnis vorschreibt, wie der Mensch zu handeln hat; ein Habitus des Willens, weil der Wille eine natürliche Gerichtetheit besitzt zu tun, was die Vernunft vorschreibt [12].

Diese Auffassung findet man auch bei GUERRIC VON ST. QUENTIN wieder, der das Natur-G. auf der andern Seite auf die ersten Einsichten der Vernunft beschränkt, so daß die Vorschriften des Dekalogs nicht darin enthalten sind. ROLAND VON CREMONA identifiziert das Natur-G. mit der angeborenen Neigung jedes Wesens zum Guten. Beim Menschen fällt diese Neigung mit der Synderesis zusammen: «ipsa sinderesis est ius naturale» [13].

Der Standpunkt ALBERT DES GROSSEN in der Frage des Natur-G. in seiner ‹Summa de Bono› entspricht hinsichtlich des Terminologie jenem von Philipp dem Kanzler (natura ut ratio), der Lehre nach aber stimmt er mit Wilhelm von Auxerre überein. Das Natur-G. umfaßt die ersten Prinzipien der praktischen Vernunft und die unmittelbar daraus abgeleiteten Folgerungen. Dem steht das vom Menschen selbst ausgedachte positive Recht gegenüber [14]. Nach JOHANNES DE LA ROCHELLE gibt es ein Natur-G., dessen Erkenntnis nicht vom Menschen erworben werden muß. Es ist angeboren, und sein Inhalt entspricht dem Dekalog. Das heißt jedoch nicht, daß Natur-G. und geschriebenes G. ohne weiteres zusammenfallen würden: Das zweite impliziert ein übernatürliches Motiv, die Caritas, und ist auf das Erreichen eines übernatürlichen Endzweckes gerichtet [15]. In der

‹Summa Theologica› des ALEXANDER VON HALES wird ein dreifaches ius naturae unterschieden: Das ius nativum bezieht sich auf Handlungen, welche Menschen und Tieren gemeinsam sind; das ius humanum betrifft das dem Menschen eigene Verhalten, und das ius divinum ist auf die nämlichen Handlungen in ihrem Verhältnis zur Gnade gerichtet. Anderseits spricht er vom spezifisch menschlichen Naturrecht als von einer natürlichen Vorschrift der Vernunft (naturale dictamen rationis) [16]. BONAVENTURA bringt drei Begriffsbestimmungen des Naturrechts: Es ist das, was im Gesetz des Alten Bundes und im Evangelium enthalten ist; das, was allen Völkern gemeinsam ist, und dasjenige, was die Natur allen lebenden Wesen eingepflanzt hat. Diese letzte Definition hält er für die angemessenste [17].

Nach dem Sentenzenkommentar des THOMAS VON AQUIN machen die ersten Prinzipien der praktischen Vernunft das Natur-G. aus. Weil der Mensch ein vernunftbegabtes Wesen ist, wird er in seinem Handeln nicht von der natürlichen Schätzungskraft geleitet wie die Tiere, sondern von der vernünftigen Einsicht in das Natur-G., von der «ratio naturalis» [18]. In seiner ‹Summa Theologiae› nimmt Thomas diese Frage wieder auf: Das Natur-G. muß wie jedes andere G. als eine «ordinatio rationis» angesehen werden. Also ist es eigentlich kein Habitus und darf nicht ohne weiteres mit der Synderesis identifiziert werden. Das Natur-G. ist Gegenstand der Synderesis in dem Sinn, daß die Prinzipien des moralischen Handelns auf habitueller Weise im Menschen anwesend sind [19]. Weiterhin muß das Natur-G. begriffen werden als eine Partizipation am ewigen G., die sich in jedem vernunftbegabten Wesen findet. Dieses Natur-G. befaßt nicht nur die allerersten Prinzipien in sich, sondern auch die daraus unmittelbar abzuleitenden Folgerungen. Auf diese Weise gibt es positive und negative Vorschriften, welche mehr oder weniger mit den ersten Prinzipien verbunden sind. Thomas macht z. B. einen Unterschied zwischen der Polyandrie und der Polygamie: Das Verbot der ersten Eheform ist nach ihm mit den ersten Prinzipien viel enger verbunden als das der zweiten Form [20].

Nach PETRUS VON TARENTAISE gibt es ein Natur-G. im engeren Sinn nur bei vernunftbegabten Wesen wie den Menschen: Mit Rücksicht auf das menschliche Handeln muß die praktische Vernunft mit bestimmten fundamentalen Einsichten ausgestattet sein, und diese sind nichts anderes als das Natur-G. Dergestalt trägt der Mensch seit dem ersten Augenblick seines Daseins die Keime des sittlichen Lebens in sich [21]. In seiner Lehre über das Natur-G. betont DUNS SCOTUS stark die göttliche Allmacht und die Freiheit der Schöpfungstat. Das Natur-G. hängt unmittelbar zusammen mit der Natur bestimmter daseiender Wesen, die in ihrer Wesensstruktur durch Gottes freie Wahl hervorgebracht wurden. Das Natur-G. ist also von Gottes freier Wahl abhängig, sofern nämlich die Art der erschaffenen Natur durch ihn festgesetzt wurde. Nach Scotus umfaßt das Natur-G. die ersten unmittelbar evidenten praktischen Prinzipien und die mit ihnen notwendig verbundenen Folgerungen [22]. Im Gegensatz zu Thomas von Aquin nimmt Scotus an, daß Gott manchmal einzelne Menschen von bestimmten Vorschriften des Dekalogs befreit hat. Daraus schließt er, daß die erwähnten Vorschriften nicht zum Natur-G. im strikten Sinn gerechnet werden müssen. Trotz dieser Meinungsverschiedenheit stimmen beide Autoren darin überein, daß Gott niemanden von der Erfüllung des Natur-G. entbinden kann. Alles kommt darauf an festzustellen, welche Vorschriften des Dekalogs notwendig sind zum Erreichen der Endbestimmung. Nach Scotus sind die Vorschriften der «zweiten Tafel» keine ersten Prinzipien und auch nicht notwendig mit den ersten Prinzipien verbunden [23].

Die Lehre des WILHELM VON OCCAM über das Natur-G. liegt in derselben Richtung wie die des Scotus. Er betont gleichfalls die göttliche Allmacht und die Freiheit des Schöpfungsaktes. Der Unterschied zwischen dem sittlich Guten und dem sittlich Bösen wird durch den göttlichen Willen festgelegt. Aus der Tatsache, daß Gott etwas will, folgt, daß es sittlich gut ist, dieses zu vollbringen. So ist der Ehebruch sittlich schlecht, weil Gott ihn verboten hat. Würde Gott ihn auferlegen, so wäre er sittlich gut. Es wäre selbst möglich, daß Gott geböte, ihn zu hassen. Trotzdem bedeutet das nicht, daß in der gegenwärtigen moralischen Ordnung Ehebruch oder Mord oder Haß gegen Gott gut sein könnten. Das einzige, was Occam sagen will, ist, daß die sittliche Ordnung, in der wir leben, von Gottes Wahl abhängt und daß Gott, absolut gesprochen, ein anderes moralisches Gesetz hätte auferlegen können. «Die lex naturalis ist ihm positives G., göttlicher Wille ... G. ist Wille, bloßer Wille ohne *fundamentum in re* in der Wesensnatur» [24]. Occam vertritt die Meinung, daß der Mensch gemäß der «recta ratio» handeln muß, und das bedeutet, daß er sich nach der von Gott in Freiheit gesetzten moralischen Ordnung richten muß.

Der Begriff ‹Natur-G.› hat also während des Altertums und des Mittelalters eine tiefgehende Entwicklung erfahren. Der Kern des Problems ist jedoch immer derselbe geblieben. Diejenigen, die das Natur-G. annehmen, sind davon überzeugt, daß die Keime der moralischen Erkenntnis und des sittlichen Handelns zur Wesensstruktur des Menschen gehören, und zwar vom ersten Augenblick seines Daseins an. Die Erkenntnis der ersten Prinzipien des sittlichen Verhaltens und die Gerichtetheit auf sittliche Vollkommenheit gehören zum Wesen des Menschseins, und die sittliche Vollkommenheit liegt in der Richtung der natürlichen Ausstattung des Menschen.

Anmerkungen. [1] ISIDORI HISPALENSIS EPISCOPI Etymologiorum sive originum libri XX, hg. Lindsay (Oxford 1911) V, 4-6 = MPL 82, 199-200; vgl. O. LOTTIN: Le droit naturel chez saint Thomas d'Aquin et ses prédécesseurs (Brügge ²1931). – [2] GAIUS, Dig. L. I, tit. 1, 9. – [3] Vgl. LOTTIN, a. a. O. [1] 8. – [4] Vgl. LOTTIN Psychol. et morale aux 12e et 13e siècles (Louvain/Gembloux 1948) 2/1, 71f.; a. a. O. [1] 11-12. – [5] PETRUS ABAELARDUS, Opera. MPL 178, 1656 b. – [6] Vgl. LOTTIN, a. a. O. [1] 17f. – [7] a. a. O. 23. – [8] WILHELM VON AUXERRE: Summa Aurea in quattuor libros sententiarum (Paris 1500) fol. 287r a. – [9] a. a. O. fol. 155r a. – [10] Vgl. LOTTIN, a. a. O. [1] 39f. – [11] Ms. Bibl. Nat. Paris, Nouv. acquis. 1470, fol. 22r a-22v a. – [12] Vgl. LOTTIN, a. a. O. [4] 2/1, 77-82. – [13] Vgl. LOTTIN, a. a. O. [1] 40f. Anm. 125. – [14] Vgl. LOTTIN, a. a. O. [4] 2/1, 85f. – [15] Vgl. LOTTIN, a. a. O. [1] 48f. – [16] a. a. O. 53-57. – [17] 50. – [18] THOMAS VON AQUIN, III Sent. d. 37, q. 1, a. 3c; IV Sent. d. 33, q. 1, a. 1. – [19] S. theol. I/II, q. 94, a. 1. – [20] IV Sent. d. 33, q. 2, a. 1. – [21] Vgl. LOTTIN, a. a. O. [4] 2/1, 92-94. – [22] Vgl. E. GILSON: Jean Duns Scot. Introd. à ses positions fondamentales (Paris 1952) 612-614. – [23] a. a. O. 618 Anm. 1; vgl. H. ROMMEN: Die ewige Wiederkehr des Naturrechts (München ²1927) 58ff. – [24] Vgl. ROMMEN, a. a. O. 60.

Literaturhinweise. – *Wörterbuchartikel:* O. GIGON, Lex. der Alten Welt (1965) 2097f. – PH. DELHAYE, K. RAHNER und A. HOLLERBACH, LThK² 7 (1962) 821-829. – *Zur Antike:* F. FLÜCKIGER: Gesch. des Naturrechts 1: Altertum und Früh-MA (1954). – H. ROMMEN s. Anm. [23 zu 2]. – F. HEINIMANN: Nomos und Physis. Herkunft und Bedeutung einer Antithese im griech. Denken des 5. Jh. (1945). – L. ROBIN: La morale antique (Paris 1938). – R. A. GAUTHIER: La morale d'Aristote (Paris 1958). – M. POHLENZ: Die Stoa (³1964). – M. VILLEY: Le droit naturel chez Gratien, in: Studia Gratiana 3, 85-99. – *Zum Mittelalter:* O. LOTTIN s. Anm. [4 zu 2] 71-100; s. Anm. [1 zu 2]. –

P. M. VAN OVERBEKE: La loi naturelle et le droit naturel selon S. Thomas. Rev. Thom. 7 (1957) 53-78. 450-495. – E. GILSON s. Anm. [22 zu 2]. – G. BUDZICK: De Conceptu legis ad mentem Joannis Duns Scoti (Burlington, Wisc. 1954). – G. STRATENWERTH: Die Naturrechtslehre des Joh. Duns Scotus (1951). – W. KÖLMEL: Das Naturrecht bei Wilhelm Ockham. Franziskan. Stud. 35 (1953) 39-85.
G. VERBEKE

Gesetz, physikalisches. Ein p.G. ist ein hypothetischer, empirisch, d. h. durch Messung oder wissenschaftliches Experiment nicht falsifizierter Allsatz der Physik. Im Unterschied zu Naturgesetzen aus «individuellen Somatologien» (z. B. Astronomie, Geophysik) sind p.G. *allgemeine* Naturgesetze, d. h. sie enthalten keine Eigennamen und gelten in reproduzierbaren Situationen. Unterscheidet man «physikalisch beschreibende Gesetze» (verallgemeinerte Aussagen über beobachtete Sachverhalte) von «erklärenden Gesetzen» (solchen Allaussagen, aus denen sich physikalisch beschreibende Gesetze herleiten lassen), so kann ein Satz in Abhängigkeit von seiner Funktion im Aufbau einer physikalischen Theorie beides sein: Es läßt sich z. B. das Newtonsche Gravitationsgesetz sowohl als verallgemeinerte physikalische Beschreibung der Gravitationswirkung zwischen zwei Körpern verstehen als auch zur Erklärung für Trägheitsbahnen im Gravitationsfeld (Kepler-Bewegungen) verwenden. Eine physikalische Theorie darf dann als abgeschlossen gelten, wenn es ein *Modell*, d. h. ein System erklärender p.G., gibt, die selbst nicht mehr beschreibend, also nicht unmittelbar, sondern nur noch über ihre logischen Konsequenzen der empirischen Überprüfung zugänglich sind, die aber andererseits alle bekannten beschreibenden Gesetze implizieren.

Statistische p.G. sollen möglichst durch physikalische Beschreibung und durch Erklärung der statistisch erfaßten Einzelereignisse oder Objekte auf erklärende p.G. zurückgeführt werden, so z. B. die Gesetze der statistischen Thermodynamik durch Aussagen über Stöße zwischen Molekülen. Ob die Quantenmechanik zu einer in diesem Sinne abgeschlossenen Theorie ausgebaut werden kann, ist kontrovers.

Die moderne analytische Wissenschaftstheorie ist der Auffassung, daß der Begriff des Gesetzes im Rahmen der exakten empirischen Wissenschaften noch ungeklärt ist. Einige Probleme hinsichtlich der Möglichkeit gesetzesartiger empirischer Allsätze verschwinden, wenn p.G. in dem Sinne normativ verstanden werden, daß sie eine Aufforderung zur Exhaustion darstellen; d. h. solange Abweichungen von einem hypothetisch angenommenen p.G. durch Störhypothesen erklärt werden können, wird das p.G. als Vorschrift zur Herstellung derjenigen Umstände angesehen, unter denen das p.G. gilt. Erst wo solche Umstände (etwa durch Isolation physikalischer Systeme oder durch Konstanthalten störender Parameter) nicht realisierbar sind, werden neue p.G. hypothetisch formuliert.

Das erste für die moderne Physik relevante Auftreten des Begriffs des p.G. ist mit dem Beginn der klassischen Physik im 17. Jh. (GALILEI, NEWTON, HUYGENS) verbunden. Ältere Quellen, in denen der Terminus ‹Naturgesetz› auftritt, übersehen die spezifischen Schwierigkeiten einer empirischen Wissenschaft und können daher nicht als Anfang einer Begriffsgeschichte von ‹p.G.› gelten. Auf NEWTON geht das empiristische Verständnis zurück, wonach p.G. unmittelbar durch Erfahrung bestätigt werden. Diese Auffassung, die sich über LAGRANGE, KIRCHHOFF, HERTZ und MACH mit Modifikationen in die moderne Physik hinein fortgesetzt hat, wurde in der analytischen Wissenschaftstheorie durch die Unterscheidung von Beobachtungs- und theoretischer Sprache korrigiert. Begriffe der theoretischen Sprache haben kein unmittelbares empirisches Korrelat. Die Alternative einer rationalen, sich ihrer Abhängigkeit von Normen bewußten Physik geht auf LEIBNIZ und KANT zurück und wurde von DINGLER und LORENZEN wieder aufgegriffen.

Literaturhinweise. I. NEWTON: Opticks (⁴1730). – J. L. LAGRANGE: Méchanique analytique 1 (³1853). – H. DINGLER: Physik und Hypothese (1921). – E. MACH: Die Mechanik, hist.-krit. dargestellt (⁹1933). – P. LORENZEN: Wie ist die Objektivität der Physik möglich? in: Methodisches Denken (1968). – W. STEGMÜLLER: Probleme und Resultate der Wissenschaftstheorie und Analytischen Philos. 1: Wiss. Erklärung und Begründung (1969). – J. MITTELSTRASS: Neuzeit und Aufklärung. Stud. zur Entstehung der neuzeitlichen Wiss. und Philos. (1970).
P. JANICH

Gesetze, kategoriale. Die k.G. sind nach N. HARTMANN die Gesetze des «Aufbaus der realen Welt», und so ist auch der dritte Teil seines gleichnamigen Werkes überschrieben [1]. Sie sind der notwendige Abschluß und das Ziel der Ontologie. Aus ihnen ergeben sich methodologische Folgerungen, die anschließend formuliert worden sind. Die k.G. umfassen Gesetze der Geltung, der Kohärenz, der Schichtung und der Dependenz; unter den Dependenzgesetzen nimmt das kategoriale Grundgesetz, wonach die höheren Kategorien von den niederen abhängig sind, die zentrale Stellung ein.

Die k.G. sind einerseits Konsequenzen aus den Analysen, insbesondere der Fundamentalkategorien, nehmen aber andererseits kraft ihrer Allgemeinheit den Charakter von Gesetzen an, die als solche selber wieder Kategorien sind, worin ein Hinweis auf die Durchdringung methodologischer und ontologischer Momente liegt, wie sie insbesondere in der partiellen und dynamischen Identität von Seins- und Erkenntniskategorien evident wird. Die k.G. sind «Prinzipien der Prinzipien» und bilden das Gerüst im Aufbau der realen Welt.

Anmerkung. [1] N. HARTMANN: Der Aufbau der realen Welt (³1964) Kap. 42-61.

Literaturhinweise. A. GUGGENBERGER: Der Menschengeist und das Sein (1942). – J. MÜNZHUBER: N. Hartmanns Kategorienlehre, ein Wendepunkt in der Gesch. der Naturphilos. Z. dtsch. Kulturphilos. 9 (1943) 187-216. – H. WEIN: Philos. als Kategorialanalyse. Stud. gen. 4 (1952) 115-118. – M. BRELAGE: Fundamentalanalyse und Regionalanalyse (Diss. Köln 1957). – H. HÜLSMANN: Die Methode in der Philos. N. Hartmanns (1959). – W. LUCHTER: Die Kategorialanalyse der Kausaldetermination (1964).
H. HÜLSMANN

Gesetze, statistische. ‹s.G.› nennt man Hypothesen der Form, daß unter Ereignissen einer Art E_1 Ereignisse einer Art E_2 mit der statistischen Wahrscheinlichkeit r vorkommen, kurz: $w(E_2, E_1) = r$. In der Regel versteht man dabei die statistische Wahrscheinlichkeit r im Sinne der *relativen Häufigkeit*, d. h. so, daß sich bei hinreichend vielen (willkürlich ausgewählten) Ereignissen das Verhältnis der Zahl der E_2-Fälle zur Zahl der E_1-Fälle dem Wert r beliebig nähert [1].

Anmerkung. [1] Zu den Problemen der auf s.G. gegründeten Theorien und Erklärungen vgl. Art. ‹Erklärung II, 2›; zu den Grundlagen der Statistik und Wahrscheinlichkeitstheorie vgl. Art. ‹Wahrscheinlichkeitstheorie, Statistik›.
Red.

Gesetzlichkeit

I. Der Urtypus der G. erscheint in der jüdischen Religion vor dem Auftreten des Christentums. Das heilige Buch ist als der geoffenbarte Gotteswille das Grundgesetz des Lebens. Man lebt aus dem ‹Gesetz›. Theologen und Juristen (die Schriftgelehrten) erklären es für das Volk, teils weil das Volk nicht mehr die Sprache der Schrift versteht, teils weil die Bestimmungen des Gesetzes kasuistisch auf alle Einzelheiten des täglichen Lebens angewandt werden müssen. Alles gründet sich auf den Gedanken der Vergeltung: «Treu ist Gott denen, die ihn wahrhaft lieben.» Wer das Gesetz hält, ist ein Gerechter und wird das Leben aus dem Gesetz haben (Prov. Salomon. 14; Joh. 5, 39; Röm. 10, 5). Die Botschaft Jesu war von Anfang an gegen diese G. gerichtet. Als Losungswort kann man Matth. 5, 20 auffassen: «Wenn eure Gerechtigkeit nicht besser ist als die der Schriftgelehrten und Pharisäer, werdet ihr nicht in das Himmelreich kommen.» Das Gesetz war zu einem selbständigen Faktor zwischen Gott und Mensch geworden. Die Religion des jüdischen Volkes war nicht mehr lebendig und innerlich wie zur Zeit der Propheten, sondern zu fester G. erstarrt. Von dieser Neigung zur G. ist auch die Geschichte der Christenheit nicht immer frei geblieben, obwohl PAULUS programmatisch und schroff gegen die G. aufgetreten ist (Gal. 5, 1ff.) und gegen die «Gesetzesgerechtigkeit» der Juden die «Gerechtigkeit aus dem Glauben» als den wahren Weg zum Heil aufgewiesen hat (Röm. 9, 31; Phil. 3, 6ff.).

Literaturhinweise. D. RÖSSLER: Gesetz und Gesch. (1960). – E. L. DIETRICH: Art. ‹Jüdische Kasuistik› RGG³ 3, 1167; ‹Talmud› RGG³ 6, 607. – R. RENDTORFF: Art. ‹Tora› RGG³ 6, 950.

L. PINOMAA

II. Im Zusammenhang der lutherischen Rechtfertigungslehre, der Frage, ob der Mensch durch den Glauben oder durch gute Werke Befreiung von Sündenschuld erlangen könne, ist ‹G.› ein – immer abschätzig gemeinter – Begriff für eine moralistische Verengung oder gar die Verkehrung des Heilsglaubens. LUTHER redet entweder von den «Gesetzlern», denen er die «Gläubigen» als positives Leitbild entgegensetzt [1], oder von den «Werkheiligen», die lediglich mit zeitlichen, äußerlichen Werken Gottes Gnade zu erlangen suchen [2]. Dazu bedarf es einer anderen als der «Gesetzes Gerechtigkeit», nämlich der «ewigen Gerechtigkeit Christi» [3]. Die Werkheiligkeit rechtfertigt nur vor der Welt, sie ist nur «scheinende Heiligkeit» [4], bringt es aber nicht zu Frömmigkeit und Seligkeit vor Gott [5]. «Das Gesetz dient zur Gerechtigkeit, die für Gott gilt, in keinem Stück gar nichts» [6]. Trotzdem gibt es aber für den wahren Christen nur «*eine* Gerechtigkeit des Glaubens und der Werke», die nicht voneinander getrennt sind [7].

Ausgehend von Luthers Lehre der G. und der hiermit zusammenhängenden Gegenüberstellung von Gesetz und Evangelium [8] hat die evangelische Theologie ‹G.› immer als abschreckende Maxime einer nur den Buchstaben der Gebote Gottes erfüllenden und auf äußerliche Erfüllung und Rechtmäßigkeit bedachten Haltung verstanden. Besonders der Pietismus kann mit seiner Bevorzugung von Herz und Innerlichkeit vor einem «gesetzlichen, scrupuleusen Menschen» warnen [9]: «Gesetze drücken niemal das Wesen der Heiligkeit aus, darum ist das Gesetz ein Schattenbild vom geistlichen Gesez. Das rechte Gesez ist der heilige Geist …» [10]. Gleichwohl bestand auch hier die Gefahr, daß sich in einigen Richtungen, die auf genaue Befolgung der Gesetze und der besonderen pietistischen Lehren bedacht waren, eine neue G., «geistliche Selbstgefälligkeit» und «besondere Heiligkeit» bildete [11], die «in der Angst [lebt], die Herrlichkeit seines Innern durch Handlung und Dasein zu beflecken» und «die Berührung der Wirklichkeit» flieht, «um die Reinheit seines Herzens zu be-

wahren» [12]. G. ARNOLD sieht sich so gezwungen, den Pietismus gegen den Vorwurf, «es würden darinne die gesetzlichen Wege mehr als das lautere Evangelium vorgetragen», zu verteidigen [13]. Im Judentum, das mit Pharisäismus gleichgesetzt wurde, sah man den Prototyp der G. [14] und übertrug den Vorwurf der G. von hier aus auch auf die kleinliche Moralistik und Kritiksucht der Aufklärer («gesetzliche Pünctlichkeit») [15]. J. CHR. ADELUNG kann um 1780 als allgemeinen Sprachgebrauch für ‹G.› festhalten: «Man muß in der Moral nicht mit gesetzlicher Ängstlichkeit auf Kleinigkeiten fallen» [16].

Eine neue Färbung erhielt der Begriff ‹G.› durch KANTS Theorie der Moralität und Legalität: Derjenige, der aufgrund äußerlicher Triebfedern ein Gebot erfüllt, handelt «gesetzlich»; derjenige, der nur aus der «Vorstellung der Pflicht» heraus handelt, als «moralisch guter (Gott wohlgefälliger) Mensch». Änderung zugunsten des zweiten kann nur «durch eine Revolution der Gesinnung im Menschen» erreicht werden [17]. FR. SCHLEGEL geht noch weiter: «Die erste Regung der Sittlichkeit ist Opposition gegen die positive G. und konventionelle Rechtlichkeit» [18]. Die neue Bedeutung schlägt sich auch in den Wörterbüchern nieder: «Die bloße G. oder Gesetzmäßigkeit (Legalität) einer Handlung bürgt aber noch nicht für deren Sittlichkeit (Moralität) wiefern man darunter im engern Sinne deren innere Güte versteht. Denn dazu gehört, daß sie auch aus einem guten Willen oder aus Achtung gegen das Gesetz hervorgegangen, folglich mit der rechten Gesinnung geschehen sei» (W. T. KRUG [19]).

In der protestantischen Theologie des 19. und 20. Jh. wird der Begriff ‹G.› vielfach rezipiert. Der Ablehnung der «Äußerlichkeit des Gesetzes», «Gesetzpedanterie» und der «bloßen Legalität» [20], der «judaisierenden Einseitigkeiten» und der «gesetzlichen Bemessung der Sittlichkeit», die nicht zureiche, die «christliche Freiheit» zu begreifen [21], entspricht auch die Überzeugung, daß die *christliche* Sittenlehre «den Charakter einer gesetzlichen Sitte und somit ihre Buchstäblichkeit und Positivität» ablege und sich «immermehr in schlechthin freie Sitte» auflöse [22]. Nach E. BRUNNER ergibt sich die falsche Alternative des «Formalismus der G.» auf der einen und der «eudämonistischen Materialethik» auf der anderen Seite aus einer «Verdunkelung der Gotteserkenntnis», in der Gottes Gebot zum abstrakten Gesetz, zur «starren G.» oder zur Anspruchs- und Verantwortungslosigkeit degeneriere [23]. Gegen Selbstgerechtigkeit und Pharisäismus muß es aber die Hauptaufgabe der Ethik sein, nicht gegen Gesetzlosigkeit, sondern gegen G. zu kämpfen; denn der Mensch findet Rechtfertigung nur in Gott und seiner Gnade. Der «gesetzliche Mensch» aber ist unfrei, er steht «unter dem Fluch des Gesetzes» und kann auch dem Mitmenschen nicht persönlich begegnen [24]. K. BARTH sieht sogar die Gefahr, daß die G. auf Gesetzlosigkeit hinauslaufe, wenn die Form des göttlichen Anspruchs und Gebotes nicht als Einheit von Sollen und Dürfen, von Gesetz und Evangelium gesehen werde. Eine prinzipielle, begriffliche Unterscheidung ist hier unmöglich [25]. «Alles Dürfen ist leer, ist letztlich doch nur unsere eigene letztlich verderbliche Gesetzlosigkeit, und alles Sollen ist erst recht leer, ist wieder unsere eigene und letztlich ebenso verderbliche G., wenn es nicht das Dürfen und Sollen Jesu Christi ist» [26]. Demgegenüber wurde aber auch geltend gemacht, daß der Gegensatz von Gesetz und Evangelium sich nicht «auf einen Gegensatz zwischen menschlich-moralischer G. einerseits, wahrem Gesetz in Einheit mit dem Evangelium andererseits» reduzieren läßt [27]. Andererseits aber sieht O. WEBER in dieser Gegenüberstellung auch die Lösung der Frage der G., die eine «Präponderanz bestimmter Verhaltensweisen gegenüber dem im Evangelium uns angebotenen Empfangen» bezeichnet und sowohl das Wesen der Sünde als auch der Vergebung verkennt [28].

Anmerkungen. [1] M. LUTHER, Tischreden oder Colloquia, hg. AURIFABER (1566, ND 1967) Fol. 72 b. – [2] Weimarer A. (=WA) 8, 18. 372; Deutsche Bibel WA 7, 140f.; Tischreden WA 5, 250; 6, 104. – [3] WA 21, 366. – [4] WA 21, 538. – [5] WA 7, 535; vgl. WA 10/I, 1, 160. 206; WA 21, 530. – [6] Tischreden WA 1, 1167. – [7] Tischreden WA 2, 1886f. – [8] Vgl. Art ‹Gesetz› II, 4. – [9] F. CH. OETINGER: Grundweisheit zur Rechtsgelehrsamkeit (1761) 139. – [10] F. CH. R. OETINGER, Schriften, hg. EHMANN II/2 (1858) 349. – [11] A. RITSCHL: Gesch. des Pietismus (1880-86, ND 1966) 2, 213. 403; vgl. J. GOTTSCHICK: Ethik (1907) 246. – [12] G. F. W. HEGEL, Phänomenol., hg. HOFFMEISTER (⁶1952) 462f. – [13] G. ARNOLD: Hist. und Beschreibung der Mystischen Theol. (1703, ND 1969) 209; vgl. 214; Das Geheimnis der göttl. Sophia (1700, ND 1963) 67. – [14] J. G. HAMANN, Werke, hg. NADLER 3, 314. 397. 224. – [15] a. a. O. 3, 119. 365. – [16] J. CHR. ADELUNG: Grammat.-krit. Wb. (1774-86) 2, 626. – [17] I. KANT: Relig. innerhalb ... Akad.-A. 6, 47; vgl. 7, 171. – [18] FR. SCHLEGEL, Athenäums-Frg. Nr. 425. Krit. A., hg. E. BEHLER 2, 248. – [19] W. T. KRUG: Allg. Handwb. der philos. Wiss. (1832-38, ND 1969) 2, 250. – [20] J. T. BECK: Vorles. über Christl. Glaubenslehre (1886/87) 1, 372; vgl. FR. H. R. FRANK: System der christl. Ethik (1884-87) 1, 377. – [21] M. KÄHLER: Die Wiss. der christl. Lehre (1883) 475f. – [22] R. ROTHE: Theol. Ethik 3 (²1870) 385. – [23] E. BRUNNER: Das Gebot und die neuen Ordnungen (1937) 51f. – [24] a. a. O. 58ff. – [25] K. BARTH: Kirchl. Dogmatik II/2 (1955) 669f. – [26] a. a. O. 676f. – [27] W. JOEST: Gesetz und Freiheit (1951) 39; vgl. 43f. – [28] O. WEBER: Grundl. der Dogmatik (1959-62) 2, 384. 581; 1, 653.

U. DIERSE

Gesetzlichkeit, biologische. Wie in allen Naturgesetzen werden auch in den biologischen Gesetzen konstante Relationen formuliert, die durch Abstraktion aus den Phänomenen und durch logische Verarbeitung gewonnen werden. Von physikalischen und chemischen Gesetzen unterscheiden sich die Gesetze des Lebenden vor allem dadurch, daß sie sich auf «offene Systeme» beziehen, d. h. auf einen Geschehensstrom in den Lebewesen, der eng mit der Umwelt verknüpft ist, von der Material aufgenommen und an die Material abgegeben wird [1]. Bei fast allen biologischen Gesetzen handelt es sich um *Systemgesetze* (Gefügegesetze), die aber letztlich Auswirkungen des generellen, lückenlos wirkenden Kausalgesetzes sind [2]. Wegen des hohen chemischen und strukturellen Komplikationsgrades der Organismen durchkreuzen die biologischen Gesetze oftmals einander, so daß viele Ausnahmen entstehen. Deshalb wird meist nur von *Regeln* gesprochen.

Es gibt zytologische, anatomische, physiologische, genetische, ontogenetische, phylogenetische, ökologische und biogeographische Gesetze, d. h. Gesetze, die teils die interne Strukturentwicklung und internen Abläufe, teils die Beziehungen zur Umwelt betreffen. Manche der stetig vermehrten Gesetze bzw. Regeln beziehen sich auf alle Lebewesen, andere nur auf Pflanzen oder auf Tiere oder nur auf bestimmte Gruppen von Organismen (Klassen, Ordnungen, Familien) [3].

So wie alle Naturgesetze haben sich die biologischen Gesetze im Verlaufe der stammesgeschichtlichen Entwicklung als immer kompliziertere Integrationsstufen kausaler Zusammenhänge im Sinne einer Epigenesis manifestiert [4]. Das Mutations- und das Selektionsgesetz z. B. gelten schon für die Vorstufen des Lebenden Die Mendelregeln der Vererbung konnten erst in Erscheinung treten, nachdem sich die Sexualität entwickelt hatte. Die Bergmannsche Regel der erblichen Körpergrößenabhängigkeit vom Klima konnte erst wirksam werden, nachdem warmblütige Tiere entstanden waren.

Die zielgerichtete individuelle Entwicklung von der Fortpflanzungszelle zum erwachsenen Lebewesen, die Regenerationsfähigkeit verlorengegangener Körperteile, die Regulationsmechanismen und andere zweckmäßige physiologische Abläufe, die stammesgeschichtliche Höherentwicklung, Handlungsplanungen höherer Tiere und die behauptete Willensfreiheit des Menschen haben mehrfach zu der Auffassung geführt, daß es auch biologische *Finalgesetze* gebe, die entweder durch eine leitende akausale (aber doch «wirkende»!) Entelechie im Sinne H. DRIESCHS oder durch andere noch nicht analysierte Faktoren bedingt sein soll [5]. Alle zielgerichteten Abläufe können aber kausal erklärt werden durch die stammesgeschichtliche Herausbildung zweckmäßiger Abläufe infolge von Mutation und natürlicher Auslese, die stets Vorteilhaftes begünstigt.

Im weiteren Sinne ist in die b.G. auch die *Parallelgesetzlichkeit* oder *Zuordnungsgesetzlichkeit* einzubeziehen, welche die kausalgesetzlich nicht erklärbare Zuordnung der Phänomene zu bestimmten physiologischen Hirnabläufen bestimmt (z. B. das Auftreten der Empfindung «rot» nach Reizung der menschlichen Netzhaut durch Lichtstrahlen von 690 mµ, «grün» von 520 mµ oder die Zuordnung bestimmter Vorstellungen zur Ekphorierung bestimmter materieller Engramme [6]). Auf der Grundlage eines panpsychistischen Identismus kann auf die Annahme einer Parallelgesetzlichkeit verzichtet werden, und es können die Phänomene mit den physiologischen Hirnabläufen identifiziert werden [7]. Die menschlichen Denkgesetze und deren Vorstufen bei solchen höheren Tieren, die weitergehender Generalisationen und Handlungen nach Voraussicht fähig sind, können als stammesgeschichtliche Anpassung an die kausale und logische Weltgesetzlichkeit gedeutet werden [8].

Anmerkungen. [1] L. VON BERTALANFFY: Das biol. Weltbild (1949). – [2] M. HARTMANN: Philos. der Naturwiss. (1937) Kap. 3; N. HARTMANN: Philos. der Natur (1950) Kap. 57. 63. 64; B. RENSCH: Biol. Gefüge-G., in: Das Problem der G., hg. Jungius-Gesellschaft (1949) 117-137; The laws of evolution, in: Evolution after Darwin, hg. S. TAX 1 (1960) 95-116; Die philos. Bedeutung der Evolutionsgesetze, in: Die Philos. und die Frage nach dem Fortschritt, hg. H. KUHN und F. WIEDMANN (1964) 179-206. – [3] RENSCH a. a. O. (1960); a. a. O. (1964). – [4] B. RENSCH: Biophilos. auf erkenntnistheoretischer Grundlage (1968). – [5] H. DRIESCH: Philos. des Organischen (⁴1928); R. WOLTERECK: Ontologie des Lebendigen (1940); TH. ZIEHEN: Gestalten, Strukturen und Kausalgesetze. Arch. ges. Psychol. 77 (1930) 291-306; CH. P. RAVEN: Über die Idee einer mehrfachen Komplementarität und ihre Anwendung auf die Wiss.-Lehre. Synthese 7 (1949) 321-333; The formalization of finality. Folia biotheoretica 5 (Leiden 1960) 1-27; W. ZIMMERMANN: Die Finalität. Naturerscheinungen, Begriffe und Worte. Biol. Zbl. 74 (1955) 55-69. – [6] TH. ZIEHEN: Erkenntnistheorie auf psychophysiol. und phys. Grundlage (1913) Kap. 6; Das Problem der Gesetze. Hallische Univ.-Reden 33 (1927). – [7] B. RENSCH, a. a. O. [4] 8; Die fünffache Wurzel des panpsychistischen Identismus. Philos. nat. 11 (1969) 129-150. – [8] TH. ZIEHEN: Erkenntnistheorie (1939) II, 5.

B. RENSCH

Gesinnung. Das Substantiv ‹G.› wird von LESSING als Entsprechung zum französischen ‹sentiment› gebildet und ersetzt ‹Gesinnen›: «von den Ausdrücken [in Klopstocks ‹Messias›], von den Beschreibungen, von den ... eingestreuten Gesinnungen» [1]. Damit nimmt ‹G.› den Bedeutungsbereich von «gesinnt» im Sinne von LUTHERS Übersetzung von Phil. 2, 5 («Ein jeglicher sei gesinnet wie Jesus Christus auch war») oder «... einer, der selig will werden soll also gesinnet sein als sei kein Mensch sonst auf Erden denn er allein ...» [2] auf. Nach GOETHE sollen G.en und Begebenheiten vor allem im Roman,

Charaktere und Taten im Drama « vorgestellt» werden [3]. SCHILLER läßt sagen: « Doch meinen Abscheu, meine innerste G. hab' ich tief versteckt» [4]. Damit ist grundsätzlich auch der Rahmen für den philosophischen Gebrauch des Begriffes G. abgesteckt.

Nach KANT ist die G. das innere Prinzip der Maximen des Willens [5]. In der G. besteht der hohe Wert, den sich die Menschheit durch die Sittlichkeit verschaffen kann [6]. Die sittlich gute G., die er auch allgemein als Tugend bezeichnet, gewährt dem vernünftigen Wesen Anteil an der allgemeinen Gesetzgebung und macht es daher zum Glied in einem möglichen Reich der Zwecke tauglich [7]. Sie «kann nur eine einzige sein und geht allgemein auf den ganzen Gebrauch der Freiheit» [8]. Sie ersetzt den notwendigen Mangel eines zeitlichen Wesens, nie ganz das zu sein, was es zu werden im Begriffe ist, und vertritt « die Stelle der Totalität der Reihe der ins Unendliche fortgesetzten Annäherung» [9]. Als « virtus noumenon» [10] ist die gute G. der Handlung aus Pflicht, der Tat als dem Guten in der Erscheinung, jederzeit überlegen und allein mit Rücksicht auf sie ist es möglich, daß die Liebe Gottes den Mangel der Tat ergänzt [11]. Da die G. im Übersinnlichen wurzelt, ist es unmöglich, ein einziges Beispiel einer Handlung aus G. mit völliger Gewißheit anzuführen [12].

Für J. G. FICHTE ist die « pflichtmäßige G.» der Grund für den Glauben an Gott und Unsterblichkeit. Während es in der Sinnenwelt nie darauf ankommt, mit welcher G. eine Tat unternommen wurde, sondern nur, welches diese Tat sei [13], hängt der Erfolg in der festen Ordnung, nach welcher notwendig die reine moralische Denkart selig macht, davon ab, aus welcher G. etwas geschieht [14]. – HEGEL unterscheidet die G. von der Meinung, die aus subjektiven Gedanken hervorgeht. Die politische G., der Patriotismus ist «das Zutrauen ..., daß mein substantielles und besonderes Interesse im Interesse und Zwecke eines Andern (hier des Staats) als im Verhältnis zu mir als Einzelnem bewahrt und enthalten ist, womit eben dieser unmittelbar kein anderer für mich ist und Ich in diesem Bewußtsein frei bin» [15]. Diese G. ist als subjektive Substantialität das Korrelat zum politischen Staat und seiner Verfassung [16]. In allgemeinerem Kontext sagt er: « Die G. der Individuen ist das Wissen der Substanz und der Identität aller ihrer Interessen mit dem Ganzen; – und daß die anderen Einzelnen gegenseitig sich nicht nur in dieser Identität wissen und wirklich sind, ist das Vertrauen, – die wahrhafte, sittliche G.» [17]. Hegel versäumt nicht, indirekt auf den Zusammenhang von G. mit der Theorie und Praxis der Französischen Revolution hinzuweisen, wenn er die G. als substantielle Form der Demokratie, deren Prinzip die Tugend ist, und die Französische Revolution in ihrem G.-Terror mit den Schrecken der Freiheit bezeichnet [18]. Sein G.-Begriff schließt sich somit an den politischen Sprachgebrauch an, der seit der französischen Revolution vor allem in Preußen üblich wurde und im 19. Jh. weitere Verbreitung fand [19]. Diesem Wortgebrauch entspricht das damalige Selbstverständnis der politischen Parteien und der G.-Presse. Daher wird das Wort nur auf dem Wege über eine signifikante Umdeutung im Nationalsozialismus politisch einsetzbar und diskreditiert [20].

Für FR. SCHLEIERMACHER ist G. der pädagogische Zentralbegriff, den er, seiner Zeit vorausgreifend, als die Einheit des Selbstbewußtseins, das in die Tätigkeit übergeht und sich nur unter der Form der einzelnen Willensakte offenbart, ansieht. – HERBART kommt es auf die angemessene Bildung der G. als Interessenrichtungen und deren Vielseitigkeit an. Didaktisch wird diese Intention im G.-Unterricht, dessen Theorie von den Herbartianern entwickelt wird, aufgenommen [21].

M. SCHELER wendet sich gegen Herbart und Kant, wenn er die Bedeutung der G. darin sieht, « daß sie einen material apriorischen Spielraum für die Bildung möglicher Absichten und Vorsätze und Handlungen bis in die die Handlung unmittelbar regierende Bewegungsintention darstellt; daß sie gleichsam alle diese Stufen der Handlung bis zum Erfolge mit ihrer Wertmaterie durchdringt» [22]. Die Handlung hat Symbolwert für die G., wenn sie auch keinen Ersatz für eine G.-Evidenz bietet. Die prinzipielle Stellungnahme zu den Werten in der G. weist sie als zentrales Sein der Person aus [23].

Die Unterscheidung von G. und Handlung verliert in der *theologischen* Diskussion ihren antithetischen Charakter – nachdem bereits M. WEBER in der G.-Ethik und der Verantwortungsethik keine absoluten Gegensätze sah [24]. D. BONHOEFFER fordert, nicht bei der G. als letztem ethischem Phänomen stehen zu bleiben, und H. THIELICKE wendet sich gegen eine Reduktion der Bergpredigt auf G. [25]. B. HÄRING kennzeichnet die G. als das « Eingehen auf die Werthaftigkeit des Guten» in der Stellungnahme des Ichzentrum [26].

Auch von *juristischer* Seite wird die strenge Alternative aufgehoben: R. STAMMLER betont das Ungenügen bloßer guter G.: «... erst auf dem Materiale eines äußerlich geregelten Zusammenwirkens baut sich die Betätigung einer guten G. auf» [27]. Die G. sind nach G. RADBRUCH nur als Symptome künftiger Handlungen rechtlich erheblich [28]. Merkmale einer erkennbaren, dauernden sittlich verwerflichen Einstellung werden als rechtlich belastende Beurteilungsmomente in die strafrechtlichen Tatbestände eingebaut [29].

In der neueren Literatur wird der G.-Begriff verhältnismäßig selten an zentraler Stelle aufgenommen. R. MUSIL spricht von « einem Überdruß an dem alltäglichen, nie stillstehenden Fortschritt, dem bisher ..., im Lärm aller G.en, der stille eigentliche Glaube gegolten hatte»; ihm kommt es darauf an, « die Utopie der induktiven G. oder des gegebenen sozialen Zustands» als die einzig mögliche und erträgliche Grundhaltung klarzustellen, da sie in ihrer Absage an feste Resultate auch dem Krieg als der notwendigen Folge der Ideologie abgesagt hat [30].

Anmerkungen. [1] G. E. LESSING, Schriften, hg. LACHMANN (1838/40) 3, 310. – [2] M. LUTHER, Weimarer A. 16, 433, 23ff. – [3] J. W. GOETHE, Wilhelm Meisters Lehrjahre V, 7. Werke (1827ff.) 19, 181. – [4] F. SCHILLER, Piccolomini V, 1. – [5] I. KANT, Akad.-A. 4, 435. – [6] KpV. Akad.-A. 5, 71. – [7] Akad.-A. 4, 435. – [8] Die Relig. Akad.-A. 6, 25. – [9] a. a. O. 6, 67 Anm. – [10] 6, 14. – [11] 6, 67. 120. – [12] 6, 74f.; 4, 406. – [13] J. G. FICHTE, Werke, hg. I. H. FICHTE (1845f.) 2, 281. – [14] a. a. O. 5, 207ff. – [15] G. W. F. HEGEL, Rechtsphilos. § 268. – [16] a. a. O. § 267. – [17] Enzyklop. (1830) § 515. – [18] Rechtsphilos. § 273. – [19] Vgl. TRÜBNERS Dtsch. Wb., hg. A. GÖTZE 3 (1939) 145f.; vgl. auch HÖLDERLIN, Gr. Stuttgarter A. (1946ff.) 6, 22f. – [20] TRÜBNER, a. a. O.; vgl. K. BÜCHER: Die Anfänge des Zeitungswesens. Die Entstehung der Volkswirtschaft 1 ([10]1917); E. DOVIFAT: Allg. Publizistik. Hb. der Publizistik 1 (1968) 30. – [21] Vgl. Lex. Pädag. Neue A. 2 (1970) 122ff. – [22] M. SCHELER: Der Formalismus in der Ethik und die materiale Wertethik ([4]1954) 135. 138ff. – [23] D. v. HILDEBRAND: G. und G.-Bildung. Bl. Anstaltspädag. 23 (1933) 1-13. – [24] M. WEBER: Politik als Beruf. Ges.polit. Schr. ([3]1971) 559. – [25] H. THIELICKE: Ethik ([2]1966) 204. 387; Theol. Ethik 1 ([3] 1965) 587. – [26] B. HAERING: Das Gesetz Christi ([6]1967), 243ff. – [27] R. STAMMLER: Die Lehre von dem richtigen Rechte (1902) 72. – [28] G. RADBRUCH: Rechtsphilos. ([6]1963) 133. – [29] H. HENKEL: Einf. in die Rechtsphilos. (1964) 138; E. SCHMIDHÄUSER: G.-Merkmale im Strafrecht (1958). – [30] R. MUSIL: Der Mann ohne Eigenschaften, hg. A. FRISÉ (1970) 1111. 1578f.

Literaturhinweise. A. PFÄNDER: Zur Psychol. der G. Jb. Philos. phänomenol. Forsch. 1 (1913) 1-80; 3 (1916) 1-124. – H. WELZEL: Das G.-Moment im Recht. Festschr. J. von Gierke (1950) 290ff. – W. SCHULTZE-SÖLDE: Über das Wesen der G. Z. philos. Forsch. 9 (1955) 431ff. – H. REINER: G. und Haltung. Die Sammlung 13 (1958) 292ff. – *Wörterbücher:* Grimm IV/1, 2 (1897) 4121ff. – RGG³ 2, 1537ff. – LThK² 4, 835. H. K. KOHLENBERGER

Gesinnungsethik wird – nach früher vereinzelt vorkommendem Gebrauch, z. B. bei TROELTSCH [1] – durch M. SCHELER und MAX WEBER zur allgemein geläufigen Bezeichnung für einen bestimmten Typus der Ethik. Für SCHELER bildet G. den Gegensatz zu ‹Erfolgsethik› [2], für MAX WEBER zur ‹Verantwortungsethik› [3]. SCHELER anerkennt und vertritt selbst eine G., nach der das sittliche Handeln «aus der Gesinnung *herausfließt* und von ihr innerlich regiert wird», dabei jedoch «auf die Verwirklichung eines bestimmten Wertes gerichtet ist». Als eine «falsche G.» bekämpft er es jedoch, wenn die Gesinnung als «der *einzige* Träger der sittlichen Werte» betrachtet wird. «Fast bis zur Absurdität gesteigert» sieht Scheler diese «falsche G.», «wenn es ihr zum bloßen Zielinhalte des Wollens wird, in der Handlung die Gesinnung zur Aufweisung zu bringen». An diese Grenze scheint Scheler «Kant mit seinem Satz gelangt zu sein: der wahrhaft Gute sei derjenige, dem z. B. bei einer Hilfeleistung es nur darauf ankomme, seine Pflicht zu tun, nicht aber so, ‹als ob ihm an der Wirklichkeit des fremden Wohles etwas gelegen wäre›» [4]. MAX WEBER erblickt das Wesentliche der G. darin, daß «der Eigenwert des ethischen Handelns ... allein zu seiner Rechtfertigung genügen soll». Neben der Ethik Kants gehöre diesem Typus auch die des Christen an, insofern dessen Maxime sei, «der Christ handelt recht und stellt den Erfolg Gott anheim» [5]. Das Reich jeder G. sei «nicht von dieser Welt» [6].

Wie Schelers Ausführungen zeigen, gibt es G. in mannigfachen Formen. Ein Ansatz zu einer G. liegt bereits bei PLATON vor, insofern er schon den Versuch einer guten Handlung als gut erklärt [7]. Deutlicher wird dieser Ansatz bei ARISTOTELES [8] und in der Predigt JESU [9], wenn sie betonen, beim Geben komme es nicht auf die Größe der Gabe an, sondern auf die Art der zugrunde liegenden Haltung; bei ARISTOTELES auch insofern, als er überhaupt das Wesen der Tugend als Haltung (ἕξις) bestimmt [10], die ja nichts anderes ist als eine auch unter Schwierigkeiten und Opfern sich in die Tat umsetzende Gesinnung [11].

Deutlicher wird diese Art von G. bei AUGUSTINUS, der betonte, es komme nicht darauf an, was (quid) der Mensch tue, sondern in welcher Gesinnung (quo animo et voluntate) er es tue; und d. h. die Absicht (intentio) sei das Entscheidende. Die Gesinnung wird hier also in der Absicht erblickt (während Scheler beides nicht unterscheidet). In dem Satz «Dilige et quod vis fac» wird dann das Prinzip einer reinen G. proklamiert [12]. Später, bei Erwägungen über die Zulässigkeit der Lüge zu gutem Zweck, schränkt Augustinus diese G. dahin ein, daß nur bei an sich nicht sündhaften Handlungen die intentio ihren sittlichen Charakter bestimmt, an sich sündhafte jedoch keinesfalls durch sie gut werden können [13]. An Augustinus anknüpfend hat ABAELARD erneut betont, die intentio und nicht der effectus mache eine Handlung gut [14], wobei er aber zwischen nur vermeintlich und wirklich guter Absicht unterscheidet [15]. THOMAS V. AQUIN hat die an sich auch von ihm anerkannte entscheidende Bedeutung der intentio weiter eingeschränkt [16]. Dagegen hat MEISTER ECKHART eine eindeutigere G. vertreten, indem er erklärte: «Dir enmac nihts gebrechen, ob [= wenn] dû einen wâren rehten willen hâst» [17].

Eine übersteigerte Form von G. hat die *Stoa* entwickelt. Wer den sittlichen Wert allein in der intentio erblickt, schließt damit nicht aus, daß die Glückseligkeit des Handelnden doch auch noch von der tatsächlichen Erreichung des Erfolgs abhängt. Sich auch hiervon noch frei gemacht zu haben und im Bewußtsein, recht gehandelt zu haben, allein schon volle innere Befriedigung zu finden, macht dagegen nach stoischer Lehre erst die Tugend aus [18].

Alle auf alleiniger Betonung der Absicht beruhende G. berücksichtigt doch insofern auch noch den Erfolg der Handlung, als dessen Erreichung in der Absicht eben gewollt wird; unberücksichtigt bleiben dabei nur die diesem Ziel dienenden (eventuell schlechten) Mittel und die in Kauf genommenen (üblen) Nebenwirkungen (s. Art. ‹Verantwortungsethik›). Ein schärferer Typus von G., bei dem jede Rücksicht auf die Handlungsfolgen ausgeschlossen ist, liegt dagegen vor, wo das sittlich Gute ausschließlich im *Gehorsam* oder der Achtung vor einem *Gebot* (Gesetz) erblickt wird. So in einer gesetzlichen Auffassung des *Christentums* (die Max Weber vorschwebt) und bei *Kant*.

Anmerkungen. [1] E. TROELTSCH: Grundprobleme der Ethik (1902). Ges. Schriften 2 (1922) 10, 626. – [2] M. SCHELER: Der Formalismus in der Ethik und die materiale Wertethik (¹1913, ³1966) Teil III: ‹Materiale Ethik und Erfolgsethik›. – [3] M. WEBER: Der Sinn der ‹Wertfreiheit› der soziol. und ökonomischen Wiss. (1917), in: Ges. Aufsätze zur Wiss.-Lehre (1932) 467. 476. – [4] SCHELER, a. a. O. [2] 129. 136. – [5] WEBER, a. a. O. [3] 467; Politik als Beruf (1919) 56. – [6] a. a. O. [3] 476. – [7] PLATON, Phaidros 274 a/b. – [8] ARISTOTELES, Eth. Nic. 1120 b 7-9. – [9] Marc. 12, 41ff.; Luc. 21, 1ff. (Scherflein der Witwe). – [10] ARIST., a. a. O. [8] 1103 a 9f. 1106 a 6f. – [11] Vgl. H. REINER: Gesinnung und Haltung. Die Sammlung 13 (1958) 292ff. – [12] AUGUSTIN, In ep. Joannis ad Parthos tractatus 7, 7, 7/8; Herausgeberei von «quo animo» und «intentio» auch De sermone Domini in monte II, 13, 45/6. – [13] Contra mendacium 18. – [14] ABAELARD, Nosce te ipsum MPL 178, cap. 3. 5. 7. 11. 12. – [15] a. a. O. cap. 12. – [16] THOMAS V. AQUIN, S. theol. I/II, 19, 7; dazu H. REINER: G. und Erfolgsethik. Arch. Rechts- u. Sozialphilos. 40 (1953) 522-526. – [17] ECKHART, Reden der Unterscheidung 10. Dtsch. Werke, hg. QUINT 5 (1963) 216. – [18] Hierüber H. REINER: Der Streit um die stoische Ethik. Z. philos. Forschung 21 (1967) 261-281.

Literaturhinweise. MICHAEL MÜLLER: Ethik und Recht in der Lehre von der Verantwortlichkeit (1932). – D. BAUMGART: G. oder Erfolgsethik? Philos. Studien 1 (1949). – H. REINER: Pflicht und Neigung (1951); s. Anm. [16]; H. VAN OYEN: Art. ‹G.›, in: RGG 2 (³1958). H. REINER

Gestalt

I. Der Begriff ‹G.› ist ein Grundbegriff der *Ästhetik* und als solcher (wie alle Grundbegriffe) nicht definierbar, d. h. nicht gleichsetzbar mit einer Kombination von Begriffen, die die «bekannter» sind als er selber. Tatsächlich ist die Geschichte des Begriffs ‹G.› keine Geschichte von Definitionen, sondern eine Geschichte von Spezifizierungen.

Es gibt unterschiedliche Begriffe des ästhetischen Bewußtseins: z. B. Kunstrichterei, interesseloses Wohlgefallen, sinnvolle Betrachtung. Je nach dem Begriff des ästhetischen Bewußtseins, auf den bezogen der Begriff ‹G.› gebraucht wird, ist er verschieden bestimmt: so als die nach kanonischen Kunstregeln eingerichtete äußere G. (Einkleidung) eines Gedankens, als reine und freie (ohne bestimmten Begriff wahrgenommene) G., als sinnfälliger Ausdruck einer Idee. – Spezifischer Begriff des ästhetischen Bewußtseins und spezifischer G.-Begriff gehören korrelativ zusammen gemäß den Sprachgebrauchsregeln bestimmter historisch vorfindlicher Sprachsysteme, so (bezogen auf die genannten Korrelationen) des rationalistischen, des kritizistischen, des objektividealistischen Sprachsystems.

1. Der *Kunstrichterei* gehört die nach konventionellen, und zwar kanonischen Kunstregeln eingerichtete *äußere G. (Einkleidung) eines Gedankens* korrelativ zu. – Der in der Schule Chr. Wolffs ausgebildete Kunstrichter geht darauf aus, ein «richtiges» Urteil über die «Schönheit» eines bestimmten Kunstwerks zu fällen. Dies setzt auf seiten seines kunstkritischen Systems Urteilsgründe, nämlich «kanonische Kunstregeln», und auf seiten des Werks als Bedingung der Anwendbarkeit dieser Regeln eine vom Künstler nach Kunstregeln eingerichtete G. voraus, z. B. Metrum oder konventionelle Gattung (mit Beziehung auf eine solche, und zwar auf die Tenzone [Streitgesang der Troubadours], spricht J. J. BODMER von ‹G.› [1]). Eine G., die nach konventionellen Kunstregeln eingerichtet ist, ist eine äußere G.: Sie steht zum Gedanken so, wie das Kleid zum Körper [2], nicht wie der Körper zur Seele oder die Physiognomie zum Charakter [3]; z. B. kann ein und derselbe Lehrstoff im didaktischen Gedicht, im Drama oder in lyrischen Versen dargestellt werden [4].

2. Der *Entzückung des Geistes* über die «höchste Schönheit» gehört die *nach dem Gesetz der Einheit konstruierte reine G.* korrelativ zu. – Nach J. J. WINCKELMANN wird die höchste Schönheit in Gott angeschaut. Daraus und aus dem Sachverhalt, daß Gott einheitlich ist, folgt, daß auch Schönheit einheitlich ist: Nur diejenige Mannigfaltigkeit darf «schön» heißen, die zu einer begrifflich (z. B. durch geometrische Begriffe wie Ellipse und Wellenlinie) bestimmbaren Einheit zusammenstimmt. Daraus, daß die höchste Schönheit in Gott und mithin einheitlich ist, folgt weiter, daß sie frei von Materie, d. h. reine (bloße) G. ist: Winckelmann nennt als Eigenschaft der hohen Schönheit die «Unbezeichnung derselben, das ist ... eine G., die weder dieser oder jener bestimmten Person eigen sei, noch irgendeinen Zustand des Gemüts oder eine Empfindung der Leidenschaft ausdrücke» [5]. – CHR. GARVE säkularisiert Winckelmanns Bestimmungen. Er ersetzt die Entzückung des Geistes durch das ästhetische Vergnügen und die höchste Schönheit durch den schönen Gegenstand überhaupt; er bewahrt die Bestimmung der formalen Eigenschaft des Schönen als der durch Einheit und Unbezeichnung charakterisierten G.: «Eine schöne G. von Marmor ist an und für sich eine schöne G., und wenn sie gar nichts nachahmte» [6].

3. Dem *interesselosen Wohlgefallen* gehört die *reine und freie G.* korrelativ zu. – KANT exponiert das interesselose Wohlgefallen als eine Bewußtseinsweise, in die Kluft zwischen theoretischer Erkenntnis und moralischem Handeln überbrückt ist. Einerseits ist das interesselose Wohlgefallen dem moralischen Handeln ähnlich, und zwar insofern, als es nicht «pathologisch» ist. Dies schließt ein, daß schöne Gegenständlichkeit reine Form ist (z. B. Lineatur), denn wäre sie Materie (z. B. Farbe), so würde sie Reiz oder Rührung hervorrufen, d. h. interessieren. Andererseits ist das interesselose Wohlgefallen der theoretischen Erkenntnis ähnlich, und zwar insofern, als in ihm die theoretischen Erkenntnisvermögen Einbildungskraft und Verstand im Zusammenspiel sind. Dies Zusammenspiel nun ist in ästhetischer Wahrnehmung frei, und das schließt ein, daß das Schöne ohne bestimmten Begriff wahrgenommen wird und gefällt; die Einheit des Mannigfaltigen, in deren Stiftung der Verstand als Vermögen der «Grenzsetzung schlechthin» [7] ungenötigt beschäftigt ist, ist nicht die Einheit eines bestimmten (z. B. geometrischen) Begriffs. – Die reine und freie, d. h. begrifflich nicht näherhin bestimmte Form wird von Kant durch Zuordnung zu verschiedenen Kunstgattungen vermittels der Begriffe ‹G.› und ‹Spiel› differenziert: «Alle Form der Gegenstände der Sinne (der äußeren sowohl als mittelbar auch des inneren) ist entweder G. [z. B. Zeichnung in den bildenden Künsten] oder Spiel [z. B. Komposition in der Musik], im letzteren Falle entweder Spiel der G. (im Raume: die Musik und der Tanz) oder bloßes Spiel der Empfindungen (in der Zeit)» [8].

4. Dem *ästhetischen Spiel* gehört die «*lebende G.*» korrelativ zu. – Für FR. SCHILLER ist das ästhetische Bewußtsein Spiel, d. h. ein Bewußtseinsmodus, in dem sinnlicher Trieb und Formtrieb gemeinschaftlich wirksam sind und in dem folglich der «Begriff der Menschheit» realisiert ist. Da nun der Gegenstand des sinnlichen Triebs ‹Leben› heißt, der des Formtriebs ‹G.›, darf der Gegenstand des Spieltriebs «lebende G.» heißen; dies ist «ein Begriff, der allen ästhetischen Beschaffenheiten der Erscheinungen und mit einem Worte dem, was man in weitester Bedeutung Schönheit nennt, zur Bezeichnung dient.» Das Spiel ist ein Bewußtseinsmodus, in wir weder bloß denken noch bloß fühlen, sondern in dem wir beides gleichmäßig tun: «Solange wir über seine [eines Menschen] G. bloß denken, ist sie leblos, bloße Abstraktion; solange wir sein Leben bloß fühlen, ist es gestaltlos, bloße Impression. Nur indem seine Form in unsrer Empfindung lebt und sein Leben in unserm Verstande sich formt, ist er lebende G., und dies wird überall der Fall sein, wo wir ihn als schön beurteilen.» Mit der Bestimmung des Schönen als «lebender G.» leistet Schiller einen eigentümlichen Beitrag zur Vermittlung von Form- und Gehaltsästhetik; er hält mit seiner Bestimmung die dogmatische Schönheitstheorie (z. B. Mengs') einerseits und die sensualistische (z. B. Burkes) andererseits ausdrücklich für überwunden: Jene hatte allein die «leblose» G. erfaßt, weil sie die Schönheit in Maßverhältnisse setzte; diese allein das «Leben», weil sie in ihrer Bestimmung des Schönen ausschließlich auf physiologische und psychologische Vorgänge (Erschlaffung, zärtliche Zuneigung) Rücksicht nahm [9].

5. Der *Einfühlung* gehört korrelativ die G. zu, die *Ausdruck «wallenden Lebens»* ist. – J. G. HERDER bestimmt gelegentlich das ästhetische Bewußtsein als Einfühlung, woraus u. a. der Freispruch der Kunst vom rousseauischen Vorwurf der «Unnatur» folgt: Für den, der sich mit dem Kunstwerk einfühlt, ist Kunst wieder Natur. Dieser Zustand der Einfühlung z. B. mit dem plastischen Werk ist dann gegeben, wenn man die plastische G. nicht «ersieht», sondern «ursprünglich erfaßt», und d. h. bei Herders eigentümlicher Zuordnung von Plastik und Tastsinn: wenn man sie «durchtastet», im Durchtasten quasi verleiblicht und die Bewegung des Quasi-Leibs durch Identifizierung fühlt. Plastische G. und G. des «Betrachters» fallen dann ineinander: «meine G. schreitet mit Apollo; oder lehnt sich mit ihm, oder schaut begeistert empor.» Einfühlung setzt voraus, daß die G. «Leben» ausdrücke, denn nur dies (und nicht etwa die «Komposition gelehrter Regeln») macht das Gefühl eigenen Lebens möglich. Einfühlung setzt weiter voraus, daß die G. «wallendes Leben» ausdrücke, denn nur dies macht gesteigertes Lebensgefühl möglich, nach dem begehrt, wer durch vitalistische Ideale bestimmt ist [10].

6. Dem *Enthusiasmus* gehört korrelativ die G. zu, die *Ausdruck natürlich-göttlicher Bildungskraft* ist. – Der *junge* GOETHE genießt das Straßburger Münster «in himmlisch-irdischer Freude», betet im Erbauer des Münsters den «Gesalbten Gottes» an und schaut «die großen harmonischen Massen, zu unzählig kleinen Teilen belebt, wie in Werken der ewigen Natur, bis aufs geringste Zäserchen, alles G., und alles zweckend zum Ganzen.» ‹G.› ist hier kein Begriff, der erst durch ästhetische Wertattribute zu einem ästhetischen Begriff («schöne G.», «Wohlgestalt» u. a.) spezifiziert werden müßte, sondern ‹G.› ist für sich genommen ein ästhetischer Wert («Gestalthaftes»), weil schön ist, was «ganz und lebendig» ist. Kunstwerke, die so sind, gleichen den Werken der Natur: Sie sind individuell und einmalig (die Fabel vom Wolf und Lamm läßt sich nach Goethe nicht zum fünfaktigen Trauerspiel umarbeiten); sie sind «Erscheinungsform, in der sich die individuellen Keimkräfte entfaltet haben» [11].

7. Der *sinnvollen Betrachtung* gehört korrelativ die G. zu, die sinnfälliger *Ausdruck der Idee* bzw. *des Wesens der Dinge* ist. – Beim *mittleren* GOETHE ist der Enthusiasmus, zu dem er ehemals von gotischer Baukunst hingerissen worden war, in einer Art «klassischer Dämpfung» zugunsten der nicht-emphatischen scientia intuitiva und der «ideellen Denkweise, die das Ewige im Vorübergehenden schauen läßt» [12], zurückgenommen. G. ist demnach nicht mehr Ausdruck göttlich-natürlicher Keimkräfte, sondern Ausdruck des Wesens der Dinge. Solcher Ausdruck ist im Kunstwerk gegeben, das «Stil» hat: Es «ruht der Stil auf den tiefsten Grundfesten der Erkenntnis, auf dem Wesen der Dinge, insofern uns erlaubt ist, es in sichtbaren und greiflichen G. zu erkennen.» In der sinnfälligen G. des Pferdekopfes vom Parthenon offenbart sich dem, der «anschauen und ideieren» kann, das Wesen des Pferdes [13].

HEGEL, von der Absicht geleitet, das Schöne als «sinnliches Scheinen der Idee» auszuweisen, sah seinen eigenen Begriff von ästhetischem Bewußtsein illustriert in der Art, mit der Goethe «die wahre Vernünftigkeit der Natur und ihrer Erscheinungen» beschaut [14]. Was bei GOETHE «reines Anschauen des Äußern und Innern» [15] heißt, nennt HEGEL «sinnvolle Betrachtung», dabei die Doppeldeutigkeit des Wortes ‹Sinn› nutzend: In der «sinnvollen Betrachtung» sind die Sinne auf ein durch räumliche Ausbreitung, Umgrenzung u. a. bestimmtes Äußerliches bezogen, in dem zugleich «der Sinn» (Bedeutung, Allgemeines der Sache) sich offenbart; «sinnvolle Betrachtung ... faßt im sinnlichen unmittelbaren Anschauen zugleich das Wesen und den Begriff auf.» ‹G.› ist bei Hegel der Name für den sinnlichen unmittelbaren Ausdruck eines Inneren und mithin notwendige Bedingung des Schönen als des sinnlichen Scheinens der Idee: «Schönheit kann nur in die G. fallen». Notwendige und hinreichende Bedingung des Schönen ist die G., die Ausdruck eines lebendigen Innern ist: Die schöne G. ist die «durch und durch gebildete, beseelte und geistig-lebendige G.» Das heißt auch: Im Schönen fallen «Bedeutung und G.» ineinander [16].

In der Nachfolge Hegels wird ‹G.› immer wieder als Ausdruck einer «inneren Wesenheit» verstanden, so z. B. von M. CARRIÈRE [17] und so auch von Vertretern der psychologischen Ästhetik, die sich Hegels Bestimmungen nutzbar machen: K. S. LAURILA erkennt in den Bestimmungen Hegels einen «richtigen Kern»: «Die Form des Kunstwerks besteht wirklich in der sinnlich-bildlichen Gestaltung des Inhalts». Die Rezeption dieser Gestaltung und ineins damit die Momente des Sinnlichen und Bildlichen bestimmt Laurila nun aber mit den begrifflichen Mitteln der psychologistischen Ästhetik (z. B. Fechners, Groos'), wenn er die äußere Seite der G. auf den «direkten Faktor» (Sinnesempfindungen), die Innenseite der G. auf den «indirekten Faktor des ästhetischen Eindrucks» (Bedeutungsvorstellungen) [18].

8. Dem *seligen Schönheitsgenuß* gehört korrelativ die G. zu, die *Ausdruck einer sich selbst genügenden Lust* ist. – H. LOTZE führt in seiner Ästhetik den Nachweis der objektiven Gültigkeit des Schönen, indem er die Bedingungen objektiver Gültigkeit überhaupt nennt und dartut, daß das Schöne diese Bedingungen erfüllt: Das Schöne muß, falls es objektiv gültig sein will, «ein absolut Wertvolles» sein, und es ist dies tatsächlich, insofern es Lust ist, denn nichts bejaht sich in seinem Wert so unbedingt wie die Lust. Das Schöne muß weiterhin, falls es objektiv gültig sein will, im Objekt gegründet sein, und es ist dies tatsächlich, insofern es «seliger Selbstgenuß» des schönen Gegenstands ist; das Schöne ist nicht die Lust des subjektiven Eindrucks, «sondern wir fühlen in dem Eindruck nur ihre [der schönen Gegenstände] eigene schöne Lust mit.» Mit andern Worten, schön ist eine seligen Selbstgenuß ausdrückende (was voraussetzt: beseelte) G.: «Die höchste objektive Schönheit werden wir ... immer in der beseelten G. finden, deren einzelne Teile wir ebenfalls als fähig betrachten, an der Lust des sie beherrschenden individuellen Geistes teilzunehmen, das Glück zu fühlen, das in jeder ihrer Beziehungen zu jedem andern liegt ...» [19].

9. Dem *hermeneutischen Verstehen* gehört korrelativ die G. zu, die *Ausdruck dichterischen Erlebens* ist. – Der *junge* W. DILTHEY unternimmt den Versuch einer psychologischen Begründung der Poetik: Er will hinsichtlich dichterischer Werke «eine Kausalerklärung aus den erzeugenden Vorgängen durchführen» [20]. In dieser methodologischen Wendung wird der G.-Begriff Hegels seiner Form nach bewahrt: Dichtung ist Ausdruck eines Inneren; zugleich aber wird er seinem Inhalte nach verändert, und zwar psychologisiert: Das Innere, nämlich das «Leben», das sich in dichterischen Werken ausdrückt, ist nicht ein allgemeines idealistisches Prinzip (vgl. HEGELS «objektiven Idealismus der Lebendigkeit» [21]), sondern für DILTHEY das individuelle Leben des Dichters, d. h. dessen Erfahrungen und «affektive Gemütsverfassung». Das «Bildungsgesetz der G.» ist nicht die Idee, sondern das psychologisch aufdeckbare Prinzip der Genesis eines Werkes: «Durchsichtig pulsiert gleichsam das schaffende Leben, das sie hervorbrachte, in den dichterischen Werken. Vielfach kann noch in ihrer G. das Gesetz ihrer Bildung erfaßt werden» [22]. – Übrigens ist Diltheys Verstehensbegriff und der ihm zugehörige Begriff der G. in GARVES Bestimmung der Gemäldebetrachtung vorweggenommen: «die Seele braucht sie [die G.] nur, um durch sie auf das Innere der Bewegungen des Herzens und der Handlungen der Seele, die diese G. belebt, durchzuschauen.» In dem «nur» ist genau der Mangel bezeichnet, unter dem nach Ansicht der Formalisten jedes «Ausdrucksverstehen» leidet: «dieses Verschwinden der G., dies unmittelbare Anschauen der Seele des Andern» [23].

10. Dem ästhetischen Bewußtsein, das als «Liebe zum Menschen» und als *Gefühl der Vollendung des Menschen* charakterisiert ist, gehört korrelativ die G. zu, die *Ausdruck «erzeugender Liebe»* ist. – Der Neukantianer H. COHEN wendet die transzendentale Methode wie auf

die Wissenschaft und die Sittlichkeit so auch auf die Kunst an. Er fragt nach der «reinen Erzeugungsweise», durch welche das Kunstwerk bedingt ist bzw. nach der Grundlage des ästhetischen Bewußtseins. Als reine Erzeugungsweise leitet er, anders als Kant, weil vorwiegend an der «produktiven Eigenart der künstlerischen Schöpfung» orientiert, nicht das Gefühl der in einer Beurteilung a priori gegründeten Lust ab, sondern die «Liebe zum Menschen»: «Die Liebe zum Menschen [ist] das Urgefühl des Kunstschaffens wie des Kunstgenießens.» Erzeugnis dieser Liebe ist die «Erhöhung des Menschenbegriffs», die in der erzeugten G. des Menschen zur Darstellung kommt. Dies schließt ein, daß ‹G.› bei Cohen ganz anders bestimmt ist als bei Kant: «Die G. [des Menschen] ist nicht nur sein Leib, sowenig als sie schlechthin seine Seele ist. Die G. ist die Einheit von Seele und Leib.» Ursprungspunkt dieser Einheit ist «in erster Instanz» die Seele des Künstlers, «welche auf die G., in die G. hinein gefühlt wird», und zwar diese Seele nicht im psychologischen, sondern eben im transzendentalen Verstande: G. ist nicht Ausdruck eines Individuums, sondern Ausdruck reinen Gefühls, d. i. «erzeugender Liebe» [24].

11. Dem *gestalthaften Sehen und Werten* des Schönen gehört die G.-Qualität «*Schönheit*» korrelativ zu. – Nach CHR. V. EHRENFELS ist die G.-Qualität zentral bestimmt als etwas, das kein Aggregat von Elementen (Vorstellungen) ist, sondern ein Elementenkomplex, dem ein geistiges Prinzip (die Tendenz zur Einheitsbildung) zugrunde liegt [25]. Ehrenfels kann diese Bestimmung, deren Abkunft aus der traditionellen ästhetischen Auffassung der G. als eines von innen organisierten Ausdrucks sichtbar ist, leicht mit Beziehung auf schöne Gegenstände anwenden. Er tut es unter dem speziellen Gesichtspunkt der «Höhe der G.», die ihm als ästhetischer Wert gilt. Weil bei der Rose «das Produkt von Einheit und Mannigfaltigkeit» größer ist als beim Sandhaufen, hat sie eine «höhere G.» als dieser. Die anhand des Beispiels der Wahrnehmung von Rose und Sandhaufen gewonnene Erkenntnis (von 1916) wird (1922) allgemein ästhetisch nutzbar gemacht: «Was wir ‹Schönheit› nennen, ist nichts anderes als ‹Höhe der G.›. Unschön ist das niedrig Gestaltete» [26]. – TH. ZIEHEN nutzt den gestaltpsychologischen Ansatz (vor allem der aktanalytisch ausgerichteten Grazer Schule) in anderer Richtung: Er überwindet durch ihn «die übliche Gegenüberstellung einer formalistischen und einer Gehaltsästhetik», und zwar dadurch, daß er einen dritten (vor allem synthetisch fungierenden) Faktor in der ästhetischen Wahrnehmung wirksam sieht. Die auf die sinnlich gegebene «Außenseite» der G. gerichteten Formalisten hatten bezüglich der ästhetischen Wahrnehmung den Empfindungsfaktor betont, die auf den «Sinngehalt» gerichteten Gehaltsästhetiker den Vorstellungsfaktor. Entscheidend aber ist nach Ziehen der «Auffassungsfaktor», der aufgrund von Akten der Synthesis (Zusammenfassung von Empfindungsdaten zu einer Einheit) «G.-Vorstellungen» (= G.en, nicht nachträgliche Vorstellungen einer G.) bildet, z. B. die G.-Vorstellung eines musikalischen Motivs [27].

12. Der *Stilinterpretation* gehört korrelativ die G. zu, welche der durch ein inneres Bildungsgesetz *organisierte Zusammenhang aller «G.-Züge»* ist. – Die Stilinterpreten, zu denen viele Literaturwissenschaftler des 20. Jh. gehören, untersuchen den «Bezug von Gehalt und G.» [28]; sie stehen in der Tradition der Kunstrichterei, insofern sie der G. eigens ihre Aufmerksamkeit zuwenden, Teile der G. («G.-Züge» [29], z. B. Metrum, Satzbau, Rhythmus) isolieren und die isolierten Teile beschreiben. Sie stehen andererseits in der Tradition der Gehaltsästhetik, insofern sie die isolierten Teile der G. als aus einem inneren Bildungsgesetz entspringend betr. als Ausdruck eines Inneren betrachten; W. KAYSER spricht, ganz ähnlich wie Hegel, von der «Identität von Äußerem und Innerem, G. und Gehalt» [30]. – Die Stilinterpreten unterscheiden sich in der Bestimmung des inneren Bildungsgesetzes: Dieses ist bei O. WALZEL psychologisch bestimmt als «persönlicher Gehalt» (Erleben, Weltanschauung), der zugleich einen Typus des Erlebens und der Weltanschauung repräsentiert [31]; es ist bei KAYSER ähnlich bestimmt als «Haltung» der poetica personalità, d. h. als «im weitesten Sinne psychische Einstellung, aus der heraus gesprochen wird» [32]. Es ist bei W. EMRICH idealistisch-historisch gefaßt als «bestimmte Daseins- und Bewußtseinsstufe» [33], bei A. JOLLES [34], H. OPPEL [35] und G. MÜLLER morphologisch, bei diesem als «hervorbringende und bildende Kraft, in der dasselbe Lebendige sich dartut, das uns in der Bildung und Umbildung organischer Naturen entgegentritt» [36].

Nach Überblick über die Korrelationen, die zwischen spezifischem G.-Begriff und spezifischem Begriff des ästhetischen Bewußtseins bestehen, erscheint es zulässig, zwei Gruppen solcher Korrelationen zu unterscheiden: a) Dem ästhetischen Bewußtsein, das nicht auf «Sinngehalte» gerichtet ist, gehört die «*bloße G.*» korrelativ zu. Wer die «bloße G.» wahrnimmt, nimmt die Regel als solche wahr, nach der die Mannigfaltigkeit von Sinnesdaten (z. B. Punkten, Tönen) angeordnet ist. Er nimmt sie wahr als Kunstregel, als geometrischen Begriff oder als «irgendeinen Begriff (unbestimmt welchen)» [37]. b) Dem ästhetischen Bewußtsein, das auf «Sinngehalte» gerichtet ist, gehört die G. korrelativ zu, die *Ausdruck eines Sinngehalts* ist. Wer die G. so als Ausdruck wahrnimmt, nimmt die Mannigfaltigkeit von Sinnesdaten wahr, in der ein Gehalt (wie auch immer) sichtbar wird. Er nimmt die G. wahr z. B. als Ausdruck «erzeugender Liebe» (nach transzendentalphilosophischer Bestimmung des Sinngehalts), als Ausdruck individuellen Erlebens (nach psychologischer Bestimmung) oder als Ausdruck des «objektiven Idealismus der Lebendigkeit» (nach metaphysischer Bestimmung).

Anmerkungen. [1] J. J. BODMER: Sammlung von Minnesingern 1 (1758) VIII. – [2] G. F. MEIER: Anfangsgründe aller schönen Wiss. (1748) 336. – [3] J. G. HERDER, Werke, hg. SUPHAN 1, 398; vgl. G. MÜLLER: Morphol. Poetik (1968) 161. 166f. – [4] J. A. EBERHARD: Hdb. der Ästhetik 4 (1805) 51. – [5] J. J. WINCKELMANN, Werke (ND 1965) 4, 61; vgl. 193. – [6] CHR. GARVE: Slg. einiger Abh. 2 (1802) 142. – [7] E. CASSIRER: Kants Leben und Lehre (1923) 337. – [8] I. KANT, KU, Akad.-A. 5, 225. – [9] FR. SCHILLER, Werke, hg. FRICKE/GÖPFERT 5 (1960) 614. 615f.; zu Schillers Begriff «lebende G.» vgl. W. DILTHEY, Schriften 6 (1968) 117; E. CASSIRER: Idee und G. (1971) 102f.; F. RODI: Morphol. und Hermeneutik. Diltheys Ästhetik (1969) 88. – [10] J. G. HERDER, a. a. O. [3] 8, 11; 22, 173; vgl. 175; 8, 56. – [11] J. W. GOETHE, Werke, Hamburger A. 12, 11. 14. 12; Aus Goethes Brieftasche, in: Sturm und Drang, Krit. Schriften (1963) 711; vgl. 714; zu Goethes G.-Begriff vgl. bes. O. WALZEL: Gehalt und G. (1957) 157-161; G. MÜLLER: Goethes Morphol., in: Morphol. Poetik, a. a. O. [3] 287ff. – [12] E. CASSIRER: Freiheit und Form (1961) 209. – [13] GOETHE, a. a. O. [11] 12, 32; vgl. M. CARRIÈRE: Ästhetik 2 (1885) 131f. – [14] G. W. F. HEGEL, Ästhetik, hg. BASSENGE 1, 134. – [15] GOETHE, a. a. O. [11] 12, 398. – [16] HEGEL, a. a. O. [14] 133. 129. 420. 408. – [17] CARRIÈRE, a. a. O. [13] bes. 1, 138. 330. – [18] K. S. LAURILA: Ästhet. Streitfragen² (Amsterdam o. J.) 323. 317. – [19] H. LOTZE: Grundzüge der Ästhetik (1884) 13-16. – [20] DILTHEY, a. a. O. [9] 6, 125. – [21] HEGEL, a. a. O. [14] 1, 129. – [22] DILTHEY, a. a. O. [20]. – [23] GARVE, a. a. O. [6] 2, 139f. – [24] H. COHEN: Ästhetik des reinen Gefühls (1912) 193. 84. 115. 188. 191. 193. – [25] F. WEINHANDL. in: Gestalthaftes Sehen, hg. F. WEINHANDL (1960) 6. – [26] CHR,

v. EHRENFELS, in: Gestalthaftes Sehen a. a. O. 45. 44. 50. – [27] TH. ZIEHEN: Vorles. über Ästhetik 2 (1925) 338. 335. 334. – [28] WALZEL, a. a. O. [11] 368. – [29] a. a. O. 146 u. ö. – [30] W. KAYSER: Das sprachl. Kunstwerk (1956) 289. – [31] WALZEL, a. a. O. [11] 184; vgl. KAYSER, a. a. O. [30] 291. – [33] W. EMRICH: Zum Problem der lit. Wertung, in: Abh. Akad. Wiss. Lit. Mainz (1961) Nr. 3, 41. – [34] A. JOLLES: Einfache Formen (1958) 6f. – [35] H. OPPEL, u. a. in: Dtsch. Philol. im Aufriß, hg. W. STAMMLER (1957) 67. – [36] MÜLLER, a. a. O. [11] 156. – [37] KANT, a. a. O. [8] 5, 207.   W. STRUBE

II. ‹G.› ist 1890 von CHR. VON EHRENFELS als Fachausdruck in die *Psychologie* eingeführt worden [1]. Er versteht darunter einen (begrenzten) Komplex von «Empfindungen», der – außer diesen – auch eine «G.-Qualität» (s. d.) hat. – In W. KÖHLERS Fassung von 1933 ist G., nach Ersetzung des Empfindungsbegriffs durch die des Ortes und der Elementarqualität, zunächst ein ausgedehnter – und zugleich im allgemeinen ausgesonderter – Bereich mit G.-Qualitäten [2]. – Die G.-Theorie (s. d.) hat dem Begriff jedoch weitere Bedeutungsmomente hinzugefügt durch folgende Bestimmungen:
1. Nicht nur das Ganze hat Eigenschaften, die an seinen «Teilen» nicht vorfindbar sind, sondern jeder Einzelinhalt ändert, gewinnt und verliert ebenfalls gewisse Eigenschaften («Teil-Eigenschaften», «Strukturfunktionen»), wenn er a) zum Teil in einem Ganzen wird, b) aus einem Ganzen ausscheidet, c) seinen Ort in einem Ganzen wechselt oder d) von einem Ganzen in ein anderes Ganzes übergeht. Der Teil ist insofern kein «Element» im Sinne des psychologischen Atomismus.
2. Ferner gilt: Sowohl die Aussonderung des Ganzen als auch die innere Gliederung in «natürliche» Unter-Ganze und Teile und deren Verteilung sind nicht aufgezwungen, sondern kommen – im Rahmen gewisser topographischer Bedingungen, zu denen in der Wahrnehmung die Reizkonfigurationen gehören – durch das Gleichgewicht von Kräften *zustande*. Das Gleichgewicht wird durch sie *erhalten* und – im Gegensatz zu starren Formen – bei Störungen *wiederhergestellt*. – Die Gleichgewichtszustände sind in der Regel durch Einfachheit und hohe Regelmäßigkeit charakterisiert: Prägnanztendenz (MACH [3]; KÖHLER; WERTHEIMER [4]).
3. Dies ist möglich, weil infolge des dynamischen Zusammenhanges (des Kommunizierens) der Teile jede örtliche Einwirkung sich grundsätzlich durch das Ganze fortpflanzt und insofern immer das *Ganze* reagiert und sich, je nach Art und Umfang des Eingriffs, im Ganzen umorganisiert. – Örtliches Geschehen in einer G. ist daher stets grundsätzlich auch durch außerörtliche Faktoren mitbestimmt und bestimmt zugleich selbst das Geschehen in seiner Umgebung mit. G. können daher nicht, wie summative Verteilungen (z. B. die Einrichtung eines Zimmers) dadurch hergestellt werden, daß man einen seiner präsumptiven Teile nach dem anderen an seinen Platz bringt, ohne daß einer irgendwie auf den anderen reagiert; sie können daher auch nicht durch additive Theoreme erfaßt werden. – In *starken* G. erfolgt die Wechselwirkung innerhalb des Ganzen augenblicklich, in *schwachen* mehr oder weniger verzögert. Wird die Verzögerung sehr groß, so nähert sich das Gebilde einer summativen Verteilung. Innerhalb komplexer Ganzer kann die Kommunikation zwischen verschiedenen Teilbereichen von sehr verschiedener Stärke sein. – Auch ein *Geschehen* kann G. G.-Charakter haben, wenn es auf Grund von Feldkräften spontan von beliebigen Ausgangszuständen aus einem ausgezeichneten Endzustand zustrebt; dieser kann ein statisches oder ein Fließgleichgewicht (KÖHLER; BERTALANFFY [5]) sein; wobei – im Gegensatz zum Geschehen in «Leitungen» – treibende und steuernde Kräfte identisch sind und der Weg des Geschehens sich aus dem Verhältnis zwischen dem Ausgangszustand und dem ausgezeichneten Endzustand jedesmal neu bestimmt (psychologische Beispiele: produktives Geschehen beim Denken und Gestalten).

Anmerkungen. [1] CHR. v. EHRENFELS: Über «G.-Qualitäten». Vjschr. wiss. Philos. 14 (1890). – [2] W. KÖHLER: Psychol. Probleme (1933) 121f. – [3] E. MACH: Die Analyse der Empfindungen (1885, ⁹1922). – [4] M. WERTHEIMER: Diskussionsbemerkung zum Vortrag von BENUSSI: Kinematohaptische Scheinbewegungen und Auffassungsumformung. Ber. VI. Kongr. exp. Psychol. Göttingen (1914) 149. – [5] L. v. BERTALANFFY: Biophysik des Fließgleichgewichts. Slg. Vieweg 124 (1953).

Literaturhinweise. M. WERTHEIMER: Exp. Studien über das Sehen von Bewegung. Z. Psychol. 61 (1912) 161-265; Untersuch. zur Lehre von der G. Psychol. Forsch. 1 (1922) 47-58; 4 (1923) 301-350. – W. KÖHLER: G.-Probleme und Anfänge einer G.-Theorie. Jber. ges. Physiol. (1922) 512-539; G. psychol. (New York 1928, ²1947). – K. KOFFKA: Principles of G. psychol. (London 1935, ³1950). – W. METZGER: Gesetze des Sehens (1936, ²1954); Psychol. (1941, ³1963); Figural-Wahrnehmung, in: Hb. der Psychol. I (1966) 693-744. – W. WITTE: Zur Gesch. des psychol. Ganzheits- und G.-Begriffes. Stud. gen. 5 (1952) 455-464. – E. RAUSCH: Zur Entwicklung des G.-Begriffs, in: Gestalthaftes Sehen, hg. F. WEINHANDL (1960, ²1967) 334-338; Das Eigenschaftsproblem in der G.-Theorie der Wahrnehmung, in: Hb. der Psychol. I/1 (1966) 866-953. – F. WEINHANDL (Hg.): Gestalthaftes Sehen. Zum 100jährigen Geburtstag von Chr. v. Ehrenfels (1960, ²1967).   W. METZGER

Gestalten, physische. ‹Die p.G. in Ruhe und im stationären Zustand› nannte W. KÖHLER das 1920 erschienene Werk, in dem es ihm gelang, die Möglichkeit der Anwendung des gestalttheoretischen, parallelistischen Ansatzes M. Wertheimers auf physikalische Phänomene nachzuweisen [1]. Nach Köhler genügen elektrische Ladungsstrukturen und stationäre Ströme – nicht nur im Kontinuum, sondern auch in dichten Leitungsnetzen – und insbesondere auch das elektrische Geschehen in der Umgebung von Grenzflächen zwischen verschiedenen Flüssigkeitsphasen den *beiden Ehrenfels*-Kriterien für die Existenz von Gestaltqualitäten (s. d.). Damit deutete sich ein erheblich weiterer Geltungsbereich des gestalttheoretischen Ansatzes an [2]. – 1929 folgte der Nachweis der Bedingungen, unter denen physisches Geschehen in ausgezeichneten Endzuständen (prägnanten Gestalten) zur Ruhe kommt [3].

Anmerkungen. [1] W. KÖHLER: Die p.G. in Ruhe und im stationären Zustand (1920). – [2] W. KÖHLER: Zum Problem der Regulation. Roux' Archiv Entwickl.-Mech. 112 (1927); Gestaltprobleme und Anfänge einer Gestalttheorie. Jber. ges. Physiol. (1922). – [3] W. KÖHLER: Ein altes Scheinproblem. Naturwissenschaften 17 (1929) 395; Gestalt psychology (New York 1929, ²1947). Dynamische Zusammenhänge in der Psychol. (1958); Werte und Tatsachen (1968); Die Aufgaben der Gestaltpsychol. (1971); vgl. Art. ‹Gestalttheorie›.   W. METZGER

Gestaltkreis. Dieser Begriff wurde von V. VON WEIZSÄCKER in einem so betitelten Buch 1940 eingeführt [1]. Er fand schnell Eingang in theoretische Schriften der Biologie und Psychologie.
Weizsäcker kritisiert zwei schon damals nicht mehr unangefochtene Prinzipien: 1. das Leitungsprinzip, d.h. die Annahme einer von Umgebungsvorgängen unbeeinflußten Erregungsleitung zwischen Sinneszelle und Sinneszentrum; 2. die strenge Unterscheidung und Gegenüberstellung von Erkennen und Tun bzw. rezeptorischem und effektorischem Geschehen.
Zu 1: Weizsäcker sieht die Unvereinbarkeit der Tatsachen des Erlebens (und Verhaltens) mit dem Leitungs-

prinzip; er betrachtet dieses aber offensichtlich als unentbehrlich für die physiologische Beobachtung und Analyse. Er gelangt deshalb zu der Forderung, auf eine Theorie des Psychischen zu verzichten, in der die Ergebnisse der Phänomenologie (bzw. Introspektion) und der physiologischen Analyse gleichermaßen Berücksichtigung finden.

Zu 2: Wir verdanken Weizsäcker den bisher nachdrücklichsten Hinweis auf die Tatsache, daß es 1. kein Erkennen ohne ein Tun, d. h. ohne mindestens die aktive Herstellung und Erhaltung günstigster Aufnahmebedingungen, und 2. kein sinnvolles Handeln ohne ständige Überwachung durch die Sinne gibt, und daß 3. die Wechselwirkung zweier Menschen ein fortgesetztes, unmittelbares Geben und Nehmen, Reden und Antworten ist, in dem beide Teile sich laufend aufeinander einspielen [2]. Bei der Wechselwirkung zwischen Ich und Du handelt es sich jedoch um eine «Felddynamik», d. h. um unmittelbare Wechselwirkung, der das Wort ‹Kreis› nicht recht angemessen ist [3]. Weizsäcker selbst versucht die zwischenmenschliche Wechselwirkung nach dem Bild des Kreises zu verstehen, was nicht ohne Unklarheiten und Widersprüche abgeht.

Anmerkungen. [1] V. v. WEIZSÄCKER: Der G. Theorie der Einheit von Wahrnehmen und Bewegen (1940, ³1947). – [2] Vgl. H. FREYER: Theorie des gegenwärtigen Zeitalters (²1956); W. METZGER: Schöpferische Freiheit (²1962). – [3] I. KOHLER: Gestaltbegriff und Mechanismus, in: Gestalthaftes Sehen, hg. F. WEINHANDL (1960, ²1967) 211-227.

Literaturhinweise. W. METZGER: Psychol. (1941, ³1963). – K. LEWIN: Field theory in social sci. (New York 1951). – N. BISCHOF: Erkenntnistheoretische Grundlagenprobleme der Wahrnehmungspsychol., in: Hb. der Psychol. I/1 (1966) 21-78.   W. METZGER

Gestaltpsychologie. Unter ‹G.› faßt man jene Richtungen der modernen Psychologie zusammen, die den von CHR. V. EHRENFELS konzipierten Gedanken der Nichtsummativität psychischer Ganzer weiter verfolgt haben. Das Postulat der Nichtsummativität besagt, daß die Summe der Relationen zwischen den Elementen nicht identisch ist mit der Eigenschaft des Ganzen (der Gestaltqualität); die G. richtete sich gegen die vorherrschenden Theoreme der Assoziationspsychologie. Es lassen sich folgende Richtungen unterscheiden:

1. die «Produktionstheorie» bzw. Theorie der «fundierten Inhalte» oder der «Vorstellungen außersinnlicher Provenienz», vertreten durch die *Grazer Schule* (u. a. A. MEINONG [1], V. BENUSSI [2], ST. WITASEK [3], A. HÖFLER [4], neuerdings G. J. ALLESCH [5] und J. BRENGELMANN); die Produktionstheorie fordert einen besonderen psychischen Akt, der die Mannigfaltigkeit psychischer Elemente zu einem Ganzen, einer Gestalt, zusammenfaßt;

2. die Gestalttheorie der *Berliner Schule* (M. WERTHEIMER [6], W. KÖHLER [7], K. KOFFKA [8], K. LEWIN [9], M. HENLE [10], W. METZGER [11], E. RAUSCH [12], W. WITTE [13]); sie vertritt im Gegensatz zur Produktionstheorie die Auffassung, die Gestalt sei mit den Elementen unmittelbar phänomenal gegeben;

3. oft auch die – sich selbst lieber als «Ganzheitspsychologie» bezeichnende – *Leipziger Schule*, die – von H. CORNELIUS [14] ausgehend – mehr den genetischen Gesichtspunkt betont, nach dem Entwicklung nicht Verknüpfung, sondern im Gegenteil Ausgliederung ursprünglicher (gefühlshafter) Ganzer ist (F. KRÜGER [15], F. SANDER, H. VOLKELT [16], J. RUDERT [17], A. WELLEK [18]).

Die Gestaltkreislehre V. v. WEIZSÄCKERS wird nicht zur G. gerechnet [19].

Anmerkungen. [1] A. MEINONG: Abh. zur Psychol. (1914). – [2] W. BENUSSI: Gesetze der inadäquaten Gestaltauffassung. Arch. ges. Psychol. 32 (1914). – [3] ST. WITASEK: Grundl. der Psychol. (1908). – [4] A. HÖFLER: Psychol. (²1930). – [5] G. J. v. ALLESCH: Die Stellung der Psychol. zu den Natur- und Geisteswiss. Psychol. Rdsch. 1 (1949) 4-16. – [6] M. WERTHEIMER: Exp. Stud. über das Sehen von Bewegung. Z. Psychol. 61 (1912) 161-265; Untersuch. zur Lehre von der Gestalt. Psychol. Forsch. 1 (1922) 47-58; 4 (1923) 301-350; Gestaltpsychol. Forsch., in: Einf. in neuere Psychol., hg. E. SAUPE (1926, ²³1928) 47-54; Productive thinking (New York 1945; dtsch. 1957, ²1964). – [7] W. KÖHLER: Gestalt psychology (New York 1928, ²1947); Psychol. Probleme (1933); The place of value in a world of facts (New York 1938); Dynamics in psychol. (New York 1940; dtsch. 1959); Gestalt psychology today, in: Documents of Gestalt psychol., hg. MARY HENLE (Berkeley/Los Angeles 1961) 1-15; zuerst in: Amer. Psychologist 14 (1959). – [8] K. KOFFKA: Principles of Gestalt psychol. (London 1935, ³1950). – [9] K. LEWIN: Principles of topological psychol. (New York/London 1936); Field theory in social sci. (New York 1951). – [10] M. HENLE: Documents of Gestalt psychol. (Berkeley/Los Angeles 1961); On the relation between logic and thinking. Psychol. Rev. 69 (1962) 366-378. – [11] W. METZGER: Psychol. (1941, ⁴1968). – [12]. E. RAUSCH: Über Summativität und Nichtsummativität. Psychol. Forsch. 21 (1937) 209-289; Struktur und Metrik figural-optischer Wahrnehmung (1952). – [13] W. WITTE: Zur Gesch. des psychol. Ganzheits- und Gestaltsbegriffs: Stud. gen. 5 (1952) 455-464. – [14] H. CORNELIUS: Psychol. als Erfahrungswiss. (1897). – [15] F. KRUEGER: Über psychische Ganzheit. Neue psychol. Stud. 1 (1926) 1-121; Das Wesen der Gefühle. Arch. ges. Psychol. 65 (1928). – [16] F. SANDER und H. VOLKELT: G. Grundl., Ergebnisse, Anwendungen. Ges. Abh. (1962). – [17] J. RUDERT: Genetische Schichtung der Person. Jb. Psychol. Psychother. 3 (1955) 150-160. – [18] A. WELLEK: G. und Strukturtheorie (1955); Ganzheit und Gestalt in der Psychol., in: Die Ganzheit in der Philos. und Wiss. O. Spann zum 70. Geburtstag (1950) 293-297; Die genetische G. der Leipziger Schule und ihre Verzweigungen – Rückblick und Ausblick. Neue Psychol. Stud. 15 (1954) 1-67; Ganzheit, Gestalt und Nichtgestalt – Wandel und Grenzen des Gestaltbegriffs und der Gestaltkriterien (1960), in: F. WEINHANDL (Hg.): Gestalthaftes Sehen (1960) 384-397. – [19] V. v. WEIZSÄCKER: Der Gestaltkreis. Theorie der Einheit von Wahrnehmen und Bewegen (1940, ³1947).

Literaturhinweise. W. KÖHLER: Gestaltprobleme und Anfänge einer Gestalttheorie. Jber. ges. Physiol. 3 (1924); Psychol. Probleme (1933). – K. KOFFKA: Principles of Gestalt psychol. (New York 1935). – W. METZGER: Psychol. (1941, ⁴1968). – Gestalt und Wirklichkeit. Festgabe für F. Weinhandl, hg. R. MÜLHER/ J. FISCHL (1967). – MICHAEL WERTHEIMER: A brief hist. of psychol. (New York 1970). – W. KÖHLER: Die Aufgaben der G. (1971).
  W. METZGER

Gestaltqualität. ‹G.en› nannte CHR. V. EHRENFELS 1890 (nach heutigem Sprachgebrauch) «positive Wahrnehmungsinhalte, welche an das Vorhandensein von Wahrnehmungs-Komplexen im Bewußtsein gebunden sind, die ihrerseits aus voneinander trennbaren Elementen bestehen» [1]. Die G. ist für ihn (1922) – gegen MARTY [2] – nicht identisch mit der Summe der Relationen zwischen den Elementen ihrer «Grundlage», d. h. des Komplexes, dessen Eigenschaft sie ist [3].

Nach W. KÖHLER nennt man eine Eigenschaft eines Ganzen dann ‹G.›, wenn sie sich nicht aus artgleichen Eigenschaften seiner Teile zusammensetzen läßt [4]. Der Komplex oder der Bereich, der eine G. besitzt und daher selbst ‹Gestalt› genannt wird, ist insofern mehr als die Summe seiner «Teile» (*erstes Ehrenfels-Kriterium*).

Die relative Unabhängigkeit der G. von den Eigenschaften der «Teile» der «Gestalt» erweist sich darin, daß geringfügige Veränderungen, wie die Hinzufügung, Wegnahme, Verschiebung oder Veränderung nur eines von vielen Teilen (etwa eines Tons in einer Melodie) die G. zerstören können, während sie in guter Annäherung erhalten bleibt, wenn sämtliche Elemente verändert, verschoben, ersetzt, im Grenzfall sogar in eine andere Modalität übertragen werden, jedoch so, daß die Proportionen des Ganzen erhalten bleiben (*zweites Ehrenfels-Kriterium*, das allgemein als Kriterium der Transponierbarkeit bezeichnet wird).

Die Meinungsverschiedenheit zwischen der Grazer und der Berliner Schule innerhalb der Gestaltpsychologie (s. d.) über die Frage, ob die G. erst durch einen besonderen, hinzukommenden Akt zu ihrer «Grundlage», der Mannigfaltigkeit der sinnlichen Elemente, hinzukomme («Produktionstheorie») oder mit diesen ohne weiteres gegeben sei, sobald die Bedingung der funktionellen Einheit in einem Bewußtsein erfüllt sei (wobei die Aufmerksamkeitshaltung zweifellos fördernd oder störend *mitwirken* kann), ist heute wohl zugunsten der zweiten Auffassung entschieden [5]. Gleichzeitig wurde der Gebrauch des Wortes ‹Gestalt› (s. d.) entsprechend modifiziert.

Ein geschichtlicher Vorläufer der Lehre von den G. ist die Vermutung einer «psychischen Chemie», d. h. die Vermutung, daß die «Verbindung» psychischer «Elemente», wie die chemische «Verbindung», neue Eigenschaften haben könnte (HARTLEY 1746; JAMES MILL 1829) [6]. Sie kehrt wieder bei W. WUNDT (1874; 1887) in den Gedanken der «schöpferischen Synthese» und des «Verschmelzungsproduktes» bzw. der «schöpferischen Resultante» [7], bleibt aber vor v. Ehrenfels ein leerer Rahmen. Der Begriff der G. wird nach Ehrenfels im Rahmen der Gestaltpsychologie zu einem Bestandteil der Gestalttheorie.

Anmerkungen. [1] CHR. V. EHRENFELS: Über «G.». Vjschr. wiss. Philos. 14 (1890). – [2] A. MARTY: Untersuch. zur Grundl. der allg. Grammatik und Sprachphilos. (1908). – [3] CHR. V. EHRENFELS: Das Primzahlengesetz (1922) 95-112. – [4] W. KÖHLER: Die physischen Gestalten in Ruhe und im stationären Zustand (1920) 28ff. – [5] K. KOFFKA: Zur Grundl. der Wahrnehmungspsychol. Z. Psychol. 73 (1915). – [6] D. HARTLEY: Conjecturae quaedam de motu, sensus et idearum generatione (1746). – J. MILL: Analysis of the phenomena of the human mind (1829). – [7] W. WUNDT: Grundzüge der physiol. Psychol. 3 (⁶1911) 755ff.

Literaturhinweise. E. RUBIN: Visuell wahrgenommene Figuren (Kopenhagen 1921). – W. KÖHLER: Psychol. Probleme (1933). – W. METZGER: Psychol. (1941, ⁴1968). – Gestalthaftes Sehen. Ergebnisse und Aufgaben der Morphol. Zum 100jährigen Geburtstag von Chr. v. Ehrenfels, hg. F. WEINHANDL (1960, ²1967).

W. METZGER

Gestalttheorie heißt ein systematischer Ansatz in der Psychologie, der von folgenden Vermutungen ausgeht:
1. Die in der Wahrnehmung *gesicherte* Unanwendbarkeit des Additivitäts- bzw. Summativitätstheorems gilt für den gesamten Bereich des Psychischen.
2. Das Prinzip des Leitungsmosaiks verliert keineswegs ganz seine Bedeutung; es muß aber weitgehend durch das Prinzip der dynamischen Selbststeuerung und Selbstregulation auf Grund von Feldkräften zwischen gleichzeitig ablaufenden Prozessen ergänzt bzw. ersetzt werden.
3. In dieser Hinsicht besteht Übereinstimmung zwischen den psychischen und den körperlichen Vorgängen, d. h. zwischen den Phänomenen und den Erregungskomplexen im Nervensystem. Es wird infolgedessen anstelle einer sinnlosen eine sinnvolle Zuordnung zwischen beiden (ein konkreter Parallelismus) nach dem Prinzip der Strukturverwandtschaft oder vielleicht sogar der Isomorphie möglich.
4. In der Physik sind Systeme, auf welche beide Ehrenfels-Kriterien für das Vorhandensein von Gestaltqualitäten (s. d.) zutreffen und die man nicht additiv erklären kann, längst bekannt [1]. Eine erlebnisgerechte Theorie des Psychischen braucht demnach nicht – wie DILTHEY [2] und seine Schüler befürchteten – mit der Erkenntnis des Nicht-psychischen in Widerspruch zu geraten.

Der erste Ansatz der G. im obigen Sinne findet sich bei M. WERTHEIMER [3].

Anmerkungen. [1] W. KÖHLER: Die physischen Gestalten in Ruhe und im stationären Zustand (1920). – [2] W. DILTHEY: Ideen zu einer beschreibenden und zergliedernden Psychologie. Sber. preuß. Akad. Wiss. (1894). – [3] M. WERTHEIMER: Exp. Studien über das Sehen von Bewegung. Z. Psychol. 61 (1912) 161-265.

Literaturhinweise. K. KOFFKA: Zur Grundl. der Wahrnehmungspsychol. Z. Psychol. 73 (1915) 11-90; Principles of Gestalt psychol. (London 1935, ³1950). – W. KÖHLER: Gestaltprobleme und Anfänge einer G. Jber. ges. Physiol. (1922); Dynamische Zusammenhänge in der Psychol. (1958). – M. WERTHEIMER: Untersuch. zur Lehre von der Gestalt. Psychol. Forsch. 1 (1922) 47-58; 4 (1923) 301-350; Über G. Sonderdrucke des Symposion 1 (1925). – W. METZGER: Psychol. (1941, ³1963); Zur Gesch. der G. in Deutschland. Psychologia 6 (1963). – J. HELM: Über G. und Persönlichkeitspsychol., in: Hb. Psychol. 4 (1960) 357-390. – E. RAUSCH: Das Eigenschaftsproblem in der G. der Wahrnehmung, in: Hb. der Psychol. I/1 (1966) 866-953. W. METZGER

Ge-stell. Unter der Sammelüberschrift ‹Einblick in das was ist› vereinigt M. HEIDEGGER [1] vier Vorträge: ‹Das Ding› – ‹Das Gestell› – ‹Die Gefahr› – ‹Die Kehre› [2]. Der Vortrag ‹Das G.› ist nur unter der Überschrift ‹Die Frage nach der Technik› veröffentlicht. «Die Technik ist nicht das gleiche wie das Wesen der Technik ... So ist denn auch das Wesen der Technik ganz und gar nichts Technisches» [3]. Die «instrumentale und anthropologische» [4] Deutung der Technik greift zu kurz, denn die Technik ist «nicht bloß ein Mittel. Die Technik ist eine Weise des Entbergens. Achten wir darauf, dann öffnet sich uns ein ganz anderer Bereich für das Wesen der Technik. Es ist der Bereich der Entbergung, d. h. der Wahr-heit» [5]. «G. heißt das Versammelnde jenes Stellens, das den Menschen stellt, d. h. herausfordert, das Wirkliche in der Weise des Bestellens als Bestand zu entbergen. G. heißt die Weise des Entbergens, die im Wesen der modernen Technik waltet und selber nichts Technisches ist» [6].

Anmerkungen. [1] Vgl. M. HEIDEGGER: Die Frage nach der Technik, in: Vorträge und Aufsätze (²1959) 13-45, und in: Die Technik und die Kehre. Aus Wiss. und Dichtung. Opuscula 1 (1962) 5-36. – [2] Vgl. Die Technik und die Kehre, Vorbemerkung. – [3] Vorträge und Aufsätze 13. – [4] a. a. O. 14. – [5] 20. – [6] 28.

Literaturhinweise. O. PÖGGELER: Der Denkweg Martin Heideggers (1963) 238-247.

P. PROBST

Gestirn, Sterne. Das G. oder die Sterne haben seit dem Moment das Interesse der Philosophie gefunden, als man in ihnen die ursprünglichen wirkenden Kräfte oder die ersten Wirkursachen des Prozesses des Werdens und Vergehens in dieser unteren Welt erkannte. Bis dahin hatte sich die G.-Anbetung, sei es in Babylonien oder Ägypten, am Rande der Philosophie entwickelt. Andererseits hatten sich die ersten Griechen, die Weltentstehungslehren brachten – ihnen gebührt die Ehre, die Philosophie der Natur erfunden zu haben –, ausschließlich in den Grenzen der wechselseitigen Wirkung der irdischen Elemente aufeinander verschanzt, indem sie glaubten, in einem diesem vor den anderen ausgezeichneten Element Ursprung und Ursache der Welt ansetzen zu können.

1. Unter den *Griechen* ist gewiß PLATON der erste Philosoph (Pythagoras zeigt sich ja erstlich um die Religion bemüht), der die Ursachen der Umformbarkeit der Materie außerhalb der sublunaren Welt angesetzt hat

(Timaeus). Jedoch – und das klagt ARISTOTELES ein [1] – schneidet sich die Theorie der reinen Formen, die außerhalb des irdischen Stoffes residieren, völlig ab von dem wirklich anstehenden Problem der faktischen Bewegung im Bereich der physischen Körper. Nach Aristoteles rührt die Schwäche der platonischen Theorie daher, daß sie die Erklärung durch Wirkursachen vernachlässigt. Eine solche im physischen und substantialen Bereich erste Wirkursache setzt Aristoteles in den Sternen an [2]. Das physische Universum ist Eines; die Sterne sind sein ständig aktiver Teil, wie es die Vollkommenheit und Ewigkeit ihrer Bewegungen in ihren Bahnen zeigt. Von ihnen kommt der Anstoß und die Erhaltung der beständigen und universalen Bewegung des Entstehens und Vergehens. Die so angesetzte Verbindung zwischen den Sternen und den Umwandlungen der vier Elemente [3] wird für lange Zeit – entgegen den Intentionen des Aristoteles – das Hauptobjekt des Studiums der Physik, das Astronomie und Astrologie mit der Philosophie verbindet. Zu den individuellen Zyklen des Entstehens kamen die ganze Regionen umfassenden Zyklen: die astrologische Geographie; zur individuellen Dauer und zu den Lebensaltern kamen die zeitlichen Perioden, die den mehr oder weniger langen Etappen der himmlischen Verbindungen und Umdrehungen entsprechen und die zur Annahme des «Großen Jahres» führen, das nach PLATON 36 000 Sonnenjahre umfaßt. ARISTOTELES scheint die großen Umläufe nicht beziffert zu haben; aber ohne Zweifel sind sie für ihn periodisch und der Zahl nach unendlich [4].

Diese bei den griechischen Philosophen sich noch zerstreut findenden Gegebenheiten tendierten fortschreitend zu einer völligen Systematisierung während der hellenistischen Periode. Die vollständigste Synthese findet sich bei PTOLEMÄUS. In seinem Quadripartit (Tetrabiblos) verteilt er unter den verschiedenen Planeten und den zwölf Konstellationen des Tierkreises die ersten Qualitäten der Elemente: das Warme, das Kalte, das Trockene und das Feuchte, worauf die Sterne gleichsam durch Naturidentität einwirken. So konstituiert sich eine voll ausgebildete astrologische Physik, in der jede im ‹Almagest› beschriebene Himmelsbewegung ihre Rückwirkung auf die Veränderungen der irdischen Körper haben muß. Die ersten Qualitäten der physischen Körper sind damit beständig in Gang gesetzt unter dem Einwirken der himmlischen Mechanik in ihrer ständigen Aktivität. So hat man eine vollständige und geordnete Tafel der Bewegung in dem Universum, die rational erklärt ist.

2. Die *Araber* bemerkten, daß der Versuch des Ptolemäus, der Aristoteliker sein wollte, in gravierende Widersprüche mit aristotelischen Gedanken geraten war, z.B. hinsichtlich des nach ‹De Caelo› den Himmelskörpern eigenen Wesens (Quintessenz, Äther). Der berühmte persische Astrologe ABU MAʿSHAR († 886 n. Chr.), der arabisch schrieb, hebt diesen Widerspruch hervor und tadelt den Autor des ‹Quadripartit› deswegen lebhaft [5]. Wie kann man behaupten, so führt er aus, daß die Himmelskörper, die ja durch eine fünfte von der der vier Elemente verschiedene Wesenheit konstituiert sind, zugleich affiziert sein können durch die Qualitäten des Warmen und Kalten, des Trockenen und Feuchten, die den Elementen eigen sind? Und gleichwohl halten sich die aristotelische Erklärung der Kausalität in der physischen Welt und folglich die ganze «wissenschaftliche» Astrologie, die Abu Maʾshar auf dieser Grundlage errichtet, an das aristotelische Axiom vom Einfluß der Sterne auf die Umwandlungen der Elemente [6].

Abu Maʿshar versucht also zu beweisen, daß die Himmelskörper in ihrem Wesen nicht die Qualitäten der Elemente partizipieren [7]. Einzig aufgrund ihrer verschiedenen Bewegungen und der vielfältigen daraus resultierenden Kombinationen schaffen die Himmelskörper ohne Unterlaß im physischen Universum die für die Umwandlung günstigen Bedingungen. Mittels ihrer Strahlen werden diese Zustände bis in die Welt des Entstehens und Vergehens gesandt. Das Wirken der Strahlen ist indes nicht fundamental, da einige Himmelskörper keine eigenen Strahlen haben.

Gegen diese Lösung können die Aristoteliker zwei Einwände erheben, die Abu Maʿshar voraussieht [8]. Erstens fragt es sich, ob ein unmittelbares Einwirken aus Distanz möglich ist, und zweitens, ob nicht zwischen Ursache und Wirkung eine gewisse Identität in der Form bestehen muß, damit der Akt sich vollzieht. Um nun die offenkundige Aktion der Sterne aus Distanz zu rechtfertigen, erinnert der Autor an das Beispiel des Magneten (lapis magnetis) und fügt Parallelen aus orientalischer Erfahrung an: das Naphtha, das Feuer aus Distanz anzieht, oder den Olivstein (lapis olivalis), der das Öl an sich zieht [9]. In gleicher Weise wirken die Himmelskörper aus der Entfernung auf die Elemente hier unten, und die besagte Unmöglichkeit ist nur ein Schein. Hinsichtlich der Identität der Natur oder Form zwischen Ursache und Wirkung ist nun leicht festzustellen, daß so offenkundige Wirkungen wie z.B. die Röte oder Blässe der Glieder durch eine Ursache, nämlich Kälte oder Wärme, hervorgebracht sein können, ohne daß es Formidentität zwischen Ursache und Wirkung gäbe. Umgekehrt bringen zwei in der Form identische Ursachen wie Schnee und Kalk, welche beide weiß sind, völlig verschiedene Wirkungen wie Kälte und Wärme hervor [10], wie die Erfahrung lehrt.

3. Die gesamte *lateinische Scholastik* lebte von diesen aristotelischen Lehren, die durch die Araber bis zu ihren äußersten Konsequenzen vorgetrieben worden waren. Denn durch die Araber wurde der Aristotelismus ja an das mittelalterliche Abendland vermittelt [11]. Erst mit der Renaissance, als das Studium des authentischen griechischen Aristoteles die Hoffnung weckte, den fatalistischen Konsequenzen zu entgehen, die sich aus seinem arabisierten System ergeben, begann eine neue Anstrengung des wissenschaftlichen Denkens neue Horizonte zu eröffnen.

In Wahrheit hatte ja das System der von Abu Maʿshar im Zuge des Aristotelismus erarbeiteten Beweise nichts Apodiktisches an sich. Es konnte unausweichlich scheinen nur im Rahmen eines ja wesentlich statischen Hylemorphismus, der an die kraft Definition aktive Quintessenz der Sterne gebunden ist. Diese logischen Evidenzen stammen aus der Erfahrung des *Gemeinsinnes*, und nur Mangel an Klarsicht oder an Erfahrung hätte das beobachtete Zusammengehen der Bewegungen der Himmelskörper mit den Veränderungen der sublunarischen Welt leugnen können. In einem solchen System fanden sich aristotelische Physik und die Lehre vom Einfluß der Sterne auf das Entstehen und Vergehen unlöslich miteinander verknüpft. Sie dissoziieren zu wollen, zeigte sich solange als kindisches Unterfangen, als das Kriterium des Gemeinsinnes (nil in intellectu quin prius fuerit in sensu) nicht radikal in Frage gestellt wurde. Das geschah seit dem 17. Jh. und war das Werk methodischer Kritik.

4. Was ist unter der Bedingung der *gegenwärtigen Wissenschaft* von den kürzlich zum Ausdruck gebrachten

Hoffnungen zu halten [12], durch die neuen Methoden der Astrophysik und der Biochemie einige Stücke aus dem Erbgut des Glaubens an den Einfluß der Sterne wieder an Land zu ziehen? So wie sie GAUQUELIN formuliert, scheint die in Frage stehende Hoffnung nur in eine Sackgasse führen zu können. Tatsächlich kann ja nichts aus dem traditionellen Bestand der Astrologie, so wie es war, wiedergewonnen werden, weil der Gemeinsinn, der das Kriterium liefert, unwiderruflich und unheilbar disqualifiziert ist. Wer gäbe sich nicht Rechenschaft darüber, daß z. B. die Arbeitshypothesen von PICCARDI, die ja einen außerirdischen und kosmischen Einfluß unterstellen, keinesfalls zu gültigen Gesetzen führen können, wenn die zu ihrer Verifikation angewandten Methoden der Astrologie entliehen sind: Qualität der Planeten, Häuser, Exaltationen, Depressionen, Aspekte, Freundschaften und Feindschaften usw.? Der Tierkreis selber (nicht aber die Ekliptik!) hat nie existiert außer in der Einbildung; nun sind aber in der Astrologie alle Vorrechte der Sterne auf seiner Bahn situiert. Das ganze wissenschaftliche Gerüst der Astrologie ruht auf Illusionen, die seit langem von den Wissenschaften beseitigt sind. Das astrologische Universum ist ganz und gar eine Phantasmagorie, an die alle Bestimmungen der traditionellen Astrologie derart gebunden sind, daß keine ihrer Gegebenheiten als Arbeitshypothese genommen werden kann. Alles bleibt genau zu erklären auf den neuen Grundlagen der Wissenschaft, sowohl jene gelegentlichen Feststellungen von Wert, die man bei den alten Astrologen finden kann (keine von ihnen stammt aus den letzten vier Jahrhunderten) – Zusammengehen von besonderen Zeiten und Epidemien, Überschwemmungen usw. –, wie die neueren durch statistische Methoden gelieferten Daten über die gleichen Phänomene. Offenkundig kann die astrologische Mythomanie nur mythologische Lösungen bringen.

Anmerkungen. [1] ARISTOTELES, Met. I, 6f., bes. 988 b ff. – [2] Phys. VIII; De caelo II; De gener. et corr. II, 10f. – [3] Vgl. die klaren Ausführungen Meteor. I, 2. – [4] Met. XII, 8, 1074 b 10. – [5] ABU MA'SHAR, Introd. maius IV, 1. – [6] a. a. O. I, 3f. – [7] IV, 2. – [8] I, 3; III, 8; IV, 2. – [9] III, 8. – [10] IV, 3. – [11] Vgl. R. LEMAY: Abu Ma'shar and lat. Aristotelianism in the 12th century (Beirut 1962) passim. – [12] M. GAUQUELIN: L'astrologie devant la sci. (Paris 1965) 239f.

Literaturhinweise vgl. Art. ‹Astrologie› und ‹Astronomie›.
R. LEMAY

Gestirngeister. Der Ausdruck ‹G.› bezeichnet in der Philosophie in erster Linie die Geister oder Intelligenzen, die in den Himmelskörpern, Planeten und Sternen residieren und besonders in den Sphären, indem sie diese Körper in ihre vollkommenen Umdrehungen hineinziehen. Die Geschichte der an diesen Begriff geknüpften Vorstellungen ist im folgenden zu skizzieren.

1. Die seit den ältesten Zeiten in der gesamten griechisch-persischen Welt [1] verbreitete Astrolatrie hatte die Alten daran gewöhnt, den Himmel als bevölkert mit übernatürlichen lebenden Wesen von höherer Art als der Mensch anzusehen. In Reaktion gegen diesen Wahn des Orients gingen die griechischen Kosmologen davon aus, ihren Blick auf die materiellen Körper dieses Universums zu richten, wobei sie aber dazu kamen, selbst die Sterne als aus subtilem, aber materiellem Feuer gebildet zu beschreiben. Eine solche Herausforderung der gesamten Tradition mußte sich indes als unhaltbar erweisen. Mit Platon und Aristoteles vollzieht sich eine entscheidende Rückwendung der *griechischen Philosophie* zur Annahme von Geistern oder Intelligenzen in den Sternen.

Nach der Lehre des ARISTOTELES sind die Sterne beseelt, weil sie die bewegenden Ursachen des Weltgeschehens sind [2]. Aristoteles geht bis zu einer Wiederanknüpfung an die alte Astrolatrie, wenn er bemerkt, daß die Wirksamkeit der Himmelskörper seit langem durch die alten Theologen als göttlich anerkannt worden sei [3]. So fordern die Ontologie und Kosmologie des Aristoteles aus zwei Hauptgründen die Präsenz von Intelligenzen. Erstens ist das Phänomen des Entstehens und des Vergehens in den aus Materie und Form zusammengesetzten Körpern zu erklären; da diese beiden Prinzipien sich in der Tat nicht von ihnen selber her in Bewegung setzen können, bedarf es der Intervention einer äußeren Wirkursache, die Aristoteles in den Bewegungen der Sterne ansetzt [4]. Wie es hier unten spontane Bewegungen allein bei den Lebewesen gibt, während die anderen aus dem Wirken einer äußeren Ursache resultieren, so mußte er aus Gründen der Symmetrie oder Analogie für die Himmelskörper Seelen annehmen. In der ‹Metaphysik› werden diese Beweger Vernunftwesen genannt [5]. Zweitens führt die Psychologie des Erkenntnisaktes im Menschen Aristoteles auf einem anderen Weg zu demselben Ergebnis. Ohne die Tätigkeit des getrennten Intellekts könnte der im Menschen im Zustand der Möglichkeit sich befindende Intellekt (intellectus possibilis) allein von sich her nicht das aktuell Intelligible erfassen (De anima); das ist ein Grund mehr, die himmlischen Beweger als Vernunftwesen anzusetzen. Wenn die Annahme von Seelen und Intelligenzen der Sterne bei Aristoteles auch formell vorliegt, so kann man gleichwohl doch feststellen, daß der Stagirite sich wenig geneigt zeigt, das mechanistische und ontologische Terrain zu verlassen, auf dem sein Denken sich bewegt.

2. Auf diesen Grundlagen bauten *Stoa, Neuplatonismus und Christentum* auf. Es waren besonders die neuplatonischen Spekulationen, die zur Lehre der Emanation der Intelligenzen vom absoluten Einen und zu ihrer Rolle im Gang des Universums führten, die mit einer reichen Substanz den Teil der Physik und Metaphysik ausfüllten, den Aristoteles leer gelassen hatte. Die ‹Enneaden› des PLOTIN, aus denen ein Extrakt unter dem bezeichnenden Namen ‹Theologie des Aristoteles› bei den Arabern bekannt wurde, und der berühmte ‹Liber de Causis› wurden die Hauptquelle für die späteren Entwicklungen der Philosophie der Intelligenzen. Diesen Quellen sind die zweideutigen Bemühungen der ersten alexandrinischen christlichen Theologen (CLEMENS und ORIGENES) hinzuzufügen, die sich darum bemüht zeigen, die semitische Mythologie der Engel mit der Philosophie der Schule und mit den Gegebenheiten der heidnischen Mysterien zu harmonisieren. So konnten die himmlischen Botschafter des Ewigen einträchtig zusammenleben mit den intelligenten Emanationen, die dem höchsten Einen entstammen. Selbst für den christlichen *Logos* bezog man daraus eine rationale Authentizität, die durch die heidnische Weisheit geheiligt war. Endlich trugen die *Mysterienreligionen* im Volksglauben viel dazu bei, diese philosophische Lehre zu beglaubigen, indem sie himmlischen Geistern besondere Rollen zuerteilten in der Bewegung der Rückkehr der Kreatur zum Einen des Ursprungs. Hier muß man gewiß auch das stoische Denken berücksichtigen, das, wie man in der ‹Äneis› sieht, die Gegenwart von sich im Universum ausbreitenden Geistern anerkannte. Letzteres bildete ein großes von einer universalen Seele beseeltes Ganzes, und aus der Welt-

seele kamen alle Einzelseelen. Außer der sich durchhaltenden aristotelisch-neuplatonischen Ader scheint jedoch der Anteil authentischer Philosophie in diesen Auslassungen winzig zu sein.

3. Während das beginnende muselmanische Denken sich völlig den Wissenschaften der Lektüre des ‹Koran›, des ‹Hadith› und des ‹Fiqh› hingab, drücken sich die ersten Versuche einer Naturwissenschaft bei den *Arabern* während der ganzen omajjadischen Periode (660–750) in der Alchimie und Astrologie des JABIR BEN HAYYAN und des KHALID IBN YAZID [6] aus, die ihr Material griechischen Epigonen entnahmen (DOROTHEOS, ZOZIMOS, MORIENUS). Nun hatte das griechische Denken gelehrt, daß die G. die höhere Wirkursache aller Veränderungen sind, die es bei den sublunaren Wesen, den Menschen eingeschlossen, gibt. Es war also für diese ersten Wissenschaftler natürlich, ihre Aufmerksamkeit auf das Wirken dieser Geister in der Ordnung der Natur zu richten. Die Ruhaniyya oder die Theorie von der Wirksamkeit der G. spielte hier eine wichtige Rolle, deren getreuestes Zeugnis jene berühmte ‹Tabula Smaragdina› [7] ist, deren Gegenwart man in dem ‹Brief des Aristoteles an Alexander› oder im ‹Geheimnis der Geheimnisse› wiederfindet [8].

In einer zweiten Epoche, der des Erwachens wirklicher Philosophie unter den Abbasiden (nach 760 n. Chr), nährten sich die arabischen Philosophien (AL-KINDI, die Brüder der Reinheit, und bis hin zu AL-FARABI, der gegen 950 stirbt) von einem Aristotelismus neuplatonischer Prägung, dessen sämtliche Gegebenheiten sie streng zu systematisieren suchten. Die Sphärenintelligenzen als die ersten Wirkkräfte der Kausalität sind z. B. schon klar herausgestellt in der Abhandlung des AL-KINDI ‹De quinque essentiis› [9]. Aber am klarsten ist die Lehre bei AL-FARABI festgelegt: «Die ersten göttlichen Wesen, die Stern-Götter bei Aristoteles, werden bei Farabi ‹getrennte Intelligenzen›» [10]. Solche Entwicklungen bei den Philosophien lassen mehr, als man es gemeinhin anerkennt, die Nachwirkungen der Traditionen der Ruhaniyya erkennen, die auf die ersten arabischen Alchimisten oder Astrologen zurückgehen. Nach Al-Farabi und im selben Sinne wie er bestätigt und erweitert IBN SINA (Avicenna) die ursprüngliche Rolle der himmlischen Intelligenzen in der Ordnung des Seins und des Wirkens [11]. Das Schema der Emanation der Intelligenzen in der Ordnung des Seins, ihre Rolle in der Hervorbringung der Bewegung und der Erkenntnis sind seitdem im arabischen Aristotelismus endgültig festgelegt; man findet es in gleicher Weise bei den Andalusiern (IBN RUSHD [Averroës], IBN BAJJA, IBN TUFAIL [Abubacer]) wieder. Jede Himmelssphäre besitzt eine Intelligenz neben ihrer Seele und ihrem Stern, der Körper ist. Von Sphäre zu Sphäre steigen das Sein (vom Notwendigen zum Kontingenten) und die Erkenntnis (vom Klaren zum Undeutlichen) im Ausgang von der ersten unbeweglichen Vernunft bis hin zur zehnten Sphäre, der des Mondes, ab, der seinerseits Sitz der tätigen Vernunft für den Menschen ist [12]. Dem Prozeß der Emanation entspricht ein Prozeß der Rückbewegung zum Einen; deren erste Stufe ist jene Einsicht im Menschen, durch die er sich dem tätigen Intellekt einigt, der die Intelligenz der Mondsphäre ist [13]. «Auf dem Mond sein» (être dans la lune), diese Redensart, mit der man Augenblicke der Zerstörung meint, bezeichnet wahrscheinlich irgendwie diese mystische Absorption.

Die erstaunliche Verbreitung, die die Lehre von den himmlischen Intelligenzen in der arabischen Philosophie fand, begrenzte sich nicht auf das Gebiet der Philosophie. In einer Orientierung, die man noch als philosophisch bezeichnen kann, obwohl der Ausdruck «naturalistische Mystik» angemessener erscheint [14], haben IBN SINA und seine Schüler, vor allem die persischen, in der *Ishriqiyya* (Philosophie der Lichter oder des Orients) [15] die verlockenden Einladungen der Lehre der Intelligenzen ausgenutzt, indem sie sie als providentielle Mittler zwischen dem unerkennbaren Gott des Islam und als seine im Himmel verstreuten Wirkkräfte ansahen, durch die seine Dekrete jeweils in gewissen Grenzen offenbar werden [16]. Von hier aus war es nur ein kleiner Schritt zur mystischen Ausnutzung dieser philosophischen Themen, den die großen Mystiker des Islam, wie IBN EL ARABI [17], schnell machten. In der Naturwissenschaft ging es in Weiterführungen der Traktate der *Ruhaniyya* vor allem darum, die Mittel zu lehren, um in einen direkten Kontakt mit den himmlischen Intelligenzen zu treten und um sie in einem für den Menschen günstigen Sinn handeln zu lassen, gemeinhin mit der Hoffnung, die Zweitursachen auszuschalten [18].

4. In der *lateinischen Scholastik* wurde die Lehre der himmlischen Intelligenzen, sei sie durch Al-Farabi oder Avicenna, Abu Ma'shar oder Averroës vermittelt, ohne Widerspruch im Namen des Aristoteles aufgenommen. Indes konnten sich bei den lateinischen Scholastikern die Exzesse der Theorie nicht so frei manifestieren wie in der Welt des Islam, wo allein das Maßhalten der Vernunft Grenzen auferlegen konnte. Im mittelalterlichen Abendland griffen regelmäßig bestallte Verteidiger der religiösen Orthodoxie ein, um die spiritualistischen Ergebnisse der Ruhaniyya in ihren abendländischen Nachfolgern zu unterbinden oder um den illuministischen Tendenzen der Ishriqiyya (GROSSETESTE, R. BACON) entgegenzutreten oder endlich um die tollen Abenteuer des Okkultismus und der Magie abzuschneiden, die aus der Anwendung des Glaubens an die Intelligenzen im Bereich der Naturwissenschaft resultierten. Die Pariser Verurteilungen von 1210, 1277, 1290, die von 1310, schließlich die um 1326 durch die Bulle ‹Super Illius Specula› zusätzlich erfolgende Unterwerfung der Kategorie der Hexer und Magier unter die Gerichtsbarkeit der Inquisitionstribunale zeigen eine beständige Sorge, die unvermeidlichen Konsequenzen der Vermengung von Philosophie und Okkultismus zu begrenzen, die sich – und das war der verwirrendste und ist der bezeichnendste Punkt – eben in der Annahme der Lehre von den himmlischen Intelligenzen begegneten.

Im England R. Grossetestes und R. Bacons zeigt der Illuminismus, der die Intelligenzen oder Lichter als Grund für die Intelligibilität der Welt vorstellt, eindeutig eine avicennische Inspiration. Dagegen macht sich in Paris und später an den italienischen Universitäten bei der physikalisch-kosmologischen Erklärung des Erkenntnisaktes durch die Tätigkeit des für alle Menschen einzigen tätigen Intellekts der Einfluß der auf Averroës zurückgehenden Tradition bemerkbar.

Zusammenfassend kann man sagen, daß sowohl der Islam wie das christliche Mittelalter durch ihre zutiefst religiöse Grundhaltung je auf ihre Weise die Assimilation zwischen den Sphärenintelligenzen und jenem himmlischen oder luftigen Volk von Dämonen und von Jinns begünstigte, das aus den zoroastrischen und semitischen Einbildung stammt und sich definitiv mit der primitiven Religion der Astrolatrie verband. Das bekannteste Beispiel unter den Christen findet sich im astrologisch-historischen Werk des Abtes TRITHEMIUS VON

SPANNHEIM [19]. Wie F. Boll geschrieben hat, ist die Astrolatrie «die zäheste geheime Fortexistenz alter Religion, die wir kennen» [20].

Anmerkungen. [1] Vgl. A. BOUCHÉ-LECLERCQ: Hist. de la divination dans l'antiquité 1-4 (Paris 1879-1882); F. X. KUGLER: Sternkunde und Sterndienst im Babel 1. 2 (1907-1912). – [2] ARISTOTELES, De caelo II, 12, 292 a 20. – [3] Met. XII, 8, bes. 1074 b ff. – [4] Phys. VIII; De caelo, passim; De Gener. et corr. II, 10; Met. XII. – [5] Met. XII, 8. – [6] Vgl. P. KRAUS: Jabir Ibn Hayyan 1.2 (1942-43). – E. J. HOLMYARD: Alchemy (1957). – [7] Vgl. J. RUSKA: Tabula Smaragdina. Ein Beitrag zur Gesch. der hermetischen Lit. (1926). – [8] Hg. im Kommentar des R. BACON durch R. STEELE in: Opera R. B. hactenus inedita 5 (1920). – [9] A. NAGY (Hg.): Die philos. Abh. des Jakub ben Ishaq Al-Kindi, in: Beitr. zur Gesch. der Philos. des MA. 2/5 (1897). – [10] H. CORBIN: Hist. de la philos. islamique (1964) 226-227; vgl. M. MAHDI: Alfarabi's philosophy of Plato and Aristotle (1962) 21: § 16. 43: § 53. 126: §§ 97ff. – [11] Vgl. AVICENNA, Le livre de science (Dânesh-nâmè), frz. M. ACHENA/H. MASSÉ (1955) (1955) 1, 189ff.; 2, 78ff.; CORBIN, a. a. O. [10] 240ff.; S. H. NASR: An introd. to Islamic cosmol. doctrines (1964) 202ff. – [12] Vgl. L. GARDET: La pensée relig. d'Avicenne (1951) 51ff.; CORBIN, a. a. O. [10] 241. 317ff. 327ff. – [13] Vgl. GARDET, a. a. O. 165ff.; 'Išhārāt, frz. A. M. GOICHON (1951) 330-331. – [14] GARDET, a. a. O. [12] 187ff. – [15] Vgl. CORBIN, a. a. O. [10] 284ff.; G. C. ANAWATI und L. GARDET: Mystique musulmane (1961) 54ff. – [16] Vgl. in diesem Sinn GARDET, a. a. O. [12] 114-125; CORBIN, a. a. O. [10] 293-297. – [17] Vgl. H. CORBIN: L'imagination créatrice dans le Soufisme d'Ibn 'Arabi (1958); MUHYI-D-DIN IBN 'ARABI: La Sagesse des Prophètes, frz. T. BURCKHARDT (1955); ANAWATI und GARDET, a. a. O. [15] 57-60. – [18] Vgl. T. FAHD: Le monde du sorcier en Islam, in: Le monde du sorcier (1966) 157-204, bes. 160ff. 170ff. – [19] TRITHEMIUS VON SPANNHEIM: De Secundadeis (Ms. 1508, Druck: Straßburg 1600); vgl. auch F. VON BEZOLD: Astrol. Geschichtskonstruktion im MA (²1918). – [20] F. BOLL: Die Erforsch. der antiken Astrol., in: Kl. Schr. zur Sternkunde des Altertums, hg. V. STEGEMANN (1950) 7.

Literaturhinweise. A. BOUCHÉ-LECLERCQ s. Anm. [1]. – F. VON BEZOLD s. Anm. [19]. – G.-C. ANAWATI und L. GARDET s. Anm. [15]. – H. CORBIN s. Anm. [10]. R. LEMAY

Gesund, Gesundheit. ‹Gesund› meint ursprünglich vollständig («heil und ganz»; vgl. dtsch. heil, ital./span. sano, engl. whole). Insofern ist ‹krank› tatsächlich der «privative» Gegensatz von ‹gesund›.

Das *erste* Gesunde (und also das *Maß* der G.) ist das Ganze – die Welt. Zu ihrer G. gehören Gesund- *und* Kranksein der Einzelwesen, zu ihrem (unzerstörbaren) Leben Leben *und* Tod. Das ist das kosmologische Modell, dem alle bekannten Heilkunden, so auch die europäische, folgen. Wenn das Erste, Göttliche, als einfach und ungemischt gilt [1], ist Schöpfung Mischung: So wurde von den Griechen die G. des Kosmos als «harmonische Mischung» der Elemente [2] und die des Mikrokosmos als «vernünftige Harmonie und Mischung» der Gegensätze [3], als «Isonomie» [4] oder «Wohlmischung» [5] der Urqualitäten, als μεσότης und συμμετρία [6] erklärt.

G. gibt es nicht nur für den Leib, sondern auch für die Seele [7] und für das Verhältnis beider; ja, alle Beziehungen müssen sich der *einen* Harmonie fügen, die das Weltall durchwirkt. Hier liegen die Wurzeln der ganzen Makrobiotik und Heilkunde – nicht nur der anfangs rein physiologisch und makrokosmisch orientierten Arzneiwissenschaft, sondern aller natürlichen Heilverfahren, z. B. auch der pythagoreischen Musiktherapie [8]; und von hier aus versteht sich die Vorstellung, daß die Heilkunst das Weiseste [9] und der Arzt (sofern er weiß, was er tut, und wie es sich mit der Wahrheit verhält) Philosoph und göttergleich ist [10].

Über diese Abhängigkeit und Abbildlichkeit der menschlichen G. fragt der Platonismus hinaus, wenn er sie im Licht ihrer Teilhabe an der *Idee* untersucht. Die Sorge für die G. ist kosmologisch begründet, geht aber vor allem auf die Seele (homerisch: den Schatten), die sich zum Körper verhält wie Körper und Schatten. Eine dieser reziproken Relationen von Seele und Leib sind G. und Tugend. Ist die G. eine somatische Tugend, so die Tugend Seelen-G. [11]. Wie aber alles Gesunde aus Ordnung und Fügung (τάξις, κόσμος) entspringt, sind τάξις und κόσμησις der Seele das Gesetz [12]. Dieses ihr Gesetz zu erkennen, ist der Seele heilsam wie Arznei; nach anderen Medizinen, erst recht nach solchen für die G. des Leibes, zu suchen, ist νοσοτροφία [13], «Krankheitsfütterung» [14]. In diesen Horizont gehört die unabsehliche Fülle der G.-Metaphern der antiken Lebenslehre und Ethik – CICEROS Deutung der ratio als «sokratischer Medizin» [15], die Therapie der Lebensführung (βίου θεραπεία) nach DEMOPHILOS usw. – und dann auch die ganze, philosophisch wohldurchdachte Praxis der Askese, die die G. der Seele, speziell ihres obersten Teils, wiederherzustellen versucht.

Es spricht für die Wirkungskraft des Platonismus, daß diese esoterische Bedeutung der «gesunden Vernunft» viele Jahrhunderte lang lebendig blieb. Noch für DANTE ist der «intelletto sano» die Kraft, die das Verborgene einsieht [16]. Erst in der Neuzeit wird die G. der Seele nicht mehr teleologisch, sondern genetisch bestimmt. Bei HERBERT VON CHERBURY wird das Gesunde zum Gängigen; der normale Mensch wird formelhaft «homo sanus et integer» genannt [17]. So erhält die alte Lehre von der medicina mentis neuen Sinn als Kunstlehre des Denkens und des Findens von Wahrheiten (TSCHIRNHAUS); neben den homo «sapiens» der *Biologen* tritt also der «gesunde» Mensch der *Logiker*, obwohl nur das Deutsche die alte Wendung direkt übernimmt (hingegen frz. bon sens, engl. common sense). Aber während KANT vom «richtigen Verstand» sagt, er heiße «der *gesunde* (fürs Haus hinreichende) Verstand» [18], beginnt die unumwundene Kritik des Begriffs ‹gesunder Menschenverstand› bei HAMANN [19] und HEGEL [20]; nach SCHOPENHAUER trägt der Wille den Intellekt wie der Blinde den Lahmen [21]. NIETZSCHE vollendet die Auflösung des Begriffs ‹G.›; er bezeichnet ihn als «höchst wandelbar» [22]. Eine «G. an sich», besonders die mit der Tugend identische «G. der Seele», die für alle Menschen verbindlich ist, gebe es nicht, «G. und Krankheit sind nichts wesentlich Verschiedenes» [23], ja Krankheit kann sogar von Nutzen für das Leben, «ein Stimulans zum Leben, zum Mehrerleben sein» [24]. Gleichzeitig verkündet Nietzsche eine die bisherige normale G. übersteigende «große G.», die ein «Meisterschafts-Vorrecht des freien Geistes» [25], des neuen Menschen der Zukunft, ist. Diese «große G.» ist auf einem langen Wege zu erwerben und immer neu zu behaupten [26].

Anmerkungen. [1] JAMBLICHOS, De vita pyth. 59. – [2] EMPEDOKLES, VS B 23. – [3] PLATON, Symp. 188 a. – [4] ALKMAION, VS B 4. – [5] ZENON, SVF 1, Frg. 132. – [6] ARISTOTELES, Eth. Nic. 1104 a 14ff. – [7] PLATON, Phaid. 59 a; 86 b. – [8] JAMBLICHOS, a. a. O. [1] 64. – [9] a. a. O. [1] 82. – [10] HIPPOKRATES, De Honest. 5. – [11] PLATON, Resp. 444 c ff. – [12] Gorg. 504 b ff. – [13] Resp. 407 b; 496 c. – [14] So F. SCHLEIERMACHER zur Stelle; vgl. Werke 3/3 (1835) 273ff. – [15] CICERO, Tusc. disp. IV, 11, 24. – [16] DANTE, Div. comm., Inf. IX, 61ff. – [17] HERBERT VON CHERBURY: De veritate (³1645); ND hg. G. GAWLICK (1966) 4 u. ö. – [18] I. KANT, Anthropol. Akad.-A. 7, 116. – [19] J. G. HAMANN, Zweifel und Einfälle. Werke, hg. J. NADLER 3, 189. – [20] G. W. F. HEGEL, Werke, hg. GLOCKNER 18, 36. – [21] A. SCHOPENHAUER, Die Welt als Wille und Vorstellung II, 19. Werke, hg. FRAUENSTÄDT/HÜBSCHER 3, 233. – [22] Fr. NIETZSCHE, Musarion-A. 10, 384f. – [23] a. a. O. 12, 152; 13, 47; 19, 222. – [24] 21, 178. – [25] 8, 8. – [26] 12, 326; vgl. 11, 366f.

Literaturhinweise. P. C. v. KORVIN-KRASINSKI: Die tibetische Medizinphilos. Mainzer Stud. zur Kultur- u. Völkerkunde 1

(1953). – G. Hager: Gesund bei Goethe. Eine Wortmonographie (1955). – Ed. May: Heilen und Denken. Arzt und Arznei 1 (1956). – H. Ruess: G. – Krankheit – Arzt bei Plato. Bedeutung und Funktion (Diss. Tübingen 1957). – K. Jaspers: Der Arzt im technischen Zeitalter, in: Wege der Heilung (1959). – F. Vonessen: Idee und Begriff der G. im abendländischen Denken, in: Arzt und Christ 8 (1962). – J. Schumacher: Der Anfang der abendländischen Med. in der griech. Antike (1965). – F. Vonessen: Krankheit und Freiheit, in: Antaios 12 (1971). F. Vonessen

Geviert besagt im frühen 15. Jh. «Viereck». Luther übersetzt Ezechiel 43, 16: «Der Ariel aber war zwölf Ellen lang und zwölf Ellen breit ins Gevierte» [1]. Zum philosophischen Gebrauchswort für «Welt» wird G. erst in Heideggers Spätphilosophie. Als solches büßt es die ausschließliche Flächenmaßbedeutung ein. Während noch elf Jahre nach ‹Sein und Zeit› (1927) E. Husserl Welt szientistisch als «universale passive Vorgegebenheit aller urteilenden Tätigkeit, alles einsetzenden theoretischen Interesses» bestimmte [2], war Heidegger – von der Deutschen Historischen Schule mitinspiriert – an wissenschaftstheoretischen Fragen weniger interessiert. Erkennen als wissenschaftliches Erkennen war ihm nur *eine* und nicht einmal *die* fundierende Seinsart des In-der-Welt-seins [3]. Er wollte vornehmlich die Bedingungen wissen, die erfüllt sein müssen, damit das In-der-Welt-sein unsere Grundverfassung sein kann. Es ist kein Zufall, daß Heidegger Husserl zum 70. Geburtstag die Abhandlung ‹Vom Wesen des Grundes› widmete [4]. Darin wird letztlich nach dem Grund des In-der-Welt-seins und somit nach der Weltlichkeit von Welt gefragt. ‹Sein und Zeit› stellte diese als Zeitlichkeit und als Geschichtlichkeit heraus. In ‹Vom Wesen des Grundes› bestimmt Heidegger die Freiheit als «Sein-Können in Möglichkeiten» zum Grund der weltlichen Grundverfassung [5]. Nach 1950 wird derselbe Grund als G. bestimmt [6]. Das G. ist in aufzählender Benennung ein Vier-, seinem Wesen nach aber ein Einfaches im Sinne der Zusammengehörigkeit von «Erde» und «Himmel», «Göttlichen» und «Sterblichen»: «Sagen wir Erde, dann denken wir schon die anderen Drei mit aus der Einfalt der Vier» [7]. So auch mit jedem der drei anderen Runenworte. Was ‹Erde› meint, ist Heideggers Beschreibung der von van Gogh gemalten Bauernschuhe [8], dem Vortrag ‹Das Ding› und dem Hölderlinvortrag ‹... dichterisch wohnet der Mensch ...› [9] zu entnehmen. Erde ist «die bauend Tragende, die nährend Fruchtende, hegend Gewässer und Gestein, Gewächs und Getier» [10]. Als die zu nichts Gedrängte schenkt sie den Völkern den Geschichtsraum. Der Himmel als «der wölbende Sonnengang, der gestaltwechselnde Mondlauf, der wandernde Glanz der Gestirne, die Zeiten des Jahres und ihre Wende, Licht und Dämmer des Tages, Dunkel und Helle der Nacht ...» schenkt ihnen die Zeit [11]. Welt ist aber mit der Orientierung im Wo und Wann noch nicht ausbestimmt. Wird kultürlich, d. h. weltlich gelebt, so hält der Mensch auch etwas auf sich. Dies ist ihm nur möglich mit dem Blick auf die Unsterblichen, d. h. in Ehrfurcht vor den winkenden Boten der unvorstellbaren Gottheit und in der Selbstunterscheidung vom Tier, das nicht sterben, sondern nur verenden kann. Sterben heißt den Tod mögen als äußerste Möglichkeit zur unabänderlichen Sinngewinnung des Lebens in seiner Gewesenheit. Bedingt wird dieses G. durch die Kunst, vor allem durch die Dichtung. Heideggers G.-Lehre ist aufs engste verflochten mit seiner Kunstlehre [12].

Anmerkungen. [1] F. Dornseiff: Der dtsch. Wortschatz nach Sachgruppen (⁶1965) 176; H. Paul: Dtsch. Wb. (⁶1968) 257. – [2] E. Husserl: Erfahrung und Urteil, red. u. hg. L. Landgrebe (1948) 26. – [3] M. Heidegger: Sein und Zeit (⁵1941) 61ff. – [4] Vom Wesen des Grundes. Jb. Philos. phänomenol. Forsch. Erg.Bd.: Husserl-Festschrift (1929) 71-110; ND in: Wegmarken (1967) 21-71. – [5] Husserl-Festschrift a. a. O. 109. – [6] Den Vortrag ‹Bauen Wohnen Denken› hielt Heidegger 1951, den über ‹Das Ding› 1950; beide abgedr. in: Vorträge und Aufsätze (1954) 145-162, 163-181. – [7] a. a. O. 177. – [8] Der Ursprung des Kunstwerkes, in: Holzwege (¹1950) 22f. – [9] Gehalten 1951; publ. in: Vorträge und Aufsätze (1954) 187-204. – [10] a. a. O. 176; vgl. 149. – [11] 150. – [12] W. Perpeet: Heideggers Kunstlehre. Jb. Ästh. u. allg. Kunstwiss. 8 (1963) 158-189.

Literaturhinweise. W. Perpeet s. Anm. [12]. – D. Sinn: Heideggers Spätphilos. Philos. Rdsch. 14 (1967) 81-182.
W. Perpeet

Gewalt. Das deutsche Wort ‹G.› leitet sich aus der indogermanischen Wurzel ‹val-› (vgl. lat. valere) ab und heißt ursprünglich: Verfügungsfähigkeit haben. Es ist im Germanischen kein Rechtsterminus gewesen, sondern fand seine Anwendung im Bereich der vom Recht ausgesparten Freiheit [1]. Ob G. im Einzelfall Unrecht bewirkt, läßt sich nicht an der Struktur der G. selbst ablesen, sondern bestimmt sich erst durch hinzutretende Eigenschaften wie Hinterhältigkeit. Mit dieser germanischen Rechtsauffassung und -terminologie harmonierte die römische so wenig, daß das Wort ‹G.› zur Übersetzung der verschiedensten lateinischen Wörter dienen konnte [2]. Aus dieser Vagheit kristallisierte sich aber heraus, daß ‹G.› zunächst das Wiedergabemonopol für ‹potestas› erhielt, dann aber – nachdem sich hier im Mittelalter zunehmend das Wort ‹Macht› durchsetzte – einen zweiten semantischen Schwerpunkt im Begriff der violentia bekam. Diese Ambivalenz des G.-Begriffs bestimmt dessen Geschichte bis heute.

Nach Luther hat alle G. ihren Ursprung in der göttlichen Ordnung. In der Welt erscheint sie gemäß Luthers Zwei-Reiche-Lehre als weltliche G. (das Schwert) oder als geistliche G. (das Wort) [3]. Der geistlichen G. fehlt das Moment der Herrschaft, sie besteht allein im Predigtamt. Der Versuch, Glauben zu erzwingen, ist ein Übergriff weltlicher G. von ihrer Aufgabe der Verfolgung des Verbrechers, des Schutzes des rechtschaffenen Bürgers und damit zugleich der Außensicherung des geistlichen Reiches, auf die Wirksphäre des göttlichen Willens. Nach Luthers Deutung von Römer 13 [4] darf der Christ diesem Angriff aber nicht mit einer weltlichen Gegen-G. begegnen: «Der Obrigkeit soll man nicht wider stehen mit G., sondern nur mit Bekenntnis der Wahrheit» [5].

Nach H. Grotius ist G. (vis) legitim, «solange sie nicht das Recht eines anderen verletzt» [6]. Als Autoritätsverweis dient hier – wie auch im Mittelalter – Cicero: «Quid enim est, quod contra vim sine vi fieri possit?» (Denn was könnte gegen G. ohne G. getan werden?) [7]. Abweichend von Cicero gilt G. für Grotius nicht an sich als Quelle des Unrechts, sondern jeder Mensch hat zunächst einen naturrechtlich begründeten Raum eigener G. Demnach gibt es drei Formen von G.: erstens die naturrechtlich gesicherte, positiv-rechtlich irrelevante als Eigenschaft des freien Menschen, zweitens die unrechtmäßige, die auf die Rechtssphäre eines anderen Menschen übergreift, drittens die legitimierte, die die G. eines anderen abwehrt. Die Freiheit, G. der dritten Art auszuüben, ist durch die Einführung der Gerichtsbarkeit eingeschränkt und gilt nur noch im von dieser ausgesparten Raum.

Th. Hobbes' Theorie des Verhältnisses von force (vis) und power (potestas) widerlegt die Vermutung, daß der deutsche Begriff der G. eine bloße Äquivokation enthält. Nach dieser Theorie [8] beruht die Einrichtung der G. (potestas) im Staatswesen auf der Furcht der Bürger vor G. (vis) und der Entsagung, G. auszuüben, zugunsten der institutionalisierten G., die dann freilich nicht mehr die Gestalt zu fürchtender vis hat. Aber nicht die Herrschaftsstruktur selbst begründet die pazifizierende Wirkung, wie man an den vis-Formen der G. in Familien- und Unterwerfungsverhältnissen ablesen kann, sondern nur die Freiwilligkeit der Entsagung der nicht-depotenzierten Bürger von der Gesellschaftsstruktur des Bürgerkrieges.

In Deutschland wurde die Diskussion um G. in patriarchalisch orientierten obrigkeitsstaatlichen Denkmodellen weitergeführt. – CHR. WOLFF etwa definiert G. als «Freiheit zu befehlen, oder überhaupt etwas zu tun» [9]. Diese Freiheit kommt der Obrigkeit zu. Davon unterscheidet er Macht als das Insgesamt der materiellen Mittel der Vollstreckung von G., vor allem Geld und Soldaten. Als Domäne privater G. bleibt nur die Erziehung in der Familie. Das Verbot darüberhinausgehender G. wird nicht mehr mit dem Recht des Mitbürgers begründet, sondern mit dem Monopol des Landesvaters auf G. über seine Landeskinder [10].

Grundsätzlicher geht KANT das Problem des Begriffs der G. an; in der ‹Kritik der Urteilskraft› definiert er: «Macht ist ein Vermögen, welches großen Hindernissen überlegen ist. Eben dieselbe heißt eine G., wenn sie auch dem Widerstande dessen, was selbst Macht besitzt, überlegen ist» [11]. Das Neue dieser Begriffsbestimmung ist, daß G. ein bloßer Komparativ zu Macht ist, nämlich Macht, die widerstandleistende Macht überwindet, und daß das Verhältnis beider nicht mehr wie bei Wolff instrumental verstanden wird. Macht bedarf nicht der G., um sich durchzusetzen (oder umgekehrt), sondern beide sind nur, sofern sie sich durchsetzen. Damit ist auch die hierarchische Struktur von G. hinfällig; G. wird wieder zu dem, was sie bis Grotius war: ein Begriff zur Beschreibung von Phänomenen zwischen sozialen Einheiten, die zwar Subordinationen begründen können, die aber nicht mit der vorgegebenen Hierarchie mitgesetzt sind. Das hat Konsequenzen für das Verhältnis von G. und Recht: Die ursprüngliche Einrichtung einer Rechtsordnung ist für Kant nicht denkbar auf dem Grund bloßer Übereinkunft. Zwar kann die Vernunft gewährleisten, daß alle die Notwendigkeit der Einrichtung einer rechtlich geordneten bürgerlichen Gesellschaft einsehen, doch daß sie wirklich wird jenseits alles bloß subjektiven Wollens, dazu bedarf es der G., die sich über die Macht der beschränkten Interessen erhebt und mit diesem Akt der G. das Recht für alle begründet [12]. Die Rechtsordnung der bürgerlichen Gesellschaft ist dadurch charakterisiert, daß in ihr «Freiheit unter äußeren Gesetzen in größtmöglichem Grade mit unwiderstehlicher G. verbunden angetroffen wird» [13]. Aus den Prinzipien Freiheit, Gesetz und G. konstruierte Kant in viererlei Kombinationen die grundsätzlichen Verfassungstypen: a) Gesetz und Freiheit ohne G. (Anarchie), b) Gesetz und G. ohne Freiheit (Despotismus), c) G. ohne Freiheit und Gesetz (Barbarei), d) G. mit Freiheit und Gesetz (Republik). In der letzteren, die allein «eine wahre bürgerliche Verfassung genannt zu werden verdiene», zeige sich, daß Freiheit und Gesetz die «zwei Angeln» sind, «um welche sich die bürgerliche Gesetzgebung dreht», daß dem Gesetz aber G. verbunden sein muß, damit diesen Prinzipien Erfolg verschafft werde und das Gesetz nicht «leere Anpreisung» sei [14]. Es ist nach Kant zur Einrichtung eines Rechtszustandes keineswegs erforderlich, daß die G. mit physischer Vernichtung einhergeht. Da nach der ursprünglichen Definition G. ein Vermögen ist, reicht die Latenz der G. aus, den Rechtszustand herbeizuführen. Und da ferner alle den Rechtszustand wollen, sind die Vernünftigkeit des eingerichteten Rechtszustandes und die subjektive Einsicht in diese Vernünftigkeit hinreichende Gewähr dafür, daß sich das Recht gegenüber der subjektiven Willkür bewährt, und d. h. seine G. beweist. Unter diesem Aspekt widersprechen sich die Theorien des Gesellschaftsvertrages und der konstitutiven Rolle der G. bei der Rechtsetzung nicht mehr.

Der frühe FICHTE hat – wie einige andere Revolutionsschriftsteller – das Recht des Volkes auf G. betont. In dieser Zeit verbindet sich der G.-Gedanke mit dem Souveränitätsgedanken [15]. Dabei ist nicht mehr der Einzelne als Gewalthaber und das Volk als Resultante gedacht, sondern «das Volk» (mit seiner volonté générale) ist ein abgrundtiefes, zumeist nur latentes Arsenal von G. Als Drohung gewinnt dieses G.-Potential dämonische Züge und dient als Gegenbild von Aufklärung und friedlichem Fortschritt [16]. Auch Fichtes Apologie der Revolution hat objektiv die Funktion, mit der Drohung ihrer Möglichkeit den Weg friedlichen Fortschritts zu propagieren. Nach ihm hat das Volk ein Naturrecht auf G., wenn sich die Staatsgewalt als G. äußert. Die Legitimität der G. als Staats-G., Resultat einer Übertragung der souveränen G. des Volkes auf die Regierenden, beruht auf der Funktion, die Bürger vor G. zu schützen [17]. Bei Mißachtung dieses imperativen Mandats, sei es, daß die Regierung selbst gewalttätig wird, sei es, daß sie den Schutz vor fremder G. unterläßt, fällt das Recht auf Ausübung der G., deren Souverän das Volk immer ist, auf dieses zurück.

Nach HEGEL ist G. «Erscheinung der Macht, oder die Macht als Äußerliches» [18], also aktualisierte oder sich manifestierende Macht. Über diese klassische Begriffskonstellation hinaus entwickelt Hegel in der Rechtsphilosophie diejenige von G. und Besitz: «Daß ich etwas in meiner selbst äußeren G. habe, macht den Besitz aus» [19]. G. ist die Besitznahme der Sache, weil die Naturdinge dem menschlichen Willen Widerstand leisten, diese G. ist rechtlich unbedenklich; denn den Naturdingen gegenüber gilt ein allgemeines Zueignungsrecht. Indem der Wille sich in der besessenen Sache gegenständlich wird, wird sie zum Eigentum, d. h. die Strukturverwandtschaft von G. und Besitz wird in den Begriff des Eigentums aufgehoben. Unrecht wird nun die G. der Besitznahme einer Sache, sofern diese bereits fremdes Eigentum ist, d. h. Gestalt eines fremden Willens, weil sie dann G. ist, die einem fremden Willen angetan wird. In der Abwehr solcher gewalthafter Übergriffe auf einen fremden Willen erscheint die Staats-G. als Aufhebung eines die Rechtsordnung verletzenden G.-Verhältnisses [20], demgegenüber das staatliche Recht die Erscheinungsform der G. hat. Für Hegel ist die Vorstellung falsch, der Staat hänge durch G. zusammen: «Das Haltende ist allein das Grundgefühl der Ordnung, das alle haben» [21]. In dieser institutionellen Aufhellung von G. und Staat erscheint dieser zugleich als Frucht und Resultat der Weltgeschichte, während das Recht der Natur «darum das Dasein der Stärke und das Geltendmachen der G., und ein Naturzustand ein Zustand der Gewalttätigkeit und des Unrechts [ist], von welchem nichts Wahreres gesagt werden kann, als daß aus ihm herauszugehen ist» [22]. So ist die Rechtsphilosophie insgesamt auch: Darstellung der Entwicklung des Rechts als reaktive, aufhebende G. gegen ursprüngliche G. bis hin zur Idee der Freiheit. Es ist dann die im Recht aufgehobene G., die den Begriff der Freiheit darstellt und die in Opposition steht zur anfänglichen bloßen Gegenüberstellung von G. und Freiheit.

Zur ökonomisch begründeten Interpretation des G.-Begriffs ist vor allem auch MARX zu rechnen: «Das Eigentum ist jedenfalls auch eine Art G.» [23]. Die Unterscheidung der zwei Arten von G., Eigentum und politische G. oder Staatsmacht, hat nur da Sinn, wo die Bourgeoisie die politische Macht noch nicht vollständig erobert hat. Der fortschreitenden Identifizierung von G. als Eigentum und politischer G. opponiert das Proletariat: «Die Proletarier müssen also die politische G., wo sie schon in den Händen der Bourgeoisie ist, stürzen. Sie müssen selbst zur G., zunächst zur revolutionären G. werden» [24]. Nach Marx gibt es demnach keinen grundsätzlichen Unterschied zwischen der «offiziellen G.» und der revolutionären [25]. Nur unter einer Gesellschaftsform, in der Eigentum die Form der G. ist, erscheint die G. des Proletariats, das über diese gesellschaftlich sanktionierte Form der G. nicht verfügt, als revolutionäre. Da die Bourgeoisie aber ein Interesse an der Identifizierung politischer G. und Eigentums-G. hat, d. h. an der Herrschaft des Kapitals, reagiert sie gegen die revolutionäre G. als reaktionäre, nämlich genau dann, wenn die G. der Arbeiterklasse aufgrund der fortentwickelten materiellen Bedingungen der Gesellschaft zur realen Bedrohung wird. Demnach gibt es bei Marx folgende Begriffskomponenten von G.: 1. politische, offizielle G., 2. G. als Eigentum, 3. reaktionäre G. der Bourgeoisie, 4. revolutionäre G. Die revolutionäre G. aber ist nicht Resultat eines Willensentschlusses zu ihr, sondern veränderter Produktionsverhältnisse. Darin enthalten ist die Möglichkeit der friedlichen Übernahme der G. Es ist nicht ins Belieben des Proletariats gestellt, revolutionäre G. anzuwenden oder nicht, sondern die Potenz der neuen Gesellschaft erscheint als revolutionäre G. nur unter der Bedingung, daß die Eigentümer die politische G. als reaktionäre G. einsetzen.

Für ENGELS dagegen ist G. ein rein politischer Begriff; damit gewinnt sie den Charakter der Instrumentalität zurück. In ihrer Effektivität aber ist sie ökonomisch und technologisch bedingt, indem die verfügbaren G.-Mittel (Waffen) vom Produktionsstand abhängig sind [26]. In ihrer Gestalt wird sie an zweierlei Modellen orientiert, an staatlicher G. und an Armee-G.

LENIN hat die Marxschen Gedanken in eine andere Richtung weiterverfolgt. Er betont einseitiger als Marx, daß Klassenkämpfe niemals ohne G. entschieden würden [27]. Daraus folgt, daß er die G. der Arbeiterklasse rückhaltlos bejaht. Alle Polaritäten, in denen der Begriff in seiner Geschichte stand, sind in die eine von revolutionärer und reaktionärer G. aufgehoben. Mit dem Sieg der revolutionären G. in der proletarischen Revolution ist zugleich das Ende jeder reaktionären G. gesetzt, denn die G. in der Diktatur des Proletariats kann nicht selbst wieder angesichts neuer revolutionärer Bewegungen zur reaktionären G. werden, weil sie sich im Unterschied zu aller bisherigen G. auf die Volksmassen selbst anstatt auf Armeen stützt [28]. Die Identität der revolutionären mit der politischen G. ist das qualitativ Neue. Das Ende dieser politischen G. ist daher nur denkbar als «Absterben», und damit markiert sie, anstelle der bisherigen bloßen Ablösungen der Gewalthaber, das Ende jeglicher G. [29].

In seiner Kritik der vulgärmarxistischen Leugnung der Bedeutung der G. zeigt G. LUKÁCS, wie die unterstellte Naturgesetzlichkeit der gesellschaftlichen Entwicklung nur für die krisenlosen Zeiten ihre relative Gültigkeit besitzt, wie aber gerade in Zeiten, in denen ein «Wettstreit der konkurrierenden Produktionssysteme» [30] stattfindet, die G. Entscheidungsqualitäten zeigt. Hier äußert sich gerade die ökonomische Überlegenheit als G. Die G. im Übergang zum Sozialismus ist, indem sie erstmalig im Dienste des Menschen und seiner Befreiung von der Herrschaft blinder ökonomischer Zwänge steht, G., die sich in ihrer Durchsetzung selbst abschafft. Dieser endzeitliche Zug läßt die G. reiner und unverstellter hervortreten, so daß das Zeitalter zu einem der «offen eingestandenen, nackten G.-Anwendung» wird [31]. Diese Reinheit der G. im Übergang zum Sozialismus aber ist ihre letzte Form in der Geschichte der Menschheit. Sie läßt die traditionellen Polaritäten, wie Recht und G., G. und Ökonomie, als künstlich erscheinen und legt die Theorie allgemeinerer Geltung nahe, nach der die G. als die uniforme Erklärungsgrundlage dient. Die Krisentheorie von Lukács entdeckt die «entscheidende Bedeutung der G. als ökonomischer Potenz» [32].

Noch entschiedener – und Lukács beeinflussend – hatte G. SOREL die Bedeutung der G. betont; sie zählt für ihn zu den elementaren Lebenstatsachen. In einer kulturellen Situation allgemeiner Dekadenz hat G. eine kathartische Funktion [33]. Diese Funktion erfüllt sie aber nicht instrumental zu Zielen, sondern als kraftvolles Ursprungsphänomen dadurch, daß sie sich selbst als solche darstellt. Modell dieser G., die auch die Form des Klassenkampfes bestimmen soll, ist archaisches, kriegerisches Heldentum [34]. Sie dient damit der Identitätsfindung des Proletariats und der Stabilisierung von Klassenbewußtsein. Objektiv hat die Idee der G. die Form eines Mythos, als einer «Konstruktion einer in ihrem Verlauf unbestimmten Zukunft» [35], die allein in ihrer «vollen realen Anschaulichkeit» handlungsermächtigend wirken kann. Mythen wie der gewalthafte Generalstreik sind in ihrer Kraft der Evozierung unbegrenzter Handlungsbereitschaft Indizes der geistigen Gesundheit eines Sozialverbandes. Zur inhaltlichen Präzisierung der Vorstellung proletarischer G. grenzt Sorel sie von der bürgerlichen Macht ab. Er sagt, «daß es Ziel der Macht sei, die Organisation einer bestimmten sozialen Ordnung aufzurichten, in der eine Minderheit reagiert: während die G. auf die Zerstörung eben dieser Ordnung hinzuwirken strebt» [36]. So gehört auf die Seite der Macht die staatliche Ordnung samt Autorität und Gehorsam, auf die Seite der G. die Befreiung davon. Die bürgerlich-dekadente Moral mit ihrer Friedenserziehung und Kriminalisierung von G. hat, obwohl selbst die Machthaber G. nur noch schlechten Gewissens anwenden, die erwünschten Erfolge nicht; im Gegenteil wächst im Maße der Propagierung harmonisierender Verfahren der Konfliktregelung die Zahl der G.-Taten [37]. Das hat nach Sorel die eine Ursache, daß G. zu den nichteliminierbaren Lebenstatsachen gehört, die es in den proletarischen Generalstreik einzubringen gilt. Terror ist hingegen die Form der G., die die Macht erobert und dann bedingungslos gegen die Unterlegenen verwendet [38]. Für die G. dagegen gilt das heroische Ethos der Schonung der Besiegten, weil sie mit ihrer Durchsetzung keine neue elitäre Schicht von Machthabern aufbaut. Bürgerliche, tendenziell terroristische Revolutionen beginnen mit der ideologischen Selbstermächtigung der

Revolutionäre zur Macht, während die proletarische G. solche ideologischen Juridizismen nicht nötig hat, weil sie als Lebenstatsache per se Allgemeinheitscharakter hat.

Die von Sorel vorgenommene Gegenüberstellung von Macht und G., wobei Macht der bürgerlichen Position appliziert wird, gibt in der Tat gewisse bürgerliche Theorien der Abschaffung der G. zugunsten der Macht wieder, etwa bei Vierkandt und Wieser. Nach A. VIERKANDT kann G. keine Zustände stiften, G. ist immer nur «Durchgangspunkt» [39] von einer Ordnung in eine andere, sei es in Revolutionen, sei es in Eroberungskriegen. Danach ist G. auch in Revolutionen immer nur «ultima ratio», nie Prinzip und kann nur für sehr kurze Zeit dominieren, wobei die neue Ordnung insgesamt weniger Resultat der G., die bloße Unterbrechung war, als vielmehr selbst Resultat der alten Ordnung, die in der überwiegenden Mehrheit ihrer Bestimmungen einfach übernommen wird. So sind G. und Recht nach Vierkandt echte Gegensätze. G. ist der jeweils nur sehr kurze Zustand der Unterbrechung der Geltung des Rechts; um mit dem Recht verträglich zu werden, wird G. zu Macht. Diese These hat F. WIESER zum Thema seines Buches «Gesetz der Macht» erhoben. Dort stellt er sein «Gesetz der abnehmenden G.» auf. Zwei einander widerstreitende Triebe bewegen die Geschichte der Menschheit, der «Hang zur G.» und die «Keime von Recht und Sittlichkeit» beziehungsweise die «Friedensidee» [40], die die Zukunft bestimmen wird.

Der Begriff des Politischen bei M. WEBER impliziert die Integration der beiden Aspekte des G.-Begriffs. Sozialverbände können danach nicht über ihre Zwecke, sondern nur über die spezifischen Mittel ihrer Selbsterhaltung definiert werden: physische Gewaltsamkeit. Der Staat ist Extrem eines solchen Verbandes, er hat das «Monopol legitimer physischer Gewaltsamkeit» [41]. Nun ist zwar nicht Gewalttätigkeit die regelmäßige Wirkungsweise des Staats, aber er ist doch dadurch charakterisiert, daß er dieses Mittel stets verfügbar hält und seine Anwendung als legitim angesehen wird. G. gehört zu den Elementarkategorien politischen Handelns, «gewaltsames Gemeinschaftshandeln» [42] ist das politische Medium eines Sozialverbandes. Staatliche G. ist Hort und Garant der Freiheit, Garant, insofern sie den Bürgern die Sicherheit gewährt, innerhalb derer sie sich entfalten können. Hort der Freiheit (zu G.) ist G. nur, insofern sie sich Politik zum «Beruf» macht, d. h. sich in die rechtsfreie Sphäre des Politischen begibt, um sich in quasi-heroischer G. zu bewähren. Das Politische allein ist somit die Sphäre, in der die alte Konkordanz von G. und Freiheit noch gilt, und wo sie im Gegensatz zum juristischen Technizismus auch erhalten bleiben muß.

TH. LITT setzt Webers Gedanken fort, indem er den Aspekt der ordnungssetzenden Funktion von G. herausstellt. Da, wo keine Einigung über die Prinzipien möglicher Ordnung herrscht, da gibt es nur eine Grundlage der Einigung über zukünftige Unterscheidung von verbotener und gebotener G., die «Sprache der nicht weg zu diskutierenden Tatsachen» [43], die eine siegreiche G. spricht. Somit liegt der Unterschied von G. als potestas (Resultat erfolgreicher Ordnungsdurchsetzung) und violentia allein in der Bewährung im Konflikt. Rechtsgründe können erst hinterher vom Sieger angeboten werden. Selbst wenn sich die monopolisierte G. in drückender Gewaltsamkeit äußert, hat sie doch die Funktion der die Lebenskräfte ökonomisierenden Entlastung von der allseitigen G. anarchischer Zustände: «Man weiß, wo, wann und vor wem man sich zu hüten hat» [44]. In der Regel aber nimmt die Gewalttätigkeit einer Monopol-G. in dem Maße ab, wie sie erfolgreich sich durchzusetzen versteht, wie also die von ihr gesetzten Normen Geltung gewinnen: «Die G. wird gleichsam latent» [45]. Die Latenz der G., die eintritt, sofern sich das System fragloser Anerkennung erfreut, garantiert eine Maximalisierung von Freiheit innerhalb des Systems. Nur eine Freiheit, die in Anspruch nähme, die geltenden Normen selbst in Frage zu stellen, erschiene dem System monopolisierter G. gegenüber als Bedrohung, d. h. tendenziell als Inanspruchnahme eigener – nicht durch das Monopol abgeleiteter – G. und erführe nun ihrerseits die G. des Systems als physische Gewalttätigkeit.

Der Titel, unter dem W. BENJAMIN den Begriff der G. abhandelt, ist der von Recht und G. Im Ausgang von der angenommenen Instrumentalität von G. und ihrer Einbettung in sittliches Verhalten oder sittliche Verhältnisse erörtert er die Frage, ob G. als mögliches Mittel zu, sei es auch gerechten, Zwecken angesehen werden kann [46]. Folge naturrechtlicher Unbedenklichkeit der Anwendung von G. als Mittel zu für gerecht gehaltenen Zwecken ist der Terrorismus. Vor positiv-rechtlichem Hintergrund jedoch läßt sich eine fortschreitende Depotenzialisierung des Menschen ablesen, die alle ursprünglichen G.-Zwecke zu Rechtszwecken verformt. Im Verhältnis zum Recht aber gibt es grundsätzlich zwei Möglichkeiten: rechtsetzende G. und rechtserhaltende G. [47]. Zu dieser angesichts der zunehmenden Verrechtlichung einzig legitimen Alternative entwickelt Benjamin das Bild einer dritten G., die von der Rechtfertigung grundsätzlich freigesetzt wäre, die allenfalls beziehbar wäre auf den jenseits alles positiven Rechts stehenden Begriff der Gerechtigkeit. Von den Zwecken dieser G. wird angenommen, daß sie nicht Zwecke möglichen positiven Rechts werden können. Diese G. wäre dann auch nicht mehr Mittel zu Zwecken, sondern sie ist schicksalhaft, «göttliche G.» [48]. In ihrer rechtsvernichtenden Gestalt erscheint sie als eine Manifestation des Zornes Gottes. Dieses Modell dient Benjamin zur Konzeptualisierung einer revolutionären G., die den Kreislauf von Rechtssetzung und Rechtserhaltung durchbricht und damit die Angewiesenheit der G. auf das Recht ein für allemal aufgibt und sich als G. rein erhält. «Verwerflich ist nicht aber alle mythische G., die rechtsetzende, welche die schaltende genannt werden darf. Verwerflich auch die rechtserhaltende, die verwaltete G., die ihr dient. Die göttliche G., welche Insignum und Siegel, niemals Mittel heiliger Vollstreckung ist, mag die waltende heißen» [49].

Im Anschluß an Marx bestimmt H. MARCUSE als Ziel gesellschaftlicher Veränderungen eine humane und d. h. vor allem gewaltfreie Gesellschaft. Sie herbeizuführen, ist das Interesse der unter der herrschenden G. Beherrschten. Ihr Kampf nimmt darum die Form revolutionärer G. an, der illegal ist. Denn das herrschende System hat das «legale Monopol der G. und das positive Recht, ja die Pflicht, diese G. zu seiner Verteidigung auszuüben» [50]. Zweifel über die Legalität der herrschenden G. können nicht auftauchen; denn sie ist es, die deren Grenzen bestimmt. Zur Rechtfertigung revolutionärer G. beruft sich Marcuse daher auf das naturrechtliche Widerstandsrecht, dessen Geltung über der konkreten Rechtsordnung liegt.

J.-P. SARTRE studiert das Problem der G. am Verhältnis von G. und Gruppe. Danach hat die G. einer Kampfgruppe den externen Zweck, für die Gesellschaft das Bewußtsein des Klassenantagonismus wachzuhalten und in sich die G. des Systems zu verkörpern [51]. In der Gruppenkonstitution hat die G. den internen Zweck der Verbrüderung. Sie wird zum Terror, sofern der äußere Druck, der die Gruppe zum Zusammenhalt zwingt, nachläßt [52].

H. ARENDT bestimmt in ihrer Kritik neuerer Apologien der G. den Unterschied von Macht und G. Danach wird G. analog zur Produktion dargestellt in ihrer Angewiesenheit auf Werkzeuge und in ihrer Erfüllung einer Zweck-Mittel-Funktion [53]. Dagegen gehört zur Macht ihre Institutionalität, die sie in Abhängigkeit bringt von ihrer Akzeptierung durch eine Mehrzahl. Die Größe der Macht ist daher direkt proportional der Zahl der sie stützenden Anhänger, die Größe der G. aber der Kraft der Werkzeuge. Das Problem revolutionärer und etablierter G. verschiebt sich bei Arendt daher zu dem, auf welcher Seite zusätzlich zur unterstelltermaßen technologisch äquivalenten G. noch die Macht, d. h. die Unterstützung der Volksmassen ist; sie wird entscheiden, nicht die Versicherung geschichtsphilosophisch ausmachbarer Progressivität. Insofern ist Macht, und nicht G. notwendige Bedingung aller sozialen Ordnung und als solche Selbstzweck. Macht braucht sich nicht zu rechtfertigen, aber sie muß sich legitimieren für ihren Anspruch, und das tut sie vor allem in historischen Kategorien [54]. G. kann niemals legitim sein, aber sie kann unter Umständen gerechtfertigt sein. Rechtfertigungen müssen sich, da sie eine Erfüllung der Zweck-Mittel-Funktion sind, immer Argumenten aus der Zukunft bedienen, während Legitimationen traditional verfahren. Arendt bestreitet grundsätzlich, daß G. Revolutionen auslösen könnte; Revolutionen sind immer Resultate von Machtumverteilungen, diese können aber nicht mit G. erzwungen werden. Im Gegenteil ist G. eher geeignet, Reformen zu erzwingen, als Revolutionen einzuleiten. Wenn «revolutionäre G.» die Welt verändert, dann nur mit dem einen Ergebnis, «daß die Welt gewalttätiger geworden ist, als sie es vorher war» [55].

Neuerdings wird das Phänomen der Gewalttätigkeit in zunehmendem Maße von psychoanalytisch oder ethologisch orientierten Theorien der Aggression, von Konfliktsoziologien und Friedensforschung abgehandelt, wobei das durch die Geschichte des G.-Begriffs erreichte Diskussionsniveau, das sich in den hier dargestellten Begriffskonstellationen spiegelte, nicht immer erhalten bleibt [56].

Anmerkungen. [1] Vgl. K. v. SEE: Altnordische Rechtswörter (1964) 196ff. – [2] z. B. imperium, sceptrum, maiestas, tyrannis, auctoritas, ius, potestas, potentia, licentia, vis, fortitudo, bracchium, violentia. – [3] Vgl. D. CLAUSERT: Das Problem der G. in Luthers Zwei-Reiche-Lehre, Evang. Theol. 26 (1966) 36-56. – [4] Vgl. G. SCHARFFENORTH: Römer 13 in der Gesch. des polit. Denkens (Diss. Heidelberg 1964). – [5] M. LUTHER, Weimarer A. 11, 277. – [6] H. GROTIUS: De jure belli ac pacis libri tres, hg. W. SCHÄTZEL (1950) 60. – [7] CICERO, Ep. ad familiares XII, 3. – [8] TH. HOBBES, Opera lat. 3, 131; Engl. Works 3, 185. – [9] CHR. WOLFF: Vernünftige Gedanken vom gesellschaftl. Leben der Menschen (⁴1736) 463. – [10] ebda. – [11] I. KANT, Akad.-A. 5, 260. – [12] a. a. O. 8, 371f. – [13] 8, 22. – [14] 7, 330f. – [15] Vgl. Die frz. Moralisten, hg. F. SCHALK (²1962): Rivarol, Vauvenargues. – [16] Vgl. C. A. WICHMANN: Ist es wahr, daß gewaltsame Revolutionen durch Schriftsteller befördert werden? (1793); später: F. MURHARD: Über Widerstand, Empörung und Zwangsübung gegen die bestehende Staatsgewalt ... (1832). – [17] J. G. FICHTE, Werke, Akad.-A. I/1, 311f. – [18] G. W. F. HEGEL, Werke, hg. GLOCKNER 4, 715. – [19] a. a. O. 7, 99. – [20] 7, 148. – [21] Grundlinien der Philos. des Rechts § 268 Z. – [22] Enzyklop. (1830), hg. F. NICOLIN/O. PÖGGELER § 502. – [23] K. MARX, MEW 4, 337. – [24] a. a. O. 4, 338. – [25] 4, 347. – [26] MEGA 1, 8, 170. – [27] W. I. LENIN, Dtsch. Werke (1955ff.) 26, 459. – [28] a. a. O. 31, 343. – [29] 25, 413. – [30] G. LUKÁCS: Gesch. und Klassenbewußtsein (1923) 248. – [31] a. a. O. 259. – [32] 253. – [33] G. SOREL: Über die G. (dtsch. 1969) 106f. – [34] a. a. O. 197. – [35] 141. – [36] 203. – [37] 221. – [38] 133. – [39] A. VIERKANDT: Gesellschaftslehre (²1928) 298. – [40] F. WIESER: Das Gesetz der Macht (1926) 34. 255. 257. – [41] M. WEBER: Ges. polit. Schriften (²1958) 494. – [42] a. a. O. 660. – [43] TH. LITT: Staats-G. und Sittlichkeit (1948) 44. – [44] a. a. O. 55. – [45] 56. – [46] W. BENJAMIN: Zur Kritik der G. und andere Aufsätze (1965) 29. – [47] a. a. O. 39f. – [48] 59f. – [49] 64. – [50] H. MARCUSE: Ziele, Formen und Aussichten der Studentenopposition, in: Argument 9 (1967) 404. – [51] J.-P. SARTRE: Kritik der dialektischen Vernunft 1 (dtsch. 1967) 769. – [52] a. a. O. 466. – [53] H. ARENDT: Macht und G. (1970) 8. – [54] a. a. O. 53. – [55] 80. – [56] Anders jedoch: H. J. KRYSMANSKI: Konfliktsoziol. (1971).

K. RÖTTGERS

Gewaltenteilung (frz. séparation, distribution, balance des pouvoirs; engl. distribution of the functions of power). – 1. Vorgebildet ist die Unterscheidung von Legislative, Judikative und Exekutive schon in den ältesten Gemeinwesen. Die Gruppe spricht dem Anführer die Handlungsinitiative zu, bindet ihn aber durch allgemeines Einverständnis und Bestimmung des Gesetzes des Handelns. Die Entscheidung von Streitigkeiten innerhalb der Gemeinwesen (Judikative) wird mit gewissen Formalien ausgestattet, jedoch ist ihre organisatorische Selbständigkeit und Unabhängigkeit gegenüber den beiden anderen Gewalten meist nicht gegeben, wenngleich bemerkenswert bei den Römern und Germanen [1].

Die philosophische Tradition beginnt mit ARISTOTELES, der die Gewaltenunterscheidung scharfsinnig erläutert: «Es gibt in jeder Verfassung drei Bestandteile, bezüglich deren der tüchtige Verfassungsgeber erwägen muß, was einer jeden frommt. Sind diese drei wohl bestellt, so muß es auch die Verfassung sein ... Von diesen dreien ist eines die über gemeinsame Angelegenheiten beratende Gewalt (τὸ βουλευόμενον περὶ τῶν κοινῶν), das zweite betrifft die Magistratur (τὸ περὶ τὰς ἀρχάς) ...; das dritte ist die Rechtspflege (τὸ δικάζον) [2].

Aber da Aristoteles die Grundlage für den am besten eingerichteten Staat nächst der Tugend schließlich nicht in einem abgemessenen Verhältnis der drei Gewalten untereinander erblickt, sondern in einer umgreifenden mittelständischen Vermögensverteilung (μεσότης) [3], erlangte dann erst J. LOCKE in seiner zweiten ‹Abhandlung über die Regierung› (1690) mit der Gewaltenunterscheidung Ansehen; als dritte Gewalt wird die «föderative» genannt und als die Vertretung des Staates im völkerrechtlichen Verkehr, Krieg und Frieden in die Hände der Exekutive gelegt; diese Konstruktion hatte in der Verteidigung der Unblutigen Revolution von 1688 ihre politischen Gründe.

Politische Motive leiteten gleichfalls MONTESQUIEU, mit dessen Werk ‹De l'Esprit des Lois› [4] die moderne G.-Theorie im Konstitutionalismus in aller Welt begann. Scheinbar nur bei Gelegenheit und vermutlich unter dem Vorwand einer Schilderung der zeitgenössischen Staatszustände Englands setzt sich Montesquieu für die Teilung der drei Gewalten Legislative, Exekutive und Judikative ein (distribution des pouvoirs) und legt Wert auf die «balance des pouvoirs» (le pouvoir arrête le pouvoir); er versteht unter dem Gleichgewicht der Gewalten die Abgewogenheit sowohl im Verhältnis untereinander als auch innerhalb einer jeden (z. B. innerhalb der Legislative die von Adels- und Bürgerkammer) mit dem Zweck, das ganze Staatswesen zu harmonisieren. Seine Wortwahl (séparation, distribution, balance, arrêt) deutet auf einen an die Naturwissenschaften angelehnten Rationalismus hin. Zeitbedingte Umstände und Absichten veranlassen zur näheren Ausgestaltung der G.: Die Legislative soll sich in zwei Kammern für den Adel und das Bürgertum gliedern und durch das liberum veto des Königs eingeschränkt sein, die Exekutive dem König anvertraut bleiben und die Judikative aus gewählten Richtern bestehen. Geschichtlich bedeutsam wurde Montesquieus Verknüpfung der G. mit dem allgemeinen und individualistischen Freiheitsgedanken, in der sich altes humanistisches Traditionsgut mit dem Denken der Aufklärung verbindet. Wenn die nachfolgende europäische und außereuropäische Verfassungsentwicklung im Zeichen der Dreiteilungssystematik Montesquieus vor sich ging, so vollzog sie sich in der Deszendenz der für die Aufklärungsphilosophie charakteristischen Freiheitsgläubigkeit.

Anmerkungen. [1] R. THURNWALD: Die menschl. Gesellschaft in ihren ethnosoziol. Grundl. 5 (1934) 145 ff. 185; G. DULCKEIT und F. SCHWARZ: Röm. Rechtsgesch. (⁵1970) § 14, II, 2; H. MITTEIS und H. LIEBERICH: Dtsch. Rechtsgesch. (¹²1971) Kap. 10. – [2] ARISTOTELES, Pol. IV, 14. – [3] a. a. O. IV, 11. – [4] CH. DE MONTESQUIEU: De l'esprit des lois (1748) bes. XI, 6.

2. Gerade diesen Freiheitsgedanken hat der deutsche Idealismus diskutiert. In der Auseinandersetzung mit Rousseau begründet KANT die Freiheit in der gesellschaftlichen Verfassung des Menschen als Bürger; die G. ist ihre verfassungsmäßige Garantie. «Der ursprüngliche Contract», «der Act, wodurch sich das Volk selbst zu einem Staat konstituiert, eigentlich aber nur die Idee desselben» [1], begründet den bürgerlichen Stand des Menschen. Dieser hat «die wilde, gesetzlose Freiheit gänzlich verlassen, um seine Freiheit überhaupt in einer gesetzlichen Abhängigkeit, d. i. einem rechtlichen Zustande unvermindert wieder zu finden, weil diese Abhängigkeit aus seinem eigenen gesetzgebenden Willen entspringt» [2]. Die Transposition in die Idee entzieht diesen ursprünglichen Contract der praktischen Legitimation: «Der Ursprung der obersten Gewalt ist für das Volk, das unter derselben steht, in praktischer Absicht unerforschlich: d. i. der Unterthan soll über diesen Ursprung ... werkthätig vernünfteln» [3]. Die G. folgt aus der «Natur des bürgerlichen Vereins»; sie enthält «das Verhältniß eines allgemeinen Oberhaupts (der [sic], nach Freiheitsgesetzen betrachtet, kein Anderer als das vereinigte Volk selbst sein kann) zu der vereinzelten Menge ebendesselben als Unterthans, d. i. des Gebietenden (imperans) gegen den Gehorsamenden (subditus)» [4]. In diesem Sinn ist das gegenwärtige Staatsoberhaupt für Kant Garant der Souveränität des Volkes; es hat von gesetzgeberischer Initiative abzusehen: «der Beherrscher des Volkes kann ... nicht zugleich der Regent sein, denn dieser steht unter dem Gesetz und wird durch dasselbe folglich von einem Anderen, dem Souverän, verpflichtet» [5]. Auch die Unabhängigkeit des Gerichtswesens geht auf die Verfassung zurück: «Also kann nur das Volk durch seine von ihm selbst abgeordnete Stellvertreter (die Jury) über jeden in demselben, obwohl nur mittelbar, richten» [6].

Die Idee «eines ursprünglichen, jedoch nothwendig zu schließenden, Vertrages» [7], «die Übereinstimmung Aller» konstituiert auch für J. G. FICHTE den Staat [8]. «Der Staat selbst wird der Naturstand des Menschen, und seine Gesetze sollen nichts anderes seyn, als das realisirte Naturrecht» [9]. Die generelle Übereinstimmung Aller impliziert auch ihre prinzipielle Verpflichtung, die freilich eine gewollte sein soll. «Dieser gemeinsame Wille muß mit einer Macht, und zwar mit einer Uebermacht, gegen die die Macht jedes Einzelnen unendlich klein sey, versehen werden» [10]. Doch ist «der Verwalter der exekutiven Gewalt» gebunden als «natürlicher Interpret des gemeinsamen Willens, über das Verhältniß der Einzelnen zu einander im Staate» [11] und kontrolliert durch den allgemeinen Willen, repräsentiert durch das Ephorat: «Es ist sonach ein Fundamentalgesetz jeder vernunft- und rechtmäßigen Staatsverfassung, daß die exekutive Gewalt, welche die nicht zu trennende richterliche, und ausübende im engern Sinne, unter sich begreift, und das Recht der Aufsicht, und Beurteilung, wie dieselbe verwaltet werde, welches ich das Ephorat, im weitesten Sinne des Worts, nennen will, getrennt seyen» [12]. «Die Ephoren haben sonach gar keine exekutive Gewalt. Aber sie haben eine absolut prohibitive Gewalt» [13].

In der Kritik an den apriorischen Konstruktionen Kants und Fichtes entwickelt HEGEL den Begriff der Verfassung und der G. in ihrer organisch gewordenen Gestalt: «Da der Geist nur als das wirklich ist, als was er sich weiß, und der Staat, als Geist eines Volkes, zugleich das alle seine Verhältnisse durchdringende Gesetz, die Sitte und das Bewußtsein seiner Individuen ist, so hängt die Verfassung eines bestimmten Volkes überhaupt von der Weise und Bildung des Selbstbewußtseins desselben ab; in diesem liegt seine subjektive Freiheit und damit die Wirklichkeit der Verfassung. – Einem Volke eine, wenn auch ihrem Inhalte nach mehr oder weniger vernünftige Verfassung a priori geben zu wollen, – dieser Einfall übersähe gerade das Moment, durch welches sie mehr als ein Gedankending wäre. Jedes Volk hat deswegen die Verfassung, die ihm angemessen ist und für dasselbe gehört» [14]. Diese geschichtlich gewordene Einheit des Staates ist durch die abstrakte Entgegensetzung der Gewalten gefährdet: «Mit der Selbständigkeit der Gewalten ... ist ... die Zertrümmerung des Staats unmittelbar gesetzt oder ..., daß die eine Gewalt die andere unter sich bringt» [15]. Das kritische Insistieren auf dem geschichtlichen Moment gegenüber den apriorischen und aporetischen Ansätzen Kants und Fichtes muß es übernehmen, dieses Moment als Moment des Begriffs zu entwickeln. Dem Duktus der Hegelschen Philosophie zufolge kann diese Vermittlung im Staat noch nicht vollständig geleistet sein. Konkret geht es in der ‹Rechtsphilosophie› um die Realisierung des «Prinzips der freien Subjektivität», die von seiner Wahrung im «abstrakten Recht» vorangeht bis zur «konstitutionellen Monarchie». Der Begriff der «freien Subjektivität» impliziert dabei das letztlich irrationale Moment des Übergangs zum historischen Subjekt. «Dies absolut entscheidende Moment des Ganzen ist daher nicht die Individualität überhaupt, sondern Ein Individuum, der Monarch ... – Die Persönlichkeit des Staates ist nur als eine Person, der Monarch, wirklich» [16], wobei diese nach der Seite ihrer individuellen Besonderheit zufällig ist. Weil aber dennoch das Prinzip der freien Subjektivität im Monarchen seine höchste Realisierung hat, hebt Hegel besonders auf die fürstliche Gewalt ab, «in der die unterschiedenen Gewalten zur individuellen Einheit zusammen gefaßt sind, die also die Spitze und der Anfang des Ganzen, der konstitutionellen Monarchie, ist» [17]. Die Trennung von gesetzgebender Gewalt und Regierungsgewalt ist in der organischen Einheit des Staats aufgehoben, während die richterliche Gewalt ausgeschlossen ist, «denn ihre Einzelnheit liegt außer jenen Sphären» [18]. «Von der Entscheidung ist die Ausführung und Anwendung der fürstlichen Entscheidungen, überhaupt das Fortführen und im Stande Erhalten des bereits Entschiedenen, der vorhandenen Gesetze ... unterschieden ... Dieß Geschäft der Subsumtion überhaupt begreift die Regierungsgewalt in sich, worunter ebenso die richterlichen und polizeilichen Gewalten begriffen sind» [19]. – Die gesetzgebende Gewalt dient nicht der Weiterbestimmung und Spezifikation der allgemeinen Gesetze, sondern ihrer Fortbildung. «Die Verfassung muß an und für sich der feste geltende Boden seyn, auf dem die gesetzgebende Gewalt steht, und sie muß deswegen nicht erst gemacht werden. Die Verfassung *ist* also, aber ebenso wesentlich *wird* sie, das heißt, sie schreitet in der Bildung fort» [20].

Anmerkungen. [1] I. KANT: Met. Sitten (1797) § 47 = Akad.-A. 6, 315. – [2] a. a. O. § 47 = 6, 316. – [3] a. a. O. Allg. Anm. von den rechtl. Wirkungen aus der Natur des bürgerl. Vereins = 6, 318. – [4] § 47 = 6, 315. – [5] § 49 = 6, 317. – [6] ebda. – [7] J. G. FICHTE: Grundl. des Naturrechts nach Principien der Wissenschaftslehre (1796). Akad.-A. I/3, 325. – [8] a. a. O. 434. – [9] 432. – [10] 435. – [11] 328; vgl. 440f. – [12] 440. – [13] 449. – [14] G. W. F. HEGEL: Grundlinien der Philos. des Rechts (1821) § 274 mit Anm. – Werke, hg. H. GLOCKNER 7, 376. – [15] a.a.O. § 272 Anm. = 369. – [16] § 279 mit Anm. = 381f. – [17] § 273 = 371. – [18] § 272 Zusatz = 371. – [19] § 287 = 395f. – [20] § 298 Zusatz = 404.

3. Eine der sichersten Maximen der heutigen Verfassungstheorie lautet, daß die Freiheit des Einzelnen am besten garantiert wird, sobald der Gesetzgeber seine Gesetze nicht auch selber ausführt, die Exekutive auf die Gesetzgebung keinen Einfluß hat und der Richter nur an das Gesetz gebunden und nicht absetzbar ist. Die im Staatsinteresse notwendigen Balancen zwischen den obersten Verfassungsorganen der Gesetzgebung, Regierung und Rechtsprechung gehören zum wichtigsten Inhalt aller Verfassungskonstruktionen, bei denen exakt nicht ausgemacht werden kann, welche als mehr oder weniger rechtsstaatlich anzusehen sind (z. B. Abhängigkeit der Regierung vom Parlament, Auflösung des Parlaments, Verordnungsrecht der Regierung, Immunität der Abgeordneten, Verfassungs- und Verwaltungsgerichtsbarkeit, Errichtung und Besetzung der Gerichte durch Maßnahmen von Exekutivorganen. Eine Dogmatisierung der vielfältigen, durch die Verfassungsgeschichte bezeugten Konstruktionsmöglichkeiten widerspräche geradezu dem Geiste Montesquieus.

Der erste große praktische Erfolg wurde der Dreiteilungslehre durch die Verfassung der USA (1787) zuteil, deren Aufbau Montesquieus Schema getreulich folgt, während gleichzeitig in den ‹Federalist papers› (1787/88) Nr. 47–51 MADISON (oder HAMILTON?) eine Erläuterung und Rechtfertigung des Prinzips vornimmt [1]. Die Pariser Menschen- und Bürgerrechtserklärung von 1789 formuliert als Artikel 16: «Eine jede Gesellschaft, in welcher der Schutz der Rechte nicht gesichert ist, die Trennung der Gewalten nicht festgelegt ist, hat keinesfalls eine Verfassung (n'a point de constitution)». Die G. wurde alsbald eine Kampfparole des Bürgertums: In der Überwindung des Absolutismus und in der Nachahmung englischer Verhältnisse bedeutete ihm Verfassung geradezu G., und G. bedeutete Freiheit.

Mit dem vollständigen Sieg des Verfassungsprinzips wurde die G. in den westlichen Demokratien grundsätzlich problemlos; andererseits fehlt sie in allen totalitären Systemen. Erst nach 1945 wurde sie in Deutschland wieder Gegenstand wissenschaftlicher Diskussion, in der nunmehr neben den alten Fakten vielerlei neue als gewaltenhemmend postuliert wurden: z. B. die Einklagbarkeit von Grundrechten, der bundesstaatliche Aufbau (vertikale Teilung), die Europäischen Gemeinschaften, die Verbände (pressure groups), die öffentliche Meinung; alle diese Gesichtspunkte beziehen sich auf einen Schwund an Staatsmacht und gehen über die G. hinaus.

Anmerkung. [1] Vgl. F. ERMACORA (Hg.): Der Föderalist (1958).

Literaturhinweise. E. v. HIPPEL: G. im modernen Staat (1948). – E. FORSTHOFF (Hg.): Montesquieu, Vom Geist der Gesetze, in neuer Übertragung eingel. und hg. (1951). – M. IMBODEN: Montesquieu und die Lehre von der Gewaltentrennung (1959). – TH. TSATSOS: Zur Gesch. und Krit. der Lehre von der G. (1968). – H. RAUSCH (Hg.): Zur heutigen Problematik der Gewaltentrennung (1969). Wege der Forsch. 194 (mit den wichtigsten Beiträgen von 1938 bis 1966 u. a. von M. IMBODEN, W. KÄGI, K. KLUXEN, K. LOEWENSTEIN, H. PETERS, P. SCHNEIDER, W. STEFFANI, W. WEBER). – N. ACHTERBERG: Probleme der Funktionenlehre (1970).
A. VOIGT

Gewesenheit. Der Begriff dient bei M. HEIDEGGER dazu, die spezifische Zeitlichkeit menschlichen Seins, d. h. des Daseins, zu definieren. Die spezifische Zeitlichkeit des Daseins zeigt sich vor allem in der Sorgebefindlichkeit des Menschen: «*Zeitlichkeit enthüllt sich als der Sinn der eigentlichen Sorge*» [1]. Sorge aber kann zureichend nur begriffen werden aus der Endlichkeit des Daseins: «Die Sorge ist Sein zum Tode» [2]. Durch Sorge kann deshalb auch das «Ganzseinkönnen des Daseins» [3] erschlossen werden; denn Sorge beschränkt sich nicht auf die Gegenwart als einen Teil der Zeitlichkeit, sondern bringt Gegenwart «durch vorlaufende Entschlossenheit» [4] gerade von der Zukunft her in den Blick und faßt damit die ganze Zeitlichkeit in ihrer Erstreckung vom Ende her: «*Das primäre Phänomen der ursprünglichen und eigentlichen Zeitlichkeit ist die Zukunft*» [5]. Die spezifische Zukunft des Daseins aber ist endliche Zukunft als Sein des Daseins zu seinem noch ausstehenden Ende hin: «In solchem Sein zu seinem Ende existiert das Dasein eigentlich ganz als das Seiende, das es ‹geworfen in den Tod› sein kann. Es hat nicht ein Ende, an dem es nur aufhört, sondern *existiert endlich*. Die eigentliche Zukunft, die primär *die* Zeitlichkeit zeitigt, die den Sinn der vorlaufenden Entschlossenheit ausmacht, enthüllt sich damit selbst *als endliche*» [6]. In diesem Zusammenhang ist dann G. der Index der Endlichkeit daseinsmäßiger Zeitlichkeit: «Die G. entspringt der Zukunft, so zwar, daß die gewesene (besser gewesende) Zukunft die Gegenwart aus sich entläßt. Dies dergestalt als gewesend-gegenwärtigende Zukunft einheitliche Phänomen nennen wir die *Zeitlichkeit*» [7]. G. darf deshalb auch nicht mit Vergangenheit verwechselt werden; denn solange das Dasein ist, ist es nicht vergangen, aber solange es ist, ist es schon auf sein Ende hin und von diesem her bestimmt: «‹Solange› das Dasein faktisch existiert, ist es nie vergangen, wohl aber immer schon *gewesen* im Sinne des ‹ich *bin* – gewesen›» [8]. Diese Struktur durchgehender Endlichkeitsbestimmtheit des Daseins, also auch der ‹offenen› Zukunft, kennzeichnet dessen Faktizität: «Es ‹findet sich› immer nur als geworfenes Faktum. In der *Befindlichkeit* wird das Dasein von ihm selbst überfallen als das Seiende, das es, noch seiend, schon war, das heißt gewesen ständig *ist*. Der primäre existenziale Sinn der Faktizität liegt in der G.»[9].

Anmerkungen. [1] M. HEIDEGGER: Sein und Zeit (⁹1960) 326. – [2] a. a. O. 329. – [3] 301ff. – [4] 329. – [5] ebda. – [6] 329f. – [7] 326. – [8] 328. – [9] ebda.
P. PROBST

Gewissen (aus ahd. gewizzani) ist eine durch eine Glosse zu Psalm 68, 20 von NOTKER (Teutonicus) eingeführte Lehnübersetzung für lateinisch ‹conscientia›, dessen Bedeutung ihrerseits durch das griechische συνείδησις wesentlich bestimmt wurde.

1. *Der G.-Begriff der Antike.* – a) *Bei den Griechen.* – Die sprachliche Wurzel von συνείδησις (σ.) liegt in συνειδέναι τινί, was allgemein «mitwissen» um eine Handlung eines andern aufgrund eigenen Miterlebens bedeutet [1]. Besonders wurde συνειδέναι für Mitwissen eines verbotenen oder getadelten Verhaltens gebraucht, oft auch im Sinne eines *Einverständnisses* damit [2]. Durch Beziehung auf eigenes Verhalten bedeutet dann weiter συνειδέναι ἑαυτῷ «sich bewußt sein» [3]. Oft vereinigen sich beide Bedeutungsmomente, so öfter bei PLATON, z. B. τῷ ... μηδὲν ἑαυτῷ ἄδικον συνειδότι (dem ..., der sich keines Unrechts bewußt ist) [4], gelegentlich auch bei ARISTOTELES [5]. Das ἑαυτῷ kann auch wegbleiben: σύνοιδα δεῖν' ἐργασάμενος (ich bin [mir] bewußt, Schreckliches getan zu haben) [6]. Dieser Bewußtseinszustand wird auch als σύνεσις bezeichnet und beschrieben als «seelische Qual, die mich zugrunde zu richten droht» [7].

Ähnlich wird nun auch συνείδησις gebraucht. Vom 5. bis zum 2. Jh. nur vereinzelt, vom 1. Jh. an gehäuft, erscheint das Wort in vorchristlicher Zeit in folgenden Bedeutungen:

1. «*Mitwissen*», aber nur auf *eigenes* Verhalten bezogen, d. h. «*begleitendes Bewußtsein*». Dies ist eindeutiger Sinn des Wortes, wo σ. mit sachlichem Genetivobjekt auftritt. Indes nennt dieses fast stets [8] ein sittlich (und zwar meist negativ) *bewertetes* Verhalten. So schon in der frühsten Bezeugung von σ. überhaupt bei DEMOKRIT, der von σ. τῆς ἐν τῷ βίῳ κακοπραγμοσύνης (Bewußtsein von ihrem schlechten Lebenswandel) gewisser Leute spricht. Da diese zugleich als davon beunruhigt, beängstigt und bedrückt bezeichnet werden (ἐν ταραχαῖς καὶ φόβοις ταλαιπωρέουσι), wird damit *sachlich* bereits das G. getroffen [9]. In die Fachsprache der philosophischen Klassiker ist σ. nicht eingegangen; bei Platon und Aristoteles fehlt das Wort ganz. Im allgemeinen Sprachgebrauch erscheint es im angegebenen Sinn vom 1. Jh. an öfters, z. B. bei DIODOR VON SIZILIEN: Διὰ τὴν συνείδησιν τοῦ μύσους εἰς μανίαν περιέστη (Durch das Bewußtsein der Freveltat geriet er in Wahnsinn) [10].

2. Ohne die Bedeutung «Bewußtsein» zu verlieren, kann σ. zugleich auch *begrifflich G.* bedeuten, indem ohne Zusatz eines sachlichen Objekts von der darin enthaltenen Beunruhigung über eigenes schlechtes Handeln die Rede ist. So scheint schon EPIKUR σ. gebraucht zu haben, wie sich aus einer Äußerung SENECAS ergibt: «Hic consentiamus [cum Epicuro], mala facinora conscientia flagellari et plurimum illi tormentorum esse eo, quod perpetua illam sollicitudo urget ac verberat» (Darin stimmen wir [mit Epikur] überein, daß die schlechten Taten vom G. gegeißelt werden und diesem die meisten Qualen dadurch entstehen, daß dauernde Beunruhigung es bedrängt und quält) [11]. Während der Hinweis auf die innere Beunruhigung nur den psychologischen Aspekt des G. trifft, tritt später auch sein grundsätzlich *stellungnehmender* Charakter hervor, wenn ein Freisein von solcher Beunruhigung als Zustand eines «rechten G.» (ὀρθὴ σ.) gefaßt wird. So in der von STOBAEUS überlieferten Fassung eines Ausspruchs des Weisen BIAS, der als zum furchtlosen Leben gehörig die ὀρθὴ σ. nennt [12]. Noch schärfer erscheint die grundsätzliche Funktion der σ. als G. durch ihre Anerkennung als autoritative Instanz hervorzutreten, wenn ihr MENANDER eine achtunggebietende numinose Rolle zuspricht: ἅπασιν ἡμῖν ἡ σ. θεός (uns allen ist das G. ein Gott) [13]. An die Stelle von σ. tritt später oft τὸ συνειδός [14].

3. Die Auffassung von σ. als zu eigenem Verhalten sittlich stellungnehmendem Bewußtsein kann auch übergehen in die von einem Bewußtsein, das seinerseits – durch sich selbst oder durch äußere Instanzen – sittlich beurteilt wird. Dann ist σ. das Bewußtsein als *Inbegriff der Gedanken, Gesinnungen und Wollungen* der Menschen, kurz sein «Inneres», wie später Augustinus ausdrücklich formuliert (s. u.). Dieser Bedeutungsübergang tritt besonders in Erscheinung, wo von der «Befleckung» der σ. die Rede ist, z. B. wenn DIONYSIOS VON HALIKARNASSOS mahnt: μηδὲν ἑκουσίως ψεύδεσθαι, μηδὲ μιαίνειν τὴν αὑτοῦ συνείδησιν (nicht freiwillig lügen, nicht das eigene Innere beflecken) [15], oder wenn PSEUDO-LUKIAN von ἀπρεπὴς σ. (unreinem Inneren) spricht [16].

Etwa in der letztgenannten Bedeutung ist τὸ συνειδός in die Philosophie der *jüngeren Stoa* eingegangen: EPIKTET fordert vom Weisen Reinheit des συνειδός, das er dem seelischen Leitvermögen (ἡγεμονικόν) gleichsetzt [17]. Die Reinheit besteht in dessen τηρεῖν (Bewahren) im naturgemäßen Zustand (κατὰ φύσιν) [18]. Ähnlich mahnt MARC AUREL zum Bewahren solcher Reinheit und nennt den, der dies tut, εὐσυνείδητος (einen Menschen mit gutem Inneren) [19]. Auch in der Mahnung zur τοῦ ἰδίου ἡγεμονικοῦ παρατήρησις (zum Achtgeben auf das eigene Leitvermögen) klingt diese Bedeutung mit an) [20].

Anmerkungen. [1] z. B. XENOPHON, Memor. II, 7, 1. – [2] z. B. SOPHOKLES, Antigone 265f. – [3] z. B. PLATON, Symp. 216 b. – [4] Resp. 331 a; weitere Stellen s. AST, Lex. Plat. SYNEIDÉNAI. – [5] ARISTOTELES, Part. anim. 618 a 26. – [6] EURIPIDES, Or. 396. – [7] a. a. O. 398. – [8] Für *eindeutig* bewertungsfreien Gebrauch fehlen sichere Zeugnisse; in DIOG. LAERT. VII, 85 ist statt ‹s.› wahrscheinlich SYNAÍSTHESIS zu lesen; vgl. M. POHLENZ: Die Stoa 2 (³1964) 65. – [9] DEMOKRIT, VS B 297. – [10] DIODOR VON SIZILIEN, Bibl. 4, 65. – [11] SENECA, Ep. 97, 15. – [12] BIAS bei STOBAEUS, Anth., hg. HENSE 3, 603. – [13] MENANDER, Monost. 597 (= 81 Jaekel), vgl. 654 (= 107 Jaekel); gegen Zweifel an der Authentizität oder der hier gegebenen Deutung des Ausspruchs sei auf das sinnverwandte gut bezeugte Frg. 714 Koerte (= 500 Kock) verwiesen. – [14] z. B. PAUSANIAS VII, 10, 10; STOBAEUS bringt das Zitat a. a. O. [12] unter dem Titel PERÌ TOŪ SYNEIDÓTOS; in der Bedeutung «Mitwissen» findet sich SYNEIDOS schon bei DEMOSTHENES, Cor. 110. – [15] DIONYSIOS VON HALIKARNASS, Jud. Thuc. 8. – [16] LUKIAN, Amor. 49. – [17] EPIKTET, Diss. III, 93-95; die Bezeugung von ‹s.› bei Epiktet, Frg. 97, hg. SCHWEIGHÄUSER ist unzureichend. – [18] Diss. I, 15, 4 u. ö.; Enchir. 38. – [19] MARC AUREL, Ad te ipsum VI, 30. – [20] a. a. O. III, 4.

b) *Bei den Römern.* – Gleichzeitig mit der vermehrten Verwendung von σ. im 1. Jh. v. Chr. und nicht ohne Zusammenhang damit wird im Lateinischen ‹*conscientia*› (c.) gebräuchlich. Zuerst begegnet es bei AUCTOR AD HERENNIUM [1], dann vielfach bei CICERO, noch mehr bei SENECA, gelegentlich auch bei andern Schriftstellern, z. B. bei LIVIUS, TACITUS, PLINIUS d. J., QUINTILIAN, SUETON und APULEIUS [2]. Von der Grundbedeutung «Mitwissen» ausgehend, hält ‹c.› sich mehr als σ. auch außerhalb der Ausrichtung auf das G. Nicht selten ist «*Mitwissen anderer*» (gemeinsames Wissen) gemeint, wobei das «Mit» oft auch da ausgedrückt ist, wo wir nur von Wissen oder Kenntnis sprechen würden [3]. Beim Mitwissen im Sinn von (begleitendem) *Bewußtsein* liegt der Ton manchmal auf dessen *Innerlichkeit*, auch ohne moralischen Aspekt, nur im Sinne eines für andere Verborgenen [4]. Auch im gegenständlichen Bezug von ‹c.› als Bewußtsein tritt der moralische Aspekt weniger ausschließlich hervor als bei σ. [5], und das Wort bezieht sich allgemein mehr auf positiv Gewertetes, z. B. «c. factorum egregiorum» (das Bewußtsein hervorragender Taten) [6]. Oft ist daher solche c. auch keineswegs (gutes) G., ja manchmal sogar fast anrüchig gesteigertes

Selbstbewußtsein, z. B. «erectus ... maximi ac pulcherrimi facti sui c.» (geschwellt ... vom Bewußtsein seiner größten und schönsten Tat) [7]. In bezug auf negativ gewertetes Verhalten tritt bei CICERO c. eindrucksvoll als G. hervor, indes stellenweise in seiner unechten Form, wenn es sich als Furcht vor Strafe enthüllt: «Magna vis est conscientiae ... in utramque partem, ut neque timeant, qui nihil commiserint, et poenam semper ante oculos versari putent qui peccaverint» (Groß ist die Macht des G. ... nach beiden Seiten, daß jene sich nicht fürchten, die nichts verübt haben, und jene immer die Strafe vor Augen zu haben meinen, die sich vergangen haben) [8]. In psychologischer Beschreibung taucht mit dem Ausdruck «morderi conscientia» bei Cicero der Begriff «Gewissensbiß» auf [9]. Eine echte Norm des Verhaltens anerkennt er in der «recta c.», von der man «keinen Nagel breit abweichen» dürfe [10]. Damit ist das G. auch in vorausschauender Form angesprochen [11]. Begründet ist die «recta c.» in der «recta ratio», die eine «non scripta sed nata lex» in uns bildet [12]. Als mit göttlicher Autorität ausgestatteter innerer Zeuge erscheint die c. der Sache nach als G. in der Bedeutung von «Bewußtsein», wenn etwa Cicero von der «c. mentis suae» spricht, «quam ab dis immortalibus accepimus, quae a nobis divelli non potest: quae si optimorum consiliorum ... testis ... nobis erit ..., summa cum honestate vivemus» (das wir von den unsterblichen Göttern empfangen haben, das von uns nicht losgerissen werden kann: wenn das uns Zeuge bester Entschlüsse wird, werden wir mit höchster Ehrenhaftigkeit leben) [13]. Aber auch wenn das G. keinerlei göttliche Begründung hätte (sine ulla divina ratione), ist «virtutis et vitiorum grave ipsius conscientiae pondus, qua sublata jacent omnia» (das Gewicht des Bewußtseins der Tugend und der Laster allein schon schwer; wird es beseitigt, dann liegt alles darnieder) [14]. Im Gegensatz zu denen, die «fama et multitudinis judicio moventur» (vom Gerücht und dem Urteil der Menge bewegt werden), spricht Cicero die Autonomie des G. an, indem er betont: «mea mihi c. pluris est quam omnium sermo» (mein G. bedeutet mir mehr als aller Leute Gerede) [15], und mahnt: «Tuo tibi judicio est utendum» (Dein [eigenes] Urteil mußt du gebrauchen), denn «nullum theatrum virtuti c. majus est» (kein Schauplatz ist für die Tugend bedeutungsvoller als das G.) [16]. – Als bereits verbreitetes «proverbium» erwähnt QUINTILIAN die Anerkennung der c. als «mille testes» [17]. Bei SENECA verfestigt sich die Bedeutung von ‹c.› weiter auf die von ‹G.›; «bona c.» und «mala c.» sind bei ihm fast stehende Termini [18]. Auch für ihn steht die Bewahrung des guten G. höher als die des guten Rufs [19]. Die von Epiktet beschriebene bewahrende Funktion des G. übernimmt die c. bei Seneca: Sie ist «sacer intra nos spiritus malorum bonorumque nostrorum observator et custos» (ein heiliger Geist in uns als Beobachter und Wächter unserer schlechten und guten Taten) [20]. Diesen spiritus bezeichnet er, altstoischer Lehre vom πνεῦμα als Feuerhauch folgend, auch als «scintilla» und erklärt dazu: «homines divini esse spiritus, partem ac veluti scintillas quasdam astrorum in terram desiluisse» (die Menschen seien göttlichen Geistes, gleichsam als wären Funken von Sternen auf die Erde heruntergesprungen) [21].

Anmerkungen. [1] AUCTOR AD HER., II, 5, 8; 31, 50. – [2] Belege s. Thes. ling. lat. – [3] z. B. CICERO, Ad Q. fr. 2, 14, 2: mea c. copiarum nostrorum. – [4] z. B. SENECA, Dial. 10, 13, 2: nihil tacitam conscientiam iuvant; Benef. 7, 6, 2: [sapiens] cuncta conscientiā possideat. – [5] z. B. QUINTILIAN, Inst. orat. I, 2, 10: ex conscientiā suae infirmitatis; LIVIUS VIII, 4, 10: c. virium. – [6] CICERO, Resp. 6, 8; SENECA, Ep. 59, 16: virtutum c. – [7] CICERO, Phil. 1, 9. – [8] Mil. 61; «magna vis conscientiae» auch Cat. III, 27; zur unechten Form s. u. Abschn. 5: Schopenhauer. – [9] Tusc. IV, 45. – [10] Att. XIII, 20, 4. – [11] So auch Cat. III, 27; Cluent. 159. – [12] Mil. 10 in Verbindung mit 61 und Resp. III, 22; vgl. M. WALDMANN: Synteresis oder Syneidesis? Theol. Quart.schr. 119 (1938) 357-364. – [13] CICERO, Cluent. 159. – [14] Nat. deor. III, 85. – [15] Att. XII, 28, 2. – [16] Tusc. II, 64f. – [17] QUINTILIAN, Inst. orat. V, 11, 41. – [18] Belege für ‹bona c.› s. Thes. ling. lat., Sp. 367; für ‹mala c.›: Ep. 12, 9; 43, 5; 105, 8; 122, 14; benef. 3, 1, 4. – [19] SENECA, Ep. 81, 20. – [20] Ep. 41, 2. – [21] De otio 5, 5; vgl. Ep. 94, 29; dazu H. EBELING: Meister Eckharts Mystik (1941) 247/9.

Literaturhinweise. M. Kähler: Das G. (1878). – F. ZUCKER: Syneidesis – Conscientia (1928). – O. SEEL: Zur Vorgeschichte des G.-Begriffs im altgriech. Denken, in: Festschr. Fr. Dornseiff (1953) 291-319. – Vgl. auch Lit. zu 2 und 3.

2. Der G.-Begriff der Bibel und der Kirchenväter. –
a) *Bei den Juden.* – Συνείδησις ist vorwiegend in der Bedeutung von «Inneres» in die hellenistisch beeinflußte Weisheitsliteratur des *Alten Testaments* eingedrungen. So erscheint σ. schon in der griechischen Übersetzung (LXX) des ‹Predigers›: «Auch in deinen Gedanken (ἐν τῇ συνειδήσει σοῦ) fluche nicht dem König» [1]. In derselben Bedeutung und in engem Zusammenhang mit dem oft ähnlich gebrauchten «Herz» (καρδία, hebr. *leb*) wird bei JESUS SIRACH σ. (in einer Textvariante statt εἴδησις) verwendet, wobei diese den Mitmenschen verborgene Gedankenwelt des Einzelnen als doch Gott bekannt erscheint: ἄβυσσον καὶ καρδίαν ἐξίχνευσε ... ἔγνω γὰρ ὁ κύριος πᾶσαν συνείδησιν (Abgrund und Herz hat er erforscht ... der Herr kennt nämlich unser ganzes Inneres) [2]. Hier nähert sich die Bedeutung von σ. zugleich der von ‹G.› in dessen spezieller, vom Gottesglauben bestimmter Form. In der ‹Weisheit Salomos› hat σ. eine relativ selbständig stellungnehmende Funktion als G., und zwar in neuer Nuancierung als Zeugnisgeben und als Selbstverurteilung: δειλὸν γὰρ ἰδίως πονηρία μαρτυρεῖ κατὰ δικαζομένη, ἀεὶ προσείληφε τὰ χαλεπὰ συνεχομένη τῇ συνειδήσει (denn als etwas besonders Feiges gibt die Schlechtigkeit Zeugnis von ihrer Selbstverurteilung; immer vom G. bedrängt fügt sie das Bedrückende hinzu) [3]. Die in der jüngeren Stoa dem συνειδός zugeschriebene Aufgabe, das ἡγεμονικόν rein zu bewahren, begegnet bei JESUS SIRACH in der Mahnung συντήρησον τὰς ὁδοὺς αὐτῆς [sc. τῆς ψυχῆς] (bewahre die Wege deiner Seele) [4], deren Befolgung auch als τήρησις ἐντολῶν (Bewahrung der Gebote) [5] oder συντηρεῖν ἐντολᾶς (Bewahren der Gebote) [6] bezeichnet wird.

Während im Alten Testament σ. nur an den genannten Stellen vorkommt, ist bei PHILON VON ALEXANDRIA τὸ συνειδός – vereinzelt mit σ. wechselnd – ein Hauptbegriff seiner Theologie: Das σ. ist vom Schöpfergott in den Menschen hineingesenkt [7], und zwar in der Funktion des G., indem es Beweismittel (ἔλεγχος) für das (schlechte oder auch gute) eigene Verhalten bildet. Es ist Zeuge (μάρτυς) aller geheimen Pläne und wird so zum inneren Ankläger (ἑαυτοῦ κατήγορος) [8], ja auch zum Richter (δικαστής) [9]. Indem dieser auch belehrt (διδάσκει), zurechtweist (νουθετεῖ) und zur Umkehr mahnt (παραινεῖ μεταβάλλεσθαι) [10], wird dem σ. auch vorausschauende Funktion zugeschrieben. Selbst die Autorität zu befehlen (κελεύειν) hat es [11].

Anmerkungen. [1] Pred. 10, 20. – [2] SIR. 42, 18. – [3] Weish. Sal. 17, 10. – [4] SIR. 6, 26; vgl. 2, 15. – [5] SIR. 32 (35), 23; ähnl. Weish. Sal. 6, 18 (19); später 1. Kor. 7, 19. – [6] SIR. 15, 15. – [7] PHILON, Det. pot. insid. 146. – [8] a. a. O. 23; Post. 59. – [9] Fug. 118; Decal. 87. – [10] Decal. 87. – [11] Immort. 135.

b) *Im Neuen Testament.* — Von größtem geistesgeschichtlichen Einfluß wurde das Auftreten von σ. im Neuen Testament, wo dies Wort zwar nicht in den Evangelien [1], wohl aber 30mal in den Briefen und der Apostelgeschichte vorkommt. Seine Bedeutung setzt die bisherigen Linien, zum Teil auch von ‹conscientia›, fort. Grundbedeutung ist: auf Sittliches bezogenes *Mitwissen*. Dabei scheint es an wenigen Stellen *Mitwissen anderer* Menschen zu bedeuten [2]. Zu allermeist aber ist σ. Mitwissen um die sittliche Artung *eigenen* Handelns, d. h. *begleitendes Bewußtsein* hiervon. Hierbei wird σ. vereinzelt mit einem begrifflich die Bedeutung ‹G.› ausschließenden Genetivobjekt verbunden (z. B. σ. ἁμαρτιῶν, Sündenbewußtsein, σ. θεοῦ, Mitwissen um Gott [3]), auch wenn sachlich dessen Funktion getroffen wird. Gewöhnlich aber ist σ. absolut gebraucht und bedeutet dann auch begrifflich zugleich G., wo dies Mitwissen, wie in den *echten Paulusbriefen*, als inneres Zeugnis für den tadelnswürdigen oder tadelfreien Charakter des eigenen Verhaltens in Anspruch genommen wird, so daß es als wesentliche Instanz einer Selbstrechtfertigung oder Selbstverurteilung erscheint (συμμαρτυρούσης αὐτῶν τῆς συνειδήσεως, unter Zeugenschaft ihres G.; μαρτύριον τῆς σ., Zeugnis des G.) [4]. Solches Urteil bezieht sich zunächst und vor allem auf konkret-einzelnes (vollzogenes oder bevorstehendes) eigenes Verhalten; es kann aber vorausschauend auch in Entscheidung über bestimmte eigene Verhaltens*arten* übergehen wie in den Zweifeln über die Erlaubtheit des Opferfleischgenusses [5]. Die σ. beurteilt somit das eigene Verhalten nicht nur nach eindeutig gegebener Norm, sondern ist im Zweifelsfall zu eigener *Entscheidung* befähigt und autorisiert, insofern also *autonom* [6]. Der Besitz dieser Instanz wird den Menschen allgemein zugeschrieben, auch den Heiden [7]. Ihr Urteil ist für den Betreffenden selbst verbindlich [8]. Für die Christen ist sie wesentlich zugleich Mitwissen um Gott [9]. Daher hängt bei diesen die σ. eng mit dem Glauben (πίστις) zusammen, mit dem sie auch das Sicherheit Verleihende gemein hat; Unsicherheit, d. h. « Schwäche » der σ., wird in derselben Sache auch als Schwäche des Glaubens beschrieben [10]. Gegen die eigene σ. zu handeln ist Sünde [11], ist «Befleckung» (des Inneren) [12]. Ihr gemäß zu handeln, selbst im Gegensatz zur σ. anderer, ist der Christ frei [13]. Gleichwohl sichert « gute » σ. noch nicht Rechtfertigung vor Gott [14].

In den *nachpaulinischen* Schriften des Neuen Testaments tritt die autonome Entscheidungsfunktion der σ. fast völlig zurück [15]; ihre selbstkritische Funktion beschränkt sich auf die Kontrolle der «gewissenhaften» Einhaltung von als zweifellos gültig vorausgesetzten Sittlichkeitsvorschriften und der Aufforderung zum Glauben. Von hier aus geht die Bedeutung von σ. oft in « Inneres » über. So ist namentlich in der hier öfters vorkommenden Rede von « guter » (ἀγαθή) oder « schöner » (καλή) σ. zwar einerseits das in der Selbstkontrolle als gerechtfertigt befundene G. gemeint, noch mehr aber der untadelige moralische Seelenzustand an sich, für den solche σ. zeugt [16]. Entsprechendes gilt, wenn von « schlechter » σ. und von « Beflecken » und « Reinigen » derselben die Rede ist [17]. Ganz eindeutig ist die Bedeutung « Inneres », wo im ‹Hebräerbrief› die σ. den äußeren Opfergaben gegenübergestellt wird [18].

Anmerkungen. [1] Außer einer textlich späten Variante in Joh. 8, 9. — [2] 2. Kor. 4, 2; 5, 11. — [3] Hebr. 10, 2; 1. Petr. 2, 19. — [4] Röm. 2, 15; 2. Kor. 1, 12; vgl. 1. Kor. 10, 25. 28; 10, 29. — [5] 1. Kor. 8, 7-12; 10, 25-29. — [6] 1. Kor. 10, 29; Röm. 14, 23; dazu H. REINER: Die Funktionen des G. Kantstudien 62 (1971) 476f. — [7] Röm. 2, 14f.; 2. Kor. 4, 2. — [8] Röm. 2, 14f.; 13, 7. — [9] 2. Kor. 1, 12; Act. 23, 1; 1. Petr. 2, 19; 3, 21. — [10] Röm. 14 und 1. Kor. 8, 7-12. — [11] Röm. 14, 23. — [12] 1. Kor. 8, 7. — [13] 1. Kor. 10, 29. — [14] 1. Kor. 4, 4. — [15] Einzige Ausnahme: 1. Tim. 4, 2. — [16] Gutes G.: 1. Tim. 1, 19; 1. Petr. 3, 21; schönes G.: Hebr. 13, 8; reines G.: 1. Tim. 3, 9; 2. Tim. 1, 13. — [17] Hebr. 10, 22; Tit. 1, 15; Hebr. 9, 14; ähnlich 1. Tim. 4, 2. — [18] Hebr. 9, 9.

c) *In der Patristik.* — Bei den *apostolischen Vätern* geht der σ. die Funktion autonomer Entscheidung noch mehr verloren. Bei IGNATIUS und teilweise auch bei CLEMENS VON ROM hängt die «gute» σ. nicht mehr am Vollbringen des an sich selbst als gut Erkannten, sondern an der Einhaltung der Vorschriften der kirchlichen Vorgesetzten [1]. Damit tritt ein *autoritärer* Typus des G. in Erscheinung, den wir als « *G. der Folgsamkeit* » bezeichnen können. Im übrigen herrscht bei den Apostolischen Vätern die Bedeutung von σ. als « Inneres » vor [2]. Indes wird bei JUSTINUS die σ. wieder als autonom-selbstkritische Instanz lebendig und sogar in neuer Form: Im Sinn der « goldenen Regel » aufgefaßt, macht sie den Widerspruch zwischen den gegenüber andern erhobenen Forderungen und eigenem Handeln bewußt [3].

Bei den Kirchenvätern der Folgezeit begegnet σ. (z. T. τὸ συνειδός) in wechselnder Verbreitung und in allen im Neuen Testament vorfindlichen Bedeutungen; so vereinzelt bei IRENAEUS [4] und CLEMENS VON ALEXANDRIEN [5], häufiger und mit zum Teil neuen Nuancierungen und bildhaften Kennzeichnungen bei Origenes und später bei Johannes Chrysostomus: ORIGENES bringt die Bilder vom *Stachel* (κέντρον, stimulus) [6] und (angeregt durch Jes. 66, 24) vom *Wurm* (σκώληξ, vermis) [7] des G. CHRYSOSTOMOS, der fast nur und häufig τὸ συνειδός gebraucht, hebt (im Anschluß an Röm. 14, 22) stark die Bedeutung des G. als höchster menschlicher Beurteilungsinstanz hervor: « Dieser Richterstuhl ist der höchste auf Erden (βέλτιον τῆς οἰκουμένης); wenn alle dich anklagen, dein σ. aber dir keinen Vorwurf macht, bist du selig (μακάριος) » [8].

Ebenso vielfältig wie bei den griechischen Vätern σ. oder τὸ συνειδός wird bei den *lateinischen Vätern* ‹conscientia› verwendet, das in erheblicher Häufigkeit bei TERTULLIAN [9] und später in überaus reicher Ausdrucksfülle bei AUGUSTINUS vorkommt. Dieser spricht noch deutlicher als das Neue Testament aus, daß die c. des Christen stets zugleich ein Wissen um eigenes Stehen vor Gott, « coram Deo », ist [10]. Dies bedeutet aber zugleich « in conspectu Dei » [11], und das heißt, die c. ist auch ein Mitwissen darum, daß Gott seinerseits (laut Math. 6, 4 und Hebr. 4, 13) ein Mitwisser der Geheimnisse des G., der « secreta (oder « arcana » bzw. des « abyssus ») conscientiae » ist [12]. Die seit langem in Gebrauch befindliche Bedeutung « Inneres » bringt Augustin zu ausdrücklicher Formulierung, indem er vom « intus hominis, quod c. vocatur » spricht [13]. Die ‹goldene Regel›, « id se alteri non facere quod nolet pati » (dem anderen nichts antun, was man nicht erleiden will), bezeichnet Augustin als « scripta c. » [14], andererseits aber wiederholt auch als « lex naturalis » [15]. Da dieses Gesetz aber Gott in die Herzen geschrieben hat, so spricht Gott in der c. [16].

Von besonderer geschichtlicher Tragweite wurde eine Kette von Identifikationen, die bei Origenes einsetzt und bei Hieronymus eine entscheidende Weiterführung erhält: ORIGENES setzt in seinem Psalmkommentar das συνειδός mit dem nach 1. Kor. 2, 11 im Menschen wohnenden πνεῦμα gleich [17] und nennt im Römerbriefkommentar nach derselben Gleichsetzung diesen « Geist, der nach dem Apostel mit der Seele ist » (spiritus, qui ab

Apostolo cum anima esse dicitur), «ihr gleichsam als Erzieher und Lenker verbunden» (velut paedagogus ei quidem sociatus ... et rector) [18]. Damit übernimmt Origenes die von Epiktet, Marc Aurel und Seneca vorgenommene Gleichsetzung von συνειδός (bzw. c.) und ἡγεμονικόν [19]. Weiter identifiziert er diesen «spiritus praesidens animae» mit der in Ezechiels Vision als Adler verkörperten Seelenkraft [20]. Später berichtet HIERONYMUS in seinem Ezechielkommentar von dieser Kraft, «quam Graeci vocant συνείδησιν, quae scintilla conscientiae in Cain quoque peccatore ... non exstinguitur» (die die Griechen ‹syneidesis› nennen, welcher G.-Funke [selbst] in Kain trotz seiner Sünde nicht ausgelöscht wird), daß sie «in scripturis» bisweilen als «spiritus» bezeichnet werde, «quem et PAULUS ad Tessalonicenses scribens cum anima et corpore servari integrum deprecatur» (den auch PAULUS im Brief an die Thessalonicher mit Seele und Körper unversehrt zu bewahren erbittet) [21]. Aus diesem Text und insbesondere aus dem «servari» (1. Thess. 5, 23: τηρηθείη) konnte man herauslesen, die wesentliche Aufgabe der «scintilla conscientiae» sei ein Bewahren.

Anmerkungen. [1] IGNATIUS, Magn. 4; Trall. 7; CLEMENS VON ROM I, 41, 1. – [2] Didache 4, 14; CLEMENS I, 1, 3; 2, 4; 45, 7; BARNABAS 19, 12; CLEMENS II, 16, 4. – [3] JUSTINUS, Dial. 93. – [4] IRENAEUS, Contra haer. 4, 18, 3. – [5] CLEMENS ALEX., Strom. II, 6, 29; IV, 12, 85; VII, 7, 37; Weiteres vgl. J. STELZENBERGER: Über Syneidesis bei Klemens von Alexandrien, in: Festschr. F. X. Seppelt (1953) 27-33. – [6] ORIGENES, De princ. 2, 10, 4 u. ö. [7] In Exod. hom. 7, 6; 7, 8 u. ö.; Weiteres vgl. J. STELZENBERGER: Syneidesis bei Origenes (1963). – [8] JOH. CHRISOSTOMOS, In Rom. 3, 26 (27); Hom. 3; Weiteres vgl. J. STELZENBERGER: Conscientia in der ost-westl. Spannung der patrist. Theol. Tübing. theol. Quart.schr. 109 (1961) 177f. 193ff. – [9] Näheres vgl. J. STELZENBERGER: Conscientia bei Tertullian, in: Festschr. K. Adam (1956) 28-43. – [10] z. B. AUGUSTINUS, Sermo 47, 9, 11; En. in Ps. 7, 9. – [11] En. in Ps. 18, 15. – [12] z. B. Sermo 12, 6; De util. cred. 24; Conf. 10, 22. – [13] In Ps. 45, 3. – [14] Conf. I. 18. – [15] Ep. 157, 3, 15; En. in Ps. 57, 1 u. ö. – [16] De serm. Dom. 2, 9, 32; ähnlich Sermo 12, 4. – [17] ORIGENES, MPG 12, 1300 b. – [18] MPG 14, 893 b. – [19] Dieselbe Gleichsetzung mit diesen griech. Termini auch in Catenen zu Ezech. MPG 13, 681 d. – [20] In Ez. Hom. I, 16, hg. BAEHRENS (1925) 340 = MPG 13, 681 b. – [21] HIERONYMUS, In Ez. I, 1 6/8, hg. GLORIE (1964) 12; vgl. 1. Thess. 5, 23.

Literaturhinweise. – *Wörterbücher:* Thes. graecae linguae (1848-1854) 7, 1290f.: Art. ‹SYNEIDESIS, SYNEIDÓS›. – Thes. linguae lat. 4 (1906-09) 364-368: Art. ‹conscientia›. – W. BAUER: Art. ‹SYNEIDESIS›, in: Wb. zum NT (⁵1957). – CHR. MAURER: Art. ‹SÝNOIDA, SYNEÍDESIS›, in: Theol. Wb. zum NT, hg. G. KITTEL 7 (1964) 897-918. – *Monographien und Untersuchungen:* H. BÖHLIG: Das G. bei Seneca und Paulus. Theol. Stud. u. Kritiken 87 (1914) 1-24. – TH. SCHNEIDER: Der paulin. Begriff de G., Bonner Z. Theol. u. Seelsorge 6 (1929) 193-211; Die Quellen des paulin. Begriffs des G. a. a. O. 7 (1930) 97-112. – C. SPICQ: La conscience dans le N.T. Rev. bibl. 47 (1938) bes. 50-80. – W. VÖLKER: Fortschritt und Vollendung bei Philon v. Alexandria (1938). – M. POHLENZ: Paulus und die Stoa. Z. neutestamentl. Wiss. 42 (1949) 69-104 (SD 1964); Die Stoa 1. 2 (³1964). – C. A. PIERCE: Conscience in the N.T. (London 1955). – B. REICKE: Syneidesis in Röm. 2, 15. Theol. Z. 12 (1956) 157-161. – J. STELZENBERGER: Syneidesis im NT (1961); s. Anm. [5. 7-9 zu c]; Conscientia bei Augustinus (1959). – R. I. ZWI WERBLOWSKY: Das G. in jüdischer Sicht, in: Das G. Stud. C. G. Jung-Inst. (1958) 89-117 (ND in Vorbereitung in: Wege der Forsch. [= WdF] 37). – L. LANDMANN: Law and conscience: The Jewish view. Judaism (New York) 18 (1969) 17-29 (= WdF 37). – Vgl. auch Lit zu 3.

3. *Der G.-Begriff des Mittelalters und der Reformation.* – a) *Mittelalter.* – Die Theologie und Philosophie des Mittelalters gebrauchte ‹conscientia› (c.) in dem aus Bibel, Antike und Patristik übernommenen Bedeutungen [1]. Es beginnt jedoch auch die *philosophische und theologische Reflexion* darüber. ABAELARD hält als wesentlich fest: «Non est peccatum nisi contra conscientiam» (Es gibt keine Sünde außer gegen das G.) [2].

Für die ganze mittelalterliche Lehre vom G. wurde aber eine korrumpierte Textstelle von weittragender Bedeutung: Mitte des 12. Jh. ist in den Text des Ezechiel-Kommentars des HIERONYMUS, wohl veranlaßt durch den darin verwendeten Begriff ‹servari› und eine hieran anknüpfende Randglosse [3], statt συνείδησις in einer Handschrift das (auch sonst in der Väterliteratur vorkommende [4]) Wort συντήρησις (Bewahrung) gelangt. Diese zuerst um 1165 bei einem Magister UDO nachweisbare Lesart [5] hat sich, wahrscheinlich unter dem Einfluß der Vätertexte vorwiegend in Gebrauch kommenden ‹Glossa ordinaria›, etwa von 1200 ab bei den Theologen durchgesetzt, meist in leicht verstümmelter Form als ‹synderesis› (sinderesis) (s.) [6]. Das Wort wurde aber bald nicht mehr verstanden und aus ‹syn-hairesis› (= con-electio [7]; analog zu ‹prohairesis› [8]) abgeleitet. Sachlich verstand man die im Hieronymus-Text als «scintilla conscientiae» bezeichnete s. nicht nur als den nach dem Sündenfall verbliebenen Rest der c., sondern als deren von ihr selbst *verschiedene Ursprungskraft*. Damit ergab sich die Aufgabe, beide in ihrem Verhältnis zueinander genauer zu bestimmen. Hierzu fragte man (von ARIST., Eth. Nic. 1105 b 19 ausgehend), ob sie potentia, passio oder habitus seien, wobei aber ‹passio› durch ‹actus› ersetzt wurde [9]; ferner welchem Seelenvermögen sie zugehören, ob etwa dem «genus cognitionis» oder «affectionis» [10], und ob sie «innatae» oder «acquisitae» seien [11].

In den Antworten repräsentieren die Schulen der Franziskaner und des Thomas von Aquin zwei Hauptrichtungen: BONAVENTURA, Haupt der Franziskanerschule, erklärte die synderesis als «potentia affectiva», die c. dagegen als «habitus intellectūs practici» [12]. Dagegen THOMAS: «Synderesis non est potentia sed habitus» [13], und zwar «habitus naturalis primorum principiorum operabilium, quae sunt naturalia principia juris naturalis» (eine von Natur aus innegehabte Einstellung auf erste Prinzipien des Handelns, die natürliche Prinzipien des Naturrechts sind), und dieser habitus existiert «in ratione» [14]. Dagegen ist die c. «proprie loquendo» nicht potentia, sondern actus [15]. Sie ist «applicatio scientiae ad actum» (Anwendung des Wissens auf den Akt) und so «quodammodo dictamen rationis» (gewissermaßen eine Vorschrift der Vernunft) [16]. Zwischen beiden steht noch der «actus» der synderesis als solcher, der ein «remurmurare malo et inclinare ad bonum», ein Murren (wörtlich: ein Entgegenmurmeln) gegen das Böse und ein Hinneigen zum Guten ist [17]. – Die c. als applicatio hat drei Formen; nämlich «secundum quod recognoscimus aliquid nos fecisse vel non fecisse» (insofern wir erkennen, daß wir etwas getan oder nicht getan haben) als «testificari» (Zeugnis ablegen); ferner «secundum quod per nostram conscientiam judicamus aliquid esse faciendum vel non faciendum» (insofern wird durch unser G. beurteilen, ob etwas getan oder nicht getan werden soll) als «ligare vel instigare (fesseln, d. h. abhalten, oder anspornen) und «secundum quod per conscientiam judicamus quod aliquid quod est factum, sit bene factum vel non bene factum» (insofern wir durch das G. beurteilen, ob etwas, das getan ist, gut getan oder nicht gut getan sei) als «excusare vel accusare seu remordere» (entschuldigen oder anklagen und beunruhigen) [18]. Mit der ersten dieser drei Funktionen trifft Thomas die *Kontrollfunktion* des G.; während die beiden andern Formen vorwiegend seine *Entscheidungsfunktion* im Auge haben. Der Weg, auf dem in der zweiten und dritten Form das Urteil (judicium) gewonnen wird, ist der der Schlüsse (conclusiones) aus den mit der synderesis gegebenen «principia» [19], d. h. der eines «syllogismus» der «ratio practica» [20]. Aufgrund dieses engen Zusammenhangs werde die synderesis «quandoque» auch als ‹c.› bezeichnet, wie z. B. bei Hieronymus [21].

Zwischen dieser Lehre des Thomas und der Bonaventuras gab es viele Zwischenlösungen. Eine Thomas noch extremer entgegengesetzte Position vertrat HEINRICH VON GENT, der sowohl c. als auch synderesis der voluntas zurechnete [22]. Weitere in der Scholastik viel erörterte Fragen sind: «utrum c. erronea liget» (ob das irrende G. verpflichtet) und «utrum c. erronea excuset» (ob das irrende G. entschuldigt) [23]. Dabei wird die c. als «praeco Dei et nuntius» (Herold und Bote Gottes) (BONAVENTURA) oder das «dictamen conscientiae» als «perventio praecepti divini» (als «Angelangen des göttlichen Gebots») (THOMAS) bezeichnet [24].

Anmerkungen. [1] Näheres vgl. J. STELZENBERGER: Syneidesis, Conscientia, G. (1963) 67-73. – [2] P. ABAELARD, Nosce te ipsum c. 13. – [3] Vgl. A. DYROFF: Name und Begriff der Synteresis. Philos. Jb. 25 (1912) 487; J. DE BLIC: Syndérèse ou conscience. Rev. d'Ascétique et de Mystique 25 (1949) 155. – [4] GREGOR VON NAZIANZ, Or. 28 = MPG 36, 65 b. – [5] Vgl. O. LOTTIN: Psychol. et morale aux 12e et 13e siècles II/1 (Louvain 1948) 105-108. – [6] Vgl. DE BLIC, a.a.O. [3] 155; später ist diese Lesart auch in die Druck-A. eingegangen. – [7] WALTER VON BRÜGGE, Quaest. disp. 10; vgl. R. HOFMANN: Die G.-Lehre des Walter von Brügge OFM und die Entwickl. der G.-Lehre in der Hochscholastik (1941) 79; HEINRICH VON GENT, Quodl. I; vgl. LOTTIN, a.a.O. [5] 247. – [8] Anonymus Toulouse 737; vgl. LOTTIN, a.a.O. [5] 186. – [9] z. B. BONAVENTURA, In 2. Sent. 38, 2, 2 ad 2. – [10] a. a. O. 39, 1, 1; 2, 1. – [11] 39, 1, 2. – [12] 39, 2, 1. – [13] THOMAS VON AQUIN, S. theol. I, 79, 12 c. – [14] De ver. 16, 1 c. – [15] S. theol. I, 79, 13 c. – [16] a. a. O. I/II, 19, 5; zu dem hier «quodammodo» vertretenen Intellektualismus vgl. HOFMANN, a. a. O. [7] 107-110. – [17] THOMAS, De ver. 16, 1 ad 12. – [18] S. theol. I, 79, 13 c; ausführlicher De ver. 17, 1 c. – [19] ebda.; ähnlich schon ALBERTUS MAGNUS, S. de creat. 2, 72, 1; später WALTER VON BRÜGGE bei HOFMANN, a. a. O. [7] 80. – [20] THOMAS, S. theol. I/II, 90, 1 ad 2; so auch ALB. MAGN., a. a. O. – [21] THOMAS, S. theol. I, 79, 13 c. – [22] Vgl. LOTTIN, a. a. O. [5] 247. – [23] THOMAS, S. theol. I/II, 19, 5f.; De ver. 17, 4; De malo 3, 8; ähnlich BONAVENTURA, In 2. Sent. 39, 1, 3; dazu HOFMANN, a. a. O. [7] 124-204. – [24] Thomas, De ver. XVII, 4 ad 2.

b) *Reformation.* – LUTHER übernimmt anfänglich aus der Scholastik die Begriffe ‹synderesis› und ‹conscientia› (c.), gibt aber ‹synderesis› bald als unbiblisch auf. C. bestimmt er als «non virtus operandi, sed judicandi» (eine Tugend nicht des Handelns, sondern des Urteilens) [1]. Das judicare kann aber der Christ selbst nur als Verurteilung vollziehen, denn «omnis c. mala» [2]. «Bona c.» gibt es nur als Freiwerden von der Bedrückung und Qual der c. mala durch den Glauben [3]. Indem Luther so das entscheidend durch das Gottesverhältnis bestimmte Bewußtsein ebenfalls als ‹c.› oder ‹G.› bezeichnet, wird der moralische Bezug beider Termini aufgehoben, und es entstehen neue Begriffe wie «c. fidelis» [4], durch den Glauben zu «Trost» gelangtes «wiederaufgerichtetes», «unverzagtes», «fröhliches» G. [5] sowie «libertas conscientiae», die identisch ist mit der «libertas Christiana seu Evangelica» [6]. – Durch die Übersetzung von συνείδησις und ‹c.› mit ‹G.› in Luthers Bibelübersetzung geht dieser Begriff allgemein in die neuhochdeutsche Sprache ein.

MELANCHTHON übernimmt Luthers Grundauffassung von c. als durch den Glauben bestimmtes Gottesverhältnis, verbindet indes damit doch weitgehend scholastische Definitionen [7]. So akzeptiert er den Begriff ‹synteresis›, den er erstmals sprachlich richtig als «conservatio» deutet, aber auf den Begriff des Gesetzes, das mit uns geboren wird (notitia legis quae nobiscum nascitur) bezieht. Er stimmt auch der thomistischen Auffassung des Zusammenwirkens von synderesis und c. in einem «syllogismus practicus» zu, in dem die synderesis durch das Allgemeine der Gesetzesvorschrift den Obersatz, die c. den Untersatz und die «conclusio» liefert [8].

CALVIN versteht, ähnlich wie Luther, c. wesentlich aus dem Zusammenhang der «libertas Christiana». Im Gegensatz zu Melanchthons scholastisch-intellektualistischer Auffassung definiert er aber c. als «sensus divini judicii» (Sinn des göttlichen Urteils). Unter Berufung auf Röm. 2, 15 erläutert er c. als den Menschen «quasi adjunctus testis, qui sua peccata eos occultare non sinit quin ad judicis tribunal rei pertrahantur» (gleichsam beigegebener Zeuge, der nicht zuläßt, daß sie ihre Sünden verbergen, um nicht vor das Tribunal des zuständigen Richters gebracht zu werden) [9]. Dabei weist er auf «illud proverbium, c. mille testes» hin [10].

Im 17. Jh. bringt die *spanische Spätscholastik* neue begriffliche Unterscheidungen: FR. SUÁREZ betrachtet die Formen der c. erstmals rein zeitlich; er erklärt: «c. aut est praeeteriti aut futuri» (G. ist entweder auf die Vergangenheit oder auf die Zukunft bezogen) und sagt von der zweiten Form, sie gehe der Handlung voraus (antecedit actionem) [11].

Neben dieser neuen Betrachtungsweise wirken die thomistischen Lehren weiter, und zwar, unter Melanchthons Einfluß, auch in der *evangelischen* Theologie [12], wo noch G. CALIXT synderesis und c. unterscheidet und letztere als «conclusio» kennzeichnet. Des Suárez Erklärung weiterführend, teilt er erstmals in «c. antecedens» und «c. consequens», vorhergehendes und nachfolgendes G. ein [13].

Anmerkungen. [1] M. LUTHER, De votis monasticis. Weimarer A. (= WA) 8, 606. – [2] Dictata s. Psalt. WA 4, 67. – [3] Heidelb. Disp. 1518 = WA 1, 372, 34ff.; Tischreden WA Ti. 3, Nr. 3411; vgl. O. DITTRICH: Luthers Ethik (1930) 54 Anm. 10, Anm. 11. – [4] z. B. a. a. O. [1] 8. – [5] z. B. Gr. Katechismus, 3. Teil, 5. Bitte. – [6] a. a. O. [1]. – [7] Vgl. O. DITTRICH: Gesch. der Ethik 4 (1932) 97-102. – [8] MELANCHTHON, Comment. de anima (1540) 275; ähnlich Liber de anima Corp. Ref. 13, 147. – [9] CALVIN, Institutio (³1559) III, 19, 15; dazu DITTRICH, a. a. O. [7] 193f. – [10] Vgl. oben I b. QUINTILIAN. – [11] FR. SUÁREZ, Thomas-Komm. Opera 4 (Paris 1856) 439. – [12] Näheres vgl. DITTRICH, a. a. O. [7] 270f. 287-290. 328-331. 411f. – [13] G. CALIXT: Epitome theol. moralis (1634) 19.

Literaturhinweise. – *Zur Terminologie (Synteresis):* J. JAHNEL: Woher stammt der Ausdruck Synderesis bei den Scholastikern? Theol. Quart.schr. 52 (1870) 240ff. – F. NITZSCH: Die Entstehung der scholast. Lehre von der Synteresis. Jb. prot. Theol. 5 (1879) 492ff. – R. LEIBER: Name und Begriff der Synteresis. Philos. Jb. 25 (1912) 372-392. – A. DYROFF s. Anm. [3 zu a] 487-489. – J. HEBING: Über conscientia und conservatio im philos. Sinne bei den Römern von Cicero bis Hieronymus. Philos. Jb. 35 (1922) 136-152. 215-131. 298-326. – M. WALDMANN s. Anm. [12 zu 1 a] 332-371. – H. EBELING: Meister Eckharts Mystik (1941). – J. DE BLIC s. Anm. [3 zu a] 146-157. – Å. PETZÄLL: La synteresis. Theoria (Lund) 20 (1954) 64-77. – *Zur Lehre: a) Mittelalter:* O. RENZ: Die Synteresis nach dem hl. Thomas v. Aquin (1911). – R. HOFMANN s. Anm. [7 zu a]. – O. LOTTIN s. Anm. [5 zu a]. – *b) Reformation:* G. Jacob: Der G.-Begriff in der Theol. Luthers (1929). – O. DITTRICH s. Anm. [3 zu b]. – YRIÖ J. E. ALANEN: Das G. bei Luther. Ann. Acad. Fennicae 29/2 (1934). – E. HIRSCH: Lutherstud. 1 (1954).

4. *Humanismus und Aufklärung.* – Das *französische* ‹conscience› (c.) schwingt weit in die allgemeine Bedeutung «Bewußtsein» aus [1] und hat deshalb den Begriff ‹G.› nur wenig beeinflußt. MONTAIGNE versteht c. ganz im Sinne der römischen conscientia und zitiert zustimmend Ciceros Aufforderung zum Gebrauch des eigenen Urteils (Nat. deor. III, 85) [2]. – Den «remords de c.» definiert DESCARTES als «une espece de tristesse, qui vient du doute qu'on a qu'une chose qu'on fait, ou qu'on a faite, n'est pas bonne» [3]. – Ganz ohne Bezug auf eige-

nes Handeln definiert Spinoza den Gewissensbiß (conscientiae morsus) als «tristitia concomitante idea rei praeteritae, quae praeter spem evenit» (Trauer, welche die Vorstellung einer vergangenen Angelegenheit begleitet, die anders herausgekommen ist, als man gehofft hat) [4]. – Bayle unterscheidet in seinen zwischen 1675 und 1692 gehaltenen Vorlesungen, thomistischer Tradition folgend, noch die «syntheresis, qua approbamus principia morum» (durch die wir die Grundsätze der Sitten anerkennen) als «habitus» von der conscientia als «cujus actus». Aber in der Druckausgabe mit französischem Paralleltext (posthum 1731) wird syntheresis teils mit ‹c.›, teils mit «remords» wiedergegeben [5]. Von da ab verschwindet ‹synteresis› aus den ethischen Texten, oft zugunsten eines unscharfen, zwischen Anlage und Akt schwankenden Verständnisses von c. – Rousseau faßt c. weit als sittliches Bewußtsein: Wir beurteilen durch sie «nos actions et celles d'autrui» [6]. Sie wirkt «indépendante de la raison, ne peut donc se développer sans elle» [7].

Auch das englische ‹conscience› (c.) hat zur Auffassung von «G.» nur stellenweise beigetragen, da es meist im Sinn von «sittlichem Bewußtsein» gefaßt wird, ohne deutliche Einschränkung auf eigene Akte. Immerhin ist für Shaftesbury c. eine «reflection», die er bestimmt als «natural sense of the odiousness of crime and injustice» [8]. – Zusätzlich betont J. Butler, damit Wesentliches treffend, daß c. ein «superior principle or part of our nature» sei, dem eine «natural authority» mit einer «supremacy» über unsere «appetites, passions, affections» zukomme. So ist ihm c. «the principle in man, by which he approves or disapproves his heart, temper and actions», es bewirkt eine «moral obligation» [9]. – Hierzu ergänzt H. Home: «The authority of c. does not consist merely in an act of reflection. It arises from a direct perception, which we have upon presenting the object». Im Gefolge Augustins bezeichnet er dann c. als «the voice of God within us» [10]. – Bei A. Smith ist die thomistische Unterscheidung von synteresis und conscientia durchzuspüren: ‹The word c. does not immediately denote any moral faculty, by which we approve or disapprove. C. supposes, indeed, the existence of some faculty, and properly signifies our consciousness of having acted agreeably or contrary to its directions» [11].

In Deutschland bestimmt Chr. Thomasius conscientia (c.) im Anschluß an die thomistische Tradition: C. ist «Urteil des Menschen über seine Handlungen» (judicium hominis de actionibus suis) und daher weder potentia noch habitus, auch nicht «Regel menschlicher Handlungen» (actionum humanarum norma), sondern «deren Anwendung» (cujus adplicatio) [12]. Hauptformen sind: «c. antecedens» und «c. consequens». – Chr. Wolff dagegen definiert c. als «facultas judicandi de moralitate actionum nostrarum» (Vermögen, die Moralität unserer Handlungen zu beurteilen), fügt aber hinzu: «Nonnulli conscientiam vocant ipsum actum judicandi» (Einige nennen das G. den Urteilsakt selbst) [13]. In den vorher erschienenen ‹Vernünftigen Gedanken von des Menschen Thun und Lassen› (1721) überführt Wolff den philosophischen Sprachgebrauch von ‹c.› in den von ‹G.›, das aber hier als «Urteil» bestimmt wird [14]. In beiden Werken folgen ausführliche Erörterungen meist traditioneller Unterscheidungen, zunächst der von «vorhergehendem» und «nachfolgendem» G., wonach ersteres in ein «lehrendes» und ein «antreibendes» eingeteilt wird. – Chr. A. Crusius deutet den «G.-Trieb» als «die Sprache Gottes durch die Natur» [15].

Anmerkungen. [1] Vgl. dazu L. Brunschvicg: Le progrès de la c. dans la philos. occidentale (Paris 1953). – [2] M. de Montaigne, Essais III, 2. – [3] R. Descartes, Les passions de l'âme III, art. 177. – [4] B. Spinoza, Ethica III, Affectuum def. 17. – [5] P. Bayle, Oeuvres div., hg. E. Larousse 4, 260. – [6] J.-J. Rousseau, Emile IV, hg. Richard 352 [kurs. vom Ref.]. – [7] a. a. O. I, 48. – [8] A. A. C. Shaftesbury, Enquiry conc. virtue II, 2, 1. – [9] J. Butler, Sermons, Preface. – [10] H. Home, Essays on the principle of morality I, 2, 3. – [11] A. Smith, Theory of moral sentiments VII, 3, 3. – [12] Chr. Thomasius: Introductio in philosophiam moralem (1692) I, 4, 13. – [13] Chr. Wolff: Philos. practica universalis (1738) §§ 417ff. [kurs. vom Ref.]. – [14] a. a. O. § 73. – [15] Chr. A. Crusius: Anweisung vernünftig zu leben (1744) § 169.

5. *Kant bis Schopenhauer.* – In der begrifflichen Abgrenzung von ‹G.› bleibt auch Kant schwankend. Er bestimmt es als «Vermögen» [1], «Anlage» [2] oder als «das Gesetz in uns», fügt aber hinzu, «eigentlich» sei es «die Applikation unserer Handlungen auf dieses Gesetz» [3]. Hierzu steht im Gegensatz die Erklärung: «Das G. richtet nicht die Handlungen als Kasus, die unter dem Gesetz stehen; denn das tut die Vernunft, sofern sie subjektiv-praktisch ist ..., sondern hier richtet die Vernunft sich selbst, ob sie auch wirklich jene Beurteilung der Handlungen mit aller Behutsamkeit ... übernommen habe». Daher ist das G. für Kant «ein Bewußtsein, das für sich selbst Pflicht ist» [4]. Hier hat er offenbar eine besondere Funktion des G. im Auge. Er erweitert aber diese Auffassung wieder, wenn er vom G. erklärt: «... es gibt keine Pflicht sich eines anzuschaffen, sondern jeder Mensch, als sittliches Wesen, *hat* ein solches ursprünglich in sich.» «G. ist die dem Menschen in jedem Fall eines Gesetzes seine Pflicht zum Lossprechen oder Verurteilen vorhaltende praktische Vernunft.» «Eine Pflicht ist hier nur, sein G. zu kultivieren, die Aufmerksamkeit auf die Stimme des inneren Richters zu schärfen und alle Mittel anzuwenden ..., um ihm Gehör zu verschaffen» [5]. Nun findet Kant aber darin, daß «der durch sein G. *Angeklagte* mit dem Richter als *eine* und *dieselbe Person* vorgestellt» wird, «eine ungereimte Vorstellung von einem Gerichtshof, denn da würde jeder Ankläger jederzeit verlieren. Also wird sich das G. des Menschen ... einen andern ... zum Richter seiner Handlungen denken müssen ... eine wirkliche oder bloß ideelle Person». Da aber diese auch als «allverpflichtend» gedacht werden und deshalb zugleich «alle Gewalt (im Himmel und auf Erden) haben muß», so wird «das G. als subjektives Prinzip einer vor *Gott* seiner Taten wegen zu leistender Verantwortung gedacht werden müssen» [6].

Für J. G. Fichte ist die «Stimme» des G. ein «Orakel aus der ewigen Welt, das mir verkündigt, wie ich an meinem Teile in die Ordnung der geistigen Welt ... mich einzufügen habe» [7]. Sie «gebietet mir in jeder besonderen Lage meines Daseins, was ich bestimmt in dieser Lage zu tun, was ich in ihr zu meiden habe» [8]. «Das G. irrt nie und kann nie irren», denn es ist «selbst Richter aller Überzeugung», der «keinen höheren Richter über sich anerkennt» [9]. – Hegel dagegen erklärt: «Das G. drückt die absolute Berechtigung des subjektiven Selbstbewußtseins aus, nämlich *in sich* und *aus sich* selbst zu wissen, was Recht und Pflicht ist.» Indes «seine Berufung nur *auf sein Selbst* ist unmittelbar dem entgegen, was es sein will, die Regel einer vernünftigen, an und für sich gültigen Handlungsweise» [10]. Daher ist das G. «als formelle Subjektivität ... auf dem Sprunge ... ins Böse umzuschlagen» [11]. – Nach Schleiermacher ist das G. die Beziehung des «Überzeugungszustandes in den auf das Wollen bezüglichen Denkbestimmungen» auf die «allgemeine Zustimmung» [12] und so ein «Zusammensein des Gattungsbewußtseins und des Individuellen in uns» [13]. – HERBART bezeichnet das G. als ein «aus der Mitte des Gemüts» (d. h. der «Seele, sofern sie fühlt und begehrt» [14]) «hervorbrechendes» auf das eigene Wollen bezogenes «Geschmacksurteil» [15]. Das eigene G. eines jeden hat manches «nicht bloß nach der Verbindlichkeit der Umstände, sondern auch nach seiner Individualität zu bestimmen» [16].

SCHOPENHAUER unterscheidet vom G. als «moralischer Selbstbestimmung» die «unechte, erkünstelte, auf bloßem Aberglauben gegründete G.» [17]. Was mancher für sein G. halte, sei «eigentlich zusammengesetzt ... etwa aus $^1/_5$ Menschenfurcht, $^1/_5$ Deisidämonie, $^1/_5$ Vorurteil, $^1/_5$ Eitelkeit und $^1/_5$ Gewohnheit» [18]. Das «G. der Folgsamkeit» (s. o. 2c) trifft Schopenhauer mit der Erklärung: «Religiöse Leute, jeden Glaubens, verstehen unter G. sehr oft nichts anderes als die in Beziehung auf die Dogmen und die Vorschriften ihrer Religion vorgenommene Selbstprüfung» [19]. *Kants* Beschreibung des G. sei großenteils «eine zu allgemeine Form», sie gelte «auch von jedem Skrupel ganz anderer Art» [20]. Scharf lehnt Schopenhauer besonders Kants Vorstellung vom G. als Gerichtshof und die daraus abgeleitete «Moraltheologie» ab [21]. «Thema» des G. sind «zunächst unsere Handlungen, und zwar ... diejenigen, in welchen wir dem Mitleid ... entweder kein Gehör gegeben haben, oder aber ... jenem Ruf gefolgt sind» [22]. Letztlich ist aber sein Gegenstand «zwar aus Anlaß des «operari», doch eigentlich das «esse» [23]. Sein Ursprung ist metaphysisch, es sagt uns, «daß unser wahres Selbst nicht bloß in der eigenen Person ... da ist, sondern in allem, was lebt» [24].

Anmerkungen. [1] I. KANT, KpV I, 1, 3 = Akad.-A. 5, 98. – [2] Met. Sitten, Tugendlehre § 13 = a. a. O. 6, 438. – [3] Pädagogik, Von der prakt. Erziehung = 9, 495. – [4] Relig. innerhalb ... IV, 2, § 4 = 6, 186. – [5] Met. Sitten, Tugendlehre, Einl. XII b = 6, 400/1. – [6] a. a. O. Tugendl. § 13 = 6, 438/9. – [7] J. G. FICHTE: Die Bestimmung des Menschen (1800) III, 4. Werke, hg. I. H. FICHTE 2, 298. – [8] a. a. O. III, 1 = 2, 258. – [9] System der Sittenlehre (1798) III, § 15 = 4, 174. – [10] G. W. F. HEGEL, Grundlinien der Philos. des Rechts § 137. – [11] a. a. O. § 139. – [12] FR. SCHLEIERMACHER, Dialektik, hg. J. HALPERN (1903) 213. – [13] a. a. O. 214. – [14] J. F. HERBART: Lehrb. zur Psychol. (1816, ³1887) 29. – [15] Werke, hg. HARTENSTEIN 11, 221. – [16] a. a. O. 8, 248. – [17] A. SCHOPENHAUER, Über die Grundl. der Moral § 9. – [18] a. a. O. § 13. – [19] ebda. – [20] § 9. – [21] ebda. – [22] § 20. – [23] § 10. – [24] Die Welt als Wille und Vorstellung § 66.

Literaturhinweise. W. WOHLRABE: Kants Lehre vom G. (1880). – R. MEYER: Vernunft und G. Ein Beitrag zur polit. Ethik Kants, in: Humanität und polit. Verantwortung, Festschr. Hans Barth (1964) 214-251 (ND in Vorbereitung in: Wege der Forsch. [= WdF] 37). – H. LÜBBE: G.-Freiheit und Bürgerpflicht. Aktuelle Aspekte der G.-Theorie Hegels a. a. O. 194-213 (= WdF 37); Zur Dialektik des G. nach Hegel. Hegelstud. Beih. 1 (1964) 247ff.

6. *Von Feuerbach bis zur Gegenwart.* – Ab Mitte des 19. Jh. tritt die Tendenz hervor, das G. als (sekundäres) Ergebnis psychologischer Zusammenhänge zu begreifen, meist unter Auflösung seines Autoritätsanspruchs. So definiert L. FEUERBACH es als «die Furcht etwas zu tun, worauf Strafe steht, bestehe diese Strafe auch nur in dem mißbilligenden Urteil der andern – ein Urteil, das aber der Mensch zu seinem eigenen Urteil und Richtmaß macht» [1]. Nach CH. DARWIN besteht das G. (conscience) in der *Reue* über eigene Handlungen, in denen der Mensch den eigenen Begierden statt seinen sozialen Trieben gefolgt ist [2]. (Einsam in der Philosophie seiner Zeit beschreibt indes der religiöse Denker J. H. NEWMAN das G. als in und aus sich selbst auf einen höchsten Richter und Herrscher, d. h. auf Gott, hinweisend [3].) P. RÉE erklärt das G. als dadurch entstanden, daß der ursprüngliche Grund der Forderungen der Gesellschaft, ihr zu nützen, in Vergessenheit geriet [4]. Nach G. SIMMEL ist es «der individuelle Nachhall der in der Gattung oft genug erlittenen und mitangesehenen sozialen Strafen» [5]. Als Krankheitserscheinung deutet NIETZSCHES phantasievolle Entstehungshypothese das schlechte und damit das ganze G.: Es beruhe auf einer in der Frühzeit der Menschheit erfolgten Zurückwendung ihres Grausamkeitsinstinkts auf das eigene Ich, verbunden mit einer gegen den Urahn (als Gottheit) empfundenen Schuld [6].

Seither waren zahlreiche Forscher weiter um die Erfassung des G. als Erscheinung des normalen menschlichen Seelenlebens bemüht. Nicht viel Beachtung findet dabei die begriffliche Abgrenzung: Vorwiegend wird das G. als Akt («Funktion») verstanden, von einigen indes als «Fähigkeit», «Organ» (V. FRANKL [7], H. KUHN [8]) oder als «Ort» (A. WELLEK [9]). TH. LIPPS unterschied «aktuelles», «aktuales» G. und G. als «Vermögen» [10], J. PIEPER «Ur-G.» (synderesis) und «Situations-G.» (conscientia) [11]. Daß das G. im Unterschied zu «sittlichem Bewußtsein» sich nur auf je eigenes Verhalten bezieht, wird meist angenommen, indes oft ohne Sorgfalt formuliert. Deutlich sagt dies J. STELZENBERGER mit seiner Definition des G. als «aktuelle Funktion einer personalen ethisch-sittlichen Entscheidung» [12]; er versäumt aber klarzustellen, daß dabei Beurteilungs- und nicht Handlungsentscheidung gemeint ist, und verkennt, daß die aktuelle Entscheidung oft zugleich eine Verhaltens*art* mitbetrifft.

Die innere Wesensbestimmung des G. ist zunächst noch meist von der traditionellen Frage beherrscht, ob seine Funktion dem Erkennen, Fühlen oder Wollen (Streben) einzuordnen sei: Als (Erkenntnis)urteil, zum Teil sogar noch als (wenn auch nicht explizit) «Syllogismus» fassen das G. A. RITSCHL [13], V. CATHREIN [14], G. HEYMANS [15] und F. JODL [16]. HEYMANS bemerkt allerdings, die Einsicht des G. könne auch auf unmittelbarem, «intuitiven Denken» beruhen. Nach TH. ELSENHANS sind *Gefühle* die ursprünglichen Elemente des G. [17]. H. HÖFFDING sieht es als «Beziehungsgefühl» («die Reaktion des Zentralen gegen das Peripherische») [18]. R. PAULSEN bezeichnet das G. als «eine höhere Willensform, der sich unter Willen sich zu unterwerfen hat» [19], E. BECHER als «Inbegriff bestimmter Willensdispositionen», in denen ein «eigentliches Sollen» bewußt wird [20]. Indes läßt RITSCHL mit dem «Erkenntnisurteil» des G. Gefühle, ELSENHANS Urteile der Billigung oder Mißbilligung und Willensantriebe *verbunden* sein [21], und nach W. WUNDT kann «der einzelne G.-Akt Gefühl, Affekt, Trieb, Urteil sein und enthält nicht selten mehrere dieser Inhalte zugleich» [22].

Die Überwindung solcher Zerspaltung des G. beginnt indes schon bei RITSCHL, der zur allgemeinen G.-Theorie die aus dem Neuen Testament geläufigen Begriffe ‹böses› und ‹gutes› G. heranzieht und das gute als «nur Ausdruck für die Abwesenheit des bösen G.» auf dieses zurückführt [23]. Gegen die intellektualistische Auffassung des G. als «syllogismus practicus» bemerkt W. BREMI, daß dessen Stimme zu solchem Schluß sogar in Widerspruch stehen kann [24]. Gegen die Erklärung des G. als Verknüpfung verschiedener Bewußtseinselemente wandte sich G. H. STOKER und setzte ihr einen von M. Scheler angeregten «emotionalen Intuitionismus» gegenüber, nach dem die im G. auflebenden Gefühle ein «Räsonnieren» objektiver Tatbestände und damit unmittelbar auch «Kognition» und volitives «Drangmoment» in sich enthalten [25]. So ist das G. eine «reelle innere Kundwerdung», und zwar «des Personalbösen», da das «gute G.» (wie Stocker Ritschls Formulierung verbessernd erklärt) nur «das für ein bestimmtes Verhalten *erlebte* Fehlen des schlechten G. ist» [26] – eine seither wegen des sonst andrängenden «Pharisäismus» meist anerkannte Ansicht.

Das in der Emotion des G. *Gegenständliche* haben seither auch andere Ethiker herausgehoben. So bestimmt N. HARTMANN das G. als das auf die eigene Person bezogene «primäre einem jeden im Gefühl liegende Wertbewußtsein» [27]. Unmittelbar nur auf die sittlichen Unwerte bezogen ist das G. nach D. v. HILDEBRAND [28]. Als Bewußtsein des die eigene Person betreffenden sittlichen Sollens fassen das G. H. REINER [29] und TH. MÜNCKER [30], K. JASPERS als «das Fordernde» [31]. Als auf Ordnung gerichtet kennzeichnen es STOKER [32], KUHN [33] und WELLEK [34]. Eine scharfe Unterscheidung des G. selbst von der ihm gegenständlichen Norm trifft H. SCHMALENBACH: Das G. sei bei den Wertschätzungen als solchen nicht beteiligt, es setze diese logisch voraus [35]; ähnlich v. HILDEBRAND: «Das G. ist nicht das Organ, mit dem wir sittliche Werte erfassen, es setzt deren Kenntnis voraus» [36]. Dem folgen MÜNCKER [37] und STELZENBERGER [38]; JASPERS formuliert im gleichen Sinn: «Das G. ist nur Instanz, nicht Ursprung, der hervorbringt» [38a]. Damit wird die alte Lehre Thomas von Aquins von der in der conscientia vorausgesetzten syneresis erneuert. – Das Verhältnis des Ich zu dem im G. Gegenständlichen wird von STOKER [39], P. HÄBERLIN [40], E. BRUNNER [41], WELLEK [42] und PH. LERSCH [43] als Verantwortlichkeit herausgestellt.

Als Subjekt der Funktionen des G. nennt HÄBERLIN den «ganzen Menschen» [44], MÜNCKER «die ganze menschliche Persönlichkeit» [45]. JASPERS sagt: «Im G. spricht eine Stimme zu mir, die ich selbst bin» [46]; ähnlich M. HEIDEGGER: «Das Dasein ruft im G. sich selbst» [47]. Inhaltlich formalisiert Heidegger den Begriff des G. so, daß von seinem Bezug auf Gut und Böse nur noch ein Ruf «aus der Verlorenheit in das Man» hin «vor sein eigenstes Seinkönnen» übrig bleibt [48].

Andere Forscher suchen den Ort des G. psychologisch genauer zu fassen. REINER bestimmt als diesen Ort den «Ich-Umgrund», der das dem Willen unterstehende Ich-Zentrum als von diesem unabhängige schöpferische Grundlage und Peripherie umgibt [49]. BREMI faßt es als eine Art der (bewußten oder unbewußten) Stellungnahme, die aus Verbundenheit mit einer letzten überindividuellen Instanz hervorgeht [50]. W. J. REVERS definiert das G. als «die von den rational-transitiven Strebungen getragene praktische Vernunft» [51]. Nach STOKER [52], A. VETTER [53] und WELLEK [54] entspringt der Akt des G. einem «letzten Personkern», einer «Kernschicht», die VETTER [55], WELLEK [56] und LERSCH [57] mit dem schon von Herbart herangezogenen, aber nun neu bestimmten Begriff ‹*Gemüt*› zu fassen suchen.

Vor und neben all solchen das G. als normale Bewußtseinserscheinung fassenden Bestimmungen hat S. FREUD seine – mit Nietzsches Hypothese verwandte – psychoanalytisch-pathologische Theorie entwickelt: Aus der in Wünschen vollzogenen Identifizierung mit dem zugleich gefürchteten und als Vorbild geliebten Vater (Autoritätsperson) entsteht ein ins Unbewußte abgespaltenes Über-Ich (Ich-Ideal), das das bewußte Ich «überwacht» und durch seine Strenge in diesem die G.-Angst hervorruft [58]. Damit wird eine spezielle, teilweise ins Unbewußte verlagerte Form des «G. der Folgsamkeit» zum einzigen G. erklärt. Seither ist jedoch von J. PIAGET [59], E. FROMM [60], H. HÄFNER [61], C. G. JUNG [62], W. BITTER [63] und D. EICKE [64] festgestellt worden, daß es auch tiefenpsychologisch gesehen *zwei* Grundformen des G. gibt, ein «autoritäres» («moralisches») und ein «autonomes» («humanistisches», «ethisches»). Nach JUNG entsteht die «höhere Form» («ethisches» G.) durch einen Konflikt des Bewußtseins mit dem «numinosen Archetypus», der bei Austragung des Konflikts «jene zwingende Autorität» erlangt, «welche nicht zu Unrecht als ‹vox Dei› charakterisiert wird» [65]. Indes erklärt FRANKL, Jung habe diesen «unbewußten Gott» zu Unrecht ins Es verlegt [66]. Nach ihm, ebenso wie nach STOKER [67] und KUHN [68], stellt sich der Ruf des G. als von einem *transzendenten Gott* kommend dar.

Anmerkungen. [1] L FEUERBACH: Theogonie (1857) 169f. – [2] CH. DARWIN: The descent of men (1871) ch. 3. – [3] J. H. NEWMAN: Grammar of assent (1870) ch. 5, § 1. – [4] P. RÉE: Die Entstehung des G. (1885) §§ 25. 27. – [5] G. SIMMEL: Einl. in die Moralwiss. 1 (1892) 407. – [6] FR. NIETZSCHE, Zur Genealogie der Moral 2. Abh. (1887). – [7] V. FRANKL: Der unbewußte Gott, in: N. PETRILOWITSCH (Hg.): Das G. als Problem (1966) 301. – [8] H. KUHN: Begegnung mit dem Sein (1954) 191. – [9] A. WELLEK: Die Polarität im Aufbau des Charakters (³1965) 324. – [10] TH. LIPPS: Die ethischen Grundfragen (³1912) 180f. – [11] J. PIEPER: Die Wirklichkeit und das Gute (⁵1949) 58ff. 78. – [12] J. STELZENBERGER: Das G. (1961) 33; vgl. die Polemik 48ff. – [13] A. RITSCHL: Über das G. (1876) 6. – [14] V. CATHREIN: Moralphilos. (⁶1924) 481. – [15] G. HEYMANS: Einf. in die Ethik (1914) 291f. – [16] F. JODL: Allg. Ethik (1918) 329. – [17] TH. ELSENHANS: Wesen und Entstehung des G. (1894) 171. – [18] H. HÖFFDING: Ethik (³1922) 68. – [19] R. PAULSEN: System der Ethik 1 (⁵1900) 320. – [20] E. BECHER: Die Grundfrage der Ethik (1907) 56. – [21] RITSCHL, a.a.O. [13] 7; ELSENHANS, a.a.O. [17] 165f. – [22] W. WUNDT: Ethik 3 (⁴1912) 57. – [23] RITSCHL, a.a.O. [13] 13. – [24] W. BREMI: Was ist das G.? (1934) 13ff. – [25] G. H. STOKER: Das G. (1925) 75. 98. 167f.; M. SCHELER selbst betont noch einseitig die Erkenntnisseite des G. in: Der Formalismus in der Ethik ... (⁵1966) 325-328. – [26] STOKER, a.a.O. 193. – [27] N. HARTMANN, Ethik Kap. 14 b. – [28] D. V. HILDEBRAND: Sittlichkeit und ethische Werterkenntis, in: Husserls Jb. 5 (1922) 477-479. – [29] H. REINER: Pflicht u. Neigung (1951, ²1974) 115. – [30] TH. MÜNCKER: Die psychol. Grundl. der kath. Sittenlehre (⁴1953) 30. – [31] K. JASPERS: Philos. 2 (1930) 268f. – [32] STOKER, a.a.O. [25] 145. – [33] KÜHN, a.a.O. [8] 191. – [34] WELLEK, a.a.O. [9] 324f. – [35] H. SCHMALENBACH: Das G., in: Festschr. K. Joël (1934) 206-208. – [36] D. V. HILDEBRAND: Wahre Sittlichkeit und Situationsethik (1957) 159. – [37] MÜNCKER, a.a.O. [30] 31. – [38] STELZENBERGER, a.a.O. [12] 38. – [38a] JASPERS, a.a.O. [31]. – [39] STOKER, a.a.O. [25] 61. – [40] P. HÄBERLIN: Über das G. (²1931) 47. – [41] E. BRUNNER: Das Gebot und die Ordnungen (⁴1939) 141. – [42] WELLEK, a.a.O. [9] 324. – [43] PH. LERSCH: Aufbau der Person (¹⁰1966) 280-285. – [44] P. HÄBERLIN, a.a.O. [40] 28. – [45] MÜNCKER, a.a.O. [30] 30. – [46] JASPERS, a.a.O. [31] 208. – [47] M. HEIDEGGER: Sein und Zeit (1927) 275. – [48] a.a.O. 274. 288; zum G. im ganzen §§ 54-60. – [49] REINER, a.a.O. [29] § 18. – [50] BREMI, a.a.O. [24] 19-34. – [51] W. J. REVERS: Charakterprägung und G.-Bildung (1951) 69. – [52] STOKER, a.a.O. [25] 105. – [53] A. VETTER: Wirklichkeit des Menschlichen (1960) 139. – [54] WELLEK, a.a.O. [9] 315ff. – [55] VETTER, a.a.O. [53] 136-143. – [56] WELLEK, a.a.O. [9] 315-336. – [57] LERSCH, a.a.O. [43] 280ff. – [58] S. FREUD: Das Unbehagen in der Kultur (1930). Werke 14, 484-506. – [59] J. PIAGET: Das moralische Urteil beim Kinde (dtsch. 1954) 369ff. – [60] E. FROMM: Psychoanal. und Ethik (dtsch. 1954) 155ff. – [61] H. HÄFNER: Schulderleben und G. (1956) 144-151. – [62] C. G. JUNG: Das G. in psychol. Hinsicht, in: Stud. C. G. Jung-Inst. 7: Das G. (1958) 185-207. – [63] W. BITTER: Das G. in der Tiefenpsychol., in: Gut und Böse in der Psychother., hg. W. BITTER (1959) 43-74. – [64] D. EICKE: Das G. und das Über-Ich, in: Wege zum Menschen 16 (1964) 104-126. – [65] JUNG, a.a.O. [62] 205. – [66] FRANKL, a.a.O. [7] 71-87. 96f. – [67] STOKER, a.a.O. [25] 145-148. – [68] KUHN, a.a.O. [8] 171-180.

Literaturhinweise. P. MATTUSSEK: Hist.-krit. Untersuch. der Lehre vom G. bei Rée, Wundt, Paulsen, Rümelin, Scheler und Stoker (Diss. Berlin 1944). – E. SPENGLER: Das G. bei Freud und Jung (1946). – H. WELZEL: Vom irrenden G. (1949) 5-28

(ND in Vorbereitung in: Wege der Forsch. [= WdF] 37). – H. KUHN s. Anm. [8] 171-196 (= WdF 37). – G. EBELING: Theol. Erwägungen über das G., in: Wort und Glaube (²1962) 429-448 (= WdF 37). – H. REINER: Zur G.-Lehre von Rée, Simmel, Nietzsche und Freud, in: Die philos. Ethik (1964) 67f. 70-79. – L. M. ARCHANGELSKI: Kat. der marxist. Ethik, dtsch. E. SALEWSKI (1965) 184-218 (= WdF 37). – N. MATROS: Das Selbst in seiner Funktion als G. Salzburg. Jb. Philos. 10/11 (1966/67) 169-213 (= WdF 37). – H. EKLUND: Das G. in der Auffassung des modernen Menschen. Z. systemat. Theol. 14 (1967) 197-224 (= WdF 37). – D. RÜDIGER: Der Beitrag der Psychol. zur Theorie des G. und der G.-Bildung. Jb. Psychol., Psychother. med. Anthropol. 16 (1968) 135-151 (= WdF 37). – FR. KÜMMEL: Zum Problem des G., in: Erziehung in anthropol. Sicht, hg. O. F. BOLLNOW (1969) 168-192 (= WdF 37). – G. FUNKE: Gutes G., falsches Bewußtsein, richtende Vernunft. Z. philos. Forsch. 25 (1971) 226-251 (= WdF 37). – H. REINER s. Anm. [1 zu 7].

7. Zusammenfassung. – Die vielfältigen seit der Antike über das G. gemachten und zum Teil auch im gegenwärtigen Sprachgebrauch noch verankerten Aussagen können als Teilaussagen oder als hauptsächlich nur in der Formulierung verschieden größtenteils nebeneinander bestehen. Insoweit lassen sie sich in folgende Bestimmungen zusammenordnen (*Terminologie* und *Phänomenologie* des G.) [1]:

1. Unter ‹G.› wird verstanden: a) das im Bewußtsein in Erscheinung tretende *persönliche Betroffensein* von einem konkreten *sittlichen Verhaltensanspruch* (Sollensbewußtsein) oder b) die solches Betroffensein ermöglichende und herbeiführende *Anlage* bzw. deren Substrat (‹Organ›).
2. Das zum G. gehörige Betroffensein besteht in *zwei Funktionen:* a) in der Feststellung oder Prüfung des Bestehens oder Nichtbestehens eines *Anspruchs* (Verhaltens-*Weisung*) und b) in der Feststellung oder Prüfung von dessen *Erfüllung* oder *Nichterfüllung* (Verhaltens-*Kontrolle*).
3. An den meisten konkreten G.-Aussagen sind diese Funktionen beide beteiligt und aufeinander bezogen. Aber im Blickfeld kritischer Prüfung steht gewöhnlich nur eine davon [2].
4. Die Prüfung des Bestehens oder Nichtbestehens des Anspruchs (*Weisung*) stellt sich dar als erfolgend a) aufgrund *eigener* beurteilender *Stellungnahme* (*autonomes* G.) oder b) aufgrund der Forderung einer dazu legitimierten *Autorität* (*autoritäres* G.).
5. Wo vom G. als *autonomem* die Rede ist, steht meist seine *Weisungsfunktion* im Vordergrund, beim *autoritären* G. dagegen die *Kontroll*funktion.
6. Die *autonome* Begründung des G.-Anspruchs kann sich darstellen: a) als vorwiegend oder ganz von der *Vernunft* (ratio) geleitet, oder b) als wesentlich vom eigenen *Gefühl* bestimmt (irrational, emotional).
7. Bei der Begründung des G.-Anspruchs durch eine *Autorität* kann diese a) als (in ihrer Legitimiertheit) *bekannte* gegeben sein, oder sie kann b) aus dem Dunkel des Unbewußten her wirken [3].
8. Hinsichtlich seiner *Kontroll*funktion kann das G. sich a) *rückschauend* auf *vergangenes* eigenes Verhalten beziehen oder b) *vorschauend* auf *zukünftiges*, noch zu vollziehendes Verhalten. (*Grenzfälle:* Reflexion a) auf gegenwärtig im Vollzug befindliches Verhalten, b) auf bisher versäumtes, aber noch erfüllbares Verhalten.)
9. Im *rückschauenden* G. sind Weisungs- und Kontrollfunktion stets in einem Akt miteinander verbunden (als Messen des eigenen Verhaltens an der Weisung). Im *vorschauenden* G. kann zuerst die Weisung allein bewußt werden; erst wenn ein das fragliche Verhalten betreffender Vorsatz erwogen wird (der von der Weisung auch abweichen kann), macht sich auch die Kontrollfunktion bemerkbar.

10. Das *rückschauende* G. heißt «*schlecht*», wenn es mir vorwirft, daß ich einem bestehenden Anspruch zuwidergehandelt habe (rügendes G., G.-Biß). Diese Äußerung des G. ist immer stark gefühlsbetont. – Insoweit und insofern dieses rückschauende schlechte G. als *Qual* empfunden wird, wird es manchmal auch als die Funktion einer *Strafe* erfüllend aufgefaßt (conscientia als *vindex*).
11. «*Schlecht*» heißt auch das *teils rück-, teils vorschauende* G., das mir vorhält, daß ich einem schon eine Zeitlang bestehenden Anspruch bisher noch nicht genügt habe (mahnendes G.).
12. ‹Schlecht› heißt ferner das *vorschauende* G., wenn es mir vorhält, daß ich in meinem Planen einem bestehenden Anspruch zuwiderzuhandeln vorhabe.
13. ‹Gut› heißt das *rückschauende* G., wenn es mir bezeugt, daß ich gegen einen bestimmten Anspruch, der mich in der Vergangenheit betroffen hat, nicht verstoßen habe.
14. ‹Gut› heißt das *vorschauende* G., wenn es mir bestätigt, daß ein geplantes Verhalten gegen die bestehenden mich betreffenden sittlichen Ansprüche nicht verstößt.

Anmerkungen. [1] Zum Folgenden vgl. H. REINER: Die Funktionen des G. Kantstudien 62 (1971) 467-488 (ND in Vorbereitung in: Wege der Forsch. 37). – [2] Vgl. a. a. O. 474f. – [3] Vgl. 480f.

Literaturhinweise. – Zur Gesamtgeschichte: K. F. STÄUDLIN: Gesch. der Lehre vom G. (1824). – R. HOFMANN: Die Lehre vom G. (1866). – W. GASS: Die Lehre vom G. (1869). – O. DITTRICH: Gesch. der Ethik 1-4 (1923-32) Reg. – GERTRUD JUNG: SYNEIDESIS, Conscientia, Bewusstsein. Arch. ges. Psychol. 89 (1933) 526-540. – W. BREMI: Was ist das G.? (1934). – L. BRUNSCHVICG: Le progrès de la conscience dans la philos. occidentale (Paris 1953). – ERNST WOLF: Art. ‹G.› in RGG³ 2 (1958). – J. STELZENBERGER: Syneidesis, Conscienzia, G. (1963). – *Zur Antike:* M. KÄHLER: Das G. 1: Altertum und NT (1878). – *Zu Mittelalter und Neuzeit:* H. G. STOKER: Das G. (1925). – *Zur Neuzeit:* TH. ELSENHAUS: Wesen und Entstehung des G. (1894). – *Sammelwerke:* Das G. Stud. C. G. Jung-Inst. 7 (1958). – Das G. als Problem, hg. N. PETRILOWITSCH (ND von 16 Aufsätzen von V. FRANKL, C. G. JUNG, J. REVERS, M. SCHELER, A. VETTER, A. WELLEK u. a.) (1966). – Das G., hg. J. BLÜHDORN. Wege der Forsch. 37 (in Vorbereitung). – Vgl. auch Lit. zu den einzelnen Abschnitten und zum Art. ‹Glaubens- und G.-Freiheit›. H. REINER

Gewißheit

I. ‹G.› (certitudo, certainty) ist einer der Ausdrücke, die, gleichermaßen der Umgangssprache wie der philosophischen Fachsprache angehörend, einerseits ohne weiteres verständlich, andererseits terminologisch und begriffsgeschichtlich schwer zu bestimmen sind und die in der Geschichte der Philosophie zwar eines der zentralen Motive und Regulative, nicht aber ein zentrales Thema begrifflicher Klärung und systematischer Explikation bezeichnen.

Das Wort ‹G.› läßt sich, als ‹guisheite›, bis zu althochdeutschen Quellen (NOTKER) zurückverfolgen [1]; es entspricht dem lateinischen, in der patristischen Literatur gelegentlich auftauchenden [2], jedoch erst in der Hochscholastik geläufigen ‹certitudo›. Der Gebrauch beider Ausdrücke weist eine grundsätzliche und geschichtlich durchgängige Ambivalenz auf: Sie können sowohl in *subjektivem* Sinne als unerschütterliches Überzeugtsein, als Befindlichkeit des im Fürwahr- oder Fürguthalten vorbehaltlos festgelegten, vom Zweifel freien Bewußtseins (certitudo *assensus*), wie auch in *objektivem* Sinne als ontologische Dignität oder erkenntnistheoretische Legitimation eines Erkenntnisinhaltes (certitudo *rei cognitae*) gemeint sein [3]. Sie umfassen also, was im Griechischen als πίστις einerseits und ἀσφάλεια bzw. βεβαιότης andererseits sprachlich getrennt ist.

Thematisch wird die G. seit PLATON vor allem in der Abwehr des Denkens gegen Relativismus und Skeptizismus. Platon geht davon aus, daß sichere Erkenntnis nur von solchen Gegenständen möglich ist, die ontologisch dafür geeignet sind. Die Zuordnung von G.-Graden der Erkenntnis und Seinsgraden des Erkannten und die Konzeption einer als Seinscharakter des wahrhaft Seienden verstandenen, dem menschlichen Geist in der Teilhabe zugänglichen wahren G. werden im *Neuplatonismus* systematisch entwickelt und von AUGUSTINUS übernommen [4]. In der *Scholastik* ist die allgemeine Tendenz zu begrifflichen Distinktionen auch in Hinsicht auf das G.-Thema festzustellen. Differenzierte Äußerungen finden sich zumal bei THOMAS VON AQUINO, der nicht nur den eingangs charakterisierten Unterschied des objektiven und des subjektiven Aspekts der G. expliziert [5], sondern z. B. auch ‹certitudo *absoluta*› und ‹certitudo *conditionata*› unterscheidet [6]. Für das christliche Denken rückt mit der Frage nach dem Eigentümlichen der Glaubens-G. auch die Frage, inwieweit neben dem Intellekt der Wille ein Faktor des Gewißseins sei, in den Vordergrund [7]. Die ontologische Betrachtungsweise bleibt gleichwohl auch im Eingehen auf psychologische Fragen verbindlich. Erst im cartesianischen Zweifel wird in sachlich entschiedener und historisch einschneidender Weise damit gebrochen: Der Begriff der G. erhält nunmehr eine grundsätzlich neue Prägung und seine für das neuzeitliche Denken kennzeichnende Relevanz. Die Frage nach der G. wird zur Frage nach den Möglichkeiten und Grenzen menschlicher Erkenntnis zugespitzt und der Frage nach der Wahrheit vorangestellt. Indem DESCARTES die Selbst-G. als fundamentale und archetypische G. bestimmt, leitet er die Orientierung an Bewußtsein und am Gegebenen ein, die in der Geschichte der neueren Philosophie weithin vorherrschend geworden ist. Neben der im methodischen Zweifel freigelegten «metaphysischen» G. läßt er jedoch auch die «moralische» G. gelten [8], die, insofern sie die Lebenspraxis trägt und leitet, weniger eine quantitativ mindere als eine qualitativ andere G. ist. Der Begriff der *moralischen* G. stammt aus der spätscholastischen Philosophie (er ist SUÁREZ bereits vertraut; THOMAS spricht von «certitudo probabilis» [9]) und wird in der Folge unter sehr verschiedenen Gesichtspunkten konzipiert. Außer der spezifischen G. praktischer Bewährung wird ihm nicht selten überhaupt jedwedes «bewährte» Vertrauen auf Analogien und Gleichförmigkeiten, schließlich auch das Vertrauen auf das Zeugnis anderer (certitudo *per testimonium*) subsumiert, das zur Thematik der Glaubens-G. gehört [10]. – Gelegentlich wird zwischen die «metaphysische» und die «moralische» die «physische» G. gestellt [11], die, auf die Konstanz des Naturgeschehens bezogen, zwar gleichfalls «präsumptiv» [12], jedoch von höherer Dignität als die «moralische» G. im engeren Sinne ist.

Unter den sonstigen Distinktionen – z. B. naiv-reflexiv, unmittelbar-abgeleitet – ist die Unterscheidung von *assertorischer* und *apodiktischer* G. besonders wichtig: Assertorische G. ist die G. empirischer Sätze und bedarf des Bezuges auf empirische Daten; apodiktische G. ist die G. logischer Sätze, deren Negation eine Kontradiktion ergibt [13].

Anmerkungen. [1] J. und W. GRIMM, Dtsch. Wb. Sp. 6346: Art. ‹G.›. – [2] z. B. AUGUSTINUS, Serm. 132, 2: «certitudo spei». – [3] Vgl. R. GOCLENIUS: Lex. philos. (1613) Art. ‹Certitudo›. – [4] Vgl. M. SIMON: G. und Wahrheit bei Augustin (Diss. Bonn 1938) 40f. – [5] THOMAS VON AQUIN, z. B. S. theol. II/II, 4, 8 c. – [6] Vgl. De veritate 6, 5 ad 2. – [7] Vgl. J. LEBACQZ: Certitude et volonté (Bruges 1962). – [8] DESCARTES, z. B. Discours de la méthode IV. Werke, hg. ADAM/TANNERY 6, 37/38: «certitude métaphysique – assurance morale». – [9] THOMAS, S. theol. II/II, 70, 2 c. 3 c. – [10] Vgl. LEBACQZ, a. a. O. [7]. – [11] Vgl. z. B. E. CHAUVIN: Lex. rationale (Rotterdam 1692) Art. ‹Certitudo›. – [12] Zu diesem Ausdruck vgl. E. HUSSERL: Erfahrung und Urteil (²1954) § 77. – [13] Vgl. N. MALCOM: Certainty and empirical statements. Mind 51 (1942) 18-46; vgl. auch Knowledge and certainty (Englewood Cliffs, N.J. 1963).

Literaturhinweise. J. H. NEWMAN: An essay in aid of a grammar of assent (London ⁷1888). – D. J. MERCIER: Critériologie générale, ou traité général de la certitude (1899). Cours de philos. 4 (Louvain ⁸1923). – J. VOLKELT: G. und Wahrheit (1918). – H. HARTMANN: G. und Wahrheit. Der Streit zwischen Stoa und akademischer Skepsis (1927). – J. DEWEY: The quest for certainty (New York 1929). – P. WILPERT: Das Problem der Wahrheitssicherung bei Thomas v. Aquin (1931). – J. COHN: Die Dialektik der G. in Descartes' Entwurf der sapientia universalis (Diss. Hamburg 1933). – J. DE FINANCE: Cogito cartésien et réflexion thomiste. Arch. Philos. (Paris) 16/2 (1946) 1-189. – K. HEIM, Glaubens-G. (⁴1949). – A. PAP: Ostensive definition and empirical certainty. Mind 59 (1950) 530-535. – G. E. MOORE: Certainty. Philos. papers (London 1959) 227-251. – H. G. FRANKFURT: Philos. certainty. Philos. Review 71 (1962) 303-327. – J. LEBACQZ s. Anm. [7]. – H. G. VAN LEEUWEN: The problem of certainty in English thought 1630-1690 (Den Haag 1963). – F. WIEDMANN: Das Problem der G. (1966). – R. FIRTH: The anatomy of certainty. Philos. Rev. 76 (1967) 3-27.   W. HALBFASS

II. G. ist ein zentrales Problem der *Erfahrungswissenschaften* [1]. Vornehmlich die wissenschaftliche *Medizin*, die sich methodisch besonderen Schwierigkeiten gegenübersieht, wie sie in der Erforschung des Lebendigen gegeben sind, müht sich seit der Antike in immer neuen Ansätzen, meist in enger Verbindung mit der Philosophie, um gesichertes, unbezweifelbares Wissen. «Alle versuchten und mißglückten Wege [des Ringens um diese G.] aufzudecken, hieße eine Geschichte der Medizin unter einem vieles erhellenden Gesichtspunkt schreiben» (Erna Lesky [2]). Diagnostische G. wird beispielsweise mit dem Aufzeigen «sicherer Zeichen» (certi indices) angestrebt, etwa im Falle der Virginität sowie der durch die moderne Transplantationschirurgie wieder aktuellen Frage der objektiven Zeichen des Todes oder des gesicherten Nachweises einer bestehenden Schwangerschaft.

Gegenüber einem so strengen Wahrheitsanspruch der Erkenntnis, wie er etwa von den Dogmatikern vertreten wird, ist der methodische Zweifel das Instrument zur Erlangung objektiven, in Annäherung gesicherten Wissens. Der «logische Pessimismus» (seit ARKESILAOS) leitet über in einer insbesondere von NIKOLAUS VON KUES angedeuteten Entwicklung [3] zum echten «Kritizismus» oder logischen Positivismus, der sich mit Hilfe der Skepsis emanzipiert [4]. «Die Wissenschaft ist es, die den Zweifel (um der G. willen) fordert, nicht aber der Zweifel, der die Wissenschaft beseitigt ... Rüttelt er an den Ergebnissen der Wissenschaft, so ist er nur der Vollstrecker der Forderungen und Gebote ihres eigenen Begriffs» [5].

Aus einer im Geiste der *griechischen* Aufklärung im letzten Drittel des 5. Jh. v. Chr. sich konstituierenden ärztlichen Kunst (τέχνη ἰατρική) entwickeln sich erste Einsichten in die Zuverlässigkeit von Schlüssen in der Medizin [6], die sich bis in alle späteren Grundlagenkrisen der Erfahrungswissenschaften behaupten [7]. «Gegen die allgemeinen Ansichten» der spekulativen Medizin und ihr Bemühen, die letzten Ursachen (primae causae) aufzufinden, vertritt HEROPHILOS (3. Jh. v. Chr.) das pyrrhoneische Programm [8] der reinen «Darlegung der Phänomene»: «man muß die Phänomene als ‹prota›

[Erstrangiges, prinzipiell Wesentlichstes] beschreiben, auch wenn sie nicht ‹prota› sind» [9]. GALEN, den nach seinem Zeugnis die «Sicherheit» der Mathematik vor skeptischer Uferlosigkeit bewahrt, greift mangels einer Gesamttheorie der Medizin auf das spekulative pathophysiologische System der Hippokratiker und des Aristoteles zurück. Sein Dogmatismus wirkt bis in das ausgehende 18. Jh. nach [10].

In der Krisensituation der *Renaissance* wird die Erörterung des G.-Problems ungewöhnlich heftig erneuert. Der Rückgriff auf die Antike tritt mehr oder weniger offen zutage. Dabei ist zu unterscheiden zwischen Stellungnahmen, die vor, und solchen, die nach Kenntnisnahme der Lehren des SEXTUS EMPIRICUS (Stichjahr: 1562) abgegeben worden sind [11]. AGRIPPA VON NETTESHEIM macht sich mit ‹De incertitudine et vanitate scientiarum› (1532) zum Exponenten eines «dialektischen Skeptizismus», der, mit ganz geringen Einschränkungen negativistisch, die Möglichkeit verneint, gesicherte Erkenntnis auf wissenschaftlichem Gebiet zu erlangen [12]. Damit wird seine Schrift zu einem Dokument eines grundsätzlichen Antiintellektualismus. An ihn schließt sich gedanklich in direkter Folge LA MOTHE LE VAYER an, dessen innere Einstellung zu den von Agrippa vertretenen Glaubens-G. der christlichen Religion umstritten bleibt [13]. RABELAIS liefert eines der wenigen pyrrhoneischen Zeugnisse des 16. Jh., das nicht von Sextus, sondern von Diogenes Laertius abhängig ist. Der abzeichnende Experimentalismus von SANCHEZ (Quod nihil scitur, 1581) könnte auf eine Zwischenstellung zwischen den reinen Skeptikern und den alten oder kommenden Empirikern (Fr. Bacon) hindeuten [12], doch wird in seinem antidogmatischen Ansatz der Weg zu einer verbindlichen wissenschaftlichen Wahrheit noch nicht geöffnet.

Die Suche nach G. auf der Grundlage der Überlegungen des *Sextus Empiricus* führt im 17. Jh. zur Entwicklung des Rationalismus von DESCARTES sowie des «konstruktiven Skeptizismus» von GASSENDI und MERSENNE. Des letzteren Werk ‹La verité des sciences contre les sceptiques et les pyrrhoniens› (1625) zeigt, daß selbst dann, wenn die Gründe der Skeptiker nicht widerlegbar sind, es doch eine Art von Wissen gibt, das als Kenntnis der Phänomene und ihrer Verknüpfungen nicht in Frage gestellt werden kann und als solches im Leben seine praktische Verwendung findet [14]. Damit ergibt sich – Hume vorwegnehmend – ein positivistisch-pragmatischer Aspekt des G.-Problems. Von besonderem Interesse sind Mersennes Bestrebungen, die Zuverlässigkeit der Sinnesinformationen durch Ausschaltung von Täuschungen aufgrund variierter Experimente zu sichern.

Grundsätzlich lassen sich zwei Positionen im Ringen um die G. erkennen [15]. Die erste, wissenschaftsfeindliche der «Negativisten» nähert sich der Dialektik der späteren «Akademiker», die jede objektive G. leugnen. Die zweite, die Position der Positivisten, deckt sich mit den Bestrebungen der Empiriker, nach kritischer Erforschung der Wirklichkeit, zumindest «praktische» G. für das Leben zu gewinnen. Ausgehend von diesen in der Renaissance mit aller Schärfe bezogenen Grundpositionen sind in der Frage naturwissenschaftlich-medizinischer G. zwei entsprechende Entwicklungslinien nachzuweisen: Die eine beginnt mit *Agrippa von Nettesheim*, die andere mit *Fr. Bacon*, und beide reichen über die folgenden zwei Jh. hinweg [12]. Dabei gewinnt die Position der Empiristen mit der Entwicklung der Naturwissenschaften zunehmend an Gewicht.

Im *18. Jahrhundert* kommt die Diskussion zu einem gewissen Abschluß. Während die «incertitudo» von TH. BAKER (1708), einem Geistesverwandten Agrippas, sich nach D'ARGENS (1755) in Richtung des Positivismus auflöst [12], stellt sich die medizinische Aufklärung in einer Reihe von Zeugnissen bewußt den Kritikern der theoretischen Grundlagen ihrer Wissenschaft, wie dies schon im 17. Jh. durch das pragmatische Vorgehen von SYDENHAM vorbereitet war [16]. Nach BOERHAAVE sind uns die Grundkräfte oder Ursachen der Dinge (principia, causae universales) völlig verborgen. «Wir können nur mit Hilfe der Sinneswahrnehmungen deren Wirkung in Erfahrung bringen oder sie mit sicherer geometrischer Methode feststellen» [17]. Die auf die erfahrbare Welt bezogene G. der «causae proximae» genügt aber für den Ausbau der sich auf Detailforschung beschränkenden Erfahrungswissenschaften entsprechend dem αἴτιον προκαταρκτικόν der Stoiker und Skeptiker gegenüber dem πρῶτον αἴτιον des Aristoteles [18]. «Hypothesen» und «Meinungen» der «Sekten» beeinträchtigen die Sicherheit wissenschaftlicher Erkenntnis [19].

Wenn D'ALEMBERT im Sinne des aufklärerischen Positivismus die Begriffe noch einmal definiert, so gibt sich darin eine gewisse Unschärfe hinsichtlich des Ursachenbegriffs, zugleich aber ein Ansatz in Richtung eines neuen Probabilismus zu erkennen: «[*L'évidence*] est le résultat des opérations seules de l'esprit et se rapporte aux opérations métaphysiques et mathématiques. [*La Certitude*] est plus propre aux Objets physiques, dont la connaissance est le fruit du rapport constant et invariable de nos sens. *La probabilité* a principalement lieu pour les faits historiques, en général pour tous les événements passées, présents et à venir, que nous attribuons à une sorte de hazard, parce que nous n'en démêlons pas les causes» [20].

In der Schrift ‹Du degré de certitude de la médecine› (1798) fordert der aus der Schule Condillacs hervorgegangene CABANIS die Abkehr von einer dogmatischen Medizin mit ihren konstruierten Ätiologien und voreiligen Systembildungen. An ihre Stelle trete die Hinwendung und Beschränkung auf eine nüchterne Tatsachenforschung, die sich mit der Beobachtung der Phänomene und gewisser daraus ableitbarer Regeln begnügt. Cabanis nennt diese Regeln «praktische G.» (certitudes practiques). CL. BERNARD übernimmt die gleiche Position für die Naturwissenschaft des 19. Jh. [21]. Die beherrschende Tendenz des Empirismus hat *Goethe* aus seiner eigenen Wissenschaftserfahrung schließlich so ausgedrückt: «Eine tätige Skepsis ist die, welche unablässig bemüht ist, sich selbst zu überwinden und durch geregelte Erfahrung zu einer Art von bedingter Zuverlässigkeit zu gelangen» [22].

Anmerkungen. [1] Vgl. W. S. BECK: The futile search for certainty, in: Modern sci. and the nature of life (London 1958). – [2] ERNA LESKY: Cabanis und die G. der Heilkunde. Gesnerus 11 (1954) 152-182, zit. 155. – [3] NIKOLAUS VON KUES, Complementum theol. c. 4, fol. 95a, zit. nach R. HÖNIGSWALD: Die Philos. von der Renaissance bis Kant (1923) 15. – [4] Vgl. H. VAIHINGER: Die Verfälschung der Wirklichkeit durch die logischen Funktionen, in: Die Philos. des Als-Ob (1920). – [5] Vgl. R. HÖNIGSWALD: Die Skepsis in Philos. und Wiss. (1914) 130. – [6] Vgl. LESKY, a. a. O. [2]; F. KUDLIEN: Herophilos und der Beginn der med. Skepsis. Gesnerus 21 (1964) 1-13; Agrippa und Boerhaave: Zwei Positionen im Ringen um die certitudo medicinae. Gesnerus 23 (1966) 86-96; P. GODT: Zum Problem der geistigen G. der althippokr. Med. (Diss. Kiel 1970). – [7] Vgl. das Methodenfragm. des DIOKLES VON KARYSTOS bei KUDLIEN, Herophilos ... a. a. O. 4f. – [8] Vgl. hierzu: V. BROCHARD: Les sceptiques grecs (Paris 1887) 310: R. H. POPKIN: The hist. of scepticism from Erasmus to Descartes (Assen 1960). – [9] HEROPHILOS, Anon. Lond. XXI, 22f., zit. nach KUDLIEN, Herophilos ... a. a. O. [6] 3. – [10] Vgl. CH. LICHTENTHAELER: Les dates de la Renaissance médicale. Fin de la tradition hippocratique et galénique. Gesnerus 9 (1952) 8-30. – [11] POPKIN, a. a. O. [8] 17. – [12] G. RUDOLPH: ‹De incertitudine et vanitate scientiarum› – Tradition und Wandlung der wiss. Skepsis von Agrippa von Nettesheim bis zum Ausgang des 18. Jh. Gesnerus 23 (1966) 247-265. – [13] Vgl. R. H. POPKIN: La Mothe le Vayer, in: Encyclop. of Philos., hg. P. EDWARDS 4 (New York/London 1967) 282-283. – [14] M. MERSENNE: La vérité des sci. contre les sceptiques ou pyrrhoniens (Paris 1625, ND 1969) 14. – [15] KUDLIEN, Agrippa und Boerhaave ... a. a. O. [6]. – [16] Vgl. O. TEMKIN: Studien zum ‹Sinn›-Begriff in der Med. Kyklos 2 (1929) 66-84. – [17] H. BOERHAAVE: De comparando certo in physicis (Leiden 1715) 2. – [18] Vgl. KUDLIEN, Agrippa und Boerhaave ... a. a. O. [6] 91. – [19] So bei Boerhaaves Schüler ALBRECHT VON HALLER in dessen anat.-physiol. Schriften; vgl. G. RUDOLPH: Diderots Elemente der Physiol. Gesnerus 24 (1967) 24-45. – [20] J. D'ALEMBERT: Disc. prélim. de l'Encyclop. (1751). Oeuvres 1 (Paris 1821) 42f. – [21] CL. BERNARD: Introd. à l'étude de la méd. exp. (1865), hg. F. DAGOGNET (Paris 1966) c. 2. – [22] J. W. GOETHE: Maximen und Reflexionen aus dem Nachlaß. Jubiläums-A., hg. ED. V. D. HELLEN 4, 241.

Literaturhinweise. P. J. G. CABANIS: Du degré de certitude de la méd. (Paris ²1803). – E. CASSIRER: Die Philos. der Aufklärung (1932). – R. HÖNIGSWALD s. Anm. [3, 5]. – R. LENOBLE: Mersenne et la naissance du mécanisme (Paris 1943). – C. D. ROLLINS: Art. ‹Certainty›, Encyclop. of Philos., hg. P. EDWARDS 2 (New York/London 1967) 67-70.

G. RUDOLPH

Gewohnheit (griech. ἕξις und ἔθος; lat. habitus und consuetudo; dtsch. Gehaben und Gewöhnen; frz./engl. habitude; ital. habitudine) ist von ποιητική ἕξις bzw. πρακτική ἕξις (bei ARISTOTELES) bis zum «Ich als Substrat von Habitualitäten» (bei HUSSERL) ontologisch-gnoseologischer Grundbegriff der Philosophie mit «subjektivem» bzw. «objektivem» Aspekt (Aneignung, Anpassung/Sitte, Brauch); metaphysisch ist er wichtig für die Bildung einer «zweiten Natur» neben der «ersten» und für ein Verständnis des Wesens von Natur; in der Gegenwart wird er besonders unter psychologisch-soziologischem Gesichtspunkt relevant.

1. *Zur Terminologie.* – a) Der *philosophische Zusammenhang* wird durch folgende Termini bestimmt: ‹Anlage, Brauch, Brauchtum, empirischer und intelligibler Charakter, Disposition, ethisch, Ethos, Fertigkeit, Gehabe(n), Gewöhnung; Habe, Habitualitäten, Habitus, habitudo, habituell, Haltung, Hexis, Instinkt, Sitte, Übung, Zustand, zweite Natur›. Zur *Wortfamilie* gehören: ‹Angewohnheit, Abgewöhnung, Angewöhnung, Eingewöhnen, Einwurzeln, angewöhnen, gewöhnen, Gewohnheitsrecht, wohnen, aber auch Ungewohnheit (insolentia)› [1]. Das *Wortfeld* enthält: ‹accoustumance, Akkommodation, Aneignung, Anlage, Anpassung, Assimilation, assuefactio, assuescere, assuetudo, Attitüde, Brauch, χρῆσις, consuetudo, costumbre, costume, coutume, custom, ἔθος, ἦθος, Gebrauch, Gehabe(n), Habe(n), habilitari, habit, habitare, hábito, habitude, Habitus, Herkommen, Hexis, Konvention, κτῆμα, mœurs, mos, ritus, Sitte, solere, Stil, stilus, συνήθεια, Tradition, Übung, usage, usus, use, Zeremoniell› [2]. Das deutsche Wort ‹G.›, das für ‹consuetudo› und ‹habitus› zugleich steht, hat erst spät Anerkennung gefunden; in Gebrauch ist es seit frühneuhochdeutscher Zeit (TAULER, LUTHER, PARACELSUS, HANS SACHS) [3].

G. zeigt ein Doppelgesicht, denn sie ist «Natur», indem sie eine Beschaffenheit angibt, die dem Menschen wie eine Eigenschaft anhaftet, und sie ist eine «andere (zweite) Natur», weil sie nicht ursprünglich, sondern erworben, also zusätzlich hervorgebracht ist [4].

Anmerkungen. [1] G. FUNKE: G. (1958, ²1961) 203ff. – [2] F. DORNSEIFF: Der dtsch. Wortschatz nach Sachgruppen (1943) bes. Abt. 4. 9. 11. 12; Die griech. Wörter im Deutschen (1950) bes. 68ff.; K. PELTZER: Das treffende Wort. Wb. sinnverwandter Ausdrücke (1955) 240ff. – [3] Grimm IV/3 (1911) 6470ff. – [4] J. E. ERDMANN: Ernste Spiele (1855) 16. 20.

b) Die zur festen G. gewordene Art der Lebensführung einer ethnischen oder sozialen Gruppe, die natürliche (organische) und die quasi-natürliche (soziale), bei gleicher Abstammung, ähnlicher Gesinnung, gemeinsamer Arbeit und Absicht im Zusammenleben von Menschengruppen auftretende, noch nicht zweckrationale Formierung und Normierung des Verhaltens heißt ‹Brauch› [1]. Seine Bedeutung betonen J. MÖSER, J. G. HERDER, J. und W. GRIMM, E. M. ARNDT, und die Historische Schule; ihm wendet sich besonders die Volkskunde zu [2]. Im Unterschied zur Sitte, die ebenso wie der Brauch zur bloßen G. (Rechts-G.) werden kann, umfaßt der Brauch die von Gemeinschaft und Gesellschaft geforderte, durch Tradition festgelegte Verhaltens- und Handlungsweise bei bestimmten Anlässen und wesentlichen Einschnitten im menschlichen Leben [3].

Der Brauch als solcher ist unreflektiert und systemlos; als G.-Handeln erfüllt er das, was M. WEBER dem «traditionalen Handeln» zugeschrieben hat und was als Regel das Leben «durchwaltet» [4], wenn es nicht «charismatisch» und «rational» bestimmt ist. Der Begriff ‹Brauchtum›, der die Gesamtheit der überlieferten, lebendigen Bräuche einer Gemeinschaft oder Gesellschaft umfaßt [5], wird dann aus seinem ursprünglich neutralen Sinnzusammenhang vom Nationalsozialismus herausgelöst, ideologisch belastet und entwertet [6]. Brauch gibt es nur in actu; ein durch Wissenschaft erschlossener, dem Zusehen übermittelter, auf gewollte «Erhaltung» angewiesener Brauch wird zur «Folklore». Bräuche und G. werden oft mit Sitten identisch; sie begründen Recht. Die Einhaltung von Bräuchen macht frei für die über die bloße Subsistenz hinausführenden (spirituellen) Möglichkeiten des Lebens. Die Lebensphilosophie H. BERGSONS unterscheidet in diesem Sinne die «geschlossene», «statisch» festgelegte Religion, Moral und Gesellschaft der «natürlichen Einstellung» von der «offenen», «dynamisch» weiterführenden Religion, Moral und Gesellschaft des «über-natürlichen», mit seiner ganzen «Lebensenergie» auch «unnatürliche» und insofern «unnütze» Aufgaben aufgreifenden «geistigen» Menschen, für den in der Geschichte der Heilige und Märtyrer die Vorform abgeben [7].

Anmerkungen. [1] F. TÖNNIES: Gemeinschaft und Gesellschaft (1887, ⁸1935); A. SPAMER: Wesen, Wege und Ziele der Volkskunde (1928); G. LUTZ: Volkskunde. Hb. zur Gesch. ihrer Probleme (1958). – [2] Vgl. J. MÖSER: Patriotische Phantasien (1774/78); J. G. HERDER: Briefwechsel über Ossian und die Lieder alter Völker (1771); J. GRIMM: Dtsch. Rechtsaltertümer (1828), hg. A. HEUSLER (⁴1899); E. M. ARNDT: Frg. über Menschenbildung I/II (1803/05); F. K. VON SAVIGNY: Vom Beruf unserer Zeit für Gesetzgebung und Rechtswissenschaft (1814, ND 1892); L. VON RANKE: Das polit. Gespräch. Werke (1867/90) 49, 325; J. GRIMM: Dtsch. Weistümer (1863) 4, Vorrede III. – [3] Vgl. W. H. RIEHL: Naturgesch. des Volkes. Ges.-A. (1925/30): Die bürgerl. Gesellschaft (1851); Land und Leute (1854); Die Familie (1855); Das Wanderbuch (1861). – [4] M. WEBER: Wirtschaft und Gesellschaft (1922, ⁴1956); vgl. Methodische Grundlagen der Soziol., in: Ges. Aufsätze zur Wiss.theorie (1922) 503. 518. – [5] Vgl. z. B. H. NAUMANN: Primitive Gemeinschaftskultur (1921); Grundzüge der dtsch. Volkskunde (1922, ²1935); K. VON SPIESS: Dtsch. Volkskunde als Erschließung dtsch. Kultur (1930) bes. 10. 25. 30. – [6] z. B. R. W. DARRÉ: Neuadel aus Blut und Boden (1934); O. SCHMIDT (Hg.), Feste und Feiern im Jahresring (1939). – [7] H. BERGSON: Les deux sources de la morale et de la relig. (1932; dtsch. 1933, ²1964).

c) In speziell ontologischer wie ethischer Betrachtung stehen ‹Gewöhnung› und ‹zweite Natur› mit ‹G.› in engstem Zusammenhang; stärker *ontologisch* ist der Aspekt bei den Ausdrücken: ‹Anlage, dispositio, Gehaben, Habe, habitudo, Habitus, Hexis, Übung und Zustand›; spezifisch *ethisch* relevant sind die Phänomene Brauch, Charakter, Ethos, Fertigkeit, Haltung, Instinkt, Sitte – also einerseits alles zu ἕξις, habitus, Gehabe, andererseits alles zu ἔθος, consuetudo, G. (i.e.S.) Gehörige. Die *etymologische* Bedeutung von G. geht auf die Reihe ‹wohnen, vertraut sein, behagen, verlangen, lieben, pflegen, gewöhnlich tun› usw. zurück [1]. Die *philosophische* Bedeutung liegt im Unterschied zu den vorphilosophischen Auffassungen in der wirklichkeit-konstituierenden Funktion von G., die vor allem in der Neuzeit (zunächst in psychologischem Zusammenhang) sichtbar wird (HUME, CONDILLAC, ERDMANN), dann aber metaphysische Relevanz gewinnt (MAINE DE BIRAN, RAVAISSON, CHEVALIER) und schließlich zu direkt transzendental-konstitutiven Fragestellungen führt (KANT, HUSSERL). Es fällt dabei zuerst das subjektive (individuelle, psychische) Zueigenmachen auf (die Aneignung); danach ist das objektive In-Gebrauch-Stehen wichtig [2]. G. als Habitus betrifft dabei das Handeln bzw. Verhalten Einzelner, G. als sittenmäßige consuetudo setzt prinzipiell eine Vielheit möglicher Träger voraus [3]. Die subjektive Variante ist gebunden an Initiative (für Wiederholung, Übung oder Unterlassung); die objektive Seite ist gekennzeichnet durch objektiv-geistige oder objektiviert-geistige (konventionelle und institutionalisierte) Zwänge oder Kontrollen.

Anmerkungen. [1] Grimm IV, 3, 6470-6593. – [2] Lalande⁵ bes. 329: LACHELIERS Bemerk. über objektive «coutume» und subjektive «habitude». – [3] Grimm IV/3, 6551.

d) Philosophisch bestimmte *Interpretationsmöglichkeiten* der G. sind historisch:

1. die *logisch-ontologische* (ARISTOTELES) [1], wobei ἕξις, διάθεσις, πάθος unter dem Gesichtspunkt abgehandelt werden, ob ein «Substrat» etwas «haben» und zugleich im Sinne der στέρησις (privatio) «entbehren» kann, wenn es dies seiner ganzen Natur nach doch (als bloß erworben) besitzt, und ob nicht neben der Natur eine «andere Natur» zu finden sei [2];

2. die *empirisch-psychologische* (HUME, CONDILLAC, MENDELSSOHN), nach der ein unausgesprochenes «Entlastungsgesetz» im Hintergrund steht: G.-Bildung wird so verstanden, daß sie das Versagen der Vernunft kompensiert; modern ausgedrückt: G. dispensiert davon, «in jedem Fall neue gesonderte (vernünftige) Überlegungen» anzustellen [3];

3. die *metaphysisch-kosmologische* (MAINE DE BIRAN, RAVAISSON, CHEVALIER), nach der im Sinne des «spiritualisme positiviste» [4] davon ausgegangen wird, «que tout ce qui est nature et nécessité peut avoir été d'abord esprit et liberté» [5];

4. die *transzendentalphilosophisch-phänomenologische* (HUSSERL), nach der das Ich als mögliches Substrat von Habitualitäten seine spezifische «Habe» okkasionell (bei Gelegenheit bestimmter intentionaler Leistungen) gewinnt und «habituell eigene Formen», eine «bleibende Eigenheit», einen «Habitus als verharrendes Ich», einen «bleibenden Stil», einen «persönlichen Charakter» immer ineins erst begründet [6];

5. die *existenzial-ontologische* (HEIDEGGER), die von der objektiven Durchschnittlichkeit des Daseins [7] ausgeht, von «Abständigkeit», «Einebnung», «Uneigentlichkeit» und von einer «vulgären Gewissensauslegung» spricht [8], wobei das «Gewöhnliche» (das Ethos) dem «Eigentlichen» (nämlich dem entdeckenden Logos) entgegengestellt wird [9];

6. die *geisteswissenschaftlich-kulturanthropologische* (DILTHEY, GROETHUYSEN, ROTHACKER), der es auf die Entdeckung der «inneren, still wirkenden Kräfte» (SAVIGNY), auf den «lebendigen Geist» (GUNDOLF), auf die «geheime Wirksamkeit zusammenhaltender Ideen» (RANKE) in einem Äußeren, also in den Kulturerscheinungen überhaupt, besonders in den «Ordnungen des Lebens», wie Staat, Gesellschaft, Erziehung, Recht, Sitte in geschichtlicher Überlieferung und Tradition ankommt [10];

7. die *naturwissenschaftlich-soziologische*, die die G. auf Anpassung (accommodatio) an Umweltfaktoren, auf Adaptation und Assimilation (LAMARCK), auf «Pansymbiose» (P. KAMMERER), auf «soziale Gewöhnung» (SPENCER) hin untersucht und die gelegentlich in eine biologisch-pädagogische Richtung mündet, wonach G., Erziehung, Autorität, Prestige usw. legitimerweise insofern zusammengehören [11], als die «gewollte Gewöhnung» und das «gewollte Nützliche» des Verhaltens im Mittelpunkt steht (JAMES, BAIN, WATSON), mit einer «willing nature» im Rücken [12].

Anmerkungen. [1] ARISTOTELES, Met. V, 19-21, 1022 b 1-14. – [2] De cat. 10, 12 a 29. – [3] A. GEHLEN: Der Mensch (1940) Einf. Nr. 8, S. 52; R. LE SENNE: Le devoir (Paris 1930) 24. – [4] I. BENRUBI: Die philos. Strömungen der Gegenwart in Frankreich (1928) 310-484: III. Hauptströmung: Der met.-spiritualistische Positivismus. – [5] V. EGGER in den Erg. zum Art. ‹Habitude›, in: Lalande⁵ 392 Anm. – [6] E. HUSSERL: Cartesianische Meditationen (1950) 100ff. § 32; G. FUNKE: Zur transzendentalen Phänomenol. (1957) 7ff. – [7] M. HEIDEGGER: Sein und Zeit (1927, ¹¹1967) 43. – [8] a. a. O. 289. – [9] Was heißt Denken? (1954) 121; vgl. 114. 135. – [10] E. ROTHACKER: Logik und Systematik der Geisteswiss. (1927) 3. – [11] W. JAMES: The will to believe and other essays in popular philos. (1896, dtsch. 1949) 2-14. – [12] Principles of psychol. (1890, dtsch. 1900) 130-148.

2. *Lexikographie des Terminus* ‹G.›. – Das ‹Enzyklopädische Wörterbuch der Kantischen Philosophie› von G. S. A. MELLIN (1797ff.) unterscheidet zwischen «consuetudo subiectiva» und «consuetudo obiectiva», subjektiver Notwendigkeit und quasi-objektivem Zwang, nimmt die die G. (im Sinne Humes) begründende Assoziation als «Naturgesetz» und zitiert den Satz, G. verändere die Natur «et devient elle-même une seconde nature» [1]. – In dem ‹Allgemeinen Handwörterbuch der philosophischen Wissenschaften› von W. T. KRUG (1820, 1827) steht der Begriff der Disposition und die Dispositionenbildung (consuetudo subiectiva) an erster Stelle [2] mit Funktionsstärkung bzw. Abstumpfung, Naturalisierung des Geistigen und Entnaturalisierung des Leiblichen, mit Wertneutralität und Mechanisierung; an zweiter Stelle werden die Bräuche (usus, coutumes) behandelt mit Zwangs-, Normierungs- und Rechtscharakter, mit Hervorhebung des Herkommens (der Observanzen) und des ius consuetudinarium. – Die durch Wiederholung entstehende Disposition, zumal wenn sie auf eine Anpassung an eine Funktion zurückgeführt wird, akzentuiert R. EISLERS ‹Wörterbuch der philosophischen Begriffe› (⁴1927ff.) [3]. – Die Hervorhebung des Aspekts der «Überlieferung», des «Traditionellen», der «Historischen Schule» findet sich in J. HOFFMEISTERS ‹Wörterbuch der philosophischen Begriffe› (1944, ²1955), wobei gegen die Abwertung der mechanisierenden, automatisierenden Wirkung der G. ihr positiver Aspekt in Ethos (Sitte, Sittlichkeit), beim Sichverhalten, im Gehabe, in der Haltung, im Benehmen betont wird [4]. – Daß die consuetudo subiectiva eine «innere Neigung» mit «innerlicher Notwendigkeit» als Kennzeichen der durch

Wiederholung vermittelten «Habe» besitzt, hält Kirchner/Michaelis' ‹Wörterbuch der philosophischen Grundbegriffe› (1911) fest [5]; daß solche «Neigung» bei «volitiver», «intellektueller» und «emotionaler» Anlage entstehen kann, stellt das ‹Systematische Wörterbuch der Philosophie› von Clauberg/Dubislav (1923) heraus [6]. – Für das ‹Wörterbuch der Religion› von A. Anwander (1928) ist die entscheidende Frage die, ob das Gute weniger gut sei, wenn es zur G. geworden ist [7], und für das ‹Theologische Wörterbuch› von F. Hauck (1950) ist wichtig die Trennung von natürlichem (oder quasi-natürlichem) habitus und habitus infusus als der von Gott «eingegossenen Tüchtigkeit»; im ersten Fall kann etwas «habituell» werden, im zweiten Fall kann es nur «habitualiter» (wenn es, durch Gott, zustandsartig geworden ist) geschehen [8]. – Den Strebecharakter des Lebens und die Besonderheit der damit verbundenen G.-Bildung hebt das ‹Handwörterbuch der Philosophie› von E. Metzke (1948) hervor, und zwar vor allem die Aufmerksamkeitskonzentration ersparende Vereinfachung, die pulsierende Entscheidungen erübrigende Entlastung, die Kausalitäten vorspiegelnde Assoziation, die Spontaneitäten hemmende Verfestigung und den Prozeß der Utilisierung der Lebensführung [9]. Parallel dazu nennt das ‹Philosophische Wörterbuch› von W. Brugger (1947) das Erlernen elementarer Bewegungs- und Funktionsformen, die Beherrschung von Techniken und Methoden, das Eingefahrensein von Werterlebnissen und Denkbahnungen, die G. als Mittel gegen und als Hemmnis von Leidenschaften, Passionen, Spontaneitäten, die Angewöhnungen bei Erziehung, Zucht, Drill, Dressur, die Selbstgewöhnung zum «Mitmachen» usw. [10]. – In soziologischer Perspektive wird G. als «erfahrungsmäßig entstandener Wille» im ‹Wörterbuch der Soziologie› von Bernsdorf-Bülow (1955) eingeführt; G. hält einen umstandsbedingten emotionalen Reflex fest oder stellt einen engraphisch-ekphorischen Mechanismus dar, wobei nicht jede so oder so montierte G. ein «kollektiv akzeptiertes faktisches Gebarensmodell» sein muß [11]. Akzeptiert die Gesellschaft es im Rechtsbereich, so kann sie es auf dem Wege über G.-Rechtsbildung akzeptieren, wobei – nach dem Lexikon ‹Religion in Geschichte und Gegenwart› – Rechte secundum legem immer, «Rechte» contra und praeter legem nach vierzigjähriger Übung legitimiert sind [12]. In der Mitte des 20. Jh. werden G. im ‹Kleinen soziologischen Wörterbuch› von H. Schoeck (1969) als eine Art Verhaltensmuster, als entlastend im Sozialisierungsprozeß, als innovationshemmend, als wertneutrale Attitüden und als gemäß dem «principle of the least effort» entstanden behandelt [13].

Anmerkungen. [1] G. S. A. Mellin: Enzyklop. Wb. der Kantischen Philos. (1797ff.) 2, 12. – [2] W. T. Krug: Allg. Handwb. der philos. Wiss. (1820, ²1827) 2, 243ff. – [3] R. Eisler: Wb. der philos. Begriffe (¹1927ff.) 1, 563. – [4] J. Hoffmeister: Wb. der philos. Begriffe (1944, ²1955) Art. ‹G.›, ‹G.-Recht›, ‹Hist. Schule›. – [5] Kirchner/Michaelis: Wb. der philos. Grundbegriffe (1911) 351. – [6] Clauberg/Dubislav: Systemat. Wb. der Philos. (1923) 340-357, bes. 352. – [7] A. Anwander: Wb. der Relig. (1928) 111. – [8] F. Hauck: Theol. Wb. (1950) Art. ‹Habitus›. – [9] E. Metzke: Handwb. der Philos. (1948) 125. – [10] W. Brugger: Philos. Wb. (1947) 133. – [11] Bernsdorf/Bülow: Wb. der Soziol. (1955) 188. – [12] RGG³ 2, 1177. – [13] H. Schoeck: Kleines soziol. Wb. (1969) 145ff.

3. *Phänomenologie* der G. – Die Aussage, daß G. «keine kleine Sache» sei, legt Montaigne [1] Platon in den Mund. Tatsächlich bewirkt sie das Entscheidende: «il n'est rien qu'elle ne face, ou qu'elle ne puisse: et avec raison l'appelle Pindarus ... la Royne et Emperière du Monde» [2]. Pindar hat allerdings nur vom νόμος gesprochen (νόμος βασιλεὺς πάντων), doch durch Herodot (III, 8) ist später νόμος mit ἔθος zusammengenommen worden; ἔθος bzw. consuetudo ist das, was in Gebrauch steht (auch der Gebrauch, den man von einer Sache macht) oder mit Voltaire «le génie *et* les mœurs» [3]. In einer Welt, die – wie bei Hobbes – alternativ als Wirklichkeit von Körpern und Bewegungen aufgefaßt wird, müßte die G. entweder Körper oder Bewegung sein; tatsächlich sprengt ihre Definition den Systemzusammenhang: G. bewirke «das Entstehen einer Bewegung, aber nicht schlechthin, sondern das leichte Hinführen eines bewegten Körpers auf einen bestimmten, vorgezeichneten sicheren Weg» [4]; dabei überwindet sie Aversionen, fördert die Beherrschung von Körper und Geist, beweist ihre Notwendigkeit für die Erziehung, härtet einerseits und stumpft andererseits ab, ist ambivalent [5]. In jedem Fall zieht sie «Neigungen» nach sich. Wo diese wie bei Leibniz bei häufiger Wiederholung etwa von «petites perceptions» zustande kommen, haben sie den Charakter, geneigt zu machen, ohne zu zwingen [6]. Mit dieser vor-rationalen Neigung, die eine Überzeugung realisiert, ist – in anderem Zusammenhang – die G. «die große Führerin menschlichen Lebens» (Hume), *weil* eben Vernunft faktisch nicht zur G. geworden ist und weil der Irrationalismus des «Glaubens» (belief) das letzte Wort dort bleiben muß, wo zur Lenkung des Handelns ein Prinzip gebraucht wird, das sich nicht selbst begründen kann; zwar bildet die Neigung «eine Wirkung der G.» [7], aber eine gewohnheitsmäßige Neigung ist immer noch keine vernünftig begründete G. Denn: G. ist hier wie sonst (etwa bei Reid) nur «facility of doing a thing by having done it frequently» [8], sie bewirkt «an inclination or impulse to do the action» und ermöglicht damit praktisches Handeln in Ergänzung zum instinktiven «Handeln» [9]. Anders ist es dort, wo in der G. die sichtbar aus dem Ausdruck kommende Vernunft begrüßt wird (Herder); ambivalent ist sie auch hier, denn sie wird als «sichere G.» der Dichter und Künstler wie als «frechste G.» bei der «Verwilderung von Jugend» bezeichnet [10]. Sie hat jedenfalls allein im Bereich des Empirischen ihren Platz und kann nach Kant erkenntnistheoretisch das letzte Wort *nicht* sprechen, d. h. sie kann praktisch wirken, aber nicht ihre Gültigkeit legitimieren. Kant hat es formuliert: «Subjektive Notwendigkeit, d. i. G. statt der objektiven, die nur in Urteilen a priori stattfindet, unterschieben, heißt der Vernunft das Vermögen absprechen, über den Gegenstand zu urteilen» [11]. Aber wenn sie *dies* auch nicht leistet, so ist sie doch nicht nutzlos. Sie ist für Kant auch nicht bloß «promptitudo» (also bloß subjektive Möglichkeit), sondern sie ist «subjektiv-praktische Notwendigkeit»; die Leichtigkeit ist bloß etwas Mechanisches, dahingegen ist der Habitus durch den wiederholten (vernünftig gewollten) Gebrauch eines Vermögens zustande gekommen [12]. Nur insofern in der G. dieser Rest (ursprünglich initiierender) Vernunft steckt, steckt auch im «Herkommen» (in den «Observanzen», «G.») Recht, womit zugleich eine bestimmte Form «positiven Rechts», das «G.-Recht» oder die G. als Herkommen legitimiert ist [13]. Wenn G. die «sichtbare Form des Geistes» ist (Ravaisson), dann ist sie auch hier zu sehen, aber nicht nur hier, sondern überall im Zwischenbereich zwischen «reinem Geist» und «reiner Natur» [14]. Dieser inkorporierte Geist ist «Disposition» insofern, als er dasjenige «Taugen» darstellt, das geeignet ist, eine bestimmte Ver-

änderung hervorzurufen [15], und, so aufgefaßt, fängt G. (bei solchem Durchdringungsverhältnis) dort an, wo überhaupt Natur ist [16]. Dabei hat G. nach HEGEL in allem, was sie sichtbar werden läßt, nur eine «subjektive Allgemeinheit» und sie führt von sich aus über den folgenden Relativismus nicht hinaus: «wir haben die G., dies für recht, sittlich gelten zu lassen; dies hat für uns eine Allgemeinheit, aber nur subjektive Allgemeinheit; andere haben andere G.» [17]. Damit ist G. subjektiv-praktisches, nicht objektiv-theoretisches und nicht absolutes Prinzip.

Anmerkungen. [1] M. MONTAIGNE: Essais (1580ff.), hg. THIBAUDET (Paris 1939) 122. – [2] a. a. O. 128. – [3] VOLTAIRE: Essai sur les mœurs et l'esprit des nations. Œuvres compl. (1893) 19/11, Einl. – [4] TH. HOBBES: De corpore (1655), dtsch. (1915/17) Kap. 22, Nr. 20. – [5] a. a. O. Kap. 11. 13. – [6] G. W. LEIBNIZ: Nouveaux essais ... (1704/1765), dtsch. (1904/16) II, 1, § 15. – [7] D. HUME: Enquiry conc. human understanding (1748); dtsch. R. RICHTER (1907) Abschn. V a; Essays (1767) II; Enquiry Abschn. V a (dtsch. A. S. 55). – [8] TH. REID:Works, hg. HAMILTON (1849) 1, 550. – [9] Essays on the active powers of man (1788) essay III. – [10] J. G. HERDER: Ideen zur Philos. der Gesch. der Menschheit 1-4 (1784/91). Werke, hg. SUPHAN (1877-1913), 14, 131; Christl. Schriften a. a. O. 19, 123. – [11] I. KANT: KpV. Akad.-A. 5, 24. – [12] Anthropol. (1798) a. a. O. 7, 146ff. – [13] Code Napoléon für Baden (1809). – [14] F. RAVAISSON-MOLLIEN: De l'habitude (1838); ND hg. Baruzi (1927, 1933) 61. – [15] a. a. O. 2. – [16] 8. – [17] G. W. F. HEGEL, Vorles. über die Gesch. der Philos. Werke, hg. GLOCKNER (= WG) 19, 495-498.

4. *Hilfsbegriffe bei der Interpretation der G.-Bildung.* – Die Wiederholung von Vorgängen, die für die G.-Bildung, subjektiv und objektiv, unerläßlich ist, ist Wiederholung als Übung, als Wiedererzeugung, als Mechanisierung und als Gedächtnisschulung. Historisch sind die folgenden Positionen relevant:

a) Die *Übung* hat G. bildende Funktion bei CHR. WOLFF [1], sie ist gelegentlich auch Gedächtnisübung [2]; sie bewirkt das Einspielen von Willenshandlungen bei D. HARTLEY [3], hat eine Verminderung des Bewußtseinsgrades bei M. MENDELSSOHN im Gefolge [4], bewirkt das Reflektorischwerden von Willenshandlungen nach W. WUNDT [5], bestimmt die Wirksamkeit der «Assoziation» nach H. CORNELIUS [6], macht nach E. KRAEPELIN allgemein-psychologisch «Übungsfertigkeit» sichtbar [7], zeitigt eine «Schwankungsgeübtheit» bei R. AVENARIUS [8] und ist bei H. EBBINGHAUS ambivalent bei Aufmerksamkeit und Beobachtung [9].

Anmerkungen. [1] CHR. WOLFF: Psychol. empirica (1738) § 195. – [2] a. a. O. § 196. – [3] D. HARTLEY: Observations of man, his frame, his duty, and his expectations (1749, dtsch. 1772) 1, 371. – [4] M. MENDELSSOHN: Philos. Schriften 2 (1819) 70. – [5] W. WUNDT: Vorles. über die Menschen- und Thierseele (1863/4, ⁶1919) 400. – [6] H. CORNELIUS: Einl. in die Psychol. (1913) 228. – [7] E. KRAEPELIN: Über geistige Arbeit (1894) 10. – [8] R. AVENARIUS: Kritik der reinen Erfahrung 1. 2 (1880/90) 2, 30.50. – [9] H. EBBINGHAUS: Grundzüge der Psychol. (1901) 672.

b) *Wiederholung* als Wiedererzeugung ist «Reproduktion», die sowohl physiologisch als auch psychologisch wirksam werden kann; so stellt «Assoziation» eine passive gewohnheitsmäßige Reproduktion dar, «Apperzeption» eine aktive. Die Verbindung stellt KANT her. Denn «es ist zwar ein bloß empirisches Gesetz, nach welchem Vorstellungen, die sich oft gefolgt oder begleitet haben, untereinander endlich sich vergesellschaften und dadurch in eine Verknüpfung setzen, nach welcher, auch ohne die Gegenwart des Gegenstandes, eine dieser Vorstellungen einen Übergang des Gemütes zu der anderen, nach einer beständigen Regel hervorbringt. Dieses Gesetz der Reproduktion setzt aber voraus, daß die Erscheinungen selbst wirklich einer solchen Regel unterworfen seien» [1]. Damit muß etwas vorliegen, das diese Reproduktion der Erscheinungen möglich macht, und das kann nach Kant nur etwas sein, was «der Grund a priori einer notwendigen synthetischen Einheit derselben ist» [2]. Der «gewöhnliche Fall», die Reproduktion betreffend, liegt nach HERBART (von Kant abweichend und im Empirischen verbleibend) dann vor, wenn «eine neue Wahrnehmung die ältere Vorstellung des nämlichen oder eines ganz ähnlichen Gegenstandes wieder hervortreten läßt», und das geschieht durch ein (weiter nicht erklärtes) Zurückdrängen des eben im Bewußtsein Vorhandenen [3]. Reproduktion wird nach G. TEICHMÜLLER besser so verstanden, daß alles, was je ins Bewußtsein trat, in dieser Ordnung auch verbleibt, nur bis zu äußerst niedrigen Graden der Bewußtheit verdrängt; es tritt wieder hervor, sobald etwas Neues, «Zugehöriges» empirisch gegeben ist, und die «Zugehörigkeit» wird durch G. bestimmt [4].

Anmerkungen. [1] I. KANT, KrV A 100. – [2] a. a. O. 101. – [3] J. F. HERBART: Lb. der Psychol. (1816, ³1850) 24; Psychol. als Wiss. Werke, hg. KEHRBACH (1887) 5/6, § 81. – [4] G. TEICHMÜLLER: Neue Grundl. der Psychol. und Logik (1889) 79.

c) Bei der *Mechanisierung* des Bewußtseins durch wiederholende Leistung und Übung ist zwischen einem universalen und partialen bzw. zwischen einem metaphysischen und einem psychologischen Vorgang zu unterscheiden. Im ersten Fall knüpft die Philosophie des 19. Jh. an SCHELLINGS Naturphilosophie [1] an, wobei sie mit G. TH. FECHNER die «an sich unbewußten Einrichtungen und Werke in der Natur» tatsächlich «aus dem Gesichtspunkte des Residuums eines dereinst bewußten Prozesses zu betrachten» sucht, der «darin erstarrt, kristallisiert» ist [2]. Das Schema ist dies, daß durch wiederholenden Einsatz ein ursprünglich bewußter Wille ebenfalls später unbewußt werden kann [3] und der zweite Fall erreicht wird, daß – in Analogie zum metaphysischen Prozeß – auch empirisch-psychologisch willkürliche Handlungen zu unbewußten Vorgängen absinken [4]. W. WUNDT spricht dann von einer «regressiven Entwicklung des Willens», die über die bloß noch triebhafte Handlung zum Automatismus und Reflex führt [5]. Dabei gilt für jede durch gewohnheitsmäßige Einübung neu erreichte Stufe der «Regression» eine stärkere Gesetzmäßigkeit; NIETZSCHE faßt das in dem Satz zusammen: «wo Leben erstarrt, türmt sich das Gesetz» [6].

Anmerkungen. [1] F. W. J. SCHELLING: Ideen zu einer Philos. der Natur (1797); System des transzendentalen Idealismus (1800). – [2] G. TH. FECHNER: Zend-Avesta (1851) 1, 282. – [3] R. HAMERLING: Atomistik des Willens (1891) 1, 268. – [4] So z. B. G. A. LEWES (1874); G. E. ROMANES (1895); A. FOUILLÉ (1890); E. CLAPARÈDE (1903); W. WUNDT (1896). – [5] W. WUNDT: Grundriß der Psychol. (1896, ⁵1900) 229. – [6] FR. NIETZSCHE, Musarion-A. 20, 237.

d) *Gedächtnis* leitet sich her von der Fähigkeit «zu gedenken»; es erneuert (reproduziert) psychische Erlebnisse und ist seit PLATON μνήμη (Erinnerung), nicht ἀνάμνησις (Wiedererinnerung), also eher Aufbewahrung als Akt [1]; bei ARISTOTELES beruht die μνήμη auf dem Beharren eines Eindrucks [2], wohingegen ἀνάμνησις einen Willensakt darstellt [3]. Das Beharren wieder wird, seit AUGUSTIN, als ein «Behalten» der species (manere et quendam quasi habitum facere) bezeichnet [4]. Bei THOMAS VON AQUIN stellt es ein «conservare species rerum» dar [5]. Die memoria (Augustin, Albertus Magnus, Thomas von Aquin) wird in der frühen Neuzeit, bei LUIS VIVES, in memoria, recordatio, reminiscentia gegliedert [6], später formal entleert zur bloßen concatenatio bei SPINOZA und zur retentiveness bei LOCKE [7], zum Gedenkvermögen bei CHR. WOLFF [8]. Wenn endlich das Gedächtnis das Vermögen zur Hervorbringung (Reproduktion) von Vorstellungen ist wie bei KANT, dann gibt es ein wiederholendes «mechanisches», «ingeniöses» und «judiziöses» Gedächtnis [9]. Das Memorieren, das «mechanisch» ist, erfolgt gewohnheitsmäßig wiederholend; das «ingeniöse» Memorieren arbeitet mit Nebenvorstellungen (gewohnten Assoziationen), das «judiziöse» ist ein dem jeweiligen Einteilungsprinzip folgendes gewöhnliches «topisches» Memorieren. In allen drei Fällen ist G. auxiliär beteiligt. Von hier aus ist die Betrachtung der G. bei Gedächtnisphänomenen philosophisch-psychologisch selbstverständlich geworden (SCHOPENHAUER 1813, HERBART 1816, HEGEL 1817, HERING 1873, BERGSON 1896, WUNDT 1896, SEMON 1904, HERBERTZ 1908, OFFNER 1909, G. E. MÜLLER 1911/24, BLEULER 1931, HALBWACHS 1966). Das Lernen kommt ohne G. nicht aus [10].

Anmerkungen. [1] PLATON, Theaitet 191 c. – [2] ARISTOTELES, De mem. 1. – [3] a. a. O. 2. – [4] AUGUSTIN, Ep. 7. 9. CSEL II/1, 21. – [5] THOMAS VON AQUIN, S. theol. I, 79, 6 c.– [6] L. VIVES, De anima. Werke, hg. L. RIBER (Madrid 1948) 2, 1147-1319, bes. 1226ff. – [7] B. SPINOZA: Ethica (1677) II, prop. 17, schol.; J. LOCKE: Essay conc. human understanding (1690) II, ch. 10, § 2. – [8] CHR. WOLFF: Psychol. rationalis (1732) § 278; Psychol. empirica (1738) § 175. – [9] I. KANT: Anthropol. Akad.-A. 7, 182f. – [10] E. L. HILGARD: Theories of learning (New York 1948, ²1956).

5. Der kulturpsychologische Aspekt. – G. ist anthropologisch heute die jeweils innerhalb eines je bestimmten gesellschaftlichen Rahmens durch Gewöhnungsprozesse (öftere Wiederholung derselben Vorgänge) entstehende Prädisposition [1], der gemäß gewisse Verläufe schließlich quasi-automatisch («mechanisiert»), «wie von selbst», oder doch in einer Art Zwangsläufigkeit vor sich gehen, wobei das vor-urteilende Einspielen als Anpassung «Befriedigung», «Entlastung» [2] hervorruft, die Hemmung der sich einspielenden Vergewohnheitung dagegen «Unlust», «Frustration» nach sich zieht [3], in jedem Fall aber als «Wiederholung» (G. TARDE: répétition) ein universales, damit auch soziales Grundprinzip darstellt, das Einpassung in verschiedenste Rahmen ermöglicht [4].

Anmerkungen. [1] H. KARDINER: The psychol. frontiers of society (New York 1945). – [2] LE SENNE, a. a. O. [3 zu 1 d]; GEHLEN, a. a. O. [3 zu 1 d]; Die Seele im technischen Zeitalter (1957). – [3] J. DOLLARD: Frustration and aggression (New Haven 1939); B. BETTELHEIM und M. JANOWITZ: Dynamics of prejudice (New York 1950); R. DENKER: Aufklärung über Aggression (1966). – [4] G. TARDE: Les lois sociales (Paris 1898, dtsch. 1928); L. F. SHAFFER: The psychol. of adjustment (Boston 1936).

Die praktisch-psychologische Bedeutung der G. liegt darin, daß sie a) Bewegungsvorgänge vereinfacht, Genauigkeit durch zunehmende Anpassung erreicht, Ermüdung vermindert; b) bewußte Aufmerksamkeit herabsetzt, Handlungen mit geringerer Energie erzielt, Frustrationsschwellen senkt. Für die Assoziationspsychologie des 18. und 19. Jh. gehören G. und Assoziationsstiftung zusammen (HUME, HARTLEY, PRIESTLEY, J. ST. MILL). Die Aneignung neuer und die Ablegung alter G. folgt bestimmten im 19. Jh. von A. BAIN, dann von W. JAMES aufgestellten Regeln: Der erste (für eventuelle Wiederholungen entscheidende) Anstoß muß kräftig und entschieden sein. – Abweichungen im konsequenten Verhalten vor Einwurzelung der neuen bzw. vor Auflösung der alten G. verbieten sich. – Tugenden und Laster hinterlassen Spuren, die durch Kumulierung erst bedeutsam gemacht werden. – G. bilden sich am ehesten, wenn der gefaßte Entschluß und der emotionale Antrieb in Richtung auf eine bestimmte G.-Bildung in *jedem* Fall aktualisiert wird [1].

Die psychologische (später auch erkenntnistheoretisch relevante) Funktion der G. besteht in der Ausbildung gleichförmiger Akte, Reaktionsweisen, Anpassungstendenzen, die sich ohne weitere Beanspruchung von Aufmerksamkeit und Bewußtsein vollziehen und im Sinne einer Ökonomie der Lebenskräfte das Seelenleben, das Wirkungsfeld und das Erfassensvolumen erweitern; sie erfolgen quasi-instinktiv, sind psychogen, besitzen sozial-relative Geltung [2]. Speziell die psychischen Vorgänge der Gedächtnisbildung und Gedächtnisschulung [3], des memorierenden und integrierenden Lernens sowie der Automatisierung von Handlungen sind gewohnheitsabhängig. Im amerikanischen Pragmatismus ist «habit» nach dem Vorgang Humes Prinzip des Lebens und der Lebensentwicklung überhaupt, nämlich dynamischer Faktor, Energiequelle und zielgebende, steuernde Tendenz des Handelns, wobei eine «latente» und eine «manifeste» Funktion zu unterscheiden sind [4].

G.-Bildung kann, wenn das Gewohnte zum (auch beim Tier begegnenden) Zeremoniell, zur Konvention, zum Ritus wird, in enge Beziehung zur «Institutionalisierung» treten [5]. G.-Bildung ist dabei stets a) Anpassung einer kontextualen Gegebenheit an die psycho-physischen Möglichkeiten, b) Angleichung der psychischen Strukturen an die Umweltgegebenheiten. G. – nach a) und b) – stellt so den relativen Endzustand eines über längere Fristen ablaufenden Prozesses dar. Sie liegt vor, wenn ein Individuum, eine Gruppe von Individuen oder eine entindividualisierte Masse sich über variable Zeiträume hinweg durch (meist initial) bewußte Veränderung eigener Bestimmungsfaktoren in eine Verfassung bringt, die eine primär wünschenswerte oder mindestens sekundär bejahte Beziehung zu anderen Individuen in derselben sozialen, unter ähnlichen Relevanznahmen stehenden Umwelt reibungsloser macht, als sie vor der G.-Bildung war [6]. Anpassung durch G.-Bildung läßt mehr Freiheitsspielraum als Anpassung durch Assimilation, da der Prozeß «äußerlicher» bleibt [7].

Sozialpsychologisch wird auf die Herrschaft der G. und auf die durch G. geprägten Glieder der Gesellschaft mit weltanschaulich fixierten Überzeichnungen reagiert (Philister, Spießer, Bourgeois, Konformist, Babbitt, Square: Establishment) [8]. Unter gesellschaftswissenschaftlichem Gesichtspunkt will die «neue Soziologie» (C. W. MILLS) und unter politischem Aspekt die «neue Linke» (H. MARCUSE) die persönlichen und kollektiven G. durch Weckung eines «kritischen Bewußtseins» [9] zerstören bzw. unmöglich machen und zur grundsätzlichen Nicht-Anpassung aufrufen («wir wollen keine Eltern mehr, wir wollen nur noch Kinder»). Damit sollen Anthropologie, Psychologie, Soziologie zu revolutionären Disziplinen der permanenten Anpassungsdestruktion und prinzipiellen Innovation werden, da G.en der (dezisionistisch gewollten) Diffusion des Neu-Guten entgegenstehen [10], wobei nur die über-gruppensubjektive Legitimität der gegen G.en im weitesten Sinne (Tradition, Herkommen, Tabus, Sitten, Konventionen: Repressionen) gerichteten Dezision der kritischen Auflösung entzogen ist und der verlangte «Pluralismus der Gesellschaft» vor der Anerkennung des kritisch-gesellschaftsbezogenen Menschen (des «traditionalen» Typs nach M. Weber) halt macht.

Anmerkungen. [1] A. BAIN: The emotions and the will (1859); Mental and moral sci. (1868); W. JAMES: Principles of psychol. (1890, dtsch. 1900). – [2] D. CLAESSENS: Instinkt, Psyche, Geltung (1968). – [3] M. OFFNER: Das Gedächtnis (1909) 47. 121. – [4] J. W. BENNETT und M. M. TUMIN: Social life. Structure and function (New York 1948); H. GERTH and C. W. MILLS: Character and social structure (New York 1953). – [5] J. K. FEIBLEMAN: The institutions of society (London 1956); A. GEHLEN: Anthropol. Forsch. (1961); H. FREYER: Theorie des gegenwärtigen Zeitalters (1955, ⁴1961). – [6] P. R. SKAWRAN: Psychol. der Anpassungsprozesse (1965). – [7] E. W. MÜHLMANN: Soziale Mechanismen der ethnischen Assimilation. Abh. 14. int. Soziologenkongr. Rom. 2 (1951). – [8] Genies der Diskriminierung: F. SCHLEGEL, S. KIERKEGAARD, FR. NIETZSCHE, K. MARX, F. ENGELS, W. I. LENIN und die «ideologischen» Schulen. – [9] C. W. MILLS: Kritik der soziol. Denkweise (1963); H. MARCUSE: Der eindimensionale Mensch (1967, ⁵1969). – [10] K. KIEFER: Die Diffusion von Neuerung (1967).

6. *Der kultursoziologische Aspekt.* – G. bedeutet soziologisch eine Möglichkeit typischer Verhaltenssteuerung, durch die die Eigentümlichkeit des Individuums prägnant ausgedrückt wird. Die G. gibt ein Verhaltensmuster ab, das zunächst eine individuelle Relevanz besitzt; dennoch kann durchaus auch von Gruppen-G.en gesprochen werden. In jedem Fall liegt bei G.-Bildung ein Sozialisierungsprozeß vor [1], durch die G. bestimmen als Verhaltensmuster den Ort und die Rolle des Einzelnen im sozialen Ganzen auch dann, wenn die Verhaltensmuster *nicht* die in der Gruppe üblichen sind – also unabhängig von der Frage, ob diese gelebten G. *typische* Verhaltensmuster innerhalb der Kultur, Gruppe, Schicht, Berufsorganisation usw. darstellen und von dorther quasi erzwungen werden oder ob ihre Entstehung von solchen kollektiven Stabilisierungen relativ freibleibt und ganz (oder überwiegend) auf eine vom Individuum und seinen Besonderheiten bestimmte Genese zurückgeht. Das «konforme Verhalten», das sich am anderen ausrichtet, ist selbst dort ein Gruppenverhalten, wo es das Konformgehen der Nonkonformisten fordert [2]. Die Fähigkeit, G. zu entwickeln und sich anzueignen, bildet beim Einzelnen einen Ersatz für fehlende, für rudimentär gebliebene bzw. für durch Verkümmerung unwirksam gewordene Instinkte. Sie ermöglicht bei der Etablierung kontext-konformer Einstellungen eine Entlastung hinsichtlich der sonst notwendigen, fallweisen Prüfung zweckmäßiger Verhaltensweisen. Dasselbe gilt bei der Begründung zu treffender Entscheidungen und beim Abbruch der (eigentlich) auf *Letzt*begründung fixierten Erkenntnisbemühung (ohne den jede Form von Praxis prinzipiell unmöglich würde).

Rahmengleiche Kontexte (Umwelten) und regelmäßig wiederkehrende Aufgaben können im täglichen Leben bei gleichbleibender Relevanznahme und durchgehaltener Interessenrichtung der Einzelnen wie der Gruppen objektiv gewohnheitsbildend wirken; subjektiv ist korrelativ dazu eine unveränderte Zielfixierung erforderlich. Die in persönlichen Besonderheiten wie in kulturellen Forderungen bzw. Erwartungen fundierten Verhaltensmuster bilden den spezifischen Habitus (das Gehabe) des einzelnen bzw. die spezielle Tradition (auch Konvention) der Gruppe. G. als individuelle und kollektive Verhaltensmuster ersparen und ersetzen den Gebrauch der überforderten einzelnen Vernunft, damit erscheinen sie als etwas Positives, gelegentlich als das, worin die Gruppen- oder Gattungsvernunft ihren (bisher) reifsten Niederschlag gefunden hat; negativ können sie (individuell wie gruppenpsychologisch) als innovationshemmend wirken [3].

G. besitzt als Hexis (Habitus) [4] keinen Aktcharakter [5]. Begründung von «Habitualitäten», «hexialer Habe», «Habitualisierung» [6] schließt Vergewohnheitung von bisher nur sporadisch auftretenden Verhaltensweisen ein. Sie ist typisch für Einzelne oder für Gruppen; sie findet ihren Ursprung in der vom Einzelnen (persönlich) oder von der Gruppe (traditional) erfahrenen «Tauglichkeit», «Dienlichkeit», «Bequemlichkeit», «Handlichkeit» [7]. Von «wünschenswerten G.» (desirable habits) wird im 20. Jh. dort gesprochen, wo im Erziehungsbereich (DEWEY) auf Grund bestimmter sozialer Erwartungen Innenlenkungstendenzen durch Außenlenkungssysteme ersetzt werden sollen [8] und das Formalziel «Sozialkonformität» heißt (dessen inhaltliche Füllung fallweise kontextentsprechend erfolgt). ‹Flexibilität›, ‹permanente Veränderung› sind Ausdrücke, die eine bestimmte Lehre von der Sozialkonformität kennzeichnen: G. stammen aus einer inneren, oft aus einer gefühlsmäßigen Einstellung; zu einer solchen gehört auch die zur «otherdirectedness», die damit zu den «self-fulfilling tendencies» gehört [9]. «Self-fulfilling» sind dabei bestimmte stereotype Verhaltenserwartungen, die das ihnen entsprechende Verhalten auch auslösen – selbst wenn die Erwartungen von Personen gehegt werden, die einer anderen Gruppe (also einer anderen Einstellungskategorie) angehören als die Person, die sie erfüllt.

Die Typen der G. können dabei folgende Reihe bilden: Konformismus, Ritualismus, Desinteresse, Innovation, Rebellion [10]; die Einstellungen sind (wertfrei) «attitudes» oder (wertend) «Attitüden», welche nicht eigentlich beobachtbar, sondern nur aus Verhalten und Nichtverhalten erschließbar sind [11]. Die Einstellungen lassen G.-Bildungen zu; die G. stellt eine aus Sozialisation, Kulturation, Tradition stammende Prädisposition für gewisse Beantwortungen von Umweltherausforderungen dar, auf welche in relativ gleichbleibender und damit voraussagbarer Weise reagiert wird.

Anmerkungen. [1] H. SCHOECK: Kleines soziol. Wb. (1969) 145f. – [2] D. RIESMAN: The lonely crowd (New Haven 1950); dtsch. (1956) mit den Termini ‹inner-directedness› und ‹other-directedness›. – [3] H. G. BARNETT: Innovation (New York/London 1953). – [4] ARISTOTELES, Met. V, 20, 1022 b 4; De cat. 8, 8 b 27; Eth. Nic. II, 4, 1105 b 25; Thomas VON AQUIN, S. theol. II/I, 50, 1. – [5] F. BASSENGE: Hexis und Akt. Philos. Anz. 4 (1929) 163-168; G. FUNKE: Akt, Genesis, Habitus, in: Zur transzendentalen Phänomenol. (1957) 7-15. – [6] HUSSERL, a. a. O. [6 zu 1 d] 100ff.: § 32. – [7] G. ZIPF: Principle of the least effort (1949). – [8] Vgl. RIESMAN a. a. O. [2] I, 1; II, 7. – [9] Vgl. R. K. MERTON: Social theory and social structure (Glencoe 1949, ²1957). – [10] Vgl. R. KÖNIG: Art. ‹Anomie›, in: Soziol. (1958) 20. – [11] A. R. COHEN: Attitude change and social influence (New York 1964).

7. *Das Lob der G.* – Die positive Seite der G. ist ebenso oft hervorgehoben worden wie die negative. So ist es zwar ein Gemeinplatz, daß der Mensch den Dingen ausgeliefert sei, aber er vermag sie nach MONTAIGNE durch G. zu verändern [1], und wo die Vernunft versagt, bestimmt nach PASCAL G., was «recht» sei [2]. Im Normalfall gilt für CHR. GÜNTHER der Satz: «G. macht die Not erträglich» [3]; sie ist es, die «unsere Erfahrung nutzbringend gestaltet» (HUME) [4], so daß sogar alles Lebenspraktische überhaupt ihr zugeschrieben wird (REID): «it is habit», und, «all this may be done by habit» [5]. Als Hüter des Lebens «ces habitudes veillent à notre conservation, elles sont un secours prompt» (CONDILLAC) [6]; sie zeigen nach GIBBON an, wie weit in einer Gesellschaft die «Harmonisierung der Interessen» gelungen ist [7]. Trotz der inneren Ambivalenz der G. wird von M. KLINGER jene gerühmt, «die der Verständige so gut zu nutzen weiß» [8], oder es wird das ganze Leben insofern gepriesen, als es die «schöne freundliche

Gewohnheit des Daseins und Wirkens» ist (GOETHE [9]). «Former de bonne heure une habitude» hat, subjektiv, zum Resultat «le tempérament tempéré de la pensée» (MAINE DE BIRAN) [10]; objektiv, so RAVAISSON, «semble apparaître dans l'Empire de la Nature le règne de la connaissance, de la prévoyance, et poindre la première lueur de la Liberté» [11]. Mit der «magischen Herrschaft» über den Leib (MICHELET) wird die G. «die erste Weise der Freiheit des Menschen» [12]; bei NIETZSCHE mischt G. «allen Dingen Süßigkeit bei» [13].

Anmerkungen. [1] MONTAIGNE, Essais a. a. O. [1 zu 3] 149. – [2] PASCAL, Frg. 294, hg. BRUNSCHVICG. – [3] J. GRIMM 6583. – [4] D. HUME, Enquiry Va. – [5] TH. REID: On the active powers of the human mind. Works (1849) 1, 551. – [6] E. B. DE CONDILLAC: Cours d'études pour l'instruction du Prince de Parme. Œuvres philos. (Paris 1947) 1, 400. – [7] E. GIBBON: Hist. of the decline and fall of the Roman Empire (1776/88, dtsch. 1778ff.) 1, 116. – [8] GRIMM, IV/3, 6583. – [9] GOETHE, Egmont V, 4. – [10] F. P. MAINE DE BIRAN: L'influence de l'habitude sur la faculté de penser (1802). Oeuvres, hg. TISSERAND 2 (1922) 250ff. – [11] RAVAISSON, a. a. O. [14 zu 3] 16. – [12] K. L. MICHELET: Anthropol. und Psychol. (1840) 211. – [13] FR. NIETZSCHE, Gedanken und Entwürfe zu der Betrachtung: Wir Philologen. Musarion-A. 7, 162.

8. *Die Kritik der G.* – Da es der Mensch ist, der G.en sich festsetzen läßt, kann eine Kritik nicht eigentlich die G. treffen, sondern nur den Einzelnen, der sich ihnen nicht widersetzt. AUGUSTIN: «da ich der G. nicht widerstand, kam es zur Notwendigkeit» [1]. Wenn bei LUTHER Christus nicht gesagt hat: «ich bin G. und Brauch», sondern «ich bin die Wahrheit», dann folgt für den Menschen daraus: «wenn die Wahrheit offenbar wird, soll die G. weichen» [2]. Wo sie nicht weicht, da ist «consuetudo, die G.» das ganze Übel, und sie «macht zu dieser Frist, daß die Welt jetzt voll Laster ist» (ABRAHAM A SANCTA CLARA [3]). Dabei bilden für die Anthropologie des 18.Jh. «die G.en eines Sklavenvolkes ... einen Teil seiner Knechtschaft, die eines freien Volkes einen Teil seiner Freiheit» (MONTESQUIEU [4]). Für den Menschen überhaupt, als erkennendes Wesen, pervertiert G. die theoretische Einsicht als solche, da sie (aus lebenspraktischen Rücksichten) mehr bietet, als durch nachweisbare «Impressionen» legitimiert ist (HUME [5]). Auch wo von natürlichen «lois fondamentales» und «lois gravées dans les cœurs» gesprochen wird, entfremdet die G. den «homme originaire» zum «homme artificiel» (ROUSSEAU [6]). Den G. überläßt der Mensch sich «par un faux calcul», anstatt eine «habitude des sentiments doux» auszubilden und sich überhaupt um eine «habitude de réfléchir sur sa propre conduite» zu bemühen (CONDORCET [7]). Der Einzelne überläßt sich den G. jedoch deswegen, weil durch sie «die angenehmen Gegenstände ... unentbehrlich, und die unangenehmen unausstehlich» werden (nach MENDELSSOHN [8]). Insofern der Mensch aber «aus Trägheit und böser G.» lebt, wird G. zum Widersacher des frei sich entfaltenden Lebens (HERDER [9]). Solche Trägheit, die «durch lange G. sich selbst ins Unendliche reproduziert» (FICHTE) und das Unvermögen zum Guten ist, ist im deutschen Idealismus (KANT, FICHTE) «das wahre, angeborene, in der menschlichen Natur selbst liegende radikale Übel» [10]. Zwar ist die Habitualisierung des Geistes, solange der nur selbst lebendig (d. h. geistig) ist, «Leben»; die Habitualisierung wird jedoch «Tod», wo ein gänzliches Einbilden in das Leben erfolgt; so wird die G. «der Mechanismus des Selbstgefühls» (HEGEL [11]). Den Gedanken Kants und Fichtes drückt eine Sentenz SCHILLERS aus: «Denn aus Gemeinem ist der Mensch gemacht, und die G. nennt er seine Amme» [12]. Die Gefahr der G. und der Gewöhnung ist die, daß sie das Bewußtsein über die eigene aktive Beteiligung beim Werden der Wirklichkeit verunklärt und damit diese Wirklichkeit metaphysisch «verkehrt» (MAINE DE BIRAN [13]). Auch wo über die Stereotypisierung durch G.-Bildung und die damit verbundene Akzelerierung der Anpassung in ihrem Wert kein Urteil gefällt wird, steht fest, daß das Einzige, was wirklich (absolut) beschleunigt wird, die G.-Bildung selbst ist, gehöre sie in der Zivilisationsgesellschaft nun zur «sphère propriofective» oder zur «sphère extérofective» (E. MONNIER) [14]. Die G. (in der «Verdünnung des Traditionellen») wird existenzphilosophisch von JASPERS als «geronnene G.» abgelehnt, in der «der Mensch sich selbst verloren» hat [15]. In Parallele dazu warnt HEIDEGGER davor, «das gewöhnliche Meinen» etwa für «den Weg des Denkens» zu halten, «gleich als ob das Allgemeingültige und die Gewöhnung in dieses schon das Wahre sein müßte» [16]. Das heißt, insgesamt verstößt G. gegen die «lebendige Vernunft» und gegen das «eigentliche Denken» [17], indem sie beide behindert.

Anmerkungen. [1] AUGUSTIN, Conf. VIII, 5, 7. – [2] LUTHER, Tröstung der Christen zu Halle. Weimarer A. 23, 414ff. – [3] ABRAHAM A SANCTA CLARA: Abrahamische Lauberhütt (1722) 51. – [4] MONTESQUIEU: Esprit des lois (1748) XIX, 27. – [5] D. HUME, Enquiry VII, 2; dtsch. (1907) 89. – [6] J.-J. ROUSSEAU, 2. Disc. Oeuvres (1782) 1, 235. – [7] M. J. A. CONDORCET: Esquisse d'un tableau hist. des progrès de l'esprit humain (1794), hg. PRIOR (1933) 226. – [8] M. MENDELSSOHN, Akad.-A. (1932) III/1, 295. – [9] J. G. HERDER: Briefe zur Beförderung der Humanität (1793/97). Werke, hg. SUPHAN 18, 242; auch 11, 7; 18, 367; 20, 373. – [10] J. G. FICHTE: System der Sittenlehre (1798). Werke, hg. I. H. FICHTE 4, 200-202. – [11] HEGEL, System der Philos. WG 10, 235: § 410. – [12] F. SCHILLER, Wallensteins Tod I, 4. – [13] MAINE DE BIRAN, a. a. O. [10 zu 7] 2, 150. – [14] E. MOUNIER: Traité du caractère (Paris 1947) 421. – [15] K. JASPERS: Von der Wahrheit (1947) 826. – [16] M. HEIDEGGER: Was heißt Denken? (1955) 121. – [17] J. MARÍAS: Introducción a la filosofía (Madrid 1947, ³1951) 205.

9. *Der Ursprung der G.* – Als Anlaß für mögliche G.-Bildung dient jede faktische Erfahrung; das erste Vehikel ist Nachahmung (PLATON). Nachahmungen werden, «wenn man sie von Jugend an lange forttreibt, zu G.en und zur Natur» [1]. Wiederholung allein reicht nicht aus; erst innerliche Aneignung begründet hexiale Habe (ARISTOTELES), die sowohl ein «bleibendes Verhältnis» als auch ein «Sichverhalten» in bestimmter Art möglich macht [2]. Um G.en zu bilden, muß man bei *demselben* bleiben; wer z. B. «nach dem Geiste» lebt (Hebräerbrief), dem muß zugeführt werden, was ihm dient: «den Vollkommenen aber gehört starke Speise, die durch G. haben geübte Sinne, zu unterscheiden Gutes und Böses»[3].

In der Neuzeit tritt stärker der Nützlichkeitsgedanke auf, etwa bei LEIBNIZ in dem Sinne: «oft denken, ohne auch nur für einen einzigen Augenblick die Erinnerung an das, was man denkt, zu bewahren, heißt, auf recht unnütze Weise denken» [4]. Dies Unnütze gilt es zu vermeiden. Dabei wird im 18. Jh. bei CONDILLAC «inquiétude» der Ursprung der G.-Bildung. Denn die Unruhe will befriedigt werden und weckt Leistungen. Wo diese originäre Unruhe nicht gesehen wird, wird auch die daraus resultierende G.-Bildung übersehen, und es entsteht die einzigartige G., die G. nicht zu bemerken [5]; wird sie bemerkt, so folgt die Feststellung, «que la vertu consiste dans l'habitude des bonnes actions, comme le vice consiste dans l'habitude des mauvaises» [6], und G.-Bildung läßt sich lernen, weil bloß die Zahl wiederholender Übung vermehrt werden muß [7]. Dem Wesen nach fungiert G. wie Instinkt: quasi-automatisch oder mechanisch; der Entstehung nach ist sie vom Instinkt verschieden (REID), nämlich erworben (und insofern unnatürlich), doch ist sie bewirkt «from an undesigned and instinctive imitation» [8]. Die Verschiedenheit der G.-Bildung geht darauf zurück, daß sie anders bei passivem als bei aktivem Verhalten aussehen muß (MAINE DE BIRAN); es gibt «une force qui sent et une autre qui meut» [9]. Der Mensch, als das Wesen mit am meisten Spontaneität, kann auch am meisten G. ausbilden, mit ihrer Ausbildung aber ent-eignet er sich seiner Spontaneität (RAVAISSON), indem sie vergessen wird und außer Gebrauch kommt [10]. Umgekehrt macht die Befreiung vom bloß Natürlichen erst «Charakter» möglich [11]; doch ist es nicht das Immer-wieder-Neuanfangen oder das Neues-tun-Wollen, das G. begründet (BAHNSEN), sondern dazu ist «stetiges Fortschreiten» mit «Konzentration ethischer Kräfte» nötig [12]; dann ist G. «die durch Wiederholung natürlich gewordene Wiederkehr derselben Bestrebungen und Handlungen unter denselben Bedingungen» [13], wobei «Neigung» und «Bedürfnis» dazugehören, wenn durch Wiederholung G. en begründet werden sollen [14].

G. ist endlich nach JASPERS gesellschaftsnotwendig, denn in jeder Gesellschaft wird «eine Summe von G. als Regeln der Entscheidung und als Formen der Sitte, des Benehmens, der Haltung legitimiert», durch G. werden diese Formen «eingeübt zur Lebensweise». So entsteht die G. als ein Erfordernis der Gesellschaft, und «Erziehung, Kinderstube, Berufskonvention ermöglichen die Gemeinschaft der Menschen, die ohne sie in Formlosigkeit entartet» [15]. G.-Bildung in der Gesellschaft hat einen doppelten Ursprung: Der laufende Vollzug angewöhnter Verhaltungen führt zu totaler Mechanisierung, wenn nicht fortgesetzt neu angepaßte G. montiert werden; jedes erzieherische Bilden will dies letzte, jede erzieherische Technik bewirkt das erste (LE SENNE), und so folgt: «il n'y a d'éducation que celle qui crée le besoin d'elle-même» [16]. G. fordert zu ihrer Begründung neue G., zum Schluß die G. der Vernunft.

Anmerkungen. [1] PLATON, Resp. III, 395 b. – [2] ARISTOTELES, Rhet. I, 11, 1370 a; I, 10, 1369 b 6. – [3] Hebr. 5, 12-14. – [4] LEIBNIZ, Nouveaux essais ... II, 1, § 15. – [5] E. B. DE CONDILLAC: Extrait raisonné du Traité des sensations. Oeuvres philos. 1 (Paris 1947). – [6] Logique (1780 a. a. O. 2, 383 b. – [7] 1, 415 b. – [8] TH. REID, On the active powers of the human mind. Works (1849) 1, 550. – [9] MAINE DE BIRAN, a. a. O. [10 zu 7] 2, 299. – [10] RAVAISSON, a. a. O. [14 zu 3] 53. – [11] MICHELET, a. a. O. [12 zu 7] 215. – [12] J. BAHNSEN: Beiträge zur Charakterol. (1867) 1, 209. – [13] D. TH. A. SUABEDISSEN: Grundzüge der Lehre vom Menschen (1829) 149. – [14] K. F. BURDACH: Die Physiol. als Erfahrungswiss. 3, 443, zit. Grimm IV/1, 6581. – [15] JASPERS, a. a. O. [15 zu 8] 826. – [16] LE SENNE, a. a. O. [3 zu 1 d] 570.

10. *Das Werden der G.* – G. macht den krassen Unterschied zwischen den unveränderlichen Funktionssystemen mechanisch-anorganischer Gebilde und den elastischen Funktionssystemen der Organismen deutlich; sie sind dabei im allgemeinen «Improvisationen» lebendiger Gebilde, aufgebaut mit dem Ziel, sich ein Maximum an Dauer zu sichern [1].

Zunächst sind Lust und Unlust, bei erwachendem Verständnis später Vernunft und Einsicht für die Ausbildung von G. (und der Tugenden) bestimmend (PLATON) [2]. Der subjektiven Aneignung steht die objektive Üblichkeit gegenüber; dabei hängen ἔθος, θέμις, νόμος so zusammen, daß «Natürliches» wie «Widernatürliches» zur G. werden kann (DIOGENES), so wie Verachtung der Lust (wenn man sich an sie gewöhnt hat) Lust hervorruft [3]. Damit sich ein Ethos bildet, muß in dem Zugrundeliegenden eine Veränderung eintreten (ARISTOTELES), die nicht in ihm selbst angelegt sein muß; ἕξις ist dann die Habe von etwas, das auch fehlen kann [4]. In diesem Sinne weist die neuplatonische «Materie» (PLOTIN) die «Hexis der Steresis» prinzipiell auf und ermöglicht damit überhaupt den Aufbau von Habitus [5]; die Aktualisierung erfolgt von anderer Seite, und so wird «Tugend» ein «zweiter Geist» und G. eine «zweite Natur». Tugenden, «die im reinen Denken bestehen», sind zu trennen von Tugenden, «welche nicht durch Vernunft sondern durch G. und Übung erwachsen» [6]. Consuetudo liegt vor, wenn das Herkömmliche, Übliche «ungekünstelt» vor sich geht (QUINTILIAN), und die hier erforderliche Nachahmung greift auf, was in den «artes» deponiert ist, und solche Nachahmung ist lehrbar. Nicht lehrbar ist die Nachahmung der Schöpferkraft selbst – sie nachahmen, heißt sie betätigen. Ein tüchtiger Redner und «vir bonus» ist, wer die Schöpferkraft hat: «ea quae in oratore maxima sunt, imitabilia non sunt; inventio, vis, facilitas et quidquid arte non traditur» (die Eigenschaften, die beim Redner am meisten ausgebildet sind, lassen sich nicht nachahmen, nämlich Erfindungsgabe, Kraft, Leichtigkeit und was immer durch Kunst nicht weitergegeben werden kann) [7].

In der *Neuzeit* wird empirisch festgestellt, daß die G. der Sinne tiefer wurzeln als die G. der Vernunft (CHR. WOLFF), und um eben das zu bemerken, bedarf es der (höheren) «facultas nexum veritatum universalium perspiciendi» [8]; weiter wird gesehen, daß, wenn nur «Natur» vorläge, Selbstbildung im Sinne von Selbstkorrektur nicht möglich sein könnte (CONDILLAC) [9]; endlich wird ein «progrès de l'habitude» (RAVAISSON) im kontinuierlichen Fortschritt vom dumpfen Instinkt zum klaren Wollen angenommen [10]. Dieser Fortschritt erscheint als Vermehrung der Freiheit (MICHELET), denn G. stellt insofern «die erste Weise der Freiheit des Menschen» dar, als der Mensch seine Seele zum Sein macht – er «gibt ihr eine Sphäre der Wirksamkeit, indem er von seinem leiblichen Sein Besitz ergreift» [11]. Vormetaphysisch und rein methodologisch ist dieser Gedanke im 20. Jh. entwickelt worden (E. HUSSERL). Das Werden von «Habitualitäten» erfolgt «bei Gelegenheit» des Vollzugs bestimmter Akte, ohne daß das Habitualisierungsergebnis «intendiert» wäre, wobei ein «Ich als Substrat von Habitualitäten» sich zugleich als «identischen Vollzieher von Geltungen» weiß und einen «bleibenden Habitus als verharrendes Ich» gewinnt [12].

Anmerkungen. [1] PH. LERSCH: Der Aufbau der Person (1941) 7. – [2] PLATON, Leg. II, 653 a. – [3] Vgl. DIOGENES LAERTIOS VI, 70. – [4] ARISTOTELES, Phys. 190 a 14. – [5] PLOTIN, Enn. VI, 8, 5. – [6] PLOTIN, Enn. I, I, 10, 12ff. – [7] QUINTILIAN, Inst. orat. I, 1; X, 2, 2. – [8] CHR. WOLFF: Psychol. empirica (1738) § 428. – [9] CONDILLAC, L'art de penser. Oeuvres philos. (Paris 1947), 1, 724 a. – [10] RAVAISSON, a. a. O. [14 zu 3] 49; vgl. 1f. – [11] MICHELET, a. a. O. [12 zu 7] 211. – [12] HUSSERL, a. a. O. [6 zu 1 d] 100: § 31; 174: § 50; 101: §32.

11. *Arten der G.* – Nach PLATON treffen die meisten Menschen ihre Entscheidungen «nach der G. des früheren Lebens», und dementsprechend sind sie nicht tugendhaft auf Grund der G. der Wissenschaft [1]; mit der «Nachahmung» des Gewesenen stehen sie hinter der Vernunft zurück. Ebenfalls ist es vernunftlos, wenn der Mensch durch Affekte «in seiner G. fortgerissen» wird, ohne ein besonnenes Urteil einzuholen [2]. Wenn der christliche Mensch statt der G. des «Lebens nach dem Fleische» die G. des «Lebens nach dem Geiste» gewinnen will, so bedarf er dazu der übernatürlichen Hilfe, die allein einen solchen Habitus verschafft (AUGUSTIN) [3]. In einer bei HUME säkularisierten Auffassung läßt wiederholte Übung von Erfahrung einen «Instinkt der Vernunft» entstehen [4], der in Anbetracht seiner Genese

eigentlich besser ein Quasi-Instinkt heißen müßte, dennoch aber das sinnenfälligste Resultat von G. abgibt. Daß «alte» und «neue» G., die GIBBON wie «gesund» und «dekadent» unterscheidet [5], nicht wie «vernünftig» und «unvernünftig» einander gegenüberstehen, sondern wie «mit sich in Einklang» und «nicht in Einklang», gibt einen spezifisch modernen Aspekt wieder. Vernunft als G. von wenigen bevorzugten Individuen setzt CONDORCET von der rudimentären Vernunft der «großen Zahl» ab, doch nimmt er an, daß sie durch G. Allgemeingut wird [6]. Die des Gewissen vornehmlich einschläfernden «gefährlichen G.» sollen bei CHR. WOLFF durch die G. der vernünftigen Kontrolle des eigenen Tuns ersetzt werden [7]. Wo, wie bei HERDER, «jeder Mensch das Maß seiner Seligkeit in sich» trägt [8], gilt dies (relativierende) Maß auch für die von ihm ausgebildeten G. (Sitten, Gebräuche usw.). Bei KANTS Unterscheidung von Angewohnheit (assuetudo) als einer «physischen, inneren Nötigung, nach derselben Weise ferner zu verfahren, wie man bisher verfahren hat», und dem Gewohntwerden (consuetudo) als einer Disposition, die «die Ertragung des Übels leicht», aber auch «das Bewußtsein und die Erinnerung des empfangenen Gutes schwer» macht, kommt es auf das Moment der Freiheit an [9]: assuetudo nimmt «selbst den guten Handlungen ... ihren moralischen Wert», und consuetudo läßt es zu «Undank», «Untugend» kommen, was beweist, daß in beiden Fällen die Freiheit der vernünftigen Durchdringung fehlt. Bei HEGEL gehört die G. zum Sittlichen nur dann, wenn sie «zum philosophischen Denken» gehört; dazu ist es für den Einzelnen nötig, seine erste Natur zu einer zweiten, geistigen, umzuwandeln, so daß dieses Geistige ihm zur G. wird [10]. Hier ist eine aktive Leistung gefordert, so daß nicht nur – nach MAINE DE BIRANS Einteilung – «habitudes passives», sondern auch «habitudes actives» entstehen [11]; bei den einen muß man davon ausgehen, «que l'habitude nous cache sous le voile de l'indifférence, la force des liens qu'elle a tissé» [12], bei den anderen steht fest, daß sie im Grunde «habitudes intellectuelles» sind [13]. Terminologisch läßt sich dieser Unterschied mit RAVAISSON formal auch als Gegensatz von «habitude acquise» und «habitude contractée» fassen [14]. Wenn NIETZSCHE «die kurzen G.» rühmt und die «dauernden G.» haßt [15], so deshalb, weil die ersten Leben und Beweglichkeit belassen, die zweiten aber «tyrannisch» herrschen; dabei läßt er die Aporie stehen, wenn er sagt: «Das Unerträglichste wäre mir ein Leben ganz ohne G., ein Leben, das fortwährend die Improvisation verlangt» [16]. Es ist klar, daß dies eine Fiktion ist.

Anmerkungen. [1] PLATON, Resp. X, 620 a; III, 395 b. – [2] CHRYSIPP nach PLUTARCH, hg. POHLENZ VI, 2, 1035. – [3] AUGUSTIN, Conf. VIII, 5. – [4] D. HUME, Treatise on human nature (1739); dtsch. (1923) 1, 240; 2, 364. – [5] E. GIBBON: a. a. O. [7 zu 7] 1, 116. – [6] CONDORCET, a. a. O. [7 zu 8] 148. – [7] CHR. WOLFF: Vernünftige Gedanken von der Menschen Tun und Lassen (1720) § 118. – [8] HERDER, a. a. O. [10 zu 3] 8, 342; 14, 205. – [9] KANT, Anthropol. Akad.-A. 7, 148ff. – [10] HEGEL: Grundl. der Philos. des Rechts (1821). WG 7, 234. – [11] MAINE DE BIRAN, a. a. O. [10 zu 7] 2, 71-175. – [12] a. a. O. 162. – [13] 173. – [14] RAVAISSON, a. a. O. [14 zu 3] 59. 51. – [15] NIETZSCHE, Fröhliche Wiss. IV, 295. Werke, hg. SCHLECHTA 2, 173. – [16] a. a. O. 174.

12. *Die Wirkungen der G.* – Ganz verschiedenwertig ist, was durch G. erreicht wird. Bescheiden ist MONTAIGNE: «en l'usage commun, c'est assez d'y réserver l'ordre» [1]. Die entscheidenden Dinge müssen durch Brauch und G. geregelt werden, denn es wäre «très ironique de vouloir soumettre les constitutions et observations publiques et immobiles à l'instabilité d'une privée fantaisie» [2]. Umgekehrt kann bei PASCAL G. auch alles «natürlich» erscheinen lassen: «il n'y a rien qu'on ne rende naturel» [3]. Nicht erzeugt G. neue Qualitäten, worauf HUTCHESON hinweist; sie macht z. B. nicht, daß etwas «schön» ist, sie stärkt oder schwächt nur die Empfänglichkeit für das Schöne [4]. Sie erreicht nach HUME allerdings, daß eine oft gehegte Erwartung als «vernünftig» gilt [5], wobei der Glaube an die G. die erste G. ist [6]. Zwar ist G. ursprünglich G. der fünf Sinne, doch ruft der Zug zur G.-Bildung immer neue hervor; CONDILLAC etwa nennt «une habitude de donner son attention, une autre de ressouvenir, une troisième de comparer, une quatrième de juger, une cinquième d'imaginer et une dernière de se connaître» [7]. REID drückt es so aus: «we are carried by habits as by a stream in swimming» [8]; und in diesem Sinne ist G. für CONDORCET Befestigung des «polizierten» Geistes [9]. Durch G. wird dabei der «Geist», der «rein» nicht vorkommt, menschlich gemacht – wie HERDER sagt [10]; «Angewöhnungen» allerdings, die eine «andere Natur» werden, müssen – etwa nach KANT – «dem Menschen das Urteil über sich selbst erschweren» [11]. ROUSSEAU weist darauf hin, daß *eine* G. (trotz aller Kulturentartung) überhaupt nicht unterschätzt werden kann: «l'habitude de vivre ensemble fit naître les plus doux sentiments qui soient connus des hommes, l'amour conjugal et l'amour paternel» [12], demgegenüber sind alle Kulturbedürfnisse bloß «tournés en habitudes nécessaires» [13] – mit allen «Abschwächungen» von Eindrücken einerseits bzw. Verstärkungen bestehender Tendenzen andererseits (MENDELSSOHN) [14]. Vor allem allerdings bewirkt G. (nach FICHTE) ein «Widerstreben, aus seinem Zustand herauszugehen» [15]. Wo aber die Seele den inneren Widerspruch des sich entwickelnden Geistes auf der bisherigen Stufe überwindet und wo sie, nach HEGEL, der Zerrissenheit des Selbst Herr wird im Bei-sich-selber-sein, da nennen wir dies Bei-sich-selber-sein «G.» [16]; die höchste Form der G.-Bildung wird aber dort erreicht, wo der Mensch (wie im Kultus) «die Abstraktion vollkommen zu seiner G. macht» [17], und die Verleiblichung der Seele kulminiert da, wo eine durch Gewöhnung erzielte Geläufigkeit z. B. im Denken den Rang eines unmittelbaren Eigentums des Selbst erhält. Hegel erklärt: «erst durch diese Gewöhnung existiere Ich als denkendes für mich» [18]. Dem steht bei A. SMITH die Feststellung gegenüber, daß G. nie so eng mit dem Bewußtsein verbunden ist, daß sie dies wie ein Gefühl «durchprägt»; sie besitzt zwar Einfluß auf Billigung und Mißbilligung, bestimmt sie jedoch nicht und bleibt damit immer äußerlich [19]. Dieser Auffassung steht die metaphysische Überzeugung nicht unvereinbar gegenüber, die RAVAISSON äußert, wenn er erklärt, «l'histoire de l'habitude représente le retour de la liberté à la nature» [20], oder wenn MICHELET die Seele «den Leib zum passenden Wohnsitz umgestalten» läßt [21], wobei die dazu benötigte G. «die erste Weise der Freiheit des Menschen» ist, und wobei – mit J. E. ERDMANN – die so begonnene Verleiblichung eine Vervollkommnung der Natur durch die «zweite Natur» bedeutet [22]. Soweit G. «Sicherung des eigentlich Gewollten» ist, wird sie auch von JASPERS anerkannt [23].

Anmerkungen. [1] MONTAIGNE, a. a. O. [1 zu 3] 2, 642. – [2] a. a. O. 1, 134. – [3] PASCAL Frg. 94, hg. BRUNSCHWICG. – [4] FR. HUTCHESON: Inquiry into the origin of our ideas of beauty and virtue (1725, dtsch. 1762) 92f. – [5] D. HUME, Enquiry V a, dtsch. a. a. O. [7 zu 3] 48. – [6] a. a. O. 12 5. – [7] E. B. DE CONDILLAC: Traité des sensations (1754) a. a. O. [9 zu 10] 1, 231. – [8] REID, a. a. O. [8 zu 3] 1, 551. – [9] CONDORCET, a. a. O. [7 zu 8] 17. 21.

– [10] HERDER, a. a. O. [9 zu 8] 15, 272. – [11] KANT, Akad.-A. 7, 121. – [12] ROUSSEAU, 2. Disc. a. a. O. [6 zu 8] 1, 248. – [13] 2. Disc., dtsch./frz. (1955) 116f. – [14] MENDELSSOHN, Akad.-A. 3, 293ff. – [15] J. G. FICHTE: System der Sittenlehre (1798). Werke, hg. I. H. FICHTE, 4, 200. – [16] HEGEL, System der Philos. WG 10, 241. 147. 411. – [17] Grundl. zur Philos. des Rechts (1821). WG 7, 287. – [18] 10, 238f. – [19] A. SMITH: A theory of moral sentiments (1759); dtsch. (1949) 246. 280ff. – [20] JASPERS, a. a. O. [15 zu 8] 826.

13. *Gegensätze zur G.* – ARISTOTELES weist darauf hin, daß «ethische» Tugenden durch Übung entstehen, doch macht gerechte Tätigkeit z. B. allein noch nicht die Tugend: ohne Einwurzelung keine echte ἕξις [1]. Der Gegensatz heißt hier Wiederholung – Aneignung. Der zweite Gegensatz lautet ἕξις – διάθεσις [2], da der «natürlichen» Anlage eine «erworbene» gegenübergestellt werden muß; und der dritte Gegensatz ist der von ἕξις und στέρησις, indem eine «Habe» nur auf der Folie des «Fehlens» von solcher Habe begründet werden kann. – Nach christlicher Auffassung stehen sich, vor allem in der beginnenden Neuzeit bei LUTHER, Gott und Welt in der Form gegenüber, daß dort Wahrheit, hier G. angesetzt wird. Es heißt: «Meinst du, daß mir Gottes Wort vor deinem alten Brauch, deiner G., deinen Bischöfen weichen dürfe?» [3] Bei PASCAL steht dafür der Gegensatz von Vernunft und G., denn vernünftige Überlegungen überzeugen nur den Geist, wo sie fehlen, muß G. nachhelfen: «la coutume ... incline l'automate, qui entraîne l'esprit sans qu'il n'y pense» [4]. Wo allerdings, wie bei CONDILLAC, dieser Gegensatz zu dem von reflexivem und gewohnheitsmäßigem Denken umgewandelt wird, bleibt auf dem Boden des strikten Sensualismus nur ein gradueller Unterschied, kein prinzipieller, übrig: ein «juger par réflexion» und ein «juger par habitude», die sich wie bemerktes und unbemerktes Urteilen zueinander verhalten [5]. Gerade einen solchen graduellen Übergang gibt es dort nicht, wo der Gegensatz von Pflicht und Gewohnheit akzentuiert wird wie bei KANT: Tugend als «moralische Stärke in der Befolgung seiner Pflicht» steht strikt der G. gegenüber; diese Tugend entsteht immer neu und wird nie G. [6], ihre Begründung ist transzendental, die der G. rein empirisch [7]. Bei FICHTE ist das Gegensatzpaar entsprechend: Freiheit/G., und frei heißt nur der, der «auch die Kraft der Entwöhnung behalten hat» [8].

Im mundanen Bereich ist, bei ROUSSEAU, «la faculté de se perfectionner» [9] die paradoxe Ursache für die Depravation, denn sie hat historisch «unsere überfeinerte Empfänglichkeit in notwendige G.en verwandelt» [10]. – Im 20. Jh. wird dieser Gedanke im französischen Personalismus aufgegriffen (E. MOUNIER), der die Grenzlinie zieht zwischen «l'homme adapté au réel» und «l'homme enfermé dans son geste» [11], wobei, was das wahre Wirkliche ist, noch erklärt werden muß. HEIDEGGER stellt dem Gewohnten das Un-heimliche gegenüber, das also, was «aus dem Heimlichen, d. h. Heimischen, Gewohnten, Geläufigen, Ungefährdeten herauswirft» [12], und das gewöhnliche Verhalten ist das ontische, das un-heimliche Verhalten aber das ontologische Verhalten. Umgekehrt steht bei ROTHACKER G. zu «Willkür» und «Künstlichkeit» im Gegensatz, so wie in der Historischen Schule die stillwirkenden Kräfte das entscheidende Recht gegen alle Willküreingriffe behalten (SAVIGNY, PUCHTA); «Recht» kann dann nur das geschichtlich gewordene, letztlich das «G.-Recht» im weitesten Sinne sein [13]. Das Unlebendige, das sich formalpsychologisch in der Erstarrung von G.en zu Stereotypien zeigt [14], erweist sich im historischen Rechtsleben als das Festhalten an Regeln und Ordnungen um jeden Preis, also als Verunmöglichung neuer G. Im Erklärungszusammenhang bilden Kausalerklärung und Erklärung aus G. den entscheidenden Gegensatz. W. STERN hat darauf hingewiesen, daß eine «kausale Ableitung für das Auffällige» gefordert wird [15], das Gewöhnliche (Unauffällige) bedarf dessen nicht; somit kommt es ganz auf die Einstellung an. G. sind nicht neue «Gegenstände» (neue cogitata), sondern stellen sich dem Neuen, Überraschenden entgegen. So kann es, bei P. RICŒUR, heißen: «l'habitude est un aspect du perçu, de l'imaginé, du pensé, opposé au nouveau, au surprenant» [16].

Anmerkungen. [1] ARISTOTELES, Eth. Nic. 1105 a 27. – [2] Met. 1055 a 33; De cat. 8 b 26. – [3] LUTHER: Daß eine christl. Versammlung oder Gemeinde Recht und Macht habe, über alle Lehre zu urteilen und Lehrer zu berufen, ein- und abzusetzen, aus der Schrift begründet u. nachgewiesen (1523). Weimarer A. 11, 408f. – [4] PASCAL Frg. 252, hg. BRUNSCHWICG; Frg. 270, hg. CHEVALIER. – [5] CONDILLAC, a. a. O. [6 zu 7] 1, 399. – [6] KANT, Anthropol. Akad.-A. 7, 147. – [7] Met. Sitten (1798). Akad.-A. 6, 221. – [8] FICHTE, a. a. O. [15 zu 12] 4, 203. – [9] ROUSSEAU, 2. Disc. dtsch./frz. (1955) 106f. – [10] a. a. O. 116f. – [11] E. MOUNIER: Traité du caractère (Paris 1947) 421f. – [12] M. HEIDEGGER: Einf. in die Met. (1953) 115. – [13] E. ROTHACKER: Mensch und Gesch. (1944/50) 9-58. – [14] ERDMANN, a. a. O. [4 zu 1 a] 199. – [15] W. STERN: Psychol. der frühen Kindheit (1914, ³1928) 352. – [16] P. RICŒUR: Philos. de la volonté (Paris 1949) 264.

14. *Änderung der G.* – An drei Beispielen wird deutlich, wie Änderung von G.en erfolgt. PLATON setzt für G.-Bildung überhaupt die Kindheit an [1]; Veränderung soll nur stattfinden, wenn die G. eine G. im Üblen ist [2]; sonst ist Veränderung selbst ein Übel so wie dies, daß dem niederen Seelenteil der Vorzug vor dem höheren gegeben wird [3]. – MONTAIGNE stellt fest, daß Veränderung andere in Mitleidenschaft zieht; deshalb muß bedacht werden, ob sie verantwortbar ist [4]; da G. des Lebens Hüter ist, darf sie gerade nicht der schwankenden Kontrolle der individuellen Vernunft unterworfen werden, sonst läßt sie die Inthronisierung der Vernunft als eines «Feindes des Lebens» zu [5]; das «préjudice de la coutume» [6] erschüttern, heißt, die Lebensführung verunsichern. – CHR. WOLFF bemerkt, daß es leichter ist, jemanden zum Guten zu führen, der noch keine bösen G. ausgebildet hat, als einen, «der des Bösen einmal gewohnt» [7]: hier ist Veränderung notwendig, aber schwer; noch schwerer erscheint es, klare Begriffe zu erzielen: diese G. herzustellen, also die G. der Philosophie (den habitus applicandi notiones) zu erreichen [8], woraus alles andere Theoretische und Praktische folgt, ist die Daueraufgabe des Menschen.

Anmerkungen. [1] PLATON, Resp. VII, 536 d. – [2] Leg. 797 e. – [3] Resp. X, 606 b. – [4] MONTAIGNE, a. a. O. [1 zu 3] 1, 130. – [5] 131. – [6] MONTAIGNE, a. a. O. [1 zu 3] 1, 23. 132. – [7] CHR. WOLFF, a. a. O. [7 zu 11] § 386. – [8] Ontologia (1736) § 352.

Literaturhinweise. F. P. MAINE DE BIRAN: L'influence de l'habitude sur la faculté de penser (1802). – F. RAVAISSON-MOLLIEN: De l'habitude (1838). – E. BOUTROUX: De la contingence des lois de la nature (1874). – L. DUMONT: De l'habitude. Rev. philos. (1876). – A. LEMOINE: L'habitude et l'instinct (1875). – V. EGGER: La naissance des habitudes. Ann. Fac. Bordeaux (1880); L'habitude générale. Rev. Cours et Conférences (Bordeaux 1901-05). – H. BERGSON: Matière et mémoire (1896). – W. G. SUMNER: Folkways (1906). – R. GOSSELIN: L'habitude (1920). – J. CHEVALIER: L'habitude (1929). – H. PIÉRON: L'habitude et la mémoire, in: G. DUMAS: Nouv. traité de psychol. (1930) IV. – P. DE ROTON: Les habitudes – leur caractère spirituel (1934). – A. ARRIGHINI: L'abitudine (1937). – J. CASTIELLO: La psicología de los hábitos (1946). – P. GAUILLAUME: La formation des habitudes (1947). – R. DE SAINT-LAURENT: L'habitude (1950). – P. LUMBRERAS: De habitibus et virtutibus in communi (1952). – G. FUNKE: G. (1958, ²1961). – R. REDFIELD: Die Folk-Gesellschaft, in: W. E. MÜHLMANN/E. W. MÜLLER: Kulturanthropol. (1966) 327-355.

G. FUNKE

Gewohnheitsrecht. – 1. Griechischem Rechtsdenken war rechtlich verpflichtendes Herkommen als νόμος ἄγραφος (ungeschriebenes Gesetz) geläufig, freilich nur undeutlich abgehoben von dem in seiner Geltung nicht auf (eventuell nur lokale) Tradition, sondern innere Qualität gestützten, zu vermeintlich universaler Geltung überhöhten «natürlichen» Recht [1]. Die Auswirkung dieser Vorstellung auf das praktische Rechtsleben ist indessen für alle Epochen der griechischen Rechtsgeschichte nur gering zu veranschlagen [2].

Die *römische Rhetorik* nannte in ihren Aufzählungen all dessen, worauf man sich als Rechtsquelle berufen könne, immer auch die consuetudo oder, synonym, den mos (maiorum). Die gesetzesgleiche Verpflichtungskraft der Gewohnheit wurde aus Alter und allgemeinem Willen hergeleitet [3]. Adressat solcher gewohnheitsrechtlichen Argumentation war der juristisch nicht ausgebildete Laienrichter.

Die *römischen Juristen* sprachen mindestens bis zum Beginn des 2. Jh. n. Chr. von der consuetudo als Rechtsquelle nicht. Dies aber nicht, weil sie etwa Normen außerhalb des Gesetzesrechtes nicht in Betracht gezogen hätten, sondern weil außergesetzliches Recht (die Masse des Rechtsstoffes gehörte dazu), selbst wenn in langwährender Übung geprägt, ihnen als Rechtskundigen in spezifischen Erscheinungsformen, nämlich den Edikten der Magistrate und den Gutachten älterer Juristen, entgegentrat. Die Geltung solchen Rechts stand traditionell außer Frage. Sie zu diskutieren und so einen möglichen Weg zu einer Lehre vom G. zu beschreiten, entsprach nicht den praktischen Interessen der Juristen.

Etliche juristische Texte aus dem 2. und 3. Jh. n. Chr. erwähnen lokale Gewohnheiten, die als Fakten von der römischen Provinzialverwaltung aus Zweckmäßigkeitsgründen zu respektieren waren. Von daher war die römische Jurisprudenz schließlich auf die Frage nach dem Rang römischer Gewohnheiten verwiesen [4]. Spätestens zur Zeit des beginnenden Dominats, als an Volksgesetzgebung längst nicht mehr zu denken war und auch das Rechtsfortbildungsinstrumentarium der republikanischen und klassischen Zeit, Edikte und Juristengutachten, schon lange nicht mehr benutzt wurde, fand sie sich zur Anerkennung der Gewohnheit als einer Rechtsquelle durch, die ranggleich neben dem Gesetz stehen sollte. Für die Legitimation des G. berief sie sich auf den consensus populi, der sich auch konkludent artikulieren könne, also auf eben jene Quelle, aus der der Kaiser immer wieder seine eigene Stellung und somit auch die Legitimation des Kaiserrechtes ableitete; das Alter der Gewohnheit spielte eine Rolle lediglich als Erkenntnisgrund für den consensus. Auf diesem Stand verharrte auch die *justinianische* Kodifikation.

Das *frühe Mittelalter* als Epoche eher statischer Verhältnisse denn dynamischer Veränderungen war *das Zeitalter des G.* Bezeichnenderweise erhob GRATIAN (Mitte des 12. Jh.) die consuetudo zum Oberbegriff allen menschlichen Rechts, der geschriebenes und ungeschriebenes Recht zusammenfasse; das Gesetz war für ihn nichts anderes als eine consuetudo in scriptis redacta [5]. Zu dieser Klassifikation der Rechtsquellen paßt die volksrechtliche Vorstellung, daß gutes Recht alt (und altes Recht gut) sei. Die mittelalterliche *Jurisprudenz* konzentrierte sich auf die genauere Bestimmung der für die Anerkennung der Verbindlichkeit von Übungen erforderlichen Zeitdauer sowie der erforderlichen Anzahl und Qualität der Übungsakte.

Schließlich jedoch drängte die im 13. Jh. einsetzende und in den großen *Kodifikationen* der Neuzeit gipfelnde Tendenz zur Zentralisation der Rechtsbildung in der gesetzgebenden Gewalt des Staates sowie die Rezeption des römischen Rechts, die sich vor allem dort vollzog, wo es zu Kodifikationen einheimischen Rechtes nicht kam, das G. bis zur Bedeutungslosigkeit zurück. Nur das in Rechtsbüchern, wie dem ‹Sachsenspiegel›, aufgezeichnete G. konnte sich länger behaupten. Die vom Gedanken an ein staatliches (bzw. – für die Kirche – ein päpstliches) Rechtsbildungsmonopol geleitete *neuzeitliche* Gesetzgebung beschnitt die Geltung von G., indem sie lediglich partikuläres G. als gültig anerkannte [6], die Geltung von G. contra legem, auf den Vorrang des Gesetzes pochend, ausschloß, ja sogar G. praeter legem nur in den vom Gesetz erwähnten Fällen zulassen wollte [7] (Ausdruck der «Gestattungstheorie») oder das G. schwer erfüllbaren Beweisanforderungen (40- oder 100jährige gleichförmige Übung) und richterlicher Inhaltskontrolle (auf rationabilitas) unterwarf [8].

Ungeachtet dieser Entwicklung erreichte die *Theorie* des G. ihren Höhepunkt im 19. Jh. Die Kodifikationsgegnerschaft der historischen Rechtsschule glaubte, im G. die uneinnehmbare Bastion der rechtserzeugenden Kräfte gegenüber dem Andringen rechtsfremder Gesetze zu finden. Nach SAVIGNY ist, historisch gesehen, alles Recht G., weil Recht nicht eigentlich gemacht, «nicht durch die Willkür eines Gesetzgebers», sondern «organisch», «durch innere stillwirkende Kräfte» erzeugt werde, als welche sich ihm zunächst «Sitte und Volksglaube» darstellen, dann aber die Jurisprudenz, durch die «bey steigender Cultur» das Rechtsbewußtsein des Volkes «repräsentiert wird» [9]. Mit dieser Wendung war indessen die geringe Bedeutung des G. für Savignys eigene Zeit bereits eingestanden, indem nämlich die Legitimität des Juristenrechts keineswegs eine Funktion der in langwährender Übung sich zeigenden Rechtsüberzeugung, sondern allein der wissenschaftlichen Qualität seiner Begründung sein konnte. Konsequent setzte daher G. F. PUCHTA (gest. 1846) die Wissenschaft als besondere Rechtserkenntnisquelle von den beiden anderen Quellen, der Gesetzgebung und der Sitte als unmittelbar sich äußernder Volksüberzeugung, ab. Rechtserkenntnisquellen und nicht eigentliche Rechtsquellen waren ihm diese drei, Sitte, Gesetz und Wissenschaft, weil alleinige Entstehungsquelle allen Rechts die Volksüberzeugung sei. Für das «Recht der Sitte» (so sein terminologischer Vorschlag für ‹G.›) folgt daraus, daß nicht die Sitte das Recht, sondern die rechtliche, d. h. Wiederholung fordernde Überzeugung die Sitte hervorbringe [10]. Die bloße Gewohnheit (nach Puchta nicht notwendig von einem Wiederholungswillen gesteuerte, gleichförmige Handlungsabfolgen auch lediglich Einzelner [11]) könne als reines Faktum G. nicht hervorbringen. Autorität könne gewohnheitsmäßigem Handeln nur zukommen aus einer ihm zugrunde liegenden gemeinsamen Rechtsüberzeugung. Aber jeder Akt, der Ausdruck solcher Überzeugung sei, setze sie und somit den Rechtssatz, dessen Anwendung er sei, schon voraus [12]. War hiermit der Rechtsquellencharakter der von Rechtsüberzeugung getragenen Übung entschieden geleugnet, so mußte auch Puchtas Stützung des G. auf die aus Akten der Übung sichtbare gemeinsame Überzeugung scheitern angesichts des naheliegenden Einwandes, daß mangels einer Artikulierungsmöglichkeit der Rechtsgemeinschaft solche Überzeugungen nur fingiert werden könnten. Vom Standpunkt dieses Einwandes aus stützte zuerst E. ZITELMANN (gest. 1923), typischer Anhänger einer psychologisierenden Rechtslehre, die Geltung des G. auf das reine Faktum der Übung [13]. Demgegenüber beharrt die neukantianische Rechtslehre auf der Unableitbarkeit des Sollens aus dem Sein und leitet, in Rückwendung zur «Gestattungstheorie», die Geltung des G. aus der (im materiellen oder im normlogischen Sinne verstandenen) Verfassung ab [14].

2. Das Problem rechtlicher Autorität von Gewohnheiten stellt sich bei *externer* Beurteilung von Rechtslagen in autonomen Gemeinschaften und ist daher für die mittelalterliche Rechtsordnung charakteristisch, nicht für die heutige. Ein Rechtssprechungsorgan, das der autonomen Gemeinschaft nicht zugehört, kann die Frage, was innerhalb der Gemeinschaft rechtens sei, beim Fehlen von Gesetzen nur unter Rückgriff auf das tatsächliche Verhalten der Gruppenmitglieder beantworten. Ob Gewohnheiten contra legem beachtlich sind, richtet sich nach der Verfassung der Gemeinschaft. Erkennt diese grundsätzlich G.-Bildung contra legem an, so kann dies doch nur für ein von Rechtsüberzeugung getragenes Verhalten gelten. Bildung von G. praeter legem ist hingegen auch aufgrund rein tatsächlichen Verhaltens denkbar. Eine Prüfung der rationabilitas der Gewohnheit verbietet sich bei externer Beurteilung, eben unter der Voraussetzung von Autonomie der Gemeinschaft.

Wird hingegen *innerhalb* der Gemeinschaft gefragt, was rechtens sei, so bestimmt erst der Rechtsfindungsprozeß, welches Recht in der Gemeinschaft gilt. Ist die Gesamtheit der Mitglieder an diesem Prozeß beteiligt und erfolgt die Beurteilung vorwiegend aufgrund einer Retrospektive, so kann es den Anschein haben, als werde G. angewandt. Nichts hindert jedoch hier die Prüfung der rationabilitas. Der Ausgang dieser Prüfung (unter Umständen die bewußte oder unbewußte Übergehung dieser Prüfung) bestimmt den Rechtsinhalt. Das so gefundene Recht ist demnach Richterrecht.

Dies gilt heute, wo Autonomie Ausnahme ist, weithin. *Richterrecht* wird nicht erst durch die Folge gleichförmiger Entscheidungen etabliert. Es genügt ein einziges Präjudiz. Insofern darf es nicht, etwa unter der Etikettierung «Gerichtsgebrauch», als Unterfall des G. angesehen werden. Vollends verbietet sich das dort, wo – wie im deutschen Recht – jedes Präjudiz der Prüfung auf rationabilitas unterzogen werden darf. Die Neigung, an einer «gefestigten» Rechtsprechung festzuhalten, beweist nicht das Gegenteil, denn sie ist nicht durchgängig und zeigt daher nur, daß die durch frühere Entscheidungen geweckten Erwartungen als ein Rechnungsposten unter anderen in die zur neuen Entscheidung führenden Überlegungen einbezogen werden.

Anmerkungen. [1] E. WOLF: Griech. Rechtsdenken (1950/52) 1, 341; 2, 13 u. ö. – [2] H. J. WOLF: Dtsch. Landesreferate zum 6. int. Kongr. für Rechtsvergleichung (1962) 3ff. – [3] CICERO, De inventione II, 22, § 67. – [4] Bes. Digesten 1, 3, 32. – [5] Decr. GRAT., dictum post D. I, 5. – [6] z. B. preuß. Allg. Landrecht, Einl. § 3f. 60. – [7] z. B. 1. Entwurf zum BGB § 2. – [8] z. B. can. 28 CIC. – [9] F. K. v. SAVIGNY: Vom Beruf unserer Zeit für Gesetzgebung und Rechtswiss. (1814) 11ff. – [10] G. F. PUCHTA: Das G. 1 (1828) 144ff. – [11] a. a. O. 1, 167f. – [12] 2 (1837) 5ff. – [13] E. ZITELMANN, Arch. civil. Prax. 66 (1883) 321ff.; vgl. 446ff. – [14] z. B. H. KELSEN: Reine Rechtslehre (²1960) 230ff.

Literaturhinweise. G. F. PUCHTA s. Anm. [10]. – S. BRIE: Die Lehre vom G. (1899). – W. EBEL: Gesch. der Gesetzgebung in Deutschland (²1958). – ST. GAGNÉR: Stud. zur Ideengesch. der Gesetzgebung (1960). – TH. GEIGER: Vorstud. zu einer Soziol. des Rechts (²1964) 171ff. – B. REHFELDT: Einf. in die Rechtswiss. (²1966) § 29. – B. SCHMIEDEL: Consuetudo im klass. und nachklass. römischen Recht (1966). – D. NÖRR: Zur Entstehung der gewohnheitsrechtl. Theorie, in: Festschr. W. Felgenträger (1969) 353ff. – K. ADOMEIT: Rechtsquellenfragen im Arbeitsrecht (1969) II, B 3.

G. OTTE

Gewöhnung. Im deutschen Wortschatz nach Sachgruppen [1] erscheinen die Worte ‹gewöhnen›, ‹gewöhnlich› zusammen mit ‹G.› in verschiedenen Umgebungen, in denen ihre Bedeutung facettiert hervortritt: ‹gewöhnen› gehört vor allem in die Gruppe, die bei ‹Wesen›, ‹Beziehung›, ‹Gleichnis› unter dem Stichwort ‹Regel› steht [2], also in einem Zusammenhang, zu dem auch ‹*sich anpassen*, sich befreunden, sich einarbeiten, beobachten, dableiben, einwurzeln, sich finden in ..., angewöhnen, eingewöhnen, einleben, sich dem Brauche hingeben, der Sitte nachleben› usw. gehören [3]; und ‹gewöhnlich› gehört ebenfalls zunächst unter dieses selbe Stichwort ‹Regel›, dazu aber im Zusammenhang mit ‹Fühlen, Affekten, Charaktereigenschaften› [4] in der Bedeutung von ‹geschmacklos› in eine durchaus andere Reihe sowie im Zusammenhang mit ‹Wollen und Handeln› als ‹gewohnheitsmäßig› natürlich unter das Stichwort ‹Gewohnheit› [5].

Anmerkungen. [1] F. DORNSEIFF: Der dtsch. Wortschatz nach Sachgruppen (1943) bes. Abt. 4. 9. 11. 12. – [2] a. a. O. Abt. 4, Untergr. 19. – [3] K. PELTZER: Das treffende Wort. Wb. sinnverwandter Ausdrücke (1955) 240. – [4] DORNSEIFF, a. a. O. [1] Abt. 11, Untergr. 29. – [5] Abt. 9, Untergr. 31.

1. Beim Phänomen der G. sind die beiden Momente Bei-sich-bleiben-wollen und Sich-anpassen-wollen zu unterscheiden [1], und das Haben einer bestimmten «dogmatischen» [2] Einstellung, Haltung, Überzeugung einerseits macht erst G. im Sinne einer Assimilierung entgegenstehender Fakten als Anpassung andererseits möglich. Wenn Kulturen als Ganze «auf Systemen stereotypisierter und stabilisierter Gewohnheiten» aufruhen [3] und Vereinseitigungen darstellen, so sind diese selbst wieder durch G. verfestigt. Auch an das Denken als solches kann man «sich gewöhnen», denn wenn der Mensch überlegt, so nur, um nicht mehr zu überlegen, also zur Entlastung, und eben so verfährt er fallweise immer wieder [4]. Wenn – seit PLATON – die Betätigung einer Anlage Lust bereitet, so muß die Steigerung der Lust zur Wiederholung des lustbringenden Tuns veranlassen und damit wieder zur besseren Einübung zurückführen, und wenn alle so verschiedenen Anlagen, damit sie nicht durch lässige G. verkümmern [5], geübt und gewöhnt werden sollen, dann muß die Seele, vor allem in ihrem vernünftigen Teil, durch gute G. in Zucht genommen werden. Erst damit wird G. zu einem ethischen Problem: statt ἔθος steht ἦθος in Rede. G. als solche ist somit wertneutral; es kommt darauf an, woran die G. erfolgt. Und wenn G. eine «zweite Natur» schafft, dann soll auch diese seit Platon nicht irgendwie, sondern «vernünftig» werden [6]. Auch ob die Degenerationsformen der G., die «bloßen Angewöhnungen», richtig sind oder nicht, entscheidet diese Vernunft, d. h. *sie* ist stets der Maßstab dafür, ob jene wirklich etwas «taugen». Was jemand «tauglich» (auch «tugendhaft») nennt, ist im ganzen abhängig von seiner Natur, seinen Gewohnheiten und seiner Einsicht, und solange er nicht zur vollen Einsicht erwacht ist, folgt er allein dem, was seiner aus Natur (διάθεσις) und Gewohnheit (ἔθος) gebildeten Sinnesart (ἦθος) entspricht [7].

Anmerkungen. [1] DORNSEIFF, a. a. O. Abt. 4, Nr. 19. – [2] E. ROTHACKER: Die dogmatische Denkform und das Problem des Historismus, in: Abh. Akad. Wiss. Lit. Mainz (1954) Nr. 6, bes.

249ff. – [3] A. GEHLEN: Urmensch und Spätkultur (1956) 22-27. – [4] R. LE SENNE: Le devoir (Paris 1930) 24. – [5] PLATON, Leg. XII, 942 d. – [6] Resp. III, 395 b-d. – [7] Leg. II, 655 d.

2. In der Neuzeit hat vor allem J. G. FICHTE das Bleibenwollen beim gewohnten Zustand als die eigentlich *menschliche* Untugend bezeichnet [1], die mit «Trägheit» und «Willensfaulheit» das Grundübel (Kants radikal-Böses) darstellt. Wie der gesamten Natur, so eignet auch dem natürlichen Menschen ein bestimmter erster Wesenszug: «das Widerstreben, aus seinem Zustande herauszugehen, die Tendenz, in dem gewohnten Geleise zu bleiben» [2]. «Trägheit» und «Gewohnheit» verlängern damit die Unfreiheit; und wer vom «natürlichen Menschen» redet, kann zugleich von servo arbitrio sprechen: neben die «erste» tritt so stets die «zweite Natur», und so «allein läßt sich eine allgemeine Erscheinung in der Menschheit erklären, die über alles menschliche Handeln sich erstreckt: die Möglichkeit der Angewöhnung und der Hang, beim Gewohnten zu bleiben» [3]. Beim wirklich «gewöhnlichen» Menschen bleibt Trägheit «zweite Natur» (zusammen mit «Feigheit» und «Falschheit»); Freiheit findet sich nicht beim «gewöhnlichen», sondern beim «außergewöhnlichen» Menschen. Fichte nimmt spätere Tendenzen (z. B. NIETZSCHES) vorweg, wenn er sagt: «*Dies* ist das Bild des gewöhnlichen natürlichen Menschen. Des gewöhnlichen, sage ich; denn der außergewöhnliche und von der Natur vorzüglich begünstigte hat einen rüstigen Charakter, ohne in moralischer Hinsicht im mindesten besser zu sein: er ist weder böse, noch feig, noch falsch, aber er tritt übermütig alles um sich herum nieder, und wird Herr und Unterdrücker derer, die gerne Sklaven sind» [4].

Anmerkungen. [1] J. G. FICHTE, System der Sittenlehre. Werke hg. I. H. FICHTE (1834-1846) Bd. 4 (Ausg. 1908/09 Bd. 2). – [2] a. a. O. 4, 200. – [3] 4, 200f. – [4] 4, 203.

3. In gleicher Weise jenseits aller «moralischen» Betrachtung liegt die Untersuchung, die M. HEIDEGGER dem «Gewöhnlichen» widmet [1]; aber er geht noch einen Schritt weiter, indem das Gewöhnliche jetzt auch als das Nicht-Wahre entdeckt wird. Heidegger zeigt, wie schon bei *Parmenides* «der Denker vor dem gewöhnlichen Weg der Sterblichen» gewarnt wird, davor nämlich, «das gewöhnliche Meinen, das über alles und jedes sein Urteil schon fertig hat, für den Weg des Denkens zu halten, gleich, als ob das Allgemeingültige und die G. in dieses schon das Wahre sein müßte» [2]; Heidegger räumt ein, daß das, was uns zunächst begegnet, «immer nur das Gewöhnliche» ist; «ihm eignet die unheimliche Macht, daß es uns des Wohnens im Wesentlichen entwöhnt» [3]. Deutlich steht damit das Gewöhnliche (das ἔθος) dem aufdeckenden Ursprünglichen im Denken (dem λόγος) gegenüber. Das Gewöhnliche ist damit (wenn es eigentlich nicht auf den entdeckenden eigensten Logos ankommt) nicht nur das uneigentliche Dasein, sondern auch das alltägliche, rein ontische Verhalten gegenüber dem ontologischen Seinsverstehen [4].

Anmerkungen. [1] M. HEIDEGGER: Was heißt Denken? (1954). – [2] a. a. O. 121. – [3] 88. – [4] Einf. in die Met. (1953) 115ff.

4. Auch bei K. JASPERS besitzt der «Alltag» seine spezifische Bedeutung, denn «die Erstreckung des Daseins in der Zeitdauer bedeutet den Alltag», und «niemand kann absolut existieren in dem Sinne, daß jeder Augenblick und jede Objektivität seines Daseins auch Erscheinung seiner Existenz sei» [1]. Eben das eigene eigentliche Sein im Sinne von ‹Existenz› ist nicht als Dauerhaltung wahrzunehmen, und damit taucht hier das Phänomen der G. in anderer Form auf, die das existentielle Eigensein überlagert. G. leistet für Jaspers nicht genug. Jaspers erklärt, außer der augenblicklichen Wirkung könne der Wille im Zeitverlauf «langsam Gestaltungen seines psychophysischen Daseins durch G., Übung, Lernen erzielen» [2]. Aber nicht auf solch faktisch immer so oder so antreffbares Gewöhntsein kommt es eben eigentlich an, sondern auf das Freihalten von offenen Möglichkeiten, die für Jaspers in der «Gelassenheit» begegnen. Damit gibt echte Gelassenheit auch echte Geborgenheit im Alltag: «Gelassenheit als Moment des absoluten Bewußtseins steht in den Grenzsituationen». Sie ist nicht G., denn sie ist «die Ruhe der Seinsgewohnheit als erworbener Hintergrund und als künftige Möglichkeit» [3]. Diese mögliche Haltung stellt keine endgültige, verfügbare feste Form des Daseins dar, und sie kennzeichnet den Menschen, der sein Wesen für Möglichkeiten offenhält. Jede stabilisierte Gewohnheit und G. aber engt den Bereich des Möglichen ein [4].

Anmerkungen. [1] K. JASPERS: Philos. (1929/32, ²1948) 415. – [2] a. a. O. 427. – [3] 544. – [4] 427ff.

5. Damit ist fundamentalontologisch und existenzphilosophisch definitiv abgewertet, was bei Erziehung und Charakterbildung als positiv angesetzt wird: a) die fortschreitende Anpassung an veränderte Lebensbedingungen (bewußt oder unbewußt), b) die wachsende Bereitschaft für dauernde und relativ gleichbleibende Verrichtungen durch ihre mehrfache Wiederholung. Entgegen jenen strukturanalytischen Absichten ist mundanpädagogisch G. als Anpassung an Umweltwirkungen, als G. an Ordnung usw. relevant; dabei sind G. und Übung durchaus unterschieden, da es bei der G. auf die Steigerung der inneren (subjektiven) Bereitschaft und nur in zweiter Linie auf (objektiven) Leistungszuwachs ankommt [1]. G. als Mittel zur Erzielung allgemeiner Lebenstüchtigkeit bei Bildung typischer (gelegentlich stereotyper) Verhaltensweisen steht damit der «existenzialen» und «existentiellen» Hervorkehrung des «eigensten Seinkönnens» und der «eigensten Möglichkeiten» in voller Seinsoffenheit gegenüber, die als ontologische Strukturen genannt, nicht aber als moralische Forderungen verlangt werden. Unabhängig von diesen Unterschieden bleibt die Definition bestehen, die im 19.Jh. festgelegt wurde: G. ist die Wiederholung, wodurch ein Streben oder Tun zur Gewohnheit wird [2].

Anmerkungen. [1] F. ZEUGNER: Das Problem der G. in der Erziehung (1929); G. ZIPF: The principle of the least effort (1949). – [2] D. TH. A. SUABEDISSEN: Grundzüge der Lehre vom Menschen (1829) 149.

G. FUNKE

Geworfenheit ist ein ursprünglich *gnostischer* Terminus, der das gegenwärtige Fernsein von Gott bezeichnet: ποῦ ἐνεβλήθησεν (wo sind wir hineingeworfen worden) [1]. In *mandäischen* Texten ist er häufig nachweisbar, doch bedeutet dort die Gegenwart immer nur Moment der Peripetie, denn Erkenntnis garantiert Rückkehr, d.h. Aufhören der Distanz. Späterhin tritt vermutlich an die Stelle der Erkenntnis die Einordnung in die Gesellschaft, ohne welche der Mensch nirgends zu Hause wäre: «homo undecunque in huncce mundum projectus ac sibi soli plane relictus» [2]. So ist wohl auch die Aussage, der Mensch sei «jeté, perdu dans ce vaste univers et comme noyé dans l'immensité des êtres» bei ROUSSEAU zu verstehen [3], während es für HEIDEGGERS radikalen Endlichkeitsstandpunkt keine Befreiungspraktiken mehr geben kann: Die G. fällt also mit der ebenso unausweichlichen wie undurchlichteten Faktizität zusammen [4]. «Die G. ist nicht nur nicht eine ‹fertige Tatsache›, sondern auch nicht ein abgeschlossenes Faktum. Zu dessen Faktizität gehört, daß das Dasein, *solange* es ist, was es ist, im Wurf bleibt und in die Uneigentlichkeit des Man hineingewirbelt wird» [5]. Bedenkt man, wie weitgehend Heidegger auch sonst von Luther abhängt (Mißtrauen gegen die Vernunft zugunsten der Gestimmtheit u. dgl. m.), dann ist LUTHERS Hinweis, Christus sei «ins Fleisch geworfen» [6], mit seinem die homo-assumptus-Lehre ignorierenden Passivismus besonders aufschlußreich.

Anmerkungen. [1] Vgl. z. B. CLEMENS ALEXANDRINUS, Excerpta ex Theodoto 78, 2. MPG 9, 696. – [2] S. PUFENDORF: De jure naturae et gentium II, 2, 2 (Lund 1672, zit. 1684) 155; vgl. Eris Scandica (Frankfurt ¹1686, zit. 1744) 178ff. – [3] J.-J. ROUSSEAU: Emile (1762, zit. Paris 1961) 328. – [4] M. HEIDEGGER: Sein und Zeit (¹1927, zit. ⁹1960) 134-137. 284. – [5] a. a. O. 179. – [6] M. LUTHER, Weimarer A. 10/III, 55.

Literaturhinweise. J. R. WEINBERG: Nicolaus of Autrecourt (Princeton 1948). – O. PÖGGELER: Der Denkweg Martin Heideggers (1963) 56. H. DEKU

Geziemende (das). – 1. Das G. (griech. πρέπον, lat. decorum) ist Inbegriff eines vormodernen Kodex angemessenen Handelns, je nach Stand, Alter, Herkunft und Geschlecht. Der Gebildete weiß, was jeweils πρέπον (π.) ist – für den Greis die Sprache ohne jugendliche Schnörkel [1], für den jungen Mann eine gewisse vornehme Scheu [2] und für den Freien der Unterricht nicht für ein Gewerbe, sondern um der Bildung willen [3]. GORGIAS rühmt in einem Epitaph die Gefallenen, sie hätten voll Ungestüm dem π. genügend sich geopfert [4]. Für ARISTOTELES ist π. Schulbeispiel eines definiens, und zwar für das sittlich Gute [5].

2. Die Bestimmung des G. ist in archaischer Zeit Sache der *Dichtung*. Der Rhapsode ist zuständig, verbindlich auszusprechen, «was einem Manne zu sagen ziemt und einer Frau, einem Knecht und einem Freien, einem Gehorchenden und einem Gebietenden» [6]. Mythen, die inhaltlich Unziemliches (ἀπρεπές) darstellen, versagen folglich vor ihrem eigenen Anspruch und bedürfen der von THEAGENES VON RHEGION (um 525) erfundenen Verteidigung durch allegorische Interpretation [7]. Aus dieser Zwangslage befreite sich die Dichtung erst, nachdem das G. zur poetologisch-ästhetischen Kategorie wurde. In diesem Sinne definiert schon PLATON unter Berufung auf Sophokles und Euripides die Tragödie «als eine solche Zusammenstellung dieser einzelnen Stücke, wie sie einander und dem Ganzen angemessen (πρέπουσαν) sind» [8]. Die damit vollzogene Unterscheidung des G. nach einem sittlichen und einem poetologischen Aspekt hat aber explizit erst ARISTOTELES anerkannt; für ihn wahrt der Dichter das π., wenn er Widersprüche vermeidet, indem er sich in seine Personen hineinversetzt [9], die Teile in ein ausgewogenes Verhältnis zum Ganzen bringt [10] und bei archaisierender oder metaphorischer Redeweise Übertreibungen vermeidet [11]. Auf diese erweiternde Deutung des Begriffs gestützt, vermag schließlich in der Homerphilologie Aristarch Zenodots Athetesen, die mit einem ethisch verstandenen ἀπρεπές-Verdikt begründet waren, zu revidieren [12].

Anmerkungen. [1] PLATON, Apol. 17c. – [2] Charm. 158 c; vgl. Gorg. 485 b. – [3] Prot. 312 b. – [4] Gorg. 82 b 6 = VS 286, 5. – [5] ARISTOTELES, Topik 102 a 6, 135 a 12ff. – [6] PLATON, Ion 540 b. – [7] THEAGENES, VS 8 A 2. – [8] PLATON, Phaidros 268 d. – [9] ARISTOTELES, Poet. 1455 a 22-26. – [10] a. a. O. 1456 a 10-15. – [11] 1459 a 4-6. – [12] A. RÖMER: Aristarchs Athetesen in der Homerkritik (1912) 316-324. A. MÜLLER

3. In seiner *ethischen* Bedeutung begegnet das π., das G. und Angemessene bei ARISTOTELES zentral im Zusammenhang seiner Behandlung derjenigen Tugenden, die es in besonderer Weise mit einer äußeren Selbstdarstellung des Handelnden zu tun haben. Das π. ist auch semantisch Bestandteil einer dieser Tugenden, der μεγαλοπρέπεια. Der durch sie Ausgezeichnete, der Hochherzige (μεγαλοπρεπής) gleicht dem Wissenden: Er weiß das Schickliche (π.) zu beurteilen und auf geziemende Weise großen Aufwand zu machen, einen Aufwand, der – Aristoteles argumentiert hier unter Rekurs auf die Etymologie – ebenso groß (μεγάλη) wie für das Werk geziemend (πρέπουσα) ist [1]. Wenn Aristoteles hinzufügt, daß er einen solchen Aufwand um des Schönen (τοῦ καλοῦ ἕνεκα) d. h. um des sittlich Guten willen mache, so zeigt sich deutlich die für die «schöne Sittlichkeit der alten Welt» (Hegel) charakteristische Identität der in der Moderne in Ästhetik einerseits und Moraltheorie andererseits auseinandergetretenen Momente des «Schönen» und «Guten». Ausdrücklich kritisiert Aristoteles [2] diejenigen, die das G. (nur als das proprium (im logischen Sinne) des (sittlich) Schönen angeben; ihnen gegenüber wird betont, daß beide in ihrem Wesen identisch sind. Der Hochherzige muß in allen seinen Handlungen nicht nur das für das jeweilige «Werk» (ἔργον) und die Situation G. beachten, also etwa darauf sehen, ob es sich um eine Gabe für Götter oder Menschen, um die Ausstattung eines Grabmals oder eines Tempels oder um die Beschenkung eines Kindes handelt, er muß ebenso auch die Angemessenheit seiner Handlung an seine Person und seine eigenen Möglichkeiten berücksichtigen [3]. Im Zusammenhang der Behandlung der homiletischen Tugenden fordert Aristoteles, der freundliche Mensch werde sich anders im Verkehr mit hochgestellten und gewöhnlichen Leuten, mit näheren und entfernteren Bekannten verhalten und ebenso die sonstigen Unterschiede berücksichtigen, indem er jedem gibt, was ihm zukommt (τὸ π.) [4]. Das Resümee der Aristotelischen Tugendlehre (beim Vergleich der sittlichen, auf den menschlichen Bereich bezogenen Tugenden mit den für den Vollzug des theoretischen Lebens vorauszusetzenden dianoëtischen Fähigkeiten) nimmt das π. als Kriterium ausdrücklich auf: Gerechtigkeit, Tapferkeit und die anderen Tugenden üben wir gegeneinander im geschäftlichen Verkehr, in Notlagen, in Handlungen aller Art und dadurch, daß wir jedem soviel zumessen, als sich gebührt (τὸ π.) [5]. In all diesen Bestimmungen tritt die für die klassische Tugendethik (im Unterschied zur neuzeitlichen Moralphilosophie) zentrale Bedeutung der peristatischen Umstände der Handlungssituation (wer handelt, wann, mit welchen Mitteln, wem gegenüber, in welcher Situation usw. [6]) zu Tage. Sie ist begründet im Öffentlichkeits- und Selbstdarstellungscharakter der klassischen Tugendlehre: Die von Aristoteles gegebene Beschreibung des σπουδαῖος ἀνήρ, des vollendeten Menschen, steht noch vor der Möglichkeit und Notwendigkeit, zwischen dem «sittlich guten» (d. h. moralischen) und «(nur) gesitteten» (d. h. policierten) Menschen absolut zu unterscheiden.

Anmerkungen. [1] ARISTOTELES, Eth. Nic. 1122 a 34 - b 6. – [2] Topik 135 a 12. – [3] a. a. O. [1] 1122 b 28. – [4] 1127 a 2. – [5] 1178 a 13. – [6] Vgl. die Zusammenstellung zu «Umstandsbestimmungen der menschlichen Handlung», in: ARISTOTELES, Nikomachische Ethik, hg. G. BIEN (1972) 377. G. BIEN

4. Dem poetologischen Sinn von π. entspricht der *rhetorische*. Für ARISTOTELES wahrt die Lexis (elocutio, Ausdrucksweise) das π., wenn sie die Stimmung des Redners dem verhandelten Sachverhalt angemessen heraussspüren läßt (z. B. Empörung bei Frevel), wenn sie zu seinem Alter und Stand paßt und wenn die Wortwahl dem Gegenstande gemäß ist: «hehrer Feigenbaum» wäre in diesem Sinne ein vitium, da das Entsprechungsverhältnis (ἀνάλογον) nicht gewahrt ist [1]. – THEOPHRAST weist dem π. einen festen Platz in der Rhetorik an, indem er es in die vier virtutes elocutionis einreiht: richtiger Gebrauch des Griechischen, Deutlichkeit, π. und Ausschmückung [2]. In diesen Zusammenhang gehört H. Lausbergs Unterscheidung des inneren π., das sich auf die internen Momente der Rede bezieht [3], vom äußeren, das den Sprecher selbst, das Publikum, Ort und Zeit der Rede [4] sowie die Partei-Utilitas [5] im Auge hat.

5. Durchaus sensibel für die Ambivalenz des Begriffs, übersetzen die *Römer* ‹π.› als poetisch-rhetorische Kategorie mit ‹decorum› und ‹captum›, als politisch-sittliche dagegen nur mit ‹decorum›. – HORAZ verlangt das zum Gegenstand passende (aptum) Versmaß [6], und bei CICERO heißt es: «tum servare illud poetas, quod deceat, dicimus, cum id quod quaque persona dignum est, et fit et dicitur» (dann tragen die Dichter dem, was geziemt, Sorge, sagen wir, wenn das, was jeder Person [des Schauspiels] angemessen ist, geschieht und gesagt wird) [7]. In der Rhetorik bedeutet ‹aptum› Entsprechung zwischen Rede und Gegenstand [8], und das heißt zugleich «quid maxime deceat in oratione» [9].

6. Daneben hält Cicero, an Panaitios anknüpfend, mit Nachdruck am π. der altgriechischen Adelsethik fest, das ausschließlich mit ‹decorum›, ‹decus› oder ‹decens› wiedergegeben wird: «et quod decet honestum est et quod honestum est decet» (und was geziemt, ist ehrenhaft, und was ehrenhaft ist, geziemt), sofern das G. (decorum) vom Sittlichguten (honestum) ebensowenig zu trennen ist wie Schönheit und Anmut von der Gesundheit [10]. In seiner allgemeinen Bestimmung sei decorum das, «quod consentaneum sit hominis excellentiae in eo, in quo natura eius a reliquis animantibus differat» (was in Übereinstimmung steht mit der Vorzüglichkeit des Menschen, in dem, worin seine Natur sich von den übrigen Lebewesen unterscheidet) [11]. Des näheren definiert das decorum die Tugend der «geschlossenen Person», die sich selber stets treu bleibt [12]. Eine solche Person ist der allein auf virtus bedachte, gegen äußere Erfolge gleichgültige jüngere Cato, den SALLUST beim Vergleich mit Caesar rühmt: «at Catoni studium modestiae, decoris, sed maxime severitatis erat» (dagegen war dem Cato die Neigung zur Mäßigung, zum G., aber am meisten zur Strenge eigen) [13]. Dies nimmt QUINTILIANS Lob des Sokrates auf, der das «quid deceat» über das «quid expediat» gestellt habe, als er die erfolgversprechende, von Lysias für ihn geschriebene Verteidigungsrede zurückwies, weil sie seiner bisherigen Lebensführung nicht entspreche [14]. Ein Lehrbuch der Rhetorik insistiert also – gegen die Zweideutigkeit des π., sowohl das sittlich G. als auch das rhetorisch Zweckmäßige einzuschließen – auf der Eindeutigkeit des decorum.

Anmerkungen. [1] ARISTOTELES, Rhet. 1408 a 10-36. – [2] CICERO, De orat. 79; DIOGENES LAERTIUS VII, 59. – [3] H. LAUSBERG, Hb. der lit. Rhet. (1960) § 1056. – [4] a. a. O. § 1057. – [5] § 1060. – [6] HORAZ, Ars poetica 81. – [7] CICERO, De off. I, 97. – [8] a. a. O. [2] III, 37. – [9] III, 210. – [10] I, 93-95. – [11] I, 96. – [12] I, 100. – [13] SALLUST, Cat. 54. – [14] QUINTILIAN, Inst. orat. XI, 1, 8-15.

Literaturhinweis. M. POHLENZ: TO PRÉPON. Ein Beitrag zur Gesch. des griech. Geistes. Nachr. Ges. Wiss. Göttingen, philos.-hist. Kl. NF I/16 (1933) 53-92.   A. MÜLLER

Glanz (griech. ἀγλαΐα, lat. splendor) ist neben ‹lux›, ‹lumen› und ‹radius› ein terminus technicus der mittelalterlichen Lichtlehre und wird dort als die Spiegelung eines Strahls an der glatten Oberfläche eines Körpers definiert [1].

Bei PLOTIN gewann ἀγλαΐα zuerst philosophische Relevanz. An dem Verhältnis des Lichtes zu dem von ihm ausgehenden G. konnte er seine Emanationslehre verdeutlichen [2]. Außerdem diente ihm die Metapher zur Veranschaulichung der überragenden Würde der übersinnlichen, geistigen Wirklichkeit: Der Geist ist das «Schönste von allem, in lauterem Licht und reinem G. gelegen» [3]. Endlich ist die Schönheit das, «was an der Idee gleichsam aufstrahlt» [4], der von ihr sich verbreitende G., wie er im Beschauer eine Wirkung ausübt, so daß dieser sich zum Schönen hingezogen fühlt [5]. Dieses neuplatonische Gedankengut wurde dem Mittelalter durch Ps.-DIONYSIOS AREOPAGITA vermittelt [6].

Bei ALBERTUS MAGNUS ist das primäre Moment der Schönheit der G. der Form (splendor formae), wie er über die einander proportionierten einzelnen Teile, aus denen ein Seiendes besteht, erstrahlt [7]. Zusammen mit Begriffen, die ein abgewogenes Verhältnis der Teile bezeichnen (ordo, proportio usw.), gewinnt ‹G.› ebenso wie ‹Klarheit› (claritas) in der Lehre vom Schönen des THOMAS VON AQUIN eine tragende Funktion [8].

Außerdem wird ‹splendor› in der scholastischen Theologie im Anschluß an Hebr. 1, 3 (Vulgata) als Name für die zweite Person der Dreifaltigkeit wichtig, der im Unterschied zu anderen biblischen Bezeichnungen (Sohn, Wort, Bild) ihre Gleichheit zum Vater in der Ewigkeit (coaeternitas) zum Ausdruck bringt [9]. Die Beziehung von Licht und G. verdeutlicht im Hinblick auf die Trinitätslehre sowohl einen Hervorgang ohne jegliche Veränderung als auch ein zeitloses Zuordnungsverhältnis [10].

Die Wortverbindung ‹splendor ordinis› kommt in der Bedeutung von «Zierde, Schmuck» bei CICERO vor [11]. Die formelhafte Umschreibung der Schönheit als ‹G. der Ordnung›, die sich bisher weder für Augustinus noch für die Hochscholastik nachweisen ließ, erlangte in der *neuscholastischen* Ästhetik eine gewisse Geltung [12] und wurde wahrscheinlich im Anschluß an das erstmals 1869 von P. A. Uccelli edierte und zunächst Thomas von Aquin zugeschriebene Opusculum ‹De pulchro et bono› [13] geprägt, das aber ein Teil des noch nicht gedruckten Kommentars des ALBERTUS MAGNUS zur Schrift ‹De Divinis nominibus› des Ps.-DIONYSIOS AREOPAGITA ist.

Anmerkungen. [1] Vgl. THOMAS VON AQUIN, 2 Sent. XIII, 1, 3; In De Anima 2, 14. – [2] PLOTIN, Enn. V, 3, 15; VI, 7, 21; IV, 3, 17. – [3] Enn. III, 8, 11; vgl. V, 8, 10; III, 5, 9; V, 9, 1; V, 8, 12; I, 6, 9. – [4] Enn. VI, 2, 18. – [5] Vgl. O. PERLER: Der Nus bei Plotin und das Verbum bei Augustinus als vorbildliche Ursache der Welt (1931) 15ff. – [6] Ps.-DIONYSIOS, De Div. nom. I, 1; II, 4; III, 1; IV, 4. 5; vgl. H. F. MÜLLER: Dionysios, Proklos, Plotinos (²1926) 40-58. – [7] ALBERTUS MAGNUS, De Pulchro et bono, in: P. Mandonnet, S. Thomae Aquinatis Opuscula omnia 5 (Op. spuria) (Paris 1927) 420f. u. ö. – [8] THOMAS VON AQUIN, 1 Sent. 3, Expos. prim. part. textus; weitere Belege und Analysen bei FR. J. KOVACH: Die Ästhetik des Thomas v. Aquin (1961) 125-145; W. CZAPIEWSKI: Das Schöne bei Thomas von Aquin (1964) 47-53. – [9] THOMAS, S. theol. I, 34, 2 ad 3; 42, 2 ad 1. – [10] De pot. 3, 13 c et ad 5. – [11] CICERO, Pro A. Caecina Or. 10. 28. – [12] J. GREDT: Zum Begriff des Schönen. Jb. Philos. u. spekulative Theol. 21 (1907) 30-42, bes. 37. – [13] Text bei MANDONNET, a. a. O. [7] 417-443; Anklänge an die Formel 420. 421. 426f. 428. 435.   D. SCHLÜTER

Glaube (griech. πίστις; lat. fides; ital. fede, credenza; frz. foi, croyance; engl. faith, belief)

I. *Der G.-Begriff der Theologie.* – 1. *Sprachlicher Befund.* – Die Worte ‹G.› und ‹glauben› gehören zugleich dem religiösen Bereich und der Umgangssprache an. Wird der Begriff dort gebraucht, um entweder verschiedenes Verhalten zur Gottheit mit einem formalen Oberbegriff zu benennen (so etwa, wenn undifferenziert von christlichem, jüdischem oder von Unsterblichkeits-, Fetisch-G. usw. gesprochen wird) oder eine spezielle Ausdrucksform strukturell zu kennzeichnen (wenn man z. B. nach G.-Strukturen *innerhalb* des Katholizismus, des Islam usw. fragt), so hat ‹glauben› in der Umgangssprache meist den Sinn von ‹vermuten› angenommen, schränkt im Gegenzug zur christlichen Gewißheit des G. also die Gültigkeit einer Aussage ein. Daneben dauert hier ein säkularisierter Gebrauch im Sinn von ‹Überzeugtsein› oder ‹bekennen› fort, ja daraus hat sich – wieder im Gegenzug zum christlichen Verständnis – ‹glauben› zur Bezeichnung für eine Weise entwickelt, Selbstvertrauen zu gewinnen («du mußt an dich glauben»). Zum unspezifischen Gebrauch tritt die biblisch-christliche Sprachtradition. Da sie den G. im spezifischen Sinn geschichtlich hervorgebracht hat und durch die Verkündigung des Evangeliums zu aller Zeit G. wecken und wirken will, muß das Wesen des G. aus ihr heraus entfaltet werden. Obwohl auch sie nicht davor gefeit ist, den G. mißzuverstehen, und so sehr sie im Lauf der Geschichte zu unsachgemäßem G.-Vollzug angeleitet hat, besitzt sie doch in der biblischen Überlieferung eine «Urkunde des G.» [1], die bei sachgerechter Befragung den G. auf seinen Grund zurückführt, die Quelle des G. freigibt und ihn vor Entstellung bewahrt. Daß darin ein hermeneutischer Zirkel vorliegt und das Wesen des G. nur im Anschluß an die Urkunde des G. geklärt werden kann, ist sachgemäß und erweist den G. als *geschichtliches Phänomen sui generis*.

Die Übernahme des G.-Begriffs in die *Religionswissenschaft* [2] läßt sich verantworten, wenn die methodischen Voraussetzungen, vor allem die Sprach- und Verstehensdifferenz, zuvor geklärt und so Sinn und Reichweite solchen Befragungshorizontes abgesteckt sind. Sicher ist, daß sich dadurch viele Fülle religiöser Phänomene erschließen und über historischen und kulturellen Abstand hinweg aneignen lassen. Das gilt für die geschichtlichen Religionen wie für die Religion als ganze. Vorausgehen muß freilich die Einsicht, daß damit eine spezifisch christliche Fragestellung an die Religionen herangetragen wird. Sie selbst werden sich nicht oder nur partiell vom G. her, sondern weit eher vom kultischen Vollzug, von nationaler Überlieferung oder als Bewältigung von Natur und Geschichte verstehen. Die religionswissenschaftliche Anwendung des G.-Begriffs wiederholt nämlich säkular die Beurteilung und Unterscheidung, die der christliche G. zwischen sich und den Religionen vorgenommen hat. Wer den G.-Begriff religionsvergleichend verwendet, läßt sich damit im Bereich objektivierender Betrachtung auf eine Struktur ein, die der christliche G. an sich selbst als die entscheidende erkannt hat. Analoges gilt, wenn der G.-Begriff in die *Philosophie* übernommen wird (K. JASPERS) [3].

Der Gebrauch von ‹glauben› im Sinn von ‹*vermuten*› ist auf die Verbform beschränkt. Er ist an den neuzeitlichen Formen der Weltvergewisserung orientiert und gründet geistesgeschichtlich in der Unterscheidung der Aufklärung zwischen Gewißheit gebender Vernunft- und zufälliger Geschichtswahrheit. Während christlich die Aussage «ich glaube» höchste Gewißheit anzeigt, will die Umgangssprache durch die Verwendung von ‹glauben› gerade einen Vorbehalt hinsichtlich der Gewißheit anbringen. Die Aussage soll, weil ihr die Gewißheit fehlt, nicht mit letzter Schärfe vertreten werden, statt christlich eines assertorischen soll ein *problematisches* Urteil gefällt werden. Als gewiß gilt nicht mehr, was die Existenz gewiß macht, sondern was sich, abgesehen vom Existenzvollzug, durch Objektivation sichern läßt. Aus Gewißheit wird Sicherheit. Für diese Umkehrung ist ein christliches G.-Verständnis mitverantwortlich, in dem der G. zum Fürwahrhalten übernatürlicher Sachverhalte entartet ist, die als Tatsachen behauptet werden, obgleich es für sie mit den Mitteln, mit denen in der Neuzeit Tatsachen erhärtet werden, keine zureichende Begründung gibt. Wenn I. KANT das «Glauben» zwischen dem «Meinen» als dem niedersten und dem «Wissen» als dem höchsten Gewißheitsgrad einordnet und es als ein «Fürwahrhalten» definiert, das für «nur subjectiv zureichend» und «zugleich für objectiv unzureichend gehalten wird», will er dem G. zwar Redlichkeit zubilligen und die existentielle Verbindlichkeit betonen; doch gelingt es ihm nicht mehr, den G. als Wirklichkeitsansage zu verstehen [4].

Anmerkungen. [1] G. EBELING: Das Wesen des christl. G. (1959) 31ff. – [2] G. MENSCHING: Allg. Religionsgesch. (1949); G. VAN DER LEEUW: Phänomenol. der Relig. (²1956). – [3] K. JASPERS: Der philos. G. angesichts der Offenbarung (1948); vgl. Art. ‹G., philos.›. – [4] I. KANT: KrV B 850; vgl. Akad.-A. 9, 66-70.

2. *Die biblische Tradition.* – Die komplexe *terminologische* Sachlage im Alten und Neuen Testament zeigt, daß auf ein in der Bibel fertig vorliegendes G.-Verständnis nicht zurückgegriffen werden kann, vielmehr die biblischen Zeugnisse als Stadien der Entstehung des G. zu sehen sind (E. Fuchs [1]). Erst in der hellenistischen Christengemeinde werden G.-Vorgang und -Begriff endgültig miteinander verklammert. Von da an ist das entfaltete christliche G.-Verständnis dem Wortstamm πιστ- integriert und zieht durch ihn in die sprachlichen Äquivalente der Übersetzungen ein. Ob schon der Hellenismus πίστις und πιστεύειν unabhängig von der jüdisch-christlichen Mission als religiöse Termini verwendet (so Bultmann [2]), ist umstritten; sicher ist dagegen, daß der *klassische griechische* Sprachgebrauch zur Entstehung des biblischen G.-Verständnisses *nichts* beigetragen hat. Die Bildungen vom Stamm πιστ- haben im klassischen Griechisch keine religiöse Bedeutung. Wenn der Wortstamm trotzdem zum Träger des G.-Verständnisses werden konnte, so ist dafür die griechische Übersetzung des Alten Testaments (Septuaginta) verantwortlich; denn sie gibt den hebräischen Wortstamm *aman*, in dem sich das G.-Verständnis verdichtet hat, mit πιστεύειν wieder. Schon in vorchristlicher Zeit füllt sich dadurch der Wortstamm πιστ- mit dem G.-Verständnis des Alten Testaments und des Spätjudentums.

Der Beitrag der *Evangelien* zur Genesis des G. ist nur zum kleineren Teil von der Überlieferung bestimmt, im wesentlichen stellt er einen unableitbaren Sprung dar. Jesus konstituierte durch Verkündigung und Verhalten den Anreiz zum G. Wer sich auf ihn einließ, konnte das nur so, daß er sich auf das Glauben einließ. Durch das Auftreten Jesu wird der G., wie er nie zuvor war, zum Zentrum des religiösen Verhaltens. Das prägt sich dann in der christlichen Missionsterminologie begrifflich aus.

Als die durch Jesus bewirkte Konzentration auf den G. in nachapostolischer Zeit erschlafft und der G. zur

Annahme des christlichen Dogmas wird, ohne daß damit schon die Intensität des G. mitergefragt wäre, ist inzwischen der G. in der Theologie des PAULUS und JOHANNES durchreflektiert worden. Das wirkt in der Folgezeit einer Verflachung des G. entgegen.

Da jedoch in der dogmatischen Tradition Jesus nicht als Quelle, sondern als Gegenstand des G. gesehen wird, besinnt man sich nur gelegentlich (z. B. LUTHER) auf die Konzentration Jesu auf den G.

Das *Alte Testament* übergibt dem Neuen ein G.-Verständnis, aus dem die Gestalt *Abrahams* als Vater des G. hervorleuchtet [3] und in dem bei JESAJA der Zusammenhang von G. und Sein geschichtlich erkannt ist. Wenn Jesaja den Repräsentanten des Gottesvolks in bedrohlicher Lage zumutet, anstelle politischer Rettungsversuche zu glauben [4], dann richtet sich solcher G. eindeutig nicht auf Sachverhalte, sondern er besteht darin, sich in der Verheißung Gottes festzumachen. Der G. ist auf das verheißende Wort bezogen und erwartet von Gott, daß er einlöst, was er verspricht. Der G. tritt nicht aus der Wirklichkeit heraus, sondern durch ihn tut sich Wirklichkeit auf. Ähnliches gilt von der Aussage des Elohisten [5], die in der Rechtfertigungslehre des Paulus wichtig wird: Abraham «glaubte an Gott, und das rechnete er ihm zur Gerechtigkeit an». Gerechtigkeit ist hier Verhältnisbegriff. Das rechte Verhältnis zu Gott, sonst institutionell im Kult gesucht oder wiederhergestellt, kommt zustande, indem Gott Abraham vor eine geschichtliche Verheißung stellt und Abraham sich auf diese einläßt. Das ist seine G.-Gerechtigkeit [6]. Der G. richtet sich nicht auf das Dasein Gottes, sondern auf sein Kommen. Seine Dimension ist nicht das Übernatürliche, sondern die geschichtliche Zukunft.

Das G.-Verständnis *Jesu* entwächst dem alttestamentlich-jüdischen in dem Sinn, daß das Neue erkennbar wird in den Logien, in denen Jesus von der Macht des G. spricht [7], an der Erweckung des G. bei völlig Hilflosen oder Entrechteten [8] sowie an der Gewißheit, wie sie sich in der Amen-Formel als Einleitung vieler Logien ausdrückt. Es geht nicht an, den G. bei Jesus nur als intensive Form eines allgemeinen Gebets- und Wunder-G. zu verstehen (so Bultmann [9]); denn Jesus entfaltet nicht eine ohnehin vorhandene Bereitschaft, von Gott Gebetserhörung und Wunder zu erwarten. Dort, wo er zum G. ruft oder ihn anerkennt («dein G. hat dir geholfen»), muß er die Möglichkeit zu glauben vielmehr erst schaffen. Dazu spricht er die Nähe Gottes zu und läßt seine Hörer in sie ein [10]. So macht Jesus Mut zum G. und verheißt ihm die Macht, die auf der Nähe Gottes beruht. Wo Gott nahe ist, da ist der G. mächtig (Logion vom Berge versetzenden G. [11]). G. Ebeling hat die G.-Erweckung durch Jesus zutreffend als Teil*gabe* an der Macht Gottes und das Glauben als Teil*habe* an ihr bezeichnet [12].

Lebt der G. aus dem Zuspruch und in der Teilhabe an der Macht Gottes, dann kann er nur durch das Wort von Gott her geschaffen werden; denn im Wort kommt Gott und schafft Gelegenheit und Akt des G. in einem. Zugleich ist jedes Verständnis des G. als menschliche Leistung abgeschnitten. Dazu, daß der Hörer glauben kann, hat er nichts beigetragen. Er empfängt Gott aus dem Wort Jesu. Der G. ist also keine religiöse Tugend, der Gedanke an seine Verdienstlichkeit absurd. Einem «alles ist möglich bei Gott» entspricht das andre «alles ist möglich dem, der glaubt» [13]; der G. ist also das Ereignis des Kommens Gottes. Verhindert wird dieses, wenn sich der *Klein-G*. die Nähe Gottes nicht zusprechen und die Selbstgerechtigkeit die Kraft zu leben selber schaffen statt empfangen will.

Obgleich Aussagen über das eigene Glauben Jesu fehlen, hat er unzweifelhaft in der Nähe zu Gott, in die er andre einließ, selber gestanden. Der Ruf der Gottverlassenheit am Kreuz beweist keine Desillusionierung seines G.; er zeigt an, daß Jesus angewiesen blieb, die Nähe Gottes, in der er lebte, von Gott zu empfangen. Das ist geschehen. Der *Auferstehungs-G*. bedeutet, daß Gott den Zeugen des G. nicht verlassen, der in ihm erschienene G. vielmehr bergeversetzende, neuschaffende Kraft hat, weil sich zu ihm die Macht Gottes gesellt. Dadurch ist nicht das Sterben abgeschafft, aber der Tod überwunden. Der G. ist im Leben, auch wenn wir sterben [14].

In der Theologie des *Paulus* ist durchreflektiert, warum im G. das eschatologische Heil erlangt wird – die Gerechtigkeit Gottes. Indem Gott durch die Auferweckung Jesus bestätigte, hat er die Zeiten gewendet: Das Gesetz ist durch Gott als etwas Vorläufiges und alle Leistungs*religion* – nicht die Moralität als solche – als Pervertierung qualifiziert; die Endzeit ist eingeleitet, und ihre Gabe – das Heil – kann nur im G. empfangen werden. Weil in der neuen Zeit der G. und nicht mehr die Werke das Heil erlangen, muß Paulus entfalten, worin sich G. und Werke, Welt- und Endzeit unterscheiden. Da der G. die Werke des Gesetzes ablöst, ist diese Entfaltung sachgemäß an der Lage des Menschen unter dem Gesetz orientiert. Was durch die Sünde aus dem Gesetz geworden ist: der Ruhm vor Gott, der sich auf Gesetzeserfüllung, auf kultische Vorzüge, aber auch auf intellektuelle Leistungen gründet, muß im G. überwunden werden. Der G. besteht darum im Ruhmverzicht, im Aufgeben der Werkgerechtigkeit. An die Stelle religiösen Besitzens tritt die Ausrichtung auf die Zukunft. Die Macht der Sünde und ihr folgend die Macht des Todes kommen zum Erliegen, weil der Glaubende mit Christus stirbt und dadurch dem Mächtigsein dieser Mächte entzogen wird. Zugleich schafft das im G. zum Ziel kommende Wort der Verkündigung das neue Leben, so daß der G. zum Gehorsam wird und von ihm gesagt werden muß, daß er in der Liebe tätig wird. Um die Freiheit des G. zu wahren und ihn nicht seinerseits zur Leistung zu verfälschen, dürfen die Taten der Liebe nicht gesetzlich normiert werden. So geschieht auf Grund des G. das in Freiheit, was das Gesetz intendierte, wozu es aber wegen der sündigen Fixierung auf das Leistungsdenken nicht befähigen konnte. Der G. ist mächtig, wo das Gesetz nur Zorn wirkt. Die Bekenntnisformeln, in denen sich der G. ausspricht, meinen nicht die Annahme einer Lehre von Christus. Als Kerygma sind sie vielmehr der Zuspruch der Versöhnung in Christus [15].

Kennzeichen der *johanneischen* Theologie ist erstens die Präsenz ewigen Lebens im G. [16] und zweitens die Verbindung von Glauben und Erkennen [17]. Für Paulus Ausrichtung auf das Heil, ist der G. für Johannes das Heilsgut schlechthin. Wer glaubt, hat das Gericht durchschritten, ist aus dem Tod ins Leben getreten, ist wiedergeboren. Alles, was Gott zu geben hat, schafft er durch das Wort. Darum hat der G. die ganze Gabe Gottes. Wie der Unterschied zwischen Leben und Tod für den G. abgetan ist, so ist Christus schon am Kreuz der Erhöhte. Die Ostererscheinungen bringen ihn als solchen zur Erkenntnis. Zum Erkennen ohne Anhalt an, ja im Gegensatz zur Erscheinung zu gelangen («selig sind die, die nicht sehen und doch glauben»), ist die dem G. gestellte Aufgabe [18]. Das Erkennen überbietet den G.

aber nicht, es bringt auch keine größere Gewißheit, sondern vollendet den G.; im Erkennen weiß er, was er hat. Als Ziel des G. sind Glauben und Erkennen qualitativ nicht verschieden. Eigenartig ist, daß Johannes dieses G.-Verständnis einträgt in ausgeführt christologische Sätze (Sendung des Sohnes durch den Vater, Bestimmung ihres Verhältnisses zueinander) und daß er es entwickeln kann in Form einer Verkündigung des historischen Jesus von sich selbst. Sinn dieses Verfahrens ist, die Geschichtlichkeit der Offenbarung und zugleich den Anstoß zu markieren, den der G. zu überwinden hat. Der G. erfährt das paradoxe Geschehen, daß die Hand des Menschen Jesu die endgültige Gabe Gottes darreicht und daß damit auf geschichtliche Weise Gott selbst begegnet.

Anmerkungen. [1] E. FUCHS: Das NT und das hermeneutische Problem, in: G. und Erfahrung (1965) 136-173, bes. 169; Warum fordert der G. an Jesus Christus von uns ein Selbstverständnis? in: Zum hermeneutischen Problem in der Theol. (1965) 237-260, bes. 255; vgl. auch: Das Sprachereignis in der Verkündigung Jesu, in der Theol. des Paulus und im Ostergeschehen, in: Zum hermeneutischen Problem ... a. a. O. 281-305. – [2] R. BULTMANN: Theol. des NT (1953) 88; vgl. Wb. zum NT 6, 181. – [3] Röm. 4, 11. – [4] Jes. 7, 9. – [5] Gen. 15, 6. – [6] Vgl. Habac. 2, 4; Hos. 2, 19f. – [7] Mk. 11, 23f. par. sowie Mt. 17, 20 bzw. Lk. 17, 6; ferner Mk. 9, 23f.; vgl. auch 1. Kor. 13, 2. – [8] Mk. 5, 34 par. und 10, 52 sowie Mt. 9, 28f.; Mt. 15, 28; Lk. 17, 19. – [9] R. BULTMANN: Jesus (1929) 145-160; vgl. Theol. Wb. zum NT 6, 206. – [10] Mk. 1, 15 (Summarium). – [11] Mk. 11, 23. – [12] EBELING, a. a. O. [1 zu 1] 84. 107. 172. 176. – [13] Vgl. Mk. 9, 23 mit 10, 27. – [14] Joh. 11, 25f. – [15] 1. Röm. 1, 17; 3, 21-4, 24; vgl. 3, 22; 15, 13; Gal. 2, 16; 5, 5f.; 3, 8ff.; 1. Kor. 15, 2; Eph. 2, 8f.; Phil. 3, 9. – [16] Joh. 3, 15f. 36; 5, 24; 6, 35. 40. 47; 7, 38; 11, 25; 14, 12. – [17] Joh. 6, 69; 8, 31f.; 10, 38; 16, 30; 17, 8. – [18] Joh. 20, 29 (ursprüngl. Evangeliumsschluß).

3. *Patristik.* – Das biblische G.-Geschehen ist so erfüllt, daß sich bei seinem Fortgang in der Kirche die verschiedensten Stränge ausbilden und weiterentwickeln können, wobei die biblische Verdichtung kaum mehr erreicht wird. Es ergeben sich in Theologie und Kirche bis heute u. a. folgende Fragenkomplexe:

a) Wie verhält sich der G. als *inneres Werk* des Heiligen Geistes zu dem G., dem sich Dasein und Wesen Gottes als *G.-Gegenstand* darstellen und der daraufhin die Person und das Werk Gottes in einem System von G.-Wahrheiten reflektiert? (Problemkreis Akt und Gegenstand des G.).

b) Wo liegt die *Quelle* des G.: in der Verkündigung des Evangeliums, bei Kirche und Amt als den Trägern der G.-begründenden Tradition, in der Heiligen Schrift als inspirierter Norm aller G.-Lehre? (Problemkreis Traditions-, Autoritäts-, Schrift- und personaler G.).

c) Welches ist die *spezifische* Haltung des G. und wo ist er anthropologisch verwurzelt: im *Erkenntnis-* oder im *Willens*vermögen? Ist er darum mehr ein noētisches oder ein ethisches Phänomen, oder bezieht er sich gar auf ein weder metaphysisch noch moralisch zu bestimmendes *religiöses A priori*? (Problemkreis G. und Vernunft, G. und Sittlichkeit, G. und Religion).

d) Inwiefern *rechtfertigt* der G.: weil er eine neue Zuständlichkeit ist oder weil er wortförmig an der Verheißung hängt? (Problemkreis G. und Wort, G. und Sein, G. und Verdienst).

Daß sich diese Fragehorizonte mannigfach überschneiden, kann bei der im Christentum erfolgten *Konzentration* des religiösen Verhaltens auf den *G.* nicht verwundern.

Das Vordringen des Christentums in die Welt der Spätantike läßt zunehmend die Sachaussagen hervortreten, die der G. dem Volks- und Aber-G. der Zeit, aber auch den religiösen Elementen der spätantiken Philosophie und Bildung entgegenzusetzen hat. Die Frage nach dem *Gegenstand* des G., im biblischen Sprachbereich kein Problem, muß in der neuen Umgebung ausdrücklich gestellt und in Unterscheidung von den anderen Religionen beantwortet werden. Die Erhellung des G.-Akts tritt dadurch zwangsläufig in den Hintergrund; es dominiert die Entfaltung der G.-Inhalte, und in reichem Maß bilden sich G.-Symbole (G.-Bekenntnisse) als deren summarische Darlegung. Als diese Symbole auf den Konzilien des 4. und 5. Jh. (vor allem Nicäa und Chalcedon) offiziell gesichtet werden, ist die Hauptphase der Dogmenbildung längst voll im Gang.

Sie beginnt, als die *Apologeten* den G. mit den religiösethischen Komponenten der antiken Philosophie konfrontieren. Sie behaupten dabei einen Unterschied vor allem hinsichtlich des Gewißheitsgrads. Dieser ist beim G. größer, und zwar deswegen, weil der G. auf Offenbarung beruht und so ein Ganzes ist, während es die Philosophie nur mit Bruchstücken des Logos zu tun hat (Spermalehre). An die Stelle einer in sich zerstrittenen Philosophie tritt der G. als die «einzig sichere und heilsame Philosophie» [1]. Damit wird das Verhältnis von G. und Vernunft erstmals thematisiert: Der G. ist gefragt, inwieweit er sich als Öffnung des Seinsgrundes verstehen darf, den außer ihm auch die Metaphysik zu erhellen beansprucht. Wenn sie beide denselben Gegenstand haben, inwiefern darf er sich dann auf deren Ergebnisse stützen?

In der Begegnung mit der *Gnosis* trifft der G. mit einem dualistischen Weltverständnis zusammen. Dem Anliegen der Gnosis, die Seele aus der Materie zu befreien und sie in ihre himmlische Heimat zurückzuführen, kommt das Kerygma der ersten Zeit wenig entgegen. Erst muß die Erkenntnis (γνῶσις), die mit dem G. gesetzt ist, quantitativ ausgedehnt und qualitativ geändert werden, und zwar so, daß sich der G. als Traditionsaneignung auf Autorität hin und die Erkenntnis als die geistige Durchdringung gegenübertreten, die unmittelbarer zu Gott ist. In Abgrenzung zur Gnosis wird, besonders in Alexandrien (CLEMENS, ORIGENES), das Verhältnis von G. und Erkennen neu bestimmt. Zwischen beiden besteht kein Gegensatz: «Es gibt weder Erkenntnis ohne G., noch G. ohne Erkenntnis ... Denn vom G. kommt man zur Erkenntnis» [2]. Das Glauben auf Grund der Autorität der Offenbarung ist auch für den christlichen Gnostiker die Basis, von der aus er sich freilich zum Pneumatiker emporarbeitet, indem er die Vernünftigkeit des auf Autorität hin Geglaubten erkennt: «Die mit dem G. zusammengehende Untersuchung, welche auf den Grundstein des G. die erhabene Erkenntnis der Wahrheit aufbaut, ist ... die beste» [3]. Der bloße Autoritäts-G. wird von den Alexandrinern als Gesetzlichkeit durchschaut, die nicht in die Weite des Geistes führt.

Die *trinitarische* und *christologische Reflexion* des 3. bis 5. Jh. entsteht aus dem Bedürfnis, den im Symbol vorliegenden G. durch Interpretation zum Verstehen zu bringen. Deren Ergebnisse werden dann als Präzisierungen in die Symbole aufgenommen. Ein vorläufiges Ende dieser Entwicklung ist erreicht im *Symbolum Athanasianum*, dessen Beginn die Verobjektivierung des G. zur Orthodoxie deutlich zeigt: «Wer selig werden will, der muß vor allem den katholischen G. annehmen, und wenn er ihn nicht vollständig und unversehrt bewahrt, wird er ohne Zweifel verlorengehen» [4]. Der G. ist jetzt ein fixierter, bald auch kirchenrechtlich verbindlicher Bestand an G.-Wahrheiten und deren Annahme; Abweichungen sind *Häresie.* Da es den theologisch nicht vorgebildeten Christen zunehmend schwerer wird, den ganzen Bestand zu überschauen und in eigener Reflexion anzueignen, tritt ein Wechsel bezüglich des Subjekts ein. An die Stelle des Einzelnen tritt die Kirche bzw. das Lehramt der Bischöfe. Entsprechend der Lehre vom G.-Schatz der Kirche (depositum fidei) ist die Kirche als solche Trägerin des G.; in ihr wird er als apostolische Tradition übermittelt und verwaltet. Der G. ist in den G.-Regeln festgesetzt [5]. Für den Gläubigen genügt es, sich dem G. der Kirche einzufügen (fides implicita), d.h. zu glauben, daß die Kirche den rechten G. hat und an ihrem G. zu partizipieren. Explizit zu glauben ist, was das Lehramt aus dem «depositum fidei» zu glauben vorhält (proponere).

Dieses G.-Verständnis dominiert im frühen Mittelalter, als die Kirche von den jungen Völkern Unterwerfung fordert, und wieder in nachreformatorischer Zeit, als der barocke Katholizismus bestrebt ist, die Reformation einzudämmen. Die Unterwerfung unter die Autorität des Lehramts als dem einzig legitimen Ausleger des G.-Gutes erscheint dabei als Akt der Demut und ist als solcher verdienstlich (sacrificium intellectus).

AUGUSTIN ist es zu danken, daß das Mittelalter nicht nur von dem Erbe einer verobjektivierten, autoritativen G.-Tradition zehren muß. Seine komplexe Hinterlassenschaft enthält zwar auch reichlich vulgärchristliche Elemente, u. a. die These, daß er dem Evangelium nur wegen der Autorität der Kirche G. schenkt [6]; ja Augustin stimmt zu, wenn der staatliche Arm benutzt wird, um die nordafrikanischen Schismatiker unter die G.-Autorität der Kirche zurückzuführen. Aber er begnügt sich nirgends mit bloßem Autoritäts-G. – Aus neuplatonischem Erbe ist ihm Gott schlechthin einfaches und darum vollkommenes Sein. Wahrheits- und Gotteserkenntnis sind darum identisch. Was im G. auf Grund der Heilsgeschichte unter Vermittlung durch die Autorität der Kirche angenommen wird, ist dasselbe, was auch im Erkennen gesucht wird, die Wahrheit selbst. Ohne die Inkarnation Gottes wäre deren Suche freilich vergebens; denn die Ratio allein vermag die an das Vergängliche hingegebene Menschheit nicht zum «mundus intelligibilis» heimzuholen, sosehr sie sich auch darum bemüht. Die Vernunft entschleiert nur verschwindend wenigen Menschen die Wahrheit; darum muß die «via auctoritatis» der «via rationis» vorangehen. Die G.-Erkenntnis selbst ist dann als «inhaerere veritati» bestimmt. Entgegen den christlichen Gnostikern ist die Erkenntnis keine zweite Stufe, sondern Vertiefung und Verinnerlichung des G.: «si non potes intelligere, crede ut intelligas» (wenn du nicht erkennen kannst, glaube, um zu erkennen) [7]. Erkenntnistheoretisch tritt die neuplatonische Illuminationslehre an die Stelle der platonischen Anamnesis, macht deren christlich schwer zugängliche Voraussetzung, die Präexistenz der Einzelseele, überflüssig und verleiht dem zum Erkennen vertieften G. *personalen* Charakter: er ist Begegnung der Existenz mit der Wahrheit.

Zugleich tritt die vernachlässigte Frage, inwiefern der G. *rechtfertigt,* wieder ins Blickfeld. Im Zug einer konsequenten Gnadenlehre, die keine im Menschen vorfindliche Heilsqualität kennt, sondern jeden Schritt zum Heil als Gabe Gottes versteht, wird auch der G. zum «donum Dei». In Predigt und Lehre erfolgt eine Berufung, die sich unter dem Wirken der Gnade zur «inspiratio fidei» ausformt, zugleich aber als Willensgeschehen zu beschreiben ist, insofern sie ihn befreit und aktiviert.

Ein vorgängiges «credere Deo» wird dabei zum «credere in Deum» vertieft, das Augustin als «credendo adhaerere ad bene operandum bona operanti Deo» definiert [8]. In den G. zieht dabei die Liebe ein; der innere Mensch ist wiederhergestellt. Dieses Totalgeschehen heißt «*iustificatio fidei*» (nicht: impii per fidem). Gerechtfertigt wird der G., der in der Liebe tätig ist (fides quae per dilectionem operatur) [9]. Während in dem als «donum Dei» verstandenen G. biblische Akzente erneuert werden, stecken in der Art, wie sich Augustin diese Gabe *vermittelt* denkt, für die Zukunft neue Schwierigkeiten. Es sind seine Spuren, wenn die Scholastik diese Vermittlung überwiegend *sakramental* denkt und Augustin so weiterführt, daß zur Mitte des G.-Verständnisses der G.-Habitus wird, d. i. eine durch die sakramentale Infundierung geschaffene neue Zuständlichkeit. Der so verstandene G. gilt dann als übernatürliche Tugend und ist als solche verdienstlich, zwei Konsequenzen, die Augustin noch fremd waren. Erst Luther führt Augustin so weiter, daß die Wirkursache des G. nicht das Sakrament, sondern die Verheißung des Wortes Gottes ist, eine Korrektur, durch die er den existentiellen Grundcharakter des G.-Verständnisses Augustins wieder freilegt.

Anmerkungen. [1] JUSTIN, Dial. 8, 1. MPG 6, 492. – [2] CLEMENS VON ALEXANDRIEN, Strom. V, 1; vgl. II, 11; VII, 10. – [3] a. a. O. V, 1; vgl. ORIGENES, Contra Celsum I, 9–11; III, 79. – [4] H. DENZINGER und A. SCHÖNMETZER: Enchiridion symbolorum ([34]1967) 41f. (Nr. 75). – [5] TERTULLIAN, De praescript. haer. XIV, 4. MPL 2, 26; vgl. CYRILL VON ALEXANDRIEN, De recta fide; GREGOR VON NYSSA, De fide ad Simpl.; AMBROSIUS, De fide. – [6] AUGUSTIN: Contra ep. Manich. 5, 6. MPL 42, 176. – [7] Sermo 118, 1. MPL 38, 672; vgl. Ep. 120. MPL 33, 453f.; Tract. Joh. Ev. 40, 9. MPL 35, 1690. – [8] Enarr. in Ps. 77, 8. MPL 36, 988. – [9] Tract. Joh. Ev. 29, 6. MPL 35, 1631.

4. *Mittelalter.* – In der *Frühscholastik* fragt ABÄLARD nach dem Verhältnis von Offenbarung und Vernunft und gelangt zu dem Grundsatz: «nil credendum nisi prius intellectum» (Nichts ist zu glauben, was nicht vorher erkannt ist) [1]. Geht es dabei um den sich selbst durchsichtigen G.-*Akt,* so bemüht sich ANSELM um den rational durchsichtigen G.-*Gehalt.* Er entwickelt mit dem Satz «fides quaerens intellectum» aus dem Programm Augustins eine Methode, durch welche die als gültig vorausgesetzte Lehre unabhängig von ihrer G.-Autorität auch erkenntnismäßig begründet werden soll: nicht um zu glauben, erstrebt man Erkenntnis, sondern «ich glaube, um zu erkennen» (credo, ut intelligam) [2]. Der Erweis, daß die Vernunft von sich aus zu den G.-Inhalten gelangt, macht den *Un-G.* als *Unvernunft* manifest.

Bei THOMAS VON AQUIN wird das Verhältnis von Glauben und Erkennen differenzierter. Auch er will die Theologie von evidenten Prinzipien aus darstellen. Das nur Geglaubte soll zum Erkannten und Gewußten werden. Doch die aristotelische Philosophie, deren er sich dazu konsequent bedient, erlaubt anders als der platonisierende Realismus bei Anselm keine Seinserkenntnis aus Begriffen, sondern lediglich aus erfahrbaren Wirkungen. Außerdem ist der Erkenntnisgegenstand von der Form, in der er sich in unsrem Erkenntnisvermögen spiegelt, streng zu unterscheiden. Bei der Erkenntnis Gottes als erster Ursache kommt noch erschwerend hinzu, daß seine von uns erfahrbaren Wirkungen seiner Ursächlichkeit nicht proportional sind, so daß jede direkte Wesenserkenntnis entfällt und Offenbarung und G. unabdingbar werden. Innerhalb des Ganzen christlicher Lehre unterscheidet Thomas zwischen «praeambula fidei» und «articula fidei» [3]: kann man sich von ersteren (z. B. der Existenz Gottes) sowohl auf philosophischem Weg als auch, wo die Fähigkeit dazu fehlt, schneller durch Offenbarung Gewißheit verschaffen, so beruht die Kenntnis der eigentlichen G.-Artikel ausschließlich auf Offenbarung. Sowohl ihre Annahme wie ihr Verstehen geschehen im G. Das Verhältnis von «praeambula» und «articula», also von Vernunft und Offenbarung, ist dabei parallel zu dem von Natur und Gnade so bestimmt, daß die Vernunft als das Natürliche *nicht aufgehoben* oder zerstört wird, sondern der G.-Erkenntnis als Basis dient und durch diese *vollendet* wird. Der sich selbst durchsichtig gewordene G. ist die Krönung der Vernunft.

Der G.-Akt wird mit den Mitteln bestimmt, die die aristotelische Psychologie und Metaphysik anbieten. Doch sprengt die Eigenart des G. die angewandten Kategorien: Der G. ist ein Erkenntnisakt, der von allen anderen Erkenntnisakten zu unterscheiden ist [4]. Der letztlich für den G. entscheidende Grund (motivum formale fidei) ist sein Gegenstand, die Ur- oder Erstwahrheit (prima veritas) [5]. Diese ist jedoch kein Abstraktum, sondern mit dem persönlichen Gott identisch und in seiner Wortoffenbarung gegeben. Da die G.-Wahrheit nicht mit rationalen Prinzipien evident zu machen ist, muß der Intellekt als «subjectum fidei» durch einen Willensanstoß zur Zustimmung bewegt werden [6]. Das gelingt, weil in der Intelligibilität ein von Gott gewirkter G.-Instinkt vorliegt. Der G. ist also ein Erkenntnisakt auf Grund eines subjektiven Ergriffenseins, das sich zum Habitus ausbildet. Weil Habitus, muß er auch als «virtus» begriffen werden, sobald er sich in der Nächstenliebe vervollkommnet hat (fides caritate formata) und sich dann von der «fides informis» abhebt [7]. Der durch die Liebe vervollkommnete G. rechtfertigt insofern, als er die erste Zuwendung zu Gott ist [8]. Obwohl der G.-Akt selbst als intelligibler Vorgang nur zu einer Vermutungsgewißheit im Blick auf das eigene Heil berechtigt, erweitert er sich doch in der Hoffnung zu absoluter Heilsgewißheit [9].

DUNS SCOTUS empfindet jedes auf metaphysischen Konklusionen beruhende Erkennen für die Gewißheit des G. als ungenügend und möchte sich durch die immer geringere Reichweite metaphysischer Erkenntnis im religiösen Verstehensvorgang nicht beengen lassen. Darum betont er statt des spekulativen den praktischen Charakter des G. («fides non est habitus speculativus ... sed practica» [10]), der die unmittelbare Gotteswißheit darstellt, wenigstens soweit er Gott als «ultimus finis» und die Mittel betrifft, die Gott verordnet hat, diesen Endzweck zu erreichen. In diesem Bereich besitzt der G. unmittelbare Gewißheit, auch wenn sich seine Inhalte nie als notwendig erweisen lassen. Wegen der G.-Gewißheit legt Duns Scotus Wert auf den übernatürlichen Ursprung und den habituellen Charakter des G. (fides infusa). Zu konkreten G.-Akten kommt es aber nur, wenn der infundierte G. mit Lehre und Verkündigung zusammentrifft und ihnen zustimmt. Jeder G.-Akt ist also «fides infusa» und «fides acquisita ex auditu» [11]. Da an der Lehre Zweifel möglich sind, muß man folgern, daß G. und Zweifel sich nicht absolut ausschließen.

WILHELM VON OCKHAM erweist zunächst die Unmöglichkeit, mit natürlichen Denkprinzipien (naturaliter) die G.-Wahrheiten zu erkennen [12]. Nicht einmal das Dasein Gottes kann im strengen Sinn bewiesen, sondern es muß geglaubt werden. Der G. richtet sich auf eine positive Setzung und ist vor allem Zustimmung (Assens). Er kommt natürlich und psychologisch erklärbar zustande und prägt der Seele einen «habitus acquisitus» ein. Wie sich der Assens zu den einzelnen G.-Artikeln zum einheitlichen G.-Akt fügt, ist rational ebenfalls nicht zu erweisen. Es geschieht, indem sich über dem Einzel-Assens der *G. an die Offenbarung* bildet, in der alle G.-Wahrheiten positiv gesetzt sind. Aus der Taufe stammt sakramental die Neigung, die Offenbarung anzunehmen. Konkret wird diese «fides infusa» aber erst im Assens zur G.-Lehre, und zwar so, daß sie dem Assens Gewißheit schenkt [13]. G.-Gegenstand sind also für Ockham die Offenbarung sowie die übernatürlichen Wahrheiten der Bibel. Er sichert sie durch eine ausgebaute Inspirationslehre und wird damit am Beginn der Neuzeit zum *Vater des Fundamentalismus*.

Anmerkungen. [1] ABAELARD, Introd. ad Theol. II, 3. – [2] ANSELM VON CANTERBURY, Prosl. Prooem. und c. 1. – [3] THOMAS VON AQUIN, S. theol. I, 2, 2 ad 1; vgl. II/II, 2, 10 ad 2. – [4] a. a. O. II/II, 2, 1. – [5] II/II, 5, 3. – [6] II/II, 4, 2. – [7] II/II, 4, 4; II/II, 19, 5 ad 1; II/II, 4, 5. – [8] I/II, 113, 4. – [9] II/II, 4, 8. – [10] JOHANNES DUNS SCOTUS: Op. Oxon. Prol. q. 4, a. 41. – [11] a. a. O. IV, d. 10, q. 8, n. 9; III, d. 23, q. un., n. 6. 17f. – [12] WILHELM VON OCKHAM: Sent. I ord., d. 3, q. 2 F. – [13] Quodl. III, q. 7; III Sent. q. 8; Sent. I ord., prol., q. 70.

5. *Reformation*. – Die Theologie M. LUTHERS ist in eins Theologie des Wortes Gottes und *Theologie des G*. Indem Luther den G. als einzig sachgemäße Korrelation des Wortes versteht, entfernt er ihn gleich weit von religiöser Gläubigkeit (Polemik gegen die Habitus-Lehre und gegen die Gnade als «qualitas») wie von ethischer Selbstaufrichtung (Polemik gegen die schwärmerische Lehre vom inneren Licht). Grund und bleibendes Gegenüber des G. (extra nos) ist das *Evangelium* als Zuspruch und Verheißung («Der G. weidet sich nicht, denn allein von dem Wort Gottes ... wo nicht Zusagung Gottes ist, da ist kein G.» [1]), genauer der darin zu Worte kommende Gott, nicht aber eine Summe von Wahrheiten metaphysischer Art oder ein geschichtlicher Vorgang als solcher. Ein derartiger «gemachter G.» [2] würde in der Anfechtung nicht standhalten. Quelle des G. ist also nicht die Lehre, sondern die mündliche Verkündigung; Organe des G. sind Gehör und Gewissen (fides ex auditu [3]). Indem Gott durch sein Wort G. wirkt, schafft er sich selbst die Stelle, an der er zu seiner Ehre und der Mensch zu seinem Heil kommt. Nur der G. läßt Gott wirklich Gott sein; denn nur der G. nimmt den Gerichts- und Gnadenspruch Gottes an, gegen welche die Vernunft rebelliert und so verrät, daß sie Gott nicht als Gott wollen kann (Kampf gegen das «liberum arbitrium» als Grund der Autonomie des Menschen und der Heteronomie Gottes). Nur Gott allein verdient andererseits wirklich G. («Wo nicht Gottes Wort ist, da kann und soll kein G. sein»), weil er allein wahrhaftig ist, seine Verheißung Zukunft erschließt und so lebendig macht [4]: «Auf keinem anderen Weg kann der Mensch mit Gott zusammenkommen oder Umgang haben (convenire aut agere) als durch den G.» [5]. Streng von der Externität des Wortes her ist es zu verstehen, wenn Luther formuliert: «fides est creatrix divinitatis», und hinzufügt: «non in persona, sed in nobis» [6]. Weil die Gnade nicht anders als im G. ergriffen sein will, entscheidet allein der G. über das Gottesverhältnis: «Glaubst du, so hast du» [7]. Im G. hat der Mensch den gnädigen Gott, ja hat er teil an der Macht Gottes; denn Gott ist in seinem Wort präsent: «Der G. ist ein allmächtig Ding wie Gott selber» [8]; ihm eignet unbedingte Gewißheit. Gegen alle Autoritätsgläubigkeit steht der G. auf dem bloßen Wort, in Verachtung aller Personen, und ist den mathematischen Axiomen darin vergleichbar, daß er wie diese von seiner Wahrheit selber überführt. Daneben begegnen freilich Formulierungen, die

den G. als Unterwerfung unter den geschriebenen Buchstaben beschreiben: «Dies muß geglaubt werden, wer nicht will, ist ein Ketzer» [9]. Indem sie die Grenze der Klärung zeigen, zu der Luther gelangt ist, machen sie verständlich, wie sich auch Orthodoxie und Biblizismus auf ihn berufen können.

Das Gewissen ist nicht autonome Instanz, sondern einerseits Forum, vor dem jedermann dem Schuldspruch Gottes zustimmen muß, und andrerseits der Ort innerer Rezeptivität. Die dort erfolgende Selbstbeglaubigung des Worts steht zunächst im *Widerspruch zu aller Erfahrung*, doch geht aus ihr gerade die eigene *Erfahrung des G.* hervor [10]. Es ist dies eine Erfahrung, die die Verhüllungen des Heils in Erfahrungen des Unheils und die Verborgenheit Gottes im Rücken hat. Zuerst ist der Widerspruch da und will die Anfechtung bestanden sein; Gott verbirgt sich und das Heil in die Nichterfahrbarkeit, um für das Glauben Raum zu schaffen [11]. So ist der G. Wagnis und geschieht unter dem Anschein des Gegenteils. Er ist Zuversicht (fiducia) zu Dingen, die wir in diesem Leben nicht begreifen, sondern nur glauben können [12].

Die Rechtfertigung vor Gott erfolgt nicht nur *im*, sondern präzis *in Gestalt* des G. (sola fide), und zwar darum, weil der G. Gottes Werk ist. Aller Aneignung voraus, die den G. zur frommen Leistung werden ließe, gibt Gott im «verbum fidei» Anteil an der in Christus erfolgten Erfüllung des Gesetzes und so am Heil [13]. Die Vereinigung mit Christus geschieht nicht sakramental, sondern *verbal* («Die ganze Gerechtigkeit des Menschen, die zum Heil führt, hängt ab von dem Wort durch den G. und nicht von dem Werk durch das Wissen» [14]) und gewinnt im Freispruch von der Sünde und als Freiheit des Gewissens konkrete Gestalt. Nur im G. nimmt der Mensch darum sein Personsein («fides facit personam» [15]) in rechter Weise wahr und wird zum unvertretbaren Ich. Im G. werden Christus und die Gläubigen «quasi una persona» [16].

Weil das Wort Christus zueignet, gelangt Luther in der Tauflehre zur Theorie von der «fides infantium» [17], die freilich streng als Wirkung der Taufverheißung und nicht als psychologisch erhellbare Gegebenheit zu verstehen ist. Wenn Christus durchs Wort zugeeignet wird, dann ist die einzige Aktivität des G. das *Ergreifen* des Zuspruchs: die *«fides apprehensiva»* [18] ist affektiver Akt des Vertrauens, der nicht loskommt von dem im Wort ihm (pro me [19]) zugeeigneten Christus [20]. Sie ist von der «fides historica» oder mortua» [21], der Anerkennung historischer Fakten, scharf zu scheiden. Weil er mit Christus vereinigt ist, ist der G. der Beginn der neuen Schöpfung; die Taten der Liebe sind seine Frucht, er wird durch sie aber nicht vervollkommnet [22] (Polemik gegen die «fides caritate formata» als Vermischung von G. und Werk [23]). Der «Christus praesens», nicht die Werke der Liebe, bestimmt das Wesen des G.

MELANCHTHON, anfangs ganz auf Luthers Spuren [24], kehrt ab 1527 mit etlichen Restriktionen zur Lehre vom «liberum arbitrium» zurück, weil er den G. auch als psychische Bewegung beschreiben und das für verhängnisvoll gehaltene «mere passive» Luthers überwinden will. Die Rechtfertigung ist jetzt Mitte der «conversio» oder Buße, die von der Reue über den G. zum neuen Gehorsam führt. Weil der G. die Verheißung an das erschrockene Gewissen heranbringen soll, muß er neben «notitia historiae» (Geschichtswahrheiten) auch Assens zur Verheißung sein, in Konzentration auf deren «pro me». In der Zustimmung zum Inhalt der Verheißung, die die menschliche Intelligibilität erleuchtet, wird das Herz aufgerichtet zum Vertrauen [25]. Der so verstandene G. ist innerer Gehorsam und erweckt als vornehmstes gutes Werk den Menschen zu Taten, die dem Gesetz Gottes entsprechen.

Bei CALVIN werden anders als bei Luther Gesetz und Evangelium in ihrem Offenbarungswert gleichgestellt [26]. Beide sind als Wort Gottes das Fundament und die Quelle des G., dem die Buße nicht vorangehen kann, sondern aus dem sie wie auch die Sündenerkenntnis erst entsteht. Im G. setzt sich durch das Werk des Heiligen Geistes das Wort Gottes um in Gehorsam und Heiligung [27]. Beide sind, weil aus G. kommend, Geschenk Gottes, der dazu in Ewigkeit erwählt.

Anmerkungen. [1] M. LUTHER: Weimarer A. (=WA) 6, 363, 28; vgl. 39/II, 207, 4. – [2] 10/III, 356f. – [3] 9, 92; Fortführung einer Formel des PETRUS LOMBARDUS, Sent. III, d. 24, c. 3, n. 3. – [4] LUTHER, WA 10/I/1, 616; vgl. 30/I, 137. – [5] 6, 514. – [6] 40/I, 360, 5. – [7] 7, 24, 14; vgl. 2, 719, 8. – [8] 10/III, 214, 16. – [9] 37, 39-45; vgl. 10/I/1, 152; 39/II, 364. – [10] 31/II, 543f.; 40/I, 102. – [11] 18, 633; vgl. 8, 8. – [12] 40/II, 590. – [13] 56, 298f.; 7, 53ff.; 2, 146. 458. 504; 8, 112; 39/I, 91; 40/I, 229; 46, 599f. – [14] 56, 415. – [15] 39/I, 283. – [16] 40/I, 285. – [17] Vgl. K. BRINKEL: Die Lehre Luthers von der fides infantium bei der Kindertaufe (1958). – [18] LUTHER, WA 39/I, 45 (These 12). – [19] 39/I, 45f. (Thesen 18. 24); vgl. 10/I/2, 24f. – [20] 40/I, 233. – [21] 40/III, 738; 47, 93. – [22] 17/II, 97f. – [23] 39/I, 318; 39/II, 207. 213f. – [24] PH. MELANCHTHON, Loci communes (1521). Werke, hg. STUPPERICH II/1 (1951). – [25] Werke a. a. O. II/2 (1953) 360f. 370f.; Corpus Reformatorum 21, 422f.; 23, 454; 12, 406. 430f.; Confessio Augustana XX, 23. – [26] J. CALVIN, Inst. christ. rel. II, 9, 4. – [27] a. a. O. III, 3, 1; III, 2, 33ff.; III, 2, 6-8.

6. Nachreformatorische evangelische Theologie. – Die *Orthodoxie* unterscheidet zwischen «fides generalis» und «specialis seu iustificans» [1]. Erstere bejaht auf dem Boden der Inspiration die Wahrheit der Offenbarung als solcher, die dann im theologischen System entfaltet wird. In dem um die Mitte des 17. Jh. ausgebildeten Lehrstück vom «ordo salutis», das die Heilsaneignung in Stufen beschreibt, gerät die Darlegung des Heils-G. an eine unglückliche Stelle. Der Heils-G. erscheint erst unter den «media salutis a parte hominis» im Anschluß an die Lehre von Wort und Sakrament als den «media salutis a parte Dei» [2]. So ist er von der Rechtfertigung getrennt, die in die Lehre von der Heilszueignung durch den Geist (gratia spiritus sancti applicatrix [3]) eingebaut wird. Eine Trennung von Rechtfertigung und Heils-G. ist freilich nicht beabsichtigt. Trotzdem ist die Sonderung zwischen psychologisch beschreibbaren Stufen der Heilsaneignung und deren Medien (Wort und G.) bedenklich; denn der G. erscheint nicht mehr reformatorisch als Ziel des Wortes, sondern Wort und G. sind als Heilsmittel auf bestimmte psychische Vorgänge als das eigentliche Ziel bezogen. – Davon abgesehen wahrt die Lehre von der «fides specialis» das reformatorische Erbe. Wie schon bei Melanchthon werden «notitia, assensus, fiducia» als die drei Bestandteile des G. gefordert [4], wird das Verhältnis zu Intellekt und Willen ausführlich bestimmt. Der G. ist das einzige «organon receptivum» des Heils; seine Gewißheit wird gegen das Tridentinum festgehalten und im Wort, nicht psychisch verankert. Der Einwand, daß hier der G. *intellektualisiert* werde, ist vorsichtig an das ganze orthodoxe System zu richten, ohne daß die Lehre von der «fides specialis» davon besonders betroffen wäre.

Die *Aufklärungstheologie* löst den G. aus der Relation zum Wort Gottes und versteht ihn als Wahrheitsvergewisserung analog der Vernunft [5]. So gewinnen rasch die angeblich in ihm enthaltenen, in Wahrheit auf christianisierter Denktradition beruhenden notwendigen Vernunftwahrheiten das Übergewicht über die nur zufälligen Offenbarungs-(Geschichts-)wahrheiten, von denen nicht mehr einzusehen ist, inwiefern sie geglaubt statt erforscht werden sollen. Im Blick auf die in der Offenbarung enthaltenen Vernunftwahrheiten stellt deren Annahme im G. lediglich die pädagogische Vorstufe für ihre vernünftige Aneignung dar, so daß der G. durch den Fortschritt der Vernunft *überflüssig* wird [6]. Einmal aus seiner Funktion der Zu- und Aneignung entlassen, wird der G. moralisch interpretiert: Er ist Nachahmung und Übernahme der Religion Jesu. Gott würdigt ihn, weil er voraussieht, welche moralischen Früchte aus ihm hervorgehen [7]. Die Rechtfertigung durch G. ist zur Rechtfertigung des G. auf Grund der aus ihm hervorgehenden Sittlichkeit geworden.

SCHLEIERMACHER will sich gegen Orthodoxie und Rationalismus zugleich wenden, indem er den G.-Akt von metaphysischem Erkennen und ethischem Verhalten distanziert und ihn vom Gefühl her bestimmt. G. ist Äußerung des frommen Gefühls, Akt des Selbstbewußtseins, soweit es nicht produktiv, sondern rezeptiv ist. Die Theologie hat es nicht mit einem Wissen von Gott zu tun; ihre Sätze sind vielmehr Äußerungen frommer Gefühlsbestimmtheit (Theologie als G.-Lehre). Christlich ist dieser G. insoweit, wie in ihm das Bild Christi in der vollkommenen Identität von Göttlichem und Menschlichem zur Wirkung gelangt, also sich in ihm wiederholt, was in der Religiosität Christi urbildlich Ereignis war. Basis dieses G.-Begriffs ist, daß im Gefühl als rezeptiver Größe die *Bestimmtheit* des Selbst sich meldet (schlechthinnige Abhängigkeit) sowie daß das *Selbstbewußtsein* bezüglich seiner Bestimmtheit – der Identitätsphilosophie entsprechend – mit dem *Gottesbewußtsein identisch* ist [8].

Im System HEGELS ist G., obwohl nicht im Widerspruch zum Wissen, nur die unmittelbare Form der Gewißheit. Er muß im Prozeß der Vermittlung erst die «Wirklichkeit des Geistes gewinnen» [9] und zum absoluten Wissen fortgehen. Zerbricht die Identität von Gottes- und Ichbewußtsein, wie es nach Hegel der Fall ist, so erscheint der G. als ein *Bündel von Vorstellungen*, deren Realität durch den Vergleich mit den objektiven Ergebnissen der positiven Wissenschaften fraglich wird. Als Folge verlagert sich das Gewicht auf die Religiosität selbst, und die G.-Aussage wird zu einem inadäquaten Vorstellungsrahmen, den man ohne Schaden für die Religion auch abbauen kann. Religion und G. Jesu selber werden gegen den dogmatischen G. an ihn, die Innerlichkeit wird gegen das Dogma ausgespielt. – FEUERBACH stellt dann den G. unter das Verdikt der Illusion. Im G. ist der Mensch von der Realität dessen überzeugt, was seine «subjectivsten Wünsche» sind: «Der G. ist nichts anderes als der G. an die Gottheit des Menschen» [10]. – Zugleich wird der Weg kritischer Destruktion innerhalb der Theologie selbst beschritten. D. FR. STRAUSS sieht sich genötigt, einen guten Teil der G.-Überlieferung als Mythos zu begreifen, und steht als erster radikal vor dem Problem von G. und Geschichte [11].

Eine Kehre tritt ein, als A. RITSCHL den Kampf gegen die natürliche Theologie und die Metaphysik innerhalb der Theologie beginnt. Ritschl versteht den G. als Werturteil angesichts der geschichtlichen Offenbarung [12]. In seiner Schule widmet sich besonders W. HERRMANN der Präzisierung des G.-Begriffs [13]. Er unterscheidet zwischen G.-Grund und G.-Inhalt, wobei nur ersterem die Aufgabe zukommt, G. zu wirken und ihn in der Anfechtung zu stabilisieren. Der G.-Inhalt dagegen ist nur für den Glaubenden Wirklichkeit, er kann nie als objektive Wahrheit übermittelt werden. Die Vermittlung des G. geht vom G.-Grund aus. Dieser muß darum unleugbar wirklich sein. In Auseinandersetzung mit M. KÄHLER [14] klärt HERRMANN, daß das Christusbild der Bibel ebensowenig G.-Grund sein kann wie ein historisches Faktum oder ein dogmatischer Satz. Der G. als Vertrauen zu einer Person entsteht nicht durch reflektierten Entschluß, sondern unmittelbar aus der Resonanz der Person in der unverbildeten Erlebnisfähigkeit und im inneren Wertgefühl. Als G.-Grund kommt so nur das innere Leben Jesu in Betracht, das uns von seiner Wirklichkeit und seinem Wert selbst überzeugt und uns anstößt, uns als sittliche Person über die Welt zu erheben. Historische Ereignisse oder dogmatische Sätze als G.-Grund verderben den G. zur Gesetzlichkeit [15].

KIERKEGAARD, vor der Aufgabe, das Christentum wieder in die Christenheit einzuführen, beschreibt dazu den Weg der indirekten Mitteilung, den einzig gangbaren im Bereich des qualitativen Denkens, das als Denken der Existenzwahrheit weder objektiv kontrollierbar noch allgemein lehrbar ist. Die G.-Aneignung entfaltet Kierkegaard als Existenzdialektik. (Diese vom Bezug auf den G. zu trennen, wie es die Existenzphilosophie in der existentialen Analytik tut, widerspricht Kierkegaard, dem es um die Realisierung des Gottesverhältnisses als dem Sinn der Existenz geht.) Die Wahrheit des G. kann weder durch Autoritäten noch Institutionen garantiert werden. Historische Nähe oder Distanz zu Christus sind ebenso wie die Intensität religiöser Ansprechbarkeit als nur quantitative Faktoren für den G. irrelevant. Der G. erreicht seinen Gegenstand, eine historische Person als Offenbarung Gottes, nur durch den qualitativen Sprung in die Existenz. Für den Verstand sind Gegenstand und Akt des G. absolut paradox. Das ist nötig, damit sich der G. als *Entscheidung* und *Wagnis* konstituieren kann. Wenn die Subjektivität der Entscheidung die Wahrheit ist, heißt glauben angesichts bestehender objektiver Ungewißheit durch Entscheidung subjektiv gewiß werden. Es gibt keine andre Vergewisserung des G. als das Glauben. Wählt die Existenz das Verhältnis zu Gott als den Raum für ihr Existieren, dann ist Gleichzeitigkeit zur Offenbarung hergestellt. Der G. ergreift Gott als seine eigene zeitliche Möglichkeit, obwohl derselbe Gott außerhalb der Existenz für das quantitative Denken auf Dauer ungewiß bleibt [16].

Die *dialektische Theologie* greift Kierkegaards Ortsanweisung für den G. auf, um ihn von allem religiösen Erleben, objektivierendem Denken und historischem Wissen abzugrenzen. Gott steht für K. BARTH jenseits allen religiösen oder kulturellen Besitzes, der G. ist keine Befindlichkeit, sondern lediglich «Hohlraum» für die Offenbarung, die alle horizontale Orientierung vertikal durchschneidet. Im G. erfährt der Mensch seine Religiosität und Idealität als «gerichtet», doch leuchtet, wenn die Krisis angenommen wird, die Gnade Gottes in einem «Augenblick» auf, der alle vorausgehende und folgende Zeit als «Stunde» des G. übragt [17]. Während Barth später den G. in antikierkegaardscher Wende nur noch als noetische Resonanz auf das objektive Offenbarungs- und Gnadenwirken versteht und ihm bereits Luther wegen der Konzentration auf Wort und G. des Anthropologisierens verdächtig ist [18], führt R. BULTMANN den gemeinsamen Aufbruch so weiter, daß er in der Forderung existentialer Interpretation und im Programm der Entmythologisierung die paulinisch-reformatorische

Rechtfertigungslehre auf dem Gebiet der Erkenntnis durchführen will. Der G. will zum Verstehen kommen, was freilich von einer rationalen Begründung des G. weit abliegt. Da Gott sich nur im Wort erschlossen hat, ist das sachgemäße Verhalten zu ihm eben der G., der durch die Verkündigung gewirkt wird und im Gehorsam gegenüber dem Ruf sein Wesen hat. G. entweltlicht, insofern er nicht leben kann, ohne den geschlossenen Wirklichkeitszusammenhang zu verneinen und sich zur Tat Gottes zu bekennen. Aber er vollzieht die Negation nicht mythisch, indem er den Wirklichkeitszusammenhang an bestimmten Stellen aufhebt (Mirakel-G.), sondern eschatologisch, indem er ihn als Ganzen überspringt und sich nicht mehr aus dem Weltzusammenhang heraus, sondern vom Anruf Gottes her versteht (Schöpfungs- und Wunder-G.). Da der Zusammenhang weiterbesteht und der G. in weltlicher Arbeit und christlicher Liebe darauf auch angewiesen ist, muß der G. gerade in der eschatologischen Aufhebung der Welt, was das Selbstverständnis betrifft, doch die Freiheit zur Welt gewähren, um sie für die Liebe und den rechten Gebrauch der Vernunft zu öffnen [19]. FR. GOGARTEN begreift von daher die Säkularisierung als Folge des G.; sie steht ihm nicht im Weg, sondern hilft ihm, er selbst zu werden [20].

Anmerkungen. [1] D. HOLLATZ: Examen theol. acroamaticum (1707, ND 1971) 3/II, 295; L. HÜTTER: Loci communes theol. (1619) 72 b; J. A. QUENSTEDT: Theol. didactico-polemica (1702) 4, 300. – [2] HOLLATZ, a. a. O. 3/II, 1; QUENSTEDT, a. a. O. 4, 1; J. FR. KÖNIG: Theol. positiva acroamatica (¹⁰1699) 217. – [3] HOLLATZ, a. a. O. 3/I, 318ff.; QUENSTEDT, a. a. O. 3, 500; KÖNIG, a. a. O. 184. – [4] HOLLATZ, a. a. O. 3/II, 295; QUENSTEDT, a. a. O. 4, 282ff. 287ff.; J. GERHARD: Loci theologici (1610-25), hg. FR. FRANK (1885) 3, 350. 354; KÖNIG, a. a. O. 261; HÜTTER, a. a. O. [1] 466 a. 457 a; A. CALOV: Systema locorum theologicorum (1655-77) 10, 309f. – [5] CHR. WOLFF: Theol. naturalis (1736/37); J. G. CANZ: De usu philos. Leibnitianae et Wolffianae in Theol. (1728); J. CARPOV: Theol. revelata methodo scientifica adornata (1737-65); vgl. K. ANER: Die Theol. der Lessingzeit (1929, ND 1964). – [6] J. FR. W. JERUSALEM: Abh. von den vornehmsten Wahrheiten der Relig. (1769/72); FR. G. LÜDKE: Über Toleranz und Gewissensfreiheit (1774); G. E. LESSING: Die Erziehung des Menschengeschlechts (1777/80); Über den Beweis des Geistes und der Kraft (1777). – [7] Vgl. K. F. BAHRDT: Hb. der Moral für den Bürgerstand (1789, ND 1972) bes. 95ff.; Über Aufklärung und die Beförderungsmittel derselben (1789); System der moralischen Relig. (1791/92). – [8] FR. SCHLEIERMACHER: Über die Relig., hg. ROTHERT (1958) 86; Der christl. G. (²1830) §§ 3-5. – [9] G. W. F. HEGEL: Enzyklop., hg. NICOLIN/PÖGGELER (1959) 440f. 460f.; vgl. Jub.-A., hg. GLOCKNER 8, 168; 15, 129. 222. 228; 16, 321. 326. 362. – [10] L. FEUERBACH, Das Wesen des Christentums. Sämtl. Werke, hg. BOLIN/JODL (²1959-64) 6, 151ff. – [11] D. FR. STRAUSS: Der alte und der neue G. (1872). – [12] A. RITSCHL: Die christl. Lehre von der Rechtfertigung und Versöhnung (³1888-89) 3, 195ff. – [13] W. HERRMANN: Der gesch. Christus der Grund unseres G., in: Schriften zur Grundlegung der Theol., hg. P. FISCHER-APPELT (1966/67) 1, 149-185; Die Wahrheit des G. a. a. O. 1, 140-148; Der Verkehr des Christen mit Gott (⁷1921); Der evang. G. und die Theol. A. Ritschls (1890). – [14] M. KÄHLER: Der sog. hist. Jesus und der geschichtl. biblische Christus (²1896) bes. 155ff. – [15] HERRMANN, a. a. O. [13] 1, 165ff. – [16] S. KIERKEGAARD, Furcht und Zittern. Werke, hg. E. HIRSCH (=WH) (1950-66) 4, 47-55. 58ff. 75ff.; Erbauliche Reden. WH 7-9, 83ff.; Philos. Brocken. WH 10, 58f. 65ff. 78. 80ff. 99ff.; Abschließ. unwiss. Nachschrift. WH 16/I, 9f. 24ff. 195f. 225; 16/II, 28f. 281. 292; 18, 230; 24/25, 47; Einübung im Christentum. WH 26, 135ff. 116; Der Augenblick. WH 34, 212. – [17] K. BARTH: Der Römerbrief (1947) 14ff. 32. 62. 481ff. – [18] K. BARTH: Die kirchl. Dogmatik I/1 (⁷1955) 249. 258; IV/1 (1953) 844ff. – [19] R. BULTMANN: Zum Problem der Entmythologisierung, in: G. und Verstehen 4 (1965) bes. 135f.; Die Krisis des G. a. a. O. 1 (²1958) bes. 10ff.; Das Befremdliche des christl. G. a. a. O. 3 (1960) bes. 202ff. – [20] FR. GOGARTEN: Verhängnis und Hoffnung der Neuzeit (1953) bes. 11-24.

7. Katholische Theologie der Neuzeit. – Im Gegenzug zur Reformation hat die katholische Kirche auf dem *Konzil von Trient*, nicht ohne entscheidende Verengung, aus der scholastischen Diskussion zusammengefaßt, wie sie den G. verstanden haben will. Als Quellen des G. sind Schrift und Tradition gleichrangig [1]; ihre legitime Auslegung erfolgt durch das Lehramt, das die Aufgabe hat, die G.-Wahrheiten zur willentlich-affektiven und noetisch-spirituellen Aneignung vorzulegen. Der so verstandene G. kann natürlich allein niemals rechtfertigen, insbesondere wenn in der Rechtfertigung ein Zustandswechsel gesehen wird. Der G. hat aber in der Rechtfertigung eine doppelte Aufgabe: In der Disposition auf sie antwortet er als «fides ex auditu» der zuvorkommenden Gnade und hat dabei die Gestalt eines allgemeinen Offenbarungs- wie eines besonderen Heils-G. Die der Disposition folgende Rechtfertigung besteht in der Erneuerung des inneren Menschen durch die Mitteilung der «iustitia Dei» im Tauf- und deren Wiederherstellung im Bußsakrament. Die habituale Gnade dringt dabei in den G. ein und formt ihn so um, daß er voll mit Christus verbindet und lebendiges Christsein bewirkt. Erweckt von der zuvorkommenden und geformt von der sakramentalen Gnade, ist er «fundamentum et radix omnis iustificationis». Durch Todsünden geht zwar der Gnadenstand, nicht unbedingt aber der G. verloren. Da Gewißheit nicht dem G.-Akt, sondern den objektiven Heilsgaben eignet, bleibt subjektiv offen, ob der Einzelne auf Grund seines G. des Heils gewiß sein darf (certitudo conjecturalis) [2].

Das *1. vatikanische Konzil* nimmt diese Bestimmungen auf und ergänzt sie im Blick auf das Verhältnis von G. und Vernunft. Beide stellen der Art um den Gegenstand nach verschiedene Erkenntnisvollzüge dar. Als Prinzip und Ziel des Geschaffenen kann Gott aber aus der Wirklichkeit sicher erkannt werden; die *Gottesbeweise* werden also gegen ihre philosophische Kritik in Schutz genommen. Da nur Analogie, nicht Identität zwischen den G.-Mysterien und natürlichen Erkenntnisgegenständen besteht, kann die unvoreingenommene Vernunft die speziellen G.-Wahrheiten zwar zum Verstehen bringen, aber nicht begründen. Widerspruch zwischen G. und Vernunft kann es trotzdem eigentlich nicht geben, da derselbe Gott den G. eingießt und das Vernunftlicht entzündet [3]. Aus beidem leitet sich Recht und Pflicht der Kirche ab, dem G. widersprechende, angebliche Vernunfterkenntnisse als Widersinn zu enthüllen. Die Kirche anerkennt die Wissenschaft, aber sie setzt ihr auch Grenzen und versucht, sie vor der Aufnahme von Irrtümern zu bewahren, die der göttlichen Lehre widersprechen.

Erst nach dem Kampf mit dem Modernismus [4] in den eigenen Reihen konnte sich um die Mitte des 20. Jh. auch im katholischen Bereich der G.-Begriff aus den neuscholastischen Denkbahnen befreien und Anschluß an die eigene breitere Tradition vor allem der alten Kirche (Nouvelle Théologie in Frankreich [5]), an das biblische G.-Verständnis, ja an reformatorische Fragestellungen gewinnen. Ein Klärungsprozeß, wie er nach dem Ersten Weltkrieg im evangelischen Bereich begann, ist derzeit voll im Fluß, getragen vor allem von der Schule K. RAHNERS [6].

Anmerkungen. [1] DENZINGER/SCHÖNMETZER, a. a. O. [4 zu 3] 364 (Nr. 1501). – [2] a. a. O. 370-377 (Nr. 1525-1549). – [3] 588. 591f. (Nr. 3004. 3015-3019). –[4] 688f. (Nr. 3537ff.); 678f. (Nr. 3484ff). – [5] H. BOUILLARD: Conversion et grâce chez S. Thomas (Paris 1944); H. DE LUBAC: Surnaturel (Paris 1946). – [6] Wichtige Beiträge dazu außer bei K. RAHNER: Schriften zur Theol. 1-11 (1954ff.) bei E. BISER: G.-Vollzug (1967); C. CIRNE-LIMA: Der personale G. (1959); H. FRIES: Ist der G. ein Verrat am Menschen? (1950); G. – Wissen. Wege zu einer Lösung des Problems (1960); G. HASENHÜTTL: Der G.-Vollzug. Eine Begegnung mit Rud. Bultmann (1963); O. H. PESCH: Rechenschaft über den G. (1970); E. SCHILLEBEECKX: Glauben – die Zukunft des Menschen (1969); M. SECKLER: Instinkt und G.-Wille nach Thomas von Aquin (1964).

Literaturhinweise. H. M. MÜLLER: Erfahrung und G. bei Luther (1929). – W. BETZENDÖRFER: G. und Wissen bei den großen Denkern des MA (1931). – F. FREY: Luthers G.-Begriff (1939). – R. BULTMANN s. Anm. [2 zu 2] bes. §§ 35ff. 45. 50. – U. NEUENSCHWANDER: G. (1957). – A. WEISER/R. BULTMANN: Art. PISTEUO, in: Theol. Wb. zum NT 6 (1959) 174-230 mit Lit. – G. EBELING: Jesus und G., in: Wort und G. (1960) 203-254; s. Anm. [1 zu 1]. – P. ALTHAUS: Die Theol. M. Luthers (1962). – R. SCHWARZ: Fides, spes und charitas beim jungen Luther (1962). – E. BRUNNER: Wahrheit als Begegnung (²1963); Offenbarung und Vernunft (1941). – H. BUHR: Der G. – was ist das? (1963). – A. SCHLATTER: Der G. im NT (⁵1963). – K. HAENDLER: Wort und G. bei Melanchthon (1968). – E. GÖSSMANN: G. und Gotteserkenntnis im MA, in: Hb. der Dogmengesch. I/2b (1971). – E. TIELSCH: Die Wende vom antiken zum christl. G.-Begriff. Kantstudien 64 (1973) 159-199. H. VORSTER

II. Das Verhältnis der *Philosophie* zum religiösen G. kann in der *Neuzeit* nicht problemlos sein. Neben der immer wieder gestellten Frage nach der Beziehung des G. zum Wissen (s. d.) wurde stets von neuem versucht, Philosophie und G. gegeneinander abzugrenzen, beide Bereiche zur Deckung zu bringen oder den einen dem andern unterzuordnen. Daneben wurde vor allem im angelsächsischen Denken auch ein eigenständiger erkenntnistheoretischer Begriff des G. (belief) ausgebildet.

FR. BACON sieht einen Widerspruch zwischen G. und Vernunft (G. gründet sich auf Autorität) [1]; dem G. an Gott wird aber, da man dem Wort Gottes Gehorsam schuldet, zugestanden, daß er sich auch gegen die Vernunft durchsetzt [2]. Für R. DESCARTES gelangen Philosophie und G. auf verschiedenem Wege zu demselben Ergebnis. Die durch das natürliche Licht der Vernunft erkannten Wahrheiten sind aber beweiskräftiger, da nur dem schon Gläubigen der G. allein genügt [3]. Demgegenüber trennt B. PASCAL den G. von der Vernunft: Zum G. gelangt man nur durch das Herz, nicht durch «raisonnement». Der G. kann sich auch ohne und gegen die Vernunft behaupten. Er steht über der Erfahrung [4]. Bei TH. HOBBES sind die Begriffe ‹G. haben in› (to have faith in), ‹vertrauen› (to trust) und ‹jemandem glauben› (to believe a man) synonym, da jedesmal die Person, deren Worte wir glauben, und ihre Autorität das Objekt unseres G. sind und nicht ihre Worte selbst. G. (belief, «manchmal auch faith genannt») «is the admitting of propositions upon faith» [5]. G. ist nie frei von Zweifel, muß aber oft als ausreichend gelten, da sich nicht immer die Sicherheit des Wissens erreichen läßt. Diesen Aspekt des G. hat J. LOCKE näher untersucht und damit zur Bildung eines G.-Begriffs beigetragen, von dem der religiöse G. nur ein Sonderfall ist: Unser Handeln geht nicht immer von zweifelsfreier Gewißheit aus, sondern oft nur von einer Wahrscheinlichkeit, die durch unser Urteil (judgment), ob die angenommenen Sätze als wahr gelten sollen oder nicht, ergänzt wird. Dann ist nur G. (faith) und Zustimmung (assent) möglich. Dem G. fehlt die unmittelbare Augenscheinlichkeit (intuitive evidence) des Wissens. Wie es verschiedene Grade der Wahrscheinlichkeit bis zur fast vollständigen Gewißheit gibt, so hat der G. an Gott darin seine Besonderheit, daß er ebenso viel Sicherheit wie das Wissen gibt, da er auf Gottes Zeugnis als einem absolut zuverlässigen Prinzip beruht. Offenbarungswahrheiten bedürfen der Unterstützung durch den G. [6].

Während B. SPINOZA den G., dessen Ziel nur Gehorsam gegenüber Gott und Frömmigkeit ist, von der Philosophie, die allein sich auf die Erkenntnis der Wahrheit richtet, scharf unterscheidet [7], behauptet G. W. LEIBNIZ die Übereinstimmung von G. und Vernunft, von geoffenbarter und durch die Philosophie erschlossener Wahrheit [8], und widerspricht damit P. BAYLE, der gemeint hatte, daß Philosophie und Wissenschaft dem G. nur hinderlich seien und dem Christen der G. allein, das Wort Gottes, ausreiche [9]. In der Schulphilosophie des 18. Jh. (CHR. WOLFF) bedeutet G. allgemein die Zustimmung, die wir einem wahrscheinlichen Satz gewähren [10].

Die *Aufklärung* läßt, wie alles, was sich aus Tradition und Autorität herleitet, so auch den religiösen G. und seine Inhalte nicht unkritisiert. D'ALEMBERT trennt zwar den G. von der Philosophie, will aber seine Motive und die Glaubwürdigkeit einzelner Aussagen (z. B. der Wunder und Prophetien) der kritischen Instanz der Vernunft unterwerfen [11]. P.-H. TH. HOLBACH jedoch führt allen G. darauf zurück, daß der Mensch die Naturerscheinungen nicht natürlich zu erklären vermag und deshalb als von Gott verursacht denkt [12]. Religiöser G. wird Aber-G. – Nach KANT ist der historische, sich auf die Offenbarung stützende G., «Kirchen-G.», zwar unumgänglich; alles jedoch, «was darin eigentliche Religion ist», besteht darin, daß er auch «Vernunft-G.», «reiner moralischer G.» ist. Nur dadurch hebt der Kirchen-G. seine Partikularität und Zufälligkeit auf, daß er in den «reinen Religions-G., der sich gänzlich auf Vernunft gründet», übergeht, und dies allein zeichnet «die wahre Kirche» aus [13].

Einen ganz anderen G.-Begriff prägte D. HUME: Für ihn ist G. (belief) jede durch Gewohnheit und wiederholte Erfahrung eingeübte und sich mit Notwendigkeit aufdrängende Vorstellungsart (manner of conception), ein durch die Natur erregtes Gefühl oder eine Empfindung (sentiment or feeling) von einem Gegenstand, den wir nicht direkt erfahren, den wir aber assoziieren, wenn wir an ihn erinnert werden. Dasselbe ist der Fall, wenn wir eine Ursache mit einer bestimmten Wirkung verknüpfen: Auch hier ist die Erwartung der Kausalität nur G., nicht Vernunftüberzeugung. Von der bloßen Erdichtung (fiction) unterscheidet sich das «Vorstellungsbild» des G. durch seine größere Intensität und Beständigkeit [14]. J. G. HAMANN geht zwar auf Hume zurück (G. gehört zu den «natürlichen Bedingungen unserer Erkenntnis und zu den Grundtrieben unserer Seele»; alle «Fakta beruhen auf G.» [15]), bei ihm bedeutet G. jedoch nicht wie bei Hume – und Hamann ist sich des Unterschiedes selbst bewußt – eine mindere, sondern eine größere Gewißheit als die der Vernunft: «Was man glaubt, hat daher nicht nötig, bewiesen zu werden, und ein Satz kann noch so unumstößlich bewiesen sein, ohne deswegen geglaubt zu werden ... Der G. ist kein Werk der Vernunft und kann daher auch keinem Angriff derselben unterliegen» [16]. – TH. REID wendet sich dagegen, daß ‹sensation›, ‹memory› und ‹imagination› nur nach dem Grade der Lebhaftigkeit ihres Erkennens unterschieden werden, und bezeichnet den G., der sie begleitet, als einen «simple act of the mind, which cannot be defined» [17]. An die Frage, ob wir wissen, daß den Vorstellungen in uns auch äußere Gegenstände korrespondieren, oder ob «dieses Wissen nur ein G.» ist [18], knüpft sich die Debatte über den G. an die Realität der Außenwelt. J. G. FICHTE sieht in dem «Zwang, mit welchem der G. an die Realität [der Sinnenwelt] sich uns aufdringt», zugleich, da dieser Zwang «ein moralischer Zwang» ist, die «Offenbarung» der «moralischen Weltordnung». «Dies ist der wahre G.; diese moralische Weltordnung ist das Göttliche, das wir annehmen» [19].

Trotz der Destruktion des religiösen G. durch L. FEUERBACH (G. ist nichts anderes als die Entfesselung der «Wünsche des Menschen von den Banden der Vernunft», die Projektion seiner Sehnsucht nach Gottheit und Unsterblichkeit in die Realität [20]) und FR. NIETZSCHE (G. widersetzt sich der Wahrhaftigkeit und Wissenschaft, er ist Lüge und Unwahrheit, da er im «Nichtwissen-wollen», der «Angewöhnung geistiger Grundsätze ohne Gründe» besteht [21]) haben Religionsphilosophen und -psychologen eine Neubestimmung des G. versucht [22] und ihn zumeist als ein über alles Beweisen hinausliegendes, absolut sicheres und starkes Gefühl definiert. G. ist «a spiritual attitude of welcome which we assume towards what we take to be a ‹truth›» [23]. Gegenwärtig bemühen sich vor allem Sprachanalyse, logischer Empirismus und andere – zum Teil im Anschluß an L. WITTGENSTEIN [24] – um ein neues Verständnis des Begriffs ‹belief›, um seine Abgrenzung oder Verbindung zum Wissen und damit auch, in kritischer oder apologetischer Absicht, um das Verständnis des religiös-metaphysischen G. [25].

Anmerkungen. [1] FR. BACON, Works, hg. SPEDDING/ELLIS/HEATH (London 1857-74, ND 1961-63) 2, 656. – [2] a. a. O. 3, 478; vgl. 5, 111f. – [3] R. DESCARTES, Meditationes. Oeuvres, hg. ADAM/TANNERY (ND 1964ff.) 7, 2f. 52. – [4] B. PASCAL, Pensées. Oeuvres, hg. BRUNSCHVICG/BOUTROUX (Paris 1904-14, ND 1965) Frg. 265. 278. 279. 284. 425. – [5] TH. HOBBES, Engl. Works, hg. MOLESWORTH (London 1839-45, ND 1962) 3, 54f.; 4, 30. – [6] J. LOCKE, Essay conc. human understanding IV, 14-18. – [7] B. SPINOZA: Theol.-polit. Traktat, hg. GEBHARDT (1955) 250ff. – [8] G. W. LEIBNIZ: Die Theodizee, hg. BUCHENAU (²1968) Einl. Abh. – [9] P. BAYLE: Dict. hist. et critique (³1720) 2991ff. 3001ff. (Éclaircissemens II und III). – [10] CHR. WOLFF: Philos. rationalis sive logica (³1735) §§ 611. 614. – [11] J. L. d'ALEMBERT: Essai sur les élémens de philos. (Paris 1805, ND 1965) 24f. – [12] P.-H. TH. HOLBACH: Système de la nature (Paris 1821, ND 1966) 1, 452f.; dtsch. hg. VOIGT/NEUMANN (1960) 281; vgl. 2, 172 = dtsch. 411. – [13] I. KANT, Akad.-A. 6, 102ff. 109f. 112. 115; vgl. 5, 471f.; 8, 141f. – [14] D. HUME, An enquiry conc. human understanding, dtsch. hg. R. RICHTER (1961) 59ff.; A Treatise on human nature I, 2, 5; I, 3, 7. – [15] J. G. HAMANN, Sämtl. Werke, hg. NADLER (1949-57) 3, 190. 317. – [16] a. a. O. 2, 73f.; vgl. 2, 44. 47; Brief an Kant vom 27. 7. 1759. Briefwechsel, hg. ZIESEMER/HENKEL (1955ff.) 1, 379; vgl. 1, 313. – [17] TH. REID, Philos. Works, hg. W. HAMILTON (Edinburgh 1895, ND 1967) 106ff.; vgl. W. HAMILTON: Lectures on met. and logic (Edinburgh/London 1859-60) 4, 62. 70ff.; gegen Hamilton s. J. ST. MILL: Eine Prüfung der Philos. Sir W. Hamiltons, dtsch. H. WILMANS (1908) 88-95. – [18] FR. H. JACOBI, Werke (1812-25) 2, 144, im Anschluß an HUME, Enquiry ... a. a. O. [14] 177f.; vgl. W. HAMILTON, in: REID, a. a. O. [17] 749f. 760. – [19] J. G. FICHTE, Werke, hg. MEDICUS (1910-12) 3, 129; vgl. 3, 123ff. 258f. 170; 1, 493. – [20] L. FEUERBACH, Das Wesen des Christentums XIV. Sämtl. Werke, hg. BOLIN/JODL (²1959-64) 6, 151ff. – [21] FR. NIETZSCHE, Werke, hg. SCHLECHTA (1963) 1, 586; 2, 131. 227. 1212. 1216. 1218; 3, 880. – [22] W. JAMES: The principles of psychol. (New York 1890, Chicago 1952) 636ff.; The will to believe (New York 1907); J. PICKLER: The psychol. of the belief in objective existence (London 1890); J. C. WILSON: Statement and inference (Oxford 1926, ND 1969) 1, 98-113; G. SIMMEL: Die Religion (²1918) 43f. 47f.; M. SCHELER: Vom Ewigen im Menschen. Werke 5 (1954) 147. 241. 292; zum Unterschied von ‹belief› und ‹faith› vgl. auch 10, 241ff. – [23] F. C. S. SCHILLER: Problems of belief (London o. J.) 14. – [24] Vgl. D. M. HIGH: Language, persons and belief. Studies in Wittgenstein's ‹Philos. Investigations› and relig. uses of language (New York 1967). – [25] R. B. BRAITHWAITE: An empiricist's view of the nature of relig. belief (Cambridge 1955); A. P. GRIFFITHS (Hg.): Knowledge and belief (London 1967) (bes. die Beiträge von BRAITHWAITE, GRIFFITHS, PRICE und PRICHARD); H. E. KIEFER und M. K. MUNITZ (Hg.): Language, belief and met. (Albany, N.Y. 1970) (bes. die Beiträge von J. HARTNACK und B. WILLIAMS); ST. TOULMIN, R. W. HEPBURN und A. MACINTYRE: Met. beliefs (London 1957); H. H. PRICE: Belief (New York 1969); A. J. AYER: Knowledge, belief and evidence, in: Met. and common sense (London 1969) 115-125; R. NEEDHAM: Belief, language and experience (Oxford 1972); M. GINSBERG: Mind and belief (London 1972); D. M. ARMSTRONG: Belief, truth and knowledge (Cambridge 1973); P. HELM: The varieties of belief (London/New York 1973). Red.

Glaube, philosophischer ist für K. JASPERS ein Charakteristikum echten Philosophierens gegenüber dem wissenschaftlichen (gegenständlichen) Wissen. Zum Glauben aufgefordert erfährt sich der Philosophierende, wo er angesichts der Relativität des Gegenständlichen und Geltenden sein Nichtwissen des Seins erfährt und darüber in Schwindel gerät. Solche Bewegung wird hervorgerufen in den «Grenzsituationen» menschlichen Daseins (Leiden, Kampf, Schuld, Tod, geschichtliche Bestimmtheit). In ihnen kann der Mensch sich aber der Unbedingtheit des eigenen Entschlusses gewiß werden und damit einen Halt gegenüber dem Relativen gewinnen, indem er es unendlich transzendiert. Solches Transzendieren wird aussagbar nur inadäquat in Metaphern des gegenständlichen Seins, die damit zu «Chiffren» der Transzendenz werden – d. h. zu philosophischen «Glaubensgehalten». Jaspers nennt als solche: «Gott ist; es gibt die unbedingte Forderung; die Welt hat ein verschwindendes Dasein zwischen Gott und Existenz» [1]. Doch sind sie nicht in ihrer Gegenständlichkeit zu nehmen, sondern umschreiben den philosophischen Aufschwung zur Transzendenz.

Ist diese Rede vom Glauben im philosophischen Denken *Kants* und *Fichtes* (in gewisser Weise auch in *Kierkegaards* Rede vom Glauben) grundgelegt, so unterscheidet sie sich doch von diesem in zweifacher Weise: einmal darin, daß der Gehalt des Glaubens im philosophischen System nicht verbindlich festgelegt werden kann, sondern bestimmungslos bleibt; zum anderen darin, daß der ph.G. bei Jaspers als «philosophischer» in die bewußte Auseinandersetzung mit dem Glauben der Religion, insbesondere des Christentums, tritt. Ist religiöser Glaube für Jaspers dadurch gekennzeichnet, daß er Transzendenz vergegenständlicht und damit echtes Transzendieren unmöglich macht, so hat Philosophie die Aufgabe einer Verwandlung religiöser Gehalte in ph.G., in der die schwebende Gewißheit («ich weiß nicht, ob und was ich glaube» [2]) Freiheit und Denken unendlich offen hält.

Anmerkungen. [1] K. JASPERS: Der ph.G. (1948) 29ff. – [2] a. a. O. 20.

Literaturhinweise. W. LOHFF: Glaube und Freiheit. Das theol. Problem der Religionskritik von Karl Jaspers (1957). – X. TILLIETTE: Karl Jaspers. Théorie de la vérité, métaphysique des chiffres, foi philos. (Paris 1960). – K. JASPERS: Der ph.G. angesichts der Offenbarung (1962); vgl. Anm. [1]. W. LOHFF

Glauben und Wissen

I. Philosophisches Denken steht in der europäischen Tradition zu religiösen Vorstellungen in einer Spannung, in der ebenso positive wie negative Konsequenzen beschlossen sind. Zu einer im betonten Sinn der Wendung ‹G.u.W.› kann es freilich nur unter den bestimmten geschichtlichen Bedingungen der Konfrontation von Christentum (theologischer Wahrheit) und der ‹neuen Wissenschaft› Galileis (neuzeitlich-mathematischer Naturwissenschaft) kommen.

So beschränkt schon FR. BACON das W. («knowledge») auf «sensible und material things», während Gott nur im G. erfaßt werden kann: «give unto faith, which unto faith belongeth» [1]. Ebenso besteht TH. HOBBES auf der Trennung von G.u.W. Der letzte Grund für die Annahme der christlichen Wahrheiten ist nur der G. [2]. Aus anderer Sicht, aber unter ähnlichen Voraussetzungen disqualifiziert S. FRANCK das W. als bloß «äußerlich», während der G. «im inneren Menschen von Gott gelehrt, bezeugt und vergewissert» ist [3].

Gegen die Verfestigung dieser Gegenüberstellung hat sich die Philosophie der Neuzeit immer wieder bemüht, die Einheit der Tradition vor dem Zerfall in unversöhnbare Gegensätze zu bewahren. Insbesondere sind hier die Leistungen der Philosophie von Kant bis Hegel herauszustellen. KANT versteht die Vermittlung von G.u.W. als die Aufgabe einer kritischen Einschränkung der theoretischen Vernunft zugunsten der praktischen Vernunft im Sinne des «Primats des Praktischen». Seine Transzendentalphilosophie sichert dem G. einen Bereich, in dem dieser einen durchaus eigenständigen Sinn erhält, obwohl oder gerade weil in ihm die theoretische Vernunft nichts Letztes ausmachen kann. «Ich kann ... Gott, Freiheit und Unsterblichkeit zum Behuf des nothwendigen praktischen Gebrauchs meiner Vernunft nicht einmal annehmen, wenn ich nicht der spekulativen Vernunft zugleich ihre Anmaßung überschwenglicher Einsichten benehme, weil sie sich, um zu diesen zu gelangen, solcher Grundsätze bedienen muß, die, indem sie in der Tat bloß auf Gegenstände möglicher Erfahrung reichen, wenn sie gleichwohl auf das angewandt werden, was nicht ein Gegenstand der Erfahrung sein kann, wirklich dieses jederzeit in Erscheinung verwandeln und so alle praktische Erweiterung der reinen Vernunft für unmöglich erklären. Ich mußte also das W. aufheben, um zum G. Platz zu bekommen» [4]. Das «theoretische Vermögen» muß «vor einer unparteiischen Kritik alle seine Ansprüche von selbst aufgeben». Aus dem Gottesbeweis folgt nicht ein «W. für das theoretische», sondern nur ein «G. für das praktische Erkenntniß» [5].

Sowohl FICHTE als auch SCHELLING wissen, daß die Existenz Gottes und die Unsterblichkeit nie «Gegenstand des W.» werden können und immer «Gegenstände des G. bleiben» müssen [6]; daß das «absolut-Identische ... nie Objekt des W., sondern nur des Voraussetzens im Handeln, d. h. des G., seyn kann» [7]. Während FICHTE aber alles W. dann doch letztlich in einem G. als dem jedem W. Vorausliegenden begründet (dieser G. ist «kein W., sondern ein Entschluß des Willens, das W. gelten zu lassen») [8], findet SCHELLING in der «intellektuellen Anschauung» ein Organ, die höchste Identität zu «reflektieren» [9]. JACOBI dagegen meint, daß sich jedes W. zum G. «emporschwingen» müsse, da Gott «nicht gewußt, sondern nur geglaubt werden» könne: «Ein Gott, der gewußt werden könnte, wäre gar kein Gott» [10].

HEGEL kritisiert an Kants, Fichtes und Jacobis Philosophie den Verzicht der Vernunft auf das Absolute und die Beschränkung des W. auf «Endliches und Empirisches». Das Absolute sei nur dem G., d. h. «der Subjektivität des Sehnens und Ahnens» zugänglich, die Vernunft schließe sich aus dem nur geglaubten Höheren aus [11]. Solche Philosophien erklären den Gegensatz von «Endlichkeit, Natürlichem, Wissen ... und von Übernatürlichem, Übersinnlichkeit und Unendlichkeit» für unüberbrückbar; das «wahrhaft Absolute» ist ihnen «ein absolutes Jenseits im G. oder im Gefühl, und nichts für die erkennende Vernunft» [12]. Hegel dagegen fordert die Einheit des Seins und der Idee mit dem Denken und dem Ich [13], das Hinausgehen über den G., das «unmittelbare W.» und «Anschauen» zur Philosophie als der «sich denkenden Idee» [14]. Er ist überzeugt, daß «G. dem W. nicht entgegengesetzt, sondern G. vielmehr ein W. ist und jenes nur eine besondere Form von diesem» [15].

Zwischen dem Wissenschaftsglauben der Vernunft und einem am Paradoxon orientierten G. gibt es zahlreiche Positionen, in denen jeweils das Verhältnis von Theologie und Philosophie und dasjenige beider zum G. in Frage steht, obwohl eine befriedigende Synthese zwischen G.u.W. unserer Zeit versagt ist. Vor dem Zwiespalt von G. und exaktem W. steht auch noch R. MUSIL: «Vielleicht geschieht es, daß sich unsere Moral schon heute in diese zwei Bestandteile zerlegt, in Mathematik und Mystik» [16].

Anmerkungen. [1] FR. BACON, Works, hg. SPEDDING/ELLIS/HEATH (London 1857-74, ND 1961-63) 3, 218. – [2] TH. HOBBES: Leviathan (London 1651) c. 43, hg. FETSCHER (1966) 449. – [3] S. FRANCK: Paradoxa (o. J., ²1542), hg. ZIEGLER (1909) 281. – [4] I. KANT, KrV B XXX; vgl. KpV A 241ff. Akad.-A. 5, 134ff. und KU § 89. Akad.-A. 5, 459ff. – [5] KU. Akad.-A. 5, 475; vgl. 5, 482. – [6] J. G. FICHTE, Werke, hg. MEDICUS (1910ff.) 1, 111. – [7] F. W. J. SCHELLING, Werke, hg. K. F. A. SCHELLING (1856-61) 3, 600f. – [8] FICHTE, a. a. O. [6] 3, 349f. – [9] SCHELLING, a. a. O. [7] 3, 625. – [10] FR. H. JACOBI, Werke (1812-25, ND 1968) 3, 7. 290; vgl. 2, 20. – [11] G. W. F. HEGEL, G.u.W. Werke, hg. GLOCKNER 1, 281. 287. – [12] a. a. O. 1, 385f.; vgl. 1, 429f. – [13] a. a. O. 1, 432. – [14] Enzyklop. (1830), hg. NICOLIN/PÖGGELER (⁶1959) 87f. 462 (§§ 63. 574). – [15] a. a. O. 440 (§ 554). – [16] R. MUSIL: Der Mann ohne Eigenschaften (1970) 770.

Literaturhinweise. K. DOMKE: Das Problem der met. Gottesbeweise in der Philosophie Hegels (1940). – E. HEINTEL: G. und W. im krit. System. Jb. d. Ges. für die Gesch. des Protestantismus in Österreich 67 (1951); Die beiden Labyrinthe der Philos. Systemtheoret. Betrachtungen zur Fundamentalphilos. des abendländischen Denkens 1 (1968) §§ 39-42. – H. WAGNER: Existenz, Analogie und Dialektik (1953). – H. LOOFF: Der Symbolbegriff in der neueren Religionsphilos. und Theol. Kantstudien Ergh. 69 (1955). – H. GASS: Art. ‹Glaube (dogmatisch)›, in: RGG³ 2, 1601ff. – K. RAHNER: Geist in Welt (²1957). – W. SCHULZ: Der Gott der neuzeitl. Met. (1957). – G. SÖHNGEN: Art. ‹W. und G.›, in: LThK² 10, 1194f. – K. LÖWITH: W., G., Skepsis (²1958). – D. HENRICH: Der ontol. Gottesbeweis. Sein Problem und seine Gesch. in der Neuzeit (1960). – T. KOCH: Differenz und Versöhnung. Eine Interpretation der Theol. G. W. F. Hegels nach seiner Wiss. der Logik (1967). – M. RIEDEL: W., G., Wiss.: Relig.philos. als krit. Theorie, in: System und Gesch. Stud. zum hist. Standort von Hegels Philos. (1973) 65ff.

E. HEINTEL

II. Wie es das Bestreben des *romantischen* Denkens ist, die mit der Entstehung der Neuzeit aufgebrochenen Entzweiungen aufzuheben und überall zu einer neuen Einheit zurückzukehren, so kann auch der Dualismus von G. und W. für diese Philosophie keine fortdauernde Existenzberechtigung haben. Die Versöhnung von G. und W. soll aber nicht, wie bei Hegel, im absoluten W. erfolgen, sondern ist, da man dem rationalen Denken die Erfassung des Höchsten und Absoluten nicht zutraut, nur in einem G. und W. vereinigenden höheren G. und Schauen zu erwarten. Jedes W. impliziert einen G. als Grund und Ausgangspunkt. So schreibt NOVALIS: «Selbst der Erfolg des W. beruht auf der Macht des G. – In allem W. ist G.» [1]. «Alles W. endigt und fängt im G. an» [2]. – Auch der späte SCHELLING nimmt, obwohl er ein unmittelbares Schauen ablehnt und dies gerade bei Jacobi als «unaufgelösten Dualismus» kritisiert, in jedem «mittelbaren, dem nur durch Vermittlung möglichen W.» zugleich G. an. Der G. ist ein «nothwendiges Ingredients jedes auf ein Ziel gerichteten Thuns», also auch der Philosophie als Wissenschaft: «Alle Wissenschaft entsteht nur im G.» [3]. – Nach ESCHENMAYER muß alle Philosophie in Nichtphilosophie und Religion, alles Erkennen in «Ahnden», alles W. in G. übergehen, um über das begriffliche W. hinaus zur absoluten Identität und Indifferenz von Erkennendem und Erkanntem zu gelangen [4]. Der G. ist ein «höherer Akt, welcher alles umfaßt». Er schließt das «Feld der Spekulation» ab und kann nicht philosophisch begriffen werden [5]. – Wie NOVALIS [6] führt F. VON BAADER den Zwiespalt von G. und W. auf einen von der Reformation verursachten «Verfall» zurück, der nur behoben werden kann, wenn zwischen G. und W. wieder ein «normales und einträchtiges Verhalten» hergestellt wird, d. h. wenn gezeigt ist, «Wem oder an (in) Wen der Mensch jedesmal wirklich glaubt, an Wen er (besonders bezüglich auf sein W.) glauben kann oder nicht kann, endlich, an Wen er, von seiner Vernunft Gebrauch machend, glauben soll oder nicht soll» [7]. G. ist «Mittheilung und Eingerücktsein in ein in Bezug auf ihn a priori bestehendes, vollendetes oder fertiges Schauen und W.», ist also Schauen und Sehen in Gott [8]. – J. GÖRRES erwartet die Verbindung von G. und W., Philosophie und Religion in einem «göttlichen Wahnsinn, in dem die Seele in höchster Schwärmerey sich durch den Dunstkreis der göttlichen Gedanken hinaufgezogen fühlt zu dem höchsten denkenden Wesen selbst, und in der höchsten Selbstvergessenheit nur in der Substanz des Ewigen lebt und existierend sich gewahrt» [9]. Das W. ist aufgerufen, das Absolute, die «innerste Natur der Gottheit» zu «schauen»; die Endlichkeit soll teilnehmen «an der Seligkeit des Unendlichen» und darin auferstehen [10]. – Auch J. FR. FRIES will den G. rehabilitieren, zugleich aber darüber hinausgehen zur Ahndung. Das W. erkennt nur das Endliche, die Welt der Erscheinungen, aber mit ihm ist zugleich gegeben der G., der «das Ewige erfaßt», die intelligible «Welt der Dinge an sich» und die Ahndung, die beides miteinander verbindet und uns davon überzeugt, «daß uns in der Natur das Ewige selbst erscheine» [11]. Das W. nimmt «seine Gegenstände aus der Anschauung», der G. vermittelt die Ideen, die Ahndung bezieht beide aufeinander [12]. Durch die «Vereinigung des W. und G. ... entsteht die Überzeugung, daß das Endliche nur eine Erscheinung des Ewigen sei, und daraus ein Gefühl der Anerkennung des Ewigen im Endlichen, welches wir Ahndung nennen» [13]. – W. M. L. DE WETTE wendet die Kategorien ‹G.› und ‹Ahndung› bzw. ‹Gefühl› in der theologischen Dogmatik an: Gott, das Absolute und die Ideen lassen sich nicht im W. begreifen, sondern nur glauben. Aber in der Ahnung können wir das Ewige im Zeitlichen, Gott in der Natur, «das wahre Wesen der Dinge erfassen» [14]. – FR. J. MOLITOR deutet die Entzweiung von G. und W. geschichtsphilosophisch: Im Sündenfall erscheint die Selbstsucht des Menschen und die falsche Autonomie des W. und damit der Widerspruch zum G. («auf dem W. ruhet der Fluch der Sünde»). Die Wiederherstellung der Harmonie von G. und W., die das große Bedürfnis des Zeitalters ist, läßt sich nur erreichen, indem die Vernunft ihre «falsche sündhafte Autonomie» aufgibt, die Philosophie «zur Theosophie zurückkehrt» und der Mensch sich zu Gott erhebt, damit «sein W. zuletzt in Schauen übergeht». Die Vollendung dieses Prozesses bleibt aber der Geschichte vorbehalten. Der Philosoph kann jetzt nur «die erste Stufe der inneren Vermählung mit Gott ... erreichen» [15]. – C. FRANTZ wendet sich gegen die Vorherrschaft der «modernen Wissenschaft», des reinen Denkens und Verstandes, der statt «einheitlicher Anschauung» nur zersplitterte Erkenntnisse zutage fördere und so auch die von ihm wesentlich verschiedenen «Gegenstände des G.» behandeln will. Hierbei muß sich das W. aber, in dem sich sonst «nicht die geringste Spur von Gott und göttlichen Dingen» findet, «nach innen wenden», zum G. und zum «unbewußten Princip». Das W. ist dann «der erschlossene und erklärte G. selbst». Die Philosophie vermag diese für das Zeitalter notwendige «höchste Versöhnung von G. und W.» zu leisten [16]. – FR. ANCILLON lehnt sich dagegen stärker an Jacobi an und nimmt einen «philosophischen G.» an, in dem wir «ohne Beweis, ohne Vernunftschluß ... Wahrheiten höherer Art, die zu den übersinnlichen, und nicht zu der Welt der Erscheinungen, gehören, annehmen». Dieser G. ist «die Grundlage unseres W.». Durch ihn sind uns «die Mysterien der unsichtbaren Welt» «gegeben»; wir sind von ihnen mit Notwendigkeit überzeugt, können also Gott «durch eine innere Anschauung» glauben *und* wissen, nur nicht wissen im Sinne von «beweisen, erkennen, begreifen». Die «Sehnsucht nach dem Unendlichen» findet ihre Erfüllung, die Vereinigung mit der «Gottheit», jedoch nur in der «Ewigkeit» [17].

Der Grundsatz der romantischen Philosophie, daß alles W. einen G. zur Grundlage bzw. in G., Schauen oder Ahnden überzugehen habe, gilt nicht im gleichen Maße für FR. SCHLEGEL. Er bestreitet ausdrücklich, daß die Philosophie vom G. als seiner «absoluten Thesis» ausgehe. «Auch in der Religion ... darf er [der G.] durchaus nicht als Gegensatz des W. gelten»; überall soll das «Objekt des G.» ein «Objekt des W.», des «unendlichen W.» werden [18]. Der G. ist dann «nur eine eigentümliche Art des W., ein sich selbst beschränkendes mit Willen sich selbst anhaltendes, beharrendes W.» und darin der Abschluß des Weges der Philosophie, «ein eigentlich gottverwandtes Denken, W. und Wollen» [19]. Faßt man W. nur als absolut gewisses Erkennen, so hat es allerdings den G. außer sich und steht diesem entgegen. Ein «höheres W.» jedoch ist «die erzeugende Ursache und letzte Frucht des göttlichen G.» und hat diesen zugleich zum Grund und Ziel. Das «freye W. aber ... ist die lebendige Erkenntniß des Lebens, welche ... keineswegs in die Form jener absoluten Nothwendigkeit geschlagen werden darf, welche in dem mathematischen W. und in dem bloß logischen Denken herrscht». Wahrer Glaube und wahres W. sind «Erkenntniß der Offenbarung des Göttlichen» [20]; diese wird aber nie «absolutes Erkennen», sondern bleibt «eine durch den G. zu ergänzende Gewißheit» [21]. Wiederholt opponiert Schlegel der von Kant und Jacobi vorgenommenen Trennung von G. und W. [22]; von der für notwendig empfundenen Harmonie von G. und W. erhofft er sich eine «christliche Philosophie» als «Grundlage nicht nur der Theologie, sondern auch allen andren W.» [23]. Die Einheit von G. und W. wird durch «ein zweites W.», ein «nach innen gerichtetes und inneres Erkennen» erreicht, das seinen Ursprung in Gott selbst hat und von diesem sein «Licht» empfängt. «Und dieses W. von dem Höchsten ... stellt sich nicht dar als ein von dem G. ganz abgesondertes W., sondern steht selbst schon in Berührung mit dem G.» [24]. Schlegel will also nicht das W. in einem G. und W. vereinigenden höheren G. verschwinden lassen, aber auch für ihn steht am Ende einer «sicher fortschreitenden Progression» das «Aufnehmen» und «Ergreifen» der «göttlichen Wahrheit» [25]. Das «in Gott vollendete W., das mit dem G. schon wieder eins geworden ist, ist «auch mit dem Leben völlig ausgesöhnt» [26].

Wie ein später Reflex der romantischen Verabsolutierung der Kunst mutet die Ästhetik von TH. MUNDT an, welche die Einheit von G. und W. «im schaffenden Geist», in den Werken des Genies, sehen will. Die positive Funktion des G. besteht hier darin, daß sich das W. nicht als abgeschlossen, sondern als «forterzeugendes Moment» begreift: der G. ist ... die «Zukunft des W.» [27].

Andere Autoren haben dieser Synthese von G. und W. jedoch widersprochen: Nach A. SCHOPENHAUER kann die

Philosophie als Wissenschaft nur das begründen, «was sich wissen läßt». G. und W. sind «von Grund aus verschiedene Dinge» [28]. Schopenhauer lehnt damit die von ihm verachtete «Universitätsphilosophie» ab, die als Religionsphilosophie Religion und W. zu vermitteln und zum absoluten W. zu gelangen sucht.

Dies unternahm nach Hegel vor allem J. E. ERDMANN, der, ausgehend vom nicht reflektierenden, unmittelbaren Bewußtsein, dem «unbefangenen G.», über den «reflektierten G.», den Zweifel, die Mystik (den Sprung aus dem Zweifel in einen neuen unmittelbaren G.), dann zu den verschiedenen Formen des W. gelangt, an deren Ende das «speculative W.» als Versöhnung von G. und W. steht. Die unterschiedlichen Stufen des G. und W. werden in ihrer geschichtlichen Notwendigkeit und Bedingtheit aufgewiesen; an ihrem Ziel kehrt die «speculative Theologie» wieder zum Anfang zurück, an dem der G. sich mit Gott unmittelbar identisch wußte, ist jetzt aber allgemeines, vernünftiges Denken und W. und nicht mehr nur subjektiver G. [29]. – Von seiten der Theologie gelangt PH. MARHEINEKE zu einer ähnlichen spekulativen Idealismus: Das Subjekt erhebt sich zum W. und zur Wissenschaft des in der Religion Geglaubten. Es wird auf diesem absoluten Standpunkt mit seinem Objekt, Gott, identisch: «In der absoluten Idee hebt sich daher der Unterschied zwischen Religion und Wissenschaft völlig auf» [30]. – Ebenso sieht K. DAUB im Christentum den Unterschied von «Intelligenz und Substanz», «Mensch und Gott», im «absoluten W.» aufgehoben: «Der Mensch nun, der, indem er sich Mensch zu sein bewußt ist, zugleich sich Gott zu sein weiß, und Gott, der sich Mensch zu sein weiß, bedarf des G. nicht, er ist der Wissende, im W.» [31].

Gegenüber einer solchen Aufhebung des G. in W., der religiösen in Vernunftwahrheiten, besteht D. FR. STRAUSS auf der Trennung beider: «Falsche Vermittlungsversuche sind jetzt genug gemacht» [32]. – Für S. KIERKEGAARD schließt christlicher G. spekulatives W. aus. Der G. ist subjektiv und innerlich, Ergreifen des Paradoxen, Entscheidung für die Wahrheit: «das objektive W. von der Wahrheit des Christentums ist gerade Unwahrheit». Will man den G. objektivieren, so wird er wahrscheinlich und kann nur noch gewußt werden: «das Absurde ist der Gegenstand des G. und das einzige, was sich glauben läßt» [33]. – Auch der *spekulative Theismus* vermag nicht so weit zu gehen wie die Hegelianer. Hatte schon H. M. CHALYBÄUS Zweifel an der Selbstbewegung des Absoluten im Gang vom G. zum W. geäußert [34], so will J. U. WIRTH zur Auflösung des Gegensatzes von G. und W. nicht die völlige Identifikation des Ich mit dem Absoluten gelten lassen, da in ihr, ebenso wie in der Differenz des Menschen zu Gott nicht das «ewige Leben der Persönlichkeit» erkannt wird. Dies geschieht erst, wenn sie sich als «Reflex des Unendlichen in völlig individueller Form» begreift [35]. – Auch H. ULRICI lehnt eine Philosophie ab, die «von dem vorausgesetzten Inhalt des W. und dessen absoluten Begriffe» ausgeht, statt zunächst nach der Form, Tragweite und Gewißheit des W. zu fragen. Die Philosophie soll «voraussetzungslose Forschung» sein und sich «nicht ohne Weiteres für Wissenschaft oder gar für absolute Wissenschaft erklären» [36]. Sie erkennt dann, daß die höchstmögliche Gewißheit nur einem kleinen Teil ihrer Ergebnisse zukommt, nämlich der Selbstgewißheit des Denkens und der Existenz der logischen Gesetze. Um von dieser Basis aus zu einer Weltanschauung im Ganzen zu kommen, bedarf es eines «wissenschaftlichen G.»:

«Die letzten Resultate» der Philosophie «können kein W. im engeren Sinne gewähren». Auch die exakten Wissenschaften können «hinsichtlich ihrer Grundprinzipien und Grundbegriffe ... kein W., sondern nur ein G. in Anspruch nehmen» [37]. Inwieweit die Philosophie die drängende «Frage nach der letzten Ursache alles Seyns und Geschehens» beantworten kann, bleibt der Metaphysik vorbehalten [38].

CHR. H. WEISSE dokumentiert seine Zwischenstellung zwischen spekulativen Theisten und Hegelianern, indem er einerseits, ähnlich wie Ulrici, eine «voraussetzungslose Philosophie», ohne die der G. und seine Inhalte nicht zur Wissenschaft gelangen können, fordert, und die neuere Religionsphilosophie, in der «die Lehre von Gott und den göttlichen Dingen ... nur beiläufig» vorkommt, ablehnt, andererseits aber eine «christliche Philosophie» anstrebt, die, wie bei den Hegelianern, «wissenschaftlich vermittelte Erkenntniss des unmittelbar im G. ihr gegebenen Inhalts» sein soll [39].

Die *Katholische Tübinger Schule* wendet sich ebenfalls gegen eine Aufhebung des G. in das absolute W. und eine «pantheistische» Identifizierung des menschlichen Denkens mit Gott [40]. Christliche Theologie, so J. S. DREY, bedeutet zwar «Construction» des «G. durch ein W.» [41]: «Aber ... W. verdrängt nicht den G., schließt ihn nicht aus ..., da beide, obgleich dasselbe Objekt gemein habend, doch auf verschiedenem Grunde ruhen, der G. auf der historischen Thatsache der Offenbarung, das W. auf der eigenen Einsicht in ihren Inhalt.» G. und W. bestehen nebeneinander [42]. – G. und W., Philosophie und Theologie sind nach J. KUHN nicht wesentlich verschieden, sie beziehen sich auf dieselbe Wahrheit. Dort, wo zum unvermittelten, natürlichen G. die wissenschaftliche Reflexion hinzutritt, wird dieser G. jetzt «gewußt», «dialectisch entwickelt und in der Allgemeinheit und Nothwendigkeit des Begriffs anerkannt». Er verschwindet aber nicht im W., der Dualismus von G. und W. kann und soll fortdauern [43]. – FR. A. STAUDENMAIER sucht die Einheit von G. und W. mit den Mitteln der Hegelschen Dialektik als einen «Entwicklungsprozeß» vorzustellen, in dem sich der G. zu dem in ihm selbst wohnenden W. entfaltet. «Wie der G. das W. an sich schon enthält, so ruhet auch beständig das christliche W. auf dem G.» Der G. ist nicht, wie bei den Hegelianern, nur Vorstufe zum absoluten W.: «Wir gehen daher nicht vom G. zum W. als zu einem Anderen fort, sondern der G. ist das Princip des christlichen Erkennens selbst.» Der G. soll seiner «Unmittelbarkeit» entrissen und zum «wahren und wesentlichen W.», zum «begriffenen» G. entwickelt werden [44]. Mit diesen Bestimmungen der Tübinger Schule werden andere, in der katholischen Theologie aufgestellte Theorien über das Verhältnis von G. und W. ausgeschlossen, so die Aufforderung von G. HERMES, daß sich der G. «der Leitung der Vernunft» und dem prüfenden W. zu überantworten habe, damit «Unglaube» und «Afterglaube» vermieden werden und der G., philosophisch gesichert, zu einem «vernünftigen G.», zum «nothwendigen Halten der theoretischen und ... Annehmen der verpflichtenden Vernunft» gelange [45]. Die gleiche Ablehnung erfährt die noch weitergehende Theorie A. GÜNTHERS und seiner Schule, die in G. und W. vermittelten Wahrheiten nicht als voneinander unterschiedene, auf ein natürliches und übernatürliches Prinzip zurückgehende, sondern in einer «inneren organischen Einheit» stehende Wahrheiten zu verstehen. Der G. geht so in einem «höheren W.» auf, weil «unser G. an die göttliche Offenbarung nur zu

Stande kommt auf dem Vertrauen zu der höchsten Vernunft, und zwar in Folge des Vertrauens, das wir vor allem zur Vernunft in unserem Geiste haben» [46].

Während bisher das Verhältnis von G. und W. fast immer als Verhältnis von Philosophie und Theologie, Vernunft und Offenbarungswahrheiten gesehen wurde, werden etwa seit 1860 die beiden Begriffe neu und anders bestimmt und deshalb auch ihr Verhältnis zueinander neu gedeutet. In dem Maße wie die exakten Naturwissenschaften Fortschritte erzielen und die spätidealistischen Schulen ihre Wirkung verlieren, wird die Philosophie als schlechthinniges, höchstes und erstes W. zurückgedrängt: ‹W.› bedeutet von nun an meist ‹Wissenschaft› (im Sinne der modernen Naturwissenschaft), ‹G.› ist jetzt nicht mehr nur religiöser G., sondern ein Fürwahrhalten ohne bestimmten Inhalt, selbst dort, wo G. als Voraussetzung und Bedingung zum W., in dem er sich vollenden soll, angesehen wird [47]. Fortschritts- und Wissenschaftsgläubigkeit führen gelegentlich dazu, daß der G. der Religion sich voll und ganz diesem W. unterwerfen soll [48] oder, wie im *Monismus*, die Wissenschaft die neue Form des G. bildet: «Unser W. ist unser G.» [49].

Als Reaktion darauf versucht z. B. G. TH. FECHNER, dem G. sein Gebiet zu reservieren: das W. ist Ergebnis eines «alles W. übersteigenden G.» [50], und auch D. FR. STRAUSS will den G. vor dem alles beanspruchenden W. retten: «Zur Gestaltung einer umfassenden Weltanschauung, die an die Stelle des ebenso umfassenden Kirchen-G. treten soll, können wir uns nicht mit demjenigen begnügen, was streng induktiv zu erweisen ist, sondern müssen noch mancherlei hinzufügen, was von dieser Grundlage aus sich für unser Denken teils als Voraussetzung, teils als Folgerung ergibt» [51]. Mit dem Anspruch, zur Lösung von «Weltanschauungsfragen» beizutragen, dauerten solche Rettungsversuche noch bis weit ins 20. Jh. an [52]. – Ihnen gegenüber zieht FR. NIETZSCHE die Schlußfolgerung: «Jetzt nun tut in Hinsicht auf jene letzten Dinge nicht W. gegen G. not, sondern Gleichgültigkeit gegen G. und angebliches W. auf jenen Gebieten» [53].

Während *Neukantianer* und kantianisch orientierte *protestantische* Theologen eine Trennung von G. und W. befürworten und dabei, so die Philosophie, das Recht des G. im Bereich der «Weltanschauung», nicht aber in den Einzelwissenschaften, anerkannt wird oder, so die Theologie, der G. in dieser Trennung vom W. erst sein Recht erlangt [54], besteht die *katholische* Theologie, besonders nach der Verkündigung des Unfehlbarkeitsdogmas und der Verwerfung des Modernismus, darauf, daß G. und W., natürliche Erkenntnis und übernatürliche Offenbarung zwar verschieden, nicht jedoch widersprüchlich sind, da beide ihren Ursprung in Gott haben und in Gott kein Widerspruch stattfinden kann. Auch die modernen Wissenschaften haben diesen Grundsatz zu beachten [55].

Auch M. SCHELER will G. und W., hier als Religion und Metaphysik verstanden, wohl unterscheiden, aber nicht «auseinanderreißen»: «Alles religiöse W. um Gott ist ein W. auch durch Gott im Sinne der Art der Empfängnis des W. selber» [56]. – Die Religionsphilosophie, die sich jetzt aber nicht, wie im frühen 19. Jh., als philosophisches Begreifen der Religion, sondern als Religions*psychologie* versteht, nimmt sich ebenfalls des Problems an: Erhofft sich TH. ZIEGLER von ihr, daß sie den bleibenden Gegensatz von G. und W. verstehen und «als notwendig deduzieren» werde [57], so kommen H. SIEBECK und A. DORNER zu dem Ergebnis, daß G. und W. trotz gemeinsamer Berührungspunkte im Begriff Gott nie zur vollen Deckung gebracht werden können. Versucht man, die Religion zum wissenschaftlichen Denken zu erheben, so tut man damit dem Interesse des G., der wesentlich ein «persönliches Verhältnis des Menschen zum göttlichen Grunde der Dinge» ist, Abbruch: der G. «sucht nicht das Höchste (wie das W.), sondern den Höchsten» [58]. Zumindest «ist für die subjektive Religion der G. der allgemeine Ausdruck, und wo der G. zum W. erhoben wird, braucht deshalb doch die Religion nicht im W. allein aufzugehen» [59].

Die neueste protestantische und katholische *Theologie* sieht keinerlei Gegensatz zwischen G. und W. Während einige jedoch die Grenze zwischen beiden beachtet wissen möchten [60], bemühen sich andere energisch um eine «Restitution des Und zwischen G. und W.» [61] bzw. stellen fest, daß in jedem G. auch ein W. und eine Gewißheit liegt, wenn auch nicht im Sinne der Mathematik und der Naturwissenschaft liegt [62], oder empfehlen den G. sogar als Korrektiv an der Wissenschaft [63]. Dagegen aber haben Kritiker *marxistischer* [64] wie auch *neopositivistischer* Provenienz [65] den G. der Theologie als überholten Dogmatismus bezeichnet und deshalb aus der Wissenschaft zu verbannen gesucht. Dies ist jedoch nicht allgemeiner Konsensus der heutigen *Philosophie*: Vielmehr muß sie sich nach K. LÖWITH, obwohl sie «als skeptisch untersuchendes Fragen von sich aus kein Verhältnis zur Antwort des christlichen G.» hat, doch angesichts des «geschichtlichen Faktums des G. an Gottes Offenbarung in Christus» mit dem G. auseinandersetzen, wie auch dieser sein Verhältnis zur «Skepsis des W.» durchdenken muß [66].

Anmerkungen. [1] NOVALIS, Schr., hg. P. KLUCKHOHN/R. SAMUEL 2 (²1962) 599: Nr. 25; vgl. 257: Nr. 490. 258: Nr. 503. – [2] a. a. O. 3 (²1968) 372: Nr. 601. – [3] FR. W. J. SCHELLING, Werke, hg. K. F. A. SCHELLING (1856-61) 10, 183. – [4] C. A. ESCHENMAYER: Die Philos. in ihrem Übergang zur Nichtphilos. (1803) 29f. 35. – [5] a. a. O. 75. – [6] NOVALIS, a. a. O. [1] 3 (²1968) 508. 515; vgl. FR. SCHLEGEL, Krit. A., hg. E. BEHLER (1958ff.) 10, 135. – [7] F. VON BAADER, Werke, hg. FR. HOFFMANN (1850-60, ND 1963) 1, 360. 365. 368. – [8] a. a. O. 1, 369f.; vgl. 1, 145. 238ff. 341ff.; 2, 183; 3, 335f.; 8, 28ff. 203f. 207. – [9] J. GÖRRES: G. und W. (1805). Ges. Schr., hg. W. SCHELLBERG 3 (1926) 68. – [10] a. a. O. 59. 70. – [11] J. FR. FRIES: W., G. und Ahndung (1805); ND hg. L. NELSON (1905) 54f. 59f. – [12] a. a. O. 74. 75f. – [13] 176. – [14] W. M. L. de WETTE: Über Relig. und Theol. (²1821) 10-14. 18f.; Lb. der christl. Dogmatik (1813-16) 1, §§ 9-14. – [15] FR. J. MOLITOR: Philos. der Gesch. oder über die Tradition (1827-39) 2, 214-217. 222-227. 230. 232-241. – [16] C. FRANTZ: G. und W. Z. Philos. spekulat. Theol. 16 (1846) 149-178; vgl. H. STEFFENS: Christl. Relig.philos. (1839) 1, 85f. – [17] FR. ANCILLON: Über G. und W. in der Philos. (1824) 42f. 50. 88. 150ff. – [18] FR. SCHLEGEL: Transzendentalphilos. (1800/01) Krit. A. (= KA) a. a. O. [6] 12, 24. 59f. – [19] Die Entwickl. der Philos. in zwölf Büchern (1804/05). KA 13, 175. – [20] Rez. über Jacobis Werke. Jb. der Lit. 9 (1822) 169-180; auch in: Neue philos. Schr., hg. J. KÖRNER (1935) zit. 282. 285. – [21] KA 19, 301f. – [22] Jacobi-Rez. a. a. O. [20] 282f.; Fichte-Rez. Heidelberger Jb. (1808), in: A. W. und FR. SCHLEGEL, hg. O. WALZEL, in: Dtsch. National-Lit. 143 (1882) 339. – [23] KA 9, 424. – [24] Philos. des Lebens (1828). KA 10, 174-176. – [25] a. a. O. 173. 178. 208; vgl. 188f. 195. 488. – [26] 137. – [27] TH. MUNDT: Ästhetik (1845, ND 1966) 87f. – [28] A. SCHOPENHAUER, Werke, hg. FRAUENSTÄDT/HÜBSCHER (²1946-50) 5, 153f.; 6, 382f.; vgl. J. FRAUENSTÄDT: Die Menschwerdung Gottes (1835) Vf. – [29] J. E. ERDMANN: Vorles. über G. und W. als Einl. in die Dogmatik und Relig.philos. (1837); vgl. auch H. FR. W. HINRICHS: Die Relig. im innern Verhältnis zur Wiss. (1822) bes. 77ff. 200ff.; Die Fragen der Gegenwart ..., Hall. Jb. dtsch. Wiss. und Kunst 2 (1839) 462. – [30] PH. K. MARHEINEKE: Die Grundlehren der christl. Dogmatik (²1827) 47f. – [31] K. DAUB: Vorles. über die Prol. zur Dogmatik (1839) 281ff.; andere Hegelianer: K. FR. GÖSCHEL: Der Monismus des Gedankens (1832) bes. 65. 76f.; Beiträge zur spekul. Theol. (1838) bes. 62. 76. 182; B. BAUER, Rezension über Erdmann, G. und W., in: Z. f. spekul. Theol. 3 (1838) 253-261; K. CONRADI, in: a. a. O. 401; J. SCHALLER: Der historische Christus und die Philos. (1838) 136; K. TH. BAYRHOFFER, in: Jahrbücher für spekul. Theol. 2 (1847) 1121. – [32] D. FR. STRAUSS: Die christl. Glaubenslehre in ihrer gesch. Entwickl. (1840/41) 1, 355f.; vgl. 1, 22ff. 352f.; vgl. dagegen K. F. A. SCHELLING: Protestantismus und Philos. (1848). – [33] S. KIERKEGAARD, Werke, hg. E. HIRSCH (1950-66) 16/I, 202f. 215ff. – [34] H. M. CHALYBÄUS: Rez. über Erdmann, Vorles. über G. und W. Z. Philos. spekulat. Theol. 2 (1838) 138-153. – [35] J. U. WIRTH: Über das Verhältniß von G. und W. Z. Philos. spekulat. Theol. 20 (1848) 48-66; bes. 63f. – [36] H. ULRICI: G. und W. Speculation und exacte Wiss. (1858) 284f. – [37] a. a. O. 289-292. – [38] 345f. – [39] CHR. H. WEISSE: Philos. Dogmatik oder Philos. des Christenthums (1855-62, ND 1967) 1, 6f. 13; vgl. CHR. J. BRANISS: De notione Philosophiae Christianae (1825); Die wiss. Aufgabe der Gegenwart (1848). – [40] FR. A. STAUDENMAIER: Die christl. Dogmatik (1844-52, ND 1967) 1, 57ff.; vgl. J. KUHN: Über G. und W. (1839) 7. 41ff. 14f. – [41] J. S. DREY: Kurze Einl. in das Stud. der Theol. (1819, ND 1966) 27. 30. – [42] Apologetik (²1844) 289f. – [43] KUHN, a. a. O. [40] bes. 12. 27. 37f.; Kath. Dogmatik (²1859-62) 1, 245f. 257. – [44] STAUDENMAIER, a. a. O. [40] 1, 70f. 90-92; vgl. Johannes Scotus Erigena (1834, ND 1966) 342ff.; vgl. J. N. P. OISCHINGER: Philos. und Relig. (1849) 146ff. – [45] G. HERMES: Einl. in die christkath. Theol. (1819-29, ND 1967) 1, XVIIff. XXI. 259f. – [46] A. GÜNTHER: Euristheus und Heracles (1843) 275f. 283f.; vgl. Vorschule der speculat. Theol. des positiven Christenthums (1828-29) 1, 11. 55ff.; Januskopfe für Philos. und Theol. (zus. mit J. H. PABST) (1834) 250. 255. 273; A. GÜNTHER, in: Lydia. Philos. Taschenbuch 2 (1850) XXIII; J. H. PABST: Gibt es eine Philos. des positiven Christenthums? (1832) 46. 52. – [47] H. ROSENKRANTZ: Die Wiss. des W. (²1868) 68. 75-80. – [48] L. UHLICH: G. und Vernunft (1866) 26f. – [49] E. LÖWENTHAL: Eine Relig. ohne Bekenntnis (1865); vgl. Mein Lebenswerk auf sozialpolit., neurelig., philos. und naturwiss. Gebiete (1912) 12; E. HAECKEL: Der Monismus als Band zwischen Relig. und Wiss. (1892). – [50] G. TH. FECHNER: Die drei Motive und Gründe des G. (1863) 11. – [51] D. FR. STRAUSS: Der alte und der neue G. (⁶1873) 31f.; vgl. O. MARPURG: Das W. und der relig. G. (1869) bes. 307ff. – [52] H. MÜNSTERBERG: Philos. der Werte (1908, ²1921) 411; E. HOPPE: G. und W. (²1922) bes. 382ff.; M. MÜLLER-WALBAUM: Die Welt als Schuld und Gleichnis (1920) 225f. 228; O. WEININGER: Über die letzten Dinge (1907) 134; A. MESSER: G. und W. (1919) 168f. – [53] FR. NIETZSCHE, Werke, hg. SCHLECHTA (⁶1969) 1, 881; vgl. 2, 648f. – [54] H. RICKERT: Der Gegenstand der Erkenntnis (1892, ⁶⁻⁸1928) 443f.; E. ADICKES: W. und G. Dtsch. Rdsch. 94 (1898) bes. 51. 55f.; FR. PAULSEN: Einl. in die Philos. (1892) 322; R. A. LIPSIUS: Philos. und Relig. (1885) 160f. 166f.; G. und W. (1897) 24ff.; A. RITSCHL: Theol. und Met. (²1887) 9ff.; W. HERRMANN: Die Relig. im Verhältnis zum Welterkennen (1879) 84ff. 100; Die Gewißheit des G. (1887) 7; J. KAFTAN: Die Wahrheit der christl. Relig. (1888) 87f. 211f.; Das Wesen der Relig. (²1888) 213ff. – [55] V. CATHREIN: G. und W. (²/³ 1903) 155ff. 159ff.; C. BRAIG: Die Freiheit der philos. Forsch. (1894) 46f.; G. Frhr. VON HERTLING: Das Princip des Katholicismus und die Wiss. (¹1899) bes. 27-33; PH. KNEIB: W. und G. (¹1905); J. GEYSER: Erkenntnistheorie (1922) 269-274; FR. BRENTANO: Relig. und Philos. (1954) 91; P. WACKER: G. und W. bei H. Schell (1961); vgl. dagegen C. GÜTTLER: W. und G. (1893) 210-213. – [56] M. SCHELER: Vom Ewigen im Menschen (1921). Werke 5 (1954) 142; vgl. 293. – [57] TH. ZIEGLER: G. und W. Rektoratsrede (1899) 34f. – [58] H. SIEBECK: Lb. der Relig.philos. (1893) 208-211. – [59] A. DORNER: Grundriß der Relig.philos. (1903) 251f. – [60] A. BRUNNER: G. und Erkenntnis (1951) 213f. – [61] H. J. IWAND: G. und W. Nachgel. Werke 1 (1962) 20-22. – [62] G. SÖHNGEN: Art. ‹G. und W.›, in: LThK² 10, 1194-1196; H. FRIES: G. und W. Wege zu einer Lösung des Problems (1960); Art. ‹G. und W.›, in: Sacramentum Mundi (1967-69) 2, 428-439. [63] R. MCAFFEE BROWN: G. und W. Antithese oder Partnerschaft? Int. Dialog-Z. 1 (1968) 208-220. – [64] H. GUTE: G. und W. (1958). – [65] H. ALBERT: Traktat über krit. Vernunft (1968) 104ff. – [66] K. LÖWITH: W., G. und Skepsis (1956) 4.

Literaturhinweise. FR. SAWICKI: Über G. und W. in der neueren prot. Theol. und Philos. Der Katholik 85 (= 3. Folge: 31) (1905) 1-24. 109-125. – A. JAQUET: W. und G. Drei Essays (o. J. [1933]) bes. 287ff.: Kritik an Haeckel. – H. KALTHOFF: G. und W. bei Fr. Schlegel (1939). – PH. WEINDEL: Das Verhältnis von G. und W. in der Theol. F. A. Staudenmaiers (1940). – J. PRITZ: G. und W. bei A. Günther (1963). – H. M. SASS: Untersuch. zur Relig.philos. in der Hegelschule 1830-1850 (Diss. Münster 1963); Daseinsbedeutende Funktionen von W. und G. im Jahrzehnt 1860-1870. Z. Relig.- u. Geistesgesch. 20 (1968) 113-138.

U. DIERSE

Glaubensartikel (griech. κανὼν τῆς πίστεως; lat. articuli fidei, regula fidei; frz. articles de fois; engl. articles of faith, of creed)

I. Das Wort ‹Artikel› wird etymologisch gewöhnlich abgeleitet von lateinisch ‹articulus› (griech. ἄρθρον), das wörtlich «Knöchel, Knoten, Gelenk, Körperglied» und im übertragenen Sinn «Glied, Teil, Abschnitt eines Satzes, kleinerer oder größerer Sinnteil einer Rede» bedeutet: «oratio sine nervis et articulis fluctuat hic et illuc» (eine Rede ohne Muskeln und Gelenke [d. h. ohne Spannung und Einteilung] schwankt hin und her) [1]. Seltener – und mit zweifelhafterem Recht – wird es von manchen Theologen zurückgeführt auf ‹arctare› (nötigen) [2]; dieses gesetzliche Verständnis ist begründet in dem alten kirchlichen Sprachgebrauch, nach dem die verkündigte und geglaubte Glaubenslehre (πίστις) [3] die zum Heil notwendige Glaubensregel (regula fidei) darstellt, welche als verpflichtende Norm von den Einzelnen und den Völkern geglaubt werden muß [4].

Der Ausdruck ‹articulus› findet sich als Bezeichnung der einzelnen Teile des Glaubensbekenntnisses noch nicht in der alten Kirche und bei den Spätlateinern; ABAELARD verwendet hierfür das Wort ‹sententia› [5]. Die Sachwurzel des Begriffs ‹G.› liegt in den seit Mitte des 2. Jh. nachweisbaren Termini ‹regula veritatis› (ὁ κανὼν τῆς ἀληθείας) [6] und (wahrscheinlich etwas jünger) ‹regula fidei› (ὁ κανὼν τῆς πίστεως) [7]. Die Begriffe πίστις, ‹regula› werden in vornicaenischer Zeit sowie in der älteren Kirche nie auf die Bibel oder einzelne Teile von ihr angewendet, sondern beziehen sich gewöhnlich auf das apostolische Taufbekenntnis [8], das – bei noch nicht vorhandener Kenntnis oder Ablehnung der Legende von der Abfassung des Apostolicums durch die zwölf Apostel – letztlich auf Christus selbst zurückgeführt wird, der in seinem Taufbefehl (Matth. 28, 19) die trinitarische Taufformel als Kern der apostolischen Taufbekenntnisses gestiftet habe [9]. Seltener werden beide Begriffe für das Nicaenum in Anspruch genommen [10]. Schließlich können auch die gesamte Kirchenlehre oder die von einzelnen Theologen selbst formulierten Darstellungen des im apostolischen Taufsymbol zusammengefaßten christlichen Glaubens als «regula fidei» oder «regula veritatis» bezeichnet werden [11]. Dieser enge Zusammenhang zwischen Apostolicum und G. der Kirche findet seinen klassischen Ausdruck in den drei Kriterien der articuli fidei bei THOMAS VON AQUIN: 1. Sie müssen unmittelbar von Gott geoffenbarte Glaubenswahrheiten darstellen; 2. Sie müssen für das Glaubensleben von fundamentaler Heilsbedeutung sein; 3. Ihre Heils- und Glaubenswahrheiten müssen im Apostolicum enthalten sein [12]. Die scholastische Tradition, den christlichen Glaubensgehalt unter dem Aspekt der articuli fidei zu sehen (um ihn unter diesem darzustellen) wird von den *Reformatoren* [13] übernommen, jedoch unter dem spezifisch reformatorischen Gesichtspunkt der exklusiven Verankerung der G. in der Offenbarung Gottes in der heiligen Schrift zu Rettung und Heil des Sünders, unter Abweisung der Setzung von G. auch durch die Kirche [14]. Auf dieser reformatorischen Prämisse errichtet die lutherische Orthodoxie ihr Verständnis der G.: «Articulus fidei est pars doctrinae verbo Dei scripto revelatae, de Deo et rebus divinis, peccatori salvando ad credendum propositus» (Der G. ist Teil der in der Schrift offenbarten Lehre Gottes von Gott und den göttlichen Dingen, dem erlösungsbedürftigen Sünder zum Glauben vorgetragen) [15].

Die den G. unterliegende Intention der Feststellung und Beschreibung des heilsnotwendigen Glaubens- und Lehrfundamentes involviert die formale und materiale Differenzierung der Glaubenslehren in fundamentale «articuli principales», das sind die in den 12 (bzw. 14) Sätzen des Apostolicums enthaltenen heilsnotwendigen zentralen Glaubenssätze, und nicht fundamentale, ihnen untergeordnete, aus der Schrift *und* den Entscheidungen der Kirche eruierte, nicht zum Heil notwendige «articuli non principales». Diese in der scholastischen Theologie von THOMAS vorgenommene Unterscheidung [16] wird von den *Reformatoren* der Sache nach aufgenommen [17] und von den frühorthodoxen Theologen, wie J. GERHARD [18] und B. MEISNER [19], auch der Nomenklatur nach rezipiert, ohne jedoch weiter entfaltet zu werden. Neben dieser Einteilung und der ihr gemäßen synthetischen Methode der «lokalen» Aneinanderreihung der einzelnen Lehrloci findet sich eine, im Keim auch bei Thomas vorhandene, bei ALEXANDER VON HALES und seinem Schüler BONAVENTURA erstmals explizit entfaltete weitere Klassifizierung der G. in «antecedentia ad fidem, cum ipsa fide, sequentia» [20] bzw. «antecedentia, consequentia, principia» [21]. Diese Dreiteilung, die in der apologetisch-kontroverstheologischen Situation des 17. Jh. mittels der analytischen Methode die Möglichkeit bot, auf dem Weg abstrakter Reflexionen vom zentralen Satz des konfessionellen Grundverständnisses aus den gesamten Lehrorganismus nach rückwärts als notwendige Voraussetzung und nach vorwärts als notwendige Folgerung zu entfalten, wird von den orthodoxen Theologen, zunächst von N. HUNNIUS [22] und J. HÜLSEMANN [23], in eigenständiger Vertiefung und Entfaltung aufgenommen und von den folgenden Theologen der Hoch- und Spätorthodoxie zu immer differenzierter verästelten Systemen ausgebaut [24]. Mit dem Ausklang des Zeitalters der Orthodoxie tritt das vorwiegend unter apologetisch-kontroverstheologischem Aspekt gesehene Interesse am Problemkomplex der fundamentalen und nicht-fundamentalen G. und Glaubenslehren in der theologischen Arbeit zurück [25]. Eine weitere Aufweichung erfuhr der Problemkomplex um die Fundamentalartikel im 19. Jh. unter dem Einfluß des organologischen Ganzheitsverständnisses der biblisch-christlichen Wahrheit, der schließlich zur Leugnung der Unterscheidung von fundamentalen und nicht-fundamentalen Glaubenslehren überhaupt führen konnte [26]. In den gegenwärtigen ökumenischen Bestrebungen der christlichen Kirchen gelangt der Fragenkomplex um die fundamentalen G. insofern zu neuer Bedeutung, als die Frage nach einer möglichen Einheit der getrennten christlichen Kirchen aufs engste verbunden ist mit der Frage nach Gegenstand und Umfang der für den christlichen Glauben fundamental wichtigen Glaubenslehren.

Anmerkungen. [1] Vgl. AUCTOR AD HEREN. (Ps.-Cicero), Rhet. IV, 16. – [2] THOMAS VON AQUIN, S. theol. II/II, q. 1, a. 6; D. HOLLAZ: Examen Theol. Acroamat. (1707) Prol. II, c. 2, q. 12. – [3] JUDAS 3; POLYKARP, Ad Philippos 3, 2. – [4] IRENAEUS, Adv. haer. I, 10, 1-2 u. ö.; EUSEBIUS, Hist. eccl. V, 24, 6; TERTULLIAN, Praescr. 9, 13, 14; Prax. 3; CYPRIAN, Ep. 69, 7; AUGUSTIN, Doct. christ. III, 1, 3. – [5] ABAELARD, Exp. symboli apost. MPL 178, 619f. – [6] DIONYSIUS VON KORINTH bei EUSEBIUS, Hist. eccl. IV, 23, 4; TERTULLIAN, Apol. 47; IRENAEUS, Adv. haer. I, 9, 4; III, 2, 1 u. ö.; CLEMENS ALEX., Strom. IV, 100; HIPPOLYT, Refut. X, 5; POLYKRATES VON EPHESUS bei EUSEBIUS, Hist. eccl. V, 24, 6; CLEMENS ALEX., Strom. IV, 100; in zunehmendem Maße seit TERTULLIAN, De virg. vel. 1; Praescr. 12. 13 u. ö.; NOVATIAN, De trin. 1. 9. 24; AUGUSTIN, Doct. christ. III, 1, 3 u. a. Spätlateiner. – [8] IRENAEUS, Adv. haer. I, 94; III, 4; V praef.; TERTULLIAN, Spect. 4; Mart. 3; Idol. 6; Pud. 18 u. a.; AUGUSTIN, Serm. 213; Serm. 1 ad catech. de symb.; Enchir. ad Laur. I, 56, 15; Retract. II, 3; RUFINUS, De symb. c. 2. – [9] TERTULLIAN, De bapt. 13; Praescr. 9. 10. 20; Prax. 26; VICTORIN VON PETTAU, 11 Mandatum domini nostri; PRISCILLIAN, Tract. III, 49. – [10] PHOEBADIUS VON AGINNUM, Contra arianos I, 6; II, 1. – [11] IRENAEUS, Adv. haer. III. 3, 4; V praef.; TERTULLIAN, Praescr. 27, 37, 44. – [12] THOMAS, S. theol. II/II, q. 1, a. 6. 7. – [13] LUTHER, Art. Schmalk. (1537). Bekenntnisschriften der evang.-luth. Kirche (1930) 421; MELANCHTHON, Loci com. (1521), hg. KOLDE 134; Loci com. (1543) 2; in gewisser Hinsicht auch bereits bei CALVIN, Inst. christ. Rel. (1559) I, 7, 2f, hg. BARTH/NIESEL 3, 66ff.; Confessio Augustana (1530); 39 Articles der Church of England (1571). – [14] Vgl. [13]. – [15] HOLLAZ, a. a. O. [2] Prol. II, c. 2, q. 12. – [16] THOMAS, S. theol. II/II, q. 1, a. 6. – [17] Vgl. [13]. – [18] J. GERHARD: Loci theologici (1610-1626) 3, 16, 129. – [19] B. MEISNER: Brevis Consideratio ... (1623) 253. – [20] ALEXANDER VON HALES, S. theol. III, 361. – [21] BONAVENTURA, Breviloquium ad V, 7; hg. A. VICETIA 393; Com. in lib. sentent. III, dist. 25, a. 1, q. 1. – [22] N. HUNNIUS: Diaskepsis ... (1626) 36-42. – [23] J. HÜLSEMANN: Calvinismus irreconciliabilis ... (1644) 439ff. u. ö. – [24] A. CALOV: Systema Loc. Theol. ... (1655) 773ff.; J. F. KÖNIG: Theol. Positiva Acroamatica (1665) 191: § 140-152. – [25] F. W. KANTZENBACH: Das theol. Problem der Fundamentalartikel. Luth. Mh. (1962) 544f. – [26] A. G. RUDELBACH: Reformation, Luthertum und Union (1839) 605ff.; F. A. PHILIPPI: Kirchl. Glaubenslehre 1 (1854) 74ff.

Literaturhinweise. TH. ZAHN: Art. ‹Glaubensregel›, in: Realenzyklop. prot. Theol. u. Kirche (1896ff.), 6, 682-688. – O. RITSCHL: Dogmengesch. des Protestantismus 1-4 (1908-1927). – J. BEUMER: Konklusionstheol.? Z. kath. Theol. (1939) 360-366. – M. KELLER-HÜSCHEMENGER: Das theol. Problem der Fundamentalart. bei Johannes Hülsemann in seinem dogmengesch. Zusammenhang (1939). – A. LANG: Die Gliederung und die Reichweite des Glaubens nach Thomas von Aquin. Divus Thomas (1942) 208-236. – H. BACHT: Art. ‹G.›, in: LThK² 4, 934f. – F. W. KANTZENBACH s. Anm. [25]. – C. H. RATSCHOW: Luth. Dogmatik zwischen Reformation und Aufklärung 1 (1964).

M. KELLER-HÜSCHEMENGER

II. Für das *Judentum* ist die Fixierung von G. problematischer als für die christlichen Kirchen und das Auftreten des Begriffswortes daher noch signifikanter. Die Tendenz dazu erwächst in der Neuzeit aus der Abgrenzung gegen das Christentum. Im Streit mit J. C. Lavater und Ch. Bonnet spricht M. MENDELSSOHN 1770 zum ersten Mal in einer original in deutscher Sprache geschriebenen Schrift von jüdischen «Grundlehren» und «Dogmata» [1]. (Allerdings weiß R. J. MOLIN schon 1420 von rhythmischen und metrischen Gesängen in deutscher Sprache, deren Grundlage die 13 G. seien, und 1756 ist ‹Hauptglaubens- und Sittenlehren der Juden› Titel der Übersetzung, die C. ANTON [2] von A. JAGELS ‹ Läkech tob › (guten Lehren) [3] veranstaltet hat.) In den ‹Gegenbetrachtungen› über Bonnets ‹Palingenesie› (1770) führt MENDELSSOHN dann näher aus: «Eigentlich hat die Religion der Israeliten nur drey Hauptgrundsätze 1. Gott, 2. Vorsehung und 3. Gesetzgebung» [4]. 1783 – ein Jahr nach W. DESSAUS ‹Grundsätze der jüdischen Religion› und im Erscheinungsjahr von M. CH. LUZZATOS ‹Maamar Ha-Ikkarim› – scheint MENDELSSOHN in seiner Schrift ‹Jerusalem oder Über religiöse Macht und Judentum› seinen früheren Standpunkt zu revidieren, obwohl er noch am 11. Juli 1782 an W. Dessau geschrieben hat: «Der Geist des Judenthums ist Conformität in Handlungen, und Freiheit in Absicht auf Lehrmeinungen: wenige Fundamentallehren ausgenommen, über welche alle unsere Lehrer sich vereinigt haben, und ohne welche die jüdische Religion schlechterdings nicht statt haben kann» [5]. In ‹Jerusalem› sagt er dann aber, das Judentum kenne «keine Lehrmeinungen, keine Heilswahrheiten, keine allgemeinen Vernunftsätze» [6]. Dem Judentum sei das Gebot «Du sollst glauben» fremd, es kenne nur «Du sollst tun» und «erkennen und wissen». «Daher hat auch das alte Judenthum keine symbolischen

Bücher, keine G. Niemand durfte Symbola beschwören, niemand ward auf G. beeidigt» [7].

Mendelssohn wendet sich gegen die G., weil er darunter so etwas zu verstehen scheint wie z. B. J. H. ZEDLER: «G. ist ein Stück der Göttlichen Lehre, wie solche in der heiligen Schrift geoffenbaret und gegründet ist; durch welches Wissenschaft wir zum gerechtmachenden Glauben, und vermittelst zur ewigen Seligkeit geführet werden» [8]. Da Mendelssohn sich in seinen Aussagen aber ausdrücklich auf Maimonides, Crescas, Albo und Abarbanel beruft, wird ersichtlich, daß er den durch das Christentum geprägten Begriff ‹G.› mit dem hebräischen Begriff ‹ikkar› (Wurzel) verbindet, der in der jüdischen Philosophie des Mittelalters die Bedeutung von «Prinzip, Hauptsache, Fundament, Grundsatz» erlangte und im Plural (ikkarim) seit MAIMONIDES der terminus technicus für die «13 G.» geworden war, wobei aber ‹G.› und ‹ikkar› nicht identisch sind, da ‹ikkar› z. B. von Maimonides auch in völlig anderem Zusammenhang für «Fundament» oder «Haupteinteilung» verwendet wird.

Sachlich finden sich Aussagen über G. schon in den Anfängen der jüdischen *Philosophie:* PHILO zählt 5 Lehren auf, deren Annahme zu einem «glücklichen und seligen Leben» führen sollen [9]; FLAVIUS JOSEPHUS nennt einige Bestimmungen, die das jüdische Gesellschaftsleben aufrecht erhalten [10]. Von *theologischer* Seite wurden in der ‹Mischna› Verhaltensgebote (z. B. Aboth III, 12) und Glaubensgebote mit den Überlegungen verbunden, wer keinen Anteil an der zukünftigen Welt (olam habah) habe: Dazu gehören nach Sanhedrin XI, 1: «Wer sagt, die Auferstehung der Toten sei nicht in der Thora angedeutet, die Thora sei nicht vom Himmel, und der Gottesleugner» [11]. Diese von mittelalterlichen wie modernen Interpreten immer wieder untersuchte Mischna-Stelle wurde zum «locus classicus» der Dogmenfrage [12]. Ihre scheinbare Willkürlichkeit und Unvollständigkeit in systematischer Hinsicht läßt erkennen, daß sie nicht die Glaubensinhalte des Judentums «dogmatisch» fixieren wollte, sondern sich gegen Richtungen innerhalb des Judentums wandte, die eben diese drei «Glaubenslehren» in Frage stellten [13].

Die Ausbildung eines Katalogs von G. geschah im Judentum einerseits durch die Karäer in der Auseinandersetzung mit dem Islam und den rabbinischen Theologen, andererseits durch die rabbinischen Religionsphilosophen in der Auseinandersetzung mit dem Islam und den Karäern. Die Karäer formulierten in Anlehnung an den Dekalog 10 G. [14], die uns im ‹Eschkol Ha-Kofer› (1148) des JEHUDA HADASSI vorliegen [15]. Ansätze zur Dogmenbildung im nachtalmudischen Rabbinertum finden sich schon bei SAADIA AL-FAJUMI (882 bis 942), R. HANANEL BEN CHUSCHIEL (990–1050), JEHUDA HALEVI (1085–1142) und ABRAHAM IBN DAUD (1110–1180) [16]; doch war MOSES BEN MAIMON (Maimonides 1135–1204) der erste, der die G. des synagogalen Judentums fixierte und systematisierte. Wahrscheinlich in Anlehnung an die 13 Middot formulierte er 1158 in der Einleitung zu seinem Kommentar zu Sanhedrin XI, 1 die «13 G.» (Schelosch Essre Ikkarim) [17]. Sie fordern den Glauben an: 1. die Existenz des Schöpfers, 2. die Einheit Gottes, 3. die Unkörperlichkeit Gottes, 4. die Ewigkeit Gottes, 5. die Pflicht, Gott allein zu verehren und ihm zu gehorchen, 6. die Prophetie, 7. die Unvergleichlichkeit der Prophetie Moses', 8. die Göttlichkeit der Thora, 9. die Unveränderlichkeit der Thora, 10. Gottes Vorsehung, 11. Lohn und Strafe, 12. den Messias, 13. Wiederlebung der Toten (vgl. die etwas abgeänderte Fassung im Mischne Thora, Sefer Ha-Mada, Hilkoth Teschuwah Kap. 3, 6–8). Auch wenn besonders die Artikel 6–9 in Abgrenzung zu mohammedanischen und christlichen Lehren formuliert sind, entspringen die 13 G. nicht nur apologetischem Interesse; auch sind sie weder dem mohammedanischen «Kalimat Asch-Schahāda» [18] oder den mohammedanischen G. [19], noch dem christlichen Credo gleichzusetzen.

Die philosophische Diskussion um diese Artikel begann schon zu Lebzeiten des Maimonides und erreichte im Mittelalter ihren Höhepunkt in der *Kritik* Ch. Crescas' (1340–1410; ‹Sefär Or Adonai›) und J. Albos (1380 bis 1444; ‹Sefär Ikkarim›). Während CRESCAS zwischen 7 «Grundsätzen der Thora», 8 «wahren Glaubenssätzen» und weiteren «Meinungen» unterscheidet, nimmt ALBO (wie ähnlich auch NACHMANIDES, I. ARAMA und SIMON BEN ZEMACH DURAN) nur 3 Ikkarim an (Glaube an Gottes Existenz, seine Vorsehung und die Offenbarung), die aber jeweils in verschiedene weitere Artikel unterteilt. I. ABRAVANEL (1437–1508; ‹Rosch Amanah›) – den Mendelssohn ‹Abarbanel› nennt – erkennt nur den Dekalog als Fundament des Glaubens an.

Als erster scheint IMMANUEL BEN SALOMO (geb. 1272) die 13 Ikkarim des Maimonides in eine *poetisch-metrische* Form gebracht zu haben [20], doch erst in der poetischen Fassung (1. Hälfte des 14. Jh.) des DANIEL BEN JEHUDA DAJJAN aus Rom [21] wurden sie so bekannt, daß sie in dieser Form seit 1578 bis heute im ‹Sidur› als Anhang zur ‹Tefilat Schacharit› zu finden sind. Diese Form ist bekannt unter dem Namen «Jigdal»-Lied. Von einem unbekannten Verfasser erschien 1517 zum ersten Mal eine *Prosa*fassung des Jigdal-Liedes (beigebunden der von D. Bomberg gedruckten ‹Mikraoth Gedoloth›), in der jede der 13 Strophen beginnt mit «'ani ma'amin» (ich glaube) – ein Anfang, den MENDELSSOHN durch «Ich erkenne für wahr und gewiß» ersetzt [22]. – Vom Mittelalter bis zur Aufklärung erschien eine Fülle hebräischer Schriften über die 13 G. [23] – im weitesten Sinne gehören dazu auch die Überlegungen SPINOZAS zu den 7 dogmata fidei universalis [24] –, doch erst Mendelssohns deutschsprachige Kritik an den G. hat in der Neuzeit eine religionsphilosophische Diskussion des G.-Problems ausgelöst.

Sieht man von frühen Streitschriften gegen Mendelssohns ‹Jerusalem› ab, so fällt diese Diskussion mit den Anfängen der Judaistik und dem Aufkommen der Frage nach dem Wesen des Judentums zusammen. In A. Geigers ‹Wissenschaftlicher Zeitschrift für jüdische Theologie› unterscheidet M. CREIZENACH [25] zwischen «Glaubenslehre» und «Pflichtenlehre» und nimmt wie Albo drei «Fundamentalwahrheiten» an, die «das eigentliche Wesen im Begriff der israelitischen Religion» bilden, betont aber, daß «zur Prüfung der jüdischen Dogmen» das wissenschaftliche Erforschen der Bibel notwendig sei und «von geistlicher Autorität keine Rede sein kann» [26]. Gegen Mendelssohn argumentieren dann auch D. EINHORN [27], S. HOLDHEIM [28] und mit besonderer Schärfe L. LÖW [29], ohne daß aber die Begriffe ‹G.› und ‹Dogma› reflektiert werden (während Mendelssohn ‹Dogma› nur ein einziges Mal verwendet, gebrauchen diese Autoren ‹Dogma› häufiger als ‹G.› und ‹Grundlehre›). Erst A. GEIGERS Besinnung auf den Begriff ‹Dogma› bzw. ‹Glaubenssatz› –: «das Judentum ... hat keine Glaubenssätze, die von einer die Gesamtheit mit rechtsverbindlicher Kraft vertretenden Versammlung feierlich als ewige unverbrüchliche Wahrheiten verkündet worden» sind [30] – führt wieder zur Ablehnung der G. 1905 definiert L. BAECK: «ein Dogma ... ist erst vorhanden, wenn in festen Begriffen die bestimmte Formel geprägt und diese dann von einer eingesetzten maßgebenden Autorität für verbindlich erklärt wird, um den Heilsbesitz zu bezeichnen, in dessen Annahme die Rechtgläubigkeit und Seligkeit bedingt sind» [31]. In diesem Sinne seien die «13 Ikkarim» keine Dogmen; das Judentum habe überhaupt keine Dogmen – «Dogma ist gefrorenes Gefühl, erstarrte geronnene Stimmung» [32] – dafür aber die Religionsphilosophie. Die nachfolgende Diskussion zwischen J. SCHEFTELOWITZ [33], BAECK [34] und F. GOLDMANN [35] beendete J. GUTTMANN [36]: «Die jüdische Tradition kennt keine Fixierung von Glaubenslehren, sondern setzt den Glauben der Gemeinde als etwas Gegebenes voraus und will ihn nur je nach Bedürfnis zum Ausdruck bringen» [37]. Der Offenbarungsglaube sei die «eigentliche Glaubensgrundlage», die sich im Laufe der Zeit nicht gewandelt habe. Dem Offenbarungsglauben gegenüber seien alle G. nur als «Variable» dieses einen Grundprinzips anzusehen. Guttmann sieht daher das «Wesen des Judentums» in dieser «einheitlichen religiösen Grundüberzeugung» und «nicht in einer Reihe von einzelnen Glaubenssätzen» [38].

Nicht zu verwechseln mit den jüdischen G. sind die «15 Grundsätze der jüdischen Sittenlehre» [39], die als Antwort auf die antisemitischen Schriften A. Rohlings von den Leitern der jüdischen Gemeinden in Berlin 1883 bis 1885 erarbeitet und von M. LAZARUS formuliert worden sind [40]. Sie waren die Grundlage für die im Januar 1893 von den Rabbinern Deutschlands herausgegebene Erklärung zur ‹Sittenlehre des Judentums› [41].

Anmerkungen. [1] M. MENDELSSOHN: Nacherinnerungen (1770). Ges. Schr. 7 (1930) 44. 47. – [2] A. JAGEL: Die Hauptglaubens- und Sittenlehren der Juden ..., dtsch. C. ANTON (Braunschweig 1756); vgl. die Übers. von F. W. BOCK (Leipzig 1694). – [3] A. JAGEL: Läckech tob (Venedig 1587). – [4] MENDELSSOHN, a. a. O. [1] 95. – [5] Briefe a. a. O. [1] 5 (1844) 603. – [6] Jerusalem a. a. O. [1] 3, (1843) 311. – [7] a. a. O. 321-322. – [8] J. H. ZEDLER: Universal-Lex. 9 (1735) 1609-1610. – [9] PHILO, De opificio mundi 61. 170-172. – [10] FLAVIUS JOSEPHUS, Contra Apionem 2, 27. – [11] Stellen bei W. und L. SCHLESINGER, in: J. ALBO: Buch Ikkarim (²1922) 677-680. – [12] S. SCHECHTER: The dogmas of Judaism. Jew. quart. Rev. (= JQR) 1 (1889) 56. – [13] Vgl. J. GUTTMANN: Über Dogmenbildung im Judenthum (1894) 5-6. – [14] SCHECHTER, a. a. O. [12] 58; L. LÖW: Jüd. Dogmen (Pest 1871) 19. 39; J. M. JOST: Gesch. des Judenthums und seiner Sekten 2 (1858) 330-340. – [15] JEHUDA HADASSI: Eschkol Ha-Kofer (Goslow 1836, ND Jerusalem 1969); vgl. E. BASCHIÄTSCHI und C. AFENDOPULO: Adderet Elijahu (1497) (Goslow 1835). – [16] Vgl. D. NEUMARK: The principles of Judaism, in: Essays in Jewish philos. (Amsterdam 1971) 137-139; S. S. COHON: Art. ‹Creed›, in: Univ. Jew. Encyclop. 3 (1948) 400-403; SCHECHTER, a. a. O. [12] 58-60. – [17] MAIMONIDES, Tredecim articuli fidei Iudaeorum, hebr./lat. hg. S. MÜNSTER (Basel 1529); dtsch. J. MAIER, in: Führer der Unschlüssigen, hg. A. WEISS 1 (1923/24, ND 1972) XL-LIII; vgl. J. HOLZER: Zur Gesch. der Dogmenlehre in der jüd. Religionsphilos. des MA (1901); J. ABELSON: Maimonides on the Jewish creed. JQR 19 (1907) 24-58; H. WEYL: Die dreizehn Glaubenslehren des Maimonides, in: Maimonides. Ein Gedenkbuch (Buenos Aires 1956) 401-407; E. POCOCKE: Porta Mosis (Oxford 1655) 133-180; Sidur Safa Berura, dtsch. S. BAMBERGER (1956) 2. 78f.; J. STIEGLITZ, in: Sinai 58 (1965/66) 58-61. – [18] Vgl. E. J. HIRSCH: Art. ‹Articles of faith›, in: Jew. Encyclop. 2 (1902) 148. – [19] Vgl. W. MONTGOMERY WATT: Art. ‹Akīda›, in: Encyclop. of Islam 1 (1960) 332-336. – [20] Vgl. Machberoth Immanuel (Brescia 1491). – [21] Vgl. S. MORTARA: Compendio della relig. israelitica (Mantova 1855) 229; A. MARX: A list of poems on the articles of creed. JQR 9 (1918/19) 305-336; H. HIRSCHFELD: The author of the Yigdal Hymn. JQR 11 (1920/21) 86-88; D. FLATTAU: Art. ‹Jigdal›, in: Encyclop. Judaica 9 (1932) 184-187. – [22] Grundartikel des Judenthums nach R. Mosche Maimonssohn, in: M. KAYSERLING: Moses Mendelssohn (1862) 565-568; zuerst in: Lb. für jüd. Kinder, hg. D. FRIEDLÄNDER (1779) 9-13. – [23] Vgl. J. FÜRST: Bibl. judaica 1-3 (1849-1863, ND 1960). – [24] B. SPINOZA, Tractatus theologico-politicus c. 14. – [25] M. CREIZENACH: Grundlehren des israelitischen Glaubens. Wiss. Z. jüd. Theol. 1 (1835) 39-51. 327-339; 2 (1836) 68-71. 436-445. – [26] a. a. O. 1, 42ff. – [27] D. EINHORN: Das Prinzip des Mosaismus und dessen Verhältnis zum Heidentum und rabbinischen Judentum (1854); vgl. Olath Tamid (1858) 460-463. – [28] S. HOLDHEIM: Moses Mendelssohn und die Denk- und Glaubensfreiheit im Judentume (1859). – [29] Löw, a. a. O. [14]. – [30] A. GEIGER: Jüd. Philos. Jüd. Z. Wiss. u. Leben 1 (1862) 278 – [31] L. BAECK: Das Wesen des Judentums (1905) 5. – [32] Romantisch Relig., in: Aus drei Jahrtausend (1958) 76. – [33] J. SCHEFTELOWITZ: Ist das überlieferte Judentum eine Relig. ohne Dogmen? Mschr. Gesch. u. Wiss. des Judentums (= MGWJ) 70 (1926) 65-75; Konnte das alte Judentum Dogmen schaffen? a. a. O. 433-439. – [34] L. BAECK: MGWJ 70 (1926) 225-236 = Aus drei Jahrtausenden 12-27. – [35] F. GOLDMANN: Die dogmatischen Grundlagen der jüd. Relig. MGWJ 70 (1926) 440-457. – [36] Vgl. K. WILHELM: Die MGWJ. Ein geistesgesch. Versuch, in: Das Breslauer Seminar. Gedächtnisschr., hg. G. KISCH (1963) 343. – [37] J. GUTTMANN: Die Normierung des Glaubensinhalts im Judentum. MGWJ 71 (1927) 241-255; ND in: Wiss. des Judentums im dtsch. Sprachbereich 2 (1967) 753-768, zit. 755ff. – [38] a. a. O. 768. – [39] Vgl. H. L. STRACK: Jüd. Geheimgesetze? (³1920) 15-16. – [40] M. LAZARUS: Die Ethik des Judentums (1898) 176ff. – [41] Vgl. H. STEINTHAL: Der Talmud (1893), in: Über Juden und Judentum (1906) 76-77.

Literaturhinweise. J. OPPENHEIM: Zur Dogmatik des Judentums. Mschr. Gesch. u. Wiss. des Judentums 13 (1864) 144-149. – D. KAUFMANN: Jehuda Ha-Levi on the dogmas of Judaism. Jew. quart. Rev. 1 (1889) 441-442. – B. FELSENTHAL: Gibt es Dogmen im Judentum? Yearbook of the Central Conf. of Amer. Rab. 8 (1898) 54-73. – D. NEUMARK: Toledoth Ha-Ikkarim be Yisrael 1. 2 (Odessa 1912-1919). – L. BINSTOCK: Dogma and Judaism. a. a. O. 35 (1925) 246-279. – M. WIENER: Jüd. Frömmigkeit und ihre Dogma (1924) = Wiss. des Judentums im dtsch. Sprachbereich 2 (1967) 679-735; Art. ‹Dogmen, Dogmatik, Jüdische› Jüd. Lex. 2 (1928) 173-175. – K. KOHLER: The Jewish articles of faith, in: Jewish theol. (1925, New York 1968) 19-28. – M. FRIEDLÄNDER: Die jüd. Relig. (1936, ND 1971). – C. KLEIN: The Credo of Maimonides (New York 1958). – L. JACOBS: The principles of the Jewish faith (London 1964). – A. HYMAN: Maimonides' «Thirteen Principles», in: A. ALTMANN (Hg.): Jew. medieval and Renaissance Stud. (1967) 119-144. – B. BAYER: Art. ‹Yigdal›, in: Encyclop. judaica 16 (Jerusalem 1971) 833-835. – A. ALTMANN: Art. ‹Articles of faith› a. a. O. 3 (1971) 654-660.

FR. NIEWÖHNER

Glaubensgewißheit gehört zu den Begriffen, die das Streben menschlichen Denkens, Erkennens, Forschens auf Wahrheit hin charakterisieren. Sie ist abzuheben von der Sicherheit im Bereich der exakten Wissenschaften, der hypothetischen Wahrscheinlichkeit und vom menschlichen Vertrauen als Gewißheit des Glaubens, durch die sich der Glaube(nde) seiner eigenen Wirklichkeit oder der Wirklichkeit seines Gegenübers gewiß wird. G. muß aber auch unterschieden werden von der *Heils*gewißheit, die sich allein auf eine absolute, dem Glaubenden in jedem Fall «externe» Zusage gründet, die ihm zwar «gewiß» ist, jedoch nie im logischen, erkenntnismäßigen oder psychologischen Sinn «sicher» sein kann. Die eigentliche Gewißheit des Glaubens und des Heils gründet sich in einem personalen «Inklusivverhältnis». Der Glaubende und seines Heils Gewisse ist selber ein unabdingbares (sekundär-konstitutives) «Moment» des zu bildenden Vertrauensurteils [1]. Ein solches Urteil ist seinem Wesen nach prinzipiell nicht objektivierbar, da seine Objektivierung gerade seine intransponible Eigenart zerstören würde.

Während im Bereich der Religionen *Heils*gewißheit (im weiteren Sinne) überall (wenn auch oft nur in einer vorbewußten und unreflektierten Form) zu partiellen oder umfassenden Unheilsperspektiven kontrastiert [2], läßt sich von *Glaubens*gewißheit streng genommen nur dort sprechen, wo der Begriff ‹Glauben› implizit oder explizit im Mittelpunkt religiöser Welterfahrung und -deutung steht. Dies trifft nur auf solche Religionen zu, in denen eine personal vorgestellte Gottheit den Menschen einerseits (durch ihre Gnade) Glauben ermöglicht und schenkt, andererseits aber diesen Glauben zur Bedingung (d. h. zum einzig möglichen Zugangsweg) für die Erlangung des Heils macht. Als Religionen, für die diese Voraussetzungen zutreffen, sind besonders der Amidha-Buddhismus [3], das Judentum [4], das Christentum [5] und der Islam [6] anzusprechen.

Christliches Denken muß zwischen Heilsgewißheit und G. begrifflich unterscheiden. Während die Gewißheit des Heils aufgrund göttlicher Offenbarung und Verheißung absolut, d. h. bedingungslos und unwandelbar gilt – «Glauben wir nicht, so bleibt *er* [doch] treu» [7] –, ist die G. ipso facto an das glaubende (und niemals «absolute») Subjekt gebunden und unterliegt immer subjektiven Schwankungen des Glaubens, Vertrauens, Erfahrens und Fühlens. Die formale und inhaltliche Fassung des Begriffs ‹G.› hängt im christlichen Kontext primär davon ab, wie der Begriff des Glaubens selber verstanden wird.

Begreift man den Glauben vorwiegend von einem ontologisch-rational-kognitiven Weltbild her und definiert ihn als zustimmende Beziehung zu einer geoffenbarten Lehre und kirchlich-hierarchischen Rechts- und Lehrautorität, so wird man G. als die zugleich rationale und «übernatürliche» Gewißheit deuten, daß die geoffenbarte Lehre uneingeschränkt und fraglos «richtig und wahr» sei. So definiert das 1. *Vatikan-Konzil:* «Die katholische Kirche bekennt diesen Glauben als eine übernatürliche Kraft, aufgrund deren wir ... glauben, daß das von Gott Geoffenbarte wahr ist nicht infolge der durch das natürliche Licht der Vernunft erkannten inneren Wahrheit, sondern infolge der Autorität des offenbarenden Gottes selbst» [8].

Im Gegensatz zu dieser Auffassung gründet die evangelisch-reformatorisch interpretierte G. allein auf der göttlichen Heilszusage (promissio gratiae), die dem Angefochtenen unbedingt gilt und verheißen wird. Sie hat erst in zweiter Linie ein selbständiges Interesse an den rein lehr- und erkenntnismäßigen Implikationen des Glaubens. LUTHER fordert, daß sich der Christ «des Glaubens gewiß» sei allein aufgrund des Wortes des heiligen Geistes und nicht eigener Gerechtigkeit [9]. MELANCHTHON spricht davon, daß man Christus vor allem in seinen Wohltaten (beneficia) erkenne, weniger dadurch, daß man, wie früher gelehrt wurde, über seine Naturen und Inkarnationsweisen Erwägungen anstelle [10].

Das Aufkommen der historisch-kritischen Forschung und das zunehmende Verständnis für die geschichtsbedingte Relativität von Lehrnormen und -aussagen (besonders in ihrer jeweiligen perspektivischen Ausrichtung und in ihrer Abhängigkeit von philosophischen Strömungen und Ideen) sowie die allgemein-wissenschaftliche Erkenntnis der wesenhaften kategorialen Differenz von ‹Wissen› und ‹Glauben›, machen es den großen christlichen Konfessionen heute möglich, die Einseitigkeiten und Verkürzungen ihrer traditionellen Positionen in Sachen G. zu überprüfen [11]. Dabei stimmt die neuere katholische Theologie stärker als früher dem Fiduzialcharakter des Glaubens und dem Unterschied von G. und «der dem philosophischen oder wissenschaftlichen Erkennen eigenen Gewißheit» zu [12], betont dabei aber den Charakter der G. als «höchster Form des Wissens», da sie in einer von Gott her kommenden Entscheidung beruhe [13]. Die evangelischen Kirchen und ihre Theologie(n) gewinnen zunehmend Verständnis dafür, daß dieser reine Fiduzialcharakter des Glaubens seinerseits nicht ohne Kirche, Tradition, Erkenntnis und Recht sein kann. Die ‹Erlanger Schule› suchte die G. noch «subjektivistisch», d. h. allein in dem sich wiedergeboren wissenden Ich, zu begründen [14]. L. IHMELS gelangte von der Betonung des objektiven Heilsgeschehens zur subjektiven G. [15], während W. HERRMANN dann die G. nur in den objektiven «Heilstatsachen» verankert sah [16] und K. HEIM schließlich G. nur aus der «Selbsterschließung Gottes» durch seinen Geist und aus dem «unmittelbaren Einblick ... in das Innere Gottes» versteht [17].

Der Glaube erkennt (auf dem Wege oder im Modus des Vertrauens) die unverbrüchliche Gültigkeit des göttlichen Heils- und Gnadenratschlusses (certitudo gratiae) und vollzieht darin zugleich die certitudo veritatis, die ihrerseits nur im «hermeneutischen» und «existentiellen» Zirkel der certitudo gratiae ihren Sinn und Inhalt gewinnt und bewahrt.

Anmerkungen. [1] Vgl. G. MÜLLER: Ursprung und Aufbruch (1971) 157ff. – [2] Vgl. G. MENSCHING: Die Religion (1959) 376. – [3] Vgl. H. HAAS: Amida Buddha, unsere Zuflucht (1910) 86f. 123f.; F. HEILER: Erscheinungsformen und Wesen der Religion (1961) 509f. – [4] Vgl. Theol. Wb. zum NT 6, 182ff. – [5] a. a. O. 203ff. – [6] Vgl. HEILER, a. a. O. [3] 513; LEHMANN/HAAS, Textb. zur Religionsgesch. (²1922) 377ff.: moderner Reform-Islam. – [7] 2 Tim. 2, 13. – [8] H. DENZINGER und A. SCHÖNMETZER: Enchiridion symbolorum (³⁴1967) Nr. 3008. – [9] M. LUTHER, Tischreden. Weimarer A. 3, 98: Nr. 2933b; 6, 156f.: Nr. 6734-6736. – [10] PH. MELANCHTHON: Loci communes (1521). Werke, hg. STUPPERICH II/1 (1952) 7. – [11] DENZINGER/SCHÖNMETZER, a. a. O. [8] Nr. 1534. – [12] Vgl. J. ALFARO: Art. ‹Glaube›, in: Sacramentum Mundi (1967-69) 2, 404; Hb. theol. Grundbegriff 1 (1962) 546. – [13] G. MUSCHALEK: G. in Freiheit (1968) 81. – [14] FR. H. FRANK: System der christl. Gewißheit (²1881-84); vgl. M. KELLER-HÜSCHEMENGER: Das Problem der Gewißheit bei J. Chr. K. Hofmann im Rahmen der ‹Erlanger Schule›. Gedenkschr. D. W. Elert (1955) 288-295. – [15] L. IHMELS: Die christl. Wahrheitsgewißheit (1901, ³1914). – [16] W. HERRMANN: Die Gewißheit des Glaubens und die Freiheit der Theol. (1887). – [17] K. HEIM: G. Eine Untersuch. über die Lebensfrage der Religion (1916, ⁴1949) 274; Art. ‹G.›, in: RGG² 2, 1169-1175; vgl. E. SCHOTT: Das Problem der G., in Auseinandersetzung mit K. Heim erörtert (1931).

Literaturhinweise. W. HEYDERICH: Die christl. Gewißheitslehre in ihrer Bedeutung für die systemat. Theol. (1935). – D. I. TRETHNOWAN: Certainty philos. and theol. (Westminster 1948). – G. DE BROGLIE: Certitude de science et certitude de foi. Rech. Sci. relig. 37 (1950) 22-46. – H. J. ROTHERT: Gewißheit und Vergewisserung als theol. Problem (1963). – L. OTT: Grundriß der Dogmatik (³1957) 317ff. – E. SCHOTT: Art. ‹G.›, in: RGG³ 2, 1562f. – *Bibliographien:* A. E. ROMERO: Nota bibliogr. sobre la problematica de la fe. Rev. espagn. Theol. 10 (1950) 441-451. – ‹Foi et Révolution›. Nouv. Rev. théol. 86 (1964) 805-810. – G. MUSCHALEK: G. in Freiheit, in: Quaestiones disputatae 40 (1968).

GOTTHOLD MÜLLER

Glaubensphilosophie. Der Terminus hat sich in der Philosophiegeschichtsschreibung als formelhafte Kennzeichnung der Philosophie F. H. Jacobis eingebürgert. Er dürfte zu diesem Zweck gebildet worden sein; neben ihm tritt in gleicher Funktion der Ausdruck ‹*Gefühlsphilosophie*› auf. So konstatiert W. T. KRUG in seinem philosophischen Handwörterbuch, die Philosophie Jacobis lasse sich «als eine Philosophie des Nichtwissens, als eine G.- oder auch als eine Gefühlsphilosophie charakterisieren» [1]. Der kritische Sinn solcher Kennzeichnung erhellt aus den knappen Ausführungen der einschlägigen Lexikonartikel. Über G. urteilt Krug, sie sei «als philosophische Theorie vom Glauben ... statthaft und notwendig, aber als Philosophie, die bloß auf den Glauben gegründet werden soll, ganz unzulässig, weil man dadurch in Gefahr gerät, die Geschöpfe der Einbildungskraft unter dem Titel des Glaubens in die Wissenschaft aufzunehmen» [2]. Die Aussagen des Artikels ‹Gefühlsphilosophie› lauten analog [3]. – Bei C. L. MICHELET tritt «die G.» dann förmlich als Richtungsname auf, unter dem er *Hamann* («mystische G.»), *Herder* («empirische G.») und *Jacobi* («skeptisch-kritische G.») zusammenfaßt [4], dabei Jacobis Werk als «höchste Vollendung» der G. würdigend [5]. Den Ausdruck ‹Gefühlsphilosophie› behält Michelet der von ihm so genannten «Jacobischen Schule» vor, zu der er neben F. Bouterwek, J. F. Fries und F. van Calker auch W. T. Krug zählt [6]. Auch bei J. E. ERDMANN werden Hamann, Herder und Jacobi als «drei Hauptrepräsentanten» der G. vorgestellt [7]. Die Zusammenfassung der drei Denker unter den Titeln ‹G.-› und/oder ‹Gefühlsphilosophie› findet sich seither häufig. Jacobi ist eine Sonderstellung insofern gewahrt geblieben, als er nicht selten förmlich den Beinamen «der Glaubensphilosoph» erhält [8]. – Nur lexikalische Bedeutung dürfte der erweiternde Gebrauch des Begriffs gewonnen haben, der ihn als «Bezeichnung derjenigen Weisen christlichen Philosophierens, die von der Voraussetzung ausgehen, daß es unmöglich sei, die durch Offenbarung unmittelbar gegebenen Glaubensinhalte durch die denkende Vernunft zu vermitteln», verstehen will [9].

Anmerkungen. [1] W. T. KRUG: Allg. Handwb. der philos. Wiss. (²1832-1838, ND 1969) 2, 481. – [2] a. a. O. 2, 284f. – [3] 2, 145. – [4] C. L. MICHELET: Gesch. der letzten Systeme der Philos. in Deutschland (1837/38, ND 1967) 1, 301. – [5] a. a. O. 1, 220. – [6] 1, 386f. – [7] J. E. ERDMANN: Gesch. der neuern Philos. 3/1 (1848) 288f. – [8] Vgl. z. B. F. ÜBERWEG: Grundriß der Gesch. der Philos. 3: Die Philos. der Neuzeit bis zum Ende des 18. Jh., hg. M. FRISCHEISEN-KÖHLER/W. MOOG (¹²1924, ND 1953 u. ö.) 616. – [9] J. HOFFMEISTER: Wb. der philos. Begriffe (²1955) 274.
H.-J. BIRKNER

Glaubens- und Gewissensfreiheit. Vor der Neuzeit lassen sich nur vereinzelt Ansätze zu einer Konzeption der Gl.u.Gw. belegen. In der *Spätantike* fordert TERTULLIAN Freiheit des Kults [1]. Bekannt ist auch die Äußerung des LACTANZ: «religio sola est, in qua libertas domicilium collocavit. Res est enim praeter cetera voluntaria nec imponi cuiquam necessitas potest, ut colat quod non vult» (Die Religion ist der einzige Bereich, in dem die Freiheit Wohnsitz nimmt. Sie ist nämlich mehr als anderes eine freiwillige Sache, und niemandem kann die Notwendigkeit auferlegt werden, daß er verehrt, was er nicht will) [2]. Sicher ist diese Aussage der Ausdruck einer Emanzipation aus dem traditionellen Staatsverständnis. Bezeichnend ist der Meinungswechsel AUGUSTINS von einer freiheitlichen Konzeption zur Forderung, zum Eintritt in die Kirche zu nötigen (compelle intrare) [3], bedingt durch die nunmehr kirchlich ermöglichte Stabilisierung der Weltorientierung. Der Terminus ‹conscientiae libertas› (Gw.) begegnet bei BOETHIUS im Kontext der Verteidigung gegen ungerechte Verfolgung [4]. – Im *Mittelalter* wird die Gl.u.Gw. als kollektives Freiheitsrecht der Ecclesia verstanden [5]. «In lucem et libertatem conscientiae» zu gelangen, sieht PETRUS CELLENSIS als angenehmes Ziel an [6]. Erst das Spätmittelalter kennt einzelne Gemeinschaften, die für sich die Gw. verlangten, deren inhaltliche Ausgestaltung quellenmäßig allerdings nicht gefaßt werden kann [7].

Mit der *Reformation* kommt es zu einer klaren Konzeption der Gl.u.Gw. LUTHER sieht die Kirche als die geistliche Gemeinschaft der wahren Glaubenden. Die «christliche Freiheit», seit 1520 ‹Gw.› genannt, befreit unser Gewissen von den Werken, nicht um sie zu verwerfen, sondern um einer falschen Sicherheit zuvorzukommen [8]. Nur Gottes Wort darf die Gewissen binden [9]. Streng unterscheidet er Gw. und Kultfreiheit. Die Fürsten haben nur die Aufgabe, den öffentlichen Gottesdienst zu überwachen [10], die Beschränkung der Gl.u.Gw. auf die «Kammer» geschieht um der öffentlichen Ordnung willen. Auch für MELANCHTHON ist christliche Freiheit die Gw. [11]. Dem Fürsten obliegt es, «non ... mentem, sed locomotivam» (nicht ... die Gesinnung, sondern ihre [im Kult] in Bewegung versetzende Äußerung) zu regieren [12]. Die ‹Confessio Augustana› (1555) sieht in den Fürsten und Ständen das Subjekt der Gw. [13]. Das Ergebnis war zunächst «Glaubenszweiheit» [13]. Die dogmatische Intoleranz der Kirchen verband sich mit strenger territorialstaatlicher Abschließung der Bekenntnisse. Dagegen wird in der weiteren Entwicklung Gl.u.Gw. auch kleineren Religionsgruppen gewährt [14]. – Während C. SCHWENCKFELD im Kontext einer spiritualistischen Tradition für eine unterschiedliches äußeres Verhalten rechtfertigende Auffassung der Gw. eintritt [15] und die ‹Catechesis ecclesiarum polonicarum› (1605) jede Herrschaft über die Gewissen ablehnt, erklärt TH. VON BEZA, man dürfe die Gw. nicht so verstehen, daß man jeden seine Seele nach seinem Willen verderben lasse [16].

In Frankreich wird der Ausdruck ‹liberté de conscience› wohl erstmals im Kommentar des Januarediktes (1562) [17] und im Text des Ediktes von Amboise (1563) [18] zur Garantie des privaten Kultes für den Adel gebraucht. Das Edikt von Nantes (1598) lokalisiert die Kultfreiheit unter teilweise beachtlichen Erweiterungen [19]. Die Machtbefugnis der Fürsten in religiösen Fragen ist der Gegenstand vieler Dispute der Folgezeit, z. B. zwischen V. COORNHERD und J. LIPSIUS [20]. In der Utrechter Union (1579) wurden die Bekenntnisgemeinschaften an die Stelle des staatsrechtlichen Kirchenbegriffes gesetzt. Die Gw. – als Freiheit der Hausandacht und (mit Einschränkung) der öffentlichen Religionsausübung – wurde Rechtsinstitut in den nördlichen Provinzen der Niederlande.

Die «täuferische Hauptlehre» (M. Weber), daß die sich fortsetzende Offenbarung Gottes sich im Gewissen ereigne, führt zu der radikalen Forderung nach Trennung von Kirche und Staat und unbedingter Toleranz. Art. 44 der Confession der (Particular) Baptists von 1644 kann als erstes offizielles Dokument einer Kirchengemeinschaft gelten, das den positiven Schutz der Gw. als Recht fordert. Die Baptisten waren auch die ersten, die für die vorbehaltlose Geltung der Gl. eintraten [21]. R. BROWNE und R. WILLIAMS [22] sind entscheidende Promotoren des Individualismus auf religiösem Gebiet. Wegweisend, besonders für die amerikanischen Staaten, wurde das ‹Agreement of the People› (1647), ein Verfassungsentwurf aus den Reihen der Mitglieder des Parlamentsheeres, der Levellers. Es fordert, «that matters of religion and the ways of God's worship are not at all entrusted by us to any human power, because therein we cannot remit or exceed a title of what our consciences dictate to be the mind of God without wilful sin» [23]. In den Verfassungen der amerikanischen Staaten wird die freie Ausübung der Religion als angeborenes Naturrecht (im Unterschied zu den positiven Freiheitsrechten: life, liberty and property) garantiert, wobei zwischen häuslicher, privater und öffentlicher Religionsausübung nicht unterschieden wird. Der Übergang zur Freiheit der Einzelnen ist naturrechtlich fundiert. Sein Hintergrund ist ein von der Bewährung in der Praxis her verstandenes vernünftiges Christentum, das die Vernunft des Einzelnen betont und Ernst mit der Lehre der stetigen Offenbarung Gottes gemacht hat. TH. HOBBES vertritt eine von Gesetzen unabhängige Gw., trennt aber strikt zwischen ihr und ihrer Äußerung [24]. Für J. LOCKE ergibt sich die Gw. als Folge der Abgrenzung der Aufgaben von Kirche und Staat, also aus rein politischen Erwägungen. Gegenüber Katholiken und Atheisten ist aus Gründen der öffentlichen Ordnung Toleranz nicht angebracht [25]. J. ST. MILL lehnt es ab, Glaubenszwang aus Nützlichkeitserwägungen zu billigen. Die Wahrheit einer Ansicht ist vielmehr ein Teil ihrer Nützlichkeit [26].

Im ‹Instrumentum Pacis Osnabrucensis› (1648) wurde den Angehörigen der drei christlichen Religionsparteien conscientia libera mit dem Recht auf Hausandacht und Besuch auswärtigen Gottesdienstes gewährt [27]. Der Staat verzichtet auf Auswanderung der Andersgläubigen. Die deutsche Zusammensetzung ‹Gw.› ist seit PH. v. ZESEN belegt [28]; bereits seit dem 16. Jh. ist der Gegenbegriff ‹Gewissenszwang› gebräuchlich. Gw. ist die geringste Stufe der *Kultfreiheit*. In Preußen ist die Gw. Programm der Religionspolitik. CHR. WOLFF folgend [29], bestimmt Paragraph 2 des Wöllnerschen Religionsediktes (1788) Gl.u.Gw. als das Recht auf den «inneren Gottesdienst». Das Preußische Allgemeine Landrecht (1794) setzt fest: «Jedem Einwohner im Staat muß eine vollkommene Gl.u.Gw. gestattet werden» [30].

J.-J. ROUSSEAU kennt die Gl.u.Gw. nicht; vielmehr vertritt er eine «religion civile», die sich auf die Anerkennung einer allmächtigen, weisen und wohltätigen Gottheit, einer alles umfassenden Vorsehung, eines zukünftigen Lebens, der Bestrafung der Gottlosen und Belohnung der Gerechten und der Heiligkeit des Gesellschaftsvertrages bezieht [31]. Ganz konsequent kennt die Französische Erklärung der Menschen- und Bürgerrechte vom 26. 8. 1789 nicht die Gl.u.Gw. Die Debatten vom 22. und 23. 8. 1798, in denen dieses Thema verhandelt wurde, gehören zu den stürmischsten der Nationalversammlung. MIRABEAU nimmt entschieden gegen die bloße Toleranz Stellung, da sie jederzeit widerrufen werden könne [32]. Die Zuordnung von Gl.u.Gw. zu einer religiösen Meinungsfreiheit in Artikel 10 der Verfassung vom 3. 9. 1791 wird zur Garantie der Meinungsfreiheit neutralisiert in der Verfassung vom 24. 6. 1793, Artikel 7. In der Verfassung vom 22. 8. 1795 fällt die Gewährung des «libre exercise des cultes» ganz fort.

Im 19. Jh. wird in Frankreich durchwegs formuliert: «Chacun professe sa religion avec la même liberté et profite de la même protection pour son culte» [33]. Ähnlich lautet Artikel 14 der belgischen Verfassung vom 7. 2. 1831, die Vorbild für viele deutsche Verfassungen wurde. Die verfassungsrechtliche Garantie der «liberté de conscience» findet sich zuerst in einem Dekret der Stadt Paris, definitiv in den sogenannten Trennungsgesetzen [34].

F. G. LÜDTKE fordert die Gw. in einer an die Goldene Regel erinnernden Formulierung [35]. J. H. PESTALOZZI, der das Wesen der reformatorischen Lehre in Gl.u.Gw. sieht, wendet sich leidenschaftlich gegen die willkürliche Gewalt, die «dem Menschengeschlecht die Freiheit des Gewissens so wenig gönnt, als die Sicherheit des Brods und Athems» [36]. Jede Hemmung der äußeren Gl. verhindert nach KANT «alle freiwilligen Fortschritte in der äußeren Gemeinschaft der Gläubigen, die das Wesen der wahren Kirche ausmacht und [unterwirft] die Form derselben ganz politischen Verordnungen» [37]. Nur durch Kritik aller Offenbarung wird nach J. G. FICHTE der Glaube sicher. Die Gw. ist so die Freiheit von dem Geisteszwang durch moralische Bedrückungen, die zur Heuchelei führen können [38]. Aus der Bestimmung des Menschen zur Wahrheit ergibt sich die Dringlichkeit der Forderung von Gl.u.Gw. [39]. G. W. F. HEGEL sieht in der Gw. ein Hausrecht, das durch andere nicht gestört werden soll. Seine Sicht der Gw. kommt prinzipiell über die Duldung der Gewissensentscheidungen nicht hinaus [40].

Der Spiritualisierungsvorgang der Gw. setzt sich in der Verfassungsgeschichte Preußens fort. Dieser Vorgang bedeutet die Ausweitung der Gw. zu einem Recht auf Freiheit des vernünftigen, mündigen Denkens. Dies hat zur Folge, daß der Begriff ‹Gw.› vorübergehend aus der Verfassung verschwindet, da er noch zu eng mit dem Recht auf einfache Hausandacht verbunden gewesen zu sein scheint. In Artikel 12 der Verfassung vom 31. 1. 1850 wird daher von der Freiheit des religiösen Bekenntnisses, der Vereinigung zu Religionsgesellschaften und der gemeinsamen häuslichen und öffentlichen Religionsausübung gesprochen. BISMARCK fordert, «neben der berechtigten Selbständigkeit der Kirchen und Religionsgemeinschaften die Gl.u.Gw. der einzelnen [zu] stützen» [41]. Schon früher wurde zwischen innerer und äußerer Gw. unterschieden [42]; und J. K. BLUNTSCHLI handelte ausführlich über die individuelle Gl. als Rechtsbegriff [43]. H. VON TREITSCHKE sieht in der Gw. die Freiheit des Denkens von Gott und göttlichen Dingen [44]. Das Programm der Deutschen Fortschrittspartei (1878) forderte individuelle Gl.u.Gw. [45]. Diese Forderungen sind auf dem Hintergrund der Entwicklung in Preußen, die über das Gesetz des Norddeutschen Bundes Reichsgeltung erhielt, zu verstehen [46]. – In *Bayern* war die Entwicklung stärker durch den Westfälischen Frieden bestimmt; ‹vollkommene Gw.› ist Verfassungsbegriff und bezeichnet das Recht auf einfache Hausandacht [47]. In den übrigen Ländern des *Deutschen Bundes* ist die Tendenz zur Spiritualisierung der Gw. mehr oder weniger stark. Ist sie stärker, werden zugleich Schranken dieses Rechtes zum Schutz vor Mißbrauch mitgesetzt. – In *Österreich* wird mit Artikel 17 der Pillersdorferschen Verfassung vom 25. 4. 1848 ein bereits spiritualisierter Begriff der Gw. rezipiert, während das Staatsgrundgesetz vom 21. 12. 1867 in den Artikeln 14 und 16 Gl.u.Gw. und Hausandacht trennt und damit der Spiritualisierung der Gw. erst recht den Weg bereitet. – Die Verfassungen der *Schweiz* garantieren mit der Gw. die Freiheit des Kultus [48]. Der Grundrechtsteil der Verfassungsurkunde der Frankfurter Nationalversammlung vom 28. 4. 1849 kennt einen spiritualisierten Begriff der Gw., der Stichwort für das politische Programm der Trennung von Kirche und Staat ist. In Artikel 135 der Weimarer Reichsverfassung kommt der Prozeß der Neuinterpretation der Gl.u.Gw. zu einem gewissen Abschluß, wobei die Begriffe ausdrücklich wiederaufgenommen werden. Die Gl.u.Gw. wird von den Juristen vor und während der *Weimarer Zeit* einerseits in einem von rechtlicher Regelung unabhängigen Bereich lokalisiert und mit sittlicher Autonomie identifiziert [49], andererseits auf jedes weltanschauliche Bekenntnis ausgedehnt, indem sie positiv-rechtlich als Bekenntnisfreiheit verstanden wird [50].

M. SCHELER sieht in der Loslösung der Gw. aus dem religiösen Kontext das «Prinzip der sittlichen Anarchie». Die Gw. kann aber rechtens nicht gegen eine verbindliche Erkenntnis allgemeingültiger Moralsätze ausgespielt werden [51]. K. BARTH sieht ihren Sinn in der «Anerkennung der Freiheit Gottes und seines Tuns» und stellt ihr die Präzision, die Anerkennung der Gefangenschaft des Menschen und seines Tuns, gegenüber [52].

Amtliche Äußerungen der katholischen Kirche verwerfen eine individualistische Auffassung der Gl.u.Gw. [53], betonen aber die Gw. als Ermöglichung religiösen Lebens [54].

Nach der Zeit der Gewissensunfreiheit [55] wird im Bonner Grundgesetz Artikel 41 die Unverletzlichkeit der Freiheit des Glaubens, des Gewissens und des religiösen und weltanschaulichen Bekenntnisses deklariert. Diese Freiheit, die auch in der Verweigerung einer Äußerung ausgeübt werden kann, wird nicht durch Gesetz, sondern nur durch die Einheit der Verfassung eingeschränkt, da sie als ein überstaatliches Grundrecht anzusehen ist. Die Deutung der Gl.u.Gw. ist umstritten: sie reicht von der personal verstandenen Entscheidungsfreiheit und dem Schutz des Persongeheimnisses [56] bis zur Aktualisierung des freien geistigen Prozesses im Rahmen eines religiös und weltanschaulich neutral verstandenen Staates [57] und zur Unabhängigkeit vom religiösen Kontext [58]. – Demgegenüber versteht die Verfassung der DDR vom 7. 10. 1949, die sich in Artikel 41 an den Wortlaut der Weimarer Reichsverfassung hält, die Gw. vom Verhältnis des Staates zur Religionsgemeinschaft im Rahmen der «Objektivierung der Grundrechte». In der Verfassung vom 6. 4. 1968 hat sich diese Tendenz verstärkt. – Artikel 124 der Verfassung der Sowjetunion vom 5. 12. 1936 begründet mit der Gw. die Trennung von Kirche und Staat und gewährt die Freiheit religiöser und antireligiöser Propaganda. – Die meisten Verfassungen verstehen die Gw. personal. Wegweisend sind Artikel 18 der Menschenrechtserklärung der UNO vom 10. 12. 1948 und Artikel 9 der Konvention des Europarates zum Schutze der Menschenrechte und Grundfreiheiten vom 4. 11. 1950.

Anmerkungen. [1] Tertullian, Ad Scapul. 2; Apol. 24, 6; 28, 1. – [2] Lactantius, Epit. 54. – [3] Augustinus, Ep. 93. 185, 24. – [4] Boethius, Cons. philos. 1 pr. 4, 32. – [5] Magna Charta libertatis vom 15. 6. 1215, Art. 1. 60; vgl. F. Günther: Staatsverfassungen (1950); G. Tellenbach: Libertas. Kirche und Weltordnung im Zeitalter des Investiturstreits (1936); R. von Keller: Freiheitsgarantien für Person und Eigentum im MA (1933). – [6] Petrus Cellensis, De conscientia. MPL 202, 1084. – [7] Vgl. G. Schuster: Die geheimen Gesellschaften, Verbindungen und Orden 1 (1906). – [8] M. Luther, Weimarer A. 15, 578. 588f. 595 (zu Act. 15, 1f.); 8, 606. – [9] a. a. O. 18, 624. – [10] 3, 616. – [11] Ph. Melanchthon, Corp. Ref. 21, 136. – [12] a. a. O. 16, 573. – [13] Vgl. G. Anschütz, in: G. Anschütz und R. Thoma: Hb. des Dtsch. Staatsrechts 29/2 (1932) 675. – [14] z. B. Molanus: De fide haereticis servanda (1584); Lensaeus: De libertate christiana (1590); R. Hall: Contra coalitionem multarum religionum quam liberam religionem vocant (1581). – [15] C. Schwenckfeld, Corpus Schwenckfeldianorum (1909ff.) 3, 440-468: Dok. 82 (1529) – [16] Th. von Beza: Ep. theol. (1573) 21. – [17] Mémoires de Condé (1743) 3, 95. – [18] Edikt von Amboise, in: Histoire ecclésiastique des Eglises réformées, hg. Baum/Cunitz (1889) 3, 373. – [19] Vgl. E. Benoist: Hist. de l'Edit de Nantes (1693). – [20] V. Coornherd: Synodus of vander Conscientien vryheit (1582); J. Lipsius: Politicorum sive civilis doctrinae libri sex (1589) 4, 2-4. – [21] Th. Helwys: A short Declaration of the mistery of Iniquity (1612). – [22] R. Browne und R. Williams: The Bloudy tenent of Persecution, for cause of Conscience (1644). – [23] Vgl. S. R. Gardiner: Hist. of the great civil war 3 (1891) 607-609, zit. 608. – [24] Th. Hobbes, Engl. Works, hg. W. Molesworth (1840) 4, 164. 172. – [25] J. Locke: Ep. de Tol. (1689), hg. R. Klibansky (1968) 65-77. – [26] J. St. Mill: On liberty (1859), dtsch. in: Phil. Bibl. 202 (1928). – [27] Instrumentum Pacis Osnabruckensis (1648) Art. 5, §§ 31. 32. – [28] Ph. v. Zesen: Die verschmähete, doch wieder erhöhete Majestät (1661) 245. – [29] Chr. Wolff, Ius. nat. 8, §§ 2. – [30] Preuß. Allg. Landrecht 11, II, § 2. – [31] J.-J. Rousseau: Du contrat social (1762) IV. – [32] Mirabeau, zit. G. Bonet-Maury: Hist. de la liberté de conscience en France, depuis l'Edit de Nantes jusqu'à la Séparation (1598-1905) (1909) 65. – [33] Art. 5 der Charte vom 4. 6. 1814; vgl. Charte vom 14. 8. 1830 und die Constitution de la République Française vom 4. 11. 1848. – [34] Décret de la Commune rélatif à la Séparation vom 2. 4. 1871; Loi relative à la séparation vom 9. 12. 1905. – [35] D. Lüdtke: Über Toleranz und G. (1774). – [36] J. H. Pestalozzi: Meine Nachforsch. über den Gang der Natur in der Entwickl. des Menschengeschlechts (1797). Werke, hg. A. Buchenau u. a. 12 (1938) 153. – [37] I. Kant: Die Relig. innerhalb... (1793). Akad.-A. 6, 134 Anm.– [38] J. G. Fichte: Versuch einer Kritik aller Offenbarung (1792) Schlußanm. Werke, hg. I. H. Fichte 5, 171. – [39] Appelation an das Publikum ... (1799) a. a. O. 5, 197ff. – [40] G. W. F. Hegel, Werke, hg. H. Glockner 19, 256f.; Grundlinien der Philos. des Rechts §§ 137 Zus. 270 Zus.; vgl. H. Lübbe: Zur Dialektik des Gewissens nach Hegel. Hegel-Stud. Beih. 1 (1964) 247ff. – [41] O. v. Bismarck, im Preuß. Landtag am 27. 11. 1871. – [42] z. B. bei G. Th. v. Linde: Staatskirche, Gewissensfreiheit (1845). – [43] J. K. Bluntschli: Lehre vom modernen Staat II/6, 2, 1 (1885) 378f. – [44] H. v. Treitschke, Persönliche Freiheit, in: Ges. Schr. 1 (1907) 23. – [45] Bei W. Treue: Dtsch. Parteiprogramme seit 1861 (³1968) 84. – [46] Art. 12 der Preuß. Verfassung vom 31. 1. 1850; Gesetz des Norddeutschen Bundes vom 3. 7. 1869. – [47] Verfassung des Königsreichs Bayern 4, § 91. – [48] Helvetische Verfassung vom 12. 4. 1798, Art. 6; Bundesverfassung (1848) Art. 44. 49; Bundesverfassung vom 29. 5. 1874, Art. 49. 50. – [49] z. B. Ph. Zorn: Das Staatsrecht des Dtsch. Reiches 1 (1910) 353; P. Laband: Das Staatsrecht des Dtsch. Reiches 1 (1911) 161. – [50] H. Mirbt, in: H. C. Nipperdey: Die Grundrechte ... 2 (1930) 319ff. – [51] M. Scheler: Der Formalismus in der Ethik ... (³1966) 327. – [52] K. Barth: Der Römerbrief (³1924) 498. – [53] z. B. Gregor xvi: Mirari vos ... (15. 8. 1832). Acta Apostolicae Sedis (= AAS) 4 (1868) 336ff.; Pius ix: Quanta cura ... (8. 12. 1864). AAS 3 (1867) 160ff.; Syllabus errorum (8. 12. 1864). AAS 3 (1867) 168. – [54] Leo xiii: Libertas praest. (20. 6. 1888) .AAS 20 (1888) 593ff.; Pius xi: Non abbiamo bisogno ... (29. 6. 1931). AAS 23 (1931) 285ff. – [55] Vgl. F. Meinecke: Die dtsch. Katastrophe (1946) 124ff. – [56] H. J. Scholler: Die Freiheit des Gewissens (1958) 131ff.; W. Wertenbruch: Grundgesetz und Menschenwürde (1958) 108. – [57] K. Hesse: Grundzüge des Verfassungsrechts der Bundesrepublik Deutschland (²1968) 147f. – [58] K. Brinkmann: Grundrecht und Gewissen im Grundgesetz (1965) 106ff.

Literaturhinweise. H. Th. Simar: Das Gewissen und die Gw. (1874). – R. Sohm: Kirchengesch. im Grundriß (¹⁸1913). – G. Bonet-Maury s. Anm. [32]. – Grimm IV/1, 3 (1911) 6316-6320. – G. Thélin: La liberté de conscience. Etude de sci. et d'hist. de droit (1917). – Z. Giacometti: Quellen zur Gesch. der Trennung von Staat und Kirche (1926). – H. Mirbt: Gl. u. Gw. Die Grundrechte. Grundpflichten der Reichsverfassung. Komm. zum 2. Teil der Reichsverf., hg. H. C. Nipperdey 2 (1930) 319ff. – H. Hoffmann: Reformation und Gw. (1932). – M. Weber: Die protestantische Ethik und der Geist des Kapitalismus (1934). – M. S. Bates: Gl. (1947). – H. Marti: Gl. und Kultusfreiheit (1951). – Th. Mayer-Maly: Zur Sinngebung von Gl. u. Gw. in der Verfassungsgesch. der Neuzeit. Öst. Arch. Kirchenrecht 5 (1954) 238ff. – R. Smend: Gl. als innerkirchl. Grundrecht (1954). – J. Lecler: Hist. de la tolérance au siècle de la Réforme 1. 2 (1955). – J. Bohatec: England und die Gesch. der Menschen- und Bürgerrechte, hg. O. Weber (1956). – E. Wolf: Art. «Freiheit, kirchengeschichtlich›, in: RGG 2 (³1958) 1104-1108. – H. J. Scholler s. Anm. [56] (Lit.). – W. Hamel: Gl. u. Gw., in: Die Grundrechte, hg. K. A. Bettermann u. a. IV/1 (1960) 37-110. – R. Hofmann: Art. ‹Gw.›, in: LThK 4 (²1960) 870-873. – L. Janssens: Liberté de conscience et liberté religieuse (1964). – N. Luhmann: Die Gw. und das Gewissen. Arch. öff. Recht 90 (1965) 257ff. – J. Lecler: Liberté de conscience. Origenes et sens divers de l'expression. Rech. Sci. relig. 54 (1966) 370-406. – H. Maier: Religionsfreiheit. Entwicklung und Problematik in den modernen Verfassungen. Wort u. Wahrheit 22 (1967) 23ff. – H. Cohn und H. Diwald: Die Freiheit des Glaubens (1967). – M. Reding: Die Gl. im Marxismus (1967).

H. K. Kohlenberger

Gleichförmig, Gleichförmigkeit übergreifen als Übersetzungsworte verschiedene Typen von Wirklichkeitsauslegung; ‹glichförmelich› und ‹Gelichformigkeyt› in der christologischen Mystik H. Seuses [1] knüpfen an Römer 8, 29 (... συμμόρφους τῆς εἰκόνος τοῦ υἱοῦ αὐτοῦ; Vulgata: «... conformes fieri imaginis Filii sui») in der Tradition christlichen *Partizipations*denkens an. Der früheste Beleg von ‹gleichförmig› im neuzeitlich-*funktionalen* Zusammenhang stammt nach Grimm [2] von 1561. Dabei geht es um die zeitliche Gk. des musikalischen Taktes. Den entsprechenden raumzeitlichen Sachverhalt bei der physikalischen Bewegung benennt Galilei 1638 mit den (definierten) Termini «*aequalis seu uniformis*» [3].

(Vgl. hierzu Art. ‹Konformität (conformitas)› und ‹Uniformität (uniformitas)›.)

Anmerkungen. [1] H. SEUSE: Dtsch. Schriften (1907, ND 1961) 490, 11; 526, 29. – [2] GRIMM 4/I, 4 (1949) 8072. – [3] G. GALILEI, Discorsi. Ed. naz. 8, 191. P. ENGELHARDT

Gleichgültigkeit (auch Gleichgiltigkeit). Das Wort begegnet im Deutschen zum erstenmal 1680 [1]. Es wird im Sinne von «gleiche Bedeutung von Wörtern und Aussagen» – also ohne ethischen Bezug – bereits von CHR. WOLFF verwendet [2]. Daneben kommt es auch in der Bedeutung «Teilnahmslosigkeit, Gefühllosigkeit, Trägheit, Indifferenz» vor. Eine begrenzte philosophische Bedeutung erlangt ‹G.› bei HEGEL, der damit an die Adiaphora der stoischen Philosophie anknüpft. Während in der Stoa G. die Indifferenz der Seele gegenüber den körperlichen und äußerlichen Dingen meint, tritt diese formelle Abgrenzung bei Hegel zurück. Der Mensch ist nach ihm nicht einfach deshalb tugendhaft, weil er «gleichgültig gegen Alles [ist], was den unmittelbaren Trieben, Empfindungen usf. angehört»; denn dies führt zur Übereinstimmung des bloßen «Inneren mit sich» [3], das, weil es ebenso nur das «Äußere» ist [4], zur Bestimmung der Tugend nicht hinreicht. G. ist deshalb dem Einzelnen gegenüber angebracht, insofern es sich im kontradiktorischen Gegensatz zu allem Allgemeinen versteht, aber auch gegenüber einer Allgemeinheit, die nicht zur Einzelheit kommen will (z. B. eine abstrakte Maxime). Die G. des sittlich handelnden Subjekts bezieht sich darin auf das, was «an und für sich nichtig ist und keine Wichtigkeit und Wesenheit für den Geist erlangen kann» [5]. Das spekulative Implikat dieser ethischen Position ist, daß es eine G. an sich selbst gibt, die als Zufälligkeit begriffen werden kann. In diesem Wortsinn verwendet Hegel ‹G.› etwa in der ‹Phänomenologie des Geistes›: «dadurch aber, daß dies einfache Fürsichsein eine *ruhige* G. gegen anderes ist, tritt die spezifische Schwere als eine Eigenschaft neben andere; und damit hört alle notwendige Beziehung ihrer auf diese Vielheit, oder alle Gesetzmäßigkeit auf» [6]. Den Vollsinn von ‹G.› erfaßt daher der Begriff des Zufalls.

Anmerkungen. [1] Grimm I/4, 8117. – [2] CHR. WOLFF: Vernünftige Gedanken von Gott ... (1720) 191. – [3] G. W. F. HEGEL, Werke, hg. GLOCKNER 18, 459f. – [4] Vgl. Logik, hg. LASSON 2, 152. – [5] Phänomenol., hg. HOFFMEISTER 168. – [6] a. a. O. 213; vgl. 197. 227. 326. K. NUSSER

Gleichheit (griech. ἰσότης, lat. aequalitas, ital. uguaglianza, frz. égalité, engl. equality; zum *rechtlichen* und *sozialen* G.-Begriff s. Art. ‹Rechts-G.› und ‹Soziale G.›)

I. Unter logischer G. versteht man seit LEIBNIZ [1] die *Ununterscheidbarkeit* mit Hilfe von Aussagen aus einem wohlbestimmten Bereich von Aussagen:

$$n = m \leftrightharpoons \bigwedge_A (A(n) \leftrightarrow A(m))\ [2].$$

Unter den zweistelligen Relationen gehört die logische G. zu den *Äquivalenzrelationen*, d. h. es gelten von ihr a) die *Reflexivität* ($n = n$), b) die *Symmetrie* ($n = m \rightarrow m = n$) und c) die *Transitivität* ($l = m \wedge m = n \rightarrow l = n$). Umgekehrt führt jede Äquivalenzrelation $\sim$ zu einer mit ihr äquivalenten logischen G., wenn man den in der Definition der logischen G. auftretenden Bereich von Aussagen auf die mit der Äquivalenzrelation $\sim$ verträglichen Aussagen einschränkt [3]. Dabei heißt eine Aussageform $A(x)$ verträglich mit $\sim$ oder *invariant* bezüglich $\sim$, wenn $n \sim m \rightarrow (A(n) \leftrightarrow A(m))$ gilt. Eine solche Auszeichnung der Äquivalenzrelationen unter den zweistelligen Relationen macht verständlich, daß seit EUKLID [4] eine Gleichheit allein schon durch die Eigenschaften a) – c) charakterisiert ist. Statt a)–c) lassen sich dabei auch die Reflexivität und die *Komparativität* (Drittengleichheit): $l = n \wedge l = m \rightarrow n = m$) verwenden. Der Leibnizschen Definition der logischen G. durch Ununterscheidbarkeit haben sich wörtlich FREGE [6], PEANO [7] und RUSSELL [8] angeschlossen.

Anmerkungen. [1] LEIBNIZ, Philos. Schr., hg. C. J. GERHARDT (1875-1890) 7, 228. 236; vgl. schon ARIST., Top. VII, 1, 152 b 27-29, und THOMAS, S. theol. I, q 40, a. 1, 3. – [2] Das Zeichen ‹ = › wurde von dem englischen Arzt R. RECORDE (Whetstone of Witte, London 1557) eingeführt und seit WALLIS und NEWTON allmählich gebräuchlich; VIETA und FERMAT benutzen ‹aeq.›, DESCARTES und LEIBNIZ ‹∞› (daneben ‹∞›). – [3] P. LORENZEN: G. und Abstraktion. Ratio 4 (1962) 77-81. – [4] Vgl. Nr. 1 der KOINAÌ ÉNNOIAI und Elementa V: Verhältnis-G. – [5] Vgl. Anm. [4]. – [6] Die Grundlagen der Arithmetik (1884) 76ff. – [7] Le definizioni per astrazione. Boll. Mathesis NS 7 (1915) 107; Neudruck in: Opere scelte 2 (Rom 1958) 403. – [8] The principles of math. (Cambridge 1903) 20.

Literaturhinweise. A. N. WHITEHEAD und B. RUSSELL: Principia math. (Cambridge ²1925-27) *13. – W. v. O. QUINE: Math. logic (Cambridge, Mass. ²1951). – H. SCHOLZ und G. HASENJAEGER: Grundzüge der math. Logik (1961). – P. LORENZEN: Formale Logik (³1967). J. MITTELSTRASS

II. G. schließt die Verneinung sowohl des Größer- als auch des Kleinerseins ein [1]. Sie bezieht sich zunächst auf die Einheit in der *Quantität*, einerlei ob diese als kontinuierliche (Ausdehnung) oder als diskrete (Anzahl) gefaßt wird. In einem weiteren Sinne besagt G. sodann die Übereinstimmung verschiedener Dinge in ihrem *Wesen* (Wesens-G.). Der Versuch, die *Identität* als absolute oder unbedingte G. zu definieren (E. v. HARTMANN), ist von der Mehrzahl der Logiker mit der Begründung abgelehnt worden, daß der Begriff der G. als Relationsbegriff den der Andersheit fordere, während Identität eine jede Andersheit ausschließe [2]. Für die Abgrenzung der einander nahestehenden Begriffe ‹ähnlich› und ‹gleich› war ARISTOTELES [3] maßgebend: «ähnlich» ist, wessen Qualität, und «gleich», wessen Quantität eine oder dieselbe ist. Auf diesem von der Quantität her gewonnenen G.-Begriff baute er seine Gerechtigkeitslehre auf [4]. Der übertragene Begriff der Wesens-G. wurde in der *Scholastik* vornehmlich im Zusammenhang der Trinitätslehre diskutiert [5].

Anmerkungen. [1] ARISTOTELES, Met. X, 5, 1056 a 22. – [2] R. W. GÖLDEL: Die Lehre von der Identität in der dtsch. Logik-Wiss. seit Lotze (1935) 397ff. – [3] Arist., Met. V, 15, 1021 a 9ff. – [4] Eth. Nic. V, 5ff.; dazu L. BERG: Zum Begriff der G. Reflexionen über ein soziales Leitbild, in: J. HÖFFNER/A. VERDROSS/F. VITO: Naturordnung in Ges., Staat, Wirtschaft (1961) 411-422. – [5] THOMAS V. AQUIN, S. theol. I, 42, 1; I Sent., dist. 19, q. 1, a. 1.

Literaturhinweise. W. WINDELBAND: Über G. und Identität. Sb. Heidelberger Akad. Wiss., philos.-hist. Kl. (1910). – A. SCHNEIDER: Der Gedanke der Erkenntnis des Gleichen durch Gleiches in antiker und patristischer Zeit. Beiträge zur Gesch. der Philos. des MA. Suppl. 2 (1923) 65-76. – R. W. GÖLDEL s. Anm. [2]. – L. BERG s. Anm. [4]. – C. W. MÜLLER: Gleiches zu Gleichem. Ein Prinzip frühgriech. Denkens (1965). – J. MESSNER: Das Naturrecht (⁵1966) 442ff. D. SCHLÜTER

Gleichmut, griech. εὐθυμία, εὐστάθεια, lat. ‹aequanimitas› (seit TERENZ) oder ‹aequitas animi› (seit CICERO), wird in der *Antike* mehrfach als ein erwünschter Zustand der Seele bezeichnet. So spricht DEMOKRIT der Seele εὐθυμίη zu, wenn diese sich meeresstill (γαληνῶς) und ausgeglichen (εὐσταθῶς) verhält [1]. Die εὐθυμίη wird bewirkt durch Mäßigung der Lust (μετριότητι τέρψιος) und rechtes Maß in der Lebensführung (βίου συμμετρίη) [2]. – Im Geiste der *Stoa* sagt SENECA, daß die eine Tugend als «tranquillitas, simplicitas, liberalitas, constantia, aequanimitas, tolerantia» erscheint [3]. Häufig wird die εὐστάθεια bei PHILON VON ALEXANDRIEN genannt, der lehrt, daß die Frömmigkeit (εὐσέβεια) die Ausgeglichenheit und Ruhe des Geistes (διανοίας εὐστάθεια καὶ ἠρεμία) hervorbringt [4]. PLUTARCH nennt unter den Tugenden Alexanders die εὐστάθεια ἐν βουλαῖς [5]. Bei CICERO fällt auf, daß die «aequitas animi» in den philosophischen Schriften nur zweimal erwähnt wird [6], dagegen in den Reden mehrfach zusammen mit anderen Eigenschaften genannt wird, die im politischen Leben gefordert werden [7].

Anmerkungen. [1] Fragmente der Vorsokratiker, hg. DIELS A 1. – [2] a. a. O. B 191. – [3] Ep. mor. 66, 13. – [4] De confusione linguarum 132. – [5] De Alexandri Magni fortuna aut virtute 12. – [6] Cato maior 1; Tusc. disp. 1, 97. – [7] z. B. Font. 23; Leg. agr. 1, 14; Marcell. 25.

Literaturhinweis. A. PITTET: Vocabulaire philos. de Sénèque (Paris 1937).   A. WEISCHE

Gleichung, persönliche (persönliche Reaktionsgleichung). Anknüpfend an den von N. MASKELYNE [1] geführten Nachweis einer konstanten Zeitdifferenz in den Angaben zweier Beobachter bei der Bestimmung von Sterndurchgängen nach der Bradleyschen Methode, führt F. W. BESSEL 1822 den Begriff der p.G. ein: Die individuellen Abweichungen bei astronomischen Zeitbestimmungen seien physiologisch begründet, für ein und denselben Beobachter meist konstant und müssen bei der Reduktion jeder Beobachtungsreihe berücksichtigt werden [2]. Während man durch die Bestimmung der p.G. lediglich relative Werte (gegenüber anderen Beobachtern) erhält, ermöglicht es die von A. HIRSCH inaugurierte Methode, die absoluten Werte der «persönlichen Correction» («physiologischen Correction», «physiologischen Zeit») zu ermitteln [3]. Damit hatten Astronomen den heute als Reaktionszeit bezeichneten Sachverhalt entdeckt und benannt.

Bedeutungsänderungen naturwissenschaftlicher Termini sind hauptsächlich von neuen Entdeckungen auf dem betreffenden Gebiet abhängig. Die Kenntnis experimenteller Untersuchungen, die zur Präzisierung des Begriffs der p.G. beitrugen – bis zur schließlich notwendige Neubezeichnung des Erfahrungssachverhalts durch S. EXNER vorgenommen wurde – erhellt zugleich den dynamischen Bedeutungswandel des Ausdrucks. 1850 führt HELMHOLTZ die ersten Bestimmungen der Fortpflanzungsgeschwindigkeit der Erregung im Nerv durch [4], nachdem noch sechs Jahre zuvor J. MÜLLER die Geschwindigkeit der Nervenleitung für unmeßbar schnell erklärt hatte [5]. Nach der Verbesserung des Kurzzeitmeßverfahrens [6] bestimmt HELMHOLTZ 1854 die Dauer der Reflexzeit [7]. 1861–63 folgen Vergleichsuntersuchungen der p.G. an verschiedenen Sinnesorganen sowie der Nachweis einer Abhängigkeit der p.G. von der scheinbaren Durchgangsgeschwindigkeit des Sterns [8]. F. C. DONDERS entwickelt die Methodik des einfachen Reaktionsexperiments und führt Zeitmessungen bei Erkennungs- und Unterscheidungsreaktionen durch [9]. Die Abhängigkeit der p.G. von Aufmerksamkeit, Übung, Lebensalter und Reizintensität ist zu dieser Zeit bereits bekannt. Der Begriff der p.G. wird zum Ausgangspunkt der Komplikations- und Reaktionsversuche, die die Entwicklung der experimentellen Psychologie in der zweiten Hälfte des 19. Jh. wesentlich gefördert haben.

Anmerkungen. [1] N. MASKELYNE: Astronom. observations made at the royal observatory at Greenwich. 3 (1796) 339. – [2] F. W. BESSEL: Astronom. Beobachtungen auf der Königl. Univ.-Sternwarte Königsberg 20/8 (1822). – [3] A. HIRSCH: Chronoskop. Versuche über die Geschwindigkeit der verschiedenen Sinneseindrücke und der Nerven-Leitung. Untersuch. Naturlehre Menschen u. Thiere 9 (1865) 183. – [4] H. HELMHOLTZ: Messung über den zeitlichen Verlauf der Zuckung animalischer Muskeln und die Fortpflanzungsgeschwindigkeit der Reizung in den Nerven. Arch. Anat. Physiol. wiss. Med. 5 (1850) 276. – [5] J. MÜLLER: Hb. der Physiol. des Menschen 1 (⁴1844) 581. – [6] H. HELMHOLTZ: Über die Methoden, kleinste Zeittheile zu messen, und ihre Anwendung für physiol. Zwecke. Königsberg. naturwiss. Unterh. 2 (1850) 1. – [7] Geschwindigkeit einiger Vorgänge in Muskeln und Nerven. Ber. Verh. Akad. Wiss. Berlin (1854) 328. – [8] A. HIRSCH: Über p.G. und Correction bei chronogr. Durchgangs-Beobachtungen. Untersuch. Naturlehre Menschen u. Thiere 9 (1865) 200. – [9] F. C. DONDERS: Die Schnelligkeit psychischer Prozesse. Arch. Anat. Physiol. wiss. Med. (1868) 657.

Literaturhinweise. L. DARMSTAEDTERS Hb. zur Gesch. der Naturwiss. und der Technik (²1908). – E. G. BORING: A hist. of exp. psychol. (New York 1950). – K. E. ROTHSCHUH: Entwicklungsgesch. physiol. Probleme in Tabellenform (1952).   E. OTTO

Gleichursprünglich. Der Begriff dient M. HEIDEGGER [1] zur Verknüpfung von Phänomenen, die nur miteinander und durcheinander gedeutet, aber nicht auseinander und auch nicht aus einem dritten abgeleitet werden können. «Die Unableitbarkeit eines Ursprünglichen schließt aber eine Mannigfaltigkeit der dafür konstitutiven Seinscharaktere nicht aus. Zeigen sich solche, dann sind sie existenzial gleichursprünglich. Das Phänomen der *Gleichursprünglichkeit* der konstitutiven Momente ist in der Ontologie oft mißachtet worden zufolge einer methodisch ungezügelten Tendenz zur Herkunftsnachweisung von allem und jedem aus einem einfachen ‹Urgrund›»[2].

Anmerkungen. [1] M. HEIDEGGER: Sein und Zeit (⁹1960). – [2] a. a. O. 131.   P. PROBST

Gleichzeitigkeit

I. Im Unterschied zum formalen Begriff der Simultaneität, dem Gegenbegriff zu dem der Sukzessivität, wie er schon im ἅμα (simul) der Formulierung des Widerspruchsprinzips bei ARISTOTELES liegt [1], meint der geschichtsphilosophische und -theologische Terminus ‹G.› (dän. Samtidighed) bei KIERKEGAARD zweierlei: 1. das Leben des Einzelnen in und mit der geschichtlichen Zeit, in der er existiert; 2. sein Leben in und mit Christus [2]. Das Interesse Kierkegaards gilt dem letzteren. In bezug darauf muß man einen eigentlichen und einen uneigentlichen, zunächst zwar gebrauchten, aber dann wieder durchgestrichenen Begriff des Gleichzeitigen unterscheiden. Dieser bezeichnet den Augen- und Ohrenzeugen. Einen solchen kann es im Verhältnis zum Gottmenschen nicht geben. Denn daß der unmittelbar wahrnehmbare Mensch Jesus Gott ist, das ist selbst keineswegs unmittelbar wahrzunehmen. Gibt es aber im Verhältnis zum Gottmenschen keine G. «in unmittelbarem Sinne», dann besteht trotz aller sekundären Differenzen auch kein Wesensunterschied zwischen dem Zeitgenossen Jesu und dem «Späteren». Es läßt sich, streng genommen, nicht trennen zwischen einem Jünger «erster» und einem «zweiter Hand». Den Glauben nämlich, der sie zu Jüngern macht, müssen beide aus der Hand Gottes empfangen. Wie also der scheinbar unmittelbar Gleichzeitige darum noch nicht wahrhaft gleichzeitig ist, so kann der in unmittelbarem Sinne Nicht-Gleichzeitige gleichzeitig werden – auf dieselbe Weise und dank desselben, wodurch auch jener es werden kann [3]. Denn Glaube ist nichts anderes als die vom historischen Abstand unbeeinträchtigte G., und Christwerden heißt: gleichzeitig werden mit Christus [4].

Eine Interpretation auch der Beziehung zur profanen Geschichte als derart mittelbarer G. verbietet sich für

Kierkegaard, weil er als die Bedingung der Möglichkeit einer G. mit dem «Leben Christi auf Erden» gerade dessen Abgeschiedenheit von der Geschichte betrachtet. Besonders hier zeigt sich: Der Begriff hat einen polemischen Akzent gegen *Hegel* und damit eine gewisse geistesgeschichtliche Nähe zu der ebenfalls hegel-kritischen Lehre RANKES, daß alle Epochen gleich unmittelbar zu Gott sind [5], einer Lehre, an die KIERKEGAARD auch insofern erinnert, als er sie in die These abwandelt, daß alle Epochen gleich mittelbar zu Christus sind. Doch entgegen dem Selbstverständnis Kierkegaards ist die von ihm bedachte G. auch gar nicht so weit entfernt von der «Gegenwart Gottes», in die sich nach HEGEL mit der Vollendung des Glaubens die dem Leben Christi von der Vorstellung zugemutete «Ferne der Vergangenheit» verwandelt [6]. Letztlich hebt sie sich hiervon nur dadurch ab, daß Kierkegaard das trinitarische Christentumsverständnis Hegels zu einem binitarischen verkürzt und allein vom Sohn erwartet, was Hegel als Wirken des Hl. Geistes verstanden hat.

Anmerkungen. [1] ARIST., Met. IV, 1005 b 19. – [2] S. KIERKEGAARD, Samlede Værker² 12, 84 (Einübung ins Christentum). – [3] 4, 247-263. 281-302 (Philos. Brocken 4. und 5. Kap.); vgl. 7, 84f. (Abschließende unwiss. Nachschrift). – [4] 12, 19. 83 (Einübung ins Christentum); vgl. 14, 309-315 (Der Augenblick). – [5] L. V. RANKE: Über die Epochen der neueren Gesch. (verf. 1854, ¹1888), in: Weltgesch. 8 (⁵1922) 177. – [6] G. W. F. HEGEL, Phänomenol. des Geistes, hg. HOFFMEISTER 548.

Literaturhinweise. W. T. HAHN: Das Mitsterben und Mitauferstehen mit Christus bei Paulus. Ein Beitrag zum Problem der G. des Christen mit Christus (1937). – P. LØNNING: ‹Samtidighedens Situation›. En studie i S. Kierkegaards kristendomsforståelse (Oslo 1954). – S. HOLM: S. Kierkegaards Geschichtsphilos. (dtsch. 1956). – V. LINDSTRÖM: Efterföljelsens teologi hos S. Kierkegaard (Stockholm 1956) 62-94.

M. THEUNISSEN

II. ‹G.› und ‹*Ungleichzeitigkeit*› sind Kategorien E. BLOCHS, mit denen er die Entstehung des Hitlerfaschismus zu verstehen sucht. «Die verelendete Mitte... widerspricht dem Jetzt.... Das subjektiv Ungleichzeitige... erscheint... als aufgestaute Wut» [1]. «Dem entspricht das objektiv Ungleichzeitige... ‹Es› umgreift... unaufgearbeitete Vergangenheit... Haus, Boden, Volk sind solche abgehobenen Widersprüche zum kapitalistischen Jetzt, worin sie wachsend zerstört und nicht ersetzt worden sind» [2]. Das ungleichzeitige Bewußtsein wird geschärft durch den objektiv gleichzeitigen Widerspruch. Statt diesen aufzuheben, gebraucht das Kapital «den lebenden Antagonismus einer noch lebenden Vergangenheit als... Kampfmittel gegen... sich dialektisch gebärende Zukunft» [3]. «Das Fundament des ungleichzeitigen Widerspruchs ist... [die] noch nicht ganz abgegoltene Vergangenheit» [4]. Der gleichzeitige Widerspruch «ist im Heute... Seine subjektive Erscheinung... [ist] der klassenbewußte [revolutionäre] Prolet. Seine objektive Erscheinung... [ist] verhinderte Zukunft» [5].

Anmerkungen. [1] E. BLOCH: Erbschaft dieser Zeit (1962) 116. – [2] a. a. O. 117. – [3] 118. – [4] 122. – [5] 119.   H. BRINKMANN

Globalisierung ist ein in der jüngsten Völkerrechtslehre gebräuchlicher Begriff zur Kennzeichnung des Prozesses weltweiter Ausdehnung der Geltung völkerrechtlicher Prinzipien. In diesem Sinn wird er z. B. bei RÖLING [1] oder auch bei FRIEDMANN [2] verwendet.

Die Einheit der Welt als uralter Menschheitstraum [3] und als Weltherrschafts- oder Weltreligionsgedanke war zu allen Zeiten und bei allen Völkern präsent [4]. Die Idee des Weltreichs, orientiert am römischen Imperium, wurde geschichtlich wirksam im Einklang mit der Hoffnung des Christentums auf «eine Herde und einen Hirten» (Joh. 10, 16) und übte eine mächtige Anziehungskraft auf die Völker des Mittelalters aus.

Das Problem des Völkerrechts als der Rechtsordnung einer Gemeinschaft gleichberechtigter, souveräner Staaten konnte nicht auftauchen, solange die ganze bekannte Welt aus einem einzigen Imperium bestand. Sobald aber eine Vielzahl von Staaten entstanden war, deren Herrscher keinen Höheren über sich anerkannten, erhob sich die Frage, nach welchen Regeln der gegenseitige Verkehr dieser Souveräne zu gestalten sei [5]. Die im Hochmittelalter entstehende Staatengemeinschaft war allerdings noch immer von der Idee der christlichen Einheit beherrscht und bildete daher als res publica christiana eine Gemeinschaft, die in Glauben und Kirche zumindest Vorbild und Schiedsrichter fand. Zu Beginn der Neuzeit war auch diese Einheit zerbrochen, und die Souveränität, die im Westfälischen Frieden ihre endgültige rechtliche Verankerung fand, wurde zum tragenden Rechtsbegriff einer internationalen Ordnung, die unter der Bezeichnung ‹klassisches Völkerrecht› fast 300 Jahre lang unangefochten währte. Sie war gekennzeichnet durch das Recht zum Kriege, das allen Staaten kraft ihrer Souveränität zustand. Es war ein «ius publicum europaeum» [6], das die europäischen Nationen im Zuge ihrer kolonialen Eroberungen über die gesamte Erde verbreiteten. Dieser Vorgang bedeutete jedoch keine G., sondern eher das Gegenteil, da die nicht-europäischen Völker diesem Recht nur mit Gewalt unterworfen, nicht aber als gleichberechtigte Rechtsgenossen aufgenommen wurden. Das klassische Völkerrecht humanisierte zwar die Kriegsführung und lenkte den zwischenstaatlichen Verkehr in geregelte Bahnen; es war aber weder universal noch stellte es eine Friedenskraft dar. Die Organisationspläne, die mit den Friedensrufen des Spätmittelalters und der Neuzeit verbunden waren [7], wurden in der internationalen Politik nicht beachtet. Erst im 19. Jh. machte sich ein Zug zur internationalen Organisation geltend. Mit der Aufnahme der Türkei in den Kreis der Völkerrechtssubjekte (Art. 7 des Pariser Friedens von 1856) begann die Ausweitung des ius publicum europaeum zu einer echten internationalen Rechtsordnung. Erst dieser Prozeß der Errichtung einer nicht mehr auf Europa beschränkten Völkerrechtsgemeinschaft kann als Beginn der G. angesehen werden.

Trotz der Kriege im 19. und 20. Jh. verdichtete sich die Organisation der Völkerrechtsgemeinschaft. Beweise hierfür sind die großen internationalen Konventionen, die bald universales Völkerrecht hervorbrachten, und die internationalen Organisationen, wie der Völkerbund und die Organisation der Vereinten Nationen [8]. Die wenigen Nichtmitglieder dieser Organisation erkennen ebenfalls die Bestimmungen der Satzung der Vereinten Nationen an. Mit einer gewissen Berechtigung kann daher heute von einer «Verfassung der Völkerrechtsgemeinschaft» [9] gesprochen werden. Da jedoch die UNO gemäß Artikel 2 Ziffer 1 der Satzung auf dem Grundsatz der «souveränen Gleichheit» ihrer Mitglieder beruht, ist diese Verfassung weit von einem Weltstaat entfernt und folgt eher den Leitprinzipien des Föderalismus [10].

Triebkraft der rechtlichen G. ist die Schrumpfung der Welt infolge der technischen Fortschritte [11] und die darauf beruhende wirtschaftliche und soziale G., die allmählich zur Schaffung einer Weltgesellschaft führt. Im selben Maße, in dem diese Entwicklungen voranschreiten, wird sich auch das Völkerrecht von einem Recht der Staaten zu einem « Recht der Menschheit » [12] verwandeln.

Anmerkungen. [1] B. V. A. RÖLING: The role of law in conflict resolution, in: Conflict in society, hg. A. DE REUCK/J. KNIGHT (London 1966) 328ff. – [2] W. FRIEDMANN: The changing structure of int. law (London 1964). – [3] W. BODMER: Das Postulat des Weltstaates (1952); E. JÜNGER: Der Weltstaat (1960); K. v. STENGEL: Der Weltstaat (1909). – [4] K. SCHWARZENBERG: Adler und Drache. Der Herrschaftsgedanke (1958). – [5] F. A. v. D. HEYDTE: Die Geburtsstunde des souveränen Staates (1952). – [6] C. SCHMITT: Der Nomos der Erde im Völkerrecht des Ius Publicum Europaeum (1950). – [7] DANTE, De Monarchia c. 14; ERASMUS VON ROTTERDAM, Quaerela Pacis; EMERIC CRUCÉ, Le nouveau Cycée. – [8] P. BARADON: Die Vereinten Nationen und der Völkerbund in ihrem rechtsgesch. Zusammenhang (1948); H. KELSEN: The law of the United Nations (London ²1951); J. SODER: Die Vereinten Nationen und die Nichtmitglieder (1956); L. M. GOODRICH: The United Nations (New York 1959). – [9] K. YOKOTA: Begriff und Gliederung der Verfassung der Völkerrechtsgemeinschaft, in: Gesellschaft, Staat und Recht, hg. A. VERDROSS (1931) 390; A. VERDROSS: Die Verfassung der Völkerrechtsgemeinschaft (1926); J. ROBINSON: Die Lehre Jascenkos vom int. Verfassungsrecht. Z. ausländ. öff. Recht u. Völkerrecht 3 (1933) 208. – [10] P. GUGGENHEIM: Le problème de la fédération int. de l'avenir (1943); J. VAN HAMEL: Federating as a motive power towards peace (London 1938); J. DE LA HARPE: Le fédéralisme int. et l'organisation de la paix. Kultur- und staatswiss. Schr. H. 39 (1944); L. LEDERMANN: Fédération int. (Neuchâtel 1950); E. MCWHINNEY: Federal constitution – making for a multinational world (Leyden 1966). – [11] W. SCHOENBORN: Der Einfluß der neueren technischen Entwickl. auf das Völkerrecht, in: Gedächtnisschr. W. Jellinek (1955) 77. – [12] H. LAUTERPACHT: Int. law and human right (New York 1950) 71.

Literaturhinweise. W. SCHÜCKING: Die Organisation der Welt (1908). – J. TER MEULEN: Der Gedanke der int. Organisation in seiner Entwicklung 1. 2 (Den Haag 1917-1929). – W. BURCKHARDT: Die Organisation der Rechtsgemeinschaft (1937). – C. BILFINGER: Les bases fondamentales de la communauté des états (Paris 1939). – L. L. LEONARD: Int. organization (New York 1951). – W. SCHIFFER: The legal community of mankind (New York 1954). – C. W. JENKS: The Common Law of mankind (London 1958). – H. MOSLER: Die Aufnahme in int. Organisationen. Z. ausländ. öff. Recht u. Völkerrecht 19 (1958) 275. – G. CLARK und L. B. SOHN: World peace through world law (Cambridge, Mss. ³1966). – C. A. COLLIARD: Institutions int. (Paris ²1963). – E. B. HAAS: Beyond the Nation-State (Stanford, Cal. 1964). – D. MITRANY: A working peace-system (Chicago 1966). – H. J. SPIRO: World-politics – The global system (Homewood, Ill. 1966). – O. KIMMINICH: Völkerrecht im Atomzeitalter (1969) 36ff.

O. KIMMINICH

Globus intellectualis ist eine Wortverbindung in den lateinischen Schriften FRANCIS BACONS, so im Titel der Abhandlung ‹Descriptio globi intellectualis› von 1612.

1. Zwei Aspekte ermöglichen das *wortgeschichtliche* Verständnis: a) ‹G.i.› ist eine Analogiebildung zu ‹globus terrestris›. Der Wandel des Welthorizontes, das lebhafte geographische Interesse der Zeit, bedingt durch Entdeckungen und neue Formen der Seefahrt und des Handels, sind das Medium seiner Verwendung [1]. – b) ‹globus›, im Neulateinischen vorwiegend geographischer terminus technicus, ist in Verbindung mit ‹intellectualis› durch das auch heute leitende Verständnis von ‹enzyklopädisch› bestimmt. Die übersetzende Aneignung von ἐγκύκλιος und ἐγκύκλιος παιδεία durch das Lateinische in der Zeit des Späthellenismus hat diese Begriffe endgültig zum ‹orbis doctrinae› [2], ‹circulus disciplinarum› [3] mit den artes ingenuae bzw. liberales transformiert [4]. Für BACON ist es leicht, statt vom G.i. synonym vom orbis scientiarum zu sprechen. Diese Bestimmung des G.i. als eines Schemas der Wissenschaften – der zu verändernden und neu zu entwickelnden – muß freilich flüssig gehalten werden; denn Bacon verwendet ‹G.i.› auch in dem weiten Sinn von «geistiger Welt» (intellectual world). Angesichts der Veränderungen des «globus materialis» dürfe der G.i. nicht innerhalb seiner bisherigen Grenzen verbleiben [5]. In der Folgezeit zeigt sich, daß das enzyklopädische Element des G.i. im System- und Enzyklopädiebegriff aufgehoben ist. Die Verwendung des Begriffs ‹G.i.› tritt zurück hinter der Aufnahme seiner programmatischen Motive (D'ALEMBERT, DIDEROT, MARX, ENGELS, COMTE).

2. Die dem G.i.-Begriff inhärente *programmatische* Intention Francis Bacons enthält Vorstellungen ROGER BACONS aus dem 13. Jh., der als erster eine umfassende Anwendung des Naturwissens gefordert hat [6]. Das Programm ist getragen von dem Zutrauen zu der Prärogative einer neuen Zeit. Aus FRANCIS BACONS Zeitverständnis wird seine antischolastische Haltung deutlich: Die Zeit («veritas temporis filia») ist für ihn die höchste Autorität, dergestalt ist sie auch der «auctor auctorum»; gegenüber der Auslegung der Autoren erhebt er die Forderung «ad res ipsas», d. h. primär einer «interpretatio naturae» [7]. Mit der Prävalenz des Naturwissens geht eine Akzentuierung des Wissens einher, die das Wissen als Funktion des Fortschritts der menschlichen Gesellschaft begreift und als Mittel seiner Realisierung zu entwerfen fordert. CICEROS These, daß «es uns vorab dazu treibt, die Mittel des Menschengeschlechtes zu mehren» [8], AUGUSTINS «uti mundo» [9] sind verwandelt in die Absicht einer universellen technischen Weltbemächtigung; die Verwirklichung des «imperium hominis» ist für BACON jedoch Mitwirkung des Menschen im Schöpfungswerk Gottes [10]. Der technische Aspekt der programmatischen Intention Bacons wird deutlich in der Anmerkung VICOS von 1708, daß Bacon bei seinem «novus orbis scientiarum» eine «neue Welt» brauche, eine andere als die, die nun einmal unsere Welt sei [11].

BACONS programmatischer Begriff des G.i. impliziert in den Versuchen, das contemplari veritatem mit seinem operativen Wissensbegriff zusammenzubringen, eine weiterreichende Aporie.

Anmerkungen. [1] F. BACON: Instauratio magna. Distributio operis. Werke, hg. SPEDDING/ELLIS/HEATH (London 1857-1874) 1, 134; Cogitata et visa. Werke 3, 613. – [2] QUINTILIAN, Inst. or. 1, 10, 1. – [3] AUGUSTIN, Acad. 3, 7. – [4] H. KOLLER: ENKYKLIOS PAIDEIA. Glotta 34 (1955) 174–189; A. STÜCKELBERGER: Senecas 88. Brief. Über Wert und Unwert der freien Künste (1965) bes. 48-52. – [5] F. BACON, a. a. O. [1]; Novum organum 1, 86. Werke 1, 191. – [6] A. C. CROMBIE: Augustinus to Galileo (dtsch. 1964) 50ff. – [7] F. BACON, Cogita et visa. Werke 3, 612; Nov. org. 1, 26. Werke 1, 84. – [8] CICERO, De re publ. 1, 2. – [9] AUGUSTIN, De doct. christ. 1, 4, 4. – [10] F. BACON, Werke 3, 610. – [11] G. VICO: De nostri temporis studiorum ratione (1708) 1 init.; lat./dtsch. W. F. OTTO (1947, 1963).

Literaturhinweise. A. C. CROMBIE s. Anm. [6]. – R. F. MCRAE: The problem of the unity of the sciences. Bacon to Kant (Toronto 1961).

W. KRAMER

Glossematik (von griech. γλῶσσα, Sprache) heißt seit 1935 die Sprachtheorie HJELMSLEVS und ULDALLS [1]. Im Unterschied zu anderen Sprachtheorien sind die Elemente der G. *(Glosseme)* allein durch ihre Relationen (als *Formen*) definiert. Die *Substanz*interpretation der Elemente sowohl der *Ausdrucks*- wie der *Inhalts*ebene (Pleremateme und Kenemateme) gehört im Sinne der G. nicht zur Linguistik. Die Relation ‹sowohl als auch› heißt *Konjunktion* (syntagmatische Grundrelation); ‹entweder ... oder› heißt *Disjunktion* (paradigmatische Grundrelation). Die paradigmatischen Beziehungen konstituieren das *System* der Sprache. Die Form eines Elementes ist die Menge seiner möglichen Kombinationen. Die theoretisch möglichen Kombinationen können als universeller Kalkül dargestellt werden, der alle linguistischen Formen enthält. Eine algebraische Formulierung der G. stammt von H. J. ULDALL [2].

Anmerkungen. [1] L. HJELMSLEV und H. J. ULDALL: Synopsis of an outline of glossematics (Aarhus 1936). – [2] H. J. ULDALL: Outline of glossematics. A study in the methodol. of the humanities with special reference to linguistics. I: General theory (Kopenhagen 1957) 36ff.

Literaturhinweise. L. HJELMSLEV: Omkring sprogteoriens grundlæggelse (Kopenhagen 1943); engl. Prolegomena to a theory of language (Baltimore 1953). – B. SIERTSEMA: A study of glossematics. Crit. survey of its fundamental concepts (Den Haag 1955).

W. THÜMMEL

Glück, Glückseligkeit (griech. εὐδαιμονία, μακαριότης; lat. felicitas, beatitudo; ital. felicità, beatitudine; frz. bonheur, félicité, béatitude; engl. luck, happiness, felicity, beatitude)

I. *Antike.* – 1. Glück (= G.) und die Vorstellung vom G., daß es Reichtum, Ehre, Macht, Gesundheit, langes Leben usf. sei, sind älter als die Philosophie und halten sich, getragen von dem Bedürfnis des Menschen, unabhängig von ihr durch die Zeiten. Das G. wollen alle, die Gebildeten und die Vielen [1]. Die Zuwendung der Philosophie zu ihm setzt ein, wo das noch von den Dichtern bezeugte Zutrauen und Vertrauen brüchig wird, daß G. und Unglück Gabe der Götter und des Geschicks und Heimsuchung durch sie seien [2]. Wo der Mensch sich seines Nichtseins im Verhältnis zum Himmel, dem festen und sicheren Sitz der Götter, bewußt wird, und weder Tag noch Nacht weiß, zu welchem Ziel zu laufen das Schicksal vorschreibt [3], und der Sterbliche Sterbliches allein, nicht Unsterbliches bedenkt [4], wird von DEMOKRIT Tyche ihrer Macht entkleidet und als «Bild» (εἴδωλον) gedeutet, das sich der Mensch zu Vorwand und Ausflucht seiner Ratlosigkeit macht [5]; ihr setzt er positiv verständige Klugheit und Besonnenheit entgegen. Der Klugheit könne Tyche nur in seltenen Fällen entgegenwirken; das meiste wisse ein verständiger Scharfblick in der Lebensführung (ἐν βίῳ) ins Grade zu richten [6]. In dieser Wende von dem G., das man in äußeren Gütern und leiblichen Genüssen hat, in denen der Mensch immer dem Walten der Notwendigkeit und des Geschickes ausgesetzt bleibt, hin zu der guten inneren Verfassung des Menschen und dem aus ihr folgenden Handeln und Leben wird der von der Philosophie getragene Begriff des G. zuerst exponiert. G. ist nicht Reichtum und Besitz, sondern in der Seele und in der seelischen Haltung des Menschen begründet. Ruhm und Reichtum ohne verständige Einsicht sind «unsicherer Besitz» [7]. Ziel ist die Heiterkeit des Gemüts, die in Windstille und Ruhe die Seele ihr Leben verbringen läßt [8]. G. hat so nicht in Gold und in Herden, sondern in der Seele seinen Sitz: εὐδαιμονίη ψυχῆς καὶ κακοδαιμονίη (G. und Unglück gehören der Seele) [9]. Für HERAKLIT wird der Spruch überliefert, daß man, falls G. in den Ergötzungen des Leibes bestünde, Ochsen glücklich nennen müßte, wenn sie Erbsen zum Fressen finden [10]. EMPEDOKLES nennt glücklich den, der den Reichtum göttlicher Worte erwarb, unglücklich, wen ein finsterer Wahn über die Götter umfangen hält [11]. THALES wird die Bestimmung des G. durch Gesundheit des Leibes, gute Wege der Seele und eine wohlgebildete Natur zugeschrieben [12].

Zeichen für diese Verlagerung des G. von den äußeren Gütern auf das, was der Mensch in sich und aus sich in der Erfüllung seines Lebens unabhängig vom Geschick zu sein und zu tun vermag, ist es, daß mit der Philosophie die alten Worte für G. – so das auf den Besitz verweisende ὄλβιος – zurücktreten und schließlich verschwinden und an ihrer Stelle philosophisch εὐδαιμονία (εὐ.) und die zu ihr gehörigen Worte Leitbegriff werden. Glücklich ist, wer in sich einen guten Dämon zum Führer hat [13]. Für DEMOKRIT ist dieser Sinn des Wortes durchaus bewußt: Er verweist auf die Seele als Sitz des G., da Sitz des Dämons die Seele sei (ψυχὴ οἰκητήριον δαίμονος) [14]. Während für die Menschen εὐ. zum herrschenden Begriff wird, hält sich das alte μακάριος (μακαριότης) als Ausdruck für das über den Menschen erhobene und vom Leben der Sterblichen unterschiedene selige Leben der Götter und Toten [15]; es wird aber zugleich durch die Nähe zu εὐ. affiziert und von seiner Bedeutung durchdrungen [16].

Der Prozeß, in dem bei den Vorsokratikern G. – noch in Sprüchen und von Erfahrung getragener Weisung – im Felde ethischer Ordnung, aber auch schon in der Bestimmung anvisiert wird, G. sei Lust [17], oder in dem G., wie für HEGESIAS, überhaupt zweifelhaft wird, da die Seele mit dem Leibe leide und das Geschick viele Hoffnungen zunichte mache [18] –, dieser Prozeß kommt mit Platon und Aristoteles darin zur Vollendung, daß die Erkenntnis des G. allgemein an die Philosophie und ihre Einsicht gebunden wird. Was G. sei, wird erst durch die Philosophie und mit ihr begriffen; sie macht den in seinem Meinen und Vorstellen Befangenen das, was G. in seiner Wahrheit ist, allererst sichtbar. Daher gilt, daß denen, die die philosophische und wahrhaft zum G. hinführende Lebensführung nicht zu sehen vermögen, gerade diejenigen das volle G. zu haben scheinen, die unrechten Gewinn und Macht im Überfluß besitzen. Aus dem Schein, in dem die menschliche Art das in Wahrheit Schönste zerstören muß, befreit allein die Philosophie [19].

Anmerkungen. [1] ARISTOTELES, Eth. Nic. 1095 a 18-19. – [2] D. ROLOFF: Gottähnlichkeit, Vergöttlichung und Erhöhung zu seligem Leben (1970) 66ff. – [3] PINDAR, 6 Nem. 1, zit. ROLOFF, a. a. O. 162f.; SIMONIDES, in: Anthol. lyrico graec., hg. E. DIEHL II, 5, Frg. 6. – [4] EPICHARM, VS 23 B 20. – [5] DEMOKRIT, VS 68 B 119. – [6] B 119. – [7] B 77. – [8] A 1 (44) = 84, 12ff. – [9] B 170. 171. – [10] HERAKLIT, VS 22 B 4. – [11] EMPEDOKLES, VS 31 B 132. – [12] THALES, VS 11 A 1 (37). – [13] Vgl. EURIPIDES, Orest 667; dazu F. DIRLMEIER: Nik. Eth., übers. mit komm. Anm. (1956) 271, 7. 3. – [14] DEMOKRIT, VS B 171. – [15] ARISTOTELES, Eth. Nic. 1178 b 25; b 23. – [16] z. B. PLATON, Resp. 354 a; Gorg. 507 e; ARISTOTELES, Eth. Nic. 1176 a 27. – [17] ARISTIPPOS bei DIOG. LAERT. II, 86ff.; E. ZELLER: Philos. der Griechen II/1 (⁵1922) 374. – [18] DIOG. LAERT. II, 94; vgl. ZELLER, a. a. O. 370f. – [19] PLATON, Krit. 121 b.

2. Für PLATON ist das philosophische, auf *Philosophie* gegründete G. von dem radikal geschieden, was alle als G. meinen. Zwar gilt im Sinne der Überlieferung, daß «die rechtschaffene [gerechte] Seele und der rechtschaffene [gerechte] Mann auf gute Weise ihr Leben führen werden, auf schlechte Weise aber der Unglückliche, und daß, wer auf gute Weise lebt (εὖ ζῶν), selig und glücklich, der aber, der dies nicht tut, unglücklich ist» [1]: Glücklich ist der Edle und Gute, unglücklich, der schlecht und im Unrecht ist [2]. Aber diese ethische Bestimmung des G. setzt in der Vielfalt des Guten die transzendente Idee des Guten voraus, die allein der Philosoph zu begreifen und gegen den Schein der Selbständigkeit des weltlichen Guten geltend zu machen vermag. Das ist für Platon das Wahre (τὸ ... ἀληθές): der «Gott ist niemals und in keiner Weise ungerecht, sondern im höchsten Sinne und absolut gerecht; daher ist ihm nichts ähnlicher als der unter uns, der wie der Gerechteste wirkt» [3], ohne daß dies, wie die sophistische Negation und Emanzipation es zeigen, noch für das menschliche Bewußtsein be-

gründet ist. Da das Böse in dieser Welt so notwendig nicht ausgerottet werden kann, versucht der Philosoph «von hier» so schnell es ihm möglich ist, «dorthin» zu fliehen. Diese Flucht ist Angleichung an Gott (ὁμοίωσις θεῷ) und diese Angleichung heißt, so gerecht und so heilig (ὅσιον) wie möglich aus eigener vernünftiger Einsicht zu werden [4]. Zu diesem Weg gehört die Reinigung und die Trennung vom Leibe [5], um zum dauernden G. zu gelangen und um in einem tugendhaften Leben nach dem Tode dem Kreislauf der Wiedergeburt zu entrinnen [6] und zu den «Inseln der Seligen» fortzugehen und frei von allem Übel in voller Glückseligkeit (ἐν πάσῃ εὐδαιμονίᾳ) zu wohnen [7].

So ist der Philosoph allein der «wahrhaft in Freiheit und Muße Gebildete» [8]; er ist nur mit seinem Leibe in die Polis gesetzt und lebt in ihr wie ein Fremder [9]; alles, was die Menschen für G. halten, Macht und Reichtum eines Königs, grosse Besitztümer überhaupt, eine Tafel von Ahnen, die bis zu Herakles zurückreicht, sind ihm nichts. Es heißt zwar auch, daß es darum gehe, die Beschaffenheit und Verfassung der Seele zu erforschen, die geeignet ist, allen Menschen ein glückliches Leben zu gewähren [10]; ein Leben ohne alle Empfindung von Lust und Unlust sei Apathie und nicht wünschenswert [11]. Grundlegend aber bleibt das – transzendente – Beispiel des allerseligsten Gottes, der zur einzigen Norm für alles menschliche G. wird. Seine Erkenntnis ist für Platon Weisheit und wahre Tugend und demgegenüber die Unwissenheit über sie Torheit und Schlechtigkeit [12]; in sie ist die Strafe der Ungerechtigkeit eingeschlossen, der zu entfliehen unmöglich ist [13]. Eine Vermittlung zwischen dem philosophischen G. und dem, was die Vielen für G. halten, die nicht von ihm wissen, ist für Platon daher unmöglich. Der Philosoph wird seinerseits von den Vielen, unwissend in allem, was zu seinen Füßen liegt, verlacht [14]; er wird, wenn er die Vielen zur Umkehr bringen will, «getötet» werden [15].

Die Gestalt, in der das philosophische G. im Tode und im Triumph über die Ungerechtigkeit der Polis vorbildliche Wirklichkeit erhalten hat, ist *Sokrates*. Sein Leben und sein Tod im Gehorsam gegen das Gesetz werden von XENOPHON als göttliche Erfüllung des Lebens begriffen; Sokrates erscheint in seiner Frömmigkeit, in der er nichts ohne den Rat der Götter und niemals das Vergänglichere statt des Besseren tut, und in der Autarkie seiner Vernunft, in der er die anderen mahnt, der Tugend und der Kalokagathie zu folgen, als «der beste und glücklichste» [16]. PLATON nennt ihn glücklich; er starb standhaft und edel in seiner Lebensführung und in seinen Reden in der ruhigen und gewissen Hoffnung, im Jenseits sein G. als Seligkeit zu finden. Er sei der Beste aller damals Lebenden, und überhaupt der Vernünftigste und Gerechteste [17].

Während dies für Xenophon im Grunde noch Apologie des Vorbildlichen im ethischen Sinne bleibt, hat Sokrates für Platon die Bedeutung einer Wende. An ihm zeigt sich endgültig, daß die *Polis* die Gerechten und Ungerechten nicht mehr unterscheiden kann und daß die Auflösung des alten Nomos in der Emanzipation des Menschen aus seiner Herrschaft endgültig und ohne Aussicht auf Wiederherstellung ist. Er begreift so, daß die Poleis insgesamt schlecht sind und schlecht verwaltet werden. Das menschliche Geschlecht werde daher nicht eher aus seinem Elend erlöst werden, bis entweder das Geschlecht der wahrhaft Philosophierenden zu politischer Herrschaft gelangt oder aber diejenigen, die in der Polis die Macht innehaben, durch göttliche Fügung wahrhaft Philosophierende sind [18]. Wo der überlieferte heilige Nomos nicht mehr trägt und seine Macht dahin ist, bleibt einzig die Philosophie, die in vernünftiger Einsicht die göttliche Ordnung begreift und darin die verlorene politische Ordnung der Polis wieder herstellen wird. Die Befreiung von den Übeln hängt so für die Polis und für das menschliche Geschlecht überhaupt daran, daß politische Macht und Philosophie zusammenfallen [19] und die Philosophen in der Polis Führung erhalten [20]. Die Philosophie berührt das, was immer das selbige ist, und bestimmt «im Blick auf das Allerwahrste dort» [21] das Schöne, Rechte und Gute «hier» und bewahrt darüber wachend das so Gesetzte, während die Übrigen, die dies nicht zu begreifen vermögen, dem Philosophen als Führer folgen (ἀκολουθεῖν) [22] und ihr Sein durch ihre Funktion in der Polis erhalten: Wenn der von Natur zum Schustern Geschickte schustert und der zum Zimmern Geschickte zimmert und beide nichts anderes tun, ist die rechte Ordnung gewährleistet [23]. Davon hängt für Platon das G. im eigenen und im öffentlichen Bereich ab [24]. Die Transzendenz der Ideen und des Guten selbst bringt es mit sich, daß der philosophische Staat Platons den Einzelnen und sein G. nur über das Ganze der Polis erreicht; die politische Kunst sorge nicht für das Einzelne, sondern für das Gemeinsame: Das Gemeinsame verbindet, das Einzelne zerstreut die Poleis [25]. Es geht um das G. der Polis in guter Verfassung (εὐνομοῦσα), nicht um das eines Teiles, sondern um das der ganzen Polis [26]. Die Philosophie begreift die geordneten Umläufe der Vernunft im All und ordnet in ihrer Nachahmung die Umläufe menschlichen Denkens [27]; darin erfüllt sie ihre politische Aufgabe, als Philosophie den verlorenen Grund der Polis wiederherzustellen. In der Teilhabe an Ordnung und Nomos wird in der Polis alles zum Guten bestellt [28]. Das schließt das Leben und die Lebensführung der Einzelnen ein. Ihr G. ist im G. der Polis zureichend bestimmt.

Anmerkungen. [1] PLATON, Resp. 353 e-354 a. – [2] Gorg. 470 b. 507 c; vgl. Symp. 205 a. – [3] Theait. 176 c. – [4] Theait. 176 b. – [5] Phaidon 67 c. – [6] Phaidr. 246 a-249 c; vgl. Phaidon 81 e f. – [7] Gorg. 523 b. – [8] Theait. 175 d/e. – [9] Theait. 173 e. – [10] Phileb. 11 d. – [11] Phileb. 21 d f.; vgl. 60 e. 63 e. – [12] Theait. 176 c. – [13] Theait. 176 d. – [14] Theait. 175 b. – [15] Resp. 517 a; vgl. Gorg. 486 a. – [16] XENOPHON, Memor. IV, 8. – [17] Phaidon 58 e. 118. – [18] Ep. VII, 326 a/b; Resp. 473. – [19] Resp. 473. – [20] Resp. 474 c. – [21] Resp. 484 c. – [22] Resp. 474 c. – [23] Resp. 443 c. – [24] Resp. 473 e. – [25] Leg. 875 a. – [26] Leg. 780 d. – [27] Tim. 47 b/c. – [28] Leg. 780 a.

3. Mit ARISTOTELES kommt der Prozeß zum Abschluß, in dem G. als in der Natur des Menschen und seinem tätigen Lebensvollzug begründete Erfüllung vor die vom Geschick und Zufall abhängigen, nicht in der Verfügung des Menschen stehenden G.-Güter tritt. Aristoteles kennt dabei durchaus die Rolle, die dem *Geschick* für das Gelingen und Mißlingen menschlichen Lebens zufällt; es sei «wohlgesagt», wenn die Überlieferung G. «Gabe des Gottes» nennt [1]. Man werde niemanden glücklich nennen, der am Ende eines langen Lebens solches Geschick erleidet wie Priamos [2]; Solon konnte daher die Frage stellen, ob man den Menschen erst glücklich preisen könne, wenn er sein Leben vollendet hat [3]. Das menschliche Leben bleibt solcher Fügung des Geschicks ausgesetzt; es bedarf dazu der guten Umstände (προσδεῖται), wenn es gelingen soll, aber entscheidend und das Erste bleibt die menschliche Tätigkeit als solche, gemäß der Tugend und Tüchtigkeit (αἱ κατ' ἀρετὴν ἐνέργειαι) [4]; das Edle wird auch dann noch

durchscheinen, wenn jemand großes und viel Mißgeschick nicht aus Empfindungslosigkeit, sondern in großer und edler Gesinnung erträgt [5]. Tätig sein und tätiger Vollzug entscheiden über das Leben und machen in Tugend und Tüchtigkeit sein G. Es ist so nicht wenigen Auserwählten vorbehalten, sondern «vielen gemeinsam» (πολύκοινον), die es, wenn ihre Natur nicht in bezug auf Tugend verstümmelt ist, durch Belehrung und Fürsorge erwerben können. Tugend und G. sind in dieser Hinsicht nicht «vom Gotte geschickt» [6].

In diesem πολύκοινον des Tugenderwerbs und so des G. kommt die für Aristoteles grundlegende *Abgrenzung gegen Platon* und sein allein der Philosophie und ihrer Teilhabe an der jenseitigen Idee des Guten vorbehaltenes, nur durch diese vermitteltes G. zur Sprache. G. wird als menschliches G. gesucht (ἐζήτου μὲν ... τὴν εὐδαιμονίαν ἀνθρωπίνην) [7]; es muß als höchstes Gut für den Menschen und seine Praxis verfügbar und von ihm erwerbbar sein, während das absolute höchste Gut Platons, auch «wenn es existiert, eines ist und allgemein ausgesagt wird oder als abgetrennt und als es selbst an sich besteht, doch offensichtlich für den Menschen weder praktisch zu verwirklichen ist noch von ihm erworben werden kann» [8]. Ohne daß diese Absage an das höchste Gut im metaphysischen Sinn dessen Verneinung einschließt, geht Aristoteles damit zuerst vom Menschen und seiner Praxis in dem genauen Sinne aus, daß es hier «nicht um Theorie, sondern um Praxis» und um das geht, was, wie etwas, das zu Entscheidung und Wende führt, großes Gewicht für die Lebensführung hat [9]. Auf dieses höchste Gut sind alle gerichtet: «Alle tun alles wegen eines Guten, das ihnen das höchste Gut vorstellt» [10]; es wird von allen übereinstimmend G. genannt [11]; dazu gehört zugleich und ebenso elementar, daß die Meinungen über das, was dieses G. sei (τί), auseinandergehen. Die Menge hält anderes für G. als die Gebildeten; die einen meinen, es sei etwas, das in den Bereich des sinnlich Greifbaren gehört, Lebensgenuß, Ehre, Reichtum; der Kranke hält Gesundheit für G., der Notleidende den Besitz [12].

Aus diesen vorgegebenen Vorstellungen hebt Aristoteles – sie auf das in ihnen Gemeinsame hin auslegend und so seinen *Begriff* der εὐ. präzisierend – heraus: Mit ihnen ist erstens «auf gute Weise leben und gut gehen» (im Sinne der Tätigkeit) gemeint (τὸ εὖ ζῆν καὶ τὸ εὖ πράττειν) [13]; zweitens wird G. immer als ein Gut gewollt, das um seiner selbst, nicht um eines anderen willen und so als ein Gut gesucht wird, das in sich Ziel ist und nicht über sich auf weitere Ziele hinausweist (τέλειον ἀγαθόν) [14]; es ist drittens der Stand, der in sich «autark» ist und dem so das zur Verfügung steht, was notwendig ist [15], und dies durch ein volles Leben hindurch; eine Schwalbe macht noch keinen Frühling und ein Tag oder eine kurze Zeit macht niemanden glücklich [16]. Das G., das wir um seiner selbst willen wollen, erweist sich so als Lebensstand für den Menschen, in dem er in einem Leben, das sich genügt und selbständig ist, bei sich selbst bleibt: «ein vollendeter und selbständiger Stand ist, so zeigt sich, das G.-Ziel alles Tuns und tätigen Lebens»: τέλειον φαίνεται καί αὐτάρκης ἡ εὐ. τῶν πρακτῶν οὖσα τέλος [17].

Praxis gehört zum Wesen alles Lebendigen, nicht nur des Menschen, weil alles Lebendige seine Natur und, was es von Natur sein kann, im tätigen Lebensvollzug verwirklicht und Praxis so mit Lebensweise (βίος) identisch ist [18]. Praxis des Menschen ist die tätige dem Menschen eigentümliche vernünftige Lebensweise, in der er auf seine Wirklichkeit gerichtet ist, um als Mensch zu lebendiger Verwirklichung seiner Natur im Können und Wirken zu gelangen. Telos als Ende und Ziel, Umwillen und Gut, gehört in seiner Identität [19] konstitutiv zur Praxis, sofern diese in sich auf das Ziel gerichtet ist und in ihrer Bewegung von ihm getrieben wird. Daher sagt Aristoteles, daß die Natur am Ende als Telos besteht: Wir erkennen etwas in seinem Wesen, wenn sein Werden vollendet und es fertig geworden ist, so beim Menschen, beim Pferde, beim Haus [20]. Tätigkeit und Tätigsein haben immer auch die Bedeutung der Verwirklichung der natürlichen Anlagen und Möglichkeiten; G. ist daher als Verwirklichung tätiges Wirken: Es macht keinen geringen Unterschied, ob man das Beste als «Besitz» oder als «Ausüben», als einen «Zustand» oder als «tätige Verwirklichung» sieht [21]. Ein Zustand besteht auch, ohne daß etwas Gutes vollbracht wird; die Guten und Schlechten unterscheiden sich im Schlafe nicht und sind schlafend die Hälfte des Lebens außerhalb aller Tätigkeit [22]. In Olympia werden nicht die Schönsten und Stärksten bekränzt, sondern diejenigen, die kämpfen und siegen. Im Leben erlangen das Gute und Schöne diejenigen, die auf rechte Weise handeln [23]. So gilt, daß G. in der Verwirklichung der vernünftigen Natur des Menschen als Tätigkeit der Seele besteht, und, da Tugend und Tüchtigkeit hierfür wesentlich sind, heißt es: «wer hindert uns, glücklich denjenigen zu nennen, der gemäß vollendeter Tugend (κατ᾽ ἀρετὴν τελείαν) wirkt und über die äußeren Güter in ausreichender Weise verfügt, nicht eine flüchtige Zeit, sondern ein ganzes Leben» [24], und dies nicht im Leben des Einzelgängers (βίον μονότην), sondern mit Eltern, Kindern, Frau und überhaupt mit seinen Freunden und Mitbürgern [25]. Er bedarf der Freunde [26] und hält mit ihnen redend und denkend Umgang [27]; in der *Freundschaft* der Anständigen werden die Anständigen besser, indem sie miteinander wirken und darin einander korrigieren: «Edles wird vom Edlen gelernt» [28].

In allen diesen Bestimmungen wird bei Aristoteles die entscheidende – politische – Einsicht wirksam, daß es G. – tätige Verwirklichung der Vernunft – überhaupt erst da gibt und geben kann, wo die *Polis* als politische Gemeinschaft der Freien und Bürger zu ihrer vollen Entfaltung gekommen ist. Der große politische Satz des Aristoteles, daß der Mensch von Natur das Wesen ist, das darauf angelegt ist, in der Polis zur Verwirklichung seiner Vernunftnatur zu kommen [29], schließt ein, daß er in der Polis, gebildet und eingeübt in die Ordnung der *Künste und Wissenschaften* und in ihre sittlichen Ordnungen, er selbst wird. Wer nichts gelernt hat, ist nichts und gilt nichts; der Laie (ἰδιώτα) ist in allen Bereichen ausgeschlossen [30]. Er betritt nicht den Boden, auf dem es um den Menschen geht und rechte Entscheidung und Taten gefordert werden; das kritische Urteil gehört allein den Gebildeten und den Wissenden (τοῖς πεπαιδευμένοις ... τοῖς εἰδόσιν) [31]. Alles, was im G. erstrebt wird, gehört so nicht dem isolierten Für-sich-sein der Einzelnen an, sondern denen, die in einem «bürgerlichen Leben» (βίος πολιτικός) zum Stande des Bürgers gekommen sind. Daher kann das Kind nicht glücklich sein; es ist seinem Alter nach noch nicht zu solcher Praxis fähig [32]; ebenso ist ein Jüngling kein geeigneter Hörer für eine «politische» Vorlesung; er ist unerfahren in der Praxis des bürgerlichen Lebens [33].

Zu diesem G. des bürgerlichen Lebens gehört für Aristoteles *Tugend* nicht nur aus Tradition, sondern exemplarisch dadurch, daß in der Polis alle Praxis – niemals unmittelbares Tun – die in den Künsten und Wissenschaften vermittelte Praxis ist. Sie muß erst vorhanden und beherrscht werden, ehe sich «gut und schlecht» an ihr unterscheiden können; die Tugend (Tüchtigkeit) des guten Zitherspielens setzt das (durchschnittliche) Zitherspielen voraus. Da «so das Werk eines Tätigen und eines auf tüchtige Weise Tätigen der Gattung nach dasselbe ist» [34], schließt G. notwendig Tüchtigkeit ein. Das wird zum Beispiel und Leitfaden auch für Tugend im ethischen Sinne, in der sich Gediegenheit, Verantwortung, Verläßlichkeit im Entscheiden und Handeln bewähren. Daher liegt die eigentliche Bestimmung menschlichen G. in der Tugend und Tüchtigkeit bürgerlichen Lebens. Zwar sieht es so aus, als wollten die Gebildeten das bürgerliche Leben um der Ehre willen [35]. Doch da sie von den Verständigen und Besonnenen in ihrer Tüchtigkeit geehrt sein wollen, erweist sich die Tugend als das Höhere und als das Ziel alles bürgerlichen Lebens [36].

Auch in diesem Stande des G. bleibt der Mensch den Zugriffen des Geschicks ausgesetzt, aber er besitzt in der Freiheit bürgerlichen Lebens und in seiner Tugend die Fähigkeit, es zu bestehen und sein eigenes Leben zu führen: «Wir sind zu der Überzeugung gekommen, daß vom G. jedem Einzelnen nur so viel zufällt, als ihm Tugend, vernünftige Einsicht und Besonnenheit in einem Wirken eigen sind, das diesem folgt» [37]. Daher gilt für die Polis, die diesen Stand bürgerlichen G. ermöglicht, daß sie zwar um der Notdurft willen entstanden ist, aber als Grund und Ziel für jedes selbständige Leben um des rechten und guten Lebens willen besteht [38]. In diesem Sinne ist das G. für die entwickelte Polis und für jeden einzelnen der freien Menschen identisch [39].

Erst an diese Theorie des bürgerlichen G. schließt sich für Aristoteles die Bestimmung des *theoretischen* (philosophischen) *Lebens* und seines G. an, das in der «Theorie» als freie, nicht notwendige Erkenntnis des Göttlichen und so als «theologische Wissenschaft» [40] doch Mitte und tragende Bestimmung der Philosophie ist. Das hat sachliche Gründe. Zwar setzt Aristoteles voraus, daß ein solches Leben der Theorie höher und stärker als alles menschliche Leben ist; es sei nur möglich, insofern im Menschen und seiner Natur ein Göttliches eingeschlossen ist [41]. In der Gründung auf die Vernunft als Göttliches in uns verhalte sich das theoretische Leben ein göttliches zum menschlichen Leben [42]. Da das Leben des Gottes allein «Theorie» ist, ist solches Leben in der Verwandtschaft zu Gott am meisten zum G. bestimmt (εὐδαιμονικωτάτη) [43] und der Philosoph der am meisten von Gott geliebte und der glücklichste Mensch [44].

Aber zugleich – und hier unterscheidet sich die aristotelische Position grundsätzlich von der Platons – ist die Theorie im bürgerlichen Leben der Polis angelegt und an dieses gebunden. Zeichen dafür ist die «Lust am Sehen», das freie Anschauen und Erkennen, das wir, «nicht nur damit wir handeln, sondern auch wenn wir nichts vorhaben zu tun, allem anderen vorziehen» [45]. Dazu kommt grundsätzlich, daß die Theorie als «theoretische Wissenschaft» die Ausbildung der Künste und Wissenschaften im Dienste der Notdurft voraussetzt und auf ihnen aufruht [46]. Ihre Bedingung ist so die über den Anfang des Naturverhältnisses hinausgekommene Polis. In diesem Zusammenhang bleibt die philosophische Theorie als Muße «vollendetes G.». Aber Muße ist zugleich Bestimmung des bürgerlichen Lebens: Wir opfern (so heißt es) unsere Muße, um Muße zu haben, so wie wir Krieg um des Friedens willen führen [47].

Damit wird das G. der Theorie an das bürgerliche Leben zurückgebunden. Sofern der Philosoph Mensch bleibt und mit vielen zusammenlebt, wird er wünschen, gemäß der Tugend zu handeln. Er bedarf ihrer, um als Mensch leben zu können (πρὸς ἀνθρωπεύεσθαι) [48]. Der Philosoph bleibt Bürger der Polis, die Pflanzstätte seines G. und des G. der Freien in einem bürgerlichen Leben ist [49].

Anmerkungen. [1] ARISTOTELES, Eth. Nic. (= EN) 1099 b 11-12. – [2] 1100 a 5-9. – [3] a 10-12. – [4] b 10. – [5] b 30-32. – [6] 1099 b 15-20. – [7] 1102 a 15. – [8] 1096 b 32-35. – [9] 1095 a 5-6; 1094 a 22-24. – [10] Pol. 1252 a 2-3. – [11] EN 1097 a 34-b 6. – [12] 1095 a 20-25. – [13] a 19-20. – [14] 1097 b 8; 1100 a 5. – [15] Pol. 1253 a 28. – [16] EN 1098 a 19-20. – [17] 1097 b 20-21. – [18] De hist. an. 487 a 14-15; De part. an. 646 b 15. – [19] Pol. 1252 b 32-34. – [20] ebda. – [21] EN 1098 b 31-34. – [22] 1102 b 5-8. – [23] 1099 a 3-7. – [24] 1101 a 14-16; 1098 a 16. – [25] 1097 b 8-11. – [26] 1169 b 16-22. – [27] 1170 b 11-12. – [28] 1172 a 10-15. – [29] Pol. 1253 a 2-3. – [30] 1266 a 31; 1282 a 10-12. – [31] 1282 a 5-7. – [32] EN 1100 a 1-2. – [33] Vgl. 1095 a 1-3. – [34] 1098 a 8-9. – [35] 1095 b 19-23. – [36] b 28-30. – [37] Pol. 1323 b 21-23. – [38] 1252 b 28-30. – [39] EN 1094 a 7-8; vgl. Pol. 1324 a 5-8. – [40] Met. 1026 a 19. – [41] EN 1177 b 26-28. – [42] 1177 b 30-31. – [43] 1178 b 23. – [44] 1179 a 31-32. – [45] Met. 980 a 24ff. – [46] 981 b 20ff. – [47] EN 1177 b 4-6. – [48] 1178 b 5-8. – [49] Vgl. zum Ganzen G. BIEN (Hg.): ARISTOTELES, Nik. Eth. (1972) 336ff.

4. Für die *Stoa* – wie für den Epikureismus – ist generell kennzeichnend, daß sie im Schwinden der politischen Freiheit der Polis G. in das Individuum in sich und für sich zurücknimmt, das ohne Halt und Grund im Politischen sich gegen äußere und innere Bedrohung, Unsicherheit und Anfechtung zu behaupten und einen Raum unantastbaren Selbstseins zu bewahren sucht. – Den Wandel der Welt hatte ARISTOTELES angekündigt: Nach dem Zerfall der griechischen Demokratie sei Einer – «ohne Zweifel sein Alexander», wie HEGEL schreibt – jetzt wie ein Gott unter den Menschen hervorgetreten und habe die Gesetzgebung und den auf die Gleichheit der Bürger gegründeten Staat der Polis gesprengt, indem er – nicht mehr unter das Gesetz gestellt – selber Gesetz sei [1].

ZENON VON KITION, den Cicero «inventor» und «princeps» der Stoiker nennt [2], definiert G. als «guten Gang des Lebens» (εὔροια βίου) [3], führt dies aber inhaltlich auf die Übereinstimmung mit sich selbst zurück, die KLEANTHES als Übereinstimmung mit der Natur begreift [4]. Die *Natur* im stoischen Begriff und in der Aufnahme des heraklitischen All-Einen der in allen gegenwärtigen *Vernunft* [5] meint die Weltordnung und den Himmel [6] und in Eins mit ihnen Gott in seinem Wesen, den ewig alles schaffenden [7] und in allem gegenwärtigen [8], der als Geschick (εἱμαρμένη) der Logos ist, der diesen Kosmos regiert [9]. ZENONS «Übereinstimmung mit sich selbst», die von ihm entsprechend als Leben nach dem Einen Logos (καθ' ἕνα λόγον) und im Einklang mit ihm begriffen wird [10], meint so nichts anderes als die Übereinstimmung mit der Natur [11]. In beiden Formen wird Vernunft in der Zuordnung zur allgemeinen göttlichen Vernunft zum einzigen Ziel menschlichen Lebens [12]. Der Mensch stellt sich in der Nachfolge der Natur (τὸ ἀκολούθως τῇ φύσει ζῆν) auf die Vernunft und macht sie zum Grund und zur Norm seines Lebens und damit des G.; glücklich leben ist dasselbe, wie nach der Natur leben: «idem est beate vivere et secundum naturam» [13].

Mit dieser Begründung des G., die zunächst in der Tradition der Theorie des Göttlichen zu stehen scheint, die aber CHRYSIPPS Kritik an der Theorie als Selbstzweck ausdrücklich abwehrt [14], wird, dem praktischen Sinn der Stoa gemäß, *Tugend* zum Fundament. Die

Stoiker verneinen, daß jemand zum G. ohne Tugend zu kommen vermöge [15]; sie lehren positiv, daß Tugend allein (virtutem solam) für das glückliche Leben ausreicht [16]. Sie sei die seelische Verfassung (διάθεσις), auf der G. beruht, sofern es nicht aus Furcht oder Hoffnung erstrebt wird [17]. In dieser Weise wird G. einerseits im Sinne der griechischen Arete-Tradition aus der Masse herausgelöst, die G. nach dem Augenschein und gegen die Vernunft denen zuschreibt, die «mit Purpur bekleidet und bekränzt sind» [18], statt den Besitz ewiger Seligkeit (possessio felicitatis aeternae) als ein Gut des Gemüts zu begreifen [19]. Zugleich aber wird Tugend aus allen ethischen und institutionellen Zusammenhängen, auch aus der Beziehung zur Tüchtigkeit der Künstler, herausgelöst und so in gewisser Weise zum ersten Mal als inneres und vernünftiges Verhalten zur reinen Tugend umgemünzt. CICERO definiert sie als «rechte Vernunft» (recta ratio) [20]. Beispielhaft für das, was dies meint, ist SENECAS Argumentation gegen die Bestimmung des G. aus dem Augenschein: «oculis de homine non credo»; ein besseres und gewisseres (certius) Licht gibt mir die Möglichkeit, das Wahre vom Falschen zu unterscheiden und G. als Gut im Gemüt zu finden [21]. Vernünftiges und wahres Urteil sind (heißt dies) das Leben der Tugend; niemand kann glücklich genannt werden, der aus der Wahrheit verjagt ist. Stabilität und Unveränderlichkeit, die im wahren und gewissen Urteil gründen, werden zur unangreifbaren Basis von Tugend und G. [22]. Mit diesem Rigorismus der Wahrheit wird die Distanz wahrer Tugend zur sonstigen Welt verschärft; nicht nur die Masse, die dem sinnlichen Augenschein frönt, sondern ebenso alle diejenigen, die nicht aus rechter Vernunft wahr zu urteilen vermögen, sind von ihm ausgeschlossen. Wo nur derjenige, der Vernunft hat, alles gut macht (πάντα εὖ ποιεῖ ὁ νοῦν ἔχων) [23], kann es kein Mittleres (μεταξύ) zwischen Tugend und Schlechtigkeit geben [24]. Ihre Trennung ist für die ältere Stoa unaufhebbar. Nach CHRYSIPP bleibt auch derjenige, der Fortschritte auf dem Wege zur Tugend macht, doch ebenso wie der Schlechte im Elend [25].

Auch wenn dies später eingeschränkt wird (SENECA, PLUTARCH, CICERO, AUGUSTIN [26]), bleibt die leitende Bestimmung des G. aus Vernunft unberührt; sie ist in Einheit mit der göttlichen Vernunft der einzige Grund und die Wahrheit von Tugend und G.: Nur der Weise ist tugendhaft; in seinem Handeln sind alle Tugenden eingeschlossen [27].

Was diese Konzentration des G. auf Tugend und vernünftige Einsicht intendiert, läßt sich erst aus der Ausschaltung der *Affekte* und Leidenschaften (πάθη) und aus der für den Weisen konstitutiven Bedeutung der *Apathie* verstehen. Obwohl Apathie nicht wie das G. zum Ziel des Lebens gehört, ist sie doch wesentliche Bestimmung des Weisen (ἀπαθῆ εἶναι τὸν σοφόν) [28], so daß gelegentlich gesagt werden kann, die Tugend liege für die Stoiker in der Apathie [29]. Die Austreibung der Affekte (Lust und Trauer, Begierde und Furcht [30]) – «Stoici affectus omnes ... ex homine extollunt» [31] – erfolgt, weil sie «unvernünftige und wider die Natur gerichtete Bewegungen der Seele» sind und so im Widerspruch zum Leben gemäß der Natur stehen (ZENON) [32]. Aber zugleich sind die Affekte nicht von der Vernunft getrennt; sie gehen vielmehr schon für Zenon und Chrysippos aus einem verfehlten und falschen Urteil hervor und zerstören die Harmonie der Seele: «Der Affekt ist Vernunft (τὸ πάθος εἶναι λόγον), der aber schlecht und zügellos die Folge eines üblen und verfehlten, von Un-

gestüm und Heftigkeit befallenen Urteils ist» [33]. Affekte sind daher wie Krankheiten der Vernunft auszurotten [34]. Die Apathie ist Freiheit von Störungen für die Vernunft, die ohne Trübung von Affekten gelassen und in Ruhe wahr urteilen kann [35]. Dazu gehört die Überwindung der Todesfurcht in der äußersten Möglichkeit der Befreiung aus Not durch einen vernünftigen Freitod [36]: «malum est in necessitate vivere, sed in necessitate vivere necessitas nulla est» (schlecht ist es, in Not zu leben, doch in Not zu leben ist keine Notwendigkeit) (SENECA) [37].

Zu der erhabenen Größe und Strenge des auf Vernunft und Tugend gegründeten G. gehört einmal, daß es kaum oder nur in Annäherung realisierbar ist und so der *Weise* zur Idee und zum Ideal wird, in den alles, was stoisch Tugend und G. bedeuten, in vollkommener Weise inkorporiert wird. Der Weise ist absolut glücklich; er wird durch kein Unrecht und durch keine Schuld berührt [38]; er allein verfügt über die Wissenschaft [39]; er ist schön, allein frei und unbesiegt [40]; er ist göttlich und trägt gleichsam den Gott in sich [41]. Er ist in Wahrheit Herrscher, König und Führer aller; alles, was dem Gott gehört, gehört auch ihm [42]. In diesem alle Vollkommenheit in sich versammelnden Ideal des Weisen erscheint einmal die Unerreichbarkeit dessen, was stoische Vernunft, Tugend und G. bedeuten. Aber zugleich wird deutlich, wie die Stoa gegenüber einer Welt, in der der Mensch nicht mehr bei sich selbst sein kann und Freiheit nur als Freiheit von Gewalt und Furcht möglich ist, die Tugend in das Innere zurücknimmt und in der Festigkeit und Standhaftigkeit der Gesinnung die Freiheit und Autonomie der Vernunft zu behaupten sucht.

Darin hat HEGEL die Größe und weltgeschichtliche Bedeutung der Stoa gesehen: Der Stoiker, der sich allein auf die Vernunft zu stellen sucht, macht sich «gleichgültig gegen Alles, was den unmittelbaren Trieben, Empfindung usf. angehört». In dieser «inneren Unabhängigkeit und Freiheit des Charakters in sich» liegt die Kraft, «die den Stoiker ausgezeichnet hat» [43].

Anmerkungen. [1] ARISTOTELES, Pol. III, 1284 a 10-14; vgl. G. W. F. HEGEL, Gesch. der Philos. II. Werke, hg. GLOCKNER 18, 401. – [2] CICERO, Acad. prior. II, 131 = SVF I, 181. – [3] SVF III, 16. – [4] I, 179. 552; III, 12. – [5] HERAKLIT, VS 22 B 50; 40; 2. – [6] SVF II, 1022. – [7] II, 308. – [8] II, 1046. – [9] II, 915. – [10] I, 179. 552. – [11] DIOG. LAERT. VII, 87. – [12] SVF III, 6. 15. – [13] L. Annaeus SENECA, De beata vita, hg. mit Komm. P. GRINALD (Paris 1969) 8, 2; vgl. 3, 3. – [14] SVF III, 702. – [15] III, 47. – [16] III, 16. – [17] III, 12. – [18] Hierzu vgl. H. DAHLMANN: Bemerk. zu Senecas De beata vita (1972) 3ff. – [19] SENECA, De beata vita a. a. O. [13] 2, 2. – [20] CICERO, Tusc. IV, 15, 34 = SVF III, 198; vgl. SENECA, Ep. 76, 10 = SVF III, 200 a. – [21] SENECA, a. a. O. [13]. – [22] 5, 2. – [23] SVF III, 567. 563. – [24] DIOG. LAERT. VII, 127. – [25] ebda. – [26] SENECA, Ep. moral. ad Lucilium, hg. O. HENSE (1898) 75, 8; PLUTARCH, Quomodo quis suos in virtute sentiat profectus 76 b. 79 b = Moralia, hg. F. C. BABBIT (1949) 1, 406. 420; CICERO, De finibus IV, 24; AUGUSTIN, Ep. 167, 3 = MPL 33, 738. – [27] SVF III, 567. 563. – [28] DIOG. LAERT. VII, 117. – [29] SVF III, 20. – [30] III, 386. – [31] III, 444. – [32] I, 205. – [33] III, 459. 462. – [34] SENECA, Ep. ad Lucil. 116, 1; vgl. SVF III, 443f.; zum Ganzen vgl. J. HENGELBROCK, Art. ‹Affekt I, 2›. – [35] Vgl. H. REINER, Art. ‹Apathie›. – [36] SVF III, 757-768. – [37] SENECA, Ep. 12.10. – [38] SVF III, 583. – [39] III, 552. – [40] III, 591. – [41] DIOG. LAERT. VII, 119. – [42] SVF III, 618. – [43] G. W. F. HEGEL, Gesch. der Philos. II. Werke, hg. GLOCKNER 18, 459.

5. DIOGENES LAERTIUS beginnt die Darstellung EPIKURS damit, daß er die Verdächtigungen und Schmähungen zusammenstellt, die die Stoiker ihm angehängt haben, um dann seine Menschenliebe, Verehrung der Götter und Bescheidenheit der Lebensführung in helles

Licht zu stellen: sie haben Epikur im Kreis der Freunde und Schüler als «Vater» erscheinen lassen, der als Entdecker der Wahrheit väterlichen Rat zu geben, das Herz zu läutern (purgavit) und alle Begierde und Furcht in der Hinlenkung der Seelen zum höchsten Gut ein Ende zu setzen weiß [1]. Andererseits steht Epikur, indem er die Ataraxie, die leidenschaftslose Ruhe der Seele, zum Ziel und zum Inhalt des G. setzt, der Apathie der Stoa in der Überwindung von Furcht und Begehren so nahe, daß Varro die Auseinandersetzung zwischen ihnen einen «Streit um Worte» nennen kann [2]. Gleichwohl ist das stoische, von den Christen aufgenommene und verschärfte Verdikt gegen Epikur und die Epikureer, daß sie den homo carnalis und Lüstling in einer Philosophie des «Unglaubens und des Sinnengenusses» verkörpern, so wirksam, daß noch heute, was Epikur mit ‹G.› und vollkommener Daseinsfreude meint, der befreienden Deutung und Abschirmung gegen das übermächtige Vorurteil bedarf [3].

Grund und Voraussetzung für alles ist die *Philosophie;* daher mahnt Epikur den Menoikos immer zu philosophieren und alle Mühe dem zuzuwenden, was uns zum G. verhilft: «Wenn es gegenwärtig ist, haben wir alles, wenn es fehlt, tun wir alles, um es zu haben» [4]. Eine Betrachtung, die sich vom Irrtum freihält, wird so alles Wählen und Meiden auf die Gesundheit des Leibes und auf die leidenschaftslose Ruhe der Seele (τὴν τῆς ψυχῆς ἀταραξίαν) beziehen, um das Ziel eines seligen Lebens zu erreichen (τοῦτο τὸ μακαρίως ζῆν ἐστι τέλος) [5], dessen Grund und Ziel, wie wir sagen, die *Lust* (ἡδονή) ist: erstes Gut, angeboren, Ausgangspunkt für alles Wählen und Meiden, Richtschnur für die Beurteilung jedes Guten [6]. Auf diese Abstellung des G. auf die Lust, die angeboren das Leben als solches trägt und unmittelbar auch leibliche und sinnliche Lust und Genießen ist, bezieht sich die Schärfe der stoischen und christlichen Absage an Epikur. Es sind von ihm Äußerungen überliefert, nach denen ein Gut ohne Geschmack, Liebe, Gehör und ohne den Sinn für das Sehen von Gestalten nicht vorgestellt werden kann [7]. Aber zugleich gilt, daß Lust als *Ataraxie* und Schmerzlosigkeit (ἀπονία) höher selbst als Freude und Heiterkeit steht [8]: Wenn wir «Lust» das Ziel nennen, dann meinen wir nicht die Lust des Schlemmers, sondern Schmerzlosigkeit für den Leib und Freiheit von Verwirrung für die Seele [9]; dafür, daß wir ohne Schmerz und Schrecken leben, tun wir alles [10]. Die Tugend allein ist unabtrennbar von Lust [11].

Doch nicht im «Hedonismus» als solchem ist die Lehre vom G. bei Epikur begründet; Schlüssel für sie ist vielmehr die *Befreiung des Menschen von der Furcht* durch die Philosophie: sie – und sie allein – löst ihn aus den Vorurteilen der Religion durch die Erkenntnis der wahren Ordnung der Dinge heraus und befreit ihn damit von der Furcht vor dem Zukünftigen (ἀφοβία τῶν μελλόντων) [12]. Die schwerste Beunruhigung erwächst dem Menschenherzen daraus, daß man die Himmelswesen für glücklich und unvergänglich hält, ihnen aber gleichwohl Wünsche und Handlungsweisen in bezug auf die Welt und den Menschen zuweist, und ebenso aus der Erwartung ewiger Pein, die von den Mythen veranlaßt wird. Die Ataraxie stellt sich für den ein, der sich hiervon frei macht und beständig an das Ganze denkt. Wir befreien uns von den Übeln, indem wir uns über die Ursachen der Himmelserscheinungen klar werden, die die übrigen Menschen in Schrecken versetzen [13]. Die Schrecken und die Verfinsterung der Seele verscheucht nicht der Strahl der Sonne und des Tages leuchtende Helle, sondern allein der Begriff und die Vernunft der Natur [14]. Nur die Vernunft hat Macht über die furchterregende Religion [15]. Den Kern epikureischer Weisheit bilden so die Befreiung aus der Bindung an die Religion und der Vollzug dieser Befreiung durch die Erforschung und Untersuchung der Natur. Wo die Einsicht in die verborgenen Gründe fehlt, erfaßt die Angst vor den Göttern das Gemüt, die ihnen Herrschaft über die Welt und göttliche Macht verleiht [16].

Für Epikur (anders als für Lucretius) bedeutet dies nicht die schroffe Verneinung der Götter; er ehrt sie in der Reinigung ihrer Vorstellung von dem, was aus dem Vorurteil der Vielen hervorgeht, als unvergängliche und selige Wesen, die frei von der Sorge für die Welt und den Menschen fern in den Intermundien leben; «gottlos» ist der, der ihnen die Vorstellungen des gemeinen Volkes andichtet [17]. Dazu gehört die Befreiung von der Furcht vor dem Tode, der uns unberührt läßt, da wir nur in der innigen Verbindung von Leib und Seele bestehen können [18].

Auf dieser Befreiung von Furcht vor den Göttern und vor dem Tode beruht die Gewöhnung an eine einfache, nicht kostspielige Lebensweise, die uns furchtlos gegenüber den Launen des Schicksals macht [19], die gelassene und milde Heiterkeit des epikureischen G. Der *Weise* weist das Leben nicht zurück und hat keine Furcht davor zu leben [20]. Er wird angemessen für die Zukunft sorgen und Lust in der nüchternen Verständigkeit suchen, die die Gründe des Wählens und Meidens zu bestimmen sucht [21]. Er lebt in Gesprächen und im Umgang mit Freunden ein Leben in der Verborgenheit [22] und sieht vom «heiteren Tempel» der Weisheit gelassen auf das Treiben der anderen. Er hält sich vom Politischen fern (οὐδὲ πολιτεύεσθαι) [23] und lebt in der Freude an der Forschung [24]. Er sucht ständig die Süße des Lebens in einem von Verstand, Schönheit, Gerechtigkeit und von Einsicht geleiteten Leben und in der Einheit mit ihm [25].

So verdichtet sich mit Epikur noch einmal das G. zum Stande des Menschen, der in der Distanz zur Welt die heitere Gelassenheit als Seligkeit (μακαρίως ζῆν) weiß.

In der *römischen Kaiserzeit* öffnet diese Sphäre des G. sich auf mannigfachen Wegen insbesondere in der Erneuerung der platonischen Flucht ins Jenseits und in der Angleichung an Gott. Seneca, Marc Aurel, Epiktet und andere sind die Zeugen. «Als Antoninus (so heißt es bei Marc Aurel) habe ich Rom zur Stadt und zum Vaterland (πόλις καὶ πατρίς), als Mensch den Kosmos» [26]. Das wird schließlich bei Plotin in unmittelbarer Anknüpfung an die stoische Forderung, «der Natur des Ganzen zu folgen» [27], aufgenommen und unmittelbar in das religiöse Verhältnis umgesetzt. Wer weise und glücklich sein wolle, müsse zu jenem (dem transzendenten Guten) hinblicken und ihm sich angleichen und nach seiner Richtschnur leben [28]. Ein solcher wird nach dem Tode die Einung, von aller leiblichen Belastung befreit, ewig genießen [29]. Das G. wird zur jenseitigen Seligkeit. Das wird von der *christlichen* Lehre aufgenommen, verwandelt und angeeignet.

Anmerkungen. [1] Diog. Laert. X, 6ff.; T. Lucretius Carus, De rerum natura, hg. lat./dtsch. H. Diels 1. 2 (1924) VI, 24-27; III, 1-30. – [2] Porphyrios, Ad Hor. Sermo II, 4, 1 = SVF III, 449. – [3] W. F. Otto: Wirklichkeit der Götter (1963) 10ff.; vgl. A. Müller, Art. ‹Epikureismus›. – [4] Diog. Laert. X, 122. – [5] a. a. O. X, 128. – [6] X, 128f. – [7] Epikur, Frg. 67, hg. Usener. – [8] Diog. Laert. X, 136. – [9] a. a. O. X, 131. –

[10] X, 128. – [11] X, 138. – [12] X, 122. – [13] Br. an Herodot a. a. O. X, 81. 82. – [14] LUKREZ, a. a. O. [1] II, 14-61. – [15] ebda. – [16] VI, 52-57. – [17] Br. an Menoikos bei DIOG. LAERT. X, 123. – [18] LUKREZ, a. a. O. [1] III, 846. – [19] DIOG. LAERT. X, 131. – [20] a. a. O. X, 126. – [21] X, 132. – [22] Frg. 531, hg. USENER. – [23] DIOG. LAERT. X, 119. 120. – [24] a. a. O. X, 118-120. – [25] X, 140; Dogmata V. – [26] MARC AUREL, hg. K. HOENN (1951) VI, 44a; vgl. M. POHLENZ: Die Stoa. Gesch. einer geistigen Bewegung (³1964) 1, 351. – [27] PLOTIN, Enn. I, 4, 7. – [28] a. a. O. I, 4, 16. – [29] VI, 9, 10.

Literaturhinweise. R. ARNOU: Le désir de Dieu dans la philos. de Plotin (Paris 1915). – F. BOLL: Vita contemplativa. Festrede zum 10jährigen Stiftungsfeste der Heidelb. Akad. Wiss., Stiftung H. Lanz am 24. 4. 1920 (²1922). – J. F. HAUSSLEITER: Der G.-Gedanke bei Plato, Arist. und Spinoza (Diss. Greifswald 1923, Ms.). – F. WEHRLI: Lathe Biosas. Stud. zur ältesten Ethik bei den Griechen (1931). – J. LÉONARD: Le bonheur chez Arist. (Brüssel 1948). – G. LIEBERG: Die Lehre von der Lust und die Ethiken des Arist. (1958). – H. D. VOIGTLÄNDER: Die Lust und das Gute bei Platon (1960). – G. MÜLLER: Probleme der arist. Eudämonielehre. Mus. helv. 17 (1960) 121ff. – E. HOFFMANN: Lebensfreude und Lebensfeier in der griech. Philos., in: Platonismus und christl. Philos. (1960) 169ff. – TH. MERLAN: Zum Problem der drei Lebensformen. Philos. Jb. 74 (1966) 217ff. – J. RITTER: Das bürgerl. Leben. Zur arist. Theorie des G., in: Met. und Politik (1969) 57ff. – R. MAURER: Platons ‹Staat› und die Demokratie. Hist.-systemat. Überlegungen zur polit. Ethik (1970). – D. ROLOFF: Gottähnlichkeit, Vergöttlichung und Erhöhung zu seligem Leben (1970). – A. MÜLLER: Autonome Theorie und Interessedenken. Stud. zur polit. Philos. bei Platon, Arist. und Cicero (1971). – W. PESENDORFER: Zum Begriff der Eudämonie bei Arist. (Diss. Wien 1971). – G. BIEN: Die menschl. Meinung und das Gute. Zur Behandlung des Normproblems in der Arist. Ethik, in: Rehabilitierung der prakt. Philos., hg. M. RIEDEL (1972) 345-371; Vernunft und Ethos. Zum Ausgangsproblem der Arist. Ethik, in: Arist., Nik. Eth., hg. G. BIEN (1972) XVII-LIX; Die Grundlegung der polit. Philos. bei Arist. (1973). – Vgl. Lit. zu Art. ‹Ethik I›.   J. RITTER

II. – 1. Das Thema der beatitudo (= B.) stellt sich dem *mittelalterlichen* Denken von Anfang an und ausschließlich als *theologisches* Problem, und zwar aufgrund der *Quellen.* Deren erste ist die *Hl. Schrift* mit den Makarismen in den beiden Testamenten: Das griechische μακάριος und das seltene μακαρισμός (Röm. 4, 6. 9) gibt die Vulgata-Übersetzung mit ‹beatus› bzw. ‹beatitudo› wieder. Die andere Quelle ist AUGUSTINUS mit der beherrschenden Rolle der B. in seiner Theologie. Daß er hier wie sonst nicht nur Zeuge des biblisch-christlichen Glaubens, sondern überdies Vermittler des von ihm christlich umgedeuteten griechisch-philosophischen, besonders neuplatonischen Denkens ist, bleibt anfangs verdeckt durch die Autorität des Bischofs von Hippo als des authentischen Lehrers der Christenheit. Gleichwohl hat Augustinus selbst die Brücke geschlagen, auf dem im Mittelalter die Begegnung des biblischen μακαρισμός mit der griechischen εὐδαιμονία sich ständig (und konfliktreich) vollziehen konnte: Er bezeichnet ‹beatitudo› als synonym mit ‹felicitas›, dem lateinischen Übersetzungswort für εὐδαιμονία [1]. Das B.-Thema gewinnt seine volle Bedeutung und seine das Denken beherrschende Kraft in dem Maße, als man zu anderen, offenkundigen Vermittlern griechischer Philosophie (Boethius!) Kontakt aufnimmt und schließlich die griechische Philosophie, besonders Aristoteles und die Neuplatoniker, im Original studiert und mit dem christlichen Denken konfrontiert. Hand in Hand damit greift das Thema von der Eschatologie und der theologischen Anthropologie über auf das Gebiet der theologischen Ethik und wird schließlich deren Ansatz überhaupt. Es ist wie eine Gegenprobe, daß das B.-Thema in dem Augenblick seine dominierende Stellung einbüßt, als in der kurz vor der Reformation einsetzenden augustinistischen Reaktion gegen den Ockhamismus und schließlich in der Reformation selbst die Stellung der griechischen Philosophie, insbesondere des Aristotelismus, innerhalb der theologischen Reflexion überhaupt kritisch wird. Die neuzeitliche Frage nach dem «Eudämonismus» als Problem einer philosophischen Ethik ist für das Mittelalter ein Anachronismus, da die mittelalterlichen Kontroversen um das Verhältnis zwischen caritas als «interesseloser» Liebe zu Gott um seiner selbst willen und dem scheinbar ganz ichbezogenen Streben nach der eigenen B. gerade von der Voraussetzung ausgehen, daß das Problem der B. nur *innerhalb* seines *theologischen* Kontextes bedenkenlos gelöst werden kann.

2. Wie in den meisten anderen Problemkreisen ist auch hier die *Frühscholastik* nach Thematik und Geist zusammengefaßt in der Doktrin des ‹Vaters der Scholastik›, des ANSELM VON CANTERBURY. Der Mensch ist für ihn deshalb als rationales Wesen erschaffen und in den Stand der «Gerechtigkeit» versetzt worden, damit er einst im «Genuß» (fruitio) Gottes glückselig (beatus) sei, und andernfalls wäre er vergeblich (frustra) ein rationales Geschöpf [2]. An diesem genuin augustinischen Gedanken ist bedeutsam einmal, wie hier, in Gestalt der über den biblischen Befund hinausgehenden Interpretation der B. als ewiger Glückseligkeit (= G.) nach dem Tode, das biblische Thema sogleich in einer griechischen Rezeption erscheint, die aber, weil durch Augustinus vermittelt, erfolgreich ihre christliche Legitimität vindizieren kann; zum anderen, daß hier der eschatologische Aspekt mit dem anthropologischen streng gekoppelt auftritt; und daß, drittens, aufgrund dieser Zusammenhänge einerseits das Thema der B. der Schlüssel sowohl zur christlichen Existenz als auch zur theologischen Reflexion nach dem Programm des «credo ut intelligam» wird und anderseits gerade nicht der Grundbegriff einer selbständig entwickelten Ethik. – Wie auf anderen Gebieten, so ist auch hier die unmittelbare Folgezeit dem komplexen Denken Anselms nicht gewachsen. In den Schulen des ANSELM VON LAON, des HUGO VON S. VIKTOR, bei ROBERT VON MELUN und anderen begegnen wir zwar einem allmählich sich entfaltenden eschatologischen Traktat, bei HUGO auch sachlichen Synonymen für B., aber nirgends einer wirklichen Verarbeitung dieses Themas. Den nächsten Schritt nach vorn leistet erst PETER ABAELARD, und zwar diesmal mit ausdrücklichem Bezug zur Ethik. In seinem unvollendeten ‹Dialog zwischen einem Philosophen, einem Juden und einem Christen› erhebt er die B. zum Grundaxiom der Ethik und sucht auf diese Weise die Überlegenheit der christlichen über die heidnische und jüdische Moral zu erweisen: Wahre Ethik besteht in der Entdeckung des höchsten Gutes, das in der auf dieser Erde nicht zu erlangenden G. besteht; eben dies ist der Sinn der evangelischen Seligpreisungen [3]. Abaelards Schüler greifen diesen Ansatz auf, weil er Eigengut des ‹Dialogs› ist und die Schüler von den Hauptwerken des Meisters ausgehen. – Der nächste Schritt ist von PETRUS LOMBARDUS zu erwarten. Er eröffnet seine ‹IV Libri Sententiarum› mit der Augustin entnommenen Aufteilung des theologischen Stoffes in ‹res et signa›[4]. Die res zerfallen gemäß der Unterscheidung von uti und frui in solche, «quibus fruendum est, aliae quibus utendum est, aliae quae fruuntur et utuntur. Illae quibus fruendum est, nos beatos faciunt. Istis quibus utendum est, tendentes ad beatitudinem adjuvamur ... Res vero quae fruuntur et utuntur nos sumus ... [5]. Dem entsprechend ergibt sich die Thematik der vier Bücher: Gott – Schöpfung – Mensch (Christus, Tugend, Gesetz) – Sakramente (= signa) und Eschatologie. In ganz augustinischem

Geist ist damit alles, was die Theologie zu sagen hat, unter das umgreifende Thema der B. gestellt. Darüber hinaus greift der Lombarde im weiteren Verlauf seines Werkes, wenn auch über literarische Vermittlungen, sowohl den Ansatz Anselms wie den Abaelards auf. Zu Beginn des II. Buches erklärt er die Erschaffung der rationalen Wesen von ihrer Bestimmung für die ewige G. in der vollkommen Erkenntnis und Liebe Gottes her [6]. Später stellt er die Tugendlehre unter das gleiche Thema: Der Gipfel der Rechtheit des Willens ist die G., das ewige Leben, und diese G. ist Gott selbst. Diese B. stiftet die Einheit aller moralischen Akte [7]. Die Eschatologie endlich stellt im Zusammenhang mit der B. das ‹desiderium naturale› zur Debatte [8]. Merkwürdigerweise hat der Lombarde keines seiner methodologischen Programme verwirklicht: Die faktische Entfaltung verläuft in jedem Falle ganz anders; die Behandlung des desiderium naturale krankt am Fehlen einer Unterscheidung von Natur und Gnade. So hat Petrus Lombardus der Folgezeit unumgänglich das *Thema* der B. gestellt, als Grundbegriff der Theologie überhaupt wie auch speziell als Schlüsselbegriff der Ethik, und das mußte sich besonders auswirken, als seit etwa 1225 die ‹Sentenzen› das offizielle Lehrbuch der Theologie an der Pariser Universität und damit der Sentenzenkommentar die primäre literarische Gattung der theologischen Arbeit wurde.

3. Vom Beginn der *Hochscholastik* an ist fast jeder bedeutende Theologe auch ein Markstein in der Entfaltung des B.-Problems. WILHELM VON AUXERRE bietet in seiner ‹Summa aurea› die erste großangelegte theologische Ethik der Scholastik. Der B.-Begriff ist nicht ihr Leitgedanke – dieser ist das Thema des göttlichen Gebotes –, aber die B. ist ihm, unter Rückgriff auf den siebenten Makarismus der Bergpredigt, der Gipfel der Ethik [9]. Er trifft zwei wichtige und zukunftsträchtige Unterscheidungen, die zwischen der unvollkommenen G. des irdischen Lebens und der vollkommenen G. der eschatologischen Vollendung einerseits und die zwischen Gott als G. und der G. als menschlichem Akt anderseits. Mit der ersteren Unterscheidung, bei der ihn besonders die G. *dieses* Lebens interessiert, verstärkt er die Bedeutung der B. für den Aufbau der theologischen Ethik, mit der zweiten schafft er den Raum für die Lösung des nun dringlich werdenden Problems, wie Gott nicht zum Mittel der Befriedigung des menschlichen G.-Hungers degradiert und wie der caritas ihre Selbstlosigkeit und ihr absoluter Rang in der christlichen Existenz gesichert werden kann. – Bei WILHELM VON AUVERGNE werden das griechische und das christliche Gedankengut erstmalig als zwei verschiedene Gedankenströme reflex bewußt und zugleich zum Zusammenfluß gebracht. In seiner ‹Summa de vitiis et virtutibus› [10] ist die B. = felicitas aeterna das Einzige, was um seiner selbst willen zu lieben ist, der Sinn menschlicher Existenz. Dieser nur theologisch mögliche Gedanke wird begründet mit Aristoteles und Boëthius. Wilhelm unterscheidet, soweit bekannt, erstmalig zwischen natürlicher, d. h. selbstbezogener, und gnadengeschenkter Liebe. Allein die letztere macht gerecht: Man kann nicht gerecht sein mit einer Liebe, die nicht Gottes Ehre als Höchstes erstrebt. Aber in die Endgültigkeit dieser Gottesliebe wird die rechte Selbstliebe, die den Prinzipien der Natur entspringt, eingebracht, so daß im Widerspruch zu Augustinus nicht *jede* Selbstliebe böse ist, sondern nur ein «amor privatus», der die Ehre Gottes, statt als oberstes Ziel, als Mittel zur Selbstvollendung setzt – innerhalb des B.-Problems der erste Sieg des *aristotelischen* Naturdenkens über den Natur und Gnade nicht unterscheidenden Augustinismus. – Für die mit ALEXANDER VON HALES beginnende ältere *Franziskaner*schule ist insgesamt charakteristisch, daß der B.-Gedanke – in Anknüpfung an den Lombarden, denn man schreibt Sentenzenkommentare! – Leitthema und Aufteilungsprinzip der *ganzen* Theologie, aber eben deswegen nicht spezieller Schlüsselbegriff der Moral wird, was anderseits die energische Ausgestaltung des speziellen Traktates ‹De beatitudine› nicht hindert. Mittels der Unterscheidung von B. increata und creata (Alexander in seiner Sentenzenglosse) bzw. der zwischen Objekt und Subjekt der B. (Alexander in seinen Quaestiones disputatae) schützt man sich gegen die Gefahr, die der Selbstlosigkeit der caritas von der B. her drohen könnte. Man studiert die Frage nach dem psychischen Träger der G. (nach Alexander die Seele selbst, nicht eines ihrer Vermögen, wegen des umfassenden Charakters der B.). Die schon bei Alexander vermehrten Berufungen auf Aristoteles und Boëthius führen bei seinem Schüler JOHANNES DE RUPELLA bereits zu einem Übergewicht der philosophischen Referenzen gegenüber den Berufungen auf Augustinus; die BOËTHIUS-Definition ist seit ihm klassisch in der Scholastik. Die Theologie BONAVENTURAS, des Schülers beider, hält sich auf der Linie und Höhe seiner Vorgänger. – Die ersten *Dominikaner*magistri sind, verglichen mit den zeitgenössischen Franziskanern, im Hinblick auf das G.-Thema wenig originell, jedenfalls in den Schulschriften; in den erbaulichen Schriften wissen sie, vor allem in der Auslegung der Seligkeiten der Bergpredigt, viel zum Thema zu sagen. Der große Durchbruch aber kommt mit ALBERT DEM GROSSEN. Schon 1215 hatte der Kardinal ROBERT VON COURSON an der Pariser Artistenfakultät u. a. das Studium der ‹Nikomachischen Ethik› des Aristoteles verteidigt und empfohlen, jedoch, von vereinzelten und einflußlosen Kommentaren zu Buch I (‹Ethica nova›) und Buch II–III (‹Ethica vetus›) abgesehen, zunächst ohne Echo. Hauptgrund: Erst 1246/47 lernte man durch die Übersetzung des ROBERT GROSSETESTE die ‹Nikomachische Ethik› überhaupt vollständig kennen. ALBERT scheint mit seinem von Thomas von Aquin gesammelten und redigierten ‹Cursus ineditus› [11], 1248/52 in Köln vorgetragen, der erste, der im Mittelalter die ‹Nikomachische Ethik› vollständig kommentiert hat. 1268–1270 hat er in der ‹Paraphrase› das Aristotelische Werk ein zweites Mal erklärt [12]. Der Traktat ‹De beatitudine› im allgemeinen wie seine moraltheologische Bedeutung gewannen damit gewaltige Bereicherung und ganz neue Fragen hinzu. Die theologisch-systematische Stellung des Themas aber war durch den Duktus des Aristotelischen Textes – allgemeine Behandlung des Themas in Buch I und erst in Buch X die endgültige Ausarbeitung – nicht vorentschieden, sondern gerade zur Aufgabe gestellt. Die gedankliche Synthese des neuen Materials und der theologischen Tradition ist nicht mehr Leistung des Albert, sondern die seines Schülers.

4. THOMAS VON AQUIN. Den Vorgegebenheiten entsprechend handelt er von der G. im Kommentar zur Nikomachischen Ethik sowie zu den Seligpreisungen der Bergpredigt, innerhalb der systematischen Werke in der Gotteslehre, der Ethik und der Eschatologie. Für den Aristoteleskommentar ist typisch, wie sich trotz des Vorsatzes, nur die «intentio Aristotelis» zu erfragen, die selbstverständlich nur auf die G. in diesem Leben abzielt, unter der Hand die aristotelischen Bestimmungen

mit christlichen Gehalten füllen. Umgekehrt wird die Bergpredigt nicht nur im Sinne der ererbten Gedanken als Verkündigung der G. des ewigen Lebens und als Wegweisung zu ihr verstanden, sondern zugleich als Widerlegung der unzulänglichen G.-Verheißungen der heidnischen Philosophen, Aristoteles nicht ausgenommen. In den systematischen Werken verdankt sich die Frage nach der G. Gottes einem hellenistisch beeinflußten, von 1. Tim. 1, 11 und 6, 15 her sich im christlichen Raum schnell durchsetzenden Sprachgebrauch, Gott ‹beatus› zu nennen. Außerdem wird in der Frage nach der Gottesschau ein Stück des eschatologischen Aspektes der G. vorweggenommen. Das eigentlich Neue bei Thomas aber ist die ganz unter das G.-Thema gestellte, aber jetzt entschieden mit aristotelischem Instrumentarium durchkonstruierte theologische Ethik (soweit man bei Thomas von einer solchen sprechen kann). Die christlich-theologische Verwandlung des philosophischen Themas erscheint am bezeichnendsten in der Tatsache, daß Thomas im Gegensatz zur ‹Nikomachischen Ethik› den ausgearbeiteten Traktat über die G. *an den Anfang* der Ethik setzt, mit der «ratio communis beatitudinis» beginnt, dann die Güter durchmustert, ob in ihnen die G. beschlossen sein könne – dabei gegebenenfalls ausführliche Auseinandersetzung mit den alten Philosophen –, und diesen *aristotelischen* Gedankengang zu der Aussage vortreibt, allein in der gnadengeschenkten seligen Gottesschau nach diesem Leben sei die G. beschlossen. Daran schließen sich die Spezialfragen über Träger, Konsequenzen des Aktes der G. und über die Erlangung der G. an. Bemerkenswert und in der Folgezeit umstritten ist die These, daß die G. formell ein Akt des spekulativen Intellektes und erst in sachlicher Konsequenz, wenngleich in existentieller Koinzidenz, auch fruitio des Willens sei, und dies deswegen, weil die B. formell ein Akt derjenigen Potenz sei, die den Gegenstand der G., Gott, gegenwärtig mache und dem Willen allererst zur fruitio darbiete [13]. Daß die G. in der fruitio ihren *Abschluß* findet, bestreitet Thomas nicht. Die gesamte Ethik wird, in Verbindung mit der Eschatologie und schon mit Christologie, Soteriologie und Sakramentenlehre vor dem Hintergrund des G.-Themas aufgebaut. Der Weg des Menschen zu Gott ist dabei nicht nur *Vorbereitung* auf den Empfang der G., sondern der *Prozeß* eines Wachstums der jetzt schon empfangenen B. aus ihrer unvollkommenen irdischen Gestalt zu ihrer eschatologischen Vollendung. Damit wird aber der B.-Gedanke für den Bereich der Ethik zur Variante des Grundthemas der thomanischen Theologie: der einen, alles umgreifenden Bewegung, in der Gott alle Dinge aus seiner Güte entläßt und wieder zu sich als Ziel «heimholt» («Egreß-Regreß-Schema»). Der B.-Begriff ist damit von Anfang an gefüllt mit der Wirklichkeit der Heilstat Gottes und damit ein streng *theologischer* Begriff.

5. Das Thema der B. ist in der Scholastik *nach Thomas* zu keinen neuen Höhen mehr geführt worden. Anderseits hatte es nun unbestrittenes Heimatrecht in der Theologie und bietet weiterhin Anlaß zu Kontroversen um Einzelfragen. Deren bemerkenswerteste ist seit dem Gegensatz zwischen Thomisten und Skotisten die Frage, ob die G. wesentlich ein Akt des Verstandes oder des Willens sei. Duns Scotus und seine Schule entscheiden sich für die zweite These. Dahinter stehen weitläufigere Voraussetzungen hinsichtlich der Lehre vom Willen im Verhältnis zum Intellekt sowie unterschiedliche exegetische Akzentsetzungen, was sich beides hier ebenso auswirkt wie in anderen Problemkreisen (z. B. Freiheit).

– Luthers frühe Lehre von der «resignatio in infernum» als Spitze des Sich-Verhaltens zu Gott, d. h. also vom *Verzicht* auf die G., im Falle Gott das verlangt [14], ferner der Ausschluß einer rechtmäßigen Selbstliebe sowie die Verdammung einer Erfüllung des göttlichen Gesetzes mit Blick auf den Lohn, selbst den von Gott verheißenen, beenden in der Theologie, jedenfalls außerhalb der alten Schulen, die Möglichkeit, die theologische Ethik vom G.-Gedanken her zu entfalten; die Durchkreuzung des Strebens nach der ewigen G. durch den scharf herausgestellten Gerichtsgedanken nimmt der Theologie die Möglichkeit, die Eschatologie vom B.-Gedanken her zu entwickeln; beides zusammen aber macht eine auf den G.-Gedanken aufgebaute theologische Anthropologie unmöglich; an ihre Stelle tritt die Dialektik von Gesetz und Evangelium. Die theologische B.-Spekulation des Mittelalters ist damit zu Ende. Als philosophisches Thema aber kann sie in einer letztlich durch Luthers «sola fide» ermöglichten «weltlichen» Ethik neu zum Problem werden.

Anmerkungen. – [1] Vgl. Thesaurus Linguae Latinae 2 (1900-1906) 1794-1796; 6/1 (1912-1926) 426-434. – [2] Anselm, Cur Deus homo II, 1, hg. Schmitt, in: Opera omnia (Seckau 1938, Rom 1940, Edinburgh 1946ff.) 2, 97-98. – [3] Abaelard, Dialogus inter Philosophum, Judaeum et Christianum. MPL 178, 1641ff. – [4] Petrus Lombardus, IV Libri Sententiarum I, d. 1, 1 (Quaracchi ²1916). – [5] a. a. O. c. 2. – [6] a. a. O. II, d. 1, c. 4. – [7] a. a. O. II, d. 38, c. 1-3. – [8] a. a. O. IV, d. 49, c. 1. – [9] Wilhelm von Auxerre, S. aurea, hg. Pigouchet (Paris 1500) fol. 193 c; weitere Texte bei Guindon (s. Lit.) 45-55. – [10] Wilhelm von Auvergne, S. de vitiis et virtutibus (Paris/Orléans 1674); Texte bei Guindon (s. Lit.) 45-55. – [11] Albert, ‹Cursus ineditus› im Druck in der Editio Coloniensis (1951ff.). – [12] In decem libros Ethicorum, hg. Borgnet, in: Opera omnia (Paris 1890ff.) Bd. 7. – [13] Thomas v. Aquin, S. theol. I/II, 3, 3-8. – [14] Luther, Römerbriefkommentar (1515/16). Weimarer A. 56, 388ff.

Literaturhinweise. – *Wichtigste Quellen:* Anselm von Canterbury: Cur Deus homo, a. a. O. [2] 2, 37-133. – Petrus Abaelardus: Dialogus inter Philosophum, Judaeum et Christianum, a. a. O. [3]. – Petrus Lombardus: IV Libri Sententiarum, a. a. O. [4]. – Wilhelm von Auxerre: S. aurea in quatuor libris sententiarum, a. a. O. [9]. – Wilhelm von Auvergne: S. de vitiis et virtutibus, a. a. O. [10]. – Albertus Magnus: In decem libros Ethicorum, a. a. O. [12]. – Thomas von Aquin: In decem libros Ethicorum Aristotelis ad Nicomachum expositio (1271/72) lib. 1 et 10; In Evangelium S. Matthaei lectura (1256/59 [?]) cap. 5; S. contra gent. I, 100-102; III, 1-63; S. theol. I, 12. 26; I/II, 1-5. – *Sekundärliteratur:* A. Gardeil: Béatitude, in: Dictionnaire de théol. catholique II/1 (Paris 1923) 497-515. – M. Wittmann: Die Ethik des hl. Th. v. Aquin in ihrem systematischen Aufbau dargestellt und in ihren gesch., bes. in den antiken Quellen erforscht (1933) 20-72; Th. v. Aquin und Bonaventura in ihrer G.-Lehre miteinander verglichen, in: Aus der Geisteswelt des Mittelalters. M. Grabmann zum 60. Geburtstag, hg. A. Lang u. a. (1935) 749-758. – E. Gilson: Le thomisme. Introduction à la philos. de saint Th. d'Aquin (Paris ¹1948) 332-348. 488-496; Johannes Duns Scotus. Einführung in die Grundgedanken seiner Lehre (1959) 615-624. – L. B. Gillon: Béatitude et désir de voir Dieu au MA. Angelicum 26 (1949) 3-30. 115-142. – F.-H. Dondaine: L'objet et le ‹medium› de la vision béatifique chez les théologiens du 13e siècle. Rech. Théol. ancienne et médiévale 19 (1952) 60-130. – N. Wicki: Die Lehre von der himmlischen Seligkeit in der ma. Scholastik von Petrus Lombardus bis Th. v. Aquin (Fribourg 1954). – R. Guindon: Béatitude et théol. morale chez saint Th. d'Aquin. Origines – interprétation (Ottawa 1956). – Sein und Ethos. Untersuchungen zur Grundlegung der Ethik, hg. P. Engelhardt (1963) 158-185: D. Eickelschulte: B. als Prozeß. Zur Frage nach dem Ort der theol. Ethik bei Th. v. Aquin; 236-266: H. Reiner: Wesen und Grund der sittlichen Verbindlichkeit (obligatio) bei Th. v. Aquin; 267-305: S. Pinckaers: Eudämonismus und sittliche Verbindlichkeit in der Ethik des hl. Thomas. Stellungnahme zum Beitrag H. Reiners; 306-328: H. Reiner: B. und obligatio bei Th. v. Aquin. Antwort an P. Pinckaers. – W. Kluxen: Philos. Ethik bei Th. v. Aquin (1964) 108-165. – J. Santeler: Der Endzweck des Menschen nach Th. v. Aquin. Eine kritisch-weiterführende Studie. Z. kath. Theol. 87 (1965) 1-60. – W. Sanders: Glück. Zur Herkunft und Bedeutungsentwickl. eines mittelalterl. Schicksalsbegriffs, in: niederdtsch. Stud., hg. W. Foerste 13 (1965) XII.   O. H. Pesch

III. Neuzeit. – 1. Renaissance und Barock. – Anknüpfend an Aristoteles hatte das *mittelalterliche* Denken die beatitudo (B.) als letztes Um-willen menschlichen Strebens und Handelns bestimmt. Dieses letzte Ziel lag in der jenseitigen Anschauung Gottes, die Thomas von Aquin als eigentliche Erfüllung der aristotelischen Idee philosophischer Kontemplation interpretiert. Damit verliert einerseits das Ideal der vita contemplativa seinen esoterischen Charakter: es wird für alle Menschen verbindlich; andererseits verliert das bürgerliche Leben seine ethische Autarkie: es wird in den Dienst der außerirdischen B. gestellt. Diese hat stets intentionalen Charakter. Daraus folgt eine Doppelsinnigkeit des B.-Begriffs: B. ist an Handeln geknüpft; denn «alles Seiende ist um seiner ihm eigenen Tätigkeit willen» [1]. Alle Tätigkeit aber geschieht «um des Zieles willen» [2]. Ziel des Handelns aber kann sowohl der besessene Reichtum als auch der Zustand des Besitzes heißen. Suárez unterscheidet in diesem Sinne, die scholastische Thematik terminologisch präzisierend, B. formalis und B. objectiva: «Aliud est res qua vel quibus beatificamur, aliud est consecutio illius rei; illa vocatur objectum beatitudinis seu beatitudo objectiva; haec vocatur beatitudo formalis seu per modum consecutionis» (Etwas anderes ist die Sache oder die Sachen, durch die wir glückselig werden, etwas anderes die Folge jener Sache; jene heißt Inhalt der Glückseligkeit (Gs.) oder inhaltliche Gs., diese zuständliche Gs. oder Gs. im Modus der Folge) [3].

Charakteristisch für die *Renaissance* ist einerseits die erneute Verselbständigung des politischen Lebens im Anschluß an die aristotelische Politik, andererseits die erneute Thematisierung eines philosophischen Begriffs des Glücks (G.), d. h. zunächst die Erneuerung einer genuin philosophischen vita contemplativa. So bei den italienischen Platonikern Ficinus und Pico dem Älteren. Die philosophische Kontemplation genügt der neuplatonischen Definition des G. als «reditus uniuscujusque rei ad suum principium scilicet deum» (die Rückgabe irgendeines Dinges an seinen Ursprung, d. h. Gott). Pico spricht im Sinne der erwähnten Ambivalenz des G.-Begriffs von einer «duplex felicitas», einmal verstanden als summum bonum und Gegenstand allen Strebens, einmal als «possessio atque adeptio hujus primi boni» (Besitz und Erlangen des ersten Guts) [4].

Die folgende Zeit diskutiert den Begriff des G. häufig im Anschluß an die Rekapitulation der antiken Schultheorien über die vita beata und das summum bonum mit unterschiedlichen Optionen. Der eigentliche Durchbruch zu einer neuen Problematik geschieht allerdings erst dort, wo unter erneuter Berufung auf die christliche Jenseitigkeit des G. der Boden des antiken «Eudämonismus» verlassen wird. Dies geschieht bei Fr. Bacon. Anknüpfend an den Satz des Aristoteles, daß das G. der Jugend nur in der Hoffnung bestehen könne, fährt er fort: «Eodem modo a christiana fide edocti debemus nos omnes minorum et adolescentum loco statuere, ut non aliam felicitatem cogitemus quam quae in spe sita est» (Ebenso müssen wir vom christlichen Glauben Belehrte uns auf den Standpunkt der Minderjährigen und Jungen stellen, so daß wir uns kein anderes G. denken können als jenes, das in der Hoffnung liegt) [5]. Der grenzenlosen irdischen G.-Suche wird durch den christlichen Glauben ein Ende gesetzt. An die Stelle der am «bonum individuale sive suitas» orientierten vita contemplativa tritt die am bonum communionis orientierte vita activa.

Demgegenüber definiert Gassendi die B. im Anschluß an Epikur als «indolentia corporis et tranquillitas animi» (Schmerzlosigkeit des Körpers und Ruhe der Seele) [6]. – Descartes knüpft an Senecas ‹De beata vita› an und unterscheidet (ähnlich wie Suárez) béatitude und höchstes Gut (souverain bien). Das letztere ist der feste Wille zum tugendhaften, d. h. vernünftigen Leben, das erstere die «Zufriedenheit, die daraus entspringt» [7]. Damit will Descartes Zenon und Epikur versöhnen. Beiden gemeinsam ist es, das G. in das zu verlegen, was von uns und nicht von äußeren Umständen abhängt. So unterscheidet Descartes G. als béatitude von G. als bonheur oder fortune [8]. Die aristotelische Eudämonie fällt damit als Leitfaden der Ethik weg. Sie wird gesehen als «alle Vollkommenheiten, deren die menschliche Natur fähig ist» [9]. Ihrer Wirklichkeit in der Polis entkleidet, wird sie so zu einem utopisch-universalen Prinzip der Menschheitswohlfahrt, wichtig als Leitidee für die Wissenschaft, die allein diese Wohlfahrt methodisch befördern kann, unnütz für die Bestimmung der Lebenspraxis des Einzelnen.

Hobbes bricht ausdrücklich mit der klassischen Idee eines philosophischen G. als tranquillitas animi, ebenso wie mit dem «unverständlichen» Begriff der visio beatifica [10]. Felicitas wird bestimmt als «progressus perpetuus ab una cupiditate ad alteram» (andauerndes Fortschreiten von einer Begierde zur anderen) [11], wobei die Sicherheit künftigen Genusses mit zum gegenwärtigen gehört.

Von Descartes wie von Hobbes gleich weit entfernt ist Pascals christliche These «Le bonheur n'est ni hors de nous ni dans nous. Il est en Dieu, et hors de nous et dans nous» [12]. «Il faut que pour rendre l'homme heureux, elle [la vraie religion] lui montre qu'il y a un Dieu; qu'on est obligé de l'aimer, que notre vraie félicité est d'être en lui et notre unique mal d'être séparé de lui» [13].

Den Versuch, philosophische Kontemplation zur totalen, Religion und Praxis umgreifenden Lebensform zu erheben, unternimmt Spinoza. «B. seu felicitas» besteht für ihn in «ipsa animi acquiescentia, quae ex Dei intuitiva cognitione oritur» (der Beruhigung der Seele, die aus dem anschauenden Erkennen Gottes entspringt) und auf welcher alles sittliche Handeln beruht [14]. Die Erkenntnis Gottes ist eins mit der Liebe zu Gott, diese aber eins mit der Liebe Gottes selbst. Als solche ist B. nicht Lohn der Tugend, sondern die Tugend selbst, ja deren Voraussetzung. «Da die Kraft des Menschen, seine Affekte zu hemmen, allein in der Vernunft besteht, so erfreut sich folglich niemand der Gs., weil er die Affekte gehemmt hat, sondern umgekehrt: seine Gewalt, die Gelüste zu hemmen, entspringt aus der Gs. selbst» [15]. In Spinozas pantheistischer Mystik fallen G. als Inhalt und als Zustand zusammen.

Anders in der christlichen Mystik Fénelons. Zwar heißt es auch bei ihm «Ce plaisir ou complaisance n'étant que la spontanéité des actes vertueux n'est dans le fond en rien distingué de la vertu même» [16]. Im «amour pur»-Streit mit Bossuet aber erneuert Fénelon die suárezianische Unterscheidung zwischen B. formalis und B. objectiva und fordert die Beseitigung jeder Äquivokation, wie sie etwa in dem augustinischen Begriff des frui verborgen ist. Während Bossuet schreibt: «Ex perceptione luminis et ex lumine percepto fit una et eadem oculi videntis felicitas» (Aus der Wahrnehmung des Lichts und aus dem wahrgenommenen Licht wird dem Auge des Sehenden ein und dasselbe G.) [17], insistiert Fénelon darauf, daß in der reinen Liebe das Ziel nicht das G. des Liebenden als lustvoller Zustand (delectatio, plaisir), sondern der Geliebte als Gegenstand der Liebe sei. Die delectatio ist naturhafte causa efficiens, nicht «Motiv» des sittlichen Handelns [18]. Dem Seligen geht es nicht um seine Seligkeit. «Deus amari nequeat sine delectatione; non tamen necesse est ut semper ametur propter delectationem» (Gott kann nicht ohne Genuß geliebt werden, doch ist es nicht notwendig, daß er immer um des Genusses willen geliebt wird) [19]. «Le plaisir qu'on goûte dans la justice dès qu'on le distingue de la justice même n'est pas la vraie raison ou motif d'aimer la justice» [20]. Diese Kritik am Eudämonismus des 17. und 18. Jh. nimmt bis in den Wortlaut hinein Kant vorweg.

Sie bleibt zunächst einsam. Für den theologischen Eudämonismus MALEBRANCHES gibt es keine direkte Kommunikation endlicher Wesen mehr. Ihre Handlungen sind alle motiviert durch das natürliche G.-Streben, wobei nun G. als B. formalis, nicht objectiva, d. h. als subjektiv lustvoller Zustand, verstanden wird: «Le désir de la béatitude formelle ou du plaisir général est le fond ou l'essence de la volonté en tant qu'elle est capable d'aimer le bien» [21]. Dieser Eudämonismus ist für das gesamte 17. und 18. Jh. bis Kant bestimmend. Einzig ARNAULD macht einen interessanten Versuch, den Begriff des plaisir selbst intentional zu fassen, und von da her qualitativ verschiedene plaisirs zu unterscheiden [22], in Wendung zunächst gegen Malebranche, dann gegen Bayle, der als «cause formelle» der B. plaisir und dieses als wesentlich gleichförmig begriffen hatte. Die differenzierenden Inhalte sind nun Instrumente oder «causes efficientes», können also die B. selbst nur durch einen ihr selbst äußerlichen Gesichtspunkt (denominatio extrinseca) differenzieren. Die Philosophen haben bisher meistens die Gs. mit ihrer Ursache verwechselt [23]. Dagegen sind sinnliche und geistige Vergnügen für Arnauld qualitativ verschieden. Sie sind Indizien der glückenden Selbsterhaltung und als solche nicht das G., denn nach Meinung aller Philosophen «ce qui nous rend heureux doit être désirable pour soimême» [24].

Anmerkungen. [1] THOMAS VON AQUIN, S. theol. III, 9, 1. – [2] a. a. O. I, 44, 4. – [3] FR. SUÁREZ, Disp. mét. IV, 1. – [4] G. PICO DELLA MIRANDOLA: Hetaplus ... (Florenz 1490, zit. 1942) 326. – [5] FR. BACON: De augmentis scientiarum (1623). Works, hg. J. SPEDDING (ND 1963) 1, 715. – [6] P. GASSENDI, Syntagma philosophiae Epicuri (1659, ND 1964) 1, 4. – [7] R. DESCARTES: Lettre à Elisabeth vom 18. 8. 1645. Oeuvres et Lettres, hg. A. BRIDOUX (Paris 1952) 1198. – [8] a. a. O. 1192. – [9] 1199. – [10] TH. HOBBES: Discourse on human nature (1650). Engl. Works, hg. MOLESWORTH (London 1839-45) 3, 51. – [11] De homine. Opera lat., hg. MOLESWORTH 3, 77. – [12] B. PASCAL, Pensées Nr. 465. – [13] a. a. O. Nr. 430. – [14] B. SPINOZA, Ethica IV, 4. Opera, hg. C. GEBHARDT 2, 267. – [15] a. a. O. 307. – [16] FR. FÉNELON, Oeuvres complètes (Paris 1852f.) 3, 357. – [17] J.-P. BOSSUET, Oeuvres complètes (Bar-le-Duc 1870) 5, 411. – [18] FÉNELON, a. a. O. [16] 3, 433. – [19] ebda. – [20] ebda. – [21] N. MALEBRANCHE: Traité de l'amour de Dieu (1697, zit. Lyon 1707) 548. – [22] A. ARNAULD, Diss. sur le prétendu bonheur des plaisirs des sens. Oeuvres (Lausanne 1775-83) 10, 62. – [23] P. BAYLE, in: Nouvelles de la République des Lettres (August 1685). Oeuvres div. 1 (La Haye 1727, ND 1964-68) 346f. – [24] ARNAULD, a. a. O. [22].

2. *Aufklärung.* – Bei LOCKE ist das Verhältnis von G. als Zustand und als Inhalt eindeutig zugunsten des Zustandes entschieden. G. ist ein Maximum von pleasure. Pleasure ist nicht um-willen des Guten, sondern das Gute ist definiert als «what has an aptness to produce pleasure in us» [1]. Handeln wird durch Begierde determiniert, und diese geht auf G. Da G. und pleasure nicht mehr qualitativ, sondern nur noch quantitativ unterscheidbar sind, ergibt sich die Möglichkeit eines hedonistischen Kalküls, wie es im 18. Jh. vielfältig praktiziert und später von Bentham zum Programm erhoben wird.

LEIBNIZ verwirft Lockes Idee des «plus grand plaisir» mit Hinweis auf Hobbes' Gedanken des unendlichen Progresses, der in Leibniz' Metaphysik einen neuen Stellenwert gewinnt: «Beatitudo non consistit in summo quodam gradu sed in perpetuo gaudiorum incremento (Die Gs. besteht nicht in einem höchsten Grad, sondern in der dauernden Zunahme der Freuden) [2]. «Le bonheur est un plaisir durable ce qui ne saurait avoir lieu sans une progression continuelle à des nouveaux plaisirs» [3]. G. ist «un chemin par les plaisirs» und das plaisir «un pas et un avancement vers le bonheur» [4]. Dabei ist der Grad der G.-Fähigkeit individuell verschieden. Auch kommt es auf die Qualität der Lust an. Lust selbst wird mit Spinoza als «Empfindung einer Vollkommenheit oder Vortrefflichkeit» [5] definiert, Freude aber als «Lust, so die Seele an ihr selbst empfindet» [6]. Die Gs. ist der Stand einer beständigen Freude, und Weisheit ist die Wissenschaft der Gs. Alle Menschen streben notwendig nach G. Den Gegensatz von Eudämonismus und uneigennützigem Wohlwollen, Liebe bzw. interesselosem Wohlgefallen versucht Leibniz in zahlreichen Ansätzen zu überbrücken durch eine Definition der Liebe, die auf unmittelbare Identität eigenen und fremden G. zielt: «amor» ist «delectatio in felicitate alterius» [7]. So glaubt Leibniz Gassendis Epikureismus mit der Lehre vom amour pur zu versöhnen. – Seine Lösung liegt nahe bei derjenigen SHAFTESBURYS, der in seinem anti-aszetischen Naturalismus das G. definiert als das Überwiegen der sozialen über die privaten Affekte [8].

Für die *französische* Aufklärung des 18. Jh. ist G. das Thema schlechthin. Über 50 selbständige Schriften sind ihm allein in Frankreich gewidmet [9]. Nach VOLTAIRE besteht bonheur in einer suite des plaisirs; plaisir aber ist definiert als «sentiment agréable» [10]. ‹Théorie des sentiments agréables› ist ein charakteristischer Titel eines Werkes von LEVESQUE DE POUILLY, das den Autoren der ‹Encyclopédie› dann als Quelle dient. Die Erzeugung des G. wird zu einem quasi technischen Problem. FONTENELLE und SAINT-EVREMONT sind solche «Techniker» des G. Das Problem wird meist in der Antinomie von Ruhe und Bewegung gesehen und ihre Auflösung in einem bestimmten Verhältnis beider. So definiert Abbé DE GOURCY: «Le bonheur est un état de paix et de contentement, parsemé de plaisirs sans amertume et sans remords qui en égaient le fond» [11]. In ähnlichem Sinne heißt es dann in der Enzyklopädie «Notre bonheur le plus parfait dans cette vie n'est donc ... qu'un état tranquille parsemé çà et là de quelques plaisirs qui en égaient le fond» [12]. Die Philosophie wird in dem Maße zur Führerin im Leben, wie sie auf einen spezifisch philosophischen Begriff des G. bzw. den Begriff eines philosophischen G. verzichtet. So verteidigt VOLTAIRE ausdrücklich gegen Pascal die Tendenz zur Zerstreuung [13].

Der Bezug von G. und Wahrheit verschwindet. Für HUME gibt es keine Wahrheit, die über G. entscheidet [14]. G. wird *relativ*. Was einmal beatitudo objectiva hieß, der intentionale Gehalt des G., erscheint im Artikel ‹Bonheur› der ‹Encyclopédie› nur noch als «cause efficiente» des G.-Gefühls. Der Streit der Alten um die Natur des G. war deshalb für die Autoren der ‹Encyclopédie› in Wirklichkeit ein Streit um deren Ursache, und die Definition des G. bei Aristoteles definierte nicht wirklich das G., sondern nur dessen «fondement». Die ‹Encyclopédie› wiederholt hier nur die Argumente Bayles. G. ist folglich relativ auf den Charakter des

Glücklichen. «Chacun n'a-t-il pas droit d'être heureux selon que son caprice en décidera?» [15]. So schreibt denn auch DIDEROT über die zahlreichen Traktate zum Thema G., sie seien stets nur die Geschichte des G. derer, die sie verfaßt haben [16]. Wo Wahrheit aufhört, ein Maßstab für G. zu sein, gibt es keinen qualitativen Unterschied zwischen eingebildetem und wahrem G. mehr. Kein genius malignus, schreibt LA METTRIE, ist zu fürchten, wenn die Illusion, die er erzeugt, angenehm ist [17]. Zur Erzeugung illusionären G. werden von ihm wie von MAUPERTUIS ausdrücklich Drogen empfohlen [18]. Relativ ist G. noch in anderer Hinsicht, nämlich einerseits auf das Schicksal der anderen, mit denen man sich vergleicht, und schließlich auf frühere Zustände, deren man sich erinnert. Deshalb bedarf das G., um anzudauern, ständiger Steigerung: «Jouir d'un bonheur constant cela veut dire passer continuellement d'un état heureux à un autre état qui l'est davantage» [19]. So wenig wie mit Wahrheit hat das G. für LA METTRIE mit Tugend zu tun. Im Verhältnis zum G. sind Gut und Böse indifferent: «Il est un bonheur particulier et individuel qui se trouve et sans vertu et dans le crime même» [20]. Die Tugend ist eine Erfindung der Gesellschaft, um sich gegen die eventuelle Aggression der «bonheurs particuliers» zu schützen. Die Reduktion des G. auf transzendenzlose Subjektivität bedeutet bei La Mettrie: Reduktion auf sinnliche Lust, das G. der Schweine. La Mettrie will indessen nicht zum Verbrechen einladen, sondern zur «Ruhe im Verbrechen» [21]. Persönlich plädiert er für ein «sentiment du plaisir épuré par la délicatesse et la vertu» [22]. Denn nur eine außerordentliche Natur könnte das G. im Gegensatz zur Gesellschaft und ohne eine gewisse Verinnerlichung ihrer Normen finden.

Damit fügt sich La Mettrie persönlich ein in die vorherrschende These des 16. Jh. von der prästabilierten Harmonie von G. und Tugend. «Le plaisir naît du sein de la vertu» [23], heißt es in der ‹Encyclopédie›. Hinter dieser These steht die Voraussetzung einer natürlichen Moral, in deren Erfüllung der Mensch zugleich sein G. findet. Damit die Forderungen der Sozialität nicht als Repression der Neigungen erscheinen, müssen ursprünglich soziale Neigungen angenommen werden. Als deren Übergewicht über die privaten hatte Shaftesbury das G. definiert. Treffend bemerkt sein Übersetzer ins Französische von 1769: «Elle [sa philosophie] est telle qu'il faut dans la société civile pour faire le bonheur des hommes» [24]. So empfiehlt auch HOLBACH, die Leidenschaften selbst in den Dienst der félicité publique zu stellen [25]. Die félicité publique ihrerseits wird als Maximum privater G.-Gefühle aller verstanden. In diesem Sinne sagt SAINT-JUST, die Idee des G. sei eine neue Idee des Jh. [26]. Die unglückliche Tugend darzustellen, bleibt Sache der Romanciers. VOLTAIRE schließt sich ihnen im ‹Zadig› an, wenn er die These vom notwendigen G. der Tugendhaften als Illusion entlarvt, gleichwohl aber für die unglückliche Tugend Partei ergreift.

Für ROUSSEAU gibt es ebensowenig wie für die gesamte Philosophie des 18. Jh. einen amour désintéressé. Ziel menschlichen Handelns ist stets das eigene G. [27]. Aber in dessen Bestimmung greift Rousseau auf die klassische Tradition des «wahren G.» zurück. Dieses setzt Einheit des Menschen mit sich selbst voraus: «Zufriedenheit» [28]. Diese aber ist geknüpft an das gute Gewissen. Allerdings: «La vertu ne donne pas le bonheur mais elle seule apprend à en jouir quand on l'a» [29]. Rousseau sieht das Problem der unglücklichen Tugend am krassesten verkörpert im verfolgten Gerechten aus dem zweiten Buch von Platos ‹Politeia› [30]. Ohne den Glauben an die Unsterblichkeit und an die jenseitige Gerechtigkeit wäre Tugend nur «eine Narrheit, der man einen schönen Namen gibt» [31]. Vollkommenes G., vollkommene Einheit mit sich wäre vollkommene Apathie und Autarkie. Sie besitzt nur Gott [32]. Menschliches G. bedarf der Liebe und wächst deshalb als zerbrechliches G. aus unserer Schwachheit [33]. Rousseau sieht allerdings in der durch den Zerfall der politischen Totalität bedingten Freisetzung des natürlichen Individuums die Möglichkeit eines G., das – «tranquille au fond de l'abîme» [34] – die Absolutheit des Göttlichen erreicht. Rousseau hat dies im Zustand der abgeschnittenen Kommunikation in den ‹Rêveries› dargestellt. Es ist das «sentiment de l'existence dépuillé de toute autre affection» [35]. «Allein wer diesen Zustand erlebt, könnte sich wahrhaft glücklich nennen» [36]. Dieses G. «setzt sich nicht aus flüchtigen Augenblicken zusammen, sondern bildet einen einfachen, dauernden Zustand, der in sich selbst nicht von besonderer Stärke ist, dessen Beständigkeit aber seinen Reiz so anwachsen läßt, daß man darin schließlich die höchste Seligkeit findet» [37].

Die *deutsche* Philosophie des 17. und 18. Jh. bleibt in der Tradition der klassischen Lehre vom summum bonum. «Summi boni possessio» ist bei BUDDEUS die Definition der summa felicitas [38]. THOMASIUS unterscheidet wahres und scheinbares G. Das erstere besteht in der Gemütsruhe, d. h. «einer ruhigen Belustigung, welche darinnen besteht, daß der Mensch weder Schmerzen noch Freude über etwas empfindet und in diesem Zustand sich mit anderen Menschen, die eine dergleichen Gemütsruhe besitzen, zu vereinigen trachtet» [39]. Im Begriff der «indifferenten Belustigung» [40], der sich auch bei Thomasius findet, ist die stoisch-mystische Tradition mit ihrem Begriff der Indifferenz = Gelassenheit = Apathie gegenwärtig. CHR. WOLFF identifiziert die B. philosophica mit dem summum bonum hominis und definiert sie (im Anschluß an Leibniz) als «non impeditus progressus ad majores continuo perfectiones» (ungehinderter Fortschritt zu immer höheren Vollkommenheiten) [41]. Dieses summum bonum ist mit vera voluptas und gaudium beständig verknüpft. Der Status, «in quo voluptas vera perdurat», heißt felicitas [42]. Sie wird durch Tugend, d. h. durch die custodia legis naturalis, erworben und bewahrt und ist ihrerseits «motivum committendi actiones legis naturae conformes» [43]. Die gleichen Definitionen gibt GOTTSCHED [44].

Anmerkungen. [1] J. LOCKE: Essay conc. human understanding (1690), hg. FRASER (Oxford 1894) 345. – [2] G. W. LEIBNIZ, Textes inédits, hg. G. GRUA (Paris 1948) 1, 95. – [3] Nouveaux essais II, 22, § 42, in: Philos. Schr., hg. GERHARDT 5 (1882) 180. – [4] ebda. – [5] Von der Glückseligkeit, in: Kl. Schriften zur Met., hg. H. H. HOLZ (1965) 1, 391. – [6] ebda. – [7] Codex juris gentium diplomaticus, hg. G. W. LEIBNIZ (1693) Vorw. – [8] A. A. C. SHAFTESBURY: An inquiry conc. virtue (1699), in: Characteristicks ... (1714, zit. 1723) 2, 138f. 172-176. – [9] Vgl. R. MAUZI: L'idée du bonheur au 18e siècle (Paris 1960) Bibliogr. – [10] VOLTAIRE: Dict. philos. (Genf 1764) Art. ‹Félicité›. – [11] Abbé DE GOURCY: Essai sur le bonheur (Wien/Paris 1777) 128. – [12] Encyclopédie..., hg. DIDEROT/D'ALEMBERT (1751-1772) Art. ‹Bonheur›. – [13] VOLTAIRE, Remarques sur les Pensées de M. Pascal. Oeuvres compl., hg. MOLAND 26, 43. – [14] D. HUME, Essay on the sceptic. Philos. Works, hg. GREEN/GROSE 3, 179f. – [15] Encyclop. a. a. O. [12]. – [16] D. DIDEROT bei MAUZI, a. a. O. [9]. – [17] J. O. DE LA METTRIE: Anti-Sénèque (Potsdam 1750) 15. – [18] P. L. M. DE MAUPERTUIS: Essai de philos. morale (Berlin 1749). – [19] E. LUZAC: Le bonheur ou nouveau système de jurisprudence naturelle (Berlin 1854) 44. – [20] LA METTRIE, a. a. O. [17] 50. – [21] Ib. 89. – [22] La Volupté. Oeuvres philos. (Amsterdam 1753) 2, 327. – [23] MAUZI, a. a. O. [9]. – [24] Encyclop. a. a. O. [12]. – [25] P. H. D. D'HOLBACH: Système social (London 1773) 1, 143. – [26] SAINT-JUST bei MAUZI, a. a. O. [9]. – [27] J.-J. ROUSSEAU, Corr.

gén., hg. Th. Dufour (Paris 1924-34) 6, 222ff. – [28] a. a. O. 227. – [29] ebda. – [30] 19, 60. – [31] 10, 340. – [32] Emile. Oeuvres compl. 2 (Paris 1870) 191. – [33] ebda. – [34] Rêveries (Paris 1948) 13. – [35] a. a. O. 85. – [36] ebda. – [37] 82. – [38] J. F. Buddeus: Elementa philosophiae practicae (Halle 1697). – [39] Chr. Thomasius: Von der Kunst vernünftig und tugendhaft zu lieben ... oder Einl. zur Sittenlehre (1692, ND 1968) 85f. – [40] Vgl. W. Schneiders: Naturrecht und Liebesethik (1971) 261. – [41] Chr. Wolff: Philos. practica (Frankfurt/Leipzig 1738f.) 1, § 374. – [42] a. a. O. § 397. – [43] 2, § 326. – [44] J. Chr. Gottsched: Erste Gründe der gesamten Weltweisheit (1734) 2, 51.

3. *Kant und der deutsche Idealismus.* – Mit dem Gedanken der Orientierung des Handelns am Ziel der Gs. bricht erstmals grundsätzlich Kant, und zwar zeigt er erstens, daß ein solches Ziel eine konsistente Handlungsorientierung für ein vernünftiges Wesen gar nicht hergeben kann. «Gs. ist die Befriedigung aller unserer Neigungen» [1] oder auch die «Zufriedenheit mit seinem Zustande, sofern man der Fortdauer derselben gewiß ist» [2]. Als solche ist sie «der Inbegriff aller durch die Natur außer und in dem Menschen möglichen Zwecke desselben» [3]. Gs. ist deshalb «letzter Naturzweck» [4] des Menschen selbst, nicht aber der letzte Zweck, «den man der Natur in Ansehung der Menschengattung beizulegen Ursache hat» [5]. Dieser Zweck ist vielmehr die Kultur als «Hervorbringung der Tauglichkeit eines vernünftigen Wesens zu beliebigen Zwecken überhaupt (folglich in seiner Freiheit)» [6]. Für ein solches Wesen ist Gs. nur «Materie aller seiner Zwecke auf Erden, die, wenn er sie zu seinem ganzen Zwecke macht, ihn unfähig macht, seiner eigenen Existenz einen Endzweck zu setzen und dazu zusammenzustimmen» [7]. Gs. als Zweck könne durch den Handelnden gar nicht erreicht werden, denn dieser bedürfe dazu der Allwissenheit, um alle weitläufigen Folgen und Rückwirkungen seiner Handlungen übersehen zu können. Dieser Zweck könnte nur durch Natur selbst erreicht werden. Aber die Natur des Menschen «ist nicht von der Art, irgendwo im Besitze und Genusse aufzuhören und befriedigt zu werden» [8]. Daher «finden wir auch, daß je mehr eine kultivierte Vernunft sich mit der Absicht auf den Genuß des Lebens und der Gs. abgibt, desto weiter der Mensch von der wahren Zufriedenheit abkomme» [9]. Vor allem aber ist der Begriff der Gs., da er nicht aus einem instinktiven Naturbestand «abstrahiert», sondern eine bloße Idee ist, die der mit der Einbildungskraft und den Sinnen verwickelte Verstand sich entwirft, so schwankend, daß er als Orientierung für ein «bestimmtes allgemeines und festes Gesetz» ganz untauglich ist [10]. Gs. als Triebfeder der Sittlichkeit ansetzen, heißt im übrigen, «die Bewegursachen zur Tugend mit denen zum Laster in eine Klasse stellen» [11]. Das moralische Gesetz geht nicht auf eigene Gs., sondern auf die Würdigkeit, glücklich zu sein [12]. Daß dieser Würdigkeit in genauem Ebenmaße wirklich Gs. entspreche, das ist der Begriff des höchsten Gutes [13], der nur durch ein theologisches Postulat realisierbar ist. Fremde Gs. sich zum Zweck zu machen, ist hingegen Pflicht [14]. Kant läßt den Begriff einer moralischen Gs. als «Zufriedenheit mit seiner Person und ihrem sittlichen Verhalten» [15] nicht gelten, weil es sich hier um eine Äquivokation handle: Um solche Zufriedenheit zu fühlen, muß man sich gerade nicht sie, sondern die Vollkommenheit selbst zum Zweck machen [16].

Nicht Gs., sondern Glückswürdigkeit ist auch für Fichte Zweck des Daseins. Der Begriff des G. als «Zustand des empfindenden Subjekts, in welchem nach Regeln genossen wird», gibt gar keinen Maßstab des Handelns, da «wir nicht wissen können, was das G. der anderen befördere, ja worin wir selbst in der nächsten Stunde unser G. setzen werden» [17]. «Wird dieser Begriff des G. durch die Vernunft aufs Unbedingte und Unbegrenzte ausgedehnt, so entsteht die Idee der Gs.» [18]. Auch diese kann, weil auf empirischen Prinzipien beruhend, nicht allgemeingültig bestimmt werden. Gs. kann deshalb kein Zweck eines sittlichen Wollens sein. «Nicht das ist gut, was glücklich macht, sondern nur das macht glücklich, was gut ist» [19]. Ohne Sittlichkeit ist keine Gs. möglich. Angenehme Gefühle sind nicht Gs. Fichte unterscheidet später terminologisch «Gs.», die der sinnliche Mensch sucht, von der «Seligkeit», welche die Religion nicht verheißet, sondern unmittelbar darreichet» [20]. Seligkeit ist gleichbedeutend mit Liebe, Liebe aber das Wesen des Lebens selbst. Leben ist deshalb als solches Seligkeit [21].

Schelling denkt den Begriff der Gs. als «Identität des vom Wollen Unabhängigen mit dem Wollen selbst» [22]. Als bloße durch Natur, unabhängig vom Willen bewirkte Übereinstimmung ist sie genauso wenig legitimes Ziel des Wollens wie eine bloß formale Sittlichkeit. «Ist aber Gs. nicht nur die Identität der Außenwelt mit dem reinen Willen», sondern «der in der Außenwelt herrschende reine Wille» selbst, dann ist sie «das einzige und höchste Gut» [23].

Hegel hält daran fest, daß dem Begriff der Gs. das Moment des G., d. h. der Zufälligkeit anhaftet. «Die Seligkeit hingegen besteht darin, daß kein G. in ihr ist, d. h. in ihr die Angemessenheit des äußeren Daseins zum inneren Verlangen nicht zufällig ist» [24]. Solche Seligkeit kann indessen nur von Gott ausgesagt werden. Für das endliche Wesen hat sie notwendig den Charakter der Gnade. Die «Übereinstimmung des Äußerlichen mit dem Innerlichen» heißt «Vergnügen». «Gs. dagegen ist nicht nur ein einzelnes Vergnügen, sondern ein fortdauernder Zustand zum Teil des wirklichen Vergnügens selbst, zum Teil auch der Umstände und Mittel, wodurch man immer die Möglichkeit hat, sich, wenn man will, Vergnügen zu schaffen» [25]. «In der Gs. hat der Gedanke schon eine Macht über die Naturgewalt der Triebe, indem er nicht mit dem Augenblicklichen zufrieden ist, sondern ein Ganzes von G. erheischt» [26]. Damit wird einerseits die Besonderheit transzendiert, andererseits aber liegt der so gewonnene allgemeine Inhalt doch wieder «in der Subjektivität und Empfindung eines jeden» [27]. Es ist noch keine «wahre Einheit des Inhalts und der Form vorhanden». Die Gs. bleibt als abstrakte Reflexionsallgemeinheit den Trieben äußerlich. Erst im Begriff der Freiheit, dem konkret Allgemeinen, wird die Identität von Begriff und Gegenstand erreicht. Um ihn ist es deshalb in der Weltgeschichte zu tun und nicht um das G. dessen, «welcher sein Dasein seinem besonderen Charakter, Wollen und Willkür angemessen hat und so in seinem Dasein sich selbst genießt» [28]. Die Perioden des G. sind als die des fehlenden Gegensatzes die «leeren Blätter in ihr» [29].

Anmerkungen. [1] I. Kant, KrV B 834. – [2] Met. Sitten. Akad.-A. 6, 387. – [3] KU a. a. O. 5, 431. – [4] ebda. – [5] ebda. – [6] ebda. – [7] ebda. – [8] 430. – [9] Grundlegung Met. Sitten a. a. O. 4, 395. – [10] KU 5, 430. – [11] Grundlegung Met. Sitten 4, 442. – [12] KrV B 838. – [13] B 842. – [14] Met. Sitten 6, 388. 393f. – [15] ebda. – [16] a. a. O. 387. – [17] J. G. Fichte, Akad.-A. I/1, 138. – [18] a. a. O. 138. – [19] Werke, hg. F. Medicus ([2]1922) 1, 227. – [20] a. a. O. 5, 217. – [21] 113-115. – [22] F. W. J. Schelling, System des transz. Idealismus. Werke, hg. M. Schröter 2, 575. – [23] a. a. O. 582. – [24] G. W. F. Hegel, Werke, hg. Glockner 3, 53. – [25] ebda. – [26] 7, 71. – [27] ebda. – [28] 11, 56. – [29] ebda.

4. 19. und 20. Jahrhundert.

SCHOPENHAUER knüpft an Hobbes' G.-Begriff (ständiges Fortschreiten von Begierde zu Erfüllung und neuer Begierde) an und zieht daraus die Konsequenz: «Alle Befriedigung oder was man gemeinhin G. nennt, ist eigentlich und wesentlich immer nur negativ und durchaus nie positiv» [1], d. h. sie ist stets nur Aufhebung eines Mangels. Ohne den Kontrast hört Erfüllung auf und wird zur Langeweile. Die praktische Folgerung liegt nahe bei Epikur: «Kommt zu einem schmerzlosen Zustand noch Abwesenheit der Langeweile, so ist das irdische G. im wesentlichen erreicht: denn das übrige ist Schimäre» [2]. G. als positiver Inhalt liegt deshalb (außer im Rausch) «stets in der Zukunft oder auch in der Vergangenheit» [3].

NIETZSCHE verwirft mit Schopenhauers G.-Begriff den der Philosophen überhaupt als den der «Müden, Leidenden, Geängstigten» [4]. G. ist «Fülle des Gefühls» und dieses an Lebenssteigerung geknüpft: «Das einzige G. liegt im Schaffen» [5]. «Was ist G.? Das Gefühl davon, daß die Macht wächst, daß ein Widerstand überwunden wird» [6]. G. ist nicht Gegenstand des Strebens individueller Einheiten, sondern «Begleiterscheinung beim Auslösen ihrer Kraft» [7]. G. als intendierter Zustand («ein wenig Gift ab und zu, das macht angenehme Träume») [8], ist das Gegenbild des wahren G. «Wir haben das G. erfunden, sagen die letzten Menschen und blinzeln» [9].

Die hedonistische Orientierung, die Nietzsche hier im Blick hat, hat ihren vollkommensten Ausdruck in BENTHAMS «Utilitätsprinzip» der größtmöglichen Quantität von G. bei denen, deren Interesse in Frage steht [10]. Die «general happiness» ist das Ergebnis des «hedonic calculus», der auf der Voraussetzung einer Quantifizierbarkeit der Lust besteht. Bentham rechnet mit «units of pleasure». Ein qualitativer Unterschied höherer und niederer Vergnügen muß dabei ausgeschlossen werden. Die Größe der pleasures hängt von sechs Umständen ab: «intensity, duration, certainty, propinquity, fecundity und purity» [11]. Das Problem einer hedonistischen Begründung für die Berücksichtigung fremder Interessen wird, unter dem Einfluß von D. Hartley, letztlich im Sinne der auf Shaftesbury zurückgehenden Tradition gelöst. Sympathie ist die Quelle des größten pleasure. J. ST. MILL schließt sich Bentham weitgehend an, führt aber erneut qualitative Differenzen in den Begriff des G. ein, mit dem Diktum, daß es «besser sei, ein unbefriedigter Sokrates zu sein als ein befriedigtes Schwein» [12].

G. als Befriedigung libidinöser Regungen ist das Programm des Lustprinzips, das den Lebenszweck setzt, so heißt es bei FREUD [13]. Bei der Durchmusterung der in den Schulen der Lebensweisheit entwickelten Methoden der G.-Gewinnung bevorzugt Freud «jene Richtung des Lebens, welche die Liebe zum Mittelpunkt nimmt» [14], da sich hier das Streben nach Unabhängigkeit vom Schicksal mit der Zuwendung zur Außenwelt verbindet und geschlechtliche Liebe ohnehin Vorbild für unser G.-Streben ist. Aber auch dieser Weg schützt nicht vor Leid und Unglück. Überhaupt ist «die Absicht, daß der Mensch glücklich ist, im Plan der Schöpfung nicht enthalten» [15], das Programm des Lustprinzips nicht erfüllbar. Kultur beruht auf sublimierender Einschränkung des G.-Strebens auf Bedingungen kollektiver Selbsterhaltung. Allerdings darf, wenn schwere Schädigungen erspart bleiben sollen, die G.-Befriedigung des Einzelnen nicht aus den Zielen unserer Kultur gestrichen werden. «Das G. in jenem ermäßigten Sinne, in dem es als möglich erkannt wird, ist ein Problem der individuellen Libidoökonomie» [16].

H. MARCUSE hat die These vertreten, die Überflußgesellschaft könne die repressiven Züge der Kultur mildern und in höherem Maße, als Freud glaubte, G. gewähren [17]. Allerdings bedürfe es dazu einer Qualifizierung der Triebe und Bedürfnisse. Wegen seiner Unfähigkeit, Bedürfnisse und Genuß zu qualifizieren, «die Kategorie der Wahrheit auf das G. anwenden zu können» [18], wegen seiner bloß subjektiven Fassung des G.-Begriffs, die keine Verkümmerung des Menschen mehr wahrzunehmen gestattet und für die die konkrete Objektivität des G. ein nicht ausweisbarer Begriff ist, kritisiert Marcuse den Hedonismus. Unter den Bedingungen antagonistischer Arbeitsverhältnisse bleibt «für das G. nur die Sphäre der Konsumtion übrig» [19]. Mit dem Versuch, die Objektivität des G. zu retten, wahre und falsche Interessen zu unterscheiden, schließt die Kritische Theorie bei Marcuse einerseits ausdrücklich an Plato, an einen durch Marx interpretierten Hegel anderseits mit dem Satz: «Die Wirklichkeit des G. ist die Wirklichkeit der Freiheit als der Selbstbestimmung der befreiten Menschheit in ihrem gemeinsamen Kampfe mit der Natur» [20].

Für SCHELER ist Seligkeit als tiefste Form des G.-Gefühls als nicht intendierbare Werthaltung diejenige, die dem höchsten Wert, der Heiligkeit, korrespondiert [21]. Ihr Gegensatz ist die Verzweiflung. Direkt intendierbar sind nur sinnliche Lustgefühle, weshalb denn auch der Eudämonismus notwendig zum Hedonismus führt [22]. G. ist aber auch nicht bloße Folge guten Wollens, sondern dessen Wurzel und Quelle: «Nur der Glückliche handelt gut», aber «nur der Gute ist der Glückselige» [23]. G. resultiert aus der Wesensgüte der Person und ist ihrerseits Grund der Tugend, eine Lehre, die in gewisser Hinsicht die Einsicht Spinozas erneuert.

Ähnlich WITTGENSTEIN: «Ich bin entweder glücklich oder unglücklich, das ist alles. Man kann sagen: Gut und Böse gibt es nicht» [24]. G. und Unglück qualifizieren die Welt. «Die Welt des Glücklichen ist eine glückliche Welt» [25]. «Der Mensch kann sich nicht ohne weiteres glücklich machen» [26]. Glücklich sein heißt, «in Übereinstimmung sein mit der Welt» oder «den Willen Gottes tun» [27]. «Nur wer nicht in der Zeit, sondern in der Gegenwart lebt, ist glücklich» [28]. Dieses glückliche Leben ist das ewige Leben. Sein Merkmal ist nicht objektiv beschreibbar, sondern «metaphysisch» [29]. Das glückliche Leben setzt voraus, auf die Annehmlichkeiten des Lebens verzichten zu können. «Das Leben der Erkenntnis ist das Leben, welches glücklich ist der Not der Welt zum Trotz» [30].

Die gründlichsten Versuche innerhalb der moralphilosophischen Überlegungen der *analytischen* Schule, den Begriff des G. (happiness) genauer zu bestimmen, finden sich bei G. H. VON WRIGHT, und zwar im Anschluß an Aristoteles. Von dessen Eudämoniebegriff schreibt Wright, seine einzigartige Stellung liege nicht darin, «that eudaimonia is the final end of all action. It is that eudaimonia is the only end that is never anything except final» [31]. Für ihn ist happiness der dauerhafteste Zustand in der aufsteigenden Reihe: pleasure – joy – happiness. Er unterscheidet drei Typen von Gs.-Idealen: das epikureische ist wesentlich passiv und zielt auf den Besitz lustbringender Dinge; das asketische sieht das G. im Gleichgewicht von Begierde und Befriedigung und als sichersten Weg hierzu die Verminderung der Begierden (dieses Ideal kritisiert Wright, weil es happiness und unhappiness als kontradiktorische statt als konträre Gegensätze betrachtet und also G. mit Abwesenheit von Unglück gleichsetzt); das dritte Ideal versteht G. wesentlich als die aktive Freude dessen, der tun kann, was er gern tut, was er gut kann und der dies so vollkommen wie möglich tut [32]. Man erkennt in den beiden letzten Idealen unschwer das stoische und das aristotelische wieder. Urteile über happiness sind Werturteile, als solche «firstperson judgements» und weder wahr noch falsch, allenfalls aufrichtig oder unaufrichtig. Die richtige Einschätzung der G.-Chancen kann dagegen objektiv wahr oder falsch sein; in bezug auf gegenwärtiges G. ist jeder Richter in eigener Sache [33]. Aus diesem Grunde ist für R. M. HARE ‹G.› kein empirischer Begriff. Gleichwohl gesteht er dem Begriff eine gewisse Intersubjektivität zu. Mills Bevorzugung des unbefriedigten menschlichen Wesens gegenüber dem befriedigten Schwein findet bei Hare diese sprachanalytische Abwandlung: Im Unterschied zu dem keinen intersubjektiven Vergleich zulassenden Urteil, jemand sei befriedigt (satisfied), schließt das Urteil, er sei glücklich, ein, daß man bereit wäre, mit ihm zu tauschen [34].

Anmerkungen. [1] A. SCHOPENHAUER, Die Welt als Wille und Vorstellung. Werke, hg. A. HÜBSCHER (²1946-50) 2, 376. – [2] Parerga I a. a. O. 5, 433. – [3] III = 2, 657f. – [4] FR. NIETZSCHE, Musarion-A. 16, 23. – [5] a. a. O. 14, 123. – [6] 17, 172. – [7] 269. – [8] 18, 14. – [9] 15. – [10] J. BENTHAM: An introd. to the principles of morales and legislation (1730, zit. London 1970) 11. 282. – [11] a. a. O. 39. – [12] J. ST. MILL, Ges. Werke, dtsch. hg. TH. GOMPERZ (Leipzig 1869) 1, 137. – [13] S. FREUD, Ges. Werke 14, 434. – [14] a. a. O. 440f. – [15] 434. – [16] 442. – [17] H. MARCUSE: Eros and civilization (London 1956). – [18] Zur Kritik des Hedonismus, in: Kultur und Gesellschaft (1965) 1, 137. – [19] a. a. O. 141. – [20] 167. – [21] M. SCHELER: Der Formalismus in der Ethik ... (⁵1966) 126. – [22] a. a. O. 339. – [23] 359f. – [24] L. WITTGENSTEIN: Tagebücher 1914-1916, in: Schriften (1960) 167. – [25] a. a. O. 170. – [26] 169. – [27] 167. – [28] ebda. – [29] 171. – [30] 174. – [31] G. H. VON WRIGHT: The varieties of goodness (London 1963) 90. – [32] a. a. O. 92-94. – [33] 99. – [34] R. M. HARE: Freedom and reason (Oxford 1963) 125-129.

Literaturhinweise s. Anmerkungen zu den Abschnitten III, 1-4.

R. SPAEMANN

Gnade (griech. χάρις; lat. gratia). Das deutsche Wort ‹G.› (ahd.: *ginâda*) – mit dem Grundsinn «sich neigen» – gewann seinen spezifisch theologischen Sinn als Wiedergabe des lateinischen ‹gratia›. Das korrespondierende χάρις umspannte in der profanen Gräzität ein reiches Feld: Anmut oder Liebreiz, erwiesene Gunst wie geschuldeten Dank, sich zuneigende Huld. Nahe verwandt sind die Begriffe εὐδοκία, ἔλεος, χρηστότης. Im *Neuen Testament* konzentriert sich ‹G.› zum Zentralbegriff für Gottes Heilszuwendung in Jesus Christus; hierbei gewann der Kernsinn: «Erfreuen durch Schenken, der geschenkte, nicht verdiente Gunsterweis» [1] volle Leuchtkraft.

Vor allem PAULUS faßt in diesem Wort sein Verständnis des Heilsgeschehens zusammen. G. ist ihm der sich grundlos erbarmende Retterwille Gottes, welcher im Sühnetod Jesu Christi die gesamte Menschheit herausreißt aus der Schuldversklavung unter die Todesgewalten [2]. Als zugesprochene Gotteshuld kann sie allein durch den Glauben empfangen werden und schließt das Gesetz als Heilsweg aus [3]. Als personhaft zugeeignete G.-Kraft drängt sie zum neuen Liebesgehorsam und fügt die Glaubenden zur Gemeinschaft zusammen [4]. Als Werk Christi ist sie Gabe, Wirkmacht und Ergebnis des Wirkens ineins. Dieses universale Verständnis greift zurück auf Jesu Ruf unter die Gottesherrschaft, welche in einem souveränen G.-Akt anbricht und gerade den Gott-Entfremdeten und Ausgestoßenen gilt [5].

Im *Alten Testament* ist jener neutestamentlich-paulinische Sinn präfiguriert in drei Wortstämmen, welche primär auf das Gottesverhältnis ausgerichtet sind: a) ‹hēn› (LXX: χάρις) umschreibt die frei sich herabneigende, ungeschuldete Gunst sowie die aus ihr entspringende Qualifizierung des Empfängers [6]; b) ‹rāhªmîm› (LXX meist: οἰκτιρμός) meint die gefühlsdurchpulste Liebeszuwendung tätigen Erbarmens, wobei ein familiäres Grundverhältnis mitschwingt [7]; c) ‹hæsæd› (LXX meist: ἔλεος) bezeichnet das in freier Güte realisierte Verhalten gemäß einer vorgegebenen Beziehung, vor allem die gnädige Bundeshuld wie unbeirrbare Gemeinschaftstreue Jahwes zu seinem erwählten Volk [8]. Diese Wortfelder kristallisieren sich in der gottesdienstlichen Namensproklamation: «Jahwe, Jahwe, barmherziger und gnädiger Gott, langmütig und reich an Huld und Treue» [9].

Die christlichen *Kirchen* des Ostens wie des Westens haben jenes biblische Verständnis der G. in unterschiedlichen Prägungen ausgestaltet. Im *Osten* blieb die G.-Lehre der weltumspannenden Heilsökonomie Gottes ein-wie untergeordnet. Das Gotteswort ward Mensch und der Gottessohn zum Menschensohn, um uns sterbliche Erdensöhne zu unsterblichen Gottessöhnen zu machen (IRENAEUS [10]). Wir sollen teilgewinnen an der göttlichen Physis [11]. Die G. ist zentral Vergöttlichung des Menschen. Hierbei unterstreicht man entweder stärker die Teilhabe (μέθεξις) an der Herrlichkeit des eingeborenen Sohnes (ATHANASIUS) oder die Wirkkraft des Hl. Geistes (DIDYMUS DER BLINDE, BASILIUS VON CÄSAREA) und faßt schließlich beides zusammen in der Einwohnung der Dreifaltigkeit in den Gläubigen (KYRILL VON ALEXANDRIEN). So gestaltet sich die G.-Lehre im Osten unreflex, essential, kosmisch-universal und österlich-inkarnatorisch.

Im *Abendland* dagegen konzentriert sich die G.-Lehre anthropologisch-existential auf die Sündenvergebung, welche im Kreuzesopfer erworben wurde und in den Sakramenten zugeeignet wird, sowie auf den göttlichen Beistand zur Heiligung der Christen. Schon TERTULLIAN stellt «natura» und «gratia» einander gegenüber [12]. Im Blick auf die Ohnmacht menschlichen Wollens preist AUGUSTIN die Übermacht der Gottes-G. und sucht Gott «das Ganze zuzuweisen» (... ut totum detur Deo) [13]. Nicht lediglich die auswendige Heilsbotschaft, auch die inwendige G., jene glaubend-liebend zu ergreifen, geht dem Wollen des gefallenen Menschen voraus. Erst der durch G. allein (gratia sola) erneuerte Wille wirkt mit dieser mit; doch auch hierin bleibt er gehalten von der ihn geleitenden G. (gratia mecum, cooperans), welche ihn kraft des ungeschuldeten Geschenks der Beharrung (donum perseverantiae) ins Eschaton hindurchrettet. So ist erstlich und letztlich unser verdienstliches Mitwirken Gottes Gabe, und dieser seiner eigenen Gabe schenkt Gott den G.-Lohn kraft seiner Verheißung. Augustins Aussagen sind grundsätzlich gemacht am geistlichen Standort betenden Bekennens; der Mensch vertraut nicht auf seine eigene Selbstmacht, nicht einmal auf die ihm von Gott geschenkten Gaben, sondern allein auf die verheißene G.-Hilfe des Gebers [14]. Freilich bleibt bei Augustin die Verbindung der G. zur Person Christi gelockert. Die *Synoden* zu *Karthago* (418), *Ephesus* (431) und *Orange* (529) verwerfen den (Semi-)Pelagianismus, der lehrte, daß der Mensch aus eigener Kraft zum Heil fähig sei, ohne Augustins G.-Lehre voll zu rezipieren.

Das *Mittelalter* kennt noch keinen eigenständigen Traktat ‹De gratia›. Bei Petrus Lombardus wie dessen Kommentatoren ist die G.-Lehre angesprochen in der Gotteslehre zur Prädestination [15], in der Schöpfungslehre zur Gottesebenbildlichkeit [16] sowie zur urständigen Willensfreiheit des Menschen [17], ferner zur christozentrischen Entfaltung der theologischen Tugenden [18] und der Geistesgaben [19] und schließlich durchgehend in der Sakramentenlehre [20]. Lediglich Bonaventura leitet von der Christologie (De incarnatione Verbi) zur Sakramentslehre (De medicina sacramentali) über mit Hilfe eines Traktates: ‹De gratia Spiritus sancti› [21]. Die *Frühscholastik* kreist um das Verhältnis zwischen göttlicher Prädestination und menschlicher Willensfreiheit. Die *Hochscholastik* denkt seit Philipp dem Kanzler [22] den anthropologischen Ansatz Augustins durch mit Hilfe einer aristotelischen Metaphysik wie Psychologie. Die *ältere Franziskanerschule* deutet G. neuplatonisch als akzidentell in unser Menschsein eingestrahltes Gotteslicht [23]. Thomas von Aquin interpretiert G. analog zum Tugendhabitus; wie die Tugenden ihren Sitz im menschlichen Verstand oder Willen haben, so die G. im Wesen der geisthaften Seele [24]. Die *Spätscholastik* unterstreicht einerseits die sittliche Selbstmacht des Menschen und andrerseits die souveräne Freiheit Gottes, die Werke seiner Geschöpfe anzunehmen oder zu verwerfen (acceptatio divina) [25]. Die spätmittelalterliche *Mystik* drängt auf die Preisgabe des eigensüchtigen Willens an den gnädigen Überwillen Gottes.

Die *Reformatoren* stoßen in ihrer Schriftauslegung durch die objektivierenden Schemata der Scholastik hindurch zum paulinischen Sinn von G. Freilich akzentuieren sie dessen existential-personale Seite: «Gratia est … Dei benevolentia erga nos seu voluntas Dei miserta nostri» (Die G. ist Gottes Zuneigung gegen uns oder Gottes barmherziger Wille) [26]. Sie orientieren das «Sola gratia» erneut am «Christus solus» und treiben es im «Sola fide» polemisch vor gegen jegliches Bauen auf menschliche Eigengerechtigkeit vor Gott. Gottes Rechtfertigungs-G. ist absolut ungeschuldet, sie ist unteilbar und nimmt uns zu Söhnen an [27]. Nicht indem wir gerecht handeln, werden wir gerecht, sondern weil wir (durch Christus) gerechtfertigt sind, handeln wir gerecht: «Ergo sola gratia justificat» [28]. Der Erlöste steht nicht unter dem Gesetz, sondern in der G., durch die allein er Vergebung der Sünde erlangt [29]. Zugleich aber beschlagnahmt die G. uns ganz für Gott und die Mitgeschöpfe und treibt uns hinein in den unerbittlichen Kampf gegen die Sünde. Diese anthropologisch-existentiale Innenschau der G. läßt freilich deren heilsuniversalen Aspekt verblassen.

Das *Tridentinische Konzil* (Sessio IV) versteht die reformatorische G.-Lehre einseitig als antinomistischen Libertinismus. Aus seiner sapiential-ontologischen Sicht heraus verwirft es ein Verständnis der G. als bloßer Zurechnung (sola imputatione) der Christusgerechtigkeit sowie als reiner Gottesschuld (tantum favor Dei) und stellt dagegen eine sakramental applizierte und innerlich anhaftende G. [30].

Erst die reformatorische Reflexion auf das «Für uns» des Christusheiles sowie die bewußte Analyse des geschichtlich-dialogischen Bezuges zwischen Gott und Mensch läßt in allen Konfessionen einen *eigenständigen* G.-Traktat entstehen; dieser entwirft eine Planskizze des erlösten, gerechtfertigten und geheiligten Menschen. Die *reformierte* Tradition setzt ein beim G.-Bund (foedus gratiae), welcher in Christus den von uns gebrochenen Werkbund zwischen Schöpfer und Geschöpf (foedus naturae seu operum) aufhebt [31]. Die *lutherische* Tradition entwickelt eine anthropologische Stufenfolge des Heilsweges unter dem Stichwort: «De gratia Spiritus sancti applicatrice» [32]. In der *katholischen* Kirche erhebt sich der bis heute nicht beigelegte G.-Streit zwischen *Thomisten* und *Molinisten* über die Frage, wie sich Gottes unfehlbare Heilsmacht mit der menschlichen Entscheidungsfreiheit vereinen läßt [33]. Hierbei zerschichten und zerspalten sich sowohl Gottes einheitliches Heilswirken als auch die in ihm gründende Glaubensexistenz des Menschen in höchst diffizile G.-Systeme wie Heilsordnungen (ordo salutis).

In der *protestantischen Theologie* weist Fr. Schleiermacher das reformatorische Verständnis der G. als personhaftes Angenommensein des Einzelnen durch Gott zurück [34]; er deutet G. stärker «naturalistisch» als geschichtliches Ergriffenwerden von dem geistigen Lebensstrom, welcher in Jesu vollkräftigem Gottesbewußtsein aufgebrochen ist. Sünde und G. schließen sich gegenseitig aus und bedingen sich doch zugleich. In der Sünde erfahren wir die Unkraft unseres Gottesbewußtseins als ursprüngliche Tat unseres Selbstes [35]. In der G. erfahren wir das Aufleben unseres Gottesbewußtseins als göttliches Geschenk [36]. Weil das Reich der G. Christi umschlossen bleibt vom Reich der Macht Gottes [37], erwächst «die vollkommne wirksame göttliche G.» nur dort, wo in vorbereitendes G.-Wirken Gottes zu reuevollem «Abstoßen der Gemeinschaft des sündlichen Lebens» wie zu gläubigem «Aufnehmenwollen der von Christo ausgehenden Impulse» führt [38]. Analog unterstreicht auch P. Tillich in der reformatorischen Formel «Rechtfertigung aus G. durch den Glauben» [39] das «aus G.» und fügt das göttliche Angenommenwerden der in sich selber Unannehmbaren erneut als personale Aufgipfelung ein in die heilenden Kräfte des Neuen Seins, an welchen alles Seiende in dessen existentieller Entfremdung vom göttlichen Wesensgrund teilbehält [40]: «Wo Neues Sein ist, ist G., und wo G. ist, ist Neues Sein» [41].

Fr. Gogarten dagegen – Luther mit Fichte verknüpfend – rückt das Wagnis menschlicher Existenz aus Gottes freier G.-Zusage in eine schroffe Alternative zu jeglichem Vertrauen auf Welthaft-Zuhandenes [42]. Ebenso deutet R. Bultmann – unter Rückverweis auf Paulus und Johannes – G. aus dem radikalen Widerspruch zu jeglicher menschlichen Selbstbehauptung durch Leistung heraus: «Des Menschen Existenz steht auf G., nicht auf Leistung» [43]. Die G. knüpft hierbei nicht nur an diese Kernsünde an [44], sondern zugleich an die Einsicht, welche als ein «besseres Wissen … überall den Menschen aufgegangen» ist, «daß Leistungsstolz Herausforderung Gottes ist» [45].

P. Althaus [46] und E. Brunner [47] hingegen sehen in unserem Geschaffensein eine eigenständige Schöpfer- oder Erhaltungs-G. am Werk, an welche die Christus-G. quer durch allen Widerspruch sündiger Selbstbehauptung hindurch anknüpft. K. Barth, welcher jenem «doppelten Ansatz» sein schroffes «Nein» [48] entgegensetzte, möchte die G. radikal und einseitig christozentrisch entfalten. Jesus Christus ist «der erwählende Gott und der erwählte Mensch in Einem» [49]; in ihm hat sich der dreieinige Gott von Ewigkeit her zum Bundespartner des Menschen bestimmt. In dieser göttlichen Selbstbestimmung gründet die G. unseres Geschaffenseins [50] und sind sowohl der «Zwischenfall» unseres sündigen

Aufbegehrens [51] als auch die Gegenmacht des Nichtigen [52] schon im voraus überwunden. Im Gottesgeist vollzieht sich die göttliche Hinwendung zu uns [53]. Als Eigenschaft Gottes leitet die G. – kontrapunktiert von der Heiligkeit – die «Vollkommenheiten des göttlichen Liebens» ein; sie ist «das Sein und Sichverhalten Gottes, das sein Gemeinschaft suchendes und schaffendes Tun auszeichnet als bestimmt durch seine eigene, freie Neigung, Huld und Gunst, die durch kein Vermögen und durch keinen Rechtsanspruch» des Menschen bedingt ist, aber auch «durch keine Unwürdigkeit und durch keinen Widerstand» des Menschen verhindert werden kann [54].

In der *katholischen Theologie* sucht man in jüngster Zeit die Struktur des G.-Traktats zu straffen im Hinblick auf die Selbstmitteilung des dreieinigen Gottes an das personal-verantwortliche Geschöpf. Die mannigfaltigen Schematismen der G. (gratia creata / increata; gratia Creatoris vel Dei / Redemptoris vel Christi [Sanctificatoris vel Spiritus sancti]; gratia externa / interna; gratia sanans / elevans; gratia gratis data / gratum faciens; gratia habitualis / actualis; gratia sanctificatoris / muneris; gratia praeveniens / subsequens, gratia operans / cooperans; gratia sufficiens / efficax; gratia naturalis / supernaturalis) [55] werden konzentriert auf den begnadeten Menschen. Hatte schon R. GUARDINI die «Gnädigkeit Gottes, die sich in Christus offenbart», als «das einfachhin Nicht-Selbstverständliche und doch zugleich Letzt-Erfüllende», das aus der Freiheit Gottes komme, umschrieben [56], so sieht H. KÜNG in einer Überprüfung der katholischen Tradition anhand der Einsichten von K. Barth – G. als die «Gunst und die Huld» Gottes und nicht mehr als «physische Entität im menschlichen Subjekt» [57]. K. RAHNER vollendet die Doppelbewegung der Moderne; einerseits versteht er ähnlich wie die Reformatoren und K. Barth die G. christozentrisch-trinitarisch als Mitteilung der ungeschuldeten «vergöttlichenden Huld», welche Gott selber ist [58]; andrerseits löst er mit Schleiermacher und Tillich die G. von der Christusbotschaft ab und gründet sie tief ein in unsere geschöpfhaft-geistige Selbsttranszendenz. Überall, wo uns selbstlose Hingabe wie rückhaltloses Vertrauen geschenkt wird, machen wir faktisch die Erfahrung des Übernatürlichen [59]; so spielt sich «unser ganzes geistiges Leben ab im Raum des Heilswirkens Gottes» [60], sowohl seiner vorgegebenen G. als auch seines wirksam werdenden Anrufs.

Wie die katholische Theologie den G.-Traktat auf den empfangenden Menschen konzentriert, so streift die *reformatorische* Theologie die Schematismen des «Ordo salutis» (vocatio – illuminatio – iustificatio – unio mystica – renovatio – conservatio fidei et sanctitatis – glorificatio) [61] ab und öffnet ihre anthropologische Engführung erneut auf Gottes weltumspannendes Heilswerk. Das sapiential-ontologische Verständnis der römisch-katholischen Tradition und das existentialpersonale der reformatorischen Tradition bewegen sich aufeinander zu, geleitet durch die übergreifende Schau der Schrift. Dabei verbleibt freilich eine Spannung, welche quer durch die Konfessionen hindurchgeht, zwischen einem stärker christozentrisch-worthaften Ansatz bei Gottes G.-Zuspruch und einem mehr kreatürlich-ontologischen Ansatz bei des Menschen radikaler Selbst- und Welttranszendenz.

Auch die *philosophische* Reflexion auf die G. weist auf diese Spannung hin; sie verknüpft die Einsicht in die Unzulänglichkeit der eigenen Vernunft [62] mit dem Verweis auf eine transzendierende Huld [63]. KANT unterscheidet zwar Natur und G., weiß aber, daß man nicht erkennen kann, ob das moralische Handeln auf das Wirken der einen oder andern zurückgeführt werden muß [64]. Zwar geschieht alle Rechtfertigung aus G. [65], aber «in praktischer Bedeutung» darf der Mensch nicht als passiv, die G. in sich wirken lassend und die Freiheit aufhebend, angesehen werden, sondern die G. unterstützt seine eigenen Kräfte [66]. Auch HEGEL sieht im Begriff der G. den Nachteil, daß, obwohl sie die Trennung zwischen Gott und Mensch aufhebe, der Mensch dabei doch nur «als passiv vorgestellt» werde [67]. SCHOPENHAUER dagegen kommt gerade dies entgegen: Die Einwirkung der G. wird begrüßt, weil in ihr der Wille und die Freiheit verneint und das «allgemeine Quietiv des Willens» herbeigeführt wird [68]. Für FEUERBACH wiederum beweist die G., daß der Mensch in der Religion von sich selbst geschieden ist: «Die Thätigkeit der G. Gottes ist die entäußerte Selbstthätigkeit des Menschen, der vergegenständlichte freie Wille» [69]. KIERKEGAARDS Kritik an der Theologie seiner Zeit zielt auch auf jede Selbstgenügsamkeit in der G. Das Bedürfnis nach Erlösung und G. muß tief empfunden werden, sonst wird die G. verkannt. Die G. führt nicht zu Ruhe und Sicherheit [70].

Anmerkungen. [1] H. CONZELMANN, Art. ‹CHARIS›, in: Theol. Wb. zum NT 9 (1971) 384. – [2] Röm. 3, 21-26; 5, 12-21; 6, 14; 7, 25; 11, 5f. u. ö. – [3] Röm. 6, 14; 11, 5; Gal. 5, 3f. – [4] 2. Kor. 6, 1; 8; Gal. 5, 4ff. – [5] Vgl. etwa Mk. 2, 1-12 par; Mk. 2, 13-17 par; Lk. 7, 36-50; 12, 32; 15, 1-32 u.a.m. – [6] z. B. Gen. 6, 8; Ex. 33, 12-23; Am. 5, 15. – [7] z. B. Jes. 49, 13. 15; 54, 7; 63, 15f.; Jer. 31, 20. – [8] z. B. Ex. 20, 6; Dtn. 7, 12; Ps. 106, 45. – [9] Ex. 34, 6; vgl. Joel 2, 13; Jona 4, 2; Ps. 86, 15; 103, 8; 111, 4; (112, 4); 145, 8; Neh. 9, 17. 31; 2 Chr. 30, 19. – [10] IRENAEUS, Adv. haer. III, 19, 1. – [11] 2. Petr. 1, 4. – [12] TERTULLIAN, De anima 21; De baptismo 5. – [13] AUGUSTIN, Enchir. c. 9, n. 32; De praed. sanct. c. 16, n. 32 u. ö. – [14] Vgl. AUGUSTINS Schriften: De natura et gratia; De perfectione justitiae hominis; De gratia Christi et peccato originali; De praedestinatione sancta; De dono perseverantiae; De gratia et libero arbitrio. – [15] PETRUS LOMBARDUS, I Sent. d. 40-41. – [16] a. a. O. II sent. d. 16. – [17] II Sent. d. 26-29. – [18] III sent. d. 23-32. – [19] III sent. d. 34-35. – [20] IV sent. d. 1-25. – [21] BONAVENTURA, Breviloquium, pars IV-VI. – [22] Texte bei A. M. LANDGRAF: Dogmengesch. der Frühscholastik I (1952) 124-126. 178f. 182f. 197-201. 214. 229; I/2 (1953) 132f. 278. – [23] Texte bei J. AUER: Die Entwicklung der G.-Lehre in der Hochscholastik 2 (1951) 202-250. – [24] THOMAS VON AQUIN, S. theol. I/II, 110, a. 4; In sent. II, 26, a. 3. – [25] Vgl. W. DETTLOFF: Die Lehre von der acceptatio divina bei J. Duns Scotus mit bes. Berücksichtigung der Rechtfertigungslehre (1954); Die Entwicklung der Akzeptations- und Verdienstlehre von Duns Scotus bis Luther (1963). – [26] PH. MELANCHTHON, Loci von 1521. Werke, hg. STUPPERICH 2/1 (1952) 86. – [27] M. LUTHER, z. B. Weimarer A. 2, 511; 7, 445; 8, 106ff.; 10/I/1, 104. 259; J. CALVIN, Inst. christ. rel. II, 3, 10-12; Confessio Augustana, a. 18. – [28] LUTHER, a. a. O. 56, 255; vgl. CALVIN, a. a. O. II, 17, 1. 5. – [29] LUTHER, a. a. O. 1, 361; 10/I/2, 258. – [30] H. DENZINGER/A. SCHÖNMETZER, Enchiridion symbolorum (34 1967) Nr. 1561. 1528-1530. – [31] Belege bei H. HEPPE und E. BIZER: Die Dogmatik der evang.-ref. Kirche (1958) 295-322. – [32] Belege bei H. SCHMID: Die Dogmatik der evang.-luth. Kirche (5 1863) 338ff. – [33] Vgl. Art. ‹G.-Streit› und F. STEGMÜLLER: Art. ‹G.-Systeme›, in: LThK² 4, 1001-1010. – [34] FR. SCHLEIERMACHER, Der christl. Glaube § 111, 3. – [35] a. a. O. §§ 63f. – [36] § 80. – [37] § 105, 2. – [38] § 108, 2. – [39] P. TILLICH: Systemat. Theol. 2 (1958) 190ff.; 3 (1966) 257ff. – [40] a. a. O. 1 (1956) 327ff.; 2 (1958) 66f. 136f. – [41] 3 (1966) 314. – [42] FR. GOGARTEN: Die Verkündigung Jesu Christi (1948) bes. 277-310. 528-545. – [43] R. BULTMANN: G. und Freiheit. Anknüpfung und Widerspruch, in: Glauben und Verstehen 2 (² 1965) 149-161. 117-132; Christus des Gesetzes Ende, in: Glauben und Verstehen 2, 32-58. 41. – [44] a. a. O. 120f. – [45] 49. – [46] P. ALTHAUS: Die christl. Wahrheit (6 1962) 280. 287. – [47] E. BRUNNER: Natur und G. (² 1935) 10ff. 15ff. – [48] K. BARTH: Nein! Antwort an E. Brunner (1934). – [49] Die kirchl. Dogmatik II/2 (³ 1948) § 32 These. – [50] a. a. O. III/2 (1948) 47ff. – [51] IV/1, 48. 72. – [52] III/2, 170ff. – [53] III/2, 427ff. – [54] II/1, 396f. – [55] B. BARTMANN: Lb. der Dogmatik 2 (1929) § 113;

M. Schmaus: Kath. Dogmatik 3/II: Die göttliche G. (⁵1956) 18ff. 250f. 255f. – [56] R. Guardini: Freiheit – G. – Schicksal (1948, ⁴1956) 144. 147f. – [57] H. Küng: Rechtfertigung (1957, ⁴1964) 196; vgl. die Belege aus der Tradition 194-205. – [58] K. Rahner: Natur und G. Schriften zur Theol. 4 (³1962) 209-236. 223. – [59] Die Erfahrung der G. Schriften zur Theol. 3 (⁵1962) 105-109; vgl. Natur und G. nach der Lehre der kath. Kirche, Una sancta 14 (1959) 74-81. – [60] Schriften zur Theol. 4, 228. – [61] Vgl. D. Hollaz d. J.: Evang. G.-Ordnung (1745). – [62] z. B. M. Montaigne, Essais II, 12. Oeuvres, hg. Barral (Paris 1967) 185. – [63] B. Pascal, Brief vom 5. 11. 1648. Oeuvres, hg. Brunschvicg/Boutroux (Paris 1904-14) 2, 380; Pensées Nr. 507f. 521. 430. Oeuvres 13, 403f. 417. 333; N. Malebranche, Traité de la nature et de la grâce. Oeuvres (Paris 1958ff.) 5. – [64] I. Kant, Akad.-A. 6, 174. 190f. – [65] Akad.-A. 6, 75; vgl. 7, 24. – [66] Akad.-A. 7, 43. – [67] G. W. F. Hegel, Religionsphilos. Werke, hg. Glockner 16, 117. 195f. – [68] A. Schopenhauer, Die Welt als Wille und Vorstellung § 70. Werke, hg. Frauenstädt/Hübscher (²1946-50) 2, 478-483. – [69] L. Feuerbach, Das Wesen des Christentums. Werke, hg. Bolin/Jodl (²1959-64) 6, 287f. – [70] S. Kierkegaard, Werke, hg. Hirsch (1950-70) 18, 272f.; 7-9, 179; 13/14, 8ff.; 20, 67; 27-29, 229f. 217. 59f.

Literaturhinweise. H. Conzelmann s. Anm. [1]. – W. Pannenberg: Art. ‹G.›, in: Evang. Kirchenlex. 1, 1604-1614. – N. J. Hein, E. Würthwein, G. Stählin, E. Kähler und W. Joest: Art. ‹G. Gottes›, in: RGG³ 2, 1630-1645. – J. Haspecker, F. Mussner, J. Auer und K. Rahner: Art. ‹G.›, in: LThK² 4, 977-1000. – J. Auer s. Anm. [23] 1 (1942); 2 (1951). – T. E. Torrance: The doctrine of grace in the apostolic fathers (London 1948). – A. M. Landgraf s. Anm. [22]. – E. Wolf: Sola gratia? Peregrinatio 1 (1954) 113-134. – H. Rondet: Gratia Christi (Paris 1958). – U. Kühn: Natur und G. Untersuch. zur dtsch. kath. Theol. der Gegenwart (²1962). – E. Stiglmayr: Verstoßung und G. (1964). – O. H. Pesch: Theol. der Rechtfertigung bei M. Luther und Thomas von Aquin (1967). – A. Mandouze: S. Augustin. L'aventure de la raison et de la grâce (Paris 1968). – J. H. Nikolas: Les profondeurs de la grâce (Paris 1969). – J. Auer: Das Evangelium der G., in: Kl. kath. Dogmatik 5 (1970). A. Peters

Gnadenstreit. Die Frage, wie sich die unfehlbare Wirksamkeit der göttlichen Gnade mit der Freiheit menschlicher Entscheidung vereinbaren lasse – eine der großen Fragen der Theologie durch ihre ganze Geschichte hindurch –, erfuhr Ende des 16. Jh. in der katholischen Theologie eine erneute Zuspitzung. Das Konzil von Trient (1545–1563) hatte entschieden, daß der von Gott erweckte und bewegte freie Wille des Menschen etwas zur Vorbereitung auf den Empfang der Rechtfertigungsgnade beitragen und, wenn er wolle, seine Zustimmung versagen könne [1]. Die nachtridentinische Theologie versuchte nun, das Zueinander von Gnade und Freiheit durch eine umfassende Concordia aller Faktoren zu klären und von einem einheitlichen Grundprinzip her verständlich zu machen. So entstanden die Gnadensysteme, vor allem der von L. de Molina SJ (1535–1600) begründete und von den meisten Jesuiten vertretene Molinismus und das nach dem Dominikaner D. Báñez (1528–1604) benannte báñezianisch-thomistische Gnadensystem. Die Auseinandersetzung beider Richtungen vor dem kirchlichen Lehramt (1597–1607) bildet den G. (controversia de auxiliis gratiae).

Der *Molinismus* [2] ist von einem großen Vertrauen in die Kräfte der menschlichen Freiheit geprägt. Die Freiheit als aktive Indifferenz des menschlichen Willens schließe jeden determinierenden Einfluß von außen, auch von seiten Gottes aus. Gott wirke nicht direkt auf den menschlichen Willen ein, sondern bringe zusammen mit diesem gleich unmittelbar den Akt und dessen Wirkungen hervor (concursus simultaneus). Für die Heilsakte betont Molina zwar die Priorität der Gnade Gottes; daß aber Gottes Gnadenangebot faktisch wirksam werde (gratia efficax), hänge von der Zustimmung des Menschen ab. Molina versteht es, trotz der weitreichenden Interpretation der menschlichen Freiheit dennoch die absolute Souveränität Gottes zu wahren. Die Möglichkeit dazu sieht er im göttlichen Wissen. In der scientia media sieht Gott voraus, wie sich die Menschen in dieser oder jener Welt- und Heilsordnung entscheiden würden. Aus der unendlichen Anzahl möglicher konkreter Heilsordnungen wählt er dann eine bestimmte aus, die für die einen Heil, für die andern ewige Verdammung bringt, je nach ihrer freien Entscheidung. In dieser völlig grundlosen Wahl der Heilsordnung zeigt sich die Souveränität Gottes. In Schwierigkeiten geriet der Molinismus vor allem bei der ontologischen Begründung seines Schlüsselbegriffs, der scientia media. Die Angriffe der augustinischen und thomistischen Gegner des Systems richteten sich ferner gegen die Auffassung der menschlichen Freiheit, der causa prima und der Gnadenwirksamkeit.

Das Leitmotiv des *báñezianisch-thomistischen* Gnadensystems [3] ist die Priorität und Souveränität Gottes als der causa prima alles Seins und Wirkens. Der menschliche Wille könne sich nicht entscheiden, ohne daß ihn Gott nicht vorher (prius natura) innerlich, seinshaft und unfehlbar dazu bestimmt habe (praemotio physica, praedeterminatio). Gott wirke so, daß er die Freiheit des Menschen nicht aufhebe, sondern erst ermögliche. Das durch seine innere Geschlossenheit imponierende System des Báñez scheint jedoch der menschlichen Entscheidungsfreiheit nicht ganz gerecht zu werden.

Das Ringen der Gnadensysteme um eine Zusammenschau aller das Verhältnis von Gnade und Freiheit betreffenden Gegebenheiten der Offenbarung und der menschlichen Erfahrung hat sonst isoliert behandelte Problemkreise aufeinander bezogen und in ein neues Licht gerückt; es hat klärend und befruchtend auf die philosophisch-theologische Begriffsbildung gewirkt (Kontingenz, Freiheit, Notwendigkeit, Möglichkeit, bedingte Wirklichkeit, determinierte Wahrheit, Vorauswissen, Prädestination) und die Interpretation von Texten des Aristoteles (vor allem ‹Peri hermeneias›), Augustinus und Thomas von Aquin gefördert.

Die Tatsache, daß weder eines der beiden großen Gnadensysteme noch einer der vielen Vermittlungsversuche sich durchsetzen und die andern innerlich überwinden konnte, macht die Einseitigkeit und Begrenztheit dieser Systeme offenbar; darüber hinaus zeigt sich darin die Unzulänglichkeit des menschlichen Denkens, wenn es die in Gottes Offenbarung verborgene Ordnung in ein System fassen will. Diese Haltung brachte auch das kirchliche Lehramt zum Ausdruck, als es sich entschied, den G. vorläufig unentschieden zu lassen [4].

Anmerkungen. [1] H. Denzinger/A. Schönmetzer: Enchiridion symbolorum (³²1963) Nr. 1554. – [2] L. de Molina: Liberi arbitrii cum gratiae donis ... concordia (Lissabon 1588, ND Oña-Burgos 1953). – [3] D. Báñez: De vera et legitima concordia liberi arbitrii cum auxiliis gratiae Dei efficaciter moventis humanam voluntatem (1600). – [4] Denzinger/Schönmetzer, a. a. O. [1] Nrn. 1997. 2008.

Literaturhinweise. J. H. Serry: Historia congregationum de auxiliis (Löwen 1700). – F. Stegmüller: Gesch. des Molinismus (1935); Art. ‹G., Gnadensysteme›. LThK² 4 (1960) 1002-1010. – K. Reinhardt: Pedro Luis SJ und sein Verständnis der Kontingenz, Praescienz und Praedestination (1965). – V. Beltrán de Heredia: Domingo Báñez y las controversias sobre la gracia (Madrid 1968). – K. Reinhardt: Nicolau Godinho SJ (1556-1616) und die römische Ordenszensur. Texte und Dokumente zum G.: Portugiesische Forsch. der Görres-Ges. 1/10 (1972) 1-24.
K. Reinhardt

Gneumatologie, ‹Geschmackslehre› oder ‹Ästhetik› nennt W. T. Krug den dritten Teil seines Systems der theoretischen Philosophie als «Wissenschaft von der ursprünglichen Gesetzmäßigkeit des menschlichen Geistes ..., vermöge welcher ein Gegenstand in seiner Beziehung auf das Gefühl der Lust und Unlust erkannt, und dem zufolge als Geschmacksobjekt beurtheilt wird» [1].

Anmerkung. [1] W. T. KRUG: System der theoret. Philos. 3. Theil (1810) 3. R. KUHLEN

Gnoseologie ist im weiteren Sinne, namentlich im englischen und italienischen Sprachgebrauch, gleichbedeutend mit ‹Erkenntnistheorie›. Im engeren Sinne ist G. die Lehre von den Bedingungen der Geltung unserer Erkenntnisse, ob sie real oder ideal, existent oder möglich sind. Sie betrifft den «mentalen» oder bewußtseinsimmanenten Aspekt der Erkenntnis im Unterschied zum «realen» oder bewußtseinstranszendenten.

A. G. BAUMGARTEN unterscheidet die «aesthetica», die Wissenschaft der sinnlichen Erkenntnis, als «gnoseologia inferior» oder «facultas cognoscitiva inferior», von der Verstandeserkenntnis, als der «facultas cognoscitiva superior» [1]. – W. T. KRUG nennt den zweiten Teil seines Systems der theoretischen Philosophie ‹G. oder Erkenntnislehre oder Metaphysik›. Als «rein philosophische Wissenschaft» beschäftige sie sich allein «mit dem Transzendentalen, d. h. dem Ursprünglichen oder demjenigen, was in Ansehung unsrer Erkenntniss a priori bestimmt ist» [2]. – Nach N. HARTMANN ist die G. als Erkenntnistheorie scharf zu trennen von der Ontologie als der Seinslehre. Denn betrifft die Ontologie allein das reale Objekt, so betrifft die G. die Korrelation des Subjekts und des Objekts. Sie ist der «Standpunkt des wirklichen erkennenden Subjekts» und besteht im «Spannungsverhältnis» zwischen der bewußtseinstranszendenten metaphysischen Realität und dem bewußtseinsimmanenten gedanklichen Erfassen der Realität [3]. Nach G. JACOBY bezeichnet die gnoseologische Relation die Erkenntniseinstellung des Bewußtseins, welche nicht die ihm unmittelbar gegenwärtigen, aber unbemerkt bleibenden Sinnesempfindungen und Nervenreize, sondern die ihm nicht unmittelbar gegenwärtigen, aber von ihm allein bemerkten Sachen «meint». Deshalb versteht er unter der gnoseologischen Reichweite den «Gebietsumfang aller derjenigen Bestände, die das Bewußtsein unter Überschreitung seiner ontologischen Grenzen meinend erfaßt» [4].

Anmerkungen. [1] A. G. BAUMGARTEN: Met. (⁷1779) §§ 533. 624. – [2] W. T. KRUG: System der theoret. Philos. 2 (1808, ²1820) 3. – [3] N. HARTMANN: Grundzüge einer Met. der Erkenntnis (³1941) 35. – [4] G. JACOBY: Allg. Ontol. der Wirklichkeit (1925) 1, 530. W. RISSE

Gnosis (griech. γνῶσις, Erkenntnis)

I. Der Begriff γνῶσις (G.) hat seinen festen Ort in der Erkenntnislehre PLATONS [1]. Er steht neben der ἀλήθεια (Wahrheit). Beide werden von der Idee des Guten bestimmt [2]. Die G. bezieht sich auf das wahrhaft Seiende [3]. – Außer dieser absoluten Bedeutung hat G. bei Platon auch den Sinn von ἐπιστήμη (Wissenschaft). Sie ist Voraussetzung für rechtes Handeln. – Dank der großen Reichweite der platonischen Philosophie hat sein Verständnis der G. jahrhundertelang gewirkt. Während dieser Zeit hat es jedoch manche inhaltlichen Veränderungen erfahren.

Platons Einfluß ist in der gesamten Mittelmeerwelt festzustellen. So verbinden sich seine Gedanken auch mit orientalischen Anschauungen. Dieser Vorgang ist schon früh in Ägypten nachzuweisen. In der dort entstandenen griechischen Übersetzung des Alten Testamentes, der *Septuaginta* (LXX), kommt der Begriff ‹G.› besonders in der Weisheitsliteratur vor. Auch hier hat G. eine doppelte Bedeutung: teils ist sie den Sinn der Kenntnis des Lebens und seiner Gegebenheiten [4], teils den der Erkenntnis Gottes [5], die dem Menschen durch die Ewige Weisheit zuteil wird [6].

Ähnlich wie in der LXX bedeutet G. bei PHILON [7] die Erkenntnis Gottes, die als Ziel des menschlichen Lebensweges gedeutet wird: τέρμα τῆς ὁδοῦ, γνῶσις καὶ ἐπιστήμη θεοῦ (Ziel des Weges, Erkenntnis und Wissen von Gott). Im Verständnis der hellenistischen Zeit ist ‹G.› immer ein religiöser Begriff. Wenn das *Neue Testament* mit ‹G.› Erkenntnis, Verständnis, Einsicht meint, dann bezieht sich diese Erkenntnis auf die Heilswahrheit. In den apostolischen Sendschreiben klingt das Verständnis der hellenistischen Zeit überall nach. PAULUS spricht in bezug auf das Gesetz von G. und ἀλήθεια [8], aber er bezieht die G. auch unmittelbar auf Gott [9]. Die γνῶσις θεοῦ (Erkenntnis Gottes) ist eine besondere Gabe [10], die auf die Höhe des Erkennens führt und der Erleuchtung gleichkommt [11]. Dagegen vermag die menschliche, stolzmachende G. nicht anzukommen [12].

Das neutestamentliche Verständnis der G. setzt sich in den Schriften der *Apostolischen Väter* fort. Die Didache bezeichnet alles, was Jesus gebracht hat, als γνῶσις καὶ ζωή (Erkenntnis und Leben), d. h. als vollkommene Erkenntnis [13]. Weiterhin weist die Didache darauf hin, daß die G. durch das Abendmahl gestärkt wird [14]. Auch BARNABAS spricht von einer τελεία γνῶσις (vollendete Erkenntnis) [15]. Auf diese Kreise wirkt aber bereits die ψευδώνυμος γνῶσις (betrügerische Erkenntnis) ein [16].

Diejenigen, die sich jetzt als ‹Gnostiker› bezeichnen, haben ein anderes Verständnis von G. als die alte Philosophie, aber auch als die christlichen Denker. Für den Gnostiker SIMON ist G. keine intellektuelle Erkenntnis, sondern eine plötzliche Wahrnehmung [17]. Trotz gewisser Entlehnungen aus der Philosophie geht es hier um eine mystische Schau. Da der Begriff ‹G.› nicht immer der gleiche ist, wird auch die Frage, wie man zur G. kommt, unterschiedlich beantwortet. Häufig wird sie nur mit der via negationis beantwortet. Für den Gnostiker ist meist der Augenblick, in dem er den Ruf vernimmt, zugleich die Eröffnung neuer Erkenntnis. Er bedeutet daher auch Erlösung, Befreiung des Ich aus den Fesseln der Welt. Der geistige Mensch wird durch die Erkenntnis erlöst [18]. Wie IRENÄUS weiter berichtet, lehren alle gnostischen Schulen, daß sie den pneumatischen Menschen durch die G. zur Vollendung bringen. Was für den Psychiker der Glaube bedeutet, ist für den Pneumatiker die G. [19]. Nach TERTULLIAN behandeln die Philosophen und die Gnostiker dieselben Fragen: «Unde malum, unde homo, unde deus?» [20] Die G. will Antwort geben auf alle Fragen des suchenden Menschen. Was sie über Gott und die Welt aussagt, kleidet sie in ein philosophisches Gewand. Sie will religiöse Erkenntnis vermitteln, die als solche den Menschen erlöst. VALENTIN nennt daher die G. ein Erfahren und Schmecken des Geistes [21]. Er meint damit ein intuitives Erfassen religiöser Wahrheiten. Einzelne Schulen der Gnostiker übten strenge Arkandisziplin. Jedes Mitglied mußte sich verpflichten, das ihm anvertraute Unaussprechliche (ἐπιρρήματα τῶν μυστηρίων; das Zugesprochene der Mysterien) treu zu bewahren und über die Lehre im einzelnen zu schweigen. Einige der gnostischen Vereinigungen hatten ihre eigenen kultischen Riten. Geheime Traditionen, die oft auf Jesus und die Apostel zurückgeführt wurden, spielten eine große Rolle. Die Einführung erfolgte durch symbolische Handlungen, die große Verwandtschaft mit christlichen Bräuchen zeigten. Vielfach wird auf dem Boden der G. die spätere christliche Entwicklung vorausgenommen.

Hatten schon die kirchlichen Schriftsteller des 2. Jh. wie Hegesipp, Justin und Irenäus der «betrügerischen» eine «echte» G. entgegengestellt, so geschieht dies im Vollmaß durch Clemens Alexandrinus. In seiner G. vermischen sich philosophische und mythologische Traditionen. Durch die παράδοσις (Weitergabe) wird demjenigen, der ihr Glauben schenkt, Wissen vermittelt, wodurch er göttliche Natur und Unsterblichkeit erhält. Die G. verleiht ihm Kraft, Licht und Leben [22]. Clemens will keine Trennung von πίστις (Glaube) und Erkenntnis. Die G. ist für ihn die allgemeine Grundlage, denn sie führt alle zur Erkenntnis Gottes [23]. Der Behauptung der Gnostiker, daß die G. allein schon Erlösung bedeute, widerspricht Clemens mit Nachdruck. Glaube und G. seien miteinander verbunden. Daher nennt er die G. auch πίστις ἐπιστημονική (wissender Glaube) [24]. Die G. ist ein Beweis der wahren philosophischen Überlieferung. Diese christliche G. hat sich nach der kirchlichen Norm zu richten, denn ἐν μόνῃ τῇ ἀληθείᾳ καὶ ἀρχαίᾳ ἐκκλησίᾳ ἥ τε ἀκριβεστάτη γνῶσις (allein in der Wahrheit und in der ursprünglichen Kirche [ist] die sicherste Erkenntnis) [25]. Origenes [26] berichtet, daß «mehrere Gelehrte in die Wahrheiten des Christentums tiefer einzudringen sich bestrebten», wobei sie zur G. gekommen seien. Mit der allegorischen Umdeutung des Alten Testamentes gelangen philosophische Elemente in ihr Denken. Der Glaube sollte durch Erkenntnis zur Vollendung kommen. Die G. ließ alles zu, indem sie es in ihrer Weise verwandelte. Im allgemeinen steht Origenes auf demselben Standpunkt wie Irenäus und Clemens Alexandrinus. G. ist für sie Offenbarungsphilosophie. Wie schon Clemens sagte [27], hat die G. die Aufgabe, die Menschen über den Irrtum hinauszuführen. Er bezeichnet sie als θεωρία ἐπιστημονική (wissende Schau), als den Weg zu Gott [28].

Diese Gedanken klingen bisweilen bei den späteren Kirchenvätern noch an, so bei Gregor von Nazianz [29], Theodoret [30] und Johannes Chrysostomos [31]. Große selbständige Bedeutung erlangt die G. in diesem Zeitalter jedoch nicht mehr.

Anmerkungen. [1] Platon, Krat. 440. – [2] Resp. 6, 508. – [3] Resp. 5, 476; Apol. 27; Phaidr. 116. – [4] Prov. 29, 7. – [5] Sap. Sal. 14, 22. – [6] Jes. Sir. 1, 24. – [7] Philon, Quod deus immut. 148. – [8] Röm. 2, 20. – [9] Röm. 11, 33. – [10] 1. Kor. 12, 8. – [11] 2. Kor. 4, 6. – [12] 1. Kor. 8, 1. – [13] Didache 9, 3. – [14] Didache 10, 2. – [15] Barnabas 1, 5. – [16] 1. Tim. 6, 20. – [17] Ps.-Clem. Recogn. III, 35, 7. – [18] Irenäus: Adv. haer. 1, 21, 4. – [19] a. a. O. 1, 6, 2. – [20] Tertullian: De praescr. haer. 7. – [21] Hippolyt. Ref. 6, 36, 7. – [22] Clemens Alex., Strom. VI, 7, 61. – [23] Paed. I, 6, 25. – [24] Strom. II, 11, 48. – [25] Strom. VII, 15. – [26] Origenes, Contra Celsus 3, 12. – [27] Clem. Alex., Strom. VII, 16, 94. – [28] Strom. VIII, 11, 61. – [29] Gregor von Nazianz: Orat. 29. – [30] Theodoret, Rom. Praef. – [31] Joh. Chrysostomos, Cor. II hom. 5.

Literaturhinweise. H. Jonas: Der Begriff der G. (1930); G. und spätantiker Geist (³1964). – B. Snell: Die Ausdrücke für den Begriff des Wissens in der vorplat. Philos. Philos. Untersuch. 29 (1934). – G. Quispel: G. als Weltrelig. (1951). – H. Leisegang: Die G. (⁴1955). – W. Foerster: Das Wesen der G. Die Welt als Gesch. 15 (1955) 100-114. – R. Haardt: Die G. Wesen und Zeugnisse (1967). – W. Foerster: Die G. 1 (1969). – K. Rudolph: G. und Gnostizismus. Ein Forschungsbericht. Theol. Rdsch. NF 34 (1969) 121-231.

R. Stupperich

II. Während der Begriff ‹G.› lange Zeit lediglich als Bezeichnung für eine bestimmte historische, d. h. vergangene Epoche der Religion und Theologie, also jener ‹mystischen› Spekulationen der ersten nachchristlichen Jahrhunderte, die auch heute noch unter dem Namen ‹G.› bekannt sind, diente [1], konnte er seit dem Beginn des 19. Jh. auch als Interpretationskategorie für andere Formen der Religion, in denen man mit der historischen G. verwandte Elemente erkannte, verwandt werden. Bereits J. G. Fichte sieht in einem Teil der protestantischen Theologie «Gnostizismus» insofern, als sie die Offenbarungswahrheiten nicht gläubig annehmen will, sondern die Forderung aufstellt, «daß die Bibel vernünftig erklärt werden müsse». Das Prinzip, daß alle Dogmen und Aussagen der Theologie begrifflicher Prüfung unterworfen sein müssen, gilt Fichte «einmal für immer» als «Gnostizismus» [2].

Besonders F. Chr. Baur untersucht die G. nicht als eine abgeschlossene Zeit der Religionsgeschichte, sondern als ein gleichbleibendes Moment aller Metaphysik und Religionsphilosophie, soweit sie Gott und Welt, Geist und Materie, Absolutes und Endliches zu vermitteln suchen und «den ganzen Weltlauf mit allem, was er in sich begreift, als die Reihe der Momente, in welchen der absolute Geist sich selbst objektiviert und mit sich selbst vermittelt», auffassen. ‹G.› kann so jede Religionsphilosophie heißen, ja Religionsphilosophie ist G. schlechthin, insofern sich in ihr Philosophie und Theologie treffen und das Wissen sich als «absolutes oder ein seiner Vermittlung sich bewußtes Wissen» begreift. Deshalb sind in die Geschichte der G. die neueren spekulativen Religionsphilosophien, J. Böhmes Theosophie, Schellings Naturphilosophie, Schleiermachers Glaubenslehre und Hegels Religionsphilosophie einzubeziehen. Sie stehen in einem kontinuierlichen und notwendigen Entwicklungsgang, in dessen Verlauf die von der G. gestellten Fragen «immer wieder der Gegenstand einer, nach der Realisierung ihres Begriffs strebenden, Religions-Philosophie» werden [3].

K. von Hase will mit dem Begriff ‹G.› direkt an die historische Epoche der G. anknüpfen, um sein Bestreben zu kennzeichnen, die Theologie nicht als einen «auf äußere Auctorität gestellten Volksglauben», sondern, wie damals, als «wissenschaftliche Ergründung des Evangeliums» zu begründen [4].

In veränderter Situation ist dagegen für G. Koepgen nicht die logische, begriffliche Denkform das Charakteristische der G. und damit für das Christentum weiterhin Gültige, sondern «das Unaussprechliche und Unanschauliche jenseits aller Begriffe, das aber die religiöse Wirklichkeit in Fülle und Mannigfaltigkeit ist». Elemente der G. wie trinitarische Zeugung, Gotteskindschaft, Aufstieg des Menschen zum engelhaften Sein, kosmisches Bewußtsein usw. bilden für Koepgen eine «Metaphysik des Mysteriums», die für das Christentum von bleibender Bedeutung ist [5].

Neben diesen Versuchen, den G.-Begriff auf die Religion und Theologie der eigenen Zeit zu übertragen, stehen Bemühungen, ‹G.› als Bezeichnung für eine höhere Erkenntnisweise, eine innere Schau der Zusammenhänge (im Gegensatz zu den exakten Naturwissenschaften) zu restituieren. Die G. soll anders als die Philosophie, die immer von der Spaltung von Erkennen und Wirklichkeit ausgehe, eine «einheitliche Schauung» eröffnen [6]. Theosophische Sekten in Südfrankreich bezeichnen sich als «gnostische Kirche» [7]; R. Steiner legt in einer Zeitschrift ‹Lucifer-G.› die Grundlagen seiner Anthroposophie dar [8]. Von den christlichen Kirchen werden diese Richtungen als Häresien abgelehnt [9].

Anmerkungen. [1] Vgl. z. B. den Forschungsbericht bei F. CHR. BAUR: Die christliche G. (1835, ND 1967) 1-9. – [2] J. G. FICHTE: Grundzüge des gegenwärtigen Zeitalters. Werke, hg. I. H. FICHTE (1845-46, ND 1971) 7, 101. 103. – [3] BAUR, a. a. O. [1] VIIf. 24. 96f. 544. 556f. 616f. 710f. 735f.; vgl. Die christliche Lehre von der Versöhnung (1838) 143. 145ff. 464f. – [4] K. VON HASE: G. oder prot.-evang. Glaubenslehre für die Gebildeten in der Gemeinde (1827). Werke 7 (³1893) VIII. – [5] G. KOEPGEN: Die G. des Christentums (1938) 40. 90; vgl. 18. 349; vgl. dazu K. RAHNER: G. des Christentums. Scholastik 15 (1940) 1-15. – [6] E. H. SCHMITT: Die G. Grundlagen d. Weltanschauung einer edleren Kultur (1903-07, ND 1968) bes. 1, 7ff. 12f.; 2, 36ff. – [7] L.-E.-J. FABRE DES ESSARTS (Synésius): L'arbre gnostique (Paris 1889); SOPHRONIUS («gnostischer Bischof von Béziers»): Catéchisme expliqué de l'église gnostique 1-4 (Paris 1899-1900); Zeitschriften: Réveil des Albigeois (Toulouse 1901); Revue Gnostique; La Gnose moderne (christianisme scientifique). Organe de l'église gnostique de la France (Toulouse 1901). – [8] R. STEINER: Luzifer-G. (1903-1908). Aufsätze aus der gleichnamigen Zeitschrift (1960); vgl. Mein Lebensgang, hg. M. STEINER (1962) 422f. – [9] M. VERENO: G. und Magie, in: Häresien der Zeit, hg. A. BÖHM (1961) 375-412. Red.

III. E. VOEGELIN und E. TOPITSCH verwenden den Begriff ‹G.› in weltanschauungs- bzw. ideologiekritischer Absicht. Die philosophischen Voraussetzungen und die Begriffe von Ideologie, die ihren Deutungen der G. zugrunde liegen, sind dabei ebenso verschieden wie die Kontexte, in denen sie von der G. sprechen. Gemeinsam ist diesen Autoren das Bemühen, mit Hilfe des Nachweises struktureller Analogien zwischen dem gnostischen Weltverständnis und der marxistischen Theorie ihrem Antikommunismus die theoretische Fundierung zu verleihen.

Im Verständnis VOEGELINS und einiger seiner Schüler spielt die G. seit 2000 Jahren den Widerpart zu «mittelmeerischem» Denken und Handeln, welches bei Platon und Aristoteles sowie im christlich-jüdischen Glauben seine bleibenden Formulierungen gefunden hat. Dem dort ausgeprägten, höchst differenzierten Seinsverständnis [1] sind die Gnostiker nicht gewachsen. Sie setzen ihm aus Protest gegen die Ordnung der Welt und deren scheinbar oder real vorhandene Übel und im Vertrauen auf die Fähigkeiten der Menschheit zu weltveränderndem Handeln den Versuch einer «Immanentisierung des christlichen Eschatons» mittels der willkürlichen Konstruktion eines eidos der Geschichte entgegen [2]. Damit macht sich die G. eines schweren Verstoßes gegen die Seinsordnung schuldig. Das «Wissen, die G., von der Methode der Änderung des Seins» [3] ist angemaßt und hat letztlich eine unheilvolle Konsequenz: die Zerstörung der Realität. Die Wirkung und Präsenz der G. ist nahezu unübersehbar: politischen Bewegungen und christlichen Häresien, wie z. B. Kommunismus, Nationalsozialismus, Reformation oder Puritanismus, vindiziert Voegelin ebenso einen gnostischen Kern wie der Mehrzahl der neuzeitlichen (geschichts)philosophischen Systeme (von Joachim von Fiore bis zu Hegel, Marx, Nietzsche und Heidegger). Auch Positivismus, Liberalismus und Psychoanalyse sind in unterschiedlichem Maße als G. charakterisiert. Die Erscheinungsformen der G. werden nach einer teleologischen (progressivistischen), einer axiologischen (utopistischen) und einer von «aktivistischer Mystik» gekennzeichneten Variante klassifiziert. Hinzu kommt die Unterscheidung zwischen «aktiver» und «kontemplativer» G. [4].

Im Gegensatz zu Voegelin, der eine im christlichen Glauben verankerte werthafte Wissenschaft vertritt und von dorther die Grundlagen zu seinem Verständnis der G. bezieht, interpretiert TOPITSCH die G. aus der Perspektive der neopositivistischen Wissenschaftstheorie. Er findet in der G. eine Form von vorwissenschaftlicher Philosophie, die sich an der «Deutung des Kosmos, der Menschen und der Erkenntnis mittels bestimmter werterfüllter und gefühlsgesättigter Stereotype» versucht [5]. Ihre Aktualität verdankt die G. primär dem für sie konstitutiven Mythos von Fall, Verblendung und schließlichem Wiederaufstieg der Seele qua Einsicht in die Göttlichkeit des eigenen Selbst. Zweck dieser Lehre ist es, «dem Menschen die Auseinandersetzung mit der Härte der Realität zu erleichtern, indem sie ihn davon zu überzeugen vermag, daß das Wertwidrige im Rahmen eines Heilsgeschehens notwendig sei, aber ebenso notwendig überwunden werden müsse» [6]. Auf vielfältige Weise modifiziert und meist erweitert zur Deutung des Prozesses der Weltschöpfung und -geschichte als Drama von Fall und Erlösung, hat der gnostische Mythos eine lange ideengeschichtliche Tradition, die bis zu Hegel und Marx reicht [7]. Deren teleologische Geschichtsauffassung und die diese begründende Konzipierung der Dialektik mittels des Schemas von Urzustand – Entäußerung (Entfremdung) – Rücknahme sollen u. a. auf einen gnostischen Ursprung verweisen und sind damit unwissenschaftlich und ideologisch. Marx säkularisiere den Erlösungsmythos zum «dialektischen Prozeß von Verlust und Wiedergewinnung des Menschen» [8]. Den Proletariern bei Marx entsprächen in den gnostischen Systemen die electi: beide seien als Träger des Heilswissens aufgefaßt.

Anmerkungen. [1] E. VOEGELIN: Die Neue Wiss. von der Politik (²1965) 116. – [2] a. a. O. 167ff.; vgl. J. GEBHARDT: Karl Marx und Bruno Bauer, in: Polit. Ordnung und menschl. Existenz. Festgabe E. Voegelin (1962) 241. – [3] E. VOEGELIN: Religionsersatz. Die gnostischen Massenbewegungen unserer Zeit. Wort u. Wahrheit 15 (1960) 7. – [4] Vgl. F. M. SCHMÖLZ: Die Zerstörung der polit. Ethik (1963) 69ff. – [5] E. TOPITSCH, a. a. O. [1] 170f. – [5] E. TOPITSCH: Mythos, Philos., Politik (1969) 23. – [6] Marxismus und G., in: Sozialphilos. zwischen Ideol. und Wiss. (1961, ²1966) 245. – [7] a. a. O. passim. – [8] Entfremdung und Ideol. Zur Entmythologisierung des Marxismus. Hamburg. Jb. Wirtschafts- u. Gesellschaftspolitik 9 (1964) 159.

Literaturhinweise. H. U. V. BALTHASAR: Die Apokalypse der dtsch. Seele (1937-39, ²1947) 1: Stud. zur Gesch. des dtsch. Idealismus. – J. TAUBES: Die abendländische Eschatol. (1947). – E. VOEGELIN: Gnost. Politik. Merkur 4 (1952) 301-317; Order and hist. 2: The world of the polis (Louisiana 1957) 17ff.; Wiss., Politik und G. (1959). – E. TOPITSCH: Seelenglaube und Selbstinterpretation, in: Sozialphilos. ... s. Anm. [6] 155-199; Die Sozialphilos. Hegels als Heilslehre und Herrschaftsideol. (1967); Die Freiheit der Wiss. und der polit. Auftrag der Univ. (²1969). – Polit. Ordnung ... s. Anm. [2] 105-143: Beitrag H. DECU. – J. GEBHARDT: Politik und Eschatol. (1963). G. BEHSE

Gnostologie, die Lehre vom γνωστόν, dem Wißbaren, ist die im 17. Jh. namentlich in der Wittenberger Schule ausgebildete, aus der aristotelischen Lehre der *habitus,* der Grundhaltungen des Verstandes, abgeleitete Theorie der Erkenntnis. In ihr steht nicht die Erkenntnis als ganze oder deren Möglichkeit in Frage, sondern nur die *intelligentia,* d. h. ihre Prinzipienlehre. Ihr Gegenstand ist das Wißbare als solches, als die Vorstellung des objektiven Seins. Primär von den Dingen, nicht vom denkenden Subjekt handelnd, gelten die Vorstellbarkeit und die Begrifflichkeit als die beiden durch die Dinge als solche begründeten Erkenntnisquellen. Jedoch werden neben den Allgemein- oder Verstandesbegriffen auch Ideal- oder Vernunftbegriffe anerkannt. Hauptvertreter dieser Richtung sind G. GUTKE (1590-1634) [1], V. FROMME (1601-1675), der den Terminus ‹G.› gebildet hat [2], und A. CALOV (1617-1686). Letzterer unterscheidet zwischen der G. als der Lehre von den einfachen Begriffsprinzipien und der *Noologie* als der Lehre von den komplexen Urteilsprinzipien [3].

Anmerkungen. [1] Habitus primorum principiorum seu intelligentia (1625). – [2] Gnostologia (1631). – [3] Scripta philosophica 1 (1651) 1f. 51f.

Literaturhinweise. M. WUNDT: Die dtsch. Schulmetaphysik des 17. Jh. (1939) 242ff. – W. RISSE: Die Logik der Neuzeit 1 (1964) 507ff.
W. RISSE

Gott (griech. θεός, hebr. Elohim, lat. deus, ital. dio, frz. dieu, engl. god)

I. *Antike.* – 1. *Vorphilosophisch* benennt θεός das überwältigende, mächtige, beseligende Gegenüber, dessen Erfahrung uralte Kultriten vermitteln, dann überhaupt jede übermächtige Erfahrung: θεός ist Prädikat, so z. B. für das Gerücht [1], das Glück-Haben [2], den Neid [3], das Wiedersehen [4]. Der von der Philosophie ignorierte Herrscherkult hat in diesem Wortgebrauch einen Anhaltspunkt.

In der pluralistischen Stadtkultur stehen seit je vielerlei Götter mit verschiedenem Geltungsbereich nebeneinander. Die Kulttradition vermittelt ihre Namen; deren Stelle wird bisweilen durch die Gattungsbezeichnung θεός vertreten, so z. B. in den Dualformen τὼ θεώ (zumeist mit Demeter und Kore gleichgesetzt) und τὼ σιώ (lakonisch für die Dioskuren), aber auch als Singular Θεός und Θεά [5]. Inschriftliche Zeugnisse aus der Kaiserzeit belegen eine ähnliche Verwendung für das substantivierte Adjektiv Θεῖος, welches einen in Kleinasien verehrten Hochgott bezeichnen kann [6]. Zum Eigennamen wird θεός durch Verbindung mit einem Attribut (z. B. Μεγάλοι θεοί, Μεγάλαι θεαί) [7].

Die Dichtkunst des altgriechischen *Epos* gestaltet das Bild der G. zu reinem Anthropomorphismus: Die G. sind menschlich an Gestalt und Persönlichkeit, nur unendlich überlegen durch Macht, Unsterblichkeit, Seligkeit. In ihrer Macht steht, zu retten und zu vernichten, Gedanken und Affekte der Menschen zu lenken, unsichtbar zu bleiben oder die Gestalt zu wandeln; ihr Wissen ist den Menschen weit voraus, doch nicht ohne Grenzen; von «Allmacht» der G. ist die Rede [8], doch respektieren sie die einmal gesetzte «Verteilung» (μοῖρα) der Welt. Als «unsterbliche», «nicht alternde» heißen sie auch «ewig seiende» (αἰεὶ ἐόντες), was Geburtsmythen, Theogonien nicht ausschließt. Herausgehoben durch Macht und Einsicht ist Zeus, «Vater der G. und Menschen», der «höchste und beste», der «alles wohl geordnet hat» [9]. Kultformeln nennen ihn den, der «war, ist und sein wird» [10], der «Anfang, Mitte und Ende» ist [11]. Beginnende Reflexion sieht in ihm vor allem den strafenden Hüter der Gerechtigkeit [12]. «Göttlich» (θεῖος), «gottgleich» sind Menschen, sofern sie die Norm überragen.

Anmerkungen. [1] HESIOD, Werke und Tage 764. – [2] AISCHYLOS, Choephoren 60. – [3] Tragicorum Graecorum Fragmenta, hg. A. NAUCK (²1889) 827. – [4] EURIPIDES, Helena 560. – [5] Vgl. u. a. Scholien zu ARISTOPHANES, Lysistrata 81; W. DITTENBERGER: Sylloge Inscriptionum Graecarum 1 (³1960) Nr. 83; Inscriptiones Graecae II/III² 2048, 4f.; vgl. dazu O. KERN: Die Relig. der Griechen 1 (²1963) 126f. – [6] Vgl. M. P. NILSSON: Gesch. der griech. Relig. 2 (²1961) 577. – [7] Vgl. a. a. O. 1 (²1955) 76. 477ff. – [8] HOMER, Odyssee IV, 237; X, 306; XIV, 445. – [9] HESIOD, Theogonie 70ff. – [10] Dodona bei PAUSANIAS X, 12, 10. – [11] Orphicorum Fragmenta, hg. O. KERN (1922) Nr. 21. – [12] SOLON, Frg. 1 (DIEHL).

Literaturhinweise. H. USENER: Götternamen (³1948). – U. v. WILAMOWITZ-MOELLENDORFF: Der Glaube der Hellenen 1. 2 (1931/32). M. P. NILSSON s. Anm. [6]. – O. KERN s. Anm. [5].

2. Die *vorsokratischen Naturphilosophen* negieren den Unterschied von Göttlichem und Profanem und setzen von vornherein den «Ursprung» (ἀρχή), Ausgangspunkt der Welterklärung, als «göttlich» – ANAXIMANDROS das «Unendliche», ANAXIMENES die «Luft» [1]. Korrelat der Unsterblichkeit wird damit die Ungewordenheit des G. Die Macht des Göttlichen wird als «Umfassen» und «Lenken» der Welt gedacht, das in der Ordnung, der «Gerechtigkeit» der Naturzyklen zutage tritt. Die Persönlichkeit des G. ist mit dem Anthropomorphismus aufgegeben, man spricht im Neutrum vom «Göttlichen» (τὸ θεῖον). Als «Götter» minderen Rangs, geworden und vergänglich, können die Welt und ihre Teile, Himmel, Erde, Sonne bezeichnet werden [2]. Den Widerspruch zur Tradition verschärft XENOPHANES: Der «größte» G. ist einer, nicht menschengestaltig, unbeweglich, unveränderlich, bedürfnislos und moralisch vollkommen. Seine lenkende Kraft wird zur geistigen Macht: er ist «ganz Sehen, Hören, geistiges Erfassen» [3].

Mit HERAKLIT wird die Aussage über Göttliches selbst zum Problem: Kein Name ist angemessen, gleichnishaft kann es «Feuer» oder «Blitz» genannt werden, es ist wandelbar und verborgen, doch Eines hinter den offenbaren Gegensätzen, das Weise, von allem Getrennte, das doch alles lenkt, ja alles ist [4]. – PARMENIDES entwickelt den Begriff des «Seienden», ungeworden, unvergänglich, unbeweglich, unveränderlich, vermeidet es aber, dieses ‹G.› oder ‹göttlich› zu nennen; in dieser Zurückhaltung folgen ihm ZENON, MELISSOS und ANAXAGORAS. DIOGENES VON APOLLONIA dagegen nennt sein Luft-Geist-Prinzip ‹G.›, erkennt sein Wirken in der Zweckmäßigkeit der Natur und bezeichnet die Menschenseele als ein «Stück von G.» [5]. Für sich steht EMPEDOKLES, der in der Sprache mythischer Offenbarung die Elemente mit Götternamen belegt, den vollkommenen Mischungszustand des Sphairos ‹G.› nennt, ja sich selbst als G. bezeichnet und den Menschen als Erlösung verheißt, «Götter zu werden» [6].

In den Diskussionen der *Sophistenzeit* wird mit dem Wesen auch das Dasein der Götter zum Problem. Mit PROTAGORAS tritt Agnostizismus [7], mit DIAGORAS VON MELOS Atheismus auf. PRODIKOS, KRITIAS, DEMOKRIT entwickeln Theorien, um das Zustandekommen des Götterglaubens zu erklären [8].

Anmerkungen. [1] ANAXIMANDER, VS (⁶1951) 12 A 15; ANAXIMENES, VS 13 A 10. – [2] ANAXIMANDER, VS 12 A 17; ANAXIMENES, 13 A 7, A 10. – [3] XENOPHANES, VS 21 B 11ff. A 32. – [4] HERAKLIT, VS 22 B 67. 57. 32. 108. 41. 64. – [5] DIOGENES v. A., VS 64 B 5; A 19 § 42; EURIPIDES, Troerinnen 884ff.; Frg. 1018 (NAUCK). – [6] EMPEDOKLES, VS 31 B 6. 31. 112. 146. – [7] PROTAGORAS, VS 80 B 4. – [8] PRODIKOS, VS 84 B 5; KRITIAS, 88 B 25; DEMOKRIT, 68 B 30.

Literaturhinweise. E. CAIRD: The evolution of theol. in the Greek philosophers (Glasgow 1903); dtsch. Die Entwickl. der Theol. in der griech. Philos. (1909); La notion du divin depuis Homère jusqu'à Platon, in: Entretiens sur l'antiquité classique 1 (Vandœuvres/Genève 1954). – W. JAEGER: Theol. of the early Greek philosophers (Oxford 1947); dtsch. Die Theol. der frühen griech. Denker (1953).

3. Im Anschluß an die persönliche Frömmigkeit des Sokrates, der sich im Dienst «des G.» weiß [1], rückt PLATON G. ins Zentrum des philosophischen Bemühens. Er reformiert den G.-Begriff: Das Göttliche ist nicht nur ewig, selig, allmächtig im Rahmen des überhaupt Möglichen [2], allwissend besonders in bezug auf die ewig seienden Ideen [3], sondern vor allem uneingeschränkt gut, Ursache alles Guten und nur des Guten [4], darum neidlos [5], unfähig zu täuschen und unwandelbar [6]; nicht nur nicht menschengestaltig, sondern

überhaupt unkörperlich, nur im Denken zu erfassen [7]. Diesen G.-Begriff ontologisch zu präzisieren, führt indes auf prinzipielle Schwierigkeiten. Das «Erste», das «Gute» oder die «Idee des Guten», im mündlichen Vortrag auch als das «Eine» bestimmt [8], ist «jenseits des Seins» [9], nur bildhaft, mythisch-ironisch umschreibbar, Quelle der Erkennbarkeit und des Seins alles Seienden; «den Schöpfer und Vater dieses Alls zu finden ist schwierig, ihn dann allen mitzuteilen ist unmöglich» [10]. Im Mythos des ‹Timaios› erscheint G. als der «handwerkliche Bildner» (δημιουργός) der Welt, auch «Vater» genannt [11]; ein apokrypher, doch vielbeachteter Brief spricht vom «König» [12]. «Göttlich» sind die Ideen [13], die Seele [14], insbesondere der Geist (νοῦς), der geradezu ‹G.› heißen kann [15]. Mit der Hinwendung zum Diesseits in Platons Spätwerk treten sekundäre «Götter» ins Blickfeld: Der Kosmos selbst, als beseeltes Lebewesen, ist «wahrnehmbarer G.» [16]; «sichtbare und entstandene Götter» sind auch, zusammen mit der Erde, die Gestirne, nachdem die Astronomie die unveränderliche Regelmäßigkeit ihres Umlaufs und damit ihre übermenschliche Vernünftigkeit bewiesen hat [17]. Unter Geistwesen minderen Rangs, den Elementardämonen, finden auch die Kultgötter ihren Platz [18]. Jedenfalls ist den Menschen durch Gesetz einzuschärfen, daß es Götter gibt, daß sie durch ihre «Vorsehung» (πρόνοια) [19] sich um die Menschen kümmern, daß sie nicht durch Kulthandlungen zu beeinflussen sind [20]. Ziel des Menschen ist «Angleichung an G., soweit möglich» [21]; der Mensch ist Eigentum, ja Marionette der Gottheit [22], G. das «Maß aller Dinge» [23].

Anmerkungen. [1] PLATON, Apol. 20 e ff. – [2] Leg. 901 d; Resp. 381 c. – [3] Resp. 365 d; Phaidr. 249 c; Parm. 134 c; Leg. 901 a. – [4] Resp. 379 b ff. 617 e. – [5] Phaidr. 247 a; Tim. 29 e. – [6] Resp. 380 d ff. – [7] Phaidr. 246 cd. – [8] ARISTOXENOS, Harmonik 2, S. 30f. (MEIBOM). – [9] PLATON, Resp. 509 b. – [10] Tim. 28 c; vgl. Ep. VII, 341 cd. – [11] Tim. 28 a ff. – [12] Ep. II, 312 e. – [13] Phaidon 81 a; Resp. 500 e; 611 e; Soph. 254 b. – [14] Tim. 41 c; Krit. 120 c; Leg. 726 a. – [15] Leg. 897 b. – [16] Tim. 34 a; 92 c. – [17] Tim. 39 e; 40 d; Leg. 898 d ff.; 966 d ff. – [18] Tim. 40 de. – [19] Tim. 30 b. – [20] Leg. 885 e ff. – [21] Theait. 176 b. – [22] Phaidon 62 b; Leg. 644 d. – [23] Leg. 716 c.

Literaturhinweise. F. SOLMSEN: Plato's theol. (Ithaca 1942). – H. MERKI: Homoíosis theôi (Fribourg 1952). – J. VAN CAMP und P. CANART: Le sens du mot THEÍOS chez Platon (Louvain 1956). – A. DIÈS: Le dieu de Platon, in: Autour d'Aristote (Louvain 1955) 61-67. – H. GUNDERT: THEÎOS im politischen Denken Platons, in: Politeia und Res publica. Dem Andenken R. Starks gewidmet (1969) 91-107. – D. ROLOFF: Gottähnlichkeit, Vergöttlichung und Erhöhung zu seligem Leben (1970).

4. Für ARISTOTELES ist in der Nachfolge Platons die «erste Philosophie» selbst «Theologie», insofern sie das ursprünglichste Sein und damit die Gottheit untersucht [1]. Er hat in exoterischen Schriften die Möglichkeiten des kosmischen G.-Begriffs weiter diskutiert: der Kosmos als ganzer, die Gestirne, der Himmel als Götter [2]; erster G. ist das Prinzip, das den Himmel bewegt, zunächst als «Grenze des Himmels» [3] oder den Himmel umschließender «Aion» bezeichnet [4]. Eine strenge Deduktion versucht das Buch Λ der ‹Metaphysik›: Die erste Ursache der ewigen Bewegung muß selbst unbewegt sein, außerräumlich, immateriell, reine Wirklichkeit (ἐνέργεια); als Ziel des Strebens und Denkens bewegt sie den Himmel; sie ist selbst das Vollkommenste, nämlich Denken (νοῦς), das stets sich selbst denkend erfaßt und darin selig ist: dies ist G. [5]. Unter dem höchsten Prinzip steht eine Vielzahl ähnlicher «Götter», Ursache der vielfältigen Planetenbewegungen. Direkte Einwirkung des G. auf die Menschenwelt gibt es nicht, zumal diese die sublunare Welt, von der Gestirnwelt prinzipiell verschieden ist. Doch soll der Mensch das Göttliche als das Überlegene «lieben» [6], und da sein eigener Geist «göttlich» ist, bleibt seine Aufgabe, sich im reinen Denken «unsterblich zu machen, soweit es möglich ist» [7].

Anmerkungen. [1] ARISTOTELES, Met. 1026 a 13; 1064 a 35. – [2] PERÌ PHILOSOPHÍAS Frg. 18. 23. 26 (ROSE). – [3] SEXTUS EMPIRICUS, Pyrrh. Hypot. 3, 218; Adv. Math. 10, 33. – [4] ARISTOTELES, De caelo 279 a 25ff. – [5] Met. 1071 b 3ff. – [6] Eth. Nic. 1162 a 4. – [7] Eth. Nic. 1177 b 30.

Literaturhinweis. W. THEILER: Ein vergessenes Aristoteleszeugnis. J. hellenic Stud. 77 (1957) 127-131.

5. Die *hellenistische* Philosophie erkennt nur materielles Sein an. EPIKUR will die traditionelle, anthropomorphe Götterauffassung retten, indem er nur «selig» und «unvergänglich» als Wesensbestimmung der Götter beibehält [1], ihnen im übrigen einen quasi-Leib, Persönlichkeit, Nahrung, Sprache, Wohnung in den «Intermundien» zugesteht – Randerscheinungen, die sich um die Menschen nicht kümmern; doch kann man sie anschauend verehren. Dagegen setzt die *Stoa* als Zentralbegriff den kosmisch-materiellen All-G.: Wenn ein ranghöchstes, mächtigstes Wesen existieren muß, so ist dies der Kosmos als beseeltes, geistiges Lebewesen, genauer die in ihm waltende Kraft, «Seele», «Vernunft» (λόγος): ein «Hauch» (πνεῦμα), der alles durchdringt, «gestaltendes Feuer», das zugleich «Geist» (νοῦς) ist, auch als «Schicksal» (εἱμαρμένη), «Notwendigkeit» (ἀνάγκη), «Vorsehung» (πρόνοια) waltet. Aus diesem Urfeuer, in dem Geist und Materie als Einheit gedacht sind, ist die Welt hervorgegangen, sie löst sich periodisch darin auf. «Gewordene und vergängliche» Götter, Gestirne und Elemente, werden daneben anerkannt [2]. Die Göttermythologie wird durch rücksichtslose Allegorese als Vorahnung des stoischen Systems gedeutet.

Anmerkungen. [1] EPIKUR, Kyria Doxa 1. – [2] SVF II, 305f. 315f.; DIOGENES LAERTIOS VII, 147; CICERO, De natura deorum 2.

6. Die *Neubelebung platonischer Traditionen* seit dem 1. Jh. v. Chr., die sich zum Teil als Pythagoreismus verstehen, auch mit Judentum eng verbinden (wichtig war, daß in der Septuaginta Gott als ὁ ὤν bezeichnet war [1]), dann Christentum eng verbinden, führt zu fortschreitender Überhöhung des G.-Begriffs, nicht nur über Welt und Materie, sondern über alle positive Bestimmung, über die Vernunft, das Sein, das Gute hinaus. Schon PHILON bevorzugt negative Prädikationen: G. ist jenseits der Welt, des Denkens, ohne Eigenschaften und Namen, ortlos, zeitlos, jenseits des Guten, der Einheit [2]; Vermittler zur Welt sind seine «Kräfte» (δυνάμεις), Güte, Macht und göttliche Vernunft (λόγος). Nach dem Platoniker ALBINOS ist der erste G. weder aussagbar noch definierbar, doch im Denken erfaßbar auf den Wegen der abstrahierenden Negation, der bildhaften Analogie, der induktiven Steigerung [3]. Dagegen setzt PLOTIN G. als «das Erste» konsequent über die Vernunft, jenseits von Denken und Wollen, «unbegrenzt», d. h. nicht oder allenfalls negativ bestimmbar [4]; es ist als das «Eine» Ursprung der Vielfalt der Wirklichkeit, als das «Gute», ja «Übergute» Ziel alles Seienden, das aus dem Ursprung und durch den Ursprung ist und lebt [5]. An Stelle der G.-Erkenntnis tritt die unio mystica. Eine letzte Verbindung zur mythischen Tradition schafft PROKLOS, der unter der Ureinheit, doch über dem Sein eine Vielzahl «überseiender Einheiten» (ὑπερούσιοι ἑνάδες) annimmt, in denen er die Götter des Kults wiederfinden kann [6].

Anmerkungen. [1] Ex. 3, 14. – [2] Philon, De opificio mundi 8f.; De migr. Abr. 178ff.; De conf. ling. 134ff.; de praem. 36ff. u. ö. – [3] Albinos, Eisagoge 10, S. 164f. (Hermann). – [4] Plotin, Enn. I, 7, 1; V, 4, 1; VI, 9, 6; V, 5, 11. – [5] Enn. II, 9, 1; VI, 2, 17; 6, 9; V, 2, 1. – [6] Proklos, Stoicheíosis theologiké § 113ff.

Literaturhinweise. A. J. Festugière: La révélation d'Hermès Trismégiste 2: Le dieu cosmique; 4: Le dieu inconnu et la gnose (Paris 1949/54). – E. R. Dodds: Proclus. The Elements of Theol. (Oxford ²1962). – A. Wlosok: Römischer Rel.- und G.-Begriff in heidnischer und christlicher Zeit. Antike und Abendland 16 (1970) 39-53.
 W. Burkert

II. *Altes Testament.* – 1. Das alttestamentliche G.-Verständnis läßt sich zunächst nur von seiner Geschichte, nicht seinen Begriffen (s. u. 3) her entfalten, da sie seine Eigenart weniger erkennen lassen. Es wird vor allem durch drei grundverschiedene *Überlieferungen* aus der nomadischen Vergangenheit geprägt:
a) Der «*G. der Väter*» ist an kein Heiligtum mit Priestern gebunden, sondern offenbart sich (jeweils allein) dem Oberhaupt einer wandernden Sippe und verheißt ihm Führung, Schutz, Nachkommenschaft und Landbesitz [1]. Als die Vätergötter bei der Seßhaftwerdung der Nomaden mit den El-Gottheiten der Kulturlandheiligtümer identifiziert werden, drängen sie ihnen ihr Wesen völlig auf [2]. Von Anfang an ist also Hoffnung als Vertrauen auf das zukunftweisende Wort konstitutiv für das G.- und Selbstverständnis, wie auch die bildlose Verehrung jeweils eines G. wohl schon Merkmal der Erzväterreligion ist.
b) Als Erfüllung von Verheißung erscheint auch die *Herausführung aus Ägypten*, die für Israel zum fundamentalen Glaubensbekenntnis wird [3]. Frühestes Zeugnis ist ein Lied, das die Rettung vor den Verfolgern besingt; es stellt das Geschehen bereits ausschließlich als Tat G. ohne menschliche Mithilfe dar [4].
c) Die *Sinaitheophanie*, die für Israel grundlegende Offenbarung, besteht im wesentlichen aus drei Elementen: Erscheinung G. in der Natur, «Bundesschluß», d. h. Begründung der Gemeinschaft zwischen G. und Volk [5], und Rechtsmitteilung; denn Ethos und Recht menschlichen Zusammenlebens gelten als Konsequenz der G.-Beziehung [6]. Wieder bleibt die Ortsbindung der Personbindung untergeordnet; der «G. vom Sinai» [7] zieht helfend mit den Einwanderern nach Palästina, wie er Jahrhunderte später in der prophetischen Vision (Ez. 1f.) von Jerusalem zu den Verbannten ins Exil kommt.

Anmerkungen. [1] Vgl. A. Alt: Der G. der Väter, in: Kleine Schr. zur Gesch. des Volkes Israel 1 (⁴1968) 1-78; H. Weidmann: Die Patriarchen und ihre Relig. im Licht der Forsch. seit J. Wellhausen (1968). – [2] Gen. 18; 28, 10ff.; 32, 23ff. – [3] Ex. 3, 7ff.; 20, 2; Hos. 12, 10; 13, 4; Am. 3, 1f.; 9, 7; Jer. 23, 7f.; vgl. dazu M. Noth: Überlieferungsgesch. des Pentateuch (³1966) 45ff. – [4] Ex. 15, 21; vgl. 14, 13f. 25. 31; vgl. zuletzt S. Herrmann: Israels Aufenthalt in Ägypten (1970). – [5] Älteste Belege: Ex. 19, 16-20 bzw. 24, 9-11; dazu zuletzt L. Perlitt: Bundestheol. im AT (1969). – [6] Die Gebotssammlungen, wie Dekalog (Ex. 20) und Bundesbuch (Ex. 20, 22-23, 19), sind aber wohl erst später in die Sinaiperikope eingefügt. – [7] Ri. 5, 4f.; Dt. 33, 2; Ps. 68, 8f.

2. Der aus diesen Traditionen hervorgegangene Jahweglaube ist durch drei *Hauptcharakteristika* ausgezeichnet, die nicht oder jedenfalls so nicht in Israels Umwelt begegnen.
a) Der alte Orient kennt wohl verschiedenartige monotheistische Tendenzen, aber keine Ausschließlichkeitsforderung, die die Verehrung fremder Götter verbietet [1]. (Eine Beziehung des Jahweglaubens zu dem andersgearteten Sonnenkult des Echnaton, wie sie etwa S. Freud annimmt [2], liegt höchstwahrscheinlich nicht vor.) Das *erste Gebot*, sowohl Forderung als auch Zusage [3], bedeutet in alter Zeit noch nicht die Leugnung der Existenz anderer Götter, sondern stellt ihre Macht in Abrede. Die Folge sind eine kritische Haltung gegenüber Dämonenglaube, Magie, Mythos (wie Theogonien) und die Fähigkeit, übernommene Vorstellungen der Nachbarreligionen tiefgreifend umzuwandeln [4].
b) Das *zweite Gebot* verbietet im AT nur ein Bild von G., nicht jede Kunst, und unterscheidet damit zwischen G. und Weltlich-Vorstellbarem [5]. G. ist nicht prinzipiell unsichtbar, vielmehr ist es gefährlich, ihn zu schauen [6]; so wird eine G.-Schau nur wenigen zuteil [7], aber für die Zukunft für alle erwartet [8].
c) Seitdem Gott beim Exodus an seinen Taten für die Bedrängten erkannt wurde, sind G.- und *Geschichtsverständnis* untrennbar miteinander verbunden. Kultische Feste, Gesetze und Lieder dienen der «Erinnerung» [9], und man weiß, daß das Königtum historisch geworden ist [10]. G.es Eingreifen in die Geschichte braucht nicht mythisch als Sondergeschehen gedacht zu werden; vielmehr gilt die welthafte Geschichte als G.es Werk [11], so daß menschliche Freiheit und Verantwortung [12] keineswegs aus-, sondern notwendig eingeschlossen sind. So können die Propheten die fremden Großmächte als Werkzeug des G.es Israels ansehen [13], bis die Apokalyptik zu einer universalgeschichtlichen Schau vordringt und hofft, daß G.-Reich der Gewalt der Weltmächte überhaupt ein Ende setzt [14].

Anmerkungen. [1] Vgl. zuletzt E. Hornung: Der Eine und die Vielen (1971). – [2] S. Freud: Der Mann Moses und die monotheistische Relig. (1939). – [3] Ex. 20, 2f.; 22, 20; 23, 13; 34, 14; Dt. 6, 5; Hos. 13, 4; Jes. 43, 11; 44, 6 u. a. – [4] Vgl. Ex. 20, 7; Num. 23, 23 u. a.; dazu W. H. Schmidt: Das erste Gebot (1969). – [5] Ex. 20. 4ff. 23; Lev. 19, 4; Dt. 4, 12. 15ff.; 27, 15; Hos. 8, 4ff.; 13, 2; Jes. 44, 9ff.; Ps. 115, 2ff.; sprachliche Bilder (Hos. 5, 12. 14; 13, 7f. u. a.) werden ungehindert benutzt. – [6] Ex. 33, 20; 3, 6; 19, 21; Ri. 13, 22; 1. Kön. 19, 13; Jes. 6, 2. – [7] Gen. 32, 30; Num. 12, 7f.; Dt. 34, 10; Jes. 6, 1; Ez. 1, 28 u. a. – [8] Ez. 20, 35; Jes. 40, 5; 52, 7f. 10; vgl. 1. Kor. 13, 12. – [9] Ex. 12, 14; 23, 15; Dt. 16, 3. 12; vgl. Ps. 51, 2 u. a. – [10] Dt. 17, 14; 1. Sam. 8, 5. 20; Hos. 8, 4. – [11] Gen. 50, 20; 2. Sam. 17, 14 u. a. – [12] Gen. 1, 28; 6, 5; 8, 21 u. a.; vgl. Ex. 9, 34 mit 10, 1 u. a. – [13] Jes. 5, 26ff.; 10, 5ff.; 44, 28; 45, 1; Jer. 25, 9; 27, 5f.; 43, 10 u. a. – [14] Dan. 2; 7 u. a.

3. Der in seiner Deutung umstrittene *G.-Name* ‹Jahwe› meint am ehesten «er ist, erweist sich (als wirksam, hilfreich)» [1]. Später wird er durch den Titel ‹Herr› (Adonaj, Kyrios) ersetzt, soweit nicht allgemein der (ebenfalls nicht sicher ableitbare) Begriff ‹G.› (Elohim) verwendet wird. Von *Eigenschaften* G.es, wie «eifernd» [2], «heilig» [3] oder «lebendig» [4], ist relativ selten die Rede. Eine feste Bekenntnisformel beschreibt G.es Wesen als «barmherzig, gnädig, langmütig und reich an Huld» [5]; doch wollen alle Prädikate nicht eigentlich aussagen, wie G. ist, sondern wie er sich verhält.

Anmerkungen. [1] W. v. Soden: Jahwe. «Er ist, Er erweist sich.» Welt des Orients 3 (1966) 177-187; vgl. Ex. 3, 14. – [2] Ex. 20, 5; 34, 14; Dt. 4, 23f.; Jos. 24, 19 u. a. – [3] Jes. 1, 4; 5, 16; 6, 3; 40, 25; 41, 14; 57, 15; Hos. 11, 9; 1. Sam. 2, 2; Lev. 19, 2 u. a. – [4] 1. Sam. 17, 26. 36; 2. Kön. 19, 4. 16; Jer. 10, 10; Ps. 42, 3. 9 u. a. – [5] Ex. 34, 6f.; Num. 14, 18; Ps. 103, 8; 145, 8; vgl. Jer. 3, 12; Ps. 145, 17 u. a.

4. Die sogenannten *Schriftpropheten*, deren mündliche Verkündigung später schriftlich fixiert wurde, erwarten die entscheidende Offenbarung erst in der Zukunft, und zwar als Gericht und – nach dem Durchgang durch das Gericht – als Heil. Durch diese im G.-Wort vorweggenommene Zukunft treten sie in Gegensatz zur Tradi-

tion: «Gekommen ist das Ende über mein Volk Israel; ihr seid nicht mein Volk, und ich, ich bin nicht für euch da» [1]. Die Erinnerung an einen Krieg G.es für sein Volk wandelt sich in die Androhung eines Krieges gegen sein Volk [2]; Heiligtümer, Feste, Opfer [3] wie auch die höheren Gesellschaftsschichten und das Königtum [4] verfallen der Kritik.

Da den Propheten die Voraussetzung, daß sich der Mensch selbst für die Zukunft freimachen kann, zerstört ist [5], erhoffen sie von G. eine Umwandlung des Menschen [6], ja schließlich eine neue Welt [7]. Alles Vergangene, wie Schöpfung, Exodus, Theophanie oder Bund, wird in der prophetischen Erwartung wieder Zukunft, und damit enthält sie ein kritisches Element für die Gegenwart: Beispielsweise ist der wahre König nicht der residierende, sondern der kommende [8].

Anmerkungen. [1] Am. 8, 2; Hos. 1, 9; vgl. Am. 5, 2; 9, 1ff.; Jes. 6, 9ff.; 22, 14; Jer. 1, 14; 7, 16; 14, 11 u. a. – [2] Am. 2, 14f.; Jes. 28, 21 u. a.; vgl. G. v. RAD: Der heilige Krieg im alten Israel (⁵1969); F. STOLZ: Jahwes und Israels Kriege (1972). – [3] Am. 4, 4f.; 5, 5. 21ff.; 8, 10; Hos. 2, 13; 3, 4; 10, 2; Mi. 3, 12; Jes. 1, 10ff.; 5, 14; 22, 1ff.; 29, 1ff.; 43, 22ff.; Jer. 7; 26 u. a. – [4] 2. Sam. 12; 1. Kön. 21; 2. Kön. 1; Am. 2, 6ff.; 3, 9f.; 4, 1f.; Jes. 3, 1ff. 14f.; Hos. 1, 4; 3, 4; 8, 4; 13, 11 u. a. – [5] Hos. 5, 4. 6; Jer. 2, 22; 6, 27ff.; 13, 23 u. a. – [6] Ez. 36, 26; Jer. 31, 33f.; Joel 3, 1ff. u. a. – [7] Jes. 65, 17 und die Apokalyptik. – [8] Jes. 11, 1ff.; Mi. 5, 1ff. u. a.

5. Die prophetische Einsicht, daß sich G.es Macht im Leiden des G.-Volkes zeigen kann, ermöglicht Israel, den Glauben auch im Exil und später unter ungünstigen Verhältnissen durchzuhalten. Unter den Bedingungen politischer Abhängigkeit wird er zur Hoffnung für die *Welt* und überschreitet damit die Grenzen, in denen er vorher lebte: Der G. des Volkes wird zum G. der Welt [1]; nicht mehr nur Israel, alle Völker werden sich zu ihm bekennen [2], und der Tod wird nicht mehr das Ende des G.-Verhältnisses sein [3]. So erweitert sich ständig der Bereich des Glaubens, weil nicht nur die erfahrene Geschichte, sondern die Wirklichkeit überhaupt in den Herrschaftsbereich des einen G. einbezogen wird; denn seine Ausschließlichkeit verträgt es nicht, daß irgendein Raum ausgespart bleibt.

Anmerkungen. [1] Ps. 33, 8. 13; 136, 26; Pred. 5, 1; Jon. 1, 9 u. a. – [2] Jes. 2, 2ff.; 11, 10; 45, 6. 23f.; Zeph. 2, 11; Sach. 2, 15; 14, 9. 16 u. a. – [3] Vgl. gegenüber Ps. 88, 6ff. oder Hi. 14 die Hoffnung von Jes. 25, 8; 26, 19; Ps. 22, 28ff.; 73, 23ff. u. a.; auch die Erwartung eines Friedens zwischen Mensch und Natur Jes. 11, 6ff.; 65, 20ff.

Literaturhinweise. J. HEHN: Die bibl. und die babyl. G.-Idee (1913). – W. W. Graf BAUDISSIN: Kyrios als G.-Name im Judentum ... 1-4 (1929). – O. GRETHER: Name und Wort G. im AT (1934). – TH. C. VRIEZEN: Ehje ašer ehje. Bertholet-Festschr. (1950) 492-512. – O. EISSFELDT: El und Jahwe. B. semitic Stud. 1 (1956) 27-37; Jahwe, der G. der Väter. Theol. Lit.-Z. 88 (1963) 481-490 = Kleine Schr. 3 (1966) 386-397 bzw. 4 (1968) 79-91. – W. EICHRODT: Das G.-Bild im AT (1956); Theologie des AT 1 (¹1968); 2 (⁶1967). – H. H. ROWLEY: Mose und der Monotheismus. Z. atl. Wiss. 69 (1957) 1-21. – N. WALKER: Yahwism and the divine name «Yhwh». Z. atl. Wiss. 70 (1958) 262-265. – H. RINGGREN: Israelit. Relig. (1963). – L. KÖHLER: Theol. des AT (⁴1966). – C. J. LABUSCHAGNE: The incomparability of Yahwe in the OT (1966). – R. RENDTORFF: El, Ba'al und Jahwe. Z. atl. Wiss. 78 (1966) 277-292. – W. v. SODEN s. Anm. [1 zu 3]. – W. H. SCHMIDT: Atl. Glaube und seine Umwelt (1968). – G. FOHRER: Gesch. der israelit. Relig. (1969). – G. v. RAD: Theol. des AT 1 (⁶1969); 2 (⁵1968). – H. D. PREUSS: Verspottung fremder Relig. im AT (1971). – G. FOHRER: Theol. Grundstrukturen des AT (1972). – W. ZIMMERLI: Grundriß der atl. Theol. (1972). – W. H. SCHMIDT: Ausprägungen des Bilderverbots? Zur Sichtbarkeit und Vorstellbarkeit G.es im AT. Festschr. G. Friedrich (1973). – Vgl. auch die einschlägigen *Lexika:* Bibeltheol. Wb. (²1962); LThK²; RGG³; Theol. Wb. zum AT (Lief. seit 1970); Theol. Handwb. zum AT 1 (1971).

W. H. SCHMIDT

III. *Neues Testament.* Der G.-Glaube Israels ist geschichtstheologisch begründet, in gleicher Weise versteht die christliche Urgemeinde ihren G.-Glauben.

1. Jesus greift auf das alttestamentliche G.-Bild zurück und gestaltet es aus. Die neutestamentliche G.-Vorstellung ist ganz eng mit Person, Lehre und Werk Christi verknüpft; daher ist es oft schwer, zwischen Theologie und Christologie zu unterscheiden: doch *Jesu G. ist der G. der Väter.* Er bringt das alttestamentliche G.-Bild in Zusammenhang mit der Verkündigung des Reiches G.es, das sich verwirklicht in seinem Tun und seiner Lehre; G. bleibt der Schöpfer-G. und Bundes-G. Jesus führt die Weisungen G.es auf ihren reinen Ursprung zurück und verinnerlicht sie [1]. Auch er bedient sich gelegentlich wie das zeitgenössische Judentum der verhüllenden G.-Namen, wie ‹Himmel› [2], ‹Engel G.es› [3]. Oder er gebraucht passivische Wendungen [4]. Daß G.es Offenbarung in ihm ihre Gipfelhöhe erreicht, beweisen die Antithesen der Bergpredigt, in denen Jesus sogar den alttestamentlichen Bundesmittler Mose überbietet [5]. G.es Macht als des Herrn der Geschichte ist in Heil und Gericht unbegrenzt [6]. In Jesus wird sie nach dem programmatischen Ruf Mk. 1, 14f. zur Rettung der Menschen eingesetzt. Wenn sein Kommen auch letztlich die Liebe G.es kündet [7], so ruft er den Widerstrebenden sein unbarmherziges Wehe zu [8]. «Aber Jesu *eigene und eigentliche Botschaft* ist ... die *Kunde von dem gütigen, verzeihenden und überreich schenkenden G.*, und hier erst hebt er sich deutlich vom Judentum ab und stellt ein G.-Bild vor uns hin, wie es bis dahin nicht geoffenbart wurde ...» [9].

Anmerkungen. [1] Mt. 5f. – [2] Mt. 18, 18; Lk. 15, 7. 18. – [3] Lk. 12, 8f.; 15, 10. – [4] Mt. 5, 7. 9; Lk. 6, 38; 16, 9. – [5] Mt. 5, 33-39. – [6] Lk. 12, 56; Apg. 1, 6f. – [7] Mt. 25, 31-46. – [8] Mt. 12, 41; Lk. 10, 12. – [9] R. SCHNACKENBURG, in: Bibeltheol. Wb. (²1962) 571.

2. Das *Besondere* in der G.-Botschaft Jesu liegt darin, daß er die im Alten Testament seltene familiäre Anrede ‹Vater› für G. – gemeint ist dort G.es besonderes Verhältnis zum auserwählten Volk [1] – in zentrale Aussagen des Neuen Testaments überträgt und zur Allgemeingültigkeit erhebt [2]. Wie sonst nirgends kommt in dieser Anrede die Güte G.es und seine Bereitschaft zu vergeben zum Ausdruck (vgl. die Darstellung des Vater-G. im Gleichnis vom verlorenen Sohn [3]).

Anmerkungen. [1] Jes. 63, 16; 64, 7; Jer. 31, 9. – [2] Mt. 7, 11; Lk. 11, 2. 13; 23, 34. – [3] Lk. 15, 11-32.

3. Die durch Jesus angereicherte und vertiefte Schau G.es wird das G.-Bild des *Urchristentums.* Es wird besonders in der Richtung weiter ausgestaltet, daß es der heilschaffende G. ist, der Erlösung bewirkt als der Vater des Herrn Jesus Christus [1]. Er lenkt die planvoll voranschreitende Heilsgeschichte [2].

Wie G. ist und was er tut, läßt sich nach PAULUS vor allem am Kreuzestod Christi und an seiner Auferstehung erkennen. In der Rechtfertigungslehre [3] zeigt er den G., der zürnt und rechtfertigt, dessen Erbarmen und Vergebung durch die Christustat über Zorn und Gericht siegt, der dabei absolut frei und unbegreiflich in seinem Heilswerk an den Menschen bleibt (vgl. Röm. 9–11 die christlich gedeutete Geschichte des jüdischen Volkes).

Neuartigkeit und Ausschließlichkeit prägen das G.-Bild des *Johannesevangeliums.* Nur der Sohn kennt den Vater und wem er es kundtun will [4]. G. und seinen Gesandten, Jesus, zu erkennen, bedeutet das ewige Leben; die Gemeinschaft mit G. erschließt sich den

Gläubigen in Jesus. Die theologische Grundgegebenheit, daß G. die Liebe ist, findet sich 1. Joh. 4, 16. Dahinter verbirgt sich nicht eine göttliche Zuneigung oder Gesinnung, sondern darin erschließt sich G.es Selbstmitteilung an den Sohn als Hervorgang; durch ihn teilt er sich den Jüngern, und durch sie im Zeichen und Zeugnis der Bruderliebe an die Welt mit.

Anmerkungen. [1] Apg. 2, 34-36; 1. Kor. 8, 6; Phil. 2, 11. – [2] Apg. 7. – [3] Gal.; Röm. – [4] Joh. 1, 18; 7, 29; vgl. Mt. 11, 27.

4. Der Glaube an G. als Vater, an Jesus als Messias und G.-Sohn, an den Geist, den Jesus als Beistand nach seiner Verherrlichung sendet [1], leitet schließlich eine Bewegung auf das *Trinitätsgeheimnis* ein. Das Neue Testament enthält eine Reihe von Anstößen, die ein solches Entfalten der G.-Offenbarung anregen und nahelegen. Man darf von ihm keine letzte Klärung dieser Fragen und auch keine Fixierung fertiger Lehrformeln erwarten. Doch erfahren wir bisweilen von der *einen* Heilswirksamkeit der drei göttlichen Personen, die nebengeordnet sind [2]. Dann wird in den Parakletsprüchen von ihrem *Zusammenwirken* berichtet [3]; Eine dritte Form der Darstellung findet sich in Texten, in denen die Heilszuwendung an den Menschen *differenziert* auf die drei göttlichen Personen aufgeteilt erscheint: die ewige Erwählung erfolgt durch G.-Vater, die Erlösung, die der Sohn bewirkt, durch sein Blut, die Lebensspendung und Heiligung durch den Geist [4]. Dem Neuen Testament fehlt zwar noch die Klarheit geprägter Begriffe, aber um so eindrucksvoller wird das dynamische Heilshandeln des dreifaltigen G. an den Glaubenden herausgestellt: «Das NT vereitelt endgültig jeden menschlichen Versuch, sich selbst autonom das eigentliche Bild von G. zu machen, indem er das echte εἰκὼν τοῦ θεοῦ (2. Kor. 4, 4; Kol. 1, 15) der Welt vor Augen stellt, den Menschen Jesus Christus. Nun wissen wir wirklich – auf Grund konkreter historischer Erfahrung – wie G. ist und was er an uns getan hat» (F. J. SCHIERSE [5]).

Anmerkungen. [1] Joh. 16, 7. – [2] 1. Kor. 12, 4-6; 2. Kor. 13, 13. – [3] Joh. 14, 16f. 26; 15, 26; 16, 7. 13-15. – [4] Eph. 1, 3-14; 1. Petr. 1, 2. – [5] F. J. SCHIERSE in: LThK² 4 (1960) 1080.

Literaturhinweise. W. KOESTER: Der Vater-G. in Jesu Leben und Lehre. Scholastik 16 (1941) 481-495. – E. STAUFFER: Theol. des NT (⁴1943); Art. ‹Theos› in: Theol. Wb. zum NT 3 (1938) 91-120. – G. SCHRENK: Art. ‹Pater› a. a. O. 5 (1954) 981-1016. – R. BULTMANN: Jesus (³1951); Theol. des NT (²1954). – V. RAHNER: Theos im NT, in Schr. zur Theol. 1 (1954) 91-167. – H. F. D. SPARKS: The Doctrine of divine fatherhood in the gospels. Studies in the Gospels (Lightfoot-Festschrift) (Oxford 1955) 241-262. – W. MARCHEL: Abba, Père (Rom 1963). – J. JEREMIAS: Abba (Göttingen 1966).

H. GROSS

IV. *Nachbiblisches Judentum.* – 1. In der *Spätantike* betonen die Quellen mit Blickrichtung auf Polytheisten, Gnostiker, jüdische Häretiker und nicht zuletzt das aufkommende Christentum [1] übereinstimmend die schon in der Bibel (z. B. Deut. 6, 4) hervorgehobene Einzahl G.es [2]. Der eine G., der sich am Sinai geoffenbart hat, muß derselbe sein, von dem die Philosophen sprechen [3]. Unter dem Einfluß platonischer und stoischer Philosophie sollen kosmologische, teleologische und psychologische Argumente seine Existenz beweisen [4], wobei PHILON und JOSEPHUS die ausdrückliche Voraussetzung machen, daß Aussagen wir über G.es Dasein, jedoch nicht über sein Wesen möglich sind [5]. Aussagen über sein Wesen sind in philosophischem Sinne immer negativ. Aus der numerischen Einheit ergibt sich die qualitative. In aristotelischer Terminologie beschreibt PHILON sein Wesen als einfach, ungemischt, unvermengt, sich selbst genügend [6]. G.es Unvergleichlichkeit drückt sich darin aus, daß er weder einen Körper [7] noch Eigenschaften [8] hat. Er ist ohne genus und differentia specifica [9]. Mit fast identischen Begriffen bestimmen ihn Philon und JOSEPHUS als ungeworden, unvergänglich, unveränderlich [10], bedürfnislos [11]. PHILON, der die negative Attributenlehre am weitesten entwickelt hat, nennt ihn noch unsichtbar [12], unbegrenzt [13], unbestechlich [14], unbenennbar, unsagbar und unbegreifbar [15]. Bei der Beschreibung des Verhältnisses zur Welt gibt man diese Zurückhaltung auf. Die geringste Selbstbeschränkung üben die *Rabbinen*, obwohl es auch bei ihnen heißt: «Wir beschreiben Gott mit Begriffen, die aus seinen Schöpfungen entlehnt sind, nur deshalb, um sie uns ins Ohr sinken zu lassen» [16]. Sie sind weniger am Entwurf eines Systems als an der Erbauung der Gemeinde interessiert. G. als dem Schöpfer und Erhalter bzw. Lenker der Welt [17] entsprechen die Attribute der Allmacht [18], Allgegenwart [19] und Allwissenheit [20]. Hinter dem im All durchwaltenden Naturgesetz steht G. [21]. Wie er sich dessen Änderung vorbehalten hat, so steht ihm auch jederzeit die Möglichkeit des wunderbaren Eingreifens offen [22]. In seiner Zuwendung zum Menschen erscheint er ganz personal als wahrhaft, gütig und gerecht [23]; er ist somit ein Vorbild für den Menschen [24]. Als Richter [25] läßt er jedem das Seine zukommen [26]. Für PHILON sind freilich hier seine Kräfte am Werk [27]. Trotz seiner in den Namen ‹Herr›, ‹Heiliger›, ‹Höchster›, ‹Größter›, ‹Ort› sich aussprechenden Transzendenz ist er seinem Volk wie den einzelnen Menschen überhaupt dennoch nahe in seiner Schekina (Wohnen) [28] oder in seinem Geist [29], nach Philon in seinen Kräften. In manchen Fällen kann man geradezu von einer Kondeszendenz G.es sprechen [30]. Sinnfälliger Ausdruck dieser immanenten Transzendenz ist die Anrede «Vater im Himmel» [31].

Anmerkungen. [1] Vgl. A. MARMORSTEIN, Hebr. Union Coll. Ann. 1 (1924) 470. – [2] PHILON, Leg. all. 3, 82; JOSEPHUS, Ant. 3, 91; Sib. 3, 11f.; Babyl. Talm. Sanhedrin 39a. – [3] ARISTOBULOS bei EUSEB., Praep. ev. XIII, 12, 7; ARISTEAS 16; JOSEPHUS, Ap. 2, 168. – [4] Sap. 13, 1. 5; PHILON, Opif. 7f.; Conf. 98; Leg. all. 3, 97ff.; Migr. 185ff.; JOSEPHUS, Ant. 1, 156; Sifre Deut. 341; Gen. rabba 39 zu 12, 1; Midrasch Tehillim, hg. BUBER 433. – [5] PHILON, Spec. leg. 1, 32; Imm. 62; JOSEPHUS, Ap. 2, 190. – [6] PHILON, Imm. 56. – [7] Spec. leg. 2, 176. – [8] Leg. all. 3, 36. – [9] Vgl. H. A. WOLFSON: Philo 1. 2 (Cambridge, Mass. ²1962) 109. – [10] Leg. all. 1, 51; JOSEPHUS, Ap. 2, 167; Ant. 10, 178. – [11] PHILON, Mos. 1, 157; JOSEPHUS, Ant. 8, 111. – [12] PHILON, Cher. 101. – [13] Sacr. 59. – [14] Cher. 17. – [15] Somn. 1, 67. – [16] Mekilta Bachodesch 4. – [17] ARISTOBULOS, a. a. O. [3] XIII, 12, 4; ARISTEAS 136; Sap. 11, 17; 2. Makk. 7, 28; Bar. 3, 32ff.; Sib. 3, 20ff.; PHILON, Aet. 19; JOSEPHUS, Bell. 3, 369; Gen. rabba Anfang; Tanchuma Wajjera 24. – [18] Sap. 7, 25; 2. Makk. 1, 25; Mekilta Beschallach 6. – [19] ARISTOBULOS, a. a. O. [3] VIII, 10, 15; ARISTEAS 132; PHILON, Imm. 57; Bar. 3, 24f.; JOSEPHUS, Ant. 5, 109; Babyl. Talm. Berakot 10 a. – [20] ARISTEAS 132; PHILON, Ant. 2, 129; Tosefta Berakot 7, 2. – [21] PHILON, Opif. 61; Sacr. 40; JOSEPHUS, Ant. 19, 347; Sektenregel von Qumran (1 QS) 3, 15-4, 26; Gen. rabba 20 zu 3, 17. – [22] PHILON, Imm. 87f.; Mos. 2, 261; Midrasch Schemu'el 9, 11. – [23] 2. Makk. 1, 24; 4. Esra 8, 12. 23; JOSEPHUS, Ant. 4, 180; 11, 55; Sifre Deut. 49; Jerusalem. Talm. Ta'anit 65 b, 61f. – [24] Babyl. Talm. Sota 14 a. – [25] JOSEPHUS, Bell. 1, 630. – [26] Gen. rabba 33 zu 8, 1. – [27] PHILON, Sacr. 59. – [28] Vgl. A. M. GOLDBERG: Untersuch. über die Vorstellung von der Schekhinah in der frühen rabbinischen Lit. (1969). – [29] PHILON, Imm. 8, 114. – [30] Ant. 7, 91; Babyl. Talm. Megilla 31 a; vgl. P. KUHN, G.es Selbsterniedrigung in der Theol. der Rabbinen (1968). – [31] z. B. Sir. 23, 1; 3. Makk. 6, 2ff.; Mischna Abot 5, 20.

2. In der jüdischen *Religionsphilosophie des Mittelalters* treffen wir, bedingt durch die Rezeption und Weiterentwicklung der neuplatonischen und aristoteli-

schen Philosophie und die Auseinandersetzung mit ihr, auf nahezu dieselben Problemkreise wie im Altertum. Die Identität des G. der Philosophen mit dem G. der Bibel wird nicht nur vorausgesetzt, es wird sogar die Pflicht zur Reflexion über das Dasein und die Einheit G.es postuliert [1].

Zu den *Beweisen* für die Existenz G.es tritt der Beweis für seine Einheit. Der kosmologische G.-Beweis herrscht vor. Man schließt entweder nach Plato von den Voraussetzungen, daß die Welt erschaffen ist und alles eine Ursache hat [2], oder, Aristoteles folgend, von den Prämissen, daß alles eine Ursache hat und ein unendliches Zurückschreiten nicht möglich ist [3], auf das Dasein G.es. Der Weg führt dabei von der Bewegung zum Beweger, von der Potentialität zur Aktualität oder von der Möglichkeit zur Notwendigkeit [4]. Teleologisch argumentieren Bachja ibn Paquda [5] und Gersonides [6]. Der Beweis für G.es Einheit und Unkörperlichkeit lautet nach Maimonides: Wenn der Schöpfer ein Körper wäre, wäre seine Macht endlich; sie ist aber unendlich, da die Himmelssphäre in beständiger Bewegung ist. Da er nun kein Körper ist, kommt ihm auch keines der körperlichen Akzidentien zu, durch die er sich von einem anderen G. unterschiede. Folglich kann es nur einen Gott geben [7].

Die *Attributenlehre* wurde zu einem System ausgebaut. Seit Sa'adja finden wir durchgängig die Unterscheidung zwischen *Wesens-* und *Tätigkeits*attributen [8]. Sa'adja lehrt, Gott besitze die mit seinem Wesen identischen Attribute ‹Einheit›, ‹Leben›, ‹Macht›, ‹Weisheit›, ‹Unvergleichbarkeit›, von denen ‹Leben›, ‹Macht› und ‹Weisheit› nur seine Schöpferleistung explizierten [9]; die Tätigkeitsattribute ‹sehend›, ‹hörend›, ‹erbarmend› drückten seine Zuwendung zu den Geschöpfen aus. Bachja ibn Paquda schreibt G. die durch Beweis konstatierten formalen Wesensattribute ‹Existenz›, ‹Einheit› und ‹Ewigkeit› zu, die eigentlich zusammenfallen. Die Tätigkeitsattribute mit ihrer pädagogischen Abzweckung teilt er ein in die beiden Klassen der anthropomorphen Beschreibung und der materiellen Ausdrucksweise für G.es Schaffen [10]. Salomo ibn Gabirol zählt als Wesensattribute das Urattribut ‹Schöpfertum›, die drei formalen Attribute ‹Sein›, ‹Einheit›, ‹Ewigkeit› und ‹Unähnlichkeit› auf. ‹Wissen› und ‹Macht› rechnet er zu den Tätigkeitsattributen [11]. Für Maimonides kann G. überhaupt keine positiven Wesensattribute haben, da sie Körperlichkeit und Zusammengesetztheit implizierten [12]. Nur Tätigkeits-(Wirkungs-)attribute läßt er zu [13]. Positive, besonders biblische Aussagen erklärt er entweder als solche oder als Ausdrucksformen negativer Attribute [14]. Freilich sagt er auch, daß G. denkt [15] und weiß [16]. Gersonides und Chasdai Crescas geben diese radikale Haltung wieder auf. Nach Gersonides gibt es für G. als dem höchsten Denken keinen Unterschied zwischen Wesen und Denken. Einheit und Existenz sind mit dem Wesen eins. Den Unterschied zu den Geschöpfen wahrt er dadurch, daß er G. die positiven Attribute als ursprüngliche, den Geschöpfen als abgeleitete zuweist [17]. Für Chasdai Crescas gehören die Attribute zum Wesen wie das Licht zum leuchtenden Körper. In der Güte wurzelnd bilden sie ein Ganzes. Das Wesen setzt die Existenz voraus [18].

Obwohl man die Beziehung G.es zur *Welt* in scharfsinnigen Schöpfungstheorien immer neu bedenkt, ist er eigentlich in unendliche Ferne gerückt. Die *Vorsehung* wird entweder nur allgemein [19] oder, ähnlich, auf dem Zusammenhang zwischen menschlichem und göttlichem Geist beruhend gedacht, was Tiere und leblose Gegenstände von vornherein ausschließt und die Providenz vom jeweils erreichten Niveau des Intellekts abhängig macht [20]. Den daraus resultierenden Zwiespalt zwischen Theologie und Frömmigkeit sucht Maimonides so zu kitten, daß er den Nachdruck auf die Erkenntnis von G.es sittlichem Wirken als Vorbild für das menschliche Handeln legt [21].

Anmerkungen. [1] z. B. Bachja ibn Paquda, Chobot ha-lebabot I, 2. – [2] Sa'adja, Emunot we-de'ot I, 2; Bachja ibn Paquda, a. a. O. I, 4-6; Jehuda Hallewi, Kuzari II, 50. – [3] Abraham ibn Daud, Emuna rama II, 1; Maimonides, More nebukim II, 1; Chasdai Crescas, Or adonai VI, 3. – [4] Vgl. H. A. Wolfson: Notes on proofs of the existence of God in Jew. philos. Hebr. Union Coll. Ann. 1 (1924) 586. – [5] Bachja ibn Paquda, a. a. O. [1] I, 6. – [6] Gersonides, Milchamot adonai VI, 1. – [7] Maimonides, Jesode ha-tora I, 7. – [8] Sa'adja, a. a. O. [2] II, 12. – [9] a. a. O. II, 1-4. – [10] Bachja ibn Paquda, a. a. O. [1] I, 10. – [11] Salomo ibn Gabirol, Fons vitae III. – [12] Maimonides, More nebukim I, 50; II, Einl.; Jesode ha-tora II, 10. – [13] More nebukim I, 52. – [14] a. a. O. I, 54. – [15] I, 68. – [16] III, 19f. – [17] Gersonides, a. a. O. [6] III, 3. – [18] Chasdai Crescas, a. a. O. [3] I, 3. – [19] So etwa Abraham ibn Esra im Komm. zu Gen. 18, 21; Ex. 33, 17; Gersonides, Milchamot adonai III, 2. – [20] Maimonides, a. a. O. [13] III, 17f. – [21] a. a. O. I, 54.

3. Auch die jüdische *Mystik* ist ein Versuch zur Überbrückung des Zwiespalts zwischen Theologie und Frömmigkeit. Sie ist die Versenkung in die Vorstellung des lebendigen G. bis zu einem Punkt, wo eine «Welt göttlichen Lebens ersteht, die im geheimen in allem Seienden gegenwärtig ist und wirkt» [1]. In eigentümlicher Weise verbindet sie *En-Sof* (eigentlich: das Endlose), den verborgenen G., mit dem lebendigen G. Allen historischen Ausformungen gemeinsam ist die Lehre von den zehn Sefirot (eigentlich: Urzahlen), der mystischen Deutung der Attribute und der Einheit G.es sowie der Tora als der Inkarnation der göttlichen Weisheit [2]. Bis zu den mittelalterlichen deutschen Chassidim hatte man G. als überwältigenden König geschaut. Sie betrachten in Überbetonung der Allgegenwart ihn als Weltkraft und Weltgrund [3]. Die Kabbalisten lehren, wenn En-Sof sich manifestiere, habe er Attribute, die wirklich seien. Der Arm G.es ist höhere Realität als der menschliche Arm. In den zehn Attributen als den zehn Manifestationsstufen strömt das Leben G.es aus ihm selbst und zu ihm selbst hin und her [4]. Die chassidische Bewegung Osteuropas hat die G.-Vorstellungen der Kabbala aufgenommen und in der Richtung des chabad-Chassidismus (chokma = Weisheit, bina = Einsicht, da'at = Erkenntnis) weiterentwickelt, indem die Geheimnisse G.es in die Seele verlegt werden. Der Mensch entdeckt in sich, daß G. alles in allem und nichts außer ihm ist [5]. Moderne Vertreter sind A. D. Gordon und Rav Kook. Nach Gordon ist G. der universale Geist des Lebens, der alles umfaßt [6]. Im religiösen Gedenken oder Akt vereint sich die Seele mit der Weltseele. G. kann nicht erkannt, aber erfahren und gelebt werden [7]. Eigenschaften wie Gerechtigkeit sind Brechungen der Eigenschaften G.es. Rav Kook ist Panentheist [8]. G. ist die Urquelle der Welt, ohne die nichts existieren kann. Sich mit ihr wieder zu einen, ist das Ziel alles Seienden [9].

Anmerkungen. [1] Vgl. G. Scholem: Die jüd. Mystik in ihren Hauptströmungen (1957) 12. – [2] a. a. O. 15. – [3] 117. – [4] 227f. – [5] 374. – [6] Vgl. N. Rotenstreich: Jew. philos. in modern times (New York u. a. 1968) 243. – [7] Vgl. S. H. Bergman: Faith and reason (Washington D.C. 1961) 107. – [8] Vgl. a. a. O. 124; Rotenstreich, a. a. O. [6] 327. – [9] Vgl. Bergman, a. a. O. [7] 128.

4. *Die Philosophie von der Emanzipation bis zum Beginn des 20. Jh.* – M. Mendelssohn schließt von der Unvoll-

kommenheit der menschlichen Erkenntnis auf das notwendige Wesen, dessen unendlichem Verstand der vollkommene Wille, die freieste Wahl, die wirksamste Kraftäußerung und die höchste Güte entsprechen [1]. Da G.es Wille, der die Welt erschaffen hat, auf das Beste gerichtet ist, kann auch die Welt nur vollkommen sein [2]. Die Herkunft der Dinge aus dem Ratschluß G.es bewirkt, daß Zufälligkeit und Notwendigkeit zusammenfallen [3].

Zu dieser Vernunftreligion im Sinne der deutschen Aufklärungsphilosophie tritt die Offenbarung hinzu. Von Schelling ausgehend, bestimmt S. FORMSTECHER G. als den höchsten freien Geist, der dem menschlichen Geist neben dem ästhetischen Ideal das Ideal des Geistes, das Gute, mitgeteilt hat. Die Offenbarung macht ihm dieses Ideal bewußt, es entsteht Religion, und zwar, wenn das Ideal des Guten bewußt wird, die Religion des Geistes. Ihre geschichtliche Form ist das Judentum [4]. – Das System S. HIRSCHS ist von Hegel und Fichte beeinflußt. Mit der Erkenntnis seiner Freiheit erkennt der Mensch G. als deren Spender. Diese abstrakte Freiheit konkretisiert sich dadurch, daß sie die Sinnlichkeit der Vernunft unterwirft. Weil G. auch die Konkretion der Freiheit will, sind menschlicher und göttlicher Wille essentiell derselbe. Wahre Religion kann also, ähnlich wie bei Formstecher, nur der ethische Monotheismus des Judentums sein [5].

Demgegenüber beharrt S. L. STEINHEIM auf dem Gegensatz von Vernunft und Offenbarung; Kenntnis von G., Freiheit und Unsterblichkeit der Seele – den drei Postulaten Kants – ist nur durch die von außen kommende Offenbarung zu erlangen, deren Träger das jüdische Volk ist [6]. – Aus der Identifizierung der theistischen Sittlichkeit mit der autonomen Ethik Kants ergibt sich für M. LAZARUS die Bestimmung G.es als personifizierter und realer Idee der Sittlichkeit. Sowohl G. als Mensch unterliegen den sittlichen Geboten. Heiligkeit ist nichts anderes als die sittliche Vollkommenheit, die die Menschheit noch nicht erreicht hat, die aber prinzipiell erreichbar ist [7].

In der neukantianischen Ethik H. COHENS wird der sittlich fordernde G. Israels zur Idee, welche die Verwirklichung des sittlichen Ideals garantiert [8]. Die Vernachlässigung des sittlichen Erlösungsbedürfnisses korrigiert er in seinen Alterswerken. In der Korrelation G.-Natur «bedeutet G. die Gewähr, daß immerdar Dasein sein werde für die unendliche Fortführung der Sittlichkeit» [9]. In der Korrelation G.-Mensch ermöglicht G. die Erlösung von der Sünde durch den an sich selbst arbeitenden Menschen [10]. Als Individuum, das sich durch Erkenntnis der Sünde entdeckt, gewinnt der Mensch ein persönliches G.-Verhältnis [11].

Anmerkungen. [1] M. MENDELSSOHN: Morgenstunden ... (1785) XVIf. – [2] Die Sache Gottes §§ 39. 46ff. – [3] a. a. O. § 43f. – [4] S. FORMSTECHER: Die Relig. des Geistes (1841). – [5] S. HIRSCH: System der relig. Anschauungen der Juden und sein Verhältnis zu Judentum, Christentum und zur absoluten Philos. (1842). – [6] S. L. STEINHEIM: Die Offenbarung nach dem Lehrbegriff der Synagoge 1 (1835) 175ff. – [7] M. LAZARUS: Ethik des Judentums 1 (1898). – [8] H. COHEN: Ethik des reinen Willens (²1921) 449ff. – [9] Der Begriff der Relig. im System der Philos. (1915) 51. – [10] a. a. O. 64. – [11] 116.

5. *Die Theologie F. Rosenzweigs und M. Bubers.* – Das dialogische Denken F. ROSENZWEIGS geht im Gegensatz zu den bisherigen philosophischen Methoden von der Erfahrung der Tatsächlichkeit von G. *und* Welt *und* Mensch aus [1]. Es soll zeigen, «wie und wann er [G.] aus dem fernen zum nahen G. wird» [2]. Die Relation G.-Welt ist Schöpfung, G.-Mensch Offenbarung, Mensch-Welt Erlösung. In der auf die Schöpfung gründenden Offenbarung gibt sich G. zu einem bestimmten Augenblick einem Individuum als allmächtiger Schöpfer und liebender Vater zu erkennen [3].

M. BUBER entfaltet seine Theologie zusammen mit seiner Lehre von der der Ich-Es-Beziehung vorgegebenen Ich-Du-Beziehung, die sich im Leben mit der Natur, den Menschen und den geistigen Wesenheiten jeweils ereigne. Die Begegnung mit dem Du, in der das Ich zum Ich wird, ist Unmittelbarkeit, Gegenwart, Liebe, Gegenseitigkeit, Ausschließlichkeit, Freiheit und kennt kein Koordinatensystem. Zwar gibt jedes einzelne Du den Durchblick zu G., dem ewigen Du, frei, «wahrhaftes Gleichnis» für die Beziehung zu G. ist jedoch die Beziehung zum Menschen. Als einzige aller Beziehungen fällt das ewige Du nicht in ein Es zurück. Die Offenbarung geschieht in der Begegnung und macht keine Aussagen über G.es Wesen. Sie will in der Welt bewährt werden. Die sich hier ausdrückende Aufhebung des Gegensatzes von Heilig und Profan ist ein Erbe von Bubers Beschäftigung mit dem *Chassidismus* [4].

Anmerkungen. [1] F. ROSENZWEIG: Der Stern der Erlösung (²1930) 1, 17; Kl. Schr. (1937) 378f. – [2] Kl. Schr. 384. – [3] Stern ... 2, 46. – [4] M. BUBER: Ich und Du, in: Schr. über das dialogische Prinzip (1954) passim.

6. In der neueren *amerikanischen Theologie* hat M. M. KAPLAN die Vorstellung von einem persönlichen G. als supranaturalistischen aufgegeben. Bei der Suche nach einem G.-Begriff, der zum Wiederaufbau der jüdischen Volkskultur beiträgt, bestimmt er G. einmal als den Menschen transzendierende, in Übereinstimmung mit den Naturgesetzen wirkende Kraft [1], dann wieder als kosmischen Prozeß, dessen Reihe von Ereignissen und Erfahrungen offen ist [2]. Anscheinend gebraucht er beide Begriffe gleichwertig [3]. Ziel ist das größtmögliche Gute in der Gesellschaft, die Schaffung des Kosmos aus Chaos [4], das aber für ethische Kategorien merkwürdig indifferent bleibt.

M. STEINBERG entfaltet seinen G.-Begriff nach zwei Seiten. Als einzig sinnvolle Erklärung der Welt [5], als ihren Schöpfer, sieht er G. als den absoluten, da sonst alle Werte dem Relativismus anheimfielen; wenn aber menschliche Freiheit wirklich sein soll, ist seine Selbstbeschränkung denknotwendig. Schöpfung und Schöpfer stehen gemeinsam vor dem Kampf gegen das Böse.

Auf der Ebene des objektiv mit der Welt gegebenen, über die Dinge hinausweisenden Unsagbaren (ineffable) vollzieht sich nach A. J. HESCHEL, dem «Rhetoriker des Glaubens» [6], die Offenbarung, d. h. erreicht der unbeweisbare, in der Bibel präsente G. mit seinem Anruf den Menschen [7]. Seine Essenz bleibt verborgen, da die Bibel keine Aussagen über sein Wesen, sondern über seinen Bezug zur menschlichen Existenz, wie überhaupt zu allem Seienden, macht [8]. Alle Formulierungen über G. sind nur Entfaltungen des Bekenntnisses, daß G. einer ist [9].

Auschwitz, d. h. die Ausrottung der Juden durch den Nationalsozialismus, hat für R. L. RUBENSTEIN die Erfahrung der totalen Abwesenheit G.es als des Herrn der Geschichte gebracht und ihn die Wendung zum G. der Natur vollziehen lassen [10]. Indem er (ähnlich wie P. Tillich, der Gott als «Grund des Seins» bestimmt) ihn als Quelle des Lebens faßt, auf das alles Seiende zurückgeht [11], findet er die Möglichkeit, das Leben mit seinen Wechselfällen zu ertragen. Zu diesem G. gibt es weder Gebet noch eine Ich-Du-Beziehung [12].

Anmerkungen. [1] M. M. KAPLAN: The meaning of God in modern Jew. relig. (New York 1937) 110; The future of the American jew (New York 1948) 184f.; Judaism without supernaturalism (New York 1958) 25. 52. – [2] The future ... 183. – [3] Judaism ... 110. – [4] The meaning ... 76. – [5] M. STEINBERG: Anatomy of faith (New York 1960) 89. – [6] A. A. COHEN: Der natürliche und der übernatürliche Jude (1966) 232. – [7] A. J. HESCHEL: Man is not alone (New York 1951) 68; God in search of man (New York 1955) 250ff. – [8] Man ... 143f. – [9] a. a. O. 114ff. – [10] R. L. RUBENSTEIN: After Auschwitz (Indianapolis/Kansas City 1966) 136. – [11] a. a. O. 139f. – [12] 239.

Literaturhinweise. H. A. WOLFSON s. Anm. [4 zu 2] 575. – A. MARMORSTEIN: The old Rabbinic doctrine of God 1 (London 1927); 2 (London 1938). – G. F. MOORE: Judaism in the first centuries of the Christian era 1 (Cambridge, Mass. 1927). – R. MARCUS: Divine names and attributes in Hellenistic Jewish lit., in: Proc. Amer. Acad. jew. Res. (1931/32) 43. – A. SCHLATTER: Die Theol. des Judentums nach dem Bericht des Josephus (1932). – M. WIENER: Jüd. Relig. im Zeitalter der Emanzipation (1933). – J. B. AGUS: Modern philosophies of Judaism (New York 1941). – P. DALBERT: Die Theol. der jüd.-hellenist. Missionslit. unter Ausschluß von Philo und Josephus (1954). – G. SCHOLEM s. Anm. [1 zu 3]. – G. VAJDA, L'amour de dieu dans la théol. juive du MA (Paris 1957). – S. H. BERGMAN s. Anm.[7 zu 3]. – G. SCHOLEM: Ursprung und Anfänge der Kabbala (1962). – H. A. WOLFSON s. Anm. [9 zu 1]. – D. S. SHAPIRO: The doctrine of the image of God and imitatio Dei. Judaism 12 (1963) 57. – J. GUTTMANN: Philosophies of Judaism (London 1964). – G. SCHOLEM: Das Ringen zwischen dem bibl. Gott und dem Gott Plotins in der alten Kabbala, in: Eranos-Jb. 33 (1964) 9. – I. MAYBAUM: The face of God after Auschwitz (Amsterdam 1965). – J. L. BLAU: Modern varieties of Judaism (New York/London 1966). – A. A. COHEN s. Anm. [6 zu 6]. – B. CASPER: Das dialogische Denken (1967). – G. PFEIFER: Ursprung und Wesen der Hypostasenvorstellungen im Judentum (1967). – N. ROTENSTREICH s. Anm. [6 zu 3]. – M. HENGEL, Hellenismus und Judentum (1969). – J. MAIER: Gesch. der jüd. Relig. (1972).
G. MAYER

V. *Patristik.* – Die Schriften des Alten Testaments nennen G. den Schöpfer des ganzen Universums und bezeichnen ihn als den Ursprung alles Erkennbaren. Er bleibt in voller Distanz zu seinem Werk. Grund seines Handelns ist allein seine freie Entscheidung: ein anderes Motiv ist nicht erkennbar. G. erweist seine weiterwirkende Macht im konkreten, direkten Handeln; sie wird in der Geschichte des ganzen Volkes und in der Führung nichtjüdischer Gruppen sichtbar und betrifft auch den Einzelnen. Christus verkündet sich als den Sohn dieses in allem menschlichen Handeln wirkenden G. Er ist von ihm in diese Welt gesandt, den wahren G. zu verkünden durch die Hervorhebung des gnädigen und erbarmungsvollen Vaters gegenüber dem wesentlich als gerecht gezeichneten G. des Alten Testaments. G.es Wille im Ablauf der Geschichte zielt auf das Heil des einzelnen Menschen. Der erste Versuch, diesen Verkündigungsinhalt durch Verwendung nicht genuin urchristlicher Vorstellungen und Begriffe auch Menschen, die der alttestamentlichen Tradition nicht verbunden waren, nahe zu bringen, ist von PAULUS [1] und JOHANNES [2] unternommen worden.

Nach diesen ersten Ansätzen war es die Gruppe der *Apologeten*, die das philosophische Gespräch über die G.-Frage, über sein Dasein, über sein Wesen und seine Eigenschaften und über sein Verhalten zu den Menschen und der Welt aufnahmen. Über G.es Dasein, über viele seiner Eigenschaften bestand zwischen den christlichen und jüdischen Disputanten Einvernehmen, nicht aber über sein Wesen, da die gemeinsame Vorstellung von G. als einer transzendenten Person nicht mehr ausreichte, den Bruch zwischen der jüdischen monotheistischen Auffassung und der christlichen Aussage über die Dreipersonalität G.es (Trinität) zu verhindern; als ebenso trennend erwies sich die Behauptung der Menschwerdung G.es in Christus. Die Auseinandersetzung mit der griechischen und der von ihr abhängigen römischen Philosophie und mit der im antiken Kulturraum lebendigen Religiosität verlief ungleich schwieriger; sie bedeutet dabei nur die erste Epoche in dem weltweiten und ununterbrochenen Versuch, zwischen denkerischem Bemühen um das G.-Problem und der historisch fixierten Offenbarungsaussage über G. einen fruchtbaren Konnex zu finden, denn für die neutestamentliche Botschaft von G. reicht es nicht aus, sie mit statischen Begriffen dauernd zu wiederholen; sie muß sich in die bei der Verkündigung vorgegebenen Vorstellungen von G. einpassen, sie sich assimilieren, sie erweitern oder zurückweisen. Die Bewertung des dabei auftretenden, unvermeidlichen Risikos ist bis auf den heutigen Tag umstritten. Die Offenbarungsschriften kennen nur den *einen* G., der im Besitz aller Macht ist und bleibt und sie nicht an niedere Kräfte seiner Art abgegeben hat. Seine geistige Transzendenz und absolute Andersartigkeit verbieten es, ihn im Bilde darzustellen und ihn in einem durch seine besondere Gegenwart herausgehobenen Tempel zu verehren. Neben seiner *Allgegenwart* [3] wohnt er in besonderer Weise in der Gemeinde der Gläubigen. Die ersten Theologen betonen darum, daß es kein statisches Wohnen G.es an einem Ort, sondern ein für das Heil bedeutsames Wirken G.es nur dort gibt, wo durch freie Entscheidung gläubiger Menschen Heilsgeschichte sich verwirklicht. Die damit gegebene relative Kultlosigkeit trug den Christen den Vorwurf des Atheismus ein, den die Apologeten zunächst zurückwiesen mit der Betonung der höheren Form der geistigen G.-Verehrung gegenüber dem Polytheismus des Volkes (Kultraum und Bild tauchen als theologisches Problem erst später auf bei der schärferen Erfassung des Wesens Christi; die Inkarnation G.es, also die spezielle Bindung an Ort und Zeit, hat Konsequenzen für seine kultische Verehrung). Bei dieser Auseinandersetzung benutzten die Apologeten ausgiebig das reiche Arsenal, das die Philosophie auf dem Weg zum Henotheismus, beim Suchen nach der *einen* göttlichen Macht hinter den vielnamigen göttlichen Erscheinungen zur Verfügung gestellt hatte. Aus dieser ersten Bundesgenossenschaft für die religiöse Existenzsicherung in der gebildeten Welt und in der Rechtsordnung folgte das Gespräch mit den Philosophen über das *Wesen* G.es und seine Beschreibbarkeit. Die Apologeten begaben sich auf die philosophische Ebene [4] und holten sich, da es über G. in den einzelnen Richtungen keine einheitliche Anschauung gab, in eklektischer Manier aus den verschiedenen Systemen Anleihen, die sie als Teilwahrheiten der vollen Offenbarungswahrheit über G. vorordneten, um die christliche Lehre annehmbar zu machen. Die größte Kongruenz glaubte man beim mittleren Platonismus zu entdecken, der die Transzendenz, Geistigkeit und Gutheit G.es lehrte, während man bei der Stoa in der G.-Lehre nur den Gedanken der Vorsehung verwendbar fand. Das immanente Problem der Harmonisierung einer philosophischen G.-Lehre mit der Offenbarungstheologie ist den Apologeten und auch vielen späteren frühchristlichen Theologen nicht aufgegangen. Die griechische wie jede andere Philosophie geht von der Existenz der Welt aus und fragt nach ihrem Existenzgrund. Der Platonismus erklärt alles Seiende durch Partizipation am Urgrund, der außerweltlich, geistig, gut ist. Um ihn in seinem Wesen zu erkennen, muß man alles Zeitliche, Räumliche, Kontingente, Ungeistige abstrahieren, bis schließlich im Neuplatonismus als letzte Wirklichkeit das *Eine*, das in gar keiner Weise, auch nicht durch eine Qualitätsaussage Bestimmte und damit Begrenzte, bezeichnet wird. Da G. nur auf dem Weg der Abstraktion gewonnen werden kann, ist er schließlich ohne Welt nicht denkbar; darum müssen beide zeitlos ewig sein. Auf diesem Weg gewann die Philosophie ihre G.-Beweise, die als kosmologischer (Aristoteles), teleologischer (Stoa), noetischer (Plato) im Analogieverfahren gewonnen wurden. Sie wurden nacheinander, von den Apologeten angefangen, in die christliche G.-Lehre übernommen. G. rückt damit entweder an das äußerste Ende einer unendlichen Existenzreihe oder er wird als ordnendes Gesetz allem Seienden immanent, jedenfalls kontrastiert der so gewonnene G. scharf mit dem, den die Offenbarungsquellen aussagen. Eine Selbstbezeugung G.es, die mit «Ich bin» anhebt, ist für den Griechen undenkbar. Einen Rückschluß aus der Schöpfung auf sein Wesen gibt es in der Offenbarungstheologie nicht. Seine Existenz wird in der Geschichte erfahren; er ist nicht eine denknotwendige Voraussetzung des Geschehens, sondern die voraussetzungslose Wirklichkeit, die in voller Freiheit und Souveränität Umfang, Qualität und Ziel des Geschaffenen bestimmt. Das garantiert die totale Interessiertheit G.es am Schicksal des Menschen und der Welt, schafft aber, da er als Handlungsbeteiligter erscheint, das Theodizeeproblem [5], d. h. die Frage nach der Herkunft des Bösen und Unvollkommenen. (Die Diskrepanz zwischen der philosophischen Affektenlehre und den Schriftaussagen führte zur wiederholten Behandlung der Fragen, ob G. Reue und Zorn kenne.) Kann man es bei dem philosophischen Partizipationsdenken noch halbwegs lösen durch die Einführung der Polarität von gutem, geistigem Wollen und schwerfälliger, versagender Materie, die nicht einmal – wie im dualistischen Manichäismus – böse zu sein braucht, so ist bei dem voraussetzungsfreien Schaffen des guten G.es die Herkunft des Bösen nicht anders erklärbar als durch das freiwillige Versagen des menschlichen Willens beim kooperativen Handeln mit dem im geschichtlichen Tun sich manifestierenden G. Aus diesem Spannungsverhältnis zwischen philosophischer G.-Lehre und den Schriftaussagen, die das Verwobensein G.es in den kontingenten Geschichtsabläufen vorbehaltlos betonen, erhellt, daß es in der frühen Kirche eine große Variationsbreite in den Darlegungen über G. gibt, die von der fast vollständigen Übernahme der philosophischen G.-Anschauung, etwa auf neuplatonischer Grundlage, bis zur scharfen Ablehnung jeder philosophischen Argumentation reicht. Daß dabei das G.-Bild der Schrift bestimmend blieb, die philosophischen Erkenntnisse Stützenwert erhielten, lehren die alten Symbole, die G. als den Einen, den Schöpfer allen Seins beschreiben, dessen trinitarisches Wesen und Heilswirken der philosophischen Erkenntnis allerdings nicht mehr offen steht, da es nicht erschlossen werden kann.

In der Methode, G.es Wesen, seine Eigenschaften und sein Verhältnis zur Welt, insbesondere zu den Menschen zu beschreiben, gibt es deshalb in der Väterzeit je nach der philosophischen Vorbereitung und nach der geschichtlichen Situation, die ihre Darlegung angeregt hat, eine breite Fächerung. CLEMENS ROMANUS verwendet häufig die Euergetes-Vorstellung, um das Verhältnis des allmächtigen, allwissenden, bedürfnislosen Gottes zu den Geschöpfen zu charakterisieren [6]. Die *Apologeten* (JUSTIN, ATHENAGORAS, THEOPHILUS usw.) knüpfen ihre Gedanken an die einzelnen «Wahrheitselemente» der Philosophen an, betonen vor allem G.es Geistigkeit, beschreiben seine Andersartigkeit und Unbegreiflichkeit und kommen auf dem Weg des philosophischen Rückschlußverfahrens zur Unveränderlichkeit, Einfachheit, ja Eigenschaftslosigkeit und damit natürlich zum Problem der Vereinbarkeit dieser Aussagen mit dem Zeugnis der Schrift [7]. In der Abwehr der extremen christlichen Gnostiker ging es darum, die Persönlichkeit G.es, sein Interessiertsein an der Welt zu erweisen, denn für den G. der Gnostiker bedeuten materielle Wirklichkeit, geschichtliche Realität nichts; für den Lauf der Welt sind untergeordnete Kräfte verantwortlich. Für das Heimfinden zu G. ist nicht das Handeln Christi wirksam – bei seinem Mißgeschick hat sich der Geist G.es rechtzeitig zurückgezogen –, höchstens insofern, als durch das Schauen auf ihn die rechte Erkenntnis geweckt wird, die allein geistig befreit und erlöst. Vor allem IRENAEUS wendet sich dagegen, wenn er G.es Handeln als einen doppelten Anlauf beschreibt, in dem er, als Erlöser identisch mit dem Schöpfer, im Rekapitulationsverfahren die Geschichte sozusagen zweimal ablaufen läßt. Wegen seiner Größe ist G. allerdings über alles menschliche Erkennen erhaben [8].

Die *Alexandriner* CLEMENS und ORIGENES nehmen die Gedanken der Vorgänger auf, lassen sich besonders von platonischen Vorstellungen fruchtbringend leiten und schmelzen das mehr stoische Bild von der göttlichen Vorsehung mit dem allgemeingriechischen Gedanken von dem Erziehungsplan der Gottheit zusammen und entwerfen ein großes Gemälde der Heilsveranstaltungen unter der Benennung G.es als des großen Pädagogen. Origenes hat auch als erster die Gedanken über G. zu systematisieren versucht [9]. G. ist Urgrund allen Seins, reiner Geist, notwendig einfach, weil Zusammengesetztes immer etwas Abgeleitetes ist. G. ist gleichwohl nicht ohne Maß und Grenze. Er ist zwar der vollkommene Nus (νοῦς), aber als Unbegrenzter könnte er sich nicht selbst erkennen, denn seiner Natur nach ist das Unendliche unbegreifbar [10]. In seiner Selbsterkenntnis liegt seine Selbstbegrenzung. Darum ist auch die Erkenntnis des Vaters (ὁ θεός) durch den Sohn geringer, weil das Erkennen des Sohnes keine Selbstbestimmung ist; darin ist er abhängig vom Vater (darum einfach θεός ohne bestimmenden Artikel). In dieser Wesenheit G.es gründet auch die Endlichkeit der Welt; denn den unendlichen Fortgang könnte auch G. nicht erkennen. Da G. seinem Wesen nach Liebe ist, kann er auch die Auflehnung gegen seine Güte, die Sünde, nicht unbegrenzt, d. h. ewig bestrafen. G. hat keine Affekte, Reue und Zorn sind seinem Wesen fremd. Die nun auftauchende Diskrepanz mit den Aussagen der Schrift sucht Origenes (wie später auch Augustinus und viele andere) durch die seit Philo in Alexandrien beheimatete allegorische Schrifterklärung zu überwinden und durch die Übernahme eines mehrfachen Schriftsinnes. Die Schrift wählt eben um des geringeren Erkenntnisvermögens der meisten Christen willen, die nicht zur wahren Gnosis gelangen, Bilder und Redeweisen, die der poetischen Theologie angehören.

Die spätere *griechische* Theologie ist weithin den Spuren des Origenes gefolgt, allerdings unter Absage an seine Lehre von der Begrenztheit G.es und den daraus abgeleiteten Folgerungen bezüglich der Wiederholung des Geschichtsablaufes und der zeitlichen Begrenzung der Sündenstrafe. In der Auseinandersetzung mit den Arianern setzen die *Kappadokier* (BASILIOS, GREGOR VON NAZIANZ und bes. GREGOR VON NYSSA [11]) bei der Beschreibung der Unendlichkeit G.es neu an [12], indem sie sie als unbegrenzte Fülle fassen, zu deren Wesen die volle Mitteilbarkeit ohne Minderung gehört. Die ARIANER kamen im philosophischen Schlußverfahren dazu, daß das letzte Wesen G.es unableitbar sei; alles, was nach und unter ihm ist, ist geworden, also Geschöpf. Nur durch die Hereinnahme der Hypostasisdefinition in die Vorstellung der göttlichen Unendlichkeit wurde die Behauptung, der γεννητός sei nicht minder als der ἀγέννητος überwunden. Schon die Argumentation der Kappadokier ist ohne die Vorarbeit der Neuplatoniker, vor allem Plotins, nicht zu verstehen. Aber ihr Einfluß, vor allem in der Lehre von der Möglichkeit, über G. Aussagen zu machen, trat ins volle Licht bei Pseudo-Dionysius Areopagita. Schon der Neuplatoniker ALBINUS hatte den Weg der Negation beschritten; er wollte G. keine Qualität beilegen; er wollte ihn weder gut noch böse nennen. Für den von Proklus beeinflußten DIONYSIUS kann das Wesen G.es weder durch positive noch durch negative Prädikate bestimmt werden. Er ist das (oder der) Eine, aus dem alles hervorgeht und zu dem alles zurückkehrt [13].

Wenn man auch von Besonderheiten sprechen kann, die den *lateinischen* Vätern eignen und die sich in der gleichen Weise bei den griechischen Theologen nicht finden, so wird man doch nur eine gewisse Verschiebung des Ansatzpunktes beim Versuch, philosophische Aussagen über G. zu machen, bemerken. Der anthropologische Ausgangspunkt steht mehr im Vordergrund als der kosmologische bzw. der teleologische der griechischen Theologen. Solange TERTULLIAN [14] als Apologet spricht, betont er mit allen anderen Apologeten die Einzigkeit (unitas) und die Ewigkeit (aeternitas) G.es; beide stehen in notwendigem Zusammenhang. Als Schöpfer muß er der Höchste, d. h. der Ungeschaffene, und Einer, d. h. der nicht Zusammengesetzte, sein, sonst wäre er das Produkt eines vor ihm liegenden Seienden. G. ist «summum magnum», ungeboren, vor aller Zeit und durch alle Zeit hindurch; das ist keine Leerformel; der Inhalt des «summum magnum» sind die «aeternitas» und die «principalitas» [15]. G. ist Geist (spiritus); die menschliche Seele ist das zwar auch, aber die Andersartigkeit drückt Tertullian in der Bezeichnung der Seele als «flatus» aus. Das hat seinen Grund in einer relativ starken Anlehnung Tertullians an stoische Vorstellungen. Darum ist G. für ihn auch «corporalis», d. h. nichts anderes als «wirklich», etwas, das Einfluß ausübt, etwas anderes bestimmt, kein Phantasma ist. Zwar ist G. geistig = unsichtbar; gleichwohl ist er corporalis; sonst könnte man nicht die Existenz von ihm aussagen (nihil enim, si non corpus [16]; darin folgt er den Stoikern). Bei der Absage an die pantheistische, stoische Vorstellung ergeben sich Schwierigkeiten für die Unendlichkeit G.es. Alles Seiende kann benannt werden; der Name bringt das Wesen einer Sache zum Ausdruck. ‹Deus› kann aber kein inhaltsbestimmendes «nomen» sein; denn sonst würden wir G.es Wesen erkennen. ‹Deus› ist demnach nur «cognomen», während die auf das Wesen G.es gehende Benennung nur «summum magnum» sein kann [17]. Bei den Eigenschaften G.es steht nach Tertullian an erster Stelle seine Gerechtigkeit; G. hat alles nach seinem Willen geschaffen, damit allem Geschaffenen sein Gesetz eingeprägt (Naturgesetz) bzw. den geistigen Geschöpfen sein Gesetz zur Zustimmung vorgelegt. Darum sieht Tertullian auch den im christlichen Sinn sich offenbarenden G. vornehmlich als Gesetzgeber und in Konsequenz als Richter. Unter diesem Aspekt ist G. für ihn « summa auctoritas ». G.es Zorn ist die Antwort auf die Nichtbeachtung seiner «auctoritas», und das satisfaktorische Element spielt darum bei Tertullian eine wichtige Rolle. Die Ansicht, daß das Verhältnis des Menschen zu G. – auch des Getauften und Erlösten – im wesentlichen mit den Kategorien des Rechtes umschrieben werden könne, geht auf ihn zurück, wurde in breiter Ausführlichkeit von CYPRIAN [18] dargelegt und hat in der abendländischen Theologie stark weitergewirkt.

Als AUGUSTINUS sich in seinen philosophischen Frühschriften mit der G.-Frage befaßte, hat er die für seine persönliche Entwicklung wichtigen Durchgangsstufen des Manichäismus und des Skeptizismus hinter sich. Die dort an ihn herangetragenen Fragen nach der Möglichkeit der Wahrheitserkenntnis und dem Ziel des menschlichen Glückseligkeitsstrebens blieben für den Christen Augustinus wegweisend bei seinem Suchen nach G.-Erkenntnis. Er kennt die Beweisgänge der Philosophen, wie sie etwa im kosmologischen oder teleologischen Schlußverfahren sich darboten, aber, mißtrauisch gegen alle Erkenntnis durch Sinneswahrnehmungen, geht er einen anderen Weg, den der psychologischen Analyse: «in te ipsum redi, in interiore homine habitat veritas» (in dich selbst kehre zurück, im inneren Menschen wohnt die Wahrheit) [19]. Durch das Denken findet der Mensch die absolute Gewißheit über seine eigene Existenz [20], aber er entdeckt in seinem Innern auch die höchsten Wahrheiten der Logik, der Mathematik, der Ethik usw. Sie haben den Charakter des Ewigen, Unveränderlichen. Da der Mensch diese Wahrheiten nicht setzt, sondern sie vorfindet, weisen sie hin auf einen geistigen, ewigen, unveränderlichen Urgrund [21], denn wir urteilen gemäß der Wahrheit, nicht über die Wahrheit [22]. In der Absolutheit des begrifflichen Denkens sah Augustinus wohl ein Abbild G.es bzw. die Auswirkung einer von ihm ausgehenden unmittelbaren Erleuchtung. In der Seele fand er ferner ein unstillbares Glücksverlangen, das durch kein veränderliches, also geschaffenes Gut befriedigt werden kann [23]. Die wahre Glückseligkeit ist nur zu erreichen im unaufhörlichen Genuß des höchsten Gutes, dessen bleibender Besitz und Genuß [24] allein das Glücksverlangen befriedigt und damit erklärt. Darum ist G. auch unendlich und deshalb unbeschreibbar. Wir sagen viel leichter, was er nicht ist, als was er ist [25]. Keine positive Aussage außer der, daß er ist, hat volle Gültigkeit [26]. Wenn wir auch mit Sicherheit wissen, was er nicht ist [27], so liegt doch in einer solchen negativen Abwehr des Irrtums ein beträchtlicher Gewinn. Wir kommen eben nur zu einer «docta ignorantia» [28]. Deshalb kann keine (aristotelische) Kategorie auf ihn angewandt werden, und auch Wahrheit, Güte, Schönheit können nicht als Eigenschaften (Akzidenzien) von ihm ausgesagt werden, weil zwischen ihnen und G.es Wesen keine Unterscheidung möglich ist. Die philosophische G.-Lehre (theologia naturalis), wie sie etwa von Varro dargeboten wurde, hielt Augustinus, bei Ablehnung der beiden anderen Formen, der «poetischen» und der «politischen» Theologie, erstaunlicherweise für kongruent mit der christlichen G.-Vorstellung [29]. Aus freiem Willen hat G. die Welt geschaffen, und die Erhaltung begreift Augustinus als eine dauernde aktive Neuschöpfung [30]; damit ist G. auch der Urgrund jeglicher Ordnung, der physischen wie der moralischen; diese Vorstellung hat Augustinus, wie er gesteht, mit dem Platonismus gemeinsam [31]. Damit wird für Augustinus das Problem des Bösen brennend, denn er muß sich ja bei der Annahme eines frei handelnden, universalen Schöpfers den Ausweg des Dualismus verriegeln. Er sucht die Frage zu lösen mit Hilfe der Zweitursachen, des zwar geschaffenen, aber doch freien Willens. Durch seine Abwendung vom absoluten Gut und die Hinwendung zum Niederen im Sinne des eigensüchtigen Mißbrauchs entsteht das Böse [32]; darum gibt es für das «malum» nur eine «causa deficiens», keine «causa efficiens» [33]. Es kann wohl ein absolut Gutes, aber nicht ein absolut Böses geben [34]. Die Frage, wie es denkbar ist, daß der universal gedachte göttliche Wille, der sich zur Welt anders verhält als ein früherer Anstößer oder eine Emanationsquelle, einen selbständigen Freiheitsraum für Entscheidungen total abhängiger Zweitursachen zuläßt, bleibt dabei jedoch ungelöst bestehen. Ihr hat sich Augustinus in seiner aus dem göttlichen Heilswillen abgeleiteten Gnadenlehre zugewandt. Sie ist ohne die in der Schrift verankerte und im christlichen Glauben entfaltete Christologie und Trinitätslehre nicht zu erläutern. Mit Augustinus hat die philosophische G.-Lehre der abendländischen frühchristlichen Theologen ihren Abschluß gefunden; sie hat weitergewirkt bis in die neueste Zeit.

Anmerkungen. [1] Röm. 1, 20; Apg. 17, 23-28. – [2] Logosspekulation Joh. 1, 1-18. – [3] Ps. 139, 7-12; Apg. 17, 23f. – [4] Justin, Dial. 2. – [5] Vgl. K. Gronau: Das Theodizeeproblem in der altchristl. Auffassung (1922). – [6] 1 Clem. 23, 1; 29, 1 u. ö. – [7] Belege bei W. Pannenberg: Die Aufnahme des philos. G.-Begriffs als dogmat. Problem der frühchristl. Theol., in: Grundfragen der systemat. Theol. (1967) 296-345; und bei J. Geffcken: Zwei griech. Apologeten (1907). – [8] Vgl. N. Bonwetsch: Die Theol. des Irenäus (1925); A. Bengsch: Heilsgesch. und Heilswissen (1957). – [9] Origenes, bes. De princ. 1, 1-9. – [10] a. a. O. 2, 9, 1. – [11] Vgl. W. Völker: Die G.-Lehre Gregors v. Nyssa. Vigiliae Christianae 9 (1955) 103-128. – [12] Zur Gesch. des Problems vgl. H. Heimsoeth: Die sechs großen Themen der abendländ. Met. (³1954) 61-70. – [13] Vgl. O. Semmelroth: G. überwesentliche Einheit. Zur G.-Lehre des Ps.-Dionysius Areopagita. Scholastik 25 (1950) 209-234. 389-403. – [14] Vgl. L. Fuetscher: Die natürliche G.-Erkenntnis bei Tertullian = Z. kath. Theol. 6 (1927) 1-34; 217-251. – [15] Tertullian, Adv. Marc. 1, 3. – [16] De an. 7, 3; De carne Chr. 11, 23f. – [17] Adv. Marc. 1, 7, 3 u. ö. – [18] Vgl. A. Beck: Römisches Recht bei Tertullian und Cyprian (1930). – [19] Augustin, De vera rel. 39, 72. – [20] Soliloq. 2, 1, 1 u. ö. – [21] Contra Acad. 3, 11, 25 u. ö. – [22] De lib. arbitr. 2, 12, 34. – [23] De beata vita passim; Conf. 1, 1. – [24] Vgl. H. Scholz: ‹Fruitio Dei›, in: Glaube und Unglaube in der Weltgesch. (1911) 197-235. – [25] In Ps. 85, 12. – [26] Soliloq. 1, 4, 4. – [27] De ord. 2, 16, 14; 18, 47. – [28] Ep. 130, 28. – [29] De civ. Dei 6, 4-6. – [30] a. a. O. 12, 25. – [31] 8, 4f. – [32] Enchir. 23. – [33] De civ. Dei 12, 7. – [34] a. a. O. 11, 22; 12, 3.

Literaturhinweise. J. Stier: Die G.- und Logoslehre Tertullians (1899). – X. Le Bachelet: Dieu. Sa nature d'après les Pères. Dict. de Theol. cath. 4 (1924) 1023-1152. – M. Grabmann: Die Grundgedanken des hl. Augustinus über Seele und G. (²1929). – H. Koch: Pronoia und Paideusis. Stud. über Origenes und sein Verhältnis zum Platonismus (1932). – G. L. Prestige: God in Patristic thought (1952). – P. Nemeshegyi: Le Dieu d'Origène et le Dieu de l'AT. Nouv. Rev. Theol. 80 (1958) 495-509. – W. Pannenberg: Art. ‹Gott V›, in RGG 2 (²1958) 1717-1722. – P. Nemeshegyi: La paternité de Dieu chez Origène. Hist. de la théol. 2 (1960). – C. Tresmontant: La met. du christianisme et la naissance de la philos. chrétienne (1961). – B. Geyer: Die patristische und scholastische Philos., in: Fr. Ueberweg: Grundriß der Gesch. der Philos. 2 (ND 1967). – W. Pannenberg s. Anm. [7]. – E. König: Augustinus Philosophus. Christl. Glaube und philos. Denken in den Frühschr. Augustins (1970). – W. Beierwaltes: Platonismus und Idealismus (1972) 5-37.

B. KÖTTING

VI. *Mittelalter.* – 1.1. G. ist das *Hauptthema* des mittelalterlichen Denkens [1], nicht nur der professionellen Philosophie bzw. Theologie (Thomas von Aquin: «Die erste Philosophie, die ganz und gar auf die G.-Erkenntnis gerichtet ist, wird mit Recht göttliche Wissenschaft genannt» [2]). Jede bedeutende künstlerische, kulturelle oder politische Leistung des Zeitalters ist mit der Problemgeschichte des G.-Begriffs verknüpft. Daher ergibt sich eine große Vielfalt der Ansätze und Motive, die in der Forschung vor allem deswegen nicht recht zur Geltung kommt, weil man den allgemein-geschichtlichen Hintergrund (wie er z. B. in der Gestalt des «beau Dieu» anschaulich wird) abblendet, und weil man im G.-Begriff des Thomismus das bleibende Resultat des mittelalterlichen Nachdenkens über G. in Händen zu haben glaubt.

1.2. In den mittelalterlichen Texten kommt es gewöhnlich nicht zur Unterscheidung einer volkstümlich-alltäglichen und einer metaphysisch-prinzipientheoretischen Sprechweise. Eine *terminologische* Differenzierung zeichnet sich ab, wenn Anselm von Canterbury das Wort ‹Deus› konsequent ersetzt durch den im Kontext der Argumentation geforderten philosophischen Terminus, etwa ‹summa essentia›, ‹summus spiritus›, ‹ipsum bonum› [3]. Auch Thomas von Aquin hat den Unterschied der Sprachebenen im Auge, wenn er am Ende einer metaphysischen Argumentation erklärt, das ist im genommene Prinzip sei das, was «alle» Gott nennen [4]. Im späten Mittelalter führten die philosophischen Umschreibungen der volkssprachlichen Vokabel ‹Deus› zu solchen Eigenwilligkeiten der Sprache, daß Konservative wie Jean Gerson forderten, man habe sich an die tradierte Terminologie zu halten [5]. Dagegen insistierte Nikolaus von Kues auf der Notwendigkeit, das Wort ‹Deus› spekulativ zu verfremden und in möglichst vielen individuellen Umschreibungen auszudrücken. So sagt er statt ‹Deus› gern «maximum pariter et minimum», «unum absolutum» [6], oder, noch individueller: «Possest» und «non-aliud».

1.3. Dieser terminologische Befund weist darauf hin: Die mittelalterliche Art, von G. zu reden, ist wesentlich bestimmt durch die biblische Diktion und die religiös-alltägliche Sprache; aber sie versteht diese Bilder in einem *Deutungszusammenhang*, der sich daraus ergab, 1. daß sich die jüdische und christliche Theologie des Mittelalters (teilweise auch die arabische) die philosophische Theologie der Antike assimilierte, 2. daß man sich bewußt war, mit Hilfe einer philosophischen Theologie über die sehr bewußt erfahrenen Religionsgrenzen hinaus, eventuell sogar mit einem Atheisten eine Verständigung anstreben zu können, 3. daß die christlichen Denker die Möglichkeit einer philosophischen Theologie durch Röm. 1, 20 für autoritativ verbürgt hielten, 4. daß Augustin und Boethius – die für das westliche Mittelalter entscheidenden Autoren – im Christentum die volksnahe Entfaltung der von den Platonici prinzipiell erfaßten Wahrheit sahen, die es aufzunehmen, zu korrigieren und von ihrem esoterischen Dünkel zu befreien gelte.

Anmerkungen. [1] Als solches auch biographisch bezeugt, vgl. Eadmer, De vita et conversatione Anselmi Cantuariensis, hg. R. W. Southern (Edinburgh 1962). – [2] Thomas von Aquin, S. contra gent. 3, 25. – [3] Anselm von Canterbury, Monologium passim; Proslogion passim. – [4] Thomas von Aquin, S. theol. I, 2, 3. – [5] J. Gerson, Brief an Pierre d'Ailly v. 1. 4. 1400. Oeuvres, hg. Glorieux 2, 26 (Tertio); De modis significandi. Gersoni Opera omnia, hg. Dupin (Antwerpen 1706) 4, 820 a/b. – [6] Nikolaus von Kues, De doct. ign. I, 4.

2. Damit waren *Traditionselemente* resorbiert, die unterschiedlicher Natur waren. Sehen wir ab vom Weiterleben magischer Auffassungen und von naiv anthropomorphen Übertragungen aus der Vorstellungswelt des Lehenswesens, so haben wir es vor allem mit folgenden theoretischen Komplexen zu tun:

2.1. In der platonisierenden Tradition wurde G. als das schlechthin *Gute* gedacht, d. h. als das, was der spezifisch menschliche Weltumgang – der immer ein *beurteilender* ist – voraussetzt. Dieser von Augustin und Boethius, aber auch von Ps.-Dionysius Areopagita bestätigte Ansatz einer *axiologischen* philosophischen Theologie – die bei der Analyse der Bedingungen des Werturteils einsetzt – wurde durch ANSELM VON CANTERBURY, besonders durch sein ‹Monologion›, scholastisches Gemeingut, wenn seine genuin-platonischen Implikationen auch erst wieder bei Nikolaus von Kues und in der Florentinischen Akademie einigermaßen (d. h. innerhalb der durch die Identifikation von Platonismus und Plotinismus gezogenen Grenzen) erfaßt wurden. In dieser Konzeption liegt es, daß G. – als die Bedingung von Bewußtsein – dem Menschen innerlicher ist als er sich selbst [1], ferner, daß G. der Inbegriff der ethisch-politischen Wertmaßstäbe ist, ohne in einem von ihnen aufzugehen. Da die aristotelische Form zugleich als ein Gutes gilt, war der Hylemorphismus in diese axiologische Theologie einfügbar; wurde G. als actus purus gedacht, so geschah dies in der Regel in einem axiologischen Kontext.

2.2. Eine auf Platons ‹Parmenides›, auf Plotin und insbesondere auf Proklos zurückgehende Überlieferung denkt G. als das *Eine* (ἕν, unum), das vor aller Vielheit, auch vor der Zweiheit von Betrachtendem und Betrachteten stehe. Dies ist die Tradition der *henologischen* negativen Theologie, die für das Mittelalter insbesondere durch Ps.-Dionysius Areopagita repräsentiert war, die aber auch im ‹Liber de causis› vorliegt, der bis Thomas von Aquin als ein Werk des Aristoteles galt und dem seit dem Ende des 13. Jh. die lateinische Übersetzung der proklischen ‹Stoicheiosis› zur Seite trat, was insbesondere in der deutschen Albertschule zu einer Wiederbelebung der henologischen Prinzipienlehre führte (DIETRICH VON FREIBERG, MEISTER ECKHART, BERTHOLD VON MOOSBURG). In seiner unabgeschwächten Form mußte dieser Ansatz zu der Schwierigkeit führen, wie mit ihm die *Prinzipien*funktion der unendlichen Einheit, die Attribute des biblischen G.-Bildes und die Trinitätslehre der christlichen, insbesondere augustinischen Tradition vereinbar seien. Die Lehre des ERIUGENA über die Theophanien [2], die Spekulation MEISTER ECKHARTS [3] über die philosophische Wahrheit der G.-Geburt und die Koinzidenzlehre des NIKOLAUS VON KUES [4] sind die bedeutendsten Etappen in der Geschichte dieses Problems.

Die henologische Tradition hatte auch eine allgemeinere, weniger strikte Form. Deren Argument war: Das Vielheitliche kann nur kraft der Einheit existieren. Dieser auch bei Augustin und Boethius wesentliche Gedanke liegt den G.-Beweisen ANSELMS im ‹Monologion› zugrunde und wurde dadurch allgemein-scholastisch; THOMAS VON AQUIN sah in ihm das gemeinsame Resultat der platonisch-aristotelischen Philosophie [5].

2.3. Die parmenideische Identifikation von Sein und Einheit sowie die von Augustin übernommene platonische Gleichsetzung ‹Sein = das, was seinem Begriff voll adäquat ist = wahres Sein = bleibendes Sein› ermöglichten den Aufbau einer philosophischen G.-Lehre auch vom *Seins*begriff her, wobei das Bewußtsein von der Bezüglichkeit des Seins auf das Denken in der Regel nicht die Klarheit erreichte, die es beim späten Platon und bei Plotin hatte. Ps.-Dionysius Areopagita wollte seinen G. – wenn überhaupt – mit dem Namen des Einen und des Guten genannt wissen; er gestattete aber auch, ihn das «ipsum esse» und das «esse omnium» – doch im Sinne einer supersubstantia – zu nennen. PETRUS LOMBARDUS referierte Augustinus platonisierenden Seinsbegriff und seine Verwendung für die philosophische Theologie [6]. Nach ALANUS AB INSULIS *ist* G. allein im wahren Sinne des Wortes [7]. Die aristotelische Objektbestimmung der Metaphysik war vieldeutig genug, um im Sinne einer *ontologischen* Theologie ausgelegt zu werden. Hinzu trat die Lehre des Avicenna vom Sein als dem Ersterkannten sowie dessen – nicht mehr aristotelische – Unterscheidung von Substanz und Dasein [8], so daß THOMAS VON AQUIN – mit bereits traditioneller Berufung auf Ex. 3, 14 – in diesem neuen Kontext den dionysischen G.-Namen des ipsum esse philosophisch restituieren konnte [9], während BONAVENTURA – an einer Stelle wenigstens – erklärte, diese ontologische Fassung der philosophischen G.-Lehre entspreche dem Alten Bund, während die axiologische die innere Erschlossenheit und Selbstmitteilung des sich verströmenden Guten zu denken gestatte und folglich dem Neuen Bunde entspreche [10]. Die ontologische Konzeption der Theologie geriet um 1300 in eine Krise. Diese kam einerseits durch die ockhamistische Metaphysikkritik zustande, führte andererseits zu der geistphilosophischen These MEISTER ECKHARTS, wonach bei dem Satz «Deus est esse» unter ‹esse› das Erkennen als die Grundlage des Seins zu verstehen sei [11]. CUSANUS führte diese Lehre im Geiste Eckharts weiter [12], während SUÁREZ hinter Eckharts Reform zurückgriff und die ontologische Theologie mit solchem Erfolg restaurierte [13], daß bis heute die axiologische und die henologische Komponente der mittelalterlichen G.-Lehren zu wenig beachtet und die traditionelle Metaphysik seit Kant nur in ihrer ontologischen Variante zur Kenntnis genommen und kritisiert wird.

2.4. Schon aufgrund des Mangels einer Unterscheidung von Philosophie und Naturwissen mußte der mittelalterliche G.-Begriff (wie der antike und frühneuzeitliche) eine *kosmologische Funktion* erhalten. Auch der biblische Schöpfungsbericht schien sie nahezulegen. Es gab für das Mittelalter vor allem folgende Wege, die Weltbeziehung G.es näher zu explizieren:

2.4.1. Mit Hilfe der durch Albinos und Augustin verwandelten *Ideenlehre*: G.es Geist enthält auf produktive Weise die Formen der Weltdinge; sie bilden G. ab, haben teil an ihm als an der Form der Formen. G. ist – wie CUSANUS sagt – die Unsichtbarkeit der sichtbaren Dinge so wie die Welt die Sichtbarkeit der unsichtbaren Inhalte ist [14]. Er ist die «absolute Notwendigkeit» des Kontingenten. In ihm ist alles; nichts ist außerhalb seiner [15]. In diesem platonisierenden Kontext erhalten die Begriffe ‹imitatio›, ‹similitudo›, ‹participatio› und ‹analogia› tragende Funktion. Diese Art der Ideenlehre behielt für das ganze Mittelalter, auch für die mehr aristotelisierenden Denker, kanonische Geltung; sie konnte – vor allem im Zusammenhang der ‹Timaios›-Interpretation – bereichert werden durch neopythagoreische Motive: G. als die ursprüngliche Eins (Monade), welche die Weltformen zählend strukturiert und produziert. Hinzu trat die Metapher: G. als artifex, der – ohne vom vorgegebenen Stoff abzuhängen – die Inhalte seines Denkens gestaltet, ihnen Maß, Zahl und Gewicht verleiht und sie dadurch als «schön» erfahren läßt. Die Differenzierung der philosophischen Theologien des Mittelalters ergibt sich (auch) daraus, wieweit in ihnen die technomorphe Denkweise beibehalten bzw. bloß äußerlich korrigiert oder theoretisch überwunden wurde.

2.4.2. In der religiösen Alltagssprache hieß es, daß G. die Welt «gemacht» habe; aber es war Sache der Interpretation, ob dieses «Machen» platonisierend als eidetisch-formale Produktion oder aristotelisch als primär effiziente *Kausalität* verstanden werden sollte. Boethius hatte die aristotelische Vorstellung eines ruhenden Allbewegers übernommen – ohne die Details der aristotelischen ‹Physik›; in dieser allgemeinen Form wurde sie Gemeingut des Mittelalters. Mit dem Bekanntwerden der ‹Physik› und ‹Metaphysik› des Aristoteles wurde es möglich, die kosmologische Funktion G.es im Sinne der aristotelischen Bewegungslehre zu präzisieren: G. als der unbewegte Beweger der äußersten Himmelsschale, durch deren Drehung Werden und Vergehen im sublunarischen Bereich zustande kommen. Man studierte Aristoteles genau genug, um zu wissen, daß diese Bewegung keine mechanische ist, sondern eine finale und erotische. Aber die Verknüpfung der G.-Idee mit dem Apparat der aristotelischen Kosmologie (Geozentrik, Sternschalen, Intelligenzen als Beweger, Trennung von supralunarischer und sublunarischer Welt) und die dadurch suggerierte verräumlichende Interpretation der göttlichen Transzendenz [16] wurde im späten Mittelalter sowohl in beweistechnischer Hinsicht wie im Namen der christlichen Erfahrung kritisiert. Insbesondere bei Autoren des *Franziskanerordens*, doch auch z. B. bei PIERRE D'AILLY, verbanden sich diese beiden Motive miteinander, weshalb sie von neothomistischen Historikern des «Agnostizismus» und «Fideismus» bezichtigt werden [17].

2.4.3. Die Nachwirkungen der *stoischen* Popularphilosophie sind aufgrund ihres diffusen Charakters schwer nachweisbar. Doch waren Cicero und Seneca im Mittelalter Schulautoren, denen man insbesondere die teleologische Auslegung der kosmologischen Funktion des G.-Begriffs entnehmen konnte, zumal sich dieser Gedanke mit der aristotelischen Form – und Finalursache leicht verbinden ließ: G. führt jedes Seiende zu seinem Ziel und erweist seine Weltregierung im teleologischen Aufbau des Ganzen, im Vergleich zu dem die Übel, welche zudem auf die sublunarische Welt beschränkt sind, nicht ins Gewicht fallen. Auch diese Schlußweise und ihre kosmologischen Prämissen waren seit WILHELM VON OCKHAM heftiger Kritik ausgesetzt [18].

2.5. Sokrates und Platon hatten gegen den sophistischen Relativismus den wesentlichen *Zusammenhang von Ich- und G.-Begriff* – antik ausgedrückt: den Zusammenhang von «Seele» und «Idee des Guten» – aufgezeigt. Daß das Selbstbewußtsein und Deus untrennbar seien, sogar das einzig Wissenswerte, das alle Welterkenntnis einschließt, dies hatte AUGUSTIN mit der Formel «Deum et animam scire cupio» dem Mittelalter tradiert. Dieser Gedanke konnte – wie in der monastischen Kultur des Mittelalters oft – die Bedeutung privat-frommer confessio und meditatio haben; er konnte – wie bei ERIUGENA, ANSELM, THOMAS VON AQUIN und vielen anderen – als Besinnung auf den intramentalen Ursprung unserer Prädikate für G. auftreten; er konnte – besonders im späten Mittelalter – die Nebenbedeutung erhalten, daß alle Naturspekulation und alle Subtilität der Schule für die wahre G.-Erkenntnis unnötig seien [19]; er konnte auch polemisch zugespitzt werden in dem Sinne: G. ist nicht in magischen oder asketischen Techniken, nicht in hierarchischen Vermittlungen oder kirchlichen Veranstaltungen, sondern er wartet als Wahrheit im inneren Menschen [20]. Der Zusammenhang von G. und Seele konnte aber auch zu der entwickelten Einsicht in die transzendental-subjektiven Bedingungen menschlicher Erkenntnis überhaupt führen – so im Gefolge der plotinisch-proklischen Nus-Theorie, der augustinischen Mens-Lehre und der aristotelisch-averroistischen intellectus-Tradition, bei DIETRICH VON FREIBERG und MEISTER ECKHART [21]. Auch diese Ideenfiliation greift CUSANUS auf. Auf die Frage: «Wie bildet man den Begriff G.es?» antwortet er: Indem man den Begriff des Begriffes bildet [22]. Er denkt G. als den Begriff des Begriffs, als den absoluten Begriff, als Verbum, das sich in uns und das wir in ihm konstituieren. Diese transzendental-logische Komponente in der Tradition der philosophischen G.-Lehre ist noch wenig erforscht. Sie versteht sich als die Selbstaufklärung des Denkens über die Befangenheiten seines rationalen (d. h. auf Distinktion innerhalb des Endlichen und Gegenständlichen beruhenden) Vorgehens. Darin liegt auch der Ausspruch, die G.-Lehre der Tradition darauf hinzuweisen, daß sie 1. die Verstandesansicht eines unendlichen Inhalts war, also der hypostasierte horror infiniti, 2. an einem Mißverhältnis zwischen Intention und Instrumentarium litt, 3. mit Notwendigkeit die Vernunft abwertende Reaktionen hervorrief, welche die Vernunft des Göttlichen, also ihres eigentlichen Inhaltes berauben und sie aufs Endliche einzuschränken versuchen.

Damit hat Cusanus eine Entwicklung diagnostiziert, die das Denken über G. auf reinen Glaubensgehorsam einerseits, auf profane Philosophie ohne theologische Ambitionen andererseits reduzieren wollte. FICINOS Programm einer «pia philosophia» sowie die Konkordanzbemühungen des PICO DELLA MIRANDOLA wollten sich dieser Entwicklung entgegenstellen. Sie bestimmte gleichwohl das Geschick des 16. Jh.

Anmerkungen. [1] AUGUSTIN, Conf. III, 6, 11. – [2] JOH. SCOTUS ERIUGENA, De div. nat. III, 9. – [3] Vgl. K. FLASCH: Die Intention Meister Eckharts, in: Sprache und Begriff. Festschr. B. Liebrucks (1972). – [4] Vgl. K. FLASCH: Die Idee der Koinzidenz: N. v. Kues, in: Grundprobleme der großen Denker, hg. J. SPECK (1972). – [5] THOMAS VON AQUIN, S. theol. I, 44, 1. – [6] PETRUS LOMBARDUS, Sent. I, dist. 8, c. 1. – [7] ALANUS AB INSULIS, Theol. Reg. 8. MPL 210, 627. – [8] Vgl. E. GILSON: L'être et l'essence (Paris 1948). – [9] Vgl. K. KREMER: Die neuplatonische Seinsphilos. und ihre Wirkung auf Thomas von Aquin (Leiden 1966). – [10] BONAVENTURA, Itin. V, 2. – [11] MEISTER ECKHART, Quaest. Paris.: Utrum in deo ... n. 4. Lat. Werke, hg. J. KOCH 5, 40. – [12] Vgl. H. WACKERZAPP: Der Einfluß Meister Eckharts auf die ersten philos. Schriften des Nikolaus von Kues (1962). – [13] F. SUÁREZ, Disp. metaph. 28. – [14] NIKOLAUS VON KUES: De posset (Paris 1514) fol. 183r. – [15] Belege bei K. KREMER: G. u. Welt in der klass. Met. (1969) bes. 44ff. – [16] Vgl. H. HAPP: Kosmol. und Met. bei Aristoteles, in: Parusia. Festgabe J. Hirschberger (1965) 155-187. – [17] K. MICHALSKI: La philos. au 14e siècle. Six Etudes, hg. K. FLASCH, Opuscula philos. 1 (1969). – [18] WILHELM VON OCKHAM, z. B. Quodlib. I, 1. – [19] THOMAS A KEMPIS, De Imit. Christi I, 5. – [20] AUGUSTINUS, De magistro; vgl. die gesamte mystische Tradition. – [21] Vgl. K. FLASCH: Kennt die mittelalterl. Philos. die konstitutive Funktion des menschl. Denkens? Eine Studie zu Dietrich von Freiberg. Kantstudien 63 (1972) 182-206. – [22] NIKOLAUS VON KUES, De sap. II Anfang.

3. Fragt man, worin sich die philosophische G.-Lehre des Mittelalters prinzipiell von der des Altertums unterscheide, so ist nicht – wie man wohl meint – auf das gesteigerte Bewußtsein der göttlichen Transzendenz hinzuweisen, denn transzendenter als das neuplatonische Eine konnte der jüdisch-islamisch-christliche G. nicht sein. Thomas von Aquin sah den Gegensatz seiner G.-Lehre zu derjenigen des arabischen Philosophen darin, daß diese die Freiheit G.es verkannt hätten [1]; aber der volkssprachlich-religiösen Deklarationen bezüglich der göttlichen Freiheit folgte nicht eo ipso eine adäquate philosophische Theorie. Eher tritt als das charakteristisch Post-Antike der philosophischen G.-Lehre die

Gegensatzlosigkeit G.es auf, der im Abstieg zum Menschen, selbst zum Leiden, den Aufstieg in seine Glückseligkeit vollzieht, der jedenfalls von sich her, nichtzufällig mit dem Menschen in qualitativ-einzigartige Beziehung tritt. ERIUGENA hatte in diesem Sinne G. definiert als das, was keinen Gegensatz hat (auch nicht den Gegensatz des Unendlichen zum Endlichen), hatte allerdings das verborgene Wesen G.es distinguiert von seinen Theophanien, durch die es allein Form, Bestimmtheit und damit Erkennbarkeit gewinnt [2]. ANSELM VON CANTERBURY intensivierte die wesentliche Bezüglichkeit G.es zum Menschen insofern, als er ihn auch in formeller Beweistechnik als das erweisen wollte, was dem Denken unvermeidlich ist, dabei aber größer zu denken ist als alles, was gedacht werden kann [3]. Für die geschichtliche Dimension des jüdisch-christlichen Glaubens hatte Anselm nur die quasi-juristische Konstruktion seiner Satisfaktionslehre, keinen eigentlich philosophischen Begriff – wenn er auch durch die Überwindung des rohen Omnipotenzprinzips des PETRUS DAMIANI [4] durch sein Programm einer autoritätsfreien, rein rationalen und streng methodischen Erörterung der Natur G.es sowie durch seine Umformung der Erlösungslehre, aus der er das traditionelle Element der Anrechte des Satans auf das Menschengeschlecht strich, den G.-Begriff tiefgreifend umgestaltete, worin ihm ABAELARD im Sinne einer Humanisierung und Intellektualisierung durch die Hervorhebung des Motivs der göttlichen Liebe radikalisierend folgte [5]. Einen philosophischen Begriff der Inkarnation entwickelte erst MEISTER ECKHART durch die Transformation der traditionellen Partizipations- und Transzendentalientheoreme [6]. Der von ERIUGENA aufgestellten Forderung, das christliche Denken habe den höchsten Gipfel der Theorie mit dem tiefsten Abgrund der Geschichte zu verbinden [7], kam das scholastische Denken in der Regel nur äußerlich nach, indem es eine metaphysische Erörterung der göttlichen Wesenheit durch die Betrachtung der Heilsökonomie ergänzte. Man entwarf als Programm eine G.-Erkenntnis unter dem leitenden Gesichtspunkt der Erlösung (HUGO VON ST. VICTOR [8], ALEXANDER VON HALES [9], BONAVENTURA), aber eine innere Durchdringung von Metaphysik und Geschichtsbetrachtung liegt allenthalben in der trinitarischen Geschichtsspekulation des JOACHIM VON FIORE vor [10]. THOMAS VON AQUIN versuchte, die christliche Heilsgeschichte mit Hilfe eines dem neuplatonischen Bewegungsgesetzes von πρόοδος (Fortgang) und ἐπιστροφή (Umkehr) analogen Schemas in die metaphysische G.-Erkenntnis zu integrieren [11]. NIKOLAUS VON KUES dachte G. als das Maximum, das losgelöst ist aus dem Gegensatz von Maximum und Minimum, von Absolut und Kontrakt, von Herrlichkeit und Erniedrigung und das deswegen nur als in sich lebendige Beziehung und als Inkarnation philosophisch begriffen werden könne [12].

Anmerkungen. [1] THOMAS VON AQUIN, S. contra gent. 2, 23 u. ö. – [2] SCOTUS ERIUGENA, a. a. O. [2 zu 2]. – [3] ANSELM VON CANTERBURY, Proslog. 2-5. – [4] PETRUS DAMIANI, De div. omnipot., hg. P. PREZZI/B. NARDI (Florenz 1963). – [5] ABAELARD, Expos. in Ep. ad Rom. II. MPL 178. 836 b; Theol. christiana IV. MPL 178, 1279 a. – [6] Vgl. FLASCH, a. a. O. [3 zu 2]. – [7] Vgl. T. GREGORY: Giovanni Scoto Eriugena (Florenz 1963). – [8] HUGO VON ST. VICTOR, De sacram. prol. c. 2. MPL 176. 183 b. – [9] ALEXANDER VON HALES, Summa 1, q. 1, m. 3, hg. Quaracchi I, 6 a. – [10] JOACHIM VON FIORE, Concordia Novi ac Veteris Testamenti (Venedig 1519, ND 1964). – [11] M.-D. CHENU: Introduction à l'étude de Saint Thomas d'Aquin (Montreal/Paris 1950); dtsch. in: Dtsch. Thomas-A., Erg.-Bd. 2 (1960). – [12] NIKOLAUS VON KUES, De docta ignor. I, 4.

Literaturhinweise. J. KILGENSTEIN: Die G.-Lehre des Hugo v. St. Viktor (1897). – J. KLEIN: Der G.-Begriff des Joh. Duns Skotus vor allem nach seiner ethischen Seite betrachtet (1913). – H. BECHER: G.-Begriff und G.-Beweis bei Wilhelm von Ockham. Scholastik 3 (1928) 369-393. – H. KÜHLE: Studien zur Lehre Alberts des Gr. vom Guten und vom höchsten Gut (1931). – R. L. PATTERSON: The conception of God in the philos. of Aquinas (London 1933). – S. GUICHARDAN AA: Le problème de la simplicité divine en Orient et en Occident aux 14e et 15e siècles: Grégoire Palamas, Duns Scot, Georges Scholarios (Lyon 1933). – M. SCHMAUS: Die G.-Lehre des Augustinus Triumphus nach seinem Sentenzenkommentar, in: Aus der Geisteswelt des MA. Festschr. Grabmann (1935) 896-953. – W. BANGE: Meister Eckharts Lehre vom göttl. und geschöpflichen Sein (1937). – K. SCHMITT: Die G.-Lehre des Compendium theologicae veritatis des Hugo Ripelin von Straßburg. Eine dtsch. theol. Terminol. des 14. Jh. (1940). – A. M. HORVÁTH OP: Der thomistische G.-Begriff (1941); Aufbau des thomistischen G.-Begriffs. Divus Thomas 18 (Freiburg 1940) 141-210; Der analytische G.-Begriff a. a. O. 18 (1940) 449-494. – M. MÜLLER: Ioannis Duns Scoti tractatus de primo principio (1941). – H. KUSCH: Der Titel G.es ‹Dominus› bei Augustinus und Thomas v. Aquino, in: Festschr. Fr. Dornseiff (1953) 184-200. – CH. TOUATI: Dieu et le monde selon Moïse Narboni. Arch. Hist. Doct. MA 21 (1954) 193-205. – A. M. HORVÁTH OP: Studien zum G.-Begriff (1954). – M. A. SCHMIDT: Quod maior sit, quam cogitari possit (Anselm v. Canterbury, Proslogion). Theol. Z. 12 (1956) 337-346. – E. BERTOLA: Il problema di Dio in Pier Lombardo. Riv. Filos. neo-scolastica 48 (1956) 135-150. – TH. BONHOEFFER: Die G.-Lehre des Thomas von Aquin als Sprachproblem. Beitr. zur hist. Theol. 32 (1961). – H. L. FÄH: Joh. Duns Scotus. G.es Dasein und Einzigkeit. Ordinatio I, d. 2, q. 1 u. 3 übers. u. erkl. Franziskan. Stud. 44 ([1]1962) 192-241. – U. HORST OP: Die Trinitäts- und G.-Lehre des R. von Melun (1964). – E. GILSON: La notion d'être divin dans la philos. de saint Thomas d'Aquin, in: De Deo in philos. s. Thomae et in hodierna philos. Acta 6. Congr. Thom. int. 1 (Romae 1965) 113-129: God and philos. (New Haven/London 1962). – E. WINANCE: L'essence divine et la connaissance humaine dans le Commentaire sur les Sentences de St. Thomas. Rev. philos. Louvin 55 (1967) 171-225. – E. W. HOLLON: Can Thomas's definition of God stand the test of logical analysis? Divus Thomas 70 (Paris 1967) 125-130. – K. KREMER s. Anm. [15 zu 2]. – K. FLASCH: Die Met. des Einen bei Nikolaus von Kues (Leiden 1972).

K. FLASCH

VII. *Renaissance und Reformation.* – 1. *Humanismus und Renaissance.* – Das Ringen der Humanisten um Mensch und Welt vollzieht sich durchweg im Horizont ihres G.-Verständnisses und ihrer Theologie. Denn die Wiederentdeckung der Antike, die neuen Kontinente mit ihren nicht-christlichen Kulturen, die Naturwissenschaften stellten ein verengtes Bild der Heilsgeschichte und ein naives G.-Verständnis in Frage.

Kritische Analyse überlieferter Meinungen und der Versuch einer Synthese von Glaube und Wissen kennzeichnen weithin den italienischen Humanismus.

L. VALLA († 1457), Meister der historischen und philologischen Kritik, zeigt in seinen Predigten charakteristische Ausblicke. In einer Eucharistiepredigt wird der Heilsweg Jesu als «Demonstration» und Verheißung des menschlichen Heils verkündet. Größe und Ziel des Menschen sei es, daß er – aus Staub gemacht, zum Himmel aufsteige und G. werde. In gleicher Weise wird das eucharistische Wandlungsgeschehen kosmisch-eschatologisch auf die Anthropologie bezogen: «sicut panem illum convertit: sic nos in die iudicii convertet in deum» [1]. G. ist also das Ziel des Menschen, G.-Werdung der Sinn des Daseins. In seiner Kritik an den Stoikern bemängelt Valla bei ihnen die Abwesenheit von Glaube, Liebe und Hoffnung [2]. Seine Anthropozentrik involviert eine sich deutlich von der theologischen Theozentrik des reformatorischen Denkens abhebende humanistische Theozentrik. (BELLARMINS Fehlurteil, Valla sei «gleichsam ein Vorläufer der Partei Luthers» [3], mißversteht die Eigenart humanistischer Theologie.)

M. FICINO († 1499) will angesichts der Bedrohung des christlichen Glaubens durch «peripatetische Sekten» – Augustinus folgend – die Autorität Platons für sein apologetisches Anliegen einsetzen. Er interpretiert Platon neuplatonisch. Erst bei Plotin, Porphyrios, Jamblichos usw. erstrahle Platons Gold in leuchtendem Glanz [4]. Im Blick auf Plotin läßt er Platon sagen: «Hic est Filius meus dilectus, in quo mihi undique placeo: ipsum audite» [5]. Trotz literarkritischer Bedenken Vallas ist für Ficino Ps.-Dionysios neben Origenes noch letzte Autorität. Innerhalb der hierarchisch gestuften «gradus rerum» wird über dem Stofflichen, über der formenden «qualitas», jenseits der «anima rationalis», über der «mens angelica» an fünfter Stelle G. als Prinzip der Einheit und als «purus status mutatione carens» eingeordnet [6]. Dennoch ist der G.-Begriff Ficinos weniger abstrakt als der der Platoniker. Auf induktivem Wege wird er inhaltlich gefüllt mit dem Wahren und Guten [7]. Während die Neuplatoniker die Transzendenz G.es übersteigerten, dominiert hier seine Immanenz. Denn G. ist für die Welt innerlichst bewegende Macht, leuchtende und Wärme schenkende Liebe. (Neben neutestamentlichen Vorstellungen lebt hier die Gedankenwelt Augustins weiter.) G. und Mensch werden in wechselseitiger Liebe verbunden. In seinem Erlösungsverständnis betont Ficino die Inkarnation und damit das humanistische Aufstiegsschema. Unchristlich ist diese Akzentuierung nicht; auch nicht der Eudämonismus Ficinos, der das – nicht rein innerweltlich zu verstehende – Glück des Menschen in den Mittelpunkt der Ethik rückt, aber dieses erst im «frui Deo» vollendet sieht.

Ficinos Schüler und Freund, G. PICO DELLA MIRANDOLA († 1494), vertritt eine enzyklopädische Theologie, insofern er die unterschiedlichen Positionen des religiösen Denkens als Aspekte einer letzten Einheit erkennt. Vom patristischen Logos-Denken her harmonisiert er die religiösen Auffassungen der Antike, des Islam und des kabbalistischen Judentums, ohne dabei die Fülle der christlichen Wahrheit übersehen zu wollen. Weil G. in «einsamer Dunkelheit» wohnt, ist er grundsätzlich unfaßbar, für unser Denken aber erst dort zugänglich, wo wir uns ihm von verschiedenen Ansätzen her nähern [8]. Dabei erreicht ihn die Liebe eher als das Denken. Gleichwohl ist der Mensch auf Erkenntnis und Schau G.es angelegt. Pico vergleicht das diskursive Denken der ratio mit dem Licht des Mondes, den schauenden Intellekt mit der Sonne [9]. Weil jeder Aspekt gültige Wahrheitselemente enthält, will Pico das G.-Verständnis der Transzendenz und der Immanenz, die Theologie des Platonismus und der Kabbala, das Denken des Aristotelismus bzw. des Averroismus nacheinander mitvollziehen, um so das Ganze zu gewinnen. Weil dieser Enzyklopädismus weniger scharfe Konturen besitzt, mag man ihn «theologisch unklar» nennen [10]. Fraglos entspricht er einem Zeitbedürfnis und einem christlichen Grundanliegen; man war damals des Streites der Schulen und der Enge einseitiger Lehrmeinungen überdrüssig und wollte endlich wieder das Ganze sehen.

Der englische und deutsch-niederländische Humanismus hat die Impulse der Italiener aufgegriffen und verarbeitet. J. COLET († 1519) ist Platoniker, so daß ERASMUS VON ROTTERDAM († 1536) in dessen Vorlesungen Platon selbst zu hören meint [11]. TH. MORUS († 1535) möchte das Leben des Pico, dessen Biographie und kleinere Schriften er übersetzt, zur Norm des eigenen Lebens wählen. COLET sieht in G. den Ursprung und die Fülle aller Dinge und Werte: «In Deo vere sunt omnia ... a Deo formantur et perficiantur omnia ... extra Deum imitatio est Dei» [12]. Dieser Gedanke wird soweit ausgezogen, daß G. ewiges Priestertum eignet, das in den Engeln und im Ordo der Kirche seinen Abglanz findet [13]. Colet entwickelt also eine theozentrische Sakramentenlehre eigener Prägung. Der theologische Universalismus des Humanismus ist gerade bei Morus und Erasmus greifbar. In seiner ‹Utopia› läßt MORUS das voradventliche Heidentum dieser Phantasieinsel den unsichtbaren G. in bildlosen Tempeln ehren [14] und seine Einheit, Unbegreiflichkeit und Unermeßlichkeit anerkennen [15]. Obwohl die Utopier unterschiedliche religiöse Auffassungen und Praktiken dulden, verfolgen sie öffentlich propagierte G.-Losigkeit als gesellschaftsschädigende Irrung [16]. Diese echt humanistische Konstruktion grenzt Toleranz von der nicht tragbaren Leugnung der religiösen Grundwahrheiten deutlich ab [17]. Die gleiche Weite religiöser Denkstrukturen findet sich bei ERASMUS, der in seinen Colloquien einen Gesprächsteilnehmer ausrufen läßt: «Sancte Socrate ora pro nobis!» Durch einen anderen läßt er sagen, auch im vor- und außerchristlichen Raume gebe es Heilige, die in unserem Kalender nicht stehen. Denn Christi Geist ergieße sich vielleicht weiter, als unsere Schulweisheit sich träumen lasse [18]. Ein universales G.-Bild klingt in den von Erasmus verfaßten Gebeten an. G. ist der «summus in summis habitans» [19], dem gleichzeitig eine «ineffabilis benignitas» eignet [20]. Gegen ein enges G.-Verständnis wendet sich jene Gebetsformulierung, wo G.es Erhabenheit betont wird: «agnoscimus tuam sublimitatem» als «Conditor, Servator et Moderator omnium» [21]. Diese Epitheta wollen fraglos den «Ganz Anderen», aber auch den gleichzeitig im Sinne des biblischen Personalismus sich uns gnädig Zuwendenden in den Blick nehmen. Ähnlich klingt der Ton humanistischer Frömmigkeit in jenen Versen, die Erasmus an den Anfang eines Schülerkatechismus stellt: «Confiteor ore pio, venerorque fideli / Mente Deum Patrem, vel nutu cuncta potentem – Hunc qui stelligeri spatiosa Volumina caeli / Et solidum omniparae telluris condidit orbem ...» [22]. Hier ist in neuer Sprache ein die Welt und den Menschen tragendes G.-Bild zu Wort gekommen [23].

Während bei AGRIPPA VON NETTESHEIM ein neuplatonischer G.-Begriff fortlebt (Emanation, Stufenfolge der Schöpfung) [24], fehlt bei PARACELSUS jede Spekulation über das Wesen G.es. Stattdessen erfolgt bei ihm «in der G.-Erfahrung ... die Besinnung auf die Natur als die unverfügbare Wirklichkeit, innerhalb derer als begrenzender und tragender Macht, über die sich das Leben weder erheben kann noch soll, der Mensch seine Existenz hat» [25]. G. ist der, der «Gesundheit und Krankheit» gibt, der in den Krankheiten ein «Exempel ... gesetzt hat, damit wir sehen sollen, daß all unsere Sach nichts ist» [26]. Damit soll der Arzt nicht überflüssig werden, sondern seine Grenze finden; er «ist der Knecht der Natur und G. der Herr der Natur» [27]. G. ist der Herr über die Zeit und die Ordnung ihres Ablaufs, der Herr der Vorsehung [28]; er hat «allen Dingen seinen Lauf gegeben, wie hoch und wie weit und nicht drüber nicht drunter» [29]. Die Pläne G.es können denen der Menschen zuwiderlaufen; der Mensch kann die «göttliche Kraft und Schöpfung» nicht ergründen [30].

Anmerkungen. [1] Sermo LAURENTII VALLAE de mysterio Eucharistiae, in: Opera LACTANTII etc. (Venedig 1502) 159. – [2] Opera (Paris 1641) 1: De volupt. III e 7. – [3] R. F. R. BELLARMIN, Controversiae generales 9: De poenitentia. Opera, hg. FÈVRE (Paris 1870-74) 4, 454. – [4] M. FICINO, Ep. I, 602 a. – [5] Exhortatio in lectionem Plotini a. a. O. II, 503. – [6] Ep. I/II,

669a. – [7] Vg. W. DRESS: Die Mystik des Marsilio Ficino (1929) 35. – [8] Vgl. E. MONNERJAHN: Giovanni Pico della Mirandola (1960) 36. – [9] a. a. O. 53. – [10] 194 u. ö. – [11] ERASMUS an R. Fisher. Opus Epistolarum, hg. ALLEN (Oxford 1906-1947) 1, Nr. 118. – [12] J. COLET, De sacramentis ecclesiae, hg. LUPTON (London 1867, ND 1966) 35. – [13] ebda. – [14] TH. MORUS, Utopia, Yale-Ed. of the compl. Works 4 (1965) 230ff. – [15] a. a. O. 216. – [16] Vgl. G. RITTER, Machtstaat und Utopia; 6. Aufl. = Die Dämonie der Macht (1948). – [17] MORUS, a. a. O. [14] 220. – [18] ERASMI opera omnia, Ed. CLERICUS (Leiden 1703, ND 1961/62) 1, 683 d/e; 681 f. – ERASMUS, Ausgew. Schr. 6 (1967) 86. 76ff. – [19] Erasmi opera 5, 1197 a. – [20] ebda. – [21] a. a. O. 5, 1219 a. – [22] 5, 1357 d. – [23] Vgl. R. PADBERG: Erasmus als Katechet (1956) 48ff. – [24] AGRIPPA VON NETTESHEIM: De occulta philos. (1531). – [25] Vgl. E. METZKE: Coincidentia oppositorum (1961) 114f. – [26] PARACELSUS, Werke, hg. PEUCKERT (1965-68) 1, 232. – [27] a. a. O. 1, 237. – [28] 4, 328ff. 339ff. – [29] Werke, hg. SUDHOFF (1922ff.) I/11, 268. – [30] Werke, hg. PEUCKERT 1, 479; weitere Stellen bei METZKE, a. a. O. [25] 113ff.

Literaturhinweise. G. TOFFANIN: La religione degli umanisti (Bologna 1950). – W. JAEGER: Humanisme et théol. (Paris 1956). E. VAN GELDER: The two Reformations in the 16th century (The Hague 1961). – E. V. IVÁNKA: Plato christianus (Einsiedeln 1964). – E. KOHLS: Die Theol. des Erasmus 1. 2 (1966). – R. BAINTON: Erasmus on Christendom (New York 1969). – M. HOFFMANN: Erkenntnis und Verwirklichung der wahren Theol. nach Erasmus von Rotterdam (1972).   R. PADBERG.

2. *Reformation.* – a) *Luther.* – Das G.-Verständnis M. LUTHERS läßt sich einer begriffsgeschichtlichen Darstellung nur unterziehen, wenn die persönliche Intensität, mit der es gewonnen und gelebt wurde, nicht unbeachtet bleibt. Auf die Frage «Was heißt einen G. haben oder was ist G.?» antwortet er im ‹Großen Katechismus›: «Ein G. heißt das, dazu man sich versehen soll alles Guten, und Zuflucht haben in allen Nöten; also daß einen G. haben nichts anderes ist, denn ihm von Herzen trauen und glauben» [1]. Theologische Überlieferung, persönliches Angefochtensein, exegetische Erkenntnis und bekennende Verantwortung liegen in Luthers G.-Verständnis unentflechtbar ineinander. Sein G.-Begriff ist Artikulation eines G.-Verhältnisses von besonderer Ursprünglichkeit.

Die von der Tradition her bestimmenden Züge lassen sich verhältnismäßig deutlich markieren. Luther denkt an G. zunächst einmal in den Bahnen der kirchlichen Trinitätslehre, die er so formuliert, daß «Vater, Sohn und heiliger Geist, in einem göttlichen Wesen und Natur drei unterschiedliche Personen, ein einiger G.» sei [2]. Von prägender Bedeutung ist es, daß Luther in skotistisch-ockhamistischen Schulzusammenhängen das Wesen G.es als allwirksamen Willen versteht, «eine wirkende Macht und stetige Tätigkeit, die ohne Unterlaß geht im Schwange und wirkt» [3]. Dies wird dadurch intensiviert, daß Luther auch die im Ockhamismus besonders betonte Unterscheidung von «potentia Dei absoluta» und «ordinata» aufnimmt, wenn er «die absolute Freiheit des göttlichen Willens theoretisch veranschaulichen» will [4]. Seine Beziehung zu diesen Überlieferungen scheint es auch ermöglicht zu haben, daß Luther in einer theoretisch nur schwer faßbaren Weise die kausalontologische Einbettung des G.-Gedankens, wie sie im Thomismus entwickelt worden war, zurückstellte zugunsten einer Fassung des G.-Wirkens und der G.-Beziehung, die man als temporal bezeichnen könnte und die sich darin beschreiben läßt, daß G. der «Herr der Zeit ist und deshalb die Zeit des Wollens und Glaubens begründet, ermöglicht und schenkt» [5]. Sucht man das noch umfassender auszudrücken, so ergibt sich, daß «die Grundbestimmung des theologischen Denkens Luthers die Forum-Relation des Seins-vor-Gott» ist [6].

Die reformatorische Prägung des G.-Verständnisses kam durch die Verflechtung von mindestens drei Faktoren zustande: der Konzentration auf das Wirken G.es, das stets als schöpferisch verstanden wird; der Gleichsetzung dieses Wirkens mit dem Wort G.es, dessen christologische Spitze ständig vor Augen steht; und der Aufschlüsselung der soteriologischen Sinnmitte des göttlichen Handelns im Begriff der «Gerechtigkeit G.es», der in der Dialektik von Gesetz und Evangelium erfaßt wird: Luther denkt danach «Gerechtigkeit G.es» als rechtfertigende Gerechtigkeit. G. spricht in einem schöpferischen Akt dem sündigen Menschen, den er mit den Forderungen des Gesetzes konfrontiert, durch das Evangelium um Christi willen Gerechtigkeit zu und gibt sie ihm im Glauben zueigen. Luther war der Ansicht, daß G. nur von dieser Mitte seines Heilswirkens her verstanden werden könne, daß er also seinem Wesen nach «Deus iustificans» [7] sei. Wiewohl G. zürnender G. bleibt, insoweit er der Sünde begegnet, ist seine «Natur» doch ein «glühender Backofen voller Liebe» [8]. Hierzu hat die natürliche Vernunft keinen Zugang. Sie weiß zwar, daß G. ist, aber nicht, wer G. ist [9]. Das G.-Sein G.es erschließt sich nur in den forensisch-kreativen Beziehungen von rechtfertigendem G. und sündigem Menschen und steht nur dort offen, wo «von Gott und Mensch in Christus» [10] gehandelt wird.

Das so zentrierte G.-Verständnis hat bei forensisch-relationaler Verfaßtheit trinitarische Weite. G. ist als dreieiniger G. «ein G., der sich uns allen selber ganz und gar gegeben hat mit allem, das er ist und hat» [11]. Der Vater «gibt sich uns mit Himmel und Erde samt allen Kreaturen», wegen der Sünde des Menschen hat der Sohn «sich selber auch uns gegeben, all seine Werke, Leiden, Weisheit und Gerechtigkeit geschenkt»; um dies offenbar zu machen, «kommt der Heilige Geist und gibt sich auch uns ganz und gar» [12]. In dieser Weite wird G. als gebender G. und seine Weltbeziehung als Gebebeziehung gedacht. Dabei sucht Luther G.es Weltgegenwart in einem Raumverständnis zu denken, das «die Schranken nur dinglich-lokalen Vorstellens ... durchbricht» [13] und Grundlagen des Raumverständnisses überhaupt neu zur Debatte stellt: G. ist in der Kreatur «tiefer, innerlicher, gegenwärtiger denn die Kreatur ihr selbst ist, und doch wiederum nirgend und in keiner, so daß er wohl alle Dinge umfängt und drinnen ist, aber keines ihn umfängt und in ihm ist» [14]. Die Verhältnisbestimmung des göttlichen und des menschlichen Willens, die Luther vornimmt, ist von hier aus zu übersehen. G. ist allwirksam und allgegenwärtig. «Freier Wille» ist, streng genommen, ein G.-Prädikat [15]. Das heißt nicht, daß dem Menschen menschliche Eigenart und Selbständigkeit genommen wäre. Er folgt dem göttlichen Willen notwendig, aber nicht gezwungen [16]. G. gibt ihm Zeit. Er gibt sie ihm, um ihn in Weltgeschichte und Heilsgeschehen zu seinem «Mitarbeiter» zu machen [17]. Die «Stunden» dafür setzt G. alleine [18]. Er alleine ist es auch, dessen «Geben» der Mensch sein Dasein und sein Heil zu verdanken hat. «Unfreier Wille» ist ein Ausdruck dafür, daß der Mensch sich weder schaffen noch am Leben erhalten noch begnadigen kann.

Starke Spannungen ergeben sich in Luthers G.-Verständnis, wenn er die Art des göttlichen Heilshandelns näher durchdenkt, dabei die Heils- und Weltwirksamkeit G.es aufeinander zu beziehen sucht und beim Auftauchen von Widersprüchlichkeiten doch die Einheit des G.-Gedankens zu wahren sucht. Ist wirklich «im gekreuzigten Christus die wahre Theologe und Gotteserkenntnis» [19], so birgt das Heilshandeln G.es, von dessen «Geben» Luther den Menschen völlig abhängig sieht, eine harte Gegensätzlichkeit in sich: G. macht lebendig, indem er tötet, und rechtfertigt, indem er schuldig macht [20]. Das Heilswirken hat Kreuzesgestalt. Es ist ein schon in dieser Weise «verborgenes» Wirken [21]. Die Problematik, die hierin liegt, bewältigt Luther zunächst, indem er darauf hinweist, daß G.es «fremdes» Werk seinem «eigenen» Werk final zugeordnet ist [22]. Doch bleibt die Frage, wer der G. ist, der nur durch Zorn hindurch Gnade wirkt. Schwieriger wird das Problem dort, wo die Tatsache vor Augen tritt, daß G. nicht immer und nicht überall die Gnade über den Zorn und das Lebendigmachen über das Töten triumphieren läßt: im Bereich der Prädestinationsproblematik. Luther hat sich ihr gestellt, ohne sie nach der einen oder anderen Seite hin auflösen zu wollen. Das spannt seinen G.-Gedanken bis an den Rand des Zerbrechens. Er nennt G., insofern er hier zur Frage steht, den «Deus absconditus», den «Deus in majestate sua» oder den «Deus nudus» [23]. Er weicht dem Gedanken an eine Verborgenheit G.es nicht nur in, sondern auch gleichsam hinter seiner Offenbarung nicht aus, widersteht aber leidenschaftlich jedem Versuch, von hierher G.es Wesen verstehen zu wollen. Der «Deus in majestate sua» ist vom Menschen nicht ergründbar, will aber auch vom Menschen nicht ergründet werden [24]. Vielmehr ist der «Deus incarnatus» G., wie er mit dem Menschen Umgang haben will, und im glaubenden Bestimmtsein durch den in Christus rechtfertigenden G. ist Luther davon überzeugt, daß der «Deus absconditus» sich schließlich nicht anders zeigen wird als so, wie G. sich in Christus offenbart hat [25]. «Um des G.-Seins G.es willen» hält Luther «den Widerspruch zwischen dem G. in Jesus Christus und dem G. der Allmacht und Allwissenheit, zwischen dem Glauben und der Welterfahrung, bis zum äußersten» fest [26].

Anmerkungen. [1] M. LUTHER, Weimarer A. (=WA) 30/1, 132f. – [2] WA 50, 197. – [3] 7, 574. – [4] R. SEEBERG: Lb. der Dogmengesch. 4/1 (²/³1917, ND ⁵1953) 195. – [5] H. VORSTER: Das Freiheitsverständnis bei Thomas v. Aquin und Martin Luther (1965) 353. – [6] G. EBELING: Luther (1964) 275. – [7] LUTHER, WA 40/2, 327. – [8] 36, 425. – [9] 19, 206f. – [10] 8, 126. – [11] 26, 505. – [12] 26, 505f. – [13] E. METZKE: Sakrament und Met., in: Coincidentia oppositorum (1961) 194. – [14] LUTHER, WA 23, 137. – [15] 18, 636. – [16] 18, 634. – [17] Vgl. 6, 327; 18, 753f. – [18] 18, 530, 404ff. – [19] 1, 362. – [20] Vgl. z. B. 18, 633. – [21] Vgl. z. B. 1, 362. – [22] Vgl. z. B. 5, 63. – [23] 18, 684ff.; 40/2, 329f. – [24] 18, 685. – [25] Vgl. z. B. 43, 459. – [26] EBELING, a. a. O. [6] 278.

Literaturhinweise. K. HOLL: Was verstand Luther unter Relig.? (1917), in: Ges. Aufs. zur Kirchengesch. 1 (⁴/⁵1927) 1-110. – R. SEEBERG s. Anm. [4]. – E. HIRSCH: Luthers G.-Anschauung (1918). – E. SEEBERG: Luthers Theol. 1 (1929). – E. SCHOTT: Luthers Lehre vom servum arbitrium in ihrer theol. Bedeutung. Z. systemat. Theol. 7 (1929/30) 399-430. – H. BANDT: Luthers Lehre vom verborgenen G. (1958). – H. J. IWAND: Um den rechten Glauben (1959). – E. METZKE s. Anm. [13] 158-204. – P. ALTHAUS: Die Theol. Martin Luthers (1962). – M. SEILS: Der Gedanke vom Zusammenwirken G. und des Menschen in Luthers Theol. (1962). – G. EBELING s. Anm. [6]. – G. ROST: Der Prädestinationsgedanke in der Theol. Martin Luthers (1966). – R. HERMANN: Luthers Theol. (1967). – K. SCHWARZWÄLLER: sibboleth. Die Interpretation von Luthers Schrift De servo arbitrio seit Th. Harnack (1969). – K. SCHWARZWÄLLER: Theologia crucis. Luthers Lehre von der Prädestination nach De servo arbitrio, 1525 (1970). M. SEILS

b) *Zwingli und Calvin.* – Zweierlei ist fundamental für die G.-Auffassung aller Reformatoren: die Überzeugung vom unmittelbaren Allwirken G.es und die Vorstellung vom Kampf zwischen G. und dem Bösen (in welchem Kampf die Menschen parteiisch beteiligt sind). Logisch passen diese beiden Momente nicht zusammen, sie sind aber vereinigt im reformatorischen «Lebensgefühl», das von Aktivität geprägt ist und daher die Überzeugung von der universalen und unermüdlichen Aktivität G.es mit der von der Aktivität des Bösen (Teufel) und von der notwendigen Aktivität der Menschen (Zwang zur Reformation, Berufsethik) verbinden konnte und mußte.

1. H. ZWINGLI betont in bezug auf G.es Allwirken besonders die Güte und die Geistigkeit G.es. Durch G.es *Güte* gereicht die totale Abhängigkeit des Menschen von G., die aus G.es Allwirken folgt, den Menschen zum Besten. Der Mensch kann und soll dem allwirkenden G. Vertrauen entgegenbringen und ihm Dankbarkeit erweisen. G.es Güte ist einerseits darin am Werke, daß G. Menschen erwählt, um sie mit Christus zu verbinden, ihnen die Sünden zu vergeben und sie zur ewigen Seligkeit zu führen (hier ist die Vorstellung von G. als summum bonum in die reformatorische Gnadenlehre transformiert); andererseits wirkt G.es Güte in der Vorsehung, indem G. die von ihm gut gestaltete Schöpfung zum Besten erhält und durchwirkt. Da die Realität diesen Vorstellungen von G.es Güte mancherlei Schwierigkeiten bereitet, mußte Zwingli allerdings noch mehr und anderes sagen. In der Gnadenlehre: Die vielen, die nicht an Christus glauben oder die sich dem reformatorischen Christuszeugnis widersetzen, tun das, weil G. sie nicht erwählt hat; er läßt sie verworfen, damit sie als Beispiel für die strafende Gerechtigkeit dienen [1]. Ethisch qualifizierte Heiden der Antike hat Zwingli als erwählt gesehen [2]. In der Vorsehungslehre: Einerseits wollte er G.es Güte aller negativen Erfahrung zuwider geglaubt wissen, andererseits versuchte er auch mit rationalen Argumenten, die Güte der Vorsehung zu verteidigen (nach dem Nutzen für den Menschen). Letztlich aber mahnte er, vor der Souveränität G.es stehen zu bleiben [3]. Um die Allwirksamkeit G.es in Schöpfung und Vorsehung zu betonen, konnte Zwingli bis zu der Formulierung vorstoßen, «daß alles, was ist, G. sei» (ut omnia quae sunt, deus sint) [4], und auch das Böse auf Gott zurückführen [5]. Er hat dies aber nicht systematisiert. G. bleibt von der Schöpfung verschieden, ebenso wie er der Widersacher des Bösen bleibt. Allerdings kann G. das Böse in seinen Dienst nehmen; und wegen der Unmittelbarkeit und Allmacht des Wirkens G.es gilt alles als von ihm abhängig und aus ihm fließend. Die Unterscheidung von G. und Welt wird für Zwingli durch G.es *Geistigkeit* markiert. Um ihretwillen ist jedes Vertrauen auf weltliche Gegebenheiten und Verrichtungen abzulehnen – sei es ein Vertrauen auf materielle Gnadenmittel, sei es auf die Schöpfung als solche. Weiter ist G.es Geistigkeit ethisch relevant: Sie leitet und verpflichtet den Menschen zu ethischer Läuterung, die nicht nur individualistisch gemeint ist, sondern ethisch gereinigte Gemeinwesen erfordert. So konkretisiert sich das Widereinander von G. und dem Bösen anthropologisch als gegenseitiger Widerspruch von Geist und Fleisch, und dies nicht statisch, sondern als Kampf um die Reinigung des Menschen von fleischlich-selbstsüchtigem Ungehorsam gegen G. verstanden. Von G. wird also streng bezogen auf das menschliche Vertrauen und den menschlichen Gehorsam ihm gegenüber geredet – unter Wahrung der göttlichen Souveränität, da auch des Menschen Kampf gegen die Fleischlichkeit als durch G., durch G.es Geist, bewirkt gilt.

Anmerkungen. [1] H. ZWINGLI, De providentia. Opera, hg. SCHULER/SCHULTHESS (= SS) 4, 115. – [2] a. a. O. 123: Fidei christianae expositio. SS 4, 65. – [3] De vera et falsa religione commentarius. Corpus Reformatorum (= CR) 90, 842-844; vgl. De providentia c. 4-6. SS 4, 98ff. – [4] CR 90, 645, 23; vgl. SS 4, 89. – [5] SS 4, 104. 107. 112.

2. J. CALVINS G.-Auffassung zeigt bei großer Nähe zu Zwingli einige Unterschiede, die teils aus der präziseren Denkweise Calvins, teils aus der späteren Situation zu erklären sind. Generell macht sich das dualistische Moment noch stärker bemerkbar angesichts der bedrohten Situation der evangelischen Gemeinden in der Gegenreformation. Größer als bei Zwingli wird vor allem der Abstand zwischen theologisch-biblischer und philosophisch-rationaler G.-Erkenntnis angesetzt. Für Calvin war durch die reservierte bis ablehnende Haltung der französischen Humanisten gegenüber der Reformation das Ungenügen einer rationalen G.-Erkenntnis verstärkt deutlich geworden. In Aussagen über das Weltverhältnis G.es trennt er schärfer als Zwingli G. und Welt. Doch gleichzeitig ist G. auch für ihn der unmittelbar allwirkende Schöpfer und Lenker der Vorsehung, der das Leiden der Christen als Erziehungsmittel auf das himmlische Ziel hin schickt. In der Ausrichtung der Christen auf ihre himmlische Seligkeit steht Calvin ethischen Humanisten wie Erasmus oder Budé nahe. Aber es geht ihm (stärker noch als Zwingli) primär nicht um Ethik, sondern um den wahren Glauben. Beides: Vertrauen auf G. *und* praktischer Dienst G.es in richtigem Kult *und* in demütigem Gehorsam macht Sinn und Zweck des menschlichen Lebens aus [1]. Die Bibel gibt G. darauf bezogen zu erkennen, also nicht so, wie G. an sich ist, sondern wie er sich den Menschen erweist, so daß diese auf ihn hoffen und ihm dienen können [2]. Näher bestimmt Calvin, daß es um den Dienst an G.es *Ehre* geht (wie er den Lebenssinn in polemischer Abhebung gegen die Ruhmsucht zeitgenössischer französischer Humanisten formuliert hat). Der Mensch kann aber nur G. Ehre dienen, wenn G. ihn dazu befähigt. Wahlfreiheit gibt es angesichts des Allwirkens G.es nicht. Man kann aber den Willen eines Menschen, der auf G. vertraut und ihm dient, nicht unfrei nennen, da G. durch seinen Geist Antrieb (instinctus) des menschlichen Willens wird, so daß der Erwählte spontan geistlich handelt [3]. Daß G. nicht alle gleich lenkt, sondern die einen erwählt und die anderen verwirft, wird angesichts der zugespitzten Religionsstreitigkeiten (wie schon bei Luther und Zwingli) festgehalten. Teilweise hat Calvin hierzu verwickelte Argumentationen vorgetragen [4], die sich vor allem um die Gerechtigkeit und die Unveränderlichkeit des doppelten Ratschlusses G.es drehen; in der Tendenz vermied er aber, zu Schroffes und zu Genaues darüber zu behaupten [5], um sich an seine Absicht zu halten, streng auf das bezogen zu reden, was das totale Vertrauen und den totalen Gehorsam gegenüber G. bei den angefochtenen evangelischen Gemeinden seiner Zeit fördert. Wichtig war ihm, daß G. nicht als Urheber des Bösen erscheint [6].

Anmerkungen. [1] J. CALVIN, Anfang des Genfer Katechismus. Corpus Reformatorum (= CR) 34, 9f.; vgl. Supplex exhortatio ad Caesarem Carolum Quintum. CR 34, 457ff. – [2] Institutio I, 2, 2; 5, 9; 6, 1. – [3] a. a. O. II, 5; 3, 13f. – [4] II, 2-5; Defensio ... adversus calumnias Alberti Pighii Campensis. CR 34, 233ff. – [5] CR 34, 250. – [6] Inst. I, 18, 3f.

Literaturhinweise. – Zu Zwingli: P. WERNLE: Der evang. Glaube nach den Hauptschr. der Reformatoren 2 (1919). – C. GESTRICH: Zwingli als Theol. (1967). – Ferner: E. ZELLER: Das theol. System Zwinglis (1853). – W. DILTHEY, Werke 2, 63-70. 224-229. – G. W. LOCHER: Die Theol. Huldr. Zwinglis im Lichte seiner Christol. 1 (1952). – *Zu Calvin:* P. Wernle: Der evang. Glaube... 3 (1919). – J. BOHATEC: Budé und Calvin (1950). – Ferner: M. SCHULZE: Calvins Jenseits-Christentum in seinem Verhältnis zu den relig. Schr. des Erasmus untersucht (1902). – W. KRUSCHE: Das Wirken des Heiligen Geistes nach Calvin (1957). – F. WENDEL: Calvin (1968). – *Zu beiden:* W. KÖHLER: Dogmengesch. als Gesch. des christl. Selbstbewußtseins 2 (Zürich 1951). – R. SEEBERG: Lehrbuch der Dogmengesch. IV/1. 2 (⁵1953).
D. SCHELLONG

VIII. *Der philosophische G.-Begriff vom 16. bis zum 18. Jh.* – Die Geschichte des neuzeitlichen philosophischen G.-Verständnisses kann nicht einseitig als Geschichte des «Verlusts» des G.-Gedankens bezeichnet werden; sie ist vielmehr ein permanenter Prozeß der Kritik, der Läuterung oder der Aufhebung.

Daß der G.-Begriff stets erneuter Kritik unterworfen worden ist, geht auf die immer wieder neu und anders gestellte Frage des neuzeitlichen Denkens zurück: Welcher Erkenntnis ist die Vernunft fähig, und wie läßt sich diese Erkenntnis zuverlässig gewinnen? Die Kritik des G.-Begriffs läuft weitgehend mit der Kritik der menschlichen Erkenntnismöglichkeit parallel. Die Frage nach G. schließt deshalb die Frage ein, ob und wie G. erkannt und unter Umständen bewiesen werden kann.

1. Am Beginn der Geschichte des nach der Epoche des Humanismus und der Reformation einsetzenden G.-Verständnisses stehen Autoren, die den von der Schulphilosophie, der Spätscholastik (Suárez) wie auch von der protestantischen und katholischen Orthodoxie ausgebildeten G.-Begriff in Frage stellen. Das skeptische Denken M. MONTAIGNES hält die menschliche Vernunft grundsätzlich für unzulänglich, G. zu erkennen, wenn nicht G.es Gnade dem Menschen zu Hilfe kommt. Der Glaube allein kann die Geheimnisse der Religion erfassen [1]. Die Attribute, die wir G. zulegen (Macht, Wahrheit, Gerechtigkeit, Liebe usw.), sind menschliche Benennungen, die G. nicht erreichen: «C'est à Dieu seul de se connaître et d'interpreter ses ouvrages» [2]. G. ist nicht der G. der Gelehrten und Weisen, sondern der der Glaubenden [3]. – G. BRUNO glaubt, daß wir «nach einer begrifflichen Erkenntnis des übernatürlichen Wesens der Gottheit gleichsam nur tasten» können. Will der Verstand außerhalb der Theologie das unendliche Wesen G.es erforschen, so überschreitet er seine Grenzen und fällt in «profane Schwarmgeisterei» [4]. Zugleich prägt Bruno aber einen G.-Begriff, der zwar nach seiner eigenen Aussage ein anderer als der «gewöhnliche» ist, diesem aber deswegen nicht entgegengesetzt zu sein braucht [5]. G., der über und in allen Dingen zugleich ist und in dem diese ihre Einheit und ihr Zentrum finden, hat eine unendliche Welt geschaffen, da er nur in einem unendlichen Spiegel widerstrahlen kann; er faßt das All als Ganzheit zusammen. «Ich nenne G. in seiner Ganzheit unendlich, weil er jegliche Grenze von sich ausschließt und jedes seiner Attribute einzig und unendlich ist.» Die Welt ist dagegen nicht in jedem ihrer Teile, sondern nur in ihrer Ganzheit unendlich [6]. – Demgegenüber schließt FR. BACON jegliche wissenschaftliche Erkenntnis von G. aus. Das menschliche Forschen strebt nach gesichertem Wissen, aber in bezug auf G. würde es ein gefährlicher Mißbrauch sein. «God is only self-like, having nothing in common with any creature, otherwise than in shadow and trope» [7]. Nicht Wissen, sondern Glauben und Bewunderung für die Werke G.es ist in «spiritual things» angebracht [8]. Die Werke G.es zeigen zwar die Allmacht ihres Erfinders, aber nicht das Bild G.es; die Welt ist nicht das Abbild G.es [9].

In eine ganz andere Richtung geht das G.-Verständnis J. BÖHMES. Seine auf mystisch-kabbalistischen Lehren und naturphilosophischer Spekulation fußende Philosophie entfernt sich zwar auch vom überlieferten G.-Begriff, kommt aber zu weitreichenden Aussagen über G., die in ihrer Zeit singulär waren und erst später, von Oetinger und der romantischen Philosophie, insbesondere Schelling und F. von Baader, rezipiert wurden. Böhme bezeichnet alle G.-Erkenntnis, die «ohne die Erkenntniß der Signatur», d. h. ohne die Ergründung des inneren Wesens und verborgenen Geistes der Natur, in der sich G. als in einer äußeren Gestalt befindlich offenbart und außerhalb derer er ein unergründliches «Mysterium» ist, für «stumm und ohne Verstand» [10]. Vor aller Offenbarung aber ist G. «das Wesen aller Wesen», der ewige Geist, «ohne Anfang und Ende», der nur sich selbst bewegt, anschaut und gebiert, also ohne Bezug auf Äußeres [11]. Böhme nennt diese Gottheit den Ungrund und unterscheidet ihn oft von G. im engeren Sinne, der bereits aus sich herausgetreten ist. Der Ungrund (kabbalistisch: Ensoph), «das ewige Chaos» [12], ist G. «als ein ewig Nichts, Er hat weder Grund, Anfang noch Stätte; und besitzet nichts, also nur sich selber. ... Er gebäret von Ewigkeit in Ewigkeit sich selber in sich ...» [13]. Er ist der «unanfängliche Wille», «weder böse noch gut ..., weder Begierde noch Lust; sondern er ist das Wallen oder Wollen» [14]. Diesen ewigen Willen treibt «ein Sehnen nach der Offenbarung, das Nichts zu finden» [15], eine Begierde, «das Nichts in Etwas einzuführen» [16]. Der Wille hat sich damit selbst gefunden und geboren «als ein faßlicher Wille», er hat sich selbst wahrgenommen und geschaut [17].

Dadurch ist die erste Differenzierung des innergöttlichen Prozesses erreicht, die Trinität. Der «ungründliche Wille», der «ewige Vater», ist ausgegangen in den gefaßten Willen, den «Sohn». «Und der Ausgang des ungründlichen Willens, durch den gefasseten Sohn oder Ens, heisset Geist, denn er führt das gefaßte Ens aus sich aus in ein Weben oder Leben des Willens, als ein Leben des Vaters und des Sohnes» [18]. Die Dreifaltigkeit ist «ein einig Leben, und ein einiger Wille ohne Begierde», aber lediglich in «Selbst-Beschaulichkeit» [19] und noch nicht in voller Offenbarung «durch die ewige Natur» [20]. Der dreifache G. ist noch kein Wesen, sondern nur der ewige Verstand; es treibt ihn aber die Begierde, Verstand und Kraft zum Wesen zu vollenden [21], die Kräfte «der einigen Göttlichen Eigenschaft in Schiedlichkeit», d. h. Unterschiedenheit, einzuführen [22] und so in einem zweiten Differenzierungsprozeß die Selbstoffenbarung G.es abzuschließen.

Jetzt wird also die «ewige Stille beweglich» und offenbar in der Natur als ihrem «Werckzeug» [23]; jetzt ist G. unterschieden in Eigenschaften, in einen guten und zürnenden, wollenden und handelnden G., wie er sich in der Hl. Schrift darstellt [24]. Hier scheiden sich Licht und Finsternis, Liebe und Grimm zu einem «ewigen Contrarium» in G. [25]. Obwohl G. durch die Schöpfung nicht vollkommener wird, hat er sie doch «zu seiner Selbst-Offenbarung» «erboren»; sie ist ein «Model oder Werckzeug des ewigen Geistes, mit welchem er spielet» [26]. In der Natur wird G.es Majestät und Herrlichkeit erkannt und gefunden; damit ist G. aber auch nicht mehr der ewige einige Gute [27], der G., in dem «nur ein ewiger Geist und Wille regieret» und alle Eigenschaften in Harmonie und Liebe zueinander stehen [28]. Die Prinzipien (im ersten Prinzip ist G.es Zorn, Finsternis, Hölle; im zweiten Liebe, Licht, Himmel [29]) treten in der Schöpfung auseinander. Gutes und Böses, die aus ihnen entstehen, liegen miteinander im Kampf; sie sind nicht mehr in G. wie in einer «Höhle» verborgen, sondern als Preis für ihre volle «Auswickelung» zu einander bekämpfenden Gegensätzen geworden [30]. «Also verstehet, daß es also in unvermeidlich Ding sey, daß Gutes und Böses ist; denn in G. ist alles Gut, aber in der Creatur ist der Unterschied»; durch den freien Willen der gefallenen Engel ist die «finstere Welt», die ursprünglich im Himmel ungeoffenbart lag, von diesem getrennt und zu einem eigenen, abtrünnigen Reich geworden [31]. Mit dieser Erklärung des göttlichen Offenbarungsprozesses und des Bösen hat Böhme frühere Deutungen, nach denen G., «das Wesen aller Wesen» [32], zugleich in zwei Prinzipien unterschieden war, das Licht bzw. Gute und die Finsternis bzw. der Zorn, von denen das zweite der «innerliche erste Quell» für das Böse war [33], hinter sich gelassen.

Dagegen hat Böhme den ihm von der Mystik überlieferten G.-Begriff aufgenommen und für seine Deutung des Verhältnisses G. zur Welt verwandt. V. WEIGEL hatte davon gesprochen, daß sich der Mensch im Glauben an Christus und durch die Wiedergeburt in ihm mit G. vereinigt. «Also bleiben wir in G., G. in uns» [34]. «Das ist die ewige Ehe, ... das wir mit G. verbunden und verknüpfet bleiben» [35]. Für S. FRANCK erfolgt diese Vereinigung dann, wenn der Mensch, der nach G.es Ebenbild geschaffen und damit «göttlicher Art», «gottfähig» ist [36], seinen eigenen Willen aufgibt und «Eins mit G.es Willen» ist, «daß *wir* nicht wollen, sondern daß G. in uns wolle» [37]. Weil G. «aller Wesen Wesen» ist und «alle Dinge ein Ist und ein Wesen» in ihm haben [38], vermag der Mensch «außer G. nichts» und kann «ohne G. nichts Göttliches gedenken ... und vollbringen» [39]. Die Abarbeitung des menschlichen Eigenwillens ist auch für BÖHME die Bedingung dafür, daß G. im Menschen wirksam werden kann. Sagt sich der Mensch von seinem freien Willen los und ergibt sich in den Willen G.es [40], so wirkt G. «in mir was er will. ... Also lebe ich nicht mir, sondern Ihme, und also sind wir in Christo nur Einer» [41]. «G. ist in uns; wenn wir in seinen Willen eingehen, so ziehen wir an seine Weisheit, und in der Weisheit ist Christus ein Mensch» [42]. In die Entscheidungsmacht des Menschen ist es gestellt, ob in der Schöpfung das Gute oder das Böse zum Austrag kommt: «wir sind selber G.es Wille zu Bösem und Gutem; welcher in uns offenbar wird, das sind wir, entweder Himmel oder Hölle» [43]. – Über die Vereinigung des Menschen mit G. dichtet der Barockmystiker ANGELUS SILESIUS sogar: «So muß ich mich in G. und G. in mir ergründen ... Ich weiß, daß ohne mich G. nicht ein' Stund kann leben, Werd ich zunicht', er muß von Noth den Geist aufgeben» [44].

Anmerkungen. [1] M. DE MONTAIGNE, Essais II, 12, Oeuvres compl., hg. BARRAL (Paris 1967) 183. 185. – [2] a. a. O. 207. – [3] 208. – [4] G. BRUNO, De la causa, principio e uno II. Opere ital., hg. GENTILE 1 (Bari ²1925) 176. – [5] a. a. O. III = 1, 224. – [6] De l'infinito universo e mondi I a.a.O. 1, 297f.; Opera lat. conscripta (Neapel/Florenz 1879-91, ND 1962) 3, 40; vgl. dagegen 1/II, 312. – [7] FR. BACON, Works, hg. SPEDDING/ELLIS/HEATH (London 1857-1874, ND 1961-63) 3, 218. – [8] a.a.O. 480; vgl. 3, 219. 478. – [9] De dign. et augm. scient. III, 2 = Works 1, 545. – [10] J. BÖHME, De sign. rer. I, 1. III, 1-2, Sämtl. Schriften (1730), ND hg. PEUCKERT (1955-61) 14, 3f. 18. – [11] De tribus princ. I, 1. Schriften 2, 9. – [12] Mysterium magnum I, 8. Schriften 17, 6. – [13] a. a. O. 2 = 17, 5. – [14] Von der Gnadenwahl IV, 38 = 15, 47; I, 3-4 = 15, 4f. – [15] De sign. III, 2 = 14, 18. – [16] a. a. O. II, 7 = 14, 10; vgl. Myst. magn. XXVI, 39 = 17, 206. – [17] Gnadenwahl I, 5. 8 = 15, 5f. – [18] a. a. O. I, 6 = 15, 5; vgl. Myst. magn. VII, 6-7 = 17, 37. – [19] Gnadenwahl I, 7 = 15, 5. – [20] Myst. magn. VII, 12 = 17, 37f. – [21] a. a. O. VI, 1 = 17, 29. – [22] Gnadenwahl II, 6 = 15, 14; vgl. II, 9-10 = 15, 15. – [23] a. a. O. II, 16-17 = 15, 16f. – [24] II, 20f. = 15, 17f. – [25] Von wahrer Gelassenheit II, 10 = 9, 98; vgl. Myst.

magn. V, 10 = 17, 26; Gnadenwahl VIII, 3 = 15, 102. – [26] De Sign. XVI, 2 = 14, 231. – [27] Gnadenwahl II, 28 = 15, 20. – [28] a. a. O. II, 35 = 15, 22. – [29] Myst. magn. V, 9 = 17, 26; vgl. De sign. III, 7 = 14, 19; XIV, 35 = 14, 203f.; Von der Menschwerdung II/5, 9 = 5, 143. – [30] Gnadenwahl III, 15 = 15, 28; VIII, 8 = 15, 103; vgl. III, 40 = 15, 36; VI, 36 = 15, 71; De sign. XVI, 27 = 14, 237. – [31] Gnadenwahl IV, 45-46 = 15, 48f. – [32] De tribus princ. I, 1 = 2, 9. – [33] a. a. O. I, 4 = 2, 10; IV, 45 = 2, 39; vgl. I, 2 = 2, 9; 9, 30 = 2, 95. – [34] V. WEIGEL: Dial. de Christianismo (1584), Schriften (1962ff.) 4, 17f. – [35] a. a. O. 4, 25. – [36] S. FRANCK, Paradoxa, hg. ZIEGLER (1909) 138. – [37] a. a. O. 334. – [38] 17. – [39] 251. – [40] J. BÖHME, Myst. magn. XXVI, 39 = 17, 206. – [41] De sign. IX, 60 = 14, 111. – [42] Vom dreyfachen Leben XI, 78 = 3, 222; vgl. VI, 66 = 3, 122; XI, 106 = 3, 233. – [43] Gnadenwahl VIII, 104 = 3, 131. – [44] ANGELUS SILESIUS, Cherubinischer Wandersmann (1674) I, 6. 8.

Literaturhinweise. A. BASTIAN: Der G.-Begriff bei J. Böhme (Diss. Kiel 1905). – H. SCHWARZ: Der G.-Gedanke in der Gesch. der Philos. 1: Von Heraklit bis Böhme (1913). – E. NAMER: Les aspects de Dieu dans la philos. de G. Bruno (Paris 1926). – K. LEESE: Von J. Böhme zu Schelling. Eine Untersuch. zur Met. des G.-Problems (Diss. Hamburg 1927). – A. KOYRÉ: La philos. de J. Boehme (Paris 1929). – R. C. LA CHARITÉ: The concept of judgment in Montaigne (Den Haag 1968) 48ff. – L. CICUTTINI: G. Bruno (Mailand 1950). – H. VÉDRINE: La conception de la nature chez G. Bruno (Paris 1967).

2. Anders als der «Empirist» Bacon geht der «Rationalist» R. DESCARTES davon aus, daß die Frage nach G. (und die nach der Seele) genuin philosophische Fragen sind, daß man sie «eher mit den Mitteln der Philosophie als mit denen der Theologie zu beantworten habe» [1], da die Philosophie zwingende Beweise für die Existenz G.es aufstellen könne, so daß es bald niemanden mehr geben werde, der G.es Dasein bezweifeln könne [2]. Durch diese Beweise «more geometrico» – durch a) den Schluß, daß uns die Idee von einem vollkommensten Wesen, die wir als idea innata in uns vorfinden, dieses Wesen nicht nur als möglich, sondern auch als notwendig existierend vorstellt, da diese Idee nicht von uns, sondern nur von G. selbst, dem «Archetypus» dieser Idee, verursacht sein kann [3]; durch b) den Schluß von dem eigenen unvollkommenen, da zweifelnden und Mangel erleidenden Wesen auf ein vollkommenes Wesen, von dem wir herkommen, abhängen und in unserer Existenz erhalten werden [4] und c) durch den ontologischen G.-Beweis, der besagt, daß die Existenz G.es notwendig zu seinem Wesen gehört [5] – durch diese Beweise lernen wir nicht nur, *daß* G. ist, sondern auch, *wer* er ist: ewig, allwissend, allmächtig, die Quelle aller Güte und Wahrheit, der Schöpfer aller Dinge [6]. Zwar lehrt der Glaube, daß die Gnade G.es dem Menschen übernatürliches Glück bringt, aber schon die Philosophie allein genügt, um zu erkennen, daß G. all unsere Gedanken lenkt [7]; denn G. verleiht das lumen naturale, in dem wir, soweit wir es klar und deutlich erkennen, nur Wahres erfassen [8]. G. ist wahrhaftig, der Spender allen Lichtes und nicht die Ursache der Irrtümer: G. ist kein Betrüger [9]. Der unendliche Zweifel kann nur beseitigt werden, wenn man die Existenz G.es voraussetzt [10]. Es gibt nichts Einleuchtenderes und Gewisseres für den menschlichen Geist als die Existenz G.es [11]. Die Gewißheit einer jeden Wahrheit und Wissenschaft hängt deshalb von der «Erkenntnis des wahren G.es» ab, «so sehr, daß ich, bevor ich ihn nicht erkannte, nichts über irgendeine andere Sache vollkommen wissen konnte» [12]. Gestützt auf die Erkenntnis G.es lassen sich jetzt auch die früher bezweifelten bzw. für bezweifelbar angesehenen Naturgesetze als schlechthin notwendig und so umfassend beweisen, daß sie auch für andere Welten gelten würden, hätte G. solche geschaffen [13]. Die Naturgesetze sind von G. aufgestellt [14]; der Schöpfer hat die Natur geordnet: «Car par la nature, considérée en général, je n'entens maintenant autre chose que Dieu memes, ou bien l'ordre et la disposition que Dieu a établie dans les choses créées» [15].

G. ist also für Descartes eine Substanz, die «unendlich, unabhängig, allwissend und allmächtig ist» und alles Existierende geschaffen hat [16]. Er ist die eigentliche und einzige Substanz, wenn man Substanz als etwas definiert, das zu seiner Existenz keines anderen Dinges bedarf [17]. G. ist die vollkommenste Substanz, ohne einen Fehler oder eine Einschränkung der Vollkommenheit [18], unendlich (infinit) und nicht nur endlos (indefinit) wie etwa eine Zahlenreihe, deren Ende lediglich nicht erkennbar ist [19]. Der Mensch jedoch kann als endliches Wesen das Unendliche nie adäquat begreifen [20].

Ausbreitung und Verteidigung der cartesischen Philosophie auf der einen, Kritik und Bekämpfung auf der anderen Seiten führten auch zur Zustimmung bzw. Ablehnung des cartesischen G.-Begriffs. Während J. CLAUBERG die G.-Beweise und das G.-Verständnis Descartes' übernimmt [21], lehnt P. NICOLE zwar die abstraktmetaphysischen G.-Beweise ab, findet aber in der Natur genügend Hinweise auf einen weisen Schöpfer-G.: «La matière est, parce que Dieu l'a créée, le mouvement est, parce que Dieu l'a produit et le conserve» [22]. P. D. HUËT dagegen unternahm den Versuch einer Widerlegung Descartes' [23] und bestritt die Möglichkeit einer völligen, durch die Vernunft zu erlangenden Gewißheit der Wahrheit: G. kann uns auch so geschaffen haben, daß wir uns ständig betrügen, ohne daß er deshalb selbst als Betrüger gelten muß. Nur der Glaube rettet uns vor einem konsequenten Skeptizismus [24]. – P. GASSENDI hält trotz seines mechanistischen, auf Epikur aufbauenden Weltbildes an G. als der ersten Ursache der Schöpfung fest. G. ist der Regierer und Lenker der Welt und der Menschheit [25]. Er wird erkannt im Glauben und mit der Vernunft. Die Vernunft vermittelt uns die G.-Vorstellung a) «ex anticipatione generali» durch die bei allen Menschen vorhandene Idee von G., b) «ex rerum natura accurata contemplatione», durch die Betrachtung der zweckmäßigen und geordneten Natur, deren Baumeister G. ist [26]. Obwohl wir in G. gewisse «perfectiones» wie Allwissenheit, Allmacht, Güte, Freiheit, Weisheit usw. erkennen, bleibt uns seine Unendlichkeit doch letztlich verschlossen; die Attribute, die wir ihm zulegen, werden ihm nicht gerecht [27].

Den Descartes eigentlich entgegengesetzten und seiner Metaphysik widersprechenden G.-Begriff formuliert PASCAL. Seine Trennung von Vernunft und Glauben, Philosophie und Religion, Verstand und Herz führt nicht nur zu einem radikal anderen Weg der G.-Erkenntnis als bei Descartes, sondern auch zu einem von dem rational bewiesenen und deshalb gewissen völlig verschiedenen G. Die metaphysischen G.-Beweise lehnt Pascal ab, weil sie dem Menschen nichts sagen und für Ungläubige keine Überzeugungskraft haben [28]. G. ist nicht dem Verstand, sondern allein dem Herzen zugänglich: «C'est le cœur qui sent Dieu, et non la raison; voilà ce que c'est que la foi: Dieu sensible au cœur, non à la raison» [29]. G. schaut nur auf das Innere des Menschen, während die Kirche nach dem Äußeren urteilt [30]. G. ist nicht der G. der Philosophen, sondern der in der Schrift offenbarte G. Abrahams, Isaaks und Jakobs [31]. Will man G. aus der Natur beweisen, so erhält man nur einen Geometer, G. als Urheber der geometrischen Wahrheiten und der Ordnung der Elemente, der dem G.

der Heiden und Epikureer gleichkommt. Der G. der Christen jedoch ist ein G. der Liebe und des Trostes, der uns unser Elend und unsere Erbarmungswürdigkeit fühlen läßt, die Seele aber mit Demut, Freude und Vertrauen erfüllt [32]. Die Schrift spricht von einem «Dieu caché», ja sogar von einem G., der sich verbergen *will*. Die korrumpierte Natur zeugt von einem «Dieu perdu». Die Kluft zwischen G. und Mensch kann nur durch Christus als Mittler und Erretter aus unserem Elend überbrückt werden. Jeder Versuch einer «communication» ohne Christus ist vergebens [33]. Der Mensch findet Glück und Ruhe nur in G., unser einziges Übel ist es, von ihm getrennt zu sein. Wir sollen deshalb allem entsagen, was von G. ablenkt [34]. Der Mensch versucht vergeblich, seine Verlorenheit und Ohnmacht mit Dingen anzufüllen, die ihn umgeben, obwohl dieser unendliche Abgrund (gouffre infini) nur durch etwas Unendliches und Unwandelbares, d. h. durch G. selbst, angefüllt werden kann [35]. Zwar ist der Mensch in seinem jetzigen Zustand für G. nicht würdig, aber er kann von G. aus seinem Elend herausgehoben und so seiner würdig werden [36].

Der *Okkasionalismus* übernimmt zwar den cartesischen Dualismus von Geist und Materie, Seele und Körper, weicht aber in seinen Aussagen über G. stark von Descartes ab. Nach A. GEULINCX sind die Menschen nicht reiner Geist (dann wären sie G.), sondern begrenzte Geister, Modi des einen absoluten Geistes, der G. ist. Hebt man den Modus auf, so bleibt G. übrig: «Sumus igitur modi mentis; si auferas modum, remanet ipse Deus» [37]. G. ist der Schöpfer und Beweger der Welt, er hat ihr die Gesetze gegeben. Der Mensch ist nur Zuschauer (speculator hujus machinae), er allein kann nicht auf die Welt einwirken [38]. G. hat ihn ohne sein Wissen und Wollen in die Welt gesetzt und auf seinen Befehl wird er wieder von ihr genommen [39]. Strömt manchmal eine Handlung über mich hinaus, d. h. bewirke ich etwas außerhalb von mir, so ist es eigentlich nicht meine, sondern G.es Handlung (non esse meam actionem, sed Dei). G. gewährt mir als Zuschauer auf unbegreifliche Weise den Anblick der Welt. Deshalb bin ich unter allen erstaunlichen Wundern G.es in diesem Welttheater (in hoc Mundo spectaculo) das größte [40].

Die Grundfrage des Okkasionalismus nach dem Verhältnis von res cogitans und res extensa, die bei Geulincx dazu führte, menschliches Handeln nur als von G.es Willen abhängiges Handeln zuzulassen, und dem Menschen deshalb nur die Ergebung in den von G. gelenkten Weltlauf übrigließ, wird von N. MALEBRANCHE zwar auch mit dem Satz von der Trennung von Körper und Seele beantwortet, leitet ihn aber aufgrund seiner Ideenlehre zu einer besonderen Bestimmung des Verhältnisses G.es zum Menschen und zur Welt. Da die Ideen, auf denen alle wahre Erkenntnis beruht, nicht aus den körperlichen Dingen ausfließen, noch von unserer Seele oder von G. immer neu in uns hervorgebracht werden [41], können sie nur Ideen *in* G. sein, so daß wir, wenn wir durch die Ideen das Wesen der Gegenstände erfassen, an der göttlichen Vernunft teilhaben. Denn G. sieht in seinem Innern das Wesen und die Existenz aller Dinge, indem er seine eigenen Vollkommenheiten betrachtet [42], und gibt uns die Möglichkeit, alle Dinge in ihm zu schauen (nous voyons toutes choses en Dieu) [43]. Daraus folgt aber nicht, daß wir das Wesen G.es und seine Absolutheit erkennen können. Wir sehen in G. nur Unvollkommenes, Teilbares, Gestaltetes; G. aber ist nichts Einzelnes, sondern Unendlichkeit, er umfaßt alles Seiende [44]. G. schließt alle Vollkommenheiten in sich ein, auch die der Materie, ohne selbst materiell zu sein. In ihm gibt es keine Zeit, er *ist*. Er ist das Sein schlechthin, das unendliche und allumfassende Sein. Sein wahrer Name ist «Der, welcher ist» [45]. Daraus ergibt sich die «intelligible Ausdehnung» G.es: Alle Dinge haben an G. teil, G. hat an allen Anteil. G. und die Dinge sind «participable»: «Je dis que nous voyons toutes choses en Dieu par l'efficace de sa substance, et en particulier les objets sensibles, par l'application que Dieu a fait à notre esprit de l'étendue intelligible ...; et qu'ainsi l'étendue intelligible renferme en elle toutes les perfections, ou plutôt toutes les différences des corps» [46]. «Dieu n'est dans le monde que parce que le monde est en Dieu. Car Dieu n'est qu'en lui-même, que dans son immensité» [47]. Die Welt jedoch, das Endliche, kann G. nie erreichen. Obwohl wir alle Dinge in G. schauen, sehen wir nicht G. selbst, sondern G. nur, insofern er an den Dingen teilhat bzw. diese in Beziehung zu ihm stehen [48]. – Dieser philosophische G.-Begriff Malebranches unterscheidet sich jedoch stark von dem seiner theologischen Schriften. Dort ist G. allein der Allmächtige, der die Welt nach seinem Willen schafft, der zürnt und straft und dessen Wille unendlich über der Welt steht, die in seinen Augen ein Nichts ist. Eine Brücke zwischen G. und Mensch gibt es hier nur in der Gnade G.es und der Inkarnation Christi, der der Menschheit als Retter erscheint [49].

Anmerkungen. [1] R. DESCARTES, Meditationes, Ep. Oeuvres, hg. ADAM/TANNERY (ND 1964ff.) (=A/T) 7, 1. – [2] a. a. O. 7, 6. – [3] Med. III = A/T 7, 49f.; Princ. philos. I, 14. 18 = A/T 8/1, 10f. – [4] Med. III = A/T 7, 57f.; Princ. philos. I, 20 = A/T 8/1, 12; Disc. de la meth., A/T 6, 35. – [5] Med. V = A/T 7, 66f. – [6] Princ. philos. I, 22 = A/T 8/1, 13. – [7] Brief vom 6. 10. 1645 = A/T 4, 314. – [8] Med. IV = A/T 7, 62; Princ. philos. I, 30 = A/T 8/1, 16. – [9] Med. V. = A/T 7, 70. 79f.; Princ. philos I, 29 = A/T 8/1, 16. – [10] Disc. de la meth. = A/T 6, 38. – [11] a. a. O. 6, 37; Med. IV = A/T 7, 53; vgl. Princ. philos. I, 76 = A/T 8/1, 39. – [12] Med. V = A/T 7, 71; vgl. Brief vom 6. 5. 1630 = A/T 1, 150. – [13] Disc. de la meth. A/T 6, 43. – [14] A/T 11, 34f.; vgl. Disc. de la meth. A/T 6, 45. – [15] Med. VI = A/T 9, 64 bzw. 7, 80. – [16] Med. A/T 7, 45. – [17] Princ. philos. I, 51 = A/T 8/1, 24. – [18] A/T 7, 162. – [19] Princ. philos. I, 27 = A/T 8/1, 15. – [20] Med. III, A/T 7, 46; vgl. A/T 7, 365. 368. – [21] J. CLAUBERG, Opera omnia (Amsterdam 1691, ND 1968) bes. 1, 442ff. – [22] P. NICOLE, Oeuvres philos. et morales (Paris 1845, ND 1970) 2f. 9. – [23] P. D. HUËT: Censura philos. Cartesianae (Paris 1689). – [24] Traité philos. de la foiblesse de l'esprit humain (Amsterdam 1723) 85ff. 182ff. 269ff. – [25] P. GASSENDI, Physica I, 4, 2. Opera omnia (Lyon 1658, ND 1964) 1, 287ff.; I, 4, 5 = 1, 311ff.; I, 4, 6 = 1, 319ff.; I, 4, 7 = 1, 326ff. – [26] a. a. O. I, 4, 2 = 1, 290ff. – [27] I, 4, 4 = 1, 302ff. – [28] B. PASCAL, Pensées, hg. BRUNSCHVICG, Nr. 543. Oeuvres (Paris 1904-14, ND 1965) 13, 427; vgl. Nr. 242 = 13, 175f. – [29] a. a. O. Nr. 278 = 13, 201. – [30] Nr. 905 = 14, 333f. – [31] Mémorial = 12, 4. – [32] Nr. 556 = 14, 5f. – [33] Nr. 242 = 13, 176f.; Nr. 585 = 14, 28; Nr. 547f. = 13, 429ff.; vgl. Nr. 463 = 13, 373f.; Nr. 441 = 13, 357; Nr. 229 = 13, 138. – [34] Nr. 430 = 13, 328; vgl. Nr. 544 = 13, 428; Nr. 438 = 13, 356; Nr. 479 = 13, 386. – [35] Nr. 425 = 13, 323. – [36] Nr. 510 = 13, 405. – [37] A. GEULINCX, Met. vera II, 6, Annot. Sämtl. Schriften (Den Haag 1891-93, ND 1965ff.) 2, 273. – [38] Ethica (1665) I, 2, 2, 8; Schriften 3, 33. – [39] a. a. O. I, 2, 2, 12-13 = 3, 35. – [40] I, 2, 2, 2, 14 = 3, 36f. – [41] N. MALEBRANCHE, De la Recherche de la vérité III, 2, 2-4. Oeuvres (Paris 1958ff.) 1, 418-432. – [42] a. a. O. III, 2, 5 = 1, 433ff. – [43] III, 2, 6 = 1, 439. – [44] ebda. – [45] III, 2, 9 = 1, 473. – [46] 3, 154. – [47] 12, 182. – [48] 12, 51. 180. – [49] Méditations chrétiennes et met. Oeuvres 10; Traité de la nature et de la grâce. Oeuvres 5.

Literaturhinweise. V. VANDER HAEGHEN: Geulincx (Gand 1886). – J.-M. GAONACH: La théorie des idées dans la philos. de Malebranche (Brest 1908, ND Genf 1970). – A. KOYRÉ: Essai sur l'idée de Dieu et les preuves de son existence chez Descartes (Paris 1922); Descartes und die Scholastik (1923, ND 1971). – H. GOUHIER: La philos. de Malebranche (Paris 1926). – H. BUSSON: La pensée relig. de Charron à Pascal (Paris 1933). – M. GUEROULT: Descartes selon l'ordre des raisons 1: L'âme et dieu

(Paris 1953); Malebranche 1: La vision en dieu (Paris 1955). – T. GREGORY: Scetticismo ed empirismo. Studio su Gassendi (Bari 1961). – H. GOUHIER: La pensée mét. de Descartes (Paris 1962); B. Pascal. Commentaires (Paris 1966). – A. ROBINET: Système et existence dans l'œuvre de Malebranche (Paris 1965). – A. DE LATTRE: L'occasionalisme d'A. Geulincx (Paris 1967). – D. CONNELL: The vision in god. Malebranche's scholastic sources (Louvain/Paris 1967). – O. R. BLOCH: La philos. de Gassendi (La Haye 1971). – J. REITER: System und Praxis. Zur krit. Analyse der Denkformen neuzeitl. Met. im Werk von Malebranche (1972).

3. B. DE SPINOZA übernimmt von Descartes wichtige Begriffe und Fragestellungen und teilt vor allem mit ihm die Intention, alle Wahrheiten, besonders die metaphysischen, «more geometrico» aus letztgültigen, klar und deutlich erkannten Begriffen und Sätzen abzuleiten. Da sein Ziel die «Trennung der Philosophie von der Theologie» ist [1], ist auch Spinozas G. der streng rational bewiesene und in seinen Attributen allein aus der Vernunft bestimmte G. Das Problem des Verhältnisses von res cogitans und res extensa wird von Spinoza in anderer Weise als bei Descartes gelöst. Die Konsequenz daraus ist auch ein veränderter G.-Begriff.

In seiner Frühschrift ‹Kurze Abhandlung von G., dem Menschen und desselben Glück› hat Spinoza zwar schon vieles von dem G.-Begriff der ‹Ethik› vorweggenommen, jedoch wirkt hier noch stark der Platonismus des italienisch-jüdischen Renaissancephilosophen LEONE EBREO nach. Dieser hatte die Liebe als das Prinzip bezeichnet, in dem G. die Welt schafft und regiert und sie mit sich verbindet [2]. Und umgekehrt ist die menschliche G.-Erkenntnis Liebe zu G., dem einzigen Objekt unseres Glücks, so daß durch die Liebe die Dinge aus G. hervorgehen und in ihn zurückkehren [3]. Ebenso wie die Idee der Welt identisch ist mit dem göttlichen Verstand und die Weisheit G.es sich in der Welt abbildet [4], erreicht auch der menschliche Verstand eine solche Vereinigung mit G. (unione et copulatione col summo Diu), daß er sich als göttliche Vernunft und Teil G.es erkennt, ja vergöttlicht wird [5]. Letztes Ziel und höchste Vollendung ist die «fruitio Dei», die «fruitio unitiva» [6].

Auch für SPINOZA gilt, daß die Seele in der G.-Erkenntnis mit ihrem Objekt, dem herrlichsten und besten G., vereinigt wird, da die Manifestation eines solchen Objekts notwendig eine Anziehung ausübt, die im Erkennenden Liebe zu ihm bewirkt. Die G.-Erkenntnis allein befördert unser Glück; sie ist die einzige wahre und zugleich Ursache aller anderen Erkenntnis. Sie kann, da wir in ihr mit G. vereinigt sind, nur unmittelbar sein [7]. In G. besteht unser Heil und die wahre Freiheit, in ihm finden wir Ruhe [8]. Von der Liebe G. zu den Menschen kann man jedoch nach Spinoza nur im übertragenen Sinn sprechen, da dies in G. einen Modus des Denkens und Veränderung bedeuten würde. Vielmehr bestehen der Mensch und alles Seiende «in einem einzigen Ding, das G. selbst ist» [9].

Dieser G.-Begriff erscheint in der ‹Ethik› nicht mehr. Der «amor dei intellectualis» schließt keine Vereinigung der Seele mit G. ein [10]. Die G.-Erkenntnis, von der alle andere Erkenntnis abhängt und in der diese ihren Grund hat, besteht jetzt darin, daß man sich eine «klare und deutliche Idee» von G. bildet [11]. So wird G. begriffen als «das unbedingt unendliche Seiende, d. h. die Substanz, die aus unendlichen Attributen besteht, deren jedes ewige und unendliche Wesenheit ausdrückt» [12]. Hieraus folgt u. a., daß G. notwendig existiert (denn zur Natur einer Substanz gehört ihre Existenz) und Existenz und Wesenheit G.es dasselbe sind [13], daß es außer G. keine Substanz und nichts Seiendes gibt [14], daß G. einzig, ewig, unveränderlich und unendlich ist [15] und neben dem Denken auch die Ausdehnung, «sofern sie Substanz ist», zu G.es Attributen zählt [16]. Da alles, was ist, in G. ist und die Modi der göttlichen Natur aus ihr notwendig folgen (das Wesen des Menschen ist so eine Modifikation der Attribute G.es [17]), «ist alles durch die Notwendigkeit der göttlichen Natur bestimmt, nicht nur zu sein, sondern auch auf gewisse Weise zu sein und zu wirken» [18]. Das bedeutet, daß alles, was in der Macht G.es steht, notwendig existiert [19]. Hieraus folgt auch die gelegentliche Identifizierung G.es mit der Natur (deus seu natura) [20], die Spinoza so erläutert, daß G. «die immanente und nicht die äußere Ursache aller Dinge» ist [21]. Der Satz, «alles geht aus der Natur G.es hervor», ist nicht sehr verschieden von dem, «das Universum sei G.», die Schöpfung der Welt erfolgte also notwendig [22].

Damit hat sich Spinoza, wie ihm selbst bewußt ist, dem G.-Begriff der Schrift und der Theologie entgegengesetzt. G. kann für ihn nicht der Gebieter und Richter, der barmherzige, zürnende oder strafende G. sein, wie ihn die Propheten des Alten Testament darstellen, denn das würde in G. Veränderung und Unvollkommenheit voraussetzen. Dies sind nur die Formen, in denen G. sich den Menschen des Alten Testaments offenbart und sich dabei ihrem Fassungsvermögen angepaßt hat. Das «gemeine Volk» konnte G. nicht anders begreifen. Für den Philosophen gelten diese G.-Vorstellungen, bei denen G. anthropomorph gedacht wird, nicht, sondern nur der von allem «Aberglauben» gereinigte G.-Begriff. G. ist die Ursache von allem, was Wesen hat, also nicht des Bösen; denn das Böse hat kein positives Sein. Nur in «menschlicher Redeweise» läßt sich sagen, daß wir gegen G. sündigen oder ihn beleidigen. G. kann nichts wünschen, gegen seinen Willen kann nichts geschehen, er kann keine Sympathie für etwas oder Antipathie gegen etwas hegen; denn das widerspräche seiner Natur. Philosophisch gesehen ist es unverständlich, daß G. eine Tat «angenehm oder wohlgefällig» ist. «Das sind alles menschliche Attribute, die bei G. nicht Platz haben» [23]. G.es Gebote und Ratschlüsse sind nichts anderes als die Ordnung der Natur. Sein Eingreifen in die Natur durch Wunder ist aus natürlichen Ursachen erklärbar [24].

Bei G. W. LEIBNIZ scheinen zunächst viele der aus der klassischen Metaphysik bekannten Bestimmungen G.es (Attribute, Beweise) wiederzukehren. So wird G. etwa bezeichnet als der letzte zureichende Grund aller Dinge [25]. G.es Eigenschaften sind Allmacht, Allwissenheit, Wille, Weisheit, Güte (Bonitas), Gerechtigkeit [26]. Diese Bestimmungen stehen jedoch im Zusammenhang der Leibnizschen Ontologie, die nicht nur den ontologischen G.-Beweis wiederholt, sondern bei der Frage, warum es überhaupt etwas und nicht nichts gebe, d. h. nach dem zureichenden Grund allen Seins [27], zu dem Satz gelangt, daß alles Mögliche zur Existenz tendiert und zur Existenz kommt, soweit ihm kein anderes Mögliches entgegensteht, soweit es «compatibile» ist. Da nun G. das vollkommenste Sein ist und ihm kein anderes mögliches Sein entgegenstehen kann, muß er notwendig existieren. Wenn G. möglich ist, so existiert er [28]. Deshalb ist G. «Ens a se, seu quod existentiam a se ipso, nempe a sua essentia habeat» [29]; bei ihm fallen Existenz und Essenz zusammen [30]. Und deshalb ist G. das notwendige Sein (ens necessarium), das allem anderen Möglichen zur Existenz verhilft, das «Existentificans», die «causa cur Existentia praevaleat non-Existentia» [31]. Deshalb ist G. auch allumfassend und vollkommen, d. h. er hat die höchst mögliche Realität, während alle anderen Dinge Schranken der Realität haben, also kontingent sind [32]. G. ist aber nicht nur die Quelle der Existenz der Dinge, sondern auch die ihrer Essenz, denn der «göttliche Verstand ist die Region der ewigen Wahrheiten bzw. Ideen, von denen sie abhängen» (ohne deshalb von einem willkürlich göttlichen Willen abzuhängen); ohne G. «gäbe es daher in den Möglichkeiten nichts Reales und nicht nur nichts Existierendes, sondern auch nichts Mögliches» [33]. Das Verhältnis der einfachen Substanzen (Monaden) zu G. als der ursprünglichen einfachen Substanz (Monade aller Monaden, Urmonade) ist in der Form von «Erzeugungen» (productions) und «ständigen blitzartigen Ausstrahlungen G.es» (fulgurations continuelles de la Divinité) zu denken [34]. G. fährt in seinen Handlungen fort und erhält die Dinge in ihrer Existenz [35].

Auch die Attribute G. werden von Leibniz neu gedeutet. Sie sind die «prima possibilia» alles Möglichen, die ursprünglichen Ideen. Die endlichen Dinge sind Begrenzungen der unendlichen göttlichen Attribute [36]. «In G. ist die Macht, die der Ursprung von allem ist; sodann die Erkenntnis, welche die einzelnen Ideen enthält, und schließlich der Wille, der die Veränderungen oder Schöpfungen nach den Prinzipien des Besten bewirkt. Das entspricht nun bei den geschaffenen Monaden dem Subjekt oder dem Fundament, dem Perzeptionsvermögen und dem Begehrungsvermögen. Aber in G. sind diese Attribute absolut unendlich oder vollkommen, während sie in den Monaden ... nur mehr oder weniger gelungene Nachahmungen sind» [37]. Sodann werden die Attribute G.es in eine neue Beziehung zueinander gesetzt: Die «Magnitudo Dei» beinhaltet a) die Allmacht, d. h. Unabhängigkeit, Unermeßlichkeit und Allgegenwart G.es (G.es Handlungen sind in allen Substanzen präsent) [38] und b) die Allwissenheit, d. h. die unendliche Weisheit G.es, die nicht ein bloßes Erkennen und Wissen der Dinge ist, da G. sonst zu einer «Weltseele» degradiert würde [39]. Die Bonitas Dei meint die Vollkommenheit des göttlichen Willens und beinhaltet u. a. die Unterscheidung von Gut und Böse [40]. Aus der Vollkommenheit und Weisheit G.es folgt, daß G. immer den «bestmöglichen Plan» ausführt, die beste aller Welten schafft und sie nach der größtmöglichen Ordnung einrichtet [41]. Je mehr der Mensch erkennt, daß die Werke G.es etwas von der Vollkommenheit, die G. im höchsten Grade zukommt, haben, um so mehr wird er von ihrer guten und vernünftigen Anordnung überzeugt sein [42]. Vollkommenheit und Weisheit G.es begründen die Gerechtigkeit, Heiligkeit und göttliche Vorsehung, die sich im ganzen Universum widerspiegelt [43], so daß dieses nicht von einem «pouvoir despotique» des göttlichen Willens abhängt, sondern nach den «règles de bonté et de perfection» bzw. den Ideen G. davon geschaffen ist [44]. Jede Substanz trägt in gewisser Weise das Zeichen der unendlichen Weisheit und Allmacht G.es [45]. Da die «Geister oder vernünftigen Seelen» Abbilder der Gottheit und «gleichsam eine kleine Gottheit» darstellen, können sie «in eine Art Gemeinschaft mit G.» treten, so daß G. für sie nicht nur wie für die Welt Baumeister und Architekt ist, «sondern auch das, was ein Fürst für seine Untertanen, ja ein Vater für seine Kinder» [46]. Das bedeutet für die Menschen einen «Vorgeschmack der zukünftigen Seligkeit»; diese «vision beatifique» oder G.-Erkenntnis ist aber nie voll zu erlangen; «denn da G. unendlich ist, so wird er niemals ganz erkannt werden» [47].

Spinozas G.-Begriff traf nicht nur auf den Widerspruch der Theologen, die bei ihm eine «gefährliche Äquivokation» G.es mit der Materie vorzufinden glaubten und stattdessen den G., «wie ihn Moses uns gelehrt hat» verteidigten [48], sondern auch auf den jener Philosophen, die, wie etwa CHR. WOLFF und seine Nachfolger, in ihrer Theologia naturalis den G.-Begriff der traditionellen Schulphilosophie mit der Lehre von den G.-Beweisen und den Attributen G.es wiederholten bzw. Anregungen Leibniz' übernahmen oder geringfügig modifizierten [49]. Sie beschuldigen Spinoza der «Irreligion», da bei ihm G. mit den Dingen identifiziert werde [50]. Diesen Vorwurf hat insbesondere auch P. BAYLE erhoben, der sich zwar in seiner Frühzeit weitgehend als Cartesianer erweist (z. B. in der Frage der creatio continua) und in seiner Metaphysik G.-Beweise und Attribute G.es lehrt [51], später aber aus der Sicht des Skeptikers manchen der G.-Beweise und der Spekulationen über das Wesen G.es anzweifelt: Durch das natürliche Licht der Vernunft erkennen wir die Existenz einer unendlichen Substanz, eines ewigen und notwendigen Wesens, einer ersten Ursache, abstrahieren dabei aber von jeder genauer bestimmten Idee von G. [52]. So gelangen wir auch durch die Betrachtung der wunderbaren Konstruktion der Welt zur Erkenntnis eines «Etre infiniment sage, et infiniment puissant», nicht jedoch des wahren und einzigen G., wie ihn die verschiedenen Religionen beanspruchen [53]. Für Bayle haben die philosophischen Spekulationen keine große Tragweite: Nicht die «forces de la Raison», sondern die Gnade G.es vermag angesichts der Unbegreiflichkeit G.es weiterzuhelfen [54].

Anmerkungen. [1] B. SPINOZA, Theol.-polit. Traktat, hg. GEBHARDT (1955) 57. – [2] LEONE EBREO: Dialogi d'amore (Rom 1535), ND hg. GEBHARDT (1929) 2, 73b-74a. – [3] a. a. O. 1, 26b-27a; 3, 146 a-b. – [4] 3, 121 a. 122 b; vgl. 3, 106 a. – [5] 1, 28 b; 3, 153 a; vgl. 1, 29 a; 2, 71 b. – [6] 3, 141 b. – [7] Spinoza, Kurze Abh. ..., hg. GEBHARDT (1959) 113f. – [8] a. a. O. 123f. – [9] 117. – [10] Ethik V, propos. 33ff. – [11] Theol.-polit. Traktat a. a. O. [1] 80. – [12] Ethik I, def. 6; vgl. Briefe, hg. GEBHARDT (1914) 5f. – [13] Ethik I, propos. XI. XX. – [14] a. a. O. I, propos. XIV. XV. – [15] I, propos. XIX, corol. 1. – [15] I, propos. XIX; vgl. die Zusammenfassung im Appendix zu I. – [16] I, propos. XIV, corol. 2; propos. XV, schol.; II, propos. I. II; Briefe a. a. O. [12] 156-158. – [17] Ethik II, propos. X; vgl. propos. XLIV. – [18] I, propos. XXIX. – [19] I, propos. XXXV. – [20] IV, praef.; propos. IV. – [21] Briefe a. a. O. [12] 276. – [22] a. O. 196; vgl. 280. 218f. 228. – [23] Theol.-polit. Traktat a. a. O. [1] 48-57; Briefe a. a. O. [12] 79ff. 107. 113f. 124ff. 219. 292. – [24] Theol.-polit. Traktat a. a. O. 60. 121. – [25] G. W. LEIBNIZ, Philos. Schriften, hg. GERHARDT (1931-1937) (= PSG) 6, 106. 602. 612f.; 7, 340f. – [26] a. a. O. 6, 106f. 602f. 613. 615. – [27] Principes de la nature et de la grâce § 7. – [28] PSG 7, 194f. 303; Monadologie § 45. – [29] a. a. O. 1, 212; vgl. 4, 449. – [30] 1, 146. – [31] 7, 289. – [32] Monadol. §§ 40. 41; vgl. PSG 7, 290. – [33] Monadol. §§ 43. 46; Theodizee § 26. – [34] Brief an Bieling vom 12. 8. 1711 = PSG 7, 502. – [35] Monadol. § 47; vgl. Theodizee § 385; Disc. de Met. = PSG 4, 439. – [36] PSG 6, 578; 4, 425. – [37] Monadol. § 48. – [38] 6, 439f.; 7, 365. – [39] 6, 440f.; 7, 410f. – [40] 6, 441. – [41] Monadol. §§ 53-55; Principes de la nature ... §§ 10. 13. – [42] PSG 4, 427. – [43] 6, 445f.; Principes de la nature ... § 9. – [44] PSG 4, 427f. – [45] 4, 434. – [46] Monadol. §§ 82-84; vgl. PSG 4, 460f. – [47] Principes de la nature ... § 18. – [48] J. JAQUELOT: Dissertations sur l'existence de dieu (La Haye 1697) Préface. – [49] CHR. WOLFF: Vernünfftige Gedancken von G. ... (1719, ⁴1729) §§ 928ff. 945f.; J. CHR. GOTTSCHED: Erste Gründe der ges. Weltweisheit (1733-34, ND 1965) §§ 1091ff.; CHR. A. CRUSIUS: Entwurf der notwendigen Vernunftwahrheiten (²1753, ND 1963) §§ 204ff. 220. 237; A. G. BAUMGARTEN: Met. (⁷1779, ND 1963) § 811ff.; G. B. BILFINGER: Dilucidationes philos. de deo, anima humana, mundo et generalibus rerum affectionibus (²1768) 319ff. 342ff. – [50] CHR. WOLFF: Theol. naturalis (1736/37) 2, 703ff. 727ff. – [51] P. BAYLE, Oeuvres div. (La Haye 1727-1731, ND 1964-68) 4, 478. 516ff. 519ff. – [52] a. a. O. 3, 206-236. 937. 940f.; 4, 143. – [53] 3, 134f.; vgl. 3, 60f. 332ff. – [54] Dict. hist. et crit. (Rotterdam ³1720) 2589f.

Literaturhinweise. A. GÖRLAND: Der G.-Begriff bei Leibniz (1907). – E. ROLLAND: Le déterminisme monadique et le problème de dieu dans la philos. de Leibniz (Paris 1935). – R. L. SAW: The vindication of metaphysics. A study in the philos. of Spinoza (London 1951). – J. JALABERT: Le dieu de Leibniz (Paris 1960). – W. E. MAY: The God of Leibniz. New Scholasticism 36 (1962) 506-528. – C. B. BRUSH: Montaigne and Bayle (The Hague 1966). – W. CRAMER: Die absolute Reflexion 1: Spinozas Philos. des Absoluten (1966). – M. GUEROULT: Spinoza 1: Dieu (Paris 1968). – E. M. CURLEY: Spinoza's metaphysics (Cambridge, Mass. 1969). – K. KREMER: G. und Welt in der klassischen Met. (1969). – A. BISSINGER: Die Struktur der G.-Erkenntnis. Stud. zur Philos. Chr. Wolffs (1970).

4. In *England* entwickelte der Deismus im 17. und 18. Jh. eine von den Besonderheiten der positiven Religionen abstrahierende « natürliche Religion » und einen ihr entsprechenden G.-Begriff, der, ohne den Offenbarungswahrheiten entgegengesetzt zu sein, doch nicht auf diesem, sondern auf den « notiones communes », der « allgemeinen Übereinstimmung » aller Menschen aufbaute [1].

Zwar war auch schon von J. BODIN die Idee einer alle Religionen überlagernden allgemeinen Religion und eines ewigen und unendlichen, von den Einzelheiten der jeweiligen Religionen jedoch unabhängigen G.-Begriffs diskutiert worden [2], aber nur als eine unter mehreren erwägenswerten Möglichkeiten [3]. Erst HERBERT VON CHERBURY stellt einen G.-Begriff auf, der das den verschiedenen G.-Vorstellungen Gemeinsame zusammenfassen soll: « De Diis non conventum est, sed de Deo » [4]. Als Attribute eines solchen G. (supremum numen) nennt er, daß G. glückselig, aller Dinge Endziel (finis), Anfangsgrund (causa) und Mitte (medium), daß er ewig, gut, gerecht und weise ist. Dagegen sind andere Eigenschaften G.es, wie z. B. seine Unendlichkeit und Einzigkeit, unter den Völkern kontrovers (viele Völker kennen mehrere G.) [5]. – In Frankreich wurde Herberts Werk von M. MERSENNE übersetzt und bekanntgemacht, der jedoch selbst den kirchlichen G.-Begriff verteidigt, ihn aber mit der Vernunft zu einer « christlichen Philosophie » zu verbinden sucht [6] und aus der Vernünftigkeit der wahren Religion « die Notwendigkeit des äußeren Kultus und damit auch des Offenbarungsglaubens und der Kirche ableiten will » [7].

Aus der Sicht des Nominalismus unternimmt TH. HOBBES eine kritische Prüfung der Namen G.es und des traditionellen G.-Begriffs. Mit dem natürlichen Licht der Vernunft kann G. zwar erkannt werden. Die Menschen werden bei ihrem Fragen nach einer letzten Ursache auf G. und damit auf den Glauben an eine ewige unbegreifliche Allmacht gelenkt. Damit ist aber nur gesagt, *daß* G. ist, nicht *wer* er ist. Der Mensch besitzt in der Vernunft keine G. adäquate Idee [8]. Alle übrigen Attribute, die wir G. zulegen, sind nur Ausdruck unseres Unvermögens, ihn wirklich zu begreifen (denn alle unsere Vorstellungen sind endlich und erreichen nicht die unvorstellbare Größe und Macht G.es), bzw. Ausdruck der Bewunderung und Verehrung, die wir G. gegenüber hegen [9]. Die G.-Spekulationen der Spätscholastik (Suárez) erscheinen Hobbes nicht einmal in ihrem Sinn verständlich [10].

Der *Cambridger Platonismus* sucht den metaphysischen G.-Begriff zu retten: R. CUDWORTH bestimmt G. als ein « self-existent, unmade, incorruptable Thing » und allmächtigen Anfangsgrund aller Dinge; « he is the Sole Principle and Source, from which all things are derived ». Cudworth wendet sich damit vor allem gegen ein mechanistisch-physikalisches Weltbild und die Annahme, daß die Materie neben G. ein zweites, aus sich selbst existierendes Prinzip sei. G. ist aber nicht nur Herrscher (Pantokrator) über die Welt, sondern auch unendlich guter, weiser und lebendiger G. [11]. – Auch H. MORE hält an diesem G.-Begriff fest: « Sic igitur Deum definio: Essentiam, sive Ens summe et absolute perfectum » [12]; dazu werden die bekannten Attribute G.es genannt [13]. G. als erster und innerster Ort (locus) aller Dinge, von dem sie als ihrer causa ausgehen, ist an keinem bestimmten Ort und also überall, weil nichts außer ihm gedacht werden kann; er ist überall und nirgends zugleich [14]. Die Materie hat ihren Grund nicht in sich selber, sondern wird vom « Spiritus naturae », G.es « Instrumentum », dem schöpferischen Geist des Baumeisters gelenkt und in Bewegung gehalten [15].

Wie es nach J. LOCKE keine eingeborenen Ideen gibt, so kann den Menschen auch keine Idee von G. « eingepflanzt » sein. Daß alle Völker eine Vorstellung von G. haben, beweist nicht, « that the idea of him was innate ». Die G.-Begriffe der Völker sind so verschieden, daß sie nicht alle von G. selbst eingegeben sein können. Vielmehr soll der Mensch « by the right use of his natural abilities » zur Kenntnis G.es gelangen [16]. « Intuitive Gewißheit » von der Existenz G.es erhält der Mensch, indem er sich davon überzeugt, daß es einen Ursprung allen Seins geben muß. Die Vernunft führt uns zu dem sicheren Wissen, « that there is an eternal, most powerful, and most knowing being », und zu der evidenten Wahrheit von der notwendigen Existenz eines ewigen Geistes. Die Materie ist nicht gleich-ursprünglich und -ewig [17]. Die Idee G.es ist aus einfachen Ideen zusammengesetzt. Die Begriffe, die wir von Dauer, Wissen, Glück, Macht und anderen positiven Qualitäten haben, werden von uns bis ins Unendliche vergrößert: « and so putting them together, make our complex idea of God » [18]. – Lockes Schüler R. BURTHOGGE versteht G. als « Pure Mind », als den Geist schlechthin im Unterschied zur Materie und als « Inaccessible Light » im Unterschied zur Finsternis [19]. G. manifestiert sich in der Offenbarung und durch die Vernunft, kann aber nie ganz erkannt werden, sondern nur in seinen Attributen, d. h. nicht in den ihm inhärenten Qualitäten [20].

Die empirischen *Naturwissenschaften*, die sich in der Erforschung der Natur vom spekulativen Denken abwenden, verzichten deshalb doch nicht auf G. als Schöpfer dieser Natur, sondern schaffen sich ihren eigenen Zugang zu ihm. Für J. KEPLER hat die Geometrie ihren Sitz im göttlichen Geist; sie gibt G. die Bilder zur Gestaltung der Welt, die deshalb die beste, ihrem Schöpfer ähnlichste ist [21]. Wir sehen die Gesetze und Proportionen der Welt und erkennen G. als Quelle und Wahrer dieser geometrischen Ordnung. Die Harmonie der Natur wird vergeistigt, ja sie wird zu G.: « tandemque Harmonia penitus animificatur, adeoque deificatur » [22]. – G. ist, so J. GLANVILL, für seine Werke zu preisen, und in diesen entdecken wir seine Vollkommenheit: «When God himself would represent his own Magnificence and Glory, he directs us to his Works» [23]. Der beste G.-Beweis ist deshalb der Schluß von einer gut und zweckmäßig eingerichteten Welt auf ihren weisen und allmächtigen Gestalter [24]. – G. hat nach R. BOYLE die Welt geschaffen und ihr eine « divine structure » gegeben, um seine Weisheit, Macht und Güte zu manifestieren [25]. Die Welt ist so der Schatten G.es, d. h. ein Abbild, aber ein unzureichendes Abbild ihres Autors [26]. Das eigentliche Wesen G.es bleibt uns verschlossen; G. ist « supra-intellectual », unendlich erhaben über seine Werke [27]. – I. NEWTON bezeichnet G. als « Pantokrator », d. h.

Herr über alles, und sieht ihn besonders als den mächtigen, ewigen und unendlichen Herrscher über das Weltall. Er bewegt alles und alles ist in ihm. Er ist «überall und zu jeder Zeit», «er macht den Raum und die Dauer aus». Aber auch für Newton erkennen wir G. nur «durch die höchst weise und vorzügliche Einrichtung aller Dinge und ihre Endursachen», wir verehren ihn, und der Vergleich mit menschlichen Tätigkeiten (Liebe, Wünschen, Reden, Zürnen usw.) vermittelt uns eine schwache Vorstellung von ihm. Die Substanz G.es ist uns jedoch unbegreiflich [28]. – Auch Gegner der newtonischen Physik wie B. DE FONTENELLE sehen in der wunderbaren Ordnung der Natur den besten Beweis für die Existenz G.es, «que ces ouvrages soient parties de la main d'un Etre intelligent, c'est-à-dire de Dieu même», so daß die wahre Physik ein Teil der Theologie sein wird [29]. Die Materie zeigt auch in den Gesetzen, nach denen sie sich entwickelt, die Allmacht und Weisheit der Welt [30]. Noch P. L. MAUPERTUIS steht in dieser Tradition der Physikotheologie, wenn er als einzigen G.-Beweis, der G. würdig ist, gelten läßt, daß die Natur immer nach dem geringst möglichen Aufwand an Kraft und Bewegung handelt und also auf einen sehr weisen Schöpfer verweist, von dem sie abhängt [30a].

Die eigentliche Blütezeit des *englischen Deismus* begann gegen Ende des 17. Jh. CH. BLOUNT formuliert ähnlich wie Herbert von Cherbury einige allgemeine Religionsartikel, die sich auf die Zustimmung der Vernunft, aller Völker und der Herzen aller Menschen berufen können, «which are not preposses'd and obstructed with erroneous Doctrines» [31]. Dazu gehören als erste, daß es, obwohl oft viele G. verehrt werden, einen höchsten G. gibt, «under the Attributes of Optimus and Maximus», der mit Allwissenheit, Allmacht, Weisheit, Gerechtigkeit, Barmherzigkeit u. ä. ausgestattet ist und der folglich Verehrung verdient [32]. Die natürliche Religion der Deisten kennt, so Blount, nur einen unendlichen G. als Schöpfer aller Dinge, der die Welt mit Vorsehung regiert [33].

Ähnliche Bestimmungen finden sich bei J. WILKINS, der jedoch nicht wie Blount die Prinzipien der natürlichen Religion und als deren oberstes die Idee eines absolut guten und vollkommenen G. im Gegensatz zur Offenbarung sah, sondern lediglich deren Unabhängigkeit behauptete [34]. Demgegenüber bemüht sich J. TOLAND um die Vereinbarkeit von Vernunft und Offenbarung: G. enthüllt uns in der Schrift Wahrheiten, die der Mensch aus sich selbst heraus nicht gefunden hätte, die er aber nicht allein deshalb als wahr annimmt, weil sie ihm offenbart wurden, sondern weil sie zugleich «Characters of Divine Wisdom and Sound Reason» sind und als solche von menschlichem Betrugswerk unterschieden werden können [35]. Obwohl die Materie bewegt und aktiv ist und G. nicht in sie eingreift, schließt das nicht einen Schöpfer als geistiges und immaterielles Wesen aus [36]. Andere Autoren, wie G. CHEYNE und TH. MORGAN, sehen G. jedoch nicht nur als denjenigen, der der Materie den ersten Impuls gibt, sondern halten auch sein fortdauerndes Eingreifen in sie und die Erhaltung der Dinge durch ihn für notwendig [37]: «God governs the natural and moral World, by his constant, uninterrupted Presence, Power, and incessant Action upon both, and not by any essential, inherent Powers or Properties in the Things themselves» [38]. – Je weniger der deistische G.-Begriff inhaltlich bestimmt werden konnte, um so mehr trat die Verteidigung des von dogmatischen Vorschriften freien Denkens des Einzelnen über G. in den Vordergrund.

Freies Denken, so A. COLLINS, ist in religiösen Fragen und besonders dort, wo es «die Natur und die Eigenschaften des ewigen Wesens oder G.es» betrifft, Pflicht des Menschen und das sicherste Mittel, zur Wahrheit zu gelangen, und deshalb G. wohlgefällig. Wenn dann noch Irrtümer verbleiben, so muß der Mensch «G. ebenso annehmbar sein, wie wenn er nur richtige Meinungen besäße» [39]. Nicht der unbedingt wahre und reine G.-Begriff ist das Ziel, sondern die freie, auf die Vernunft und nicht die Autorität der Offenbarung gestützte Bemühung des Menschen um G. Nur auf diesem Wege kann dann wie bei M. TINDAL die Überzeugung erlangt werden, daß der christliche G.-Begriff der einzig wahre sei: «I grant you, that God was always willing, that All Man shou'd come to the Knowledge of True Religion; and we say, that the Christian Religion being the Only True and Absolutely Perfect Religion, was what God, from the Beginning, design'd for all Mankind» [40]; G.es Güte und Weisheit folgen nicht aus einer metaphysischen Beweisführung, sondern aus der Einsicht, daß er nichts als unser Glück von uns verlangen kann [41]. G.es Handlungen sind nicht Diktate eines willkürlich richtenden und strafenden G., sondern haben eine innere Evidenz, einen erkennbaren Wert für die Menschen [42].

BOLINGBROKES Kampf gegen die Theologie und Metaphysik seiner Zeit entspricht die Aufforderung an den Menschen, sich nicht auf fremde Autoritäten, sondern auf die eigene Vernunft zu verlassen, denn G. «has been pleased to manifest to us a rule of inquiry and judgment in matters of divine philosophy». Durch die Schöpfung zeigt sich G. der menschlichen Vernunft als allwissend, allmächtig und Ursache aller Dinge. Allein aus der Natur ist er leicht und auf eine der Erkenntnisfähigkeit des Menschen angemessene Weise zu begreifen. G. ist der «God of nature»; die Religion der Natur stimmt mit der Vernunft überein [43]. In der Erforschung der Naturgesetze lernen wir zugleich, wie G. seine Macht in der Schöpfung ausübt: «We do not see the divine painter ..., but we grow accustomed to his manner» [44].

So zeigt sich, daß sich der Deismus bei der Bekämpfung eines in seinen Augen abergläubischen und mit Vorurteilen behafteten G.-Begriffs auf die Feststellung und Beschreibung eines Minimalkonsenses aller nach der Vernunft urteilenden Menschen beschränken mußte und stattdessen oft sein Interesse mehr auf die Anleitung der Menschen zu einem G. wohlgefälligen Lebenswandel, auf das Streben nach Tugend und Sittlichkeit richtete. TH. CHUBB sieht deshalb im Evangelium vor allem die Verkündigung sittlicher Regeln, einiger «doctrinal propositions founded upon the supposition of a Deity» [45]. G. ist besonders der «governor of the moral world», «a wise, just and good God». Er sorgt für das Glück der Menschen. Sein Gesetz ist nicht das eines Willkür-G., sondern stimmt mit dem Gesetz der Natur (as it is that rule of action, by which God always directs and governs his behaviour towards his creatures), mit der Vernünftigkeit der Dinge (reason of the things) überein [46]. G.es moralische Vollkommenheit besteht darin, daß er sich das Gesetz der Vernunft zum Maßstab aller Handlungen gegenüber den Geschöpfen macht [47].

Ähnliche Bestimmungen finden sich bei den englischen *Moralphilosophen:* Für A. SHAFTESBURY bedeutet die Existenz G.es, daß dieser G. gerecht, rechtschaffen und wahr ist, nicht weil er willkürlich die Maßstäbe für Gut und Böse, Wahr und Falsch, setzt, sondern weil er der Repräsentant der sittlichen Weltordnung ist. Er ist «a true Model and Exampel of the most exact Justice, and highest Goodness and Worth»; er lenkt die Welt mit seiner gütigen Vorsehung [48]. Dadurch werden die Menschen zu einem tugendhaften Leben angeregt; dieses erreicht seine Vollendung erst im Glauben an einen guten und gerechten G. [49]. Der Glaube an eine göttliche Lenkung der Welt ist für die Beförderung der Tugend notwendig. Man erweist der Sache G.es einen schlechten Dienst, wenn man die Welt als Chaos darstellt und die Menschen auf eine bessere zukünftige Welt vertröstet. Denn erst aus der Betrachtung des Universums und seiner Gesetze ergibt sich ein «gesunder Glaube an eine Gottheit». In der Bewunderung für den Lauf der Gestirne und die Anordnung der Himmelssysteme erkennen wir G. als den Urheber und Herrn dieser Welten; seine Unermeßlichkeit und Unerforschlichkeit, seine Weisheit und Allmacht werden in einer ‹ästhetischen› Weltansicht durch die erhabene Ordnung des Kosmos sichtbar: «O mighty genius! sole animating and inspiring power! author and subject of these thoughts! thy influence is universal, and in all things thou art inmost. From thee depend their secret springs of action» [50].

Auch für FR. HUTCHESON ist G. ein wohlwollender G., der das Glück der Menschen will. Seine Vollkommenheit und Gerechtigkeit sind nicht abstrakte metaphysische Qualitäten, sondern äußern sich als Wohlwollen für die Schöpfung. Seine Weisheit und Macht setzen dieses Wohlwollen (universal impartial Benevolence) in die Tat um: «And the Deity is called good in a moral Sense, when we apprehend that his whole Providence tends to the universal Happiness of his Creature; whence we conclude his Benevolence, and Delight in their Happiness» [51]. Ebenso wie unser Gefühl für Schönheit ist auch unser moralisches Gefühl (moral sense) aus G.es Güte abgeleitet.

Die *Gegner* des deistischen G.-Begriffs, so z. B. S. CLARKE, wenden sich, soweit sie nicht nur die Offenbarungswahrheiten verteidigen [52], vor allem gegen die Theorie einer sich selbsttätig entwickelnden Materie und suchen die Unmöglichkeit einer ewigen Fortdauer abhängiger Wesen und damit die Notwendigkeit einer fortdauernden Einwirkung G.es auf die Natur nachzuweisen. Wenn auch das Wesen G.es nicht völlig erkennbar ist, so können doch viele seiner Attribute a priori, d. h. aus dem Begriff ‹G.› selbst und a posteriori, d. h. aufgrund der vollkommenen Einrichtung der Natur, erkannt werden [53]. Bei G. BERKELEY kann der Mensch zwar keine direkte Erkenntnis (intuition) oder Idee von G. haben – er kann sich höchstens ein auf vernünftiger Überlegung beruhendes, aber inadäquat bleibendes Bild von G. schaffen, indem er seine eigenen positiven Qualitäten ins Unendliche vergrößert und die negativen abstreicht [54] –, er wird aber doch gezwungen, einen G. anzunehmen, da weder die Ideen noch die Dinge der Außenwelt letztlich von ihm selbst oder voneinander verursacht sind: «One idea not the cause of another, one power not the cause of another. The cause of all natural things is only God» [55]. Dadurch erhalten wir zugleich den Begriff eines weisen, mächtigen und guten G.; G. ist keine blinde Macht. Die Materie ist tot und unbelebt; jede Bewegung und Wirkung in ihr dokumentiert das Eingreifen eines weisen Herrschers, eines «infinite spirit» [56]. Überall sehen wir Spuren der göttlichen Allmacht, «da jedes Ding, das wir sehen, hören, fühlen oder irgendwie sinnlich wahrnehmen, ein Zeichen oder eine Wirkung der göttlichen Macht ist» [57]. G. hat also mit der Schöpfung die Dinge nicht ihren eigenen Gesetzen überlassen, sondern «ist die Gegenwart eines allweisen Geistes im Innersten der Dinge, der das System alles Seienden gestaltet, ordnet und aufrecht erhält». Wir möchten G. gern in einen großen Abstand von uns rücken und wollen nicht zugeben, daß er sich direkt mit unseren Angelegenheiten befaßt [58].

Die Diskussion über einen nach Analogie der wunderbaren und vollkommenen Naturordnung zu denkenden G. wird noch einmal bei D. HUME geführt. Wenn das *Dasein* G.es auch unbezweifelbar ist und von niemandem in Frage gestellt wird [59], so ist doch strittig, welche Aussagen man über seine *Natur* machen kann: Ist es unmöglich, «das Wesen jenes höchsten Geistes, seine Eigenschaften, die Art seiner Existenz, die Natur seiner Dauer, dies und überhaupt jede Besonderheit eines so göttlichen Wesens» zu erkennen, wie der Deismus behauptet [60], oder ist es möglich, rationale Beweise dafür anzuführen, daß G. aufgrund der «wunderbaren Angemessenheit von Mitteln und Zwecken in der ganzen Natur», deren Ursache er ist, in Analogie zum Menschen als intelligentes, mit Geist und Verstand ausgestattetes Wesen zu denken, wie es der Theismus tut [61]? Wenn auch die zweite Hypothese stark bezweifelt wird, da sie eine Vermutung und nicht ein Beweis sein kann und G.es Wesen außerdem notwendig anthropomorph, d. h. unzulänglich, vorstellt [62], so bedeutet dies nicht, daß wir G. nicht «im eigentlichen Sinne Geist oder Intelligenz nennen können» – es weist im Gegenteil alles in der Natur darauf hin [63] –, sondern nur, daß diese Theorie nicht mit Vernunftgründen bewiesen werden kann, also aufgrund ihrer hohen Wahrscheinlichkeit geglaubt werden muß. Die philosophische Skepsis beeinträchtigt nicht den Glauben, sondern befördert ihn [64].

Anmerkungen. [1] HERBERT VON CHERBURY: De veritate (London ³1645, ND 1966) Einl. G. GAWLICK XV. XVIII. – [2] J. BODIN, Colloquium heptaplomeres, hg. NOACK (1857, ND 1966) bes. 47. 142. 172. 351f. – [3] Vgl. G. ROELLENBECK: Offenbarung, Natur und jüd. Überlieferung bei J. Bodin (1964). – [4] HERBERT, a. a. O. [1] 210. – [5] a. a. O. 210-212. – [6] Vgl. M. MERSENNE, La vérité des sci. (Paris 1625, ND 1969) 67f. – [7] GAWLICK, a. a. O. [1] XXVII; Correspondance du P. MARIN MERSENNE (Paris 1932-65) 6, 362-367. – [8] TH. HOBBES, Engl. Works, hg. MOLESWORTH (London 1839-45, ND 1962) 2, 27. 198; 4, 60; vgl. 4, 293; Leviathan XI = Engl. Works 3, 92f. – [9] a. a. O. 4, 60; De Cive XV, 14 = Opera lat. (1839-45, ND 1961) 2, 340ff.; Leviathan III = Engl. Works 3, 17; XXXI = 3, 348ff. – [10] Leviathan VIII = 3, 69f. – [11] R. CUDWORTH: The true intellectual system of the universe (London 1678, ND 1964) 194ff. 199f. – [12] H. MORE, Opera omnia (London 1674-79, ND 1966) II/2, 30. – [13] a. a. O. II/2, 298f. – [14] a. a. O. II/1, 148. – [15] II/1, 329f. – [16] J. LOCKE, An essay conc. human understanding I, 4, 8f. 12. 13f. 15ff. – [17] a. a. O. IV, 10, 4. 6. 12ff. – [18] II, 23, 33. 35; vgl. II, 15, 3. 12. – [19] R. BURTHOGGE, Philos. writings (Chicago/London 1921) 109f. – [20] a. a. O. 19. 111f. – [21] J. KEPLER, Harmonice mundi III, 1, Axiom. 7 = Werke (1937-69) 6, 104f.; IV, 1 = 6, 223. – [22] a. a. O. IV, 1 = 6, 225; V, 9 = 6, 330. – [23] J. GLANVILL: The usefulness of real philos. to relig., in: Essays on several important subjects in philos. and relig. (London 1676) 2f. – [24] The agreement of reason and relig. a. a. O. 7. – [25] R. BOYLE, Works (London 1772, ND 1966) 2, 312; vgl. 5, 163. 252. – [26] a. a. O., 2, 402. – [27] 4, 408. 412. 159; 5, 155. – [28] I. NEWTON: Philosophiae naturalis principia math. (London 1687, dtsch. hg. WOLFERS (1872, ND 1963) 508-511. – [29] B. DE FONTENELLE, Oeuvres, hg. DEPPING (Paris 1818, ND Genève 1968) 2, 377; 1, 36. – [30] a. a. O. 1, 568. – [30a] P. L. MOREAU DE MAUPERTUIS, Essai de cosmol. Oeuvres (Lyon 1768) 1, 42f. – [31] CH. BLOUNT: Religio Laici (London 1683) 47f. – [32] a. a. O. 49f. – [33] The oracles of reason, in: Miscellaneous Works (o. O. 1695) 88f. 197f.; vgl. B. DE MANDEVILLE: Free thoughts on relig., the church, and the national happiness (London 1729, ND 1969) 1-3. – [34] J. WILKINS: Of the principles and duties of natural relig. (London 1693, ND 1969) 40f. 101. – [35] J. TOLAND: Christianity not mysterious (London 1696, ND 1964) 40f. – [36] Letters to Serena (London 1704, ND 1964) 234ff. – [37] G. CHEYNE: Philos. principles of natural relig. (London 1705) 3, 1-10. – [38] TH. MORGAN: The moral philosopher (London 1738-40, ND 1969) 1, 186; vgl. Physico-Theology (London 1742) 77. 88f. 170. – [39] A. COLLINS: A discourse of free-thinking (London 1713, ND 1965) 32ff. – [40] M. TINDAL: Christianity as old as the creation (London 1730, ND 1967) 4. – [41] a. a. O. 15. – [42] 125. – [43] H. ST. J. Viscount BOLINGBROKE, Works, hg. MALLET (London 1754, ND 1968) 4, 194. 255. 259f. – [44] a. a. O. 5, 100. – [45] TH. CHUBB: The true gospel of Jesus Christ asserted (London 1738) 17ff. – [46] A discourse conc. reason, with regard to relig. and divine revelation (London 1731) 46. 54f. – [47] a. a. O. 57; vgl. Posth. Works (London 1748) 1, 221ff. – [48] A. Earl of SHAFTESBURY, Characteristics of men, manners, opinions, times, hg. ROBERTSON (Gloucester, Mass. 1963) 1, 264f. – [49] a. a. O. 1, 280. – [50] 2, 58f. 91. 98. 110. – [51] FR. HUTCHESON, Coll. Works (1969-71) 1, 254. 272. 275f.; vgl. 4, 73ff.; 5, 198. 202ff. – [52] Vgl. S. CLARKE: A discourse conc. the unchangeable obligations of natural relig., and the truth and certainty of the christian relig. (London 1706, ND 1964); W. NICHOLS: A conference with a theist (London ³1723). – [53] S. CLARKE: A demonstration of the being and attributes of god (London 1705, ND 1964) 23ff. 81ff. 221ff. 259f.; vgl. W. WOLLASTON: The relig. of nature delineated (London 1726) bes. 72ff. 79. 93ff. – [54] G. BERKELEY, Works, hg. LUCE/ JESSOP (London ²1964) 1, 94. 97. 2, 213f. 231f. – [55] a. a. O. 1, 54; vgl. 1, 63. 100; Treatise conc. the principles of human knowledge § 29. – [56] Works 1, 97; 2, 215; Treatise §§ 72. 106. 147. – [57] Treatise § 148. – [58] a. a. O. §§ 150. 151. – [59] D. HUME, Dialoge über die nat. Relig., hg. GAWLICK (1968) 2. 17f. 108. – [60] a. a. O. 17; vgl. 19. – [61] 20. – [62] 93f. 39ff. 46. 54. – [63] 106-109. – [64] 120f.

Literaturhinweise. G. V. LECHLER: Gesch. des engl. Deismus (1841), ND hg. GAWLICK (1965) mit weiterer Lit. – J.-R. CARRÉ: La philos. de Fontenelle (Paris 1932) 391ff. – A. NIDERST: Fontenelle à la recherche de lui-même (Paris 1972) 523ff. – W. PHILIPP: Das Werden der Aufklärung in theologiegesch. Sicht (1957). – W. B. GLOVER: God and Th. Hobbes, in: Hobbes Stud., hg. K. C. BROWN (Oxford 1965) 141-168. – S. HUTIN: H. More (1966). – St. GREAN: Shaftesbury's Philos. of relig. and ethics (New York 1967). – G. J. NATHAN: Hume's immanent God, in: Hume, hg. V. C. CHAPPELL (New York 1966) 396-423. – G. GAWLICK s. Anm. [59] mit weiterer Lit.

5. Die *französische Philosophie des 18. Jh.* übernimmt zwar manche Elemente des englischen Deismus, treibt aber die Kritik an der überlieferten Religion und am G.-Begriff sehr viel weiter. Diese Kritik richtet sich jetzt auch gegen die von den großen Systemen unternommenen Versuche, einen rein philosophischen G.-Begriff zu konstruieren, gegen eine allzu selbstsichere Vernunft, die darauf vertraute, der metaphysischen Wahrheiten gewiß zu werden. Damit soll nicht die Offenbarung rehabilitiert, sondern die menschliche Vernunft einer Selbstbeschränkung unterworfen werden, die sie vor Widersprüchen bei zu weit gehenden Spekulationen bewahrt. Der den Aufklärern gemeinsame Kampf gegen religiöse Vorurteile und Aberglauben wendet sich also zunächst gegen eine Theologie, die G. nur als Richter, Gesetzgeber, Tyrann und Despot, als zürnenden, rächenden und strafenden G. vorstellt, vor dem man folglich Angst haben muß; dann aber auch gegen die das menschliche Erkenntnisvermögen übersteigenden philosophischen Konstruktionen, die als «metaphysische Ideengewebe» bezeichnet werden [1], da darin die Idee G.es durch Aufzählung aller menschlicher Vollkommenheiten zusammengesetzt wird [2]. Während jedoch D. DIDEROT hieraus die Schlußfolgerung zieht, daß G.es Gegenwart in der Natur zu erkennen sei, und die Menschen beschwört, die Schranken zwischen sich und G. einzureißen und G. «überall, wo er ist» zu erblicken [3], und J. L. D'ALEMBERT dem Philosophen empfiehlt, sich nach den Streitigkeiten der Schulen und Sekten auf den einzigen, allen gemeinsamen G.-Beweis zu beschränken und G. in den «phénomènes de l'univers, dans les lois admirables de la nature» zu suchen [4], soll sich nach CH. MONTESQIEU der Mensch eher demütig der eigenen Schwachheit bewußt werden und erkennen, daß G. zu unermeßlich und unendlich ist, als daß wir ihn anders als in seinen Geboten begreifen [5].

J.-J. ROUSSEAU konstatiert die Widersprüchlichkeit und den Fehlschlag aller Versuche, das Wesen G.es zu ergründen: Während sich die frühe Menschheit ihre G. schuf, indem sie die Natur beseelte, lernte man später zu abstrahieren und bildete G.-Begriffe wie ‹erste Ursache› und ‹Substanz›, die aber nur dem Verstand und nicht der Einbildungskraft zugänglich waren, so daß man sich mit Anthropomorphismen behalf, um G. den Menschen zu vergegenwärtigen [6]. Jeder Mensch bildet sich so seine eigene, notwendig beschränkte G.-Idee; es wäre für ihn besser, «gar keine Vorstellung von der Gottheit zu haben, als niedrige, phantastische, beleidigende Vorstellungen, die ihrer unwürdig sind» [7]. Aus dieser Verwirrung gibt es für Rousseau nur den Ausweg, G. in seinen Werken zu erkennen oder vielmehr zu «fühlen» (sentir) und «wahrzunehmen» (apercevoir), ohne sich auf eine weitere Erforschung seines Wesens einzulassen. Das Universum weist auf eine höhere Intelligenz, einen mächtigen und weisen Willen, von dem es regiert wird, hin: «Dieses Wesen, das will und das kann, dieses aus sich selbst aktive Wesen, dieses Wesen, das, was es auch sein mag, das Universum bewegt und alle Dinge ordnet, nenne ich G.» [8]. Die Betrachtung der Schöpfung erweitert unsere zunächst unvollkommene Idee von G. Jede Bemühung um eine genauere Verstandeserkenntnis macht uns seine Unbegreiflichkeit deutlich. Das Wissen um seine Existenz genügt [9].

VOLTAIRE unternimmt zwar mehrere Versuche, zu weitgehenden Aussagen über G. zu gelangen, weist dann aber immer wieder auf die Grenzen hin, die dem menschlichen Verstand gesetzt sind. Die philosophischen Systeme und die Theorien über die Eigenschaften G.es haben keinen befriedigenden G.-Begriff hervorgebracht [10]. Die Menschen bedürfen einer einfachen und doch weisen und erhabenen Religion: «nous voulons servir Dieu et les sages» [11]. Die G.-Idee ist natürlich und bei allen Völkern vorhanden. Auch ohne die Offenbarung weiß der Mensch, daß er von einem höheren Wesen abhängt, dessen Werk er ist [12]. G. hat uns die für unser gesellschaftliches Leben unabdingbaren Begriffe von ‹gerecht› und ‹ungerecht› gegeben und verschafft diesen Normen Geltung [13]. Insofern kann man sagen: «Sie Dieu n'existait pas, il faudrait l'inventer» [14]. Eine auf dem Recht aufbauende Gesellschaft setzt einen G. voraus, der die unerkannt bleibenden Vergehen bestraft [15]. Ähnlich urteilt G. B. MABLY, daß die G. auf unsere Handlungen acht haben und uns ein zureichender Grund für gutes Handeln sind: «car s'il n'y a point de Dieu, il n'y a point de morale» [16]. Immer wieder lehnt VOLTAIRE die Theorie einer belebten, aus sich selbst heraus existierenden Materie, die G. überflüssig machen würde, ab. Alles in der Welt zeigt, daß sie von einem mit Intelligenz und Macht versehenen «sublime artiste», einem «Etre suprême» eingerichtet ist [17]. Es muß ein von Ewigkeit her seiendes, aber zugleich unbegreifliches Wesen geben, von dem jedes andere Wesen sein Sein empfängt, «qui est l'origine de tous les êtres» und das alles zweckmäßig angeordnet hat; dies kann nicht die Materie selbst sein. «Tout ouvrage démontre un ouvrier» [18]. Die Natur ist geschaffen, denn sie ist Kunst: «il faut donc qu'il y ait un artiste infiniment habile, et c'est ce que les sages appellent Dieu» [19]. Dieser G. ist kein ferner G., sondern er ist, da alles zu ihm gehört, gegenwärtig in der Welt (présent dans le monde) [20]. «Dieu étant le principe universel de toutes les choses, toutes existent donc en lui et par lui». Deshalb stimmt Voltaire gelegentlich Malebranche darin zu, daß wir in G. sind und alles in G. sehen. G. ist untrennbar von der Natur; alles ist eine Emanation aus ihm [21]. Das führt notwendig zur Frage nach dem Ursprung des Bösen. Voltaire weist darauf hin, daß das Gute nicht ohne das Böse, das Vollkommene nicht ohne das Unvollkommene sein kann. G. kann, obwohl «maître absolu de la nature», nichts Widersprüchliches schaffen. Die Gesetze des Universums sind notwendig und nicht willkürlich von G. gesetzt. Insofern ist G. in seiner Allmacht «eingeschränkt» [22]. Aber Voltaire weiß, daß der Verstand diesen Widerspruch, die Realität des Bösen und das Ausfließen (découler) aller Dinge aus G., nicht beseitigen kann. Der wahre Philosoph wird deshalb bei diesen Fragen seine Unwissenheit bekennen und sich auf wenige Aussagen über G. beschränken: «Je sais qu'il est, sans savoir ce qu'il est: bornons nous donc à examiner ses œuvres.» «Nous sommes aussi nécessairement bornés que le grand être est nécessairement immense» [23]. Der Weise erkennt eine «puissance nécessaire, éternelle, qui anime toute la nature; et il se résigne» [24].

Dort jedoch, wo jede sichere Erkenntnis über das Wesen G.es, die eigene Natur, Ursprung und Endzweck der Welt als die Kräfte des menschlichen Verstandes übersteigend angesehen wird, soll sich der Mensch dann nach manchen Autoren (z. B. P. L. MAUPERTUIS, N. MORELLY) für jenes philosophische System entscheiden, das sein Verlangen nach Glück befriedigt [25]. Da der Mensch in allem, was er tut, nach Glück strebt, so bildet er sich die Idee eines unendlich guten und gütigen Wesens, das ihm gegenüber wohltätig ist, so daß «Wohltätigkeit die Basis und der Anfangssatz der Idee einer Gottheit sein muß». G. ist nicht ein furchterregender G., sondern gut und weise, die Quelle aller Güter; der sichere Weg zur Idee der Gottheit führt über den Begriff der Wohltätigkeit des Menschen. Wahrer G.-Dienst sind wohltätige Handlungen, da sie Nachahmungen G.es sind [26]. Schließlich wird aber die Existenz G.es für das Leben der Menschen unerheblich: C. A. HELVÉTIUS' «religion universelle», die alle besonderen Religionen ausschließt, trifft nur die Feststellung, G. habe gewollt, daß der Mensch seine Vernunft gebrauchet und seine Pflichten gegenüber der Gesellschaft erfüllt und so glücklich wird. Darin besteht der einzige Kult, der eines G. würdig ist [27]. Zwar wird, so J. O. DE LA METTRIE, die Existenz G.es nicht bezweifelt, aber diese Erkenntnis ist doch nur theoretisch, d. h. für das menschliche Glück nicht entscheidend: Es ist «für unsere Ruhe gleichgültig, ob die Materie ewig ist oder ob sie geschaffen ist, ob es einen G. gibt, oder ob es keinen gibt» [28].

Die schärfsten Einwände gegen die Religion und jeglichen G.-Begriff, auch den des Deismus und der natürlichen Religion, erhebt P.-H. TH. D'HOLBACH. Durch eine Analyse der Entstehung der G.-Idee sucht er deren Unhaltbarkeit nachzuweisen: Die Menschen bilden die G.-Vorstellung aus Unwissenheit, Unruhe, Not und Furcht vor unsichtbaren Mächten. G. wird als letzte Ursache, die uns unbekannt bleibt, eingesetzt. Er steht für eine uns nicht mehr erklärliche Kraft, d. h. mit ihm dokumentieren wir nur unsere Unkenntnis der natürlichen Ursachen eines Vorgangs in der Welt. Er ist «die unbegreifliche Ursache der Wirkungen, die uns in Erstaunen versetzen und die wir nicht zu erklären vermögen» [29]. Durch den Betrug der Priester ist die G.-Idee ausgestaltet worden; die Götter erscheinen nun als Despoten [30]. Auch die Spekulationen der Metaphysiker und Theologen, die Begriffe wie ‹Geist› und ‹Substanz› anstelle von ‹Natur› (bzw. Materie, Bewegung) setzen, sind nutzlos, da sie G. in eine abstrakte, unvorstellbare Konstruktion verwandeln und von den Menschen entfernen und, um dies zu vermeiden, wieder Anthropomorphismen (Attribute G.es als Negationen der menschlichen Eigenschaften) zu Hilfe nehmen müssen, denn «der Mensch sah und wird in seinem G. stets nur einen Menschen sehen». Selbst die Theologen haben keinen klaren Begriff von G. Ihre G.-Beweise sind dunkel und voller Sophismen [31]. So ergibt sich zuletzt nur ein unklares und widersprüchliches Bild von G. Jeder bildet sich seine eigene Vorstellung von ihm. ‹G.› wird ein sinnloses Wort, das man ebenso wie das Wort ‹Schöpfung› aus der Sprache verbannen sollte. Es trägt zur Deutung der Natur nichts bei, denn die Materie existiert aus sich selbst heraus und wirkt durch ihre eigene Energie [32]. Die G.-Vorstellung hat schlimme Auswirkungen: Nicht Zufriedenheit, Ruhe und Frieden, sondern Angst, Unvernunft, Demütigung und Knechtschaft sind ihre Folgen. «Derjenige, dem es gelingen würde, diesen unheilvollen Begriff zu zerstören oder zumindest seine schrecklichen Einflüsse zu mildern, würde sicherlich ein Wohltäter des Menschengeschlechts sein» [33]. Trotzdem kennt auch Holbach einen positiven G.-Begriff: Es ist die Natur, die alles bewirkt, außerhalb derer es nichts gibt und über der keine unsichtbare Macht existiert: «Alles beweist uns also, daß wir die Gottheit nicht außerhalb der Natur suchen dürfen. Wenn wir eine Idee von ihr haben wollen, so müssen wir sagen, sie sei die Natur» [34].

Anmerkungen. [1] D. DIDEROT, Pensées philos. VIII–XIII. XX. Oeuvres compl., hg. ASSÉZAT/TOURNEUX (Paris 1875-77, ND 1966) 1, 129-130. 134; vgl. Art. ‹Autorité› in: Encyclopédie ..., hg. DIDEROT/D'ALEMBERT (1751-80, ND 1966/67) 1, 898; Eléments de physiol. (sur les intolérants) = Oeuvres 9, 438; Réfutation de l'ouvrage d'Helvétius = 2, 447. – [2] CH. MONTESQUIEU, Lettres Persanes LXIX. – [3] DIDEROT, Pensées philos. XXVI = Oeuvres 1, 138. – [4] J. L. D'ALEMBERT, Eléments de physiol. Oeuvres (Paris 1821-22, ND Genf 1967) 1, 190f.; vgl. Eclaircissements au sujet de l'existence de Dieu, in: Oeuvres et correspondances inéd. de d'Alembert, hg. CH. HENRY (ND Genf 1967) 17ff. – [5] MONTESQUIEU, a. a. O. [2]. – [6] J.-J. ROUSSEAU, Emile, hg. RICHARD (Paris 1964) 307-309. 310f.; dtsch. hg. RANG (1963) 526-528. 531. – [7] a. a. O. 312 = dtsch. 533. – [8] 335f. = dtsch. 566f. – [9] 346-348 = dtsch. 582-584. – [10] VOLTAIRE, vgl. z. B. Les Systèmes. Oeuvres, hg. BEUCHOT (Paris 1829-1834) (= BEU) 14, 242ff. – [11] Dieu et les hommes XLIV = BEU 46, 279. – [12] Dieu et les hommes III = BEU 46, 104ff. – [13] Le philosophe ignorant XXXIf. = BEU 42, 583ff. – [14] Epître à l'auteur du livre des trois imposteurs. BEU 13, 265. – [15] Dieu et les hommes. Axiomes. BEU 46, 279. – [16] G. B. MABLY, De la législation IV, 2. Coll. compl. des œuvres (Paris 1794-95) 8, 388f. – [17] VOLTAIRE, Lettres de Memmius à Cicéron. BEU 46, 569ff.; Il faut prendre parti ... BEU 47, 74f. 79f.; Lucrèce und Possidonius. BEU 39, 594-608; Eléments de la philos. de Newton I, 1. BEU 38, 12. – [18] Traité de mét. II = BEU 37, 284ff.; Le philosophe ignorant XV-XVII = BEU 42, 553ff. – [19] Dialogues d'Euhémère II = BEU 50, 156. – [20] Il faut prendre parti. BEU 47, 78. – [21] Dict. philos. Art. ‹Idée›. BEU 30, 272; Tout en Dieu. Comm. sur Malebranche. BEU 46, 44; vgl. dagegen Traité de mét. III = BEU 37, 303f. – [22] Dialogues d'Euhémère II/III = BEU 50, 158ff. 169ff.; Tout en Dieu. Résultat. BEU 46, 51ff.; Traité de mét. II = BEU 37, 295f. – [23] Dialogues d'Euhémère V = BEU 50, 188; vgl. 178. Tout en Dieu. Résultat = BEU 46, 53. – [24] De l'âme. BEU 48, 81. – [25] P. L. MOREAU DE MAUPERTUIS, Oeuvres (Lyon 1768) 1, 250ff. – [26] N. MORELLY, Gesetzb. der nat. Gesellschaft, hg. KRAUSS (1964) 164ff. 178f. – [27] C. A. HELVÉTIUS, De l'homme I, 13. Oeuvres compl. (Paris 1795, ND 1967) 7, 96. – [28] J. O. DE LA METTRIE, L'homme machine. Oeuvres philos. (Berlin, Paris 1796) 3, 160f. – [29] P.-H. TH. D'HOLBACH: Système de la nature (Paris 1821, ND 1966) 1, 448f. 457f.; dtsch. hg. VOIGT/NAUMANN (1960) 278f. 283f. – [30] a. a. O. 1, 406. 502; 2, 170f. = dtsch. 250. 310. 410f. 491; vgl. Religionskrit. Schriften, hg. VOIGT/NAUMANN (1970) 413. 456. – [31] Système ... a. a. O. 1, 481f. 484f.; 2, 3ff. 16ff. 33ff. 168f. 277; vgl.

1, 214 = dtsch. 298f. 300. 312ff. 320ff. 330ff. 409. 473; vgl. 134; vgl. Religionskrit. Schr. 84. 200. – [32] Système ... a. a. O. 2, 132f. 146 = dtsch. 388f. 396; vgl. Religionskrit. Schr. 332. – [33] Système ... a. a. O. 2, 38f. 240f. = dtsch. 333. 451; vgl. Religionskrit. Schr. 220f. 457. 101. – [34] Système ... a. a. O. 2, 156 = dtsch. 402.

Literaturhinweise. D. Fr. STRAUSS: Voltaire (²1870). – P. MASSON: La relig. de J.-J. Rousseau 1-3 (Paris 1916). – E. FAGUET: Rousseau penseur (Paris 1910). – R. HUBERT: D'Holbach et ses amis (Paris 1928). – H. GILLOT: D. Diderot (Paris 1937). – B. GROETHUYSEN: J.-J. Rousseau (Paris ⁶1949). – Fr. GLUM: J. J. Rousseau. Relig. und Staat (1956). – R. GRIMSLEY: Jean d'Alembert (Oxford 1963); Rousseau and the relig. quest. (Oxford 1968). – R. POMEAU: La relig. de Voltaire (Paris 1969).

6. Die *deutsche Philosophie der zweiten Hälfte des 18. Jh.* bildet nicht, wie zum Teil in England und Frankreich, einen wenigstens in den Zielen (z. B. Befreiung der Menschen von Aberglauben und Errichtung einer natürlichen Religion) gemeinsamen G.-Begriff. Zwar konnte, je mehr die Schulphilosophie und die von ihr tradierte Metaphysik an Bedeutung verlor, die aufklärerische Kritik an Einfluß gewinnen; sie wird jedoch, da sogleich wieder einer kritischen Prüfung unterzogen, nie eine breite, machtvolle Strömung. Stattdessen greift man jetzt auf die G.-Begriffe bisher vergessener Autoren (J. Böhme, Spinoza) zurück, um sie selbständig zu verarbeiten und in den Dienst des eigenen Denkens zu stellen. Auch die Grenze zwischen philosophischem und theologischem G.-Begriff wird fließend und spielt nicht eine so wichtige Rolle wie etwa im englischen Deismus.

Am ehesten haben noch Reimarus und Lessing einen der natürlichen Religion und dem Deismus entsprechenden G.-Begriff geprägt, wenn auch die Theorien der Wolffschen Schulphilosophie bzw. des «Spinozismus» in beiden wirksam sind. In dem berüchtigten, in seiner Entstehung noch immer ungeklärten, 1753 gedruckten Buch ‹De tribus impostoribus› wurde der Deismus konsequent zum Atheismus radikalisiert: «Wir begreifen G. selbst nicht, also gibt es keinen» [1]. H. S. REIMARUS ist dagegen davon überzeugt, daß das Christentum «die Wahrheiten der natürlichen Religion von G.es Daseyn, Eigenschaften, Schöpfung, Vorsehung, Absicht und Gesetze, von der Seele geistigem Wesen, Natur und Unsterblichkeit usw. nicht allein voraus[setzt], sondern ... dieselben auch zum Grunde [legt], und ... sie mit in das Lehrgebäude seiner Geheimnisse ein[flicht]» [2]. Die durch die «natürliche Kraft der Vernunft» gelenkte natürliche Religion denkt G. als «das erste, selbständige, nothwendige und ewige Wesen, welches die Welt ... durch seine Weisheit, Güte und Macht geschaffen hat, und beständig erhält und regieret» [3]. Die «Welt und Natur» erzeugt sich nicht selbst (einen solchen Deismus lehnt Reimarus ab), sondern hat einen «Werkmeister» «außer der Welt» [4]. Das weitere Wesen G.es kann man a priori aus seinem Begriffe folgern: Er ist unveränderlich, unendlich, einzig, vollkommen; er hat Verstand, Willen (Geist), Glückseligkeit, Allmacht, Weisheit, Güte [5]. Zu demselben Ergebnis gelangt man a posteriori, über den zweiten Weg der G.-Erkenntnis, den die Physikotheologie dieser Zeit allgemein beschritt, «durch die Betrachtung der Welt, vermittelst der darin liegenden Absichten». Die Welt kann nur in einem mit Kraft, Verstand, Willen, Weisheit usw. versehenen Geist ihren Ursprung haben, d. h. in G.; sie ist nicht «selbständig, nothwendig und ewig»; diese Attribute gebühren allein ihrem Schöpfer [6]. G. hat sie «nach der offenbarsten Weisheit und Güte» geschaffen und von Anfang an auf die bestmögliche Art eingerichtet, so daß Wunder als Korrektur an der Schöpfung nicht notwendig sind; er regiert sie mit seiner Vorsehung und sorgt für ihren Fortbestand [7]. Das Böse existiert nur in der Sicht des Menschen und dient vor allem dazu, das Streben des Menschen auf ein dauerhaftes Glück, das ewige Leben, zu lenken [8]. Damit sind alle weiteren Offenbarungswahrheiten für Reimarus, besonders die vom Gericht und von der Erlösung, überflüssig. Eine vernünftige Verehrung G.es [9] besteht lediglich in der Erkenntnis G.es und der Welt als seiner guten Schöpfung: Diese «wird an sich lebendig, das ist, wirksam seyn, und eine vergnügende Einsicht in den Zusammenhang der Dinge, einen willigen Trieb zur Tugend und Pflicht, und eine ungestörte Zufriedenheit des Gemüths zu Wege bringen» [10].

G. E. LESSING hat diesen von Reimarus gebildeten G.-Begriff nicht aufgegriffen. Er versuchte nicht, einen einzigen, immer gültigen und ungeschichtlichen G.-Begriff aufzustellen, sondern alle G.-Vorstellungen der positiven Religionen als Vorstufen zu einem vollkommenen, allein durch die Vernunft gebildeten G.-Begriff zu sehen, zu dem die Menschen durch eine sukzessive Verbesserung ihrer religiösen Vorstellungen geleitet werden. Am Ende dieses geschichtsphilosophisch gedachten Prozesses steht eine «natürliche Religion», die alle primitiven G.-Begriffe hinter sich gelassen hat und auch die Offenbarungswahrheiten nur insofern annimmt, als diese eine mit der Vernunft übereinstimmende G.-Auffassung enthalten [11] und die Vernunft zu einem «besseren Begriffe vom göttlichen Wesen, von unserer Natur, von unsern Verhältnissen zu G.» führen, «auf welche der menschliche Vernunft von selbst nimmermehr gekommen wäre» [12]. So kann auch die Trinität vernünftig begriffen werden: G., der «von Ewigkeit her» nur sich selbst «in all seiner Vollkommenheit» denkt, vorstellt und schafft, schafft mit diesem Vorstellen ein Wesen, das von ihm nicht zu trennen ist, ein «identisches Bild» von sich. «Dieses Wesen nennt die Schrift den Sohn G.es, oder welches noch besser sein würde, den Sohn G.». Er hat alle göttlichen Eigenschaften. Die «Harmonie» zwischen den beiden Personen in G. «nennt die Schrift den Geist, welcher vom Vater und vom Sohn ausgehet»: «alle drei sind eines». Wenn G. jedoch seine Vollkommenheiten nicht «auf einmal», sondern «zerteilt» denkt, so schafft er damit «Wesen, wovon jedes etwas von seinen Vollkommenheiten hat». «Alle diese Wesen zusammen heißen die Welt» [13]. Diese Welt deutet Lessing ‹pantheistisch› als existierend «in G.»: «warum sollen nicht die Begriffe, die G. von den wirklichen Dingen hat, diese wirklichen Dinge selbst sein? Sie sind von G. noch immer genugsam unterschieden» [14]. Schließlich konnte Lessing sich G. nur als «ἕν καὶ πᾶν» und, nach dem Zeugnis JACOBIS, der ihn sicher zu sehr als «Spinozist» sah, als «die Seele des Alls» und nicht als eine «von der Welt unterschiedene Ursache» denken [15].

J. G. HERDER nimmt die Berichte Jacobis über Lessings Spinozadeutung und seine letzte G.-Auffassung auf, die dieser ihm – wie auch Mendelssohn – schon 1783 mitteilte: G. ist für ihn der «überall in der Welt» und «durch alle Dinge» Existierende, das «ἕν καὶ πᾶν» [16]. Herders Spinozarehabilitation ist Spinozakritik (das Attribut der Ausdehnung G.es als cartesianisches Relikt [17]), positive Rezeption (G. als «immanente Ursache aller Dinge» [18]) und Umdeutung zugleich: G.es Wirken in der Natur interpretiert Herder dynamisch: An die Stelle des «anstößigen» Ausdrucks ‹Attribut› tritt der Begriff ‹Kraft›. «Wir ... setzen dafür, daß sich die Gottheit in unendlichen Kräften auf unendliche Weisen offenbare. ... In allen Welten offenbart sie sich durch Kräfte; mithin hat diese Wesen-ausdrückende Unendlichkeit der Kräfte G.es durchaus keine Grenzen, obwohl sie allenthalben denselben G. offenbaret. ... Überall können nur organische Kräfte wirken und jede derselben macht uns Eigenschaften einer unendlichen Gottheit känntlich» [19]. G. ist «die Urkraft aller Kräfte, die Seele aller Seelen. ... Die Materie ist nicht todt, sondern sie lebet: denn in ihr wirken, ihren innern und äußern Organen gemäß, tausend lebendige mannichfaltige Kräfte» [20]. Ebenso wird Spinozas Begriff ‹Modus› durch ‹Ausdruck› ersetzt: «Alle Dinge ... sind ... Ausdrücke der göttlichen Kraft, Hervorbringungen einer der Welt einwohnenden ewigen Wirkung G.» [21]. G.es Wirkung erstreckt sich über den gesamten Raum und alle Zeit. Seine Gesetze, die Ordnung und der Zusammenhang der Dinge, sind das «Wesen der Dinge selbst», so daß diese «Ebenbilder seiner Güte und Schönheit» sind [22]. Umgekehrt beweisen Harmonie und Ordnung in der Welt (etwa die mögliche Verknüpfung von «Denkbarem nach innern Regeln», d. h. die Existenz logischer Gesetze) das Dasein G.es als Grundes der Gesetzmäßigkeiten [23].

Gegen Lessings ‹Spinozismus›, den neben Herder auch GOETHE vertrat – «G. in der Natur, Natur in G.» [24] – und den M. MENDELSSOHN im «Pantheismusstreit» nicht in der von Jacobi gemeinten Einseitigkeit und Konsequenz (G.-Leugnung) bei Lessing gelten lassen wollte [25], will FR. H. JACOBI die Philosophie des Glaubens, die Religion des Gefühls und die Existenz eines personalen G. verteidigen. Der G. der Vernunft ist «ein erträumter G.», «ein durchaus subjektives Erzeugniß des menschlichen Geistes» [26]. G. ist notwendig Geist, d. h. ihm kommt «Selbstbewußtseyn, Substanzialität und Persönlichkeit» zu [27]. Er ist kein unpersönliches «Göttliches», sondern «Vater aller Wesen». Jacobi fragt deshalb: «wer ist G.; nicht: was ist er» [28]. Die Aufgabe ist nicht – und Jacobi widerspricht damit Herder und allen zeitgenössischen Bemühungen –, G. physikotheologisch aus der Natur zu beweisen, seine Allmacht und Güte in den Werken seiner Schöpfung zu bewundern [29] und von der Unermeßlichkeit des «Weltgebäudes» auf «die Größe und Majestät des Schöpfers zu schließen» [29a], denn G. ist nicht in der Natur offenbar, sondern wird von ihr verborgen, da sie nur Schicksal und Notwendigkeit ist; erst der Mensch, der zwischen der Natur und G. steht und an beiden Anteil hat, «offenbart G., indem er mit dem Geiste sich über die Natur erhebt» [30]. «G. in uns und über uns; Urbild und Abbild; getrennt und doch in unzertrennlicher Verbindung: das ist die Kunde, die wir von ihm haben, und die einzig mögliche; damit offenbart sich G. dem Menschen lebendig, fortgehend, für alle Zeiten» [31]. Jacobi kritisiert – und stimmt darin M. CLAUDIUS [32] zu – den G.-Begriff der Philosophen: G. läßt sich nicht wissenschaftlich erkennen [33], sondern nur in einem «Grundtrieb» des Menschen als «unmittelbare, positive Wahrheit» im Herzen wahrnehmen, fühlen, erfahren, empfinden und glauben [34]. «Wir wissen aber von G. und seinem Willen, weil wir aus G. geboren ... sind. G. lebet in uns, und unser Leben ist verborgen in G.» [35].

In der Ablehnung des abstrakt-gedanklichen G.-Begriffs der Philosophen (wie auch des Deismus und der natürlichen Religion) trifft sich Jacobi mit J. G. HAMANN. Jedoch ist es bei diesem nicht der Mensch, der sich einen Erkenntnisweg zu G. bahnt; die Vernunft kann G. nicht aus eigener Kraft begreifen und alle ihre Begriffe sind «unzureichend» gegenüber der «überschwänglichen Größe und unerforschlichen Hoheit» G.es [36] –, sondern G. ist es, der sich zu den Menschen herabläßt: «Ist nicht allenthalben der Geist G.es, der die Höhen unsrer Vernunft niederreißt, um uns ein himmlisches Gesicht dafür mitzutheilen» [37]. G. erniedrigt sich und nimmt Knechtsgestalt an, er läßt sich «in alle kleine Umstände» der Menschen ein [38]: «G.! wie gnädig bist du! ... Es ist wunder, daß du, uns zu gefallen, Mensch geworden bist, da du blos unsertwegen scheinst G. zu seyn» [39]. G. offenbart sich – ein dem Verstand unbegreiflicher Vorgang – «den Menschen» und «durch Menschen», er findet seine Herrlichkeit «in unserer Gesellschaft und Theilnehmung» [40]. Er regiert und lenkt uns, wir sollen uns deshalb seinem Willen und der Schöpfungsordnung unterordnen und anvertrauen, da wir in allen Dingen von ihm abhängen [41]. «Sich nach der von G.; nicht von den Menschen, gegebenen Leuchte zu richten ..., hierin besteht das Alpha und Omega meiner ganzen Philosophie» [42]. «Die Herunterlassung G.es auf diese Erde» bedeutet seine Gegenwart unter uns [43]; ebenso hat G. sich auch in der Schöpfung entäußert: «Folglich ist alles göttlich ... Alles Göttliche ist aber auch menschlich» [44].

Der holländische Platoniker FR. HEMSTERHUIS sentimentalisiert den auf metaphysischen Bestimmungen beruhenden G.-Begriff, den auch er kennt (G., die Weltseele, hat die Welt geschaffen, in Bewegung gesetzt und mit freien Wesen bevölkert; sein eigentliches Attribut ist der eine und unendliche Raum und also die Allgegenwart im Universum; dies kann «géométriquement» bewiesen werden [45], und löst sich dann doch weitgehend davon: G. ist im Menschen gegenwärtig, so daß wir durch Selbsterkenntnis zur Erkenntnis G.es kommen: «Pour parvenir à la connoissance de sa Nature, et de celle de nos relations avec lui [Dieu], il faut entrer dans nous-mêmes, et faire disparoître l'écorce de l'humanité ... c'est la leçon universelle: connois-toi toi-même» [46]. Andererseits aber fühlt der Mensch seine Nichtigkeit angesichts des unendlichen Universums, das nichts als ein Gedanke des höchsten G. ist, und sieht keine Beziehung, sondern nur unendliche Distanz zwischen sich und G. [47]. Hier hilft der Glaube, «une action particulière de Dieu sur l'âme de chaque individu», das zu glauben, was vorher nicht glaubhaft war bzw. nicht glaubhaft erschien. Durch die Offenbarung werden neue Beziehungen zwischen G. und uns hergestellt [48].

Gedanken der Kabbala und J. Böhmes weiterführend und in Auseinandersetzung mit E. SWEDENBORG [49], stellt FR. CHR. OETINGER unter einem in seiner Zeit singulären Gesichtspunkt den G.-Begriff der Leibniz-Wolffschen Metaphysik in Frage: G. kann nicht in abstraktem Begriffsformalismus begriffen werden; er ist nicht statisches Sein, sondern «das ewige Leben und die ewige Selbst-Bewegung», denn nicht Sein ist «das erste, sondern Leben und Bewegen» [50]. «Im Malebranchischen und Newtonischen System ist uns G. sehr nahe, im Wolfischen am allerfernsten, aber im Böhmeschen am allernächsten, so daß Er scheint, G. und Natur, Welt und Leben G.es in einander zu mischen» [51]. Oetinger erklärt das Verhältnis der Welt zu G. ähnlich wie Böhme: «Durch ein unverbrüchlich Gesetz der Einförmigkeit in der Verschiedenheit blickt die Allgegenwart G.es in dem Leben aller Dinge hervor, ohne daß man G. und die Geschöpfe deßwegen vermengen darf: Wer nun die Gegenwart G.es in dem Leben aller Dinge ... ansieht, und G. über alles, durch alles, und in allem zu verehren trachtet ..., der erblickt endlich in den Thieren, Kräutern und Steinen ein einförmig Leben». «G. ist nicht το παν, sondern alles in allem. Man muß also das universum nicht so weit ausser G. setzen, als die Erde vom Himmel» [52]. Damit kann Oetinger aber nicht etwa der Physikotheologie zugerechnet werden; vielmehr hat seine Bestimmung des Verhältnisses von G. und Welt ihren Grund in einer Differenzierung des G.-Begriffs selbst, von der Oetinger sich bewußt war, daß sie in seiner Zeit Befremden und Anstoß erregen mußte, die er aber trotzdem für übereinstimmend mit der Hl. Schrift ansah: G. ist zunächst «die unergründliche Tiefe, der Aen Soph ..., der in sich selbst wohnt, ... der Ungrund»; er wird aber auch die «Fülle» (πλήρωμα) genannt, d. h. er geht in «Ausflüssen» aus sich heraus [53]. G.es Selbstbewegen ist als «ewige Geburt G.es aus dem Verborgensten der Gottheit in's Offenbare» zu verstehen; G. ist die «Liebe», die danach strebt, sich mitzuteilen, das «Licht» mit «besondern Ausgängen» [54]. G. ist also nicht in der Aufzählung einer Reihe von Eigenschaften wie bei Wolff zu begreifen, sondern nur, indem man ihn sich zunächst als «in sich selbst wohnend», als ununterschiedenes «Chaos» vorstellt, dann als sich in Liebe mitteilend an ein anderes, «von G. zwar unterschiedenes, aber unabtrennliches Wesen ..., welches Herrlichkeit G.es heißt» [55]. Die Herrlichkeit wird manifest in den «Abglänzen G.es» (in kabbalistischer Terminologie: in den zehn Sephirot); G. gibt «sich selbst nach seinem Wohlgefallen creatürliche Modos» [56]. So läßt sich auch die Trinität erklären: Denn G. hat in sich «drei Selbstbewegungs-Quellen», «eine ewige Bewegung in dreierlei Willen»; zu G. und seinem Wort, seiner Weisheit als seinem Ebenbild tritt als drittes der «Außgang aus der Weisheit durch den Geist». «Gott ist eine ewige Begierde sich zu offenbaren, sich in Liebe mit zu theilen; darum muß er sich in Faßlichkeit seiner selbst einführen in die Weißheit», denn sonst wäre er «unsichtlich». In diesem Sich-Entäußern zieht G. «Natur an sich». Sein Leben ist Ausgehen und Wieder-Einziehen (Attraktion) unter Annahme der Kreatur [57]. So lautet die spekulative Deutung der Inkarnation Christi: G. nimmt, um zu erscheinen, Leiblichkeit an; er offenbart sich im Fleisch, ohne deshalb Materie zu werden [58]. «G. ist actus purissimus, er ist in einem ewigen Ausgang aus sich in sich selbst von einer Sephira zur andern, endelechice. Er ist ein Ens manifestativum sui, er ist nicht nur eine ewige Vorstellungskraft der Welten (wie Chr. Wolff meinte [59]), sondern seiner selbst durch die zehn Ausgänge, als Vater, Sohn und Geist, in dem Wohnhaus der sieben Geister, welches ist die Herrlichkeit G.es» [60]. In G. wirken verschiedene «Kräfte», die mit einem «unauflöslichen Band» verbunden sind, die sich jedoch in der Natur voneinander trennen können und mit ihrer Auflösung den Grund für die Finsternis und das Böse bilden [61]: «Aus dieser Theilbarkeit der Kräfte G.es ist sowohl die Schöpfung, als der Fall zu verstehen» [62]. Den «Abfall der Natur», den Swedenborg nicht zu erklären vermochte, deutet Oetinger in Übereinstimmung mit Böhme: «G. sprach aus sich die attrahirende und repellirende Kräfte als den Grund der ringenden Natur mit zwey Grund-Eigenschaften: Unmöglich wars, daß G. der Creatur eben die Indissolubilité ... mittheilte, die er selbst hatte; also mußte die Creatur mit dem Gegensatz des Lichts ihre Endlichkeit an sich tragen, und geschaffen werden mit der Eigenschaft der Potential-Finsterniß» [63]. Erst durch die Menschwerdung und Auferstehung Christi wurde «nicht nur der hinfälligen Materie, sondern auch der unsichtbaren Welt neue Kräfte

des Lebens» gegeben [64]. Christus, das «unauflösliche Leben nun besitzend», leitet «alles Leben zur Herrlichkeit G.es» und muß «es auf sich nehmen, das Werk wiederherzustellen, das vom Leben abgefallen war, und zwar zu höherer Verherrlichung des göttlichen Namens, als wenn niemals ein Abfall stattgefunden hätte» [65].

Anmerkungen. [1] N. N., De tribus impostoribus. Von den drei Betrügern, hg. Bartsch (1960) 41. 71. – [2] H. S. Reimarus: Abh. von den vornehmsten Wahrheiten der nat. Relig. (1754, zit. Hamburg ^{5}1781) Vorbericht. – [3] a. a. O. 47. 217f. – [4] 218. 233. 235. – [5] 219-228. – [6] 228ff. – [7] 301. 553f. 578. – [8] 572ff. 700ff. – [9] Vgl. Apologie oder Schutzschrift für die vernünftigen Verehrer G.es, hg. G. Alexander (1972). – [10] Abh. ... a. a. O. [2] 48. – [11] G. E. Lessing, Über die Entstehung der geoffenbarten Relig., Sämtl. Schriften, hg. Lachmann/Muncker (1886-1924, ND 1968) 14, 312f.; Die Erziehung des Menschengeschlechts, bes. §§ 6f. 15. 72ff. = Schr. 13, 416. 418. 430f. – [12] a. a. O. § 77 = 13, 432. – [13] Das Christentum der Vernunft §§ 1-14, 175ff. – [14] Über die Wirklichkeit der Dinge außer G. = 14, 292f. – [15] Gespräch mit Jacobi über Spinoza, in: Fr. H. Jacobi: Über die Lehre des Spinoza (1785) 12f. 34ff. 43 = Werke (1812-25, ND 1968) 4/1, 54f. 75f. 89f.; auch in: Die Hauptschriften zum Pantheismusstreit, hg. H. Scholz (1916) 77f. 92f. 102. – [16] J. G. Herder, Brief an Jacobi vom 6. 2. 1784; vgl. Briefe an Jacobi vom 20. 12. 1784 und 6. 6. 1785, in: Aus Herders Nachlaß, hg. H. Düntzer/F. G. v. Herder (1856/57) 2, 251-256. 263-265. 274f.; auch in: Hauptschriften ... a. a. O. XC-XCVII. – [17] J. G. Herder: G. Einige Gespräche (1787). Sämtl. Werke, hg. Suphan (1877-1913, ND 1967/68) 16, 446ff. – [18] a. a. O. 16, 443; vgl. 32, 228f. – [19] 16, 451f. – [20] 16, 453; vgl. 480. – [21] 16, 457. – [22] 16, 489. 492. – [23] 16, 516f. – [24] J. W. Goethe, Hamburger A. 10, 510f.; vgl. 1, 357. 367; 3, 109f. (Fausts G.-Begriff); 7, 146; 12, 365f. 372; 13, 31. 42; Briefe an Jacobi vom 9. 6. 1785 und 5. 5. 1786, an Schultergroll vom 31. 1. 1812. – [25] M. Mendelssohn: Morgenstunden (1785); An die Freunde Lessings (1786), beides in: Hauptschriften ... a. a. O. [15]; zu Mendelssohns G.-Begriff vgl. Teil IV, 4. – [26] Fr. H. Jacobi, Werke, a. a. O. [15] 3, 229. 369. – [27] a. a. O. 3, 240. – [28] 3, 201; 4/1, XXIVf.; vgl. 2, 83f.;4/1, XLV. – [29] B. Nieuwentyt: Das Dasein G.es, bewiesen durch die Wunder der Natur (1716, frz. 1725); A. v. Haller: Versuch schweiz. Gedichte (^{9}1762, ND 1969) 3f.; Ch. Bonnet: Betrachtung über die Natur, dtsch. J. D. Titius (1789/90) 1, 2ff.; K. Th. A. M. Frhr. von Dalberg: Betrachtungen über das Universum (^{2}1778) 103-108; J. J. Spalding: Relig., eine Angelegenheit des Menschen (1797) 31ff. – [29a] J. H. Lambert: Cosmolog. Briefe über die Einrichtung des Weltbaues (1761) 56. 177. – [30] Jacobi, Werke a. a. O. [15] 3, 274. 401. 418. 425. – [31] a. a. O. 277. – [32] M. Claudius, Wandsbecker Bote. Sämtl. Werke (1969) 20. 233. – [33] Jacobi, Werke a. a. O. [15] 3, 384f. 449. – [34] 3, 202. 303f. 317. 426. – [35] 3, 276. – [36] J. G. Hamann, Werke, hg. Nadler (1949-57) 1, 248; Brief vom 30. 10. 1759, in: Briefwechsel, hg. Ziesemer/Henkel (1955ff.) 1, 437. – [37] Werke, a. a. O. 1, 103. – [38] 1, 36. – [39] 1, 127f. – [40] 1, 9f. 16. – [41] 1, 15. 131f.; 2, 217. – [42] Brief vom 11. 12. 1787; vgl. C. H. Gildemeister, J. G. Hamanns Leben und Schriften (1857-75) 5, 594f. – [43] Hamann, Werke, a. a. O. [36] 2, 204. – [44] 3, 27. – [45] Fr. Hemsterhuis: Aristée ou de la divinité (Paris 1779) 125ff. 170ff. 70f. = Oeuvres philos., hg. Meyboom (Leeuwarden 1846-50, ND 1972) 2, 51. 64f. 31f. – [46] a. a. O. 185 = 2, 69. – [47] Lettre sur l'homme et ses rapports (Paris 1772) 92ff. = Oeuvres 1, 112ff. – [48] a. a. O. 171f. = 1, 141f. – [49] E. Swedenborg: Principia rerum naturalium. Opera philos. et mineralia 1 (1734); Arcana coelestia (London 1747-58) – [50] Fr. Chr. Oetinger: Öff. Denkmal der Lehrtafel einer weil. Wirttemberg. Prinzessin Antonia, Sämtl. Schriften, hg. K. Chr. E. Ehmann 2/1 (1858) 121. 124. – [51] Swedenborgs und anderer Irrdische und himmlische Philos. (1765) 2, 172. – [52] Die Philos. der Alten (1762) 2, 31f.; Swedenborgs ... Philos. a. a. O. [51] 1, 18. – [53] Lehrtafel ... a. a. O. 14. 16. – [54] a. a. O. 121f. 15; Bibl. und emblematisches Wb. (1776, ND 1969) 292. 294. – [55] Swedenborgs ... Philos. a. a. O. [51] 2, 163ff.; vgl. Theologia ex idea vitae deducta (1765); dtsch. Theol. aus der Idee des Lebens (1852) 73-75. 112-115. 125-131. – [56] Swedenborgs ... Philos. a. a. O. 2, 341ff. 346f.; vgl. Theol. aus der Idee des Lebens a. a. O. 69f. – [57] Bibl. und embl. Wb. a. a. O. [54] 535f. 538; Lehrtafel ... a. a. O. [50] 132f. 191. – [58] Lehrtafel ... a. a. O. 222; vgl. 133f.; vgl. Theol. aus der Idee des Lebens a. a. O. [55] 47-49. 71f. – [59] Swedenborgs ... Philos. 2, 156f.; Lehrtafel ... [60] Lehrtafel ... 18; vgl. die Zusammenfassung a. a. O. 171-175; Philos. der Alten a. a. O. [52] 2, 40f. – [61] Swedenborgs ... Philos. 2, 10f. 350; vgl. Theol. aus der Idee des Lebens a. a. O. [55] 84f. 146f. – [62] Lehrtafel ... 175. – [63] Swedenborgs ... Philos. 1, 19. 20; vgl. 2, 170. 165f. – [64] Die Metaphysic in Connexion mit der Chemie (ca. 1770) 29. – [65] Theol. aus der Idee des Lebens a. a. O. [55] 253; vgl. 281.

Literaturhinweise. C. A. AUBERLEN: Die Theosophie Fr. Chr. Oetingers nach ihren Grundzügen (1847). – J. ENGERT: H. S. Reimarus als Metaphysiker (1908); Der Deismus in der Relig.- und Offenbarungskritik des H. S. Reimarus (1916). – E. HOFFART: Herders ‹G.› (1918). – E. METZKE: J. G. Hamanns Stellung in der Philos. des 18. Jh. (1934, ND 1967). – H. HÖLTERS: Der spinozistische G.-Begriff bei M. Mendelssohn und Fr. H. Jacobi und der G.-Begriff Spinozas (1938). – H. GONZENBACH: Lessings G.-Begriff in seinem Verhältnis zu Leibniz und Spinoza (1940). – G. KENNERT: Herder und Meister Eckhart. Eine Studie zu Herders Schrift ‹G.› (Diss. Berlin, Humboldt-Univ. 1948). – H. HOHMANN: Der G.-Natur-Glaube des jungen Goethe (Diss. Göttingen 1950). – J. SCHNEIDER: Lessings Stellung zur Theol. vor der Herausgabe der Wolfenbüttler Frg. ('s Gravenhage 1953). – G. PONS: G. E. Lessing et le christianisme (Paris 1964). – E. ADLER: Herder und die dtsch. Aufklärung (1968). – W. WEISCHEDEL: Jacobi und Schelling. Eine philos.-theol. Kontroverse (1969). – K. LEESE s. Lit. zu VIII/1. – W. PHILIPP s. Lit. zu VIII/4.

U. DIERSE

IX. *Der philosophische G.-Begriff von Kant bis zur Gegenwart.* – 1. I. KANT hatte den G.-Begriff der klassischen Metaphysik schon vor seiner «Kopernikanischen Wende» in wesentlichen Punkten modifiziert [1]. Die «Revolution der Denkungsart» zog dann aber die prinzipielle Kritik der traditionellen Darstellung des G.-Gedankens nach sich: Das reine Denken erweist sich nur insofern als wahr, als das Vorstellen der Einbildungskraft das Denken auf erfahrbare Objekte restringiert. Dagegen bezieht sich die Vernunft niemals auf «Erfahrung ..., sondern auf den Verstand, um den mannigfaltigen Erkenntnissen desselben Einheit a priori durch Begriffe zu geben» [2]. Somit denkt die Vernunft die Kategorien des Verstandes als nicht restringiert, als rein möglich und folglich nur den reinen Gedanken der Synthesis einer Kategorie. In diesem Denkraum wird G. als transzendentale Idee, nämlich als conclusio eines disjunktiven Schlusses gedacht; die transzendentale Struktur der Idee G.es ist somit für sich richtig und notwendig. Der regulative Gebrauch der Idee G.es betrifft aber nur die Tendenz zum Unbedingten; wird dieses selbst gemeint, so denkt man es als gegeben, nämlich nicht als vorgestelltes, sondern als objektives Ziel, wodurch der Gebrauch der Idee G. transzendent wird. G. kann folglich nur rein gedacht werden «und bleibt also für den bloß spekulativen Gebrauch der Vernunft ein bloßes, aber doch *fehlerfreies Ideal* ..., dessen objektive Realität ... zwar nicht bewiesen, aber auch nicht widerlegt werden kann» [3]. Der theoretischen Vernunft ist G. nur «als Gegenstand in der Idee und nicht in der Realität» [4] gegeben, aber «nicht gedacht wie gegeben, sondern gedacht als so gegeben wie gedacht» [5]. Die Vernunft konstituiert G. als Gedanken seiner reinen Möglichkeit nach.

Diese Möglichkeit ist die Voraussetzung dafür, daß die Vernunft «in Ansehung des *praktischen Gebrauchs*» ein Recht hat, «etwas anzunehmen, was sie auf keine Weise im Felde der bloßen Speculation, ohne hinreichende Beweisgründe, vorauszusetzen befugt wäre» [6]. Denn die durch das Sittengesetz bestimmte praktische Vernunft muß die Beförderung des höchsten Gutes als Einheit von Tugend und Glückseligkeit, von Sittlichkeit und Natur wollen, wenn anders der sittlichen Bestimmung der moralischen Subjektivität Sinn zukommen soll. Da aber die Sittlichkeit die Ordnung der Natur, von der die Erlangung der Glückseligkeit abhängig ist, nicht zu beeinflussen vermag, muß die Existenz eines Wesens postuliert werden, das die Einheit von Tugend und Glückseligkeit hervorbringen kann und will. Somit muß dieses Wesen nicht nur sittliches Wesen, sondern auch Urheber der Natur, also G. sein. Ohne die spekulative Erkenntnis zu erweitern, gibt das Postulat G. der Idee G.es «der speculativen Vernunft im *Allgemeinen* (vermittels ihrer Beziehung aufs Praktische) objektive Realität» [7]. «Es liegt uns nicht sowohl daran, zu wissen, was G. an sich (seine Natur) sei, sondern was er für uns als moralische Wesen sei»; und «diesem Bedürfnisse der praktischen Vernunft gemäß» muß also G. als höchst vollkommener, heiliger, allmächtiger, allwissender, allgegenwärtiger, ewiger Welturheber, Gesetzgeber und Richter vorausgesetzt werden, um den Sinn der sittlichen Bestimmung der moralischen Subjektivität zu garantieren [8].

In zahlreichen Fragmenten des ‹Opus postumum› hat Kant G. als «hypothetisches Wesen», als «Idee (Selbstgeschöpf), Gedankending (ens rationis)», als «Product unserer selbst gemachten Vorstellungen», dabei aber zugleich als Forderung der praktischen Vernunft bezeichnet: «G. ist also keine außer mir befindliche Substanz, sondern blos ein moralisch Verhältnis in mir» [9].

Anmerkungen. [1] KANT, Akad.-A. 1, 228. 363ff. 394ff. 403ff.; 2, 34. 89. 100ff. 162ff. – [2] KrV B 359. – [3] KrV B 669. – [4] KrV B 724f. – [5] P. REISINGER: Die log. Voraussetzungen des Begriffs der Freiheit bei Kant und Hegel (Diss. Frankfurt 1967) 120; vgl. 105ff. – [6] KANT, KrV B 804. – [7] KpV, Akad.-A. 5, 132; vgl. 5, 4ff. 125. 134. 137f.; 8, 400f.; 18, 683; 20, 341; 23, 438. – [8] Akad.-A. 6, 139. – [9] Akad.-A. 21, 149. 4. 9-15. 17–60. 105. 116-120. 125-130. 150. 153. 295-301.

2. Schärfer noch als Kant stellt J. G. FICHTE heraus, daß «der wahre G.» «mit der Sinnenwelt» «unmittelbar gar nicht zu tun hat; seine Sphäre ist der Wille des Menschen und durch diesen erst wirkt er unmittelbar auf jene» [1]. Insofern läßt auch der Gehalt der Wissenschaftslehre als Darstellung der Einheit und des Widerstreites von Freiheit und Aposteriorität für einen explizierten G.-Gedanken keinen Platz, da für G. gelten müßte, daß kein anderes Setzen als eben das göttliche möglich ist. Gleichwohl gilt, daß die Wissenschaftslehre «formale Richtigkeit» auch für G. haben würde, «weil die Form derselben die Form der reinen Vernunft selbst ist» [2]. Aber Fichte geht nach anfänglicher Rezeption der Postulatenlehre [3] über Kant hinaus, indem er den zu einer apriorischen Deduktion untauglichen Begriff der Glückseligkeit und damit die Postulatenlehre fallen läßt und «die theologische Fragestellung auf die innere Möglichkeit der Sittlichkeit selbst» radikalisiert [4]. G. als moralische Weltordnung ist sonach als Bedingung der Möglichkeit des Sittengesetzes die Gewißheit verleihende Garantie der Einheit von Sittengesetz und Wirklichkeit. Als Fichte aber aus dieser Einsicht die Konsequenz zog, daß dann auf G. Bestimmungen wie Substanz, Bewußtsein und Persönlichkeit nicht angewandt werden können [5], setzte er sich (1798/1799) dem Vorwurf des Atheismus aus. Seine Kritik am Gedanken der Persönlichkeit G.es deckte eine bis heute virulente Aporie des G.-Gedankens auf. Denn wie die Kategorie der Substanz als logische Handlung, kraft deren das Ich, indem es die Dinge bestimmt, selbst bestimmt wird, den aus der Reflexion auf die Sinnhaftigkeit des Sittengesetzes hervorgegangenen und dieses garantierenden Begriff der moralischen Weltordnung verendlichen würde, so gilt das für den Begriff des Selbstbewußtseins, der für den Gedanken der Persönlichkeit konstitutiv ist, insofern nicht minder, als das theoretische Ich erst durch sein Bestimmtwerden durch die Dinge seiner selbst bewußt wird, wodurch die unendlich bestimmende Tätigkeit des Ich beschränkt wird.

Für den *späten* Fichte sollen die Freiheit und die Erkenntnis des Ich in ihrer Unbedingtheit dadurch gesichert werden, daß sich das Ich auf das als Synthesis von Freiheit und Aposteriorität erfaßte «Absolute» (= G.) «Sein», «Licht» [6] als auf den Grund der Realisierbarkeit seiner Freiheit bezieht. Aber das Absolute als Prinzip gegenständlicher Erkenntnis soll in keinem Bewußtseinsakt als solches ergriffen werden können, so daß es nur «außer ihm selber», nämlich in seinem Dasein oder seiner «Äußerung» als «ein Bild oder Schema» [7] unter den Bedingungen des Bewußtseins vorgestellt werden kann. Für die philosophische Erkenntnis bleibt G. «fremd»; er ist nicht «unser Sein»; «wir sehen nicht ihn, sondern immer nur seine Hülle» [8].

Anmerkungen. [1] J. G. FICHTE, Werke, hg. MEDICUS (1910-12, ND 1962) 6, 589. – [2] a. a. O. 1, 447. – [3] 1, 10f. 77. – [4] H. M. BAUMGARTNER: Über das G.-Verständnis der Transzendentalphilos. Philos. Jb. 73 (1965/66) 309. – [5] FICHTE, a. a. O. [1] 3, 129ff. 235. – [6] z. B. 5, 16. 173f. – [7] 5, 615. – [8] 5, 183.

F. WAGNER

3. Für den frühen, von Fichte beeinflußten SCHELLING kann G. nicht das «Unbedingte», der «Realgrund unseres Wissens» sein, da er damit bereits Objekt unseres Erkennens und also bedingt wäre [1]. Vielmehr ist G. jetzt, für die praktische Philosophie, das «absolute Ich», da es als unendliches Ich alle Endlichkeit überwindet [2]: «G. ist nichts als das absolute Ich, das Ich, insofern es Alles theoretisch zernichtet hat ... Mithin giebt es keinen persönlichen G.» [3]. Aber schon in Schellings ‹Naturphilosophie›, die die reale Seite der Welt (Natur) selbständig neben der idealen anerkennt, ist die Natur «der in das Objektive geborne Geist, das in die Form eingeführte Wesen G.es» [4]. Im ‹Transzendentalen Idealismus› offenbart und verwirklicht sich dann G. in der Geschichte und ihren Perioden, in deren letzter er erst vollständig *sein* wird und als das «absolut-Identische» jeden Gegensatz von Objektivem und Subjektivem, Freiheit und Notwendigkeit, aufgehoben haben wird: «*Ist* G., d. h. ist die objektive Welt eine vollkommene Darstellung G.es, ... so kann nichts *anders* seyn, als es ist» [5]. Mensch und Welt sind notwendig zur völligen Offenbarung G. [6].

In seiner späteren Philosophie wird für Schelling das Verhältnis G.es, des Absoluten, zum Einzelnen, Endlichen Gegenstand immer erneuter Reflexion. G. und Natur sind an sich nicht getrennt, sondern stehen in «heiliger Einheit» [7]. G. ist «das Eine, was schlechthin ist, ist die Substanz aller Substanzen, ... die Idee aller Ideen, das Erkennen alles Erkennens, das Licht alles Lichts». Das Einzelne und Besondere ist nur «in Bezug auf die Erscheinungswelt» abgetrennt, «an sich aber in G. und eins mit ihm» [8]. G. vollzieht zwar sein «Selbsterkennen», indem er als das «schlechthin-Ideale» ein «Gegenbild», das «schlechthin-Reale», setzt; aus seiner Absolutheit gibt es keinen stetigen Übergang, sondern nur einen «Sprung» in die Besonderheit [9]. Aber die geschichtsphilosophische Bedeutung dieses «Abfalls» liegt darin, daß er zur vollendeten Offenbarung G.es nötig wird: «Indem G. ... dem Angeschauten die Selbstheit verleiht, gibt er es selbst dahin in die Endlichkeit, und opfert es gleichsam, damit die Ideen, welche in ihm ohne selbstgegebenes Leben waren, ins Leben gerufen, eben dadurch aber fähig werden, als unabhängig existierende wieder *in* der Absolutheit zu seyn» [10].

In seinen späten Schriften hat Schelling den innergöttlichen Prozeß im Anschluß an *J. Böhme* und *Fr. Chr. Oetinger* noch näher erläutert: G. ist nicht das bewegungslose Sein, die ewig gleichbleibende Substanz, sondern er hat «lebendigere Bewegungskräfte in sich». Der «Grund» in G., das G. «vorausgehende Dunkel», «Verstandlose», die «Natur in G.», ist zwar von G. nicht zu trennen, aber doch von seinem Selbst unterschieden. Aus ihm werden erst Klarheit, Ordnung und Licht geboren. Durch die Regung des Grundes zum Licht entsteht eine erste Bewegung in G., «durch welche G. sich selbst in seinem Ebenbilde erblickt». Diese beiden in G. unauflöslichen Prinzipien sind im Menschen zertrennlich. Durch ihre Trennung im Sündenfall, im Abfall des Willens von seinem Zentrum in die Eigenheit und Selbstheit, tritt das Böse hervor [11]. Für die Offenbarung G.es ist aber wiederum das Wirklichwerden des Bösen, die Auflösung der Prinzipien, notwendig, damit G. es Liebe wirken kann. Weil G. «erkannte, daß ein von ihm ... unabhängiger Grund zu seiner Existenz seyn müsse, ließ er den Grund in seiner Independenz wirken» [12]. Erst im Durchgang durch die Geschichte erfolgt die «vollkommene Aktualisierung G.es», die schließlich zur Restitution der Einheit in G. und zur Ausstoßung des Bösen führt [13]. Später hat Schelling diesen Prozeß so begriffen, daß G. zunächst das Sein in sich begrenzt, dann das Sein außerhalb seiner in die «Unbegrenztheit» gesetzt wird und zum Schluß das Sein das «in die Begrenztheit Zurückgenommene in G. ist». Hierbei ändert sich jedesmal auch die Bestimmung G.es: G. geht selbst auch durch diese drei Formen hindurch und ist schließlich der G., der nichts mehr außer sich hat, «sondern allein G.» ist. Das Heraussetzen der Prinzipien aus G., «die Anwendung dieser Potenzen zur Hervorbringung eines von ihm verschiedenen Seyns [ist] doch gewissermaßen eine Nothwendigkeit für ihn» [14]. G.es Absicht ist es, «das nicht selbstgesetzte Seyn, jenes Seyn, in dem G. sich selbst nur findet, in ein selbstgesetztes zu verwandeln, also ... einen Proceß zu setzen, der, inwiefern in ihm nur das ursprüngliche göttliche Seyn wiederhergestellt oder wieder erzeugt wird, ein theogonischer genannt werden könnte» [15]. In der ‹Philosophie der Offenbarung› hat Schelling dasselbe Schema, das Ausgehen von G. und die Rückkehr zu ihm, auch in den Zusammenhang einer spekulativen Deutung der Trinität gestellt [16].

Anmerkungen. [1] F. W. J. SCHELLING, Werke, hg. K. F. A. SCHELLING (1856-61) 1, 165. 168. – [2] a. a. O. 1, 201f. – [3] Brief an Hegel vom 4. 2. 1795, in: Aus Schellings Leben in Briefen, hg. G. L. PLITT 1 (1869) 77. – [4] Werke, a. a. O. [1] 2, 66. – [5] 3, 603f. – [6] 5, 218. – [7] 4, 307. 329. – [8] 4, 320f. – [9] 6, 30f. 35; vgl. 6, 148ff. – [10] 6, 63, vgl. 56f. – [11] 7, 356-365; vgl. 7, 432-440. 458ff.; 8, 68-74. 81f.; 9, 32ff. – [12] 7, 373-378; vgl. 8, 305ff.; 14, 262. 274. – [13] 7, 403ff.; vgl. 7, 463ff. – [14] 10, 268-282. – [15] 13, 277; vgl. 13, 280ff. 310ff. – [16] 13, 338-354.

4. Anders als Schelling hat F. VON BAADER den Gedanken einer «successiven Genesis» G.es in der Geschichte, einer Geburt G.es und eines dunklen Grundes in G. abgelehnt [1]. Es gibt allerdings auch für ihn, da G. nicht totes Sein ist, ein innergöttliches Leben, eine nicht-zeitliche Genesis und «Selbstmanifestation» G.es, die auf der Trinität G.es beruht [2]. G. bedarf zwar keines anderen Wesens, um zu sein, will aber doch, «vermöge seiner Liebe, unbeschadet seiner Selbständigkeit und Selbstgenugsamkeit, von einem Anderen (dem Geschöpfe) sein, in diesem Anderen sein, und selbes wieder in sich enthalten» [3]. Es gibt auch, wie bei Schelling, eine «Natur in G.», aber G. hat dieses «Naturprinzip» in sich aufgehoben [4]. Die Schöpfung ist das «Bedürfnis», auf das G.es «Überfluß» trifft: «Die Natur, welche in ihrem Urstand als indigentia Dei sich kundgibt», ist «in ihrer Vollendung» die «manifestatio Dei» [5]. G. ist insofern «die alleinige Substanz ..., weil Er allein Sich zu jener ewigen Selbstenthebung aus seines Lebens Wurzel genügt, weil

Er allein sich ganz von selbst ausspricht (expandiert)», wohingegen die Kreatur entweder nur von G. oder mit seiner Hilfe «ausgesprochen (expandiert)» wird [6]. Die Natur soll G.es Gesetz, d. h. sein Leben, abbilden, damit so die «organische Innung» mit G. hergestellt wird, «weil nur in dieser lebendigen Gemeinschaft G. Alles in Allem geworden ist als der eine und derselbe Lebensgeist» [7]. G. entzweit sich für die Creatur, damit er in der Dreiheit mit ihr «wieder in die Einheit komme und die Creatur gleichsam selber G. helfe, sich wieder (creatürlich) zu integrieren und zu gebären» [8].

Für J. Fr. Fries wird G. wesentlich nur im Glauben und im religiösen Gefühl begriffen [9]. G. ist die oberste Ursache, der Gesetzgeber und Herrscher des Reichs der Zwecke, der «ewigen Ordnung der Dinge» wie der sittlichen Ideen, das Wesen, «das im hypothetischen Urtheil nur als Subject gedacht werden kann»; d. h. G. muß als Urheber der Einheit, Notwendigkeit und Gesetzmäßigkeit der Welt gedacht werden; ohne ihn würden die Dinge nur zufällig sein [10].

Fr. Schlegel hat, wie auch andere Denker der Romantik, G. immer als eng mit der Natur verbunden und die Welt als Darstellung der «werdenden Gottheit» gedacht [11] bzw. als Aufgabe des Menschen die «Wiedervereinigung» mit G. bezeichnet [12].

Anmerkungen. [1] F. von Baader, Werke, hg. F. Hoffmann (1850-60, ND 1963) 8, 90ff. 65; 2, 355. – [2] a. a. O. 13, 190 u. ö. – [3] 4, 241; vgl. 8, 93; 9, 225ff. – [4] 2, 378; 8, 109; 9, 218; 13, 173. – [5] 8, 114; 3, 400. – [6] 2, 210. – [7] 8, 73; vgl. 8, 115; 5, 13. – [8] 4, 241f. – [9] J. Fr. Fries, Julius und Evagoras, hg. W. Bousset (1910) 403; System der Met. (1824) 478. 518f. – [10] Neue oder anthropol. Kritik der Vernunft (²1828/31) 1, 275f. 284; Wissen, Glaube und Ahndung (1805) 309-316; System der Met. a. a. O. 226. – [11] Fr. Schlegel, Krit. A., hg. E. Behler (1958ff.) 12, 39. 75. 339. 419; 18, 156. 200. 248. 291. 306. 327. 417. 421; Trinitätsspekulationen: 13, 37-44; vgl. L. Oken: Lb. der Naturphilos. (1809-11) 1, VIIf. 14f.; K. Frantz: Grundzüge des wahren und wirklichen absoluten Idealismus (1843, ND 1909) 7ff. 16-44 (Fortführung der G.-, Natur- und Trinitätstheorien Schellings); vgl. auch Fr. Schiller: Philos. Briefe. Theosophie des Julius. Werke, hg. Fricke/Göpfert (⁴1965-67) 5, 344f. 350ff. – [12] Fr. Schlegel, a. a. O. 2, 210. 242. 257. 260. 261. 263; 11, 9; vgl. Fr. Schiller: Ästhet. Erziehung, 11. Brief. Werke a. a. O. 5, 602f. 650; L. C. de Saint-Martin: Vom Geist und Wesen der Dinge (1811/12) 2, 309ff.; I. P. V. Troxler: Naturlehre des menschl. Erkennens (1828), hg. Aeppli (1944) 229ff. 239. 242ff. 247f. 253ff.: G. im Menschen, der Mensch in G.; Vorles. über Philos. (1835), hg. Eymann (1942) 171-181; G. H. Schubert: Ahndungen einer allg. Gesch. des Lebens (1806-21) 2/II, 411f. 418; dagegen H. Steffens: Christl. Religionsphilos. (1839) 119ff.   U. Dierse

5. Der junge Hegel kritisiert an der jüdischen Religion, daß ihr G. nur Herrscher und Gebieter ist und der Welt und den Menschen, die von ihm abhängig sind, fremd bleibt. G. ist der Eigentümer seines Volkes. Er ist der Wahrheit, die zugleich Schönheit ist, entgegengesetzt [1]. Mit dem Christentum ändert sich dieses Verhältnis: Dem G.-Begriff der Juden «setzt Jesus das Verhältnis G.es zu den Menschen als eines Vaters gegen seine Kinder entgegen». Jesus stellt als G.- und Menschensohn den «Zusammenhang des Unendlichen mit dem Endlichen» her [2]. Im Glaubenden, der G. erkennt, «selbst ist Göttliches»: «Die Vollendung des Glaubens [ist] die Rückkehr zur Gottheit, aus der der Mensch geboren ist» [3]. Da aber in Jesu Menschsein auch Leiden, Natürlichkeit und Endlichkeit, etwas «ungöttlich Objektives», einbegriffen sind, ist auch hier die Vereinigung von Subjektivem und Objektivem «in einem Schönen, d. h.» nicht erreicht [4].

In seinen Hauptschriften beansprucht Hegel, das Christentum nach seinen wesentlichen Inhalten philosophisch-begrifflich zu durchdenken. Er wendet sich damit gegen die verbreitete Tendenz seiner Zeit, die Unerkennbarkeit G.es zu behaupten: G. kann und soll «erkannt, d. i. denkend bestimmt werden»; denn er ist gütig und nicht, wie in der griechischen Mythologie, neidisch. Er teilt sich den Menschen mit und hat sich in der christlichen Religion offenbart. Für den Christen «ist G. nicht mehr ein Unbekanntes», der Christ ist «in die Mysterien G. eingeweiht» [5]. «G. *ist* und gibt sich ein Verhältnis zum Menschen»; er hat sich zu ihm «herabgelassen ... bis zur Knechtsgestalt» und existiert somit nicht als abstraktes höchstes Wesen getrennt von der Welt, als «Jenseits des menschlichen Selbstbewußtseins». Sondern es ist «G.es Selbstbewußtsein, welches sich in dem Wissen des Menschen weiß». In der christlichen als der einzig wahren Religion «ist die göttliche Idee so als die Einheit der göttlichen und menschlichen Natur offenbart» [6]. Philosophie und Religion haben denselben Gegenstand, nämlich «in dem, daß G. die Wahrheit und er allein die Wahrheit ist» [7]; aber das Gefühl, der Glaube, die Unmittelbarkeit haben nur ein begrenztes Recht zur G.-Erkenntnis, denn sie erfassen G. nur in der Subjektivität; G. ist jedoch als «an und für sich Allgemeines» «Gegenstand des Denkens, nicht des Gefühls». Dem unmittelbaren Wissen gilt nur, «*daß* G. ist, nicht *was* G. ist», und so wird G. für dieses Wissen zum «bestimmungslosen Wesen» [8].

Die Frage der Denkbarkeit G.es hat Hegel dort aufgegriffen, wo Kant sie nicht hatte weiterverfolgen können, in der Logik. Denn Hegel erblickt die Aufgabe der Logik darin, «daß in ihr die Denkbestimmungen betrachtet werden, inwiefern sie fähig seien, das Wahre», also G., «zu fassen» [9], weil das Denken seiner spekulativen Logik es nicht nur, wie noch bei Kant, mit dem Gedachten zu tun hat, sondern weil das Denken des Gedachten selbst zum Gegenstand des Denkens wird. Indem das Denken des Gedachten den Gedanken mitkonstituiert, ist dieser nicht nur reine Form, sondern Inhalt an ihm selbst, wodurch G. als inhaltlich bestimmter logischer Gedanke gedacht wird. Insofern die logischen Bestimmungen danach beurteilt werden, inwiefern sie fähig sind, G. zu fassen, stellt Hegels Logik zugleich eine Kritik der traditionellen Bestimmungen G. dar, denn Hegel zeigt, daß G. weder als Sein noch als Wesen, sondern allererst als Begriff, der sich zur Idee entwickelt, adäquat gedacht wird. «Das ist der Begriff überhaupt, der Begriff G., der absolute Begriff; G. ist eben dieses. G. als Geist oder als Liebe ist dies, sich als sich besondert, die Welt, seinen Sohn erschafft, ein Anderes seiner und in diesem sich selber hat, mit sich identisch ist.» Wenn man G. nur durch Attribute zu bestimmen sucht, wird er nicht lebendig, d. h. als die sich bestimmende Idee, als jene Bewegung gedacht, die den Widerspruch setzt und ewig versöhnt [10]. G. ist Geist, d. h. «sich von sich selbst zu unterscheiden, sich Gegenstand zu sein, aber in diesem Unterschiede schlechthin mit sich identisch zu sein». «G. ist die Bewegung zum Endlichen und dadurch als Aufhebung des Endlichen die Bewegung in sich selbst. ... G. ist nur als diese Rückkehr. Ohne Welt ist G. nicht G.» [11]. Wie kraft der Inkarnation der unendliche Unterschied von G. und Mensch, so ist im Begriff als dem Beisichselbstsein im Anderssein die Differenz von Wesen und Gesetztsein aufgehoben. Deshalb sieht Hegel G. und Mensch in der Bestimmung des absoluten Geistes als versöhnt an, denn «indem wir den absoluten Begriff die göttliche Natur nennen, so ist die Idee des Geistes dies, die Einheit der göttlichen und menschlichen Natur zu sein ... Aber die göttliche Natur ist selbst nur dies, der absolute Geist zu sein; also eben die Einheit der göttlichen und menschlichen Natur ist selbst der absolute Geist» [12]. G. wird also nur insofern adäquat erfaßt, als der menschliche Geist G. als absoluten Geist mitkonstituiert. Denn «G. ist nur G., insofern er sich selber weiß; sein Sich-wissen ist ferner ein Selbstbewußtsein im Menschen und das Wissen des Menschen *von* G., das fortgeht zum Sich-wissen des Menschen *in* G.» [13]. Fichtes Kritik am Gedanken der Persönlichkeit G.es eingedenk, gelingt es Hegel somit, G. sowohl als allgemeinen Begriff wie als Persönlichkeit zu denken, nämlich als immanent-trinitarischen G., der in seinem Unterschied seine Selbsterfüllung findet, weil die Persönlichkeit an ihr selbst die Einheit von Allgemeinheit und Besonderheit ist.

Anmerkungen. [1] G. W. F. HEGEL, Theol. Jugendschr., hg. NOHL (1907, ND 1966) 247f. 251. 253f. – [2] a. a. O. 302. 304. 309f. – [3] 313. 318. – [4] 332. 337. – [5] Enzyklop. (1830) §§ 49. 564; Vorles. über die Philos. der Weltgesch. 1, hg. J. HOFFMEISTER (1970) 40ff. 46; Vorles. über die Philos. der Relig., hg. G. LASSON (ND 1966) 1/I, 4ff. – [6] Philos. der Weltgesch. a. a. O. 126; Philos. der Relig. a. a. O. 2/II, 5; Vorles. über die Beweise vom Dasein G.es, hg. G. LASSON (1966) 46-49; vgl. 44 (Würdigung der Schrift von K. F. Göschel: Aphorismen über Nichtwissen und absolutes Wissen (1829)). – [7] Enzyklop. a. a. O. [5] § 1. – [8] Philos. der Religion. a. a. O. 43f.; Enzyklop. §§ 72-74. – [9] Werke, hg. GLOCKNER 8, 90. – [10] Philos. der Relig. a. a. O. [5] 1/I, 221; 2/II, 13. 75f. 55. – [11] a. a. O. 2/II, 6; 1/I, 147f.; vgl. 2/II, 74; Enzyklop. § 74. – [12] 2/II, 38. – [13] Enzyklop. a. a. O. [5] § 564 Anm. F. WAGNER

6. Unter Hegels Schülern haben die *Althegelianer* vor allem die Lehre von der Menschwerdung G.es und der Unsterblichkeit des Menschen fortgeführt. Die Gegenwart G.es in der Welt, seine Identität mit der Menschheit wird entweder in Christus allein [1] oder auch als Bestimmung der Menschheit überhaupt gesehen. Für K. ROSENKRANZ bedeutet der Begriff «G.-Mensch», daß G. «nicht mehr G. für sich» und der Mensch «nicht mehr ein bloßer Mensch, sondern erfüllt mit göttlichem Geist» ist [2]. J. E. ERDMANN bezeichnet es als Willen G.es, daß der Mensch «sich als Ich und dennoch mit G. identisch setzt, indem er sich frei dem göttlichen Zweck unterordnet» [3]. G. kommt, so K. L. MICHELET, zum Selbstbewußtsein erst im Durchgang durch die Endlichkeit; er lebt und erlangt seine Objektivität im Menschen, und der Mensch weiß sich in G. [4]. Für FR. RICHTER gibt der Mensch mit dem Tode seine Individualität und persönliche Fortdauer auf und kann somit «ein göttliches Leben führen und dadurch G. inne werden und bleiben» [5]. FR. W. CAROVÉ sieht als Aufgabe des Menschen die immer weitere, aber nie voll zu erfüllende Angleichung an G., die «G.-Ähnlichung» [6]. Bei M. CARRIÈRE bedarf G., die Allpersönlichkeit, der Welt, um zu sich selbst zu kommen; er ist als «Weltseele» in allem gegenwärtig [7].

Der *spekulative Theismus* betrachtet die Identifizierung von G. und Mensch bzw. Welt bei manchen Hegelianern als «Pantheismus» und besteht auf G.es Transzendenz: Das absolute «göttliche Wissen» besitzt nicht der Mensch; G. ist «in seinem ewigen Wesen» «unanschaubar» und «unvorstellbar». I. H. FICHTE nimmt Begriffe aus der Spätphilosophie Schellings auf und interpretiert sie so, daß danach G. nur im metaphysischen Denken begriffen werden kann: G. hat als zwei Naturen / Hypostasen / Substanzen ein reales und ein ideales Moment, die sich in ihm in einem Selbsterzeugungs- und Selbsterkenntnisprozeß zur dritten Hypostase, der Person, vereinigen; G. ist nicht absoluter Geist, sondern Persönlichkeit [8]. Diesen G.-Begriff vertritt auch CHR. H. WEISSE, obschon zwischen ihm und dem jüngeren Fichte einige Differenzen [9] hinsichtlich der unmittelbaren Gleichsetzung des Absoluten mit der Persönlichkeit G.es bestehen [10]. Ein absolutes Wissen wird zwar zugegeben, aber in ihm ist nicht alles, «was von G. überhaupt wißbar ist, erschöpft», denn G. ist auch Leben, d. h. Handeln und Schaffen, und dies kann nur soweit erkannt werden, als unsere Erfahrung reicht [11].

Die *Junghegelianer* setzen zu einer umfassenden Kritik des Religions- und G.-Begriffs an, obwohl sie sich in einigen Punkten mit den Althegelianern berühren. D. FR. STRAUSS spricht von G. nicht als von einer Person, sondern von dem in's Unendliche sich selbst personifizierenden, dessen Eigenschaften die Weltgesetze sind [12]. Für L. FEUERBACH ist G. das Wesen des Menschen selbst, das der Mensch mit allen denkbaren Vollkommenheiten ausstattet, aus sich «als ein ihm entgegensetzendes Wesen» herausprojiziert, in Wahrheit also nur der Inbegriff seines Wunsches nach Unendlichkeit, Allmacht, Allgegenwart usw. Der «Zwiespalt von G. und Mensch» ist die Entfremdung «des Menschen mit seinem eigenen Wesen». «G. ist das offenbare Innere, das ausgesprochene Selbst des Menschen» [13]. Durch die Bildung der G.-Vorstellung wird der Mensch von sich selbst abgelenkt. G. und die Religion sind eine «grundverderbliche» «Illusion». Darum muß G. negiert werden, damit der Mensch zu sich zurückfindet [14]. G. darf nicht länger «der Ersatz der verlorenen Welt» sein. «Homo homini Deus» [15]. Bei M. STIRNER soll auch noch der Begriff ‹Mensch›, der nur Ersatz für den kritisierten G.-Begriff sei, eliminiert werden. An die Stelle G.es und des Menschen tritt der «Einzige», der ebenso alleinig und vollkommen ist, wie es G. war [16]. B. BAUER sieht das Dilemma des «theologischen Bewußtseins» darin, daß G. zwar Garant von Harmonie und Einheit ist, aber diese allein jenseitig, göttlich sind, während die Welt der Kampfplatz der Widersprüche bleibt [17]. Wie bei Feuerbach ist G. «nur der den Menschen entfremdete Mensch und kann als solcher dennoch nicht von den Menschen lassen»; er ist ein Mensch, der «entmenscht», nämlich vergöttlicht ist [18]. Diesen Versuchen der Junghegelianer, die Entstehung des G.-Begriffs aus gestörten menschlichen Verhältnissen zu erklären, ähnelt die Interpretation A. SCHOPENHAUERS: «Das Herz, d. i. der Wille, hat in seiner schweren Bedrängniß das Bedürfniß, allmächtigen, folglich übernatürlichen Beistand anzurufen: weil also gebetet werden soll, wird ein G. hypostasiert» [19]. L. NOACK kehrt Strauss und Feuerbach um und sieht G. nicht als Wesen des Menschen oder der Welt, sondern den Menschen «als die Persönlichkeit G.es oder richtiger als die in G. seiende Persönlichkeit» und das Absolute als das in G. sich entwickelnde Weltwesen [20]. M. HESS erhofft geschichtsphilosophisch eine Erneuerung der gesellschaftlichen Ordnung in G.: Das «allgemeine Ziel alles zeitlichen Strebens» ist «die ewige Wahrheit, das einige Leben, oder G., zu dem alles besondere, einseitige, getrennte Leben heimkehrt» [21]. Für K. MARX bedeutet der «Atheismus als Aufhebung G.es das Werden des theoretischen Humanismus», d. h. die praktische Verwirklichung des Wesens des Menschen, während Hegels Dialektik noch «eine Abstraktion, eine Entfremdung des menschlichen Lebens» war und somit «als göttlicher Prozeß» galt [22].

Anmerkungen. [1] K. FR. GÖSCHEL: Beitr. zur spekulat. Philos. von G., dem Menschen und dem G.-Menschen (1838). – [2] K. ROSENKRANZ: Enzyclop. der theol. Wiss. (1831) 38. – [3] J. E. ERDMANN: Über den Begriff des Sündenfalls und des Bösen. Z. spekulat. Theol. 1, H. 1 (1836) 206; vgl. Rechenschaft vom Glauben (1842) 68. 74. – [4] K. L. MICHELET: Vorles. über die Persönlichkeit G.es (1841, ND 1968) 279-288; vgl. hiergegen H. FR. W. HINRICHS: Die Fragen der Gegenwart. Hallische Jb. (1839) 470f.; A. VON CIESZKOWSKI, in: G. und Palingenesie

1 (1842). – [5] FR. RICHTER: Die Lehre von den letzten Dingen (1833) 1, 236ff. – [6] FR. W. CAROVÉ: Über alleinseligmachende Kirche (1826/27) 357ff. – [7] M. CARRIÈRE: Relig. Reden und Betrachtungen (²1856) 26ff. 50ff.; Die sittliche Weltordnung (1877) 392ff.; Die Relig. in ihrem Begriff ... (1841) 144. – [8] I. H. FICHTE: Grundzüge zum System der Philos. (1833-46, ND 1969) 3, 200. 214ff. 224. 241f. 320ff.; Über Gegensatz, Wendepunkt und Ziel heutiger Philos. 1 (1832) 45. 50. 103. Zur spekulat. Theol. Z. Philos. und spekulat. Theol. 4 (1839) 167-210; 5 (1840) 91-113. 155-234; 6 (1840) 155-180; vgl. H. M. CHALYBÄUS: Philos. und Christentum (1853) 128f. 137-143. – K. PH. FISCHER: Die Idee der Gottheit (1839); J. U. WIRTH: Die speculative Idee G. ... (1845); J. SENGLER: Die Idee G. (1845-52); H. ULRICI: G. und die Natur (²1866); G. und der Mensch (²1874). – [9] CHR. H. WEISSE: Das philos. Problem der Gegenwart (1842). – [10] Die Idee der Gottheit (1833); Philos. Dogmatik oder Philos. des Christenthums 1 (1855, ND 1967); Art. ‹G.› in: Allg. Encycl. der Wiss. u. Künste, hg. ERSCH/GRUBER I/75 (1862) 395-479; Die drei Grundfragen der gegenwärtigen Philos. Z. Philos. und spekulat. Theol. 1 (1837) 161-201; noch ein Wort über die Persönlichkeit G.es a. a. O 3 (1839) 332-362. – [11] Art. ‹G.› a.a.O. 421. – [12] D. FR. STRAUSS: Die christl. Glaubenslehre (1840/41) 1, 524. 613; vgl. J. FRAUENSTÄDT: Die Freiheit des Menschen und die Persönlichkeit G.es (1838); FR. J. STAHL: Fundamente einer christl. Philos. (= Die Philos. des Rechts II/1) (1846); J. PAULUS: Die moderne Philos. und die Persönlichkeit G.es (1842). – [13] L. FEUERBACH, Werke, hg. BOLIN/JODL (²1959-64) 6, 41f. 15ff.; 2, 247ff.; 8, 293. 345ff. – [14] a. a. O. 6, 331; 2, 411. – [15] 6, 237. 326; vgl. 6, 200; 7, 259; 8, 360 u. ö. – [16] M. STIRNER: Der Einzige und sein Eigentum (1845, ³1901) 34. 158. 251. 378. – [17] B. BAUER: Feldzüge der reinen Kritik, hg. H. M. SASS (1968) 160f. – [18] Das entdeckte Christentum (1843) 107, in: E. BARNIKOL: Das entdeckte Christentum im Vormärz (1927) 156f.; vgl. A. RUGE: Die Relig.philos. unserer Zeit, in: Die Akad. Philos. Taschenbuch 1 (1848) 59. 73. – [19] A. SCHOPENHAUER, Werke, hg. FRAUENSTÄDT/HÜBSCHER (²1946-50) 5, 126. – [20] L. NOACK: Die spekulat. Relig.wiss. (1847) 497. – [21] M. HESS: Die heilige Gesch. der Menschheit (1837) 234; jetzt in: Philos. und sozialist. Schriften, hg. CORNU/MÖNKE (1961) 48. – [22] K. MARX, MEW Erg.-Bd. 1, 583f.

7. Wie der Marxismus den G.-Glauben durch den «wissenschaftlichen Materialismus» ersetzt, so ist für den *Anarchismus* G. eine ungerechtfertigte Autorität über dem Menschen [1]. P.-J. PROUDHON proklamiert den Kampf gegen G., der des Menschen Feind ist und ihn seiner Freiheit beraubt [2]. Während der *Saint-Simonismus* am G.-Begriff festhält und die Wissenschaft als Erforschung der Gesetze, «durch die G. die Welt regiert», mit der Religion versöhnen will [3], ersetzt A. COMTE G. durch das «Grand-Etre» (oder «Etre-Suprême»), das nicht mehr ein fernes, geheimnisvolles, unerkennbares Wesen, sondern die Menschheit (l'Humanité) selbst ist, die Liebe zu G. durch die Liebe zur Menschheit, die Theologie durch die Soziologie [4].
Die *französische Restaurationsphilosophie* hatte dagegen auf einem G. als Gesetzgeber und Richter der Welt bestanden, dem der Mensch Ehrfurcht und Ergebung schuldet [5]. G. kann in der Gesellschaft, der für den Menschen vernünftigen Ordnung, anwesend sein, wenn er in der Religion und im Kultus verehrt, hervorgebracht und bewahrt wird [6]. – LAMENNAIS erklärt die Dreieinigkeit G.es mit seinen drei grundlegenden Attributen: Der Vater, das Vermögen, zeugt den Sohn, die Intelligenz; der Geist, die Liebe, ist die Verbindung beider [7]. Bei V. COUSIN ist G. zunächst Zentrum aller Wahrheiten, Prinzip des Wahren, Guten und Schönen, und später das dreifache Prinzip von Natur, Menschheit und G. zugleich, das eine Einheit bildet, weshalb Cousin des Pantheismus beschuldigt wurde [8]. E. VACHEROT versteht G. als abstraktes, von der Vernunft hervorgebrachtes Ideal, ähnlich den von den Geometern konstruierten reinen Figuren [9]. Daneben wird aber auch der G.-Begriff der traditionellen kirchlichen Lehre fortgeführt: G. kann im Glauben *und* in der Vernunft erkannt werden und seine Existenz durch die Philosophie bewiesen werden [10].

Anmerkungen. [1] M. BAKUNIN: G. und der Staat (1882). – [2] P. J. PROUDHON: Système des contradictions économiques (Paris ²1850) 1, 398. 90f. 383f.; Bekenntnisse eines Revolutionärs, hg. G. HILLMANN (1969) 10. – [3] Die Lehre Saint-Simons, hg. G. SALOMON-DELATOUR (1962) 225ff. 280ff. – [4] A. COMTE: Système de politique positive (Paris 1851-54) 1, 333f. 352ff. 356. 408ff. 448; Catéchisme positiviste, hg. A. PÉCAUT (Paris 1909) 1. 58f.; vgl. E. LITTRÉ: Conservation, révolution et positivisme (Paris 1852, ND 1971) 37. 122. – [5] J. DE MAISTRE: Abendstunden zu St. Petersburg (1824-25) 1, 191. 225ff.; 2, 125-128. – [6] L. G. A. DE BONALD: Oeuvres complètes, hg. MIGNE (Paris 1864) 1, 475. 478. 534; 2, 20; 3, 475. 478f.; vgl. R. SPAEMANN: Der Ursprung der Soziol. aus dem Geist der Restauration (1959) 115ff. – [7] R. DE LAMENNAIS: Grundriß einer Philos. (1841) 1, 40ff. – [8] V. COUSIN: Du vrai, du beau et du bien (³¹1926) 128. 109; Frg. philos. 1 (1838) 76; vgl. H. J. ODY: V. Cousin (1953) 141ff. – [9] E. VACHEROT: La met. et la sci. (Paris 1858) 2, 499ff. – [10] A. GRATRY: De la connaissance de Dieu (Paris 1853, dtsch. 1858); J. BALMES: Lb. der Elemente der Philos. (1852) 2, 312ff.; Fundamente der Philos. 4 (1856); Weg zur Erkenntnis des Wahren (²1872).

8. In Antithese zu Hegel sucht S. KIERKEGAARD weniger den Begriff ‹G.› selbst (denn G. läßt sich nicht beweisen und im philosophischen Denken begreifen; der G., «auf den man hinzeigen kann, ist ein Götze» [1]) als das Verhältnis des Menschen zu G. neu zu begründen. Zwischen G. und Mensch «ist ein absoluter Unterschied; das absolute Verhältnis des Menschen zu G. muß daher gerade den absoluten Unterschied ausdrücken», der darin besteht, daß der Mensch ein Einzelner ist, der nicht «sub specie aeterni zu denken» hat, sondern die Wahrheit in der Subjektivität und Innerlichkeit seiner Existenz findet, während G. unendlich und ewig ist. G. ist weder in die Natur noch in die Weltgeschichte «eingeschnürt», er ist überhaupt nicht «schlicht-unmittelbar kenntlich», sondern «unsichtbar» und absolut frei und nur dadurch zugänglich, daß ich «meinen endlichen Verstand» und das «Distinguieren» aufgebe [2]. «Die einzige Art, wie ein Existierender in ein Verhältnis zu G. kommt, ist die, daß der dialektische Widerspruch die Leidenschaft zur Verzweiflung bringt und mithilft, mit der ‹Kategorie der Verzweiflung› (Glauben) G. zu erfassen, ... so daß G. nicht ein Postulat ist, sondern das, daß der Existierende G. postuliert – eine Notwendigkeit» [3]. Der Mensch vermag vor G. nichts auszurichten, er ist nur «ein einzelnes Individuum, von dem G. ethisch alles fordert, das aber selbst nichts zu fordern hat: «Aber dann wirst du auch das gewinnen, daß G. in alle Ewigkeit dich nicht loswerden kann» [4]. Daß jedoch der Mensch überhaupt etwas von G. erfahren kann, ist in dem «absoluten Paradox» begründet, daß G. «herniedergestiegen» und «in menschlicher Gestalt dagewesen ist» [5].

Anmerkungen. [1] S. KIERKEGAARD, Werke, hg. E. HIRSCH (1950-66) 16/II, 183. 256; 10, 374; 16/I, 168; 11/12, 146. 153. – [2] a. a. O. 16/II, 118f. 35; 16/I, 146f. 169. 208f. 237. 239; 10, 60f.; 26, 132. – [3] 16/I, 190ff., vgl. 11/12, 112. – [4] 26, 174; 16/I, 139. 126ff. – [5] 10, 29f. 44; 16/I, 209.

9. Der *Materialismus* hält G. und den Glauben an ihn für unverträglich mit der modernen Wissenschaft und hinderlich für den Fortschritt [1], obwohl CH. DARWIN zunächst noch einen Schöpfer-G. für möglich hielt und später agnostizistisch nichts über ihn aussagen zu können glaubte [2]. – Der *späte spekulative Theismus* anerkennt zwar die Ergebnisse der neueren Naturwissenschaft, wendet sich aber gegen deren Ausschließlichkeitsanspruch. H. LOTZE findet «vollkommene Persönlichkeit ... in G.» [3], und G. TH. FECHNER bestimmt G. als «oberstes Wesen im Verhältnis zu den Welteinzelheiten» und als «Totalität des Seins und Wirkens» [4]. – E. VON HARTMANN und der *Monismus* lehnen einen persönlichen G.

ab und denken ihn als das «All-Eine», das nicht von der Welt geschieden ist, sondern «sich als unpersönlicher Wille und bewußtlose Intelligenz durch die Welt ... ergießt» [5], oder «pantheistisch» G. und Natur als «ein einziges Wesen» [6]. Auch H. SPENCER anerkennt zwar als höchstes Wesen eine «unerforschliche Macht», «durch welche alle Dinge sind» [7], nicht aber, wie noch H. MANSEL [8], einen persönlichen G.

Andere Autoren kritisieren den tradierten G.-Begriff, ohne an seiner Stelle einen neuen zu formulieren. J. ST. MILL kommt zu dem Ergebnis, daß G., obwohl er Macht habe, offensichtlich nicht allmächtig sei und zwar große, aber nicht genau bestimmbare Einsicht und Vernunft (intelligence) besitze und nicht immer das Glück seiner Geschöpfe verfolge. Gegenüber den überlieferten G.-Beweisen und -Attributen sei Skepsis angebracht: «The notion of a providential government by an omnipotent Being for the good of his creature must be entirely dismissed» [9]. – Für E. RENAN ist G. im Gefühl, Gewissen, in Kunst, Poesie und Religion näher als im abstrakten Denken der Metaphysik, denn dieses muß zur Erklärung des unerforschlichen Wesens G.es Anthropomorphismen zu Hilfe nehmen. «Ce n'est pas la raison, c'est le sentiment qui détermine Dieu» [10].

Am radikalsten negiert FR. NIETZSCHE den christlichen G.-Begriff. G. kann nicht allmächtig und gütig sein, wenn er zugleich strafender Richter ist und von den Menschen nicht hinreichend erkannt wird [11]. G. ist der Feind und Gegensatz des Lebens, Daseins und der «wirklichen Werte», die bisher als Unwerte gefaßt wurden [12]. Die Menschheit «hat endlich ihre Verzweiflung, ihr Unvermögen ‹G.› genannt». Sie hat, so heißt es ähnlich wie bei Feuerbach, «alles Große und Starke vom Menschen als übermenschlich, als fremd konzipiert» und sich selbst «verkleinert». Die «starke und erstaunliche» Seite würde G., die «erbärmliche und schwache» Mensch genannt. So ist es «unmoralisch, an G. zu glauben» [13]. Die wahre Welt und G. haben sich als Schein und erlogen erwiesen. G. ist nicht mehr Wahrheit, sondern Lüge; aber auch dieses Suchen nach der wahren Wahrheit lebt noch, so weiß auch Nietzsche, von dem christlichen Glauben, «daß die Wahrheit göttlich ist» [14]. Um der Selbstbejahung des Menschen willen mußte G. sterben: «G. ist tot»; «nun wollen wir, daß der Übermensch lebe» [15]. Durch G.es Tod werden die «freien Geister» befreit; der «höhere Mensch» kann jetzt auferstehen [16].

S. FREUD hat die Frage nach dem Wahrheitsgehalt der Religion ausgeklammert und will nur die Entstehung der G.-Vorstellung als «Illusion» analysieren: Die Menschen schufen sie sich, um ihre «Hilflosigkeit erträglich [zu] machen». Hinter G. verbirgt sich als Kern die Gestalt des Vaters, der «Urvater», der Schutz geben und die «Schrecken der Natur bannen» soll. Das G.-Bild ist wie das des persönlichen Vaters ambivalent: G. ist einerseits liebevoll und gütig, andererseits furchterregend und schrecklich: «Der Vater wäre also das individuelle Urbild sowohl G.es wie des Teufels» [17].

Anmerkungen. [1] L. BÜCHNER: Kraft und Stoff (1855); Der G.-Begriff und dessen Bedeutung in der Gegenwart (1874); J. MOLESCHOTT: Der Kreislauf des Lebens (⁴1863), gegen: J. LIEBIG: Chem. Briefe (1851). – [2] Vgl. R. STÖLZLE: Ch. Darwins Stellung zum G.-Glauben (1922). – [3] H. LOTZE: Mikrokosmos (1856-64) 3, 576; vgl. 616. – [4] G. TH. FECHNER: Zend-Avesta (1851, ³1906) 1, 219ff. 224. 229. – [5] E. VON HARTMANN: Philos. des Unbewußten 2 (= Ausgew. Werke 8) (1890) 175ff. 182; vgl. Die Relig. des Geistes (Werke 6) (1890) 176. 179. – [6] E. HAECKEL: Die Welträtsel (⁴1900) 333; Der Monismus als Band zwischen Relig. und Wiss. (²1893) 10; Die Lebenswunder (1904) 551f.; G.-Natur (1914); W. OSTWALD: Monist. Sonntagspredigten 1 (1911); J. SACK: Monist. G.- und Weltanschauung (1899). – [7] H. SPENCER: System der synthet. Philos. 1 (1875) 106f. 112. – [8] H. MANSEL: The limits of relig. thoughts (London 1858). – [9] J. ST. MILL: Three essays on relig. Coll. Works 10 (Toronto/London 1969) 459. 482. – [10] E. RENAN: Dialogues et frg. philos. (Paris ²1876) 321. 323f. 326; zu RENAN, TAINE und VACHEROT vgl. jedoch E. CARO: L'idée de Dieu et ses nouveaux critiques (Paris ⁶1878). – [11] FR. NIETZSCHE, Werke, hg. K. SCHLECHTA (1954-56) 1, 1071; 2, 134. – [12] a. a. O. 2, 968. 978. 1159. 1211f.; 3, 568. 582. – [13] 3, 574. 600. 747f. – [14] 2, 208. 891; 3, 737. 818. – [15] 2, 127. 205. 280. 344. 523. – [16] 2, 206. 522. – [17] S. FREUD, Werke (London 1946-68) 13, 330ff.; 14, 94. 339ff. 356; 15, 175fl.; 16, 236ff. 242.

10. Der *Neukantianismus* sieht den G.-Begriff entweder in der Funktion des ‹Als-Ob›, d. h. als theoretisch widersprüchliches, praktisch jedoch «notwendiges Element unseres Denkens» [1], oder als höchste, übermenschliche, transzendente Wertrealität [2] bzw. als «metaphysische Verankerung» des gesamten Werterlebens [3]. Daneben wird er auch als «Grund» der sittlichen Weltordnung [4], als jene «Idee der Wahrheit», die die Durchsetzung des Guten und die Einheit des sittlichen Ideals und der Wirklichkeit sichert [5], oder als das «Unbedingte, alles Bedingende» bestimmt, von dem man nur aussagen kann, daß es wirklich und wissend ist [6], nicht aber, ob es theistisch oder, wie bei H. BERGSON, evolutionistisch als «Tat», «Freiheit», «unaufhörliches Leben» und «sich machender G.» [7] zu denken ist. G. SIMMEL hat dagegen eingewandt, daß für G., will man ihn überhaupt denken, die Persönlichkeit unerläßlich ist, nicht jedoch als «steriles», der Welt gegenüberstehendes Prinzip, sondern so, daß G. «sich in sich selbst trennt und damit ein Gegenüber gewinnt, das Bewegung, Wirksamkeit, Leben ist, und doch in der eignen [G.es] Einheit beschlossen bleibt» [8].

S. ALEXANDER konstruiert einen zugleich immanenten und transzendenten G.-Begriff: G.es Körperlichkeit (body) sind Zeit und Raum und so sind alle endlichen Dinge in ihm enthalten. Seine Göttlichkeit (deity) ist die transzendente Seele, die ebenfalls innerhalb der Welt bleibt, jedoch nie in einem einzelnen Endlichen lokalisiert ist. Die Welt selbst als unendliches Wesen mit dem Streben zur Göttlichkeit ist der religiöse G. Ein unendlicher göttlicher G. ist nur Ideal [9]. – Im englischen *Neuhegelianismus* unterscheidet F. H. BRADLEY den G. der Religion, der «ein endliches Wesen» ist, vom philosophisch gedachten Absoluten, das, anders als G., auf nichts bezogen ist [10], während J. MCTAGGERT diesen Unterschied nicht macht, gleichwohl aber den Schöpfer-G. der Religion ablehnt [11].

Der *Pragmatismus* betrachtet G. nicht als objektiven, von der Vernunft für immer gültig erkannten Begriff, sondern so, wie er der praktischen Erfahrung (experience) des religiösen Bewußtseins erscheint. Ein solcher G. kann keine Fiktion sein, und ein Beweis für G.es Existenz wird überflüssig. Der Glaube an G. kann sich auf einen untrüglichen «instinct» berufen. Eine Täuschung ist nicht möglich. Die Frage nach der Bedeutung des Wortes ‹G.› kann nur pragmatisch beantwortet werden, d. h. so, wie G. im religiösen Umgang erfahren wird [12].

Anmerkungen. [1] H. VAIHINGER: Die Philos. des Als-Ob (1911) 229f. – [2] H. RICKERT: Allg. Grundlegung der Philos. (1921) 340f.; Vom System der Werte. Logos 4 (1913) 320f. – [3] W. WINDELBAND: Einl. in die Philos. (1914) 392. – [4] W. WUNDT: System der Philos. (³1907) 1, 395. 429f. – [5] H. COHEN: Ethik des reinen Willens (²1907) 439ff. 446. 450ff. 466; vgl. Art. ‹G.› IV. – [6] H. DRIESCH: Wirklichkeitslehre (1917) 339ff. – [7] H. BERGSON: L'évolution créatrice (dtsch. 1912) 253. – [8] G. SIMMEL: Philos. Kultur (³1923) 205ff. 210. 213. – [9] S. ALEXANDER: Space, time, and Deity (London u. a. 1920, ND 1966) 2, 394ff. – [10] F. H. BRADLEY: Appearance and reality (London ⁷1920)

445ff.; dtsch. (1928) 366ff.; Essays on truth and reality (Oxford 1950) 428. – [11] J. McTaggert: The nature of existence (Cambridge 1921-27, ND 1968) 2, 176ff. – [12] Ch. S. Peirce, Coll. Papers 6 (Cambridge, Mass. 1960) 338ff. (§§ 492f. 494ff.) 345ff. (§§ 500ff.); vgl. W. James: The varieties of relig. experience (London 1902); dtsch. G. Wobbermin (⁴1925) 355f. 399f.; A pluralistic universe (London 1909); dtsch. J. Goldstein (1914) 69. 78f.

11. In den ersten Jahrzehnten des 20. Jh. läßt sich eine weitverbreitete Gegnerschaft oder zumindest Skepsis gegenüber einem abstrakt-metaphysischen G. feststellen. F. Brentano hatte noch über den Kontingenzbeweis (Satz vom ausgeschlossenen Zufall) streng logisch versucht, zu einem «unmittelbar notwendigen, transzendenten» «schöpferischen Prinzip» zu gelangen [1]. Jetzt aber wird Kierkegaard rezipiert: «Der rationale G. vernichtet sich selbst in unserem Geist als Vernunft-G. und wird nur im Herzen als lebendiges, persönliches Weltbewußtsein wiedergeboren». G. ist «der Lebendige, dein und unser G., er lebt in dir und in uns. ... Und er ist G. in jedem Einzelnen nach der Art des Fühlens des Einzelnen» (M. de Unamuno [2]). An die Stelle der G.-Beweise der Neuscholastik und der metaphysischen G.-Erkenntnis setzt M. Scheler die «Selbstmitteilung (Offenbarung)» der «Personalität G.es, die ihre Existenz aufweist» als Fundament der Religion. G. ist grundlegend bestimmt als «Ens a se», durch allmächtige Wirksamkeit und Heiligkeit. Es liegt «im Wesen der personalen G.-Idee, daß ihre ‹Wahrheit› sich auch darstellen muß in der geistigen Seinsgestalt einer Person, die hier eben als Person die Wahrheit ‹ist› – nicht primär sie nur ‹sagt›» [3].

Bei M. Blondel ist G. das «einzig Notwendige», das «Übernatürliche», das uns weniger im begrifflichen Denken des Verstandes als aus der «gesamten Ordnung der Erscheinungen» gewiß ist, sich uns aufdrängt und seinen Grund im «praktischen Tun» hat: «An G. denken ist eine Aktion; unsere Tat geschieht nicht, ohne mit ihm zusammenzuwirken und ihn mit uns zusammenwirken zu lassen.» Der Mensch kann G. jedoch im Erkennen nie besitzen und über ihn verfügen. Er soll vielmehr G. in sich wirken lassen und seinen Willen durch «die absolute Initiative G.es» ersetzen. Dem Menschen ist G. uneinsehbar und doch evident: «Absolut unmöglich und absolut notwendig für den Menschen: das ist der genaue Begriff des Übernatürlichen» [3a].

Die *Philosophie des Dialogs* bezeichnet G. als «reines», «wahres» oder «ewiges Du», «das seinem Wesen nach nicht Es werden kann», als die immer gegenwärtige Realität, die nie als Objekt zu behandeln und deshalb mit dem Verstande nicht zu begreifen ist, sondern im «Zwischen» und in der «Zwiesprache» begegnet [4].

Aber auch die *metaphysische* Frage nach G. taucht immer wieder auf, und zwar von verschiedenen Ansatzpunkten her: Bei A. N. Whitehead hat G. die Funktion, aus dem Bereich des ideellen, möglichen Seins durch Begrenzung und Bestimmung das aktuelle Individuum, das konkrete Ereignis hervorzubringen, das es ohne G. nicht gäbe. G. ist so «principle of limitation» oder «principle of concretion» [5]. L. Lavelle denkt G. als das Eine und Unendliche, als reinen Akt, von dem alles Seiende durch Teilhabe (participation) sein Sein empfängt [6]. Während J. Maréchal die Transzendentalphilosophie Kants und Fichtes in die Interpretation des Thomismus einbringt [7], restituiert J. Maritain den G.-Begriff der Scholastik [8].

In der *russischen religiösen Philosophie* begreift W. Solowjew G. «durch die philosophische Vernunft» als das «notwendige und absolute Sein» und schließt an diesen Grundbegriff weitreichende Theorien über G.es Trinität, den Abfall der Welt von G. und den Weg zur Wiedervereinigung mit ihm an, woraus sich auch praktische Konsequenzen auf historischem, kirchenpolitischem (ökumenischem), politischem und moralisch-sozialem Gebiet ergeben und wo sich G.es «All-Einheit» konkretisiert: «Das Ziel des gottmenschlichen Wirkens ist es, alle Menschen in gleicher Weise zu erretten, diese ganze Welt zu verwandeln in ein königliches und prophetisches Priestertum, in eine Gemeinschaft G.es» [9]. – Gegenüber diesem spekulativen G.-Begriff verficht L. Schestow eine biblische und antirationalistische G.-Vorstellung und bekämpft damit jene Philosophie, die G. unter die Herrschaft von Vernunftwahrheiten zwingen will [10]. – Für die Existenzphilosophie N. Berdjajews ist die «Vermenschlichung G.es ... der grundlegende Vorgang im religiösen Selbstbewußtsein der Menschheit». Die endgültige Offenbarung der Trinität, der «inneren Bewegung in der Gottheit», liegt darin, daß «G. im Menschen geboren wird und in G. der Mensch geboren wird» [11].

Anmerkungen. [1] F. Brentano: Vom Dasein G.es (1929). – [2] M. de Unamuno: Das tragische Lebensgefühl (1925) 226ff. – [3] M. Scheler, Vom Ewigen im Menschen. Werke 5 (1954) 146. 160ff.; vgl. B. Rosenmöller: G. und die Welt der Ideen (1923) 18. 30ff.; Relig. philos. (1932) bes. 16ff.; Met. der Seele (1947); P. Wust: Die Auferstehung der Met. (1920) 221; Ungewißheit und Wagnis (1937) 164. 200ff. (G. als «ewiges Du»). – [3a] M. Blondel: L'action (Paris 1893, zit. dtsch. 1965) 365. 368. 375ff. 411ff. 429. 451f.; vgl. Das Denken (1953/56) 1, 377f.; 2, 238; vgl. U. Hommes: Transzendenz und Personalität. Zum Begriff der Action bei M. Blondel (1972) 267ff. – [4] M. Buber: Die Schr. über das dialog. Prinzip (1954); vgl. Art. ‹G.› IV; G. Marcel: Journal mét. (Paris 1927) 137. 155f. 158f. 272f.; Etre et avoir (Paris 1935) 118; F. Ebner: Das Wort und die geistigen Realitäten (1921) 17. 21. 162. 171. 182. 185f. 191; Wort und Liebe (1935) 89. 116. 285; H. Ehrenberg: Disputation (1923-25) 1, 187; vgl. K. Heim: Glaube und Denken (1926) 211. 219 u. ö.; J. Wittig: Das Geheimnis des ‹Und›. Die Kreatur 2 (1927/28) 424; L. Binswanger: Grundformen und Erkenntnis menschl. Daseins (1942) 263. 383f. – [5] A. N. Whitehead: Sci. and the modern world (Cambridge 1953) 221f.; Process and reality (New York 1941) 374. – [6] L. Lavelle: La dialectique de l'éternel présent 1: De l'être (Paris 1928); 2: De l'acte (Paris 1934). – [7] J. Maréchal: Le point de départ de la mét. 5 (Paris ²1949). – [8] J. Maritain: Approches de Dieu (Paris 1953, dtsch. 1955); Distinguer pour unir ou les degrés du savoir (Paris ⁶1958); vgl. J. Reiter: Intuition und Transzendenz. Die ontolog. Struktur der Met. bei J. Maritain (1967). – [9] W. Solowjew, Dtsch. Gesamt-A. 3 (1954) 339f. 392. 395. – [10] L. Schestow: Spekulation und Offenbarung (1963) 427. 442. – [11] N. Berdjajew: Der Sinn des Schaffens (1927) 343; Die Philos. des freien Geistes (1930) 223.

12. Andere Philosophen sparen G. ausdrücklich aus ihrer Fragestellung aus. Fällt bei E. Husserl das «göttliche Sein», das «Absolute und Transzendente» unter die «phänomenologische Reduktion» [1] und führt N. Hartmann jede G.-Vorstellung, sowohl den theistischen G. als auch ein impersonal gedachtes Absolutes, darauf zurück, daß der Mensch lediglich eine «Sinnordnung der Welt» sucht [2], so zieht es M. Heidegger vor, «im Bereich des Denkens von G. zu schweigen. Denn der onto-theologische Charakter der Metaphysik ist für das Denken fragwürdig geworden». Das «gott-lose Denken, das den G. der Philosophie, den G. als causa sui preisgeben muß», kann deshalb «dem göttlichen G. vielleicht näher» und «freier für ihn» sein, «als es die Onto-Theo-Logik wahrhaben möchte» [3]. Nach K. Jaspers bleibt G. «fern» und «unsichtbar». Er ist nur in der «Chiffre, die ich als Mensch in zweiter Sprache selbst schaffe, einen Augenblick näher», ohne jemals direkt «als Bestand in der Welt» sichtbar zu sein [4]. Für J.-P. Sartre ist die Existenz G.es unvereinbar mit der Existenz eines freien,

sich selbst schaffenden Menschen. Eine von G. gesetzte Ordnung der Wahrheiten und Werte würde den Menschen «überwältigen». «Unsere Freiheit wird beschränkt allein durch die göttliche Freiheit» [5]. Ähnlich heißt es bei A. CAMUS, daß der Mensch mit der Absage an G. die Verantwortlichkeit für sein Leben und die Welt selbst übernimmt [6]. Gäbe es einen G., so M. MERLEAU-PONTY, würde der Mensch sich seines Lebens entäußern, und es bliebe ihm nichts zu tun übrig, da alle Vollkommenheit bereits verwirklicht wäre [7].

Obwohl die neuere *Sprachanalyse* ein sinnvolles Reden von G. generell für unmöglich hält und nicht nur die Behauptungen des G.-Glaubens, sondern auch die des Atheismus und Agnostizismus als «ungültig» bezeichnet [8] und der *Neopositivismus* die G.-Vorstellung unter Rückgriff auf Feuerbach und Freud als «Illusion» durchschauen will, die sich der Mensch selbst schafft, um sich im Streben nach ihr vom Druck der Realität zu befreien [9], lassen es doch viele der gegenwärtig wirksamen philosophischen Ansätze nicht an einem formulierten G.-Begriff fehlen: «An einen G. glauben heißt sehen, daß es mit den Tatsachen der Welt noch nicht abgetan ist. An G. glauben heißt sehen, daß das Leben einen Sinn hat.» G. ist «das Schicksal oder ... die von unserem Willen unabhängige Welt. ... Es gibt zwei Gottheiten: die Welt und mein unabhängiges Ich» (L. WITTGENSTEIN [10]). «Einen unbedingten Sinn zu retten, ohne G., ist eitel. ... Zugleich mit G. stirbt auch die ewige Wahrheit» (M. HORKHEIMER [11]). «Die Wahrheit des G.-Ideals ist einzig die Utopie des Reichs, zu dieser ist gerade Voraussetzung, daß kein G. in der Höhe bleibt, indem ohnehin keiner dort ist oder jemals war» (E. BLOCH [12]). – In jüngster Zeit erneuert und verstärkt sich das Wechselinteresse von Philosophie und Theologie aneinander. Dies zeigt sich besonders auch an der Frage nach der Denkbarkeit G.es [13].

Anmerkungen. [1] E. HUSSERL, Ideen zu einer reinen Phänomenol. ... 1. Husserliana 3 (Den Haag 1950) 139f.; zur G.-Frage des späten Husserl vgl. S. STRASSER: Das G.-Problem in der Spätphilos. E. Husserls. Philos. Jb. 67 (1959) 130-142; H. HOHL: Lebenswelt und Gesch. (1962) 83ff. – [2] N. HARTMANN: Teleol. Denken (1951) 36-39. – [3] M. HEIDEGGER: Identität und Differenz (³1957) 51. 71. – [4] K. JASPERS: Philos. (³1956) 3, 67. 167. – [5] J.-P. SARTRE: Das Sein und das Nichts (1962) 383; Situations 1 (Paris 1947) 163; dtsch. Situationen (1965) 167. – L'existentialisme est un humanisme (Paris 1968) 21. – [6] A. CAMUS: Der Mensch in der Revolte (1953) 78; Der Mythos von Sisyphos (1960) 100f. – [7] M. MERLEAU-PONTY: Sens et non-sens (Paris 1948) 356f.; vgl. X. TILLIETTE, in: Archives de Philos. 24 (1961) 411f. – [8] A. J. AYER: Sprache, Wahrheit und Logik (1970) 151-159. – [9] E. TOPITSCH: G.-Werdung und Revolution (1973). – [10] L. WITTGENSTEIN, Schr. 1 (1960) 167. – [11] M. HORKHEIMER: Zur Kritik der instrumentellen Vernunft (1967) 227. – [12] E. BLOCH: Das Prinzip Hoffnung (1959) 1524. – [13] H. J. SCHULTZ (Hg.): Wer ist das eigentlich – G.? (1969); N. KUTSCHKI (Hg.): G. heute (1967); W. PANNENBERG: Grundfragen systemat. Theol. (1967) 361ff. 387ff.; G.-Gedanke und menschl. Freiheit (1972); J. RATZINGER (Hg.): Die Frage nach G. (1972); Der G. des Glaubens und der G. der Philosophen (1960); CL. BRUAIRE: Die Aufgabe, G. zu denken (1973); J. SPLETT: G.-Erfahrung im Denken (1973); J. KOPPERSCHMIDT (Hg.): Der fragliche G. (1973).

Literaturhinweise. J. GUTTMANN: Kants G.-Begriff in seiner positiven Entwicklung (1906). – FR. LIENHARD: Der G.-Begriff bei G. Th. Fechner (1920). – A. S. PRINGLE-PATTISON: The idea of god in the light of recent philos. (New York 1920, ND 1971). – FR. STUMPF: Die G.-Lehre in H. Lotze und G. Th. Fechner (Diss. Gießen 1925). – K. FRÖHLICH: Stud. zur Frage nach der Realität des Göttlichen in der neuesten dtsch. Relig.philos. (1925). – H. MINRATH: Der G.-Begriff in der modernen Wertphilos. (1927). – K. LEESE: Philos. und Theol. im Spätidealismus (1929). – G. PH. GEIGER: Schellings G.-Auffassung von 1795-1809 (Diss. Gießen 1938). – E. GILSON: God and philos. (New Haven/London 1941). – G. DULCKEIT: Die Idee G.es im Geiste der Philos. Hegels (1947). – FR. KIENECKER: Der G.-Begriff in Schillers philos. Schr. (Diss. Münster 1951). – E. SCHMIDT: Hegels Lehre von G. (1952). – CH. HARTSHORNE und W. L. REESE: Philosophers speak of God (Chicago/London 1953). – A. PAULSEN: S. Kierkegaard (1955). – R. JOLIVET: Le dieu des philosophes et des savants (Paris 1956). – W. RITZEL: Fichtes Relig.philos. (1956). – W. SCHULZ: Der G. der neuzeitlichen Met. (1957). – H.-G. REDMANN: Kants G.-Gedanke innerhalb der vorkrit. Periode (Diss. Berlin, Humbodt-Univ. 1958). – J. COLLINS: God in modern philos. (London 1960). – G. NÜDLING: L. Feuerbachs Relig.-philos. (²1961). – K. HEMMERLE: Fr. von Baaders philos. Gedanke der Schöpfung (1963). – H.-M. SASS: Untersuch. zur Relig.philos. in der Hegelschule 1830-1850 (Diss. Münster 1963). – L'existence de Dieu. Cahiers de l'actualité relig. 16 (Tournai ²1963). – FR. O. KILE: Die theol. Grundlagen von Schellings Philos. der Freiheit (1965). – M. THEUNISSEN: Der Andere (1965) 330-346. – H. FUHRMANS: Der G.-Begriff der Schellingschen positiven Philos., in: Schellingstudien. Festschrift für M. Schröter (1965) 9-47; Das G.-Welt-Verhältnis in Schellings positiver Philos., in: Kritik und Met. Studien. H. Heimsoeth zum 80. Geburtstag (1966) 196-211. – A. FLEW: God and philos. (London u. a. 1966). – T. KOCH: Differenz und Versöhnung. Eine Interpretation der Theol. G. W. F. Hegels nach seiner ‹Wiss. der Logik› (1967). – K. LÖWITH: G., Mensch und Welt in der Met. von Descartes bis Nietzsche (1967). – F. WAGNER: Hegels Satz ‹G. ist tot›. Zeitwende 38 (1967) 78ff. – H. R. BURKLE: The nonexistence of God. Antitheism from Hegel to Duméry (New York 1969). – E. DE GUEREÑU: Das G.-Bild des jungen Hegel (1969). – J. MOREAU: Le Dieu des philosophes (Paris 1969). – A. GRABNER-HAIDER: G. (1970). – M. PUDER: Hegels G.-Begriffe, in: Hegel und die Folgen, hg. G.-K. KALTENBRUNNER (1970) 253-269. – E. BISER: Nietzsches Kritik des christl. G.-Begriffs und ihre theol. Konsequenzen. Philos. Jb. 78 (1971) 34-65. 295-305. – H. DANNER: Das Göttliche und der G. bei Heidegger (1971). – F. WAGNER: Der Gedanke der Persönlichkeit G. bei Fichte und Hegel (1971). – W. WEISCHEDEL: Der G. der Philosophen (1971/72). – H.-J. BRAUN: Die Relig.-philos. L. Feuerbachs (1972). – W. KERN: Über den humanistischen Atheismus, in: Ist G. noch gefragt? hg. K. RAHNER (1973) 9-55. – H. M. BAUMGARTNER s. Anm. [4 zu 2].

U. DIERSE

X. *Der G.-Begriff der nachreformatorischen evangelischen Theologie.* – 1. Die G.-Lehre der *altprotestantischen Orthodoxie,* lutherischer und reformierter Provenienz, ist im Unterschied zum G.-Verständnis der Reformatoren durch die Wiederaufnahme hochscholastischer, also insbesondere aristotelischer Bestimmungen gekennzeichnet.

Schon die Lehre von der *Erkenntnis* G.es geht über die Forderung hinaus, alle theologischen Aussagen auf die heilige Schrift zurückzuführen. In ihr wird eine doppelte Quelle der Erkenntnis angenommen, nämlich eine «ex libro naturae» und eine «ex libro scripturae», auf der die fundamentale Unterscheidung der «theologia naturalis» von der «theologia supernaturalis seu revelata» beruht. «Cognoscitur deus tum ex lumine naturae, tum ex lumine gratiae» [1]. Diese Distinktion wird allerdings nicht durchgehend auf die Erkenntnis G.es in seinem Wesen, sondern von zahlreichen Dogmatikern nur auf die Quelle der Erkenntnis bezogen. Die Verhältnisbestimmung von natürlicher und übernatürlicher Theologie setzt «ein positives inneres Verhältnis von Theologie und Philosophie» [2] voraus. Die theologia naturalis wird zwar einerseits der theologia revelata ein- und untergeordnet. Aber andererseits ist die theologia naturalis Grundlage und Voraussetzung der theologia revelata, denn der Mensch kann auch unter den Bedingungen der gefallenen Natur G.es Offenbarung nur dann verstehen, wenn die Möglichkeit zu einer natürlichen G.-Erkenntnis nicht völlig vernichtet ist.

Bei der *theologia naturalis* wird zwischen der «notitia insita» und der «notitia acquisita» differenziert: G. wird teils aus angeborenen Ideen, teils aus der Betrachtung der Werke G.es in Natur und Geschichte erkannt. Die notitia naturalis bezieht sich auf das Sein und die Verehrung G.es; die Beweise für das Dasein G.es werden der notitia acquisita entnommen. Denn daß eine absolute geistige und sittliche Macht existiert, von der die Welt abhängig ist, erfährt der Mensch aus der Wahrnehmung der sittlichen und bürgerlichen Ordnung und aus seinen eigenen geistigen und sittlichen Fähigkeiten.

Die *theologia revelata* behandelt G. sowohl nach seinem Sein als auch nach seinem Wesen. Das Nebeneinander von theologia naturalis und revelata bedingt also eine gewisse Unausgeglichenheit, denn die cognitio dei revelata wird anders als die notitia naturalis nicht als solche thematisiert, vielmehr setzt mit ihr sofort die Erörterung des «esse deum» und der «essentia dei» ein [3]. Das Wesen G.es wird sowohl «absolute», d. h. im Hinblick auf das Wesen für sich, als auch «relative», nämlich bezogen auf die trinitarischen Personen behandelt. «Essentia dei, absolute spectata, discribitur, quod sit essentia spiritualis infinita» [4]. Man ist sich bewußt, daß diese Definition G.es wie auch alle anderen Aussagen über G. inadäquat sind und insofern nur «analogice» gelten. Den Begriffen ‹essentia spiritualis› und ‹infinitas› bzw. der Bestimmung ‹actus purissimus et simplicissimus› – so stereotyp in der reformierten Dogmatik [5] – kommt nur der Wert von Näherungen zu.

So wird G.es unendliches Wesen wegen der menschlichen Unfähigkeit, einen adäquaten G.-Begriff zu bilden, durch eine Vielzahl von *Eigenschaften* beschrieben. «Quia intellectus noster finitus, infinitam et simplicissimam dei essentiam uno conceptu adaequato adaequate concipere nequit, idea distinctis et inadaequatis conceptibus essentiam divinam inadaequate repraesentantibus, eandem apprehendit, qui conceptus inadaequati dicuntur affectiones et attributa dei» [6]. Die Eigenschaften sind nichts vom Sein und Wesen G.es Verschiedenes; weder sind sie Teile noch Akzidenzen des göttlichen Wesens. Sie sind das göttliche Wesen selbst in seiner Beziehung zur Welt. Daher ist die Unterscheidung der Eigenschaften der menschlichen Erkenntnisfähigkeit zum Trotz in der Manifestation G.es gegenüber den verschiedenen Objekten der Welt auch objektiv begründet. «Est distinctio rationis ratiocinatae, quae habet fundamentum in re respectu variorum actuum Dei et diversorum obiectorum, in quibus Deus virtutes suas exerit» [7]. Jede einzelne göttliche Eigenschaft bringt so die Identität des göttlichen Wesens, so wie sich dieses in Beziehung auf einen bestimmten Weltgegenstand erweist, zum Ausdruck. Nach dem Vorbild des Areopagiten werden die Eigenschaften viae eminentiae, negationis et causalitatis gewonnen. Ihre Einteilung, die bei den einzelnen Dogmatikern verschieden ausfällt, erfolgt in positive und negative, eigentliche und uneigentliche, absolute und relative, immanente und transzendente, in Eigenschaften G.es an und für sich und in solche der göttlichen Wirksamkeit auf die Welt. Die in der reformierten Dogmatik übliche Einteilung in mitteilbare (communicabilia) und unmitteilbare (incommunicabilia) richtet sich gegen die lutherische Lehre von der communicatio idiomatum, nach der an die menschliche Natur Jesu auch göttliche Majestätseigenschaften real mitgeteilt werden sollen [8]. In G.es Wissen unterscheidet man ein notwendiges Wissen, das G. unmittelbar von seinem Wesen selbst hat, von einem freien Wissen, dessen Gegenstand durch einen freien Willensakt G.es geschaffen ist. Beim Willen G.es differenziert man zwischen der Art, wie G. sich selbst und wie er die Dinge außer sich will; sich selbst will G. notwendig, die Dinge außer sich mit Freiheit. Relative wird das Wesen G.es trinitarisch betrachtet [9]. Die Trinität gilt als Geheimnis, das allein von der in der Schrift niedergelegten Offenbarung her zugänglich ist; dem diskursiven Denken entzieht sich das trinitarische Geheimnis.

Anmerkungen. [1] J. F. KÖNIG: Theologia positiva acroamatica (1664, ND Rostock 1699) I, § 4, zit. nach C. H. RATSCHOW: Luth. Dogmatik zwischen Reformation und Aufklärung (1966) 1, 18. – [2] Vgl. RATSCHOW, a. a. O. 18. – [3] Vgl. 48. – [4] J. A. QUENSTEDT: Theologia didacto-polemica (Wittenberg ³1696) I, c. VIII, s. I, th. II, zit. RATSCHOW, a. a. O. [1] 67. – [5] Vgl. H. HEPPE und E. BIZER: Die Dogmatik der evang.-ref. Kirche (²1958) 43. – [6] Vgl. QUENSTEDT, a. a. O. [4] I, c. VIII, s. I, th. III n, zit. a. a. O. 69f. – [7] J. BRAUNIUS: Doctrina foederis sive systema theologiae didacticae et elencticae (Amsterdam 1688) I, II, 2, 18, zit. HEPPE/BIZER, a. a. O. [5] 56. – [8] Vgl. a. a. O. [5] 57f. – [9] Vgl. H. SCHMID: Die Dogmatik der ev.-luth. Kirche (⁷1893) 87ff.; RATSCHOW, a. a. O. [1] 82ff.; HEPPE/BIZER, a. a. O. [5] 87ff.

2. Die Bestimmungen des scholastisch-orthodoxen G.-Begriffs werden in der theologischen G.-Lehre zwar noch bis weit in das 18. Jh. und darüber hinaus festgehalten. Gleichwohl beeinflußt die mit der Neuzeit eingetretene und erkenntnistheoretisch bedingte Wandlung der G.-Vorstellung und ihrer Funktion zunehmend die theologische G.-Lehre. Die Theologie vollzieht die Wendung zur Selbstgewißheit der Subjektivität – zunächst in den Gestalten der frommen (Pietismus) und der vernünftig-sittlichen (Aufklärung, Neologie) Subjektivität – mit, so daß man sagen kann, daß der *nachorthodoxe* G.-Gedanke grundsätzlich auf dem Boden der ihrer selbst gewissen Subjektivität konzipiert wird.

Im gemäßigten *Pietismus* (PH. J. SPENER, A. H. FRANKE) verändert der Ausgang bei der Selbsterfahrung des Wiedergeborenen das überkommene G.-Bild noch nicht wesentlich. Aber der radikale Pietist J. K. DIPPEL (1673-1734) versteht G. von der in Christi Kreuz und Auferstehung erfolgten Versöhnung und Erlösung her als reine Liebe, so daß er auch den Zorn G.es als vorläufige Verhüllung der göttlichen Liebe ansieht; die orthodoxe Vorstellung vom gegenüber der Liebe eigenständigen Zorn G.es gilt ihm als widerchristlich und abgöttisch.

In der Aufklärungstheologie, der *Neologie*, dominiert dieses G.-Bild: Der Gegensatz von Liebe und Gerechtigkeit, Liebe und Zorn G.es tritt in den Hintergrund. G.es Liebe wird als allgemeines Wohlwollen, als Milde und Güte verstanden. Dem korrespondiert die Vorstellung von G.es Schöpfung und Vorsehung.

Schon die in der Frühaufklärung ausgebildete *Physikotheologie* [1] schließt von der Betrachtung der einzelnen Naturerscheinungen, Tieren und Pflanzen auf die Herrlichkeit des Schöpfer-G. zurück. «Der Mensch muß wahrlich sich bestreben, / um zu des Schöpfers Majestät, / Die alles, alles übergeht, / Sich voll Betrachtung zu erheben ... Und immer tiefer einzudringen / In seiner Herrlichkeit unendlich ewiges Licht, / Durch die Geheimnis-reiche Spur / Der wundervollen Creatur / Sonst thut er wider seine Pflicht» [2]. Aus allen Phänomenen der Tier- und Pflanzenwelt, des Mineralreiches und der Sternenwelt kann die als wunderbar empfundene göttliche Vorsehung entnommen werden.

Diese Physikotheologie wird in der eigentlichen Aufklärungstheologie durch einen allgemeinen Vorsehungsglauben abgelöst. G.es Macht und Güte wird in den vernünftig begründeten Naturgesetzen wiedererkannt; die theologia revelata wird nunmehr durch die theologia naturalis sive rationalis begrenzt.

Anmerkungen. [1] Vgl. W. PHILIPP: Das Werden der Aufklärung in theol.-gesch. Sicht (1957) bes. 98ff. – [2] B. H. BROCKES:

Irdisches Vergnügen in G. bestehend in Physikalischen und Moralischen Gedichten (⁷1744) 1, 425, zit. PHILIPP, a. a. O. 105 Anm. 31.

3. Unter dem Eindruck der Kritik Kants an der ontologischen G.-Lehre und beeinflußt durch die Kritik Fichtes am Gedanken der Persönlichkeit G.es unternimmt es SCHLEIERMACHER, die G.-Lehre auf eine neue Grundlage zu stellen, indem er sie bewußt vom Boden der religiösen Subjektivität aus entwickelt.

In den ‹Reden über die Religion› (1799) faßt Schleiermacher die Religion als «Sinn und Geschmack fürs Unendliche» [1]. «Ihr Wesen ist weder Denken noch Handeln, sondern Anschauung und Gefühl» [2]. Zugleich mit der Abgrenzung der Religion von Metaphysik und Moral, von theoretischer und praktischer Vernunft ersetzt Schleiermacher die Vorstellung G.es als einer unendlichen Person durch die des Universums. «G. ist nicht alles in der Religion, sondern eins, und das Universum ist mehr» [3]. In dreifacher Weise wird das Universum als Totalität des Seienden, als Natur und Geschichte, als Menschheit und als Welt-Einheit beschrieben [4]. Es ist mit der Totalität der Welt und Menschheit nicht identisch, aber auch nicht von dieser ablösbar, denn das Universum offenbart sich nur im Endlichen als das Unendliche, als der Urgrund des Seienden. Die Religion als Anschauung und Gefühl nimmt «alles Beschränkte als eine Darstellung des Unendlichen» [5] wahr. An diese Wahrnehmungsweise ist auch die Anschauung des Universums gebunden, so daß es dem Wesen der Religion zuwiderläuft, über dem «Sein» «G.es vor der Welt und außer der Welt» zu «grübeln» [6]. Die Religion bleibt daher «bei den unmittelbaren Erfahrungen vom Dasein und Handeln des Universums, bei den einzelnen Anschauungen und Gefühlen» «stehen» [7]. In seiner Glaubenslehre entwickelt Schleiermacher das Gefühl als Grundlage der G.-Vorstellung zur Bestimmung des unmittelbaren Selbstbewußtseins weiter, das er näher als schlechthinniges Abhängigkeitsgefühl faßt. Während das relative Freiheits- und Abhängigkeitsgefühl sich jeweils auf bestimmte Gegenstände der Welt bezieht, umgreift das absolute Abhängigkeitsgefühl relative Freiheit und Abhängigkeit und bezieht sich so auf die absolute Einheit des Idealen und Realen.

In seiner philosophischen Grundlegung, der ‹Dialektik› [8], versucht Schleiermacher das unmittelbare Selbstbewußtsein – die Bedingung der Möglichkeit des Übergangs vom Denken ins Wollen und umgekehrt – als Analogie zu jener absoluten Einheit, dem transzendenten Grund, verständlich zu machen. Denken und Wollen sollen des transzendenten Grundes nicht inne werden können, so daß sich dieser deren Näherungsformeln entzieht. Nur im unmittelbaren Selbstbewußtsein als der «Einheit des denkend wollenden und wollend denkenden Seins» «haben wir die Analogie mit dem transzendenten Grunde, nämlich die aufhebende Verknüpfung der relativen Gegensätze» [9]. Aber erst die Beziehung des unmittelbaren Selbstbewußtseins auf sich selbst erschließt dieses als unbedingtes Abhängigkeitsgefühl, nämlich dadurch, daß sich das Selbstbewußtsein «durch dasjenige» «bedingt und bestimmt» weiß, «worin allein das denkend wollende und das wollend denkende mit seiner Beziehung auf alles übrige Eins sein kann, also durch den transzendenten Grund selbst» [10].

Diese Bestimmtheit entfaltet Schleiermacher als schlechthinniges Abhängigkeitsgefühl, so daß er in der Glaubenslehre das in diesem «mitgesetzte *Woher* unseres empfänglichen und selbsttätigen Daseins durch den Ausdruck G. bezeichnet» [11]. Gegenüber der unmittelbaren Erfahrung unbedingter Abhängigkeit sind alle Aussagen über G. nicht nur inadäquat, sondern auch sekundär. Auf diese Weise sucht Schleiermacher die prinzipielle Nichtobjektivierbarkeit G.es zu wahren. Denn alle Aussagen über G. besagen nichts über das Wesen G.es selbst, sondern nur etwas von der Art, wie das Abhängigkeitsgefühl auf das Woher seiner Abhängigkeit bezogen wird. Indem das Abhängigkeitsgefühl die Bestimmung der Kausalität impliziert, kommt nur die via causalitatis in Betracht, um von G.es Eigenschaften zu sprechen. Schleiermacher faßt daher alle göttlichen Eigenschaften als göttliche Ursächlichkeiten auf. «Alle Eigenschaften, welche wir G. beilegen, sollen nicht etwas Besonderes in G. bezeichnen, sondern nur etwas Besonderes in der Art, das schlechthinnige Abhängigkeitsgefühl auf ihn zu beziehen» [12]. Insofern das Abhängigkeitsgefühl zwar von Wissen und Tun unterschieden werden muß, aber nicht von diesen gelöst werden kann, kann Schleiermacher eine Vielzahl traditioneller göttlicher Eigenschaften entsprechend seinem Interpretationskanon umdeuten; das G.-Bewußtsein verwirklicht sich gemäß den verschiedenen Lebensmomenten, von denen das Abhängigkeitsgefühl begleitet wird. Jedoch ist die G.-Lehre gegenüber der Beschreibung des frommen Selbstbewußtseins insofern sekundär, als Schleiermacher Aussagen über G. nur dann «für zulässig» hält, wenn sie sich «aus Beschreibungen menschlicher Gemütszustände» «entwickeln lassen» [13].

Anmerkungen. [1] F. SCHLEIERMACHER, Über die Relig. Reden an die Gebildeten unter ihren Verächtern, hg. R. OTTO (⁶1967) 53. – [2] a. a. O. 50. – [3] 132f. – [4] Vgl. P. SEIFERT: Die Theol. des jungen Schleiermacher (1960) 77ff. – [5] SCHLEIERMACHER, a. a. O. [1] 56. – [6] a. a. O. 57f. – [7] 58. – [8] Vgl. F. WAGNER: Schleiermachers Dialektik. Eine krit. Interpretation (Hab.-Schr. München 1971). – [9] FR. SCHLEIERMACHER, Dialektik. Werke, hg. L. JONAS 3/4, 2 (1839) 429. – [10] a. a. O. 430. – [11] Der christl. Glaube nach den Grundsätzen der evang. Kirche (⁷1960) 1, 28, § 4, 4. – [12] a. a. O. 255, § 50; vgl. G. EBELING: Schleiermachers Lehre von den göttl. Eigenschaften, in: Wort und Glaube 2 (1969) 305ff. – [13] SCHLEIERMACHER, a. a. O. 164, § 30, 2.

4. Gründet Schleiermacher das Reden von G. auf die Erfahrung des unmittelbaren Selbstbewußtseins, so wollen PH. K. MARHEINEKE und K. DAUB als Vertreter der *spekulativen Theologie* in Anknüpfung an Schelling und insbesondere an Hegel den G.-Begriff auf dem Boden der spekulativen Vernunft, des spekulativen Selbstbewußtseins, entfalten. Unter Voraussetzung der Einheit von Religion und Philosophie ist es «der eine und selbige göttliche Geist, welcher in Schrift, Kirche und Vernunft thätig und wirksam ist» [1]. Indem das vernünftige Wissen des Menschen G. in seinem Begriff, d. i. logisch, und in seiner Erscheinung, d. h. in der Geschichte erkennt, ist es G. selbst, der sich in dem menschlichen Wissen begreift; G. offenbart sich «durch sich selber in der Vernunft» [2]. In der Durchführung ihrer G.-Lehre bleibt aber die spekulative Theologie hinter diesem Anspruch zurück. Zwar soll das Wesen G.es, insofern es im Denken als Gedanke erfaßt wird, sich selber zum Dasein bestimmen, so daß das Wesen vor dem Dasein als dem Denken G.es behandelt wird. Jedoch etablieren Marheineke und Daub unter Heranziehung Hegelscher Begrifflichkeit eine G.-Lehre vorkritischer Provenienz. Der Grundgedanke, daß von G. nur relativ zum reinen Denken adäquat gesprochen werden soll, wird nicht durchgehalten, so daß es nicht gelingt, von den Bestimmungen des Wesens, Daseins und der Eigenschaften G.es zu zeigen, inwiefern in ihnen die tätige Vernunft am Werk ist.

Während die Theologie des *Rationalismus* (WEGSCHEIDER, RÖHR) G.es Wirken auf den vernünftig einsehbaren physischen und moralischen Weltzusammenhang beschränkt sehen wollen, meint der *Supranaturalismus* (STORR, STAUDEL) aufgrund der außerhalb der Vernunft liegenden Offenbarungserkenntnis auch über eine übernatürliche göttliche Kausalität Aussagen machen zu können. Jedoch halten Rationalismus und Supranaturalismus am Verständnis G.es als eines personhaften Geistes und «allheiligen Schöpfers und Lenkers des Weltalls» fest [3].

Demgegenüber ist die Frage nach der *Persönlichkeit* G.es sowohl in der *Hegel-Schule* als auch in der *spät- und nachidealistischen Theologie* «eine der brennenden theologischen Fragen» [4]. So verdächtigt schon der *Erweckungstheologe* F. A. G. THOLUCK die idealistische und besonders Hegels Philosophie des Pantheismus und verteidigt im Anschluß an F. H. Jacobi als «christliche ... Ansicht» «die freie Selbstbestimmung [des Menschen] und den persönlichen G.» [5]. «Zweierlei wird der Monotheist nimmermehr dem Pantheisten zugeben, weder, daß die Persönlichkeit G.es nothwendig Beschränkung sei, noch daß der Glaube an die Persönlichkeit G.es überhaupt etwas Unwesentliches sei» [6]. Das Grundproblem der theologischen G.-Lehre wird nunmehr in der Nicht- bzw. Vereinbarkeit von G.es Persönlichkeit und Absolutheit gesehen. D. F. STRAUSS behauptet unter Aufnahme von Gedanken Spinozas und Fichtes, daß die Bestimmung der Persönlichkeit G. verendlicht. Hegels G.-Lehre umdeutend [7] faßt er G. als «die ewige Bewegung des sich stets zum Subject machenden Allgemeinen, das erst im Subjecte zur Objectivität und wahrhaften Wirklichkeit kommt» [8]. Weil bei der Vorstellung der Persönlichkeit nicht von der Endlichkeit abstrahiert werden könne, hebt A. E. BIEDERMANN die theistische Vorstellung der Persönlichkeit G.es «in den reinen, G. allein adäquaten Begriff des absoluten Geistes auf» [9]. «Nur der Mensch als endlicher Geist ist Persönlichkeit, G. aber als absoluter Geist nicht» [10]. Kritik und Bewahrung des Gedankens der Persönlichkeit G.es erfolgen unter derselben Voraussetzung, daß nämlich der menschlichen Subjektivität die Bestimmung der Persönlichkeit wesentlich zukommt.

Sowohl die an Schleiermacher und den spekulativen Theismus (Weiße, I. H. Fichte) anknüpfende *Vermittlungstheologie* als auch die *Erlanger Erfahrungstheologie* versuchen der linkshegelianischen Kritik zum Trotz, an der Absolutheit und Persönlichkeit G.es gleichermaßen festzuhalten.

So will I. A. DORNER zeigen, daß mit der Denknotwendigkeit G.es als des ethisch Absoluten der Gedanke der Persönlichkeit notwendig verbunden werden muß. G. soll «als schlechthin Ethisches nur gedacht werden, wenn G. schlechthin Selbstbewußtsein und Selbstbestimmung zukommt, d. h. Persönlichkeit in sich selbst» [11]. Weil G. nicht nur anderes denkt und will, sondern aufgrund der Trinität sich selber denkt und will, ist G.es Denken und Wollen in sich selber absolut, so daß G. zugleich als absolute Persönlichkeit gedacht werden können soll; dabei bezieht Dorner den Begriff der Persönlichkeit nicht auf die trinitarischen Personen, sondern auf die Trinität insgesamt.

Auch R. ROTHE teilt mit dem Programm des spekulativen Theismus das Ziel, den (Hegelschen) Pantheismus durch den theistischen Gedanken der Persönlichkeit G.es zu überwinden. Indem Rothe von der G.-Ahnung ausgeht, läutert er den darin enthaltenen G.-Gedanken zum G.-Begriff, in dem Absolutheit und Persönlichkeit G.es widerspruchsfrei vereinigt sein sollen. Die spekulative Entfaltung des G.-Begriffs versteht er als Abbild des göttlichen «Selbsterzeugungsprozesses» [12]. Als Einheit von Gedanke und Dasein, von Möglichkeit und Wirklichkeit ist G. nicht nur absoluter Geist, sondern, indem Gott sich durch seine eigene Tat als absolute Einheit von denkendem und setzendem Willen, von Vernunft und Freiheit hervorbringt, ist G. zugleich absolute Persönlichkeit. Als absolute Persönlichkeit entfaltet und bestimmt G. den Gehalt seines Wesens zum Mittel seiner selbst, d. h. zu seiner göttlichen Natur, so daß G. als absolute Einheit von Persönlichkeit und Natur als absolute Person gedacht wird. So faßt Rothe das Sein G.es als absoluten Prozeß, denn in der Aktualisierung seiner selbst setzt sich G. zugleich ewig wieder als Potenz seiner selbst. «Der persönliche G., der durch sich selbst aus seinem bloßen Grunde, dem göttlichen Wesen, hervorgeht, stellt, aus ihm hervorgegangen, denselben unmittelbar wieder her» [13].

Kommt es Rothe, indem er von der gegebenen G.-Ahnung ausgeht, darauf an, daß sich die kindliche Frömmigkeit in der spekulativen G.-Lehre wiederfindet, so nimmt die *Erlanger Erfahrungstheologie* von vornherein ihren Ausgang bei der Gewißheit des subjektiven Christseins; an die Stelle der überkommenen G.-Beweise tritt daher die Glaubenserfahrung des Christen. «Das Dasein G.es, nämlich des G.es, durch welchen die Menschheit G.es sich verwirklicht, fällt mit dem Dasein der Letzteren ... zusammen» [14]. «Ich, der Christ, bin mir, dem Theologen, Gegenstand des Erkennens» [15]. Von der Selbsterkenntnis des Theologen als Christen ausgehend wird die G.-Lehre aus dem Verhältnis des Menschen zu G. entwickelt. Der gegenwärtige Tatbestand des Christseins wird auf den diesen Tatbestand bewirkenden ewigen und absoluten G. zurückgeführt, so daß von der «Erfassung eines Thatbeweises göttlicher Wirkung» [16] auf das Wesen und Ansichsein G.es zurückgelenkt wird. Die Besonderheit der durchaus traditionellen Bestimmung des Wesens G.es als Aseität und Selbstsetzen besteht darin, daß das Selbstsetzen eodem sensu als absolute Persönlichkeit gefaßt wird. «Denn Selbstsetzung giebt es überhaupt nicht außer in der Form der Persönlichkeit, d. i. bewußter Selbstsetzung, und diese als unbedingte gedacht ist absolute Persönlichkeit» [17]. Ist G. als Persönlichkeit «der sich selbst bestimmende», so wird die Trinität als «Selbstbestimmung» G.es «nach innen» [18] konzipiert, d. h. auch der dreieinige G. wird als Persönlichkeit gedacht.

Anmerkungen. [1] PH. K. MARHEINEKE: Grundlehren der christl. Dogmatik als Wiss. (²1827) § 114; vgl. C. DAUB: Philos. und theol. Vorles. 6: System der christl. Dogmatik I (1841); vgl. F. WAGNER: Der Gedanke der Persönlichkeit G.es bei Ph. Marheineke. Neue Z. systemat. Theol. u. Relig.-Philos. 10 (1968) 44ff. – [2] C. DAUB: Einl. in das Studium der Dogmatik (1810) 363. – [3] J. A. L. WEGSCHEIDER: Institutiones (⁸1844) § 21. – [4] A. E. BIEDERMANN: Christl. Dogmatik 2: Der positive Theil (²1885) 538, § 716. – [5] F. A. G. THOLUCK: Die Lehre von der Sünde und vom Versöhner oder die wahre Weihe des Zweiflers (⁸1862) 132. – [6] a. a. O. 133. – [7] Vgl. F. WAGNER: Der Gedanke der Persönlichkeit G.es bei Fichte und Hegel (1971) 227ff. 281f. – [8] D. F. STRAUSS: Die christl. Glaubenslehre in ihrer gesch. Entwicklung und im Kampfe mit der modernen Wiss. 1 (1840) 523. – [9] BIEDERMANN, a. a. O. [4] 538, § 716. – [10] a. a. O. 547, § 717. – [11] I. A. DORNER: System der christl. Glaubenslehre (1879/81) 1, 306; vgl. J. ROTHERMUNDT: Personale Synthese. I. A. Dorners dogmat. Methode (1968) 217ff. – [12] R. ROTHE: Theol. Ethik. 1-5 (²1867/71) 1, 104; vgl. H.-J. BIRKNER: Spekulation und Heilsgesch. Die Geschichtsauffassung R. Rothes (1959) 50ff. – [13] a. a. O. 140; vgl. BIRKNER, a. a. O. 51f. – [14] F. H. R. FRANK: System der christl. Wahrheit (1878)

1, 100. - [15] J. Ch. K. v. Hofmann: Theol. Ethik (1878) 17. - [16] Frank, a. a. O. [14] 112; vgl. J. Ch. K. v. Hofmann: Enzyklop. der Theol. (1879) 60. - [17] Frank, a. a. O. [14] 129. - [18] v. Hofmann, a. a. O. [16] 60.

5. Wirken in der G.-Lehre der Vermittlungs- und der Erlanger Theologie spekulativer Idealismus und Theismus nach, so knüpft A. Ritschl wieder stärker an Kants Philosophie an. Unter dem Eindruck des fortschreitenden naturwissenschaftlichen Positivismus und der weithin erfolgenden Beschränkung der Philosophie auf Erkenntnistheorie und Ethik versucht Ritschl, die G.-Lehre auf die Basis sittlich-geistiger Existenz und Selbstbehauptung zu stellen. Indem er den «Offenbarungswerth Christi als den Erkenntnißgrund für alle Aufgaben der Theologie» ansieht [1], scheidet er jede ontologische Begründung des G.-Gedankens als natürliche Theologie aus. Mit dem Begriff der natürlichen Theologie bekämpft er die von den Griechen ausgehende Metaphysik, deren «Verwendung» «aus der Theologie ausgeschieden werden» muß [2]. «Der Gedanke von G., wenn unter diesem Worte bewußte Persönlichkeit gedacht wird», liegt «nicht im Gesichtskreise der Metaphysik» [3]. Denn die Metaphysik soll «den Abstand von Natur und Geist unbeachtet» [4] lassen. Religion und Offenbarung sollen aber dazu beitragen, daß der Mensch als Teil der Naturwelt gleichwohl die Natur beherrschen und ihr gegenüber Selbständigkeit erlangen kann. «In dieser Lage entspringt die Religion als der Glaube an erhabene geistige Mächte, durch deren Hilfe die den Menschen eigene Macht ... ergänzt oder zu einem Ganzen in seiner Art erhoben wird, welches dem Drucke der Naturwelt gewachsen ist» [5]. Der Mensch kann seiner geistigen und sittlichen Selbständigkeit und der von ihr ausgehenden Überlegenheit über die Natur nur dann gewiß sein, wenn er im Sinne eines Werturteils (Lotze, W. Herrmann) an einen geistigen und persönlichen Weltschöpfer glaubt, der die Herrschaft des Geistes über die Natur garantiert. So ist G. «die Macht, welche der Mensch verehrt, weil sie sein geistiges Selbstgefühl gegen die Hemmungen aus der Natur aufrecht erhält» [6]. Da das Geistesleben Endzweck der Schöpfung und die Natur nur Mittel dazu ist, hat G. die Welt auf die vollkommene sittliche Gemeinschaft der Menschen untereinander und mit G. - auf das Reich G.es - hin geschaffen. Denkt Ritschl G. daher als Liebe, so ist das darin begründet, «daß G. durch die Erschaffung und Leitung der Welt die Vereinigung der Menschheit zum Reiche G.es bezweckt» [7]. G. als Liebe nimmt den sittlichen Endzweck der Menschheit, «der zu seiner eigenen Ehre gereicht» [8] in seinen Selbstzweck auf. Alle weiteren göttlichen Eigenschaften sind Aspekte der Liebe. Die Vorstellung eines in der Gegenwart sich äußernden Zornes G.es scheidet Ritschl aus. Daß ihm an der wissenschaftlichen Denkbarkeit des Gedankens der Persönlichkeit G.es gelegen ist, folgt nicht nur aus dem Verständnis G.es als Liebe, sondern mehr noch aus dem Interesse an der geistig-sittlichen Persönlichkeit des Menschen. Trotz der Straußschen Kritik glaubt Ritschl, die Persönlichkeit G.es «ohne Widerspruch» denken zu können, denn im Unterschied zum Menschen ist für Gott «alles, was die Welt für ihn bedeutet, ... ein Ausdruck seiner eigenen Selbstbethätigung» [9].

W. Herrmann ersetzt, nachdem er zunächst noch im Anschluß an Ritschl Sittlichkeit und Religion im Reich G.es teleologisch vermittelte, den Begriff des Reiches G.es durch den der Persönlichkeit und konstruiert damit die Theologie innerhalb der Relation von Religion und Sittlichkeit [10]. Das individuell-persönliche Glaubenserlebnis wird zum Selbstzweck; von G. kann nur bezogen auf das sittlich-religiöse Grunderlebnis gesprochen werden. «Eine Wirklichkeit wird G. uns nicht durch das, was andere von ihm sagen, sondern durch die Erfahrung seines Wirkens auf uns selbst» [11]. «Von G. können wir nur sagen, was er an uns tut» [12]. Auf die geschichtliche Tatsache der Person Jesu - des «inneren Lebens Jesu» - und auf die Tatsache sittlicher Forderung stützt sich das Bewußtsein des Christen, «daß G. mit ihm verkehre» [13]. Der Mensch erfährt, daß der in Jesus wirkende G. ihn zur Beherrschung über die Natur und damit zum sittlich Guten hin befreit. Wird G. so als den Menschen zur sittlichen Aufgabe befreiende Macht erlebt, so ist damit noch nicht ein konkret bestimmter G.-Begriff gegeben. Denn der G.-Begriff resultiert erst aus den «Gedanken, in denen der Glaube sich äußert» [14]. Die Glaubensgedanken lassen sich aber nicht in ein abgeschlossenes und widerspruchsfreies System bringen, so daß die Aussagen Herrmanns etwa über G.es Allmacht und Persönlichkeit, Vatergüte und Gerechtigkeit rhapsodisch wirken.

Anmerkungen. [1] A. Ritschl: Die christl. Lehre von der Rechtfertigung und Versöhnung 3 (^{3}1888) 6. - [2] a. a. O. 18. - [3] 17. - [4] Theol. und Met. (^{2}1887) 12; vgl. a. a. O. [1] 190. - [5] a. a. O. [1] 190. - [6] a. a. O. [4] 11. - [7] Unterricht in der christl. Relig. (1875, ND 1966) 20, § 13. - [8] ebda. - [9] a. a. O. [1] 224. - [10] Vgl. H. Timm: Theorie und Praxis in der Theol. A. Ritschls und W. Herrmanns (1967) 91ff. 124f. - [11] W. Herrmann: Unser Glaube an G. (1912), in: Schriften zur Grundlegung der Theol. (1967) 2, 247. - [12] Die Wirklichkeit Gottes (1914) a. a. O. 314. - [13] Der Verkehr des Christen mit Gott (^{3}1896) 82. - [14] Dogmatik, hg. von M. Rade (1925) 41.

6. Auch nach E. Troeltsch, dem Systematiker der religionsgeschichtlichen Schule, kommt dem Versuch, sich dem göttlichen Wesen mittels der Vernunft wissenschaftlich zu nähern, nur hypothetische Gewißheit zu; der Annahme einer übersinnlichen Geistsphäre korrespondiert nicht die Gewißheit über die Realität G.es [1]. Nur dem religiösen G.-Erlebnis wohnt unmittelbare Gewißheit inne, was Troeltsch durch die Theorie eines «religiösen Apriori» [2] zu begründen versucht. Insofern für das christliche G.-Erlebnis eine Beziehung von Person zu Person konstitutiv ist, ist der G.-Begriff personalistisch. - R. Otto [3] beschreibt das dem menschlichen Bewußtsein innewohnende religiöse Gefühl für das göttliche Geheimnis durch den Ausdruck des Numinosen, das aufgrund der menschlichen Selbstbejahung und Selbstverneinung in den Gestalten des mysterium tremendum und fascinosum erlebt wird. Das Numinose eröffnet den Zugang zu eigentlichem G.-Bewußtsein, zum Gewahren des «Ganz Anderen», zum Erlebnis des «Heiligen». Hatte schon H. Cremer [4] auf die Differenzen des biblischen vom traditionellen ontologischen G.-Glauben hingewiesen und von der biblischen Offenbarung aus G. durch die Eigenschaften der Allmacht und Liebe charakterisiert, so wendet sich neben A. Schlatter insbesondere E. Schaeder gegen die Gründung des G.-Gedankens auf die sittlich-personale Existenz und das soteriologische Bedürfnis des Menschen. An die Stelle der anthropozentrischen will Schaeder eine «theozentrische Theologie» setzen, durch die G. zuallererst als unbedingte Majestät und Liebe und damit als Schöpfer und Herr der Natur und Menschenwelt expliziert werden soll. Das «Machtmoment, das Absolutheitsmoment ist das Urmoment in G., ohne das er nicht G. ist» [5]. Die Absolutheit findet Schaeder in der schlechthinnigen «Weltmächtigkeit G.es», die die «Selbstmächtigkeit G.es»

voraussetzt, in der zugleich G.es «absolute Persönlichkeit» [6] begründet ist. Dem «Inbegriff majestätischer Selbstbehauptung» [7] tritt das Verständnis G.es als Liebe, als «rückhaltlose Selbsthingabe» [8] in Christus so zur Seite, daß auch in dem den Menschen zugewandten unbedingten Liebeswillen G. als majestätische Macht erscheint.

Versteht schon Schaeder seine theozentrische Theologie als den Versuch, den auf die unmittelbare, d. h. individuelle sittliche Subjektivität gegründeten G.-Glauben zu überwinden, so scheint die *dialektische Theologie* mit dieser Art der Grundlegung des G.-Gedankens nicht nur jeden von der Subjektivität ausgehenden Ansatz verabschiedet, sondern darüberhinaus – durch Lutherrenaissance bestärkt und G.es Ungegenständlichkeit hervorhebend – einen Supranaturalismus des «Wortes G.es» etabliert zu haben. Obwohl eine überzeugende Interpretation der dialektischen Theologie noch aussteht, dürfte diese aber als Repristination von Reformation und Orthodoxie keineswegs zureichend beschrieben sein. Vielmehr gewinnt man erst dann einen ihr angemessenen Begriff, wenn man sie als Radikalisierung der Subjektivitätsproblematik und damit der liberalen Theologie in dem Sinne begreift, daß an die Stelle der endlichen und unmittelbar-individuellen Subjektivität die unbedingte und absolute Subjektivität G.es tritt, die anders als die unmittelbar sich verwirklichen wollende endliche Subjektivität die Bedingungen ihrer Verwirklichung schon in sich enthält. So steht im Mittelpunkt von K. Barths ‹Römerbrief› die Erfassung der radikalen Autonomie G.es (T. Rendtorff), mit deren Auftreten jeder Versuch, Autonomie im Medium der endlichen Wirklichkeit zu realisieren, von vornherein zum Scheitern verurteilt ist. «Denn der G., der noch Etwas ist im Gegensatz zu einem Andern, ... der G., der nicht der ganz und gar Freie, Alleinige, Überlegene, Siegreiche ist, ist Nicht-G., der G. dieser Welt» [9]. In seiner ‹Kirchlichen Dogmatik› führt Barth die radikale Autonomie als unbedingte Selbstbestimmung der absoluten Subjektivität konsequent durch. Denn offenbart sich G. «als der Herr» [10], so offenbart er sich im Ereignis seiner Selbstinterpretation als Offenbarer, als Offenbarung und als Offenbarsein, so daß G. sich in seiner Auslegung ad intra (Trinität) und ad extra (in Schöpfung, Versöhnung und Erlösung) entspricht [11]. Indem sich G. in seiner Selbstauslegung selbst zum Gegenstand der G.-Erkenntnis – zur primären Gegenständlichkeit – macht, schafft er allererst den Menschen als Subjekt der G.-Erkenntnis und damit sich selbst als sekundäre Gegenständlichkeit in seiner Offenbarung. «Nur indem Gott sich selbst setzt als Gegenstand, ist der Mensch gesetzt als Erkennender G.es» [12]. Ist schon die Erkenntnis G.es ein Akt des göttlichen Setzens, ist das Sein G.es selbst «*freies* Ereignis, *freier* Akt, *freies* Leben in sich selber» [13]. Somit ist die absolute Subjektivität durch sich selbst bewegtes Sein, sie lebt durch und aus sich selber. Auf die unbedingte Selbstbestimmung G.es konzentriert sich Barth auch dann, wenn er «G.es Sein als der Liebende in der Freiheit» [14] präzisiert. Denn G.es Liebe ist primär «Selbstzweck» [15], und G.es Freiheit ist primär Freiheit in sich selber. Wenn Barth einerseits nur G. als Person denken und von der menschlichen Person allein in abgeleiteter Weise sprechen will, andererseits aber meint, den Begriff der Person oder Persönlichkeit zur Bezeichnung des absoluten Subjekts «auch entbehren» [16] zu können, so beleuchtet dieser Tatbestand noch einmal die Radikalisierung, die Barth im Hinblick auf die Subjektivitätsproblematik vollzogen hat. Er sieht scharfsichtig, daß die Frage der Persönlichkeit G.es deshalb im 19. Jh. zum Gegenstand des Streites wurde, weil durch eben den Begriff der Persönlichkeit die menschliche Subjektivität in ihrer Besonderheit ausgezeichnet werden sollte. Damit wurde es problematisch, zugleich G. als Person zu fassen, so daß sich auch in den Versuchen, eine absolute Persönlichkeit G.es der Kritik zum Trotz zu behaupten, das Interesse an der menschlich-individuellen Persönlichkeit niederschlägt. Indem Barth auf den Begriff der Persönlichkeit G.es verzichten kann und den Streit um diesen Begriff nur als historisch belangvoll erachtet, verleiht er eben jener radikalen Selbstbestimmung der absoluten Subjektivität Ausdruck, die allem menschlichen Personsein als «der *Eine* sondergleichen» [17] immer schon voraus ist.

Anmerkungen. [1] Vgl. E. LESSING: Die Geschichtsphilos. E. Troeltschs (1965) bes. 108ff. – [2] E. TROELTSCH, Psychol. und Erkenntnistheorie in der Religionswiss. (1905). – [3] R. OTTO: Das Heilige. Über das Irrationale in der Idee des Göttlichen und sein Verhältnis zum Rationalen (1917, ³¹⁻³⁵1963); vgl. H.-W. SCHÜTTE: Relig. und Christentum in der Theol. R. Ottos (1969). – [4] H. CREMER: Die christl. Lehre von den Eigenschaften Gottes (1897). – [5] E. SCHAEDER: Theozentrische Theol. 2 (²1928) 173. – [6] a. a. O. 182f. – [7] 17. – [8] 18; vgl. 213ff. – [9] K. BARTH: Der Römerbrief (10. Abdruck der 2. Aufl. 1967) 213. – [10] Die kirchl. Dogmatik I/1, 323 u. ö. – [11] Vgl. E. JÜNGEL: G.es Sein ist im Werden (²1967). – [12] K. BARTH, a. a. O. [10] II/1, 22. – [13] a. a. O. 296. – [14] 288. – [15] 313. – [16] 333. – [17] 320.

Literaturhinweise. F. K. SCHUMANN: Der G.-Gedanke und der Zerfall der Moderne (1929). – G. AULÉN: Das christl. G.-Bild in Vergangenheit und Gegenwart (1930). – E. HIRSCH: Gesch. der neueren evang. Theol. 1-5 (²1960). – C. H. RATSCHOW: G. existiert (²1968). – F. BEISSER: Schleiermachers Lehre von G. (1970). – K. KRÜGER: Der G.-Begriff der spekulativen Theol. (1970).

F. WAGNER

XI. *Der G.-Begriff der katholischen Theologie in der Neuzeit.* – Der G.-Begriff und die G.-Lehre der katholischen Theologie bleiben in der Neuzeit wesentlich unverändert, wie sie sich aus der Schrift und in der Auseinandersetzung der Kirchenväter mit der antiken Philosophie entwickelt und in der Scholastik systematisch entfaltet haben. Der Scholastik der Neuzeit ist es eigen, nach den zentralen Momenten des G.-Begriffs zu fragen. Diese Fragestellung ergab sich bei der Frage nach dem Hauptobjekt der Theologie. Nach THOMAS VON AQUIN ist es G. als G., «sub ratione Deitatis» [1]. Im Zusammenhang damit oder meist als Vorschaltung zur Frage nach dem Wesen und den Attributen G.es wird dann von den Kommentatoren die Frage nach dem Grundbegriff von ‹G.› gestellt. In Abgrenzung zu den Nominalisten, die G. als «cumulus perfectionum omnium» bezeichneten, wird seit dem 15. Jh. zwischen *physischer* und *metaphysischer Wesenheit* G.es unterschieden, wobei die erstere das Sein G.es, wie er an sich selbst, mit all seinen Vollkommenheiten, wirklich ist, bezeichnet, die metaphysische Wesenheit aber den Grundbegriff, der, in Analogie zu den Geschöpfen, das Hauptmerkmal heraushebt, das G. von allem anderen unterscheidet und von dem aus alle anderen Attribute abgeleitet werden können. Die typischen Auffassungen davon gehen quer durch alle Schulen. Am häufigsten sieht man die metaphysische Wesenheit G.es in der aseitas: daß G. die von keiner anderen Wirklichkeit abhängige Urwirklichkeit, «ens a se», sei. So F. TOLETUS († 1596), L. MOLINA († 1600), GREGOR VON VALENTIA († 1603), G. VASQUEZ († 1604), P. DE LEDESMA († 1616), S. MAURUS († 1687), J. B. DU HAMEL († 1706), H. DE TOURNELY († 1729), H. KILBER († 1783), ähnlich der der *Tübinger Schule* angehörende F. A. STAUDENMAIER († 1856): «sonach ist unsere erste, anfängliche Definition die: G. ist der Absolute; und in noch abstrakterer Fassung: G. ist das Absolute» [2]; ferner S. TONGIORGI († 1865), J. PERRONE († 1876), J. B. FRANZELIN († 1886), M. LIBERATORE († 1892), G. M. CORNOLDI († 1892) [3]. Andere Autoren räumen ein, daß G. zwar zunächst als ens a se erkannt werde, daß man aber für die aseitas einen weiteren inneren Grund angeben könne. Die Skotisten sehen ihn in der Unendlichkeit, wie C. FRASSEN († 1711): «infinitas radicalis» [4]; außerhalb der skotistischen Schule: J. B. PTOLEMAEUS (TOLEMEI) († 1728), A. J. A. GRATRY († 1872), G. C. UBAGHS († 1875), D. PALMIERI († 1909) [5]. Andere sehen den Grund der aseitas in der Seinsart G.es, insofern er «ens per se necessarium», «esse per essentiam» ist, so F. SUÁREZ († 1617) [6], oder «das Sein selber, das reine Sein»: J. KLEUTGEN († 1883) [7], oder «ipsum Esse subsistens»: L. BILLOT († 1931) [8]. Andere hingegen suchen die Wesenheit G.es in der Richtung der je vollkommeneren Lebensstufen bis zur vollendeten Intellektualität. J. B. GONET († 1681) bestimmt es als «intelligere per se subsistens» [9], C. R. BILLUART († 1757) als «actualissime intelligens» [10], B. STATTLER († 1797) als «spiritus infinite potens et perfectus» [11].

Von Augustinus und Descartes stark beeinflußt sind Malebranche, Bossuet und Fénelon. Was diese von der traditionellen Theologie unterscheidet, ist nicht so sehr der Inhalt des G.-Begriffs – bei MALEBRANCHE († 1715): «celui qui est; c'est à dire, l'Etre qui renferme dans son essence tout ce qu'il y a de réalité ou de perfection dans tous les êtres, l'Etre infini en tout sens, en un mot l'Etre» [12] –, sondern daß es sich um eine unmittelbare Wahrnehmung G.es handelt – bei Malebranche: «Je pense à l'infini, j'apperçois immédiatement et directement l'infini. Donc il est» [13]. Diese Wahrnehmung ist die Grundlage für jede andere Erkenntnis in uns [14]. Nach BOSSUET († 1704) ist die Erkenntnis unserer selbst als eines Werkes G.es der Weg zur G.-Erkenntnis [15]. Das Entscheidende dabei ist unsere Erkenntnis der ewigen Wahrheiten, die unabhängig von uns und allem Zeitlichen sind und daher als Subjekt ein Sein, das die subsistierende Wahrheit selbst ist, voraussetzen: «un Etre, où la vérité est éternellement subsistante ... et cet Etre doit être la vérité même» [16]. In ihm schaue ich alle Ideen, ja diese sind im Grund mit der ewigen Wahrheit identisch: «c'est-là aussi que je les vois ... toutes ces vérités éternelles ne sont au fond qu'une seule vérité» [17]; eine Auffassung, die man im 19. Jh. als Ontologismus bezeichnet hat. FÉNELON († 1715) beginnt in seinem ‹Traité› zunächst mit der mehr traditionellen G.-Erkenntnis [18], im zweiten Teil aber geht er von der Überwindung des allgemeinen Zweifels und dem Prinzip aus, daß alles von einem Gegenstand behauptet werden kann, was klar in seiner Idee enthalten ist, gegebenenfalls auch seine Existenz [19]. So schließt er auf das durch sich selbst existierende, unendliche und notwendige Sein [20], das nicht ich selbst bin [21]. Nicht nur sein Abbild ist in mir [22], sondern es selbst: «je vous vois, c'est vous même» (in der Anrede G.es) [23]. In Abgrenzung gegen Spinoza darf das erste Sein nicht wie ein Ganzes aufgefaßt werden, «non comme plures, mais comme plus omnibus» [24]. Die Vollkommenheitsgrade – Modell für die frei geschaffenen endlichen Wesen – sind in G. nur nach unserer endlichen Sprechweise verschieden [25]. Während ich die Ideen des Endlichen in G. erkenne, erkenne ich das den Ideen unähnliche Veränderliche durch die Modifikationen, die G. in meinem Geiste hervorbringt [26]. Es ist die Lehre des Okkasionalismus.

Die Autoren des 19. Jh. beziehen sich in verschiedener Weise auf die zeitgenössische Philosophie. Bei M. DOBMAYER († 1805) ist G. nach dem (für uns) vollständigen Begriff das All der Vollkommenheit, der Urheber und Regent der Welt sowie Freiheit zur Bestimmung [27]. G. HERMES († 1831) sieht G.es Wesenheit in der körperlosen Erkenntnis- und Willenskraft, die den Grund ihres Seins in sich selbst hat und ewig unveränderliche Ursache von Erkennen und Wollen ist [28]. Nach A. ROSMINI († 1855) hat der menschliche Geist zwar eine Intuition des unendlichen Seins, aber nur in dessen unbestimmter idealer Form, während das absolute Sein G.es die Fülle und Identität des idealen, realen und moralischen Seins ist, die der menschlichen Erfahrung nicht gegeben ist. Rosmini kann demnach nicht dem Ontologismus zugerechnet werden [29]. A. GÜNTHER († 1863) sieht das Wesen G.es nicht in der Unbedingtheit des Seins [30], sondern in der Unbedingtheit des Selbstbewußtseins, und zwar als trinitarisch begriffenes [31]. J. B. HIRSCHER († 1865) betont in Ablehnung eines deistisch gefärbten G.-Verständnisses eine trinitarische G.-Verkündigung [32]. Im Ausgang von Fr. H. Jacobi lehrt J. KUHN († 1887) in der Tübinger Schule ein unmittelbares, ursprüngliches Wissen von G., das jedoch weiter zum Begriff des unendlichen und absoluten Geistes vermittelt werden muß [33]. Eine Ableitbarkeit der Attribute aus dem Begriff ‹G.› lehnt Kuhn ab [34]. M. J. SCHEEBEN († 1888) sieht die Wesenheit G.es im subsistierenden Sein, seine Natur in der absoluten Intellektualität [35]. Nach J. H. NEWMAN († 1890) ist G., der sich vor allem im Gewissen kundtut, der Wirkliche im Vergleich zur Schattenrealität der Welt, der souveräne Herr, der Heilige und Geheimnisvolle [36]. H. SCHELL († 1906) sieht im selbständigen und selbstbegründeten Sein den Begriff G.es, aus dem sich alle Bestimmungen des Wesens G.es entwickeln lassen. Diese Selbstbegründung hat er auch als «causa sui» bezeichnet, versteht sie aber nicht anders als den actus purus der Tradition [37]. Für P. TEILHARD DE CHARDIN († 1955) ist G. das erste Sein, die – nach Auskunft der Offenbarung dreipersönliche – Ersturache der Welt, der erste Beweger der Evolution und – in Christus nach dessen kosmischer Dimension betrachtet – auch deren letztes Ziel (Omega) [38]. Die heutige Theologie (H. U. v. BALTHASAR, W. KASPER, H. DE LUBAC, K. RAHNER, J. B. METZ, J. RATZINGER u. a.) sucht das G.-Verständnis vor allem aus den biblischen Grundlagen und im Hinblick auf die anthropologischen Implikationen neu zu durchdenken. K. RAHNER erforscht den Inhalt der natürlichen G.-Erkenntnis im Bezug auf die Ermöglichung der Offenbarung. Entscheidend dafür ist G.es Weltüberlegenheit und personale Freiheit, daß er der Herr der Natur und Geschichte ist. Der christliche G.-Begriff bestätigt dies, wehrt erbsündliche Depravationen ab und gibt Auskunft über die tatsächliche freie Stellung G.es zur Welt [39].

Anmerkungen. [1] THOMAS VON AQUIN, S. theol. I, q 1, a 7. – [2] F. A. STAUDENMAIER: Encyclopädie der theol. Wiss.en als System der ges. Theol. (²1840) § 137. – [3] Vgl. J. B. GONET: Clypeus Theologiae Thomisticae (1669), 1 (Paris 1875) 106, und: Dict. Théol. cath. 1, 2228-2230. – [4] C. FRASSEN: Scotus Academicus (Rom 1900) 1, 170. – [5] Vgl. Dict. Théol. cath. 1, 2228-2230. – [6] F. SUÁREZ, Disputationes metaphysicae II, disp. 30, prooem., in: Opera 26 (Paris 1861) 60. – [7] J. KLEUTGEN: Die Theol. der Vorzeit 1 (²1867) 230. – [8] L. BILLOT: De Deo uno et trino (Prati ⁵1910) 89. – [9] J. B. GONET: Clypeus theologiae Thomisticae 1 (Paris 1875) 110. – [10] C. R. BILLUART: Cursus theologiae universalis 1 (1768) Dissert. II, Art. 1, § 2. – [11]

B. STATTLER: Theologia christiana perfecta, tract. de Deo uno (1776) n. 25. – [12] N. MALEBRANCHE: Entretien d'un philosophe chrétien et d'un philosophe chinois sur l'existence et la nature de Dieu (Paris 1708). Oeuvres compl. 15 (Paris 1958) 3. – [13] a. a. O. 5. – [14] 9f., n. 17. – [15] J. B. BOSSUET: Traité de la connaissance de Dieu et de soi-même. Oeuvres 10 (Paris 1748) 501. 628. – [16] a. a. O. 640. – [17] 641f. – [18] F. DE LA MOTHE FÉNELON: Traité de l'existence et des attributs de Dieu. Oeuvres compl. 2 (Paris 1810) 1-134. – [19] a. a. O. 153f. – [20] 158-161. 162-168. 169-173. – [21] 170. – [22] 166f. 173. – [23] 188. – [24] 190; vgl. auch chap. 3. – [25] 191. – [26] 195-197. – [27] M. DOBMAYER: Systema theologiae catholicae, hg. TH. P. SENESTREY (Sulzbach 1807) 2, § 27. – [28] G. HERMES: Christkathol. Theol. 1 (1834) § 47; vgl. § 13. – [29] A. ROSMINI-SERBATI: Sistema filosofico (Turin 1845). Ed. Naz. 2 (Rom 1934) n. 177-181; Nuovo Saggio dell'origine dell'idee (Rom 1830). Ed. Naz. 5 (1934) n. 1212-1242; Teosofia (Turin 1859-74). Ed. Naz. 8 (1938) II, n. 462. – [30] A. GÜNTHER: Vorschule zur spekulativen Theol. des positiven Christentums (²1846) 151. 166. – [31] 103. – [32] K. FRIELINGSDORF: Auf dem Weg zu einem neuen G.-Verständnis. Die G.-Lehre des J. B. Hirscher als Antwort auf das säkularisierte Denken der Aufklärungszeit (1970) 113-115. – [33] J. Ev. KUHN, Kath. Dogmatik 1 (1846) 21. – [34] a. a. O. 422-424. – [35] M. J. SCHEEBEN: Hb. der kath. Dogmatik 1. Ges. Schriften 3 (³1948) n. 109-122. – [36] H. FRIES: Die Religionsphilos. Newmans (1948) 122-143; J. H. WALGRAVE: Newman, the theologian (New York 1961). – [37] H. SCHELL: Kath. Dogmatik (1889, ND 1968) 264-268; Die göttl. Wahrheit des Christentums I/2 (1896) 180-183. – [38] H. DE LUBAC: La pensée relig. du Père Teilhard de Chardin (Paris 1962); dtsch. T. de Ch.s relig. Welt (1969); P. SMULDERS: Theol. und Evolution. Versuch über T. de Ch. (1963); A. HAAS: T. de Ch.-Lex. (1971) s.v. ‹G. (Dieu)›. – [39] K. RAHNER: Theos im NT, in: Schriften zur Theol. 1 (1954) 91-167, bes. 96-98.

Literaturhinweise. J. B. GONET s. Anm. [3]. – M. J. SCHEEBEN s. Anm. [35]. – J. URRABURU: Theodicea 1 = Institutiones philosophicae 7 (Valladolid 1899) 270-291. – J. C. MURRAY: Das G.-Problem gestern und heute (1965). – E. SCHILLEBEECKX: Approches théol. 1. 2 (Paris 1965); Beiträge zu einer hermeneutischen und krit. Theol. (1971) 83-109. – N. KUTSCHKI (Hg.): G. heute. Fünfzehn Beiträge zur G.-Frage (1967). – L. SCHEFFCZYK: G., in: Sacramentum mundi 2 (1968) 491-510. – H. VORGRIMMLER und R. VAN DER GUCHT: Bilanz der Theol. im 20. Jh. 3 (1970) 11-21.   W. BRUGGER

XII. *Der G.-Begriff in Theologie, Religionswissenschaft und Religionsphilosophie der Gegenwart.* – In allen religiösen Kulturen gibt es Menschen, denen Mythos und Ritus nichts sagen und die der Epiphanie des G. verständnislos gegenüberstehen. Man kann ihnen die Wirklichkeit G.es nicht nahebringen. Man kann bei ihnen kein Verständnis für den Mythos oder die Riten erwecken. Der seine Präsenz und seinen Willen kontingent erschließende G. bleibt ihnen völlig verschlossen. G. wird nur dadurch erkennbar, daß er seine Präsenz und seinen Willen erschließt. Das geschieht diesem einen. Seinem Nachbarn geschieht es nicht. Diese Kontingenz der Selbsterschließung gehört zu Apoll wie zu Krishnan, sie gehört zu Allah wie zu Aton, sie gehört zu Jahve wie zu Odin.

Die Rede von G. wie alles Nachdenken über G. sind dadurch bestimmt, daß G. kein verfügbarer Inhalt menschlicher Erfahrung ist, so daß ihn jeder erfahren könnte, wenn er es wollte, bzw. daß man ihn jedem vernünftigen Wesen demonstrieren könnte. Reden von G. und Nachdenken über G. setzt den Vorgang voraus, in dem G. seine Präsenz und seinen Willen souverän und kontingent bestimmten Menschen erschließt.

Das Wissen um G. wie das Nachdenken über G. geht nicht aus einem anthropologischen Sachverhalt, der jedem Menschen eignet, hervor. Wenn das Wissen um G. aus einem anthropologisch bestimmbaren a priori oder aus einer Anlage des Menschen oder auch nur aus der Lebensnot als Fluchtweg hervorginge, so wäre G. demonstrierbar und jedem Menschen einsichtig zu machen. Die Versuche, G. und seinen Präsenzbeweis auf einen anthropologisch bestimmbaren Sachverhalt zurückzuführen, scheitern an der Tatsache der Menschen, die von G. nichts zu erkennen oder zu wissen vermögen.

Die geordnete Reflexion über G. geschieht in dreifacher Weise. Sie geschieht theologisch, religionswissenschaftlich und religionsphilosophisch. Diese drei Hinsichten, in denen von G. reflektierend gehandelt wird, gehören auf das engste zusammen. Sie haben sich auch immer wieder gegenseitig befruchtet. Sie werden aber auch immer wieder verwechselt oder sehr zum Schaden des Gegenstandes nicht genau unterschieden.

1. Die *theologische* Reflexion auf G. dient der Aussage des Glaubens an G. Sie bringt den Glauben an G. zur geordneten Beziehung auf den Grund des G.-Glaubens, wie er sich im Zeugnis des Alten und Neuen Testamentes ausspricht. Der im Zeugnis des Alten und Neuen Testamentes verfaßte Glaubensgrund der Epiphanie dieses G.es Israels, wie Jesus von Nazareth ihn in Wort, Werk und Person präsent machte, wird dem Glauben des 20. Jh. so erschlossen – bzw. es wird der Glaube des 20. Jh. an diesem Zeugnis so geprüft –, daß damit dieser Glaube der Gegenwart sich als G.-Glaube von Christen im Sinne des Grundereignisses bewahrheitet oder bestritten vorfindet. Diese Aufgabe ist ebensosehr exegetisch, historisch wie systematisch. Sie ist systematisch, insofern der G.-Glaube der Bibel als geschichtlich gewachsener wie der G.-Glaube der Gegenwart als immer neuartig sich aktualisierender der reflektierenden Ordnung in bezug auf die Mitte wie auf die Gliederung der G.-Aussagen bedarf.

Die theologische Reflexion auf G. bedenkt in geordneter Weise den Glauben an diesen G. in der Gegenwart im Verhältnis zum G.-Glauben im Alten und Neuen Testament, wie den vermittelnden Glauben etwa bei Augustin, Thomas oder Luther. Die Theologie erfaßt dabei G.es sich so und so Erweisen, sei es in den Taten oder den Worten, die ihn bezeugen. Die Theologie setzt diese Erweisungen ins Verhältnis zu dem, was dieser G. in der Welt als Natur und Geschichte unter uns heute wirkt. Die Theologie bleibt sich bewußt, darin das An-sich dieses G. nicht erfassen, geschweige denn erstreben zu können oder zu sollen. Sie reflektiert G.es Erweisungen, in denen er der Welt nahe wurde und wird. Die Frage nach dem An-sich-Sein G.es stellt die offene Grenze der theologischen Reflexion dar. ‹G.› ist für die theologische Reflexion kein Name, so daß diese Bezeichnung ‹G.› schon hinreichend wäre, um das zu bezeichnen, was gemeint ist, wie z. B. ‹Petrus› oder ‹Jerusalem›. ‹G.› ist aber für die theologische Reflexion auch kein Begriff, mit dem man eine Art bezeichnen könnte, wie z. B. ‹Apostel› oder ‹Tempel›. ‹G.› ist in der theologischen Reflexion vielmehr eine der Näherbestimmung bedürftige Vokabel, die ideographisch einen komplexen Verhalt ausdrückt. Wenigstens muß ‹G.› näher bestimmt werden als ‹G. Israels› oder ‹G. Jesu› oder auch ‹G. Vater›. Dies alles sind Abbreviaturen, die auf bestimmte Ereigniszusammenhänge verweisen. Sie lassen sich auf das deiktische ‹dieser G.› zusammenfassen, da man von ihm nur als von einem ganz Bestimmten reden kann. Dieser ganz bestimmte G. ist der G. des im Zeugnis Redenden und des heute an diesen G. Glaubenden.

G. ist für die theologische Reflexion die bestimmte, den Menschen der Bibel wie den Christen heute bestimmende Lebenswirklichkeit, auf Grund deren Israel z. B. Freiheit, Güte und Weltverantwortung möglich wurde und auf Grund deren Menschen in die Nachfolge Jesu eintraten und eintreten, die damit zu Trägern z. B. von

Liebe, Freude und Hoffnung werden. Die theologische Reflexion geschieht in bezug auf diesen G. Sie vollzieht sich fruchtbar nur in dem Wissen ihrer unaufhebbaren Grenze: Dieses G.es Selbst- oder An-sich-Sein nicht ergreifen zu können und dennoch als Reflexion ständig darauf gerichtet sein zu müssen.

2. Die *religionswissenschaftliche* Reflexion auf G. wird der Tatsache gerecht, daß sehr verschiedene G. in den verschiedenen Religionen als G. verehrt werden. Diese G. haben in den verschiedenen Religionen den gleichen Stellenwert. Sie zeigen analoge Funktionen und setzen analogisierbare Lebensbewegungen, wie z. B. Mythos und Ritus, in Gang. Die Religionen stellen sich als menschliche Antworten und Lebensbewahrheitungen des Hervortretens der G. dar. In den Religionen wird also das eine menschliche Empfindungs-, Reaktions- und Bewußtseinspotential an der Eigenart des G. verbesondert und spezifisch. In den religiösen Spezifizierungen, daß z. B. kultische Einweihungen eines Menschen sehr häufig mit Wasser und einem zugehörigen Wort vollzogen werden, daß die Bedeutung des Wassers und zumal der Inhalt des Wortes aber verschieden ist, kommt die Verschiedenartigkeit des G. zur Wirkung.

G. ist für die Religionswissenschaft ein Gattungsbegriff, mit dem man die verschiedenen Gottheiten als species zusammenfassend bezeichnen kann. ‹G.› heißt in der Religionswissenschaft jedes Wesen, das sich zu bestimmter Zeit und an bestimmtem Ort der Welt präsent macht und dadurch dem Menschenkreis «das» Leben eröffnet bzw. dem weltverfallenen Menschen sein Gericht zusagt oder vollzieht. Alles vordergründig Vielfältige, Zerstreuende und Quälende in der Welt gewinnt seine eine Mitte in diesem Wesen, wie es in ihm seinen einigen Ursprung und sein einiges Ziel hat.

Der Begriff ‹G.› besagt in der Religionswissenschaft die Einordnung von Wesen, die sich also z. B. von Dämonen und Ahnen unterscheiden. Was der G. Allah oder die Göttin Kali oder der G. Aton inhaltlich wirklich sei, begreift nur der Verehrer dieses G. und kein Außenstehender. Krishna als Krishna verstehen, heißt an ihn glauben. Die Religionswissenschaft hat an dem G. ihre Grenze. Sie nimmt ihn in den Spezifizierungen der Mythen und Riten wie in einem Spiegel wahr. Allah aber als Allah erfassen, das ist der nicht-islamischen Religionswissenschaft versagt. In der Mythen- und Ritenforschung einer Religion konvergieren die Linien zwar alle auf den G., der diese Religion in Bewegung brachte. Wir können diesen G. daher an diesen Spiegelungen von außen her annähernd beschreiben. Aber seine Gottheit leuchtet uns nur dann in ihrer Gottheitlichkeit ein, wenn er unser G. wurde und wir ihn glauben könnten.

3. Die *religionsphilosophische* Reflexion auf G. geschieht in zwiefacher Richtung. Sie geschieht erstens als der Versuch, den vom Glauben bezeugten und von der Theologie reflektierten G. und sein Wirken in den Denkhorizont des Philosophierens einzuordnen. Diese Versuche sind von allen philosophischen Richtungen aus immer wieder unternommen. Dem Ontologen ist G. das Sein. Dem Idealisten ist G. die Idee oder der Geist. Dem Existentialisten ist G. die entscheidungsgeladene actualitas. In dieser Bemühung wird der bestimmte G. dem Denken in seinen verschiedenen Aussagemodellen erschlossen und zugeführt. Dieser Vorgang ist für die Theologie unerläßlich, weil darin der theologische Inhalt dem jeweiligen Denken eröffnet wird. Nur unter der Voraussetzung dieser Eröffnung wird es der Theologie möglich, ihr G.-Bewußtsein je in ihre Gegenwart hinein zu übertragen. Diese Verständigung zwischen Glauben und Denkgestalt ist dem christlichen Glauben als in besonderer Weise denkendem Glauben notwendige Lebensgrundlage und nicht etwa theoretische Verzierung. Die religionsphilosophische Reflexion auf G. geschieht zweitens als der Versuch, den philosophischen Gedankengang bis an die letzte Bedingtheit seines Möglichwerdens vorzutreiben. Diese letzte Bedingtheit trägt den Charakter des Ganzen als Voraussetzung, deren jedes Denken bedarf. Sie zeigt den Stellenwert, den der G. in der Theologie hat. Darum nennt die Religionsphilosophie dieses letzte Bedingende auch immer wieder ‹G.›. Diese Bemühung um die letzte Bedingtheit des Möglichwerdens des Denkens ist jedem philosophischen Gedankengang unerläßlich, weil nur auf diesem Wege das Ganze in der Voraussetzung philosophischen Denkens als Voraussetzung sichergestellt und aus dem Zielbereich entfernt gehalten werden kann.

‹G.› ist für die religionsphilosophische Reflexion in der ersten Weise der Reflexion Symbolwort, dem man die denkerisch zu erfassenden Realbestimmungen, z. B. ‹Sein› oder ‹Geist› oder ‹Ideal› unterlegt. In der zweiten Weise ist ‹G.› eine Kennzeichnung, die man dem Letztbedingenden des Denkens ohne zwingenden Grund wegen des analogen Stellenwertes zuzuschreiben beliebt. Die beiden Verwendungen des Wortes ‹G.› sind in beiden Übertragungsvorgängen verschieden.

Literaturhinweise. J. BOHATEC: Zur neuesten Gesch. des ontol. G.-Beweises (1906). – F. BRUNSTÄD: Die Idee der Relig. (1922). – H. SCHOLZ: Religionsphilos. (1922). – F. BRENTANO: Vom Dasein G.es (1929). – FR. K. SCHUMANN: Der G.-Gedanke und der Zerfall der Moderne (1929). – K. BARTH: Fides quaerens intellectum. Anselms Beweis der Existenz G.es (1931). – N. SÖDERBLOM: Der lebendige G. im Zeugnis der Religionsgesch. (1942). – C. NINK: Philos. G.-Lehre (1948). – W. SCHULZ: Der G. der neuzeitl. Met. (1957). – D. HENRICH: Der ontol. G.-Beweis (1960). – R. PETTAZONI: Der allwissende G. Zur Gesch. der G.-Idee (1960). – G. VAHANIAN: The death of God (New York 1961). – K. RAHNER: Hörer des Wortes (²1963). – E. SCHILLEBEECKX: Personale Begegnung mit G. (1964). – E. JÜNGEL: Gottes Sein ist im Werden (1965). – J. C. MURRAY: Das Gottesproblem gestern und heute (1965). – J. SEILER: Das Dasein G.es als Denkaufgabe (1965). – C. H. RATSCHOW: G. existiert (1966). – F. GOGARTEN: Die Frage nach G. (1968). – S. M. OGDEN: Die Realität G.es (1970). – A. PETERS: Die Frage nach G. Fuldaer H. Nr. 17 (1970). – W. WEISCHEDEL: Der G. der Philosophen (1971/72). – H. KNUDSEN: Gottesbeweise im deutschen Idealismus (1972). – W. TRILLHAAS: Religionsphilos. (1972). C. H. RATSCHOW

Gottebenbildlichkeit. – 1. Die Lehre von der G. des Menschen wird im *Alten Testament* erst in der ‹Priesterschrift› (eigentlicher Ausbau etwa 538-450 v. Chr.) vorgetragen [1]. Zu ihrer Erläuterung können nur wenige Stellen aus den älteren [2] oder jüngeren Texten [3] herangezogen werden. Angesichts des im gesamten Alten Testament emphatisch betonten Abstandes des Menschen – und der Welt überhaupt – zu Gott [4] sowie der nachdrücklichen Bildlosigkeit des Jahwekultes [5] muß die grundlegende Aussage von Gen. 1, 26: «Lasset uns Menschen machen nach unserem Bilde (schelem) und Gleichnis (dᵉmūt)» auf den ersten Blick fast wie ein Fremdkörper wirken.

Mit dem nur an dieser Stelle vorkommenden Doppelausdruck «Bild und Gleichnis» soll eine sehr präzise Aussage getroffen werden. Zwar kann ‹schelem› auch die Bedeutung von ‹Schatten› (wesenloses Bild) haben, meint jedoch primär die Statue als plastische Gestalt, in der nach alter Auffassung das Abgebildete gegenwärtig ist [6]. Demgegenüber besagt ‹dᵉmūt› soviel wie ‹Ähnlichkeit› zweier Wesen unter Einschluß ihrer Verschiedenheit. Im «Bildsein» nimmt der Mensch also einerseits am Herrsein Jahwes teil; er ist als sein Mandatar in der Welt über alle sonstigen Geschöpfe erhaben (Macht über die Tierwelt [7]). Dieser seiner Würde wegen ist er unverletzlich (Verbot des Mordes [8]). Andererseits bleibt die Distanz zu Gott unaufhebbar. Worin genau die G. des Menschen liegt, wird Gen. 1, 26 nicht gesagt; erst Sir. 17, 2ff. macht darüber einige Andeutungen. Es ist nicht unwahrscheinlich, daß in die Formulierung ‹Bild Gottes› altorientalische Vorstellungen hineinspielen [9], wie überhaupt der Schöpfungsbericht der ‹Priesterschrift› (Gen. 1, 1-2, 4a) sich an babylonische Kosmogonien anschließt, zugleich aber die ganz offenkundige Tendenz zeigt, den Glauben an den einen und einzigen Bundesgott Israels den Göttermythen der Umwelt entgegenzusetzen. Da der Begriff des Bildes ein Relationsbegriff ist, gewinnt die Aussage vom Menschen als einem «Bild und Gleichnis» Gottes ihren eigentlichen Gehalt erst vom spezifischen Gottesgedanken des Alten Testaments her [10]: Die Beziehung auf den weltüberlegenen Schöpfer, dem nichts Irdisches vergleichbar ist, macht das Geheimnis des Menschseins aus.

Abgesehen von einer gelegentlichen Erwähnung bei Jak. 3, 9 findet sich die Lehre von der G. im *Neuen Testament* nur im Umkreis der paulinischen Theologie. Sie erhält hier jedoch einen neuen Akzent, sofern nicht mehr auf die Herrscherstellung des Menschen in der Welt reflektiert, sondern das in Christus geschenkte eschatologische Heil in den Blick gerückt wird.

‹Bild› (εἰκών) tritt in scharfen Gegensatz zum bloßen ‹Schatten› [11]; es ist das in seinem Wesen sichtbar werdende «Urbild» selbst. In diesem Sinne ist Christus das «Abbild» des unsichtbaren Gottes [12], wobei der Nachdruck auf der Ebenbürtigkeit des εἰκών zum Original liegt [13]. ‹Bild› ist mit anderen Worten ein Ausdruck, der die an anderen Stellen des Neuen Testamentes mit ‹Sohn› und ‹Logos› umschriebene einzigartige Beziehung Jesu zu Gott wiedergeben soll. Der Gläubige aber ist dazu vorherbestimmt, dem «Bilde des Sohnes» gleichgestaltet zu werden [14]. Für die Erlangung der endzeitlichen G. als Verähnlichung mit dem verherrlichten Christus in der Auferstehung von den Toten werden konkrete sittliche Forderungen gestellt [15].

Innerhalb der *jüdischen Theologie* wurde die G. zunächst, bei den Rabbinen, für selbstverständlich und deshalb kaum erläuterungsbedürftig angesehen [16]. Erst unter dem Einfluß der griechischen Philosophie, in der PLATON die Welt als Abbild des Nous bezeichnet hatte [17], gibt PHILON nähere Deutungen der G.: Der Mensch hat für ihn meistens keine direkte G. [18], sondern besitzt, da an den Körper gebunden, nur über den Geist Ähnlichkeit mit Gott, er ist κατ' εἰκόνα, nicht καθ' ὁμοίωσιν oder εἰκὼν εἰκόνα. Nur der Logos bzw. der von Philon konstruierte unkörperliche «Ideenmensch» ist direktes Abbild Gottes [19].

Anmerkungen. [1] Gen. 1, 26f.; 5, 1; 9, 6. – [2] Ps. 8, 6f. – [3] Sir. 17, 2ff.; Weish. 2, 23. – [4] Vgl. Jes. 40, 12ff., bes. 18. – [5] Vgl. G. VON RAD, in: Theol. Wb. zum NT 2 (1935) 378-380. – [6] Vgl. H. KLEINKNECHT, a. a. O. 386f. – [7] Gen. 1, 26; Ps. 8, 7ff.; Sir. 17, 2. 4. – [8] Gen. 9, 6. – [9] z. B. Gilgamesch-Epos I, 80ff.; vgl. J. HEHN: Zum Terminus «Bild Gottes». Festschrift E. Sachau (1915) 36-52. – [10] Vgl. W. EICHRODT: Theol. des AT 1 (⁵1957) 131-189. – [11] Hebr. 10, 1. – [12] Kol. 1, 15; vgl. 2. Kor. 4, 4; Hebr. 1, 3. – [13] Vgl. Phil. 2, 6. – [14] Röm. 8, 29; vgl. 1. Kor. 15, 49; 2. Kor. 3, 18. – [15] Kol. 3, 5. 8f. – [16] VON RAD, a. a. O. [5] 391ff. – [17] PLATON, Tim. 92 c. – [18] Ausnahmen: PHILON, Opif. 69; Quod det. pot. 86; virt. 205. – [19] a. a. O. Opif. 24f. 69. 146; Leg. all. 2, 4; 3, 96; 1, 31ff.; Plant. 18; Mut. 223; Quod det. pot. 82f.; Heres 231.

2. Die theologische Durchdringung der biblischen Lehre vom Menschen als einem Bild Gottes beginnt in der *Patristik* bei IRENAEUS in seiner Auseinandersetzung mit der vielschichtigen religiösen Bewegung der Gnosis, innerhalb deren ebenfalls mannigfaltige, von der christlichen jedoch durchweg prinzipiell verschiedene Anschauungen zur G. des Menschen vorgetragen wurden [1]. Die Abbild-Gottes-Theologie der Väter ist nicht einheitlich. Die meisten erkennen nur dem Menschen die G. zu, während sie in den übrigen Geschöpfen bloß die Ähnlichkeit einer Spur (vestigium) zum Schöpfer erblicken. Einmütigkeit herrscht ferner darüber, daß das Bildsein in der Geistigkeit (Vernunft) des Menschen liegt. Die von mittelalterlichen Autoren oft zitierte Sentenz des JOHANNES DAMASCENUS umschreibt präzise: Der Mensch wird als nach dem Bilde (ad imaginem) Gottes geschaffen bezeichnet, sofern er Verstand und freien Willen hat und seiner selbst mächtig ist [2]. Außerdem besteht Konsens darüber, daß der menschliche Geist keine Emanation aus der Gottheit ist, die dieser im Grunde wesensgleich wäre. Unterschiede bestehen indessen hinsichtlich der Frage, in welchem Sinne der Leib in die G. einzubeziehen sei. Einige Kirchenväter erkennen die G. auch dem Leib zu [3], andere, vor allem jene, die von Gnosis und Neuplatonismus beeinflußt wurden, sehen die G. nur in der Seele [4]. Mehrere Kirchenväter sehen in dem Hendiadyoin «Bild und Gleichnis» aus Gen. 1, 26 eine Abstufung: «Bild» ist die mit der Natur des Menschen unverlierbar gegebene, «Gleichnis» aber meint die gnadenhafte, durch Christus dem Gläubigen erst verliehene G. [5].

Diese Unterscheidung ermöglichte die Einordnung der christlichen Lehre von Sündenfall und Erlösung bzw. der paulinischen Bild-Theologie in die Aussagen des Alten Testamentes.

Der bedeutsame Beitrag AUGUSTINS liegt darin, daß er im menschlichen Geist (mens) ein Abbild der göttlichen Dreieinigkeit aufzeigte, wenn er für diesen Ternare wie ‹Sein, Erkennen, Wollen› bzw. ‹Gedächtnis, Einsicht, Wille› entwickelte [6]. Er begründete damit die für die mittelalterliche Theologie äußerst wichtige «psychologische» Trinitätslehre [7].

Anmerkungen. [1] Vgl. J. JERVELL: Imago Dei (1960) 122-170. – [2] JOHANNES DAMASCENUS, De fide orth. II, 12. MPG 94, 920. – [3] z. B. IRENAEUS, Adv. haer. 4, 37, 4; 5, 6f.; ALEXANDER ALEX., MPG 18, 590; TERTULLIAN, Res. Carn. 9, 6. – [4] z. B. CLEMENS VON ALEXANDRIEN, Strom. 2, 102, 6; 6, 114, 4; 6, 136, 3; GREGOR VON NYSSA, Hom. opif. 44, 149 B; ORIGENES, In Gen. 1, 13; Princ. 2, 8, 3. – [5] IRENAEUS, Adv. haer. 5, 6, 1; CLEMENS V. ALEX., Prot. 120, 4; Strom. 2, 86, 2; 7, 86, 2. – [6] AUGUSTIN, Div. quaest. 83, qu. 54, 4; vgl. 83 qu. 74. – [7] Vgl. M. SCHMAUS: Die psychol. Trinitätslehre des hl. Augustinus (1927).

Literaturhinweise. H. MERKI: Art. ‹Ebenbildlichkeit›, in: Reallex. für Antike und Christentum 4, 459-479; Homoiosis Theo. Von der platonischen Angleichung an Gott zur Gottähnlichkeit bei Gregor von Nyssa (1952).

3. Eine abgewogene Ausgestaltung, die aus einer selbständigen Verarbeitung der Tradition lebt und für die Folgezeit weithin maßgebend wurde, erfuhr die Imago-Dei-Lehre in der *Scholastik* vornehmlich durch THOMAS VON AQUIN.

Zwar ist die mit dem Leibe vereinigte Seele Gott ähnlicher als die vom Körper getrennte [1], aber die G. gründet formell in der Geistigkeit der Menschenseele [2]. Thomas verlegt sogar die Natur des Geistes (mens) in dessen Offenheit (aptitudo) zur Gotteserkenntnis und -liebe [3], d. h. in die Hinordnung auf eine personale Begegnung zum Schöpfer. Da Gott reiner Akt ist, kommt die bildhafte Ähnlichkeit zu ihm in den geistigen Tätigkeiten mehr zur Geltung als in den diesen zugrunde liegenden Vermögen und Habitus [4]. Doch sind nicht unterschiedslos alle geistigen Akte des Menschen, sondern nur jene, die unmittelbar oder mittelbar Gott zum Gegenstand haben, Verwirklichung seiner G. [5]. Diese ist als «imago secundum similitudinem gloriae» kraft der unmittelbaren Gottesschau und -liebe bei den Seligen des Himmels endgültig [6].

Wenn bei Thomas der Nachdruck in der Imago-Dei-Lehre auf die geistigen Akte gelegt wird [7], so findet darin der alte Gedanke einer Gegenwart des Urbildes im Abbild in bestimmter Weise eine Bestätigung; denn in der thomanischen Philosophie gilt für die immanenten Tätigkeiten des Erkennens und Liebens, daß das Erkannte im Erkennenden und das Geliebte im Liebenden ist [8]. Sofern der Mensch in seiner Geistigkeit ein «Bild Gottes» ist, geht er nicht als bloßes Naturwesen in einem Verhältnis zum Universum auf, vielmehr hat er durch seinen Bezug zu Gott eine Sonderstellung im Kosmos [9], die unmittelbar bestimmte sittliche Forderungen einschließt [10].

Im Gegensatz zu Thomas verlegt der Mystiker J. TAULER unter Berufung auf Proklos die eigentliche G. in den Seelengrund als solchen [11] und nicht in die geistigen Akte.

Bei NICOLAUS CUSANUS hat die Imago-Dei-Lehre in vielem das Gepräge der Tradition; ihr entspricht es, wenn er den Geist als «lebendiges Bild» [12] notwendig auf Gott als das Urbild bezogen sein läßt. Neben seinen Trinitätsspekulationen [13] ist der Cusaner jedoch in der Durchführung einer für seine Erkenntnislehre wichtigen Entsprechung originell: Wie Gott der Schöpfer der wirklichen Seienden und natürlichen Formen ist, so ist der Mensch der Urheber des gedanklichen Seienden und künstlicher Formen [14]. In einer kühnen Wendung spricht er in diesem Kontext von einem «zweiten Gott» [15].

In der neuzeitlichen Philosophie wird die G. des Menschen zwar noch häufig erwähnt (von DESCARTES' These, daß der Mensch, da er die Vorstellung von Gott in sich habe, nach dessen Bild und Gleichnis geschaffen sei [16], bis zu L. FEUERBACHS Versuch, die G. auf eine Einheit des Menschen mit Gott zurückzuführen [17]); sie wird aber vor allem in der Theologie diskutiert: Hatten die Reformatoren den Verlust der G. mit dem Sündenfall behauptet, so stimmt die neuere katholische und protestantische Theologie (Ausnahme: besonders K. BARTH) darin überein, daß die G., die sich nicht auf eine bestimmte Eigenschaft, sondern auf den ganzen Menschen bezieht, unverlierbar ist [18].

Anmerkungen. [1] THOMAS VON AQUIN, De pot. 5, 10 ad 5; vgl. S. theol. I, 93, 3 c. – [2] S. theol. I, 93, 6. – [3] a. a. O. I, 93, 4. – [4] I, 93, 7. – [5] I, 93, 8. – [6] I, 93, 4. – [7] III, 4, 1 ad 2. – [8] I, 27, 3; 37, 1. – [9] Vgl. S. contra gent. III, 111-113. – [10] L. BERG: Die G. im Moralsubjekt nach Thomas von Aquin (1948); A. HOFFMANN, in: Dtsch. Thomas-A. 7 (1941) 270-330. – [11] J. TAULER, Predigt 60 d, hg. F. VETTER (1910) 300. – [12] NICOLAUS CUSANUS, Idiota de sapientia I; De aequalitate. – [13] Vgl. R. HAUBST: Das Bild des Einen und Dreieinen Gottes in der Welt nach Nikolaus von Kues (1952). – [14] CUSANUS, De beryllo VI; De conject. II, 14; Idiota de mente III. – [15] De beryllo VI; vgl. De conject. II, 14; vgl. K. KIPPERT: Die natürliche G. des Menschen in der Philos. des Nikolaus von Cues (1952). – [16] R. DESCARTES, Meditationes, hg. L. GÄBE (1959) 94. 104. – [17] L. FEUERBACH, Das Wesen des Christentums, Sämtl. Werke, hg. BOLIN/JODL (1903-11) 6, 271ff. – [18] Vgl. L. SCHEFFCZYK: Die Frage nach der G. in der modernen Theol., in: Der Mensch als Bild Gottes, hg. L. SCHEFFCZYK (1969) IX-LIV.

Literaturhinweise. M. J. SCHEEBEN: Hb. der kath. Dogmatik. Ges. Schriften 5 (³1961) 128ff. §§ 146ff. – Der Mensch als Bild Gottes, hg. L. SCHEFFCZYK (1969) mit ausführlicher Bibliographie. – K. KIPPERT s. Anm. [15 zu 3].   D. SCHLÜTER

Gottesaufweis ist in der Religionsphilosophie M. SCHELERS ein Begriff, der die Möglichkeit – aber nicht die einzige – der Gotteserkenntnis bezeichnet. Er wurde in Abgrenzung von dem Begriff ‹Gottes*beweis*› gebildet, der nach Scheler nicht nur das Problem der «Existenz der ganzen religiösen Sphäre», sondern auch das der «Existenz der Außenwelt oder des Ich oder des Nebenmenschen» nicht zu lösen vermag [1]. Während der *Beweis* der (logische) Schluß von etwas Gegebenem auf das zu Beweisende ist, hat der *Aufweis* die Funktion eines «Zeigestabs, mit dem wir auf etwas hinzeigen, sehen machen, damit es der andere besser sehe oder überhaupt sehe» [2]. Dem Aufweis kann der *Nachweis* folgen, der ein bereits Gefundenes wieder sichtbar macht. Der Begriff ‹G.› richtet sich hier wie auch bei B. ROSENMÖLLER [3] und in E. LANDMANNS Formel vom «Sichtigwerden eines Gegebenen» [4] gegen die Gottesbeweise der Neuscholastik und ihre Verkennung der natürlichen und gefühlsmäßigen Gotteserkenntnis: «Gottes Wesen und Dasein ist eines Aufweises und Nachweises, nicht aber im strengen Sinne eines Beweises aus Wahrheiten fähig, die nur Wahrheiten über die Welt sind» [5].

Anmerkungen. [1] M. SCHELER: Vom Ewigen im Menschen (1921) 542 = Werke 5 (1954) 252. – [2] a. a. O. 546 = 254. – [3] B. ROSENMÖLLER: Gott und die Welt der Ideen (1923) 18. 35ff. – [4] E. LANDMANN: Die Transcendenz des Erkennens (1923) 269. – [5] SCHELER, a. a. O. [1] 546f. = 254.

Literaturhinweise. E. PRZYWARA: Religionsbegründung (1923). – J. HEBER: Das Problem der Gotteserkenntnis in der Religionsphilos. Max Schelers (1931). – M. DUPUY: La philos. de la relig. chez Max Scheler (Paris 1959).   U. DIERSE

Gottesbeweis. – I. *Allgemeines.* – In der *griechischen* Philosophie treten Beweise für das Dasein der Gottheit in dem Augenblick in den Gesichtskreis, als die Frage nach der Gestalt der Götter als unlösbar erkannt wird [1]: «Der Gott, der die ganze Welt zusammenordnet und zusammenhält, den sehen wir die größten Werke ausführen; er selbst aber bleibt unsichtbar ...» [2]. Wie die Seele des Menschen den Körper lenkt, selbst jedoch nicht sichtbar in Erscheinung tritt, so bleibt der unsichtbare Gott hinter seinen Werken verborgen, aus denen er aber erkannt werden kann [3]. Die Gottheit wird nicht in sich selbst oder unmittelbar erfaßt, ihr Wirklichsein und Wiesein wird vielmehr *erschlossen*.

Dem Thema der G. wurde in der *Hochscholastik* in Formulierungen der aristotelischen Wissenschaftslehre ein schärferer Ausdruck verliehen: Die Aussage «Gott ist (existiert)» erweist sich wenigstens für uns nicht als eine «propositio per se nota» [4], d. h. sie ist kein Satz, der durch bloßes Begreifen des Subjekts- und Prädikatsbegriffes unmittelbar einleuchtend wäre. Daher bedarf sie einer «demonstratio» (Beweis), nämlich einer nach einzelnen Denkschritten gegliederten Ableitung aus anderen, uns bekannteren, letztlich evidenten Sätzen.

Nach dem Gesagten sind mithin die G. in einem sehr speziellen Verständnis «Beweise». Ihrer ursprünglichen *Intention* nach sollen sie weder zu etwas bislang völlig Unbekanntem hinführen noch einem Leugner gegenüber das Sein Gottes sicherstellen. Ihre Bedeutung liegt vielmehr darin, die Erhebung des Gemütes zu Gott «für den Gedanken auszudrücken» [5], d. h. der in der spontanen, unreflektierten Gotteserkenntnis implicite enthaltene Schluß wird in methodischer, logisch entfalteter Form vollzogen [6].

In den G. steht in der abendländischen Philosophie seit dem christlichen Altertum das Sein Gottes zur Frage, wie er im Sinne der Bibel als der einzige und persönliche Schöpfer der Welt geglaubt wird. Ein *Beweis* für das Dasein Gottes hätte daher einsichtig zu machen, wie es im Vergleich zu den erfahrenen endlichen Seienden in ihrer Vielheit, Verschiedenheit und mannigfachen gegenseitigen Bezogenheit (Relativität) einen einzigen, unendlichen, aus sich seienden und absoluten Seinsgrund geben muß, der (unter Wahrung offenbar zu beachtender Analogien) als «geistig», d. h. als erkennendes und frei wollendes Wesen zu fassen ist. Damit sind die zentralen Themen der Metaphysik berührt. Ein vollgültiger G. gehört also der *Metaphysik* an [7].

Im Verlauf der Geschichte sind viele und recht verschiedenartige G. vorgelegt worden. Aus ihrer Zugehörigkeit zur Metaphysik folgt zunächst, daß alle Versuche, das Dasein Gottes von Ergebnissen der Einzelwissenschaften (speziell der Naturwissenschaften: z. B. der «entropologische» G. [8]) her zu erweisen, methodisch als Grenzüberschreitungen zu bewerten sein dürften [9]. Gleichfalls ergibt sich, daß Argumente, die wie etwa der *eudämonologische* (axiologische) oder der *moralische* (deontologische) G. (s. u. II, 4b) ausschließlich vom menschlichen Selbstbewußtsein ausgehen [10], solange kaum mehr als eine Wahrscheinlichkeit erbringen können, als sie nicht auf streng metaphysische Erörterungen zurückbezogen werden. Der *ethnologische (historische)* G., wie er von der allgemeinen Verbreitung des Glaubens an Gott bzw. Götter her argumentiert, wird den Forderungen, die an ein verbindliches philosophisches Denken gestellt werden müssen, wohl nicht entsprechen [11]. Jene «klassischen» G., die nach einer solchen Eingrenzung übrigbleiben – *ontologischer* (II, 3 c), *kosmologischer* (II, 3 d), *teleologischer* (physikotheologischer) G. (II, 1 a) und *Stufen*beweis (II, 3 b) –, bezeichnen zwar irgendwie gleichartige Motive einer Argumentation, die jedoch in der konkreten Durchführung bei den verschiedenen Denkern erheblich abgewandelt worden sind. Eine derartige Vielfalt spiegelt jedoch nur die Tatsache wider, daß G. in einer Metaphysik keinen isolierten Platz haben [12]. In ihnen wird gewissermaßen wie in einem Brennpunkt alles das zusammengefaßt, was nach Ansatz und Methode das Denken eines Philosophen charakterisiert.

Anmerkungen. [1] W. JAEGER: Die Theol. der frühen griech. Denker (1953) 192ff. – [2] SOKRATES bei XENOPHON, Memorab. IV, 3, 13. – [3] Vgl. zur Erkenntnis Gottes aus seinen Werken AT: Weish. (Apokryph) 13, 1-5; NT: Röm. 1, 18-20. – [4] THOMAS VON AQUIN, S. theol. I, 2, 1. – [5] G. W. F. HEGEL, Vorles. über die Beweise vom Dasein Gottes, hg. G. LASSON (1966) 13. – [6] J. DE VRIES: Vom Sinn und log. Aufbau der G. Scholastik 15 (1940) 488. – [7] Vgl. THOMAS VON AQUIN, S. contra gent. III, 25 (Nr. 2063). – [8] J. SCHNIPPENKÖTTER: Der entropol. G. (1920); vgl. Art. ‹G., entropol.›. – [9] A. GRÉGOIRE: Immanence et transcendance (Paris 1939) 138-157. – [10] Vgl. Art. ‹G., axiol.› und ‹G., moralisch›. – [11] Vgl. HEGEL, a. a. O. [5] 52-55; vgl. Art. ‹G., hist.›. – [12] Vgl. K. DOMKE: Das Problem der met. G. in der Philos. Hegels (1940) 4f.; vgl. G. MAINBERGER: Die Seinsstufung als Methode und Metaphysik (Fribourg 1959) 110f.

Literaturhinweise. – *Textsammlungen:* H. STRAUBINGER: Texte zum G. (1916). – R. ARNOU: De quinque viis S. Thomae ad demonstrandam Dei existentiam apud antiquos graecos et arabes et judaeos praeformatis vel adumbratis textus selectos (Rom 1949). – *Allgemeine Darstellungen:* J. DE VRIES s. Anm. [6] 481-507. – R. JOLIVET: Le Dieu des philosophes et des savants (Paris 1956). – TH. O'BRIEN: Met. and the existence of God (Washington 1960). – W. BRUGGER: Theol. naturalis (²1964) mit umfassender Bibliogr.. – Q. HUONDER: Die G. (1968).

II. *Geschichte der einzelnen Beweise.* – 1. *Antike.* – a) Nach Andeutungen bei ANAXAGORAS und DIOGENES VON APOLLONIA bringt SOKRATES [1] als erster eine ausführliche Darlegung, die im Rückschluß von einer sinnvoll bzw. schön geordneten Natur auf eine sie ordnende göttliche Intelligenz als ein *teleologischer* G. bezeichnet werden darf. Der teleologische G., der sich auch bei PLATON [2] und bei ARISTOTELES [3] findet, galt in der *Stoa* als das hauptsächliche Argument für das Sein einer Gottheit [4]. Es wurde durchweg in der leicht faßlichen Form eines Vergleiches vorgetragen: Wie ein Schiff, das sicher in einen Hafen einläuft, von einem Kapitän gesteuert wird, so muß der regelmäßige Ablauf des Naturgeschehens von einem übermenschlichen Geist gelenkt werden. Dieser Analogieschluß läßt offen, wie das Verhältnis des Gottes zum Kosmos genauer zu fassen ist. In der Stoa wurde der die Welt durchwaltende Logos weithin als ein innerweltliches Prinzip verstanden [5].

Der teleologische Beweis aus der Ordnung der Welt, der in der Frühscholastik z. B. bei WILHELM VON CONCHES [6], PETRUS VON POITIERS [7] und ROBERTUS PULLUS [8] vorkommt, ist in der ‹Summa theologiae› des THOMAS VON AQUIN der «fünfte Weg» [9]. Am schärfsten formuliert er ihn jedoch im Anschluß an JOHANNES DAMASCENUS [10] in der ‹Summa contra gentiles›: «Es ist unmöglich, daß gegensätzliche und nicht übereinstimmende Dinge immer oder zumeist in einer einheitlichen Ordnung zusammenstimmen, wenn sie nicht unter jemandes Leitung stehen, durch die sie in ihrer Gesamtheit und als Einzelne auf ein bestimmtes Ziel hinstreben» [11]. Die Interpretation dieses Grundsatzes muß auf die Lehre des Thomas vom «ordo» [12], seine metaphysische Ursachenlehre und speziell auf seine Auffassung von der «causa finalis» [13] zurückgreifen.

Der teleologische G. wurde von JOHANNES DUNS SCOTUS und FRANCISCUS SUÁREZ [14] als Teilargument in einen umfassenderen Gedankengang einbezogen; bei WILHELM von OCKHAM fiel er aus [15]. Unter Einschluß einer metaphysisch begründeten Finalität entwickelten ihn in neuerer Zeit J. MAUSBACH, R. GARRIGOU-LAGRANGE und C. NINK. Die in diesem Zusammenhang wichtige Diskussion um eine ontologisch fundierbare Teleologie wurde von N. HARTMANN [16] ausgelöst.

Dem teleologischen G. steht sehr nahe LEIBNIZ' Argument der «prästabilierten Harmonie» [17]. – Durchaus verschieden von den bisher genannten Beweisformen ist der *physikotheologische* G. der Aufklärung. (Der Name ‹Physikotheologie› wurde im 18. Jh. geprägt von dem Engländer WILLIAM DERHAM [18].) Die Welt, die nach Analogie der Maschine (Uhrwerk) gefaßt wird, bei welcher die Einzelteile in zweckmäßiger Beziehung zum Ganzen stehen, läßt den Schluß auf einen Weltenbaumeister zu [19]. Bei manchen Physikotheologen der Zeit reduziert sich außerdem Zweckhaftigkeit auf Nützlichkeit für den Menschen. Ein letzter Typ des teleologischen G. nimmt seinen Ausgang ausschließlich von empirisch faßbaren Gegebenheiten des Organischen (u. a. fremddienliche Zweckmäßigkeit) sowie vom menschlichen Verhalten.

Anmerkungen. [1] SOKRATES bei XENOPHON, Memorab. I, 4; IV, 3. – [2] PLATON, Phileb. 28 d-31 b; Sophist. 265 b-266 d; Leg. X, 1, 886 a; XII, 3, 967 b. – [3] ARISTOTELES, Frg. 13, 1476 a 11-32; 14, 1476 a 34-b 11. – [4] M. POHLENZ: Die Stoa I (1948) 95. – [5] Q. HUONDER: Gott und Seele im Lichte der griech. Philos. (1954) 181ff. – [6] WILHELM VON CONCHES, MPL 90, 1128f. – [7] PETRUS VON POITIERS, MPL 211, 791 a. – [8] ROBERTUS PALLUS, MPL 186, 673 d f. – [9] THOMAS VON AQUIN, S. theol. I, 2, 3. – [10] JOHANNES DAMASCENUS, De fide orthodoxa I, 3. MPG 94, 795 cd.

– [11] THOMAS, S. contra gent. I, 13 (Nr. 115); vgl. I, 42 (Nr. 341). – [12] A. DE SILVA-TAROUCA: L'idée d'ordre dans la philos. de S. Thomas. Rev. neoscolast. 40 (1937) 341-384. – [13] THOMAS, S. contra gent. III, 2; vgl. TH. STEINBÜCHEL: Der Zweckgedanke in der Philos. des Thomas von Aquin (1912). – [14] J. SEILER: Der Zweck in der Philos. des Franz Suarez (1936) 79-85. – [15] H. BECHER: Gottesbegriff und G. bei Wilhelm v. Ockham. Scholastik 3 (1928) 382ff. – [16] N. HARTMANN: Teleol. Denken (1951). – [17] LEIBNIZ, Philos. Schriften, hg. C. I. GERHARDT 6, 541; 7, 411; vgl. 5, 419f. 421f. – [18] W. DERHAM, in: Predigten unter dem Titel ‹Physicotheology› (1714). – [19] z. B. J. N. TETENS: Abh. von den vorzüglichsten Beweisen des Daseins Gottes (1761) 55f.

Literaturhinweise. R. GARRIGOU-LAGRANGE: Dieu (Paris [11]1950) 1, 314-338; Le réalisme du principe de finalité (Paris 1932). – C. NINK: Philos. Gotteslehre (1948) 112-119.

b) Das Thema eines G. klingt bei PLATON mehrfach im 10. Buch der ‹Gesetze› an [1]. Der umständlich entwickelte Gedankengang [2] – die Seele als das sich selbst bewegende Prinzip – nimmt trotz unverkennbarer Unterschiede sachlich das aristotelische Argument aus der Bewegung vorweg [3]. Darüber hinaus ist Platon für die spätere Geschichte der G. durch andere Motive ein wichtiger Anreger geworden. Zu erwähnen ist die Lehre des ‹Timaios›, wonach die gewordene Welt ein nach einem Vorbild geschaffenes Abbild sei [4], ferner der im ‹Symposion› gezeichnete Aufstieg zum «Schönen selbst» [5] sowie die im ‹Staat› dargelegte Lehre vom «Guten» [6], das dem Erkennbaren sein Erkanntsein und außerdem Sein und Wesen verleiht [7]. Wenngleich in Platon nicht der Gottesgedanke der Bibel hineingetragen werden darf – das «Gute» ist zwar «göttlich», aber für Platon selbst nicht ein «Gott» [8] –, so ist er doch der Begründer des späteren «Stufenbeweises» geworden. Dieser wird ebenfalls von ARISTOTELES in knappster Formulierung gebracht [9].

Anmerkungen. [1] PLATON, Leg. X, 885 d. 887 b-c. 887 e-888 a. 890 d-891 a. 893 b. – [2] Leg. X, 6-9. – [3] 896 a; vgl. dazu und zur Unmöglichkeit eines «regressus in infinitum» Phaidr. 245 c-e; Leg. 894 e-895 a. – [4] Tim. 28 c-29 d. – [5] Symp. 210 e-211 c. – [6] Resp. VI, 16-19. – [7] Resp. 509 b. – [8] Vgl. E. GILSON: God and philos. (New Haven ⁴1962) 24-31. – [9] ARISTOTELES, Frg. 15, 1476 b 22-24; zum Stufenbeweis in der Stoa vgl. POHLENZ, a. a. O. [4 zu 1a] 94f.

c) Der Schöpfer eines formalen G. ist ARISTOTELES. Die Argumentation seines *Bewegungsbeweises* im 8. Buch der ‹Physik› [1] und im 12. der ‹Metaphysik› [2] steht in vollem Einklang mit den Prinzipien und den Ergebnissen seiner Naturlehre und wird streng logisch durchgeführt. Beide Male entwickelt er den Beweis aus der «Bewegung», die er im Blickpunkt seiner Akt-Potenz-Lehre analysiert und definiert. Von diesem Ansatz her ergibt sich, daß alles, was in Bewegung (Veränderung) ist, von einem anderen bewegt (verändert) wird. Als weiteres Prinzip tritt hinzu, daß in einer solchen Über- und Unterordnung nicht ins Unendliche fortgeschritten werden kann. Abgesehen von leicht beizubringenden Tatsachen (z. B. der Arm bewegt den Stock, der Stock den Stein) hatte die Stufung gleichzeitig wirkender Ursachen für Aristoteles selbst einen weitreichenden Kontext: Nach seinem Weltbild waren die unvergänglichen Himmelskörper in ihrer ewigen Kreisbewegung die übergeordnete Instanz für die verschiedenartigen Bewegungen der vergänglichen irdischen Körper. Von dieser Voraussetzung her ist sein Beweis stringent: «Und es gibt etwas, das immer bewegt ist in unaufhörlicher Bewegung, und zwar der Kreisbewegung; und dies steht ... aus Tatsachen fest. So wäre denn der erste Himmel ewig. Folglich gibt es auch etwas, das bewegt. Da aber das gleichzeitig Bewegte und Bewegende in der Mitte steht, so gibt es etwas, das unbewegt bewegt, ein Ewiges, das Substanz und Tätigkeit zugleich ist» [3].

Der aristotelische Bewegungsbeweis, der z. B. bei MOSES MAIMONIDES [4] und in der Frühscholastik bei ADELHARD VON BATH [5] von Bedeutung ist, wurde vor allem durch THOMAS VON AQUIN bekannt, der ihn in seiner ‹Summa theologiae› als die «prima ... et manifestior via» ohne Rückgriff auf das alte Weltbild formulierte [6].

Die sachliche Beurteilung des typisch aristotelischen Beweises wird angesichts naheliegender Kritik [7] herausstellen dürfen, daß der Ansatz der Argumentation in einer von der heutigen Physik prinzipiell verschiedenen Perspektive liegt, in einer ontologischen Betrachtung von «Bewegung».

Anmerkungen. [1] ARISTOTELES, Phys. VIII, 3-6. – [2] Met. XII, 6-7. – [3] Met. XII, 7, 1072 a 21-26. – [4] Text bei ARNOU, a. a. O. [Lit. zu I] 73-79. – [5] M. BAUMGARTNER: Die Philos. des Alanus de Insulis (1896) 109 Anm. 5. – [6] THOMAS VON AQUIN, S. theol. I, 2, 3; unter Einbeziehung des alten Weltbildes S. contra gent. I, 13; Compend. theol. c. 3. – [7] A. MITTERER: Der Bewegungssatz (omne quod movetur ab alio movetur) nach dem Weltbild des hl. Thomas und dem der Gegenwart. Scholastik 9 (1934) 372-399. 481-519.

Literaturhinweise. A. NOLTE: Het Godsbegrip bij Aristoteles (Nijmegen 1940). – J. OWENS: The reality of the Aristotelian separate movers. Rev. Met. 3 (1950) 319-337. – K. OEHLER: Der Beweis für den unbewegten Beweger bei Aristoteles. Philologus 99 (1955) 80-92. – E. GILSON: Elements of Christian philos. (Garden City 1960) 58-68. – *Weitere Literatur* bei M.-D. PHILIPPE: Aristoteles. Bibliogr. Einf. in das Studium der Philos. Nr. 8 (1948).

2. *Frühchristentum und Patristik.* – a) Die frühchristlichen Apologeten [1] und nach ihnen die Kirchenväter [2] übernahmen G. aus der griechischen Philosophie [3]. Zwar bieten sie mit der einzigen Ausnahme AUGUSTINS in dieser Hinsicht keine selbständigen Gedanken. Dennoch darf folgendes nicht übersehen werden: Führte die antike «theologia naturalis» aus der mythologischen Volksreligion heraus [4], so wurde für die christlichen Theologen ein G. der rationale Weg zur biblischen Grundlehre vom einzigen Gott als dem Schöpfer der Welt. Erstmals findet sich in der christlichen Literatur bei ATHENAGORAS der Versuch eines Vernunftbeweises für den Monotheismus [5]. Spätere Kirchenväter verbinden mehrfach den G. mit einer Argumentation für die Einzigkeit Gottes.

Anmerkungen. [1] ATHENAGORAS, Legatio pro Christ. Nr. 4f. MPG 6, 897-901; THEOPHIL VON ANTIOCHIEN, Ad Autolycum I, 5f. MPG 6, 1029-1033. – [2] Die wichtigsten *Texte* der Kirchenväter zu den G. sind zusammengestellt von M. J. ROUET DE JOURNEL: Enchiridion Patristicum (²¹1959) vgl. Index Nr. 87. – [3] Zur Begegnung des jungen Christentums mit der antiken Geisteskultur vgl. W. JAEGER: Das frühe Christentum und die griech. Bildung (1963). – [4] D. RITTER: Platon 2 (1923) 768f.; ARISTOTELES, Met. XII, 8, 1074 b 1-14; vgl. E. GILSON: God and philos. (New Haven ⁴1962) 34ff. – [5] ÜBERWEG/GEYER: Die patristische und scholastische Philos. (¹¹1928) 23.

Literaturhinweis. C. VAN ENDERT: Der G. in der patristischen Zeit mit bes. Berücksichtigung Augustins (1869).

b) Bei AUGUSTINUS klingen Motive verschiedener G. an, die jedoch durchweg nicht systematisch entfaltet werden. So kehrt bei ihm gelegentlich das teleologische Argument wieder [1]. An zwei Stellen seiner ‹Bekenntnisse› führt ihn die Veränderlichkeit der Dinge zu Gott [2]. Ferner argumentiert er aus den unterschiedlichen Wertstufen für Gott als das höchste Gut [3]. (Dieses platonische Motiv wurde später von ANSELM VON CANTERBURY im ‹Monologion› zum Stufenbeweis ausgebaut.) Das spezifisch augustinische Argument ist jedoch sein Versuch, von der über der menschlichen Vernunft stehenden unveränderlichen Wahrheit auf Gott zu schließen [4]. Dieser Gedankengang wird überdies von ihm in ‹De libero arbitrio› ausdrücklich als G. entwickelt [5]. Nachdem Augustin stufenweise bis zur Vernunft als Höchstem aufgestiegen ist, wird Gott zunächst als derjenige bestimmt, der als Ewiges und Unwandelbares noch über der menschlichen Vernunft steht. Der Nachweis, daß über dieser ein Höheres sein muß, wird dann vom Erfassen zeitloser Gesetze her geführt, die sowohl streng allgemeingültig als auch für das wahre Urteil verbindliche Direktiven sind. Als Normen können diese weder unter dem menschlichen Geiste stehen noch dürfen sie ihm gleichgesetzt werden, da sie sonst wie er wandelbar wären. Somit müssen sie höher und vorzüglicher sein. Damit ist aber nach Augustin der Beweis erbracht, daß Gott ist: Gott ist entweder noch über der Wahrheit oder die Wahrheit selbst [6].

Die philosophischen Voraussetzungen dieses Arguments, dem die Kritik eine Verwechslung des Allgemeinbegriffes für einzelne Wahrheiten mit dem letzten Grund alles Wahren (Gott als subsistierende Wahrheit) vorwarf [7], liegen in der vom Neuplatonismus her geprägten Erkenntnislehre (Illuminationstheorie) des Kirchenvaters [8]. Diesem augustinischen Beweis, der im Mittelalter keine größere Bedeutung erlangte [9], steht in etwa der G. «ex possibilibus» von LEIBNIZ [10] nahe, der sich sogar ausdrücklich auf Augustinus beruft [11]. Als *noetischer* oder *ideologischer* (gelegentlich auch nomologischer) G. wurde der augustinische Gedankengang von der Neuscholastik mit zum Teil nicht unerheblichen Modifikationen aufgegriffen [12].

Anmerkungen. [1] AUGUSTIN, Sermo 147. MPL 38, 1022; Sermo 141, 2. MPL 38, 776f.; Enarr. in Ps. 41, 7. MPL 36, 467; Enarr. in Ps. 73. MPL 36, 944. – [2] Conf. X, 6. Corpus script. eccl. lat. (= CSEL) 33, 232f.; XI, 4. CSEL 284. – [3] De trin. VIII, c. 3, nr. 4-5. MPL 42, 949-951; Enarr. in Ps. 26, II, nr. 8. MPL 36, 203; vgl. De civ. Dei VIII, 6. CSEL 40, I, 364f. – [4] De libero arb. II, 3, 7-15, 39. CSEL 74, 42-76; De vera relig. 29, 52-31, 57. MPL 34, 145-147; Conf. VII, 17. CSEL 33, 161-163. – [5] De libero arb. II, 3, 7. – [6] a. a. O. II, 15, 39. – [7] VAN ENDERT, a. a. O. [Lit. zu 2a] 154ff.; 161f. – [8] B. KÄLIN: St. Augustin und die Erkenntnis der Existenz Gottes. Divus Thomas (Fr.) 14 (1936) 331-352. 337-350. – [9] Zu Autoren des MA, die den Beweis bringen, vgl. M. GRABMANN: Die Grundgedanken des hl. Augustinus über Seele und Gott (²1929) 85f. – [10] LEIBNIZ, Monadol. 43-44. Philos. Schriften hg. C. I. GERHARDT (= Gerh.) 6, 614; vgl. Theodizee I, 20. Gerh. 6, 114f.; II, 184. Gerh. 6, 226f.; II, 189. Gerh. 6, 229; III, 335. Gerh. VI, 313f.; dazu G. MARTIN: Leibniz. Logik und Met. (1960) 216. – [11] LEIBNIZ, Nouv. Ess. IV, 11. Gerh. 5, 429. – [12] Übersicht bei K. STAAB: Die G. in der kath. dtsch. Lit. 1850-1900 (1910) 136-146.

Literaturhinweise. CH. BOYER: L'idée de vérité dans la philos. de S. Augustin (Paris 1920). – E. GILSON: Introduction à l'étude de S. Augustin (Paris ³1949). – *Weitere Lit.* bei M. F. SCIACCA: Augustinus. Bibliogr. Einf. in das Studium der Philos. Nr. 10 (1948); C. ANDRESEN: Bibliogr. Augustiniana (1962).

3. *Scholastik.* – a) Das Thema der G. war im Mittelalter zunächst anläßlich der Erklärung einiger Stellen der Hl. Schrift (z. B. Weish. 13, 1-5; Röm. 1, 19-20; Ps. 14 (13) 1) vorgegeben. In dem Maße, als es zur Ausbildung einer systematischen Theologie kam, fiel jedoch den G. eine eigenständige Rolle zu: Sie bildeten die Brücke vom weltlich-philosophischen Erkennen zum eigentlichen Offenbarungsglauben hin, indem sie den Ansatz lieferten, mit den Mitteln der Vernunft einen abgeklärten Gottesbegriff zu erarbeiten. Im Unterschied zur Neuzeit haben im Mittelalter die G. eine apologetische oder auch eine von der Glaubenstheologie losgelöste Funktion eigentlich nicht gehabt.

Literaturhinweise. G. GRUNWALD: Gesch. der G. im MA bis zum Ausgang der Hochscholastik (1907). – C. BAEUMKER: Witelo (1908) 286-338. – M. CHOSSAT: Dieu. Sa nature selon les scolastiques. Dict. Théol. cath. 4, 1152-1243. – A. DANIELS: Quellenbeiträge und Untersuchungen zur Geschichte der G. im 13. Jh. (1909).

b) In der *Frühscholastik* finden sich mehrere originelle Versuche zu einem G., allen voran ANSELM VON CANTERBURYS Beweise im ‹Monologion› (Argumente aus den Vollkommenheitsstufen) und im ‹Proslogion› («ontologischer» Beweis). Aus dem 12. Jh. sind HUGO und RICHARD VON ST. VICTOR zu nennen.

Stufenbeweis: In seinem ‹Monologion› entwickelt ANSELM vier sehr ähnliche und ineinander verflochtene Beweise, die mit der Feststellung schließen: «Daher gibt es eine Natur ..., die durch sich gut und groß ist und durch sich das ist, und durch die ist, was immer wahr oder gut oder groß oder etwas ist, und die das höchste Gute, das höchste Große, das höchste Seiende ... ist» [1]. Offensichtlich angeregt durch AUGUSTINUS [2], in der Durchführung jedoch recht selbständig, geht ANSELM davon aus, daß wir zahllose verschiedene Güter unterscheiden. Da nun alles Vergleichbare einen gemeinsamen Vergleichsgrund hat, müssen alle guten Dinge durch etwas gut sein, «das als dasselbe in den verschiedenen guten Dingen verstanden wird» [3]. Daraus folgert er weiter, «daß alle anderen Dinge durch etwas anderes, als was sie selbst sind, gut sind und dieses allein durch sich selbst» [4]. Es gibt mit anderen Worten ein höchstes Gut. In ähnlichen Gedankengängen versucht Anselm sodann zu zeigen, wie alles «Große» (Würdige) durch ein Etwas «groß» ist [5], daß ferner alles das, was ist, durch ein Etwas das Sein hat [6]. Dieses eine Etwas ist hingegen durch sich selbst das Größte, und es *ist* durch sich selbst. Endlich sieht er es als unleugbar an, daß von den Naturen die einen besser sind als die anderen [7]. Die Vernunft überzeuge uns aber davon, «daß eine unter ihnen so hervorragt, daß sie über sich keine höhere hat»; denn eine Unterscheidung der Rangstufen ins Unendliche hinein sei undenkbar.

Diese Argumentation setzt zunächst jene Sichtweise voraus, wonach der Vielzahl von Dingen, denen ein und dieselbe Bestimmung in unterschiedlicher Weise nach «mehr und weniger» eignet, die abstrakt gefaßte und somit einzige Bestimmtheit als solche gegenübergestellt wird [8]. Innerhalb dieser Perspektive aber gilt der allgemeine Grundsatz: Überall dort, wo es eine Über- und Unterordnung gibt, besteht auch ein Ordnungsprinzip; wo Stufen sind, muß ein Erstes sein [9].

Mit seinem Stufenbeweis fand Anselm Nachfolge bei RICHARD VON ST. VICTOR [10] und vor allem im «vierten Weg» des THOMAS VON AQUIN [11], der ihn jedoch mit der Beschränkung auf die transzendentalen Seinseigentümlichkeiten und mit der Formulierung des Prinzips: «Was innerhalb einer Gattung das Wesen der Gattung am reinsten verkörpert, das ist Ursache alles dessen, was zur Gattung gehört» erheblich präzisierte. Der thomasische Stufenbeweis («vierter Weg») hat erst in der Metaphysik der Gegenwart größere Beachtung gefunden, nachdem die Forschung die Partizipations- und Seinslehre des Aquinaten schärfer herausarbeitete und zur Interpretation des Arguments heranzog.

Anmerkungen. [1] ANSELM, Monol., c. 4; zit. nach der dtsch./lat. A., hg. F. S. SCHMITT (1964). – [2] AUGUSTIN, De trin. VIII, 3, 4-5; vgl. ANSELM, Monol., Prolog. – [3] Monol. c. 1. – [4] ebda. [5] c. 2. – [6] c. 3. – [7] c. 4. – [8] Vgl. c. 1. – [9] Vgl. c. 4. – [10] RICHARD VON ST. VICTOR, De trin. I, 11. MPL 196, 895f. – [11] THOMAS, S. theol. I, 2, 3; vgl. S. contra gent. I, 13 (Nr. 114);

dazu V. MIANO: Gli argomenti del ‹Monologion› e la quarta via di S. Tommaso. Divus Thomas (Piacenza) 54 (1951) 20-32.

Literaturhinweise. V. DE COUESNONGLE: La causalité du maximum. Rev. Sci. philos. théol. 38 (1954) 433-444. 658-680. – G. MAINBERGER: Die Seinsstufung als Methode und Met. (1959). – J.-P. PLANTY-BONJOUR: Die Struktur des G. aus den Seinsstufen. Philos. Jb. 69 (1962) 282-297. – *Weitere Lit.* bei P. WYSER: Thomas von Aquin. Bibliogr. Einf. in das Studium der Philos. Nr. 13/14 (1950).

c) *Ontologischer Beweis:* Unvergleichlich mehr als durch die Beweise des ‹Monologion› hat ANSELM VON CANTERBURY durch das Argument seines ‹Proslogion›, den später von KANT als «ontologisch» [1] bezeichneten G. gewirkt. Die Intention dieses Beweises ergibt sich aus dem Vorwort der Schrift. Angesichts der vielen, miteinander verknüpften Beweise seines ‹Monologion› stellte sich Anselm die Frage, «ob sich nicht ein Argument finden ließe, das keines anderen bedürfte, um sich zu beweisen, als seiner allein, und das allein hinreichte, um zu stützen, daß Gott in Wahrheit existiert und daß er das höchste Gut ist ...» [2]. Der Beweisgang im 2. Kapitel lautet in seinen entscheidenden Abschnitten: Wir glauben Gott als etwas, «über dem nichts Größeres gedacht werden kann» (aliquid quo nihil majus cogitari possit). Diesen Begriff versteht auch der «Tor» [3] auf das Hören hin; «und was er versteht, ist in seinem Verstande, auch wenn er nicht einsieht, daß dies existiert. Denn ein anderes ist es, daß ein Ding im Verstande ist, ein anderes einzusehen, daß das Ding existiert ... So wird also auch der Tor überführt, daß wenigstens im Verstande etwas ist, ‹quo nihil majus cogitari potest›, weil er das versteht, wenn er es hört, und was immer verstanden wird, ist im Verstande. Und sicherlich kann das ‹quo majus cogitari nequit› nicht im Verstande allein sein. Denn wenn es wenigstens im Verstande allein ist, kann gedacht werden, daß es auch in Wirklichkeit existiere – was größer ist. Wenn also das ‹quo majus cogitari non potest› im Verstande allein ist, so ist eben das ‹quo majus cogitari non potest› etwas, über dem Größeres gedacht werden kann. Das aber kann gewiß nicht sein. Es existiert also ohne Zweifel etwas ‹quo majus cogitari non valet› sowohl im Verstande als auch in Wirklichkeit».

Dieser Beweis Anselms wurde im ‹Liber pro insipiente› [4] von einem Mönch namens GAUNILO bestritten, der in etwa die spätere Kritik vorwegnahm, wonach ein unerlaubter Sprung von der logisch-noetischen Ordnung in die ontologische vorliege; durch bloße Begriffsanalyse könne man nicht zu einem wirklichen Sein gelangen. Die Bedeutung der oft ungelenken, den eigentlichen Gedankengang gelegentlich verzeichnenden Schrift Gaunilos liegt darin, daß sie ANSELM zu einer Gegenschrift veranlaßte [5], in welcher er sich nochmals ausführlicher mit der Möglichkeit seines Arguments auseinandersetzte.

Der Proslogion-Beweis ist zunächst aus den Voraussetzungen anselmianischen Denkens selbst zu verstehen. Den soeben genannten herkömmlichen Einwänden gegenüber bleibt vor allem dieses Bedenken: Weshalb ist Anselm nicht selbst anläßlich der scharfen Kritik Gaunilos darauf gekommen, einen unerlaubten Sprung getan zu haben [6]? Für die Formulierung «Gott ist etwas, über dem nichts Größeres gedacht werden kann» sind aus AUGUSTINUS [7] und anderen Autoren vergleichbare Texte beigebracht worden. Das wesentlich Neue des Proslogion-Beweises angesichts allfälliger Vorlagen ist jedoch der Gebrauch, den ANSELM macht: Er übernimmt aus der Glaubensaussage nur den Prädikatsbegriff als solchen («aliquid quo nihil majus cogitari possit»). Dabei behauptet er nicht, daß unter dem Worte «Gott» von allen, die an ihn glauben, auch der verstanden werde, «über dem Größeres nicht gedacht werden kann» [8]. Sodann wird geprüft, ob der Begriff des «quo majus cogitari nequit» seiner Eigenart entsprechend gedacht wird, wenn er als bloß in der Erkenntnis vorhanden behauptet wird. Es wird mit anderen Worten die Frage gestellt: Welche Seinsweise fordert ein dem Erkennen gegenwärtiger intelligibler Gehalt, um ganz das zu sein, als was er dem Denken gegeben ist? Der eigentliche Beweis liegt nun allein darin, daß Anselm zeigt: Kraft seiner Bestimmung als eines «aliquid quo nihil majus cogitari possit» verlangt jener Gegenstand, der auch vom «Toren» auf das Verstehen der Worte hin wirklich gedacht wird, notwendig ein vom denkenden Subjekt unabhängiges Sein. Andernfalls wäre das, «über dem nichts Größeres gedacht werden kann», nicht das, als was es gedacht wird [9].

Gegenüber einem verbreiteten Mißverständnis ist zu betonen, daß das «ontologische» Argument nicht *der* mittelalterliche G. gewesen ist. Kein Theologe des 12.Jh. hat ihn erwähnt, verteidigt oder angegriffen [10]. Ebenfalls wurde er im 13.Jh. von mehreren bedeutenden Gelehrten nicht beachtet [11]. Zustimmung fand er jedoch unter anderen bei WILHELM VON AUXERRE, BONAVENTURA [12], MATTHAEUS AB AQUASPARTA, AEGIDIUS ROMANUS und JOHANNES DUNS SCOTUS [13], während THOMAS VON AQUIN [14] und RICHARD MIDDLETON [15] sowie WILHELM VON OCKHAM ihn ablehnten [16].

Eine keinem unbestrittene Geltung erlangte er dank des nachhaltigen Einflusses von DESCARTES in den großen Systemen des 17. und 18.Jh. [17]. Ohnehin mußte sich seiner logischen Struktur wegen das Argument einer Zeit empfehlen, deren Intention es war, das philosophische Wissen nach axiomatischer Methode aufzubauen. Es wurde als der «metaphysische» G. den «physischen» gegenübergestellt. Im Hinblick auf Descartes selbst dürfte es nicht belanglos sein, daß sich mehrere Theologen des Jesuitenordens (u. a. GABRIEL VAZQUEZ [18]) bereits im 16.Jh. mit zum Teil neuen Gedankengängen für den Proslogion-Beweis Anselms eingesetzt hatten [19].

DESCARTES entwickelt seinen ontologischen Gottesbeweis in den ‹Meditationes de Prima Philosophia› (Med. 5), in den ‹Principia Philosophiae› (I, 14f.) sowie in den ‹Antworten auf die Einwände›, die den ‹Meditationes› beigegeben wurden. Einen klaren Einblick in die neuartige Fassung der Argumentation ermöglicht vor allem eine etwas versteckte Stelle in den ‹Antworten›: In einer kritischen Reflexion zur Idee der höchsten Vollkommenheit wird der Akzent auf die höchste Macht verschoben. In der Idee des höchst mächtigen Wesens ist aber das «notwendige Dasein» enthalten, «und zwar nicht durch eine Erdichtung unseres Verstandes, sondern weil das Dasein zur wahren und unveränderlichen Natur eines solchen Wesens gehört» [20]. LEIBNIZ [21] hat sich eingehend mit dem cartesianischen Beweis beschäftigt. Er gelangte zu der Überzeugung, das Argument sei unvollständig; es müsse zunächst die Widerspruchsfreiheit des Begriffs ‹ens perfectissimum› bewiesen werden. Dies versuchte er 1676 [21a].

Der bedeutendste Kritiker des ontologischen G. war KANT [22]. Eine tragende Rolle fiel jedoch dem Argument wiederum bei HEGEL [23] zu, der es dem kosmologischen und dem teleologischen folgen ließ. Führt nach ihm der kosmologische Beweis zu Gott als absoluter Substanz, so der teleologische zu Gott als allgemeinem Lebensprinzip; erst vom ontologischen her kann er als absoluter Geist begriffen werden. – In neuerer Zeit ist der ontologische G. im Anschluß an Kant auch von *logischer* Seite (FREGE, SCHOLZ) kritisiert worden [24].

Anmerkungen. [1] Zu dieser Benennung vgl. BAEUMKER, a. a. O. [Lit. zu 3a] 269 Anm. 2. – [2] Dtsch. nach der A. von F. S. SCHMITT (1962). – [3] Vgl. Ps. 14 (13), 1 nach dem Text der Vulgata: «Dixit insipiens in corde suo, non est Deus.» – [4] ANSELM, Opera omnia 1, hg. F. S. SCHMITT (1938) 125-129. – [5] a. a. O. 130-139. – [6] A. KOLPING: Anselms Proslogion-Beweis der Existenz Gottes (1939) 65-68. – [7] AUGUSTIN, De doct. christ. I, 7. MPL 34, 22. – [8] Vgl. die Kritik bei THOMAS, in S. contra gent. I, 11 (Nr. 67a). – [9] Zu den erkenntnistheoret. Voraussetzungen Anselms vgl. KOLPING, a. a. O. [6] 135-151. – [10] DANIELS, a. a. O. [Lit. zu 3a] 111. – [11] a. a. O. 157f. – [12] E. GILSON: Die Philos. des hl. Bonaventura (²1960) 148-153. – [13] E. GILSON: Joh. Duns Scotus (1959) 174-179. – [14] THOMAS, I Sent. d. 3, q. 1, a. 2 ad 4; De verit. 10, 12; S. contra gent. I, 10-11; S. theol. I, 2, 1. – [15] DANIELS, a. a. O. [Lit. zu 3a] 122ff. – [16] H. BECHER: Gottesbegriff und G. bei Wilhelm von Ockham. Scholastik 3 (1928) 382. – [17] Zur Gesch. des ontol. G. in der Neuzeit vgl. D. HENRICH: Der ontol. G. (1960). – [18] GABRIEL VAZQUEZ, Comment. in primam partem S. Thomae XX, 4, hg. CHOSSAT (Paris 1905) 143. – [19] M. RAST: Gott und Welt (1953) 93. – [20] DESCARTES, Werke, hg. ADAM/TANNERY 7, 519f.; zur Analyse des cartes. Beweises vgl. HENRICH, a. a. O. [17] 10-22. – [21] Hauptstellen: LEIBNIZ, Philos. Schriften, hg. C. J. GERHARDT 4, 358f. 424; 5, 418f.; 6, 614. – [21a] a. a. O. 7, 261f. – [22] HENRICH, a. a. O. [17] 137-188. – [23] a. a. O. 189-219; vgl. DOMKE, a. a. O. [12 zu I]; H. A. OGIERMANN: Hegels G. (Rom 1948). – [24] Vgl. Art. ‹G., ontol.›.

Literaturhinweise. A. KOLPING s. Anm. [6]. – H. SCHOLZ: Der Anselmische G. (1950/51), jetzt in: Mathesis universalis, hg. HERMES/KAMBARTEL/RITTER (1961) 62-74. – D. HENRICH s. Anm. [17] mit umfassender Bibliogr. – W. JANKE: Das ontol. Argument in der Frühzeit des Leibnizschen Denkens (1676-78). Kantstudien 54 (1963) 259-287.

d) Nach WILHELM VON AUXERRE [1], WILHELM VON AUVERGNE [2] und vor allem nach ALBERTUS MAGNUS [3] gewann THOMAS VON AQUIN auch im Hinblick auf die philosophische Gotteslehre mit den *«fünf Wegen»* seiner ‹Summa theologiae› [4] hervorragende Bedeutung. Der Text dieser «Wege», deren Motive durchweg der Tradition entnommen sind, ist äußerst gestrafft. Sie enden jeweils mit den Worten «den aber nennen alle Gott» bzw. mit gleichwertigen Wendungen; d. h. das «Erste», wie es in den verschiedenen «Wegen» aufgezeigt wird, zeigt Eigentümlichkeiten, wie sie den Gott der biblischen Offenbarung charakterisieren. Der Sinn der einzelnen Argumente liegt für Thomas darin, verschiedenartige Ansätze zu gewinnen, von denen her er in den nachfolgenden ‹Quaestionen› [5] seine Gotteslehre weiterhin entfalten kann.

Der *erste Weg* ist der bereits erwähnte aristotelische Beweis aus der Bewegung. Der *zweite Weg*, dem ersten Argument nahestehend, setzt bei der Wirkursächlichkeit ein. Ausschlaggebend ist wiederum, daß in der Über- und Unterordnung gleichzeitig wirkender Ursachen ein «regressus in infinitum» unmöglich ist. Die Unterscheidung der beiden «Wege» dürfte dadurch bedingt sein, daß Thomas in der scholastischen Tradition (von den neuartigen aristotelischen Argument verschiedene) Formen eines Gottesbeweises aus der Wirkursächlichkeit vorfand [6]. Ferner bleibt zu beachten, daß für ihn «Bewegung» (motus) im strengen Sinne auf die lokale, qualitative und quantitative (d. h. die akzidentelle) Veränderung eines Subjekts beschränkt ist, von der das Entstehen einer neuen Substanz (generatio) genau unterschieden wird. Das Werden einer neuen Substanz (mutatio substantialis) erfordert aber noch mehr als eine akzidentelle Veränderung einer Wirkursache. Da der aristotelische Bewegungssatz (omne quod movetur, ab alio movetur) im Mittelalter [7] und später vor allem von SUÁREZ [8] in seiner Allgemeingültigkeit bestritten wurde, wurde das Argument aus der Wirkursächlichkeit in der Folge zu dem bevorzugten scholastischen G. Eine Abwandlung erfuhr es bei WILHELM VON OCKHAM [9]. In der Neuscholastik entzündete sich an ihm im 20. Jh. eine lebhafte Diskussion des Kausalprinzips [10].

Der *dritte Weg* des Thomas aus dem «Möglichen und Notwendigen» ist ein *Kontingenzbeweis.* Seiner formalen Struktur nach ist er in den Beweisen von PLATON [11] und PLOTIN [12] für die Notwendigkeit eines unvergänglichen Lebensprinzips vorgebildet; als G. entwickelte ihn vornehmlich MOSES MAIMONIDES [13]. Sachlich setzt der «dritte Weg» den «zweiten Weg» fort: Die Dinge, wie sie entstehen bzw. vergehen, können ihrer Natur nach sowohl sein als auch nicht sein. Was aber seinem Wesen nach ein bloß Mögliches ist, muß als ein solches auch einmal nicht sein; d. h. aus dem Wesen der vergänglichen Dinge als vergänglicher folgt, daß sie nicht immer sein können, sondern irgendwann einmal tatsächlich vergehen. Wäre nun schlechthin alles Seiende ein solches bloß Mögliches (wie es die körperlichen Substanzen sind, deren Wesen aus substantialer Form und Erstmaterie als passiver Realpotenz konstituiert ist), so wäre es nicht zu erklären, daß jetzt etwas ist. Es muß also etwas Notwendiges geben. Dieses Notwendige hat den Grund seiner Notwendigkeit entweder von einem anderen her (wie es nach Thomas für die endlichen reinen Geister (substantiae separatae) zutrifft, die nach seinem sehr speziellen Kontingenzbegriff notwendig sind [14]) oder aus sich selbst. Da auch in diesem Falle ein Rückschreiten ins Unendliche unmöglich ist, muß es ein von sich aus Notwendiges geben. (Zum *vierten Weg* s. o. 3 b: ‹Stufenbeweis›; zum *fünften Weg* s. o. 1 a: ‹teleologischer G.›.)

Der Kontingenzbeweis, wie er bei LEIBNIZ [15] entfaltet und von CHR. WOLFF [16], CHR. A. CRUSIUS [17], M. MENDELSSOHN [18] und anderen vorgetragen wurde, geht davon aus, daß die Dinge, die wir sehen und erfahren, nichts in sich selbst haben, was ihre Existenz notwendig machte. Zeit, Raum und Materie könnten auch ganz andere Bewegungen und Gestalten in sich enthalten: alles könnte in einer anderen Ordnung sein. Die Welt als die vollständige Versammlung aller zufälligen Dinge muß daher nach dem Grunde ihrer Existenz befragt werden, der nur in einem notwendigen Wesen zu finden ist. Dieser Kontingenzbeweis erhielt im 18. Jh. den – bisher vor KANT nicht nachgewiesenen – Namen ‹kosmologischer› G., doch ist diese Bezeichnung von späteren Autoren auch oftmals für das Argument aus der Wirkursache bzw. der Bewegung herangezogen worden [19].

Anmerkungen. [1] GRUNWALD, a. a. O. [Lit. zu 3a] 87-91. – [2] a. a. O. 92-94. – [3] K. SCHMIEDER: Alberts des Großen Lehre vom natürlichen Gotteswissen (1932) 24-33. 77-108. – [4] THOMAS, S. theol. I, 2, 3. – [5] a. a. O. I, 3-26. – [6] z. B. bei ROBERT VON MELUN, vgl. U. HORST: Die Trinitäts- und Gotteslehre des R. v. M. (1964) 99f.; RICHARD VON ST. VICTOR, vgl. GRUNWALD, a. a. O. [Lit. zu 3a] 79ff., und WILHELM VON AUXERRE, vgl. GRUNWALD, a. a. O. 88ff. – [7] Vgl. J. SANTELER: Der kausale G. bei Herveus Natalis (1930) 13-28. – [8] Im Hinblick auf den G. vgl. SUÁREZ, Disp. Met. d. 29, sect. 1, 7-17. – [9] BECHER, a. a. O. [16 zu 3c] 369-393; PH. BOEHNER: Zu Ockhams Beweis der Existenz Gottes. Franziskan. Stud. 32 (1950) 50-69. – [10] Vgl. C. ISENKRAHE: Über die Grundl. eines bündigen kosmol. G. (1915); F. SAWICKI: Die G. (1926); A. LANG: Wesen und Wahrheit der Relig. (1957) 217. – [11] PLATON, Phaidon 72 c-e; Phaidr. 245 d-e. – [12] PLOTIN, Enn. IV, 7, 8f. – [13] Text bei ARNOU, a. a. O. [Lit. zu I] 79-82. – [14] Zum thomistischen Kontingenzbegriff vgl. C. FABRO: Actualité et originalité de l’«esse» thomiste.

Rev. thomiste 56 (1956) 261. – [15] LEIBNIZ, Theodizee I, 7. Gerh. 6, 106f.; Monadol. 36-38. Gerh. 6, 612f.; Principes de la nature et de la grace ... 8. Gerh. 6, 602. – [16] CHR. WOLFF: Theol. naturalis 1 (1736) § 24-29. – [17] CHR. A. CRUSIUS: Entwurf der notwendigen Vernunftwahrheiten (1753) § 217. – [18] M. MENDELSOHN: Morgenstunden (1785) 196. – [19] Zur Vieldeutigkeit der Bezeichnung ‹kosmol.› G. vgl. BRUGGER, a. a. O. [Lit. zu I] 71.

Literaturhinweise. E. GILSON: Le Thomisme (Paris ⁵1947) 88-122. – A. D. SERTILLANGES: Der hl. Thomas von Aquin (o. J.) 195-221. – H. HOLSTEIN: L'origine aristotélicienne de la «tertia via» de S. Thomas. Rev. philos. Louvain 48 (1950) 354-370. – G. JALBERT: Nécessité et contingence chez S. Thomas d'Aquin et chez ses prédécesseurs (Ottawa 1961). – D. BONNETTE: Aquinas' proofs for God's existence (Den Haag 1972). – *Weitere Lit.* bei P. WYSER s. Lit. zu 3c.

e) Bei DUNS SCOTUS findet sich ein logisch komplizierter Beweis, der in vier verschiedenen, jedoch wesentlich gleichartigen Fassungen vorliegt [1] und sich aus einer langen Reihe von Argumenten zusammensetzt, die ein großes Ganzes bilden. Im ersten Hauptteil wird in drei jeweils wiederum gegliederten Beweisen gezeigt, daß es eine Erstheit in der Ordnung des Hervorbringens, der Zielstrebigkeit und der Vollkommenheit gibt. Sodann wird eigens begründet, daß diese dreifache Erstheit nur einer einzigen Natur zukommen kann. Indessen glaubt Scotus, entsprechend seiner eigenständigen Metaphysik und im Unterschied zur Gedankenführung bei Thomas, erst dann berechtigt zu sein, das Wort ‹Gott› auszusprechen, wenn er am Ende des zweiten Hauptteils die Unendlichkeit des ersten Seienden erwiesen hat. Diesem Beweis werden nun Argumente vorausgeschickt, die darlegen sollen, daß das erste Seiende Freiheit und Vernunft besitzt, daß sein Erkennen und Wollen außerdem mit seinem Wesen identisch sind.

Auch bei FRANZISCUS SUÁREZ [2], der zwischen Thomas von Aquin und Duns Scotus zu vermitteln versuchte, kann man eigentlich nur von einem einzigen G. sprechen, der sich in verschiedenen Stufen aufbaut.

Anmerkungen. [1] DUNS SCOTUS, Ordinatio I, d. 2, p. 1, q. 1-3. Editio Vaticana 2, 125-243; dtsch. H. FÄH, in: Franziskan. Stud. 44 (1962) 192-241. 343-382; Lectura in I Sent., lect. I, d. 2, p. 1, q. 1-3. Editio Vaticana 16, 111-157; Report. Paris. I, d. 2, q. 1-4. Editio Vivès 22, 63-76; Tractatus de Primo Principio, hg. M. MÜLLER (1941). – [2] SUÁREZ, Disp. Met., disp. 29.

Literaturhinweise. E. GILSON: Johannes Duns Scotus (1959) 122-224. – G. SCHELTENS: Der G. des J. Duns Scotus. Wiss. und Weisheit 27 (1964) 229-245. – J. LEIWESMEIER: Die Gotteslehre bei Franz Suárez (1938). – *Weitere Lit.* bei O. SCHÄFER: Johannes Duns Scotus. Bibliogr. Einf. in das Studium der Philos. Nr. 22 (1953).

4. *Neuzeit.* – a) Wie bereits angedeutet, sind in der neuzeitlichen Philosophie vornehmlich die traditionellen Motive des ontologischen, teleologischen und des Kontingenzbeweises übernommen und modifiziert worden [1]. Das gilt auch für die sehr selbständige Darstellung der G. bei HEGEL [2]. Als grundsätzlich neuartige Argumentation für das Sein Gottes ist als ein ernst zu nehmender Ansatz wohl nur der moralische oder der deontologische Beweis zu nennen. Überaus wichtig für die Geschichte der G. in der Neuzeit ist es jedoch, daß sie gegenüber dem Mittelalter in einen anderen Kontext gestellt wurden. An erster Stelle ist die Tendenz zu nennen, die Metaphysik in eine Ontologie und eine natürliche Theologie aufzuspalten und letztere in eine eigenständige Religionsphilosophie umzuwandeln [3]. Sodann nahm seit dem 17. Jh. die Apologetik die G. für sich in Anspruch, um sowohl die Gottesleugner zu widerlegen [4] als auch den eigenen Glauben vernünftig zu begründen. Daher versuchte man, nicht nur möglichst einleuchtende, populäre Beweise zu formulieren [5], sondern es wurden auch Argumente vorgetragen, die einer Prüfung nicht standhalten konnten. Endlich erhielten die G. im Deismus der Aufklärung zusammen mit Beweisen für die Unsterblichkeit der Seele die noch fundamentalere Aufgabe, eine von aller Offenbarung absehende reine Vernunftreligion zu etablieren. Folgenschwer war andererseits, daß KANT in der ‹Kritik der reinen Vernunft› von seinem Systemansatz her die gängigen G. der rationalistischen Schulphilosophie als unannehmbar verwarf [6].

Anmerkungen. [1] Vgl. den Systematisierungsversuch bei KANT, KrV A 590f. – [2] HEGEL, a. a. O. [5 zu I]; ferner Texte in der Enzyklop., Wiss. der Logik, Religionsphilos. – [3] K. FEIEREIS: Die Umprägung der natürlichen Theol. in Religionsphilos. (1965). – [4] Als frühes Zeugnis: DESCARTES in dem den ‹Meditationes› vorangestellten Widmungsschreiben an die Sorbonne. – [5] Vgl. die Erörterungen von CHR. A. CRUSIUS: Entwurf der notwendigen Vernunftwahrheiten (1753) § 224. – [6] KANT, KrV A 592-644.

Literaturhinweise. K. STAAB: Die G. in der kath. dtsch. Lit. 1850-1900 (1910). – F. SCHULTE: Die G. in der neueren dtsch. Lit. (1920). – K. LEESE: Philos. und Theol. im Spätidealismus (1929). – A. COTTIER: Der G. in der Gesch. der modernen Aufklärungsphilos. (1943). – Zu *Kant* vgl. Lit. bei BRUGGER a. a. O. [Lit. zu I] 225f. – Zu *Hegel* vgl. Lit. in der A. von LASSON, a. a. O. [5 zu I] 190f. – Zur *gegenwärtigen Diskussion* vgl. L'existence de Dieu (Sammelband) (Tournai ²1963).

b) Der *moralische* oder genauer der *deontologische* G. nimmt als Ausgangspunkt die Tatsache eines vom menschlichen Anerkennen unabhängigen Sittengesetzes, das im Gewissensspruch unbedingt verpflichtet. Eine solche unbedingte Verpflichtung kann jedoch nur unter der Voraussetzung sinnvoll sein, daß sie als die Forderung eines überweltlichen, persönlichen und unendlich vollkommenen Wesens (d. h. Gottes) verstanden wird. Einen G. aus der «Moralphilosophie» bieten bereits Autoren des 16. Jh. [1]. Vor allem über bemühte sich KANT um eine «Ethikotheologie» [2] (als Gegenstück zu der von ihm als unzureichend deklarierten «Physikotheologie»). Sein Versuch, das Sein Gottes als Postulat der praktischen reinen Vernunft zu begründen, läßt sich durch seine drei Kritiken [3] und bis zum ‹Opus Postumum› [4] verfolgen. Unter seinem Einfluß wurde der deontologische G. im 19. Jh. vielfach als einziges Argument für einen «moralischen Glauben» an Gott akzeptiert [5]. Der Neuscholastik des 19. bzw. 20. Jh. gehören Gedankengänge an, die das Sein Gottes aus dem sich ins Unendliche ausweitenden Glücksverlangen des Menschen darzutun versuchen [6]. Dieses *eudämonologische* oder *axiologische* Argument wird in seiner Verbindlichkeit bestritten [7].

Anmerkungen. [1] z. B. GABRIEL VAZQUEZ: Comment. in primam partem S. Thomae XX, 4, hg. CHOSSAT (Paris 1905) 143. – [2] KANT, KU § 86. – [3] KrV A 633f. 814-820. 828-831; KpV A 223-238; KU §§ 85-91. – [4] Akad.-A. 22 (1938) 119-123. – [5] Vgl. die Übersicht bei SCHULTE, a. a. O. [Lit. zu 4a] 254-297. – [6] J. GREDT: Der G. aus dem Glückseligkeitsstreben, in: Probleme der Gotteserkenntnis. Veröff. des kath. Inst. für Philos. Albertus-Magnus-Akad. Köln II/3 (1928) 116-131; A. LANG: Wesen und Wahrheit der Religion (1957) 236-253. – [7] G. MANSER: Das Wesen des Thomismus (³1949) 367-392; DE VRIES, a. a. O. [6 zu I] 499 Anm. 35.

Literaturhinweise. J.-H. WALGRAVE: La preuve de l'existence de Dieu par la conscience morale et l'expérience des valeurs, in: L'existence de Dieu (Tournai ²1963) 109-132. – Lit. bei BRUGGER, a. a. O. [Lit. zu I] 130f. 144f. – H. KNUDSEN: Gottesbew. im Idealismus. Die moraltheoretische Begründung des Absoluten, dargestellt an Kant, Hegel und Weiße (1972). D. SCHLÜTER

Gottesbeweis, axiologischer (eudämonologischer). Der Terminus ‹a.G.› bezeichnet den in der *Neuscholastik* des 19. und 20. Jh. unternommenen Versuch, die Notwendigkeit der Existenz eines höchsten, absoluten Wertes, d. h. Gottes, zu erweisen. Das Argument geht davon aus, daß ein wahrhaft menschliches Dasein Streben nach Wertverwirklichung impliziere, daß aber solches Streben angesichts der Bedingtheit und Hinfälligkeit aller irdischen Werte nur sinnvoll sei unter Voraussetzung eines höchsten Wertes, welcher seinerseits die irdischen Werte als erstrebbare allererst möglich mache [1]. – Ein *eudämonologischer* G. liegt vor, wenn die axiologische Betrachtungsweise speziell vom menschlichen Glückseligkeitsstreben ausgeht und, wiederum angesichts der Tatsache, daß dieses unendliche Streben durch irdische Werte nie endgültig befriedigt werden kann, einen unendlichen Wert und damit das Dasein Gottes postuliert [2].

Anmerkungen. [1] Vgl. z. B. J. DE VRIES: Zielsicherheit und Gewißheit. Scholastik 10 (1935) 481-507. – [2] J. GREDT: Der G. aus dem Glückseligkeitsstreben, in: Probleme der Gotteserkenntnis. Veröff. des kath. Instit. für Philos. Albertus-Magnus-Akad. Köln II/3 (1928); vgl. O. BÖHM: Der G. aus dem Glückseligkeitsstreben beim hl. Thomas. Divus Thomas 4 (1926) 319-326.

Literaturhinweise. C. NINK: Logos, telos, energeia. Scholastik 17 (1942) 17-31. – W. R. O'CONNOR: The natural desire for God (Milwaukee 1948). – J. DE FINANCE: La finalité de l'être et le sens de l'univers, in: Mélanges J. Maréchal 2 (Paris 1950) 141-158. – A. LANG: Wesen und Wahrheit der Relig. (1957). Red.

Gottesbeweis, entropologischer. Der um die Wende vom 19. zum 20. Jh. gebräuchlich gewordene Terminus ‹e.G.› bezeichnet den Versuch, aus den – tatsächlichen oder vermeintlichen – Implikationen des Entropiesatzes bzw. -begriffs auf das Dasein Gottes zu schließen. Dabei hielt man entweder allgemein aufgrund der – bis heute höchst umstrittenen – «Wärmetod»-Theorie, d. h. aufgrund der Behauptung vom physikalisch anzunehmenden *Ende* der Welt auch deren zeitlichen *Anfang* für gegeben, oder man schloß spezieller, daß bei Annahme der zeitlichen Unendlichkeit der Welt der als Wärmetod bezeichnete Zustand des vollkommenen Energieausgleichs und damit des Aufhörens aller Naturprozesse schon eingetreten sein müßte; da dies offensichtlich nicht der Fall sei, müsse die Welt einen Anfang haben. In beiden Fällen wurde die Notwendigkeit der Annahme eines Weltanfangs als Argument für die Schöpfung der Welt und so als Beweis für die Existenz eines Schöpfers, d. h. Gottes, verwendet. Der e.G. erweist sich somit als *kosmologisches* Argument, welches sich auf Ergebnisse der exakten Wissenschaften zu stützen versucht [1].

Nach einigen Andeutungen in der zweiten Hälfte des 19. Jh. [2] und ersten, den Entropiesatz ausnutzenden apologetischen Versuchen am Ende des Jh. [3] erreichte die Kontroverse im Anschluß an eine Arbeit von L. DRESSEL [4] 1909/10 ihren Höhepunkt. Um 1920 konnte sie praktisch als beendet gelten [5]: abgesehen von der grundsätzlichen (philosophisch-theologischen) Problematik kosmologischer Beweise hatten die Schwierigkeiten der *physikalischen* Theorie (insbesondere die ungelöste Frage nach der Anwendbarkeit des Entropiesatzes auf das *Weltganze*) das entropologische Argument als für einen G. ungeeignet erwiesen.

Anmerkungen. [1] Vgl. J. SCHNIPPENKÖTTER: Der e.G. (1920) 79. – [2] z. B. A. SECCHI: Die Größe der Schöpfung (1876; dtsch. ⁴1885). – [3] J. HONTHEIM: Institutiones Theodicaeae (1893); B. BOEDER: Theol. naturalis (1895). – [4] Der G. auf Grund des Entropiesatzes. Stimmen aus Maria-Laach 76 (1909) 150-160; dagegen u. a. C. ISENKRAHE: Energie, Entropie, Weltanfang, Weltende (1910); B. BAVINK: Das «Entropiegesetz» und die Endlichkeit der Welt. Der Geisteskampf der Gegenwart (1910) H. 7, 260-267. – [5] SCHNIPPENKÖTTER, a. a. O. [1] 93.

Literaturhinweise. Bericht und Lit. bei J. SCHNIPPENKÖTTER s. Anm. [1]. – F. SAWICKI: Die G. (1926) 129-136. – P. DESCOQS: Cours de théodicée 1 (Paris 1932) 652-663. W. FRANZEN

Gottesbeweis, historischer (ethnologischer). Der im 19. Jh. aufkommende Terminus ‹h.G.› bezeichnet den Versuch, von dem bei allen Völkern zu findenden Glauben an Gott oder an Götter auf die wirkliche Existenz Gottes zu schließen. Der Hinweis auf die allgemeine Verbreitung des Götterglaubens, in Ansätzen bereits bei griechischen Autoren nachweisbar [1], erscheint bei CICERO unter dem Titel «consensus [oder consensio] gentium» als gewichtiges Argument für die Existenz der Götter [2]. Im Gegensatz zu den frühen christlichen Apologeten [3] bedienten sich die Scholastiker dieses Argumentes nicht. Erst mit dem Aufkommen des historischen Interesses seit dem 18. Jh. gewann der Beweis wieder stärkere Geltung. HEGEL billigte ihm zwar ein gewisses Maß an Plausibilität zu – was sich im Bewußtsein aller finde, scheine in der Natur des Bewußtseins selbst zu liegen [4] –, rechnete ihn jedoch gerade nicht zu den eigentlich *denkenden*, nämlich metaphysischen Beweisen vom Dasein Gottes [5]. Neuere Beweisversuche beruhen vor allem auf der Annahme, die religionsethnologische Forschung habe die allgemeine Verbreitung des Gottes- bzw. Götterglaubens überzeugend nachgewiesen. Es sei aber widersinnig, eine so allgemeine Überzeugung wie die vom Dasein eines Gottes als menschlichen Irrtum anzusehen, denn das würde bedeuten, daß die menschliche Vernunft grundsätzlich die Wahrheit verfehle. Andere Verfechter des *ethnologischen* Beweises [6] halten die Religion der Urvölker für so vollkommen, daß sie ihr Entstehen nicht anders als durch das Wirken einer göttlichen Uroffenbarung erklären können. Die Kritik hat, abgesehen von Zweifeln an der logischen Stringenz solcher Beweise, vor allem herausgehoben, daß hier ein zu undifferenzierter Gottesbegriff verwendet wird [7].

Anmerkungen. [1] z. B. ARISTOTELES, De caelo 270 b 5ff. – [2] CICERO, De nat. deorum I, 17; vgl. Tusc. Disp. I, 13. – [3] z. B. CLEMENS VON ALEXANDRIEN, Strom. V, 14. – [4] G. W. F. HEGEL, Werke, hg. GLOCKNER 8, 177. – [5] a. a. O. 16, 399-405. – [6] z. B. W. SCHMIDT: Der Ursprung der Gottesidee 6 (1935); W. MOOCK: Urrelig. (1935). – [7] Vgl. z. B. schon HEGEL, a. a. O. [4] 16, 401f.

Literaturhinweise. J. ESPENBERGER: Zum h.G. Der Katholik 96 (1916) 161-173. – P. DESCOQS: Praelectiones theologiae naturalis (Paris 1932-35). – F. LIPOWSKY: Der h.G. und die neuere Religionsethnol. (Lobnig 1938). – W. KEILBACH: Ist der ‹h.›G. ein Zirkelschluß? Scholastik 29 (1954) 506-519. – W. KOPPERS: Der älteste Mensch und seine Relig., in: H. KÖNIG: Christus und die Relig. der Erde. Hb. der Religionsgesch. (Wien ²1956) 1, 155-159. – W. BRUGGER: Theol. naturalis (²1964) 203-206. Red.

Gottesbeweis, moralischer (deontologischer, ethikotheologischer). Der vor allem seit *Kant* gebräuchliche Terminus ‹m.G.› bezeichnet die verschiedenartigen Versuche, entweder aus der objektiven Sittenordnung oder aus der konkreten Gewissenserfahrung heraus das Dasein Gottes zu erweisen. Für den zweiten Fall ist seit dem Aufkommen des Terminus ‹Deontologie› für ‹Pflichtenlehre› [1] auch der Ausdruck ‹*deontologischer* G.› gebräuchlich. Mit Hinblick auf Kant wird auch vom ‹*ethikotheologischen* G.› gesprochen, doch kommt dieser Terminus bei Kant selbst noch nicht vor. Der historische bzw. ethnologische Beweis wird zuweilen auch zu den moralischen gerechnet [2].

Zwar lassen sich Ansätze zu einem m.G. bzw. moraltheologischen G. bis ins 16. Jh. [3] zurückverfolgen; die entscheidenden Gedankengänge finden sich jedoch erst bei KANT, der in der ‹Kritik der Urteilskraft› terminologisch von einem «moralischen Beweise des Daseins Gottes» spricht [4]. Für Kant beruht alle spekulative Theologie auf dialektischem Schein; damit sind auch die herkömmlichen G. hinfällig [5]. Während aber die theoretische Vernunft die Idee Gottes nur *denken* kann, vermag die praktische Vernunft ihr wenigstens in gewissem Sinne Realität zu verleihen. Dies ergibt sich aus der Pflicht zur Verwirklichung des höchsten Gutes, welches in der Verknüpfung des Zustandes der Sittlichkeit mit dem der Glückseligkeit besteht [6]. Muß zur Möglichkeit vollkommener Sittlichkeit die Unsterblichkeit der Seele postuliert werden, so kann ein der Sittlichkeit proportionierter Zustand der Glückseligkeit nicht anders gedacht werden als unter der Voraussetzung eines Wesens, welches «durch Verstand und Willen die Ursache der Natur ist» [7], d. h. unter der Voraussetzung der Existenz Gottes. Denn da der Mensch nicht Ursache bzw. Urheber der Welt, sondern ihr zugehörig und von ihr abhängig ist, kann er nicht durch seine Kausalität den Zustand einer Glückseligkeit, der er sich durch Sittlichkeit würdig gemacht hat, nicht selbst erwirken [8]. Das Postulat des Daseins Gottes ergibt sich also nicht *direkt* aus dem im kategorischen Imperativ unbedingt verpflichtenden Sittengesetz, sondern aus der Forderung, daß es einen Zustand gebe, in welchem der Mensch auch der Glückseligkeit, wenn er sich durch Sittlichkeit ihrer würdig gemacht hat, wirklich teilhaftig werde. – Das Postulat der praktischen Vernunft kann zwar keine objektive theoretische Gotteserkenntnis begründen [9], wohl aber eine subjektive Gewißheit vom Dasein Gottes, die Kant als Vernunftglauben oder auch als moralischen bzw. praktischen Glauben bezeichnet [10].

Der Einfluß der Gedankengänge Kants war so groß, daß dem 19. Jh. das moralische Argument vielfach als der einzige akzeptierbare philosophische Gottesbeweis galt [11], was allerdings vielfältige Neuansätze bei der Durchführung dieses Beweises nicht ausschließt. Ferner zeigen Argumente wie etwa dasjenige von der Notwendigkeit einer Sanktion des Sittengesetzes, welche nur durch die Existenz Gottes gewährleistet sei, ein deutliches Zurückfallen hinter die Kantische Postulatenlehre.

Anmerkungen. [1] J. BENTHAM: Deontology (posth. London/Edinburgh 1834). – [2] Zur Terminol. vgl. W. KEILBACH: Ist der «hist.» G. ein Zirkelschluß? Scholastik 29 (1954) 506. – [3] z. B. G. VAZQUEZ: Comm. in primam partem S. theol. (1587/88) XX, 4, hg. CHOSSAT (Paris 1905) 143. – [4] KANT, KU § 87. Akad.-A. 5, 447. – [5] Vgl. KrV B 620-658. – [6] KpV Akad.-A. 5, 110ff. – [7] a. a. O. 125. – [8] 124f. – [9] Vgl. KrV A 829f.; KpV Akad.-A. 5, 132-146; KU §§ 88. 90. 91. Akad.-A. 5, 453-458. 461-474. – [10] KpV Akad.-A. 5, 126. 144. 146. – [11] Vgl. die Übersicht bei F. SCHULTE: Die G. in der neueren dtsch. Lit. (1920).

Literaturhinweise. P. DESCOQS: Praelectiones theologiae naturalis (Paris 1932-35) 1, 647-651. – M. RAST: Gott im Gewissenserlebnis. Scholastik 12 (1937) 321-345. – W. BRUGGER: Theologia naturalis (1959) Nr. 105-138. Red.

Gottesbeweis, ontologischer. Dieser zuerst von ANSELM VON CANTERBURY geführte und von KANT als «ontologischer» bezeichnete Gottesbeweis (s. d. II, 3 c) ist in neuerer Zeit vor allem von *logischer* Seite kritisiert worden. Diese Kritik erstreckt sich auf zwei mögliche Interpretationen:

1. Im Anschluß an KANT [1] ist betont worden, daß ‹Existenz› kein Prädikat ist, das durch bloße Begriffsanalyse als Merkmal des analysierten Begriffs aufweisbar ist. Eine logische Präzisierung dieser Einsicht Kants hat FREGE mit Hilfe seiner Unterscheidung von Begriffen erster und zweiter Stufe vorgenommen [2]. Danach geben Begriffe erster Stufe Eigenschaften derjenigen Gegenstände an, die *unter* die entsprechenden Begriffe erster Stufe fallen. Begriffe zweiter Stufe geben Eigenschaften derjenigen Begriffe erster Stufe an, die *in* die entsprechenden Begriffe zweiter Stufe fallen. Als Beispielsätze mögen betrachtet werden: (1) «Julius Cäsar ist ein Mensch» und (2) «Menschen existieren». In (1) wird ausgesagt, daß der Gegenstand, der durch den Eigennamen ‹Julius Cäsar› bezeichnet wird, die Eigenschaft hat, ein Mensch zu sein. ‹Mensch› bedeutet einen Begriff erster Stufe. In (2) wird ausgesagt, daß der Begriff (erster Stufe) ‹Mensch› die Eigenschaft hat, nicht leer zu sein (d. h., daß es Gegenstände gibt, die unter ihn fallen). ‹Existenz› ist hier ein Begriff zweiter Stufe. Frege ist darüber hinaus so weit gegangen, ‹Existenz› *nur* als Begriff zweiter Stufe zuzulassen und Aussagen der Art «Es gibt Julius Cäsar» für unsinnig zu halten [3]. Diese Auffassung kann hier unberücksichtigt bleiben. Entscheidend für die Widerlegung des o.G. ist, daß die Existenzaussage *von einem Begriff* in der angegebenen Weise zu analysieren ist. Aufgrund dieser Analyse ist nämlich eine Existenzaussage von einem Begriff eine Aussage *über* den Begriff. Das Prädikat dieser Aussage kann deshalb schon aus logischen Gründen gar nicht zu den Merkmalen (dem «Inhalt») des entsprechenden Begriffs gehören und damit auch unmöglich durch Begriffsanalyse gewonnen werden. Diese Widerlegung des o.G. geht davon aus, daß der Beweis in einer Analyse des Begriffs «etwas worüber Größeres nicht gedacht werden kann» besteht. Der Ausgangspunkt des Anselmischen Beweises wird dabei interpretiert als der Glaube an den Satz: «Gott ε etwas, worüber Größeres nicht gedacht werden kann». In dieser Formulierung ist ‹Gott› als Eigenname zu verstehen, ‹ε› als Kopula und ‹etwas, worüber Größeres nicht gedacht werden kann› als Begriff erster Stufe. (Heute würde man ‹prädikativer Ausdruck› statt ‹Begriff› sagen.) H. SCHOLZ hat zu Recht darauf hingewiesen, daß bei dieser Interpretation der Beweis, selbst wenn er gelungen wäre, noch unvollständig wäre, da außer der Existenz auch die Eindeutigkeit zu zeigen ist, nämlich daß es höchstens ein Wesen gibt, worüber Größeres nicht gedacht werden kann [4].

2. Unter Berücksichtigung der Tatsache, daß Anselm neben Formulierungen mit «aliquid quo maius ...» Formulierungen mit «id quo maius ...» verwendet, hat SCHOLZ den Ausgangspunkt des Anselmischen Beweises rekonstruiert als den Glauben an den Satz: «Deus =$_{Df}$ id quo maius cogitari non potest» (Gott =$_{Df}$ dasjenige, worüber Größeres nicht gedacht werden kann) [5]. Diese Interpretation ist, obwohl heute üblich, keineswegs so eindeutig der ersten Interpretation vorzuziehen, wie Scholz zu meinen scheint [6], da auch die Formulierungen mit «aliquid quo maius ...» an wichtigen Stellen, z. B. am Schluß des 2. Kap. des ‹Proslogion›, vorkommen. Erwähnt sei noch, daß eine Variante der zweiten Interpretation die obige Gleichung nicht als Definitionsgleichung, sondern als Behauptung einer Gleichung versteht [7]. Der wesentliche Unterschied der zweiten zur ersten Interpretation besteht im Gebrauch des Gleichheitszeichens statt der Kopula und vor allem darin, daß die rechte Seite der Gleichung aus einer Kennzeichnung besteht. Dies bedeutet, daß zur Verwendung der genannten Definitionsgleichung in einem Beweis gesichert sein muß, daß das Definiens den an Kennzeichnungen zu stellenden Bedingungen genügt. Hier gibt es zwei Auffassungen [8], die von FREGE/STRAWSON und die von

MILL/RUSSELL. Nach der ersten setzt die Verwendung von Kennzeichnungen (in nicht-fiktionaler Rede) voraus, daß es genau einen Gegenstand gibt, dem der in der Kennzeichnung enthaltene Prädikator zukommt. Nach der zweiten Auffassung wird diese eindeutige Existenz mitbehauptet. Nach beiden Auffassungen setzt somit der Anselmische Beweis das zu Beweisende schon voraus.

Anmerkungen. [1] KANT, KrV B 620ff. – [2] G. FREGE: Über Begriff und Gegenstand. Vjschr. wiss. Philos. 16 (1892) 192-205, bes. 200f. – [3] a. a. O. 200. – [4] H. SCHOLZ: Der Anselmische Gottesbeweis, in: Mathesis Universalis, hg. H. HERMES u. a. (1961, ²1969) 62-74, bes. 64 Anm. 7. – [5] a. a. O. 65. – [6] 64 Anm. 7. – [7] Vgl. z. B. W. E. MANN: Definite descriptions and the ontological argument. Theoria 33 (1967) 211-229. – [8] Vgl. Art. ‹Kennzeichnung›.

Literaturhinweise. J. HICK und A. C. McGILL (Hg.): The many-faced argument. Recent stud. on the ontological argument for the existence of God (London 1968). – A. PLANTINGA (Hg.): The ontological argument (London 1968). – H. SCHOLZ s. Anm. [4].
G. GABRIEL

Gottes Mummerei nennt LUTHER in seiner Auslegung des 127. Psalms «der Welt Lauf ..., darunter er sich verbirgt und in der Welt so wunderlich regiert und rumort» [1]. Der Begriff meint 1. die Verborgenheit Gottes hinter der *Maske* vordergründig wirkender geschichtlicher Kräfte, 2. das Spiel Gottes mit einem *Mummenschanz* in sich sinnloser Geschehnisfolgen, weist jedoch auf Gottes Geschichtsmächtigkeit hin.

Anmerkung. [1] M. LUTHER, Weimarer A. 15, 373.

Literaturhinweis. M. SEILS: Der Gedanke vom Zusammenwirken Gottes und des Menschen in Luthers Theol. (1962).
M. SEILS

Gottförmig. PLATON nennt die Seele ein θεοειδές [1], sie ist dem Göttlichen verwandt (συγγενής) [2], so daß sie sich dem wahrhaft Seienden nähern kann [3]. – Der *mittlere Platonismus* sieht in der Gottverähnlichung das letzte Ziel sittlichen Handelns [4], während der *Neuplatonismus* die Seele dadurch gottförmig werden läßt, daß sie ins Eine geformt wird; bei PLOTIN haben die Tugenden reinigenden, auf das Eine zurückführenden Charakter [5], JAMBLICH nennt priesterliche und einheitliche Tugenden als höchste und bezieht sie auf das Gottförmige der Seele [6]. PSEUDO-DIONYSIUS AREOPAGITA schreibt, wir würden durch die Gottheit, als durch eine das Eine machende Kraft, ins Eine geformt und zu einer gottförmigen Monas und einer gottnachahmenden Einigung zusammengeführt [7]. – Den neuplatonischen Begriff benutzt ECKHART, um den Menschen zu beschreiben, der ganz von der göttlichen Gegenwart durchdrungen ist, so daß er in allen Dingen Bindungslosigkeit gewinnt [8]. Der oberste Teil des Menschen (über dem tierischen und dem vernünftigen) wird von TAULER «gottförmig» genannt [9], gelegentlich wird dabei ein gnadenhafter Charakter betont [10]. Nach SEUSE sind Menschen, die «entbildet und überbildet sind in des ersten Exemplars Einigkeit» ganz geläuterten und gottförmigen Gemütes [11]. – Nach THOMAS VON AQUIN macht die «illuminatio intellectus» die Menschen «deiformis», d. h. «deo similes» [12]. – J. ARNDT kennt zweierlei menschliche «Geburt», «die alte fleischliche, sündliche ..., so aus Adam gehet ..., und die geistliche, heilige, selige, gebenedeyte Geburt, so aus Christo gehet, dadurch ... der himmlische gottförmige Mensch geistlicher Weise wird fortgepflanzet» [13].

Anmerkungen. [1] PLATON, Phaid. 95 c. – [2] Resp. X, 611 e. – [3] Resp. VI, 490 b. – [4] EUDOROS bei STOBAIOS, Ecl. II, 49, 8ff.; THEON SMYRN., Expos. rer. math. 14, 8, 18f.; ALBINOS DIDASK. 28. – [5] PLOTIN, Enn. I, 6, 6; I, 2. – [6] JAMBLICH, Schol. in Phaed.; OLYMPIODOR, In Phaed. Nr. 143. – [7] PS.-DIONYSIOS, De div. nom. I, 4. MPG 3, 589 d; vgl. IV 11. MPG 3, 708 d. – [8] ECKHART, Reden der Unterweisung 6. Dtsch. Werke, hg. J. QUINT 5 (1963) 208f. – [9] TAULER, Pr. 65, hg. FR. VETTER (1910) 357, 16ff. – [10] Pr. 41, a. a. O. 175, 16ff. – [11] SEUSE, Büchlein der Wahrheit c. 4, hg. BIHLMEYER (1907) 338, 3ff. – [12] THOMAS VON AQUIN, S. theol. I, 12, 5. – [13] J. ARNDT: Vier geistreiche Bücher vom wahren Christenthum (1626, neue Aufl. 1679) 1, 12.
P. HEIDRICH

Gottheit (griech. θεότης, θειότης; lat. deitas, divinitas; ital. deità, divinità; frz. déité, divinité; engl. deity, divinity).

I. – 1. In der *griechischen Profanliteratur* kommen θεότης und θειότης nur selten vor. Den frühesten Beleg für θεότης liefert PLUTARCH bei seiner Kritik an der Mythendeutung des Euhemeros und dessen Begriff von «Göttlichkeit» [1]. Neben dem Gegenbegriff ἀνθρωπότης (Menschheit) begegnet es im ‹Corpus Hermeticum› [2]. Bei PLUTARCH finden sich auch frühe Belege für das etwas häufigere, vom Adjektiv θεῖος abgeleitete θειότης [3]. Es deckt sich in seiner Bedeutung weitgehend mit θεότης, wird jedoch darüberhinaus auch von Menschen (z. B. Homer) ausgesagt [4]; im Kaiserkult ist es Terminus für die «Göttlichkeit» des Herrschers [5]. In der ‹Septuaginta› kommt θειότης nur einmal vor [6]. Belege in spätjüdischen Schriften sind selten [7]. Innerhalb des *Neuen Testaments* lassen sich beide Begriffe je einmal nachweisen: Der Kolosser-Brief enthält die Mahnung, sich in der Lehre allein an Christus zu halten: «denn in ihm wohnt die ganze Fülle der G. leibhaftig» (πᾶν τὸ πλήρωμα τῆς θεότητος σωματικῶς) [8], und im Römer-Brief [9] erklärt PAULUS, den Heiden sei durch die Werke der Schöpfung «Gottes unsichtbares Wesen, das ist seine ewige Kraft und G.» sichtbar geworden (τὰ ἀόρατα αὐτοῦ ... ἥ τε ἀΐδιος αὐτοῦ δύναμις καὶ θειότης) [10].

Seit der Zeit der *Kirchenväter* gehören θεότης und θειότης zum festen Bestand der theologischen Terminologie [11]. In definitorischem Zusammenhang wird mit Bezug auf Gott θεότης als Bezeichnung für τὸ τί εἶναι (Wesen) der ὑπόστασις gegenübergestellt, die τὸ εἶναι (Sein) meint [12]. Als Wesensmerkmale der θεότης gelten u. a. Einheit [13], Einfachheit [14], Unkörperlichkeit [15], Unendlichkeit [16]. Zuweilen wird die gedankliche Faßbarkeit ausdrücklich bestritten [17]. Die Kontroverse um «Homousie» und «Homoiusie» und die erbitterten Auseinandersetzungen um die Klärung des Verhältnisses der drei «göttlichen Personen» und ihrer «G.» machen θεότης zum zentralen Begriff; gegenüber der konkurrierenden Theologie der Arianer setzen sich ATHANASIUS' Lehre von der Homousie und das Dogma der Trinität durch: formelhaft bereits bei Athanasius: «Eine G. ist in der Dreiheit» (μία θεότης ἐστιν ἐν Τριάδι) [18]. Im 5. Jh. verschiebt sich der dogmatische Streit stärker auf das Gebiet der Christologie. In ihren Zusammenhang gehören die meisten Belege für θεότης, deren große Zahl zugleich die Bedeutung spiegelt, welche die Kirchenväter dem Problem der G. Christi beimaßen; es galt, sie zu erklären, zu umschreiben und – besonders angesichts ketzerischer Leugnung [19] – den Gläubigen als wahre Lehre verständlich zu machen. Die Frage nach der Beziehung von θεότης und ἀνθρωπότης, G. und Menschheit – in dieser Gegenüberstellung bereits bei ORIGENES [20] – verlangte auch im Blick auf die

Trinitätsdiskussion die Ausarbeitung einer Zwei-Naturen-Lehre, in der ihre Einheit gedacht werden konnte [21]. Erweitert wird der Anwendungsbereich des Wortes θεότης dadurch, daß es sich auch auf Menschen beziehen kann, soweit sie z. B. durch die Heilstat Christi an ihr teilhaben [22]. Vereinzelt wird es in personalem Sinne (= θεός) gebraucht [23], bei ISIDOR VON PELUSIUM von heidnischen «G.en» [24].

Ohne erkennbaren Bedeutungsunterschied begegnet das zunächst ebenso häufige θειότης [25], das allerdings, seiner Ableitung vom Adjektiv θεῖος entsprechend, leichter von Menschen ausgesagt werden [26] oder auch die «Göttlichkeit» der Heiligen Schrift meinen kann [27]. Daß gegenüber dem aufgrund seiner Herleitung abstrakter klingenden θειότης der Begriff θεότης stärker an den konkreten θεός denken ließ, mag zum Rückgang des Wortes θειότης im Sprachgebrauch seit dem 4. Jh. ebenso beigetragen haben wie die Tatsache, daß in der zentralen Problematik der Zwei-Naturen-Lehre der ἀνθρωπότης Christi strenggenommen nur seine θεότης gegenüberstehen konnte [28].

Anmerkungen. [1] PLUTARCH, De Is. et Os. 359 d. – [2] Corp. Herm. 12, 1; weitere Belegstellen für THEÓTES bei LUKIAN, Icaromenipp. 9; Corp. Herm. 13, 7. – [3] PLUTARCH, De Pythiae oraculis 398 a u. ö.; vgl. auch LUKIAN, calumn. 17; Corp. Herm. 9, 1; W. DITTENBERGER: Sylloge inscriptionum Graecarum (⁴1960) 867, 31. – [4] HERAKLEITOS STOIC., Hom. Allegor. 76; vgl. JOSEPHOS, Ant. Jud. 10, 268. – [5] DITTENBERGER, a. a. O. [3] 900, 23f. u. ö. – [6] Sapientia Salomonis 18, 9. – [7] Vgl. JOSEPHOS, a. a. O. [4]; Ep. Arist. 95. – [8] a. a. O. 2, 9. – [9] 1, 20. – [10] Vgl. H. S. NASH: THEIÓTES – THEÓTES, Rom. 1, 20; Col. 2, 9. J. biblical Lit. 18 (1899) 1-34. – [11] Vgl. G. W. H. LAMPE: A Patristic Greek Lexicon (1968) 620. 637ff. – [12] Ps.-ATHANASIUS, De sancta trinitate I, 2. MPG 28, 1120 a. – [13] GREGOR VON NYSSA, Or. catech. praef. MPG 45, 12 b ff. – [14] Adv. Apoll. 2. MPG 45, 1128 b. – [15] ATHANASIUS, Or. c. gentes 21. MPG 25, 44 a. – [16] GREGOR VON NYSSA, Or. catech. 10. MPG 45, 41 b. – [17] Vgl. Quod non sint tres dii. MPG 45, 129 cd. – [18] ATHANASIUS, C. Arianos or. I, 18. MPG 26, 48 c. – [19] Vgl. LAMPE, a. a. O. [11] 638. – [20] ORIGENES, Comm. in Ev. Ioa. I, 20. MPG 14, 53 d. – [21] Vgl. die Stellen bei LAMPE, a. a. O. [11] 637f.; zur Lehre von der «communicatio idiomatum» vgl. Realencyklop. prot. Theol. u. Kirche 4 (³1898) 254ff.; zur «Christologie» a. a. O. 4ff. – [22] GREGOR VON NYSSA, Or. catech. 37. MPG 45, 88 u. ö. – [23] CONSTANTIUS bei ATHANASIUS, Apol. ad Const. imp. 23. MPG 25, 624 c; vgl. auch HERMAE PASTOR, mandatum 10, 1, 4ff. u. ö. – [24] ISIDOR VON PELUSIUM, Ep. 1, 63. MPG 78, 224 b. – [25] Vgl. dazu NASH, a. a. O. [10]. – [26] Ep. Cath. bei ATHANASIUS, Apol. c. Arianos 85. MPG 25, 401 b. – [27] ORIGENES, De principiis 4, 7. MPG 11, 353 c. – [28] Vgl. dazu NASH, a. a. O. [10] 25ff.

2. Den griechischen Begriffen entsprechen im *Lateinischen* die Ausdrücke ‹deitas› und ‹divinitas›, jedoch ohne eindeutige Zuordnung: das θεότης des Kolosser-Briefs [1] ist in der ‹Vetus Latina› z. T. mit ‹deitas›, in der ‹Vulgata› aber mit dem gängigeren ‹divinitas› wiedergegeben; HILARIUS kennt ‹deitas› als Übersetzung für θεότης [2], HIERONYMUS identifiziert ‹deitas› wiederum mit ‹divinitas› [3]. Ansätze zur Unterscheidung läßt AUGUSTIN erkennen [4], jedoch kommt es weder bei ihm noch überhaupt in dieser Zeit zur durchgängigen terminologischen Differenzierung [5].

Anders als das erst in *christlicher Literatur* nachweisbare ‹deitas› [6] gehört ‹divinitas› bereits dem *profanen* Sprachgebrauch an [7]. Sie wird der ‹humanitas› gegenübergestellt [8], von Gestirnen [9], den Seelen der Menschen [10] sowie von Gestalten wie Romulus ausgesagt [11]; ebenso bezeichnet das Wort die Leistungen der Redner [12], wird terminologisch für den Herrscher [13] und synonym mit ‹deus› gebraucht [14]. Bei den *lateinischen Kirchenvätern* weicht die Verwendung beider Begriffe nicht wesentlich von der der griechischen ab, als deren Übersetzung sie ja auch fungieren. Reicher belegt ist ‹divinitas› [15].

Theologisch zentrale Fragestellungen wie die Lehre von den Eigenschaften Gottes und die Trinitätsspekulation sichern beiden Begriffen auch während des *Mittelalters* ihre Bedeutung, so in der Auseinandersetzung um GILBERT VON POITIERS und seine Trennung von ‹deus› und ‹divinitas› [16]. Das gleiche gilt vom christologischen Problem der Zwei-Naturen-Lehre: divinitas und humanitas sind der Vorstellung von der communicatio idiomatum entsprechend in Christus zur Einheit verbunden [17]. Eine inhaltliche Unterscheidung zwischen ‹deitas› und ‹divinitas› ist auch im Mittelalter weithin unbekannt [18]; THOMAS VON AQUIN jedoch nimmt bei seiner Erläuterung der divinitas (lat. für θειότης) im Römer-Brief [19] eine Differenzierung vor: Paulus verwende bewußt das Wort ‹divinitas›, das die Teilhabe (participatio) bezeichne, während ‹deitas› für die essentia Dei stehe [20]. Vor dem Hintergrund der Frage nach der Erkennbarkeit Gottes entwickelt sich damit eine Auslegungstradition, die auch zur nachmaligen Unterscheidung der beiden griechischen Begriffe führt [21].

Anmerkungen. [1] Kol. 2, 9. – [2] HILARIUS, Comm. in Matth. 16, 4. MPL 9, 1008 d. – [3] HIERONYMUS, Tract. in psalm. 1, in: D. G. MORIN, Anecdota Maredsolana III/2 (1897) 247, 3. – [4] AUGUSTIN, De civ. Dei 10, 1; vgl. 7, 1. – [5] Vgl. AUGUSTIN, a. a. O. 11, 24 u. ö. – [6] Vgl. schon ARNOBIUS, Adv. nationes 1, 28; auch die lat. Übers. von IRENAEUS, Contra haereses 2, 8 (9), 2. – [7] Bei CICERO, LIVIUS, SENECA, PLINIUS u. a.; vgl. Thes. ling. lat. V/1, Sp. 1614ff. – [8] CICERO, De divinatione 2, 80. – [9] De natura deorum 1, 27. – [10] Cato Maior de senectute 81. – [11] LIVIUS 1, 15, 6 u. ö. – [12] CICERO, De oratore 2, 298 u. ö. – [13] VALERIUS MAXIMUS 1, praef. – [14] SENECA d. Ä., Controversiae I, praef. 9. – [15] Vgl. Thes. ling. lat. s.v. – [16] Vgl. The Commentaries on Boethius by GILBERT OF POITIERS, hg. N. M. HÄRING (Toronto 1966) 419 s.v. ‹divinitas›; außerdem M. E. WILLIAMS: The teaching of Gilbert Porreta on the Trinity (Rom 1951) bes. 43ff.; M. A. SCHMIDT: G. und Trinität (1956); zu den Verhandlungen gegen GILBERT bes. 170ff. – [17] So z. B. bei NIKOLAUS VON KUES, De docta ignorantia III, 7 u. ö. – [18] Vgl. NASH, a. a. O. [10] 10ff. mit Hinweis auf HUGO VON ST. VICTOR, Quaest. in Ep. ad Rom. 37. MPL 175, 440 b. – [19] Rom. 1, 20. – [20] THOMAS VON AQUIN, In Ep. ad Romanos I, 6. – [21] Vgl. NASH, a. a. O. [10 zu 1] 30ff.

3. Im *Deutschen* übernimmt das Wort ‹G.› die Funktionen von θεότης und θειότης bzw. ‹deitas› und ‹divinitas›. Von Gottes «gotheit» spricht bereits NOTKER, bei dem das deutsche Wort zum ersten Male auftritt und in dieser Funktion eines Substanz- und Qualitätsbegriffs ältere Bildungen wie ‹gotnissa› (ISIDOR) und ‹gotnissi› (OTFRID) ablöst [1]; das ‹Benedictbeurer Gebet› stellt neben Gottes «gothait» seine «vaterheit» (Christi «sunhait» und «mennischait» kontrastierend) [2]; ebenso findet sich das Wort ‹G.› in der Beziehung auf Gott bei LUTHER [3], der es auch in der Übersetzung des Römer- und Kolosser-Briefes verwendet [4], und als Bibelzitat [5] bei KLOPSTOCK [6].

Seit Notker bezeichnet ‹G.› in der Trinitätsspekulation terminologisch die den drei göttlichen Personen gemeinsame Substanz [7]. Eine besondere Nuance erhält dieser Gebrauch in der Mystik: MEISTER ECKHART unterscheidet von Gott die G.: «Got wirket, diu gotheit wirket niht» [8]; und für TAULER geschah die Geburt Christi «in der vinstere verborgenre unbekanter gotheit» [9]. Allerdings fällt die genaue Abgrenzung zum personalen Sprachgebrauch schwer, wenn z. B. MEISTER ECKHART die Seele «in daz apgründe der gotheit» versinken sieht [10] und TAULER in ähnlichem Zusammenhang von der «grundelosen gotheit» spricht [11]. Diese für die Sprache der Mystik typische und besonders der

Erfassung des theogonischen Prozesses dienende Metaphorik – so verwendet J. BÖHME ‹G.› gelegentlich, aber nicht durchgehend, für den göttlichen «Ungrund», den Gott vor jeder Offenbarung und Unterscheidung in Personen [12] – setzt sich in der mystischen und pietistischen Literatur des 17. und frühen 18. Jh. fort [13] und beeinflußt auch die religiöse Dichtersprache des 18. Jh.: immer wieder wird die G. als das Abgründige, Unendliche, dann als das Quellende, Durchdringende, aber auch als das Lichtvolle, Strahlende beschrieben [14].

Die Verwendung von ‹G.› in der Zwei-Naturen-Lehre der Christologie (im Kontrast zu ‹Menschheit› entsprechend den griechischen bzw. lateinischen Begriffspaaren) ist ebenfalls am frühesten bei NOTKER belegt [15], häufig bei LUTHER [16] – als Eigenschaft auch neben ‹frümkait› und ‹weißhait› [17] –, aber auch noch bei D. FR. STRAUSS [18] und gegenwärtig zuweilen innerhalb theologischer Terminologie [19].

Seit Notker fungiert der Begriff ‹G.› zudem als Übersetzung von ‹divinitas› und ‹numen› im außerchristlichen Bereich (seit dem 17. Jh. neben ebenso häufigem ‹Göttlichkeit›), so als Bezeichnung für die «göttliche Macht» antiker Götter [20], und findet sich in Übertragung auf nicht-göttliche Wesen – unter dem theologischen Aspekt unrechtmäßigen Anspruchs [21] ebenso wie positiv vom Ziel menschlichen Strebens [22] – oder mit religiösem Anklang im Sinne der Vollkommenheit schlechthin, an der die Geschöpfe teilhaben, z. B. bei HERDER [23].

Als personale Bezeichnung Gottes bzw. eines göttlichen Einzelwesens läßt sich ‹G.› erst seit dem 12. Jh. belegen [24]. NOTKER ist dieser Gebrauch fremd: Wo ‹deitas› oder ‹divinitas› für ‹deus› zu stehen scheint, übersetzt er mit ‹got› [25]. Im 17. und 18. Jh. erreicht die personale Verwendung ihren Höhepunkt und setzt sich gegenüber dem Gebrauch als Bezeichnung für die göttliche Substanz durch; allerdings bleibt – gerade im Kontrast zu konkret-dynamischem ‹Gott› – dem Wort ‹G.› der Charakter des Begrifflich-Gedanklichen erhalten. Vom biblisch-christlichen Gott ist dieser Gebrauch seit dem 12. Jh. nachgewiesen [26]. LUTHER verwendet es in der Übersetzung von βάθη τοῦ θεοῦ [27] und von τὸ θεῖον [28]. Ebenso begegnet es bei Dichtern wie LOGAU [29], BROCKES [30] und KLOPSTOCK [31] in diesem Sinne; die Grenze zum Substanz- und Qualitätsbegriff ist nicht immer scharf zu ziehen. Wesentlich befördert wird die Ersetzung des Wortes ‹Gott› durch ‹G.› im Zuge der Aufklärung und des Deismus; mit ‹G.› wird nun das umfassende, jenseitige, höhere Wesen benannt, das auf dem Wege einer natürlichen Religion dem Denken und Empfinden der Menschen zugänglich ist (ohne allerdings biblisch-christliche Elemente gänzlich von sich auszuschließen) [32]. Im 18. und 19. Jh. ist dies allgemeiner Sprachgebrauch. Beispiele liefern u. a. KANT [33], HERDER [34], GOETHE [35], SCHILLER [36] und FR. SCHLEGEL [37]. Der häufig die Formulierung bestimmende abstrakt-gedankliche Zusammenhang läßt sich besonders an Wendungen wie «Wesen der G.» [38], «Begriff der G.» [39] oder «Idee der G.» [40] ablesen, wobei zugleich die Nähe zum Substanz- und Qualitätsbegriff wieder spürbar wird [41]. Die inhaltliche Unverbindlichkeit empfahl das Wort jenen, die sich gerade bei der Benennung des biblischen Gottes von dem dogmatisch stärker fixierten Begriff ‹Gott› distanzieren wollten, so z. B. GOETHE [42], SCHILLER [43], auch die Historiker RANKE [44] und TREITSCHKE [45].

Seit dem 17. und besonders seit dem 18. Jh. findet sich ‹G.› auch bei Göttern außerchristlicher Religionen übertragen [46], zuweilen unter Betonung des Bloß-Fiktiven [47]. Ebenso häufig wird es – vornehmlich in der (Liebes-) Dichtung – vergleichend oder metaphorisch im Sinne des Vollkommenen und Verehrungswürdigen auf Menschen oder Werte des menschlichen Lebens bezogen [48].

Im *heutigen* Sprachgebrauch ist der Personalbegriff ‹G.› zur Ausnahme geworden [49]; als Substanz- und Qualitätsbegriff begegnet das Wort bisweilen in theologischem Zusammenhang (Christologie, Lehre von den Eigenschaften Gottes) [50], während sonst zumeist ‹Göttlichkeit› seine Stelle eingenommen hat. Weite des Anwendungsbereiches und damit verbundene umgangssprachliche Verflachung haben den Begriff ‹G.› als Terminus entwertet, der allerdings ohnehin im Zuge der Verlagerung des philosophisch-theologischen Interesses seine ehemals zentrale Bedeutung verloren hat.

Anmerkungen. [1] Die Schriften NOTKERS und seiner Schule, hg. P. PIPER 2 (1883) 8, 9; 61, 13; 412, 22 u. ö.; zu den älteren Bildungen vgl. GRIMM IV/1, 5 (ND 1958) 1336f. – [2] Benedictbeurer Gebet, in: Kl. Dtsch. Gedichte des 11. und 12. Jh., hg. A. WAAG (²1916) 170. – [3] M. LUTHER, Weimarer A. 28, 566. – [4] 1, 20 bzw. 2, 9. – [5] Kol. 2, 9. – [6] FR. G. KLOPSTOCK, Oden, hg. v. MUNCKER/PAWEL 1 (1889) 131. – [7] NOTKER, a. a. O. [1] 640, 20. – [8] MEISTER ECKHART, in: Dtsch. Mystiker, hg. F. PFEIFFER 2 (1857, ND 1962) 181, 10. – [9] Die Predigten J. TAULERS, hg. F. VETTER (1910) 8, 2. – [10] MEISTER ECKHART, a. a. O. [8] 501, 12. – [11] TAULER, a. a. O. [9] 417, 16. – [12] J. BÖHME, Sämtl. Schriften (1730), hg. W.E. PEUCKERT (ND 1955-60) 14, 18f.; 17, 6. – [13] Vgl. GRIMM IV/1, 5, 1344. – [14] Vgl. a. a. O. 1344ff.; außerdem die Zusammenstellung bei A. LANGEN: Der Wortschatz der dtsch. Pietismus (²1968) 340ff. – [15] NOTKER, a. a. O. [1] 87, 7; 643, 12f. – [16] LUTHER, a. a. O. [3] 20, 344, 38; auch 10, I/1, 208. – [17] LUTHER, a. a. O. 1, 697. – [18] D. FR. STRAUSS, Ges. Schr. 6 (1877) 258. – [19] Häufiger in Übers. aus dem Griech. bzw. Lat. – [20] Vgl. NOTKER, a. a. O. [1] 1 (1882) 718, 3; 789, 16; vgl. J. W. GOETHE, Weimarer A. I/17, 43 u. ö. – [21] NOTKER, a. a. O. [1] 2 (1883) 264, 19. – [22] Vgl. FR. SCHILLER, Sämmtl. Schriften, hg. K. GOEDEKE 1 (1867) 281; R. WAGNER, Parsifal, in: Ges. Schriften und Dichtungen 10 (⁴1907) 361. – [23] J. G. HERDER, Sämtl. Werke, hg. B. SUPHAN (1877-1913), ND 1967/68) 15, 317. – [24] Vgl. GRIMM IV/1, 5, 1340. – [25] Vgl. NOTKER, a. a. O. [1] 1 (1882) 190, 4; 277, 18. – [26] Vgl. GRIMM IV/5, 1, 1340. – [27] 1. Kor. 2, 10. – [28] Apg. 17, 29. – [29] FR. V. LOGAU, Sämtl. Sinngedichte, hg. G. EITNER (1872) 194. – [30] B. H. BROCKES, Irdisches Vergnügen in Gott (1746) 8, 10. – [31] KLOPSTOCK, a. a. O. [6] 175. – [32] Vgl. Titel wie W. PALEY: Natural theology: or, evidences of the existence and attributes of the *deity*, collected from the appearances of nature (London 1802). – [33] I. KANT, KrV B 293. – [34] HERDER, a. a. O. [23] 5, 238. – [35] GOETHE, a. a. O. [20] I/14, 32. – [36] SCHILLER, a. a. O. [22] 1 (1867) 153. – [37] FR. SCHLEGEL, Krit. Neu-A., hg. E. BEHLER 6 (1961) 318; vgl. auch noch J. G. DROYSEN, Historik. Vorles. über Enzyklop. und Methodol. der Gesch., hg. R. HÜBNER (⁶1971) 232ff. – [38] Vgl. BROCKES, a. a. O. [30] 8, 4; HERDER, a. a. O. [23] 5, 145. – [39] GOETHE, a. a. O. [20] I/22, 332. – [40] J. G. FICHTE, Sämmtl. Werke, hg. I. H. FICHTE 1 (1845) 23; vgl. CH. H. WEISSE: Die Idee der G. (Dresden 1833). – [41] Vgl. R. HILDEBRAND: Gedanken über Gott, die Welt und das Ich (1910) 167. – [42] GOETHE, a. a. O. [20] I/26, 62. – [43] SCHILLER, a. a. O. [22] 8 (1869) 150. – [44] L. V. RANKE, Sämmtl. Werke 2 (1867) 101 u. ö. – [45] H. V. TREITSCHKE, Dtsch. Gesch. im 19. Jh. 3 (1927) 190. – [46] Vgl. z. B. F. W. J. SCHELLINGS Schrift über die G.en von Samothrake (1815); zu weiteren Belegstellen vgl. GRIMM IV/5, 1, 1342f. – [47] Vgl. auch die Verwendung des Begriffs ‹divinité› bei P. TH. D'HOLBACH: System der Natur, dtsch. (1960) passim, wo Idee und Begriff der G. (divinité) auf ihren Ursprung untersucht und als Fiktion entlarvt werden. – [48] Vgl. die Belege bei GRIMM IV/5, 1, 1343f. – [49] Vgl. z. B. N. HARTMANN: Ethik (⁴1962) 4. – [50] Vgl. z. B. noch: Realencyklop. prot. Theol. u. Kirche 4 (³1898) s.v. ‹Christologie› (4ff.), ‹communicatio idiomatum› (254ff.); RGG³ 2, 357ff., s.v. ‹Eigenschaften Gottes›; Hb. theol. Grundbegriffe, hg. H. FRIES 1 (1962) s.v. ‹Gott› (bes. 583ff.); 2 (1963) s.v. ‹Trinität› 697ff. A. HORSTMANN

II. Kennzeichnend für die Vorstellungswelt fast aller Religionen ist die zentrale Stellung von G. bzw. Göttern, über die Mythen berichtet werden und die Gegenstand kultischer Verehrung sind. Sie sind heilig, transzendent, übermächtig, übersinnlich und (zumeist) unsterblich.

Der Begriff der G. zeigt eine doppelte Tendenz: Zum Impersonalismus neigen bestimmte Formen der Mystik, während der Prophetismus auf einer rein personalen Erfahrung der G. beruht [1]. G. können – als dii otiosi – menschlichen Bereichen entrückt, andererseits aber auch in aktiver Verbindung mit allem Naturgeschehen und menschlichem Handeln erfahren werden. Dabei vereinigt der Monotheismus eine Fülle von Qualitäten und Prädikaten auf eine G., während der Polytheismus die göttlichen Funktionen nach verschiedenen Gestalten differenziert, von denen die des Himmelsherrn, der chthonischen Fruchtbarkeitsgöttin, des «Herrn der Tiere» als Jägergottheit und der Funktionsgötter die häufigsten sind. Aufspaltungen göttlicher Qualitäten können zur personalen Vermehrung des polytheistischen Pantheons führen, Vereinigungen zu dessen Reduktion. Menschen können, wie besonders der Sakralkönig, zu Lebzeiten vergöttlicht werden oder nach ihrem Tode, welch letzteres vor allem für die Gestalten der Kulturbringer häufig zutrifft; in diesen posthum vergöttlichten Menschen sahen EUHEMEROS (etwa 300 v. Chr.) und SNORRI STURLUSON (1178–1241) den Ursprung der Gottesidee. Vorstellung und Rede der Menschen von der G. sind immanenten Bereichen analog und daher symbolisch. Die Gottesvorstellung kennt einerseits grobe Theriomorphismen und Anthropomorphismen, andererseits die Anschauung einer spirituellen Persönlichkeit. Von den Symbolen, die die Sprache verwendet, bringen ‹Herr› und ‹Vater› die Gottesidee am reinsten zum Ausdruck [2]. Die Scholastik hat drei Wege indirekter Gotteserkenntnis herausgestellt [3]: Die via causalitatis führt zur Erkenntnis der G. als letzter Ursache alles natürlichen und historischen Geschehens, die via eminentiae zum höchsten Wert des summum bonum, während die via negationis die G. als das «ganz Andere» erfaßt [4].

Anmerkungen. [1] G. LANCZKOWSKI: Altägyptischer Prophetismus (1960) 84ff. – [2] H. HÖFFDING: Religionsfilosofi (Kopenhagen 1901) 185. – [3] F. DIEKAMP: Kath. Dogmatik nach den Grundsätzen des hl. Thomas 1 (1911) 115. – [4] R. OTTO: Das Gefühl des Überweltlichen (1932) 212-240.

Literaturhinweise. H. USENER: Götternamen (1896, ³1948). – N. SÖDERBLOM: Das Werden des Gottesglaubens (²1926); Den levande Guden (Stockholm 1932); engl. The living God (London 1933); dtsch. Der lebendige Gott im Zeugnis der Religionsgesch. (1942, ²1966). – A. BERTHOLET: Götterspaltung und Göttervereinigung (Tübingen 1933); Das Geschlecht der Gottheit (1934). – H. SCHRADE: Der verborgene Gott (1949). – G. WIDENGREN: Religionens värld (Stockholm ²1953) 54-131. – G. LANCZKOWSKI: Forsch. zum Gottesglauben in der Religionsgesch. Saeculum 8 (1957) 392-403. – S. HOLM: Religionsphilos. (1960) 138-192. – F. HEILER: Erscheinungsformen und Wesen der Relig. (1961) 455-470. – A. SCHAEFER (Hg.): Der Gottesgedanke im Abendland (1964).
G. LANCZKOWSKI

Gottmensch ist in HEGELS Religionsphilosophie [1] Grundbegriff der Christologie, insofern in ihm die wesentliche Einheit der göttlichen und menschlichen Natur ausgedrückt ist. Daß «Christus in der Kirche der G. genannt worden» sei, gilt keineswegs allgemein. Der Begriff θεάνθρωπος stammt von ORIGENES [2] und kommt in der späteren griechischen Theologie nur vereinzelt vor, ebenso in der lateinischen, schon weil hier die Sprache eine solche Wortbildung eigentlich nicht zuläßt [3]. Zudem versagt es sich den Differenzierungen der kirchlichen Zweinaturenlehre. Gerade diese dogmatische Unbestimmtheit im Verein mit der Tatsache, daß J. BÖHME, im Sinne der Mystik, vom vollkommenen Menschen als ‹G.› gesprochen hatte, erklärt, warum ‹G.› in der deutschen Literatur des 18. Jh. beliebt wurde [4]. Daneben findet sich der Begriff häufiger in der protestantischen Orthodoxie, und zwar in der griechischen Wortform [5]. Hier knüpfte Hegel an. Er wurde besonders von D. F. STRAUSS [6] und KIERKEGAARD [7] kritisiert, doch lebte der Begriff in der spekulativen Christologie des 19. Jh. und z. B. noch in HARNACKS Dogmengeschichte nach, ehe er sich verlor.

Anmerkungen. [1] HEGEL, Werke, hg. LASSON 3, 142. – [2] ORIGENES, De principiis II, 6, 3. – [3] Vgl. aber AUGUSTIN, De catechizandis rudibus 4, 8; GREGOR DER GROSSE, Homil. in Ez. I, 4, 2; II, 1, 4; 2, 5; ANSELM VON CANTERBURY, Cur deus homo II, 6f. 22. – [4] Belege in GRIMMS Wb. der dtsch. Sprache. – [5] C. F. SARTORIUS: Compendium theologiae dogmaticae (Tübingen 1777) §§ 236ff.; zu Hegels Kenntnis dieses Werkes vgl. Hegelstudien 5, 57. – [6] D. F. STRAUSS: Das Leben Jesu (⁴1840) II, §§ 150f. – [7] S. KIERKEGAARD, z. B. Einübung im Christentum 2. Teil.
M. ELZE

Gottwerdung, Vergottung, Vergöttlichung (griech. θέωσις, lat. deificatio). – 1. PLOTIN kennt zwei Stufen des Göttlichen, den Geist und das Eine, sowie die Fähigkeit der menschlichen Seele, sowohl Geist wie Eins zu werden. Damit ergibt sich der Sache nach eine zweifache G. des Menschen; bezeichnenderweise aber erscheint die Verwandlung in den Geist lediglich als νοῦς γενέσθαι, während die ausdrückliche Kennzeichnung als θεὸς γενέσθαι der Vereinigung mit dem Einen vorbehalten bleibt. Zwar ist der Vorgang beidemal derselbe, d. h. er führt über Angleichung und Einerleiheit zur Einheit; doch stellt das Geistwerden und Gottsein auf der Stufe des Geistes [1] nichts Endgültiges, sondern nur das Mittel des Aufstiegs zum Einen dar, und dieses ist als der Ursprung des Geistes das eigentlich Göttliche und für die menschliche Seele wie der Ausgangsort so auch das Ziel. Dieser Sachverhalt erhebt das Einswerden mit dem Einen zur eigentlichen G. und hat zur Folge, daß diese G. sich nur nach Maßgabe des Geistes vollzieht und zum andern nichts als die Rückkehr des Menschen zu seinem Ursprung bedeutet [2].

Anmerkungen. [1] PLOTIN, Enn. I, 2, 6. – [2] Enn. II, 9, 9; V, 5, 3; VI, 7, 35; 9, 3. 9.

2. Bei PSEUDO-DIONYSIOS AREOPAGITA erscheint die Vergottung des Menschen erstmals unter dem Begriff der θέωσις. Diese wird als «Angleichung und Vereinigung (ἀφομοίωσίς τε καὶ ἕνωσις) nach Möglichkeit» bestimmt. Damit ist jedoch nicht das menschliche Bemühen gemeint, sich durch Befolgung der Gebote Gott anzugleichen und durch den Glauben mit ihm zu vereinigen, was lediglich die Tauglichkeit zur G. bewirkt; vielmehr ist mit «Angleichung und Vereinigung» der Akt Gottes gemeint, womit dieser den Menschen nach Maßgabe seiner Tauglichkeit mit sich vereinigt und dadurch sich selber angleicht [1].

Die *deificatio* besteht für BERNHARD VON CLAIRVAUX in der Schau Gottes, die zwar nicht Einheit (unitas), wohl aber Vereinigung (coniunctio) von Mensch und Gott bedeutet. Daß sie auf Erden nur in den Augenblicken der Ekstase und erst im Jenseits als fortwährende «beseligende Schau» möglich ist, beruht auf der relativen Eigenmächtigkeit des Leibes hier und seiner totalen Fügsamkeit dort. Vergottung durch die göttliche Gnade setzt indes voraus, daß der Mensch durch Aufgabe des Eigenwillens und Gehorsam gegenüber den Geboten Gottes die mit dem Sündenfall verlorengegangene Gottähnlichkeit (similitudo dei) wiederzuerlangen sich bemüht und daß er zum andern in der unverlierbaren

Gottesebenbildlichkeit (imago dei) von vornherein auf die ewige Seligkeit angelegt ist [2].

NIKOLAUS VON KUES verwendet ϑέωσις und ‹deificatio› gleichermaßen, und zwar zur Kennzeichnung der Gotteskindschaft. Diese G. des Menschen gründet auf der Kraft seiner Vernunft, wird aber nur nach Maßgabe des Glaubens gewährt. Sie besteht in der als Vollendung der Vernunft bezeichneten Kenntnis Gottes und Erfassung der Wahrheit: Was der Mensch in der vergottenden Schau erfaßt, ist nicht das Wesen Gottes, wie er in sich selbst ist, als «unum simplicissimum principium», sondern die Spiegelung Gottes im Logos, in der mit der Wahrheit identischen göttlichen Vernunft. Und wie Gott ihr gegenüber kein «anderer» ist, muß auch der Mensch alle «Andersheit» ablegen, wenn er zur «Teilhabe» an der göttlichen Vernunft und damit zur Gottähnlichkeit und Gotteskindschaft gelangen will [3].

Anmerkungen. [1] Ps.-DIONYSIOS AREOPAGITA, MPG 3, 372. 392f. 413. – [2] BERNHARD VON CLAIRVAUX, Serm. s. cant. cant. 71. 72. 80-82. – [3] NIKOLAUS VON KUES, De filiatione dei, passim.

3. Mit Vernunft und Erkenntnis hatte bereits MEISTER ECKHART die G. verbunden. Wenn der Mensch Gott nicht mittels abbildhafter Begriffe, sondern unmittelbar und bildlos erkennen soll, muß «Gott schlechthin ich werden und ich schlechthin Gott», damit die Seele, derart Gott geworden, nunmehr «Gott mit Gott» erkennen kann. Doch um Gott zu werden – «was in Gott ist, ist Gott» –, muß der Mensch in Gott eindringen. Das geschieht, indem er sich ganz im «Seelenfünklein», in jener Kraft seiner Seele versammelt, in der Gott seinen Sohn (den Logos) gebiert, und zwar so, «daß diese Kraft den Sohn des Vaters und sich selbst als diesen Sohn in der einigen Kraft des Vaters mitgebiert». Dergestalt der Sohn Gottes geworden, erkennt der Mensch durch diesen den Vater und damit Gott durch Gott; zum andern ist in dieser G. enthalten, daß Gott «sich selbst mir so zu eigen geben muß, wie er sich selbst gehört», d. h., daß «der ganze Abgrund seiner Gottheit und die Fülle seines Seins ... ganz so unser Eigen sei, wie es sein Eigen ist» [1].

ANGELUS SILESIUS spricht von der G. des Menschen zumeist als von seiner «Vergöttung». Einerseits das menschliche Bemühen um Christförmigkeit, Gottgleichheit, ja Göttlichkeit voraussetzend, andrerseits ein Werk der göttlichen Gnade, hat diese «Vergöttung» ihren eigentlichen, ontologischen Grund in der Tatsache, daß der Mensch bereits vor seiner Menschwerdung «in Gott Gott» war. Der «vergöttete» Mensch wird also bloß in seinen ursprünglichen Stand zurückversetzt. Das vollzieht sich als Eingehen in Gott, wobei der Mensch gänzlich vom Wesen Gottes durchtränkt, «durchgöttet», und damit «in Gott durch Gott» auch selber Gott wird. Dergestalt «macht Gott Götter», die aber alle in dem einen Gott eben dieser eine Gott sind. Eine solche Vergöttung bedeutet für den vergötteten Menschen, mit Gott «ein ewge Majestät, ein Reich und Herrlichkeit» zu sein [2].

Dieser Strang der G. führt bis zu BARLACH. In den ‹Echten Sedemunds› heißt es von Gott unter der Metapher eines «unhörbar brüllenden Löwen»: Er «frißt dich mit Haut und Haar und macht dich zum Teil seiner Majestät ... Mich hat er im Rachen und beißt, und man weiß nicht, bin ich noch ich oder schon er», und in der ‹Sündflut›: «ER ist ich geworden und ich ER – ER mit meiner Niedrigkeit, ich mit seiner Herrlichkeit – ein einziges Eins» [3].

Anmerkungen. [1] ECKHART: Dtsch. Predigten (1955) 158. 161. 167. 171. 186. 205. 213f. 227. 354. 402. 410. – [2] ANGELUS SILESIUS, Cherubinischer Wandersmann I, 51. 216. 248; II, 54. 140; III, 17; IV, 150; V, 35f. 233f. 270; VI, 135. 171ff. 259. – [3] E. BARLACH: Dramen, hg. K. LAZAROWICZ (1956) 221f. 383.

4. Bei NOVALIS bedeutet die menschliche G. das Entstehen neuer Götter außerhalb Gottes. War der Mensch bislang ein Wesen, das nur «von Gott und durch Gott lebt», so soll er in Zukunft von Gott unabhängig und damit «selbst Gott werden», und zwar derart, daß all das, was bis jetzt nur von Gott ausgesagt werden kann, nämlich Allwissenheit, Allmacht und Unsterblichkeit, jeden einzelnen Menschen auszeichnen wird. Denn «Gott will Götter». Das allumfassende Wissen, die Kenntnis der unendlichen Welt, wird der Mensch erwerben, indem er sich selbst verstehen lernt, weil er und die Welt «integrante Hälften» sind, und der «Entwurf zur Welt», den er sucht, er selber ist. Allmacht ergibt sich, wenn der Mensch, dieser «göttliche Keim» und «allmächtige Punkt», mit seinem zum «allfähigen Organ» ausgebildeten Körper seinen auf «Bildung und Modifikation» der gesamten Welt gerichteten Willen total zu realisieren vermag. Die «Kunst der Unsterblichkeit» schließlich besteht darin, der unendlichen «äußeren Reiz» der Welt, die «allmähliche Vermehrung des inneren Reizes», der Seele, entgegenzustellen und dadurch den Körper als die «Funktion» beider in seiner Kapazität so zu erweitern, daß er sowohl den inneren wie den äußeren Reiz in ihrer beider Unendlichkeit in sich fassen kann [1].

SCHELLING bestimmt Gott als das absolute Wissen, das sich in der Welt offenbart. Doch die Natur kann bloß die eine Seite dieses Wissens, die Einbildung des unendlichen Wesens in die endliche Form, widerspiegeln. Damit auch die andere Seite, die Einbildung der Form in das Wesen, sich offenbare, erscheint das göttliche Wissen als menschliche Vernunft in der Welt, und diese Vernunft gelangt durch die Auflösung der endlichen Natur in den unendlichen Begriff zu einem Wissen, das in seiner Gesamtheit das genaue Abbild des absoluten Wissens darstellt. So steht der ewigen «Menschwerdung Gottes» die – um der «Totalität der Offenbarung» willen notwendige – «G. des Menschen» gegenüber [2].

Anmerkungen. [1] NOVALIS: Schriften, hg. R. SAMUEL 2 (1965) 541. 548. 584. 587; 3 (1968) 297. 314f. – [2] F. W. J. SCHELLING: Werke, hg. M. SCHRÖTER (1927/28) 3, 224f.; vgl. 238ff.

5. An den Sphairos des Empedokles anknüpfend formuliert NIETZSCHE: «Die einzige Möglichkeit, einen Sinn für den Begriff ‹Gott› aufrechtzuerhalten, wäre: Gott nicht als treibende Kraft, sondern als Maximal-Zustand...: ein Punkt in der Entwicklung des Willens zur Macht, aus dem sich ebensosehr die Weiterentwicklung als das Vorher, das Bis-zu-ihm, erklärte», und an anderer Stelle: «‹Gott› als Kulminations-Moment: das Dasein eine ewige Vergottung und Entgottung. Aber darin kein Wert-Höhepunkt, sondern ein Macht-Höhepunkt» [1].

Vergöttlichung bedeutet bei Nietzsche das verklärende Erheben einer Sache zum schlechthin Bejahenswerten, zur «höchsten Wünschbarkeit». Wenn beispielshalber die Kunst als «Vergöttlichung des Daseins» und «als Weg zu Zuständen» gilt, «wo das Leiden gewollt, verklärt, vergöttlicht wird», so sehen diese Bestimmungen das Wesen der Kunst eben darin, daß sie dem Dasein den Glanz des schlechthin Positiven, und zwar dadurch verleiht, daß sie gerade das Negative daran, das Leid, als nicht bloß annehmbar, sondern sogar erstrebenswert erscheinen läßt [2].

Anmerkungen. [1] FR. NIETZSCHE, Wille zur Macht Nr. 639. 712. – [2] a. a. O. Nr. 821. 853. 1004; vgl. Nr. 1051f.   D. ROLOFF

6. Der Begriff der Vergöttlichung ist in der auf patristischen und griechisch-orthodoxen Grundlagen aufbauenden russischen «religiösen» Philosophie von zentraler Bedeutung. Er bezeichnet das Ziel des Lebens und Handelns des Einzelnen wie der Gesellschaft, die – als christlich-menschheitliche gedacht – nur durch die gemeinsame Tat aller vervollkommnet, erlöst, vergöttlicht werden kann. Für I. V. KIRÉJEWSKIJ (1806–1856) ist so «Vergöttlichung die höchste Form der Verwirklichung des Menschseins» [1], die weder durch kirchliche noch staatliche Institution garantiert wird, sondern nur vom einzelnen Menschen zu anderen weiter und weiter ausstrahlend, d. h. sozial, gewonnen werden kann. V. SOLOWJÓW (1853–1900) baut diesen Ansatz in seiner Ethik ‹Rechtfertigung des Guten› (1899) konsequent aus: «Die absolute Bedeutung des Menschen» gründet in der «Möglichkeit einer unbegrenzten Vervollkommnung oder ... Vergöttlichung (obožestvlenie, θείωσις)» [2]. Daß sie wirklich wird, ist an «reale Bedingungen» gebunden, die nur in der tätig anzustrebenden «moralischen Organisation der Gesamtmenschheit» für alle zu erreichen sind [3]. Die hiermit gegebene Problematik des Verhältnisses von «persönlicher Vervollkommnung» und «gesellschaftlichem Fortschritt» hat im Anschluß an Solowjów und in beeindruckender Auseinandersetzung mit dem Sozialismus kurz vor der Oktoberrevolution P. I. NOVGORÓDCEV (1863–1924) in seinem großen Buch ‹Das soziale Ideal› aufgenommen [4].

Anmerkungen. [1] W. GOERDT: Vergöttlichung und Gesellschaft. Stud. zur Philos. von Ivan V. Kirejevskij (1968) 119. – [2] W. SOLOWJOW: Rechtfertigung des Guten [Opravdanie dobra] (dtsch. 1922) 449. – [3] a. a. O. 534. – [4] P. I. NOVGORODCEV: Ob obščestvennom ideale (Moskau ¹1917, dtsch. ³1921) 55. 65. 114. 140.   W. GOERDT

Gradualismus. Nach vorbereitenden Arbeiten von E. TROELTSCH («Stufencharakter des Vermittlungssystems» [1]) und M. DVOŘÁK (Entwicklung «der hierarchischen Rangordnung von niedrigen, begrenzten und gegenständlich differenzierten Dingen zu immer höheren Wesen» [2]) versucht G. MÜLLER, mit dem Begriff ‹G.› diejenigen Interpretationen der mittelhochdeutschen Literatur als falsch zu erweisen, die das mittelalterliche Weltbild durch einen Dualismus gekennzeichnet sehen: «Die Welt ordnet sich in Realitätsschichten ... Und diese Schichtigkeit ist theozentrisch bestimmt» [3]. Bestimmt wird die Realität je nach dem Gradus der Verwirklichung der Gestalt der imitatio Dei. «Das Verhältnis des Gradus ist nicht das eines Höher oder Tiefer» [4]. Die imitatio wird erst in der Gesamtheit der verschiedenen Gradus verwirklicht, «daß also kein einzelner ersetzbar ist, daß also keine größere Vollkommenheit erreicht würde, wenn die niedrigeren in den höchsten übergingen» [5]. Dies erklärt die Verschiedenheit und teilweise Widersprüchlichkeit der ethischen Normen. «Die ständische Ordnung ist ja durchaus gradushaft. Jeder Stand hat seine Aufgaben und seine sittlichen Pflichten» [6].

Während einige Forscher vor einer zu weit gehenden Verwendung der G.-These warnten [7], ist sie von anderen zur Kennzeichnung der gesamten mittelalterlichen «Weltbewertung», des «von Gott gesetzten Ordo», des «Stufenreichs von Seins- und Wertgraden», benutzt worden [8].

Anmerkungen. [1] E. TROELTSCH, Ges. Schriften 1 (1912) 268ff. – [2] M. DVOŘÁK: Idealismus und Naturalismus in der gotischen Skulptur und Malerei. Hist. Z. 119 (1918) 36. – [3] G. MÜLLER: G. Dtsch. Vjschr. Lit.wiss. 2 (1924) 694. – [4] ebda. – [5] 695. – [6] 699. – [7] J. SCHWIETERING: Über den Ursprung des mittelalterl. geistlichen Spiels. Z. dtsch. Altertum 62 (1925) 16; HENNIG BRINKMANN: Zur geistesgesch. Stellung des dtsch. Minnesangs. Dtsch. Vjschr. Lit.wiss. 3 (1925) 619. – [8] H. MEYER: Gesch. der abendländischen Weltanschauung 3 (1948) 6f.
                                        HEINRICH BRINKMANN

Grammatik (griech. γραμματική (τέχνη), lat. grammatica, ital. grammatica; frz. grammaire; engl. grammar)

I. – 1. Das Wort ‹G.› (von griech. γράμμα, Buchstabe), heute ein Begriff der Sprachwissenschaft, bedeutete ursprünglich die Fertigkeit des Lesens, wurde aber schon früh als ein Wissen von der Sprache verstanden. In der Zeit der *Sophisten* beginnt die Erörterung des Verhältnisses von Wort und Ding; bei PLATON und ARISTOTELES begegnet die Analyse des Satzes in Nomen und Verbum im Sinne von Subjekt und Prädikat. Aber erst die *Stoiker* betrachten sprachliche Befunde als wissenschaftlichen Gegenstand. Sie unterscheiden die Elemente der Sprache (Buchstaben, Silben, Wörter), untersuchen die Vieldeutigkeit der Wörter (Anomalie) und deuten die aristotelischen Satzteile in Redeteile um. Als Wissenschaftssystem tritt die G. erst in der *hellenistischen* Zeit auf. Der erste griechische Grammatiker, der die gesamte G. als autonome Wissenschaft behandelt, ist DIONYSIUS THRAX (2. Jh. v. Chr.) in seinem Werk Τέχνη γραμματική. Er definiert die G. als die Wissenschaft, welche alle Probleme, die zur vollständigen Interpretation eines literarischen Werkes benötigt werden, behandelt. G. ist also nach ihm Sprach- und Literaturwissenschaft. Er hat besonders die Lehre von den Sprachelementen und den Redeteilen ausgebildet. G. ist ihm Erfahrungswissenschaft, die den vorliegenden Sprachbefund katalogisiert und systematisiert. Die *römische* G. ist weitgehend von der griechischen abhängig. Die lateinischen Lehnübersetzungen ‹litteratura›, ‹litteratus› setzten sich nicht durch, finden sich aber noch bei AUGUSTINUS, der unter hellenistischem Einfluß die G. als Sprach- und Literaturwissenschaft versteht. In ‹De ordine› unterscheidet er einen dreifachen Sinn der G.: 1. litteratio: grammaticae infantia, 2. progressa ratio: die Lehre von den Elementen und die Lehre von den Redeteilen, 3. grammatica perfecta: litteratura und historia [1]. Diese Auffassung der G., vermutlich von VARRO und QUINTILIAN vermittelt, hält sich im frühen Mittelalter. Noch im 12. Jh. hat der dänische Geschichtsschreiber Saxo den Beinamen ‹Grammaticus›. Doch ist diese breitere Fassung des Begriffes ‹G.› bei den klassischen römischen Grammatikern aufgegeben: DONATUS und PRISCIANUS kennen in ihren Werken nur den mittleren Teil der augustinischen Definition. G. ist für sie 1. Lehre von den Sprachelementen, 2. Lehre von den acht Redeteilen, 3. Lehre von der Syntax. Außerdem finden sich bei ihnen im Gefolge der Stoa noch die Lehre von den Sprachfehlern und Redefiguren. G. ist zur Sprachwissenschaft geworden.

Das *Mittelalter* fußt im wesentlichen auf den Werken des Donatus und Priscianus, die es kommentiert. Bis ins 12. Jh. ist die mittelalterliche G. deskriptiv und normativ. Die wichtigsten Namen sind PETRUS HELIAE mit seinem Prisciankommentar, das Doctrinale des ALEXANDER DE VILLA-DEI und der Graecismus des EBERHARD VON BÉTHUNE (12. Jh.). Mit dem Einbruch der Dialektik und der Rezeption des Aristoteles ändert sich die Lage. Die Grammatiker richten jetzt ihr Augenmerk auf ‹Peri hermeneias› und die ‹Kategorien› des Aristoteles sowie auf andere logische Schriften. Es beginnt die rationale

Durchdringung der G. Diese ist nicht mehr nur eine empirische und normative Hilfswissenschaft, sondern wird als autonome Wissenschaft aufgefaßt. Ihr wird als spekulativer Wissenschaft die Aufgabe zugewiesen, von der Wirklichkeit (res) aus, über die Verstandestätigkeit (intellectus), die Verlautbarkeit im Wort (vox) rational verständlich zu machen. Motto ist der Satz des Aristoteles: «Sunt ergo ea quae sunt in voce, earum quae sunt in anima passionum, notae» (Es sind also die Laute, zu denen die Stimme gebildet wird, Zeichen der in der Seele hervorgerufenen Vorstellungen) [2]. Die Redeteile (partes orationis) werden auf ihren philosophischen Gehalt hin durchleuchtet und «realistisch» begründet. Diese Deutung der Sprache als G. findet ihren Niederschlag in der mittelalterlichen *grammatica speculativa* (s. u.), die sich im 13. Jh. in den sogenannten modi significandi als eigenes literarisches Genus konstituiert und das ganze Mittelalter beherrscht.

Anmerkungen. [1] Augustin, De ordine II, 12. – [2] Arist., De interpret. 16 a 3f.; lat. Boethius, MPL 64, 297.

2. *Grammatica speculativa* (G.s.) ist ein Begriff der mittelalterlichen Sprachwissenschaft, der die moderne Diskussion zwischen Logikern, Linguisten und Vertretern einer transzendental-hermeneutischen Funktion der Sprache [1] auf einer früheren Ebene der Reflexion vorwegnimmt. Der Begriff taucht zuerst bei Robert Kilwardby (um 1250), Boethius de Dacia (um 1270) und thematisch bei Rudolphus Brito (um 1290) auf. Die Grammatik des Mittelalters war bis zum Ende des 12.Jh. teils im Gefolge der antiken Grammatik ‹grammatica positiva›, teils wurde sie unter dem Einfluß der Boethius-Renaissance unter die Logik oder Dialektik subsumiert. Dieses änderte sich wesentlich im 13. Jh. Sie konstituierte sich nun als autonome und theoretische Wissenschaft. Weiterhin wurde sie von der Logik oder Dialektik abgegrenzt. Der äußere Anlaß dieser Veränderung ist ein doppelter: einmal die Rezeption des Aristoteles durch die abendländische Gelehrtenwelt mit einem neuen Wissenschaftsbegriff, dann der Studienbetrieb an den neu errichteten Universitäten, die in der Artistenfakultät das Wissenschaftssystem der artes liberales zugrunde legten, unter denen die ‹grammatica› die «erste Wissenschaft» ist. Die Lehrordnung der Pariser Universität schrieb schon 1231 die Kommentierung des Priscianus vor. Die wissenschaftliche Reflexion der G.s. beschäftigte sich darum wesentlich mit der Lehre von den Redeteilen *(partes orationis)* und der Syntax *(de constructione)*. Die letztere behält ihren alten Platz als «congrua dictionum ordinatio» [2], während man für die Redeteile einen neuen Begriff schuf: die *modi significandi*. Dieser Begriff wurde auch als neues literarisches Genus als Sammelname für die Gesamtbehandlung der G.s. üblich. Doch besteht eine Tendenz, in den modi significandi nur die Lehre von den Redeteilen, in dem Traktat ‹De constructione› nur die Syntax zu behandeln. In den größeren modi significandi, die eine in Quaestionen-Form gehaltene Kommentierung des Priscianus Maior (= Buch 1–16) darstellen, wird fast immer der Untersuchung der Redeteile eine weitläufige fundamentalontologische Untersuchung über das *Verhältnis von Sprache und Wirklichkeit* vorausgeschickt. Hier werden die Fragen untersucht, ob die Grammatik eine Wissenschaft, ob sie theoretisch oder praktisch, wie sie von der Logik abzugrenzen sei, wie sie sich zur kategorialen Metaphysik verhalte, ob es eine universelle Grammatik für alle Sprachen gebe, wie sich der modus significandi zum modus essendi verhalte usw.

Ist der Begriff der G.s. in seiner Fragestellung und Behandlungsart auch eindeutig, läßt sich das keineswegs von der inhaltlichen Antwort sagen. Hier begegnen wir einer Fülle von Lösungsversuchen, die alle philosophischen Möglichkeiten durchspielen. Die G.s. ist inhaltlich reich gefächert und darf nicht auf einen Nenner gebracht werden. Der Schlüsselbegriff der neuen G.s. ist der «modus significandi», durch den die «dictio» zur «pars orationis» wird. Jedes Wort hat nicht nur eine bestimmte Bedeutung, sondern diese ist zugleich auch eine in einer bestimmten Kategorie geformte Bedeutung. «In dem Modus significandi liegt eine bestimmte Bewandtnis, die es um die Bedeutung hat» (Heidegger [3]). Die traditionellen 8 partes orationis werden auf ihren kategorialen Inhalt hin philosophisch ‹durchleuchtet› und systematisch in allen Verästelungen untersucht. Die leitende Idee ist dabei immer die Reduktion auf die Wirklichkeit (res). Diese Reduktion ist bestimmt durch den Ternar: modus essendi, modus intelligendi, modus significandi. Die *erste* Generation der G.s. wird von *dänischen* Sprachphilosophen gestellt: die ‹Schule› der Dacer um 1265–1285, Martinus de Dacia [4], Boethius Dacus [5], Johannes Dacus [6]. Sie legen das Material in rationeller Form dar, bestimmen den systematischen Ort der Probleme und geben ihre Antworten auf Grund des aristotelischen Ansatzpunktes. Der platonische Gedanke einer Reduktion der Sprache auf die transzendentale Idee fehlt ganz. Der bedeutendste dieser Denker ist ohne Zweifel Boethius Dacus, der den Eigenwert des sprachlichen Phänomens zwischen Logik und kategorialer Metaphysik klar erkennt und schon leise die Möglichkeit einer manipulierten Kunstsprache präludiert. Die Problematik dieser ‹Schule› ist die Identifizierung von modus essendi mit einer Formalität in den Dingen. Die *zweite* Generation, hauptsächlich Kommentatoren des Martinus de Dacia (Gentilis de Cingulo, Albertus Swebelinus, Simon de Dacia [7]), aber auch selbständige Autoren wie Thomas von Erfurt und Michael von Marbaix führen die Spezialisierung des Systems fort, setzen aber auch schon kritische Akzente. Der epochale Zusammenprall der Realisten mit dem Sprachdenken der Nominalisten scheint zuerst in den Schulen von *Erfurt* stattgefunden zu haben. Die Hauptfigur des nominalistischen Sprachdenkens ist der Erfurter Magister Johannes Aurifaber (um 1330) [8]. Er leugnet konsequent die Existenz der modi significandi. Die Sprache ist für ihn nur ein «Etikettensystem». Das eigentliche Zeichen ist der Begriff. Zwischen Sache und Begriff besteht ein eindeutiger Kausalnexus. Die Sprache ist nur ein «bedeutungsloses» Mittel. Diese sprachfeindliche Auffassung beherrscht das ganze 14.Jh. Am Ende des Mittelalters schließt Nikolaus von Kues [9] diesen Ring zwischen Realisten und Nominalisten, indem er in seinem Sprachdenken sowohl dem Nominalismus (der Mensch ist der artifex der Sprache) als auch dem neuplatonischen Transzendentalismus sein Recht gibt (Sprachdenken vollzieht sich immer unter dem Leitgedanken der Idee). Im Humanismus und der Renaissance verliert die G.s. ihre Bedeutung. Im Gegensatz zu den artes haben jetzt wieder die auctores das Wort.

Anmerkungen. [1] K. O. Apel: Die Idee der Sprache in der Tradition des Humanismus von Dante bis Vico (1963). – [2] Priscianus, Inst. gram. II, c. 4 n. 15, hg. Hertz I, 53, 28-29. – [3] M. Heidegger: Die Kategorien- und Bedeutungslehre des [Pseudo-] Duns Scotus [nach Grabmann (s. Lit.) 118ff.: des Thomas von Erfurt] (1916) 129. – [4] H. Roos: Die Modi significandi des Martinus de Dacia (Münster/Kopenhagen 1952); Martini de Dacia Opera, hg. H. Roos (Hauniae 1961). –

[5] BOETHII DACI Opera, hg. J. PINBORG/H. ROOS (Hauniae 1969). – [6] JOHANNIS DACI Opera, hg. A. OTTO (Hauniae 1954). – [7] SIMONIS DACI Opera, hg. A. OTTO (Hauniae 1963). – [8] J. PINBORG: Die Entwicklung der Sprachtheorie im MA (Münster/Kopenhagen 1967). – [9] NICOLAUS DE CUSA, Opera omnia 5 (1937) 54f.

Literaturhinweise. CH. THUROT: Notices et extraits de divers manuscrits pour servir à l'histoire des doctrines grammaticales au MA (Paris 1868). – FR. MANTHEY: Die Sprachphilos. des hl. Thomas von Aquin (1937). – BRENDAN O'MAHONY: The mediaeval doctrine of modes of meaning (Louvain 1964). – M. GRABMANN: Die Entwicklung der ma. Sprachlogik, in: Ma. Geistesleben 1 (1926) 104-146. – M.-D. CHENU, Grammaire et théol., in: La théol. au 12e siècle 1 (Paris 1957) 90-107. – PH. BOEHNER: Ockham's theory of signification, in: Collected articles on Ockham (Louvain/Paderborn 1958) 201ff.   H. ROOS

II. – 1. Hatte schon ROGER BACON (1214–94), der selbst eine griechische G. schrieb und sich an einer hebräischen versuchte [1], auf die Eigentümlichkeiten (idiomata, proprietates) der Nationalsprachen und der Mundarten hingewiesen, so wandten die Humanisten ihr Interesse dem Hebräischen und anderen vorderorientalischen, außerdem aber fast allen europäischen Sprachen zu; ja im 16. Jh. erschienen schon G.en weniger gebräuchlicher europäischer und orientalischer, mittel- und südamerikanischer Sprachen [2]. Alle diese G.en wurden nach dem Muster der lateinischen dargestellt. Das Studium des Hebräischen, in dem J. REUCHLIN die drei Wortarten Nomen, Verb und Partikel unterschied [3], erbrachte zwar die Kenntnis eines neuen Sprachbaus, führte jedoch aus christlichen Glaubensgründen nur zu den bis ins 17. Jh. reichenden Versuchen, mit Wortgleichungen die Herkunft der orientalischen und europäischen Sprachen aus dem Hebräischen zu beweisen.

Zwar unterscheidet FR. BACON in ‹De dignitate et augmentis scientiarum› (1623) eine «grammatica literaria», die als Hilfsmittel zum Erlernen einer Sprache dient und die Analogie der Wörter untereinander erforscht, und eine «grammatica philosophica», die das Verhältnis der Wörter zu den Sachen (analogiam inter verba et res) untersucht. Darüber denkt sich Bacon noch eine «nobilissima» G., die durch Vergleichung aller Sprachen miteinander diese gegenseitig bereichert und dadurch eine vollkommene Sprache bildet, die die Gefühle der Seele angemessen ausdrücken kann (ad sensus animi rite exprimendos) [4]. Aber eine allgemeine, für viele Sprachen geltende G., die zugleich die besonderen G.en erhellen sollte, konnte deshalb nur als ein unter unveränderten Bedingungen gemachter Versuch unternommen werden, wiederkehrende sprachliche Sachverhalte auf ein Prinzip zurückzuführen, das einen unübersehbar mannigfaltigen Stoff mit einer reduzierten Metaphysik zu bewältigen gestattete.

Dieser Versuch ist die von A. ARNAULD und C. LANCELOT verfaßte ‹Grammaire générale et raisonnée› (1660). Das von dieser ‹G. von Port-Royal› zur Begründung herangezogene Prinzip (raisons, Grundlagen) ist der menschliche Geist mit gewissen gemeinsamen Abläufen und Tätigkeiten (opérations): Wahrnehmen (concevoir), Urteilen (juger) und Begründen (raisonner), von denen aber nur die ersten beiden berücksichtigt zu werden brauchen, da das Begründen nur eine Weiterführung des Urteils ist. Diese «opérations» haben zu einem entsprechenden sprachlichen Ausdruck geführt: Subjekt und Attribut gehören als Wahrnehmungen einer Sache und ihrer Eigenschaften zur ersten opération unseres Geistes, die Verbindung beider mit einem Verb zu einem Satz zur zweiten. Um also die Grundlagen der G. zu begreifen, muß man die Vorgänge im Verstand kennen [5]. Jedem dieser Vorgänge wie auch jeder Art von Ideen entsprechen grammatische Kategorien, wozu in ontologischem Rückgriff noch die antike Zuordnung des Gegensatzes von Substantiv und Adjektiv zu dem von Substanz und Akzidenz tritt [6]. An die ‹G. von Port-Royal› schließen sich alle jene rationalistischen Versuche einer allgemeinen bzw. philosophischen G. an, die aus der Logik die Elemente der G. und die Prinzipien der Sprache ableiten wollen (vgl. z. B. C. CH. DU MARSAIS [7], N. BEAUZÉE [8]).

Sprache ist für die rationalistischen Grammatiker direkter Reflex des Denkens und die G. also, so CONDILLAC, «la première partie de l'art de penser». Da Denken und Logik gleich und allgemein sind, erforscht die «grammaire générale» die allen Sprachen gemeinsamen Regeln [9]. Auf Condillac berufen sich die G.en der französischen *Ideologen,* die jedoch mit der Analyse der Ideen, der ‹Ideologie›, beginnen und ihr die Wissenschaft der Zeichen, die G., folgen lassen, um so leichter zu einer exakten «science générale de l'expression des idées», d. h. zur «Grammaire générale», zu gelangen [10]. Und wenn auch D. THIEBAULT eine allgemeine G. für alle Sprachen für unmöglich hält, so intendiert doch auch er eine «philosophische G.», die auf Metaphysik und Logik basiert; er nimmt also ebenfalls einen von den besonderen Sprachen unabhängigen Denkinhalt an und baut auf ihm die G. auf [11].

Ähnliche «philosophische Sprachlehren» konstruierten in *Deutschland* J. W. MEINER [12] und J. S. VATER [13].

Der bedeutendste Vertreter der allgemeinen G. in *England* war J. HARRIS, der die allgemein-sprachlichen Elemente in syntaktisch notwendigen Redeteilen (partes orationis) sieht [14]. Auch J. BEATTIE vertritt eine «universal or philosophical grammar» [15]. Gegner von Harris war J. HORNE TOOKE [16], der alle Spekulationen über eine allgemeine G. ablehnte und wie J. BURNET, Lord MONBODDO [17] Wegbereiter der späteren historisch-vergleichenden G. wurde. Obwohl letztere die Theorien einer logisch-philosophischen G. scharf kritisierten [18], hielten diese sich vereinzelt bis weit ins 19. Jh. [19]. Auch der englische Empirismus schlug in der Sprachtheorie einen ganz anderen Weg ein: J. LOCKE verzichtet auf eine philosophische Durchdringung der G. und ersetzt die Vernunft als Erklärungsgrund der Sprachgebilde durch das psychologisch zugängliche Denkvermögen [20].

Die «grammatica rationalis» von G. W. LEIBNIZ hatte keine sprachwissenschaftliche, sondern eine philosophische Aufgabe: Sie sollte in seinem ersten, vormonadologisch-logozentrischen System (ca. 1675–1690) eine neue Logik vorbereiten; diese war jedoch nicht etwa der Sprache unmittelbar zu entnehmen, sondern umgekehrt mußten die logischen Grundformen als konstitutive Elemente einer natürlichen Modell-G. nachgewiesen werden, was eben in der grammatica rationalis zu leisten war, und zwar auf dem Wege einer formalen Analyse. Eine materielle Analyse verlief dazu parallel: Die definierende Auflösung der Wortbedeutungen bis zu schlechthin einfachen Begriffen, zu denen auch die der Logik gehören. Die rationale G. geht demzufolge mit Hilfe von Äquivalenzen auf Eliminationen aus, indem sie die Verben durch Nominalpartizipien mit Kopula, die vielen Partikel durch einige wenige (wie: ‹ist›, ‹und›, ‹nicht›) oder durch Affixe, die Kasus durch den Nominativ mit Präposition ersetzt und bei den Substantiven die Appellative und die Mehrheit der Deklinationen, bei den

Adjektiven die Flexion, bei den Verben Personen, Numerus und Genera fallen läßt. Leibniz hält sich dabei also wie bei allen seinen Sprachbetrachtungen in erster Linie an die nach den überlieferten Wortarten unterschiedenen Wörter. Als letzte Elemente der pragmatisch-logischen Auflösung der syntaktisch gestalteten Wort-Sinn-Einheiten bleiben also Nomen (für das Seiende), Kopula und formale Partikeln bestehen, womit sich die Logik als sprachlich realisierbar erweist, jede besondere G. der natürlichen Sprachen aber ihrer eigentümlichen Struktur beraubt wird, die logisch nur mitbedingt sein könnte. Wären Logik und G. gleichen Baus, so wäre eine rein logische Beschreibung der grammatischen Erscheinungen möglich – es ist aber unmöglich, eine G. etwa als leibnizischen Kalkül darzustellen [21].

In der Epoche seines zweiten, monadologisch-theozentrischen Systems (ab 1690) hat Leibniz zuletzt Zusammenhänge zwischen den Sprachen als mögliche Geschichtsquellen bewertet, dabei aber nicht mehr auf grammatische Erscheinungen, sondern nur auf Wortgleichungen Bezug genommen. Die Etymologie schien ihm jetzt ein besserer Spiegel des menschlichen Verstandes zu sein als die G., zumal sich auf diesem breiteren Wege zu einer Ursprache auch unmittelbar abbildende Kategorien als ontologische Grundbegriffe ergeben konnten.

Nachdem schon J. N. TETENS 1765/66 die Verschiedenheit der Sprachen betont und das Allgemeine in jeder G. für quantitativ sehr gering gehalten hatte [22], schließt J. G. HERDER 1770, daß die Ungleichartigkeit der G.en notwendig auf die Entwickeltheit bzw. Unterentwickeltheit der Sprache zurückgeht und die Individualität und Originalität der Sprachen sich auch in den unterschiedlichen G.en ausdrücken. «Da jede G. nur eine Philosophie über die Sprache und eine Methode ihres Gebrauches ist: so muß, je ursprünglicher die Sprache ist, desto weniger G. in ihr sein und die älteste ist nur das vorangezeigte Wörterbuch der Natur» [23]. An die Stelle einer allgemeinen, philosophischen G. treten jetzt die «Idiotismen jeder Sprache», die «Abdrücke ihres Landes, ihres Volkes, ihrer Geschichte» [24]. Damit ist der Durchbruch zur historisch-vergleichenden Sprachbetrachtung des 19. Jh. entscheidend vorbereitet.

Anmerkungen. [1] E. NOLAN und S. A. HIRSCH: The Greek grammar of Roger Bacon and a frg. of his Hebrew grammar (Cambridge 1902). – [2] Vgl. H. ARENS: Sprachwiss. (²1969) 48f. – [3] J. REUCHLIN: De rudimentis hebraicis (1506) 551. – [4] FR. BACON, Works, hg. SPEDDING/ELLIS/HEATH (London 1857-1874, ND 1961-1963) 1, 653f. – [5] A. ARNAULD und C. LANCELOT: Grammaire générale et raisonnée (Paris 1660, ³1676); ND, hg. BREKLE (1966) 26ff. – [6] a. a. O. 30f. – [7] C. CH. DU MARSAIS: Les véritables principes de la grammaire, ou nouvelle grammaire raisonnée pour apprendre la langue latine (O. O., o. J.) 7; vgl. XIIIf. XVf. 6; Logique et principes de grammaire (Paris 1769). – [8] N. BEAUZÉE: Grammaire générale ou exposition raisonnée des éléments nécessaires du langage pour servir à l'étude de toutes les langues (Paris 1767) XXX-XXXII; vgl. auch S. DE SACY: Principes de grammaire générale (Paris 1799); CH. P. DUCLOS: Remarques sur la grammaire de Port-Royal; N: Grammaire de Port-Royal (Paris ³1769). – [9] E. BONNOT Abbé DE CONDILLAC: Cours d'études pour l'instruction du Prince de Parme II. Oeuvres philos., hg. G. LE ROY (Paris 1947-51) 1, 427. – [10] A.-L.-C. DESTUTT DE TRACY: Elémens d'idéol. 2: Grammaire (Paris ²1817) 1. 9ff.; vgl. U. DOMERGUE: Grammaire général analytique (Paris 1796); Mémoire sur la proposition grammaticale, in: Mém. Inst. nat. Sci. et Arts, Litt. et Beaux Arts 1 (Paris An VI [1797/98]) 84-169; E. LONEUX: Grammaire générale, appliquée à la langue françoise (Liège An VIII [1799]) bes. 3; P. F. LANCELIN: Introd. à l'analyse des sci. (Paris An IX-XI [1801-02]) 1, 183ff. – [11] D. THIEBAULT: Grammaire philos. ou la mét., la logique et la grammaire réunies (Paris An XI [1802]) bes. VIff. 40ff.; vgl. ähnlich J. L. D'ALEMBERT: Essai sur les élements de philos. 13 (Paris 1805, ND 1965) 240. – [12] J. W. MEINER: Versuch einer an der menschl. Sprache abgebildeten Vernunftlehre (1781). – [13] J. S. VATER: Versuch einer allg. Sprachlehre (1801, ND 1970) 259; L. H. JAKOB: Ausführl. Erklärung des Grundrisses der Allg. G. (1814) bes. 40ff. – [14] J. HARRIS: Hermes, or: a philos. inquiry conc. language and universal grammar (London 1751, ND 1967). – [15] J. BEATTIE: The theory of language, in: Dissertations moral and critical (London 1783, ND 1970) 307. 322. – [16] J. HORNE TOOKE: Épea pteróenta, or the diversions of Purley (London 1786-1805); gegen ihn vgl. J. FEARN: Anti-Tooke (London 1824-27). – [17] MONBODDO: Of the origin and progress of languages 1-6 (Edinburgh 1773-1792, ND 1968). – [18] Vgl. A. F. POTT: Zur Gesch. und Kritik der sog. Allg. G. Z. Philos. u. philos. Kritik NF 43 (1863) 102-141. 185-245. – [19] P. BURGGRAFF: Principes de grammaire générale (Liège 1863); S. STERN: Lb. der allg. G. (1840); M. L. LOEWE: Historiae criticae grammatices universalis seu philos. lineamenta (o. J. [ca. 1829]); vgl. M. FOUCAULT: Die Ordnung der Dinge (1971) 118ff. – [20] J. LOCKE, Essay conc. human understanding III. – [21] G. W. LEIBNIZ, Opuscules et frg. inédits, hg. COUTURAT (Paris 1903, ND 1966) 151f. 280-282. 288-290. 351-354. 432. 435. Philos. Schr. hg. GERHARDT 7 (1931) 28-30. 190-193. – [22] J. N. TETENS: Sprachphilos. Versuche, hg. H. PFANNKUCH (1971) 73f. – [23] J. G. HERDER, Sprachphilos. Schriften, hg. E. HEINTEL (1960) 51; vgl. 8f. 52. 85. – [24] a. a. O. 113.

2. Heute wird unter ‹G.› zumeist die sprachwissenschaftliche Betrachtung von Wortbildung (Morphologie) und Satzbildung (Syntax) verstanden. Zugleich bezeichnet der Begriff auch die sprachlichen Phänomene selbst, d. h. die Regularitäten dieser Bereiche. Man spricht also von der G. einer Sprache als von einer wissenschaftlichen Analyse dieser Sprache und als von ihrer Struktur selbst. Als Disziplin steht die G. traditionell, d. h. seit der Entwicklung der neueren Sprachwissenschaft zu Beginn des 19. Jh. neben der Lautlehre (Phonologie) und Bedeutungslehre (Semantik). «1. La grammaire est la description complète de la langue, c'est-à-dire des principes d'organisation de la langue. Elle comporte différentes parties: une phonologie ..., une syntaxe ..., une lexicologie ..., et une sémantique ... 2. La grammaire est la description des morphèmes grammaticaux et lexicaux, l'étude de leurs formes (flexion) et de leurs combinaisons pour former des mots (formation de mots) ou des phrases (syntaxe). En ce cas, la grammaire s'oppose à la phonologie ...; elle se confond avec ce que l'on appelle aussi une morphosyntaxe. 3. La grammaire est la description des seuls morphèmes grammaticaux (articles, conjonctions, prépositions, etc.), en excluant les morphèmes lexicaux (noms, adjectifs, verbes, adverbes de manière) et la description des règles qui régissent le fonctionnement des morphèmes dans la phrase. La grammaire se confond alors avec la seule syntaxe et s'oppose à la phonologie et au lexique; elle comporte l'étude des flexions, mais exclut l'étude de la formation des mots (dérivation)» [1]. Diese Definitionen können sowohl für den Gebrauch von ‹G.› in der Umgangssprache als auch für den des ‹sprachwissenschaftlichen Alltags› gelten. Sie finden sich kontaminiert im Wortgebrauch von ‹G.› in den Schul-G.en.

So ist die linguistische Verwendung des Terminus ‹G.› eng begrenzt. Deshalb läßt sich die stürmische Ausfaltung der Sprachwissenschaft seit dem 19. Jh. (historisch-vergleichende Sprachwissenschaft: W. V. HUMBOLDT, FR. BOPP, J. GRIMM, R. K. RASK; junggrammatische Schule: H. PAUL, H. OSTHOFF, K. BRUGMANN, K. VERNER; strukturelle Sprachwissenschaft: F. DE SAUSSURE, L. BLOOMFIELD, G. BALLY, L. HJELMSLEV, R. JAKOBSON, N. S. TRUBETZKOY; die strukturell-funktionelle Prager Schule) auch nicht als eine Begriffsgeschichte von ‹G.› darstellen, sondern ist eine fortgehende Reflexion des Sprachbegriffs und Neuformulierung der Sprachtheorie, von deren Fassung der G.-Begriff systematisch abhängt.

Folgerichtig wird der Terminus ‹Sprachtheorie› (s. d.) wichtiger als der G.-Begriff, dessen formelle Bedeutung sich bei all dem kaum ändert. Signifikant dafür ist L. HJELMSLEV, der sich hervorragend um die Entwicklung einer neuen Sprachtheorie (Glossematik) bemüht hat und als Teil seines Vorhabens die Schaffung einer «wissenschaftlichen», d. h. eigentlich linguistischen, nichtpsychologischen G. nennt, was sinngemäß zufällig ist, da ‹wissenschaftliche G.› hier fast gleichbedeutend ist mit Linguistik als empirisch-methodischer Applikation einer Sprachtheorie [2]. (So wird von Hjelmslev zwar der Name ‹allgemeine G.› wieder aufgenommen, das tatsächliche Vorhandensein einer logischen, in allen Sprachen gültigen G. jedoch verneint.) Ähnliches kommt bei F. DE SAUSSURE zum Ausdruck: «Die G. untersucht die Sprache in ihrer Eigenschaft als System von Ausdrucksmitteln; mit dem Wort grammatikalisch sagt man zugleich synchronisch und bedeutungsvoll, und da kein System zu gleicher Zeit in verschiedenen Epochen gilt, so gibt es meiner Ansicht nach keine historische G.; was man so nennt, ist in Wirklichkeit nur diachronische Sprachwissenschaft. ... Was man im allgemeinen G. nennt, ist in Wirklichkeit die Verbindung von Formenlehre und Syntax, während die Lexikologie oder Wissenschaft von den Worten davon ausgeschlossen ist» [3].

Die von FR. SCHLEGEL [4] zu Beginn des 19. Jh. ins Leben gerufene und von FR. BOPP [5] grundlegend praktizierte *Indogermanistik* entwickelte für ein Jahrhundert neue Muster der sprachwissenschaftlichen Methode, nach welcher nicht nur ähnliche Wörter verglichen, sondern der Bestand an Lauten und Formen bei verschiedenen Sprachen geschichtlich in ihren gesetzlichen Verwandlungen verfolgt wurde. Die Ermittlung der «inneren Struktur» (FR. SCHLEGEL) war jetzt die nächste Aufgabe, mochte sie auf historischem Wege zum Nachweis einer echten Verwandtschaft wie den indogermanischen Sprachen oder bloß beschreibend zur Erkenntnis des Baus beliebiger Sprachen und zu einer inneren Systematik derselben führen. «Unter G. verstehen wir die wissenschaftliche Ansicht von jeder Sprache, es sei nun eine fremde oder die eigene Muttersprache. ... In dieser letzten Beziehung nennt man G. überhaupt auch allgemeine oder philosophische G., um sie zu unterscheiden von der G. jeder einzelnen Sprache ... G. ist Wissenschaft der Sprache bloß in der Absicht, die Sprache zu kennen und zu verstehen, es sei nun eine besondere Sprache oder die Sprache überhaupt. G. ist also die theoretische Erkenntnis der Sprache» [6]. W. VON HUMBOLDTS zahlreiche Einzelforschungen haben der neuzugestaltenden Sprachwissenschaft Erkenntnisse gebracht, die auch durch den modernen Strukturalismus noch nicht überholt sind. In dem halb herderisch, halb kantisch zu verstehenden Begriff einer Synthesis von Laut- und Gedankenform findet er den letzten uns zugänglichen Grund für das Wesen der Sprache und auch der G. Denn auch die «grammatische Formung entspringt aus den Gesetzen des Denkens durch Sprache und beruht auf der Congruenz der Lautformen mit denselben» [7], die durch eine geistige Zusammenfügung oder Zusammenfassung getätigt und am deutlichsten in der Satzbildung und in der Flexion erkannt werde. Der Akt dieses synthetischen Setzens sei die grammatische Funktion des Verbs: Indem das Verb einem Subjekt das Prädikat beilege, werde das «verknüpfbar Gedachte zum Zustande oder Vorgange der Wirklichkeit» [8]. Die Bindung an die innere, intellektuelle Form der Sprache überhaupt stempelt so die G. einer bestimmten Sprache mit ihren Regeln für die Redefügung, die Wortbildung, die Bildung der Grundwörter usw. zu einem organischen Ganzen, das auf der einen Seite mit den nicht-sprachlichen Geistbetätigungen eines Volkes in Wechselwirkung treten kann, auf der anderen aber auch in das allgemeine Formensystem mehrerer Sprachen einzuführen ist. Auf einmalige Weise hat Humboldt hier das Materiale mit dem Formalen, das Historische mit dem Strukturellen, das Nationale mit dem Allgemeinmenschlichen, die Problematik der speziellen G. mit der allgemeinen G. vereinigt. Für die allgemeine G. kämen etwa die Ergebnisse seiner Untersuchung über den Dualis (1827) in Frage. «Endlich dürfte es nicht leicht ein besseres Mittel als die Betrachtung derselben grammatischen Form in einer großen Anzahl von Sprachen geben, um zu einer vollständigen Beantwortung der Frage zu gelangen, welcher Grad von Ähnlichkeit des grammatischen Baues zu Schlüssen auf die Verwandtschaft der Sprachen berechtigt?» [9]. – Das umfassende Wortverständnis von ‹G.› als allgemeiner G. klingt auch noch bei FR. BOPP nach: «Eine G. in höherem, wissenschaftlichem Sinne soll eine Geschichte und Naturbeschreibung der Sprache sein; sie soll ... naturhistorisch die Gesetze verfolgen, nach welchen ihre Entwicklung ... vor sich gegangen» [10].

Nachdem sich die germanistische, die romanistische, die slavistische und die keltistische Philologie als selbständige Disziplinen aus der Indogermanistik entwickelt hatten, bildeten sie zusammen mit der klassischen Philologie eine gemeinsame Front gegen die vergleichende Sprachwissenschaft. Der methodologische Gegensatz wurde von A. SCHLEICHER bezüglich der Objekte als der zwischen historischen, aus dem freien menschlichen Willen entspringenden und den natürlichen, an Gesetze gebundenen Gegenstände bestimmt. Seltsamerweise glaubte Schleicher die durch Beziehungen verbundenen Wurzeln der Sprachen a priori entwickeln zu können, weil sich der Wort- und Satzbau in den Sprachen aller Typen durch morphologische Formeln darstellen ließen – die doch nur abgekürzte Beschreibungen von empirischen Klasseneigenschaften waren [11]. Auch H. STEINTHAL, der von der Geistphilosophie W. von Humboldts zur Apperzeptionspsychologie Herbarts und schließlich zu einer Völkerpsychologie überging, hielt die Sprachphilosophie, d. h. die allgemeine, formale Sprachlehre, für eine rationale Grundlage der Einzel-G., obwohl er für die letzte innere Sprachform eine wechselseitige Apperzeption von Subjekt und Prädikat, also einen psychologischen Sachverhalt, annahm [12].

Die Frage nach dem Verhältnis der Linguistik zu den Naturwissenschaften spitzte sich in der Folge zu der nach der ausnahmslosen Geltung der Lautgesetze zu. Sie wurde im positivistischen Sinne positiv von den Junggrammatikern beantwortet, als deren bedeutendster Wortführer H. PAUL anzusehen ist. Er wollte die sprachgeschichtlichen Veränderungen grundsätzlich auf Gesetze der Psychologie zurückführen, berief sich aber tatsächlich auf Assoziationen, die er nicht der Psychologie, sondern den philologisch-grammatischen Gegebenheiten entnahm, und suchte den eigentlichen Ursprung für die Äußerungen der Sprechtätigkeit im Unbewußten. Wie aus individualpsychologisch verursachten Vorgängen der Usus gesellschaftlich gebundenen Sprechens entstehen könnte, blieb dabei dunkel. Trotzdem ist Pauls Werk [13] auch heute noch nicht überholt, und zwar als eine auf Begriffe wie ‹Differenzierung›, ‹Bedeutungswandel›, ‹Analogie›, ‹Kontamination›, ‹Urschöpfung›, ‹Gruppenbildung›, ‹Isolierung›, ‹Funktionsveränderung› gegründete übernationale G. der indogermanischen Sprachen.

E. HUSSERL will 1900/01 «die alte Idee einer allgemeinen, und spezieller, die einer apriorischen G.» durch den Nachweis «apriorischer, die möglichen Bedeutungsformen bestimmender Gesetze» neu begründen: «Innerhalb der reinen Logik gibt es eine Sphäre von aller Gegenständlichkeit absehender Gesetze, die, im Unterschiede von den logischen Gesetzen im üblichen und prägnanten Sinn, mit guten Gründen als reinlogisch grammatische zu bezeichnen wären» [14]. So wie sich die reine Logik von ihrer empirisch-praktischen Form unterscheidet, so sondert sich von den empirischen, besonderen G.en eine «das Reich der Bedeutungen umspannende apriorische Verfassung» ab, «das apriorische System der formalen, d. i. alle sachhaltige Besonderheit der Bedeutungen offenlassenden Strukturen» [15]. Zu der «reinen Formenlehre der Bedeutungen», das die G. als ein «ideales» in jeder Sprache a priori vorhandenes Fundament und «Gerüst» erforscht, gehören etwa die Grundtypen des Satzes (kategorialer Satz, konjunktive, disjunktive, hypothetische Satzeinheiten usw.), die Syntaxen der Pluralität, Negation, Modalitäten usw. [16].

A. MARTY lehnt zwar eine reine, logische G. im Sinne Husserls ab, glaubt aber ebenfalls an die Realisierung einer allgemeinen G., da die «Gedankenwelt», die die Sprache darstellt, wenigstens «in ihrer elementaren Struktur» übereinstimme und folglich einige übereinstimmende grammatische Kategorien in allen Sprachen gefunden werden können, während andere sehr unterschiedlich sind [17].

Der neuen, strukturalistischen Sprachwissenschaft des 20. Jh. hat F. DE SAUSSURE [18] den Weg gewiesen, indem er der historischen (diachronen) eine strukturelle (synchrone) Betrachtungsweise entgegenstellte, die Sprache (langue) als statisches, synchrones System von dem diachronen Sprechen (parole) des Individuen unterschied und die Sprache, die es dem Menschen möglich macht, andere Menschen zu verstehen und sich ihnen mitzuteilen, zur Norm auch für das Sprechen und zum eigentlichen Forschungsgegenstand der Linguistik erklärte. Die G. als Beschreibung des statischen Zustands einer Sprache (langue) erfuhr dadurch eine überraschende Aufwertung, die allgemeine G. eine neue Rechtfertigung. In einer solchen im Gegenständlichen sich bewegenden Sprachwissenschaft dürften jedoch logische und psychologische Bezüge sicherlich nur eine untergeordnete Rolle spielen. Nach der Idee de Saussures sollte die Linguistik zuletzt einer auf die Struktur der Zeichen gerichteten Wissenschaft von den Kulturgebilden überhaupt eingefügt werden, die er «Sémiologie» nannte; von ganz anderer Seite, der ontologischen nämlich, kommend, hat F. SCHMIDT eine solche semiotisch fundierte Kulturlehre für Technik, Wirtschaft, Sprache, Dichtkunst, Musik, Bildkünste, Staat, Recht und Religion entworfen [19].

Indem sich die neue Logik mit G. Frege als ein offenes System von Kalkülen konsolidierte, schied sie sich von der allgemeinen Sprachwissenschaft, da die Sprache, wie sie von der Linguistik verstanden wurde, jedenfalls nicht als ein rationales Ganzes darzustellen war. Zumal aus einem Sprachbegriff, der wie bei R. CARNAP auf die Begründung der exakten Wissenschaften abzielt [20], sind jedenfalls keine grammatikalischen Aussagen abzuleiten. Obwohl Logik und Sprache gewisse Strukturen gemeinsam haben – die des Zeichens, der Prädikation, der Klassen und bestimmter Satzverknüpfungen –, wahren beide bei ihrem Aufbau eine verschieden geartete Autonomie, was bei der Sprache gerade an der G. zutagetritt.

Aus der Sicht des Strukturalismus hat P. HARTMANN unter weitestgehender Formalisierung und Abstraktion eine allgemeine G. aufzustellen versucht. «G. bezeichnet eine Strukturierung aufgrund sprachlicher Gegebenheiten im Fall einer oder mehrerer Sprachen (Einzel-G. – allgemeine G.); das Grammatische meint die Tatsache der Gruppierung in sprachlich realisierten Zeichenmehrheiten, die ebenfalls gleichzeitig vorhanden sein müssen und überdies in Gleichzeitigkeit gelten bzw. verstanden werden» [21]. G. ist die «je spracheigene Ausprägung von Grammatizität» [22]. Eine allgemeine G. aber und mit ihr das Modell einer apriorischen G. sucht das in der Sprache auf, «was Verstehbarkeit garantiert», und findet als allgemeinstes Beobachtungssubstrat Elemente, Formen, Kategorialität und symbolisierte Struktur [23]. In jüngster Zeit arbeitet H. SCHNELLE mit metasprachlichen Kategorien und logisch-operationalen Regeln und unterscheidet dabei «klassifikatorische», «geschichtetklassifikatorische», «operatorional-kategoriale» (transformationelle) G. und «G. mit Formsymbolen und Ersetzungsregeln» [24].

Anmerkungen. [1] J. DUBOIS, M. GIACOMO u. a.: Dict. de linguistique (Paris 1973) s.v. – [2] L. HJELMSLEV: Principes de grammaire générale (Kopenhagen 1928) 3f. 14ff. – [3] F. DE SAUSSURE: Grundfragen der Allg. Sprachwiss. (²1967) 160. – [4] FR. SCHLEGEL: Über die Sprache und Weisheit der Indier (1808). – [5] FR. BOPP: Über das Konjugationssystem der Sanskritsprache in Vergleichung mit jenem der griech., lat., pers. und idg. Sprache (1816). – [6] FR. SCHLEGEL, Krit. A., hg. E. BEHLER (1958ff.) 13, 186. – [7] W. v. HUMBOLDT: Über die Verschiedenheit des menschl. Sprachbaus (1830-35). Akad.-A. 7, 158; vgl. 7, 52ff.; 4, 294. 301. 307ff. – [8] a. a. O. 7, 214. – [9] a. a. O. 6, 7. – [10] FR. BOPP: Rez. von J. Grimm, Dtsch. G., in: Berliner Jb. wiss. Kritik (1827) 251; vgl. Vergl. G. 1-6 (1833-52). – [11] A. SCHLEICHER: Linguist. Untersuch. (1850); Zur Morphol. der Sprache (1858); Compendium der vergl. G. der idg. Sprachen (1861) 62. – [12] H. STEINTHAL: G., Logik und Psychol., ihre Prinzipien und ihr Verhältnis zueinander (1855); Abriß der Sprachwiss. 1 (1871) bes. 29ff. – [13] H. PAUL: Prinzipien der Sprachgesch. (1880). – [14] E. HUSSERL: Log. Untersuch. (²1913) II/1, 295. – [15] a.a.O. II/1, 321. – [16] II/1, 338f. – [17] A. MARTY: Untersuch. zur Grundlegung der allg. G. und Sprachphilos. (1908) 61ff. 89f. – [18] DE SAUSSURE, a. a. O. [3]. – [19] F. SCHMIDT: Das Sein der geistigen Welt (1954). – [20] R. CARNAP: Log. Syntax der Sprache (1934). – [21] P. HARTMANN: Zur Theorie der Sprachwiss. (1961) 237. – [22] Theorie der G. (1963) 507. – [23] a.a.O. 240ff. – [24] H. SCHNELLE: Sprachphilos. und Linguistik (1973) 137-167; vgl. Zur Entwickl. der theoret. Linguistik. Stud. gen. 23 (1970) 1-29, bes. 9.

Literaturhinweise. CH. P. G. DUVIVIER: Grammaire des grammaires, ou analyse raisonnée des meilleurs traités sur la langue françoise (Paris ⁵1822). – J. S. VATER: Lit. der G.en, der Lexika und Wörtersgl. aller Sprachen der Erde (²1847). – J. TELL: Les grammariens français depuis l'origine de la grammaire en France jusqu'aux dernières œuvres connues (Paris ²1874, ND Genf 1967). – TRÜBNER's Catalogue of dictionaries and grammars of the principal languages and dialects of the world (London ²1882). – O. JESPERSEN: The philos. of grammar (New York 1924). – G. SAHLIN: C. Ch. Du Marsais et son rôle dans l'évolution de la grammaire générale (Paris 1928). – F. SCHMIDT: Leibnizens rationale G. Z. philos. Forsch. 9 (1955) 657-663. – P. GUIRAUD: La grammaire (Paris 1964). – R. DONZÉ: La grammaire générale et raisonnée de Port-Royal (Bern 1967). – H. ARENS s. Anm. [2 zu II, 1]. – A. D. SCAGLIONE: Ars Grammatica. A bibliogr. survey (Den Haag/Paris 1970). – G. HELBIG: Gesch. der neueren Sprachwiss. Unter dem besonderen Aspekt der G.-Theorien (²1973).

FRANZ SCHMIDT

III. – 1. Angesichts seiner leitenden Absicht, die «Möglichkeiten der [alltagssprachlichen, philosophischen usw.] Erscheinungen» mittels der Besinnung «auf die Art der Aussagen, die wir über die Erscheinungen machen» zu untersuchen, nennt der späte L. WITTGENSTEIN seine Analyse eine «grammatische». «Und diese Betrachtung bringt Licht in unser Problem, indem sie Mißverständnisse wegräumt. Mißverständnisse, die den Gebrauch von Worten betreffen; hervorgerufen, unter anderem, durch gewisse Analogien zwischen den Ausdrucksformen in verschiedenen Gebieten unserer Sprache ...» [1]. In Wittgensteins Spätphilosophie ist der G.-Begriff den Ausdrücken ‹Sprache› (und Satz, Wort, Ausdruck, Sprachzeichen), ‹Sprachspiel›, ‹Gebrauch›, ‹Bedeutung› beschreibungsfunktional zugeordnet. Er wird sowohl auf faktische Valenzen der Sprache als auch auf deren Beschreibung bezogen. «Eine Beschreibung der Sprache [bzw. von deren G.] muß dasselbe leisten wie die Sprache» [2]. ‹G.› beschreibt – in Analogie zu der Weise, in der Spielregeln ein Spiel beschreiben – Bedeutung und Gebrauch (man könnte auch sagen: Vorkommensweisen und -möglichkeiten) von Sprachzeichen und Sprachzeichenkomplexen. Ausgehend von der Interpretation, die Wittgenstein den Begriffen ‹Gebrauch› und ‹Bedeutung› gibt, und ihrer wechselseitigen Erklärung und Definition («Die Erklärung der Bedeutung erklärt den Gebrauch des Wortes. – Der Gebrauch des Wortes in der Sprache ist seine Bedeutung» [3]) kann man – in semiotischer Redeweise – davon sprechen, daß in Wittgensteins G.-Verständnis eine strenge Korrelierung des semantischen und des pragmatischen Aspekts der Sprache zum Ausdruck kommt. ‹G.› ist bei Wittgenstein nahezu gleichbedeutend mit ‹Semantik/Pragmatik› in der Semiotik. Wittgenstein hält sich nicht an die zumindest zu seiner Zeit übliche Verwendungsweise des G.-Begriffs innerhalb der Sprachwissenschaft, die unter ‹G.› meistens die syntaktischen und morphologischen Regeln einer natürlichen Sprache und deren Beschreibung verstand (und noch versteht). Der Abstand wird deutlich in Anbetracht einer interessanten, auf die Terminologie der generativen Grammatik vorweisenden Unterscheidung, die er in den ‹Philosophischen Untersuchungen› trifft: «Man könnte im Gebrauch eines Worts eine ‹Oberflächen-G.› von einer ‹Tiefen-G.› unterscheiden. Das, was sich uns am Gebrauch eines Worts unmittelbar einprägt, ist seine Verwendungsweise im *Satzbau*, der Teil seines Gebrauchs – könnte man sagen – den man mit dem Ohr erfassen kann. Und nun vergleiche die Tiefen-G., des Wortes ‹meinen› etwa, mit dem, was seine Oberflächen-G. würde vermuten lassen ...» [4]. Die Regeln der Tiefen-G. (eines Wortes, eines Satzes), auf die es Wittgenstein wesentlich ankommt, sind keine «mathematisch präzisierbaren Regeln» [5]. Sie wollen die vielfältigen Determinierungen von sprachlichen Äußerungen innerhalb komplexer Sprachspiele erfassen, die ihren tatsächlichen, alltäglichen Gebrauch und damit allererst ihr ‹Wesen› bestimmen; eine bündige Aufzählung und Systematisierung der in Frage kommen den semantisch-pragmatischen, sprachhandlungsbezogenen Beschreibungsmerkmale dürfte allerdings sehr schwierig sein. – In impliziter Abgrenzung von Empirismus, Realismus und vom ‹Tractatus› und dessen Abbildlehre (des weiteren auch von Pragmatismus und Behaviourismus) besteht Wittgenstein auf der Willkürlichkeit und dem Vereinbarungscharakter der grammatischen Regeln: Weil der Zweck der G. nur der der Sprache sein soll [6] (und diese nicht als Einrichtung zur Erfüllung eines bestimmten Zwecks [7] oder als Auslösungsmechanismus von Reaktionswirkungen definiert ist), ist die «G. ... keiner Wirklichkeit Rechenschaft schuldig. Die grammatischen Regeln bestimmen erst die Bedeutung (konstituieren sie) und sind darum keiner Bedeutung verantwortlich und insofern willkürlich» [8].

E. K. SPECHT hat darauf hingewiesen, daß nach Wittgenstein ein «grammatischer Satz» dadurch charakterisiert sei, daß er eine Aussage über einen Gegenstand macht, deren Wahrheitswert ausschließlich von den Verwendungsregeln des den Gegenstand bezeichnenden Sprachzeichens und nicht von einer Erfahrungstatsache abhängt [9]. Die Nähe zu der in der Wissenschaftstheorie üblichen Bestimmung des Wahrheitswerts rein logischer konstruktsprachlicher Sätze ist evident: Die grammatischen Sätze Wittgensteins kommen aber in beliebigen Sprachspielen vor, ohne ihren Charakter einzubüßen, denn auch das, was eine Erfahrungstatsache sein kann – die als Verifikationskriterium dienen könnte –, ist in der G. ausgesprochen. «Welche Art von Gegenstand etwas ist, sagt die G.» [10]. Die Umgangssprache und ihre G. – im bezeichneten Sinne – ist entscheidende Instanz der Wirklichkeitskonstitution.

Anmerkungen. [1] L. WITTGENSTEIN, Philos. Untersuch. (= PU). Schriften 1 (1960) 90. – [2] Philos. G. (= PG) I, 8. Schriften 4 (1969) 109. – [3] a. a. O. I, II, 23. – [4] PU 664. – [5] W. STEGMÜLLER: Hauptströmungen der Gegenwartsphilos. (⁴1969) 593. – [6] WITTGENSTEIN, PU 497. – [7] PG I, 10 = 137. – [8] a. a. O. 133. – [9] Vgl. E. K. SPECHT: Die sprachphilos. und ontol. Grundl. im Spätwerk Ludwig Wittgensteins. Kantstudien Erg. H. 84 (1963) 127. 131f. – [10] WITTGENSTEIN, PU 373.

2. Die *inhaltbezogene* G. wurde zuerst 1950 von L. WEISGERBER [1] in die Sprachwissenschaft eingeführt, um die Mängel der tradierten G. zu beheben und deren notwendige Grenzen bei der Erforschung des Verhältnisses Wort/Sache zu überwinden. Jede G. steht zur «vollen Sprachwissenschaft in einer Spannung». Die G. betrachtet die Sprache statisch, als fertiges Werk (Ergon), während die Sprachwissenschaft ihren Gegenstand adäquater erfaßt, indem sie ihn «energetisch» als «Trägerin von Leistungen und Wirkungen» ansieht [2]. G. kann demnach nur Vorstufe zur eigentlichen Sprachwissenschaft sein. Sie behandelt sprachliche Phänomene nach den beiden ersten der vier Gesichtspunkte, nach denen diese sich überhaupt aufgliedern lassen: Gestalt, Inhalt, Leistung und Wirkung. Sie ist also entweder «gestaltbezogen» oder «inhaltbezogen» [3]. Erstere ist identisch mit einer «gestaltbezogenen Betrachtung des Wortschatzes und der Redemittel» und bedeutet eine Untersuchung der «Rolle des Lautlich-Sinnlichen im Aufbau einer Sprache»: «Aufgabe der gestaltbezogenen G. ist primär das Bewußtmachen der Lautzeichen, die in einer Muttersprache sprachliche Geltung besitzen» [4]. Zu ihr gehören Lautlehre, Erforschung von Rhythmus, Melodik, Akzenten usw. der Sprache, Phonetik und Phonologie als Hilfs- sowie Wort-, Wortbildungs- und Satzlehre als Hauptdisziplinen [5].

Die inhaltbezogene G. dagegen beschäftigt sich mit dem «Sprachinhalt», d. h. der «geistigen Seite der Sprache ..., insofern sie durch grammatische Arbeit ins Bewußtsein gehoben wird». Ihr liegt zugrunde die Erkenntnis, «daß zwischen Gestalt und Inhalt keine einfache Parallelität herrscht» [6]. Als Hauptdisziplinen der inhaltbezogenen G. werden genannt: die *inhaltbezogene* Wort- und Wortbildungslehre (Erschließung des Wortschatzes nach Feldern, Aufdecken der in einer Sprache vorhandenen Wortstände und ihrer Ableitungen), die *inhaltbezogene* Satzlehre und die *inhaltbezogene* Wortartenlehre (Lehre vom geistigen Aufschlußwert der Wortarten, Satzbaupläne, Satzteile usw.) [7]. Die inhaltbezogene G. kann damit zugleich Vorstufe zur leistungs- und wirkungsbezogenen Betrachtung der Sprache sein [8]. Im Ergebnis kann sie «den statischen Aspekt des

Weltbildes der Sprache, das, was W. von Humboldt mit der Weltansicht der Sprache gemeint hat, erbringen» [9].

Anmerkungen. [1] L. WEISGERBER: G. im Kreuzfeuer. Wirkendes Wort 1 (1950) 129ff. – [2] Die vier Stufen in der Erforsch. der Sprache (1963) 16. – [3] a. a. O. 17. 33ff. – [4] 40. 38. – [5] 41ff. – [6] 63. 66; vgl. Grundzüge der inhaltbezogenen G. (1962) = Von den Kräften der dtsch. Sprache I. – [7] a. a. O. [2] 67ff. – [8] 72. – [9] 91.

3. Die «*generative G.*» (auch: *generative Transformations-G.*) («to generate», «generieren» entspricht etwa Humboldts Begriff «erzeugen» [1]) wurde etwa 1960–65 vor allem von N. CHOMSKY und seinen Mitarbeitern entwickelt. Sie basiert auf einer linguistischen Theorie, die (in der hier zugrunde gelegten Version von Chomskys «Aspects of the Theory of Syntax») sich über die Kreativität oder Kompetenz (s. d.) sprechender Menschen Rechenschaft ablegen will. Diese Kreativität erlaubt es Sprechern bzw. Hörern einer natürlichen Sprache, mit Hilfe einer begrenzten Anzahl systematisch geordneter linguistischer Regeln eine unbegrenzte Zahl von Sätzen zu erzeugen bzw. zu verstehen. Die generative G. enthält als wesentliche Hypothese die Annahme einer universellen Existenz mentaler Dispositionen, die es Kindern im Rahmen einer Sprachgemeinschaft ermöglichen, in kurzer Zeit die Sprache dieser Gemeinschaft zu erlernen und zu beherrschen.

Die generative G. bemüht sich um eine Deskription und Erklärung des Regelsystems, das dem Sprecher zwar nicht notwendig bewußt ist [2], das aber der Erzeugung grammatischer Sätze einer natürlichen Sprache durch einen kompetenten Sprecher bzw. dem Verstehen von Sätzen durch den kompetenten Hörer zugrunde liegt. «Eine völlig adäquate G. muß jedem Satz aus einer infiniten Menge von Sätzen eine Struktur-Beschreibung zuordnen, aus der hervorgeht, wie jeder Satz vom idealen Sprecher-Hörer verstanden wird» [3]. Eine wissenschaftliche G., deren Ziel die Wiedergabe der verfügbaren G. von Sprechern/Hörern ist, bedeutet nicht, wie in der strukturellen Linguistik, einem relativ festgefügten Korpus faktischer sprachlicher Komplexe eine Strukturbeschreibung zuzuordnen, sondern die Rekonstruktion der oft unbewußten Regelkenntnis der Sprecher/Hörer: «Somit stellt eine generative G. den Versuch dar, das zu spezifizieren, was der Sprecher wirklich kennt, und nicht das, was er über seine Kenntnis zu berichten weiß» [4].

Die grammatischen Regeln lassen sich zunächst in syntaktische, semantische und phonologische Regeln aufteilen. Hinzu kommt die Verfügung über ein Lexikon. Dementsprechend hat die generative G. eine syntaktische, semantische und phonologische Komponente. Die beiden letzteren hängen von der durch die syntaktische Komponente erzeugten Struktur ab. Sie sind «rein interpretativ» [5]. In dem für zentral angesehenen syntaktischen Teil wird weiterhin unterschieden einerseits der Formationsteil, der aus Kategoriensymbolen und dem Lexikon besteht, und die entsprechenden Formationsregeln, deren Anwendung zur Erzeugung der Tiefenstruktur eines Satzes führen, und andererseits der Transformationsteil und die Transformationsregeln; diese determinieren die Überführung der Tiefenstruktur, d. h. der elementaren syntaktischen Relationen der Satzbestandteile, in einen Oberflächenstruktursatz, d. h. eine mittels phonologischer Interpretation aktualisierbare potentielle Redeeinheit. Die Tiefenstruktur eines Satzes ist ein syntaktisch-semantischer Komplex auf einer abstrakten Stufe der Erzeugung. Ihr können ebenso verschiedene oberflächenstrukturelle Repräsentationen bzw. Realisierungen entsprechen, wie umgekehrt die Mehrdeutigkeit eines Satzes durch die Zuordnung mehrerer Tiefenstrukturen exakt analysiert werden kann. – Stark umstritten innerhalb der Theorie der generativen G. ist, ob und inwieweit die semantische Komponente als bloß interpretativ gegenüber der syntaktischen angesehen werden kann.

Anmerkungen. [1] N. CHOMSKY: Aspekte der Syntaxtheorie (1969) 21. – [2] a. a. O. 19. – [3] 15. – [4] 20. – [5] 29.

Literaturhinweise. N. CHOMSKY: Syntactic structures (Den Haag 1957); Current issues in linguistic theory (Den Haag 1964); Aspekte der Syntaxtheorie (1969). – W. O. DINGWALL: Generative transformational grammar. A bibliogr. (Washington 1965). – E. BACH: An introd. to transformational grammars (New York/Chicago/San Francisco 1966). – M. BIERWISCH: Strukturalismus. Gesch., Probleme und Methoden, in: Kursbuch 5 (1966) 77-157. – A. KOUTSOUDAS: Writing transformational grammars: an introd. (New York u. a. 1966). – N. RUWET: Introd. à la grammaire générative (Paris 1967). – H. KRENN und K. MÜLLNER: Bibliogr. zur Transformations-G. (1968); Bibliogr. zur generativen Semantik. Ling. Ber. 5 (1969) 85-105. – J. BECHERT, D. CLÉMENT, W. THÜMMEL und K. H. WAGNER: Einf. in die generative Transformations-G. (1970, ²1971). – J. LYONS: Einf. in die moderne Linguistik (1971, ²1972) (umfassend). – W. ABRAHAM und R. I. BINNICK (Hg.): Generative Semantik (1972) (weiterführend). – F. KIEFER (Hg.): Semantik und generative G. (1972) (weiterführend). – Funk-Kolleg Sprache: Eine Einf. in die moderne Linguistik 1 (1973) bes. 209-336.

G. BEHSE

Grammatik, logische. Der Ausdruck «l.G.» kann zweierlei bedeuten: 1. eine Grammatik einer beliebigen Sprache, insofern diese Grammatik nach «logischen» Prinzipien aufgebaut wird, oder 2. die Grammatik einer logisch «vollkommenen» Sprache. WITTGENSTEIN, der im «Tractatus logico-philosophicus» diesen Ausdruck (nebst dem Ausdruck «logische Syntax») möglicherweise erstmals benutzt, hat einen zwischen den beiden Bedeutungen schwankenden Gebrauch des Terminus. Die Verwendung im erstgenannten Sinne steht in Zusammenhang mit Wittgensteins Bildtheorie der Sprache [1], der Gebrauch in der zweiten Bedeutung geht auf seinen «logischen Atomismus» [2] zurück. Später hat Wittgenstein die Idee einer vollkommenen Sprache heftig kritisiert [3] und somit den Begriff der l.G. in seiner zweiten Bedeutung als gegenstandslos verworfen.

Anmerkungen. [1] Vgl. Art. «Bild, logisches». – [2] Vgl. Art. «Atomismus» III. – [3] L. WITTGENSTEIN: Philos. Bemerkungen (1965) 52f.

Literaturhinweise siehe Art. «Atomismus» III.

E. STENIUS

Graphologie. Die Bezeichnung «G.» wird seit ihrer Einführung durch J. H. MICHON [1] in drei Bedeutungen verwendet: a) für die Lehre von der Identifikation von Schriften (Feststellung des Urhebers, Gleichheit mit anderen Schriften); b) für die Lehre von der charakterologischen Deutung der Schrift; c) für die Lehre von den Entstehungsbedingungen der Schrift. «G.» in der ersten Bedeutung kennzeichnet einen eigenständigen Anwendungsbereich der in der charakterologischen Schriftdeutung entwickelten systematischen Beschreibung von Schriftzügen. Aus diesem Bereich fehlen Anstöße zu einer reflektierten Definition des Begriffes «G.», so daß eine Begriffsgeschichte sich auf die beiden anderen Bedeutungen beschränken kann.

1. Erste Ansätze zu einer graphologischen Betrachtungsweise begegnen nach übereinstimmender Meinung der Historiker in der *Renaissance.* Erst in dieser Epoche

wird Individualität, auch in der Äußerungsform der Handschrift, möglich [2]. Kennzeichnend für diese ersten Betrachtungsweisen ist eine Vermischung von Beschreibung und Deutung der Schrift [3]. Impulse für eine Schriftdeutung mögen auch von der Deutung der Handlinien (Chiromantie, heute auch Chirologie) ausgegangen sein, wie die Mitautorschaft eines Handliniendeuters am ersten graphologischen Werk MICHONS [4] und HENZES Abhandlung ‹Chirogrammatomantie› [5] bezeugen. Die Einordnung der G. als Teilbereich der Ausdruckskunde geht auf J. C. LAVATER zurück, der die Schrift als eine mögliche Äußerungsform der Persönlichkeit, gleichgeordnet der Physiognomie, ansieht [6].

In der Mitte des 19. Jh. beginnt mit der vergleichenden Analyse und Interpretation von Schriftzügen durch MICHON die G. als *charakterologische* Deutung der Schrift. Michons Verständnis der G. geht von einer Unterscheidung von Schriftbeschreibung und -deutung aus; beide Vorgänge müssen im Rahmen einer Systematik der Beschreibungskategorien einerseits und der Deutungskategorien andererseits vollzogen werden. Seine Vorgehensweise besteht in einer festen Zuordnung beider, wobei die Art der Zuordnung empirisch belegt wird [7]. Michon geht insofern über das Schriftdeutungsverfahren seiner Zeit hinaus [8], als er von der Deutung isolierter Schriftzeichen zur Erfassung und Deutung von Merkmalsgruppen übergeht [9]. Mit J. CRÉPIEUX-JAMIN wird G. jedoch erst zur empirischen Wissenschaft («Beobachtungswissenschaft» [10]). Durch Instruktionen verschiedener Art versucht er verschiedene Schriftzüge bei einem Individuum zu erzeugen, um die Gesetzmäßigkeiten in der Wirkung des psychischen auf das graphische Geschehen (Schrift«zeichen») ermitteln zu können. G. wird hier (noch entschiedener 1901 bei G. MEYER [11]) zur «Experimental-G.» [12]. Damit ist eine Differenzierung zwischen der G. als Schriftdeutungslehre und als Lehre von den Entstehungsbedingungen der Schrift vollzogen. G. in der ersten Bedeutung wird nun an als Anwendung der G. in der zweiten verstanden.

Der Ansatz Crépieux-Jamins wird konsequent von G. MEYER fortgeführt; G. könne sich nur dann als Wissenschaft legitimieren, wenn sie sich der Erforschung von Entstehungsbedingungen individueller Schriften widme [13]. Wie W. PREYER bereits vor Meyer andeutet, gibt eine solchermaßen empirisch fundierte G. den Anspruch auf, überdauernde psychische Strukturen aus der Schrift diagnostizieren zu können, da die gewählten empirischen Methoden nur den Zusammenhang zwischen «Gemütszustand» bei der Abfassung der Schriftprobe und Eigenheiten der Handschrift erfassen können [14]. Nach MEYER – aber auch bereits bei Preyer – drücken sich Gemütszustände in kinetischen Merkmalsgruppen der Schrift aus, wie etwa Bewegungsrichtung, -leichtigkeit usw. Mit diesem ganzheitlichen Ansatz ist eine endgültige Loslösung von der G. als Lehre von der Zeichendeutung vollzogen. Zwei Jahrzehnte später erweitert R. SAUDEK die physiologische Richtung in der G. um die mechanische; auch das Studium der mechanischen Entstehungsbedingung der Schrift liefere Hinweise für mögliche Deutungen [15].

2. Meyers Definition des Gegenstandes der G. leitet über zu einem neuen Verständnis der G. als Wissenschaft: L. KLAGES definiert G. als «Wissenschaft vom Ausdrucksgehalt der persönlichen Bewegungsweise, insofern diese durch die Handschrift und nur durch die Handschrift festgelegt wird» [16]. G. rückt damit in enge Nachbarschaft zur Pathognomik. Der Unterschied besteht lediglich in der Dauerhaftigkeit des festgehaltenen Ausdrucks. Wie die Ausdruckskunde allgemein, kann auch die G. ohne die Grundlage einer charakterologischen Theorie nicht auskommen. Mit Klages wird somit der allmähliche Wandel von der Schriftdeutung zur Schriftpsychologie offenbar. Während jedoch Klages' Vorgänger sich noch in eklektischer Weise an persönlichkeitstheoretischen Aussagen ihrer Zeit orientierten, entwickelte er selbst eine eigenständige Charakterologie [17].

Nach Klages bleibt die Einordnung der G. in die Ausdruckspsychologie erhalten, es wird jedoch zum Teil mehr die induktive Vorgehensweise gegenüber der intuitiven betont. Darüber hinaus erweitert M. PULVER die psychologische Interpretationsgrundlage der G. um theoretische Formulierungen der Tiefenpsychologie [18]. Zum Gegenstand der G. gehören auch unbewußte Prozesse, die in der Schrift zugänglich werden [19]. Die tiefenpsychologische Betrachtungsweise kennzeichnet auch die G. von A. und G. MENDELSSOHN. Unbewußte Prozesse werden in der Tiefendimension (z. B. im Druck) der Schrift zugänglich, eine Hypothese, die zur Bezeichnung ihres Ansatzes als «kubischer» G. führt [20]. R. POPHAL möchte das wissenschaftlich fundierte Ausdrucksverstehen durch Reduktion auf das vorausgehende physiologische Geschehen vorbereiten: Unter Beibehaltung der Ausdrucksprinzipien setzt das Ausdruckserfassen bei Innervationsweisen und Muskeltätigkeiten an. Grundlage der G. sei somit auch die Bewegungsphysiologie [21]. R. HEISS dagegen kehrt wieder zurück zu dem mehr intuitiven, charakterologischen Ansatz von Klages [22].

3. In neuerer Zeit erfolgt insofern ein Bruch mit der Begriffstradition von Klages, als eine schärfere Abgrenzung der G. von der Physiognomik und Pathognomik versucht wird. Hauptargumente sind dabei die Losgelöstheit des Ausdrucksmediums vom Ausdrucksträger, die Sprachgebundenheit und die Dauerhaftigkeit des Ausdrucksmediums [23]. R. KIRCHHOFF entscheidet sich aufgrund dieser Argumentation für eine Definition der G. als diagnostischer Disziplin, da aus den genannten Gründen eine Einordnung in die Ausdruckspsychologie nicht zu rechtfertigen sei [24]. W. H. MÜLLER und A. ENSKAT verstehen in neueren graphologischen Abhandlungen die G. in gleicher Weise [25]. Diese Begriffsauffassung herrscht in der Gegenwart vor. Sie hat zur Folge, daß die in der psychologischen Diagnostik üblichen Denkprinzipien und Methoden in die G. Eingang finden [26]. Kennzeichnend für diese gegenwärtige Begriffsentwicklung ist die Einführung der Bezeichnung ‹Graphometrie› durch J. FAHRENBERG [27].

Anmerkungen. [1] J. H. MICHON gründet 1872 die Zeitschrift ‹La G.›. – [2] C. BALDO: Trattato come da una lettera missiva si cognoscano la natura e qualità dello scrittore (Capri 1622); M. A. SEVERINUS († 1656): Vaticinator, sive tractatus de divinatione litterali (unveröffentlicht), zit. nach CRÉPIEUX-JAMIN s. u. [10]. – [3] J. CHR. A. GROHMANN: Untersuch. der Möglichkeit einer Charakterzeichnung aus der Handschrift. Magazin zur Erfahrungsseelenkunde, hg. K. PH. MORITZ/S. MAIMON 9 (1792) 34-66; M. D'ODOUCET: Sci. des signes (Paris 1793). – [4] A. DESBAROLLES und JEAN-HIPPOLYTE (J. M. MICHON): Les mystères de l'écriture (Paris ¹1872; ⁴1904). – [5] A. HENZE: Chirogrammatomantie (1862). – [6] J. C. LAVATER: Physiognomik (1829) 4, 65ff. – [7] J. H. MICHON: Systême de la G. (Paris ¹1875); dtsch. nach der 11. frz. Aufl. System der G. (1965). – [8] z. B. seines Lehrers Abbé FLANDRIN. – [9] MICHON, a. a. O. [7] 83. – [10] J. CRÉPIEUX-JAMIN: L'écriture et le caractère (Paris ¹1889); dtsch. nach der 4. frz. Aufl. Handschrift und Charakter (1902) 52; Les bases fondamentales de la G. (Paris 1922); dtsch. Die Grundl. der G. (1927). – [11] G. MEYER: Wiss. Grundl. der G. (1901). – [12] CRÉPIEUX-JAMIN, a. a. O. [10 (1902)] 166ff. – [13] MEYER,

a. a. O. [11]. – [14] W. PREYER: Zur Psychol. des Schreibens (1895). – [15] R. SAUDEK: Exp. G. (1929); Wiss. G. (1926). – [16] L. KLAGES: Einf. in die Psychol. der Handschrift (²1928). – [17] G. (1935); Die Grundl. der Charakterkunde (1910); Handschrift und Charakter (1917). – [18] M. PULVER: Grundsätzliche Bemerk. zur Ausdruckspsychol. Graphologia I. Beih. Schweiz. Z. Psychol. 12 (1945) 5-28. – [19] Symbolik der Handschrift (1931) a. a. O. 4. 8. – [20] A. und G. MENDELSSOHN: Der Mensch in der Handschrift (³1930). – [21] R. POPHAL: Grundlegung der bewegungsphysiol. G. (1939); Die Schreibbewegung und ihre Deutung auf physiol. Grundl. Graphologia III. Beih. Schweiz. Z. Psychol. 20 (1953) 17-26. – [22] R. HEISS: Die Deutung der Handschr. (1943). – [23] W. H. MÜLLER und A. ENSKAT: Grundzüge d. G., in: Hb. der Psychol. 5 (1965) 537. – [24] R. KIRCHHOFF: Das Verhältnis der G. zur Ausdruckskunde. Z. Menschenkunde 16 (1926) 320-337. – [25] W. H. MÜLLER und A. ENSKAT: Graphol. Diagnostik (1961); a. a. O. [23]. – [26] a. a. O.; TH. SEIFERT: Faktorenanalyse einiger Schriftmerkmale. Z. exp. angew. Psychol. 11 (1964) 645-666. – [27] J. FAHRENBERG: Graphometrie (Diss. Freiburg i. Br. 1962).

Literaturhinweise. E. DE VARS: Hist. de la G. (Paris ³1879). – W. H. MÜLLER und A. ENSKAT s. Anm. [23].   U. SCHÖNPFLUG

Gratuität (von lat. gratuitus, unbegründet, ungeschuldet) bezeichnet – im Rückgriff auf PAULUS [1] – seit AUGUSTINS antipelagianischen Schriften die Tatsache, daß der Mensch als *Sünder* die Hilfe Gottes nicht «verdienen», d. h. keinen Anspruch auf sie erheben kann, sondern sie der freien Wahl der göttlichen Freigebigkeit zu danken hat – was Augustin in der geringen Zahl der Prädestinierten angezeigt sieht. Im frühen Mittelalter bezeichnen deshalb die «gratuita» oder «dona» im Gegensatz zu den «naturalia» oder «data» die (Erlösungs-)gnade schlechthin; die Frage nach der näheren Bestimmung dieser Unterscheidung führt in der Hochscholastik zur Herausarbeitung einer seinshaften Unproportioniertheit zwischen der (unverlierbaren) Natur und dem «Übernatürlichen», so daß THOMAS VON AQUIN der Gnade das doppelte «debitum» (Geschuldetsein) abspricht: «ex merito proveniens» und «secundum conditionem naturae» [2]. Durch Abstraktion und Rekonkretisierung dieses Naturbegriffs wird seit dem 16. Jh. bis heute die G. der Übernatur auch für den *Menschen als solchen* negativ als Leugnung einer aus der Natur des geschaffenen Geisteswesens sich ergebenden Ausrichtung auf die Gottesschau («desiderium naturale videndi Deum») [3], d. h. als Möglichkeit eines «ordo naturae purae» ausgesprochen, wogegen H. DE LUBAC die G. positiv als «Nichtnaturalisierbarkeit» der Gnade auf Grund ihres «innerlich göttlichen Charakters» [4] zu fassen sucht.

Anmerkungen. [1] Röm. 3, 24. – [2] THOMAS VON AQUIN, S. theol. I/II, 3, 1 ad 2. – [3] H. DENZINGER/A. SCHÖNMETZER: Enchiridion symbolorum (³²1963) Nr. 3891. – [4] H. DE LUBAC: Surnaturel (Paris 1946) 154.

Literaturhinweise. H. RONDET: Gratia Christi (Paris 1948); Le problème de la nature pure et la théologie du 16e siècle. Rech. Sci. rel. 35 (1948) 481-521. – L. MALEVEZ: La gratuité du surnaturel. Nouv. Rev. théol. 75 (1953) 561-586. 673-689. – A. LANDGRAF: Dogmengesch. der Frühscholastik I/1 (1952) 140-183. – U. KÜHN: Natur und Gnade (1961). – H. DE LUBAC: Augustinisme et théol. moderne (Paris 1965). – H. MÜHLEN: Grundpositionen in der kath. Gnadentheol., in: H. VORGRIMLER: Bilanz der Theol. im 20. Jh. 3 (1970) 163-174.   P. HENRICI

Gravitation. Schon die Pythagoreer haben sich mit dem Wesen der Schwere oder der G. beschäftigt. In PLATONS ‹Timaeus› erscheint sie als eine Folge der geometrischen Struktur räumlicher Elemente: So sind die Elemente der Erde wegen ihrer würfelförmigen Struktur weniger beweglich, also stabiler und daher näher dem Zentrum gelegen als die ikosaedrischen Elemente des Wassers oder die oktaedrischen der Luft. Die Bewegung schwerer oder leichter Körper wird durch das Streben jedes Elementes, sich mit einem gleichartigen zu vereinen, erklärt («selektive G.») oder mit der später von PHILOPONUS gewählten Formulierung: «Alles liebt das Verwandte» [1]. Auch bei ARISTOTELES ist die Schwere noch nicht eine Kraft, die von außen her auf den Körper wirkt, sondern ein diesem inhärentes Bewegungsprinzip, zu seinem «natürlichen Ort» (locus naturalis) zu gelangen [2]. Gravitas und levitas (Leichtheit) sind also bei Aristoteles qualitative, nicht weiter reduzierbare Eigenschaften der Körper. Die *Scholastik* begnügte sich nicht mit dieser phänomenologischen Darstellung, sondern versuchte, auf Grund des aristotelischen Begriffsapparates die Schwere (und Leichtheit) zu erklären, ohne daß es ihr jedoch gelang, eine befriedigende Theorie der G. zu geben [3]. NICOLAUS VON ORESME erneuerte die Platonische Theorie der inclinatio ad suum simile, die noch 1543 von KOPERNIKUS vertreten wurde, als er schrieb: «... existimo gravitatem non aliud esse quam appetentiam quandam naturalem partibus inditam a divina providentia opificis universorum, ut in unitatem integritatemque suam sese conferant ...» [4]. Erst als im 17. Jh. die G. als eine auf den schweren Körper von außen her wirkende Kraft erkannt wurde (BALIANI, BORELLI), kam es zu einem Wandel in den theoretischen Voraussetzungen für die Erklärung der Schwere. Schon KEPLER hatte vermutet, die Planeten bewegten sich in ihren Bahnen unter dem Einfluß von Kräften, die in der Sonne ihren Ursprung haben; doch war die Dynamik noch nicht genügend entwickelt, diesem Gedanken eine mathematische Formulierung zu geben. HUYGENS und HOOKE erkannten, daß das dritte Keplersche Gesetz (die Proportionalität zwischen dem Kubus der mittleren Entfernung von der Sonne und dem Quadrat der Umlaufsperiode) auf eine nach der Sonne gerichtete Zentralkraft hinweist, die mit dem Quadrat der Entfernung abnimmt. Um ein allgemeines G.-Gesetz formulieren zu können, fehlten jedoch noch zwei Voraussetzungen: Man mußte zeigen, daß 1. die genannte reziproke quadratische Abhängigkeit auch mit dem ersten (elliptischen Bahnen) und mit dem zweiten (Flächengeschwindigkeit) Keplerschen Gesetz übereinstimmt und daß 2. auf Grund ein und derselben Formel sowohl die irdische Schwere (Fallen des Apfels vom Baum) als auch die astronomische G. (Mondbewegung) ihre Erklärung finden. Nachdem es NEWTON nach 20 Jahre langem Bemühen gelang, den Beweis zu erbringen, daß eine homogene Kugel einen in ihrer Umgebung befindlichen Körper so anzieht, als ob ihre Gesamtmasse in ihrem Mittelpunkt konzentriert wäre, konnte er diese beiden Voraussetzungen erfüllen und veröffentlichte 1687 [5] sein berühmtes G.-Gesetz, nach dem die Anziehungskraft zwischen zwei Körpern dem Produkt ihrer Massen und dem reziproken Quadrat ihres gegenseitigen Abstandes proportional ist. Im allgemeinen wurde auf Grund der Newtonschen Formel die G.-Kraft als eine Fernwirkung angesehen. Doch für Newton selbst war der Begriff einer Fernwirkung «absurdity» und der einer Äther-Nahwirkungstheorie der G. etwas physikalisch Unhaltbares («ought to be rejected»): Der Entdecker des G.-Gesetzes hatte keine physikalische Theorie über das Wesen der G. [6]! Auf Grund der Newtonschen Formel konnten POISSON, LAPLACE, LAGRANGE und D'ALEMBERT eine mathematisch höchst entwickelte Theorie der G.-Erscheinungen aufstellen, die die «klassische G.-Theorie» genannt wird.

Unter den zahlreichen Versuchen des 18. und 19.Jh.,

die G. durch eine kinetisch-korpuskulare Nahwirkung zu erklären, soll nur die Ätherstoßhypothese von LE SAGE (1747) erwähnt werden, nach der die Anziehung zweier Körper auf einer gegenseitigen Schirmwirkung vor den im Raume in allen Richtungen umherschwirrenden «corpuscules ultramondains» beruht. Bei allen mechanistischen Erklärungsversuchen dieser Art wurde die Newtonsche Formel unverändert beibehalten, denn ihre Gültigkeit schien auf zwei voneinander unabhängigen Gebieten gesichert zu sein: Auf *experimentellem* Gebiet zeigten alle auch noch so verschiedenartigen Bestimmungen der G.-Konstante (d. h. des konstanten Proportionalitätsfaktors vor dem oben erwähnten Ausdruck für die Anziehungskraft) beste Übereinstimmung; auf *astronomischem* Gebiet konnte man auf Grund der Formel nicht nur die Planetenbewegungen mit großer Genauigkeit berechnen, sondern auch mit Hilfe der Störungstheorie die Bahnen und relativen Massen bis dahin unbekannter Planeten (Neptun, Pluto) voraussagen und durch Beobachtung verifizieren. Trotz der glänzenden Erfolge der klassischen G.-Theorie gab es jedoch, in der Hauptsache, *eine* Erscheinung, die durch die Newtonsche Theorie nie erklärt werden konnte: die Perihelverschiebung des Merkur um ungefähr 40 Bogensekunden im Jahrhundert. So schrieb schon 1881 VON OPPOLZER: «Die Theorie ... des Merkur weist mit Bestimmtheit darauf hin, daß die allein auf das Newton'sche Attraktionsgesetz in der gegenwärtigen Form aufgebauten Theorien zur Erklärung der Bewegungen der Himmelskörper nicht ausreichend sind.» Erst 1915 löste EINSTEIN das Problem der Merkurbewegung durch seine Aufstellung der allgemeinen Relativitätstheorie. «G.», hatte FITZGERALD zwölf Jahre früher in einem seiner kinetisch-korpuskulären Erklärungsversuche spekuliert, «ist höchstwahrscheinlich nichts anderes als eine Änderung der Struktur des Äthers, die durch Materie verursacht wird» [7]. Wenn man in diesem Satz ‹Krümmung› für ‹Struktur› und ‹Raum› oder genauer ‹vierdimensionales Raum-Zeit-Kontinuum› für ‹Äther› einsetzt, erhält man die Hauptthese der Einsteinschen G.-Theorie [8]. Nach ihren Gleichungen des G.-Feldes weicht bei Anwesenheit von (im Newtonschen Sinne gravitierenden) Massen die Geometrie von der euklidischen ab, und zwar um so mehr, je stärker die Massenkonzentration in Raume ist. In einem solchen Felde bewegt sich ein Massenpunkt längs einer geodätischen Linie, die bei Abwesenheit von Massen in eine euklidische Gerade ausartet. Das Newtonsche G.-Gesetz ergibt sich aus den Einsteinschen Gleichungen als Grenzfall erster Näherung. Die empirische Bestätigung der von der Einsteinschen G.-Theorie vorausgesagten Phänomene (Perihelbewegung des Merkur und der Erde, Ablenkung von Lichtstrahlen im Gravitationsfeld, Rotverschiebung von Spektrallinien im Schwerefeld), die teilweise sogar auch durch Laboratoriumsversuche (Mössbauer-Effekt) verifiziert werden konnten, verleiht der Theorie einen hohen Grad von Sicherheit. Im Gegensatz zu Einsteins allgemein-kovarianter Theorie wurden auch nur Lorentz-invariante G.-Theorien aufgestellt, in denen das G.-Potential eine skalare Größe ist (NORDSTRÖM [9], BERGMANN [10], WELLNER und SANDRI [11], DICKE [12]) oder eine Tensorgröße zweiter Ordnung (WHITEHEAD [13], BIRKHOFF [14], SCHILD [15]). MILNES [16] Lorentz-invariante G.-Theorie mit ihrer sogenannten kinematischen Zeitskala ist wegen ihrer kosmologischen Implikationen auch vom philosophischen Standpunkt von großem Interesse.

Anmerkungen. [1] PLATON, Tim. 52 e; PHILOPONUS, In Phys., hg. VITELLI 99, 23. – [2] ARISTOTELES, Phys. 255 b 14-31. – [3] AVERROËS, In de caelo III, 28; ALBERTUS MAGNUS, Phys. IV, Tract. II, cap. 1; THOMAS VON AQUIN, Phys. VIII, lect. 8; ALBERT VON SACHSEN, Phys. VIII, q. 6; ROGER BACON, Communia naturalium I, 3, dist. 2, cap. 3. – [4] COPPERNICUS, De revolutionibus orbium coelestium I, 9. – [5] NEWTON, Principia III, Propos. 1-7. – [6] Brief an Bentley (17. 1. 1692): «The cause of gravity is what I do not pretend to know.» – [7] G. F. FITZGERALD: Sci. writings (Dublin 1902) 313. – [8] A. EINSTEIN, Ann. Phys. 49 (1916) 769. – [9] NORDSTRÖM, Ann. Phys. 42 (1913) 533. – [10] BERGMANN, Amer. J. Phys. 24 (1956) 39. – [11] WELLNER und SANDRI, a. a. O. 32 (1964) 36. 504. – [12] Vgl. G. and relativity, hg. H. Y. CHIU and W. F. HOFFMANN (New York 1964). – [13] A. N. WHITEHEAD: Principle of relativity (Cambridge 1922). – [14] BIRKHOFF, Proc. nat. Acad. Sci. (Wash.) 29 (1943) 231. – [15] SCHILD, Rendiconti Scuola int. Fis. (1962). – [16] E. A. MILNE: Kinematic relativity (Oxford 1948).

Literaturhinweise. P. M. KRETSCHMANN: The problem of G. in Aristotle and the new physics. J. Philos. 28 (1931) 260. – M. JAMMER: Concepts of force (Cambridge, Mass. 1957) Kap. 10. – M. G. EVANS: Newton and the cause of gravity. Amer. J. Phys. 26 (1958) 619. – L. WITTEN (Hg.): G., an introd. to current res. (New York 1962). – M. JAMMER: Der Begriff der Masse in der Physik (1964). – G. J. WITHROW und G. E. MURDOCH: Relativistic theories of G., in: Vistas in astronomy 6 (Oxford 1965). – B. THÜRING: Das Problem der allg. G. Scientia (Milano) 59 (1965) 1.

M. JAMMER

Grazie, Anmut (griech. χάρις, lat. gratia, ital. grazia, frz. grâce, engl. grace)

I. ‹G.› ist ein vieldeutiger Terminus, der einigen oft sehr verschiedenen Begriffen entspricht und überdies auf andere, manchmal weitere Termini bezogen wird. Allgemein gilt nur, daß G. zu Schönheit gehört, daß sie aber über die Schönheit (als durch Regeln bestimmt bzw. bestimmbar) hinausgeht und einem *je ne sais quoi* (das seinerseits einen breiteren Bedeutungskreis als ‹G.› hat) entspricht. Dabei kann der G. entweder das eine oder das andere der folgenden Merkmale zugehören: 1. G. ist eine Art *charme*, der in der Literatur manchmal aus dem (breiteren Begriffsfeld des) Naiven, in der visuellen Schönheit aus der naiven Mimik entsteht. Daher kann es französisch für ‹grâce› auch ‹agrément› heißen. 2. G. hat als Ausdruck der Tugend moralische Bedeutung. Beide Bedeutungen gehen auf das Altertum und die Renaissance zurück. Dem Terminus ‹G.› im allgemeinen entspricht im Deutschen zuerst ‹Reiz›; das Wort ‹G.› wurde erst später eingeführt.

In der *ersten* Bedeutung wurde der Terminus im 17.Jh. in Italien von RIPA [1], BEMBO, SARO und ROMEI [2] gebraucht, in Frankreich von BOUHOURS (je ne sais quoi), RAPIN, ROGER DE PILES [3], vor allem von MÉRÉ im gleichen Sinn wie ‹agrément› als «(ce qui est) fait pour être aimé» [4], in England von JUNIUS [5]. FÉNELON unterschied dagegen die «grâces extérieures» von den «véritables grâces», die aus propreté, proportion, bienséance herkommen [6]. Im 18.Jh. gibt es in England ‹G.› im ersten Sinn z. B. bei HUME [7], aber vor allem bei HOGARTH, der sie in der Zeichnung auf die «serpentine line» zurückführte: «There is only one precise serpentine line, that I call the line of grace» (vom Übersetzer mit «Linie des Reizes» wiedergegeben [8]). Dabei bleibt die von Fénelon bereits angesprochene moralische Komponente unberücksichtigt. In Frankreich taucht der Begriff bei VOLTAIRE [9] und WATELET [10] auf; in Deutschland bei M. MENDELSSOHN (Reiz), der sich auf Hogarth bezieht und der nach Burkes Beispiel die G. als «niedlich, delicat, zärtlich» und als Merkmal der Schönheit der Erhabenheit entgegensetzt [11].

Die *zweite*, im 17.Jh. in den Hintergrund tretende Bedeutung, wurde von SHAFTESBURY erneut zur Geltung gebracht: G. entspricht für ihn dem decorum und führt sowohl zur moralischen Schönheit wie zur Erhabenheit ‹'Tis the like moral Grace, and Venus, which discovering it-self in the Turns of character, and the variety of human Affection, is copy'd by the writing artist. If he knows not this Venus, these Graces, nor was ever struck with the Beauty, the Decorum of this inward kind, he can neither paint advantageously after the life, nor in a feign'd Subject, where he has full scope» [12]; ähnlich äußern sich RICHARDSON [13] und SPENCE [14]. In Frankreich wurde die geistige Bedeutung der G. von ANDRÉ betont [15], in Deutschland von HAGEDORN (der sowohl von ‹Reiz› wie von ‹G.› spricht [16]) und WIELAND [17]. WINCKELMANN unterschied dagegen zwischen einer G., die «mehr der Materie unterworfen» ist, und einer G., die das Moralische darstellt [18]. 1759 erschien seine berühmte Abhandlung ‹Von der G. in Werken der Kunst›. Dort erscheint G. als «das vernünftig Gefällige». Zwar ist sie ein «Geschenk des Himmels», aber auch «durch Erziehung und Überlegung» kann sie «zur Natur werden» [19]. Der Reiz gilt für KANT (1764) als Merkmal der Schönheit im Unterschied zur Erhabenheit. Menschliche Schönheit bezeichnet man als «reizend», wenn sie einen moralischen Charakter trägt; eine nicht-moralische G. nenne man dagegen «hübsch» [20]. – J. G. HERDER verwendet 1765 den Terminus ‹G.› in pädagogischer Bedeutung für «ästhetische Bildung» [21].

Anmerkungen. [1] Vgl. S. H. MONK: A grace beyond the reach of art. J. Hist. Ideas 5 (1944) 136. – [2] Vgl. E. DE BRUYNE: Geschiedenis van de Aesthetica: De Renaissance (Antwerpen/Amsterdam 1951) 56ff. – [3] Vgl. MONK, a. a. O. [1] 146f. 131. – [4] A. GOMBAUD DE MÉRÉ: Discours des agréments (1676). Oeuvres. Les discours (Paris 1930) 13-14. – [5] Vgl. MONK, a. a. O. [1] 143f. – [6] F. DE SALIGNAC DE LA MOTHE FÉNELON: L'éducation des filles (¹1687, Paris 1885) 102-104. – [7] D. HUME: Essay conc. the principles of morals (1751), hg. GREEN/GROSE (London 1875) Sect. VII 227. – [8] W. HOGARTH: The analysis of beauty (London 1753) 39. 52. 127f. 135. 140. 142. 145. – [9] VOLTAIRE, Art. ‹Grace›, in: Encyclop., hg. DIDEROT/D'ALEMBERT. – [10] C. H. WATELET: L'art de peindre (Paris 1760) 103. – [11] M. MENDELSSOHN, Schriften zur Philos. und Ästhetik, hg. BRASCH (1892) 2, 56f.; Bibl. der schönen Wiss. und der freyen Künste 3 (1758) 33. – [12] A. ASHLEY COOPER, Earl of SHAFTESBURY: Characteristicks (London 1711) 1, 337; vgl. 130. 138. 190. 338; 3, 34. 180. 185f. – [13] J. RICHARDSON: An essay on the theory of painting (London 1715) 38. 162. 156. 172. – [14] Vgl. G. TONELLI: Estetici minori britannici del Settecento. Giornale crit. Filosofia ital. 9 (1955) 32ff. – [15] Y. M. DE L'ISLE ANDRÉ: Essai sur le beau (Paris 1741) 19. 42f. – [16] CH. C. VON HAGEDORN: Betrachtungen über die Mahlerei (1762) 21. – [17] C. M. WIELAND, Werke, hg. GRUBER 44 (1828) 21f. 47f. – [18] Vgl. F. POMEZNY: G. und Grazien in der dtsch. Lit. des 18.Jh. (1900) 61. – [19] J. J. WINCKELMANN, Werke, hg. J. EISELEIN (1825ff.) 1, 217. – [20] I. KANT: Beobachtungen über das Gefühl des Schönen und Erhabenen (1764). Akad.-A. 2, 236; vgl. G. TONELLI: Kant, dall'estetica metafisica all'estetica psicoempirica. Mem. Accad. Sci. Turin, Ser. 3, T. 3, P. II (1955) 60-64. – [21] J. G. HERDER: Von der G. in der Schule (1765).

Literaturhinweise. F. BRAITMEIER: Gesch. der poetischen Theorie und Kritik von den Diskursen der Maler bis auf Lessing (1888) 2, 165ff. – F. POMEZNY s. Anm. [18]. – L. GOLDSTEIN: M. Mendelssohn und die dtsch. Ästhetik (1904) 117ff. – R. BAYER: L'esthétique de la grâce (Paris 1933) mit Bibliogr. – S. H. MONK s. Anm. [1]. – G. TONELLI s. Anm. [20]. G. TONELLI

II. HERDERS Verständnis der G. geht zum Teil auf dieselbe Tradition zurück wie Winckelmanns besonders von Platon und Shaftesbury beeinflußter Versuch einer Theorie der G. Doch vergegenwärtigt Herder diese Theorie, indem er «G. in der Schule» fordert (1765) [1]. Das Wort ist Oberbegriff von «Reiz», «Anstand», «Schönheit», «Anmut», «Annehmlichkeit» und «Holdseligkeit», die «Teile» und «Grade» der G. sind. Herder verweist auf die griechische Vorstellung der «himmlischen Venus» [2], auf Plinius' «venustas», Quintilians «gratia» und Shaftesburys «Virtuosen der Weisheit, der Tugend und des Geschmacks» [3] und nennt die G. zusammenfassend «die schöne Natur, die die Redner und Dichter nachzeichnen». Sie hat «die Ästhetik ... Baumgartens, nach der feinen Einfalt, und voll der kleinen Reize gebildet» [4]. (Entsprechend ist für KANT eine bestimmte «Art von Dichtkunst [A. Pope, Herder] ... G. der Weisheit» [5].) Für Herder übertrifft die «christliche G. (Carità)» in der nachantiken Kunst durch ihr religiöses Moment die G. der griechischen Antike; sie ist «jene züchtige Anmut ..., in der sich Religion, Liebe und häusliche Sittsamkeit wie drei Huldgöttinnen zusammen gesellten» (1793) [6]. – SULZER gebraucht das Wort ‹Reiz› synonym für ‹G.› und beruft sich auf Homer, bei dem «die Grazien als ... Begleiterinnen ... der Venus» ihre «Schönheit und Liebe mit besonderen Reizungen» schmückten. Alle «ästhetischen Gegenstände» sind «des Reizes fähig und äußern ihn durch einen merklichen Grad der Annehmlichkeit», der unsere Zuneigung erweckt [7].

Bei JACOBI erscheint 1773 als Gegensatz zur «schamhaften G.» [8] vielleicht erstmals das «Dionysische» im Sinne Nietzsches: Der Abfall einer Schülerin «der sittlichen G.» drückt sich in «Faunen-Gelächter und Mänaden-Tanz» aus [9]. – Bei K. PH. MORITZ ist G. Gegengewicht zu «den ausschweifendsten Bildungen der Phantasie», indem «die G. ... die Grenze» bezeichnet; um dies zu allegorisieren, «machte man hohle Bildsäulen von Satyrn», die im Innern «kleine Bilder der Grazien» enthielten [10].

SCHILLER will durch seinen Begriff der G. oder Anmut (= A.) die durch Kants «imperative Form des Moralgesetzes» [11] bedrohte Einheit von Vernunft und Sinnlichkeit zurückgewinnen. Positiv wird gegen Kant die «schöne Seele» ins Feld geführt, in der «Sinnlichkeit und Vernunft, Pflicht und Neigung harmonieren» und deren Ausdruck «G. ... in der Erscheinung» ist [12]. – FICHTE bezieht seine Vorstellung von G. auf Goethes ‹Iphigenie› und ‹Tasso›, in denen sich die griechische Humanität wiederhole; es zeige sich dort jene Haltung der «geendigten Kultur, die den Angriffen des Schicksals» gegenüber «die leichte G. in den Bewegungen ihres Gemüts» bewahrt [13]. – HUMBOLDT stellt A. und G. als spezifische Merkmale der Schönheit der Frau heraus, die «durch die liebliche A. der Züge (venustas)» das Gefühl befriedige [14]. – GOETHE verficht die Auffassung der G., die in der Nachfolge Winckelmanns wesentlich mit der Formel «edle Einfalt», «stille Größe» verknüpft war, gegen Hirts Polemik [15]. Da der Inhalt der A. gefährdet sei, definiert GOETHE sie nur formal: «Anmut. Der Gegenstand aber und die Art, ihn vorzustellen, sind den sinnlichen Kunstgesetzen unterworfen, nämlich der Ordnung, Faßlichkeit, Symmetrie, Gegenstellung etc., wodurch er für das Auge schön, das heißt anmutig wird» [16]. – Bei BOUTERWEK ist G. das «zarteste unter den Elementen des Schönen», das sich jeder Definition entzieht [17]; «vollendete Schönheit schließt G. notwendig in sich», da «alles Gefühl des Schönen ... auf das Urgefühl unseres geistigen Daseins gegründet» ist, «wo das Sinnliche noch nicht von dem Sittlichen scharf geschieden, aber doch schon dem Sittlichen untergeordnet ist»; aus diesem «Urgefühl» «sproßt die G. lebendig hervor» [18].

SCHELLING deduziert das Schöne der Plastik aus der Synthesis von «Wahrheit» und «A.», die rein formal wie bei Goethe (Schelling verweist auf ihn) «auf Maß und

Verhältnis beruht» [19]. Während für Winckelmann die Kunststile geschichtlich geprägt waren, ist es bei Schelling die Natur, die «der Kunst die ... Kraft» gab, «mit der sie von dem ... Ernst der Bildungen» archaischer Kunstwerke «bis zu den Werken überfließender sinnlicher A. stets der Wahrheit getreu blieb» [20]. – KLEISTS Geschichtsbild wird wesentlich durch seine Vorstellung von G. geprägt: Der Urstand der Unschuld des Menschen wird gestört durch «die Unordnung der natürlichen G. des Menschen, die das Bewußtsein anrichtet». Den Weg zurück ins «Paradies» und zur G. findet der Mensch nur durch ein «unendliches Bewußtsein» [21]. – Auch für SCHILLER ist die G. «naiver Ausdruck» der «naiven Denkart» [22]. – In das System integriert C. A. ESCHENMAYER A. und G., indem er eine «Vergleichung des Schönen unter sich» vornimmt und «jene Indifferenz», in der «das Gefühlsvermögen das Vorherrschende» ist und «in welcher das Schöne in seiner eigenen Mitte ruht», als «das Schöne im Schönen, die A. und G., Ausdruck der Göttin Charis bei den Griechen» bezeichnet [23]. – K. W. F. SOLGER bestimmt die A. oder G. als die Weise des Schönen, in der es «in den einzelnen Moment der Erscheinung» aufgegangen ist [24]. Eine gewisse Loslösung von der Tradition zeigt seine Definition: A. sei der vollkommene «Genuß der Gegenwart», «wenn wir endlich auch die Schönheit jedes Teilchen der besonderen Dinge und die genauesten Verhältnisse derselben anfüllen und vergöttern sehen ..., was wir gewöhnlich mit einem fremden Worte G., mit einem deutschen aber am besten A. nennen» [25].

HEGELS Bestimmung der G. gibt wie die WINCKELMANNS einen Maßstab zur Periodisierung der Kunstgeschichte an die Hand: Nach Winckelmann ist der «ältere Stil» «ohne G.» [26]; nach Hegel «verschmäht» der ältere «strenge Stil» «die Lieblichkeit und A.» [27]. Der «schöne Stil» dagegen besitzt für Winckelmann G. [28] wie für Hegel «der ideale, rein schöne Stil», dessen «Charakter» «die höchste Lebendigkeit in einer schönen stillen Größe» ist [29]. «Die G. ist ein Herübersichwenden zum Zuhörer, Zuschauer, das der strenge Stil verschmäht. Doch wenn sich die Charis, Gratia nur auch als einen Dank, eine Gefälligkeit gegen einen anderen erweist, so bleibt sie doch in dem idealen Stile durchaus von jeder Sucht zu gefallen frei» [30]. Der Einfluß von Winckelmanns Bestimmung der «niederen G.» wird bei Hegel deutlich: «Diese lässet sich herunter von ihrer Hoheit, und machet sich mit Mildigkeit ohne Erniedrigung denen, die ein Auge auf dieselbe werfen, teilhaftig: sie ist nicht begierig zu gefallen, sondern nicht unerkannt zu bleiben» [31]. Hegels Zutat ist die spekulative Erklärung, welche die G. als den Prozeß aufweist, den die «Sache» als das «konzentrierte Substantielle, für sich Abgeschlossene» leistet, «indem sie ... durch die Kunst in die Erscheinung hereintritt». «Diese Fortentwicklung zur Existenz für andere» ist «gleichsam als eine Gefälligkeit von seiten der Sache anzusprechen, insofern sie für sich dieses konkreteren Daseins nicht zu bedürfen scheint». Das traditionelle Moment der ‹naiven› Unbewußtheit der G. (wie es sich besonders ausgeprägt bei Kleist findet) bewahrt Hegels spekulative Erklärung: «Solch eine A. darf sich jedoch auf dieser Stufe nur geltend machen, wenn das Substantielle zugleich, als in sich gehalten, auch unbekümmert gegen seine G. der Erscheinung dasteht, welche nur nach außen, als eine erste Art von Überfluß, erblüht. Diese Gleichgültigkeit der inneren Zuversicht für sein Dasein, diese Ruhe seiner in sich selbst ist es, was die schöne Nachlässigkeit der G. ausmacht, welche unmittelbar keinen Wert in diese ihre Erscheinung legt» [32].

Für SCHOPENHAUER ist G. die Bewegung, die dem Willen als körperliche Äußerung rein entspricht [33]. Er bezieht sich auf WINCKELMANNS Bestimmung: «Die G. ist das eigentümliche Verhältnis der handelnden Person zur Handlung» [34]. – F. TH. VISCHER geht bei seiner Definition der G. oder A. von der harmonischen Durchdringung der Form des Gegenstandes durch die Idee als «absolute Tätigkeit» aus; sie wiederholt sich in der Suche des Subjekts nach «freier Harmonie»; ihr fließt «der Gegenstand durchaus homogen entgegen», «indem er es [das Subjekt] durch die Sinnlichkeit und in derselben geistig erfüllt und befriedigt. Diese Bewegung im Schönen als harmonisches Hinüberfließen in das Subjekt heißt A. oder G.» [35]. – NIETZSCHE bewahrt noch die traditionelle Harmonie von Körper und Geist in der G.: «Sie ist Toleranz des Herzens in Bewegung und Gebärde» [36]. – E. VON HARTMANN dagegen unterscheidet die «‹Bewegungs›-Grazie oder ‹körperliche› Grazie», die «relativ formale G. der aktiven funktionellen Zweckmäßigkeit», von der «relativen inhaltlichen seelischen G.»; nur die «seelische A.» und die mit ihr verbundene «individuelle Harmonie der Triebe» könne «mit dem Ausdruck ‹schöne Seele›» bezeichnet werden [37]. – J. VOLKELT differenziert A. und G. aufgrund des «Sprachgefühls»: Das Wort ‹G.› könne nur noch auf «Bewegungen von Menschen und Tieren» angewandt werden, denn «in dem Ausdruck ‹G.› liege «etwas, was nicht an die hohe edle A. heranreiche» [38]. – R. BAYER entwickelt ein ‹System› der G., das auf alle Künste angewandt wird. Eine Deutung der Tradition geht dem voraus: «Unterschiedslos orientiert der Idealismus seine Spekulation auf die kongeniale und tiefe Verwandtschaft, auf die wesentliche Identität von G. und Liebe hin» [39]. Theoretische Grundlage der Untersuchung ist eine «objektive Ästhetik», die sich am Phänomenalen orientiert [40]. – N. HARTMANN bestimmt «das Anmutige» oder die A. durch den Gegensatz, in dem es mit «seinen Spezies: dem Reizenden ..., dem Graziösen ...» zum Erhabenen steht [41].

Anmerkungen. [1] J. G. HERDER: Schulrede (1765). Werke, hg. B. SUPHAN 30, 14ff. – [2] a. a. O. 17; vgl. PLATON, Symp. 180 d; J. J. WINCKELMANN: Gesch. der Kunst des Altertums (1764). Werke, hg. J. EISELEIN (1825ff.) 5, 217f. – [3] HERDER, a. a. O. [1] 17. – [4] 32f.; vgl. A. G. BAUMGARTEN: Metaphysica (⁴1757) 187, § 533. – [5] I. KANT an Herder (9. 5. 1767). Akad.-A. 10, 70. – [6] HERDER, a. a. O. [1] 17, 389. – [7] J. G. SULZER: Allg. Theorie der schönen Künste (²1792-94, ND 1967-70) 88-90: Art. ‹Reiz›. – [8] J. G. JACOBI: Charmides und Theone, oder die sittliche G. (¹1773). Werke 1/2 (1825) 74. – [9] a. a. O. 141; vgl. FR. NIETZSCHE, Die Geburt der Tragödie. Werke, hg. K. SCHLECHTA 1 (1954) 26f. – [10] K. PH. MORITZ: Götterlehre ... (²1795) 240; vgl. PLATON, Symp. 215 b. – [11] FR. SCHILLER: Über A. und Würde (1793). National-A. 20, 286; vgl. KANT, Akad.-A. 6, 23f. Anm. – [12] SCHILLER, a. a. O. 288. – [13] J. G. FICHTE: Über Geist und Buchstabe in der Philos. (1794). Werke, hg. I. H. FICHTE 3/3, 295f. – [14] W. V. HUMBOLDT: Über die männliche und weibliche Form (1795). Ges. Schriften, hg. A. LEITZMANN 1 (1903) 335. – [15] Vgl. A. HIRT: Laokoon. Die Horen 3 (1797, ND 1959) 952. – [16] J. W. GOETHE: Über Laokoon (1798). Hamburger A. 12, 57; vgl. an Boisserée (16. 1. 1818). Weimarer A. IV/29, 12f.; FR. SCHILLER an Goethe (7. 7. 1797). Briefe, hg F. JONAS 5, 216f. – [17] F. BOUTERWEK: Ästhetik (¹1806, ²1815) 136. – [18] a. a. O. 142f. – [19] F. W. J. SCHELLING: Philos. der Kunst. Werke, hg. K. F. A. SCHELLING (1856-61) 5, 609. – [20] Über das Verhältnis der bildenden Künste zu der Natur (1807) a. a. O. 7, 306. – [21] H. V. KLEIST: Über das Marionettentheater (1810). Werke, hg. H. SEMBDNER 2 (²1961) 342ff. – [22] FR. SCHILLER: Über naive und sentimentalische Dichtung. National-A. 20, 425f.; vgl. dagegen CHR. M. WIELAND: Die Grazien, in: Dtsch. National-Lit. 51: Wielands Werke 1, hg. H. PRÖHLE (1887) 51. 74f. – [23] C. A. ESCHENMAYER: Psychol. (1817) 320f. – [24] K. W. F. SOLGER: Vorles. über Ästhetik, hg. K. W. L. HEYSE (¹1829, ND

1969) 90. – [25] Vgl. Erwin (1815) 1, 238. – [26] WINCKELMANN, a. a. O. [2] 192. – [27] G. W. F. HEGEL, Ästhetik, hg. F. BASSENGE 2 (1955) 10. – [28] WINCKELMANN, a. a. O. [2] 5, 213. – [29] HEGEL, a. a. O. [27] 10f. – [30] 11. – [31] WINCKELMANN, a. a. O. [2] 5, 218; zu G. als Maßstab der Periodisierung vgl. Brief an W. v. Stosch (28. 10. 1757), in: Briefe, hg. W. REHM 1 (1952) 311f. – [32] HEGEL, a. a. O. [27] 11. – [33] A. SCHOPENHAUER, Die Welt als Wille und Vorstellung I. Werke, hg. A. HÜBSCHER 2 (1949) 264. – [34] J. J. WINCKELMANN: Von der G. (1759) a. a. O. [2] 1, 218. – [35] F. TH. VISCHER: Ästhetik 1 (1846) 184. – [36] FR. NIETZSCHE: Menschliches, Allzumenschliches (1879) a. a. O. [9] 1, 835 (258). – [37] E. V. HARTMANN: Philos. des Schönen 2 (1887) 296f. – [38] J. VOLKELT: System der Ästhetik 2 (1910) 205. – [39] R. BAYER: L'esthétique de la grâce. Introduction à l'étude des équilibres de structure 1, 2 (Paris 1933) 1, 14. – [40] L. LANDRY: Rez. R. Bayer. Rev. philos. 118 (1934) 404-413, zit. 410. – [41] N. HARTMANN: Ästhetik (1953) 390.

Literaturhinweise. ZEDLER: Großes vollständiges Universal Lex. aller Wiss. ... (1735) 616-618: Art. ‹Gratia›. – J. u. W. GRIMM: Dtsch. Wb. 1, 409f.: Art. ‹A.›; 4, 2245f.: Art. ‹G.›. – J. NICKEL: Stud. zum Wortgebrauch Goethes: A., anmutig (Diss. Berlin 1955). – B. v. WIESE: Das verlorene und wieder zu findende Paradies. Stud. über den Begriff der A. bei Goethe, Kleist und Schiller, in: Von Lessing bis Grabbe (1968) 162-190. H. ABELER

Grenzbegriff heißt ein Begriff von etwas, zu dem zwar menschliche Erkenntnis nicht zukann, das aber gerade dadurch die Grenzen menschlicher Erkenntnis kenntlich und geltend macht und zu diesem negativen Zwecke gedacht werden muß.

1. Der Terminus gilt als Prägung KANTS; für diesen ist – an der einzigen Stelle seines bei Lebzeiten veröffentlichten Werks, an der das Wort ‹G.› vorkommt – «der Begriff eines Noumenon ... bloß ein G., um die Anmaßung der Sinnlichkeit einzuschränken, und also nur von negativem Gebrauche. Er ist aber gleichwohl nicht willkürlich erdichtet, sondern hängt mit der Einschränkung der Sinnlichkeit zusammen, ohne doch etwas Positives außer dem Umfang derselben setzen zu können» [1]. Im handschriftlichen Nachlaß definiert Kant: «Der Vollendungsbegriff ist das letzte in der Vermehrung und entspringt aus dem Begriff *alles*, sowohl in der synthesi als analysi. Der G. ist das, was übrig bleibt in der Verminderung der conditionum» [2]; in der Metaphysikvorlesung sind Beispiele dafür: «in dem Verhältnisse der Substanz zum Accidens ... das Substantiale, was kein Accidens mehr von einem andern ist. – In dem Verhältnisse der Ursache und Wirkung ist die Erste Ursache der G., der kein causatum alterius ist. – In dem ... Verhältnisse des Ganzen zu den Theilen ist dasjenige Ganze, das kein Theil mehr von andern ist, der G.; und das ist der Begriff der Welt» [3]. Der Terminus hat verschiedene – voneinander nicht unabhängige – Rezeptionsschicksale gehabt: die infinitesimale, die regulativ-heuristische und die engagierte Interpretation von G.

2. *Infinitesimale Interpretation.* – Die geschichtsphilosophischen Altkantianer um 1800 hatten, weil sie den Begriff ‹Ding an sich› liquidieren wollten und der kantische Terminus ‹G.› – der ihm eine Restbedeutung gesichert hätte – ihnen nur in diesem Kontext bekannt war und dort suspekt sein mußte, offenbar kein Rezeptionsinteresse: weder FICHTE noch SCHELLING noch HEGEL haben ihm Aufmerksamkeit gewidmet. Darum hatte er Rezeptionschancen zunächst einzig dort, wo durch die metaphysische Wendung der «Grenzmethode» des Infinitesimalen – wie das von LEIBNIZ her in der Schule WOLFFS insbesondere bei BAUMGARTEN versucht wurde – gegen die Vorherrschaft der cartesianischen Extension Realität durch eine «Mathesis Intensorum» [4] begriffen werden sollte: hier hat S. MAIMON ausdrücklich [5] und unter ausdrücklicher Verwendung des Terminus ‹G.› [6] mit seiner Deutung der Dinge an sich als «Differentiale des Bewußtseins» angeknüpft; das scheint HERBART mit seiner Theorie der «einfachen Reale» fortgesetzt und COHEN 1883 in seiner Untersuchung über ‹Das Prinzip der Infinitesimalmethode und seine Geschichte› in jeder Beziehung zu Ende gedacht zu haben: es «korrigiert der G. den Begriff der Gleichheit» [7] und ist wegen der «systematischen Verwandtschaft zwischen dem Unendlichkleinen und der Empfindung» [8] als «arithmetische Vorstufe des Intensiven» [9] «ein unverächtliches Mittel, die leidige Frage von dem Ding an sich zu erledigen» [10], indem – mit Rücksicht aufs Intensive – «das Differential die Realität als eine konstituierende Denkbedingung geltend macht» und «das Integral das Reale als Gegenstand [bezeichnet]» [11]. Dieses – schon in Cohens Spätwerk nur mehr abgeschwächt vertretene [12] – modifizierte Leibnizmotiv im Neukantianismus scheint – insbesondere wegen der Einsprüche FREGES und RUSSELLS [13] – seither nicht weiterverfolgt worden zu sein.

3. *Regulativ-heuristische Interpretation.* – Demgegenüber wurde und blieb der Terminus ‹G.› sofort nach 1865 hochbedeutsam, als – bei LIEBMANN – sich der Verdacht durchsetzte, die geschichtsphilosophischen Altkantianer, die «Epigonen», seien mit dem «Ding an sich» – einem bereits von Kant verschuldeten Scheinproblem – nicht fertiggeworden: es hatte schon «Kant das dunkle Bewußtsein, daß er hier mit seiner Lehre nicht ganz sicher ist ... Deshalb nennt er auch das ‹Ding an sich› einen ... G. ... Aber abgesehen davon, daß dieser ‹negative› Begriff nachher eine sehr positive Bedeutung erhält, kann das letzte, äußerste Ziel unseres Intellects überhaupt kein Begriff sein, sondern nur eine unbeantwortete Frage, ein ungelöstes Rätsel» [14]. Darum haben die naturwissenschaftsphilosophischen Neukantianer – ansatzweise LANGE [15], am energischsten wiederum COHEN [16] – den G. als unendliche Aufgabe interpretiert unter dem Aspekt, daß ein G. dabei gerade das akzentuiert, was der Wissenschaftszugriff schuldig bleibt und bleiben muß: die Philosophie der G.e und die Philosophie der transzendentalen Ideen werden hier deckungsgleich. Durch diese «Aequipollenz der ... Begriffe ... des Ding an sich, des Unbedingten, der Idee, des G., der systematischen Einheit» [17] wird Natur zum G. der mathematischen Naturwissenschaft, Kultur zum G. der Naturforschung usf.: G.e sind «regulative Prinzipien» [18], indem sie gerade das Unlösbare an Aufgaben geltend machen. Der Einsatz des G. unterstützt so die genuin neukantianische Inversion von Wegen bzw. Methoden und Zielen: der sichere Gang der Wissenschaft dient hier gerade nicht mehr der Erreichung der durch G.e gerade als unerreichbar deklarierten Totalziele, vielmehr dient umgekehrt die Aufstellung dieser einzig dem sicheren Gang der Wissenschaft; gegenüber der Forderung, die damit ergeht, ist die Frage nach der Wirklichkeit oder Unwirklichkeit der Totalziele selber fast gleichgültig. Darum – diese Konsequenz hat VAIHINGER gezogen – bilden die G.e eine Teilmenge der Menge der heuristisch oder lebenspraktisch notwendigen Fiktionen [19]. Erst dem durch N. HARTMANN ontologisch gewendeten Neukantianismus ist durch seine Rehabilitierung der «Dinge an sich» die Fortführung dieses Gebrauchs des Terminus ‹G.› verwehrt. Der aber hat sich inzwischen – bei RICKERT – zur Platzhalterbezeichnung für das «Atheoretische» [20] und – bei H. SCHWARZ – zum geheimen Zentralbegriff einer «Philosophie des Ungegebenen» [21] gewandelt und ist zu-

gleich allenthalben in der Philosophie [22] und ihrer Alltagssprache heimisch geworden.

4. *Engagierte Interpretation.* – So wird der Terminus ‹G.› nunmehr – im 20. Jh. – auch für die Diskussion der individuellen und politischen Lebenswelt bedeutsam. JASPERS' Existenzerhellung impliziert «Grenzbewußtsein» [23]; die «objektivierenden Analysen ... stoßen an Grenzen, an denen fühlbar wird, was ihnen selbst nicht zugänglich ist» [24]: Existenz und Transzendenz; sie sind «Grenzgedanken» [25], über die entschieden wird, wo die «Existenz» in «Grenzsituationen» [26] existiert: in individuell äußersten Lagen. G. für politisch äußerste Lagen verlangt C. SCHMITT: »Souverän ist, wer über den Ausnahmezustand entscheidet. Diese Definition kann dem Begriff der Souveränität als einem G. allein gerecht werden. Denn G. bedeutet nicht einen konfusen Begriff wie in der unsauberen Terminologie populärer Natur, sondern einen Begriff der äußersten Sphäre. Dem entspricht, daß seine Definition nicht anknüpfen kann an den Normalfall, sondern an einen Grenzfall» [27]. Demgegenüber erhält sich, quasineukantianisch gewendet, der Gedanke des G. auch – in den Zonen der Identität von Existenzerhellung und politischer Theologie: im Kontext negativer Dialektik – bei ADORNO etwa dort, wo «Erlösung» zum Mittel wird, die Entfremdung zu denken: «Gegenüber der Forderung, die damit ... ergeht, ist ... die Frage nach der Wirklichkeit oder Unwirklichkeit der Erlösung selber fast gleichgültig» [28]: sie ist ein negativ dialektischer Begriff, eben ein G.

Anmerkungen. [1] KANT, KrV A 255, B 310f.; zur Sache vgl. Prolegomena §§ 57-59. – [2] Akad.-A. 17, 581. – [3] a. a. O. 28/1, 195. – [4] A. G. BAUMGARTEN: Met. (1757) § 249. – [5] S. MAIMON: Versuch über die Transscendentalphilos. (1790). Ges. Werke hg. V. VERRA 2, 27f. 239 u. ö. – [6] a. a. O. 28. 76. 192. – [7] H. COHEN: Das Prinzip der Infinitesimalmethode und seine Gesch. (1883, ND 1968) 144. – [8] a. a. O. 163f. – [9] 167. – [10] 210. – [11] 209. – [12] Logik der reinen Erkenntnis (1902) 106ff. 255ff. – [13] Vgl. a. a. O. [7] 34f.: Einl. von W. FLACH. – [14] O. LIEBMANN: Kant und die Epigonen (1865) 65. – [15] F. A. LANGE, Gesch. des Materialismus (1866, ⁸1908) 2, 100. – [16] H. COHEN: Kants Theorie der Erfahrung (1871, ²1885) 501-526, bes. 507ff. – [17] a. a. O. 512; vgl. 516. – [18] 514ff. – [19] H. VAIHINGER: Die Philos. des Als-Ob (1911, ³1918) 170; vgl. 109ff. – [20] H. RICKERT: System der Philos. 1 (1921) 212ff. – [21] H. SCHWARZ: Das Ungegebene (1921). – [22] Vgl. B. KERRY: System einer Theorie der G.e (1910). – [23] K. JASPERS: Von der Wahrheit (1947) 382ff. – [24] Philos. (1932, ³1956) 1, 12. – [25] a. a. O. 1, 146. – [26] 2, 201ff. – [27] C. SCHMITT: Polit. Theol. (²1934) 11. – [28] TH. W. ADORNO: Minima Moralia (1951) 481. O. MARQUARD

Grenze (Peras). Das Gegensatzpaar Grenze (πέρας), Begrenztes (πεπερασμένον) einerseits und Unbegrenztes (ἄπειρον [1]) andererseits zählt nach ARISTOTELES [2] zu den Grundprinzipien der *älteren Naturphilosophen*, die es in folgenden Bereichen diskutieren: 1. der Zeit, 2. der Größe, 3. des Entstehens und Vergehens der Dinge, 4. der fortgesetzten Aneinanderreihung begrenzter Dinge, 5. der gedanklichen Operationen (νόησις) bei der Konstruktion von Zahlen und geometrischen Größen sowie bei Überlegungen zu Größe und Anzahl der Welten und Elemente [3]. Sie behandeln das Problem der Begrenztheit der Welt mit unterschiedlichen Ergebnissen: eine Gruppe (ANAXIMANDER [4]) nimmt einen einzigen, qualitativ unbestimmten, räumlich begrenzten Urstoff, eine weitere (EMPEDOKLES [5]) eine endliche Zahl von Elementen und einen räumlich begrenzten Kosmos, eine dritte (ANAXAGORAS [6] und DEMOKRIT [7]) eine unendliche Zahl von Grundbestandteilen, eine vierte (DIOGENES VON APOLLONIA [8]) eine Unendlichkeit der Welten an [9]. MELISSOS [10] behauptet die räumliche und zeitliche Grenzenlosigkeit (Ewigkeit) der Welt. Für PARMENIDES [11] ist das Seiende begrenzt, da es als «unbedürftig» und «vollendet» in sich abgeschlossen sein muß. PHILOLAOS [12] bekämpft die Apeirontheorien mit dem Argument, daß Unbegrenztes weder denkbar noch erkennbar sei, und führt die Zahl als begrenzendes Prinzip ein, das Unterscheidbarkeit und damit Erkennbarkeit ermöglicht.

PLATON zählt die G. zu den vier Arten des Seienden und sieht in ihr das Prinzip, das die Schlechtigkeit und Unüberschaubarkeit des Apeiron im Bereich der Zahlen, Dinge und Handlungen (das Luststreben kennt keine G.) aufhebt in Schönheit, Gesetz und Ordnung [13]; nach der Kosmogonie des ‹Timaios› werden die ungeformten Grundbestandteile der Welt (Seiendes, unbegrenzter Raum, Werden) durch geometrisch-stereometrische Formen im einzelnen begrenzt und zum durchgängig bestimmten Kosmos zusammengefügt [14].

Die von Platon zum Zweck einer abschließbaren Begründung geforderte Begrenzung der Argumentation [15] und Festlegung des Wortgebrauchs [16] macht den Kern der ausführlichen [17] Perastheorie des ARISTOTELES aus, der das Moment der Unbestimmbarkeit des Unbegrenzten in den Vordergrund stellt: Er bestreitet die «wirkliche» Existenz wahrnehmbarer [18] und nicht wahrnehmbarer [19] unendlicher Gegenstände («das Unendliche») sowie die sinnvolle Verwendung des Wortes ‹unendlich› als Prädikat 1. unter Rekurs auf die Festlegung der Worte ‹teilbar›, ‹Körper›, ‹Ort›, ‹Größe›, ‹Ganzes› und ‹G.› [20], 2. mit dem Hinweis darauf, daß nur Begrenztes erkennbar sei [21], daß die Abgrenzung erst die Konstitution der Gegenstände ermögliche [22]; Unendliches gebe es nur «der Möglichkeit nach» [23] als fortlaufende Abfolge von Schritten, die nicht in der Sache, sondern nur in unseren gedanklichen Operationen ihren Grund haben [24]; das gelte insbesondere von den sogenannten unendlichen Mengen und Größen der Mathematik, die über (in jedem Schritt finite) Konstruktionen gewinnbar sein müßten [25]. Die Begrenzung der Argumentation ist für ihn eine unverzichtbare Bedingung begründender Rede, da ein progressus in infinitum (εἰς ἄπειρον ἰέναι) gesichertes Wissen ausschließt [26].

Das argumentationstheoretische Element der Perasdiskussion wird von den *Stoikern* weiter ausgebildet (z. B. in CHRYSIPPS Werk Περὶ τῶν περαινόντων λόγων [27]), die allerdings der Sprachtheorie gegenüber der Logik den Vorrang geben [28].

Anmerkungen. [1] Vgl. Art. ‹Apeiron› 1, 433ff. – [2] ARISTOTELES, Phys. III, 4, 203 a 1-b 2; vgl. Met. I, 5, 986 a 23ff. – [3] Phys. 203 b 15-30. – [4] ANAXIMANDER, VS (¹²1966) 1, 89: B 1. 3. – [5] EMPEDOKLES, VS 1, 287: A 28; 1, 329: B 38; 1, 338: B 71. – [6] ANAXAGORAS, VS 2, 32: B 1. – [7] ARIST., De gen. et corr. I, 1, 314 a 22ff. – [8] DIOGENES VON APOLLONIA, VS 2, 53, 29ff.: A 10. – [9] Vgl. H. WAGNER: Arist., Physikvorles., Übers. und Komm. (1967) 502. – [10] MELISSOS, VS 1, 268, 9-269, 15: B 2-4. – [11] PARMENIDES, VS 1, 237, 6-239, 4: B 8, 26-49. – [12] PHILOLAOS, VS 1, 406, 24-412, 14: B 3-4. 6-15. – [13] PLATON, Phileb. 25 b 5-27 e 9. – [14] Tim. 52 d 2-57 d 6. – [15] Theait. 179 d 6-180 b 3. – [16] Soph. 261 a 8-b 4; vgl. Phileb. 19 d 6-e 5. – [17] ARIST., Phys. III, 4-8; De caelo I, 5-7; Met. II, 2; V, 17; XI, 10. – [18] Phys. III, 5, 204 b 1ff.; 205 a 8ff. – [19] a. a. O. 204 a 8f. – [20] 204 a 9ff. b 4ff. 205 a 10ff. 206 a 3ff. 207 a 8ff. a 14f. – [21] 205 b 30; III, 6, 207 a 25ff. – [22] Met. V, 17, 1022 a 8ff. – [23] Phys. III, 6, 206 a 18f. b 12ff. – [24] a. a. O. 206 a 27ff.; III, 8, 208 a 15ff. – [25] III, 5, 204 b 7-10; III, 7, 207 b 11f. b 27ff. – [26] Vgl. H. BONITZ: Index Aristotelicus (ND 1961) 74 b 41-58. – [27] CHRYSIPP, SVF 2, 7, 10, Nr. 15. – [28] Vgl. SVF 4, 113 b, s.v. PERANTIKOS (LOGOS).

Literaturhinweise. L. REICHE: Das Problem des Unendlichen bei Arist. (1911). – O. BECKER: Math. Existenz (1927). – A. EDEL:

Aristotle's theory of the infinite (New York 1934). – J. Mau: Zum Problem des Infinitesimalen bei den antiken Atomisten (1954). – R. Mondolfo: L'infinito nel pensiero dell'antichità classica (1956). – L. Sweeney: L'infini quantitatif chez Arist. Rev. philos. Louvain 58 (1960) 504-528. – F. Solmsen: Anaximander's infinite. Arch. Gesch. Phil. 44 (1962) 109-128. – A. Charles: Note sur l'ἄπειρον chez Plotin et Proclus. Ann. Fac. Lettres ... d'Aix 43 (1967) 147-161. – Th. G. Sinnige: Matter and infinity in the presocratic schools and Plato (1968). – K. v. Fritz: Das ἄπειρον bei Arist., in: Naturphilos. bei Arist. u. Theophrast, hg. I. Düring (1969) 65-84. – D. J. Furley: Arist. on the atomists on infinity a. a. O. 85-96. – O. Gigon: Die ἀρχαί der Vorsokratiker bei Theophr. und Arist. a. a. O. 114 bis 123.   M. Gatzemeier

Grenze, Schranke. Beide Ausdrücke sind durch Leibniz' metaphysische Deutung der Dynamik und durch die Übersetzung ihrer lateinischen Lehrmodifikationen während des 18. Jh. ins deutsche Vokabular der Philosophie gekommen. Sie nehmen nur zu einem Teil die Bedeutungsmannigfaltigkeit auf, die in Platons πέρας gelegen war und die das diesbezügliche ποσαχῶς λέγεσθαι (in mannigfacher Bedeutung Ausgesagtwerden) des Aristoteles terminologisch zu differenzieren genötigt hatte [1].

‹Schranke› (Sch.) stellt die Übersetzung für ‹Limes› dar (oder für ‹terminus› in ontologischer Bedeutung) und dient zur Definition der endlichen Dinge [2]. Sie ist deren jeweiliger Realitätsgrad, über den hinaus ein größerer möglich ist. Variation der unwesentlichen Sch. innerhalb der wesentlichen ist Veränderung eines endlichen Dinges. Dieses ist – der Leibnizschen Bestimmung der Substanzen als Kraft entsprechend – in steter Bemühung, seine Einschränkung zu ändern. Mit dem Gedanken einer natürlichen Ordnung der Dinge verbunden bedeutet ‹Sch.› daher auch den Grad, über den die Wirkung eines Dinges nicht hinausgehen soll.

‹Grenze› (G.) wurde zunächst in der Entwicklung des Infinitesimalkalküls zum festen, den Grenzwert einer konvergenten Folge bezeichnenden Begriff. Dieser Begriff scheint seinerseits den umgangssprachlichen Gebrauch des Ausdrucks ‹G.› beeinflußt zu haben. Denn erst mit dem 18. Jh. wird ‹G.› häufig in abstrakter Bedeutung gebraucht und zu gleicher Zeit so, daß dabei von einem jenseits der G. Gelegenen mehr oder weniger abgesehen wird, die Bedeutung sich also derjenigen von ‹Sch.›, ‹Abschluß› annähert [3]. Dementsprechend ist auch in der Philosophie des 18. Jh. ‹G.› zuweilen synonym mit ‹Sch.›. Die sorgfältigere Verwendung bezieht den Ausdruck jedoch auf quantitative (raumzeitliche) Strukturen [4]. ‹Sch.› (limes) ist reiner Verstandesbegriff, ‹G.› (terminus) ein mathematischer Begriff [5].

Folgenreicher für die vor allem bei Kant zutage tretende Bemühung, zwischen ‹Sch.› und ‹G.› zu differenzieren, wurde indes, daß Leibniz die Infinitesimalmethode mit der Lehre von den Monaden verbunden und die Monaden nicht als durch andere ihrer Art [6], sondern als durch sich selbst limitiert betrachtet hatte [7]. Auf die erstere, spinozistische Auffassung von einem Endlichen wird ‹Sch.› bezogen. Sie ist Einschränkung eines Größten, bloße Negation, Mangel. G. dagegen sind «Negationen, welche die größere mögliche Hinzutuung ausschließen» [8]. Sie setzen fest, wo das Begrenzte in seinem inneren Aufbau oder Fortgang vollendet ist. Sie sind daher zugleich etwas Positives im Raum oder der Zeit und enthalten den Grund der Sch. [9].

Dieser Begriff der G. wurde von Kant auf den Bereich der Phänomene restringiert [10], zugleich aber zur Präzisierung der empiristischen Rede vom beschränkten Umfang der menschlichen Erkenntnis [11] gebraucht: «In der Mathematik und Naturwissenschaft erkennt die menschliche Vernunft zwar Sch., aber keine G., d. i. zwar, daß etwas außer ihr liege, wohin sie niemals gelangen kann, aber nicht, daß sie selbst in ihrem inneren Fortgange irgendwo vollendet sein werde.» Metaphysik dagegen führt auf G. des reinen Vernunftgebrauchs und zeigt uns «die Art, solche zu bestimmen», worin ihr eigentlicher Zweck liegt [12].

J. G. Fichte, der diesen Zweck ausführen wollte, hat dementsprechend das philosophische Begreifen bis zu seiner G. zu entwickeln versucht, und zwar so, daß «sein vollendetes Sichbegreifen» «eben das Begreifen dieser G.» ist [13]. Die G. verweist aus sich heraus auf dasjenige, was jenseits ihrer liegt: das Eine, göttliche Leben; aber was die G. *macht*, ist nun nicht mehr ein jenseits der Erscheinung liegendes Ding [14], sondern die Selbstbegrenzung des Ich, zu der dessen ins Unendliche hinausgehende Tätigkeit angestoßen wird [15]. G. wird hier nicht mehr primär auf quantitative Strukturen bezogen, sondern vor allem auf die Beziehung zwischen dem qualitativ Endlichen und Unendlichen. Sie ist das beiden Gemeinschaftliche. Beide treffen dort zusammen, wohin in die Unendlichkeit das Ich die G. setzt, die es in die Unendlichkeit hinaus erweitern kann und zu erweitern strebt [16]. Sch. dagegen ist das Produkt des zum dritten Grundsatz gehörigen, fundamentalen Begriffs der gegenseitigen Einschränkung von Realität und Negation, die durch Teilbarkeit beider möglich wird [17].

Auch für Hegel, der die Metaphysik der Sch. und G. am differenziertesten entwickelte, ist der Gedanke der Selbstbegrenzung der Vernunft systemscheidend geworden [18] und unerläßlich damit die Entwicklung eines Begriffs der qualitativen, vom mathematischen limes unterschiedenen G. [19]. Und auch hier wird dieser Begriff bedeutsam für den Zusammenhang des Endlichen und Unendlichen. Aber im Unterschied zu Fichte hat Hegel ihn nicht mit Bezug auf die Tätigkeit des Ich entwickelt, sondern aus seinen nächstliegenden Beziehungen zu anderen Begriffen (was ihn zur Interpretation der antiken Peras-Lehre tauglich machte [20]). Und vor allem hat er ihn dazu gebraucht, den Begriff des Endlichen allererst abzuleiten, anstatt durch ihn die Einheit des Endlichen und Unendlichen als das bloß Gemeinschaftliche beider zu denken und damit beide auch als zwei für sich Bestehende zu bestimmen, die absolut eins nur werden *sollen* [21]. Für Hegel ist G. primär die innere Bestimmtheit, die *Etwas* mit seinem Anderen sowohl zusammenschließt als auch von ihm abscheidet. Diese zwiespältige Funktion der G., etwas und ein anderes zu «ideellen» Momenten eines Ganzen zu machen und beide zugleich qualitativ verschieden bleiben zu lassen, hat für den Begriff des Etwas Konsequenzen, die schließlich darin resultieren, daß das Etwas über sich hinaus auf sein Nichtsein weist und in dieses übergeht. Es wird zum Endlichen, das dadurch gekennzeichnet ist, daß es vergeht [22].

An der systematischen Stelle des Fichteschen Begriffs der *Sch.*, der für Hegel ohnehin durch die Teilbarkeit diskreditiert war, steht nun das Etwas als bloße Negation der Negation, die noch nicht durch Relation auf Anderes bestimmt ist. ‹Sch.› dagegen bezeichnet für Hegel diejenige G., die dem Endlichen als solchem immanent ist. Sie ist von der G. des Etwas dadurch unterschieden, daß sie vom Endlichen negiert wird, obwohl sie ihm auch wesentlich ist. Das Endliche stößt gewissermaßen an sie. Aber es hat nicht nur überhaupt eine negative Beziehung auf seine G., sondern es ist auch sein Ansichsein, das diese Beziehung hat. Als solches ist sein Ansichsein *Sollen*. Das Endliche ist deshalb zugleich über seine Sch. erhaben und geht über sie hinaus. Dabei sind beide, Sch. und Sollen, derart aufeinander bezogen und einander entgegengesetzt, daß das Vergehen des Endlichen ins Unendliche geht [23]. So dient ihre Dialektik dazu, den Standpunkt Fichtes auf den Begriff zu bringen und der Kritik zu unterwerfen [24].

Außerhalb der Philosophie der Mathematik, deren Grenzwertbegriff einer gesonderten Darstellung bedarf [25], wurde der Begriff ‹G.› nach dem Ende des spekulativen Idealismus nur noch für die Entstehung des Neukantianismus bedeutsam. Im Gegenzug gegen Hegel hat H. COHEN auf den Grenzbegriff des Infinitesimalkalküls zurückgegriffen und in ihm ein «Prinzip schöpferischer Kontinuität» zu entdecken geglaubt: die unendlich kleine, kontinuierliche Einheit als Ursprung, die aus sich das Endliche erzeugt und positive, schöpferische Bedeutung in die Begrenzung bringt [26]. Inzwischen hatte sich in der Mathematik jedoch herausgestellt, daß die Grenzmethode das Infinitesimale nicht zur Voraussetzung hat. Von dieser Einsicht aus hat B. RUSSELL Cohens Versuch, Kontinuität durch das Infinitesimale zu erklären, als unnötig, irrig und selbstwidersprüchlich zurückgewiesen [27].

In jüngster Vergangenheit haben vor allem K. JASPERS [28] und M. HEIDEGGER [29] den Begriff der G. gebraucht, ohne indes seine Bedeutung näher zu bestimmen.

Anmerkungen. [1] ARISTOTELES, Met. V, 17. – [2] CHR. WOLFF: Vernünftige Gedanken von Gott ... (²1751) §§ 106ff.; Philos. prima, sive Ontologia (1736) § 468; A. G. BAUMGARTEN: Met. (1757) § 248f.; G. F. MEIER: Met. (1755) 1, § 190f. – [3] GRIMM IV/I, 6 (1935) 134f. – [4] MEIER, a. a. O. [2] 2, § 306. – [5] I. KANT: Vorles. über die Met., hg. K. H. SCHMIDT (1924) 40. – [6] B. SPINOZA, Ethica I, def. 2. – [7] G. W. LEIBNIZ, Philos. Schriften, hg. C. J. GERHARDT (1879) 2, 257. – [8] KANT, Akad.-A. 17, Refl. 4322. – [9] Prolegomena (Riga 1783) § 57; De mundi sensibilis ... (1770) § 15 Cn; Refl. 4319; Die philos. Hauptvorles., hg. A. KOWALEWSKI (1924) 558. – [10] Vorles. a. a. O. [5] 40. – [11] Vgl. z. B. J. LOCKE, An essay conc. human understanding IV, 3. – [12] KANT, Prolegomena § 57. – [13] J. G. FICHTE, Werke, hg. F. MEDICUS (1962) 4, 230. – [14] KANT, Refl. 4958. – [15] FICHTE, a. a. O. [13] 1, 405. – [16] 1, 406ff. 451. 462. – [17] 1, 302f. – [18] G. W. F. HEGEL, Werke, hg. H. GLOCKNER (1927) 1, 143; Phänomenol., hg. J. HOFFMEISTER (1952) 563. – [19] Vgl. Wiss. der Logik, hg. G. LASSON (1934) 1, 113ff. 195ff. – [20] Werke a. a. O. [18] 17, 310ff. 331. 350; 18, 238f.; 19, 81ff. – [21] Vgl. Jenenser Logik, Met. und Naturphilos., hg. G. LASSON (1923) 1f. – [22] Wiss. der Logik a. a. O. [19] 1, 113-117; vgl. Encyclopädie (1827) § 92. – [23] Wiss. der Logik a. a. O. [19] 1, 119-124. – [24] 124; Werke a. a. O. [18] 8, 224. – [25] Vgl. Art. ‹Infinitesimalrechnung›. – [26] H. COHEN: Das Prinzip der Infinitesimalmethode und seine Gesch. (1883), in: Schriften zur Philos. und Zeitgesch. (1928) 2, 30-33. – [27] B. RUSSELL: The principles of math. (Cambridge 1903) Nrn. 324. 262. 309ff. 315ff. – [28] K. JASPERS: Philos. (1932) 1, 85ff. – [29] M. HEIDEGGER: Einf. in die Met. (²1958) 71ff. F. FULDA

Grenzsituation. Der Begriff wird von JASPERS [1] erstmals 1919 in der ‹Psychologie der Weltanschauungen› verwendet und schon dort in ähnlicher Weise philosophisch ausgefaltet wie, innerhalb der ‹Philosophie› (1932), in der ‹Existenzerhellung› [2].

Situation ist die psychische und zugleich physische, sinnbezogene, konkrete Wirklichkeit für mein Dasein, die, als grundsätzlich erkennbar, Gegenstand der Wissenschaft und die, als grundsätzlich machbar, auch Gegenstand einer willentlichen Veränderung sein kann. Dasein ist immer in der Mannigfaltigkeit der Einzelsituationen, die als einzelne zufällig sind. – «Letzte Situationen» [3], «die mit dem Menschsein als solchem verknüpft, mit dem endlichen Dasein unvermeidlich gegeben sind» [4], die also weder machbar, noch wandelbar, noch verlaßbar, noch überschreitbar sind, heißen ‹G.› (Insofern man von ihnen im Sinn der conditio humana als von objektiv gegebenen, aufweisbaren Grenzen des Daseins spricht, heißen sie auch ‹Grundsituationen› [5].) Solche G. sind die geschichtliche Bestimmtheit des Daseins (ich bin immer in einer Situation), Zufall, Herkunft, Tod, Leiden, Kampf, Schuld und die Geschichtlichkeit alles Wirklichen. Entscheidend ist es, wie der Mensch sich zu und in ihnen verhält. In ihrer Verschleierung verliert er sich selbst. Wo er sie aber als solche erfährt und dabei als Dasein scheitert, kann er zu seiner Existenz durchbrechen. *Grenze* bezeichnet dann nicht mehr bloß die endgültige Beschränkung, sondern zugleich die Stelle, an der das Dasein auf Transzendenz hin durchsichtig wird und somit aus möglicher in wirkliche Existenz umschlägt. «G. erfahren und Existieren ist dasselbe» [6]. Ihr Bewußtwerden «ist nach dem Staunen und dem Zweifel der tiefere Ursprung der Philosophie» [7].

Anmerkungen. [1] K. JASPERS: Psychol. der Weltanschauungen (1919, zit. ⁶1971) 229-280. – [2] Philos. (1932), 2 (³1956) 201-254. – [3] Allg. Psychopathol. (⁸1965) 271. – [4] a. a. O. [1] 229. – [5] Der philos. Glaube angesichts der Offenbarung (1962, ²1963) 318f. – [6] a. a. O. [2] 204. – [7] Einf. in die Philos. (1950, ¹⁴1972) 18.

Literaturhinweise. G. MARCEL: Situation fondamentale et situations-limites chez Karl Jaspers, in: Du refus à l'invocation (Paris ¹³1940) 284-326. – L. GABRIEL: Die Philos. der G. bei Karl Jaspers. Universitas 6 (1951) 609-614. – É. BAECHLER: Situation fondamentale et situations-limites dans la philos. de Karl Jaspers (Thèse théol. Neuchâtel 1952). – E. LATZEL: Die Erhellung der G. Sinn und Methode der ‹Existenzerhellung›, untersucht an einem Kap. aus der ‹Philos.› von Karl Jaspers, in: Philosophen des 20. Jh. Karl Jaspers, hg. P. A. SCHILPP (1957) 164-192. – G. DÍAZ DÍAZ: Begriff und Problem der Situation. Eine Untersuch. im Rahmen des Jaspers'schen Denkens (Diss. Freiburg i. Br. 1961). H. SANER

Größe

I. ‹G.› als allgemeiner Terminus wird in der älteren philosophischen Sprache als Eigenschaft von Objekten verstanden, die aus «gleichartigen Teilen zusammengesetzt» sind [1]. Ihrem früheren Selbstverständnis entsprechend wurde Mathematik auch als «G.-Lehre» bezeichnet, insofern man an Zahlen wie an geometrischen Gebilden den Charakter der «G.» glaubte feststellen zu können. Bei ARISTOTELES gibt es eine Unterscheidung zwischen der G. (μέγεθος) und der Menge (πλῆθος), wobei für erstere die Möglichkeit der Messung, d. i. des Anlegens eines Maßstabs als charakteristisch angesehen wurde, während man letztere als Zählbarkeit verstand [2]. Sowohl G. wie Menge hat Aristoteles der Kategorie der Quantität (κατ' ὅσον) unterstellt. – Seit Aristoteles gibt es im Bereich des Begriffs der G. die Unterscheidung zwischen intensiver G. und extensiver G. Dieser Unterscheidung, die jeweils mit einer entsprechenden Theorie verbunden wurde, bringt noch Hegel in seiner Logik ein relativ großes Interesse entgegen. In der Tradition der Kategorienlehre seit Hegel verliert sich dann das Interesse für eine kategoriale Analyse der intensiven G., so daß die einst reiche Geschichte dieses Begriffs vorerst als beendet angesehen werden kann.

Intensive G.: Die Geschichte des Terminus beginnt bei ARISTOTELES mit den Erörterungen zum «Mehr und Weniger» (μᾶλλον καὶ ἧττον). In der Kategorienschrift ordnet er diese Unterscheidung der Kategorie der Qualität zu [3]. Er sieht es nicht als gerechtfertigt an, das Mehr und Weniger der Quantität zuzuweisen, denn man könne nicht sagen, daß das eine «mehr zweieilig als das andere» sei. Im Bereich der Qualität verhalte es sich anders: hier könne man sagen, etwas sei mehr oder weniger weiß als etwas anderes, oder der eine sei mehr oder weniger gerecht als der andere. Auch könne dasjenige, was weiß ist, noch weißer werden [4]. Die These, Aristoteles habe das Mehr oder Weniger nicht der qualitas, sondern dem quale zugeschrieben, ist für das Mittelalter bedeutsam geworden. Die sehr verzweigte und differenzierte Entwicklung des Begriffs der intensiven G. im Mittelalter ist Gegenstand einer Abhandlung von Anneliese Maier [5], deren Ergebnisse nur in einigen wichtigen Punkten angedeutet werden können. Im Physik-Kommentar des AVERROES kommt der bei Aristoteles geäußerte Gedanke, daß die intensio und ihre Gegenbewegung, die remissio, jeweils durch eine stärkere oder schwächere Vermischung der qualitas mit ihrem Gegenteil bedingt sei, ins Spiel [6]. Wichtig wird die Unterscheidung AUGUSTINS zwischen quantitas molis und quantitas perfectionis bzw. virtutis, derzufolge Augustin die intensio als Annäherung an diejenige Vollkommenheit begreift, die von einer bestimmten Form erreicht werden kann [7]. In der weiteren Geschichte des Begriffs spielt die Unterscheidung zwischen esse und essentia eine Rolle, wobei das esse auf die Seite der intensio und der Bewegung bzw. Veränderung, die essentia auf die Seite der Konstanz zu stehen kommt. Bei THOMAS VON AQUIN ist im Zusammenhang mit der Frage, ob die caritas durch Addition vermehrt werden könne, die Rede von den «Graden» der intensio, die statt der additiven Hinzusetzung ins Feld geführt werden. Er bringt die Sinnesqualitäten ins Spiel, deren Grade er durch intensive G. zu bestimmen sucht [8]. HEINRICH VON GENT interpretiert die intensio der Form als «accessus ad naturae terminum» im Sinne einer Entwicklung der Form zu ihrer höchstmöglichen Vollkommenheit [9]. JOHANNES DUNS SCOTUS unterscheidet zwischen einem formalen und einem akzidentellen Faktor der Form nach, wobei der letztere zugleich auch verantwortlich für die Individualisierung ist. Nicht nur die Art der Partizipation an der Form, sondern die Form selbst ist einer graduellen Abstufung der intensio fähig. Der Gedanke kommt auf, die intensio als Bewegung zu begreifen. Eine methodische Besonderheit begegnet bei NIKOLAUS VON ORESME, der die Intension dadurch zu objektivieren sucht, daß er sie auf die Form geometrischer Figuren bringt [10].   F. KAULBACH

Bei GALILEI heißt es, unsere Erkenntnis erscheine bei einem Vergleich mit der göttlichen Erkenntnis, extensiv betrachtet, wie nichts; aber intensiv, nämlich nach dem Grad der Gewißheit betrachtet, sei sie wenigstens auf dem Gebiet der reinen Mathematik von der göttlichen Erkenntnis nicht zu unterscheiden [11]. Dadurch wird die «intensio formarum» mit dem in der Neuzeit meist durch Beispiele aus der Physik belegten Begriff der intensiven G. verknüpft [12]. Bleibt die Verbindung des «Intensiven» mit der reinen Mathematik hier noch äußerlich, so wird doch der Begriff der G. z. B. bei J. JUNGIUS anhand des «magis et minus» schließlich so weit ausgedehnt, daß er Extension und Intension umfaßt. Dieser Ausweitung des Begriffs läuft eine gleichzeitige Einengung entgegen, hervorgerufen durch die Verknüpfung des G.-Begriffs mit dem Postulat der Meßbarkeit. Die für die Wissenschaft der Neuzeit bedeutsame Grenze liegt nicht zwischen extensiver und intensiver G., sondern zwischen den eigentlichen (d. h. extensiv meßbaren) und den uneigentlichen (d. h. allen übrigen) G. Das Postulat der Meßbarkeit expliziert sich zunächst noch als Forderung der Rückführung der Qualitätsgrade auf extensive G.en, wobei TH. HOBBES das Bindeglied in der Geschwindigkeit sieht, deren intensiver Charakter ebenso wie der der Dichte seit der Scholastik umstritten war [13]. Die Zusammenwirkung der genannten Begriffsausweitung mit dieser -verengung führt dazu, daß im 17. und 18. Jh. die beiden Bestimmungen der G., nämlich als das, was vermehrt und vermindert werden kann, oder als das, was meßbar ist, bzw. auf ein Maß zurückgeführt werden kann, unmittelbar nebeneinander auftreten [14]. TH. REID schränkt dann den Begriff der G. bewußt auf das, was meßbar ist, ein und weist die vom scholastischen Streit um intensio und remissio stammende, auf den Begriff der G. übertragene Definition (was ein Mehr oder Weniger zuläßt) ausdrücklich zurück [15].   W. BREIDERT

Im Zeichen der neuzeitlichen Auffassung von wissenschaftlicher Objektivität tritt, auch von LEIBNIZ mit Nachdruck betont, die Frage in den Vordergrund, wie Qualitäten in Begriffen der mathematischen Physik gefaßt werden können. Dazu dient die intensive G., wie sie Leibniz im Zusammenhang mit dem in der Infinitesimalrechnung maßgebenden Prinzip des mathematischen Grenzübergangs aufgefaßt hat. Sie erlaubt es, den Begriff des «Grades» kategorial zu fassen und für das Prinzip der Messung zugänglich zu machen [16]. Nach CHR. WOLFF kann ein Grad als zusammengesetzt aus kleineren «Teilen» aufgefaßt werden. So können in den Qualitäten Teile unterschieden werden, wenngleich nicht im Sinne realer, sondern «imaginärer» Elemente. Intensio ist dann gegeben, wenn der Grad größer wird, remissio bedeutet dessen Kleinerwerden [17]. Das Größer- bzw. Kleinerwerden des Grades entspricht dem Hinzutritt bzw. Austritt «imaginärer» Teile derselben Art. Wolff möchte den Grad einer Qualität mit der Länge einer Linie vergleichen: In beiden Fällen ergäben sich «Teile», die jeweils mit dem Ganzen homogen sind. Aber bei der Linie existieren die Teile getrennt voneinander und liegen gleichsam nebeneinander da, während im Falle der Qualität diese Möglichkeit der Zusammensetzung nicht gegeben ist [18]. So könne z. B. der Grad einer Geschwindigkeit nicht derart in Teile aufgeteilt werden, daß der eine außerhalb des anderen existiert [19]. – KANT ordnet die intensive G. der Kategorie der Qualität zu. Unter dem Titel «Antizipationen der Wahrnehmung» formuliert er als einen synthetischen Grundsatz des reinen Verstandes: «in allen Erscheinungen hat das Reale, was ein Gegenstand der Empfindung ist, intensive G., d. i. einen Grad» [20]. Der Grad stellt die objektive Empfindung dar. Die Objektivierung wird dabei nicht nur durch die in der mathematischen Physik gegebene Möglichkeit der Quantisierung von Raum und Zeit als Formen der Anschauung geleistet, sondern geschieht hier durch Apriorisierung auch des Materiellen, des «Realen der Empfindung». «Da nun Empfindung an sich gar keine objektive Vorstellung ist und in ihr weder die Anschauung von Raum, noch von der Zeit angetroffen wird, so wird ihr zwar keine extensive, aber doch ... eine intensive G. zukommen, welcher korrespondierend allen Objekten der Wahrnehmung, sofern diese Empfindung enthält, intensive G., d. i. ein Grad des Einflusses auf den Sinn beigelegt werden muß» [21]. Da die intensive G.

keine Ausdehnung in Raum und Zeit anzeigt, sondern Empfindung objektiviert, die nicht «durch sukzessive Synthesis vieler Empfindungen» zustande kommt, kann sie nicht durch Teilung und Zusammensetzung begriffen werden. Diejenige G., die nur als Einheit apprehendiert wird, und in welcher die Vielheit nur durch Annäherung an den Grad Null vorgestellt werden kann, wird demgemäß als intensive G. bezeichnet [22]. Die intensive G. ist Kant zufolge jeweils Zielpunkt und zugleich Ausgangspunkt, in welchem sich eine Geschichte kontinuierlichen Anwachsens bzw. Abnehmens vergegenwärtigt. – In Überlegungen, in denen Kants Ansätze zur Theorie der intensiven G. in der Richtung einer Begründung der Differentialrechnung weitergeführt werden, erklärt H. COHEN, daß ein Grad *A* durch den Grundsatz der intensiven G. «an sich» gesetzt werden darf, während die Extension nur Maßgrößen bestimmt, die als solche auf Vergleichung basieren. Die Kategorienklasse der Qualität, der Kant die intensive G. zuordnet, enthält auch die Kategorie der «Realität». Die Voraussetzung der «intensiven Realität» ist nach Cohen das Geheimnis des Differentialbegriffs [23]. Durch sie werde das anschaulich Gegebene auf einen objektiven Begriff gebracht und «realisiert». Diese Realisierung geschieht im Zeichen der intensiven G. und zugleich der Kontinuität. Sie schafft eine Einheit von der Art, die «die Mehrheit entstehen läßt». Sie wird von Cohen als «qualitative Einheit» bezeichnet.

Extensive G.: Sie ist Gegenstand eines von KANT unter dem Thema «Axiome der Anschauung» formulierten Grundsatzes: «Alle Anschauungen sind extensive G.en» [24]. Die extensive G. wird vom Prinzip der Zusammensetzung bestimmt: Die Vorstellung des Ganzen resultiert hier aus der Vorstellung der Zusammensetzung der Teile [25]. Alle erscheinenden Gestalten werden als «Aggregate» (s. d.), d. i. als Menge vorher gegebener Teile angeschaut und sind daher extensive G.en. Da alle Erscheinungen der Form nach Anschauung (Raum und Zeit) enthalten, so können sie in das empirische Bewußtsein nicht anders aufgenommen werden als in der Weise der Zusammensetzung aus homogenen Teilen. Während die intensive G. eine unzusammengesetzte, qualitative Einheit darstellt, ist die extensive G. eine durch sukzessive Synthesis gewonnene quantitative Einheit, sofern durch sie Elemente von Raum und Zeit verbunden werden [26].

HEGELS Erörterung von extensiver und intensiver G. hat die dialektische Aufhebung der Entgegensetzung beider Begriffe zum Ziel. Beide Größen seien ein und dieselbe Bestimmtheit des «Quantums». Sie seien nur dadurch unterschieden, daß die extensive G. die Anzahl «als innerhalb ihrer», die intensive G. dagegen die «Anzahl als außer ihr hat» [27]. Während demnach die intensive G., der Grad, auf ein einfaches Etwas hinweist, dessen Stelle zahlenmäßig bestimmt wird, ist die extensive G. Anzahl und sukzessive Aneinandersetzung von Einheiten ein und desselben Maßes. Der Unterschied besteht in der Form, in der das Anderssein, die «Äußerlichkeit», in der Einheit gesetzt ist. Die intensive G. ist Einheit für sich und gleichwohl äußerlich «bestimmt durch andere intensive Quanta ... in Kontinuität mit ihrem Anderssein». Das extensiv Große sei dagegen «innerhalb seiner ein sich äußerliches» [28]. Ein Übergang zwischen beiden sei notwendig. «Die extensive G.geht in die intensive G. über, weil ihr Vieles an und für sich in die Einheit zusammenfällt, außer welcher das Viele tritt.» Das Intensive seinerseits erweist sich durch die Zahlbestimmung als Extension. «Als gleichgültig gegen die anders bestimmten Intensitäten hat es die Äußerlichkeit der Anzahl an ihm selbst; so ist die intensive G. ebenso wesentlich extensive G.» [29]. Hegel verdeutlicht dies unter anderem am Beispiel der Wärme: Ihr Grad sei eine einfache subjektive Empfindung, der gleichwohl objektiv eine Extension entspricht, etwa die Ausdehnung des Quecksilbers im Thermometer.

Veranlaßt durch die um die Mitte des 19. Jh. entstehenden Aufgaben in der experimentellen Psychologie (maßgebend sind hier Forscher wie G. TH. FECHNER, E. H. WEBER, W. WUNDT) rückt die Frage der G. und Meßbarkeit der Empfindungszustände in das Interessenfeld. Dabei wird der Begriff der intensiven G. bzw. der Intensität von dem der Meßbarkeit getrennt [30] und das von Kant der intensiven G. zugeschriebene Merkmal (eine durch Annäherung an den Grad Null vorgestellte Vielheit zu sein) zu einem allgemeinen Charakteristikum der G. modifiziert. G. sei das Limitieren gegen Null [31]. Gleichzeitig entstehen Zweifel an der Vollständigkeit der Disjunktion, die in der Unterscheidung zwischen extensiver und intensiver G. vorausgesetzt wird, weswegen A. MEINONG der Klassifikation in teilbare und unteilbare Größen den Vorzug gibt [32].

Anmerkungen. [1] J. G. WALCH: Philos. Lex. (1733) Spalte 13. 73. – [2] ARISTOTELES, Met. 1020 a 7ff. – [3] Cat. 8, 10 b 26. – [4] a. a. O. 6 a 19-35. – [5] ANNELIESE MAIER: Zwei Grundprobleme der scholast. Naturphilos.; das Problem der intensiven G., die Impetustheorie (Rom 1951). – [6] AVERROES, Phys. IV, conn. 84. – [7] AUGUSTIN, De trinitate VI, 7. – [8] MAIER, a. a. O. [5] 27. – [9] a. a. O. 31. – [10] 89ff. – [11] G. GALILEI, Dialogo sopra i due massimi sistemi del mondo I. Ed. naz. 7 (Florenz 1965) 128f. – [12] z. B. J. A. BORELLI: De vi percussionis et motionibus naturalibus a gravitate pendentibus (Lugduni Batavorum 1686) 2; TH. REID: An essay on quantity. Philos. Works, hg. W. HAMILTON 2 (Edinburgh ⁸1895) 716f. – [13] TH. HOBBES: Elementorum philosophiae sectio I: De corpore I, 2, 15. Opera philos. lat., hg. G. MOLESWORTH 1 (London 1839) 23. – [14] z. B. G. I. S'GRAVISANDE: Mateseos universalis elimenta (Lugduni batavorum 1727) 1f. – [15] REID, a. a. O. [12] 715. – [16] z. B. K. LASSWITZ: Gesch. der Atomistik vom MA bis Newton 2 (1890) 471ff. – [17] CHR. WOLFF, Philosophia prima, sive ontologia (Editio nova, Frankfurt/Leipzig 1736) § 750ff., bes. 757. – [18] a. a. O. § 789. – [19] § 752. – [20] I. KANT, KrV B 207. – [21] a. a. O. B 208. – [22] B 210. – [23] H. COHEN: Das Prinzip der Infinitesimalmethode und seine Gesch. (ND 1968) 72. – [24] KANT, KrV B 212. – [25] a. a. O. B 202. – [26] B 203; vgl. auch F. KAULBACH: Philos. der Beschreibung (1968) 152; Philos. der Bewegung (1965) 190ff. – [27] G. W. F. HEGEL, Logik (1932) 1, 217. – [28] a. a. O. 216. – [29] 217. – [30] J. V. KRIES: Über die Messung intensiver G.en und über das sogenannte psychophysische Gesetz. Vjschr. wiss. Philos. 6 (1882) 278f. – [31] A. MEINONG: Über die Bedeutung des Weber'schen Gesetzes. Gesamt-A., hg. R. HALLER/R. KINDINGER/R. M. CHISHOLM 2 (1971) 218-221. – [32] a. a. O. 232.

F. KAULBACH

II. Im 19. Jh. konzentrieren sich die Bemühungen um eine Präzisierung des G.-Begriffs darauf, eine sogenannte «G.-Lehre» auszuarbeiten, die insbesondere die reellen Zahlen methodisch einführen und damit die Infinitesimalrechnung (Analysis) begründen soll.

Bereits B. BOLZANO ist seit spätestens 1830 mit Arbeiten in dieser Richtung beschäftigt, die er jedoch vor seinem Tode (1848) nicht mehr abschließen kann [1]. Er meint, «daß wir von einem Gegenstande sagen, er sei eine *G.*, sofern wir uns vorstellen, er sei zu einer Art von Dingen gehörig, deren je zwei immer nur eins von folgenden zwei Verhältnissen gegeneinander an den Tag legen können: Sie sind entweder einander *gleich*, oder das eine derselben erscheint als ein *Ganzes,* das einen dem andern *gleichen Teil* in sich faßt» [2]. – Dieser Ansatz geht zurück auf die Quantitätenlehre der Griechen. ARISTOTELES z. B. stellt als wesentliches Merkmal der Quantitäten fest, daß «Gleichheit und Ungleichheit davon ausgesagt werden» [3]. BOLZANO deutet sogar Platons Definition der Arithmetik im Dialog ‹Gorgias› [4] entsprechend, nämlich so, daß die Arithmetik, platonisch verstanden, «die Lehre von derjenigen Art von Dingen» ist, «deren das Eine dem Andern entweder gleich ist, oder es übertrifft» [5]. Vergleichsweise unkritische Wiederholungen der Platonisch-Aristotelischen Bestimmungen finden sich in Lehrbüchern der Arithmetik und Analysis noch bis zum Ende des 19. Jh. und darüber hinaus [6]. – Entsprechend dem angeführten G.-Verständnis lassen sich nach Bolzano aus «Verbindungen» von Elementen gleicher Beschaffenheit (den von Bolzano so genannten «Vielheiten») durch einen Abstraktionsvorgang G.en gewinnen: «Sofern wir nämlich an einer gegebenen Vielheit nur eben diejenige Beschaffenheit derselben ins Auge fassen, die nicht geändert wird, wenn wir statt irgendeiner der in ihr vorkommenden Einheiten eine andere von derselben Art setzen, und die Verbindungsart der Teile als etwas Gleichgültiges ansehen: so behaupte ich, daß wir diese Vielheit oder Allheit als eine G. betrachten. Unter dieser Voraussetzung werden wir nämlich bei je zwei Vielheiten derselben Art, welche wir miteinander vergleichen, immer nur eines von beidem antreffen: entweder daß sie aneinander gleichkommen, oder daß die eine derselben einen der andern gleichen Teil in sich faßt. Das erste wird sein, wenn wir bloß dadurch, daß wir jede einzelne Einheit, welche die eine dieser Vielheiten enthält, mit einer aus der andern vertauschen, imstande sind, die eine Vielheit in die andere zu verwandeln. Das andere wird sein, wenn wir, nachdem alle Einheiten, aus welchen die eine dieser Vielheiten bestehet, mit Einheiten der anderen ausgetauscht worden sind, bei dieser letzteren noch Einheiten antreffen» [7]. Bolzano weist darauf hin, «daß jede *endliche* Vielheit sich ihrer G. nach durch eine *Zahl* darstellen lasse, daß aber für die unendliche Vielheit keine Zahl angeblich sei, daher wir sie auch eine Unzahl nennen» [8], wobei («abstrakte») Zahlen offenbar durch Abstraktion nach einer Äquivalenzrelation «entstehungsgleich» aus den Gliedern bestimmter «Reihen» von Gegenständen einer Art A gewonnen werden (welche Glieder bei Bolzano «konkrete Zahlen» heißen): «Bilden wir uns eine Reihe, deren erstes Glied eine Einheit beliebiger Art A, jedes andere Glied aber eine Summe ist, welche zum Vorschein kommt, indem wir ein Ding, das dem nächstvorhergehenden Gliede gleich ist, mit einer neuen Einheit verbinden: so heißt mir jedes Glied dieser Reihe insofern eine *Zahl*, als ich es mir durch eine Vorstellung aufgefaßt denke, die seine Entstehungsart angibt» [9]. Damit läßt sich jeder Vielheit von endlicher G. sofort eine Zahl als G.-Anzeiger zuordnen (z. B. über den Aufbau einer entsprechenden Reihe gleichartiger Marken). Bolzanos Überlegungen stehen der Einführung des Zahlbegriffs in der konstruktiven Arithmetik (s. d.) sehr nahe.

Zu G.-Bestimmungen, die über die natürlichen Zahlen hinausgehen, gelangt Bolzano durch die vier Grundrechenarten Addition, Subtraktion, Multiplikation, Division. Durch endlichmalige Anwendung der Grundrechenarten gewinnt er zunächst die rationalen Zahlen (Bolzano: «Rationalzahlen») [10]. Für die quantitativen Probleme der Kontinua und damit für die Infinitesimalrechnung sucht er mit der Einführung «unendlicher G.-Begriffe» eine Basis zu finden. Unendliche G.-Begriffe werden durch mehr als endlichmalige Anwendung der Grundrechenarten auf natürliche Zahlen definiert und durch «unendliche G.-Ausdrücke» (z. B. $\sum_{n=1}^{\infty} n$, $\prod_{n=1}^{\infty}(1-1/2^n)$) repräsentiert, ohne daß hier bereits Konvergenzeigenschaften gefordert sind [11]. Versteht man Bolzano so, daß die unendlichen G.-*Begriffe* durch Abstraktion aus «gleichen» unendlichen G.-*Ausdrücken* gewonnen werden sollen, so muß er übrigens als Vorläufer einer konstruktiven Analysis eingeordnet werden. Ein Äquivalent zum Konvergenz- oder Grenzwertbegriff der klassischen Analysis des 19. Jh. stellt Bolzano mit den «meßbaren» unendlichen G.-Begriffen bereit: *meßbar* wird der unendliche G.-Begriff x praktisch genau dann genannt, wenn es zu beliebigen natürlichen Zahlen n jeweils eine natürliche Zahl k gibt, so daß x einen Wert «zwischen» k/n und $k+1/n$ annimmt [12]. Zwar lassen die nachgelassenen Manuskripte Bolzanos noch viele methodische Lücken erkennen (z. B. bei der Anwendung von Ordnungsrelatoren auf unendliche G.-Begriffe und Zahlen). Gleichwohl ist deutlich, daß seine G.-Lehre im Ansatz mit den späteren Bemühungen von R. DEDEKIND und G. CANTOR um eine Fundierung der mathematischen Analysis durchaus konkurrieren kann.

Eine methodisch einwandfreie Rekonstruktion des für die Infinitesimalrechnung des 19. Jh. relevanten Redens von G.en versucht einige Jahrzehnte später noch einmal G. FREGE [13]. Er bemerkt zunächst, daß ‹G.› nicht schlicht von Gegenständen prädiziert werden kann: «Statt zu fragen: welche Eigenschaften muß ein Gegenstand haben, um eine G. zu sein? muß man fragen: wie beschaffen muß ein Begriff sein, damit sein Umfang ein G.-Gebiet sei? ... Wir wollen nun statt ‹Begriffsumfang› der Kürze wegen ‹Klasse› sagen. Dann kann man die Frage auch so stellen: welche Eigenschaften muß eine Klasse haben, um ein G.-Gebiet zu sein? Etwas ist eine G. nicht für sich allein, sondern nur, sofern es mit anderen Gegenständen einer Klasse angehört, die ein G.-Gebiet ist» [14]. In Orientierung an dieser Einsicht führt Frege «G.-Gebiete» als bestimmte Klassen eindeutiger zweistelliger Relationen (der «G.en») ein. Werden diese G.-Gebiete aus einer von Frege so genannten «Positivklasse» gewonnen, so läßt sich für ihre Elemente nicht nur in der üblichen Weise ein Relationenprodukt, sondern auch mit Bezug auf die Positivklasse eine Ordnungsrelation «kleiner als» erklären. Im Unterschied zum heute Üblichen möchte Frege die reellen Zahlen von vornherein nicht als eine besondere Art von *Anzahlen* (wie die natürlichen Zahlen) verstehen, sondern als *Maßzahlen*, die G.en mit Bezug auf eine Einheits-G. messen [15]. Daher werden die reellen Zahlen von Frege als Relationen von G.en eingeführt, so nämlich, daß einer G. g relativ zu einer G. e (der so genannten «Einheit») einer zugehörigen Positivklasse praktisch eine unendliche Dualbruchdarstellung als reeller Wert zugesprochen wird.

Zu Freges fragmentarisch gebliebenem Versuch hat F. VON KUTSCHERA eine vervollständigende Rekonstruktion geliefert [16].

Nach 1900 wird der Terminus ‹G.› in der Mathematik immer weniger benutzt. Das liegt insbesondere daran, daß sich eine mengentheoretische Begründung der Infinitesimalrechnung durchsetzt, die sich nicht nur von der Terminologie des 19. Jh., sondern auch von Ansätzen, wie sie bei Bolzano und Frege vorliegen, zum Teil wieder entfernt.

Anmerkungen. [1] Vgl. J. BERG: Bolzano's Logic (Stockholm 1962) Kap. 1, § 3. – [2] B. BOLZANO, Wissenschaftslehre I, § 87, 409; vgl. hier und im folgenden auch die entsprechenden Bestimmungen in: Paradoxien des Unendlichen, hg. F. PŘIHONSKY (1851) §§ 6ff. – [3] ARISTOTELES, Cat. 6 a 26f. – [4] PLATON, Gorg. 451 b f. – [5] B. BOLZANO: Erste Begriffe der allg. G.-Lehre

(Ms. Öster. Nationalbibl. Nr. 3466f.) 3r. – [6] Vgl. etwa die Einl. von O. STOLZ: Vorles. über allg. Arithmetik (1885). – [7] BOLZANO, Wissenschaftslehre I, § 87, 409f. – [8] a. a. O. 410. – [9] ebda. – [10] Unendliche Größenbegriffe (Ms. Öster. Nationalbibl. Nr. 3469) 78r. – [11] ebda. – [12] a. a. O. 81v. – [13] G. FREGE: Grundgesetze der Arithmetik 2 (1903) §§ 157ff. – [14] a. a. O. § 161; – [15] a. a. O. § 157. – [16] F. v. KUTSCHERA: Freges Begründung der Analysis. Arch. math. Logik u. Grundl.forsch. 9 (1966) 102-111.

Literaturhinweise. J. BERG s. Anm. [1] Kap. 7: Bolzano's philos. of mathematics. – F. v. KUTSCHERA s. Anm. [16].

F. KAMBARTEL

III. Für eine systematische Rekonstruktion des G.-Begriffs im methodischen Aufbau der *Geometrie*, von woher dann eine Begriffserweiterung auf andere Gebiete (vornehmlich die Physik) erfolgen kann, stellt sich das Problem, ob die Bestimmung geometrischer G.-Begriffe (z. B. Streckenkongruenz, Längenverhältnis) methodische Priorität vor der der geometrischen Formbegriffe (z. B. gerade, eben) haben. Es kann z. B. die Aussage, wie groß eine Kugel im Verhältnis zu einer anderen ist, durch Angabe einer Verhältniszahl für die Radien erst dann gemacht werden, wenn eine Definition des Längenverhältnisses vorliegt, die ihrerseits den Begriff der Geraden, also einer geometrischen Form, voraussetzt.

Während sich in den ‹Elementen› EUKLIDS die Definitionen von Punkt, Gerade und Ebene noch als eine Bemühung verstehen lassen, geometrische Formbegriffe ohne G.- oder Maßbestimmungen einzuführen, hat das Mißlingen der historischen Versuche, unter expliziter Verwendung von Definitionen eine axiomatische Geometrie aufzubauen, spätestens und ausdrücklich bei GAUSS dazu geführt, geometrische Formen durch Maße zu charakterisieren (z. B. die Gerade als kürzeste Verbindung zweier Punkte oder Flächen durch das Gausssche Krümmungsmaß). In der modernen axiomatischen Formulierung der euklidischen Geometrie nach HILBERT bleiben Formbegriffe wie ‹Punkt›, ‹Gerade› oder ‹Ebene› undefiniert. Für den G.-Begriff der Länge werden Kongruenzaxiome aufgestellt und die Frage nach der «Interpretation» oder Realgeltung dieser Axiome an die Physik delegiert. Im Selbstverständnis der empirischen Physik spielen Formbegriffe keine Rolle mehr, da sie vollends durch Maßbestimmungen (geodätische Linie, Minimalfläche usw.) ersetzt sind. Die Frage nach der empirischen Gültigkeit von Kongruenzaxiomen, die im Zusammenhang mit der relativistischen Physik aktuell wird, bleibt insofern unbeantwortbar, als jede empirische, auf Messungen beruhende Antwort ihrerseits einen eindeutigen, transitiven Kongruenzbegriff schon voraussetzt, dessen operative Bestimmung im Rahmen der Meßgeräteherstellung bzw. -kontrolle gerade die Aufgabe ist. Wenngleich eine befriedigende Fundierung physikalischer G.-Begriffe also noch aussteht, gilt diese Begründungslücke nach Meinung empiristischer Wissenschaftstheorien nicht als gravierend. Eine «Bewährung» von physikalischen Theorien im Ganzen (in Form von richtigen Vorhersagen) würde den Anspruch auf methodische Korrektheit überwiegen und die primäre Rolle der G.-Begriffe in der Physik rechtfertigen.

Alternative Vorschläge der normativen Wissenschaftstheorie zielen darauf ab, G.-Begriffe wie den der Kongruenz definitorisch auf Formbegriffe zurückzuführen. Selbstverständlich bedarf es hierzu einer Reihe von (operativen) terminologischen Bestimmungen für Formbegriffe, in denen Aussagen über geometrische G.en nicht vorkommen. So wird die Ebene als Fläche mit exakt definierten Homogenitätseigenschaften bestimmt, und Gerade und Punkt ergeben sich als Schnittfiguren [1]. Rechte Winkel werden durch (qualitative) Symmetrieeigenschaften charakterisiert. Die Streckenkongruenz beliebig gelegener Strecken läßt sich dann über eine Hilfskonstruktion mit einer Reihe von Parallelogrammen definieren.

Die logische Beziehung der Termini ‹G.› und ‹Form› im Rahmen einer gedanklichen Rekonstruktion der Meßpraxis ergibt sich aus folgender Überlegung: Die außerwissenschaftliche Weise, Körper verschiedener G. formgleich zu nennen (etwa alle Würfel), wird wissenschaftlich durch die Definition der geometrischen Ähnlichkeit erfaßt. Wird freilich auf die Ähnlichkeit die Gleichheit der Längenverhältnisse entsprechender Seiten zurückgeführt, so wird die G.-Gleichheit undefiniert vorausgesetzt oder als die (prinzipiell unkontrollierbare, allenfalls partiell bewährte) Längenkonstanz eines Meßstabes beim Transport verstanden. Anders verhält es sich, wenn die Formgleichheit oder Ähnlichkeit durch die perspektivische Abbildung definiert wird: Zwei Körper heißen formgleich, wenn es eine relative Lage gibt, so daß sich alle Verbindungsgeraden entsprechender Ecken in einem Punkt schneiden. Hierzu werden nur wieder Formbegriffe verwendet. ‹G.› wird dann durch Abstraktion aus der Rede über formgleiche Körper bestimmt. In dieser Terminologie ist Geometrie eine Wissenschaft, die größeninvariante und ideative Aussagen über Körperformen aufstellt [2].

Anmerkungen. [1] Vgl. Art. ‹Protophysik›. – [2] Vgl. Art. ‹Ideation›.

P. JANICH

Größe, historische. In J. BURCKHARDTS ‹Weltgeschichtlichen Betrachtungen› ist der 5. Teil ‹Das Individuum und das Allgemeine› der Prüfung der h.G. gewidmet. Seiner Skepsis gegenüber absoluter Wertung und seiner Antipathie gegen Systematisierung zum Trotz deckt Burckhardt in diesen Betrachtungen seine sonst verborgene geschichtsphilosophische Position auf. Ausgangspunkt ist die Abweisung: «Größe ist, was *wir nicht* sind» [1]. Der Begriff der Größe ist unentbehrlich, bleibt aber relativ, weil wir nicht hoffen können, «zu einem absoluten durchzudringen» [2]. Wirkliche Größe ist ein «Mysterium», ihre Wirkung «magisch», der Maßstab unsicher, ungleich, inkonsequent [3]. Deshalb glaubt Burckhardt statt «Erklärung» nur «Umschreibungen» geben zu können [4]. Wenn das Allgemeine in einem Individuum kulminiert, bildet sich das Gefühl, daß die Welt ohne dieses Individuum, das auch ein ganzes Volk sein kann, unvollständig sei oder gewesen wäre. Eindeutig anerkennt Burckhardt die Größe der Repräsentanten des Geistes. Dabei überträgt er unausgesprochen RANKES Definition von der geschichtlichen Bestimmung der Nationen auf Künstler, Dichter, Philosophen. Von den «eigentlich h.G.» läßt BURCKHARDT jedoch nur die Religionsstifter eindeutig gelten, weil in ihrer Individualität «das Ganze» mit «unwiderstehlicher Gewalt» lebt [5]. Die Betrachtung der «großen Männer der sonstigen historischen Weltbewegung» [6] ist von der Überzeugung gefärbt, daß die Macht an sich böse sei. Burckhardt erkennt, ohne sie unumschränkt anzuerkennen, eine «Dispensation von dem gewöhnlichen Sittengesetz» [7]. Die außerordentlichen Individuen, deren Kairos in den Krisen, den schrecklichen Zeiten, liegt, haben Machtsinn. Als erste Aufgabe betrachten sie es, «sich zu behaupten und zu steigern» [8]. Darum ist «Seelengröße» bei weltgeschichtlichen Individuen das «Allerseltenste» [9]. Burckhardts Begriff historischer Größe ist, obwohl bewußt gegen die Erkenntnis vom Gang des Geistes in der Weltgeschichte gesetzt, doch von *Hegel* abhängig [10]. Nicht die Wertung, wohl aber die Analyse hat auf *Nietzsche* gewirkt.

Anmerkungen. [1] J. BURCKHARDT, Weltgesch. Betrachtungen 5. Gesamtausgabe (1929-1934) 7, 160. – [2] ebda. – [3] 7, 161. – [4] 7, 162. – [5] 7, 176. – [6] ebda. – [7] 7, 186. – [8] 7, 181. – [9] ebda. – [10] Vgl. G. W. F. HEGEL, Philos. der Gesch. Werke, hg. GLOCKNER 11, 52ff.

Literaturhinweise. K. LÖWITH: J. Burckhardt. Der Mensch inmitten der Gesch. (1936, ²1966). – A. v. MARTIN: Nietzsche und Burckhardt (³1945). – W. KAEGI: J. Burckhardt. Eine Biographie 1-6 (1947ff.). – E. SALIN: J. Burckhardt und Nietzsche (1938); neue Fassung: ‹Vom deutschen Verhängnis› (³1959). – R. STADELMANN: J. Burckhardts Weltgesch. Betrachtungen. Hist. Z. 169 (1949) 31-72. – E. HEFTRICH: Hegel und J. Burckhardt (1967).
E. HEFTRICH

Großmut (griech. μεγαλοψυχία; lat. magnitudo animi; magnanimitas; frz. magnanimité, générosité; dtsch. auch Seelengröße, Großgesinntheit, Hochsinn, Hochgesinntheit, Hochgemutheit, Hochherzigkeit)

1. Der Begriff ist erst durch ARISTOTELES systematisch in die philosophische Ethik der *Antike* eingeführt worden [1]. Vorher war G. bei den Griechen auszeichnende Qualität vor allem des Mannes in der archaischen Adelsgesellschaft, des Herrschers und vereinzelt hervorragender Polisbürger [2]. – Im Epos HOMERS bezeichnen die Epitheta μεγάθυμος, μεγαλήτωρ (eigentlich von großer Regung [3], von großem Herzen) die ruhm- und ehrbringende Tapferkeit des Helden [4] (ähnlich der Rittertugend des Hohen Mutes im germanischen Mittelalter [5]). – Das Wort μεγαλοψυχία (ion. -η) begegnet (wahrscheinlich) zuerst ein einziges Mal bei DEMOKRIT [6] («G. ist es, Taktlosigkeit gelassen zu ertragen»), wo damit offenbar eine milde Überlegenheit gemeint ist, die eine wichtige Voraussetzung der Gemütsruhe (εὐθυμίη) und somit des Glücks ist [7]. – Heldenhaft und glanzvoll unternehmende G. wiederum rühmt an einzelnen Staatsmännern und ganzen Gemeinwesen (Athen) die politische Publizistik der Rhetoren des 4. Jh. v. Chr. (bes. ISOKRATES, DEMOSTHENES [8]), die daneben aber auch eine G. als wohltätige oder repräsentative Großzügigkeit kennt [9]. – Gleichzeitig ist für PLATON «Großartigkeit» (μεγαλοπρέπεια), die bei ihm wie auch sonst oft vor Aristoteles eine Art von G. bezeichnet [10], eine charakteristische Eigenschaft der philosophischen Naturen, aus deren Kreis der Philosophenkönig hervorgehen soll [11]. Da sie ihre spezifische Größe durch die Ausrichtung auf die geistige Schau (θεωρία) des Ganzen, des Alls (ὅλον, πᾶν) erhält, kann Platon sie den Sophisten als den Scheinweisen nur in einer uneigentlichen oder depravierten Form zuerkennen [12].

ARISTOTELES hat seinen Begriff der G., von den alten aristokratischen, teilweise volkstümlich gewordenen, «demokratisierten» (Schadewaldt) Vorstellungen ausgehend [13], allmählich verfeinert. In beiden Ethiken [14] wird sie neben den ethischen Tugenden der Großzügigkeit (Freizügigkeit, ἐλευθεριότης) [15] und der Großartigkeit (μεγαλοπρέπεια) [16] behandelt, die sich im Umgang mit dem äußeren Gut des Besitzes bewähren. Sie wird bestimmt als diejenige Tugend, die es hauptsächlich mit (dem äußeren Gut) der Ehre (τιμή) zu tun hat [17] – der Ehre, die nach der ‹Ethica Nicomachea› (= EN) das Telos der politischen Lebensform ist [18] –, als die rechte Mitte zwischen den negativen Extremen von Kleinmut (μικροψυχία) und Aufgeblasenheit (χαυνότης) [19]. G. ist die Haltung dessen, der großer Güter und demzufolge großer Ehre würdig ist und sich ihrer auch würdig weiß [20]. Sie ist daher zu unterscheiden von der namenlosen Tugend des Besonnenen (σώφρων, hier im Sinne von Bescheidenen [21]), der mäßiger oder kleiner Ehre würdig ist und sich ihrer würdig weiß [22], d. h. der rechten Ehrliebe (φιλοτιμία im positiven Sinne), die zwischen Ehrsucht (φιλοτιμία im negativen Sinne) und Ehrvergessenheit (ἀφιλοτιμία) in der Mitte liegt [23] und sich zur G. verhält wie Großzügigkeit zur Großartigkeit (s. o.) [24]. In der älteren ‹Ethica Eudemea› (= EE) beruht sie auf der Ehre, die den preisenswerten Gütern (τίμια ἀγαθά) großer Tugend und großer äußerer Stellung von seiten der Edlen zuteil wird [25]. In der jüngeren EN beruht sie ausschließlicher auf der richtigen Selbsteinschätzung [26] im Besitz der Tugend («Der wahrhaft Großmütige muß gut sein»); «Es scheint nun die G. gleichsam ein Schmuck der Tugenden zu sein; denn sie macht sie größer und entsteht nicht ohne sie» und «(in Wahrheit großmütig zu sein) ist unmöglich ohne Kalokagathie (d. h. ohne die Summe der ethischen Tugenden)» [27] [28] und ist wie über die anderen äußeren Güter (die «Glücksgüter») auch über die verdiente Ehre erhaben [29]. Die vollkommene Tugend bewahrt den Großmütigen vor bloßem Hochmut [30]; er ist todesmutig in großer Gefahr (also tapfer) [31], wohltätig und hilfsbereit [32], nicht ehrgeizig oder geschäftig [33], ist wahrhaftig und offen [34], hat gleichgesinnte Freunde, obwohl er sonst relativ autark ist [35]. Er ist jedoch nicht notwendig kontemplativer Philosoph, wie es alte und neue Erklärer [36] einseitig angenommen haben.

Diese Vorstellungen haben auf die weitere antike Tradition sowie durch Übersetzungen der EN und durch Adaptationen oder Fortentwicklungen auf das muslimisch-orientalische wie auf das christlich-abendländische Mittelalter gewirkt. Im älteren Peripatos fassen die ‹Magna Moralia› (= MM) die aristotelische G.-Lehre nach den Hauptpunkten zusammen [37]; ohne die Besonderheiten der EN zu berücksichtigen [38], widmet DEMETRIOS VON PHALERON der G. eine eigene Monographie [39], und lehrt ARISTON VON KEOS in moralphilosophisch-protreptischem Zusammenhang, G. von Überheblichkeit (ὑπερηφανία) [40] gegenüber Schicksal und Mitmenschen – wohl schon der Autarkie des stoischen Weisen – zu unterscheiden.

Die G. der *Stoiker*, die uns erst in CHRYSIPPS Tugendklassifikation [41] begegnet, nimmt eine Komponente der aristotelischen G., die Überlegenheit gegenüber äußeren Dingen, auf; sie ist bei dem Weisen neben Standhaftigkeit, Zuversicht, Mut und Tatkraft eine Folgetugend einer der vier Kardinaltugenden, der Tapferkeit, und wird definiert als «das Wissen, das erhaben macht über die Dinge, die Guten wie Schlechten zustoßen», d. h. über das sittlich Irrelevante, die «Adiaphora» [42]. In die Überlieferung der altstoischen Dihärese der Tapferkeit hat CICERO dadurch, daß er in einem Kapitel einer rhetorischen Jugendschrift [43] unter Rückgriff auf «platonische» Ausdrucksweise ‹Großartigkeit› (magnificentia) an Stelle von ‹G.› eingesetzt hat, eine terminologische Variante hineingebracht, die in der Scholastik des lateinischen Mittelalters auf dem Wege zur vollen Rezeption der aristotelischen Ethik zu bemerkenswerten Distinktionen innerhalb des Begriffs der G. führen sollte. – Für EPIKUR und die *Epikureer* ist G. offenbar die aus einem subtilen hedonistischen Kalkül resultierende Erhabenheit des Weisen über das Schicksal, die Epikur selbst gerne mit diesem Namen bezeichnete [44]; über sie hat sein Schüler METRODOR VON LAMPSAKOS eine besondere, anscheinend apologetische Schrift verfaßt [45], um sie gegen vulgären Hochmut wie gegen philosophischen Dünkel abzugrenzen. – Der Mittelstoiker PANAITIOS steigert im Rahmen seiner Lehre von den Pflichten (καϑήκοντα) gegenüber Chrysipp die G. selbst zu einer der vier Kardinaltugenden; sie ist ihm neben Besonnenheit und Gerechtigkeit eine der drei praktischen Tugenden, die gemeinsam die Selbstbeherrschung (ἐγκράτεια) konstituieren, und erscheint auf Gegenwärtiges bezogen als Standhaftigkeit (patientia, καρτερία), auf Zukünftiges bezogen als Tapferkeit (fortitudo, ἀνδρεία) [46], in solcher Doppelheit Verachtung der äußeren Dinge (rerum externarum despicientia) und Vollbringen großer Taten (res magnas gerere) harmonisch miteinander verbindend [47]. Sie zieht Freigebigkeit, Überlegenheit und Milde nach sich [48]. Als umfassende Lebenstugend ähnlich der aristotelischen G., unter deren Einfluß sie steht, ist sie für die praktische und die theoretische Lebensform gleichermaßen konstitutiv [49]. Ihr Maß erhält sie wie alle Tugenden durch das sittlich Gute (honestum, καλόν) [50], so daß auch in ihr das Angemessene (decorum, πρέπον) in Erscheinung tritt [51]. – Durch CICERO (De officiis) und – wahrscheinlich in der Fassung des Panaitiosschülers HEKATON [52] – durch SENECA (u. a. die verlorene Schrift De officiis [53]) hat die G.-Konzeption des Panaitios in die christliche Spätantike (AMBROSIUS, De officiis ministrorum [54] bzw. MARTIN VON BRAGA, Formula vitae honestae [55]) und teils direkt, teils indirekt in das lateinische Mittelalter und bis in neuere Zeit hinein gewirkt. – Anders als für die Stoiker ist G. als Geringschätzung der Außendinge für den Neuplatoniker PLOTIN eine Weltverachtung (ὑπεροψία τῶν τῇδε), die auf dem ontologischen Dualismus von sinnlicher und übersinnlicher Welt beruht, Ergebnis einer Reinigung der Seele durch Hinwendung zum Intelligiblen [56]. – Für Rezeption und Entwicklung des G.-Begriffs im lateinischen Mittelalter hat schließlich MACROBIUS Bedeutung erlangt, indem er G. (magnanimitas) nach stoischem Vorbild in einer an Cicero ‹De inventione› (l. c.) erinnernden, aber um charakteristisch mittelplatonische Glieder erweiterten Reihe unter den Wirkungen der Tapferkeit genannt und auf der Ebene der niedrigsten, der politischen Tugenden in die von Porphyrios entlehnte vierstufige plotinische Hierarchie der politischen, reinigenden, gereinigten und exemplarischen Tugenden eingeführt hat [57].

Seit der griechisch-römischen Antike erscheint endlich G. in allen ihren Bedeutungen populärer und verschiedenartiger philosophischer Herkunft (die hier in einigen ausgewählten Beispielen nicht analysiert werden können) speziell als Herrschertugend, sei es in Ehreninschriften und anderen Urkunden [57a], sei es in Fürstenspiegeln, Panegyriken und verwandter Literatur von einem der isokrateischen Vorbilder aller Fürstenspiegel an, teils allgemein wie in hellenistischen pseudopythagoreischen Traktaten ‹Über Königsherrschaft› [58] oder den kaiserzeitlichen Schriften eines SENECA [59], DION VON PRUSA [60], JULIAN [61] um dieses Thema, teils in Anwendung auf einzelne exemplarische Herrscher von Alexander dem Großen [62] über Trajan [63], Konstantin [64] und Karl den Großen [65] bis zu Philipp August von Frankreich († 1223) [66], Richard Löwenherz († 1199) [67] und sogar (in einer ethisch-politische Idealvorstellungen widerspiegelnden Urkundenpräambel von 1745) dem Habsburger Franz I. [68].

Anmerkungen. [1] R.-A. GAUTHIER: Magnanimité. L'idéal de la grandeur dans la philos. païenne et dans la théol. chrétienne. Bibl. Thom. 28 (Paris 1951) (= GAUTHIER I) 17. – [2] GAUTHIER I, 21ff. – [3] Zu hom. THYMOS vgl. B. SNELL: Die Entdeckung des Geistes, in: Stud. zur Entstehung des europ. Denkens bei den Griechen (³1955) 17ff., bes. 25ff.; H. FRÄNKEL: Dichtung und Philos. des frühen Griechentums (²1962) 85ff. – [4] z. B. *Achill:* Il. 9, 255; 21, 53 u. ö.; Od. 3, 189; *Ajax:* Il. 4, 479; 15, 626; *Hektor:* Il. 15, 440; 18, 335; *Odysseus:* Od. 4, 143; 23, 153 u. a. m.; vgl. GAUTHIER I, 22f. 39; zum hom. Arete-Begriff und hellenischer G.-Tradition s. W. JAEGER: Paideia. Die Formung des griech. Menschen 1 (⁴1959) 26ff., bes. 33ff. – [5] Vgl. TRÜBNERS Dtsch. Wb. 3 (1939) 455 s.v. ‹Hochmut›. – [6] DEMOKRIT, VS 68 B 46 (2, 156); zum zweifelhaften demokrit. Ursprung der Demokrates-Sprüche (VS 68 B 35-115) vgl. jetzt W. K. C. GUTHRIE: A hist. of Greek philos. 2 (Cambridge 1965) 489ff.; G. TEICHMÜLLER: Neue Stud. zur Gesch. der Begriffe 3 (1879) 443 nahm Einfluß Demokrits auf Aristoteles an; dazu skeptisch A. DYROFF: Demokritstudien (1899) 148 Anm. 2; vgl. auch R. PHILIPPSON: Demokrits Sittensprüche. Hermes 59 (1924) 404. – [7] Zu den Grundbegriffen demokritischer Ethik vgl. G. VLASTOS: Ethics and physics in Democritus. Philos. Rev. 54 (1945) 578-592; 55 (1946) 53-64, bes. 582ff.; H. STEKKEL, RE Suppl. 12 (1970) 210, 10ff. – [8] ISOKRATES 9, 3. 27. 45. 59 (Euagoras); vgl. E. MIKKOLA: Isokrates. Seine Anschauungen im Lichte seiner Schriften. Ann. Acad. Sci. Fenn. B 89 (Helsinki 1954) 72. 150; H. KEHL: Die Monarchie im polit. Denken des Isokrates (Diss. Bonn 1962) 111ff., bes. 114f.; DEMOSTHENES 18, 68 (Philipp II. von Makedonien); vgl. W. JAEGER: Demosthenes. Der Staatsmann und sein Werden (1939) 192f.; DEMOSTHENES 23, 205 (Athen). – [9] HYPERIDES 4, 43 (Athen); DEMOSTHENES 20, 142 (Phil. II .von Maked.); 19, 235 (Demosth. selbst). – [10] Vgl. ARISTOTELES, Rhet. I, 9, 1366 b 17-20; Ps.-PLATON, Def. 412 e 9f. mit 2 und dazu H. J. KRÄMER: Arete bei Platon und Aristoteles. Abh. Heidelb. Akad. Wiss., Philos.-hist. Kl. (1959) 6, 174f. 297. 361. – [11] PLATON, Resp. 6, 486 a 8; vgl. 496 b 4: «große Seele»; Leg. 4, 709 e 8. 710 c 6; vgl. GAUTHIER I, 42ff.; A. J. FESTUGIÈRE: Contemplation et vie contemplative selon Platon. Bibl. philos. 2 (Paris ²1950) 159f.; W. JAEGER: Paideia 2 (³1959) 348f.; J. LUCCIONI: La pensée polit. de Platon. Publ. Fac. Lett. Alger 30 (Paris 1958) 156; R. STEIN: Megaloprepeia bei Platon (Diss. Bonn 1965) 63ff. 98ff. – [12] PLATON, Menon 70 b-88 a; vgl. STEIN, a. a. O. 52ff. – [13] ARISTOTELES, Rhet. II, 24, 1401 b 20-23; vgl. I, 6, 1362 b 12; 9, 1366 b 2. 17f.; Anal. post. II, 13, 97 b 15-25; vgl. JAEGER, a. a. O. [4] 34ff.; W. SCHADEWALDT: Das Bild des griech. Menschen (1958), in: Hellas und Hesperien 1 (²1970) 668. – [14] ARIST., Eth. Eud. (= EE) III, 5; Eth. Nic. (= EN) IV, 7-9; dazu die Komm. von F. DIRLMEIER, EE (²1969) 337-345; EN (⁵1969) 370-382 und (zur EN) von R. A. GAUTHIER und J. Y. JOLIF 2 (Louvain/Paris ²1971) 272-298; GAUTHIER I, 55ff.; E. A. SCHMIDT: Ehre und Tugend. Zur Megalopsychia der arist. Ethik. Arch. Gesch. Philos. 49 (1967) 149-168; D. A. REES: Magnanimity in the Eudemian and Nicomachean Ethics. Peripatoi 1 (1971) 231-243. – [15] ARIST., EE III, 4; EN IV, 1. – [16] EE III, 6; EN IV, 4-6. – [17] EE III, 5, 1232 b 10-14. 17ff. 1233 a 4ff.; EN IV, 7, 1123 b 15-24. 34f. 1124 a 4-13. – [18] EN I, 3, 1095 b 23. – [19] EE III, 5, 1233 a 4-16; vgl. II, 3, 1221 a 10. 31-33; EN IV, 7, 1123 b 8-15. 24-26; 9, 1125 a 16-35; vgl. II, 7, 1107 b 21-23. – [20] EE III, 5, 1232 b 25-1233 a 4; EN IV, 7, 1123 b 1-4; vgl. 15f. 23f. – [21] EN IV, 7, 1123 b 5; vgl. GAUTHIER, Komm. zur St. 275. – [22] EN IV, 7, 1123 b 5-8 und bes. IV, 10; vgl. EE III, 5, 1233 a 16ff. – [23] EN IV, 10, 1125 b 8-23. – [24] EN IV, 10, 1125 b 2-8. – [25] EE III, 5, 1232 b 4-9. 17-25; vgl. EN IV, 7, 1124 a 5-12; zu den Unterschieden zwischen EE und EN in der Behandlung der G. vgl. C. J. ROWE: The Eudemian and Nicomachean Ethics. A study in the development of Aristotle's thought. Proc. Cambr. Philol. Soc. Suppl. 3 (Cambridge 1971) 50f. – [26] Vgl. a. a. O. [18]. – [27] Vgl. EE VIII, 3; vgl. W. J. VERDENIUS: Human reason and god in the Eudemian Ethics. Peripatoi 1 (1971) 285-297, bes. 294ff.; auch REES, a. a. O. [14] 241 Anm. 23; zu G. und KALOKAGATHIA jetzt auch R. STARK: Aristotelesstud. Zetemata 8 (²1972) 52f. mit Lit. – [28] EN IV, 7, 1123 b 29. 1124 a 1-3. a 4; vgl. IV, 8, 1124 a 28f.; EE III, 5, 1232 a 31-38. b 23-25. – [29] EN IV, 8, 1124 a 12-29. a 7ff. 16f.; vgl. REES, a. a. O. [14] 238f. – [30] EN IV, 8, 1124 a 29ff.; vgl. 7, 1123 b 31. – [31] 1124 b 6ff. – [32] a. a. O. b 9ff. bzw. 17ff. – [33] b 23ff. – [34] b 26ff.; vgl. P. WILPERT: Die Wahrhaftigkeit in der arist. Ethik. Philos. Jb. 53 (1940) 323-338, ND in: Ethik und Politik des Arist., hg. F.-P. HAGER, in: Wege der Forsch. 208 (1972) 235ff. – [35] EN 1124 b 31ff. bzw. 1125 a 1f.; vgl. 1124 b 17f.; GAUTHIER I, 86ff.; A. PLEBE bei E. ZELLER und R. MONDOLFO: La filos. dei greci ... II/6 (Florenz 1966) 123f. Anm.; zu Autarkie und Freundschaft bei Arist. (EE VII, 12; EN, IX 9) G. WIDMANN: Autarkie und Philia in den arist. Ethiken (Diss. Tübingen 1967) mit Lit.; J.-C. FRAISSE:

AUTARKEIA et PHILIA en EE VII, 12, 1244 b 1-1245 b 19. Peripatoi 1 (1971) 245-251. - [36] ASPASIUS, In EN, hg. HEYLBUT, in: Comm. in Arist. graec. 19/1; GAUTHIER I, 108ff.; vgl. jedoch (u. a.) J. VANIER: Le bonheur principe et fin de la morale arist. (Paris/Brügge 1965) 286 mit Anm. 2; klärend jetzt auch G. BIEN: Das Theorie-Praxis-Problem und die polit. Philos. bei Platon und Arist. Philos. Jb. 76 (1968/69) 302 Anm. 84; REES, a. a. O. [14] 241f.; H. FLASHAR: Ethik und Politik in der Philos. des Arist. Gymnasium 78 (1971) 287 Anm. 21. - [37] Magna Moralia (= MM) I, 25; vgl. I, 1, 1182 b 35ff.; dazu DIRLMEIERS Komm. (²1966) 293f. - [38] Vgl. R. WALZER: MM und aristotelische Ethik. Neue philol. Untersuchungen 7 (1929) 208ff. 278 Anm. 2. - [39] DEMETRIOS VON PHALERON bei DIOG. LAERT. 5, 81: PERI MEGALOPSYCHIAS = Frg. 78 bei F. WEHRLI: Die Schule des Aristoteles 4 (²1968) 22, dazu Komm. 57; vgl. F. WEHRLI, RE Suppl. 11 (1968) 519, 32ff. - [40] ARISTON VON KEOS bei PHILODEMUS, PERI KAKION X, col. XV, 22ff., hg. JENSEN 27 = Frg. 13 = WEHRLI, a. a. O. 6 (²1968) 35, dazu Komm. 52ff. - [41] Vgl. M. POHLENZ: Die Stoa 1 (²1959) 126; J. B. GOULD: The philos. of Chrysippus. Philos. antiqua 17 (Leiden 1970) 179f. - [42] CHRYSIPP, SVF III, Nr. 264, S. 64, 23. 37f.; vgl. Nr. 269, S. 66, 17f.; Nr. 274, S. 67, 28f.; Nr. 275, S. 67, 41f.; vgl. GAUTHIER I, 121ff. 144ff.; G. VERBEKE: Le stoïcisme, une philos. sans frontières, in: Aufstieg und Niedergang der röm. Welt (= ANRW), hg. H. TEMPORINI I/4 (1973) Anm. 112. - [43] CICERO, De inv. 2, 54, 163. - [44] PHILODEMUS, De Epicuro frg. 6, col. I, 16f., hg. A. VOGLIANO: Epicuri et Epicureorum scripta in Herculanensibus papyris servata (1928) 66; vgl. Frg. eth. Comparettii col. XIV, 1, hg. W. SCHMID: Ethica Epicurea, in: Studia Herculanensia 1 (Leipzig 1939) 35. - [45] METRODOR VON LAMPSAKOS bei DIOG. LAERT. 10, 24 = A. KÖRTE: Metrodori Epicurei fragmenta. Jb. class. Philol. Suppl. 17 (1890) 543; vgl. CHR. JENSEN: Ein neuer Brief Epikurs. Abh. Ges. Wiss. Gött., philol.-hist. Kl. III 5 (1933) 66f. - [46] CICERO, Part. or. 22, 76-78; vgl. M. POHLENZ: TO PREPON (1933) 75 Anm. 3 = Kl. Schr. 1 (1965) 122, 3; CICERO, De off. 1, 61-92; vgl. GAUTHIER I, 133ff. 157ff.; M. POHLENZ: Antikes Führertum. Cicero de officiis und das Lebensideal des Panaitios, in: Neue Wege zur Antike II/3 (1934, ND Amsterdam 1967) 40-55; G. IBSCHER: Der Begriff des Sittlichen in der Pflichtenlehre des Panaitios (Diss. München 1934) 54-89; U. KNOCHE: Magnitudo animi. Untersuch. zur Entstehung und Entwickl. eines röm. Wertgedankens. Philologus, Suppl. 27/3 (1935) 50ff. = Vom Selbstverständnis der Römer. Gymnasium Beih. 2 (1962) 66ff.; G. PICHT: Die Grundl. der Ethik des Panaitios (Diss. Freiburg i. Br. 1942) 37. 42ff.; M. VAN STRAATEN: Panétius, sa vie, ses écrits et sa doctrine ... (Amsterdam/Paris 1946) 178ff.; ED. SCHWARTZ: Ethik der Griechen (1951) 209f.; M. VAN STRAATEN: Panaetii Rhodii fragmenta, in: Philos. antiqua 5 (Leiden ²1962); J. M. RIST: Stoic philos. (Cambridge 1969) 192ff.; O. GIGON: Bemerk. zu Ciceros De officiis, in: Palingenesia 4 (1969) 267-278, bes. 270; K. BRINGMANN: Untersuch. zum späten Cicero, in: Hypomnemata 29 (Göttingen 1971) 238ff.; K. ABEL: Die kulturelle Mission des Panaitios. Antike u. Abendl. 17 (1971) 119-143. - [47] CICERO, De off. 1, 66; vgl. 17. - [48] De inv. 1, 77; De off. 1, 68. 88f.; vgl. H. KLOFT: Liberalitas principis. Herkunft und Bedeutung, in: Köln. hist. Abh. 18 (1970) 35ff.; T. ADAM: Clementia principis. Der Einfluß hellenist. Fürstenspiegel auf den Versuch einer rechtlichen Fundierung des Principats durch Seneca, in: Kiel. hist. Stud. 11 (1970) 85f. - [49] CICERO, De off. 1, 69ff.; vgl. A. GRILLI: Il problema della vita contemplativa nel mondo greco-romano (Mailand/Rom 1953) 118ff. - [50] Cicero, De off. 1, 67. - [51] a. a. O. 1, 93ff.; vgl. L. LABOWSKY: Die Ethik des Panaitios. Untersuch. zur Gesch. des Decorum bei Cicero und Horaz (1932) 6ff. - [52] H. GOMOLL: Der stoische Philosoph Hekaton (Diss. Bonn 1933) 25ff., IBSCHER, a. a. O. [46] 122f. - [53] Vgl. M. LAUSBERG: Untersuch. zu Senecas Frg., in: Untersuch. zur Antiken Lit. und Gesch. 7 (1970) 63f.; zur ‹magnitudo animi› bei Seneca s. auch I. HADOT: Seneca und die griech.-röm. Tradition der Seelenleitung, in: Quell. und Stud. zur Gesch. der Philos. 13 (1969) 128ff.; P. GRIMAL: Sénèque et la Stoa à Rome. ANRW a. a. O. [42] II (1974). - [54] AMBROSIUS, De off. ministr. 1, 35-41. MPL 16, 80ff.; vgl. D. LÖPFE: Die Tugendlehre des hl. Ambrosius (Diss. Fribourg 1951) 137ff.; H. HAGENDAHL: Lat. Fathers and the classics. Acta univ. Gothoburg. 64/2 (Göteborg 1958) 347ff., bes. 359ff. - [55] MARTIN VON BRAGA, Formula vitae honestae c. 2: ‹De magnanimitate›; vgl. c. 6. MPL 72, 25. 28 = hg. C. W. BARLOW (New Haven 1950) 241. 248 = W. TRILLITZSCH: Seneca im lit. Urteil der Antike 2 (Amsterdam 1971) 395. 398; vgl. A. LIEFOOGHE: Les idées morales de saint Martin de Braga. Mél. Sci. relig. 11 (1954) 133-146; K. A. BLÜHER: Seneca in Spanien (München 1969) 25ff.; TRILLITZSCH, a. a. O. 1, 213ff. - [56] PLOTIN, Enn. I, 6 [1], 6, 11; vgl. H. VAN LIESHOUT: La théorie plotinienne de la vertu (Thèse Fribourg 1926) 56ff., bes. 71; J. TROUILLARD: La purification plotinienne (Paris 1955). - [57] MACROBIUS, In Somn. Scip. I, 8, 7; vgl. PLOTIN, Enn. I, 2 (19);

PORPHYRIUS, Sent. 32; vgl. allgemein TROUILLARD, a. a. O.189ff.; speziell P. HENRY: Plotin et l'occident, in: Spicilegium sacrum Lovaniense 15 (Louvain 1934) 154ff.; C. ZINTZEN: Römisches und Neuplatonisches bei Macrobius, in: Palingenesia 4 (Wiesbaden 1969) 357-376. - [57a] Vgl. W. SCHUBART: Das hellenist. Königsideal nach Inschr. und Papyri. Arch. Pap.-Forsch. 12 (1937) 1-26, bes. 5. - [58] DIOTOGENES, De regn. Frg. 2, hg. H. THESLEFF: The Pythagorean texts of the Hellenistic period. Acta Acad. Aboensis A, 30/1 (Abo 1965) 74, 3. 11; vgl. STHENIDAS, De regn. a. a. O. 188, 3; vgl. L. DELATTE: Les traités de la royauté d'Ecphante, Diotogène et Sthénidas. Bibl. Fac. Lett. Univ. Liège 97 (Paris 1942) 269: zu St. 267, 15; 279: zu St. 270, 20. - [59] SENECA, De clem. 1, 5, 3; 20, 3; vgl. ADAM, a. a. O. [48] 25. 83f. 87f. u. ö. - [60] DIO CHRYS., Or. 2, 7; 4, 30. 80 u. ö.; vgl. F. DVORNIK: Early Christian and Byzantine polit. philos. 2 (Washington 1966) 537ff. - [61] IULIAN, Or. 2, 28, 86 a. c.; vgl. DVORNIK, a. a. O. 659ff., bes. 662f. - [62] ARIST., Ep. ad Alex. 14, 6; 15, 3; 17, 2; 18, 2; vgl. 6, 4, hg. J. BIELAWSKI/M. PLEZIA: Lettre d'Aristote à Alexandre sur la polit. envers les cités. Arch. filol. 25 (Wroclaw/Warszawa/Kraków 1970) 69. ebda. 71; vgl. ebda. 61; DIOD. 17, 74, 4f.; krit. PLUTARCH, De fort. Alex. M. 1, 4 (327 EF) (nach Panaitios?) vgl. A. GRILLI: Plutarco Panezio e il giudizio su Alessandro Magno. Acme 5 (1952) 451-457). - [63] PLINIUS MIN., Paneg. 58, 5; Komm. M. DURRY (Paris 1938) 174; zu Trajan als Vorbild in späterer Zeit vgl. H. H. ANTON: Fürstenspiegel und Herrscherethos in der Karolingerzeit. Bonner hist. Forsch. 32 (1968) 46. 51 Anm. 31. 253. 436 Anm. 378. 443. - [64] Corp. inscr. lat. VI, 1139: «mentis magnitudine»; vgl. J. VOGT: Constantin d. Gr. und sein Jh. (²1960) 165f.; H. DÖRRIES: Das Selbstzeugnis Kaiser Konstantins. Abh. Akad. Wiss. Gött., philol.-hist. Kl. III/34 (1954) 224f.; EUSEB., Vita Const. 2, 22; vgl. 1, 9; 3, 1; 3, 16, hg. HEINKEL 50, 9; vgl. 11, 11; 77, 20; 84, 12; zu Konstantin als Vorbild vgl. E. EWIG: Das Bild Constantins d. Gr. in den ersten Jh. des abendländ. MA. Hist. Jb. 75 (1956) 1-46. - [65] EINHARD, Vita Kar. M. 7. 8. 19. 21. 28; ALCUIN, Carm. 7, 23, hg. E. DÜMMLER, MGH Poet. Lat. 1 (1881); vgl. F. BITTNER: Stud. zum Herrscherlob in der mittelalterl. Dichtung (Diss. Würzburg 1962) 55. - [66] z. B. GUILLELMUS ARMORICUS, De gestis Philippi Augusti 62 c. 68 b, hg. M.-J.-J. BRIAL, in: Recueil des historiens des Gaules et de la France 17 (Paris 1818). - [67] MATTHAEUS PARISIENSIS: Chronica maiora (A.D. 1254), hg. H. R. LUARD, in: Rer. Britann. med. aev. script. 57/5 (London 1880) 480. - [68] Vgl. H. FICHTENAU: Arenga. Spätantike und MA im Spiegel von Urkundenformen, in: Mitt. Inst. öst. Gesch.-Forsch. Erg.-Bd. 18 (Graz/Köln 1957) 193.

2. Mit einer *christlichen* Grundhaltung war die stolze hellenische Tradition der G. nicht ohne weiteres vereinbar. Neutestamentliche μακροθυμία [1] (lat. magnanimitas (Vet. Lat.), longanimitas (Vulg.) [2]), ein aus der ‹Septuaginta› übernommener hebräisch-aramäischer Lehnbegriff im Griechischen [3], ist ausschließlich duldende und verzeihende Langmut Gottes [4] und nach seinem Vorbild des Menschen [5]. Beim Menschen ist sie eng verbunden, aber nicht identisch mit der besonderen christlichen Tugend der Geduld (ὑπομονή, lat. patientia, perseverantia), mit der sie gemeinsam neben u. a. Demut (ταπεινοφροσύνη) und Milde (πραΰτης) als Grundhaltung gegenüber dem Mitmenschen aus der allumfassenden Liebe (ἀγάπη) resultiert [6]. Während sie in den Evangelien nicht vorkommt, hat sie in den Pastoralbriefen des Neuen Testaments ihren festen Platz in paränetischem Kontext, sei es einzeln [7] oder in den auf spätjüdische Tradition zurückgehenden Tugendkatalogen [8], und ist danach auch in die apostolische Paränese eingegangen [9]. Die Wiedergabe von μακροθυμία durch ‹magnanimitas› in den ältesten lateinischen Bibelübersetzungen [10] und die Umdeutung biblischer Langmut in philosophische G. durch die einflußreichsten griechischen *Apologeten* haben sowohl der Übernahme profaner Terminologie und Begrifflichkeit durch christliche Autoren als auch einem nuancenreichen Synkretismus christlicher und profaner G.-Begriffe in patristischer Zeit im lateinischen Mittelalter den Weg bereitet.

CLEMENS ALEXANDRINUS, der alle Tugenden der hellenischen Ethik aus dem Alten Testament übernommen sein läßt [11], macht sich Chrysipps Definition der G.

zu eigen [12], führt im Anschluß an stoische Tugendklassifikationen die G. als eine Erscheinungsform der Tapferkeit des wahren Gnostikers ein [13] und läßt den Gnostiker nach dem Vorbild des stoischen Weisen [14] «großmütig» auf alles Äußere und – mit Einbeziehung eines platonisierenden ontologischen Dualismus – auf alles Irdische, Weltliche herabsehen (καταμεγαλοφρονεῖν) [15]. G. hat bei ihm ihre Grundlage aber nicht wie bei den Stoikern in menschlicher, sondern in einer «aus göttlicher Gnade und Erkenntnis» hervorgehenden Autarkie [16] und wird getragen von der aus dem Glauben erwachsenden, duldenden und überwindenden Liebe (ἀγάπη) [17] und von einer spezifischen Hoffnung (ἐλπίς), die auf das den Kosmos übersteigende Schöne gerichtet ist [18]. – ORIGENES teilt mit Clemens die Wertschätzung der G. stoischer Tugendlehre [19], betont als Christ das «großmütige» Überschreiten alles Geschaffenen in Hoffnung auf Gott [20] und rühmt im Gegensatz zu dem Philosophen Kelsos nicht einen Heiden wie Anaxarchos [21] (den schon TERTULLIAN als Paradebeispiel philosophischer G. im Leiden verspottet hatte [22]), sondern die biblischen Heroen Abraham, Hiob und vor allem Jesus als Muster wahrer Seelengröße [23]. – Unter den *griechischen* Vätern geht z. B. GREGOR VON NAZIANZ, der gelegentlich seine Bewunderung für die stoische Lehre von der sittlichen Irrelevanz der Außendinge bekundet [24], so weit, die äußere Untätigkeit der reinen weltabgeschiedenen Kontemplation, wie er sie zeitweise selbst übt, als eine eigene Art vorbildlicher G. zu charakterisieren [25]. – Unter den *lateinischen* Vätern adaptiert AMBROSIUS in seiner Pflichtenlehre für den christlichen Kleriker (De officiis ministrorum) die panaitianische G.-Tapferkeit in direkter Anlehnung an Cicero (De officiis) [26], indem er ihre Bewährung als «Kriegsdienst des Glaubens» (fidei militia, Deo militare) darstellt [27] und für alle ihre Varianten biblische Heroen (Samson, David, Josua) und frühchristliche Märtyrer (die hl. Laurentius und Xystus) als Exempla anführt [28]. – AUGUSTINUS dagegen zeigt bemerkenswerterweise nur eben in einer Aufzählung der vier Kardinaltugenden Kenntnis der panaitianisch-ciceronischen Terminologie [29], ohne je auf den Begriff der G. näher einzugehen [30]. – MARTIN VON BRAGA (2. Hälfte des 6. Jh.) hat in seiner ‹Formula vitae honestae›, einem Tugendspiegel (für den Suebenkönig Miro), der im Mittelalter, meist unter dem Namen Senecas, weite Verbreitung und großen Einfluß erlangte [31], die G.-Tapferkeit mittelstoischer Provenienz nach Seneca (De officiis) kurz geschildert [32], ohne den übernommenen philosophischen Elementen eigentümlich christliche hinzuzufügen. – Neben den genannten Autoren hat noch besonders ISIDOR VON SEVILLA (1. Hälfte des 7. Jh.) der mittelalterlichen Tradition einschlägigen Stoff geliefert, indem er einmal biblische Langmut und G. gleichsetzt [33] und ein andermal die Tugend der Tapferkeit als G. mit Stichworten des Ambrosius umreißt [34].

Die unterschiedlich starke Christianisierung des profanen G.-Begriffs, der nun die biblische Langmut miteinschließt, ermöglicht den Kirchenvätern sogar eine konsequente Vereinbarung der G. mit der spezifisch christlichen Tugend der Demut [35]. Neben der G. finden schon CLEMENS und ORIGENES auch die Demut in der Tugendlehre der heidnischen Philosophen als Entlehnung aus dem Alten Testament vor [36], sprechen aber wie die griechischen und lateinischen Väter bis ins 4. Jh. ausdrücklich nur über den Zusammenhang christlicher Demut mit christlicher Größe [37]. Erst JOHANNES CHRYSOSTOMUS erklärt wörtlich, es gebe «keine Demut ohne G. und keine Überhebung (Aufgeblasenheit) ohne Kleinmut» [38], indem er als G. die Geringschätzung der irdischen, menschlichen Dinge und die Hochschätzung des Ewigen, Göttlichen, als Überhebung dagegen die kleinliche Überschätzung des nur vermeintlich großen Menschlichen und Irdischen faßt [39], solchermaßen bewußt oder unbewußt die peripatetische Unterscheidung von G. und Überheblichkeit, wie sie Ariston bestimmt hatte, mit ähnlichen Worten, aber in anderem Geiste erneuernd.

Anmerkungen. [1] Vgl. HORST, in: Theol. Wb. zum NT 4 (1942) 377-390; W. BAUER: Griech./dtsch. Wb. zu den Schr. des NT (⁵1958 = 1971) 965 s.v.; engl. W. F. ARNDT/F. W. GINGRICH (Cambridge 1957) 489 s.v.; U. FALKENROTH: Theol. Begriffslex. zum NT 1 (1967) 462f. – [2] Vgl. AUGUSTIN, De quant. an. 17, 30. MPL 32, 1052. – [3] LXX Ex. 34, 6; Num. 14, 18; Ion. 4, 2 u. a.; vgl. A. VÖGTLE: Die Tugend- und Lasterkataloge im NT, exeget., relig.- und formgesch. unters. Neutestamentl. Abh. 16, 4/5 (1936) 94. 154f. – [4] 1. Tim. 1, 16. – [5] Vgl. GAUTHIER I, a. a. O. [1 zu 1] 202ff.; La Force, in: Initiation kathol. 3: Théol. morale (Paris ²1955) 949-995; dtsch in: Die kath. Glaubenswelt 2: Moraltheol. (1960) 844ff., bes. 848ff. – [6] 1. Kor. 13, 4ff.; Eph. 4, 2; Kol. 3, 12ff.; vgl. Kol. 1, 11 u. a.; vgl. C. SPICA: Agapè dans le NT. Analyse des textes 1 (Paris 1958) 268ff., bes. 270; 2 (1959) 77ff.; Théol. morale du NT 1 (Paris 1965) 339. 358. – [7] 1. Kor. 13, 4; Kol. 1, 11; 1. Thess. 5, 14. – [8] 2. Kor. 6, 6; Gal. 5,22f.; Eph. 4, 2f.; Kol. 3, 12; 2. Tim. 3, 10; vgl. VÖGTLE, a. a. O. [3] 47ff. 160ff. 171f.; J. DUPONT: Gnosis. La connaissance relig. dans les épîtres de saint Paul. Univ. cath. Lovan., Diss. ad grad. mag. in Fac. theol. consequ. conscriptae II/40 (Louvain/Paris 1949) 401. 415f.; S. WIBBING: Die Tugend- und Lasterkataloge im NT und ihre Traditionsgesch. unter bes. Berücksichtigung der Qumran-Texte. Bei-H. Z. neutestamentl. Wiss. 25 (1959) 99. 104; vgl. 82; E. KAMLAH: Die Form der katalogischen Paränese im NT. Wiss. Untersuch. zum NT 7 (1964) passim, bes. 193f.; vgl. ferner Test. XII Patr., Gad. 4, 7; sog. Sekten-Schrift 4, 3, hg. R. BURROWS: The Dead Sea Scrolls of St. Mark's Monastery 2 (New Haven 1951); vgl. WIBBING, a. a. O. 36. 46. – [9] Did. 3, 7f. – [10] Vgl. GAUTHIER I, 212ff.; a. a. O. [5] 853ff.; TERTULLIAN, De or. 29, hg. REIFFERSCHEID/WISSOWA, in: Corp. script. eccl. lat. (= CSEL) 20, 199; CYPRIAN, De zelo et livore 13, hg. HARTEL, in: CSEL 3, 427. – [11] Clemens Alexandrinus, Strom. II, 18, 78, 1, hg. STÄHLIN 2, 153, 28ff.; vgl. E. MOLLAND: Clement of Alexandria on the origin of Greek philos. Symb. Osl. 15/16 (1936) 57-85; H. A. WOLFSON: The philos. of the Church Fathers 31 (Cambridge, Mass. 1970) 20ff. – [12] CLEM. ALEX., Strom. II, 18, 79, 5 = 2, 154, 21f. ST.; vgl. VII, 3, 17, 4 = 3, 13, 21f. ST. – [13] Strom. VII, 3, 17, 4ff., bes. 18, 1 = 3, 13, 16ff. ST.; vgl. W. VÖLKER: Der wahre Gnostiker nach Clem. Alex. Texte und Untersuch. zur Gesch. der altchristl. Lit. 57 (1962); M. SPANNEUT: Le stoïcisme des pères de l'église. De Clément de Rome à Clément d'Alexandrie. Patristica Sorbonensia 1 (Paris 1958). – [14] CLEM. Strom. IV, 19, 1 = 2, 256, 30ff. ST. – [15] Paed. III, 6 = 1, 256, 25 ST.; Strom. IV, 6, 26, 4 = 2, 260, 1 ST.; VII, 12, 74, 7 = 3, 53, 27 ST. – [16] Strom. VII, 7, 44, 4ff. = 3, 33 ST., bes. Z. 16f. 20; vgl. E. F. OSBORN: The philos. of Clement of Alexandria (Cambridge 1957) 166. – [17] CLEM., Strom. VII, 11, 66-68 = 3, 47ff. ST. – [18] Strom. VII, 12, 78, 3 = 3, 55, 25ff. ST. – [19] ORIGENES, Contra Cels. 2, 42, hg. KOETSCHAU 1, 165, 25ff.; 8, 65 = 2, 281, 8f. K.; vgl. H. CROUZEL: Origène et la philos. Théol. 52 (Paris 1962) 28. 35ff. – [20] Vgl. ORIG., a. a. O. 5, 10 = 2, 10, 30ff. K.; a. a. O. 7, 53 = 2, 203, 15ff. K.; vgl. M. L. CARLSON: Pagan examples of fortitude in the latin Christian Apologists. Class. philol. 43 (1948) 93-104, bes. 97. – [22] TERTULLIAN, Apol. 50, 6, hg. HOPPE, in: CSEL 69, 119, 26ff.; vgl. H. PETRE: L'exemplum chez Tertullien (Dijon 1945). – [23] ORIG. In Gen. hom. 8, hg. BAEHRENS 6, 82. 86. – [24] GREGOR VON NAZIANZ, Ep. 32, 7. MPG 37, 72a = hg. GALLAY (1969) 29, 15ff. – [25] a. a. O. 49, 2. MPG 37, 101 a = 45, 10ff. G. – [26] AMBROSIUS, De off. ministr. 1, 35-41. MPL 16, 80ff.; vgl. J. T. MUCKLE: The De off. ministr. of St Ambrose. An example of the process of the christianization of the latin language. Mediaeval Stud. 1 (1939) 63-80, bes. 79; LÖPFE, a. a. O. [54 zu 1] 137ff.; A. F. COYLE: Cicero's De off. and the De off. ministr. of St. Ambrose. Francisc. Stud. 15 (1955) 224-256, bes. 252f.; HAGENDAHL, a. a. O. [54 zu 1] 347ff., bes. 359ff. – [27] AMBROS., a. a. O. 1, 36, 184. MPL 16, 84 a. 83 b; vgl. allg. A. HARNACK: Militia Christi (1905, ND 1963); J. AUER, LThK² 7 (1962) 418. – [28] AMBROS., a. a. O. 1, 41, 204f. MPL 16, 90 b ff.; vgl. CARLSON, a. a. O. [21] 95f. – [29] AUGUSTIN, Solil. 1, 1, 6. MPL 32, 872; vgl. TH. DEMAN: Le traitement sci. de la morale chrétienne selon S. Augustin. Publ. Inst. Et. médiévales 15 (Montréal/Paris 1957) 62 Anm. 3. – [30] Vgl. O. SCHAFFNER: Christl. Demut. Des hl. Augustinus Lehre von der humilitas. Cassiciacum 17 (1959) 54; doch s. AUGUSTIN, Enarr. in Ps. 112, 4. MPL 37, 1472f. – [31] Vgl. z. B. BLÜHER, a. a. O. [55 zu 1] 26f. 30f. 45; K.-D. NOTHDURFT: Stud. zum Einfluß Senecas auf die Philos. und Theol. des 12. Jh., in: Stud. u. Texte zur Geistesgesch. des MA 7 (Leiden/Köln 1963) 30f. – [32] MARTIN VON BRAGA, a. a. O. [55 zu 1]; vgl. LIEFOOGHE, BLÜHER und TRILLITZSCH, a. a. O. [55 zu 1]. – [33] ISIDOR VON SEVILLA, Orig. 10, 157. MPL 83, 383 c; vgl. 10, 168 = 385 a. – [34] MPL II, 39, 157. MPL 83, 95 a/b; vgl. J. FONTAINE: Isidore de Séville et la culture class. dans l'Espagne wisigothique 2 (Paris 1959) 698ff.; S. MÄHL: Quadriga virtutum. Die Kardinaltugenden in der Geistesgesch. der Karolingerzeit. Arch. Kulturgesch. Bei-H. 9 (1969) 62. – [35] Vgl. GAUTHIER I, 418ff.; W. SCHÜTZ: Art. ‹Demut›, in: Hist. Wb. Philos. 2 (1972) 57ff.; vgl. A. DIHLE, Reallex. Antike und Christentum 3 (1957) 735ff. – [36] CLEM. ALEX., Strom. II, 22, 132, 1 = 2, 185, 28ff. ST.; ORIG., C. Cels. VI, 15 = 2, 85 K.; In Luc. hom. 8, hg. RAUER 9, 59; vgl. CROUZEL, a. a. O. [19] 62. – [37] ORIG., a. a. O.; vgl. GREG. NAZ., Or. 7, 23. MPG 35, 785 b; PAULIN. NOL., Ep. 12. MPL 61, 202 a ff. – [38] JOANNES CHRYSOSTOMUS, In Ioann. hom. 71, 2. MPG 59, 386. – [39] In Ps. 144, 1. MPG 55, 466; In Ps. 142, 3 = 450f.; In Ep. I ad Cor. 1, 2f. MPG 61, 15f.; vgl. ISID. PELUS., Ep. 2, 241. MPG 78, 682 c f.; Ep. 3, 188 = 876 c; Ep. 3, 381 = 1025 b.

3. Im lateinischen *Mittelalter* wird zuerst die stoische, dann auch die aristotelische Ausprägung des G.-Begriffs aus der antiken Tradition aufgenommen, teils wesentlich unverändert, teils in einer den neuen gedanklichen Zusammenhängen entsprechenden Fortentwicklung. Stoischer Einfluß geht voran, da stoische Ethik seit Cicero und Seneca in lateinischer Version vorlag, während Aristoteles erst durch die arabisch-lateinischen und griechisch-lateinischen Übersetzungen des 13. Jh. wirken konnte [1]. So wird zunächst im 12. Jh. das heroisch-aktive Moment der stoischen G. eigenartig neu belebt, indem bei ABAELARD und seiner Schule in systematischen Tugendklassifikationen G. neben der Ausdauer (tolerantia) als Teil oder Art einer der drei praktischen Tugenden Gerechtigkeit (iustitia), Tapferkeit (fortitudo) und Mäßigung (temperantia) erscheint, nämlich der Tapferkeit, mit der sie wie alle Tugenden auf das höchste Gut bei Gott ausgerichtet sein muß [2]. Sie wird von Abaelard selbst definiert als die Fähigkeit, «durch die man wegen eines vernünftigen Grundes alles Schwierige anzugreifen bereit ist» (qua cum rationabilis substantiae causa quaelibet ardua aggredi sumus parati) [3], worin aus der panaitianisch-ciceronischen Beschreibung das Vollbringen großer Taten enthalten, die Verachtung der äußeren Dinge aber unterdrückt ist [4]. Diese Definition hat in verschiedenen Abwandlungen hauptsächlich auf drei Wegen, durch Schriften aus der Umgebung Abaelards (Sententiarien [5] und ‹Ysagoge in theologiam› [6]), durch das ‹Moralium dogma philosophorum› des WILHELM VON CONCHES [7] und durch die ‹Summa de bono› PHILIPPS DES KANZLERS [8] Verbreitung und Wirkung erlangt.

Unabhängig davon hat Abaelards großer Zeitgenosse und Gegner BERNHARD VON CLAIRVAUX fern jeder autonomen philosophischen Spekulation [9] die heroische G. in augustinischem Geiste spiritualisiert zu einer G. des Glaubens (magnanimitas fidei, m. credulitatis) [10], die darauf beruht, daß sich die menschliche Seele glaubend ihrer Beziehung zum Ewigen, zu Gott (vgl. capax aeternorum [11]) bewußt wird, und die dazu führt, daß der Glaubende, von Gott gestärkt [12] und im Vertrauen auf ihn [13], «Großes wagt» (magna, maiora audere), d. h. nach der übernatürlichen Fülle und Vollendung durch Gott strebt [14]. Solche G. (magnanimitas tanta) findet Bernhard, durch Einwirkung des hl. Geistes mit der größten Demut (tantae humilitati) verbunden, in Maria exemplarisch verkörpert [15]. – Die Ansätze Abaelards und Bernhards scheint RADULFUS ARDENS miteinander konvergieren zu lassen, wenn er (zu einigen kleineren Entlehnungen aus Cicero und Martin von Braga) aus dem ‹Moralium dogma philosophorum› die Definition der G. als «Großes vernünftig angreifen» (magna rationabiliter aggredi) übernimmt, aber das «Große» entschieden theologisch als das Überzeitliche, die geistigen Reichtümer (divitiae spirituales), präzisiert und die Ausrichtung der G. «nach Gott und auf Gott hin» (secundum Deum et ad Deum) eigens betont [16].

Hatte bereits im 12. Jh. Bernhard von Clairvaux G. und Demut in enger Verbindung gezeigt [17], so geht in der zweiten Hälfte des 13. Jh. BONAVENTURA noch einen Schritt weiter, indem er im Geiste der alten Kirchenväter wieder G. und Demut identifiziert. G. ist ihm wie der von Abaelard herkommenden Tradition ein Teil der Kardinaltugend Tapferkeit, und zwar der angreifende Teil (magnanimitatem in aggrediendo) [18]. Sie partizipiert damit an dem Wesen der Tugenden überhaupt, die durch Einstrahlung des göttlichen Gnadenlichts von den exemplarischen, ideenhaften Tugenden her in der Seele entstehen [19], und am Wesen der Tapferkeit im besonderen, die unter den Kardinaltugenden als «Berichtigung» (rectificatio) der zornmütigen natürlichen Seelenkraft (potentia irascibilis) [20] im Hinblick auf die Mitgeschöpfe [21] wirkt und insofern der Hoffnung (spes) unter den göttlichen oder theologischen Tugenden (Glaube, Liebe, Hoffnung von Röm. 13) als der erneuernden Formung der gleichen Seelenkraft im Hinblick auf Gott [22] entspricht. Bonaventura bestreitet gegenüber Aristoteles [23], dessen Grundirrtum auch für die Ethik in der Leugnung der platonischen Ideen liege [24] – im Unterschied zu Plotin und Cicero, denen allerdings auch noch das Licht des Glaubens fehlte [25] –, die einfache Feststellung, daß es der Großmütige mit dem Streben nach Ehre zu tun habe (magnanimus est in appetitu honoris) [26], kann aber selbst die G. des Märtyrers Stephanus, des ersten «Soldaten Christi», rühmen [27], da er eine G. anerkennt, die das nur scheinbar Große verachtet, das nur scheinbar Kleine hochschätzt und in richtiger Erkenntnis der eigenen Nichtigkeit (nihil(e)itas) vor Gott [28] nach Ehre nur strebt, wenn es die «Ehre des Ewigen» (honor aeternorum) ist [29]. Diese G. ist nach ihm mit der Demut gleichzusetzen [30]. – Auf Bonaventura und seinen unmittelbaren franziskanischen Nachfolgern (z. B. dem Verf. des ‹Compendium› [31]) fußend, kann der Augustinertheologe HUGOLINUS VON ORVIETO im 14. Jh. die aristotelische Ethik, in deren Tugendkanon die G. einen Vorrang hat, überhaupt als unnütz und falsch, die aristotelische G. speziell als pharisäische Scheintugend abwerten und ihr die theologische G., die eine Art der Geduld und demütige Erwartung des anderen Lebens ist, entgegensetzen [32].

Eine Synthese aller traditionellen Bestimmungen der G. wird in der *Hochscholastik der Dominikaner* erreicht. ALBERT DER GROSSE wechselt zwar noch von einer der älteren christlichen Fassungen des G.-Begriffs stoischer Herkunft zu einer eigenartigen Deutung der nach 1245 wiederentdeckten aristotelischen G.-Konzeption über [33]. Zuerst (vor 1248) lehnt er sich nämlich in der ‹Summa de bono› dem Sinn nach an die von Abaelard geprägte Definition der G. an (amplo animo periculum capere), beschränkt aber die G. auf den Gedanken im Unterschied zur Tat (in opere exhibere) und ordnet sie demgemäß nicht direkt der Tapferkeit, sondern einem Teil der Tapferkeit nach dem frühen Cicero (De inventione), der magnificentia, unter, die ihrerseits, wie ihr Name besagt, auch das Handeln (facere) mit umfaßt [34]. Später (nach 1248) bezieht Albert G. im Anschluß an Aristoteles auf die Ehre als das schlechthin Große (simpliciter, absolute (-um) magnum) unter den äußeren Gütern, reduziert sie jedoch selbständig zu einer Tugend der «kleinen und mäßigen Ehre» [35] und stellt ihr schließlich in der «mavortia» eine eigene, vollkommenere Tugend der großen Ehre an die Seite [36]. G. und Demut vereinbart er als die beiden Folgen der Einsicht, die den eigenen Wert, aber auch seinen Ursprung von Gott erkennt.

Alberts Schüler THOMAS VON AQUIN [37] nimmt dann aber die aristotelische Lehre in einem Wirkungsfeld sowohl der jüngeren antiken Bestimmungen z. B. eines Cicero und Macrobius [38] als auch der mittelalterlichen Theorien seit dem 12. Jh. voll auf. Für ihn ist die G., ein «Sichspannen des Geistes auf das Große» (extensio animi ad magna) [39], Teil oder Bedingung der Kardinaltugend Tapferkeit (fortitudo) [40], der es obliegt, gegenüber den Bestrebungen (appetitus) der beiden niederen Seelenkräfte (potentia concupiscibilis und p. irascibilis) die Verfolgung des vernunftgemäßen Guten (bonum rationale) durchzusetzen [41], und hat speziell die Einhaltung der rechten Mitte zwischen Hoffnung und Verzweiflung (spes und desperatio) des irascibile zu gewährleisten [42]. Thomas läßt sie nach großer Leistung [43] (s. Abaelard, Philipp der Kanzler u. a.), d. h. großer Tugendleistung (magnum virtutis actum) [44], und nach Vollkommenheit als ihrem Finalobjekt streben [45] und dabei verdiente [46] große Ehre [47] (s. Aristoteles, Albert d. Gr.) als ihr Material- und Formalobjekt [48] gewinnen und recht gebrauchen (debitus usus) [49], wahre menschliche Größe jedoch nur von Gott und wahre Ehre nur vor Gott finden [50] und deshalb geschöpfliche Demut (humilitas) üben [51] – Demut, von der die philosophische Quelle Aristoteles, wie Thomas sagt, nicht gesprochen [52], wie das historische Urteil sagt, nichts gewußt hat. Wegen des entscheidenden Momentes der Größe ist G. prinzipiell nicht allen tugendhaften Menschen erreichbar, sondern nur den großen [53], während bei den anderen allerdings an die Stelle der ethischen Tugend der Tapferkeit, deren Teil die G. ist, die menschliches Maß überschreitende Tapferkeit (fortitudo) treten kann, die nicht Tugend (virtus), sondern eine der sieben Gaben des Hl. Geistes (donum Spiritus Sancti) ist [54]; beispielhaft war sie in dem größten Menschen, Christus, verkörpert [55] (vgl. z. B. oben 2 zu Origenes). Die ihr entgegengesetzten Fehler (vgl. oben 1 zu Aristoteles) sind einerseits Anmaßung (praesumptio), Ehrgeiz (ambitio) und Ruhmsucht (inanis gloria) [56], andererseits Kleinmütigkeit (pusillanimitas) [57]. Obgleich also eine Einzeltugend (virtus specialis) [58] mit eigenem Objekt, ist G. auch eine allgemeine Tugend (virtus generalis) [59] wie die Tugend der Religion (religio) [60] und die Kardinaltugend der Gerechtigkeit (iustitia) [61], und zwar in dem doppelten Sinne, daß sie alle anderen Tugenden als Ursachen voraussetzt [62] und daß sie alle anderen Tugenden und sonstigen menschlichen Güter ursächlich zum Großen hin bestimmt [63]. Die konkrete Wirksamkeit der G. im ethischen Leben besteht darin, die aus Liebe (amor) und Sehnsucht (desiderium) erwachsende Hoffnung (spes) [64], die das dem Menschen erreichbare [65] Gut, menschliche Größe in allseitiger innerer und äußerer menschlicher Vollendung, sucht [66], nach der Regel der Vernunft zu lenken [67], was sie kraft umsichtiger Selbsterkenntnis [68] und der aus ihr erwachsenden Eigenschaften des Zutrauens (fiducia) und der Sicherheit (securitas) [69] vermag. Diese Wirksamkeit vollzieht sich im Bereich der natürlichen sowohl als der gnadenhaften theologischen Hoffnung [70] (vgl. hier oben zu Bonaventura) und dementsprechend als Verwirklichung einer natürlich erworbenen sowohl als einer gnadenhaft eingegossenen (d. h. eben durch den Besitz theologischer Tugenden entstehenden [71]) Tugend (virtus acquisita bzw. v. infusa) der G. [72] und ihres Korrelats, der Demut.

Wenige Jahre nach dem Tode des Thomas von Aquin gewann der aristotelische G.-Begriff mitsamt seinen albertino-thomistischen Interpretationen eine merkwürdige Aktualität in den Streitigkeiten um den Aristotelismus der Pariser Artistenfakultät, da SIGER VON BRABANT die thomistische Vereinigung von G. und Demut als komplementärer Tugenden des einen Großmütigen gelöst und eine in direkterem Anschluß an Aristoteles konzipierte Tugend der G. einem vollkommeneren, eine mit der aristotelischen namenlosen Tugend des Besonnenen, der mäßiger oder kleiner Ehre würdig ist und sich ihrer würdig weiß [73], gleichgesetzte Tugend der Demut einem weniger vollkommen tugendhaften Menschen zuerkannt hatte [74], was der eigentliche Grund dafür ist, daß unter den Themen der im Jahre 1277 kirchlich verurteilten 219 heterodoxen Lehrsätze [75] auch die christliche Tugend der Demut erscheint [76]. Damit erreichte eine Polemik ihren äußeren Höhepunkt, die schon etwas früher auf andere, theologisch positive Weise Bonaventura geführt hatte, indem er der aristotelischen eine unaristotelische christliche G. entgegensetzte.

Anmerkungen. [1] Vgl. GAUTHIER I, a. a. O. [1 zu 1] 295ff.; R. A. GAUTHIER/J. Y. JOLIF: Aristote. L'Ethique à Nicomaque 1: Introd. (Louvain/Paris ²1970) 111ff. – [2] PETRUS ABAELARD., Dial. inter philosophum, Iudaeum et Christianum. MPL 178, 1651 c ... 1652 a; vgl. 1661 b ff. 1662 b = Opera 2, hg. V. COUSIN (Paris 1859); 681. 685; vgl. 695. 696; vgl. O. LOTTIN: Les vertus morales acquises sont-elles de vraies vertus? (1953), in: Et. de morale, hist. et doctrine (Gembloux 1961) 67ff., bes. 69. – [3] ABAELARD, a. a. O. 178, 1657 a = 2, 690. – [4] Vgl. GAUTHIER I, 257ff.; a. a. O. [5 zu 2] 854. – [5] GAUTHIER I, 258ff. – [6] Ysag. in theol. I, c. ‹De virtutibus›, hg. A. LANDGRAF: Ecrits théol. de l'école d'Abélard. Textes inédits, in: Spicileg. sacr. Lovan. 14 (Louvain 1934) 77, 4. – [7] Vgl. J. HOLMBERG: Das Mor. dog. philos. des Guill. de Conches, in: Arbeten utgivna med understöd av V. Ekmans universitetsfond 37 (Uppsala 1929) 30, 4; vgl. PH. DELHAYE: Une adaptation du ‹De officiis› au 12e siècle ... Rech. Théol. anc. et médiév. 16 (1949) 227-238; 17 (1950) 5-28, bes. 15ff. – [8] GAUTHIER I, 271ff. – [9] Vgl. die Philosophenkritik BERNHARDS, Serm. in Pent. III, 3. MPL 183, 331 c = Opera 5, hg. J. LECLERCQ/H. ROCHAIS (Rom 1968) 172f. s.v. ‹magnanimiter›; dazu J.-M. DECHANET: Aux sources de la pensée philos. de S. Bernard, in: S. Bernard théologien. Actes Congr. Dijon. Anal. Ord. cisterciensis 9 (Rom 1953) 57. – [10] BERNH., Serm. in dom. infra VIII assumpt. B.M.V. 10. 7. MPL 183, 435 a. 433 b = Opera 5, 269, 25. 267, 15; vgl. Serm. de div. 43. MPL 183, 665 d = Opera 5, 149; vgl. R. LINHARDT: Die Mystik des hl. Bernh. v. Clairvaux (1923) 29ff.; E. KERN: Das Tugendsystem des hl. Bernh. (1934). – [11] BERNH., Serm. sup. Cant. 80, 3. MPL 183, 1167 d = Opera 2, hg. J. LECLERCQ/C. H. TALBOT/H. M. ROCHAIS (= L/T/R) 279, 3f. – [12] Serm. de div. 43 a. a. O. [10]. – [13] Serm. in dom. ... 13. MPL 183, 437 a = Opera 5, 272, 19. – [14] Serm. sup. Cant. 32, 8. MPL 183, 949 b/c = Opera 1, hg. L/T/R (Rom 1957) 231, 9-26. – [15] Serm. in dom. ... 13. MPL 183, 437 a = Opera 5, 272, 18ff.; vgl. M. STANDERT: La spiritualité de S. Bernhard, in: S. Bernardo, pubbl. commemorat. nell'VIII centenario della sua morte. Pubbl. Univ. catt. S. Cuore NS 46 (Mailand 1954) 42-65, bes. 58ff.; allg. auch P. BLANCHARD: S. Bernard docteur de l'humilité. Rev. ascét. myst. 29 (1953) 289-299. – [16] RADULFUS ARDENS: Speculum universale X, 83 bei GAUTHIER I, 286 Anm. 1; vgl. J. GRÜNDEL: Das ‹Speculum Universale› des Rad. Ard. Mitt. Grabmann-

Inst. Univ. München H. 5 (1961) 31; L'œuvre encyclop. de Raoul Ardent: Le ‹Speculum universale›. Cahiers Hist. mondiale 9 (1966) 553-570, bes. 565. – [17] Bernh., a. a. O. [15]. – [18] Bonaventura, Serm. II in festo omn. sanct. 3, hg. Quaracchi 9, 604. – [19] Coll. in Hexaem. VI, 10 = 5, 362e; VI, 24 = 5, 363; vgl. E. Gilson: La philos. de S. Bonaventure. Et. Philos. médiév. 4 (Paris ³1953) 325-346, bes. 340f. – dtsch. Ph. Böhner (1929) 580f. = P. A. Schlüter (²1960) 455f.; J.-G. Bougerol: St. Bonaventure et la sagesse chrétienne (Paris 1963) 100ff. – [20] Bonav., In III Sent. d. 33 = 3, 710ff.; Brevil. V, 4 = 5, 256ff.; vgl. R. Guardini: Systembildende Elemente in der Theol. Bonaventuras, hg. W. Dettloff, in: Stud. et doc. franciscana 3 (Leiden 1964) 51-69, bes. 57ff.; E. Longpré: Dict. de spirit. 1 (1937) 1779ff. s.v. Bonaventura. – [21] Bonav., In III Sent. d. 33, a. unicus, q. 1 ad 3 = 3, 712 b. – [22] a. a. O. 23-32 = 3, 469-709; vgl. d. 27, a. 1, q. 1, f. 2 = 3, 590 b; Brevil. V, 4 = 5, 250 b. – [23] Vgl. J. G. Bougerol: Introd. à l'étude de S. Bonaventure, in: Bibl. de théol. I/2 (Paris/Tournai 1961) 66f.; F. van Steenberghen: La philos. au 13e siècle, in: Philosophes médiévaux 9 (Louvain/Paris 1966) 427ff. – [24] Bonav., Coll. in Hexaem. VI, 2 = 5, 361. – [25] a. a. O. VII, 2 = 5, 365f.; vgl. VI, 10 = 5, 362. – [26] V, 10 = 5, 355. – [27] Serm. II de S. Steph. mart. 2 = 9, 486f. – [28] Anonymus, Comp. de virt. humilitatis I, 9 = 8, 659; vgl. Bonav., Qu. de humil., corp. = 5, 122. – [29] Coll. in Hexaem. VI, 10 = 5, 355. – [30] ebda.; vgl. zur Demut bei Bonav. Longpré, a. a. O. [20] 1799f. – [31] a. a. O. [28]. – [32] Hugolinus, In Sent., Prol. q. IV, a. 1, hg. A. Zumkeller: Hugolin v. Orvieto und seine theol. Erkenntnislehre. Cassiciacum 9 (1941) 376, 8ff. 383, 11ff.; vgl. dazu Zumkeller, a. a. O. 244ff. – [33] Gauthier I, 302ff. – [34] Albertus Magnus, S. de bono tr. II, q. 2, a. 1 ad 6. Opera omnia 28, hg. [H. Kühle/] C. Feckes [/B. Geyer/W. Kübel] (1951) 100, 82ff. – [35] Super Ethica comm. et quaest. IV, lect. 8 = Opera omnia 14/1, hg. W. Kübel (1972) 254, 66ff.; lect. 11 = 266f. K.; in Eth. IV, tr. 2, c. 8 = 5, 177f. Jammy = 7, 308 Borgnet. – [36] In Eth. IV, lect. 2. – [37] Vgl. Gauthier I, 310-371; a. a. O. [5 zu 2] 854ff.; La date du Comm. de saint Thomas sur l'Ethique à Nicomaque. Rech. Théol. anc. et médiév. 18 (1951) 66-105, bes. 76ff.; Belegstellen bei L. Schütz: Thomas-Lex. (²1895, ND 1958) 458f.; R. J. Deferrari/M. J. Barry/I. McGuiness: Lex. of St. Thomas Aquinas (Washington D.C. 1948/49) 656ff.; Deferrari/Barry, A complete Lex. of the ‹S. theol.› of St. Thom. Aqu. (Baltimore/Wash. D.C. 1956) s.v.; Haupttexte sind: In III Sent. d. 33, q. 3, a. 3; In Eth. IV, lect. 8-12, nn. 735-799, hg. R. M. Spiazzi (Turin/Rom 1949) 205-220 und S. theol. II/II, q. 129-133, hg. Piana 3 (Ottawa ²1953); vgl. St. Thomas d'Aquin, S. théol: La force, 2a-2ae, q. 123-140 (Paris ²1949) 114ff. – [38] Vgl. van Lieshout, a. a. O. [56 zu 1] 170ff., unt. [69]. – [39] Thomas von Aquin, S. theol. (= STh) II/II, 129, 1. – [40] a. a. O. II/II, 128, a. unicus; 129, 5. – [41] I/II, 19, 1 ad 3; 61, 2; vgl. II/II, 129, 3. – [42] I/II 60, 4; vgl. J. Pieper: Über die Hoffnung (1949) 51ff. – [43] Thomas, In II Sent. d. 38, q. 1, a. 2 ad 5; STh I/II, 55, 3 ad 3; II/II, 128 a. unicus. – [44] In Eth. IV, lect. 8, n. 746; vgl. n. 736; STh II/II, 129, 1; 129, 4 ad 1; In II Sent. d. 42, q. 2, a. 4. – [45] STh II/II, 129, 1; 129, 8; 131, 2 ad 1. – [46] II/II, 129, 4 ad 1. – [47] De virt. in comm. 13, obi. 5; In III Sent. d. 9, q. 1, a. 1, sol. 2; STh I/II, 60, 5; II/II, 129, a. 1 u. 2. – [48] Vgl. a. a. O. [45]. – [49] STh II/II, 129, 1. – [50] II/II, 129, 2 ad 3; vgl. 129, 1 ad 3. – [51] STh II/II, 129, 3 ad 4; vgl. 161, 1-6; vgl. J. Pieper: Zucht und Maß. Über die vierte Kardinaltugend (1949) 85ff.; V. Cathrein: Die christl. Demut (²/³1920) 22 u. ö. – [52] Thomas, STh II/II, 161, 1 ad 5. – [53] II/II, 129, 3 ad 2; 140, 2 ad 1. – [54] In III Sent. d. 34, q. 3, a. 1, q.la 1, sol. 1; ib. q.la 2, sol. 2; vgl. Gauthier I, 354; a. a. O. [5 zu 2] 860f.; M.-M. Philipon: Les dons du Saint-Esprit chez saint Thomas d'Aquin. Rev. thom. 59 (1959) 451-483, bes. 466; s. auch R. Hofmann: Die heroische Tugend. Gesch. und Inh. eines theol. Begriffes. Münch. Stud. hist. Theol. 12 (1933) 43ff. 49ff. – [55] Thomas, STh III, 15, 8 obi. 2. – [56] II/II, 130, 1 u. 2; 131, 1 u. 2; 132, 1-5; vgl. Pieper, a. a. O. [42] 69ff. – [57] Thomas, STh II/II, 133, 1 u. 2. – [58] II/II, 129, 4. – [59] In III Sent. d. 44, q. 2, a. 1. – [60] STh II/II, 81, 1 ad 1; 4 ad 4; 8 ad 1. – [61] II/II, 58, 5. 6. – [62] In II Sent. d. 9, q. 1, a. 1, q.la 1. – [63] ebda.; vgl. STh I/II, 46, 1; II/II, 58, 6. – [64] STh I/II, 25, 4; vgl. I/II 45, 2; In III Sent. d. 26, q. 2, a. 3, q.la 1; vgl. zum Folgenden S. Pinckaers: La nature vertueuse de l'espérance. Rev. thom. 58 (1958) 405-442. 623-644. – [65] Thomas, STh II/II, 17, 5 ad 4. – [66] STh II/II, 60, 4; vgl. I/II, 84, 2 ad 3; De malo 8, 2. – [67] De malo 8, 2; vgl. In II Sent. d. 42, q. 2, a. 4. – [68] STh II/II, 132, 1; 132, 1 ad 3. – [69] STh II/II, 129, 6. 7; vgl. 128 ad 6 mit Erwähnung von Cicero u. Macrobius. – [70] Vgl. Pieper, a. a. O. [42] 28ff. – [71] Vgl. O. Lottin: Vertus morales acquises et vertus morales infuses chez St. Thomas d'Aquin a. a. O. [2] 131ff. in Auseinandersetzung mit G. Bullet: Vertus mor. inf. et vertus mor. acq. selon st. Thom. d'Aq. Stud. Friburgensia NS 23 (Fribourg 1958);
auch G. P. Klubertanz: Une théorie sur les vertus morales «naturelles» et «surnaturelles». Rev. thom. 59 (1959) 565-575. – [72] Thomas, STh II/II, 128 ad 2; 21, 2 u. dazu Gauthier I, 338ff. sowie darüber hinaus klärend Lottin, a. a. O. – [73] Arist. EN IV, 7, 1123 b 5. – [74] Siger von Brabant, Quaest. mor. q. 1 obi. 2, hg. Fr. Stegmüller, Rech. Théol. anc. médiéval. 3 (1931) 173. – [75] Vgl. van Steenberghen, a. a. O. [23] 483ff. – [76] Siger, Nr. 211, hg. P. Mandonnet: Siger de Brabant et l'averroïsme latin au 13e siècle 2, in: Les philosophes belges 7 (Louvain ²1908) 190.

Literaturhinweise. R.-A. Gauthier s. Anm. [1 zu 1 (grundlegend) und 5 zu 2]; Art. ‹Magnanimitas›, in: LThK 6 (²1961) 1282f. – H.-G. Kirsche: Megalopsychia. Beitr. zur griech. Ethik im 4. Jh. v. Chr. (Diss. Göttingen 1952, Ms.). – R. Stein s. Anm. [11 zu 1]. – W. Jaeger: Der Großgesinnte. Aus der Nikomachischen Ethik des Arist. Die Antike 7 (1931) 97-105 = Humanist. Reden und Vorträge (²1960) 186-194. – A. Krokiewicz: Der megalopsychos bei Aristoteles (poln.). Meander 5 (1950) 39-48. – W. J. Bartling: Megalopsychia. An interpretation of Aritotle's ethical ideal (Diss. Evanston, Ill. 1963, Mikrofilm). – E. A. Schmidt s. Anm. [14 zu 1]. – D. A. Rees s. Anm. [14 zu 1]. – U. Knoche s. Anm. [46 zu 1]. – H. V. Jaffa: Thomism and Aristotelianism. A study on the comm. by Thomas Aquinas on the Nicomachean Ethics (Chicago 1952) 116-141: Kap. 6: ‹Magnanimity›; dazu R.-A. Gauthier, Bull. thom. 9 (1954) 157-159.
W. Haase

Groteske (das). Das Wort «grotesk» (abgeleitet von ital. grotta) verweist auf die in der Renaissance erfolgte Wiederentdeckung und produktive Nachahmung bestimmter spätantiker, meist unterirdisch angebrachter Wandmalereien mit phantastisch-widernatürlicher Mischornamentik aus pflanzlichen und menschlich-mythologischen Elementen (vgl. die schwungvoll-symmetrischen, später auch ‹Arabesken› genannten G. von Raffael in den päpstlichen Loggien von 1515).

Seit ihrer Einführung hat sich die Kategorie des G. rasch auf fast alle Bereiche der bildenden Kunst, der Literatur, im weiteren auch auf nicht-künstlerische Bereiche (Gesicht, Kleidung, Verhalten, Bewußtsein) ausgedehnt. Durch Rückübertragung erfolgte schon im 16. Jh. eine Ausdehnung auch auf Komisches und Monströses in antiken und mittelalterlichen Kunstphänomenen, schließlich auf Komisches und Befremdliches in allen außereuropäischen Kulturen [1]. Bedingt durch diese Expansion, faßt der Begriff des G. in den jeweiligen Epochen und Kulturbereichen sehr Verschiedenes zusammen: Als grotesk galt im Kunstbereich ebenso die heiter-chimärische Welt der Comedia dell'Arte, wie auch die düstere Mischung von Heiligem und Profanem in spanischer Kunst, wie auch die derbkomische («grubengrottische») ‹Geschichtsklitterung› eines Fischart [2].

Eine Theoretisierung des G. fehlt bis zur Romantik fast völlig; dies scheint verständlich, da einerseits eine theoretisierende Abstraktion vor dem Rationalismus kaum möglich war, andererseits auf der Basis einer rationalistischen Abbild- und Mimesis-Theorie das G. höchstens als komische Abweichung oder Karikaturistisches faßbar wird (Möser, Gottsched, Wieland, Flögel). Vereinzelte Ansätze wie Flögels Definition des G. als «Größe ohne Stärke» und Th. Abbats Beobachtung eines ungelösten Widerspruchs zwischen der Schönheit des Ganzen und dem Mißverhältnis der Teile [3] bleiben am Rande.

Die seit der Antike geäußerte [4] und von Tendenzen des Rationalismus und des klassischen Bildungsideals (Gottsched, Winckelmann, Goethe) weitergeführte Kritik an der Widernatürlichkeit grotesker («fratzenhafter») Kunstformen schlägt in der *Frühromantik* um in deren Preis als «Naturform der Poesie», als «ursprüngliche Form der Phantasie» [5]. Das G. und das häufig mit ihm gleichgesetzte Arabeske erscheinen nun – in enger Nachbarschaft zu Witz, Humor und Ironie – gerade durch die Loslösung vom Real-Vorfindlichen als authentische Sprache der Phantasie, die das Göttliche (oder den Geist der Natur) in der Welt der Erscheinung kündet. In diesem Sinne sagt Fr. Schlegel: « Nichts ist witziger und grotesker als die alte Mythologie und das Christentum; das macht, weil sie so mystisch sind» [6]. Schon bei Fr. Schlegel findet sich aber auch Spezifizierung des G. in Richtung Tragikomödie, Chaos [7] und Satanität [8], wodurch das G. zunehmend zum Ausdruck einer Mißversöhnung von Realität und Phantasie, Endlichkeit und Unendlichkeit wird. Teile der Werke Jean Pauls, E. T. A. Hoffmanns und Bonaventuras ‹Nachtwachen› können diesem G.-Begriff zugeordnet werden.

In der *französischen Romantik* wird das G. explizit theoretisiert in V. Hugos ‹Préface de Cromwell› (1827). In Nachbarschaft hier zum Häßlichen, Lächerlichen, Buffonesken erscheint es als notwendiger Spannungspol zum Schönen und zum Erhabenen. Mit den aus dieser Spannung erwachsenen Konnotationen des Häßlichen, Abgründigen, Satanischen wird das G., verstärkt noch durch die Rezeption E. A. Poes und der deutschen Romantiker, konstitutiv für das Werk Baudelaires, Rimbauds und der *Surrealisten*.

In Hegels ‹Ästhetik› dient das Adjektiv ‹grotesk› zur Kennzeichnung bestimmter Formen der indischen Kunst, als Ausweis einer Stufe des weltgeschichtlichen Geistes, auf der das Bewußtsein « aus der unmittelbar angeschauten Identität des Absoluten und seines äußerlich wahrgenommenen Daseins» [9] heraustritt und im Bereich der Kunst diese Entzweiung auf phantastisch-kolossale und « groteske » Weise zu heilen sucht. Die neuzeitliche, an Raffael orientierte G.- bzw. Arabeskenkunst kennzeichnet Hegel als Ausdrucksform des christlich-romantischen Geistes, in dem die Subjektivität die Eigengesetzlichkeit des Natürlichen aufhebt und die Elemente als Abbild ihrer selbst neu organisiert. Während Hegel die «Anmut, Geistreichigkeit und ... Grazie» [10] der Raffaelischen G. lobt, kritisiert er die vornehmlich literarischen zeitgenössischen Ausformungen des G. als Merkmal der « schlechten » romantischen Subjektivität (vgl. Kritik an Jean Paul).

In der *Moderne* werden groteske Formen zunehmend zum Ausdruck der nicht gelingenden Vermittlung von Subjektivität und den als objektiv erfahrenen, weltimmanenten Strukturen. Damit wird das G. zum Darstellungsmittel des Sinnwidrigen, Paradoxen, Absurden, Nihilistischen (Kafka, Brecht, Dürrenmatt, Beckett, Ionesco). Vorläufer dieser Tendenz waren z. B. Büchner mit seiner Sicht der Welt als einem von sinnloser Macht bewegten Puppentheater [11], Dostojewskij [12] und Nietzsche, der etwa das Komische « als die künstlerische Entladung vom Ekel des Absurden » [13] deutet.

Die zeitgenössischen Theorieansätze gehen weitgehend aus von W. Kaysers Bestimmung des G. als ent- oder verfremdete Welt, als « Gestaltung des Es », als «Versuch, das Dämonische in der Welt zu bannen » [14]. Als Korrektiv zu dieser eindeutig aus dem Geist der Moderne konzipierten Theorie verweisen H. R. Jauss [15] und L. Spitzer [16] auf das Mittelalter, in dem das G. nicht als Ausdruck einer Wesenheit, sondern als «Wahrnehmung der latenten, im Mosaik häßlicher Details negierten Idealgestalt» [17], als «Konteridealisierung» [18] aufgefaßt wurde. – In Opposition zu wahrnehmungs- und stiltheoretischen Auslegungen glaubt A. Heidsiek das G. als Kategorie der geschichtlich gewordenen Wirklichkeit der vom Menschen selbst produzierten Entmenschlichung und Verdinglichung auffassen zu können [19].

Solchen aus dem Selbstverständnis bestimmter Epochen festgelegten Positionen stehen formalere Ansätze des Psychologismus und der Rezeptionstheorie gegenüber. So deutet A. Clayborough in Anlehnung an C. G. Jung groteske Kunstformen als regressiv-negative Kunst, als Ausdruck eines permanenten Konfliktes zwischen alogischen unterbewußten Prozessen und dem rigiden Rationalitätsanspruch der Außenwelt [20]. C. Pietzcker faßt das G. als «Struktur eines Bewußtseinsaktes» [21] auf, in dem die Deutungserwartung eines Sachverhalts enttäuscht wird, « ohne daß eine weitere angemessene Deutungsweise bereitsteht» [22]. Methodisch sinnvoll erscheint seine Unterscheidung *des* G. (jenes Bewußtseinsakts) von *der* G. als einem Werk, das « zum Zeitpunkt seines Entstehens jenen Akt ... mit Erfolg intendierte» [23].

Anmerkungen. [1] C. F. Flögel: Gesch. des Grotesk-Komischen (1788), hg. E. Bauer (1914). – [2] J. Fischart: Geschichtsklitterung (1590), hg. H. Sommerhalder (1963) 439. – [3] Th. Abbat: Rez. zu C. F. Flögel [1] (1788). – [4] Zu Vitruvs ‹De architectura›, vgl. W. Kayser: Das G. in Malerei und Dichtung (²1961) 14. – [5] Fr. Schlegel, Krit. A., hg. E. Behler (1967) 2, 319. – [6] a. a. O. 2, 262. – [7] 2, 248. – [8] 18, 116. – [9] G. W. F. Hegel, Ästhetik, hg. F. Bassenge (1961) 1, 326. – [10] a. a. O. 2, 49. – [11] Vgl. Kayser, a. a. O. [4] 72. – [12] Vgl. O. J. Bierbaum, in: Beih. zur Dostojewskij-A. (o. J.). – [13] Fr. Nietzsche, Werke, hg. K. Schlechta (1954) 1, 49. – [14] Kayser, a. a. O. [4] 139. – [15] H. R. Jauss: Die klass. und christl. Rechtfertigung des Häßlichen in mittelalterl. Lit., in: Die nicht mehr schönen Künste, hg. H. R. Jauss (1968). – [16] L. Spitzer: Rez. zu W. Kayser [4], in: Gött. gel. Anz. 212 (1958). – [17] a. a. O. 154. – [18] 155. – [19] A. Heidsiek: Das G. und das Absurde im modernen Drama (1969). – [20] A. Clayborough: The grotesque in Engl. lit. (Oxford 1965). – [21] C. Pietzcker: Das G. Dtsch. Vjschr. Lit.wiss. 45 (1971) 201. – [22] a. a. O. 199. – [23] 200.

Irmgard Roebling

Grund (ahd./mhd. grunt) ist ein gemeingermanisches Wort, das seine Bedeutung schon in vorgeschichtlicher Zeit erhält. « Die auch außerdeutsch all bezeugte Verwendung im Sinne von ‹Tiefe› und im Sinne von ‹Ende› stellen offenbar die beiden kardinalen Bedeutungsstränge dar» (Grimm). Das deutsche Wort ‹G.› erscheint in der mittelhochdeutschen Literatur in den Bedeutungen: a) die *unterste Fläche eines Körpers* oder Raumes (Grund des Wassers, Fundament), b) *Tiefe, Ab-G.*, c) *Ursprung* (Wurzel, Quelle) und d) das *Innerste, Tiefste, Eigentliche einer Sache* (herzen grunt) (Lexer und Benecke; Müller-Zarncke).

Der Ausdruck der Tiefe und Innerlichkeit bleibt auch bei der Weiterentwicklung des Begriffs in der deutschen Mystik des 14. und 15. Jh., in welche die Vielfalt der Bedeutungen eingeht, als wesentliches Merkmal erhalten. ‹G.› wird synonym für ‹Geist›, ‹Seele›, ‹Wesen› und im eigentlich mystischen Sinn, als Metapher für Gott (Gottes-G., unergründliches Wesen Gottes) und das höchste Seelenvermögen (Seelen-G.) gebraucht.

Die Entwicklung zum spezifisch mystischen Terminus ‹grunt der sêle› erfolgt durch die Verbindung von ‹Herz› und ‹G.› in der höfischen Literatur, zuerst belegt bei Walther von der Vogelweide: « Die nicht geriuwent zaller stunt hin abe unz ûf des herzen grunt» [1]. In ‹herzen grunt› ist – durch die Einbeziehung in den geistig-seelischen Bereich – die Verbindung zum mystischen ‹grunt der sêle› hergestellt, jedoch unterscheidet sich die beiden Termini insofern, als ‹herzen grunt› das Gefühlsmäßige betont und das Innere der Seele allgemein bezeichnet, während ‹grunt der sêle› das « Geistige im Wesen des Menschen» [2] meint und letztlich, im mystischen Sinn, den Bereich der Seele, in dem sich die Vereinigung Gottes mit dem Menschen vollzieht. – Den Übergang zum mystischen Gebrauch bilden Wendungen wie bei MECHTHILD VON MAGDEBURG: «Doch hette ir herze an gotlicher bekantnisse vor allen menschen den tiefsten grunt» [3].

Zur Bezeichnung des in erkenntnistheoretischer und metaphysischer Hinsicht gleichermaßen bedeutsamen Seelen-G. werden zu Beginn der deutschen Mystik neben Begriffen aus der neuplatonischen Mystik (synteresis, funklin u. a.) auch solche aus der augustinisch geprägten lateinischen Mystik (intimum mentis/abditum mentis) übernommen und durch weitere wie ‹sêle›, ‹geist› und ‹grunt› ergänzt.

MEISTER ECKHART gebraucht, wenn auch selten, ‹grunt› im Sinne der traditionellen Begriffe: «Hie ist gotes grunt mîn grunt unde mîn grunt gotes grunt» [4]. In seiner Lehre verbinden sich Gedanken der Gottebenbildlichkeit und der biblischen Offenbarung vom Reich Gottes im Menschen mit der in platonischer Tradition stehenden Lehre von der Gottähnlichkeit des menschlichen Geistes. Seine daraus resultierende Konzeption des Seelen-G. begreift diesen als unterschiedslose, innere Einfachheit. Der «grunt» ist Gott ähnlich und verhält sich zu diesem wie Abbild zu Urbild. Analog zu Gott ist die Seele dreieinig, aber ebenso wie über jenem jene ursprüngliche bestimmungslose, eine Gottheit steht (Neuplatonismus), ist in ihr ein «aliquid in anima», ein göttliches «Fünklein», das erhaben, rein und lauter ist: «Nichts ist so lauter, daß es in der Seele G. hätte gelangen können als Gott allein» [5]. Der «Ab-G. der Seele» gleicht dem «ewigen Ab-G.» Gottes: «Diu sêle nimet ir wesen âne mitel von gote; dar umbe ist got der sêle naeher dan si ir selber sî; dar umbe ist got in dem grunde der sêle mit aller sîner gotheit» [6]. Im Gnadenzustand der unio mystica realisiert sich das augustinische «Deus interior intimo meo», sind Seelen-G. und Gottes-G. nicht mehr zu trennen. In der «abgescheidenheit» schaut die sich in das eigene Ich versenkende Seele in ihrem «grunt» wie in einem Spiegel das Bild Gottes und wird im Zustande der «einunge» durch göttliche Gnade das, was Gott seinem Wesen nach ist.

Der sparsame Gebrauch von ‹grunt› zur Bezeichnung der höchsten Seelenkraft resultiert aus dem spekulativ-intellektuellen Charakter der Eckhartschen Introversionsmystik. Zur Bezeichnung der «vernünftigen Seelenkraft» zieht er dem Terminus ‹G.› als Anschauungsbehelf aus der räumlichen Sphäre die Wendungen ‹Innerstes der Vernunft›, ‹Innerstes der Seele› oder einfach ‹Seele› vor. Häufiger als für den Seelen-G. als Ort der unio mystica verwendet Eckhart ‹grunt› zur Bezeichnung des Geistigen im Menschen und im Sinne von Seele.

Gerade der aus dem mittelhochdeutschen Sprachgebrauch resultierende Bildgehalt, die Tiefe und örtliche Anschauung, sind hingegen konstitutiv für die Modifikation des Bedeutungsinhaltes von ‹grunt› bei J. TAULER. Dieser macht G. zur eigentlich mystischen Metapher für Seelen-G., indem er die Vorstellung von einem *Ort* in der Seele ausbildet, «an dem Gott und Seele sich treffen, wo Gott der Seele Seligkeit wird» [7]. Tauler differenziert zwischen einem reinen und einem so beschaffenen G. (Kunisch). Den reinen G. begreift er als Wesen der Seele und Träger des göttlichen Bildes. Er ist ohne Akzidentien (ohne das, «daz zuovellig ist») und als solcher mit dem G. Gottes eins. «Diser grunt ... der lúchtet in die krefte under sich und neiget und reisset ... [sie] zu irem ursprunge»

[8]. Den auf eine bestimmte Art und Weise beschaffenen G. sieht Tauler in enger Beziehung zur Unio mystica insofern, als dieser entweder ein dazu geeigneter (bloßer, unbekumberter), dem Wesen nach mit dem reinen G. gleichzusetzender oder ein zur Unio ungeeigneter (bekumberter, valscher) G. sein kann: «Das nu grosse heilikeit schinet, was valsches grundes sol alhie funden werden!» [9]. Aus der Beschaffenheit des G. resultiert demnach die Möglichkeit oder Unmöglichkeit der Vereinigung mit Gott. Als Voraussetzung für die Unio postuliert Tauler – in Anknüpfung an Plotin – die Einkehr in den eigenen «grunt»: «sullen wir iemer komen in den grund Gotz und in das innigoste Gotz, so muessen wir ... zem ersten komen in unsern eigen grunt und in unser innigostes...» [10]. Dies kann nur auf dem Wege der Erkenntnis der eigenen Sündhaftigkeit und Nichtigkeit und unter Preisgabe von Eigensucht und Eigenwille geschehen. Durch «demuetkeit», «beschiedenheit» und zunehmende Selbstergründung transzendiert sich der Mensch auf den eigenen Ursprung hin. Die Seele wird «gotvar», d. h. das Bild Gottes im Seelen-G. wird bis zur gnadenhaften Gottgleichheit aktualisiert. Gottes- und Selbsterkenntnis realisieren sich in der unio mystica. In Anlehnung an Ps. 41, 8 («abyssum invocat») beschreibt Tauler die «vereinunge» als das Ineinanderfließen des Ab-G. Gottes und der Seele: «do flússet das ein abgrúnde in das ander abgrúnde und wird do ein einig ein, ein nicht in das ander nicht» [11].

Die örtliche Vorstellung in bezug auf den «grunt» erklärt die häufige Verbindung mit Verben der Bewegung: «in den grunt gon», «sich in den grunt keren» u. a. Diese Wendungen beschreiben den im Verlust des aktuellen Selbstbewußtseins gipfelnden Vorgang der Introspektion, d. h. die Konzentration aller Kräfte im G. zur Aufnahme des Göttlichen. «Der Selbstverlust ist mystisch [jedoch] der Selbstgewinn im Absoluten» [12]. Das Wort ‹G.› ist der deutschen Mystik auch als Bezeichnung für Ursprung, aus dem etwas hervorgeht, geläufig: «Ich heiße den grunt den usqual und den ursprung, us dem die usflusse entspringet» [13]. Gott als G. ist Ursprung in zweifacher Hinsicht, zum einen als Verursachender – in Anlehnung an die Vorstellung von Gott als actus purus und causa essendi et fiendi – zum anderen als Form-G. (fundamentum), der alles in sich enthält. «Gott als den *actus purus* bezeichnet ... der Mystiker mit *sache* aller creaturen, Gott als Form-G. ist *grunt* aller creaturen» [14]. Zur Bezeichnung des Form-G. stehen synonym für ‹G.› auch ‹gequelle›, ‹wurtzel›, ‹vontaine›.

Den Ansatzpunkt für die Bedeutungsverschiebung von ‹G.› zu ‹causa› sieht H. Kunisch im Taulerschen «sobeschaffenen G.». Nach der Beschaffenheit des G., nach dem, was in ihm ist – demuetkeit, hofart ... – richtet sich nicht nur die Möglichkeit zur Einswerdung mit Gott, sondern auch das sittliche Verhalten des Menschen (G. als habitus primorum principiorum operabilium). Über die Bedeutung «Beweg-G.» führt G. als «Bestimmung des Willens» [15] zu G. als causa. «Ist Gott der *grunt* des Menschen, so kommen aus ihm Werke, die gerecht sind. *Gott ist der grunt solcher Werke*» [16]. Er ist Ursache im Sinne von «grunt» und «sache»: «Von allen disen lúten ... so enthalt Got einen trahen nút ... der ennimet er sich nút an, wan *er enist der grunt nút, wan si sint es selber das der werke sache ist*» [17].

Die gleichen Bedeutungen wie bei Tauler hat ‹G.› im ‹Buch von geistlicher Armut› und bei RUYSBROEC, der den Begriff hauptsächlich im Sinne von «fundamentum»,

Ab-G. Gottes und Seelen-G. gebraucht. H. SEUSE reduziert die Vielfalt der Bedeutungen von ‹G.› wieder auf den vormystischen Gebrauch. Für Seelen-G. steht ‹G.› bei ihm nur selten, er verwendet den Begriff wegen seiner Anschaulichkeit jedoch häufig zur Betonung der Unergründlichkeit Gottes (Gott als «grundelos wesen» und «grundloses abgrund»).

Die Reflexion über den G. gehört auch in der Folgezeit in den Problemkreis der Erkenntnis Gottes und der Entwicklung des Endlichen aus dem Unendlichen: um «das Wesen der tiefsten Gottheit ohne und außer der Natur» zu begreifen, gilt es «zu sinnen vom G.e und Un-G.e, wie die beiden gegeneinander verstanden werden» [18]. Sprach- und Gedankengut der deutschen Mystik (Meister Eckhart, Tauler) sind konstitutiv für das spekulative System J. BÖHMES, der, nicht zuletzt durch den Einfluß der Reformation (Luther), neue Akzente setzt. Durch die Thematisierung des Theodizeeproblems und die Begründung der metaphysischen Differenzierung der Einheit in die Vielheit – mittels des anhand von Erfahrung gewonnenen Prinzips der Dialektik der Gegensätze – vertieft er den Gottgedanken; den substantiellen Gottesbegriff Eckharts ersetzt er durch einen personalen. Sprachlicher Ausdruck der Tiefendimension im Böhmeschen Denken ist der Terminus ‹Un-G.›, den er zur Bezeichnung des noch unoffenbaren Absoluten prägt, und mit dem er die Wendung «abegründekeit götliches wesens» Meister Eckharts noch hintergreift. Dieser Un-G. ist «... tiefer als sich ein Gedanke schwingen mag; ... er ist die Unendlichkeit» [19]. Aus ihm deduziert Böhme, in Anlehnung an die trinitarische Dreifaltigkeitslehre, Gott als absolute Person. Er konzipiert den Un-G. als das unanfängliche, prädikatlose Eine, aus dem alle Entwicklung ihren Ursprung nimmt. Da es verschieden von Allem ist (Deus est non aliud) bezeichnet er es auch als «Nichts». Der Un-G. «ist das Nichts und das Alles und ist ein einiger Wille ...» [20]. Die Bestimmung als ungründiger Wille zur Selbstoffenbarung und -verwirklichung ist die einzig mögliche positive Aussage über den Un-G.: er ist «das Nichts», das die Sucht nach Etwas hat, weshalb er sich «in G. fasset» [21]. Der Wille zum Etwas ist eine Wesensnotwendigkeit des Un-G., da durch ihn das «Nichts» zur Existenz gelangt. Notwendigkeit meint jedoch nicht Zwang oder Bedürftigkeit, denn Böhmes Un-G. ist «Freiheit ausser der Qual» [22]. Durch die Verbindung von Freiheit und Notwendigkeit stellt er eine Vorstufe des im deutschen Idealismus thematisierten Absoluten dar.

Der Wille des Un-G. ist Träger der zum Selbstbewußtsein führenden, trinitarischen «*innergöttlichen Differenzierung*» [23]. Er determiniert sich selbst, indem er sich reflektierend ein Objekt gibt, welches er selber ist und sich als Subjekt setzt. «Derselbe Un-G. ist gleich einem Auge: denn es ist sein eigener Spiegel ...» [24]. Durch den Anblick seiner selbst im Spiegel wird der Un-G. «begehrend des Wesens, das er selber ist» [25]. Der Spiegel des Auges erscheint im Willen und erschafft sich «selber einen anderen ewigen G. in sich selber: derselbe ist sein Centrum oder Herz ...» [26]. Dieser G. ist nicht vom Un-G. verschieden, sondern die erste Selbsterfassung der ungründigen Gottheit: «Gott, so viel Er Gott heisset, kann nichts wollen als sich selber ...» [27]. Daher «heißet der ungründliche Wille ewiger Vater und der ... gefaßte ... Wille des Un-G. heißet sein geborner ... Sohn, ... darinnen sich der Un-G. in G. fasset.» [28].

Der Vorgang der G.-Fassung erweist sich als die Konstitution einer «Selbheit», eines lebendigen «Ich», das in einem Gemüt wirkt. Die Willensbewegung als Geist vollendet sich, indem der in der Ichheit zentrierte Wille aus der Fassung ausgeht, und als Wesen und Kraft in sich tragender in den Spiegel der Weisheit zurückgeht. Den Ermöglichungs-G. der Erkenntnis Gottes und seiner Entfaltung sieht Böhme – im Anklang an die deutsche Mystik – in der Göttlichkeit des seelischen G.: «Was darf denn die Seele sich anders wohin schwingen, Gott zu hören, als ... in ihren Ab-G.? Da ist und wohnet Gott von Ewigkeit zu Ewigkeit» [29].

Die geschichtliche Wirkung des philosophischen Begriffs ‹G.› in der Mystik reicht bis zu LEIBNIZ, bei dem der G. mit dem «Satz vom zureichenden G.» zusammengedacht wird in der Annahme eines Willens als Beweg-G. (motif et raison), den er auf Gott als letzten G. (raison) zurückführt [30].

In der deutschen Schulphilosophie dominiert dagegen das abstrakte Prinzip vom zureichenden G., nach dem der physikalische und metaphysische Aufbau der Welt beschrieben wird [31]. Durch den Bezug der Kausalität (sowie der anderen Kategorien) auf die Bedingungen möglicher Erfahrung destruiert I. KANT dieses Prinzip als Baustein der Metaphysik. Er sieht in ihm vielmehr den «G. möglicher Erfahrung, nämlich der objektiven Erkenntnis der Erscheinungen, in Ansehung des Verhältnisses derselben in Reihenfolge der Zeit» [32]. Der Satz vom G. «... gilt [für Kant] ohne Ausnahme von allen Dingen als Erscheinungen im Raume und Zeit, aber keineswegs von Dingen an sich selbst» [33].

F. W. J. SCHELLINGS Absolutes als Indifferenz steht in ideengeschichtlichem Zusammenhang mit Eckharts Lehre von der Gottheit und Böhmes Theogonie. Zur Bezeichnung der Ureinheit greift er Böhmes Begriff ‹Un-G.› auf und bestimmt diesen als «absolute Indifferenz». Als «*Wesen des G., wie das des Existierenden*» ist das prädikatlose, unanfänglich Anfängliche, das wesentlich Sehnsucht nach Selbstdarstellung ist, logisch «*vor allem G.*» und «*vor aller Dualität*» [34]. Im Un-G. sind Gegensätze weder unterscheidbar noch als solche implizit enthalten, wohl aber prädiziert er die beiden Prinzipien des «G. der Existenz» (das Reale) und des «Existierenden» (das Ideale) in der Disjunktion, welche die Zweiheit setzt. «Unmittelbar aus dem Weder-Noch oder der Indifferenz bricht ... die Dualität hervor ...» [35] und mit ihr die Liebe. «Der Un-G. teilt sich ... in die zwei gleich ewigen Anfänge, nur damit die zwei, die in ihm, als Un-G., nicht zugleich oder Eines sein konnten, durch Liebe eins werden, d. h. er teilt sich nur, damit Leben und Lieben sei und persönliche Existenz» [36]. Über den Weg der Entzweiung werden die Gegensätze von «G. zur Existenz» und «Existierendem» durch die einigende Kraft des Geistes aufgehoben. «Aber über dem Geist ist der anfängliche Un-G., der nicht mehr Indifferenz ... ist, ... sondern die allgemeine, gegen alles gleiche und doch von nichts ergriffene Einheit ...» [37], die ursprünglich einigende Liebe, welche als Identität das für sich bestehen Könnende und Sollende einigt.

Konstituens für Gott als lebendige, freie Persönlichkeit ist der G. Gottes als «Natur-in Gott». G. als «G. der Existenz» ist «nur», aber doch notwendig, Grundlage, Fundament, Basis des eigentlich Existierenden. Der G. Gottes ist nicht mit Gott identisch, nicht «Gott absolut betrachtet», sondern das, was an ihm nicht «Er Selbst» ist [38]. Er ist die «*Natur*-in Gott» als «ein von ihm zwar unabtrennliches, aber doch verschiedenes Wesen» [39]. Die sichtbare Welt entstammt der dunklen

Natur Gottes: sie ist der entfaltete göttliche G. «Um von Gott geschieden zu sein, müssen sie [die Dinge] in einem von ihm verschiedenen G.e werden» [40]. Da jedoch außer Gott nichts sein kann, ist zu folgern, «... daß die Dinge ihren G. in dem haben, was in Gott nicht *Er Selbst* ist, d. h. in dem, was G. seiner Existenz ist» [41]. G. der Dinge ist der G. Gottes als Natur-in Gott.

Die bereits bei Böhme vorhandene Vorstellung eines bewegten, subjekthaften Seins findet ihre Vollendung im System HEGELS, der den absoluten Geist als in einem Prozeß sich dialektisch entfaltendes Subjekt begreift. Mit seiner Konzeption des Absoluten wendet er sich gegen Schelling, dem er vorwirft, «sein *Absolutes* für die Nacht auszugeben, worin ... alle Kühe schwarz sind»; sein Un-G. sei «die Naivität der Leere an Erkenntnis». Kennzeichen des Hegelschen absoluten Geistes ist das permanente Setzen der Andersheit, Überwindung der Veränderung und Rückkehr in die ewige Identität des Bei-sich-selber-Seins. Er bestimmt das Absolute, insofern es als Wesen das Setzen des Nicht-Absoluten ist, als G. Der G. ist «die *reale Vermittlung* des Wesens mit sich», er «ist das ... *in sich zurückkehrende* und *sich setzende* Wesen» [42]. Der G. ist nicht ruhend, sondern nur G., indem er begründend das Andere seiner setzt und aus dem Negativen seiner zu sich selbst zurückkehrt, d. h. durch die Aufhebung sowohl der eigenen Bestimmtheit als auch der Negation seiner selbst (Begründetes). Das Begründete empfängt sein Sein vom G., so daß der G. sein Sein im Anderen seiner selbst hat. Indem er sich zum Anderen seiner entäußert, liegt er diesem als G. zugrunde. Daher ist der G. das mit sich Identische, das das Andere seiner als Entäußerung seiner selbst enthält: «Der G. ist die Einheit der Identität und des Unterschieds; die Wahrheit dessen, als was sich der Unterschied und die Identität ergeben hat, – die Reflexion in sich, die ebensosehr Reflexion-in-Anderes und umgekehrt ist. Er ist das Wesen als Totalität gesetzt» [43]. Das vom G. gesetzte Sein ist die Existenz, die sowohl vom G. verschieden als auch das eigene Sein des G. ist. Indem das Wesen als reine Reflexion-in-sich (Materie) sich entäußert, das Andere seiner setzt und dieser Formbestimmung als Nichts zugrunde liegt, gibt sich das Wesen Bestimmtheit und Inhalt. «Der Inhalt ist dies, die *Identität* des G. mit sich selbst im Begründeten, und des Begründeten im G. zu sein» [44]. Das Absolute als Wesen differenziert sich in den setzenden G. und die gesetzte Existenz, die beide Andere gegeneinander sind. Erst im Begriff sind Begründendes und Begründetes identisch, jedoch als Identität des Differenten.

In der gegen den autonomen Vernunftglauben der Aufklärung gerichteten Theosophie F. VON BAADERS verschmelzen Gedanken der Mystik des Mittelalters, J. Böhmes und des deutschen Idealismus. Ebenso wie Hegel setzt sich Baader in seiner Interpretation des Ensoph-Begriffs als Identität der «Differenz und Indifferenz, Unterschiedenheit und Einheit» von Schelling ab. Sein «Un-G.» der unaussprechlichen Fülle und Vollendetheit ist das «Nichts» des Seienden als «die reine Produktivität, das reine Procens, als das Nichts oder die Negation und Abwesenheit alles Produziertseins oder Produktseins und nicht etwa ... jene Indifferenz unserer Naturphilosophen, in welcher die Kreaturen zu G.e gehen, anstatt in ihr zu gründen» [45]. Da er Gott in seinem Selbstsein nicht als ruhend, sondern als Selbstmitteilung «geschehend» begreift, setzt er in ihm eine innergöttliche Genesis an. In Gott vollzieht sich (durch die Geburt des Sohnes) ein ewiger «Selbstbegründungs- und Vollendungs- oder Vermittelungsprocess» [46], der abbildlich auch in der Kreatur (durch Vermittlung des Menschen) stattfindet. «Kein Wesen (Ursache, agens) kann wirken, wirklich oder existent sein, ohne seinen G. als basisch, reaktives Prinzip, das jenes Wesen also zur immanenten Verwirklichung in sich selber hat, zur emanenten aus sich setzen muß, ohne es darum aus sich zu verlieren» [47]. Der sich selbstbestimmende Wille (Un-G.) bedarf «der Vermittlung des Eingangs (des Sich-aufhebens) in einen G. (Basis, Zentrum, Kreis)», um zu wirken. Indem die aktive Ursache durch das Eingehen und Wiederaustreten aus dem reaktiven G. als Existenz setzt, erweist sich der G. als Mitte. Dieser ist in sich selbst vermittelt. Im Gründungsprozeß wird eine «Triplizität des G.» ersichtlich. Die «Causalität (Wille) stellt sich als in der Triplicität von Idea, Natur und G. (Mitte oder λόγος) sich manifestirend dar» [48]. Idea und Natur konstituieren erst in der «Konjunktion» den G. (Hegel). Sowohl die Vermittlung der Ursache zum G., als auch die Vermittlung durch den G. enthält die drei Momente des Sich-Entäußerns, Bleibens und Rückkehrens. «In dem tiefsten Mysterium der Gottheit ist aber nach Jacob Boehme der heil. Ternar nur in potentia oder essential und tritt nur erst durch das Medium der *ewigen Natur* (*Begierde*) in actum als personaliter (in essentia unitas, in personis proprietas)» [49]. Ursache und G. sieht Baader in einem dialektischen Verhältnis. Da jedoch das Sich-Vollbringen der Ursache durch den G. intendiert ist, wird das Primat der Ursache deutlich.

A. SCHOPENHAUERS Lehre knüpft in wesentlichen Teilen an die Kantische Philosophie an. Doch kritisiert er den unbestimmten Gebrauch des Wortes ‹G.› und des Satzes vom zureichenden G. bei Kant (‹Kritik der Kantischen Philosophie›). Er selbst sieht in der Kausalität (neben Raum und Zeit) diejenige Grundform, auf die sich die übrigen Kategorien Kants zurückführen lassen. Er expliziert den Satz vom G. als das allgemeinste Ordnungsprinzip des vorstellenden Bewußtseins. In ihm sieht er die gemeinschaftliche Bezeichnung der verschiedenen Gesetze des Erkenntnisvermögens, d. h. «für alle uns a priori bewußten Formen des Objekts», so daß «alles, was wir rein a priori wissen, nichts ist als eben der Inhalt jenes Satzes und was aus diesem folgt, in ihm also eigentlich unsere ganze a priori gewisse Erkenntnis angesprochen ist» [50]. Als Gesetz a priori entstammt der Satz vom G. selbst der Struktur des Intellekts. Da er in der «Urbeschaffenheit des Erkenntnisvermögens» wurzelt, ist er selbst bedingt durch die intellektuelle Organisation des erkennenden Subjekts. Daraus resultiert, daß seine Anwendung auf das Gebiet der Vorstellungen und Erscheinungen beschränkt ist, er also keine «veritas aeterna» im Sinne des dogmatischen Realismus des 17. und 18. Jh. darstellt. Einen *G. schlechthin* kann es nach Schopenhauer nicht geben, vielmehr muß: «... jeder G. zu einer der ... vier möglichen Arten der G. (physischer, logischer, mathematischer und ethischer G.) gehören und demnach innerhalb einer der vier angegebenen möglichen Klassen von Objekten unseres Vorstellungsvermögens ... gelten ...» [51]. Den Versuch der Lösung der von der Kantischen Philosophie aufgestellten Problematik unternimmt Schopenhauer durch die Bestimmung der intelligiblen Natur als Wille, um dadurch einen Einblick in das Nicht-Erfahrbare der empirischen Erscheinungen zu gewinnen.

M. HEIDEGGER untersucht am Problem des G., was der aristotelischen Prinzipienlehre vorausliegt. Er sieht dieses nicht im «Satz vom G.» gelöst, sondern verweist es in den Bereich der Transzendenz, als Grundstruktur der Subjektivität. Ursprung von G. überhaupt ist die Freiheit, die nicht aus der Kausalität (Spontaneität) heraus zu verstehen ist. «*Freiheit ist Freiheit zum G.e*» [52]. Das in der Transzendenz verwurzelte Gründen ist in dreifacher Weise gestreut. «Das Wesen des G. ist die transzendental entspringende dreifache Streuung des Gründens in Weltentwurf, Eingenommenheit im Seienden und ontologische Begründung des Seienden» [53]. Die Freiheit als «gründende Einheit der transzendentalen Streuung des Gründens» [54] erweist sich als der «Ab-grund des Daseins». Damit werden, nicht nur in der Tiefe des sprachlichen Ausdrucks, Vorstellungen der Mystik aufgegriffen, indem – wie in der unio mystica Gott und Seelen-G. – Sein und Daseinsentwurf zusammengebunden werden.

Anmerkungen. [1] WALTHER VON DER VOGELWEIDE, hg. W. WILMANNS (1883) 6, 12, S. 110; zur Entwicklung vom «herzen grunt» der höfischen Lit. zum mystischen «grunt der sele» vgl. H. KUNISCH: Das Wort «Grund» in der Sprache der dtsch. Mystik des 14. und 15. Jh. (Diss. Münster 1929); X. VON ERTZDORFF: Die Dame im Herzen und Das Herz bei der Dame. Z. dtsch. Philol. 84 (1965) 37f. – [2] A. VOGT-TERHOST: Der bildliche Ausdruck in den Predigten Johann Taulers (1920) 31. – [3] Offenbarungen der Schwester MECHTHILD VON MAGDEBURG oder Das fließende Licht der Gottheit, hg. P. GALL. MOREL (1963) 154, 29. – [4] F. PFEIFFER (Hg.): Dtsch. Mystiker des 14. Jh. 2: MEISTER ECKHART (1857) 66, 2. – [5] MEISTER ECKHART, Dtsch. Predigten und Traktate, hg. u. übers. J. QUINT (1955) 414, 8. – [6] a. a. O. 162. – [7] Vgl. KUNISCH, a. a. O. [1] 98. – [8] Die Predigten TAULERS, hg. F. VETTER (1910) 331, 17. – [9] a. a. O. 77, 9. – [10] 149, 33; vgl. ECKHART, a. a. O. [4] 225, 35, 155, 11; Meister Eckhart und seine Jünger. Ungedruckte Texte zur Gesch. der dtsch. Mystik, hg. F. JOSTES (Fribourg 1895) 10, 1. – [11] TAULER, a. a. O. [8] 201, 5. – [12] A. M. HAAS: Nim din selbes war. Studien zur Lehre von der Selbsterkenntnis bei Meister Eckhart, Johannes Tauler und Heinrich Seuse (Fribourg 1971) 153. – [13] H. SEUSE, Dtsch. Schriften, hg. K. BIHLMEYER (1907) 330, 7. – [14] Vgl. KUNISCH, a. a. O. [1] 26. – [15] H. PAUL: Dtsch. Wb. (³1921) 224. – [16] Vgl. KUNISCH, a. a. O. [1] 34. – [17] TAULER, a. a. O. [8] 182, 24. – [18] J. BÖHME, Sex puncta theosophica 1, 30, 21. Werke, hg. K. W. SCHIEBLER (1846) (= WS) 6, 334f. – [19] Betrachtung göttlicher Offenbarung (sog. 177 Fragen von göttlicher Offenbarung) Frg. 43. WS 6, 594. – [20] Von der Gnadenwahl I, 3. WS 4, 467. – [21] a. a. O. I, 6. WS 4, 468. – [22] WS 4, 1, 3; 5, 17-18. – [23] H. BORNKAMM: Luther und Böhme (1925) 56. – [24] BÖHME, De incarnatione verbi II, 1, 8. WS 6, 245. – [25] a. a. O. 2, 2, 1-3. – [26 Sex puncta theosophica 1, 13f. WS 6, 333. – [27] Von göttlicher Beschaulichkeit 1, 17. WS 6, 456. – [28] Von der Gnadenwahl 1, 6; 1, 7. WS 4, 468. – [29] a. a. O. 12, 16. WS 4, 617; vgl. «der seelische G.» in: Sendbrief 46, 44. WS 7, 507. – [30] G. W. LEIBNIZ, Monadologie §§ 32-39; vgl. Theodizee § 7; Principes de la nature et de la grace §§ 7. 8. – [31] CHR. WOLFF, Dtsch. Met. §§ 29. 30ff.; vgl. J. CHR. GOTTSCHED, Erste Gründe der Weltweisheit I, §§ 216ff. – [32] I. KANT, KrV A 201/B 246. – [33] Akad.-A. 8, 213. – [34] F. W. J. SCHELLING, Das Wesen der menschlichen Freiheit. Werke, hg. K. F. A. SCHELLING 7, 406. – [35] a. a. O. 407. – [36] 408. – [37] ebda. – [38] 359. – [39] 358. – [40] 359. – [41] 359. – [42] G. W. F. HEGEL, Wiss. der Logik II, hg. G. LASSON (1948) 64. – [43] Enzyklop. der philos. Wiss. im Grundrisse, hg. G. LASSON (1919) § 121. – [44] a. a. O. [42] 82. – [45] FR. VON BAADER, Vorles. über die Philos. der Societät. Werke, hg. F. HOFFMANN (1850-60) (=WH) 14, 117. – [46] Religionsphilos. WH 9, 306. – [47] Naturphilos. WH 3, 340f. – [48] Religionsphilos. WH 9, 304 Anm. – [49] WH 2, 305. – [50] A. SCHOPENHAUER, Werke, hg. E. GRISEBACH (1891) 3, 36. 40. 107. 406f.; 1, 36. – [51] a. a. O. 3, 174-177. – [52] M. HEIDEGGER: Vom Wesen des G. Jb. Philos. phänomenol. Forsch. Husserl-Festschrift (1929) 102. – [53] a. a. O. 107. – [54] 109.

Literaturhinweise. H. BORNKAMM s. Anm. [23]. – K. LEESE: Von Jacob Böhme zu Schelling. Zur Met. des Gottesproblems (1927). – H. SPRECKELMEYER: Die philos. Deutung des Sündenfalls bei Franz Baader (1938). – W. SCHULZ: Die Vollendung des Deutschen Idealismus in der Spätphilos. Schellings. Studia philos. 14 (Basel 1954) 239-255. – H. GRUNSKY: Jacob Boehme (1956). – J. SIEGEL: Franz von Baader. Ein Bild seines Lebens und Wirkens (1957). – G. BRUNEDER: Das Wesen der menschlichen Freiheit bei Schelling und sein ideengesch. Zusammenhang mit Jacob Böhmes Lehre vom Un-G. Arch. Philos. 8 (1958) 101-115. – Meister Eckhart der Prediger. Festschrift zum Eckhart-Gedenkjahr, hg. NIX/ÖCHSLIN

(1960). – KL. HEMMERLE: Franz von Baaders philos. Gedanke der Schöpfung (1963). – FR. O. KILE jr.: Die theol. Grundlagen von Schellings Philos. der Freiheit (Leiden 1965). – B. LAKEBRINK: Studien zur Met. Hegels (1969). – A. M. HAAS s. Anm. [12]. – M. HEIDEGGER: Schellings Abh. ‹Über das Wesen der menschlichen Freiheit› (1971). K. BENDSZEIT

Grundgesetz, biogenetisches. Schon seit Aristoteles war bekannt, daß die embryonale Entwicklung höherer Tiere Stufen durchläuft, die denen niederer Gruppen ähneln. Diese später besonders durch Studien von J. F. MECKEL (1821), F. MÜLLER (1864) und anderen belegte Regel wurde unter dem Aspekt der Abstammungslehre und auf Grund weiterer Untersuchungen von E. HAECKEL (1866) als ‹b.G.› formuliert, welches besagt, daß die individuelle Entwicklung (Ontogenie, Ontogenese) eine abgekürzte Wiederholung der Stammesgeschichte (Phylogenie, Phylogenese) darstellt [1]. Dieser «*Rekapitulations-Theorie*» ist entgegengehalten worden, daß embryonale Stadien nicht mit erwachsenen Stadien stammesgeschichtlicher Vorfahrenstufen verglichen werden können. Die Rekapitulation trifft aber in vielen Fällen insofern zu, als wahrscheinlich embryonale Vorstufen der Vorfahrenreihe durchlaufen werden, was besonders auffällig ist, wenn es sich um «Entwicklungsumwege» handelt (z. B. Herausbildung von embryonalen Kiementaschen bei Säugetieren und beim Menschen, wieder resorbierte Zahnanlagen bei Bartenwalen usw.).

Die biogenetische Regel erfährt aber häufig Ausnahmen dadurch, daß die Ontogenese früher oder später zu definitiven Abweichungen führt (Archallaxis, Deviationen) [2] oder daß nur auf mittleren Stadien Abweichungen auftreten, z. B. durch Ausprägung besonderer Larvenformen. Eine solche «Störungsentwicklung» nannte Haeckel *Cenogenesis* im Gegensatz zur ungestörten, abgekürzten «Auszugsentwicklung», der *Palingenesis* [3]. Durch die Verkürzung von Entwicklungsphasen bei Palingenesis kommt es zur Verschiebung von Alters- auf Jugendstadien. Trotz vieler Ausnahmen kommt der biogenetischen Regel eine große Bedeutung für die Aufdeckung stammesgeschichtlicher Beziehungen zu.

Anmerkungen. [1] E. HAECKEL: Generelle Morphol. der Organismen (1866); H. SCHMIDT: Gesch. der Entwicklungslehre (1918) Kap. 17. – [2] A. N. SEWERTZOFF: Morphol. Gesetzmäßigkeiten der Evolution (1931); G. R. DE BEER: Embryos and ancestors (Oxford 1951); B. RENSCH: Die phylogenetische Abwandlung der Ontogenese, in: G. HEBERER: Die Evolution der Organismen (²1959) 103-130. – [3] E. HAECKEL: Die Gastraea-Theorie. Jena. Z. Naturwiss. 8 (1874) 1-56. B. RENSCH

Grundlagenstreit. ‹G.› und ‹Grundlagenkrise›, seit dem ersten Viertel des 20. Jh. in der Philosophie der Mathematik gebräuchlich, sind ihrem Inhalt nach Begriffe der Wissenschaftssoziologie.

Eine Wissenschaft gerät in eine *Grundlagenkrise*, wenn gewisse über Einfluß auf die Wissenschaftsorganisation verfügende Gruppen (im allgemeinen von Fachvertretern, aber auch der Öffentlichkeit) auf den Wissenschaftsbetrieb des betreffenden Bereiches reflektieren, an der Gültigkeit gewisser dort erarbeiteter Ergebnisse (theoretischer Sätze, technischer Empfehlungen) oder der zu ihrer Gewinnung angewandten Verfahren begründete Zweifel anmelden und Änderungen im Wissenschaftsbetrieb dieses Bereiches verlangen. Ein *G.* ist im Gange, wo einflußreiche Gruppen von Wissenschaftlern miteinander unverträgliche Vorschläge zur Behebung einer Grundlagenkrise ihrer Wissenschaft durchzusetzen versuchen. Ob die durch die Entdeckung irrationaler Größen ausgelöste «Grundlagenkrisis der griechischen Mathematik» [1] eine Grundlagenkrise in diesem Sinne ist, läßt sich wegen der Dürftigkeit der über sie vorhandenen Information nicht entscheiden; dagegen sind z. B. der Streit, ob die Logik «ars» oder «scientia» sei, der Streit um den analytischen oder synthetischen Charakter der mathematischen Sätze oder der Streit um den Raumbegriff zwischen Leibniz und Clarke [2] zwar Streitigkeiten über die Grundlagen der Logik, Mathematik bzw. Physik, sie sind jedoch nicht Beispiele eines G. im angegebenen Sinne, weil sie nicht auf eine den bis dahin akzeptierten Satzbestand der betreffenden Wissenschaft gefährdende Grundlagenkrise reagieren.

Während von Krisen im weiteren Sinne kaum eine der heute etablierten Wissenschaften im Lauf ihrer Geschichte verschont geblieben ist, entwickelte sich die Krise zweier Wissenschaftsbereiche in besonders deutlicher Weise zu den für einen G. typischen Konstellationen.

1. In der *Nationalökonomie* kam es gegen Ende des 19. Jh zu einem «Methodenstreit», in dem es zunächst um das Verhältnis von ‹Theorie› und ‹Geschichte› in der Volkswirtschaftslehre zu gehen schien. Der auf der Wiener Tagung des Vereins für Socialpolitik 1909 entbrannte jüngere Methodenstreit [3] machte jedoch deutlich, daß der eigentliche Streitpunkt die von M. Weber erhobene Forderung nach «Wertfreiheit der Wissenschaft», d. h. die Frage nach der Begründbarkeit von Werturteilen war. Den Verfechtern einer wertfreien Wissenschaft (M. Weber, Sombart, später der ‹Wiener Kreis› und die Anhänger Poppers, in Deutschland z. B. H. Albert) standen – und stehen bis heute – die Vertreter der verstehenden Methode (v. Gottl-Ottlilienfeld, Weippert) und die der dialektischen Methode (die ‹Frankfurter Schule›, z. B. J. Habermas) gegenüber, die auch die Begründung von Zielsetzungen (Werten) als unumgängliche Aufgabe des Wissenschaftlers ansehen. Da der Ausgang dieses Streites ersichtlich nicht nur für die Nationalökonomie, sondern für alle mit der Gesellschaft befaßten Wissenschaften entscheidend ist, bezeichnet man ihn prägnanter auch als den «Werturteilsstreit der Sozialwissenschaften» [4].

2. Der andere paradigmatische Fall einer Grundlagenkrise betrifft die *Mathematik*, auf deren Bereich sich nach dem gegenwärtigen, vermutlich durch Weyl 1921 [5] angeregten Gebrauch dieser Kennzeichnung die Rede von ‹dem G.› bezieht. Hier hatte um die Mitte des 19. Jh. eine Besinnung auf Begriffsbildungen und Beweisführungen der klassischen Analysis eingesetzt und zur Aufdeckung der Problematik des Kontinuumbegriffs, d. h. des Begriffs der Irrationalzahl und des Begriffs der Stetigkeit geführt. Insbesondere führte die Entdeckung, daß entgegen einer bis dahin für zuverlässig gehaltenen «Intuition» Stetigkeit und Differenzierbarkeit einer Funktion nicht zusammenfielen, zu der Forderung, *alle* bislang geometrisch anschaulich fundierten Begriffsbildungen der Mathematik durch strengere zu ersetzen. Während die von Weierstrass, Kronecker und anderen angestrebte Zurückführung der Theorie der reellen Zahlen auf die Theorie der natürlichen Zahlen («Arithmetisierungsprogramm») ihrer technischen Seite nach schon vor dem Ende des 19. Jh. abgeschlossen war – sofern man neben dem Begriff der natürlichen Zahl noch den Begriff der Menge zuließ –, zeigten sich zu einer logischen Reflexion auf die dabei verwendeten Reduktionsmethoden in den achtziger Jahren gerade die ersten Ansätze.

Zunächst versuchte man die Reduktionstendenz des Arithmetisierungsprogramms in einen noch «vor» der Arithmetik gelegenen Bereich fortzusetzen. So bemühten sich einerseits Heine, Thomae [6] und andere, die Arithmetik dadurch zu begründen, daß sie dieselbe als ein rein formales «Rechenspiel» nach (pragmatisch motivierten, prinzipiell aber willkürlichen) Regeln deuteten; mit der Frage nach dem Inhalt der arithmetischen Sätze verschwand für diesen *älteren Formalismus* auch die Frage nach dem Zahlbegriff [7]. Andererseits machte etwa zur gleichen Zeit G. Frege den ersten Versuch, die alte These des *Logizismus* einzulösen, nach der sich die seit jeher bemerkte Verwandtschaft von Mathematik und Logik und der ihnen gemeinsame Charakter besonders sicherer Satzsysteme einfach dadurch erklären, daß Mathematik nichts anderes sei als ein (freilich hochentwickelter) Zweig der Logik; insbesondere sei der Begriff der natürlichen Zahl durch «rein logische» Begriffe definierbar, jeder Satz der Arithmetik aus «rein logischen» Sätzen ableitbar. In der Tat gelang Frege die Konstruktion eines logischen Modells für einen als ausreichend angesehenen Grundbestand arithmetischer Sätze (Frege benützte noch kein Axiomensystem der Arithmetik!) – allerdings auf der Basis von ihrerseits nicht weiter begründeten «Grundgesetzen» einer nichtelementaren, mengentheoretische Begriffe mitumfassenden Logik, die B. Russell 1902 durch Aufzeigen der nach ihm benannten Antinomie als widerspruchsvoll erwies [8]. Russell konnte diese und mit ihr verwandte Antinomien in seinem eigenen System durch eine Unterscheidung «logischer Typen» vermeiden [9]. Doch zeigte sich bei dem gemeinsam mit A. N. Whitehead unternommenen Versuch, den Ansatz Freges auf der typentheoretischen Grundlage weiterzuführen und auf die gesamte Mathematik auszudehnen [10], daß dies jetzt nur noch mit Hilfe des umstrittenen (als «multiplicative axiom» auftretenden) Auswahlpostulats und eines «Unendlichkeitsaxioms» möglich war, das die (bei Frege noch als Satz abgeleitete) Existenz einer unendlichen Gesamtheit postulierte. War schon der «rein logische» Charakter dieser Axiome äußerst fraglich, so ergaben sich noch größere Schwierigkeiten dadurch, daß die Struktur von Russells «verzweigter» Typentheorie [11] die logizistische Ableitung der Mathematik nur noch bei Hinzunahme eines Reduzibilitätsaxioms zuläßt, das nicht nur jeder selbständigen Begründung entbehrt, sondern überdies den Effekt der Typenunterscheidung wieder zunichte macht [12]. Zusammen mit der gleich zu erörternden Grundlagenkritik Brouwers führte dieser Mißerfolg dazu, daß die Russellsche Antinomie und andere mengentheoretische Antinomien (die schon länger bekannt, aber als harmlos übergangen worden waren) nun auch außerhalb der logizistischen Richtung als ernstzunehmende Krisenpunkte erkannt wurden und die Glaubwürdigkeit insbesondere der allgemeinen Mengenlehre (s. d.) erschütterten, die Cantor unabhängig von den logischen Arbeiten Freges mit dem Anspruch auf den Titel der mathematischen Grundlagendisziplin schlechthin entwickelt hatte [13]. Die Krise des Logizismus wird somit im ersten Jahrzehnt des 20. Jh. zu einer Grundlagenkrise der Mathematik.

Fast gleichzeitig werden nun zwei Wege vorgeschlagen, die Grundlagenkrise zu überwinden. Den ersten Weg beschreitet der holländische Mathematiker L. E. J. Brouwer. Er betont, daß die Krise der Mathematik nicht dadurch behoben werden kann, daß man durch ad-hoc-Lösungen zur Umgehung der jeweils bekannten

Antinomien die klassische Mathematik zu «retten» versucht; vielmehr gilt es, über Zulässigkeit oder Unzulässigkeit der traditionellen mathematischen Begriffsbildungen und Schlußweisen anhand einer erneuten Reflexion auf ihren Inhalt zu entscheiden. Da die Mathematik «identisch mit dem exakten Teil unseres Denkens» ist [14], kann sie auf keine andere Wissenschaft, auch nicht auf die Logik gegründet werden; die Quelle ihrer Einsichten ist «eine Intuition, die uns ihre Begriffe und Schlüsse klar vor Augen stellt» [15]. Auf philosophischer Seite fand dieser *Intuitionismus* [16] vor allem bei den Kritizisten (CASSIRER, NATORP, HESSENBERG, NELSON [17]) Unterstützung. Der alleinige Verlaß auf die dem Denken unmittelbar einsichtigen Begriffe und Schlüsse führt zusammen mit dem Bestehen auf intuitiv einsichtigen Konstruktionen als einzig legitimen Existenzbeweisen für mathematische Gegenstände zur Ablehnung gewisser Verfahrensweisen der klassischen Mathematik. Unzulässig sind z. B. die (schon von POINCARÉ [18] am Beispiel der logizistischen Anzahldefinition kritisierten) imprädikativen Begriffsbildungen, bei denen ein mathematischer Gegenstand in zirkulärer Weise eingeführt wird, nämlich durch Bezugnahme auf eine Gesamtheit, die diesen Gegenstand schon selbst enthält und nicht unabhängig von ihm auf konstruktive Weise gegeben ist [19]. Ferner führt die Konstruktivitätsforderung wie schon bei Poincaré und später bei F. KAUFMANN [20] zur Ablehnung des Aktual-Unendlichen sowie zur Verwerfung gewisser Sätze der klassischen Logik, z. B. des Tertium non datur, was freilich weder die Anerkennung der Negationen dieser Sätze bedeutet – z. B. gilt ¬ ¬ (p ∨ ¬ p) auch in der intuitionistischen Logik – noch die Einführung weiterer «Wahrheitswerte» neben Wahrheit und Falschheit. Jedenfalls erstreckt sich spätestens von da an der G. auch auf das Gebiet der Logik.

Weniger bekannt als diese ‹negative› Kritik des Intuitionismus ist der Aufbau einer auch den strengen intuitionistischen Forderungen voll genügenden Analysis, ein «positiver» Beitrag, von dem gesagt worden ist, daß er «als eine der großartigsten wissenschaftlichen Leistungen des 20. Jh. gewertet werden muß, ganz unabhängig davon, welche Stellung man zur intuitionistischen Kritik an der klassischen Theorie einnimmt» [21]. Bedeutenden Anteil an dieser aufbauenden Leistung hat H. WEYL, einer der schärfsten Kritiker der klassischen Analysis, der zunächst eine Art «Halbintuitionismus» entwickelte – der Terminus stammt von HEYTING –, sich wenig später aber ganz der Brouwerschen Richtung anschloß [22]. Freilich sind die begründbaren Sätze der klassischen Analysis mit intuitionistischen Mitteln meist sehr viel schwieriger zu beweisen – ein Umstand, vor dessen Überschätzung zwar inzwischen SKOLEM [23] mit dem Hinweis auf erst kürzlich gefundene, überraschende Vereinfachungen schwieriger Beweisführungen in der Zahlentheorie gewarnt hat, der aber dennoch als entscheidendes Handicap gewertet wird. Da der Intuitionismus überdies zahlreiche Sätze der klassischen Mathematik opfern muß, wäre er trotz seiner positiven Leistungen wohl ähnlich dem Logizismus aus der Grundlagendiskussion verschwunden, hätten sich bedeutende Schwierigkeiten nicht auch auf dem zweiten vorgeschlagenen Weg zur Behebung der Grundlagenkrise ergeben.

Dem Vorbild HILBERTS zum axiomatischen Aufbau der Geometrie folgend gab E. ZERMELO 1908 ein Axiomensystem der Mengenlehre an, aus dem sich die bekannten Antinomien nachweislich nicht ableiten lassen. Er wird damit zum Begründer der *axiomatischen Mengenlehre* [24], die nunmehr den (gewöhnlich als «dritte Partei» des Grundlagenstreits genannten) Logizismus absorbiert: dessen «kritische» Axiome (Unendlichkeits- und Auswahlaxiom) finden Eingang in das Axiomensystem Zermelos, aus dem, ganz dem logizistischen Programm entsprechend, alle Sätze der klassischen Mathematik abgeleitet werden sollen – mit der entscheidenden formalistischen Umwendung, daß an das Axiomensystem nur noch die Forderung der Widerspruchsfreiheit gestellt wird, die «Frage nach dem Ursprung und dem Gültigkeitsbereiche» der Axiome aber als «mehr philosophische» ausgeschieden wird [25]. Zählt man mit CARNAP die «‹konstruktivistische› Auffassung ... zu den Grundtendenzen des Logizismus» [26], so bedeutet dies das (freilich schon in RUSSELLS ‹Principles›, ja schon in FREGES Nachwort zum 2. Band der ‹Grundgesetze› von 1903 angelegte) Ende des Logizismus. Alle späteren Systeme [27], in denen Arithmetik und Analysis aus Axiomensystemen für Logik und Mengenlehre (statt aus eigenen Axiomensystemen für die natürlichen bzw. reellen Zahlen) abgeleitet werden, sind nur noch in einem rein formalen, methodologisch irreführenden Sinne «logizistisch».

Den Zermeloschen Ansatz zu einem Grundlagenstandpunkt, dem (jüngeren) *Formalismus*, auszubauen, unternimmt HILBERT. Zur Lösung des Begründungsproblems schlägt er zunächst vor, den Bestand der klassischen Mathematik an Sätzen, Begriffsbildungen und Schlußweisen (einschließlich der von intuitionistischer Seite angefochtenen!) unter Absehung von allem ‹Inhalt› durch ein axiomatisches System zu erfassen; dabei wird zugestanden, daß Teile dieses Systems lediglich zur Vereinfachung desselben dienen, einer konstruktiven Deutung im Sinne einer inhaltlichen Mathematik aber nicht fähig sind. Für dieses axiomatische System soll nun – das ist das Hilbertsche Programm – in einer «Metamathematik» ein Widerspruchsfreiheitsbeweis geführt werden, der ausschließlich finite oder doch wenigstens konstruktive Hilfsmittel verwendet, wie sie auch vom Intuitionisten anerkannt werden. Formalisierte Mathematik und Metamathematik stehen also nach der Vorstellung des Formalismus in einem ganz eigenartigen Fundierungsverhältnis: Da das axiomatische System als Formalisierung der gesamten klassischen Mathematik auch alle klassisch anerkannten Beweismittel enthalten soll, muß es insbesondere auch diejenigen Beweismittel formalisiert enthalten, deren inhaltliche Anwendung in der Metamathematik den Widerspruchsfreiheitsbeweis für das axiomatische System zu führen gestattet. Unter diesen Umständen könnte von einer Begründung nur dann die Rede sein, wenn die Beweismittel des Widerspruchsfreiheitsbeweises *schwächer* (d. h. voraussetzungsärmer) wären als die des axiomatischen Systems. Für das Hilbertsche Programm bedeutete es daher einen schweren Schlag, als GÖDEL 1931 entdeckte [28], daß für ein axiomatisches System, das mindestens die Arithmetik enthält, ein Widerspruchsfreiheitsbeweis niemals allein mit Mitteln geführt werden kann, die in diesem System selbst formalisierbar sind. Da also für den Beweis der Widerspruchsfreiheit eines solchen Systems *stärkere* als die in ihm selbst formalisierbaren Mittel erforderlich sind, ergibt sich eine gegenüber dem Begründungsverhältnis geradezu verkehrte Situation, zu der SKOLEM treffend bemerkt hat: «This is as if we should hang up the ground floor of a building to the first floor, this again to the second floor, etc.» [29]. Während dieses Resultat den speziellen Begründungsvorschlag der Hilbertschule als undurchführbar erweist, zeigt ein weiteres Ergebnis GÖDELS eine Begrenztheit der axiomatischen Methode überhaupt auf [30]. Es stellt sich nämlich heraus, daß jedes (hinreichend ausdrucksfähige) widerspruchsfreie Axiomensystem *unvollständig* ist in dem Sinne, daß man stets wahre Aussagen der betreffenden Theorie angeben kann, die aus dem gegebenen Axiomensystem nicht ableitbar sind. Diese Grenze ist prinzipiell unüberschreitbar: Auch wenn man dem ursprünglichen Axiomensystem die aus ihm nicht ableitbaren Gödelschen Aussagen hinzufügt, lassen sich für das so erweiterte Axiomensystem neue, wahre, aber unableitbare Aussagen der Theorie angeben, und so bei jedem Schritt. Bereits das *Peano-Dedekind*sche Axiomensystem der Arithmetik [31] ist in diesem Sinne unvollständig.

Für den Wissenschaftsbetrieb der Mathematik haben die Mißerfolge und Schwierigkeiten der Grundlegungsversuche zu einem weitgehenden Desinteresse am Begründungsproblem geführt. Zwar ist die Grundlagenkrise nicht überwunden, aber sie ist – wie übrigens auch die Grundlagenkrise der eingangs behandelten Sozialwissenschaften – «verdrängt» [32]. In der Praxis hat sich die klassische Mathematik durch ihre größere Einfachheit gegenüber der intuitionistischen behauptet, und zwar ungeachtet der Gödelschen Resultate in Form einer Vielzahl axiomatisch aufgebauter Teildisziplinen. Die Erfolge einer unter dem Pseudonym N. BOURBAKI publizierenden Gruppe führender französischer Mathematiker haben diese axiomatische oder strukturtheoretische Richtung heute in den (an Grundlagenfragen uninteressierten) Mathematikerkreisen zur allein akzeptierten gemacht. Die allgemeine Haltung ist hier die eines *pragmatischen Formalismus* [33], der selbst für die Verwendung der – nicht einmal als widerspruchsfrei erwiesenen – Axiomensysteme der Cantorschen Mengenlehre die «Begründung» anbietet, ohne sie sei der Aufbau der klassischen Analysis nicht möglich; diese sei ihrerseits aber für die Anwendung in den exakten Wissenschaften, besonders der Physik, unentbehrlich.

Obwohl sich auch die Mehrzahl der Grundlagenforscher diese Einstellung zu eigen gemacht hat, sind von einer kleinen Minderheit neue und, wie es scheint, sehr fruchtbare Wege zur Lösung des Begründungsproblems beschritten worden. Überblickt man die im Verlauf des G. aufgetretenen Standpunkte, so erkennt man als das einzig durchgehende und immer deutlicher hervortretende Merkmal die Tendenz zum Kontrollierbaren, Aufweisbaren, Konstruierbaren. In dieser Richtung hat man auch nach dem Scheitern des Hilbertschen Programms weitergearbeitet, z. B. die «wahren Aussagen» einer Theorie, auf die der Unvollständigkeitsbegriff Bezug nimmt, als die *konstruktiv* als wahr erweisbaren Aussagen präzisiert; ebenso wurde in der Metamathematik – als Konsequenz der Gödelschen Resultate – die Beschränkung der metamathematischen Beweismittel auf die im untersuchten System formulierbaren Schlußweisen durch die Forderung nach *Konstruktivität* der Beweismittel ersetzt. Unter Heranziehung solcher nicht mehr finiten, aber konstruktiv durchaus begründbaren Beweismittel gelang GENTZEN 1936 ein Widerspruchsfreiheitsbeweis für die Arithmetik [34], LORENZEN 1951 ein solcher für die verzweigte Typentheorie (ohne Reduzibilitätsaxiom), wodurch auch ein umfassender, für alle Anwendungen in den exakten Wissenschaften ausreichender Teil der klassischen Analysis als widerspruchsfrei nachweisbar wurde [35].

Als noch fruchtbarer erwies sich die Wiederaufnahme einiger früher, unter dem Übergewicht des Formalismus unbeachtet gebliebener Ansätze von DINGLER [36] und SKOLEM [37], die ähnlich wie der Intuitionismus einen direkten Aufbau der Mathematik unter Verwendung unbedenklicher Schlußweisen und Begriffsbildungen anstrebten. LORENZEN entwickelte einen «operativen» Aufbau, der nicht nur die Arithmetik und eine gegenüber dem klassischen System nur noch unwesentlich modifizierte Analysis umfaßte, sondern auch die Logik, die damit erstmals – sieht man von den Versuchen BROUWERS und KOLMOGOROFFS [38] ab – eine autonome Begründung erhielt [39]. In Gestalt der «dialogischen Begründung» wurde sie bedeutend vertieft und zugleich vereinfacht [40]; wenig später gelang LORENZEN (in Wiederaufnahme eines seinerzeit von WEYL aufgegebenen Ansatzes) ein ebenfalls stark vereinfachter Aufbau der konstruktiven Analysis, der geeignet scheint, die Bedenken gegen die «Kompliziertheit» konstruktiver Beweisführungen wirksam zu entkräften [41].

Bemerkenswert ist die Einstellung dieses *neuen Konstruktivismus* zum G. Da sich die Hinzunahme des Tertium non datur zur konstruktiven Logik mit konstruktiven Mitteln als widerspruchsfrei nachweisen läßt, wird die Verwendung der klassischen Logik beim Aufbau der Mathematik als unbedenklich zugelassen. Auch der Wert axiomatischer Untersuchungen wird keineswegs bestritten; so heißt es z. B. hinsichtlich der Analysis: «Nachdem die Objekte der Analysis konstruiert sind, lassen sich die Beweiszusammenhänge der Sätze über sie am besten dadurch klären, daß man die Objekte mit einigen der zwischen ihnen definierten Beziehungen als Modelle geeigneter Strukturen ... auffaßt» [42]. Wie schon bei HEYTING [43] wird also auch hier den *beiden* Hauptrichtungen der gegenwärtigen Grundlagenforschung ihr Recht zuerkannt. Der G. könnte also beendet sein, würde nicht die axiomatische Richtung auf einem Totalitätsanspruch bestehen, der nicht nur die Errichtung des Gebäudes der Mathematik auf «transzendenten» (d. h. eines konstruktiven Inhalts entbehrenden) Begriffsbildungen, Schlußweisen und Formalismen als die einzig «vernünftige» ansieht, sondern auch die konkurrierenden Bemühungen des Konstruktivismus als «vorwissenschaftlich» abtut. Gegenwärtig sieht es ganz so aus, als sollte sich – gut 50 Jahre später als im Fall der Sozialwissenschaften – auch im mathematischen G. der Wissenschafts- oder Theoriebegriff [44] als der eigentliche Streitpunkt herausstellen. Untersucht man die (ersichtlich «moralischen») Argumente in der gegenwärtigen Diskussion um «Begründung» und «Bewährung» axiomatischer Theorien auf ihren ideologischen Gehalt [45], so scheint eine Beilegung des G. noch in weiter Ferne zu liegen.

Anmerkungen. [1] H. HASSE und H. SCHOLZ: Die Grundlagenkrisis der griech. Math. (1928). – [2] Vgl. M. JAMMER: Concepts of space. The hist. of theories of space in physics (Cambridge/Mass. 1954, dtsch. 1960). – [3] Vgl. Verh. des Vereins für Socialpolitik in Wien 1909 (1910). – [4] Vgl. G. WEIPPERT: Vom Werturteilsstreit zur polit. Theorie. Weltwirtschaftl. Arch. 49 (1939) 1-100; ND in: G. WEIPPERT: Sozialwiss. und Wirklichkeit (1966); E. TOPITSCH und W. WEBER: Das Wertfreiheitsproblem seit M. Weber. Z. Nationalökonomie 13 (1951); CHR. V. FERBER: Der Werturteilsstreit 1909/1959. Versuch einer wiss.gesch. Interpretation. Kölner Z. Soziol. Sozialpsychol. 11 (1959) 21-37; W. WEBER und H. ALBERT: Art. ‹Wert›, Abschn. 1, in: Handwb. der Sozialwiss. 11 (1961) bes. 639-642: Methodol. Wertproblematik. – [5] H. WEYL: Über die neue Grundlagenkrise der Mathematik. Math. Z. 10 (1921) 39-79; ND (1965). – [6] E. HEINE: Die Elemente der Functionenlehre. Crelles J. 74 (1872) 172-188; J. THOMAE: Gedankenlose Denker. Eine Ferienplauderei. Jber. Dtsch. Math.-Ver. 15 (1906) 434-438. – [7] Vgl. HEINE, a. a. O.

173. – [8] Vgl. G. Frege: Grundgesetze der Arithmetik, begriffsschriftlich abgeleitet 1 (1893); 2 (1903); ND (1962) bes. 2, Nachwort. – [9] Vgl. Art. ‹Antinomie› II, ‹Typentheorie›. – [10] A. N. Whitehead und B. Russell: Principia mathematica 1-3 (Cambridge 1910-13, ²1925-27); vgl. B. Russell: The principles of math. (London 1903); Math. logic as based on the theory of types. Amer. J. Math. 30 (1908) 222-262, ND in: Logic and knowledge (London 1956). – [11] Vgl. Art. ‹Typentheorie›. – [12] Vgl. H. Wang: The formalization of math. J. symbol. Logic 19 (1954) 241-266; Ch. Parsons: Art. ‹Mathematics, foundations of›, in: Encyclop. of Philos. 5 (New York/London 1967) 188-213, zit. 203. – [13] Vgl. Art. ‹Mengenlehre›. – [14] A. Heyting: Math. Grundlagenforsch., Intuitionismus, Beweistheorie (1934) 11. – [15] a. a. O. 12. – [16] Vgl. Art. ‹Intuitionismus›; ferner L. E. J. Brouwer: Intuitionisme en formalisme (Groningen 1912); engl. in: Bull. Amer. Math. Soc. 20 (1913). – [17] P. Natorp: Die log. Grundl. der exakten Wiss. (1910, ²1921, ND 1968); L. Nelson: Beitr. zur Philos. der Logik und Math. (1959). – [18] H. Poincaré: Les math. et la logique. Rev. Mét. Morale 13 (1905) 815-835; 14 (1906) 17-34. 294-317. – [19] Vgl. Art. ‹Imprädikativität›. – [20] F. Kaufmann: Das Unendliche in der Math. und seine Ausschaltung (1930, ND 1968). – [21] W. Stegmüller: Hauptströmungen der Gegenwartsphilos. (³1965) 441. – [22] H. Weyl: Das Kontinuum. Krit. Untersuch. über die Grundl. der Analysis (1918, ND 1932, New York 1960); zum Anschluß an Brouwer vgl. a. a. O. [5] 56; ND 18. – [23] Th. Skolem: Some remarks on the foundation of set theory. Proc. int. Congr. Mathematicians, Cambridge, Mass. 1950 (Providence 1952) 1, 695-704. – [24] E. Zermelo: Untersuch. über die Grundl. der Mengenlehre I. Math. Ann. 65 (1908) 261-281. – [25] a. a. O. 262. – [26] R. Carnap: Die logizist. Grundlegung der Math. Erkenntnis 2 (1931) 91-105, zit. 94. – [27] z. B. F. Bachmann: Untersuch. zur Grundlegung der Arithmetik mit bes. Beziehung auf Dedekind, Frege und Russell (1934); W. v. O. Quine: Math. logic (Cambridge, Mass. ²1951); Set theory and its logic (Cambridge, Mass. 1963). – [28] K. Gödel: Über formal unentscheidbare Sätze der Principia math. und verwandter Systeme 1. Mh. Math. Phys. 38 (1931) 173-198. – [29] Skolem: a. a. O. [23] 701. – [30] Gödel, a. a. O. [28]. – [31] Vgl. Art. ‹Arithmetik› und ‹Axiomensystem, Peanosches›. – [32] P. Lorenzen: Rez. zu A. Grzegorczyk: Elementarily definable analysis. J. symbol. Logic 23 (1958) 444-445. – [33] Die klass. Analysis als eine konstruktive Theorie. Acta philos. fenn. (1965) H. 18; ND in Lorenzen: Methodisches Denken (1968) 104-119. – [34] G. Gentzen: Die Widerspruchsfreiheit der reinen Zahlentheorie. Math. Ann. 112 (1936) 493-565; ND (1967). – [35] P. Lorenzen: Algebr. und logist. Untersuch. über freie Verbände. J. symbol. Logic 16 (1951) 81-106; Die Widerspruchsfreiheit der klass. Analysis. Math. Z. 54 (1951) 1-24; Einf. in die operative Logik und Math. (1955). – [36] H. Dingler: Grundl. der Naturphilos. (1913, ND 1967); Das Prinzip der log. Unabhängigkeit in der Math. zugleich als Einführung in die Axiomatik (1915); Philos. der Logik und Arith. (1931). – [37] Th. Skolem: Begründung der elementaren Arith. durch die rekurrierende Denkweise ohne Anwendung scheinbarer Veränderlichen mit unendlichem Ausdehnungsbereich (Oslo 1923). – [38] A. N. Kolmogoroff: O Principe tertium non datur. Mat. Sbornik 32 (1925) 646-667; engl. in: J. van Heijenoort (Hg.): From Frege to Gödel. A source book of math. logic 1879-1931 (Cambridge, Mass. 1967); Zur Deutung der intuitionist. Logik, Math. Z. 25 (1932) 58-65. – [39] Lorenzen, Einf. ... a.a.O. [35]; Operative Logik. Eine Übersicht 1956-1966, in: R. Klibansky (Hg.): Contemporary philos. A survey (Florenz 1968) 135-140. – [40] P. Lorenzen: Ein dialog. Konstruktivitätskriterium, in: Infinitistic methods. Proc. Symp. Foundations of Math. Warschau 1959 (Warschau 1961) 193-200; Metamath. (1962, ²1969). – [41] Differential und Integral. Eine konstruktive Einf. in die klass. Analysis (1965). – [42] a. a. O. 2. – [43] A. Heyting: Beitrag zur ‹Diskussion zur Grundlegung der Math.› Erkenntnis 2 (1931) 121. – [44] Vgl. F. Kambartel: Erfahrung und Struktur. Bausteine zu einer Krit. des Empirismus und Formalismus (1968) bes. 222ff. – [45] Vgl. P. Lorenzen: Moralische Argumentationen im G. der Mathematiker, in: Tradition und Krit. Festschrift R. Zocher (1967) 219-227; ND in Method. Denken (1968) 152-161.

Literaturhinweise. L. E. J. Brouwer s. Anm. [16]. – H. Weyl s. Anm. [22]; Der circulus vitiosus in der heutigen Begründung der Analysis. Jber. Dtsch. Math.-Ver. 28 (1919) 85-92; s. Anm. [5]; Philos. der Math. und Naturwiss. (³1966). – O. Hölder: Der angebliche circulus vitiosus und die sog. Grundlagenkrise in der Analysis. Ber. Verh. sächs. Akad. Wiss. Leipzig, math.-phys. Kl. 78 (1926) 243-250. – P. Bernays: Die Philos. der Math. und die Hilbertsche Beweistheorie. Bl. dtsch. Philos. 4 (1930/31) 326-367. – R. Carnap s. Anm. [26]. – A. Heyting: Die intuitionistische Grundlegung der Math. Erkenntnis 2 (1931) 106-115; s. Anm. [14]. – J. v. Neumann: Die formalistische Grundlegung der Math. Erkenntnis 2 (1931) 116-121. – W. Dubislav: Die Philos. der Math. in der Gegenwart (1932). – M. Black: The nature of math. A crit. survey (London 1933). – F. Waismann: Einf. in das math. Denken. Die Begriffsbildung der modernen Math. (1936, ³1970). – O. Becker: Grundl. der Math. in gesch. Entwickl. (1954, ²1964). – E. W. Beth: The foundations of math. A study in the philos. of sci. (Amsterdam 1959, ²1964). – H. Wang: Eighty years of foundational studies, in: Logica. Studia Paul Bernays dedicata (Neuchâtel 1959) 262-293. – S. Körner: The philos. of math. (London 1960, dtsch. 1968). – Hilbertiana: Fünf Aufsätze von D. Hilbert (1964). – H. Hermes: Zur Gesch. der math. Logik und Grundlagenforsch. in den letzten 75 Jahren. Jber. dtsch. Math.-Ver. 68 (1966) 75-96. – Ch. Thiel: Grundlagenkrise und G. (1972). – Vgl. auch Lit. in Art. ‹Intuitionismus›.
CH. THIEL

Grundnorm (amer./engl. basic norm, frz. norme fondamentale, ital. norma fondamentale, span. norma fundamental) dient als rechtstheoretischer Terminus zur Bezeichnung der Geltungsgrundlage des (positiven) Rechts.

Das durch ‹G.› bezeichnete Problem findet sich – wenn auch nicht unter dieser Bezeichnung, aber doch der Sache nach – schon 1797 in der Bemerkung Kants, es könne «eine äußere Gesetzgebung gedacht werden, die lauter positive Gesetze enthielte; alsdann aber müßte doch ein natürliches Gesetz vorausgehen, welches die Autorität des Gesetzgebers (d. i. die Befugnis, durch seine bloße Willkür andere zu verbinden) begründete»[1]. Bei Kant gründet so die Kompetenz des (historisch ersten, menschlichen) Gesetzgebers zur Gesetzgebung (mangels eines positiven, hierzu ermächtigenden Gesetzes, das einen übergeordneten Gesetzgeber voraussetzen würde) rein formal auf einem natürlichen, d. h. a priori durch die Vernunft erkennbaren Gesetz. Hingegen hat bei E. Husserl die G. die Funktion, die fundamentale, allgemein zugrunde liegende Werthaltung zu bezeichnen, die eine Gesamtheit von Normen ihrem Inhalte nach bestimmt und ihre Geltung begründet. Für Husserl ist die G. identisch mit dem Grundwert, dem letzten Zweck (z. B. dem kategorischen Imperativ in der Ethik Kants, dem Prinzip vom größtmöglichen Glück der größtmöglichen Zahl in der Ethik des Utilitarismus), der die Einheit einer normativen Disziplin begründet, weil er «in alle normativen Sätze derselben den Gedanken der Normierung hineinträgt» [2]. In jeder normativen Disziplin hat der normative Satz, der «an die Objekte der Sphäre die allgemeine Forderung stellt, daß sie den konstitutiven Merkmalen des positiven Wertprädikats in größtmöglichem Ausmaße genügen sollen», jeder Gruppe zusammengehöriger Normen gegenüber eine «ausgezeichnete Stelle und kann als die G. bezeichnet werden» [3]. Jedoch stellt die G. auch bei Husserl «im eigentlichen Sinne nicht einen normativen Satz dar», weil sie – anders als ein normativer Satz – lediglich angibt, «nach welchem Grundmaße (Grundwerte) alle Normierung zu vollziehen ist». Die G. ist deshalb für Husserl ein «außerordentliches Prinzip wissenschaftlicher Einheit» [4]. Damit erweist sich den im Begriff der G. gefaßte Problem bei aller Vielschichtigkeit als Frage, die sich auf Normen schlechthin (z. B. der Religion, der Moral, des Rechts) bezieht und nach dem Grunde ihrer Geltung fragt.

Von der Tatsache ausgehend, daß die modernen Staatsverfassungen, insbesondere diejenigen der kontinentaleuropäischen Staaten, beanspruchen, letzter normativer Geltungsgrund allen staatlichen Rechts zu sein, hat die Rechtswissenschaft die Frage nach dem Geltungsgrund der (in einem Staate geltenden) Rechtsordnung seit Ende des 19. Jh. zunehmend nicht mehr auf das im engeren Sinn fachwissenschaftliche Anliegen der Erkenntnis und

Beschreibung des (positiven) Rechts beschränkt, sondern auch die rechtstheoretischen und philosophischen Voraussetzungen dieser Frage untersucht [5]. W. JELLINEK hat den Geltungsgrund des Rechts in dem nicht weiter ableitbaren, «einer Denknotwendigkeit entspringenden Satze aller Rechtsordnungen» erblickt: «Wenn in einem menschlichen Gemeinwesen ein höchster Gewalthaber (sei es das Volk, sei es der Monarch, sei es eine besondere Gesellschaftsklasse usw.) vorhanden ist, so soll das, was er anordnet, befolgt werden» [6]. Für die (rechtswissenschaftliche) Rechtstheorie ist die Frage nach der Geltung der «als Voraussetzung aller juristischen Erkenntnis angenommenen» G. gleichsam «der archimedische Punkt, von dem aus die Welt der juristischen Erkenntnis in Bewegung gesetzt wird» [7]. Die G. ist keine positive Rechtsnorm, sondern «jene als oberst gedachte» Norm, «die logisch vorausgesetzt werden muß, um den Staat rechtlich zu konstituieren und dem Recht einen Rechtsgrund zu geben, woraus alles Recht des bezüglichen Staates seine normative Kraft herleitet» [8]. Da mit der Frage nach der Geltung der G. nicht nur der Geltungsgrund des Rechts, sondern auch Gegenstand und Grundlage der Rechtswissenschaft in Frage stehen, ist die seither geführte, vor allem durch die wegweisenden Untersuchungen von H. KELSEN, A. VERDROSS und L. PITAMIC [9] geförderte rechtswissenschaftliche Diskussion bis heute nicht zum Stillstand gelangt.

Die Rechtstheorie der Gegenwart unterscheidet – soweit es um den Geltungsgrund des positiven Rechts geht – zwischen der Geltung der Rechtsnormen und der Rechtfertigung ihrer Geltung [10]. Die Frage nach dem Geltungsgrund (ratio obligationis) des Rechts fragt zwar hinter die historisch erste, durch Gewohnheit oder Satzung erzeugte Verfassung eines Staates und die verfassungsgemäß errichtete staatliche Rechtsordnung zurück, fragt jedoch nicht nach den Motiven und Ursachen des Gehorsams der Normadressaten [11], sondern nach dem Grunde der Rechtspflicht [12]. Während die antike und die christliche Rechtsphilosophie, die die Normen des positiven Rechts als Folgerungen (conclusiones ex principiis) oder nähere Bestimmungen (determinationes principiorum) überpositiver Rechtsgrundsätze (lex aeterna, Rechtsidee, Naturrecht) betrachtete, diesen Rechtsgrund letztlich in den überpositiven Rechtsgrundsätzen erblicken konnte [13], sucht die Rechtstheorie eine von metaphysischen, insbesondere naturrechtlichen Voraussetzungen unabhängige Antwort. Als Ausgangshypothese dient die in der G. formulierte Annahme, «daß man sich so verhalten solle, wie die historisch erste Verfassung vorschreibt» [14]. Wird aber – um einen regressus ad infinitum zu vermeiden – postuliert, daß diese G. für die Rechtswissenschaft die letzte sei, so kann «nach dem Grund ihrer Geltung nicht weiter gefragt werden» [15]. Die G. ist «keine positive, durch einen realen Willensakt gesetzte, sondern eine im juristischen Denken vorausgesetzte Norm» [16]. Als G. gibt sie nur die dem positiven Recht gegenüber transzendente Bedingung an, die – normlogisch betrachtet – im Rechtsdenken vorausgesetzt wird, sofern man die Emanationen des verfassunggebenden Aktes (z. B. eines Monarchen, einer Volksversammlung) und der verfassungsgemäß gesetzten Rechtsakte (z. B. des Gesetzgebers, des Verordnungsgebers) als geltende Rechtsnormen deutet [17].

Mit der als G. fungierenden Annahme, *daß* man sich so verhalten soll, wie die Verfassung es vorschreibt, wird «kein dem positiven Recht transzendenter Wert bejaht» [18]. Die Funktion der G. liegt nicht darin, den Inhalt einer bestimmten Verfassung bzw. der verfassungsgemäß erzeugten Rechtsordnung ethisch-politisch zu rechtfertigen, ihn in höheren Werten zu fundieren [19]. Auch die Frage nach dem «Ursprung der tatsächlich existenten Staats-Zwangs-Strafgewalt» wird als nicht rechtstheoretisches, sondern «historisch-soziologisches» Problem zurückgewiesen [20]. Das im Begriff der G. gefaßte rechtstheoretische Problem läßt die Frage, ob man sich so verhalten soll bzw. warum man sich so verhält, wie die Verfassung es vorschreibt, außer Betracht. Aber auch die Frage, aus welchem Rechtsgrunde die Willensentscheidungen bestimmter Menschen von anderen Menschen befolgt werden sollen [21], wird durch die G. nicht beantwortet. Die G. ermächtigt nur die verfassunggebende Autorität (z. B. den Monarchen, die konstituierende Volksversammlung), welche die historisch erste Verfassung gesetzt hat, «zur Setzung der Normen, die die historisch erste Verfassung darstellen» [22], ohne jedoch deren Inhalt zu bestimmen. Den Inhalt der Rechtsnormen zu bestimmen, bleibt dem verfassunggebenden Akt und den verfassungsgemäßen Rechtsakten vorbehalten [23].

Indem die von HANS KELSEN (1881–1973) inaugurierte, im Verlaufe der letzten sechs Jahrzehnte weiterentwickelte «Reine Rechtslehre» in ihrer «Theorie des positiven Rechts» das geltende Recht auf der Basis der in der G. formulierten *Annahme* («Hypothese», «Fiktion») beschreibt, *daß* man sich so verhalten soll, wie die Verfassung vorschreibt, begegnet sie von vornherein dem Einwand, die Reine Rechtslehre rechtfertige die bestehenden Machtverhältnisse und legitimiere beliebiges, im Extremfalle sogar unrechtmäßiges politisches Handeln, weil eine unter Zugrundelegung dieser bloß hypothetischen, vom Standpunkt der Reinen Rechtslehre kognitiv nicht als richtig beweisbaren Annahme erfolgte, rechtswissenschaftliche Beschreibung die beschriebene Rechtsordnung nicht legitimiert [24]. Die Rechtstheorie stellt die «wertekonstituierende Funktion der Rechtsnormen» fest, ohne sie selbst zu bewerten [25]. Die jeder rechtlichen Normierung zugrunde liegenden Werte (Axiome) können – vom Standpunkt der Rechtstheorie – mangels eines absolut gültigen, als Maßstab fungierenden Wertsystems nur als Ausgangspunkt logischer Ableitungen akzeptiert werden, ohne jedoch selbst logisch ableitbar zu sein [26]. Damit erweist sich die im Begriff der G. thematisierte Problematik als Bestandteil eines hochkomplexen rechtstheoretischen Vorstellungssyndroms, das im Zusammenhang mit dem von der Reinen Rechtslehre entwickelten Gedanken eines Stufenbaus der Rechtsordnung (A. J. MERKL, KELSEN) nicht nur deutlich macht, daß bei der Erzeugung allen positiven Rechts Struktur und Prozeß einander bedingen, sondern mit dem Prozeßcharakter des Rechts zugleich darstellt, wie alle normativen Rechtsstrukturen in dynamischen, verfahrensmäßig in zeitlicher Abfolge miteinander verknüpften Prozessen erzeugt werden, in denen eine stufenweise voranschreitende, von der generell-abstrakten zur individuell-konkreten Rechtsnorm verlaufende, permanente Konkretisierung und Individualisierung des Rechts stattfindet, mit der Folge, daß die G. und die im Stufenbau des Rechts zum Ausdruck gelangende hierarchische Struktur der Rechtsordnung zugleich die Einheit des normativen Rechtssystems gewährleisten. Obwohl in der internationalen Diskussion im Verhältnis zwischen den österreichischen Vertretern der «Wiener Schule der Rechtstheorie» und den übrigen, der Reinen Rechtslehre mehr oder weniger nahestehenden, rechtstheoretischen Richtungen bei aller Übereinstimmung hinsichtlich der unbestreitbaren Leistungen der Reinen Rechtslehre für den Aufbau einer umfassenden Rahmentheorie allen positiven Rechts heute die Divergenzpunkte eher überwiegen [27], besteht doch Einigkeit darüber, daß im Hinblick auf das Problem der Geltung des Rechts mit der durch die G. umschriebenen Problemfassung der «cut-off point» rechtstheoretischen Denkens erreicht wird [28]. Auch mit und seit dem Tode Kelsens am 19. April 1973 ist die Auseinandersetzung mit der durch den rechtstheoretischen Terminus ‹G.› gekennzeichneten, für die Grundlegung des Rechts und der Rechtswissenschaft nach wie vor höchst relevanten Problematik nicht zum Abschluß gelangt [29]. Die von der Reinen Rechtslehre sich selbst auferlegte Beschränkung, die Eigenart der Rechtsnormen möglichst voraussetzungslos, d. h. unabhängig von metaphysischen, insbesondere naturrechtlichen Voraussetzungen und Implikationen, zu analysieren und den Gehalt der in den Rechtsnormen zum Ausdruck gelangenden Wertungen bloß deskriptiv zu behandeln, ohne präskriptiv zu den normativen Rechtswerten Stellung zu nehmen, impliziert eine nicht mehr bloß methodisch-fachwissenschaftliche, sondern auch philosophische Problematik, die – gerade weil sie auf den durch die Unterscheidung zwischen wertendem Handeln und wertfreier Wissenschaft bestimmten Prämissen wissenschaftlicher Praxis selbst beruht – für die jeweilige Fachwissenschaft als solche unlösbar bleibt. Indem die Reine Rechtslehre ihre in der G. formulierte Annahme als eine nur hypothetische begreift und dem Inhalte nach auf das bloße *Daß* beschränkt, bleibt die Frage nach der Verbindlichkeit und Legitimität der von ihr beschriebenen Rechtsordnung offen.

Anmerkungen. [1] KANT, Met. Sitten, Akad.-A. 6 224. – [2] E. HUSSERL: Log. Untersuchungen 1: Prolegomena zur Reinen Logik (²1913) 45ff. 48. – [3] a. a. O. 45. – [4] a. a. O. 45. 233ff., 236. – [5] R. LAUN: Vom Geltungsgrund des positiven Rechts, in: Grundprobleme der int. Rechts. Festschrift J. Spiropoulos, hg. D. S. Constantopoulos u. a. (1957) 321-331, bes. 322ff. – [6] W. JELLINEK: Gesetz, Gesetzesanwendung und Zweckmäßigkeitserwägung (1913) 27ff. 130. 178. – [7] H. KELSEN: Reichsgesetz und Landesgesetz nach österr. Verfassung. Arch. öffentl. Rechts 32 (1914) 202-245. 216. – [8] A. VERDROSS: Zum Problem der Rechtsunterworfenheit des Gesetzgebers. Jur. Bl. (Wien 1916) 471-473. 483-486, bes. 473. – [9] Vgl. H. KELSEN: Das Problem der Souveränität und die Theorie des Völkerrechts (1920) 97; Der soziol. und der jur. Staatsbegriff. Krit. Untersuchung des Verhältnisses zwischen Staat und Recht (1922) 93ff.; Hauptprobleme der Staatsrechtslehre (²1923) XIVf.; Was ist die Reine Rechtslehre?, in: Demokratie und Rechtsstaat, Festgabe Z. Giacometti (1953) 143-162, bes. 148ff.; Reine Rechtslehre (²1960) bes. 196ff. 204f. 207; A. VERDROSS: Zum Problem der völkerrechtl. G., in: Rechtsfragen der int. Organisation, Festschrift H. Wehberg, hg. W. SCHÄTZEL und H. SCHLOCHAUER (1956) 385-394. 386; L. PITAMIC: Denkökonomische Voraussetzungen der Rechtswiss. Österr. Z. öffentl. Recht 3 (1918) 339ff.; Die Frage der rechtl. G., in: Völkerrecht und rechtl. Weltbild, Festschrift A. Verdross, hg. F. A. Frhr. v. D. HEYDTE u. a. (1960) 207-216, bes. 210f. – [10] R. SCHREIBER: Die Geltung von Rechtsnormen (1966) 64ff. 104ff. – [11] H. KELSEN: Rechtswiss. oder Rechtstheol.? Österr. Z. öffentl. Recht 16 (1966) 233-255, bes. 242. – [12] LAUN, a. a. O. [5] 322f. – [13] VERDROSS, Wehberg-Festschrift [9] 385. – [14] H. KELSEN: Die Funktion der Verfassung. Forum 11 (1964) 583-586, bes. 584; zum Problem der ungeschriebenen Verfassung vgl. Eine phänomenol. Rechtstheorie. Österr. Z. öffentl. Recht 15 (1965) 353-409, bes. 354. – [15] Die Funktion der Verfassung [14] 584. – [16] a. a. O. 584f. – [17] Reine Rechtslehre [9] 204ff. 209; allgemein zur Frage, ob eine G. wahr oder falsch sein kann A. NAESS: Do we know that basic norms cannot be true or false? Theoria 25 (1959) 31-53. – [18] KELSEN, Reine Rechtslehre 204. – [19] Vom Geltungsgrund des Rechts, in: Verdross-Festschrift [9] 157-165; vgl. What is the reason for the validity of law? in: Spiropoulos-Festschrift [5] 257-263. – [20] Rechtswiss. oder Rechtstheol. [11] 242. – [21] LAUN, a. a. O. [5] 321; VERDROSS, Wehberg-Festschrift 385f. – [22] KELSEN, Die Funktion der Verfassung [14] 584. – [23] Vom Geltungsgrund des Rechts [19] 162. – [24] R. WALTER: Der Aufbau der Rechtsordnung (1964) 14; Der gegenwärtige Stand der Reinen Rechtslehre. Rechtstheorie 1 (1970) 69-95, 80f.; Das Lebenswerk Hans Kelsens: Die Reine Rechtslehre, in: Festschrift für Hans Kelsen zum 90. Geburtstag, hg. A. J. MERKL u. a. (1971), 1-8, bes. 4; Reine Rechtslehre und «Wertbetrachtung im Recht» a. a. O. 309-323, bes. 318. – [25] H. KELSEN: Was ist jur. Positivismus? Juristenztg. (1965) 465-469. 469. – [26] W. KRAWIETZ: Das positive Recht und seine Funktion. Kategoriale und methodol. Überlegungen zu einer funktionalen Rechtstheorie (1967) 95ff. 117f. – [27] Vgl. die Nachweise bei G. HUGHES: Validity and the basic norm, in: Essays in honor of Hans Kelsen. Celebrating the 90th anniversary of his birth (South Hackensack, N.J. 1971) 695-714, bes. 697. – [28] W. EBENSTEIN: The Pure Theory of law: Demythologizing legal thought, in: Essays ... a. a. O. 617-652, bes. 637f. 642ff. – [29] R. DREIER: Sein und Sollen: Bemerk. zur Reinen Rechtslehre Kelsens. Juristen-Ztg. 27 (1972) 329-335, bes. 331; E. A. KRAMER: Zwei Festschriften für Hans Kelsen. Rechtstheorie 4 (1973) 73-87, bes. 74ff. 76ff.

Literaturhinweise. R. W. M. DIAS und G. B. J. HUGHES: Jurisprudence (London 1957) 454-466. – L. RECASÉNS SICHES, C. COSSIO, J. LLAMBIAS DE AZEVEDO und E. GARCÍA MÁYNEZ: Latin-American legal philos. (Cambridge, Mass. 1948) 172-175. – J. STONE: The province and function of law (Sidney 1946) 91-111. – W. FRIEDMANN: Legal Theory (London ⁵1967) 275-287.

W. KRAWIETZ

Grundrechte sind Freiheitsrechte, die dem Einzelnen gegen den Staat zustehen. Sie entstammen dem Naturrecht der Aufklärung, das dem Individuum natürliche, also nicht erst zu gewährende Freiheiten gegenüber dem Staat zuerkannte. Der Begriff des G. setzt das losgelöst von seinen sozialen Beziehungen verstandene Individuum voraus. Deshalb sind ständisch gewährte Freiheiten, wie sie in der ‹Magna Charta Libertatum› (1215), der ‹Petition of Rights› (1628), der Habeas-Corpus-Akte (1679) und der ‹Bill of Rights› (1689) verbrieft wurden, keine G., sondern Freiheitsgewährleistungen innerhalb eines ständischen Verfassungssystems.

Die Vorstellung, daß die Menschen von Natur frei und gleich sind, daß ihnen unveränderliche und unentziehbare Freiheiten zukommen, war für die Verfassungen der Gliedstaaten der mit der Lösung von England unabhängig gewordenen Vereinigten Staaten grundlegend. Diese Verfassungen enthielten G., die damit die Sanktion des Rechts bekamen. Den Anfang machte die virginische Menschenrechtserklärung vom 12. Juni 1776. Auch der Unionsverfassung wurden im Wege der Amendements G. eingefügt.

Für die kontinentaleuropäische Verfassungsentwicklung wurde die ‹Déclaration des droits de l'homme et du citoyen› der französischen Nationalversammlung vom 26. August 1789 zu einem folgenreichen Ereignis. An ihrer Formulierung hatte LAFAYETTE hervorragenden Anteil. In 17 Artikel gegliedert, statuierte die ‹Déclaration› nicht nur bestimmte Menschenrechte, sondern auch einige fundamentale, Wesen und Struktur des Staates festlegende Grundsätze. Artikel 16: «Toute société dans laquelle la garantie des droits n'est pas assurée, ni la séparation des pouvoir déterminée, n'a point de Constitution» wurde bald Allgemeingut der konstitutionellen Bewegungen in Europa. So sicherte die ‹Déclaration› die individuelle Freiheit auf zwei Wegen: durch Begrenzung des Staates (Art. 2: «Le but de toute association politique est la conservation des droits naturels et imprescriptibles de l'homme») und durch Gewährleistung dieser droits naturels, als welche in Artikel 2 genannt werden: «la liberté, la propriété, la sûreté et la résistance à l'oppression». Als Freiheitsrechte werden geregelt die allgemeine persönliche Freiheit, die Glaubens- und Gewissensfreiheit, das Recht der freien Meinungsäußerung, die Bindung der Strafjustiz an das Gesetz (nulla poena sine lege), der Schutz gegen gesetzlose Verhaftung und die Garantie des Privateigentums, das nur aus Gründen des öffentlichen Interesses gegen gerechte und vorgängige Entschädigung entzogen werden darf. Bemerkenswert ist, daß die Gleichheit fehlt, die erst in der G.-Proklamation, die der Verfassung vom 24. Juni 1793 vorangestellt ist, als G. erscheint.

Die G.-Proklamation gab sich den Rang einer zu allen Zeiten gültigen Aussage. Sie wurde deshalb in den revolutionären Verfassungen (1791, 1793, 1795) von dem wandelbaren Inhalt der Verfassung gesondert und ihm vorangestellt. Mit dem Verblassen naturrechtlicher Vorstellungen ging dieser Rang der G. verloren. Als ‹Droit public des Français› gingen sie in die ‹Charte Constitutionnelle› vom 4. Juni 1814 ein. Mit dem Rang von Verfassungsnormen wurden sie in den deutschen Staaten rezipiert, so in der Entwurf gebliebenen Reichsverfassung vom 28. März 1849 (§§ 130–189) und in der preußischen Verfassung vom 31. Januar 1850 (Art. 3–42). Die Reichsverfassung vom 16. April 1871 enthielt keine G., weil dem Reich eigene Verwaltungsbefugnisse nicht zugedacht waren und man deshalb glaubte, es bei der G.-Verbürgerung in den Landesverfassungen bewenden lassen zu können. Dagegen enthielt die Weimarer Reichsverfassung vom 4. August 1919 in ihrem zweiten Teil (Art. 109ff.) einen ausgedehnten und um soziale G. vermehrten G.-Katalog (vgl. unten). Das Grundgesetz der Bundesrepublik vom 23. Mai 1949 bekennt sich in Artikel 1 «zu unverletzlichen und unveräußerlichen Menschenrechten als Grundlage jeder menschlichen Gemeinschaft, des Friedens und der Gerechtigkeit in der Welt». Natürlich kann ein solches, in die Form einer Verfassungsnorm gekleidetes Bekenntnis die G. nicht in einen übergesetzlichen Rang erheben. Ob ihnen ein solcher Rang zuzuerkennen ist, kann nur von theologischen und philosophischen Voraussetzungen aus entschieden werden.

Die G. setzen dem Staat Schranken vor der individuellen Freiheitssphäre. Diese Schranken sind absolut, soweit ein G. ohne Einschränkung gewährleistet ist wie die Gleichheit und die Glaubensfreiheit. Die Mehrzahl der G. ist unter dem Vorbehalt gewährt, daß die Einschränkung des G. zwar möglich, aber dem Gesetzgeber vorbehalten ist (Gesetzesvorbehalt). Damit ist der Verwaltung ein Eingriff in das G. nur insoweit gestattet, als ein Gesetz den Eingriff vorsieht.

Die G. fügen sich der auf Freiheitsverbürgung angelegten rechtsstaatlichen Verfassung ein, weil sie durch Schrankenziehung Freiheit gewährleisten. In ihnen ist die Freiheit des Kapitals, der Arbeit und des Marktes eingeschlossen, welche den industriell-technischen Prozeß und die Entfaltung des Dritten Standes erst ermöglichte. Dagegen wandte sich die Kritik von MARX und ENGELS im ‹Kommunistischen Manifest›. Der Versuch, die liberalen um soziale G. zu erweitern (Recht auf Arbeit, Mutterschutz, Schutz der geistigen Arbeit usw.) mußte fehlschlagen. Gewährleistungen bedürfen einer spezifizierten Regelung, die nicht die Verfassung, sondern nur das Gesetz bieten kann. Deshalb kommt die rechtsstaatliche Verfassung über programmatische soziale Verheißungen, die unmittelbar keine Ansprüche begründen, nicht hinaus. Der liberale Charakter der G. ist unzerstörbar.

Literaturhinweise. G. JELLINEK: Die Erklärung der Menschen- und Bürgerrechte (¹1928). – A. VOIGT: Geschichte der G. (1948). – R. SCHNUR (Hg.): Zur Gesch. der Erklärung der Menschenrechte (1964) mit Abh. von G. JELLINEK, BOUTMY, HASHAGEN, VOSSLER, G. RITTER, WELZEL und BOHATEC. – BETTERMANN/NEUMANN/NIPPERDEY (Hg.): Die G. Hb. der Theorie und Praxis der G. 1-4 (1954-1967).
E. FORSTHOFF

Grundsatz ist durch CHR. WOLFF [1] als Übersetzung von ‹Axiom› in die Philosophie- und Wissenschaftssprache eingegangen.

Anmerkung. [1] CHR. WOLFF: Math. Lex. (1716). Red.

Grundsätze, praktische. In terminologischer Verwendung bestimmt KANT ‹p.G.› als «Sätze, welche eine allgemeine Bestimmung des Willens enthalten, die mehrere praktische Regeln unter sich hat» [1]. Als Normen sind sie allgemeine Sätze, in denen bestimmte Zwecke vorgeschrieben (sei es geboten oder verboten) werden, die durch mehrere Handlungen oder untergeordnete Zwecksetzungen erreicht werden können. Meist gebraucht Kant den Terminus synonym mit ‹praktische Prinzipien› (oder ‹Prinzipien des Willens›), teilweise auch mit ‹praktische[n] Regeln›, obgleich er an einigen Stellen den Gebrauch von ‹praktische Regeln› eigens bestimmt in dem Sinne, daß durch diese Regeln – die dann «Regeln der Geschicklichkeit» sind [2] – lediglich eine «Handlung, als Mittel zur Wirkung, als Absicht» vorgeschrieben werden [3]. Daneben führt Kant den Terminus ‹Imperativ› ein und definiert ihn als «eine Regel, die durch ein Sollen, welches eine objektive Nötigung der Handlung ausdrückt, bezeichnet wird» [4], d. h. als einen begründeten Sollenssatz; die Begründung für diesen Sollenssatz kann sowohl die «technische» Begründung einer Handlung als Mittel für einen bloß unterstellten (in einem hypothetischen Imperativ) oder faktisch verfolgten (in einem assertorischen Imperativ) Zweck als auch die «praktische» Begründung einer Zwecksetzung ohne den Rekurs auf andere – unterstellte oder faktisch verfolgte – Zwecke (in einem kategorischen Imperativ) sein.

Kant führt diese Termini ein, um die Frage nach der «praktischen» Begründung von Zwecksetzungen zu beantworten. Dabei unterscheidet er insbesondere *subjektive* p.G. als von den Handelnden faktisch befolgte G.: die *Maximen*, und *objektive* p.G., d. h. die für alle begründeten G., die von allen Handelnden befolgt werden sollen: die praktischen *Gesetze*. Mit Hilfe dieser Unterscheidung ist das praktische Begründungsproblem formulierbar als die Frage nach einem – auf der Metaebene, auf der über die Begründung von p.G. geredet wird, zu formulierenden – p.G., durch den bestimmte Maximen als praktische Gesetze beurteilbar oder durch dessen Befolgung Maximen zu praktischen Gesetzen veränderbar werden. Ebenso wie die praktisch begründeten Gesetze nennt Kant auch diesen ‹p.G.›, das «Grundgesetz der reinen praktischen Vernunft» [5] den Kategorischen Imperativ, nun aber in der Einzahl, da er «nur ein einziger» sei [6].

Historisch steht Kants Formulierung des kategorischen Imperativs als des praktischen Begründungsprinzips im Problemzusammenhang der neuzeitlichen Moralphilosophie, in der nicht mehr bestimmte materiale Normen – insbesondere staatliche oder kirchliche Gebote oder Verbote – fraglos für die Begründung der übrigen p.G. benutzt werden. In systematischer Rekonstruktion der historischen Entwicklung lassen sich nach ihrer Abhängigkeit von faktischen Zwecksetzungen – von den Maximen bzw. subjektiven p.G. – dabei drei Arten der erfragten p.G. – der «Meta-G.» zur Begründung von (materialen) weiteren G. – unterscheiden: solche G., bei denen die begründeten G. von den Zwecken der Begründenden abhängen; solche G., bei denen die begründeten G. von den Maximen der jeweils Betroffenen abhängen, und schließlich solche G., bei denen die begründeten G. unabhängig von den Maximen der Begründenden und Betroffenen sein sollen. Die erste ausgearbeitete Formulierung eines G. der ersten Art findet sich bei HOBBES: Er fordert für die möglichst friedliche [7] Beschaffung der Dinge zur Erhaltung des täglichen Lebens [8] von einem jeden, «insoweit er es um des Friedens und der eigenen Sicherheit willen für notwendig hält und insoweit als andere Gleiches tun», seine eigene Freiheit soweit einzuschränken, als er dies von den anderen sich gegenüber fordert [9]. Auch die üblichen Formulierungen der Goldenen Regeln lassen sich hier einordnen. – Die Klassiker für G. der zweiten Art sind die englischen Utilitaristen J. BENTHAM und J. ST. MILL mit ihrer Forderung, jede Handlung danach zu beurteilen, ob mit ihr die Absicht verbunden ist, das Glück der betroffenen Partei zu mehren oder zu mindern [10]. Dabei wird der Schwierigkeit, Glücksgrößen gegeneinander abzuwägen, in einer «negativen» Formulierung des Utilitarismus (z. B. bei TOULMIN [11]) durch das Postulat Rechnung getragen, Handlungen vorzuziehen, die höchst wahrscheinlich zu den geringsten vermeidbaren Leiden aller Betroffenen führen. – KANT erhob mit der Formulierung des kategorischen Imperativs die Forderung nach G. der dritten Art: Nur die Form der Gesetzmäßigkeit, d. h. ihre Formulierbarkeit als allgemeine Norm, soll die objektiven von den subjektiven G. unterscheiden. Da es aber möglich ist, durchaus miteinander unverträgliche G. auf diese Weise zu verallgemeinern, bleibt die Frage nach einem zusätzlichen Kriterium für die Wahl zwischen solchen G. durch diesen dritten G. unbeantwortet.

Anmerkungen. [1] I. KANT, KpV. Akad.-A. 5, 19. – [2] Grundl. Met. Sitten. Akad.-A. 4, 416. – [3] a. a. O. [1] 5, 20. – [4] ebda. – [5] 5, 30. – [6] a. a. O. [2] 4, 421. – [7] TH. HOBBES, De cive c. 1, § 15 = Opera philos., hg. Molesworth 2, 167. – [8] a. a. O. c. 2, § 1 = 2, 169f.; Leviathan ch. 14 = Engl. Works, hg. Molesworth 3, 116. – [9] a. a. O. c. 14 = 3, 118. – [10] J. BENTHAM: An introd. to the principles of morals and legislation (Oxford 1789) ch. 1. 2. – [11] S. TOULMIN: An examination of the place of reason in ethics (Cambridge 1950). O. SCHWEMMER

Grundwissenschaft. – 1. Der Begriff ‹G.› taucht im 18. Jh. als Übersetzung für ‹ontologia› auf: «Ontologia, Ontologie, Grund Wissenschaft, ist derjenige Teil der Welt-Weisheit, darinnen die allgemeine Erkenntnis der Dinge abgehandelt wird» [1]. CHR. A. CRUSIUS rechnet zur Metaphysik lediglich «notwendige Vernunftwahrheiten» und folgert darum: «In dieser Verfassung aber wird die Metaphysik hoffentlich dasjenige sein, was man an ihr sucht, nämlich eine allgemeine G., aus welcher alle andere menschliche Erkenntnis ... die Gründe herholen kann» [2]. Der Ausdruck ‹G.› hatte sich in der Aufklärungsphilosophie, dem Grundsatz des «zureichenden Grundes» entsprechend, gemäß CHR. WOLFFS ‹Philosophia prima sive Ontologia ...› (1729), d. h. der Lehre vom (wirklich) Seienden oder Erst-Wissenschaft als Grund-Wissenschaft, leicht eingebürgert: «Die Grundlehre (Philosophia prima seu Ontologia) ist eine Wissenschaft von den ersten Gründen unseres Erkenntnisses» [3], und diese «beiden Hauptgründe der Vernunft», mithin Kriterien der Wahrheit, seien der Satz des Widerspruchs, wie die Philosophen schon seit Aristoteles gewußt hätten, sowie eben der Satz des zureichenden Grundes, dessen grundsätzliche Wichtigkeit erst Leibniz, vor allem in seinem Briefwechsel mit Clarke, dargestellt habe [4]. Solange der Satz des zureichenden Grundes im ontologischen Maß «ein sicheres Merkmal der Wahrheit abgeben» kann [5], behält der Terminus ‹G.› seinen präzisen Sinn als Bezeichnung für Ontologie. Auch die ‹Enzyklopädie› DIDEROTS kennt noch dieses Verständnis von G., wenn sie auch schon auf eine mehr wissenschaftstheoretische Bedeutung des Begriffs überleitet: «On nomme ontologie, ou science fondamentale, cette partie de la Philosophie, qui renferme la connoissance générale de tous les êtres; cette science fondamentale, la doctrine des esprits, et la théologie naturelle, composent ce qui s'appelle métaphysique ou science principale» [6].

KANT hat jedoch mit seiner Kritik der kosmologischen Ideen dem Satz vom zureichenden Grund seine objektive Erkenntnis verbürgende Kraft genommen und so die Ontologie als «System aller Verstandesbegriffe und Grundsätze, aber nur, sofern sie auf Gegenstände gehen, welche den Sinnen gegeben, und also durch Erfahrung belegt werden können ..., als Propädeutik» [7], begründet. Die Metaphysik ist ihm G. nur insofern noch, als sie durch die Kritik der reinen Vernunft «in den sicheren Gang einer Wissenschaft gebracht worden» ist und es dann «bloß mit Prinzipien und den Einschränkungen ihres Gebrauchs zu tun hat, welche durch jene selbst [sc. die Kritik] bestimmt werden» [8]. In der Nachwirkung dieser Kritik, von der HEGEL feststellt, sie habe Metaphysik «mit Stumpf und Stiel ausgerottet», und rhetorisch fragt: «Wo lassen, oder wo dürfen sich Laute der vormaligen Ontologie ... noch vernehmen lassen?» [9], erhält der Begriff ‹G.› nun die Bedeutung einer Einleitung in die Wissenschaften, entweder zur Bestimmung ihrer obersten Prinzipien in der Philosophie oder zur Bezeichnung der fundamentalen Wissenschaften selbst. In diesen Funktionen heißt sie dann auch ‹Fundamentalphilosophie› (s. d.). Noch in dem doppelten Sinn einerseits der Ontologie, anderseits der Fundamentalphilosophie verzeichnet W. T. KRUG den Ausdruck ‹G.› lexikalisch: «Grundlehre oder G. nennen manche die ganze Philosophie, weil sie die Gründe der Dinge erforscht und wieder anderen Wissenschaften zur Grundlage dient.» Besser bezeichne sie jedoch «bloß den ersten Teil der Philosophie, welcher eben dazu bestimmt ist, die obersten Prinzipien der philosophischen Erkenntnis auszumitteln und so die Wissenschaft selbst zu begründen», und dies sei eben die Aufgabe der «Grundlehre», auch «philosophia fundamentalis» [10].

Im Anschluß an Kants Kritik wird Philosophie überhaupt, die bei Fichte in der Wissenschaftslehre als die «auf die letzten Gründe der menschlichen Erkenntnis zurückgehende Wissenschaft» bestimmt wird [11], von SCHELLING aus der Zusammensetzung zweier G. verstanden, wenn sie die Identität im Zustandekommen von Wissen erklären will: Von ihrer objektiven Seite ist sie «Naturphilosophie, welche die Eine notwendige G. der Philosophie ist», von ihrer subjektiven Seite «Transzendental-Philosophie ... [als] die andere notwendige G. der Philosophie» [12]. Derartig bezeichnet auch E. HUSSERL seine Phänomenologie, die die Epoché der wissenschaftlichen Einstellung auf die letzten Gründe reduziert, als «völlig neuartige G.» [13].

Im Zeitalter und Geist des Positivismus sind schließlich die Wissenschaften selber zu G.en geworden. FR. BACON hat als der Vater dieser Entwicklung die prima philosophia als «Communis Scientiarum Parens» von der Metaphysik getrennt [14] und nach einer deutschen Übersetzung von 1783 ihr als der «Ur- oder Grundphilosophie ... die allgemeinen und vermischten Grundsäze der Wißenschaften zugeeignet» [15]. Direkter auf die Wissenschaften bezogen und so, daß von allgemeinen Grundsätzen, die in den Bereich der Philosophie fallen würden, schon nicht mehr die Rede ist, gebraucht A. COMTE den Begriff ‹G.› (science fondamentale) zur Bezeichnung der sechs fundamentalen Wissenschaften: Mathematik, Astronomie, Physik, Chemie, Biologie und vor allem Soziologie [16]. W. DILTHEY hat den Positivismus zum Ende geführt, indem er die Psychologie im Verhältnis zu den «einzelnen Geisteswissenschaften als deren G.» bestimmt, insofern sie die geschichtliche Welt durch allgemeine Gesetzmäßigkeiten strukturiert: «Beschreibend, analysierend und vergleichend eröffnet und begründet sie die Erkenntnis der menschlich-geschichtlichen Welt. Sie kann diese ihre Funktion nur erfüllen, wenn sie die Erklärungsprinzipien für die in dieser Welt bestehende Individuation entwickelt» [17]. K. R. POPPER beschreibt den «Sieg der pseudonaturwissenschaftlichen Methode» – ein «Pyrrhussieg» –, der einer derartigen G. exakte Objektivität zubilligt – was auch HUSSERL schon bezweifelt hat [18]: «Die soziale Anthropologie ist von einer angewandten Spezialwissenschaft zur G. avanciert, und der Anthropologe ist ... zum Sozial-Tiefen-Psychologen geworden» [19].

Anmerkungen. [1] H. A. MEISSNER: Philos. Lex. aus Chr. Wolffs Sämtlichen Dtsch. Schr. (1737, ND 1917) 416f. – [2] CHR. A. CRUSIUS: Entwurf der notwendigen Vernunftwahrheiten ... (¹1745, ²1753) Vorrede zur 1. Aufl. a3. – [3] J. CHR. GOTTSCHED: Erste Gründe der gesamten Weltweisheit ... (1733) § 209. – [4] a. a. O. §§ 213ff.; vgl. CHR. WOLFF: Vernünftige Gedanken von Gott, der Welt und der Seele des Menschen ... (¹1721, 1742) §§ 10ff., bes. §§ 30. 143. – [5] GOTTSCHED, a. a. O. [3] § 218; vgl. WOLFF, a. a. O. [1] § 144. – [6] Encyclopédie ou Dictionnaire raisonné ... hg. DIDEROT/D'ALEMBERT 8 (1765) 513: s.v. ‹Philos.›. – [7] I. KANT, Welches sind die wirklichen Fortschritte, die die Met. ... gemacht hat? Akad.-A. 20, 260. – [8] KrV B XXIIIf. – [9] G. W. F. HEGEL, Wiss. der Logik, hg. G. LASSON 1 (1963) 3. – [10] W. T. KRUG: Allg. Handwb. der philos. Wiss. 1-5 (1832-34) 2, 340; vgl. Fundamentalphilos. oder urwiss. Grundlehre (¹1803, ³1827); vgl. ferner die folgenden, sich mehr oder weniger differenziert im Zusammenhang der ursprünglichen Tradition des Begriffs haltenden Bücher: J. A. BRÜNING: Anfangsgründe der G. (1809); J. FR. REIFF: Das System der Willensbestimmungen oder die G. der Philos. (1842); A. HELFERICH: Die Met. als G. (1846); G. GLOGAU: Abriß der philos. G.en 1. 2 (1880, 1888). – [11] J. G. FICHTE: Grundlage der gesamten Wissenschaftslehre (1794). Akad.-A. I/2, 415. – [12] F. W. J. SCHELLING, System des transzendentalen Idealismus. Werke, hg. K. F. A. SCHELLING 3, 340ff. – [13] E. HUSSERL: Die Krisis der europ. Wiss. ... Husserliana 6 (Den Haag ²1962) 158. – [14] FR. BACON, De augmentis scientiarum III, 4. Works, hg. J. SPEDDING/R. L. ELLIS/D. D. HEATH 1 (1858, ND 1963) 549. – [15] J. H. PFINGSTEN: Slg. der Schriften schöner Geister aus dem 15., 16. und 17. Jh., welche enthält Lord Franz Bacon über die Würde und den Fortgang der Wissenschaften (ND 1966) 307. – [16] A. COMTE, Discours sur l'esprit positif § 76, hg. und übers. I. FETSCHER (1956) 217; vgl. Cours de philos. positive 1-6 (Paris 1830-42) 1, 100f. und 3, 3ff. – [17] W. DILTHEY, Ges. Schr. 5, 273. – [18] E. HUSSERL, a. a. O. [13] 2. – [19] K. R. POPPER: Die Logik der Sozialwiss., in: Der Positivismusstreit in der dtsch. Soziol. (1969) 108f.   C. V. BORMANN

2. Das deutsche Wort ‹G.›, in allgemeinem Sinne ab und zu schon um 1700 bezeugt, ist als eigentlich philosophischer Fachausdruck 1726 von CHR. WOLFF eingeführt worden, nämlich als Wiedergabe des aus dem Griechischen gebildeten Wortes ‹Ontologie›. «Die Ontologie nenne ich im Deutschen ... die G.» [1]. Seitdem erscheint dieser Ausdruck, oft unter Bezugnahme auf Wolff, häufiger namentlich in der Zeit der Aufklärung gemäß Chr. Wolffs ‹Philosophia prima, sive Ontologia ...› im Sinne einer Lehre vom (wirklich) Seienden als Erster Wissenschaft oder G.

Nachdem der Ausdruck danach allmählich aus dem rein philosophischen Sprachgebrauch verschwunden war, wurde er ohne Rückbeziehung auf seine Tradition wieder aufgenommen in Titel und Inhalt von J. REHMKES (1848–1930) ‹Philosophie als G.› (1910) sowie in seinen ‹Anmerkungen zur G.› (1913) [2]. Daß Rehmke, schon früh ein Widersacher des erkenntnistheoretischen Idealismus Kants, bewußt einen Realismus vertreten hat [3], läßt die Beurteilung desselben durch E. VON HARTMANN deutlich erkennen [4]; von M. SCHELER ist die ‹Philosophie als G.› nachdrücklich als Beispiel für die Ontologie der Gegenwart gewürdigt worden [5]. Wie der Immanenzphilosoph Schuppe lehnt Rehmke die Zweiweltentheorie ab, aber während W. SCHUPPE die Außenwelt verneint und nur eine, nämlich eine bewußtseins-*immanente* Welt behauptet [6], bejaht REHMKE umgekehrt die außerleibliche Realwelt und lehnt die Annahme eines (sie abspiegelnden) «Innen»bereiches ab, weil eine derartige Umdeutung von Wissens*gegenständen* zu Bewußtseins*inhalten* (d. h. in einem vermeintlichen Bewußtseinsraum Enthaltenen) in unaufhebbarem Widerspruch steht zu der dem nichtdinglichen Bewußtsein wesentlichen *Un*räumlichkeit und *Un*örtlichkeit [7]. Für Rehmke ist das (erkennende) Wissen von etwas nicht ein «Inhaltsein», es besteht auch nicht in «Intentionalität», ja überhaupt nicht in einer *Beziehung* zwischen zweierlei Verschiedenem: Im «Ich- oder Selbstbewußtsein», in der Tatsache, daß ich mich allein selbst weiß, sieht er den Beweis, daß ein «Wissen» möglich ist als unmittelbares, «*beziehungsfreies Haben*» [8] von je besonderen Seienden, so auch der körperlichen Außenwelt. – Das mannigfache Seiende, das (objektiv) Gegebene als solches, bildet für Rehmkes G. die alleinige Voraussetzung: sowohl als «Gegebenes *überhaupt*», d. h. ohne Einschränkung seines Gesamtbereiches, wie auch als «Gegebenes *schlechtweg*», d. h. ohne Vorbeurteilung irgendeines besonderen Gegebenen (z. B. Marsbewohner) als «wirklich» – oder etwa als «Erkennendes», weshalb Rehmke jegliche Erkenntnistheorie, weil nicht «vorurteilslos», als grundlegende Wissenschaft abweist. Im Gegensatz zu der von Vor-Urteilen freien G. gelten die *Fach*wissenschaften, z. B. Pädagogik, Psychologie, Biologie, Medizin usw., sämtlich nicht als vorurteilslos, da sie mit ihrem Gegenstand (eben den je besonderen Lebenserscheinungen) ungeprüft voraussetzen, worin eigentlich «Leben schlechtweg» bestehe. Gerade solches den Fachwissenschaften «zugrunde» liegendes *Allgemeinstes* bestimmt Rehmke als den Gegenstand der *über*fachlichen Philosophie als G., wenn sich diese auf solche Weise befaßt mit «Bewegung schlechtweg», «Entwicklung schlechtweg» usw., wie überhaupt mit fachwissenschaftlich so wichtigen Grundbegriffen, wie «wirklich», «Veränderung», «Einheit», «Einziges», «Unterschied», «Zeit», «Raum», «Allgemeines» usw. – Überfachliche Wissenschaften gibt es zwei: die Philosophie als G., d. h. als Lehre vom *Allgemeinsten* im Gegebenen, und die Philosophie als *Logik*, d. h. als Lehre vom Gegebenen *als Gewußtem* (=Wissenslehre).

Unter ‹G.› versteht man dann in einem weiteren Sinne das gesamte Schrifttum Rehmkes einschließlich seiner Veröffentlichungen zur Psychologie, Logik, Pädagogik, Ethik, Anthropologie, Erkenntnistheorie, Soziologie usw. – Dieser erweiterten Bedeutung von ‹G.› entspricht auch Titel und Inhalt der Zeitschrift der J. Rehmke-Gesellschaft ‹G.›, die 1919–1937 in 13 Bänden erschienen ist. – Eine andere Sinnerweiterung ergab sich später insofern, als nicht mehr nur die Philosophie, sondern auch einzelne Fachwissenschaften als ‹G.en› für bestimmte andere Wissenschaften bezeichnet werden, so z. B. die Psychologie als G. für die Pädagogik.

Anmerkungen. [1] CHR. WOLFF: Ausführliche Nachricht von seinen eigenen Schriften, die er in dtsch. Sprache von den verschiedenen Teilen der Weltweisheit herausgegeben (1726) 30 u. ö.; vgl. A. BAUMGARTEN: Met. (^{1}1739, ^{7}1779) § 4. – [2] J. REHMKE: Philos. als G. (^{1}1910, zit. ^{2}1921); Anm. zur G. (^{1}1913, ^{2}1925); Rehmke, in: Die Philos. in Selbstdarstellungen, hg. R. SCHMIDT 1 (^{1}1921, ^{2}1923) 191-214; Lb. der Allg. Psychol. (^{1}1894, ^{2}1905, ^{3}1926); Logik oder Philos. als Wissenslehre (1918, ^{2}1923); Grundlegung der Ethik als Wiss. (1925); Die Willensfreiheit (1911); Der Mensch (1928). – [3] J. REHMKE: Unsere Gewißheit von der Außenwelt. Ein Wort an die Gebildeten unserer Zeit ($^{1/2}$1892, ^{3}1894). – [4] E. V. HARTMANN: Der ‹reine Realismus› Biedermanns und Rehmkes. Z. Philos. philos. Kritik NF 88 (1886) 161-179. – [5] M. SCHELER: Die dtsch. Philos. der Gegenwart, in: Dtsch. Leben der Gegenwart, hg. PH. WITKOP (1922) 205. – [6] W. SCHUPPE: Erkenntnistheoret. Logik (1878). – [7] REHMKE, Philos. als G. (^{2}1921) 156ff. 160ff. 164. – [8] Logik (^{2}1923) 25f. 181f. – [9] Philos. als G. (^{2}1921) 35ff. 39ff. 41ff. 49ff. 59ff.

Literaturhinweise. D. MICHALTSCHEW: Philos. Stud. Beitr. zur Krit. des modernen Psychologismus (1909). – J. E. HEYDE: Grundwissenschaftl. Philos. (1924). – R. SCHMIDT s. Anm. [2]. – J. REHMKE, Ges. philos. Aufsätze, hg. K. GASSEN (1928). – J. E. HEYDE: J. Rehmke. Grundwiss. 10 (1931) 1-35. – FR. GRAF, Die Religionsphilos. der grundwissenschaftl. Schule J. Rehmkes (1940). – G. TROBERG: Kritik der G. J. Rehmkes (1941). – J. E. HEYDE: J. Rehmke. Z. philos. Forsch. 2 (1947) 603-606. – F. SCHNEIDER: Gesch. Stellung der Philos. Rehmkes. Z. philos. Forsch. 5 (1951) 253-272. – E. PALMÖ: Inledning til filosofi som Grundvidenskab efter J. Rehmke (Kopenhagen 1954). – J. E. HEYDE: Wege zur Klarheit, in: Ges. Aufsätze (1960). – J. SCHAAF: G. heute. Z. philos. Forsch. 18 (1964) 309-319. – J. E. HEYDE: Die Objektivität des Allgemeinen (1960). – J. REHMKE: Grundriß der Gesch. der Philos., hg. F. SCHNEIDER (^{5}1965) 319-329; Art. ‹J. Rehmke›, in: Encyclop. of philos. 7 (New York 1967) 102-104. – *Bibliographie* in Grundwiss. 1 (1919) 72-88; 10 (1931) 36-44.
J. E. HEYDE

Gruppe, soziale. ‹G.› ist ursprünglich ein germanisches Wort, das wie ‹Kropf› zu dem Stamm ‹*kruba-› gehört und etwa ‹Klumpen› bedeutet. «Es wurde ins Romanische entlehnt als it. gruppo, groppo ‹Klumpen, stark› und frz. groupe M. ‹ein Haufe Figuren›, group M. ‹ein Pack Geld› und schließlich als Fachwort der Künstlersprache ins Deutsche zurückentlehnt ...» [1]. Als Bezeichnung einer künstlerischen Zuordnung von Figuren ist das Wort ‹G.› zunächst noch in schwankender Form seit Beginn des 18. Jh. im Deutschen belegt und in dieser Bedeutung auch bis heute üblich geblieben [1a].

Neben der Verwendung in denkpsychologischen Ansätzen (im Sinne von «Gruppieren von Gedanken») [2] und in der Mathematik für eine Struktur, die die Beziehungen zwischen den Elementen einer Menge bestimmt [3], findet eine allgemeine Übertragung des G.-Begriffs als Ausdruck einer inneren Beziehung von Dingen und Menschen und als Klassifikationsbegriff auf fast allen Sach- und Lebensbereichen statt.

G. als Begriff zur Kennzeichnung *gesellschaftlicher* Verhältnisse ist im Deutschen erst relativ spät belegt. Ohne begriffliche Fixierung verwendet A. FERGUSON bereits 1767 englisch ‹groupes› synonym mit ‹troops› und ‹companies›: «Mankind are to be taken in groupes, as they have always subsisted» [3a]. In der deutschen Übersetzung von 1768 heißt es noch: «Die Menschen müssen haufenweise genommen werden, so wie sie allezeit gewesen sind» [3b]. Gelegentliches Vorkommen des Wortes ‹G.› zur Bezeichnung sozialer Einheiten bleibt metaphorisch [3c].

Zur *reflektierten* Kennzeichnung gesellschaftlicher Verhältnisse ist der G.-Begriff im Deutschen erst 1844 in STRÜMPELLS Lehrbuch ‹Die Vorschule der Ethik› nachweisbar. Nach Strümpell bestimmen den Begriff einer – von der Psychologie her interpretierten – gesellschaftlichen Verbindung und damit einer G. drei Momente: «1) ein gemeinsames Denken, Wollen oder Thun als solches, an dessen Objekte oder Zwecke Alle Theil haben können; 2) der Umstand, daß sich kein Privat-Denken oder -Wollen oder -Thun eben als solches, bloß individuelles an die Stelle des allgemeinen setzt; 3) der Umstand, daß im Falle eines von innen oder außen kommenden Angriffs auf einen Koefficienten des allgemeinen Denkens, Wollens oder Thuns, dieses denselben so auffaßt, als ob er ihm selbst widerfahren wäre» [4]. In der Wirklichkeit findet die gegebene Bestimmung gesellschaftlicher G. nur graduelle Entsprechungen – von der lockeren Gesellung bis zur festen und dauernden Gesellschaft.

Weniger reflektiert gebraucht 1859 H. v. TREITSCHKE den G.-Begriff: G. als Stand [5], als wirtschaftliche Organisation [6] oder als durch bestimmte Merkmale charakterisierte gesellschaftliche Formation [7]; pauschal spricht er von Familie, Stämmen und anderen sozialen G. [8]. Ein ähnlich variabler Gebrauch findet sich bei F. TÖNNIES [9].

Mit G. SIMMEL beginnt sich der G.-Begriff in der noch um offizielle akademische Anerkennung bemühten deutschen *Soziologie* zu etablieren. Bereits 1892/93 wird er – auch in Komposita wie ‹G.-Interesse›, ‹Total-G.›, ‹Teil-G.›, ‹Sonder-G.› und synonym mit ‹sozialer Kreis› oder ‹soziales Gebilde› – zur Bezeichnung sozialer Strukturierungen wichtig [10]. G. oder soziale Kreise können nach «drei Dimensionen» einander zugeordnet werden: «im Nacheinander, Nebeneinander und Übereinander» [11]. Die Stellung des Einzelnen wird in dem Maße «charakterisirter und individueller, in dem er im Schnittpunkt von immer mehreren, gegenseitig unabhängigen [G. bzw. Kreisen] steht, weil es mit jedem neuen unwahrscheinlicher wird, daß gerade diese sich noch einmal in einem Einzelnen treffen» [12]. Da der Einzelne verschiedenen G. angehört, ergibt sich der bei Simmel thematisierte Widerstreit ethischer Interessen [13]. In der ‹Soziologie› geht Simmel von der Bestimmung der Gesellschaft als Vergesellschaftung aus. Sie besteht da, «wo mehrere Individuen in Wechselwirkung treten» [14]. Aus der Totalerscheinung der Gesellschaft werden als Problemgebiete Formen vergesellschaftender Wechselwirkung ausgesondert [15]. Solche synthetischen Gestaltungen nennt Simmel auch ‹G.›. Die G. ist für den Einzelnen die «Gesellschaft» [16]. Neben den großen Systemen der Gesellschaft, wie Staat, Gemeinde, Familie u. ä., geht es Simmel vor allem auch um die kleineren (alltäglichen) Beziehungsformen und Wechselwirkungsarten zwischen den Menschen. Von der Hinwendung auf diese «mikroskopisch-molekularen Vorgänge innerhalb des Menschenmaterials» erhofft er für die Gesellschaftswissenschaft, «was für die Wissenschaft vom organischen Leben der Beginn der Mikroskopie bedeutete» [17].

A. VIERKANDT glaubt die von Simmel aufgeworfenen Fragen von der Phänomenologie her neu beantworten zu können [18]: G. sei letzte Einheit; der Begriff ‹G.› ist als nicht weiter auflösbarer Begriff eine *soziale Kategorie*, «und die Auffassung der sozialen Wirklichkeit mittels dieser Kategorie eine letzte nicht weiter ableitbare Tatsache, also ein Urphänomen, das in einer entsprechenden Anlage des Menschen begründet ist» [19]. Haupteigenschaften der G. sind Eigenleben des Ganzen und innere Einheit [20].

1923 schreibt F. OPPENHEIMER: «Begriff und Bezeichnung haben sich in den letzten Jahren fast allgemein eingebürgert. Die meisten Soziologen der Gegenwart bezeichnen wie wir mit dem Wort ‹G.› irgendeinen gesellschaftlich verbundenen Personenkreis. Er ist ein absichtlich farbloser neutraler Ausdruck, der jede Form der Vergesellschaftung bedeuten kann. Von diesem Sprachgebrauch weichen nur noch wenige Autoren ab» [21]. Zu diesen gehört L. v. WIESE. Er bestimmt G. enger, indem er drei Hauptarten von zwischenmenschlichen Gebilden unterscheidet: «a) Massen, b) G.en, c) abstrakte Kollektiva. Sie unterscheiden sich nach ihrer Dauer und dem Grade ihrer Abstraktheit ... Die G. besitzt der Masse gegenüber größere Dauer; die Vorstellungen, die sich die Menschen von einer solchen Gebildeart machen, verleihen ihr eine größere Selbständigkeit und Eigengesetzlichkeit gegenüber den ihr angehörigen, aber immer noch zahlenmäßig und konkret bestimmbaren Personen» [22].

Nicht durchgesetzt hat sich der Versuch H. L. STOLTENBERGS, auf der Grundlage begriffsgeschichtlicher Untersuchungen [23] und der Weiterentwicklung des G.-Begriffs nach bestimmten Regeln [24] eine um den G.-Begriff zentrierte Disziplin zu etablieren: «Immer mehr wird es üblich, das mehrsprachhafte Wort ‹G.› zur Bezeichnung des Grundbegriffes der Wissenschaft vom Zusammensein der Lebwesen zu machen, weshalb es im übrigen auch zweckmäßiger wäre, diese Wissenschaft selber, wie ich es tue, *Gruppwissenschaft* zu nennen, innerhalb der es dann z. B. eine Pflanz-, eine Tier-, eine Menschengruppwissenschaft, eine Leib-, eine Seel-, eine Geistgruppwissenschaft gibt» [25].

Die Uneinheitlichkeit des Sprachgebrauchs ist international [26]. «Als *soziale G.* gelten (im Bereich der Sozialwissenschaften) die im menschlichen Zusammenleben wesentlich durch wechselseitige Bindungen biotischer, psychischer, intellektueller (bzw. mentaler) oder wertorientierter Art bestimmten *Gebilde* von unterschiedlichen Spannungs- und Schichtungsverhältnissen. Die Bezeichnung ‹G.› ist in diesem Sinne farbloser, neutraler und zugleich allgemeinster Ausdruck für Mehrheiten von Menschen, die sich in ihrem Miteinander beeinflussen oder beeinflussen können ... Eine jede G. weist je nach den mit ihrer Bildung bzw. Umbildung verfolgten Zwecken und den sich aus ihnen ergebenden Funktionen ... eine bestimmte *Struktur* auf» [27]. Angesichts dieser Offenheit des Begriffs ist man dazu übergegangen, das jeweils gemeinte G.-Phänomen durch Zusatzbestimmungen bzw. Kompositabildungen einzugrenzen. So werden unterschieden: nach *Genese* z. B. gemachte und entstandene G., nach *Quantität* z. B. Klein- und Groß-G., nach *Zusammensetzung* und *Organisationsform* z. B. horizontale und vertikale G., nach *Zweck* z. B. naturgebundene, naturbeherrschende und metaphysische G., nach *Dauer* z. B. kurz- und langlebige G., nach Art des *Kontaktes* z. B. Primär- und Sekundär-G. und nach dem *Außenverhältnis* z. B. in-group und out-group [28]. Nach W. BERNSDORF versucht die G.-Theorie die G. quantitativ zwischen den Extremen einzelner *Mensch* und *Masse* und qualitativ zwischen den Polen *Persönlichkeit* und *Gesellschaft* einzuordnen [29]. Aus den grundsätzlichen Auffassungen, welche die jeweiligen Autoren vertreten – eine individualistische Konzeption, eine Lehre von der menschlichen Persönlichkeit oder eine universalistische Theorie – ergibt sich die spezifische Tönung des jeweils gemeinten G.-Begriffs. Gegen diese zum Teil spekulativen Klassifikationen wendet sich nach Bernsdorf die heutige empirische Soziologie, die ihre Begriffe nur umschreibend definiert und sich von der unmittelbaren Anschauung des G.-Lebens leiten läßt: «Die funktionale Ganzheit der G. ist eine Wirklichkeit, zwar keine dinghaft reale, aber eine erfahrbare» [30].

Mit dieser Hinwendung zur reinen Empirie könnte neben praktischen Erwägungen auch die bemerkenswerte Beschleunigung der *Klein-G.-Forschung* erklärt werden. Ihre Geschichte ist vor allem mit den zwei Namen von K. Lewin und G. C. Homans verknüpft [31]. Nach LEWIN sind G. soziologische Ganzheiten; «die Einheit dieser soziologischen Ganzheiten läßt sich entsprechend in der gleichen Weise definieren wie die Einheit jeder anderen dynamischen Ganzheit, nämlich durch die gegenseitige Abhängigkeit ihrer Teile» [32]. HOMANS schränkt ein: «We mean by group a number of persons who communicate with one another over a span of time, and who are few enough so that each person is able to communicate with all the others, not at secondhand, through other people, but face to face» [33]. In Deutschland hat sich der G.-Begriff vielfach als synonym für ‹kleine G.› eingebürgert [34]. Die heutige Klein-G.-Forschung hat von zwei Seiten Kritik gefunden. Zum einen wird die mangelnde Feinheit ihres analytischen Instrumentariums beanstandet [35], zum anderen wird die mangelnde Berücksichtigung der gesamtgesellschaftlichen Bedingtheit der jeweiligen G. kritisiert [36].

In der Sozial*philosophie* ist ‹G.› durch J.-P. SARTRE [37] zu einem aktuellen Begriff geworden: «... le groupe se définit par son entreprise et par le mouvement constant d'intégration qui vise à en faire une *praxis* pure en tentant de supprimer en lui toutes les formes de l'inertie; le collectif se définit par *son être* ...» [38]. Sartres G.-Begriff charakterisiert das Bemühen, zwischen Existentialismus und Marxismus zu vermitteln und die Bedingungen zu klären, unter denen die Freiheit des Einzelnen sich im Zusammenleben mit anderen verwirklichen läßt.

Anmerkungen. [1] TRÜBNERS Dtsch. Wb., hg. A. GÖTZE 3 (1939) s.v.; vgl. F. KLUGE: Etymol. Wb. dtsch. Sprache, bearb. W. MITZKA (²⁰1967) s.v. – [1a] Vgl. GRIMM 4/I, 6 (1935) s.v.; Encyclop. ..., hg. DIDEROT/D'ALEMBERT 16/2 (Paris 1751ff.) s.v. ‹Grouppe›; G. W. F. HEGEL, Ästhetik, hg. F. BASSENGE (1965) 2, 145ff., bes. 147f.; zur Gruppierung in der Malerei 2, 234f.; vgl. auch I. KANT, Akad.-A. 2, 227; J. JEITTELES: Aest. Lex. 1 (1835) s.v. ‹Gruppierung›. – [2] W. T. KRUG: Allg. Handwb. philos. Wiss. 2 (1827) s.v.; vgl. F. TÖNNIES: Gemeinschaft und Gesellschaft (⁸1935, ND 1963) 99: zur Charakterisierung der Phantasietätigkeit; Hb. der Psychol. 1/2: Lernen und Denken, hg. R. BERGIUS (1964) 445. – [3] Vgl. H. WUSSING: Zur Entstehungsgesch. der abstrakten G.-Theorie. Z. Gesch. Naturwiss., Technik u. Med. 5 (1965) 1-16. – [3a] A. FERGUSON: An essay on the hist. of civil society (1767), hg. D. FORBES (Edinburgh 1966) 4. 16. – [3b] Versuch über die Gesch. der bürgerl. Gesellschaft (1768) 5. 23; erst in der dtsch. Ferguson-A. (²1923) allg. ‹G.›. – [3c] GRIMM, a. a. O. [1a]. – [4] L. STRÜMPELL: Die Vorschule der Ethik (1844) Kap. 8, S. 247. – [5] H. v. TREITSCHKE: Einl. in die Moralwiss. Kritische Ausg. der gesammelten Werke (1929) hg. M. CORNICELIUS 2. – [5] H. v. TREITSCHKE: Einl. in die Moralwiss. Eine Krit. der ethischen Grundbegriffe (¹1892/93, zit. ND 1904) 2, 380ff. – [11] a. a. O. 401. – [12] 417; vgl. den häufigen, begrifflich aber nicht festgelegten Gebrauch des Terminus bei E. DURKHEIM: Les règles de la méthode sociol. (Paris 1895) 5. 8. 12. 14f. 45. 57. 66f. 95. 97f. 100f. 103ff. 128. 139. 142f. (soziol.) und 43. 45. 47. 72. 110. 138. 148 (denkpsychol.). – [13] Zum Problem G. und Ethik vgl. W. SCHULZ: Philos. in der veränderten Welt (1972) 781ff. – [14] G. SIMMEL: Soziol. Untersuch. über die Formen der Vergesellschaftung (1908) 5. – [15] a. a. O. 18. – [16] Grundfragen der Soziol. Individuum und Gesellschaft (¹1917, zit. ³1970) 74. – [17] a. a. O. 14. 20. – [18] A. VIERKANDT: Gesellschaftslehre (1922) Vorwort; Kleine Gesellschaftslehre (1949). – [19] Handwb. der Soziol., hg. A. VIERKANDT (1931) 239-253, bes. 241 b. – [20] a. a. O. 239 a; zur Krit. vgl. Inst. Sozialforsch.: Soziol.

Exkurse (1956) 61. – [21] F. Oppenheimer: System der Soziol. 1/2: Der soziale Prozeß (1923) 460/61. – [22] L. v. Wiese: Allg. Soziol. 1: Beziehungslehre (1924) 24; vgl. System der allg. Soziol. (²1933) 64. – [23] H. L. Stoltenberg: Die G. Begriff und Wort, in: Nachr. Gieß. Hochschulges. 13 (1939) 54-60. – [24] Neue Sprachgestaltung (1930, ²1952). – [25] Die Voll-G. Ihr Wesen und ihre bisherige Behandlung in der dtsch. Gruppwiss. Z. ges. Staatswiss. 83 (1927) 518ff.; vgl. Die G. in der Vernunftlehre des dtsch. Aufklärtums. Kölner Vjh. Soziol. 12 (1933/34) 21ff. – [26] Vgl. H. Poesler und K. Beer: Die G. – The group – Le groupe. Ein Beitrag zur Systematik soziol. Grundbegriffe (1955). – [27] a. a. O. 11. – [28] 36ff. – [29] Wb. der Soziol., hg. W. Bernsdorf (1972) 2, 313ff. – [30] a. a. O. 317. – [31] Zur Gesch. vgl. Th. M. Mills: The sociol. of small groups (Englewood Cliffs 1967); dtsch. Soziol. der G. (³1971) 12-19. – [32] K. Lewin: Die Lösung sozialer Konflikte (1953) 114. – [35] G. C. Homans: The human group (London 1951) 1; dtsch. Theorie der sozialen G. (²1965) 29. – [34] Vgl. die Übersetzerpraxis bei Mills, a. a. O. [31]. – [35] Vgl. H. Anger: Theoriebildung und Modelldenken in der Klein-G.Forsch. Kölner Z. Soziol. 14 (1962) 4-18; Warum Klein-G.-Forsch.? in: Klein-G.-Forsch. und G. im Sport, hg. G. Lüschen. Kölner Z. Soziol., Sonder-H. 10 (1966) 15-43; G. P. Stone: Begriffl. Probleme in der Klein-G.-Forsch. a. a. O. 44-65; R. Dahrendorf: Homo sociologicus (1973) 17ff. – [36] Vgl. Inst. Sozialforsch. a. a. O. [20] 55-69; J. Habermas: Strukturwandel der Öffentlichkeit. Untersuch. zu einer Kategorie der bürgerl. Gesellschaft (⁵1971) 284ff.; E. Hahn: Hist. Materialismus und marxist. Soziol. (1968) 47. 91ff.; K. Horn (Hg.): G.-Dynamik und der ‹subjektive Faktor›. Repressive Entsublimierung oder politisierende Praxis (1972). – [37] J.-P. Sartre: Critique de la raison dialectique 1: Théorie des ensembles practiques (Paris 1960); dtsch. Krit. der dial. Vernunft 1: Theorie der gesellschaftl. Praxis (1967). – [38] a. a. O. frz. 307; dtsch. 272; vgl. K. Hartmann: Sartres Sozialphilos. Eine Untersuch. zur ‹Crit. de la raison dial. 1› (1966) bes. 135-170.

Literaturhinweise. J. L. Moreno: Who shall survive? Foundations of sociometry, group psychotherapy and sociodrama (Washington 1934); dtsch. Die Grundlagen der Soziometrie (²1967). – K. Lewin: Resolving social conflicts (New York 1948); dtsch. Die Lösung sozialer Konflikte (1953); Fieldtheory in social sci. (New York 1951); dtsch. Feldtheorie in den Sozialwiss. – G. C. Homans s. Anm. [33]. – E. Lück: Bibliogr. ausgewählter Lit. zur Klein-G.-Forschung. Kölner Z. Soziol., Sonder-H. 10 (1966) 273-280. – Th. M. Mills s. Anm. [31]. – Heidi Rosenbaum: Die Theorie der G. bei A. Vierkandt. Köln. Z. Soziol. 25 (1973) 551-566. Chr. F. Görlich

Gruppendynamik. Der von K. Lewin geprägte Ausdruck ‹G.› – heute meist unter den neutraleren Begriff der *Kleingruppenforschung* subsumiert – bezeichnet einen wesentlichen Forschungsbereich der Sozialpsychologie, der sich um die Analyse der Wechselbeziehungen und unmittelbaren zwischenmenschlichen Beeinflussungen (Interaktionen) in überschaubaren Gruppen von 2 bis etwa 20 Personen bemüht. Vereinzelte Gruppenexperimente gehen bis in die Zeit der Jh.-Wende zurück; die ersten Ansätze eines systematischen Forschungsprogramms finden sich seit 1913 bei M. Moede [1], kurz darauf, unter der Führung von F. Allport [2], auch im nordamerikanischen Behaviorismus. Lange Zeit beschränkte sich das wissenschaftliche Interesse fast ausschließlich auf die Frage, ob der Einzelne mehr leistet, wenn er isoliert oder in Anwesenheit anderer Personen tätig ist. Erst seit Mitte der 30er Jahre, die damit den eigentlichen Beginn der modernen G.-Forschung markieren, wurden differenziertere Fragestellungen entwickelt, die sich auf die strukturell-funktionalen Gesetze des Gruppenlebens und die dadurch vermittelte soziale Bedingtheit des einzelmenschlichen Erlebens und Verhaltens beziehen.

Das außerordentlich starke Anschwellen der Kleingruppenliteratur in der Zeit nach dem zweiten Weltkrieg läßt sich auf verschiedene theoretische Erwartungen zurückführen: a) Die Psychologie verspricht sich vom Studium kleiner Gruppen eine Aufhellung der dynamischen Vorgänge bei der sozialen Prägung und Beeinflussung des Individuums; b) die Soziologie glaubt, durch die Erforschung übersichtlicher sozialer Kleingebilde Erkenntnisse zu gewinnen, die vielleicht als Modell für das Verständnis übergreifender komplexer Sozialstrukturen dienen können; c) ein neuerer, anthropologisch orientierter Ansatz sieht hier die Möglichkeit einer Mikroanalyse spezieller Teil- und Subkulturen, ihrer Entwicklung, Tradierung und Wandlung.

Seit den ersten bahnbrechenden Arbeiten von Moreno [3], Sherif [4] und Lewin [5] sind sehr bedeutsame methodische Fortschritte erzielt und zahlreiche empirische Regelhaftigkeiten entdeckt worden; im ganzen befindet sich die theoretische Durchdringung des um immer neue Fragestellungen erweiterten Gebiets aber noch im Anfangsstadium.

Anmerkungen. [1] W. Moede: Der Wetteifer, seine Struktur und sein Ausmaß. Ein Beitrag zur exp. Gruppenpsychol. Z. pädagog. Psychol. 15 (1914) 353-368; Exp. Massenpsychol. (1920). – [2] F. Allport: The influence of the group upon association and thought. J. exp. Psychol. 3 (1920) 159-182. – [3] J. Moreno: Who shall survive? (Washington 1934). – [4] M. Sherif: A study of some social factors in perception. Arch. Psychol. 187 (1935). – [5] K. Lewin, R. Lippitt und R. K. White: Patterns of aggressive behavior in exp. created «social climates». J. soc. Psychol. 10 (1939) 271-299.

Literaturhinweise. P. R. Hofstätter: G. Die Kritik der Massenpsychol. (1957). – D. Cartwright und A. Zander (Hg.): Group dynamics. Research and theory. (Evanston/Elsmford ²1959). – A. P. Hare: Handbook of small group res. (Glencoe 1962). – H. Anger: Kleingruppenforsch. heute. Kölner Z. Soziol. Sozialpsychol. Sonderh. 10 (1966) 15-43. H. Anger

Gültigkeit hat als vorwiegend semantisch bestimmter Begriff der Logik in der Geschichte der Grundlagendiskussion verschiedene Ausprägungen erfahren.

A. Die *klassische* Begriffsbestimmung von ‹G.› ist an einer mengentheoretischen Semantik orientiert, welche die konstruktivistischen Einwände der Grundlagendiskussion nicht berücksichtigt.

1. Aristoteles weist zwar bereits auf einen semantisch bestimmten Wahrheitsbegriff hin [1]. Doch erst Leibniz unterscheidet die Wahrheit eines Ausdrucks, die auf eine bestimmte «Welt» relativiert ist (*G.*), von einer solchen, die unabhängig von allen möglichen «Welten» ist (*Allgemein-G.*) [2]. So ist z. B. der formale Ausdruck $\vee_x \vee_y \neg (x = y)$ nur gültig in einer Welt, in der wenigstens zwei Objekte existieren, während der Ausdruck $(\vee_x x = x) \vee (\neg \vee_x x = x)$ selbst in einer leeren Welt gültig, also allgemeingültig ist.

Durch eine Vorstufe des Gebrauchs von Variablen in der Logik (durch sogenannte «veränderliche Vorstellungen») gewinnt B. Bolzano ein Analogon zum Begriff der Aussageform. Er gibt folgende Beispiele für Klassen von Sätzen mit «veränderlichen Vorstellungen» an. *A*1: «Der Mensch Cajus ist sterblich» (d. h.: Wenn Cajus ein Mensch ist, so ist Cajus sterblich). *A*1 wird ein wahrer Satz, wenn der Name ‹Cajus› durch einen Eigennamen ersetzt wird, der einen Menschen bezeichnet. *A*1 wird aber auch ein wahrer Satz, wenn der Name ‹Cajus› durch einen Eigennamen ersetzt wird, der keinen Menschen bezeichnet, da nun die Prämisse von *A*1 falsch, also *A*1 richtig ist. *A*1 ist also im Sinne Bolzanos allgemeingültig. *A*2: «Das Wesen Cajus ist allwissend.» *A*2 wird ein falscher Satz, wenn der Name ‹Cajus› durch einen Eigennamen ersetzt wird, der einen Menschen bezeichnet. *A*2 ist also ungültig bezüglich der Klasse aller Menschen. *A*3: «Das Wesen Cajus ist unsterblich.» *A*3 ist wahr, falls ‹Cajus› ein unsterbliches

Wesen – falsch, falls ‹Cajus› ein sterbliches Wesen bezeichnet. Der Variablengebrauch erlaubt dann, von konkreten Vorstellungen zu abstrahieren und von *Aussageformen* zu sprechen. Bolzanos Redeweise von «Vorstellungen» ist jedoch nicht im Sinne Kants als Anschauung zu verstehen: «Vorstellungen» werden von Bolzano als Teile von «Sätzen an sich» verstanden und sollen *unabhängig von der menschlichen Erkenntniskonstitution* existieren [3]. Eine Verallgemeinerung dieses Ansatzes führt zu Bolzanos Folgerungsbegriff [4].

2. Da die formalen Sprachen der *mathematischen Logik* vorwiegend auf mathematische Gegenstände (z. B. Klassen, Funktionen) angewendet werden, ersetzt man Leibniz' «Welt»-Begriff durch einen inhaltlichen *Struktur-* (meistens Algebra-)Begriff. Mit einer Abbildung $\Im$ (Interpretation) werden diese verallgemeinerten Algebren $\mathfrak{A}$ auf passende formale Sprachen $\mathfrak{S}$ bezogen, wobei Terme als Elemente des Individuenbereichs der Algebra und Ausdrücke a als Wahrheitswerte W (wahr) und F (falsch) (z. B. $\Im(a) = W$) gedeutet werden [5]. Man sagt: $\Im$ paßt zu $\mathfrak{A}$ falls $\Im$ die Individuen-, Funktions- und Prädikatenkonstanten von $\mathfrak{S}$ durch passende Individuen, Funktionen und Prädikate von $\mathfrak{A}$ interpretiert [5]. Dann ist für einen formalen Ausdruck a der Sprache $\mathfrak{S}$ die G. bezüglich einer Algebra $\mathfrak{A}$ (Abk.: gt$_{\mathfrak{A}}a$) bzw. seine Allgemein-G. (Abk.: allg$a$) definiert durch: gt$_{\mathfrak{A}}a$ genau dann, wenn (Abk.: gdw) für alle zu $\mathfrak{A}$ passenden $\Im$: $\Im(a) = W$; allg$a$ gdw für alle zu $\mathfrak{S}$ passenden $\mathfrak{A}$: gt$_{\mathfrak{A}}a$. Offenbar ist die Allgemein-G. ein Spezialfall der Folgerbarkeit von a (Abk.: $\Vdash a$): Denn allg$a$ gdw $\Vdash a$, wobei per definitionem $\Vdash a$ gdw $\emptyset \Vdash a$ ($\emptyset$ = leere Menge) und für eine Menge $\mathfrak{M}$ von Ausdrücken $\mathfrak{M} \Vdash a$ gdw für alle zu $\mathfrak{S}$ passenden $\mathfrak{A}$: für alle zu $\mathfrak{A}$ passenden $\Im$ gilt: $\Im(a) = W$, wenn $\Im(\beta) = W$ für alle β aus $\mathfrak{M}$.

Der Gödelsche Vollständigkeitssatz garantiert damit insbesondere die Ableitbarkeit aller allgemeingültigen Ausdrücke für die Prädikatenlogik 1. Stufe. Als Beispiel für einen allgemeingültigen Ausdruck 2. Stufe [6] sei das LEIBNIZsche Prinzip der Identitas indiscernibilium zitiert, das man auch als Definition für die Identität auffassen kann: $(x = y) \leftrightarrow (\wedge_P(Px \leftrightarrow Py))$. Für die Aussagenlogik läßt sich die Allgemein-G. eines Ausdrucks auch mit *Wahrheitswertmatrizen* effektiv feststellen.

B. Die klassische Mathematik verstößt gegen die Prinzipien *konstruktiven Argumentierens* in zwei Hinsichten: Sie wendet den Satz vom ausgeschlossenen Dritten auf unendliche Individuenbereiche an und läßt imprädikative Begriffsbildungen zu [7].

1. Der Gebrauch des Prinzips vom ausgeschlossenen Dritten wird durch die *intuitionistische Logik* eingeschränkt.

a) Um eine in diesem Sinne konstruktive Semantik für die intuitionistische Zahlentheorie zu entwickeln, analysierte BROUWER zunächst den G.-Begriff für quantifizierte Ausdrücke [8]: Um zu entscheiden, ob der formale Ausdruck $\vee_x Px$ bei einer arithmetischen Interpretation $\Im$ gilt, genügt nicht die klassische Gewißheit, daß eine Zahl $\mathfrak{r}$ existiert mit $\mathfrak{P}(\mathfrak{r})$ (wobei $\mathfrak{P}$ das bei $\Im$ der Prädikatenkonstanten P zugeordnete zahlentheoretische Prädikat ist [5]). Vielmehr muß ein *effektives Verfahren* mitgeliefert werden, um $\mathfrak{P}(\mathfrak{r})$ für ein $\mathfrak{r}$ zu zeigen. Ebenso muß für die G. von $\wedge_x Px$ ein Verfahren angezeigt werden, das effektiv für jede natürliche Zahl $\mathfrak{r}$ die G. des entsprechenden $\mathfrak{P}(\mathfrak{r})$ nachweist. Um diesen G.-Begriff präzisieren zu können, greift KLEENE auf Churchs und Turings Präzisierung des effektiven Verfahrens durch rekursive Schemata zurück [9]. Effektive Prozesse lassen sich danach durch *Gödelnummern rekursiver Funktionen* kodieren. Gödelnummern werden also an Stelle von effektiven Prozessen die formalen Ausdrücke der intuitionistischen Zahlentheorie «realisieren», d. h. gültig machen bezüglich des Gegenstandsbereichs der natürlichen Zahlen [10]. Damit werden Fälle möglich, in denen bezüglich der natürlichen Zahlen klassisch ungültige Ausdrücke realisierbar, also intuitionistisch gültig (nach Kleene) werden: z. B. $\neg \wedge_x(Px \vee \neg Px)$. Wenn man das Realisierbarkeitskonzept für die 2. Stufe verallgemeinert, ergibt sich schließlich eine *klassisch ungültige Version des Auswahlaxioms* [11].

b) LORENZEN schlug für den Quantorengebrauch in intuitionistischen Kalkülen eine *dialogische Deutung* vor: Man stelle sich zwei Personen vor, von denen die erste behauptet, für alle natürlichen Zahlen $\mathfrak{r}$ gelte $\mathfrak{P}(\mathfrak{r})$. Die zweite Person sei dann berechtigt, eine natürliche Zahl $\mathfrak{r}$ nach ihrer Wahl vorzulegen. Kann die erste Person $\mathfrak{P}(\mathfrak{r})$ zeigen, so hat sie gewonnen – sonst verloren. Eine Aussageform soll dann *effektiv allgemeingültig* (bzw. logisch wahr) heißen, wenn jede Aussage dieser Form in einem Dialog nach wohldefinierten Regeln (gegen jeden Opponenten) gewonnen werden kann. Eine Gewinnstrategie für den Proponenten liegt dann vor, wenn sich alle Möglichkeiten eines beliebigen Opponenten übersehen lassen [12]. Ein Verfahren zur Herstellung aller Gewinnstrategien ist dann zugleich ein Verfahren zur Herstellung aller effektiv allgemeingültigen Formeln. Lorenzen konnte zeigen, daß sein Begriff der effektiven Allgemein-G. genau mit dem intuitionistischen Begriff der Allgemein-G. (in der von HEYTING vorgeschlagenen Präzisierung) übereinstimmt [13].

2. Das Prinzip des *Prädikativismus* verbietet, den Begriff einer Menge durch Bezugnahme auf eine Gesamtheit einzuführen, der diese erst zu konstruierende neue Menge bereits als Element angehört.

a) RUSSELLS *Typentheorie* lieferte einen ersten Aufbau von begrifflichen G.-Bereichen, welcher imprädikative Begriffshandlungen verhindert. Dabei werden die G.-Bereiche der Quantoren hierarchisch organisiert derart, daß auf einer untersten Stufe $\mathfrak{M}_0$ (Verzweigung 0) Mengen $\mathfrak{S}$ nur durch arithmetische Ausdrücke $\mathfrak{P}(\mathfrak{r})$ 1. Stufe gebildet werden

(d. h. $\mathfrak{M}_0 = \{\mathfrak{S}|$ für alle $\mathfrak{r}$ ($\mathfrak{r}$ aus $\mathfrak{S}$ gdw $\mathfrak{P}(\mathfrak{r}))\}$);
auf der nächsten Stufe $\mathfrak{M}_1$ (Verzweigung 1) Mengen $\mathfrak{S}$ durch Ausdrücke $\mathfrak{P}_{\mathfrak{M}_0}(\mathfrak{r})$ mit Quantoren 2. Stufe über dem G.-Bereich $\mathfrak{M}_0$ (d. h. $\mathfrak{M}_1 = \{\mathfrak{S}|$ für alle $\mathfrak{r}$ ($\mathfrak{r}$ aus $\mathfrak{S}$ gdw $\mathfrak{P}_{\mathfrak{M}_0}(\mathfrak{r}))\}$), usw.

Die so formulierte verzweigte Typentheorie vermeidet zwar die «Vermengung» der G.-Bereiche quantifizierter Ausdrücke und damit die Entstehung mengentheoretischer Antinomien [14]. Dennoch bleibt die G. typentheoretischer Ausdrücke für den Konstruktivisten ungeklärt, da Quantoren über *aktual unendlichen Mengen* rangieren. Die von LORENZEN, WANG und anderen vorgetragene *Theorie der Sprachschichten* [15] begegnet diesen konstruktivistischen Einwänden, dennoch ist sie im strengen Sinn nicht prädikativ [16]. Der Einwand der aktual-unendlichen Begriffsbildung entsteht insbesondere, wenn der Aufbau der G.-Bereiche $\mathfrak{M}_\alpha$ für beliebige unendliche Ordinalzahlen α fortgesetzt wird. Es liegt nahe, nur solche Ordinalzahlen α zuzulassen, deren Wohlordnungen zu G.-Bereichen $\mathfrak{M}_\gamma$ mit $\gamma < \alpha$ gehören. Die kleinste Ordinalzahl, die nicht durch diesen prädikativen Prozeß erreicht werden kann, heißt ω_1. Um ω_1 zu erreichen, kann man sich nach SPECTOR

[17] auf rekursive Wohlordnungen, also *konstruktive Ordinalzahlen* beschränken.

b) Da dieser Ansatz den G.-Bereich der klassischen Analysis erheblich einschränkt, hat man in jüngster Zeit nach *Erweiterungen* gesucht, welche die konstruktivistischen Einwände gegen aktual unendliche und imprädikative Begriffsbildungen berücksichtigen. KLEENE konnte zeigen, daß sich nur noch für *hyperarithmetische G.-Bereiche* der Quantorengebrauch in diesem Sinn konstruktiv rechtfertigen läßt [18]. FEFERMAN liefert ein widerspruchsfreies Axiomensystem für weite Teile der Analysis mit hyperarithmetischem G.-Begriff [19]. Untersuchungen über Anwendung dieses G.-Begriffs auf *Modelltheorie*, *Mengenlehre* (prädikative Mengenlehre) sind noch nicht abgeschlossen [20].

Anmerkungen. [1] A. TRENDELENBURG: Erl. zu den Elementen der arist. Logik (1876) § 2. – [2] H. SCHOLZ: Leibniz, in: Mathesis Universalis (1961) 131f. – [3] B. BOLZANO, Wissenschaftslehre § 147; vgl. H. SCHOLZ: Die Wissenschaftslehre Bolzanos a. a. O. [2] 219f. – [4] Vgl. Art. ‹Ableitbar›; F. KAMBARTEL: Die logische Grundposition der Bolzanoschen Wissenschaftslehre – Ableitbarkeit und Abfolge, in: B. Bolzanos Grundlegung der Logik 1. 2. Philos. Bibl. 259 (1963); Zum Begriff der Aussageform vgl. auch F. KAMBARTEL: Zur Rede von «formal» und «Form» in sprachanalytischer Absicht. Neue H. für Philos. 1 (1971). – [5] Vgl. Art. ‹Formalisierung›. – [6] H. HERMES: Einf. in die math. Logik (1963) 140f. – [7] K. MAINZER: Der Konstruktionsbegriff in der Math. Philos. nat. 12 (1970) H. 4. – [8] L. E. J. BROUWER: Intuitionism and formalism. Bull. Amer. Math. Soc. 20 (1913/14) 81-96. – [9] S. C. KLEENE: Introd. to metamath. (1967) § 62. – [10] S. C. KLEENE: The foundations of intuitionistic math. (1965) chap. 2. – [11] ebda. – [12] P. LORENZEN: Metamath. (1962) 26f. – [13] A. HEYTING: Die formalen Regeln der intuitionistischen Logik. Sber. Preuß. Akad. Wiss. (1930). – [14] Vgl. Art. ‹Antinomie›. – [15] P. LORENZEN und J. MYHILL: Constructive definition of certain analytic sets of numbers. J. symbol. Logic 24 (1959) 37-49. – [16] Vgl. unten [19] 5. – [17] C. SPECTOR: Recursive well-orderings. J. symbol. Logic 20 (1955) 151-163. – [18] S. C. KLEENE: Quantification of number-theoretic functions. Compositio math. 14 (1959) 23-40. – [19] S. FEFERMAN: Systems of predicative analysis. J. symbol. Logic 29 (1964) 1-30. – [20] S. FEFERMAN: Predicative Provability in Set Theory. Bull. Amer. Math. Soc. 72 (1966) 486-489.

Literaturhinweise. S. FEFERMAN s. Anm. [19]. – H. HERMES s. Anm. [6]. – S. C. KLEENE s. Anm. [10]. – P. LORENZEN s. Anm. [12]. K. MAINZER

Günstling der Natur. Nach KANT besteht in den exakten Wissenschaften nur ein gradueller Unterschied zwischen dem größten Entdecker und dem durchschnittlichen Wissenschaftler, weil der Entdecker den Weg seiner neuen Erkenntnis und ihr Ergebnis jedermann so zu demonstrieren vermag, daß es durch Lernen nachvollzogen werden kann. Der G.d.N. oder das Genie, d. h. der Künstler, dagegen kann hinsichtlich seines «Talents für die schöne Kunst» nicht anzeigen, «wie sich seine phantasiereichen und doch so gedankenvollen Ideen in seinem Kopfe hervor- und zusammenfinden, darum weil er es selbst nicht weiß und es also auch keinen anderen lehren kann» [1].

Anmerkung. [1] KANT, KU. Akad.-A. 5, 309. K. WEYAND

Gut, das Gute, das Gut (griech. τό ἀγαθόν, lat. bonum, ital. il buono, frz. le bien, engl. the good)

I. Die drei Begriffe ‹gut›, ‹das Gute›, ‹das Gut› haben, besonders im philosophischen Sprachgebrauch, Bedeutungen übernommen, die im lateinischen ‹bonum› und weiter zurück im griechischen ἀγαθός und (τό) ἀγαθόν (sowie dem gleichbedeutend vorkommenden σπουδαῖος und τὸ σπουδαῖον) vorgeprägt sind. Die griechischen und lateinischen Neutrumformen bedeuten dabei sowohl «das Gute» als auch «das Gut» ohne die Möglichkeit begrifflicher Erfassung ihres Unterschieds.

1. *Der griechische Sprachgebrauch.* – Ἀγαθός (eines Stammes mit ἄγαμαι, sich wundern, bewundern, und ἄγαν, sehr viel) bedeutet eigentlich: «der Bewunderung wert» [1]. Diese gilt indes der Beschaffenheit ihres Gegenstandes, indem derselbe sich als hervorragend *tauglich* zu etwas («gut zu ...») darstellt. So verbindet sich im Begriff ἀ. eine in einer *Emotion* zum Ausdruck kommende *Wertung* (zunächst außermoralischer Art) mit einer *Sachbestimmtheit;* ἀ. hat zugleich *axiologische* und *ontologische* Bedeutung. Dasselbe gilt für σπουδαῖος.

Ausgesagt wird solches Tauglichsein von dinglichen Gegenständen, von Organen, von Tieren sowie besonders von Menschen. Das Wozu der Tauglichkeit besteht dabei in einer Funktion, die genannt sein kann; z. B. vom Land: ἀ. ἐκφέρειν καρπόν (tauglich zum Fruchttragen) [2], vom Pferd: ἀ. δραμεῖν καὶ ἐνεγκεῖν τὸν ἐπιβάτην (tauglich zum Rennen und zum Tragen eines Reiters) [3], bei HOMER von den Helden: βοὴν ἀ. (zum Schlachtruf [d. h. zum Kampf] tauglich), allgemein vom Menschen: ἀ. τέχνην, τὰ πολιτικά, τὰ πολεμικά (tüchtig zur Kunstfertigkeit, zu den Staatsgeschäften, zum Kriegswesen), so öfters bei PLATON und anderen. Die Funktion ergibt sich aus der Wesensart des als ἀ. bezeichneten Subjekts, wenn dieses durch einen Allgemeinbegriff genannt wird, der seinen Gegenstand wesentlich als in gewisser Hinsicht tauglich vorstellt, wie besonders bei Begriffen von Gebrauchsgegenständen und Berufen. So wird von einem Schuh [4], einem Auge [5], einem Pferd [6], einem Schuster [4], Flötenspieler [7], Lehrer [8] oder Dichter [9] als ἀ. oder σπουδαῖος gesprochen. Sogar von einem guten Dieb und Denunzianten ist die Rede [10] (womit die zunächst ganz außermoralische Bedeutung des Begriffs besonders hervortritt). Die Eigenschaft solcher spezifischer Tauglichkeit heißt ἀρετή (Tugend).

Der Verschiedenartigkeit des Bezeichneten entsprechend hat ἀ. sich a) in eine wesentlich *sachbezogene* und b) in eine ausschließlich *personbezogene* Bedeutung differenziert.

a) Die Funktion, die das Wozu der Tauglichkeit des Guten ausmacht, heißt sein ἔργον (Werk) [11]. Sie wird zunächst und zumeist verstanden als in einem Gebrauch bestehend; das ἀγαθόν stellt sich dann zugleich dar als χρήσιμον (brauchbar, nützlich) [12].

Das Gutsein als Funktionstüchtig- und Brauchbarsein eines spezifisch bestimmten Seienden macht eine ihm zugehörige Wesenseigenschaft (ein οἰκεῖον) desselben aus [13], und zwar die für sein Wesen entscheidende, auf die es bei seinem Sein ankommt. Sein Gutsein bedeutet dann, daß es ἱκανόν ist, d. h. daß es diesem Gebrauch als einer Wesensbestimmung genügt, so daß diese erfüllt ist; d. h. dieses Seiende wird τέλειον: vollendet, vollständig, vollkommen [14].

Der Gebrauch der das Gutsein ausmachenden Funktion kann als unmittelbar in sich sinnvoll erscheinen (wie etwa beim Sehen oder Gehen); er kann aber seinen Sinn auch haben im Hinblick auf anderes. So erscheint das ἀ. als Nützliches (λυσιτελές, λυσιτελοῦν), als Zuträgliches (συμφέρον), als Daseinshilfe Bringendes oder im Dasein Erhaltendes (ὠφελοῦν, ὠφέλιμον, σῷζον) [15]. Damit verlagert sich die Bedeutung des Wortes ἀ. von der Bezeichnung eines Seinsbestandes in sich selbst auf die seiner Bedeutsamkeit für ein anderes; aus der substantialen Bedeutung von ἀ. wird eine relationale, aus dem in sich selbst Guten wird ein für ein anderes Gutes [16].

Indes können beide Bedeutungen in *einem* Tatbestand vereinigt sein: Daß ein Seiendes so für ein anderes gut (d. h. nützlich) ist, kann darauf beruhen, daß es in sich selbst gut (d. h. funktionstüchtig) ist. So ist das in sich selbst kräftige, seine gesunden Glieder besitzende und zum schnellen Lauf befähigte Pferd zugleich «gut» für den Reiter [17]. Der Mensch, der in seiner Berufstätigkeit oder allgemein im Leben an und für sich tüchtig ist, ist zugleich hervorragend brauchbar und nützlich für seine Mitbürger: der ἀγαθός ist zugleich für die andern ein ἀγαθόν [18].

Hauptsächlich in dem substantivierten Neutrum τὸ ἀγαθόν tritt nun aber auch eine veränderte Bedeutung von ἀ. in Erscheinung: Ein Seiendes kann auch nützlich sein oder Lebenshilfe bieten allein aufgrund einer sich als fest darstellenden Eigenschaft, ohne daß diese an eine innere Funktion ihres Trägers geknüpft ist. Auch zur Bezeichnung solcher Nützlichkeit wird nun ἀ. verwendet. Dabei treten zugleich andere Zusammenhänge hervor. Als nützlich erscheint etwas nunmehr dadurch, daß es einem ursprünglich-natürlichen Bedürfnis dient, d. h. einem empfundenen Mangel und einem entsprechenden Verlangen abhilft. Darüber hinaus gibt es neue Erfahrungen von Erfreulichem und Vorteilhaftem, die ein Bedürfnis nach seiner erneuten Erlangung wecken können. So wird das ἀγαθόν gesehen als einem Bedürfnis (ἔνδεια) abhelfend [19], als Gegenstand liebenden Verlangens (ἀσπαστόν, φιλητόν) [20], einer Begierde (ἐπιθυμία) [21], kurz als etwas, «wonach alles strebt» (οὗ πάντ᾽ ἐφίεται) [22]. Die Hochschätzung des so verstandenen ἀ. gilt dann diesem nicht mehr, insofern es in sich bewundernswert und in sich vollkommen (τέλειον) erscheint, sondern insofern sein *Besitz* sich als einen eigenen Mangel aufhebend und dadurch Befriedigung bringend darstellt [23]. Doch ist es auch hier noch als τέλειον erstrebt, aber dies im Sinn von «Vollendung *gebend*, vollkommen *machend*». (Diese Doppeldeutigkeit des τέλειον-Charakters des ἀ. hat später Thomas von Aquin ausdrücklich gemacht, indem er das bonum als «perfectum» und als «perfectivum» faßte.)

Als dasjenige Seiende, für das ein anderes in diesem Sinne gut (bzw. ein Gut) ist, verstehen die Griechen zunächst und zumeist das nach seinem Besitz Strebende oder in ihm Befindliche selbst; das ἀγαθόν ist dann αὐτῷ (für es selbst) bzw. ἑκάστῳ ἀ. (für jedes selbst gut) [24]. Doch gibt es auch den Fall, daß etwas (zugleich oder sogar ausschließlich) als für ein anderes bzw. einen andern (ἑτέρῳ oder πρὸς ἕτερον) gut erscheint; dann wird es als ἀλλότριον ἀγαθόν (fremdes Gut) bezeichnet wie namentlich die δικαιοσύνη (Gerechtigkeit) [25].

b) *Die personbezogene Bedeutung* von ἀγαθός ergibt sich in der Anwendung auf den Menschen. Hier wird die Grundbedeutung «tauglich» zu «tüchtig», indem die das Gutsein ausmachende Tugend (ἀρετή) außer bloßer Fähigkeit auch Willenseinsatz erfordert, der als Selbstbeherrschung (ἐγκράτεια), Ausdauer (καρτερία) und Fleiß (ἐπιμέλεια) in Erscheinung tritt [26]. Weiter gehört dann zu solchem Gutsein die ganze Reihe der bei den alten Griechen im Lauf ihrer Geschichte hervorgetretenen Haltungen der Tugend (ἀρετή), in der Frühzeit besonders die Tapferkeit. Geschätzt werden diese Haltungen und damit das in ihnen gesehene Gutsein einerseits wie das dadurch ihrem Besitzer zuwachsenden Brauchbarkeit und Nützlichkeit für das soziale Zusammenleben willen, zuletzt und entscheidend aber aufgrund eines in der Tugendhaltung selbst erblickten inneren Wertes, der als (seelisch) Schönes (καλόν) empfunden wird [27]. Der ἀγαθός (ἀνήρ), der gute Mann, ist somit nicht nur tüchtig, sondern in eins damit auch sittlich gut [28], er ist «trefflich». Die Begriffe ἀγαθός und καλός rücken so in unmittelbare Nähe, so daß sie (durch Sokrates) zu der festen Wortbindung καλός τε καγαθός ([sittlich] schön [= sittlich gut] und tüchtig) zusammenwachsen konnten [29]. Das Gute in diesem persönlichen Sinn als καλόν ist zugleich ein ἀγαθόν, das als δι᾽ αὑτὸ αἱρετόν (um seiner selbst willen Gewähltes) sich dadurch auszeichnet, daß es lobenswert (ἐπαινετόν) ist [30].

Mit dieser von Anfang bestehenden Schätzung des ἀγαθός vermischt sich, namentlich in der Frühzeit, oft eine solche des ihm dadurch auch zukommenden Ansehens und der gehobenen sozialen Stellung [31] oder der edlen Abkunft, bei der man solche Trefflichkeit besonders (oder gar ausschließlich) zu finden glaubt [32]. Ἀγαθός kann sich damit zu einem Prädikat der Vornehmheit oder des Adels veräußerlichen.

Ein Vorläufer unseres heutigen personbezogenen Begriffs ‹gut›, der bei den Griechen keine hervorragende Rolle spielt, aber unserer heutigen Auffassung näher kommt, ist schließlich noch εὐήθης, was etwa «gutmütig», «treuherzig» bedeutet, oft (aber nicht immer) mit der leisen Nebenbedeutung von «einfältig» [33].

Anmerkungen. [1] Art. AGATHÓS, in: W. Pape: Griech-dtsch. Handwb. (³1880); vgl. Platon, Crat. 412 c. – [2] Herodot, Hist. I, 193. – [3] Aristoteles, Eth. Nic. 1106 a 20. – [4] Eth. Eud. 1219 a 22f. – [5] Eth. Nic. 1106 a 17f. – [6] Hist. anim. 631 a 2. – [7] Platon, Prot. 323 a; Symp. 215 c. – [8] Men. 93 c. – [9] Prot. 325 e. – [10] Arist., Met. 1021 b 20. – [11] Platon, Pol. 353 b-354 b; Arist., Eth. Nic. 1097 b 22-34. – [12] Eth. Nic. 1155 b 19; Eth. Eud. 1236 a 7-9. – [13] Platon, Lysis 222 c; Resp. 491 c. – [14] Phil. 20 c/d. 60 c ff. – [15] Sokrates nach Xenophon, Memorab. IV, 6, 8; Platon, Men. 87 e; Resp. 608 e; Crat. 419 a; Arist., Pol. 1261 b 9. – [16] So schon Homer andri a. Od. 17, 347. 352. – [17] Arist., Eth. Nic. 1106 a 20. – [18] Eth. Nic. 1157 b 33. 1169 b 9f. – [19] Platon, Symp. 202 d; vgl. 200 a. e. – Phil. 60 c. – [20] Phil. 32 d; Lysis 220 b; Arist., Eth. Nic. 1155 b 24. – [21] Platon, Symp. 202 d; vgl. 200 a. e. – [22] Arist., Eth. Nic. 1094 a 3. 1172 b (Eudoxos). – [23] Platon, Phil. 20 d. – [24] Arist., Eth. Nic. 1155 b 23-25; Pol. 1261 b 9. – [25] Platon, Resp. 343 c; Arist. Eth. Nic. 1130 a 3f. 1134 b 5. – [26] Xenophon, Memorab. II, 1-7. 20. 28. – [27] Arist., Eth. Nic. 1115 b 12ff. 1122 b 6ff. – [28] Platon, Tim. 87 c. – [29] Theaet. 185 e; Resp. III, 401 e; Euthyd. 271 b; Eryx. 398 d. – [30] Arist., Rhet. 1366 a 33; vgl. Eth. Nic. 1101 b 10ff. – [31] z. B. Homer, Ilias 13, 664; Od. 15, 324. – [32] Ilias 21, 109; Od. 4, 611; später bes. Theognis. – [33] In positiv-wertendem Sinn z. B. Platon, Resp. I, 349 b; Thukydides 3, 83; das Substantiv euetheia bei Herodot 3, 140.

Literaturhinweise. W. Pape s. Anm. [1]. – L. Schmidt: Die Ethik der alten Griechen (1882). – G. Kittel (Hg.): Theol. Wb. zum NT 1 (1933). – W. Jaeger: Paideia 1-3 (²⁻³1936-1959). – E. Schwartz: Ethik der Griechen (1957). – Liddel/Scott: Greek-Engl. Lex. (1968).

2. *Philosophische Bestimmungen im Griechischen.* – Philosophische Erörterungen in unserer Wortgruppe haben sich fast ausschließlich am Begriff des ἀγαθόν entzündet. Dieser gab dazu Anlaß dadurch, daß seine nur relationale Bedeutung des allgemein Erstrebten und (nach Erlangung) Befriedigung Versprechenden nichts darüber sagte, worin dieses Gute der Sache nach bestehe. Nachdem schon *Sophisten*, ohne diese Frage eigentlich zu stellen, durch eine Relativierung des ἀ. an sie gerührt hatten [1], wurde sie zuerst von Sokrates ausdrücklich gestellt und philosophisch gefaßt, indem er das ἀ. zunächst als das zum glücklichen Dasein (εὐδαιμονεῖν, εὐδαιμονία) Führende bestimmte [2].

Eine endgültige Antwort auf diese Frage zu wissen, haben erst Schüler des Sokrates beansprucht. Eukleides von Megara – zugleich unter eleatischem Einfluß – erklärte das Gute als Eines (ἕν), das, mit verschiedenen

Namen wie ‹Verständigkeit› oder ‹Gott› oder ‹Vernunft› bezeichnet, doch stets sich gleich und dasselbe bleibe (Ἓν τὸ ἀγαθὸν ἀπεφαίνετο πολλοῖς ὀνόμασι καλούμενον, ὅτε μὲν γὰρ φρόνησιν, ὅτε δὲ θεόν, καὶ ἄλλοτε νοῦν καὶ τὰ λοιπά) [3]. ARISTIPPOS hat wahrscheinlich erklärt, das ἀ. bestehe in der Lust (ἡδονή). Ausdrücklich überliefert ist zwar nur (in den später üblichen Formulierungen), er habe die Lust als τέλος oder als «höchstes Gut» (summum bonum) bezeichnet [4]. Aber PLATON bezeugt die Verbreitung der These, das ἀ. *bestehe* in der ἡδονή [5], und setzt sich mit dieser Lehre mehrfach auseinander [6]; daß er damit auch ARISTIPP (neben EUDOXOS) im Auge hatte, ist kaum zweifelhaft. – Vermutlich hat ebenso auch ANTISTHENES das κατ' ἀρετῆν ζῆν (gemäß der Tugend leben) nicht nur als τέλος (wie berichtet wird) bezeichnet [7], sondern auch das ἀγαθόν so bestimmt.

Auch PLATON geht in seiner Behandlung des «Guten» in der Hauptsache von dessen relationalem Verständnis als dem aus, was das Streben des Menschen erfüllt und ihm so sein Daseinsglück bringt [8]. Zwar berührt er (bei der Behandlung der ἀρετή) auch das substantiale Verständnis, indem er erklärt, zur «guten» Seele gehöre die gute Verrichtung der ihr eigenen Funktion (ἔργον) [9]. Aber seine Frage nach dem Guten ist als solche nach dem ἀ. formuliert und von dessen relationaler Bedeutung geleitet. Er unterscheidet drei Arten von Gutem bzw. Gütern: 1. solche, die wir aus Liebe zu ihnen selbst haben möchten, 2. solche, die wir sowohl um ihrer selbst als auch wegen ihrer Folgen lieben, 3. solche Dinge, um die wir uns nur wegen ihrer erwünschten Folgen bemühen, obgleich sie an sich lästig erscheinen. Als die «schönste» Art erklärt Platon dabei die zweite, zu der er die Gerechtigkeit und die anderen Tugenden zählt [10]. Er ist aber überzeugt, daß es über die einzelnen Tugenden hinaus noch ein höheres, letztes Gut gebe. Denn bei den Tugenden begnügten viele sich mit dem bloßen Schein; es habe aber alle suchen, sei ein wirklich Gutes [11]. Mehrfache Ansätze, dieses zu bestimmen, führen zunächst in zwei Richtungen:

Die eine geht aus (geleitet von der doch noch unbestimmt mit vorschwebenden substantialen Auffassung von ἀγαθός als «vollkommen») von der Auffassung des ἀ. als etwas, dem kein Mangel (ἔνδεια) anhaftet [12], und faßt es als verkörpert in metaphysischen Urgestalten, den Ideen, die allein wahres Sein haben. Die durchweg unvollkommenen Gestaltungen unserer sinnlichen Welt sind nur soweit gut, als sie den ihnen je zugehörigen Ideen entsprechen durch Teilhabe (μέθεξις) an ihnen bzw. durch deren (teilweise) «Anwesenheit» (παρουσία) in ihnen [13]. Das Gute der verschiedenen Ideen beruht seinerseits auf deren Teilhabe an der übergeordneten «Idee des Guten», die noch jenseits des Seins (ἐπέκεινα τῆς οὐσίας) ihren Bestand hat [14]. Die Schau und die im Rahmen des uns Menschen Möglichen betätigte Verwirklichung der Ideen (bes. des Schönen und Gerechten) bahnten für den Einzelnen und für die Gemeinschaft (πόλις) den Weg zur Eudämonie [15].

Platons zweiter Weg sucht sachliche Bestimmungen des ἀ. als des zur Eudämonie Führenden [16] zu gewinnen. Er findet anfänglich, daß es nicht in der Lust (ἡδονή) bestehe, sondern in der Gesundheit der Seele, d. h. in einer der Natur gemäßen Ordnung (τάξις) und harmonischen Gestalt (κόσμος), die ihrerseits auf Rechtlichkeit (δικαιοσύνη) und besonnenem Maßhalten (σωφροσύνη) beruhe [17].

Als Platon später zur Einsicht gelangt war, daß die Seinsidee des Guten keine letzte Einheit, sondern dialektisch auflösbar sei, setzte er im ‹Philebos› zu entsprechend erneuter ontologischer Bestimmung des ἀ. an. Er faßte es als das an sich Grenzenlos-Unbestimmte (ἄπειρον), Lust in sich Schließende, aber durch Vernunftüberlegung (φρόνησις, νοῦς) feste Begrenzung (πέρας) und damit Gesetz und Ordnung (νόμος und τάξις) Schaffende [18]. Genauer stellt sich dann dieses Gute als Einheit von Ebenmaß (συμμετρία), Schönheit (κάλλος) und Wahrheit (ἀλήθεια) dar; und da hierin (bes. im κάλλος) auch die Tugend enthalten ist, ergibt sich, daß das gesuchte (d. h. das zur Eudämonie führende) Gute wesentlich besteht im sittlich Guten (καλόν) [19]. Da dessen Träger der ἀγαθός ist, bringt dieses Ergebnis die in der Begriffsentwicklung auseinandergeratenen Bedeutungen von ἀγαθόν und ἀγαθός wieder zusammen, und es bewahrheitet sich die von Platon schon früher aufgestellte These, das Gute (ἀγαθόν) sei das, durch dessen Anwesenheit wir gut sind (οὗ παρόντος ἀγαθοί ἐσμεν) [20].

In einem ganz neuen, zunächst rein axiologischen Ansatz bestimmt Platon in den ‹Gesetzen› das ἀ.: Nicht mehr als Gegenstand menschlichen Besitzverlangens faßt er es nun, sondern als etwas Göttliches (θεῖόν τι), dem Ehre und Achtung gebührt (τίμιον) [21]. Er findet es in drei Bereichen und Rangstufen: 1. in den Göttern selbst, 2. in unserer Seele, 3. im Leib [22]. Erfüllt wird die so geforderte Ehrung der Seele durch die Tugend, die des Leibes durch Einhaltung eines mittleren Maßes (μέσον) in der Pflege seiner Fähigkeiten. Diese besteht wie hier so auch in der Schätzung und dem Erwerb materieller Güter darin, daß Übermaß (ὑπέρογκα) und Mangel (ἐλείποντα) vermieden werden [23]. Damit wird hier die axiologische Bestimmung des ἀ. durch eine sachlich-ontologische ergänzt, die die früheren Bestimmungen (τάξις, κόσμος und συμμετρία) auf ein Prinzip zurückführen. Neben dem «göttlichen» Maßstab des Guten anerkennt Platon indes hier noch den des «von Natur Menschlichen» (φύσει ἀνθρώπειον), der den Weg der Tugend auch im Hinblick auf Lust und Leid als den glücklicheren erkennen läßt [24].

Der alte Platon hat in einer nur mündlich vorgetragenen Abhandlung ‹Über das Gute› letzte ontologische Bestimmungen des ἀγαθόν, die zugleich seinen Normcharakter erfassen, zu geben versucht. Er faßt es als sachlich Bestimmend-Bestimmtes (πέρας), das als solches eine fest umgrenzte Einheit (ἕν) bildet, dabei aber das, wogegen sie sich abgrenzt, die unbestimmte Zweiheit (δυάς) des Zuviel und Zuwenig voraussetzt [25].

Platons Nachfolger haben in ihrer Bestimmung des Guten dessen (von ihm selbst nur gelegentlich herausgestellte) Naturgemäßheit stärker hervorgehoben. SPEUSIPP erklärte, die (das höchste Gut bildende) εὐδαιμονία (Daseinsglück) bestehe im Zustand vollkommener Erfüllung der naturgemäßen Verhaltensanlagen (ἕξιν εἶναι τελείαν ἐν ταῖς κατὰ φύσιν ἔχουσιν) [26]. Gleichartige Bestimmungen gaben XENOKRATES und POLEMON [27]. Die Tendenz, auf die Naturgemäßheit Gewicht zu legen, hat ferner wohl auch EUDOXOS VON KNIDOS mit bestimmt, wenn er das ἀ. als in der ἡδονή (Lust) bestehend erklärte; denn er begründete dies damit, daß alle Wesen, auch die Vernunftlosen, nach Lust strebten [28].

ARISTOTELES stellt gegenüber Platons Zurückführung alles als gut Angesprochenen auf eine einzige einheitliche Idee fest, daß das Wort ἀγαθόν ebenso vieldeutig gebraucht werde wie das des Seienden (τἀγαθὸν ἰσαχῶς λέγεται τῷ ὄντι), es werde nämlich im Sinne aller

Kategorien verwendet: καὶ γὰρ ἐν τῷ τί λέγεται οἷον ὁ θεὸς καὶ ὁ νοῦς, καὶ ἐν τῷ ποιῷ αἱ ἀρεταί, καὶ ἐν τῷ ποσῷ τι μέτριον, καὶ ἐν τῷ πρός τι τὸ χρήσιμον, καὶ ἐν χρόνῳ καιρός, καὶ ἐν τόπῳ δίαιτα καὶ ἕτερα τοιαῦτα (Gut wird nämlich in der Kategorie der Substanz ausgesagt z. B. von Gott und der Vernunft, in der Kategorie der Qualität z. B. von den Tugenden, in der Kategorie der Quantität z. B. vom richtigen Maß, in der Relation z. B. vom Nützlichen, in der Zeit z. B. vom richtigen Augenblick, in der Kategorie des Ortes z. B. vom gesunden Aufenthalt usw.) [29].

Ohne indes auf diese Vieldeutigkeit und den in ihr sich zeigenden ontologischen Bedeutungsgehalt von ἀ. einzugehen, behandelt Aristoteles diesen Begriff nur von seiner relationalen Bedeutung aus, diese allerdings zunächst in ihrer weitesten Fassung als «das, wonach alles strebt» (οὗ πάντ' ἐφίεται) fassend. Er bemerkt, daß auch dieses Gute für jedes Wesen seiner eigentümlichen Natur nach verschieden (ἑκάστῳ τῇ φύσει οἰκεῖον) sei [30], verfolgt aber auch darin eine nähere Bestimmung nur für das dem Menschen zukommende Gut (ἀνθρώπινον ἀγαθόν) [31]. Zunächst stellt er dabei in dessen Zielen (τέλη) Unterschiede fest: sie können im Handeln selbst liegen oder außerhalb als dessen bezwecktes Ergebnis [32]. Dieser Unterschied setzt voraus den allgemeinen (schon von Platon festgestellten) von Gütern, die an sich selbst (καθ' αὑτά), und solchen, die wegen dieser (διὰ ταῦτα) geliebt und erstrebt werden [33]. Auf der Grundlage dieser Beziehungszusammenhänge statuiert Aristoteles ein sich pyramidal aufbauendes Unter- und Überordnungsverhältnis der Gestalten des Guten (Güter) und der ihrer Herstellung dienenden Kunstfertigkeiten (τέχναι), in dem die jeweils übergeordneten einen höheren Rang an Gutheit (Wert) haben. An der Spitze nun stehe das ἀ. (im eigentlichen, letzten Sinn), das Aristoteles auch (und fortan zumeist) das «höchste Gut» (ἀκρότατον ἀγαθόν oder ἄριστον) nennt [34]. Als dieses und ἁπλῶς τέλειον, d. h. schlechthin vollendendes (und in sich vollkommenes), faßt er (anders als Platon) dasjenige Gut, das stets nur an sich selbst und nie wegen eines andern zu wählen ist [35]. Über seinen Namen, die εὐδαιμονία, seien die meisten einig; doch sei sein Wesen strittig [36]. Aristoteles bestimmt es wie Platon von der Tugend (ἀρετή) des Menschen aus, sie bestehe in trefflicher Ausübung der ihm aufgrund seiner Natur eigentümlichen Funktion (ἔργον), nämlich des Gebrauchs der Vernunft (λόγος) [37]. Deutlicher als Platon hebt er dabei die in dieser Funktionsausübung liegende Bewegtheit hervor, indem er sie als Betätigung (ἐνέργεια) faßt. So gelangt er zu der Definition des menschlichen Gutes (ἀνθρώπινον ἀγαθόν) als ψυχῆς ἐνέργεια κατ' ἀρετήν (tätige Wirksamkeit der Seele gemäß der Tugend), die eine solche κατὰ λόγον (gemäß der Vernunft) ist, d. h. als treffliche Betätigung der Seele gemäß der dem Menschen als Vernunftwesen eigentümlichen Funktion [38]. Als genauere sachliche Norm des darin liegenden Besten (βέλτιστον) nennt er das vom späten Platon übernommene Prinzip des Mittleren (μέσον) zwischen Übermaß (ὑπεροχή) und Mangel (ἔλλειψις) [39].

Allgemein unterscheidet Aristoteles bei den Gütern, einer von ihm schon vorgefundenen Einteilung folgend, drei Arten: äußere (ἐκτός), leibliche (περὶ σῶμα) und seelische (περὶ ψυχήν). Die seelischen seien im Rang die höchsten (κυριώτατα καὶ μάλιστα ἀγαθά), womit die gegebene Bestimmung des höchsten Gutes übereinstimme [40].

Einen weiteren Unterschied macht er zwischen ἁπλῶς und τινι ἀγαθόν (schlechthin und für jemand Gutem). Damit ist nicht der Unterschied von substantial (in sich) und relational (für einen) Gutem gemeint, sondern eine Relativität innerhalb des relational Guten: ἁπλῶς ἀ. ist das der (gesunden) menschlichen Natur durchschnittlich Zuträgliche, τινι ἀ. dagegen das nur dem Einzelnen oder nur in einer einzelnen Lage Bekömmliche [41].

Schließlich unterscheidet Aristoteles noch zwischen dem wirklich (τῷ ὄντι) und dem scheinbar Guten (φαινόμενον ἀ.). Das Verhältnis dieses Unterschieds zum vorigen scheint ihm selbst problematisch gewesen zu sein [42]. Doch erscheint das φαινόμενον ἀ. dem Strebenden selbst als ἀ., so daß er danach (aufgrund eines Irrtums über seinen wahren Charakter) wirklich strebt [43], im Unterschied zu Platons Art von Gütern, bei denen vielen der nur scheinbare Besitz (δοκοῦντα) genügt [44].

Nach Aristoteles hat in der Bestimmung des ἀ. das schon in der alten Akademie herausgestellte Prinzip der Naturgemäßheit zunehmende Bedeutung gewonnen. EPIKUR nennt, ohne eine eigentliche Wesensbestimmung des ἀ. zu geben, die Lust (ἡδονή) das erste und angeborene Gut (ἀ. πρῶτον καὶ συγγενικόν bzw. σύμφυτον), das Anfang und Endziel des glücklichen Lebens ausmache [45]. Er bezeichnet dieses Endziel auch als das der Natur (τῆς φύσεως) im Bereich des Guten [46] und weist darauf hin, daß alle Lebewesen natürlicherweise (φυσικῶς) von Geburt an dem Schmerz abhold, der Lust aber zugetan seien [47].

Als Sprecher der *Stoiker* erklärte CHRYSIPP, man könne zur Begriffsbestimmung (λόγος) des Guten und Schlechten, zu den Tugenden und zur Eudämonie nur von der allgemeinen Natur (ἀπὸ τῆς κοινῆς φύσεως) und von der Weltregierung (κόσμου διοικήσεως) aus gelangen [48]. Formal definiert wurde das ἀ. dementsprechend (und an sich in sachlicher Übereinstimmung mit Platon und Aristoteles) als τὸ τέλειον κατὰ φύσιν λογικοῦ ὡς λογικοῦ, d. h. als das, «was das Vernunftwesen gemäß seiner Natur als Vernunftwesen vollkommen» macht [49]. Den sachlichen Gehalt dieser Definition ergibt die weitere, die das ἀ. als das zum Daseinsglück Beitragende (τὸ συλλαμβανόμενον πρὸς εὐδαιμονίαν) bestimmt [50], in Verbindung mit der Aussage, die als ἀ. allein das καλόν und d. h. «die Tugend und was an ihr teilhat» anerkennt [51]. Eine Deutung des Guten als des der (Vernunft-)Natur Gemäßen ergibt auch die weitere Gleichsetzung von κατ' ἀρετὴν ζῆν (gemäß der Tugend leben) mit ὁμολογουμένως τῇ φύσει ζῆν (in Übereinstimmung mit der Natur leben) [52].

Als Arten einzelner ἀγαθά unterschieden die Stoiker seelische, äußere und sonstige. Unter die äußeren fallen dabei nicht Reichtum und Ähnliches (wie bei Aristoteles), sondern der Freund und tugendhafte Kinder und Eltern, unter die sonstigen nicht die leiblichen, sondern der tugendhafte Mensch als sich selbst bezogen [53]. Reichtum und leibliche Vorzüge wurden als nur relativen Wert besitzend (ἀξίαν ἔχοντα) und deshalb für die Eudämonie gleichgültig (ἀδιάφορα) von den ἀγαθά streng geschieden [54].

Das Stichwort vom Maßstab der Natur nahmen auch die *Skeptiker* auf, wenn auch so, daß sie diesen ablehnten. Es gebe kein von Natur Gutes, alle Schätzung als gut sei nur individuell und relativ [55].

PLOTIN faßt alte ontologische Bestimmungen des ἀ. spekulativ zusammen: Das Gute für jedes Wesen (ἀγαθὸν ἑκάστῳ) besteht in der seiner Anlage gemäßen Lebensbetätigung (κατὰ φύσιν τῆς ζωῆς ἐνέργεια). Richtet die Seele ihre Betätigung auf das Beste und ist sie selbst von bester Art, dann ist das nicht allein für sie (πρὸς αὐτήν) das Gute, sondern das ist schlechthin gut (ἁπλῶς ἀγαθόν). Das Gute im ausgezeichneten Sinn aber (τὸ ἀγαθόν) ist etwas, das sich nicht in Richtung auf ein anderes betätigt, weil es selbst das Beste von allen Seienden und jenseits alles Seienden (ἐπέκεινα τῶν ὄντων) ist, während die andern sich auf es richten und so die Möglichkeit erhalten, am Guten teilzunehmen [56]. Es ist wie bei Platon der Urquell alles Seins und wird ihm folgend auch als das Eine (ἕν) gefaßt [57].

Anmerkungen. [1] Dissoi logoi 1. Über das Gute und Schlechte. VS A 90; vgl. PROTAGORAS bei PLATON, Theait. 167 c. – [2] PLATON, Charm. 174 a ff. – [3] EUKLEIDES bei DIOG. LAERT. II, 106; ähnlich CICERO, Acad. II (Luc.), 129. – [4] CICERO, De fin. I, 26; II, 19; EUSEBIUS, Praep. evang. XIV, 18, 31; EPIPHANIUS, Adv. haer. III, 2, 9. – [5] PLATON, Resp. 505 b. – [6] bes. im ‹Gorgias› und ‹Philebos›. – [7] DIOG. LAERT. VI, 104. – [8] PLATON, Resp. 358 a. 571 a. 580 b; Phil. 11 c. – [9] Resp. 353 e. – [10] 357 b-358 a. – [11] 505 d/e. – [12] Phaidon 74 d-75 a. – [13] Lysis 217 e; Gorg. 497 e; Phaidon 100 d (PAROUSÍA); Parm. 132 d (MÉTHEXIS); vgl. dazu ARIST., Met. 987 b 9-12. – [14] PLATON, Resp. 509 b. 516 c. – [15] 541 a; Phaidr. 246 b. d/e. – [16] Charm. 174 b; Gorg. 470 e; Phil. 11 d. – [17] Gorg. 504 a-d. 506 e. 507 c. 508 b; zur Naturgemäßheit Resp. 444 c/d. 501 b. – [18] Phil. 23 c-31 a. – [19] 64 d-66 a. – [20] Gorg. 506 d. – [21] Leg. 726-728 c. 730 d. 731 c; in 727 a ist mit APELT zu lesen HOU (statt POU) TIME. – [22] 726-728 d. – [23] 728 e-729 a; ähnlich über ein Mittleres zwischen Lust und Leid 792 d. 793 a; weiteres zum Mittleren bei PLATON und Aristoteles H. J. KRÄMER: Arete bei Platon und Arist. (1959) 146-243. – [24] PLATON, Leg. 732 d/e. 733 a/b; ähnlich 889 e-890 d. – [25] Vgl. dazu KRÄMER, a. a. O. [23]; K. GAISER: Platons ungeschriebene Lehre (1963); O. WICHMANN: Platon (1966). – [26] CLEMENS ALEX., Strom. 418 d. – [27] CICERO, Acad. II, 42, 131; PLUTARCH, Comm. not. c. 23, S. 1069. – [28] ARISTOTELES, Eth. Nic. 1172 b 9-11. – [29] Eth. Nic. 1096 a 23-27. – [30] Eth. Nic. 1178 a 5. – [31] 1102 a 14f. – [32] 1094 a 3-5. – [33] 1094 a 18f. 1096 b 13f. – [34] 1094 a 5-23. – [35] 1094 a 18-22. 1097 a 30-1097 b 5. – [36] 1095 a 16-22. 1097 a 34. – [37] 1097 b 22-1098 a 4; vgl. zur Verwendung des Begriffs ‹Natur› 1102 b 13. – [38] 1098 a 7-16. – [39] Eth. Eud. 1220 b 21-28; vgl. die Bestimmung der Tugend Eth. Nic. 1106 b 36-1107 a 3. – [40] Eth. Nic. 1098 b 12-18; Pol. 1323 a 25f.; vgl. PLATON, Leg. 726-728 c. – [41] ARIST., Eth. Nic. 1152 b 27; vgl. 1097 a 2. 1129 b 2-4. – [42] 1113 a 14-b 2. 1155 b 25-27. – [43] 1166 a 14f. – [44] PLATON, Eth. Eud. 1235 b 25f. – [44] PLATON, Resp. 505 d/e. – [45] DIOG. LAERT. X, 128f. – [46] X, 133. – [47] X, 137. – [48] PLUTARCH, De Stoic. repugn. 9, S. 1035 c. SVF III, 68. – [49] DIOG. LAERT. VII, 94. SVF III, 76. – [50] SEXTUS EMP., Adv. math. XI, 30. SVF III, 73. – [51] DIOG. LAERT. VII, 101. SVF III, 30. – [52] VII, 82. SVF I, 179. – [53] SEXTUS EMP., Adv. math. XI, 46. SVF III, 96; ähnl. DIOG. LAERT. VII, 95. SVF III 97 a. – [54] DIOG. LAERT. VII, 102. SVF III, 117; dazu H. REINER: Die ethische Weisheit der Stoiker heute. Gymnasium 76 (1969) 330-352. – [55] SEXTUS EMP., Hyp. Pyrrh. III, 179-190; Adv. math. XI, 74-78. – [56] PLOTIN, Enn. I, 7, 1. – [57] Enn. VI, 9, 3; über die von Platon abweichende Bedeutung der Platonischen Formulierungen Plotins vgl. W. BRÖCKER: Platonismus ohne Sokrates (1966).

Literaturhinweise. – *Indices und Quellen:* D. FR. AST: Lexicon Platonicum (1835). – H. BONITZ: Index Aristotelicus (1870). – F. DIERLMEIER (Hg.): Aristoteles, Nikomachische Ethik, Übers. mit angemessenen begriffsgesch. Erläuterungen (⁵1969); Eudemische Ethik (1969); Magna Moralia (²1966). – J. VON ARNIM: Stoicorum Veterum Fragmente (SFV) (²1920). – *Untersuchungen:* J. STENZEL: Studien zur Entwicklung der Platonischen Dialektik von Sokrates zu Aristoteles (1931); Met. des Altertums, in: A. BAEUMLER/M. SCHRÖTER (Hg.): Hb. der Philos. 1 (1931); Zahl und Gestalt bei Platon und Aristoteles (1933). – H. J. KRÄMER s. Anm. [23]. – K. GAISER s. Anm. [25]. – O. WICHMANN s. Anm. [25]. – A. W. ADKINS: Merit and responsibility (Oxford 1960).

3. *Der vorchristlich-lateinische Sprachgebrauch.* – Mit dem griechischen ἀγαθός und τὸ ἀγαθόν war das lateinische ‹*bonus*› und ‹*bonum*› von vornherein in weitem Umfang bedeutungsgleich: Auch das Adjektiv ‹bonus› bedeutet einerseits tauglich in sich, andererseits brauchbar, nützlich zu einem Zweck und für jemand. Auf Menschen angewandt ist der (vir) bonus der Treffliche als der Tüchtige, der zugleich damit den Anforderungen der Sittlichkeit gerecht wird. Auch die Veräußerlichung die diese Bezeichnung auf die gute, d. h. vornehme Abstammung bezieht, tritt auf. Bonum ist wie τὸ ἀγαθόν das Gut.

Für den *philosophischen* Sprachgebrauch konnte aufgrund dieser Sachlage CICERO, als er die griechische Philosophie in das römische Denken einführte [1], ohne weiteres ‹bonus› und ‹bonum› für die genannten griechischen Begriffe verwenden. Nur für das καλόν als das sittlich Gute fand er keinen entsprechenden lateinischen Begriff vor, da ‹pulchrum› diese Bedeutung im Sprachgebrauch nicht hatte. Cicero fand sich hier auf ‹honestum› als wenigstens annähernd entsprechenden Ausdruck angewiesen; mit ihm wird aber das sittlich Gute nicht so sehr aufgrund seiner inneren Qualität bezeichnet als vielmehr aufgrund der ihm von außen zukommenden Anerkennung und Achtung [2]. Indes hat eben durch Ciceros Übersetzung von καλόν mit ‹honestum› dieser Begriff in dem dadurch begründeten philosophischen Sprachgebrauch noch mehr vom Bedeutungsgehalt des καλόν aufgenommen.

Anmerkungen. [1] Vgl. CICERO, De finibus bonorum et malorum bes. Einl. – [2] Vgl. F. KLOSE: Die Bedeutung von honos und honestum (Diss. Breslau 1933) 98-136.   H. REINER

II. *Der Begriff des G. von Cicero bis Boethius und Pseudo-Dionysios Areopagita.* – 1. *Cicero und Seneca.* – Für den philosophischen Sprachgebrauch der Folgezeit wird es wichtig, daß bei CICERO der Begriff des G. in zwei Gedankengängen erscheint: in der Frage nach dem «vir bonus» [1] und in der Erörterung des «(summum) bonum» [2].

Den «vir bonus» charakterisiert Cicero, ganz in der römischen Tradition stehend, die ihn als guten Bauern, guten Soldaten und guten Siedler betrachtete [3], als denjenigen, der bei selbstverständlicher Geordnetheit seines privaten Bereiches vor allem seinen öffentlichen Verpflichtungen nachkommt [4], der demnach unbescholten und angesehen ist, dessen Wort eine ganze Untersuchung ersetzt [5]. Cicero kennt aber auch den Zweifel an der Richtigkeit dieser Wertung [6], und in den philosophischen Schriften trägt sein «vir bonus» die Züge des stoischen Weisen [7].

In der Frage nach dem «summum bonum» ist bei Cicero keine entschiedene eigene Position erkennbar. ‹De finibus bonorum et malorum› bietet zwar nebenbei die gängige formale Definition des «summum bonum» als des Wertes, der um seiner selbst willen erstrebt wird [8], in der Hauptsache aber nur Darstellung und Widerlegung der Theorie Epikurs [9], der Stoa [10] sowie der akademischen und der peripatetischen Lehre im Sinne des ANTIOCHOS VON ASKALON. Ciceros Stellungnahme besteht in einer strikten Ablehnung des Epikureismus, der in sich selbst widersprüchlich sei [11], einer Distanzierung vom stoischen Rigorismus [12], der außer der «virtus» keinerlei Wert bestehen läßt [13], und in der Übernahme der Akademie und Peripatos harmonisierenden Position des Antiochos von Askalon, welche unterhalb des «summum bonum» der Eudämonie eine Hierarchie relativer Werte gelten läßt [14]. Deutlicher wird diese Position in den ‹Tusculanae disputationes›. Hier strebt Cicero eine systematisierte Hierarchie von Gütern an, die sich von der je eigenen Vollkommenheit der Pflanzen [15] und der Tiere [16] zu der des Menschen erhebt, der durch die Teilhabe am göttlichen Geist [17] in vollkommener Ausbildung seines Geistes seine «virtus» verwirklicht. So erreicht er als «summum bonum» die Eudämonie [18]. Die Kontroverse zwischen Stoa einerseits und Akademie und Peripatos andrerseits läßt Cicero hier durch KARNEADES schlichten, der einfach die «commoda» der Stoiker mit den «bona» der Peripatetiker gleichsetzt [19]. Das Eigene an Ciceros Position gegenüber der von ihm überschauten Tradition [20] ist die Betonung der philosophischen Anstrengung als Lebensgestaltung auch trotz der Unentscheidbarkeit letzter philosophischer Fragen [21].

Bei SENECA tritt gemäß der stark lebenspraktischen Ausrichtung seines Denkens die spekulative Frage nach dem «summum bonum» zurück hinter die Frage nach dem «vir bonus». Zwar kennt Seneca und handhabt teilweise selbst den überlieferten Begriff des «politischen» vir bonus [22], «bonus» im eigentlichen Sinn ist für ihn aber erst der, welcher «vollkommen, unabhängig ist, den keine Gewalt und keine Not schlecht machen kann» [23]. Er ist ausgezeichnet nicht etwa durch die Unterdrückung des Schlechten, sondern durch dessen völliges Nichtvorhandensein [24]. Senecas «vir bonus» ist der stoische Weise. In seinem Innern leuchten die Kardinaltugenden [25], bei ihm und in ihm ist Gott [26], er ist Gott vergleichbar [27] und unterscheidet sich von Iupiter nur in der Lebensdauer. Wer diesen Grad von Weisheit erreicht hat, ist am höchsten Ziel seines Lebens und stellt ein «exemplar viri boni» dar [28]. Er steht souverän über dem, was die Menge als Güter ansieht, wie etwa Reichtum [29], und die Übel können nicht an ihn heran [30]; desgleichen steht er über den Affekten [31], auch den guten [32]. Einziges Ziel ist die Erfüllung seiner Pflicht (officium) [33], Maßstab das Gewissen (conscientia) [34], Triebkraft der Wille [35], dessen Ursprung aber unklar bleibt [36]. Dieser Voluntarismus ist Senecas eigene Zutat zu dem «altstoischen Intellektualismus» (Pohlenz). Mit der Würdigung von Willen und Gewissen steht er Philon von Alexandria und Paulus nahe. Das hat die christliche Adaptation seiner Gedanken erleichtert.

In dem von Cicero und Seneca geschaffenen Rahmen bewegt sich auch der Sprachgebrauch außerhalb der Philosophie und in der Dichtung. ‹Bonum› und ‹bona› bleiben ziemlich konstant als Bezeichnung für Besitz [37], Vorteil [38], Vorzug [39] und Fähigkeit [40]. ‹bonus› dagegen sinkt gelegentlich zum inhaltlosen Attribut ab: SENECA und QUINTILIAN bezeugen die Übung, Kandidaten [41] oder auch Freunde im persönlichen Umgang [42] « boni» zu nennen. In der Dichtung kommt ‹bonus› für καλός vor [43], bezeugt ist auch die Verbindung «bonus et optimus» für καλὸς κἀγαθός [44]. Es gibt auch die Warnung vor der Äußerlichkeit der altrömischen Wertung des «vir bonus» [45]. Quintilian erneuert das ciceronische Ideal [46], TACITUS verleiht das Prädikat ‹bonus› den Optimaten, PLINIUS der Jüngere den loyalen Staatsbürgern unter Traian [47]. PETRONIUS verspottet den «vir bonus» durch die ironisierende Wortbildung ‹bonatus› [48], MARTIAL kennt die Unbeholfenheit des «'guten Menschen» [49]. Dieser Bedeutungsumfang bleibt in der vorchristlichen Literatur erhalten.

Anmerkungen. [1] CICERO, Haupttext: Pro Sestio, bes. 98-100. – [2] De finibus; Tusculanae disputationes; De officiis. – [3] Cato, agr. praef. 2. – [4] Sest. 98f. – [5] Part. orat. 117. – [6] Ep. 16, 2, 2. – [7] Parad. Stoic. 19; Tusc. 5, 28. – [8] De fin. 1, 9, 29; 1, 12, 42; vgl. a. a. O. [35 zu I/2]. – [9] De fin. 1. – [10] a. a. O. 3. – [11] 2. – [12] 4, 14, 39-16, 45. – [13] 3, 3, 10. – [14] 4, 2, 3-5. – [15] Tusc. 5, 37. – [16] a. a. O. 5, 38. – [17] ebda. Ende: «decerptus ex mente divina». – [18] 5, 40. – [19] 5, 119-120. – [20] 5, 84-85. – [21] Hort. Frg. 97, hg. MUELLER. – [22] SENECA: Ep. 3, 2; De benef. 1, 1, 1. – [23] Ep. 34, 3. – [24] Ep. 85, 5; vgl. De benef. 5, 12, 4. – [25] Ep. 115, 5. – [26] Ep. 41, 2; Dial. 1, 1, 5. – [27] Ep. 73, 12. – [28] Ep. 93, 8. – [29] Dial. 5, 33, 4. – [30] Dial. 9, 16, 12. – [31] Dial. 3, 12, 4. – [32] De clem. 2, 5, 1. – [33] Dial. 3, 12, 2. – [34] Ep. 81, 20; vgl. Dial. 5, 36, 1-4. – [35] Ep. 80, 4. – [36] Ep. 37, 5. – [37] STATIUS, Sil. 1, 3, 105; 2, 2, 130; TACITUS, Ann. 16, 1. – [38] SALLUST, Cat. 43, 3; TACITUS, Ann. 1, 4. – [39] TIBULL 2, 4, 36; OVID, Ars 2, 113; SENECA MAI., Contr. 2, 1, 13. – [40] PLINIUS MAI., Nat. 15, 78; QUINTILIAN, Inst. 11, 3, 19. – [41] SENECA, Ep. 3, 1. – [42] QUINTILIAN, Inst. 12, 1, 19. – [43] PROPERZ 2, 18, 32; HORAZ, Sat. 2, 7, 52; OVID, Amores 3, 2, 27. – [44] APULEIUS Plat. 2, 21; Metamor. 8, 9; – [45] HORAZ, Sat. 1, 3, 32; Ep. 1, 16, 40ff.; PUBLILIUS V, 14. – [46] QUINTILIAN, Inst. 2, 20; vgl. T. SINKO: De Romanorum viro bono (Krakau 1903) 292f. – [47] TACITUS, Hist. II, 7; PLIN. MIN., Pan. 3, 18, 1. – [48] PETRON, Sat. 74. – [49] MARTIAL 3, 38, 14.

Literaturhinweise. T. SINKO s. Anm. [46]. – Art. ‹bonus/bonum› in: Thes. ling. lat. 2, 2079-2128. – H. MERGUET: Lex. zu den philos. Schriften Ciceros (ND 1961). – M. POHLENZ: Die Stoa (1948). – I. HADOT: Seneca und die griech.-röm. Tradition der Seelenleitung (1969).

2. *Patristik.* – Neben Cicero (vorwiegend Quelle der lateinischen Väter) und der Stoa allgemein wirken bei den Kirchenvätern besonders Gedanken des PHILON VON ALEXANDRIA. Ebenso aus der philosophischen Tradition wie aus dem alttestamentlichen Glauben stammen folgende Gedanken [1]: Die Verwirklichung des Guten (= G.) ist nicht Erfüllung einer innerweltlichen Idealforderung, sondern Gebot des transzendenten Gottes [2]. Wille und Anstrengung (πόνος) sind Voraussetzung für die sittliche Leistung [3]; Entscheidungsinstanz für das G. (und Böse) ist das Gewissen [4]. In wechselnden Zusammenhängen ist Gott bald das höchste und vollkommenste G. [5], welches die einzelnen Güter (τὰ κατὰ μέρος ἀγαθά) «regnet und schneit» [6], ist Gott die Ursache alles G. [7], steht er selbst noch über dem G. [8]. Auf ihn gehen die traditionell in geistige, körperliche und äußere geteilten Güter zurück [9]. Aus eigener Kraft allein kann der Mensch das G. nicht tun [10], aber seine Anstrengung ist erforderlich [11]. Entscheidender Beitrag Philons zum Denken der Väter ist die Gleichsetzung des höchsten G. mit dem persönlichen Gott.

Für ORIGENES spielt die Willensrichtung auf das G. hin und von ihm weg eine gravierende Rolle [12]. Das ermöglicht den Glauben an die Erschaffung des G. durch Gott, ohne daß dieser mit der Erschaffung auch des Bösen belastet zu werden braucht [13]. Gott ist substantiell gut, das Geschaffene aber nur akzidentiell, weshalb es der Güte verlustig gehen kann [14]. Gott kann nicht die einen notwendigerweise gut, die anderen notwendigerweise schlecht erschaffen haben [15]. Die monistische Lösung der Frage nötigt Origenes, auch im Teufel das ursprünglich gut erschaffene Wesen zu sehen [16], womit er allerdings die Theodizee-Frage ungelöst weiterschiebt. Ihre Unlösbarkeit gesteht er (indirekt) ein [17].

Die Umorientierung der Wertung vom traditionell Römischen zum Christlichen zeigt deutlich TERTULLIAN, wenn er gegen den zu seiner Zeit gängigen Wortgebrauch das Prädikat ‹bonus› ausdrücklich für den Christen in Anspruch nimmt [18]. Er versteht darunter kompromißlosen und rigorosen Gehorsam gegen das natürliche, d. h. für ihn göttliche Gesetz [19]. Für diese «Guten» will Gott das ewige Heil [20]. Das G. in der menschlichen Seele ist substantiell, wie von Gott geschaffen, und wird durch das später dazugekommene Böse nicht verdrängt, sondern nur verdeckt [21]. Tertullian hält gegen Marcion entschieden an der Güte der göttlichen Schöpfung fest [22].

Eine ähnlich radikale Verschiebung zum Christlichen hin erfährt das «summum bonum» bei LAKTANZ. Nach Erörterung der bis dahin unternommenen Lösungsversuche schließt er diese alle aus und erklärt zum eigentlichen «summum bonum», bei Gott die Unsterblichkeit zu erlangen [23]. Von den Gütern des diesseitigen Lebens sind nur die des Geistes echte Güter [24]. Eigentümlich ist seine Lehre von den zwei von Gott, der Quelle alles G., ausgehenden Geistern (spiritus), von denen der erste gut bleibt, der zweite sich aus Neid gegen Gott kehrt und zum διάβολος wird [25]. Daneben steht ein ausgesprochener Dualismus, der das G. dem Geist und das Schlechte dem Körper zuordnet [26].

Ebenso wie Laktanz verlagert AMBROSIUS das «summum bonum» ins jenseitige Leben; dort wird die wahrhafte «virtus» dessen teilhaftig, was die Philosophen in diesem Leben suchen: der «beatitudo» [27]. Unterhalb dieses höchsten G. stehen bei ihm stoische «virtus»-Autarkie und vorsichtige Zugeständnisse an peripatetische Güterlehre [28]. Von PLOTIN übernimmt er den Gedanken, daß das Böse lediglich in der Minderung des G. bestehe, wobei er ‹bonum› für καλόν setzt [29].

AUGUSTINUS behandelt die Frage nach dem G. zusammenfassend in einer eigenen kleinen Schrift [30]; das Thema selbst tritt bei ihm aber über das ganze Werk hin in zahlreichen Variationen auf [31], die sich nicht zu einem geschlossenen System zusammenfügen lassen. Greifbar sind folgende Grundvorstellungen: Gott ist das höchste, vollkommenste und ungeteilte G. [32], das allem einzelnen G. zugrunde liegt und es ermöglicht oder schafft [33]. All das Geschaffene ist, sofern geschaffen, auch gut [34], und zwar bis zum kleinsten Gegenstand herunter [35]. Das Schlechte hat kein eigenes Sein, ist vielmehr nur Minderung des G., Abkehr von ihm oder dessen Fehlen [36]. Das neuplatonische Dilemma, letzten Endes doch ein Schlechtes hinnehmen zu müssen, meistert Augustinus dadurch, daß er auch das als schlecht Erscheinende in die guten Pläne Gottes einbezieht [37]. So erreicht er eine Hierarchie des Seienden, die ohne Bruch auch eine solche des G. ist. In dieser Hierarchie haben auch die zeitlichen Güter ihren Platz. Entscheidend ist der Gebrauch, den der Mensch von ihnen macht, und ob diese Güter in ihrer Relation zum «summum bonum» gesehen werden oder nicht [38], ob er sie um ihrer selbst willen genießen (frui) oder um des jeweils höheren G. willen gebrauchen (uti) will [39].

Ausschlaggebende Bedeutung mißt Augustinus dem Willen bei [40]. Obgleich er auch gelegentlich Wendungen gebraucht, die konsequenterweise zum Ausschluß der Willensfreiheit führen müßten [41], besteht er doch auf der Entscheidungsfreiheit für oder gegen das G. [42], die aber wiederum durch eine natürliche, gottgegebene Neigung zum G. unterstützt wird [43]. Das Paradox bleibt bestehen.

Als Zielpunkt des Willens erscheinen als «summum bonum» das ewige Leben [44], die «beatitudo» [45], die Zugehörigkeit zu Gott [46]; ja eine ganze Reihe verschiedener Werte erhält den Charakter von relativen «summa bona» [47].

«Boni» sind diejenigen, die «mit ganzem Herzen (voluntas!) Gott dienen» [48], deren Inneres ein Sitz Gottes ist [49]. Sofern sie «beati» sind, sind sie auch «boni» und umgekehrt [50].

Anmerkungen. [1] Vgl. R. GÖGLER: Zur Theol. des göttlichen Wortes bei Origenes (1963) 127; E. BREHIER: Les idées philos. et relig. de Philon d'Alexandrie (Paris 1950) 251-310; M. POHLENZ: Die Stoa (1948) 378. – [2] PHILON VON ALEXANDRIA, De spec. leg. II, 53. – [3] De sacr. A. et C. 35ff. – [4] Quod det. pot. insid. sol. 146; vgl. De virt. 124; De spec. leg. 49. – [5] De gig. 45; De decal. 81; Leg. ad Gai. 5. – [6] Leg. alleg. III, 104; 12. – [7] Quod omnis prob. lib. sit 84. – [8] De praem. et poen. 40. – [9] De ebr. 201; Quod det. pot. insid. sol. 7. – [10] De mut. nom. 47-48. – [11] De sacr. A. et C. 35ff. – [12] ORIGENES, De princ. II, 8, 3. – [13] In Jer. II, 1. – [14] De princ. II, 9, 2. – [15] Comm. in Joh. XIII, 10; XX, 4. – [16] De princ. I, 5, 5. – [17] Contra Cels. II, 35. – [18] TERTULLIAN, Nat. 1, 4, 8-10; vgl. SINKO, a. a. O. [46 zu 1] 297. – [19] TERTULLIAN, De cor. 6 mit Berufung auf 1. Kor. 11, 14 und Röm. 2, 14; daneben gebraucht er aber auch den gängigen Begriff ‹bonus›; vgl. De anim. 1, 5; 23, 5; 28, 2. – [20] De anim. 16, 5. – [21] De anim. 41, 3. – [22] Carm. adv. Marc. II. – [23] LAKTANZ, Inst. 3, 12, 12-21; vgl. Epit. 47, 1. – [24] Inst. 5, 21, 3-22, 17. – [25] Inst. 2, 8, 3-7; vgl. A. WLOSOK, Laktanz und die philos. Gnosis (1960) 107. – [26] LAKTANZ, De ira 19, 1. – [27] AMBROSIUS, Bon. mort. 55; vgl. Ep. 29, 8, wo Christus das «summum bonum» ist. – [28] Off. 2, 18; den Gütern der Erde wird ein beschränkter Wert zugestanden Abr. 2, 68; vgl. POHLENZ, a. a. O. [1] 446. – [29] PLOTIN, Enn. I, 8, 14; AMBROSIUS, Isaac 7, 61; vgl. P. COURCELLE: Die Entdeckung des christl. Neuplatonismus. Wege der Forsch. 5 (1962) 153; auch Vulg. Gen. 1, 31 gibt KALON mit ‹bonum› wieder. – [30] AUGUSTINUS: Nat. bon. – [31] Vgl. D. LENFANT: Concordantiae Augustinianae (ND 1963). – [32] AUGUSTIN, De trin. 8, 3, 4; Pecc. mer. 2, 17, 27. – [33] De civ. Dei 12, 1, 3; De lib. arb. 2, 20, 54; C. adv. leg. 1, 6, 8; Gen. ad litt. 4, 16, 27. – [34] Div. quaest. 24; De vera relig. 18, 35; Ep. 79; 140, 2, 45. – [35] De lib. arb. 2, 17, 46; 2, 20, 54; De civ. Dei 14, 11, 1; 19, 13, 2; Ord. 2, 1; Nat. bon. 1. – [36] In evang. Joh. 39, 8; De lib. arb. 3, 13, 36; Nat. bon. 6; 17; Enchir. 11; 14; De civ. Dei 11, 9; 12, 9; 14, 11. – [37] In evang. Joh. 41, 12; Nat. bon. 37; Enchir. 96; vgl. Soliloq. 2, 28f. – [38] De lib. arb. 2, 19, 50; Catech. rud. 18, 30; Ep. 140, 2; 220, 10f. – [39] Ep. 220, 11; vgl. Ep. 144, 2; In psalm 4, 8; Conf. 4, 12, 18; De civ. Dei 15, 7, 1; Nat. bon. 36. – [40] Conf. 13, 11, 12; De trin. 10, 10, 13; vgl. De civ. Dei 12, 9, 1. – [41] Grat. 16; Contra 2 ep. Pel. 2, 8, 18. – [42] Conf. 8, 10, 24; De civ. Dei 15, 21; Gen. ad litt. 8, 23, 44. – [43] Grat. Christ. 23, 24; De lib. arb. 2, 9, 26; vgl. De civ. Dei 14, 11, 1. – [44] De civ. Dei 19, 4, 1. – [45] De lib. arb. 2, 9, 26; De civ. Dei 8, 3. – [46] De civ. Dei 10, 4. – [47] De lib. arb. 2, 9, 27. – [48] Agon. 7, 7. – [49] In psalm. 98, 3. – [50] Ep. 130, 7, 4; 155, 1, 2; De lib. arb. 1, 14, 30; Serm. 150, 3, 4.

Literaturhinweise. P. COURCELLE s. Anm. [29] 125-181. – R. GÖGLER s. Anm. [1]. – E. BREHIER s. Anm. [1]. – H. LEISEGANG, in: PHILONIS opera 7 (1926) Indices. – D. LENFANT s. Anm. [31]. – A. WLOSOK s. Anm. [25].

3. *Boethius und Pseudo-Dionysius Areopagita.* – Platonisch ist die Lehre vom Guten mit ihrem Theodizeeansatz in der ‹Consolatio philosophiae› des BOETHIUS [1]: Gott ist das höchste G. [2], das alle anderen Güter in sich enthält; er ist der Inbegriff des G. [3]; er ordnet und lenkt alles durch das G. [4]; das Böse dagegen ist von Gott aus gesehen ein Nichts [5]. Weniger von der ontologischen als von der ethischen Frage her betrachtet wird das Problem des G. (und Bösen) im vierten Buch der ‹Consolatio›: Wie kann es den Guten schlecht gehen, wenn ein guter Lenker der Dinge existieren soll [6]? Die Antwort erinnert an Augustinus: Für die Kraft Gottes ist auch das Böse gut, denn sie kann durch richtigen Gebrauch (competenter utendo) Gutes daraus entstehen lassen [7]. Auch das Böse hat demnach seinen Platz in der gottgelenkten Ordnung und ist selbst ein Teil dieser Ordnung [8]; nur kann der Mensch die göttlichen Pläne weder durchschauen noch darstellen [9].

Teils biblischen, teils neuplatonischen Ursprungs ist die Spekulation des PSEUDO-DIONYSIUS AREOPAGITA: Güte (ἀγαθότης) ist für ihn die angemessenste Aussage über Gottes Wesen [10]. Dabei erscheint ἀγαθότης als eigene Hypostase, und sie wird als Urprinzip des G. noch über das G. selbst hinausgehoben [11]. Aus diesem G. bzw. der Güte Gottes geht die gesamte Schöpfung hervor [12], weil Gott den Geschöpfen seine Güte mitteilt [13]. Diesen Vorgang selbst nennt Dionysius «gute Hervorgänge» (ἀγαθαὶ πρόοδοι) [14]. Sie erstrecken sich bis zum letzten Ding herunter [15], ja bis zum Nichtsein (μὴ ὄν) [16], wobei sich der Grad der Teilhabe an der ἀγαθότης stufenweise abschwächt [17]. Unser eigenes Gutsein ist Geschenk der göttlichen ἀγαθότης [18]. Verbunden mit ihr erscheint häufig auch die göttliche Vorsehung (πρόνοια) [19], gelegentlich auch das καλόν, das dem ἀγαθόν gleichgesetzt wird [20]. Auch der göttliche ἔρως steht mit dem ἀγαθόν in Verbindung: «Er geht aus ihm [dem G.] hervor und wendet sich wieder zu ihm zurück» [21]. Dieselbe Rückwendung wird auch von der ἀγαθότης selbst ausgesagt: «Sie wendet alles auf sich zu» [22]. Dionysius läßt noch ausgeprägter als frühere Neuplatoniker, von denen er abhängt [23], Sein und Gutsein ineinanderfallen.

Anmerkungen. [1] BOETHIUS, Cons. philos. 3, 9, 32 mit Bezug auf Tim. 27 c. – [2] a. a. O. 3, 2, 3. – [3] 3, 10, 7f. – [4] 3, 12, 14. – [5] 3, 12, 29. – [6] 4, 1, 3. – [7] 4, 6, 52. – [8] 4, 6, 53. – [9] 4, 6, 54-56. – [10] Ps.-DIONYSIUS AREOPAGITA, De div. nom. 4, 1; 13, 3. – [11] a. a. O. 4, 19; Ep. 2; vgl. De div. nom. 2, 1. – [12] a. a. O. 5, 8. – [13] De cael. hier. 4, 1. – [14] De div. nom. 5, 2; 9, 9. – [15] a. a. O. 4, 4. – [16] 4, 1; 4, 3; 4, 19. – [17] 4, 20. – [18] Ep. 2. – [19] De div. nom. 1, 5; 1, 7; 12, 2; De cael. hier. 7, 4; vgl. V. LOSSKY: La théol. négative dans la doctrine de Denys l'Aréopagite. Rev. Sci. philos. et théol. 28 (1939) 204-221. – [20] Ps.-DIONYS, De div. nom. 4, 7. – [21] a. a. O. 4, 13f. – [22] 4, 4; vgl. 4, 35. – [23] Vgl. W. VÖLKER: Kontemplation und Ekstase bei Pseudo-Dionysius Areopagita (1958) 141-169.

Literaturhinweise. A. NYGREN: Eros und Agape (1937). – V. LOSSKY s. Anm. [19]. – A. DEMPF: Der Platonismus des Eusebius, Victorinus und Pseudo-Dionysius (1962). – W. VÖLKER s. Anm. [23].

4. *Der Wortgebrauch nichtphilosophischer Texte* im-Übergang zum Mittelalter hält sich trotz der allgemeinen Christianisierung sehr weitgehend im vorchristlichen Rahmen: APOLLINARIS SIDONIUS nennt einen Bischofsamtskandidaten «bonoviratus» und gebraucht aus Seneca entlehnte Wendungen [1]. ISIDOR VON SEVILLA kennt für den Redner keine andere Definition als «vir bonus dicendi peritus» [2]. Die ‹*Capitularia regum Francorum*› verwenden den Begriff ‹bonus› ganz im altrömischen Sinn [3]. Daneben scheint aber auch die Tendenz geherrscht zu haben, die überkommenen Wertungen durch Umdeutung zu christianisieren [4]. Im 8. und 9. Jh. sind sowohl ‹bonus› als auch ‹bonum› eindeutig von christlicher Wertung bestimmt und nähern sich der Bedeutung von «fromm» und «gottgegebenes Gut». Gott selbst erhält das Prädikat «bonus et pius» [5].

Das mittelalterliche lateinische Spruchgut bewahrt viel Antikes im Umgang mit dem Begriff ‹gut›. Vor allem Zitate aus Plautus und «Sentenzen» des Publilius Syrus scheinen sehr verbreitet gewesen zu sein [6].

Anmerkungen. [1] APOLLINARIS SIDONIUS, Ep. 7, 9, 22; vgl. SINKO, a. a. O. [46 zu 1] 298. – [2] ISIDOR, Orig. 2, 3, 1; vgl. 10, 23. – [3] Cap. reg. Franc. 63, 10; 141, 2. – [4] Vgl. J. LECLERCQ: Wiss. und Gottverlangen (1963) 135. – [5] Vgl. Mittellat. Wb. 1 (1967) s.v. ‹bonus›; im Einzelnen: BEDA, Hist. eccl. 3, 7; 4, 13; Liutg. Greg. 2; WALAHFRIED BLAITHM. 112; HRABAN., Ep. 15 praef.; Carm. 37, 84. – [6] Vgl. H. WALTHER: Proverbia sententiaeque Latinitatis medii aevi (1963).

Literaturhinweise. PUBLILII sententiae, hg. O. FRIEDRICH (1880). – J. LECLERCQ s. Anm. [4] 128-168. – H. WATHER s. Anm. [6]. – Vgl. Anm. [5].   A. LOCHER

III. *Mittelalter.* – Im Anschluß an Ps.-Dionysius Areopagita entwickelt JOANNES SCOTUS ERIUGENA im philosophisch-theologischen System ‹De divisione naturae› ein neuplatonisches Verständnis des Guten (= G.). ‹Gutheit› erscheint zwar zunächst als ein der Gottheit angemessener Name [1], bleibt aber im Bereich des Geschöpflichen in dialektischer Gegensatzeinheit an das Übel gebunden. So wäre Gott, da er über allem Gegensatz steht, konsequent «plusquam bonus» (mehr-als-gut) und «plusquam bonitas» (Mehr-als-Gutheit) zu nennen [2]. Doch kommt der von der geschöpflichen Dialektik gereinigte und damit zu universaler Weite befreite Name ‹gut› im höchsten Sinn Gott zu [3]. Da es dem G. eigen ist, sich in schöpferischer Selbstmitteilung zu verströmen, läßt Gott aufgrund seiner Gutheit und doch willentlich die Schöpfung aus sich hervorgehen. Die Reihe der Primordialursachen der Schöpfung setzt mit der «per se ipsam bonitas» ein, die unmittelbar durch sich selbst an der ursprungslosen, durch sich selbst subsistierenden Gutheit teilnimmt, während das Geschöpf nur durch ihre Vermittlung an der höchsten Gutheit partizipiert [4]. Unter den verschiedenen vom Geschöpf partizipierten Vollkommenheiten (wie Sein, Leben, Weisheit usw.) nimmt das G. eine Schlüsselstellung ein, da es als formaler Ursprung des geschöpflichen Seins und Wesens alle anderen Vollkommenheiten konstituiert: «Omnia siquidem, quae sunt, in tantum sunt, in quantum bona sunt» [5]. Gutheit geht daher der Seiendheit logisch-real voraus und erstreckt sich in gewissem Sinne weiter als diese, nämlich auch auf das Nichtsein, sofern ‹Sein› das sinnlich oder geistig Wahrnehmbare, ‹Nichtsein› aber jenes, das sich aufgrund seiner überragenden Ranghöhe einer solchen Wahrnehmung entzieht, bezeichnen kann [6]. Das naturhafte, substantielle Sein der Geschöpfe ist nun eine erste Weise des Gutseins, die jedoch erst im tugendhaften Wirken und in der Gnade als zweiter Weise des Gutseins in ihrer vollen Schönheit zur Erscheinung kommt [7]. Der selbstoffenbarende Vorgang (processio) der Gutheit, der sich in real-logischer Aufgliederung (resolutio) über genera und species zur Hierarchie der Geschöpfe entfaltet, ist in sich selbst aufsteigende Rückwendung (reversio) der Geschöpfe zu ihrem Ursprung; in der Versammlung der geschöpflichen Vielfalt auf die einfache Einheit Gottes hin wird das Geschöpf in Gott umgestaltet (deificatio) [8].

Eriugenas Konzeption war im 9. Jh. weithin bekannt, fand jedoch in der Folgezeit nur vereinzelt Nachfolge. Die neuplatonische Deutung des G. als des Prinzips schöpferischer Selbstmitteilung bleibt durch die Autorität des Dionysius und den christlichen Verständnishorizont in Früh- und Hochscholastik ein bestimmender Zug im Begriff des G.

ANSELM VON CANTERBURY versteht in augustinischer Tradition das G. als das, dessen Genuß allgemein erstrebt wird [9]. Es unterteilt sich in das utile, das um eines Nutzens willen erstrebt wird, und das honestum (z. B. die Schönheit), das um seiner selbst willen geschätzt wird [10]. Die damit aufgegriffene augustinische Unterscheidung der utenda und fruenda wird in der Früh- und Hochscholastik verschieden interpretiert [11] und gern als Gliederungsschema verwandt. In der Unterscheidung von bonum als commodum, das als Gut für den Strebenden von allen in naturhafter Spontaneität erstrebt wird, und bonum als iustitia, das als sittlich gesolltes Gut nicht notwendig bejaht wird, tritt der Eigencharakter des Sittlichen unter der Rücksicht der Rechtlichkeit, die auch Anselms Satisfaktionstheorie beherrscht, hervor [12]. Die Einsicht in die höchste, unbedingte Gutheit, die sich in ihrer Selbstbegründung als das denkbar Größte erweist, liegt dem anselmischen Gottesaufweis zugrunde [13]. Zugleich ist das höchste G. die konstituierende Quelle und Mitte der Gutheit alles Endlichen, da die analoge Einheit der Seienden als guter ein in ihnen allen anwesendes identisches G., das durch sich selbst gut ist, impliziert [14].

RICHARD VON SANKT VIKTOR entfaltet aus einer Ontologie des G. die Metaphysik der Liebe und die Interpersonalstruktur. Das G. wird ontologisch nicht durch den Bezug auf ein ihm äußerliches Streben bestimmt, sondern ist das perfectum, also jenes, dem keine seiner möglichen Vollkommenheiten fehlt [15]. Damit ist das G. (im höchsten Sinn Gott) «sibi suum bonum» [16]. Kraft dieser Reflexivität des G. auf sich selbst vollzieht das G. wirkend seine eigene Gutheit und ist darin selig [17]. Der Selbstvollzug des G. konstituiert aber personalen Willen, und zwar kraft des G. den Willen zum G. «Bonitatis est autem bene velle: quid est enim bonitas nisi bona voluntas?» [18]. Guter Wille ist jedoch Liebe, die – mit GREGOR DEM GROSSEN [19] – wesentlich den andern meint [20], wobei die interpersonale Dualität erst durch die vom G. geforderte Aufnahme des Dritten zur Einheit der vollen Liebesgemeinschaft wird [21]. Diese (inter-)personale, trinitarische Auslegung des G. wird bei den franziskanischen Meistern (ALEXANDER VON HALES [22], BONAVENTURA [23], DUNS SCOTUS [24], ähnlich auch bei ALBERT [25] und THOMAS VON AQUIN [26]) nicht nur aus der Intentionalität der Liebe, sondern auch unmittelbar aus dem G. als Prinzip des Sichverströmens begründet.

Die frühscholastischen Überlegungen zum Wesen des G. kreisen jedoch schon seit Abälard weniger um das G. im allgemeinen als um das *sittlich gute Handeln* des Menschen. Da sich das personale, an das individuelle Gewissen gebundene sittlich G. weder aus der spontanen Neigung des Willens noch aus der naturhaften Gutheit des äußeren Objekts ableiten läßt, bestimmt PETER ABÄLARD die sittliche Gutheit einzig aus der Intention des Willensaktes (operatio) [27], ohne jede Abhängigkeit vom äußeren Effekt oder Werk (opus), die aus sich selbst sittlich indifferent sind [28]. Die bindende Norm der Willensintention liegt demnach nicht in der Gutheit des intendierten Objekts, sondern allein im Willen Gottes, der nach seinem Wohlgefallen, dessen Gründe unerforschlich bleiben, verfügt, was gut und böse ist [29]. Abälards Leugnung jedes dem äußeren Akt innewohnenden Bezugs zur sittlichen Gutheit forderte die Gegenthese heraus, daß bestimmte Akte auch bei schlechter Absicht notwendig in sich gut seien [30]. Eine ausgeglichenere Position, die die sittlich entscheidende Rolle der Intention anerkennt, zugleich aber eine der Intention vorausliegende innere sittliche Qualifikation des äußeren Aktes hervorhebt, wird durch die Unterscheidung einer dreifachen Gutheit im äußeren Akt ermöglicht: Ein Akt ist gut «essentia sui», sofern er von Gott schöpferisch begründet und damit als Seiendes naturhaft gut ist; er ist darüber hinaus gut «in genere», sofern er, wie die Speisung des Hungernden, aus sich positiv in der moralischen Ordnung steht (gegen Abälard), obwohl er durch eine schlechte Absicht als ganzer sittlich böse werden kann; er ist schließlich «ex causa et fine» (oder «ex circumstantia») gut, sofern der «in genere» gute Akt in sittlich guter Absicht und ohne die Gutheit aufhebende Umstände vollzogen wird. Erst im Zusammentreffen dieser drei Stufen der Gutheit wird der sittliche Akt einfachhin und absolut gut, gemäß dem allmählich entwickelten [31], schließlich bei Dionysius wiedergefundenen Prinzip «bonum ex integra causa, malum ex quocumque defectu» [32]. Diese schon PETRUS LOMBARDUS bekannte Dreigliederung des (sittlich) G. [33] wird, unter manchen sprachlichen Abwandlungen und Erweiterungen [34], bis zum Ende der Hochscholastik beibehalten [35] und fortschreitend geklärt. Im zentralen Begriff des «bonum in genere» wird bis zum Ende des 12. Jh. gegen Abälard die dem Akt aus sich (in se, per se) innerliche sittlich relevante Gutheit betont, während sich seit Beginn des 13. Jh. die Frage nach den Wesensstufen des sittlich G., damit nach dem Verhältnis der Gutheit «in genere» zu ihren Fortbestimmungen durch Intention und Umstände thematisiert. So unterscheidet WILHELM VON AUXERRE [36] im Oberbegriff des «bonum in genere» das «bonum secundum se», das notwendig, und zwar vorgängig zum freien Willen Gottes, gut ist (etwa die Gottesliebe), vom «bonum in se», das zwar aus sich gut ist, aber aufgrund äußerer Umstände schlecht sein kann (etwa Almosengeben). Die ‹Summa Duacensis› [37] und, von ihr abhängig, PHILIPP DER KANZLER [38] bestimmen erstmals und für die Folgezeit entscheidend das innere Wesen des «bonum in genere». Danach hängt die generische Gutheit weder allein vom Akt noch allein von seiner «Materie» ab, sondern – in Anwendung des Hylemorphismus-Schemas auf das Sittliche – von der Verbindung des Aktes mit der ihm angemessenen Materie: Die Speisung des Hungernden ist aus sich gut, weil der Akt der Speisung seiner Materie, nämlich dem Hungernden, sachgerecht entspricht. Die Materie des Aktes, die durch THOMAS VON AQUIN als dessen Objekt präzisiert wird [39], geht damit, im Unterschied zu den akzidentellen Umständen, in die Wesensbestimmung des «bonum in genere» ein. Die Norm, die über die Angemessenheit der Relation zwischen Akt und Gegenstand entscheidet, ist, wie ALBERT [40] und THOMAS VON AQUIN [41], gestützt auf Aristoteles, ausführen, die menschliche Vernunft, die sowohl beurteilendes Vermögen wie, als Wesensform des Menschseins, in ihrem eigenen Sein inhaltlich bestimmter, letztlich vom göttlichen Urbild geprägter Maßstab ist, der das rechte Ziel zu erkennen gibt. Aus dem Verhältnis des Objekts zum Menschen als Vernunftwesen, das noch unvollkommen, aber auf selige Vollendung in Gott (beatitudo) angelegt ist [42], bestimmt sich, welcher menschliche Akt dem Objekt angemessen und daher in genere gut ist. Im überlegten, freien Willensakt (actus humanus), der das von der Vernunft vorgeschriebene objektiv G. bejaht oder verwirft, entscheidet der Mensch seine sittliche, nämlich ganzmenschliche Gutheit oder Schlechtigkeit [43].

Von den zahlreichen und umfassenden Untersuchungen zur *Ontologie des G.*, die im 13. Jh. neben den Traktaten über das sittlich G. entstehen, können hier nur einige Grundzüge angedeutet werden. Gefragt wird vor allem nach dem Wesen und den Weisen des G. in sich, nach seinem Verhältnis zum Seienden und dessen transzendentalen Bestimmungen, nach seiner Funktion in der Ursachenlehre und Willensmetaphysik, nach der Beziehung des endlichen G. zum höchsten G., nach der Rolle des G. in Schöpfungs- und Trinitätslehre. So werden bei WILHELM VON AUXERRE die Ternare ‹causa efficiens – exemplaris – finalis› und ‹bonum conferens (diffusivum) – honestum – utile› [44] oder bei ALEXANDER VON HALES ‹unum – verum – bonum›, die sogenannte Ursachen-Dreifalt, die Geistvollzüge von ‹memoria – intellectus – voluntas›, die Seinsweisen ‹modus – species – ordo› wie das geschöpfliche ‹esse a bono – in bono – ad bonum› [45] parallelisierend aufeinander bezogen und durch ihre exemplarursächlich begründete Appropriation zu den trinitarischen Hypostasen ‹Vater – Sohn – Geist› in eine theologische Synthese eingefügt. Bedeutsamer ist die Reflexion auf das G. als solches, das zwar nach THOMAS VON AQUIN in seiner unzurückführbaren Eigenqualität nicht direkt definierbar ist und daher primär in einer blickweisen, einschätzenden, vor allem konnaturalen Erkenntnis erfaßt wird [46], das aber aus seinen ontologischen Grundlagen oder Wesensfolgen in dreifachem Ansatz [47] indirekt definitorisch greifbar wird. Die neuplatonische Bestimmung des G. als «diffusivum (communicativum) sui (et esse)» bleibt auch in der Hochscholastik Allgemeingut. Die damit angesprochene Ursächlichkeit des G. wird vor einer Deutung als naturhaft notwendiger Emanation bewahrt, da die Ursächlichkeit des G., wie Thomas von Aquin herausarbeitet, nicht wirkursächlich, sondern final, also durch Willen und Freiheit vermittelt, zu denken ist [48]. Damit ist (zweitens) die Verbindung zur meistgebrauchten Definition des G. als Ziel oder Umwillen des Strebens [49], die aus Boethius und Aristoteles übernommen wird, geschlagen. Die Bestimmung «quod omnia appetunt (diligunt, desiderant)» [50] meint das G. als jenes, dessen inneres Wesen sich darin kundtut, daß es erstrebt und geliebt wird. Die im Wesen des G. gründende Anziehungskraft macht das G. zum Ziel, das als oberste der Ursachen jede andere (effiziente und formale) Ursächlichkeit als solche begründend erweckt und auf sich als G. hinbestimmt [51]. Die zwei Grundzüge des G., nämlich Finalität als Wirkmotiv und Diffusion als Wirkmacht, verbinden sich nach BONAVENTURA im Wollen als der Selbstreflexion des G. zum tatsächlichen Wirken [52]. Schließlich (drittens) bestimmt PHILIPP DER KANZLER [53] mit AVICENNA [54] das innere Wesen des G. aus seiner seinshaften Grundlage als «indivisio actus a potentia», was sachlich dem «perfectum» (im Unterschied zur relationalen Bestimmung als «perfectivum» [55]), also dem in seinen Möglichkeiten voll aktuierten Seienden, entspricht.

Mit der ontologischen Erhellung des G. wird die Frage nach dem Verhältnis der Grundbestimmungen ‹ens› und ‹bonum› unausweichlich. Die Versuche [56], Einheit und Differenz von ‹seiend› und ‹gut› auszusagen, führen zur klassischen Formulierung «bonum et ens convertuntur» im ersten, von PHILIPP DEM KANZLER [57] verfaßten *Transzendentalientraktat*. Diese Identität wird sowohl aus dem Charakter von Sein als Akt oder Form [58], die als solche Vollkommenheit und Gutheit sind, wie aus dem Ursprung des endlichen Seins aus der Gutheit Gottes, die in der Seinsbegründung sich selbst, also Sein als Gutheit mitteilt [59], begründet. Trotz der Identität von Seiendheit und Gutheit im Seienden (convertuntur secundum supposita) bleiben, wie ALBERT zeigt [60], die Transzendentalien begrifflich (secundum intentiones nominum) unterschieden [61], da ‹ens› das Seiende an sich oder absolut meint, während die anderen Transzendentalien das Seiende nach seinen Weisen begrifflich fortschreitend ausdeterminieren, nämlich in negativer Absetzung vom andern (unum) oder in positivem, ursächlichem Bezug auf anderes (so meint ‹verum› das Seiende im Hinblick auf den Intellekt, ‹bonum› das Seiende im Hinblick auf den Willen). In der genaueren Ausdeutung dieser in der zweiten Hälfte des 13. Jh. weithin angenommenen Formeln wird diskutiert [62], ob ‹bonum› real etwas zur Seiendheit hinzufüge, ob es nur eine gedankliche Beziehung (zum Ziel oder zum Streben) als solche meine oder ob es – so THOMAS VON AQUIN [63] – eine absolute Bestimmung der Seiendheit des Seienden als solcher meine, aus welcher Bestimmung sich eine gedankliche Relation ergibt, die auf die absolute Bestimmung zurückverweist und sie begrifflich faßbar werden läßt; im letzten Sinn meint ‹bonum› als «quod omnia appetunt» formal nicht die Erstrebtheit oder Erstrebbarkeit als solche, sondern durch diese hindurch das Seiende selbst, sofern es aufgrund seiner Seiendheit das Streben (die Liebe) auf sich hinbewegt.

Die Transzendentalienlehre, die sich in ihrer Betonung des Eigenseins und der damit identischen Eigenwertigkeit auch des Endlichen aus christlichem Schöpfungsverständnis speist, überwindet jene – auch in neuplatonischen Konzeptionen bisweilen mitklingende – Ansicht GILBERTS DE LA PORRÉE und seiner Schüler, nach der das Geschöpf nicht in sich selbst gut sei, sondern nur von der Gutheit des Schöpfers her in äußerer Denomination ‹gut› genannt werde [64]. Nach einer von PETRUS JOANNIS OLIVI berichteten, schon auf die Spätscholastik vorweisenden Sentenz wäre hingegen das Endliche durch sein Sein selbst dann gut, wenn es, per impossibile, nicht geschaffen wäre oder Gott nicht existierte [65]. Differenzierter bestimmen die großen Meister des 13. Jh. [66] das Verhältnis des endlichen G. (bonum per participationem) zur höchsten Gutheit Gottes (bonum per essentiam) dahin, daß das endliche G. aufgrund seines geschaffenen Seins wirklich in sich gut ist, aber diese Gutheit als partizipierte in sich selbst exemplarursächlicher und finaler Bezug zu Gott als höchstem G. ist. Das endliche G. verweist daher Erkennen und Wollen durch die scheinbare Unbestimmtheit des «bonum in communi» auf die unbedingte Gutheit Gottes [67]. In der Bindung des Willens an diese unbedingte Gutheit gründet nach THOMAS VON AQUIN die Wahl- und Entscheidungsfreiheit [68].

Das endlich Seiende ist, wie Thomas die allgemein scholastische Lehre formuliert [69], durch seinen substantiellen Bestand schon in gewisser Hinsicht (secundum quid) gut, da sich in ihm der Seinsakt als Gutheit durch die Sinngestalt des Wesens zum akthaften, subsistenten Seienden konkretisiert hat [70]. Weil sich das Endliche aber im bejahenden Bezug auf das Ganze der Welt und auf ihren absoluten Grund vollendet [71], wird es einfachhin (simpliciter) gut erst durch die akzidentellen Wirkvollzüge [72], also im Falle des Menschen durch den Willen als Liebe [73].

Diese Metaphysik des G. verliert in ihrer Fortführung durch die großen *Thomaskommentatoren* an Tiefe und Motivreichtum, gewinnt jedoch an systematisch-begrifflicher Aufarbeitung. Da Sein zunehmend nur als zum Wesen polarisierter Existenzakt verstanden wird und damit die unbeschränkte Gutheit des Seins als solchen zur bloßen Abstraktion verblaßt [74], verschiebt sich der Ort der Gutheit, deren ontologische Funktion stark zurücktritt [75], vom aus sich überkategorialen Seinsakt auf die Stufen des Wesens (SILVESTER [76], CAJETAN [77]). – Im mystischen Schrifttum MEISTER ECKHARTS dominiert über dem thomanischen Erbe ein neuplatonisch inspirierter Begriff des G. Wie sich in Gott, dem übergutem G. [78], der Vater dem Sohn mitteilt, so im Menschen die Gutheit dem G. [79]; doch bleibt das willentliche Erfassen des G., das in seinem Begriff oder Wesen noch komplex ist, eine Vorstufe zur Einigung der Seele mit dem einfachen, weise- und bezugslosen Sein [80].

Bei DUNS SCOTUS findet sich die traditionelle hochscholastische Lehre vom G. mit neuen Akzenten wieder, die schon den spätscholastischen Begriff des G. vorbereiten. Da das Seiende in sich selbst gut ist, besagt ‹bonum› wie ‹ens› vor dem Bezug auf Ziel oder Streben eine absolute, unbezügliche Bestimmung, nämlich «perfectionem in se et ad se» [81]. Die begriffliche Unterschiedenheit der beiden absoluten und notwendig verbundenen Bestimmungen ‹ens› und ‹bonum› begründet Scotus durch eine distinctio formalis, die der unterscheidenden Begriffsbildung vorausliegt [82], also in Seiendheit und Gutheit selbst gründet; das Seiende ist danach zwar aufgrund seiner Seiendheit notwendig gut, aber – im Unterschied zu Thomas von Aquin – nicht formal in seiner Seiendheit als solcher. Wenn damit ‹bonum› (und ebenso ‹verum›) nicht mehr als fortschreitende begriffliche Explikation des Seienden als solchen gedacht wird, sondern die Transzendentalien gegenüber dem ‹ens› wie unter sich ontologisch an sich unterschieden sind, verwandelt sich für Scotus ihr begrifflicher stufenförmiger Aufbau (etwa bei Thomas von Aquin) in eine ontologische Parallelstellung ohne eindeutiges Gliederungsgefüge [83]. So tendiert das bonum dahin – bei Scotus noch hintergründig und in Anfängen –, das verum, also seine intellektuelle Normiertheit wie Erkennbarkeit, nicht mehr in sich selbst einzuschließen; das G. wird in zunehmendem Maß dem Willen allein zugeordnet: Wie dem Willen gnoseologisch, in franziskanischer [84] und späterer mystischer Tradition, ein ursprünglicher, nicht durch den Intellekt eröffneter Zugang zum G. eigen ist, so bestimmt ontologisch der Wille (Gottes) eigenmächtig, wenn auch bei Scotus noch in weiterer Entsprechung zur inneren Gutheit Gottes [85], was innerweltlich sittlich gut ist (die zweite Tafel des Dekalogs) [86]. Die (hochscholastische) auf dem ontologisch G. aufbauende, objektbestimmte Grundlegung des Sittlichen, die mit dem Zielbegriff der beatitudo zum Eudämonismus neigte, wird so ansatzweise durch eine subjektzentrierte, den absoluten Sollenscharakter des Sittlichen betonende Sicht abgelöst, in der der Mensch unmittelbar durch den unbedingten Willen Gottes auf das Sittliche verpflichtet [87], doch zugleich die immanente Gutheit des endlichen Seienden geschwächt wird. Da nämlich das transzendentale ‹bonum› nach Scotus univok ist [88], also seine konkreten Weisen wie das sittlich Gute nicht einschließt, birgt es in sich die Tendenz, zum wenig bedeutsamen Minimalbegriff des nur naturhaft G. abzusinken; so kommt bei Scotus den einfachen Transzendentalien (unum, verum, bonum) gegenüber den systemtragenden disjunktiven Transzendentalien (notwendig – kontingent; Akt – Potenz usw.) nur eine zweitrangige Funktion zu. Weil aber dem univok verstandenen naturhaft G. das sittlich G. äußerlich ist, beginnen sich Seins- und Sollensordnung zu trennen.

Im spätscholastischen, insbesondere konzeptualistisch-nominalistischen Denken, das sich auf Fragen der Logik, Erkenntnistheorie und Naturphilosophie konzentriert, tritt die Thematik des ontologisch G. zurück. Das G. als innere Eigenschaft des Seienden verliert seine direkte, natürliche Erkennbarkeit wie seine anziehende, den Willen und das Sittliche normierende Mächtigkeit. Wurde bei THOMAS VON AQUIN der Wille aus seiner Beziehung zum G. erkannt, so wird nun umgekehrt zunächst gnoseologisch [89], dann auch ontologisch das G. aus dem Willen, der in der Selbsterfahrung intuitiv gegeben ist [90], bestimmt. Im Übergang von einer qualitativen Sichtweise zur quantifizierenden Naturwissenschaft wird nahezu allgemein der Begriff des G. und des Ziels aus der Naturbetrachtung eliminiert. Da Gott als das höchste G. in der natürlichen Welterkenntnis nicht mehr transparent wird, verliert das innerweltliche Seiende seinen Zielbezug und bindenden Wertcharakter. So bestreitet NIKOLAUS VON AUTRECOURT die objektive Erkennbarkeit des G. und der Vollkommenheitsstufen ebenso wie jeder innerweltlichen Zielbezogenheit und entzieht damit den thomanischen Gottesbeweisen der quarta und quinta via die Ausgangsbasis [91]; die Idee des G. ist nur subjektiver Urteilsmaßstab, dessen Übereinstimmung mit der Wirklichkeit ungewiß bleibt [92]. Ähnlich ist für WILHELM VON OCKHAM der Satz, daß jedes Wirkende um eines Zieles willen wirke, ohne Voraussetzung der Existenz Gottes rational unbeweisbar [93]. JOHANNES BURIDAN verwirft jede Zielursächlichkeit des G. mit entschiedener Konsequenz. Während nämlich das naturhaft, willenlos Wirkende sich nach seiner eigenen Beschaffenheit auswirkt, ist im absichtlichen Wirken die auf das Endergebnis gerichtete Intention des Subjekts die eigentliche Ursache; der Schein einer objektiven Zielursächlichkeit entsteht nur daraus, daß die Ursächlichkeit der subjektiven Intention auf das Endergebnis als Ersterkanntes projiziert wird [94].

WILHELM VON OCKHAM führt unter weithin traditioneller Terminologie das neue konzeptualistisch-voluntaristische Verständnis des G. systematisch durch. Von den transzendentalen Seinsbestimmungen behält faktisch nur das ‹unum›, verstanden im Sinn numerisch-quantitativer Einheit, systematische Bedeutung [95]. In der Definition des G. als «ens appetibile a voluntate» (oder «ens appetibile secundum rectam rationem») identifiziert Ockham gegen Scotus das G. mit dem Seienden [96]; doch droht er den Eigencharakter des G. auf das bloß Seiende zu reduzieren, also das G. als ontologische Bestimmung aufzuheben, da der Bezug des ‹ens› auf den Willensakt für ihn nur eine begrifflich hinzugefügte connotatio oder dem Seienden gänzlich äußerliche [97] denominatio ist [98], also nichts über das – je vereinzelte, verdinglicht gedachte – Seiende selbst aussagt. Damit wird die Bindung des Willens an das G. uneinsichtig: Da die Tendenz des Willens zum unendlichen G. [99] wie die Möglichkeit seiner Sättigung durch es [100] dem natürlichen Erkennen fraglich bleiben, ist der Wille gegenüber jedem, auch dem unbeschränkt G. (sive ostendatur in generali sive in particulari, sive in via sive in patria [101]) völlig frei. So kehrt sich das Bestimmungsverhältnis zwischen G. und Willen gegenüber der hochscholastischen Position um: Auch der fundamentale erste Akt des Wollens entspringt nicht aus der Ursächlichkeit des Ziels; vielmehr verdankt das G. seine Zielursächlichkeit dem Willensakt, der es frei erwählend zum Ziel der sekundären Akte erhebt [102]. Für die sittliche Ordnung folgt ein theonomer Moralpositivismus, da der sittliche Akt nur kraft der freien Annahme durch Gott, die ihm als circumstantia äußerlich bleibt und nur konnotiert wird [103], gut und verdienstlich ist [104]. Objektiv sittlich gut ist demnach das jeweils von Gott Gebotene, allein weil und solange es von ihm geboten ist, wobei Gott an sich (de potentia absoluta) auch das Gegenteil gebieten könnte [105]. Die absolute Transzendenz der freien Macht Gottes entwertet somit jedes von ihr selbst geschaffene Seiende. Der sittlich gute Akt besteht allein in der gehorsamen Übereinstimmung mit dem grundlosen Willen Gottes [106]. Dennoch übernimmt Ockham den aristotelisch-thomanischen Begriff der «recta ratio» als verpflichtenden Maßstabs des G., ohne ihn allerdings sachlich unterbauen oder mit der voluntaristischen Grundposition versöhnen zu können [107].

Der in der mystischen Tradition fortlebende neuplatonisch geprägte Begriff des G. wird zu Beginn der Neuzeit durch NIKOLAUS VON KUES erneuert. Danach strahlt die Gutheit des Endlichen seinen Quell, die sich mitteilende Gutheit Gottes, wider; Gott steht als «non-aliud» über jeder Ordnung und Unterscheidung, geht daher in gewissem Sinn auch noch den Transzendentalien ‹ens›, ‹unum›, ‹verum› und ‹bonum› voraus [108]. – SUÁREZ bestimmt das ontologisch G. sachlich als «ens conveniens sibi et alteri» [109] und das objektiv sittlich G. als «conveniens» oder «consentaneum naturae rationali ut talis est» [110], wobei er den Zentralbegriff der convenientia nur als gedankliche connotatio oder denominatio extrinseca versteht (terminologisch im Anschluß an Ockham), ihm aber doch ein reales Fundament im Seienden selbst zuschreibt, sofern dieses wesenhaft (jedoch nicht in realer Relation) sich selbst und anderen zugeordnet ist [111].

Anmerkungen. [1] J. Scotus Eriugena, De divisione naturae I, 13. MPL 122, 458 c. – [2] a. a. O. I, 14 = 459 d. – [3] III, 1 = 621 a. – [4] III, 1 = 622 b. – [5] III, 2 = 628 a. – [6] III, 2 = 628 a-c. – [7] III, 3 = 631 a/b. – [8] III, 4 = 632 c; Versio ambiguorum S. Maximi praef. MPL 122, 1195 b–1196 a. – [9] Anselm von Canterbury, Monologion c. 1. – [10] ebda. – [11] Vgl. u. a. Hugo von St. Victor, De sacramentis I, 2, 1. MPL 176, 205f.; sachlich verwandt ist die allgemeine scholastische Aufteilung des bonum in ‹honestum – delectabile – utile›. – [12] Anselm, De casu diaboli c. 12. – [13] Proslogion c. 5. – [14] Monologion c. 1. – [15] Richard von St. Victor, De trinitate II, 16. – [16] ebda. – [18] a. a. O. VI, 15; vgl. auch das spätere Prinzip der Gnadenlehre «quia boni sumus, bonum facimus»; vgl. A. M. Landgraf: Dogmengesch. der Frühscholastik I/1 (1952) 120. – [19] Gregor der Grosse, Homil. 1 in Evang. n. 1. MPL 76, 1139 a. – [20] Richard, a. a. O. [15] III, 2. – [21] a. a. O. III, 11. – [22] Alexander von Hales, Summa I, q. 45, membr. 5. – [23] Bonaventura, In I Sent. d. 2 a. un. q. 2; Itinerarium mentis in Deum VI, 2. – [24] Duns Scotus, Quodl. q. 14. – [25] Albert der Grosse, S. theol. I, tr. VII, q. 31, n. 1. – [26] Thomas von Aquin, De potentia q. 9 a. 9. – [27] Peter Abälard, Scito teipsum c. 7 und c. 11. – [28] Ethica. MPL 178, 644 a. 650 b; Dialogus inter philosophum, iudaeum et christianum. MPL 178, 1652 b. – [29] Expos. in Ep. Pauli ad Rom. II, 5. MPL 178, 869 d. – [30] Berichtet von Petrus Lombardus, Libri IV Sent. II, d. 40. – [31] Vgl. Landgraf, a. a. O. [18] I/2, 227. – [32] Vgl. Thomas, S. theol. I/II, q. 18, a. 4 ad 3, mit Verweis auf Ps.-Dionysius, De div. nom. c. 4. – [33] Petrus Lombardus, a. a. O. [30] II, d. 36. – [34] Häufig wird als viertes Glied «bonum gratiae» (Etienne Langton, ‹Summa Duacensis›, Alexander von Hales), gelegentlich noch dazu «bonum gloriae» (Alexander von Hales) angefügt; Belege vgl. bei O. Lottin: Le problème de la moralité intrinsèque d'Abélard à saint Thomas d'Aquin, in: Psychol. et morale aux 12e et 13e siècles 2 (Louvain/Gembloux 1948) 425-444. – [35] Gilbert de la Porrée und seine Schule bleiben jedoch bei der einfachen Unterscheidung von «bonum natura», also dem naturhaft G., und «bonum virtute», dem im vollen Sinn sittlich G., stehen; vgl. Landgraf, a. a. O. [18] I/2, 222-227. – [36] Wilhelm von Auxerre: S. aurea in IV libros Sent. (Paris 1500) fol. 127r b. – [37] Ms. Douai 434, t. I, fol. 67v b–68r a, zit. bei Lottin, a. a. O. [34] 432-435. – [38] Text bei Lottin, a. a. O. 439-442. – [39] Thomas, In II Sent. d. 36, a. 5; De malo, q. 2, a. 4 ad 5. – [40] Albert, S. de homine q. 72, a. 1; Ethica V, tr. 3, c. 3. – [41] Thomas, In II Sent. d. 24, q. 1, a. 3 ad 3; S. theol. I/II, q. 90, a. 1 c; De malo q. 2, a. 4. – [42] S. contra Gent. III, 25. – [43] S. theol. I, q. 48, a. 6, a. 1 c. a. 3 c. – [44] Wilhelm von Auxerre, S. aurea II, 9, 3, fol. 57 c. – [45] Alexander von Hales, Summa I, n. 73 resp.; n. 112 sol.; n. 116 resp. – [46] Thomas, In I Eth. I, n. 9; In VII Eth. VIII n. 1431; S. theol. II/II, q. 51 a. 3 ad 1. – [47] Vgl. etwa Alexander von Hales, Summa I, n. 104 ad 1. – [48] Thomas, In I Sent. d. 34 q. 2, a. 1 ad 4; S. theol. I, q. 5, a. 4 ad 2; De veritate q. 21, a. 1 ad 4. – [49] Vgl. etwa Wilhelm von Auvergne, De bono et malo IV; Thomas, In II Sent. d. 24, q. 1, a. 3 ad 3. – [50] In II Met. IV, n. 317. – [51] S. theol. I/II, q. 1, a. 2 c; I, q. 5, a. 4 c; S. contra Gent. III, 17. – [52] Bonaventura, In I Sent. d. 45, a. 2, q. 1 concl. – [53] Philipp der Kanzler, S. de bono prol. q. 7. – [54] Avicenna, Met. 4, 2. – [55] Thomas, De veritate q. 21, a. 6. – [56] Wilhelm von Auxerre, S. aurea III, 2, 1, fol. 126r a. – [57] Philipp, a. a. O. [53] q. 1, fol. 1r b. – [58] Thomas, S. theol. I, q. 5, a. 1 c; q. 5, a. 5 c. – [59] Ulrich von Strassburg, S. de summo bono II, tr. 3, c. 2. – [60] Albert, S. theol. I, tr. 6, q. 28 sol.; De div. nom. 4 (5) sol.; ähnlich Thomas, De veritate q. 1, a. 1; Heinrich von Gent, Summae quaest. ordin. (II), art. 41, q. 1 sol. – [61] Terminol. leicht abweichend: Ulrich, a. a. O. [59] II, tr. 3, c. 2. – [62] Bericht der Lehrmeinungen bei Petrus Joannis Olivi, In II Sent. I, q. 14. – [63] Thomas, De veritate q. 21, a. 6 c; In I Eth. I, n. 9. – [64] Vgl. Landgraf, a. a. O. [18] I/2, 222-224. – [65] Vgl. P. J. Olivi, In II Sent. 1, q. 14 resp. – [66] Wilhelm von Auvergne, De bono et malo I. VI; Alexander von Hales, Summa I, n. 116 resp.; Thomas, S. theol. I, q. 6, a. 3; a. 4; Heinrich von Gent, Summae quaest. ordin. (II), art. 41, q. 2 resp. – [67] Thomas De veritate q. 22, a. 2 c. – [68] S. contra Gent. I, 81; S. theol. I, q. 82, a. 2 ad 2. – [69] S. theol. I, q. 5, a. 1 ad 1; De veritate q. 21, a. 5 c; ebenso Duns Scotus, Op. Ox. IV, d. 49, q. 1, n. 24. – [70] Thomas, S. theol. I, q. 4, a. 1 ad 3. – [71] De veritate q. 21, a. 5 c; S. theol. I, q. 4, a. 1 ad 2. – [72] Vgl. a. a. O. [69]. – [73] S. theol. I, q. 5, a. 4 ad 3. – [74] Franciscus de Silvestris, Comm. in S. contra Gent. I, 28, I, 2. – [75] Vgl. J. Hegyi: Die Bedeutung des Seins in ... Capreolus, Silvester von Ferrara, Cajetan (1959) 70f. 106. 149. – [76] Franciscus, a. a. O. [74] I, 28, III. – [77] Vgl. Hegyi, a. a. O. [75] 131-135. – [78] Meister Eckhart, Sermo LV, 4 ‹Qui odit animam suam ...›, in: Lat. Werke 4 (1958) 460. 463. – [79] Das Buch der göttlichen Tröstung Kap. 1. – [80] Predigt ‹Populi eius ...›, in: Die dtsch. Werke 1 (1958) 122f. – [81] Johannes Duns Scotus, Rep. Par. 2, d. 34, q. un. n. 3. – [82] Op. Ox. I, d. 8, q. 4, n. 11. – [83] Met. VI, q. 3, n. 4; Op. Ox., IV, d. 49, q. 4, n. 11. – [84] Schon bei Bonaventura ist die synderesis (Urgewissen) nicht Vernunftfunktion, sondern eigengesetzlicher affektiver Antrieb des Willens zum G.: II Sent., d. 39, a. 2, q. 1 concl. und ad 4. – [85] Quodl. 17, n. 3. – [86] Op. Ox., I, d. 44, n. 2; Op. Ox., III, d. 37, q. un., n. 5 und 8. – [87] Coll. 13, n. 4; Op. Ox., II, d. 12, q. 2, n. 8. – [88] Vgl. a. a. O. [86]. – [89] Vgl. einen ersten Ansatz bei Petrus Joannis Olivi, In II Sent., q. 14 (Quaracchi 1922) 272. – [90] Deutlich schon bei Scotus: Met. IX, q. 15, n. 5; Op. Ox., IV, d. 43, q. 2, n. 10. 11. – [91] Vgl. J. Lappe: Nikolaus von Autrecourt, in: Beitr. zur Gesch. der Philos. des MA 6/1 (1908) 33*. 12-14. 18f. – [92] Exigit, in: J. R. O'Donnell: Nicholas of Autrecourt, in: Medieval Stud. 1 (1939) 185. – [93] Wilhelm von Ockham, Quodl. 4, q. 1. 2; Summulae in libros Physic. 2, 6. – [94] Johannes Buridan, In II Phys. q. 7. 13. – [95] Ockham, S. logicae I, q. 39; daggegen die Unterscheidung von numerischer und transzendentaler Einheit bei Thomas, S. theol. I, q. 11, a. 2 c. – [96] Ockham, I Sent. d. 2, q. 9 BB; vgl. S. logicae I, c. 10; III Sent. q. 13 S. – [97] II Sent. q. 26 O. – [98] I Sent. d. 2, q. 8; III Sent. q. 9; I Sent. d. 30, q. 1 X. – [99] Quodl. 3 q. 1; 7 q. 20. – [100] I Sent. d. 1, q. 4 P. – [101] I Sent. d. 1, q. 6 U. – [102] II Sent. q. 3 NN. – [103] II Sent. q. 19 O-P. – [104] I Sent. d. 17, q. 2 D; ebenso Gabriel Biel und, gemildert, Johannes Gerson. – [105] Ockham, I Sent. d. 17, q. 3 F; I Sent. d. 43, q. 1 A; II Sent. d. 19 F, O-P; IV Sent. q. 9 E; IV Sent. q. 14 D. – [106] I Sent. d. 48, q. 1 G-H. – [107] III Sent. q. 13 B. – [108] Nikolaus von Kues, De non aliud c. 16; c. 4; c. 9. – [109] vgl. F. Suárez, Disp. Met. X, 3, 10; X, 1, 12; siehe auch Referat und Kritik der Lehrmeinungen a. a. O. X, 1, 1-11. – [110] Vgl. a. a. O. X, 2, 31; De bon. II, 2, 16. – [111] Disp. Met. XLVIII, 1, 13; X, 1, 18.

Literaturhinweise. – *Übersichten:* G. Schulemann: Die Lehre von den Transzendentalien in der scholast. Philos. (1929). – F.-J. von Rintelen: Der Wertgedanke in der europ. Geistesentwicklung 1: Altertum und MA (1932). – *Frühscholastik:* O. Lottin s. Anm. [34] 421-465. – H. Pouillon: Le premier traité des propriétés transcendentales. La Summa de bono du Chancelier Philippe. Rev. néoscolast. de Philos. 42 (1939) 40-77. – *Hochscholastik:* J. Schneider: Das G. und die Liebe nach der Lehre Alberts des Großen (1967). – M. Wittmann: Die Ethik des hl. Thomas von Aquin (1933; ²1963). – W. Kluxen: Philos. Ethik bei Thomas von Aquin (1964). – K. Riesenhuber: Die Transzendenz der Freiheit zum G. Der Wille in der Anthropol. und Met. des Thomas von Aquin (1971). – J. Binkowski: Die Wertlehre des Duns Skotus (1936). – *Spätscholastik:* Anneliese Maier: Finalkausalität und Naturgesetz, in: Met. Hintergründe der spätscholast. Naturphilos. (Rom 1955) 273-335. – Anita Garvens: Die Grundlagen der Ethik Wilhelms von Ockham. Franziskan. Stud. 21 (1934) 243-273. 360-408. – E. Gemmeke: Die Met. des sittlich G. bei Franz Suárez (1965).

K. Riesenhuber

IV. *Neuzeit.* – 1. Der Begriff des Guten (= G.) erlangt zu Beginn der neuzeitlichen Ethik bei Hobbes eine Bestimmung, die das Ansichsein des G. radikal zerstört. Gut sind die Dinge, die erstrebt werden [1]; ‹gut› ist also relativ auf den Erstrebenden. Es ist sinnlos, von einem G. schlechthin zu reden; ‹gut› ist insofern nicht eindeutig, es wird gesagt «relativ zu Person, Ort und Zeit» [2]. Gleichwohl trifft Hobbes die Unterscheidung zwischen wahrem und scheinbarem Gut [3]. Scheinbar gut ist das Ding, das vordergründig als erstrebenswert erscheint, dessen mögliche Folgen jedoch Übel implizieren. Affekte lassen das scheinbare und sich aufdrängende Gut erstreben, das wahre Gut kann nur durch weitblickende Vorsicht gefunden werden, ist also Sache vernünftiger Überlegung [4]. Die Vernunft kann damit verdeutlichen, daß das erste Gut für jeden, die Selbsterhaltung [5], mehr enthält, als im natürlichen Trieb jedes Einzelnen gelegen ist, nämlich das Moment, das verhindert, daß der konkurrierende Kampf der Individuen untereinander um Selbsterhaltung gerade zur wechselseitigen Vernichtung führt. Der Katalog der Güter, der im Hinblick auf die Selbsterhaltung gegeben wird [6], erfährt seine Erfüllung demgemäß erst innerhalb eines Staates, der kraft seiner gesetzlichen Gewalt den Menschen vor der Selbstvernichtung schützt und das für den Menschen G. garantiert, das in der Übereinstimmung mit den staatlichen Gesetzen gelegen ist: «mensuram boni et mali in actionibus esse legem civilem» (das Maß des G. und Schlechten in den Handlungen ist das staatliche Gesetz) [7].

SPINOZA nimmt Hobbes' Konzeption der Relativität des G. auf. Schon im Frühwerk, dem ‹Kurzen Traktat›, heißt es, daß «gut und schlecht nicht in der Natur sind» [8], sondern nur in unserem betrachtenden Verstand. In der ‹Ethik› wird ausgeführt, die Beurteilung einer Sache als gut sei die Folge der Tatsache, daß wir nach dieser Sache streben, und nicht erstreben wir die Sache, die wir als gut beurteilen [9]. Streben geht primär, wie bei Hobbes, auf Selbsterhaltung (in suo esse perseverare) [10], doch trennt die Bestimmung des metaphysischen Verhältnisses zwischen dem einzelnen Ding, das nach Selbsterhaltung strebt, und dem absoluten Ganzen Spinoza von Hobbes. Selbsterhaltung kann auf Erhaltung von Partikularitäten gehen, sofern der Mensch das Inhärenzverhältnis zwischen Einzelnem und in sich bleibendem Absoluten nicht unter dem Aspekt der Modifikation von causa sui begreift und sich als Einzelnes losgelöst vom Absoluten zu sichern sucht. Zu diesem Zweck konstruiert er Ordnungsverhältnisse, insbesondere solche teleologischer Art, im Hinblick auf die er Dinge als gut und schlecht beurteilt. So verstanden resultiert die Bestimmung ‹gut› aus einem Vorurteil [11]. Andererseits erhält ‹gut› eine positive Bedeutung im Hinblick auf die Idee des Menschen als dem Musterbild der menschlichen Natur [12], wonach gut das ist, was dazu beiträgt, dem Musterbild (exemplar) näher zu kommen. Erfüllt ist dieses Musterbild in einer Form von theoretischer Einsicht, in der alle die Wahrheit verstellenden Vorurteile abgebaut sind. Gut ist das, was im Hinblick auf diesen Abbau von Nutzen ist. Voraussetzung dafür ist, daß wir um die Nützlichkeit mit Sicherheit wissen (certo scimus) [13]. Konsequenz der Verquickung des G. mit dem Wissen ist, daß das höchste Gut des Menschen die Erkenntnis Gottes [14] ist, d. h. des Zusammenhanges der absoluten Substanz mit den einzelnen Dingen, welcher Zusammenhang selber nicht unter die Kategorie des G. zu bringen ist.

LEIBNIZ macht in der Kritik an Spinozas Konzeption des G. als eines Begriffs bloß menschlicher Vorstellungsweise das G. zu einem Begriff, der die Wirklichkeit selbst charakterisiert, insofern die existierende Welt im Hinblick auf Gott nicht metaphysisch, sondern nur moralisch notwendig ist und darin die beste aller möglichen darstellt. Gutsein im Sinne der höchsten Vollkommenheit bezeichnet dabei das Merkmal, durch das sich die wirkliche Welt von der bloß möglichen und nicht zur Wirklichkeit gelangten unterscheidet. Es wird jedoch nicht expliziert, in welcher Weise die die wirkliche Welt konstituierenden Monaden in ihrem die Konstitution leistenden Streben vom Begriff des G. geleitet sind, obschon sich bei Leibniz vereinzelte Hinweise finden, denen zufolge der appetitus der Monade auf das G. geht: «il y a dans l'âme un appétit du bien et une fuite du mal qui la pousse» [15]. – Den Zusammenhang von ‹gut› und ‹vollkommen› im ontologischen Sinne hat CHR. WOLFF von Leibniz übernommen und auf den Begriff der sittlichen Handlung ausgedehnt: «Actiones liberae ad perfectionem hominis eiusque statum tendentes ... bonae sunt» (freiwillige Handlungen, die auf die Vollkommenheit des Menschen und seinen [ihm gemäßen] Stand hinstreben, sind gut) [16]. Gut sind die Handlungen, die tauglich sind, die metaphysisch bestimmte Wesensnatur des Menschen zu erfüllen.

Gegen die nominalistische, auf menschliche Setzung rekurrierende Theorie des G. von Hobbes, der sich später in modifizierter Form LOCKE mit seiner Abwehr aller eingeborenen sittlichen Prinzipien anschloß, wandte sich insbesondere die platonisierende Cambridger Schule von CUDWORTH [17] und MORE [18], indem sie sich auf übernatürliche «rationes aeternae mali et boni» berief, später dann, gegen Locke, CLARKE [19] mit seiner Theorie von dem aller Willkür entzogenen G. Ungeklärt blieb dabei, wie ein so verstandenes G. als Antrieb für menschliches Handeln fungieren könne. In der Folge wurde deshalb in Großbritannien, insbesondere in der schottischen Schule, nach den subjektiven Bedingungen gefragt, unter denen die Billigung eines Sachverhaltes geschieht, in welcher Billigung wir etwas als moralisch gut erfahren. Für HUTCHESON ist dieses Vermögen der «moralische Sinn» (moral sense) [20]. Was gut ist, kann in seinem Anspruch an das Subjekt nur von diesem Gefühl erfahren werden, nicht von der theoretischen Vernunft, die nur gegebene Verhältnisse zu analysieren vermag, aber nie auf ein Letztes geht, als das das G. gegenüber dem Subjekt auftritt. Auch für HUME ist die Rede von einem moralisch G. nur sinnvoll, wenn das G. den Bezug auf ein Gefühl impliziert, also auf eine innere Neigung (internal taste), die durch den Akt der Zuwendung bzw. Abkehr zwischen moralisch G. und Bösem allererst unterscheidet [21]. Weil das G. in einem Akt der Zuwendung wurzelt, muß es im Bezug zu einer produktiven subjektiven Kraft stehen, welche Produktivität der Vernunft abgeht, die nur «von erkannten oder vorausgesetzten Umständen und Verhältnissen zur Ermittlung des Verborgenen und Unbekannten führt», aber kein «neues Gefühl der Billigung oder Mißbilligung in uns aufkeimen läßt» [22].

Anmerkungen. [1] TH. HOBBES, De homine 11, 4. – [2] a. a. O. 11, 4. – [3] 11, 5. – [4] 12, 1. – [5] 11, 6. – [6] 11, 6ff. – [7] Leviathan c. 29. – [8] B. SPINOZA, Tractatus brevis I, 10. – [9] Ethica III, prop. 9, schol. – [10] a. a. O. III, prop. 6. – [11] I, appendix. – [12] IV, praef. – [13] IV, def. 1. – [14] IV, prop. 28. – [15] G. W. LEIBNIZ, Philos. Schriften, hg. GERHARDT 3, 347. – [16] CHR. WOLFF: Inst. iuris naturae et gentium (1750) § 12. – [17] R. CUDWORTH: The true intellectual system of the universe (1678). – [18] H. MORE: Enchiridion ethicum (1668). – [19] S. CLARKE: Discourse conc. the unalterable obligations of natural relig. (1706). – [20] FR. HUTCHESON: A system of moral philos. (1755). – [21] D. HUME: Enquiry conc. the principles of morals (1751). Werke, hg. GREEN/GROSE 4, 265. – [22] ebda.

2. KANT hat das von der moral-sense-Schule herausgehobene Moment, G. müsse durch den Bezug auf ein Subjekt, das durch das G. zu guten Handlungen motiviert wird, aufgenommen, aber so, daß er als Grund dieses Bezuges nicht ein Gefühl, sondern die reine Vernunft annimmt, die er als praktische Vernunft in ihrem Können von der theoretischen unterscheidet. Seine kopernikanische Wende besteht darin, daß er die vernünftige Subjektivität selbst als Grund des G. ansieht. Das G. kann demnach nicht in einer wie auch immer gearteten inhaltlichen Bestimmtheit auftreten und darin als zu

erreichendes Telos den Willen zu einer Handlung veranlassen, die dann kraft des teleologischen Verhältnisses gut wäre. Eine solche Bestimmung widerspräche der Autonomie des Willens, die besagt, daß die Handlung allein gut sein kann, die nicht umwillen von etwas geschieht. Die Bestimmung des G. wird so unlöslich mit der Autonomie des Subjekts verquickt und aus dem Selbstbezug des vernünftigen Willens heraus erklärt. « Es ist überall nichts in der Welt ..., was ohne Einschränkung für gut könnte gehalten werden, als allein ein guter Wille» [1]. Der gute Wille ist «nicht durch seine Tauglichkeit zur Erreichung irgendeines vorgesetzten Zweckes, sondern allein durch das Wollen, d. i. an sich gut» [2]. Aus diesem autonomen Selbstbezug heraus wird die Unbedingtheit des G. verständlich gemacht, in ihm hat zugleich seine Allgemeingültigkeit ihren Grund, die das G. nicht im Hinblick auf empirische Bedingungen gelten läßt. Das im guten Willen gründende G. versteht sich aus der Form vernünftiger Allgemeinheit, der gemäß Handlungen, die in einer jeweils konkreten Situation geschehen und darin vorgegebene Inhalte in sich aufnehmen, bestimmt sein müssen, wenn sie gut sein sollen. Im Hinblick auf das dergestalt gewollte G. ist die in der Form des selbstbezüglichen Willens gelegene Allgemeinheit vom Charakter des Gesetzes, das in Anbetracht aller wie auch gearteter Fälle besonderen Handelns gilt. Das ist «das Paradoxon der Methode in einer Kritik der praktischen Vernunft ...: daß nämlich der Begriff des G. ... nicht vor den moralischen Gesetze (dem er dem Anschein nach sogar zum Grunde gelegt werden müßte), sondern nur ... nach demselben und durch dasselbe bestimmt werden müsse» [3]. – Dieses Gesetz, das sich das vernünftige Subjekt selbst gibt, erscheint in Form des kategorischen Imperativs, also einer Nötigung, in der das Subjekt zu etwas gezwungen wird, das es nicht notwendig schon tut. Das Gesetz gilt also für einen endlichen Willen, « der darum nicht sofort eine Handlung tut, weil sie gut ist» [4]. Reine Vernunft muß demnach nicht nur den guten Willen unmittelbar bestimmen, sondern auch Motivationsgrund sein können für ein endliches Handeln, das in jeweils bestimmten Situationen geschieht. Das in der Vernunft gründende G. kann aber, soll die Autonomie des sittlich Handelnden nicht aufgehoben werden, endliches Handeln nur so motivieren, daß dieses vom Anspruch der Vernunft schon eingenommen ist (das Gefühl der Achtung für das Sittengesetz, aus dem heraus gehandelt wird, ist von der Vernunft des vernünftigen Sittengesetzes her gedacht), darin aber gerade nicht als endliches gefaßt ist. Das so in der Frage nach dem Antrieb des Handelns ungeklärt gebliebene Verhältnis zwischen reiner Vernunft und endlichem Handeln hat Kant im Hinblick auf das, was praktische Vernunft hervorbringt, neu zu bestimmen versucht, indem er den Gegenstand der praktischen Vernunft als höchstes Gut faßt [5]. In ihm soll gelegen sein, daß die Unbedingtheit der Vernunft das auf Neigungen und Naturbedürfnis beruhende praktisch Bedingte und darin das endliche Handeln eines bedürftigen Wesens durch sich bestimmt hat. Diese Vermittlung von Tugend und Glückseligkeit ist freilich, unter der Voraussetzung der Ohnmacht der Vernunft in Ansehung einer von ihr verschiedenen Sinnlichkeit, nur unter der Annahme der Ideen von Gott, Freiheit und Unsterblichkeit der Seele möglich, die die reine praktische Vernunft postuliert.

Anmerkungen. [1] I. KANT, Grundl. Met. Sitten. Akad.-A. 4, 393. – [2] ebda. – [3] KpV, Akad.-A. 5, 62f. – [4] Grundl. 4, 414. – [5] KpV 5, 108ff.

3. Die auf Kant nachfolgende Philosophie des deutschen Idealismus hat die von Kant entwickelte Bindung des G. an die subjektive Autonomie festgehalten, jedoch darüberhinaus versucht, die unbefriedigend gebliebene Weise der Vermittlung zwischen dem in Gestalt des Sittengesetzes auftretenden G. und der diesem Anspruch folgenden endlichen Handlung neu zu bestimmen.

SCHILLER hat mit der Wendung von der « Neigung zu der Pflicht» [1] die Sinnlichkeit so zur Geltung gebracht, daß sie nicht nur der Forderung des G. gemäß ist, sondern sich selber auf das G. richtet. Dadurch soll verständlich werden, wie Sinnliches und damit eine endlichbegrenzte Handlung in das G. eingehen kann, mit ihm « versöhnt» wird und nicht nur ein Niedergerungenes bleibt.

FICHTE hat umgekehrt aus der Struktur der vernünftigen Subjektivität verständlich machen wollen, wie in ihr der Bezug zur begrenzten Materialität impliziert ist und diese nicht ein ihr Fremdes bleibt. Kants guter Wille ist ihm bloß « formale Moralität» [2], in dem das höhere Begehrungsvermögen mit dem niederen noch nicht synthetisch vereinigt ist [3]. Die Möglichkeit dieser Vereinigung gründet in der absoluten Tätigkeit des Subjekts, das, um sich wissen zu können, sich gegenüber einem Nicht-Ich abgrenzt, im Hinblick auf welche Grenze es sich selbst verendlicht, doch so, daß diese Grenze nur die Bedingung ist, an der es sich in freier Spontaneität betätigen kann, um im Angehen gegen alle Begrenzung zu sich als absolut reiner Tätigkeit zu gelangen. Diese freie Tätigkeit, die ein Doppeltes ist, endlich und absolut, ist der Grund des G., während dessen Gegenteil, das Böse, als Trägheit bestimmt wird [4], als Sichverlieren im Gegebenen, d. h. als Nichtergreifen der Spontaneität, jede Begrenzung zu transzendieren, worin das « gänzliche Unvermögen zum G.» [5] besteht.

HEGEL nimmt Fichtes Kritik an Kant, der Ausgang vom guten Willen führe nur zu einer formalen Moralität, auf, wendet sie aber auch gegen Fichte selber [6], insofern dessen Prinzip des G., das setzende Ich, Wirklichkeit sich nur in der Weise des Entgegensetzens vermitteln kann und darin auf einem Standpunkt stehen bleibt, in dem in Wahrheit die Nicht-Identität von Ideellem und Reellem herrscht und Sittlichkeit nicht als Absolutes verwirklicht ist. Hegel hält das Prinzip des autonomen Willens als Grund des G. fest, aber so, daß der subjektive Wille seine Selbstbezüglichkeit nur gewinnt, wenn er sich auf die « ganze Wirklichkeit» [7] bezieht, die die sittlichen Institutionen eines Volkes, seine Gesetze und Einrichtungen, in sich schließt. Auf diesem Standpunkt ist der Übergang von der Moralität bloßer Innerlichkeit des Subjekts zur Sittlichkeit als Identität von Subjektivität und Objektivität vollzogen. In ihm wandelt sich «die abstrakte Idee des G.» [8] eines bloß subjektiven Willens zu dem « objektiven Sittlichen» [9], an dem das G. einen Inhalt hat, « die an und für sich seienden Gesetze und Einrichtungen» [10]. In eins damit wandelt sich das dem abstrakten G. korrelierende Gewissen « als abstrakte Selbstbestimmung» [11] zu einem « wirklichen Selbstbewußtsein» [12], das die Gesetze und Gewalten der objektiven sittlichen Welt nicht als ein ihm Fremdes erfährt, sondern als von seinem Geist durchdrungen weiß [13]. In dieser Wandlung hat « das Bewußtsein die Vorstellung von einem *an sich* G., das noch keine Wirklichkeit hätte, als einen leeren Mantel fahren» gelassen [14].

Anmerkungen. [1] FR. SCHILLER, Über Anmut und Würde. National-A. 20, 283. – [2] J. G. FICHTE: System der Sittenlehre von (1798). Werke, hg. MEDICUS 2, 551. – [3] a. a. O. 525. – [4]

2, 593ff. – [5] 2, 596. – [6] G. W. F. HEGEL, Wiss. Behandlungsarten des Naturrechts. Schriften zur Politik und Staatsphilos., hg. LASSON 347ff. – [7] a. a. O. 372. – [8] Rechtsphilos. § 131. – [9] a. a. O. § 144. – [10] § 144. – [11] § 138. – [12] § 146. – [13] § 147. – [14] Phänomenol., hg. HOFFMEISTER 281.

4. HEGELS These von der Identität des subjektiven Willens und des G., der subjektiven Gesinnung und des an sich seienden Rechts [1], hat eine Theorie des absoluten Geistes zur Voraussetzung, deren Leistungskraft hinsichtlich einer Bestimmung wirklichen, konkreten Handelns seinen Nachfolgern zweifelhaft erschienen ist.

Noch innerhalb des spekulativen Idealismus gibt SCHELLING in seiner mittleren Periode eine Bestimmung des G., in der das G. an einen dem Subjekt nicht verfügbaren Grund gebunden wird. Dieser Grund, der bloße nie aktualisierbare Potenz ist, dient dazu, «damit aus ihm das G. durch eigene Kraft sich herausbildend, ein durch seinen Grund von Gott Unabhängiges und Geschiedenes sei» [2]. Die Möglichkeit des G. (und des Bösen) beruht demnach auf einer «zertrennlichen» Einheit [3] der den Menschen bestimmenden Prinzipien von dunklem aus dem Grunde kommenden Willen und über diesen Willen sich erhebenden Verstand. Das Böse gründet in dem Versuch, den dunklen Grund zum Herrschenden zu machen, ihn zu aktivieren, das G. in der Anstrengung, diese mögliche Aktivität durch den Verstand zu überwältigen. «Die überwundene, also aus der Aktivität zur Potentialität zurückgebrachte Selbstheit ist das G.» [4]. Wenn auch bei Schelling die Tendenz besteht, das G. «in der vollkommenen Einheit der Prinzipien» gründen zu lassen [5], was die Konsequenz hätte, «daß niemand gut [ist] als der einzige Gott» [6], so ist ebenso die umgekehrte Tendenz deutlich, das G. auf eine unaufhebbare Zwietracht im Menschen zu beziehen, die nicht privativ als Noch-Nicht einer Vollkommenheit zu verstehen ist (gegen Leibniz), sondern als ein zuhöchst Positives [7].

Ist in diesem Zusammenhang ‹gut› bei Schelling, wie schon früher bei Leibniz, ein Prädikat des Seienden, so betont demgegenüber HERBART die Zugehörigkeit von ‹gut› zum Bereich der Wertschätzung sittlicher Handlungen. Er geht aus von der Unterscheidung: «Das Wort gut ist doppelsinnig; einmal bedeutet es Güter, die man besitzen kann; das andere Mal bezeichnet es den persönlichen Wert, den man uns selbst zuschreibt» [8]. Im ersten Fall ist ein Gut «jeder Gegenstand in dem Maße, wie er begehrt wird. Der Wille also gibt hier den Maßstab» [9]. Im zweiten Fall muß der Wille «selbst gemessen werden, welches nicht möglich ist, wenn er das Maß abgibt» [10]. Dies bedeutet für Herbart nicht, der Wille müsse an einem feststehenden Gut gemessen werden; diese von Kant zunichte gemachte teleologische Betrachtungsweise versucht Herbart nicht zu erneuern. Was er jedoch unternimmt, ist eine Analyse des guten Willens unter dem Aspekt einer empirisch-psychologischen Selbstbeobachtung hinsichtlich von Billigung und Mißbilligung, womit er sich gegen das kantische Kriterium der formalen Allgemeingültigkeit wendet und Momente der schottischen moral-sense-Schule wieder zur Geltung bringt. Die psychologische Selbstbeurteilung stellt er dabei unter Kriterien des formalen ästhetischen Geschmacksurteils, womit er sich vom ethischen Eudämonismus abgrenzt.

In der Mitleidsethik SCHOPENHAUERS hingegen verliert der Begriff des G. als eine für das Handeln verbindliche Kraft jede Bedeutung. Für Schopenhauer ist dies ein «trivialer Begriff» [11], insofern er nichts anderes bezeichnet als «die Angemessenheit eines Objekts zu irgendeiner bestimmten Bestrebung des Willens» [12]. Er gehört darin ganz der Empirie an und kann in verschiedenster Gestalt auftreten, etwa als Angenehmes oder Nützliches, denn «wir nennen alles gut, was gerade so ist, wie wir es eben wollen» [13].

Gegen die spekulative Bestimmung des Begriffs des G. wird ein anderer Einwand von KIERKEGAARD vorgebracht, der sich aus dem Rekurs auf das existierende Subjekt ergibt. Für Kierkegaard gründet das G. im Willen: «Das G. ist dadurch, daß ich es will, und sonst ist es gar nicht» [14]; und zwar gründet es nur dann in ihm, wenn das Subjekt in diesem Willen sich selbst «wählt» [15], in welcher Selbstwahl sich gegenüber der ästhetischen Lebensanschauung erst die Dimension des Ethischen eröffnet. Gleichermaßen wendet sich die Wahl seiner selbst als eines existierenden Subjekts gegen das bloße Denken, für das «der Gegensatz von Gut und Böse nicht vorhanden» ist [16]. Die Wahl seiner selbst, die bloß «das Wollen wählt» [17] und darin Gut und Böse für das ethisch existierende Subjekt setzt, ist selber noch «abstrakt», weil sie darin nicht *zwischen* Gut und Böse wählt. Diese zweite Wahl muß einen Unterschied treffen können, der «nie im Abstrakten, sondern nur im Konkreten» ist [18]. Darin ist das «scheinbar unendliche Abstrakte, das G. ... zum Allerkonkretesten» [19] zurückzuholen, d. h. in einem existentiellen Vollzug zu verwirklichen. Dieser Vollzug ist in einem religiösen Gottesverhältnis fundiert, so daß Kierkegaard das G. auch als «das Offenbarwerden» [20] bezeichnen kann.

Anmerkungen. [1] HEGEL, Rechtsphilos. § 141. – [2] F. W. J. SCHELLING: Vom Wesen der menschl. Freiheit (1809). Werke, hg. SCHRÖTER 4, 270. – [3] a. a. O. 4, 256. – [4] 4, 292. – [5] 4, 288. – [6] Handschriftl. Nachlaß (1810). a. a. O. 4, 368. – [7] a. a. O. 4, 261. – [8] J. F. HERBART: Erste Vorlesung über die prakt. Philos. (1818). Werke, hg. KEHRBACH/FLÜGEL 5, 8. – [9] Handschriftl. Bemerk. zur Allg. prakt. Philos. (1808) a. a. O. 2, 465. – [10] ebda. – [11] A. SCHOPENHAUER: Preisschr. über die Grundl. der Moral (1840) § 22. – [12] Die Welt als Wille und Vorstellung 1 (1818) § 65. – [13] ebda. – [14] S. KIERKEGAARD: Entweder-Oder 2 (1843). Werke, dtsch. hg. HIRSCH 2, 238. – [15] ebda. [16] ebda. – [17] 2, 180. – [18] Der Begriff Angst (1844) a. a. O. 11, 114. – [19] ebda. [20] 11, 131.

5. Eine andere Bestimmung des G. wird in der *eudämonistischen* Ethik gegeben. FEUERBACH macht den Trieb nach Glückseligkeit zum Index für ein sinnvolles Reden von Gut und Böse. «Wo kein Gefühl der Lust und Unlust, da ist auch kein Unterschied zwischen Gut und Böse ... Für die bloße reine, von aller Empfindung abgesonderte Vernunft gibt es ... weder G. noch Böses; nur die Vernunft, auf Grund der Empfindung und zum Besten derselben, macht und beobachtet diese Unterschiede» [1].

In *England* faßt J. ST. MILL das G. als Glückseligkeit (happiness) [2], und zwar, Gedanken von *Bentham* aufnehmend, sofern Glückseligkeit unter dem Nützlichkeits-Maßstab (utilitarian standard) im Hinblick auf das allgemeine Wohl der Menschen in ihrem sozialen Zusammenleben steht. Was dabei gut ist, ist keines strengen Beweises fähig [3], da es als Endzweck (ultimate end) auftritt. Beweisbar ist nur das, was gut als Mittel zur Erreichung dieses Endzwecks ist. Gleichwohl ist die Annahme dessen, was gut als Endzweck ist, nicht der Willkür ausgesetzt; Kriterium hierfür ist, sofern der Endzweck wünschenswert (desirable) ist, das tatsächliche Wünschen (desire) der Menschen [4]. Beurteilungsprinzip für das G. ist also die Erwägung dessen, was die Menschen tatsächlich anstreben, und zwar diejenigen, die über Vernunft verfügen und deshalb mit einer Vielzahl anzustrebender Möglichkeiten vertraut sind. Beurteilungsprinzip für den guten Charakter sind die Summe der guten Handlungen, die der Mensch im Lauf der Zeit vollbracht hat [5], wobei jene Handlungen gut sind, die den Endzweck der Glückseligkeit der Menschheit befördert haben [6]. – SPENCER bestimmt das G. als «ganz allgemein das Erfreuende (pleasurable)» [7], wobei er hierfür ein anderes Kriterium als Mill in Anschlag bringt, nämlich die Voraussetzung, daß das Leben in seiner höchstentwickelten Form Freude verheißt. Gutes Handeln ist demgemäß das, was das Leben in dieser Gestalt fördert, das ist in der «vollendeten Leistungsfähigkeit aller Organe» [8] sowohl hinsichtlich des Einzelnen wie der Nachkommenschaft wie der Mitmenschen. – Kritisiert Spencer Mill von einem naturalistisch-biologischen Standpunkt, so tut es SIDGWICK von einem methodologischen her. Für ihn ist Gutheit (goodness) nur in Beziehung zum menschlichen Dasein [9] und damit etwas, das als Endzweck angestrebt wird, und zwar deshalb (darin ist Sidgwick mit Mill einig), weil es zum Glück empfindender Wesen beiträgt [10]. Doch ist ihm das Kriterium hierfür nicht das faktische Sichverhalten des Menschen, sondern ein intuitives Urteil [11], das an die Stelle des auch von Mill geleugneten strengen Beweises tritt.

Im *Pragmatismus* von W. JAMES führt die antimetaphysische Tendenz zu einer Bestimmung des G., in der jede Beziehung des G. auf ein Ansich wahrer moralischer Verhältnisse geleugnet wird [12]. Die Bedeutung des Wortes ‹gut› hat nur Sinn im Hinblick auf einen individuellen Geist, für dessen wertendes Bewußtsein etwas gut ist; sie hat «keine Verankerung im Sein ..., abgesehen vom Dasein wirklich lebendiger geistiger Wesen» [13]. Angesichts der Disparatheit der verschiedenen Standpunkte verschiedener Individuen kann deshalb die Aufgabe des Philosophen, der in diese Mannigfaltigkeit ein System der Ordnung und Stufung des für gut Gehaltenen zu bringen hat, nicht die sein, ein Ansich des G. zu konstruieren, im Hinblick auf das das jeweils für gut Gehaltene eine je verschiedene Abschattung darstellte. Er kann nur deutlich machen, wie es gelingen kann, «die allergrößte Gesamtheit des G. hervorzubringen» [14], d. h. das beste Universum. Dies ist dann das beste, wenn in ihm solches hat durchgesetzt werden können, das anderes G. nicht verletzt, wenn es sich also als ein die reiche Mannigfaltigkeit darstellendes pluralistisches Universum erweist. Diese Verdeutlichung ist selber an besondere moralische Erfahrungen gebunden und kann nie endgültig sein. – Beeinflußt von James hat J. DEWEY die Einzigkeit (uniqueness) des G. betont, d. h. dessen aus dem jeweiligen Situationsbezug resultierende Unwiederholbarkeit: «it remarks the resolution of a distinctive complication of competing habits and impulses which can never repeat itself» [15].

Anmerkungen. [1] L. FEUERBACH, Aus dem Nachlaß. Werke, hg. BOLIN/JODL 10, 288. – [2] J. ST. MILL: On utilitarianism (1860). Werke, hg. PRIESTLEY/ROBSON 10, 234. – [7] a. a. O. 10, 207. – [4] 10, 234. – [5] 10, 221. – [6] 10, 237. – [7] H. SPENCER: Data of ethics (1876) § 10. – [8] a. a. O. § 12. – [9] A. SIDGWICK: The method of ethics (1874) I, 9, § 4. – [10] a. a. O. III, 14, § 5. – [11] bes. I, 7. – [12] W. JAMES: The moral philosopher and the moral life (London/New York 1891), in: The will to believe and other essays in popular philos. (1931) 194. – [13] a. a. O. 197. – [14] 209. – [15] J. DEWEY: Human nature and conduct (New York 1922) III, 5.

6. In seinem radikalen Angriff gegen alle Moralität unterwirft NIETZSCHE auch den Begriff des G. einer kritischen Analyse. Seine Kritik der Moral ist Kritik der Metaphysik, insbesondere in der platonischen Form der Annahme einer wahren in sich seienden Welt gegenüber der Welt des sich verändernden Werdens. Die Annahme eines solchen Ansich ist für Nietzsche nichts anderes als der Index für ein bestimmtes subjektives Sichverhalten, nämlich das der Schwäche, das sich ein Festes, Bleibendes konstruiert, an dem es sich ausrichten kann und das das Subjekt der Notwendigkeit enthebt, die Möglichkeiten eines perspektivisch unverkürzten Lebens allererst zu erproben. Das G. ist ein derartiges vermeintliches Ansich, dessen Charakter, subjektiv Gesetztes zu sein, Nietzsche durch eine psychologische Durchleuchtung des «guten Menschen» aufdeckt, der ihm «die schädlichste Art Mensch» ist [1], insofern in ihm ein «Symptom der Erschöpfung» [2], ein «Rückgangssymptom» [3] zum Ausdruck gelangt, das ein Leben, das nicht schon unter einem Umwillen steht, nicht erträgt. Dergestalt «verneint» das G. das Leben [4] und hat zur Bedingung seiner selbst, sofern das zweckfreie Leben das Wahre ist, «die Lüge» [5]. Nietzsches eigenes Philosophieren vollzieht sich demgegenüber ‹Jenseits von Gut und Böse›, d. h. jenseits einer moralisierenden Interpretation der Phänomene und in einer Weise, in der die bisherigen Wertsetzungen umzuwerten sind. Diese Umwertung betrachtet die Setzungen daraufhin, welche Funktion sie zur Steigerung des Willens zur Macht haben, d. h. eines Willens, der sich als Wille, der nicht an Fixiertem orientiert ist, zur Macht bringt. Von daher gesehen bestimmt Nietzsche als gut all das, «was das Gefühl der Macht, den Willen zur Macht, die Macht selbst im Menschen erhöht» [6], wobei der Gegensatz hierzu nicht «böse» ist, sondern «schlecht» im Sinne einer Untauglichkeit, die «aus der Schwäche stammt» [7].

Anmerkungen. [1] FR. NIETZSCHE, Umwertung aller Werte. Großoktav-A. (= GA) 8, 319. – [2] Der Wille zur Macht GA 15, 189. – [3] Zur Geneal. der Moral GA 8, 294. – [4] a. a. O. [2] 15, 398. – [5] Ecce homo GA 15, 119. – [6] Der Antichrist GA 8, 218. – [7] ebda.

7. Zeitlich unmittelbar nach Nietzsche eröffnet F. BRENTANO eine neue Perspektive in der Bestimmung des G. Sie ergibt sich im Anschluß an den Begriff der Intentionalität aus dem methodischen Verfahren einer Deskription psychischer Erlebnisse, deren Intentionalität dieser immer schon auf eine Sache bezogen sein lassen. Dabei gewinnt Brentano für die Erkenntnis sittlicher Zusammenhänge eine eigene Klasse psychischer Phänomene, die der Gemütsbewegungen, die nicht auf Phänomene theoretischen Urteilens zurückführbar sind. Analog zu Wahr und Falsch, die ihren Ort im Anerkennen bzw. Verwerfen eines Sachverhaltes durch das theoretische Urteil haben, bestimmt er Gut und Schlecht im Hinblick auf die Gemütsakte des Liebens bzw. Hassens, denen eine innere Richtigkeit zukommt. «Wir nennen etwas gut, wenn die darauf bezügliche Liebe richtig ist. Das mit richtiger Liebe zu Liebende, das Liebwerte, ist das G. im weitesten Sinne des Wortes» [1]. Analog zum Evidenzanspruch des richtigen theoretischen Urteils tritt die als richtig charakterisierte Liebe mit dem Anspruch auf, ein in sich und unzweifelhaft G. zum Gegenstand zu haben. Dabei ist das G., gemäß der Intentionalität des psychischen Erlebnisses, nicht etwas, das «außerhalb des Gemütes» ist [2], obschon zuzugestehen ist, daß es ein G. gibt, das «für unsere Erkenntnis und praktische Berücksichtigung soviel wie nicht vorhanden ist», weil wir keine «Gewähr» dafür haben, «daß wir

von allem, was gut ist, mit einer als richtig charakterisierten Liebe angemutet werden» [3], was Perspektiven für eine Theodizee eröffnet [4].

Vermittelt durch die Fortführung der Intentionalitätsanalyse in der *Phänomenologie* E. Husserls ist Brentano von großem Einfluß auf die sogenannte *Wertethik* gewesen, besonders auf D. v. Hildebrand und M. Scheler. HILDEBRAND differenziert das Gefühl der «richtig charakterisierten Liebe» bei Brentano nach Kenntnisnahme und Stellungnahme [5]; diese Differenz wird in Ansehung eines an sich seienden Wertes als Unterschied von Werterkenntnis und Wertantwort artikuliert. Daraus ergibt sich die Möglichkeit, das Sittlich-G. in Korrelation zu einem Akt zu bringen, der sich zu einem Wert eigens verhält, der durch einen vom Antworten verschiedenen Akt erfaßt werden soll.

SCHELER, unter dessen Einfluß Hildebrand stand, hat die materiale Wertethik gegen den Kantischen Formalismus gewandt, insbesondere gegen dessen Zuordnung des G. zum Willen qua Willen und gegen die These von der Übereinkunft des Willens mit dem Vernunftgesetz als Kriterium für das G. Gut ist selber ein «Wert» [6], insofern dieses Wort seine Bedeutung nur im Hinblick auf Werte hat, die in einem Akt realisiert werden, freilich nicht irgendwelcher Werte, sondern solcher, die in der Rangordnung der Werte von höherer Qualität sind. «Der Wert ‹gut› – im absoluten Sinne – ist ... derjenige Wert, der wesensmäßig an dem Akt der Realisierung desjenigen Wertes erscheint, der (für die Erkenntniskräfte des ihn realisierenden Wesens) der höchste ist ... Relativ gut ... ist der Wert, der am Akt erscheint, der auf die Realisierung eines – vom jeweiligen Wertausgangspunkt aus gesehen – höheren Wertes gerichtet ist» [7]. Da sich das Höhersein im Akt des Vorziehens zeigt, kann Scheler auch formulieren: «Sittlich gut ist der wertrealisierende Akt, der seiner intendierten Wertmaterie nach mit dem Wert übereinstimmt, der ‹vorgezogen› ist» [8]. Diese Übereinstimmung ist Kriterium für ‹gut›, doch hat ‹gut› darin nicht sein Bestehen. Bestimmt sind gute Akte stets durch materiale Werte, nie durch das G. selber, das nie Materie des Willensaktes sein kann; das führt zu der Formulierung, der Wert ‹gut› befinde sich «gleichsam auf dem Rücken des Aktes» [9].

Im Anschluß an Scheler hat N. HARTMANN für den Begriff des G. eine «Phänomenologie der Werte» [10] als dessen Grundlage entwickelt, derzufolge das G. keine «absolute Einheit des sittlich Wertvollen» [11] darstellt und auch nicht aus der Einheit des sittlichen Bewußtseins hergeleitet werden kann, sondern in einem Reich in sich mannigfacher Werte gründet, das es erst zu entdecken gilt. Dabei ist «der materiale Inhalt des G. nicht eindeutig angebbar» [12]; vielmehr «ist das G. von Fall zu Fall ein inhaltlich anderes und muß seinem Begriff nach unbestimmt bleiben» [13]. Denn der Inhalt des G. liegt «weder in den intendierten Sachverhaltswerten noch in der kategorialen Form der Intention», «sondern in der Beziehung der letzteren zu den ersteren»; eine inhaltliche Bestimmung dieser Relation «würde sowohl die ganze materiale Mannigfaltigkeit der Werte als auch die kategoriale der Akte schon zur Voraussetzung haben» [14]. Gegen ein falsches Einheitsbedürfnis ist «ein systemartiger Zusammenschluß mannigfaltiger Werte» [15] zu analysieren, dessen Systematik nicht in einer punktuellen obersten Einheit gründet, sondern im einheitlichen Wertcharakter als solchem [16], den zu bestimmen Hartmann durch die Theorie eines Schichtungsverhältnisses unternimmt [17]. Dabei stellt er dem von Scheler hervorgehobenen Moment der im Vorzugsakt zugänglichen Werthöhe ein Vorzugsgesetz der Wertstärke an die Seite [18], deren antinomisches Zusammengehören für das Wesen des G. charakteristisch ist [19].

Fortgeführt hat die phänomenologische Wertanalyse H. REINER, der die Unterscheidung zwischen objektiv bedeutsamen und subjektiv bedeutsamen Werten trifft und im Hinblick darauf unser Verhalten als sittlich gut bestimmt, «wenn und insoweit wir der Forderung, die von den objektiv bedeutsamen Werten ausgeht, entsprechen» [20]. Die Frage des Vorziehens innerhalb der Sphäre objektiv bedeutsamer Werte ist nicht mehr eine Frage von Gut und Böse, sondern eine solche des sittlich Richtigen oder Falschen.

Anmerkungen. [1] F. BRENTANO: Vom Ursprung der sittl. Erkenntnis (1889), in: Philos. Bibl. 55 (⁴1955, ND 1969) 19. – [2] a. a. O. 60. – [3] 24. – [4] 83. – [5] D. v. HILDEBRAND: Die Idee der sittl. Handlung (1916, ND 1969) 79. – [6] M. SCHELER: Der Formalismus in der Ethik und die materiale Wertethik (1916). Werke 2 (⁵1966) 45ff. – [7] a. a. O. 47. – [8] ebda. – [9] 48 u. ö. – [10] N. HARTMANN: Ethik (1926, zit. ⁴1962) 45. – [11] a. a. O. 44. – [12] 387. – [13] 388. – [14] 380. – [15] 290. – [16] 293. – [17] 550ff. – [18] 595ff. – [19] 609. – [20] H. REINER: Der Ursprung der Sittlichkeit. Z. philos. Forsch. 13 (1959) 281; vgl. Gut und Böse (1965).

8. Ein anderer Neuansatz in der Bestimmung von ‹gut› geht von den Untersuchungen von G. E. MOORE aus, der, anknüpfend an Brentano und Sidgwick, in den ‹Principia ethica› (1903) die Undefinierbarkeit von ‹gut› behauptet [1]: «Gut [ist] ein einfacher Begriff (simple notion), so wie gelb ein einfacher Begriff ist» [2]; definierbar sind aber nur komplexe, sich aus Teilen zusammensetzende Begriffe. Die Undefinierbarkeit von ‹gut› schließt nicht ein, daß *das* G. undefinierbar sei [3], insofern es sich hier um eine Relation handelt, bei der das Adjektiv ‹gut› auf etwas bezogen wird, das von diesem Adjektiv verschieden ist, und die darin von komplexer Struktur ist. Die Identifizierung von ‹gut› mit anderen Attributen, die dem, worauf ‹gut› bezogen wird, auch noch zukommen, ist ein naturalistischer Fehlschluß (naturalistic fallacy), den begangen zu haben Moore den verschiedensten Moralsystemen, u. a. auch der metaphysischen Ethik, vorhält [4]. Die Verbindung von ‹gut› und jenem, dem ‹gut› zugesprochen wird, ist eine synthetische Relation; ein diesbezügliches Urteil muß «einfach angenommen oder abgelehnt werden»; es ist «durch sich selbst evident» und gestattet «keine Ableitung von einem anderen außer ihm selbst» [5]. Die Frage, welche Dinge gut sind und in welchem Maße sie es sind, beantwortet Moore durch das Konzept von organischen Ganzheiten (wholes), die wertvoller sind als die Summe ihrer Teile und die in persönlichen Zuneigungen und ästhetischen Genüssen zugänglich werden [6].

Während dieses Konzept geschichtlich unwirksam geblieben ist, ist die methodische Position, daß nach der Bedeutung des Adjektivs ‹gut› gefragt werden muß, bevor geklärt werden kann, was für Dinge oder Eigenschaften gut sind, von großer Wirkung auf die nachfolgende angelsächsische Moralphilosophie gewesen. Diese Wirkung ist im wesentlichen kritische Auseinandersetzung mit Moore. Den Kritikern ist Moores Position nicht radikal genug. Daß ‹gut› als unanalysierbarer Begriff empirisch nicht zugänglich ist, wird zugestanden; daß ihm eine nicht-empirische Bedeutung zukommt, durch die etwas attributiv charakterisiert werden kann, wird von C. K. OGDEN und J. A. RICHARDS geleugnet. Der Gebrauch des Wortes ‹gut› im ethischen Zusammenhang ist vielmehr ein rein emotiver (a purely emotive use). Im Satz ‹dies ist gut› verweisen wir lediglich auf ‹dies›, während ‹ist gut› dem ‹dies› nichts hinzufügt, sondern nur als emotives Zeichen dient, das unsere Einstellung zu diesem ‹dies› ausdrückt und darin – im Gegensatz zu dem Satz ‹dies ist rot› – keine Funktion hat, durch die die Sache bezeichnet werden könnte [7].

In anderer Richtung argumentiert M. SCHLICK, der von einer radikal empiristischen Position aus Moores Annahme, es gebe gute Dinge an sich, für sinnlos hält [8], weil ‹gut› nur einen Sinn hat in bezug auf das, was menschliche Subjekte tatsächlich wünschen und wertschätzen. Ethik ist Tatsachenwissenschaft und hat nicht nach der Rechtfertigung dessen, was für gut gehalten wird, zu fragen; sie hat auch nicht die Aufgabe, die Bedeutung des Begriffs ‹gut› aufzudecken, was durch logische Klassifikation der gemeinsamen Merkmale der als gut angesehenen Handlungen geschieht [9]; ihr geht es vielmehr um die Erkenntnis des G. durch eine empirische Kausalerklärung, die nach Motivation und möglicher Gesetzmäßigkeit wertorientierten Handelns fragt; was das G. ist, ist demnach «eine rein psychologische Frage» [10].

Die These von Ogden und Richards wird demgegenüber erneuert von B. Russell und A. J. Ayer. – Für RUSSELL liegen Fragen nach dem, was gut ist, gänzlich außerhalb von dem, was gewußt werden kann (outside the domain of knowledge); sie beziehen sich nur auf subjektive Wünsche (desires) und entziehen sich darin der Entscheidbarkeit hinsichtlich von Wahr und Falsch [11]. – AYER sieht den Grund für die Nichtanalysierbarkeit von ‹gut› darin, daß dies ein Pseudobegriff ist [12]; in ihm gelangt eine moralische Billigung zum Ausdruck, die dem tatsächlichen Inhalt, auf den die Billigung bezogen ist, nichts hinzufügt. So einer objektiven Gültigkeit entbehrend, drückt der Satz, in dem eine moralische Billigung formuliert wird, eine bloße Empfindung aus, die unverifizierbar ist. – Ausdrücklich Bezug auf Ogden und Richards nimmt CH. L. STEVENSON: «good has an emotive meaning which adapts it to suggestion» [13].

Innerhalb der *sprachanalytischen* Richtung, die den logischen Aufbau der natürlichen Umgangssprache analysiert, hat besonders R. M. HARE die Bedeutung des Wortes ‹gut› untersucht. Dies geschieht durch eine Analyse der Sprache, in der Werturteile (value-judgements) artikuliert werden, der sogenannten «value-language». Ihr Grundcharakter ist präskriptiv (prescriptive) im Gegensatz zur Weise indikativen Sprechens, in der Sachverhalte (statements of fact) ausgedrückt werden. Das Grundelement der präskriptiven Sprache, die Werturteile ausdrückt, ist der sprachliche Akt des Empfehlens (to commend) [14], der eine andere Art sprachlicher Aktivität darstellt als der des Definierens von etwas [15]. Gegen Ayers These von der Bedeutungslosigkeit wertender Sätze versucht Hare gerade deren Bedeutung zu analysieren [16], indem er zeigt, in welcher Relation wertende Sätze zu indikativ beschreibbaren Sachverhalten stehen, aus denen der Maßstab (standard) genommen wird für Kriterien, kraft derer eine Sache als gut bezeichnet werden kann [17]. In diesem Zusammenhang interpretiert er den von Moore dargelegten naturalistischen Fehlschluß, gegen Moore, als den Versuch, wertende Sätze auf indikativische zurückzuführen [18], d. h. «to leave out the prescriptive or commendatory element in value-judgements, by seeking to make them derivable from statements of fact» [19]. Hares Analyse des Wortes ‹gut›, «being a word used for commending» [20] ergibt eine Priorität der bewertenden gegenüber der beschreibenden Bedeutung des Wortes (evaluative and descriptive meaning) [21]. Die bewertende Bedeutung ist einheitlich (constant) in jedem Gebrauch des Wortes ‹gut›, unabhängig von der Besonderheit verschiedener Objekte, für die sie gebraucht wird; diese Unabhängigkeit erlaubt eine Verständigung über das, was mit ‹gut› gemeint ist, zwischen Menschen der verschiedensten Kulturkreise, die konträre Sachen für gut halten [22]. Priorität kommt der bewertenden Bedeutung aber insbesondere deshalb zu, weil sie die auf jeweils bestimmte Objekte bezogene deskriptive Bedeutung zu verändern (change) vermag [23]. Darin liegt die besondere moralphilosophische Relevanz der sprachanalytischen Untersuchung. Zwar wird die moralische Bedeutung von ‹gut› gegenüber der außermoralischen, die von einem ‹guten Auto› spricht, nicht als wesentlich verschieden abgegrenzt, weil Hare meint, daß die bewertende Bedeutung in beiden Fällen dieselbe sei und nur die deskriptive, gemäß der Verschiedenheit des Objekts, differiert [24]. Doch gibt die sprachanalytisch gewonnene Bedeutungsdifferenz von ‹gut› die Möglichkeit an die Hand, die Fixierungen von ‹gut› auf bestimmte Objekte als Fixierungen zu durchschauen und darin auf eine Möglichkeit des Wertens zu verweisen, die sich an jeweils bestimmten, indikativ beschreibbaren Sachverhalten nicht begrenzt. Darin hat die natürliche Sprache selber eine Kraft (an evaluative force) zur Veränderung [25].

Anmerkungen. [1] G. E. MOORE: Principia ethica (Cambridge 1903) Kap. 1, Abschn. 6. – [2] a. a. O. 1, 7. – [3] 1, 9. – [4] 2-4. – [5] 5, 86. – [6] 6, 113ff. – [7] C. K. OGDEN und J. A. RICHARDS: The meaning of meaning (1923) 125. – [8] M. SCHLICK: Fragen der Ethik (1930) 14. – [9] a. a. O. 11. – [10] 21. – [11] B. RUSSELL: Relig. and sci. (Oxford 1935) Kap. 9. – [12] A. J. AYER: Language, truth and logic (London 1936) Kap. 6. – [13] CH. L. STEVENSON: The emotive meaning of ethical terms. Mind 46 (1937) 26; vgl. Ethics and language (New Haven 1944). – [14] Auf eine Funktionsmannigfaltigkeit verweist P. H. NOWELL-SMITH: Ethics (London 1954). – [15] R. M. HARE: The language of morals (Oxford 1952) 91. – [16] Vgl. dazu S. E. TOULMIN: An examination of the place of reason in ethics (Cambridge 1950). – [17] HARE, a. a. O. [15] 194ff. – [18] 8. – [19] 82. – [20] 94. – [21] 111ff. – [22] 149. – [23] 119. – [24] 140. – [25] 150.

Literaturhinweise. – *Allgemein:* W. D. ROSS: The right and the good (Oxford 1946). – R. LE SENNE: Traité de morale générale (Paris ²1947). – J. HESSEN: Ethik (1954). – G. H. v. WRIGHT: The varieties of goodness (London 1963). – H. REINER: Gut und Böse (1965). – F. JODL, Gesch. der Ethik (³1966). – *Zu einzelnen Denkern:* R. POLIN: L'obligation morale et politique chez Th. Hobbes, in: Hobbes-Forsch., hg. KOSELLECK/SCHNUR (1969). – C. F. SCHINDLER: Der Begriff des Guten und Nützlichen bei Spinoza (1885). – A. HEINEKAMP: Das Problem des Guten bei Leibniz (1969). – C. JOESTEN: Chr. Wolffs Grundlegung der prakt. Philos. (1931). – D. HENRICH: Hutcheson und Kant. Kantstudien 49 (1957/58) 49ff. – N. K. SMITH: The philos. of D. Hume (London 1941) bes. Kap. 6-9. – H. J. PATON: Der kategorische Imperativ (dtsch. 1962). – K. DÜSING: Das Problem des höchsten Gutes in Kants prakt. Philos. Kantstudien 62 (1971) 5ff. – D. HENRICH: Das Problem der Grundlegung der Ethik bei Kant und im spekulativen Idealismus, in: Sein und Ethos, hg. ENGELHARDT (1963). – G. GURVITSCH: Fichtes System der konkreten Ethik (1924). – J. RITTER: Moralität und Sittlichkeit. Zu Hegels Auseinandersetzung mit der kantischen Ethik (1966), in: Met. u. Politik (1969) 256ff. – H. FAHRENBACH: Kierkegaards existenzdialektische Ethik (1968). – J. O. URMSON: The interpretation of the moral philos. of J. St. Mill, in: Mill, hg. SCHNEEWIND (London 1968). – O. KRAUS: Die Werttheorien. Gesch. und Kritik (1937). – R. S. HARTMAN: The analytic, the synthetic and the good: Kant and the paradoxes of G. E. Moore. Kantstudien 45 (1953/54) 67ff.; 46 (1954/55) 3ff. – G. KERNER: The revolution in ethical theories (Oxford 1966).

W. BARTUSCHAT

Gut, höchstes (lat. summum bonum, frz. souverain bien = s. b.). In der *scholastischen* Philosophie ist der Begriff des *summum bonum* (s. d.) kein Begriff der praktischen Philosophie, sondern der *Metaphysik*. Er bezeichnet Gott im Sinne des platonischen ἀγαθόν. Wo der Begriff praktisch wird, ist im allgemeinen vom finis ultimus die Rede, der bei SUÁREZ gelegentlich dann – im Unterschied zum s. b. – auch «optimum et maximum bonum» heißt [1].

Mit der ausdrücklichen Anknüpfung der praktischen Philosophie an die Antike im 15. und 16. Jh. tritt der Begriff des s. b. wieder als *ethischer* Grundbegriff hervor, und zwar als Reflexionsbegriff, der den Handlungszusammenhang teleologisch interpretieren und normieren soll. Die Lehren vom s. b. in den antiken Schulen, vor allem der stoischen und der epikuräischen, werden rekapituliert; damit wird der Begriff gegenüber der stoisch-christlichen Tradition neu akzentuiert, so bei L. VALLA mit der These von der voluptas als dem s. b. Der einflußreichste Vertreter der Schule ist GASSENDI. Er unterscheidet «felicitas» als Status vom s. b. als Mittel, «quo sumus felices» [2]. Dieses ist die voluptas. Das jucundum ist kein dem honestum und utile nebengeordnetes bonum, sondern das bonum schlechthin, durch welches die anderen Güter definiert werden. Ganz in diesem Sinne schreibt LEIBNIZ: «et honesta sub jucundis continentur» [3] und stellt sich – unter Berufung auf Valla, Gassendi und die «praxis vitae» – in diese Tradition: voluptas ist als Umwillen aller Regungen bis hin zur Frömmigkeit das summum bonorum. «Caetera bona ideo tantum bona sunt, quia vel efficiunt voluptatem, vel tollunt dolorem» [4]. CAMPANELLA setzt den verschiedenen Schulmeinungen über das s. b. als voluptas (Epikureer), virtus (Stoiker), scientia (Peripatetiker), gloria (Römer), tyrannis (Machiavell), assimilari Deo (Plato), die eigene entgegen: «est ergo b.s. naturaliter cognitum vitae conservatio [5].» Der Praxiszusammenhang wird nicht teleologisch durch den metaphysischen, sondern dieser durch jenen definiert: Gott ist höchstes Mittel der Selbsterhaltung. «Bonorum autem primum est sua cuique conservatio» [6], diese These bildet den Ausgangspunkt der praktischen Philosophie des HOBBES. Ausdrücklich wird der Begriff des s. b. – gleichgesetzt mit felicitas und finis ultimus – abgelehnt: als bloße nicht-intentionale Zuständlichkeit gedacht würde die Erreichung eines solchen Zieles gleichbedeutend sein mit dem Erlöschen des Fühlens: «et non sentire est non vivere» [7]. Hobbes nennt – im Unterschied zum primum bonum und zum abgelehnten s. b. ein «maximum bonorum», nämlich die «ad fines semper ulteriores minime impedita progressio» [8]. DESCARTES läßt den Satz, daß Gott «absolut gesprochen» das s. b. sei, als praktisch irrelevant beiseite, um sich in Anknüpfung an die Alten dem h. G. des irdischen Lebens zuzuwenden. Er sucht Aristoteles, Zeno und Epikur zu vereinen, indem er das h. G. aller Menschen zusammen und das eines jeden einzelnen unterscheidet [9]. Jenes besteht in einem «amas ou un assemblage de tous les biens, tant de l'âme que du corps et de la fortune, qui peuvent être en tous les hommes» [10]. Das ist das aristotelische s. b. Es enthält für die Praxis des Einzelnen allenfalls eine indirekte Anweisung, nämlich die, Wissenschaft zu treiben. Das höchste Gut des Einzelnen besteht im Besitz aller Güter «dont l'acquisition dépend de notre libre arbitre» [11], d. h. in der Ausübung der Tugend, welche wiederum nichts anderes ist als «une ferme volonté de bien faire» [12]. Von dieser stoischen Definition des s. b. wird das Motiv unterschieden, das uns bei dessen Verfolgung begleitet: «la satisfaction d'esprit qui suit de cette acquisition», und die als «béatitude» ausdrücklich vom s.b. unterschieden wird. SPINOZA, der im Gefolge von Campanella, Hobbes usw. das bonum aufs utile beschränkt [13] und dieses durch den Selbsterhaltungsbezug definiert, bestimmt als s.b. die Erkenntnis Gottes [14] als äußerste Verwirklichung der Erhaltungstendenz. Es ist allen Menschen gemeinsam [15], und wir begehren, wenn wir es besitzen, daß alle sich seiner erfreuen [16].

Der Begriff des s.b. büßt im Laufe des 17. Jh. seine zentrale Stellung in der praktischen Philosophie ein. LOCKE spricht gelegentlich vom «greatest good», nämlich «happiness in general» [17], aber er verzichtet ausdrücklich darauf, das Verlangen nach dem «greatest good» als das die Einheit des Handelns konstituierende Prinzip zu statuieren. Viel eher ist es der Wunsch, gegenwärtiger Unlust zu entgehen. VOLTAIRE nennt die Frage nach der Natur des s.b. eine «question absurde» [18], da sie auf der Fiktion einer Identität von Sittlichkeit und Glückseligkeit beruhe. Voltaire, der die sensualistische Definition des Glücks mit der ganzen Aufklärung teilt, verwirft die sensualistische Reduktion der Moral. Der daraus resultierende Dualismus macht den Begriff eines h.G. unmöglich.

In der rationalistischen *deutschen* Aufklärungsphilosophie bewahrt der Begriff seine Funktion. A. RÜDIGER unterscheidet das αὐτοαγαθόν, Gott, von der Zufriedenheit als dem h.G. des Menschen in diesem Leben, welche, im Sinne der cartesischen Differenzierung, wiederum von der Glückseligkeit als dem «h.G. unter allen» unterschieden wird, das aber in diesem Leben nicht zu erreichen ist. Ethik ist Lehre der Klugheit, die zur Erreichung des h.G. führt, während die Tugend, die um Gottes willen gewollt wird, über dem h.G. steht. Als Drittes nennt Rüdiger noch ein h.G. der menschlichen Gesellschaft: die Freundschaft [19]. CHR. WOLFF setzt das s.b. mit der «beatitudo philosophica» gleich und definiert es, dem Argument des Hobbes gegen das s.b. entgehend, als «non impeditus progressus ad majores continuo perfectiones» [20], welcher mit Lust verbunden ist.

KANT unterscheidet die Tugend als «oberstes Gut» (supremum), nämlich «oberste Bedingung alles dessen, was uns nur wünschenswert scheinen mag», vom «h.G.» (consumatum) einer Person, dem Zusammensein von Tugend und Glückseligkeit, und dem «h.G. einer möglichen Welt»: «Glückseligkeit, ganz genau in Proportion der Sittlichkeit (als Wert der Person und deren Würdigkeit, glücklich zu sein) ausgeteilt.» Das h.G. ist der «ganze Gegenstand der reinen praktischen Vernunft, d. i. eines reinen Willens», und zugleich der «Bestimmungsgrund» derselben. Kant empfiehlt, den alten Begriff von Philosophie als «Lehre vom höchsten Gut» zu erneuern [21]. Das «höchste abgeleitete Gut», «die beste Welt», die zu befördern moralisch geboten ist, setzt, um wirklich sein zu können, das «höchste ursprüngliche Gut», die Existenz Gottes als Postulat voraus, ebenso Freiheit und Unsterblichkeit, letztere, weil nur in einem unendlichen Progreß die zum h.G. gehörige vollkommene Sittlichkeit erreichbar ist [22]. Kants Lehre vom h.G. wurde von SCHOPENHAUER als heimliche Wiederherstellung des Eudämonismus verworfen [23].

FICHTE übernimmt zunächst den kantischen Begriff: «Die höchste sittliche Vollkommenheit, vereint mit der höchsten Glückseligkeit» [24], in der Zuspitzung, daß die «Anforderung des Moralgesetzes an Gott, das h.G.

außer sich zu befördern», der Grund der Existenz vernünftiger Wesen sei [25]. Später verwirft er den in der kritischen Fassung des h.G. steckenden Dualismus und definiert das h.G. als «vollkommene Übereinstimmung des Menschen mit sich selbst und, damit er mit sich selbst übereinstimmen könne, die Übereinstimmung aller Dinge außer ihm mit seinen notwendigen praktischen Begriffen von ihnen» [26], oder einfach als «Freiheit», zu der alles andere nur Mittel ist [27].

HEGEL gebraucht den Begriff nur historisch. Der aristotelische Begriff des h.G. hat dem späteren gegenüber den Vorzug, nicht «abstrakte Idee» zu sein, «sondern so, daß das Moment der Verwirklichung wesentlich in ihr ist» [28]. In der kritischen Philosophie dagegen, d. h. auf dem Standpunkt der Moralität steht der Begriff für einen bloß sein sollenden Endzweck der Welt und verfällt Hegels Verdikt gegen das Sollen, worunter auch die Interpretation des Daseins Gottes als Postulat fällt: «Indem nun das Gute nicht für sich diese Macht ist, sich zu realisieren, so wird ein Drittes gefordert, wodurch der Endzweck der Welt verwirklicht werde» [29].

SCHLEIERMACHER hingegen führt den Begriff des h.G. gerade wieder ein, um ihn einer abstrakten Pflichten- und Tugendlehre entgegenzusetzen. Das h.G. ist das «schlechthin Reale» [30], das in aller Tugend- und Pflichtethik vorausgesetzt wird. In der neueren Zeit als Begriff fast ganz verschwunden, kann es sich nun, nach Herausarbeiten der «minder selbständigen Formen» der Ethik neu begründen. Das h.G., in welchem «die Einheit von Vernunft und Natur zugleich als erzeugend und erzeugt gesetzt ist» [31], kann «vollständig geschaut werden in der Gesamtheit des menschlichen Geschlechts» als «die in dieser Organisation und unter den Bedingungen des Weltkörpers lebende Vernunft» [32]. Aber auch für die praktische Ethik ist dieses Lehrstück entscheidend, da im Unterschied zu den Aporien der Pflichtenlehre die Frage, «ob diese oder jene Gestaltung der Dinge ein Element des h.G. sein könne, immer leicht zu entscheiden» sein wird [33].

Im Gefolge Schleiermachers und unter Berufung auf Aristoteles weist PAULSEN auf die wechselseitige Bedingtheit der Tugend und des als Endzweck der Tugend gesetzten Inbegriffs aller verwirklichten Tugenden und Tüchtigkeiten, des h.G. hin [34]. Das «höchste praktische Gut» ergibt sich für F. BRENTANO aus Wertvergleichung und stellt das jeweils zu Wählende dar. Es wird unter ausdrücklicher Berufung auf BENTHAM und den englischen Utilitarismus definiert als «das höchstmögliche Glück des weitesten, unserer Einwirkung zugänglichen Kreises von Lebewesen» [35].

In G. E. MOORES ‹Principia Ethica› bezeichnet das s.b. oder «absolute good» oder «the Ideal»: «the best state of things conceivable», und wird unterschieden vom «human good»: «the best possible state of things» [36]. Es ist der möglicherweise positiv nicht adäquat vorstellbare Zustand, der sowohl als ganzer der wertvollste ist, als auch aus den meisten logisch kompatiblen Gütern besteht und gleichzeitig frei ist von Übeln. Ob ein Ding, ein Zustand oder eine Tätigkeit wertvoll ist, läßt sich daran überprüfen, ob es sich als Teil des h.G. denken läßt, obgleich andererseits die Wertevidenz selbst die Idealbildung erst möglich macht. M. SCHELER hält alle Güterethik, also auch «alle Ethik, die von der Frage: was ist das h.G.? oder: was ist der Endzweck aller Willensbestrebungen? ausgeht, durch Kant ein für allemal widerlegt» [37]. Der höchste Wert bei Scheler hat als Personwert die Eigentümlichkeit, nicht direkt gewollt oder intendiert, also zum «Endzweck» gemacht werden zu können.

Dagegen läßt E. BLOCH sein Werk ‹Prinzip Hoffnung› in einer ausdrücklichen Aufnahme der traditionellen Lehre vom h.G. münden, welches nun als das «in der Latenz des Prozesses letzthin real mögliche Ziel» verstanden und wie in der vormodernen Philosophie zum universalen metaphysischen Prinzip erhoben wird: «Das unter dem h.G. Gedachte, das früher Gott hieß, dann Reich Gottes, und schließlich das Reich der Freiheit ist, macht nicht nur das Zweckideal der menschlichen Geschichte aus, sondern auch das metaphysische Latenzproblem der Natur» [38].

Anmerkungen. [1] FR. SUÁREZ, Disp. 24, sect. I, 13, 14. – [2] P. GASSENDI, Ethica. Opera omnia 1-6 (Lion ¹1658, Neudruck 1964) 2, 662. – [3] LEIBNIZ, Textes inédits, hg. GRUA 2, 639. – [4] Akad.-A. 4/1, 34. – [5] TH. CAMPANELLA: Philos. rationalis (1638) 29. – [6] HOBBES, De homine. Opera latina, hg. MOLESWORTH (London 1839ff.) 2, 98. – [7] a. a. O. 163. – [8] ebda. – [9] DESCARTES, Oeuvres (Pléjade, Paris 1953) 1282. – [10] ebda. – [11] a. a. O. 1209. – [12] a. a. O. 1282. – [13] SPINOZA, Ethica. Opera, hg. GEBHARDT 2, 209. – [14] a. a. O. 228. – [15] a. a. O. 234. – [16] a. a. O. 235. – [17] LOCKE, Works (Nachdruck Aalen 1963) 1, 270. – [18] VOLTAIRE, Dictionnaire philos., hg. GARNIER 54. – [19] A. RÜDIGER: Anweisung zu der Zufriedenheit der menschlichen Seele (1721). – [20] CHR. WOLFF: Philos. practica universalis (1744) 1, 374. – [21] KANT, KpV Akad.-A. 5, 109. – [22] a. a. O. 124. – [23] A. SCHOPENHAUER, Preisschrift über die Grundlage der Moral. Werke, hg. LÖHNEYSEN (1962) 3, 649. – [24] J. G. FICHTE, Werke, hg. F. MEDICUS (1962) 1, 8. – [25] a. a. O. 30. – [26] a. a. O. 227. – [27] a. a. O. 460. – [28] G. W. F. HEGEL, Vorles. über die Gesch. der Philos. Jubiläums-A. 18, 394. – [29] Vorles. über die Philos. der Religion a. a. O. 16, 533. – [30] FR. SCHLEIERMACHER: Ethik (1816). Werke (1910) 2, 509. – [31] ebda. – [32] a. a. O. 470. – [33] a. a. O. 467. – [34] F. PAULSEN: System der Ethik (²1891) 217ff. – [35] F. BRENTANO: Grundlegung und Aufbau der Ethik, hg. F. MAYER-HILLEBRAND (1952) 222, § 65. – [36] G. E. MOORE: Principia ethica (Cambridge ¹1903) 183. – [37] M. SCHELER: Der Formalismus in der Ethik. Ges. Werke (1953) 2, 29. – [38] E. BLOCH: Prinzip Hoffnung (1959) 1566.

R. SPAEMANN

Güte. Ganz allgemein bezeichnet ‹G.› von alters her die Beschaffenheit einer Sache, die nach Wesen und Qualität hochwertig und tauglich ist. Man kann von der G. eines Werkzeugs, einer Ware, einer Frucht usw. sprechen. Als personaler Wert besitzt G. einen Gehalt, der zur Vollendung der Person in Beziehung steht, ihre Vollkommenheit angibt. ‹G.› meint Gutheit, Gutsein schlechthin.

Seinshaft wird sie in der Theologie von Gott ausgesagt, wobei ‹summum bonum› (höchstes Gut) abstrakt die wesenhafte Einfachheit, bonitas (G.) die konkrete Entfaltung seines Gutseins meint [1]. AUGUSTIN setzt Gottes bonitas mit seiner sanctitas (Heiligkeit) gleich [2]. Auch vom Menschen kann ‹G.› als allgemeine sittliche Bezeichnung gebraucht werden im Sinne eines Offenseins für das Gute, den umfassenden sittlichen Höchstwert. G. ist so die Vereinigung von Person und Wert im Handelnden in dem Maße, daß er nicht nur vom Wertganzen geführt wird, sondern dieses ihn völlig erfüllt. In diesem Sinne sagt SENECA: «Pars magna bonitatis est velle fieri bonum. Scis quem bonum dicam? Perfectum, absolutum, quem malum facere nulla vis, nulla necessitas possit (Ein wesentlicher Teil der Güte ist, gut werden zu wollen. Weißt Du, wen ich gut heiße? Den Vollkommenen, Unbedingten, den keine Gewalt, kein Zwang böse machen kann) [3]. Es liegt an der verschiedenen Begründung der Ethik und des sittlich Guten, ob diese umfassende G. von der freien Übernahme des unbedingten Imperativs des Sollens, von einer bestimmten Wertordnung und deren Höchstwert oder von der Übereinstimmung mit dem Willen Gottes abgeleitet wird.

Öfter aber wird ‹G.› von einem bestimmten Einzelwert des Sittlichen gebraucht, nämlich vom Wohlwollen, der Geneigtheit und Gütigkeit zum andern hin. In unvergleichbarer, absoluter Vollkommenheit zeigt sie sich nach den Aussagen des Alten und Neuen Testaments im Heilswerk Gottes [4]. Sie wird auch dem Menschen aufgegeben; ἀγαθωσύνη (G.) begegnet als «Frucht des Geistes» oder «des Lichtes» [5] neben Gerechtigkeit und Wahrheit. Thomas von Aquin definiert die «benignitas» (G.) als «habitus voluntarie benefactivus» (habituelle Bereitschaft zur freiwilligen Wohltätigkeit) und zitiert Isidors ‹Etymologien›: «benignus est vir sponte ad benefaciendum paratus et dulcis alloquio» (gütig ist ein Mann, der aus innerem Antrieb wohlzutun bereit ist und freundlich im Zuspruch) [6].

Auch in der neueren Ethik wird G. so eingeordnet. M. Schlick bestimmt sie als «die Gesamtheit der altruistischen Triebe» [7]. Ph. Lersch beschreibt sie als Form der «Strebungen des Füreinanderseins». Anders als das Wohlwollen besteht sie im «Helfenwollen», das gegenüber dem mehr reaktiven Charakter des Wohlwollens einen mehr spontanen Charakter hat. «Das Wohlwollen gewährt, das Helfenwollen der G. schenkt» [8]. Es ist diese Spontaneität selbstlosen Schenkens, was Th. Steinbüchel mit J. Hessen Werte wie Demut, Ehrfurcht, Reinheit, die G. der «Randzone des Heiligen» zuordnen läßt. Es «zeigt sich im religiösen Ethos die G. als zum Heiligen ausgerichtet, als Teilhabe an dem Guten, wie es im heiligen Gott lebt, der gütig ist ohne Wahl, aus reiner G., gegen Gute und Böse» (Math. 5, 45) [9].

Anmerkungen. [1] Vgl. Thomas von Aquin, S. theol. I, 13, 1 ad 2. – [2] Augustin, De civ. Dei XI, 24: «Nihil est aliud bonitas divina quam sanctitas.» – [3] Seneca, Ep. 34, 3. – [4] z. B. Röm. 2, 4; Tit. 3, 4; Eph. 2, 7. – [5] Gal. 5, 22; Eph. 5, 9; Röm. 15, 14. – [6] Thomas, S. theol. II/II, 80 ad 4; vgl. I/II, 70, 3. – [7] M. Schlick: Fragen der Ethik (1930) 149. – [8] Ph. Lersch: Aufbau der Person (⁸1962) 180f. – [9] Th. Steinbüchel: Die philos. Grundlegung der kath. Sittenlehre, in: F. Tillmann: Hb. der kath. Sittenlehre I/2, 232; J. Hessen: Die Werte des Heiligen (²1951) 91.

Literaturhinweise. Th. Steinbüchel: Die philos. Grundlegung der kath. Sittenlehre, in: F. Tillmann: Hb. der kath. Sittenlehre I/2 (1938). – B. Häring: Das Heilige und das Gute (1950). – C. Nink: Met. des sittlich Guten (1955). – G. Siewerth: Die Freiheit und das Gute (1959). – H. Kuhn: Das Sein und das Gute (1962). – J. Pieper: Die Wirklichkeit und das Gute (⁷1963).

R. Hauser

Güterlehre, Güterethik. Fr. D. E. Schleiermacher gliedert seine Ethik in Güter-, Pflichten- und Tugendlehre [1]. Güterlehre (= G.) wird gelegentlich verstanden als Lehre von dem, was durch die gesamte Einwirkung der menschlichen Vernunft auf die Natur hervorgebracht wird und werden soll. In ihrer vollständigen Entfaltung ist sie der «vollständige Ausdruck der gesamten Einheit der Vernunft und Natur» [2] im sittlichen Werk.

Dessen Hervorbringung geschieht durch zwei Richtungen der Vernunfttätigkeit: «Organisieren» und «Symbolisieren». Durch das «Organisieren» wird die menschliche Natur und mittels ihrer die äußere zum Organ, zum Werkzeug der Vernunft. Durch das «Symbolisieren» stellt sich die Vernunft in einem System von Symbolen dar. Indem die Vernunft in die Natur das Erkennen hineinbildet, macht sie sich selbst in der Natur erkennbar, und die Natur wird so zum Symbol der Vernunft. Der allerdings nie zu erreichende Zielpunkt dieser beiden verschiedenen Handlungsweisen ist der, daß die Gesamtnatur Organ und Symbol der gesamten Vernunft wird. Indessen bilden «diese beiden entgegengesetzten Weisen weder jede ein abgesondertes Gebiet, noch ist eine der andern untergeordnet» [3]. Vielmehr ist die Wirklichkeit des Lebens das Ineinander dieser beiden scheinbaren Gegensätze, die nur zum Zweck der Betrachtung isoliert werden.

J. F. Herbart stößt, in Absehung von der Schleiermacherschen Konzeption der G., bei der Frage nach dem, was die praktische Philosophie darzustellen und welchen Ausgangspunkt und welche Grundlage sie zu wählen habe, auf die G., die, wie es zunächst scheint, das Fundament einer praktischen Philosophie abgeben könnte [4]. Kritisch betrachtet jedoch zeigt sich für Herbart, daß sie dafür untauglich ist, weil sie in ihrer Definition einen Zirkel enthalte, der alles unbestimmt läßt. Wenn etwas nur, insofern es begehrt wird, ein Gut ist, «so liegt der letzte Grund seiner Vorzüglichkeit eben in diesem Begehren und Anstreben selbst» [5]. Andererseits aber sollte gerade die «Güte» des Begehrens, sein Vorzug vor dem schlechten Begehren, ihm von diesem Gute zugesprochen werden. So konstatiert Herbart, daß entweder das Gut, unabhängig von jedem Begehren desselben, oder das Begehren, unabhängig von seinem Gut, bewertet werden muß. Dies aber ist insofern nicht möglich, als das Wort ‹gut› für Herbart immer schon einen Willen voraussetzt, «dem etwas gut sey» [6], d. h. immer schon eine Abhängigkeit des Guten vom wollenden Streben besteht.

In Anlehnung an Schleiermachers Modell der Ethik übernimmt I. H. Fichte dessen systematische Gliederung und entwickelt in einem ersten allgemeinen Teil den Begriff der Ethik als Darstellung menschlicher Freiheit. Diese wird im zweiten Teil der Ethik in der Gestalt der Tugend, der Pflicht und der ethischen Güter untersucht. Wie schon Schleiermacher schenkt auch I. H. Fichte der G. besondere Aufmerksamkeit, weil sie als Darstellung der Güter entworfen ist, die, durch pflichtgemäße Handlung einmal hervorgebracht, als selbständiges und fertiges Resultat zum konkreten Inhalt eines zuvor noch inhaltlich unerfüllten «vollkommenen (tugendhaften) und pflichtmäßigen Wollens» [7] werden. Die Güterwelt gliedert sich in die drei Bereiche des Rechts, der sittlichen Gemeinschaft und des Religiösen. Die jeweilige Gestalt des Ethos dieser Bereiche, die sich gegenseitig bedingen und wechselseitig beeinflussen, ist immer nur in der Weise existent, daß sie zugleich mit der Vorhandenheit stets vor die Aufgabe gestellt ist, sich noch höher und vollkommener zu entwickeln, weil das höchste Gut als Maßstab der Entwicklung und Feststellung des erreichten Zustandes der Gütersphären niemals endgültig verwirklicht wird, obgleich «die Gegenwart des höchsten Gutes» [8] jeweils in einer bestimmt gewordenen Gestalt schon begriffen und gefühlt wird. Mit dem höchsten Gut als Maßstab für das jeweils noch unzulänglich Verwirklichte verbindet sich bei I. H. Fichte der Begriff der «Perfectibilität», der besagen will, daß jedes erreichte Stadium immer noch «perfectibel» ist und mit dem er gleichzeitig den durchgängigen Verknüpfungspunkt gewinnt, «der als das gemeinsam Verbindende durch alle drei Gebiete des ethischen Processes hindurchgeht» [9].

Einen anderen Akzent erhält die G. bei F. Brentano, der in ihr den Zielpunkt in den Vordergrund stellt. Das höchste Gut ist unter «den Gütern das Beste» [10]; um es zu erkennen, muß eine Klassifikation der Güter und

Übel in entsprechenden Tafeln [11] durchgeführt werden. Ferner unterscheidet er zwischen zwei Bereichen von Gütern, von denen der eine die Güter der eigenen psychischen Tätigkeiten, der andere die Güter außerhalb derselben umfaßt. Der Bereich «des höchsten Gutes» wird sodann als die Sphäre bestimmt, in der die ganze «Lebewelt» der vernünftig-tätigen Einwirkung des Menschen unterworfen ist [12].

In der materialen Wertethik M. SCHELERS gewinnt die «*Güterethik*» (= G.e.) in zweierlei Hinsicht Bedeutung. Sie wird zunächst negativ abgegrenzt zur materialen Wertethik, insofern Güter und Werte nicht gleichgesetzt werden dürfen, weil jedes Gut in den Kausalnexus der Dinge eingeschlossen ist und damit die G.e. im Gegensatz zur materialen Wertethik nicht a priori ist; denn insofern die «Güte» eines Willensaktes abhängig ist von dem Bezug auf eine gesetzte Welt bestehender Güter, «ist auch die Güte oder Schlechtigkeit des Willens von dem besonderen, zufälligen Dasein dieser Güterwelt mit abhängig gemacht» [13]. Positiv hingegen hat die G.e. die Aufgabe einerseits zu zeigen, daß die Werte unabhängig von Gütern, d. h. von den «Wertdingen», bestehen, gleichwohl aber deren Bedingung sind, andererseits, daß die «Dingwerte», d. h. die bloßen Werte, «die Dinge ‹haben› und Dingen ‹zukommen›» [14], von den «Wertdingen» unterschieden werden müssen. Ferner, daß erst in den Gütern Werte «‹wirklich› werden» [15], d. h. in diesen zur Erscheinung kommen; jede Bildung einer Güterwelt ist abhängig von der Rangordnung der Werte, die gegenüber der betreffenden Güterwelt a priori sind und nicht ihre Rangordnung von dieser abstrahieren. Insofern die G.e. so gefaßt wird, ist alle materiale Wertethik notwendig G.e., ohne daß sie dabei die Apriorität verliert.

Nach diesen Konzeptionen der G. bzw. G.e. gebraucht N. HARTMANN den Ausdruck ‹G.› als Bezeichnung für die Untersuchung und Analyse von Gütern, ihrer Hierarchie («Gütertafel») «mit ihrem inneren Werthöhenverhältnis» [16] und ihrer Zieleigenschaft als Objekte menschlich-sittlichen Strebens.

Anmerkungen. [1] FR. D. E. SCHLEIERMACHER, Werkauswahl (1913) 2, 241ff. 421ff. 513ff. – [2] a. a. O. 552. – [3] 566f. – [4] J. F. HERBART, Sämtl. Werke (1964) 2, 464f. – [5] a. a. O. 334f. – [6] 335f.; 9, 60ff. – [7] I. H. FICHTE, System der Ethik (1850ff., ND 1969) 2/1, 6f. – [8] a. a. O. 2/2, 6f. – [9] 2/2, 3-5. – [10] F. BRENTANO: Grundlegung und Aufbau der Ethik (1952) 166. – [11] a. a. O. 165f. – [12] 222f. – [13] M. SCHELER: Der Formalismus in der Ethik und die materiale Wertethik (⁵1966) 32ff. – [14] a. a. O. 42f. – [15] 43ff. – [16] N. HARTMANN: Ethik (⁴1962) 361f.

Literaturhinweise. I. R. WYSS: Vorles. über das höchste Gut 1. 2 (1811). – O. MOST: Die Ethik Franz Brentanos und ihre gesch. Grundlagen. Untersuch. zum ethischen Wertproblem. Universitas Arch. 45 (1931) 43-59. – K. KANTHACK: Max Scheler (1948) 138-142. – J. U. HAUSWALDT: Schleiermachers G. und die Wertphilos. (Diss. Mainz 1953, Ms.). – H. J. BIRKNER: Schleiermachers christl. Sittenlehre im Zusammenhang seines philos.- theol. Systems. Theol. Bibl. Töpelmann H. 8 (1964) 22. 38ff. 47f.
S. FICHTEL

H

Habe und **Haben** sind Ausdruck für das Verhältnis einer «auseinandergesetzten Zusammengehörigkeit, wobei das Objekt der H. bzw. des Habens etwas ist, was in diesem Sinne als Teil eines Ganzen gilt, und Subjekt desselben ... das Ganze» ist [1]. In diesem Sinne «hat» ein Ich (als Substanz) seine Tätigkeiten (als Akzidentien) [2], und «H.» stellt ein «intentionales» Verhältnis dar, das ohne «Objekt» keinen Sinn besitzt [3], das deshalb jedoch nicht schon über Aktcharakter (im Husserlschen Sinne) verfügen muß [4]. Die moderne phänomenologische Analyse des Habens (G. STERN, G. MARCEL) unterscheidet bei gleichem Grundverständnis zusätzlich «die Fundierung des Bewußtseins im Haben schlechthin» von «Gehabtsein» als «spezifischem Sein» [5] bzw. zwischen «besitzendem» und «inbegriffenem» Haben (avoir-possession und avoir-implication) [6] sowie endlich zwischen «objektiv» und «subjektiv» aufgefaßter H.

Anmerkungen. [1] W. SCHUPPE: Erkenntnistheoretische Logik (1878) 120. – [2] G. TEICHMÜLLER: Neue Grundleg. der Psychol. und Logik (1889) 176. – [3] SCHUPPE, a. a. O. [1] 146. – [4] G. STERN: Über das Haben (1925) 71ff. – [5] a. a. O. Vorbemerk. I; G. MARCEL: Etre et avoir (Paris 1935, zit. dtsch. 1954) 165-187. – [6] MARCEL, a. a. O. 170ff.

1. H. als allgemeine Seinsweise (und Aussagen über Seiendes ermöglichend) findet sich als *Kategorie* bei ARISTOTELES neben Substanz, Quantität, Qualität, Relation, Ort, Zeit, Tun, Leiden, Lage als Haben oder Verhalten [1], wobei gelegentlich ‹Lage› und ‹H.› fehlen [2]. H. hat hier die farblose Bedeutung von «Dauerzustand des Daseienden» und damit einfach von «Vorliegen bestimmter Momente». Diese H. als Dauerzustand kann (im Sinne von ἕξις) einmal die Bedeutung von «in Gebrauch stehen» annehmen, wenn z. B. PLATON von der H. bestimmter Einrichtungen spricht [3], die wieder ein Sonderfall der H. von Eigenschaften ist; das Haben, Sein und Tun des Eigenen stellt zum anderen einen persönlichen Besitz dar [4], und schließlich ist auch Wissen etwas Persönliches, nämlich H. von Erkenntnis für mich [5]; zuletzt konkretisiert sich ‹H.› als ‹Besitz› zu «Besitztum», «Eigentum», «Hab und Gut», «Vermögen». Damit werden Bedeutungen erreicht, die bei HOMER, SOPHOKLES, XENOPHON und PLATON vorkommen [6], und ‹Besitz›, ‹H.› ist dann auch κτῆμα oder κτῆσις (Landgut, Grundstück, Besitztum) [7].

Anmerkungen. [1] ARISTOTELES, Top. I, 9, 103 b 20ff.; De cat. 4, 1 b 25. – [2] Anal. post. I, 22, 83 a 21-23; 21, 83 b 16; Phys. V, 1, 225 b 6. – [3] PLATON, Leg. 1, 625 c. – [4] Resp. IV, 433 e. – [5] Theait. 197 a. – [6] Leg. I, 632 b. – [7] Nachweise für HOMER, PHILON, JOSEPHUS bei W. BAUER: Wb. zum NT (1952) 825ff.

2. Etwas wird zur H., wenn es angeeignet ist; im Falle der Aneignung [1] bzw. des Sichzueigenmachens ergibt sich ein entsprechendes Verhalten, ein Sich-Verhalten, ein bleibendes Verhältnis zu ..., das nicht natürlich ist, aber wie Natur wirkt. Die bloße Wiederholung einer Tätigkeit genügt allerdings nicht, um eine (hexiale, habituelle) H. zu begründen. Wer «für gewöhnlich früh aufsteht», wer «früh aufzustehen pflegt», muß damit keine «zweite Natur» gewonnen haben, aus der heraus sich das Aufstehen quasi von selbst ergibt [2], sondern er kann durch «ärztliche Verordnung», «Dienstanfang» zur Wiederholung desselben Vorgangs kommen, ohne daß er ihm «gefällt», daß er «ihm liegt», daß er ihm «zur zweiten Natur» geworden wäre. Der objektive und der subjektive Aspekt des gewohnt gewordenen Verhaltens kommt in der Moderne im Gegensatz von ‹coutume› und ‹habitude› (nach solere bzw. assuescere) zum Ausdruck [3]. – Was als Brauch, Sitte, Gewohnheit offiziell und diskussionslos gilt bzw. geübt wird, muß damit nicht zu einer subjektiven Disposition für ..., zu einer hexialen Neigung, zu einer habituellen Haltung, zur persönlichen H. geworden sein. H. (als «es hat sich so») ist objektiv ein bleibendes Verhältnis (ita res se habet), das subjektiv zu keinem bleibenden Verhalten führen muß. Durch Erfassen, Erkennen, Wissen kann etwas zur H. (zum Besitz) werden, ohne daß das «cognoscendo se habere» AUGUSTINS [4] vom objektiven Faktum zum subjektiven Faktor wird.

Anmerkungen. [1] ARISTOTELES, Rhet. I, 11, 1370 a 7. – [2] Vgl. F. TÖNNIES' Anm. zu ‹habitude›, in: Lalande⁶ 394. – [3] A. LALANDE, a. a. O. 392. – [4] AUGUSTIN, De div. q. 83; q. 35, n. 2.

3. In der Untersuchung der Beziehung von Sein (oder Existenz) und Haben geht G. STERN (1925) davon aus, daß es für die phänomenologische Analyse gleichgültig ist, ob die Objekte der zu beschreibenden intentionalen Akte (Vermeinungen) «existieren», ob sie «sind» oder «nicht sind», welches Verhältnis nicht in gleicher Weise von «Haben» gilt, wenn wir beispielsweise sagen, «wir haben einen Leib» [1]. Denn hier «ist» das Gehabte nur, «sofern es gehabt wird» [2]. Denn: «seinen Leib meinen und ihn haben, ist eines; und eines, ihn meinen und ihn als existent meinen: das Meinen der Essentia involviert das Meinen der Existentia» [3]. Gerade weil «das Meine für das Du, das Deine für das Ich nicht ‹H.› ist», kann eine «Ontologie der Erkenntnis» *nicht* wie eine mit dem Sein einsetzende traditionale Ontologie verfahren [4].

Auch wo, wie bei G. MARCEL (1935), die Analyse strikt auf die Herausarbeitung des «possessiven» und des «implizierenden» Habens hinausläuft [5], wird «ein bestimmtes Quid, das zu einem bestimmten Qui in Beziehung gebracht ist, der seinerseits als Zentrum der Inhärenz oder der Wahrnehmung aufgefaßt wird», unterschieden [6], wobei sich «dieser Qui in Bezug zu diesem Quid gleich ohne weiteres in bestimmtem Grade als transzendent gesetzt sieht» [7]. Daraus folgt, daß wir uns nur dann «in Ausdrücken des Habens» bewegen können, «wenn wir einer Ordnung gegenüberstehen, in der irgendwie und ganz gleich, in welchem übertragenen Sinne, der Gegensatz zwischen dem Innen und dem Außen einen Sinn hat» [8]. Das heißt, «das *Ich habe* kann nur in Fühlung mit einem anderen, der als anderer empfunden wird, ausgesprochen werden» [9]. Damit paßt das Haben sich «in keiner Weise in ein Register reiner Innerlichkeit ein, was ja keinen Sinn hätte, sondern paßt nur in ein Register, in dem Äußerlichkeit und Innerlichkeit sich nicht trennen lassen» [10]. In diesem Sinne ist ausdrücklich von einer «Phänomenologie des Habens», auch von «phänomenologischen Analysen» dazu die Rede [11], die nicht auf das Psychologische, sondern auf das Sinnvermeinte abzielt, das H. bildet; aber es wird weder bei Stern noch bei Marcel die Frage nach der transzendentalen Konstitution radikal, also auch für die Aufrollung der Seins- wie der Habensproblematik, aufgeworfen.

Die phänomenologische Beschreibung dient bei MARCEL vielmehr dazu, eine Ontologie von der Basis des Engagements, bei STERN aber, eine solche Ontologie von der Basis der Erkenntnis her zu entwickeln [12]. MARCEL stellt fest: «ich kann alles das verwalten, was – ganz gleich wie indirekt auch immer – einem Vermögen, einem Haben vergleichbar ist; im Gegensatz dazu kann ich überhaupt nicht mehr von Verwaltung sprechen und folglich auch nicht von der Autonomie, wenn die Kategorie des Habens unanwendbar wird» [13]; das ist beim engagierten Sein der Fall. Und STERN zeigt: «das Seiende selbst hat so etwas wie eine ‹Wahrheit› (nicht nur das Urteil über das Seiende)» [14]. Damit ist das Haben eines Seins zum Ausgangspunkt geworden, der konstitutionstheoretische Probleme aufwirft.

Anmerkungen. [1] G. STERN: Über das Haben (1925) 71. – [2] a. a. O. 74. – [3] ebda. – [4] 75. – [5] G. MARCEL: Etre et avoir (Paris 1935, zit. dtsch. 1954) 170. – [6] ebda. – [7] ebda. – [8] 171f. – [9] 173. – [10] ebda. – [11] 165-188; STERN, a. a. O. 84ff. – [12] MARCEL, a. a. O. 186f.; STERN, Vorbemerk. I: ‹Zur Ontol. der Erkenntnis›. – [13] MARCEL, a. a. O. 186. – [14] STERN, a. a. O. [1].

Literaturhinweise. G. STERN s. Anm. [1]. – Lalande[6] 392ff. – G. FUNKE: Gewohnheit (1958, [2]1961). G. FUNKE

4. Bei SARTRE gehört Haben zu den «großen drei Kategorien der konkreten menschlichen Existenz ...; Tun, Haben, Sein» [1]. Die Grundsituation der menschlichen Existenz ist bestimmt durch die Begierde – als Mangel an Sein, als Begierde zu haben. H. befriedigt die Begierde, zu den Gegenständen in einer Seinsbeziehung zu stehen [2]. Habendes Subjekt und gehabtes Objekt werden von einer inneren und ontologischen Relation geeint: der Gegenstand ist durch mich [3]: «ich bin, was ich habe» [4] (im Sinne von STIRNERS: «Ich bin ja selber Meine Sache» [5]). H. nämlich ist, etwa in Kunst und Erkenntnis, die nur Formen der Aneignung sind [6], fortdauerndes Schaffen, Emanation, d. h. «im gleichen Auftauchen muß der Gegenstand ganz ich und ganz unabhängig von mir sein» [7]. Insofern symbolisiert das H. den idealen Entwurf des An-sich-für-sich [8].

Anmerkungen. [1] J.-P. SARTRE: Das Sein und das Nichts (dtsch. 1952) 724. – [2] a. a. O. 739. – [3] 741. – [4] 742. – [5] M. STIRNER: Der Einzige und sein Eigentum (1845, ND 1968) 37. – [6] SARTRE, a. a. O. [1] 735. 729. – [7] 742. – [8] 743. Red.

Habitualitäten heißen in der Phänomenologie E. HUSSERLS die erworbenen bleibenden Bestimmungen des transzendentalen Ich. Das Ich gewinnt diese Bestimmungen dadurch, daß es ineins im Bewußtseinsstrom identisch verharrender Pol und jeweiliger Vollzieher aller in diesem Strom auftretenden Selbst- und Welterfahrungen ist [1]; denn aufgrund dieser Einheit, die durch die passive Ursynthese des inneren Zeitbewußtseins bzw. der lebendigen Gegenwart gewährleistet wird [2], schlägt sich jeder neuartige Vollzug des Ich als Entschiedenheit oder fortdauernde «Überzeugung», d. h. als Vermöglichkeit einer immer wiederholbaren «Stellungnahme» im Ich als Pol nieder [3]. Der auf diese Weise zum Substrat der H. gewordene Ichpol heißt Person [4]. Versteht man die Lehre von der transzendentalen Person und ihren H. rein innenpsychologisch, wie es für alle transzendentalphänomenologischen Aussagen jederzeit möglich ist [5], so stellt sie die Grundlegung einer Theorie der Charaktereigenschaften dar [6]. Transzendentalphänomenologische Bedeutung hat die Lehre von den H. für die Theorie der genetischen Konstitution [7]. Gegenstand dieser Theorie ist die Genesis der «Monade», des transzendentalen Ich in seiner vollen Konkretion, d. h. verstanden als die lebendige Gegenwart, in der alle Aktualitäten und Potentialitäten (Vermöglichkeiten) der Selbst- und Welterfahrung impliziert sind [8]. Zu den Vermöglichkeiten der Erfahrung gehört wesentlich die Vertrautheit des Ich mit bleibenden Gegenstandstypen, denen gemäß sich seine aktuell erfahrene und erfahrbare Umwelt gliedert. Jeder Gegenstandstyp hat genetisch seine Herkunft aus einer Urstiftung [9], d. h. einer aktiven Synthesis [10], in der sich ein Gegenstand erstmals «in der expliziten Sinnesform Identisches seiner mannigfaltigen Eigenschaften» [11] konstituiert. Damit wird ein bestimmter «gegenständlicher Sinn» zum noematischen Erwerb des Ich [12]. Die Bedeutung der H. liegt nun darin, daß ein solches Noema allein deswegen zum bleibenden Erwerb des Ich werden kann, weil sein noetisches Korrelat, die urstiftende «Stellungnahme» oder «Entscheidung» des geltungverleihenden Vollzugs-Ich, als H. vom Ichpol bewahrt wird [13].

Anmerkungen. [1] E. HUSSERL: Cartesianische Meditationen und Pariser Vorträge. Husserliana 1 (Den Haag [2]1963) 100f. – [2] Vgl. Ideen zu einer reinen Phänomenol. und phänomenol. Philos. 1. Buch. Husserliana 3 (Den Haag 1950) 196-203. – [3] Phänomenol. Psychol. Husserliana 9 (Den Haag 1962) 212-215. – [4] Cartesianische Meditationen ... a. a. O. [1] 101. – [5] Formale und transzendentale Logik (1929) 224f.; vgl. auch die Enzyklopaedia-Britannica-Artikel in: Phänomenol. Psychol. a. a. O. [3] 237ff. – [6] E. Husserl, Cartesianische Meditationen ... a. a. O. [1] 107. – [7] a. a. O. 109ff. – [8] Vgl. a. a. O. 26. 102; außerdem Ideen ... 2. Buch. Husserliana 4 (Den Haag 1952) 111; Phänomenol. Psychol. a. a. O. [3] 216f. – [9] Cartesianische Meditationen ... a. a. O. [1] 113. – [10] Erfahrung und Urteil ([3]1964) 64f. 74f. 321f. – [11] Cartesianische Meditationen ... a. a. O. [1] 102. – [12] Formale und transzendentale Logik (1929) 279. – [13] Cartesianische Meditationen ... a. a. O. [1] 102.

K. HELD

Hackordnung. Fast alle Vögel, mindestens alle Laufvögel, weisen in der Gruppenstruktur ein relativ starres System von Über- und Unterordnungen auf, das dem ranghöheren Tier die Möglichkeit gibt, ein rangniederes durch Picken oder Hacken zu verjagen, ohne daß dieses sich zur Wehr setzt. Körperkraft und Geschlecht spielen dabei eine bedeutsame Rolle; es kann sich jedoch nicht um eindimensionale Systeme handeln, denn viele ältere Vögel behalten ihre Vormachtstellung gegenüber jüngeren, inzwischen viel stärkeren Tieren; daneben gibt es saisonbedingte Umkehrungen der Geschlechtsdominanz, und gar nicht selten treten sogar zyklische Rangordnungen nach dem Muster $A > B > C > A$ auf. Versuche, das Entstehen derartiger Dominanzstrukturen unter Zugrundelegung mathematisch-statistischer Modelle zu klären, hatten bisher noch kein voll befriedigendes Ergebnis.

Die Bezeichnung ‹H.› geht auf SCHJELDERUP-EBBE zurück, der als erster solche Vogelhierarchien beschrieb und experimentell untersuchte [1]. Der Begriff wurde von der Verhaltensforschung (Ethologie) aufgegriffen und per analogiam auf Dominanzstrukturen bei höheren Tieren, gelegentlich sogar auf festgefügte Hierarchien im menschlichen Sozialleben übertragen.

Anmerkung. [1] T. SCHJELDERUP-EBBE: Beitr. zur Sozialpsychol. des Haushuhns. Z. Psychol. 88 (1922) 225-252.

Literaturhinweise. D. KATZ: Sozialpsychol. der Vögel, in: Erg. Biol. 1 (1926). - H. ANGER: Theorienbildung und Modelldenken in der Kleingruppenforsch. Kölner Z. Soziol. Sozialpsychol. 14 (1962) 1-18.
H. ANGER

Haecceitas (scholastische Neuschöpfung zu lat. haec; dtsch. «Diesheit», «Dieseinzigkeit» [1]) ist ein in der Diskussion um das Individuationsprinzip bei DUNS SCOTUS [2] selten, bei den *Skotisten* [3] häufiger vorkommender Terminus zur Bezeichnung der in jedem Individuum zur natura communis hinzutretenden individuierenden Differenz.

DUNS SCOTUS, nach dessen Lehre weder die Materie noch die Form als solche noch das Kompositum das principium individuandi (auch causa individuationis [4]) ist, bezeichnet mit ‹H.› die einzigartige, letzte, nicht weiter zerlegbare und nicht mitteilbare Realität (ultima realitas entis [5]) und Einheit (unitas signata ut haec [6]) des je Einzelnen. Obwohl die H. etwas Dinghaftes zu bezeichnen scheint, ist mit Duns Scotus festzuhalten, daß sie nichts Realdistinktes (keine res addita) zur qualitativen Bestimmung des Individuums hinzufügt. So vereinigt das konkrete Einzelwesen Sokrates in sich als ontologisch konstitutive Elemente die natura communis (humanitas) und die nur ihm selbst eigentümliche H. (Socratitas), die real, nicht aber formal miteinander identisch sind (zwischen beiden Elementen besteht eine distinctio formalis a parte rei). Anstelle von ‹H.› verwendet der Doctor subtilis in seinem Sentenzenkommentar den Begriff der «entitas positiva» [7], die im Einzelwesen die - Individualität und Universalität gegenüber indifferente - natura communis zur Einzelheit kontrahiert (entitas individualis [8]).

Zur Wirkungsgeschichte des Begriffes sei bemerkt, daß noch *Leibniz* in seiner Dissertation ‹De principio individui› die skotistische Lehre von der H. erörtert, ihre Fundierung in der Annahme einer «distinctio formalis» darlegt und mit dieser jene ablehnt [9]. Später nimmt Leibniz den Ausdruck ‹H.› auf, um mit ihm «la notion individuelle» zu bezeichnen, die den Grund aller Prädikate angebe, die von diesem Individuum wahr ausgesagt werden können [10]. - In neuerer Zeit ist der Begriff der H. von CH. S. PEIRCE [11] und im neuscholastischen Kontext von C. NINK [12] wieder aufgegriffen worden.

Anmerkungen. [1] «Dieseinzigkeit» bei H. DRIESCH: Wirklichkeitslehre ([3]1930) 133f. - [2] JOHANNES DUNS SCOTUS, Quaestiones subt. super lib. Met. Arist. VII, q. 13, n. 9. 26 = Ed. Vivès (Paris 1893) 7, 410 a. = Rep. Par. II, q. 5, n. 1. 8. 13f. = a. a. O. 23, 25 b. 29 a. 31 b. 32 a. (beide Texte noch nicht krit. hg., doch ist Lesart H durch wichtige Mss. bestätigt; vgl. T. BARTH (s. u. Lit. 1953) 128). - [3] Vgl. z. B. FRANCISCUS MAYRONIS, Sent. Prol. q. 11 = (Venedig 1520, ND Frankfurt a. M. 1966) Fol. 8r a / Sent. I, d. 2, q. 4 = a. a. O. Fol. 17v b-18r a; d. 8, q. 5 = Fol. 49r b; ANTONIUS ANDREAS, Quaestiones supra lib. Met. I, 8 = (Venedig 1523) Fol. 8v a; a. a. O. V, 5 = Fol. 22v b; vgl. C. PRANTL: Gesch. der Logik im Abendlande 3 (1867, ND 1955) 280f. - [4] DUNS SCOTUS, Rep. Par. II, d. 12, q. 4, n. 3 = 23, 21 a; Ord. II, d. 3, q. 2, n. 4 = 12, 80 a. - [5] a. a. O. q. 6, n. 15 = 12, 144 a. - [6] q. 4, n. 3 = 12, 93 a. - [7] q. 6, n. 9 = 12, 133 a; vgl. Rep. Par. II, d. 12, q. 8, n. 9 = 23, 40 b. - [8] Ord. II, d. 3, q. 6, n. 13. 15 = 12, 135 b. 144 a. - [9] G. W. LEIBNIZ, Disp. met. de principio individui §§ 16-26 = Philos. Schr., hg. GERHARDT 4, 22f. - [10] Disc. de mét. a. a. O. 4, 433. - [11] CH. S. PEIRCE, Coll. Papers 1. 405 = hg. CH. HARTSHORNE/P. WEISS (Cambridge, Mass. 1935) 1, 221. - [12] C. NINK: Ontologie. Versuch einer Grundlegung (1952).

Literaturhinweise. P. MINGES: Der angebliche exzessive Realismus des Duns Skotus (Münster 1908). - J. ASSENMACHER: Die Geschichte des Individuationsprinzips in der Scholastik (Leipzig 1926). - J. KRAUS: Die Lehre des Joh. Duns Scotus von der Natura communis (Fribourg 1927). - S. BELMOND: L'hæccéisme scotiste. Et. franciscaines 47 (1935) 159-170. - M. F. SCIACCA: La «H.» di Duns Scoto. Studi Filos. medievale (Neapel 1935). - T. BARTH: Individualität und Allgemeinheit bei Duns Skotus. Wiss. u. Weisheit 16 (1953) 122-141. 191-213; 18 (1955) 192-216; 19 (1956) 117-136; 20 (1957) 106-119. 198-222. - P. STELLA: L'ilemorfismo di G. Duns Scoto (Turin 1955).
J. P. BECKMANN

Haggada oder Ag(g)ada (hebr. bzw. aram. Bericht, Vortrag) bedeutet «Vortrag, Betrachtung, Predigt»; im nachbiblischen Judentum dienen die H. vorwiegend dazu, die biblische Geschichte auszuschmücken bzw. aus der freien Phantasie weiterzuführen. Mit ‹H.› wird auch der ganze Kreis dieser Erzählungen bzw. die Literaturgattung selbst bezeichnet.

Der *Talmud* besteht aus zwei Textgattungen: 1. aus religionsgesetzlichen Teilen (Halacha), 2. aus nichtgesetzlichen, poetischen Teilen (H.). Diese umfassen Legenden, Märchen, Parabeln, Gleichnisse, Popularphilosophie usw. Die H., deren Einfluß auf Jesus außer Zweifel steht, war eine volkstümliche Literaturgattung. Die *Rabbiner* betonten immer wieder, daß die H. - im Gegensatz zur Halacha - keine bindende Kraft hat und daß die haggadische Schrifterklärung nicht in jedem Fall dem Anspruch auf wortgetreue Erklärung genügt. Die H. wurde dennoch von den meisten Rabbinern des Talmuds gepflegt - wenn auch oft nur nebenbei. Es sind aber Rabbiner des Talmuds bekannt, deren Spezialität und spezifische Begabung auf dem Feld der H. lag.

Der Talmud und die haggadischen Midraschwerke bieten ein reiches Material, das für die Märchenforschung, die vergleichende Literaturgeschichte, die Religionsgeschichte, die Philosophiegeschichte außerordentlich interessant ist. Während die religiösen Disputationen des Lehrhauses nur die gelehrten Männer interessierten, waren die Vorträge, die Parabeln, die Weisheitssprüche Gemeingut des ganzen Volkes (auch der Frauen).

Die Methoden der H. waren vielfältig: Analogien, halbfreie und freie Assoziation, sprachliche Spiele, freies Walten der Phantasie, Kombination verschiedenster Elemente usw.

Besonders wichtig sind die polemischen H.: Die jüdischen Weisen verteidigen darin ihren Standpunkt gegen verschiedene philosophische und religiöse Richtungen (Gnostiker, Samaritaner, Christen).

Literaturhinweise. W. BACHER: Die Agada der babylonischen Amoräer (1878); Die Agada der Tannaiten 1 (1884); 2 (1890); Die Agada der palestinensischen Amoräer 1 (1892); 2 (1896); 3 (1899). - N. J. WEINSTEIN: Zur Genesis der Agada (1901). - I. ZIEGLER: Die Königsgleichnisse der Midrasch (1903). - H. L. STRACK und P. BILLERBECK: Kommentar zum NT aus Talmud und Midrasch (1912). - G. NÁDOR: Jüdische Rätsel aus Talmud und Midrasch (1967). - L. GINZBERG: The legends of the Jews 1-4 (Philadelphia 1946/47). - G. SCHOLEM: Die jüdische Mystik in ihren Hauptströmungen (1967) 30-35.
G. NÁDOR

Haikai hatte im Chinesischen die Bedeutung ‹humoristische Äußerung, Scherzworte, Spott›. So wurde es in der japanischen Gedichtanthologie ‹Kokinshû› (ca. 914) zur Bezeichnung einer Gruppe humoristischer Gedichte verwendet (haikai-uta). Das Wort wurde später auf die japanische Kettendichtung (haikai no renga) übertragen, seit der Muromachi-Zeit (1333–1573) speziell auf volkstümliche Strophenketten, Eingangsstrophen (hokku) oder Anschlußstrophen (tsukeku) mit humoristischen, komischen Elementen (okashimi) und ohne strenge Beachtung poetischer Regeln. Eine neue Dimension erreichte das H. bei MATSUO BASHÔ (1644–1694), in dessen Schaffen die H.-Dichtung, insbesondere in ihrer Hauptform, der thematischen Eingangsstrophe (haikai no hokku = haiku: 5/7/5-Silben), sich jeder Vulgarität entäußerte und eine erstaunliche Aussagefülle bei höchster Prägnanz von Form und Sprache erreichte. Bashôs H. war vom *Zen* und dessen Ästhetik erfüllt und suchte das für alle Zeiten Unveränderliche von Natur und Menschenleben in seiner wandelbaren Gestalt (fueki-ryûkô) zu erfassen. Zum Wesensgehalt des H. gehörte das Sabi, gehörten Shiori, Hosomi und Karumi (etwa: Reife, Einfühlungsvermögen, Leichtigkeit). Das aristokratisierte H. der Bashô-Schule war seither nicht nur Merkmal einer bestimmten Vers- und Prosadichtung (haiku, haibun), sondern philosophische Essenz einer von innigem Naturgefühl und heiterer Verinnerlichung geprägten Lebensauffassung, welche den Typ des H.-Menschen (haijin) hervorbrachte. Damit ist H. über den poetologischen Bereich hinaus zu einem Leitbegriff der neueren japanischen Geistesgeschichte und Philosophie geworden.

Literaturhinweise. Asô, Isoji: Haishumi no hattatsu (Die Entwicklung des H.-Geschmacks) (Tokio 1943). – EBARA, TAIZÔ: Haikai-seishin no tankyû (Untersuchungen über den Geist des H.) (Tokio 1944). – H. HAMMITZSCH: Das Shirosôshi, ein Kapitel aus dem Sansôshi des Hattori Dohô (Eine Quellenschrift zur Poetik des Haikai). Z. dtsch. morgenländ. Ges. 107/2 (1957) 459-510. – K. YASUDA: The Japanese Haiku. Its essential nature, history and possibilities in English (Tokio 1960).
B. LEWIN

Halacha (von hebr. haloch, gehen = Sitte, Norm, Gesetz). Der Begriff geht zurück auf eine biblische Metapher, in der das Leben mit einer Reise verglichen wird. ‹Richtiges Gehen› bedeutet übertragen ‹richtiges Leben› [1]. Von daher bezeichnet ‹H.› ein Religionsgesetz bzw. eine religionsgesetzliche Entscheidung im nachbiblischen Judentum. Da das ganze Leben des Individuums und des Volkes normiert war, fällt – wie noch heute im traditionstreuen Judentum – der Halacha eine eminente Rolle zu. Im einzelnen wurde zwar über das Religionsgesetz diskutiert, seine vitale Wichtigkeit für das Judentum wurde aber nie in Zweifel gezogen. Die Religionsphilosophen des Mittelalters – z. B. MAIMONIDES [2] – suchen rationale Gründe für die einzelnen Normen des Religionsgesetzes: Die H. als solche ist aber auch für sie absolut bindend.

Der Ausdruck ‹H.› bezeichnet nicht nur das einzelne Gesetz, sondern auch die Gesamtheit der Religionsgesetze, ja – als Bezeichnung einer Literaturgattung – den religionsgesetzlichen Teil der talmudischen Literatur im Gegensatz zur Haggada (s. d.).

In der Talmudzeit gab es verschiedene Schulen, die das Gesetz auf verschiedene Weise interpretierten und zu verschiedenen Konklusionen kamen. In späteren Zeiten wendet man sich in Zweifelsfragen an hervorragende talmudische Autoritäten, die den gegebenen problematischen Fall mittels Deduktion aus anerkannten Normen oder auf Grund von analogen Fällen entscheiden.

Die Geltung der H. wird nur von einigen antinomistischen Bewegungen in Zweifel gezogen. Es ist aber interessant, daß sogar die Karaiten, die die Geltung des Talmuds bezweifeln und nur die Bibel als Autorität anerkennen, ihre eigene H. haben.

Anmerkungen. [1] z. B. Ps. 15, 2. – [2] M. MAIMONIDES: Mischneh Tora (Ms. 1180, gedruckt Rom 1480, ND Jerusalem 1955).

Literaturhinweise. W. BACHER: Tradition und Tradenten ... (1914). – J. Z. LAUTERBACH: Midrash und Mishna, in: Rabbinic essays (Cincinnati 1951). – H. L. STRACK: Einl. in Talmud und Midrasch (1961). – G. SCHOLEM: Die jüdische Mystik in ihren Hauptströmungen (1967) 30ff.
G. NÁDOR

Halkyonisch (griech. ἀλκυονίς, lat. alcedo) wird meist in der Verbindung ‹*halkyonische Tage*› (= h.T.; griech. ἀλκυονίδες (ἡμέραι), lat. (h)alcyonis dies) gebraucht und bezeichnet eine zeitweilige beglückende Entsprechung von Natur und Seele.

Der Begriff ‹h.T.› kommt aus der *griechischen* Mythologie; mit seiner Begründung, Herkunft und Bedeutung beschäftigen sich verschiedene Sagen [1]. Grundlegend dürfte die Erzählung sein, nach der Alkyone – ein verschieden lokalisiertes und «infolgedessen in verschiedene Genealogien eingefügtes Meerwesen» [2] – als Gemahlin des Königs Keyx von Trachis am Oeta galt [3]. Keyx, der auf See umkommt, und Alkyone, die um ihren Gatten trauert, werden von Aiolos, dem Windgott und Vater Alkyones, in Eisvögel (ἀλκυόνες) verwandelt, deren klagenden Rufen besondere Bedeutung zugemessen wurde [4]. Während der Brutzeit der Eisvögel ließ Aiolos 14 Tage Windstille herrschen – jedoch divergiert die Anzahl dieser h.T. [5]. Wurde der Eisvogel Halkyon gelegentlich schon früher metaphorisch für die inmitten der Weltstürme wirkende Kirche gebraucht [6], setzte sich in der *deutschen* Literatur, jetzt ohne Bezug auf den Eisvogel als Symbol des Duldens und Klagens, der Begriff der h.T. nachdrücklich erst dank CHR. M. WIELAND durch [7]. Sein Einfluß auf den Properzübersetzer L. V. KNEBEL [8] und V. W. NEUBECK [9] sowie später auf L. FOGLAR [10] ist wahrscheinlich [11]. FR. L. JAHN faßt die h.T. als «Eisvogeltage, wo der Geist in ruhiger Pflege der Zeit sich am Leben erwärmt» [12]. So wird auch im ‹Freimütigen›, der von A. V. KOTZEBUE herausgegebenen Zeitschrift, auf die h.T. hingewiesen, die die Universität Göttingen dank des Wirkens einiger bedeutender Gelehrter und trotz «der Stürme und Ungewitter, die das Land umher verheerten» [13] genoß. Wichtig wird der Begriff auch für G. HAUPTMANN [14] und O. E. HARTLEBEN [15]. Für A. STIFTER gibt – nach der Deutung des Nachsommer durch W. REHM – ‹halkyonisch› die Abgrenzung zum «Gefühlsüberschwang Jean Pauls» [16] an. Rehm umschreibt die «halkyonische Stille» als «Windstille der Seele in weiter Landschaft unter lichtdurchflutetem blauem Himmel» [17]. In solchem Sinne wurde ‹halkyonisch› auch zum Lieblingsbegriff des Stifterverehrers FR. NIETZSCHE [18]. «Halkyonische Stimmung» spiegelt sich in seinem Sinnspruch ‹Der Halkyonier› wider [19]. Diese Stimmung, die er in seiner späten Auseinandersetzung mit Wagner bei diesem vermißt [20], kennzeichnet Nietzsche als Grundlage der «gaya scienza», als «die leichten Füße, Witz, Feuer, Anmut, die große Logik, den Tanz der Sterne, die übermütige Geistigkeit, die Lichtschauder des Südens, das *glatte* Meer – Vollkommenheit» [21]. – Der Romanist W. KRAUSS schildert in seinem in politischer Haft geschriebenen Roman ‹PLN› das Grauen des Gegenteils halkyonischer Seelenlage und signalisiert das kassiberhaft mit dem Untertitel ‹Passionen der halykonischen [sic] Seele› [22].

Anmerkungen. [1] U. v. WILAMOWITZ, Hermes 18 (1883) 417ff.; M. WELLMANN, Hermes 26 (1891) 515f.; vgl. RE 2, 1579ff. – [2] RE 1579. – [3] ebda. – [4] ebda. – [5] ebda.; vgl. J. W. GOETHE, Philostrats Gemählde und Antik und Modern. Weimarer A. 49/I, 99. – [6] A. J. STORFER: Wörter und ihre Schicksale (1935) 96. – [7] Vgl. a. a. O. 96; A. GOMBERT, Z. dtsch. Wortforsch. 3 (1902) 147 mit Hinweisen auf CHR. M. WIELAND, Werke (1839/40) 16, 119 (Peregrinus Proteus, zu «halk. Stille»); 18, 322 (Agathodämon, 1796); 21, 231 (Krates und Hipparchia, 1804); 26, 315 (Cyrus, 1756/57); 32, 172 (Gespr. unt. vier Augen, 1798). – [8] L. v. KNEBEL: Properz (dtsch. 1798). – [9] V. W. NEUBECK: Die Gesundbrunnen. Vier Gesänge (1799) 27. 30. – [10] L. FOGLAR: Neuere Gedichte (1859) 5. – [11] Vgl. A. GOMBERT, Z. dtsch. Wortforsch. 2 (1901) 70; 3 (1902) 146f. – [12] FR. L. JAHN, Denknisse eines Deutschen oder Fahrten eines Alten im Bart, hg. K. SCHÖPPACH (1873) 70; vgl. R. ARNOLD: Ein neues lexikol. Verfahren. Z. österr. Gymnasien 52 (1901) 974; GOMBERT, a. a. O. (1902) 147; Storfer, a. a. O. [6] 97. – [13] Der Freimütige, hg. A. v. KOTZEBUE Nr. 36 (1806) 142a. – [14] G. HAUPTMANN, Im Wirbel der Berufung. Werke I/13 (1942) 383. – [15] O. E. HARTLEBEN: Halk. Brevier. hg. C. F. W. BEHL/CH. v. KLEMENT (o. J. [1965]) 9; Der Halkyonier. Ein Buch Schlußreime. Gedichtband (1904). – [16] W. REHM: Nachsommer. Zur Deutung von Stifters Dichtung (1951) 16.30. – [17] a. a. O. 16. – [18] Vgl. STORFER, a. a. O. [6] 97; E. BERTRAM: Nietzsche (1919) 238. 240; R. BLUNCK: F. Nietzsche. Kindheit und Jugend (1953) 25. – [19] FR. NIETZSCHE, Gedichte. Kröner-A. 77. 500. – [20] Der Fall Wagner a. a. O. 77, 3ff., a. a. O. – [21] 30; vgl. Ecce Homo a. a. O. 77. 380. – [22] W. KRAUSS: PLN [= Postleitnummer]. Die Passionen der halyk. Seele (1946).

Literaturhinweise. R. M. MEYER: Vierhundert Schlagworte (1900). – R. ARNOLD s. Anm. [12]. – A. GOMBERT s. Anm. [11]. – A. J. STORFER s. Anm. [6]. – W. REHM s. Anm. [16]. G. BILLER

Halluzination. Das Wort ‹H.› wird vom lateinischen Verb ‹hallucinari›, träumen, faseln, abgeleitet und bedeutet ‹Sinnestäuschung›. Beim Halluzinieren wird «etwas gesehen, gehört, gerochen, geschmeckt, am Leib verspürt, was nicht da ist. Wenn jemand etwa erzählt, es sei ihm so gewesen, als ob jemand hinter ihm hergegangen sei, so ist das noch keine Sinnestäuschung» [1]. H. gibt es auf allen Sinnesgebieten. Nach ESQUIROL halluziniert ein Kranker, «qui ait la conviction intime d'une sensation actuellement perçue lorsque nul objet extérieur propre à exciter cette sensation n'est à portée des sens» [2]. Seit Esquirol wird zwischen H. und Illusionen unterschieden: «Unter H. versteht man subjective Sinnesbilder, welche aber nach außen projicirt werden und dadurch scheinbare Objectivität und Realität bekommen; Illusionen nennt man falsche Deutungen äußerer Objecte» [3]. «Die H. sind Sinneswahrnehmungen, welche ohne Erregung des betreffenden Sinnes durch ein äußeres Objekt nur infolge innerer Reize auftreten, die Illusionen sind falsche Wahrnehmungen, Verkennungen von an sich vorhandenen wirklichen Objekten der Wahrnehmung» [4]. «H. liegen dort vor, wo dem Kranken nicht vorhandene Gegenstände mit allen Kennzeichen der Wahrnehmung erscheinen» [5]. «H. sind leibhaftige Wahrnehmungen, die nicht aus realen Wahrnehmungen durch Umbildung, sondern völlig neu entstanden sind» [6]. H. kommen im pathologischen Bereich bei Psychosen vor, vorwiegend bei schizophrenen und körperlich begründbaren Krankheitsbildern. Bei letzteren sind sie oft mit einer mehr oder minder starken Bewußtseinstrübung verbunden. Bei ersteren liegt ihnen meist eine Persönlichkeitsstörung zugrunde. Durch Reizentzug oder Reizarmut, auch durch gewisse Pharmaka, können H. erzeugt werden. Sie sind meist dem visuellen oder akustischen Sinnesbereich zuzuordnen. Die Bezeichnung ‹H.› wird jedoch in diesem Zusammenhang in neueren Veröffentlichungen vermieden, stattdessen spricht man von lebhaften Vorstellungsbildern oder traumartigen Wahrnehmungsphänomenen [7].

Anmerkungen. [1] K. SCHNEIDER: Klinische Psychopathol. (⁷1967) 97. – [2] J. E. D. ESQUIROL: Des maladies mentales considérées sous les rapports médical, hygiénique et médico-légal 1 (Paris 1838) 82. – [3] W. GRIESINGER: Die Pathologie und Therapie der psychischen Krankheiten (³1871) 85. – [4] C. WERNICKE: Grundriß der Psychiatrie (²1906) 180. – [5] E. KRAEPELIN: Psychiat. (⁹1927) 300. – [6] K. JASPERS: Allg. Psychopathol. (⁷1959) 55. – [7] M. ZUCKERMAN und N. COHEN: Sources of reports of visual and auditory sensations on perceptual-isolation experiments. Psychol. Bull. 62 (1964) 1-20.

Literaturhinweise. G. KLOOS: Das Realitätsbewußtsein in der Wahrnehmung und Trugwahrnehmung (1938). – P. MATUSSEK: Wahrnehmung, H. und Wahn, in: Psychiat. der Gegenwart 1/2 (1963). B. PAULEIKHOFF

Halo (von ἡ ἅλως oder ἅλων, Rundung, «Hof» um Sonne oder Mond) wurde als psychologischer Terminus durch E. THORNDIKE eingeführt [1]. Vor ihm verwendet W. JAMES das Wort ‹H.› in Anlehnung an den allgemeinen Sprachgebrauch, um die subjektiv gegebene Einbettung eines Vorstellungsbildes in ein mehr oder weniger vages Beziehungsgefüge, das dem ‹Bewußtseinsstrom› entstammt, auszudrücken [2]. Der H.-Effekt ist eine Fehlerquelle bei der Persönlichkeitsforschung und verhindert eine unabhängige Beurteilung der verschiedenen Variablen. Der allgemeine Eindruck, den man von einer Persönlichkeit hat und der durch ein auffallendes Moment (z. B. moralische Haltung, bevorzugte Stellung in der Gemeinschaft) entsteht, bewirkt einen «Hof», durch den das Urteil über alle psychischen Eigenschaften – oft erstaunlich weitgehend – gefärbt wird.

Anmerkungen. [1] E. THORNDIKE: Constant error in psychol. ratings. J. appl. Psychol. 4 (1920). – [2] W. JAMES: The principles of psychol. (1890, ND New York 1950) 225f.

Literaturhinweise. P. R. HOFSTÄTTER: Gruppendynamik (1957). – G. W. ALLPORT: Persönlichkeit (dtsch. 1959). R. STROHAL

Haltung. Der Begriff der H. ist als Grundkategorie der modernen, lebensphilosophisch bestimmten Kulturanthropologie und Existenzphilosophie von E. ROTHACKER [1] und K. JASPERS [2] systematisch entwickelt worden. Die kulturanthropologische Forschung hebt mehr die positive, die existenzphilosophische Lehre auch die negative Seite des H.-Phänomens hervor; wertneutral wird der Begriff bei A. GEHLEN gebraucht, wenn er den Menschen als «handelndes Wesen» kennzeichnet, das nur durch fortgesetzte Umarbeitung der Natur zur Kultur «sich halten» kann und «H.-Gewohnheiten» entwickelt [3].

Anmerkungen. [1] E. ROTHACKER: Geschichtsphilos. (1934) 43-55; Probleme der Kulturanthropol., in: Systemat. Philos., hg. N. HARTMANN (1942) 55ff.; Philos. Anthropol. (1964, ²1966). – [2] K. JASPERS: Philos. 1-3 (1929-32, ²1948) 544ff.; Von der Wahrheit (1947) 825ff. – [3] A. GEHLEN: Zur Systematik der Anthropol., in: Systemat. Philos., hg. N. HARTMANN (1942) 20; Der Mensch (1940,⁸ 1966) bes. 428.

1. Die Grundzüge menschlichen Handelns lassen sich nach ROTHACKER durch die Grundbegriffe ‹Situation, erlebte Lage, Erlebnishorizont, Relevanznahme, Einfall, Einzelantwort, Lagebeantwortung in pulsierenden Antwortfolgen, Lebensstil, Kulturstil, H.› festlegen [1]. Aus den «erlebten Lagen» ergibt sich «ein Gegeneinander nicht zweier geschlossener Handlungen je eines Partners,

sondern zweier pulsierender Handlungsfolgen, in deren Reihe jedes einzelne Glied immer auf neu entstehende Lagen bezogen ist» [2]. Das «menschliche Verhalten» zur Außenwelt erfolgt gemäß dem Spielraum in einzelnen «erlebten Situationen» [3]; aber man kann ebenfalls von einer «Antwort» des Lebens auf seine Lage überhaupt sprechen, wenn die getroffene und beibehaltene Entscheidung «eine Dauerantwort auf eine Dauerlage» wird; die «Weise» und die «Form» des Antwortens erfolgt in einer H., die einen «Lebensstil» sichtbar werden läßt [4]; H. sind dann menschliche Seinsweisen, «in denen der Mensch sich wollend und vorsätzlich hält» [5].

Anmerkungen. [1] E. ROTHACKER: Geschichtsphilos. (1934) 44. 55. – [2] a. a. O. 44. – [3] 46f. – [4] 47. – [5] ebda.

2. Umgekehrt kann nach JASPERS in jeder H. der Ansatz zur möglichen Verkümmerung «echter Existenz» gesehen werden, obwohl die «Notwendigkeit der Ausbildung provisorischer Daseins-H.» anerkannt wird [1]. Ein «Bewußtsein der Geborgenheit» ist «mögliche H. des Alltags, nicht Maßstab, sondern Sicherung» [2]. Eine mögliche H. will keine endgültige feste Form des Daseins abgeben, als «mögliche» hängt sie engstens mit dem Ganzwerdenwollen der Existenz zusammen, die ihr Wesen offenhält; jede Gewohnheit aber schränkt wie jede H. den Bereich des Möglichen ein [3]. Wo die «Geltung der Gestalten menschlicher Größe» untersucht wird [4], wird eingeräumt, daß «der unablässige Impuls des Ganzwerdenwollens Stützen braucht, die mehr als bloße Gewohnheiten sind»; sie sollen bei Jaspers «H.» und «Humanitas» heißen. Das Vermeiden jeder Verfestigung und das «objektive Scheitern» gehört philosophisch zu den echten Möglichkeiten der Existenz; denn «da ... der Mensch als Philosoph keine endgültige Form seines Daseins findet und einsieht, daß er sie im Zeitlichen nicht finden kann, bedarf er zu seinem Schutz einer H.»; und damit er sich nicht verliert, «erwirbt er sich als Wirklichkeit seiner Seele eine Humanitas, die ihn bereit macht und offen für den Anderen» [5], d. h. «H., verabsolutiert, macht starr und tot. Humanitas, verabsolutiert, weicht vor Entscheidungen aus». Da es stimmt, daß der Mensch nicht jeden Augenblick «aus dem Ursprung» leben kann, werden «Gewohnheiten als Regeln der Entscheidung» und «als Formen der Sitte, des Benehmens, der H.» legitimiert [6].

Anmerkungen. K. JASPERS: Philos. (²1948) 641ff. – [2] a. a. O. 544. – [3] 427. – [4] 641. – [5] 648. – [6] Von der Wahrheit (1947) 826f.

3. Unter dem Gesichtspunkt, daß der Mensch überhaupt «ein handelndes Wesen», «nicht festgestellt», «sich selbst noch Aufgabe» ist [1], daß er unter «Mängelbedingungen» steht und «sich entlastet», sieht GEHLEN das Strukturprinzip der zunächst biologischen Ausstattung des Menschen darin, daß er «die Mängelbedingungen seiner Existenz eigentätig in Chancen seiner Lebensfristung» umarbeitet [2]. Das Stellungnehmen bzw. «die Gewohnheit, Gewohnheiten anzunehmen und einzuverleiben, also eine H. aufzubauen, ist physisch und erzwungen» [3]. Damit hat die Natur dem Menschen «eine Sonderstellung angewiesen», es wird «sein Dasein seine eigene Aufgabe und Leistung» [4], und es kommt alles darauf an festzustellen, wie eine «Gemeinschaft» und wie ein Einzelner die «Führungssysteme», die er sich wählt und ausbildet, «durchhält» [5]. Von einer Erblichkeit solcher H. kann keine Rede sein.

Anmerkungen. [1] A. GEHLEN: Der Mensch (1942) 19ff. – [2] a. a. O. 25. – [3] 433. – [4] 9. – [5] 462.   G. FUNKE

Handeln, Handlung, Tat, Tätigkeit. Handlung (= H.; πρᾶξις) ist die Umsetzung eines gewollten (oder gesollten) Zweckes in die Realität im Gegensatz zur Herstellung eines Werkes (ποίησις), doch schließt H. im weiteren Sinn häufig auch Herstellung mit ein. Als ‹Tat› bezeichnet man in der Regel das Ergebnis der H. mit Einschluß seiner Folgen. *Tätigkeit* ist die Abfolge von H., allgemeiner: jede reflektierte, planmäßige und zielstrebige Aktivität (H., Herstellung, Denken) überhaupt, im Gegensatz zu bloßem Naturgeschehen. Nur dem Menschen (als reflektierendem Wesen) können H. und Tat zugeschrieben werden; das Analogon beim Tier heißt ‹Verhalten›, in der anorganischen Natur ‹Prozeß›. – Anthropologisch besteht ein Bedingungszusammenhang von H. und Hand (als der organischen Voraussetzung und dem Indiz menschlicher H.-Berufung), der schon in der Antike gesehen wurde und den neuerdings A. GEHLEN zur Grundlage seiner Deutung des Menschen (als dem Wesen der H.) gemacht hat. – ‹H.› und ‹Tat› werden in der Philosophie auch im übertragenen Sinn gebraucht: FICHTE nennt die primären Setzungen des Ich Tat-Handlungen, HEGEL spricht von den Taten (Wirkungen) des Geistes, STENZEL vom sokratischen Tatlogos, die Theologie von der Schöpfungstat Gottes. – *H. (und Tat)* im engeren Sinn sind Gegenstand der praktischen Philosophie. Fragen der (sittlichen) Beurteilung und juristischen Zurechnung gaben bereits in der Antike den Anstoß zur Entwicklung einer expliziten H.-Theorie.

Für PLATON ist der Handelnde vom jeweiligen Stand seines Wissens um das Gute determiniert [1] (ethischer Intellektualismus), doch weiß auch Platon schon um die Gesinnungsgrundlage des rechten Handelns (Ordnung und Einklang der Seelenbereiche) [2]. – ARISTOTELES entwickelt seine H.-Analyse von konkreten Problemen der Rechtspraxis [3] aus und erteilt dabei dem platonischen Intellektualismus eine Absage. Allgemeines Prinzip der Zurechenbarkeit ist für ihn die «Tatherrschaft»: Sie setzt volle Bewußtheit [4] und Freiwilligkeit (ἑκούσιον) des H.-Vollzugs voraus; deshalb haben Tiere an der H. keinen Anteil [5], können Kinder nicht schuldhaft handeln [6]. Freiwillig ist eine H. dann, wenn ihr Ursprung im Täter liegt (nicht außerhalb: physischer oder moralischer Zwang) [7] und wenn der Täter auch anders hätte handeln können (Wahlfreiheit) [8]. Nur zurechenbares Handeln ist sittlicher Wertung fähig. Grundlage des sittlichen Handelns sind der (durch tätige Übung geformte) Charakter [9] und sittlich-empirische Einsicht. Diese betrifft die geltenden Normen und die Struktur der H.-Situation, die in ihren besonderen Umständen und möglichen Folgen durchschaubar sein muß [10]. Selbstverschuldete Unkenntnis schützt nicht vor Strafe, während unvermeidlicher Irrtum über die konkreten Tatumstände (Folgen) als entschuldbar gilt. – Jeder H. liegt eine Entscheidung zugrunde. Ihre Motivationsstruktur interpretiert Aristoteles noch intellektualistisch als «praktischen Syllogismus»: Entscheidung ist Subsumtion eines konkreten Motivs unter die sie begründende Norm. Durch sie wird die H. in Gang gebracht [11]. – Die Entscheidung kann im Augenblick gefällt und vollzogen werden (Impuls-H. aus Affekt, Begierde oder Gefühlswallung) oder im Vorsatz zurückbehalten, der Planung freigegeben werden (προαίρεσις) [12]. Diese Planung hat den Charakter einer praktischen Reflexion (φρόνησις), die den Weg vom H.-Ziel über die Mittel und Umstände bis zum Ansatzpunkt der H. im Täter zurückverfolgt (H.-Entwurf) [13]. – Mit den Lehrstücken von der H.-Struktur (Motivation, H.-Entwurf) und den Voraussetzungen des Schuldurteils (Zurechnung, Tatherrschaft) hat Aristoteles die Ethik und Rechtsphilosophie bis Kant beeinflußt.

Während sich KANT in seiner apriorischen Grundlegung der Moral vornehmlich auf die Analyse der inneren H. (Motivation als Selbstbestimmung des Vernunftwillens nach dem Sittengesetz) beschränkt und die äußere H. als «unter Naturbestimmungen» stehend [14] vernachlässigt, hat HEGEL, über Kant hinaus- und auf Aristoteles zurückgreifend, die Theorie der H. wesentlich gefördert. Hegel bezieht die von Kant getrennten H.-Elemente (intelligible H.-Motivation und empirische H.-Ausführung) als Momente in die dialektische Selbstbewegung des Geistes (allgemeinen Willens) ein und ordnet die ganze H. dem subjektiven Willen zu. In ihm ist der allgemeine Wille zwar noch als besonderer «außer sich», d. h. noch nicht zur Einheit mit sich selber gelangt (substantieller Wille des Staates), doch muß auch das (geschichtlich mit dem Christentum hervorgetretene) absolute «Recht der Subjektivität», sich in freier Tätigkeit zu verwirklichen, im Rahmen des Ganzen volle Anerkennung finden. – Auf diesem «Standpunkt der Subjektivität» entwickelt Hegel unter Aufnahme aller entscheidenden Momente der Tradition seine H.-Analyse. «Der subjektive Wille ist insofern *moralisch* frei, als diese (seine) Bestimmungen innerlich *als die seinigen gesetzt* und von ihm gewollt werden. Seine tätliche Äußerung mit dieser Freiheit ist die *H.*, in deren Äußerlichkeit er nur dasjenige als das Seinige anerkennt und sich zurechnen läßt, was er davon gewußt und gewollt hat» [15]. Da die H. im «Vorsatz» und in der «Absicht» notwendig in «Bezug zum Sollen» und (in ihrer Realisierung) «zum Willen anderer» tritt [16], muß der Täter die «objektive (rechtliche, sittliche) Qualität» seiner H. kennen [17]. Gewissenstrübung durch Affekte oder Trunkenheit ist hier kein Entlastungsgrund [18]. Andererseits wird der ins Dasein gesetzte Zweck zugleich «den äußerlichen Mächten preisgegeben, die ganz anderes daran knüpfen» als der Täter selber. Da all sein Handeln «von dieser Seite gesehen dem Gesetze des Zufalls ausgeliefert» bleibt, rechnet ihm das moderne Bewußtsein nur die (beabsichtigte) H. zu, im Unterschied zum Selbstbewußtsein des heroischen Zeitalters, das noch die Schuld im ganzen Umfang der Tat übernommen hat (Ödipus) [19]. –

Grundsätzlich bedeutsam ist auch Hegels Kritik verbreiteter Fehldeutungen der H.-Motivation. Wie Aristoteles den ethischen Intellektualismus, so weist er den moralischen Rigorismus ab. Den natürlichen Inhalt des Willens aus seinem sittlichen auszuschließen, scheint ihm ebenso unzulässig (denn substantielle Zwecke können sich durchaus mit persönlichen Interessen verbinden) wie die Kleinmeisterei von Kammerdienerseelen, die die subjektive Befriedigung, welche jede vollbrachte Tat mit sich führt, zur wesentlichen Absicht des Handelnden erklären und den Zweck zum bloßen Mittel herabsetzen. «Was das Subjekt *ist, ist die Reihe seiner H.*» Nach ihrem Wert oder Unwert ist auch der subjektive Wille zu beurteilen [20]. Denn «die H. ist die klarste Enthüllung des Individuums, in betreff seiner Gesinnung sowohl, als auch seiner Zwecke» [21]. Im Rahmen der Weltgeschichte fallen für Hegel freilich subjektives Motiv und objektiver Zweck des Handelns notgedrungen auseinander. Geschichtliche Taten treten hier in übergreifende Wirkungszusammenhänge ein, welche die Täter in ihrer Situationsbefangenheit nicht zu durchschauen vermögen und über die nur der Weltgeist verfügt. Die weltgeschichtlichen Individuen scheinen also im Dienste höherer Absichten zu wirken (List der Vernunft). Doch bleibt für Hegel das persönliche Gewissen, «der Herd des Wollens, Entschließens und Tuns, ... das, worin Schuld und Wert des Individuums ... eingeschlossen ist, ... unangetastet» und «dem lauten Lärm der Weltgeschichte entnommen» [22]. Moderne H.-Ideologien resultieren zumeist aus einer einseitigen Bestimmung des Verhältnisses von Theorie und Praxis (Dogma vom Sachzwang der sozialen H.) bzw. von Norm und Entscheidung (naturrechtliche bzw. dezisionistische Normbegründung). Die Vorstellung, daß sich alle H.-Probleme letztlich sachlogisch (durch direkten Einsatz wissenschaftlicher Erkenntnis) auflösen ließen, ist ebenso unhaltbar wie die Auffassung, daß H.-Normen entweder von ewiger Geltung oder aber absolute Setzungen der Entscheidenden selber sein müßten. – Gleichwohl hat die H.-Theorie in der modernen Staats- und Rechtsphilosophie (finale H.-Lehre) wie auch von den Einzelwissenschaften manche Förderung erfahren.

Anmerkungen. [1] PLATON, Men. 77 c-78 a. – [2] Resp. 443 d-e. – [3] ARISTOTELES, Eth. Nic. III passim. – [4] a. a. O. 1135 a 23-24. – [5] 1139 a 19f. – [6] Eth. Eud. 1224 a 27-30. – [7] Eth. Nic. 1109 b 35-1110 a 18. – [8] a. a. O. 1113 b 6-21. – [9] 1095 b 4-9. – [10] 1111 a 15-19. – [11] 1147 a 24-28; 1143 a 35-b 5. – [12] 1135 b 8-11. – [13] 1112 b 15-24. – [14] KANT, KrV B 575f. – [15] HEGEL, Werke, hg. GLOCKNER 10,391f. – [16] Rechtsphilos. § 113. – [17] a. a. O. § 120. – [18] § 132. – [19] § 118. – [20] § 124. – [21] Werke, hg. GLOCKNER 12, 297. – [22] Die Vernunft in der Gesch., hg. J. HOFFMEISTER (³1955) 109.

Literaturhinweise. J. STENZEL: Platon der Erzieher (1928). – A. GEHLEN: Der Mensch. Seine Natur und seine Stellung in der Welt (⁴1950). – H. WELZEL: Naturrecht und materiale Gerechtigkeit (²1955). – H. LÜBBE: Zur Theorie der Entscheidung, in: Collegium philos. Festschrift J. Ritter (1965) 118-140. – J. DERBOLAV: Hegels Theorie der H. Hegelstudien 3 (1965); Freiheit und Naturordnung im Rahmen der aristotelischen Ethik. Kantstudien 57 (1966) 32-60. – G. BIEN: Die Grundlegung der polit. Philos. bei Aristoteles (1973). – Vgl. auch Art. ‹Poiesis› und ‹Praxis›.

J. DERBOLAV

Handeln, soziales. – 1. Der Begriff ‹soziales Handeln› (= s.H.) ist nach M. WEBER Grundkategorie erfahrungswissenschaftlicher Soziologie, durch ihn wird der primäre Erkenntnisbereich dieser Wissenschaft eingegrenzt, und durch ihn sind sämtliche soziologischen Begriffe definierbar [1]. s.H. ist wie menschliches H. überhaupt (einschließlich Unterlassen, Dulden usw. – d. i. inneres H. gegenüber äußerem) nur durch seinen subjektiven *Sinn* adäquat bestimmbar, d. h. durch denjenigen Sinn, den der Handelnde von sich aus mit seinem H. verbindet. Dementsprechend besteht speziell soziologische Erkenntnis und insbesondere Kausalerklärung darin, empirisches Sozialverhalten in Verlauf und Wirkung von seinem subjektiv gemeinten Sinn her zu erfassen. Unter Sinn werden dabei sowohl Erkenntnis- wie Wertvorstellungen der sozial Handelnden verstanden (vereinfacht: Vorstellungen über Ausgangslage, Zweck und Mittel der H. einerseits, Werte, Normen, Postulate andererseits). Die individuelle Sinnsetzung des Handelnden hat dabei immer geschichtlich bedingte überindividuelle Erkenntnis- und Wertvorstellungen zur Voraussetzung, die konstitutive Bedeutung für den Sinngehalt seines H. haben. *Sozial* ist menschliches H., insofern es «seinem gemeinten Sinn nach auf das Verhalten anderer [Menschen] bezogen wird und daran in seinem Ablauf orientiert ist» [2]. Die empirischem Sozialverhalten wie seinen Bedingungen und Wirkungen zugrunde liegenden subjektiven Sinnvorstellungen sind dem Handelnden meist nicht voll bewußt, sie werden mehr oder weniger deutlich «gefühlt» oder «empfunden». Nichtsdestoweniger ist es Aufgabe erfahrungswissenschaftlicher Soziologie, den subjektiven Sinn eines s.H. nicht nur einfühlend, nachempfindend zu *verstehen*, sondern in eindeutig vermittelbaren Erkenntnis- und Wert*urteilen* begrifflich zu explizieren, ohne dabei zu dem so gedeuteten subjektiven Sinn eines s.H. selbst erkennend und wertend Stellung zu nehmen [3]. Da s.H. in der Regel mehrere alternative Sinninterpretationen zuläßt, müssen sinnhafte Deutungen überdies mit den üblichen Methoden kausaler Zurechnung verifiziert werden, andernfalls sie als Erklärungen realen Verhaltens bloße Hypothesen bleiben [4].

Neben seiner Eigenschaft als Basis soziologischer Kategorienbildung dient das Konzept des s.H. ebenso als Grundlage rein empirisch-pragmatischer Begriffsbildung: In der Reihenfolge abnehmender Sinnhaftigkeit unterscheidet M. Weber als typisierte Modalitäten objektiv möglichen s.H.: zweckrationales, wertrationales, affektuelles und traditionales [5].

Anmerkungen. [1] M. WEBER: Wirtschaft und Gesellschaft (²1956) I, 1, §§ 1f. – [2] a. a. O. § 1, Satz 3. – [3] J. WINCKELMANN, H. GIRNDT und W. SPRONDEL: Das s.H. als Grundkat. erfahrungswiss. Soziol. (1967) mit bibliogr. Anhang; vgl. Art. ‹Wert(urteils)freiheit›. – [4] M. WEBER: Wissenschaftslehre (²1951) 428. 437. 534 ff. – [5] a.a.O. [1] I, 1, § 2.

Literaturhinweise. M. WEBER s. Anm. [1. 4.] – J. WINCKELMANN u. a. s. Anm. [3].

2. M. Webers Konzept des s.H. reicht in seinen Ursprüngen bis in den deutschen Idealismus zurück und entwickelt sich im Rahmen der Auseinandersetzung um die Grundlegung einer eigenständigen historischen Erkenntnismethode, zu der die 1883 erschienene ‹Einleitung in die Geisteswissenschaften› W. DILTHEYS den entscheidenden Anstoß gab. Weitere Anregungen gaben volkswirtschaftliche Theoretiker, z. B. G. SCHMOLLER [1]. FR. v. GOTTL-OTTLILIENFELD formulierte erstmalig für die Nationalökonomie eine prinzipielle Dichotomie zwischen den Handlungswissenschaften und den Naturwissenschaften [2]. Aus dem Bereich der Jurisprudenz erwuchsen M. Weber unter anderem wichtige Anregungen durch G. RADBRUCH [3]. Alle diese Autoren heben die Besonderheit menschlichen H. gegenüber mechanistisch-triebpsychologistischen Auffassungen hervor.

Nach dem Tode M. Webers (1920) hat seine Konzeption des s.H. in der Arbeit des Phänomenologen A. SCHÜTZ eine bedeutende Fortführung erfahren. Auf der Grundlage von Husserls und Bergsons Analyse der Zeitlichkeit und in der Absicht einer philosophischen Fundierung des Ansatzes von M. Weber kommt Schütz zu weitergehenden Differenzierungen [4]: so zwischen Han*deln* als etwas zeitlich Andauerndem und Han*dlung* als abgeschlossenem Ereignis. Hinsichtlich des Handlungs*sinnes* muß nach Schütz unterschieden werden zwischen dem ‹Um-zu›- und dem ‹Weil›-Motiv des H. Das ‹Um-zu›-Motiv ist zukunftsorientiert; das ‹Weil›-Motiv bezieht sich auf Vergangenes als Erklärungsprinzip des H. H. ist nach Schütz ursprünglich fundiert im ‹Um-zu›-Motiv, innerhalb dessen das zu vollziehende H. im «modus futuri exacti», d. h. als schon vollzogen antizipiert wird: Sinn des Han*delns* ist also die ihm entsprechende Han*dlung*. – Der Sinn des s.H. schließt nicht nur die direkt erfahrene soziale Umwelt, sondern auch die nur indirekt durch idealtypische Konstruktion zugängliche soziale Mitwelt, Vorwelt und Nachwelt ein.

Der s.H.-Begriff hat, teilweise auch völlig unabhängig vom Einfluß M. Webers, einer Reihe bedeutender theoretischer Arbeiten in der Soziologie als methodischer Ausgangspunkt gedient (u. a. J. COMMONS, R. MCIVER, TH. VEBLEN, K. MANNHEIM, F. ZNANIECKI, T. PARSONS, R. MERTON, D. RIESMAN, C. WRIGHT MILLS, P. BLAU, R. DAHRENDORF, R. ARON, A. TOURAINE). Wegen ihrer Anknüpfung an M. Weber und ihrer historischen Bedeutung für die soziologische Theoriebildung verdienen die methodologischen Ausführungen von T. PARSON besondere Erwähnung [5]. Unter dem Einfluß insbesondere V. Paretos und S. Freuds stellen sie jedoch teilweise einen Rückfall in mechanistische Auffassungen dar. Im Rahmen seines sich später weiterentwickelnden *soziologischen Funktionalismus* versteht Parson s.H. nur noch und ausschließlich unter dem Gesichtspunkt der Aktualisierung normbestimmter Rollen innerhalb eines mechanistisch konzipierten Gesellschaftsganzen [6]. Von den außerhalb des Einflußbereiches M. Webers entwickelten methodologischen Ansätzen zur Begründung der Sozialpsychologie kommt der *symbolische Interaktionismus* F. H. MEADS den Auffassungen von M. Weber und A. Schütz am nächsten.

Anmerkungen. [1] G. SCHMOLLER: Handwb. der Staatswiss.en 6 (1894). – [2] FR. v. GOTTL-OTTLILIENFELD: Über die Grundbegriffe der Nationalökonomie (1900); Die Herrschaft des Wortes (1901). – [3] G. RADBRUCH: Die Lehre von der adäquaten Verursachung (1902); Der Handlungsbegriff in seiner Bedeutung für das Strafrechtssystem (1903). – [4] A. SCHÜTZ: Der sinnhafte Aufbau der sozialen Welt (1932). – [5] T. PARSON: The structure of social action (1937). – [6] Vgl. z. B. The social system (1951).

H. GIRNDT

Handelsstaat, geschlossener. Der g.H. ist J. G. FICHTES theoretische Überführung der politischen Wirklichkeit in den von ihm «nach Prinzipien der Wissenschaftslehre» deduzierten Vernunftstaat [1]. Seine Intention ist die Überwindung der seit der bürgerlichen Revolution sich abzeichnenden Tendenz zu einer neuen Klassengesellschaft. Durch die Herstellung völliger wirtschaftlicher Autarkie und die Unterbindung jeglichen internationalen Verkehrs der Bevölkerungen soll außerdem der Friede zwischen den so gewonnenen politischen Einheiten garantiert sein [2]. Mittel dazu sind die Umstellung der heimischen Industrie (bis zu dem Vorschlag, die Baumwolle durch heimisches Wollgras zu ersetzen [3]) und zentrale Planung der Wirtschaft bis in alle Einzelheiten des Arbeitsablaufs, der Qualitäts- und Preisfestsetzung, der Berufswahl usw. – Politisch bedeutet Fichtes g.H. den Versuch, die revolutionäre Gleichheitsforderung praktisch-ökonomisch zu verwirklichen; durch ihn wird in einigen Zügen sozialistische Theorie und Praxis vorweggenommen. Mit dem übrigen Denken Fichtes ist der g.H. systematisch durch den Begriff des Eigentums verbunden, das Fichte als die Konkretion der Freiheit begreift. Die als Zweck des Bürgervertrages deduzierte Freiheitsgarantie wird zur Eigentumsgarantie und so zum unbeschränkten Eingriffs- und Aufsichtsrecht der Gesellschaft in bezug auf alle Handlungen der empirischen Personen, insofern diese als Eigentum der intelligiblen Person betrachtet werden. Fichte glaubt, daß im g.H. die Freiheit verwirklicht werde, insofern er durch seine extreme Disjunktion von Moralität und Legalität den g.H. lediglich auf den Bereich des letzteren eingeschränkt sieht. Die nicht-empirische, abstrakte Moralität bleibt als der Ort der Freiheit das Alibi der totalen Zwangsgesellschaft des g.H. Als Utopie ist der g.H. nicht anzusprechen, da er, intermediär aufgefaßt, dazu dienen soll, das ‹Reich› der Freiheit, der unmittelbaren Moralität, Fichtes eigentliche Utopie, heraufzuführen.

Anmerkungen. [1] J. G. FICHTE: Der g. H. Ein philosoph. Entwurf als Anhang zur Rechtslehre und Probe einer künftig zu liefernden Politik (1800). Werke, hg. I. H. FICHTE (1834-46) 3, 387ff. – [2] a. a. O. 515. – [3] 500.
Literaturhinweise. H. BRUNNER: Die Wirtschaftsphilos. Fichtes (1935). – H. SCHOLZ: J. G. Fichtes Staatssozialismus (Diss. Köln 1955). – B. WILLMS: Die totale Freiheit. Fichtes politische Philos. (1966). B. WILLMS

Handlung, bedingte zukünftige (engl. future contingent action, frz. action contingente future). Traditionellerweise geht man davon aus, daß es bei gewissen Handlungen in unserer Macht steht, sie auszuführen oder nicht auszuführen, so daß solche Handlungen das echte Ergebnis einer Wahl sind. Diese traditionelle Ansicht läßt sich möglicherweise mit dem *Determinismus* vereinbaren, wenn man alle Wahlakte als determiniert ansieht. (Sie kann aber nicht mit dem *Fatalismus* in Einklang gebracht werden, d. h. der Lehre, daß die Menschen niemals tatsächlich wählen und alle gegenteiligen Eindrücke auf Illusionen beruhen). Wenn aber wenigstens einige Wahlakte selbst nicht (vollständig) determiniert sind, dann haben die entsprechenden (zukünftigen) Handlungen den Charakter bedingter (zukünftiger) Handlungen. Das hat besonders interessante logische Aspekte, weil die Frage der Wahrheit oder Falschheit der entsprechenden Aussagen über die Zukunft, wie bei jeder Kontingenztheorie, außerhalb der Sphäre der (gegenwärtig) determinierten Wahrheit oder Falschheit bleibt. Die modernen Versuche, eine dreiwertige Logik zu entwickeln (basierend auf drei «Wahrheitswerten»: wahr, falsch, unbestimmt), sind durch diese Problematik inspiriert worden.

Literaturhinweise. ARISTOTELES, De interpretatione c. 9. – A. N. PRIOR: Three-valued logic and future contingents. Philos. Quart. 3 (1953) 317-326. – R. TAYLOR: Action and purpose (New York 1965). N. RESCHER

Handlungshemmung ist ein Zentralbegriff der philosophischen Anthropologie A. GEHLENS im Zusammenhang mit der Beschreibung des Menschen als «Mängelwesen» (HERDER), das gezwungen ist, «*die Mängelbedingungen seiner Existenz eigentätig in Chancen seiner Lebensfristung*» [1] umzuarbeiten. Der Mensch als instinktentbundenes Wesen der «Weltoffenheit» (SCHELER), der physischen Unspezialisiertheit und der organischen Mittellosigkeit macht diese Mängel «selbsttätig und handelnd gerade zu Mitteln seiner Existenz» [2]. Auf Handlung zur Lebenssicherung angewiesen, hemmt daher jeder Vorgang der Reflexion den Tätigkeitsprozeß. Diese Erkenntnis rechnet GEHLEN zu den Resultaten SCHOPENHAUERS [3] und NIETZSCHES [4]; für die ⟩Lehre von der Beziehung des Bewußtseins auf den *gehemmten* Lebensprozeß» nennt er als Begründer J. M. BALDWIN, H. BERGSON und J. DEWEY. Mit dem Scheitern einer Handlung verknüpfen G. F. STOUT und J. M. BALDWIN die Entstehung des Selbstbewußtseins: «When I fail to hit a mark with a missile I become aware of myself as disappointed, and to that extent I am self-conscious» [5]. Ähnlich argumentiert DEWEY: «For it is a commonplace that the more suavely efficient a habit the more unconsciously it operates. Only a hitch in its workings occasions emotion and provokes thought» [6]. BERGSON beschreibt das Bewußtsein als H. [7], M. PRADINES definiert «*penser* (c'est-à-dire être conscient, prendre conscience de soi), c'est seulement se *retenir d'agir*. La réflexion apparaît comme le choc en retour du réflexe brusquement inhibé.» Die Reflexion erscheint nicht nur als H., sondern auch als Lücke und Erwartung: «Le passé divise ses énergies et maintient l'activité vivante suspendue entre les diverses actions auxquelles il la sollicite. Cette suspension, cette attente, c'est la réflexion même» [8]. Ähnlich betont N. HARTMANN: «Nicht aus der Hemmung unmittelbarer Reaktionen allein ist das Aufkommen des Bewußtseins verständlich, wohl aber aus der Mannigfaltigkeit schöpferischer Leistungen, die in die entstehende Lücke einspringen» [9]. Bei GEHLEN selbst findet sich die Verknüpfung von Reflexion und H. bereits vor der endgültigen Ausbildung des anthropologischen Systems: «Die Reflexion fixiert also geradezu die Handlungslosigkeit» [10] und: «Eine jede Reflexion setzt praktische Handlungslosigkeit für die Dauer derselben mit» [11] heißt es bereits 1933. Hier sind die Beziehungen dieses Ansatzes zu S. FREUD, M. SCHELER, N. HARTMANN, H. PLESSNER, A. SEIDEL (‹Bewußtsein als Verhängnis›, 1927) und L. KLAGES angedeutet.

Anmerkungen. [1] A. GEHLEN: Der Mensch. Seine Natur und seine Stellung in der Welt (⁸1966) 36. – [2] a. a. O. 37. – [3] Die Resultate Schopenhauers, in: Theorie der Willensfreiheit und frühe philos. Schriften (1965) 312ff. – [4] Der Mensch ... a. a. O. [1] 70f. – [5] J. M. BALDWIN: Art. ‹Reflection› in: Dict. of philos. and psychol., hg. J. M. BALDWIN (¹1902, Gloucester, Mass. ²1957) 2, 435; vgl. K. FORTLAGE: System der Psychol. (1855) 1, 62. 81. 108; L. NOIRÉ: Einl. und Begründung einer monistischen Erkenntnistheorie (1877) 195. 198; H. DRIESCH: Ordnungslehre (²1923); W. STERN: Wertphilos. (1924) 197f. – [6] J. DEWEY: Human nature and conduct. An introduction to social psychol. (New York 1930) 178. – [7] Vgl. H. BERGSON: Matière et mémoire; L'évolution créatrice; Les deux sources de la morale et de la religion, in: Oeuvres, hg. ROBINET/GOUHIER (Paris 1959). – [8] M. PRADINES: Traité de psychol. générale (Paris 1958) 1, 208. – [9] N. HARTMANN: Neue Anthropologie in Deutschland. Bl. dtsch. Philos. 15 (1941) 163. – [10] A. GEHLEN: Wirklichkeitsbegriff des Idealismus (1933), in: Theorie der Willensfreiheit ... a. a. O. [3] 43. – [11] a. a. O. 95. W. LEPENIES

Handlungskette. Der Begriff tritt in theoretischem Zusammenhang erstmals bei N. ELIAS auf [1]. Gemeint ist ein geistiger Vorgriff in die Zukunft, den S. FREUD als «probeweises Handeln» bezeichnet [2]: Man setzt sich gedanklich mit der antizipierten «Triebbesetzung» auseinander, ohne sich Sanktionen auszusetzen. Diese Form des Denkens stabilisiert sich in der in die Realität umgesetzten *faktischen* H.

Kurze H. kennzeichnen Menschen, die nur wenig vorausdenken, und – was in geschichtlichen Zusammenhängen wichtig ist – gesellschaftlich-historische Situationen, die durch ihre Unruhe und Unübersichtlichkeit planendes Handeln kaum ermöglichen. Entstehen durch Monopolisierung von Gewalt befriedete Räume, so steigen die Chancen zur Entwicklung längerer H.

Lange H. sind umgekehrt ein Zeichen für das Vorhandensein befriedeter Räume, in denen langfristig geplant werden kann und in denen – als Folgeerscheinung – jedes Verhalten auch als Symbol angesehen wird, das einen Stellenwert in einer längeren H. hat. Mit der Länge der H. wachsen Verantwortung und Steuerung der – bei kurzer H. ungebundenen – Emotionalität; die Rationalität nimmt zu, die «Schamgrenze» rückt vor, und der Peinlichkeitsstandard erhöht sich. Die Länge der H. ist demnach ein Maßstab für die Höhe der Zivilisation.

Anmerkungen. [1] N. ELIAS: Über den Prozeß der Zivilisation (²1967) passim. – [2] S. FREUD: NF der Vorles. zur Einf. in die Psychoanalyse (1933). Werke 15 (³1961) 96.

Literaturhinweise. A. GEHLEN: Der Mensch. Seine Natur und seine Stellung in der Welt (⁸1966). – K. MANNHEIM: Mensch und Gesellschaft im Zeitalter des Umbaus (²1967). D. CLAESSENS

Haptisch/optisch. Schon ARISTOTELES sprach in Περὶ ζῴων μορίων (De part. anim.; Über die Teile der Tiere) von ἁπτικός. Den Gegensatz von Haptisch und Optisch hat A. RIEGL 1893 in die Kunstwissenschaft eingeführt [1]. Damals sprach er freilich noch von ‹taktisch›, erst 1902 ersetzte er diesen Terminus durch ‹haptisch› [2]. Er suchte zu zeigen, daß vorwiegend das Tasten, nicht das Sehen zu Formeindrücken führt. Der Ausdruck ‹haptisch› wurde danach gelegentlich auch im psychologischen Schrifttum benutzt, besonders ausgiebig von W. STEINBERG in einer Veröffentlichung aus dem Jahre 1920 [3]. H. FRIEDMANN versuchte 1925 darzutun, daß Formerlebnisse vorwiegend optogen seien. Dagegen sei die Ideogonie der Mechanik und der mechanistischen Weltanschauungen haptischer Natur im Sinne Riegls (d. h. mit starker kinästhetischer Komponente) [4]. Seitdem wurden in der Psychologie taktil-kinästhetische Wahrnehmungen häufiger, aber trotzdem noch selten, als «haptische Leistungen», besonders in Abhebung von optischen, bezeichnet, vor allem von W. BLUMENFELD [5], G. RÉVÉSZ [6], E. RUBIN [7] und E. VON SKRAMLIK [8].

Anmerkungen. [1] A. RIEGL; Stilfragen. Grundlegungen zu einer Gesch. der Ornamentik (1893). – [2] Beilage zur Allg. Ztg. (Berlin 1902) 155. – [3] W. STEINBERG: Die Raumwahrnehmung der Blinden (1920). – [4] H. FRIEDMANN: Die Welt der Formen (1925). – [5] W. BLUMENFELD: The relationship between the optical and haptic construction of space. Acta psychol. 2 (1936) 125-174. – [6] G. RÉVÉSZ: System der optischen und haptischen Raumtäuschungen. Z. Psychol. 131 (1934) 296-375; Die Formenwelt des Tastsinnes 1: Grundlegung der Haptik und der Blindenpsychol. (Haag 1938). – [7] E. RUBIN: Haptische Untersuch. Acta psychol. 1 (1936) 285-380. – [8] E. VON SKRAMLIK: Psychol. der Tastsinne. Arch. ges. Psychol. Erg.bd. 4 (1937).

Literaturhinweise. W. WITTE: Somästhesie und haptische Wahrnehmung. Stud. gen. 17 (1964) 596-608; Haptik, in: Hb. der Psychol. 1/1 (1966) 498-517. W. WITTE

Häresie. Im Hellenismus war ein αἱρετικός der Anhänger einer religiösen oder philosophischen Sondermeinung, einer αἵρεσις (lat. secta, Schule, Lehre) [1]. So hieß auch die junge Christengemeinde, die freilich schon PAULUS als Kirche gegen andere Gruppen abgrenzte; diese wurden als Häretiker gemieden [2]. TERTULLIAN meinte, sie hätten ihre willkürlichen Meinungen nicht von Christus [3]. Nach IRENÄUS VON LYON sind diejenigen, die sich von der apostolischen Sukzession lossagen, die Schismatiker, wie Häretiker anzusehen. Sie wollen sich nicht der kirchlichen Lehrautorität unterwerfen, sondern jeder nach seiner Willkür Lehrer sein [4]. JUSTINUS bezeichnete die «athei et impii» als «haeretici», d. h. die vom wahren Christentum abgefallenen (vor allem die Gnostiker), die den Juden und heidnischen Philosophen nahe sind [5]. Sie bedienen sich – so IGNATIUS VON ANTIOCHIEN – des Namens Gottes, handeln aber nicht wie Gläubige, sondern verändern den Glauben nach ihrem eigenen Gutdünken [6]. Als die Kirche dem römischen Reich und Recht nahekam und in den ersten Konzilien ihrer Orthodoxie sicher wurde, empfand AUGUSTIN den Häretiker vollends als überheblichen Sonderling, der sich hartnäckig und wegen irdischer Vorteile der bekannten Wahrheit verschließt [7]. Zu diesen Irrgläubigen rechnete ISIDOR VON SEVILLA auch antike Philosophenschulen; untereinander waren sie uneins, aber sie verschworen sich alle unter dem gemeinsamen Namen ‹Häretiker› gegen die Kirche Gottes [8].

Dieser allein vom Gegensatz zur Kirche bestimmte H.-Begriff beherrschte auch das Mittelalter, das von der Kirche Glauben und Bildung lernte. Apologeten setzten die seit dem 11. Jh. neu auftauchenden religiösen Bewegungen gern mit längstbekannten Irrlehren wie den manichäischen gleich; INNOZENZ III. sagte 1198, die häretischen Füchse hätten nur verschiedene Gesichter, jedoch zusammengebundene Schwänze [9]. Aber bloß der fortwirkende Name ‹Häretiker› täuschte eine historische Kontinuität religiöser Sondermeinungen vor. Die Anhänger der spontan entstehenden Sondergruppen wollten selbst nie Häretiker, sondern wahre Christen heißen und nannten ihre kirchlichen Gegner ihrerseits ‹Ketzer› [10]. Zwei Bauern deuteten 1114 bei Soissons den Namen etymologisierend um: Sie seien Häretiker, aber als «haereditarii dei» (Erben Gottes) [11]. Auch Lehren einzelner Philosophen gerieten hie und da in den Geruch der H.; doch setzte sich weithin ABAELARDS Standpunkt von 1140 durch, man könne nicht Ansichten als verbrecherisch und häretisch verdammen, die durch ratio und auctoritas nicht zu widerlegen seien [12]. Im ganzen blieb die scholastische Philosophie unverdächtigt.

Stattdessen hing das Odium der H. an Massenbewegungen Ungebildeter, zumal an der Sekte der *Katharer*, deren griechischer Name (κάθαροι, die Reinen) um 1200 für das deutsche ‹Ketzer› Pate stand. Wie das französische ‹hérétique› bekam ‹Ketzer› sogleich den Beiklang des Heimlichen und Perversen, so sehr, daß THOMAS VON AQUIN Ketzerei eigens von Emotion und Unzucht unterscheiden und als dogmatischen Irrglauben definieren mußte [13]. Aber obwohl die dominikanischen Inquisitoren der haeretica pravitas den Ketzern Aufrichtigkeit bescheinigten, sahen sie in ihnen nur Asoziale, nicht Andersdenkende.

Erst nach dem Erstarken neuzeitlicher Strömungen, die die Armuts- und Freiheitsforderung der Ketzer aufnahmen, verlor der Begriff allmählich den Makel des Amoralischen. LUTHER verstand H. als selbstgerechten Fehlglauben [14]. PASCAL sah ihre Quelle im einseitigen Ausschluß einiger christlicher Wahrheiten [15]; SPINOZA erklärte sie schon aus der unvermeidlichen Vielzahl von Bibelauslegungen [16]. THOMASIUS fragte, ob die H. überhaupt ein Verbrechen sei, und löste den alten Begriff der H. auf [17]. KANT verwarf schließlich die angemaßte alleinige Rechtgläubigkeit einer Kirche, die ihre historische Besonderheit vergesse, jeden Abweichenden ‹Ketzer› nenne und allen Höllengöttern übergebe [18].

SCHLEIERMACHER warnte vor einem übereilten Gebrauch des «sehr unsicheren» Begriffs der H., obwohl er glaubte, ihn durch Abgrenzung vom richtigen Begriff vom «Wesen des Christentums» gewinnen zu können [19]. Die historische Forschung des 20. Jh. entdeckte, daß die Geschichte der H. nicht von der Kirchengeschichte zu trennen ist; K. RAHNER zog jüngst die Folgerung, daß die H. sogar eine positive heilsgeschichtliche Funktion gegenüber der Kirche ausüben könne [20]. So spiegelt sich im Wandel des Wortgebrauchs weniger Geschichte und Eigenart der religiösen Bewegungen als die Geschichte des kirchlichen Wahrheitsanspruchs.

Anmerkungen. [1] DIOGENES LAERTIUS I, 19; II, 87; VII, 191; SEXTUS EMPIRICUS, Pyrrh. Hyp. I, 16. 185. 237; JOSEPHUS, Antiquitates 13, 5, 9. – [2] 1. Kor. 11, 19; Tit. 3, 10. – [3] TERTULLIAN, De praescriptione haereticorum 37, 1. – [4] IRENÄUS, Adv. haer. IV, 26, 2; I, 28, 1. – [5] JUSTINUS, Dial. 51, 2; 80, 4; Apol. I, 26, 8. – [6] IGNATIUS, Eph. VII, 1; Trall. VI, 1. – [7] AUGUSTINUS, De utilitate credendi 1; De civ. Dei 18, 51. – [8] ISIDOR VON SEVILLA, Origines 8, 3, 1; 8, 5, 70. – [9] INNOZENZ III., Ep. 1, 94, nach Judic. 15, 4-5. – [10] J. B. MANSI, Concilia 22, 165. – [11] GUIBERT VON NOGENT, De vita sua 3, 17. – [12] ABAELARD, Apol., SBAW (1930) 12. – [13] THOMAS VON AQUIN, S. theol. II/II, 11, 1. – [14] M. LUTHER, Von weltl. Obrigkeit 2. – [15]

B. PASCAL, Pensées, hg. BRUNSCHVICG Nr. 862. – [16] B. SPINOZA, Tractatus theol.-polit. 14. – [17] CHR. THOMASIUS: An haeresis sit crimen (1697); De jure principis circa haereticos ex hypothesi juris clericalis (1697). – [18] I. KANT, Relig. innerhalb ... III, 5. Akad.-A. 6, 108. – [19] FR. SCHLEIERMACHER, Der christl. Glaube, § 21f. – [20] K. RAHNER, H.-Gesch. LThK² 5 (1960) 8-10; Was ist H.? Schriften zur Theol. 5 (1962) 527-576.

Literaturhinweise. H. SCHLIER: Art. HAIRESIS, in: Theol. Wb. zum NT, hg. KITTEL 1 (1933) 180-184. – J. BROSCH: Das Wesen der H. (1936). – A. BORST: Die Katharer (1953) 240ff. – A. LANG: Der Bedeutungswandel der Begriffe fides und haeresis. Münchner theol. Z. 4 (1953) 133-146. – H.-W. GENSICHEN: Damnamus. Die Verwerfung von Irrlehre bei Luther und im Luthertum des 16. Jh. (1955). – H. GRUNDMANN: Oportet et haereses esse. Arch. Kulturgesch. 45 (1963) 129-164. – M. D. CHENU: Orthodoxie et hérésie, in: Hérésies et sociétés, hg. LE GOFF (1968) 9-17.

A. BORST

Harmonie. Der ursprüngliche Sinn von ἁρμονία meint: Verbindung durch Ineinandergreifen (Verzahnung) und infolgedessen Ausgleichung eines Ganzen, Einheit in der Mannigfaltigkeit eines Ganzen. Genauer bestimmt CHR. A. CRUSIUS: Übereinstimmung von Phänomenen oder Umständen [1].

Die These von der H. der *Welt* ist von den *Orphikern* und *Pythagoreern* im Ausgang von musikalischen Überlegungen, d. h. der Untersuchung vibrierender Saiten und ihrer harmonischen Aufteilung, vertreten worden; EMPEDOKLES hat sie, so scheint es, auf der Grundlage medizinischer Überlegungen verfochten. Im ersten Fall wird die Verschiedenartigkeit (besonders der entgegengesetzten Spannungen der Saiten), die in der Einheit zur H. gelangt, betont; im zweiten Fall die Einheit, welche die Verschiedenartigkeit zum Einklang bringt. Der Demiurg des ‹Timaios› erbaut die Welt nach dem Muster harmonischer Aufteilungen. Die spätere *hippokratische* Heilkunde stützt sich unter *stoischem* Einfluß auf das Prinzip der H.: σύμπνοια πάντα (alles ist einmütig, «konspiriert» miteinander) [2]. Die *pythagoreisch-stoische* Auffassung von der H. der Welt entwickelt sich weiter bis hin zu der ‹Harmonice Mundi› von KEPLER, zu LEIBNIZ und sogar zu SCHOPENHAUER [3].

Pythagoreischen Ursprungs ist auch die Theorie, nach der die *Seele* die H. der gegensätzlichen Spannungen des Körpers ist [4], eine Auffassung, die von PLATON [5] und ARISTOTELES [6] kritisiert wird. Der Begriff der H. findet außerdem noch eine Anwendung in der Auffassung PLATONS von der Pädagogik [7] sowie in der Ethik der *Stoa* und bei LEIBNIZ [8]. In der klassischen Ästhetik ist die Definition der H. zugleich die des Schönen [9].

Anmerkungen. [1] CHR. A. CRUSIUS: Weg zur Gewißheit und Zuverlässigkeit der menschl. Erkenntnis (1747, ND 1965) §§ 391. 392. – [2] Vgl. G. W. LEIBNIZ, Nouv. Ess. Préf. Philos. Schriften, hg. GERHARDT 5, – [3] Vgl. A. KOYRÉ: La révolution astronomique (1961); A. SCHOPENHAUER, Die Welt als Wille und Vorstellung § 52. – [4] PLATON, Phaidon 86 b 5-d 4. – [5] a. a. O. 92 a 6-95 a 5. – [6] ARISTOTELES, De anima 407 b 27-408 a 34. – [7] PLATON, Resp. 401 d. – [8] LEIBNIZ, Theodizee I, §§ 62. 74. – [9] Vgl. z. B. J. G. SULZER: Allg. Theorie der schönen Künste (²1792) 2, 475ff. s.v. ‹H.› mit Lit.

Literaturhinweise. B. MEYER: HARMONIA (Diss. Freiburg 1932). – B. VAN DER WAERDEN: H.-Lehre der Pythagoreer. Hermes 78 (1943). – H. KOLLER: H. und Tetraktys. Mus. helv. 16 (1959) 238-248. – Y. BELAVAL: L'idée d'H. chez Leibniz. Stud. gen. (1966) H. 9.

Y. BELAVAL

Harmonie, prästabilierte. Im ‹Système Nouveau pour expliquer la nature des substances et leur communication entre elles, aussi bien que l'union de l'âme avec le corps› (1695) beruft LEIBNIZ sich auf seinen ‹Discours de Métaphysique› (1686, § 33) als den ersten Entwurf seiner Lehre von der p.H. [1]. Den Ausdruck ‹p.H.› hingegen gebraucht er erst seit 1695 regelmäßig. Später schreibt er an Clarke: «Le mot Harmonie préétablie est un terme de l'Art, je l'avoue; mais non pas un terme qui n'explique rien, puisqu'il est expliqué fort intelligiblement ...» [2]. – Jede Monade ist perzeptiv; als einfache Substanz kann sie nur durch eine ideelle Handlung mit einer anderen Monade in Beziehung treten; sie enthält in ihrem vollständigen Begriff die Folge alles dessen, was ihr zustößt. Das sind die Grundlagen der p.H. Man kann diese Harmonie ontologisch und phänomenal verstehen.

Auf der *ontologischen* Ebene läßt die p.H. sich zunächst in ihrem allgemeinsten Sinn mit der Ausdrucksfunktion der Monaden identifizieren oder, um den Titel des ‹Système Nouveau› aufzunehmen, mit der *Kommunikation der Substanzen untereinander:* Jede Monade drückt von ihrem Standpunkt aus repräsentativ die Gesamtheit aller anderen Monaden aus, und zwar nicht nur in ihrem gegenwärtigen Zustand, sondern auch in der vollständigen Folge aller vergangenen und zukünftigen. Während der Begriff der *universellen Harmonie* die Schönheit des Ganzen betrifft und das, was aus dem Universum ein «uni-versum» macht, bezieht sich der Begriff der p.H. auf die Regelung des Verhältnisses von Monade zu Monade, auf die Konkomitanz aller Folgen von Prädikaten, die jeweils ihre vollständigen Begriffe ausmachen [3]. Diese Harmonie ist durch Gott vorherbestimmt, d. h. sie drückt daseinshaft die Harmonie aus, die zwischen den ewigen Wesenheiten im göttlichen Verstande besteht, um die beste der möglichen Welten zu bestimmen, derart, daß alles für jede Monade so geschieht, «comme s'il n'existait que Dieu et elle» [4]. – In weniger allgemeiner Bedeutung, aber immer noch auf der Ebene der Ontologie bezieht sich die p.H. auf die Harmonie zwischen dem Reich der *Natur* und der *Gnade* [5] – zwischen der Wirk- und dem der Finalursachen – sogar jenseits des irdischen Lebens, denn da alles, was Gott bewirkt, harmonisch ist, muß ein Prinzip der Angemessenheit eine Verbindung zwischen Strafen und Belohnungen herstellen, «en conséquence de la suite naturelle des choses, qui contient encore une autre espèce d'harmonie préétablie, que celle qui paraît dans le commerce de l'âme et du corps» [6]. – Schließlich gibt es eine noch engere Bedeutung, der gemäß die p.H. ontologisch den *Organismus* in seiner Präformation [7] wie in seiner Struktur [8] erklärt. Demnach ist ein Organismus nichts anderes als eine Ansammlung von Monaden, die hierarchisch unter einer dominierenden Monade stehen [9]: der *anima* für das Tier, des *spiritus* für den menschlichen Leib.

Auf der Ebene der *Phänomene* bewirkt die p.H. nach Leibniz eine Korrelation zwischen den Perzeptionen oder den Erscheinungen in der als geistiger Automat [10] verstandenen Seele einerseits und den Bewegungen des Körpers andererseits. Leibniz betont, daß es sich dabei tatsächlich um Phänomene handelt: «... j'aurais eu grand tort d'objecter aux Cartésiens que l'accord que Dieu entretient immédiatement, selon eux, entre l'âme et le corps ne fait pas une véritable union, puisqu'assurément mon Harmonie préétablie ne saurait en faire davantage ... et je n'ai tâché de rendre raison que des phénomènes, c'est-à-dire du rapport dont on s'aperçoit entre l'âme et le corps» [11]. Die Reihe der Repräsentationen der Seele und die der Bewegungen des Körpers entsprechen sich genau, ohne daß, wie bei *Descartes,* die wirkliche Handlung oder, wie bei *Malebranche,* die okkasionellen Ursachen dazwischen treten [12]; sie entsprechen sich vielmehr wie zwei voneinander unabhängige Uhren [13], deren höchster Uhrmacher Gott ist [14]. Sie entsprechen sich nicht nur in ihrer Abfolge, sondern auch in ihrer Intensität, der Deutlichkeit der Perzeptionen, die von der Kraft der Bewegung abhängt. Überhaupt bestätigt die *Mechanik*, die vermittelnde Wissenschaft zwischen der Physik der Bewegungen im Ausgedehnten und der Metaphysik der Kraft, die Lehre von der p.H. [15]. Sie beweist, daß die Bewegung eine vektorielle Dimension ist und daß die «lebendige Kraft» erhalten bleibt. Wenn Descartes – meint Leibniz – dieses Gesetz der Natur erkannt hätte, «il serait tombé dans mon système de l'Harmonie préétablie» [16].

Besonders unter diesem letzten Aspekt – Vereinigung von Seele und Körper – ist die p.H. bereits zu Leibniz' Lebzeiten heftig diskutiert worden – mit den *Cartesianern*, mit SIMON FOUCHER, mit PIERRE BAYLE [17]. Obgleich seit CHR. WOLFF abgelehnt, ist sie später in der Theorie des *psychophysischen Parallelismus* wiederzufinden, um deren Widerlegung sich noch HENRI BERGSON bemüht hat.

Anmerkungen. [1] Die philos. Schriften von G. W. LEIBNIZ, hg. C. I. GERHARDT 1-7 (1875-1885) [= PSG] 4, 471. – [2] 5. Schreiben an Clarke § 90. PSG 2, 136. – [3] Théodicée I, § 58; Textes inédits, hg. G. GRUA (1948) 553. 554. – [4] PSG 4, 484-485. – [5] Théod. I, §§ 18. 62; Monadologie § 88. – [6] Théod. § 74. – [7] Théod. I, § 62; II, § 188; vgl. N. MALEBRANCHE, Traité de la nature et de la grâce I, XXIII. – [8] Théod., Préface PSG 6, 41. – [9] 2, 451. – [10] 4, 485. – [11] 6, 595. – [12] 4, 476. – [13] 4, 498ff. – [14] Théod. I, § 188. – [15] PSG 3, 60. – [16] 6, 540; Monad. § 80. – [17] PSG 4, 51ff.
Y. BELAVAL

Häßliche (das) (griech. τὸ αἰσχρόν; lat. deformitas, turpitudo). – 1. Die philosophische Bedeutung des Wortes wird im Kontext der *griechischen* Metaphysik festgelegt: Das H. verhält sich zum Schönen wie das Böse zum Guten, der Stoff zur Form, wie das Nichts zum Sein. Aus dem Gebrauch des Begriffs in diesen Konnotationen ergibt sich sein behaupteter privativer Sinn. Als häßlich gilt, was als minderwertig, abstoßend, als ekelhaft beurteilt bzw. empfunden wird und das Selbstwertgefühl des Menschen deprimiert. – Gleichbedeutend mit dem Amorphen, somit Undefinierbaren, also ontologisch Minderwertigen sieht PLATON im H., in allem, was verachtet (ἄτιμος) und geringfügig (φαῦλος) ist [1], letztlich das Nichtseiende. Als Stigma des Veränderlichen, Zufälligen, Sinnlichen ist es unversöhnlich mit dem immerwährenden Göttlichen (τὸ θέον ἀιεὶ ὄν) [2]. Es bereitet keine Lust, verursacht Schmerz, kann nicht geliebt werden [3]. Nach ‹Enneaden› I, 6, 2, dem von M. FICINO so genannten «locus classicus de natura et origine deformitatis» [4], ist für PLOTIN die unkörperlich gedachte Materie im Sinne des chaotischen Stoffes vor jeglicher Prägung (πρώτη ὕλη) wie das Böse so auch das H. schlechthin (τὸ παντῇ αἰσχρὸν τοῦτο). Das in der Wahrnehmung (αἴσθησις) gegebene H. erklärt Plotin dagegen als στέρησις, als infolge der Übermacht des Materiellen mangelhafte Gestalt [5]. Für das durch Maßlosigkeit (ἀμετρία) und Unordnung (ἀκοσμία) bedingte, das ursprüngliche Wesen verstellende H. zitiert PLATON den mythologischen Meergott Glaukos [6]. Als dichterisches Gegenbild des durch Kalokagathia sich auszeichnenden Menschen gilt HOMERS Thersites, in der ‹Ilias› (II, 212ff.) beschrieben als αἴσχιστος ἀνήρ, ohne Maß, gegen die Ordnung verstoßend, Ungebührliches redend. Die Darstellung des in solchem Sinne häßlichen Menschen verwiesen die Griechen als unvereinbar mit der Erhabenheit des Tragischen in die Komödie. Noch für GOETHE gehört das H. «in den niedrigen Kreis des Lächerlichen» [7].

Anmerkungen. [1] PLATON, Parm. 130 c/d. – [2] Symp. 206 d. 211 a-e. – [3] a. a. O. 197 b. 201 a. u. ö. – [4] PLOTINI Enneades, hg. M. FICINO (Basel 1580) 52 a. – [5] PLOTIN, Enn. I, 8, 3. 9; VI, 1, 9. – [6] PLATON, Resp. X, 611 c. – [7] J. W. GOETHE, Hamburger A. 9, 316f.

2. Das *Mittelalter* entwickelt eine der Theodizee analoge Erklärung des H., der Dissonanzen, die ihre große Darstellung in der Kathedrale des 12. Jh. wie auch in DANTES ‹Divina comedia› gefunden hat und der noch SHAFTESBURY [1] und LEIBNIZ [2] verpflichtet sind. AUGUSTINUS sieht die Welt von Gegensätzen durchwaltet [3]. Was der Mensch als «vitia rerum mutabilium atque mortalium» (Fehler der veränderlichen und sterblichen Dinge) anspricht, nennt er häßlich aufgrund seiner begrenzten Einsicht in den Ordnungs- und Zweckzusammenhang der Welt als einer von Gott geschaffenen [4]. Verglichen mit einem ontologisch höher Bewerteten gilt ihm das für seinsmäßig niedriger Gehaltene als häßlich, z. B., wie schon PLATON anmerkt [5], die Gestalt des Affen verglichen mit der des Menschen [6]. Für ULRICH VON STRASSBURG ist im Unterschied zum ens potissimum, Gott, alles Seiende infolge der ihm zugeschriebenen Kontingenz «in aliqua parte suae essentiae pulchrum, in aliqua autem turpe. ... Pulchrum possit esse turpe, non tamen ipsa pulchritudo» (in einem Teil seines Wesens schön, in einem anderen häßlich. ... Schönes kann häßlich sein, nicht aber die Schönheit selbst). Das moralisch H. stellt er, wie auch THOMAS VON AQUIN [7], dem honestum entgegen [8]. Thomas erklärt das H. aus christlichem Glaubensverständnis als Folge der in sich schon häßlichen Sünde (ex deformitate peccati) und versteht daher macula, vitia, defectus als Entstellungen der eigentlichen Form. Das gilt auch für die Artefakte [9].

Anmerkungen. [1] A. A. C. SHAFTESBURY: Characteristics (1711) 2, 333. – [2] LEIBNIZ, Théod. I, 147. 214. – [3] AUGUSTIN, MPL 32, 986; 41, 332. – [4] MPL 41, 351; 32, 1000. – [5] PLATON, Hipp. maj. 289 a/b. – [6] AUGUSTIN, MPL 42, 555. – [7] THOMAS, S. theol. II/II, q. 187, 5. – [8] ULRICH VON STRASSBURG, De pulchro, hg. M. GRABMANN (1926) 82. – [9] S. theol. II/I, q. 109, 7; q. 71, 2.

3. Im terminologischen Instrumentarium der *neuzeitlichen* Kunst- und Dichtungstheorien wie auch der philosophischen Ästhetik bleibt die dem H. gegenüber dem Schönen beigelegte privative Bedeutung orientiert einerseits am neuplatonischen, andererseits am christlichmittelalterlichen Weltverständnis.

a) Im Horizont des neuplatonischen Wirklichkeitsbegriffs fordert die praktische Kunstlehre der *Renaissance* (L. B. ALBERTI, L. DA VINCI), die dazu anleiten will, die empirische Ansicht der Dinge «richtig» abzubilden, den Ausgleich natürlicher Unebenheiten. Diese gelten, so schon VASARI [1], als häßlich, weil sie aus der «imperfezione della materia» hergeleitet werden. Die Kunsttheorie des Manierismus (G. P. LOMAZZO) verlangt vom Künstler, er solle, so V. DANTI [2], gegenüber der schlechten Wirklichkeit in seinem Werk den ursprünglich heilen Zustand der Dinge gemäß seiner Schau von der Idee dieses Zustandes wiederherstellen. G. BELLORI meint, die fehlerhafte Wirklichkeit abzubilden, hieße bloße Larven zeigen [3]. A. DÜRER läßt dem H. nur insofern einen gewissen Spielraum, als es um der Wahrhaftigkeit willen mitunter zu fordern ist [4].

b) Die an der griechischen Klassik orientierte und vornehmlich psychologisch argumentierende Literatur- und Kunstkritik des *17. und 18.Jh.* erklärt das H. zwar, so noch SULZER, als «das eigentliche Mittel», um «abscheuliche Charaktere vorzustellen» [5], duldet es, davon abgesehen, jedoch nur dann, wenn im Nachahmungsprozeß, so BOILEAU [6], ein «plus affreux objet» in ein «objet aimable» sich verwandelt. Nach BATTEUX [7] und E. BURKE [8] kann die ästhetische Begegnung mit dem H. angenehm sein, insofern Kunst als «Blendwerk der Illusion» den Ernst des Lebens nicht tangiert. Conditio sine qua non für den ästhetischen Genuß des H. ist dabei der Verlust seines eigentümlichen Charakters. DIDEROT betont, die Häßlichkeit eines Ungeheuers gefalle nur dann, wenn dessen Gestalt der schönen Gesetzlichkeit natürlicher Körper genügt: «Un composé de parties rassemblées au hasard, sans liaison, sans ordre, sans proportion» wäre in der künstlerischen Darstellung «pas moins choquante que l'être lui-même» [9].

Im Laokoonstreit liefert die repulsive Wirkung des H. für LESSING [10] ebenso wie für HERDER [11] das Argument gegen seine künstlerische Verwendung. Daß die deformierte, verzerrte, gebrochene Gestalt gerade wegen ihrer abstoßenden, auch zerstörerischen Kraft Relevanz für die Kunst erlangen könnte, wie das heute der Fall ist, bleibt für das ausgehende 18. und beginnende 19. Jh. noch gänzlich außer Betracht. Der Altertumsforscher A. HIRT erklärt zwar in seinen Horen-Aufsätzen über Laokoon (1797) mit der Anerkennung des Charakteristischen der individuellen Form auch gemeinhin für häßlich gehaltene Stoffe als kunstfähig, und SCHILLER (an Goethe 7. 7. 1797) stimmt ihm darin zu; es bleibt als solches jedoch, wie auch KANT meint [12], wegen seiner desillusionierenden Kraft von der Kunst ausgeschlossen. Und wenn FR. SCHLEGEL als erster eine «Theorie des H.» fordert, weil er sich durch die romantische Kunst, deren «trefflichste Werke» oft «ganz offenbar Darstellungen des H.» sind, mit den Scherben des Idealbildes der griechischen Antike konfrontiert sieht, so tut er das in der Absicht, der Kritik einen «ästhetischen Kriminalkodex» an die Hand zu geben, mit dessen Hilfe sie eine Rückkehr der Künste zur klassischen Form fördern könnte. Daher skizziert er den «Grundbegriff von dem H. und Ungestalteten» pejorativ als «reinen Gegensatz von der Idee des Schönen» [13].

c) Diesen Gegensatz, demzufolge das H. als Kennzeichen des Wirklichen der Idee einer schöneren Welt widerspricht und daher unvereinbar mit der Würde der Kunst ist, hält auch die *philosophische Ästhetik* seit A. G. BAUMGARTEN [14] fest. J. G. FICHTE verbietet es dem Künstler, der die «ästhetische Ansicht» einer «schönen heilen Welt» vergegenwärtigen soll, «verzerrte, gepreßte, ängstliche Formen, H.» Gestalt werden zu lassen [15]. Weil, so SOLGER, «in der wirklichen Welt keine Schönheit» ist, entsteht das H., «wenn sich die Erscheinung als das Wesentliche ausgibt». Dem H. kann deshalb nur eine lächerliche Seite abgewonnen werden [16]. Sub specie aeternitatis betrachtet, zeige sich das H., meint SCHELLING, als «umgekehrtes Ideal», als etwas Komisches [17].

Auch die *nachhegelsche Ästhetik* (CHR. H. WEISSE, A. RUGE, M. CARRIERE, M. SCHASLER, FR. TH. VISCHER) duldet das H. lediglich als Element des Komischen bzw. des Erhabenen. K. ROSENKRANZ, der die bisher einzige ‹Ästhetik des H.› (1853) geschrieben hat, beschreibt es als Ausdruck eines Negativen [18] und billigt ihm in der Kunst lediglich die Funktion zu, «das reine Bild des Schönen um so leuchtender» hervorzutreiben [19]. Die Karikatur begreift er zwar als «Spitze in der Gestaltung des H.», versteht sie jedoch implizit abwertend als Verzerrung eines «positiven Gegenbildes» [20], des Ideals. HEGEL selbst dagegen begreift mit der «Prosa der Welt» auch deren künstlerische Verwirklichung positiv und akzeptiert «mit dem Prinzip des Charakteristischen auch die Darstellung des H.», das er – im Unterschied zum Klassischen – als eigentümliches Moment der christlichen Kunst, der ars humilis, ansieht [21].

Anmerkungen. [1] G. VASARI: Proemio delle Vite (1550), hg. MILANESI 1, 216. – [2] V. DANTI: Trattato delle perfette proporzioni (1567) c. 16. – [3] G. BELLORI: L'idea del pittore (1672), hg. E. PANOFSKY (²1960) 130ff. – [4] Vgl. DÜRERS schriftl. Nachl., hg. K. LANGE/F. FUHSE (1893) 226. 246f. 349 u. ö. – [5] J. G. SULZER: Allg. Theorie der schönen Künste (1771/74): ‹Häßlich›. – [6] N. BOILEAU: Art. poét. (1674) ch. III, 1-4. – [7] CH. BATTEUX: Les beaux arts réduits à un même principe (1746) II, 4 u. 5. – [8] E. BURKE: A philos. inquiry into the origin of our ideas on the sublime and beautiful (1756) I, 16. – [9] D. DIDEROT, Oeuvres, hg. ASSÉZAT/TOURNEUX 1, 34 note. – [10] G. E. LESSING, Laokoon bes. 23-25. – [11] J. G. HERDER, Werke, hg. SUPHAN 4, 69; 8, 30-34. – [12] I. KANT, KU § 48. – [13] FR. SCHLEGEL: Über das Studium der griech. Poesie (1797) bes. 47f. 146-151. 221. – [14] A. G. BAUMGARTEN: Aesthetica (1750/58) § 14. – [15] J. G. FICHTE: Sittenlehre (1798) § 31. – [16] K. W. F. SOLGER: Vorles. über Ästhetik, hg. HEYSE (1829) 80. 101f. – [17] F. W. J. SCHELLING: Vorles. über die Philos. der Kunst (1802/03) §§ 21. 33 u. ö. – [18] K. ROSENKRANZ: Ästhetik des H. (1835, ND 1968) 10f. – [19] a. a. O. 36. – [20] 387. – [21] G. W. F. HEGEL, Ästhetik, hg. BASSENGE (1955) 1, 30. 151f.; 2, 236f. u. ö.

4. Die an der Metaphysik orientierte Zurückweisung des H. wird durch NIETZSCHE überholt. Er macht es gegen «alle Verschönerung», die nur dem Wunsch folge, «sich den Anblick der Dinge erträglicher zu machen», geltend als «diejenige Betrachtungsform der Dinge», durch die dem «Sinnlosgewordenen ein neuer Sinn» zugesprochen werden soll [1]. Der Bruch mit der Tradition, in dessen Folge das Wirkliche mit seinen Schattenseiten mehr und mehr ins volle Licht gezogen wird, beginnt dann in der *Künstlerästhetik* mit VICTOR HUGOS Theorie des Grotesken, die das H. *als es selbst* in seinen vielfältigen Erscheinungsformen als «type d'imitation» nimmt [2], offenkundig zu werden. A. RIMBAUD findet sich «devant les laideurs de ce monde» (Les Sœurs de Charité). BAUDELAIRE, der sich «loin du regard de Dieu» erfährt (La Destruction), kann die Wirklichkeit theologisch nicht mehr rechtfertigen; um sie dennoch zu transzendieren, bringt er sie als eine häßliche, als Faszinosum zur Sprache.

Seit der Jahrhundertwende verwenden die Künstler das H. in seiner, ihm von der Tradition beigelegten, pejorativen Bedeutung auch in der polemischen Absicht, die traditionelle Kunst samt ihrer Ästhetik in Frage zu stellen. Das ‹Manifest der futuristischen Literatur› (1912) setzt «brutale Töne», «Schreie des Lebens» der «schönen Kunst» entgegen. Das H. soll «alle Feierlichkeit töten». Der *Expressionismus* führt es als Waffe gegen die gesellschaftliche Wirklichkeit, die in der Karikatur bloßgestellt wird. *Dada*, Wiege des *Surrealismus* und Vorläufer der *Pop Art*, versteht sich als Antikunst, weil zu seinem Gegenstand die – früher als häßlich geltenden – Banalitäten und Trivialitäten des Lebens gehören.

Gegenwärtig wird das H. gerade wegen seiner von der Tradition verworfenen repulsiven und damit desillusionierenden Kraft zur Beschreibung einer als absurd erfahrenen Welt eingesetzt (SARTRE, CAMUS, BECKETT). In den «nicht mehr schönen Künsten» erweisen sich das Amorphe, Deformation, Destruktion als ausgezeichnete Indices der Modernität.

Der gegenüber seinem traditionellen Verständnis radikale Funktionswandel des H., das mit dem, wie VALÉRY [3] es nennt, «objet ambigu» vorzüglich interessant wird, ist in den als «Verlust der Mitte» (H. Sedlmayr) beschriebenen Zusammenhängen nur negativ zu deuten. Die philosophische Reflexion der jüngsten Entwicklung hat erst begonnen.

Anmerkungen. [1] Fr. Nietzsche, Werke, hg. Schlechta 3, 496. – [2] V. Hugo: Préface de Cromwell (Paris 1827). – [3] P. Valéry: Eupalinos (Paris 1924).

Literaturhinweise. A. Götze: ‹Häßlich›. Z. dtsch. Wortforsch. 7 (1905/6) 202-220. – L. Krestovsky: La laideur dans l'art à travers les âges (Paris 1947); Le problème spirituel de la beauté et de la laideur (Paris 1948). – H. Blumenberg: Sokrates und das «objet ambigu», in: Epimeleia, Festschr. H. Kuhn (1964) 285-323. – P. Monteil: Beau et laid en latin. Etude de vocabulaire (Paris 1964). – Ch. Eykman: Die Funktion des H. in der Lyrik Heyms, Trakls, Benns (1965). – H. Friedrich: Die Struktur der modernen Lyrik (²1967). – J. Stolnitz: Art. ‹Ugliness›, Encyclop. of Philos. 8 (New York/London 1967). – F. N. Mennemeier: Unendl. Fortschreitung und absolutes Gesetz. Das Schöne und das H. in der Kunstauffassung des jungen F. Schlegel. Wirkendes Wort 17 (1967) 393-409. – A. Wiegand: Die Schönheit und das Böse (1967). – Die nicht mehr schönen Künste. Grenzphänomene des Ästhetischen, hg. H. R. Jauss (1968). – P. Gorsen: Das Prinzip Obszön. Kunst, Pornographie und Gesellschaft (1969). – K. Hübner: Über das Schöne und das Deformierte. Zur «Theory on the classification of beauty and deformity» von Mary A. Schimmelpenninck, London 1815 (1969). – Th. W. Adorno: Ästhet. Theorie. Ges. Schr. 7 (1970) bes. 74ff. – J. Klein: Der gotische Roman und die Ästhetik des Bösen (1974).

Ursula Franke

Haus (H.-Stand, H.-Wesen, H.-Haltung, H.-Haltungsstand; Familie; griech. οἶκος, οἰκία [1]; lat. domus, societas domestica seu oeconomica, familia; frz. maison, famille [2])

I. H. als H.-Gemeinschaft ist eine konstitutive, in ihrem Kern sich identisch durchhaltende Gegebenheit der alteuropäischen Sozialordnung; in der ihr zugehörenden Sozialtheorie, der «praktischen Philosophie», wie sie sich selbst genannt hat, bleiben daher die Bestimmungen des H.-Begriffs von Aristoteles bis zu Kant in ihrer Substanz unverändert.

1. Für den Begriff des H. gilt die gleiche Mehrdeutigkeit, die Aristoteles bereits für den der Stadt (πόλις) festgestellt hat. So wie ‹Polis› einmal den durch Mauern eingefaßten Wohnbezirk meint, zum anderen aber die Gesellschaft der Bürger, welche die Stadt bewohnen [3], so wird auch ‹H.› «entweder materialiter genommen soweit es aus Stein, Holz und anderen Materialien gefüget ist, oder juridice et civiliter, vor eine Familie und bestelltes H.-Wesen von unterschiedenen Personen» [4]. «Im moralischen Verstande» [5] ist das H. eine *natürliche*, aus drei einfachen natürlichen Gesellschaften *zusammengesetzte*, *ungleiche*, d. h. unter einer Herrschaft stehende *Gesellschaft* («familia, domus, societas domestica seu oeconomica est societas necessario composita et inaequalis seu rectoria» [6]) mit dem Zwecke einer Bereitstellung der Mittel zur Befriedigung der Bedürfnisse des gesamten täglichen Lebens [7]. Der systematische Ort der Theorie des H. in der älteren praktischen Philosophie ist daher die Politik als die Lehre von der Gesellschaft (bzw. den Gesellschaften oder «vom gesellschaftlichen Leben der Menschen» [8]).

Eine *Gesellschaft* (κοινωνία, societas) ist, gemäß der älteren Definition, jeder Zusammenschluß verschiedener Menschen in der Absicht, einen durch diese Vereinigung allein oder doch durch sie leichter zu erreichenden Zweck mit vereinigten Kräften zu befördern [9]. *Natürlich* (φύσει, naturalis) ist eine Gesellschaft, «so die Natur haben will» (Leibniz) bzw. «zu welcher der Mensch aus göttlichem Befehl oder aus einer Begierde, dem ganzen menschlichen Geschlecht Nutzen zu schaffen, angetrieben wird » (Im Gegensatz zu den natürlichen stehen die «willkürlichen Gesellschaften, welche die Menschen eines besonderen Nutzens wegen aufrichten» und deren Zahl unendlich sein kann) [10]. *Ungleich* (ἀνόμοιος, inaequalis et rectoria) ist eine solche Gesellschaft, in der ein superior mit Befehlsgewalt (imperium seu potestas per excellentiam dicta) über die Untergebenen (subiecti, subditi, inferiores) ausgestattet ist [11]. (Thomasius [12] und im Anschluß an ihn Walch [13] nennen hingegen «ungleich» solche Gesellschaften, die zwischen Personen von ungleichem Wesen bestehen, konkret also nur die zwischen Gott und den Menschen.)

Die drei natürlichen und einfachen Gesellschaften, aus denen die häusliche Gesellschaft sich zusammensetzt, sind – dieses Lehrstück bleibt identisch von Aristoteles bis Kant – die *eheliche* Gesellschaft (societas coniugalis seu matrimonialis, matrimonium), «die Mann (Eheherr) und Frau miteinander aufrichten, um Kinder zu erzeugen und zu erziehen» [14], die *elterliche* oder *väterliche* Gesellschaft (societas parentalis speciatimque paterna vel materna) «zwischen Eltern und Kindern, um ihrer Aufzucht» [15], d. h. ihrer Erziehung und «Regierung» willen, und schließlich die *herrschaftliche* Gesellschaft (societas herilis) zwischen dem Herrn (der Herrschaft) und dem Gesinde: «Herr und Frau (als dominus, paterfamilias oder herus und domina, materfamilias oder hera) zusammen werden *Herrschaft*, Knechte und Mägde zusammen aber *Gesinde* genannt» [16]. Da der Begriff ‹Gesellschaft› identisch sein kann mit ‹Stand› («Gesellschaft ist ein Stand der Personen, der in ihrer Vereinigung besteht» [17]), können jene Teilgesellschaften dementsprechend auch ‹Ehestand›, ‹Elternstand›, ‹Herrenstand› und das H. insgesamt ‹H.-Stand› oder ‹H.-Haltungsstand› genannt werden [18].

Ist in dieser Weise die «vierte natürliche Gemeinschaft, die H.-Haltung aus obgemeldeten Gesellschaften, etlichen oder allen, zusammengesetzt» [19], so ist andererseits das H. seinerseits Teil umfassenderer Gesellschaften. Nach Aristoteles ist diejenige Gesellschaft, «welche zunächst aus mehreren Häusern zu einem über das tägliche Bedürfnis hinausgehenden Zweck sich bildet, das Dorf [κωμή], das daher am naturgemäßesten als eine Kolonie des H. [ἀποικία οἰκίας, wörtlich etwa: Aushausung des H.] anzusehen ist» [20]. «Die nun aus der Vereinigung mehrerer Dorfschaften entstehende, vollständige und selbst sich genügende Gesellschaft ist eine Stadt (Staat, bürgerliche Gesellschaft)» [21]. In den politischen Begriffen der frühen Neuzeit wird diese Reihe differenziert und fortgeführt: «Aus den einfachen Gesellschaften werden unmittelbar zusammengesetzt ein H. oder eine Familie, aus vielen Familien bald ein Dorf, bald eine Stadt, bald eine Republik, und was aus vielen Dorfschaften und Flecken bestehet, wird bald eine Republik, bald eine Provinz genennet, und was aus vielen Republiken zusammengesetzt, heißet eine Gesellschaft der Völker» [22].

Anmerkungen. [1] H. Bonitz, Index Aristotelicus 500 a 18-37. 501 a 1-4. – [2] E. B. de Condillac, Dict. des synonymes. Oeuvres, hg. G. Le Roy 3 (1951) 274: famille; 366f.: maison. – [3] Aristoteles, Pol. III, 3, 1276 a 22ff.; 1276 b 1; vgl. III, 9, 1280 b 30. – [4] J. H. Zedler: Großes vollständiges Universal-Lex. aller Wiss. und Künste 12 (1735) 873; vgl. W. T. Krug: Allg. Handwb. der philos. Wiss. 2 (²1833) 369; Bonitz, a. a. O. [1] 500 a 18. 25 οἰκία: 1. aedes, 2. domus, familia; Condillac, a. a. O. [2] maison: 1. bâtiment, 2. synonyme de famille. – [5] J. G. Walch: Philos. Lex. (1726) 1399: Art. ‹Haus›. – [6] G. Achenwall: Iuris naturalis pars posterior complectens ius familiae (⁵1763), in: Kant, Akad.-A. 19, 362: § 81; vgl. §§ 78. 41. 22. – [7] Arist., Pol. I, 2, 1252 b 12-14. – [8] a. a. O. I, 3-13; S. Pufendorf: De iure naturae et gentium (1759) lib. VI; De officio hominis et civis, lib. II, 2-4; Chr. Wolff: Vernünftige Gedanken von dem gesellschaftlichen Leben der Menschen und insonderheit dem gemeinen

Wesen (=VG) ('1736) 135ff.: I. Von den Gesellschaften der Menschen, 5. Kap.: Von dem Hause; Oeconomica (1750); Institutiones iuris naturae et gentium (1750). Ges. Werke II/26 (1969) 593ff.: pars III, Sect. I, Kap. 7: De domo; Ius naturae, pars VII De imperio privato in qua tam de imperio ac societate in genere, quam de officiis ac iure in societatibus conjugali, paterna, herili atque domo agitur (1747). Werke II/23 (1968); Chr. A. Beck: Natur- und Völkerrecht, II. Buch, Worin das allg. Staatsrecht oder die Pflichten der Gesellschaften, der Regenten und Untertanen abgehandelt werden, in: Recht und Verfassung des Reiches in der Zeit Maria Theresias (1964) 194ff. 204ff.; G. W. Leibniz, Die natürlichen Gesellschaften. Kleine Schriften (= KS) (1965) 401-404; auch in: Polit. Schriften 2 (1967) 138-140. – [9] Vgl. Die Eingangssätze Arist., Pol. I, 1, 1252 a 1ff. sowie die Zusammenstellung der Definitionen bei Walch, a. a. O. [5] 1222: Art. ‹Gesellschaft›; ferner Leibniz, KS 401; Chr. Wolff, a. a. O. [8] VG 3: § 2. – [10] Walch, a. a. O. [5] 1225. – [11] Achenwall, a. a. O. [6] 339: § 22. 343: § 32. – [12] Chr. Thomasius, Iurisprudentia divina... I, 1, §§ 92ff. – [13] Walch, a. a. O. [5] 1225. – [14] Chr. Wolff, a. a. O. [8] VG 10: § 16. – [15] 56: § 80; Leibniz, a. a. O. [8] KS 402. – [16] Chr. Wolff, a. a. O. [8] VG 117: § 162. – [17] Walch, a. a. O. [5] 1222 [im Anschluß an J. Thomasius]. – [18] a. a. O. Art. ‹H.›; Einl. in die Philos. (1727) 2, 675: § 58. – [19] Leibniz, a. a. O. [8] KS 403. – [20] Arist., Pol. I, 2, 1252 b 15ff. – [21] a. a. O. 1252 b 27. – [22] Walch, a. a. O. [5] 1225: Art. ‹Gesellschaft›; ebenso 905f.: Art. ‹Familie›; vgl. Leibniz, a. a. O. [8] KS 403, der zur 5. natürlichen Gemeinschaft, der bürgerlichen Gemeinschaft, Stadt, Landschaft, Königreich noch als 6. natürliche Gemeinschaft die «Kirche Gottes» hinzufügt.

2. Das alteuropäische H. ist seiner Natur nach ein *Herrschaftsverband*, wobei dies Wort freilich im differenzierten Sinne der klassischen Lehre von den «Regimentsformen» zu verstehen ist (Achenwall: «familia ... est societas ... *rectoria*» [1]). Die Geschichte der philosophischen Theorie des H. bis zu dessen schließlicher Auflösung ist die Geschichte der Strukturwandlung der drei im H.-Wesen angesiedelten Gesellschaften bzw. der «politischen» (oder aristotelisch: «freundschaftlichen» und «rechtlichen» [2]) Verhältnisse der in ihnen sich zusammenschließenden Personen und Gesellschafter (socii).

Bereits Aristoteles setzt die verschiedenen Beziehungen der H.-Genossen, die er in der ‹Nikomachischen Ethik› unter dem Titel «Freundschaften» behandelt [3], in Beziehung zu den Regierungs- und Herrschaftsformen in der Polis und reflektiert ausdrücklich auf die politischen und gesellschaftlichen Voraussetzungen und Implikationen seiner eigenen Lehre vom H. (οἰκονομία). Das Verhältnis von Mann und Frau entspricht demnach dem zwischen Aristokraten bzw. dem politischen Verhältnis unter freien und gleichen Bürgern [4]; das Verhältnis des Vaters zu den Kindern ist königlicher Natur [5]. Beides sind Formen der Regierung oder Herrschaft über Freie [6]. Eine solche Regierung besteht ihrer Natur nach primär um der Regierten und nur in abgeleiteter Weise auch um des Regierenden (bzw. um des gemeinsamen Wohles beider Teile) willen [7]. Daher unterscheidet sie sich fundamental von der im engeren und genauen Sinne so zu nennenden «Herrschaft» des H.-Herrn (οἰκοδεσπότης) über das Gesinde (δοῦλοι, Knechte, Sklaven), die eine despotische und tyrannische Regierung (δεσποτεία, δεσποτική ἢ τυραννική ἀρχή) über ihrer Natur nach Unfreie und Abhängige im einseitigen Interesse des Herrschenden ist [8]. Von der wesensmäßigen (εἴδει; specie, non numero) Unterscheidung der drei Stände und Gesellschaften betont Aristoteles, daß sie nur in der griechischen Polis, d. h. unter der Bedingung einer «bürgerlichen Gesellschaft» als Genossenschaft freier und gleicher Bürger, möglich ist: Wenn bei den außergriechischen Barbaren Frau und Sklave in der gleichen rechtlichen Situation sind (d. h. wenn dort die Frau Sklavin des Mannes [9]) und wenn dort die väterliche Herrschaft tyrannisch ist (d. h. wenn die Söhne Sklaven des Vaters sind [10]), so liegt dies darin begründet, daß dort auch der Mann unfrei, nämlich Sklave eines anderen (des Großkönigs) ist.

Es verdient festgehalten zu werden, daß Aristoteles seine Unterscheidung der drei Stände und Gesellschaften im H., die für zwei Jahrtausende die Kategorien der europäischen Gesellschaftsphilosophie abgeben konnte, zu seiner Zeit als Antizipation formuliert hat und daß sie von ihm gegen die in der Sprache gebotenen Möglichkeiten gewonnen worden ist: Für das freie eheliche und für das freie väterliche Verhältnis habe die griechische Sprache seiner Zeit keine eigenen Benennungen (ἀνώνυμος γὰρ ἡ γυναικὸς καὶ ἀνδρὸς σύζευξις, καὶ γὰρ ἡ τεκνοποιητικὴ [Aretinus: πατρική] οὐκ ὠνόμασται ἰδίῳ ὀνόματι [11]). Die Zuordnung der Lehre vom H. (Ökonomik) zur Politik hat hier ihren genauen geschichtlichen und politischen Grund: Mit einer (gegen Platon gerichteten) Unterscheidung der eigentlich politisch-bürgerlichen Herrschaft über Freie und Gleiche von der des H.-Herrn (οἰκονομικός), des Königs (königlicher Art ist auch die H.-Verwaltung) [12] und des herrschaftlichen Herrn (δεσποτικός) sowie mit einer Wendung gegen die Gleichsetzung eines großen H. mit einer kleinen Stadt unter dem Aspekt ihrer Regierungsform setzt die Aristotelische ‹Politik› programmatisch ein [13]. (Gegen Platons durch eine Negation des H. vorbereitete totale politische Gleichsetzung von Mann und Frau wird eingewandt, sie sei durch Tiervergleiche gewonnen, was aber ungereimt sei, da es bei diesen eben keine häusliche Existenz gäbe [14].) Umgekehrt dient die Unterscheidung der Regimentsformen im H. zur Vorbereitung auf eine Differenzierung der Herrschaftsformen im Staate. Die Polis ist eine Gesellschaft von Freien, auf sie kann daher die im H. legitime despotische und tyrannische Herrschaft über Unfreie und Sklaven nicht rechtmäßig übertragen werden [15]. Festzuhalten bleibt, daß die für das H. konstitutiven Relationen solche zwischen Ungleichen sind: Bezugspunkt ist der *H.-Herr* (οἰκοδεσπότης, οἰκονομικός) oder H.-Wirt; mit ihm zusammen, aber in Abhängigkeit von ihm, leitet die *H.-Mutter* oder *H.-Frau* als *H.-Herrschaft* das ganze H.-Wesen; jener ist in Ansehung der ehelichen Gesellschaft *Eheherr* [16], in bezug auf die Kinder *Vater*. Die Begriffe ‹Vater›, ‹paterfamilias›, ‹H.-Vater› sind ebenso wie ‹H.-Frau› und ‹H.-Mutter› [17] nicht im sentimentalen Sinne des 18. und 19. Jh. zu verstehen [18] – sie sind Herrschaftsbegriffe: «H.-Vater ist derjenige, der keiner anderen Potestas unterworfen, die Herrschaft in seinem H. hat» [19].

Anmerkungen. [1] Achenwall, a. a. O. [6 zu 1] 362: § 81; vgl. Walch, a. a. O. [5 zu 1] 1403-1408: Art. ‹Herr›. ‹Herrschaft›. ‹Herrschaft in dem Ehestand›. ‹Herrschaft in dem Elternstand›. ‹Herrschaft über das Gesinde›; O. Brunner: Das «ganze H.» und die alteurop. «Oeconomik». Z. Nationalök. 13 (1950) 114ff.; auch in: Neue Wege der Sozialgesch. (1956) 45. – [2] Aristoteles, Eth. Nic. (= EN) V, 10, 1134 b 8ff. – [3] EN VIII, 12, 1160 b 22; vgl. G. Bien: Erl. zur Stelle in: Aristoteles, Nik. Eth. (1972) 322; vgl. zu den häuslichen Gesellschaften als Rechtsformen (1134 b 8) 291. – [4] Arist., Pol. I, 12, 1259 b 1. – [5] 1259 b 1. 10; I, 7, 1255 b 19; vgl. auch I, 2, 1252 b 20. – [6] I, 3, 1253 b 2. – [7] III, 6, 1278 b 38. – [8] 1278 b 33. – [9] I, 2, 1252 b 1. – [10] EN VIII, 12, 1160 b 26. – [11] Pol. 1253 b 9-11. – [12] III, 14, 1282 b 32; I, 2, 1052 b 20; 7, 1255 b 19. – [13] I, 1, 1252 a 7-16; 3, 1253 b 18-20; 7, 1255 b 16-20. – [14] II, 5, 1264 b 4-6. – [15] III, 6, 1278 b 17-1279 a 21. – [16] Chr. Wolff, a. a. O. [8 zu 1] VG 10: § 16. – [17] Vgl. Zedler, a. a. O. [4 zu 1] 907f.: Art. ‹H.-Mutter›. – [18] Vgl. Brunner, a. a. O. [1] 44 mit Hinweis auf J. Trier: Vater. Versuch einer Etymol. Z. Savigny-Stift. Rechtsgesch., German. Abt. 65 (1947) 232ff. (Nachweis der ursprüngl. Zugehörigkeit des Begriffes ‹Vater› zur Rechtssphäre)·

- [19] ZEDLER, a. a. O. [4 zu 1] 912; zum Begriff ‹Frau›, der keine Geschlechtsbezeichnung meint, in Zuordnung zu ‹Herr›, vgl. WALCH, a. a. O. [5 zu 1] 991.

3. «Domus dicitur societas privata hominum *et rerum domesticarum* unius patrisfamilias imperio subiecta» [1]. «Es ist nun der Besitz (κτῆσις) ein Teil des H. und die Lehre vom Besitz (κτητική) ein Teil der H.-Verwaltungs- und -Regierungskunst (Ökonomie)» [2]. Angesichts der möglichen Alternativen, ob die Erwerbskunst schlechthin identisch sei mit der Kunst der H.-Regierung oder ob sie von ihr einen Teil bzw. eine Hilfswissenschaft ausmache [3], entscheidet ARISTOTELES: Nur jene Art von Erwerbskunst ist naturgemäß und legitimerweise ein Teil der H.-Verwaltungskunst, deren Aufgabe es ist, «einen Vorrat zu sammeln von Gegenständen, die notwendig zum Leben und nützlich für die häusliche und bürgerliche Gesellschaft sind», in dem daher allein auch der wahre Reichtum besteht, nämlich in einem begrenzten und endlichen, zu einem zweckentsprechenden und guten Leben (πρὸς ἀγαθὴν ζωήν) hinreichenden Maße [4]. Abgewiesen wird damit die «nicht naturgemäße», auf den bloßen, von keinem durch eine sinnvolle Lebensführung vorgezeichneten Maß begrenzten Gelderwerb als Selbstzweck zielende *Gelderwerbskunst*, die Chrematistik (χρηματιστική) [5]. Das H. bedarf des Geldes nur als eines sekundären Mittels zur Erleichterung des Tauschhandels auf dem Markte in solchen Fällen, wo ihm die volle Autarkie abgeht, also nur als Ergänzung zur eigentlichen Ökonomie.

Zur legitimen Erwerbskunst und damit zur H.-Verwaltung und -Regierung gehört auch, als ein Teil des H., der *Sklave*. Er gehört zu den Besitzstücken, genauer zur Klasse der lebendigen Besitzstücke, nach C. TIMPLERS subtiler ‹Tabula oeconomica› zu den «res familiares naturales (opp. artificiales) animatae (opp. plantae) rationales (opp. irrationales)» [6]. Der systematische Ort der Behandlung des Sklavenproblems (Definition, Funktionsbestimmung, Rechtsprüfung) bei ARISTOTELES innerhalb der Lehre vom H. ist zum einen die Lehre von den drei natürlichen Gesellschaften (Pol. I, 3), zum anderen aber (und hauptsächlich) die Lehre vom Besitz (Pol. I, 4–11). Das ist unverändert so noch bei TIMPLER: Die Behandlung des *ordo heri et servi* geschieht gemäß der Doppelbestimmung des H. als «societas privata hominum et rerum domesticarum» einmal unter der Rubrik «familia» (id sunt paterfamilias et ii, qui sub patrisfamilias imperio vivunt), zum anderen unter der Rubrik der «res familiares».

Wesentlich an dieser Stelle setzt die neuzeitliche Transformation der älteren Struktur des H. ein, und von hierher allein läßt sich KANTS seltsame und umstrittene [7] Konstruktion eines «auf dingliche Art persönlichen Rechtes» verstehen, unter welchem (von ihm neugebildeten) Titel Kant das Ehe-, Eltern- und H.-Herrenrecht abhandelt [8]. In dieser Konstruktion erscheint, wie in einem Destillat, die immanente Aporetik der alteuropäischen Ökonomik unter den Bedingungen der Neuzeit. Das «Recht der häuslichen Gesellschaft» wird behandelt als ein Recht des Mein und Dein: Alle drei personalen Verhältnisse und Gesellschaften, auch die zwischen Ehemann und Ehefrau sowie die zwischen Eltern und Kindern, und also nicht nur das despotische Herrschafts- und Eigentumsverhältnis des Herrn über den Sklaven, fallen unter das Recht des «Besitzes eines äußeren Gegenstandes». (Dies wird verständlich aus der Tradition der Schulphilosophie: J. G. WALCH z. B. ordnet die H.-Haltungskunst der Klugheitslehre zu; sie macht, neben dem Bereich, der sich auf «andere Menschen» bezieht, die zweite Sphäre der Privatklugheit aus, nämlich diejenige, die sich auf «reelle Objekte bezieht» – und dazu gehören konkret Frau, Kinder und Gesinde –: «*reelle Objekte*, welche die Menschen zu ihrem eigenen Interesse nach der Klugheit zu traktieren haben» [9].) Die Begründung und Stiftung dieser drei Gesellschaften geschieht nach KANT durch *Erwerb*: «Der Mann erwirbt ein Weib, das Paar erwirbt Kinder und die Familie [erwirbt] Gesinde» [10]. Die Konsequenzen eines solchen Ansatzes z. B. für Kants Ehedefinition («usus membrorum et facultatum sexualium alterius» [11]) sind bekannt und oft kritisiert worden [12]. Für das «Recht der Eltern an den Kindern als einem Stück ihres H.» folgt daraus, daß «jene sich nicht bloß auf die Pflicht der Kinder berufen dürfen, zurückzukehren, wenn sie entlaufen sind, sondern sich ihrer als Sachen (verlaufener Haustiere) zu bemächtigen und sie einzufangen berechtigt sind» [13]. Doch ist dies nur eine Seite. Das «Recht der häuslichen Gesellschaft» ist ein auf dingliche Art *persönliches Recht* («parentalis potestas est ius personalissimum», heißt es in der von Kant seinen Vorlesungen zugrunde gelegten Naturrechtslehre ACHENWALLS [14]), und es basiert als solches letztlich auf dem «Recht der Menschheit in unserer eigenen Person»: Das H.-Wesen ist «das Ganze einer Gesellschaft von Gliedern (in Gemeinschaft stehender Personen), welche freie Wesen sind, die durch den wechselseitigen Einfluß (der Person des einen auf die Person des anderen) nach dem Prinzip der äußeren Freiheit (Causalität durch Freiheit) in einer solchen Gemeinschaft miteinander stehen, daß sie einander *als Sachen* besitzen, aber nur *als Personen* gebrauchen dürfen» [15]. Diese Bestimmung impliziert und ermöglicht zugleich die Bestreitung der Legitimation der Sklaverei. Der *Gebrauch*, den der H.-Herr in der societas herilis von seinen H.-Genossen machen kann, ist nie von der Art, daß er «sich als Eigentümer derselben (dominus servi) betragen» kann: «weil er [der Diener] nur durch Vertrag unter seine Gewalt gebracht ist, ein Vertrag aber, durch den ein Teil zum Vorteil des anderen auf seine ganze Freiheit Verzicht tut, mithin aufhört, eine Person zu sein, folglich auch keine Pflicht hat, einen Vertrag zu halten, sondern nur Gewalt anerkennt, in sich selbst widersprechend, das ist: null und nichtig ist» [16]. Dieser Vertrag der H.-Herrschaft mit dem Gesinde «kann nicht von solcher Beschaffenheit sein, daß der *Gebrauch* desselben ein *Verbrauch* sein würde»; das Urteil hierüber steht nach Kant aber nie bloß dem H.-Herren, sondern auch der Dienerschaft zu, die also nie Leibeigenschaft sein kann; er kann daher nicht auf lebenslängliche, sondern allenfalls nur auf unbestimmte Zeit geschlossen werden, während welcher ein Teil dem anderen die Verbindung aufkündigen darf.

Im begriffsgeschichtlich erhebbaren Material schlägt sich dieser Rechts- als *Vertrags*standpunkt nieder (ACHENWALL: «Quoniam societas herilis naturaliter est *pactica*, specialia iura et obligationes heri et famuli *ex contractu*, quo societas herilis constituta est, determinantur» [17]) und führt etwa bei MELLIN zu einer bei Aristoteles so nicht vorliegenden und auch nicht möglichen Unterscheidung: Die subiecti oder subditi der societas herilis heißen insgesamt ‹Gesinde›, ‹Domestiken› (domestici). Diese subditi heriles können entweder *Knechte* und *Sklaven* (servi, Leibeigene) sein oder aber durch einen Vertrag auf Zeit und zu bestimmten und festgelegten Diensten gedungene *Diener* und *Dienstboten* (famuli, locatores operae). Der «Herr» kann dementsprechend entweder Eigentümer, *Eigentumsherr*, absoluter Herr, Despota im klassischen Sinne sein [18] oder H.-Herr (herus) im engeren Sinne, d. h. «*Brodtherr*» [19]. Das unfreie Gesinde seinerseits kann wiederum eingeteilt werden «in vollkommene Knechte oder *eigentliche Sklaven*, die ungemessene Arbeit tun müssen, und unvollkommene oder *eigentliche Knechte*, welche nur eine gemessene Arbeit tun dürfen» [20]. Diese spezielle Form der societas herilis nennt ACHENWALL eine «societas dominica vel despotica» [21]. Wenn nach KANT Kinder nach Erlangen ihrer Mündigkeit (wodurch die häusliche Gesellschaft aufgelöst wird) im H.-Verband verbleiben wollen und daher mit ihrem bisherigen Vater einen Vertrag abschließen, wodurch sie genau wie das Gesinde unter die Kategorie der societas herilis fallen, so geraten sie dadurch nicht in die bereits von ARISTOTELES kritisierte Sklavensituation der Söhne der Barbaren [22], also nicht in eine societas dominica sive despotica, sondern in die einer Dienerschaft (famulatus), d. h. in eine auf freiem Willen gegründete *H.-Genossenschaft* [23].

Die in diesen Überlegungen vorausgesetzte Kategorie des Vertrages stammt aus der Arbeitsphäre der bürgerlichen Gesellschaft im neuzeitlichen Sinn. Sie setzt freie, selbständige und als gleich angenommene pacisciende Subjekte voraus. Mittels dieses Begriffes wird schließlich die Gesellschaft überhaupt definiert: «Die Gesellschaft ist nichts anderes als ein Vertrag einiger Personen mit vereinigten Kräften ihr Bestes worinnen zu befördern» (CHR. WOLFF [24]). Schwierigkeiten mußten sich notwendigerweise da ergeben, wo versucht wurde, unter diesem Aspekt auch die eheliche [25] und vor allem die väterliche bzw. elterliche Gesellschaft zu behandeln. In Wolffs einschlägigen Einzeldefinitionen kommt daher trotz seiner Generaldefinition konsequenterweise das Vertragsmoment nicht zum Zuge. Im Verfolg einer bei Aristoteles bereits zu beobachtenden wechselseitigen Übertragung der Strukturprinzipien (Regierungsformen) des H. und des Staates konnte in der Neuzeit der Vertragsgedanke, unter Beibehaltung der von Aristoteles überkommenen Stufenlehre der Gesellschaften, vom H. her auf das bürgerliche Gemeinwesen angewendet werden: «Ein Staat besteht aus Häusern (Familien), wie ein H. aus Individuen. Wenn ich ein H.-Wesen errichten will: so darf ich nicht die einzelnen menschlichen Wesen, die ich dazu brauche, Weib, Knecht, Magd, usw. *rauben*, das ist wider ihren Willen in mein H. nehmen, sondern ich muß ihre Einwilligung haben, ich muß mich mit ihnen über die Bedingungen verständigen, mit einem Worte, ich muß einen *Vertrag* mit ihnen machen. Sollte es denn schwerer zu begreifen sein, wann dieser Begriff eines Vertrags auf ein *Häuserwesen*, einen Staat angewandt wird? Wird es nicht jedermann den Augenblick verstehen, wann ich sage: So wenig du deiner *Person* eine andere Person wider ihren Willen unterwerfen darfst, ebenso wenig darfst du deinem *H.* andere Häuser wider ihren Willen unterwerfen» [26].

Für die ältere Sozialordnung war es selbstverständlich, daß nur die durch ihre Herrschaft über Unfreie und Diener *im* H. freien und selbständigen H.-Herren *außerhalb* des H., d. h. in der bürgerlichen Gesellschaft, die vollen Rechte und Freiheiten der politischen Existenz genießen konnten: «Meines Bedünkens sind eigentlich und hauptsächlich diejenigen zusamt ihren Nachkommen Bürger zu nennen, durch welcher Bündnis die bürgerliche Gesellschaft und Vereinigung anfänglich entstanden ist, da sie ihren Willen einem Menschen oder etlichen unterworfen haben. Man siehet nun wohl, daß dieses die H.-Väter getan, denen demnach vornehmlich der Bürger-Name gebühret, an welchem Weiber, Kinder, Gesinde (als deren Willen schon unter dem Willen der H.-Väter mitbegriffen verstanden ist) nur in deren Name des gemeinen bürgerlichen Schutzes genießen und deshalben einiger Rechte bürgerlicher Gesellschaft sich zu getrösten haben» [27]. Nachdem KANT noch einmal als die Bedingung des Bürgerstatus bekräftigt hatte, daß dazu erforderlich sei, daß der Betreffende kein Kind und keine Frau, daß er außerdem sein eigener Herr (sui iuris) sei und daß ihm die Sibisuffizienz, das Attribut der bürgerlichen Selbständigkeit zukomme, wogegen «der Unmündige (naturaliter vel civiliter), alles Frauenzimmer und überhaupt jedermann, der nicht nach eigenem Betrieb, sondern nach der Verfügung anderer genötigt ist, seine Existenz zu erhalten» [28], der bürgerlichen Persönlichkeit entbehren, hat dann FR. SCHLEGEL, Kant kritisierend, festgestellt: «Armut und damit begründete Bestechlichkeit, Weiblichkeit und damit begründete vermutliche Schwäche sind wohl keine rechtmäßigen Gründe, am vom Stimm-(d. h. Bürger-)recht ganz auszuschließen» [29].

Die alteuropäische Ökonomik als die Fähigkeit der Regierung und Verwaltung des H. umfaßte, seit Aristoteles, die sittliche Seite der «Freundschaft» zwischen Mann und Frau, Eltern und Kindern, Herrschaft und Gesinde ebenso wie die kluge Besorgung der Mittel zur Daseinsführung in den verschiedenen Zweigen von Landwirtschaft, Bergbau, Fischerei, Jagd und dergleichen. Zu ihren Gegenständen gehörte, insbesondere seit dem Aufblühen der Agrarwissenschaften seit Beginn des 16. Jh. in Verbindung mit der älteren Ökonomik, die neue landwirtschaftliche Literatur. Die sogenannte *Hausväterliteratur*, die aus dieser Verbindung entstand [30], gab dazu Anleitungen zum rechten Gebet ebenso wie solche zum Kochen, eine Witterungskunde wie einen Arbeitskalender, Hinweise zur Einrichtung einer Hausapotheke und zur Ersten Hilfe, zur Gestaltung eines Küchen-, Arznei- und Blumengartens usf. [31]. Die Zugehörigkeit der Pädagogik zur Ökonomik und H.-Haltungskunst vermerkt J. J. ESCHENBURGS ‹Lehrbuch der Wissenschaftskunde› (1792) [32] ausdrücklich, und noch HERBARTS ‹Allgemeine Pädagogik› von 1806 beginnt, der directionalen (nicht imperialen) Tradition der Ökonomik entsprechend [33], mit einem Kapitel über die ‹Regierung der Kinder›. Im Titel von J. COLERS ‹Oeconomia ruralis et domestica› (1593/1607), mit der nach Brunner [34] die Synthese von älterer H.-Lehre und modernerer Agrarliteratur eingeleitet wird, zeigt sich ansatzweise bereits die Neutralisierung des Begriffs der Ökonomie gegenüber der älteren, zentral auf die vita domestica bezogenen «H.-Haltungsphilosophie» [35]. Im System der praktischen Philosophie des 18. Jh. ist die Ökonomie dann ein Teil der Klugheitslehre, und zwar das zweite Gebiet neben der «allgemeinen Klugheit» und der «Staatsklugheit» [36]. WALCH begründet diese Zuordnung damit, daß sie es mit Hab und Gut, wodurch der Mensch seine äußerliche Glückseligkeit befördert, zu tun habe [37]. Er teilt sie ein in (A) die Ökonomie der Fürsten (Kameralwissenschaft) und (B) die Privatökonomie, welch letztere sich wiederum in die (a) Stadt- und in die (b) Landwirtschaftskunst gliedere. «Zu jener rechnet man (1) die Erkenntnis der Münzen, des Geld-Verkehrens, Handel und Wandelns, (2) die Geschicklichkeit alles in einem H. ordentlich zu halten und anzugeben, die Meublen in den Gemächern nach der Ordnung und nach dem Wohlstand zu ordnen; diese [die Landwirtschaftskunst] aber bestehet in der Erkenntnis des Ackerbaues, der Viehzucht, Fischerei, Jagden, Wälder, Gärtnerei, Weinberge und dergl.». Hier wird deutlich, wie die umfassende Thematik der älteren H.-Standsphilosophie jetzt auf das H. im materialen Sinne des Wohngebäudes (B b 2) restringiert wird und wie sich daneben gleichzeitig die Theorie eines Wirtschaftens (B b 1) ankündigt, das nicht mehr primär auf das Leben in der H.-Gemeinschaft bezogen wird, sondern auf den Markt, den Tauschhandel und Geldverkehr, eine Wissenschaft also, die in der Konsequenz der von Aristoteles aus der H.-Haltungsphilosophie ausgeschlossenen Chrematistik steht und die es als solche erst seit der zweiten Hälfte des 18. Jh. (F. QUESNAY und A. SMITH) gibt. Daß sich diese Wissenschaft «politische Ökonomie» nennen kann, nämlich eine Theorie des Handels und Gelderwerbs *außerhalb* des H., ist deutlich, zugleich aber auch, daß diese Bezeichnung eine contradictio in adiecto ist, wenn man mit ARISTOTELES ausgeht von der Trennung des *Oikos* als des Raumes der Daseinsfristung und täglichen Lebensführung von der *Polis* als dem Raume des nur der philosophischen Existenz vergleichbaren wahrhaft freien Lebens [38] in der Öffentlichkeit der Polis [39]. Aufschlußreich für den Bedeutungs- und Kategorienwandel ist ein Vergleich des modernen Begriffs der politischen Ökonomie mit der Stelle, an der Aristoteles von einer οἰκονομία πόλεως, einer «Ökonomie der Stadt bzw. des Staates» im Kontext seiner Unterscheidung der Regierungs- und Verfassungsformen spricht: «Wie das H.-Regiment (οἰκονομία) eine Art Königsherrschaft über das H. ist, so ist das Königtum eine Art H.-Regiment über einen Staat (οἰκονομία πόλεως)» [40]. (Es handelt sich dabei um die fünfte der von Aristoteles unterschiedenen Formen der Basilie.)

Anmerkungen. [1] CL. TIMÉLER: Tabulae totius philosophiae practicae methodum adumbrantes (1611) 11. – [2] ARISTOTELES, Pol. I, 4, 1254 a 23. – [3] I, 8, 1256 a 1-19. – [4] I, 8, 1256 b 26ff. – [5] I, 9 u. 10, 1256 b 40-1258 b 8; zur näheren Interpretation vgl. die Erl. zur Theorie des Geldes EN V, 8, 1133 a 18ff. bei BIEN, a. a. O. [3 zu 2] 288-290, ferner zu der des Gelderwerb als höchsten Lebenszweck setzende Lebensform (BIOS CHREMATISTIKOS) EN 1096 a 5-10 a. a. O. 267. – [6] TIMPLER, a. a. O. [1] 11. – [7] Zu I. KANTS Rechtfertigung seines neu eingeführten Begriffs eines «auf dingliche Art persönlichen Rechts» («als eines neuen Phänomens am juristischen Himmel, eine stella mirabilis oder bloße Sternschnuppe?») vgl. den «Anhang erläuternder Bemerkungen» zur Rechtslehre², Akad.-A. 6, 356ff. sowie den Brief an Chr. G. Schütz vom 10. Juli 1797. – [8] Met. Sitten I. Rechtslehre §§ 22-30. Akad.-A. 6, 276ff. – [9] J. G. WALCH: Einl. in die Philos. (1727) 2, 675: §§ 57ff. – [10] KANT, a. a. O. [8] 277: § 23. – [11] ebda. § 24. – [12] Vgl. G. W. F. HEGEL, Rechtsphilos. § 161 Zusatz; ferner J. F. FRIES: Politik (1848, ND 1962) 313. – [13] KANT, a. a. O. [8] 282: § 29. – [14] ACHENWALL, a. a. O. [6 zu 1] 19, 355 Anm. 62. – [15] So G. S. A. MELLIN: Enzyklop. Wb. der Krit. Philos. (1800/1801) 254: Art. ‹H.-Wesen›, wo die einschlägigen Bestimmungen KANTS, a. a. O. [8] 276: § 22 aufgenommen und präzisiert werden. – [16] KANT, a. a. O. [8] 283: § 30. – [17] Akad.-A. 19, 357: § 68. – [18] a. a. O. 19, 538: Refl. 7402f. – [19] 19, 357: Refl. 7399. – [20] MELLIN, a. a. O. [15] 250; zur Kritik am servus domesticus, der ein bloßes Werkzeug und keine Person wäre, vgl. KANT, Akad.-A. 19, 357f.: Refl. 7400; ferner LEIBNIZ, a. a. O. [8 zu 1] KS 402f.; BECK, a. a. O. [8 zu 1] 202: § 5. – [21] ACHENWALL, a. a. O. [6 zu 1] 358 Anm. 62: § 70. – [22] ARIST., EN VIII, 12, 1160 b 27-31. – [23] KANT, Akad.-A. 6, 282. 360; vgl. MELLIN, a. a. O. [15] 3, 248ff.: Art. ‹H.-Genossenschaft›. – [24] CHR. WOLFF, a. a. O. [8 zu 1] VG 3: § 2. – [25] Vgl. hierzu WALCH, a. a. O. [5 zu 1] 614: Art. ‹Ehestand›. – [26] Neue allg. Bibl. Anhang zu 1-28 (1797) 203. – [27] S. PUFENDORF: Vom Natur- und Völkerrecht (dtsch. 1711) VII, 496; a. a. O. [8 zu 1] 2, 153. – [28] KANT, Akad.-A. 8, 295; 6, 314. – [29] FR. SCHLEGEL: Über den Begriff des Republikanismus (1796). Krit. A., hg. E. BEHLER 7 (1966) 17; vgl. G. BIEN: Revolution, Bürgerbegriff und Freiheit. Philos. Jb. 79 (1972) 1-18. – [30] Vgl. O. BRUNNER: Art. ‹Hausväterliteratur›, in: Handwb. der Sozialwiss. 5 (1956) 92f. (mit Lit.). – [31] Vgl. die Aufzählung der Themen in W. HELMHARD V. HOHBERGS ‹Georgica curiosa oder Adeligs Land- u.

Feldleben› (1682) bei BRUNNER, a. a. O. [1 zu 2] 34f. – [32] J. J. ESCHENBURG: Lb. der Wissenschaftskunde (1792) 110: § 29. – [33] Über den Unterschied von ‹directio› und ‹imperium› in der H.-Lehre vgl. CHR. A. BECK: Von den Pflichten der Ehegatten § 7, a. a. O. [8 zu 1] 197: «Directio non involvit imperium»; zu ACHENWALL: «imperans familiae est paterfamilias et materfamilias» bemerkt KANT, Akad.-A. 19, 362: Refl. 7408: «Superior. Er *gebietet* und *regiert* [nicht], sondern *dirigiert* voluntatem communem». – [34] BRUNNER, a. a. O. [1 zu 2] 93. – [35] Diese Bezeichnung bei J. G. H. FEDER: Lb. der praktischen Philos. (1785) 466. – [36] a. a. O. 443: § 3. – [37] WALCH, a. a. O. [5 zu 1] 1921: Art. ‹Oekonomie›. – [38] Vgl. ARIST., Pol. I, 7, 1255 b 36f. – [39] Vgl. H. ARENDT: Vita activa (1960) 31ff.: Die Polis und der H.-Halt. – [40] ARIST., Pol. III, 14, 1285 b 29-33.

4. Die schließliche Auflösung des H. läßt sich am Wandel des Begriffs ‹Familie› verfolgen: 1. ‹Familie› ist zunächst Synonym für den Begriff des H. als der ganzen «häuslichen Gesellschaft» samt den dazugehörenden res familiares vel domesticae [1]. 2. In einem engeren Sinne meint es nur den einen Teil des H.: die societas hominum bzw. die Gesamtheit der drei societates (s. coniugalis, parentalis, herilis), also das H. (= Familie 1) unter Ausschluß der res domesticae und des Besitzes [2]. 3. Ein noch eingeschränkterer Sinn ist bei KANT gegeben; er entsteht durch einen Schnitt innerhalb der drei societates (= Familie 2): Familie ist demnach nur die Verbindung zwischen Eltern und (unmündigen) Kindern (also die aus den beiden societates matrimonialis und paterna bestehende «Gesellschaft»); in diesem Sinne wird die Familie ausdrücklich unterschieden von der sich durch einen Vertrag mit jener Familie verbindenden Dienerschaft (famulatus), die bei Kant im genauen Sinne ‹H.-Genossenschaft› heißt [3]. (Bei CHR. WOLFF [4] heißen demgegenüber «H.-Genossen» noch alle subditi des H., also sowohl die Kinder wie das Gesinde; hier dient der Begriff zur Absetzung gegen den H.-Herrn und die herrschaftliche Frau.) Dieser Sprachgebrauch ist von da an üblich geworden. Nur in diesem Sinne behandelt HEGEL in seiner ‹Rechtsphilosophie› [5] die Familie als die auf Liebe, Empfindung und persönlicher Zuneigung beruhende Gemeinschaft von Mann und Frau, Eltern und Kindern samt ihrem Vermögen als der notwendigerweise zugehörenden äußerlichen Realität. (Den Unterschied der von Hegel betonten «besonderen Neigung der beiden Personen» als des subjektiven Ausgangs und Grundes der Eheschließung gegenüber der gänzlich unsentimentalen älteren Auffassung mag in besonderer Weise deutlich werden aus den von J. G. H. FEDER angegebenen «Regeln zur Klugheit beym Heurathen» [6].) Die eigentliche Warenproduktion und -distribution geschieht in Form des «Systems der Bedürfnisse» außerhalb des H. in der Sphäre der bürgerlichen Gesellschaft, deren Begriff damit nicht mehr wie seit dem Eingangssatz der ‹Politik› des ARISTOTELES [7] und in der gesamten alteuropäischen Gesellschaften-Philosophie in synonymischer Identität mit dem des Staates bestimmt werden kann.

Von einem «vollkommenen H. (οἰκία τέλειος)» hatte Aristoteles gesprochen, wenn alle seine «Teile», d. h. alle drei «einfachen Gesellschaften», gegeben sind [8]. Dieser Begriff ist als der einer «familia perfecta» (im Unterschied zur «familia imperfecta») in der Tradition der Schulphilosophie weitergegeben worden [9]. Unter dem Begriff des «ganzen H.» hat, just im Augenblick seines Zerfalles oder doch seines Zurücktretens, W. H. RIEHL 1854 noch einmal das Phänomen des oikos, des H.-Standes in umfassendem Sinne der Tradition beschrieben [10]. In Anknüpfung an diese Benennung hat dann O. BRUNNER, wegweisend und verbindlich für alle Beschäftigung mit der alteuropäischen Sozialordnung und praktischen Philosophie, jene Tradition der Ökonomik als der Lehre vom «ganzen H.» in die Erinnerung gerufen [11].

Anmerkungen. [1] z. B. ACHENWALL, a. a. O. [6 zu 1] 361: De familia; CONDILLAC, a. a. O. [2 zu 1] Art. ‹famille›; WALCH, [5 zu 1] 905f.; W. T. KRUG: Allg. Handwb. der philos. Wiss. 2 (²1833) 7: Art. ‹Familie›; BECK, a. a. O. [8 zu 1] 204: § 1: Was ist eine Familie?; MELLIN, a. a. O. [15 zu 3] 254: Art. ‹H.-Wesen›: ‹H.› als Synonym für ‹familia, Familie›. – [2] So TIMPLER, a. a. O. [1 zu 3] 11; vgl. Philosophiae practicae systema methodicum. Pars oeconomicae I, 2, q. 1: Quid sit domus et familia et quomodo inter se differunt. – [3] KANT, Akad.-A. 6, 282. 316; MELLIN, a. a. O. [15 zu 3] 248: Art. ‹Hausgenossenschaft›. – [4] CHR. WOLFF, a. a. O. [8 zu 1] VG 136: § 192; Ius naturae, pars VII (1747) 830: § 1149. – [5] G. W. F. HEGEL: Grundlinien der Philos. des Rechts (1821) §§ 158-181. – [6] FEDER, a. a. O. [35 zu 3] 465f.: § 18; vgl. auch WALCH, a. a. O. [9 zu 3] 2, 678: § LX: «*Klugheit vor dem Ehestand*». – [7] ARISTOTELES, Pol. 1252 a 6. – [8] a. a. O. I, 3, 1253 b 4. – [9] z. B. bei BECK, a. a. O. [8 zu 1] 205; ACHENWALL, a. a. O. [6 zu 1] 361: § 78; CHR. WOLFF, Ius naturae a. a. O. [4] 829: § 1147. – [10] W. H. RIEHL: Naturgesch. des dtsch. Volkes (1854), hg. G. IPSEN (1935) 197ff. – [11] Vgl. BRUNNER, a. a. O. [1 zu 2]; Adeliges Landleben und Europäischer Geist. Leben und Werk Wolf Helmhard von Hohbergs (1949) bes. 237-280. 293-312.

Literaturhinweise. C. GEBAUER s. Lit. zu II. – O. BRUNNER: Adeliges Landleben s. Anm. [11 zu 4]; J. J. Bechers Entwurf einer «Oeconomia ruralis et domestica». Sber. österr. Akad. Wiss., Philos.-hist. Kl. 226/3 (Wien 1949); Das «ganze H.» s. Anm. [1 zu 2]: H.-Väterlit. s. Anm. [30 zu 3]. – J. HOFFMANN s. Lit. zu II. – F. WAGNER: Versuch einer Bestimmung der Kategorien früheurop. Ökonomik. Salzb. Jb. Philos. 10/11 (1966/67) 387-392; Das Bild der frühen Ökonomik (1967). G. BIEN

II. ‹H.› ist ein zentraler Begriff alteuropäischer Verfassungen, in denen die moderne Trennung zwischen öffentlichem (politischem) und privatem (persönlichem, familiärem) Bereich rechtlich bedeutungslos ist. Der Bedeutungsumkreis des Wortes ‹H.› im altständischen Sprachgebrauch läßt jene Ungeschiedenheit von Öffentlich und Privat deutlich hervortreten. So benennt ‹H.› bei LUTHER die Gefolgschaft, das Volk und die Wohnstätte eines Herrn («der König zog hinaus, und sein ganzes H. ihm nach. Er ließ aber zehn Kebsweiber zurück, das H. zu bewachen» [1]), dessen Geschlecht (das H. Davids [2]), eine für sein H. schicksalhafte Tat («um des Blut-H. willen, daß er die Gibeoniter getötet hat» [3]) oder ein gesegnetes Lebenswerk («dem will ich ein beständiges H. bauen» [4]). ‹H.› bezeichnet auch die Stätte menschlicher Existenz [5] sowie die Lebens- und Wirtschaftsgemeinschaft [6], jene alteuropäische Wirtschaft, deren Charakter einer selbständigen Bedarfsdeckungswirtschaft sich mit ansteigender Standeshöhe des H.-Herrn verstärkt, weil mit dieser der Besitz an gewerblichen, rechtlichen (und religiösen) Immunitäten ansteigt. Die Basis des Ganzen, der Stand des H.-Herrn als Gerichtsherrn, erhebt das H. einerseits zum Nachbar-H. von Standesgenossen (‹hausen› = zum Bürger annehmen) und andererseits zum Zentrum für Menschen minderen Standes, doch meist selbständiger Existenz, die im H. in gewerblicher, sozialer, gewerbs- und allgemeinrechtlicher Hinsicht Zuspruch und Hilfe finden. ARISTOTELES ordnet die Tugend- und Wirtschaftslehre vom rechten Vorstehen und Verwalten des H. zwischen Ethik und Politik ein [7]; seine Ökonomik bleibt bis über das Mittelalter hinaus verbindlich. Im 17. Jh. wird die Lehre vom H. in der «H.-Väterliteratur» erneut aufgegriffen. In diesen Abhandlungen wird die griechische und römische Agrarlehre mit der Ökonomik im aristotelischen Sinne unter christlichen Vorzeichen verbunden. Auch hier wird H. als das H.-Wesen eines Mannes von Stand, eines Bürgers, einer Herrschaft oder Fürstlichkeit begriffen, und entsprechend den Besonderheiten des Standes werden die Obliegenheiten des H.-Vaters beschrieben [8].

Indirekte Angriffe gegen die verfassungsrechtliche Selbständigkeit des H. gehen von den Souveränitätslehren des 16. und 17. Jh. aus auf Grund ihrer ständefeindlichen Position. Untergraben werden Rechte und Freiheiten des H. durch den naturrechtlichen Entwurf vom Vertragsstaat mit seiner nach dem Prinzip der Gewaltenteilung aufgegliederten Macht, welche die vorstaatlichen H.-Väter dem Staat übertragen. Diese Macht ist aber weitgehend identisch mit den ständerechtlichen Befugnissen des H.-Herrn, die seinem H. herkömmlicherweise politische Position verschaffen und ohne die es zum Privat-H. werden muß und wird: Vom «receptaculum und Inhalt einer Familie, wie eine Stadt eines ganzen Volks» (1735) [9] schrumpft das H. zum «Kern-H.» (1775) zusammen und wird dem eines Apfels oder einem Kaninchenbau verglichen [10]. In ihm soll das Individuum, dem moralischen Gesetz folgend, um seine Vervollkommnung bemüht sein und so das gemeine Beste fördern [11]. Die neugewonnene «moralische und politische Wichtigkeit» der «häuslichen Gesellschaft» [12] bleibt aber ohne politisches Eigengewicht. Die Staatsgewalt soll vielmehr Polizeiordnungen erlassen zur Anleitung des H.-Herrn für seine neuen Aufgaben (1783).

Erst mit der Beseitigung der alten Staatsordnung und dem gleichzeitigen Erlöschen der ständerechtlich-politischen Funktion des H. wird die Forderung erhoben, H. als Privatbereich zum Asyl zu erklären, in dem der Bürger nach Erfüllung seiner öffentlichen Pflichten sicher sei vor dem Zugriff der Staatsmacht [13]. Unter dem Eindruck der Schreckensherrschaft der französischen Revolution will J. G. FICHTE, um dem Staat seine Grenzen zu weisen, das H. zum «Surrogat des Leibes erklären», in ihm naturrechtliche Habe und «absolutes Eigentum» erblicken, das wie die Persönlichkeit zu den Voraussetzungen des Staatsvertrags gehört. Innerhalb des Staatsgebietes, aber nicht auf Staatsboden befindlich, d. h. exterritorial, soll das H. unter Selbstschutz stehen und dieser durch staatlichen Schutz ergänzt werden [14]. Fichtes Ansatz zu einer Untermauerung der persönlichen Freiheit mit der Exterritorialität des staatlich geschützten H. bleibt bestimmend für die nachfolgende Auseinandersetzung zwischen dem bürgerlichen Anspruch, die staatliche Ordnung als *gesittete Welt* zu realisieren, und dem alle politischen Funktionen an sich ziehenden Behördenstaat im 19. Jh. Bürgerlicherseits wird H. zur «Grundfeste», zum «Bollwerk» erhoben, zum «Sitz und Gebiet des Familienvaters» und seiner «hausherrlichen Regentschaft», zum (altgermanischen) «Heiligtum», in dem die persönliche Freiheit «rechtliche Souveränität» ist, zum «ersten Sitz und Schutz der Zivilisation», zum «natürlichen Vorbild und [zur] Erziehungsanstalt für den Staat», das es zu erhalten gilt gegenüber der «tyrannischen Willkür der Agenten der öffentlichen Gewalt» [15]. HEGELS Einordnung der *Familie*, mit ihrem Bedürfnis nach bleibendem, sicherem Besitz und der Sorge und dem Erwerb für ein Gemeinsames, in die Recht und Moralität in sich vereinigende Sittlichkeit, der Realität des objektiven Geistes [16], läßt die gleiche Grundhaltung erkennen.

Gegen die Mitte des 19. Jh. wird das mangelnde politische Tätigkeitsfeld und Geltungsgebiet des Bürgers gleichsam auf das häusliche Leben introvertiert, die Familie zum erweiterten Individuum erklärt und das Postulat von der naturgesetzlichen Autorität des H.-Herrn aufgestellt. Alsbald wird diese innerfamiliäre Stellung mit der Zukunft des Volks verbunden. Autoritäts- und Pietätsverlust wie Frauenemanzipation werden zu Zeichen zerfallenden Daseins, und die Rettung des «zu sittlicher Einheit verbrüdernden Kleinods der deutschen Familie» wird zur Aufgabe «unsterblicher, sittlicher Kraft» erklärt [17]. In dieser Form werden H. und Familie zu Anliegen des Konservatismus.

Die geschilderte H.-Ideologie verliert an Glaubwürdigkeit, als neue Impulse, Individuum und Gemeinschaft zu integrieren, vom Sozialismus und vom sozial-konstitutionellen Denken (Historische Schule der Nationalökonomie und Kathedersozialisten) ausgehen. – Gestützt auf die Mythen- und Symbolforschung J. J. Bachofens und die ethnologischen Untersuchungen L. H. Morgans, welche die große Variabilität gesellschaftlicher Primärformen aufweisen, entwirft Fr. ENGELS 1884 das Bild sozialistischer Großfamilien, in denen der Anschluß an das öffentliche Leben, den die monogame bürgerliche Familie verloren hat, wiedergewonnen, die «offene oder verhüllte H.-Sklaverei der Frau» aufgehoben, die private H.-Haltung in «gesellschaftliche Industrie» verwandelt, Kindererziehung zur öffentlichen Angelegenheit und behördliche Verwaltungsapparate überflüssig gemacht werden sollen [18]. – Mit historischen Argumenten kritisieren auch bürgerliche Gelehrte die H.-Ideologie: J. K. RODBERTUS betont die Zeitgebundenheit der ökonomischen wie der rechtlichen und sozialen Struktur der antiken Oikenwirtschaft [19]. O. v. GIERKE weist auf das uranfänglich genossenschaftliche neben dem hausherrschaftlichen Element germanischer Verfassungen hin [20], und M. WEBER versucht die Grundlagen aufzuschlüsseln, auf denen Patriarchat und patrimoniale Herrschaft zeitgebunden aufruhen. Er findet sie in der Autorität des H.-Herrn, einem irrationalen Gebilde, dessen Basis die persönliche traditionsgebundene Pietätsbeziehung von (unterworfenen!) Hörigen bilde [21]. – Um die Jahrhundertwende kommt es in der Wandervogelbewegung zur ersten bürgerlichen Auflehnung gegen Institution und Ideal des «häuslichen Lebens». Nach dem Ersten Weltkrieg gewinnt die sozialistische Kritik durch Einbeziehung der Psychoanalyse eine neue Dimension [22], und W. REICH deckt den Zusammenhang zwischen bürgerlicher Sexualmoral und patriarchalischer Familienstruktur auf [23]. – Die so aus verschiedenen Motiven und mit verschiedenen Argumenten diskreditierte H.-Ideologie wandert vom konservativ-liberalen in das reaktionär-konservative Lager ab und wird schließlich vom Faschismus noch einmal aufgegriffen und hochgespielt.

Heute ist ‹H.› kaum mehr als Synonym für ‹Familie› gebräuchlich. Das Wort meint meistens nur noch ein Gebäude im technischen Sinn: Eine Wort(und Vereins-)bildung wie ‹H.-Besitzerverein› belegt die Funktionsentleerung des H. zum bloßen Sachwert. Demgegenüber kann ‹H.› aber auch Parlamente, Ministerien oder Verwaltungseinheiten in Handel und Industrie bezeichnen, und zwar gerade in ihrer Funktion und unabhängig von bestimmten Gebäuden: Nicht so sehr der gemeinsame Raum als vielmehr die einende Aufgabe macht sie – wie einst die Familie – zum ‹H.›.

Im Auseinandertreten der Bedeutung von ‹Familie› und ‹H.› manifestiert sich der Verlust an gesellschaftlichen Funktionen der Kleinfamilie. Die sozialen Wandlungen besonders nach dem Zweiten Weltkrieg haben eine tiefgreifende Umstrukturierung der Lebensformen gezeitigt: Die Stellung des H.-Herrn und damit die Rollenverteilung in der Familie verlieren an Verbindlichkeit [24]. Lediglich als *Liebesgemeinschaft* und insofern als *Tradentin menschlicher Qualitäten* bleibt die Intimfamilie noch im Blick. Ob und in welcher Form sie Zukunft haben wird, steht dahin.

Anmerkungen. [1] 2. Sam. 15, 16-18. – [2] 2. Sam. 2, 3, 4; 3, 1, 10; 1. Sam. 9, 20. – [3] 2. Sam. 21, 1. – [4] 1. Sam. 25, 28; 2, 35; 2. Sam. 23, 5. – [5] Matth. 22, 38. – [6] 2. Mose 20, 17. – [7] ARISTOTELES, Pol. I, 1-7. – [8] J. COLER: Oeconomia ruralis et domestica (1593/1603); J. E. WEGENER: Oeconomia Bohema Austriaca (1669); C. FISCHER: Decas Georgica principalium operarum oeconomiae suburbanae (1679/83); W. H. v. HOHBERG: Georgica curiosa (1682); F. PH. FLORIN: Kluger und rechtsverständiger Hauß-Vatter (1699/1702); J. B. v. ROHR: Einl. zu der allg. Land- und Feld-Wirtschafts-Kunst der Deutschen (1720) u. a. m. – [9] J. H. ZEDLER: Großes vollständiges Universal-Lex. aller Wiss. und Künste 12 (1735) 873: Art. ‹H.›. – [10] J. G. ADELUNG: Versuch eines vollständigen grammat.-crit. Wb. der Hochdeutschen Mundart 2 (1775) 1016: Art. ‹H.›; vgl. J. CAMPE: Wb. der dtsch. Sprache 2 (1808) 574: Art. ‹H.›. – [11] G. S. KLÜGEL: Encyclop. der gemeinnützigsten Kenntnisse 2 (1782) 690ff. – [12] H. G. SCHEIDEMANTEL: Repertorium des teutschen Staats- und Lehnrechts 2 (1783) 421ff. – [13] Nouveau dict. hist. des députés à l'assemblée nationale 1 (1791) 341: Art. ‹Espion›. – [14] J. G. FICHTE, Werke, hg. MEDICUS 2, 214ff. – [15] F. LIST, Kleine Schriften, hg. F. LENZ (1962) 136. 173; C. v. ROTTECK und C. WELCKER: Staatslex. 5 (1837) 385ff.: Art. ‹Familie, Familienrecht›; 7 (1839) 464ff.: Art. ‹H.-Frieden›; R. BLUM: Volksthümliches Hb. der Staatswiss. und Politik 1 (1852) 471; E. OSENBRÜGGEN: Abh. aus dem dtsch. Strafrecht (1857) 82ff.; J. C. BLUNTSCHLI und K. L. T. BRATER: Dtsch. Staatswb. 5 (1860) Art. ‹H.›, H.-Friede›. – [16] G. W. F. HEGEL, Grundlinien der Philos. des Rechts §§ 160-170. – [17] W. WACKERNAGEL: Familienrecht und Familienleben, in: SCHREIBERS Taschenbuch für Gesch. und Alterthum in Süddeutschland 5 (1846) 264; H. WAGENER: Staats- und Gesellschaftslex. 7 (1861) 315ff.: Art. ‹Familie›; J. J. ROSSBACH: Die Gesch. der Familie (²1859); W. H. RIEHL: Die Familie (1854/61); C. v. ROTTECK und C. WELCKER: Staatslex. (²1861) 5, 269ff.: Art. ‹Familie›; 6 (1862) 519: Art. ‹Gesinde.›. – [18] FR. ENGELS: Der Ursprung der Familie, des Privateigentums und des Staates (⁴1891). – [19] J. K. RODBERTUS: Zur Gesch. der römischen Tributsteuern seit Augustus. Jb. Nat.Ök. u. Stat. 4 (1865) 339ff. – [20] O. v. GIERKE: Das dtsch. Genossenschaftsrecht 1 (1868) 12ff. – [21] M. WEBER: Wirtschaft und Gesellschaft (1956) 276ff. 739ff. – [22] O. RÜHLE: Das proletarische Kind (1925); ders., in: Die Aktion (1920-1925); E. HOERNLE: Das proletarische Kind 1-9 (1921-29); Rotes Kollektiv proletarische Erziehung (Hg.): Soll Erziehung politisch sein? (1970); M. ADLER: Neue Menschen (1926); S. BERNFELD: Antiautoritäre Erziehung und Psychoanalyse. Ausgew. Schr., hg. L. v. WERDER/R. WOLFF (1969); M. HORKHEIMER: Studien über Autorität und Familie (1936). – [23] W. REICH: Die Funktion des Orgasmus (1927); vgl. Der Einbruch der Sexualmoral (1935). – [24] A. MITSCHERLICH: Auf dem Weg zur vaterlosen Gesellschaft (1963).

Literaturhinweise. M. HEYME: Fünf Bücher dtsch. H.-Altertümer (1899-1903). – C. GEBAUER: Stud. zur Gesch. der bürgerl. Sittenreform des 18. Jh. Die Reform der häusl. Erziehung. Arch. Kulturgesch. 20 (1930). – J. BRAKE: Wirtschaften und Charakter in der antiken Bildung (1935). – H. L. STOLTENBERG: Gesch. der dtsch. Gruppwiss. (1937). – A. MÜLLER-ARMACK: Geneal. der Wirtschaftsstile (1941); Relig. und Wirtschaft. Die geistesgesch. Hintergründe unserer europ. Lebensform (1959). – J. HOFFMANN: Die ‹Hausväterliter.› und die ‹Predigten über den christl. H.-Stand› (Diss. Göttingen 1954). – R. KÖNIG: Soziol. der Familie, in: A. GEHLEN und H. SCHELSKY: Soziol. (1955) 119ff. – O. BRUNNER: Land und Herrschaft (⁵1965); s. Lit zu I. – TH. W. ADORNO: Der autoritäre Charakter (1968). – R. REICHE: Sexualität und Klassenkampf (1969). – H. E. RICHTER: Patient Familie (1970); Die Gruppe (1972). – H. J. BREITENEICHER, R. MAUFF, M. TRIEBE und Autorenkollektiv Lankwitz: Kinderläden: Revolution der Erziehung oder Erziehung zur Revolution (1971). – H. M. ENZENBERGER (Hg.): Kursbuch 29 (1972). – J. FEIL (Hg.): Wohngruppe, Kommune, Großfamilie (1972).
HANNAH RABE

Haushalt oder ‹Haushaltung› ist in der frühen Neuzeit das Wort, das die Leitung eines H. bezeichnet [1]. Dabei wird seit der Antike unterschieden, ob es sich um bürgerliche Haushaltung oder um fürstliche (Hofhaltung) handelt. Im 17. Jh. beginnt eine lebhafte Diskussion, wie die fürstliche H. zur Optimierung des steuerlichen Aufkommens beitragen könne. Merkantilistische Rezepte ersetzen die herkömmlichen (Münzveränderung, Wechselkurspolitik, Obrigkeitsvermehrung, Polizeiordnungen). Mit Beginn des 18. Jh. erkennt man in den Naturwissenschaften den politisch-ökonomischen Ansatz zur Verbesserung des fürstlichen H. *Gelehrte Gesellschaften* sollen über den bürgerlichen den fürstlichen Wohlstand vermitteln. Der öffentliche H. als vollzugsverbindlicher Voranschlag von staatlichen Ausgaben und Einnahmen für eine bestimmte Frist gehört der modernen Staats- und Gesellschaftsordnung an mit ihrem allgemeinen und gleichen Besteuerungssystem und der behördlichen Verwaltung. Etatähnliche Aufstellungen der Fürsten vorangegangener Jh. sind nur Agenda ohne eigene Rechtsverbindlichkeit. Dagegen ist die umfassende staatliche Kontrolle amtlichen Rechnungswesens so alt wie die ältesten Reiche (Mesopotamien, Ägypten, Mykene, südamerikanische Reiche). Auch ein Mitspracherecht der Stände bei Einnahmevermehrungen ihres Herrn ist allen alteuropäischen Verfassungen gemein, freilich ohne das Erfordernis staatlicher Rechnungslegung, und legitimiert durch die Selbigkeit von Res publica und Eigentum. Die moderne parlamentarische Budgetkontrolle leitet sich dagegen aus der liberalistischen Auffassung von der Steuer als Eingriff in das Privateigentum her. Bis in die 70er Jahre des 19. Jh. herrscht das Streben nach einem staatlichen Minimalbudget vor, das nur den dringenden Erfordernissen für Justiz, Polizei, Militär usw. dient und das mit fortschreitender Vervollkommnung der Gesellschaft schrumpfen soll [2]. L. v. STEIN, A. SCHÄFFLE und A. WAGNER hingegen nehmen den umgekehrten Fall an. Ausgehend von der Realität steigender staatlicher Daseinsvorsorge und bestrebt, Staat und Gesellschaft in den Begriffen des Staatslebens und des Volks als (staatlicher) Gesamtheit zu versöhnen, ist ihnen wachsende Staatstätigkeit sicheres Zeichen für wachsende Vervollkommnung der Gesellschaft [3]. Damit wird die Erkenntnis angebahnt, daß der öffentliche H. ein bestimmender und so kontrollierender und lenkender Faktor des wirtschaftlichen Gesamtgeschehens ist, und die Forderung erhoben, den gesamten Wirtschaftskreislauf in einem *Nationalbudget* zu erfassen, um die Aufgaben des H. in das Ganze des wirtschaftlichen Gemeinwesens integrieren zu können [4].

Anmerkungen. [1] Zur Wortgesch. vgl. H. L. STOLTENBERG: Gesch. der dtsch. Gruppwiss. (1937) 159 Anm. 5. – [2] Vgl. die dtsch. Smithianer wie G. SARTORIUS: Hb. der Staatswirtschaft (1796); K. S. ZACHARIÄ: Über die vollkommenste Staatsverfassung (1800); G. HUFELAND: Neue Grundleg. der Staatswirtschaftskunst (1807-1813); J. F. E. LOTZ: Revision der Grundbegr. der Nationalwirtschaftslehre 1-4 (1811); J. Graf v. SODEN: Lb. der Nazional-Oeconomie 1-9 (1810-1824) 4, 316ff.; K. H. L. PÖLITZ: Die Staatswiss. im Licht unserer Zeit (1823) 2, 3ff.; K. UMPFENBACH: Lb. der Finanzwiss. (1859) 252ff. – [3] L. v. STEIN: Lb. der Finanzwiss. (1875) 102; A. SCHÄFFLE: Das gesellschaftl. System der menschl. Wirtschaft (³1873); A. WAGNER: Allg. oder theoret. Volkswirtschaftslehre 1: Grundlegung (1879) 310ff. – [4] H. WEICHMANN und C. WAWRCZECK: Neuordnung der öffentl. H., ein Beitrag zur volkswirtschaftl., staatswirtschaftl. und betriebswirtschaftl. Planung der öffentl. H. Verwaltungs- und Finanzwirtschaft (1952); G. STRICKRODT: Das Nationalbudget, seine Bedeutung für die polit. Strategie und das unternehmerische Handeln (1954); U. SCHUMACHER: Nationalbudget und öffentl. H., ein Beitrag zur Erforsch. der wirtschaftl. Entwicklung H. 2 (1958).

Literaturhinweise. HANS MAIER: Die ältere dtsch. Staats- und Verwaltungslehre (Polizeiwiss.). Ein Beitrag zur Gesch. der polit. Wiss. in Deutschland (1966). – J. HIRSCH: Parlament und Verwaltung. H.-Planung und H.-Kontrolle in der Bundesrepublik Deutschland (1968). – A. E. OTT: Einf. in die dynamische Wirtschaftstheorie (1970). – W. EHRLICHS, I. E. EISENWEIN-ROTHE, H. JÜRGENSEN und K. ROSE: Kompendium der dtsch. Volkswirtschaftslehre 1. 2 (1972). HANNAH RABE

Hayathologie ist ein von CH. HARTSHORNE geprägter Terminus (von hebr. haya = werden, wirken, sein) als Kennwort für seine «neoklassische Metaphysik», die an die Stelle der klassischen Prinzipien des Seins, der Substanz, der Absolutheit und Notwendigkeit als primäre Begriffe «creative becoming, event, relativity and possibility» setzt [1].

Anmerkung. [1] CH. HARTSHORNE: The logic of perfection and other essays in neoclassical metaphysics (Lasalle, Ill. 1962) XIII. Red.

Heautonomie ist ein von KANT geprägter Begriff, der eine besondere Form der Autonomie kennzeichnet, die man «eigentlich» H. «nennen müßte» [1]. Gemeint ist die Form der Autonomie, die der reflektierenden Urteilskraft und deren spezifischen Verfahren der apriorischen Gesetzgebung zukommt, nämlich, anders als der theoretische Verstand und die praktische Vernunft, nicht gesetzgebend in Ansehung eines objektiven Gegenstandsbereichs (Natur und Sitten) zu sein, sondern in Ansehung von sich selber als subjektivem Vermögen. Heautonom ist sowohl das Verfahren der teleologischen Urteilskraft in deren regulativem Charakter [2] wie das der ästhetischen Urteilskraft in deren konstitutiver Funktion [3]. Mit der H. der reflektierenden Urteilskraft will Kant jene Form von Autonomie eines subjektiven Vermögens in Frage stellen, dessen Kraft zur Gesetzgebung schon feststeht und durch einen besonderen vorgegebenen Fall nicht in Frage gestellt werden kann. Daß das subjektive Vermögen der Urteilskraft erst unter ein Gesetz zu bringen ist, und zwar von diesem Vermögen selbst, bezeichnet demgegenüber die Nichtfixiertheit dieses Vermögens hinsichtlich seiner Geltung. Was es zu leisten vermag, muß von der reflektierenden Urteilskraft allererst gefunden werden und dies in der Konfrontation mit solchen Sachverhalten, die nicht als subsumierbare Fälle einer schon bekannten Allgemeinheit angesehen werden. Der Begriff der H. impliziert also gerade mit seiner Selbstbezüglichkeit der Urteilskraft ein unbegrenztes Offensein für nicht schon vom Subjekt her gedachte Gegebenheiten.

In dieser Kantischen Bedeutung nimmt SCHILLER den Begriff der H. auf, indem er die Schönheit als H. gegen die «bloße Autonomie» [4] abgrenzt, die als subjektive Kunstfertigkeit den zu formenden Stoff unter sich zwingt und die darin auf dieser eine «äußere Gewalt» ausübt. Als H. ist die Form hingegen «zugleich selbstbestimmend und selbstbestimmt» [5], insofern sie gegenüber dem subjektiven Entwurf zugleich den von aller Subjektivität unabhängigen Stoff zur Geltung bringt. In der Vermittlung beider hat die Schönheit als H. ihren Ort.

Anmerkungen. [1] I. KANT, Erste Einl. zur KU. Akad.-A. 20, 225. – [2] a. a. O. 234; vgl. 5, 185f. – [3] 20, 225. – [4] FR. SCHILLER an Körner (23. 2. 1793). Briefe, hg. F. JONAS 3 (1893) 274. – [5] ebda. W. BARTUSCHAT

Hebdomaden. Die Siebenzahl (ἑβδομάς, pl. ἑβδομάδες) kommt in der griechischen Zahlenspekulation an Bedeutung beinahe dem Hen und der Dyas gleich: Bereits SOLON gliedert nach der Zahl 7 das menschliche Leben [1] und schon in der ältesten Zahlenspekulation der *Pythagoreer* bedeutet die 7 den καιρός (rechtes Maß, rechter Zeitpunkt, rechter Ort, Erfolg) und auch Athene als die «jungfräuliche Primzahl» [2]. Auch in der gesamten neupythagoreischen Literatur ist die Siebenzahl (Hebdomas) mit Athene (Minerva) identisch. In der allegorischen Auslegung des Mythos von der Entstehung der Athene aus dem Kopfe des Zeus vermittelt die Siebenzahl, welche aus der Monas (= Zeus) unmittelbar hervorgeht, zwischen Tetras (Vierzahl) und Dekas (Zehnzahl). Sie kann aber auch die Tetraktys (Gruppe der vier ersten Zahlen 1, 2, 3, 4) und mit ihr die Gesamtzahl vertreten [3].

Auch im *Alten* und *Neuen Testament* hat die Siebenzahl eine bedeutende Funktion [4]; sie wird deshalb in die jüdische und christliche Zahlenspekulation übernommen. Besonders PHILON von Alexandrien weist darauf hin, daß die Siebenzahl als Primzahl ohne Faktoren der Monas (Einzahl) nahekommt. Die Siebenzahl nimmt auch bei Philon eine nach allen Seiten hin vermittelnde Sonderstellung ein. Die Vielzahl von Erscheinungsformen, die ihr in diesem Zusammenhang zukommen, finden wir in den meisten Zahlentraktaten [5]. Auch bei den Kirchenvätern, so bei CLEMENS VON ALEXANDRIEN, haben die neupythagoreischen Spekulationen über das Wesen der Siebenzahl weitergewirkt [6], und selbst von BOETHIUS ist uns noch ein Werk bekannt, welches den Titel ‹De hebdomadibus› erhielt [7].

Anmerkungen. [1] SOLON, Frg. 19, hg. DIEHL. – [2] ARISTOTELES, Met. 985 b 30. 990 a 23. 1078 b 22; ALEXANDER VON APHRODISIAS, In Arist. Met. comm., hg. HAYDUCK 38, 16ff. – [3] THEON VON SMYRNA, hg. HEINZE 103; PHILON, De opif. mundi 98ff.; Quod Deus sit immut. 11; CHALCIDIUS, In Tim. c. 36; MACROBIUS, In somn. Scip. I, 6; FAVONIUS EULOGIUS, hg. HEINZE 8f.; IAMBLICHOS, Theol. arithm., hg. DE FALCO 54. 71; JOHANNES LYD. III, 9; vgl. II, 12; PROKLOS, In Tim. 168 c; AMBROSIUS, MPL 14, 397 d f.; HIEROCLES, In carm. aur., hg. MULL. FPG 1, 465 a (Athene = 7 direkt aus Monas); PHILON, De opif. mundi 102; MACROBIUS, In somn. Scip. I, 6, 36; IAMBLICHOS, Theol. arithm., a. a. O. 28. 55. 58; ANATOLIOS, De dec. p. 28, hg. HEIBERG; ISIDOR VON SEVILLA, MPL 83, 186 a ff. (Repräsentation der Tetras oder Dekas). – [4] K. H. RENGSTORF: Art. ‹HEPTA›, in Theol. Wb. zum NT, hg. KITTEL 2 (1950) 623-631. – [5] PHILON, De decal. 102ff. 159; Leg. alleg. I, 15; De post. Caini 65; Quod Deus sit immut. 11; De opif. mundi 90-128; Leg. alleg. I, 8-19; Leg. spec. II, 39ff. 56ff. 156f. – [6] CLEMENS VON ALEXANDRIEN, Stromat. VI, 11 = 84, 5-87, 2; VI, 16 = 133, 1. 138, 1. 5ff. 140, 1ff. 142, 4ff. – [7] Vgl. dazu BOETHIUS, Quomodo substantia in eo quod sint bonae sint, cum non sint substantialia bona; ferner ÜBERWEG/GEYER 2 (¹³1958) 136.

Literaturhinweise. W. H. ROSCHER: Die Sieben- und Neunzahl in Kultus und Mythus der Griechen. Abh. Sächs. Ges. Wiss. 24/1 (1906) 30; Die H.-Lehren der griech. Philosophen und Ärzte a. a. O. 24/6 (1906) 38. 144. – M. TIMPANARO-CARDINI: Pitagorici. Testimonianze e frammenti 1 (Florenz 1958); 2 (Florenz 1962). – H. THESLEFF: An introd. to the Pythagorean writings of the Hellenistic period. Acta Acad. Aboensis, Humaniora 24/3 (1961) 18. 44. 104. n. 1; The Pythagorean texts of the Hellenistic period a. a. O. 30/1 (1965). – W. BURKERT: Weisheit und Wiss. (1962) 36. 232. 329. 332. 443. 445. 448ff. – H. J. KRAEMER: Der Ursprung der Geistmet. (Amsterdam ¹1964) 28f. mit Anm. 26. 268. 273. 280. 283.
F. P. HAGER

Hedonismus. Die Wortfamilie ‹H.›, ‹Hedonist›, ‹Hedonik› wird im 19. Jh. aus griechisch ἡδονή (Lust) gebildet. Dieses hängt mit ἡδύς, süß, zusammen (sinnliche Qualität). – Seit der zweiten Hälfte des 18. Jh. wird die These, daß Glück das einzige Ziel menschlicher Praxis sei oder sein solle, zunehmend diskutiert. Dabei wird Glück zu einem empirischen Begriff, der zunächst mit dem der Lust zusammenfällt [1]. Diese Lehre heißt bei KANT ‹Glückseligkeitslehre› oder ‹Eudämonismus›, bei anderen ‹Epikureismus› oder ‹pleasure-› bzw. ‹happiness theory›. Ist nicht das individuelle Glück, sondern «größtes Glück der größten Zahl» gemeint, spricht man von ‹Utilitarismus›.

Der erste Beleg dieser Wortfamilie, ‹Hedonik›, findet sich 1813 bei SCHOPENHAUER [2]. Das Wort ‹hedonism› (hedonist) wird nach 1850 in England zur Bezeichnung der erwähnten Lehre gebräuchlich [3]. Der zentrale Begriff ‹pleasure› hat eine weite Bedeutung («feeling of being happy or satisfied» [4]); ‹hedonism› deckt daher im allgemeinen den ganzen Umfang von ‹Eudämonismus› im angegebenen Sinn; ‹eudæmonism› existiert zwar im Englischen [5], ist aber nicht gebräuchlich [6]. In der deutschsprachigen Literatur dagegen wird ‹H.› wesentlich enger gefaßt und besonders auf momentane, sinnliche Lust bezogen. ‹H.› ermöglicht so eine Differenzierung im Bereich des Begriffs ‹Eudämonismus› und damit eine Unterscheidung beider Begriffe [7]. – Das Wort ‹H.› hat vier Anwendungsbereiche:

1. *‹H.› als Begriff der Philosophiegeschichte* [8]. – ‹H.› scheint zuerst die Lehre der *Kyrenaiker* bezeichnet zu haben, für die Lust (ἡδονή) das höchste Gut (τέλος) war, während Glück (εὐδαιμονία) nur als Summe der einzelnen Lustempfindungen verstanden wurde. Der H. der Kyrenaiker [9] umfaßte so verschiedene Formen wie den H. des ARISTIPP, der keinen qualitativen Unterschied zwischen den Arten der Lust machte, jedoch die körperliche der seelischen vorzog; den H. des THEODOROS, dessen Ideal die heitere Gemütsverfassung war; bis zu dem des HEGESIAS, der feststellte, daß das Leben unter der hedonistischen Perspektive wertlos sei, weil das Leid die Lust überwiege (hedonistischer Pessimismus). – EPIKUR sah den seligen Zustand in Schmerzlosigkeit und Freiheit von Leidenschaften, nicht in positiver Lust («negativer H.» nach H. Marcuse [10]). Er unterschied höhere Freuden, die ihrem Wesen nach jenen Zustand sicherer herstellen, von niedrigen und verlangte eine kluge Auswahl unter diesem Aspekt. PLATON rechnete mit dem H. als praktischer Haltung der Masse der Menschen [11].

2. *Praktischer H. (Hedonik).* – Als ‹Hedonik› wird seit SCHOPENHAUER eine Haltung unreflektierter Bereitschaft zum Genuß bezeichnet, die auf jede ethische Rechtfertigung verzichtet. Schopenhauer dachte an die heitere Sinnenfreude, die seine Zeit bei *Anakreon* und *Horaz* ausgedrückt fand [12]. Später konnte ‹H.› auch extrem verstanden werden: Der Hedonist nimmt Opium [13], er lebt sich bedenkenlos sexuell aus [14] oder genießt sich in perversen oder regressiven Formen der Sexualität [15]. – Die Kritik des praktischen H. betont entweder, daß das Ziel selbst falsch sei («Genießen macht gemein» [16]), daß der praktische H. oft aus Schwäche, Verzweiflung oder Verkehrtheit geboren sei [17] oder daß er sein Ziel notwendig verfehle (das «Grundparadox des H.» [18]).

3. *Psychologischer H.* – Die These, Lust sei einziges oder vorrangiges Ziel menschlicher Praxis, heißt ‹psychologischer H.› [19]. Er liegt dem Denken vieler moderner Philosophen zugrunde. Auch die Utilitaristen gehen von diesem Satz aus («Nature has placed mankind under the governance of two sovereign masters, *pain* and *pleasure*» [20]; «happiness is the sole end of human action», wobei «happiness» durch «pleasure and the absence of pain» umschrieben wird [21]). Der Gedanke wird noch 1950 in provozierend extremer Form vertreten [22]. – In der Psychologie wurde ‹H.› Fachausdruck für eine Motivationstheorie [23]; hedonische Verhaltensweisen wurden auch bei Ratten experimentell nachgewiesen [24]. – Gegen den psychologischen H. wird eingewendet, daß eine große Zahl von Aktivitäten durch sachliche Vorstellungen oder Objekte, nicht durch die davon erwartete Lust motiviert ist [25]; daß wir grundsätzlich *nur* gegenständliche Ziele erstreben können [26]; daß ‹Lust› bzw. ‹pleasure› ein so allgemeines Wort mit kontroversem Inhalt ist, daß dadurch nichts erklärt wird [27].

4. *Ethischer H.* – Die These des ethischen H. ist, daß Lust bzw. pleasure das einzige oder das höchste Gut ist. Sie wurde in der Neuzeit vor allem in Verbindung mit dem Utilitarismus vertreten. J. BENTHAM will aus dem Gedanken einer unumschränkten Herrschaft von Lust und Schmerz im Leben des Menschen ein Prinzip nicht nur der Ethik, sondern auch der Gesetzgebung ableiten. Die Durchführung dieses Prinzips muß davon ausgehen, daß es einen Qualitätsunterschied zwischen verschiedenen Arten des Vergnügens nicht gibt («pushpin [ein Geduldspiel] is as good as poetry» [28]). Ein Vergnügen verdient den Vorzug vor einem anderen nur, wenn es ihm quantitativ, z. B. nach Intensität und Dauer, überlegen ist [29]. J. ST. MILL dagegen setzt ästhetische und intellektuelle Befriedigung qualitativ höher als sinnliche («It is better to be Socrates dissatisfied than a fool satisfied» [30]). Er will über den H. zum Utilitarismus kommen: Sorge für das eigene Glück soll zur Sorge für das Glück aller Menschen führen. Für H. SIDGWICK, der das Wort ‹hedonism› erst eigentlich in die Philosophie eingeführt hat, existiert freilich kein logisch zwingender Weg vom H. zum Utilitarismus. Der H., wie bei Bentham ein H. der Quantität, hat in der Form eines von allzu rohem Egoismus gereinigten Selbstinteresses als praktische Maxime seine Berechtigung. Als Grundlage einer Ethik ist er fragwürdig, da er keine sichere Methode bietet [31].

Dieser Mangel an Notwendigkeit war innerhalb des Bereichs einer *Kritik des ethischen H.* bereits ein Argument KANTS gewesen. Auch für ihn darf eine konsequente «Glückseligkeitslehre» nur auf Stärke, Dauer usw. des erstrebten Vergnügens sehen. Diese hängen aber von zufälligen Gegebenheiten des jeweiligen Subjekts ab. Eine «Glückseligkeitslehre» ist möglich, sie kann aber keine «Sittenlehre» sein, da ihr Prinzip aus Sinnlichkeit, nicht aus praktischer Vernunft stammt. Jede materiale Ethik wird von Kant als eine solche «Glückseligkeitslehre» abgelehnt [32]. Daß eine qualitative Unterscheidung verschiedener Klassen von Lust (Epikur, J. St. Mill) das Prinzip des H. (bzw. Eudämonismus) aufhebt, zeigen G. E. MOORE und N. HARTMANN [33]. M. SCHELERS phänomenologische Analyse ergibt, daß sich jeder Eudämonismus auf den H. reduzieren muß, da sich nur Lustempfindungen der untersten Schicht («sinnliche Gefühle») nach Belieben mit einiger Sicherheit erzeugen lassen, nicht aber «seelische» oder gar «geistige Gefühle» wie Seligkeit oder Verzweiflung. Der H. verfehlt also die volle Realität des Menschen [34]. H. MARCUSE kritisiert, daß der H., indem er das Glück einseitig in die Sinnlichkeit verlagert, einen vollen Begriff von Glück preisgibt, der ohne Bezug auf Erkenntnis und Wahrheit nicht zu denken ist. Das hedonische Individuum versöhnt sich durch sein partielles und verkümmertes Glück, das es aus der Befriedigung seiner falschen Bedürfnisse zieht, mit dem allgemeinen Unglück einer antagonistischen Gesellschaft [35]. In ähnlicher Weise kritisiert TH. W. ADORNO, daß «hedonistische Musik», Schlager und Unterhaltungsmusik, zu ideologischer Verführung und Verschleierung der Realität in gewährtem falschem Genuß dient [36].

Oft wird dem H. aber auch eine *relative Wahrheit* zugestanden. Es wird betont, daß Lust ein Wert ist [37]. Ein H., der das Individuum auf seine Lust verweist, ist nach H. MARCUSE als Gegenpol gegen Lehren der Verinnerlichung, moralischen Rigorismus und eine Vernunftphilosophie, die das Individuum opfert, im Recht. P. GORSEN billigt der falschen subjektiven Glückseligkeit des pathologischen Hedonisten eine gewisse revolutionäre Potenz zu [38]. In der englischen Tradition steht J. C. B. GOSLING, der pleasure als wesentlichen Bestandteil jeder freien Handlung ansieht [39].

Anmerkungen. [1] I. KANT, KpV § 3 Anm. 1. – [2] A. SCHOPENHAUER, Werke, hg. P. DEUSSEN 11, 62; vgl. 26. – [3] A new Engl. dictionary on hist. principles, hg. JAMES/MURRAY 5, 190 s.v. – [4] The advanced learner's dict. of current Engl. (Oxford ²1963); vgl. die phänomenale Beschreibung von pleasure in: J. ST. MILL: Utilitarianism. Introd. A. D. LINDSAY (London 1910); H. SIDGWICK: Methods of ethics (London 1875, dtsch. 1909); J. C. B. GOSLING: Pleasure and desire. The case for hedonism reviewed (Oxford 1969); Encyclop. of philos. (New York 1967) 3, 432. – [5] LINDSAY bei MILL, a. a. O. XII. – [6] Ein Art. ‹Eudaemonism› fehlt z. B. in Encyclop. ... a. a. O. [4]. – [7] G. SIMMEL: Einl. in die Moralwiss. 1 (1892/93) 298. 299. 306; M. SCHELER: Der Formalismus in der Ethik ... (1916, ⁴1954) 341; N. HARTMANN: Ethik (1925, ³1949) 83. 93; H. MARCUSE: Zur Kritik des H. Z. Sozialforsch. (1938); jetzt in: Kultur und Gesellschaft 1, 130; P. GORSEN: Das Bild Pygmalions (1969) 9. 17. – [8] z. B. W. WINDELBAND: Gesch. der Philos. (¹1907) 69ff. – [9] DIOGENES LAERTIUS II, 66ff. – [10] MARCUSE, a. a. O. [7] 138. – [11] H.-D. VOIGTLÄNDER: Die Lust und das Gute bei Platon (1960). – [12] SCHOPENHAUER, a. a. O. [2]. – [13] New Engl. dict. a. a. O. [3] s.v. ‹hedonist›. – [14] W. LIPPMANN: Der neue H., in: Die sittl. Lebensform des modernen Menschen (dtsch. 1930). – [15] GORSEN, a. a. O. [7]. – [16] J. W. GOETHE, Faust II, 10259; FR. NIETZSCHE, Die Unschuld des Werdens II, Nr. 804. – [17] FR. NIETZSCHE, Der Wille zur Macht Nr. 781; SCHELER, a. a. O. [7] 357. – [18] SIDGWICK, a. a. O. [4] 1, 57f.; 2, 279f.; WINDELBAND, a. a. O. [8] 71; HARTMANN, a. a. O. [7] 95f.; LIPPMANN, a. a. O. [14]. – [19] SIDGWICK, a. a. O. [4] IV; H. GOMPERZ: Kritik des H. (1898); G. E. MOORE: Principia ethica (London 1903, dtsch. 1970) § 42. – [20] J. BENTHAM: An introd. to the principles of morals and legislation (1780ff.) Kap. 1. – [21] MILL, a. a. O. [4] 36. – [22] W. H. SHELDON: The absolute truth of H. J. Philos. (1950) 285ff. – [23] H. THOMAE (Hg.): Theorien der Motivation (1965). – [24] P. T. YOUNG: The role of hedonic processes in the organisation of behavior. Psychol. Rev. 59 (1952) 249-262; 73 (1966) 59-86. – [25] z. B. SIDGWICK, a. a. O. [4] 1, 61. – [26] SCHELER, a. a. O. [7] 57; HARTMANN, a. a. O. [7] 81; MARCUSE, a. a. O. [7] 165. – [27] SIMMEL, a. a. O. [7] 311; MOORE, a. a. O. [19] § 40; GOSLING, a. a. O. [4]. – [28] zit. SIDGWICK, a. a. O. [4] 1, 107; MOORE, a. a. O. [19] 124. – [29] BENTHAM, a. a. O. [20] Kap. 4. – [30] MILL, a. a. O. [4] 9. – [31] SIDGWICK, a. a. O. [4] 2, 275f.; 1, 222; Bd. 1, Buch 2, Kap. 3-6. – [32] KANT, KpV § 3; vgl. SCHELER, a. a. O. [7] 254ff. – [33] MOORE, a. a. O. [19] § 47; HARTMANN, a. a. O. [7] 82. 91. – [34] SCHELER, a. a. O. [7] 349ff. – [35] MARCUSE, a. a. O. [7]. – [36] TH. W. ADORNO: Einl. in die Musiksoziol. (1968) 70. – [37] KANT, KpV. Akad.-A. 5, 93f.; SIMMEL, a. a. O. [7] 311; HARTMANN, a. a. O. [7] 93. – [38] GORSEN, a. a. O. [7]. – [39] GOSLING, a. a. O. [4].

J. RUHNAU

Hegelianismus ist allgemein die durch den «absoluten Idealismus» und die «dialektische Methode» bestimmte philosophische Lehre HEGELS und das konstitutiv auf sie sich beziehende oder in ihrer Art verfahrende Philosophieren. Speziell und vorherrschend wird unter ‹H.› die Philosophie der Hegelschen Schule und das ursprünglich mit ihr verbundene Fortwirken Hegels verstanden. Die Universalität und Geschlossenheit des Hegelschen Systems begünstigten seine Verbreitung ebenso nachhaltig wie die Förderung durch das preußische Kultusministerium und dessen Berufungspolitik. Über 30 Anhänger des H. lehrten an preußischen und anderen deutschen Universitäten und begründeten trotz zahlreicher Anfeindungen die beherrschende Stellung des H. im Geistesleben der Zeit, die bis zum Ende der 1830er Jahre im wesentlichen unerschüttert blieb. Über den engeren Bereich der Fachphilosophie hinaus beeinflußten Grundgedanken und Kategorien der Hegelschen Philosophie (zumal seiner Religions-, Geschichts- und Staatsphilosophie sowie der Ästhetik) nahezu sämtliche Einzelwissenschaften und hinterließen in einigen von ihnen tiefe Spuren [1]. Bedeutenden Widerhall bis hin zum Sprachgebrauch des gebildeten Bürgertums fand der H. auf vielfältige Weise auch im literarischen Leben und in der Publizistik.

Trotz der für mehr als ein Dezennium äußerlich glanz- und wirkungsvollen Stellung des H. blieben die Hegelsche Philosophie als ganze und ihr systematischer Anspruch bzw. ihr substantieller Gehalt als solcher ohne gleichwertige, schöpferisch-fruchtbare Aneignung und Weiterführung. Dennoch trifft es nicht zu, daß sich die Schule, der im engeren Sinne keineswegs alle Hegelianer angehört haben und die schon zu Hegels Lebzeiten nicht frei von tiefergehenden Differenzen war, nur zwischen den Polen einer buchstäblichen Konservierung des Systems (durch die Althegelianer) und seines Umsturzes (durch die Junghegelianer) bewegt habe [2]. Neben der vorwiegend epigonal-orthodoxen Bewahrung von Hegels metaphysischer Logik bei den Althegelianern GABLER und WERDER, die sich vergeblich gegen die folgenschwere Hegelkritik TRENDELENBURGS wandten, steht der Versuch ihrer selbständigen Weiterbildung durch den Althegelianer ROSENKRANZ [3]. Sie führte in die Nähe *Kants* und trug ihm von LASSALLE die scharfe Kritik ein, ihr Resultat sei «nichts Geringeres als ein totaler Umsturz der Hegelschen Logik, ja der ganzen Hegelschen Philosophie» [4]. Die vermeintliche «eigentliche Bewahrung» der Hegelschen Philosophie bei ERDMANN, HAYM und K. FISCHER [2] stand im Zeichen der völligen Historisierung und bewußten Preisgabe der metaphysischen Substanz der Hegelschen Philosophie überhaupt und unterschied sich darin wenig vom Ergebnis ihres dezidierten Umsturzes bei den radikalen Junghegelianern. Andererseits machte sie Hegels geschichtliches Bewußtsein für die Historie vollends fruchtbar und begründete auf dem Boden der kritischen Prinzipien einer neuen Historik die große, maßgeblich von Hegelianern (z. B. ZELLER) getragene Philosophiegeschichtsschreibung des 19. Jh. Selbst auf dem Gebiete der Theologie erschöpften sich die Althegelianer nicht durchweg in epigonaler «Hegelei» oder der Absicht, ihr jeweiliges Fach im Sinne des Hegelschen Systems zu bearbeiten. Neben GÖSCHELS Bemühungen um eine echt «christliche Philosophie» stehen die Ausbildung einer lebenskräftigen «spekulativen Theologie» bei MARHEINEKE, die erste historisch-kritische Darstellung der alttestamentlichen Theologie durch VATKE, das Streben nach einer freisinnigen, allgemeinen «Menschheitsreligion» bei CAROVÉ [5] und nicht zuletzt MICHELETS Versuch, «das neue Christentum als die anbrechende Vernunftreligion» und Voraussetzung eines neuen sozialen Lebens philosophisch zu begründen [6]. Schließlich erwiesen sich die Althegelianer auch in politischen Fragen als eine keineswegs einheitliche Gruppe. SIETZES grotesk-reaktionäre Spekulationen und Analogien fanden fast einhellige Ablehnung. Nicht allein GANS, sondern auch MICHELET bezog eine entschieden liberale, mitunter radikale, gegenüber frühsozialistischen Gedankengängen aufgeschlossene und letztlich (1848) konsequent republikanische Position. Wenn diese Haltung auch nicht Schule machte, so bekannte sich ein Großteil der Althegelianer doch eindeutig zum Konstitutionalismus, und sogar HINRICHS kritisierte Hegels Lobpreis der kontemplativen Philosophie zugunsten einer praktischen Durchdringung der Wirklichkeit [7]. Auffällig erscheint demgegenüber die nicht auf die Althegelianer beschränkte geringe oder ganz fehlende Aufnahme von Hegels Theorie der bürgerlichen Gesellschaft. Ihrem grundlegenden Einfluß öffneten sich im wesentlichen und mit gegensätzlichen Ergebnissen nur MARX und L. v. STEIN. Auf LASSALLE war dagegen ihr Einfluß im Unterschied zu der fichteanisch modifizierten Hegelschen Staatsidee vergleichsweise schwach. [8].

Entscheidend für die Entwicklung des H. wurden die vormärzliche Krise nicht nur des Idealismus, sondern der Philosophie schlechthin, sodann die Durchsetzung der Erfahrungswissenschaften und des Positivismus auf der einen, das Bewußtsein, in einer Zeit des Übergangs und der gänzlichen Politisierung der Menschenwelt zu leben, auf der anderen Seite. Ihre spezifische Problematik ist im Ausgangspunkt ebensosehr gekennzeichnet durch die Vorstellung einer angeblichen Vollendung der Philosophie durch Hegel wie durch die zumindest für die Zeitgenossen bestehende prinzipielle Zweideutigkeit oder gar Unbestimmtheit seiner dialektischen «Aufhebungen». Letzteres galt insbesondere für Hegels Rechtfertigung der christlichen Religion durch ihre «Aufhebung» in die Philosophie, welche die religiöse «Vorstellung» zum «Begriff» erhebt und dergestalt dem gemeinsamen Inhalt von Religion und Philosophie seine angemessene geistige Form geben will.

Dem Streit über die Auslegung der Hegelschen Religionsphilosophie, der sich zunächst am Problem der Persönlichkeit Gottes, des Gottmenschentums Christi und der Unsterblichkeit entzündete [9], entsprang die Spaltung der Schule. D. F. STRAUSS reduzierte die religiöse Vorstellung auf den Mythus, verwies die Frage nach der Wahrheit der Evangelien an die historische Kritik und erklärte die sowohl formale wie inhaltliche Unvereinbarkeit von Vorstellung und Begriff. Diesen seinen Standpunkt bezeichnete er als «links», die orthodoxe Position GÖSCHELS und GABLERS als «rechts» und zählte ROSENKRANZ zum Zentrum [10]. MICHELET griff dann diese zunächst gar nicht systematisch explizierte Einteilung der verschiedenen Richtungen des H. auf [11] und setzte sie durch, obgleich sich weder alle Hegelianer den einzelnen religionsphilosophischen Richtungen genau oder überhaupt zuordnen ließen, noch die nun üblich werdende ziemlich uneingeschränkte Identifizierung der älteren Hegelianer mit dem rechten Flügel und der jüngeren Hegelianer mit dem linken Flügel den faktischen Verhältnissen entsprach. Im Maße, wie sich der religionskritische Radikalismus der Junghegelianer seit 1840 zu einem politischen erweiterte und verschärfte, zerfiel die Hegelsche Schule. Dabei erweist sich die von nicht wenigen Hegelianern vollzogene partielle oder völlige Abkehr von Hegel mit (wie es häufig der Fall war) oder ohne gleichzeitige Hinwendung zu *Kant*, *Fichte* und *Schelling* als besonders aufschlußreich [12].

1843 gründeten MICHELET und Graf CIESZKOWSKI, der als erster Hegelianer eine Philosophie der Tat entwickelt hatte, in Berlin die Philosophische Gesellschaft als vereinsmäßigen Zusammenschluß des H. [13]. Ihr gehörten Hegelianer der unterschiedlichsten Richtungen, darunter M. HESS und LASSALLE, an. Nachdem ihre Arbeiten von 1846 bis 1848 zum Teil in NOACKS ‹Jahrbüchern für spekulative Philosophie und spekulative Bearbeitung der empirischen Wissenschaften› (später ‹Jahrbücher für Wissenschaft und Leben›) erschienen waren, erhielt sie von 1860 bis 1884 in der Zeitschrift ‹Der Gedanke› ihr eigenes Organ, das zusammen mit dem persönlichen Wirken MICHELETS († 1893) die Brücke darstellt zwischen dem ursprünglichen H. und dem Neu-H. Aus dem Wirken der Philosophischen Gesellschaft ragt Michelet durch sein beharrliches Bemühen heraus, die spekulative Philosophie für die theoretische und praktische Bewältigung der Probleme und Bewegungen der Zeit fruchtbar zu machen und sie im produktiven Sinne als Gedankenform ihrer zur Zukunft gewandten Gegenwart zu bewähren [14].

Außer in Deutschland entfaltete sich der H. in reichem Maße auch im *Ausland*. Vor der Jahrhundertmitte waren es, von einigen französischen Kreisen abgesehen, die ein lebhaftes Interesse am H. bekundeten, ohne ihm jedoch direkt oder länger anzuhängen, neben KIERKEGAARD fast ausschließlich Slawen, die sich leidenschaftlich mit Hegel auseinandersetzten und sich zum H. bekannten. In *Rußland* hinterließ Hegel den stärksten Eindruck vor allen deutschen Philosophen [15]. Die frühen russischen Anhänger des H., von denen BAKUNIN, BELINSKIJ und A. HERZEN besondere Bedeutung erlangten, verstanden Hegel zunächst religiös, suchten und vollzogen dann mit Hilfe seiner Philosophie die «Versöhnung mit der Wirklichkeit» und beschritten schließlich in der Regel junghegelianische Wege, indem sie die Hegelsche Philosophie als «die Algebra der Revolution» [16] interpretierten. Der *polnische* Graf CIESZKOWSKI benutzte die dialektische Methode zur geschichtsphilosophischen Erkenntnis der Zukunft, verband den H. mit dem polnischen Messianismus und unternahm es, ausgehend von einer eschatologischen Tat- und Willenslehre, Hegels «absoluten Idealismus» in einem «absoluten Spiritualismus» zu überwinden und gleichzeitig zu vollenden [17].

Anmerkungen. [1] Vgl. E. ROTHACKER: Einf. in die Geisteswiss. (²1930) 16ff. – [2] Vgl. K. LÖWITH: Von Hegel zu Nietzsche (²1950) 65ff. – [3] G. A. GABLER: De verae philosophiae erga religionem christianam pietate (1836); Die Hegelsche Philos. (1843); K. WERDER: Logik als Komm. und Ergänzung zu Hegels Wiss. der Logik 1. Abt. (1841, ⁴1861); A. TRENDELENBURG: Log. Untersuch. (1840); K. ROSENKRANZ: Die Wiss. der log. Idee (1858/59). – [4] F. LASSALLE: Die Hegelsche Logik und die Rosenkranzische Logik (1859). Ges. Reden und Schriften, hg. E. BERNSTEIN 6 (1919) 19; vgl. dazu E. METZKE: K. Rosenkranz und Hegel. Ein Beitrag zur Gesch. des sog. H. (1929). – [5] C. F. GÖSCHEL: Der Monismus des Gedankens (1832); Von den Beweisen für die Unsterblichkeit der menschl. Seele im Lichte der spekul. Philos. (1835); Beiträge zur spekul. Philos. von Gott, dem Menschen und dem Gottmenschen (1838); PH. K. MARHEINEKE: Über die Bedeutung der Hegelschen Philos. in der christl. Theol. (1842); Theol. Vorles., hg. ST. MATTHIES/W. VATKE (1847-49); W. VATKE: Die bibl. Theol. 1 (1835); Hist.-krit. Einl. ins AT, hg. G. S. PREISS (1886); F. W. CAROVÉ: Über alleinseligmachende Kirche (²1835); Über kirchl. Christentum, röm.-kath. Kirche und Reformen derselben, Protestantismus und allgemeine Kirche (1835); Papismus und Humanität (1838). – [6] C. L. MICHELET: Die Epiphanie der ewigen Persönlichkeit des Geistes. Eine philos. Trilogie. 2. Gespräch: Der hist. Christus und das neue Christentum (1847) 55; vgl. 1. Gespräch: Über die Persönlichkeit des Absoluten (1844); 3. Gespräch: Über die Zukunft der Menschheit und die Unsterblichkeit der Seele oder die Lehre von den letzten Dingen (1852). – [7] K. F. SIETZE: Grundbegriff preuß. Staats- und Rechtsgesch. (1829); E. GANS: Das Erbrecht in weltgesch. Entwicklung (1824/25, 1829/35); Vermischte Schriften (1834); Vorles. über die Gesch. der letzten 50 Jahre, in: Hist. Taschenbuch, hg. F. v. RAUMER (1833/34); Rückblicke auf Personen und Zustände (1836); C. L. MICHELET: Zur Verfassungsfrage (1848); Die Lösung der gesellschaftl. Frage (1849); Wahrheit aus meinem Leben (1884); H. F. W. HINRICHS: Polit. Vorles. (1843); Die preuß. Petitionsfrage (1844); vgl. in diesem Zusammenhang H. LÜBBE: Die polit. Theorie der Hegelschen Rechten, in: Polit. Philos. in Deutschland (1963) 27-84. – [8] P. VOGEL: Hegels Gesellschaftsbegriff und seine gesch. Fortbildung durch Lorenz Stein, Marx, Engels und Lassalle (1925). – [9] Vgl. L. FEUERBACH: Gedanken über Tod und Unsterblichkeit (1830); F. RICHTER: Die neue Unsterblichkeitslehre (1833); Die Lehre von den letzten Dingen (1833/44); C. CONRADI: Unsterblichkeit und ewiges Leben (1837). – [10] D. F. STRAUSS: Streitschriften zur Verteidigung meiner Schrift über das Leben Jesu und zur Charakteristik der gegenwärtigen Theol. (1837) 3. Heft (ND 1841) 95ff. 120ff. 126. – [11] C. L. MICHELET: Gesch. der letzten Systeme der Philos. in Deutschland von Kant bis Hegel 2 (1838) 654ff.; Entwicklungsgesch. der neuesten dtsch. Philos. (1843) 318f. – [12] Vgl. z. B. BAYRHOFFER, CIESZKOWSKI, C. FRANTZ, F. K. KÖPPEN, LASSALLE, H. LEO, VATKE und die Vertreter eines spekul. Theismus, wie I. H. FICHTE und CHR. H. WEISSE. – [13] Vgl. C. L. MICHELET: Gesch. der philos. Ges. zu Berlin. Der Gedanke 1 (1861) 66ff. 172ff. 241ff. – [14] Vgl. MICHELET, a. a. O. [6]; Die Gesch. der Menschheit in ihrem Entwicklungsgange seit dem Jahre 1776 bis auf die neuesten Zeiten (1859/60). – [15] Vgl. D. TSCHIŽEWSKIJ: Hegel in Rußland, in: Hegel bei den Slawen (²1961) 145ff. – [16] A. HERZEN: Ausgew. philos. Schriften (Moskau 1949) 543. – [17] Vgl. W. KÜHNE: Graf August Cieszkowski, ein Schüler Hegels und dtsch. Geistes (1938).

Literaturhinweise. Bibliogr. der Hegelschen Schule bearb. K. ROSENKRANZ, in: Der Gedanke 1 (1861) 77ff. 183ff. 256ff. – J. E. ERDMANN: Grundriß der Gesch. der Philos. 2 (²1870). – UEBERWEG/OESTERREICH (¹²1923) 200-219. – W. MOOG: Hegel und die Hegelsche Schule (1930). – M. ROSSI: Hegeliana destra e sinistra, in: Enciclop. filos. 2 (Venedig/Rom 1957) 1018ff. – Die Hegelsche Rechte. Texte, hg. H. LÜBBE (1962). – W. R. BEYER: Hegel-Bilder (²1967).

H. STUKE

Hegemonikon (griech. τὸ ἡγεμονικόν, lat. principatus, principale, principalitas) ist terminologisch die genuin *stoische* Benennung des Zentralorgans der Seele; freilich sind mit dem ἡγεμονοῦν PLATONS [1] und dem ἡγούμενον («das Leitende») des ARISTOTELES [2] schon Vorläufer des Begriffs vorhanden.

Gegen ZENONS materialistische Auffassung von der sinnlichen Wahrnehmung als einem «Abdruck» im passiven Zentralorgan [3], das oft als oberster von acht [4] oder zehn [5] Seelenteilen mit dem platonischen λογιστικόν («das Vernunfthafte») identifiziert wird [6], scheint CHRYSIPP zu polemisieren: Alle scheinbar nur partiell die affektive oder intellektuale Seele betreffenden Zustände des Menschen sind in Wirklichkeit solche des ganzen H., welches sich jeweils «in bestimmter Verfassung befindet» (πως ἔχον) [7]. Auch Gutheit oder Schlechtigkeit der Seele wird durch das jeweilige sittliche Verhalten des habituell veränderbaren ganzen H. bestimmt [8]. Von einem innerstoischen Konflikt in dieser Frage kündet auch SENECA [9]. CHRYSIPP scheint mit seiner Konzeption des H. schon wesentliche Merkmale dessen antizipiert zu haben, was man unter geistiger Individualität etwa im Sinne des plotinischen μόνος πρὸς μόνον (individuell gegenüber einem Individuellen) versteht [10]. Diese These von der nie partiell erlebenden und empfindenden, sondern immer nur als totales Selbst des Menschen affizierten Seele greift STRATON VON LAMPSAKOS auf: Στράτων καὶ τὰ πάθη τῆς ψυχῆς καὶ τὰς αἰσθήσεις ἐν τῷ ἡγεμονικῷ οὐκ ἐν τοῖς πεπονθόσι τόποις συνίστασθαι (Straton lehrt, daß sowohl die Affekte der Seele wie auch die Wahrnehmungen im H., nicht an den empfindenden Stellen zustande kommen) [11]. PHILONS Identifizierung des H. mit dem νοῦς [12] geht auf eben diese stoische Lehre chrysippischer Provenienz vom H. als der das Ich des Menschen repräsentierenden Instanz zurück. Es ist «Wurzel der Sittlichkeit» [13] und «Quelle der Sinneswahrnehmungen» [14]. Ähnlich spricht EPIKTET vom H. als der «Grundlage des sittlich Schönen und Guten» [15]. Während CLEMENS ALEXANDRINUS das H. kühn mit dem platonischen Daimon aus dem ‹Timaios› identifiziert [16], verliert das H. in späterer Zeit mehr und mehr den Charakter des Seelen*teils*, als welches es im Kopf, wie bei CALCIDIUS [17] oder im Herzen angesiedelt wurde [18]. KLAUDIOS PTOLEMAIOS [19] unterscheidet ein H. im Herzen πρὸς τὸ ζῆν (zum Leben) und eines im Kopf πρὸς τὸ εὖ ζῆν (zum guten Leben). ORIGENES interpretiert das H. als das «Herz» (in einem Pascals «cœur» verwandten Sinne) [20], das, von Gott erleuchtet, allein für göttliche Geheimnisse rezeptionsfähig ist [21], d. h. das H. avanciert zu einer Art Prinzip menschlicher Verinnerlichung. Zu gleicher Zeit kritisiert PLOTIN [22] die stoische (zenonische) Theorie der funktional wie lokal getrennten Seelenteile mit dem H. als Zentralisationspunkt aller Affektionen und setzt ihr die Konzeption von Seele als einer zugleich geteilten und ungeteilten Wesenheit entgegen [23], die als ganze in allen Organen zugegen ist und «apperzipiert» (ἀντίληψις) [24]. Das H. als den führenden Teil der Weltseele, eine schon altstoische Theorie [25], kennt noch PROKLOS [26].

Anmerkungen. [1] PLATON, Tim. 41 c; vgl. Men. 88 c; Leg. 963 a. – [2] ARISTOTELES, Eth. Nic. 1113 a 6. – [3] SVF 1, 141; 2, 59; vgl. MICHAEL, In parv. nat. 3, 8. – [4] SVF 1, 143. – [5] CLEMENS ALEX., Strom. VI, 134, 2. – [6] SVF 2, 828. 836; 1, 202; 3, 306; vgl. ALBIN, Did. 182, 26 H.; PORPHYRIOS, Ad Gaur. 53, 8 K.; CLEMENS ALEX., Strom. VI, 135, 1. – [7] ALEX. APHRODISIENSIS, In de sensu 167, 6; vgl. EPICTET I, 15, 4; SVF 3, 459; MARC ANTON 11, 20. – [8] SVF 3, 459. 75; SENECA, Ep. 113, 1. – [9] SENECA, Ep. 113, 18. – [10] Vgl. A. DEMPF: Geistesgesch. der altchristl. Kultur (1964) 55. – [11] AETIUS IV, 23, 3 (Diels 415) = Frg. 110 WEHRLI. – [12] Vgl. PHILO, Leg. all. I, 39; Mos. II,82. – [13] Ebr. 8; Virt. 85; vgl. Matth. Frg. 27. – [14] Frg. 182; vgl. ORIGENES, Contra Cels. I, 48. – [15] EPIKTET III, 3, 1. – [16] CLEMENS ALEX., Strom. II, 131, 4. – [17] CALCIDIUS, In Tim. 267. – [18] ALEX. APHRODISIENSIS, De an. 39, 22. – [19] KLAUDIOS PTOLEMAIOS, De crit. et heg. 16, 2ff. (L.). – [20] ORIGENES, In Is. hom. 275, 29; Jer. 44, 31. – [21] In Num. hom. 73, 19. – [22] PLOTIN, Enn. IV, 2, 2, 13ff. – [23] a. a. O. 1, 65. – [24] IV, 3, 3, 24; VI, 4, 4, 30ff. – [25] SVF 2, 634. – [26] PROKLOS, In Tim. II, 104, 23; 107, 14.

Literaturhinweise. G. ESSER: Die Seelenlehre Tertullians (1893). – K. SCHINDLER: Die stoische Lehre von den Seelenteilen (Diss. München 1934). – M. POHLENZ: Zenon und Chrysipp. Nachr. gelehrt. Ges. Göttingen, philos.-hist. Kl. (1938) 173-210; Die Stoa (³1964). – J. H. WASZINK: Tertulliani De Anima, hg. mit Einf. und Komm. (Amsterdam 1947) 219-221. – H. KARPP: Probleme altchristl. Anthropol. (1950). – A. J. FESTUGIÈRE: La révélation d'Hermès Trismégiste (Paris 1953) 3, 191ff. – M. SPANEUT: Le Stoïcisme des pères de l'Eglise (Paris 1957). – W. KELBER: Die Logoslehre (1958). – R. HIRZEL: Untersuch. zu Ciceros philos. Schriften (1964) 2, 772ff. – A. BONHÖFFER: Epiktet und die Stoa (1968) 94-112. – J. M. RIST: Stoic philos. (Cambridge 1969) 24ff. – J. B. GOULD: The philos. of Chrysippus (Leiden 1970) 129ff. – A. GRAESER: Plotinus and the Stoics (Leiden 1972).

TH. KOBUSCH

Heil, Heilsgeschichte, Heilstatsache. – 1. Der Begriff ‹Heil› (H.), in der theologischen Sprache terminologisch nicht genau umschrieben, bezeichnet in der christlichen Überlieferung den Gesamtausdruck des religiös vermittelten Gutes. Die biblischen Äquivalente [1] in ihrer spezifisch religiösen Verwendung sehen H. begründet in konkreten, Daseinsbedrohung überwindendem Tatgeschehen (Rettung in Kriegsgefahr, aus dem Gericht), wobei sich der Akzent immer stärker auf die eschatologische Rettung verlegt. So wird vom Neuen Testament her das H. in dem eschatologisch verstandenen Christusgeschehen (unter Einschluß der noch ausstehenden Vollendung des H.) gegeben verstanden. Indem das Christusgeschehen im Fortgang der kirchlichen Überlieferung erneut als geschichtliches Geschehen interpretiert werden muß, ergibt sich die Unterscheidung von objektivem H.-Geschehen (Werk Christi) und subjektiver H.-Aneignung und das Problem ihrer Vermittlung in den religiösen Institutionen (Sakramente, Verkündigung). Dem entspricht in protestantischer Schulsprache die Unterscheidung von principia salutis (H.-Ratschluß des Vaters, H.-Werk des Sohnes, H.-Wirkung des Geistes: ordo salutis) und media salutis (Wort, Sakrament, Kirche, Glaube) [2].

Anmerkungen. [1] Theol. Wb. zum NT, hg. KITTEL 7, 966ff. – [2] H. SCHMIDT: Die Dogmatik der evang.-luth. Kirche (⁷1893) 192ff.

2. Das Problem der Vermittlung von geschichtlich bezeugtem H.-Geschehen und gegenwärtiger H.-Aneignung stellt sich auf eine neue Weise, als mit dem Eindringen historisch-kritischer Fragestellung in die dogmatische Überlieferung die Aussage über das H.-Geschehen nach historischer Verifikation verlangt. In diesem Zusammenhang wird der Begriff ‹H.-Geschichte› (HG) als theologischer Terminus von bestimmten Richtungen der Theologie des 19. Jh. geprägt (J. T. BECK [1], Erlanger Theologie, J. CHR. K. VON HOFMANN [2]). Er besagt, daß die Erscheinung Jesu Christi als Mittelpunkt der Geschichte zu verstehen ist, weil sie die Erfüllung des tiefsten Bedürfnisses aller Menschen darstelle [3]. Diese Vorstellung unterscheidet sich einmal von jedem Versuch, das H.-Geschehen metahistorisch als Vermittlung zeitloser metaphysischer oder moralischer Wahrheit zu verstehen. Sie unterscheidet sich zum anderen von der Geschichtsphilosophie idealistischer Systeme insofern, als die HG nicht mit der spekulativ konstruierten Universalgeschichte identisch gesetzt wird, sondern ihr gegenüber als Prozeß spezifisch religiöser Kommunikation sui generis bleibt – wenn auch der Anspruch erhoben wird, daß eben die spezifische HG die «innewohnende Kraft» der allgemeinen Weltgeschichte darstelle. Dieser explizit theologische Begriff der HG hat seinen Anhalt zunächst in der Eigenart der biblischen Überlieferung. Vor allem in den großen alttestamentlichen Traditionskomplexen wird das H. im geschichtlichen Handeln der Gottheit (Exodus, Bundesschließung) erfahren. Unter der dort begründeten Verheißung wird die Welt als Geschehen unter Gottes Führung zum H. gedeutet. Religiöse Überlieferung und Geschichtsanschauung konvergieren [4]. Analog wird im lukanischen Geschichtswerk Jesus Christus als Mitte einer Gesamtgeschichte verstanden, die von der Erschaffung der Welt bis zu ihrem Ende in der Vollendung des Reiches Gottes verläuft [5]. Von dort her hat das Thema einer zusammenfassenden Deutung der Geschichte die theologische Tradition beschäftigt, so bei IRENÄUS, bei AUGUSTIN (De civitate Dei), im Mittelalter bei JOACHIM VON FIORE, und in nachreformatorischer Zeit in der Föderaltheologie des J. COCCEJUS. Dieses Motiv der Zusammenschau geschichtlicher Erfahrung unter dem Aspekt des H. wirkt (nach K. Löwith) in säkularisierter Form noch in den geschichtsphilosophischen Systemen der Aufklärung, des Idealismus und des Marxismus [6]. Von der älteren dogmatischen Tradition unterscheidet sich der Begriff der HG im spezifischen Sinne durch den Versuch, religiöse Erfahrung und historische Einsicht in einer Gesamtanschauung des geschichtlichen Prozesses zu vermitteln. In der folgenden theologischen Entwicklung ist der Gedanke der HG kritisch zersetzt worden [7]. Der Fortgang historischer Einzelforschung erschütterte die Zuversicht, das Ganze geschichtlicher Erfahrung in einem Organismus zusammenfassen zu können und regte dazu an, die H.-Erfahrung auf eine der Historie entzogene Einsicht von unmittelbarer Evidenz zu begründen (W. HERRMANN [8], M. KÄHLER [9], K. BARTH [10], Existenztheologie [11]). Dessenungeachtet haben sich Versuche heilsgeschichtlichen Denkens bis in die Gegenwart erhalten [12]. Grund hierfür ist die Einsicht, daß in biblisch-christlicher Überlieferung die Vermittlung des H. in geschichtlichen Vorgängen unverzichtbar ist und daß deshalb im Horizont des Wissens um Geschichte christliche H.-Gewißheit nicht ablassen kann, in offenen überholbaren Entwürfen die Gesamtheit geschichtlicher Erfahrung zu deuten.

Anmerkungen. [1] J. T. BECK: Die christl. Lehrwiss. nach den biblischen Urkunden (1841) 630ff.; Leitfaden der christl. Glaubenslehre (1862) 1, 233f. – [2] J. CHR. K. VON HOFMANN: Weissagung und Erfüllung 1 (1841) 8. 36. – [3] G. THOMASIUS: Christi Person und Werk (²1856) 1ff. – [4] G. VON RAD: Theol. des AT 1 (²1957) 13ff. – [5] H. CONZELMANN: Die Mitte der Zeit (⁵1964); E. LOHSE: Lukas als Theologe der HG. Evang. Theol. 14 (1954) 256-275. – [6] K. LÖWITH: Weltgesch. und H.-Geschehen (1953). – [7] z. B. G. EBELING: Die Geschichtlichkeit der Kirche und ihrer Verkündigung als theol. Problem (1954) 59ff.; Wort und Glaube (1960-69) 2, 84f. – [8] W. HERRMANN: Schriften zur Grundlegung der Theol. (1966-67) 2, 254ff. – [9] M. KÄHLER: Die Wiss. der christl. Lehre (1883) 108. 259ff. – [10] K. BARTH: Kirchl. Dogmatik 1/2 (1948) 4, 62ff. – [11] R. BULTMANN: Gesch. und Eschatol. (1958) 164ff. – [12] z. B. G. GLOEGE: H.-Geschehen und Welt 1 (1965).

3. Dabei stellt sich vor allem die Frage, inwiefern auch unter den Bedingungen des geschichtlichen Bewußtseins ein geschichtliches Geschehen als solches den Charakter des H.-Geschehens annehmen kann. Im Verfolg dieser Frage ist der Begriff ‹H.-Tatsache› (HT) geprägt worden: in der Repristinationstheologie wie in der heilsgeschichtlichen Theologie des 19. Jh. [1]. Er ist polemisch gerichtet gegen die theologischen Ansätze, welche H.-Gewißheit in der Analyse religiöser Bewußtseinszustände, in der spekulativen Interpretation des Dogmas oder in der unmittelbaren Evidenz der sittlichen Verkündigung Jesu begründen wollten. Dennoch behält der Begriff der HT in all seinen Ausprägungen etwas Schilderndes. Die heilsgeschichtliche Theologie gewann die HT de facto aus einem Rückschluß aus dem gegenwärtigen Tatbestand des religiösen Bewußtseins auf das in ihm Vorausgesetzte.

Aus diesem Grunde hat die neuere Theologie den Begriff der HT als inadäquat abgelehnt; er entstamme dem Subjekt-Objekt-Denken, während H.-Gewißheit in einer Kommunikation gegenwärtigen Glaubens mit geschichtlicher Überlieferung entspringe, die der Zerlegung in einen objektiven und einen subjektiven Faktor sich widersetze [2]. Konservative Theologie beharrt demgegenüber auf dem Begriff der HT, doch ist offensichtlich, daß eine Verifikation solcher Tatsache nicht gelingt, es sei denn, im religionsgeschichtlich-religionspsychologischen Sinn des geschichtlich erstmaligen Auftretens wirkungsmächtigen H.-Verständnisses. Doch bleibt selbst solche religionsgeschichtliche Konzeption bedingt durch ein Vorverständnis von H., das durch gegenwärtiges H.-Interesse geleitet ist.

Anmerkungen. [1] A. F. CH. VILMAR: Die Theol. der Thatsachen wider die Theol. der Rhetorik (²1856, ⁴1876); K. THIEME: Die Theol. der HT und das Evangelium Jesu (1909); R. SEEBERG: Der evang. Glaube und die Tatsachen der HG, in: Aus Rel. und Gesch. Ges. Aufsätze und Vorträge 2 (1909) 127-156; W. HERRMANN: Ethik (1901) 87. 123f.; Der Verkehr des Menschen mit Gott (⁵/⁶1908) 64ff. – [2] F. GOGARTEN: Entmythologisierung und Kirche (³1953) 46ff.

Literaturhinweise. G. WETH: Die HG (1931). – O. CULLMAN: Christus und die Zeit (1946); dazu R. BULTMANN: HG und Gesch. Theol. Lit.-Ztg. 73 (1948) 659-666. – H. OTT: Gesch. und HG in der Theol. R. Bultmanns (1955). – G. W. WENDEBOURG: Die heilsgesch. Theol. J. Chr. K. von Hofmanns in ihrem Verhältnis zur romantischen Weltanschauung. Z. Theol. u. Kirche 52 (1955) 64ff. – H. J. KRAUS: Das Problem der HG in der ‹Kirchl. Dogmatik›, in: Antwort. K. Barth zum 70. Geburtstag (1956) 69-83. – O. CULLMAN: H. als Gesch. (1965). – W. PANNENBERG: H.-Geschehen und Gesch. Kerygma und Dogma 5 (1959) 218ff. 259ff.; Offenbarung als Gesch. (1961). – K. G. STECK: Die Idee der HG (1959). – R. MAU: Der Gedanke der H.-Notwendigkeit bei Luther (1969).
W. LOHFF

Heilbringer ist ein von dem Historiker K. BREYSIG [1] eingeführter Begriff für einen «Typus religiöser Autorität» [2] von gott-menschlicher Doppelnatur, der im Mythos als Gesandter des Hochgottes sakral legitimiert wird und in der Urzeit episodenhaft auftritt, um Dämonen zu besiegen und den Menschen Nahrungsmittel, ethische Normen, Riten und Kulturgüter zu vermitteln. Der These Breysigs, daß sich aus den Gestalten der H. evolutionistisch der Gottesgedanke entwickelt habe, ist allgemein widersprochen worden. Religionswissenschaftlich ist der Begriff ‹H.› ohne klare definitorische Abgrenzung gegenüber anderen Typen religiöser Autorität bzw. Götterkategorien schwer verwendbar. Sein umfassender Gebrauch bedingt keinen Unterschied zum Kulturbringer (Culture-hero; héros civilisateur); er ist zudem allgemein verwendbar für eine Reihe anderer religiöser Gestalten: den göttlichen Urheber [3], die Dema-Gottheit [4], den historischen und eschatologischen Messias [5], den Sakralkönig [6] und den Heros [7].

Anmerkungen. [1] K. BREYSIG: Die Entstehung des Gottesgedankens und der H. (1905). – [2] J. WACH: Religionssoziol. (1951) 375ff. – [3] N. SÖDERBLOM: Das Werden des Gottesglaubens (²1926) 154ff. – [4] A. E. JENSEN: Mythus und Kult bei den Naturvölkern (²1960) 105ff. – [5] H. LIETZMANN: Der Weltheiland (1909). – [6] G. WIDENGREN: Religionens värld (Stockholm ²1953) 95f. – [7] J. CAMPBELL: Der Heros in tausend Gestalten (1953).

Literaturhinweise. K. BREYSIG s. Anm. [1]. – P. EHRENREICH: Götter und H. Z. Ethnol. 38 (1906) 536ff. – A. VAN DEURSEN: Der H. (Groningen/Den Haag 1931). – G. KOCK: Is «Der H.» a god or not? Ethnos 8 (Stockholm 1943) 61ff. – R. GUARDINI: Der H. in Mythos, Offenbarung und Politik (1946). – H. TEGNAEUS: Le héros civilisateur (Stockholm 1950).
G. LANCZKOWSKI

Heilig, Heiligkeit. Das griechische ἅγιος bezeichnet wie das lateinische ‹sanctus› (von sancire: umschließen, umgrenzen) einen abgegrenzten Bezirk, womit alles vor diesem Bezirk (fanum) pro-fanus ist. Dieselbe Herkunft hat auch das hebräische, aus dem Kanaanäischen übernommene Wort ‹qadôš› für ‹heilig›, dessen Wurzel «scheiden, absondern» bedeutet. Zur Übersetzung in germanische Sprachen lagen zwei Wörter vor: ‹hailagaz› mit der Grundbedeutung «eigen, zueigen» und ‹wihaz›, «geweiht». Verwendete WULFILA noch das Wort ‹weihs›, so setzte sich doch unter dem Einfluß der angelsächsischen Missionierung ‹heilig› als Übersetzung von ‹sanctus› durch.

Schon bei HERODOT, dem ersten Zeugen des Wortes, steht ἅγιος als das den göttlichen Bereich gegenüber dem Profanen abgrenzende Wort; diese Bestimmung sollte für ‹heilig› immer zentral bleiben. So spricht Herodot von ἱρὸν ἅγιον [1] und von ἅγιον ἄλσος [2]. Als Epitheton der Götter erscheint ἅγιος unter Einwirkung des orientalischen Begriffs der Heiligkeit (Hk.) allerdings erst in hellenistischer Zeit. Im Alten Testament bezeichnet ‹Hk.› die Göttlichkeit Gottes selbst, die sich in Macht und Herrlichkeit offenbart [3]; so wird alles, was zu Gott in Beziehung steht, ‹heilig› genannt, die himmlischen Wesen, der Mensch, den Gott zu seinem Dienst sich weihte, und sogar die kultischen Gegenstände [4]. Durch die eschatologische Wende des Neuen Testaments tritt das im Alten Testament vorherrschende dingliche Element gegenüber dem personalen zurück, wodurch sich dann das theologische Problem stellt, wie ‹Hk.› als Gott allein zukommender Wesensbegriff und zugleich als Begriff für die durch die Gnade gerechtfertigte Kreatur gedacht werden kann [5].

In diesem Umkreis hält sich der Begriff in der scholastischen Theologie und in der Philosophie. So bestimmt noch KANT Hk. als eine «dem moralischen Gesetz völlig angemessene Gesinnung» [6], die durch den Begriff des höchsten Gutes zur Erkenntnis Gottes führt, von dessen absoluter Hk. der Begriff der Hk. als moralischer Vollkommenheit abgeleitet ist; denn für Gott ist das moralische Gesetz ein «Gesetz der Hk.», für den Menschen ein «Gesetz der Pflicht» [7].

Erst SCHLEIERMACHER versucht eine originale Wesenserfassung des Göttlichen. Seine ‹Reden über die Religion› (1799) gaben damit den Anstoß zur Erkenntnis der Eigenständigkeit der Religion, die ihren Ursprung in dem Gefühl absoluter Abhängigkeit hat, wodurch dem Menschen auch «das zum Gottesbewußtsein werdende unmittelbare Selbstbewußtsein derselben» [8] gegeben ist. Hk. ist so «diejenige göttliche Ursächlichkeit, kraft deren in jedem menschlichen Gesamtleben mit dem Zustande der Erlösungsbedürftigkeit zugleich das Gewissen gesetzt ist» [9].

In die deutsche Dichtung wurde das Eigenschaftswort ‹heilig› durch J. J. PYRA eingeführt; bei KLOPSTOCK und später bei HÖLDERLIN wurde es zu einem Lieblingswort [10]. Ein für die moderne Problematik wichtiges Moment im Begriff des Heiligen (Hl.) findet sich bei GOETHE: «Was ist heilig? Das ist's, was viele Seelen zusammen / Bindet, bänd es auch nur leicht, wie die Binse den Kranz. / Was ist das Heiligste? Das, was heut und ewig die Geister / Tiefer und tiefer gefühlt, immer nur einiger macht» [11]. HEGEL zitiert diese Stelle nicht nur [12], sondern bestimmt das Hl. ebenfalls als das Einigende: «Gott ist, nach den Momenten seines Wesens, ... absolut heilig, insofern er das schlechthin in sich allgemeine Wesen ist» [13].

Eine Sonderstellung in der Bewertung des Hl. nimmt NIETZSCHE ein; denn aufgrund des Vorurteils vom reinen Geist sei ein «neuer Begriff der Vollkommenheit» [14] möglich geworden. In dieser Umkehrung der bisherigen natürlichen Werte sei Hk. als oberster Wert jetzt das «ganz eigentlich Unmenschliche» [15].

Im 20. Jh. setzt die Diskussion um das Hl. verstärkt ein. W. WINDELBAND begreift die Wirklichkeit der Religion aus der Antinomie des Bewußtseins von Sollen und Müssen, die dem Menschen als Gewissen bewußt werde. Dieses sei an das Bewußtsein einer idealen Norm («Normalbewußtsein») gebunden, weil es die Geltung absoluter Werte und Normen voraussetze. Den Inbegriff aller Werte nennt Windelband das Hl. und folgert daraus: «Das Hl. ist also das Normalbewußtsein des Wahren, Guten und Schönen, erlebt als transzendente Wirklichkeit» [16]. Daraus entspringt eine Antinomie der Religion, indem das unbestimmte religiöse Gefühl absoluter Abhängigkeit eine nähere Bestimmung verlangt, die wegen des Übersteigens empirischer Realität scheitert. In diese Lücke springen daher «der Mythos und in den organisierten Formen des religiösen Lebens das Dogma» [17].

R. OTTO versucht mit religionspsychologischer Methode das Hl. zu bestimmen. Erste Ansätze finden sich schon in seinen frühen Schriften, so in der Bemerkung, die Welt sei nicht das Selbstverständliche, sondern «das ganz Erstaunliche» [18] und gehöre in die Sphäre des dem rationalen Begreifen entgegengestellten religiösen Gefühls («Divination»). Im Gegensatz zu Schleiermacher muß aber die religiöse Überzeugung «wahr sein und ihre Wahrheit auch aufweisen können» [19]. Aus diesem Gefühl, der Erfahrung menschlicher Nichtigkeit, gewinnt Otto das Hl. als religiöse Kategorie a priori; denn in seiner Nichtigkeit erfährt der Mensch das Numinose in der Doppelung als mysterium tremendum und fascinans. Aber das Numinose ist noch nicht das Hl., «sondern immer das vollkommen mit rationalen, zwecksetzenden, persönlichen und sittlichen Momenten Durchdrungene und Gesättigte» [20]. Das Hl. ist somit eine «zusammengesetzte Kategorie» [21]. Das irrationale, durch seine Tiefe sich rationaler Erklärung verschließende Numinose kann in Aberglauben abgleiten, das rationale Moment kann es zu reiner Spekulation entarten lassen. Erst in der Ausgewogenheit beider besteht das Hl., so daß das Numinose erst durch «Schematisierung», durch Rationalisierung des Anschaulichen zum Hl. wird. (KANT verwendet den Ausdruck ‹Schematisierung› genau umgekehrt.)

Über Otto geht M. SCHELER insofern hinaus, als er das Hl. als personale Kategorie bestimmt. Es ist ein im Wertfühlen als einem von Denken und Anschauung unterschiedenen Vermögen gegebener Wert. Die Rangordnung der Werte ergibt sich durch eine «intuitive Vorzugsevidenz» [22], die das Hl. als höchsten «Personwert» setzt, als die Qualität der Person der Personen. In Abhebung gegen Otto wird das Hl. nicht Tremendum, sondern das in einem Akt der Liebe erfaßte Heil-Gewährende genannt. – Schelers Auffassung wurde von J. HESSEN weiterentwickelt. Danach wird in der religiösen Erfahrung (Erlebnis des Hl.) eine transzendente und personale Wertwirklichkeit begriffen, die neben die Werte des Wahren, Guten und Schönen tritt, aber so, daß sie deren Zentrum ist. Weil diese Wirklichkeit nur der religiösen Erfahrung zugänglich ist, fehlt «dem philosophischen Gottesbegriff die wesentlichste Bestimmung des religiösen Gottesbegriffs» [23], nämlich das Hl.

P. TILLICH faßt die bisherige Entwicklung zusammen und erweitert zugleich den Begriff des Hl.; das Hl. sei ein Phänomen der Erfahrung, das ohne Einbeziehung der Gotteslehre zu etwas bloß Ästhetisch-Emotionalem werde. Das sei die Gefahr solcher Theologien «wie der von Schleiermacher und von Rudolf Otto» [24]. Das Hl. steht bei Tillich in der Entgegensetzung von Heilig und Profan und im Zwiespalt von Göttlich und Dämonisch, die – getrennt – das Hl. vernichten (vgl. Ottos rationales und irrationales Moment). Neben diesem zweideutigen kennt Tillich noch einen engeren Begriff: «die Hk. des Hl.» [25]. Sie ist wie bei Goethe und Hegel das absolut Einigende, und durch sie kommt es zur «Wiedervereinigung des Getrennten in allen Dimensionen» [26]. Das bedeutet aber auch die Überwindung der Religion als spezieller Funktion des menschlichen Geistes. Wohl wegen dieser Konsequenzen hat man Tillich Verwechslung von religionsphilosophischem und religiösem Akt vorgeworfen [27].

M. HEIDEGGER nimmt das Hl. scheinbar aus dem theologischen Umkreis heraus; denn «der Dichter nennt das Hl.» [28], und dieses «ist das Wesen der Natur» [29]. Indem das Hl., Gottes «Wohnstatt», erscheint, bleibt der Gott doch fern. Da das Hl. in besonderer Nähe zum Göttlichen steht, bezeichnet es nur die Dimension dieses Viertels des «Gevierts». – «Verborgenheit» und «Ausfall» des Hl. in der heutigen Zeit bedeuten aber für B. WELTE, daß es als das Heil und als «unvergleichlich Heilendes» erwartet und erhofft werden kann («geschichtliche Erfüllung des Hl.»), ohne daß seine «universelle Fraglichkeit» und «Ortlosigkeit» in der Gegenwart zur Ruhe gebracht werden kann [30].

Anmerkungen. [1] HERODOT, Hist. II, 41. – [2] a. a. O. V, 119. – [3] Ex. 15, 11; Jes. 5, 16. – [4] Dtn. 33, 3; 1. Sam. 7, 1; 1. Kön. 8, 4. – [5] 1. Kor. 1, 30. – [6] I. KANT, KpV. Akad.-A. 5, 128. – [7] a. a. O. 82. – [8] FR. SCHLEIERMACHER: Der christl. Glaube ([2]1830/31) § 4. – [9] a. a. O. § 83. – [10] Vgl. J. PAPMEHL-RÜTTENAUER: Das Wort ‹heilig› in der dtsch. Dichtersprache von Pyra bis zum jungen Herder (1937). – [11] J. W. GOETHE, Jahreszeiten

Dist. 76/77. – [12] G. W. F. Hegel, Grundlinien der Philos. des Rechts, hg. J. Hoffmeister (⁴1955) 398: Randbemerk. zu § 132. 414: § 142. – [13] Philos. Propädeutik § 77. Werke, hg. Glockner 3, 98. – [14] Fr. Nietzsche, Antichrist Aphor. 51. – [15] Nietzsche, Menschliches, Allzumenschliches II, Aphor. 222. – [16] W. Windelband: Präludien (⁹1924) 2, 305. – [17] a. a. O. 310. – [18] R. Otto: Naturalist. und relig. Weltansicht (³1929) 39. – [19] Kant-Fries'sche Religionsphilos. (1909) 9. – [20] Das Hl. (¹1917, zit. ³⁵1963) 134. – [21] a. a. O. 137. – [22] M. Scheler: Der Formalismus in der Ethik ... (⁵1966) 107. – [23] J. Hessen: Religionsphilos. (²1955) 2, 179; vgl. Die Werte des Hl. (²1951). – [24] P. Tillich: Systemat. Theol. (³1956) 1, 251. – [25] a. a. O. 3, 127. – [26] 3, 281. – [27] H. Loof: Der Symbolbegriff in der neueren Religionsphilos. und Theol. (1955) 61. – [28] M. Heidegger: Wegmarken (1967) 107. – [29] Erläuterungen zu Hölderlins Dichtung (⁴1971) 59. – [30] B. Welte: Das Hl. in der Welt und das christl. Heil, in: Auf der Spur des Ewigen (1965) 113-151.

Literaturhinweise. E. Durkheim: Les formes élémentaires de la vie relig. (Paris 1912). – U. Bunzel: Der Begriff der Hk. im AT (1914). – R. Otto s. Anm. [20]. – E. Williger: Hagios (1922). – G. Mensching: Das Hl. im Leben (1925). – N. Söderblom: Das Werden des Gottesglaubens (²1926). – H. Delehaye: Sanctus (Brüssel 1927). – R. Asting: Die Hk. im Urchristentum (1930). – Fr. Cumont: Die orientalischen Relig. (³1931). – J. Papmehl-Rüttenauer s. Anm. [10]. – W. Baetke: Das Hl. im Germanischen (1942). – F. K. Feigel: Das Hl. (Haarlem 1948). – O. Procksch und K. G. Kuhn: Art. ‹Hagios›, in: Theol. Wb. zum NT, hg. Kittel 1 (1949) 87-116. – B. Häring: Das Hl. und das Gute (1950). – O. Hiltbrunner: Die Hk. des Kaisers. Zur Gesch. des Begriffs sacer. Frühmittelalterl. Studien 2 (1968) 1-30. – J. Splett: Die Rede vom Hl. (1971). N. Wokart

Heimat, Heimatkunde. Eine H.-Theorie ist eine *Theorie der Lebenskreise des Menschen* und wird erstmals von H. Pestalozzi in seinem Werk ‹Abendstunde eines Einsiedlers› (1779/80) entwickelt.

1. Dabei wird die Familienbindung als Vater-Kind-Beziehung (‹Lienhard und Gertrud› (I, 1781)) stärker als die Mutterbindung in ihrer grundlegenden Bedeutung für den Menschen und seine Bildung herausgestellt und noch im patriarchalischen Sinne verstanden. Die Lebenskreise sind: A. umgebend 1. die nächsten Verhältnisse des Vaterhauses, 2. das Berufsleben, 3. Staat und Nation, B. innerlich 4. der «innere Sinn» (als sittlicher Regulator im Menschen), 5. Gott als «die näheste Beziehung der Menschheit» im Kindersinn des Menschen als sein Zentrum, als Liebe. Später arbeitet Pestalozzi den darin enthaltenen pädagogischen Autonomie- oder Selbsttätigkeitsgedanken heraus. Die *Individuallage*, von der er im Sinne des Ganzen spricht, ist von den «Realverbindungen» des Menschen (A) und von seiner Innerlichkeit (B) wechselseitig abhängig [1].

2. Die Entwicklung der Theorie der H. bis ins 20. Jh. hat E. Spranger zusammengefaßt und entscheidend weitergeführt [2]. Er zeigt, daß Bedingung einer *H.-Kunde*, d. h. der wissenschaftlichen und unterrichtlichen Erfassung der H., ein nicht nur isolierendes, sondern auch *totalisierendes Verfahren in den Natur- und Kulturwissenschaften* ist, einer organologischen Denkweise verwandt, um die sich *A. v. Humboldt* und viele Vertreter der *Geographie* verdient gemacht haben [3]. Voraussetzung ist weiterhin, daß es *Inhalte* gibt, die nur fächerübergreifend zu erfassen sind. Daher wird man diese Intentionen der H.-Theorie den *interdisziplinären* Bemühungen zurechnen müssen.

3. Auf dem neuen Stand der H.- und H.-Kundetheorie hatte Spranger den sozialen («soziokulturellen») und geschichtlichen Aspekt sowie den Aktivitätsaspekt von H. mitbegriffen [4], ebenso den Aspekt der Gebrochenheit des H.-Bewußtseins im Zeitalter der Industrie und der Weltkriege [5], aber auch die Grenzen der H., der H.-Kunde und ihres Bildungswertes in ihrem notwendigen Bezug zur «Welt» und ‹Weltkunde› (¹1816 von Chr. W. Harnisch) [6], insbesondere zur «einen offiziellen Kulturwelt» [7]. Die Krisen des 20. Jh. haben in manchen Bereichen zur Übertreibung, in anderen, besonders in der zweiten Hälfte des Jh., zur Verdrängung des H.-Bewußtseins geführt. Daher gilt es, die neuen Aspekte der H.-*Problematik* stärker herauszuarbeiten [8].

Gegen die traditionelle Wissenschaft von der Erziehung zeigt sich in der *Pädagogik* seit den 60er Jahren eine Tendenz der Verdrängung aus Mißtrauen gegenüber einer emotionalen Grundlegung der Erziehung. In der *Soziologie* wird eher, so R. König, die Unverzichtbarkeit der H. für Mensch und Gesellschaft auch in der modernen Welt hervorgehoben [9]. Das gilt ebenso für die *Volks-* und *Völkerkunde* [10]. Beim Menschen, der «schaffend» die Geschichte hervorbringt, sich selbst «erfaßt und das Seine ohne ... Entfremdung in realer Demokratie begründet», entsteht nach E. Bloch etwas, «das allen in die Kindheit scheint und worin noch niemand war: H.» [11].

4. Festzuhalten ist durch den Wandel der Zeit und die Kontroversen hindurch nach dem Bisherigen der folgende Zusammenhang von Merkmalen der H.:

a) H. ist eine raumzeitliche Gegebenheit *für* das Subjekt in seiner «Individuallage» (Pestalozzi), in die es, als Mensch, hineingeboren oder hineingekommen ist und wohnt: H. im *engeren* Sinn.

b) H. ist zugleich das Ganze der an die engere Umgebung angelagerten weiteren «Lebenskreise» und ihrer «*Horizonte*» bis zum Land und nationalen Großraum, darüber hinaus der Inbegriff aller Umkreise bis zur Erde und schließlich zur «Welt». Hier ist H. im *weiteren* (und weitesten) Sinne gemeint. Das bedingt einerseits die nicht nur quantitative Verflüssigung in die Dimension der Unbegrenztheit, sondern schließt ebenso auch qualitativ das Angewiesensein auf einen Gegenbegriff ein. Zunächst handelt es sich um die strukturnotwendige *wechselseitige Abhängigkeit*, die Polarität von H. und Welt aber von vertrauter *eigener Welt* einerseits und *fremder Welt* (Bedrohung, Entwurzelung, Heimweh) andererseits. Einen Grenzfall bildet dann die selbstgewählte oder die aus Not bei Vertreibung oder Flucht erzwungen gegründete «zweite H.» in der «Fremde».

c) Notwendige Bedingung von H. ist das subjektgemäße, *emotional-praktische* Sichhineinleben, das Heimischmachen. H. ist daher nicht nur Umgebung (Milieu), an die man sich anpaßt, sondern wesentlich etwas, das erst zu schaffen ist. Der eigene Horizont wird erkundet und ausgebaut bis zum Blick über die Grenzen; solche *Niveauerhöhung* und Erhöhung des Aussichtsplateaus über dem Standpunkt des Subjekts bildet die Voraussetzung für jede Horizonterweiterung. In diesem Sinn der *Dynamik* handelt es sich um H. im *höheren* Sinne oder im tieferen Sinne (metaphysisch und religiös): H. als «Überwelt» [12]. Das Objektive, Gegebene wird zumindest als *naturhaft* empfunden und genommen *und* zugleich als *menschlich*, kulturell, erlebt, erforscht und geprägt.

d) Ein besonderes Problem stellt das *Expansionsmoment* der H. dar, das jeder Vorstellung einer (statischen) Umgebung oder Umweltfixierung, aber auch der mehr materialistischen oder vitalistischen Motivation (Egoismus, Gruppenegoismus, Nationalismus, Rassismus) widerspricht. Jedoch muß die materielle und vitale Grundlage jeder Dynamik (Expansion) ebenso anerkannt werden wie die notwendige *geistige Intensität* jeder wahren H.-Bindung. Die hohe Bewertung der *eigenen* H. ist daher nur unter der Bedingung zulässig, daß man auch für die H. *anderer* eintritt. Das *Recht auf H.* [13], das idealiter für alle Menschen gilt, hat diesen naturrechtlichen Kern. Die bescheidene Sorge für die H. und das H.-Bewußtsein anderer, der nachfolgenden Generationen wie anderer Völker, ist daher die notwendige Konsequenz und Grenze des Bewußtseins der eigenen H. und der Sorge um sie.

Anmerkungen. [1] Vgl. H. PESTALOZZI, Krit. A., hg. A. BUCHENAU/E. SPRANGER/H. STETTBACHER (1927ff.) 1, bes. 266. 273. 196; vgl. die Analyse von E. SPRANGER: Pestalozzis Denkformen (²1959) 35-39. 49-51. – [2] E. SPRANGER: Der Bildungswert der H.-Kunde (1923, ³1952). – [3] a. a. O. 6-12. 22-32. 32-44, bes. 27-32. 35-38. – [4] Vgl. 9f. 11f. – [5] Vgl. 3 (Vorbemerk. zur 1. u. 3. Aufl.). 17f. – [6] Vgl. 34. 36-38. 42f. – [7] Vgl. 6f. u. a.; ferner – auch zu Anm. [4-6] – E. SPRANGER: Der Eigengeist der Volksschule (¹1955) bes. Kap. II-IV und 12f. 30-34. 52. 57-61. 74f. – [8] W. HINRICHS: H.-Bindung und Kindlichkeit als anthropol. Gesetz. Unterricht heute 21 (1970) 110-117, bes. 113f.; vgl. zum 3. Abschn. A. FISCHER: Einf. in den H.-Gedanken (1930); K. STAVENHAGEN: H. als Lebenssinn (²1948); F. KOPP: Die Krise der H.-Erziehung und die Aufgabe der Schule (1949); H.-Kunde (1952) 140f.; O. F. BOLLNOW: Neue Geborgenheit (²1960) 161ff. 186ff.; E. WENIGER: H. und Gesch. Die Erziehung 1 (1926) 208-220. – [9] R. KÖNIG: Der Begriff der H. in den fortgeschrittenen Industriegesellschaften. Jb. Dtsch. H.-Bund (1959) 22ff.; H., Familie und Gemeinde in den Industriegesellschaften. In: Schicksalsfragen der Gegenwart, hg. Bundesmin. für Verteidigung 5 (1960); vgl. E. ERIKSON: Kindheit und Gesellschaft (1957) 228; D. CLAESSENS: Familie und Wertsystem (1962) 68-74. 81ff., bes. 77-81; H. TREINEN: Symbol. Ortsbezogenheit. Eine soziol. Untersuch. zum H.-Problem. Kölner Z. Soziol. u. Sozialpsych. 17 (1965) 73-97. 254-297. – [10] Vgl. J. HAUG: H.-Kunde und Volkskunde, in: Reihe ‹Volksleben›, hg. H. BAUSINGER 22 (1969). – [11] E. BLOCH: Das Prinzip Hoffnung (1959) 1628. – [12] E. SPRANGER: Welt, Überwelt, H., in: Mélanges D. Gusti. Arch. pour la Sci. et la Réforme sociales 13/1 (Bukarest 1936). – [13] R. LAUN: Das Recht auf H. (1951); H. BÜLCK: Das Recht auf H. Jb. int. Recht 3 (1954).

Literaturhinweise. H. PESTALOZZI s. Anm. [1]. – E. SPRANGER s. Anm. [2. 7. 12] mit Lit. – R. KÖNIG s. Anm. [9]. – H. TREINEN s. Anm. [9]. – J. HAUG s. Anm. [10] mit Lit. – W. HINRICHS: Braucht der moderne Mensch noch eine H.? in: Ganzheit in Schule und Unterricht. Beilage zu Unterricht heute 20 (1969) H. 12, I-IX mit Lit.; s. Anm. [8]. W. HINRICHS

Heimwelt nennt E. HUSSERL die jeden Menschen und jede Menschengemeinschaft in personalistischer Einstellung umgebende Sphäre des Vertrauten und Bekannten, die für die einzelnen Menschen und Gemeinschaften unterschiedlich weit reicht, aber immer endlich ist [1]. Diese Umwelt geht horizonthaft in einen Bereich des Unvertrauten, Fremden über [2]. In «naturaler» Einstellung ist sie von allen Bedeutungscharakteren freie, räumliche Nahwelt [3].

Anmerkungen. [1] E. HUSSERL: Phänomenol. Psychol. Vorles. SS 1925. Husserliana 9 (Den Haag 1962) 496; vgl. A. DIEMER: E. Husserl. Versuch einer systemat. Darstellung seiner Phänomenol. (²1965) 287ff. – [2] E. HUSSERL: Erfahrung und Urteil. Untersuch. zur Genealogie der Logik (³1964) 33f. – [3] Vgl. L. LANDGREBE: Welt als phänomenol. Problem, in: Der Weg der Phänomenol. (²1967) 50f. P. JANSSEN

Heiterkeit, das Heitere. Der Vers FR. SCHILLERS am Ende des Prologs zu ‹Wallenstein›: «Ernst ist das Leben, heiter ist die Kunst» [1], ist Resümee einer Ästhetik und gibt den Hinweis, wo der Begriff der Heiterkeit (Hk.) bzw. des Heiteren (H.) seinen Ort hat: in der klassischidealistischen Theorie. Die weitere Zuordnung des Begriffs, wie sie der Prolog vornimmt – die Kunst hat den Saal der Musen «zum heiteren Tempel ausgeschmückt», «und ein harmonisch hoher Geist spricht uns aus dieser edlen Säulenordnung an und weckt den Sinn zu festlichen Gefühlen» [2] –, weist auf die Antike, für die das Theater Tempel, die Kunst Religion ist. Hk. ist in dieser Tradition, die Schiller einzuholen gewillt ist, Geschenk der Kunst als eine Gabe des Gottes Apoll, des Musenführers, an den bedürftigen Menschen, dessen Leben ernst, d. h. vom «Antagonismus der Kräfte» gekennzeichnet ist [3]. Sie ist so der Zustand des Gemütes, der nach dem Durchgang durch die Entzweiung mit dem Begriff der Versöhnung umschrieben werden kann.

Bedeutung und Etymologie des griechischen Wortes ἱλαρός bzw. ἵλαος bestätigen diese Zusammenhänge. Zu ‹heiter/fröhlich› gehört ‹gnädig/huldvoll›, wie denn ἵλημι gnädig sein, ἱλάομαι versöhnen bzw. sühnen (neutestamentlich) heißt [4]. Belegt ist weiter die Verwandtschaft mit lateinisch ‹solari› (trösten), gotisch ‹selsgütig›, althochdeutsch ‹salida› (Segen) und ‹salig›, neuhochdeutsch ‹selig› sowie die Nähe zu griechisch ὅλος (heil) [5]. Heiter sind die Seligen, die Götter, wie denn lateinisch ‹serenus› (heiter) ein Epitheton des Jupiter bzw. des römischen Kaisers ist [6]. Ihr Leben, fern des Lebens, das, bedroht durch das Schicksal, nicht schon den «ruhigen Frieden in heiliger Brust» kennt, ist eine «vita serena» [7]. Heiter ist der Mensch, dem die Götter gnädig sind bzw. den der Gott erlöst, oder aber derjenige, der sich von der Furcht vor den Göttern und vor dem Tod befreit und ein den Göttern vergleichbares Leben führt. Hk. als «tranquillitas animi» [8], wie sie die Tradition Sokrates und allgemein dem Weisen zuschreibt [9], ist in dieser doppelten Auslegung Überlieferung der Antike.

1. SCHILLERS Bestimmung des H. knüpft hier an. «Ruhig, klar, frei, heiter» sei «der Zustand der Götter, die sich um nichts Menschliches kümmern, die über allen frei schweben, die kein Schicksal berührt, die kein Gesetz zwingt», und als solcher der Zustand des Menschen, der die «Freiheit des Gemüts» besitzt, die die «schöne Seele» auszeichnet [10].

Im Unterschied zur Tragödie findet die Komödie den Menschen schon in jenem höheren Zustand der Hk. vor, in den die Tragödie ihn erst noch zu versetzen hat: «Es muß also eine höhere rüstigere Kraft in uns aufgeweckt und geübt werden, damit wir uns wiederherstellen können, wenn jenes glückliche Gleichgewicht, worin die Komödie uns fand, aufgehoben ist.» Im wertenden Vergleich von Tragödie und Komödie (was nämlich «höher» sei), gilt für die Komödie, daß sie den «höheren Zustand», für die Tragödie, daß sie die «höhere Tätigkeit» kennzeichnet [11]. Die Tragödie erweist sich so als die prometheische «Kraft» [12], die die «ästhetische Erziehung des Menschen» vollbringen soll. Durch die Hk. spendende «schöne Kunst» ist für Schiller die «Veredlung des Charakters» und nur durch diese «alle Verbesserung im Politischen» denkbar [13].

2. In einer unmittelbar an den Vers Schillers anknüpfenden Interpretation nimmt HEGEL auf, daß in der klassischen Kunst «der Zug der Hk. und der Stille» vorherrsche und «Hk., in sich selbst im Ernste ihren wesentlichen Charakter» habe [14]. Das H. ist dann weiter Kennzeichen der griechischen Kunst und Religion, die eine «schöne Religion» ist und als solche für Hegel – im Unterschied zu Schiller – unwiederbringlich vergangen [15]. Jene «heitere Ruhe und Seligkeit, dies Sichselbstbegnügen in der eigenen Geschlossenheit und Befriedigung» sei Grundzug der «seligen Götter», denen es «mit der Not, dem Zorn und Interesse in endlichen Kreisen und Zwecken kein letzter Ernst» sei [16]. Es gelte zwar für die griechische Hk. auch, daß sie nicht «natürlich» sei, vielmehr Frucht der Aufhebung des Gegensatzes, Endziel beim Durchwandern des «Weges der Reinigung»,

auf den die antike Tragödie führe [17]. Jedoch habe sich diese «in den Gegensatz nicht bis zur Tiefe hineingearbeitet und ihn ausgesöhnt»; denn sie kenne nicht den «unendlichen Schmerz und Zweifel, worin das abstrakte Selbstbewußtsein sich in seinem abstrakten Wissen von sich isoliert» [18]. Zu jener «höheren Hk. des Geistes, welche den Durchgang durch das negative Moment der Entzweiung vollendet und sich durch diese Arbeit die unendliche Befriedigung errungen hat» [19], kann daher nicht die Kunst, sondern nur die Philosophie führen. Da nur sie das Leben in seinem vollen Ernste begreift und Entzweiung als ein notwendiges Moment im Fortgang der Geschichte als einer Geschichte des sich entfaltenden Geistes zu erkennen vermag, kann sie in der Vollendung der dialektischen Bewegung den Ernst des Lebens «aufheben» und das Leben heiter nennen.

3. In der Dichtung HÖLDERLINS erscheint weder die Kunst noch die Philosophie, sondern zunächst und vor allem die Natur heiter. Sie ist die Kraft, die dem, der leidet, «Genesung» zu bringen vermag; denn «alle Blumen der Erd, alle die fröhlichen, schönen Früchte des Hains, heitern» [20]. Durch sie und im Anruf der Götter «atmet und tönt heilige Lebenslust» [21]. In der Verbindung von «heilig und heiter» [22] nimmt Hölderlin die antike Tradition auf. Im Begriff des H. artikuliert sich zugleich die politische Hoffnung auf «neues Grünen»: «Denn wo die Reinen wandeln, vernehmlicher ist da der Geist und offen und heiter blühen des Lebens dämmernde Gestalten» [23]. Durch jene «Reinen», wie Diotima, die «holde Muse», die «Immerheitere Schöne» soll der Zeit Hk. vermittelt werden. Der Dichter, dieser Muse geweiht, wird zum Seher und Sänger, Verkünder jenes Geistes, der «heitert» [24].

Ferner rückt Natur, und die Vermittlung wird ungewisser, wenn präziser Griechenland und seine Götter heiter genannt werden. Vergebens ist die Beschwörung Hellas und seiner «heiteren Luft», vergebens der Anruf an den «Vater Äther», dessen «heitere Majestät» immer wieder gerühmt wird, vergebens die Erinnerung an den «Sohn, den Syrier», den Gott Dionysos, dessen Gabe der heiternde Wein ist [25]. Die Gegenwart ist die «dürftige Zeit», in der die Dichter «zu spät kommen» [26]. Zwar wird beteuert, daß die Götter leben, jedoch «über dem Haupt droben in anderer Welt» [27]. ‹Hyperions Schicksalslied› klingt an, das unvermittelt das heitere, da schicksalslose Leben der Götter mit der «leidenden Menschen» konfrontiert [28]. Ihr Schicksal ist es, von des «Vaters heiterem Lichte fern, dem Sonnengott ungetreu», «im Zwist verzehrt» zu sein [29]. Die Entzweiung, begründet in der Nichtachtung der «göttlichen Natur», im Verschmähen des «Genius», «der Hk. ins Leiden und Lieb und Brüderschaft den Städten und Häusern bringt» [30], wird dem Dichter – insbesondere für die Deutschen – unaufhebbar.

Im ‹Hyperion› ist der Begriff des H. Ansatz zur Entfaltung einer kritischen, negativen Theorie. Das «Barbarische» als die Abwesenheit des H. gründet in der Herrschaft der Wissenschaft. Deutschland erscheint als das Land der «Barbaren von alters her, durch Fleiß und Wissenschaft und selbst durch Religion barbarischer geworden» [31]. Es ist Zeichen der Zeit, wenn es weiter heißt: «Handwerker siehst du, aber keine Menschen, Denker, aber keine Menschen, Priester, aber keine Menschen» [32]. In einer durch Wissenschaft und Technik gezeichneten Gesellschaft ist die Zerrissenheit des Menschen nicht durch Philosophie, nicht durch Religion (Christentum) und auch nicht durch die in Dichtung zur Sprache kommende Natur aufhebbar. Hk. erweist sich letztlich als das Schlüsselwort einer dichterischen Praxis, für die das Verkünden der Versöhnung als der ins Leiden gebrachten Hk. im Wahnsinn endet. Es ist Gabe des Dionysos, wenn sich in den späten Gedichten «Aussicht» auf Hk. wieder einstellt: «Oft scheint die Innerheit der Welt umwölkt, verschlossen, des Menschen Sinn von Zweifeln voll, verdrossen. Die prächtige Natur erheitert seine Tage und ferne steht des Zweifels dunkle Frage» [33].

4. In Anknüpfung und Fortführung von Hölderlins Ausdeutung der griechischen Hk. als eines kritischen Begriffs versteht sich NIETZSCHES Frühwerk ‹Geburt der Tragödie aus dem Geiste der Musik›, zunächst geplant unter dem Titel ‹Griechische Hk.›, als «Fragezeichen zur vorgeblichen Hk. der Griechen und der griechischen Kunst» und als solches als «das große Fragezeichen vom Werte des Daseins» schlechthin [34]. Die Entfaltung des Begriffs der Hk. bei Nietzsche hat zum Thema die «Umwertung aller Werte» und ist in diesem Sinn zugleich Verfalls- wie auch Erlösungstheorie, in der letztlich und ausschließlich Dionysos Gott ist.

Zu unterscheiden ist nach Nietzsche zwischen «tragischer und theoretischer Weltbetrachtung», «hellenischer und alexandrinischer Kultur» [35] und der ihr je zugeordneten «feurigen Hk.» der älteren Hellenen, der Vorsokratiker, und derjenigen «nüchterner und altkluger Praktiker und Heiterlinge» [36]. Im Rückgriff auf die Antike, die in ihrem Schoße selbst die sich in ihrer Radikalität einander ausschließenden Positionen gezeugt habe, und zwar durch die Aufhebung der im Hellenischen verwobenen Prinzipien des Dionysischen und Apollinischen durch Sokrates-Platon bzw. Euripides, im Rückgriff also auf das Vergangene als das Ursprüngliche soll Gegenwart, gekennzeichnet durch die Herrschaft des Apollinischen, d. h. durch den «Sokratismus der Moral, die Dialektik, Genügsamkeit und Hk. des theoretischen Menschen» [37] bzw. durch Herrschaft der Wissenschaft [38], überwunden und Zukunft gewonnen werden, der dann das Dionysische gehört. Hk. im archaischen und zugleich modernsten Sinne kennt nicht die Herrschaft des Denkens über das Sein, des Sollens über das Wollen, des Handelns über das «lethargische Element». Sie bedeutet die Aufhebung des «principium individuationis» [39]. Sie soll die «Einheit mit dem Herzen der Welt» und in ihr «die einzige überhaupt wahrhaft seiende und ewige, im Grunde der Dinge ruhende Ichheit» rekonstituieren [40].

Hk. erweist sich schließlich als der zentrale Begriff einer «fröhlichen Wissenschaft», in der die Frage, «was es mit unserer Hk. auf sich habe», die Antwort im Hinweis auf «das größte neuere Ereignis» findet: «Daß ‹Gott tot ist›, daß der Glaube an den christlichen Gott unglaubwürdig geworden ist», somit «unsere ganze europäische Moral», d. h. «alles Vertrauen, alles Gutmütige, Verschleiernde, Milde, Mittlere, wohinein wir vielleicht unsere Menschlichkeit gesetzt haben» [41]. Es ist eine Hk. angesichts «der langen Fülle und Folge von Abbruch, Zerstörung, Untergang, Umsturz» [42], entsprungen einem «dionysischen Wahnsinn» als dem «Verlangen nach dem Häßlichen» [43]. Der Heitere wird zum «Lehrer und Vorausverkünder dieser ungeheuren Logik von Schrecken», «Prophet einer Verdüsterung und Sonnenfinsternis, derengleichen es wahrscheinlich noch nicht auf Erden gehabt hat» [44]. Diese Zuspitzung des Begriffs H., ausgelöst durch den nur noch zu konstatierenden Tod Gottes und – für Nietzsche in der Konsequenz

– durch das Ende der tradierten Moral, impliziert die Aufhebung des Kontextes, der für die Geschichte dieses Begriffs konstitutiv ist und der Hk. als die Möglichkeit der Versöhnung bis zu Nietzsche kennzeichnet. Wenn Hk. nicht mehr das Versöhntsein mit dem Gott meint, bedeutet der Begriff in Ästhetik wie praktischer Philosophie nur «Optimistisches, Oberflächliches, Schauspielerisches» [45], wie das Schöne, das zugleich in diesem Sinne das Wahre und Gute ist, von Nietzsche definiert wird.

Indes, über das Kritische hinaus erwächst dem Begriff des H. nur ein «Übermenschliches». Da alles in «denselben leeren Abgrund geworfen» ist und die Theorie in einem «Skeptizismus» aufgeht, «der mit der Abstraktion des Nichts oder der Leerheit endet» [46], ersteht eine neue Philosophie des Fröhlich-H., die eine «Kunst der Transfiguration» ist und in der es nicht mehr um «Wahrheit», sondern um «Gesundheit, Zukunft, Wachstum, Macht, Leben» geht [47].

Anmerkungen. [1] Fr. Schiller, Wallenstein. National-A. 8, 6. – [2] a. a. O. 8, 3; 8, 6. – [3] Über die ästhetische Erziehung des Menschen a. a. O. 20, 326; 5, 327. – [4] Vgl. W. Gemoll: Griech.-Dtsch. Wb. (⁴1937) 386f. – [5] Vgl. ebda. – [6] Vgl. Lex. totius latinitatis, hg. A. Forcellini (1940) 4, 328. – [7] Lukrez, De rerum natura II, 1093f., hg. C. Bailey (Oxford 1947) 1, 292-294. – [8] Seneca: De ira III, 25, in: L. A. Senecae Dialogorum Libr. XII, hg. E. Hermes (1905) 135. – [9] Vgl. Cicero: Tusc. disp. III, 15, hg. M. Pohlenz (1965) 334; vgl. auch Grimm, hg. M. Heyne 4/2, 921/27. – [10] Fr. Schiller, National-A. 21, 92f.; 20, 445. – [11] a. a. O. 21, 92. – [12] 92f. – [13] 20, 332. – [14] G. W. F. Hegel, Ästhetik, hg. Bassenge (1955) 1, 159. – [15] a. a. O. 1, 421. – [16] 1, 159. – [17] Philos. der Relig., hg. G. Lasson (1927/1966) 2, 179. – [18] ebda. – [19] Ästhetik a. a. O. [14] 2, 192. – [20] Fr. Hölderlin, Gr. Stuttg.-A. I/1, 253. – [21] ebda. – [22] a. a. O. I/1, 246. – [23] I/1, 309f. – [24] I/1, 220. 222. – [25] II/1, 90ff. – [26] ebda. – [27] ebda. – [28] I/1, 265. – [29] I/1, 264. – [30] III, 156. – [31] III, 153. – [32] ebda. – [33] II/1, 287. – [34] Fr. Nietzsche, Werke, hg. K. Schlechta 1, 9. – [35] a. a. O. 1, 95. 99. – [36] 3, 354. – [37] 1, 10. – [38] 1, 25. – [39] 1, 23. – [40] 1, 37f. – [41] 2, 205. 13. – [42] 2, 205. – [43] 1, 12f. – [44] 2, 205. – [45] 1, 12ff. – [46] G. W. F. Hegel, Phänomenol., hg. J. Hoffmeister (1952) 68. – [47] Nietzsche, a. a. O. [34] 2, 12.

G. Sauerwald

Held, Heros (griech. ἥρως; lat. heros; ital. eroe, frz. héros, engl. hero)

I. Der *griechische* Begriff (ὁ ἥρως, fem. ἡ ἡρωΐς, ἡρώϊσσα, ἡρωΐνη) gehört vielleicht etymologisch zu lateinisch ‹servare› (erhalten, bewahren) und awestisch ‹haurvaiti› (beschützen, behüten) [1]; er begegnet schon bei Homer und hat in der ‹Ilias› die Bedeutung «H., Herr, Kämpfer, Krieger» [2], während er in der ‹Odyssee› vornehmlich «alte und ehrwürdige Männer» bezeichnet [3]. Die Ansicht, der Name werde in alter Zeit nur den Fürsten beigelegt [4], trifft nicht zu [5]. Versteht sich schon Homer als Sänger einer vergangenen heroischen Welt, so ist für die spätere Bewußtseinsbildung vor allem Hesiods (ca. 680 v. Chr.) Weltaltermythos [6] bedeutsam, da der Dichter in ein aus dem vorderen Orient stammendes Schema von vier Metallzeitaltern (Gold, Silber, Erz, Eisen) selbständig ein H.-Zeitalter [7] eingefügt hat, um mit dieser konkreten Duplizierung der archetypischen Vorstellung von paradiesischem Einst und entartetem Jetzt einen historisch glaubwürdigen Anschluß an die eigene, eiserne Zeit zu finden (Gold: Silber ∼ Heroenzeit: Eisen) [8].

In der literarischen Fixierung Homers und Hesiods, die sich auf dem Untergrund einer seit mykenischer Zeit lebendigen kultischen Verehrung hervorragender Verstorbener vollzieht, gewinnen die H. insgesamt den Charakter von Halbgöttern (ἡμίθεοι) [9], obschon nur wenige von ihnen einen göttlichen Elternteil aufweisen.

Die griechische Religion verfügt über mannigfaltige Formen der Schaffung und Verehrung von H. [10]. H. können z. B. sein: abgesunkene Götter, Lokalgötter, Herrscher der Vorzeit, Heil-, Fruchtbarkeits- und Weissagedämonen, Funktionsdämonen aller Art, Kulturschöpfer [11], Städte-, Stammes- und Familiengründer. Der H.-Kult hat seinen Ursprung im Totenkult, dessen besondere Merkmale er auch trägt, und ist vom Götterkult streng zu unterscheiden [12]. Das Grabmal (Heroon) mit den Reliquien des betreffenden H. steht im Mittelpunkt seines Kultes. Den Doppelaspekt einer real geschauten mythischen Zeit göttergleicher (ἀντίθεοι) H. und der für die eigene Zeit gültigen religiösen Verklärung solcher übermenschlichen Gestalten bieten die Dichtungen Pindars [13]. Adjektiv und Adverb ‹heroisch› (ἡρωϊκός, -ῶς) werden dementsprechend entweder auf jene mythische Zeit [14] oder auf menschliches Maß überragende Qualitäten bezogen: heroische Tugend [15], heroischer Körperwuchs [16], heroisches Sterben [17], heroische Gesinnung hegen [18]. In der Metrik erhält der Hexameter als Vers des Epos die technische Bezeichnung ‹heroisch› (στίχος ἡρωϊκός, versus heroicus). Die Heroisierung von Herrschern wurde zur festen Einrichtung, seit Ptolemaios I. dem Alexander als Gründer-H. (ἡ. κτίστης) Grab und Kult in Alexandria gestiftet hatte. Auch die Gründer der Philosophenschulen wurden nach dem Tode heroisiert. Wir kennen sogar Beispiele der Heroisierung Lebender [19]. Die griechische Tradition des Herrscherkultes setzt sich in der römischen Kaiserzeit bruchlos fort [20].

Im Griechischen bleibt ἥρως später stets das Äquivalent für das lateinische ‹divus› zur Bezeichnung des divinisierten Herrschers [21]. Andere Nuancen des griechischen Begriffes begegnen in sinnverwandten römischen Vorstellungen: die guten Geister der Verstorbenen, «di manes», entsprechen den θεοὶ ἥρωες, der «lar familiaris» war auch den Griechen als Schutz-H. vertraut.

Die *lateinischen* Lehnwörter ‹heros› und ‹heroicus› behalten ihre griechische Bedeutung im wesentlichen bei. Wir treffen ‹heros› insbesondere bei den Elegikern und Epikern. Hervorzuheben ist die Heroisierung der Geliebten durch Catull [22] und die Begründung einer ganzen Literaturgattung durch Ovids ‹Epistulae heroides›, fiktive Briefe von Heroinnen an ihre treulosen Geliebten [23]. Cicero ordnet die Begriffe ‹heros› und ‹heroicus› bedeutenden toten oder lebenden historischen Personen zu, gelegentlich in ironischem Sinne [24]. Den profanen Bereich der griechisch-lateinischen Begriffe deckt das im Althochdeutschen nicht belegte mittelhochdeutsche ‹helt›, das neuhochdeutsch ‹H.› wird [25].

Anmerkungen. [1] H. Frisk: Griech. etymol. Wb. 1. 2 (1960/70) s.v. Hera und Heros; vgl. die unhaltbare, aber für den Begriff aufschlußreiche Etymol. bei Platon, Krat. 398 c-e. – [2] Homer, Ilias II, 110; VI, 67; XV, 733; XIX, 34. – [3] Od. I, 189; II, 15; VII, 155. – [4] Aristoteles, Probl. 19, 48, 922 b 18. – [5] F. Deneken: Art. ‹Heros›, in: W. H. Roscher, Ausführl. Lex. der griech. und röm. Mythol. 1/2 (1886/90) 2441-2589. – [6] Hesiod, Erga 106-201. – [7] a. a. O. 156-173. – [8] Vgl. B. Gatz: Weltalter, goldene Zeit und sinnverwandte Vorstellungen. Spudasmata 16. (1967) – [9] Hesiod, Erga 160; Platon, Krat. 398 c 11. – [10] Vgl. E. Rohde: Psyche, Seelencult und Unsterblichkeitsglaube der Griechen 1. 2 (⁷/⁸1921); F. Pfister: Der Reliquienkult im Altertum. Relig.gesch. Vers. u. Vorarb. 5/1-2 (1909/12); S. Eitrem: Art. ‹Heros›, in: RE 8/1 (1912) 1111-1145; J. G. Frazer: Belief in immortality and worship of the dead 1-3 (London 1913/24); L. R. Farnell: Greek Hero cults and ideas of immortality (Oxford 1921); W. F. Otto: Der Ursprung von Mythol. und Kult (1940); M. Delcourt: Légendes et cultes des héros en Grèce (Paris 1942); K. Kerényi, Die Heroen der Griechen (1958). – [11] Vgl. A. Kleinguenther: protos heuretes.

Unters. zur Gesch. einer Fragestellung. Philol. Suppl. 26/1 (1933). – [12] Vgl. M. P. NILSSON: Gesch. der griech. Relig. 1, in: Hb. Altertumswiss. 5/2/1 (²1955) 184ff. 378ff. 715ff. – [13] PINDAR, Pyth. 1, 53; 4, 58; vgl. Nem. 3, 22; Ol. 13, 15 (heroische Tugenden); Nem. 7, 46 (heroische POMPAI). – [14] ARIST., Pol. 1285 b 4; vgl. CICERO, De div. 1, 1; De nat. deor. 3, 54; Tusc. 5, 7. – [15] ARIST., Eth. Nic. 1145 a 20. – [16] PHILOD., De poem. 2, 43. – [17] DIOD. SIC. 2, 45. – [18] LUKIAN, Amores 20. – [19] Vgl. EITREM, a. a. O. [10] 1139-1141. – [20] Vgl. F. TAEGER: Charisma. Studien zur Gesch. des antiken Herrscherkultes 1. 2 (1957/60). – [21] CASS. DIO 56, 41; IUL. APOST., Caes. 334 b. – [22] Vgl. G. LIEBERG: Puella Divina. Die Gestalt d. göttl. Geliebten bei Catull im Zusammenhang der antiken Dichtung (Amsterdam 1962). – [23] Vgl. H. DÖRRIE: Der heroische Brief. Bestandsaufnahme, Gesch., Krit. einer humanistisch-barocken Lit.gattung (1968). – [24] CICERO, Ad Att. 1, 17, 9 (Cato); 14, 6, 1 (Brutus und Cassius); Resp. 3, 8 (Platon und Aristoteles); vgl. Ad Att. 14, 15, 1; 4, 3, 5 (Clodius Pulcher). – [25] Vgl. GRIMM 4/2 (1877) 930-934: s.v. ‹H.›; Trübners Dtsch. Wb., hg. A. GÖTZE 3 (1939) 397-399: s.v. ‹H.›.   R. RIEKS

II. Zu Beginn der *Neuzeit* begreift G. BRUNO den H. – «der, wenn er von der Idee der göttlichen Schönheit und Güte begeistert wird, sich mit den Fittichen ... der vernünftigen Willenskraft zur Gottheit erhebt und die Form eines niederen Wesens abstreift» [1] – als Ästheten und Philosophen. Auf dem Wege der Adäquation an den Gegenstand seiner philosophisch-ästhetischen Liebe (amor intellectualis), dem Ideal, steigt der genial-heroische Mensch, der durch geistige Disziplinierung Leidenschaft und Besonnenheit vereinigt (coincidentia oppositorum), von der Ebene der reinen Sinnlichkeit zu einer höheren Seinsstufe empor, und seine «Gedanken und Gefühle kommen in Einklang mit der göttlichen und innerlichen Harmonie ... und dem gesetzlichen Ebenmaße, das allen Dingen innewohnt» [2]. In der anschauenden Erkenntnis Gottes, des Inbegriffs aller Gegensätze und des alles beherrschenden Prinzips, vollenden sich nach Bruno Denken und Sein des H.

Unter dem Einfluß dieser Gedanken wird für SPINOZA der «Weise» zum überragenden Menschen [3]. Durch fortschreitendes Erkennen und Bejahen des mit dem Willen Gottes identisch Notwendigen gelangt er im «amor Dei intellectualis» zu höchster Vollkommenheit. – Gleichzeitig wird in der französischen Klassik der tragische und komische H. zum Handlungsträger des Schauspiels. Die H. der Tragödie sind Personen aus hohen und höchsten sozialen Schichten, die die bestehende moralische Ordnung annehmen und bejahen, indem sie die geforderte Unterordnung des Empirischen unter das Rationale und Ideale leisten. Cid, der chevaleresken, durch Seelengröße gekennzeichnete Tugend-H. P. CORNEILLES, wächst in dem Konflikt zwischen Liebe und Ehre über sich selbst hinaus und schafft sich ewigen Ruhm [4]. J. RACINES an mythologischer Vorlage orientierte Tragödie ‹Phèdre› durchzieht einerseits die in der Figur des Thésée verkörperte Vorstellung vom traditionellen griechischen H., andererseits repräsentiert die Hauptfigur Phèdre einen H.-Typus, der die innere Zerrissenheit des Menschen, den Gegensatz von Leidenschaft und Vernunft, verkörpert [5].

Die Vorstellung vom Genie als einem durch Originalität und Natürlichkeit gekennzeichneten, überragenden Ausnahmemenschen ist in der deutschen Literatur und Philosophie des 18. Jh. bis hin zur Romantik stark verbreitet. Im literarischen Sturm und Drang gewinnt der Freiheitsbegriff die Bedeutung des «Selbstauslebens», so daß die Sympathie vom Tugend-H. auf den Lebens-H. übertragen wird, der in der Spannung zwischen den Polen Gesetz und Natur steht. Ihm wird das Recht zugestanden, seiner Natur zu folgen, selbst wenn er dabei gegen bestehende Gesetze handelt. – G. CHR. LICHTENBERG kritisiert den zeitgenössischen Geniebegriff und den Geniekult seiner Umwelt. Die sogenannten «feinen Köpfe» sind «nicht sowohl Leute, die groß in der ganzen Anlage ihres Geistes, und zwar ursprünglich sind, sondern bei den meisten ... [sei] die Feinheit eine Schwächlichkeit, Hypochondrie, eine kränkliche Empfindlichkeit» [6]. Mangel an Kritikfähigkeit und das Emphatische, Künstliche, das der unreflektierten Übernahme von normenhaftem Gedankengut Vorschub leiste, versperre diesen Genies den Zugang zur Wahrheit. Den «Originalgenies» stellt Lichtenberg das «große Genie» gegenüber, das seine Aufmerksamkeit auf das «Niedrige», die alltäglichen Dinge richtet und «alle Begebenheiten als individua» ansieht [7]. Eigenständigkeit im Denken und Handeln kennzeichnen dieses «große Genie».

Aufopferungsvoller Einsatz für die Realisierung einer Idee charakterisiert den H. in der Konzeption J. G. FICHTES. Kraft dieser Idee, gemäß dem «Princip des vernunftmäßigen Lebens», wird der zunächst seiner Umgebung Gleichgestellte zu einem in geistiger und körperlicher Hinsicht überragenden Menschen: «Wer hat die rohen Stämme vereinigt, und die Widerstrebenden in das Joch der Gesetze ... gezwungen ... Heroen waren es, große Strecken ihrem Zeitalter zuvorgeeilt, Riesen unter den Umgebenden an körperlicher und geistiger Kraft» [8].

Das Wissen und die Realisation dessen, «was an der Zeit, was notwendig ist» [9], machen für HEGEL den H. aus. In den «eigenen partikulären Zwecken» geschichtlich großer Individuen verwirklicht sich, in seinem Verständnis, durch die «List der Vernunft» «das Substanzielle ... welches Willen des Weltgeistes ist» [10] und macht sie zu «Geschäftsführer[n] eines Zweckes ... der eine Stufe in dem Fortschreitungsgange des allgemeinen Geistes bildet» [11]. Das geniale welthistorische Individuum bringt die «bewußtlose Innerlichkeit» [12] des «verborgenen Geistes», der an die Gegenwart pocht [13], zu Bewußtsein, und durch es realisiert der Weltgeist die jeweils höchste Stufe seines Begriffs. Als «Organe des substanziellen Geistes» [14] sind die großen Individuen nur vor dem Hintergrund ihrer Zeit zu verstehen. Dabei ist für Hegel jedoch «ihre Zeit» das mythische Zeitalter, und dieses ist längst vorüber. Der Heros lebt nur im Bewußtsein substanzieller Einheit mit dem Ganzen, in jenem «staatenlosen Zustand», in dem das Sittliche und Gerechte – im Gegensatz zu dem die «Lebendigkeit des Individuellen» [15] «aufhebenden» modernen Rechtsstaat – allein von der Subjektivität des mit der Natur noch nicht entzweiten Individuums abhängen.

Ausgehend von Fichtes Transzendentalphilosophie definiert TH. CARLYLE den H. als «Dolmetscher des Himmels» [16]. Seine äußere Gestalt hängt ab von der Zeit und der Umgebung, in die er hineingeboren wird. H.-Götter, Propheten, Dichter und Priester als Erscheinungsformen des H. gehören der Vergangenheit an, während der Schriftsteller-H. als wichtigste Persönlichkeit neuerer Zeit anzusehen ist. Auf ihn überträgt Carlyle Fichtes Bestimmung des Gelehrten, der ebenso wie jener «in der göttlichen Idee» lebt und durch «Vision des inneren göttlichen Geheimnisses» [17] die Menschen erleuchtet. «Originalität», «Ursprünglichkeit», «Genie» [18] und Liebe zur Wahrheit machen ihn zur überragenden Persönlichkeit.

Im 19. Jh. wird der Begriff des H. mit unterschiedlichen Bedeutungsinhalten gefüllt. R. W. EMERSON definiert den H. als «Repräsentativgestalt» (representative man). Wegen seiner überragenden geistigen und sittlichen Qualitäten und seiner schöpferischen Wirksamkeit wird er zum Vorbild und würdigen Vertreter des Menschengeschlechts. «He is a great average man; one who, to the best thinking, adds a proportion and equality in his faculties, so that men see in him their own dreams and glimpses made available and made to pass for what they are» [19]. «Die großen Individuen» vermögen nach J. BURCKHARDT in der Gegenwart die Zukunft zu erkennen; sie «sind zu unserem Leben notwendig, damit die weltgeschichtliche Bewegung sich periodisch und ruckweise frei mache von bloßen abgestorbenen Lebensformen ...» [20]. P. DE LAGARDE sieht den H. der Geschichte als «Idealmenschen» und Revolutionär. «Ein ‹historischer H.› ist nicht der, den die Ereignisse an die Spitze einer längst vorbereiteten Entwicklung tragen ...» [21], sondern derjenige, welcher in Ausübung seiner Pflichten für die nächste Zukunft gegen einen status quo angeht. «Dabei ist der H. nie ohne tragisches Pathos Revolutionär: er ist H., weil er alte Liebe überwinden kann, ein tragischer H., weil er sie durch eine Schuld überwinden muß» [22]. FR. NIETZSCHE wendet sich gegen die «dem Geiste der Aufklärung fremde Prostration» vor dem «Genie» und dem «Heros» «des Wirr- und Murrkopfes» Carlyle [23]! «Das Heroische besteht darin, daß man Großes thut (oder Etwas in großer Weise *nicht* thut), ohne sich im Wettkampf *mit* Anderen, *vor* Anderen zu fühlen» [24]. Da die Welt sich als Kreislauf darstellt, «der sich unendlich oft bereits wiederholt hat und der sein Spiel in infinitum spielt» [25], bedeutet wirklicher Heroismus, «daß man ... gar nicht kämpft ...» [26]. Diesem «amor fati» entspricht die Definition des H. als der «annehmbarsten Form des menschlichen Daseins, namentlich, wenn man keine andere Wahl hat» [27]. Andererseits sieht Nietzsche in den Heroen «die Art von Menschen, auf die einzig etwas ankommt» [28], denn in den höchsten Exemplaren der Menschheit besteht für ihn das Ziel der Weltgeschichte und des Handelns. Sie führen hin zum «Übermenschen», der eine zeitweilige Identifikation mit dem Prinzip des Lebens erreicht und dem Durchschnittsmenschen das Sein eröffnet.

G. PLECHANOW expliziert die marxistische Lehre von der Rolle der Persönlichkeit in der Geschichte und wendet sich damit gegen einen Personenkult, der großen Männern die allein ausschlaggebende Rolle in der gesellschaftlichen Entwicklung zuspricht. Nach seiner Konzeption kann nur der untrennbar mit den Massen verbundene H. eine wichtige soziale Rolle spielen, indem er die gesellschaftlichen Bedürfnisse und Entwicklungsbedingungen erkennt und sich für ihre Freisetzung und Befriedigung aktiv einsetzt [29]. Das eigentlich Heroische liegt nach Plechanow darin, daß «seine Tätigkeit [die des H.] der bewußte und freie Ausdruck dieses notwendigen und unbewußten Ganges [der Geschichte] ist» [30].

Vielfältig ist der Begriff des Heldentums auch im 20. Jh. Es kennt nicht nur exponierte, sondern auch anonyme, namenlose H. M. SCHELER sieht den H. unter rein ethischen Gesichtspunkten als die personenhafte Ausgestaltung der «Lebens- oder Vitalwerte». Er ist «jener ideale menschliche, halb-göttliche ... oder göttliche Personentypus ..., der mit dem Zentrum seines Seins bezogen ist auf das *Edle* und die *Realisierung des Edlen* ... und dessen Grundtugend *natürlicher Adel* des Leibes und der Seele und entsprechender Edelsinn ist» [31]. Staatsmänner, Feldherren und Kolonisatoren bezeichnet Scheler als Haupttypen dieses «Willens- und Machtmenschen», den «Kühnheit, Mut ... Entschlußkraft, Liebe zu Kampf, Wagnis, Gefahr» auszeichnen [32]. – In der «Kraft des Aufsichselbstbestehens» im Widerstand gegen die Übermacht der «ungreifbaren Masse», «gegen diesen Despoten, der still und unmerklich vernichtet» [33], sieht K. JASPERS heute mögliches Heldentum. Dieses anonyme, spezifisch neuzeitliche Heldentum der heroischen Selbstbewahrung ist gekennzeichnet vom Wagnis der Isolierung, da die Masse vom Einzelnen «nicht radikal in Frage gestellt werden» darf, «wenn er in der Welt leben will» [34]. Dem Einzelnen bleibt nur eine Alternative: Anpassung an die Massengesellschaft oder Märtyrertum [35].

Opferbereitschaft für die «kommunistische Sache» kennzeichnet E. BLOCHs «roten H.». Die «Gewißheit des Klassenbewußtseins» [36], in das sein «Personenbewußtsein» aufgehoben ist, macht ihn stark für den «Kampf gegen die Bestie der Unterdrückung» [37]. – Für G. LUKÁCS resultiert der Charakter des Heldentums in Epik und Dramatik aus der «Geschlossenheit oder Problematik der Gesamtkultur» [38]. Er begreift den H. der Epopöe nicht im eigentlichen Sinne als Individuum, da die Homogenität und Abgerundetheit des epischen Kosmos die Entfaltung eigenständiger Persönlichkeit unterbinde. Als Träger des Weltschicksals ist jener H. unlöslich an die Totalität der Gemeinschaft gebunden, «deren Geschick sich in seinem Leben kristallisiert» [39]. Problematisch erscheint Lukács das Heldentum sowohl der griechischen als auch der neueren Tragödie, in der die «Affekte der Heldenhaften ... zu tragischen Leidenschaften erbrennen und diese zu schlackenlosen H. umschmelzen» [40], so daß Heldentum zum «Sicherheben über das bloß Menschliche» wird. Der neuzeitliche Roman-H. schließlich entsteht nach Lukács aus der «Fremdheit zur Außenwelt» [41]. «Einerseits erreicht er die unendliche Höhe dessen, der durch seine Erlebnisse eine ganze Welt zu schaffen hat», andrerseits wird er zum «Instrument, dessen Zentralstellung darauf beruht, daß er geeignet ist, eine bestimmte Problematik aufzuzeigen» [42].

E. JÜNGER sieht den H. als einen durch Disziplin, Tapferkeit und Kampfgewandtheit hervorragenden Krieger, beseelt vom «Preußengeist von Pflicht und Ehre» [43]. Er ist «ein Mensch [, der] beinahe göttliche Stufe der Vollkommenheit erreicht, die selbstlose Hingabe an ein Ideal bis zum Opfertode ...» [44]. H. sind für Jünger auch die anonymen Opfer der Materialschlachten des Ersten Weltkriegs, «die Fürsten des Grabens mit den harten entschlossenen Gesichtern, tollkühn ... mit scharfen blutdürstigen Augen, H., die kein Bericht nennt» [45]. Während die H.-Verehrung seit dem Zweiten Weltkrieg zumal in Deutschland ausläuft und verschwindet, gehört zu der Geschichte des H.-Begriffs seit der Aufklärung der Typus des Gegen-H. Mit Spott und Ironie destruiert VOLTAIRE die pathetische, idealisierte Vorstellung vom H. und seinen Taten: «Ich kenne in der Weltgeschichte keinen einzigen H. ..., der nicht einmal in seinem Leben aufs gründlichste angeführt wurde von irgendeinem Tunichtgut ... oder schließlich von dem Teufel selbst» [46]. In einem «komischen H.-Gedicht» greift er die französische National-H.in an, die Pucelle, indem er ihre durch den H.-Kult glorifizierte Tugendhaftigkeit hinterfragt und menschliche Schwächen thematisiert [47]. Als Gegner des H.-Kultes und der Verherrlichung heroisch-kriegerischer Kampfhandlungen plädiert er für Menschlichkeit und Vernunft: «Doch fort, ihr Freunde, hebt die Augen weg von den bar-

barisch blutigen Gegenständen und schlagt sie lieber auf vor reizenderen Fluren, wo die Götter wohnen. Betrachtet dort die tiefe Weisheit, die im Los des irdischen Geschehens waltet und in würdigerer Weise Frieden stiftet; denn nur die Wege der Vernunft befriedigen. Und außerdem sind lange Kampfberichte dem weisen Menschen höchstens ein Quell der Langeweile» [48].

Mit ähnlicher Intention kritisiert G. B. SHAW falsch verstandenes Heldentum. Er entlarvt die auf «erdichteter Moral und erdichtetem gutem Betragen» [49] basierenden romantischen Vorstellungen von H., «die erdichteten Ruhm ausgießen über ... Krieg, Grausamkeit ... und all die anderen Gemeinplätze der Zivilisation ...» [50], als hohle Phrasen. Es sei zu fragen, ob die der «... Einbildungskraft von ... halb befriedigten Leidenschaften eingegeben[en] ...» [51] Ideale – wie das des H. – in der Konfrontation mit der Realität bestehen können oder «... ob nicht [vielmehr] am Ende alle ... Soldateneigenschaften und ... Heldentum sich als Einbildung erweisen würden ...» [52], denn «... [das] wirkliche Leben gleicht so selten diesen (idealisierten, romantischen) Bildern – ja niemals ...» [53].

Anmerkungen. [1] G. BRUNO, Eroici furori (Zwiegespräche vom H. und vom Schwärmer) (dtsch. 1907) 68. – [2] a. a. O. 55. – [3] B. SPINOZA, Ethik, Schlußabschnitt. – [4] P. CORNEILLE, Le Cid. – [5] J. RACINE, Phèdre. – [6] G. CHR. LICHTENBERG, Aphor. und Schriften (1935) 83. – [7] a. a. O. 82. – [8] J. G. FICHTE, Werke, hg. I. M. FICHTE (1845/46) 7, 46. – [9] G. W. F. HEGEL, Die Vernunft in der Gesch. (1917) 74. – [10] a. a. O. 68. – [11] 78. – [12] 77f. – [13] 75. – [14] 76. – [15] Ästhetik, hg. F. BASSENGE 1, 184. – [16] TH. CARLYLE: H.-Verehrung (dtsch. 1914) 143. – [17] a. a. O. 203. – [18] 201. – [19] R. W. EMERSON, Works (Boston 1876) 1, 61. – [20] J. BURCKHARDT, Weltgesch. Betrachtungen (1935) 248. – [21] P. DE LAGARDE, Schriften (1934) 124. – [22] a. a. O. 124. – [23] F. NIETZSCHE, Morgenröte. Musarion-A. 10, 236f. (298). – [24] Menschliches, Allzumenschliches a. a. O. 9, 349. – [25] Wille zur Macht a. a. O. 19, 373. – [26] a. a. O. 18, 246 (349). – [27] Werke, hg. K. SCHLECHTA 1-3 (³1962) 3, 1195. – [28] Die Fröhliche Wissenschaft. Musarion-A. 12, 214 (292). – [29] G. PLECHANOW: Über die Rolle der Persönlichkeit in der Gesch. (dtsch.) 1914) 56. – [30] a. a. O. 62. – [31] M. SCHELER, Werke 10, 313. – [32] a. a. O. 314. – [33] K. JASPERS: Die geistige Situation der Zeit (1931 u. ö.) 192. – [34] a. a. O. 192. – [35] ebda. – [36] E. BLOCH: Das Prinzip Hoffnung (1956) 3, 269. – [37] a. a. O. 270. – [38] G. LUKÁCS, Die Theorie des Romans (1963) I. – [39] a. a. O. 66. – [40] 38. – [41] 64. – [42] 82. – [43] E. JÜNGER: In Stahlgewittern (1922) 169. – [44] a. a. O. VI. – [45] 182. – [46] VOLTAIRE, Die Jungfrau (La Pucelle d'Orléans), dtsch. C. MORECK (1964) 176. – [47] a. a. O. 194. – [48] 158. – [49] G. B. SHAW, Ges. dramat. Werke 2: Erquickliche Stücke (1946) 23. – [50] a. a. O. 23. – [51] ebda. – [52] 32. – [53] ebda.

Literaturhinweise. S. HOOK: Der H. in der Gesch. Eine Unters. seiner Grenzen und Möglichkeiten, dtsch. G. PILZER (1951). – F. LINARES: Der H. Versuch einer Wesensbestimmung (1967).

O. F. BEST

Heliozentrisch, heliozentrisches Weltsystem. In der Astronomie spricht man von heliozentrischen Koordinaten, wenn die Sonne Bezugspunkt des Systems ist. In der Kosmologie löste das h.W. das mit der Aristotelischen Physik fast 2000 Jahre in Geltung stehende geozentrische Weltsystem ab.

Heliozentrische Hypothesen wurden schon in der Antike vertreten (ARISTARCH [1], SELEUKOS [2]), sie waren jedoch in ihrem rein kinematischen (geometrischen) Charakter der durch die Aristotelische Physik scheinbar auch dynamisch (mechanisch) bestätigten geozentrischen Hypothese von vornherein unterlegen [3] und galten daher nicht viel. Dasselbe gilt noch für das *Kopernikanische* System. Erst die von KEPLER zugleich mit dem Zusammenbruch der Aristotelischen Physik begonnene und von NEWTON erstmals erfolgreich durchgeführte dynamische (mechanische) Begründung der heliozentrischen Hypothese verhalf dem h.W. zum Sieg und führte zum Rollentausch von geozentrischer und heliozentrischer Hypothese. Die erstere gilt jetzt nur noch kinematisch (sie ist in die heliozentrische Hypothese transformierbar), die letztere auch dynamisch.

Anmerkungen. [1] ARCHIMEDES Opera, hg. J. L. HEIBERG 1-3 (²1910-15) 2, 218. – [2] PLUTARCH, Quaest. Plat. 8, 1. – [3] Vgl. PTOLEMAIOS, Syntaxis. math. I, 7, hg. HEIBERG 24ff.

Literaturhinweise. TH. HEATH: Aristarchus of Samos. The ancient Copernicus (Oxford 1913). – P. DUHEM: Le système du Monde (Paris 1914-59). – E. J. DIJKSTERHUIS: De Mechanisering van het Wereldbeeld (Amsterdam 1950); dtsch. H. HABICHT (1956).

J. MITTELSTRASS

Hellenismus. Nach J. BURCKHARDT bedeutet H. «die große Verwandlung des Hellenentums in eine Kulturpotenz» [1]. Der eigentliche Entdecker des hellenistischen Zeitalters aber ist J. G. DROYSEN, der seine althistorischen Untersuchungen entschieden mit dem Blick auf seine Gegenwart und deren Forderung nach politischer Orientierung betrieb. Durch eine religiös verantwortete [2], politische Auffassung der Geschichte und gerade der Alten Geschichte gelang es ihm, letztere endgültig von der klassischen Philologie abzutrennen – ohne den Wert ihrer Beiträge zu verkennen oder ihn herabzusetzen [3] – und in der Überwindung des Klassizismus, besonders seiner dem Entwicklungsgedanken feindlichen Normen, der Beschäftigung mit der Antike eine neue Dimension hinzuzugewinnen und eine an Zeugnissen überreiche Epoche des Altertums der Erforschung durch die zu seiner Zeit noch junge Geschichtswissenschaft zugänglich zu machen. Indem er sich einem Zeitraum zuwandte, der «mißachtet zu werden pflegt[e] als eine große Lücke, als ein toter Fleck in der Geschichte der Menschheit, als eine ekelhafte Ablagerung aller Entartung, Fäulnis, Erstorbenheit», und sich bemühte, ihn «als ein lebendiges Glied in der Kette menschlicher Entwicklung» [4] vorzustellen, bewies er – zunächst gegen den Widerstand auch befreundeter Fachkollegen [5] – seine Entschlossenheit, sich den Gegenstand seines historischen Interesses nicht von ästhetischen oder moralischen Vorurteilen einengen zu lassen. Als die höchste Aufgabe der historischen Wissenschaft bezeichnete er die Theodizee, um so, unter Vermeidung des Terminus ‹geschichtsphilosophisch›, auf das Problem seiner Stellung zur Geschichtsphilosophie Hegels hinzuweisen [6]. Nachdem er 1831 mit einer Dissertation über das Lagidenreich unter Ptolemaios VI. promoviert hatte und schon zu dieser Zeit die Absicht äußerte, «ein größeres Werk über die Zeit nach Alexander zu schreiben», gebrauchte er bei dieser Gelegenheit «zum ersten Male das Schlagwort des H. ... zur Bezeichnung einer ganzen Kulturwelt und Kulturepoche» (Fr. Meinecke). Damit füllte sich für ihn «das historische Vakuum, das zwischen der sogenannten griechischen Blütezeit und der römischen Weltreichsbildung bis dahin für das geschichtliche Interesse bestanden hatte ..., ein universalhistorisch wichtiges und eigenen, individuellen Inhaltes volles Bindeglied zwischen den Zeiten taucht auf» [7]. 1833 erschien die ‹Geschichte Alexanders des Großen›, 1836 die ‹Geschichte der Nachfolger Alexanders› («Geschichte der Diadochen›) und 1843 ‹Das hellenistische Staatensystem› («Geschichte der Epigonen›). Die drei Bücher wurden aus Anlaß einer zweiten Auflage dann 1877 als ‹Geschichte des H.› zusammengefaßt. Droysen hat zwar bewirkt, daß jene drei Jh. von Alexander bis Christus nicht mehr als ein «unbestelltes [und] gern gemiedenes Feld zwischen den Studien der klassischen Philologie und der Theologie liegen» [8], aber eine einheitliche Auffassung von dem, was er als die «moderne Zeit des Heidentums» verstand [9], hat er nicht begründen können. U. v. WILAMOWITZ-MOELLENDORFF beklagte daher 1924, daß Droysen keinen Fortsetzer in seinem Geiste fand und daß «mit dem Begriff, den er richtig faßte, mit dem H., unerträglicher Mißbrauch getrieben wird» [10]. R. LAQUEURS Gießener Rektoratsrede von 1925 über den ‹H.› eröffnete eine weite Diskussion, statt sie zu beenden. «Man kann ruhig zugeben», schrieb W. OTTO 1940, «daß es einen einheitlichen H.-Begriff niemals – auch nicht im Altertum – gegeben hat und daß es ihn wohl auch niemals geben wird» [11]. Wenn H. E. STIER 1945 den H. als «Übergang von der hellenischen Klassik zur römischen» [12] umschreibt, so wird daraus die ganze Skepsis ersichtlich, die man gegenüber diesem Thema für angemessen halten darf. H. BERVE hat recht, wenn er bei der Frage, ob man die Geschichte des Begriffs mit der Neuschöpfung durch Droysen beginnen oder ob man auf den ursprünglichen Gehalt des Wortes ἑλληνισμός zurückgehen solle, zu dem Ergebnis kommt, daß letzteres zu tun zwar «philologisch korrekt, aber gegenwartsfremd wäre» [13]. Trotzdem wird man auf den griechischen Terminus und auf das, wofür er im Altertum gebraucht wurde, eingehen müssen, wenn über das Selbstverständnis der Epoche Klarheit geschaffen werden soll.

Mitbegründer der Tradition, in der Droysen stand, waren J. G. Hamann und J. G. Herder. In dem 1762 veröffentlichten ‹Kleeblatt hellenistischer Briefe› verteidigt HAMANN Sprache und Schreibart des Neuen Testaments gegen das Argument, daß der anspruchslose Stil der Evangelien gegen ihre Glaubwürdigkeit und überhaupt gegen die Tatsache der Offenbarung spreche. Demgegenüber sieht Hamann in dem unambitionierten Stil geradezu den Beweis für die Authentizität der Texte, da es dem Zeugnis der Schrift nach dem göttlichen Heilsplan entspreche, sich in die Verhüllung des Niedrigen zu begeben. Die hellenistische Prosa des Neuen Testaments erscheint ihm so als eines der großen Beispiele für die Gnade Gottes: ‹hellenistisch› bedeutet ihm einmal eine heruntergekommene griechische Sprachform, zum anderen aber auch schon die zivilisatorische Voraussetzung dafür, daß das Wort Gottes in einer weltumspannenden Oikumene wirken kann. Dies weist auf DROYSEN vor, der später die Erscheinung des Heilands als den Punkt begriff, «zu dem hin die Entwicklung der alten, der heidnischen Welt strebt, von dem aus ihre Geschichte begriffen werden muß». «Das Höchste, was das Altertum aus eigener Kraft zu erreichen vermocht hat, ist der Untergang des Heidentums» [14].

In HERDERS ‹Erläuterungen zum Neuen Testament aus einer neueröffneten morgenländischen Quelle› (1775) findet sich sowohl das Wort ‹H.› wie auch eine Interpretation seines Inhalts: «Die Chaldäer- und Perserweisheit kam in die Form des H., der neuplatonischen Philosophie, vieler anderer Sekten und endlich der Gnosis. Ägypten ward ... am meisten Land der Mischung.» Herder setzt den Beginn, «da die Vermischung beiderseitiger Ideen Welterscheinung» wurde, mit Alexanders Eindringen «ins Herz von Persien» und mit seinem Unterliegen «unter den Fesseln seiner Besiegten» an. Von ‹H.› ist als von einem «mißbrauchten Allemannswort» die Rede, einer «qualitas occulta»; es gäbe freilich für den H. wie für die vielfältigen mit ihm gleichzeitigen Erscheinungen einen «sie alle bindenden Spiritus rector», denn: «Christus erschien zu einer Zeit, da die Römer vollendet, was die Griechen nicht hatten tun können; die Mauer zwischen den Nationaldenkarten lag nieder, es war ein schwimmendes Meer von vermischten Ideen und Sprachen. Überall in diesen Gegenden war Syro-Chaldäismus und zugleich griechische Sprache» [15]. Damit hat Herder auf das entscheidende Phänomen aufmerksam gemacht, das am Ende des 19. Jh. J. KAERST veranlaßte, die hellenische Poliskultur von der hellenistischen Weltkultur abzugrenzen [16]. «Weltgriechentum» lautet der Ausdruck, den W. v. BISSING 1921 für den H. prägt [17], aber auch DROYSEN hatte die Befähigung des Griechentums hervorgehoben, «die allgemeine Potenz zu sein, unter der sich die Völker der Welt vereinigen sollten» [18].

Schon bei Herder findet sich also die Vorstellung vom H. als einem Schauplatz durchgängiger Vermischung, die für die Blütezeit des H. sicher falsch ist, denn der Synkretismus setzt nicht früher als mit dem Verfall des Zeitalters ein und wird erst in den Jh. nach Christus bestimmende Realität. Droysen vermochte sich von der Ansicht, es habe sich im H. die Vermischung der Kulturen vollzogen, nicht zu lösen, obgleich seine eigenen Forschungen ergaben, daß in den hellenistischen Reichen die griechische Kultur nicht preisgegeben, sondern bewahrt und gefördert wurde. «Romanismus» ist nicht, wie Droysen meinte, ein paralleler Begriff. Der historische Tatbestand steht dem geradezu entgegen. Man kann den H. durchaus als das Ergebnis jener Hellenisierung bezeichnen, die seit Alexander Programm war und von Unterworfenen akzeptiert wurde. Synkretismus meint jedoch das Gegenteil und setzte erst mit dem Niedergang des H. ein. R. LAQUEUR glaubte daher, Droysen hätte im Anschluß an Apostelgeschichte 4, 1, wo innerhalb der christlichen Gemeinde die «Hellenisten» den «Hebräern» gegenübergestellt werden, als «Hellenisten» diejenigen bezeichnet, die sich der Sprache des Neuen Testaments bedienten. Diese stark mit Hebraismen durchsetzte Sprache hätte ihm (wie schon Hamann) als hellenistisch gegolten: «Es ist ja nun ganz klar, daß die Hellenisten der Apostelgeschichte den Namen nicht davon trugen, daß sie ein mit Hebraismen durchsetztes Griechisch sprachen, sondern deshalb, weil sie im Gegensatz zu den Hebräern griechisch sprachen. So ist in der Tat der allgemeine griechische Sprachgebrauch: ἑλληνίζειν heißt griechisch reden, ἑλληνισμός heißt die allgemeine griechische Sprache und Kultur, und ein Hellenist ist derjenige, welcher in dieser allgemeinen griechischen Sprache lebt und denkt. Von Orientalentum ist dabei sowenig die Rede, daß gerade umgekehrt bei den genannten Begriffen auf das reine Griechentum Gewicht gelegt wird» [19].

Droysens Leistung bleibt ungeachtet seines Irrtums die Entdeckung der Zeit, in der die Menschheit in einen neuen Aggregatzustand eingetreten ist. Als Epochenname für das Zeitalter der hellenistischen Staatssysteme von Alexanders Eroberungen bis zum Untergang des Ptolemäerreiches in Ägypten 30 v. Chr. behält der H.-Begriff seine Berechtigung. Der H. war selber noch nicht, wie Droysen meinte, das Zeitalter des Synkretismus, aber er hat für das geistige Zusammenwachsen der Alten Welt unter dem Vorbild der griechischen Kultur sowie für den – zuerst von Diogenes von Sinope formulierten – intellektuellen Kosmopolitismus in den Zentren der Wissenschaften und Künste die Grundlagen geschaffen.

Anmerkungen. [1] J. BURCKHARDT: Griech. Kulturgesch. 4 (³1902) 348. – [2] J. G. DROYSEN: Gesch. des H. 2 (1877) Vorwort, in: Kleine Schr. zur Alten Gesch. 1 (1893) passim. – [3] H. E.

STIER: Grundl. und Sinn der griech. Gesch. (1945) 26. – [4] DROYSEN, a. a. O. [2] 300. – [5] Vgl. G. DROYSEN: Johann Gustav Droysen 1: Bis zum Beginn der Frankfurter Tätigkeit (1910) 218f. – [6] a. a. O. 164-170. – [7] Fr. MEINECKE: Johann Gustav Droysen, sein Briefwechsel und seine Geschichtsschreibung. Hist. Z. 141 (1930) 259. – [8] J. G. DROYSEN, Briefwechsel, hg. R. HÜBNER (1929) 288f. – [9] a. a. O. [2] 310. – [10] U. v. WILAMOWITZ-MOELLENDORFF: Hellenistische Dichtung in der Zeit des Kallimachos 1 (1924) 2. – [11] W. OTTO: Antike Kulturgesch. Sber. Bayer. Akad. Wiss., philos.-hist. Abt. 6 (1940) 20 Anm. 2. – [12] STIER, a. a. O. [3] 309. – [13] H. BERVE: R. Laqueur, Hellenismus (Rez.). Philol. Wschr. 46 (1926) 329-332. – [14] MEINECKE, a. a. O. [7] 139. – [15] J. G. HERDER, Erl. zum NT … (1775). Werke, hg. B. SUPHAN 7 (1884) 338f. – [16] J. VOGT: Gedächtnisrede auf Julius Kaerst, in: Universalgesch. Abh. von J. KAERST, hg. J. VOGT (1930) XIV. – [17] W. v. BISSING: Das Griechentum und seine Weltmission (1921). – [18] J. G. DROYSEN: Gesch. des H. 3: Gesch. der Epigonen (^{2}1877) 18. – [19] R. LAQUEUR: H. (1925) 7f.

Literaturhinweise. J. G. HAMANN: Kleeblatt Hellenist. Briefe (1762). Werke, hg. J. NADLER 2 (1950). – J. G. HERDER s. Anm. [15]. – E. v. LASAULX: Der Untergang des H. und die Einziehung seiner Tempelgüter durch die christl. Kaiser, in: Verschüttetes dtsch. Schrifttum. Ausgewählte Werke 1841-1860, hg. H. E. LAUER (1925). – J. G. DROYSEN: Gesch. des H. 1-3 (^{2}1877), hg. E. BAYER (1952). – P. CORSSEN: Über Begriff und Wesen des H. Z. neutestamentl. Wiss. 9 (1908) 81-85. – P. WENDLAND: Die hellenist.-röm. Kultur ($^{2/3}$1912). – J. JÄTHNER: Hellenen und Barbaren, in: Das Erbe der Alten H. 8 (1923). – R. LAQUEUR: H. (1925). – J. KAERST: Gesch. des H. 1. 2 (^{3}1926/27, ND 1968). – H. E. STIER: Aus der Welt des Pergamonaltars (1932); Die gesch. Bedeutung des Hellenennamens (ND 1970); s. Anm. [3]. – F. ALTHEIM: Rom und der H. (1942). – H. HERTER: H. und Hellenentum, in: Das neue Bild der Antike, hg. H. BERVE 1: Hellas (1942). – W. W. TARN und G. T. GRIFFITH: Hellenistic civilisation (^{3}1952), dtsch. G. BAYER: Kultur der hellenist. Welt (1966). – E. KIESSLING: Der H. in der dtsch. Forsch. 1938-1948 (1956). – H. BENGTSON: Der H. in alter und neuer Sicht. Von Kaerst zu Rostovtzeff. Hist. Z. 185 (1958) 88ff.; Universalhist. Aspekte der Gesch. des H. Welt als Gesch. 18 (1958) 1-13. – C. SCHNEIDER: Kulturgesch. des H. 1 (1967); 2 (1969). – ED. MEYER: Blüte und Niedergang des H. in Asien, in: Der H. in Mittelasien (ND 1969). – J. BUSCHE: Der Begriff H. als Epochenname (1970).

J. BUSCHE

Hellsehen ist im allgemeinen Sprachgebrauch eine Bezeichnung für ein unerklärliches Wissen von räumlich und zeitlich verborgenen Vorgängen. Das Wort ‹Hellseher› für französisch ‹clairvoyant› ist seit Beginn des 18. Jh. nachweisbar [1]. In der Parapsychologie wird H. als außersinnliche Wahrnehmung objektiver Sachverhalte definiert im Unterschied zur telepathischen Wahrnehmung psychischer Vorgänge anderer Menschen und zur Präkognition. Reines H. wird nur dann angenommen, wenn eine keinem Menschen bekannte Information auf normal unerklärlichen Wegen erworben wurde, z. B. dürfen bei parapsychologischen Kartenexperimenten in Hellsehsituation weder die Versuchsperson noch der Versuchsleiter die Lage der verwendeten Symbole [2] kennen. Eine telepathistische Richtung der Parapsychologie [3] hielt reines H. für unbewiesen und im höchsten Grade unwahrscheinlich. In der modernen Forschung gilt H. als die am besten isoliert bewiesene Modalität der außersinnlichen Wahrnehmung [4]. Eine Eingliederung des H. in den Rahmen der heutigen Naturwissenschaft ist nicht möglich. Daher stellen sich der Anerkennung der Tatsache viele Widerstände entgegen. Der amerikanische Parapsychologe J. B. RHINE spricht in einer dualistischen Position von einer «nicht-physikalischen» Wirkung der Psyche [5], C. G. JUNG sieht im H. den Ausdruck einer nicht-räumlichen und nicht-zeitlichen Bedingung des Seins, die Physisches und Psychisches umschließt [6].

Die Antike faßte die Vorgänge von H., Telepathie und Präkognition – soweit sie überhaupt erkannt wurden – in dem umfassenden Begriff ‹Divination› (μαντική) zusammen. Der typische Hellseher in diesem allgemeinen Sinne ist HOMERS Kalchas, «der vergangene, gegenwärtige und zukünftige Dinge wußte» [7]. In die Psychologie und Philosophie drang der Begriff H. in der ersten Hälfte des 19. Jh. ein, als die Leistungen der von F. A. MESMER und den Anhängern des ‹animalen Magnetismus› beschriebenen Somnambulen ein weites Echo fanden. H. und das heute ‹Telepathie› genannte Phänomen der direkten psychischen Kommunikation gelangten damals schon zu weitgehender Anerkennung (FICHTE [8], SCHELLING [9], HEGEL [10], CARUS [11], SCHOPENHAUER [12], ESCHENMAYER [13], ENNEMOSER [14] u. a.) [15]. SCHOPENHAUER schrieb 1850: «Wer heut zu Tage die Tatsachen des animalischen Magnetismus und seines H. bezweifelt, ist nicht ungläubig, sondern unwissend zu nennen» [16].

Anmerkungen. [1] GRACIANS Criticon, dtsch. GOTTSCHLING (1710) 3, 163. – [2] z. B. das von J. B. RHINE (s. u. [4]) angegebene ESP-(Extra-Sensory-PerceptionKartenspiel: je 5 Kreise, Kreuze, Quadrate, Sterne und Wellenlinien). – [3] R. BAERWALD: Die intellektuellen Phänomene (1925). – [4] J. B. RHINE und G. PRATT: Parapsychol. Grenzwiss. der Psyche, dtsch. H. BENDER/I. STRAUCH (1962). – [5] a. a. O. Kap. 4: Psi und die physikalische Welt. – [6] C. G. JUNG: Ein Brief zur Frage der Synchronizität. Z. parapsychol. 5/1 (1961). – [7] HOMER, Ilias I, 70. – [8] I. H. FICHTE: Der neuere Spiritualismus, sein Wert und seine Täuschungen (1878). – [9] F. W. J. SCHELLING: Stuttgarter Privatvorles. (1810); Clairvoyance oder über den Zusammenhang der Natur mit der Geisterwelt. Ein Gespräch (1861). – [10] G. W. F. HEGEL, Werke, hg. Glockner 10, 171. – [11] E. G. CARUS: Über Lebensmagnetismus und über die magischen Wirkungen überhaupt, hg. CHR. BERNOULLI (1925). – [12] A. SCHOPENHAUER, Parerga I. Versuch über das Geistersehen und was damit zusammenhängt. Werke, hg. W. v. LÖHNEYSEN (1960-65) Bd. 4. – [13] C. A. v. ESCHENMAYER: Versuch, die scheinbare Magie des tierischen Magnetismus aus physiol. und psychol. Gesetzen zu erklären (1816). – [14] J. ENNEMOSER: Der Magnetismus nach der allseitigen Beziehung seines Wesens, seiner Erscheinung, Anwendung und Enträtselung in seiner gesch. Entwicklung von allen Zeiten und bei allen Völkern wiss. dargestellt (1819). – [15] T. K. OESTERREICH: Die Parapsychol. und die Parapsychophysik, in: UEBERWEG/OESTERREICH 5 (^{12}1923) 617-624, bes. 618. – [16] Schopenhauer, a. a. O. [12] 4, 278.

Literaturhinweise. F. MOSER: Okkultismus. Täuschungen und Tatsachen 1-2 (1935); Neuaufl. in Vorbereitung. – H. DRIESCH: Parapsychol. (^{3}1951). – H. BENDER (Hg.): Parapsychol. Entwicklung, Ergebnisse, Probleme (^{2}1971); Parapsychol. Ihre Ergebnisse und Probleme (^{2}1970); Telepathie, H., Psychokinese. Aufsätze zur Parapsychol. (1972).

H. BENDER

Hemmen/Enthemmen. Durch Einsatz dieser Termini sucht SCHELER dem menschlichen Geist trotz seiner Lehre von dessen «Ohnmacht» eine Restmacht zu sichern, die der «Lenkung und Leitung»: «Eben der Geist ist es, der bereits die Triebverdrängung einleitet, indem der idee- und wertgeleitete geistige ‹Wille› den idee-wertwiderstreitenden Impulsen des Trieblebens die zu einer Triebhandlung notwendigen Vorstellungen versagt, andererseits den lauernden Trieben idee- und wertangemessene Vorstellungen gleichsam wie Köder vor Augen stellt, um die Triebimpulse so zu koordinieren, daß sie das geistgesetzte Willensprojekt ausführen, in Wirklichkeit überführen. Diesen Grundvorgang nennen wir ‹Lenkung›, die in einem ‹H.› (non fiat) und ‹E.› (non non fiat) von Triebimpulsen durch den geistigen Willen besteht, und ‹Leitung› die Vorhaltung … der Idee und des Wertes selbst, die dann je erst durch die Triebbewegungen sich verwirklichen» [1]. Diese Theorie einer «durch die Vorstellungsregulation vermittelten, vom Geiste ausgehenden Triebregulation» [2] – unterstützt durch N. HARTMANN [3] – widersetzt sich ebenso der «klassischen Theorie» der «ursprünglichen Selbstmacht» des Geistes wie der «negativen Theorie», die den Geist aus den Triebsublimierungen als deren Resultat ableitet [4]. Dabei ist der Begriff des «Hemmens» von Scheler gleichwohl der – naturphilosophischen – Tradition gerade dieser Sublimierungstheorien entnommen: Die von NEWTON inspirierte, 1763 von KANT «in die Weltweisheit» eingeführte Lehre der «realrepugnanten» Kräfte [5] erlaubt diesem 1786 eine dynamische Materietheorie der «Einschränkung» der «Zurückstoßungskraft» durch die «Anziehungskraft» [6], die SCHELLING 1797 aufgreift [7] und 1799 unter Verwendung des Begriffs ‹H.› zu einer Totaltheorie der Natur erweitert: «Ist die Natur absolute Tätigkeit, so muß diese Tätigkeit als ins Unendliche gehemmt erscheinen ... Diese Hemmung der allgemeinen Naturtätigkeit ... läßt sich ... als das Werk entgegengesetzter Tendenzen in der Natur vorstellen» [8]: Die natura naturans bringt es durch sukzessiv-konsequente Selbsthemmung zur natura naturata; mittels ihrer durch «Verdrängung» [9] bzw. «Hemmung» retardierten Evolution [10] realisiert sich die Natur, steigert («potenziert») sie sich und wird geistig: sie sublimiert sich. Diese naturphilosophische Hemmungstheorie, die 1819 von SCHOPENHAUER repetiert [11] und von HERBART 1816 [12] bzw. 1824/25 [13] – reduziert zur psychologischen Partialtheorie und ergänzt um den Versuch, sie durch die Annahme von «Hemmungssummen» [14] und «Hemmungsverhältnissen» [15] quantifizierbar zu machen – letzten Endes doch nur variiert wird, wird vom Schüler MEYNERTS, dem Schüler des Herbartschülers GRIESINGER [16], nämlich von FREUD erneuert: durch Versagung, Verdrängung und «Zielhemmung» [17] wird das Triebleben zu Kultur und Geistigkeit gezwungen, d. h. sublimiert. Weil Freuds Psychoanalyse – die ebenfalls mit einer Zweitendenzen- bzw. Zweitriebelehre operiert und dabei mindestens in ihrer Spätfassung erneut auf die «Analogie ... zu dem im Anorganischen herrschenden Gegensatzpaar von Anziehung und Abstoßung» [18] Wert legt – als entzauberte Gestalt der transzendentalphilosophischen Naturphilosophie [19] nicht mehr mit jener ursprünglichen Identität der Natur und des Geistes rechnen kann, mit der noch Schelling rechnete, muß sie den Geist zum Resultat der Sublimierung stilisieren: diese Konsequenz scheint Freud nahezulegen. Oder umgekehrt: die Sublimierung muß als Resultat des Geistes verstanden werden; das versucht durch seine Theorie der geistigen «Lenkung und Leitung» durch «H.» und «E.» der Triebe SCHELER [20].

Anmerkungen. [1] M. SCHELER: Die Stellung des Menschen im Kosmos (1928, ⁷1966) 62; vgl. 55ff. 63. 69. – [2] a. a. O. 62. – [3] N. HARTMANN: Das Problem des geistigen Seins (1932, ³1962) bes. 154f.; Der Aufbau der realen Welt (1940, ³1964) bes. 502. – [4] SCHELER, a. a. O. [1] 56ff. – [5] I. KANT: Versuch, den Begriff der negativen Größen in die Weltweisheit einzuführen (1763). Akad.-A. 2, 165ff. – [6] Met. Anfangsgründe der Naturwiss. (1786) 2. Hptst. Akad.-A. 4, bes. 523. – [7] F. W. J. SCHELLING: Ideen zu einer Philos. der Natur (1797). Werke, hg. K. F. A. SCHELLING 2, bes. 178ff. – [8] Erster Entwurf eines Systems der Naturphilos. (1799) a. a. O. 3, 16f.; vgl. 15ff. – [9] Von der Weltseele (1798) a. a. O. 2, 374. – [10] Einl. zu dem Entwurf eines Systems der Naturphilos. (1799) a. a. O. 3, 285ff., bes. 287. 297. – [11] A. SCHOPENHAUER: Die Welt als Wille und Vorstellung (1819). Werke, hg. A. HÜBSCHER 2, 195. – [12] J. FR. HERBART: Lb. zur Psychol. (1816). Werke, hg. K. KEHRBACH/O. FLÜGEL 4, 371ff. – [13] Psychol. als Wiss. (1824f.) §§ 39ff. 167 a. a. O. 5, bes. 277ff.; 6, bes. 79. – [14] a. a. O. § 41 = 5, 281f. – [15] § 42 = 5, 282ff. – [16] Vgl. M. DORER: Hist. Grundl. der Psychoanalyse (1932) bes. 69ff. 128ff. – [17] S. FREUD: Massenpsychol. und Ich-Analyse (1921). Werke, hg. A. FREUD u. a. 13, 154ff.; ‹Psychoanalyse› und ‹Libidotheorie› (1923) a. a. O. 8, 232. – [18] Abriß der Psychoanalyse (1938) a. a. O. 17, 71. – [19] Vgl. O. MARQUARD: Über einige Beziehungen zwischen Ästhetik und Therapeutik in der Philos. des 19. Jh., in: Lit. und Gesellschaft, hg. H. J. SCHRIMPF (1963) 22-55. – [20] M. SCHELER: Die Formen des Wissens und die Bildung (1925), in: Philos. Weltanschauung (1929, ³1968) 30ff.

O. MARQUARD

Hemmung. – a) In HERBARTS Lehre vom Assoziationsmechanismus spielt die H. von Vorstellungen durch Wettstreit beim Eintreten ins Bewußtsein eine Rolle [1]. – b) Diese Auffassung ist Modell für FREUDS Lehre von der *Verdrängung*. Freud versteht unter H. eine «Funktionseinschränkung des Ichs», einen «Verzicht des Ichs auf Funktion» [2], wie z. B. Schreib-H. (spezialisierte H.) oder lähmende Müdigkeit (allgemeine H.). – c) In der Theorie des Reihenlernens werden die reaktive, retroaktive, proaktive und assoziative H. von Vorstellungen spezifiziert (G. E. MÜLLER [3]). – d) Zur Erklärung von Unregelmäßigkeiten bei der Erzeugung bedingter Reflexe zweiter Ordnung unterscheidet PAWLOW die Erregungs- und die H.-Phase des zweiten bedingten Reizes [4]. Nachdem er ursprünglich drei H.-Arten annahm (die Schlaf-H., die äußere und die innere H.), hält er zuletzt an zwei Arten der H. fest, der unbedingten und der bedingten H. Seine H.-Lehre ist durch SETSCHENOW angeregt worden [5]. – e) In der Verhaltenslehre von HULL werden nur noch die reaktive H. und die bedingte reaktive H. postuliert (I_R und sI_R) [6]. – f) Mehr an den Umgangssprachgebrauch angeschlossen ist der Begriff, wenn unter die H. verschiedener Antriebe gemeint wird (ZEDDIES, SCHULTZ-HENKE [7]). – g) Die Auffassung vom Schlaf als verallgemeinerte H. (PAWLOW) wird durch die neuere Schlafforschung nicht bestätigt [8]. In der Physiologie wird allgemein die H. durch das Auftreten anderer Prozesse von der H. unterschieden, die von spezifischen Rindenzentren im Regelkreisprozeß ausgelöst wird (SHERRINGTON [9]).

Anmerkungen. [1] J. F. HERBART: Psychol. als Wiss., neu gegründet auf Erfahrung, Met. und Math. (1824) 158ff. – [2] S. FREUD: H., Symptom und Angst. Ges. Werke 14 (³1963) 111ff. – [3] G. E. MÜLLER: Abriß der Psychol. (1924) 21ff. – [4] I. P. PAWLOW: Die höchste Nerventätigkeit (das Verhalten) von Tieren, dtsch. G. VOLBORTH (1926) 67. – [5] a. a. O. Kap. 21: Das objektive Studium der höchsten Nerventätigkeit der Tiere (1913) 196; J. SETSCHENOW: Über H.-Zentren der Reflexe (1863). – [6] E. C. HULL: A behavior system (New Haven 1952) 9f. – [7] A. ZEDDIES: Die Ursachen der seelischen H. (1939); H. SCHULTZ-HENKE: Der gehemmte Mensch (1940). – [8] C. N. COFER und M. H. APPLEY: Motivation. Theory and res. (New York/London/Sidney 1964) 165ff. – [9] C. S. SHERRINGTON: The integrative action of the nervous system (New Haven 1906).

Literaturhinweis. S. DIAMOND, R. S. BALVIN und FLORENCE R. DIAMOND: Inhibition and choice (New York 1963).

R. BERGIUS

Hemmung, vitale. Der Begriff ‹v.H.› gehört in den Bereich der klinischen Psychopathologie und beschreibt eine besonders bei endogen Depressiven festzustellende Störung. Man versteht darunter eine oft extreme Verlangsamung des normalen Ablaufs psychischer und physischer Akte. Alle Triebregungen liegen darnieder; kein Entschluß kann gefaßt, keine Tätigkeit in Angriff genommen werden. Es liegt eine Blockade allen «Könnens» vor. Besonders aufdringlich ist die Störung der «Vitalgefühle» im Sinne M. SCHELERS [1]. Es handelt sich um leibnahe Schwermutgefühle mit Mißempfindungen des Drucks und der Schwere in Kopf, Hals (globus melancholicus), Brust, Leib und Extremitäten. Auch sexuelle und digestive Appetenz sind beeinträchtigt oder erloschen. Bei den endogen Depressiven ist die Hemmung oft mit einer vitalen, «motivlosen» Traurigkeit verbunden. Die klassische Psychiatrie sieht in der v.H. ein Symptom einer Krankheit (der endogenen Depression) und befaßt sich damit rein deskriptiv. Nach der anthropologisch-phänomenologisch orientierten Psychopathologie (E. V. v. GEBSATTEL [2], E. STRAUS [3]) liegt eine Veränderung des vitalen Grundgeschehens nicht nur der endogenen Depression, sondern beispielsweise auch der Zwangskrankheit zugrunde. In diesem Sinne wird in übergreifender Weise von einer «Hemmung der basalen Lebensbewegung», einer «Störung des personalen Werdens», einer «elementaren Werdensbehinderung», einer Hemmung der sich zeitigenden Persönlichkeit gesprochen. Die v.H. ist demnach die psychologisch nicht erklärbare, sondern nur phänomenologisch erfaßbare Abwandlung eines Grundgeschehens, des «Endogenen», die sich in dem zeigt, was die psychiatrische Klinik «Symptome» nennt.

In der v.H. ist dieser Werdensfluß vorübergehend extrem verlangsamt, oft nahezu zum Stillstand gekommen. Doch besteht grundsätzlich die «Möglichkeit der Reversibilität, in der das Gehemmte wieder in Fluß gerät» (H. TELLENBACH [4]).

Anmerkungen. [1] M. SCHELER: Wesen und Form der Sympathie (1923). – [2] E. V. v. GEBSATTEL: Proleg. zu einer med. Anthropol. (1954). – [3] E. STRAUS: Das Zeiterlebnis in der endogenen Depression und in der psychopathischen Verstimmung. Mschr. Psychiat. Neurol. 68 (1928) 640. – [4] H. TELLENBACH: Melancholie (1961).

Literaturhinweis. H. TELLENBACH s. Anm. [4].

H. TELLENBACH/H. KRETZ

Hen (griech. ἕν, das Eine). Das H., das vollkommen Eine, soll nach den Berichten des ARISTOTELES zum ersten Mal deutlich von *Platon* zusammen mit der Dyas als Prinzip und Ursache der Ideen(-Zahlen) und der von diesen verursachten Sinnendinge angesetzt und als Formal- und Wesensursache sowie als Ursache alles Guten aufgefaßt worden sein [1]. Auch XENOKRATES setzte als Schüler Platons das H. zusammen mit der unbegrenzten Zweiheit als höchste Prinzipien von allem, besonders aber seiner mit den mathematischen Zahlen identifizierten Ideen(-Zahlen) an [2], aber sein H. scheint im Unterschied zu demjenigen PLATONS, das als Idee des Guten noch über den Geist und das Erkennen erhaben und anders als das eine Sein des Eleatismus noch überseiend ist [3], eine Art Geistmonade gewesen zu sein [4]. Das H. des SPEUSIPP ist zwar Anfangsgrund und Prinzip (zusammen mit dem Vielen) alles Seienden, aber selber noch nicht Seiendes, sondern dessen keimhafter Ursprung, und es ist auch vom Geiste, welcher bei Speusipp ausdrücklich als eigenständiges Wesen bezeichnet wird, noch verschieden; als der potentielle Ursprung und Anfang aller biologischen Entwicklung wird es schließlich noch vom Guten und Schönen als dem positiven Ziel dieser Entwicklung unterschieden [5].

In der gesamten *neupythagoreischen* Literatur wird ebenfalls aus dem H. oder der Monas und der unbegrenzten Zweiheit die Gesamtheit der Zahlen und aller übrigen Dinge abgeleitet [6], wobei aber das H. oder die Monas meistens auch göttlicher Geist oder Logos ist [7] und sich gegenüber dem Dualismus der altpythagoreischen Prinzipienlehre, die das H. nach ARISTOTELES ebenfalls als substanziell für sich bestehend behandelt hatte [8], mehr und mehr der Monismus in der Ableitung der Zweiheit aus dem H. durchsetzt [9]. PHILON VON ALEXANDRIEN [10], der Mittelplatoniker PLUTARCH [11] und der neupythagoreische und mittelplatonische Elemente vereinende Denker NUMENIOS VON APAMEA [12] setzen als höchstes Prinzip von allem und ersten Gott ein vollkommen Eines und Einfaches an, welches zugleich göttlicher Geist (νοῦς) ist und dessen Verbindung zur Welt durch einen zweiten Gott, d. h. den als Weltseele oder Logos verstandenen Demiurgen hergestellt wird.

Im *Neuplatonismus* setzt PLOTIN das vollkommen Eine und Gute unter Überwindung des Dualismus als das absolut höchste Prinzip an [13], das auch über den göttlichen Geist und den mit ihm identischen Ideenkosmos sowie über jede Erkennbarkeit und alles Sein erhaben ist [14]. IAMBLICHOS versucht Plotin noch dadurch zu übertreffen, daß er über das Eine-Gute ein anderes H. als das schlechthin erste, völlig qualitätslose und nicht mit dem Guten identische Urwesen stellt [15], während PROKLOS wieder ein Ureines und Urgutes als das absolut höchste Prinzip annimmt, ihm aber die Bestimmungen der Ureinheit und Urgüte sowie der höchsten Ursächlichkeit nur in uneigentlichem Sinne zuschreibt [16].

Anmerkungen. [1] ARISTOTELES, Met. I, 6, 987 b 18-988 a 1, 988 a 7-17. – [2] XENOKRATES, hg. HEINZE Frg. 26-28. 68. – [3] PLATON, Resp. VI, 508 e 1-509 b 10; für das eine Sein der Eleaten vgl. VS 1, 28 B 8, 6. – [4] XENOKRATES, a. a. O. [2] Frg. 15-16. – [5] SPEUSIPP, hg. LANG Frg. 33 a. 34 a-f. 35 a-e. 38. – [6] ALEX. POLYHISTOR bei DIOG. LAERT. VIII, 25; EUDOROS bei SIMPL., In phys. 181, 10ff. d.; ALEX. APHR., In met., hg. HAYDUCK 768, 25ff. H.; ASKL., In met. 108, 27f.; PORPH., In cat. 118, 24ff.; HIPPOL., Ref. I, 2, 6; PROKL. In Tim. 24 e. 54 d. 214 a; DAMASK., De princ. c. 47; AUG., De mus. I, 11, 18. – [7] THEON VON SMYRNA, Expos. rer. math. 100, 4 (HILLER); MODERATOS VON GADES bei PORPHYRIOS, Vita Pyth. 49f.; SIMPL. In phys. 230, 36; APOLLONIOS VON TYANA bei EUSEB., Praep. Ev. 4. 13, Dem. Ev. 3, 13, 11; NIKOMACHOS VON GERASA, Introd. arithm. IX, 9ff.; XII, 1ff. – [8] ARIST., Met. I, 5, 987 a 13ff. – [9] THEON, a. a. O. [7] 27, 1ff. 100, 9f.; NIKOM., a. a. O. [7] VIII, 9; XVIII; SEXT. EMP., Hyp. Pyrrh. III, 153. 164; HIPPOL., Ref. IV, 43; I, 8; VI, 21. – [10] Vgl. PHILON ALEX., De Cher. 87; Leg. alleg. I, 51; II, 1, 2. 3; III, 48; De Abr. 125; De fuga et inv. 164 für den ersten Gott als das H.; De migr. Abr. 192f.; De gig. 40; De opif. mundi 8ff. für den ersten Gott als Geist. – [11] PLUTARCH, Quaest. Plat. 1002 a; Def. or. 428f.; In anim. procr. 1024 d. 1026 a. 1027 a; Is. et Os. 382 c. 382 d, f. – [12] NUMENIOS, Frg. 25. 26. 29; Test. 25 L. für die Geistigkeit des ersten Gottes; Frg. 28 fin., Test. 30, p. 91 L.; Frg. 20, Test. 28 L. für den ersten Gott als Eines und Einfaches. – [13] PLOTIN, Enn. VI, 9, 1-2; VI, 7, 38. – [14] Enn. V, 4, 1; V, 5, 6; V, 6; VI, 7, 37-42; VI, 8, 11. – [15] DAMASKIOS, De principiis 43 Anf. – [16] PROKLOS, Inst. theol. I, 4, 6; Theol. Plat. 2, 4; Inst. theol. I, 4, 11, 8; Theol. Plat. 3, 7; 2, 10; 2, 11; In Plat. Parm. VI, 87 (COUSIN).

Literaturhinweise. W. BURKERT: Weisheit und Wiss. Studien zu Pythagoras, Philolaos und Platon (1962). – H. J. KRAEMER: Der Ursprung der Geistmet. (Amsterdam 1964). – W. THEILER: Einheit und unbegrenzte Zweiheit von Plato bis Plotin, in: Isonomia (1964) 89-109.

F. P. HAGER

Henaden oder ‹Einheiten› kann schon PLATON seine Ideen nennen, wenn er die Frage nach dem Sein sowie der Einheit und der Vielheit der Ideen in ihrem Verhältnis zu den Sinnendingen und untereinander stellt [1]. Die Problematik dieser später als in einem zahlenhaft strukturierten intelligiblen Kosmos vereinigt gedachten H. wird in ganzer Breite vor allem wieder im *Neuplatonismus* und besonders bei PLOTIN aufgegriffen, der im Zusammenhang mit seiner Frage nach dem Wesen der intelligiblen Zahlen wiederum von H. spricht [2]. Am bekanntesten aber ist die Stellung und Bedeutung der H. im metaphysischen System des PROKLOS: Zwischen das absolut höchste Prinzip von allem, das Eine (Hen), welches zugleich das Urgute ist, und den Bereich des göttlichen Geistes mit seinen intelligiblen, intelligibel-intellektuellen und intellektuellen Wesenheiten schiebt er noch die göttlichen H. als eine begrenzte Vielheit von übergeistigen Einheiten ein, die zwischen dem Urwesen, d. h. dem Ureinen, und aller späteren Vielheit vermitteln, als höchste Götter über alle Erkennbarkeit und Begreiflichkeit sowie über Sein, Leben und Denken erhaben sind und doch kraft ihrer Göttlichkeit und Güte noch als Quelle der Vorsehung gelten [3].

Anmerkungen. [1] PLATON, Philebos 15 a ff. – [2] PLOTIN, Enn. VI, 6, 5, 6ff. – [3] PROKLOS, Theol. Plat. 3, 1; Instit. theol. prop. 113-165, bes. 114f. 120. 149; In Parm., hg. COUSIN VI, 14.

Literaturhinweise. Zu den H. bei Proklos vgl. E. ZELLER: Die Philos. der Griechen III/2 (⁵1923) 853-857. – UEBERWEG/PRAECHTER 1 (¹²1926, ND 1960) 627.   F. P. HAGER

Henologie (Einheitslehre) ist ein erst vor kurzem (aus griech. ἕν, eins, und λόγος, Lehre) gebildeter Terminus zur Bezeichnung der Grundtendenz einer platonisierenden Denkweise und eines platonisierenden Denksystems. Das englische Adjektiv ‹henological› wird in der Literatur locker verwendet z. B. zur Kennzeichnung desjenigen Gottesbeweises bei *Thomas von Aquin*, in dem von der Vielheit der Dinge auf die Einheit Gottes geschlossen wird [1]. Das französische Substantiv ‹énologie› wurde von E. GILSON zur Charakterisierung des neuplatonischen Denkansatzes des Mittelalters (Einheitsphilosophie, J. Koch) eingeführt [2]. Den Terminus hat schließlich E. A. WYLLER anläßlich einer systematischen Auslegung des platonischen ‹Parmenides› in Abhebung von den Schulbegriffen ‹Ontologie› und ‹Epistemologie› gebildet [3]. Die thematische Frage nach der Einheit (*Platon*) ist – dieser Interpretation nach – grundsätzlich von der nach dem Seienden bzw. dem Sein (*Aristoteles, Thomas*) wie von der nach den Bedingungen der Erkenntnis (*Descartes, Kant*) zu unterscheiden. Solche Fragestellungen exponieren zwar Momente der H., sind in ihr aber grundsätzlich als Partialfragen aufgehoben. – Die H. hat a) einen historischen und b) einen systematischen Sinn:

a) *Historisch* bestimmt der henologische Ansatz die gesamte platonisierende Tradition der Antike und des Mittelalters von *Platon* und *Speusippos* an über *Plotin, Proklos* und *Ps.-Dionysios* bis auf *Nikolaus von Kues* [4]. Er bestimmt ebenso die Einheitsmystik (z. B. *Böhme, Baader*) und hat in der modernen Zeit besonders im deutschen Idealismus einen Niederschlag gefunden (*J. G. Fichte*) [5]. – In ihrer reinsten philosophischen Gestalt begegnet die H. in Platons ‹Parmenides›, der – als der Dialog zum Thema Philosoph – den Gipfel der architektonisch gegliederten Ganzheit der platonischen Spätdialoge bildet [6].

b) *Systematisch* ist die H. eine dialektische Prinzipienlehre. Ihre Grundprinzipien sind das Eine, die Einheit (τὸ ἕν) und das Andere, die Andersheit (τἆλλα, nicht: ἕτερον). Das Prinzip der Dyade (δυάς) der platonischen Akademie wird (im Anschluß an ‹Parmenides› 143 a/b) als eine Ableitung aus der seienden Einheit an Hand der Verschiedenheit (ἕτερον) verstanden. Das Eine als solches ragt – als das Unsagbare (ἄρρητον) – in den Bereich jenseits des Seins und der Erkenntnis [7]. Ihm stehen Sein als das, was ist, und Erkenntnis als das, was erkannt werden kann, als zur Andersheit gehörig gegenüber. Die Differenz, die hier zwischen dem überseienden Einen und dem Sein bzw. der Erkenntnis zum Ausdruck kommt, wird – in Abhebung von der «ontologischen» – die «henologische Differenz» genannt. Sie ist für jeden echten Platonismus konstitutiv und kann, wenn überhaupt, nur durch Offenbarung aufgehoben werden [8].

Eine höchste Stufe erreicht die platonische Dialektik von Einheit und Andersheit – als H. – beim späten CUSANUS, dessen ‹*non aliud*› nicht als Negation der Negation im Sinne Hegels, sondern von der ps.-dionysischen Einsicht in die henologische Differenz aus zu verstehen ist [9]. – In der Gegenwart hat TH. W. ADORNO, wenngleich er den Terminus ‹H.› nicht verwendet, doch zentralen henologischen Grundansichten Ausdruck gegeben, etwa im Begriff der «Nichtidentität» [10] und in dem Satz «Einheit allein transzendiert Einheit» [11].

Anmerkungen. [1] B. MASCALL: He Who Is. A study in traditional theism (London 1943) 52. – [2] E. GILSON: L'être et l'essence (Paris 1948) 42. – [3] E. A. WYLLER: Platons ‹Parmenides› in seinem Zusammenhang mit ‹Symposion› und ‹Politeia›. Interpretationen zur Platonischen H. = Skrifter utgitt av Det Norske Videnskaps-Akademi i Oslo, 2. Kl. 1959 (Oslo 1960). – [4] Vgl. E. A WYLLER: Platons ‹Parmenides› Form und Sinn. Z. philos. Forsch. 17 (1963) 202-226. – [5] Zu Fichte vgl. A. SPEISER: Ein Parmenides-Komm. (²1959) 73-106. – [6] E. A. WYLLER: Der späte Platon (1970). – [7] PLATON, Soph. 238 c. – [8] E. A. WYLLER: Fra tankens og troens møtested (Oslo 1968). – [9] WYLLER: Der Begriff ‹non aliud› bei Cusanus, in: Atti Congr. int. Cusano, Bressanone 1964 (Florenz 1970) 419-443. – [10] TH. W. ADORNO: Minima Moralia (³1969) 315; Negative Dialektik (1966) 15 und passim. – [11] a. a. O. (1966) 158.   E. A. WYLLER

Henotheismus (oder Kathenotheismus) ist ein von MAX MÜLLER [1] eingeführter und an der vedischen Religion Indiens exemplifizierter Begriff für einen innerhalb des Polytheismus auftretenden subjektiven Theismus, bei dem Gläubigen, besonders beim Gebet [2], das von ihm verehrte Numen als die Gottheit katexochen erscheinen läßt, so daß er auf sie die Attribute des obersten Gottes überträgt. Die kultische Realisation des H. wird meist als Monolatrie bezeichnet.

Anmerkungen. [1] MAX MÜLLER: Vorles. über den Ursprung und die Entwicklung der Relig. (1880) 6. Vorles.: Über H., Polytheismus, Monotheismus und Atheismus. – [2] F. HEILER: Das Gebet (⁵1923) 171ff.

Literaturhinweise. MAX MÜLLER s. Anm. [1]. – F. HEILER: Erscheinungsformen und Wesen der Relig. (1961) 460.
    G. LANCZKOWSKI

Heraklitismus. In der *neueren* Philosophiegeschichte [1] wird mit ‹H.› eine philosophische Richtung bezeichnet, die vor allem den Werdecharakter und das kämpferische Grundelement aller Wirklichkeit betont und geschichtlich auf HERAKLIT zurückgeführt wird: Bereits die Wahl des Feuers als des wandelbarsten der vier alten Elemente zum Grundstoff aller Wirklichkeit zeigt an, daß es nach Heraklit – im Gegensatz zu den Eleaten – in der gesamten Wirklichkeit kein Sein, keine Identität und keinen Stillstand geben kann, sondern daß sich alles in ständiger Bewegung befindet [2]. In solchem Sinne wird das bekannte Wort verstanden, daß niemand zweimal in denselben Fluß steigen könne, weil zwischen dem ersten und dem zweiten Mal sowohl der Fluß als auch der Mensch ein anderer geworden sei [3]. Das allgemeine göttliche Weltgesetz, der Logos, ist in erster Linie Ausdruck der ständigen Verwandlung der Welt in Feuer und umgekehrt und manifestiert sich im Krieg der verschiedenen Gegensätze, aus denen allein das Leben entsteht [4]. Auch die Sinneswahrnehmung (αἴσθησις) entsteht nach Heraklit nur aus dem Gegensatz und offenbart den Werdecharakter aller Dinge [5].

Diese Lehre wurde vom Herakliteer KRATYLOS, der Platons Lehrer gewesen sein soll, so weitergebildet, daß man auch nicht *einmal* in denselben Fluß soll steigen können und daß auf Grund der Veränderung und Bewegung der sichtbaren Natur in allen ihren Teilen es unmöglich sei, über sie eine wahre Aussage zu machen, was Kratylos schließlich dazu veranlaßt haben soll, überhaupt nichts mehr zu sagen und nur noch die Finger zu bewegen [6]. Nach PLATON soll Kratylos mit seinem H. einen gewissen sophistischen Relativismus, wonach überhaupt nichts Ausgesagtes falsch sein kann [7] sowie die sprachphilosophische Lehre vertreten haben, daß die Namen der Dinge diesen naturgemäß (φύσει) und nicht durch bloße Konvention (θέσει) zukommen [8]. ARISTOTELES hält Kratylos dafür verantwortlich, daß Platon die herakliteische Lehre von der Wandelbarkeit und Unerkennbarkeit der Dinge auf die Erscheinungen der Sinnenwelt bezogen und mit dieser Einschränkung übernommen hat [9].

Den Herakliteern im allgemeinen schreibt PLATON wie dem Protagoras die Identifikation von Erkenntnis und Wahrnehmung und eine Theorie von der Entstehung der sinnlichen Wahrnehmung zu, wonach diese das Produkt aus der zusammentreffenden Bewegung des Gegenstandes und des Sinnes und deshalb ohne objektive Wahrheit sei, was einen erkenntnistheoretischen Subjektivismus und Relativismus zur Folge hat [10]. Ohne objektive Erkenntnis aber gibt es auch kein richtiges Gespräch zwischen Menschen und keine Lehre, und so schildert Platon die Herakliteer, die er scherzhaft die «Fließenden» (ῥέοντες) nennt, als enthusiastisch daherredende Phantasten, die keine andere Meinung als ihre eigene gelten lassen [11].

Die Lehre vom Fluß und der Veränderung aller Dinge ist vom Komödiendichter EPICHARMOS übernommen und scherzhaft dargestellt worden [12]; gewisse Eigentümlichkeiten der Gegensatzlehre Heraklits finden sich ferner in den *pseudohippokratischen* Schriften ‹Über die Nahrung› und ‹Über die Lebensführung› [13]. Die *Stoa* hat vor allem die Lehre vom göttlichen vernunftbegabten Urfeuer, das sich in die Welt entfaltet und diese wieder in sich zurücknimmt (Ekpyrosis; Weltbrand) und die Bezeichnung des Weltgesetzes als göttlichen Logos übernommen [14] und – wie zuvor schon ARISTOTELES und später HEGEL [15] – als die eigentliche Aussage Heraklits seiner Deutung im Sinne des H. entgegengestellt. Dagegen betont z. B. NIETZSCHE mit dem Terminus ‹H.› wiederum das kämpferische Element [16].

Anmerkungen. [1] So schon in der frz. Encyclop. ..., hg. DIDEROT/D'ALEMBERT (Lausanne/Bern 1782) 17, 287-291. – [2] HERAKLIT, VS¹⁰ 22 B 90. 30. 31. 60. 64-66. – [3] VS 22 A 6; vgl. 22 B 12, 49 a, 91. – [4] VS 22 B 30. 31. 32. 41. 53. 67. 80. 114. – [5] THEOPHRAST, De sensu § 1ff.; PLATON, Theait. 156 a ff. 179 d ff. – [6] KRATYLOS, VS 65 A 4. – [7] VS 65 A 1. – [8] VS 65 A 5. – [9] VS 65 A 3. – [10] PLATON, Theait. 156 a ff. 179 d ff. – [11] a. a. O. 179 e ff. 181 a. – [12] EPICHARMOS, VS 23 A 6; 23 B 2. – [13] PERI TROPHES 1, 9, 17, 45; PERI DIAITES 6, 11, 17. – [14] SVF II, 596-632. – [15] HEGEL, Jubiläums-A, hg. GLOCKNER 17, 363f. – [16] NIETZSCHE, Musarion-A. 12, 23.

Literaturhinweise. J. STENZEL: Art. ‹Kratylos›, in: RE 11/2 (1922) 1660-62. – E. WEERTS: Heraklit und die Herakliter (1926). – O. GIGON: Untersuch. zu Heraklit (1935). – H. KIRK: Heraclitus. The cosmic fragments (1954).
F. P. HAGER

Hermeneutik ist die Kunst des ἑρμηνεύειν, d. h. des Verkündens, Dolmetschens, Erklärens und Auslegens. ‹Hermes› hieß der Götterbote, der die Botschaften der Götter den Sterblichen ausrichtet. Sein Verkünden ist offenkundig kein bloßes Mitteilen, sondern Erklären von göttlichen Befehlen, und zwar so, daß er diese in sterbliche Sprache und Verständlichkeit übersetzt. Die Leistung der H. besteht grundsätzlich immer darin, einen Sinnzusammenhang aus einer anderen «Welt» in die eigene zu übertragen. Das gilt auch von der Grundbedeutung von ἑρμηνεία, die «Aussage von Gedanken» ist, wobei der Begriff der Aussage selber vieldeutig ist, Äußerung, Erklärung, Auslegung und Übersetzung umfassend. Die Aristotelische Schrift Περὶ ἑρμηνείας, ein Teil des ‹Organon›, ist gar keine H., sondern eine Art logischer Grammatik, die die logischen Strukturen des apophantischen Logos (des Urteils) untersucht und alle anderen Arten des Logos, bei denen es nicht nur auf das Wahrsein ankommt, ausschließt. Die H. als Kunst gehört nach PLATON [1] nicht allem Ausdruck von Gedanken zu, sondern allein dem Wissen, das anweist, wie das des Königs, des Herolds usw. In der ‹Epinomis› [2] steht die H. in einer Reihe mit der Mantik – offenbar als eine Kunst, die den Götterwillen erklärt, im klaren Doppelsinn von Mitteilen und Gehorsamfordern. Im *späteren* Griechischen kann dann ἑρμηνεία freilich sehr wohl «gelehrte Erklärung» und ἑρμηνεύς «Erklärer» wie «Übersetzer» heißen [3]. Aber es ist doch bezeichnend, daß die «Kunst» der ἑρμηνεία, die H., an die Sakralsphäre gebunden war, in der ein autoritativer Wille Maßgebliches dem Hörenden eröffnet. Davon ist in dem heutigen wissenschaftstheoretischen Bewußtsein nichts mehr lebendig, auch wenn die Hauptformen, in denen H. ihre Ausbildung fand, die juristische Auslegung der Gesetze und die theologische oder philologische Auslegung heiliger oder klassischer Texte, den ursprünglich normativen Sinn durchaus noch implizieren.

Wenn wir heute von H. reden, stehen wir dagegen in der Wissenschaftstradition der Neuzeit. Der ihr entsprechende Wortgebrauch von ‹H.› setzt genau damals, d. h. mit der Entstehung des modernen Methoden- und Wissenschaftsbegriffs ein. Die erste Bezeugung des Buchtitels ‹Hermeneutik› stammt aus dem Jahre 1654: bei J. DANNHAUSER [4]. Wir unterscheiden seither eine theologisch-philologische und eine juristische H.

Theologisch bedeutet H. die Kunst der rechten Auslegung der Heiligen Schrift, die, an sich uralt, schon in *patristischer* Zeit zu methodischer Bewußtheit geführt wurde, vor allem durch AUGUSTIN in ‹De doctrina christiana›. Denn die Aufgabe einer christlichen Dogmatik war durch die Spannung zwischen der besonderen Geschichte des jüdischen Volkes, wie sie das Alte Testament heilsgeschichtlich auslegt, und der universalistischen Verkündigung Jesu im Neuen Testament gestellt. Hier mußte H. helfen und Lösungen schaffen. Augustin lehrt in ‹De doctrina christiana› mit Hilfe neuplatonischer Vorstellungen den Aufstieg des Geistes über den wörtlichen und den moralischen zum geistlichen Sinn. Damit faßt er unter einem einheitlichen Gesichtspunkt das antike hermeneutische Erbe zusammen.

Der Kern der *antiken* H. ist das Problem der *allegorischen* Interpretation. Diese ist an sich schon alt. ὑπόνοια, der Hintersinn, war das ursprüngliche Wort für allegorischen Sinn. Solche Auslegung wurde schon im Zeitalter der *Sophistik* gepflegt, d. h. von dem Augenblick an, da die Wertewelt der homerischen Epos, das für eine Adelsgesellschaft gedacht war, ihre Verbindlichkeit einbüßte. Das geschah mit der Demokratisierung der Städte, deren Patriziat die Adelsethik übernommen hatte. Der Ausdruck des Wandels war die Bildungsidee der Sophistik: Odysseus lief Achilles den Rang ab. Die Allegorese wurde dann besonders in der hellenistischen Homerinterpretation der *Stoa* gepflegt. Die patristische H., die ORIGENES und AUGUSTIN zusammenfaßten, wurde im *Mittelalter* durch CASSIAN systematisiert und zur Methode des vierfachen Schriftsinns entwickelt.

Einen neuen Impuls erhielt die H. durch den *reformatorischen* Rückgang zum Buchstaben der Heiligen

Schrift, indem die Reformatoren sich polemisch gegen die Tradition der Kirchenlehre und deren Behandlung des Textes mit solchen Methoden richteten [5]. Insbesondere wurde nun die allegorische Methode verworfen. Ineins damit erwachte ein neues Methodenbewußtsein, das objektiv, objektgebunden, von aller subjektiven Willkür frei sein wollte. Doch bleibt das zentrale Motiv ein normatives: Es geht in der *theologischen* oder *humanistischen* H. der Neuzeit um rechte Auslegung von solchen Texten, die das eigentlich Maßgebliche enthalten, das es zurückzugewinnen gilt. Insofern gehört zu der Motivierung der hermeneutischen Anstrengung nicht so sehr, wie später bei Schleiermacher, daß eine Überlieferung schwer verständlich ist und zu Mißverständnissen Anlaß gibt, als vielmehr, daß eine bestehende Tradition durch Aufdeckung ihrer verschütteten Ursprünge aufgebrochen oder verwandelt wird. Ihr verdeckter oder entstellter Sinn soll wieder aufgesucht und erneuert werden. H. sucht im Rückgang zu den originalen Quellen ein neues Verständnis für etwas zu gewinnen, das durch Verzerrung, Entstellung oder Mißbrauch verdorben war – die Bibel durch die Lehrtradition der Kirche, die Klassiker durch das barbarische Latein der Scholastik. Dem sollte die neue Anstrengung gelten, Vorbildliches neu geltend zu machen, im selben Sinne, wie wenn es sich um die Verkündung einer Götterbotschaft, die Auslegung eines Orakelspruches oder eines Gesetzes handelt.

Neben dieser sachgerichteten Motivation wurde aber im Beginn der Neuzeit auch eine formale wirksam, sofern das Methodenbewußtsein der neuen Wissenschaft auf eine allgemeine Auslegungslehre hindrängte, die um ihrer Allgemeinheit willen als ein Teil der *Logik* abgehandelt wurde [6]. Dafür hat gewiß die Aufnahme eines hermeneutischen Kapitels in die Logik CHR. WOLFFS [7] die entscheidende Rolle gespielt. Hier war ein logisch-philosophisches Interesse wirksam, das der Grundlegung der H. in einer allgemeinen Semantik zustrebte. Eine solche liegt zuerst bei G. FR. MEIER in dem ‹Versuch einer allgemeinen Auslegungskunst› (1756) vor, der in J. A. CHLADENIUS [8] einen geistvollen Vorläufer hat. Im allgemeinen blieb aber bis zum 18. Jh. die in Theologie und Philologie aufkommende Disziplin der H. fragmentarisch und diente nur didaktischen Zwecken. In pragmatischer Abzweckung hat sie zwar einige methodische Grundregeln entwickelt, die sie größtenteils der antiken Grammatik und Rhetorik entnahm (QUINTILIAN [9]), ist aber im ganzen nur eine Sammlung von Stellenerklärungen, die das Verständnis der Schrift (oder, im humanistischen Bereich, der Klassiker) aufschließen soll. ‹Clavis› (Schlüssel) ist der häufige Titel, z. B. bei M. FLACIUS [10].

Das begriffliche Vokabular der *altprotestantischen* H. entstammt durchweg der antiken Rhetorik. MELANCHTHONS Umwendung der rhetorischen Grundbegriffe auf das rechte Studium der Bücher (bonis auctoribus legendis) war epochemachend. So geht die Forderung, alles Einzelne aus dem Ganzen zu verstehen, auf das Verhältnis von caput und membra zurück, das sich die antike Rhetorik zum Vorbild nahm. Bei FLACIUS führt dieses hermeneutische Prinzip freilich zu höchst spannungsvoller Anwendung, da die dogmatische Einheit des Kanon, die er gegen die Einzelauslegung der neutestamentlichen Schriften ausspielt, den lutherischen Grundsatz: «sacra scriptura sui ipsius interpres» stark einschränkt, wie die scharfsinnige Kritik R. SIMONS [11] alsbald geltend machte. Im Zusammenhang der Ablehnung der Lehre von der Verbalinspiration sucht schließlich auch die theologische H. der *frühen Aufklärung* allgemeine Regeln des Verstehens zu gewinnen. Insbesondere die *historische Bibelkritik* findet damals ihre erste hermeneutische Legitimation. SPINOZAS theologisch-politischer Traktat (1670) war das Hauptereignis. Seine Kritik, beispielsweise am Wunderbegriff, war durch den Anspruch der Vernunft legitimiert, nur Vernünftiges, d. h. Mögliches, anzuerkennen. Sie enthielt aber zugleich eine positive Wendung, sofern das in der Schrift, woran die Vernunft Anstoß nimmt, auch eine natürliche Erklärung erheischt. Das führt zur Wendung ins Historische, d.h. zur Wendung von den angeblichen (und unverständlichen) Wundergeschichten zu dem (verständlichen) Wunderglauben.

Ihr tritt die *pietistische* H. entgegen, die seit A. H. FRANCKE die *erbauliche Anwendung* mit der Auslegung der Texte aufs engste verknüpfte. Die einflußreiche H. von J. J. RAMBACH [12] stellte (nach Morus) neben die subtilitas intelligendi und explicandi die subtilitas applicandi. Der wohl aus der humanistischen Wettbewerbsgesinnung stammende Ausdruck ‹subtilitas› (Feinheit) deutet auf elegante Weise an, daß die «Methodik» der Auslegung – wie alle Anwendung von Regeln überhaupt – Urteilskraft verlangt, die nicht selber wieder durch Regeln gesichert werden kann [13]. Als Theologie sucht die H. aber auch im späteren 18. Jh. noch beständig den Ausgleich mit dem dogmatischen Interesse (z. B. bei ERNESTI, SEMLER).

Erst SCHLEIERMACHER löst (angeregt durch Fr. Schlegel) die H. als eine universale Lehre des Verstehens und Auslegens von allen dogmatischen und okkasionellen Momenten ab, die bei ihm nur anhangsweise in einer speziellen biblischen Wendung der H. zu ihrem Recht kommen. Der normative Grundsinn der Texte, der der hermeneutischen Bemühung allein den Sinn gab, ist damit in den Hintergrund getreten. Verstehen ist *reproduktive Wiederholung* der ursprünglichen gedanklichen Produktion aufgrund der Kongenialität der Geister. So lehrte Schleiermacher auf dem Hintergrund einer metaphysischen Konzeption von der Individualisierung des All-Lebens. Die Rolle der *Sprache* tritt damit hervor, und das in einer Form, die die philologische Eingeschränktheit auf das Schriftliche grundsätzlich überwand. – Schleiermachers H. bedeutete wegen ihrer Begründung des Verstehens auf das Gespräch und die zwischenmenschliche Verständigung überhaupt eine Tieferlegung ihrer Fundamente, die zugleich die Errichtung eines auf hermeneutischer Basis errichteten Wissenschaftssystems gestattete. Die H. wurde zur *Grundlage für alle historischen Geisteswissenschaften*, nicht nur für die Theologie. Die dogmatische Voraussetzung des maßgeblichen Textes, unter der das hermeneutische Geschäft, sowohl das des Theologen wie das des humanistischen Philologen (von dem des Juristen gar nicht zu reden), seine ursprüngliche Funktion der Vermittlung hatte, ist nun verschwunden. Damit hat der *Historismus* freie Bahn.

Insbesondere die *psychologische* Interpretation wurde in der Nachfolge Schleiermachers, gestützt durch die romantische Lehre vom unbewußten Schaffen des Genies, die immer entschiedenere theoretische Basis der Geisteswissenschaften insgesamt. Das zeigt sich höchst lehrreich bereits bei H. STEINTHAL [14] und führt bei DILTHEY zu einer systematischen Neubegründung der Idee der Geisteswissenschaften auf eine verstehende und beschreibende Psychologie. Vorher schon hatte sich das neue erkenntnistheoretische Interesse bei A. BOECKH in seinen berühmten Vorlesungen über ‹Enzyklopädie und Methodologie der philologischen Wissenschaften› (1877) Bahn gebrochen. Boeckh bestimmt dort die Aufgabe der Philologie geradezu als das «Erkennen des Erkannten». Damit war der normative Sinn der klassischen Literatur, der im Humanismus neu entdeckt worden war und primär imitatio motivierte, zu historischer Indifferenz verblaßt. Von der Grundaufgabe des Verstehens her differenzierte Boeckh die verschiedenen Interpretationsweisen in die grammatische, die literarisch-gattunghafte, die historisch-reale und die psychologisch-individuale. DILTHEY knüpfte hier mit seiner verstehenden Psychologie an. Doch bedeutete für ihn der geschichtsphilosophische, ja geschichtstheologische Hintergrund, auf dem sich die geistvolle Historik J. G. DROYSENS erhob, sowie die strenge Kritik, die sein Freund, der spekulative Lutheraner P. YORCK VON WARTENBURG, an dem naiven Historismus des Zeitalters übte, eine beständige Mahnung. Beides hat dazu beigetragen, daß sich in der späteren Entwicklung DILTHEYS etwas Neues Bahn brach. Der *Erlebnis*begriff, der bei ihm der psychologische Grundlage der H. bildete, wurde durch die Unterscheidung von *Ausdruck* und *Bedeutung* ergänzt, teils unter dem Eindruck der Psychologismuskritik E. HUSSERLS (in den ‹Prolegomena› zu seinen ‹Logischen Untersuchungen› 1899) und durch seine platonisierende Bedeutungstheorie, teils im Wiederanschluß an Hegels Theorie des objektiven Geistes [15]. – Das hat im 20. Jh. seine Früchte getragen. Diltheys Arbeiten wurden fortgesetzt von G. MISCH, J. WACH, H. FREYER, E. ROTHACKER, O. F. BOLLNOW und anderen. Die Summe der idealistischen Tradition der H. von Schleiermacher bis zu Dilthey und über ihn hinaus wurde von dem Rechtshistoriker E. BETTI [16] gezogen.

DILTHEY selbst ist freilich mit der Aufgabe nicht wirklich zu Rande gekommen, die ihn quälte, das «historische Bewußtsein», mit dem Wahrheitsanspruch der Wissenschaft theoretisch zu vermitteln. E. TROELTSCHS Formel «Von der Relativität zur Totalität», die die theoretische Lösung des Relativismusproblems im Sinne Diltheys darstellen sollte, blieb, wie Troeltschs eigenes Werk, im Historismus stecken, den es zu überwinden galt. Bezeichnend, daß Troeltsch auch in seinem Historismuswerk immer wieder in (glanzvolle) historische Exkurse abschweifte. DILTHEY umgekehrt suchte hinter alle Relativität auf ein Konstantes zurückzugehen und entwarf eine höchst einflußreiche *Typenlehre* der Weltanschauungen, die der Mehrseitigkeit des Lebens entsprechen sollte. Eine solche Überwindung des Historismus enthielt freilich selber unreflektierte dogmatische Voraussetzungen (wenn auch nicht mehr so eindeutig wie bei FICHTE, dessen viel mißbrauchtes Wort «Was für eine Philosophie man wählt, hängt davon ab, was man für ein Mensch ist» [17] ein eindeutiges Bekenntnis zum Idealismus darstellte). Das sollte sich vor allem indirekt an den Nachfolgern zeigen: Die pädagogisch-anthropologischen, psychologischen, soziologischen, kunsttheoretischen, historischen Typenlehren, die sich damals ausbreiteten, demonstrierten ad oculos, daß ihre Fruchtbarkeit in Wahrheit von der geheimen Dogmatik abhing, die ihnen zugrunde lag. An allen diesen Typologien von M. WEBER, E. SPRANGER, TH. LITT, W. PINDER, E. KRETSCHMER, E. R. JAENSCH, PH. LERSCH usw. zeigte sich, daß sie einen begrenzten Wahrheitswert hatten, aber denselben einbüßten, sowie sie die Totalität aller Erscheinungen erfassen, d. h. vollständig sein wollten. Solcher «Ausbau» einer Typologie ins Allumfassende bedeutet aus Wesensgründen ihre Selbstauflösung, d.h. den Verlust ihres dogmatischen Wahrheitskerns. Selbst K. JASPERS' ‹Psychologie der Weltanschauungen› (1919) war von dieser Problematik aller Typologie in der Nachfolge von M. Weber und Dilthey durchaus noch nicht so frei, wie es seine ‹Philosophie› später verlangte (und erreichte). Das Denkmittel der Typologie ist in Wahrheit nur von einem extrem nominalistischen Standpunkt aus legitimierbar, aber sogar M. Webers nominalistische Radikalität der Selbstaskese hat ihre Grenzen [18].

Die *theologische* H. der mit Schleiermachers allgemeiner Grundlegung beginnenden Epoche ist auf ähnliche Weise in ihren dogmatischen Aporien steckengeblieben. Schon der Herausgeber der Schleiermacherschen H.-Vorlesungen, FR. LÜCKE, hatte das theologische Moment stärker akzentuiert. Die theologische Dogmatik des 19. Jh. kehrte im ganzen zu der altprotestantischen Problematik der H. zurück, die mit der regula fidei gegeben war. Ihr stand die an aller Dogmatik Kritik übende historische Forderung der liberalen Theologie mit zunehmender Indifferenz gegenüber. Insofern war es ein epochales Ereignis, als im Durchgang durch den radikalen Historismus und unter dem Anstoß der *dialektischen Theologie* (K. BARTH, E. THURNEYSEN) die hermeneutische Besinnung R. BULTMANNS, die in der Parole der Entmythologisierung münden sollte, eine echte Vermittlung zwischen historischer und dogmatischer Exegese begründete. Das Dilemma zwischen historisch-individualisierender Analyse und Weitertragung des Kerygma bleibt freilich ungelöst. Die Debatte über die *Entmythologisierung*, wie sie G. BORNKAMM mit großer Sachkunde dargestellt hat [19], ist von hohem allgemeinem hermeneutischen Interesse, sofern in ihr die alte Spannung von Dogmatik und H. in zeitgenössischer Modifikation wieder aufgelebt ist. BULTMANN hatte seine theologische Selbstbesinnung vom Idealismus weg und in die Nähe des Denkens von Heidegger geführt. Darin wirkte sich der Anspruch aus, den K. BARTH und die dialektische Theologie erhoben, indem sie die ebenso menschliche wie theologische Problematik des «Redens über Gott» bewußt machten. BULTMANN suchte eine «positive», d. h. methodisch zu rechtfertigende, nichts von den Errungengeschaften der historischen Theologie preisgebende Lösung. M. HEIDEGGERS Existenzialphilosophie von ‹Sein und Zeit› (1927) schien ihm in dieser Lage eine neutrale, anthropologische Position anzubieten, von der aus das Selbstverständnis des Glaubens eine ontologische Begründung erfuhr [20]. Die Zukünftigkeit des Daseins im Modus der Eigentlichkeit und auf der Gegenseite das Verfallen an die Welt ließen sich theologisch ausdeuten. Der hermeneutische Gewinn dessen lag vor allem in dem Begriff des *Vorverständnisses* – von dem reichen exegetischen Ertrag solcher hermeneutischen Bewußtheit ganz zu schweigen.

HEIDEGGERS philosophischer Neuansatz zeitigte aber nicht nur in der Theologie positive Wirkungen, sondern vermochte vor allem die relativistische und typologische Erstarrung zu brechen, die in der Schule Diltheys herrschte. G. MISCH kommt das Verdienst zu, durch Konfrontation von Husserl und Heidegger mit Dilthey die philosophischen Impulse Diltheys neu freigesetzt zu haben [21]. Auch wenn seine Konstruktion des lebensphilosophischen Ansatzes Diltheys einen letzten Gegensatz zu Heidegger fixiert – für HEIDEGGERS Ausarbeitung seiner Philosophie war Diltheys Rückgang hinter das «transzendentale Bewußtsein» auf den Standpunkt des

«Lebens» eine wichtige Stütze. Indem die Ideen Diltheys in die phänomenologische Grundlegung der *Existenzialphilosophie* eingingen, erfuhr das hermeneutische Problem seine philosophische Radikalisierung. Damals bildete HEIDEGGER den Begriff einer «H. der Faktizität» und formulierte damit gegen die phänomenologische Wesensontologie Husserls die paradoxe Aufgabe, das «Unvordenkliche» (SCHELLING) der «Existenz» dennoch auszulegen, ja Existenz selber als «Verstehen» und Sich-Entwerfen auf die Möglichkeiten seiner selbst zu interpretieren. Hier war ein Punkt erreicht, an dem sich der instrumentalistische Methodensinn des hermeneutischen Phänomens ins Ontologische kehren mußte. Verstehen ist hier nicht mehr ein Verhalten des menschlichen Denkens unter anderen, sondern die Grundbewegtheit des menschlichen Daseins. Geschichtlichkeit hörte damit auf, das Gespenst des historischen Relativismus heraufzubeschwören.

Als aber dann Heidegger die transzendentale Grundlegung seiner Fundamentalontologie als unzureichend erkannte und als sich im Denken der «Kehre» die «H. der Faktizität» in die «Lichtung», in das «Da» des Seins wandelte, erfuhr die hermeneutische Problematik der idealistischen Tradition eine nochmalige Zuspitzung. Auch die geistvolle Dialektik, durch die BETTI das Erbe der romantischen H. im Zusammenspiel von Subjektivem und Objektivem zu rechtfertigen suchte, mußte unzureichend erscheinen, nachdem ‹Sein und Zeit› die ontologische Vorgreiflichkeit des Subjektbegriffs gezeigt und vollends, als der spätere HEIDEGGER im Denken der «Kehre» den Rahmen der transzendentalphilosophischen Reflexion gesprengt hatte. Das «Ereignis» der Wahrheit, die den Spielraum von Entbergung und Verbergung bildet, gab allem Entbergen – auch dem der verstehenden Wissenschaften – eine neue ontologische Valenz. Damit wurde eine Reihe neuer Fragen an die traditionelle H. möglich.

Die psychologische Grundlage der idealistischen H. erwies sich als *problematisch*: Erschöpft sich der Sinn eines *Textes* wirklich in dem «gemeinten» Sinn (mens auctoris)? Ist Verstehen nichts als die Reproduktion einer ursprünglichen Produktion? Daß das für die juristische H., die eine offenkundige rechtsschöpferische Funktion ausübt, nicht gelten kann, ist klar. Aber das pflegt man auf die Seite ihrer normativen Aufgabenstellung zu schieben. Dagegen verlange der Begriff der Objektivität in den Wissenschaften das Festhalten an diesem Kanon. Aber kann er wirklich gelten? Zum Beispiel bei der Auslegung von *Kunstwerken* (die beim Regisseur, beim Dirigenten und beim Übersetzer selber noch die Gestalt einer praktischen Produktion hat)? Und mit welchem Rechte will man diesen reproduktiven Sinn von Interpretation von dem der Wissenschaft abscheiden? Geschieht eine solche Reproduktion nachtwandlerisch und ohne Wissen? Der Sinngehalt der Reproduktion ist hier gewiß nicht auf das zu beschränken, was einer bewußten Sinnverleihung durch den Verfasser entstammt. Die Selbstinterpretation des Künstlers ist bekanntlich von fragwürdiger Geltung. Der Sinn ihrer Schöpfung stellt gleichwohl der Interpretation eine eindeutige Approximationsaufgabe.

Und wie ist es mit dem Sinn und der Deutung *geschichtlicher* Ereignisse? Das Bewußtsein der Zeitgenossen ist doch gerade dadurch gezeichnet, daß sie, die die Geschichte «erleben», nicht wissen, wie ihnen geschieht. Dagegen hielt DILTHEY an der systematischen Konsequenz seines Begriffes des Erlebnisses bis zum Schluß fest, wie das Modell der Biographie und Autobiographie für Diltheys Theorie des geschichtlichen Wirkungszusammenhangs lehrt [22]. Auch die geistvolle Kritik des positivistischen Methodenbewußtseins durch R. G. COLLINGWOOD [23], die sich des dialektischen Instrumentariums von Croces Hegelianismus bedient, bleibt mit ihrer Lehre vom «re-enactment» in subjektivistischer Problemverengung befangen, wenn sie als Modellfall für geschichtliches Verstehen den Nachvollzug ausgeführter Pläne zugrunde legt. Der Ausweg, dem Historiker Kongenialität mit seinem Gegenstande zuzumuten, den schon Schleiermacher beschritten hatte, führt offenkundig nicht wirklich weiter. Das hieße den Historiker überfordern und seine Aufgabe unterschätzen.

Und wie steht es mit dem *kerygmatischen* Sinn der Heiligen Schrift? Hier führt sich der Begriff der Kongenialität ad absurdum, indem er das Schreckbild der Inspirationstheorie heraufbeschwört. Aber auch die *historische* Exegese der Bibel stößt hier an Grenzen, insbesondere am Leitbegriff des «Selbstverständnisses». Ist der Heilssinn der Schrift nicht notwendig etwas anderes als das, was sich durch die bloße Summierung der theologischen Anschauungen der Schriftsteller des Neuen Testamentes ergibt? So verdient die *pietistische* H. (A. H. FRANCKE, J. J. RAMBACH) in dem Punkte noch immer Beachtung, daß sie in ihrer Auslegungslehre zu dem Verstehen und Explizieren die *Applikation* hinzufügte und damit den Gegenwartsbezug der «Schrift» auszeichnete. Hier liegt das Zentralmotiv einer H. verborgen, die die Geschichtlichkeit des Menschen wirklich ernst nimmt. Dem trägt gewiß auch die idealistische H. Rechnung, insbesondere BETTI durch den «Kanon der Sinnentsprechung». Doch scheint erst die entschlossene Anerkennung des Begriffs des Vorverständnisses und des Prinzips der Wirkungsgeschichte bzw. die Entfaltung des wirkungsgeschichtlichen Bewußtseins, eine zureichende methodische Basis zu bieten. Der Kanonbegriff der neutestamentlichen Theologie findet darin als ein Spezialfall seine Legitimation. Es entspricht dieser Sachlage, daß sich die neueste Diskussion der H. auch auf die katholische Theologie übergegriffen hat (G. STACHEL, E. BISER) [24]. In der Theorie der Literatur ist Ähnliches unter dem Titel «Rezeptionsästhetik» (R. JAUSS) vertreten worden. Doch ist gerade auf diesem Gebiet auch der Widerstand der auf Methodologie fixierten Philologie laut geworden (E. D. HIRSCH, TH. SEEBOHM) [25].

Im Lichte dieser Frage gewinnt die ehrwürdige Tradition der *juristischen* H. ein neues Leben. Innerhalb der modernen Rechtsdogmatik konnte sie nur eine kümmerliche Rolle spielen, gleichsam als der nie ganz vermeidbare Schandfleck an einer sich selbst vollendenden Dogmatik. Immerhin ließ sich nicht verkennen: Sie ist eine normative Disziplin und versieht die dogmatische Funktion der Rechtsergänzung. Als solche behält sie eine wesenhaft unentbehrliche Aufgabe, weil sie den unaufhebbaren Hiat zwischen der Allgemeinheit des gesetzten Rechts und der Konkretion des Einzelfalls zu überbrücken hat. – Indessen ist sie in ihrem Ursprung mehr und Wesentlicheres. Die Rückbesinnung auf ihre *Geschichte* [26] zeigt, daß das Problem der verstehenden Auslegung auf unlösliche Weise mit dem der Anwendung verknüpft ist. Solche Doppelaufgabe war der Rechtswissenschaft seit der *Rezeption des römischen Rechts* gestellt. Denn damals galt es nicht nur, die römischen Juristen zu verstehen, sondern zugleich die Dogmatik des römischen Rechtes auf die neuzeitliche Kulturwelt anzuwenden [27]. Daraus erwuchs der Rechtswissenschaft eine nicht minder enge Bindung der hermeneutischen an die dogmatische Aufgabe, als sie der Theologie auferlegt ist. Eine Auslegungslehre des römischen Rechts konnte sich auf historische Verfremdung so lange nicht einlassen, als das römische Recht seine gesetzliche Rechtsgeltung behielt. Noch die Auslegung des römischen Rechts von A. F. J. THIBAUT 1806 [28] sieht es als eine Selbstverständlichkeit an, daß die Auslegungslehre sich nicht allein auf die Absicht des Gesetzgebers stützen kann, sondern den «Grund des Gesetzes» zum eigentlichen hermeneutischen Kanon erheben muß. – Mit der Schaffung *moderner Gesetzeskodifikationen* mußte dann die klassische Hauptaufgabe der Auslegung des römischen Rechtes ihr dogmatisches Interesse im praktischen Sinne verlieren und zugleich zum Glied einer rechtsgeschichtlichen Fragestellung werden. So konnte sie sich als Rechtsgeschichte dem Methodengedanken der historischen Wissenschaften vorbehaltlos einordnen. Umgekehrt wurde die juristische H. als eine subsidiäre Disziplin der Rechtsdogmatik neuen Stils an den Rand der Jurisprudenz gewiesen. Als das grundsätzliche Problem der «Konkretisierung im Recht» [29] bleibt freilich das hermeneutische Phänomen in aller Rechtswissenschaft ebenso beheimatet, wie das für die Theologie und ihre beständige Aufgabe der Entmythologisierung gilt.

Man muß sich daher fragen, ob nicht Theologie und Rechtslehre einen wesentlichen Beitrag für eine *allgemeine* H. bereithalten. Diese Frage zu entfalten, kann freilich die immanente Methodenproblematik der Theologie, der Rechtswissenschaft und der historisch-philologischen Wissenschaften nicht ausreichen. Denn es kommt gerade darauf an, die Grenzen der Selbstauffassung des historischen Erkennens aufzuweisen und der dogmatischen Interpretation eine begrenzte Legitimität zurückzugeben [30]. Dem steht allerdings der Begriff der Voraussetzungslosigkeit der Wissenschaft entgegen [31]. Aus diesen Gründen ging die Untersuchung, die ich in ‹Wahrheit und Methode› (1960) unternommen habe, von einem Erfahrungsbereich aus, der in gewissem Sinne immer dogmatisch genannt werden muß, sofern sein Geltungsanspruch Anerkennung verlangt und sich nicht in suspenso halten läßt: von der Erfahrung der Kunst. Hier heißt Verstehen in aller Regel anerkennen und gelten lassen: «Begreifen, was uns ergreift» (E. STAIGER). Die Objektivität der Kunstwissenschaft oder Literaturwissenschaft, die als wissenschaftliche Bemühung ihren vollen Ernst behält, ist doch in jedem Falle der Erfahrung der Kunst oder Dichtung erst nachgeordnet. Nun ist in der Erfahrung der Kunst selber applicatio von intellectio und explicatio gar nicht zu trennen. Das kann auch für die Wissenschaft von der Kunst nicht ohne Folgen sein. So mußte die Applikationsstruktur, die in der juristischen H. ihr angestammtes Heimatrecht hat, wichtig werden. Wenn auch die Wiederannäherung des rechtshistorischen und rechtsdogmatischen Verstehens, die sich von da aus aufdrängt, deren Unterschiede nicht aufheben kann, wie insbesondere von BETTI und FR. WIEACKER betont worden ist, darf doch im ganzen die Voraussetzungshaftigkeit alles Verstehens als erwiesen gelten. Das hat keineswegs den Sinn, daß man die «Geisteswissenschaften» als die ungenauen Wissenschaften in all ihrer bedauerlichen Mangelhaftigkeit weiter vegetieren lassen muß, solange sie nicht zur «science» erhoben und der «unity of science» eingegliedert werden können. Vielmehr wird eine *philosophische* H. zu dem Ergebnis kommen, daß Verstehen nur so möglich ist, daß der Verstehende seine eigenen Voraussetzungen ins Spiel bringt.

Der produktive Beitrag des Interpreten gehört auf eine unaufhebbare Weise zum Sinn des Verstehens selber. Das legitimiert nicht das Private und Arbiträre subjektiver Voreingenommenheiten, da die Sache, um die es jeweils geht, vollen Disziplinierungswert behält. Wohl aber ist der unaufhebbare, notwendige Abstand der Zeiten, der Kulturen, der Klassen, der Rassen ein selber übersubjektives Moment, das dem Verstehen Spannung und Leben verleiht. So hat sich sowohl in der *neutestamentlichen Wissenschaft* (vor allem bei E. FUCHS und G. EBELING) als auch beispielsweise in dem *literary criticism*, aber auch in der *philosophischen* Fortentwicklung des Heideggerschen Einsatzes, die Problematik der H. grundsätzlich von der subjektiv-psychologischen Basis weg und in die Richtung des objektiven, wirkungsgeschichtlich vermittelten Sinns hin verschoben. Die grundlegende Gegebenheit für die Vermittlung der Abstände ist die der *Sprache*, in der der Interpret (oder Übersetzer!) das Verstandene neu zur Sprache bringt. Theologen wie Poetologen reden geradezu vom Sprachereignis. In gewissem Sinne nähert sich die H. damit auf ihrem eigenen Wege der von der neopositivistischen Metaphysikkritik ausgehenden *analytischen Philosophie*. Seit diese nicht mehr daran festhält, durch Analyse der Redeweisen und Eindeutigmachen aller Aussagen mit Hilfe künstlicher Symbolsprachen die «Verhexung durch die Sprache» ein für allemal aufzulösen, kann auch sie über das Funktionieren der Sprache im *Sprachspiel* am Ende nicht zurück, wie gerade L. WITTGENSTEINS ‹Philosophische Untersuchungen› gezeigt haben. K. O. APEL hat mit Recht betont, daß die Kontinuität der Überlieferung durch den Begriff des Sprachspiels freilich nur diskontinuierlich beschreibbar wird [32]. Sofern die H. die positivistische Naivität, die im Begriff des Gegebenen liegt, durch die Reflexion auf die Verstehensbedingungen überwindet (Vorverständnis, Vorgängigkeit der Frage, Motivationsgeschichte jeder Aussage), stellt sie zugleich eine Kritik der positivistischen Methodengesinnung dar. Wieweit sie dabei dem Schema transzendentaler Theorie oder eher dem der historischen Dialektik folgt, ist umstritten [33].

H. hat jedenfalls eine eigenständige Thematik. Ihrer formalen Allgemeinheit zum Trotz läßt sie sich *nicht* legitim in die *Logik* eingliedern. Sie versteht jede Aussage nicht bloß in ihrer logischen Valenz, sondern als Antwort, und da sie ihren Sinn dergestalt aus ihrer Motivationsgeschichte gewinnen muß, hat sie über den logisch faßbaren Aussagegehalt hinauszugehen. Das liegt im Grunde schon in HEGELS Dialektik des Geistes und ist von B. CROCE, COLLINGWOOD und anderen erneuert und durch H. LIPPS ‹Hermeneutische Logik› auf der Grundlage von Husserls Lehre von den anonymen Intentionalitäten phänomenologisch begründet worden. In England hat J. L. AUSTIN die Wendung des späten Wittgenstein in ähnlicher Richtung weitergeführt. – Sehr viel enger sind die Beziehungen der H. zur *Rhetorik*, die das εἰκός, das persuasive Argument, mit ihr teilt. Die Tradition der Rhetorik, die in Deutschland im 18. Jh. besonders gründlich abbrach, ist auf unerkannte Weise im Bereich der Ästhetik wie der H. wirksam geblieben, wie vor allem K. Dockhorn gezeigt hat [34]. Gegenüber den Monopolansprüchen der modernen mathematischen Logik melden sich daher auch von der Rhetorik und der forensischen Rationalität aus die Widerstände, so durch CH. PERELMAN und seine Schule [35].

Doch schließt sich daran noch eine weit umfassendere Dimension des hermeneutischen Problems, nämlich die

Zentralstellung, die die *Sprache* im hermeneutischen Bereich einnimmt. Denn Sprache ist nicht nur ein Medium unter anderen – innerhalb der Welt der «symbolischen Formen» (CASSIRER) –, sondern steht in besonderer Beziehung zur potentiellen Gemeinsamkeit der Vernunft, die sich kommunikativ aktualisiert, wie schon R. HÖNIGSWALD betont hat. Darauf beruht die Universalität der hermeneutischen Dimension. Solche Universalität begegnet bereits in der Bedeutungslehre von AUGUSTINUS und THOMAS, welche die Bedeutung der Zeichen (der Worte) durch die Bedeutung der Sachen überboten sahen und damit das Hinausgehen über den sensus litteralis rechtfertigten. Die H. wird dem gewiß heute nicht einfach folgen können und keine neue Allegorese inthronisieren. Denn hier wäre eine Sprache der Schöpfung vorausgesetzt, durch die Gott zu uns spricht. Wohl aber ist der Erwägung nicht auszuweichen, daß nicht nur in Rede und Schrift, sondern in alle menschliche Schöpfungen «Sinn» eingegangen ist, den herauszulesen eine hermeneutische Aufgabe ist. Nicht nur die Sprache der Kunst etwa stellt legitime Verständnisansprüche, sondern jegliche Form menschlicher Kulturschöpfung überhaupt. Ja, die Frage weitet sich noch weiter aus. Denn was gehört nicht zu unserer sprachlich verfaßten Weltorientierung? Alle Welterkenntnis des Menschen ist sprachlich vermittelt. Eine erste Weltorientierung vollendet sich im Sprechenlernen. Aber nicht nur das. Die Sprachlichkeit unseres In-der-Welt-Seins artikuliert am Ende den ganzen Bereich der Erfahrung. Die Logik der Induktion, die ARISTOTELES beschreibt und die FR. BACON entwickelt [36], mag als logische Theorie der Erfahrung unbefriedigend sein und der Korrektur bedürfen [37] – die Sachnähe zur sprachlichen Weltartikulation tritt an ihr glänzend heraus. Alle Erfahrung vollzieht sich in beständiger kommunikativer Fortbildung unserer Welterkenntnis. Sie ist selber Erkenntnis von Erkanntem in einem viel tieferen und allgemeineren Sinne, als die von BOECKH für das Geschäft des Philologen geprägte Formel es meinte. Denn die Überlieferung, in der wir leben, ist nicht eine sogenannte kulturelle Überlieferung, die aus Texten und Denkmälern allein bestünde und einen sprachlich verfaßten oder geschichtlich dokumentierten Sinn vermittelte. Vielmehr wird uns die kommunikativ erfahrene Welt selbst als eine offene Totalität beständig übergeben, «traditur», und hermeneutische Anstrengung gelingt überall da, wo Welt erfahren, Unvertrautheit aufgehoben wird, wo Einleuchten, Einsehen, Aneignung erfolgt, und am Ende auch dort, wo die Integration aller Erkenntnis der Wissenschaft in das persönliche Wissen des Einzelnen gelingt.

So betrifft die hermeneutische Dimension im besonderen die Arbeit des *philosophischen Begriffs*, die durch die Jahrtausende geht. Denn die Begriffsworte, die in ihr geprägt und in ihr überliefert werden, sind nicht feste Marken und Signale, durch die etwas Eindeutiges bezeichnet wird, sondern entspringen der kommunikativen Bewegung menschlicher Weltauslegung, die in der Sprache geschieht, werden von ihr fortbewegt und gewandelt und reichern sich an, rücken in neue Zusammenhänge, welche die alten verdecken, sinken ab zur halben Gedankenlosigkeit und werden in neuem fragendem Denken wieder lebendig. So liegt aller philosophischen Arbeit des Begriffs eine hermeneutische Dimension zugrunde, die man heutzutage mit dem etwas ungenauen Wort ‹Begriffsgeschichte› bezeichnet. Sie ist nicht eine sekundäre Bemühung, welche, statt von den Sachen zu reden, von den Verständigungsmitteln spräche, die wir dabei gebrauchen, sondern sie bildet das kritische Element im Gebrauch unserer Begriffe selbst. Der Furor des Laien, der nach willkürlichen und eindeutigen Definitionen verlangt, aber ebenso der Eindeutigkeitswahn einer einseitigen, semantischen Erkenntnistheorie verkennen, was Sprache ist und daß auch die Sprache des Begriffs nicht erfunden, nicht willkürlich verändert, gebraucht und weggelegt werden kann, sondern dem Element entstammt, in dem wir uns denkend bewegen. Nur die erstarrten Krusten dieses lebendigen Stroms von Denken und Sprechen begegnen in der Kunstform der Terminologie. Aber auch sie ist noch eingeführt und getragen von dem kommunikativen Geschehen, das wir sprechend vollziehen und in dem sich Verständnis und Einverständnis aufbauen [38].

Eine neue Virulenz erhielt das hermeneutische Problem im Felde der Logik der *Sozialwissenschaften*. Denn mit der hermeneutischen Kritik an dem naiven Objektivismus in den Geisteswissenschaften stimmt auch die marxistisch inspirierte Ideologiekritik zusammen (J. HABERMAS; vgl. auch die vehemente Polemik von H. ALBERT [39]), wenngleich die Ideologiekritik den Universalitätsanspruch der H. als «idealistisch» bestreitet und das Modell der Psychoanalyse aufbietet, um den sozialkritischen Anspruch einer rechtverstandenen H. zu legitimieren: zwangsfreier, vernünftiger Diskurs soll falsches gesellschaftliches Bewußtsein ebenso «heilen», wie das psychotherapeutische Gespräch den Kranken in die Gesprächsgemeinschaft zurückführt. In der Tat ist das Heilen durch Gespräch ein eminentes hermeneutisches Phänomen, für das vor allem P. RICŒUR und J. LACAN [40] die theoretischen Grundlagen neu diskutiert haben. Die Reichweite der Analogie zwischen Krankheiten des Geistes und Krankheiten der Gesellschaft ist aber zweifelhaft [41].

Die Universalität der H. hängt davon ab, wie weit der theoretische, transzendentale Charakter der H. auf ihre Geltung innerhalb der Wissenschaft beschränkt ist oder ob sie auch die Prinzipien des sensus communis ausweist und damit die Weise, wie aller Wissenschaftsgebrauch in das praktische Bewußtsein integriert wird. Die H. rückt so universal verstanden in die Nachbarschaft zur praktischen Philosophie, deren Wiederbelebung inmitten der deutschen transzendentalphilosophischen Tradition durch die Arbeiten J. RITTERS und seiner Schule begonnen hat. Die philosophische H. ist sich dessen bewußt [42]. Eine Theorie der Praxis ist offensichtlich Theorie und nicht Praxis, aber eine Theorie der Praxis ist auch nicht eine «Technik» oder eine Verwissenschaftlichung der gesellschaftlichen Praxis: das sind Wahrheiten, die gegenüber dem neuzeitlichen Wissenschaftsbegriff zu verteidigen eine der wichtigsten Aufgaben einer philosophischen H. ist [43].

Anmerkungen. [1] PLATON, Politikos 260 d. – [2] Epinomis 975 c. – [3] PHOTIOS, Bibl. 7; PLATON, Jon 534 e; Leges 907 d. – [4] J. DANNHAUSER: Hermeneutica sacra sive methodus exponendarum sacrarum litterarum (1654). – [5] Vgl. K. HOLLS Untersuchungen zu Luthers H.: Luthers Bedeutung für den Fortschritt der Auslegungskunst (1920), und ihre Fortsetzung durch G. EBELING: Evang. Evangelienauslegung. Eine Untersuch. zu Luthers H. (1942); Die Anfänge von Luthers H. Z. Theol. Kirche 48 (1951). – [6] Vgl. die Darstellung von L. GELDSETZER in der Einl. zum ND von G. FR. MEIER: Versuch einer allg. Auslegungskunst (1965) bes. Xff. – [7] CHR. WOLFF: Philos. rationalis sive logica (^{2}1732) Teil 3, Abschn. 3, Kap. 6, 7. – [8] J. A. CHLADENIUS: Einl. zur richtigen Auslegung vernünftiger Reden und Schriften (1742, ND 1970). – [9] QUINTILIAN, Inst. orat. – [10] M. FLACIUS: Clavis scripturae sacrae (1567); vgl. auch De ratione cognoscendi sacras literas [Teil des Clavis], dtsch./lat. (ND 1968). – [11] R. SIMON: Hist. critique du texte du Nouveau

Testament (1689); De l'inspiration des livres sacrés (1687). – [12] J. J. RAMBACH: Institutiones hermeneuticae sacrae (1723). – [13] Vgl. I. KANT, KU (²1799) VII. – [14] H. STEINTHAL: Einl. in die Psychol. und Sprachwiss. (1881). – [15] W. DILTHEY, Ges. Schriften 4. 8 (1914ff.). – [16] E. BETTI: Zur Grundlegung einer allg. Auslegungslehre (1954); Allg. Auslegungslehre als Methodik der Geisteswiss. (1967). – [17] J. G. FICHTE, Werke, hg. I. H. FICHTE (1845/46) 1, 434. – [18] Vgl. D. HENRICH: Die Einheit der Wissenschaftslehre Max Webers (1952). – [19] G. BORNKAMM: Die Theol. Rudolf Bultmanns in der neueren Diskussion. Theol. Rdsch. NF 29 (1963) 33-141. – [20] Über die Fragwürdigkeit einer solchen «neutralen» Inanspruchnahme der Existenzialphilos. vgl. etwa K. LÖWITH: Grundzüge der Entwicklung der Phänomenol. zur Philos. und ihr Verhältnis zur prot. Theol. Theol. Rdsch. NF 2 (1930) 26ff. 333ff. – [21] G. MISCH: Phänomenol. und Lebensphilos. (1929). – [22] Vgl. DILTHEY, a. a. O. [15] Bd. 8. – [23] R. G. COLLINGWOOD: Denken, eine Autobiographie (1955). – [24] G. STACHEL: Die neue H. (1967); E. BISER: Theol. Sprachtheorie und H. (1970). – [25] R. JAUSS: Literaturgesch. als Provokation der Literaturwiss. (1970); E. D. HIRSCH: Validity in interpretation (1967); TH. SEEBOHM: Zur Kritik der hermeneutischen Vernunft (1972). – [26] Vgl. C. FR. WALCH: Vorwort zur ‹Hermeneutica Juris› von C. H. ECKARD (1779). – [27] Vgl. u. a. P. KOSCHAKER: Europa und das römische Recht (³1958). – [28] A. F. J. THIBAUT: Theorie der log. Auslegung des römischen Rechts (1799, ²1806, ND 1967). – [29] K. ENGISCH: Die Idee der Konkretisierung in Recht und Rechtswiss. unserer Zeit. Abh. Heidelb. Akad. Wiss. (1953). – [30] Vgl. E. ROTHACKER: Die dogmatische Denkform in den Geisteswiss. und das Problem des Historismus (1954). – [31] Vgl. E. SPRANGER: Über die Voraussetzungslosigkeit der Wiss. Abh. Berl. Akad. Wiss. (1929), der die Herkunft dieses Schlagwortes aus der Kulturkampfstimmung der Zeit nach 1870 nachgewiesen hat, freilich ohne gegen seine uneingeschränkte Geltung auch nur die leisesten Verdacht zu schöpfen. – [32] K. O. APEL: Wittgenstein und das Problem des Verstehens. Z. Theol. Kirche 63 (1966) 49-87. – [33] Vgl. die Beiträge in: Hermeneutik und Dialektik. Festschr. H.-G. Gadamer (1970) und neuerdings das Nachwort zu H.-G. GADAMER: Wahrheit und Methode (³1972). – [34] K. DOCKHORN: Rez. von H.-G. GADAMER: Wahrheit und Methode. Götting. Gel. Anz. 218 (1966). – [35] Vgl. auch: Philos., rhetoric and argumentation, hg. M. NATANSON/H. W. JOHNSTONE jr. (1965). – [36] ARISTOTELES, Anal. post. II, 19; FR. BACON, Novum Organum II, 1ff. – [37] K. R. POPPER: Logik der Forsch. (²1966). – [38] Vgl. H.-G. GADAMER: Die Begriffsgesch. und die Sprache der Philos. Arbeitsgemeinschaft für Forsch. des Landes Nordrhein-Westfalen, H. 170 (1971). – [39] J. HABERMAS: Zur Logik der Sozialwiss. Philos. Rdsch. Beih. (1967); (Hg.) Hermeneutik und Ideologiekritik (1971); H. ALBERT: Konstruktion und Kritik (1972). – [40] P. RICŒUR: De l'interprétation. Essai sur Freud (1965, dtsch. 1969); J. LACAN: Ecrits (1966). – [41] Vgl. HABERMAS, a. a. O. [39] Hermeneutik ... (1971). – [42] Vgl. J. RITTER: Met. und Politik (1969) und M. RIEDEL (Hg.): Rehabilitierung der prakt. Philos. 1. 2 (1972/74). – [43] H.-G. GADAMER: Theorie, Technik, Praxis, in: Neue Anthropol. 1 (1972) Einf.

Literaturhinweise. H. STEINTHAL s. Anm. [14]. – A. BOECKH: Enzyklop. und Methodol. der philol. Wiss. (1877). – E. HUSSERL: Log. Untersuchungen I/1 (¹1899). – W. DILTHEY: Ges. Schriften (1914-1936) Bd. 1. 5. 7. 11. – E. ROTHACKER: Einl. in die Geisteswiss. (1920); Logik und Systematik der Geisteswiss. (1926); s. Anm. [30]. – H. FREYER: Theorie des objektiven Geistes. Eine Einl. in die Kulturphilos. (1923). – M. HEIDEGGER: Sein und Zeit (¹1927). – J. WACH: Das Verstehen. Grundzüge einer Gesch. der hermeneutischen Theorie im 19. Jh. 1-3 (1929ff.). – R. BULTMANN: Glauben und Verstehen. Ges. Aufsätze 1. 2 (1933, ²1952); Die Frage der Entmythologisierung (1954). – O. F. BOLLNOW: Dilthey. Eine Einf. in seine Philos. (1936); Das Verstehen (1949). – E. FORSTHOFF: Recht und Sprache. Abh. Königsberger Gel. Ges. (1940). – G. EBELING s. Anm. [5]; Wort Gottes und H. Z. Theol. Kirche 56 (1959); RGG³ Art. ‹H.›. – CH. PERELMAN: Rhét. et philos. (Paris 1952). – K. ENGISCH s. Anm. [29]; Log. Studien zur Gesetzesanwendung (³1963). – L. WITTGENSTEIN: Philos. Untersuchungen (1953). – E. BETTI: Hermeneutisches Manifest (1954); Zur Grundlegung einer allg. Auslegungslehre. Festschr. E. Rabel 2 (1954); Teoria generale dell'interpretazione. 1. 2 (Mailand 1955); gekürzte dtsch. s. Anm. [16]. – Stud. gen. 7 (1954) H. 6. 7. – H.-I. MARROU: De la connaissance hist. (Paris 1956). – E. FUCHS: H. Erg.-H. mit Reg. (1958); Zum hermeneutischen Problem in der Theol. (1959). – CH. PERELMAN und L. OLBRECHTS-TYTECA: Traité de l'argumentation (Paris 1958). – H.-G. GADAMER: Wahrheit und Methode (¹1960, ²1965, ³1972); Kleine Schriften 1: Philos., H. (1967). – Poetik und H. 1, hg. H. R. JAUSS (1964); 2, hg. W. ISER (1966).

H.-G. GADAMER

Hermeneutisch-pragmatisch. Um die Einheit der Erziehungswissenschaft in ihrer empiristischen und philosophisch-spekulativen Ausformung zu verdeutlichen, führt W. FLITNER den Begriff ‹h.-p.› zur wissenschaftstheoretischen Charakterisierung der Pädagogik ein [1]. Neben den empirisch-experimentellen und den philologisch-historischen Wissenschaften stehen als dritter Typ die Wissenschaften vom handelnden Menschen, unter ihnen die Pädagogik und die Berufswissenschaften der alten oberen Fakultäten. Konstituiert durch ein drittes Verfahren, das empirische und das spekulative vereinend unter dem Aspekt der «Verantwortung eines geistig gebildeten Amtes für ein allgemeines, öffentliches, mitmenschliches Interesse» [2], werden sie ‹h.-p.› genannt. Ziel so verstandener Pädagogik ist die Förderung des wissenschaftlich reflektierten Consensus der Verantwortlichen.

Über Flitner hinausgehend bestimmt H. DÖPP-VORWALD [3] die Struktur des h.-p. Erkenntnisverfahrens – im Anschluß an J. G. FICHTES Lehre von der intellektuellen Anschauung («sie ist das, wodurch ich etwas weiß, weil ich es tue» [4]) – als die im philosophischen Selbstbewußtsein das Ich konstituierende Einheit und Zusammengehörigkeit von Handeln und Bewußtsein unter dem Primat des Praktischen. Diese Einheit ist die Grundform allen Verstehens, so daß sich die h.-p. Wissenschaften nicht prinzipiell, sondern allein durch den höheren Grad der Wirksamkeit des praktischen Momentes in ihnen von den philologisch-historischen unterscheiden.

Anmerkungen. [1] W. FLITNER: Das Selbstverständnis der Erziehungswiss. in der Gegenwart. Pädag. Forsch. Veröff. des Comenius-Instituts H. 1 (¹1957). – [2] a. a. O. 25. – [3] H. DÖPP-VORWALD: Über den «h.-p.» Wissenschaftscharakter der Pädagogik. Pädagog. Rdsch. 15 (1961) 1ff.; jetzt in: Grundfragen der Erziehungswiss. (1964). – [4] J. G. FICHTE, Werke, hg. MEDICUS 1, 463.

W. SÜNKEL

Hermesianismus. Mit ‹H.› bezeichnet man die philosophisch-theologische Lehre von G. HERMES (1775-1831, Prof. für kath. Dogmatik in Münster 1807-1819 und Bonn 1819-1831). Die Intention seines Denkens war es, im Bewußtsein der Autonomie der Vernunft den überlieferten christlichen Glauben auf die Rechtmäßigkeit des von ihm erhobenen Wahrheitsanspruchs hin zu befragen und, falls sich dieser Anspruch als berechtigt erweist, Theologie aus reiner Vernunftevidenz zu begründen. Die unmittelbare Geltung des Glaubens wird im universalen Zweifel als der Manifestation der sich autonom wissenden Vernunft aufgehoben. Dieser Zweifel ist kein bloß «methodischer» Zweifel, der unter der Voraussetzung der Wahrheit des Glaubens dessen nachträgliche Rechtfertigung zu leisten beabsichtigt. Gegen eine Auslegung des «dubium hermesianum» im Sinne des bloß «methodischen» Zweifels spricht das von Hermes apostrophierte Telos seiner Zweifelslehre: nur dasjenige als wahr gelten zu lassen, was sich in der kritischen Prüfung («Reflexion») als unaufhebbar ausgewiesen hat.

Hermes glaubt, den Beweis für die Unaufhebbarkeit des christlichen Glaubens und für die Möglichkeit der Theologie erbracht zu haben. Der erste Teil dieses Beweises, die ‹Philosophische Einleitung in die christkatholische Theologie›, fragt kritisch nach der Möglichkeit wahrer Erkenntnis, nach der Möglichkeit der Metaphysik und der Offenbarung: 1. Wahre Erkenntnis, identisch mit absoluter Realitätsgewißheit, wird ermöglicht durch das «unmittelbare Bewußtsein der Sache in uns».

Den Zustand absoluter Realitätsgewißheit nennt Hermes «Glaube»; der religiöse Glaube, als «fides qua creditur», unterscheidet sich in der Art seiner Genesis nicht vom rein vernünftigen Wissen. 2. Theoretisch-metaphysische Erkenntnis kommt dadurch zustande, daß die Vernunft zu der als real gewußten «Sache in uns» («Erscheinung») einen realen intelligiblen Grund notwendig hinzudenkt. 3. Die Möglichkeit einer Offenbarung läßt sich theoretisch nicht erweisen. Die sittliche Vernunft nötigt aber dazu, die Möglichkeit einer Offenbarung dann anzuerkennen, wenn ohne eine solche Anerkennung eine Pflicht nicht erfüllt werden kann. – Den eigentlichen «Beweis des Christentums» sollte die ‹Positive Einleitung› erbringen. Hermes hat jedoch nur den die historische Wahrheit der neutestamentlichen Bücher betreffenden Teil expliziert.

Der H. ist in kritischer Auseinandersetzung mit aktuellen Strömungen der Zeit entstanden: mit der «Scholastik» der sich an Wolff anschließenden Theologen und dem Fideismus des «Gefühlschristentums», mit dem Denken Fichtes und Schellings, vor allem aber mit der Philosophie Kants. Der bestimmende Einfluß, den Kants Denken auf die Genesis der Intention und der Explikation des H. ausgeübt hat, wird sowohl an der Einbeziehung Kantischer Prinzipien in das System von Hermes als auch an der Intensität seiner Kantkritik sichtbar. Die von Hermes vollzogene Uminterpretation der Transzendentalphilosophie im Sinne eines psychologischen Kritizismus verstellte jedoch einer zukunftsweisenden Auseinandersetzung der Theologie mit Kant den Weg.

Die kirchliche Verurteilung des H. durch GREGOR XVI. (Breve vom 26. 9. 1835 [1]) verbunden mit disziplinarischen Maßnahmen gegen die (vor allem im Rheinland zahlreichen) hermesianischen Theologen, trug, neben der philosophischen Unzulänglichkeit der Lehre selbst, wesentlich dazu bei, daß dem H. eine entscheidende Wirkung auf die theologische Entwicklung im 19. Jh. versagt blieb.

Anmerkung. [1] Vgl. H. DENZINGER/A. SCHÖNMETZER: Enchiridion symbolorum (³³1965) Nr. 1618-21.

Literaturhinweise. G. HERMES: Untersuch. über die innere Wahrheit des Christentums (1805, ND 1967); Einl. in die christkath. Theol. 1: Philos. Einl. (1819, ND 1967); 2: Positive Einl. 1. Abt. (1829, ²1834, ND 1967); Christkatholische Dogmatik, hg. ACHTERFELDT 1-3 (1834-36, ND 1968). – H. SCHRÖRS: Ein vergessener Führer (1925). – K. ESCHWEILER: Die zwei Wege der neueren Theol. (1926). – K. THIMM: Die Autonomie der praktischen Vernunft (1939). – R. SCHLUND: Der methodische Zweifel (1947). – R. MALTER: Reflexion und Glaube bei G. Hermes (1966).
R. MALTER

Hermetismus, hermetisch. Das Substantiv ‹H.› und das Adjektiv ‹hermetisch› sind vom Namen des ägyptisch-hellenistischen Gottes *Hermes Trismegistos* (H.T.) abgeleitet [1], der mit Theut, dem Erfinder der Schrift, verbunden ist. Die Lehre des Ps.H.T. ist eine synkretistische Verschmelzung von gnostisch-hellenistischem, platonistisch-pythagoreischem und mystisch-kabbalistischem Gedankengut. Sie ist esoterische Einführung in das wahre Wesen der Welt und der in ihr geheimnisvoll wirkenden Kräfte: Der Transmutation der Stoffe entsprechen die Vorgänge der Zeugung, des Lebens, des Todes und der Wiedergeburt. Die eine Natur wirkt sowohl in dem Transmutationsprozeß der Stoffe als auch im Leben und Sterben der Menschen [2]. Wie die Stoffe durch Mutationen aus zusammengesetzten zu reinen Substanzen aufsteigen, so ist die Erkenntnis (γνῶσις) des wahren Wesens der Welt und ihrer Substanzen ein religiös-asketischer Aufstieg, dessen Stufengang genau festgelegt ist. So vollzieht sich wenigstens bei einigen auserwählten Weisen die Erlösung der menschlichen Seele aus der verderbten Materie durch eine mystische Wiedergeburt.

Die frühesten Belege für diese Geheimlehre in Form von Lehrgesprächen des H.T. und ihre Sammlung im ‹Corpus hermeticum›, das nach seinem ersten Buch auch ‹Poimandres› genannt wird, finden sich in der Patristik bei CYRILL [3], ATHENAGORAS [4], TERTULLIAN [5], LAKTANZ [6] und auch noch bei AUGUSTINUS [7]. (W. Kroll [8], R. Reitzenstein [9] und W. Theiler [10] haben sich intensiv um die Wirkungsgeschichte dieser Geheimlehre bemüht, die für das Christentum [11], die gnostische und jüdische Mystik [12], für die Alchemie (Zosimos) [13] und für die arabische Philosophie, Astronomie und Medizin relevant wurde.) Die Wirkungsgeschichte vollzieht sich jedoch außerhalb der hier nachzuzeichnenden Begriffsgeschichte.

Im *Mittelalter* berufen sich zahlreiche Alchemisten auf H.T., so ARNALDUS VON VILLANOVA (1235–1311), RAYMUNDUS LULLUS (1235–1315), TREVISANUS (1406 bis 1490) [14]. Der Name des H.T. ist auch Albertus Magnus bekannt [15]. Wahrscheinlich haben die Araber dem Mittelalter hermetisches Gedankengut weitergegeben. Solange aber das rationale aristotelische Welterklärungssystem des Mittelalters trotz beständiger neuplatonischer Opposition eindeutig dominierte, blieben mystisch-kabbalistische Interpretamente der Natur ohne Einfluß. Erst mit dem Ende des Primats des Aristotelismus, ungefähr gleichzeitig mit dem Aufkommen der modernen Naturwissenschaften, finden auch hermetische Geheimlehren wieder fruchtbaren Boden und rivalisieren bis ins 17. Jh. hinein mit rationalen Legitimationsversuchen der exakten Wissenschaften, die jedoch ihrerseits den Komplex hermetischer Lehren von ihrem Selbstverständnis her ausschließen. Die Naturphilosophie des deutschen Idealismus und der Naturbegriff der Romantik knüpfen in ihrer Opposition gegen die Reduktion der Natur auf mathematisch formulierbare Gesetzmäßigkeiten wieder an gnostisch-mystisches Gedankengut an, ohne aber den Begriff des H. aufzunehmen.

Den Anstoß für den zunehmenden Einfluß hermetischer Literatur in der frühen Neuzeit gab die Übersetzung des ‹Corpus hermeticum› in das Lateinische durch MARSILIUS FICINUS (1471). Danach wird im ‹Tractatus quae dicitur Thomae Aquinatis de Alchemia› (1520) Hermes als Psychopompos zitiert. Auf ihn beruft sich AGRIPPA VON NETTESHEIM in seiner ‹Occulta philosophia› (1530–1533) [16] und verschiedentlich auch NIKOLAUS VON KUES [17]. Hermeszitate findet man im ‹Rosarium Philosophorum› (1550), das zur Rosenkreuzerbewegung gehört [18]. Die Rückseite des Titelblattes von ‹De sermonis antiquissimi Philosophi libello› des ZADITH BEN HAMIEL (1566) zeigt H.T. Im gleichen Jahre erschienen die ‹Septem Tractatus seu Capitula Hermetis Trismegisti Aurei› und 1574 eine deutsche Übersetzung der Schriften des Grafen BERNHARD VON DER MARK (1406–1490) unter dem Titel ‹Bernhardi chymische Schriften von der hermetischen Philosophie›. Auch die ‹Alchemia› des Rosenkreuzergegners LIBAVIUS von 1597 beruft sich auf H.T. [19]. PARACELSUS nimmt den Begriff des Hermetischen auf [20]. In ihm sehen die Zeitgenossen einen Dolmetscher der hermetischen Philosophie [21]. So wundert es nicht, daß die Paracelsianer G. DORN [22], M. RULAND [23], M. MAYER [24], O. CROLL [25], H. SCHEUNEMANN [26], J. DU CHESNE

[27] chemische und medizinische Traktate verfassen, die sich bereits im Titel als hermetische Schriften zu erkennen geben. Außerdem erschien 1610 ‹Hermetis Trismegisti Tractatus vere Aurei de Lapidis philosophici secreto, cum Scholiis Domini Gnosii›. Eine deutsche Übersetzung der Werke des Marsilius Ficinus erscheint 1667 im Nürnberger ‹Hermetischen Kleeblättlein›. Ein ‹Museum hermeticum› erscheint seit 1677 in Frankfurt [28]. I. CASAUNOBIUS und H. CONRING [29] destruieren dann den Mythos von H.T., den auch O. BORICHIUS [30] nicht mehr retten konnte. Trotz rationalistischer Kritik an der Figur des H.T. erscheint gleichwohl noch im 17. und 18. Jh. hermetische Literatur [31], der noch 1843 in Paris ein ‹Cours de la philosophie hermétique› von CAMBRIEL folgt. Bei L. FIGUIER [32] und P. N. LENGLET DU FRESNOY [33] ist der H. nur noch von historischem Interesse. Daß sich die letzten Ausläufer der hermetischen Literatur gerade in Frankreich finden, läßt sich wohl auf die französischen Rosenkreuzer zurückführen, die, mit der Alchemie vertraut, einen «rite hermétique» als Initiationsritus kannten [34]. Der Begründer der ‹Illuminès d'Avignon›, A. J. PERNETTY, schrieb um 1740 ein ‹Dictionnaire mythohermétique›. Auch die ‹Societas Rosicruciarum in Anglia› vergab einen hermetischen Grad [35]. Daß hermetische Vorstellungen selbst noch im 20. Jh. lebendig sind, demonstrieren die einschlägigen Artikel im ‹Rosicrucian Manual› [36] und das Buch von A. V. BERNUS ‹Alchemie und Heilkunst› [37].

Der von B. Croce beeinflußte italienische *Literaturkritiker* F. FLORA hat die Lyrik G. Ungarettis, die er als unseriöse Übernahme des französischen Symbolismus Rimbauds, Mallarmés und Valérys kritisierte, als erster eine «poesia hermetica» genannt [38]. Um die Berechtigung der Dichtung Ungarettis und Montales entstand ein heftiger Streit unter den italienischen Literaturkritikern [39]. Es geht dabei um die von A. DEL MONTE [40] geschichtlich legitimierte Dichtung des «dunklen Stils», der zugunsten sprachlicher Selbstdarstellung auf Kommunikation verzichtet. So rettet sich Sprache in ein System universaler Beziehungen im konsequenten Rückzug vom konkreten Sprachvollzug.

In der gegenwärtigen *ästhetischen* Theorie erhält der Begriff des hermetischen Kunstwerks bei TH. W. ADORNO erneute Bedeutung. Im Gegensatz zum sozialistischen Realismus (Lukács) und im Gegensatz zu einer auf das soziale und politische Engagement sich verpflichtenden Literatur (Brecht, Benjamin, Sartre) und zur sich an der mathematischen Kybernetik orientierenden Kunst (Bense, Heißenbüttel) insistiert Adorno auf einer Kunst, die sich, ganz in ihre immanente Logik verstrickt, jeglicher Konsumierbarkeit und sozialen Nützlichkeit rigoros versperrt. Nur so ist sie konsequenter Ausdruck des Leidens der Subjektivität an ihrer Verstümmelung in einer nahezu anthropologisch verhängten «Dialektik der Aufklärung». Ein Kunstwerk in diesem Verstande nennt Adorno das «hermetische Kunstwerk» [41].

Anmerkungen. [1] W. KROLL: Art. ‹H.T.›, in: RE 8/1 (1912) 792-813. – [2] G. KERSTEIN: Art. ‹Alchemie› 1 (1971) 148-150. – [3] CYRILL, Contra Julian I, 306. – [4] ATHENAGORAS, c. 28. – [5] TERTULLIAN, De an. 2, 33; Ad Valent., 15. – [6] LAKTANZ, Inst. IV, 6, 4; 7, 3; VII, 13, 8; 18, 4. – [7] AUGUSTINUS, De civ. Dei XVIII, 39, 40. – [8] W. KROLL: Die Lehre des H.T. (1914). – [9] R. REITZENSTEIN: Poimandres (1904). – [10] W. THEILER: Die Vorbereitung des Neuplatonismus (²1964); Forsch. zum Neuplatonismus (1966); vgl. R. P. FESTUGIÈRE: La révélation d'Hermès Trismégiste (Paris 1950). – [11] C. F. G. HEINRICI: Die Hermesmystik und das NT, hg. DOBSCHÜTZ (1918). – [12] G. SCHOLEM: Die jüd. Mystik in ihren Hauptströmungen (1957) 53; Von der mystischen Gestalt der Gottheit (1962) 253f. – [13] J. RUSKA: Tabula Smaragdina. Ein Beitrag zur Gesch. der Alchemie (1931). – [14] W. PEUCKERT: Art. ‹H.T.›, in: Handwb. des dtsch. Aberglaubens 3 (1930/31) 1787-90. – [15] Belege bei PEUCKERT, a. a. O. – [16] Angaben bei C. KIESEWETTER: Gesch. des neueren Okkultismus (1891) 10. – [17] NIKOLAUS VON KUES, Heidelberg. Akad.-A. 1, 48. 52. 86. – [18] Vgl. W. PEUCKERT: Die pansophische Bewegung (1931). – [19] Nach PEUCKERT, a. a. O. [14]. – [20] PARACELSUS, Werke, hg. SUDHOFF I/6, 475; vgl. W. PAGEL: Das med. Weltbild des Paracelsus. Seine Zusammenhänge mit Neuplatonismus und Gnosis (1962). – [21] Vgl. Pandora magnalium naturalium aurea ... Darinnen Apocalypsis Des Hocherleuchteten Ägyptischen Königs und Philosophi, Hermetis Trismegisti; von unserem Teutschen Hermete, dem Edlen, Hochthewrem Monarchen und Philosopho, A. Ph. Theophrasto Paracelso Verdolmetschet (1608). – [22] G. DORN, Physica Hermetis Trismegisti (o. J.); nach KIESEWETTER, a. a. O. [16] 10ff. – [23] M. RULAND: Lexicon Alchemiae, sive dict. Alchemisticum, cum obscurorum vertiorum et vere Hermeticarum, tum Theophrast-Paracelsiarum Phraseum planam explicationem continens (1612). – [24] M. MAYER: Lusus serius, quo Hermes – judicatus et constitutus est (1615). – [25] O. CROLL: Hermetischer Wunderbaum (um 1630). – [26] H. SCHEUNEMANN: Medicina reformata sive denarius Hermeticus (1617). – [27] J. DU CHESNE: Ad veritatem medicinae hermeticae et Hippocratis vetrumque decreta (1605). – [28] Vgl. C. KIESEWETTER: Die Geheimwissenschaften (1895) 125. – [29] I. CASAUNOBIUS: De rebus sacris et ecclesiasticis exercitationes (1615); H. CONRING: De hermetica Aegyptiorum vetere Paracelsiorum nova medicina liber unus (1669). – [30] O. BORICHIUS: Hermetis, Aegyptiorum et Chemicorum sapientia animadversionibus vindicata (1674). – [31] J. J. BECHER: Tripus hermeticus fatidicus (1689) 90; Eirenae Philalethae Erklärung der Hermetisch-Poetischen Werke Herrn Gregorii Riplaei (1741). – [32] L. FIGUIER: L'Alchemie et les Alchemistes, ou Essai hist. sur la philos. hermétique (Paris 1854). – [33] P. N. LENGLET DU FRESNOY: Hist. de la philos. hermétique (Paris/Den Haag 1742). – [34] Vgl. die einschlägigen Art. in LENNHOFF/POSSNER (Hg.): Int. Freimaurerlex. (²1965). – [35] a. a. O. Art. ‹Societas Rosicruciarum in Anglia›. – [36] Rosicrucian Manual (Kingsport 1966). – [37] A. V. BERNUS: Alchemie und Heilkunst (1948) bes. 21. 42ff. – [38] F. FLORA: La poesia ermetica (Bari 1936) 41, zit. bei H. FRENZEL: Formen und Ursprünge hermetischer Dichtkunst in Italien. Roman. Forsch. 65 (1954) 136-167. – [39] Positive Wertung bei E. FALCQUI: Pezzi d'appoggio (Florenz 1940) und S. F. ROMANO: Poetica dell'Ermetismo (Florenz 1942); Gegner des H. ist L. ROSSO: La critica lett. contemporanea (Bari 1947) 238ff. – [40] A. DEL MONTE: L'ermetismo di Dante. G. ital. Filol. 2 (1949) 147-158; Studi sulla poesia ermetica medievale (Neapel 1953). – [41] TH. W. ADORNO: Engagement, in: Noten zur Lit. 3 (1965) 111f.; Ästhet. Theorie (1970) 159f.

A. RECKERMANN

Herrenmoral. So nennt FR. NIETZSCHE die Werthaltung der Mächtigen, der Eroberer und Vornehmen. Ihre besonderen Kennzeichen sind: Tapferkeit, Selbstzucht, Wahrhaftigkeit, Ehrfurcht vor Alter und Herkunft, Grausamkeit gegenüber den Beherrschten [1]. Der Gegensatz von Gut und Böse ist in der H. gleichbedeutend mit dem von Vornehm und Verächtlich. Das deutsche Wort ‹schlecht› sei ursprünglich mit ‹schlicht› identisch [2]. Der Herr, die «solitäre Raubtier-Spezies Mensch» [3] verwirft die Sklavenmoral, die Demut und Mitleid mit den Schwachen fordert. Die Moral der Minderwertigen wurzelt im Ressentiment gegenüber den Starken und Vornehmen. Das optimistische Fortschrittsdenken der Schwachen übersieht, daß die «Ausbeutung... Ur-Faktum aller Geschichte» [4] ist. Der Sklavenaufstand in der Moral beginnt mit dem Judentum [5]. Die jüdisch-christliche Tradition hat Europa der Demokratie ausgeliefert. In dieser Staatsform dominieren die Sklavenwerte Gleichheit, Sekurität und Glück. Sie ist für Nietzsche die «Verkleinerungs-Form des Menschen» [6]. Die Demokratie soll durch die Herrschaft des Übermenschen abgelöst werden. Nietzsche erweist sich mit seiner Lehre von der H. als einer der führenden Vertreter des Sozialdarwinismus.

Anmerkungen. [1] FR. NIETZSCHE, Jenseits von Gut und Böse. Werke, hg. K. SCHLECHTA 2 (1955) 730ff. – [2] Zur Genealogie der Moral a. a. O. 2, 775. – [3] 2, 877. – [4] Jenseits von Gut und Böse a. a. O. 2, 729. – [5] 2, 653. – [6] 2, 661.

Literaturhinweise. J. BOURDEAU: Le néo-cynicisme aristocratique, F. Nietzsche. J. des Débats (1893). – A. TILLE: Von Darwin bis Nietzsche (1895). – J. KAFTAN: Das Christentum und Nietzsches H. (1897). – M. KRONENBERG: Fr. Nietzsche und seine H. (1901). – S. DANZIG: Drei Genealogien der Moral: B. de Mandeville, P. Rée und Fr. Nietzsche (1904). – E. SEILLIÈRE: La philos. de l'impérialisme 2: Apollon ou Dionysos; étude crit. sur Fr. Nietzsche et l'utilitarisme impérialiste (Paris 1905). – G. HILBERT: Nietzsches H. und die Moral des Christentums (1910). – M. SCHELER: Über Ressentiment und moralisches Werturteil (1912); Das Ressentiment im Aufbau der Moralen, in: Vom Umsturz der Werte 1 (1919). – H. WEICHELT: Nietzsche, der Philosoph des Heroismus (1924). – J. KRÄUTLEIN: Nietzsches Morallehre in ihrem begrifflichen Aufbau (1926). – S. BOESSNECK: Nietzsches Ideal der Vornehmheit (Diss. Leipzig 1926). – CH. ANDLER: La morale de Nietzsche dans le «Zarathustra». Rev. Hist. Philos. et Hist. gén. de la civilisation 4 (1930). – L. HAAS: Der Darwinismus bei Nietzsche (1932). – J. E. SPENLÉ: La pensée allemande de Luther à Nietzsche (Paris 1934). – A. ROSENTAL: Nietzsches «Europäisches Rasseproblem» (Leiden 1935). – W. SPETHMANN: Der Begriff des Herrentums bei Nietzsche (1935). – W. McGOVERN: From Luther to Hitler; the hist. of fascist-nazi political philos. (New York 1941). – R. PANNWITZ: Nietzsche und die Verwandlung des Menschen (Amsterdam 1943). – G. LUKÁCS: Die Zerstörung der Vernunft (1955). – H. CONRAD-MARTIUS: Utopien der Menschenzüchtung. Der Sozialdarwinismus und seine Folgen (1955). – E. BENTLEY: A century of hero worship; a study of the idea of heroism in Carlyle and Nietzsche (Boston ²1957). – E. SANDVOSS: Hitler und Nietzsche (1969). J. B. MÜLLER

Herrlichkeit (hebr. kabod, griech. δόξα, lat. gloria, dtsch. ‹H.› verwandt mit ‹hehr› = erhaben, vortrefflich)

I. ‹H.› ist in der Zusammensetzung ‹H. Gottes› (kabod Jahwe) ein fester Begriff der *alttestamentlichen* Theologensprache und gewann in dem Maß an Bedeutung, als sich der Gedanke der Unsichtbarkeit und Naturjenseitigkeit, der «Heiligkeit» als der vergleichslosen Andersartigkeit Jahwes durchsetzte. Gottes H. offenbart sich nur indirekt, das Angesicht des Herrn darf Moses nicht sehen [1]. Sie erscheint vor dem versammelten Volk Israel in einer Wolke, beim Bundesschluß auf dem Berg Sinai im «verzehrenden Feuer» [2], sie erfüllt zunächst die Stiftshütte [3], dann den Tempel, das «Haus des Herrn» [4]. Damit eröffnet sich die «Möglichkeit, von einem realen Eintreten des überweltlichen Gottes in die Sichtbarkeit zu reden, ohne doch seine Überweltlichkeit anzutasten» [5]. Jahwe erweist seine H. als Hilfe für sein Volk (z. B. gegen die Ägypter) [6], aber auch als Zorn bei einer Auflehnung Israels [7]. Manifestiert sich Gottes H. in den Geschichtsbüchern des Alten Testaments vielfach in Naturerscheinungen (Gewitter, Sturm, Feuer usw.), so wird bei den Propheten und in den Psalmen der Bedeutungsgehalt von H. entsinnlicht, wenn H. Größe, Hoheit, Majestät («Thron der H.» [8]), König- und Richtertum Gottes meint [9] und die Macht ist, über Recht und Unrecht in der Welt zu walten und dem Menschen gnädig zu helfen [10]. Die Psalmen loben und preisen Gottes H. [11] und erflehen sie als Hilfe [12]. Dem Propheten Ezechiel erscheint die volle H. Gottes in Licht und Glanz, sie offenbart sich ihm im Himmel, auf Erden und im Tempel [13]. Die endzeitliche Offenbarung des vollen «kabod Jahwe» ist bei Jesaias Gegenstand der Hoffnung auf das zukünftige Reich; sie bedeutet die Versöhnung Gottes mit der Menschheit [14].

Anmerkungen. [1] Ex. 33, 18-23. – [2] Ex. 24, 16f.; Lev. 9, 23f.; Deut. 5, 24; 11, 2; Num. 16, 19; 17, 7; 20, 6. – [3] Ex. 40, 34-38. – [4] 1 Kön. 8, 10f.; 2 Chron. 7, 1-3. – [5] W. EICHRODT: Theol. des AT 2/3 (⁴1961) 13. – [6] Ex. 14, 4; 15, 7; 16, 7. – [7] Num. 14, 10. 21. – [8] Jer. 14, 21; 17, 12. – [9] 1 Chron. 29, 11; Jes. 14, 23; 66, 18; Ez. 39, 21; Ps. 68, 35; 96, 9; 145, 11f. – [10] H. KITTEL: Die H. Gottes (1934) 158; vgl. Jes. 58, 8. – [11] Ps. 8, 2; 66, 2; 104, 1; 138, 5; vgl. Jes. 24, 14-16. – [12] Ps. 57, 6. 12; 145, 5f. – [13] Ez. 1, 27f.; 3, 23. 12; 8, 4; 9, 3; 10, 4. 18f. – [14] Jes. 40, 5; 60, 1-3.

Literaturhinweise. A. VON GALL: Die H. Gottes (1900). – W. CASPARI: Die Bedeutung der Wortsippe kbd im Hebräischen (1908). – R. KRÄMER: Bausteine zum Begriff: Die H. Jahwes, in: Aus Theol. und Gesch. der ref. Kirche. Festgabe für E. F. K. Müller (1933) 7-38. – H. KITTEL s. Anm. [10]; Art. ‹DOXA›, in: Theol. Wb. zum NT 2 (1935) 236-256. – B. STEIN: Der Begriff kebod Jahwe und seine Bedeutung für die alttestamentl. Gotteserkenntnis (1939). – M. STEINHEIMER: Die DOXA TOU THEOU in der röm. Liturgie (1951). – E. PAX: Art. ‹H.›, in: Hb. theol. Grundbegriffe 1 (1962) 680-685. D. SCHLÜTER

II. In der ‹*Septuaginta*› wird der im Alten Testament vorwiegend zur Kennzeichnung der äußeren H. Jahwes verwendete Begriff insofern umgedeutet, als nun oft gegenüber der Heiligkeit Jahwes, die früher immer mitgedacht wurde, die H. hervortritt [1]. Mit dieser Abstraktion erfährt zugleich auch der in der profanen Gräzität allgemeine Begriff der δόξα [2] eine Verengung, ja Wendung, die aus der jüdischen kabōd-Tradition herreicht: «Mit einem Begriff des Denkens und Meinens, zu dessen Inhalt alle Subjektivität und damit alle Schwankung menschlichen Denkens und Vermutens gehört, ist die Aussage des Objektivums geworden, der Gotteswirklichkeit» [3].

Der Sprachgebrauch des *Neuen Testaments* orientiert sich an der ‹Septuaginta›; stand im Alten Testament das Schauen der H. Gottes durch den dazu Berufenen im Vordergrund, so geht es nun um Partizipation des einzelnen Gläubigen [4]. Grundlage ist die H. Christi, eine Begriffsverbindung, die allerdings bei nur wenigen Ausnahmen [5] der Qualifizierung des nachösterlichen, erhöhten Christus vorbehalten bleibt [6]. Die Teilhabe des Gläubigen an der H. Gottes ist somit ein eschatologisches Geschehen, das in der Auferstehung Christi präfiguriert ist und jetzt nur im Glauben erfahrbar bleibt [7].

In der *Kirchen-* und *Theologiegeschichte* tritt hingegen der veräußerlichte Begriff der H. Gottes wieder dort in den Vordergrund, wo sich an ihm die kultische Verehrung Gottes kristallisiert. Die Ausprägung des H.-Gedankens in der mittelalterlichen Theologie verfällt schließlich dem Verdikt LUTHERS, der der «Theologie der H.» die «Theologie des Kreuzes» entgegensetzt; Luthers Ablehnung der H. basiert auf dem Gedanken des verborgenen Gottes, der nur in seinem Leiden am Kreuz offenbar wurde [8]. Diese Unterscheidung diente der protestantischen Theologie bis in neuerer Zeit zugleich auch als konfessionelle Abgrenzung vom Katholizismus, der z. B. auf dem Begriff H. eine «theologische Ästhetik» aufzubauen sucht [9].

Anmerkungen. [1] E. PAX: Art. ‹H.› in: Hb. theol. Grundbegriffe (1962/63) 1, 683. – [2] Vgl. Art. ‹Doxa›. – [3] G. KITTEL: Art. ‹DOXA›, in: Theol. Wb. zum NT 2 (1935) 248. – [4] Röm. 8, 17; Kol. 1, 27; 3, 4; 1. Thess. 2, 12; 2. Thess. 2, 14; 2. Tim. 2, 10; Joh. 17, 22-24; vgl. E. FASCHER: Art. ‹H.›, in: RGG³. 274; KITTEL, a. a. O. 253. – [5] Luk. 2, 9; Joh. 2, 11; 11, 4. 40. – [6] Mt. 19, 28; 25, 31; Mk. 8, 38; 10, 37; 13, 26; Joh. 12, 23. 28; 13, 31f. – [7] KITTEL, a. a. O. Anm. [3] 2, 253-255. – [8] M. LUTHER, Heidelberger Disputation 20-21. Weimarer A. 1, 362. – [9] H. U. VON BALTHASAR: H. (1961-64). U. THEISSMANN

III. Alle Überlegungen zum Terminus ‹H.› [1] bzw. zur H. Gottes (H.G.) im *nachbiblischen Judentum* gehen aus von der *märkābāh*-Schau [2] Ezechiels [3] und den Visionsberichten Ex. 33 und Jes. 6. Besonders Jes. 6 und Ez. 1 wurden schon früh als identische Aussagen über die H.G. angesehen [4], was im Mittelalter Anlaß zu Spekulationen wurde [5] und in der Neuzeit die Kritik SPINOZAS hervorrief [6].

H. als das Zeichen der kultischen Gegenwart Gottes wurde *philosophisch* zum ersten Mal von PHILO interpretiert. Im Anschluß an Ex. 33, 18 läßt er Mose sagen: «Unter Deiner H. verstehe ich aber die dienstbaren Kräfte zu Deiner Seite, die zu begreifen mir bisher nicht gelang» [7]. Diese «Kräfte» werden dann «Ideen» mit «unsterblicher Wesenheit» genannt [8]. (Ähnlich wird später J. BRUCKER den «Thron der H.» als «Geisterwelt» und «Dienerin» der «göttlichen Ausflüsse» bezeichnen [9].)

Die ersten Ansätze zur Spekulation im *vorislamischen* Judentum gehen aus von der Frage nach der Benennbarkeit des *einen* Gottes und der Frage nach der Relation zwischen dem *einen* und der Welt als seiner Wirk-Tat [10]. Hierbei bot sich der Begriff ‹H.› – F. J. MOLITOR: «dieser unmittelbare Übergangspunkt aus dem Göttlichen in das Creatürliche» [11] – als Vermittlungsbegriff an, der Ez. 1 eine deutliche Konkretisierung erfahren hatte [12]. Neben apokalyptischen Spekulationen [13] hat es schon im rabbinischen Judentum des 1./2. Jh. Spekulationen über die H.G. gegeben, die nun verstanden wurde als Erscheinung der Gottheit *selbst*, wie sie auf dem Thron der H. sitzt – in Abhebung zu dem (jüngeren) Terminus ‹šekînāh› als Bezeichnung für Gottes kultische Gegenwart im Tempel [14]. Die Warnung «Wer die H. seines Schöpfers nicht schont, für den wäre es besser, wenn er nicht auf die Welt gekommen wäre» ist ein frühes Zeugnis dieser Spekulationen [15]. Diese kosmologisch-visionären Überlegungen über die H.G. werden heute zusammenfassend als ‹Merkabah-Mystik› bezeichnet. Inwieweit der Terminus ‹märkābāh› identisch mit ‹kābôd› war, ist im Hinblick auf die wichtigsten Zeugnisse [16] umstritten [17]. Aus dieser Art H.-Spekulation entwickelte sich dann in gaonäischer Zeit eine besondere Form der Spekulation, das šî‘ûr Qômāh [18], das sich speziell mit Gottes *Gestalt* auf dem Thron der H. beschäftigte und ein wichtiger Traktat innerhalb der Kabbala [19] wurde. «Diese Gestalt war die Gestalt des göttlichen Kabod, dessen Übersetzung mit Herrlichkeit, Glorie und dergleichen keinen realen Inhalt des numinosen Begriffs übermittelt. Kabod ist das an Gott, was von Ihm erscheint, und je unsichtbarer Gott dem jüdischen Bewußtsein wird, desto problematischer wird der Sinn dieser ‹Erscheinung›» [20]. – Im ‹Sefär Hab-Bāhîr› besteht auch ein enger Zusammenhang zwischen märkābāh- und kābôd-Spekulation [21], wobei die H. aufgefaßt wird als die 10. (letzte) Sefira [22]. Der Thron der H. ist der 6. der 10 Logoi, durch die Welt besteht [23]. Die H. ist unsichtbar, doch allgegenwärtig [24].

In der jüdischen Philosophie des *Mittelalters* bildet die Auslegung der H.G. «eine der Grundsäulen der philosophischen Bibelerklärung» [25]. Dabei wurde die H. durchgängig als eine freie Schöpfung Gottes verstanden, etwas von Gott Erschaffenes und ihm Verschiedenes. SAADJA BEN JOSEF AL-FAJJUMI ist der erste Philosoph, der die H. in dieser Weise erklärt: «Diese erscheinende Lichtgestalt nennen unsere Weisen Schechina, oder die H.G. in der Erscheinung» [26]. «Die Werke seiner [Gottes] Gegenwart bezeichnet er durch Offenbarung seines geschaffenen Lichtglanzes ..., die auch Schechina oder H.G. heißt» [27]. Die H.G. bezeichnet keine Aussage über «Gott an sich», sondern ist nur ein menschliches Lob seiner «sich offenbarenden Eigenschaften» [28]. Der Terminus ‹erschaffene H.› (kābôd nibrā') wird so zu einem Zentralbegriff der Attributenlehre. – In diesem Zusammenhang wird die H.G. auch von JEHUDAH HALLEVI diskutiert. Sie ist – auch als ‹spiritus sanctus› (rûach haq-qôdäš) bezeichnet [29] – «radius lucis Divinae quo Deus dignatur populum suum et terram eius» [30]. Hallevi bespricht dann zwei Interpretationsmöglichkeiten der «gloria Domini»: sie ist entweder «corpus subtile, sequens Divinum beneplacitum, formatum prout Ipsi visum fuit eam Prophetae ostendere», oder: «in genere illic significare Angelos, et Instrumenta spiritualia (Solium, inquam, *märkābāh*, Expansum, Rotas, Orbes, et alia) quae sunt perpetua et stabilia». Ferner bemerkt Hallevi, der Terminus ‹H.G.› würde auch manchmal auf die «res naturales» angewendet werden [31]. – Gerade diese Verwendung des Begriffs wird dann bei MOSE BEN MAIMON dominierend. Dieser unterscheidet drei Bedeutungen des Begriffs ‹H.›: 1. «ein geschaffenes Licht, das Gott im Wege eines Wunders an einem Orte weilen läßt, um diesen zu verherrlichen» (= šekînāh); 2. «Gott selbst, sein Was und sein Wesen» (= «ein Ausdruck der Verehrung» durch die Menschen, keine Wesensaussage von Gott); 3. «Manchmal aber meinen sie mit dem Wort ‹H.› die Verherrlichung Gottes durch alle Menschen, ja durch alles, was außer ihm vorhanden ist» [32]. Diese Verherrlichung kann auch durch die «unbelebte Natur» geschehen, da deren «natürliche Beschaffenheit» Gott verherrlicht. Darum heißt dieser «Zustand» (‘injān) Herrlichkeit (kābôd). Maimon versteht in allen drei Fällen «ein *erschaffenes* Ding», das «nicht identisch mit dem Herrn» ist [33]; im weitesten (und in dem für ihn charakteristischen) Sinne ist für ihn die H.G. die *Gesamtheit alles Erschaffenen* als das von Gott Bewirkte [34]. – JOSEF ALBO, einer der letzten der jüdischen Philosophen des Mittelalters, bespricht zwar «verschiedene Bedeutungen» des Wortes ‹H.G.› («Gott selbst, der Unbegreifbare»; «Gegenstände, die den Sinnen wahrnehmbar sind»), versucht diese aber zu verbinden, «weil was den Sinnen wahrnehmbar ist, auf ein Verborgenes, Unbegreifliches hinweist, welches bald Angesicht, bald H. des Ewigen genannt wird». Darum ist die H. «etwas Immaterielles», «was in der Tat nicht so ist», wie es erscheint [35].

Der deutsche *Chassidismus* verband «die Lehren Saadjas über die ‹Glorie› Gottes mit der Urmensch- und Cherub-Vorstellung der Merkaba-Mystik und einer gewissen Art von Logoslehre» [36]. Auch bei den Chassidim ist die H. nicht Gott selbst, sondern seine (erste) Schöpfung. Die «innere H.», die identisch mit dem Heiligen Geist und der šekînāh ist und weder Gestalt noch Stimme hat, wird unterschieden von der «äußeren H.» (auch: «sichtbare H.»), welche wechselnde Gestalten und Formen annehmen kann und Gegenstand der šî‘ûr-Qômāh-Spekulation ist. Die Schau der H. ist das Ziel der chassidischen Askese [37].

In der christlichen Kabbala war der Terminus ‹H.› weder eindeutig definiert [38], noch spielte er eine tragende Rolle. Erst bei F. CHR. OETINGER gewinnt er wieder zentrale Bedeutung. Er ist für Oetinger der Schlüssel zum Verständnis J. Böhmes [39], obwohl dieser ‹H.› fast nicht verwendet. H. ist all das, «was Jak. Böhm[e] vom Feuer, Licht, Verzehrung, Werk, Kreuz-Geburt, Geistwasser, ewiger Natur, Chaos, Tinctur, mit sehr veränderten Worten spricht» [40]. H., Geist und Leben gehören zusammen [41]; der Begriff «von der H.G.» ist das spezifisch Unterscheidende zwischen ihm und der Philosophie, da dieser Begriff «allen Weltweisen fehlt» [42]. Auch für Oetingers Untersuchungen über die H.G. ist der Ausgangspunkt Ez. 1 und 10. «H.G. hat Raum und Bewegung, von Gott unterschieden» [43]; er nimmt drei «Bewegungsquellen in Gottes H.» an und spricht von ihren verschiedenen «Eigenschaften» [44]. Die H.G. ist zwar «eins mit Gott» (die «ursprüngliche H.»), und doch von Gott «unterschieden» als «derivate H.G.», die «creatürliche Eigenschaften und Modos annimmt» [44a] und sich in die Welt offenbart. «Gott nimmt in seiner H. oder manifestatione sui creatürliche modos oder Schranken an» [45].

Gedanken dieser Art haben auf den Pietismus, die christliche Mystik und auch auf F. W. J. Schelling und G. W. F. Hegel eingewirkt. So schreibt z. B. Hegel über die Vernunft, die selbst die «Hervorbringung» des Endzwecks der Weltgeschichte «aus dem Inneren in die Erscheinung» ist: «Daß nun solche Idee das Wahre, das Ewige, das schlechthin Mächtige ist, daß sie sich in der Welt offenbart und nichts in ihr sich offenbart als sie, ihre H. und Ehre, dies ist es, was ... als bewiesen vorausgesetzt wird» [46].

H. Cohen möchte ‹kābôd› wie Luther mit ‹Ehre› übersetzt wissen, weil man unter H.G. noch einen mystischen Lichtglanz verstehen könne. Die «Ehre Gottes» dagegen mache «das Wesen Gottes» aus als «das Urbild der Sittlichkeit». Die H.G. als Ehre Gottes sei «das eigentliche Bindemittel für die Korrelation von Gott und Mensch», sie könne übergehen «auf die Ehre des Menschen» [47].

Anmerkungen. [1] Vgl. oben Teil I und II sowie Art. ‹Doxa›; E. Ben Jehuda: Millon Ha-Laschon Ha-Iwrit 3 (New York 1960) 2233-2238; C. Westermann, Theol. Handwb. zum AT 1 (1971) 794-812; S. Aalen, Theol. Bibellex. zum NT 1 (1967) 204-207; G. B. Gray: Glory, in: J. Hastings (Hg.): A dict. of the Bible 2 (Edinburgh 1899) 183-186; J. Levy, Wb. über die Talmudim und Midraschim 2 (³1963) 285-286; A. Marmorstein: Iran. und jüd. Relig. mit bes. Berücksichtigung der Begriffe ‹Wort›, ‹Wohnen› und ‹Glorie› im iv. Evangelium und in der rabb. Lit. Z. neutestamentl. Wiss. 26 (1927) 231-241. – [2] Zur Lit. vgl. F. Niewöhner: Art. ‹Merkabah›. – [3] Ez. 1. 10. – [4] b. Chagiga 13 b. – [5] Mose Ben Maimon, More Nebuchim III, 6. – [6] B. Spinoza, Tractatus theol.-polit. II, 20, hg. Bruder. – [7] Philon, De specialibus legibus I, 45. – [8] a. a. O. I, 46-50. – [9] J. Brucker: Kurze Fragen aus der philos. Hist. 4 (1733) 872-866. – [10] J. Maier: Gesch. der jüd. Relig. (1972) 162ff. – [11] F. J. Molitor: Philos. der Gesch. oder über die Tradition 2 (1834) 111. – [12] Ez. 1, 26-28; vgl. J. Maier: Vom Kultus zur Gnosis (1964) 112ff. – [13] z. B. äth. Henoch Kap. 37-71. – [14] A. M. Goldberg: Untersuch. über die Vorstellungen von der Schekhinah in der frühen rabb. Lit. (1969) 468-470; G. Scholem: Schechina: das passiv-weibliche Moment in der Gottheit, in: Von der mystischen Gestalt der Gottheit (1962) 135-191. – [15] m. Chagiga II, 1; b. Kidduschin 40 a. – [16] m. Megilla IV, 10; m. Chagiga II, 1; tos. Chagiga II, 1 (fol. 77 a/b); b. Chagiga II, 1 (fol. 13 a-16 a). – [17] G. Scholem: Die jüd. Mystik in ihren Hauptströmungen (1957) 392 Anm. 16; Maier, a. a. O. [12] 137ff. – [18] G. Scholem: Schi'ur Koma u. a. O. [14] 7-47; Maier, a. a. O. [10] 201. 307-312. – [19] Zur Lit. vgl. F. Niewöhner: Art. ‹Kabbala›. – [20] Scholem, a. a. O. [18] 13. – [21] Das Buch Bahir, hg. Scholem 33. – [22] a. a. O. 90-91 im Vergleich mit 65. 61. – [23] 96. – [24] 90; vgl. G. Scholem: Ursprung und Anfänge der Kabbala (1962) 82-85. – [25] W. Bacher, Die Bibelexegese der jüd. Religionsphilos. vor Maimuni (1892: ND 1972) 20. – [26] Saadja, Emunot We-Deot, dtsch. J. Fürst (1845, ND 1970) 172f. – [27] a. a. O. 177. – [28] 191f; vgl. Bacher, a. a. O. [25] 19f.; A. Altmann: Saady'as theory of revelation: Its origin and background, in: E. I. J. Rosenthal (Hg.): Saadya Studies (Manchester 1943) 4-25; jetzt in: Studies in relig. philos. and mysticism (New York 1969) 140-160. – [29] Hallevi, Liber Cosri, hg. und übers. J. Buxtorf (fil.) (1660, ND 1971) II, 4. – [30] a. a. O. II, 8. – [31] IV, 3. – [32] Mose Ben Maimon, More Nebuchim I, 64; vgl. I, 54; III, 1-7; S. Munk, in: Le guide des égarés I (Paris 1856) 286f. ; Aron Ben Elia: Sefur 'ez chajjim, hg. F. Delitzsch (Leipzig 1841) Kap. 63. – [33] Maimon, More Nebuchim III, 7. – [34] Vgl. F. Niewöhner: Zum Verhältnis von Naturphilos. und Ethik im More Nebuchim des Maimonides. Z. systemat. Theol. u. Relig.philos. 14 (1972) 336-358. – [35] J. Albo, Buch Ikkarim, dtsch. W. Schlesinger/L. Schlesinger (²1922) 194-199. – [36] G. Scholem: Art. ‹Kabbala›, in: Encyclop. judaica 9 (1932) 647. – [37] Scholem, a. a. O. [17] 120-125; zur Lit. vgl. Maier, a. a. O. [10] 318 Anm. 31. – [38] Vgl.
Chr. Knorr von Rosenroth: Loci Communes Kabbalistici, in: Kabbala Denudata 1 (1677) 464f. – [39] F. Chr. Oetinger: Öffentl. Denkmal der Lehrtafel einer weiland wirttembergischen Prinzessin Antonia. Sämtl. Schr. II/1 (1858) 165. – [40] a. a. O. 133-134. – [41] 133ff. 165ff. 169. – [42] 117. – [43] 177ff. 166ff. 173ff. – [44] 132ff. – [44a] 117. – [45] 118. – [46] G. W. F. Hegel, Vorles. über die Philos. der Weltgesch., hg. G. Lasson Einl. 5. – [47] H. Cohen: Relig. der Vernunft aus den Quellen des Judentums (²1959) 92-93. 468-469.
F. Niewöhner

Herrschaft (von ahd. hêr-scaft; hêr = alt, ehrwürdig –, das, was an Rechten und Eigentum dem Höheren, Überlegenen zugehört; griech. ἀρχή; lat. dominium, potestas, auctoritas; frz. domination, pouvoir, autorité; engl. dominion, rule, command)

I. ‹H.› wird oft – allerdings mißverständlich – mit ‹Macht› oder ‹Autorität› gleichgesetzt und begegnet heute primär als politischer und soziologischer, weniger als theologischer oder juristischer Begriff. Nach der klassischen soziologischen Definition M. Webers ist H. «die Chance, für einen Befehl bestimmten Inhalts bei angebbaren Personen Gehorsam zu finden» [1].

Das «herrschaftliche Prinzip» [2] der alteuropäischen Welt tritt in der Philosophie des Aristoteles [3] als weltbewegendes und lebensordnendes Strukturprinzip hervor. Es manifestiert sich einerseits in der Ordnung des Hauses (Herr und Knecht), die mit der H. der Seele über den Leib verglichen wird, andererseits in der Ordnung der Polis (Staatsmann und Freie), die mit der H. der Vernunft über das Begehren in Verbindung gebracht wird.

Im Anschluß an diese Denk- und Ordnungstraditionen wird in der christlichen Theologie die Allmacht Gottes als H. des Schöpfers über die Schöpfung gedeutet. Unter Bezugnahme auf den christlichen Glaubenssatz, daß alle irdische Macht von Gott sei (Röm. 13, 1), wird im weltlichen Herrscher die personale und institutionelle Inkarnation göttlicher Allmacht erblickt [4]. Die sakral-magische Koinzidenz von göttlichem Heil und irdischer H., die im hohen Mittelalter besonders ausgeprägt in Erscheinung tritt, erfährt in der absolutistischen Souveränitätslehre eine gravierende Abwandlung; sie wird zum Mythos von der Göttlichkeit des Herrschers säkularisiert [5]. H. verliert somit ihre sakral-magische Qualität; herrschaftliche Majestät bezieht sich nur noch auf die im Fürsten personifizierte Souveränität der politischen Gemeinschaft [6].

Mit dieser Funktionalisierung politischer H. zur Organsouveränität wird die personale Besetzung der herrschaftlichen Institutionen austauschbar. Gegenüber einer sich als Gottesgnadentum legitimierenden absoluten «öffentlichen Gewalt» erhebt sich in der «öffentlichen Meinung» eine sich als politische Kritik artikulierende subjektive Moral zur Instanz der Kontrolle und damit der Beeinflussung von H.-Akten [7].

So ist die Lehre von der Volkssouveränität im Herrschaftsmodell der Fürstensouveränität angelegt. Erst mit der absolutistischen Monopolisierung der politischen H. ist der Bezugspunkt für eine Negation der H. gegeben. Rousseaus Modell der Identität von politischer H. und «volonté générale» [8] findet in den Verfassungsplänen der Revolutionszeit seinen Niederschlag. Der neuzeitliche Umbruch bedeutet daher die eindeutige Abkehr von der aristotelischen Tradition des H.-Denkens und die Hinwendung zum Ideal der H.-Freiheit, womit H. als Problem erst eigentlich thematisiert wird. Das Individuum wird als zentrale soziale Kategorie entdeckt und die individuelle Freiheit zum Gradmesser des Fortschritts erhoben.

Dieser «Verlust der aristotelischen Tradition» (W. Conze) ist in seinem sozialgeschichtlichen Zusammenhang zu begreifen: Der historisch-gesellschaftliche Hintergrund, auf welchem die sozialen Unterschiede als Ausdruck des allgemeingültigen Prinzips der Ungleichheit von Menschen erlebt werden konnten, waren die durch die primären Lebensordnungen in Haus und Gemeinde bedingten Abstufungen der Rechte und Pflichten. Die Hierarchie der ständischen Lagen war durch eine allgemeinverbindliche Wertordnung onto-theologisch legitimiert. Erst als die Ungleichheiten im ständischen Gefüge der societas domestica und der societas civilis nicht mehr die institutionelle Gewährleistung der Daseinsordnung boten und die sich daraus ergebenden negativen Konsequenzen nicht mehr als göttliche Fügung hingenommen werden konnten, wurden beide H.-Strukturen in Frage gestellt. Sowohl der politische als auch der ökonomische Rationalismus unterwerfen die H.-Ordnungen in Haus und Gemeinde der Bewertung menschlicher Vernunft. Die Legitimitätsbasis der ständischen H. erweist sich als immer weniger tragfähig, je mehr sich rationale Organisationsformen in Wirtschaft und Gesellschaft durchsetzen. In der ökonomischen Freiheit des liberalen Marktes und der politischen Freiheit der parlamentarischen Verfassung werden nunmehr die institutionellen Bedingungen einer anzustrebenden herrschaftsfreien Sozialstruktur gesehen. Herrschaftliche Ordnung sollte durch Einsicht in die systemimmanenten Gesetzlichkeiten eines rational verfaßten Zusammenlebens ersetzt werden. Die Vorstellung einer durch Diskussion, Argumentation und Konkurrenz bewirkten Autoharmonie setzt sich durch. Sie würde des Regulativs der H. nicht mehr bedürfen; diese erscheint vielmehr überflüssig und anachronistisch oder auch störend und schädlich. «Eine radikale Abwertung der H. – sowohl des guten Gewissens bei ihrer Ausübung wie der Bereitschaft, sie zu ertragen» wird eingeleitet [9].

Die zu den Erwartungen des Liberalismus in schroffem Gegensatz stehende Realität der bürgerlich-kapitalistischen Gesellschaft mit ihren sozialen Spannungen größten Ausmaßes (Klassenkampf) und der Entstehung oder Verschärfung der «sozialen Frage» läßt die Problematik der H. in der Sozialkritik erneut virulent werden. Es wird entdeckt, daß auch nach der bürgerlichen Rationalisierung der H. sich neue Formen der sozialen Über- und Unterordnung gebildet haben, ja daß die emanzipative Auflösung der älteren H.-Institutionen die Emanzipation politisch schwer kontrollierbarer Macht begünstigen müsse [10]. Höhepunkt dieser Kritik ist die Marx/Engelssche Revolutionstheorie, die dialektische Verurteilung des bürgerlichen-kapitalistischen Systems einer «H. der Dinge» und die neue Begründung der H.-Freiheit, diesmal aus den Strukturgesetzlichkeiten dieses Systems heraus. Nach der Überwindung des Kapitalismus mit seinen Klassenkämpfen und Klassengegensätzen und nach dem allmählichen «Absterben» des Staates (als des Werkzeugs der Unterdrückung) entfällt jede Chance für die Errichtung und Ausübung von H. An die Stelle der H. von Menschen über Menschen tritt die «Verwaltung von Sachen» [11]. Die klassischen Gesellschaftsentwürfe des 19. Jh. – Liberalismus und Marxismus – erweisen sich somit als dezidierte Anti-H. Ideologien.

Eine weitere «Eskalation» der Idee der H.-Freiheit ist in den modernen technokratischen – besser: technizistischen – Theoremen enthalten. Hier wird der utopische Ansatz von Fr. Bacon, daß durch Rationalisierung und moderne Naturwissenschaft der Mensch in die Lage versetzt werde, die H. über die Natur anzutreten, und die weiterführenden Gedanken der «Scientokratie» von Saint-Simon und der «Soziokratie» von Comte, daß die Denkstrukturen der Naturwissenschaft auf die Wissenschaft von der Gesellschaft übertragbar seien, auf die Gegenwart bezogen [12]. Unter den Bedingungen der technisch und organisatorisch entwickelten Industriegesellschaft und des allmählichen Verblassens der Ideologien des 19. Jh. erfährt die technisch-wissenschaftliche Dimension eine wachsende Bedeutung und eine immer ausschließlichere Geltung bei der Begründung herrschaftsfreier Theoreme. Diese gehen davon aus, daß unabhängig von der institutionellen Ordnung und der ideologischen Ausrichtung der jeweiligen Gesellschaftssysteme sich mit zwingender Notwendigkeit sachhafte Entscheidungsmechanismen durchsetzen, welche die politische Zielsetzung gesellschaftlicher Kräfte irrelevant und überflüssig machen. Die Gesellschaft befreit sich hier nicht selbst – auf Grund einer vorausgegangenen politischen Entscheidung –, sondern wird durch die «Sachzwänge» [13] aus den herrschaftlichen Bindungen ausgefällt. Die Restauration des Marxismus in der Form der Kritischen Theorie (Adorno, Marcuse, Habermas u. a.) wirft allerdings die Idee der H.-Freiheit wieder auf ihren klassischen, d. h. politischen Ursprung zurück.

Die moderne Geschichte des H.-Begriffes ist vornehmlich die Geschichte der Idee der H.-Freiheit. H. wird hier zum «besttabuierten» Begriff [14]. Wenn H. reflektiert wird, dann entweder in ihrer Entartung als Unterdrückung und als Gewalt, oder aber sie wird zur sozialen Rolle funktionalisiert und als menschliches Grundverhältnis negiert. Dennoch bleibt gerade auch in der industriellen Gesellschaft die Herausforderung, die sich immer neu geltend machende H.-Problematik unter dem Aspekt der «Legitimität» bei M. Weber [15], des «Ausnahmezustandes» bei C. Schmitt [16], der «Institution» bei A. Gehlen [17], oder auch der «Oligarchie» bei R. Michels [18], der «Elite» bei V. Pareto [19], der «Machtelite» bei C. W. Mills [20], des «sozialen Konfliktes» bei L. Coser, R. Dahrendorf u. a. [21], schließlich noch der «Demokratisierung» bei W. Hennis, K. O. Hondrich u. a. [22] herauszuarbeiten und neu zu durchdenken.

Anmerkungen. [1] M. Weber: Wirtschaft und Gesellschaft (⁵1964) 38. – [2] O. Brunner: Neue Wege der Sozialgesch. (1956) 45f. – [3] Aristoteles, Pol. – [4] O. Brunner: Vom Gottesgnadentum zum monarchischen Prinzip, in: Das Königtum (1963) 279ff. – [5] C. Schmitt: Polit. Theol. (1922). – [6] J. Althusius: Politica methodice digesta (1603). – [7] R. Koselleck: Kritik und Krise (1959). – [8] J.-J. Rousseau: Du contrat social (Genf 1762). – [9] H. Freyer: Theorie der gegenwärtigen Zeitalters (1955) 100f. – [10] H. Plessner: Die Emanzipation der Macht. Merkur 16 (1962) 907–924. – [11] F. Engels: Anti-Dühring (1877). MEW 20 (1962) 262. – [12] Vgl. H. Lübbe: Zur polit. Theorie der Technokratie, in: Der Staat 1 (1962). – [13] H. Schelsky: Der Mensch in der wiss. Zivilisation (1961). – [14] H. Freyer: H. und Planung (1933) 23. – [15] M. Weber: Wirtschaft und Gesellschaft (⁵1964). – [16] C. Schmitt: Der Begriff des Politischen (1963). – [17] A. Gehlen: Urmensch und Spätkultur (1956). – [18] R. Michels: Soziol. des Parteiwesens (²1925, ND 1957). – [19] V. Pareto: System der allg. Soziol., hg. Brinkmann (1955). – [20] C. W. Mills: The power elite (New York 1956). – [21] R. Dahrendorf: Soziale Klassen und Klassenkonflikt in der industriellen Gesellschaft (1957); L. A. Coser: Continuities in the study of social conflict (Glencoe/Ill. 1967). – [22] W. Hennis: Demokratisierung (1970); K. O. Hondrich: Demokratisierung und Leistungsgesellschaft (1972).

Literaturhinweise. W. E. Mühlmann: Aspekte einer Soziol. der Macht. Arch. Rechts- u. Sozialphilos. 40 (1952) 84–114. – A. Gehlen: Macht, in: Hb. Sozialwiss. (1961). – O. Brunner:

Bemerkungen zu den Begriffen H. und Legitimität, in: Festschrift H. Sedlmayr (1962). – J. C. PAPALEKAS: H.-Struktur und Elitenbildung – ein bleibendes Problem der gesellschaftlichen Wirklichkeit, in: Festschrift A. Predöhl (1964). – H. LÜBBE: H. und Planung, in: Festschrift M. Müller (1966). – D. SENGHAAS: Sachzwang und H., in: Atomzeitalter (1966). – J. FIJALKOWSKI: H., in: Evang. Staatslex. (1967). – K. O. HONDRICH: Theorie der H. (1973). – H. KESTING: H. und Knechtschaft (1973).

J. CHR. PAPALEKAS

II. M. WEBERS soziologische Bestimmung der H. als der Autorität, für einen bestimmten Befehl bei einem bestimmten Personenkreis Gehorsam zu finden, will eine *reziproke* soziale Beziehung erfassen. Der Macht zu befehlen steht die Bereitschaft zu gehorchen in der Weise gegenüber, daß die Gewaltunterworfenen ihr Verhalten an dem Befehlsinhalt als einer Ordnungsmacht orientieren. Politische H. ist heute zumeist Gebiets- und Verbands-H. mit Hilfe spezifischer Verwaltungsstäbe und Verwaltungsmittel. Ein gewisses Minimum von eigenem Interesse der Gehorchenden am Gehorsam, ebenso wie der Herrschenden an einem Minimum von Zustimmung seitens der Beherrschten, gehört zu jedem H.-Verhältnis, und H. spielt bei den meisten Arten sozialer Beziehungen eine Rolle, auch wo dies nicht in Erscheinung tritt. Diese Fügsamkeit beruht einerseits auf der vergesellschafteten *Einstellung* der Gehorchenden gegenüber der H., andererseits auf dem jeweils etablierten *H.-Apparat* und seiner Garantiefunktion. Die Fügsamkeit kann – abgesehen von Motiven der Gewöhnung, Opportunität, Schwäche, Furcht, Hoffnung – von der Vorstellung einer inneren *Rechtfertigung* der H. begleitet sein. Entsprechen der von den Herrschenden je geltend gemachte Legitimitätsanspruch und der die Beherrschten leitende Legitimitätsglaube einander, so ist eine optimale Reziprozität und damit Stabilität der H.-Beziehung gegeben. Je nach Art dieses *Legitimitätseinverständnisses* sind die spezifische Eigenart der Beziehung des oder der Herrschenden zu dem Apparat und Verwaltungsstab und beider zu den Beherrschten, die Verteilung der Befehlsgewalten, der Charakter der H.-Ausübung und der Typus des Gehorsams typisch verschieden. So gibt es prinzipiell (in reiner Form) nur drei *Legitimitätstypen* und damit legitime Grundtypen der H., die je mit einer grundverschiedenen soziologischen Struktur der H., des Verwaltungsstabes und der Verwaltungsmittel verknüpft sind. Diese drei reinen Typen legitimer Herrschaft sind: traditionale, charismatische und rationale H.

1. Der *Traditionalismus* ruht auf dem Glauben an die Unverbrüchlichkeit des praktizierten Herkommens und an die in ihm verbürgten Autoritäten. Traditionale H. ist gekennzeichnet durch ein Doppelreich: a) der den Inhalt der Anordnungen bindend bestimmenden Tradition; b) der der freien Willkür und Gnade des Herrschers einen Spielraum sichernden Tradition, wobei der Brauch wiederum der Betätigung eine Grenze setzt. In der Realität kann traditionale H. von der dumpfen Gewöhnung an das ewig Gestrige bis zur bewußten Pflege der in der Tradition tradierten Prinzipien und Überzeugungen reichen und damit in die Sphäre der Wertrationalität hinübergreifen.

2. Der *Charismatismus* ruht auf der gläubigen Hingabe der Gefolgschaft an die Außeralltäglichkeit einer durch spezifische Gnadengabe (Heiligkeit, Heldentum, Vorbildlichkeit) in den Augen ihrer Anhänger ausgezeichneten Person und der durch sie gestifteten Ordnungen. Der durch keine Tradition oder Satzung gehemmten Herrschermacht kraft persönlicher Gnadengabe steht gegenüber der fortwährende Zwang für den Herrscher zur Bewährung an dem konstitutiven Sendungsgedanken, der seine «Berufung» trägt.

3. Der *Legalismus* ruht auf dem Glauben an die Legitimität rational gesatzter oder interpretierter Ordnungen und der Machtbefugnis der durch diese zur Ausübung der H. jeweils Bestimmten. Dem legitimierenden Ordnungsgehalt gesatzter Grundprinzipien legaler H. steht die Legitimität der eingesetzten H.- und Rechtsetzungsinstanz gegenüber. Legitimität bildet somit die Rechtfertigungsgrundlage der H., gewährt legitime Kompetenzen und setzt dem legitimen Geltungsbereich zugleich innere Schranken, für die eine institutionalisierte Legitimitätskontrolle eingesetzt sein kann.

Von diesen Legitimitätstypen, die in einem eigenartigen wechselseitigen Beziehungsverhältnis zueinander stehen [1], ist weder ein einzelner *der* Grundtyp, noch sind diesen theoretisch konstruierten Strukturtypen in etwa entsprechende Phänomene in der historisch-politisch-sozialen Realität stets in einer bestimmten invariablen Reihenfolge nacheinander aufgetreten [2] oder auch nur überall vorhanden gewesen. Die Bildung dieser Typen legitimer H.-Struktur beruht auf dem faktischen Material einer mehrtausendjährigen Geschichtserfahrung: Sie stellen Archetypen menschlicher Geschichts- und Sozialerfahrung dar [3]. Die realen H.-Phänomene weisen demgegenüber zumeist komplizierte Abwandlungen, Kombinationen und Übergänge zwischen den Typenkonstruktionen auf. Diese dienen methodisch als heuristische Forschungs- sowie als terminologische Darstellungsmittel bei der konkret-empirischen Analyse.

Anmerkungen. [1] J. WINCKELMANN: M. Webers Verständnis von Mensch und Gesellschaft. Gedächtnisschr. der Univ. München (1966) 238-240. – [2] M. WEBER: Wirtschaft und Gesellschaft (⁵1972) 669/70. – [3] R. BENDIX: Max Weber. Das Werk (1964) 296.

Literaturhinweise. M. WEBER s. Anm. [2]; Ges. polit. Schr. (²1971); Staatssoziol. (²1966); Rechtssoziol. (²1967). – J. WINCKELMANN: Legitimität und Legalität in M. Webers H.-Soziol. (1952); s. auch Anm. [1]. – O. BRUNNER s. Lit. zu I. – R. BENDIX s. Anm. [3]; vgl. dazu J. WINCKELMANN: Max Weber: Das soziol. Werk. Köln. Z. Soziol. 17 (1965). – K. LOEWENSTEIN: M. Webers staatspolit. Auffassungen in der Sicht unserer Zeit (1965). – G. ABRAMOWSKI: Das Gesch.bild M. Webers (1966).

J. WINCKELMANN

Herrschaft und Knechtschaft. – 1. ARISTOTELES behandelt das Verhältnis des freien Herrn (δεσπότης) zum unfreien, für die Befriedigung unmittelbarer Bedürfnisse arbeitenden Knecht oder Sklaven (δοῦλος) als zur Hauswirtschaft (οἶκος; οἰκονομία) gehörige H.-Beziehung neben denjenigen des Hausherrn als Mann zur Frau und als Vater zu den Kindern, die besondere Formen der H. über Freie darstellen [1]. Insgesamt sind sie unterschieden von den «politischen» H.-Beziehungen innerhalb der Bürgergemeinde (πόλις) [2], die aus den einzelnen Haushaltungen, d. h. den Hausherren als freien, durch die Gleichheit des Herrschens und Beherrschtwerdens definierten Bürgern gebildet wird [3].

Die asiatischen Großreiche der Barbaren sind für Aristoteles dadurch gekennzeichnet, daß in ihnen alle menschlichen H.-Beziehungen in gleicher Weise von der Art des Verhältnisses eines freien Herrn zu Sklaven und somit tyrannisch sind [4]. In den freien Griechengemeinden ist dagegen das Verhältnis von Herr und Knecht auf die Hauswirtschaft beschränkt und damit als eine besondere Form der das entfaltete Ganze der freien Polis tragenden mitmenschlichen Beziehungen bestimmt, das nur im Ausgang von diesem Ganzen begriffen werden kann. In den Sitten, Rechtssatzungen, Künsten (τέχναι) und Wissenschaften der Polis kann allein die spezifische Natur des Menschen als eines Lebewesens, das Vernunft (λόγος) hat, zu ihrer konkreten Wirklichkeit gelangen, zu der die einzelnen Menschen beitragen, indem sie gemäß ihren naturgegebenen Fähigkeiten unterschiedliche Funktionen dieses organischen Ganzen wahrnehmen [5].

Von Natur zum Knecht bestimmt – im Unterschied von den durch menschliche Satzung versklavten Freien [6] – sind diejenigen Menschen, welche die Vernunft nicht selbst als tätige Kraft besitzen, sondern nur die Möglichkeit haben, sie zu vernehmen [7]. Sie sind ganz den sinnlichen Antrieben ihrer Begierden unterworfen, und ihnen kommt die unmittelbar körperliche Arbeit zu, durch welche die für den Lebensunterhalt nötigen Güter bereitgestellt werden [8]. In dieser Arbeit im Dienst für den Herrn wird der Knecht gezwungen, seinen eigenen Begierden zu entsagen, und er erhält so vermittelten Anteil am Ganzen der menschlichen Vernunft, wodurch seine eigene schwache Vernunft zu der ihr möglichen Entfaltung gelangt und er seine Menschlichkeit erreicht [9]. Daher soll den Sklaven, wenn sie sich lange bewährt haben, die Freiheit geschenkt werden, und daher kann Aristoteles sagen, daß für den Herrn wie den Knecht das ihnen Zuträgliche ein und dasselbe sei [10], ja sogar, daß zwischen ihnen Freundschaft (φιλία) bestehe [11], obwohl der Herr den Knecht zwingt, so zu leben, wie dieser unmittelbar nicht will [12].

Aristoteles begreift als den Grund des der Erscheinung nach allein auf Gewalt beruhenden Verhältnisses von H.u.K. die unterschiedliche Entfaltung der Vernunft in ihrer H. über die Triebe der Sinnlichkeit. Hierbei erscheint die menschliche Gemeinschaft als das organische Ganze der Verwirklichung dieser Vernunft, dessen unterschiedliche Funktionen von Natur verteilt sind. So wird in einer Welt, die keine frei vermittelten ökonomischen Funktionsteilungen kannte, die nötige Muße der politischen Bürger und aktiven Träger dieser Vernunft gesichert durch ihre Entlastung von der Fürsorge für das Lebensnotwendige.

Die aristotelischen Gedanken bleiben bis weit in die Neuzeit hinein bestimmend für die Begründung des Verhältnisses von H.u.K., das dabei als Grundlage der als naturwüchsige Gegebenheit aufgefaßten ökonomischen Funktionsunterschiede erscheint. AUGUSTIN betont zwar, daß anfänglich alle Menschen von Gott frei geschaffen seien, versteht dann aber die K. als durch die Sünde der Menschen selbst verschuldet. Diejenigen, die ihren Begierden verfallen sind, wurden Knechte eines Herrn, und zwar zu ihrem eigenen Wohl, denn «gewiß ist besser dran, wer einem Menschen dient als der Begierde» [13]. Herrschen und Beherrschtwerden erscheinen als irdische Zucht und Strafe für die Befangenheit in der Sinnlichkeit [14]. – Ebenso faßt um 1008 Bischof BURCHARD VON WORMS die K. als «wegen der Sünde der ersten Menschen» durch die Barmherzigkeit Gottes denjenigen Menschen auferlegt, «für die, wie er sieht, die Freiheit nicht paßt», weil sie nur ihrer Sinnlichkeit ergeben seien. Durch ihren Herrn werden sie gehindert, unbeschränkt zu sündigen, wodurch ihre eigene Seligkeit gefördert wird. Gegenüber dem Gedanken, daß an sich diese Ungleichheit der Menschen vor Gott nichtig sei, verweist Burchard auf den Unterschied des irdischen Lebens und der Ewigkeit und tröstet die Knechte mit der Kürze des ersten [15]. – THOMAS VON AQUIN führt die aristotelischen Bestimmungen der Scheidung von Herren und Sklaven an [16], versteht ebenfalls die Unterschiede der Menschen als zum Wohl des Ganzen gesetzt [17] und bestimmt die Beziehung von Vernunft und Sinnlichkeit, so wie sie gemäß der Natur der Dinge sein solle, unter wiederholter Berufung auf Aristoteles als Verhältnis von H.u.K. [18].

LEIBNIZ faßt in einer sehr genauen Paraphrasierung des Aristoteles H.u.K. als eine natürliche Gemeinsamkeit zum Wohle des Ganzen der Gemeinschaft, wobei der Knecht als ohne Verstand und nur mit physischen Kräften ausgestattet erscheint, fügt dann aber hinzu, er zweifle, ob es je ein Beispiel solcher K. gebe, da doch die Seelen aller Menschen unsterblich seien und dazu bestimmt, einst der Vollkommenheit teilhaftig zu werden [19]. – CHR. WOLFF behandelt das Verhältnis von H.u.K. ausführlich als zum Hauswesen im Unterschied vom Gemeinwesen oder Staat gehörige ökonomische Beziehung, deren Zweck das häusliche Wohl (salus domestica) ist [20], das als Wohlfahrt sowohl des Herrn als auch der Knechte selbst bestimmt wird [21] und damit als die ganze Wirklichkeit der Vernunft in diesem Bereich erscheint [22]. Da von Natur aber alle Menschen an Rechten und Pflichten gleich seien, könne das Verhältnis von H.u.K. nur durch einen Vertrag gegründet werden [23], und Chr. Wolff unterscheidet ein Gesindeverhältnis auf Zeit (societas herilis) von eigentlicher Sklaverei (societas domestica) [24], versteht aber auch letztere bei Personen, die ganz von ihren Trieben beherrscht werden, als berechtigt, da sie deren eigenem Wohl diene und auch gegen ihren Willen solange erhalten bleiben solle, «bis sie in der Freiheit ihr Glück finden können», wobei dieses näher als die Vernunft bestimmt wird [25].

In ZEDLERS ‹Universallexikon› werden H.u.K. als ein naturhaftes, ungleiches Arbeitsverhältnis der Hauswirtschaft dargestellt [26], und noch bei KANT erscheint die Gemeinschaft von H.u.K. (societas herilis) als allein dem Hauswesen zugeordnete ungleiche Gesellschaft des Herrschens und Dienens, die nicht einen freien Personenverband, sondern das wirtschaftliche Moment einer natürlichen Gemeinschaft von organischen Gliedern eines Ganzen darstellt [27]. Die Knechte (das Gesinde) haben keine bürgerliche Selbständigkeit, nur die Vorsteher der Hauswesen sind Subjekte des Staates als Bürger [28]. Kant versucht so einerseits noch, das überkommene faktische Verhältnis von H.u.K. zu begreifen mittels der Kategorie des «dinglich-persönlichen Rechts des Besitzes, obzwar nicht des Gebrauchs einer Person als Sache» [29], andererseits aber macht er auch in diesem besonderen Gewaltverhältnis den Gedanken des Naturrechts «des Menschen, sein eigener Herr (sui iuris) zu sein» geltend [30], indem er es als durch einen Vertrag begründet versteht [31]. Wie schon bei Chr. Wolff bricht hiermit in das traditionelle aristotelische Gefüge des organisch natürlichen Ganzen der Vernunft das völlig andere Prinzip des abstrakten Rechts der einzelnen Person ein, ohne daß es Kant gelingt, beide Momente zu vereinigen. Trotz Vertrag bleibt das Gesinde rechtlich «äußerer Besitz» des Herrn [32], der es, «wenn es ihm entläuft», einfach «via facti» wieder einfangen kann, ohne erst via iuris auf Vertragsleistung dringen zu müssen [33].

Im Zeitalter der *Restauration* wird in der Wendung gegen Aufklärung, Naturrecht und Revolution das Verhältnis von H.u.K. in extremer Form von L. v. HALLER zur Grundlage aller menschlichen Beziehungen erhoben und damit auch auf den politischen Bereich ausgeweitet [34], wobei es als «wechselseitige Wohltat» der von Natur unterschiedenen Menschen verstanden wird [35] und unter gänzlicher Verwischung des Unterschieds von öffentlichem und privatem Recht [36] zur unmittelbaren Begründung der Obrigkeit dient [37]. Hierbei wird für das romantisch-feudal empfundene Gewaltverhältnis von H.u.K. gegenüber dem abstrakten arbeitsrechtlichen Personenverhältnis der frühkapitalistischen Welt und der manchesterlich liberalen Theorie ein besonderes Band der Fürsorgepflicht seitens des Herrn für den Knecht hervorgehoben, das gerade aus dem ungleichen Rechtsverhältnis patriarchalisch-patrimonialer Gewalt fließe. Die Betonung dieses Momentes der «Veredelung» des einfachen Lohnverhältnisses durch Erziehung und Fürsorge [38] kennzeichnet die konservativ-restaurativen Verteidiger des Verhältnisses von H.u.K. im 19. Jh. [39].

Anmerkungen. [1] ARISTOTELES, Pol. I, 2ff., 1253 b 4. 1259 a 39. 1259 b 1. – [2] a. a. O. 1255 b 20. 1260 a 9. b 12. 1277 b 7. – [3] 1259 b 4. – [4] Eth. Nic. VIII, 12; Pol. 1252 b 5. 1279 b 16. 1295 a 16. – [5] Pol. VII, 3; 5; 6, 1253 a 7-10. 31f. 1278 a 19. 1332 b 5. – [6] 1254 b 5. 1255 a 26-28. – [7] 1252 a 33. 1254 b 19. b 22. – 1255 a 1. a 32. 1260 a 12. – [8] 1253 b 15. 1258 b 38. 1260 a 41. 1277 a 37. – [9] 1254 b 19. 1255 a 2. b 6. 1256 b 26. 1259 b 28f. 1260 a 16-17. – [10] 1252 a 34. 1278 b 33. b 39. – [11] 1255 b 12-15. 1260 b 39. a 40. – [12] 1254 a 14. 1317 b 13. – [13] AUGUSTIN, De civ. Dei XIX, 15f. – [14] a. a. O. XVIII, 2, 22. – [15] BURCHARD VON WORMS, Decreta Libr. 5, 43. MPL 140, 908. – [16] THOMAS VON AQUIN, De regimine principum I, 1. – [17] a. a. O. I, 13. – [18] S. theol. I, 96, 4; II, 17, 7; II, 58, 2; II, 86, 2; vgl. ARIST., Pol. 1252 a 31. 1254 b 4. b 16-19; vgl. PLATON, Phaidros 246 a-b. 253 d-e. – [19] G. GRUA (Hg.), Textes inédits de LEIBNIZ (Paris 1948) 2, 600f. – [20] CHR. WOLFF, Oeconomica (1754) §§ 1. 5; Vern. Gedank. von dem gesell. Leben der Menschen (²1736) § 4. – [21] Oec. §§ 579. 591. 592; Vern. Ged. § 162. – [22] Oec. §§ 610. 613. – [23] Oec. § 579. – [24] Oec. §§ 578. 579f. 627f.; Vern. Ged. §§ 162. 184. – [25] Oec. § 579; Vern. Ged. § 188. – [26] J. H. ZEDLER, Univers.-Lex. aller Wiss. und Künste (1732-54) 15, 1065-1093. – [27] I. KANT, Met. Sitten, Rechtsl. § 30 = Akad.-A. 6, 283. – [28] a. a. O. § 46 = 314f. – [29] § 10 = 260; § 30 = 283. – [30] Einl. Eintlg. B = 238. – [31] § 22 = 276; § 30 = 283. – [32] § 4 c = 248; § 7 = 254. – [33] § 30 = 283f.; Anhang 3 = 361. – [34] L. v. HALLER, Restauration der Staatswiss. (²1820) 1, Vorr. XLVIII; 1, 351f. – [35] a. a. O. 2, 17; 1, 352. 398. – [36] 1, 446. 463ff. 473f.; 2, 15f. – [37] 1, 359f.; 2, 12f. – [38] Vgl. FR. J. STAHL: Philos. des Rechts (³1878) 1, 492: § 86. – [39] HALLER, a. a. O. [34] 1, 390ff.; L. TIECK, Über das Dienstverhältnis, in: Gesellschaft u. Staat im Spiegel dtsch. Romantik (1924) 483; LUDWIG V. GERLACH, Neue Preuß. Ztg. [Kreuzzeitung], Rundschau vom April 1853, vom Juli 1848 u. a. Artikel; STAHL, a. a. O. 1, III, §§ 80. 86; 2, IV, §§ 33-35. 45.

2. Das traditionelle hauswirtschaftliche Verhältnis von H.u.K. verschwindet in den Gesellschaftstheorien der westlichen *Aufklärung* gegenüber dem Gedanken der Verteilung der ökonomischen Funktionen der Menschen durch vertragliche Beziehungen freier Personen, die grundsätzlich alle als vernünftige Subjekte und als Bürger gelten, deren Begriff eine unmittelbare, naturwüchsige Einteilung in Herren und Knechte widerspricht.

HOBBES versteht die Gesellschaft als System der voluntaristischen Dynamik ursprünglich gleicher und freier Personen, wobei für das überlieferte Verhältnis von H.u.K. kein Platz ist [1]. Dennoch nimmt Hobbes alle wesentlichen Momente der traditionellen Fassung dieses Verhältnisses auf, formt sie aber zugleich zu einer umfassenden politischen Kategorie um [2]. Die Menschen werden von ihren Leidenschaften, allen voran der Machtgier, beherrscht [3], und ihr gleiches Naturrecht führt sie im Naturzustand zum Krieg aller gegen alle [4], aus dem sie der Stärkste erlöst, indem er sich zum alleinigen Herrn macht und sie alle zu gleicher vollständiger K. unterwirft [5]. Seine H. beruht allein auf der Macht, auf die Hobbes auch die väterliche und königliche Gewalt zurückführt [6], und sie wird von den Unterworfenen aus Todesfurcht [7] in einem fiktiven Vertrag anerkannt [8]. Ihr Zweck ist der Frieden, und indem sie ihn und einen gesetzlichen Zustand [9] sichert, bringt sie die Vernunft, die im natürlichen Zustand der Menschen ohnmächtig ist, zur Wirklichkeit [10]. Das Verhältnis von H.u.K. erscheint auch hier, in abgewandelter Form, als ein Zwangs- und Erziehungssystem der Vernunft, deren Inhalte aber durch die Willkür des Herrschers bestimmt werden. – Ebenso entwickelt SPINOZA unter Voraussetzung der Freiheit aller Menschen im Naturzustand [11] und im Ausgang von dem Gegensatz zwischen schwacher Vernunft und herrschenden Leidenschaften [12] eine Theorie durch Vertrag begründeter [13], unbegrenzter politischer H. [14], die als Wirklichkeit der Vernunft in der Zurückdrängung der selbstsüchtigen Begierden und damit als Befreiung der Menschen aus der Knechtschaft durch ihre Affekte erscheint [15].

ROUSSEAU dagegen faßt seine Zeit als Zustand umfassender politischer K., die er ausschließlich negativ wertet [16] und als deren Grund er in der Auseinandersetzung mit Hobbes [17] die Abhängigkeit der Menschen von Bedürfnissen bestimmt, die der Einzelne nicht mehr allein befriedigen kann. Hierdurch würden Arbeit, Privateigentum und Selbstentfremdung unumgänglich, und es entständen erst die selbstsüchtigen Begierden, welche dann ein Zwangssystem der Vernunft nötig machten [18]. Dem stellt er, ausdrücklich um das sonst eintretende Verhältnis von H.u.K. zu vermeiden, den Naturzustand freier, einzeln und ungesellig lebender Menschen mit bloßen Naturbedürfnissen entgegen [19]. Durch den Gesellschaftsvertrag läßt er sie dann eine freie Gemeinschaft konstituieren, von der er jedoch glaubt, daß sie durch die Entwicklung der Bedürfnisse und der Arbeitsteilung notwendigerweise zu der ihm gegenwärtigen Gesellschaft ungleichen Rechts, zu Verhältnissen von H.u.K. und zur allgemeinen K. aller durch die im Zwang der öffentlichen ‹Meinung› gegenständliche Macht der ökonomisch bedingten Selbstentfremdung der Menschen degenerieren müsse [20].

Anmerkungen. [1] TH. HOBBES, Leviathan XVI = dtsch. (1965) 127f. – [2] a. a. O. XX = 158f. – [3] XI = 77. – [4] XIII = 99f.; XIV = 102. – [5] XVIIf. = 137ff. – [6] XX = 157f.; XXII = 183. – [7] XIII = 101; XI = 77; XIV = 112. – [8] XX = 159f.; XXI = 170. – [9] XIV = 102; XVII = 138ff. – [10] XIVf. XVII; XXVI = 207. – [11] B. SPINOZA, Polit. Traktat (= PT) 2, §§ 3. 4. – [12] PT §§ 5. 6; Theol.-polit. Trakt. (=TPT) Vorrede 16, 17. – [13] PT 2, § 13; TPT 16. – [14] PT 3, § 5; 4, § 5; TPT 16. – [15] PT 2, §§ 10. 20; Ethik IV, Vorrede. – [16] J.-J. ROUSSEAU, Contrat social I, 1. – [17] 2. Discours (Paris 1935) 82f. Emile (Paris 1961) 280. – [18] 2. Disc. a. a. O. 105. 126. 130. 134. – [19] a. a. O. 116. – [20] 144-149; Contr. Soc. III, 11. 18; Emile a. a. O. [17] 591.

3. Bei HEGEL wird unter Aufnahme aller ökonomischen, rechtlichen und politischen Momente der aristotelischen wie der von Hobbes ausgehenden neuzeitlichen Tradition das Verhältnis von H.u.K. zu einer universalen weltgeschichtlichen Kategorie [1]. Es tritt als vorgeschichtliche, geschichtsbegründende und selbst geschichtliche Erscheinung an die Stelle des fiktiven Naturzustandes der Aufklärungstheorien und dient zur begrifflichen wie historischen Konstituierung des weltgeschichtlichen Prozesses der Arbeit und der Bildung, durch welchen die Wirklichkeit der Freiheit hervorgebracht worden ist als in den Bestimmungen des positiven Rechts geltende und im Bewußtsein der Menschen anerkannte Würde und Vernünftigkeit eines jeden.

Dieses allgemeine, wechselseitige Anerkennen – die Wirklichkeit der konkreten Vernunft, die Hegel als den

Geist bezeichnet – besteht nur vermittels objektiver Gestaltungen der Vernunft, in denen dem Menschen die zunächst bloß innerliche und nur potentielle Vernünftigkeit seiner selbst und der anderen gegenständlich, erkennbar und damit anerkennbar wird. Das gemeinsame Werk – die Welt der Institutionen und Wissenschaften, in der die Vernünftigkeit als innere Selbständigkeit des Menschen gegenüber seiner natürlichen Unselbständigkeit als eines von den Antrieben und Objekten seiner Begierden abhängigen Naturwesens ihr vermitteltes Bestehen hat –, ist nicht eine natürliche Gegebenheit, sondern das geschichtliche Resultat der Arbeit der Menschen und ihrer Bildung. Die Arbeit selbst stellt ebenfalls schon eine Form der Vermittlung von Selbständigkeit und Unselbständigkeit dar, denn dem Arbeitenden steht das Objekt selbständig gegenüber, und er ist von ihm abhängig, zugleich aber bearbeitet er es, tritt ihm selbständig entgegen, hat Distanz zu ihm und begegnet ihm, im Gegensatz zum unmittelbaren Begierdeverhalten, auf vermittelte Weise. Das aber heißt, daß die Arbeit nicht als eine einfache natürliche Gegebenheit aufgefaßt werden kann, daß der natürliche, nur von seinen Begierden bestimmte Mensch gar nicht arbeiten kann und daß der weltgeschichtliche Prozeß der Arbeit insgesamt nicht unmittelbar von selbst und von Natur aus beginnt, denn er setzt die Ausbildung derjenigen Vermittlung von Mensch und Natur, die sich erst in ihm und mit ihm entfaltet, selbst schon als wirklich voraus.

Hegel löst dieses vielschichtige Konstitutionsproblem der Arbeit und der Geschichte durch die Theorie von H.u.K. Im natürlichen Menschen erscheint in der Begegnung mit anderen seine innere Selbständigkeit unmittelbar als aggressive Begierde nach Anerkennung durch den anderen. Sie führt zu einem Kampf auf Leben und Tod, aus dem derjenige als Sieger hervorgeht, der in der heroischen Todesverachtung alle Anhänglichkeit an die Natürlichkeit seiner Begierden und seines Lebens überhaupt überwindet, womit er sich ihnen gegenüber als selbständig erweist, während der andere in der Todesfurcht nachgibt und sich so als von seiner Natürlichkeit beherrscht zeigt. Die Selbständigkeit des Siegers ist zunächst völlig abstrakt, momentan und ohne Inhalt. Er verleiht ihr Dauer, indem er den Unterlegenen zum Knecht macht, ihn für sich arbeiten läßt und ihn zwingt, das Moment der natürlichen Unselbständigkeit in der konkreten Auseinandersetzung mit der Natur zu übernehmen.

In dem unfreiwilligen Dienst für den Herrn muß der Knecht auf seine eigenen unmittelbaren Neigungen verzichten. Damit aber vollzieht er, aus Zwang und ohne es zu wissen, die gleiche Überwindung der unmittelbaren Natürlichkeit, die den Herrn im Kampf auszeichnete. Zugleich erfährt und erzeugt er, indem er im Namen des Herrn und der Selbständigkeit des Herrn gegen die Selbständigkeit der Objekte antritt und sie wegarbeitet, in dieser umgearbeiteten Natur die konkrete, bleibende Gegenständlichkeit der zunächst nur ganz abstrakten Selbständigkeit des Herrn und damit an sich auch seiner selbst als Mensch, als eines innerlich selbständigen und vernünftigen Wesens. Mit der fortschreitenden Gestaltung der Welt durch die Arbeit zur Gegenständlichkeit der Vernunft wandelt sich das Verhältnis von H.u.K., löst sich schließlich aus seinem eigenen Begriff heraus und geht in den Zustand des allgemeinen Anerkennens über, wenn in den Institutionen der naturwissenschaftlich-technisch bestimmten modernen Welt mit der sachlich vermittelten Gegenwart der Vernunft des Menschen auch ihr subjektives Wissen und Gewußtsein als Rechtsprinzip der Freiheit der Person zu universaler, objektiver Geltung gelangt ist. Hier erst erreicht auch der Herr im Wandel seiner H. zur Freiheit aller, was er eigentlich im Kampf wollte: seine Anerkennung nicht als einzelnes stärkeres Naturindividuum, sondern als Mensch überhaupt, als konkret vernünftiges und darum selbständiges Wesen [2]. Von hier an ist endgültig jede einseitige H. «als bloße Herrenschaft überhaupt» unrecht und in sich nichtig, wie Hegel gegen v. Haller ausführt [3].

Der Herr ist wesentlich und primär Herr seiner eigenen sinnlichen Natürlichkeit, was er in der Todesverachtung erwies. Seine H. über sich selbst führt ihn als erste Erscheinung der Vernunft zur H. über andere und damit über die Dinge, wodurch sie zugleich geschichtlich die anderen zur technischen Mächtigkeit über die Dinge und damit zur H. über sich selbst bringt. Hegel begreift so aus der Struktur der von der griechischen Polis bis zur Französischen Revolution europäisch bestimmten Weltgeschichte der Freiheit des Menschseins die Möglichkeit ihrer Konstituierung mittels der Kategorie von H.u.K., wobei er zugleich wesentliche Motivzusammenhänge von H., Tod und Freiheit aufnimmt, die in dieser Geschichte selbst schon zur Sprache kamen.

So spricht z. B. PAULUS von denen, «die durch Furcht des Todes im ganzen Leben Knechte sein mußten» [4], sagt P. FLEMING: «Wer sich selbst Meister ist und sich beherrschen kann, dem ist die weite Welt und alles untertan» [5], oder SCHILLER: «Man sieht nur Herren und Knechte ... der dem Tod ins Angesicht schauen kann ... allein ist der freie Mann» [6]. CHR. WOLFF nennt «einen Sklaven von sich selbst» den seiner Sinnlichkeit ergebenen Menschen [7] und sagt entsprechend: «dominus sui ipsius est ..., qui sensibus, imaginationi atque affectibus resistere valet, ... eorumque usum rationi convenienter determinat» [8]. Und ähnlich ROUSSEAU: «la liberté morale ... seul rend l'homme ... maître de lui, car l'impulsion du seul appétit est esclavage» [9].

Anmerkungen. [1] G. W. F. HEGEL, System der Sittlichkeit, hg. LASSON (²1967) 29ff.; Phänomenol., hg. J. HOFFMEISTER (⁶1952) 141-150; Grundlinien der Philos. des Rechts § 57; Enzyklop. (³1830) §§ 424-439. – [2] WERKE, hg. GLOCKNER 10, 290. – [3] Rechtsphilos. § 57 A. – [4] Hebr. 2, 15. – [5] P. FLEMING, Gedicht: ‹An sich›. – [6] FR. SCHILLER, Wallensteins Lager, Ende: Reiterlied. – [7] CHR. WOLFF: Philos. practica universalis, pars post. (1739) § 544. – [8] a. a. O. § 555. – [9] J.-J. ROUSSEAU, Contrat social I, 8.

4. Wo nach Hegel das Verhältnis von H.u.K. in philosophisch relevanter Form behandelt wird, steht seine Aufnahme im Zeichen der Auseinandersetzung mit Hegel und der Auflösung von Hegels weltgeschichtlicher Sicht der Einheit der politischen, rechtlichen und ökonomischen Komponenten dieser Kategorie. So entwickelt der frühe MARX, indem er wesentlich nur die objektiven Momente dieser dialektischen Vermittlungsbewegung als das Ganze setzt und dabei zugleich die dingliche Seite der Arbeit des Knechtes unmittelbar mit dem Privateigentum des Herrn gleichsetzt, den Begriff der entfremdeten Arbeit und führt auf sie alle Formen der K. zurück [1].

Die gegenwärtige Auffassung der Kategorie von H.u.K. und der Hegelschen Theorie dieses Verhältnisses ist vor allem dadurch gekennzeichnet, daß die begriffliche und historische Konstitutionsproblematik der Arbeit und der Geschichte und damit auch die Bestimmung des Verhältnisses von H.u.K. als einer geschichtsbegründenden Form, die sich innerhalb der von ihr in

Gang gesetzten Geschichte selbst wandelt und auflöst, meist übersehen werden [2]. Hierdurch reduzieren sich die vielfältigen dialektischen Bewegungen zu einer einfachen Umkehr-Dialektik («aus H. wird K. und umgekehrt») [3] und zu einer einseitigen Überbetonung des Momentes der knechtischen Arbeit [4], das in den marxistischen Deutungen zum alleinigen Inhalt der ganzen Bewegung gemacht wird. Dabei wird zugleich die ganze Kategorie mit einer bestimmten, geschichtlich späten Erscheinung identifiziert und zu einem Klassenverhältnis von Grundherren und Leibeigenen bzw. von Frühkapitalisten und Proletariern vereinfacht [5], das Hegel in reaktionärer Weise zu rechtfertigen versucht habe. Das vorgeschichtliche Moment des Kampfes wird dann zum geschichtreibenden Klassenkampf umgedeutet [6].

Eine Sonderstellung nimmt die einflußreiche Deutung von H.u.K. durch A. KOJÈVE ein. Er wendet die Konstitutionsproblematik der Geschichte ganz naturalistisch zu einer Naturgenese des Menschen und seiner Vernunft durch Kampf und Arbeit aus einer vernunftfremden, sinnlosen Natur [7]. Der Kampf wird existentiell gedeutet als Erscheinung heroischer Akzeptierung des Todes und der Endlichkeit, worin die Transzendenz des Menschen und seiner prekären Sinnentfaltung über die Natur liege [8]. So erscheint er neben der Arbeit der Knechte, die zu fortschreitender technischer Beherrschung der Natur führt, als konstitutives Element der ganzen Geschichte, die insgesamt die durch Klassenkampf bestimmte Entfaltung und Wandlung der Verhältnisse von H.u.K. darstellt [9] und mit deren endgültiger Auflösung in einer technisch vollendeten, totalen Gesellschaft als tragische Geschichte menschlich geistiger Selbstentfaltung zu Ende kommen und in einen naturhaft ungeistigen Zustand des Spiels und der Liebe ausschließlich biologisch bestimmter Lebewesen übergehen wird, die nurmehr Naturbedürfnisse haben, die von der technischen Gesellschaft unmittelbar und ganz befriedigt werden [10].

Anmerkungen. [1] K. MARX, Pariser Ms., in: Frühe Schriften, hg. LIEBER/FURTH (1962) 573. – [2] Vgl. J. v. BRAGT: De strijd op leven en dood ... Tijds. Filos. 25 (1963) 59-108; I. FETSCHER: Hegels Lehre vom Menschen (²1970) 12. 112f.; V. GOLDSCHMIDT: Etat de nature et pacte de soumission chez Hegel. Rev. philos. France Etrang. 89 (1964) 45-65; J. HABERMAS: Arbeit u. Interaktion, in: Natur und Gesch. (1967) 132-155; N. HARTMANN: Hegel (1929) 105f.; J. D'HONT: Hegel ... (Paris 1966) 112; J. HYPPOLITE: Etudes sur Marx et Hegel (Paris 1955) 183; Genèse et structure de la Phénoménol. de Hegel (Paris 1946) 148ff.; G. A. KELLY: ... Hegel's «Lordship and bondage». Rev. Met. 19 (New Haven/Con. 1965/66) 780-802; J. KOPPER: Transz. u. dial. Denken (1961) 141f.; Dial. der Gemeinsch. (1960) 42f.; B. LAKEBRINK: Geist und Arbeit im Denken Hegels. Philos. Jb. 70 (1962) 98-108, bes. 106f.; ZOK-ZIN LIM: Der Begriff der Arbeit bei Hegel (1963) 48f.; H. MARCUSE: Reason and revolution (London ²1955) 114f.; J. O'NEILL: Hegel and Marx on hist. ... Akten des 14. int. Kongr. Philos. 2 (Wien 1968) 96-103; J. ROLLWAGE: Modalprobleme und hist. Handlg. bei Hegel und Arist. (1969) 56; A. SANNWALD, Dial. u. Anthropol. ... (1931) 193f.; W. T. STACE: Phil. of Hegel (London 1924) 357f. – [3] N. HARTMANN, Kleinere Schr. 2 (1957) 340; F. BEHRENS: Hegels ökonom. ... Anschauungen. Wiss. Z. K. Marx-Univ. Leipzig, gesell. u. sprach.wiss. Reihe (1952/53) H. 9/10, 411-420, bes. 417; F. GRÉGOIRE: Etudes hégéliennes (Louvain 1958) 58; KOPPER, Dial., a. a. O. 49f.; ROLLWAGE,a.a.O. 56; H. WEIN: Realdial. (1957) 107f.; H. BROCKARD, Subjekt ... zur Ontol. bei Hegel (1968) 69; P. GRUJIC: Hegels Einfluß auf die ... russ. Philos. ... (1967) 20; B. HEIMANN: System und Methode in Hegels Philos. (1927) 62; HYPPOLITE, Genèse ... a. a. O. 169; B. LAKEBRINK: Stud. zu Hegels Met. (1969) 129; R. C. KWANT: Mensch und Arbeit (1968) 69; STACE, a. a. O. 359. – [4] BROCKARD, a. a. O. 69; FETSCHER, a. a. O. [2] 115. 117f.; R. GARAUDY: Gott ist tot (1965) 239; HEIMANN, a. a. O. 150; HYPPOLITE, a. a. O. [2] 165f.; LAKEBRINK, a. a. O. [3] 130; LIM, a. a. O. [2] 80; H. MARCUSE: Hegels Ontol. ... (²1968) 292; H. POPITZ, Der entfremdete Mensch (1953) 140f.; STACE, a.a.O. [2] 359; H. WEIN: Philos. als Erfahrungswiss. (Den Haag 1965)

107; H. KESTING: H.u.K. Die soziale Frage und ihre Lösungen (1973). – [5] H. HOLZ: Herr und Knecht bei Hegel und Leibniz (1968) 71. 73. 79; G. STIEHLER: Dial. in Hegels Phänomenol. (1964) 209; aber auch I. FETSCHER: Rousseaus polit. Philos. (²1968) 305. – [6] BEHRENS, a. a. O. [3] 417; GARAUDY, a. a. O. [4] 235f. 239; HOLZ, a. a. O. 23f. 43. 69f. 107f.; G. LUKÁCS: Der junge Hegel (²1954) 377; E. BLOCH: Subjekt – Objekt (²1962) 78; T. I. OISERMAN: Die Philos. Hegels (1959) 44; STIEHLER, a.a.O. [5] 208f.; TRAN-DUC THAO, La Phénoménol. ... et son contenu réel. Temps modernes 4 (1948) 499ff.– [7] A. KOJÈVE: Hegel (1958) 37. 44f. 49; 109 A, 149 A, 197 A. – [8] a. a. O. 159ff. 186. 230. – [9] 44. 67. 166. – [10] Introd. à la lecture de Hegel (Paris 1947) 387f. 435.

K. ROTHE

Herrschaftsform(en). In ‹Des alten Vater Gerhardts letzten Gesprächen› (1799) hat der Bürger (= VOLLMER) im Zusammenhang einer Unterhaltung über die Französische Revolution mit einem Hofrat diesem folgenden Situationsbericht über die zeitgenössische politische Wirklichkeit und die zugehörige Theorie gegeben: «Was sind bisher unsere Staats-Verfassungen gewesen? Da hat man dreierlei erkannt: Die monarchische, aristokratische und demokratische.» Demgegenüber seien in England, in den nordamerikanischen Freistaaten und in der französischen Republik nun endlich wesentliche Schritte zur Verbesserung der Staatskunst getan worden: die Trennung der Gewalten, die Abschaffung der (erblichen) Königswürde, die freie, an kein Geburtsrecht gebundene Zugänglichkeit aller Staatsämter sowie die Trennung von Staat und Kirche [1].

Was hier als zwei geschichtliche Formen des Politischen auseinandergehalten und diachronisch in ein Ablösungsverhältnis zueinander gebracht wird, hat KANT systematisch als zwei Aspekte der Staatstheorie zusammengedacht [2]. Um die Form eines Staates (forma civitatis) zu bestimmen, muß man demnach 1. auf die Unterschiede der Personen, welche die oberste Staatsgewalt innehaben, und 2. auf die Regierungsart des Volkes durch jenes Oberhaupt achten. Der zweite Aspekt, die «Form der Regierung (forma regiminis)», betrifft die auf die Konstitution gegründete Art, wie der Staat von seiner Machtvollkommenheit Gebrauch macht; die primären Unterscheidungskriterien hierfür sind das Vorliegen bzw. Fehlen von Gewaltenteilung und Repräsentation; in dem einen Falle ist die Regierungsform des Republikanismus, in dem anderen die des Despotismus gegeben. Den ersten Aspekt bezeichnet Kant als «die Form der Beherrschung (forma imperii)»; es sind drei solcher H. möglich, je nachdem nämlich ob nur einer, oder einige unter sich verbunden, oder alle zusammen, welche die bürgerliche Gesellschaft ausmachen, die Herrschergewalt besitzen; sie heißen demnach entweder Autokratie (Monarchie) oder Aristokratie oder Demokratie (Fürstengewalt, Adelsgewalt und Volksgewalt) oder, wie Kant unter strenger Zugrundelegung des rein quantitativ-numerischen Prinzips auch sagen kann, «Monocratie, Polycratie und Pantocratie» bzw. (mit Gleichsetzung der Archien und Kratien) «Monarchie, Polyarchie und Pantarchie» [3].

Was Kant hier H. (forma imperii) nennt und als einen Aspekt innerhalb des umfassenderen Begriffs der «forma sive constitutio civitatis» von der Regierungsart abhebt, ist einmal diejenige Theorie gewesen, die in Europa von den Griechen an bis zum Beginn bzw. bis zur Mitte des 19. Jh. als die vorherrschende Verfassungstheorie in Geltung gewesen war. (J. A. EBERHARD: «Die Einteilung der Regierungsformen in die demokratische, aristokratische und monarchische ist so alt als die Politik selbst. Sie erschien bereits in dem Lehrgebäude, worin Aristoteles zuerst die Politik unter den Wissenschaften einführte, und sie hat sich darin bis auf unsere Zeiten beinahe ohne alle Erweiterung und Aufklärung erhalten» [4].) Ähnlich, wenngleich bereits kritisch und distanzierend A. H. L. HEEREN: Die Einteilung der Verfassungen nach der Zahl der Regenten ist bloß zufällig. Sie wurde seit Aristoteles als die Einteilung «in die drei Staatsformen Mode, die Monarchische, Aristokratische und Demokratische, welche alle unsere politischen Schriftsteller bis auf Kant herunter annahmen» [5].) Die gebräuchlichsten Bezeichnungen für diese Typen in der älteren Staatstheorie waren ‹Regiments-Arten› oder ‹-Formen› [6], ‹Regierungs-Arten› oder ‹-Formen›, ‹formae regiminis›, ‹formes des gouvernements›; daneben sprach man auch von ‹Staatsformen› (formae civitatis vel rerumpublicarum) oder ‹Staatsverfassungen› oder einfach von ‹Verfassungen› (constitutiones) bzw. von ‹Verfassungsformen› oder auch von ‹Formen der bürgerlichen Gesellschaft›. Darin setzt sich ein schon bei ARISTOTELES begegnender Sprachgebrauch fort; dieser hatte bereits nebeneinander von ἀρχαί, εἴδη oder τρόποι τῆς ἀρχῆς einerseits und von πολιτεῖαι bzw. εἴδη τῆς πολιτείας andererseits gesprochen. Bei Kant nimmt nunmehr demgegenüber, als Modifikation des Oberbegriffs ‹Verfassung›, die ‹Staatsform› (in Entgegensetzung zur ‹Regierungsform›) die Stelle dessen ein, was er sonst ‹H.› nennt. Kurz: Die klassische Staatsformenlehre kann seit Kant nur mehr als H.-Lehre begriffen werden. Zugleich schickt Kant sich an, diese überkommene Lehre zu verabschieden, wenn er von jenen Staatsformen sagt, sie seien nur der *Buchstabe* (littera) der ursprünglichen Gesetzgebung im bürgerlichen Zustand und möchten also nur so lange bleiben, als sie, zum Maschinenwesen der Staatsverfassung gehörig, «durch alte und lange Gewohnheit, also nur subjektiv, für notwendig gehalten werden», und wenn er sie «jene alten empirischen (statutarischen) Formen» nennt [7]. Die Regierungsart entspricht demgegenüber dem *Geist* des ursprünglichen Vertrages.

Kants Unterscheidung ist unter anderem von seinen Schülern W. T. Krug und J. B. Erhard aufgegriffen worden. KRUG nennt die H.-Form (forma principatus) die Weise, wie die höchste Gewalt einer bürgerlichen Gesellschaft (als Staat) dargestellt wird, sie ist die äußere Gestalt dieser Gesellschaft und kann entweder eine Monarchie (Kant: Autokratie [8]) oder Polyarchie (Kant: Aristokratie und Demokratie) sein. Die Regierungsart dagegen ist nach ihm die innere Gestalt der bürgerlichen Gesellschaft (als Staat) oder Ausübungsart der höchsten Gewalt. Sie kann autokratisch (Kant: despotisch) oder synkratisch (d. h. stellvertretend, repräsentativ oder ständisch; Kant: republikanisch) sein. Die H. nennt Krug ‹Archien›, die Regierungsformen ‹Kratien› [9]. J. B. ERHARD hat die Kantischen Unterscheidungen, aber nicht seine Termini übernommen [10]; vielmehr nennt er – ganz traditionell – die möglichen Verfassungen insgesamt wieder ‹Regierungsformen›. Er kombiniert – in reichlich spielerischer Weise – sämtliche Möglichkeiten, wie die vier Gewalten im Staate (die gesetzgebende, richterliche, organisierende und vollziehende Gewalt) personell besetzt werden können: «Alle Gewalten können entweder durch einen, durch mehrere, oder durch die Majorität aller ausgeübt werden; jede kann monarchisch, aristokratisch oder demokratisch verwaltet werden. Nach dieser möglichen Abänderung läßt sich die Zahl aller Arten der Verfassungen angeben. Sind alle vier vereinigt, so können sie auf dreierlei Art ausgeübt werden, nämlich monarchisch, aristokratisch und demokratisch. Sind drei beisammen und immer eine allein, so wird man finden, wenn man die möglichen Combinationen durchgeht, daß 36 Arten herauskommen. Sind je zwei und zwei beisammen, so findet man 27 Arten. Sind zwei verbunden und immer zwei geteilt, so findet man 162; sind sie einzeln, so findet man 81. In allem gibt es also 306 verschiedene Regierungsformen, ohne die unendlichen Combinationen, die durch Reservate der einen Gewalt innerhalb der Grenzen einer anderen entstehen» [11].

Entscheidender als diese verstiegene Kombinatorik ist jedoch eine andere Seite, nämlich die Zuordnung der beiden von Kant unterschiedenen Momente H. und Regierungsweise (in ihren Analoga bei Erhard) zur Politik einerseits und zur Moral andererseits; am begriffsgeschichtlichen Material dokumentieren sich hier bedeutsame Entwicklungen des neuzeitlichen politischen Bewußtseins, nämlich die Polarisierung von Politik und Moral innerhalb des Politischen selbst: die Technisierung des Äußerlich-Institutionellen und Formalen [12], damit verbunden seine Entmoralisierung und Herabsetzung zu einem Adiaphoron einerseits und eine entschiedene, sich letztlich allein geschichtsphilosophisch rechtfertigende Moralisierung des Politischen anderseits. Erhard: «Die moralische Form der Verfassungen liegt einzig in der Verteilung der Gewalten, und nicht in der Menge der Personen, die diese Gewalten ausüben» [13], und: «Die Frage: ob es gut sei, daß einer Person, oder mehreren, oder der Majorität, diese oder jene Gewalt zu übergeben sei, ist daher [nur] politisch und nicht mehr moralisch» [14]. Die bei Kant (wenn auch nicht so radikal wie bei Vollmer) erfolgte Verabschiedung der klassisch europäischen Staatsformenlehre impliziert zugleich deren Subsumption unter die Kategorie der in einem ganz bestimmten Sinne verstandenen «Herrschaft», nämlich die der «despotischen Herrschaft» eines Herrn über Sklaven und Knechte, also die Subsumption unter *einen* der sechs seit Aristoteles traditionellerweise unterschiedenen Typen [15]. «Das Recht, welches die Herren in der Gesellschaft mit dem Gesinde über das selbige erlangen, nennt man oft schlechterdings die Herrschaft und setzet den Stand der Herrschaft dem Stand der Knechtschaft entgegen» [16]. (Angelegt zumindest ist in dieser Subsumption bereits die spätere Definition der gesamten klassischen Kultur mittels der Kategorie «Sklavenhaltergesellschaft».) Kants und Krugs Beschreibung der «sogenannten alten Republiken» als bloßer Despotismen bzw. Autokratien ist insofern konsequent, als ihnen das spezifisch moderne Repräsentationsprinzip abging [17]. Bereits nach Kant dienten «jene alten empirischen, statutarischen Formen», d. h. die klassischen Staats- und Verfassungs- als Regierungsformen, «bloß dazu, die Untertänigkeit des Volkes zu bewirken» [18]. Bei F. VON BAADER lesen wir den gleichen Gedanken: «Das Wort Subjekt, Untertan – von untertuen, unterwerfen – enthält in gewisser Rücksicht die ganze Geschichte und Philosophie aller monarchischen, aristokratischen und demokratischen Regierungen» [19]. Für den Hofrat GROSSE (1790) bot die Geschichte fast aller Völker, sofern sie eine Geschichte des Austauschs der monarchischen, aristokratischen und demokratischen Staatsformen war, «im Grunde nur das Gemälde einer Folge von Metamorphosen ihrer *Beherrschung*» [20]. Für FR. SCHLEGEL gewährt das (als der alten Staatsformenlehre zugrunde liegend angesehene) mathematische Prinzip der numerischen Quantität, mittels dessen Kant die H.

unterschieden hatte, allein unter den Bedingungen des Despotismus der Vergangenheit ein reines Klassifikationsprinzip [21]. Auch HANNAH ARENDT vermag in den aus dem griechischen Altertum überkommenen Staatsformbegriffen nichts anderes als H. zu sehen [22]. In dieser univoken Verwendung des Herrschaftsbegriffes droht eine Einsicht verlorenzugehen, die in den ersten Sätzen desjenigen Buches, das die europäische politische Philosophie begründet zu haben den Anspruch erheben kann, als These vom wesenhaften Unterschied der H. programmatisch (in Form einer Kritik an Sokrates und Platon [23]) formuliert worden ist: «Es irren diejenigen, die da meinen, daß zwischen dem Leiter eines Freistaates (einer Republik, πολιτικός) oder einem König (βασιλικός), einem Hausvater (οἰκονομικός) und einem Herrn (δεσποτικός) kein Unterschied der Art nach bestehe» [24]. Kapitel 3 [25] wiederholt diese These, und Kapitel 7 resümiert schließlich: «Hieraus erhellt aber, daß die Herrenherrschaft (δεσποτεία) und die spezifisch politische Herrschaft in einem Freistaat (πολιτεία) wie auch alle anderen Arten von Herrschaft (ἀρχαί) nicht dasselbe sind, wie einige meinen» [26].

Anmerkungen. [1] Die Geißel, hg. von dem Bürger VOLLMER 3 (1799) 83-91. – [2] I. KANT, Zum ewigen Frieden (1795). Akad.-A. 8, 351-353 (Erl. zum ersten Definitivart.). – [3] Akad.-A. 23, 342. – [4] J. A. EBERHARD: Über die Freyheit des Bürgers und die Principien der Regierungsformen, in: Verm. Schr. 1 (1784) 3. – [5] A. H. L. HEEREN: Ideen über die Politik, den Verkehr und den Handel der vornehmsten Völker der alten Welt I/2 (1805) 978. – [6] Diese Benennungen zusammengestellt z. B. in ZEDLERS Universallex. 29 (1741) 1838; vgl. auch J. G. WALCH: Philos. Lex. (1726) 2128-2130. – [7] KANT, Met. Sitten, Rechtslehre § 52. Akad.-A. 6, 340; vgl. Streit der Fakultäten. Akad.-A. 7, 88. – [8] Vgl. KANTS Begründung dafür, daß er zur Bezeichnung der Alleinherrschaft ‹autokratisch› statt ‹monarchisch› sagt, Met. Sitten § 51. Akad.-A. 6, 338f. – [9] W. T. KRUG: Über Staatsverfassung und Staatsverwaltung (1806) 11f.; Das Repräsentativsystem (1816) 4f.; System der prakt. Philos. 1: Rechtslehre (Dikäologie) (1818) 333; Hb. der Philos. und der philos. Lit. 2 (1827) 207f.; Allg. Handwb. der philos. Wiss. 1 (²1832) 207; ebenso 4 (²1834) 37: Art. ‹Staatsverfassung›; zum Unterschied von Herrschen und Regieren vgl. Über Staatsverfassung ... (1806) 50; vgl. auch KANT, Streit der Fakultäten (1798). Akad.-A. 7, 87 Anm. – [10] J. B. ERHARD: Über freiwillige Knechtschaft und Alleinherrschaft (1821) 105ff. – [11] a. a. O. 108. – [12] Über die Verachtung des Formalen als (mit der neuzeitlichen Trennung von Schul- und Weltphilos. zusammenhängendes) Charakteristikum des modernen Geistes vgl. J. G. SCHLOSSER: Aristoteles Politic und Frg. der Oeconomic 1 (1789) 334 Anm.; vgl. auch A. Frey-Herr VON KNIGGE: Josephs von Wurmbrand polit. Glaubensbekenntnis, hg. G. STEINER (1968) 66. – [13] ERHARD, a. a. O. [10] 109: § 8. – [14] a. a. O. 112. – [15] Vgl. G. BIEN: Revolution, Bürgerbegriff und Freiheit. Über die neuzeitliche Transformation der alteuropäischen Verfassungstheorie. Philos. Jb. 79 (1972) 8 Anm. 27; Erl. zu Aristoteles' Nik. Eth. 1160 b 22, in: ARISTOTELES, Nik. Ethik (1972) 322. – [16] WALCH, a. a. O. [6] 1406: Art. ‹Herrschaft über das Gesinde›; ähnlich ZEDLER, a. a. O. [6] 1800. – [17] KANT, a. a. O. [2] 8, 352; KRUG, Repräsentativsystem 7-13; vgl. auch [Anonymus]: Einige Nachrichten von den Ideen der Griechen über Staatsverfassung. Berlinische Mschr. 21 (1793) 517; hinzuweisen ist auf FR. SCHLEGELS Verteidigung «dieser bewunderungswürdigen, nicht bloß sogenannten, sondern echten Republiken» des Altertums mittels einer Unterscheidung des bloß technisch verstandenen Instituts der Repräsentation von der «echten politischen Fiktion der Allheit durch die Mehrheit» der Bürger, in: Versuch über den Begriff des Republikanismus. Krit. A. 7, hg. E. BEHLER 18. – [18] KANT, a. a. O. [7] § 52 = 6, 340. – [19] F. VON BAADER, Sätze aus der erotischen Philos., hg. G. K. KALTENBRUNNER (1966) 46. – [20] GROSSE, Versuch über die Staatsverfassung von Bern. Dtsch. Mschr. 3 (1790) 101. – [21] FR. SCHLEGEL, a. a. O. [17] 13. 19. – [22] HANNAH ARENDT: Macht und Gewalt (1970) 39. – [23] XENOPHON, Memorab. III, 4, 6ff.; PLATON, Politikos 259ff. – [24] Pol. I, 1, 1252 a 7ff. – [25] a. a. O. 1253 b 18-20. – [26] 1255 b 16-18; vgl. III, 1, 1257 a 34ff.

G. BIEN

Herrschaftswissen. H. oder Machtwissen ist – neben Bildungs- und Erlösungs- bzw. Heilswissen – für M. SCHELER eine der drei Formen des Wissens überhaupt; es entspringt einem letztlich biologisch fundierten «Trieb zur Macht», dem «Herrschaftsstreben über den Gang der Natur, die Menschen und Vorgänge der Gesellschaft, den Ablauf der seelischen und organischen Prozesse» [1]. H. wird heute im wesentlichen von den modernen positiven Wissenschaften, den rationalen Techniken und Organisationslehren repräsentiert.

Obschon es soziologisch als Resultat der «ökonomischen Arbeits- und Verkehrsgemeinschaften der vaterrechtlichen, expansiven Kulturen», der «Mischung der Klassen», als «das Kind der Vermählung von Philosophie und Arbeitserfahrung» aufzufassen ist [2], beschreibt es – wie Scheler gegen A. Comte mit Nachdruck hervorhebt – gegenüber dem Erlösungs- und Bildungswissen keineswegs eine zeitlich spätere, historisch überlegene Phase der Wissensentfaltung, sondern eine «essentielle, dauernde, mit dem Wesen des Menschen selbst gegebene Geisteshaltung» [3].

Scheler gibt in diesem Zusammenhang der Befürchtung Ausdruck, daß es infolge der Überzüchtung, der einseitigen Entwicklung der H. in der Gegenwart, zu einem «Aufstand der Dinge gegen den Menschen» kommen werde: «Der abendländische, äußere Naturtechnizismus und sein Wissenskorrelat, die positive Wissenschaft, drohen den Menschen in einem Maße in den Mechanismus eben der Sachen, die es zu beherrschen gilt, hineinzuverwickeln, daß dieser Prozeß ohne das Gegengewicht zweier ganz entgegengesetzt gerichteter Wissens- und Machtprinzipien [d. h. des Erlösungs- und Bildungswissens] ... nur im sicheren Untergang der abendländischen Welt enden kann» [4]. Eine tiefgreifende, globale «Neuverteilung der Wissenskultur» [5], in welcher die – vor allem in asiatischen Kulturen praktizierte – Heilstechnik der Selbstbeherrschung auch der westlichen Welt wieder zugänglich gemacht werden sollte, sei daher dringlich zu fordern.

Anmerkungen. [1] M. SCHELER: Die Wissensformen und die Gesellschaft (²1960) 66. – [2] ebda. 92f. – [3] Über die positivistische Geschichtsphilos. (Dreistadiengesetz), in: Schriften zur Soziol. und Weltanschauungslehre (²1963) 30. – [4] a. a. O. [1] 140. – [5] ebda.

W. LIPP

Herz (griech. καρδία, lat. cor) gilt in der Geschichte der Philosophie als Sitz der Seele, des Lebens, des Denk- und Gedächtnisvermögens. Es begründet als personale Mitte des Menschen eine weitläufige Metaphorik und Symbolik, deren Funktionsbreite sich vom allgemeinen Begriff des Zentralen bis zur Chiffre für moralisch Positives spannt. Für diese Vielfalt wird die Polarität ‹H./Kopf› bzw. ‹Gefühl/Verstand› bestimmend.

1. Früh schon wird das H., das in Magie, Religion, Astrologie und vorwissenschaftlicher Medizin eine große Rolle spielt, zum Gegenstand philosophischer Reflexion. Die Schöpfungshymne des altindischen ‹*Rigveda*› macht es zum Ort einer fundamentalen Erkenntnis: «Die Nabelschnur des Seienden im Nichtseienden fanden die Dichter heraus, in ihrem H. forschend, durch Nachdenken» [1]. Nach vedischer Auffassung hat göttliche Macht die «geistige Kraft» (kratu) ins H. des Menschen gesenkt [2]; es ist üblich, H. (hrd) und Verstand (manas) in Sprachgebrauch wie Reflexion formelhaft zu verbinden [3]. Solches Denken erscheint in den dem Veda angehängten und zugeordneten esoterisch-spekulativen Texten, den ‹Upanishaden›, in differenzierter Form wieder. Das H. ist hier der Ort der Wahrheit (satyam): «durch das H. erkennt man die Wahrheit» [4]. Die Seele

(purusha) wohnt «inmitten des H.» (antar hrdaye) [5]. Für dieses Denken vermag das H. alles in sich aufzunehmen: «So groß dieser Weltraum ist, so groß ist dieser Raum inwendig im H.; in ihm sind beide, der Himmel und die Erde, beschlossen; beide, Feuer und Wind, beide, Sonne und Mond, der Blitz und die Sterne, und was einer hienieden besitzt und was er nicht besitzt, das alles ist darin beschlossen» [6]. Es ist «des Weltalls großer Stützpunkt» [7] und kann so einerseits mit dem höchsten Prinzip des Vedānta, dem *Brahman*, identifiziert werden [8], anderseits, indem es «des Weltfadens Dreigeflecht» [9] in sich trägt, einem anderen philosophischen System dienen und Grund legen für eine spezielle Theologie: «Hier, inwendig im H. ist ein Raum, darin liegt er, der Herr des Weltalls, der Gebieter des Weltalls, der Fürst des Weltalls» [10]. Gespeist vom Gedankengut des *Yoga* und der *tantrischen* Richtungen des *Hinduismus*, für die das H. ein besonderes Lebenszentrum (cakra) darstellt, das auch kosmologische und kosmographische Analogien hervorbringt [11], kommt schließlich die Verbindung mit dem höchsten Ziel aller indischen Philosophie zuwege: der Erlösung von der Seelenwanderung, vom Gesetz des Karma: «Hundert und eine sind des H. Adern, / Von diesen leitet eine nach dem Haupte: / Auf ihr steigt auf, wer zur Unsterblichkeit geht. / Nach allen Seiten Ausgang sind die andern» [12].

Der *Buddhismus* übernimmt von dieser Tradition, was der neuen Lehre nicht widerspricht. H. gilt als Sitz geistiger Vermögen oder deren Entsprechungen: «H. wird das Bewußtsein (cittam) genannt» [13]; im ‹Visuddhimagga›, der ältesten Darstellung des buddhistischen Lehrgebäudes, ist das H. physische Grundlage für das «Geist-Element» (mano-dhātu) und «Geistbewußtseins-Element» (manoviññāna-dhātu) [14]. An anderer Stelle wird sein Bezug zu den (wie im Abendland verstandenen) «Fünf Sinnen» gezeigt: «Fünf Sinne ... eignet verschiedenes Gebiet, verschiedener Wirkungskreis, und keiner hat am Gebiet und Wirkungskreis des anderen teil. Es ist das Gesicht, das Gehör, der Geruch, der Geschmack, das Getast. Diese fünf Sinne ..., denen verschiedenes Gebiet, verschiedener Wirkungskreis eignet, so daß keiner am Gebiet und Wirkungskreis des anderen teilhat, haben das H. zum Hort, das H. hat an ihrem Gebiet und Wirkungskreis teil» [15]. Eine besondere Rolle spielt das H. in der Meditation, auf deren höheren Stufen Verbindung mit anderen Wesen gesucht wird: Der Mönch «richtet und lenkt ... das Gemüt auf die Erkenntnis der H. So kann er der anderen Wesen, der anderen Personen H. im H. schauen und erkennen» [16]. Die späteren Ausprägungen des Systems messen dem H. eigene Bedeutung zu: Das Substrat der Wanderungen durch die Existenzen, das Bewußtsein (vijñāna), macht sich vom H. aus auf den Weg zur neuen Einkörperung [17] und kann Befreiung von der Wiedergeburt erlangen, indem es in das H. eines Buddhas eingeht [18].

Im alten *Iran* spaltet sich das Monopol des H. als des Sitzes der Seele. Das stets vertikal orientierte zarathustrische Denken betont erstmalig die besondere Rolle des Gehirns: «Ebenso wie Ohrmazd seinen Thron im unendlichen Lichte und sein Dasein im Paradiese hat und von ihm Kraft allerorten hingelangt ist, so hat auch die Seele ihren Thron im Gehirn im Innern des Kopfes, ihr Haus im H., und von ihr ist Kraft in den ganzen Leib gelangt» [19]. Immerhin beläßt die dualistische persische Weltsicht dem H. seine Position in der oberen Region des Körpers, was auch in makrokosmischen Vorstellungen seine Entsprechung findet [20].

Das H.-Denken anderer früher Kulturen, so z. B. der anatomiebewanderten *Ägypter* oder der das H.-Opfer pflegenden *Azteken*, scheint keine vergleichbare philosophisch-theologische Überhöhung des H. hervorgebracht zu haben.

Anmerkungen. [1] Rigveda X, 129, 4 (dtsch. P. THIEME). – [2] a. a. O. V, 85, 2. – [3] Vgl. allg.: E. WINDISCH: Über den Sitz der denkenden Seele, bes. bei den Indern und Griechen (1891). – [4] Brhadāranyaka-Upanishad III, 9, 23 (dtsch. hier und im folgenden nach P. DEUSSEN). – [5] a. a. O. V, 6. – [6] Chāndogya-Up. VIII, 1, 3. – [7] Brahma-Up. 4. – [8] Brhadāranyaka-Up. IV, 1, 7. – [9] Brahma-Up. 2. – [10] Brhadāranyaka-Up. IV, 4, 22. – [11] Zu entsprechenden chin. Vorstellungen vgl. E. ROUSSELLE: Ne Ging Tu, die Tafel des inneren Gewebes. Eranos-Jb. 1 (1933) 153-199. – [12] Katha-Up. VI, 16. – [13] Dhammasangani, hg. Pāli Text Society (London 1885) 17. – [14] Visuddhimagga XIV, 1 (dtsch. NYANATILOKA). – [15] Majjhima-Nikāya 43 (dtsch. K. E. NEUMANN). – [16] Dīgha-Nikāya 2 (dtsch. K. E. NEUMANN). – [17] Vgl. W. BIESTERFELD: Der platonische Mythos des Er. Versuch einer Interpretation und Studien zum Problem östlicher Parallelen. Diss. Münster 1969) 159. – [18] a. a. O. 170. – [19] Bundahišn XXVIII, 7 (dtsch. G. WIDENGREN). – [20] a. a. O. XXVIII, 4; vgl. H. F. JUNKER: Der wißbegierige Sohn. Ein mittelpersischer Text über das Kustīk (1959).

2. Im *Epos* der *griechischen* Antike zeigt sich das H. meist als Ort von Affekten und Gemütsbewegungen. Ein Beispiel dafür ist der bittere Dialog des Odysseus mit seinem H., als er nach den Irrfahrten die Greuel der Freier in der Heimat erleben muß [1]. Aber auch gedankliche Aktivität vermag vom H. auszugehen: so kann eine alternative Wahl das H. zwischen zwei Möglichkeiten stellen [2]. Die semantische Spannweite des H.-Begriffs schöpft im Homerischen Epos überdies aus der Verwendung weiterer Bezeichnungen von Organen und Sinnesvermögen wie ἧπαρ (Leber, H.), ἦτορ (Eingeweide, Lunge, H.), θυμός (Lebenskraft, Mut), πραπίδες (Zwerchfell), στῆθος (Brust), φρήν (Zwerchfell; Plural φρένες auch in der Bedeutung «H.-Beutel»).

Die griechische *Medizin* legt ihr Wissen um das H. in dem HIPPOKRATES zugeschriebenen Traktat Περὶ καρδίης fest. Ebenfalls zum ‹Corpus Hippocraticum› gehört die möglicherweise sehr alte [3] Schrift Περὶ ἑβδομάδος (Über die Siebenzahl), in der das H. zum Gegenstand mikro-makrokosmischer Spekulationen wird. W. Kranz hat im Vergleich griechischer und orientalischer Anschauungen dargelegt, wie hier menschliche Körperzonen der seinerzeit bekannten Geographie zugeordnet wurden: Das H. pflegt sich dabei mit dem Heimatland des jeweiligen Autors zu decken, während die umliegenden Reiche sich mit Minderem bescheiden müssen [4].

Anmerkungen. [1] Odyssee XX, 13-24. – [2] Ilias XVI, 435. – [3] Vgl. W. KRANZ: Gesch. d. griech. Lit.⁴ (o. J.) 130. – [4] W. KRANZ: Kosmos und Mensch in der Vorstellung frühen Griechentums (1938) 152.

3. Die Denker der *Vorsokratik* lassen dem H. unterschiedliche Bedeutung zukommen, denn nun wird – möglicherweise unter iranischem Einfluß – mehrfach ein Primat des Gehirns gegenüber dem H. geltend gemacht. Es ist ALKMAION VON KROTON, der dem vernunftbegabten Seelenteil (ἡγεμονικόν) dort seinen Platz zugewiesen haben soll [1] und so vielleicht den Grund legte zum nicht mehr endenden Rangstreit der beiden Organe, der später als Symbol für den Konflikt zwischen Gemüt und Vernunft stehen wird. Der Pythagoreer PHILOLAOS differenziert so: «Vier Prinzipien gibt es bei dem vernunftbegabten Geschöpfe: Gehirn, H., Nabel und Schamglied. Kopf (Gehirn) ist das Prinzip des Verstandes, H. das der Seele und Empfindung, Nabel das des Anwurzelns und Emporwachsens des Embryo, Schamglied das der Samenentleerung und Zeugung. Das Gehirn aber

bezeichnet das Prinzip des Menschen, das H. das des Tieres, der Nabel das der Pflanze, das Schamglied das aller zusammen, denn alles blüht und wächst aus Samen heraus» [2]. Als Verteidiger des H. dagegen zeigt sich EMPEDOKLES. Es gilt ihm als der Ort, «wo ja gerade das vorzüglich sitzt, was Denkkraft heißt bei den Menschen. Denn das den Menschen ums H. wallende Blut ist ihnen die Denkkraft» [3]. Einer späten Quelle zufolge hat Empedokles auch gelehrt, bei der Entstehung eines neuen Lebewesens bilde sich zuerst das H. [4]. Auch DIOGENES VON APOLLONIA soll das Vernunftvermögen (λογιστικόν) in der «arterischen Höhlung des H.» angesiedelt haben [5]. Von PYTHAGORAS wird eine besondere Hochschätzung des H. berichtet, die sich im Gebot der Abstinenz von diesem Organ bekundet [6], und DIOGENES LAERTIOS berichtet, nach pythagoreischer Lehre «erstrecke ... sich das Reich der Seele vom H. bis zum Gehirn, und der dem H. zugehörige Teil derselben sei der Mut, während Verstand und Vernunft ihren Sitz im Gehirn hätten» [7]. Für DEMOKRIT bewahrt das H. den «Lebensfunken» (τὸ ἐμπύρευμα τῆς ζωῆς) [8], und erstmalig klingt bei ihm die aus der Neuzeit vertraute Symbolik an, wenn er, H. als Inbegriff positiver Gemütseigenschaften verstehend, sagt: «Bilder, die mit Gewand und Schmuck zum Anschauen in die Augen stechen, aber es fehlt ihnen das H.» [9].

PLATON sieht das H. als Zentrum des Geschmacksempfindens [10]. Innerhalb seiner Psychologie, die den Seelenteilen eigene Orte im Körper zuweist und die Vernunft (λογιστικόν) im Kopfe, das Begehren (ἐπιθυμητικόν) im Unterleib ansiedelt, bleibt dem in der Mitte gelegenen H. die Funktion eines Regulators des Mutes (θυμός), eines «Wachtpostens, damit, sobald der Ungestüm des Mutes aufbrause bei der Mahnung der Vernunft, daß von außen her oder auch von den Begierden im Innern aus in den Gliedern etwas Ungerechtes geschehe, alles, was im Körper für Ermahnungen und Drohungen empfänglich ist, durch alle diese engen Gänge hindurch, folgsam werde und jede Richtung sich erteilen lasse und so dem Besten alles zu leiten gestatte» [11].

Für ARISTOTELES, der das H. hauptsächlich unter naturwissenschaftlichem Gesichtspunkt behandelt [12], hängt von ihm «das Leben und alle Bewegung und Wahrnehmung» ab [13]; von allen Gliedern entsteht es als erstes in einem Lebewesen [14]; obwohl dem Gehirn obliegt, die Bluttemperatur im H. zu regeln [15], bleibt das H. doch zentral: «Als einziges von den Eingeweiden und überhaupt Körpergliedern verträgt das H. keine schlechte Behandlung ... Denn wenn die Quelle verdorben ist, gibt es nichts mehr, was dem von ihr Abhängigen Hilfe bringen könnte» [16].

In der Folgezeit steht das Denken um das H. weiter in Auseinandersetzung mit der Rolle des Gehirns. Der Stoiker ZENON sieht sich zu einer Aufwertung des H. veranlaßt, als der alexandrinische Arzt HEROPHILOS die Bedeutung des Gehirns betont; als KLEANTHES und andere Anhänger Zenons sich der konkurrierenden Lehre anzuschließen drohen, plädiert CHRYSIPP in seiner Schrift ‹Über die Seele› wiederum energisch für Zenons Auffassung [17]. Vierhundert Jahre später stellt GALEN, der Leibarzt Marc Aurels, fest, «daß auch alle Menschen der Überzeugung sind, daß der denkende Teil im Gehirn seinen Sitz hat, der mutartige und gemütartige im H., der begehrliche in der Leber, das kann man alle Tage erfahren, wenn man die Leute zu einem unverständigen Menschen sagen hört, daß er kein Gehirn hat, zu einem furchtsamen und feigen, daß er kein H. habe ...» [18]. Damit sind die in der griechischen Antike möglichen Positionen des H.-Denkens abgesteckt. Was sich im römisch-lateinischen Bereich ereignet [19], erweist sich als abhängig von der hellenischen Präfiguration und gewinnt größere Relevanz im Zusammenhang mit der geistigen Macht, die das Erbe der Antike antritt, dem Christentum.

Anmerkungen. [1] ALKMAION, VS 1 (^{12}1966) 24 A 8. – [2] PHILOLAOS, VS 1, 44 B 13. – [3] EMPEDOKLES, VS 1, 31 B 105. – [4] 31 A 84. – [5] DIOGENES VON APOLLONIA, VS 2 (^{11}1964) 64 A 20. – [6] PYTHAGORAS, VS 1, 14, 9. 58 C 6. – [7] DIOGENES LAERTIOS, Vitae Philosophorum VIII, 30 = VS 1, 58 B 1a (dtsch. O. APELT). – [8] DEMOKRIT, VS 2, 68 B 1. – [9] 68 B 195. – [10] PLATON, Tim. 65 c. – [11] Tim. 70 b 2ff. (dtsch. F. Schleiermacher). – [12] Vgl. BONITZ, Index Aristotelicus 364ff. – [13] ARISTOTELES, De part. anim. III, 3, 65a. – [14] a. a. O. III, 4, 66a; vgl. so noch LAKTANZ, De opificio Dei XII, 6. – [15] ARIST., a. a. O. [13] II, 7, 52b. – [16] III, 5, 67b. – [17] Vgl. M. POHLENZ: Die Stoa 1 (^{3}1964) 87. – [18] zit. nach WINDISCH, a. a. O. [3 zu 1] 181. – [19] Vgl. die Belege unter ‹cor› im Thes. ling. lat.

4. Das *Alte Testament* kennt das H. zunächst als Sitz des physischen Lebens [1]. Seine religiös-theologische Bedeutung gewinnt es als Ort von Gedanken, Erinnerungen und Empfindungen: vom bösen «Dichten und Trachten» des H. ist die Rede [2]; das H. des Unbelehrbaren «bleibt verstockt» [3]. Die Beschaffenheit des H. kann schließlich für das Verhältnis des Menschen zu Gott stehen. So verkündet Jahve seinem Propheten: «Ich werde ihnen ein anderes H. geben und einen neuen Geist in ihr Inneres legen; ich werde das steinerne H. aus ihrem Leibe herausnehmen und ihm ein fleischernes H. geben, damit sie nach meinen Geboten wandeln und meine Satzungen halten und darnach tun. Dann werden sie mein Volk sein, und ich werde ihr Gott sein» [4]. Seine Krönung aber erhält der alttestamentliche H.-Begriff dort, wo er mit dem Liebesgebot in Verbindung tritt: «Du sollst den Herrn, deinen Gott, lieben von ganzem H., von ganzer Seele und mit aller deiner Kraft. Und diese Worte ... sollen dir ins H. geschrieben sein» [5]. Diese Forderung hat ihre verpflichtende Tradition auch im späteren Judentum [6].

Das *Neue Testament*, das das Liebesgebot nachdrücklich auf die Nächstenliebe ausdehnt [7], begreift das H. ähnlich; so kann es zum Ort des Erinnerungsvermögens werden, indem «Worte im H. bewahrt» bleiben [8], doch gewinnt es weit mehr als im Alten Testament die Bedeutung eines den Menschen verborgenen, nur Gott offenbaren Zentrums, in dem das innerste Wesen der Person beschlossen liegt, so daß ‹H.› letztlich synonym mit ‹Seele› gebraucht wird. In diesem Sinne kann differenziert werden zwischen Lippenbekenntnis zu Gott und im H. sichtbar werdender wirklicher Liebe [9] oder zwischen Schein der Gerechtigkeit vor der Welt und tatsächlicher Ungerechtigkeit im H. [10]. Eine solche Sublimierung des H.-Begriffs macht schließlich dem Völkerapostel die Metaphern von den «Augen des H.» [11] und der «Beschneidung des H.» [12] möglich.

Anmerkungen. [1] 2. Samuel 18, 14; 4. Könige 9, 24. – [2] 1. Mose 6, 5. – [3] 2. Mose 7, 13-14. – [4] Hesekiel 11, 19-20. – [5] 5. Mose 6, 5-6. – [6] Vgl. im Talmud Sanhedrin 74a. – [7] Markus 12, 29-31. – [8] Lukas 2, 51. – [9] Matthäus 15, 8. – [10] Lukas 16, 15. – [11] PAULUS, Epheser 1, 18. – [12] Römer 2, 29.

5. In der christlichen Theologie der *Patristik* vollzieht sich eine Angleichung von biblischem H.-Begriff und antiker Philosophie, die dadurch ermöglicht wird, daß sich ‹cor› den Termini ‹anima›, ‹animus›, ‹mens›, ‹intellectus› und ‹ratio› als Synonym beigesellt [1]. So

kann CASSIODOR in seinem Psalmenkommentar feststellen, daß «in scripturis divinis pro intelligentia cor ponatur» (in den heiligen Schriften für ‹Vernunft› ‹H.› eingesetzt werde) [2]. An anderer Stelle führt er aus: «Cor pro mente positum est, unde sapere dicimur, unde et intellegere bona malaque sentimur» (‹H.› wird für ‹Geist› eingesetzt, weshalb es von uns heißt, daß wir wissen, und man von uns sagt, daß wir Gutes und Schlechtes erkennen) [3]. Ähnlich spricht ISIDOR VON SEVILLA über das H.: «In eo enim omnis sollicitudo et scientiae causa manet» (in ihm nämlich beruht alle Unruhe und die Ursache der Wissenschaft) [4]. Eine spezifische Theologie des H. hat zuvor schon AUGUSTIN aufgestellt. Er spricht vom «cor inquietum», das sich nach der Ruhe in Gott sehnt [5], von der «lex tua, domine, et lex scripta in cordibus hominum» [6]; H. wird so zum Synonym für Personalität schlechthin [7]. Über die Bestimmung des H. als der Personalität des Menschen geht THOMAS VON AQUIN hinaus, wenn er in schon fast neuzeitlichem Sinne das H. für das Unkontrollierbare, dem Intellekt Entzogene, verantwortlich macht. Die Bewegung des H., das nicht dem Willen, sondern der Natur folgt, ist ihm eine wesentliche Konstituente der Leiblichkeit. Die «Wirklichkeit der sinnenhaften Begehr» (actus appetitus sensitivi) ist ihm stets von einer «Umsetzung im Körper» (transmutatio corporis) begleitet, und dies vor allem in der Region des H., welches das erste Bewegungsprinzip in einem beseelten Wesen ist (primum principium motus in animali) [8]. Das Mittelalter bringt mannigfache Nutzung des ererbten H.-Denkens hervor. In den Spekulationen der HILDEGARD VON BINGEN und anderer Mystiker wird es wichtig, der englische Scholastiker ALFRED VON SARESHEL (1175–1245) verfaßt eine naturwissenschaftliche Abhandlung über die Bewegung des H. [9].

Vor allem aber gewinnt das H.-Denken ganz neuen Boden in der *H.-Jesu-Verehrung*. Eine besondere Hochschätzung des göttlichen H. deutet sich bereits im 2. nachchristlichen Jh. bei JUSTINUS an [10] und wird dann manifest bei ORIGENES, der in seiner Auslegung des Hoheliedes davon spricht, daß Johannes «in principali cordis Iesu atque in internis doctrinae ejus sensibus» (in nächster Nähe des H. Jesu und an dem Born der tiefsten Erkenntnis seiner Lehre) ruhte [11]. Derartiges wird kultisch weitergetragen [12]. Der PRIESTER KONRAD, CÄSAR VON HEISTERBACH, GOTTFRIED VON ADMONT, das St. Trudperter Hohelied, HILDEGARD VON BINGEN und der selige HERMANN JOSEPH schenken dem göttlichen H. besondere Zuneigung [12]. Noch in der Neuzeit hat die französische Salesianer-Nonne MARIA MARGARETA ALACOQUE ihre Vision des göttlichen H., und noch der Katholizismus des 20. Jh. kennt die H.-Jesu-Verehrung unter dem dreifachen Aspekt des «leidenden», «verklärten» und «eucharistischen H.» Das Weiterleben der H.-Jesu-Verehrung veranlaßt schließlich auch LUTHER, sich mit dem überkommenen H.-Verständnis der Patristik auseinanderzusetzen. In seiner ersten Psalmenvorlesung erklärt er das «cor meum» der Psalmen als «conscientia mea vel anima mea» und geht dabei über Augustin hinaus: «Bei Augustin bedeutet die Nähe von Gewissen zu H. dies, daß die Gewissenserfahrung dem allgemeineren Moment des Sicherfahrens der Seele eingeordnet wird. Bei Luther dagegen ist die Seele vom Gewissen bestimmt und regiert» [13]. Augustin wirkt bis in das gegenwärtige Denken nach, aber auch Ansätze zu einer eigenen Theologie des H. werden sichtbar. Für A. MAXSEIN ist das H. im Sinn Augustins «der innerste Bezirk des Menschen, der im *homo interior* in Erscheinung tritt oder sich in ihm verbirgt. Das eigentümliche dynamische Leben des Menschen, aus einem Geheimnis aufgerufen zu sein und wiederum sich in ihm zu bergen, hat im Cor sein Organ, da keine andere seelische Potenz in gleicher Weise dafür in Anspruch genommen werden kann» [14]. D. VON HILDEBRAND geht es in der Begegnung des Menschen mit Gott um die «Entfaltung der Stimme des H.»; in der Tiefe des H., die zu unterscheiden ist vom psychologischen Begriff des Unterbewußten, ruhen die «Gaben Gottes, die der Mensch sich nicht aus eigener Kraft verleihen kann. Da sie aus der inneren Tiefe seiner Person aufsteigen, sind sie in besonderer Weise Stimmen seines wahren Selbst, Stimmen seines vollen personalen Seins» [15].

Anmerkungen. [1] Vgl. J. CHATILLON, Dict. de spiritualité 2 (1953) 2289. – [2] CASSIODOR, In Psalmos 50, 18 = MPL 70, 369. – [3] a. a. O. 103, 15 = MPL 71, 932. – [4] ISIDOR VON SEVILLA, Etymol. XI, 118. – [5] AUGUSTIN, Conf. I, 1. – [6] a. a. O. II, 4. – [7] z. B. X, 3, 4 (dtsch. C. J. PERL). – [8] THOMAS VON AQUIN, S. theol. I, 20, 1. – [9] Vgl. C. BAEUMKER: Die Stellung des Alfred von Sareshel und seine Schrift ‹ De motu cordis › in der Wiss. des beginnenden 13. Jh. (1913). – [10] Vgl. K. RICHSTÄTTER: Die H.-Jesu-Verehrung des dtsch. MA (²1924) 26. – [11] ORIGENES, MPG 13, 87. – [12] Vgl. RICHSTÄTTER, a. a. O. [10] 35ff. – [13] Vgl. H. HALLER: Luthers Bild vom Menschen und die menschl. Erziehungsfähigkeit – gesehen unter den Kategorien ‹ Gewissen › und ‹ Ermahnung › (Diss. Münster 1958) 29. – [14] A. MAXSEIN: Philosophia cordis. Das Wesen der Personalität bei Augustinus (1966) 7. – [15] D. VON HILDEBRAND: Über das H. Zur menschl. und gottmenschl. Affektivität (1967) 127.

6. Neben *Religion* und *Theologie* ist es ständig die *Medizin*, die zur Beschäftigung mit dem H. herausfordert. Die Experimente LEONARDO DA VINCIS sind beispielhaft für eine Epoche, die sich des H. als eines körperlichen Organs stärker annimmt. Gerade die Medizin aber liebt es auch, sich in umfassenderen mystischen und spekulativen Bezugssystemen zu bergen. Hierzu hat seit je die *Astrologie* beigesteuert, die zwischen den Organen des Menschen und astronomischen Phänomenen Beziehungen herstellt. Dabei pflegt dem H. unter den Zeichen des Zodiakus der *Löwe* zu entsprechen; unter den Himmelskörpern ist die *Sonne* dem H., der *Mond* dem Kopf zugeordnet [1]. PARACELSUS, der dem Menschen als Mikrokosmos alle Züge des Makrokosmos zuschreibt, weist dem H. im Menschen wie im Kosmos eine «zentrale» Stellung zu [2]. Wenn der Mystiker J. BÖHME in seiner ‹Psychologia vera› H. als Mittelpunkt seiner Kosmologie ansetzt, geschieht dies unter dem Einfluß des Paracelsus und wirkt seinerseits weit hinein in die nächsten Jh. Böhme, der sein Diagramm des Universums die «Philosophische Kugel oder das WunderAuge der Ewigkeit» nennt, läßt ein H. im Angelpunkt eines Kreuzes die komplizierte Ordnung von menschlichen, engelhaften und göttlichen Wesenheiten, Orten und Zuständen beherrschen, die ihrerseits vom ‹Abgrund› umschlossen werden: «Das Hertz im Angel des Creutzes bedeut den Grund oder das Centrum der Gottheit: ... daß man lerne die Gottheit von der Natur unterscheiden, und daß die Christen lernen verstehen die Wiedergeburt, wie uns Gott in Christo aus seinem Hertzen am Creutze hat wiedergeboren» [3]. Der mystische Weg ins eigene H. wird von J. A. COMENIUS gefordert. Sein Werk ‹Das Labyrinth der Welt und das Paradies des H.›, das unter dem Einfluß von J. V. ANDREAES ‹Peregrini in patria errores› (1618) steht, begreift den Eintritt als Einkehr in das eigene H.; dem Pilgernden ruft nach dem Erleben der Welt eine Stimme zu: «Kehre dahin zurück, von wo du ausgegangen bist, in deines H. Kämmerlein,

und schließe hinter dir die Türe zu!» [4] Das H. als Zentrum eines geheimnisvollen, utopisch anmutenden Reiches schließlich erscheint in PH. FLETCHERS ‹The Purple Island› (1633): die Hauptstadt des Reiches heißt «Kerdia».

Auch in der neuzeitlichen Literatur ist der verschieden verwandte Begriff ‹H.› von großer Bedeutung. Über die christliche Spätantike geht das ererbte H.-Denken in die nachklassischen Nationalliteraturen ein. Im von diesem Einfluß zunächst unberührten Norden hat das H. noch seine alte Funktion; wir finden es in der ‹Edda› als Sitz des Mutes und verschiedener Regungen [5], und auch die Wendung «Leib und H.» (hold oc hiarta) im Sinne des heutigen «Leib und Seele» begegnet [6], doch gewinnt die Fülle der Tradition erst ihre ganze Bedeutung im Kontakt mit dem Christentum. Der erste Schritt ist dabei der Vorgang des *Übersetzens* in die einzelnen Sprachen; so stehen für die καρδία des Neuen Testaments und das ‹cor› der ‹Vulgata› gotisch ‹haírtô›, althochdeutsch ‹herza›, wobei die germanischen Wörter den neuen Bedeutungsgehalt je nach Funktion und Kontext ausstrahlen. Einen Höhepunkt hat das H.-Denken in der Liebesdichtung: «Dû bist beslozzen / in mînem herzen: / verlorn ist daz slüzzelîn: / dû muost immer drinne sîn» [7]. Das gesamte Mittelalter bedient sich der Begriffssphäre des H. und zeigt eine ganz eigene Ausprägung in den «edelen herzen» der ästhetisierenden Moral GOTTFRIEDS VON STRASSBURG [8]. Die Gehalte mittelalterlichen H.-Denkens gehen dann in die europäische Literatur der Neuzeit ein. Wie intensiv gerade die deutsche Sprache vom Wort ‹H.› – alleinstehend oder in zahllosen Komposita – Gebrauch macht, bekundet das GRIMMsche Wörterbuch [9]: bezeichnenderweise aber findet sich dort ein großer Anteil relevanter Belege gerade unter dem Stichwort ‹Kopf› [10]. Daraus wird ersichtlich, wie häufig bereits im außer- und vorphilosophischen Bereich das H. in Polarität zu ‹Kopf›, ‹Verstand›, ‹Gehirn› begriffen wird.

Anmerkungen. [1] Vgl. W. E. PEUCKERT: Astrol. (1960) 196ff. – [2] Vgl. H. E. HELMRICH: Das H. im Kosmos und die Pharmakol. des H. bei Paracelsus (Diss. München 1947). – [3] J. BÖHME: Psychologia vera, oder Vierzig Fragen von den Seelen (1620). Diagramm und Zitat bei F. VONESSEN: Das H. in der Naturphilos., in: Das H. im Umkreis des Denkens (1969) 32-33. – [4] J. A. COMENIUS: Das Labyrinth der Welt und das Paradies des H. (1631) dtsch. Z. BAUDNIK (1908) 244. – [5] Edda, hg. G. NECKEL/H. KUHN (⁴1962) 82. – [6] a. a. O. 31. – [7] Des Minnesangs Frühling, hg. C. V. KRAUS 3, 3-6; zum Bild des Geliebten im H. vgl. F. OHLY: Cor amantis non angustum. Vom Wohnen im H., in: Gedenkschr. W. Foerste (1970); E.-M. FICKEL: Die Bedeutung von sêle, lîp und herze in der frühmhd. Dichtung und den Texten der mhd. Klassik (Diss. Tübingen 1949, Ms.); F. HEIMPLÄTZER: Die Metaphorik des H. im Minnesang des 12. u. 13. Jh. (Diss. Heidelberg 1953). – [8] Vgl. K. SPECKENBACH: Studien zum Begriff ‹edelez herze› im Tristan Gottfrieds v. Straßburg (1965). – [9] Grimm 4/2 (1877) 1207-1223: Art. ‹H.›; 1223-1266: Komposita. – [10] a. a. O. 5 (1873) 1747-1770.

7. In der Philosophie der *Neuzeit* ist es DESCARTES, der sich in seinen ‹Passions de l'âme› dem H. ausführlich widmet. Er stellt seine Funktion als Beweger von Blut und Wärme dar und schildert seine Bedeutung für das Gehirn, dem das H. die «Lebensgeister» (esprits) zuführt, die ihrerseits die Aufgabe haben, Nerven und Muskeln zu bewegen. Im Gehirn selbst, nicht im H., ist die Seele angesiedelt. Sie «hat ihren Hauptsitz in der kleinen Eichel inmitten des Gehirns; von dort strahlt (rayonne) sie nach dem ganzen Körper vermittels der Lebensgeister, der Nerven und selbst des Blutes, welches für die Einflüsse der Geister empfänglich ist und sie durch die Arterien überall hinbringen kann» [1]. Mit der Bevorzugung des Gehirns bezieht Descartes Position in dem alten Streit um den Wohnsitz der Seele, der unmittelbar mit der Rivalität beider Organe als Repräsentanten von Gefühl und Ratio zusammenhängt.

B. GRACIÁN knüpft an diese Rivalität an: «H. und Kopf: die beiden Pole unserer Fähigkeiten: eines ohne das andere, halbes Glück. Verstand reicht nicht hin; Gemüth ist erfordert» [2]. Während der Spanier hier um eine Milderung der Gegensätze durch ihre rechte Kombination bemüht ist, erscheint H. bei LA BRUYÈRE als Vermittler, der in seiner «versöhnenden» Funktion prädialektisch bereits an Hegel gemahnt: «Oserai-je dire que le cœur seul concilie les choses contraires, et admet les incompatibles?» [3] Für PASCAL hat das H. seine *eigene Logik;* sein Denken vollzieht sich nach anderen Gesetzmäßigkeiten als denen der sonst verbindlichen Ratio. Deutlich wird dies vor allem in der Bezogenheit des H. auf die Dimension der Liebe und Religion: «Le cœur a ses raisons, que la raison ne connaît point; on le sait en mille choses. Je dit le cœur aime l'être universel naturellement, selon qu'il s'y adonne; et il se durcit contre l'un ou l'autre, à son choix. Vous avez rejeté l'un et conservé l'autre: est-ce par raison que vous aimez?» [4] Und noch deutlicher wird das Verhältnis des H. zu Gott ausgesprochen: «C'est le cœur qui sent Dieu, et non la raison; voilà ce que c'est que la foi: Dieu sensible au cœur, non à la raison» [5].

In den Auseinandersetzungen der deutschen *Aufklärung* mit den sie begleitenden und auf sie antwortenden Strömungen wird das H. erneut zum Problem. Während DIDEROTS und D'ALEMBERTS ‹Encyclopédie› unter dem Stichwort ‹cœur› nur Medizinisch-Naturwissenschaftliches verzeichnet [6], ist es gerade der Arzt A. VON HALLER, der in seinem Lehrgedicht ‹Die Alpen› (1729) seine auf die Schweiz bezogenen gesellschaftlichen Ideale in die Worte faßt: «Und hat nicht die Natur die Lehre, recht zu leben, / Dem Menschen in das Herz und nicht ins Hirn gegeben» [7]. Die Trennung von H. und Hirn entspricht dem aufklärerischen Denken, doch bedeutet sie keineswegs eine Abwertung des H. So gibt die assoziative Kraft des H.-Begriffs einem entscheidenden Bereich der Ethik KANTS eine wirksame Terminologie an die Hand. Kant schlägt vor, «daß die aus dem natürlichen Hange entspringende Fähigkeit oder Unfähigkeit der Willkür, das moralische Gesetz in seine Maxime aufzunehmen oder nicht, *das gute oder böse H.* genannt werde» [8]. Die Mängel des H. stellen sich dar als «Unlauterkeit (impuritas, improbitas)», «Bösartigkeit (vitiositas, pravitas)», «Verderbtheit (corruptio)» und «Verkehrtheit (perversitas)» [9]; das Ziel menschlichen Strebens aber ist das «neue H.», welches jedoch schwer erlangt wird, «weil die Tiefe des H. (der subjektive erste Grund seiner Maximen) ihm selbst unerforschlich ist» [10]. LESSING betont gegenüber seinem Kontrahenten Goeze die Legitimationen, die das H. zu vergeben vermag. Er ist dessen gewiß, «daß derjenige, dessen H. mehr Christ ist, als der Kopf, sich ganz und gar an diese Einwürfe [Goezes] nicht kehre; weil er *fühle*, was andere sich zu *denken* begnügen» [11]. Ganz anders drückt G. CHR. LICHTENBERG das Verhältnis von H., Vernunft und Religion in einem kühlen Aphorismus aus: «Es wäre die Frage, ob die bloße Vernunft ohne das H. je auf einen Gott verfallen wäre. Nachdem ihn das H. (die Furcht) erkannt hatte, suchte ihn die Vernunft auch, so wie Bürger die Gespenster» [12]. Und launig, dabei aber wohl unbewußt an Platons leib-seelische Trias anknüpfend, sagt er: «Überhaupt wird immer von Kopf und H. geredet und viel zu wenig vom Magen» [13].

Im Jahre 1773 erscheint eine anonyme Schrift ‹Entwurf einiger Abhandlungen vom H.›, und im Zuge des Geniekults und unter Einfluß des *Pietismus* [14] gewinnt das H.-Denken immer mehr Boden. In F. CHR. OETINGERS Lehre vom *sensus communis* spielt das H. eine große Rolle; J. G. HAMANN verteidigt die Schöpferkraft des Gefühls und der Innerlichkeit und knüpft an alte mystische Traditionen an, wenn er von einer «Stimme im Abgrund unseres H.» spricht, «die uns der Satan selbst nicht hören läßt, die aber Gott hört, und auf die er uns aufmerksam zu machen sucht» [15]. Andererseits kann ihm das H. der «größte Betrüger» und ein «geborener Lügner» sein, der den Menschen ständig täuscht und nur dadurch nicht großen Schaden anrichtet, daß Gott immer «größer als unser H.» ist [16]. Gegen die Bevorzugung des Kopfes vor dem H. aber gilt: «Ein H. ohne Leidenschaften, ohne Affecte, ist ein Kopf ohne Begriffe» [17], und: «Das H. schlägt früher als unser *Kopf* denkt – ein guter *Wille* ist brauchbarer als eine noch so *reine Vernunft*» [18]. Seine Kulmination erfährt Hamanns H.-Denken in der Aussage über den «Geist der wahren Religion, deren H. im Himmel, und ihr Himmel im H. ist» [19]. Ein verwandter, vom H.-Begriff Gebrauch machender Gefühlskult wird bei F. L. STOLBERG, FR. H. JACOBI, TH. G. v. HIPPEL, J. G. HERDER und J. C. LAVATER sichtbar und übt starke Wirkung auf die Autoren der deutschen Klassik aus. STOLBERG verteidigt 1777 die vom Pietismus aufgewertete Rolle des H. in der Religion und beklagt, «daß einige unserer Schriftgelehrten gern aus der Religion die Empfindungen des H. verbannen möchten» [20]. JACOBI stellt vor allem in seinen Romanen ‹Allwill› (1775/76, 1792) und ‹Woldemar› (1779, 1794, 1796) die antirationale Unbändigkeit des menschlichen H. dar, die er in seinen Rechten beschnitten wissen möchte, dem er jedoch machtlos gegenüber steht. Die ausführlichste Würdigung des H. gibt LAVATER in seinem Gedicht ‹Das menschliche H.› (1789). Darin ordnet er dem H. folgende Eigenschaften zu: «Unschuld, Liebe, Güte, Sanftmuth, Barmherzigkeit, Großmuth» – «Aufmerksamkeit, Beobachtungsgabe, Edelsinn, Dankbarkeit, Freudenerfindung» – «Aufrichtigkeit, Wahrheitsliebe, Tugend, Dehmuth» – «Eheliche Liebe, Kinderliebe, Bruder und Schwesterliebe, Freundschaft, Patriotismus» – «Religion» und feiert das H. mit den Versen: «Wunder / Der Schöpfung! Kern der Menschenbrust! Du Eins / Voll Unausdenkbarkeit! Des Lebens Quelle! / Du, des Bewusstseyns Sitz! Du liebend Leben! / Du Welt der Welten! Herz! Du Innbegriff der Wirklichkeiten all'! ... Die Tief' und Höhe / Vereinigt sich in Dir! ... Es findet jeder / Erhabne Himmelsfürst in Dir sich selbst! / Es findet sich die Gottheit selbst in Dir! / O Menschenherz! Geheimniss! Offenbahrung» [21].

Der junge GOETHE schreibt, sich auf den Gegensatz von Gefühl und Vernunft beziehend, im Juli 1772 an Herder: «Seit ich die Krafft der Worte στηϑος [Brust = H.] und πραπιδες [Zwerchfell als Sitz des Verstandes = Kopf] fühle, ist mir in mir selbst eine neue Welt aufgegangen» [22]. Vom Pietismus beeinflußt und gleichermaßen schon an die Romantik gemahnend, wird H. im ‹Werther› emphatisch zur Schau der Innerlichkeit. Ähnlich plädiert SCHILLER für die durch das H. repräsentierte Macht und Berechtigung des Gefühls: «Die alten Fabelwesen sind nicht mehr, / Das reizende Geschlecht ist ausgewandert; / Doch eine Sprache braucht das Herz» [23]. In einem Brief an Schiller fordert NOVALIS, daß in der Kunst «H. und Geist mit den zartesten Fäden im reichsten Bunde vereinigt» seien [24]. Später ist ihm das H. ein «heiliges Organ» [25], «der Schlüssel der Welt und des Lebens. Man lebt in diesem hülflosen Zustande, um zu lieben und andern verpflichtet zu sein. Durch Unvollkommenheit wird man der Einwirkung andrer fähig, und diese fremde Einwirkung ist der Zweck. In Krankheiten sollen und können uns nur andre helfen. So ist Christus, von diesem Gesichtspunkt aus, allerdings der Schlüssel der Welt» [26]. Der Mediziner und romantische Philosoph L. OKEN dagegen sieht im H. hauptsächlich das «Princip der Bewegung» [27]. Gleichzeitig etwa, und noch anknüpfend an die Gedankenwelt der Geniezeit, erschließt H. PESTALOZZI dem H.-Begriff einen ganz neuen Bedeutungszusammenhang. In seiner Schrift ‹Geist und H. in der Methode› (1805) empfiehlt er die «Unterordnung aller Mittel der Geistesbildung unter diejenigen der Herzensbildung» [28], darüber hinaus aber gesellt er den Repräsentanten des Gefühls und des Verstandes ein Drittes zu: die *Hand*, die für das *Schaffen* steht. Die Bildung von H., Geist und Hand ist das zentrale Anliegen der «Elementarbildung» Pestalozzis [29].

Der junge HEGEL stößt in seinen Gedanken über ‹Volksreligion und Christentum› auf das ererbte Thema des Verhältnisses von H. und Religion. «Es liegt in dem Begriff der Religion, daß sie nicht bloße Wissenschaft von Gott ..., nicht eine bloße historische oder räsonierte Kenntnis ist, sondern daß sie das H. interessiert» [30]. Es stellt sich ihm die Frage, wie weit überhaupt «Räsonnement» vertreten sein darf, um Religion noch Religion bleiben zu lassen. Gerade für die Volksreligion im Gegensatz zur Privatreligion ist es wichtig, «daß Phantasie und H. nicht unbefriedigt bleiben, daß die erste mit großen, reinen Bildern erfüllt, und die letztern die wohltätigern Gefühle geweckt werden» [31]. Aus diesem Ansatz entwickelt sich in der späteren Religionsphilosophie Hegels die Forderung, Recht, Sittlichkeit und Gott «im H. [zu] tragen». Der «Boden der Religion», der sich in seinem empirischen Aspekt aus «unmittelbarem Wissen», «religiösem Gefühl» und «religiöser Vorstellung» zusammensetzt, kann seiner Gefühlskomponente ohne Hilfe des H. nicht trauen, denn: «Das Gefühl als solches ist momentan und flüchtig. Im H. aber ist es als fest, als fortdauernde Existenz ausgesprochen. H. ist, was ich als Dieser Allgemeines bin, mein Charakter, meine Grundsätze» [32]. Gleichwohl übt Hegel Kritik an der pietistischen Religiosität und nennt sie pejorativ eine «Religion des Herzens». In der ‹Phänomenologie des Geistes› setzt er dem «Wahnsinn des Eigendünkels» das «Gesetz des H.» entgegen. Dieses Gesetz heißt so, weil das Selbstbewußtsein «*unmittelbar* in dem Fürsichsein des Bewußtseins ist»; es ist als Zweck zu verwirklichen [33]. Konkret bedeutet dies für den Einzelnen und sein Verhältnis zur Gemeinschaft, «das *Gesetz des H.* als das Gesetz aller H., das Bewußtsein des *Selbsts* als die anerkannte allgemeine Ordnung zu wissen» [34]. Ähnlich stellt sich die Realisierung des Glaubens für Hegel als «Versöhnung des Geistes» dar. Diese *Versöhnung* aber, die bei ihm nie ihren Bezug zum *Sohn Gottes* verleugnet, geht im H. vor sich: «In der Religion ist das H. versöhnt. Diese Versöhnung ist so im H., ist geistig; es ist das reine H., das diesen Genuß der Gegenwart Gottes in ihm und damit die Versöhnung, den Genuß seines Versöhntseins erlangt. Diese Versöhnung ist aber zugleich abstrakt; sie hat sich gegenüber die

Welt überhaupt. Das Selbst, das in dieser Versöhnung, in diesem religiösen Genuß ist, ist das reine H., das H. überhaupt, die allgemeine Geistigkeit» [35]. SCHOPENHAUER ist demgegenüber primär daran gelegen, die Möglichkeiten des H.-Begriffs in der Zuordnung zum metaphysischen Willen zu entwickeln. Der Leib teilt «seine Unermüdlichkeit ..., auf die Dauer des Lebens, dem H. mit, diesem *primum mobile* des Organismus, welches deshalb sein Symbol und Synonym geworden ist» [36]. Der Intellekt jedoch, im Gegensatz zum Willen, ist «mit dem Kopf geradezu identisch» [37].

Wenn L. FEUERBACH seine ‹Vorläufigen Thesen zur Reform der Philosophie› (1842) formuliert, sieht er in H. und Kopf die «wesentlichen Werkzeuge, Organe der Philosophie». Ihrer Polarität entspricht eine Vielfalt von Begriffspaaren; das Verhältnis H./Kopf kann adäquat erscheinen als Aktivität, Freiheit, metaphysische Unendlichkeit, Idealismus / Leiden, Endlichkeit, Bedürfnis, Sensualismus; Denken / Anschauung; System / Leben; Ich / Nicht-Ich. Feuerbach fordert eine Vereinigung dieser Gegensätze in einem radikalen Sinne, denn nur in ihr «ist Leben und Wahrheit» [38]. Die herkömmliche, des H. sich bedienende Theologie muß abdanken, denn H. ist das «schlechterdings antitheologische, das im Sinn der Theologie ungläubige, atheistische Princip im Menschen. Denn es glaubt an *nichts Anderes*, als *an sich selbst*, glaubt nur an die unumstössliche, göttliche, absolute Realität *seines Wesens*» [39]. So ist Theologie nur noch möglich, wenn zwischen Mensch und Gott kein Unterschied mehr besteht: «Das H. ergreift nur, was aus dem H. stammt» [40]. Der Sohn Gottes aber, und damit sind – bei gleicher Terminologie – sowohl Novalis wie Hegel umgedeutet, ist zu verstehen als das «*sich als göttliches Wesen gegenständliche menschliche H.*» [41]. In seinen ‹Grundsätzen der Philosophie der Zukunft› (1843) deutet Feuerbach die letzte praktische Konsequenz seines H.-Denkens an, den Dienst am Menschen: «Die neue Philosophie, welche den wesentlichen und höchsten Gegenstand des H., den Menschen, auch zum wesentlichen und höchsten Gegenstand des Verstandes macht, begründet ... eine vernünftige Einheit von Kopf und H., von Denken und Leben» [42].

Ein letztes Mal rührt NIETZSCHE an den Zwiespalt zwischen H. und Kopf: «Die höchste Intelligenz und das wärmste H. können nicht in einer Person beisammen sein» [43], doch gibt es einen Weg der produktiven Vereinigung beider Prinzipien: «Schwüles H. und kalter Kopf: wo dies zusammen trifft, da entsteht der Brausewind, der 'Erlöser'» [44], und in einem kühnen geschichtsphilosophischen Ausblick heißt es: «Einstmals, wenn H. und Kopf so nah beieinander zu wohnen gelernt haben, wie sie jetzt noch einander ferne stehen» [45].

Wenn man von W. BUSCHS ‹Kritik des H.› (1874) absieht, ist es nun vor allem die Nähe zur *Psychologie*, die dem philosophischen H.-Denken das Gepräge gibt. Schon C. G. CARUS hatte in seiner ‹Psyche› (1846) bemerkt, daß «im ganzen Bereich des unbewußten Seelenlebens der Begriff der Ermüdung gar nicht existiert»; ein wichtiger Repräsentant des «Unermüdlichen» war ihm damit das H., das der «unbewußten Sphäre des Seelenlebens» angehört [46]. Auf der gleichen Linie bewegt sich E. VON HARTMANN, wenn er das H. als «Erscheinung des Unbewußten in der Leiblichkeit» versteht [47]. Eine Synopse und Synthese zeitgenössischen H.-Denkens gibt E. W. ESCHMANN: «Auf der einen Seite sieht sich das H. physischen und psychischen Belastungen ausgesetzt, welche vergangene Kulturen und Zivilisationen nicht kannten. Auf der anderen Seite aber wird es von der Wissenschaft her auf eine ebenfalls neue, überraschende und ungemein präzise Weise nicht nur als leibliches Organ und auch nicht nur als Organ der Seele, sondern in sich selber als seelisches Organ erkannt» [48].

Anmerkungen. [1] DESCARTES, Passions de l'âme I, 34 (dtsch. A. BUCHENAU). – [2] B. GRACIÁN, Oráculo manual § 2 (dtsch. A. SCHOPENHAUER). – [3] J. DE LA BRUYÈRE, Oeuvres complètes, hg. J. BENDA (Paris 1951) 145. – [4] B. PASCAL, Pensées 277. – [5] a. a. O. 278. – [6] Encyclopédie ..., hg. DIDEROT/D'ALEMBERT 8 (1779) 408-432. – [7] A. v. HALLER: Die Alpen, hg. A. ELSCHENBROICH (1968) 7. – [8] I. KANT, Die Relig. innerhalb ... Akad.-A. 6, 29. – [9] a. a. O. 29f. – [10] 56. – [11] G. E. LESSING, Werke, hg. P. RILLA 8, 184. – [12] G. CHR. LICHTENBERG, Schriften und Briefe, hg. W. PROMIES 1, 892. – [13] a. a. O. 899. – [14] Vgl. die relevanten Stichworte bei A. LANGEN, Der Wortschatz des dtsch. Pietismus (1954). – [15] J. G. HAMANN, Werke, hg. F. ROTH 1, 82. – [16] a. a. O. 347f. – [17] 494. – [18] 7, 264f. – [19] a. a. O. 4, 144. – [20] F. L. STOLBERG: Über die Fülle des H., in: Frühe Prosa, hg. J. BEHRENS (1970) 16; vgl. a. a. O. 3. – [21] J. C. LAVATER: Das menschl. H. Sechs Gesänge (1789) 25. – [22] J. W. GOETHE, Hamburger A. 1, 131. – [23] F. SCHILLER, Wallenstein, Piccolomini III, 4. – [24] NOVALIS, Schriften, hg. P. KLUCKHOHN/R. SAMUEL (1929) 4, 31. – [25] a. a. O. 2, 83. – [26] 2, 389; vgl. dazu R. UNGER: Das Wort ‹H.› und seine Begriffssphäre bei Novalis. Umrisse einer Bedeutungsentwicklung (1937). – [27] L. OKEN: Abriß der Naturphilos. (1805) 92. – [28] H. PESTALOZZI, Werke, hg. E. BOSSHART u. a. 9, 341. – [29] a. a. O. 10, 15. – [30] G. W. F. HEGEL, Theol. Jugendschr. hg. H. NOHL (1907) 5. – [31] a. a. O. 19. – [32] Begriff der Relig., hg. G. LASSON (1925, ND 1966) 104. – [33] Phänomenol., hg. J. HOFFMEISTER (⁶1952) 266. – [34] a. a. O. 328. – [35] Die absolute Relig., hg. G. LASSON (1929, ND 1966) 216. – [36] A. SCHOPENHAUER, Werke, hg. P. DEUSSEN 2, 240. – [37] a. a. O. 268. – [38] L. FEUERBACH, Werke, hg. W. BOLIN/F. JODL 2, 235. – [39] a. a. O. 236. – [40] 6, 84. – [41] ebda. – [42] a. a. O. 2, 317. – [43] F. NIETZSCHE, Werke, hg. K. SCHLECHTA 1, 235. – [44] a. a. O. 2, 350. – [45] 1, 948. – [46] C. G. CARUS: Psyche. Zur Entwicklungsgesch. der Seele, hg. L. KLAGES (1926) 53. – [47] E. v. HARTMANN: Philos. des Unbewußten (¹²1923) 1, 56. – [48] E. W. ESCHMANN: Das H. im Umkreis des Glaubens (1959) 49.

Literaturhinweise. E. SCHITTENHELM: Zur stilistischen Verwendung des Wortes ‹cœur› im Altfranzösischen (Diss. Tübingen 1907). – K. RICHSTÄTTER s. Anm. [10 zu 5]. – H. RAHNER: Die Gottesgeburt. Zur Lehre der Kirchenväter von der Geburt Christi im H. der Gläubigen. Z. kath. Theol. 59 (1935). – A. GUILLAUMONT: Les sens des noms du cœur dans l'antiquité, in: Etudes Carmélitaines (1950). – E. SPERKA: Cor und Pectus. Untersuch. zum Leib-Seele-Problem bei den Römern (Diss. Tübingen 1953). – MORUS (R. LEWINSOHN): Eine Weltgesch. des H. (1959). – X. v. ERTZDORFF: Das ‹H.› in der lat.-theol. und frühen volkssprachigen relig. Lit., in: Beiträge zur Gesch. der dtsch. Sprache und Lit. 84 (1962). – Das H. im Umkreis der Kunst (1966). – E. W. ESCHMANN s. Anm. [48 zu 7]. – K. WEINBERG: Zum Wandel des Sinnbezirks von ‹H.› und ‹Instinkt› unter dem Einfluß Descartes'. Arch. Stud. neueren Sprachen u. Lit. 203 (1967) 1-31. – F. VONESSEN s. Anm. [3 zu 6]. – G. BAUER: Claustrum Animae. Untersuch. zur Gesch. der Metapher vom H. als Kloster 1: Entstehungsgesch. (1971). – W. GEWEHR: Der Topos ‹Augen des Herzens› – Versuch einer Deutung durch die scholastische Erkenntnistheorie. Dtsch. Vjschr. Lit.wiss. 46 (1972) 626-640.

W. BIESTERFELD

Heterogonie (aus griech. ἕτερος und γονία: Entstehung aus anderem). Als ‹H.› der *Zwecke* bezeichnet W. WUNDT die Vervielfachung und Summation von Zwecken (Zweckmotiven) aufgrund der Folge- und Nebenwirkungen von Willenshandlungen, so daß der ursprünglich vorgestellte Zweck modifiziert wird oder nicht-intendierte Zwecke entstehen. «Der Zusammenhang einer Zweckreihe besteht demnach nicht darin, daß der zuletzt erreichte Zweck schon in den ursprünglichen Motiven der Handlungen, die schließlich zu ihm geführt haben, als Vorstellung enthalten sein muß ..., sondern er wird wesentlich dadurch vermittelt, daß der Effekt jeder Wahlhandlung infolge nie fehlender Nebeneinflüsse mit der im Motiv gelegenen Zweckvorstellung im allgemeinen sich *nicht* deckt. Gerade solche außerhalb des ursprünglichen Motivs gelegenen Bestandteile des Effekts können aber zu neuen Motiven oder Motivelementen werden, aus denen neue Zwecke oder Veränderungen des ursprünglichen Zweckes entspringen» [1]. Systematisch schon vor Wundt angedeutet [2], wird der H.-Begriff sachlich ohne Verwendung des Terminus später in ethischen, soziologischen, psychologischen und biologischen Bereichen aufgenommen [3].

Anmerkungen. [1] W. WUNDT: Ethik 1 (1912) 284f. – [2] CHR. WOLFF: Vernünftige Gedanken von den Kräften des menschl. Verstandes (1719) § 1029; I. KANT, Idee zu einer allgemeinen Gesch. ... Akad.-A. 8, 15ff.; G. W. F. HEGEL, Die Vernunft in der Geschichte, hg. LASSON (1917) 68. 78; F. W. J. SCHELLING, Werke, hg. K. F. A. SCHELLING (1856-61) I/10, 73; vgl. I/3, 594; vgl. J. G. FICHTE, Werke, hg. I. H. FICHTE (1845) 7, 103; FR. ENGELS: Ludwig Feuerbach und der Ausgang der klass. dtsch. Philos. (1888) 57f.; K. MARX: Das Elend der Philos. (²1892) 161f.; M. BURCKHARD: Ästhetik und Sozialwiss. (1895) 71. – [3] O. KLEMM: Die H. der Zwecke, in: Festschr. H. Volkelt (1918) 173-186. Red.

Heuchelei. M. LUTHER hat das Wort in die deutsche Hochsprache eingeführt. Bis ins 18. Jh. kann ‹heucheln› synonym für ‹schmeicheln› verwendet werden; die heutige Bedeutung «sich verstellen» findet sich ebenfalls bereits bei Luther [1].

Im Gegensatz zu diesem Sprachgebrauch hat ὑπόχρισις im klassischen Griechisch keinen negativen Sinn. ὑποχρίνομαι bedeutet vor allem «als Schauspieler agieren». Als Rede, die Gestik und Mimik einschließt, hat ARISTOTELES (und ihm folgend THEOPHRAST) die ὑπόχρισις behandelt [2]. Der Vergleich der Lebensführung mit dem Agieren des Schauspielers ist ein Topos, dem man schon bei PLATON begegnet [3] und der insbesondere in der *Stoa* bedeutsam wurde: Jede vom Schicksal auferlegte Rolle spielen zu können, zeichnet den edlen Menschen aus [4]. – Die positive Wertung der μίμησις dominiert gegenüber dem Aspekt des täuschenden Scheins.

Im Diasporajudentum wird das Wort dann eindeutig negativ verwendet: H. als Frevel des Abfalls von Gott, des Gesetzesbruchs – nicht etwa speziell als heuchlerische Verstellung, bloß frommer Anschein. Das Neue Testament überliefert Jesu Worte gegen die ὑποχριταί in diesem Sinn. Besonders im Markus- und Matthäus-Evangelium taucht dagegen der H.-Vorwurf im heutigen Sinn auf [5]. Der Gegensatz zur H. der selbst- und werkgerechten Gegner Jesu, die dazu neigen, Unwichtiges in den Vordergrund zu rücken, ist das verborgene, unauffällige Tun des Willens Gottes [6]. Neben der vorherrschenden Bedeutung «Frevler, Abtrünniger, Irrlehrer» behauptet sich nun auch die Bedeutung «Verstellung», z. B. in den Lasterkatalogen der folgenden Jahrhunderte [7].

In der Patristik haben insbesondere GREGOR und ISIDOR diese Sünde behandelt [8], wobei Isidor schon AUGUSTIN [9] – auf den Vergleich mit der Maske der Schauspieler zur Kennzeichnung fingierter Gerechtigkeit zurückgriff. THOMAS VON AQUIN hat die hypocrisis als species der simulatio behandelt. ‹Simulatio› bezeichnet generell den Gegensatz von Sein und Anschein, ‹hypocrisis› aber jenes peccatum, das in der aus Täuschungsabsicht (nicht Willensschwäche) *geheuchelten Tugendhaftigkeit* und *Gerechtigkeit* besteht [10]. Bei all dem hielt man daran fest, daß der nur äußerliche, jedoch praktisch wirksame Respekt vor den Gesetzen Gottes und der Kirche immerhin von einer gewissen Achtung dieser hl. Vorschriften zeuge. (Später wird LA ROCHEFOUCAULD zuspitzen: «Die H. ist eine Huldigung des Lasters an die Tugend» [11].)

Bereits ganz im Zeichen der Orientierung an einem neuen, vom *Freund-Feind-Prinzip* bestimmten Begriff *politischen Handelns* erörtert FR. BACON das Phänomen der H. Zwar bedarf es zum Handeln des Vertrauens und Glaubens, doch zur politischen Selbstdurchsetzung unter Umständen auch der H.; wo aber H. zur undurchschauten *Gewohnheit* wird, wird sie von Bacon als Laster angeprangert. Als beste Charakterbeschaffenheit gilt ihm, «im Rufe der Offenherzigkeit zu stehen, an Verschwiegenheit gewöhnt zu sein, Verstellung zeitweilig zu gebrauchen und die Fähigkeit der H. zu besitzen, wenn kein anderes Mittel gegeben ist» [12]. – TH. HOBBES hat die Verflechtung von Macht- und Marktinteressen mit geheuchelter Frömmigkeit scharf thematisiert [13]; angesichts des Pluralismus innerer Überzeugungen zog er die private Gottesverehrung der womöglich geheuchelten öffentlichen vor [14]. In der geschichtlich sich ausbildenden Diskrepanz zwischen Autonomie anstrebender Innerlichkeit und noch traditional oder autoritär vorgeschriebener Praxis bot sich die Möglichkeit an, religiöse oder politische Konformität nur noch zu simulieren; der berühmten (auch von Hobbes gestellten) cui-bono-Frage der Aufklärung wuchs in diesem Kontext ihre zentrale ideologiekritische Funktion zu.

Daß äußere Kirchlichkeit an die Stelle der inneren Gerechtigkeit treten und H. befördern kann, wurde auch in der *protestantischen Dogmatik* entsprechend akzentuiert [15]. Die Erfahrung interessenbedingter Funktionalisierung religiöser Wahrheit im gesellschaftlichen und politischen Kampf und im konfessionellen Streit bedingte eine *Subjektivierung des Wahrheitsverständnisses*, die in der Philosophiegeschichte insbesondere mit Namen wie Pascal, Lessing oder Kierkegaard verbunden ist. Was sich in PASCALS Satz, daß «die größte aller christlichen Wahrheiten ... die Liebe zur Wahrheit ist» [16], andeutet, hat LESSING, auf den sich auch Kierkegaard beruft, zu dem Imperativ verschärft: «Jeder sage, was ihm Wahrheit dünkt, und die Wahrheit selbst sei Gott empfohlen» [17]. H. und Schmeichelei als «ausgesonnene Herabsetzung seines eigenen moralischen Werths» ist für KANT «falsche (erlogene) Demuth und als Abwürdigung seiner Persönlichkeit der Pflicht gegen sich selbst entgegen», wobei er Demut (humilitas moralis) in «Vergleichung mit dem Gesetz» und im Sinne einer Entsagung allen «Anspruchs auf irgendeinen moralischen Werth seiner selbst in der Überredung, sich eben dadurch einen geborgten zu erwerben» als «sittlich-falsche Kriecherei (humilitas spuria)» bezeichnet [18]. – J. G. FICHTE schließlich hat einer auf Angst und Bedrückung beruhenden Religion und Moral entgegengehalten, ihr Resultat könne prinzipiell nur ein «erheuchelter Glaube» – schlimmer noch als jeder Unglaube – im totalen Verlust moralischer Integrität sein [19]. HEGEL, der in seiner ‹Einleitung in die Religionsphilosophie› die Trennung von Glaube und Vernunft ablehnt, stellt für den so «in sich entzweiten Geist», falls dieser die «Forderung der Einsicht» verwirft und zum «unbefangenen, religiösen Gefühl zurückkehren» will, fest, daß das religiöse Gefühl zur «Sehnsucht, H.» wird und «das Moment der Nichtbefriedigung» behält [20]. In den ‹Grundlinien der Philosophie des Rechts› bestimmt er – auch in Auseinandersetzung mit Pascal – die Momente, die in der H. enthalten sind: «α) das Wissen des wahrhaften Allgemeinen, es sey in Form nur des Gefühls von *Recht* und *Pflicht*, oder in Form weiterer Kenntniß und Erkenntniß davon; β) das Wollen des diesem Allgemeinen widerstrebenden *Besonderen* und zwar γ) als *ver-*

gleichendes Wissen beider Momente, so daß für das wollende Bewußtsein selbst ein besonderes Wollen als Böses bestimmt ist. Diese Bestimmungen drücken das *Handeln mit bösem Gewissen* aus, noch nicht die H. als solche.» Für sie muß noch die «formelle Bestimmung der Unwahrheit» hinzukommen, das «*Böse* zunächst *für Andere* als *gut* zu behaupten, und sich überhaupt äußerlich als gut, gewissenhaft, fromm und dergl. zu stellen, was auf diese Weise nur ein Kunststück des Betrugs *für* Andere ist» [21].

Solange der Glaube an Gott noch verbürgte, daß es einen endgültigen Sieg des falschen Scheins über die Wahrheit nicht geben könne, blieben Verbergung des Lasters und Darstellung von Tugendhaftigkeit allenfalls tolerabel [22]. Als diese Glaubensgewißheit schwand, zerbrach auch die Trennung zwischen Innerlichkeit und Politik: Gegen *jede* Motivation richtete nun die revolutionäre Gesinnung den Verdacht der H., die endlose Jagd auf politische H. war freigegeben. HANNAH ARENDT hat das am Beispiel Robespierres erläutert: Aus dem allgemeinen H.-Verdacht entspringt der Zwang, sich als der «Unbestechliche» zur Schau zu stellen – und so den Anschein der H. erneut zu erregen. Seither hat man Säuberungen als «Demaskierung» der H. gerechtfertigt. H. wurde zum «Gegenstand größeren und erbitterteren Hasses ... als alle anderen Laster zusammen» und gleichsam zum *Inbegriff* der gesellschaftlichen Lasterhaftigkeit [23]. Die so in den politischen Terror einmündende Entlarvung innerer, für tugendhaft gehaltener Einstellungen als an sich selbst heuchlerisch hat mit Blick auf die Integrität des einzelnen und dessen «Willen zur Macht» FR. NIETZSCHE thematisiert; die christliche Tugend der *Nächstenliebe* erscheint dann als der grandiose heuchlerische Versuch, die eigene Selbstdurchsetzung moralisch zu verschleiern [24].

Anmerkungen. [1] z. B. LUTHER, Mt. 6, 16; zur Etymologie vgl. TRÜBNERS Dtsch. Wb. 3 (1939) 425f.; DUDEN 7 (1963) 264. – [2] ARISTOTELES, Rhet. III, 1, 1403 b. – [3] PLATON, Phileb. 50 b. – [4] Belege bei WILCKENS, in: Theol. Wb. zum NT, hg. KITTEL 8 (1968) 560f. – [5] Mt. 23, 13; Mk. 7, 6-8. – [6] Mt. 5, 20; 6, 2-4. – [7] Das Dargelegte ausführlich bei WILCKENS, a. a. O. [4] 558-569. – [8] GREGOR DER GROSSE, MPL 76, 621; ISIDOR VON SEVILLA, MPL 82, 379. – [9] AUGUSTIN, Corp Christ. lat. 35, 95. – [10] THOMAS VON AQUIN, S. theol. II/II, q. 111. – [11] F. LA ROCHEFOUCAULD, Max. und Refl. (dtsch. 1965) Nr. 218. – [12] FR. BACON, Essays (dtsch. 1927) 25-29, zit. 29. – [13] TH. HOBBES, De cive, dtsch. Vom Bürger, hg. G. GAWLICK (1959) 291; BEHEMOTH, Works, hg. MOLESWORTH (London 1840) 6, 195. – [14] Vom Menschen, hg. G. GAWLICK (1959) 47. – [15] Vgl. vor allem BUDDEUS, Theol. mor. c 1, §§ 30. 34; auch RE³ 8, 21-24. – [16] B. PASCAL, Pensées, Frg. 945, dtsch. E. WASMUTH (⁶1963). – [17] G. E. LESSING, Brief an Reimarus vom 6. 4. 1778. – [18] I. KANT, Met. Akad.-A. 6, 435f. – [19] J. G. FICHTE, Werke, hg. MEDICUS (1911) 1, 127. – [20] G. W. F. HEGEL, Vorles. über die Philos. der Relig. I. Werke, hg. GLOCKNER 15, 66f. – [21] a. a. O. 7, 205ff.; vgl. ferner 2, 506ff.; 3, 93; 7, 213-221. – [22] Vgl. HANNAH ARENDT: Über die Revolution (o. J.) 129. – [23] a. a. O. 128. 133; vgl. auch: Wahrheit und Politik, in: Philos. Perspektiven 1 (1969) 9-51. – [24] FR. NIETZSCHE, Zur Genealogie der Moral; vgl. A. GEHLENS Analyse einer hypertroph verwendeten Moral, in: Moral und Hypermoral (1969). K.-M. KODALLE

Heuristik, heuristisch. Der bereits Kant geläufige Terminus ‹heuristisch› zählt zu den Wörtern, die von ihrer Stammbedeutung her so verständlich klingen, daß sie uns, ohne einer definitorischen Fixierung zu bedürfen und ohne daß wir wissen, von wem oder wo sie aufgebracht worden sind, seit alters vertraut erscheinen. Indes sind weder das Adjektiv noch die substantivierten Formen ‹heuretica›, auch εὑρετική oder ‹heuristica› in der vorneuzeitlichen Terminologie nachgewiesen, in einschlägigen Wörterbüchern finden sie sogar erst im 19. Jh. Aufnahme [1]. Zwar waren die auf das griechische Verb εὑρίσκω (ich finde) zurückgehenden Bildungen wie εὑρετής (der Erfinder), εὑρετικός erfinderisch, εὕρημα (das Erfundene) und εὕρεσις (die Erfindung) bereits Platon vertraut [2], auch hatte εὕρεσις in der antiken Rhetorik als das griechische Pendant zu ‹inventio› Verwendung gefunden [3], und schließlich bezeichnete GALEN beiläufig eine probable, nicht im strengen Sinn beweisende Begründung als eine heuristische (εὑρετικὸς λόγος, οὐκ ἀποδεικτικός) [3a], jedoch scheinen die Ableitungen ‹heuretica› und ‹heuristica› erst der frühneuzeitlichen, zu Gräzismen neigenden Gelehrtensprache vorbehalten geblieben zu sein.

Wenn J. JUNGIUS – vorläufig der erste Zeuge für diese Terminologie – in einem Aufruf zur Gründung einer Gelehrtengesellschaft 1622 eine «Heuretica», vermittels deren verschollene Probleme wiederhergestellt, neue herausgestellt und noch bezweifelte einer sicheren Lösung zugeführt werden, an die Spitze aller Wissenschaften stellt [4], so ist noch offen, ob er damit auch zum Schöpfer dieses neuen Begriffs wurde. Was er meint, klingt sehr modern, wenn er in der ‹Protonoeticae Philosophiae Sciagraphia›, einem bis vor kurzem verschollenen Fragment aus der Zeit vor 1639 [5], zwischen drei Graden des Lernens und Erkennens unterscheidet, einem empirischen, einem epistemonischen und schließlich einem heuristischen, und sie folgendermaßen umschreibt: Wer erst den empirischen Grad erreicht hat, hält das Gelernte noch deshalb für wahr, weil es mit der Erfahrung übereinstimmt. Wer bereits auf der epistemonischen oder apodiktischen Stufe steht, versteht es, sein Wissen aus endlich vielen Prinzipien mit strengen Beweisen herzuleiten. Wer aber den höchsten, den heuristischen Grad inne hat, der verfügt über eine Methode, nicht gelöste Probleme zu lösen, neue Lehrsätze zu finden und neue Verfahren in die Wissenschaft einzuführen. Diese εὑρετική kann, wie Jungius andernorts ausführt [6], jedoch erst praktiziert werden, wenn richtig konstituierte Definitionen vorliegen; es sei ein Fehler der Peripatetiker, dem Lernenden – durch elementare Unterrichtung in der Topik – einen heuristischen Grad vermitteln zu wollen, noch bevor er durch Kenntnis der Wissenschaften den nötigen epistemonischen Grad erworben hat [7]. Daher soll nach Jungius die Heuretica aus der vornehmlich den propädeutischen Aufgaben genügenden Logik ausgeschlossen und damit einer auf höherer Stufe zu betreibenden Wissenschaftstheorie vorbehalten bleiben. LEIBNIZ vermutete bezeichnenderweise – man denke an seine Bemerkungen über eine «logica arcana» und «cabbala vera» [8] –, Jungius habe in seiner ‹Logica Hamburgensis› (1638) zwar die überlieferte Topik, die ja eine «Heuretica probabilium» sei, schlechterdings nicht übergehen können, habe aber die eigentliche ars inveniendi, nämlich die «Heuretica in necessariis» aus seiner Logik ausgeschlossen, um sie für sich zu behalten [9]. Später, in den Vorbereitungen zur Neuausgabe seiner ‹Nova methodus discendae docendaeque jurisprudentiae› nennt Leibniz den inventiven Teil der Logik, dem bei Aristoteles nicht nur die ‹Topik›, sondern auch die ‹Analytica posteriora› (also die Lehre vom Beweis) entspräche, mit dem neuen Begriff ‹Heuretica› und setzt ihm als Bezeichnung für den judikativen Teil, d. h. für die ‹Analytica priora›, eine ‹Logocritica› an die Seite. Wobei er zwei Methoden dieser «Heuretik» beschreibt, eine «via demonstrativa» und eine «via indicativa». Die erste basiert auf Definitionen und Axiomen, geht also axiomatisch vor; als Beispiel nennt Leibniz nicht nur Aristoteles und die neueren Aristoteliker, die sich insbesondere mit dessen Beweistheorie befaßt haben, wie B. Viottus und J. von Felden, sondern bezeichnenderweise auch antike und neuere Mathematiker, wie einerseits Apollonius, Diophant, Pappus, Marinus und andererseits Cardano, Vieta, Descartes sowie schließlich seine eigene Erfindung des Infinitesimalkalküls, mit der an sein berühmtes «Calculemus!» erinnernden Begründung: «nam calculus imprimis prodest ratiocinationi», dem vernünftigen Schließen sei nämlich der Kalkül besonders nützlich. Die zweite aufweisende Methode der Erfindung, die nicht so sehr «eruiert» als vielmehr «suggeriert», indem sie kombinierend vorgeht, habe ihr Vorbild in der aristotelischen Topik und neben dem, was er selbst in seiner Jugendschrift ‹De arte combinatoria› entwickelt habe, in den Schriften von Raymund Lull, Joh. Heinr. Bisterfeld und anderen Lullisten [10].

J. P. REUSCH, ein Anhänger Wolffs, weist am Beispiel der Algebra und der Analysis der Mathematiker auf die Gegebenheit von Regeln und heuristischen Kunstgriffen (regulae atque artificia heuristica) hin, mit deren Hilfe wir leicht und sicher in verborgene und uns unbekannte Wahrheiten eindringen. Da solche Regeln sowohl aus der Logik wie aus der ars characteristica, der Ontologie und den Spezialwissenschaften stammen, könne deren Wissenschaft, die H. oder «ars inveniendi», jedoch nicht mit der Logik schlechthin identifiziert werden [11], weshalb er sie auch nicht weiter behandelt.

A. G. BAUMGARTEN hat den ersten (und einzig dargestellten) Teil seiner ‹Aesthetica› mit dem Titel ‹Heuristica› überschrieben. Diesem sollten eine Methodologie, eine Semiotik und der praktische Teil folgen [12]. Gegenstand dieser ästhetischen H. ist die Findung der Sachen und Gedanken, die Schönheit konstituieren. Den Titel hat er von der logischen Erfindungskunst übernommen, die er selbst neben einer Methodik und einer Didaktik als den Teil der praktischen Logik bestimmt, die die Regeln, noch nicht Erkanntes zu begreifen, und ihre Anwendung zu dessen Auffindung lehrt. Als synonyme Benennungen gibt er hier «heuretica philosophorum algebra, analysis» an und unterscheidet diese logische Erfindungskunst durch ihren eigentümlichen Zweck, das (unbekannte) Wahre zu begreifen und deutlich darzustellen, sowohl von der «heuristica oratoria» als auch von der «Aristotelicorum heuristica», der in der Eselsbrücke (pons asinorum) praktizierten Kunst nämlich, den Mittelbegriff einer bereits vorgegebenen Konklusion zu finden [13]. An anderer Stelle teilt Baumgarten die «heuristica», auch «analysis et algebra philosophica» genannte «logica inventionis» zweifach, nämlich allgemein in eine «a posteriori (empirica logica)» und eine «a priori», und speziell wiederum in eine «critica» und eine «hermeneutica» ein [14]. (Analog lautet C. F. FLÖGELS Unterscheidung einer heuristischen von einer hermeneutischen Charakteristik [15].) Auch die klassische Topik, die Cicero als «ars inveniendi» gepriesen habe, stelle nicht so sehr, sagt BAUMGARTEN, eine «heuristica» dar, als vielmehr eine Kunst, sich die Prädikate eines bestimmten Subjektes gemäß der feststehenden Ordnung der mit dem Subjekt verbundenen Begriffe wieder ins Gedächtnis zu rufen [16]. Besonderes Interesse verdienen die von Baumgarten erwähnten «heuristischen Fiktionen der Philosophen und Mathematiker» [17]. Da man zum besseren Auffinden unbekannter Wahrheiten auf solche Fiktionen angewiesen ist, gehört für ihn die Ausbildung der «facultas fingendi» und der Fähigkeit, die nützlichen Erdichtungen auszuwählen, zu den Pflichten, die man gegenüber sich selbst hat [18]. FLÖGEL gibt hier das moderne Stichwort, wenn er in diesem Zusammenhang von der Bildung «philosophischer Hypothesen» spricht [19].

KANT unterscheidet ostensive und heuristische Begriffe; ein heuristischer Begriff, z. B. der Vernunftbegriff ‹Seele›, zeige an, «nicht wie ein Gegenstand beschaffen ist, sondern wie wir unter Leitung desselben, die Beschaffenheit und Verknüpfung der Gegenstände der Erfahrung überhaupt suchen sollen» [20], und Kant bemerkt, wenngleich Vernunftbegriffe als bloße Ideen zwar keinen Gegenstand in der Erfahrung haben, so «bezeichnen sie darum doch nicht gedichtete und zugleich dabei für möglich angenommene Gegenstände», sie seien «bloß problematisch gedacht, um, in Beziehung auf sie als heuristische Fiktionen, regulative Prinzipien des systematischen Verstandesgebrauches im Felde der Erfahrung zu gründen» [21]. Gleiches gilt für die als «heuristische Grundsätze» bezeichneten Prinzipien aller Systematik überhaupt, für die Prinzipien der Homogenität, der Spezifikation und der Kontinuität der Formen nämlich [22], sowie für das Prinzip der Zwecke, das zwar nicht die Entstehungsart der Produkte der Natur begreiflicher mache, doch ein heuristisches Prinzip darstelle, den besonderen Gesetzen der Natur nachzuforschen [23]. Der Terminus ‹heuristisch› weist damit auf bloße Richtlinien für eine mögliche Erforschung hin, ohne Hinweise auf die zu leistende Deduktion.

J. F. FRIES drängt auf die Beachtung der heuristischen Methoden der wissenschaftlichen Erfindung neben den systematischen, konstitutiven Methoden der bloßen Darstellung des schon Erfundenen und unterscheidet die «empirische Methode» der Auffassung und Prüfung von Tatsachen als Methode der Erfindung für historisches Wissen, von der «spekulativen Methode» der Auffassung und Prüfung der apodiktischen Gesetze unserer Erkenntnis als die Methode der Erfindung in reinen Vernunftwissenschaften und schließlich von der «inductorischen Methode», die als der eigentümlichen Methode der Verbindung von Tatsache und Gesetz die Methode der Erfindung in den angewandten Vernunftwissenschaften darstelle. Dabei seien alle diese heuristischen Methoden regressiv, gingen vom Besonderen zum Allgemeinen [24]. Insbesondere unterscheidet Fries in der Mathematik eine analytische Heuristik der Erfindung neuer Methoden und eine synthetische Heuristik des neuen Gebrauches schon bekannter Methoden [25]. – Bei W. T. KRUG findet man die heuristische Methode schlechthin der analytischen oder regressiven gleichgesetzt, die ausgehend vom Bekannten, den principiata, versucht, die Unbekannten, die principia, aufzufinden [26].

B. BOLZANO diskutiert die Frage, ob die Logik, wie man es «nach Kants Vorgang» häufig behaupte, auch nicht den Namen einer H. verdiene, mit dem Hinweis, daß man von einer «Erfindungskunst» billigerweise nichts anderes verlangen könne als einen Inbegriff von Regeln, die bei der Erfindung neuer Wahrheiten zu beachten sind, und daß ihre Sammlung, da es in der Tat solche Regeln gibt, füglich in die Logik gehöre. In diesem Sinn nennt er selbst den vierten Teil seiner ‹Wissenschaftslehre› eine «Erfindungskunst» und merkt an, «H.» besage eben dasselbe, nur griechisch. Allerdings dürfe man sich darunter keine Kunst vorstellen, «durch deren Kenntniß man auch bei den unglücklichsten Naturanlagen und ohne alle Hilfe des Zufalls, durch eine bloß mechanische Befolgung ihrer Regeln, jede beliebige, bisher verborgene Wahrheit sicheren Schrittes suchen und auffinden könnte» [27]. – Als die grundlegenden heuristischen Methoden, durch die Hypothesen entworfen werden, betrachtet CHR. SIGWART die Umkehrung gegebener Sätze, ferner die auch als Reduktion charakterisierbare Induktion und schließlich das Analogieverfahren [28].

In der Methoden- und Wissenschaftslehre der psychologisierenden «Logik» von A. HÖFLER wird am Beispiel wissenschaftshistorischer Fakten eine «H.» entwickelt und eine «Systematik» vorangestellt [29]. Eine allgemein anerkannte Disziplin, die den Namen ‹H.› verdient und eine Theorie der in den verschiedenen Wissenschaften zur Anwendung gelangten heuristischen Prinzipien und Methoden zum Inhalt hatte, gibt es jedoch bis heute nicht.

Allgemein werden heute solche Begriffe, Grundsätze, Verfahren und Methoden ‹heuristisch› genannt – man spricht auch von ihrem «heuristischen Wert» –, die etwas zur Erkenntniserweiterung beitragen, ohne selbst die Sicherheit der gewonnenen Erkenntnisse begründen zu können. Sie finden in Form von Konjekturen, Gedankenexperimenten, Modellen und Arbeitshypothesen, um nur einige der Benennungen aufzuführen, unter denen sie aufzutreten pflegen, überall da Anwendung, wo noch keine streng deduktiven Begründungs- und Entscheidungsverfahren bekannt oder möglich sind, und tragen daher grundsätzlich einen provisorischen, zugleich aber weiterführenden Charakter. Im Sinne der von K. R. POPPER entwickelten Theorie der Falsifizierbarkeit können selbst Irrtümer großen heuristischen Wert besitzen; so sei es der Vollkommenheitsglauben gewesen, der als heuristisches Prinzip Kepler zur Entdeckung seiner Gesetze geleitet hätte; erst dieser Glaube habe Kepler zur Aufstellung seiner Kreishypothese geführt, deren Falsifikation seinen ersten wirklichen Erfolg ausgemacht habe. Insbesondere beschreibt Popper an historischen Exempeln die Merkmale, die einen guten, heuristischen und einen kritischen Gebrauch von Gedankenexperimenten in der Physik von einem unzulässigen, apologetischen Mißbrauch unterscheiden [30]. In einer sich von der Popperschen Position der Falsifizierbarkeit weiterentwickelnden Absetzung bestimmt I. LAKATOS die Wissenschaftlichkeit eines Forschungsprogramms nach seiner heuristischen Kraft, d. h. im Sinne einer «positiven H.» bzw. nach der Fähigkeit eines Forschungsprogramms, faktische Innovationen zu antizipieren [31].

Anmerkungen. [1] So bei W. T. KRUG: Allg. Handwb. der philos. Wiss. (²1832) 1, 807; 2, 421. – [2] Vgl. z. B. PLATON, Laches 186 e; Politikos 286 e; Theaitet 150 c; Kratylos 436 a. – [3] Vgl. H. LAUSBERG: Hb. der Rhet. (1960) § 260. – [3a] GALEN, hg. KÜHN 4, 649f. – [4] M. VOGEL: Historia vitae et mortis J. Jungii (1679) 264, mitgeteilt in JUNGIUS, Logica Hamburgensis, hg. R. W. MEYER (1957) Einl. XIII. – [5] Zum ersten Mal hg. von H. KANGRO, in: Joachim Jungius' Experimente und Gedanken zur Begründung der Chemie als Wiss. (1968) bes. 258; vgl. 238. – [6] J. JUNGIUS: Disp. de nominalium definitionum necessitate (Hamburg 1635) cor. 3, bei KANGRO, a. a. O. [5] 243 Anm. 425. – [7] KANGRO, a.a.O. 260. – [8] Vgl. G. W. LEIBNIZ, Opusc. et frg. inéd., hg. COUTURAT 219. 429. 516; ferner Philos. Schr., hg GERHARDT 7, 168f. 184, 199. – [9] Brief an J. Vagetius vom 2. 12. 1679. Akad.-A. II/1, 496. 498; vgl. a.a.O. VI/1, 281. – [10] VI/1, 277. 279. – [11] J. P. REUSCH: Systema logicum (1734) § 74. – [12] A. G. BAUMGARTEN: Aesthetica (1750, ND 1961) § 13. – [13] Sciagraphia encyclopaediae philosophicae, hg. FOERSTER (1769) § 118; vgl. §§ 90ff. – [14] Philosophia generalis, hg. FOERSTER (1770, ND 1968) § 147; vgl. auch Acroasis logica, hg. TOELLNER (1765) § 720. – [15] C. F. FLÖGEL: Einl. in die Erfindungskunst (1760). § 123f. – [16] BAUMGARTEN, Aesthetica § 130. – [17] a. a. O. § 574. – [18] Ethica philosophica (³1763, ND 1969) § 214. – [19] FLÖGEL, a. a. O. [15] §§ 630f. – [20] KANT, KrV B 699. – [21] B 799; vgl. B 644. – [22] B 691. – [23] KU § 78. – [24] J. F. FRIES: System der Logik (1811, ³1837) § 117, S. 389-394. – [25] a. a. O. § 125, S. 414-416. – [26] KRUG, a. a. O. [1] 1, 132. – [27] B. BOLZANO: Wissenschaftslehre (1837) § 9 Anm. 3; §§ 15. 322ff. – [28] CHR. SIGWART: Logik (1878), ⁵1924) § 83. – [29] A. HÖFLER: Logik (1922) bes. §§ 87-93. – [30] K. R. POPPER: Logik der Forsch. (1935, ³1969) 93. 398ff. – [31] Vgl. I. LAKATOS: Falsification and the methodology of scientific research programmes, in LAKATOS und MUSGRAVE, Criticism and the growth of knowledge (London 1970) 91-195; Popper zum Abgrenzungs- und Induktionsproblem, in: H. LENK (Hg.): Neue Aspekte der Wissenschaftstheorie (1971) 75-110.   H. SCHEPERS

Hexis (habitus) stellt einen Dauerzustand des Seienden dar, aber doch im Sinne einer besonderen Seinsweise, nämlich des Habens (Vorliegens) bestimmter Momente gerade jetzt und hier. Wissen ist dann etwa «Haben von Erkenntnis» [1], aber diese Habe ist keine natürliche, sondern erworben und kommt als etwas Neues auf; ebenso kann Tugend z. B. die «Habe der rechten Mitte» sein, doch muß sie einmal gewonnen werden [2], oder «Haben» versteht sich gemäß dem lateinischen Ausdruck «aliquo modo se habere», wie z. B. in «corporis habitus (habitudo)», was auch den «inneren Zustand» (Gesundheit) bzw. den «äußeren Zustand» (Haltung) meinen kann [3].

Anmerkungen. [1] PLATON, Theait. 197 a. – [2] ARISTOTELES, Eth. Nic. II, 6, 1106 b 36. – [3] LALANDE (¹1962) 392-398.

1. Nur unter Ansetzung dieser Grundbedeutung von «Haben» für ἕξις (= H.) ist auch die Bedeutung «Befinden, Beschaffenheit, Lage, Verhalten» zu verstehen, die sich bei PLATON, ISOKRATES u. a. findet. Das körperliche Befinden gibt den Gesundheitszustand wieder, das seelische Befinden verweist auf Vermögen, Fähigkeiten, Kräfte, Gewohnheiten (PLATON, ARISTOTELES, XENOPHON, HIPPOKRATES).

Kann Tugend ein Habitus (= Ha.) werden, dann ist Ha. eine Eigenschaft [1]. ‹H.› und ‹Ha.› bezeichnen dann die zur Fähigkeit, zum Können ausgebildete Gewandtheit, Geschicklichkeit, Gewitztheit, Geübtheit [2]. Wenn der in H. und Ha. vorliegende Zustand nicht von Natur aus besteht, obwohl er dauert, erweist er sich als durch Betätigung erworben, d. h. als zuständlich gewordene Beschaffenheit. ‹H.› (= Zustand) ist bei ARISTOTELES die achte der zehn Kategorien; sie steht der οὐσία als ein συμβεβηκός gegenüber und heißt somit «beigegeben», «mitgehend», «akzidentell» [3]. Drücken ‹H.› und ‹Ha.› nicht einfach eine erworbene, zuständlich gewordene Beschaffenheit aus, sondern soll mit ihnen eine Beschaffenheit mit Bezug auf die die Veränderung hervorrufende Verhaltensweise selbst gemeint sein, so nähern sie sich den Begriffen ‹Gewöhnung› und ‹Gewohnheit› (ἔθος) [4], und wo es sich um Erwerb und Aneignung von Beschaffenheiten derart handelt, daß etwas «in Gebrauch» steht, ist ein Zustand begründet, aus dem ein bestimmtes neues Verhalten resultiert. Dies auf Grund einer so bestimmten «Habe» sich wiederholende Verhalten läßt «Gewohnheit», im weitesten Sinne auch «Brauch», «Herkommen», «Sitte» entstehen. An der gewohnten Art, sich dementsprechend zu benehmen, sich auszudrücken, sich zu verhalten usw., lassen sich schließlich Sinn, Sinnesart, Wesen, Sittlichkeit und Charakter (ἦθος) ablesen.

Anmerkungen. [1] ARISTOTELES, Eth. Nic. II, 5, 1106 a 13. – [2] PLATON, Phaidros 268 e. – [3] ARIST., Anal. post. I, 22. – [4] F. RAVAISSON-MOLLIEN: De l'habitude (Paris 1838), ND hg. J. BARUZI (1927, 1933), dtsch. G. FUNKE (1954) 31.

2. Mit Natur (φύσις) hat H. gemeinsam, daß sie ebenso umwandelt wie diese: Ständiger Umgang mit

Schlechtem macht schlecht [1]. Dem gegebenen Naturverlauf tritt ein vorher nicht bestehender Einübungsvorgang an die Seite, und neben das Reich der Natur kommt der ganze Komplex des zur «zweiten Natur» Gewordenen zu stehen [2]. Hexiale (erworbene) Zustände ergeben sich aber nur auf der Grundlage von ursprünglicheren (natürlichen und quasi-natürlichen) Dispositionen. Das heißt, es müssen H. und ἔθος immer noch auseinandergehalten werden, auch wenn sie miteinander verbunden auftreten (ARISTOTELES), weil H. als beständiges Haben ihren Ursprung in der Natur oder in der Gewohnheit (συνήθεια) findet [3], also in einer potentiellen Möglichkeit der Natur oder in deren Gebrauch als Gewohnheit; das jedoch ist Umgang, Gebrauch, Sitte, Gewohnheit. Auf Grund solcher Unterscheidung differenziert THOMAS VON AQUIN zwischen ‹habitus› und ‹potentia›: Auf dem Boden einer potentialen Habe ist Einübung möglich, und ebenso kann sie auf der Grundlage einer «ethischen» Verfassung zur hexialen Seinsweise werden (habitus a potentia in hoc differt quod per potentiam sumus potentes aliquid facere, per habitum autem non reddimur potentes ad aliquid faciendum, sed habiles vel inhabiles ad id, quod possumus, bene vel male agendum. Per habitum igitur non datur neque tollitur nobis aliquid posse, sed hoc per habitum adquirimus, ut bene vel male aliquid agamus) [4].

Erworben und gewonnen ist eine Eigenschaft damit, daß sie auf dem Boden «natürlicher» Dispositionen oder quasi-natürlicher «ethischer» Traditionen zu einem Ha. entwickelt wird. Ausschlaggebend bleibt das Moment der Übung, wobei es prinzipiell auch zu einer habituellen Befolgung der Vernunft (λόγος) kommen kann, sofern eine Anlage zur Vernunft vorliegt. Auch wo keine H.-Bildung gegeben ist, hebt dies die Verantwortung nicht auf (ARISTOTELES [5]). – Hexiale Tauglichkeit ist weiterhin wertneutral, andererseits nicht: Man kann einerseits sowohl Tugenden als auch Laster erwerben und beide durch ausübende, wiederholende Tätigkeit befestigen (HESIOD [6]), man kann andererseits aber auch nur die Habitualisierung dessen gelten lassen, was in sich selbst sittlich und gegen die Schlechtigkeit (κακότης) gerichtet ist. Dabei verleiht allerdings das Durchhalten allein und das Dabeibleiben bei der Sache immer in sich schon einen spezifischen «ethischen» Charakter [7]. Gegen den Gesichtspunkt des «varietas delectat» festzubleiben, macht eine Seite des «ethischen» Befundes bei Brauch und Herkommen aus (so relativ sie sonst sein mögen) [8]. Insofern hat die «zweite Natur» neben der «ersten» stets einen allgemeinen und einen besonderen «ethischen» Charakter.

Daß Tugend zur hexialen Habe (zum Ha.) wird, setzt natürliche Anlagen bestimmter Art voraus, ohne daß jedoch der Ha. selbst eine solche Anlage ist. Tugend bleibt demnach von zweierlei Art: Sie ist «Verstandestugend» oder «ethische» Tugend. Zu ihrer möglichen Ausbildung bedarf es natürlicher Voraussetzungen – des Verstandes dort, bestimmter Dispositionen (die geübt werden können) hier. Die «dianoetischen» Tugenden entstehen durch Belehrung (oder durch Erfahrung in der Zeit), die «ethischen» Tugenden ergeben sich auf Grund von Übung, Wiederholung, Gewöhnung. Keine «ethische» Tugend wird von Natur aus zuteil, und Natürliches kann durch Gewöhnung nicht verändert werden [9].

Bedeutet H. insgesamt Haltung, Gehabe, Ha., so kann sie bestenfalls eine «zweite Natur» sein, da ein natürlicher Gegenstand Gewohnheiten überhaupt nicht anzunehmen vermag. «Tugend», «Tauglichkeit zu ...» stellt weder ein rein passives «Vermögen» dar, noch ist sie selbst schon «Tätigkeit»: Sie ist als hexiale Habe nicht selbst natürlich-potentielles Vermögen, sondern ergibt sich auf Grund von Gebrauch, von Tätigkeit überhaupt, zu welcher freilich die Möglichkeit vorgegeben sein muß. H. ist nicht von Natur, sondern bleibt Ergebnis von Tätigkeit, und sie ist insofern zunächst nicht Ursache, sondern Wirkung [10]. Dementsprechend macht jeder Mensch sich zu dem, der er dann seinem Verhalten und seinem Gehaben nach ist, nämlich auf Grund habitusbildender Tätigkeit [11]. Auch eine gerechte Tätigkeit als solche macht freilich noch nicht Tugend aus, dazu gehört vielmehr eine Einwurzelung, durch die der Mensch im Handeln sicher und ohne Wanken wird [12]. Bei erfolgter Einwurzelung allerdings erscheinen die H. als «Kräfte».

Als solche werden sie von dem Gegensatz Materie/Form (Potenz/Akt) betroffen, denn sie bleiben doch «aktives Prinzip» insofern, als der Möglichkeit nach etwas zur Aktion kommen kann, ohne es immer zu tun. Wenn «Formen» von innen gestaltende Naturkräfte darstellen, dann sind die H. also gewordene Energien, die als solche ihren Ort mit Recht bei den «aktiven Potenzen» besitzen [13]. H. ist also der Inbegriff gewordener, auf Grund von Tätigkeiten ausgebildeter Kräfte, die aktive Ursachen abgeben, nachdem sie als Wirkungen ausgebildet worden sind, und die doch «potentiell» zu bleiben vermögen.

Anmerkungen. [1] DEMOKRIT, VS B 184 führt HEXIN KAKIES an. – [2] VS B 33. – [3] ARISTOTELES, Rhet. I, 1, 1354 a 7; II, 1370 a 7. – [4] THOMAS VON AQUIN, S. contra gent. IV, 77. – [5] ARIST., Eth. Nic. (= EN) III, 7, 1114 a 3. – [6] HESIOD, Erga 287f. – [7] ARIST., EN VII, 15, 1154 b 28. – [8] HESIOD, Frg. 248, hg. RZACH. – [9] ARIST., EN II, 1, 1103 a. – [10] a. a. O. 1103 a/b. – [11] a. a. O. Eth. Eud. 1, 1228 a 30. – [12] EN II, 2, 1105 a 27. – [13] G. TEICHMÜLLER: Stud. zur Gesch. der Begriffe (1874) 466: zu ARIST., De an. II, 4.

3. Im Anschluß an den Gegensatz Materie/Form (Potenz/Akt) wird die Verbindung von H. und Privation untersuchbar [1]. So wie δύναμις eine aktive und eine passive Bedeutung in δύναμις τοῦ ποιεῖν (Möglichkeit zu tun) bzw. in δύναμις τοῦ πάσχειν (Möglichkeit zu leiden) kennt [2], wobei also innerhalb des «Vermögens» (der Dynamis) der Gegensatz von späterer «Potenz» und späterem «Akt» auftritt, der auch in den H. wiederkehrt, ebenso liegt beim «Leiden» (πάσχειν) eine entsprechende doppelte Bedeutung vor. Bei der Überführung von «Potenz» in «Akt» tritt ein Leiden einerseits in dem Sinne auf, daß eine Verwirklichung des Eigenen nicht von innen her erfolgt, andererseits ist, was aktualisiert wird, doch auch nichts der Potenz ganz Fremdes, sondern ihre Entelechie. Ferner gibt es ein Leiden in der Bedeutung, daß etwas entfernt wird, wie z. B. der kühlen Luft durch Erwärmung eben die Kühle genommen werden kann, womit eine Überführung in einen anderen Zustand durch «Beraubung» (στέρησις, privatio) eintritt [3].

Grundsätzlich arbeitet ARISTOTELES mit dem doppelten Gegensatzpaar H./Steresis und H./Dynamis [4]. Die pure H. als mögliches Haben von Form überhaupt stellt etwas durchaus anderes dar als ‹H.› im Sinne von «Gegenstück zur schnell vorübergehenden Disposition (διάθεσις)», als welche sie eine gewisse Zeit dauern, gewohnheits- bzw. übungsmäßig konstituiert ist und im Sinnbereich der Kategorie der Qualität bleibt [5].

H. und Steresis, Ha. und Privation stellen, wenn die Zeitbestimmung beachtet wird, konträre Gegensätze dar, und zwar so, daß nicht ein absolutes Haben oder

Nichthaben gemeint sein kann: Haben und Nichthaben gewinnen ihren hexialen Sinn als «Anwesendsein» und «Abwesenheit» von Bestimmungen vielmehr auf dem Boden bleibender Geeignetheit des ὑποκείμενον (des zugrunde Liegenden). Gerade die Berücksichtigung des passenden Moments, der günstigen Zeit, der angemessenen Entwicklung usw. erlaubt erst, z. B. von Steresis im Sinne eines Fehlens zu sprechen. Im ontologischen Bereich begegnen also Substrate, die wesensmäßig zum Haben eines gelegentlich dann auch Entbehrten und Entbehrbaren eingerichtet sind. Und nur in logischem Betracht gilt die radikale Dichotomie, daß es ein Drittes zwischen «Haben» und «Nichthaben» nicht gibt [6]. Von H. (Habe) und Steresis (Beraubung) zu reden, ist somit sinnvoll, wenn das in Frage Stehende, wovon «Habe» bzw. «Beraubung» gelten soll, überhaupt gehabt oder entbehrt werden kann. Wir können etwa zahnlos nicht einfach nennen, was keine Zähne hat, und blind nicht, was ohne Gesicht ist, sondern nur das, was das Genannte noch zu der Zeit hat, wo es dasselbe naturgemäß haben sollte [7].

Anmerkungen. [1] ARISTOTELES, Met. VIII, 5. – [2] Met. IX, 1, 1046 a 20. – [3] De an. II, 2. – [4] Met. IX, 4, 1055 a 33. – [5] De cat. 8 b 27. – [6] a. a. O. 13 a 18; Met. V, 22, 1022 b 22. – [7] De cat. 12 a 29.

4. Im Neuplatonismus bedeutet ‹Steresis› überhaupt Abwesenheit, und zwar gibt es auch für das, was «Materie» heißt, nämlich für die sinnlich wahrnehmbare Materie (αἰσθητὴ ὕλη) bzw. für die geistige Materie (νοητὴ ὕλη) [1] keine irgendwie geartete Anwesenheit im Hintergrund, noch nicht einmal die H. der Steresis. Wenn Steresis aber selbst nirgendwo als Dauer-Ha. auftritt, dann kann die Aktualisierung eines Potentiellen auch nie die Aufhebung der Privation bewirken. Denn: die Privation wird keineswegs vernichtet, wenn das hinzutritt, in bezug worauf Privation vorliegt, und die Empfängerin für einen Ha. ist nicht selber Ha., sondern eben Privation [2]. Daraus folgt: Wenn die «Materie» als das absolut Unbestimmte, Nichtseiende überhaupt keinen Ha. besitzt, ist sie auch nicht im eigentlichen Sinne ermöglichend, und ist sie nicht ermöglichend, dann bietet eine aus Form und Beraubung gebildete Wirklichkeit überhaupt keine Vollkommenheit mehr. Diese Wirklichkeit bleibt vielmehr Nichtsein [3]. Daraus wiederum ergibt sich, daß H. nur durch den νοῦς zustande kommt und bloß einen «zweiten Geist» wiedergibt, wobei der «erste Geist» mit dem Intelligiblen allein, der «zweite Geist» mit dem Ineinander von νοῦς und Steresis in zeitlicher Bildung zusammenfällt [4]. Ohne daß das Privative des «zweiten Geistes» je aufgehoben werden könnte, bleibt sein Merkmal, daß er die Dauertendenz zur Wiedervereinigung mit dem Geist in seiner ersten (nicht versinnlichten) Form behält, worin zugleich die Vernünftigkeit des seelischen Ha. beschlossen ist. Die Tugenden, die sich hier ergeben, können als im echten Sinne «ethische», nämlich durchgehaltene, neben die dianoetischen Tugenden gestellt werden, aber sie sind nicht die «eigentlichen» [5].

Anmerkungen. [1] PLOTIN, Enn. II, 4 insgesamt. – [2] a. a. O II, 4, 16. – [3] II, 4, 15. – [4] VI, 8, 5. – [5] III, 1, 4; vgl. III, 2, 10; III, 1, 8. G. FUNKE

Hierarchie (griech. ἱεραρχία). Heute in fast allen Wissenschaftsbereichen ein Zentralbegriff der Abstufung, Rangordnung und des Verhältnisses der Über- und Unterordnung, gehört ‹H.› zu den Worten, die im religiös-kirchlichen Bereich geschaffen und durch Aufnahme neuer Begriffsinhalte auf den profanen Bereich ausgeweitet wurden.

Von Ps.-DIONYSIOS AREOPAGITA Ende des 6. Jh. als Zusammensetzung von ἱερός (heilig) und ἄρχειν (herrschen) geprägt, bezeichnet ‹H.› den gestuften Weg von Gott zu den Geschöpfen und von diesen zurück zu Gott und erscheint als heilige Urstiftung, als ordnendes Grundprinzip, durch welches die göttliche Erleuchtung auf die Geschöpfe Gottes weitergeleitet wird. Als Verbindung des neuplatonischen Bildes vom Stufenkosmos der höheren und niederen Welt mit der christlichen Heilslehre drückt ‹H.› den Weg der Vermittlung vom Absolut-Formlosen der Materie über das Reich der Organismen bis zur absoluten Form aus; der sich so ergebende stufenweise Aufbau des Alls führt in einer doppelten Bewegung zur Vereinigung und Verähnlichung mit Gott: Gott ist der Ausgangspunkt und der Zielpunkt aller Dinge; das Unendliche geht auf dem Wege der hierarchischen Stufung in das Endliche über, und das Endliche kehrt auf ihm zum Unendlichen zurück. Als Abbild der geistig-kosmischen Ordnung ist auch die kirchliche Ordnung hierarchisch gegliedert [1].

Die hier angelegte Verbindung von Weltordnung und sittlich-religiöser Heilsordnung wird zu einem Strukturelement mittelalterlichen Weltbewußtseins und äußert sich in vielen Dionysios-Kommentaren unter anderen von JOHANNES SCOTUS ERIUGENA, ROBERT GROSSETESTE, ALBERTUS MAGNUS und THOMAS VON AQUIN, denen allen die Anschauung der H. als Antwort auf die Frage nach der Eingrenzung der dem Menschen vom göttlichen Willen zugemessenen Stellung im Ordo sowie – im engeren Sinne – als Bezeichnung des Herrschaftsverhältnisses in der Kirche eigen ist. In dieser Bedeutung einer «rerum sacrarum et rationabilium ordinata potestas» (BONAVENTURA [2]) erscheint H. noch heute als Ausdruck der von Gott der Kirche gegebenen Ordnung in dreifacher Hinsicht: einmal als Ordnungsgefüge derer, die in der Kirche nach dem Strukturprinzip der Hauptlebenseinheit zur Repräsentation des unsichtbaren Gottes berufen sind, dann objektiv als institutionelle Stufung in diesem Ordnungsgefüge und schließlich subjektiv als die in Weihe- und Jurisdiktions-H. unterschiedene Gesamtheit der Träger kirchlicher Gewalt.

Im Zuge der mit dem Aufkommen der Nationalstaaten historisch und mit NICOLAUS CUSANUS philosophisch einsetzenden Auflösung des mittelalterlichen Weltbildes wird auch die Auffassung einer nach der Leib-Seele-Analogie in zwei Ordnungen durch Klerus und Laien das eine Ganze in Gott wirkenden H. durch neue ständische Ideale ersetzt unter Ausschluß universalistischen Denkens. ‹H.› als Begriff wird in diesem Zusammenhang (wenn sich auch Nachklänge der universalistischen Lehre bis zu LUTHERS Bestimmung «tres enim hierarchias ordinavit Deus contra diabolum, scilicet oeconomiam, politiam et Ecclesiam» [3] halten) eingeschränkt auf das Herrschaftsverhältnis in der Kirche und seit der Reformation vornehmlich polemisch als Absage an Papsttum und kirchliche Rangordnung gebraucht. FICHTES «furchtbare Gewalt der H.» [4] wird «zum Schmachwort gegen allen und jeden Anspruch des geistlichen Standes auf selbständige Stellung und Funktion in der Kirche» (H. WAGENER [5]), zum antiklerikalen Schlagwort, ein Beigeschmack, der dem Wort bis heute anhaftet.

Die Ausweitung des H.-Begriffes vom inner- und antikirchlichen Bereich auf den weltlichen erfolgte frühestens am Ende des 18. Jh., nachdem das Wort bereits vorher religionssoziologisch zur Charakterisierung der Herrschaftsausübung in und durch Religionsgemeinschaften herangezogen worden war: Jetzt erscheinen die Ausdrücke ‹politische H.› (HEGEL [6]), ‹H. der Gewalten› (GÖRRES [7]) und besonders ‹Beamten-H.› und ‹militärische H.›. Mit SAINT-SIMON und COMTE wird ‹H.› ein Begriff der Gesellschaftsphilosophie und bei Comte zum wissenschaftstheoretischen Grundbegriff: die «formule hiérarchique» stellt eine notwendige Ergänzung des Drei-Stadien-Gesetzes dar, indem sie das Nebeneinander von positiven und theologisch-metaphysischen Wissenschaften verständlich macht und die Grundlage einer positivistischen Wissenschaft und Erziehung bildet.

Seit Comte ist ‹H.› ein geläufiger Terminus der Philosophie zur Kennzeichnung von Rangordnung und Abstufung; SCHOPENHAUER verwendet etwa «H. der Urteile», «H. der Intelligenzen» und «H. der Begriffe» [8].

In vielseitiger Anwendung umfaßt H. den kapitalistischen Produktionsprozeß, der bei K. MARX als ein als «vollständige H. gegliederter gesellschaftlicher Mechanismus» erscheint [9], die Bürokratie bei M. WEBER und seit A. MERKL die Rangordnung des Rechts. Eine besondere Bedeutung kommt dem H.-Begriff in der Wertphilosophie zu: TH. FECHNER, W. WUNDT, H. DRIESCH, HEYMANNS, N. HARTMANN und andere gebrauchen ihn zur Bezeichnung der Stufen- und Rangordnung von Wesen und Werten, eine Bedeutung, die in der Gesellschaftslehre O. SPANNS zum hierarchisch-ständischen Aufbau des Staates führt. Die «Macht- und Daseins-H., die zugleich und rein analytisch eine Wert-H. ist», stellt einen Zentralbegriff der Ethik SCHELERS dar [10]. Auch dem Neukantianismus E. CASSIRERS ist die «H. des Seins», die sich in der «hierarchischen Gliederung der Begriffe und der geistigen Kräfte» ausdrückt, nicht fremd [11], wie auch K. JASPERS eine «Systematik der Grundeinteilungen des Weltseins» für denkbar hält, «die in einer H. sich ordnender und ergänzender Einteilungen alles umfaßt, was an Unterscheidungen irgendeinen Sinn hat» [12]. In der Wissenssoziologie K. MANNHEIMS bezeichnet ‹H.› die Rangordnung der sich ablösenden philosophischen Standorte. Mit dem Vordringen der Kybernetik auch in den philosophischen Bereich erschließt sich ein neues Bedeutungsfeld von ‹H.› als selektive Freihaltung zentralnervöser Instanzen von Detailinformationen; in der nicht mehr ontologisch ausgerichteten Ethik der Gegenwart ist ‹H.› dagegen kein tragender Begriff mehr.

Anmerkungen. [1] PS.-DIONYSIOS AREOPAGITA, De cael. hierar. III, 1 ff.; De eccl. hierar. I, 3. MPG 3, 119-340. 369-570. – [2] zit. W. BERGES: Die Fürstenspiegel des hohen und späten MA (1952) 55 Anm. 1. – [3] M. LUTHER, Zirkulardisputation über Matthäus 19, 21. Weimarer A. 39/II, 32, 3 f. – [4] J. G. FICHTE, Beiträge zur Berichtigung der Urtheile des Publikums über die französische Revolution. Akad.-A. 1, 294. – [5] H. WAGENER: Staats- und Gesellschaftslex. (1862) 9, 419. – [6] G. W. F. HEGEL, Die Verfassung des Dtsch. Reiches, hg. MOLLAT (1935) 7 f. 24 ff. – [7] J. GÖRRES: Teutschland und die Revolution (1819), hg. DUCH (1921) 129. – [8] A. SCHOPENHAUER, Werke, hg. W. Frhr. v. LÖHNEYSEN (1961 ff.) 5, 542. 89; 2, 88. – [9] K. MARX, Das Kapital III, 51 (1959) 937. – [10] M. SCHELER: Die Wissensformen und die Gesellschaft (²1960) 119. – [11] E. CASSIRER: Individuum und Kosmos in der Philos. der Renaissance (²1963) 13. – [12] K. JASPERS: Von der Wahrheit (²1958) 198.

Literaturhinweise. G. TELLENBACH: Libertas. Kirche und Weltordnung im Zeitalter des Investiturstreites (1936). – TH. L. CAMPBELL: Dionysius, the Pseudo-Areopagite, the ecclesiastical hierarchy (1955). – T. MÜNZ: Die soziale H. komplexer Gesellschaften. Ursachen, Funktionen und Formen der sozialen Schichtung (Diss. Erlangen 1967). – W. MAURER: Luthers Lehre von den drei H. und ihr mittelalterl. Hintergrund. Philol. Z. 147 (1970) H. 4.
H. RAUSCH

Hierarchiegesetz (formule hiérarchique, loi encyclopédique). Das H. ist 1822 von A. COMTE in seinem «opuscule fondamental» zum ersten Male dargestellt und nachher immer wieder erörtert worden; es deckt «die unveränderliche sowohl historische wie dogmatische, wissenschaftliche und logische Hierarchie der sechs fundamentalen Wissenschaften: Mathematik, Astronomie, Physik, Chemie, Biologie und Soziologie» auf, wobei die Mathematik «den exklusiven Ausgangspunkt», die Soziologie «das einzige wesentliche Ziel der gesamten positiven Philosophie» [1] bildet. Die wissenschaftstheoretische Rechtfertigung des Gesetzes, in dem die Entwicklung der Wissenschaften als ausgehend von der abstrakt-allgemeinsten und endend bei der konkret-komplexesten dargestellt wird, ist durch die allgemeine Geschichte wie die Individualentwicklung gegeben. In ihnen geht der positive Geist «von den einfachsten mathematischen Ideen zu den höchsten sozialen Gedanken» [2] über.

Anmerkungen. [1] A. COMTE: Discours sur l'esprit positif (Paris 1844) 3. part., chap. 3, II; dtsch./frz. hg. I. FETSCHER: Rede über den Geist des Positivismus (1956) 208 ff. – [2] a. a. O. 211.

Literaturhinweise. A. COMTE: Prospectus des travaux sci. nécessaires pour réorganiser la société (1822) (s. Systême, Bd. 4); dtsch. W. OSTWALD: Entwurf der wiss. Arbeiten, welche für die Reorganisation der Ges. erforderlich sind (1914); Systême de politique positive ou traité de sociol. instituant la religion de l'humanité 1-4 (Paris 1851-1854, ⁴1912). – Bibliogr. bei FETSCHER s. Anm. [1].
W. GOERDT

Hierarchisierung ist in der Psychologie Begriffen wie ‹Organisation›, ‹Struktur›, ‹Gefüge› beizuordnen. Allgemein wird ‹H.› zur Kennzeichnung einer bestimmten Art von Abhängigkeitsbeziehung zwischen Teilen in einem Ganzen verwendet. In K. LEWINS Entwicklungstheorie des Verhaltens spielt der H.-Begriff eine zentrale Rolle: Das Verhalten entwickelt sich aus Stadien primitiver Einheitlichkeit und Undifferenziertheit zu immer ausgeprägterer hierarchischer Organisation, wobei Teilhandlungen in immer stärkerem Maße von Leitideen kontrolliert werden und die verschiedenen Handlungsziele in ein bestimmtes Rangordnungsverhältnis zueinander treten. Lewin verwendet ‹H.› auch im Rahmen seiner Persönlichkeitstheorie und Sozialpsychologie in entsprechender Weise.

Literaturhinweise. K. LEWIN: A dynamic theory of personality (New York 1935); Die Lösung soz. Konflikte (1953); Regression, Retrogression und Entwicklung, in: Feldtheorie in den Sozialwiss. (1963) 126-167; Ganzheit, Differenzierung und Einheitlichkeit a. a. O. 330-361.
KURT MÜLLER

Hilbertsches Programm heißt ein von D. HILBERT seit etwa 1917 entwickelter Plan zur Grundlegung der Mathematik. Es setzt sich das Ziel, die formalisierten Teile der Mathematik mit finiten Methoden als widerspruchsfrei nachzuweisen.

Literaturhinweise. D. HILBERT: Die Grundlagen der Math. Hamburger math. Einzelschriften 5 (1928). – D. HILBERT und P. BERNAYS: Grundlagen der Math. 1 (1934); 2 (1939).
K. SCHÜTTE

Hilfssatz (bzw. Hilfsurteil) heißt in der älteren wissenschaftlichen Terminologie ein Satz, der innerhalb des Beweises eines anderen Satzes notwendig ist. Die Funktion eines H. können Definitionen, Axiome und Theoreme übernehmen [1]. In der neueren Terminologie besonders der Mathematik bezeichnet ‹H.› häufig einen Satz, der lediglich für den Beweis eines anderen Satzes *bewiesen* wird, für sich genommen jedoch belanglos ist.

Anmerkung. [1] Vgl. TH. ZIEHEN: Lehrb. der Logik (1920) 799ff.
Red.

Himmel (etymol. verwandt mit nhd. ‹Heim›, got./ahd. ‹godheimr›, ‹heimar goda› = Götterheim) bezeichnet (heute) nicht «etwas», sondern dient (wie stets) – und ist darin eine spezifische Metapher – als umfassendes Ikon den Vorstellungen dessen, was als je Oben, Über oder Vor erfahren, geglaubt, erwartet, erhofft oder als metaphysische Aggression verworfen wird.

Im Altertum und Mittelalter ist die Vorstellung vom H. als Firmament, als das den Horizont begrenzende Gewölbe, als hohle Halbkugel, die ehern, eisern (griech.), steinern (idg.), Wasser (H.-Ozean; ägypt., mand.) und gestirnt ist [1], auf Säulen ruht, die Atlas trägt [2], meist ungetrennt von der Vorstellung des Umfassend-Göttlichen. Doch unterscheiden einen astronomischen und einen geistigen H. durch zwei Begriffe das Ägyptische (chi/t'ien) wie das Englische (sky/heaven). Ouranos (etymol. wohl verwandt mit dem vedischen H.-Gott Varuna), ein Gott schon der vorhomerischen Religion [3], der in der heiligen Vereinigung (ἱερὸς γάμος) die Erde befruchtet [4] – als männliches Prinzip erscheint er auch im Taoismus –, wird von seinem Sohn Kronos entmannt. Von ihm übernimmt der olympische Zeus den Titel «Himmlischer» als universaler Gott des Weltalls [5], dem im Altindischen der «H.-Vater» dyaus pita (=Ju-piter) entspricht; dagegen «Herr des H.» im Syrischen und Ägyptischen. Bei den frühen Orphikern findet sich das (auch innerafrikanische) Bild vom Weltenei, bei dessen Zerplatzen die obere Schale als H. entsteht [6], der die Erde (γῆ) betaut (deshalb Zeus auch als «Betauender») [7]. Ähnlich gilt auch im Chinesischen als ursprünglich die Einheit der Welt, die dann erst in H. und Erde zerfällt. Hier kommt auch das wohl babylonische Bild vom H. als bestirntem Weltenmantel vor [8]. Dagegen steht im orientalischen Denken, vor allem im Alten und Neuen Testament, ursprünglich stets «H. und Erde» für Welt [9], wofür im Griechischen – selten: γῆ τε καὶ οὐρανός, man beachte aber die Umkehrung! – schon früh «Kosmos» ausgebildet wurde. Der H. hat hier nie wie in China Verehrung erfahren.

Die Vorsokratiker versuchten, den H. als «H.-Gewölbe» (ἡ περιφορὰ ἡ ἐξώτατο τῆς γῆς) [10] zu «entmythologisieren». Der H. entsteht durch ewige Bewegung [11], hat keine Grenze, bildet sie aber für alles andere, «in sich enthaltend und umschließend die unermeßliche Zeit» (καὶ περιέχων ἐν αὑτῷ τὸν ἄπειρον χρόνον) [12], er ist «einzig und ewig» (εἷς καὶ ἀΐδιος) und als «oberer Raum» (ἄνω τόπος) «unsterblich, unvergänglich, ungeworden, leidlos» (ἀθάνατος, ἄφθαρτος, ἀγένετος, ἀπαθής) [13], «er wurde und wird sein der alleinige und eingeborene H.» (εἷς ὅδε μονογενὴς οὐρανὸς γεγονὼς ἔστιν καὶ ἔτ' ἔσται) [14]. Schon ANAXIMANDER konstruierte eine H.-Kugel (σφαῖρα) [15]. ARISTOTELES unterschied verschiedene Bedeutungen von ‹H.›: «Erstens versteht man unter ‹H.› das Wesen der äußersten sich drehenden Schale des Alls oder auch den darin befindlichen natürlichen Körper. Wir haben uns besonders angewöhnt, das Äußerste und Oberste (τὸ ἔσχατον καὶ τὸ ἄνω μάλιστα) ‹H.› zu nennen, worin auch die Gottheit (τὸ θεῖον πᾶν) ihre Wohnung hat. Zweitens nennen wir so auch die auf die äußerste folgende Schale, in der Sonne, Mond und einige Sterne sich befinden. Schließlich nennen wir ‹H.› auch den ganzen von der äußersten Schale umschlossenen Körper, da wir das Ganze und das All (τὸ γὰρ ὅλον καὶ τὸ πᾶν) ‹H.› zu nennen gewöhnt sind» [16]. Weil physikalische H.-Theorien die Götter- und Glaubenswelt tangieren, wird ANAXAGORAS (contemplator caeli) verurteilt. Des SOKRATES Verteidigung gegen die Anklage, τὰ ὑπὸ γῆς καὶ οὐράνια zu erforschen [17], da diese τὰ θεῖα ὑπὲρ ἡμᾶς [18] sind, begründet das sogenannte sokratische Adagium: «quae supra nos nihil ad nos» (τὰ ὑπὲρ ἡμᾶς οὐδὲν πρὸς ἡμᾶς), das im Humanismus wieder eine Rolle spielt. Die physikalischen und moralischen (a-metaphysischen bzw. anti-metaphysischen) Erklärungsversuche drängen PLATONS Wirkung für ein Jahrtausend zurück, für den der H. der Ort der Ideen [19], der Ausgangspunkt der Seinsschau [20] und des θεῖον ist.

In der *Stoa* wird ‹H.› Chiffre für «Führung» (ἡγεμονικόν) [21], Freiheit, Unwandelbarkeit, Bestimmung gebraucht [22]. Die *Gnosis* bildet die Anschauung von vielen H. – im Hebr. ist H. Plurale tantum – und den von tödlichen Regenten (Schicksal, Notwendigkeit u.ä.) beherrschten Planetensphären aus [23]. Zu der transzendenten Gottheit tritt die von Boten im Nus, Logos oder in der Sophia erhellte Seele ihre H.-Reise an [24], auf der sie jeden der meist 3 oder 7, bei Basilides 365 Geisterbereiche, das Erlösungswort bekennend, durchfährt. Dagegen bildet der H. in den *jüdischen* und *christlichen Apokryphen* das Ziel der H.-Fahrt z.B. des Mose, Jesaja, Christus, Paulus, und in den *Mysterienkulten* den durchwanderten Ort der seligen Schau [25]; diese wird im *Neuplatonismus* und der *Mystik* jenseits des H. zuteil [26]. AUGUSTIN erklärt das Christentum der heidnischen Philosophie überlegen, weil es die bösen Geister unter den H. bannt und die Seele von ihnen befreit [27].

Im *Alten* und *Neuen Testament* ist der H. geschaffen und wird vergehen und ist also nie «Ort» Gottes [28]; aller H. H. faßt Gott nicht [29]. Dagegen spiegelt «H. und Erde» als prinzipielles Gleichnis das Verhältnis von Gott und Mensch in Schöpfung, Gericht und Gnade («unter dem H.» = auf Erden; «wie im H. so auf Erden»; Gott = «im H.», der Mensch auf Erden = «unter dem H.») [30]. Das Aufreißen des H. (entgegen seiner sonst verhüllenden Funktion) (Bild von der «H.-Leiter») [31] signifiziert ein eschatologisches Geschehen, den H. als Ausgangsort der Offenbarung [32]. Im Jüdischen ist ‹H.› Chiffre für den verbotenen Gottesnamen; deshalb spricht Matthäus vom «H.-Reich» (= Herrschaft) [33] anstatt vom Gottes-Reich in Jesu Verkündigung. Die Prophetie vom Aufrollen des H., vom neuen H. und Erde [34] sind älteste apokalyptische Bilder für die endzeitlich erwartete Überwindung des Chaos der Weltzeit, wenn «auf [an] den Wolken des H. der Menschensohn» [35] erscheint, der als der auferstandene Jesus «vom H.» erwartet ist [36]. Nur bei Lukas ist Jesu «Weg zu Gott» (= Auferstehung) als H.-Fahrt anschaulich gemacht [37]. Auch das «Paradies» ist Bezeichnung für den Hoffnungsort des Geretteten bei Gott [38]. Die Christen haben ihre πολιτεία (Staatsbürgerschaft) im H., sind auf Erden nur eine Kolonie von H.-Bürgern, erwarten aber eben so vom H. ihren Herrn als Erlöser [39].

Seit den mathematischen, physikalischen, astronomischen Entdeckungen des Kopernikus, Kepler, Galilei sinkt der Wortgebrauch von ‹H.› erheblich; in naturwissenschaftlichen Wörterbüchern fehlt das Wort (evtl.

noch ‹himmelblau›). Hierfür ist das Bild des «modernen» Menschen bezeichnend, der seinen Kopf durch das Firmament hindurchstreckt und den H. als ein Nichts, nur sich bewegende Gestirnssysteme erfährt [40]. Auch Newtons H.-Mechanik und der Begriff des H. als «absoluter Raum» sind dafür charakteristisch. Seitdem wird ‹H.› nur noch als Metapher benutzt zur a) anthropologisch-existentiellen Übersetzung, b) in poetisch-ästhetischer Bedeutung, c) zum Teil alte Traditionen aufnehmend theologisch.

a) Schon LUTHER übersetzt «Vater im H.» mit «ein geystlicher Vatter» [41] oder: «die Schrift heißt H. alles, was oben ist» [42]. Ebenso THOMAS A KEMPIS: «Wo du [Christus] bist, ist der H.» [43]. Die lutherische christologische Zusammenfassung von Gott im H. mit der Menschheit [44] führt am Ende zu L. FEUERBACHS vom H. zur Erde Kommen: «Gott ist nur der unentwickelte H., der wirkliche H. der entwickelte Gott», H. ist «unser eigenes zukünftiges (ideales) Wesen», «dort ist der Christ frei, wovon er hier frei zu sein wünscht» [45]. Diese «menschliche Selbstentfremdung» entlarvt MARX: «Die Kritik des H. verwandelt sich damit in die Kritik der Erde, die Kritik der Religion in die Kritik des Rechts, die Kritik der Theologie in die Kritik der Politik» [46]. E. BLOCH sieht dagegen positiv als Utopie die gnostische H.-Reise der Seele wie ägyptische, jüdische, christliche, islamische H.-Vorstellungen als «Hoffnungsbilder gegen die Macht der stärksten Nicht-Utopie: den Tod»; er findet in Jesu Verkündigung «tiefsten Humanum-Einsatz in den H. proklamiert» das «triumphierende Tribunbild» in den «Wunschmysterien ... H.-fahrt» [47], wobei er im H. echte politische Utopie, Zeuge und Bild findet, «was für sich selber spricht, indem es noch schweigt».

b) Bei JEAN PAUL ist der H. ganz von Gott entleert: «Ich ging durch die Welten, ich stieg in die Sonnen und flog mit den Milchstraßen durch die Wüsten des H.; aber es ist kein Gott» [48]. Bei SCHLEIERMACHER «gehört der H. den Söhnen der Erde» und das Himmlische ist der letzte Gegenstand des Genusses und der Vereinigung [49]. Die Entzweiung von H. als Objekt der naturwissenschaftlichen Forschung und des ästhetisch vermittelten H. dokumentiert sich an KANTS «bestirntem H.», der deshalb «erhaben» genannt wird, weil er (ebenso wie der Ozean) nicht im Begriff der exakten Wissenschaft, sondern «als ein weites Gewölbe, was alles befaßt», erfahren wird [50]. Der Anblick des H. «vernichtet gleichsam meine Wichtigkeit» und «erweitert die Verknüpfung, darin ich stehe, ins unabsehlich Große mit Welten über Welten und Systemen von Systemen» (hier zeigt sich die «alte Identität von Kosmos und H.» [51]), während «das moralische Gesetz in mir» mich als «Intelligenz» und ein «von der ganzen Sinnenwelt unabhängiges Leben» darstellt [52].

c) Der H. ist bei den Chinesen die «ganz unbestimmte, abstrakte Allgemeinheit», die «ganz unbestimmte Inbegriff physischer und moralischer Zusammenhänge überhaupt» [53]. Theologisch erklärt K. BARTH H. und Erde als «Entsprechung dessen, wozu sie geschaffen: der Begegnung, Geschichte und Gemeinschaft zwischen Gott und Mensch». Der H. ist «der Inbegriff des ... Unfaßlichen ... die dem Menschen eindeutig gezogene Grenze». Er ist «der Ort, von dem her Gott am Menschen handelt», seine «auf die Erde zielende Geschichte» in Bewegung bringt, das Reich Gottes, das «als solches auch das H.-Reich ist» [54]. In Apologie gegen den modernen Rationalismus bezeichnet L. BRÉMOND den H. als «Ort» der wahren und ewigen Glückseligkeit, die die erlösten und auferstandenen Seelen in der Anschauung Gottes erlangen [55].

Anmerkungen. [1] HOMER, Il. V, 504; IV, 108. – [2] AISCHYLOS, Prof. 348. – [3] HESIOD, Theog. 126f.; Anthol. palatina 9, 26, 9. – [4] EURIPIDES, Frg. 839; PLATON, Tim. 293 c. – [5] EMPEDOKLES, VS B 44; vgl. PLATON, Phaidr. 246 e; Krat. 396 b; vgl. F. W. J. SCHELLING, Werke, hg. K. F. A. SCHELLING (1856-61) 12, 194ff. 287ff. – [6] ATHENAGORAS, Supplicatio pro christianis 18. – [7] AKUSILAOS, VS B 28. – [8] PORPHYRIOS, De antro nymph. 14; AISCHYLOS, Frg. 216. – [9] Gen. 1, 1; Matth. 5, 18; Orph. VS B 16; PLATON, Soph. 232 c; Tim. 28 b; PARMENIDES, VS B; STOBAEUS, Ecl. I, 21, 445; EPIKUR, Ad Pythocles 88. – [10] ANAXIMENES, VS A 13. – [11] HIPPOKRATES I, 6, 2. – [12] ARISTOTELES, De caelo 283 b 29; vgl. PLATON, Phaedr. 245 d/e. – [13] ARIST., a. a. O. 283 b 27f. 284 a 11-14. – [14] PLATON, Tim. 31 b. – [15] ANAXIMANDER, VS A 1. – [16] ARIST., a. a. O. [12] 278 b 11-21. – [17] PLATON, Apol. 18 b ff. 26. – [18] STOBAEUS, Ecl. II, 129. – [19] PLATON, Tim. 31 b. – [20] PHAIDR. 247 b; vgl. PROCLOS, Comm. in Platonis Tim. 83 e; PLATON, Krat. 396 c; Soph. 246 a. – [21] CHRYSIPP, Frg. 644. SVF 2, 194; vgl. ZENON, Frg. 163. SVF 1, 43, 6f. – [22] Corp. Herm. excerpt. 11, 2, 25. – [23] Corp. Herm. 3, 2 b. – [24] C. COLPE: Die «H.-Reise der Seele» außerhalb und innerhalb der Gnosis, in: Le origine dello Gnosticismo, hg. U. BIANCHI (Leiden 1967) 429-447; vgl. W. DILLENBERGER, Orientis Graec. Inscr. sel. 383, 39ff. – [25] Vgl. den dritten H. bei PAULUS, 2. Kor. 12, 3; H.-Fahrt Moses, bei E. KAUTZSCH: Die Apokryphen und Pseudepigraphen des AT (1900) 317ff.; griech. Baruch-Apk., bei KAUTZSCH, a. a. O. 449ff.; HENOCH, Asc. Jes.; Babylonischer Talmud, Hagiga 12 b, hg. GOLDSCHMIDT, 4, 272. – [26] PLOTIN, Enn. IV, 3, 17, 1ff. – [27] AUGUSTIN, De civ. Dei X. – [28] Gen. 1, 1; Jes. 42, 5; Matth. 24, 35. – [29] 1. Kön. 8, 27. – [30] Hiob 41, 3; Matth. 6, 10; 6, 9; Jer. 8, 7. – [31] Jes. 64, 1; Röm. 14, 17; Matth. 3, 16; Joh. 1, 51. – [32] Apg. 9, 3. – [33] Vgl. Matth. 5, 3 mit Mark. 1, 14 u. Luk. 6, 20. – [34] Jes. 51, 6; 65, 17; Apk. 21, 1. – [35] Matth. 24, 30. – [36] 1. Thess. 1, 10. – [37] Luk. 24, 51; Apg. 1, 9f. – [38] Luk. 23, 43. – [39] Phil. 3, 20. – [40] Dtsch. Holzschnitt (16. Jh.). – [41] LUTHER, Weimarer A. 7, 221. – [42] a. a. O. 24, 45. – [43] THOMAS A KEMPIS, Imitatio Christi III. – [44] Konkordienformel, Solida declaratio VIII. – [45] L. FEUERBACH, Das Wesen des Christentums, Kap. 19. – [46] K. MARX, MEGA I/1, 1, 608. – [47] E. BLOCH: Das Prinzip Hoffnung (1959) 3, 1297. 1320ff. – [48] JEAN PAUL: Rede des toten Christus vom Weltgebäude herab, daß kein Gott sei, in: Siebenkäs (1796/97), Werke, hg. N. MILLER (1959-63) 2, 269. – [49] Fr. SCHLEIERMACHER, Werke (1911) 1, 413; 4, 217. – [50] I. KANT, KU Akad.-A. 5, 270; vgl. J. RITTER: Landschaft. Zur Funktion des Ästhetischen in der modernen Gesellschaft (1963) 24f. – [51] RITTER, a. a. O. 14. – [52] KANT, KpV. Akad.-A. 5, 161f. – [53] G. W. F. HEGEL, Werke, hg. Glockner 15, 343f. – [54] K. BARTH: Kirchl. Dogmatik III/3 (1950) 487ff. 492. 504. – [55] L. BRÉMOND: Le ciel, ses joies et ses splendeurs (Paris 1925).

Literaturhinweise. O. ZÖCKLER: Der H. des Naturforschers und der H. des Christen. Slg. von Vorträgen 7 (1882) H. 7. – R. ROCHOLL: Die Realpräsenz (1875) 120ff. – Dict. théol. cath. 2 (1905) 2474-2511. – R. EISLER: Weltenmantel und H.-Zelt (1910). – A. LÖWINGER: Der H. in nachbibl. Auffassung. Mitt. jüd. Volkskunde 15 (1912). – TH. FLÜGGE: Die Vorstellung über den H. im AT (Diss. Königsberg 1937). – H. BIETENHARD: Die himml. Welt im Urchristentum und Spätjudentum (1951). – M. SCHMAUS: Kath. Dogmatik 1 (⁶1960) 352f. – Theol. Wb. zum NT, hg. KITTEL 5 (1954) 496-543.

H. TRAUB

Hinduismus ist ein von der europäischen Religionswissenschaft in Anlehnung an den Volksnamen ‹Hindu(s)› geprägter Sammelbegriff für die bodenständigen Religionen Indiens mit Ausnahme der gestifteten Religionen (Buddhismus, Jinismus, Sikhismus) und der Religionen der Primitivvölker. Die vedische Religion wird meistens ausgenommen [1]. Die Übergänge zwischen vedischer Religion und H. in den spätvedischen und anderen frühen Texten sind fließend.

Anmerkung. [1] So z. B. A. BARTH: Les relig. de l'Inde (Paris 1879).

L. SCHMITHAUSEN

Hinterfragen. Der Ende der sechziger Jahre Modewort gewordene Ausdruck ‹H.›, der zumeist im Kontext der

Ideologiekritik steht und dann das Programm indiziert, die vornehmlich gesellschaftlichen Zwänge oder Interessen aufzudecken, welche vorgeblich nur sachlich motivierten Aussagen unbewußt zugrunde liegen, und damit solche Aussagen derart als Ausdruck falschen Bewußtseins zu entlarven, dürfte von FR. NIETZSCHE in die Sprache der Philosophie eingeführt worden sein. In seiner Schrift ‹Morgenröte› heißt es: «H. – Bei allem, was ein Mensch sichtbar werden läßt, kann man fragen: was soll es verbergen? Wovon soll es den Blick ablenken? Welches Vorurteil soll es erregen? Und dann noch: bis wieweit geht die Feinheit dieser Verstellung? Und worin vergreift er sich dabei?» [1].

Anmerkung. [1] FR. NIETZSCHE, Morgenröte 5, Nr. 523. Werke, hg. SCHLECHTA 1, 1254. L. OEING-HANHOFF

Hintergrundserfüllung ist ein von A. GEHLEN geprägter Begriff und erscheint in der Nähe von ‹Entlastung› und ‹Beisichbehalten› (SCHELSKY) als «eine echte anthropologische Kategorie» für ein instinktverunsichertes Mängelwesen chronischer Bedürftigkeit wie den Menschen. H. findet sich auf verschiedenen Stufen des menschlichen Verhaltens; sie ist zunächst Orientierung an einem sprachmäßigen Bedürfnis des Menschen, das «in sich selber schon die Vorempfindung der vom Gegenstand ausgehenden Eindrücke enthält» [1]. Weiter bedeutet ‹H.› – bezogen auf die für Gehlen grundlegende *anthropologische* Kategorie der Reziprozität – die «vorweggenommene, dauernd bestätigte Reaktion der Anderen» [2] und ist damit an Auffassungen G. H. MEADS orientiert [3]. H. wirkt stabilisierend: «In dem Maße, in dem die Handlungsverschränkungen, auf Gegenseitigkeit abgestellt, zum Selbstzweck umschlagen und eine Institution bilden, wird das Gefühl der sozialen Erfülltheit, der Dauernähe als chronischer Hintergrund erreicht» [4]. Damit bildet die H. ein wichtiges Korrelat zur «kleinen» wie zur «großen» Entlastung (CLAESSENS). Bei stabilen Institutionen bleibt der «soziale Instinkt» als Forderung nach Gemeinschaft im Zustand der H.; Verhaltenssicherheit, H. und Stabilität von Institutionen hängen zusammen.

Anmerkungen. [1] A. GEHLEN: Urmensch und Spätkultur. Philos. Ergebnisse und Aussagen (²1964) 47. – [2] ebda. – [3] G. H. MEAD: Mind, self and society (1934). – [4] GEHLEN, a. a. O. [1] 49.
Literaturhinweise. A. GEHLEN s. Anm. [1]. – H. SCHELSKY: Über die Stabilität von Institutionen, bes. Verfassungen, in: Auf der Suche nach Wirklichkeit (1965) 33-55. – D. CLAESSENS: Instinkt, Psyche, Geltung (1968, ²1970). W. LEPENIES

Hinweisdefinition (ostensive Definition). Eine H. liegt vor, wenn man ein Prädikat ausspricht und gleichzeitig auf einen Gegenstand zeigt, für den das Prädikat zutrifft, z. B. «rot» sagt und auf einen roten Gegenstand zeigt. Ein einziger solcher Hinweis genügt meist nicht zur genauen Definition des Prädikats, da er mehrere Möglichkeiten der Beziehung des Prädikats auf eine Eigenschaft des Gegenstandes offenläßt. Deswegen muß der Vorgang mehrmals wiederholt werden, wobei jeweils am besten ein anderer Gegenstand zu wählen ist, der mit seinem Vorgänger bzw. seinen Vorgängern die durch das Prädikat bezeichnete Eigenschaft gemeinsam hat. Die intendierte Bedeutung kann auch dadurch hervorgehoben werden, daß man mit Gegenbeispielen, d. h. mit Beispielen für das Nichtzutreffen des Prädikats arbeitet. Von anderen Definitionsarten unterscheidet sich die H. dadurch, daß sie nicht rein sprachlicher Natur ist, sondern mit außersprachlichen Handlungen des Zeigens verbunden ist.

Literaturhinweise. R. Robinson: Definition (Oxford 1950, ND 1965) 117-126. – J. KOTARBINSKA: On ostensive definitions. Philos. Sci. 27 (1960) 1-22. G. GABRIEL

Historik, ars historica. Das Wort ‹H.› (griech. ἱστορική; lat. historice) bedeutet a) Kunstlehre und b) Wissenschaftstheorie der Geschichte, ferner c) die Geschichte selbst (‹Geschichte› jeweils im Sinne von Geschichtsschreibung, Geschichtswissenschaft). Auch die verwandten Termini ‹ars historica› und ‹Geschichtskunst› (‹historische Kunst›) kommen in dieser dreifachen Bedeutung vor.

Die Gattung der artes historicae blüht, in Vertiefung der aus der Antike herreichenden Diskussion, im 16. und 17. Jh. Eine kleinere Zahl der Werke trägt auch den Titel einer ‹ars historica› [1]. Sie behandeln die Natur der Geschichtsschreibung, ihr Verhältnis zu den Wissenschaften und Künsten (besonders Poetik und Rhetorik), Probleme ihrer Wahrheit und ihres moralisch-pädagogischen Nutzens, des Stils und der Komposition sowie der Geschichtslektüre, nur in geringerem Maße Probleme der Methodologie, z. B. der Quellenkritik. In Italien herrscht eine rhetorisch-literarische Auffassung der Geschichte, wobei antike Autoren ausführlich diskutiert werden (Aristoteles, Cicero, Lukian u. a.). In deutschen Werken treten die Verteidigung des Protestantismus sowie Periodisierungsfragen in den Vordergrund. In Frankreich verfaßt J. BODIN 1566 mit seinem ‹Methodus ad facilem historiarum cognitionem› das bekannteste Werk der Gattung [2]. Im 17. und frühen 18. Jh. dominiert die Diskussion um den «historischen Pyrrhonismus» [3].

In der zweiten Hälfte des 18. Jh. dringen die deutschen Termini ‹Geschichtskunst› (‹historische Kunst›) vor, fehlen aber in nicht wenigen einschlägigen Werken. J. CHR. GATTERER formuliert 1765: «Die Historie ist eine Wissenschaft merkwürdiger Begebenheiten, und die historische Kunst oder Geschichtswissenschaft (Ars historica oder Historiographie) ist eine Wissenschaft von den Regeln, lesenswürdige Geschichtbücher zu verfertigen. Von beiden ist die Historiomathie oder die Wissenschaft von den Regeln, die Historie zu studieren, zu unterscheiden» [4].

Gelegentlich wird eine Geschichtskunst nicht nur für die «Geschichte menschlicher Begebenheiten» gefordert; sie solle auch Regeln dafür geben, «wie eine gute Naturgeschichte zu schreiben, zu lesen und zu nützen sei» [5]. In der Beziehung auf menschliche Geschichte umfaßt Geschichtskunst entweder, weiter gefaßt, die Lehre von der historischen Forschung *und* Darstellung [6] oder, enger, von der Darstellung allein, dann im Gegensatz zur «historischen Kritik» [7]. Seit etwa der Mitte des 19. Jh. verschwindet der Ausdruck ‹Geschichtskunst› allmählich aus dem Sprachgebrauch [8]. In seiner weiteren Bedeutung wird er ersetzt vornehmlich durch ‹H.› und ‹Historische Methode›, in seiner engeren Bedeutung durch ‹Topik›, ‹(Lehre von der) Darstellung›.

Parallel und vielfach synonym mit ‹ars historica› und ‹Geschichtskunst› verläuft die Geschichte des Terminus ‹H.›. Aber auch er fehlt, eher sogar als ‹Geschichtskunst›, in einschlägigen geschichtstheoretischen Werken, Lexika, Wörterbüchern des 18. und beginnenden 19. Jh.

Der ‹Thesaurus Graecae linguae› des H. STEPHANUS (1572) enthält ἱστορική und erläutert es als «Historialis scientia, Enarrandorum actorum scientia aut facultas». Ein Beleg für das Altgriechische fehlt (auch in der Neubearbeitung); immerhin kann aus dem Stichwort bei Stephanus geschlossen werden, daß im 16. Jh. ἱστορική in der angeführten Bedeutung verständlich war [9].

1623 erscheint von dem Niederländer G. J. VOSSIUS eine ‹Ars historica sive de historiae et historices natura historiaeque scribendae praeceptis commentatio› [10]. Vossius trennt, wohl als erster, unter dem Terminus ‹Historice› die Kunstregeln der Geschichtsschreibung von dieser selbst (entsprechend dem Unterschied von Poesie und Poetik) [11]. «Quam notum est historiae nomen, tam paene ignotum est plurimis organicam esse disciplinam, quae Historice vocetur» (so bekannt der Name ‹Historia› ist, so gänzlich unbekannt ist den meisten die methodologische Disziplin, die man ‹Historice› nennt) [12]. «Historice» hat es mit «universalia» zu tun und ist daher eine «ars» [13]. Sie ist eine selbständige Disziplin und zu unterscheiden von Grammatik, Rhetorik, Poetik, Logik [14]. Die behandelten Probleme sind weitgehend typisch für die an der Antike orientierte Richtung der artes historicae.

B. HEDERICH unterscheidet 1709 «Historie» und «Historica»: diese «weiset, wie man jene recht schreiben und lesen soll» [15]. Das Wörterbuch von J. A. WEBER faßt 1745 ‹Historica›, ‹Historice› und ‹Historiographia› als Synonyme auf [16].

Die Form ‹H.› benutzt J. J. ESCHENBURG 1792: «Diejenige Wissenschaft, welche die Regeln zur Behandlung und Ausarbeitung der Geschichte vorträgt, nennt man H., Historiographie, Historiomathie oder historische Kunst» [17]. Ähnlich formulieren 1796 W. T. KRUG [18] und, vereinfacht, mehrere deutsche Wörterbücher [19].

Schärfer unterteilt J. E. FABRI 1808 die «historische Methodologie» in «H. (ars historica)» und «Historiomathie»; H. umfaßt dabei Heuristik, Kritik, Historiographie = historische Technik [20]. Auf das Fehlen einer ausgearbeiteten H. seit den Griechen weist FR. W. TITTMANN 1817 hin [21].

Die schmale ‹H.› von G. G. GERVINUS behandelt 1837, terminologisch in Analogie zu ‹Poetik›, das Problem der «historischen Kunst», in erster Linie die verschiedenen Arten der Geschichtsschreibung [22].

A. BOECKH hält 1809–1865 (seit 1811 in Berlin) 26mal Vorlesungen über ‹Enzyklopädie und Methodologie der philologischen Wissenschaften› (publiziert postum 1877) [23]. Es ist nicht erkennbar, seit wann der darin vorkommende Terminus ‹H.› verwendet wird. «Die Theorie der Geschichtsforschung oder die H. hat die Idee und den Zweck der Geschichte und das Wesen der historischen Kunst in Bezug auf die Methode und Darstellung zu erörtern» [24].

1843 fordert J. G. DROYSEN eine H. als «Wissenschaftslehre der Geschichte» [25], hält 1857–1883 (seit 1859 in Berlin) darüber, analog zur Vorlesung seines Lehrers Boeckh, unter dem Titel ‹Enzyklopädie und Methodologie der Geschichte› 18mal Vorlesungen [26] (um «damit, das ist mein Wunsch, eine Disziplin zu gründen» [27]) und gibt ihnen einen ‹Grundriß der H.› bei [28]. Er unterscheidet die Aufgabe der H. von einer Enzyklopädie des Geschichtsstoffes, von einer «Philosophie (oder Theologie) der Geschichte», von einer «Physik der geschichtlichen Welt» und – gegen Gervinus [29] – von einer «Poetik für die Geschichtsschreibung» [30]. Er wünscht eine Grundlegung der Geschichtswissenschaft analog zur kritischen Leistung Kants [31] und rühmt W. v. Humboldt als «Bacon für die Geschichtswissenschaften» [32]. Die H. «muß sich die Aufgabe stellen, ein Organon des historischen Denkens und Forschens zu sein» [33], sie soll Ziele, Mittel und Grundlagen historischer Forschung klären [34]. «Die H. umfaßt die Methodik des historischen Forschens, die Systematik des historisch Erforschbaren, die Topik der Darlegungen des historisch Erforschten» [35].

Droysens H., die erste wissenschaftstheoretische Verarbeitung der modernen Geschichtswissenschaft, gilt nicht selten als deren bisher bedeutendste Grundlegung. Sie blieb in ihrer Art eine singuläre Leistung, so daß sich der Begriff ‹H.› bis heute weitgehend mit dem Namen dieses Autors verbindet. Der Terminus setzt sich jedoch nicht eindeutig durch, weil Droysens Vorlesung erst 1937 vollständig gedruckt wird und weil seit 1889 das umfangreiche, aber anderslautende Lehrbuch von E. BERNHEIM [36] ähnliche Aufgaben erfüllt.

Neben ‹H.› hielten und halten sich andere, mehr oder minder synonyme Termini, z. B. ‹Allgemeine Geschichtswissenschaft› [37], ‹Historische Methode› [38], ‹Geschichtstheorie›, ‹Geschichtslehre›, ‹Kritik der historischen Vernunft› [39], ‹Geschichtslogik›, ‹formale Geschichtsphilosophie›, ‹Historiologie› [40]; er berührt sich mit ‹Geschichtsauffassung› usw., kreuzt sich mit ‹Hermeneutik›.

Diese Vielfalt zeigt an, daß es die mit ‹H.› gemeinte Sache, eine Wissenschaftstheorie der Historie, in zureichender Gestaltung bis in die Gegenwart nicht gibt, weder unter diesem noch einem anderen Titel; Definitionsversuchen fehlt daher der Orientierungspunkt. Zudem ist die sprachliche Verwendbarkeit von ‹H.› begrenzt, da die zugehörigen Adjektive bereits mit anderen Bedeutungen besetzt sind; dafür tritt gelegentlich ‹geschichtstheoretisch› ein. Ebenso fehlt das zugehörige Substantiv als Bezeichnung für den Bearbeiter dieses Bereichs (dafür etwa ‹Geschichtstheoretiker›).

Die (unvollendete) ‹H.› von L. RIESS (1912), die typologische Analysen menschlicher Triebkräfte und Verhaltensweisen vorlegt, bleibt wirkungslos [41].

Sofern der Terminus überhaupt gebräuchlich ist, kennzeichnet er mehrfach auch Autoren und Werke, die ihn selbst nicht verwenden. M. RITTER hält seit 1884 in Bonn Vorlesungen mit dem Titel ‹H.›, in denen Historiker von Thukydides bis Ranke und Lamprecht auf die in ihren Werken angewandten Prinzipien abgefragt werden [42]. J. WACH erörtert 1933 Theoretiker von Chladenius («Begründer der neueren Historik» [43]) bis zum Positivismus. Auch sonst wird der H.-Begriff auf andere Autoren übertragen [44].

Der Bedeutungsgehalt von ‹H.› bleibt schwankend. Die Definition «historische Kunst», «Geschichtskunst» findet sich auch noch nach Gervinus [45], tritt aber zurück. «Wissenschaft von der Geschichte (Geschichtsschreibung), ihren Methoden und Aufgaben» und ähnliche Festlegungen herrschen vor [46]. Dabei erhalten Beiträge von philosophischer Seite kaum die Bezeichnung ‹H.› [47]. Allgemeingültige Klärungen von Wesen und Struktur geschichtlicher Abläufe gelten als H. [48]. Andererseits faßt E. ROTHACKER 1934 als H. die Bemühungen der «formalen Geschichtsphilosophie» zusammen, die den Formen des Verstehens gelten; er betont aber den Zusammenhang mit dem «materialen» Aspekt [49].

Schließlich verwendet H.-W. HEDINGER 1969, darin Droysen folgend, ‹H.› im Sinne formaler *und* materialer

Untersuchungen und stellt sie in den Rahmen einer «Humanistik» als Theorie der Humanwissenschaften (= Geistes- und Sozialwissenschaften). Erörtert werden die Struktur der geschichtlichen Wirklichkeit in ihrer Einheit und Mannigfaltigkeit, die historischen Begriffe und Aussagen, die Methode (das Verstehen) und die Zielsetzung des Historikers, mit allem die «Bedingungen der Möglichkeit» von Geschichtswissenschaft [50].

Kritisch betrachtet H.-G. GADAMER 1960 zunächst das Verhältnis von H. und traditioneller philologischer Hermeneutik [51]. H., die sich unzureichend als wissenschaftliche Methodenlehre versteht, kontrastiert sodann mit einer Hermeneutik, die vom Interpreten fordere, sich in wirkungsgeschichtlichem Bewußtsein für den Wahrheitsanspruch von Überlieferung offenzuhalten [52].

Eine «‹H.› der Kunstgeschichte» hat, in durchgehender formaler Analogie zu Droysens Werk, K. BADT 1971 vorgelegt [53].

Neben den bisherigen Bedeutungen findet man auch eine Gleichsetzung von ‹H.› [54] und ‹Geschichtskunst› [55] mit ‹Geschichtsschreibung› selbst. Es werden dann z. B. die «erkenntnistheoretischen Voraussetzungen der H.» der «empirischen H.» gegenübergestellt [56]. Der theoretische Aspekt kann als «H. überhaupt», «Geschichtsschreibung überhaupt» [57], «Philosophie der H.» [58], «Theorie der historischen Kunst» [59] erscheinen. Bei F. GOTTL treten (1904) historische und naturwissenschaftliche Forschungsweise als H. und «Meta-H.» auseinander [60].

Eine Gegenüberstellung von L. v. RANKES lateinischer Berliner Antrittsrede von 1836 und der (wohl von seinem Bruder FERDINAND RANKE stammenden, vermutlich späteren) Übersetzung macht das Schwanken der Bedeutung von ‹H.› anschaulich. Eine Stelle verweist darauf, daß «Historie» zugleich Wissenschaft und Kunst sei; der zweite Aspekt wird ‹H.› genannt, in Übersetzung von «ars historica» (in Parallele zu «Politik» = «ars politica») [61]. Gemeint ist mit «ars historica» aber weniger die Kunstlehre als die Geschichtsschreibung selbst. An anderer Stelle wird die ganze «disciplina historica» (mit Verweis auf die historische Kritik) mit ‹H.› übersetzt [62]. Schließlich ist von philosophischen oder theologischen Lehren die Rede, nach denen manche ihre H. gestalten («ad normam doctrinam historicam conformant»); damit kommt der theoretische Aspekt ins Spiel [63]. Bei L. v. Ranke selbst fehlt anscheinend der Terminus ‹H.›.

Bei einem Blick auf andere Sprachen wiederholt sich der Eindruck des Schwankens von ‹H.› Man findet abweichende Übersetzungen in Sprachen, denen ‹H.› fehlt (z. B. frz. ‹principes de la science de l'histoire› oder ‹art d'écrire l'histoire›), und unterschiedliche Häufigkeit und Bedeutung von Sprache zu Sprache, in denen ‹H.› vorkommt. So ist (jeweils im Sinne von Theorie der Geschichtswissenschaft) ‹historic› oder ‹historics› im Englischen selten [64], ‹historyka› im Polnischen gebräuchlich, erscheint dort bereits seit 1815 als Titel mehrerer Werke von J. LELEWEL [65] und auch im 20. Jh. [66]. Das Schwedische kennt ‹Historik› dagegen im Sinne von «(kurze) historische Darstellung».

An der Universität Bielefeld ist 1970 ein Lehrstuhl für Geschichtswissenschaft mit dem Schwerpunkt «H. (Theorie der Geschichte, Methodenlehre, didaktische Probleme)» ausgeschrieben worden [67].

Anmerkungen. [1] z. B. Artis historicae penus 1. 2 (Basel 1579) (Slg. von Werken bes. des 16. Jh.); LAUR. DUCCIUS: Ars hist. (Ferrara 1604); G. J. VOSSIUS: Ars hist. ... (Leiden 1623, 1653, Amsterdam 1699); AG. MASCARDI: Dell'arte ist. (Rom 1636); noch im 18. Jh. J. CH. STEIGER: Essai sur l'art hist. (Leipzig 1771); A. J. PENZEL: De arte hist. (Krakau 1782, Leipzig 1784); eine Zusammenstellung der in Deutschland erschienenen Werke bei E. C. SCHERER: Gesch. und Kirchengesch. an den dtsch. Univ. (1927). – [2] J. BODIN(US): Methodus ad facilem historiarum cognitionem (Paris 1566 u. ö.). – [3] JOHN L. BROWN: The Methodus ad facilem historiarum cognitionem of Jean Bodin (Diss. Cath. Univ. Washington D.C. 1939) (mit Überblicken über die Artes historicae vor und nach Bodin). – [4] J. CHR. GATTERER: Hb. der Universalhist. 1 (²1765) 1. – [5] J. G. BÜSCH: Encyclop. der hist., philos. und math. Wiss. (1775) 16. – [6] J. G. BUHLE: Grundzüge einer allg. Enzyklop. (1790) 189; W. MUTHSMUTH: Entwurf einer neuen Theorie der Gesch. (1820) 1. – [7] FR. A. WOLF: Encyclop. der Philol., hg. S. M. STOCKMANN (1831) 219; E. J. KOCH: Hodegetik ... (1792) 74. – [8] Noch bei: J. und W. GRIMM: Dtsch. Wb. IV/1/2 (1897); F. GÜNTHER: Die Wiss. vom Menschen ... (1907) 179. – [9] H. STEPHANUS: Thes. Graecae ling. (1572); erneuert C. B. HASE, W. und L. DINDORF u. a. (Paris 1829/63, ND Graz 1954) 5, 699; briefl. Hinweis durch Prof. U. FLEISCHER, Hauptred. des Thes. ling. Graec., Univ. Hamburg. – [10] VOSSIUS, a. a. O. [1] zit. (1653). – [11] 1. – [12] 6. – [13] 8. – [14] ebda. – [15] B. HEDERICH: Anleitung zu den fürnehmsten hist. Wiss. (¹1709 u. ö., zit. ²1711) 186; (⁴1725) 254. – [16] J. A. WEBER: Lexicon Encyclion oder kurtzgefaßtes Lat.-Teutsches und Teutsch-Lat. Universal-Wb. ... 1 (²1745) 633. – [17] J. J. ESCHENBURG: Lb. der Wissenschaftskunde (¹1792) 41; (²1800) 48. – [18] W. T. KRUG: Versuch einer syst. Enzyklop. der Wiss. 1 (1796) 88f. – [19] J. H. CAMPE: Wb. der dtsch. Sprache 2 (1808) 329: Art. ‹Geschicht(s)kunst›; ähnlich in Fremd-Wb. (²1813) 351: Art. ‹H.›, in (¹1801) noch fehlend; vgl. GRIMM, a. a. O. Anm. [8] Art. ‹Geschichtskunst›. – [20] J. E. FABRI: Encyclop. der hist. Hauptwiss. ... (1808) 440f. – [21] F. W. TITTMANN: Über Erkenntnis und Kunst in der Gesch. (1817) 106. – [22] G. G. GERVINUS: Grundzüge der H. (1837). – [23] A. BOECKH: Enzyklop. ... red. E. BRATUSCHECK (¹1877), hg. R. KLUSSMANN (²1886, ND 1966) III. – [24] a. a. O. (¹1877) 344. – [25] J. G. DROYSEN: H., hg. R. HÜBNER (¹1937, ⁶1971, zit. ³1958) 377. – [26] a. a. O. IXf. – [27] Briefwechsel 2 (1929) 442. – [28] Gedrucktes Ms. (1858); publ. (¹1868, ³1882), neu hg. E. ROTHACKER (1925); Abdruck a. a. O. [25] (¹1937) 317ff. – [29] 273. – [30] 331. – [31] 378; vgl. 19. – [32] 324; vgl. 390. – [33] 331. – [34] 322; vgl. 322. – [35] 331. – [36] E. BERNHEIM: Lb. der hist. Methode (seit ³/⁴1903 mit dem Zusatz: und der Gesch.philos.) (1889, ⁵/⁶1908, ND 1914, 1960); vgl. F. MEINECKE, Werke 7 (1968) 157 (kritisch). – [37] J. M. CHLADENIUS: Allg. Gesch.wiss. (1752). – [38] Vgl. [36]; bei DROYSEN, a. a. O. [25] 17ff. 188ff. nur ein Teilgebiet der H. – [39] Vgl. W. DILTHEY: Einl. in die Geisteswiss. Schriften 1 (¹1959) IX; N. HARTMANN: Das Problem des geist. Seins (²1949) 29. – [40] F. MEINECKE, Werke 7 (1968) 157; vgl. A. CHILD: Thoughts on the historiology of neo-positivism. J. of Philos. 57 (1960). – [41] L. RIESS: H. Ein Organon gesch. Denkens und Forschens 1 (1912) 665ff. – [42] M. RITTER: Die Entwicklung der Gesch.wiss., an den führenden Werken betrachtet (1919) III. – [43] J. WACH: Das Verstehen. Grundzüge einer Gesch. der hermeneutischen Theorie im 19. Jh. 3: Das Verstehen in der H. von Ranke bis zum Positivismus (1933) 21f. – [44] z. B. bei F. WAGNER: Gesch.wiss. (1951) 33. 120 (auf Lukian und Chladenius); bei R. VIERHAUS: Ranke und die soz. Welt (1957) 55; bei WACH, a. a. O. [43] 15f. 9. 29 (auf W. v. Humboldt, Dilthey, Bernheim). – [45] z. B. J. C. HEYSE: Fremd-Wb. (¹⁶1879). – [46] MEINECKE, a. a. O. [36] 158; H. HAERING: Über Biographik im Rahmen der H. Die Welt als Gesch. 13 (1953); K. BOSL: Heimat- und Landesgesch. als Grundlage der Universalgesch. Eine kleine H., in: Unser Gesch.bild, hg. K. RÜDINGER (1954); R. KOSELLECK: Im Vorfeld einer neuen H., Neue polit. Lit. 6 (1961) 577/588; Hist. Z. 212 (1971) 10. 14. – [47] Ausnahme z. B. MEINECKE, a. a. O. 4 (1959) 73 (bezüglich Rickert). – [48] H. STEINACKER, in: Historia mundi 10 (1961) 723. – [49] E. ROTHACKER: Gesch.philos., in: Hb. der Philos. IV/F (1934) 3. 5. 7; ähnlich H. MAIER in den Anm. zu CHR. SIGWART: Logik 2 (⁵1924) 851. – [50] H.-W. HEDINGER: Subjektivität und Gesch.wiss. Grundzüge einer H. (1969). – [51] H.-G. GADAMER: Wahrheit und Methode (1960) 186f. 199-205. 318-321 u. a. – [52] a. a. O. 321ff. 343f.; vgl. 283 u. a. – [53] K. BADT: Eine Wiss.lehre der Kunstgesch. (1971) 11ff. – [54] z. B. WOLF, a. a. O. [7] 219; W. GIESEBRECHT, in: Hist. Z. 1 (1859) 7; R. EISLER: Wb. d. philos. Begriffe 1 (⁴1927) z. B. 511. 519. 522; G. KÖNIG: Was heißt Wiss.theorie? (1971) 42; nicht eindeutig scheint z. B. M. WEBER: Ges. Aufsätze zur Wiss.lehre (²1951) 227. 263. – [55] FR. RÜSS: Entwurf einer Propädeutik des hist. Studiums (1811) 248; vgl. 180; FR. REHM: Lb. der hist. Propädeutik (1830) 65ff. – [56] W. ELERT: Prolegomena der Gesch.philos. (Diss. Erlangen 1911) 4; vgl. 12. – [57] O. LORENZ: Die Gesch.wiss. in Hauptrichtungen und Aufgaben (1886) VII. 70. – [58] G. SIMMEL: Die Probleme der Gesch.philos. (⁵1923) 83. – [59] REHM

a. a. O. [55] 65. – [60] F. GOTTL-OTTLILIENFELD: Die Grenzen der Gesch. (1904) VII. 25-37 u. a. – [61] L. v. RANKE, Werke 24 (1872) lat. 276; dtsch. 289. – [62] a. a. O. lat. 272; dtsch. 284. – [63] lat. 273; dtsch. 285. – [64] R. FLINT: Hist. of the philos. of hist. (Edinburgh 1893) 14 («Historic»); G. H. NADEL, in: Hist. and Theory 3 (1964) 306 («‹historics› or ‹historic›», in Übers. von «historice» bei Vossius). – [65] J. LELEWEL: Dzieła 2: Pisma Metodologiczne (Warschau 1964). – [66] M. HANDELSMAN: Historyka ... (Zamość 1921, Warschau 1928); ST. KOSCIALKOWSKI: Historia, historiografia, historyka (Beirut 1948); Historyka (London 1954); Historyka. Studia metodologiszne, red. C. BOBINSKA 1. 2 (Warschau 1967, 1969); vgl. Art. ‹historyka› in: Encyclopedja Powszechna 4 (Warschau 1931) 559. – [67] Dtsch. Univ.-Ztg. H. 20 (1970) 23.

Literaturhinweise s. Anm. [50] und bei H.-W. HEDINGER: Hist. Methode und verwandte Termini. Arch. Begriffsgesch. (in Vorbereitung). H.-W. HEDINGER

Historiosophie (von griech. ἱστορία, lat. historia, Geschichte, und griech. σοφία, Weisheit) ist eine Neubildung A. VON CIESZKOWSKIS und nur in dessen ‹Prolegomena zur H.› (Berlin 1838) nachweisbar. H. ist gedacht als Kritik und Vollendung der rückwärtsgewandten Geschichtsphilosophie *Hegels*. Nach Cieszkowski gliedert sich die Weltgeschichte als ein einmaliger, streng dialektischer Prozeß in drei «Hauptperioden»: in die thetische (Orient, Griechenland, Rom), die antithetische (christlich-germanische Welt) und die synthetische Periode, deren Beginn unmittelbar bevorsteht [1]. Dieses Schema gibt sich als entscheidende Korrektur der Hegelschen Einteilung der Weltgeschichte: Zwar ist Hegel unbestreitbar der «Heros der neuesten Philosophie» [2], doch in seiner Geschichtsphilosophie hat er es «nicht bis zum Begriff der organischen und ideellen Ganzheit der Geschichte» gebracht [3]; er begreift nur die Vergangenheit und unterläßt die spekulative Erfassung der Zukunft. Gegen diese Einseitigkeit der Geschichtsphilosophie Hegels hat die H. die Geschichte als Totalität, als Einheit von Vergangenheit *und* Zukunft zu fassen, sie hat «die Erkenntnis des Wesens der Zukunft für die Spekulation zu vindizieren» [4]. Ihr fällt die Aufgabe zu, «aus dem verlaufenen Teile des ganzen historischen Prozesses seine ideelle Ganzheit überhaupt und insbesondere den noch fehlenden künftigen Teil» zu konstruieren [5].

Anmerkungen. [1] A. VON CIESZKOWSKI: Prolegomena zur H. (1838) 24f. – [2] a. a. O. 2. – [3] 3. – [4] 8. – [5] 13.

Literaturhinweise. D. TSCHIŽEWSKIJ: Hegel bei den Slaven (²1961) 43ff. – H. STUKE: Philos. der Tat. Studien zur «Verwirklichung der Philos.» bei den Junghegelianern und den Wahren Sozialisten (1963) 85ff. M. HAHN

Historische Schule ist die zeitgenössische und schon in Programmschriften der Jahre 1814/15 sinngemäß belegte Bezeichnung der *historischen Rechtsschule*, die auf die spätere, *«ältere»* und *«jüngere» H.S.* der *National-ökonomie* übertragen worden ist und darüber hinaus auch als methodologische Ortsbestimmung für sich mit F. C. v. SAVIGNY, B. G. NIEBUHR, L. v. RANKE, J. GRIMM, A. BOECKH und F. BOPP als geschichtliche Wissenschaften konstituierenden Geisteswissenschaften begegnet.

1. Die aus bewußter Abkehr vom Naturrechtsdenken der Aufklärung hervorgegangene *«geschichtliche Schule»* [1] *der Rechtswissenschaft* war in ihrem auf das klassisch-römische und ältere deutsche Recht ausgerichteten wissenschaftlichen wie rechtspolitischen Programm weitgehend das Werk von F. C. v. SAVIGNY (1779–1861). Er hat die Grundgedanken der Schule in einer 1814 gegen A. F. J. *Thibaut* (1772–1840) veröffentlichten Streitschrift ‹Vom Beruf unserer Zeit für Gesetzgebung und Rechtswissenschaft› erstmals formuliert und 1815 gemeinsam mit C. F. EICHHORN (1781–1854) und J. F. L. GÖSCHEN (1778–1837) die ‹Zeitschrift für geschichtliche Rechtswissenschaft› als «Punkt der Vereinigung» begründet [2]. Wenn aus diesem Kreis der durch seine ‹Deutsche Staats- und Rechtsgeschichte› (¹1808) bekannte Eichhorn neben J. GRIMM (1785–1863) für den rechtshistorisch-germanistischen Zweig der Schule repräsentativ geworden ist [3] und auch dem Göttinger Juristen G. HUGO (1764 bis 1844) [4] eigenständige Bedeutung zukommt, so ist doch Savigny für die Weiterentwicklung und geistesgeschichtliche Wirkung der Schulgründung bestimmend geblieben. Der nationalpolitischen Forderung THIBAUTS nach einer am Vorbild des österreichischen ‹Allgemeinen Bürgerlichen Gesetzbuches› und des ‹Code civil› orientierten gemeindeutschen Kodifikation [5] stellt SAVIGNY die prinzipielle Einheit von geschichtlicher und systematischer Behandlung des ebenso wie Sprache, Sitte und Kultur «aus dem innersten Wesen der Nation selbst und ihrer Geschichte hervorgegangenen» Rechts entgegen [6]. «Das Recht wächst ... mit dem Volke fort, bildet sich aus diesem und stirbt endlich ab, so wie das Volk seine Eigentümlichkeit verliert» [7]. Der Volksgeist [8] – das «gemeinsame Bewußtsein des Volkes», auf differenzierteren Stufen der Kulturentwicklung das Rechtsbewußtsein der Juristen, «überall ... innere, stillwirkende Kräfte, nicht ... die Willkür eines Gesetzgebers» sind die Träger der Rechtsbildung. Die «historische Methode» der Rechtswissenschaft besteht darin, «jeden gegebenen Stoff» – für Savigny neben dem germanisch-deutschen Recht primär das seit der Rezeption organisch mit der deutschen Rechtskultur verwachsene römische Recht – «bis zu seiner Wurzel zu verfolgen, und so ein organisches Prinzip zu entdecken, wodurch sich von selbst das, was noch Leben hat, von demjenigen absondern muß, was schon abgestorben ist und nur noch der Geschichte angehört» [9].

Nähert sich Savigny in seiner an *Herder* anknüpfenden Organismus- und Volksgeistlehre und in der Überzeugung vom Historischen als dem das Wesen der Gegenwart Konstituierenden auch zeitgenössischen Vorstellungen der *Romantik*, so darf man andererseits deren Anteil am Programm der H.S. nicht überschätzen. Trotz der engen persönlichen und verwandtschaftlichen Beziehungen Savignys zur jüngeren Romantik (zu Cl. Brentano, Achim und Bettina von Arnim), der Bekanntschaft mit dem jungen *Schelling* und des ihm von J. Grimm über alle Störungen hinweg gewahrten treuen Schülerverhältnisses behält selbst seine Volksgeistlehre einen für die Zuordnung der Gesamtpersönlichkeit charakteristischen klassizistischen Zug, der ihn befähigte, gerade im römischen Recht ein Erzeugnis des Volksgeistes zu sehen.

Es ist eine Fülle geistiger *Quellen* unterschiedlicher Provenienz, nicht zuletzt das von ihm bekämpfte, im Grunde aber lediglich zugunsten eines «Naturrechts des geschichtlich Gewordenen» (M. Weber) abgelöste rationale Naturrecht sowie seine humanistische Grundhaltung und sein calvinistisches Christentum, aus denen er geschöpft hat. *Montesquieus* ‹Esprit des lois›, der historische Pragmatismus der Göttinger Juristen und Historiker des 18. Jh., *Mösers* entwicklungsgeschichtliches Verständnis des Rechts und das Vorbild *Hugos*, der die meisten Gedanken der historischen Rechtsschule zwar vorwegzunehmen, aber noch nicht in ein geschlossenes System zu fassen vermochte, gehen in Werk und Persönlichkeit des Begründers der H.S. eine eigene Synthese ein.

Indessen blieben Savignys Konzeption der H.S., sein gesetzgeberischer «Quietismus» und die enge Bindung seiner Lehre an den Zeitgeist der Restaurationsepoche nicht von heftiger *Kritik* verschont, wobei die nationaldemokratische Kodifikationsbewegung von THIBAUT und FEUERBACH [10] bis hin zu ROTTECK und BESELER [11] und das Savignys organischer Geschichtsauffassung entgegengesetzte dialektische Geschichtsverständnis der Hegelschen Rechten und Linken als die eigentlichen Gegenpositionen erscheinen. Bekannt ist das Wort von MARX, die H.S. mute dem Schiffer zu, «nicht auf dem Strome, sondern auf seiner Quelle zu fahren»; entsprechend macht E. GANS den Einwand geltend, das Handeln der Heutigen habe als künftige Geschichte gleiche Notwendigkeit und somit gleiches Recht wie das einstige Handeln der Vergangenen [12]. Widerspruch erhob sich wegen der unterschiedlichen Bewertung der Rezeption des römischen Rechts auch innerhalb der H.S. selbst, deren germanistischer Flügel (G. BESELER, A. L. REYSCHER) noch zu Lebzeiten des Schulgründer gegen den von G. F. PUCHTA geführten romanistischen Zweig kritisch Stellung bezog, ein Gegensatz, der die Einheit der Schule vorerst zerbrach und ihre weitere Entwicklung bis hin zu den Auseinandersetzungen zwischen O. v. GIERKE und B. WINDSCHEID über die inhaltliche Gestaltung des ‹BGB› bestimmte.

Die Kritik an Savigny hat jedoch ebensowenig wie die Tatsache, daß im wissenschaftlichen Werk seiner Schüler das begrifflich-systematische oder konstruktive Element das historische überwog, die *Wirkung* der historischen Rechtsschule auf die europäische Rechtswissenschaft und ihre in der methodischen Grundlegung der Rechtsgeschichte und der Erneuerung der Pandektistik liegende wissenschaftsgeschichtliche Bedeutung beeinträchtigen können. Die Rechtswissenschaft des Auslands machte sich das Programm der H.S. zum Teil weitgehend zu eigen, und auch die Nachbarwissenschaften standen zeitweise methodisch unter ihrem Einfluß.

2. Die von W. ROSCHER (1817–1894), B. HILDEBRAND (1812–1878) und K. KNIES (1821–1898) repräsentierte sogenannte *ältere H.S. der Nationalökonomie* wollte «für die Staatswirtschaft etwas Ähnliches erreichen, was die Savigny-Eichhornsche Methode für die Jurisprudenz erreicht hat» [13], kam jedoch als Reaktionserscheinung gegen die klassische Nationalökonomie und deren Annahme von zeitlos gültigen Wirtschaftsgesetzen über den methodischen Ansatz nicht hinaus.

3. Erst die sich um G. SCHMOLLER (1838–1917) sammelnde *jüngere H.S. der Nationalökonomie* – die Unterscheidung beider Richtungen geht auf den Menger-Schmollerschen Methodenstreit der 80er Jahre zurück [14] – suchte durch eine Vielzahl von historischen und deskriptiven Spezialuntersuchungen die von ROSCHER, HILDEBRAND und KNIES behauptete Einbettung des wirtschaftlichen Geschehens in die allgemeine historische und gesellschaftliche Entwicklung zu erweisen und rückte damit gleich MARX [15] die Wirtschafts- und Sozialgeschichtsschreibung in den Mittelpunkt der ökonomischen Forschung.

4. Die Frage, inwieweit man demnach von einem über die Rechtswissenschaft hinausgehenden *Schulzusammenhang* sprechen und der H.S. als einem Ganzen auch die Historiker NIEBUHR und RANKE, die Philologen BOECKH und BOPP sowie den Theologen F. SCHLEIERMACHER zuordnen kann [16], erscheint heute problematischer, da die gemeinsame geistesgeschichtliche Beziehung auf den Historismus [17] wie auf den sehr extensiven Romantikbegriff der älteren Forschung fragwürdig geworden ist. Immerhin bleiben die geistesgeschichtliche Relevanz der Bekanntschaft Savignys etwa mit Niebuhr und Ranke und der methodische Einfluß der von der historischen Rechtsschule als geschichtliche Wissenschaft erneuerten Jurisprudenz auf Nationalökonomie, Philologie, Geschichtswissenschaft und Theologie unbestritten.

Anmerkungen. [1] Vgl. F. C. v. SAVIGNYS programmatische Erklärung ‹Über den Zweck dieser Zeitschrift› in: Z. gesch. Rechtswiss., hg. F. C. v. SAVIGNY, C. F. EICHHORN und J. F. L. GÖSCHEN 1 (1815) 1 f. sowie seinen Brief an J. Grimm vom 12. Okt. 1814, hg. W. SCHOOF und I. SCHNACK (Lit. 1953) 117. – [2] ebda. – [3] Vgl. E. W. BÖCKENFÖRDE: Die dtsch. verfassungsgesch. Forsch. im 19. Jh. Zeitgebundene Fragestellungen und Leitbilder (1961); U. J. HEUER: K. F. Eichhorn und die hist. Rechtsschule, in: Die dtsch. Geschichtswiss. vom Beginn des 19. Jh. bis zur Reichseinigung von oben, hg. J. STREISAND (1963) 121 ff.; K. JELUSIČ: Die hist. Methode C. F. Eichhorns (1936); Neue dtsch. Bibl. 4 (1959) 378/79; 7 (1966) 76 f.; TH. SCHULER: Jakob Grimm und Savigny. Stud. über Gemeinsamkeit und Abstand. Z. Rechtsgesch., german. Abt. 80 (1963) 197 ff. (Lit.). – [4] Vgl. K. MARX: Das philos. Manifest der hist. Rechtsschule. Rhein. Ztg. Nr. 221 (9. Aug. 1842). MEW 1 (1958) 78 f.; A. BUSCHMANN: Ursprung und Grundlagen der gesch. Rechtsschule. Untersuch. und Interpretationen zur Rechtslehre Gustav Hugos (Diss. Münster 1963). – [5] A. F. J. THIBAUT: Über die Notwendigkeit eines allg. bürgerlichen Rechts für Deutschland (1814); Über die sog. hist. und nicht-hist. Rechtsschule. Arch. civ. Praxis 21 (1838) 391 ff. – [6] SAVIGNY, Über den Zweck... a. a. O. [1] 4. – [7] Vom Beruf unserer Zeit für Gesetzgeb. und Rechtswiss. (1814), hg. J. STERN (Lit. 1914) 78. – [8] Zur Begriffs- u. Wortgesch. dieses einer Formulierung MONTESQUIEUS nachgebildeten und seit HEGEL häufiger (u. a. von THIBAUT) gebrauchten Terminus, den Savignys Schüler PUCHTA 1828, SAVIGNY selbst erst 1840 im ‹System des heutigen Römischen Rechts› aufgreift, vgl. SCHULER, a. a. O. [3] 214 f. 232 ff. (Lit.). – [9] Vgl. SAVIGNY, a. a. O. [7] 79. 140. – [10] Vgl. ‹Thibaut und Savigny›, hg. J. STERN (s. Lit. 1914) 195 f. 210 f. – [11] Vgl. C. v. ROTTECK: Art. ‹Hist. Recht›, in: Staatslex. 7 (1847) 16 f.; G. BESELER: Volksrecht und Juristenrecht (1843). – [12] MARX, a. a. O. [4] 78; E. GANS: Das Erbrecht in weltgesch. Entwicklung 1 (1824) Vorrede. – [13] Vgl. W. ROSCHER: Grundriß zu Vorles. über die Staatswirtschaft. Nach gesch. Methode (1843) IV; B. HILDEBRAND: Die Nationalök. der Gegenwart und Zukunft (1848); W. KNIES: Die polit. Ök. vom gesch. Standpunkte (1853). – [14] Vgl. A. WAGNER: Grundlegung der polit. Ök. I/1 (³1892) Vf. 46 f.; zum Methodenstreit vgl. Lit. – [15] Zu der gelegentlich begegnenden Einbeziehung von K. MARX in die H.S. der Nationalök. vgl. dessen krit. Einschätzung der Schule MEW 30 (1964) 628; 26/3 (1968) 492 f.; 23 (1962) 19. 21 f. sowie O. MORF: Das Verhältnis von Wirtschaftstheorie und Wirtschaftsgesch. bei K. MARX, in: Staatswiss. Stud., hg. L. V. FURIAN/E. SALIN NF 11 (1951) bes. 107. 122; E. SALIN: Gesch. der Volkswirtschaftslehre (⁴1951) 143. – [16] Vgl. E. ROTHACKER: Savigny, Grimm, Ranke. Ein Beitrag zur Frage nach dem Zusammenhang der H.S. Hist. Z. 128 (1923) 415 ff.; Logik und Systematik der Geisteswiss. (²1965). – [17] Vgl. E. W. BÖCKENFÖRDE: Die Hist. Rechtsschule und das Problem der Geschichtlichkeit des Rechts, in: Collegium philos. Stud. J. Ritter zum 60. Geburtstag (1965) 9 ff.

Literaturhinweise. – *Zur Hist. Rechtsschule.* – *a) Quellen:* THIBAUT und SAVIGNY. Die Originalschriften in ursprünglicher Fassung mit Nachträgen, Urteilen der Zeitgenossen und einer Einl., hg. J. STERN (¹1914, ²1959). – A. STOLL: Friedrich Karl v. Savigny. Ein Bild seines Lebens mit einer Slg. seiner Briefe 1-3 (1927-1939). – Briefe der Brüder GRIMM an Savigny, hg. W. SCHOOF und I. SCHNACK (1953). – *Rechtsgesch. Zeitschriften:* Z. gesch. Rechtswiss. (1815-1850); Z. dtsch. Recht und dtsch. Rechtswiss. (1839-1861); Z. Rechtsgesch. (1861-1878); Z. der Savigny-Stiftung für Rechtsgesch. german. und roman. Abt. (1879 ff.). – *b) Darstellungen:* E. LANDSBERG: Gesch. der dtsch. Rechtswiss. III/2: Text und Noten (1910). – F. WIEACKER: Privatrechtsgesch. der Neuzeit unter bes. Berücksichtigung der dtsch. Entwicklung (¹1952, ²1967); Gründer und Bewahrer. Rechtslehrer der neueren dtsch. Privatrechtsgesch. (1959); Wandlungen im Bilde der Hist. Rechtsschule (1967). – E. WOLF: Große Rechtsdenker der dtsch. Rechtsgesch. (³1951, ⁴1963). – P. KOSCHAKER: Europa und das römische Recht (³1958). – R. GMÜR: Savigny und die Entwicklung der Rechtswiss. (1962). – H. THIEME: Savigny und das dtsch. Recht. Z. Rechtsgesch. german. Abt. 80 (1963) 1 ff. – P. CARONI: Savigny und die Kodifikation. Versuch einer Neudeutung des ‹Berufes›. Z. Rechtsgesch. german. Abt. 86 (1969) 97 ff. – W. WILHELM: Savignys überpositive Systematik, in: Philos. und Rechtswiss., hg. J. BLÜHDORN/J. RITTER (1969) 123 ff. – H. JAEGER:

Savigny et Marx. Arch. Philos. du Droit 12 (1967) 65ff. – K. S. BADER: Art. ‹Hist. Rechtsschule›, in: Staatslex. 4 (⁶1959) 87f. – Für die *ältere Lit.* vgl. H. PLANITZ und TH. BUYKEN: Bibliographie zur dtsch. Rechtsgesch. (1952) 94ff. – c) *Zur Wirkung im Ausland:* K. DOCKHORN: Der dtsch. Historismus in England. Ein Beitrag zur engl. Geistesgesch. des 19. Jh. (1950). – J. HERBST: The German Historical School in American scholarship. A study in the transfer of culture (New York 1965). – K. D. GROTHUSEN: Die Hist. Rechtsschule Rußlands. Ein Beitrag zur russ. Geistesgesch. in der 2. Hälfte des 19. Jh. (1962). – K. EBERT: Die Pflege der Rechtsgesch. an der Univ. Graz im Zeichen der H.S. Z. Rechtsgesch. german. Abt. 87 (1970) 239ff. – R. GIBERT: Einflüsse der dtsch. Hist. Rechtsschule auf Spanien. Z. Rechtsgesch. german. Abt. 86 (1969) 450. – G. MARINI: Savigny e il metodo della scienza giuridica (Mailand 1966). – A. B. SCHWARZ: Rechtsgesch. und Gegenwart (1960) 26ff. 73ff. – *Zur H.S. der Nationalökonomie.* – a) *Allgemeines:* C. BRINKMANN: Art. ‹H.S.›, in: Handwb. der Sozialwiss. 5 (1956) 121ff. (Lit.). – G. STAVENHAGEN: Gesch. der Wirtschaftstheorie (²1957) 177ff. (Lit.). – W. BRAEUER: Hb. zur Gesch. der Volkswirtschaftslehre. Ein bibliogr. Nachschlagewerk (1952). – A. SCHÖNBACH: Zur älteren H.S. der politischen Ökonomie und ihrer historischen Methode. Z. Geschichtswiss. 18 (1970) 1053ff. – b) *Zum Methodenstreit:* C. MENGER: Untersuch. über die Methode der Sozialwiss. und der polit. Ök. insbes. (1883); Die Irrtümer des Historismus in der dtsch. Nationalök. (1884). – G. SCHMOLLER: Menger und Dilthey. Zur Methodol. der Staats- und Sozialwiss. Jb. Gesetzgebung, Verwaltung und Volkswirtschaft im Dtsch. Reich 7 (1883) 975ff.; Zur Lit.gesch. der Staats- und Sozialwiss. (1888). – G. RITZEL: Schmoller versus Menger. Eine Analyse des Methodenstreits im Hinblick auf den Historismus in der Nationalök. (Diss. Basel 1948 [1950]).

H.-P. HARSTICK

Historismus, Historizismus (frz. historicisme, ital. storicismo, engl. historicism). Schon bei NOVALIS belegt [1], wird das Wort ‹Historismus› (H.) erstmals in der Mitte des 19. Jh. häufiger gebraucht, und es nimmt in der Zeit des Zusammenbruchs des Hegelschen Systems sogleich sehr verschiedene, ja gegensätzliche Bedeutungen an. Programmatisch führt 1847/48 CH. J. BRANISS ‹H.› als Titel für seine spekulative Geschichtsphilosophie ein, die in Anlehnung an Schelling und Hegel die Freiheit des Absoluten sich in der Weltgeschichte realisieren sieht, eine Freiheitsphilosophie, die sich als «H.» vom «Naturismus» und von jedwedem Determinismus (auch von Hegels logischem Geschichtsprozeß) abgrenzt. Braniß' «Idealphilosophie» gibt dieser Unterscheidung von H. und Naturismus im Gegensatz von Tun und Sein, Freiheit und Notwendigkeit das Fundament, seine «Realphilosophie» gewinnt es aus dem Gegensatz von Judentum und Heidentum [2]. Wenig später (1852) konzipiert C. PRANTL unter dem Leitbegriff ‹H.› ein hermeneutisches Geschichtsverhältnis, das – vom spekulativen Idealismus abrückend – durch Orientierung an der Kausalitätskategorie, durch historische Einzelforschung und durch Aufgabe eines absoluten Standpunktes gekennzeichnet ist, zugleich aber den Blick auf das Ganze der Geschichte als Vernunftprozeß noch beibehält [3]. Fast gleichzeitig verwenden I. H. FICHTE [4] und H. M. CHALYBÄUS [5] das Wort zur Kennzeichnung der historischen Rechtsschule bzw. ihres Prinzips der geschichtlichen Veränderlichkeit, Relativität und Perfektibilität des Rechts. Der kritische Unterton, den das Wort hier zum Teil annimmt, ist im 19. Jh. keineswegs selten: Schon 1839 attackierte L. FEUERBACH mit dem H.-Vorwurf diejenigen, die mit ihrem Festkleben an der religiösen Tradition und an unbegriffenen Fakten der Vergangenheit überhaupt unfrei für die Gegenwart und das Leben sind [6]. R. HAYM kritisierte 1857 als H. Hegels Konservatismus und Geschichtsmetaphysik [7], CHALYBÄUS sowohl die konservative, nur rückwärts gewandte Philosophie (Göschel, Stahl), wie auch den «ererbten historischen Plunder» in der Rechtswirklichkeit [8]. In der Zeit zwischen Reichsgründung und Erstem Weltkrieg häufen sich die Belege für einen kritisch-polemischen Wortgebrauch. Zwar redet z. B. K. WERNER 1879 in neutralcharakterisierendem Sinne vom H. Vicos [9], wenig später jedoch bekämpft man mit dem Wort die unzulässige Vermischung von Theorie und Geschichte in der Nationalökonomie, besonders bei G. Schmoller (C. MENGER [10], AD. WAGNER [11]). ‹H.› kann aber auch historische Determiniertheit und Borniertheit der jeweils eigenen nationalen bzw. religiösen Tradition meinen (H. COHEN [12], G. SIMMEL [13], ähnlich später H. RICKERT [14]).

Wichtiger für die Begriffsgeschichte ist die Bedeutung von ‹H.›, die schon um die Jahrhundertwende auftaucht und dann dem vieldiskutierten H.-Problem besonders in den zwanziger Jahren als wichtigste zugrunde liegt: H. als «historischer Positivismus», als zur Stoffhuberei ausgewuchterte Tatsachenforschung und -aufreihung, die alles und jedes Vergangene thematisieren kann, ohne nach Sinn und Beziehung zur Gegenwart zu fragen, die alles und jedes genetisch herleitet und so auch den Standpunkt des erkennenden Subjektes historisch relativiert, kurz: H. als Indiz für den Auseinanderfall von Subjektivität und Geschichtsinhalt, als Indiz für Identitäts- und Wertverlust – eine Tatbestand, den FR. NIETZSCHE schon 1874 beschrieben hatte [15]. Dem nahe stehen inhaltlich die Belege in der Theologie bei F. J. SCHMIDT [16] und F. KATTENBUSCH [17], die vom H. Ritschls sprechen und die damit die unzureichende Vermittlung von historischem Glaubensinhalt und erkennendem bzw. glaubendem Subjekt anzeigen wollen. Signifikanter allerdings ist, wenn K. LAMPRECHT den «unfruchtbaren H. der Geisteswissenschaften» in der zweiten Hälfte des 19. Jh. angreift [18] oder R. EUCKEN den in seiner Gegenwart allgemeinen «Zorn gegen den entnervenden H. mit seiner Verstrickung in ein Halbleben» konstatiert [19]. Das hier mit ‹H.› angezielte unproduktive Geschichtsverhältnis spricht besonders scharf E. TROELTSCH aus, dessen Name bald im Mittelpunkt der H.-Diskussion steht. Natur- und Geschichtswissenschaften nebeneinanderstellend, sieht er in den «lähmenden Wirkungen des naturalistischen Determinismus» und den «nicht minder entnervenden Wirkungen des historischen Relativismus» [des «H.»], welche «die allbekannten Erscheinungsformen der Müdigkeit und Blasiertheit in den Kreisen der wissenschaftlichen Bildung» gezeigt hätten, das belastende Erbe des 19. Jh. Die Historie sei zum «reinen H.» heruntergekommen, seit sie sich nicht mehr als historische Selbsterkenntnis in den Dienst der Gestaltung von Gegenwart und Zukunft gestellt hätte; so wurde sie «zur völlig relativistischen Wiedererweckung beliebiger vergangener Bildungen mit dem belastenden und ermüdenden Eindruck historischer Aller-Welts-Kenntnis und skeptischer Unproduktivität für die Gegenwart» [20].

Doch das Wort ‹H.› blieb nicht auf diesen polemischen Gebrauch fixiert, blieb schillernd und mehrdeutig. 1920 schreibt E. ROTHACKER: «‹H.› kann ebenso ein ganz kindischer Naturalismus heißen, dem die Weltgeschichte nach den primitivsten mechanischen Analogien abläuft, wie die eigentümliche Andacht eines Romantikers vor dem geistigen ‹Sein› oder Hegels Auffassung der Weltgeschichte als Vernunftentfaltung» [21]. (Vgl. zur letzten Bedeutung auch R. EISLER [22].) ROTHACKER selbst gebrauchte in der gleichen Schrift das Wort auch für die der spekulativen Philosophie sich entziehenden Geschichtswissenschaften, ohne damit kritische Akzente zu setzen [23]. Es lief also dem Sprachgebrauch nicht zuwider, wenn 1922 TROELTSCH in dem Buch ‹Der H. und seine Probleme› sich bemühte, «dieses Wort von seinem schlechten Nebensinn völlig zu lösen und in dem Sinne der grundsätzlichen Historisierung alles unseres Denkens über den Menschen, seine Kultur und seine Werte zu verstehen» [24]. ‹H.› dient nun zur Bezeichnung des historischen Denkens als einer geschichtlichen Bewegung und meint Geschichtswissenschaft wie -philosophie. H. und Naturalismus sind für Troeltsch jetzt «die beiden großen Wissenschaftsschöpfungen der modernen Welt»; sie ersetzen die vormaligen Disziplinen Metaphysik, Ethik und Logik, die nun «verfallen oder subjektivistisch verwüstet sind». Seit Descartes und seine Schule die «Innerlichkeit» von der äußeren Objektwelt abtrennten, hat der erkennende Geist eine «Doppelrichtung»: «die Richtung auf die körperbezogenen und allgemeingesetzlichen und die Richtung auf die ichbezogenen und historisch-genetischen Inhalte des Bewußtseins». Die modernen Wissenschaften gliedern sich deshalb so, «daß es sich mit dem Naturalismus mit letztlich rein gegebenen, unbegreiflichen Körpergrößen des Raumes zu tun hat, während der H. das Selbstverständnis des Geistes ist, sofern es sich um die eigenen Hervorbringungen seiner in der Geschichte handelt» [25]. Troeltsch ist in diesem Buch zuversichtlich, den H. als Geschichtsdenken in den Dienst der Besinnung auf den humanen Gehalt der europäischen Geschichte und in den Dienst einer «Kultursynthese» stellen und so für die Orientierung in der Gegenwart fruchtbar machen zu können. Was er früher als «H.» bekämpft hatte, erscheint ihm als eine bereits überwundene Entartung des wahren H.: «Wir sind vom schlechten H. genesen, der zum größten Teile ... eine mißverstandene Angleichung der Historie an die Einzelelemente, Allgemeingesetze, Reihenbildungen und Notwendigkeiten der Naturwissenschaften war»; und der zum anderen Teil sich als ästhetische Spielerei darstellte, zum unverbindlichen «Alles-Verstehen und Alles-Verzeihen, zum bloßen Bildungsinteresse oder gar zur Skepsis» wurde [26].

Wohl nicht zuletzt unter dem Einfluß dieses Buches von Troeltsch findet sich in den zwanziger Jahren (neben ‹H.› als Synonym für ‹Relativismus›; vgl. u. a. A. LIEBERT, TH. LITT, H. RICKERT [27]) der Begriff nun häufig im positiven oder neutralen Sinne als Kategorie des modernen geschichtlichen Denkens und seiner Leistungen (K. MANNHEIM, G. KRÜGER, P. H. RUTH, TH. LITT, H. PRELLER [28]). Besonders FR. MEINECKE trug dazu bei, ‹H.› als umfassende Kategorie für das seit der Aufklärung sich ausbildende Geschichtsdenken einzubürgern. «Gerade durch den Tadel, den das Wort zuerst meist ausdrücken sollte», sei das Bewußtsein erwacht, «daß hinter den greifbaren Exzessen oder Schwächen ein großes und gewaltiges Phänomen der Geistesgeschichte steckte», und zwar «eine der größten geistigen Revolutionen, die das abendländische Denken erlebt hat» [29]. Der «Kern» und der «Mutterboden» des H. sei die «individualisierende Betrachtung» einerseits und der Entwicklungsbegriff andererseits; zwei Seiten derselben Sache: «Denn entwickelnde und individualisierende Denkweise gehören unmittelbar zusammen.» «H. ist eben zunächst nichts anderes als die Anwendung der in der großen deutschen Bewegung von Leibniz bis zu Goethes Tod gewonnenen neuen Lebensprinzipien auf das geschichtliche Leben» [30]. H. ist also vornehmlich «Lebensprinzip», nicht «Wissensprinzip», denn dem «dynamischen H.» liegt «eine neue Schau menschlichen Lebens überhaupt» zugrunde, eine Schau, welche «die inneren Schranken zwischen Vergangenheit und Gegenwart aufhob» und uns damit «Wunderwelten eines neuen geschichtlichen Verständnisses für alles, was Menschenantlitz trägt, erschlossen» hat [31].

P. TILLICH bezweifelte schon 1924 die Möglichkeit, den «schlechten Nebensinn» im Wort ‹H.› zu eliminieren [32]. Und in der Tat sah TROELTSCH in seiner Altersschrift im H. wieder hauptsächlich den Relativismus, der durch «Synthese», Ethik, Gewissensmoral und Entschlußkraft zu überwinden sei [33]. Und so bleibt der Begriff H. doppeldeutig und ambivalent in gleicher Weise, wie neben den Versuchen, auf den Leistungen des modernen Geschichtsbewußtseins zu insistieren, die Versuche lebendig und diskutiert bleiben, dies Bewußtsein wegen seiner Gefahren zu überwinden. Solche Versuche sind u. a. Wert- und Existenzphilosophie. Nach M. SCHELER, der den H. mit der Relativitätstheorie Einsteins parallelisiert, ist der H. durch seine «Lehre von der wesensnotwendigen Relativität alles historischen ‹Seins› selbst» bereits überwunden, und zwar «*durch sich selbst* überwunden»; denn indem er die Möglichkeit von objektiven unbezweifelbaren historischen Tatbeständen in Zweifel ziehe, habe er seine eigene Bedingung in Zweifel gezogen und damit seinen Relativismus relativiert. Der H. hat «zuerst mit vollem Recht alle ‹absoluten› historischen Autoritäten erschüttert, insonderheit alle auf eine absolute, positive, konkrete Heilsgüterart gegründeten ‹Kirchen› ..., um dann durch die Lehre eines nur absoluten *Wertordnung*systems [im Gegensatz zum inhaltlichen Wertsystem] und die gleichzeitige Lehre vom historischen Wesensperspektivismus des historischen Seins selbst auch seinerseits außer Kurs gesetzt zu werden. Der Weg zur Metaphysik ist ... also wieder frei» [34]. Der Aufbau eines inhaltlich bestimmten Wertsystems hat damit die kritischen Fragen des historischen Bewußtseins abgeschüttelt. – In anderer Weise sieht M. HEIDEGGER in der gesamten H.-Debatte nur die Tatsache verborgen, daß im Betrieb der wissenschaftlichen Historie deren Bedingung und ihre eigentliche Abzweckung vergessen wurden: das Geschehen des Daseins (‹Mensch›), das vorlaufend zum Tode schicksalhaft-entschlossen seine eigentliche Existenzmöglichkeit wählt, indem es das Erbe übernimmt. «Am Ende ist das Aufkommen eines Problems des ‹H.› das deutlichste Anzeichen dafür, daß die Historie das Dasein seiner eigentlichen Geschichtlichkeit zu entfremden trachtet» [35]. Auch noch später formuliert er, daß der H. nur die «Ratlosigkeit» der selbst «ungeschichtlichen» Historie offenbare [36].

TROELTSCH hatte W. Dilthey den Philosophen des H. genannt, da er in ihm ein «tragisches Lebensgefühl einer steuerlos im Reichtum der Historie umherirrenden, allzu vielseitig angeregten Bildung» sah [37]. ROTHACKER, im Anschluß an W. Dilthey an einer methodischen Grundlegung der Geisteswissenschaften arbeitend, nimmt das im H. steckende Problem des Relativismus ebenso ernst wie Troeltsch, begreift es aber als konstitutiv für die modernen Geisteswissenschaften und deren Gegenstand; den H. zu überwinden ist ihm deshalb nicht eben sinnvoll und wünschbar. Sein Begriff und seine Vorstellung vom Problem des H., vornehmlich an der historischen Schule und am deutschen Idealismus gewonnen [38], erkennt den Kern aller Schwierigkeiten in dem Widerspruch, daß Kulturen, Weltbilder und schöpferische Leistungen nur als besondere sich realisieren können und dennoch allgemeine Geltung beanspruchen.

‹H.› meint die Eigentümlichkeit und geschichtliche Gebundenheit aller kulturellen Leistungen, meint «konkrete Vernunft» und «konkrete Substanzialität» [39]. Der Gegenbegriff ist nicht ‹Naturalismus›, sondern ‹Universalismus› [40]. Der mit dem H. der historischen Schule aufkommende Relativismus ist nicht ursprünglich «skeptisch», sondern «pluralistisch» [41]. Und dieser Relativismus liegt begründet im «schöpferischen Leben» selbst, das eben konkrete kulturelle Gebilde nur als besondere schafft, bzw. im Rezipienten und Interpreten der Kultur, der sich auf ihren Wert und Gehalt ernsthaft in schöpferischer Anschauung, in einer «intentio recta» einlassen muß; den Relativismus aufheben, hieße alle Kulturen als uniform zu betrachten. Lakonisch schließt Rothacker eine späte Äußerung zum Thema: «Die Schwierigkeiten des H. sind eine schlichte Konsequenz der schlichten Tatsache, daß es verschiedene Kultursysteme und diese explizierende Dogmatiken gibt. Was unmöglich geleugnet werden kann» [42].

B. CROCE ist den «Überwindern» des H. gegenüber sogar in die Offensive gegangen und hat gefragt, ob in der allgemeinen Tendenz zum «Anti-H.» wirklich Humanität oder nicht bloß Krankheit und Schwäche verborgen sind. Er sieht im Kampf gegen den H. das Geschichtsbewußtsein insgesamt und damit das «Kulturbewußtsein» als Bedingung der Freiheit gefährdet [43]. Wie TROELTSCH [44] stellt CROCE die treffende Diagnose, daß das H.-Problem das des Liberalismus ist [45].

Die gegenwärtig innerhalb der Geschichtswissenschaft sich verstärkende Auseinandersetzung mit dem H. zielt darauf ab, die besonders durch Meinecke formulierte Orientierung am Entwicklungs- und am Individualitätsbegriff einzuschränken zugunsten der Anwendung von statistischen, strukturalen und soziologischen Verfahrensweisen [46].

Neben dem Ausdruck ‹H.› und von diesem nicht scharf abgrenzbar findet sich am Ende des 19. Jh. das Wort ‹Historizismus›, eine Bildung, die den kritischen Akzent noch deutlicher setzen will. Schon von FR. NIETZSCHE [47] und häufiger dann von M. KÄHLER [48] gebraucht, wird das Wort von E. HUSSERL in seiner programmatischen Schrift ‹Philosophie als strenge Wissenschaft› (1911) zur kritischen Kennzeichnung vor allem der Position W. Diltheys verwendet [49]: Während der «Naturalismus» alles zur Natur machen und durch Gesetze begreifen möchte, versteht der mit den Geisteswissenschaften aufkommende «Historizismus» alles «als Geist, als historisches Gebilde»; jener ist Wissenschaft, gefährdet aber die Kultur – dieser hat auf Wissenschaftlichkeit Verzicht geleistet und bereitet der Weltanschauungsphilosophie den Boden. Husserl weist nach, daß Diltheys Historizismus, der in alle historischen Geistesgestaltungen verstehend sich einfühlen und ihre Eigenheit begreifen möchte, entgegen der eigenen Intention in den Skeptizismus führt und außerdem einen Widerspruch beinhaltet: Die von Dilthey behauptete Relativität aller Philosophien und Weltanschauungen kann man nicht historisch, sondern nur orientiert an einem Ideal von geltender Wahrheit konstatieren [50]. Husserls Begriff des Historizismus deckt sich also gänzlich mit dem, was Troeltsch und andere ‹H.› nannten.

Hingegen hat K. R. POPPER [51] das Wort in einem ganz anderen Sinn in die Diskussion gebracht: ‹Historizismus› ist für ihn die kritisch gemeinte Sammelbezeichnung für alle sozialwissenschaftlichen Theorien (bes. den Marxismus), die in der Geschichte «Trends» und «Gesetze» aufweisen und von diesen ausgehend Voraussagen für die Zukunft machen wollen. Popper unterscheidet innerhalb des Historizismus eine «pronaturalistische» und eine «antinaturalistische» Richtung, je nachdem, ob in der Geschichte den physikalischen vergleichbare Gesetze behauptet werden oder nicht.

Da die nicht-deutschen Sprachen die Doppelform ‹H.›/‹Historizismus› nicht kennen, verwischt sich – vor allem durch die Übersetzungen – auch im Deutschen häufig der Unterschied in der Bedeutung der beiden Termini.

Anmerkungen. [1] NOVALIS, Schriften, hg. J. MINOR (1923) 3, 191. – [2] CH. J. BRANISS: Die wiss. Aufgabe der Gegenwart als leitende Idee im akad. Studium (1848) bes. 120ff. – [3] C. PRANTL: Die gegenwärtige Aufgabe der Philos. (1852) bes. 13. 19. 31f. 38. – [4] I. H. FICHTE: System der Ethik 1 (1850) 470. – [5] H. M. CHALYBÄUS: Ethik 2 (1850) 42. – [6] L. FEUERBACH, Werke, hg. W. BOLIN/F. JODL 7 (²1960) 1f. 43f.; vgl. E. SCHAPER: Hist. und H. bei L. Feuerbach, in: Götting. Gelehrte Anz. 202 (1940) 453-461. – [7] R. HAYM: Hegel und seine Zeit (1857) 354. 467. – [8] CHALYBÄUS, a. a. O. [5] 1, 7; 2, 46f. – [9] K. WERNER: Vico (1879). – [10] C. MENGER: Die Irrtümer des H. in der dtsch. Nationaloek. (1884). – [11] AD. WAGNER: Grundlegung der polit. Oek. I/1 (³1892) 7. 47. 51. 67. – [12] H. COHEN: Einl. zu F. A. LANGE: Gesch. des Materialismus (⁵1896) 2, LV. XVI. – [13] G. SIMMEL: Die Probleme der Geschichtsphilos. (³1907) Vorwort, zit. (1922) VIf. – [14] H. RICKERT: Die Grenzen der naturwiss. Begriffsbildung (⁵1929) 736. – [15] FR. NIETZSCHE: Vom Nutzen und Nachteil der Hist. für das Leben, Unzeitgemäße Betrachtungen II. – [16] J. SCHMIDT: Der Niedergang des Protestantismus (1904) 23f. – [17] F. KATTENBUSCH: Realenzyklopädie (³1908) 21, 912. – [18] K. LAMPRECHT: Moderne Geschichtswiss. (1905) 12. – [19] R. EUCKEN: Geistige Strömungen der Gegenwart (³1904) 259. – [20] E. TROELTSCH: Art. ‹H.›, in: Realenzyklopädie (³1913) 24, 25; vgl. Ges. Schr. 4 (1925) 628. – [21] E. ROTHACKER: Einl. in die Geisteswiss. (1920) Vorw. VII. – [22] R. EISLER: Wb. der philos. Begriffe (1910) 1, 490. – [23] Vgl. Reg. a.a.O. [21] 286. – [24] E. TROELTSCH: Der H. und seine Probleme (1922) 102. – [25] a. a. O. 104ff. – [26] 67ff. – [27] A. LIEBERT: Die geistige Krisis der Gegenwart (1923) Reg. – TH. LITT: Wiss., Bildung, Weltanschauung (1928) bes. 41ff.; Gesch. und Leben (1917) Vorw.; H. RICKERT: Die Probleme der Geschichtsphilos. (³1924) 129ff. – [28] Die Belege sämtlich bei K. HEUSSI: Die Krisis des H. (1932) 15-17. – [29] FR. MEINECKE: Die Entstehung des H. (1936). Werke 3, 1. – [30] a. a. O. 5f. 2. – [31] Zur Theorie und Philos. der Gesch., Werke 4, 341. 92. – [32] P. TILLICH, Theol. Lit. Ztg. 49 (1924) 26. – [33] E. TROELTSCH: Der H. und seine Überwindung (1924) 4. 44. 47 (dieser Titel stammt nicht von Troeltsch; das Buch erschien zuerst engl. als Christian thought: its history and application); vgl. O. HINTZE, Ges. Abhandl. 2 (²1964) 323-373. – [34] M. SCHELER: Die Wissensformen und die Gesellschaft (1926). Werke 8 (1960) 150; vgl. 151f. – [35] M. HEIDEGGER: Sein und Zeit (1927) 396. – [36] Vorträge und Aufsätze (1954) 80. – [37] E. TROELTSCH, in: Festgabe Harnack (1921) 288. – [38] ROTHACKER, a. a. O. [21]; Logik und Systematik der Geisteswiss. (1926) 114ff. 138. 147f. 168f. – [39] Logik ... a. a. O. 169. – [40] 168. – [41] 148. – [42] Die dogmat. Denkform in den Geisteswiss. und das Problem des H. Abh. Mainzer Akad. Wiss. (1954) Nr. 6, 60; vgl. 27ff. 36. 40. – [43] B. CROCE: Anti-H., dtsch. K. VOSSLER. Hist. Z. 143 (1931) 457-466. – [44] TROELTSCH, a. a. O. [33] 45ff. – [45] B. CROCE, a. a. O. [43] 464. – [46] Vgl. u. a. G. G. IGGERS: The German conception of hist. (Wesleyan Univ. Press 1968); dtsch.: Dtsch. Geschichtswiss. (1971, ²1972); W. J. MOMMSEN: Die Geschichtswiss. jenseits des H. (1971, ²1972). – [47] FR. NIETZSCHE, Werke, hg. K. SCHLECHTA (³1962) 3, 479. – [48] M. KÄHLER: Realenzyklop. 3 (1897) 198; Der sog. hist. Jesus und der gesch., bibl. Christus (²1896) 44. 118. – [49] E. HUSSERL: Philos. als strenge Wiss. Logos 1 (1911) 289-340; zit. neu hg. W. SZILASI (1965). – [50] a. a. O. bes. 12ff. 49ff. – [51] K. R. POPPER: The poverty of historicism (London 1957, ²1960), dtsch. Das Elend des Historizismus (1965, 1969).

Literaturhinweise. – *Zur Begriffs- und Wortgeschichte:* K. HEUSSI s. Anm. [28] bes. 1-21. – E. ROTHACKER: Das Wort ‹H.›. Z. dtsch. Wortforsch. 16 (1960) 3-6. – G. SCHOLTZ: ‹H.› als spekulative Geschichtsphilos.: Chr. J. Braniß (1973) 125-138. 152. – *Zum Problem:* E. ROTHACKER: Art. ‹H.›, in SCHMOLLERS Jb. 61 (1938) 386-399. – K. MANNHEIM: H. Arch. Sozialwiß. Sozialpol. 52 (1924) 1-60. – F.-J. V. RINTELEN: Der Versuch einer Überwindung des H. bei E. Troeltsch. Dtsch. Vjschr. Lit.wiss. 8 (1930) 324-372. – TH. LITT: Wege und Irrwege gesch. Denkens (1948); Die Wiedererweckung des gesch. Bewußtseins (1956). – K. LÖWITH: Die Dynamik der Gesch. und des H., in: Eranos-Jb.

21 (1952) 217-254. – E. Topitsch: Der H. und seine Überwindung. Wien. Z. Philos. 24 (1952) 96-119; Der H. Stud. gen. 7 (1954) 430-439. – F. Wagner: Moderne Geschichtsschreibung (1960) 43-65. – L. Strauss: Naturrecht und Gesch. (1956). – P. Rossi: Storia e storicismo nella filos. contemporanea (1960). – C. G. Rand: Two meanings of historicism in the writings of Dilthey, Troeltsch and Meinecke. J. Hist. Ideas 25 (1964) 503-518.
G. Scholtz

History of Ideas. Der Ausdruck begegnet bisweilen als englisches Äquivalent für ‹Ideengeschichte› oder ‹Geistesgeschichte›. Als eigener Terminus wurde er erstmals 1936 von A. O. Lovejoy benutzt. In Absetzung sowohl gegen generalisierende Geistesgeschichte wie gegen spezielle Philosophiegeschichte bestimmte er die H.o.I. als historische Betrachtung der Entstehung, Ausbreitung und Wirksamkeit von «Elementar-Ideen» (*unit-ideas*). Das für die Methode charakteristische Vorstellungsmodell kommt aus der Chemie. Die Elementar-Ideen gehen im Verlaufe des historischen Prozesses verschiedenartige Verbindungen ein, und zwar ebenso in Form philosophischer Systeme (die als Aggregate von Elementar-Ideen gelten) wie in Form literarischer und essayistischer Werke. Lovejoy faßt den Begriff ‹Elementar-Idee› weit: «types of categories, thoughts concerning particular aspects of common experience, implicit or explicit presuppositions, sacred formulas or catchwords, specific philosophic theorems, or the larger hypotheses, generalizations or methodological assumptions of various sciences» [1]. Da nicht nur exakt definierte Begriffe, sondern auch anderes Ideengut Gegenstand der Analyse ist, spielt diese Art von Historiographie für mehrere Disziplinen, vor allem auch für die Literaturwissenschaft, trotz ihres teilweise problematischen Charakters, eine erhebliche Rolle. Sie hat interdisziplinäre Studien stark angeregt und liegt als Programm dem 1940 gegründeten ‹Journal of the History of Ideas› (Lancaster, Pa.) zugrunde.

Anmerkung. [1] A. O. Lovejoy: Essays in the H.o.I. (New York 1960) 9.

Literaturhinweise. A. O. Lovejoy: The great chain of being. A study of the hist. of an idea (Cambridge, Mass. 1936); The historiography of ideas. Proc. Amer. philos. Soc. 78 (1938) 529-543, jetzt auch a. a. O. [1]. – Reflections on the H.o.I. J. Hist. Ideas 1 (1940). – M. Mandelbaum: The HoI, intellectual hist., and the history of philos., in: Hist. and theory: Studies in the philos. of hist. (s' Gravenhage 1965) 33-66. – *Zur Kritik:* R. S. Crane: Lit., philos., and the H.o.I. Modern Philol. 52 (1954) 73-83.
B. Fabian

Hochherzigkeit (griech. μεγαλοψυχία; lat. magnanimitas, magnitudo animi; frz. magnanimité, générosité; dtsch. H., Hochgemutheit, Hochsinn, Seelengröße, Großmut). – 1. Der Ausdruck μεγαλοψυχία (μ.) ist schon vor Aristoteles vereinzelt belegt, so bei Isokrates [1]; die H. wird aber in der griechischen Literatur zum ersten und einzigen Mal als Idealform menschlichen Verhaltens ausführlich von Aristoteles in der ‹Nikomachischen Ethik› behandelt [2]: Unter den zwölf ethischen Tugenden steht die μ. in einer Viererguppe zusammen mit dem Ehrgeiz (φιλοτιμία), der sich wie die μ. auf Ehre bezieht, mit der Freigebigkeit (ἐλευθεριότης) und der Großzügigkeit (μεγαλοπρέπεια), die die richtigen Werthaltungen in bezug auf Geld darstellen. H. ist die richtige Mitte zwischen den Extremen der Aufgeblasenheit (χαυνότης) und des Kleinmuts (μικροψυχία). Der Hochherzige (μεγαλόψυχος) schätzt sich selbst hoch ein und rechtfertigt dies durch sein Verhalten. Er kennt keine Furcht und handelt stets gerecht. Er erstrebt in allem Tun das Große und Hohe. Aristoteles, der diesen Typus mit starker eigener Anteilnahme entworfen hat, nennt die μ. den Schmuck, der die übrigen ethischen Tugenden auszeichnet (ἔοικε μὲν οὖν ἡ μεγαλοψυχία οἷον κόσμος τις εἶναι τῶν ἀρετῶν [3]). Das bedeutet einerseits, daß μ. in allen ethischen Tugenden als vollendendes Moment wirksam sein soll und andererseits, daß sie die übrigen Tugenden zur Voraussetzung hat.

Die *Stoa* hat aus der umfassenden aristotelischen Sicht der μ. den Aspekt der Tapferkeit hervorgehoben [4]. So hat Chrysipp die H. als die Tugend definiert, die uns den Dingen überlegen macht, die Guten und Bösen zustoßen können [5]. Bei Panaitios werden die beiden Tugenden H. und Tapferkeit gleichgesetzt, wie die Darstellung in Ciceros ‹De officiis› zeigt [6].

Bei Polybios, der die stolzen und hohen politischen Aspirationen des römischen Adels mit Vorliebe als μ. bezeichnet [7], tritt mit der Nuance des imperialen Machtanspruches auch die negative Möglichkeit des Begriffs erneut hervor, die sich vor Aristoteles z. B. bei Demosthenes [8] gezeigt hatte.

Anmerkungen. [1] Isokrates Euag. 45. 59; vgl. z. B. Demosthenes 18, 68; 20, 142; 23, 205. – [2] Aristoteles, Eth. Nic. IV, 7, 1123 a 33-1125 a 35; vgl. Eth. Eud. III, 5, 1232 a-1233 a; Magna Moralia I, 25, 1192 a. – [3] Eth. Nic. 1124 a 1/2. – [4] Vgl. SVF 3, 64ff. – [5] SVF 3, 264. – [6] Cicero, De off. 1, 61-92. – [7] Polybios 1, 20, 11; 6, 58, 13; 10, 40, 6. – [8] Demosthenes 18, 68.

2. Das Wort ‹*magnanimitas*› findet sich zuerst bei Cicero, später bei Seneca, Plinius d. J. und anderen als Substantivbildung zum Adjektiv ‹magnanimus›, das zuerst bei Ennius, dann bei Plautus, Lucrez und Catull auftritt [1]. Es handelt sich um eine Lehnübersetzung des griechischen μ. Der griechische Begriff kann neben «Hochsinn, Seelengröße», auch negativ «Hochfahrenheit», «uneingeschränkten Anspruch auf Vorherrschaft» bezeichnen. Diese Ambivalenz ist im lateinischen Ausdruck ‹magnus animus› (bzw. magni animi) ebenfalls deutlich; im Adjektiv ‹magnanimus› kaum noch spürbar, ist sie in ‹magnanimitas› ganz verschwunden. Cicero verwendet den Begriff nur einmal: «omnis honestas ... a partibus quattuor, quarum una sit cognitionis, altera communitatis, tertia magnanimitatis, quarta moderationis» (jede Tugend [besteht] ... aus vier Teilen, von denen der eine die Erkenntnis sei, der andere der Gemeinsinn, der dritte die H., der vierte die Mäßigung) [2] und reiht ihn dabei statt unter die «fortitudo» unter die vier Kardinaltugenden ein; er gibt damit zweifellos den Begriff der μ. wieder, den er in seiner Vorlage Περὶ τοῦ καθήκοντος (Über das Geziemende) des Stoikers Panaitios in diesem Zusammenhang vorgefunden hat.

Häufiger als ‹magnanimitas› begegnet in der lateinischen Literatur, vor allem bei Cicero, der gleichbedeutende, allerdings auch die negative Nuance mitenthaltende Ausdruck ‹magnitudo animi›. Die wichtigsten Bedeutungen von ‹magnanimitas› (bzw. von ‹magnitudo animi›, soweit positiv gemeint) sind neben «Tapferkeit» (fortitudo): «Standhaftigkeit im Ertragen von Widrigkeiten» (constantia, patientia), «wohlwollende Nachsicht gegenüber Gegnern» (indulgentia) und «Freigebigkeit, Großzügigkeit» (liberalitas, munificentia). – Seit Polybios die μ. als eine genuine Eigenschaft der römischen Nobilität bezeichnet [3] und die mittlere Stoa, deren Lehren im 2. Jh. v. Chr. in Rom den größten Einfluß ausübten, das peripatetische Ideal der μ. besonders als Kardinaltugend der Tapferkeit neu belebt hatte, hat der römische Adel die Eigenschaft der magnanimitas (magnitudo animi) als feste Norm in sein Selbstverständnis aufgenommen.

Anmerkungen. [1] Vgl. Thes. ling. lat. s.v. – [2] CICERO, De off. 1, 152. – [3] POLYBIOS, a. a. O. [7 zu 1].

Literaturhinweise. U. KNOCHE: Magnitudo animi. Untersuch. zur Entstehung und Entwicklung eines röm. Wertgedankens. Philologus, Suppl. 27/3 (1935). – R.-A. GAUTHIER: Magnanimité. L'idéal de la grandeur dans la philos. païenne et dans la théol. chrétienne (Paris 1951). – H.-G. KIRSCHE: Megalopsychia. Beitr. zur griech. Ethik des 4. Jh. v. Chr. (Diss. Göttingen 1952). – D. A. REES: «Magnanimity» in the Eudemian and Nicomachean ethics, in: Peripatoi. Philol.-hist. Stud. zum Aristotelismus, hg. P. MORAUX 1 (1970). R. RIEKS/A. WEISCHE

3. Die christliche Rezeption des Begriffs der magnanimitas bei THOMAS VON AQUIN begreift die «fiducia», das sicher hoffende Selbstvertrauen im stoischen Sinne, mit Cicero als «pars fortitudinis» [1]. Der Mensch wird aber hier immer in Abhängigkeit von der göttlichen Gnade gesehen. Erst aus ihr kann er neues Selbstvertrauen schöpfen: Die Tugend der magnanimitas – unter dieser lateinischen Bezeichnung begegnet der Begriff von Thomas bis Descartes – ist gegen Zweifel und Exzesse geschützt, solange der Mensch sich selbst als Geschöpf und seine «excellentia» als Gabe Gottes versteht [2].

Im Französischen tritt neben ‹magnanimité› das sinnverwandte ‹générosité› (G.), ein gelehrter Neologismus des 16. Jh. (von lat. generositas) in semantischer Anlehnung an ‹généreux› (belegt seit dem 14. Jh., von lat. generosus) in der Bedeutung von «qui a de la noblesse d'âme» [3]. In der französischen Literatur des 16. und 17. Jh. meint ‹G.› allgemein «Tugend einer edlen Seele, Wesensart eines Menschen hoher Abkunft» [4] (vgl. den 1667 gestifteten brandenburgischen «Ordre de la générosité») wie schon im Hochmittelalter das altprovenzalische ‹largueza›, das altfranzösische ‹largece› und das mittelhochdeutsche ‹hôher muot›.

Das Ineinander christlicher Zuversicht aus dem Glauben und weltlicher Zuversicht aus eigener Erwägung, wie es sich bei THOMAS findet [5], muß problematisch werden, sobald die Autorität der christlichen Offenbarung in den Hintergrund tritt. Dieser für das philosophische Selbstbewußtsein entscheidende Punkt ist mit DESCARTES' Abhandlung über ‹Les Passions de l'Âme› (publ. 1649) erreicht. Hier wird der G. schon insofern eine zentrale Stelle zuteil, als sie zur «Admiration» gehört, «la première de toutes les passions» [6]: Achtung (Estime) und Verachtung (Mespris) als die Grundlagen der Selbsteinschätzung, «d'où viennent les passions, et ensuite les habitudes, de magnanimité ou d'orgueil et d'humilité ou de la bassesse», sind Unterarten der Admiration je nach dem Charakter des sie verursachenden Objektes [7]. Die Eigenschaft oder Tugend (vertu [8]) rechter Selbsteinschätzung besteht einmal im Wissen um den «libre arbitre», d. h. um die freie Verfügung über die Willenskräfte, sodann im Verspüren des festen und beständigen Vorsatzes (résolution), sich seiner im bestmöglichen Sinne zu bedienen [9]. Da diese Eigenschaft nach Descartes wie wohl keine andere von der Herkunft (bonne naissance) abhängen kann, gibt er ihr einen neuen, etymologisch motivierten Namen: «j'ay nommé cette vertu G., suivant l'usage de nostre langue, plutost que Magnanimité, suivant l'usage de l'escole» [10]. Die G. kann jedoch auch durch Erziehung erworben werden, d. h. als Passion geweckt (exiter) und dann zur «vertu» ausgebildet werden. Als solche ist sie «la clef de toutes les autres vertus, & un remede general contre tous les dereglemens des Passions» [11]. Die Bedeutsamkeit des menschlichen Urteils für die G. ebenso wie ihre Herleitung aus der erfahrungsbezogenen Admiration («Lors que la premiere rencontre de quelque objet nous surprent, & que nous le jugeons estre nouveau» [12]) erweist die Modernität des cartesischen Philosophierens [13].

Anmerkungen. [1] THOMAS VON AQUIN, S. theol. II/II, q. 128. – [2] a. a. O. q. 129-132. – [3] W. v. WARTBURG: Frz. etymol. Wb. (1928ff.) 4, 99 s.v. – [4] P. ROBERT: Dict. ... de la lang. franç. (Paris 1966) s.v. – [5] THOMAS VON AQUIN, a. a. O. [1] q. 129, a. 6 c. – [6] R. DESCARTES: Les passions de l'âme (1649) Art. 53. – [7] a. a. O. Art. 54; vgl. 149f. – [8] Vgl. Art. 161 Anfang. – [9] Art. 153. – [10] Art. 161. – [11] Art. 161; vgl. Brief an Elisabeth vom 4. 8. 1645. – [12] a. a. O. [6] Art. 53; vgl. H. BLUMENBERG: Der Prozeß der theoret. Neugierde (²1973). – [13] Vgl. Encyclop., hg. DIDEROT/D'ALEMBERT (Paris 1751-80) s.v. généreux/générosité (Voltaire?); vgl. zum Ganzen auch Art. ‹Großmut›.

Literaturhinweise. G. KRÜGER: Die Herkunft des philos. Selbstbewußtseins. Logos 22 (1933, ND ³1963) 251-272. – L. J. GUERRERO: La generosidad en la filosofia cartesiana, in: Homenaje en el tercer centenario del «Discurso del método» (Buenos Aires 1937) 3, 41-72. R. BAUM/S. NEUMEISTER

Hochmut (griech. χαυνότης, ὑπερηφανία; lat. superbia; frz. orgueil). – 1. Schon in der Antike steht ‹H.› bzw. ‹Stolz› als Oberbegriff für alle Formen des Selbstwert-*erlebens* in engen Beziehungen zu verwandten Begriffen. Er nähert sich einerseits dem *Ehrgeiz* (φιλοτιμία, ambitio, amor gloriae, amor laudis), der die Antriebserlebnisse des individuellen Selbstwert*strebens* umfaßt, andererseits der *Eitelkeit* (ματαιότης, vanitas), jener «intensiven» Form des Selbstgefühls, die durch stärkere «narzißtische Abhängigkeit» von sozialer Wertschätzung charakterisiert ist [1] und damit dem Stolz (in verengter Bedeutung gebraucht) als der «tiefen», in sich selbst ruhenden Struktur des Selbstwerterlebens gegenübersteht. Trotz ihrer Differenzierbarkeit tendieren alle diese Begriffe zu Überschneidung und Überlagerung. So fungieren denn in der abendländischen Moralphilosophie und -theologie innerhalb der seit ARISTOTELES gebräuchlichen triadischen Aufteilung der ichhaften Strebungen in Begehren nach Gütern (avaritia), nach körperlichen Freuden (voluptas) und nach Ehren [2] abwechselnd ‹ambitio› oder ‹superbia› als Oberbegriff für jenen dritten, am wenigsten körperlich-materiell belasteten Objektbereich [3]; so heißt es bei SPINOZA: «quidem appetitus in homine, qui ratione non ducitur, passio est, quae Ambitio vocatur, nec multum a Superbia discrepat» (denn jenes Streben im Menschen, das nicht von der Vernunft gelenkt wird, ist eine Leidenschaft, die ‹Ehrgeiz› genannt wird und sich nicht sehr vom H. unterscheidet) [4].

Während jedoch avaritia und voluptas meist eindeutig negativ beurteilt werden, ist die Ambivalenz, die sich bei den Begriffen aus der mit dem Seelisch-Geistigen oft identifizierten Sphäre des Selbstwerterlebens konstatieren läßt, ein Charakteristikum, das ebenfalls die gesamte abendländische Geistesgeschichte durchzieht. Nicht nur die Ehrliebe wird von PLATO und ARISTOTELES schwankend bewertet [5], sondern auch der dem H. antonym zugeordnete Bereich der Demut (ταπεινότης, humilitas), der sich erst in christlicher Zeit wirklich ins Positive wendet [6]. Die gleiche auffällige Ambiguität als Charakterfehler und Charaktervorzug spiegelt der allgemeine klassisch-lateinische Sprachgebrauch wider, der etwa ‹superbia› in den Bedeutungen «Übermut, Hochmut, Hoffart, Stolz», aber auch «Hochgefühl, stolzes Selbstgefühl» kennt [7].

Aus der Notwendigkeit, in spätantiker Zeit im Feld

der gehobenen Selbstwertgefühle eine hybride Meinung von sich selbst von einem maßvollen und daher legitimen Stolz auch begrifflich zu scheiden, erwächst die klassisch gewordene Gegenüberstellung von H. und Seelengröße (μεγαλοψυχία, *magnitudo animi, magnanimitas*), die als erster der Peripatetiker ARISTON VON KEOS verwendet [8].

Im *Christentum* trifft der Individualismus der spätantiken Ethik auf den archaischen superbia-Gedanken des Alten Testaments, für den *jede* Erhöhung des Ich, also auch die Tugend der magnanimitas, Sünde als Trennung vom Göttlichen bedeutet. Als ein sittliches System, das auf einem universellen Gesetz ethischer Weltordnung gründet, kann der christliche *ordo*-Gedanke in den nach Selbstbehauptung und Selbsterweiterung strebenden Trieben des H., die das Individuum vom Allgemeinen und von der Gemeinschaft in die Isolation und Vereinzelung führen, nur seinen schlimmsten Gegner, eben Sünde sehen [9].

Anmerkungen. [1] A. WELLEK: Die Polarität im Aufbau des Charakters (³1966) 140-143. – [2] ARISTOTELES, Eth. Nic. 1168 b 15-17. – [3] G. F. OESFELD: De tribus voluptate, avaritia, et superbia in philosophia morali impostoribus (Diss. Halle 1755). – [4] B. SPINOZA, Ethica V, schol. prop. IV. Opera, hg. GEBHARDT 4, 283, 21-25. – [5] Vgl. Art. ‹Ehrgeiz›. – [6] Vgl. Art. ‹Demut›. – [7] K. E. GEORGES: Lat.-dtsch. Handwb. 2 (⁹1951) 2931. – [8] PHILODEM. 10, XV, 22-33. – [9] W. HEMPEL: Übermuot diu alte. Der Superbia-Gedanke und seine Rolle in der dtsch. Lit. des MA (1970) 2-37.

Literaturhinweise siehe unter 3.   H.-J. FUCHS

2. Für das Mittelalter ist AUGUSTINS Bestimmung der superbia (S.) maßgebend. Nach ihm ist sie die Verliebtheit in eigene Vorzüge (amor excellentiae propriae) [1] oder das Streben nach falscher Höhe (perversae celsitudinis appetitus) [2]. Der superbus will keinerlei übergeordnete Wirklichkeit anerkennen, auch nicht die Gottes: «praepositum non vult habere, nec Deum» [3]. Deshalb stellt er sich gegen Gott [4]. Er pervertiert die wahre und gerechte Ordnung, indem er nicht Gott als höchstes Prinzip anerkennt, sondern sich selbst an seine Stelle setzt: «Perversa enim celsitudo est, deserto eo cui debet animus inhaerere principio, sibi quodammodo fieri atque esse principium» (Die Rangordnung nämlich ist verkehrt, d. h. sich selbst gleichsam Ursprung zu werden und zu sein, nachdem die Seele den Ursprung, dem sie anhangen soll, verlassen hat) [5]. Diese Verdrehung des ordo bedeutet die Abkehr vom wahren Sein (bonum immutabile) [6] und daher die Hinwendung zum Nichts (nihilo propinquat) [7]. Sie liegt in der Selbstsucht begründet: «superbus, in quo vivit, spiritus suus» [8]; «in se vult laudari» [9]; «hoc enim dicit superbus: Ego sum, ego sum et nemo» [10]. Durch seine Selbstüberhebung (elatio) [11] will der superbus seine eigene innere Leere überdecken: «nisi inanis esset, si plenus esset, non inflaretur» (Wenn er nicht leer, wenn er erfüllt wäre, würde er sich nicht aufblasen) [12]. Er gibt sich nicht mehr der Wahrhaftigkeit, sondern seinem Dünkel hin: «vult videri, quod non est» [13]. Er erhebt sich über die anderen: «odit cum sociis aequalitatem» [14]. Seine Meinung (sententia) gilt ihm als unanfechtbar: «non quia vera est, sed quia sua est» [15]. Doch während er sich zu erheben wähnt, erniedrigt er sich und verfällt so einer Selbsttäuschung: «erigendo dejecit, inflando evacuat, destituendo dissipat» [16]. Denn die Demut (humilitas) erhöht den Menschen, während die S. ihn vernichtet: «ante ruinam exaltatur cor et ante gloriam humiliatur» [17]. Ihr folgt der Neid: «invidia sequitur superbiam» [18]. Im Unterschied zu allen anderen Untugenden wirkt sie sich selbst in guten Taten aus: «etiam bonis operibus insidiatur» [19]. Sie zerstört die Liebe [20] und den Frieden, der durch die Anerkennung der gerechten göttlichen Ordnung gewährleistet ist, und führt zum Streit, der aus ungerechtfertigter Selbstliebe hervorgeht: «odit ergo justam pacem Dei et amat iniquam pacem suam» [21]. Die Demut begründet den Gottesstaat, die S. den Weltstaat [22].

Diese augustinische S.-Lehre wurde in ihren Grundzügen über die *Patristik* an die *Scholastik* tradiert: Für CASSIAN zerstört die S. alle Tugenden [23]. PROSPER VON AQUITANIEN erkennt ihren Ursprung in der sich von Gott abwendenden Selbstgefälligkeit: «non de Deo, sed de se sibi placere volunt» [24]. Nach MARTIN VON LÉON entfaltet sich die S. in vierfacher Weise, indem der superbus alle Verdienste sich alleine zurechnet (cum bonum, quod quis habet, sibi attribuit), sein Sein nicht von Gott, sondern aus sich selbst herleitet (cum credit a Deo esse datum, sed tamen pro meritis suis), mit Leistungen prahlt, die ihm nicht gehören (cum se jactat habere quod non habet), die anderen verachtet, um seine eigenen Wege zu gehen (cum caeteris despectis singulariter vult videre) [25]. Die S. tötet, wie LEO DER GROSSE hervorhebt, die Liebe [26]. Für FULGENTIUS ist die S. der Beginn aller Sünde [27]. BENEDIKT VON NURSIA definiert die S. mit Augustin als «amor excellentiae propriae» [28]. CASSIODOR bezeichnet sie als «vitiorum mater» [29], COLUMBAN als «causa omnium malorum et peccatorum» [30]. Sie geht aus Unehrlichkeit hervor, wie ISIDOR VON SEVILLA erklärt: «super vult videri quam quod est» [31]. GREGOR DER GROSSE sieht in ihr die Ursache allen Irrtums und Irrglaubens (principium haeresis [32]) und den Untergang aller Tugend [33]. In Übereinstimmung mit AMBROSIUS [34] glaubt er, daß auch Wissensstolz Ursache der S. sein könne: «superbi sibi attribuunt, quidquid sciunt» [35]. HINKMAR betrachtet die S. als Selbstgefälligkeit (semper miratur, quod facit) [36] und verächtliche Gesinnung gegenüber den Leistungen anderer: «aliena opera despicit» [37]. BRUNO DER KARTÄUSER als Intoleranz: «parem non patitur» [38]. Nach GUIBERT VON NOGENT hat die S. die Blindheit unsachlicher Haltung zur Folge: caecitatem reprobi sensus affert [39]. Daß der superbus seine innere Leere durch Aufgeblasenheit zu verdrängen sucht, bemerkt auch WERNER VON ST. BLASIEN: «per superbiam cor inflatur» [40]. BERNHARD VON CLAIRVAUX nennt zehn Motive der S.: Neugier (curiositas), Leichtsinn (levitas animi), verfehlte Neigung (inepta laetitia), Eigenbrötelei (singularitas), Arroganz (arrogantia), Unterstellung (praesumptio), Selbstgefälligkeit (defensio peccatorum), Auflehnung (rebellio), Freizügigkeit (libertas peccandi), Nachlässigkeit (consuetudo peccandi) [41]. PETRUS LOMBARDUS findet in der S. die Ursache von Unverstand und Verblendung in der Philosophie: «fecit philosophos insipientes et obcaecatos» [42]. Nach HUGO VON ST. VICTOR enthält die S. bereits die Leugnung Gottes: «Deum negat» [43]. Sie ist für ALANUS AB INSULIS die Mutter aller Schlechtigkeit (mater omnis nequitiae) [44] und verführt die Philosophen zur Unsachlichkeit: «philosophos tradidit in reprobum sensum» [45].

Mit Augustinus, Benedikt von Nursia und Bernhard von Clairvaux bestimmt THOMAS VON AQUIN die S. als «appetitus propriae excellentiae» [46], den er näherhin als «inordinatus» [47] bezeichnet. Als Selbsterhebung (superexcessus) [48] verkehrt die S. die wirkliche Seinsordnung, ist unsachlich und widerspricht der rechten Einsicht (ratio recta, regula rationis) [49]. Ihr geht die Abwendung von Gott (aversio a Deo) [50] voraus. Sie lehnt jede Unterordnung gegenüber Gott (subjectio ad Deum) [51] ab und verachtet ihn: «est contemptus Dei» [52]. Aus ihrer Eigenschaft, Ursprung aller Sünden zu sein, leitet Thomas ihren umfassenden Charakter (generalitas) her [53]. Er unterscheidet drei Formen: die Überheblichkeit (inordinatus appetitus propriae excellentiae), die Abkehr von Gott (contemptus Dei) und die verächtliche Gesinnung (inclinatio ad hujusmodi contemptum ex corruptione naturae) [54].

Anmerkungen. [1] AUGUSTIN, De Gen. ad litt. XI, 14. – [2] De civ. Dei XIV, 13. – [3] Enn. in Ps. 112, 1. – [4] Serm. 25, 3. – [5] De civ. Dei XIV, 13. – [6] ebda. – [7] ebda. – [8] Enn. in Ps. 142, 12. – [9] a. a. O. 33, 5. – [10] 79, 11. – [11] De civ. Dei XIV, 13; vgl. HRABANUS, MPL 117, 112. – [12] AUGUSTIN, Enn. in Ps. 95, 9. – [13] De Gen. contra Manich. II, 5. – [14] De civ. Dei XIV, 13. – [15] Conf. XII, 25, 34. – [16] Serm. 353, 2. – [17] De civ. Dei XIV, 13. – [18] De Gen. ad litt. XI, 14. – [19] Ep., Cl. III, 211, 6. – [20] In Ep. Joann. ad Parth., Prol. 6. – [21] De civ. Dei XIX, 12, 2. – [22] a. a. O. XIV, 13. – [23] CASSIAN, MPL 49, 424. – [24] PROSPER VON AQUITANIEN, MPL 61, 419. – [25] MARTIN VON LÉON, MPL 208, 721. – [26] LEO DER GROSSE, MPL 55, 175. – [27] FULGENTIUS, MPL 65, 334. – [28] BENEDIKT VON NURSIA, MPL 66, 320. – [29] CASSIODOR, MPL 70, 665. – [30] COLUMBAN, MPL 83, 640. – [31] ISIDOR bei THOMAS, S. theol. II/II, 162, 1 c. – [32] GREGOR DER GROSSE, MPL 75, 621. – [33] a. a. O. 1134. – [34] AMBROSIUS, MPL 17, 160. – [35] GREGOR, MPL 76, 147. – [36] HINKMAR, MPL 125, 872. – [37] ebda. – [38] BRUNO DER KARTÄUSER, MPL 153, 307. – [39] GUIBERT VON NOGENT, MPL 156, 164. – [40] WERNER VON ST. BLASIEN, MPL 157, 1068. – [41] BERNHARD VON CLAIRVAUX, MPL 182, 821. – [42] PETRUS LOMBARDUS, MPL 191, 1328. – [43] HUGO VON ST. VICTOR, MPL 175, 776. – [44] ALANUS AB INSULIS, MPL 210, 133. – [45] ebda. – [46] THOMAS VON AQUIN, S. theol. II/II, 162, 1. – [47] a. a. O. – [48] 1 ad 1. – [49] 1. – [50] 7. – [51] 5. – [52] I/II, 84, 2 c. – [53] II/II, 162, 2 c. – [54] I/II, 84, 2 c.

Literaturhinweise. F. SINNER: Demut, die Grundtugend des christl. Lebens (1925). – G. MARCEL: Être et avoir (Paris 1935) 76ff. 259ff. – O. H. NEBE: Die Ehre als theol. Problem (1936). – R. EGENTER: Von christl. Ehrenhaftigkeit (1938). – O. SCHAFFNER: Christl. Demut. Des hl. Augustinus Lehre von der Humilitas (1959). – D. VON HILDEBRAND: Christl. Ethik (1959) 520ff. – W. WEIER: Sinn und Teilhabe. Das Grundthema der abendl. Geistesentwicklung (1970) 118-195.
W. WEIER

3. Die Nachfolge des lateinischen ‹superbia› treten im Französischen vor allem die Begriffe ‹orgueil› (aus fränk. urgôli, vortrefflich) und ‹superbe› (n.f.; adj.) an. Die gelehrte und nicht sehr gebräuchliche Lehnübersetzung ‹*superbe*› findet sich bevorzugt in religiöser Literatur. Im 17. Jh. kann sie auch den extremen Stolz höchster weltlicher und geistlicher Persönlichkeiten bezeichnen [1]. Seit dem 18. Jh. ist dies Wort in der Bedeutung von H. veraltet; ‹superbe› wird nun fast nur noch adjektivisch für ‹prächtig› verwendet. Der Begriff ‹*orgueil*› übertrifft in Verbreitung und in geistesgeschichtlicher Relevanz ‹superbe› bei weitem. Von der Sache her repräsentieren beide den Grundcharakter letztlich jeder auf die Durchsetzung der Persönlichkeitswerte des eigenen Ich (Ruhm, Ehre, Macht) ausgerichteten feudalaristokratischen Ethik [2]. So kommt der ‹orgueil›-Begriff in der französischen Geistesgeschichte dort zu voller Entfaltung, wo solche Wertsysteme sich durchsetzen und literarisch oder philosophisch sich formulieren können, nämlich in der Früh- und Blütezeit des mittelalterlichen Rittertums und in der von schwärmender Verehrung für die heroische Sittlichkeit des Römertums erfüllten höfischen Kultur des 16. und 17. Jh. Einer solchen aristokratischen Individualethik diametral entgegengesetzt müssen all die sittlichen Systeme sein, die wie das Christentum ihren ethischen Anspruch aus der Selbstverleugnung des Ich zugunsten einer göttlichen Ordnung ableiten [3].

GREGORS Umformung der Kardinalsündenlehre, die die superbia als Anführerin des Sündenheeres an die Spitze der Lasterschar stellt, repräsentiert den ersten begrifflichen Niederschlag einer solchen Konfrontation im frühen Mittelalter. Gregors Konkretisierung der superbia in einem deren Hauptformen gliedernden Quaternalsystem (ex se; pro meritis; falso; plus omnibus) behält während des ganzen Mittelalters ihre Gültigkeit.

So prallen im *mittelalterlichen Epos* der kämpferische Übermut des adligen Helden (*Heldenepos*), das gesteigerte Selbstwertgefühl des fahrenden Ritters (*Höfischer Roman*) aufs schärfste mit der christlichen Forderung der humilitas, dem Gegenstück zur superbia, zusammen. Die altfranzösische *religiöse* Literatur zeigt in zahlreichen allegorischen Darstellungen der sieben Hauptsünden, an deren Spitze die superbia steht, den orgueil als Anführer der Lasterschar, als Berg der Sünde oder als Torhüter der Burg der Laster [4].

Im profanen Gebrauch zeigt der Begriff jedoch – wie generell viele Termini aus dem Bereich des Selbstbewußtseins – eine merkwürdige semantische Ambiguität. Schon das *Rolandslied* differenziert zwischen fierté als untadeliger Variante des H. und dem orgueil [5], dem der Held zum Opfer fällt [6].

Die in der gesellschaftlichen Hierarchie benachteiligten Sänger des Frauendienstes der provenzalischen und nordfranzösischen *Minnedichtung* beklagen oft den Standeshochmut ihrer «dame» [7]. Neben Neid und Begierde ist der orgueil einer der drei Todfeinde der höfischen Liebe.

Die begriffliche Trennung beider Arten von H. wird nur sehr unvollkommen durchgeführt. ‹Fierté› ist ein ‹orgueil› stets sehr nahestehendes Wort, das etwa dem deutschen ‹Stolz› entspricht. Es ist semantisch ebenfalls ambivalent, zeigt jedoch eine stärkere positive Tendenz als ‹orgueil› und erscheint praktisch niemals als Fachterminus des christlichen Lasterkataloges.

Erst ab 1265 bietet das Lehnwort ‹magnanimité› die Möglichkeit einer klaren terminologischen Scheidung. Für die christliche Theologie – zumindest augustinischer Prägung – müssen jedoch auch weiterhin «geordnete» magnanimité und maßloser orgueil in der Ursünde der superbia zusammenfallen.

Im Deutschen tritt neben die superbia-Wörter ‹hôchmuot›, ‹übermuot› und ‹hôchvart› im 12. Jh. der positiv gewertete ‹hôhe muot›, die freudige Hochgestimmtheit des Rittertums; sein Wesen «beruht in einer beherrschten Schwellung des Ich, das sich seiner Haltung als einer idealen bewußt ist, und das dem Glück und der Vollkommenheit als letzten konkreten Zielen enthusiastisch zustrebt» [7a]. Die Positivierung des superbia-Feldes im Mittelhochdeutschen ist so stark, daß sogar vorübergehend die traditionell negativ verstandenen Vokabeln (übermuot, hôchmuot) bewußt aufgewertet und mit dem ‹hôhen muot› identifiziert werden.

Trotz Thomas von Aquins Syntheseversuchs, die magnanimitas in das christliche Tugendsystem zu übernehmen, beherrscht die an Augustin anschließende Beurteilung des Stolzes die Epoche vom Durchbruch der bürgerlich-didaktischen Literatur im 13. Jh. bis zum Beginn des Renaissance-Humanismus.

In *Renaissance und Barock* bringen die Wiederentdeckung des römischen Wertsystems, die fortschreitende Emanzipation des Individuums und die Entstehung einer neuen höfischen Kultur einen Höhepunkt in der Verherrlichung des aristokratisch gesteigerten Selbstgefühls. Schon DANTE tendiert im Konflikt zwischen christlicher humilitas und humanistisch-aristokratischer dignitas zur letzteren. P. VERGERIO und L. BRUNI verteidigen den Lebenswert von ambitio und superbia als positive Stimulantien des menschlichen Geistes. Literarisch findet die Glorifizierung des Ich ihren vollkommensten Ausdruck im heroischen Theater CORNEILLES. Neben den «juste et noble orgueil», das legitime Selbstwert- und Überlegenheitsgefühl des aristokratischen Ausnahmemenschen, tritt jedoch ein weiterer Begriff, der ihn durch seine zentrale Stellung an Bedeutung überragt: der Begriff ‹gloire›. Dieses im 16. und 17. Jh. semantisch sehr vielschichtige und weite Wort meint im Gegensatz zum heutigen Wortinhalt nicht nur die von der Gesamtheit der Gesellschaft gebilligte außerordentliche Wertschätzung, den «Ruhm», sondern auch das daraus im Individuum resultierende Bewußtsein, den berechtigten Stolz. Bezogen auf die damit verbundene moralische Verpflichtung und frei von hybrider Übersteigerung wandelt sich dieses Bewußtsein zur «générosité», zur adligen Seelengröße der magnanimité (DESCARTES, Traité des Passions de l'Ame).

Im orgueil und in der gloire der Tragödien RACINES zeigt sich die für das moderne Menschenbild charakteristische narzißtische Gefährdung des Selbstwerterlebens. Der Versuch, im geschlossenen Beziehungs- und Abhängigkeitsgeflecht des höfischen Raumes seine persönliche und soziale Identität zu bewahren, induziert unter dem Druck der Umweltzwänge auch in der Relation des Individuums zu seinem Gegenüber eine extreme Ambivalenz, die erst in gegenseitiger Zerstörung ihr Ende findet.

Die stark von augustinischem Gedankengut geprägte *Gegenreformation* (BÉRULLE; *Ecole française*) repräsentiert in ihrer strengen Verurteilung von «orgueil» und «vaine gloire» den Gegenpol zur weltlichen Individualethik des Renaissance- und Barockmenschen. Aus derselben Perspektive sehen PASCAL und LA ROCHEFOUCAULD den orgueil. Die vertiefte psychologische Analyse [8] menschlicher Motivationen und die damit verbundene Akzentverlagerung vom Ethischen auf das psychologische Realität führen bei ihnen jedoch zu begrifflicher Unschärfe: ‹orgueil›, ‹vanité› und ‹amour-propre› haben oft den Charakter von austauschbaren Synonymen [9].

Die gelehrte Lehnübersetzung ‹superbe› für H. findet nur in der Erbauungsliteratur einen festen Platz [10]: «O admirable humilité de nostre cher Sauveur qui vient pour confondre nostre orgueil et destruire nostre superbe!» [11].

Das *18. Jh.* zweifelt im allgemeinen nicht an der Berechtigung eines maßvoll-natürlichen Selbstgefühls, tadelt aber doch den H. als dessen hybride Übersteigerung. Erstmals wird das menschliche Selbstwerterleben vollständig in das ethische, politische und gesellschaftliche Denken einer Epoche integriert. VAUVENARGUES verherrlicht im Rückgriff auf die aristokratische Renaissanceethik zwar gloire und ambition, nicht aber den orgueil. Positive Wertungen des H. und des Stolzes werden meist durch die wieder verstärkt einsetzende und differenziertere Erkenntnis vom Lebenswert der Affekte bestimmt. Als erster sieht FONTENELLE in den ‹*Dialogues des Morts*› (1683) orgueil, ambition und vanité als Quellen für die ökonomische Prosperität. BAYLE, MANDEVILLE und VOLTAIRE folgen ihm in der Einsicht und ergänzen sie durch die Darstellung der regulativ-zensierenden Funktion des Selbstwerterlebens (honte). Ein Großteil der harmonistischen gesellschaftspolitischen Entwürfe des 18. Jh. beruht auf dem Vertrauen in die steuernde Dialektik des Stolzes. Eine der ersten Konstruktionen dieser Art stammt von MONTESQUIEU, der jedoch nicht den ökonomisch uneffektiven orgueil, wohl aber die Luxus, Industrie und Gewerbe fördernde vanité schätzt [12].

Scharf verurteilt wird der *pride* von SHAFTESBURY und anderen Denkern, die noch in den kirchlich geprägten Kategorien des 17. Jh. verhaftet bleiben (J.-F. BERNARD, TOUSSAINT); diese traditionalistische Sicht tritt auch bei VOLTAIRE neben die oben erläuterte. Eine ähnliche Ambivalenz zeigt sich in der Philosophie ROUSSEAUS. Während in den beiden ‹Discours› und im ‹Emile› der orgueil als ein von der Gesellschaft bedingtes und damit korruptes Gefühl entlarvt wird, gibt ihm Rousseau in seinen staatstheoretischen Schriften durch die patriotische Umdeutung im Dienst der Gesellschaft eine gleichzeitig regulative und staatserhaltende Funktion. J. G. ZIMMERMANNS Abhandlung ‹Von dem Nationalstolze› (1758) versucht, diese beiden Wertungen in einer gedanklichen Synthese zu vereinen.

Die Opposition des Künstlers zur Gesellschaft und sein Wunsch, sich deutlich von ihr abzuheben, verleiht dem orgueil im *19. und 20. Jh.* in einem spezifischen Anwendungsbereich eine neue positive Bedeutung. So ermöglicht die aus dem orgueil resultierende Isolation bei MALLARMÉ und VALÉRY dem künstlerischen Ich Selbstbewahrung und innere Konzentration und löst in ihm eine permanente, ins Unendliche gerichtete Bewegung des Erfassens alles Möglichen aus [13]. Gegenpol zum orgueil, der «tiefen» Struktur des Selbstgefühls [14], ist die vanité, eine «intensive» Struktur, die das Ich in Abhängigkeit zur Umwelt setzt und es damit dem Selbstverlust preisgibt.

Anmerkungen. [1] B. LAFAYE: Dict. des synonymes (1841) 812. – [2] W. HEMPEL: Übermuot diu alte. Der Superbia-Gedanke und seine Rolle in der dtsch. Lit. des MA (1970) 104. – [3] a. a. O. 4f. – [4] Vgl. Poème mor. 473f.; Modus 186. 157. – [5] Chanson de Roland v. 1773, hg. J. BEDIER (Paris 1921). – [6] G. GOUGENHEIM: Orgueil und fierté dans la chanson de Roland, in: Mélanges J. Frappier (1970) 365-373. – [7] E. WECHSSLER: Minnesang und Christentum (1909) 392. – [7a] A. ARNOLD: Stud. über den Hohen Mut (1930) 74. – [8] B. PASCAL, Oeuvres, hg. BRUNSCHVICG/BOUTROUX (Paris 1904/14) 8, 76f. – [9] a. a. O. 428. – [10] P. ROUBAUD: Nouveaux synonymes françois (Paris 1785) 4, 304. – [11] FR. DE SALES, Oeuvres (Annecy 1892-1932, ND 1964) 9, 407. – [12] MONTESQUIEU, Esprit des lois XIX, 9. – [13] P. BÜRGER: Funktion und Bedeutung des ‹orgueil› bei P. Valéry. Roman. Jb. 16 (1965) 149ff. – [14] A. WELLEK: Die Polarität im Aufbau des Charakters (³1966) 140.

Literaturhinweise. J. LA PLACETTE: Traité de l'orgueil (1692). – LAFAYE s. Anm. [1]. – E. HEINLEIN: Die Bedeutung der Begriffe superbia und humilitas bei Gregor I. im Sinne Augustins (Diss. Greifswald 1921). – A. O. LOVEJOY: ‹Pride› in 18th century thought. Mod. lang. notes 36 (1921) 31-37. – A. ARNOLD s. Anm. [7a]. – Dict. de théol. cath. 11 (1932) 1410-1434. – U. KNOCHE: Magnitudo animi (1935). – L. SCHÜCKING: Heldenstolz und Heldenwürde im Angelsächsischen (1932). – E. MERIAN-GENAST: Corneille als Dichter des Stolzes. Roman. Forsch. 51 (1937) 83-109. 279-304. – F. MAURIAC: L'orgueil des poètes, in: Journal 2 (Paris 1937). – G. KRÜGER: Die Herkunft des philos. Selbstbewußtseins. Logos 22 (1933) 225-272. – P. BÉNICHOU: Morales du Grand Siècle (1948). – O. NADAL: L'éthique de la gloire au 17e siècle. Mercure de France 308 (1950) 22-34. – R. A. GAUTHIER: Magnanimité. L'idéal de la grandeur dans la philos. païenne et dans la théol. chrétienne (1951). – M. W. BLOOMFIELD: The seven deadly sins (1952). – J. DUCHESNE-GUILLEMIN: P. Valéry: Orgueil et transfiguration. Orbis litt. 10 (1955) 321-334. – D. J. MACQUEEN: The notion of Superbia in the works of St. Augustin (Diss. Toronto 1958, Ms.). – M. WANDRUSZKA: Der Geist der frz. Sprache (1959) 57-63. – L. G. CROCKER: An age of crisis. Man and world in 18th century French thought (²1963) 282-324. – H. SCHABRAM: Superbia (1964). – R. GIRARD: Racine, poète de la gloire. Critique XX/205 (1964) 483-506. – P. BÜRGER s. Anm. [13]. – G. GOUGENHEIM: Les mots franç. dans l'hist. et dans la vie (²1966) 2, 33-36. – F. JOUKOVSKY: La gloire dans la poésie franç. et néolat. du 16e siècle (1969). – Dict. de spiritualité ascétique et mystique 7 (1970) 1136-1187. – W. HEMPEL s. Anm. [2]. H.-J. FUCHS

Hoffnung (griech. ἐλπίς, lat. spes). – 1. In der *griechischen Antike* hat ἐλπίς (ἐ.) zunächst nicht die eindeutig positive Bedeutung von H. im Deutschen. ἐ. bezeichnet allgemein und formal den Zukunftsbezug des einzelnen Menschen, dem der neutrale Begriff ‹Erwartung› entspricht. Die inhaltliche Qualifikation geht entweder aus dem jeweiligen Textzusammenhang hervor oder wird durch Attribute wie ἀγαθή (gut), κακή (schlecht) hinzugefügt.

a) Die *archaische Zeit* der Epik Hesiods und der Lyrik PINDARS steht den «Erwartungen» skeptisch gegenüber. Die Reflexionen richten sich stärker auf die Selbstbefangenheit als auf den Wirklichkeitsbezug der Erwartungen [1]. Das zeigt sich bei Pindar, der von neidischen und unverschämten Erwartungen der Sterblichen spricht, die den Charakter egoistischer Gedanken und Einbildungen haben [2]. Ähnlich warnt HESIOD [3] vor der «leeren H.» eines untätigen Mannes, dessen optimistische Zukunftserwartung durch nichts gerechtfertigt ist und sich als Täuschung erweisen muß. In diesen Äußerungen wird die Befürchtung laut, das Vertrauen auf die Zufälligkeit und Unberechenbarkeit der unbekannten Zukunft werde sich als Illusion erweisen. Denn die Göttin Τύχη durchkreuzt nur allzu oft die trügerischen Erwartungen der Menschen [4]. – Die kritische Distanz gegenüber den auf die stets unsichere Zukunft sich richtenden Meinungen, Annahmen und Erwartungen begegnet auch in späterer Zeit bei den *Tragikern* [5], im Melierdialog des THUKYDIDES auf seiten der Athener [6] und vor allem wieder in der *Stoa* [7].

b) Neben dieser negativen Interpretation gibt es ein positiveres, an dem rationalen Element orientiertes Verständnis der ἐ., das in der *klassischen Zeit* der Tragiker, des Herodot und Thukydides zum Durchbruch gelangt. Dabei steht der Wirklichkeitsbezug im Vordergrund, der im Unterschied zum Wissen als rational begründete Wahrscheinlichkeit charakterisiert werden kann. In diesem Sinn des Für-wahrscheinlich-Haltens wird bereits bei HOMER das Verbum ἔλπεσθαι [8] und seit AISCHYLOS [9] ἐλπίζειν (meinen, schätzen) gebraucht. Die stärkere Betonung des Wirklichkeitsbezuges führt auch zum positiven Verständnis der ἐ. als auf Wahrscheinlichkeit beruhender Annahme, Vermutung oder Voraussicht [10]. So unterscheidet DEMOKRIT [11] zwischen der zutreffenden Voraussicht der richtig Denkenden und den unmöglichen Erwartungen der Einsichtslosen.

c) Das rationale Verständnis der ἐ. als Voraussicht sagt jedoch nichts über ihren *Inhalt*; er kann erfreulich oder unerfreulich sein. AISCHYLOS [12] und THUKYDIDES [13] sprechen von der «Voraussicht der Furcht», PLATON [14] von der «bösen Erwartung». Doch überwiegen die erfreulichen Zukunftserwartungen. Bereits PINDAR [15] mahnt zu «guter Zuversicht», PLATON [16] spricht von «angenehmer Erwartung». Die inhaltliche Bedeutung der H. als eines vom subjektiven Interesse geleiteten Vertrauens auf positive zukünftige Möglichkeiten ist erst bei SOPHOKLES [17] nachweisbar. Charakteristisch für dieses Verständnis von ἐ. ist die Reduktion des Bezuges zur Wahrscheinlichkeit auf eine bloße Möglichkeit, die Verbindung mit dem subjektiven ἔρως und vor allem die positive Funktion, die die H. für den Menschen gewinnt. Nach THUKYDIDES kommt die Kraft der H. in auswegslosen Situationen zur Geltung, sie ist ein «Trost in Gefahr» [18].

Der mit ἐ. bezeichnete Zukunftsbezug des Menschen kann also unter drei verschiedenen Gesichtspunkten verstanden werden: 1. als illusionäre Annahme, 2. als rationale Voraussicht und 3. als existentielle Zuversicht [19].

d) Im Dialog ‹Philebos› nennt PLATON neben dem Gegenwartsbezug der Wahrnehmung (αἴσθησις) und dem Vergangenheitsbezug des Gedächtnisses (μνήμη) die ἐ. als Zukunftsbezug der Seele [20]. H., Verlangen (ἐπιθυμία) und Vorfreude (προχαίρειν) gelten als Vorgriffe der Seele auf Zukünftiges. Platon unterscheidet gute und böse, wahre und falsche Erwartungen, die in den guten bzw. schlechten «Vorstellungen und Reden» und den entsprechenden richtigen bzw. irrigen Meinungen über die Zukunft gründen [21]. Nur das «höchste Gut» und der Eros berechtigen zu «größten H.en» [22]. Diese H.en reichen für Platon über den Tod hinaus. Der wahrheitsliebende Mensch ist angesichts des Todes ohne Furcht und «guter H.», da die Seele erst in der Ideenwelt zu ihrer Eigentlichkeit, der Unsterblichkeit, befreit und zur reinen Schau der Wahrheit und des wahren Guten gelangen wird [23]. – Dieser jenseitsbezogene H.-Begriff spielt auch in der hellenistischen und spätantiken Religiosität eine wichtige Rolle [24].

e) ARISTOTELES setzt die H. in Beziehung zu Wahrnehmung und Gedächtnis: «Das Gegenwärtige ist Gegenstand der Wahrnehmung, das Zukünftige gehört der Erwartung an und das Vergangene dem Gedächtnis» [25]. Dabei betont er die rationale Komponente der ἐ., so daß er sogar gelegentlich von einer «Wissenschaft des Voraussehens» spricht [26]. Wie die Furcht gehört auch die H. zu den Affekten (πάθη), die Aristoteles ontologisch als gedrücktes bzw. gehobenes Gestimmtsein der Seele interpretiert [27]. Beachtenswert ist, daß er die H. mehr in der Rhetorik als in der Ethik erörtert. Hier wird die «gute Erwartung» lediglich als Folge der Tugend neben guter Einsicht, gutem Gedächtnis und anderem erwähnt [28].

f) Die Interpretationen, die der ἐ.-Begriff im Griechentum erhalten hat, spiegeln sich in den verschiedenen Fassungen der *Pandorasage*. Nach HESIODS umstrittener Darstellung [29] wird Pandora von Zeus mit einer Büchse voll von Übeln auf die Erde gesandt. Neugierig hebt sie den Deckel ab, und Übel, wie Krankheit, Hunger und Sorge, verbreiten sich auf der Erde bis auf die ἐ., die richtige Voraussicht, die in der Büchse bleibt, weil Pandora sie zu schnell wieder verschließt. Für Hesiod zählt also die ἐ. eindeutig zu den Übeln. Eine ähnlich düstere Anschauung vertritt auch AISCHYLOS [30]. – Demgegenüber preist THEOGNIS [31] die Göttin Ἐλπίς als einzige edle Gottheit, die den Menschen geblieben ist, nachdem alle anderen guten Götter die Erde verlassen haben. In diese Richtung weist auch die hellenistische, bei BABRIUS [32] erhaltene Fassung der Sage. Danach enthält die Büchse der Pandora lauter Glücksgaben. Während alle anderen Güter entwichen sind und sich nicht auf der Erde verbreitet haben, bleibt die H. als einziges Gut in der Büchse, um die Menschen zu trösten. – In dieser Bedeutung hat sich der ἐ.-Begriff im Verlauf der griechischen Geistesgeschichte zunehmend durchgesetzt, ohne jedoch seinen Unterton von Beunruhigung und Unsicherheit zu verlieren.

Anmerkungen. [1] Vgl. SIMONIDES, Frg. 29, 3ff. – [2] PINDAR, Isthm. II, 43; Nem. XI, 42ff.; Pyth. I, 83; vgl. O. LACHNIT: Elpis. Eine Begriffsuntersuch. (Diss. Tübingen 1965, Ms.) 50f. – [3] HESIOD, Op. 498ff. – [4] Vgl. PINDAR, Olymp. XII, 5ff.; THEOGNIS 637f. 639f. – [5] z. B. AISCHYLOS, Agam. 505; SOPHOKLES, Aias 477. – [6] THUKYDIDES V, 102f. – [7] z. B. EPICTET, Frg. 30; MARC AUREL 3, 14. – [8] HOMER, z. B. Il. XVIII, 259ff.; Od. VI, 295ff. XX, 226ff. – [9] AISCHYLOS, Pers. 746. – [10] z. B. HERODOT III, 119, 2; IX, 106, 2. – [11] DEMOKRIT, VS B 58, 292. – [12] AISCHY-

LOS, Agam. 1434. – [13] THUKYDIDES VII, 61, 2. – [14] PLATON, Resp. 330 e. – [15] PINDAR, Isthm. 15a. – [16] PLATON, Resp. 331 a; vgl. ARISTOTELES, Soph. El. 303 ff.; EURIPIDES, Hel. 1031; AISCHYLOS, Coreph. 236, 776. – [17] SOPHOKLES, Rex Oed. 835; vgl. LACHNIT, a. a. O. [2] 72 ff. – [18] THUKYDIDES II, 62, 5; V, 103. – [19] Vgl. die Ambivalenz des ELPIS-Begriffs bei SOPHOKLES, Antig. 615 f. und im Melierdialog THUKYDIDES V, 102 f. – [20] PLATON, Phileb. 33 c-34 c; 39 a-41 b. – [21] a. a. O. 40 a ff.; Resp. 331 a. – [22] Symp. 193 d. – [23] Phaidon 64 a; 67 b-68 b; Apol. 40 c-41 c. – [24] z. B. AELIUS ARIST. 22, 10; PORPHYRIOS, Ad Marc. 24, 29. – [25] ARISTOTELES, De mem. 1, 449 b, 27 f. – [26] a. a. O. 1, 449 b 12. – [27] Rhet. II, 5, 1382 a 21; II, 12, 1389 a 20 ff.; vgl. M. HEIDEGGER: Sein und Zeit (1927, zit. ⁹1960) 138 f. 342 ff. – [28] ARIST., De virt. et vit. 8, 1251 b 33 f. – [29] HESIOD, Op. 80 ff. 88 ff. – [30] AISCHYLOS, Prom. 248 ff.; vgl. LACHNIT, a. a. O. [2] 48 f. – [31] THEOGNIS 1135 ff. – [32] BABRIUS, Fab. 58.

Literaturhinweis. O. LACHNIT s. Anm. [2].

2. Einen neuen Impuls erhält das H.-Denken durch die Entstehung und Verbreitung des *Christentums*, das die alttestamentlichen und apokalyptischen Traditionen mit den griechischen ἐ.-Begriff vermittelt.

Das *Alte Testament* kennt keine neutrale Erwartung; ‹H.› meint immer die Erwartung einer guten Zukunft; sie ist Verheißung. Formgeschichtlich hat sie ihren besonderen Ort im Bekenntnis der Zuversicht der Klagepsalmen [1], material wird sie vor allem in den eschatologischen Erwartungen der Propheten entfaltet.

a) Die *Struktur* des alttestamentlichen H.-Begriffs ist durch das israelitische Gottesverständnis, den Bund mit Jahwe, geprägt. Von Jahwe, den Israel als Retter aus der ägyptischen Sklaverei kennt [2], empfängt das Volk Verheißungen [3] und Heilszusagen [4]. Im Unterschied zur griechisch rationalen Voraussicht *aus* der gegenwärtigen Wirklichkeit in zukünftige Wahrscheinlichkeiten und Möglichkeiten richtet sich die alttestamentliche H. *über* die gegenwärtige Wirklichkeit und ihre Möglichkeiten hinaus auf das verheißene Gut bzw. den verheißenden Gott. Die erhoffte Zukunft ist keine Extrapolation der Gegenwart, vielmehr ist der gegenwärtige Akt des Hoffens eine Antizipation der verheißenen Zukunft [5], weshalb das Hoffen im Erhofften, die «spes, qua speratur» in der «spes, quae speratur» gründet. Da sich die H. im Grunde auf Jahwe selbst richtet, gehört zu ihr das personale Element des Vertrauens [6].

b) Der *Inhalt* der H.en ergibt sich einerseits aus den Verheißungen Jahwes, andererseits aus der jeweiligen Situation. Der Einzelne und das Volk erhoffen vor allem Rettung von Krankheit, Not und Feinden [7]. Die irdischen Güter, wie Gesundheit, Reichtum oder Friede, werden als Gaben und Segen Jahwes erfahren. Während in der Frühzeit Israels die H.en auf den eigenen Lebensbereich beschränkt bleiben, vollzieht sich in der Zeit der Gerichtsprophetie eine grundlegende Wandlung der bisherigen Erwartungen. Angesichts des Gerichts über die Geschichte Israels in den Katastrophen von 721 und 587 v. Chr. richten sich die neuen Verheißungen der Propheten auf ein umfassendes, eschatologisches Heilshandeln Jahwes. Man kann im Überlieferungsprozeß die Universalisierung, Intensivierung und Personalisierung der H.en Israels feststellen. Jetzt werden auch die anderen Völker in die Heilserwartungen einbezogen [8], die Grenze des Todes wird in Frage gestellt [9] und im Anschluß an die Nathanverheißung [10] ein zukünftiger Heilskönig erwartet [11]. Die apokalyptischen Erwartungen gehen noch darüber hinaus, indem sie die gesamte Welt, den Kosmos, geschichtlich verstehen und zum Gegenstand weltgeschichtlicher H. machen [12]. Die phantasievolle Ausmalung der kommenden Welt führt in der spätjüdischen Apokalyptik zu einer Entwertung des gesamten gegenwärtigen Daseins und schließlich zu einer Zwei-Äonen-Vorstellung, nach der der gegenwärtige Äon einer kosmischen Katastrophe entgegengeht, während der kommende transzendente Äon die neue, gerechte Welt Gottes verwirklichen wird [13].

c) Die Zukunftserwartung *Jesu* ist einerseits wie bei Johannes dem Täufer durch die Ankündigung der Nähe des Reiches Gottes bestimmt, andererseits durch den Hinweis auf den mit seinem Da-Sein bereits sich vollziehenden Anbruch dieses Reiches [14]. Diese Spannung von Erfüllung früherer Erwartungen und Entfachung neuer H.en durch Auftreten und Geschick Jesu charakterisiert die *urchristliche* Eschatologie. Sie hat ihren Grund in der Auferweckung Jesu von den Toten; Form und Inhalt sind christologisch orientiert. In seiner H.-«Definition» grenzt PAULUS die christliche Zukunftserwartung gegen die griechische Voraussicht aus verfügbarer Wirklichkeit ab und bestimmt sie – gegen den Augenschein der vorhandenen Wirklichkeit – als Vertrauen auf den Gott, der die Toten lebendig macht und das Nichtseiende ins Dasein ruft [15]. Die neutestamentliche H. richtet sich also wie die alttestamentliche nicht von der gegenwärtigen Wirklichkeit auf zukünftige Möglichkeiten, sondern von der verheißenen zukünftigen Wirklichkeit auf gegenwärtige Möglichkeiten.

Entscheidender Inhalt der christlichen H. bleibt das Reich Gottes [16], das die Rettung aus dem Gericht [17], die Auferweckung der Toten [18] – nicht die platonische Unsterblichkeit der Seele – und die Offenbarung Gottes, Christi und der neuen Menschheit [19] in sich schließt. Diese H. auf die Zukunft des Reiches Gottes führt nicht zur Weltflucht, sondern ermöglicht die Annahme der gegenwärtigen Wirklichkeit mit ihren Widersprüchen und deren schrittweise Veränderung durch die Antizipation der verheißenen Freiheit, Gerechtigkeit und Lebensmacht in leiblichem Gehorsam [20]. Die apokalyptischen Erwartungen erhalten im Urchristentum eine christologische Korrektur [21] und eine Bekräftigung ihrer kosmologischen Universalität, die bis zur Erwartung eines neuen Himmels und einer neuen Erde reicht [22].

Anmerkungen. [1] z. B. Ps. 13, 6; 22, 5; 130, 5; vgl. C. WESTERMANN: Das Hoffen im AT (1952/53), in: Theol. Bibl. 24 (1964) 219 ff. – [2] Ex. 20, 2. – [3] z. B. Dtn. 4, 40: Landnahme. – [4] z. B. Dtn. 9, 5: Errettung von Feinden. – [5] Vgl. J. MOLTMANN, in: Disk. über die Theol. der H., hg. W.-D. MARSCH (1967) 209. – [6] z. B. Ps. 25, 1 ff. – [7] z. B. Ps. 40, 2; 143, 9. – [8] z. B. Jes. 2, 2-4. – [9] z. B. Ps. 73, 26-28. – [10] 2. Sam. 7. – [11] z. B. Jes. 9, 1-6. – [12] z. B. Dan. 2. – [13] z. B. 1. Qumran-Schriftrolle 4, 15-26. – [14] Vgl. Mk. 1, 15; Lk. 17, 20 f. – [15] Röm. 8, 24 f.; 4, 17 f. – [16] z. B. Gal. 5, 21. – [17] z. B. Röm. 5, 9 f. – [18] z. B. 1. Kor. 15, 21. – [19] z. B. Röm. 8, 17 ff. – [20] Röm. 5, 1 ff. – [21] z. B. 1. Kor. 15, 20 ff. – [22] Apk. 21, 1 ff.

Literaturhinweise. C. WESTERMANN s. Anm. [1]. – R. BULTMAN und K. H. RENGSTORF: Art. ELPIS, in: Theol. Wb. zum NT, hg. G. KITTEL 2, 515 ff. – H. BARDTKE, H. CONZELMANN und E. SCHLINK: Art. ‹H.›, in: RGG³ 3, 415-420.

3. Die weitere Entwicklung des H.-Begriffs ist durch die Spannung zwischen dem griechischen und christlichen Verständnis bestimmt.

a) Während in der frühen Patristik das Thema der H. im allgemeinen keine zentrale Rolle spielt, gehört es bei AUGUSTIN zu den besonders reflektierten Themen. Im Anschluß an die christliche Tradition bedeutet ‹spes› für ihn nicht eine ambivalente Erwartung, sondern ausschließlich «spes bonarum rerum futurarum» [1]. Neuplatonischer Einfluß macht sich jedoch darin bemerkbar, daß er neben dem Zukunftsaspekt den Jenseitsbezug der H. so stark betont, daß sie die innergeschichtliche Dimension zu verlieren und in einen dualistischen Gegensatz zur Immanenz zu geraten droht [2]. Im Zusammenhang mit Augustins theologischer Konzentration auf die Relation von Gott und Seele verfällt auch die H. dieser individualistischen Restriktion: Der Einzelne erhofft für sich jenseitiges Glück (vita beata), die Schau (visio) und das Genießen Gottes (fruitio Dei). Hier nimmt Augustin Elemente der stoischen Ethik auf. Er interpretiert den Akt der H. nicht mehr wie Paulus als Vollzug der ganzen Existenz, sondern als eine der christlichen Kardinaltugenden neben Glaube und Liebe [3], die mit Freude, Sehnsucht und Geduld zusammengehört und von Vermessenheit (praesumptio) bzw. Verzweiflung (desperatio) abgegrenzt wird. Da die Tugend der spes unter den Oberbegriff der Vollkommenheit (perfectio) fällt, kommt in Augustins H.-Begriff erneut das antike Element der Unsicherheit hinein. Der Gegensatz zwischen dem Heil in re und in spe bezeichnet zwei Stufen auf dem Weg zu sittlicher Vollkommenheit [4]. – Die apokalyptischen Elemente des neutestamentlichen H.-Begriffs hat Augustin – im Anschluß an den Donatisten Ticonius – weitgehend durch eine kirchengeschichtliche Interpretation ersetzt: Das tausendjährige Reich von Apk. 20, 1–6 ist bereits durch den Sieg der Kirche über das römische Imperium verwirklicht. Mit seiner Vision vom Gottesstaat (De civitate Dei) hat Augustin ein weltgeschichtliches Bild seiner neuplatonisch-eschatologischen Erwartungen entworfen.

b) THOMAS VON AQUIN greift auf aristotelische und augustinische Gedankengänge zurück, wenn er die H. im Zusammenhang mit der Leidenschaft (passio) und dem Begehren (concupiscentia) als Tugend der rechten Mitte zwischen Hochmut (excellentia) und Resignation (acedia) versteht. Als Akt des Menschen ist sie durch ein vierfaches Formalobjekt bestimmt: 1. ein *Gut* (bonum), 2. ein *künftiges* Gut (b. futurum), 3. ein *steiles* Gut (b. arduum), 4. ein *mögliches*, d. h. erreichbares Gut (b. possibile) [5]. Material richtet sich der H.-Akt im ontischen Bereich auf ein konkretes Gut, als ontologische Struktur auf das Gutsein der Existenz und als übernatürliche Tugend letztlich auf die Glückseligkeit in Gott [6]. Dreistufigkeit kennzeichnet die anthropologische Struktur des H.-Aktes bei Thomas: 1. ontische Leidenschaft, 2. ontologischer Existenzentwurf und 3. göttliche Tugend.

c) LUTHER übt an dem scholastischen H.-Verständnis, bei dem die Objekte wechseln, während die Bestimmung des Aktes unverändert bleibt, scharfe Kritik. Er sieht in ihm die «spes hominum» wirksam, der er die «spes Christianorum» entgegenstellt [7]. Die allgemein menschliche H. gründet auf dem gegenwärtig Verfügbaren und erwartet von der ungewissen Zukunft die Fortführung der vorhandenen Anfänge [8]. Sie erfüllt damit nur eine negative, absichernde Funktion, versetzt nicht in eine neue Zukunft, sondern hofft auf Bewahrung des gegenwärtig Verbürgten vor allem Entgegengesetzten; Luther nennt sie deshalb eine «spes negativa». Demgegenüber geht die christliche H. nicht von gegenwärtigen Möglichkeiten des Menschen aus, sondern richtet sich allein auf die Zukunft Gottes [9]. Dieses andersartige Objekt bedingt auch eine andersartige Struktur des H.-Aktes im Subjekt. Die «spes Christianorum», deren Typus Abraham darstellt, hält sich im Gegensatz zu allen greifbaren Bürgschaften allein an die Verheißungen Gottes; sie ist eine «spes affirmativa». Im Gegensatz zum augustinisch-scholastischen Tugendverständnis entdeckt Luther wieder den paulinischen Ganzheitscharakter der H. als Hingabe der Existenz an die Zukunft Gottes. Mit der Gegenüberstellung von «spes hominum» und «spes Christianorum» hat er den Unterschied zwischen dem griechischen und urchristlichen H.-Verständnis betont. Seine Interpretation der spes wird von seiner Rechtfertigungstheologie begründet und begrenzt. Die materialen H.-Inhalte sind am Glauben des Einzelnen orientiert und nicht an der umfassenden Erwartung des Reiches Gottes. Sie beziehen sich in erster Linie auf die zukünftige Gerechtigkeit («peccator in re – iustus in spe») und die Auferweckung von den Toten. Nur unterschwellig sind bei Luther apokalyptische Gedanken wirksam, etwa in der Überzeugung, am Ende der Zeit zu leben (supputatio annorum mundi, 1543).

Anmerkungen. [1] AUGUSTIN, Ench. II, 8. – [2] z. B. En. 1, 3 in Ps. 90. – [3] Ench. II, 8; XXX, 114. – [4] De pecc. mer. et rem. II, VIII, 10. – [5] THOMAS VON AQUIN, S. theol. II/II, 17, 1. – [6] a. a. O. 17, 6; vgl. P. ENGELHARDT: Art. ‹Hoffnung II: Überlieferung›, in: LThK[2] 5, 463-772. – [7] Vgl. R. SCHWARZ: Fides, Spes und Charitas beim jungen Luther (1962) bes. 316ff. – [8] M. LUTHER, Weimarer A. 56, 295, 17ff. – [9] a. a. O. 295, 24ff.; vgl. Hebr. 11, 1: spes = fides.

Literaturhinweise. P. ENGELHARDT s. Anm. [6]. – R. SCHWARZ s. Anm. [7] bes. 314ff.

4. Parallel zu der auf den Glauben des Einzelnen und seinen H.-Akt konzentrierten philosophisch-theologischen Tradition verläuft eine «apokryphe» H.-Tradition, die die *apokalyptisch-chiliastischen* Inhalte des H.-Begriffs thematisiert und in kleinen Gruppen am Rande bzw. außerhalb der Kirche überliefert worden ist, nachdem das hellenisierte Denken die apokalyptischen Elemente aus Theologie und Kirche weitgehend verdrängt hatte. Diese weniger begrifflich als vorstellungsmäßig faßbare H.-Tradition kreist um den Zentralbegriff der Verkündigung Jesu, das Reich Gottes. Sie tritt als eigenständige Größe erstmalig in der zweiten Hälfte des 2. Jh. in der phrygischen Prophetie des MONTANUS in Erscheinung, der das unmittelbar bevorstehende Weltende ankündigte und alle Gläubigen aufrief, sich im phrygischen Pepuza zur Erwartung des Endes zusammenzufinden. Ähnliche Vorstellungen finden sich im 4. Jh. bei dem hauptsächlich in Spanien beheimateten *Priscillianismus*. Um die Jahrtausendwende verbreitet sich eine allgemeine Endzeiterwartung, die zahlreiche Bewegungen wie die Flagellanten, Bettelorden, Humiliaten, Albigenser, Katharer und andere zur Folge hatte. Ihren prägnantesten Ausdruck hat die apokalyptische H.-Tradition in der Lehre JOACHIMS VON FIORE (ca. 1130–1202) von den drei Zeitaltern gefunden, derzufolge 1260 das dritte Reich des Geistes mit dem (erneuerten Mönchs-)«Orden der Gerechten» beginnen und einen Zustand allgemeiner irdischer Vollkommenheit heraufführen sollte. Auch ohne die Erfüllung seiner Prophezeiung hat Joachim eine starke, hauptsächlich von den Franziskanerspiritualen P. J. OLIVI und UBERTINO VON CASALE getragene kirchen- und papstfeindliche Bewegung, den *Joachimismus*, hervorgerufen. DANTES Allegorien in der Divina Comedia sind von joachimitischer Apokalyptik beeinflußt.

Im 16. Jh. wird im Zusammenhang mit der reformatorischen Bewegung das apokalyptisch-utopische Element des H.-Begriffs vor allem von den Schwärmern und Täufern übernommen und verbindet sich, wie in Münster 1535 und in den Bauernkriegen, mit sozialrevolutionären Strömungen, am deutlichsten bei THOMAS MÜNZER. Vom 17. bis zum 19. Jh. und bis in die Gegenwart werden apokalyptische Erwartungen vor allem in dem Pietismus nahestehenden Konventikeln und Sekten als bewußte Gegenbewegungen zum Individualismus und Rationalismus der philosophischen und kirchlichen H.-Tradition überliefert (z.B. Buttlarsche Rotte, Ronsdorfer Sekte, Irvingianismus, Darbyismus, Adventisten, Zeugen Jehovas).

Literaturhinweise. H. RINGGREN, R. SCHÜTZ und H. KRAFT: Art. ‹Apokalyptik›, in: RGG³ 1, 463ff. – H. KRAFT, Art. ‹Chiliasmus›, in: RGG³ 1, 1653ff.

5. Seit Descartes konzentriert sich das *neuzeitliche* Denken auf die «Erkenntnis des menschlichen Geistes». Das macht verständlich, weshalb das Thema der H. in der philosophischen Tradition der Neuzeit bis zum Existentialismus des 20. Jh. keine sonderliche Rolle spielt.

a) Die *Rationalisten* des 17. und 18. Jh. greifen auf stoische Traditionen zurück und erörtern in erstaunlicher Einförmigkeit die H. zusammen mit der Furcht innerhalb der Affektenlehre. Durch die einseitige Konzentration auf die Gewißheit der Erkenntnis wird die H. bei DESCARTES nur als illusionäres Verlangen (dispositio animae ad sibi persuadendam id eventurum quod cupit: Neigung der Seele, sich zu überzeugen, daß das geschehen wird, was sie begehrt) [1] und bei HOBBES als das seelische Gleichgewicht störende Verwirrung (perturbatio) [2] verstanden. Am deutlichsten ist die negative Interpretation des Affekts der H. bei SPINOZA ausgesprochen: «Spes est inconstans laetitia orta ex idea rei futurae vel praeteritae, de cuius eventu aliquatenus dubitamus» (H. ist die unbeständige Freude, die aus der Idee eines zukünftigen oder vergangenen Dinges entspringt, über dessen Ausgang wir in gewisser Hinsicht zweifelhaft sind) [3]. Das Gemeinsame der komplementär zusammengehörigen Affekte besteht nach Spinoza in der Verunsicherung durch die Zukunft, die er sich nur als «Mangel an Erkenntnis und Ohnmacht der Seele» [4] erklären kann. So kommt er zu dem Ergebnis: «Die Affekte der H. und Furcht können nicht an sich gut sein» [5], und fordert die alleinige Leitung der Ethik durch die Vernunft ohne die Beunruhigung durch Furcht und H. Bei CONDORCET orientiert sich H. an der Beständigkeit der Naturgesetze und erhält damit fast den Charakter von Gewißheit [6].

b) KANT stellt in der Affektenlehre seiner ‹Anthropologie› die H. mit der Freude zusammen und definiert sie positiv als «unerwartete Eröffnung der Aussicht in ein nicht auszumessendes Glück» [7]. Er beschränkt ihre Funktion aber nicht auf jenes stereotype wie bedeutungslose Schattendasein innerhalb der Affektenlehre, das sie in den Systemen des 17. und 18. Jh. meist fristet. In der Schrift ‹Träume eines Geistersehers› (1766) begründet er die gewisse «Parteilichkeit der Verstandeswaage» mit der «H. der Zukunft». Sie bewirkt eine Voreingenommenheit des sonst unparteilichen Verstandes, die «ich nicht wohl heben kann und die ich in der Tat auch niemals heben will» [8]. Die kategoriale Bedeutung der «H. der Zukunft» hebt Kant in der ‹Kritik der reinen Vernunft› verstärkt hervor, indem er der theoretischen Fragestellung: «Was kann ich wissen?» und der praktischen: «Was soll ich tun?» die dritte, den theoretischen und praktischen Aspekt zusammenfassende Frage hinzufügt: «Was darf ich hoffen?» [9]. Kant hat zwar die H. als anthropologische Grundkategorie erkannt, aber ihr Ziel bleibt – auch in inhaltlicher Entfaltung als teleologische Urteilskraft – innerhalb der Grenzen der bloßen Moralität [10]. Ihre weltgeschichtliche Bedeutung für den Fortschritt des menschlichen Geschlechts zum Besseren wird durch «Geschichtszeichen» wie die französische Revolution beglaubigt, die Kant mit Begriffen der thomistischen Sakramentstheologie als signum rememorativum, demonstrativum, prognostikon beschreibt [11]. «An die Stelle kosmologischer und geschichtlicher Eschatologien tritt die praktische Verwirklichung eschatologischer Existenz» [12]. Die «spes quae» wird damit auf die «spes qua» reduziert.

In der Zeit des deutschen Idealismus hat das Thema der H. keine besondere Beachtung gefunden. So spielt der Begriff bei Hegel und Schleiermacher keine zentrale Rolle.

In terminologischer Hinsicht gilt das auch für K. MARX. Sachlich jedoch gehört er unzweifelhaft zu den säkularen H.-Denkern: Ausgehend von der Entfremdung des Menschen, dessen «wirkliches Wesen» als das «Ensemble der gesellschaftlichen Verhältnisse» zu verstehen ist, entwirft er die klassenlose Gesellschaft als konkretes Ziel der Geschichte. Indem das Reich der Freiheit geschichtlich zukünftig gedacht wird, erhält das Subjekt einen neuen Objektbezug. Die Philosophie soll – statt abstrakte Reflexion zu sein – wissenschaftliche Theorie der verändernden, revolutionären Praxis werden. Marx kommt zu dem «kategorischen Imperativ, alle Verhältnisse umzuwerfen, in denen der Mensch ein erniedrigtes, eingeknechtetes, ein verlassenes, ein verächtliches Wesen ist» [12a].

c) In den Bahnen des kantischen Dualismus bewegt sich das Denken KIERKEGAARDS zwischen theoretischem Atheismus und praktischer Gesinnungsethik. Sofern bei ihm überhaupt von H. die Rede ist, steht sie als christlicher Existenzmodus der Verzweiflung gegenüber. Kierkegaard meint mit der «Krankheit zum Tode» jene Verzweiflung, für deren äußerste H.-Losigkeit «selbst die letzte H., der Tod», nicht vorhanden ist (vgl. den scholastischen Begriff der acedia) [13]. Demgegenüber bedeutet für ihn «die H. wider H. in der Nacht der H.-Losigkeit» die eigentliche Gabe des heiligen Geistes, die im Paradox der christlichen Existenz sich ereignet [14]. Diese H. richtet sich jedoch nicht auf geschichtlich vermittelte und zu vermittelnde Zukunft, sondern auf die Gegenwart des Ewigen in unmittelbarer Gleichzeitigkeit des jeweiligen Augenblicks. Hier wird H. zur gläubigen Existenzhaltung gegenüber dem Ewigen in der Gegenwart, die der Erwartung der Zukunft und der Erinnerung der Vergangenheit nicht mehr bedarf.

NIETZSCHE kritisiert die H. als Betrug an der Wirklichkeit und am Wissen, da sie die Unglücklichen hinhält [15]. Er lobt daher ihre mißtrauische Einschätzung durch die Griechen [16].

6. – a) Kierkegaards Denkrichtung ist von der *Existenzphilosophie* und *-theologie* aufgenommen worden. HEIDEGGER interpretiert Furcht und H. im Rückgang auf Aristoteles ontologisch als gedrücktes bzw. gehobenes oder erhebendes Gestimmtsein des Daseins [17]. Beide ontischen Existenzmodi gründen für ihn existenzial nicht in der Zukunft, sondern im Gewesenheit, d. h. in schon vorher vorhandenen Möglichkeiten des Seinkönnens. In dieser Engführung auf den existenzialen Grund des Daseins versteht Heidegger die H. als ein «Für-sich-erhoffen»: «Entscheidend für die Struktur des Phänomens ist... nicht so sehr der ‹zukünftige› Charakter dessen, worauf sich die H. bezieht, als vielmehr der existenziale Sinn des Hoffens selbst» [18]. Ähnlich wie bei Kierkegaard wird hier die H. auf eine existentielle Befindlichkeit des vereinzelten Subjekts reduziert.

Während die traditionelle Theologie die christliche H. meist als H. auf das Kommen des Reiches Gottes, die

Parusie, auf die «Vollendung des Erlösungswerks Christi» verstand [19] und im Rahmen der «Lehre von den letzten Dingen» unterbrachte [20], begründet die *Existenztheologie* BULTMANNS und GOGARTENS die christliche H. im Anschluß an Luther in der Rechtfertigung des Sünders [21]. Sie unterscheidet zwischen uneigentlicher und eigentlicher, unechter und echter H., je nachdem, ob der Mensch aus dem Verfügbaren oder Unverfügbaren, aus dem Vorhandenen oder aus Gott lebt [22]. Die traditionellen christlichen H.-Inhalte werden entmythologisierend auf den Existenzakt radikaler Offenheit gegenüber der Zukunft bezogen. So wird Zukunft zur Zukünftigkeit, Geschichte zur Geschichtlichkeit, Eschatologie zur eschatologischen Existenz. In der paradoxen christlichen Existenz ist das Eschaton gegenwärtig; denn «in jedem Augenblick schlummert die Möglichkeit, der eschatologische Augenblick zu sein» [23], eine Möglichkeit, die in der Entscheidung des Glaubens ergriffen wird.

F. ROSENZWEIG sieht die H., das gegen das «Elend der Geschichte» gepredigte Wort, als Wesensmerkmal des jüdischen Geistes [24]. «Es gibt für ihn keine «Lösung der Widersprüche im Heute», sondern nur ein «Schauen der H.», «Erhoffen und Erharren der Erlösung» [25].

b) Erst in der zweiten Hälfte des 20. Jh. ist durch das Werk E. BLOCHS das Thema der H. zu einem zentralen Gegenstand des philosophischen und theologischen Denkens geworden. Bloch will bewußt die bisherige geistesgeschichtliche Unterströmung von jüdischer Apokalyptik, Aristotelischer Linken (Avicenna, Averroes), kabbalistischem Messianismus, joachimitischem Chiliasmus, sozialrevolutionärem Schwärmertum (Th. Münzer) und Marx' dialektischem Materialismus zur Geltung bringen und das in ihnen wirksame Desiderium, «die einzig ehrliche Eigenschaft aller Menschen» [26] erforschen. Das ‹Prinzip H.› ist keine Fortsetzung der mittelalterlichen Tugend- oder neuzeitlichen Affektenlehre, sondern eine «Ontologie des Noch-Nicht-Seins», die ebenso das «Noch-Nicht-Bewußte» des Menschen wie das «Noch-Nicht-Gewordene» der Natur umfassen soll. Wie sich in der Triebstruktur, z. B. beim Hunger, die auf Selbsterhaltung gerichtete Intentionalität des Menschen zu erkennen gibt, so in dem eigentlichsten «Selbstaffekt» der H. die Intention auf «Selbsterweiterung nach Vorwärts» [27]. Entsprechend interpretiert Bloch die Materie als das «Nach-Möglichkeit-Seiende» und «In-Möglichkeit-Seiende» [28]. Jene anthropologische Erwartungsstruktur korrespondiert dieser materialen Möglichkeit [29]. Dem allem Erfüllungsbetrug schroff entgegengesetzten Noch-Nicht der gegenwärtigen, im Werden begriffenen Wirklichkeit entspricht einzig die «menschlichste aller Gemütsbewegungen», die H. [30]. Ihr Ziel ist das utopische Sein, das die Entfremdung zwischen Subjekt und Objekt, Existenz und Welt, Mensch und Natur aufhebt. Blochs humanistischer Atheismus transformiert die biblische Reich-Gottes-Erwartung zur Idee von der zukünftigen Gottwerdung des Menschen, der sich auf Erden das Land der Verheißung selbst schafft [31].

c) Vor und nach Bloch haben sich verschiedene Denker auf dem Boden des *Christentums* mit dem Thema H. befaßt. An erster Stelle sind hier G. Marcel und P. Teilhard de Chardin zu nennen. MARCEL, der dem existenzphilosophischen Denken nahesteht, entwickelt den Begriff der «absolute(n) H.», die jeden konkreten Inhalt transzendiert und sich an Gott, das «absolute Du», preisgibt [32]. TEILHARD DE CHARDIN bezieht wie Bloch auch die Natur in den H.-Begriff mit ein und vertritt einen Evolutionismus, der von der Biogenese über die Noogenese zur Kosmo- und Eschatogenese fortschreitet [33]. – Im deutschsprachigen Raum haben sich vor allem J. Pieper und J. Moltmann dem H.-Denken zugewandt. Während J. PIEPER den thomistischen H.-Begriff zu erneuern sucht [34], stellt J. MOLTMANN im Anschluß an die biblische Tradition, die holländische Apostolatstheologie und in Auseinandersetzung mit Bloch und der Existenztheologie den zukunftsbezogenen Charakter des gesamten christlichen Glaubens und Handelns in den Mittelpunkt seines Denkens [35]. Wie der mit den Gesprächen der Paulus-Gesellschaft begonnene Dialog zwischen christlichen und marxistischen Denkern zeigt [36], wird hier erstmalig der Versuch unternommen, die anthropologisch-existenziale Struktur der «spes qua» mit dem eschatologisch-weltgeschichtlichen Inhalt der «spes quae» in einem am H.-Begriff orientierten Theorie-Praxis-Verständnis zu verbinden.

Anmerkungen. [1] R. DESCARTES, Pass. anim. III, 165. – [2] TH. HOBBES, De hom. 12, 3. – [3] B. SPINOZA, Ethica III, prop. 18 A 2, def. 12. – [4] a. a. O. prop. 47 A. – [5] ebd. – [6] M. J. A. CONDORCET: Essquisse d'un tableau hist. des progrès de l'esprit humain (1795), dtsch. W. ALFF (1963). – [7] I. KANT, Akad.-A. 7, 255. – [8] a. a. O. 2, 349. – [9] KrV B 833. – [10] B 833ff. – [11] Vgl. Der Streit der Fakultäten. Akad.-A. 6, 357. – [12] J. MOLTMANN: Theol. der H. (1964) 41. – [12a] K. MARX, 6. Feuerbachthese, in: Frühschr., hg. LANDSHUT (1964) 340; Dtsch. Ideol. a. a. O. 361; 2. und 11. Feuerbachthese a. a. O. 339. 341; Zur Kritik der Hegelschen Rechtsphilos. a. a. O. 216. – [13] S. KIERKEGAARD, Werke, hg. HIRSCH 24/25, 13f. – [14] Zur Selbstprüfung. a. a. O. 27/29, 114f. – [15] FR. NIETZSCHE, Werke, hg. SCHLECHTA 2, 1183; 1, 495. – [16] a. a. O. 1, 1039. – [17] HEIDEGGER, a. a. O. [27 zu 1] § 68 b. – [18] a. a. O. 345. – [19] C. I. NITZSCH: System der christl. Lehre (⁵1844) 385. – [20] z. B. A. THOLUCK: Predigten über Hauptstücke des christl. Glaubens und Lebens (³/⁵1863) 3, 164ff.; A. RITSCHL: Die christl. Lehre von der Rechtfertigung und Versöhnung (³1888f.) 3, 141; TH. HAERING: Der christl. Glaube (1906); W. ELERT: Der christl. Glaube (⁵1960) 522; P. ALTHAUS: Die letzten Dinge (⁸1961) 364f. – [21] bes. F. GOGARTEN: Die christl. H. Dtsch. Univ.-Ztg. 9 (1954) Nr. 24, 3ff. – [22] Die Verkündigung Jesu Christi (²1965) 522f. – [23] Gesch. und Eschatol. (1958) 184. – [24] FR. ROSENZWEIG: Kleinere Schr. (1937) 24f. – [25] Der Stern der Erlösung (³1954) 3, 77. 91. 133. – [26] E. BLOCH: Das Prinzip H. (1959) 4. – [27] a. a. O. 83ff. – [28] 1623. – [29] Vgl. 238. – [30] 83. – [31] Vgl. 1415f. – [32] G. MARCEL: Homo viator (1944, dtsch. 1949). – [33] P. TEILHARD DE CHARDIN: Le milieu divin (1957). – [34] J. PIEPER: Über die H. (1949); H. und Gesch. (1967). – [35] MOLTMANN, a. a. O. [12]; Umkehr und Zukunft (1970). – [36] Vgl. Christentum und Marxismus heute. Gespräche der Paulus-Ges., hg. E. KELLNER (1966); R. GARAUDY/J. B. METZ/K. RAHNER: Der Dialog (1966).

Literaturhinweise. J. PIEPER s. Anm. [34]. – O. F. BOLLNOW: Neue Geborgenheit (1955) bes. 81ff. – H. FAHRENBACH: Wesen und Sinn der H. (Diss. Heidelberg 1956). – E. BLOCH s. Anm. [26]. – J. HABERMAS: Ein marxistischer Schelling, in: Theorie und Praxis (1963) 336-351. – Die H.en unserer Zeit. Zehn Beitr. von K. JASPERS, TH. v. UEXKÜLL, P. TILLICH u. a., hg. J. SCHLEMMER (1963). – J. MOLTMANN s. Anm. [12]. – G. SAUTER: Zukunft und Verheißung (1965). – H. KIMMERLE: Die Zukunftsbedeutung der H. (1966). – U. HEDINGER: H. zwischen Kreuz und Reich (1968). – A. EDMAIER: Horizonte der H. (1968). – F. KERSTIENS: Die H.-Struktur des Glaubens (1969). – R. ROMBERG: Fortschritt und Immanenz (Diss. Gießen 1971).

H.-G. LINK

Höherentwicklung (syn. Anagenesis, Anagenese) ist ein Charakteristikum der Stammesgeschichte der Lebewesen insgesamt und vieler tierischer und pflanzlicher Stämme, Klassen und Ordnungen. Die Evolution hat nicht nur zu einer reichen Verzweigung des organischen Stammbaumes geführt (*Kladogenese*), sondern auch dazu, daß der Stammbaum gewissermaßen aufrecht steht. Für diese H. waren die folgenden Faktorengruppen einzeln oder in verschiedenen Kombinationen wirksam: 1. Zunahme der strukturellen und funktionellen Komplikation der Lebewesen (z. B. Zunahme der Zell- oder der Organzahl), 2. Herausbildung rationellerer Strukturen und Funktionen durch Zentralisierung (z. B. Verarbeitung aller Sinneserregungen in einem Zentralnervensystem) und durch Arbeitsteilung (z. B. Gliederung des Darmtraktes in Abschnitte, welche die Nahrung mechanisch zerkleinern, chemisch aufbereiten und resorbieren), 3. Zunahme der Plastizität von Strukturen und Funktionen (z. B. Einbau von Steuerungs- und Regelkreismechanismen), 4. Zunahme der Unabhängigkeit von Umweltfaktoren (z. B. durch Entwicklung der Warmblütigkeit) und damit Zunahme der Autonomie (speziell durch absolute und relative Vergrößerung und bessere Arbeitsteilung des Gehirns) [1]. Bei Wirbeltieren ist das sicherste Kennzeichen für eine H. die Annäherung an den anatomischen Bauplan des Menschen. Voraussetzung für alle H. war aber jeweils, daß die Verbesserungen nicht die Herausbildung weiterer Vervollkommnungen behinderte. Da letzteres besonders durch zu weitgehende Anpassung an die speziellen Umweltverhältnisse geschah (*Adaptiogenese*), verlief die H. meist über relativ wenig spezialisierte Stammesreihen (E. COPES «Law of the unspecialized»).

Es ist mehrfach die Auffassung vertreten worden, daß die H. durch eine besondere, bisher noch nicht in ihrer Wirkungsweise erfaßte, autonome evolutive Entwicklungskraft, eine phylogenetische Zielstrebigkeit, ein schöpferisches oder ein richtungsgebendes Prinzip zustande gekommen sei [2]. Das braucht indes keineswegs angenommen zu werden. Wie alle Artwandlungen können auch die anagenetischen Änderungen durch richtungslose Mutationen, Genkombinationen und natürliche Auslese erklärt werden. Da alle genannten Faktoren der H. Vorteile boten, hatten sie eine große Chance, sich im Konkurrenzkampf durchzusetzen.

Anmerkungen. [1] Vgl. V. FRANZ: Die Vervollkommnung in der lebenden Natur (1920); Der biol. Fortschritt (1935); A. N. SEWERTZOFF: Morphol. Gesetzmäßigkeiten der Evolution (1931) Kap. 8; J. S. HUXLEY: Evolution. The modern synthesis (London 1942, ²1963) Kap. 10; G. G. SIMPSON: The meaning of evolution (New Haven 1949) Kap. 15; B. RENSCH: Neuere Probleme der Abstammungslehre (¹1947, ²1954) Kap. 7. – [2] H. F. OSBORN: Aristogenesis, the creative principle in the origin of species. Amer. Naturalist 68 (1934) 193-235; E. DACQUÉ: Organische Morphol. und Paläontol. (1935); K. BEURLEN: Die stammesgesch. Grundlagen der Abstammungslehre (1937); R. WOLTERECK: Ontol. des Lebendigen (1940). B. RENSCH

Holismus. Der Begriff ist 1926 von J. C. SMUTS unter dem Einfluß der Wendung J. S. HALDANES gegen den mechanistischen Monismus wie vitalistischen Dualismus als naturphilosophische Theorien [1] geprägt worden. Er besagt, «daß alle Daseinsformen ... danach streben, Ganze zu sein ... Das neue Ganze enthält dem Werkstoff nach sich ältere Ganze, aber es selbst ist wesenhaft neu und geht über den Stoff oder die Teile, auf die es sich gründet, hinaus» ... «allmähliches Auftauchen (emergence)». Das «höchste konkrete Ganze» ist die menschliche Persönlichkeit, deren Würde in einer Synthese von Hegels Staatstheorie und Kants «Philosophie der menschlichen Persönlichkeit als dem höchsten Zweck» [2] am ehesten gewahrt bleibt. Das naturphilosophisch Wegweisende des H. hat A. MEYER-ABICH aufgenommen und entfaltet. Für ihn ist «H. ... Dialektik ... dialektische Synthese zweier einander antithetisch entgegenstehender metaphysischer ‹Systeme alten Stils›» [3], die «von jeder Epoche und jeder Generation immer wieder neu vollzogen werden muß» [4].

Anmerkungen. [1] J. S. HALDANE: Die Philos. eines Biologen (1936). – [2] J. C. SMUTS: Die holistische Welt (1938) X. XVI. – [3] A. MEYER-ABICH: Naturphilos. auf neuen Wegen (1948) 377. – [4] a. a. O. 378.
Literaturhinweise. J. C. SMUTS: Holism and evolution (New York 1926). – A. MEYER-ABICH s. Anm. [3]. W. GOERDT

Hölle. ‹H.› meint die Endgültigkeit der Gottesferne, ist insofern als Jenseitsgrenze des Menschenschicksals gedacht und wird als Sitz der Mächte des Bösen und als Verneinung des Lebens dargestellt. Für die Beschreibung des Ausschlusses vom ewigen Leben und Seelenheil haben die kosmologischen und die eschatologischen Vorstellungen die Bilder hergegeben, so daß sich der Begriff innerhalb der Geistesgeschichte je nach den vorliegenden Voraussetzungen gewandelt hat.

1. Als mythischer Ort des Grabes und der Schatten (Hades) ist die H. Finsternis und dunkle Kammer im Inneren der Erde. In den vorgeschichtlichen Mythologien vieler Völker wird sie als «grüne Wiese» gedacht, so daß bei der Bestattung Beigaben von Lebensmitteln und Ausrüstungsgegenständen als notwendig erschienen; in der ‹Odyssee› werden die «Asphodelos-Wiesen» genannt [1], im germanischen Glauben « Niflheim» oder das «H.-Wirtshaus». In den ägyptischen Priesterlehren ist die Vorstellung der Unterwelt näher ausgestaltet: Auf den Wänden der Königsgräber ist der nächtliche Weg der untergegangenen Sonne durch die zwölf Stundenbereiche der Unterwelt beschrieben, mit der magischen Wirkung des Bildrituals, daß der verstorbene König in das Gefolge des wiedererstehenden Sonnengottes eingereiht wird [2]. Die Gräber der Vornehmen zeigen dagegen den Verstorbenen meist in dem idealisierten Gegenbild seines vergangenen Lebens.

2. Während im Alten Testament das Totenreich als Ort der Gottesferne und Land ohne Heimkehr gilt [3], ist es im Neuen Testament zeitlich begrenzt bis zum Ende der Geschichte. Die Seelen der Erlösten leben in «Abrahams Schoß», in den «ewigen Hütten» (des himmlischen Laubhüttenfestes), im «Paradies», mit Christus vereint, im himmlischen Jerusalem [4]. Erst im Jüngsten Gericht wird die Gehenna als endzeitlicher Strafort errichtet, und zwar als Feuer-H. [5].

3. In der altbabylonischen Astralmythologie hatte sich die Vorstellung von der Hadeshälfte des Fixsternhimmels und dem hindurchführenden Seelenweg der Milchstraße entwickelt [6]. In der Weiterbildung entstand der Gedanke eines Feuerstroms, der, vom kosmischen Throne Gottes, dem unbewegten Himmelspole, ausgehend, sich in die Tiefe des Universums ergießt und dort die Feuer-H. bildet. Dieses Jenseitsbild herrscht in der rabbinischen Kabbala, wo im Mittelpunkt der Anziehungskraft des Materiellen ein höllischer Thron der Sitz des Teufels Asmodäus ist [7]. ORIGENES erwähnt als geltende Vorstellung, daß die Seele nach dem Tode an den Feuerstrom (igneum flumen) gelangt, wo Christus neben dem flammenden Schwerte des Paradieseingangs steht und alle, die mit Wasser getauft sind, durch die Feuertaufe hindurch vor den Thron Gottes gelangen läßt [8]. Infolge der augustinischen Auffassung, daß die Herrschaft der Kirche das tausendjährige Reich verwirklicht habe, galt im Mittelalter die Vorstellung, daß der H.-Fürst gebunden sei [9].

Die H.-Strafen dauern nach jüdischem Glauben jeweils zwölf Monate und werden am Sabbat unterbrochen [10]; bei den christlichen Theologen war das Problem ihrer Ewigkeit oder Nichtewigkeit stets umstritten [11]. Für die nähere Bestimmung der Strafart blieb die Darstellung der Petrus-Apokalypse [12] grundlegend, bis hin zu DANTE, der in seiner ‹Divina Comedia› die tiefste H., nämlich den achten und neunten Kreis, den Betrügern und Verrätern zuweist. ANGELUS SILESIUS hat die volkstümlichen Vorstellungen von der ewigen Pein der Verdammten zur unüberbietbaren Schilderung gesteigert [13].

4. In der spätmittelalterlichen Gedankenwelt wurden Universum (Makrokosmos) und Mensch (Mikrokosmos) als einander entsprechende Größen aufgefaßt. Da die Gottheit alles durchdringt (deus totus est in omnibus et singulis) [14], blieb das Ja zum Leiden in der völligen Anerkennung des Gotteswillens bei den Qualen des Gewissens der letzte Ausweg, also die «resignatio ad infernum», d. h. der Selbstverzicht auf die Erlösung [15]. Mit dieser Begrifflichkeit ist der persönliche Mitvollzug der H.-Fahrt Christi gemeint, und zwar als Voraussetzung der Auferstehung der Seele und des Geistes [16]. J. G. HAMANN hat wohl an diese Gedanken angeknüpft, wenn er von der «Höllenfahrt der Selbsterkänntnis» sprach, die allein «uns den Weg zur Himmelfahrt der Vergötterung» bahnt [17]. Nach der Verweltlichung des Jenseitsglaubens – nach NIETZSCHE ist mit dem Christentum auch die Idee der H. und H.-Strafen untergegangen [18] – ist der H.-Begriff auch in die Literatur übergegangen, und wird hier verstanden als Zustand einer bewußten Quälerei, die den Menschen durch andere Menschen zugefügt wird. Damit wird ‹H.› in einem Prozeß, der für das Fortwirken von Mythen exemplarisch ist, zur Metapher. Hatte schon SCHOPENHAUER die Welt selbst als H. bezeichnet und die Menschen «einerseits die gequälten Seelen und andererseits die Teufel darin» genannt [19], so konstatiert SARTRE: «Die Hölle, das sind die andern» [20].

Anmerkungen. [1] HOMER, Od. 11, 539. – [2] E. HORNUNG: Das Amduat. Die Schrift des verborgenen Raumes II. Übers. und Komm., in: Ägyptol. Abh. 7 (1963). – [3] Ps. 88, 11; 6, 6; Hiob 7, 9; vgl. H.-J. KRAUS: Art. ‹Hölle› II, in: RGG 3 (³1959) 403f. – [4] Luk. 16, 22; 16, 1; 23, 43; Phil. 1, 23; Hebr. 12, 22; vgl. J. JEREMIAS: Art. ‹Hades›, in: Theol. Wb. zum NT, hg. G. KITTEL 1 (1933) 146-150. – [5] Art. ‹Geenna› a. a. O. 655f. – [6] F. BOLL: Aus der Offenbarung Johannis. Stoicheia 1 (1914) 72f. – [7] A. JEREMIAS: Hb. der altoriental. Geisteskultur (²1929) 308; E. EBELING: Tod und Leben nach den Vorstellungen der Babylonier 1 (1931). – [8] ORIGENES, 24. Lukashomilie (zu Luk. 3, 16); C. M. EDSMAN: Le baptême de feu. Acta sem. neotest. upsal. 9 (1940) 1; 4. Esra 7, 6-8; vgl. P. RIESSLER: Altjüd. Schrifttum außerhalb der Bibel (1928) 271. – [9] Bilddarstellung von 1045 n. Chr. im ‹Goldenen Evangelienbuch› Heinrichs III; publ. E. v. DOBSCHÜTZ: Die Bibel im Leben der Völker (³1952) neben 112. – [10] STRACK/BILLERBECK: Komm. zum NT aus Talmud und Midrasch 4/2 (1928) 1049f. 1076. 1082ff. – [11] E. BECK: Ephraems Hymnen über das Paradies. Studia Anselmiana 26 (Rom 1951) 117; AUGUSTIN, Enchiridion 23, 92. – [12] HENNECKE/SCHNEEMELCHER: Neutestamentl. Apokryphen 2 (³1964) 468-483. – [13] J. A. SILESII Sinnliche Beschreibung der vier letzten Dinge (1675); J. SCHEFFLERS sämtl. poetischer Werke, hg. ROSENTAL (1862) III: 72 Verse. – [14] THOMAS VON AQUIN, S. theol. I, 8, 3 ad 3. – [15] MEISTER ECKHART, Reden der Unterweisung 1. Dtsch. Werke, hg. J. QUINT 5, 188f.; M. LUTHER, Vorles. über den Römerbrief (1515/16) zu Röm. 9, 3-14. Weimarer-A. 56, 391. 393. – [16] Der Franckforter ‹Eyn deutsch Theologia›, hg. W. UHL (Kleine Texte 96, XI. Kap.) 16f. – [17] J. G. HAMANN: Kreuzzüge des Philologen (1762). Werke, hg. J. NADLER (1949-1957) 2, 164; wörtlich auch bei J. M. SAILER, Werke (1830-1846) Sprüche mit und ohne Glossen. – [18] FR. NIETZSCHE, Morgenröte. Werke, hg. K. SCHLECHTA (1954-56) 1, 1059ff. – [19] A. SCHOPENHAUER, Werke, hg. FRAUENSTÄDT/HÜBSCHER (²1946ff.) 6, 319; vgl. 3, 663. 666. – [20] J.-P. SARTRE: Huis-clos (1944) / dtsch. Geschlossene Gesellschaft (1963) Szene 5.

Literaturhinweise. Realencyclop. prot. Theol. u. Kirche 8 (³1900) 199-211; Handwb. des dtsch. Aberglaubens, hg. H. BÄCHTOLD-STÄUBLI 4 (1931/32) 184-261. – Encyclop. of relig. and ethics, hg. J. HASTINGS 4 (³1954) 133f. 161f. – Dict. de Théol.

cath. 5 (Paris 1913) 28-120. – RGG 3 (³1959) 400-407. – LThK 5 (²1960) 445-450. – U. LUCK: Glaube und Weltbild in der urchristl. Überlieferung von H.- und Himmelfahrt Jesu, in: Collegium philos. Studien J. Ritter zum 60. Geburtstag (1965) 141-155.

A. ADAM

Hominisation (Menschwerdung) bedeutet den Übergang von äffischen Vorfahrenstufen zu Vor- und Frühmenschen, d. h. zur Familie der Hominiden. Die Möglichkeit einer Einbeziehung des Menschen in den tierischen Stammbaum war schon von J. LAMARCK (1809) erörtert worden [1], wurde aber erst von TH. HUXLEY (1863) [2], K. VOGT (1863) [3], E. HAECKEL (1866, 1874) [4] und CH. DARWIN (1871) [5] eingehender zu beweisen versucht. Seitdem sind zahlreiche Skelettreste bekannt geworden, durch welche die Abstammung der am Anfang des Pleistozäns entstehenden Hominiden von spättertiären Menschenaffen sichergestellt ist [6].

Die ältesten, vor etwa 1,5–1 Millionen Jahren lebenden afrikanischen *Australopithecinen* stellen typische Zwischenformen dar, die bereits aufrecht gingen, aber eine äffische Schädelform mit schnauzenartig vorstehender Kieferpartie und einen Hirnraum hatten, dessen Variationsbreite etwa der von heutigen Menschenaffen entsprach oder sie nur wenig überschritt. Speziell das für Denkvorgänge wichtige Stirnhirn war noch verhältnismäßig gering entwickelt. Schneide- und Eckzähne waren menschenhaft schwach ausgebildet. Noch nicht sicher ist es, ob man die «Homo»-habilis-Funde dazu rechnen kann, bei denen es sich um ähnliche Typen handelt. Letztere, möglicherweise aber auch die typischen Australopithecinen, benutzten bereits schwach bearbeitete Steinwerkzeuge [7]. Von den etwas höherstehenden, von Ostasien, Java, Südeuropa und Afrika bekannten Frühmenschen der *Homo-erectus-(= Pithecanthropus-) Stufe*, die schon ein größeres Hirn mit besser entwickeltem Stirnhirn besaßen, sind vielerlei primitive Steinwerkzeuge bekannt geworden. Bei der Weiterentwicklung des Gehirns bildeten sich vor allem der basale Neocortex und die motorische Sprachregion des Stirnhirns heraus, zwei Regionen, die für den vor etwa 100 000 Jahren sich herausbildenden *Homo sapiens* von entscheidender Bedeutung wurden. Die Entwicklung der Sprache erlaubte die Bildung abstrakterer Begriffe, auch solcher, die logische und kausale Beziehungen angeben, und ermöglichte eine Traditionsbildung, die zu einer schnellen Kulturentwicklung führte. Damit vollendete sich die H. [8].

Anmerkungen. [1] J. DE LAMARCK: Philos. zoologique (Paris 1809) c. 8. – [2] TH. HUXLEY: Evidence as to man's place in nature (London/Edinburgh 1863). – [3] K. VOGT: Vorles. über den Menschen (1863). – [4] E. HAECKEL: Generelle Morphol. der Organismen (1866); Anthropogenie und Entwicklungsgesch. des Menschen (1874). – [5] CH. DARWIN: The descent of man ... (London 1871). – [6] Vgl. W. E. LE GROS CLARK: The fossil evidence for human evolution (Chicago 1955); G. R. H. VON KOENIGSWALD: Begegnungen mit dem Vormenschen (1955); W. GIESELER: Die Fossilgesch. des Menschen, in: G. HEBERER (Hg.): Evolution der Organismen (²1957) 951-1109; TH. DOBZHANSKY: Evolution, genetics, and man (New York/London 1957); Menschliche Abstammungslehre, hg. G. HEBERER (1965); G. KURTH: Evolution und H. (²1968); R. E. F. LEAKEY: Further evidence of lower pleistocene hominids from East Rudolf, North Kenya. Nature (Lond.) 231 (1971) 241-245. – [7] Vgl. L. S. LEAKEY, P. V. TOBIAS und J. R. NAPIER: A new species of the homo from Olduvai Gorge. Nature 202 (1964) 7-9; J. T. ROBINSON: «Homo habilis» und die Australopithecines. Nature 205 (1965) 121-124. – [8] Vgl. J. G. HERDER: Ideen zur Philos. der Gesch. der Menschheit (1784-1791), Teil 2; J. S. HUXLEY: The uniqueness of man (London 1947); B. RENSCH: Homo sapiens. Vom Tier zum Halbgott (³1970) Kap. 4 B.

B. RENSCH

Hominismus. – 1. F. MAUTHNER teilt 1913 mit, daß er zur Vermeidung der mit dem Begriff ‹Humanismus› unlöslich verbundenen «Anthropolatrie», der «Anbetung des Menschengeistes», seine Philosophie seit längerem ‹H.› zu nennen pflege, und gibt als Merkmal der von ihm vorgelegten «skeptischen Sprachkritik» die Einsicht an, daß «alle Philosophien in Menschensprache hoministische, menschheitliche Weltbilder sein müssen» [1]. H. ist also die Doktrin, die erkenntniskritisch alle philosophischen Theoreme zu «Hominismen» erklärt. Insofern ist ‹H.› denn auch sinnverwandt mit ‹Anthropomorphismus›; der Magnetismus z. B. soll «einer der vielen H. [sein], die wir nicht loswerden können» [2]. Mauthner ergänzt, daß er nachträglich für seine Neubildung eine griechische Vorlage gefunden habe: nämlich bei DIOGENES LAERTIOS das Wort ἀνϑρωπισμός (Anthropismus) [3]. W. SOMBART gibt dem Begriff in seinem anthropologischen Werk eine andere Bedeutung. Mit dem Begriffspaar ‹H.›/‹Animalismus› teilt er die geschichtlichen Weltanschauungen in zwei grundsätzlich verschiedene Gruppen auf: Nach der einen Auffassung sei der Mensch ein Geschöpf eigener Art, nach der anderen sei er nichts anderes als ein Teil der Natur. «Insofern der Gegensatz der beiden Auffassungen darin zum Ausdruck kommt, daß in dem einen Falle der Mensch als Mensch, im anderen Falle als eine Tierspezies angesehen wird, können wir jene als hoministische (zum Unterschiede von humanistisch), diese als animalistische bezeichnen» [4].

2. F. C. S. SCHILLER nennt ab 1903 seinen Pragmatismus ‹Humanism›, während er in den 1891 erschienenen ‹Riddles of the Sphinx› noch die Bezeichnung ‹Anthropomorphism› wählt. Schillers Grundauffassung ist, daß «alle Wahrheiten menschlich bedingt» sind; Fürwahrhalten heiße «soviel wie bewerten, gutheißen» [5]. Er betont dabei ausdrücklich die Verwandtschaft seines «Humanismus» mit dem «Homo-mensura-Satz» des PROTAGORAS [6]. Gegen diesen pragmatistischen Gebrauch des Wortes ‹Humanismus›, das «längst für Anderes und Besseres eingeführt» sei, erhebt WINDELBAND 1914 Einspruch; Schillers Philosophie solle «zur Vermeidung von Verwechslungen» zutreffender als ‹H.› bezeichnet werden [7].

Anmerkungen. [1] F. MAUTHNER: Beiträge zu einer Kritik der Sprache 3 (²1913) VII-XI. – [2] a. a. O. 3 (³1923) 615. – [3] ARISTIPP bei DIOG. LAERT. II, 70. – [4] W. SOMBART: Vom Menschen (1938) 89. – [5] F. C. S. SCHILLER: Humanismus, hg. R. EISLER (1911) 8f. – [6] a. a. O. X; vgl. Platon or Protagoras (Oxford 1907). – [7] W. WINDELBAND: Einl. in die Philos. (1914) 208. R. HEEDE/W. NIEKE

Homme éclairé. Die französische Literatur schon des 17. und erst recht des 18. Jh. steht unter Leitgedanken der «gens éclairés». Der Ausdruck bezeichnet die Richtung, in der sich der Fortgang von der Erhellung von Tatbeständen zur Aufklärung vollziehen kann. Daß er jedoch keineswegs eindeutig ist, geht nicht nur aus dem steten Bemühen der Wörterbücher (RICHELET, FURETIÈRE, Dictionnaire de Trévoux, CONDILLAC usw.) hervor, sondern auch aus den Texten selbst. RICHELET bestimmt: «éclairé» = «qui a des lumières et des connaissances particulières (doctus, eruditus)» und registriert die figürliche Bedeutung: «instruire, illuminer, rendre plus clairvoyant (illuminatus, clarus)», während CONDILLAC in seinem ‹Dictionnaire des synonymes› die Unterscheidung zwischen ‹éclairer› und ‹éclaircir› einführt: «Le premier signifie répandre la lumière dans l'esprit et le second détruire tout ce qui rend une vérité obscure. On éclaire en présentant la vérité dans son vrai jour, on éclaircit en détruisant les doutes et les préjugés qui ferment les yeux à la lumière». DIDEROTS Artikel in der ‹Encyclopédie› nimmt seinen Ausgang von der Unterscheidung zwischen ‹éclairé›, ‹clairvoyant› und ‹instruit›: «il y a cette différence entre l'homme instruit et l'homme éclairé, que l'homme instruit connaît les choses, et que l'homme éclairé en sait encore faire une application convenable.» So wird jedes dieser Wörter aus dem Mit- und Gegengefühl zu andern und aus dem Gegensatz aller gegen den Genius (homme de génie) bestimmt. In der Praxis der geschriebenen und gesprochenen Sprache gehen so subtile Differenzierungen oft ununterscheidbar ineinander auf. Nicht alle Schriftsteller beachten sie, viele lassen den Faden einer Bedeutung liegen, um eine andere zu verfolgen. Gleichwohl finden alle in den verwandten Termini, und auch in deren Differenzierung, Ausdruck und Rechtfertigung ihrer Grundansicht und der aufgeklärten Welt. F. SCHALK

Homme naturel/homme civil ist ein von J.-J. ROUSSEAU im Anschluß an die Terminologie der vorgängigen Naturrechts- und Naturzustandstheorien [1] 1755 geprägtes Begriffspaar, dem er einen von traditioneller (PUFENDORF) wie moderner Naturrechtstheorie (HOBBES) unterschiedenen Inhalt gab [2]. Indem Rousseau von den dem homme civil(isé) durch die moderne Gesellschaft aufgeprägten Grundzügen absah, gewann er den hypothetischen Begriff des «homme naturel» (auch «homme originel»).

Rousseau beschreibt den *homme naturel* (h.n.) als «homme physique» und hinsichtlich seiner «coté métaphysique et moral». *Physisch* ist der Naturmensch kaum anders als der moderne Mensch. Ständiger Umgang mit der Natur verschafft ihm jedoch ein «tempérament robuste et inaltérable», das ihn der Zivilisationsschäden weitgehend enthebt, dennoch ist er weniger stark und beweglich als das Tier. Er lebt «simple, uniforme, solitaire», nur auf Befriedigung der natürlichen Bedürfnisse bedacht. – *Metaphysisch und moralisch* konstituieren den Menschen als solchen zwei Prinzipien «antérieurs à la raison»: die «conservation de nous-mêmes» und die «commisération» als «répugnance naturelle à voir périr ou souffrir tout être sensible», die den Willen zur Hilfeleistung (secours) einschließt. Der Verstand des h.n. ist nur graduell von dem des Tieres unterschieden, prinzipiell zeichnen ihn vor dem Tier Wille und Freiheit aus. Er ist ein «agent libre», im Besitz der «indépendance naturelle» und seiner mächtigsten Potenzen: «perfectibilité» und «raison». In der Realisierung des «amour de soi-même» ist er «naturellement bon», die Manifestation des «sentiment absolu», das seine Einheit mit ihm selbst und der natürlichen Ordnung aufweist.

Der «tableau moral» des *homme civil(isé)* (h.c.) wird vom «amour-propre» als gesellschaftlichem Phänomen bestimmt. Angewiesen auf die «opinion», die Wertschätzung der anderen, und damit zur Konkurrenz mit anderen verurteilt, hat er von sich nur ein «sentiment relatif, factice». Die dieser Grundkonstitution entspringenden Leidenschaften wirken der «commisération», der «pitié», die im h.n. lebendig, aber dumpf und eingeschränkt ist, entgegen. Sie weitet sich aus, will alle Menschen umfassen, wird aber gerade darum schwach. Der h.c. besitzt Sprache und Vernunft, die «liberté morale» als Möglichkeit der Entscheidung für Gut und Böse. Die Einheit mit der natürlichen Ordnung kann er nur durch

Reflexion wiederholen [3], der «retour à la nature» als praktische Maxime stammt nicht von Rousseau.

Anmerkungen. [1] Bei S. PUFENDORF: De jure naturae et gentium II, 2 (Lund 1672 u. ö., zit. Amsterdam 1698) 104-119: De Statu hominum naturali; bei J. BARBEYRAC: Les devoirs de l'homme et du citoyen ... I, 3, § 3, traduits du Latin de feu Mr. le Baron DE PUFENDORF (Amsterdam ³1715) 61-73: «... la condition naturelle de l'homme ...» u. a. – [2] Dazu I. FETSCHER: «Der ges. Naturzustand» und das Menschenbild bei Hobbes, Pufendorf, Cumberland und Rousseau. Ein Beitrag zur Standortbestimmung der pol. Theorie Rousseaus, in: SCHMOLLERS Jb. für Gesetzgebung, Verwaltung und Volkswirtschaft 80/II (1960) 641-685. – [3] J.-J. ROUSSEAU: Discours sur l'origine et les fondements de l'inégalité parmi les hommes (Amsterdam 1755) 1ère partie; Über Kunst und Wiss. Über den Ursprung der Ungleichheit unter den Menschen, dtsch./frz. hg. K. WEIGAND (1955) 83-191.

Literaturhinweise. I. FETSCHER: Rousseaus pol. Philos. (1960) mit Bibliogr. – M. RANG: Rousseaus Lehre vom Menschen (1959). – W. RITZEL: J. J. Rousseau (1959). – O. VOSSLER: Rousseaus Freiheitslehre (1963). – R. SPAEMANN: Natürliche Existenz und polit. Existenz bei Rousseau, in: Collegium Philosophicum. Stud. J. Ritter zum 60. Geburtstag (1965) 373-388. W. GOERDT.

Homo creator (der Mensch als Schöpfer) kennzeichnet in der empirischen [1] und philosophischen [2] Kulturanthropologie des 20. Jh. die Fähigkeit des Menschen, seinem plastischen und unabgeschlossenen Wesen eine Form zu geben und in den Kulturschöpfungen seine Lebenswelt – im Gegensatz zu den Tieren – selbst hervorzubringen und als «objektiven Geist» zu verfestigen. Da den Kulturen keine archetypischen Urbilder zugrunde liegen, sind sie echte Neuschöpfungen.

Anmerkungen. [1] Vgl. W. E. MÜHLMANN: H.c. Abh. zur Soziol., Anthropol. und Ethnol. (1962). – [2] Vgl. M. LANDMANN: Philos. Anthropol. (1955) 222-259. CH. GRAWE.

Homo faber (der Mensch als Handwerker). Der Terminus wird erst im 20. Jh. als Gegenbegriff zu ‹homo sapiens› durch H. BERGSON und M. SCHELER philosophisch geläufig, obwohl die H.f.-Theorie der Sache nach älter ist. Nach ihr ist der Mensch ausgezeichnet durch die technisch-praktische Intelligenz, die im Dienst der Lebensgestaltung steht. Die reine Theorie hat nur funktionalen Wert. Die Vorstellung vom Menschen als H.f. entspringt der empirisch-naturwissenschaftlich ausgerichteten Philosophie (FR. BACON, HOBBES, *Positivismus*, *Pragmatismus*), die sich auf das handelnde Wirken des Menschen in der Welt konzentriert, um diese für ihn beherrschbar und verfügbar zu machen. Der Mensch ist nach SCHELERS Darstellung der H.f.-These «nicht das Vernunft-, sondern das ‹Arbeitswesen›, oder schärfer gesagt: dasjenige Wesen, das Werkzeuge bildet und ein System von beweglichen und frei kombinierbaren Zeichen erfindet, um vermittels dieser seine Umwelt zu bearbeiten, resp. sich mit seinesgleichen über diese Verarbeitung zu verständigen» [1]. Die Ausbildung der menschlichen Wesenszüge – auch der Vernunft – beruht auf der freien Hand und ihrem Vermögen zu Werkzeugherstellung und -gebrauch.

Der Grundgedanke der H.f.-Theorie ist schon von ANAXAGORAS erkannt worden: «... der Mensch sei das verständigste Wesen, weil er Hände habe» [2]. B. FRANKLIN nimmt mit seiner Definition, der Mensch sei das «tool making animal», die Bezeichnung ‹H.f.› vorweg. «Die Leute in Amerika haben ein Sprichwort: Gott sei der Vater sei selbst ein Handwerker, der größte, den es gebe, und man verehrt und bewundert ihn mehr wegen der Mannigfaltigkeit, der Kunst und des Nutzens von seiner Hände Werk als wegen seiner uralten Familie» [3]. Diese auf die Lebenspraxis gerichtete Tradition Amerikas lebt vor allem im Pragmatismus weiter, für den «die Wahrheit unserer Ideen so viel bedeutet als ihr Arbeitswert» [4]. Eine wichtige Rolle spielt die H.f.-Theorie bei K. MARX. Nach ihm konstituieren sich Mensch und menschliche Selbstvergewisserung prozessual durch die Vergegenständlichung im Werk seiner Hände. Daher ist «das gewordene gegenständliche Dasein der Industrie das aufgeschlagene Buch der menschlichen Wesenskräfte» [5]. «Die Wissenschaft vom Menschen ist selbst ein Produkt der praktischen Selbstbetätigung des Menschen» [6]. Erst wenn die Klassengesellschaft und mit ihr die Selbstentfremdung des Menschen überwunden sein werden, wird dieser fähig sein zu Wahrheit und Theorie. A. SCHOPENHAUER sieht die Erkenntnis als Diener, «als bloße Funktion eines Teils [des] Leibes» an, der wiederum nur die Objektivation des Willens «als Ding an sich» [7] ist. Diesen Willensbegriff entwickelt NIETZSCHE weiter zum ‹Willen zur Macht›, für den «die Vernunft ... nur ein Werkzeug» [8] ist. «Die Verirrung der Philosophie ruht darauf, daß man, statt in der Logik und den Vernunftkategorien Mittel zu sehen zum Zurechtmachen der Welt zu Nützlichkeits-Zwecken (also, ‹prinzipiell›, zu einer nützlichen Fälschung), man in ihnen das Kriterium der Wahrheit, resp. der Realität zu haben glaubte» [9].

Im 20. Jh. wird die H.f.-Theorie von Bergson gerechtfertigt und von Scheler kritisiert, wobei beide den philosophischen Terminus zum Durchbruch verhelfen. Für BERGSON ist die menschliche Intelligenz «ursprünglich auf Konstruktion und Fabrikation angelegt» [10]. «H.f., das ist die Definition, die wir vorschlagen. Der homo sapiens [entspringt] aus der Reflexion des H.f. über seine Fabrikation» [11]. Daneben aber steht die Intuition, die allein imstande ist, das Leben in seinem irrationalen Strömen zu erfassen. SCHELER weist die H.f.-Theorie in ‹Mensch und Geschichte› [12] diejenige Historik zu, die ihren Kern im ökonomischen, rassischen oder machtpolitischen Triebsystem hat, und setzt sich in ‹Die Wissensformen und die Gesellschaft› mit dem Pragmatismus auseinander. Dessen Auffassung vom Menschen als H.f. ist defizient, weil sie die Frage nach der Entstehung mit der Frage nach dem Ursprung des Geistes identifiziert und von den drei möglichen «obersten Werdenszielen», denen Wissen dient», dem «Bildungswissen», dem «Erlösungswissen» und dem induktiven «Herrschafts-» oder «Leistungswissen» [13] das letztere verabsolutiert. Dagegen «gibt [es] eben ein gewaltiges Reich von Gedanken, Bedeutungen, Sätzen, die oder deren Folgen schon darum aus ihrer konstitutionellen Eigenart heraus in der erfahr- und beobachtbaren Welt nichts ‹ändern› können, da sie die konstanten Daseinsweisen, ferner die Ideen und Urphänomene selbst meinen und intendieren, die in alles Beobachtbare der Welt als in die Wesensstruktur jeder ‹möglichen› Welt hineingebaut ist» [14]. Nach M. HEIDEGGER hat das Seiende für den Menschen zunächst «Zeug»-Charakter; es ist «Zuhandenes». Der Umgang des Menschen mit der Welt ist «das hantierende gebrauchende Besorgen» [15]. Das Erkennen «dringt erst über das im Besorgen Zuhandene zur Freilegung des nur noch Vorhandenen vor» [16].

Anmerkungen. [1] M. SCHELER: Die Wissensformen und die Gesellschaft (²1960) 448. – [2] ANAXAGORAS bei ARISTOTELES (der den Satz umkehrt), De part. an. IV, 10, 687 a 7. – [3] B. FRANKLIN, Nachgelassene Schriften 5 (dtsch. 1819) 193. – [4] W. JAMES: Der Pragmatismus (dtsch. 1908) 37. – [5] K. MARX/FR. ENGELS: Kleine ökonomische Schriften (1955) 135. – [6] a. a. O. 161. – [7] A. SCHOPENHAUER, Werke, hg. GRISEBACH 3, 220. – [8] FR.

NIETZSCHE, Jenseits von Gut und Böse, Nr. 191. – [9] Aus dem Nachlaß der Achtzigerjahre, Werke hg. SCHLECHTA 3 (⁵1966) 726. – [10] H. BERGSON: Denken und schöpferisches Werden (dtsch. 1948) 96. – [11] a. a. O. 102. – [12] M. SCHELER: Mensch und Gesch. (1926), jetzt in: Philos. Weltanschauung (1954) 72-77. – [13] a. a. O. [1] 205. – [14] 218. – [15] M. HEIDEGGER: Sein und Zeit (⁶1949) 67. – [16] a. a. O. 71.

Literaturhinweis. M. SCHELER s. Anm. [12] 62-68.   CH. GRAWE

Homo insciens oder **insipiens** (der unwissende Mensch) wird als Gegenbegriff zu homo sapiens bei ORTEGA Y GASSET zur Bestimmung des Menschen: «Der Mensch [ist] zum Unterschied von den übrigen Wesen des Universums niemals mit Sicherheit Mensch; Mensch sein bedeutet vielmehr gerade, immer im Begriff sein, es nicht zu sein, ein lebendes Problem, ein absolutes und gefahrvolles Abenteuer ... Die Verfassung des Menschen ist also ihrem Wesen nach Ungewißheit» [1].

Anmerkung. [1] J. ORTEGA Y GASSET: Der Mensch und die Leute (dtsch. 1957) 39f.   CH. GRAWE

Homo loquax (der Mensch als Schwätzer). Mit dem Begriff charakterisiert H. BERGSON [1] den Typ, der nicht wie der homo sapiens die Welt denkend erfaßt oder wie der homo faber schafft: «Der einzige, der uns unsympathisch ist, ist der H.l., dessen Denken, wenn er denkt, nur eine Reflexion über seine Worte ist» [2].

Anmerkungen. [1] H. BERGSON: La pensée et le mouvant (Paris 1943); dtsch. Denken und schöpferische Bewegung (1948). – [2] a. a. O. 103.   CH. GRAWE

Homo ludens (der spielende Mensch) wurde durch J. HUIZINGAS gleichnamiges Buch [1] als Begriff eingeführt. Huizinga betrachtet «die Kultur sub specie ludi»; Spiel sei «Grundlage und ... Faktor der Kultur» [2]. Auch Tiere spielen im Jugendstadium, aber das höhere Spielverhalten komme nur dem Menschen zu. Kultur entstehe «in Form von Spiel» [3] und entfalte sich «in Spiel und als Spiel» [4]. Philosophie, Kunst, Recht, Wissenschaft, Politik und Sitte vollziehen sich in agonalen, zeremoniellen oder rituellen Formen, in denen Spielelemente leben, die mit zunehmendem Alter zu festen Bestandteilen von Kultur werden. Schon vor Huizinga hat L. FROBENIUS «im ‹Seine Rolle›-Spielen» den «Quell aller Kultur» gesehen [5].

Anmerkungen. [1] J. HUIZINGA: H.l. (dtsch. ⁵1956); vgl. zur Etymol. des Spielbegriffs in den verschiedenen Sprachen a. a. O. 34-46. – [2] 12f. – [3] 51. – [4] 167. – [5] L. FROBENIUS: Kulturgesch. Afrikas (1933) 6.-12. Abschn. und S. 24.   CH. GRAWE

Homo-mensura-Satz (Mensch-Maß-Satz). PROTAGORAS' Satz: Πάντων χρημάτων μέτρον ἔστιν ἄνθρωπος, τῶν μὲν ὄντων ὡς ἔστιν τῶν οὐχ ὄντων ὡς οὐχ ἔστιν (Der Mensch ist das Maß aller Dinge, der seienden, daß sie sind, der nicht seienden, daß sie nicht sind) [1] bildete nach PLATON [2] den Anfang seines Buches ‹Von der Wahrheit›. Für ihn werden Einflüsse geltend gemacht von Heraklits relativistischen Ansätzen [3], von PARMENIDES' Lehre der trügerischen Erscheinungswelt – hinter der Protagoras das unbewegte eine Sein eliminiert [4] – und von DEMOKRITS und LEUKIPPS Atomlehre [5]. HOBBES nimmt ihn für seine sensualistische Erkenntnistheorie beinahe wörtlich wieder auf [6]. Von der älteren Philosophiegeschichtsschreibung wird der H.-m.-S. abgelehnt, weil er angeblich nur der sophistischen Rhetorik, mit Worten einen schönen Schein zu erzeugen, das theoretische Gerüst bietet und die Vernunft als menschlichen Wesenskern leugnet [7]. Der Positivismus im 19. Jh. [8], der Pragmatismus und die philosophische Anthropologie im 20. Jh. schätzen ihn höher.

Der H.-m.-S. beinhaltet ein sensualistisches Element, insofern darin die Empfindung als einzige Erkenntnisquelle gesetzt wird; ein subjektivistisches Element, insofern nach ihm die Welt für den Menschen nicht ist, sondern seinen seelischen Zuständen gemäß erscheint; ein skeptizistisches Element, insofern absolute Wahrheit dem Menschen nicht erreichbar ist. Die Interpretation des H.-m.-S. ist seit 100 Jahren umstritten [9]. Ein Teil der Forscher [10] bezieht ihn auf das Individuum: «‹Der Mensch› [bedeutete] nicht etwa den Menschen überhaupt, sondern, wenn anders wir Platons ‹Theaitet› (152 a) wie auch späterer Berichterstattung Glauben schenken dürfen, ... das einzelne Individuum mit seinen wechselnden Vorstellungen und Empfindungen. Jede Vorstellung besitzt relative Wahrheit, nämlich für den Wahrnehmenden unter den Bedingungen seines jedesmaligen Wahrnehmens ... Man kann von dem nämlichen Dinge zwei einander entgegengesetzte und dennoch gleich berechtigte Ansichten haben» [11]. Bezieht man die Aussage jedoch nicht auf das Individuum, sondern auf die Menschheit [12], dann gibt der H.-m.-S. einem Hominismus Ausdruck, nach dem die Welt für den Menschen grundsätzlich eine menschliche Welt ist. In diesem Sinne hat F. C. S. SCHILLER Protagoras als «the earliest Pragmatist» [13] in Anspruch genommen: «Relativity is nothing new, because it is embraced in the great principle of Protagoras, from whom Humanism also may trace its descent» [14]. Daß PLATON diese hoministische Implikation verkennt, geht aus ‹Theaitet› (161 c) hervor. Eine Verbindung beider Standpunkte bietet K. v. FRITZ [15]: Protagoras meint die Menschheit, exemplifiziert seine These aber am Individuum, für das der Erweis objektiver Gegebenheit sinnlos ist, wenn es subjektiv anders empfindet. Eine weitere – kulturrelativistische – Deutung, für die sich Anhaltspunkte ebenfalls aus PLATONS ‹Theaitet› [16] entnehmen lassen, ergibt sich von der modernen Kulturanthropologie aus: Weder das Individuum noch der Mensch in genere stellen das Maß dar: «[Die Polis] ist der Maßstab und die Quelle der rechtlich-sittlichen Normen. Was allgemein als wahr erscheint, das *ist* wahr, sobald und solange es so erscheint. Was der Staat für gerecht hält, das ist es auch für jeden einzelnen, der dem Staat angehört» [17].

Anmerkungen. [1] PROTAGORAS, VS 80 B 1. – [2] PLATON, Theait. 161 c. – [3] Schon PLATON, a. a. O. 179 d ff.; ARISTOTELES, Met. 1062 b 12-1063 b 35; ED. ZELLER: Philos. der Griechen 1/1 (¹⁹¹⁹/²⁰) 1364; K. VORLÄNDER: Gesch. der Philos. 1 (⁸1939) 70. – [4] M. LANDMANN: De homine (1962) 35. – [5] ÜBERWEG/PRAECHTER, 1 (¹²1926) 116; V. BROCHARD: Protagoras et Démocrite. Arch. Gesch. Philos. 2 (1889) 368-378; K. v. FRITZ: Art. ‹Protagoras›. RE 23, 911; ZELLER, a. a. O. [3] 1/1, 1364. – [6] TH. HOBBES, Leviathan (1651) I, 2. – [7] Etwa W. G. TENNEMANN: Gesch. der Philos. 1 (1789) 357f. 382ff.; H. RITTER: Gesch. der Philos. 1 (1829) 588ff. – [8] Vgl. E. LAAS: Idealismus und Positivismus 1 (1879) 179-189; 188: Protagoras als «Vater» des Positivismus. – [9] Zur Diskussion vgl. ZELLER, a. a. O. [3] 1/1, 1349ff. – [10] Vgl. W. CAPELLE: Die Vorsokratiker (⁵1958) 327 mit weiteren Belegen. – [11] VORLÄNDER, a. a. O. [3] 69. – [12] TH. GOMPERZ: Griech. Denker 1 (³1912) 362f. – [13] F. C. S. SCHILLER: Must philosophers disagree? and other essays in popular philos. (Oxford 1934) 34. – [14] a. a. O. 221. – [15] v. FRITZ, a. a. O. [5] 914ff.; vor ihm schon E. KAPP, Gnomon 12 (1936) 70ff. – [16] PLATON, Theait. 168 b. 172 a. 177 d. – [17] LANDMANN, a. a. O. [4] 34.

Literaturhinweise. P. A. NEUMANN: Die Problematik des H.-m.-S. Class. Philology 33 (1938) 368-379. – A. LEVI: Studies on Protagoras. The Man-Measure-Principle, its meanings and applications. Philosophy 15 (1940) 147-167.   CH. GRAWE

Homo natura (der Mensch als Natur) ist ein Terminus Fr. Nietzsches. Dieser möchte «den Menschen zurückübersetzen in die Natur», um seinen «ewigen Grundtext» [1] zu erkennen. «Der Mensch in der Natur» offenbart sich als «das schwächste, klügste Wesen sich zum Herrn machend, die dümmeren Gewalten sich unterjochend». Daher kann Nietzsche schlagwortartig schreiben: «H.n. Der Wille zur Macht» [2]

Mit Blick auch auf Nietzsche benutzt L. Binswanger den Begriff ‹H.n.›, um «Freuds Auffassung des Menschen im Lichte der Anthropologie» [3] am Leitfaden der «Idee des H.n.» darzustellen. Es handelt sich dabei aber «nicht um einen wirklichen Menschen, sondern um eine Idee, nicht um einen realen Anfang, sondern um ein Erfordernis biologisch-wissenschaftlicher Reflexion und Reduktion» [4]. Der H.n. ist «eine wissenschaftliche *Konstruktion*», «die nur möglich ist auf dem Boden einer *Destruktion* der Gesamterfahrung des Menschen vom Menschen» [5]. So muß deshalb die «naturwissenschaftliche Idee des H.n. den Menschen als ein in den mannigfachsten Bedeutungsrichtungen lebendes und nur aus ihnen zu verstehendes Sein destruieren und so lange ... bearbeiten, bis nur noch das ... Reproduktionsprodukt der ‹tabula rasa› übrig bleibt, auf der alles ausgelöscht ist, was den Menschen gerade zum Menschen und nicht nur zu einer animalischen Kreatur macht ... Erst wenn man den Menschen ‹wie er leibt und lebt› derart *destruiert* hat, kann man damit beginnen, ihn nach einem bestimmten Prinzip oder einer bestimmten Idee zu *konstruieren*, sei es, wie Nietzsche, mit dem Prinzip des Willens zur Macht ..., sei es, wie Freud, mit dem Lustprinzip als einer Möglichkeit der Lebenserhaltung und Lebenssteigerung» [6].

Anmerkungen. [1] Fr. Nietzsche, Jenseits von Gut und Böse Nr. 230. — [2] Aus dem Nachlaß der Achtzigerjahre. Werke, hg. Schlechta (³1966) 491. — [3] L. Binswanger: Freuds Auffassung des Menschen im Lichte der Anthropol., in: Ausgewählte Vorträge und Aufsätze (²1961) 159ff. — [4] a. a. O. 163. — [5] 176. — [6] 184.
Ch. Grawe

Homo pictor. Mit ‹H.p.› (der Mensch als Bildschöpfer) bezeichnet H. Jonas [1] die differentia specifica des Menschen gegenüber dem Tier, in der sich die «metaphysische Kluft» [2] zwischen beiden kundtut, weil in der Fähigkeit, ein Bild zu schaffen und es als Abbild, nicht als die Sache selbst, zu erkennen, homo sapiens und homo faber auf ihre gemeinsame Wurzel zurückbezogen sind. In der Bildwahrnehmung ist «die Anwesenheit des Eidos ... unabhängig gemacht von der des Dinges» [3], was ihre Trennung und damit die Kraft zu abstrahieren und zu symbolisieren einschließt. Da das Original das Muster des Abbilds liefert, liegt im Bildschaffen zugleich die Urform des theoretischen Wahrheitssuchens. Weicht der Bildner vom Original bewußt ab, dann beweist er darin seine Freiheit, neue Dinge zu schaffen. Zu dieser Herrschaft über das Eidos gesellt sich in der Nachbildung die Herrschaft über die Motilität.

Hinweise auf die spezifisch menschliche Fähigkeit, Abbilder als solche zu erkennen, finden sich schon bei F. J. J. Buytendijk [4], H. Plessner [5] und L. Klages [6].

Anmerkungen. [1] H. Jonas: H.p. und die Differentia des Menschen. Z. philos. Forsch. 15 (1961) 161-176. — [2] a. a. O. 176. — [3] 172. — [4] F. J. J. Buytendijk: Mensch und Tier (1958) 68ff. — [5] H. Plessner: Diesseits der Utopie [Slg. früherer Arbeiten] (1966) 173ff. 183ff. — [6] L. Klages: Der Geist als Widersacher der Seele (⁴1960) Kap. 34f. u. ö.
Ch. Grawe

Homo sapiens (der wissende Mensch). Die H.-s.-Theorie ist der Sache nach eine Schöpfung des griechischen Geistes. Der erkennende Logos als Unterscheidungsmerkmal von den Tieren, mit denen der Mensch die sinnliche Wahrnehmung teilt, erscheint philosophisch ausgeprägt zuerst bei Alkmaion [1] und Heraklit [2], ist aber älter [3]. Das Wort ‹sapiens› wandelt seine Bedeutung schon in der römischen Antike von ‹schmeckend› zu ‹wissend› [4] und wird als differentia specifica mit dem Menschen verbunden [5]. Als Linné 1760 den Ausdruck ‹H.s› als Gattungsbegriff für den Menschen einführt, ordnet er diesen nicht nur erstmals als höchstentwickeltes Lebewesen in das Tierreich ein, sondern gibt zugleich der in der abendländischen Denkgeschichte traditionell vorherrschenden Vernunftanthropologie das Kennwort: «Sapientia ... summum est attributum hominis sapientis» [6]. Erst im 20. Jh., als die Bestimmung des Menschen als Vernunftwesen anthropologisch als ein historischer Typus neben anderen erfaßt wird, die sich zum Teil in parallelen Wortbildungen niedergeschlagen haben (homo faber), wird der Terminus durch Scheler [7] *philosophisch* geläufig. — Als parallele Bezeichnung begegnet seit der Antike ‹animal rationale›. Sie taucht dem Sinn nach bei Cicero auf: «Homo autem, quod rationis est particeps, per quam consequentia cernit ...» [8]. Das christliche Mittelalter behält diesen Begriff bei, maßgeblich im Werk Thomas von Aquins [9]. Für Kant ist der Mensch als «animal rationabile» berufen, sich selbst zum «animal rationale» zu läutern [10].

Nach der H.-s.-These ist der Mensch ausgezeichnet durch Theorie und Selbstbewußtsein, aus denen häufig seine Freiheit und seine Individualität abgeleitet werden: «Wenn es aber wahr ist (und es wird wohl wahr sein), daß der Mensch sich durchs Denken vom Tier unterscheide, so ist alles Menschliche dadurch und allein dadurch menschlich, daß es vom Denken bewirkt wird» [11]. «Wie nicht das Tier, sondern nur der Mensch denkt, so hat auch nur er und nur, weil er denkend ist, Freiheit» [12]. Sofern die leibliche Existenz dem Bewußtsein in seiner Immanenz als wesensfremd gegenübergestellt wird, «involviert die Vernunftanthropologie einen anthropologischen Dualismus» [13] und spiegelt als Teilstück einer dualistischen Metaphysik den Gegensatz von Geist und Materie. So tritt der Mensch als gespaltenes Wesen mit einer tierisch-leibhaften und einer aus höheren Sphären stammenden vernunfthaften Hälfte auf.

Die H.-s.-Definition durchzieht die gesamte Denkgeschichte bis zur topischen Entleerung [14]. «Ganz zentral wichtig ist es, einzusehen, daß diese Lehre vom ‹H.s.› den gefährlichsten Charakter angenommen hat, den eine Idee überhaupt annehmen kann: Selbstverständlichkeitscharakter» [15]. Ihn zu revidieren und die darin liegende Verengung des Menschenbildes zu überwinden, ist seit dem Triumph der Vernunftanthropologie im deutschen Idealismus zum philosophischen Programm geworden. Auf die vielfältigen leiblich-seelischen Bedingtheiten der Vernunft weisen Schopenhauer, Marx, Nietzsche und Freud hin. Portmann hebt hervor, wie stark schon das Leibliche des Menschen auf die Lebensfunktionen der Vernunft abgestimmt ist. Für den *Pragmatismus* erwächst die Vernunft aus dem Leben und bezieht ihren Wert aus ihrer praktischen Lebensdienlichkeit. Neben der Fähigkeit zu Abstraktion und Begriffsbildung treten das Schöpferische und das Lernvermögen der Vernunft hervor. Durch sie wirkt sie lebensgestaltend. Sie ist dasjenige Führungsorgan, das bei den Tieren der Instinkt darstellt, und hat weltaufschließende Funktion für den Menschen.

Anmerkungen. [1] ALKMAION, Frg. 1 a. – [2] HERAKLIT, Frg. 2. 72. 113. 116. – [3] Vgl. ÄSOP, Fabel 57, hg. CHAMBRY. – [4] Vgl. dazu G. LUCK: Zur Gesch. des Begriffs ‹sapientia›. Arch. Begriffsgesch. 9 (1964) 203-215; H. HOMEYER: Zur Bedeutungsgesch. von ‹sapientia›. Antiquité class. 15 (1956) 301ff. – [5] ACCIUS, Brutus-Frg.; LACTANZ, Inst. 7, 4, 13. – [6] C. VON LINNÉ: Systema naturae (^{10}1760) 7. – [7] M. SCHELER: Mensch und Gesch. (1926); Die Wissensformen und die Ges. (1926). – [8] CICERO, De off. I, 4; De nat. deorum II, 34. – [9] THOMAS VON AQUIN, S. Theol. II/II, 34, 5; S. contra gent. II, 95; III, 39; De pot. VIII, 4, ob. 5; vgl. schon CHALCIDIUS, Commentarius 28: «animal rationale bipes». – [10] KANT, Anthropol. II, E. Akad.-A. 7, 321. – [11] HEGEL, Enzyklop. § 2. – [12] Philos. der Gesch. Einl. III, c. – [13] M. LANDMANN: Philos. Anthropol. (1955) 113. – [14] In alten philos. Lex. findet sie sich ganz selbstverständlich, z. B. J. G. WALCH: Philos. Lex. (^{2}1733) 1780: Art. ‹Mensch›; J. H. ZEDLER: Großes vollständiges Universallex. aller Wiss. und Künste 20 (1739) 726: Art. ‹Mensch›. – [15] M. SCHELER: Mensch und Gesch. (1926), jetzt in: Philos. Weltanschauung (1954) 70.

Literaturhinweise. A. AALL: Der Logos, Gesch. seiner Entwicklung in der griech. Philos. 1. 2 (1896–1899). – H. DREYER: Der Begriff Geist in der dtsch. Philos. von Kant bis Hegel (1908). M. SCHELER s. Anm. [15] 62-88. – M. LANDMANN s. Anm. [13] 105-154: ‹Der Mensch als Geistwesen I›. CH. GRAWE

Homo viator (der Mensch als Pilger) ist ein Buchtitel G. MARCELS [1]. Für diesen kennzeichnet den Menschen ein existentieller «Aufwärtsdrang» [2] zu Gott. Auf ihn verweisen Hoffnung, Liebe und Treue, diejenigen Medien, in denen der Mensch die Ergänzungsbedürftigkeit seines Daseins erfährt. «Leben im vollen Sinne des Wortes heißt ... sich geben» [3]. «Von dem Augenblick an, wo es der Mensch unternimmt, sich selbst als ein Absolutes zu setzen, das heißt gerade sich von jeder Beziehung, von jeder Bezugnahme auf einen anderen als er selbst freizumachen, muß er sich letzten Endes zerstören ...» [4]. Dann wird das zeitliche Dasein zum Gefängnis; Verzweiflung erwächst.

Anmerkungen. [1] G. MARCEL: H.v. (dtsch. 1949); Terminus vom Autor später wieder aufgenommen in seinem Vorwort zu: H.v., Modernes christl. Theater (1962). – [2] Die Menschenwürde und ihr existentieller Grund (dtsch. 1965) 111. – [3] a. a. O. [1] 175. – [4] Der Mensch als Problem (dtsch. 1956) 69. CH. GRAWE

Homoiomerien (griech. ὁμοιομέρειαι aus ὅμοιος, gleichartig, und μέρος, Teil). ANAXAGORAS nahm an, daß die Körper aus qualitativ verschiedenen kleinsten Teilchen bestehen, die er σπέρματα πάντων χρημάτων (Samen aller Dinge) nannte [1]. Die gleichartigen Teilchen sondern sich durch die Einwirkung des Geistes (νοῦς) aus der Urmischung ab und vereinigen sich zu relativ einheitlichen Stoffen, die sich dann zu zusammengesetzten Körpern zusammenfügen [2]. Diese nach Anaxagoras aus gleichartigen Teilchen bestehenden Dinge (z. B. Knochen, Gold) nennt ARISTOTELES ὁμοιομερῆ [3]; nach ihm stimmt diese Lehre mit der des Empedokles insofern überein, als beide davon ausgehen, daß die zusammengesetzten Dinge durch Verflechtung (σύνκρισις) und Entflechtung (διάκρισις) aus jenen gleichartigen und von ihrer Natur her einigen Teilen entstehen, die Aristoteles auch «einfache Körper» nennt. Im Unterschied zu Empedokles, der nur von vier Elementen spreche, nehme Anaxagoras deren unendlich viele an. Schließlich bezeichnet Aristoteles auch jene kleinsten *Teilchen* selbst als ὁμοιομερῆ [4]. Bei späteren Autoren heißen sie ὁμοιομέρειαι [5], während LUKREZ wieder die aus solchen gleichartigen Teilchen bestehenden *Dinge* ‹homoeomeriae› nennt [6].

Anmerkungen. [1] ANAXAGORAS bei SIMPL. PHYS. 34, 28 = VS B 4. – [2] a. a. O. 155, 23 = B 1; 164, 25 = B 6; 164, 24 und 156, 13 = B 12. – [3] ARISTOTELES, De gen. et corr. I, 1, 314 a 18ff.; Met. I, 3, 984 a 14. – [4] De cael. III, 3, 302 b 2f. – [5] z. B. DIOGENES LAERT. II, 8. – [6] LUKREZ, De rer. nat. I, 830ff.

Literaturhinweise. UEBERWEG/PRAECHTER (^{12}1926) 97-103. – W. JAEGER: Die Theol. der frühen griech. Denker (1953) 181ff.
A. LUMPE

Homologie (griech. ὁμολογία)

I. Als Fachausdruck der vergleichenden *Anatomie und Morphologie* bezeichnet ‹H.› die Identität von Strukturen bei verschiedenen Organismen (z. B. Leber bei Huhn und Katze, von Stirnbein (Frontale) bei Eidechse und Mensch). Nur bestimmte Ähnlichkeiten werden ‹homolog› genannt, andere ‹analog›. Zur Erkenntnis der H. wendet man folgende Hauptkriterien an:
1. Homolog sind Strukturen, die in einem gleichartigen Gefügesystem (Typus) den gleichen Platz einnehmen.
2. Ähnliche Strukturen können auch ohne Rücksicht auf gleiche Lage homologisiert werden, wenn sie in zahlreichen Sondermerkmalen übereinstimmen. (Der Paläontologe homologisiert auf diesem Wege Gebilde, z. B. Knochen und Zähne, die nicht mehr im Gefügesystem des Organismus sind, sondern als isolierte Teile gefunden wurden). 3. Selbst unähnliche und verschiedengelagerte Strukturen sind homolog, wenn Zwischenformen nachweisbar sind, so daß benachbarte Formen die unter 1. und 2. genannten Bedingungen erfüllen: Die Zwischenformen können in der Entwicklung (Ontogenie) auftreten oder durch Bildung von Formenreihen aus rezenten oder fossilen Organismen aufgebaut werden. Noch weitere Hilfskriterien ermöglichen es, in zahlreichen Fällen H. klar zu erkennen; nur wo große Organisationslücken ohne Zwischenformen bestehen, bleibt die Homologisierung ähnlicher Strukturen zweifelhaft.

Homologe Ähnlichkeit ist Ausdruck phylogenetischer Verwandtschaft, echte H. beruhen auf genetischer Kontinuität von einer gemeinsamen Stammart. Das gilt nicht für Strukturen, die am gleichen Körper in größerer Zahl auftreten und deren Ähnlichkeit gleichfalls oft als homolog bezeichnet wird (z. B. Federn eines Vogels, die verschiedenen Wirbel innerhalb einer Wirbelsäule oder die verschiedenen Blätter einer Pflanze). Hier beruht die Ähnlichkeit auf gleichartigen entwicklungsphysiologischen Prozessen innerhalb des Körpers. Da ihre Entstehung anders ist, ist für diese Fälle besser die Bezeichnung ‹homonom› anzuwenden.

Der Terminus ‹H.› wurde von R. OWEN 1848 geprägt [1]. GOETHE bezeichnete vorher solche Strukturen als ‹identisch› oder ‹analog›.

Anmerkung. [1] R. OWEN: On the archetype and homologies of the vertebrate skeleton (London 1848). A. REMANE

II. Der H.-Begriff ist von J. TRIER 1939 – zunächst mit nicht ganz stimmigem Anschluß an den Feldgedanken – in die *Sprachwissenschaft* eingeführt [1] und 1957 unter dem Stichwort ‹Partnerschaft› [2] mit Bezugnahme auf die Leitidee von Goethes vergleichender Osteologie [3] vor allem an Übertragungen aus dem Bereich der Ausschlagswirtschaft (Wörtern für Wurzelstock und Schößlinge zur Bezeichnung von Mutter und Kind, Kinn und Bart usw.) als heuristischer Richtpunkt etymologischer Forschung [4] erläutert worden. Demnach hat man die sprachliche H. als Sonderform der Analogie der Metapher aufzufassen. Ihre Eigenart erweist sie darin, daß bei ihr anstelle bloßer Form- oder Funktionsähnlichkeit einprägsame und im Wortinhalt stillschweigend mitgesetzte Entsprechungen in Sitz und Lage der Teile eines Ganzen, also deren «connexion» (GEOFFROY SAINT HILAIRE) oder «Partnerschaft», den Angelpunkt des Vergleichs abgeben, wie z. B. in der Rede von den «Schenkeln» eines Winkels, den «Armen» eines Flusses der «Rinde» des Brotes oder dem «Mantel» und «Kern» eines Geschosses. Übereinstimmung im Aussehen (z. B. die Rissigkeit der Rinde bei Baum und Brot), der Funktion (vgl. Schloß und Schlüssel in Metaphern) oder in Eigentümlichkeiten der Betriebsart (z. B. vermehrter Wiederwuchs nach dem Schnitt bei Schößlingen wie beim Barthaar) können mit der H. einhergehn und so den Vergleich weiter abstützen.

Anmerkungen. [1] J. TRIER: Giebel. Z. dtsch. Altertum 76 (1939) 13-44; First, in: Nachr. Ges. Wiss. Göttingen, philos.-hist. Kl. 4, NF 3 (1940) 55-137. – [2] Festschr. G. Müller zum 65. Geburtstag (1957) 307-314). – [3] J. W. GOETHE, Die Schr. zur Naturwiss. 9: Morphol. Hefte, bearb. D. KUHN (Weimar 1954) 138ff. – [4] Vgl. H. SCHWARZ, Forsch. u. Fortschritte 38 (1964) 382f.; GIPPER/SCHWARZ: Bibliogr. Hb. zur Sprachinhaltsforsch. unter Nr. 12366 (zu KROGMANN) und 12313 (zu KOENIG).

H. SCHWARZ

Homonym (griech. ὁμώνυμος, gleichnamig, gleichlautend; lat. aequivocus; frz. équivoque; neuerdings auch: *homophon, homograph*).

I. Das Wort ὁμώνυμος (gebildet aus ὁμός und ὄνομα) findet sich erstmals in HOMERS ‹Ilias›: Dort dient es zur gemeinsamen Bezeichnung der zwei Helden, die den gleichen Namen ‹Aiax› tragen (Sohn Telamons und Sohn des Oileus) [1]. Nach Homer, z. B. bei AESCHYLOS, PINDAR und HERODOT, ist ὁ. (mit Dativ oder Genetiv konstruiert) eine häufige Bezeichnung von verschiedenen Personen oder Gegenständen gleichen Namens [2].

Als erster scheint DEMOKRIT über den Begriff des H., dessen Sinn dem homerischen Wortgebrauch entspricht, im Rahmen seiner Sprachphilosophie reflektiert zu haben; der von ihm dafür verwendete Terminus ist allerdings πολύσημον [3].

PLATON verwendet zwar ὁ. oft noch in der überkommenen, vorphilosophischen Bedeutung [4], doch braucht er es – besonders in den Spätdialogen – auch dazu, den Widerspruch zwischen der sprachlich-lautlichen Identität der Benennung und der seinsmäßigen Verschiedenheit der benannten Dinge zum Ausdruck zu bringen. Gemäß dieser neuen Funktion des Wortes insbesondere die Idee und die an ihr partizipierenden Einzeldinge wie überhaupt alles, was in der Urbild-Abbild-Relation steht, ὁ. genannt [5]. Auch weist Platon, die Sprachkritik der Sophistik, besonders des Prodikos fortsetzend, beim Versuch eindeutiger Begriffsdefinitionen als erster ausdrücklich auf die Gefahr hin, die in der Mehrdeutigkeit (ὁμοιότης) homonymer Termini liegt, ohne allerdings den Begriff ὁ. zu verwenden [6].

Platon dehnt den Inhalt von ‹homonym› in einer weiteren Hinsicht aus: Nicht nur heterogene *Dinge*, sondern auch ihre *Benennung* (κλῆσις) lassen sich als ‹homonym› (gleichlautend) bezeichnen [7].

Nach dem Zeugnis des Boethos bei Simplikios hat SPEUSIPP, Platons Nachfolger in der Leitung der Akademie, als erster – wohl in Anknüpfung an spätplatonische Gedankengänge über die Begriffe des Selben (ταὐτόν) und des Verschiedenen (ἕτερον) – die sprachlichen Bezeichnungen der Dinge (ὀνόματα) auf ihre semantischen Funktionen hin systematisch untersucht. Dabei hat er folgendes Schema aufgestellt: Zwei oder mehrere Wörter haben entweder die gleiche oder eine je verschiedene lautliche Zusammensetzung. Die gleichlautenden (ταυτώνυμα) zerfallen wiederum in synonyme (συνώνυμα) und homonyme (ὁμώνυμα): ‹Homonym› ist *ein Wort*, das im Hinblick auf mehrere, je verschiedene Dinge in je verschiedener Bedeutung gebraucht wird [8].

Bei ARISTOTELES gewinnt ὁ. eine besonders für die Logik wichtige Funktion; auch verwendet er das Wort und die von ihm abgeleiteten Wortformen ὁμωνύμως, ὁμωνυμία ungleich häufiger als seine Vorgänger. Er gebraucht ὁ. einerseits in seiner usuellen und in der von Platon eingeführten Bedeutung [9], anderseits aber in einem neuen, besonderen Sinne: ‹Homonym› heißen zwei oder mehr *Dinge*, die zwar durch ein und dasselbe sprachliche Zeichen, Wort (ὄνομα), benannt werden, deren Wesensbegriff (λόγος τῆς οὐσίας) aber ein je verschiedener ist (z. B. lassen sich sowohl der lebende Mensch [ἄνθρωπος] wie auch eine bildliche Darstellung [τὸ γεγραμμένον] als ‹Lebewesen› [ζῷον] bezeichnen; sie sind aber in wesens- und definitionsmäßig je verschiedenem Sinne Lebewesen; Mensch und Bildnis werden also hinsichtlich des Wortes ‹Lebewesen› [ζῷον] ‹homonym› genannt [10]). Gleiche *Wörter* mit je verschiedener semantischer Funktion (Homonyma im Sinne Speusipps) nennt Aristoteles sehr oft «in vielfachem Sinn Ausgesagte» (πολλαχῶς λεγόμενα) [11].

Bei Aristoteles lassen sich das erste Mal in der Geschichte des Begriffes verschiedene Arten der Homonymie feststellen: Es gibt 1. ὁμώνυμα im Sinne der Definition in der Kategorienschrift [12], Dinge, die trotz ihrer gemeinsamen sprachlichen Bezeichnung seinsmäßig voneinander vollständig verschieden sind. Aristoteles nennt sie an einer Stelle der ‹Nikomachischen Ethik› ἀπὸ τύχης (zufällige) ὁμώνυμα [13]. Daneben gibt es 2. gleichbenannte Dinge oder Begriffe, welche voneinander seinsmäßig nicht vollkommen verschieden sind. Aristoteles betrachtet sie als eine uneigentliche Art der Homonymie [14] und bezeichnet sie oft als die im eigentlichen Sinne πολλαχῶς λεγόμενα [15]. Als wichtigste Unterarten dieser Art von Homonymie lassen sich etwa betrachten: a) die metaphorischen (μεταφορά) Ausdrücke [16], b) Begriffe, welche durch eine Proportionsgleichheit (κατ' ἀναλογίαν) bedeutungsmäßig miteinander verbunden sind [17], c) bedeutungsverwandte Termini mit einer Primärbedeutung, auf die alle anderen Bedeutungen bezogen sind (πρὸς ἕν) [18].

Auch ist Aristoteles der erste, der die Frage nach der Analogie des Seins – allerdings noch nicht im Sinne der scholastischen Philosophie – berührt: Sowohl die Substanzen (οὐσίαι) wie auch die anderen Kategorien werden ‹seiend› (ὄν) genannt; aber der Begriff des Seins wird von ihnen weder synonym noch im Sinne purer Homonymie ausgesagt; vielmehr werden alle Kategorien ‹seiend› genannt, weil sie – als Qualität, als Quantität usw. – nur eine nähere Bestimmung der eigentlich seienden Substanz darstellen. Das Sein wird also im Sinne der πρὸς ἕν-Beziehung (im Hinblick auf die Substanz also) von allem, was ist, ausgesagt [19].

Aristoteles zeigt – meist in Werken logischen Inhalts – die Möglichkeit von Fehldefinitionen und Fehlschlüssen auf, welche durch die versteckte Vieldeutigkeit einer Bezeichnung gegeben ist [20].

Nach Aristoteles lebt das Wort ὁ. einerseits in der alten, vorphilosophischen Bedeutung weiter [21], anderseits wird es zu einem festen Bestandteil der Fachsprache der Aristoteles-Kommentatoren [22] und aller Denker, die terminologisch von Aristoteles in irgendeiner Hinsicht beeinflußt sind [23]. Zwar wird bei diesen Philosophen die Bedeutung des Begriffes teilweise ausführlicher als bei Aristoteles selbst erörtert, aber die in der Kategorienschrift [24] festgelegte Bedeutung des Wortes bleibt im wesentlichen dieselbe.

Der Terminus erfüllt bei den Rhetoren der späteren Zeit eine nicht unbedeutende Funktion. Oft tritt bei ihnen die Mehrdeutigkeit gewisser Ausdrücke, die durch Homonymie bedingt ist, als ein Stilfehler auf, der die Klarheit der Rede beeinträchtigt [25].

Das Wort ὅ. erscheint im Lateinischen als ‹aequivocus› wohl erstmals bei AUGUSTIN [26] und – ungefähr gleichzeitig – beim spätantiken Redelehrer MARTIANUS CAPELLA [27]; in prägnant-philosophischer Bedeutung bei BOETHIUS [28]. Seit Boethius – und besonders in der Scholastik – ist ὅ. (auch in seiner latinisierten Form ‹homonymus›) durch ‹aequivocus› fast ganz verdrängt; erst seit dem Ausgang des Mittelalters etwa wird im deutschen Sprachbereich ‹homonym› wieder gebräuchlich, während ‹aequivocus› in romanischen Sprachen (frz. ‹équivoque› neben ‹homonyme›, ital. ‹equivoco› neben ‹omonimo›) weiterexistieret.

Anmerkungen. [1] HOMER, Ilias XVII, 720. – [2] AESCHYLOS, Septem contra Thebas 984; PINDAR, Isthmia VI, 24; HERODOT, III, 67, 2. – [3] DEMOKRIT bei PROCLOS, In Crat. I, 6, S. 5, 25f. = VS 68 B 26. – [4] PLATON, Prot. 311 b 5; Resp. I, 330 b 3. – [5] Parm. 133 d 3; Soph. 234 b 7. – [6] Soph. 231 a 6f. – [7] Polit. 258 a 1. – [8] SIMPLICIUS, In Arist. Cat. 1 a 12, S. 38, 11f. – [9] ARISTOTELES, Met. VII, 10, 1035 b 1f.; Phys. VII, 3, 245 b 16. – [10] Cat. 1, 1 a 1f. – [11] Eth. Nic. V, 1, 1129 a 26f.; Top. I, 15, 106 a 9f. – [12] Cat. 1, 1 a 1f. – [13] Eth. Nic. I, 4, 1096 b 26. – [14] Phys. VII, 4, 249 a 23f.; vgl. SIMPL. ad loc.; Eth. Eud. VII, 2, 1236 a 17; vgl. Met. VII, 4, 1030 b 3. – [15] Met. IV, 1, 1003 b 5f.; Top. II, 3, 110 b 16. – [16] Top. IV, 3, 123 a 27f.; VI, 4, 140 a 8f. – [17] De gen. anim. I, 1, 715 b 20; Phys. 249 a 23f.; Eth. Nic. I, 4, 1096 b 26. – [18] Met. VII, 4, 1030 b 3; IV, 2, 1003 a 33f. – [19] Met. IV, 2, 1003 b 33f.; 1003 b 5f.; XI, 3, 1060 b 32f. – [20] Top. VI, 2, 139 a 19f.; Anal. post. II, 13, 97 b 29f.; Top. VI, 10, 148 a 37f. – [21] CRINAGORAS, Anth. Pal. 7, 628, 2; ATHENAIOS, DEIPNOSOPHISTAI 11, 491 c; PHILON, De confusione linguarum II, 252, 18. – [22] PORPHYRIUS, In Arist. Cat. Prooem. f.; AMMONIUS, In Arist. Cat. 1, 1 a 1f. – [23] PHILON, De plantatione II, 163, 12f. – [24] ARIST., Cat. 1, 1 a 1f. – [25] PRISCIANUS, Inst. grammaticae I, 38, 23f.; FRONTO, De differentiis S. 2197; QUINTILIAN, Inst. orat. 7, 9, 2; 8, 2, 13. – [26] AUGUSTIN, Principia dialecticae c. 9. – [27] MART. CAPELLA, De nuptiis Philologiae et Mercurii IV, 329; IV, 339. – [28] BOETHIUS, In Porphyrium Dialogus I, 15 d f.; In Cat. Arist. 191 b f.

Literaturhinweise. E. HAMBRUCH: Log. Regeln der plat. Schule in der arist. Topik. Progr. Askanisches Gymnasium 56 (1904) 26f. – E. RICHTER: Über Homonymie, in: Festschr. P. Kretschmer (1926). – J. STENZEL: Art. ‹Speusippos (2)›, in: RE 2/3 (1929) 1654. – E. OEHMANN: Über Homonymie im Deutschen. Ann. Acad. Sci. Fenn. (Helsinki) 32 (1934) 1f. – J. MAROUZEAU: Lexique de la terminol. linguistique (Paris ³1951). – J. OWENS: The doctrine of being in the Arist. Met. (Toronto 1951) passim. – I. M. BOCHEŃSKY: Formale Logik (1956) 57f. – M. S. MORARD: Pour repenser la question de l'analogie. Freiburger Z. Philos. u. Theol. 6 (1959) 145f. – Der große Duden 5 (Fremdwörterbuch) (1960). – H. LAUSBERG: Hb. der lit. Rhet. 1 (1960). – H. WAGNER: Über das arist. POLLACHŌS LÉGETAI TÒ ÓN. Kantstudien 53 (1961/1962) 75f. – R. HALLER: Untersuch. zum Bedeutungsproblem in der antiken und mittelalterl. Philos. Arch. Begriffsgesch. 7 (1962) 68f.
A. PRONAY

II. Für die *Logik* ist gemäß der von Aristoteles aufgestellten Typologie zu ‹homonym› festzuhalten, daß es «Lautschemata» oder auch «Lautgestalten» (Worte) gibt, die bei gleicher Zeichengestalt verschiedene «Begriffe» bezeichnen. In diesem Sinn verschiedene «Prädikatoren» derselben Lautgestalt heißen ‹homonym› (auch ‹äquivok› oder ‹homophon›) [1].

Aus der formalisierenden und formal quantifizierenden Funktion der Logik und ihrer möglichen Algorithmisierbarkeit folgt, daß sie Homonymie ausschließen muß, weil sie sich ex definitione nicht auf hermeneutische, kontext-verstehende Praktiken einlassen kann. Um jedoch Homonymie auszuschließen, muß diese vorher diagnostiziert werden (wie schon bei Aristoteles); und dies ist zunächst eine Aufgabe der Sprachbeschreibung und Sprachanalyse. Sind für die Logik Homonymien (auszuschließende) sprachliche Zufälligkeiten, so muß die Sprachwissenschaft solche sprachlichen Erscheinungen auf Regeln ihres Entstehens und ihrer Funktion hin untersuchen.

Es liegt an der Mehrdeutigkeit des Terminus ‹Name› (griech. ὄνομα) als akustischem Laut, als optischer Gestalt, als grammatischer Wortform – und an dem sowohl synchronischen wie diachronischen Aspekt von Namen (und Wörtern), daß die Homonymik [2] in der *Linguistik* zu einem phänomen- und problemreichen Forschungstitel geworden ist und terminologische Differenzierungen nach sich gezogen hat. Ist «eine Bedeutung mit mehreren Namen» Synonymie und «ein Name mit mehreren Bedeutungen» Homonymie, so erscheinen beide Begriffe als korrelativ, ohne daß andere Differenzen zwischen ihnen deutlich werden: Da sich die Homonymie auf optisch oder akustisch faßbare Wort- bzw. Zeichenbestände bezieht, ist sie methodisch besser erforschbar als die Synonymie, deren reines Vorkommen bestritten werden kann, weil volle Bedeutungsidentität verschiedener Namen hinsichtlich aller Valenzen schwer zu beweisen ist. So spricht man bei dem Fall «ein Name mit mehreren Bedeutungen» (plurivalence nach *Bally*) nicht einfach von Homonymie, sondern unterscheidet a) unterschiedliche Verwendungsweise (z. B. «gesundes» Klima – «gesunde» Gesichtsfarbe), b) Polysemie (z. B. human «head» = Kopf – «head» of department = Abteilungsleiter – bridge-«head» = Brückenkopf), c) Homonymie (z. B. sea = Meer – to see = sehen – a see = Bistum) [3]. – Pseudosynonyme oder *Homoionyme* sind verschiedene Namen, die nur in ganz bestimmten Kontexten gleichbedeutend oder gegeneinander austauschbar sind [4]. – Drei sprachliche Herkunftstypen der Homonymie lassen sich unter methodischer Koordination des synchronen und des diachronen Aspekts unterscheiden [5]: Homonymie entsteht 1. durch divergente Bedeutungsentwicklung aus Polysemie (Bally: «homonymes sémantiques»); 2. durch eine konvergente Lautentwicklung (Bally: «homonymes étymologiques»); 3. aus Lehnwortbildungen. Für Typ 2 hat man den Terminus ‹homophon› (gleichlautend) vorgeschlagen [6], obwohl man damit einen Unterschied macht, der synchron gar nicht erscheint, d. h. Homonyme der Typen 1 und 3 sind ebenfalls homophon [7]. Neuerdings wird im Zusammenhang mit der linguistischen Datenverarbeitung auch der Terminus ‹homograph› verwendet für die gleiche Schreibweise von Wörtern verschiedener oder modifizierter Bedeutung.

Anmerkungen. [1] W. KAMLAH und P. LORENZEN: Log. Propädeutik (1967) 64ff. 86f.; zu ‹äquivok› vgl. E. HUSSERL: Log. Untersuch. 1. 2 (1900/01) bes. 52ff. 77-96. – [2] S. ULLMANN: Grundzüge der Semantik. Die Bedeutung in sprachwiss. Sicht (1967) 117ff. 134ff. (mit Lit.). – [3] a. a. O. 101. 107. – [4] 102. – [5] 121. – [6] I. IORDAN: An introd. to Romance linguistics, its schools and scholars (London 1937). dtsch. W. BAHNER: Einf. in die Gesch. und Methoden der roman. Sprachwiss. (1962) 187. – [7] ULLMANN, a. a. O. [2] 121.
E. W. ORTH

Homöostase bezeichnet die Erscheinung, daß lebende Systeme gewisse Parameter konstant halten und diese nach Störungen wieder einregulieren in einer Weise, die nicht allgemeinen physikalischen Gesetzen entspricht, sondern diesen oft zuwiderläuft.

Das einfachste Beispiel ist die Wärmeregulation in homöothermen Tieren. Erniedrigung der Temperatur führt nach der VAN'T HOFFschen Regel zu einer Verlangsamung chemischer Prozesse und daher auch von Stoffwechselvorgängen, wie dies tatsächlich im Kaltblüter zutrifft. Im Warmblüter aber ist Erniedrigung der Außentemperatur von Erhöhung der Stoffwechselintensität (und Einsatz anderer Regulationsmechanismen) gefolgt, so daß die Körpertemperatur auf ungefähr 37 °C konstant erhalten bleibt. Ähnliche homöostatische Mechanismen sorgen für die Konstanterhaltung zahlreicher anderer Parameter im lebenden Organismus, z. B. des Zucker-, Salz- und Hormonspiegels im Blut, des osmotischen Druckes und der Azidität.

Das Prinzip der H. ist das des *Regelkreises* (vgl. Abb.). Die als Reiz (S = Stimulus) eintreffende «Nachricht» wird an ein den Vorgang steuerndes «Zentrum» übertragen; die Reaktion (R) aber wird durch feedback oder Rückkoppelung an den Rezeptor zurückgeleitet; daher wird die Reaktion durch ihren Erfolg gesteuert und ein im Zentrum programmierter «Sollwert» erhalten. In einem einfachen Thermostaten z. B. ist der Regulationsmechanismus eine Quecksilbersäule, die sich bei Temperaturerniedrigung zusammenzieht, mehr Brennstoff einläßt und daher anheizt, bei Überschreitung des eingestellten Sollwertes hingegen die Brennstoffzufuhr und damit die Heizung drosselt, mit dem Resultat der Erhaltung einer konstanten und gegenüber der Umgebung höheren Temperatur. Die Temperaturregulation (und andere homöostatische Mechanismen) der Lebewesen beruht auf ähnlichen Regelkreisen, dem Prinzip steuernder Zentren (z. B. Wärmezentren des Gehirns) und Rückkoppelung des Erfolges der Reaktion. Die Theorie von Regelmechanismen ist die Kybernetik.

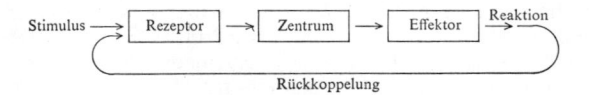

Stimulus → Rezeptor → Zentrum → Effektor → Reaktion
                           Rückkoppelung

Schon CLAUDE BERNARD hat in der Erhaltung eines konstanten, inneren Milieus die Voraussetzung höheren Lebens erkannt. Begriff und Wort wurden von CANNON [1] eingeführt und als allgemeines und grundlegendes Prinzip der lebenden Natur dargestellt. Das gegenwärtige Ansehen des Begriffes und die Suche nach homöostatischen Regelkreisen geht auf WIENERS ‹Cybernetics› [2] zurück, deren Untertitel ‹Control and Communication in the Animal and the Machine› sowohl die beiden Elemente der Regeltheorie (Feedback-Mechanismen und Informationstheorie) sowie die formale Übereinstimmung von Regelmechanismen in der Technologie und Biologie (und selbst Soziologie) zum Ausdruck bringt. Bereits vor Wiener haben jedoch R. WAGNER [3] und W. R. HESS [4] physiologische Regelkreise beschrieben und das Prinzip der «Biomotorik als Organisationsproblem» erkannt. Die Regelkreise zahlreicher homöostatischer Erscheinungen (und verwandter Erscheinungen der Regulierung von Bewegungen, der Körperhaltung) wurden mit Erfolg und im Detail ausgearbeitet.

Über Anwendungen in der Physiologie hinaus wird das Prinzip der H. und der Rückkoppelung in der modernen Biologie weitgehend angewendet, z. B. in der Steuerung von Prozessen in der Zelle, der genetischen H. der Verteilung von Genen in einer Population, der Auffassung der Selektion als eines feedback zwischen Umgebung und Genotypen, der daher die Evolution Richtung zu geben vermag. Weiter wird der Begriff der H. in der Psychologie [5], der Soziologie und in anderen Wissenschaften angewendet.

Bei manchmal leichtherziger Anwendung des Begriffes sollte zweierlei beachtet werden: Erstens ist das Schema der H. ein solches zirkulärer Kausalität (vgl. Abb.), die infolge des Rückkoppelungskreises regulierende Wirkung ausübt. Viele und wahrscheinlich die ursprünglichen Regulationserscheinungen in lebenden Systemen erfolgen jedoch nicht durch festgelegte Regelkreise, sondern auf dem Weg dynamischer Wechselwirkung zahlreicher Komponenten. Zweitens betrifft die H. die Erhaltung von «Gleichgewichten» im weiten Sinn des Wortes. Es gibt jedoch viele Erscheinungen, die eine Erhaltung und Herstellung von «Ungleichgewichten» beinhalten, z. B. autonome Tätigkeiten, Anamorphose in Entwicklung und Evolution (einschließlich der Frage der ersten Entstehung der Regelmechanismen) bis zu Spiel, Exploration und menschlicher Kultur, die sicher nicht dem Schema der H. und des psychologischen und sozialen «Gleichgewichts» entsprechen [6]. CANNON trug dem Rechnung, indem er neben der von ihm erforschten H. auch auf die «Heterostase» hinwies und damit eine Einschränkung des H.-Begriffs vollzog, die in der Tendenz, H., Gleichgewicht, Anpassung, Nützlichkeit usw. zum monopolistischen Weltprinzip zu erheben, oft übersehen wird.

Anmerkungen. [1] W. B. CANNON: Organization for physiol. homeostasis. Physiol. Rev. 9 (1929) 399-431. – [2] N. WIENER: Cybernetics (New York 1948). – [3] R. WAGNER: Probleme und Beispiele biol. Regelung (1954). – [4] W. R. HESS: Die Motorik als Organisationsproblem. Biol. Zbl. 61 (1941) 542-572. – [5] R. STAGNER: Homeostasis as a unifying concept in personality theory. Psychol. Rev. 58 (1951) 5-17. – [6] L. VON BERTALANFFY: Robots, men and minds (New York 1967); J. HUIZINGA: Homo Ludens (1938, dtsch. ⁵1956).

Literaturhinweise. H. MITTELSTAEDT (Hg.): Regelvorgänge in der Biol. (1956). – B. HASSENSTEIN: Die bisherige Rolle der Kybernetik in der biol. Forsch. Naturwiss. Rdsch. 13 (1960) 349-355. 373-382. 419-424; Kybernetik und biol. Forsch., in L. VON BERTALANFFY und F. GESSNER (Hg.): Hb. der Biol. 1, H. 26-30 (1966).
L. VON BERTALANFFY

Honnête homme. Der H.h. ist ein Leitbild der Lebensführung im 17. Jh. wie in andern Epochen der Heilige, der Ritter, der Cortegiano, der Gentleman. Seine Wurzeln liegen in der Antike und in der Provence, und die Einheit moralischer und gesellschaftlicher Züge kennzeichnen seinen Charakter. Nicht zufällig entstand die Theorie der honnêteté, die von dem tiefen Gegensatz zwischen französisch-klassischem und spanisch-barockem Geschmack niemals unberührt blieb, zur Zeit der Gegenreformation und der erstarkenden zentralistisch bestimmten nationalen Monarchie.

Um den Bildungsbegriff hatte schon CICERO in ‹De oratore› sich bemüht, meist im Sinn der gesellschaftlich rednerisch bestimmten Kultur des alten Rom. ‹Honestus› meinte soviel wie ehrenhaft, schicklich, dem gesellschaftlichen Verhalten angepaßt, vortrefflich. Im 17. Jh. ist die moralische *und* gesellschaftliche Bedeutung im Begriff honnêteté zusammengezogen. Der H.h. ist stets auf den Reflex in der Gesellschaft abgestellt, er muß von der Welt (monde) wahrgenommen werden und erfüllt sich in ihr. Die Bedeutung sinkt im 18. Jh. ab (vgl. Art. ‹honnête› in der DIDEROTschen Enzyklopädie): ‹honnêteté› meint nun den bürgerlich Rechtschaffenen, während der schwer übersetzbare Ausdruck ‹H.h.› am ehesten mit ‹gebildeter Weltmann› wiedergegeben werden kann.

Man sah die von CICERO inspirierten Ideale in völliger

Durchdringung von Antike und Gegenwart schon im ‹Cortegiano› von CASTIGLIONE vor sich. Hier war bereits der kunstvollen Geselligkeit eine entscheidende Stellung gegeben. In der Konversation, in der geistigen Bildung, die sich nie in Fachgelehrsamkeit verliert, in der Universalität liegt der Schlüssel für Castigliones Grund- und Hauptsätze. Der Höfling erreicht eine Stufe, wo die Zucht mühelos wird (sprezzatura = Verachtung aller Anstrengung) – eine Bildung voll Anmut (grazia) streift alle Affektiertheit ab. In FARETS ‹L'honneste homme ou l'art de plaire à la cour› (1630) liegt die Vermischung antiker und italienischer Tendenzen sehr nahe. Ist doch der Begriff ‹plaire› in die Sphäre gehoben, in der das Anerkanntwerden durch die Mode die einzige Norm geworden war. Die für den H.h. bestimmenden Begriffe sind daher ‹grâce›, ‹être sans affectation›, ‹négligence›, ‹un je ne sais quoi›, ‹justesse›, ‹goût› – aus ihnen erhellen sich die Voraussetzungen, auf denen die führenden Theorien z. B. LA ROCHEFOUCAULDS oder des Chevalier DE MÉRÉ (1610–1684) oder SAINT-EVREMONDS (1610–1703) beruhen. In den Schriften dieser Autoren wird, was als Potenz im geistigen Leben bereits sichtbar war, zum Prinzip erhoben: Das Gleichgewicht mit andern darf nie gestört werden. Ist doch das Ziel nicht die Darstellung des Einzelnen, sondern die des Zusammenwirkens. Der H.h. ist daher nie Individuum im Sinn von Abgesondertheit, sondern steht immer empfangend, sich angleichend, sich spiegelnd dem Man gegenüber. Und er ist H.h. kraft der Universalität seiner Bildung, die die Abkehr vom Fachwissen und von aller Pedanterie in sich schließt. Der Vorrang der so verstandenen honnêteté wird von DESCARTES wie von PASCAL behauptet: Man vergleiche Fragment 37 der ‹Pensées›: « Puisqu'on ne peut être universel et savoir tout ce qui se peut savoir sur tout, il faut savoir peu de tout. Car il est bien plus beau de savoir quelque chose de tout que de savoir tout d'une chose; cette universalité est la plus belle. On pouvait avoir les deux, encore mieux, mais s'il faut choisir, il faut choisir celle-là, et le monde le sent et le sait, car le monde est un bon juge souvent » Das Ideal der honnêteté wirkt auch in DESCARTES' ‹Discours de la méthode›, oder in der ‹Recherche de la vérité par la lumière naturelle› – auch hier wird der H.h. von allem Zwang befreit, d. h. auch von der traditionellen Logik, von der Fachgelehrsamkeit und von den Vorurteilen, die Wörter an die Stelle von Sachen setzen.

Literaturhinweise. – *Quellen:* N. FARET: L'honneste homme ... (1630), hg. M. MAGENDIE (Paris 1925). – A. GRENVILLE: L'honnête fille 1-3 (Paris 1639); L'honnête garçon (Paris 1642). – GUEZ DE BALZAC: Aristippe ou de la cour (Paris 1638). – Mlle DE SCUDÉRY: La morale du monde 1-10 (Paris 1680-1692). – Chevalier DE MÉRÉ, Oeuvres compl., hg. CH. BOUDHORS 1-3 (Paris 1930). – *Sekundärliteratur:* M. MAGENDIE: La politesse mondaine et les théories de l'honnêteté en France 1630-1660 1. 2 (Paris 1926). – C. J. BURCKHARDT: Der H.h., in: Gestalten und Mächte (1941). – P. BÉNICHOU: Morales du grand siècle (Paris 1948). F. SCHALK

Horizont

I. Der Begriff ‹H.›, abgeleitet vom griechischen ὁρίζειν (abgrenzen, scheiden), entstammt der antiken Astronomie. Ursprünglich wohl nur in Verbindungen wie ὁ ὁρίζων κύκλος (der den Blick *begrenzende* Gesichtskreis) gebräuchlich [1], verselbständigt er sich allmählich [2] zum Substantiv [3]. Im ausgehenden Neuplatonismus wird er zu einem spezifisch philosophischen Begriff und spielt als solcher – darauf haben insbesondere O. Bardenhewer [4] und J. Guttmann [5] aufmerksam gemacht – in der jüdischen und christlichen Philosophie des Mittelalters eine nicht unbeträchtliche Rolle. Er taucht im Laufe seiner langen Geschichte in den verschiedensten Problemfeldern auf: in der Schöpfungs- und Emanationslehre nicht weniger als in der Mystik, in der philosophischen Psychologie und Anthropologie nicht weniger als in der Staatslehre. Die erkenntnistheoretische Bedeutung dagegen, die für die philosophische Verwendung des Terminus in der Neuzeit spätestens seit Leibniz kennzeichnend ist, läßt sich allenfalls in ersten Ansätzen belegen. Will man die Geschichte des Begriffs in der Spätantike und im Mittelalter vorgreifend als ganze charakterisieren, so wird man sagen können, daß sie durch den Weg von der neuplatonischen Emanationslehre zur thomistischen Anthropologie bestimmt ist. Dabei entspricht es der übertragenen, oft schillernden und den verschiedensten Interpretationen zugänglichen Bedeutung des Begriffs, daß er nicht selten mit anderen Begriffen (umbra, confinitas, confinium, medium) gekoppelt erscheint.

Anmerkungen. [1] ARISTOTELES, De caelo II, 14, 297 b 34. – [2] Meteor. II, 6, 363 a 27. – [3] a. a. O. I, 6, 343 a 18, 32; II, 7, 365 a 29; MACROBIUS, In somnium Scipionis I, 15, 17ff.; Saturnalia VII, 14, 15ff. – [4] Die ps.-arist. Schrift Über das reine Gute bekannt unter dem Namen Liber de causis, hg. O. BARDENHEWER (1882) 17, 208f. 225ff. 252f. 268f. 292ff. 294f. 296ff. – [5] J. GUTTMANN: Die philos. Lehren des Isaak ben Salomon Israeli (1911) 10, 17f. 30. 42. 52.

1. Als ein Vorläufer des Begriffs ‹H.›, ohne den man seine philosophische Bedeutung im Mittelalter nicht voll verstehen kann, läßt sich das schon von ARISTOTELES [1] einschlägig gebrauchte μεθόριον (confinium; Grenzscheide, Grenze) betrachten, das wenn nicht in der stoischen, so doch spätestens in der patristischen [2] Philosophie Anwendung findet, um die Stellung des Menschen im Kosmos zu bestimmen. Die spätere, anthropologische Bedeutung des H.-Begriffs ist hier gewissermaßen vorbereitet. So heißt es schon bei PHILON VON ALEXANDRIEN, in dessen Denken die verschiedensten Traditionen zusammenfließen, « der Mensch sei Grenze der sterblichen und unsterblichen Natur » (τὸν ἄνθρωπον θνητῆς καὶ ἀθανάτου φύσεως εἶναι μεθόριον), « er habe an jeder der beiden soweit als notwendig teil » (ἑκατέρας ὅσον ἀναγκαῖόν ἐστι μετέχοντα), « er sei zugleich sterblich und unsterblich geboren, sterblich dem Leibe nach, der Vernunft nach unsterblich » (γεγενῆσθαι θνητὸν ὁμοῦ καὶ ἀθάνατον, θνητὸν μὲν κατὰ τὸ σῶμα, κατὰ δὲ τὴν διάνοιαν ἀθάνατον) [3]. Bei dem syrischen Bischof NEMESIOS VON EMESA kehrt diese Bestimmung – möglicherweise im Rückgriff auf Gedanken des Stoikers *Poseidonios* [4] – in immer neuen Wendungen wieder: der Mensch steht « auf der Grenze zwischen Vernünftigem und Sinnlichem » (ἐν μεθορίοις ἐστὶ νοητῆς καὶ αἰσθητῆς οὐσίας) [5], « auf der Grenze der vernunftlosen und vernunftbegabten Natur » (Ἐν μεθορίοις ... τῆς ἀλόγου καὶ λογικῆς φύσεως) [6], auf der Grenze zwischen Sterblichem und Unsterblichem [7]. Dabei verschränkt sich schon für Nemesios im Begriff μεθόριον ein anthropologisches mit einem kosmologischen und theologischen Interesse. Das anthropologische Interesse geht dahin, die Vielschichtigkeit der menschlichen Existenz sichtbar zu machen und seine Auslegung als bloßes Naturwesen abzuwehren. Es will gewissermaßen die Vielzahl der divergierenden Möglichkeiten des Menschen offenhalten. Das kosmologische Interesse dagegen ist darauf gerichtet, die Einheit der ganzen Natur aufzuzeigen, die dann ihrerseits dem theologischen Interesse dient, die Einzigkeit ihres Schöpfers zu bezeugen. Bei

Thomas von Aquin wird der Begriff μεθόριον in seiner lateinischen Übersetzung ‹confinium› immer wieder als Synonym von ‹H.› auftauchen, sei es, daß er als Übersetzung einfach an seine Stelle tritt [8], sei es, daß er als eine Art Erläuterung mit ihm zusammen erscheint [9]. Die stoische bzw. patristische und die neuplatonische Tradition, von der im folgenden zu handeln ist, fließen bei ihm in dem Hendiadyoin «horizon et confinium» [10] zusammen.

Anmerkungen. [1] Aristoteles, Hist. anim. VIII, 1, 588 b 5. – [2] A Patristic Greek Lex., hg. G. W. H. Lampe (Oxford 1961) 839 s.v. methórios. – [3] Philon, De opificio mundi c. 46, hg. L. Cohn/P. Wendland 1 (1896, ND 1962) 47. – [4] W. Jaeger: Nemesios von Emesa (1914) 102; M. Pohlenz: Die Stoa 2 (1949) 114; K. Reinhardt: Art. ‹Poseidonios›, in: RE 43 (1953) 773ff.; M. Landmann: Die Stoa, in: De homine, hg. M. Landmann (1962) 103. – [5] Nemesios von Emesa, De natura hominis c. 1 = MPG 40, 508. – [6] ebda. = 512. – [7] ebda. = 513. – [8] Thomas von Aquin, S. contra gent. III, 61, hg. C. Pera Nr. 2362. – [9] a. a. O. II, 81 = Nr. 1625. – [10] In 3. sent., prol.; S. contra gent. II, 68 = Nr. 1453.

2. Die philosophische Verwendung des Terminus ‹H.› selbst läßt sich bis zu dem sogenannten ‹Liber de causis› zurückverfolgen, einem arabischen Exzerpt (bzw. einer schöpfungstheologischen Umdeutung) aus der dem Neuplatoniker Proklos zugeschriebenen Στοιχείωσις θεολογική (Elementatio theologica), das in der zweiten Hälfte des 12. Jh. von Gerhard von Cremona ins Lateinische [1] sowie seit dem Ende des 13.Jh. wiederholt ins Hebräische [2] und Armenische [3] übersetzt worden ist und das die mittelalterliche Philosophie und Theologie außerordentlich stark beeinflußt hat. Albertus Magnus [4], Thomas von Aquin [5], Aegidius Romanus [6] sowie zahlreiche andere Autoren des Mittelalters [7] haben es kommentiert, ihre Kommentare enthalten zum Teil sehr eingehende Analysen des Begriffs ‹H.›. Bei dem Versuch nämlich, innerhalb der Stufenordnung der Ursachen den Ort der Seele zu bestimmen, heißt es im § 2 des ‹Liber de causis›, sie befinde sich « nach der Ewigkeit und über der Zeit », « weil sie im H. der Ewigkeit unterhalb und über der Zeit ist» [8] (quoniam est in orizonte aeternitatis inferius et supra tempus) [9]. Der Sache nach entspricht das Ausführungen der Στοιχείωσις θεολογική, denen zufolge die Seele zwischen den ewigen und den zeitlichen Dingen «in der Mitte ist» (μέση ἐστίν) [10]. In der vom arabischen Text oft abweichenden lateinischen Fassung fällt das Wort ‹H.› noch ein zweites Mal: Im § 8 wird die Seele selber, gewissermaßen aus dem entgegengesetzten Blickwinkel heraus, als «H. der Natur» (orizontem naturae, scilicet animam) [11] bezeichnet.

Gewisse Bedeutung gewinnt der Begriff – möglicherweise in unmittelbarer Abhängigkeit vom ‹Liber de causis› [12], möglicherweise aber auch gleichzeitig oder aus anderer Quelle – an der Wende vom 9. zum 10. Jh. im ägyptischen Judentum. Er findet sich an zwei Stellen des ursprünglich gleichfalls in arabischer Sprache verfaßten ‹Liber de definicionibus› des Isaac ben Salomon Israëli, und zwar im Kontext seiner Schöpfungs- und Emanationslehre. Er soll offenbar dazu dienen, die Stufenordnung der geschaffenen Dinge (intelligencia, anima rationalis, anima bestialis, anima vegetabilis, orbis usw.) in ihrem schrittweisen Hervorgang zu begreifen. ‹H.› meint hier so etwas wie die äußerste Grenze der Seinsmächtigkeit einer bestimmten Seinsstufe (gradus), gewissermaßen die Nahtstelle, auf der die nächstfolgende Seinsstufe «aus dem Schatten des Lichtes» der höheren (ex umbra splendorum ipsorum) [13] hervortritt. So heißt es an einer freilich mehrfach verderbten Stelle der ebenfalls von Gerhard von Cremona herrührenden lateinischen Übersetzung, daß die Vernunftseele «im H. der Intelligenz und aus deren Schatten erzeugt ist» (in horizonte intelligenciae et ex umbra eius generata est) [14]. Fast gleichlautend wird von der Sphäre (orbis) – deren immerwährende Bewegung die Zeit und die vier Elemente erzeugt – erklärt: «Ipse enim in horizonte animae vegetabilis et ex ipsius umbra generatus est» [15]. An beiden Stellen erscheint das Wort ‹H.› als eine Art Synonymon zu ‹umbra› (Schatten), einem von Israëli häufig gebrauchten Wort, das auch bei sehr viel späteren Autoren wie Albertus Magnus [16] oder Bonaventura [17] noch im gleichen Sinne Verwendung findet. Dabei scheint die Verknüpfung von H. und Schatten darauf hinzuweisen, daß bei Israëli noch ein Rest der ursprünglichen, astronomischen Bedeutung des Wortes bewahrt ist. Nach den Angaben Guttmanns wird der Begriff ‹H.› auch in einem (in seiner Verfasserschaft umstrittenen) Kommentar zum Buch Jezira gebraucht [18].

Ausdrücklich an den ‹Liber de causis›, den Gerhard von Cremona eben ins Lateinische übersetzt hat, knüpft gegen Ende des 12. Jh. Alanus von Lille (Alanus ab Insulis) in seiner Schrift ‹De fide catholica contra haereticos› an. Mit ihm beginnt allem Anschein nach die Herauslösung des Begriffs aus der Gedankenwelt des Neuplatonismus. Er bezieht die Formulierung «in horizonte aeternitatis, et ante tempus» ausschließlich auf die Seele des Menschen und interpretiert die aeternitas als perpetuitas: Die menschliche Seele zeigt die letzte, abgeschwächteste Form von Beständigkeit, weil sie, «obzwar sie einen Anfang gehabt hat, kein Ende haben wird» (etsi habuerit principium, non habebit finem) [19]. Ob Alanus «mit seiner Erklärung den Sinn der Sentenz des liber de causis vollständig richtig» trifft [20] oder nicht, muß hier unerörtert bleiben.

Anmerkungen. [1] Bardenhewer, a. a. O. [4 zu I] 135ff. – [2] 305ff. – [3] 204. – [4] Albertus Magnus, Liber de causis et processu universitatis II: De terminatione causarum primariarum, hg. P. Jammy 5, 563-655. – [5] Sancti Thomae de Aquino super librum de causis expositio, hg. H. D. Saffrey (Fribourg 1954). – [6] Aegidius Romanus: Super librum de causis (Venedig 1550, ND Frankfurt 1967); Bardenhewer, a. a. O. [4 zu I] 290ff. – [7] A. Pattin: Le Liber de causis. Ed. établie à l'aide de 90 manuscrits avec introd. et notes. Tijdschr. voor Filosofie 28 (1966) 122ff.; Bardenhewer, a. a. O. [4 zu I] 298ff. 308ff. – [8] Bardenhewer, a. a. O. 62. – [9] 165; Pattin, a. a. O. [7] 138. – [10] Proclus: The elements of theol., hg. E. R. Dodds (Oxford ²1963) 166. – [11] Bardenhewer, a. a. O. [4 zu I] 172; Pattin, a. a. O. [7] 156. – [12] Guttmann, a. a. O. [5 zu I] 17f. – [13] Isaac Israëli: Liber de definicionibus, hg. J. T. Muckle. Arch. Hist. doct. et litt. du MA 12/13 (1937-38) 316. – [14] a. a. O. 313. – [15] 315; vgl. 335. – [16] Albert, De an. I, tr. 2, c. 4; II, tr. 1, c. 8, hg. B. Geyer 7/1, 27. 76; J. Guttmann: Die Scholastik des 13. Jh. in ihren Beziehungen zum Judenthum und zur jüdischen Lit. (1902) 57. – [17] Bonaventura, In 2. sent., dist. 18, a. 2, q. 3 c., hg. Quaracchi 2, 453 a. – [18] Guttmann, a. a. O. [5 zu I] 10. – [19] Alanus de Insulis: De fide catholica contra haereticos I, 30. MPL 210, 332; C. Baeumker: Handschriftliches zu den Werken des Alanus. Philos. Jb. 6 (1893) 418f. – [20] M. Baumgartner: Die Philos. des Alanus de Insulis (1896) 100.

3. Im 13. Jh., der «Glanzperiode des Buches de causis» [1], wird der Begriff ‹H.› offenbar zu einem *etablierten* Begriff, mit dem man in der Diskussion zu rechnen hat. Bei Wilhelm von Auvergne findet sich die bezeichnende Wendung: «der H. der Ewigkeit und der Zeit, *den die Philosophen annehmen*» (horizon aeternitatis, et temporis, quem ponunt Philosophi) [2]. Wie Alanus von Lille setzt auch er jenen H. mit der Beständigkeit (perpetuitas) oder ewigen Zeit (tempus aeternum) gleich:

diese «scheint mit der Zeit den Anfang und mit der Ewigkeit die Unaufhörlichkeit gemein zu haben» (communicare videtur cum tempore incoeptionem, et cum aeternitate indesinibilitatem) [3]. – Zugleich gewinnt der Begriff bei Wilhelm von Auvergne allem Anschein nach ein erstes erkenntniskritisches Moment. Der H. ist «ein Kreis, der zwei Hemisphären teilt» (circulus ... dividens duo hemisphaeria). Eine davon ist dem Blick mit Notwendigkeit entzogen. Deshalb ist der H. zugleich auch «dasjenige, was unserer Sicht die Grenze setzt» (finitor visus nostri) [4]. Aeternitas vermag dem Menschen daher aufgrund seines Standortes immer nur als perpetuitas oder tempus aeternum in den Blick zu kommen. – Vor allem aber löst Wilhelm von Auvergne den Begriff ‹H.› aus dem überlieferten Zusammenhang von Ewigkeit und Zeit und ersetzt die «bloßen Zeitbestimmungen» durch die «Objekte ..., von welchen diese gelten» [5]. So gelangt er zu weitreichenden Aussagen über den «status naturalis animae»: nicht durch den Adel weltlicher Macht, sondern «durch den Adel ihrer Schöpfung ist sie» – die menschliche Seele – «auf den H. zweier Welten und ins Grenzland zweier Bereiche gesetzt» (posita est ipsa nobilitate suae creationis in horizonte duorum mundorum, et in confinitate duarum regionum) [6]. An anderer Stelle nennt Wilhelm diese ursprünglich *philosophische* Bestimmung überraschenderweise eine Grundüberzeugung des *christlichen Glaubens* (Secundum doctrinam autem christianorum ...) [7]. Jedenfalls entwickelt er von hier aus eine ebenso umfassende wie durchdachte Theorie, die wichtige Positionen einer späteren philosophischen Anthropologie vorwegnimmt: Der Mensch (historisch exakter: die menschliche Seele) ist Bürger zweier Welten, er steht auf der Grenze des «mundus sensibilis» (der regio tenebrarum) und des «mundus intelligibilis» (der regio lucis) [8]. Aus der letzteren gewinnt er die ersten Grundsätze der Erkenntnis (regulae veritatis ... primae, ac per se notae) und der Sittlichkeit (regulae honestatis) [9]. «Aufgrund seiner Natur ist es in seinen freien Willen gestellt, welcher dieser beiden Welten er sich widmet oder zuwendet» (in libera ipsius voluntate naturaliter esse positum utri istorum mundorum duorum se accomodet vel applicet) [10]. Auf den H. beider Reiche gestellt, hat er die Wahl zwischen «alienatio» und «divinatio», zwischen Entfremdung und Vergöttlichung [11]. In «jener Stunde», in der die Inhalte der regio lucis «von den menschlichen Seelen ganz Besitz ergreifen und sie gefangen halten» (hora illa animas humanas totaliter occupent, et in se suspensas detineant) [12], wird ihm die Realität des mundus intelligibilis zur Gewißheit.

Der hohe Rang, zu dem der Begriff ‹H.› im 13. Jh. gelangt, wird bei ALBERTUS MAGNUS sichtbar. Die Interpretation der menschlichen Seele als H. ist jetzt nicht mehr eine Wesensbestimmung derselben neben anderen. Vielmehr enthält der Satz: «esse ante naturam et post intelligentiam in horizonte aeternitatis et temporis» [13] für Albert deren vollkommenste Definition (perfecte colligit animae diffinitionem) [14], ja diese stammt von den «subtilsten» und «hervorragendsten» Köpfen [15]. Wer mit jenen «summi philosophi» [16] im einzelnen gemeint ist, wird freilich nicht gesagt. Selbstverständlich kommt die Definition in Alberts Kommentar des ‹Liber de causis› zur Sprache [17]. Gelegentlich taucht sie in unmittelbarem Zusammenhang mit Isaak ben Salomon Israëli auf [18], an anderer Stelle ist einfach von «quibusdam» [19] oder von den «antiqui Philosophi» [20] die Rede.

Anmerkungen. [1] BARDENHEWER, a. a. O. [4 zu I] 147. – [2] WILHELM VON AUVERGNE, De universo I, 2, 4 = Opera (Paris 1674, ND Frankfurt 1963) 1, 688 a; vgl. BARDENHEWER, a. a. O. 224ff. – [3] WILHELM, De univ. a. a. O. ebda. – [4] ebda. – [5] M. BAUMGARTNER: Die Erkenntnislehre des Wilhelm von Auvergne (1893) 19. – [6] WILHELM, De univ. II, 3, 20 = 1, 1057 a. – [7] De an. c. 7, 6 = 2/2 211 b. – [8] De univ. 2, 3, 20 = 1, 1057. – [9] De an. c. 7, 6 = 2/2, 211. – [10] De an. c. 6, 33 = 2/2, 193. – [11] ebda. = 192f. – [12] ebda. = 192 a. – [13] ALBERTUS MAGNUS, De an. I, tr. 2, c. 4, hg. B. Geyer 7/1, 26. – [14] ebda. = 27. – [15] ebda. = 26. – [16] ebda. = 26. – [17] Liber de causis et processu universitatis II, tr. 1, c. 10 a. a. O. [4 zu 2] 572. – [18] De an. II, tr. 1, c. 8, a. a. O. [13] 76. – [19] De unitate intellectus contra Averroëm c. 6, hg. P. JAMMY 5, 232 b. – [20] S. theol. II, tr. 13, q. 77, memb. 3, hg. P. JAMMY Bd. 18, 391 a.

4. Erst mit THOMAS VON AQUIN aber beginnt in der Geschichte des Begriffs eine neue Etappe, die die früheren Ergebnisse sammelt und die spätere Verwendung des Terminus weitgehend bestimmt. Allem Anschein nach ist er der erste, der dem Begriff ‹H.› eine grundsätzlich neue – modern formuliert: anthropologische – Bedeutung gibt. Nicht mehr nur die menschliche *Seele* [1], sondern der *Mensch als ganzer* [2] wird jetzt als H. bzw. confinium begriffen: «Da der Mensch aus geistiger und körperlicher Natur besteht», hat er «gewissermaßen die Grenze beider Naturen inne» (Homo ..., cum sit constitutus ex spirituali et corporali natura, quasi quoddam confinium tenens utriusque naturae) [3]. Diese Auslegung des Menschen, die streng genommen seine Sonderstellung gegenüber allem anderen ausspricht, gegenüber der reinen Vernunft nicht weniger als gegenüber dem Tier, dient Thomas nicht nur als Ausgangspunkt für eine umfassende Sinndeutung des menschlichen Daseins – im Menschen kommt die Schöpfung *als ganze* zu sich, in ihm sind alle Vollkommenheiten «quodammodo aggregata» [4] –, sondern zugleich auch als Fundament eines philosophischen Verständnisses der christlichen Offenbarung: indem Gott Mensch geworden ist, ist er in das Zentrum der geschaffenen Wirklichkeit getreten [5].

Schon für Thomas und seine philosophiegeschichtliche Position also ist es kennzeichnend, daß er aus dem Begriff ‹H.›, den seine Vorgänger erarbeitet haben, gewissermaßen die Konsequenzen zieht, und zwar vor allem in Hinblick auf die *Anthropologie* und *Theologie*. Für ihn stehen nicht mehr die Klärung und Rechtfertigung, sondern die Anwendung und Auswertung des Terminus im Vordergrund. Er hat ihn nicht selbst erkämpft, sondern von der Tradition empfangen. Ähnliches gilt wenig später auch für DANTE – der in vielfältiger Weise von Thomas beeinflußt ist [6] –, und zwar für ihn im Hinblick auf die *Staatslehre*. Ganz am Ende seiner Schrift ‹De monarchia› knüpft er an die von Thomas geprägte anthropologische Bedeutung des Begriffs ‹H.› (die Bardenhewer übersehen hat [7]) an, um mit ihr die Notwendigkeit einer zweifachen, gleich ursprünglichen Regierung des Menschen, der kirchlichen und der staatlichen, zu begründen: «Unter allem was ist hat allein der Mensch die Mitte zwischen dem Vergänglichen und dem Unvergänglichen inne; deswegen wird er von den Philosophen zu Recht mit dem H. verglichen, der die Mitte der zwei Hemisphären ist» (homo solus in entibus tenet medium corruptibilium et incorruptibilium; propter quod recte a philosophis adsimilatur horizonti, qui est medium duorum hemisphaeriorum) [8]. Jeder dieser beiden Hemisphären entspricht eine spezifische Weise von Glück, die nur in ihr zu realisieren ist, der ersteren die «beatitudo hujus vitae», der letzteren die «beatitudo vitae aeternae» [9]. Beide aber sind durch die «Stürme der Leidenschaft» (fluctibus blandae cupiditatis) unablässig gefährdet. «Eben deshalb bedurfte der Mensch – seinem doppelten Ziel entsprechend – einer doppelten Lenkung: nämlich durch den Papst ... und durch den Kaiser» (Propter quod opus fuit homini duplici directivo, secundum duplicem finem: scilicet summo Pontifice ... et Imperatore) [10].

Beinahe gleichzeitig kehrt die alte, inzwischen fast schon klassisch gewordene Formel von der Stellung der *Seele* auf dem H. der Ewigkeit und der Zeit in der französischen Dominikanerschule [11] und in der deutschen Mystik wieder. Hier ist es vor allem MEISTER ECKHART, der dieses Thema in seinen Predigten immer wieder variiert. So erklärt er etwa in der Predigt ‹Spiritus domini replevit orbem terrarum›: «Diu sêle ist geschaffen als in eime orte zwischent zît und êwikeit, die si beide rüerende ist» [12]. In abgewandelter Form kehrt der Satz in der Predigt ‹Consideravit domum› wieder: «Ein alter Meister sagt, daß die Seele gemacht ist zwischen Einem und Zweien. Das Eine ist die Ewigkeit, die sich allzeit allein hält und einförmig ist. Die Zwei aber, das ist die Zeit, die sich wandelt und vermannigfaltigt. Er will (damit) sagen, daß die Seele mit den obersten Kräften die Ewigkeit, das ist Gott, berühre; mit den niedersten Kräften (hingegen) berührt sie die Zeit, und dadurch wird sie dem Wandel unterworfen und körperlichen Dingen zugeneigt und wird dabei entadelt» [13] (Ein alter meister sprichet, daz diu sêle ist gemachet mitene zwischen einem unde zwein. Daz ein ist diu êwikeit, diu sich alle zît aleine heldet und einvar ist. Daz zwei daz ist diu zît, diu sich wandelt unde manicvaldeget. Er wil sprechen, daz diu sêle mit den obresten kreften rüere die êwikeit, daz ist got, unde mit den nideristen kreften rüeret si die zît, unde dâ von wirt si wandelhaft unde geneiget ûf lîphaftiu dinc unde wirt dâ entedelt) [14]. In solchen Ausführungen verschränken sich die Gedanken des ‹Liber de causis›, Wilhelm von Auvergne, Albertus Magnus, Thomas von Aquin und vermutlich mancher anderer Autoren in einer Weise, die eine eindeutige Identifizierung des «alten Meisters» unmöglich macht. In Wahrheit spiegelt sich in ihnen nicht das Wort einer bestimmten auctoritas, sondern eher die Summe mittelalterlicher Reflexion über den Menschen. Zwar gibt Eckhart in der Predigt ‹Jêsus hiez sîne jüngern ûfgân› Augustinus als Quelle an: «Sankt Augustinus sagt in dem Buche ‹Von der Seele und vom Geiste›: ‹Die Seele ist geschaffen gewissermaßen auf der Scheide zwischen Zeit und Ewigkeit›» [15] (sant Augustinus sprichet in dem buoche ‹von der sêle und von dem geiste›: diu sêle ist geschaffen als ûf ein ort zwischen zît und êwicheit) [16]. Aber schon die vom Herausgeber beigebrachten Parallelstellen aus anderen Autoren zeigen, daß in Wirklichkeit auch hier nicht AUGUSTINUS (der statt ‹H.› ‹medium› gebraucht [17]), sondern der ‹Liber de causis› die ursprüngliche Quelle sein dürfte.

Im Umkreis der *Neuscholastik* ist verschiedentlich der Versuch unternommen worden, den Begriff wieder aufzunehmen und für die philosophische Anthropologie der Gegenwart fruchtbar zu machen [18]. Eines der Motive ist es dabei gewesen, gegen unhistorische Erneuerungsversuche der thomistischen Philosophie den Reichtum des genuinen Thomas zur Sprache zu bringen. In der Tat ist in diesem Begriff auch so viel an anthropologischer Erfahrung gesammelt, daß die Philosophie schlecht beraten wäre, ihn achtlos beseite zu schieben. Seine Wirkungsgeschichte spricht dafür, daß der Mensch über Jahrhunderte hinweg sich in ihm wiederzuerkennen

glaubte. Vielleicht spiegelte sich dabei zugleich in der Rätselhaftigkeit des Begriffs die Rätselhaftigkeit des menschlichen Daseins. Das durch die Entwicklungslehre und manche andere Faktoren veränderte Weltbild der Gegenwart aber setzt jedem Erneuerungsversuch nicht leicht zu überwindende Grenzen. Die Aneignung des Begriffs kann nicht in seiner bloßen Übernahme bestehen.

Anmerkungen. [1] THOMAS VON AQUIN, S. contra gent. (S.c.g.) II, 68, hg. C. PERA Nr. 1453; II, 81 = Nr. 1625; III, 61 = Nr. 2362; De pot. q. 3, a. 9, ob. 27; De an. a. 1 c.; S. theol. I q. 77, a. 2 c. – [2] In 3. sent., prol. – [3] S.c.g. IV, 55 = a. a. O. [1] Nr. 3936. – [4] In 3 sent., prol. – [5] ebda.; dist. 2, q. 1, a. 1 c.; q. 2, a. 1, quaestiunc. 2, ob. 2; S.c.g. IV, 55 = Nr. 3936. – [6] P. ENGELHARDT: ‹Summa contra gentiles› des Thomas von Aquin, in: Bücher der Entscheidung, hg. W. SANDFUCHS (1964) 46ff. – [7] a. a. O. [4 zu I] 295. – [8] DANTE, De monarchia III, 16, hg. C. WITTE (Wien ²1874) 136. – [9] ebda. = 137. – [10] ebda. = 138. – [11] Vgl. BERNHARD DE TRILIA, Quaesiones disputatae de cognitione animae separatae q. 1 ad 12; q. 3 c.; q. 4 ad 3, hg. P. KÜNZLE (Bern 1969) 25. 81. 115. – [12] Dtsch. Mystiker des 14. Jh., hg. F. PFEIFFER 2: Meister Eckhart (1857, ND Aalen 1962) Nr. 23, S. 95. – [13] MEISTER ECKHART, Dtsch. Predigten und Traktate, hg. und übers. J. QUINT (1955) Nr. 30, S. 295. – [14] PFEIFFER, a. a. O. [12] Nr. 52, S. 170. – [15] ECKHART, Dtsch. Werke 1: Meister Eckharts Predigten Erster Band, hg. und übers. J. QUINT (1958) Nr. 23, S. 523. – [16] ebda. S. 404f. – [17] AUGUSTIN, De spiritu et anima c. 47. MPL 40, 814. – [18] P. TISCHLEDER: Der Mensch in der Auffassung des hl. Thomas von Aquin, in: Das Bild vom Menschen, Beiträge zur theol. und philos. Anthropol. (F. Tillmann zum 60. Geburtstag), hg. TH. STEINBÜCHEL/TH. MÜNCKER (1934) 53f.; N. HINSKE: Thomas von Aquin, in: De homine, hg. M. LANDMANN (1962) 123ff.

N. HINSKE

II. In der *Neuzeit* wird der Begriff ‹H.› der metaphysisch-anthropologischen Bedeutung, die er in der Spätantike und im Mittelalter hat, entkleidet und im Zeichen der aufblühenden Naturwissenschaften zunächst wieder ganz auf das Gebiet der Astronomie und Geographie beschränkt. Ausschließlich in dieser Bedeutung taucht er auch in den zeitgenössischen philosophischen Lexika auf. SCHERZER kennt nur die astronomische Bedeutung: H. «est circulus major, ex vertice loci descriptus, qui dividit meridianum» (ist der größere Kreis, um den Scheitelpunkt des Beobachtungsortes beschrieben, der den Meridian teilt) [1]. Ebenso sieht ZEDLERS Universallexikon in ihm lediglich einen «in der Astronomie» [2] verwendeten Begriff; die Unterscheidung zwischen wahrem und scheinbarem H. [3] bezieht sich ebenso wie die zahlreichen Komposita [4] auf diese einzelwissenschaftliche Verwendung des Terminus. Sogar in den Lexika CHR. WOLFFS taucht ausschließlich die astronomische Bedeutung auf. Das gilt nicht nur für das mathematische Lexikon, in dem mit «horizon sensibilis, apparens, visus» [5] der geographische im Gegensatz zum «horizon astronomicus, rationalis, verus» [6] bezeichnet wird, sondern auch für MEISSNERS ‹Philosophisches Lexicon› aus ‹Wolffens sämmtlichen teutschen Schrifften› [7]. Wenn sich die übertragene Bedeutung gelegentlich auch schon früh findet [8], so bestimmt doch die astronomische Bedeutung den Sprachgebrauch so stark, daß BAUMGARTEN [9] und KANT [10] und sogar noch KRUGS Lexikon von 1833 [11] die abstrakte Bedeutung als Übertragung eines konkreten Begriffs auf den geistigen Gesichtskreis verstehen.

Die neuzeitliche Verwendung des Begriffes knüpft also nicht so sehr an den philosophischen Gebrauch des Terminus im Mittelalter an, sondern erscheint als Resultat einer zweiten, eigenständigen Übernahme des Begriffs aus der Astronomie. Deren Gegenüberstellung von scheinbarem und wahrem H. wird dann auch das Vorbild für die Unterscheidung zwischen individuell-besonderem und allgemein-menschlichem Erkenntnis-H., die den philosophischen und alltagssprachlichen Gebrauch des Begriffes bis zur Gegenwart bestimmt.

Diese Übernahme des Begriffes aus der Astronomie bewirkt einen deutlichen Traditionsbruch. Sie verhindert, daß das breite Bedeutungsfeld, das sich der Begriff in der Spätantike und im Mittelalter erobert hatte, in seiner neuzeitlichen Verwendung wirksam bleibt. Insbesondere tritt die alte, zentrale, metaphysische Bedeutung völlig in den Hintergrund. An ihrer Stelle erscheint in der Neuzeit als wichtigstes Anwendungsgebiet des Begriffes die Erkenntnistheorie; seit Leibniz wird der Begriff ausschließlich zur Bestimmung des Umfanges der Erkenntnis verwandt.

Im Zusammenhang damit erfährt auch die anthropologische Bedeutung des Begriffes eine entscheidende Veränderung. Der Begriff des H. dient jetzt nicht mehr dazu, dem Menschen seinen Platz in einem geordneten Kosmos gleichsam von außen anzuweisen, sondern wird zur Selbstbestimmung seines Erkenntnis- und Wirkungsbereiches verwendet. Diese Bedeutungsmodifikation spiegelt die veränderten Absichten der neuzeitlichen Anthropologie. Im Vordergrund ihrer Überlegungen steht nicht mehr eine Wesensbestimmung des Menschen, sondern die Frage nach seinen Möglichkeiten: Der Mensch *ist* nicht mehr, sondern *hat* einen H., den er durch Reflexion auf das eigene Bewußtsein selbst bestimmt.

Die Wiederaufnahme des Begriffes geschieht im wesentlichen durch Leibniz, Baumgarten, G. F. Meier und Kant. Jeder dieser Autoren erschließt dem Begriff einen neuen Anwendungsbereich: Bei Leibniz steht die erkenntnistheoretische Bedeutung im Vordergrund, Baumgarten wendet den Begriff auf das Feld der Ästhetik an, Meier verbindet mit seinem Gebrauch vor allem praktische Absichten; Kant schließlich nimmt alle diese Aspekte, systematisch geordnet und in neue Zusammenhänge gestellt, auf.

Leibniz gebraucht den Begriff in zahlreichen Meditationen, die die im Zusammenhang mit der scientia generalis auftauchende Frage nach dem möglichen Umfang des menschlichen Wissens unter dem Titel ‹De l'Horizon de la doctrine humaine› [12] behandeln. Dabei läßt sich von Anfang an die grundsätzliche erkenntnistheoretische Frage nach dem möglichen Umfang des menschlichen Wissens überhaupt von der geschichtsphilosophisch orientierten nach dem Umfang des Wissens eines bestimmten Zeitalters oder Menschen unterscheiden.

Die *erkenntnistheoretische* Frage läßt sich bei Leibniz als die nach der Zahl der möglichen wahren (und falschen Sätze begreifen: Der H. der überhaupt möglichen menschlichen Erkenntnis wird bestimmt durch «le nombre de toutes les vérités ou faussetés possibles» [13]. Damit gewinnt der H.-Begriff zugleich eine neue anthropologische Bedeutung: Der H. umfaßt alle Dinge, die dem Menschen erkennbar sind und bezeichnet so ein spezifisch menschliches Erkenntnisfeld.

Gemäß der analytischen Urteilslehre läßt sich die Frage nach der Zahl der möglichen wahren und falschen Sätze auf die nach der Zahl der einfachen Begriffe reduzieren. Da Leibniz in diesem wichtigen Punkt schwankt [14], beantwortet er die hiervon abhängige Frage nach dem H. der menschlichen Erkenntnis in verschiedenen Zusammenhängen unterschiedlich. Wenn man von einer unendlichen Zahl von Begriffen ausgeht, ergibt sich daraus, daß auch die Zahl der ersten Sätze und die der Konklusionen unendlich ist [15], der H. der Erkenntnis erscheint dann als nicht abschätzbar.

Dagegen finden sich Ansätze, in denen Leibniz – ausgehend von der endlichen Zahl von Zeichen in einer natürlichen Sprache – auf eine endliche Zahl möglicher Wörter und daraus bildbarer Thesen einer bestimmten Maximallänge schließt [16], mit dem Argument: «Da alle menschliche Erkenntnis sich mit Hilfe der Buchstaben des Alphabets ausdrücken lassen muß, ... ergibt sich daraus, daß man die Zahl der Wahrheiten errechnen kann, die die Menschen begreifen können» [17]. Allerdings dürfte aus der von Leibniz wohl im Anschluß an Paul Guldin und Andreas Tacquet durchgeführten kombinatorischen Abschätzung der oberen Grenze der Anzahl möglicher Thesen bestimmter Länge – eine Zahl mit 73 Billionen Stellen – hinreichend deutlich werden, daß der Aufweis der Endlichkeit des H. der menschlichen Erkenntnis darauf abzielt, besser begreiflich zu machen, wie gering doch der Mensch im Vergleich zur «substance infinie» ist [18].

In *geschichtsphilosophischen* Meditationen rückt Leibniz die Frage nach der zeitlichen Beschränktheit des menschlichen H. in den Vordergrund. Ausgehend von der Unterscheidung zwischen rationalen und historischen Wahrheiten wird hier die Frage nach dem Umfang des menschlichen Wissens als grundsätzlich offen behandelt [19]. Solange nämlich diese Zweiteilung der menschlichen Erkenntnis besteht, ist nicht nur davon auszugehen, daß die empirischen Wahrheiten ins Unendliche variieren [20], sondern es ist grundsätzlich nicht auszuschließen, daß in Zukunft alle Wahrheiten unabhängig vom Zeugnis der Sinne erkannt und damit qualitativ andere Stufen der Erkenntnis gewonnen werden. Der H.-Begriff ist dann sinnvoll nur für eine jeweils bestimmte Zeit verwendbar: Leibniz spricht ausdrücklich vom gegenwärtigen H. der Wissenschaft, von dem aus ihr zukünftiger H. gar nicht abgeschätzt werden könne: «Alles Bewußtsein hat immer nur den H. seiner gegenwärtigen Fassungskraft im Felde der Wissenschaften, keinen der zukünftigen» (Et quaevis mens horizontem praesentis suae circa scientias capacitatis habet, nullum futurae) [21].

Während sich der Begriff bei Chr. Wolff nur gelegentlich auch in der übertragenen Bedeutung findet [22], avanciert er bei Baumgarten zu einem Schlüsselbegriff seiner ‹Aesthetica›. Das Motiv für die Einführung des Begriffes ist bei ihm die Möglichkeit, mit seiner Hilfe den Bereich des unteren und oberen Erkenntnisvermögens voneinander abzugrenzen. Diese Notwendigkeit ergibt sich aus «der wichtigsten Neuerung Baumgartens» [23], alle unteren Erkenntnisvermögen unter dem Titel einer «cognitio sensitiva» [24] zusammenzufassen und als «analogon rationis» (das der Vernunft ähnliche) [25] selbständig neben das obere Erkenntnisvermögen zu stellen. In der Ästhetik, der Theorie der sinnlichen Erkenntnis, mußte dieses neu bestimmte Erkenntnisvermögen von der logischen und rationalen Erkenntnis unterschieden werden. Diese Unterscheidung nimmt Baumgarten mit Hilfe des H.-Begriffes vor.

‹H.› bezeichnet daher bei Baumgarten primär bestimmte Gegenstandsbereiche. Das geht schon aus der Definition des Begriffes hervor, derzufolge «der H. (die Sphäre) der menschlichen Erkenntnis die endliche Zahl von Gegenständen aus dem unendlichen Universum der Dinge ist, die für den mittelmäßigen menschlichen Geist ... erkennbar sind» (Horizon (sphaera) cognitionis humanae est finitus materiarum ex universitate rerum infinita numerus, quae mediocri ingenio humano ... possunt clarescere) [26]. Wenn Baumgarten den Begriff dann als «horizon aestheticus» und «horizon logicus» zur Unterscheidung beider Erkenntnisarten benutzt [27], werden den beiden Vermögen mit seiner Hilfe bestimmte Gegenstandsbereiche zugeordnet. Zwar sind diese Bereiche nicht völlig getrennt – «horizonti aesthetico logicoque possunt esse multae materiae communes» (dem ästhetischen und dem logischen H. können viele Gegenstände gemeinsam sein) [28] –, aber sowohl der logische [29] als auch der ästhetische [30] H. umfaßt Gegenstände, die nicht zu dem Bereich des anderen gehören. Die Funktion des H.-Begriffes bei Baumgarten ist es also, die falsche Wahl des Gegenstandes zu verhindern: Der «aestheticus» soll sich nicht ins Feld der Wissenschaft [31], der Wissenschaftler nicht in das der Ästhetik verirren [32]. Der Begriff ‹H.› dient damit nicht mehr wie bei Leibniz zur Kennzeichnung des Umfanges der menschlichen Erkenntnis überhaupt, sondern dazu, den Umfang bestimmter Erkenntnisvermögen gegeneinander abzugrenzen. Auf diese Weise beginnt bei Baumgarten jene Differenzierung in Hinblick auf den inhaltlich bestimmten Standpunkt, von dem aus geurteilt wird, die für die spätere Ausbreitung des Begriffes charakteristisch ist [33]; schon Baumgarten spricht gelegentlich vom «horizon morum» (H. der Sitten) [34].

Ebenso kennt Baumgarten neben dem allgemeinen Erkenntnis-H. des Menschen überhaupt schon den eines Individuums und dessen mögliche Veränderung: jeder hat seinen eigenen H., der sich verengen und erweitern kann («in aestheticis ... quilibet suum horizontem habet, et potest aliquid esse multorum in horizonte aesthetico, quod tamen non est intra meum.» «meus horizon aestheticus potest contrahi, potest dilatari» [35]).

Baumgartens Schüler G. F. MEIER verwendet den Terminus ‹H.› in seiner ‹Vernunftlehre› an hervorragender Stelle. Die weitere Verbreitung des Begriffes ist vermutlich vor allem sein Verdienst; auch Kants Gebrauch des Terminus ist stark von ihm beeinflußt. Meier rückt die Frage nach dem individuellen H. des Einzelnen, die schon bei Baumgarten anklang, in den Mittelpunkt seiner Ausführungen. Er läßt die erkenntnistheoretischen Überlegungen und die Unterscheidung zwischen ästhetischem und logischem H. seines Lehrers weitgehend außer acht und legt das Gewicht ganz auf die pragmatische Frage nach der erstrebenswerten «Weitläuftigkeit der gelehrten Erkenntniß» [36]. Sein Ideal des vollkommenen «Weltweisen», das polemisch gegen den «Schulfuchs» und engen Fachgelehrten gewendet ist [37], verbindet den umgangssprachlichen Gebrauch von ‹H.› bis in die Gegenwart mit dem Bildungsideal einer nicht fachgebundenen Gelehrsamkeit. Seine Bestimmung des H.-Begriffes enthält entsprechend der praktisch-pädagogischen Absicht pragmatische Einschränkungen, die auch den Gebrauch des Begriffs beim frühen Kant bestimmen: «der H. der gelehrten Erkenntniß» ist «der Inbegrif aller Dinge ..., welche ein Mensch, ohne Nachtheil seiner übrigen gesamten Vollkommenheit, auf eine gelehrte Art erkennen kan» [38].

Die weitere Verwendung des Begriffes wird auch in sprachlicher Hinsicht maßgeblich durch Baumgarten und Meier beeinflußt. BAUMGARTEN hatte die Stellung der Gegenstände zum ästhetischen H. durch Ortspräpositionen gekennzeichnet. Gegenstände konnten «infra», «extra» und «intra horizontem aestheticum» liegen; gehörten sie jedoch ausschließlich in den Bereich des oberen Erkenntnisvermögens, dann lagen sie «supra horizontem aestheticum». Diesem letzten Ausdruck liegt die These von zwei Gegenstandsbereichen verschiedener Dignität zugrunde, in dem noch die alte, metaphysische Vorstellung von hierarchisch geordneten Seinsstufen anklingt. Dennoch übernimmt MEIER auch ihn ins Deutsche, ohne noch zwischen ästhetischem und logischem H. zu unterscheiden. Der Ausdruck «über dem H.» verliert ohne diesen Bezug auf einen höheren Gegenstandsbereich des oberen Erkenntnisvermögens seinen Sinn und widerspricht der anschaulichen Verwendung des Begriffs; schon KANT tadelt «die Unrichtigkeit des Ausdruks ‹über den H.›» [39]. Dennoch setzen sich MEIERS Bestimmungen durch und prägen den Sprachgebrauch bis heute: *Über* dem H.» (supra) liegen «alle diejenigen Dinge, welche zwar wichtig und groß sind, allein die Kräfte des menschlichen Verstandes übersteigen» [40]; «*unter* dem gelehrten H.» (infra) liegen «diejenigen Dinge, welche zwar von Menschen auf eine gelehrte Art könten erkant werden, die es aber nicht verdienen, weil sie nicht groß und wichtig genung sind» [41]; «*außer* dem gelehrten H.» (ultra) liegen «Sachen ..., deren gelehrte Erkenntniß uns aber an unsern Pflichten hindern würde» [42]. «Alle übrigen Dinge» liegen *innerhalb* (intra, in) des gelehrten H. und «machen eigentlich den gelehrten H. aus» [43].

KANT weitet den Anwendungsbereich des Begriffes noch stärker aus und gibt ihm zugleich die grundsätzliche erkenntnistheoretische Dimension zurück, die er auf dem Wege von Leibniz über Baumgarten zu Meier zu verlieren drohte. Seine Aufstellungen über den Anwendungsbereich des Begriffes nehmen dabei die verschiedenen Aspekte des Terminus bei den genannten Autoren – wenn auch modifiziert – wieder auf und stellen das Begriffsfeld so geordnet dar, daß es – oft unverändert übernommen [43a] – den Sprachgebrauch des 19. Jh. weitgehend bestimmt.

Die Bewahrung der Tradition durch Kant wird bereits an der Unterscheidung eines logischen, eines ästhetischen und eines praktischen H. deutlich. Wenn er den logischen H. bestimmt sein läßt durch «das Vermögen oder die Erkenntnißkräfte in Beziehung auf das *Interesse des Verstandes*», dann nimmt er darin die erkenntnistheoretische Frage Leibnizens nach dem möglichen Umfang der menschlichen Erkenntnis auf; der ästhetische H., der «*nach dem Geschmack* in Beziehung auf das Interesse des Gefühls» bestimmt ist, bewahrt – auch wenn Kant kritisch die Gefahr bezeichnet, «die Wissenschaft» demgemäß «nach dem Geschmacke des Publicums einzurichten» – den entsprechenden Ansatz Baumgartens; die Einführung eines praktischen H. schließlich, der, «sofern er bestimmt wird nach dem Einflusse, den ein Erkenntniß auf unsre Sittlichkeit hat, ... pragmatisch» heißt, führt die pädagogisch-normativen Absichten Meiers weiter [44].

Der H.-Begriff wird damit zu einem Schlüsselbegriff der Philosophie Kants. Seine allgemeine Bestimmung, dergemäß unter «dem H. unserer Erkenntnisse ... die Angemessenheit der Größe der gesammten Erkenntnisse mit den Fähigkeiten und Zwecken des Subjects zu verstehen ist» [45], formuliert ein Hauptanliegen des kritischen Kant: die Bestimmung des Umfanges und der Grenzen der menschlichen Erkenntnis. Das wird insbesondere bei der Behandlung des allgemeinen «theoretisch oder logisch bestimmten H.», also gegenüber der Frage: «Was kann der Mensch als Mensch überhaupt wissen», deutlich [46]. Die Beantwortung dieser Frage ist eine der wesentlichen Aufgaben der ‹Kritik der reinen Vernunft›. Demgemäß verwendet Kant den Terminus in der ‹Methodenlehre», um die spezifische Methode der Kritik zu erläutern. Wenn empiristischen Ansätzen «der Inbegriff aller möglichen Gegenstände für unsere Erkenntniß ... eine ebene Fläche zu sein» scheint, «die ihren scheinbaren H. hat», dann scheitern nicht nur alle Versuche, diesen «Vernunftbegriff der unbedingten Totalität» zu bestimmen, sondern «alle Fragen unserer reinen Vernunft» liegen «außerhalb diesem H.e» [47]. Der Skeptizismus zieht daraus voreilig die Konsequenz, alle diese Fragen außerhalb des H. der Vernunft überhaupt zu verweisen [48]. Die daraus resultierende Unsicherheit über die Grenzen des Erkennens ist aber ohne eine grundsätzliche Untersuchung der Quellen und des Umfanges des Vernunftvermögens nicht zu beseitigen: Der bloß mit seinem empirischen Gebrauche beschäftigte Verstand kann «nicht unterscheiden, ob gewisse Fragen in seinem H.e liegen, oder nicht» [49]. Erst eine Kritik der Vernunft erkennt: «Unsere Vernunft ist nicht etwa eine unbestimmbar weit ausgebreitete Ebene ..., sondern muß vielmehr mit einer Sphäre verglichen werden, deren Halbmesser sich aus der Krümmung des Bogens auf ihrer Oberfläche (der Natur synthetischer Sätze a priori) finden, daraus aber auch der Inhalt und die Begrenzung derselben mit Sicherheit angeben läßt. Außer dieser Sphäre (Feld der Erfahrung) ist nichts für sie Object» [50].

Von diesem «absoluten und allgemeinen» H. ist der «besondre und bedingte (Privat-H.)» zu unterscheiden, der von «empirischen und speciellen Rücksichten, z. B. des Alters, des Geschlechts, Standes, der Lebensart u. dgl. m.» abhängt [51]. Sofern es sich dabei um den Privat-H. eines Einzelnen handelt, kann man – hierin folgt Kant ganz den pädagogischen Absichten Meiers – «Regeln» in «Absicht auf die Erweiterung und Demarcation unserer Erkenntniß», aber keine Inhalte «empfehlen», denn «es würde verwegen sein, den H. Anderer bestimmen zu wollen, weil man theils ihre Fähigkeiten, theils ihre Absichten nicht genug kennt» [52].

Besonderer oder bedingter Privat-H. kann aber auch schon bei Kant der H. einer Gruppe oder eines Teilgebietes sein: Er spricht vom H. «des Kinds» [53], «des Mannes» [54], «des Alters» [55], «des Geschlechts» [56], «des Zeitalters» [57]; «der Wissenschaften» [58], «der Philosophie» [59], «der Mathematik» [60], «einer Religion» [61], «des Glaubens» [62], «der Meynungen» [63] usw., ja, er kann sogar das Feld eines Begriffes als dessen H. und die oberste Begriffsgattung als den «allgemeinen und wahren H.» in begriffslogischer Hinsicht bezeichnen [64].

Anmerkungen. [1] J. A. SCHERZER: Vade mecum sive Manuale philosophicum ... (1654) 102. – [2] J. H. ZEDLER: Großes vollständiges Universal-Lexicon ... (1732ff., ND 1961ff.) 13, 849. – [3] a. a. O. 850. – [4] 852f. – [5] CHR. WOLFF: Math. Lexicon (1716, ND 1965) 713f. – [6] a. a. O. 712. – [7] H. A. MEISSNER: Philos. Lexicon ... aus ... Herrn Christian Wolffens sämmtlichen teutschen Schrifften ... (1737) 292f. – [8] Grimm 4/2, 1814f. – [9] A. G. BAUMGARTEN: Aesthetica (1750, ND 1970) § 149. – [10] I. KANT, Vorles. über Logik. Logik Busolt. Akad.-A. 24/2, 623f.–[11] W. T. KRUG: Allg. Handwb. der philos. Wiss. ... (²1833) 2, 252. – [12] LEIBNIZ bei E. BODEMANN: Die Leibniz-Handschr. der Königl. öff. Bibl. zu Hannover (1895) 83. – [13] ebda. – [14] G. MARTIN: Leibniz. Logik und Met. (²1967) 29f. – [15] L. COUTURAT: Opuscules et frg. inédits de Leibniz (Paris 1903, ND 1961) 186f. – [16] a. a. O. 96; vgl. M. ETTLINGER: Leibniz als Geschichtsphilosoph (1921) 27ff. – [17] COUTURAT, a. a. O. [15] 532. – [18] ebda.; vgl. E. KNOBLOCH: Die math. Stud. von Leibniz zur Kombinatorik (1973) 77–89. – [19] ETTLINGER, a. a. O. [16] 27ff. – [20] Vgl. dazu noch I. KANT, Logik. Akad.-A. 9, 41; vgl. Refl. 1973. Akad.-A. 16, 179. – [21] ETTLINGER, a. a. O. [16] 33. – [22] Vgl. z. B. CHR. WOLFF: Vernünftige Gedancken von den Kräften des menschl. Verstandes ... (1713, ND 1965) 4, § 22. – [23] A. BAEUMLER: Das Irrationalitätsproblem in der Ästhetik und Logik des 18. Jh. bis zur Kritik der Urteilskraft (²1967) 195. – [24] BAUMGARTEN, Aesth. a. a. O. [9] § 1. – [25] Met. (³1757) § 640. – [26] Aesth. § 119. – [27] ebda. – [28] § 123. – [29] § 124. – [30] § 127. – [31] § 124. – [32] § 127. – [33] Vgl. dazu schon KANT, hier Anm. [53-63]. – [34] BAUMGARTEN, Aesth. § 275. – [35] § 149; vgl. §§ 157. 865. 877. – [36] G. F. MEIER: Vernunftlehre (= VL) (²1762) § 61. – [37] a. a. O. § 66. – [38] § 65. – [39] KANT, Refl. 1962. Akad.-A. 16, 175; Wiener Logik. Akad.-A. 24/2, 815f.; vgl. auch KRUG, a. a. O. [11] 852f. – [40] MEIER, VL a. a. O. [36] § 66; vgl. BAUMGARTEN, Aesth. §§ 121. 124. 157. 356. 429. 451. 497. – [41] MEIER, VL § 67; vgl. BAUMGARTEN, Aesth. §§ 6. 120. 157. 356. 430. 454. – [42] MEIER, VL § 68; vgl. BAUMGARTEN, Aesth. §§ 138. 192. 464. – [43] MEIER, VL § 69; vgl. BAUMGARTEN, Aesth. §§ 123. 127. 137. 181. 191. 195. 275. 426; [49]. 353. 840. – [43 a] Vgl. z. B. G. I. WENZEL: Canonik des Verstandes und der Vernunft ... (1801) 112ff.; Vollständiger Lehrbegriff der gesammten Philos. ... (1803) 1, 166ff.; Elementa philosophiae ... (1806) 1, 130ff. – [44] I. KANT, Logik. Akad.-A. 9, 40; vgl. die zugrunde liegenden Refl. 1956-2001. Akad.-A. 16, 170ff. und die entsprechenden Texte der Logiknachschriften Akad.-A. 24/1. 2. – [45] Logik. Akad.-A. 9, 40. – [46] a. a. O. 41. – [47] KrV B 787f. – [48] ebda. – [49] B 297. – [50] B 790. – [51] Logik. Akad.-A. 9, 41. – [52] 42f.; vgl. Refl. 1979. 1992. Akad.-A. 16, 182. 185f. – [53] Logik Blomberg. Akad.-A. 24/1, 70. – [54] ebda.; Logik Philippi. Akad.-A. 24/1, 380. – [55] Logik Philippi a. a. O. 380. – [56] ebda. – [57] Logik Blomberg a. a. O. [53] 68. – [58] Träume eines Geistersehers ... Akad.-A. 2, 342; Logik. Akad.-A. 9, 41; Refl. 1992. Akad.-A. 16, 186; Wiener Logik a. a. O. [39] 817. – [59] Logik Philippi a. a. O. [54] 377. – [60] Logik Pölitz. Akad.-A. 24/2, 522. – [61] Wiener Logik a. a. O. [39] 814. – [62] Refl. 2001. Akad.-A. 16, 190. – [63] ebda. – [64] KrV B 686; vgl. G. S. A. MELLIN: Encyclop. Wb. der krit. Philos. (1800f., ND 1971f.) 3/1, 289.   H. J. ENGFER

III. – 1. In einem sehr weiten Sinn geht die weitere Verwendung von ‹H.› aus dem Ansatz Kants hervor. H. läßt sich so charakterisieren als «zur transzendentalen Verfassung des menschlichen In-der-Welt-seins» [1] gehörig. – Eine wichtige, wenn auch geistesgeschichtlich kaum bemerkte und von der gängigen Kennzeichnung abweichende Bestimmung gibt FR. NIETZSCHE. ‹H.› dient zur Umschreibung des Lebensbereichs und ist wichtig in Nietzsches Erörterung der Perspektive und des perspektivischen Denkens: «jedes Lebendige [kann] nur innerhalb eines H. gesund, stark und fruchtbar werden» [2]. – Eine ebenfalls – durch den Bezug auf kulturelle Wirkungszusammenhänge – abweichende Fassung von ‹H.› findet sich bei W. DILTHEY. ‹H.› bezeichnet den umgreifenden Zusammenhang eines ausgebildeten kulturellen Systems. «Dieses hat einen *abgeschlossenen H.* So ist eine *Epoche* in sich selbst in einem *neuen Sinn zentriert*» [3]. Dilthey betont die Grenze, die durch den H. gegeben ist, «indem jede solcher Epochen eine Begrenzung findet in einem *Lebens-H*. Ich verstehe darunter die Begrenzung, in welcher die Menschen einer Zeit in bezug auf ihr Denken, Fühlen und Wollen leben» [4].

Anmerkungen. [1] K. ULMER: Von der Sache der Philos. (1959) 76. – [2] FR. NIETZSCHE, Musarion-A. 6, 236. – [3] W. DILTHEY, Werke 7 (1958) 155. – [4] a. a. O. 177.   Red.

2. Gemäß E. HUSSERLS Theorie der Intentionalität ist es der Grundzug des Bewußtseinslebens, gegenständlichen Sinn zu vermeinen. Der im intentionalen Erlebnis aktuell vermeinte «Gegenstand» wird jedoch niemals als völlig isoliert und abgeschlossen, als gänzlich unbestimmt und unbekannt erfahren, sondern als etwas innerhalb von Zusammenhängen, als etwas in und aus einer Umgebung [1]. Jedes aktuelle cogito hat seinen H. (Hof, Hintergrund, Wahrnehmungsfeld) [2]. Dieser ist in jeder aktuellen Einzelerfahrung in der Weise der «Implikation» als «Leer-H.» mitgegeben und läßt sich von dem im aktuellen Erlebnis gegebenen Kern aus enthüllen [3]. Durch frei vermögliche Aktualisierung der zum jeweiligen Erlebnis selbst gehörigen Potentialitäten des Bewußtseins gelangt man auf diesem Wege der Explika-

tion des H. zu allen Zusammenhängen, in denen das Erlebnis steht. Man kommt zu neuen Erfahrungen, die durch das Ausgangserlebnis intentional vorgezeichnet sind. «Die H. sind vorgezeichnete Potentialitäten» [4]. Weil jede neue Erfahrung, zu der ich durch Explikation des H. gelange, ihrerseits wiederum neue, offene H. hat, so ist alles zur Erfahrung Kommende prinzipiell immer weiter erfahrbar und bestimmbar [5].

Da alle Erfahrung eine derartige H.-Struktur hat, ist korrelativ alles Bewußtsein als Bewußtsein von etwas immer auch H.-Bewußtsein.

Husserl unterscheidet zwischen dem «Innen-H.» eines einzelnen Dinges, in dem alles impliziert ist, was sich von diesem Einzelding erfahren läßt [6], und dem «Außen-H.» eines Dinges, der alles enthält, was sich von einem Gegenstand in seinem Zusammenhang mit anderen Objekten erfahren läßt [7]. Husserl arbeitet im Verlauf seiner Entwicklung heraus, daß alle Einzelwahrnehmung und das gesamte natürliche Leben, das stets mit «irgendetwas» befaßt ist, letztlich immer schon im Universal-H. der Welt als dem absoluten H. stehen. Alles ist, was es ist, nur auf dem Boden der Welt, die bei jeder Erfahrung als Boden eines universalen passiven Seinsglaubens vorausgesetzt ist. Es besteht ein untrennbarer Zusammenhang zwischen Dingbewußtsein und Weltbewußtsein. Der Welt-H. ist nur ein solcher von seienden Objekten und für seiende Objekte. Alles Seiende aber ist nur als etwas in und aus der Welt [8]. Mit jedem Schritt einer H.-Explikation wandelt sich der H. all dessen, was erfahrbar ist, im Ganzen [9]. Daher ist der H. stets lebendig strömender H. [10]. Die H.-Haftigkeit des welterfahrenden Lebens ist letztlich in der genetischen Urgesetzlichkeit des ursprünglichen Zeitstromes mit seinen Vergangenheits- und Zukunfts-H. verwurzelt [11].

Anmerkungen. [1] E. HUSSERL: Ideen zu einer reinen Phänomenol. und phänomenol. Philos. 1. Husserliana 3 (Den Haag 1950) 57f. – [2] a. a. O. 58f. 112f.; Die Krisis der europ. Wiss. und die transzendentale Phänomenol. Husserliana 6 (Den Haag ²1962) 165; Cartesianische Meditationen und Pariser Vorträge. Husserliana 1 (Den Haag ²1963) 84. 131f. – [3] Erfahrung und Urteil. Untersuch. zur Geneal. der Logik (³1964) 136f.; Die Krisis... a. a. O. [2] 162. – [4] Cartesianische Meditationen a. a. O. [2] 82. – [5] Erfahrung und Urteil a. a. O. [3] 158f. – [6] a. a. O. 27f. – [7] 28f.; Analysen zur passiven Synthes. Aus Vorlesungs- und Forschungs-Ms. 1918–1926. Husserliana 11 (Den Haag 1966) 67. – [8] Die Krisis... a. a. O. [2] 146. 167; Erfahrung und Urteil a. a. O. [3] 24; vgl. L. LANDGREBE: Welt als phänomenol. Problem, in: Der Weg der Phänomenol. (²1967) 44f. – [9] HUSSERL, Erfahrung und Urteil a. a. O. [3] 140. – [10] Die Krisis... a. a. O. [2] 152. – [11] Analysen zur passiven Synthesis... a. a. O. [7] 73. P. JANSSEN

3. M. HEIDEGGER schließt zunächst an Husserls Verwendung des H.-Begriffs an: H. gehört in den Rahmen der phänomenologischen Analyse der Gegenstandskonstituentien. Darüber hinaus dient er zur Charakterisierung der «Zeitlichkeit im H. des vulgären Zeitverständnisses» [1]. In dieser Fassung ist er jedoch nivelliert – Heideggers Analyse sucht den «existenzial-ontologischen H.» [2] zu explizieren. Diese Unterscheidung führt Heidegger zu terminologischen Neubildungen: «die ekstatisch-horizontale Einheit der Zeitlichkeit» [3] wird freigelegt im Unterschied zum üblichen oder depravierten Gebrauch des Begriffs. ‹H.› meint dann einmal eine transzendentale Bestimmung eines Sein verstehenden Daseienden und zum anderen eine Bestimmung des transzendenten Seins. «Jede Erschließung von Sein als des transcendens ist *transzendentale* Erkenntnis. *Phänomenologische Wahrheit (Erschlossenheit von Sein) ist veritas transcendentalis*» [4]. Resultat der Analyse ist, daß sich das faktisch Daseiende im H. von Transzendenz versteht: «Das faktische Dasein kommt vielmehr, ekstatisch sich und seine Welt in der Einheit des Da verstehend, aus diesen H. zurück auf das in ihnen begegnende Seiende» [5].

Heidegger hebt später die transzendentale Bedeutung von H. hervor, um die Aussagen über Transzendenz zurückzunehmen. «Der H. und die Transzendenz sind somit von den Gegenständen und von unserem Vorstellen aus erfahren und nur im Hinblick auf die Gegenstände und unser Vorstellen bestimmt» (6). Heidegger wendet nun selbst ein, «daß auf solche Weise dasjenige, was den H. das sein läßt, was er ist, noch keineswegs erfahren wird» [7]. «Als denkende Wesen, d. h. zugleich als transzendental vorstellende», halten wir «uns im H. der Transzendenz» auf. «Der H. ist aber die unserem Vor-stellen zugekehrte Seite» [8]. Es wird damit eine andere als die transzendentale Beziehung zum H. Vorgestellten denkbar: die Gelassenheit, die «weder ein kausaler Wirkungszusammenhang noch das horizontal-transzendentale Verhältnis» ist. Diese Beziehung «kann weder als ontische noch als ontologische gedacht werden ...» [9].

Anmerkungen. [1] M. HEIDEGGER: Sein und Zeit (1927) 426; vgl. 423. – [2] a. a. O. 421. – [3] 366. – [4] 38. – [5] 366. – [6] Gelassenheit (1959) 39. – [7] ebda. – [8] 50. – [9] 55. Red.

4. Husserls und Heideggers Anregungen führen zu weiteren eigenständigen Ausformungen des Begriffs H. Während K. MANNHEIM von einem allgemein-menschlichen «Erwartungs-H.» spricht, von dem «unser Leben» aufgrund einer gewissen «Konstanz unserer Erfahrungen» umgeben sei [1], bezeichnet K. R. POPPER denselben Erwartungs-H. als ein «Bezugssystem oder einen Rahmen, der den Erlebnissen, Handlungen, Beobachtungen» sowohl des vorwissenschaftlichen als auch des wissenschaftlichen Bewußtseins «erst eine Bedeutung verleiht» [2]. In die Literaturwissenschaft hat der Terminus als Bezeichnung für die jeweils auf einen Text bezogene Erwartung des Lesers [3] bzw. als «H. des kontinuitätsbildenden Dialogs von Werk und Publikum» [4] Eingang gefunden. Sie greift damit – zum Teil ausdrücklich [5] – auf die Hermeneutik H.-G. GADAMERS zurück, der geschichtliches Verstehen und historisches Bewußtsein nur als «Verschmelzung» der in Spannung zueinander stehenden, aber lediglich scheinbar getrennten H. der Vergangenheit und Gegenwart für möglich hält: «Im Vollzug des Verstehens geschieht eine wirkliche H.-Verschmelzung, die mit dem Entwurf des historischen H. zugleich dessen Aufhebung vollbringt» [6].

Unabhängig von der Verwendung des Begriffs durch Husserl erlangt ‹H.› besondere Bedeutung in der *Linguistik* mit dem zweiten Teil der sprachphilosophischen Untersuchungen H. AMMANNS [7], auf den sich H. BRINKMANN bezieht, wenn er zunächst das Kennzeichen der Mundarten darin sieht, daß sie im Gegensatz zu den Hochsprachen nur einen «Ausschnitt» des Lebens, «eine Welt für sich» bewältigen und in diesem H. verharren [8].

Die eigenständige linguistische Bedeutung des Begriffs schließt jedoch einen allgemeinwissenschaftlichen Konsensus hinsichtlich des an den H.-Begriff gebundenen Vorstellungsinhalts nicht aus, der gerade auch für die Etablierung eines Modells der sprachlich-kommunikativen Interaktion ausschlaggebende Bedeutung erlangt hat. Danach widerspricht es der Modalität jedes zum Verstehen führenden Erkenntnisvorganges, den einzelnen Akt der Wirklichkeitserfahrung als Nullpunkt für die Erkenntnis von etwas Neuem anzusehen, da jede aktuale Einzelerfahrung von einem Vorverständnis geprägt ist, das die neue Erfahrung auf den Kontext des schon Bekannten bezieht und damit Verstehen erst ermöglicht. Jeder Verstehensakt übt wiederum eine Rückwirkung auf das bisherige Vorwissen aus, das durch die Integration der neuen Erfahrung erweitert wird. Umgekehrt ist mit diesem Erfahrungspotential als Vorauswirkung die Erfüllungspotentialität der auf dem Erfahrungsschatz beruhenden Erwartungen gegeben, die entweder bestätigt oder enttäuscht bzw. falsifiziert werden. Im Zusammenspiel beider Dimensionen erweist sich der dynamische Charakter dieses Potentials, für das der H.-Begriff verwendet wird.

Während AMMANN die Kategorie des H. für den Aufweis der bipolaren Spannungseinheit des (Mitteilungs-)Satzes in Anspruch nimmt [9], bezieht sich BRINKMANN auf höhere kommunikative Einheiten. Bei der Analyse des kommunikativen Effektes erweist es sich als notwendig, über die Berücksichtigung der beiden traditionellen Dimensionen der Situation und des Kontextes hinaus bestimmte Faktoren der linguistischen Pragmatik einzubeziehen, nämlich das, « was den Partnern der jeweiligen Rede bekannt ist, oder das, woran sie jeweils denken » [10], d. h. das, was ihren H. ausmacht. Damit stellt der H. eine individuell bezogene Variable dar, die punktuell als das im Laufe der Biographie aufgebaute, durch die Dimensionen der Erinnerung (Vorinformation) und Erwartung determinierte gedankliche Repertoire der an einem sprachlichen Kommunikationsprozeß Beteiligten bestimmt werden kann. Dabei ist impliziert, daß dieses Repertoire « jederzeit sprachlich verfügbar » ist [11]. Daraus erhellt die Relevanz von ‹H.› als einer jedes Verstehen fundierenden Kategorie. Der im Verlauf einer sprachlichen Kommunikation erfolgende oder nicht erfolgende Ausgleich in der Regel total differierender H. der Partner garantiert oder verhindert letztlich ein Verstehen tieferer Dimensionen im personalen wie sozialen Bereich zwischenmenschlicher Begegnung.

Die Linguistik hat bereits programmatische Versuche unternommen, diese Modellvorstellungen am sprachlichen System selbst zu verifizieren. So manifestiert sich nach Brinkmann der H. in der Entscheidung des Sprechers für die Anwendung bestimmter kommunikativ-grammatischer Kategorien; z. B. « in der Wahl der Kommunikationsform (Frage, Aufforderung, Mitteilung) und der gewählten Modalität und in der durch das Tempus angegebenen Einstellung » [12]. Weiter ist man auf die Bedeutung ganzer Wortklassen gestoßen, die es dem Sprecher ermöglichen, auf seinen eigenen wie auf den H. des Angesprochenen Bezug zu nehmen [13]:

a) die *Fragepronomina* (z. B. ‹wer›, ‹wo›, ‹wann›), die eine ‹Leerstelle› im H. des Sprechers markieren und um deren Besetzung aus dem H. des Angesprochenen ersuchen;

b) die *Indefinitpronomina* (z. B. ‹einige›, ‹mehrere›, ‹andere›), die eine semantische Füllung vermeiden und dem Angesprochenen die Identifikation aus dessen H. freistellen;

c) bestimmte *Konjunktionen*, wie ‹und› und ‹aber›, die vom Ablauf der Rede her die Erwartungs-H. des Hörers auf die Kontinuität oder Diskontinuität des Redesinnes determinieren.

‹H.› stellt mithin eine wesentlich semantisch bestimmte Kategorie mit ausschlaggebender Bedeutung für die Sinnkonstitution eines Textes dar. Unter diesem Aspekt sieht W.-D. STEMPEL den H. auch in seiner Relevanz für die Autor-Werk-Leser-Relation narrativer Texte [14], deren Verständnis an gattungsspezifische Erwartungsnormen geknüpft ist. Danach gewinnt der H.-Begriff eine an Identität grenzende Nähe zu dem, was A. J. GREIMAS die «Isotopieebene» [15] einer Rede (eines Textes) genannt hat, da sich beide Begriffe auf ein «System von Normen, das ... das Verständnis des Textes über ein Vorverständnis leitet » [16], beziehen. Allerdings handelt es sich hier primär um die Erwartung der intratextuellen semantischen Kohärenz einer Rede (eines Textes), wie aus der Definition VAN DIJKS (unter Bezug auf GREIMAS) hervorgeht: « Eine Sequenz (Q_i) eines Textes T ist isotop, wenn – und nur wenn – für jeden zu Q_i gehörigen Satz S_i gilt, daß S_i zumindest ein Sem oder Klassem [= semantisches Merkmal] enthält, das auch in $S_1 \wedge S_2 \wedge$ ... $\wedge S_{1-i}$ enthalten ist» [17]. Das zugrunde liegende Normensystem kann als der im H. verfügbare Sprachbesitz eines Sprachteilhabers (participant) bezeichnet werden.

In diesem Zusammenhang werden neuerdings weitere begriffliche Prägungen in die Diskussion eingebracht, die zwar unter anderen Forschungsperspektiven oder in anderen Teiltheorien entwickelt worden sind, die sich aber mit dem H.-Begriff partiell überlappen oder Teilkomponenten thematisieren. So z.B. sucht E. COSERIU W. PORZIGS Konzeption der «wesenhaften Bedeutungsbeziehungen» [18] im Rahmen einer strukturalen Semantik weiterzuentwickeln, indem er zwischen «den durch die Sachkenntnis gegebenen Implikationen» [19] (‹Schnee› – ‹weiß› oder ‹schmutzig›) und den sprachlich-systematisch bedingten Inhaltsbeziehungen (‹Hund› – ‹bellen›) unterscheidet und für die letzteren den Terminus «lexikalische Solidaritäten» [20] prägt. Sie erweisen sich letztlich als sprachübliche und damit im H. erwartbare semantische Kombinationen, die sowohl auf der Ebene des Syntagmas (‹blondes Haar›) wie auf der Textebene (‹... Pferde. Das Wiehern ...›) relevant sind. Unter textlinguistischem Aspekt werden solche transphrastischen Relationen von W. DRESSLER mit dem Terminus «semantische Anaphora» [21] und von R. HARWEG innerhalb seiner textuellen Substitutionstheorie als «Kontiguität» [22] bezeichnet und als «syntagmatisch semantische Affinität» [23] definiert. Dabei differenziert Harweg noch einmal logisch (z. B. ‹eine Frage›: ‹die Antwort›, ‹eine Niederlage›: ‹der Sieg›), ontologisch (‹ein Blitz›: ‹der Donner›), kulturell (‹eine Straßenbahn›: ‹der Schaffner›) und situationell (‹ein Mann›: ‹das lose Sporthemd›) begründeten Kontiguitätsbeziehungen. Während in dieser Taxonomie der Implikationsverhältnisse keine Differenzierung nach sprachlichem und sachlichem Vorwissen als Teilkomponenten von H. explizit wird, kommt ihr eine zentrale Funktion in der Teiltheorie für die Textkohärenz bei I. BELLERT [24] zu. Hier wird unter logico-semantischem Aspekt ausdrücklich zwischen Implikationen eines Satzes unterschieden, die auf «knowledge of the language» (‹Er studiert jetzt an der Sorbonne› – ‹Er hat vorher nicht oder anderswo studiert› usw.) und solchen, die auf «knowledge of the world» (‹Er studiert jetzt an der Sorbonne› – ‹Er studiert jetzt in Paris›) beruhen. Die gleiche Unterscheidung treffen auch H. WEINRICH, der eine Vorinformation durch den Code (Sprache) [25] und eine andere durch «cultural knowledge» [26] kennt, und S. J. SCHMIDT, der in seinem texttheoretischen Konzept u. a. die Modellfaktoren «Kenntnis des Codes» und «komplexe Voraussetzungssituation» des Sprechers getrennt aufführt [27]. Die letztere umfaßt wiederum ein

Faktorenbündel, zu dem nach Schmidt als Einzelkomponenten das «intellektuelle Kräftefeld» (nach P. BOURDIEU [28]), in das der Sprecher integriert ist, «seine sozialen, ökonomischen und biographischen Verhältnisse und das Maß an unbewußt internalisierter und bewußt beherrschter ‹Kultur›» [29] gehören. Die zuletzt genannten Faktoren werden heute vielfach auch unter den Begriff kultureller/sozialer Kontext [30] subsumiert, der damit ebenfalls eine Teilkomponente von H. erfaßt.

Während der H. unter textlinguistischer Perspektive an die vorgestellte Begriffsreihe gebunden ist, erscheint er in der stark von der logischen Sprachanalyse beeinflußten generativen Semantik unter dem Begriff der ‹Präsupposition›. Deren inhaltliche Bestimmung findet sich schon bei G. FREGE, wenn er auf die mit einer Behauptung gesetzten Voraussetzungen als Bedingungen für die Gültigkeit dieser Behauptung aufmerksam macht (‹Kepler starb im Elend› präsupponiert die Existenz Keplers) [31]. Obwohl der Terminus ‹Präsupposition› nicht einheitlich gebraucht wird – sein Verwendungsspektrum reicht von den Bedingungen für den Wahrheitswert eines Satzes bis zu bestimmten pragmatischen Aspekten einer Äußerung [32] –, scheint sich in der generativen Semantiktheorie ein Konsensus hinsichtlich seines begrifflichen Inhalts herauszubilden, den H. BREKLE so umschreibt: «Als Präsupposition eines Satzes kann man verstehen die einem Satz zugrundeliegende und von demjenigen, der diesen Satz äußert, als gegeben angenommene Voraussetzung, die, wenn nicht in allen, so doch in vielen Fällen aus dem Satz selbst erschlossen werden kann» [33]. Während der Begriff hier auf die logischen Implikationen eines isolierten Einzelsatzes bezogen ist und dabei den Sektor des H. erfaßt, der anderweitig mit «knowledge of the language» umschrieben wird, ist er in der linguistischen Pragmatik, etwa bei D. WUNDERLICH, an den Satz als Äußerung gegenüber einem Hörer in einer konkreten Sprechsituation gebunden [34]. (‹Kepler starb im Elend› präsupponiert dann nicht nur die Existenz Keplers, sondern auch, daß der Name ‹Kepler› dem Hörer in gleicher Weise wie dem Sprecher bekannt ist.) Da das Wissen um die Welt über die Kenntnis der Sprache vermittelt ist und damit zum H. als dem jederzeit verfügbaren Sprachbesitz eines Sprachteilhabers gehört, entfällt hier die unter systemlinguistischer Perspektive vorgenommene Trennung zwischen Sprachkenntnis und Weltkenntnis. Mit der Erkenntnis, daß Präsuppositionen unter kommunikativem Aspekt nicht nur als logische Voraussetzungen für den Wahrheitswert eines Satzes, sondern letztlich als Erwartungen, als «das Sprecher und Angesprochenem potentiell Gemeinsame» aufzufassen sind, das für jeden Kommunikationsakt gegeben sein oder erst geschaffen werden muß [35], erweist sich diese pragmatische Konzeption als nahezu identisch mit dem H.-Begriff H. BRINKMANNS, wenn er feststellt: «Er [der H.] schließt ihr [der Kommunikationspartner] Verhältnis zueinander ein, ihre soziale Rolle, ihre Erfahrungen, Erinnerungen und Erwartungen, natürlich auch ihr ‹Vorwissen›, alles, woran sie ‹denken›. Insgesamt ist es ihr Sprachbesitz, der potentiell verfügbar ist und jederzeit aktualisiert werden kann» [36]. Die Übereinstimmung der Pragmalinguistik mit dieser Auffassung zeigt sich zudem darin, daß auch WUNDERLICH bei der Beschreibung der am Kommunikationsakt beteiligten Komponenten den Terminus ‹H.› verwendet. In einer Kommunikationssituation mit mindestens zwei Partnern «bestimmt ... ihr H. erst, wie sie eine einzelne Äußerung intendieren wollen

oder verstehen können» [37]. Allerdings ist hier der momentane Wahrnehmungsraum (die Situation) der Gesprächspartner mit in den H.-Begriff integriert. Der Begriff ‹H.› erweist sich mithin als komplexes heuristisches Konzept, dessen systematische Ausdifferenzierung noch aussteht.

Anmerkungen. [1] K. MANNHEIM: Mensch und Gesellschaft im Zeitalter des Umbaus (1958) 212. – [2] K. R. POPPER: Naturgesetze und theoretische Systeme, in: Theorie und Realität, hg. H. ALBERT (1964) 90. – [3] W. ISER: Die Appellstruktur der Texte (1970); W. PREISENDANZ: Über den Witz (1970) bes. 27f. – [4] H. R. JAUSS: Literaturgesch. als Provokation (1970) 169; vgl. 176ff. – [5] a. a. O. 241ff. – [6] H.-G. GADAMER: Wahrheit und Methode (²1965) 286-290. – [7] H. AMMANN: Die menschliche Rede 1. 2 (1925, 1928, ND 1969). – [8] H. BRINKMANN: Hochsprache und Mundart, in: Wirkendes Wort Sammelbd. 1 (Sprachwissenschaft) (1962) 104-115. – [9] AMMANN, a. a. O. [7] 294ff. – [10] H. BRINKMANN: Die Syntax der Rede, in: Satz und Wort im heutigen Deutsch (1967) (= Sprache der Gegenwart 1) 78. – [11] ebda. 78. – [12] H. BRINKMANN: Die dtsch. Sprache (²1971) 732. – [13] H. BRINKMANN: Die Syntax der Rede a. a. O. 79ff. – [14] W.-D. STEMPEL: Möglichkeiten einer Darstellung der Diachronie in narrativen Texten, in: Beiträge zur Textlinguistik (1971) (= Int. Bibl. für allg. Linguistik 1) 61f. – [15] A. J. GREIMAS: Strukturale Semantik, aus dem Frz. J. IHWE) (1971) 60-92. – [16] STEMPEL, a. a. O. [14] 62. – [17] T. A. VAN DIJK: Neuere Entwickl. in der lit. Semantik, in: S. J. SCHMIDT (Hg.): text, bedeutung, ästhetik (1970) 131. – [18] W. PORZIG: Wesenhafte Bedeutungsbeziehungen. Beitr. Gesch. dtsch. Sprache 58 (1934) 70ff. – [19] E. COSERIU: Lexikalische Solidaritäten. Poetica 1 (1967) 293-304, zit. 293f. – [20] ebda. – [21] W. DRESSLER: Towards a semantic deep structure of discourse grammar, in: regional meeting of the Chicago Linguistic Soc. 6 (1970 205. – [22] R. HARWEG: Pronomina und Textkonstitution, in: Beihefte zu Poetica 2 (1968) 192ff. – [23] a. a. O. 192f. – [24] I. BELLERT: On a condition of the coherence of texts. Semiotica 2 (1970) 335-365; dtsch. in: F. KIEFER (Hg.): Semantik und generative Grammatik, in: Ling. Forsch. 1/I (1972) 1-31. – [25] H. WEINRICH: Textlinguistik: Zur Syntax des Artikels in der dtsch. Sprache. Jb. int. Germanistik I/1 (1969) 61-74. – [26] H. WEINRICH: The textual function of the French article, in: S. CHATMANN (Hg.): Lit. style. A symposium. (New York 1971) 221ff., zit. 231. – [27] S. J. SCHMIDT: Text als Forschungsobjekt der Texttheorie. DU 24 (1972) 7-28. – [28] P. BOURDIEU: Zur Soziol. der symbolischen Formen (1970). – [29] SCHMIDT, a. a. O. [27] 19. – [30] Vgl. H. GECKELER: Strukturelle Semantik und Wortfeldtheorie, in: Int. Bibl. allg. Ling. 7 (1971) 49-58. – [31] G. FREGE: Über Sinn und Bedeutung, Z. Philos. u. philos. Kritik NF 100 (1892) 25-50; ND in: G. FREGE: Funktion, Begriff, Bedeutung, hg. G. PATZIG (³1969) 40-65, zit. 54f. – [32] F. KIEFER: On presuppositions, in: F. KIEFER/N. RUWET (Hg.): Generative grammar in Europe (Dodrecht 1972) 218-242; dtsch. in: KIEFER (Hg.). a. a. O. [24] 1/II (1972) 275-303. – [33] H. E. BREKLE: Semantik (1972) 97. – [34] D. WUNDERLICH: Präsuppositionen in der Linguistik, in: K. HYLDGAARD-JENSEN (Hg.): Kopenhagener Beitr. zur german. Linguistik (1972) 93-108. – [35] K. EHLICH und J. REHBEIN: Erwarten, in: D. WUNDERLICH (Hg.): Linguistische Pragmatik. Schwerpunkte Ling. u. Kommunikationswiss. 12 (1972) 99-115, zit. 103. – [36] BRINKMANN, a. a. O. [12] 730. – [37] U. MAAS und D. WUNDERLICH: Pragmatik und sprachl. Handeln, in: Athenäum-Skripten Linguistik 2 (1972) 80. M. SCHERNER

Hörnerfrage (griech. κερατίνης scil. λόγος, Hörnerschluß, lat. Cornutus) heißt einer der Fangschlüsse des Megarikers EUBULIDES [1]. Der Schluß lautet bei DIOGENES LAERTIUS so: «Was einer nicht verloren hat, besitzt er. Hörner hast du nicht verloren. Also besitzt du Hörner» [2].

Anmerkungen. [1] DIOG. LAERT. II, 108. – [2] VII, 187.
Literaturhinweis. H. BARGE: Der Horn- und Krokodilschluß. Arch. Kulturgesch. 18 (1928) 1ff. E. G. SCHMIDT

Horror vacui, fuga vacui (Furcht, Flucht vor der Leere) ist ein Begriff der *scholastischen* Naturphilosophie zur Erklärung von Erscheinungen, die auf der Wirkung des atmosphärischen Luftdrucks beruhen, durch die der Natur zugeschriebene aktive Eigenschaft, vor der Leere zurückzuschrecken: «natura (ab)horret vacuum». Der Begriff und die ihm zugrunde liegende Vorstellung fehlen der Antike, wenn sie auch die zugehörigen Erscheinungen kennt und ihre Erklärungen den Ausgangspunkt der scholastischen Deutung bilden.

Die Wirkweise der altbekannten Klepshydra (wörtl. Wasserdieb = bauchiger Stechheber) wird erstmals von EMPEDOKLES erklärt [1]: Die nach innen drängende Außenluft verhindere das Austreten der Flüssigkeit aus den Bodenlöchern, während sie beim Öffnen des Halses von oben eindringe und entsprechend viel Flüssigkeit verdränge. Diese vorexperimentelle Alltagserfahrung wird dann von ANAXAGORAS [2] zum Nachweis der Körperhaftigkeit der Luft und einer fehlenden Leere (gegen die Atomisten) und zur Widerlegung der Sprechweise von einem «leeren» statt von einem «luftgefüllten» Gefäß herangezogen. ARISTOTELES kritisiert jedoch [3], daß beide nicht die «Schwere» («naturgemäße» Bewegungsrichtung) von Luft und Wasser berücksichtigen, und spricht bei geöffneter Klepshydra von gewaltsamem (παρὰ φύσιν) Verdrängen der Luft durch das Wasser, das sich am Hals festsetze und nur wieder gewaltsam von der von oben eindringenden Luft vertrieben werden könne [4]. In dieser peripatetischen Tradition stehen auch die antiken Pneumatiker KTESIBIOS (1. Hälfte des 3. Jh v. Chr.), PHILON VON BYZANZ (Mitte desselben Jh.) und HERON VON ALEXANDRIA (1. Jh. n. Chr.), die auch Saugheber, gebogene Heber und Kapselheber kennen und in ihre Erklärungen einbeziehen: Die «Elemente» ordnen sich naturgemäß sphärisch übereinander, die benachbarten Elementarsphären (Wasser/Luft, Luft/ Feuer) haften «wie verleimt» aneinander (später spricht man auch vom «Band der Natur» [5]); das Wasser folgt deshalb «gegen» seine Natur (παρὰ φύσιν) der Luft, wenn diese «gewaltsam» aus einem Heber (Röhre) gesogen wird bzw. von einer in einem umgestülpt ins Wasser gedrückten Bechergefäß befindlichen brennenden Kerze teilweise in (die Becherwand durchdringendes) nach oben strebendes Feuer verwandelt (verzehrt) wird, dem die Luft folgt, der sich das Wasser anschließt. Die Wasser- und Luftsphären sind in sich «zusammenhängend» und bleiben es auch in Gefäßen und Röhren und erstreben durch Ausgleich (ἀντιπερίστασις; gebogene Heber, kommunizierende Röhren) die sphärische Begrenzung [6]. Ein kontinuierliches Vakuum (κενοῦ τις φύσις ἀθρόα αὐτὴ καθ' ἑαυτήν [7]) leugnen auch die Pneumatiker, doch zieht HERON zur Erklärung der Möglichkeit «gewaltsamer» Verdichtung und Verdünnung von Luft im Heronsball durch Einblasen und Aussaugen die Theorie des alexandrinischen Arztes ERASISTRATOS [8] heran, gemäß der «das Vakuum verstreut in kleinen Teilen der Luft, dem Wasser und den anderen Körpern verbunden ist» [9] (ähnlich LUKREZ). Das «naturgemäße» (κατὰ φύσιν) Verhältnis von Luftkörperchen (σώματα; STRATON vertritt das absolute Kontinuum und spricht deshalb von μόρια, Teilen [10]) und verteilten Vakua werde «gewaltsam» gestört, die Luft sei aber wie jeder andere (elastische) Körper aufgrund ihrer «Spannkraft» (εὐτονία) bestrebt, das naturgemäße Volumen wieder einzunehmen.

Dieser Ansatz für die Erklärung der Saug- und Heberwirkung ging allerdings bis zum Wiederbekanntwerden der ‹Pneumatika› Herons im 16. Jh. wieder verloren. Die Folgezeit (Spätantike, insbesondere die Aristoteles- und Platonkommentatoren, Araber, frühes Mittelalter) hielt an der Nichtexistenz jeglichen Vakuums und an dem Zusammenhalt der Elementarsphären, der eine Unterbrechung der Wasser- und Luftsäule in einer Röhre verhindert, fest. Vor allem sah man im Anschluß an Aristoteles *nicht* das (zu vermeidende) Vakuum selbst oder die ἀντιπερίστασις (Ausgleich: PLATON, ARISTOTELES), die ἀνταπόδοσις (Wiedererstattung: THEOPHRAST) bzw. die παλινδρομικὴ κίνησις (rückläufige Bewegung [der Flut]: POSEIDONIOS [11]) als bloße Beschreibung der Bewegung für die *Ursache* des Nachfolgens an, das allein die Leere verhindere: So wird die Ausgleichsbewegung der Winde (ἀνταπόδοσις), die bei THEOPHRAST als «Bewegung zum Leeren hin» (πρὸς τὸ κενὸν ἡ φορά) beschrieben wird [12], fälschlich als H.v. gedeutet [13]; es heißt jedoch unmittelbar anschließend: διὸ καὶ τὸ ἕλκειν οὐ καλῶς λέγεται (deshalb ist es auch unrichtig, ‹es zieht› zu sagen); auch in der syrischen Vorlage der arabischen Übersetzung des Meteorologieexzerptes [14] ist bei der Erklärung der Entstehung der Winde mittels des Klepshydraeffektes nicht von einem «Zwang der Leere» die Rede. – Der Aristotelischen Lehre schließen sich selbst die Atomisten an, so EPIKUR: τὸ δὲ κενὸν οὔτε ποιῆσαι οὔτε παθεῖν δύναται [15] (das Leere vermag weder zu bewirken noch zu erleiden); dieses Argument wird z. B. auch von den *Stoikern* benutzt, um ein innerweltliches Vakuum zu widerlegen [16]); die Leere sei nur eine conditio sine qua non (ὡς τὸ ἐν ᾧ καὶ ὡς τόπον [17]) für die Bewegung. Derselben Meinung sind z. B. STRATON VON LAMPSAKOS (τὸ κενὸν μὴ εἶναι αἴτιον τῆς κατὰ τόπον κινήσεως, das Leere ist nicht Ursache der Ortsveränderung; ihr sei kein ἕλκειν (Ziehen) zuzuschreiben [18]), und selbstverständlich die Aristoteleskommentatoren (und über sie die Araber) [19], die allerdings darauf hinweisen, daß man gelegentlich so spreche, als ob die Leere «ziehe» (ἡ καλουμένη τοῦ κενοῦ βία [20]); Ps.-ALEXANDER VON APHRODISIAS spricht in diesem Zusammenhang auch von einer ἀπειλὴ τοῦ κενοῦ, von der «Drohung, daß Vakuum entsteht» [21]. Auch in der Erklärung der «Anziehung» eines Magneten durch die Atomisten (wonach die magnetischen «effluvia» die Luft um den Magneten herum wegstoßen, so daß ein luftleerer (luftverdünnter) Raum entstehen müßte), zieht nicht die Leere das Eisen an, sondern die es umgebende Luft führt eine Antiperistasisbewegung aus und reißt es mit [22]. – Eine Leere wurde generell abgelehnt, sie ist nicht ein ‹etwas› (τι) und könne deshalb auch nichts bewirken; aus der Unmöglichkeit ihrer Existenz folge der Heber- und Saugeffekt. Zur Demonstration wurden stets dieselben Beobachtungen an Klepsydren und Hebern angeführt – aus der Tradition der Aristoteleskommentare (AVERROËS, AL-GAZALI, ALBERTUS MAGNUS, THOMAS VON AQUIN, PIERRE D'AUVERGNE, JOHANNES BURIDAN, MARSILIUS VON INGHEN, PETRUS ABANUS usw.), bald auch aus dem lateinischen Fragment der ‹Pneumatika› PHILONS VON BYZANZ (brennende Kerze; bei WALTER BURLEIGH u. a.; bei den Arabern seit AL-GAZALI und den BENU MUSA [23], in lateinischem Auszug als ‹Tractatus de inani et vacuo› 13. Jh.).

Neu ist das Experiment mit Adhäsionsplatten, das R. BACON erstmals anführt [24]. Er bemüht sich auch um eine erste positive Erklärung der Phänomene (1277) [25]: «Vacuum nihil est et nulla natura; quod est causa aliqua, natura est; ergo vacuum non est causa» (Die Leere ist nichts und keine Natur; was irgendeine Ursache ist, ist Natur; also ist die Leere keine Ursache) [26]. Zusätzlich zu den bekannten causae efficientes, der umgebenden und nach Ausgleich strebenden Luft und dem «Zusammenhalt» (Kohäsion) aller Körper («universale Kontinuität», communia naturalium [24]), wird die «Ordnung» der natura universalis als causa finalis und eigentliche Ursache eingeführt; die «Ordnung» ist eine positive (finale) «Kraft» der Natur, die ein Vakuum, d. h. eine «Unordnung» und ein Diskontinuum, verhindert: «tertia est causa finalis quae est ordinatio corporum universi et mundi machinae congruentia, scilicet ne sit vacuum, quod est causa inordinationis et corruptionis rerum ... Ex quo patet quod omnes iste tres causae in unam coincidunt et unam constituunt, scilicet ne sit vacuum» (die dritte ist die Zweckursache, welche die gleichförmige Ordnung der Weltkörper und des Weltbaus ist, nämlich damit nicht Leere sei, die die Ursache der Unordnung und des Verderbens der Dinge ist ... Daraus wird klar, daß alle diese drei Ursachen in eine zusammenfallen, nämlich damit nicht Leere sei) [27]. «Unde quod aqua in clepsydra attrahatur et retineatur ... hoc non fit a vacuo, sed ab ipsa natura et ordinatione corporum, scilicet aqua et aere, ne vacuum accidat, quod esset causa inordinationis eorum et corruptionis si accideret» (Die Ursache dafür, daß Wasser in der Klepshydra angezogen und zurückgehalten wird, ... ist nicht die Leere, sondern die Natur selbst und die Ordnung der Körper, nämlich Wasser und Luft, damit keine Leere vorkomme, welche die Ursache ihrer Unordnung und ihres Verderbens wäre, wenn sie vorkäme) [28]. (Aus der Folge ist so Zweck geworden.) Die *natura universalis* ist der *natura particularis* (z.B. des «gegen» *seine* Natur gehobenen Wassers) übergeordnet; beide werden als «Kräfte» (virtus, vis) angesehen, wobei die Kraft der natura universalis überwiegt und diejenige der natura particularis, wenn sie ihr entgegenwirkt, überwinden kann [29]. AEGIDIUS VON ROM gab dann zwar mit dem ‹tractus a vacuo› (tractus vacui, einer ebenfalls den Bewegungsrichtungen der Körper übergeordneten universalen positiven «Anziehungskraft» als causa efficiens, der Theorie Bacons eine neue Wendung [30], doch fanden seine Gedanken aus den angeführten Gründen keine Anerkennung (siehe jedoch unten zu Galilei). Vielmehr setzte sich Bacons Erklärung dank ihrer Aufnahme bei seinem Schüler ROBERT GROSSETESTE schnell durch. JOHANNES CANONICUS spricht bereits von der natura universalis, «die Auflösungen und Unterbrechungen meidet» (abhorret): «et in tantum natura vacuum abhorreret» [31]. Der Ausdruck, der sich bei Bacon noch nicht findet, scheint von PETRUS ABANUS 1310 eingeführt worden zu sein; unter den Zeitgenossen benutzen ihn daraufhin WILHELM VON AUVERGNE, ALBERT VON SACHSEN, HEINRICH VON HESSEN und andere, jeweils im Sinne des finalen H.v. der natura universalis [32]. Die Theorie bleibt bis ins 17. Jh. fast kanonisch [33] und bildet auch die Erklärungsgrundlage für die Wirkweise der in der Mitte des 15. Jh. von MARIANO JACOPO VON SIENA und LEONARDO DA VINCI erfundenen und seitdem hauptsächlich zur Wasserführung in Bergwerken eingesetzten Saugpumpe mit durchbohrtem Kolben [34]. Die Praktiker merkten sehr bald die Begrenzung der Saughöhe und richteten sich danach [35]; das gelegentliche Bersten der hölzernen Saugrohre wurde auf den H.v. zurückgeführt.

Noch G. GALILEI [36] führt die Saugwirkung und die Kohäsion der Wassersäule auf den H.v. zurück, lehnt jedoch erstmals eine finale «Kraft» ab und denkt sich den «Widerstand des Vakuums» wie Aegidius wieder als – allerdings jetzt in ihrer Größe begrenzte – «Saugkraft» des Vakuums (la forza del vacuo). Inzwischen war auch die Theorie Herons wieder bekannt geworden [37] und wurde von A. TURNEBI [38], I. BEECKMAN [39] und anderen vertreten; CARDANUS, J. C. SCALIGER, die *Coimbrenser* [40], B. KECKERMANN [41] und andere hatten die «natura universalis» R. Bacons durch die conservatio bzw. connectio (Kohäsion) der einzelnen Sphären und Körper ersetzt. GALILEI bemüht sich dann, indem er, einer Anregung Balianis folgend, beide Theorien verbindet, um die Bestimmung der Größe der «Kraft des Vakuums» und erklärt ganz allgemein die Kohäsion aller Körper als Resultat der Summe der «Kräfte» der in ihnen fein verteilten Vakua. Zerreißproben ergeben ihm die jeweilige Größe relativ zur Kohäsionsgrenze der nach unten strebenden Wassersäule von 18 Ellen, die der Größe des über ihr befindlichen kontinuierlichen Vakuums entspreche. – Zu ähnlichen Ergebnissen war BEECKMAN, im Anschluß an Stevins Hydrostatik und Herons Theorie folgend, mit seit 1613 mit überdimensionalen Hebern durchgeführten, jedoch nicht veröffentlichten Experimenten gekommen, hatte aber das Steigen des Wassers und überhaupt alle Kohäsion als Wirkung des äußeren Luftdrucks erklärt und eine «fuga vacui» geleugnet. In seinen ‹Theses› von 1618 vertrat er: «Aqua suctu sublata non attrahitur vi vacui, sed ab aere incumbente in locum vacuum impellitur» (Der Saugwirkung ausgesetztes Wasser wird nicht von der Kraft des Vakuums angezogen, sondern von der in den leeren Raum eindringenden Luft angetrieben) und: «Est vacuum rebus intermixtum» (Das Vakuum ist den Dingen untergemischt) [42]. Unabhängig davon wurden – angeregt durch die ‹Discorsi› Galileis und die Kritik, die DESCARTES an ihnen unter Verwertung der Ergebnisse und Theorien Beeckmans übte – in Rom seit 1639 von G. BERTI, unter Assistenz von R. MAGIOTTI, A. KIRCHER, N. ZUCCHI und E. TORRICELLI, gleiche Versuche wie die Beeckmans durchgeführt, die Torricelli 1643 veranlaßten, zum Nachweis des «Luftdrucks» (gravitas, pondus aeris) statt einer Wassersäule die schwerere und deshalb kürzere und besser zu handhabende Quecksilbersäule zu benutzen, über der sich ein Vakuum (das sog. Torricellische Vakuum) bildete, wenn die gefüllte und oben geschlossene Glasröhre in ein Quecksilberbad gestellt wurde [43]. Durch Vermittlung M. Mersennes wurden diese Versuche in Paris wiederholt, wo sie B. PASCAL zu der Überlegung anregten, daß eine Wirkung des Luftdrucks anstelle des H.v. bestätigt würde, wenn die Quecksilbersäule in großer Höhe über dem Erdboden, in der sich weniger Luft(gewicht) über dem Gerät befindet, niedriger und das darüber befindliche Vakuum größer werden würde, so daß seine entsprechend größere «Kraft» das Quecksilber eigentlich mehr anziehen müßte. Der Versuch wurde von seinem Schwager F. PÉRIER im Oktober 1647 am Puy de Dôme erfolgreich durchgeführt [44], und das Gerät als «Barometer» erwiesen. Die Theorie vom H.v. wurde endgültig durch die Versuche mit der kurz zuvor von O. V. GUERICKE erfundenen Luftpumpe widerlegt, die ohne Kenntnis der Versuche Torricellis und Pascals 1653/54 auf dem Reichstag zu Regensburg öffentlich vorgeführt wurden; sie wiesen die Pumpfähigkeit, d. h. Elastizität der Luft nach und demonstrierten nicht nur sehr effektvoll die damals unvorstellbare Größe und Leistungsfähigkeit des Luftdrucks, sondern auch sein witterungsbedingtes Schwanken, woraus auf die Endlichkeit der Lufthülle und die allmähliche Abnahme der Luftdichte geschlossen wurde. Durch Vermittlung K. SCHOTTS [45] wurden in England diese Versuche besonders durch R. BOYLE fortgeführt, der daraus sein Gesetz der Abnahme des Luft(Gas-)drucks ableitete [46]. Die Theorie des H.v. war durch all diese Versuche jetzt selbst für Cartesianer und streng peripatetische Jesuiten widerlegt, die ein Vakuum weiterhin leugneten und seinen Raum von feinem, alles durchdringendem Äther erfüllt sein ließen [47].

Anmerkungen. [1] EMPEDOKLES, VS B 100, 8ff. – [2] Vgl. ARISTOTELES, Phys. 213 a 22ff.; Probl. phys. XVI, 8 914 b 9ff. = ANAXAGORAS, VS A 68f. – [3] ARIST., De caelo 309 a 19f. – [4] a. a. O. [2]. – [5] So bei A. HAUPTMANN: Berg-Bedencken (Leipzig 1658) 38; O. v. GUERICKE (1672) und früher; vgl. H. SCHIMANK, F. KRAFFT u. a.: Otto von Guerickes Neue (sog.) Magdeburger Versuche über den leeren Raum, nebst Briefen, Urkunden und anderen Zeugnissen ... übers. und hg. mit Komm. (1968) Index s.v. ‹Band der Natur›. – [6] PHILON VON BYZANZ, De ingeniis spiritualibus. Lat. Auszug bei V. ROSE: Anecdota Graeca et Graeco-Latina 2 (Berlin 1870) 299-313 und HERONIS ALEXANDRINI opera quae supersunt omnia 1 (Leipzig 1899) 458-489; CARRA DE VAUX: Les livres des appareils pneumatiques et des machines hydrauliques par Philon de Byzanz [arab.-frz.]. Notices et extraits du ms. de la Bibl. nationale 38 (Paris 1903), 27-235; HERON VON ALEXANDRIA, Pneumatika a. a. O. [griech.-dtsch.]. – [7] HERON a. a. O. 6. – [8] *Nicht* des Straton von Lampsakos (so häufig im Anschluß an H. DIELS: Über das physik. System des Straton. Sber. preuß. Akad. Wiss. 9 (1893) 101-127); vgl. M. GATZEMEIER: Die Naturphilos. des Straton von Lampsakos (1970); und F. KRAFFT: Heron von Alexandria, in: Die Großen der Weltgesch., hg. K. FASSMANN u. a. 2 (1972) 332-379. – [9] HERON, a. a. O. [6] 6ff.; fälschlich = Straton von Lampsakos Frg. 56-58. 64. 65 b. 66f. 88 bei F. WEHRLI, in: Die Schule des Aristoteles 5 (²1969). – [10] Vgl. Frg. 65 a bei WEHRLI, a. a. O. (SIMPLIKIOS). – [11] THEOPHRAST, De ventis § 10 u. ö.; vgl. P. STEINMETZ: Die Physik des Theophrastos von Eresos (1964) 29f. – [12] THEOPHRAST, a. a. O. § 33. – [13] STEINMETZ, a. a. O. [11] 29f. 46f. u. ö. – [14] Fol. 853 b 16-19; E. WAGNER und P. STEINMETZ: Der syr. Auszug der Meteorol. des Theophrast (1964). – [15] DIOGENES LAERTIOS X, 67. – [16] Vgl. M. POHLENZ: Die Stoa 1 (⁴1970) 65-72. – [17] ARISTOTELES, Phys. 214 a 24ff. b 12ff.; vgl. SIMPLIKIOS, In Arist. physica S. 664. – [18] STRATON, Frg 63 WEHRLI = SIMPLIKIOS, a. a. O. 659, 20ff.; vgl. bes. 663, 4-8. – [19] Vgl. bes. a. a. O. 664, 3ff.: die Leere sei *nicht* Wirkursache der Bewegung. – [20] PHILOPONOS, In Arist. physicorum V post. S. 675; SIMPLIKIOS, In Arist. de caelo S. 158, 7; vgl. auch ARISTOTELES, Parva nat. 471 a 2ff. (gegen Diogenes). – [21] Ps.-ALEXANDER VON APHRODISIAS, Problemata (Paris 1541) I, Nr. 95; II, Nr. 59. – [22] LUKREZ VI, 906ff., bes. 1002ff.; vgl. PLINIUS XXXVI, 25. – [23] Vgl. E. WIEDEMANN und F. HAUSER: Über Trinkgefäße und Tafelaufsätze nach al-Gazali und den Benu Musa. Der Islam 8 (1918) 55-93. 268-291. – [24] R. BACON, Liber primus communium naturalium, hg. STEELE, in: Opera hactenus inedita 3 (Oxford 1909) 219ff.; vgl. A. G. LITTLE (Hg.): Roger Bacon (Oxford 1914) 266. – [25] Vgl. P. DUHEM: Le système du monde 8 (Paris 1958) 134-148; C. DE WAARD: L'expérience barométrique. Ses antécédents et ses explications (Thouas 1936) 56-58; R. BACON: Quaestiones supra libros quatuor physicorum Aristotelis IV: Queritur de vacuo, Queritur de clepsydra, Queritur septimo utrum vacuum sit causa aliqua, hg. DELORME, a. a. O. [24] (Oxford 1928) 200-208. – [26] a. a. O. 207. – [27] 200f. – [28] 208; Opus tertium c. 45. – [29] Quaestiones ... a. a. O. [25]; Codex Amiens 406 fol. 94, zit. DE WAARD, a. a. O. [25] 57f.; ROBERT GROSSETESTE, Summa c. 244f. – [30] AEGIDIUS ROMANUS, In libros de phys. auditu Aristotelis comm. IV, lect. 10, 12; vgl. auch die Kritik im Sinne R. Bacons durch FRANCISCUS MAYRONIS: Scriptum in secundum Sententiarum (Venedig 1520) 151, zit. DUHEM, a. a. O. [25] 152-156. – [31] JOANNIS CANONICI Quaestiones super VIII libros Phys. Aristotelis (Venedig 1520) fol. 42f. – [32] Vgl. DUHEM, a. a. O. [25] 157-168; DE WAARD, a. a. O. [25] 58f., und die Diskussion bei J. C. SCALIGER: Exercitationum V. De subtilitate adversus Cardanum, Exerc. 5, 8 u. ö. (zu CARDANUS: De subtilitate (1550) 15-23 u. ö.). – [33] Vgl. neben SCALIGER, a. a. O., etwa J. SPERLING: Inst. Physicae (Wittenberg 1639) II, 5, q. 4: An natura vacuum semper repleat corpore? («*Natura unitatis amans est*»: fuga vacui). – [34] Vgl. I. RETI: Francesco di Giorgio Martini's treatise on engineering and its plagiats. Technol. and Culture 4 (1963) 287-298; S. SHAPIRO: The origin of the suction pump a. a. O. 5 (1964) 560-574. – [35] Vgl. die Beschreibung von 7 Saugpumpen bei G. AGRICOLA: De re metallica lib. XII (Basel 1556) liber VI (S. 140: *ad pedes quatuor et viginti*). – [36] G. GALILEI: Discorsi e dimostrazioni matimatiche intorno a due nuove scienze (Leiden 1638) 1. Tag. = Edizione nazionale 8, 39ff.; zuerst briefl. 1613 = Ed. naz. 4, 298. – [37] COMMANDINOS lat. Heronübers. war 1575, zwei ital. von ALEOTTI und GIORGI DA URBINO 1589 bzw. 1592 erschienen; vgl. GALILEI, Ed. naz. 10, 64f.; 5, 301 (Brief von 1615). – [38] A. TURNEBI: De calore libellus (posth. Paris 1600) 15. – [39] Das ‹Journal› J. BEECKMANS ist auszugsweise abgedruckt in: Oeuvres de DESCARTES, hg. ADAM/TANNERY 10 (1908) 17-39 bzw. DE WAARD, a. a. O. [25] 145-168. – [40] Comm. in octo libros Phys. Aristotelis (Coimbra 1592) IV, 9, q. 1. – [41] B. KECKERMANN: Systema physicum (Danzig 1610) 1060. – [42] Vgl. DE WAARD, a. a. O. [25] 79. – [43] Vgl. M. GLIOZZI: Origini e sviluppi dell'esperienza Torricelliana (Turin 1931). – [44] B. PASCAL: Récit de la grande expérience de l'équilibre des liqueurs (Paris 1648). – [45] K. SCHOTT: Mechanica hydraulico-pneumatica (Würzburg 1657) Anhang. – [46] Vgl. C. WEBSTER: The discovery of Boyle's Law, and the concept of the elasticity of air in the 17th century. Arch. Hist. exact. Sci. (Berl.) 2 (1965) 441-502. – [47] Vgl. K. SCHOTT: Technica curiosa (Würzburg 1664) mit Ber. über alle Versuche und die Theorien darüber.

Literaturhinweise. K. MEYER: Zur Gesch. der antiperistasis. Ann. Naturphilos. 3 (1904) 429ff. – C. DE WAARD s. Anm. [25]. – P. DUHEM s. Anm. [25] 121-168 (ursprünglich in: A. G. LITTLE (Hg.), a. a. O. [24] 241-284). – H. SCHIMANK u. a. s. Anm. [5]. – F. KRAFFT s. Anm. [8]. – Weitere Lit. s. Art. ‹Vakuum›.

F. KRAFFT

Hospitalität oder Wirtbarkeit ist nach KANT neben der auf das Staatsbürgerrecht (ius civitatis) einzelner Staaten bezogenen Forderung nach Verwirklichung des Republikanismus (Erster Definitivartikel) und neben dem zum Völkerrecht der freien Staaten im Verhältnis zueinander (ius gentium) gehörenden Postulat des Föderalismus in Form eines Friedensbundes (Zweiter Definitivartikel) die dritte politische Maxime, deren Befolgung allein Aussicht auf Realisierung der Idee des ewigen Friedens unter den Menschen verspricht. Dieser Dritte Definitivartikel lautet: «Das Weltbürgerrecht soll auf Bedingungen der allgemeinen H. eingeschränkt sein» [1]. Das bedeutet dreierlei.

1. Die Forderung gehört zum Gebiet des ius cosmopoliticum zwischen Menschen bzw. Staaten, die «in äußerem aufeinander einschließenden Verhältnis stehend als Bürger eines allgemeinen Menschenstaates anzusehen sind»; diese Idee ist, wie KANT ausdrücklich betont, nicht als eine phantastische und überspannte Forderung, sondern als eine notwendige Ergänzung des ungeschriebenen Kodex (und zwar sowohl des Staats- wie des Völkerrechts) zum Zustandekommen eines öffentlichen Menschenrechtes überhaupt anzusehen.

2. Es handelt sich hierbei – wie auch bei den anderen Maximen – um eine Forderung des Rechtes, nicht um Philanthropie. Kant definiert: H. bedeutet «das Recht eines Fremdlings, seiner Ankunft auf dem Boden eines anderen wegen von diesem nicht feindselig behandelt zu werden», wozu – wie J. G. FICHTE in seiner Rezension bemerkt – «ein Staat nach den Grundsätzen des bloßen Staatsrechts allerdings das vollkommenste Recht hätte» [2]. Auch KANT hält fest, daß der besuchte Staat an sich den Fremdling gleich zu Beginn seines Besuches abzuweisen berechtigt wäre, wofern dies ohne Lebensgefahr für diesen geschehen könnte; nur eines dürfe er nicht tun, nämlich dem Besucher, nachdem er ihn einmal aufgenommen habe und solange dieser sich seinerseits friedlich verhalte, mit Feindlichkeiten und Hostilitäten zu begegnen. Die H.-Forderung ist also an beide Seiten adressiert, an den aufnehmenden Staat wie an die Fremdlinge: die ausdrückliche Einschränkung («solange ...») impliziert Kants Kritik am «inhospitalen Betragen der gesitteten, vornehmlich Handel treibenden Staaten unseres Erdteils», welche den Besuch fremder Länder und Völker gemeinhin mit dem Erobern derselben verwechseln. Die Rechtsbasis der H.-Forderung ist das Recht des gemeinschaftlichen Besitzes der Oberfläche der Erde, «auf welcher die Menschen sich nicht ins Unendliche zerstreuen können, auf der sie sich vielmehr endlich doch nebeneinander dulden müssen, wobei ursprünglich niemand an einem Orte dieser Erde zu sein mehr Recht hat

als der andere». Das H.-Recht ist so ein Naturrecht, der Verstoß dagegen – etwa in Form der Versklavung gestrandeter Schiffsleute – wäre *Unwirtbarkeit*. «Dieses Recht (als eine Befugnis fremder Ankömmlinge) erstreckt sich freilich auch nicht weiter als auf die Bedingungen der Möglichkeit, einen Commerz mit den alten Einwohnern zu *versuchen*.»

So wie die Staatstheoretiker des ausgehenden 18. Jh. sich durchaus dessen bewußt waren, daß das Völkerrecht an die Existenz der zu Staaten (im genauen Sinne) formierten europäischen Völker jener Zeit gebunden war und es mit diesen hauptsächlich zu tun hatte [3], so sieht auch Kant die spezifisch geschichtliche Bedingung des Weltbürgerrechts (ius cosmopoliticum) darin, daß, «da es mit der unter den Völkern der Erde einmal durchgängig überhand genommenen Gemeinschaft so weit gekommen ist, nunmehr die Rechtverletzung an einem Platz der Erde an allen gefühlt wird». Der Mechanismus, dessen sich die Natur bedient, um die Völker, die sich durch den Begriff des Weltbürgerrechts allein von Gewalttätigkeit und Krieg nicht würden abhalten lassen, ist die in einer solchen Situation durchgängiger Interdependenz der Nationen allein mögliche Weise der Befriedigung des Eigennutzes; konkret: «Es ist der Handelsgeist, der mit dem Kriege nicht zusammen bestehen kann, und der früher oder später sich jedes Volkes bemächtigt. Auf diese Weise können entfernte Weltteile miteinander in friedliche Verhältnisse kommen, die schließlich öffentlich gesetzlich werden und so das menschliche Geschlecht einer weltbürgerlichen Verfassung immer näher bringen können.»

3. Der Dritte Definitivartikel grenzt das H.-Recht gegen die weitergehende Forderung eines *Gastrechtes* ab; dieses würde einen besonderen Pakt zwischen Staaten voraussetzen (und daher zum ius gentium gehören), gemäß dem der Fremdling den Anspruch erheben könnte, auf eine gewisse Zeit als Hausgenosse aufgenommen zu werden. Das H.-Recht ist demgegenüber nur ein *Besuchsrecht*. – Das H.-Postulat steht bei Kant, wie man aus den erhaltenen Vorarbeiten zum «Gemeinspruch» ersehen kann, genetisch im Zusammenhang seiner spezifischen Rezeption der drei revolutionären Losungsworte «liberté, égalité, fraternité». Während in Kants publizierten Schriften nur die drei Grundsätze der *Freiheit*, *Gleichheit* und *Abhängigkeit aller* von einer gemeinsamen Gesetzgebung [4] (bzw. statt des letzten Prinzips das der *bürgerlichen Selbständigkeit* [5]) eingegangen sind, hatte er ursprünglich die Trias «*Freiheit, Gleichheit* und *Welt-Bürgerliche Einheit (Verbrüderung)*» [6] notiert. Daß bei dem dritten Gesetz, wie bei der H., an ein kosmopolitisches und nicht an ein völkerrechtliches Postulat gedacht war, zeigt der verdeutlichende Zusatz: «Weltbürgerlich, nicht föderalistisch» [7]. Eine andere Stelle derselben Notiz dokumentiert freilich bereits die dann in den publizierten Schriften ausschließlich vollzogene Anwendung auf das innere Staatsrecht; der Zusatz «weltbürgerlich» ist fortgelassen: «Freiheit, Gleichheit und Vereinigung (unio [8]) sind die dynamischen Kategorien der Politik» und liegen a priori jeder Staatsverfassung zugrunde. Dieser Begriff der Vereinigung ist «auf die Gemeinschaft aller in einem Ganzen des Staates» abgestellt [9]. Kurz zuvor [10] wird auf die Ersetzung der rechtlichen Bedingung der bürgerlichen Selbständigkeit durch das staatskonstituierende Prinzip der unio ausdrücklich reflektiert: «1. Freiheit, 2. Gleichheit und 3. Selbständigkeit sind die Erfordernisse singulorum um Bürger zu sein. Allein statt 3. [ist] Vereinigung das Erfordernis für alle, um einen Staat auszumachen» [11]. – Die Erinnerung an den Ursprung der Kantischen staats- und weltbürgerrechtlichen Postulate aus der revolutionären Trias schlägt in Fr. Schlegels Rezension der Schrift ‹Zum ewigen Frieden› noch einmal durch, wenn er als den dritten Bestandteil des politischen Imperativs, durch den allein der «universelle Republikanismus» aller freien und polizierten Nationen zustande kommt, benennt: «Fraternität aller Republikaner». Kants Dritten Definitivartikel zum ewigen Frieden resümiert er mit der Kurzformel: «Die kosmopolitische H. der Föderierten» [12].

Die Schwierigkeit einer rechtlichen Deduktion der H.-Forderung, die sich daraus ergibt, daß es sich hier um kein einklagbares Recht handelt, weil nach Kant von einem Recht sensu stricto nur da gesprochen werden kann, wo im bürgerlich-rechtlichen Zustand (status juridicus sive civilis) eine gemeinsame Obrigkeit besteht, die über beide Parteien Gewalt hat, hat W. T. Krug, der sich im übrigen eng an Kants Bestimmungen hält [13], zu mildern gesucht, indem er, Kant modifizierend, das «Recht der allgemeinen Wirthbarkeit (ius hospitalitatis universalis)» an den in Form des Völkerrechts zwischen Staaten bereits konstituierten status iuridicus zurückzubinden sucht: «Das Weltbürgerrecht macht keinen besonderen Theil des Naturrechts aus, sondern ist nur ein Pendant zum Völkerrechte.» Damit hängt es zusammen, wenn Krug, ebenfalls im Gegensatz zu Kants bewußter Abhebung des Besuchs- vom Gastrecht [14], die H. wieder mit diesem identifiziert [15]. Von einem reinen inner- oder auch zwischenstaatlichen Recht wird das Weltbürgerrecht dann freilich wieder insofern abgesetzt und dem natürlichen angenähert, als Krug vorschlägt, dieses ein «allgemeines Fremdenrecht» [16] zu nennen im Unterschied zu dem «besonderen, welches in einzelnen Staaten gilt (ius peregrinorum universale sive naturale s. i. p. particulare sive positivum). Als einen Ausfluß dieses Rechts bezeichnet er die Befugnis, die ganze Erde (sei es um des Handels oder nur zur Belehrung bzw. zum Vergnügen) zu bereisen und also auch das Recht der freien Schiffahrt auf allen Meeren (ius liberae navigationis per mare); denn: «Das Meer ist frei (mare librum), so weit es nicht vom Lande aus beherrscht (mit den Kanonen bestrichen) werden kann».

Eine juristische Auflösung der bei den verschiedenen Philosophen verschiedenen und einander widersprechenden Zuordnungen der H. zum Natur-, Völker- oder Weltbürgerrecht hat der Jurist C. G. Svarez in seinen «Kronprinzenvorträgen» (1791/92) gegeben: «Nach *natürlichem Völkerrecht* steht es bei einem jeden Volke (da es Eigentümer des von ihm bewohnten Lande ist [17]), ob und welchen Fremden es den Zutritt in sein Land gestatten oder versagen wolle. – Nach *europäischem Völkerrechte* darf keinem Fremden, wenn er nicht zu einer feindlichen Nation gehört oder sonst feindseliger schädlicher Absichten verdächtig ist, der Zutritt versagt werden» [18]. Diese Abweichung von «der Strenge des natürlichen Völkerrechts» sei «schon längst unter allen kultivierten Völkern, die durch das Band der Geselligkeit, der Handlung und der gegenseitigen Ausbildung in Künsten und Wissenschaften gleichsam zu einer allgemeinen großen Gesellschaft untereinander vereinigt sind, ein durchgehends angenommener Grundsatz» geworden [19]. – Kants universale H.-Forderung bedeutet, in Verbindung mit seiner Voraussetzung bzw. Beobachtung einer durchgängigen Interdependenz zwischen allen Völkern der Erde, eine Ausweitung eines bis dahin nur europäischen Völkerrechtsgrundsatzes auf alle Nationen.

In diesen einander in manchem widersprechenden Bestimmungen reflektiert sich die Problematik des Übergangs und der Erweiterung des alten mediterran-europäischen zu einem die Erde insgesamt umfassenden Lebensraum sowie die Schwierigkeiten des Versuchs einer Rechtskonstituierung für diesen neuen Weltzustand. Während Krugs Gedanken letztlich in die Tradition der aus der Antike überkommenen Vorstellungen des *Gastrechts* zurücklenken, beweist (nach C. SCHMITT [20]) Kant ein deutliches Gefühl für den globalen Charakter eines Völker- und Weltbürgerrechts, das unter den Bedingungen der modernen Weltgesellschaft auf endlichem Raum zu gelten hat, und «vielleicht sogar schon die Ahnung eines neuen Nomos der Erde». Die von ihm ausdrücklich vorgenommene Unterscheidung des Besuchs- vom Gastrecht ist als Absetzung gegen deren ältere (und bei Krug erneuerte) Identifikation zu verstehen.

Zunächst war in Griechenland wie in Rom der Reisende und Ausländer außerhalb seiner Heimat ohne jeden Rechtsschutz. Er war hingegen einer anderen Macht in besonderer Weise anvertraut: dem Zeus Xenios bzw. dem Jupiter hospitalis. Während sich die griechischen Gemeinwesen nie so sehr wie (zunächst) Rom nach außen hin abschlossen, erlangte jedoch auch hier der Fremde, ursprünglich ‹hostis› genannt, zunehmend Schutz durch privates (Ausweis durch eine tessera hospitalis [21]) oder öffentliches Gastrecht, im letzteren Fall aufgrund eines durch Senatsbeschluß mit auswärtigen Gemeinwesen vereinbartes hospitium publicum. Parallel zu dieser Entwicklung geht eine Verwandlung des Feind- und des Gastbegriffes: aus dem *hostis* wird der *hospes* (davon hospitium als Bezeichnung für das Gastrechtsinstitut), und schließlich, als nicht mehr jeder Fremde notwendig entweder ein Feind oder ein Gastfreund zu sein braucht, konnte vom hostis und vom hospes der *peregrinus* abgehoben werden (davon noch bei Krug die Bezeichnung *ius peregrinorum* für das Fremdenrecht). Damit war umgekehrt die Bezeichnung ‹hostis› freigegeben: der Feind, ursprünglich ‹perduellis› genannt, wurde nun zum *hostis* [22]. Fremde als peregrini konnten später schließlich in Rom, auch ohne auf den Schutz bestimmter Bürger angewiesen zu sein, in den Genuß eines Rechtsschutzes gelangen, d. h. konkret: Sie durften in öffentlichen Gasthäusern einkehren. ‹Hospitium› als Bezeichnung der Stätte, an der man gastliche Aufnahme finden konnte, also für ein «Hotel», lesen wir z. B. bei OVID [23] und APULEJUS [24]. Daß mit der Institutionalisierung des Hospitiums und der H. in dieser Form die Wandlung des Hospitiums (im Sinne der Gastfreundschaft als eines «wohltätigen Vertrages» [25]) zusammenhängt, hat bereits KRUG ausgesprochen: «Die alte Sitte der Gastfreiheit und Gastfreundschaft im engeren Sinne [d. h. im Unterschied zum kosmopolitischen ius hospitalitatis universalis] ist eine allerdings löbliche Sitte, die bei roheren Völkern, wie bei den heutigen Arabern, noch besteht, aber auf unserm Culturstand (außerordentliche Fälle ausgenommen) nicht mehr anwendbar ist, indem bei uns überall Häuser sich finden, welche ein *besondres Gastrecht* üben und daher jedem Reisenden Tag und Nacht offen stehen. Wo nur Wenige reisen, kann man leicht einen Fremden aufnehmen und frei bewirthen; wo aber alle Welt auf den Straßen sich umhertreibt, wäre das nicht nur eine kostspielige, sondern auch höchst gefährliche Sache» [26].

Anmerkungen. [1] I. KANT: Zum ewigen Frieden (1795). Akad.-A. 8, 357. – [2] J. G. FICHTE, Werke, hg. I. H. FICHTE 8, 433. – [3] C. G. SVAREZ: Vorträge über Recht und Staat, hg. H. CONRAD/G. KLEINHEYER (1960) 141. – [4] KANT, a. a. O. [1] 8, 349f. – [5] Über den Gemeinspruch ... (1793). Akad.-A. 8, 290; Met. Sitten. Rechtslehre § 46. Akad.-A. 6, 314. – [6] Vorarbeiten zum Gemeinspruch ... Akad.-A. 23, 139, 32. – [7] a. a. O. 140, 1. – [8] Über die unio civilis, den bürgerlichen Verein, der nicht eine Gesellschaft ist, als vielmehr eine solche macht. Akad.-A. 6, 306f. – [9] Vorarbeiten zum Gemeinspruch ... Akad.-A. 23, 143, 1ff. 7f. – [10] a. a. O. 141, 10-12. – [11] Vgl. den (ohne weitere Interpretation gegebenen) Hinweis bei K. VORLÄNDER: Kants Stellung zur frz. Revolution, in: Philos. Abh., H. Cohen dargebracht (1912) 255 mit Anm. 55. – [12] FR. SCHLEGEL: Versuch über den Begriff des Republikanismus (1796). Krit. A., hg. E. BEHLER 7 (1966) 22. – [13] W. T. KRUG, System der pract. Philos. I: Rechtslehre (Dikäologie) (1818) 386-389; Hb. der Philos. 2 (1820) 224f. – [14] Vgl. G. S. A. MELLIN: Enzyklop. Wb. der krit. Philos. 2 (1799) 710f. – [15] W. T. KRUG: Art. ‹Gastrecht›, in: Allg. Handwb. der philos. Wiss. 2 (²1832) 122. – [16] Vgl. Art. ‹Fremdenrecht›, in: Allg. Handwb. ... 2 (²1832) 88. – [17] SVAREZ, a. a. O. [3] 149: Allg. Grundsätze des Völkerrechts Nr. 23. – [18] a. a. O. 188. – [19] 575. – [20] C. SCHMITT: Nomos der Erde (1950) 140. – [21] PLAUTUS, Poen. 1047ff. – [22] CICERO, De off. I, 37. – [23] OVID, Pont. 1, 8, 70. – [24] APULEIUS, Metamorphoseis 1, 7. – [25] MELLIN, a. a. O. [14] 710. – [26] KRUG, a. a. O. [15].

Literaturhinweise (zum antiken Gastrecht): R. LEONHARD: Art. ‹Hospitium›, in: RE 8/2 (1913) 2493-2498. – Art. ‹Hospitium›, in: Der kleine Pauly 2 (1967) 1234.

G. BIEN

Humaniora ist Kurzform für das lateinische ‹studia humaniora› (d. h. für «Studien, die befähigen, höheres Menschsein zu erreichen») und bezeichnet im Deutschen seit dem 17.Jh. die Studien klassischer Sprachen und Autoren zur Erlangung der Humanitas [1]. Der Terminus ‹H.› tritt damit an die Seite der spätmittelalterlichen Lehrplanbezeichnung ‹studia humanitatis›, ohne allerdings deren Gebräuchlichkeit im 17.Jh. beeinträchtigen zu können [2].

Der Begriff der studia humanitatis hatte sich (in bewußter Aufnahme eines Ausdrucks CICEROS [3]) als neues Bildungsprogramm der Nachfolger PETRARCAS, der humanistae, im 15. und 16.Jh. gegenüber den studia divinitatis durchgesetzt und bedeutete lehrplangeschichtlich zunächst eine Betonung des sprachlichen und historischen Teils der Studien gegenüber dem mittelalterlichen Lehrplan, später aber auch eine Erweiterung des septem-artes-Systems um eine achte, die ars der studia humanitatis. Der von den alten Lehrformen der studia humanitatis sich polemisch absetzende H.-Begriff gelangte erst dann zu größerer Bedeutung, als das humanistische Bildungsprogramm insgesamt gegen Ende des 18. Jh. seinerseits bereits umstritten war.

Das Vordringen der Realia mit der Aufklärung und der pädagogischen Bewegung des Philanthropinismus bedeutete die Aufnahme von Fächern in den Unterricht, die sich in Inhalt und Methode von den Fächern des bis dahin im wesentlichen gültigen humanistisch-reformatorischen Lehrplans unterschieden. Ihr Vordringen unterwarf auch traditionelle Studiengebiete dem neuen Klassifizierungsschema Realia-H. [4]. Dieses führte in den folgenden Jahrzehnten zu einer Erweiterung des Begriffs der H. auf den gesamten literarisch-geisteswissenschaftlichen Unterricht, in Abgrenzung von den Fächern des naturwissenschaftlichen Bereichs (Physik, Chemie, Biologie, Geographie). Eindeutig war die Abgrenzung allerdings nie: Geschichte und Religion wurden teils den H. («Sprachunterricht»), teils aber auch den Realia («Wissenschaftliche Unterrichtsgegenstände») zugeordnet [5]. Dieser Prozeß der Bedeutungserweiterung ist zugleich verknüpft mit einem vertieften Verständnis der Sprache (*Herder*, *Humboldt*), mit einer neuen idealistischen Sicht der Griechen (*Winckelmann*) und dem Entstehen einer Altertumswissenschaft (*F. A. Wolff*).

In den Versuchen der im 19. und 20. Jh. ausgerufenen Humanismen (Neuhumanismus, Dritter Humanismus), die Verwirklichung der Humanitas in einer Wiederbelebung des altsprachlichen Unterrichts, im neusprachlichen, aber auch im naturwissenschaftlichen Lehrbereich herbeiführen zu können, erweist sich der Begriff der H., ob engerer oder weiterer Fassung, wegen fehlender Eindeutigkeit als nicht mehr tauglich und verschwindet langsam. Wird er noch verwendet, so vorwiegend distanzierend als ‹sogenannte H.›.

Im Englischen hat sich das entsprechende ‹humanities› bis jetzt erhalten. Die Grenze zwischen den empirischen social sciences und den normativen humanities ist allerdings auch hier umstritten.

Anmerkungen. [1] Vermutlich erster Beleg S. MUNDUS: Rosae Crucis Frater Thrasonica-Mendax. Das ist: Verlogner Rhumbsichtiger Rosencreutzbrüder (1619) 20; späterer Beleg: Statuten der Univ. Heidelberg (1672) 295. – [2] Vgl. G. W. LEIBNIZ, Werke 4, hg. G. H. PERTZ (1847, ND 1966) 167. – [3] CICERO, Pro Murena 61; Pro Caelio 24. – [4] F. J. NIETHAMMER: Der Streit des Philanthropismus und Humanismus (1808) 8. – [5] Lehrplan des Johanneums Hamburg (1828).

Literaturhinweise. FR. PAULSEN: Gesch. des gelehrten Unterrichts (1919/1921). – W. JÄGER: Paideia (¹/²1936). – A. CAMPANA: The origin of the word «Humanist». J. Warburg Inst. 9 (1946) 60–73. – W. RÜEGG: Cicero und der Humanismus. Formale Untersuch. über Petrarca und Erasmus (1946). – E. R. CURTIUS: Europ. Lit. und lat. MA (1948). – F. BLÄTTNER: Das Gymnasium (1960). – J. DOLCH: Lehrplan des Abendlandes (1965). – TH. BALLAUF: Pädagogik. Eine Gesch. der Bildung und Erziehung 1 (1969).   D. KLEMENZ

Humanismus, Humanität

I. – 1. NIETHAMMER prägt 1808 das Wort ‹Humanismus› (H.) als «Sektenbezeichnung» für die ältere humanistische Pädagogik, um sie von der philanthropistischen zu unterscheiden. H. umfaßt für ihn all das, was zur Ausbildung der höheren Natur des Menschen beiträgt, und kann deshalb «vom Vorwurf der Einseitigkeit und Überspannung nicht freigesprochen werden» [1]. VOIGT bezeichnet 1859 mit ‹H.› eine geschichtliche Epoche und eine geistige Haltung, die das Streben der Neuzeit nach Humanität am Beispiel der Griechen und Römer verdeutlichen soll [2]. Diese Bestimmung setzt sich in den modernen europäischen Sprachen durch. Die Notwendigkeit, die je verschiedenen Rückgriffe auf die Antike in ihrer Eigenart zu erfassen, veranlaßt PAULSEN 1885, den Titel ‹Neu-H.› zu prägen [3] und 1896 mit ihm den deutsch-griechischen H. im Unterschied zum italienisch-römischen H. der Renaissance zu kennzeichnen [4]. Der wahrscheinlich 1932 zuerst von HELBING eingeführte Begriff ‹Dritter H.› [5] wird entgegen seiner ursprünglichen Fassung auf die Bestrebungen W. JÄGERS und seines Kreises übertragen, die die Antike als eine entscheidende Bildungsmacht für ihre Zeit nachweisen wollen [6]. Der schon seit RUGE und MARX sehr weit gefaßte H.-Begriff führt in der Gegenwart zu einer Vielzahl von H., die mit der ursprünglichen Bedeutung kaum noch Ähnlichkeit haben: pragmatischer, technischer, nationaler, moderner, realer, sozialer, sozialistischer, existenzialistischer, personaler, christlicher H. u. a. m. [7].

2. Versteht man unter H. das «Erlebnis menschlicher Persönlichkeitsformung durch die Antike als klassische Lehrmeisterin» [8], lassen sich drei Stadien des H. unterscheiden: der Renaissance-H. des 15. und 16. Jh., der auf Deutschland eingeschränkte Neu-H. zur Zeit der deutschen Klassik sowie die um 1900 einsetzenden Bestrebungen zur Wiedererweckung des Idealismus und der Antike, die unter dem Titel ‹Dritter H.› zusammengefaßt werden:

a) Für den *Renaissance-H.* ist das Studium der Alten der Weg, sich einer von theologischen und philosophischen Vorentscheidungen gelösten, in sich ruhenden Bildung zu vergewissern. Die antike Kultur muß, weil unübertrefflich, nachgeahmt werden. Das ideale Menschentum erfüllt sich in dem umfassenden Studium der antiken Literatur, so daß der über den ständischen Gliederungen stehende *uomo universale* das Leitbild wird. Deshalb bezeichnet dieser H. zunächst eine Gelehrtenbewegung, die das antike Menschenbild zu erneuern trachtet. *Cicero* und *Quintilian* sind die Vorbilder, besonders in der Rhetorik, die die anderen überlieferten artes aufgrund der schon antiken Ineinssetzung von orator perfectus und vir bonus zurückdrängt, bis die philosophia christiana des *Erasmus* die rhetorische Kultur einschränkt. Neben dem Rückgriff auf die Antike tritt das nationale Element, das sich vor allem in der Erforschung der Vorzeit manifestiert (Wiederauffindung der ‹Germania› des *Tacitus* 1455). In Reformation und Gegenreformation sehr unterschiedlich beurteilt, sind jedoch weder *Melanchthons* Grundlegung der protestantischen Bildung noch das Schulwesen der Jesuiten ohne humanistischen Einfluß denkbar. Erst das sich mit moralisierenden Exkursen verbindende Utilitätsdenken zersetzt den H. und läßt ihn in gehaltlose Emsigkeit ausarten.

b) Der *Neu-H.* teilt mit dem Renaissance-H. die Liebe zum klassischen Altertum, unterscheidet sich aber von ihm durch seine philosophische Tiefe, durch die aus dem Ungenügen an der eigenen Zeit entsprungene Griechensehnsucht sowie durch eine neue Konzeption literarisch-ästhetisch-historischer Bildung, die er anthropologisch fundiert. In ihm verbindet sich die neu begründete Altertumswissenschaft mit den in der zweiten Hälfte des 18. Jh. sich konstituierenden Einzelwissenschaften vom Menschen. Die Philosophie von *Leibniz* und *Kant, Fichtes* ‹Wissenschaftslehre› 1794/95, verquickt mit dem Toleranzdenken der Aufklärung, *Winckelmanns* Griechenbegeisterung, *Rousseaus* geschichtsphilosophischem Schema, *Herders* Neudeutung der Sprache und Geschichte, bieten die Elemente für ein Menschenbild, das bei *W. v. Humboldt*, dem jungen *Fr. Schlegel, Goethe, Hölderlin, Schiller* seine höchste Vollendung erfährt. Der letzte Zweck des Weltalls besteht in der Bildung der Individualität. Frei von vorgängiger theologischer Inanspruchnahme stellt sich die Individualität als eine in der Erscheinung wurzelnde Idee dar, die in dem bildenden Lebensprozeß sich von ihren Bindungen löst, sich im freien Spiel ihrer Kräfte erfüllt, harmonische Idealität verwirklicht und in dem Studium des Altertums wie der Kunst überhaupt zu einem erfüllten Selbstverständnis gelangen soll, um ihrer höchsten Bestimmung nach in dem Ideal der Menschheit aufzugehen. Sie durchmißt den Weg von der Subjektivität zur Objektivität, und von dieser Aufgabe her findet auch die in Humboldts Spätwerk zu letzter Reife vollendete Sprachtheorie im H. ihren Ort. Sprachstudium umfaßt deshalb nicht einen Teilbereich menschlicher Erkenntnis, sondern alles, was ist, ist dem Menschen durch Sprache vermittelt und durch Sprache eingeschränkt. Die Anthropologie steht im Dienst einer Bildungstheorie, die alle Bereiche menschlichen Wissens umspannt und die Fortschritte menschlicher Erkenntnis für die Bildung des schönen und sittlichen Menschen abschätzen soll. Mit dem Niedergang der Metaphysik sowie der Industrialisierung und Demokratisierung der Gesellschaft verliert dieser H. die philosophische und soziale Grundlage und veräußerlicht sich zur «Allgemeinbildung» des «Bildungsphilisters».

c) Der ‹Dritte H.› W. Jägers entspringt wie der Neu-H. aus der Zeit- und Kulturkritik, aus dem Unbehagen an der dem Positivismus und Materialismus verfallenen klassischen Philologie und der sich daraus ergebenden Einsicht in die Notwendigkeit der Wiederbelebung der klassischen Studien, weil vor allem die griechische Kultur die ewig gültigen Modelle vorgibt, die eine Orientierung in der unüberschaubar gewordenen Gegenwart ermöglichen. H. erfüllt sich in der Reflexion auf die Herkunft des Gegenwärtigen, das in der Aufhellung seiner Geschichte erst Sinn und Bestimmung empfängt. Da es ihm an philosophischer und politischer Kraft fehlt, bleibt er eine utopisch anmutende Gelehrtenangelegenheit, die sich ihrer Esoterik wegen auch in der Altertumswissenschaft nicht behaupten konnte.

3. Die schon im 19. Jh. heftig einsetzende H.-Kritik hat in der Gegenwart einen Höhepunkt erreicht. Sie richtet sich gegen das Menschenbild und die «humanistische Bildung» im Sinne des Neu-H. Dialektische Theologie, Existenzphilosophie, Anthropologie, Soziologie, Bildungstheorie sehen in dem idealistischen H. eine unhaltbare Position. Sie bekämpfen die Ansicht von der gleichmäßig-harmonischen Entfaltung des Menschseins, die Autarkie der Individualität, die ästhetisierende Verklärung des Ich, den Bildungsegoismus, den elitären Grundzug, das Neuheidentum, die Mediatisierung der Welt, die Ausklammerung der Wirtschaft und der Politik aus dem humanistischen Denken. Die oft exzessiv anmutende H.-Kritik der Gegenwart versteht sich selbst – vor allem im Bereich der Soziologie – als Ideologiekritik, die in vielen Fällen selbst schon ideologische Züge annimmt.

Anmerkungen. [1] F. J. NIETHAMMER: Der Streit des Philanthropinismus und H. (1808) 39. – [2] G. VOIGT: Die Wiederbelebung des klass. Altertums oder das erste Jh. des H. (1859). – [3] F. PAULSEN: Gesch. des gelehrten Unterrichts (1885). – [4] a. a. O. (²1896) 1, 2. – [5] L. HELBING: Der dritte H. (1932). – [6] Vgl. W. JÄGER: Die geistige Gegenwart der Antike (1929). – [7] Vgl. den Überblick bei W. RÜEGG: H., Studium Generale und Studia Humanitatis in Deutschland (1954). – [8] E. HOFFMANN: Pädag. H. (1955) 233.

Literaturhinweise. H. RÜDIGER: Wesen und Wandlung des H. (1937). – W. RÜEGG: Cicero und der H. (1946). – K. BROTBECK: Die Idee der humanistischen Bildung bei Louis Meylan und im Neu-H. der Goethezeit (1954). – F. KLINGER: Humanität und Humanitas. Römische Geisteswelt (³1956) 620-662. – H. WIL: Die Entstehung des dtsch. Bildungsprinzips (²1967). – H. KREUZER (Hg.): Lit. und naturwiss. Intelligenz (1969). – GREGOR MÜLLER: Bildung und Erziehung im H. der ital. Renaissance (1969). – H. OPPERMANN (Hg.): H. (1970). – W. RÜEGG: Anstöße (1973).
C. MENZE

II. – 1. K. MARX' Kritik des klassischen Humanismus (= H.) als Komplement inhumaner Zustände erfordert die praktische Kritik dieser Zustände. Sie geht aus von einem (letztlich philosophisch begründeten) «positiven H.». Die radikale Kritik der bestehenden Verhältnisse ergibt sich als Selbstverständigung des Marxschen philosophischen H. über seine praktischen Implikate und Konsequenzen. Die Schwierigkeit und auch Zweideutigkeit in Marx' Ansatz liegen vor allem darin, daß die Schriften des jungen Marx' zwar den «kritischen Zerfall mit der philosophischen Spiegelung dieser Zustände» [1] als Politikum werten und so zu einer metaphilosophischen praktischen Kritik dieser Zustände ansetzen können, daß aber dennoch Marx' Begriff des menschlichen Wesens und seine Ontologie der menschlichen Wesenskräfte eine philosophische Basis seines H. bilden, die mit der späteren ideologiekritischen Aufhebung der früheren Position nicht mehr vereinbar ist. Mit dem Fortfall dieser «letzten» Philosophie entfällt dann auch bei Marx die terminologische Verwendung des Begriffs ‹H.›. Die Aufhebung der esoterischen Form der Philosophie des Menschen reintegriert ihren Gehalt dem wirklichen Bewußtsein des Menschen.

Die hier zu gebende Darstellung hält sich an den Begriff des «menschlichen Wesens», des «H.». Der Terminus begegnet schon bei B. BAUER (H. als in permanenter Kritik verfolgter Zweck des sich geschichtlich realisierenden Selbstbewußtseins [2]) und bei L. FEUERBACH, dessen Kritik der Religion und der «alten» Philosophie die menschliche Sinnlichkeit als anthropologisches Grundtheorem einführt: «Das höchste und letzte Prinzip der Philosophie ist daher die Einheit des Menschen mit dem Menschen» [3]; in der Beziehung zum Gegenstand faßt er diesen als «Subjekt, wirkliches, sich selbst bestätigendes Wesen. Nur der Sinn, nur die Anschauung gibt mir etwas als Subjekt» [4].

Die Geschichte des Begriffs ist dann *nach* Marx vor allem dadurch bestimmt, daß er in politischen Entwicklungen eine Rolle gespielt hat und daß seine Diskussion und politische Verwirklichung sich als theoretische und praktische Interpretation der Bestimmungen von Marx verstanden.

Anmerkungen. [1] K. MARX, Zur Kritik der Hegelschen Rechtsphilos. Einl. MEW 1, 383f. – [2] Vgl. L. KOCH: Humanistischer Atheismus und gesellschaftliches Engagement (1971) 138-163. – [3] L. FEUERBACH: Philos. Kritiken und Grundsätze (1846) 345. – [4] a. a. O. 309.

2. Marx' Versuch einer theoretischen Erklärung und Aufhebung eines inhumanen Zustands impliziert die – praktisch zu bewahrheitende – Annahme, daß die Aufhebung dieses Zustands möglich ist, und zwar herbeigeführt durch die in ihm entwickelten objektiven und subjektiven Voraussetzungen. Marx' prinzipielle Erklärung bestätigt sich in seinem politischen und journalistischen Eintreten für die Interessen der Arbeiterklasse. H. als praktisches Anliegen in einer vorrevolutionären Phase – das ist (mit Blick auf spätere Interpretationen) ein theoretisierbares Faktum.

Andererseits wird gerade in Marx' Aufsatz ‹Zur Judenfrage› die Ablehnung des bloß humanitären Anspruchs, «der sogenannten Menschenrechte» [1], der unkritischen Forderung nach Menschlichkeit sichtbar: Die politische Emanzipation macht den Juden nur zum «abstrakten citoyen» [2], nicht zum Menschen, solange sich die Gesellschaft nicht selbst zu einer menschlichen emanzipiert hat. Gerade an der abstrakten Existenz des bürgerlichen Individuums wird der kritisierbare Grundwiderspruch deutlich: «Die politische Emanzipation ist die Reduktion des Menschen, einerseits auf das Mitglied der bürgerlichen Gesellschaft, auf das egoistische unabhängige Individuum, andererseits auf den Staatsbürger» [3]. Die wahre, «menschliche Emanzipation» jedoch hebt die Diremption in wirkliches Individuum und abstrakten Staatsbürger auf [4].

Die Unmöglichkeit der bloß politischen Emanzipation bedingt die Notwendigkeit der Revolution. In der geschichtlich notwendigen «Bildung einer Klasse mit radikalen Ketten» [5] entsteht der Grundwiderspruch zur bürgerlichen Gesellschaft: das Proletariat, das «nur durch die völlige Wiedergewinnung des Menschen sich selbst gewinnen kann» [6]. Damit wird praktisch revidiert und eingeholt, was die Philosophie nur kritisch artikulieren und fordern konnte: «Die Philosophie kann sich nicht verwirklichen ohne die Aufhebung des Proletariats, das Proletariat kann sich nicht aufheben ohne die Verwirklichung der Philosophie» [7].

Die revolutionäre Beanspruchung der von ihm produzierten Gattungswirklichkeit für den Menschen löst sie aus ihrer Depravation in der bürgerlichen Gesellschaft und schafft deren Resultate zur im Gang der Geschichte notwendigen Voraussetzung des H. um. Der noch negativ auf die bürgerliche Gesellschaft fixierte theoretische (als Aufhebung der Religion) und praktische (als Aufhebung des Privateigentums) H. muß aus dieser bloßen Entgegensetzung herauskommen: «Erst durch die Aufhebung dieser Vermittlung – die aber eine notwendige Voraussetzung ist – wird der positiv von sich selbst beginnende, der positive H.» [8].

Dieser H. enthält als wesentliche Bedingung, daß er entwickeltes Naturverhältnis ist: Der «vollendete Naturalismus = H.» ist der «vollendete H. = Naturalismus» [9]. «Die vollendete Wesenseinheit des Menschen mit der Natur» impliziert «die wahre Resurrektion der Natur» [10], die in der bisherigen Geschichte als bloßes «Mittel seiner physischen Existenz» [11] auf ihre *Nützlichkeit reduziert* war. Vom physischen Bedürfnis nezessitiert, emanzipiert sich der Mensch in der geschichtlichen Entwicklung von der (kapitalistisch noch reproduzierten und ideologisierten) Naturwüchsigkeit und emanzipiert damit zugleich die Natur. Resultat ist, daß «der Mensch selbst frei vom physischen Bedürfnis produziert und erst wahrhaft produziert in der Freiheit von demselben ... der Mensch die ganze Natur reproduziert ... frei seinem Produkt gegenübertritt» [12]. Der als «für sich selbst seiendes Wesen, darum Gattungswesen» [13] gewordene Mensch hat die Gegenständlichkeit der Natur gesetzt, indem er sich – und sie – aus ihrer Abhängigkeit befreite.

Prototypisch für das resultierende gegenständliche Verhältnis ist ein in der Kritik an spekulativen Systemen gewonnener Begriff von Sinnlichkeit: «Ein Wesen, welches keinen Gegenstand außer sich hat, ist kein gegenständliches Wesen» [14]; das Wesen, das diese Gegenständlichkeit – durch Arbeit – *für sich setzt*, ist der Mensch. «Weder sind also die menschlichen Gegenstände die Naturgegenstände, wie sie sich unmittelbar bieten, noch ist der menschliche Sinn, wie er unmittelbar ist, gegenständlich ist, menschliche Sinnlichkeit, menschliche Gegenständlichkeit. Weder die Natur – objektiv – noch die Natur subjektiv ist unmittelbar dem menschlichen Wesen adäquat vorhanden» [15].

Der Mensch ist, was er wird – durch Arbeit. Gleichwohl ist fraglich, ob für Marx die Bestimmung menschlicher Sinnlichkeit durch erarbeitete Gegenständlichkeit eindeutig ist. So kann etwa das Gattungsverhältnis nicht als reines Produktionsverhältnis aufgefaßt werden. «Das unmittelbare, natürliche, notwendige Verhältnis des Menschen zum Menschen ist das Verhältnis des Mannes zum Weibe. In diesem natürlichen Gattungsverhältnis ist das Verhältnis des Menschen zur Natur unmittelbar sein Verhältnis zum Menschen, wie das Verhältnis zum Menschen unmittelbar sein Verhältnis zum Anfang seiner eigenen natürlichen Bestimmung ist» [16]. Zwar impliziert auch das entwickelte Gattungsverhältnis die aufgehobene Voraussetzung der Arbeit als Bildung der Sinnlichkeit, aber doch wohl wesentlich in dem Sinn, daß sie sich auf das Gattungsverhältnis *ab*bildet. Was als Bildung der Sinnlichkeit durch *Arbeit resultieren* soll, wird antizipiert im *philosophischen* Rekurs auf das natürliche Gattungsverhältnis des Menschen. Diese Zweideutigkeit ist interpretatorisch kaum auflösbar: Marx' H. reflektiert den Menschen als «für sich seiendes Wesen», nach seinen in der Auseinandersetzung mit der Natur erarbeiteten Voraussetzungen, die ein freies gegenständliches Verhältnis zur Natur ermöglichen – auf der philosophischen Folie «menschlicher Sinnlichkeit» [17].

Marx' philosophischer H. ist dann von ihm selbst aufgegeben worden, als er das Für-sich-Sein des Menschen nicht mehr als sein zu bewährendes Wesen auffaßte, sondern ausschließlich als Resultat seiner Arbeit. Arbeit ist «nicht nur Mittel zum Leben, sondern selbst das erste Lebensbedürfnis» [18]. Der Begriff der menschlichen Natur im ‹Kapital› ersetzt nicht den des menschlichen Wesens, sondern geht auf die unmittelbare Natur des Menschen zurück. Der emphatische Begriff von Sinnlichkeit wird ersetzt durch den des Bedürfnisses, das nun der Zentralbegriff für das Naturverhältnis wird. Entsprechend wird die Natur nicht mehr durch ihre – durch den Menschen frei zu reproduzierende – Gegenständlichkeit definiert. Die menschliche Chance besteht nicht in der entwickelten Sinnlichkeit, sondern in dem geregelten, vernünftigen Austausch, Stoffwechsel mit der Natur.

Anmerkungen. [1] K. MARX, Zur Judenfrage. MEW 1, 366 u.a. – [2] a. a. O. 1, 370. – [3] ebda. – [4] ebda. – [5] Zur Kritik der Hegelschen Rechtsphilos. Einl. MEW 1, 390. – [6] ebda. – [7] 391. – [8] Ökonomisch-philos. Ms. MEW, Erg.-Bd. 1, 583. – [9] a. a. O. 536. – [10] 538. – [11] 517. – [12] ebda. – [13] 579. – [14] 578. – [15] 579. – [16] 535. – [17] 579. – [18] Kritik des Gothaer Programms. MEW 19, 17.

3. Erst mit der Publikation der ‹Pariser Manuskripte› beginnt die eigentliche Diskussion um den Marxschen H. Zwar ist in den Debatten der deutschen Sozialdemokratie, der Austromarxisten, zwischen Lenin, Luxemburg und Lukács auch die Rede von Menschlichkeit und sozialistischem Menschenbild, doch bleibt ihre thematische Verwendung vage.

Marx' Ansatz der ‹Pariser Manuskripte› nimmt erst H. MARCUSE – unter Einbringung Heideggerscher Gedanken – wieder auf. Marcuse prägt den Terminus ‹Ontologie des Menschen› [1]; der Mensch wird aufgefaßt als ein unter allen Umständen arbeitendes bzw. tätiges Wesen. «Daß die Arbeit aus der Entfremdung und Verdinglichung befreit wieder das wird, was sie ihrem Wesen nach ist: die volle und freie Verwirklichung des ganzen Menschen in seiner geschichtlichen Welt» [2], ist entsprechend das revolutionäre Anliegen. Diese unter Vernachlässigung der geschichtskonstitutiven Natur und der wesenskonstitutiven Geschichte entwickelte Position hält am Ideal des Menschen fest und betrachtet seine Realisierung in Relation zur ökonomischen Sphäre [3]. Da diese sich jedoch als ambivalent zeigt im Bezug auf Humanisierungschancen, werden andersartige Motivationen erwogen. «In dem Maße, wie die Technik sich auf dieser Basis entwickelt hat, kann diese Korrektur niemals das Ergebnis des technischen Fortschritts selber sein. Sie macht eine politische Umwälzung notwendig» [4]. Weiterhin erörtert Marcuse die Möglichkeit, sich dem herrschenden System zu entziehen durch die – etwa ästhetische – Ausbildung repressionsfreier Räume als Ansatz menschlichen Daseins und als Movens der gesellschaftlichen Umwälzung.

Die Ambiguität gesellschaftlichen Fortschritts und nicht in erster Linie die kapitalistischen Umstände stehen einer wirklichen Humanisierung entgegen – so die

Kritische Theorie, repräsentiert vor allem von M. HORKHEIMER und TH. W. ADORNO. Die Möglichkeit einer Systemveränderung ist allein denkbar, ist primär eine Revolutionierung im Gedanken, der selbst seine ideologische Borniertheit reflektiert: «Am Ende des Fortschritts der sich selbst aufhebenden Vernunft bleibt ihr nichts mehr übrig als der Rückfall in Barbarei oder der Anfang der Geschichte» [5]. Jedes provozierende Moment in der Frage nach der Revolution entfällt in späteren Schriften; die Kritische Theorie hält an den Idealen der bürgerlichen Gesellschaft fest, die (und da sie), obwohl von ihr desavouiert, (noch) nicht in der marxistischen Ideologie bzw. einem revolutionären Ansatz aufhebbar sind.

Die in der gesellschaftlichen Naturbeherrschung gebildete Vernunft kann den Widerspruch aufdecken, der sie paralysiert. Ihr «wahres Anliegen ist die Negation der Verdinglichung» [6]. Der ideologisch verstellte und verhinderte Begriff «einer Menschheit, die, selbst nicht mehr entstellt, der Entstellung nicht mehr bedarf» [7], wird ex negativo zum Leitbegriff. Der Gedanke einer repressionsfreien Gesellschaft kann deshalb auch nicht als organischer, in der Theorie antizipierter Anschluß an die aufzuhebende herrschende Praxis aufgefaßt werden. Im Kern kann nur die Philosophie den Anspruch des Menschen reformulieren, wenngleich nur unter Aufhebung ihrer eigenen (identitäts-)philosophischen Form; der Selbstwiderspruch der Philosophie reklamiert das Menschliche, während der praktische Selbstwiderspruch der kapitalistischen Gesellschaft verstummt ist.

Anmerkungen. [1] H. MARCUSE: Kultur und Gesellschaft (1965) 2, 27. – [2] a. a. O. 47f. – [3] 165. – [4] Der eindimensionale Mensch (1967) 245. – [5] M. HORKHEIMER: Vernunft und Selbsterhaltung (1970) 57. – [6] M. HORKHEIMER und TH. W. ADORNO: Dialektik der Aufklärung (Amsterdam 1947) 9. – [7] a. a. O. 143.

4. *Französischen* Theoretikern wie H. LEFÈBVRE und R. GARAUDY erscheint ein philosophisch, moralisch, ästhetisch artikulierter H. dem Marxismus integrierbar, wobei die Praxis seine Instanz, Konkretion und Korrektur ist und die Philosophie die Ziel- und Zusammenhangsorientierung [1]. «Das Prinzip des H. ..., daß dem wahrhaft menschlichen Menschen nichts Menschliches fremd ist» [2], findet seine Aufhebung in der Praxis «als Ursprung und Maßstab jeder Wahrheit und aller Werte» [3].

Der strukturalistischen Variante (L. ALTHUSSER, L. SEBAG) scheint eine Aufnahme des philosophischen H. möglich, «indem seine theoretischen Ansprüche verworfen werden und seine praktische Ideologiefunktion erkannt wird» [4]. In Absetzung von Einbürgerungen humanistischer Ideologie («sozialistischer» [5], «bürgerlicher oder christlicher H. der Person als Ideologie» [6]) betont ALTHUSSER die praktische Bedeutung des H.: «der theoretische Anti-H. von Marx spricht dem H. eine Notwendigkeit als Ideologie, eine bedingte Notwendigkeit zu, indem er ihn in Beziehung setzt zu seinen Existenzbedingungen» [7]. Letztlich entfällt auch die interimistische Funktion des H. angesichts der Logik des geschichtlichen Prozesses: «Die Revolution ist die Praxis der der Entfremdung immanenten Logik» [8]. Die humanistische Utopie hat in der kapitalistischen Gesellschaft kein reales Äquivalent [9]. Sie ist nur gerechtfertigt als «eine strenge Herausarbeitung dessen, was durch den realen Inhalt der gesellschaftlichen Beziehungen impliziert ist, ohne daß man sich damit beschäftigt, ob die erfolgte Deduktion, die das Werk des Philosophen ist, irgendeine Äquivalenz im empirischen Bereich besitzt» [10]. Die praktische Legitimation qua Aufhebung der Differenz steht aus.

Eine wesentliche Rolle spielt die Frage des – und zwar wesentlich theoretisch, philosophisch verstandenen – H. auch in den Diskussionen der *jugoslawischen Praxis-Gruppe* wie in der *Tschechoslowakei* und *Polen*. Im Rückgriff auf (den jungen) Marx «versteht man die menschliche Natur als normativen Begriff, als Wert im Sinne dessen, was der Mensch sein sollte» [11], in Spannung zum empirischen Befund. Trotz konkreter Begründungen enthält das Eintreten für das humanistische Ideal «einige Werturteile» [12], «fast allgemein akzeptierte menschliche Werte» [13], die stimulierend auf Umwälzung treiben: «Abschaffung des Privateigentums an Produktionsmitteln wie der Bürokratie» [14].

Weniger das revolutionäre Interesse der Arbeiterklasse als der technologische Fortschritt ist für P. VRANICKI Motor einer immanenten, nicht-revolutionär gedachten Entwicklung und Ausbildung der «polyvalenten und allseitig ausgebildeten Persönlichkeit, als einziger Garantie für die Entwicklung und Offenbarung für die großen schöpferischen und edlen Seiten des menschlichen Wesens» [15]. – Einen bemerkenswerten Neuansatz unternimmt G. PETROVIĆ: In einer an Nietzsche anschließenden Überlegung betrachtet er die Macht als anthropologische Kategorie [16]. Die «Macht als Übermacht, Ausbeutung und Herrschaft» erfordert ihre Überwindung durch «die Macht als menschliche schöpferische Tätigkeit» [17]. Damit wird dem marxistischen Ansatz eine zweite, anthropologische (zunächst nicht aus der Bedürfnisstruktur abgeleitete) Basis substituiert. K. KOSIKS Wiederaufnahme der «Ontologie des Menschen» charakterisiert «dessen Sein durch die praktische Produktion der gesellschaftlich-menschlichen Wirklichkeit und durch die geistige Reproduktion der menschlichen und außermenschlichen Wirklichkeit» [18]. Die Praxis ist darum die gewordene und die tendenzielle Einheit von Mensch und Welt; der theoretische Abstand dieser beiden Momente bedingt die Ontologie [19] – sie ist Philosophie der werdenden und konkreten Totalität. Die Position R. KALIVODAS ergibt sich aus seiner Marx-Interpretation: «Unter ‹menschlichem Wesen› können wir ... nur die grundlegende anthropologische Konstitution des Menschen verstehen, die inhaltlich leer ist; denn erst in dem dialektischen Spiel der motivierenden Komponenten dieser Konstitution entsteht der inhaltliche Reichtum der Selbstprojektion des Menschen, denen wir die ‹Wesenhaftigkeit› nicht absprechen können» [20]. In der späteren Entwicklung von Marx ist die «Authentizität eines menschlichen Wesens als sich durch seine Entfremdungen hindurch erhaltendes offenes Wesen aufgegeben» [21] und «in einem weiteren Erkenntnisschritt in Beziehung gesetzt zur Gesetzmäßigkeit und Notwendigkeit der menschlichen Geschichte» [22].

Die polnischen Theoretiker behandeln eingehender das Problem der Verdinglichung und Technokratisierung bis hin zur Erfahrung alltäglicher Banalität. – Faßt man «den Menschen ... als ein Wesen» auf, «das seine eigenen Bedürfnisse produziert» [23] – so B. BACZKO –, dem schließlich die menschliche Natur zum Bedürfnis wird, ergibt sich auch die Einordnung der Natur: «die Geschichte der Natur als des Gegenstandes der menschlichen Bedürfnisse» – so L. KOLAKOWSKI – [24] ist Gegenstand menschlicher Erkenntnis.

A. SCHAFF geht von einer anthropologischen Sonderstellung des Menschen aus, die aber weder als ahistorisches, authentisches Wesen des Menschen noch als bloßes Resultat der geschichtlichen Auseinandersetzung mit der Natur verstanden wird [25]. Diese – vorläufige – Inkompatibilität von Mensch und Natur wird philosophisch reflektiert – in der Erwartung und Zielsetzung, sie zu überwinden.

Es zeigt sich, daß die philosophische Interpretation des H. im Marxismus der Autorität Marx verpflichtet bleibt; möglicherweise ist das der Grund für ein gewisses Defizit in der Auf- und Einarbeitung biologischer, anthropologischer und soziologischer Aspekte und Ergebnisse.

Anmerkungen. [1] H. LEFÈBVRE: Probleme des Marxismus, heute (dtsch. 1965) 17. 28; R. GARAUDY: Thesen zu einer Diskussion der Grundlagen der Moral, in: Moral und Gesellschaft (dtsch. 1968) 65; vgl.: Vom Bannfluch zum Dialog, in: R. GARAUDY, J. B. METZ und K. RAHNER: Der Dialog ... (1966). – [2] LEFÈBVRE, a. a. O. 16. – [3] GARAUDY, Thesen ... a. a. O. [1] 64. – [4] L. ALTHUSSER: Für Marx (1968) 179. – [5] a. a. O. 189. – [6] 187. – [7] 180f. – [8] 175. – [9] L. SEBAG: Marxismus und Strukturalismus (dtsch. 1967) 100. – [10] a. a. O. 93. – [11] M. MARKOVIC: Dialektik der Praxis (1968) 72. – [12] a. a. O. 74. – [13] 75. – [14] 88. – [15] P. VRANICKI: Zum Thema der Befreiung des Menschen. Praxis 3 (Zagreb 1967) H. 1, 95. 97. – [16] G. PETROVIĆ: Macht, Gewalt und Humanität. Praxis 6 (1970) H. 1/2, 48f. – [17] a. a. O. 52f. – [18] K. KOSIK: Dialektik des Konkreten (dtsch. 1970) 196. 247. – [19] Vgl. a. a. O. 218. – [20] R. KALIVODA: Der Marxismus und die moderne geistige Wirklichkeit (dtsch. 1967) 101. – [21] a. a. O. 52. – [22] 118. – [23] B. BACZKO: Weltanschauung, Met., Entfremdung (1969) 122. – [24] L. KOLAKOWSKI: Traktat über die Sterblichkeit der Vernunft (1967) 59. – [25] A. SCHAFF: Marxismus und das menschl. Individuum (1970) 49.

Literaturhinweis. E. GRASSI: H. und Marxismus (1973).

R. ROMBERG

III. In Opposition gegen allen bisherigen H. begreift sich ein neuer *kritischer H.*, innerhalb dessen jedoch Selbstverständnis und Frontstellung differieren: Während der französische H. existentialistischer, marxistischer und strukturalistischer Provenienz (J.-P. SARTRE, A. CAMUS, M. MERLEAU-PONTY, C. LEVI-STRAUSS) auf Grund eigener neuer Konzepte der ontologisch-existentiellen und der gesellschaftlich-geschichtlichen Situation des Menschen den bisherigen H. schlechthin als anthropologisch falsche Grundannahme verwirft, will M. HEIDEGGER nach der ‹Kehre› «alle Arten des H.», die «bis in die Gegenwart aufgekommen sind», als «Metaphysik» überwinden [1]: sowohl den retrospektiv auf die Antike gerichteten «historisch verstandenen H.» [2], der «in der Zeit der römischen Republik» die Humanitas «zum ersten Mal bedacht und erstrebt» hat als Aneignung griechischer Bildung und zu dem «stets ein studium humanitatis» gehört, «das in einer bestimmten Weise auf das Altertum zurückgreift» [3], als auch den auf «Freiheit» und «Natur» des Menschen sich berufenden H. von Scholastik und Christentum, von Kant, Hegel, Marx, Nietzsche und Sartre – Arten des H., die gleichermaßen auf «metaphysischer Auslegung» eines «als selbstverständlich» vorausgesetzten, allgemeinsten «Wesens des Menschen beruhen [4]. «Jeder H. gründet entweder in einer Metaphysik, oder er macht sich selbst zum Grund einer solchen». So zeigt sich einerseits «das Eigentümliche aller Metaphysik darin, daß sie ‹humanistisch› ist», und andererseits bleibt demgemäß «jeder H. metaphysisch» [5]. Daher sucht Heidegger «durch einen offenen Widerstand gegen den ‹H.› einen Anstoß zu wagen, der veranlassen könnte, erst einmal über die Humanitas des homo humanus und ihre Begründung stutzig zu werden» [6].

Der zeitgenössische *französische* H. hat sein einigendes Moment in einer von J.-P. SARTRE ausdrücklich formulierten Negation des «klassischen H.», der in dieser Gegnerschaft nicht zeitlich begrenzt wird auf historische Erscheinungsformen des H., sondern in systematischer Abgrenzung den historischen, bürgerlich-liberalen, christlichen und «pseudomarxistischen» H. bis zu gegenwärtigen Formen des H. – «chez *Cocteau,* par exemple» [7] – umfaßt. Im Gegensatz zu diesem ist Sartres kritischer H. a) prospektiv auf eine jeweils mögliche Verwirklichung von Humanitas gerichtet; denn es gibt keine kultisch zu verehrende «humanité», sondern nur einen H. im offenen Horizont der Geschichte: «Le culte de l'humanité aboutit à l'humanisme fermé sur soi de Comte» [8]; b) inhaltlich nicht fixiert: weder auf ein vorgegebenes Wesen des Menschen noch auf eine bestimmte sittliche Qualität, die der Mensch als Einzelner oder als gesellschaftlich Engagierter zu realisieren hätte; denn der Mensch ist nicht Ziel und Ende einer Entwicklung: «il est toujours à faire» [9]; c) geschichtsphilosophisch nicht festgelegt auf ein eschaton, in dem humanitas als ein durch geschichtliche Veränderung herzustellender gesamtgesellschaftlicher Heilszustand erreicht würde; denn «das Leben hat a priori keinen Sinn» [10]; erst der Mensch gibt ihm durch seine «Wahl», sein «Engagement», seine «Sinnstiftung» einen Wert und entreißt es damit der Kontingenz und Sinnlosigkeit [11]; «créer une communauté humaine» [12] ist daher nur eine Möglichkeit, keine Notwendigkeit menschlicher Geschichte.

Dennoch finden sich im französischen H. existentialistischer, marxistischer und strukturalistischer Prägung die Momente des «klassischen H.» aufgehoben, sei es als dynamisch sich bestimmende, ontologisch jedoch bestimmbare «nature humaine» (CAMUS, MERLEAU-PONTY), als «condition humaine» (SARTRE), sei es als existentiell-sittlich verstandene Dimension der Selbst- und Menschwerdung (SARTRE, CAMUS), sei es als mögliche sinnvolle Veränderung des gesellschaftlich-politischen Zustandes «menschlicher Beziehungen» (SARTRE, CAMUS) oder als vom Menschen innovierte Richtung des Geschichtsverlaufs mit dem Ziel, ein Mehr an Humanitas durch Geschichte einzurichten (MERLEAU-PONTY).

Das den H. als solchen konstituierende Prinzip bezieht sich dabei auf je verschiedenartige Dimensionen humaner Verwirklichung: auf die anthropologischnaturale, die existentiell-sittliche, die gesellschaftliche, die geschichtlich-politische oder die geschichtsmetaphysische Dimension. Der Begriff der Humanitas variiert diese spezifische Konstitution von H. durch die je anders bestimmte Negation der Humanität: als *Inhumanität* der *Natur* (MERLEAU-PONTY), des Bestialischen, des Barbarischen, des gesellschaftlichen *Unheils* (CAMUS), als *Terror* (MERLEAU-PONTY) oder *Chaos* (LEVI-STRAUSS), des «Über-Menschen» als *Held* oder *Heiliger* (CAMUS) oder des «Un-Menschlichen» als des *Göttlichen* (SARTRE).

Im Gegensatz zur *Hominisation* als dem natürlichen Menschwerdungsprozeß einer Evolution, die sich phylogenetisch vollzogen hat und ontogenetisch vollzieht (MERLEAU-PONTY), ist der geschichtliche Prozeß der *Humanisierung* zu keinem Zeitpunkt in seiner sittlichen Qualität und seinen Resultaten gesichert. Humanisierung ist das immer riskante Unternehmen des Einzelnen oder der Gesellschaft, das durch Freiheit initiiert (SARTRE), durch «Zeugnis» verbreitet (CAMUS), durch «Revolte» (CAMUS) oder «Revolution» (SARTRE) vorangetrieben wird, ohne je durch geschichtlichen «Fortschritt» garantiert werden zu können: Humanisierung ist «in» Geschichte als Sinnstiftung des Menschen möglich geworden, zugleich aber in eben dieser Geschichte als dem Raum der Freiheit aufs Spiel gesetzt (MERLEAU-PONTY). – Demnach ist das gesellschaftliche und das geschichtliche Moment aus diesem H. nicht zu eliminieren: gesellschaftlich wird H. als ein Zustand «menschlicherer» Beziehungen «für alle Menschen» erstrebt, d. h. unter die Idee der Menschheit und Menschlichkeit gestellt, auch da, wo die Subjektivität und Spontaneität des Einzelnen für Humanisierung verantwortlich ist (SARTRE) und Gesellschaftsveränderung wesentlich als Selbstveränderung beginnt (CAMUS); geschichtlich muß sich dieser H. progressiv und emphatisch verstehen: auf Zukunft gerichtet, weil das Humanum ein «entworfenes» ist, ein in Zeit und Geschichte zu erfüllendes «projet»; emphatisch, weil dieser «Entwurf» als ein noch ausstehender Sinn von Geschichte auf die Wesensmöglichkeit des Menschen rekurriert: eines Wesens, «qui refuse d'être ce qu'elle est» (CAMUS [13]) oder «qui ne se contente pas de coïncider avec soi» (MERLEAU-PONTY [14]). H. ist seitdem nicht mehr eine angebbare philosophische Richtung oder kulturgeschichtliche Strömung, sondern eine Herausforderung an *jedes* Denken, das Humanum zu definieren und als solches zur Zielgestalt menschlicher Praxis zu machen. Daher ist gerade «das revolutionäre Denken ... gleichzeitig humanistisch. Die Behauptung: *auch* wir sind Menschen, liegt jeder Revolution zugrunde» (SARTRE [15]).

Die revolutionären Akte politisch-gesellschaftlicher Veränderungen basieren also einerseits auf einem H. des Revolutionärs: «Sein H. gründet sich nicht auf Menschenwürde und spricht im Gegenteil dem Menschen jede besondere Würde ab; die Einheit, in die er alle seine Artgenossen und sich selbst einschmelzen will, ist nicht die des *Reiches* der Menschen, sondern die der *Art* des Menschen; es gibt eine menschliche *Art*, eine nicht zu rechtfertigende und zufällige Erscheinung» (SARTRE [16]); andererseits wirft jede konkret-geschichtliche Revolution die Frage auf nach dem Verhältnis von «H. und *Terror*» (MERLEAU-PONTY), d. h. die grundsätzliche Frage nach der Humanität der Mittel, die erlaubt sind, um einen Zustand gesamtmenschlicher bzw. menschheitlicher Humanität herzustellen.

Diese dem französischen H. unerläßlich gestellte Frage, wenngleich von Sartre, Camus und Merleau-Ponty in je verschiedenem Sinne beantwortet, macht deutlich, daß der kritische H. eine Stellungnahme zum Problem der *Ethik* involviert. Die Berufung auf eine unveräußerliche «Natur», die als Maßstab den Menschen bindet, hatte im «klassischen H.» zugleich normierende Funktion für menschliches Handeln: «Il y avait aussi un étalon-or de la morale» (MERLEAU-PONTY [17]), d. h. im Verwirklichen seiner Natur untersteht der Mensch einem sittlichen Anspruch (KANT). An die Stelle dieser «humanistischen Ethik» (A. KOESTLER) als einer an der menschlichen Natur sich orientierenden Handlungsnorm tritt nun eine selbstverantwortete private Moral, die *jedem* die Möglichkeit läßt, das «métier d'homme» (CAMUS) individuell auszuüben und damit Menschsein als Humanität zu realisieren. Ohne «Werte, Rechtfertigungen oder Entschuldigungen» (SARTRE [18]) vollzieht sich die sittliche Humanisierung in totaler «Verlassenheit» und unvermeidbarer Schuld, deren Maß zu bestimmen ist nach einem «principe d'une culpabilité raisonnable» (CAMUS [19]). «Condamné à être libre» (SARTRE) und «condamné au sens» (MERLEAU-PONTY), also zur Sinnstiftung in der Geschichte verurteilt, kann auch *politische Ethik* dem Handelnden keine Entlastung erteilen, weil die «Ambiguität» der Geschichte (MERLEAU-PONTY) den Einzelnen um so härter für seine freie Entscheidung und ihre geschichtlichen Folgen verantwortlich macht.

Das spezifisch Neue seines H. sieht SARTRE in der «liaison de la transcendance, comme constitutive de l'homme ... et de la subjectivité, au sens où l'homme n'est pas enfermé en lui-même mais présent toujours dans un univers humain» [20], d. h. die Subjektivität ist einerseits der «Ort», an dem allein H. auftreten kann, andererseits gerade nicht «Ort», sondern Bewegung des Transzendierens («dépassement»), so daß der Mensch sich als «homo humanus» nur verwirklichen kann dadurch, daß er sich überschreitet: «l'homme ... est au cœur, au centre de ce dépassement» [21]; zugleich aber wird der Prozeß der Humanisierung ausgeliefert an die freie Verantwortung, sittliche Entscheidung und praktisch-politische Handlung des Einzelnen bzw. einer «Gruppe». Eine ontologische Bestimmung wird so unmittelbar zur ethisch relevanten Kategorie: Sofern der Mensch als «ontologisches Subjekt» definiert ist durch «dépassement» und «projet», ist die Nichtwahrnehmung seiner ontischen Kompetenz als unmoralisch diskriminiert. In dieser Verklammerung ontologischer und moralischer Bestimmung kann der existentialistische H. die Tat des Einzelnen, sein «projet», zur Ursprungsstelle zugleich menschlicher und menschheitlicher Entwicklung machen: Keine Natur bindet den Menschen, sondern er wählt und bindet sich selbst dank seiner ontologischen Konstitution. Aus dieser seiner Menschlichkeit, d. h. seiner Subjektivität *kann* der Mensch nicht heraustreten, ohne «sich an die Stelle Gottes zu setzen» [22]; es gibt nur *einen* Ort der Wahrheit und Gewißheit für ihn: das Subjekt oder das menschliche Bewußtsein. Insofern ist der Atheismus konstitutives Moment des existentialistischen H. (atheistischer H.). Der Mensch wird daher zwangsläufig zum «législateur» seiner selbst und der Menschheit, sofern auch *Geschichte* die kontrafaktische Zielgestalt nicht produziert (ahistorisches Moment des H.) und sofern die Kontingenz von Mensch und Welt letzte Grundlage der Rationalität ist, wird nicht mehr die Metaphysik, sondern die Ontologie zur Basis dieses H. (ontologischer H.). – Die «Wahl» und das «projet» des Einzelnen bedeuten zugleich exemplarisches Handeln «sous les yeux de l'humanité» [23]. In der Verschränkung von Freiheit der Wahl und Bindung der Freiheit realisiert jeder Einzelne einen «type d'humanité», d. h. das Absolute produziert als Relative. Damit schlägt der individuelle Prozeß der Humanisierung ins Universell-Menschheitliche um: «Je construis l'universel en me choisissant» [24]. In System und Geschichte verhaftet, zeigt sich die Menschheit jedem Menschen als eine «humanité à faire» –, «machbar nicht durch die Konstruktion eines Systems (und wäre es gleich das sozialistische), sondern auf den Trümmern *jedes* Systems». Der letzte Umschlag dieses existentialistischen H. ist ein praktisch-politischer, der die existentielle Basis bewahrt; denn es zeigt sich, daß auch «das sozialistische Individuum das Produkt seiner selbst ist» [25].

A. CAMUS sieht den Begriff ‹H.› durch Ambivalenz der Inanspruchnahme diskreditiert: «die Scharfrichter von heute sind bekanntlich Humanisten. Darum kann man ... der humanitären Ideologie gar nicht mißtrauisch genug begegnen» [26]. Humanität dagegen im Sinne einer noch ausstehenden Menschlichkeit aller Menschen ist Ziel eines Prozesses, der sich zwar «in» der Geschichte, aber nicht «durch» sie vollzieht – ein Ziel, das keine eschatologisch entrückte, geschichtsdeterminierte Zukunft sein darf. Denn es gibt eine zeitlose «nature humaine», die, in Geschichte eingelassen, sich jeweils in ihr engagieren muß. *Geschichte* ist entsubstanzialisiert zum Medium, in dem sich der Mensch als Mensch realisiert. Camus' H. impliziert also keine «morale antihistorique» [27], weil der konkrete Inhalt der geschichtlichen Situation seine Signifikanz und Provokation behält: die «Tugend der Auflehnung und der Empörung» [28] findet das Objekt ihrer «résistance» jeweils in der Geschichte. Humanität und Geschichte sind so aufeinander verwiesen: Nur in Besinnung auf das, was seine Natur und Würde verlangt bzw. verbietet, kann der Mensch Humanität verwirklichen, – *muß* er gegen *jede* Tyrannei revoltieren. «Revolte» ist Umschlag von Wesensnatur in geschichtliche Aktivität: sie ist «l'affirmation d'une nature commune à tous les hommes» [29], und mit ihr setzt der Mensch «une limite à l'histoire» [30]. «Nature humaine» ist so kein fester Besitz, sondern Bedingung möglicher Menschlichkeit in Forderung nach permanent engagierter Verwirklichung.

M. MERLEAU-PONTY sieht den Zusammenbruch des «klassischen H.» als Folge irriger Grundannahmen: einer fälschlichen Trennung vor allem von «valeur» und «réalité», von «l'esprit et le corps», von «l'intérieur et l'extérieur» [31]. Der «H. von heute» sei keine «säkularisierte Theologie» mehr, sondern eine «association toute nouvelle du ‹matérialisme› et du ‹spiritualisme›, du pessimisme et de l'optimisme, ou plutôt ... le dépassement de ces antithèses» [32]. Diese Überwindung falscher Antithesen hat sich am H.-Begriff als kritische Disjunktion ausgewirkt: «Le propre de notre temps est peut-être de dissocier l'humanisme et l'idée d'une humanité de plein droit, et non seulement de concilier, mais de tenir pour inséparables la conscience des valeurs humaines et celle des infrastructures qui les portent dans l'existence» [33]. Von diesem Grundsatz her bewegt sich der H. Merleau-Pontys in verschiedenen Dimensionen: «il commence par la prise de conscience de la contingence» [34], und er weist voraus in einen «monde humain» als Gesellschaft, in der alle sich in ihren Beziehungen untereinander als Anerkannte selbst erkennen könnten. Das Problem des H. wird dabei wesentlich zu einem Problem der Humanität, und zwar im ontologisch-naturalen, im anthropologisch-existentiellen und im gesellschaftlich-politischen Sinne. In der Dimension des Naturalen bildet Natur zu Humanität den Gegenpol des Unmenschlichen: so ist der «natürliche Raum» der «kontingente, unmenschliche Hintergrund», von dem der anthropologische Raum sich abhebt, ohne jedoch seine Verwurzelung in jener vormenschlichen Dimension je vollständig zu verlieren [35]. Die «Investitur» mit Humanität deutet auf einen Prozeß hin, der immer von neuem im Natürlichen, als dem Unmenschlichen und Vormenschlichen beginnend, sich bis in die sublimsten menschlichen Akte hinein fortsetzt. Natur und Humanität sind dialektisch aufeinander bezogen: Positiv ist Humanität Überformung von Natur, negativ die Negation des «natürlichen Sinnes» durch einen «menschlichen Sinn». Die anthropologische Notwendigkeit des Leibsubjektes, Sinn als «Bedeutung» zu stiften schon vom einfachsten Akt der Wahrnehmung an (der Mensch ist «condamné au sens» [36]) schlägt auf historisch-politischer Ebene in Möglichkeit um, und die Realisierung von Humanität steht und fällt mit menschlich-initiierter, faktisch gelungener Sinnschöpfung in der Geschichte. Insoweit diese beiden Prozesse als gewohnheitsmäßig-naturwüchsiges Verhalten (corps habituel) und innovierend-spontanes, sinnschöpfendes Verhalten (corps actuel) [37] ineinander übergehen, wird zwar mehr Subjektivität und somit mehr Humanität ermöglicht, jedoch kein geschichtlicher Fortschritt auf mehr Menschlichkeit hin garantiert. Investitur der Welt mit Humanität einerseits und geschichtlich-gesellschaftliche Institution von Humanität andererseits vollziehen sich unter inkommensurablen Fortschrittsideen. Aus dieser Divergenz resultiert ein letzter gesellschaftspolitischer Sinn von Humanität als sozialethischer Anspruch, «menschlichere Beziehungen» herzustellen zwischen den Menschen. An der Konkretion dieser Forderung wird die Gesellschaft gemessen [38]: «Eine Gesellschaft ... ist das wert, was in ihr die Beziehungen des Menschen zum Menschen wert sind» [39]. Die Ambiguität der Geschichte belastet diesen Humanisierungsprozeß für den Einzelnen mit «grundlegenden Entscheidungen», deren Endbedeutung von Umständen abhängt, die nicht völlig erkennbar sind. – Das Verhältnis von Humanität und Moral bestimmt Merleau-Ponty aus diesem prospektiven Gesichtspunkt: Gewaltanwendung zum Endzweck der Humanität ist insoweit moralisch vertretbar, als die ausgeübte Gewalt «revolutionär» und fähig ist, zwischen den Menschen menschliche Beziehungen herzustellen [40]. Damit hebt Merleau-Ponty Koestlers Alternative von «humanistischer» und «revolutionärer Ethik» in dem Sinne auf, daß gerade die «revolutionäre Ethik» wieder dem Maßstab der Humanität unterliegt in bezug auf die Menschlichkeit der neu geschaffenen menschlichen Beziehungen, d. h. der Humanität der Individualmoral wird eine andere Humanität der Sozialmoral entgegengestellt. Merleau-Ponty löst also sein Titelproblem ‹H. und Terror›, indem er H. zugleich als Ziel und Maßstab bestimmt: als Ziel der Geschichte (Ende der Ausbeutung des Menschen durch den Menschen in der klassenlosen Gesellschaft) und als Maßstab der «Politik» (als der sich realisierenden Geschichte in Zeiten revolutionärer Umschichtung) und ihrer Moral. Humane Gesellschaft ist das Ziel eines Erfahrungsprozesses, der «sehr wahrscheinlich» dahin führt, Inhumanität als «falsche Lösung» zu eliminieren. Dennoch bleibt «im Prinzip nicht ausgeschlossen», «que l'humanité, comme une phrase qui n'arrive pas à s'achever, échoue en cours de route» [41].

Anmerkungen. [1] M. HEIDEGGER: Platons Lehre von der Wahrheit. Mit einem Brief über den H. (1947) 64. – [2] a. a. O. 62. – [3] 62f. – [4] 64. – [5] 63f. – [6] 95. – [7] J.-P. SARTRE: L'existentialisme est un humanisme (Paris 1946) 90. – [8] a. a. O. 92. – [9] ebda. – [10] Ist der Existentialismus ein Humanismus? in: Drei Essays (1965) 34. – [11] ebda. – [12] a. a. O. [7] 90. – [13] A. CAMUS: L'homme révolté, in: Essais (Paris 1965) 420. – [14] M. MERLEAU-PONTY: Signes (Paris 1960) 285. – [15] J.-P. SARTRE: Materialismus und Revolution, in: Drei Essays (1965) 85. – [16] ebda. – [17] MERLEAU-PONTY, a. a. O. [14] 287. – [18] SARTRE, a. a. O. [7] 37. – [19] CAMUS, a. a. O. [13] 420. – [20] SARTRE, a. a. O. [7] 93. – [21] a. a. O. 92f. – [22] a. a. O. [15] 55. – [23] a. a. O. [7] 74. – [24] a. a. O. 70. – [25] Determination und Freiheit, in: Moral und Gesellschaft (1968) 34. – [26] A. CAMUS: Die Guillotine. Betrachtungen zur Todesstrafe, in: Fragen der Zeit (1960) 177. – [27] Lettre à Roland Barthes sur la Peste, in: Théâtre, récits, nouvelles (Paris 1962) 1973. – [28] Der Ungläubige und die Christen, in: Fragen der Zeit (1960) 78. – [29] a. a. O. [13] 651. – [30] a. a. O. 652. – [31] MERLEAU-PONTY, a. a. O. [14] 287. – [32] a. a. O. 286. – [33] 287. – [34] 305. – [35] Phénoménol. de la perception (Paris 1945) 339. 370. – [36] a. a. O. XIV. – [37] 97. – [38] Humanismus und Terror (1968) 12. – [39] a. a. O. 8. – [40] 11. – [41] Sens et non-sens (Paris 1966) 304.

Literaturhinweise. G. MARCEL: Les hommes contre l'humain (Paris 1951). – A. ESPIAU DE LA MAESTRE: Der Sinn und das Absurde (1961). – P. KAMPITS: Der Mythos vom Menschen. Zum Atheismus und H. Albert Camus' (1968). – F. FANON: Die Verdammten dieser Erde. Vorwort von J.-P. SARTRE (1969). I. PAPE

Humanitas (Humanität) bezeichnet als Abstraktum zum lateinischen Adjektiv ‹humanus› (menschlich) weniger das Menschsein im neutral-definitorischen Sinne als vielmehr die Summe der geistigen Normen und praktischen Verhaltensweisen, die den Menschen zum Menschen machen.

Das Wort ist zuerst belegt in der anonymen ‹Rhetorica ad Herennium› (ca. 84/83 v. Chr.) [1]. Etwas später (80 v. Chr.) findet es sich bei Cicero. Der scheinbar rein römische Begriff enthält jedoch, obschon ihm kein griechisches Äquivalent voraufgeht, viel Griechisches. Im Mittelpunkt der griechischen Geisteskultur steht der Mensch, so daß die Entwicklung des griechischen Denkens als die fortschreitende Selbsterkenntnis und Selbstinnewerdung des Menschlichen gedeutet werden kann. Griechische Einflüsse haben dann im 2. Jh. v. Chr. in allen Bereichen auf die noch wenig entwickelte römische Geisteswelt gewirkt. So lassen Vorkommen und Bedeutung des emphatisch gebrauchten ‹humanus› in den Komödien des Plautus und Terenz und auch die geistige Bewegung des Scipionenkreises die idealen Voraussetzungen griechischen Ursprungs erkennen, auf denen Ciceros für die gesamte spätere Tradition verbindliche sprachliche Prägung des H.-Ideals beruht. Sein H.-Begriff umfaßt im emphatischen Gebrauch folgende Momente: sittliche und geistige Bildung [2], menschlicher Edelmut, Würde und Adel menschlichen Geistes, Ehrbarkeit [3], Witz, Geschmack, Humor, Anmut, Eleganz, Feinsinnigkeit [4], Geist, Bildung, Erziehung, Urbanität [5], innere Ausgeglichenheit [6], Freundlichkeit, Güte, Milde, Menschenfreundlichkeit, Gastfreundlichkeit, Großzügigkeit, Freigebigkeit [7].

Neben und für ‹H.› können, besonders bei Cicero, aber auch bei seinen Zeitgenossen Caesar und Cornelius Nepos sowie in späterer Zeit, folgende lateinische Begriffe stehen: 1. in *statistisch-definitorischer* Bedeutung: natura humana, condicio mortalis, natura hominis, natura generis humani; 2. in *emphatischer* Bedeutung: mansuetudo, cultus, doctrina, dignitas, fides, pietas, honestas, iustitia, gravitas, virtus, integritas, lepos, facetiae, elegantia, eruditio, urbanitas, hilaritas, iocositas, festivitas, sapientia, moderatio, modestia, aequitas, magnanimitas, comitas, benignitas, clementia, misericordia, benevolentia, facilitas, mollitudo, liberalitas, munificentia.

Die Häufigkeit des Terminus ‹H.› nimmt in nachciceronischer Zeit ab. Er findet sich bei Vitruv, Valerius Maximus, Velleius Paterculus, Petron, sehr oft und bedeutungsvoll bei Seneca d. J., bei Quintilian, bei Plinius d. J. und auch später. Bei den heidnischen Autoren der christlichen Jh. wird der Sachverhalt der H. eher durch die nach griechischer Denkweise prägnant gebrauchten Begriffe ‹homo› und ‹humanus› ausgedrückt, zumal die Prosodie von ‹H.› sich nicht in den epischen Hexameter fügt, weshalb das Wort in den Epen von Lucan, Silius Italicus, Valerius Flaccus und Statius nicht vorkommen kann. Hingegen gewinnt ‹H.›, sofern das Wort nicht emphatisch gebraucht wird, bei den christlichen Schriftstellern als passender Gegenbegriff zu ‹divinitas› vornehmlich die Bedeutung von «hinfällige, schwache, sterbliche Menschennatur» (z. B. bezogen auf die Menschwerdung Christi [8]).

In der Renaissance hat L. Bruni (1369–1444) in Erinnerung an eine Formel Ciceros [9] und des jüngeren Plinius [10] das Schlüsselwort gefunden, das in der Folge für Europa das geistige Vermächtnis des griechisch-römischen Altertums und das Bemühen um dessen lebendige Bewahrung umfaßt: studia humanitatis.

Anmerkungen. [1] Rhet. ad Her. 2, 16, 24; 17, 26; 31, 50; 4, 8, 12; 4 (5), 16, 23. – [2] Cicero, Verr. 2, 5, 187; Pro Flacco 62; Caesar, Gall. I, 1, 3; Vitruv, 2 pr. 5; 2, 1, 6. – [3] Cicero, Resp. I, 28; Plinius, Ep. 7, 31, 3. – [4] Varro, Ling. 8, 31; Cicero, De or. I, 27; Plinius, Ep. 4, 3, 4. – [5] Cicero, Verr. 2, 3, 8; 2, 4, 98; Cornelius Nepos, Att. 3, 3; Plinius, Paneg. 47, 3. – [6] Cicero, Cato de senect. 1. – [7] Cicero, Pro Lig. 13; 16; Verr. 2, 1, 65; De off. 3, 32; 3, 97; Velleius Pat. 2, 114, 1; Seneca, n. q. 4 pr. 18; Plinius, Ep. 1, 10, 2; 6, 31, 14. – [8] Augustinus, Contra Felicem 2, 9; Boethius, Contra Eutychen 4, 66; 4, 94; 5, 38. – [9] Cicero, Pro Murena 61; Pro Caelio 24. – [10] Plinius, Paneg. 47.

Literaturhinweise. K. Brandi: Die Renaissance in Florenz und Rom (³1909). – M. Niedermann: Kultur. Werden und Wandlung des Begriffs und seiner Ersatzbegriffe von Cicero bis Herder, in: Bibl. Archivum Romanum (Florenz 1941) 1, 28. – W. Ehlers: Art. ‹H.›. Thes. ling. lat. VI/3 (1942) 3075–3083. – J. Mayer: H. bei Cicero (Diss. Freiburg 1950). – Fr. Klingner, Humanität und H., in: römische Geisteswelt (³1956) 620–662. – H. Haffter: Neuere Arbeiten zum Problem der H. Philologus 100 (1956) 287–304. – K. Büchner: H. Romana. Stud. über Werke und Wesen der Römer (1957). – R. Rieks: Homo, Humanus, H. Zur Humanität in der lat. Lit. des 1. nachchristl. Jh. (1967).

R. Rieks

Humor. Das Wort, das heute in der Umgangssprache auf alles gemünzt wird, was mit dem Lachen in Beziehung steht, geht auf die spätmittelalterliche Temperamentenlehre zurück, welche die Charaktere nach dem Vorwiegen gewisser Körpersäfte (humores) bestimmte und einteilte.

Nachweislich seit 1565 meint ‹humour› im Englischen Stimmung, Laune, Gemütszustand; seit Ende des 16. Jh. zudem ein von den Normen und Konventionen abweichendes, exzentrisches Verhalten: «a singular and unavoidable manner of doing or saying any thing, Peculiar and Natural to one Man only, by which his Speech and Actions are distinguish'd from those of other men» [1].

Philosophisch relevant wird der Begriff um 1800 für die Ästhetik. Er gewinnt überall dort eine zentrale Stelle, wo, wie bei A. W. und Fr. Schlegel, Jean Paul, Schelling, Solger, die von Schiller entfaltete Polarität von naiver und sentimentalischer Dichtung im Sinne einer geschichtsphilosophischen Ortsbestimmung der modernen, romantischen, vom christlich-dualistischen Weltbild geprägten Dichtung weitergeführt wird. Bedeutung und Funktion des Begriffs in der frühromantischen Ästhetik sind vorgezeichnet durch den vor allem in der Rezeption der englischen Romane (Fielding, Smollet, Sterne) anschaulich gewordenen «humour»; die Exzentrizität und Extravaganz des «humour» als Grundzug der Wahrnehmung, Verhaltensweise und Kommunikation gelten um 1800 als wesentlicher bewußtseinsgeschichtlicher Index der modernen, romantischen Einbildungskraft. Reflexion des Verhältnisses von Realem und Idealem, Vermittlung von Endlichem und Unendlichem, Repräsentation des Unendlichen durch die in der Subjektivität beschlossene, nie vollendete Totalität der Weltaneignung und der Beziehungen zur Realität, Aufhebung aller Begrenztheit und Positivität des Endlichen durch die unendliche Vielfalt subjektiver Brechung des Wirklichen: all das sind Bestimmungen und Prinzipien der modernen, sentimentalischen, romantischen Dichtung, die der H. als Verhaltens- und Kommunikationsform vorzüglich repräsentiert.

In diesem Sinne kann Jean Paul sagen, alles müsse «romantisch, d. h. humoristisch werden» [2], kann der H. als negative dem Erhabenen als positiver Darstellung des Unendlichen gegenübergestellt werden, kann Solger den H. als ein Äußerstes der modernen Dichtung begreifen, in der das Göttliche keine bestimmte Gestalt mehr anzunehmen vermöge, sondern sich gänzlich in die Darstellung der Subjektivität der Weltaneignung, der subjektiven Brechung alles Wirklichen zurückgezogen habe [3]. Auf dieser Stufe bleibt die Beziehung zwischen dem H. und dem Komischen ein sekundärer oder unreflektiert mitlaufender Aspekt. Primär ist am H. seine Signifikanz für den geschichtsphilosophisch fundierten Begriff der romantischen Poesie als einer, in der die Einigung von Endlichem und Unendlichem sich nur im Entfalten der alles Endliche negierenden Subjektivität vollziehen kann. Noch in HEGELS Kritik des subjektiven H., in dem nur die blanke, partikulare, abstrakte Subjektivität hervortritt, und in seinem Hinweis auf einen objektiven H., in welchem die subjektive Reflektiertheit des Objektiven zu einer Dimension des Objektiven selbst wird, ist der Bezugsrahmen des H.-Begriffs die Struktur der in Subjektivität und Objektivität auseinandertretenden Wirklichkeit, welche Dichtung als ihre Manifestation verlangt [4].

Zuvörderst JEAN PAUL bezieht in der ‹Vorschule der Ästhetik› den H. in eine konsistente Theorie des Komischen ein, wobei schon die Definition des H. als « das romantische Komische » [5] das Festhalten an einer geschichtsphilosophischen Fundierung bezeugt. Als Verhältnis zum Lächerlichen und als Modus des Komischen gründet der H. in der mit dem Christentum verbundenen Entzweiung von Ich und Welt, damit im Leiden am Endlichen als unaufhebbarem Grundzug der menschlichen Existenz. Als Ausdruck dieser Situation und als Möglichkeit ihrer ästhetischen Bewältigung ist der H. durch das Ganze des Weltverhältnisses bestimmt: « Der Humor, als das umgekehrte Erhabene, vernichtet nicht das Einzelne, sondern das Endliche durch den Kontrast mit der Idee » [6]. Mit Rücksicht auf die Totalbestimmung des Endlichen als Leiden, Verkehrtheit, Dürftigkeit tritt mit dem H. in jeder Erscheinung ein komisches Verhältnis hervor, präsentiert sich für die « humoristische Totalität » jede Erscheinung als « ein auf das Unendliche angewandtes Endliche » [7]. Dieses reflexive Verhältnis von Komischem und Leiden wie Schuld als Totalbestimmungen des Lebens hat dann KIERKEGAARD seiner Definition des H. als « Inkognito » und « ästhetisches Konfinium » des Religiösen zugrunde gelegt [8].

JEAN PAUL bestimmt das Verhältnis von H. und Komischem als eine Art Fundierungsverhältnis: der H. ist, als « weltverachtende Idee », die « Widerlage des Komischen » [9]. H. als bewußtseinsgeschichtlich bedingter Sinn für das Komische und Komisches als ausgemachter gegenständlicher Sachverhalt, als Referent, sind gleichsam hintereinandergestaffelt. Gründend im Bewußtsein der Bedingtheit alles Endlichen und der Stellung des Menschen im Weltzusammenhang, gilt der H. als eine Grundeinstellung, die der Komik als Ausdrucksmittel bedarf, ohne deshalb identisch mit der Komik zu sein.

Diese Auffassung wird im großen und ganzen bis heute in zahllosen und unterschiedlichst gelagerten Interpretationsmodellen durchgehalten. Preisgegeben wurden allmählich die geschichtsphilosophischen Implikate des H.-Begriffs, verdrängt weithin der Funktionszusammenhang von H.-Begriff und Ästhetik. Auf der einen Seite statuierte man den H. philosophisch als einen Grundzug der Weltanschauung, dessen Historizität nicht weiter reflektiert wurde: « Es handelt sich beim H. um ein charakterlich bedingtes Ethos des ganzen Blickes ins Leben; dieses Ethos steht hinter dem Sinn für die Komik, und wahrscheinlich treibt es ihn erst hervor » [10]. Auf der anderen Seite führte die zunehmende Psychologisierung der Theorie des Komischen bis zu FREUDS metapsychologischer Erklärung des H. als Affektersparnis durch Verschiebung großer Besetzungsmengen vom Ich aufs Über-Ich [11].

Gegen die positivistischen und psychologistischen Ableitungen faßte J. RITTER den H. im Anschluß vor allem an Jean Paul wieder unter dem Gesichtspunkt der freien Auseinandersetzung des Menschen mit der Wirklichkeit: Im H. handle es sich nicht nur um die Beziehung zum Lächerlichen, Komischen, sondern zugleich um das Bewußtsein der Grenzen der Vernunft, durch welche das Komische erst als Komisches erscheint; H. wird als die Bewegung begriffen, in der gegen die Einschränkung der Vernunft « der unendliche und darum für sie nicht faßbare Sinn des Daseins und Seins ausgespielt wird, und zwar an dem, was diese Vernunft selbst ins Abseits und in die Verborgenheit gedrängt und gezwungen hat » [12]. Neuerdings schließlich finden sich allenthalben, wenngleich noch ganz punktuell, Fragen nach den ideologischen Implikaten des seit dem 19. Jh. durchsetzenden, immer stärker auf das Moment der Versöhnlichkeit und des Einverstandenseins pochenden und dadurch fatal apologetischen H.-Begriffs. Die Diskussion über das Verhältnis von Affirmation und Negation in Kunst, Kultur, Bewußtsein könnte dem H. eine neue philosophische Relevanz geben, wobei der frühere geschichtsphilosophische Bezugsrahmen wiederum geltend gemacht werden dürfte.

Anmerkungen. [1] W. CONGREVE, Brief an Dennis, in: J. E. SPINGARN (Hg.): Critical essays of the 17th century 3 (Oxford 1908/09) 248. – [2] JEAN PAUL, Vorschule der Ästhetik. Werke, hg. N. MILLER 5 (1962) 127. – [3] K. F. W. SOLGER, Erwin. Vier Gespräche über das Schöne und die Kunst, hg. W. HENCKMANN (1971) 350ff. – [4] G. W. F. HEGEL, Vorles. über die Ästhetik, hg. F. BASSENGE (1955) 564ff. – [5] JEAN PAUL, a. a. O. [2] 125. – [6] ebda. – [7] ebda. – [8] S. KIERKEGAARD, Abschließende unwiss. Nachschrift ... Werke, hg. CHR. SCHREMPF 7 (1925) 173ff. – [9] JEAN PAUL, a. a. O. [2] 119. – [10] N. HARTMANN: Ästhetik (1953) 418. – [11] S. FREUD, Der H. Werke 14 (1963) 383-389. – [12] J. RITTER: Über das Lachen. Bl. dtsch. Philos. 14 (1940) 18.

Literaturhinweise. O. ROMMEL: Die wiss. Bemühungen um die Analyse des Komischen. Dtsch. Vjschr. Lit.wiss. 21 (1943) 161-193. – G. BAUM: H. und Satire in der bürgerl. Ästhetik (1959). – ST. M. TAVE: The amiable humorist. A study in the comic theory and criticism of the 18th and early 19th centuries (Chicago 1960). – W. PREISENDANZ: H. als dichterische Einbildungskraft. Studien zur Erzählkunst des poetischen Realismus (1963). – W. SCHMIDT-HIDDING (Hg.): Europ. Schlüsselwörter I. H. und Witz (1963). – J. F. STEWART: An anatomy of H. (Los Angeles 1967).

W. PREISENDANZ

Hybris (ὕβρις, -εως f., etymologisch nicht zusammenhängend mit ὑπέρ, über, über hinaus) bezeichnet im Griechischen sowohl die Haltung, die zum frevlerischen Übergriff über menschliches Maß hinaus drängt, als auch konkret die einzelnen Formen solcher Übergriffe. ‹H.› heißt also Willkür, Grausamkeit, Übermut, Lust, Unbeherrschtheit einerseits und Frevel, Verletzung, Vergewaltigung, Raub andererseits. Als derartige Überschreitung der göttlichen oder menschlichen Ordnung aus Übermaß begegnet der Begriff schon im *Epos*, so bei HOMER, allerdings nur zweimal in der ‹Ilias› (um 730 v. Chr.), öfter dann in der ‹Odyssee› (um 700 v.Chr.). Die beiden Iliasstellen [1] beziehen sich auf das willkürliche und anmaßende Handeln des Agamemnon gegenüber Achilleus; in der ‹Odyssee› [2] wird besonders das übermütige und gewalttätige Verhalten der Freier als H. bezeichnet. Bei HESIOD [3] ist H. Kennzeichen einer aus dem goldenen Zeitalter abgesunkenen Menschheit; er betont, daß die Rechtsordnung der Dike letztlich den frevlerischen Übermut der H. besiege.

Auch in der frühgriechischen *Lyrik*, bei SOLON (um 600 v. Chr.) [4], THEOGNIS (um 540 v. Chr.) [5], PINDAR (518-438 v. Chr.) [6], BAKCHYLIDES (um 470/460 v. Chr.) [7] findet sich die Vorstellung vom vermessenen Übergriff des Einzelnen oder eines ganzen Stadtstaates; solche H. wird stets von der Rechtsordnung (Δίκη, Εὐνομίη) überwunden und geahndet.

Entscheidende Bedeutung erhält die H., die sich ihrem Wesen nach als eine religiös-mythische Vorstellung erweist, in der griechischen *Tragödie*. Diese hält der H. die Norm des Maßes – den Grundgedanken der delphischen Religiosität – entgegen. In den ‹Persern› des AISCHYLOS [8] wird die schwere Niederlage des Xerxes im Griechenlandfeldzug darauf zurückgeführt, daß dieses Unternehmen sich auf übermenschlichen Machtanspruch und damit notwendig verbundene gottlose Gesinnung gründete. Daß die Götter die H. der Menschen verabscheuen und bestrafen, sagt SOPHOKLES in den ‹Trachinierinnen› [9]. Ähnliche Aussagen finden sich bei EURIPIDES [10]; verschiedentlich wird von ihm auch der Begriff der H. auf Verfehlungen im rein mitmenschlichen Bereich angewandt.

Die *Geschichtsschreibung* zeigt enge Parallelen zur Konzeption der Tragödie. Besonders deutlich tritt dies hervor in der Perserdarstellung des HERODOT: Der Zug des Xerxes entspringt der äußersten Verblendung des Machtrausches, aber die Götter lassen die Maßlosigkeit des Großkönigs scheitern [11]. THUKYDIDES versteht profaner den Übermut, den übermäßigen Reichtum einer Gesellschaft, als Ursache für deren Niedergang [12]. Ebenso führt auch XENOPHON die gegenseitige Vernichtung Spartas und Athens im Peloponnesischen Krieg als göttliches Strafgericht auf das Grundübel der H. beider Stadtstaaten zurück [13].

In *philosophischem* Zusammenhang begegnet ‹H.› bei HERAKLIT: Die H. als Auflehnung gegen das Gesetz der Polis, das ein Absenker des Weltgesetzes ist, muß man eher löschen als eine Feuersbrunst [14]. Bei PLATON zeigt der H.-Begriff, der besonders häufig im ‹Staat› und in den ‹Gesetzen› vorkommt, die ganze Skala der erwähnten Bedeutungsnuancen [15]. Auch ARISTOTELES verwendet ‹H.› in mannigfacher Bedeutung; zumeist ist H. bei ihm als Verletzung der Norm des Maßes entweder ein individualethisches Fehlverhalten oder – häufiger – ein schlechtes Symptom politischer Gebilde. So findet sich der Begriff besonders häufig in der ‹Rhetorik› und der ‹Politik›. H. ist zusammen mit Verachtung und Kränkung eine der Formen der Geringschätzung [16] und einer der Gründe für politischen Aufstand [17]. In der Folgezeit hat der Begriff der H. in der philosophischen Terminologie keinen festen Platz mehr; im christlichen Denken wird ‹Hochmut› (superbia) als Gegenbegriff zu dem gottgefällige Leben kennzeichnenden Begriff der Demut (humilitas) wichtig [18].

Anmerkungen. [1] HOMER, Ilias I, 203. 214. – [2] Od. I, 368; IV, 321. 627. – [3] HESIOD, Werke und Tage (um 680 v. Chr.) V, 134. 146. 191f. 213f. 217. 238. – [4] SOLON, in: Anthol. lyrica graec., hg. DIEHL Frg. 3, 8ff.; 3, 34; 5, 9. – [5] THEOGNIS 39ff. 151-154. – [6] PINDAR, Olympien 13, 6-10. – [7] BAKCHYLIDES 15, 57ff. – [8] AISCHYLOS, Perser V, 808. 825-831. – [9] SOPHOKLES, Die Trachinierinnen V, 280ff. – [10] EURIPIDES, Bakchen 375. 1297; Orestes 708. 1581. – [11] HERODOT I, 189, 1; III, 80, 2. 81, 2; VII, 16 α 2. – [12] THUKYDIDES II, 65, 9; III, 39, 4f. 45, 4. – [13] XENOPHON, Hellenika II, 2, 10. – [14] HERAKLIT, VS B 43; vgl. B 78. – [15] PLATON, Phaid. 81 e 5; Leges I, 637 a 3; VI, 777 d 4; VIII 837 c 6; Apol. 26 e 8; Gorg. 525 a 4; Resp. VIII, 560 e 2; Phaidros 238 a 2; Soph. 216 b 3. 229 a 3. – [16] ARISTOTELES, Rhet. II, 2, 1378 b 15. 23. – [17] Pol. V, 2f., 1302 b 2ff. – [18] Vgl. Art. ‹Hochmut›.

Literaturhinweise. – *Zur Etymologie:* E. BOISACQ: Dict. étymol. de la langue grecque (Heidelberg/Paris 1914) s.v. – J. J. FRAENKEL: H. (Proefschrift Utrecht 1941). – J. B. HOFMANN: Etymol. Wb. des Griech. (1950) s.v. – H. FRISK: Griech. etymol. Wb. 1 (1960ff.) s.v. BRÍ. – *Zur Begriffsgeschichte:* O. BARKOWSKI: Art. ‹Sieben Weise›, in: RE II, A, 2 (1923) 2242-2264. – W. JAEGER: Paideia. Die Formung des griech. Menschen 1-3 (1934-1947); Die Theol. der frühen griech. Denker (1953). – C. DEL GRANDE: H. Colpa e castigo nell'espressione poetica e lett. degli scrittori di Grecia antica da Omero a Cleante (Neapel 1947). – M. P. NILSSON: Gesch. der griech. Relig. (²1955) 1, 625-653. – R. PFEIFFER: The image of the Delphian Apollo and Apolline ethics, in: Schriften (1960) 55-71. – A. DIHLE: Die goldene Regel. Eine Einf. in die Gesch. der antiken und frühchristl. Vulgärethik (1962). – G. BERTRAM: Art. ‹H.›, in: Theol. Wb. zum NT, hg. KITTEL 8 (1966) 295-307.
R. RIEKS

Hyle, sensuelle. Der Begriff der H. entstammt in der Phänomenologie E. HUSSERLS einer durch die phänomenologische Epoché ermöglichten klassifizierenden Deskription des reinen Bewußtseins und dient zur Kennzeichnung der Empfindung im weitesten Sinne. Er bezeichnet die Gesamtheit derjenigen Bewußtseinsinhalte, die – im Medium der immanenten Zeit – «Eigenart und Funktion reiner Stoffe» haben [1]. Im Hinblick auf den kinästhetischen Vollzug alles Empfindens muß die H. in Empfindung im engeren Sinne, welche «Farb-, Ton- und Tastinhalte» gibt [2] (Datenempfindung) und in «kinästhetische Empfindung», in welcher die kinästhetische Bewegung als solche empfunden wird [3] (Stellungsempfindung), differenziert werden. Beim Tasten kommt als dritte Art der H. noch die «Empfindnis» hinzu.

Anmerkungen. [1] E. HUSSERL: Ideen zu einer reinen Phänomenol. und phänomenol. Philos. 3. Husserliana 5 (Den Haag 1952) 118; vgl. Ideen ... 1. Husserliana 3 (Den Haag 1950) 210. – [2] a. a. O. 208. – [3] Ideen ... 2. Husserliana 4 (Den Haag 1952) 57

Literaturhinweise. U. CLAESGES: Edmund Husserls Theorie der Raumkonstitution (Den Haag 1964). – E. HOLENSTEIN: Phänomenol. der Assoziation. Zu Struktur und Funktion eines Grundprinzips der passiven Genesis bei E. Husserl (Den Haag 1972).
U. CLAESGES

Hylemorphismus. Der Ausdruck ‹H.›, gebildet aus ὕλη (Stoff) und μορφή (Form), bezeichnet jene auf Aristoteles zurückgehende Lehre, nach der die Substanzen der körperlichen, materiellen Dinge aus der «Ersten Materie» (Urmaterie) als dem Prinzip der räumlichen und zeitlichen Bestimmung des Körpers und aus einem «Wesensform» genannten Prinzip bestehen, das als allgemeiner Artlogos der körperlichen Substanz die der Art wesentliche Prägung verleiht (s. Form und Materie). Der heute für diese Doktrin gebräuchliche Ausdruck ‹H.› scheint erst gegen Ende des 19. Jh. im Raum der Neuscholastik gebildet worden zu sein, findet sich jedenfalls im Anfang des 20. Jh. schon in Titeln [1]. R. EISLERS ‹Wörterbuch der philosophischen Begriffe› verzeichnet diesen Terminus in der 3. Auflage 1910 freilich noch nicht.

Neben ‹H.› war und ist auch die Schreibweise ‹Hylomorphismus› üblich, aber wahrscheinlich doch nur im deutschen Sprachraum [2]. Diese Wortform dürfte wohl in Anlehnung an den älteren, schon aus dem 17. Jh. stammenden Terminus ‹Hylozoismus› (s. d.) gebildet worden sein.

Eine Zusammensetzung aus Form und Materie *aller* endlichen Substanzen, also auch der immateriellen Geistwesen, wobei dann der Ausdruck ‹Materie› eher ein bestimmbares Subjekt überhaupt als den inneren Grund der Räumlichkeit und Zeitlichkeit des Wesens bezeichnet, lehrten im Mittelalter im Rückgriff auf den Neuplatonismus oder auf Augustinus u. a. AVICEBRON (Ibn Gabirol), ROGER BACON und BONAVENTURA. Diese Lehre wird als «universeller H.» [3] bezeichnet.

Anmerkungen. [1] Vgl. D. NYS: L'hylémorphisme dans le monde inorganique. Rev. néoscolast. Philos. 11 (1904) 35ff. – [2] Vgl. H. HÖRER: Roger Bacons Hylomorphismus ... (1912) und neuerdings TH. SCHNEIDER: Die Einheit des Menschen ... (1973) Sachreg. s.v. ‹Hylomorphismus›. – [3] Vgl. F. VAN STEENBERGHEN: La philos. au 13e siècle (Louvain 1966) Index s.v. ‹Hylémorphisme universel›.
L. OEING-HANHOFF

Hylogenese stellt eine neuere Bezeichnung für eine Theorie der Entstehung bzw. Bildung der Materie dar [1]. In diesem Sinne spricht z. B. L. OKEN im Gegensatz zur Kosmogonie von H., indem er die körperliche Materie aus einer Zentral- und einer Peripheriemasse mit Hilfe des Lichtes sich konstituieren läßt [2]. Eine ähnliche Theorie der H. hatte schon GROSSETESTE im 13. Jh. in seinem ‹Tractatus de luce› entwickelt und sie mathematisch zu fundieren versucht [3]. Danach sind immer wieder H.-Theorien im Zusammenhang mit Kosmogonien aufgestellt worden. Die bekanntesten sind die von DESCARTES [4], KANT [5] und LAPLACE [6] sowie in neuester Zeit die von WEIZSÄCKER und HUBBLE. HELMHOLTZ und andere sprechen von hylogenen Elementen als denjenigen Ursachen im Gebiet des Realen, die bewirken, daß wir am gleichen Orte zu verschiedenen Zeiten verschieden große Dinge von verschiedenen Eigenschaften wahrnehmen [7].

Anmerkungen. [1] Der Nouveau Larousse illustré (Paris 1897-1904) kennt den Begriff noch nicht, wohl aber die Enciclop. univ. illustrada europea/americana (Barcelona 1925) 28, 1619. – [2] L. OKEN: Lb. der Naturphilos. (1809, ³1830) Nr. 19ff. – [3] R. GROSSETESTE, Tractatus de luce, hg. BAUR (1912) 51, 10ff. – [4] R. DESCARTES, Principia philosophiae III, 48. Werke, hg. ADAM/TANNERY 8, 103ff. – [5] I. KANT: Allg. Naturgesch. und Theorie des Himmels (1755). – [6] P. S. LAPLACE: Exposition du système du monde (Paris 1796). – [7] H. HELMHOLTZ: Vorträge und Reden (³1884) 2, 403.
H. M. NOBIS

Hylozoismus (von griech. ὕλη, Materie, und ζωή, Leben). H. ist jene – erstmals 1678 von R. CUDWORTH so bezeichnete [1] – hauptsächlich der älteren ionischen Naturphilosophie zugeschriebene Lehre von einem Grundstoff, aus dem alle Dinge derart entstanden sind, daß mit dem Urstoff dessen Entwicklung zu den Dingen infolge seiner ewigen Bewegung und seiner Lebendigkeit ohne weiteres gegeben ist, ohne daß ein zweites dem Stoffe gegenüberstehendes bewegendes und ordnendes Prinzip (etwa ein göttlicher Intellekt) dafür anzusetzen wäre.

Diese Lehre findet sich nach einer hauptsächlich von Berichten des ARISTOTELES ausgehenden philosophiegeschichtlichen Tradition vor allem bei der milesischen Schule und bei Heraklit: So soll THALES das *Wasser* als Grundstoff aller Dinge angesetzt haben [2], ANAXIMANDER das *Apeiron*, das Unendliche (welches nach ARISTOTELES allerdings trotz seiner alles umfassenden und lenkenden Funktion doch Materie gewesen sein soll) [3], ANAXIMENES die *Luft* [4], und HERAKLIT das *Feuer* [5]. Die Entstehung der Dinge aus dem Urstoff hat sich nach ANAXIMANDER durch Ausscheidung [6], nach ANAXIMENES [7] und HERAKLIT [8] durch Verdichtung und Verdünnung vollzogen.

Dem H. zugerechnet werden können auch einige Denker späterer Zeit, welche ebenfalls einen Grundstoff als einziges Urprinzip annehmen, dabei aber die Einflüsse späterer Spekulation verraten: So setzt HIPPON, ein Physiker der perikleischen Epoche, wie Thales das Wasser oder das Feuchte als Prinzip der Dinge an [9], und wie Anaximenes erklären IDAIOS VON HIMERA [10] und DIOGENES VON APOLLONIA [11] die Luft für den Urstoff, wobei allerdings Diogenes über Anaximenes hinausgeht, indem er als Reaktion auf den Dualismus des Anaxagoras, welcher ein geistiges und materielle Prinzipien ansetzt [12], der Luft als dem Ursprung der Dinge auch geistige Eigenschaften, so Vernunft und Wissen, zuspricht.

Die Brauchbarkeit des H.-Begriffs zur Beschreibung der erwähnten Theorien wird von neueren Forschern in Frage gestellt [13].

Anmerkungen. [1] R. CUDWORTH: True intellectual system of the universe (London 1678) z. B. 104ff. – [2] VS 1 (¹¹1961) 11 A 12. – [3] VS 12 A 14. 15; 12 B 1-3. – [4] VS 13 A 4; B 2. – [5] VS 18 A 7; 22 A 5; 22 B 30. 31. 64-66. 90. – [6] VS 12 A 16; 9; 10. – [7] VS 13 A 5; B 1. – [8] VS 22 A 1. 8f.; 5. – [9] VS 38 A 3. 4-7. 8. 10. – [10] VS II (¹⁰1960) 63 (II, 51, 2). – [11] VS II, 64 A 1. 4, 5-7; 64 B 1-2. 7-8, bes. aber 64 B 4-5. – [12] VS II, 59 B 1-14. – [13] Vgl. z. B. W. JAEGER: The theol. of the early Greek philosophers. Gifford Lectures 1936 (Oxford 1947); O. GIGON: Der Ursprung der griech. Philos. (1945, ²1968).

Literaturhinweise. J. BURNET: Early Greek philos. (1892, ⁴1930). – K. PRAECHTER: Die Philos. des Altertums, in: F. UEBERWEGS Grundriß der Gesch. der Philos. 1 (¹²1926, ND 1960) 40ff. – H. FRAENKEL: Wege und Formen frühgriech. Denkens (1955). – G. S. KIRK and J. E. RAVEN: The pre-Socratic philosophers (1957). – W. K. C. GUTHRIE: Die griech. Philos. von Thales bis Aristoteles (dtsch. 1960).
F. P. HAGER

Hypermoral. Diesen Terminus (auch: Moralhypertrophie) verwendet A. GEHLEN in seiner anthropologischen Ethik [1] in Anlehnung an NIETZSCHES Kritik der Sklaven- und Herdentiermoral [2] und M. WEBERS Kritik der Gesinnungsethik [3] in gesellschaftskritischer Absicht. Ausgehend von einem anthropologisch fundierten Pluralismus mehrerer, nicht aufeinander zurückführbarer moralischer Instanzen, kritisiert GEHLEN die Übersteigerung bestimmter moralischer Verhaltensweisen zuungunsten anderer als H. Die H. meldet sich heute als eine «humanitär-masseneudaimonistische Gesinnungsmoral» [4], Ort unpolitischer Tugenden, zu Wort. Dieser mit Totalitätsanspruch vorgetragene «Humanitarismus», eine Überdehnung des Familienethos mit seinen humanitären und pazifistischen Tugenden, zersetzt in Verbindung mit dem «Masseneudaimonismus», bei dem es sich inhaltlich um die «Ethisierung des Ideals des Wohllebens» [5] als oberstem Wert und formal um das «Ideal des höchsten Glücks der größten Zahl» [6] handelt, das Staats- und Institutionenethos, die politischen Tugenden. Das hypermoralische Verhalten tritt zusammen mit anderen Phänomenen auf: a) einem übersteigerten Subjektivismus, der handlungslos wird, da die entlastende Funktion der Institution fortfällt, b) der Funktionalisierung des Staates auf die partikularen, gesellschaftlichen Interessen hin, so daß dieser seine Funktion als Sicherheitsgarant nach außen und innen immer weniger erfüllen kann, c) der Freisetzung von Aggression, Folge abstrakter Reinheit und der damit gegebenen Radikalisierung der Moral. Hinter der rein diesseitig orientierten H. vermutet Gehlen eine dekadente Haltung und einen Nihilismus im Verhältnis zu höheren Werten.

Anmerkungen. [1] A. GEHLEN: Moral und H. Eine pluralistische Ethik (²1970). – [2] FR. NIETZSCHE, Jenseits von Gut und Böse, bes. §§ 199-203. – [3] M. WEBER, Politik als Beruf, in: Ges. polit. Schriften, hg. J. WINCKELMANN (1958) 493-548. – [4] GEHLEN, a. a. O. [1] 149. – [5] 61. – [6] 68.

Literaturhinweise. J. Habermas: Nachgeahmte Substanzialität. Eine Auseinandersetzung mit Arnold Gehlens Ethik. Merkur 24 (1970) 313-327. – B. Zimmermann: Moral und H. Rez. in: Philos. Jb. (1970) 398-404. – G. Rohrmoser: Nietzsche und das Ende der Emanzipation (1971) 66-75.

L. Samson

Hyperphysisch, Hyperphysik. Das Adjektiv ‹hyperphysisch› ist von griechisch ὑπερφυής (über die Natur hinausgehend) gebildet. Seine näheren sachlichen Wurzeln sind außerdem: ὑπὲρ (τὴν) φύσιν bzw. ὑπὲρ τὰ φυσικά (über die [sinnlich-wahrnehmbare] Natur bzw. über das Sinnlich-Wahrnehmbare hinaus) und ἐπέκεινα τῶν φυσικῶν (jenseits des Sinnlich-Wahrnehmbaren); seine entfernteren: ἐπέκεινα τῆς οὐσίας (jenseits des Seins), ὑπερούσιος (überseiend), ὑπερκόσμιος (überweltlich) und ὑπερουράνιος (überhimmlisch). Vornehmlich die ersten vier Ausdrücke werden besonders von den *Aristoteles-Kommentatoren* der *athenischen* und *alexandrinischen Schulen* (5.-6. Jh. n. Chr.) [1], ebenfalls von Ps.-Dionysius Areopagita [2], Proklos [3] und schon von Alexander von Aphrodisias [4] zur Bestimmung von Bedeutung und Gegenstand der Metaphysik verwendet: «Alles nämlich, was über der Natur ist (τὰ γὰρ ὑπὲρ τὴν φύσιν) zu lehren, ist Aufgabe der Theologie» bzw. der «Metaphysik» [5]. Nach Simplicius hat Aristoteles die ganze Natur «an dem hyperphysischen Grund aufgehängt» (ὑπερφυοῦς αἰτίας ἐξηρτημένη) [6] und seine Naturphilosophie (Physik) «auf die hyperphysische Theologie zugespitzt» (εἰς τὴν ὑπερφυᾶ θεολογίαν ἀπεκορύφωσε) [7]. Um den ganzen Geist dieser H. zu verstehen, ist als Hintergrund noch die platonische Philosophie heranzuziehen, wo das ὑπέρ (über) und das ἐπέκεινα (jenseits) beheimatet sind, wie es in den beiden klassischen Worten zum Ausdruck kommt: ὑπὲρ ταῦτα κάλλει ἐστίν (über diese an Schönheit emporragend) [8] und ἐπέκεινα τῆς οὐσίας (jenseits des Seins) [9].

Dem Verständnis vom Hyperphysischen liegt ein bestimmtes Vorverständnis von φύσις zugrunde: Diese wird als die sinnlich-wahrnehmbare Natur aufgefaßt. Dementsprechend versteht sich das Hyperphysische als das *Über-* bzw. *Unsinnliche,* als das in der Denk- wie Seinsordnung von der Hyle (Materie) unabhängige Sein. Gemeint ist daher der gesamte Gegenstandsbereich der Metaphysik, nicht bloß der Theologia naturalis als spezieller Metaphysik im Sinn der Wolffschen Philosophie.

Erst recht darf das Hyperphysische nicht als Gnade im Sinne des dem Christentum geläufigen Übernatürlichen gedeutet werden, obwohl nun gerade das ὑπὲρ τὴν φύσιν schon verhältnismäßig früh auch dafür in Anspruch genommen wird. Origenes sagt z. B.: «Im Verhältnis zu der Natur im gewöhnlichen Sinne geht einiges über die Natur hinaus (ὑπὲρ τὴν φύσιν), etwa das, was Gott bewirkt, wenn er den Menschen über die menschliche Natur erhebt (ὑπὲρ τὴν ἀνθρωπίνην φύσιν ἀναβιβάζων) und in eine bessere und göttlichere übergehen läßt» [10]. Das ὑπερφυής erhält nun auch bei dem Areopagiten, und hier wohl erstmalig, dieses Verständnis [11], der damit einen *doppelten* Gebrauch von ὑπερφυής kennt: einen *hyperphysisch-metaphysischen* und einen *hyperphysisch-übernatürlichen* im Sinne christlicher Gnadenhaftigkeit. Das ὑπερφυής meint jetzt nicht mehr den Gegensatz zur sinnenhaften Natur, sondern das, was jedweder geschaffenen Natur ungeschuldet ist und daher durch ihre Prinzipien nicht erreicht werden kann. Bei der Übersetzung der Areopagitischen Werke ins Lateinische hat dann Johannes Eriugena († 877) ὑπερφυής mit ‹supernaturalis› übersetzt [12] und wie Ps.-Dionysius vor ihm und Thomas von Aquin nach ihm [13] das Wort in seinem doppelten Verständnis verwendet. Durch die Übersetzung Eriugenas sowie weitere Übersetzungen der Areopagitischen Schriften ins Lateinische nebst verschiedenen Kommentaren zu einzelnen Schriften des Ps.-Dionysius gelangt das ὑπερφυής ins Abendland, nachdem das lateinische Wort ‹supernaturalis› für ὑπερφυής bereits in der wahrscheinlich aus dem 6. Jh. stammenden lateinischen Übersetzung der Briefe des Isidoros von Pelusion aufgetaucht war [14].

Das Hyperphysische im philosophischen Verstand ist noch gegen ein anderes potentielles Mißverständnis abzusichern. Da es die Metaphysik bezeichnet, also die Prinzipien des ὂν ᾗ ὄν (des Seienden als Seienden), geht es uns in der Begegnung mit dem uns bekannten Sein auf und ist nicht durch einen quantitativ-lokalen (Überwelt), sondern *qualitativ-modalen* Chorismos von uns getrennt, genauer: überhaupt nicht getrennt, sondern unterschieden. Der mehr oder weniger räumlich verstandene Chorismos des Hyperphysischen erscheint erst später, besonders in der französischen Aufklärung und bei D. Hume. Er wird, neben der Verkürzung der metaphysischen Problematik auf die der theologia naturalis, von Bedeutung für Kants Begriff und Ablehnung einer «H.», d. h. «einer Theorie von der Natur des Übersinnlichen (von Gott, dem menschlichen Geist)» [15]: «Was nicht ein Gegenstand der Erfahrung sein kann, dessen Erkenntnis wäre hyperphysisch» [16]. «Hyperphysische Erklärungsarten» sind aber gegen die Bestimmung der Vernunft, weil sie einen transzendenten, d. h. alle Erfahrung übersteigenden Gebrauch unserer Begriffe voraussetzen [17].

Schließlich gewinnt das Wort ‹H.› (jetzt auch ‹Ultraphysik› genannt) nochmals einen anderen Sinn bei P. Teilhard de Chardin. Es bezeichnet eine «das Universum umfassende Schau», allerdings auf naturwissenschaftlicher Grundlage, und kann daher, trotz unvermeidbarer Konvergenz von Wissenschaft, Philosophie und Religion in der Nachbarschaft des Alls, «noch keine Metaphysik» sein. Damit hat sich der ursprüngliche Sinn von ‹H.› in sein Gegenteil verkehrt [18].

Anmerkungen. [1] Simplicius, In Phys. 1, 17-21; 257, 24-26; 1117, 10f.; 1359, 5-8; 1366, 19f.; In Cat. 6, 17-30; Syrianus, In Met. 1, 26; 135, 10; Asclepius, In Met. 66, 32f.; Ammonius, In De Interpr. 24, 24f.; 64, 3. 8; Texte der Kommentatoren in: Commentaria in Aristotelem Graeca, hg. Königl.-Preuß. Akad. Wiss. (1882ff.). – [2] Ps.-Dionysius, MPG 3, 589 d. 592 b. – [3] Proklos, In remp., hg. Kroll (1899-1901) 2, 118, 19f.; In Tim., hg. Diehl (1903-1906) 3, 275, 26f. – [4] Alexander von Aphrodisias, In Met., hg. Hayduck (1891) 72, 20. – [5] Joh. Philoponus, In Cat. 5, 1-6; In Phys. 300, 27ff. – [6] Simplicius, In Phys. 1366, 19f. – [7] a. a. O. 1359, 5-8. – [8] Platon, Pol. 509 a 7. – [9] a. a. O. 509 b 9. – [10] Origenes, Contra Celsum 5, 23. MPG 11, 1217; vgl. Gregor von Nyssa, De beatitud. or. 7. MPG 44, 1280; Joh. Chrysostomus, In Ep. ad Rom. 10, 2. MPG 60, 477; Cyrillus von Alexandrien, In Joh. 1, 12. MPG 73, 153 BC. – [11] Ps.-Dionysius, MPG 3, 593 c. 1072 b. – [12] Vgl. A. Deneffe: Gesch. des Wortes «supernaturalis». Z. kath. Theol. 46 (1922) 337-360. – [13] Belege bei Deneffe, a. a. O. 352-356. – [14] Vgl. Art. ‹Übernatürlich›, in: LThK 10 (²1965) 438. – [15] I. Kant, Von einem neuerdings erhobenen vornehmen Ton in der Philos. Akad.-A. 8, 399f. – [16] Proleg. § 16. Akad.-A. 4, 296. – [17] a. a. O. 4, 359; vgl. auch KrV B 88. 801. 873. – [18] P. Teilhard de Chardin, Le phénomène humain, dtsch. O. Marbach: Der Mensch im Kosmos (1959) 2 (Vorbemerk. des Verf.); ferner Brief Teilhards vom 11. 10. 1936, zit. in: P. Teilhard de Chardin, Leben und Werk, dtsch. K. Schmitz-Moormann (1966) 381.

Literaturhinweise. A. Deneffe s. Anm. [12]. – K. Kremer: Der Met.-Begriff in den Aristoteles-Komm. der Ammonius-Schule. Beitr. zur Gesch. der Philos. und Theol. des MA 39/1 (1961) bes. 13-17. 27-38. 61-77. 105ff. 189ff. – H. de Lubac: Remarques sur l'hist. du mot «surnaturel». Nouv. Rev. théol. 61/3-4 (1934)

225-249. 350-370; Surnaturel (Paris 1946). – Enciclop. catt. 11 (1953) 969-979. – RGG³ 4 (1960) 1329-1336. – LThK² 10 (1965) 437-440 (Lit.).
K. Kremer

Hypnose (Trance, Faszination) bezeichnet in der gegenwärtigen Fachterminologie der Psychologie und der Medizin einen hypothetischen psychischen Zustand, der durch Induktionsverfahren verschiedener Art herbeigeführt wird. Die heute gebräuchlichste Induktionsmethode besteht in der verbalen Instruktion, sich zu entspannen, die Augen zu schließen, sich auf die Worte des Hypnotiseurs zu konzentrieren usw. Der induzierte Zustand wird meist durch Verhaltensmerkmale folgender Art beschrieben: a) Versteifung der Glieder unter Beibehaltung der einmal erreichten Position (Katalepsie) und andere – meist als unwillkürlich erlebte – motorische Verhaltensweisen; b) Modifikationen von Wahrnehmungen in der H.; c) posthypnotisches Verhalten (Ausführung von im Zustand der H. gegebenen Befehlen nach Beendigung der H.); d) posthypnotische Amnesie. Selbst nach einer hundertjährigen Forschungstradition ist es noch unmöglich, eine den fundierten theoretischen Ansätzen gerecht werdende allgemeingültige Definition des Begriffes ‹H.› zu geben [1]. Die H. wird heute einmal als Forschungsinstrument eingesetzt, um besseren Zugang zu allgemeinen psychischen und physiologischen Prozessen zu gewinnen [2], zum anderen dient sie als Methode der Psychotherapie (Hypnotherapie) [3]. Der Begriff ‹H.› wird sowohl als theoretisches Konstrukt als auch phänomendeskriptiv verwendet. Die phänomendeskriptive Begriffsvariante findet sich jedoch erst in der neueren H.-Forschung.

Anmerkungen. [1] E. R. Hilgard: H. Ann. Rev. Psychol. 16 (1965) 157-180; G. H. Estabrooks (Hg.): H. Current problems (New York 1962). – [2] J. E. Gordon (Hg.): Handbook of clin. and exp. H. (New York 1967) Kap. 2; L. Chertok: Psychophysiol. mechanisms of H. (New York 1969); A. G. Yanovski: H. as a research tool in cardiol., in: Estabrooks, a. a. O. [1] 76-108. – [3] a. a. O. Kap. 3.

1. Die *Vorgeschichte* des H.-Begriffs ist eine Geschichte der H. oder verwandter Zustände als *Heilmethode*. Ihr Beginn in der Antike ist gekennzeichnet durch die unsystematische Beschreibung von Bewußtseinsveränderungen, die infolge eindrucksvollen Verhaltens von Personen mit Prestige eintreten [1].
Zur Vorgeschichte des H.-Begriffs gehören auch Versuche aus dem 17. Jh., h.-ähnliche Zustände bei Tieren zu induzieren [2]. Erst mit F. A. Mesmer, einem Wiener Arzt, setzt die Erforschung von h.-ähnlichen Zuständen ein, die sich fast kontinuierlich fortsetzt bis zur Gegenwart. Mesmer geht aus vom Konzept der *gravitas animalis* als einer dem tierischen und menschlichen Organismus eigenen Kraft, die auch die kleinsten Teile des Körpers beeinflusse, während sie gleichzeitig die universelle Gravitation als Wirkung hervorbringe [3]. Später spricht er von ‹tierischem Magnetismus›, ohne daß diese terminologische Wandlung theoretisch nachvollzogen werden kann [4]. Die Wahl des Wortes ‹Magnetismus› ist durch die Analogie bedingt, die Mesmer zwischen der organismischen Ausstrahlungskraft und der Wirkung der Magneten sieht [5]. Mit ‹tierischem Magnetismus› meint er eine Eigenschaft des lebenden Organismus, kraft derer er empfänglich wird für die universelle Attraktion [6]. Dem tierischen Magnetismus schreibt Mesmer eine heilende Wirkung zu. Der von ihm zuerst durch Auflegung eines Magneten und dann durch bloßes Streichen über den Körper oder durch Berühren mit von ihm bereits magnetisierten Gegenständen induzierte Zustand des «magnetischen Schlafes» (m.Sch.) wird von ihm beschrieben als schlafähnlich, jedoch unter Beibehaltung der Kommunikationsmöglichkeit mit dem Magnetisierten. Typisch für den m.Sch. sind Konvulsionen [7].
Eine erste Überarbeitung erfährt der Begriff ‹m.Sch.› durch A. M. J. de Chastenet, Marquis de Puységur, einem Schüler Mesmers. Das Verhaltensmerkmal der Konvulsionen fällt als conditio sine qua non fort und wird ersetzt durch das Erlebnis der Entspannung in und durch Amnesie nach dem m.Sch. Die Ähnlichkeit des Verhaltens in diesem Zustand mit dem während des Schlafwandelns veranlaßt ihn zur Übertragung des Ausdrucks ‹Somnambulismus› auf den von ihm nur durch verbale Beeinflussung herbeigeführten m.Sch. [8]. Einen weiteren Anstoß erhielt die Begriffsentwicklung durch J. C. de Faria. Von de Puységur übernahm er die Definition des m.Sch. als eines krampflosen Zustandes, den er als «Konzentration» bezeichnet [9]. Allgemeine Voraussetzung für die Konzentration sei ein gewisses Ausmaß an psychischer Beeindruckbarkeit [10], eine Annahme, die in den nachfolgenden Suggestionstheorien der H. als Kernhypothese wieder auftaucht [11]. Dem Somnambulismus schreibt er eine besonders intensive Konzentration zu. Die Beobachtung besonderer Erkenntnismöglichkeiten der «Schlafenden» veranlassen ihn zu der zusätzlichen Bezeichnung «sommeil lucide» [12].
An der Wende zum 19. Jh. werden auf der Grundlage von Farias Begriffsfassung – doch auch hier ohne die entscheidende Konsequenz der Loslösung von der Vorstellung eines Magnetismus – systematische und kritische Darstellungen des m.Sch. als Heilmethode veröffentlicht [13], ohne jedoch neue Anstöße zu einer Begriffsentwicklung zu geben. Bestimmungen des m.Sch. werden in der Folgezeit vorwiegend vom okkultistischen und spiritualistischen Standpunkt aus unternommen [14].
In diese Phase fällt das Wirken Braids in England, der durch die Prägung der Bezeichnung die Begriffsgeschichte der H. im engeren Sinne einleitet. Wortbildungen mit ‹hypnos›, unter andern auch ‹H.› und ‹Hypnotiseur›, finden sich jedoch bereits vor Braid zu Beginn des 19. Jh. bei d'Hénin de Curviller [15]. Der Ausdruck ‹tierischer Magnetismus› wird noch bis Ende des 19. Jh. von verschiedenen Autoren synonym mit ‹H.› verwendet [16].

Anmerkungen. [1] Nach L. M. Lecron und J. Bordeaux: Hypnotism today (New York 1947) 16; O. Stoll: Suggestion und Hypnotismus in der Völkerpsychol. (¹1895, ²1904) 265ff. 622ff.; F. Santanelli: Geheime Philos. oder magisch-magnetische Heilkunde (1723). – [2] D. Schwenter: Deliciae physicomathematicae (1636) 592ff.; A. Kircher: Ars magna lucis et umbra (Rom 1646) lib. II, pars 1, 154f. – [3] F. A. Mesmer: De influxu planetarum in corpus humanum (Diss. Wien 1766); ref. nach F. A. Pattie: Mesmer's medical diss. and its debt to Mead's «De imperio solis ac lunae». J. Hist. Med. all. Sci. 11 (1956) 275-287 und nach F. A. Mesmer: Mémoire sur la découverte du magnétisme animal (Paris 1779) 6ff. – [4] Vgl. Pattie, a. a. O. 12ff. – [5] Mesmer, Mém. a. a. O. [3] 76, These 8. – [6] 7ff. – [7] Précis hist. des faits relatifs du magnétisme-animal jusqu'en avril 1781 (London 1781). – [8] A. M. J. de Chastenet, Marquis de Puységur: Mémoires pour servir à l'hist. et l'établissement du magnétisme animal (Paris 1784); 2. Folge (1809). – [9] J. C. de Faria: De la cause du sommeil lucide ou Etude de la nature de l'homme (Paris ¹1819, ND 1906) 35f. – [10] a. a. O. 36ff. 151ff. – [11] H. Bernheim: De la suggestion et ses applications à la thérapeutique (Paris 1886); C. L. Hull: H. and suggestibility: an exp. approach (New York 1933). – [12] Faria, a. a. O. [9] 183. – [13] Vgl. A. F. Kluge: Versuch einer Darstellung des animalischen Magnetismus als Heilmittel (1811); A. Bertrand: Du magnétisme animal en France (Paris 1826). – [14] R. Tischner: Einf. in den Okkultismus und Spiritualismus (1921); L. Loewenfeld: Somnambulismus und Spiritismus

(1907). – [15] Baron d'Hénin de Curviller: Le magnétisme animal retrouvé dans l'antiquité (Paris 1821), zit. nach F. A. Pattie: A brief hist. of hypnotism, in: J. E. Gordon (Hg.) Handbook of clin. and exp. hypnotism (New York 1967) 32. – [16] Vgl. z. B. W. James: The principles of psychol. (New York 1950) 593.

2. Die erste vage *begriffliche Fassung* der H. als ‹Nervenschlaf› (Neurypnology) verschärft J. Braid in seiner 1846 erschienenen Veröffentlichung zugunsten einer Interpretation des Trancezustandes als ‹Monoideismus› [1]. H. (diese Bezeichnung findet sich bereits zu dieser Zeit ohne das Präfix ‹Neuro-›) sei die Konsequenz einer Konzentration auf dominante Ideen, die mittels Suggestionen vermittelt werden. Je mehr Zugang Braid zum Phänomen der H. fand, desto stärker verwarf er die Gleichsetzung der H. mit dem Zustand des Schlafs [2]. Eine Wende in den theoretischen Überlegungen Braids stellt die Zentrierung auf die posthypnotische Amnesie dar. Dieses Phänomen glaubte er nur durch die Annahme eines gespaltenen Bewußtseinszustandes erklären zu können [3]. In der Begriffsgeschichte der H. deutet sich hier zum ersten Mal eine Definition der H. als Zustand der Dissoziation an, wie sie später in recht einseitiger Weise von M. Prince vorgetragen wird [4].

Weitere Impulse zur Erarbeitung einer Theorie hypnotischer Phänomene und zur gültigen Definition des Begriffes gehen von der Kontroverse zwischen der sogenannten Pariser Schule – vertreten durch Bernheim – und der Schule von Nancy – vertreten durch Charcot – aus.

J. M. Charcots H.-Konzeption ordnet gewisse Phänomene des H.-Zustandes psychopathologischen Erscheinungen zu. Charcot trennt die von ihm so benannte «kleine H.» von der «großen». Die «kleine H.» deutet er im Sinne Farias und Braids als Ergebnis einer Suggestion oder einer starken Konzentration auf eine Idee oder auch ein physikalisches Objekt. Die «große H.» setzt er einem hysterischen Anfall gleich. Sie ist charakterisiert durch drei Stadien, die nacheinander durchlaufen werden: Katalepsie, Lethargie und Somnambulismus [5]. Wie alle früheren Versuche, allgemeingültige Stadien der H. voneinander abzugrenzen und eine Gesetzmäßigkeit ihrer zeitlichen Aufeinanderfolge aufzustellen [6], scheiterte auch der Ansatz Charcots an der beobachtbaren zeitlichen Variation der hypnotischen Phänomene. Auch seine Deutung der H. als Hysterie erwies sich später als Artefakt, bedingt durch die von ihm herbeigeführte hypnotische Situation [7].

Demgegenüber trifft man bei H. Bernheim auf einen H.-Begriff, der der Bedeutung der «kleinen H.» bei Charcot nahekommt. Bernheims H.-Definition fußt auf der durch die Praxis A. A. Liébaults begründeten Hypothese, daß H. ein «normaler» Zustand sei, der durch verbale Überredungsversuche (Suggestionen) eingeleitet werden kann [8]. Sowohl Liébault als auch Bernheim betonen die Analogie hypnotischer Erscheinungen zum Schlaf, die durch die unscharfe Terminologie bei Liébault fast eine Gleichsetzung beider Zustände vermuten lassen kann. Selbst das Merkmal des Rapportes (Kommunikationsmöglichkeit zwischen Hypnotiseur und Hypnotisiertem) sei beiden Zuständen eigen [9]. Bernheim nimmt gegenüber Liébault insofern eine Begriffserweiterung vor, als er die Definition der H. beschränken möchte auf die Deutung als *Suggestionsergebnis*, welches nicht nur im Schlafzustand bestehen kann. Ein erzwungener Schlaf könne zwar die H. unterstützen, sei jedoch nicht notwendige Bedingung der H. [10]. Diese Definition wird in neuerer Zeit zu Recht kritisiert als eine Verlagerung des Definitionsproblems auf die Frage nach der Natur der Suggestion. Der Versuch einer Antwort Bernheims geht über einen unbefriedigenden Ansatz nicht hinaus. Mit ihm wird der H.-Begriff jedoch endgültig zu einem psychologischen Konzept [11]. – Die konsequente Fortsetzung des Ansatzes von Bernheim findet sich bei A. Forel. Der Begriff der H. sei in den der Suggestion zu überführen [12].

Zur gleichen Zeit setzt sich A. Moll gegen den von Bernheim und Forel vertretenen einheitlichen Erklärungsansatz aller hypnotischen Phänomene ab. Die Vielfalt hypnotischer Symptome lassen seiner Meinung nach eine einheitliche Definition des H.-Begriffes nicht zu. Er postuliert zwei Typen von H.: die passive, gekennzeichnet durch Muskelschlaffheit bzw. Katalepsie, und die aktive, gekennzeichnet durch fast unveränderte Funktion der Willkürbewegung, aber veränderte Funktion der Sinnesorgane [13].

In den H.-Konzeptionen um 1900, die zu einem entscheidenden Anteil von medizinischen und insbesondere psychiatrischen Vertretern entwickelt wurden, herrscht allgemein die bei Bernheim ausgearbeitete Vorstellung von der hierarchischen Gliederung der Funktionsbereiche des Zentralnervensystems vor, die in der H. insofern aufgehoben wird, als die ranghöchste Funktionseinheit ihre Kontrolle vorübergehend aufgibt. Es ist dies die postulierte physiologische Grundlage der auch psychologisch deutbaren Dissoziation der Person bzw. Spaltung in ein «Doppel-Ich» [14].

Anmerkungen. [1] J. Braid: Neurypnology, or the rationale of nervous sleep, considered in relation with animal magnetism (London 1843); The power of the mind over the body. Edinburgh med. a. surg. J. 66 (1846) 286-312. – [2] ebda.; vgl. Der Hypnotismus, hg. W. Preyer (1882). – [3] J. M. Bramwell: Hypnotism: its history, practice and theory (London 1903, ND New York 1956). – [4] M. Prince: Suggestive repersonalization. The psychophysiol. of hypnotism. Arch. Neurol. Psychiat. 18 (1927) 159-180. – [5] J. M. Charcot: Essai d'une distinction nosographique des divers états nerveux, compris sous le nom d'hypnotisme. C. R. Acad. Sci. 94 (Paris 1882). – [6] Vgl. etwa Kluge, a. a. O. [13 zu 1]. – [7] J. M. Schneck: The school of the hospital de la Charité in the hist. of H. J. Hist. Med. all. Sci. 7 (1952) 271ff.; Jean-Martin Charcot and the hist. of exp. H. a. a. O. 16 (1961) 297ff. – [8] H. Bernheim: Die Suggestion und ihre Heilwirkung, dtsch. S. Freud (1888). – [9] A. A. Liébault: Du sommeil et des états analogues (Paris 1866); Du sommeil provoqué (Paris 1890); Bernheim, a. a. O. 183. – [10] 10. – [11] 114ff. – [12] A. Forel: Der Hypnotismus (¹1889, ²1891) 19. 27. – [13] A. Moll: Der Hypnotismus (¹1889, ⁴1907) 79. – [14] Vgl. Prince, a. a. O. [4]; M. Dessoir: Das Doppel-Ich (1889).

3. Der Begründer der *Psychoanalyse* S. Freud übernimmt zunächst die Definition der H. als Wirkung von Suggestionen, verwirft jedoch eine einseitige psychologische Betrachtungsweise [1]. Er unterscheidet zwei Arten von H.; für die Hetero-H. (H. induziert durch einen Hypnotiseur) bildet Suggestion die Grundlage, für die Auto-H. (Selbst-H.) postuliert er hingegen vorwiegend physiologische, genauer psychophysiologische Mechanismen [2]. Freud entzieht sich dem Problem der Allgemeingültigkeit seiner Definition für alle hypnotischen Erscheinungen, indem er für jedes Symptom entweder den einen oder den anderen Mechanismus zur Definition heranzieht. In der Fortentwicklung seiner psychoanalytischen Theorie sieht er die H. als libidinöse Bindung an den Hypnotiseur, die eine Analogie im Verhältnis des Liebenden zum Geliebten habe [3]. In dieser Fassung erscheint die H. als Übertragungsvorgang. Eine Weiterentwicklung der Definition erfolgt im sozialpsychologischen Rahmen: H. wird gleichgesetzt der libidinösen Bindung einer Urhorde an ihren Führer. Indem der

Hypnotisierte die archaische soziale Situation zwischen Führer und Geführtem durchlebt, wird er empfänglich für die Suggestionen und damit hypnotisiert. Freud ist sich bewußt, daß er mit dieser Begriffsfassung formal wieder auf eine H.-Konzeption zurückgreift, die vor Bernheim vorherrschte: Suggestion als Teilphänomen der H. - nicht als ihre unableitbare Ursache [4]. Er folgt ihm jedoch in der konsequenten Psychologisierung des Konzepts. - Noch vor der letzten Skizzierung der H.-Konzeption Freuds veröffentlicht S. Ferenczi Überlegungen, die wohl nicht ohne Einfluß auf Freuds letzte Begriffsfassung geblieben sind. Für Ferenczi spiegelt das Verhältnis zwischen Hypnotiseur und Hypnotisiertem die ödipale Familienkonstellation wider. Entsprechend unterscheidet er eine mütterliche von einer väterlichen Form der H.: Die erste ist gekennzeichnet durch eine Bindung durch Liebe, die andere durch eine Bindung durch Furcht [5].

In der Nachfolge Freuds wird die H.-Konzeption von einigen Psychoanalytikern aufgegriffen und in entscheidenden Punkten überarbeitet. Gegenüber Freud und Ferenczi werden der H.-Begriff und die theoretische Analyse der H. in den Rahmen der sich entwickelnden Ich-Psychologie eingeordnet. Einen ersten Ansatz in dieser Richtung liefern P. Schilder und O. Kauders. In Modifikation einer vorausgehenden H.-Theorie Schilders, die auf die H. als Identifikationsprodukt und als Vorgang der Regression zur undifferenzierten psychischen Existenz zentriert [6], greift die spätere Fassung den strukturalistischen Aspekt der psychoanalytischen Lehre auf. Die H. wird definiert als Veränderungen der Ich-Struktur, die durch die Bindung an den Hypnotiseur eingeleitet werden. Sie bestehen in der Neuorganisation bestimmter Unterstrukturen des Ich. Je nach Art der Umzentrierungen in der Instanzenhierarchie des Ich herrschen verschiedene Stadien der H. vor. Für den Schlaf postulieren Schilder und Kauders ähnliche Mechanismen [7].

Im ich-psychologischen Denkrahmen erfährt der H.-Begriff eine weitere Modifikation durch U. S. Kubie und S. Margolin, die den Zustand der H. durch einen Vergleich mit dem Traumzustand zu definieren suchen. In beiden Zuständen spielen gleiche Prozesse der Erlebnisverarbeitung eine Rolle: Verdichtung, Ersatzbildung, Übertragung usw. [8]. Wie in den vorangegangenen psychoanalytischen H.-Konzeptionen wird die H. nur im Hinblick auf das Geschehen beim Hypnotisierten definiert. Kubie und Margolin setzen sich damit der gleichen Kritik aus wie ihre Vorgänger, die Mechanismen wie Übertragung bzw. Identifikation als Komponente der H. ansahen: Im Vorgang der Identifikation und der Übertragung erlangen auch die psychischen Abläufe des Hypnotiseurs Bedeutung für das hypnotische Geschehen. Eine Begriffskonzeption, die diese Vorgänge vernachlässigt, ist widersprüchlich und unvollständig.

In der Gegenwart wird von M. M. Gill und M. Brenman eine der umfassendsten psychoanalytischen Theorien der H. vertreten. Sie greifen für die Bestimmung der H. auf bereits bekannte Formulierungen anderer Psychoanalytiker zurück, ohne einem atheoretischen Eklektizismus zu verfallen. Ausgehend von einer Unterscheidung zwischen der Induktionsphase der H. und dem H.-Zustand im engeren Sinne lösen sie den traditionellen Begriff der H. in klar umrissene Teilbegriffe auf: Die Induktionsphase der H. wird bestimmt durch Störungen der Ich-Kontrolle in den vom Ich gewöhnlich beherrschten Bereichen (teilweise Auflösung der Ich-Instanz, also *Dissoziation* in Unterinstanzen und damit *Regression* in eine frühere individuelle Entwicklungsphase) und durch Steuerung der Aufmerksamkeit auf den Hypnotiseur [9]. Die H. im engeren Sinne wird definiert als Zustand, in dem eine neue Ich-Organisation gewonnen wird, der jedoch die integrierende Kraft des Wach-Ichs abgeht [10].

Insgesamt hat die psychoanalytische Denkweise einen wesentlichen Beitrag zum H.-Konzept geleistet; vor allem die sozialpsychologischen Analysen der H.-Situation wurden durch die Psychoanalyse vorbereitet. In der Gegenwart fördert sie wieder die Entwicklung der H. als psychotherapeutische Methode, die besonders zur Abkürzung des Therapieverfahrens geeignet zu sein scheint [11].

Anmerkungen. [1] S. Freud, Vorwort zu H. Bernheim, a. a. O. [8 zu 2]. - [2] ebda. - [3] Drei Abh. zur Sexualtheorie (1905). Werke 5, 50. 304ff. - [4] Massenpsychol. und Ich-Analyse (1921). Werke 13, 141ff. - [5] S. Ferenczi: Introjektion und Übertragung (1910) 16ff. - [6] P. Schilder: The nature of H. (New York 1956). - [7] P. Schilder und O. Kauders: A textbook of H., in: Schilder, a. a. O. 43-184. - [8] U. S. Kubie und S. Margolin: The process of hypnotism and the nature of the hypnotic state. Amer. J. Psychiat. 100 (1944) 611-622. - [9] M. M. Gill und M. Brenman: H. and related states (New York 1959) 105ff. - [10] a. a. O. 204f. - [11] Vgl. M. Brenman und M. M. Gill: Hypnotherapy (New York 1947); L. R. Wolberg: Hypnoanalysis (New York 1945); J. M. Schultz: H.-Technik (⁵1965).

4. Die meisten Begriffsfassungen des 19. Jh., aber auch gegenwärtige Definitionsversuche glauben auf den *physiologischen* Aspekt der H. nicht verzichten zu können. Anlaß dazu gab zweifellos das Erscheinungsbild des hypnotischen Zustandes: motorische Eigenheiten wie Katalepsie, vasomotorische Veränderungen, aber auch die Veränderungen der Wahrnehmungen. Eine physiologische Interpretation wurde weiterhin nahegelegt durch die früher oft praktizierte Methode, die H. durch Fixieren eines glänzenden Gegenstandes zu induzieren.

Die physiologische Betrachtungsweise äußert sich zunächst in der Gleichsetzung von H. und Schlaf [1], wie wir sie bereits in Formulierungen des tierischen Magnetismus finden. Diese Gleichsetzung verschwindet mit fortschreitender Erkenntnis über die physiologischen Vorgänge während des Schlafens [2].

Physiologische Konzeptionen der H. konzentrieren sich meist auf kortikale und vasomotorische Prozesse. So beschreibt Braid eine Anämie der Großhirnrinde als Korrelat der H. [3], ähnlich konzipieren gegen Ende des 19. Jh. S. Landmann [4] und J. Cappie [5] das physiologische Geschehen. Eine Hyperämie hingegen nehmen Solvioli [6], Pick [7] und Lange [8] an. Eine erste physiologische Begriffsfassung, die längere Zeit ernsthaft diskutiert wurde, stammt von R. Heidenhain (1880). Ausgehend von J. M. Setschenows Reflexologie [9] postuliert er in der H. eine Steigerung der Reflexerregbarkeit durch die Konzentration von Erregung in bestimmten Großhirnteilen bei gleichzeitiger Hemmung anderer [10]. Charcots physiologische Fassung seines H.-Begriffes stellt eine Erweiterung der Konzeption Heidenhains dar. Neben der hypnogen hemmenden Wirkung der monotonen Reizung hält er eine zusätzliche *erregungssteigernde* Reizwirkung auf die motorischen wie auf die Sinneszentren für wahrscheinlich, was zur Entstehung von Halluzinationen führen kann [11].

Ebenfalls in der reflexologischen Tradition wurzelt der H.-Begriff I. Pawlows. H. sowie Schlaf kennzeichnet er durch kortikale Erregungshemmung, die in der H. jedoch nicht das Ausmaß erreicht wie im Schlafzustand.

H. ist deshalb *partieller Schlaf*, der beim Menschen durch Suggestion («suggerierter Schlaf»), beim Tier durch monotone Reizung hervorgerufen wird [12].

Die Übereinstimmung des physiologischen H.-Konzepts mit dem des Schlafes wird von W. Wundt kritisiert [13]. Er selbst vertritt die Auffassung, H. sei psychologisch definiert durch das Phänomen der Bewußtseinsenge, dessen physiologisches Korrelat in einer Depression gewisser Teile des Gehirns, gekoppelt mit einer verstärkten Tätigkeit der aktiven sensorischen und assoziativen Großhirnzentren, bestehe. Wundts Bestimmung der H. ermöglicht ihm eine plausible Abgrenzung des H.-Begriffes von dem des Schlafs: In der H. sei kein Ermüdungszustand festzustellen, nur eine Funktionssteigerung und Depression in einzelnen Teilen des Zentralnervensystems bei weitgehend unverbrauchtem physiologischem Energiehaushalt [14].

Die für die physiologische Ausgangsbetrachtung des H.-Problems relevante Frage, inwieweit H. dem Schlaf oder bestimmten Wachzuständen zuzurechnen sei, wird in der Gegenwart meist zugunsten der zweiten Alternative beantwortet [15]. Es fehlt jedoch auch in den letzten zwei Jahrzehnten nicht an Gegenstimmen, die eine funktionale Verwandtschaft beider Stadien nicht ausschließen möchten, wenn auch bislang keine eindeutige physiologische Grundlage für eine solche Aussage nachgewiesen worden ist [16].

Die rezenteren Spekulationen über die der H. zugrundeliegenden physiologischen Mechanismen folgen der anspruchsvollen theoretischen Strategie, psychologische und physiologische Annahmen in integrierender Weise zu einer Theorie zu verflechten. Der umfassendste Definitionsversuch der gegenwärtigen physiologisch orientierten H.-Forschung stammt von A. Weitzenhoffer [17]. Wie Gill und Brenman trennt er die Induktionsphase von der H.-Phase selbst. Die Induktionsphase wird bestimmt durch die Umsetzung der sich wiederholenden Suggestionen des Hypnotiseurs in Verhalten der zu Hypnotisierenden; sie wird durch das ideomotorische Prinzip gesteuert. An der Umsetzung beteiligt ist vor allem das neuromuskuläre System. Den Zustand der H. im engeren Sinne definiert Weitzenhoffer dagegen nur auf der Verhaltensebene, ohne eine physiologische Prozeßbeschreibung zu geben [18].

Die Vielfalt physiologischer Befunde erschwert im gegenwärtigen Zeitpunkt eine allgemeingültige Definition der H. aus physiologischer Sicht. Hinzu kommt die Einsicht, daß eine physiologische Definition der H. angesichts der wachsenden sozialpsychologischen H.-Forschung einseitig und unangemessen bleiben müßte [19].

Anmerkungen. [1] Vgl. etwa Liébault, a. a. O. [9 zu 2]; H. Beaunis: Le somnambulisme provoqué (Paris 1886); C. E. Brown-Sequart: Rech. exp. et diviques sur l'inhibition et la dynamogénie (Paris 1882); Schilder, a. a. O. [6 zu 3]; Schilder und Kauders, a. a. O. [7 zu 3]. – [2] Vgl. W. Wundt: Hypnotismus und Suggestion (¹1892 in Philos. Stud. 8 (1893) 1-85, ²1911). – [3] Braid, a. a. O. [1 zu 2]. – [4] S. Landmann: Die Mehrheit geistiger Persönlichkeiten in einem Individuum (1894). – [5] J. Cappie: The intra-cranial circulation and its relation to the physiology of the brain (Edinburgh 1890). – [6] Vgl. L. Hirschlaff: Hypnotismus und Suggestivtherapie (³1921) 260. – [7] A. Pick: Stud. zur Hirnpathol. und Psychol. (1908). – [8] Vgl. Hirschlaff, a. a. O. – [9] J. M. Setschenow: Reflexe des Gehirns (1863). – [10] R. Heidenhain: Der sog. thierische Magnetismus (1880). – [11] Charcot, a. a. O. [5 zu 2]. – [12] I. Pawlow, Werke 3/1, 90. 263; 3/2, 383. 394. 633. – [13] Wundt, a. a. O. [2] 19ff. – [14] 37ff. – [15] L. Chertok und P. Kramarz: H., sleep and EEG. J. nerv. ment. Dis. 128 (1959) 227-238. – [16] M. Brenman: The phenomena of H., in: Problems of consciousness (New York 1951) 125; L. Bellak: An ego-psychol. theory of H. Int. J. Psychoanal. 36 (1955) 373-379. – [17] A. Weitzenhoffer: Hypnotism. An objective study in suggestibility (New York 1953). – [18] a. a. O. Kap. 19. 20. – [19] Vgl. M. T. Orne: The nature of H.: artefact and essence. J. abnorm. soc. Psychol. 58 (1959) 277-299.

5. Die Übernahme des H.-Begriffes in die *Tierverhaltensforschung und Tierphysiologie* erfolgte aufgrund der Ähnlichkeit von beobachtbarem motorischem Verhalten: Steifheit der Gliedmaßen und des Rumpfes, Schließen der Augen, Aufhebung des Zustandes ohne Folgen. Beschreibungen von Zuständen motorischer Starre bei Tieren sind bereits aus früheren Jh. bekannt [1]. Eine Parallelität des mit H. bezeichneten Zustandes bei Menschen wird heute jedoch allgemein in Frage gestellt, da vergleichbare Wirkungen von verbalen Suggestionen nicht angenommen werden können. Im Überblick lassen sich in der traditionellen H.-Forschung an Tieren drei Typen von Definitionsversuchen identifizieren: a) Die älteste bestimmt H. als eine Art *Faszination* mit Engung der Reizaufnahme (D. Schwenter 1636 [2]); Ende des 19. Jh. wird H. verstanden b) als instinktiver *Selbstschutzreflex* (Ch. Darwin [3]) und c) als *Schreckstarre* (Kataplexie) (J. N. Czermak, W. Preyer, M. Verworn [4]), insbesondere als Hemmung von Ortsbewegung und von Reflexen zur Lagekorrektur (Verworn, E. Mangold [5]). Alle drei Typen haben sich bis in die Gegenwart in theoretischen Überlegungen erhalten [6].

Die gegenwärtige Forschung hat in der Hauptsache zwei den tierischen Zustand bedingende Faktoren isoliert: Entbehrungserfahrungen sozialer und anderer Art und die Neuheit der Stimuli in der H.-Situation [7]. Diese Kenntnis aus Experimenten nebst der systematischen Beobachtung von Tieren in ihrer natürlichen Umgebung lassen W. Preyers Deutung der H. im Sinne einer Schreckstarre im Vergleich zu den anderen Ansätzen als besser gestützt erscheinen [8]. Dies impliziert einmal, daß der Begriff der tierischen H. wegen seines irreführenden Hinweises auf die menschliche H. ersetzt werden sollte durch einen angemesseneren; zum anderen, daß der Zustand, der bisher als tierische H. bezeichnet wurde, theoretisch in Zusammenhang gebracht werden sollte mit anderen angeborenen Verhaltensweisen.

Anmerkungen. [1] Schwenter, a. a. O. [2 zu 1]; vgl. Kircher, ebda. – [2] Schwenter, ebda. – [3] Ch. Darwin: A posthumous essay on instinct, in: G. J. Romanes (Hg.): Mental evolution in animals (New York 1900) 360-364; vgl. Pawlow, a. a. O. [12 zu 4]. – [4] J. N. Czermak: Beobachtungen über hypnotische Zustände bei Tieren. Pflügers Arch. ges. Physiol. (1873); M. Verworn: Beitr. zur Physiol. des ZNS: I. Die sog. H. der Tiere (1898); W. Preyer: Die Kataplexie und der tierische Hypnotismus (1878). – [5] Verworn, a. a. O.; E. Mangold: H. und Kataplexie bei Tieren (1914). – [6] S. C. Ratner: Comparative aspects of H., in: Gordon, a. a. O. [15 zu 1] 553. – [7] J. P. McGonigal: Immobility: an inquiry into the mechanism of fear reaction. J. abnorm. Psychol. 27 (1920) 73-80; T. T. Gilman und F. L. Marcuse: Animal H. Psychol. Bull. 46 (1949) 141-165; dies. und A. U. Moore: Animal H.: A study in the induction of tonic immobility in animals. J. comp. physiol. Psychol. 43 (1950) 99-111; S. C. Ratner und R. W. Thompson: Immobility reactions (fear) of domestic fowl as a function of age and prior experiences. Anim. Behav. 8 (1960) 186-191; E. A. Salzen: Imprinting and the immobility reactions of domestic fowl. Anim. Behav. 11 (1963) 66-71. – [8] Ratner, a. a. O. [6] 575f.

6. Neuere Beiträge der *experimentellen Psychologie* zur H.-Theorie lassen sich in drei Ansätze gruppieren: a) den behavioristischen b) den differentiell-psychologischen und c) den sozialpsychologischen Ansatz. Allen drei ist gemeinsam, daß sie hypnotische Erscheinungen allgemeinen psychischen Vorgängen zuordnen. Sie stellen somit die H. als eigenständiges Phänomen in Frage und führen den H.-Begriff in allgemeinpsychologische bzw. sozialpsychologische Termini über.

a) Einen ersten *behavioristischen* Beitrag zur Definition der H. liefert HULL 1933 nach einer Serie von Experimenten [1]. Er definiert H. als eine gelernte Verhaltensweise im Sinne einer Gewohnheit, die auf bestimmte Reize (Suggestionen) hin hervorgerufen wird. Die Gewohnheit, auf bestimmte Reize in bestimmter Weise zu reagieren, wird inhaltlich bestimmt als erhöhte Suggestibilität, genauer als erhöhte Empfänglichkeit für Suggestionen von Autoritätspersonen. Ein Unterschied zur nicht-hypnotisch erscheinenden Suggestibilität kann nach Hull nur in quantitativer Hinsicht bestehen [2]. Eine Spezifizierung dieser Formulierungen nimmt L.W. WELCH vor. Die von Hull beschriebene Genese der H. nennt er «abstraktes Konditionieren», worunter er den Erwerb von Verhaltensweisen als Reaktion auf symbolische (abstrakte) Reize versteht. Eine erhöhte Bereitschaft zur Generalisation beim abstrakten Konditionieren deutet Welch im Sinne Hulls als erhöhte Suggestibilität [3]. Die wesentlichen kritischen Argumente gegen dieses Gewohnheitskonzept der H. lauten: 1. Spezifisch hypnotische Verhaltensweisen können damit nicht erklärt werden [4]; 2. Reize von außerhalb des Organismus erhalten theoretisch ein Übergewicht gegenüber inneren, d. h. allgemein wird das Konzept den menschlichen Verhaltensdeterminanten nicht gerecht [5]; 3. es sei unvereinbar mit dem Phänomen, daß man einem gut Hypnotisierbaren in der H. erfolgreich suggerieren könne, er sei nicht hypnotisierbar [6]. Trotz dieser Kritik hält W. E. EDMONSTON in der Gegenwart die behavioristische Position für theoretisch aussichtsreich, wenn H. formal-theoretisch als *intervenierende Variable* betrachtet werde, d. h. als hypothetischer psychologischer Zustand, der durch Reiz und Reaktion definiert wird [7]. Beide Arten von Bedingungen sind – auch für den Fall der intervenierenden Variablen H. – objektivierbar und quantitativ erfaßbar.

b) Der Denkansatz Hulls und Welchs legt die *differentiell-psychologische* Betrachtungsweise nahe. Das Konzept der Suggestibilität und damit der H. als erlernte Gewohnheit, d. h. Reaktionsbereitschaft, dient als Anknüpfungspunkt für Überlegungen, die diese Reaktionsbereitschaft für individuell variabel ansehen, weil die Lernvorgänge, die den Erwerb der Bereitschaft bestimmen, nicht bei allen Individuen unter den gleichen Bedingungen ablaufen können. Der bedeutendste Vertreter des differentiellen Ansatzes in der Gegenwart ist E. R. HILGARD. Im Gegensatz zu Welchs Prinzip der erhöhten Generalisation betont Hilgard, daß je nach dem Grad der Wirksamkeit der verschiedenen Faktoren, die die Genese der Suggestibilität bestimmen, nur die Möglichkeit realisiert wird, in der H. einzelne Symptome zu zeigen. So können z. B. bei einem Hypnotisierten auf Halluzinationen hinzielende Suggestionen erfolgreich sein, während ein anderer nur für Suggestionen bezüglich motorischer Verhaltensweisen zugänglich ist. Empfänglichkeit für Suggestionen oder Hypnotisierbarkeit ist also eine spezifische individuelle Disposition, die in der hypnotischen Situation angeregt wird [8]. Persönlichkeitstests ergeben, daß die Eigenschaft der Hypnotisierbarkeit empirisch definiert werden kann durch Empfänglichkeit für ideomotorische Suggestionen, für Halluzinationen, Traumsuggestionen, Suggestionen, die auf Regression, Amnesie und posthypnotische Befehle abzielen [9].

c) In den letzten zwei Jahrzehnten hat ein vom *sozialpsychologischen* Standpunkt aus argumentierender Ansatz eine neue Perspektive in der H.-Theorie eröffnet. Der theoretische Ansatz geht von der These aus, daß ein von anderen Zuständen abzuhebender eigener Trancezustand nicht existiere. Bei der H. handle es sich um ein Rollenspiel zwischen Hypnotiseur und Hypnotisiertem. M. T. ORNE nennt dieses Rollenspiel die «hypnotische Situation», eine Bezeichnung, in der alle Distanz zu den hypnotischen Phänomenen deutlich wird [10]. Die hypnotische Situation ist definiert durch sechs Faktoren: 1. die Rollenerwartung des zu Hypnotisierenden vor der H.; 2. die Genauigkeit der Rollenwahrnehmung während der H.; 3. die Fähigkeit, eine Rolle auszufüllen; 4. die Übereinstimmung zwischen Rolle und Selbstbild; 5. die Empfindsamkeit gegenüber Forderungen der Rolle; 6. die Empfänglichkeit für Belohnungen durch Zuschauer [11]. Im Rahmen dieser Betrachtungsweise läßt sich Verhalten in der H. analysieren wie jede andere Form des Rollenverhaltens. Ein Beispiel dafür liefert J. HALEY. Er definiert H. als soziale Interaktion, die bestimmt wird durch widersprüchliche Kommunikationsbeiträge seitens des einen Rollenträgers, des Hypnotiseurs und durch «Gegenmanöver» bzw. Annahme der Kommunikation durch den Hypnotisierten [12]. Die sozialpsychologische Betrachtungsweise rückt zum ersten Mal den Hypnotiseur als Mitbeteiligten an der hypnotischen Situation in den Mittelpunkt der Analysen. Die Übertragung der Erkenntnisse über die Beeinflussung von Versuchspersonenverhalten durch die unausgesprochenen Erwartungen des Versuchsleiters sind hier von weitreichender Bedeutung [13]. Eigene experimentelle Untersuchungen über die Interaktion zwischen Hypnotiseur und Hypnotisiertem in Experimenten stehen jedoch noch aus.

Die gegenwärtige Begriffs- und Theorieentwicklung stellt weitgehend die traditionellen Definitionen und Erklärungsansätze in Frage. Ständig auftauchende Widersprüche in Phänomendeutungen werden durch immer komplexer werdende Versuchspläne aufzulösen versucht. Das Aufsuchen von Artefakten kann gegenwärtig als das Hauptziel der experimentellen H.-Forschung angesehen werden [14]. Als Methode der Psychotherapie erweist sich die H. indessen weiterhin als nützlich, so daß die H.-Technik verbessert und ihr Anwendungsbereich vergrößert wird [15].

Anmerkungen. [1] HULL, a. a. O. [11 zu 1]. – [2] Kap. 14. – [3] L. WELCH: A behavioristic explanation of the mechanism of suggestion and H. J. abnorm. Psychol. 42 (1947) 359-364. – [4] WEITZENHOFFER, a. a. O. [17 zu 4] 229-236; S. FISHER: An invest. of alleged conditioning phenomena under H. J. clin. exp. Hyp. 3 (1955) 71-103. – [5] R. A. WHITE: A preface to a theory of hypnotism. J. abnorm. soc. Psychol. 36 (1941) 477-505; M. BRENMAN und M. M. GILL: Hypnotherapy. Rev. Ser. J. Macy Jr. Foundation 2 (1944) 80-81; F. A. PATTIE: Theories of H., in: R. M. DORCUS (Hg.): H. and its therapeutic applications (New York 1956) 1-30; M. ARNOLD: On the mechanism of suggestion and H. J. abnorm. soc. Psychol. 41 (1946) 107-128. – [6] PATTIE, a. a. O. 13f. – [7] W. E. EDMONSTON: Stimulus-response theory of H., in: GORDON, a. a. O. [15 zu 1] 380ff. – [8] E. R. HILGARD: Lawfulness within hypnotic phenomena, in: G. H. ESTABROOKS (Hg.): H. Current problems (New York 1962) 1-29. – [9] Überblick bei E. R. HILGARD, E. R. WEITZENHOFFER, A. M. LANDES und R. K. MOORE: The distribution of susceptibility to H. in a student population. Psychol. Monogr. 75 (1961) 512; E. R. HILGARD: Individual differences in hypnotizability, in: GORDON, a. a. O. [15 zu 1] 391-443. – [10] M. T. ORNE, in: ESTABROOKS, a. a. O. [8] 242. – [11] TH. R. SARBIN und H. L. ANDERSON: Role-theoretical analysis of hypnotic behavior, in: GORDON, a. a. O. [15 zu 1] 319-344. – [12] J. HALEY: Strategies of psychotherapy (New York 1963) Kap. 2. – [13] R. ROSENTHAL: On the social psychol. of the psychol. experiment. Amer. Scientist 51 (1963) 268-283. – [14] Vgl. Diskussion in: ESTABROOKS, a. a. O. [8] 238ff. – [15] GORDON, a. a. O. [15 zu 1] Kap. III.

Literaturhinweise. P. C. YOUNG: Hypnotism. Psychol. Bull. 23 (1926) 504-523; A general review of the lit. on hypnotism.

Psychol. Bull. 24 (1927) 540-560. – G. H. Estabrooks (Hg.): H. Current problems (New York 1962). – J. E. Gordon (Hg.): Handbook of clin. and exp. H. (New York 1967). – L. Chertok: Psychophysiol. mechanisms of H. (New York 1969). – J. P. Sutcliffe: ‹Credulous› and ‹sceptical› views of hypnotic phenomena, a review of certain evidence and methodology. J. clin. exp. Hypn. 8 (1960) 73-101   U. Schönpflug

Hypochondrie. Der Begriff leitet sich ab vom griechischen ὑποχόνδριος, übersetzbar mit «unter dem Brustknorpel liegend». In der *antiken* Medizin hat das Wort zunächst nur topographische Bedeutung und bezeichnet Oberbauchbeschwerden, die mit dem Magendarmtrakt in Beziehung stehen [1]. Später wird ein Zusammenhang von Gemütsstörungen mit den Organen des Oberbauches angenommen. Diokles [2] beschreibt als erster Blähungserscheinungen im Oberbauch in Verbindung mit Melancholie. Nach Aretaios [3] steigt die schwarze Galle aus den Hypochondrien zum Gehirn auf und beeinflußt so die Gemütsverfassung. In der späten Antike ist die in den Hypochondrien lokalisierte Melancholie nur eine Form neben anderen [4].

Die antiken Anschauungen, daß Verdauungsstörungen die Ursache der sonst nicht zu erklärenden Angstvorstellungen der Melancholie seien, leben bis in die *Neuzeit* fort. Die Grundlagen des heutigen Begriffsinhaltes, H. sei eine pathologische Krankheitsfurcht und verstärkte Hinwendung zu den Vorgängen im eigenen Körper, werden bereits im 16. Jh. gelegt [5]. Dabei läßt man bis zur Mitte des 19. Jh. offen, ob die Ursache nicht doch in krankhaftem Funktionieren der Eingeweide läge. H. wird als fest umrissene Geisteskrankheit beschrieben, die mit der Hysterie teils gleichgesetzt, teils als deren beim Mann auftretende Parallelform verstanden wird [6]. Ausführlich beschäftigt sich Kant in seiner ‹Anthropologie› mit der «*Grillenkrankheit* (H.)», der er die «Gemütsstörung (Manie)» gegenüberstellt [7]. Die möglichen psychischen Wurzeln hypochondrischer Vorstellungen wurden im 19. Jh. beschrieben, so das Lesen medizinischer Bücher (Romberg [8]), «Mitgefühl und Sorge für eine andere Person» (Nietzsche [9]).

In der *klassischen Psychiatrie* seit Kraepelin [10] ist die H. Teilerscheinung der Neurasthenie, eine «psychische Neurose auf der Grundlage einer Hypoästhesie der Empfindungsnerven» (Schüle [11]) oder eine «Gemeingefühlsneurose» (Krafft-Ebing [12]). Man beschreibt eine Fülle von krankhaften Empfindungen und Vorstellungen, die sich auf den eigenen Körper und dessen Funktionieren beziehen. R. Wollenberg unterscheidet konstitutionelle und akzidentelle H., erstere rechnet er zur Psychopathie, kennt sie aber auch als Spezialform der depressiven Psychosen [13].

Die *heutige Psychiatrie* läßt hypochondrische Vorstellungen nur als Symptome bzw. als Syndrom gelten: Unangenehme Empfindungen in verschiedenen Körperteilen, häufig ins Groteske gesteigert und für den Außenstehenden nicht nachfühlbar, verbunden mit krankhaften Vorstellungen über ihre Herkunft und ihre Folgen sowie mit ängstlichen Befürchtungen kommen 1. bei endogenen Depressionen, vorwiegend in der zweiten Lebenshälfte, 2. bei Schizophrenie, 3. bei involutiven Hirnkrankheiten, 4. bei entsprechend disponierten, eventuell abnormen Persönlichkeiten, in bestimmten Situationen (Überforderung, physisches Versagen, Rentenkampf) vor.

S. Freud und seine Schüler [14] sehen die H. als narzistische Aktual- oder Organneurose sowie als Regression in infantile (prägenitale) Sexualität an. Schließlich versteht die *Daseinsanalyse* die H. als ein «welt- und selbstverfehlendes Zurückgleiten durch das trügerische Element des Leibes in die Scheinsicherheit einer Krankheitswelt oder als Steckenbleiben wesentlicher Lebensanliegen in autistischer leibsprachlicher Konkretisierung» [15].

Anmerkungen. [1] H. Haeser: Lb. der Gesch. der Med. (1875) 85: hippokratische Periode. – [2] H. Flashar: Melancholie und Melancholiker in den med. Theorien der Antike (1966) 50: Diokles von Karystos. – [3] a. a. O. 78. – [4] 127: Alexander von Tralleis. – [5] z. B. F. Platter (1536-1614): Observationes (1614, dtsch. 1963) 70. – [6] Th. Willis (1631-1691), vgl. Haeser, a. a. O. [1] 384; C. W. Hufeland: Enchiridion medicum (²1836) 261. – [7] Kant, Anthropol. I, § 50. Akad.-A. 7, 212. – [8] Romberg: Lb. der Nervenkr. des Menschen (1846) 184. – [9] Fr. Nietzsche, Menschliches, Allzumenschliches I, Nr. 47. Werke, hg. Schlechta 1 (1954) 484. – [10] E. Kraepelin: Psychiat. (⁸1915) 1406. – [11] H. Schüle: Klin. Psychiat. (³1886) 277. – [12] R. v. Krafft-Ebing: Lb. der Psychiat. (⁵1893) 552. – [13] Vgl. R. Wollenberg: Die H. (1904) 33. – [14] Vgl. S. Biran: H. and the general concept of imagery sickness. Acta psychother. 11 (1963) 342. – [15] Vgl. H. Häfner: Hypochondrische Entwicklungen. Nervenarzt 30 (1959) 529.

Literaturhinweis. R. Wollenberg s. Anm. [13].   H. E. Kehrer

Hypolepsis (griech. ἡ ὑπόληψις, von ὑπολαμβάνω, aufnehmen, aufheben; lat. acceptatio) kommt bei *Platon* in substantivischer Form nicht vor [1] und bedeutet bei Aristoteles ohne terminologische Fixierung jede in irgendeiner Weise auf ein Allgemeines, sei dies theoretischer oder praktischer Natur, als Inhalt bezogene Auffassung, Annahme, Meinung, Vermutung, Theorie oder Vorsatz und Einstellung. Die allgemeinste Zusammenfassung dafür wäre: H. ist das, was jemand im Geiste hat oder sich bildet (sumere et statuere aliquid pro vero, sive illud est verum sive secus [2], sententiam sibi formare, statuere aliquid de aliqua re [3]), die «allgemeinste Auffassungsweise, nach welcher man schlechthin etwas bejaht oder verneint» [4] und, wie man ergänzen muß: nach welcher man in praktischen Zusammenhängen etwas entweder erstrebt und wählt oder vermeidet. Eine H. als das, was jemand im Geist hat, kann so geradezu im Gegensatz stehen zum Aussprechen: «Es ist nicht nötig, daß jemand das, was er sagt, auch wirklich annimmt (ὑπολαμβάνει)» [5].

H. ist sodann das dem Menschen allein vorbehaltene seelisch-dianoetische Vermögen zu einer solchen «Annahme», die, was ihren Wahrheitswert betrifft, irgendwo auf der Skala zwischen der bloßen Vermutung und der bewiesenen wissenschaftlichen Theorie angesetzt sein kann [6]. Die Tiere haben keine derartige Auffassung eines Allgemeinen (ὑπόληψις τῶν καθόλου) [7], sondern nur Vorstellungs- und Erinnerungsbilder von Einzeldingen, weshalb sie im Unterschied zum Menschen weder lügen noch auch unenthaltsam (ἀκρατής) sein können. H. ist daher einer der Schlüsselbegriffe im Zusammenhang der Diskussion der Aporie, wie es geschehen könne, daß man trotz richtiger Ansichten (ὀρθῶς ὑπολαμβάνων) unenthaltsam sein könne [8]. In der Formulierung der (von Aristoteles abgelehnten) Sokratischen These, daß es so etwas wie Unenthaltsamkeit gar nicht geben könne [9], da niemand mit Wissen (ὑπολαμβάνοντα) gegen das Beste handle, ist H. identisch mit Wissen(schaft) (ἐπιστήμη) [10]; der Gegenbegriff ist Unwissenheit (ἄγνοια). In der Diskussion einer revidierten und differenzierteren Form der Sokratischen Annahme, dergemäß man zwischen wahrem Wissen und bloßer Meinung unterscheiden müsse [11], wenn der Unenthaltsame wider seinen Vorsatz handle, wird dieser Vorsatz neutral und allgemein ‹H.› genannt. Jene Unterscheidung wird dabei als gleichgültig erklärt.

An anderen Stellen wird H. geradezu identisch mit «bloßer Meinung» (δόξα), die uns auch täuschen könne, und insofern der Wissenschaft, Kunst, Klugheit, Weisheit und dem Verstand, durch welche Tugenden bzw. Vermögen die Seele immer die Wahrheit trifft, gegenübergestellt [12]. An der «Parallelstelle» der ‹Magna Moralia› [13], die jene Identifizierbarkeit von Meinung und H. nahelegt [14], wird letztere eindeutig im Sinne von bloßer Vermutung definiert als «etwas, wodurch wir bei allen Dingen nach zwei Seiten im unklaren bleiben: in Hinsicht darauf, ob bestimmte Dinge so oder nicht so sind». In diesem Sinne kann ‹H.› zum Synonym werden für ‹bloßen Verdacht› (ὑποψία), den man ohne genaue Kenntnis eines Sachverhaltes haben kann [15], wie man denn überhaupt wohl Vermutungen (ὑπολήψεις) darüber anstellen kann, worüber man kein Wissen hat [16].

Eine «wahre H.» kann jedoch auch den Rang einer wissenschaftlichen Einsicht haben (wie etwa die über die Größe der Sonne) und insofern im Gegensatz zur sinnlichen Wahrnehmung (für welche die Sonne einen Fuß breit zu sein scheint) treten [17]. Ist also H. als bloße Meinung und Vermutung einerseits Gegenbegriff zu Wissenschaft und Einsicht oder Klugheit, so kann dieser Begriff andererseits in neutralem Sinne den theoretischen bzw. praktischen Vernunftinhalt jener «Tugenden» bezeichnen und dadurch in deren Definition erscheinen: Die Wissenschaft ist eine H., ein Erfassen des Allgemeinen und Notwendigen [18]; die Klugheit ist die richtige H. eines (guten) Zweckes [19]. Die für die Klugheit erforderliche H. wird durch die Mäßigkeit bewahrt; es ist dies eine (praktische) H. über das, was man tun soll, nicht aber eine theoretische Aussage wie etwa die über die Winkelsumme des Dreiecks [20]. – In der gleichen Weise erscheint die H. in den pseudoplatonischen ‹Definitionen› als Moment der Meinung («eine Annahme, H., die durch vernünftiges Denken umgestimmt werden kann» [21]) wie auch der Tugend der Frömmigkeit («richtige Ansicht, H. über die Verehrung der Götter» [22]). – H. kann schließlich, ganz untheoretisch, allgemein die sittliche Gesinnung und Einstellung bei einer Tat bezeichnen [23]. – Auf die formale Struktur der Inhalte des jeweils Gewußten zielt die Verwendung von ‹H.› bei der Unterscheidung von Erfahrung und Kunst ab: Kunst entsteht dann, wenn sich aus vielen durch Erfahrung gewonnenen Gedanken (ἐννοήματα), die auch ihrerseits Hypolepseis sind, eine einzige und allgemeine H. (Auffassung, Thomas von Aquin: acceptatio) über ähnliches bildet [24].

In der Behandlung der vernünftigen Seelenteile (De anima III, 3. 4) bezeichnet ‹H.› einmal generell die Denktätigkeit (das νοεῖν [25]) selbst, als deren Unterarten Wissenschaft, Meinung und Klugheit genannt werden [26], andererseits wird die H. selbst neben der Vorstellung (Phantasie) als eine Unterart bzw. Form des Denkens (νοεῖν) aufgeführt [27]. Der Begriff meint hier das gleiche wie Meinung (doxa) [28]. Das Organ, kraft dessen die Seele nachdenkt oder vermutet (ὑπολαμβάνει), ist der Geist (νοῦς) [29].

Ähnlich wie in den eben betrachteten geisttheoretischen Diskussionen des Verhältnisses und der Genese der seelischen Vermögen Wahrnehmung, Phantasie, Vermutung, Nachdenken und Begreifen kann auch in inhaltlicher Betrachtung ‹H.› zum Synonym werden für ‹Meinung› (doxa) im Sinne von Ansicht, Lehre, Überzeugung und theoretischer Konzeption, ohne daß zunächst damit etwas über den Wahrheitswert solcher Aussagen festgelegt ist. Es kann sich dabei inhaltlich um Annahmen (H.) handeln, die der überspannten Meinung der Herakliter zugrunde liegen [30], um diskutable und zu diskutierende Positionen in der Theorie der Freundschaft [31] und der Milchstraße [32], um den Satz des Protagoras vom Menschen als Maß aller Dinge [33], um die Platonische Ideenlehre (ὑπόληψις περὶ τὰς ἰδέας) [34], um die durch ein Hesiod-Zitat [35] belegte «alte und volkstümliche, von fast allen Menschen geteilte Auffassung (H.)», alles sei letztlich Erde [36], wie auch um eine spezielle eigene Lehre des Aristoteles über den Äther, die mit altüberkommenen Annahmen (H.) früherer Denker in voller Übereinstimmung steht [37]. Immer hält Aristoteles an dem methodischen Grundsatz fest, daß man zu Beginn einer jeden sachlichen Erörterung zuerst die Meinungen (hypolepseis) anderer über das anstehende Thema durchzugehen und an diese anzuknüpfen habe [38]. Im Hinblick auf ein solches Vorgehen hat J. Ritter, um den dialektisch-hermeneutischen Charakter der Philosophie des Aristoteles zu kennzeichnen, deren Methode eine hypoleptische genannt [39]. ‹H.› «meint unter anderem: 1. jemandem ins Wort fallen; 2. an den Vorredner anknüpfen; gemeint ist hier natürlich die zweite Bedeutung» [40].

Anmerkungen. [1] W. Theiler: Arist. Über die Seele (²1966) Erl. zu 427 b 14. – [2] H. Bonitz: Aristotelis Metaphysica 2: Commentarius (1849/1960) 44: zu 981 a 7; so auch Index Aristotelicus 799 b 26. – [3] Th. Waitz: Aristotelis Organon 1 (1844/1956) 532f.: zu 66 b 19. – [4] Fr. Biese: Die Philos. des Arist. 1 (1835) 211 Anm. 3: zu Anal. post. I, 16; vgl. auch 327 Anm. 4. – [5] Aristoteles, Met. III, 3, 1005 b 25. – [6] H. Bonitz: Index Arist. 799 b 17-800 a 7 u. 800 a 56-b 25; zur Verwendung des Begriffs in der *Stoa* vgl. die Zusammenstellungen SVF 4 (1924) 150. – [7] Arist., Eth. Nic. VII, 5, 1147 b 4. – [8] a. a. O. VII, 3, 1145 b 21. – [9] 1145 b 25. – [10] 1145 b 23. – [11] 1145 b 31ff. 1146 b 28ff.; vgl. schon 1145 b 36. – [12] VI, 3, 1139 b 17. – [13] I, 34, 1197 a 30-32. – [14] Vgl. die Erl. von Fr. Dirlmeier zur Stelle in: Arist. Magna Moralia (1958) 343. – [15] Rhet. ad Alex. 1442 b 19. – [16] Rhet. III, 16, 1417 b 20; über die Unmöglichkeit, gleichzeitig über denselben Sachverhalt sowohl Wissen wie Meinung oder bloße Vermutung (H.) zu haben, vgl. Anal. post. I, 33, 89 a 39. – [17] De an. III, 3, 428 b 3. – [18] Nik. Eth. VI, 6, 1140 b 31; vgl. Anal. post. I, 33, 88 b 37ff.; H. in der Bestimmung von «Wissenschaft» auch in den ps.-plat. Definitionen 414 b 10-c 2. – [19] Eth. Nic. VI, 10, 1140 b 33. – [20] a. a. O. VI, 5, 1140 b 12-16. – [21] Ps. Platon, Def. 414 c 3. – [22] a. a. O. 413 a 1. – [23] Arist., Pol. V, 10, 1312 a 34. – [24] Met. I, 1, 981 a 7; vgl. A. Schwegler: Die Met. des Arist. III/1: Commentar (1847) 8: zu I, 1, 1. – [25] De an. 427 b 9f. – [26] a. a. O. 427 b 25. – [27] 427 b 28. – [28] Vgl. Theiler, a. a. O. [1] Erl. zu 427 b 14. – [29] Arist., De an. 429 a 23; vgl. A. Trendelenburg: Arist. De anima lib. III (²1877, ND 1957) 387. – [30] Arist., Met. III, 5, 1010 a 10. – [31] Eth. Eud. VII, 1, 1235 a 20. – [32] Meteor. I, 8, 345 b 10. – [33] Met. X, 6, 1062 b 21. – [34] Met. I, 8, 990 b 23; XI, 8, 1073 a 17; XII, 4, 1079 a 19. – [35] Hesiod, Theogonie 116. – [36] Arist., Met. I, 8, 989 a 12. – [37] Meteor. I, 3, 339 b 20. – [38] De caelo I, 10, 279 b 6; Beispiele einer solchen Berücksichtigung fremder Meinungen (H.): Pol. VIII, 5, 1139 b 7; Met. I, 2, 982 a 6; in allen diesen Fällen ist ‹H.› Synonym für ‹doxa›; vgl. Bonitz, a. a. O. [6] 800 b 7ff. – [39] J. Ritter: Met. und Politik (1969) 64f. – [40] O. Marquard: Skeptische Methode im Blick auf Kant (1958) 76 Anm. 9; vgl. zu dieser Bedeutung Ed. des Claces: Lex. de la langue philos. et relig. de Platon (Paris 1964), in: Platon, Oeuvres compl. 14, 524 Nr. 1: «interrompre, répliquer»; zum hermeneutisch-hypoleptischen Verfahren des Arist. bes. in seiner prakt. Philos. vgl. auch G. Bien: Das Theorie-Praxis-Problem und die polit. Philos. bei Platon und Arist. Philos. Jb. 76 (1968/69) 284f.; Vernunft und Ethos. Zum Ausgangsproblem der Arist. Ethik, in: Arist. Nik. Eth. (1972) XXXIIff. und Anm. LXf.; weitere Belege ebda. Sachregr. 371 s.v. ‹Praktische Philos. (8. Methodenrefl.)› sowie: Das Geschäft der Philos., am Modell des jur. Prozesses betrachtet, in: Philos. und Wiss. 9. dtsch. Kongr. Philos. (1972) 66 Anm. 24.
G. Bien

Hypostase. Das Wort ὑπόστασις (= H.) gehört in der Spätantike zu den wichtigsten Fachausdrücken der philosophischen und theologischen Spekulationen. Im Anschluß an diese wird ‹H.› heute auch in der Religionswissenschaft und in der Geschichte des Spätjudentums verwendet [1]. Hier geht es nur um den spätantiken Sprachgebrauch.

Anmerkung. [1] Vgl. H. Ringgren: Art. ‹H.›, in: RGG 3 (³1959) 504-506.

1. *Allgemeines.* Für das richtige Verständnis von ‹H.› im philosophischen und theologischen Sinn ist zu beachten: Das Verbal-Substantiv ‹H.› ist eher vom medialen ὑφίσταμαι (darunter stehen) als vom aktiven ὑφίστημι (darunter stellen) her zu erklären. Es bedeutet, was darunter steht: Stütze; was sich unsichtbar aufstellt: Hinterhalt; was sich unten ansammelt: Ansammlung, dann Grundlage; was der Nutzung oder dem Besitz rechtlich zugrunde liegt: Vertrag. – In der Hauptbedeutung von «Grundlage» ist H. weniger vom alltäglichen oder gar biblischen als vom zuerst bezeugten technisch-naturwissenschaftlichen Sinn her zu verstehen. – Immer ist der Kontext zu berücksichtigen: ob ‹H.› im Gegensatz zu ἔμφασις (Erscheinung) oder ὄνομα (Name), als Parallele zu γένεσις (Werden) oder μορφή (Gestalt) oder im Unterschied zu οὐσία (Wesen, Sein) verwendet wird. Nur so läßt sich bestimmen, mit welchen Vorstellungen die spätantiken Philosophen und mit ihnen die christlichen Theologen das Wort ‹H.› verbanden.

Ein geschichtlicher Überblick über den vorphilosophischen Sprachgebrauch bestätigt diese Grundsätze. Aus dem 4. Jh. v. Chr. ist vorerst der medizinisch-naturwissenschaftliche Sinn von «Sediment, Ansammlung, Niederschlag, Urin u. ä.» überliefert. Es geht dabei um jenen Bestandteil einer Flüssigkeit, der sich verdichtet und sich damit manifestiert; so bei Hippokrates und Aristoteles [1]. Neben diesem technischen Gebrauch findet man vom 3. Jh. an die allgemeinere Bedeutung von der hinter den Erscheinungen liegenden Wirklichkeit. ‹H.› bezeichnet demnach den Mut, der sich in der Kraft äußert, den Plan, der im Bau zur Ausführung gelangt, die Absicht, die einem Anschlag zugrunde liegt. Bei Sextus Empiricus bezieht sich ‹H.› auch auf den dem Zerfall gegenübergestellten Ursprung. Je ferner dieser allgemeine Sprachgebrauch von philosophischen Überlegungen steht, desto mehr beinhaltet er einfach, was ist und besteht, und nähert sich dem von οὐσία. So betont ‹H.› das Wirkliche gegenüber dem Eingebildeten oder Ersonnenen. Schließlich wird ‹H.› in der Astrologie auf die Geburtsstunde bezogen und bezeichnet in der Geschäftssprache sowohl das Dokument des Rechtsanspruches wie auch den Besitz oder Reichtum.

Mit ähnlichen Bedeutungen wird ‹H.› in der griechischen Bibel verwendet. Die Septuaginta hat damit zwölf entsprechende hebräische Vokabeln ziemlich sinngemäß übersetzt. Von besonderer Bedeutung sind: Grundlage des Lebens (Lebensmittel) oder der Macht sowie vor allem hinter den Erscheinungen, besonders bei Gott selbst, grundgelegte und darum dauerhafte Wirklichkeit. In der spätjüdischen Literatur wird ‹H.› nur wenig gebraucht. Zu beachten ist Philon, bei dem ‹H.› wie im mittleren Platonismus die wahre, nicht schattenhafte, geistige Wirklichkeit besagt [2]. Im Neuen Testament kommt ‹H.› nur fünfmal vor. Davon sind Hebr. 1, 3; 3, 14; 11, 1 besonders zu erwähnen. Sie haben nicht nur einen mehr philosophischen Klang, sondern wurden von den christlichen Autoren mit Vorliebe zur Erklärung des H.-Begriffs herangezogen. ‹H.› bedeutet dort die jenseits des vergänglichen, schattenhaften und bloß abbildlichen Seins stehende Wirklichkeit [3].

Anmerkungen. [1] Vgl. die Texte bei H. Köster: Art. ‹H.›, in: Theol. Wb. zum NT, hg. Kittel 8 (1969) 572-574. – [2] Philon, Somn. I, 188 (echt!). – [3] Vgl. Köster, a. a. O. [1] 587.

2. *Philosophischer Sprachgebrauch.* Die großen Philosophen Platon und Aristoteles haben ‹H.› im philosophischen Sinn nicht verwendet. Das Wort trat erst bei Poseidonios († 51 v. Chr.) in die philosophische Fachsprache ein. Im Anschluß an Chrysipp († ca. 208 v. Chr.), der das Verb ὑφιστάναι für die Verwirklichung des Urstoffes gebraucht hatte, versteht Poseidonios unter H. das Ursein (οὐσία), soweit es sich verwirklicht und in den Einzeldingen in Erscheinung tritt. H. steht demnach zwischen dem Substrat (οὐσία oder ὑποκείμενον) und den Eigentümlichkeiten (ποιόν) des Einzelwesens. Dabei ist die naturwissenschaftliche Auffassung vom Niederschlag vorausgesetzt. Wie in einer Flüssigkeit etwas zuerst Verborgenes sich ansammelt und so sichtbar wird, konkretisiert sich der Urstoff in der H. und wird Träger der charakterisierenden Eigentümlichkeiten. In diesem Sinn steht H. im Gegensatz zur bloßen Erscheinung (ἔμφασις), in der wohl etwas sichtbar wird, ohne aber aus dem Urstoff verwirklicht zu sein. Ähnlich wird die H. auch dem bloßen Gedankending (ἐπίνοια) gegenübergestellt. – Bei den Aristoteles-Erklärern, besonders bei Alexander von Aphrodisias (um 200 n. Chr.) wird die Bedeutung «in Erscheinung tretende Verwirklichung», die ‹H.› bei den Stoikern bekommen hatte, in etwa beibehalten. Aber es ging den Kommentatoren weniger um den Ursprung der Dinge als um die verschiedenen Seins- und Aussageweisen. H. ist das in den Dingen konkret existierende Sein und als solches Grundlage der Eigentümlichkeiten.

Eine weit entscheidendere Rolle erhielt ‹H.› im *Neuplatonismus.* Die Grundlage dazu hatte schon der mittlere Platonismus gelegt. Bei dessen Vertretern findet sich zwar ‹H.› nur sehr selten. Doch begegnen wir in den wenigen Zeugnissen von Albinus und Philo bereits dem neuplatonischen Ansatz. H. als Verwirklichung des Urprinzips wird auf die geistige Welt übertragen und mit der Stufung allen Seins verbunden. Darnach beschränkt Plotin den Gebrauch von ‹H.› auf das Eine (selten), den Geist und die Seele. Nach ihm kann die Materie, die nur auf das Dasein hin, aber noch nicht eigentlich existiert, nicht ‹H.› genannt werden. So heißen nur die wahren, vollkommenen Wirklichkeiten, der Geist und die Seele, sofern sie aus der höheren, unverändert bleibenden Wirklichkeit ausgehen und immer auf sie bezogen bleiben. Die späteren Neuplatoniker entwickelten diese Auffassung weiter. Porphyrius betrachtet jedes Sein als H., insofern es ein höheres Sein ausdrückt und manifestiert. Aber er unterscheidet zwischen den vollkommenen, geistigen und den teilhabenden, in Raum und Zeit sich verwirklichenden H. Später, besonders bei Proclus, bezeichnet ‹H.› nicht nur das Sein, sofern es von einem höheren Sein ausgeht und es kundtut, sondern auch soweit es durch sich selbst subsistiert, in sich selbst Leben und Kraft besitzt, das geistige Individuum. Es sei beigefügt, daß Tertullian, anders als die lateinische Bibel, die ‹H.› mit ‹substantia› wiedergibt, ‹H.› mit ‹origo› oder ‹genitura› übersetzt [1]. Im 4. Jh. hingegen wird der philosophische Terminus ‹H.›, ebenfalls im Sinne von «Verwirklichung», mit ‹subsistentia› übertragen, so bei Marius Victorinus und Rufin von Aquileia [2].

Anmerkungen. [1] Vgl. J. Moingt: Théol. trinitaire de Tertullien (Paris 1966/67) 371-377. – [2] Vgl. P. Hadot: Porphyre et Victorinus (Paris 1968) 270. 330.

3. *Trinitarischer Sprachgebrauch.* In den vorwiegend im 4. Jh. ausgetragenen Auseinandersetzungen um den christlichen Monotheismus ging es besonders darum, den Glauben an Vater, Sohn und Geist, den einzigen Gott, philosophisch haltbar zu formulieren. Dabei kam der Unterscheidung von H. und οὐσία eine besondere Bedeutung zu. Zugleich war abzuklären, wieweit ‹H.› als synonym mit ‹Person› (πρόσωπον, persona) verstanden werden kann. Die Auseinandersetzung darüber vollzog sich im wesentlichen zwischen der Synode von Alexandrien (362) und dem allgemeinen Konzil von Konstantinopel (381). In dem Maße, wie Homöousianer und Homoousianer sich über die Konsubstanzialität des Sohnes und vor allem auch des Geistes einigen konnten, verstanden sie sich dazu, das Vater, Sohn und Geist gemeinsame Sein als μία οὐσία zu bezeichnen, ihre eigentümlichen Unterschiede aber unter dem Begriff der H. zusammenzufassen. Die die beiden Aspekte vereinigende Formel μία οὐσία, τρεῖς ὑποστάσεις (ein Sein [Wesen], drei H. [Personen]), die traditionell geworden ist, könnte, nach dem Zeugnis von Marius Victorinus [1] und besonders demjenigen des Epiphanius [2] zu schließen, aus den homöousianischen und apollinaristischen Kreisen von Antiochien (Georg von Laodizäa und Vitalis) stammen. – Zu dieser Entwicklung, die schon in der origenianischen Theologie des Eusebius von Cäsarea grundgelegt und von Athanasius, Hilarius von Poitiers und Basilius von Ancyra unmittelbar eingeleitet worden war, leisteten die Kappadokier nicht nur kirchenpolitisch, sondern auch philosophisch den maßgebenden Beitrag. Dabei verschob sich die Betrachtungsweise. Zuerst hatte man die göttlichen H. besonders im Zusammenhang mit ihren Hervorgängen und ihrer Gegenwart in der Welt gesehen. In dieser mehr dynamischen Sicht war man ohne Zweifel neuplatonischen Gedankengängen sehr nahe gekommen. Die Väter selbst haben denn auch die Analogien zwischen der christlichen und neuplatonischen H.-Lehre ausdrücklich, wenn auch unter Vorbehalten hervorgehoben [3]. Je mehr indes die antimodalistischen Tendenzen gegen Marcel von Ancyra u. a. dazu führten, die reale Verschiedenheit der H.n zu betonen bzw. von ihrer Dreiheit auszugehen, kam eine mehr statische Betrachtungsweise auf. Man suchte die Aussage von drei H. mit derjenigen von einer Wesenheit in Einklang zu bringen. Basilius von Cäsarea und besonders Gregor von Nyssa benutzten dabei die Analogie von κοινόν (gemeinsam) (οὐσία) und ἴδιον (eigentümlich = H.). Sie stützten sich dabei offensichtlich auf die Logik, wie sie die Neuplatoniker ihrer Zeit im Anschluß an die Stoa in ihren Aristoteles-Kommentaren entwickelten. – Dabei setzte sich auch eine Gleichsetzung von ‹H.› und πρόσωπον (Person) durch. Diese Gleichsetzung, die langwierigen Streitigkeiten zwischen Lateinern und Griechen und zwischen Griechen untereinander (Schisma von Antiochien) ein Ende machte, war keineswegs aus der Luft gegriffen; denn sowohl ‹H.› wie πρόσωπον besagen irgendwie Kundgabe der Wirklichkeit. Aber anders als das lateinische ‹persona›, das vor allem unter dem Einfluß der Rechtssprache schon früh ein Einzelwesen bezeichnen konnte, hatte πρόσωπον lange den Sinn von etwas bloß Äußerlichem bewahrt.

Es mußte darum als wahrhaft existierendes Sein weiterbestimmt werden [4]. Nur so konnte es an die Stelle von ‹H.› treten. Wieweit dabei auch mit einem lateinischen Einfluß zu rechnen ist, ist schwer zu sagen. Im Hinblick auf die engen Verbindungen zwischen Rom und Antiochien zwischen 360 und 380 darf ein solcher Einfluß nicht zu leicht ausgeschlossen werden. Mit Sicherheit wurde hingegen die Entwicklung von der prosopographischen Exegese der trinitarischen Schrifttexte beeinflußt [5].

Anmerkungen. [1] Marius Victorinus, Adv. Ar. II, 4. – [2] Epiphanius, Adv. Haer. 73, 12-22. 34. – [3] Vgl. bes. Eusebius von Cäs., Praep. Evang. 11, 16-20; Basilius von Cäs., De Spir. S. 16. 18; Cyrill von Alex., C. Julian. 8. – [4] Vgl. Basilius von Cäs., Ep. 236, 6. – [5] Vgl. C. Andresen: Zur Entstehung und Gesch. des trinitarischen Personbegriffes. Z. neutestamentl. Wiss. 52 (1961) 1ff.

4. *Christologischer Sprachgebrauch.* Ungefähr zur gleichen Zeit, als ‹H.› für die «Theologie» von οὐσία (Sein, Wesen) abgegrenzt wurde, führte es die Schule von Apollinaris von Laodizäa in die «Oekonomie» ein. Doch erfolgte die Angleichung von ‹H.› im trinitarischen und christologischen Sinn nur sehr langsam. Noch geraume Zeit wurde sowohl in der alexandrinischen wie in der antiochenischen Christologie ‹H.› gleich wie οὐσία (Wesen) bzw. φύσις (Natur) verstanden. Man konnte sich – ganz im Sinne der spätantiken Philosophen – keine φύσις denken, die nicht zugleich H. war. Erst im Vorfeld von Chalzedon (451) unterschieden Proclus von Konstantinopel u. a., offenbar unter dem Einfluß der trinitarischen Terminologie sowie der apollinaristischen Lehre von der Idiomenkommunikation, zwischen Natur und H. In diesem Sinne definierte das Konzil selbst den einen Christus als eine H. und eine Person [1]. – Damit war indes nur ein Anfang gemacht. Erst bei den Bemühungen, die Sprache Cyrills mit der des Chalcedonense in Einklang zu bringen, gelang die endgültige Abgrenzung von ‹H.›. Dabei fällt das Hauptverdienst Leontius von Byzanz († n. 543) und seinem Bearbeiter Leontius von Jerusalem (6. Jh.) zu [2]. Für sie, wie allgemein für die Autoren des 6. Jh. ist H. ein bestimmtes Seiendes, wie πρόσωπον (Person) der Träger der charakterisierenden Eigentümlichkeiten (ἰδιώματα χαρακτηριστικά). Um diesen in der Trinitätslehre üblichen Begriff in analoger Weise auf die Christologie anwenden zu können, heben sie jedoch gleichzeitig im Anschluß an die späteren Neuplatoniker das Für-sich-Sein heraus. Diese H. mit der doppelten Funktion unterscheidet sie indes nicht nur vom Allgemeinen, sondern auch von der individuellen Natur. So halten sie am Grundsatz fest, daß jede Natur hypostatisch ist, führen aber trotzdem die letzte Individuation auf eine H. zurück, die nicht einfach mit der individuellen Natur gegeben ist. Auf die Inkarnation wie auf die Einigung von Seele und Leib angewendet, bedeutet das, daß die individuelle menschliche Natur nicht in sich selbst, sondern in der H. des Wortes ihren Selbstand besitzt, wie der Leib nicht in sich selbst, sondern in der Seele subsistiert (Enhypostasie). Dabei war die neuplatonische Auffassung von der ἕνωσις ἀσύγχυτος (unvermischte Einigung) wegleitend, wie sie schon bei Nemesius und dann vor allem bei den Apollinaristen grundlegend war. Die letzte und entscheidende Begründung lieferte indes den beiden Leontii das Dogma von Chalcedon, das für sie zum Denkmodell geworden war. Im Osten fand diese Lehre bei Maximus Confessor und Johannes von Damaskus eine weitere Präzisierung. Im Westen hingegen entwickelte Boethius ungefähr zur gleichen Zeit, und offensichtlich in Abhän-

gigkeit von den gleichen Quellen den Personbegriff und bereitet damit, zusammen mit den byzantinischen Autoren, den Subsistenzbegriff der Scholastik vor.

Schlußerwägungen. Es ist unverkennbar, wie sich in der ganzen Entwicklung des Begriffes ‹H.› sowohl bei den Philosophen wie den Theologen der Spätantike die stoische Grundvorstellung von Konkretion und Manifestation durchhält. Auch in der spiritualistischen Sicht des Neuplatonismus besagt ‹H.› ausstrahlende Verwirklichung. In der Trinitätslehre tritt zuerst der Aspekt der Realisierung gegenüber dem der unterscheidenden Kundgabe zwar zurück, und das Umgekehrte ist für die Christologie der Fall. Doch bei den frühbyzantinischen Theologen werden beide Aspekte zu einer Synthese vereint. – Es ist beachtlich, wie die christliche Geschichte des Begriffes von einer beständigen Interferenz von Schrift und Dogma einerseits und von traditionellen und neuen philosophischen Auffassungen andererseits beherrscht wird. Ein klassisches Beispiel spätantiker Hermeneutik.

Anmerkungen. [1] Denzinger/Schönmetzer: Enchiridion symbolorum (³³1965) 302. – [2] Vgl. S. Otto: Person und Subsistenz (1968).

Literaturhinweise. – Zu 1 und 2: H. Köster s. Anm. [1 zu 1] 571-588 (grundlegend; Lit.). – H. Dörrie: ‹H.›. Wort- und Bedeutungsgesch. Nachr. Akad. Wiss. Gött. (1955) 35-93. – P. Hadot s. Anm. [2 zu 2]. – *Zu 3 und 4:* Eine Gesamtdarstellung fehlt; A. Michel: Art. ‹H.›, in: Dict. Théol. cath. 7 (1922) 369-407, und F. Erdin: Das Wort Hypostasis (1939), sind überholt; R. Arnou: Art. ‹Platonisme des Pères›, in: Dict. Théol. cath. 12 (1935) 2258-2392, genügt nicht. – *Zu Einzelfragen:* C. Andresen s. Anm. [5 zu 3]. – J. Moingt s. Anm. [1 zu 2]. – E. Beck: Die Theol. des hl. Ephrem in seinen Hymnen über den Glauben (Rom 1949) (H. bei den Syrern). – S. Gonzales: La formula mia ousia treis hypostaseis en S. Gregorio de Nisa (Rom 1939). – A. Grillmeier: Christ in Christian tradition (London 1965). – L. Scipioni: Ricerche sulla cristologia del «Libro di Eraclide» di Nestorio (Fribourg 1956). – S. Otto s. Anm. [2 zu 4]. – G. Richter: Die Dialektik des Johannes von Damaskus (1964). B. Studer

Hypostasierung, hypostasieren. Anders als in der Theologie wird unter dem Einfluß des Nominalismus und Empirismus der Begriff ‹Hypostase› (s. d.) in der philosophischen Terminologie des 17. und 18. Jh. ungebräuchlich; bezeichnenderweise findet er sich in den zeitgenössischen Fachlexika nicht mehr behandelt [1]. Gemäß seiner etymologischen Bedeutung wird er bei Kant zum kritischen Begriff umgebildet: ‹H.› bedeutet nicht wie ‹Hypostase› «geistige Wesenheit», sondern bezeichnet einen Gedanken, dem gegenständliche Realität untergeschoben wird. H. ist für Kant ein «blosse[s] Blendwerk», das entsteht, wenn man «das, was bloß in Gedanken existiert ... in eben derselben Qualität, als einen wirklichen Gegenstand außerhalb dem denkenden Subjekte annimmt» [2]. Doch nicht nur Gedanken, auch Erscheinungen des äußeren Sinnes können hypostasiert werden, wenn wir «sie nicht mehr als Vorstellungen, sondern *in derselben Qualität, wie sie in uns sind*, auch als *außer uns für sich bestehende Dinge* ... auf unser denkendes Subjekt beziehen» [3]. – Unter dem Einfluß Kants gehen die Ausdrücke ‹H.› und ‹hypostasieren› in den philosophischen Sprachgebrauch ein [4] im Sinn des Satzes von W. Windelband: «Metaphysik ist *H. von Idealen*» [5].

Anmerkungen. [1] Fehlt in: R. Goclenius: Lexicon philos. (1613, ND 1964); St. Chauvin: Lexicon philos. (1713, ND 1967); H. A. Meissner: Philos. Lexicon aus Chr. Wolffs sämtl. dtsch. Schriften (1737, ND 1970); J. G. Walch: Philos. Lexicon (1740). – [2] I. Kant, KrV A 384; vgl. 395. 402; B 371 Anm. 608. 610. 611 Anm. 643. 647. 701. 721. – [3] A 386; vgl. 392. – [4] z. B. A. Schopenhauer, Werke, hg. Hübscher (²1948-65) 5, 126; H. Vaihinger: Philos. des Als-Ob (1907, ⁴1920) pass., bes. z. B. 50; M. Horkheimer: Traditionelle und krit.. Theorie. Z. Sozialforsch. 6 (1938) 254; A. Lalande¹⁰, Art. ‹Hypostase›; F. Lombardi: Filos. e civiltà di europa 1 (Rom 1972) 104. – [5] W. Windelband: Einl. in die Philos. (²1920) 34. Red.

Hypothese, Hypothesis (griech. ὑπόθεσις, lat. hypothesis, suppositio, conjectura)

I. Obwohl unser Begriff ‹H.› zweifellos nur eine moderne Variante des griechischen ὑπόθεσις ist, sollte man H. und ὑ. doch nicht einfach gleichsetzen. Der ὑ. kommt eine wichtige Rolle in der griechischen *Dialektik* und *Mathematik* zu. Da sich die Verwendung des Terminus in beiden Bereichen kaum auseinanderhalten läßt, sollen sie zusammen abgehandelt werden.

ὑ. bedeutet wörtlich das, was *daruntergelegt* wird (aus ὑπό und τίθεσθαι), was also als *Grundlage* von etwas anderem gelten kann. In der *Mathematik* heißen ὑ. zunächst *unbewiesene Grundlagen*, Prinzipien der Mathematik. Bezeichnend dafür ist die folgende Stelle aus dem Euklidkommentar des Proklos, in der er den Unterschied zwischen unbewiesenen Prinzipien und abgeleiteten Sätzen beschreibt: «Da wir behaupten, daß diese Wissenschaft, die Geometrie, auf Voraussetzungen beruhe (ἐξ ὑποθέσεως εἶναι) und von bestimmten Prinzipien aus (ἀπὸ ἀρχῶν ὡρισμένων) die Folgerungen beweise (τὰ ἐφεξῆς ἀποδεικνύναι) – denn nur eine ist voraussetzungslos (ἀνυπόθετος), die anderen aber empfangen ihre Prinzipien von dieser –, so muß unbedingt der Verfasser eines geometrischen Elementarbuchs gesondert die Prinzipien der Wissenschaft lehren und gesondert die Folgerungen aus den Prinzipien. Von den Prinzipien braucht er keine Rechenschaft zu geben, wohl aber von den Folgerungen hieraus ...» [1].

Dieselbe Auffassung der mathematischen ὑ. läßt sich schon bei Platon nachweisen. Sokrates sagt einmal im ‹Staat›: «Ich glaube, du weißt doch wohl, daß die Geometer, die Arithmetiker und die sich mit solchen Sachen beschäftigen, ihren Untersuchungen gewisse Voraussetzungen zugrunde legen (ὑποθέμενοι), wie z. B. die gerade und ungerade Zahl, die geometrischen Figuren, die drei Arten von Winkeln und manches ähnliche; diese Dinge machen sie zu Grundlagen (ποιησάμενοι ὑποθέσεις αὐτά), als ob sie sich über diese schon im klaren wären, und sie halten es nicht für nötig, sich und anderen Rechenschaft über etwas zu geben, was einem jeden doch klar sei. Von diesen Grundlagen aus gehen sie dann vorwärts und finden schließlich in Übereinstimmung mit diesen das, was Gegenstand ihrer Untersuchung ist» [2].

Eben weil die Mathematik von solchen unbewiesenen Voraussetzungen (ὑποθέσεις) ausgeht, sagt man, daß sie eine *hypothetische Wissenschaft* sei. So heißt es im ‹Menon›: «Erlaube mir, die Frage auf Grund einer Voraussetzung zu prüfen (συγχώρησον ἐξ ὑποθέσεως αὐτὸ σκοπεῖσθαι); ich sage auf Grund einer Voraussetzung, wie manchmal auch die Geometer ihre Untersuchungen führen (λέγω δὲ τὸ ἐξ ὑποθέσεως ὧδε, ὥσπερ οἱ γεωμέτραι πολλάκις σκοποῦντα). Fragt man nämlich die Geometer, ob sich ein bestimmtes Flächenstück in einen gegebenen Kreis einschreiben läßt, dann antworten diese etwa folgendermaßen: ich weiß nicht, ob es möglich ist, aber ich glaube, die folgende ὑ. könnte zur Lösung der Frage von Nutzen sein; ist nämlich dieses Flächenstück so beschaffen, daß ..., dann scheint mir etwas anderes daraus zu folgen, als wenn es nicht möglich ist, daß dieses Flächenstück so beschaffen sei» [3]. – Man sieht: «Hypothetisch» ist das Verfahren in dem gegebenen Fall insofern, als der Geometer eigentlich nicht unmittelbar auf die vorgelegte Frage selbst antwortet; stattdessen legt er seiner Untersuchung eine Annahme zugrunde – die ὑ. – und zieht dann daraus Folgerungen; wird dagegen eine andere ὑ. zugrunde gelegt (ist das im Platonischen Beispiel fragliche Flächenstück nicht so beschaffen wie in dem zuerst genannten Fall), so ändern sich auch die Folgerungen.

Zweifellos hat die Mathematik die Methode der ὑ.-Anwendung aus der Praxis der *Dialektik* übernommen. Wollte nämlich ein Dialogpartner (A) den anderen (B) von der Richtigkeit seiner Behauptung überzeugen, so mußte er zunächst einen gemeinsamen Ausgangspunkt der Diskussion finden. Der gemeinsame Ausgangspunkt, jene Behauptung also, von deren Richtigkeit beide gleichermaßen überzeugt waren, wurde die ὑ. ihrer Untersuchung. Nachdem nämlich beide Partner über die ὑ. einig waren, ließen sich weitere Behauptungen daraufhin prüfen, ob sie mit der angenommenen ὑ. im Einklang stehen oder nicht. – Dieselbe ὑ.-Anwendung findet sich im ‹Phaidon›: «Ich lege meiner Untersuchung immer eine Behauptung zugrunde, die ich für besonders stark halte (ὑποθέμενος ἑκάστοτε λόγον, ὃν ἂν κρίνω ἐρρωμενέστατον εἶναι); und das, von dem ich dann den Eindruck habe, daß es damit im Einklang steht, nenne ich wahr (ἃ μὲν ἄν μοι δοκῇ τούτῳ συμφωνεῖν, τίθημι ὡς ἀληθῆ ὄντα); was dagegen damit *nicht* im Einklang zu stehen scheint, das nenne ich unwahr» [4].

Die griechische Dialektik kannte auch die *probeweise* angenommene ὑ. So wird z. B. im ‹Theaitet› von der ὑ., daß Wissen und sinnliches Wahrnehmen identisch seien, sogleich gezeigt, daß sie ein Irrtum ist [5]. Wie man sieht, kommt dieser Gebrauch von ὑ. dem heutigen H.-Begriff schon sehr nahe.

Auch in der griechischen Physik (bes. in der Astronomie) spielt der H.-Begriff eine Rolle. Dort war es eine gebräuchliche Methode, eine Gruppe (axiomatischer) H. zu formulieren, um damit «die Phänomene zu retten», d. h. die tatsächlichen Beobachtungen, vor allem der scheinbaren Planetenbewegungen, vernünftig zu begründen [6].

Anmerkungen. [1] Proclos, In primum Euclidis elementorum lib. comm., hg. Friedlein 75, 6ff. – [2] Platon, Resp. VI, 510 c-d. – [3] Men. 86 e 3. – [4] Phaid. 100 a. – [5] Theait. 162 e f. – [6] Vgl. J. Mittelstrass: Die Rettung der Phänomene. Ursprung und Gesch. eines antiken Forschungsprinzips (1962); P. Duhem: Sozein ta Phainomena: Essai sur la notion de théorie physique de Platon à Galilée (Paris 1908).

Literaturhinweis. A. Szabó: Anfänge des Euklidischen Axiomensystems. Arch. Hist. exact Sci. 1 (1960) 37-106.   A. Szabó

II. Eine der wichtigsten methodologischen Streitigkeiten im 17. und 18. Jh. betrifft die Rolle der H. (auch *conjectura, suppositio*) in den Wissenschaften. Die H. wurden oft in die *mathematischen*, die *physischen* (und *astronomischen*) und die *philosophischen* eingeteilt, obwohl mehrere Autoren diese Unterscheidung nicht berücksichtigen. Dabei wurden die H., sowohl im allgemeinen wie innerhalb einer jeden der drei erwähnten Arten, in verschiedener, oft entgegengesetzter Weise verstanden. Die Frage wird dadurch beträchtlich erschwert, daß viele Autoren verallgemeinernd von H. sprechen, ohne den von ihnen angenommenen Sinn dieses Terminus genügend oder überhaupt zu erklären, oft deshalb, weil dieser Sinn ihnen selbst nicht klar ist; es ist daher nur in wenigen dieser Fälle möglich, seine genaue Bedeutung indirekt festzustellen.

Als typische entgegengesetzte *physische* H. galten in der Astronomie zuerst die Ptolemäische und die Kopernikanische, dann die cartesianische Wirbellehre und die Anziehungslehre Newtons; als *philosophische* H. in bezug auf die Leib-Seele-Beziehung: der influxus physicus, der Occasionalismus, und die prästabilierte Harmonie. Derartige sehr umfassende H. wurden auch ‹Systeme› genannt, und oft, besonders im 18. Jh., galten ‹H.› und ‹System› als Synonyma, obwohl der sich allmählich verbreitende Terminus ‹System› freilich auch einen anderen, allgemeineren Sinn hatte: ganzes Lehrgebäude einer Wissenschaft bzw. Lehrgebäude sämtlicher Wissenschaften. In einem System werden verschiedene Dinge auf ein einziges oder auf wenige Prinzipien zurückgeführt; eine H. dagegen kann in diesem Sinne antisystematisch wirken, wenn sie die Anzahl der Prinzipien vermehrt (z. B. im Falle der Anziehungslehre, wodurch dem einheitlichen impulsionistischen Weltbild der Cartesianer Abbruch getan wurde).

1. *17. Jahrhundert.* – Kepler unterschied die geometrischen von den astronomischen H. Die Wahrheit der *geometrischen* H. (Axiome und Postulate) ist gleichgültig: Sie werden angenommen, um aus ihnen ebenso hypothetische Folgen zu ziehen. Die *astronomischen* H. im engen Sinn sind einheitliche Begriffsysteme, aus denen man die durch Beobachtung festgestellten Bewegungen der Gestirne deduktiv ableiten kann; wenn die abgeleiteten Sätze mit den Beobachtungen übereinstimmen, sind die H. keine Fiktionen, sondern wahre Lehre auch dann, wenn die physischen und metaphysischen Ursachen des den H. entsprechenden Sachverhaltes bloß wahrscheinlich sind. Kepler, wie später Galilei, folgte in dieser Hinsicht den Richtlinien von Copernicus [1]. Vom orthodoxen (geozentrischen) Standpunkt (wie z. B. von Bellarmin) wurde dagegen behauptet, daß eine Lehre, die die Phänomene rettet, bloß als fiktive Hypothese annehmbar ist, wenn sie nach den durch die Offenbarung bestimmten physischen Wahrheiten als falsch gelten muß [2].

Bacon gebraucht den Terminus ‹H.› nicht, aber er verwirft ein entsprechendes, von ihm deutlich definiertes Verfahren: «Duae viae sunt, atque esse possunt, ad inquirendam et inveniendam veritatem. Altera a sensu et particularibus advolat ad axiomata maxime generalia [= H.], atque ex iis principiis eorumque immota veritate judicat et invenit axiomata media; atque haec via in usu est. Altera a sensu et particularibus excitat axiomata, ascendendo continenter et gradatim, ut ultimo loco perveniatur ad maxime generalia, quae via vera est, sed intentata» (Zwei Wege gibt es und kann es geben zur Befragung und Findung der Wahrheit. Der eine schwingt sich von den sinnlichen Wahrnehmungen und vom Besondern auf zu allgemeinsten Axiomen [= H.] und beurteilt und findet aus diesen Prinzipien und ihrer unbewegten Wahrheit die Mittelsätze, und dieser Weg steht in Gebrauch. Der andere bringt aus der sinnlichen Wahrnehmung und dem Besonderen die Axiome hervor, indem er gleichmäßig und stufenweise hinaufsteigt, so daß man schließlich zum Allgemeinsten gelangt, und das ist der wahre, aber noch nicht versuchte Weg) [3]; doch hat Bacon diese Ablehnung anscheinend nicht ganz streng durchgehalten [4]. Ganz anders bei Descartes, der den H. eine wesentliche Rolle im Aufbau der Wissenschaft zuschreibt. Er hält seine eigenen H. nicht nur als aus der Erfahrung mit moralischer, sondern auch als aus den Vernunftprinzipien mit rationaler Gewißheit erwiesen. Daß er diese Lehren trotzdem H. nennt und manchmal als bloß möglich bezeichnet, scheint einer bloß taktischen Einstellung seinen Gegnern gegenüber zu entspringen

[5]. Aus einem ganz anderen Grunde hält Hobbes die H. in der Naturwissenschaft für wesentlich: Die menschliche Erkenntnis der physischen Welt kann für ihn bloß Wahrscheinlichkeit erreichen; die Prinzipien der Physik können deshalb nur H. sein [6].

Bacons Haltung beeinflußte einige englische Denker, die seine Richtung (obwohl in einer grundsätzlich veränderten Form) fortzusetzen glaubten, besonders im Gegensatz zum Cartesianismus: So lehnten Barrow (1652) [7] und S. Parker (1666) [8] die H. entschieden ab. Andere Engländer desselben Milieus, wie Glanvill [9] und Boyle [10], hielten dagegen die H. in gewissen Fällen nicht nur für erlaubt, sondern für unentbehrlich. Das gilt dann (1690) auch für Locke [11].

Die Haltung Newtons zu den H. hat unendliche Diskussionen sowohl unter seinen Zeitgenossen wie unter den modernen Historikern hervorgerufen [12]. Der Terminus ‹H.› erhält in Newtons Schriften abwechselnd die folgenden Bedeutungen: 1. ein gewisses Weltgebäude; 2. der Vordersatz eines mathematischen Theorems; 3. ein unbewiesener allgemeiner mathematischer Satz; 4. der Vordersatz einer philosophischen bzw. physischen Lehre; 5. ein Satz, dessen Beweis Newton nicht finden konnte; 6. eine Bedingung, die sich mit den Tatsachen nicht verträgt; 7. die mechanistische Erklärung physischer Gesetze bzw. Phänomene; 8. philosophische Phantastereien; 9. in der Erfahrung begründete Axiome und Postulate [13]. Newton hat zuerst, besonders in der ersten Ausgabe seiner ‹Principia› (1687), H. in einigen der vorher erwähnten Bedeutungen offen verwendet; noch vielmehr, der Sache, wenn auch nicht dem Terminus nach, in der ‹Optics› (besonders in den Ausgaben von 1706 (lat.) und von 1717). Die bekannte, unbedingte Ablehnung der H. aller Art (« hypotheses non fingo ») im ‹Scholium generale› der zweiten Ausgabe der ‹Principia› (1713) muß deshalb als eine polemisch übertriebene Aussage genommen werden, die den Höhepunkt in der nach 1690 Newton wachsenden feindlichen Einstellung zu den H. darstellt [14]. Diese kann sowohl als eine allgemeine Reaktion auf seine Kritiker wie insbesondere als Ausdruck von Newtons offiziellem Agnostizismus in bezug auf die causa prima der Anziehung (der entscheidende Folgen auch in der Krise des Kausalitätsproblems im 18. Jh. haben sollte [15]) gedeutet werden. Man sollte dabei aber die Wirkung sowohl der in England sich immer wieder erhebenden Stimmen gegen die H., z. B. bei Wotton (1694) und S. Clarke (1705) [16], wie die der für Newton freilich ärgerlichen Entwicklung einer « hypothetischen» Physik außerhalb Englands einrechnen.

Diese vollzog sich in Frankreich besonders bei den cartesianischen Naturphilosophen; Rohault (1671) [17] und Cl. Perrault (1680) [18] hatten für diese Einstellung eine theoretische Begründung geliefert: Perrault (der kein Cartesianer war) meinte, die wahren Ursachen der Phänomene durch H. zum Teil einsehen zu können. Diese H. könnten in gewissen Fällen, nach der Meinung der Cartesianer, als bewiesene Wahrheiten gelten.

Eine ähnliche Ansicht wurde auch von einigen deutschen Naturphilosophen, obwohl in ausgesprochen problematischer Form, vertreten. Die Physik von Leibniz ist ausdrücklich hypothetisch (z. B. ‹Hypothesis physica nova› 1671): Leibniz glaubte, daß in der Naturlehre eine demonstrative Gewißheit nicht zu erreichen sei; es sei deshalb unumgänglich, H. anzuwenden [19]; dasselbe gilt für Sturm, der 1697 seine berühmte ‹Physica Electiva sive Hypothetica› veröffentlichte [20]. Sturm selbst hatte 1685 durch eine eigene die H. von Henry More bekämpft, der die Schwerkraft durch eine von der Weltseele bewirkte Anziehung erklären wollte [21].

Für die meisten englischen Newtonianer war des Meisters schroffe Ablehnung der H. maßgebend: Sie folgten mit entsprechend bündigen Erklärungen seinem Beispiel, ohne auf Einzelheiten der Frage einzugehen; so Cotes [22], Desaguliers [23], Pemberton [24] und Rowning [25]; nur Martin hielt den Gebrauch einiger H. für erlaubt [26]. Dieselbe Ablehnung wird von dem holländischen Newtonianer van Musschenbroek [27] eingehender begründet, während 's Gravesande den Gebrauch einiger Arten von H. befürwortete [28].

Anmerkungen. [1] R. M. Blake, C. J. Ducasse und E. H. Madden: Theories of sci. method. The Renaissance to the 19th century (Seattle 1960) 38-43. – [2] a. a. O. 28. 44. – [3] F. Baco v. Verulam: Novum Organum (1620) I, § 19; vgl. I, 70. 122. – [4] a. a. O. I, 106; II, 20. – [5] Id. [1] 91-99; R. H. Popkin: The hist. of scepticism from Erasmus to Descartes (Assen 1960) 152f. – [6] Blake, a. a. O. [1] 115ff. – [7] I. Barrow: Cartesiana hypothesis de materia et motu (1652). Theol. works (Oxford 1830) 8, 194-195; gemeint sind die *phys.* und *philos.* H.; Barrow selbst verwendete sehr oft H. in seinen *math.* Schriften. – [8] H. G. van Leeuwen: The problem of certainty in Engl. thought 1630-1690 (Den Haag 1963) 75, n. 74. – [9] a. a. O. 83. – [10] 101. – [11] J. Locke, Essay conc. human understanding IV, 20, § 11. – [12] Vgl. Blake, a. a. O. [1] 122ff.; J. B. Cohen: Franklin and Newton (Cambridge, Mass. 1966) 136. 138-139. 155. 163. 167. 172-174. 575ff.; Hypotheses in Newton's philos. Physis 8 (1966). – [13] Cohen, Franklin ... a. a. O. 175-584. – [14] Cohen, Hypotheses ... a. a. O. [12]. – [15] G. Tonelli: Die Anfänge von Kants Kritik der Kausalbeziehungen und ihre Voraussetzungen im 18. Jh. Kantstudien 57 (1966) 420ff. 429ff. 438ff. – [16] W. Wotton: Reflections upon ancient and modern learning (1694, zit. London 1705) 342f.; S. Clarke: A discourse conc. the unchangeable obligations of natural relig. (London 1706) Pref. – [17] P. Mouy: Le développement de la physique cartésienne 1646-1712 (Paris 1934) 114f. – [18] Cl. Perrault: Essais de physique I (Paris 1680) Préf. – [19] L. Couturat: La logique de Leibniz (Paris 1901) 266ff. – [20] J. Chr. Sturm: Physica Electiva sive Hypothetica I (Norimb. 1697) Praelim. Art. I-III. – [21] Ad vir. cel. H. Morum ... Epistola ... de ipsius ... Spiritu Naturae ... (Norimb. 1685) 5ff.; vgl. S. Hutin: Henry More (Hildesheim 1966) 127ff. 187f. – [22] R. Cotes: Edit. praef. in: I. Newton: Principia (Cantabrigiae 1713). – [23] J. T. Desaguliers: A course of exp. philos. (1725), zit. 1 (London 1745) Praef. VII; diese Einstellung wurde später gemildert, vgl. Cohen, Franklin ... a. a. O. [12] 247f. – [24] H. Pemberton: A view of Sir I. Newton's philos. (London 1728) Introd. 12f. – [25] J. Rowning: A compendious system of natural philos. (1742-43, zit. London 1744) I, 6. – [26] B. Martin: The philos. grammar (1735, zit. London 1778) 19. – [27] P. Brunet: Les physiciens hollandais et la méthode exp. en France au 18e siècle (Paris 1926) 62. 76. 80. – [28] a. a. O. 49. 54. 61. 66.

2. Im *18. Jahrhundert* wurden in *Frankreich* H. auch von durch Newton beeinflußten Denkern im allgemeinen nicht pauschal abgelehnt. Die berühmteste Besprechung der Frage ist die Condillacs: Dieser hält die H. oder « suppositions » für sehr nützlich in der Mathematik und in der Astronomie, nicht nur als zetetisches Mittel (tâtonnement), sondern auch als Sätze, die als solche auf Grund von weiterer Beobachtung als Wahrheiten anerkannt werden können. Viel gefährlicher, obwohl nicht völlig zu verbannen, seien die H. in der Physik [1]. Eine bedingte, den H. günstige Einstellung ist auch bei Diderot [2], Maupertius [3] und Bonnet [4] nachweisbar. Der Gebrauch der H. wurde besonders von Mme du Châtelet [5] und von Sénebier [6] befürwortet. Eher ablehnend verhielten sich dagegen La Mettrie [7], Holbach [8] und Carrard [9].

Die H.-Frage fand in der *deutschen* Philosophie des 18. Jh. einen viel größeren Nachklang als irgendwo anders, vor allem in den Logikbüchern; das Thema hat jetzt seinen eigentlichen Locus in der *Logik* und wurde schon im 17. Jh. meistens kurz im Rahmen dieser Wissenschaft besprochen [10]. Im 18. Jh. werden die Erörterungen aber viel häufiger und eingehender, besonders in Anknüpfung an die von Newton entwickelte Problematik, wobei Newtons Ablehnung der H. bisweilen ausdrücklich kritisiert wird [11]. Die Einstellung der deutschen Philosophen ist im allgemeinen sowohl differenzierter wie ausgewogen: Die verschiedenen Arten von H. werden unterschieden, einige abgelehnt, andere als unentbehrlich angenommen. Sowohl der übermäßige Gebrauch von H. wie ihre Ausschließung werden getadelt; so in der Theorie bei Chr. Wolff [12], der aber seiner philosophischen Einstellung gemäß mehr für das Gewisse als für das Wahrscheinliche eintrat: So gelten für ihn die H. in der Metaphysik höchstens als Erfindungsmittel, die aber zuletzt der gewonnenen demonstrativen Wahrheit weichen müssen; wo diese, wie in den meisten Teilen der Naturlehre, nicht zu erreichen ist, zieht Wolff es vor, den Spielraum der «Meinungen» zu beschränken [13]; seine Physik ist tatsächlich viel weniger spekulativ als die der Cartesianer oder die von Sturm. So zeigen die meisten Wolffianer ein verhältnismäßig beschränktes Interesse für die H.-Frage. Als H. wurde von einigen die prästabilierte Harmonie bezeichnet, weil sie sich in einer so gefährlichen Streitfrage nicht ganz für Wolff einzusetzen wagten.

Diejenigen Denker, meistens thomasianischer Herkunft [14], die überzeugt sind, daß auch die Metaphysik in manchen Teilen nur Wahrscheinlichkeit zulasse, messen dagegen folgerichtig der H.-Frage eine viel größere Bedeutung zu und besprechen sie viel eingehender: so Rüdiger [15], Hoffmann [16] und Crusius [17]. Unter ihrem Einfluß und mit dem anwachsenden Interesse für die englische und französische Aufklärungsphilosophie gewann in Deutschland nach 1750 die probabilistische Einstellung an Ansehen, wobei Denker aller Richtungen der H.-Frage erhöhte Aufmerksamkeit schenkten; von ihnen seien nur Haller [18] und Lambert [19] erwähnt.

Anmerkungen. [1] E. Bonnot de Condillac: Traité des systèmes (1749). Oeuvres compl. 3 (Paris 1803) 8. 11. 327ff. 331. 334ff. 344. 357f. – [2] A. Vartanian: Diderot and Descartes (Princeton 1953) 164ff. – [3] P. Brunet, Maupertius II: L'œuvre (Paris 1929) 359f. – [4] Ch. Bonnet: Contemplation de la nature (Amsterdam 1764) Préf. VII. XI. – [5] Mme du Châtelet: Inst. de physique (Amsterdam 1741) 9. 74ff. – [6] J. Sénebier: L'art d'observer (Genève 1775) 108ff. – [7] J. Offray de La Mettrie: Hist. nat. de l'âme (La Haye 1745) 209. – [8] P. H. Th. d'Holbach: Système de la nature (1770, zit. Paris 1821) 1, 11. 98. – [9] B. Carrard: Essai sur cette question: Qu'est-ce qui est requis dans l'art d'observer (Amsterdam 1777) 252. – [10] J. Jungius: Logica Hamburgensis, hg. R. W. Meyer (1957) 224. 225. 228. – [11] G. B. Bilfinger: De triplici rerum cognitione (Tubingae 1722) § 52; M. Chr. Hanov: Potiores philosophiae recentiori controversiae (Lipsiae 1765) 24. – [12] Chr. Wolff: Philos. rationalis sive logica (Francof./Lips. 1728) Disc. prael. §§ 125-130. 139; Logica §§ 606-611. 1162f.; De Hypothesibus philosophicis, Horae subsecivae marburgenses 1729 trim. vern. (Francof./Lips. 1729) 177ff. – [13] Allerhand nützliche Versuche ... (1721) I, Vorr. – [14] Zur mystisch-skeptischen Periode des *Thomasius* vgl. M. Wundt: Die dtsch. Schulphilos. im Zeitalter der Aufklärung (1964) 53ff.; Die Met. wird von Thomasius durch H. vorgetragen. – [15] A. Rüdiger: De sensu veri et falsi (1709, zit. Lipsiae 1722) 413ff. – [16] Ad. Fr. Hoffmann: Vernunft-Lehre (1737) II, 1, §§ 8. 68ff.; 9, §§ 26ff. – [17] Chr. A. Crusius: Weg zur Gewißheit und Zuverlässigkeit der menschl. Erkenntnis (1747, ND 1965) §§ 45. 390-391. 395-396; Anleitung, über nat. Begebenheiten ordentlich und vorsichtig nachzudenken (1749) Vorr. (XXIV) §§ 49f. – [18] A. v. Haller: Vorrede zu Buffon: Allg. Hist. der Natur 1 (Hamburg/Leipzig 1750) IX-XVI. XVII. – [19] J. H. Lambert: Neues Organon (1764, ND 1965) 1, 44. 98. 359ff. 440. 455.

Literaturhinweis. R. M. Blake, C. J. Ducasse und E. H. Madden: Theories of sci. method: The Renaissance to the 19th century (Seattle 1960). G. Tonelli

III. Als H. wird nach dem gegenwärtig üblichen Sprachgebrauch ein Satz verwendet, wenn er als Prämisse einer Schlußfolgerung vorgebracht wird, ohne daß die Frage, ob er wahr oder falsch ist, diskutiert wird. H. haben daher den Status einer *Annahme* (s. d.), und die verschiedenen Annahmearten lassen sich auch bei H. unterscheiden. Entsprechend ist ein Schluß genau genommen nicht deswegen *hypothetisch*, weil er eine konditionale «wenn – so»-Form hat, sondern wegen des «Wenn-Seins», des Annahmecharakters, seiner Antecedentien.

Prinzipiell läßt sich die Einführung von H. sicher nicht beschränken. Allerdings hat es wenig Sinn, eine logische Unmöglichkeit als H. einzuführen. Auch sollte man keine H. einführen, die logisch unverträglich mit anerkannten Behauptungen sind (wie man es z. B. in reductio-ad-absurdum-Beweisen in der Mathematik tut), bevor man nicht die damit verbundenen logischen Schwierigkeiten durch geeignete Argumentationsregeln ausgeschaltet hat (bei Beweisen durch reduction ad absurdum lassen sich selbstverständlich solche Regeln angeben).

Von H. wird wesentlich Gebrauch gemacht beim «hypothetisch-deduktiven Modell» der Theorienbildung (engl. theory-construction) in den exakten Naturwissenschaften. Hier «wendet» man eine H. auf die Daten einer konkreten Situation «an», zieht die deduktiven Konsequenzen der H. und vergleicht die Ergebnisse mit dem tatsächlich beobachteten Lauf der Ereignisse. Lassen sich die angegebenen Konsequenzen beobachten, so gilt die H. als bis zu einem gewissen Grade *bewährt* oder *bestätigt*, sonst als nicht bestätigt [1].

Anmerkung. [1] Zur Verwendung von Gesetzes-H. im Rahmen wiss. Erklärungen vgl. auch Art. ‹Erklären, Erklärung II› und ‹Abhängigkeit›.

Literaturhinweise. C. Sigwart: Beiträge zur Lehre vom hypothetischen Urtheil (1879). – A. von Meinong: Über Annahmen (1902, ²1910). – H. Vaihinger: Die Philos. des Als-Ob (1911). – N. Rescher: Hypothetical reasoning (Amsterdam 1964). N. Rescher

Hypotypose (von griech. ὑποτύπωσις, Entwurf) wird ursprünglich verwendet in der Bedeutung von «Entwurf», «Umriß», «Grundzüge», so als Werktitel bei Sextus Empiricus (Πυρρώνειοι ὑποτυπώσεις) [1]. Bei Aristoteles findet sich die verbale Form ὑποτυποῦν, «im Umriß darstellen» (syn. περιγράφειν) [2]. Als *rhetorischer* Terminus meint ‹H.›, gleichbedeutend mit ἐνάργεια, ‹evidentia›, ‹illustratio›, ‹demonstratio›, eine affektische Figur: die «lebhaft-detaillierte Schilderung eines rahmenmäßigen Gesamtgegenstandes» [3]. Quintilian bestimmt die H. als «proposita quaedam forma rerum ita expressa verbis, ut cerni potius videantur quam audiri» (eine bestimmte, so durch Worte ausgedrückte Darstellung der Dinge, daß sie eher gesehen als gehört zu werden scheinen) [4] und verweist auf Ciceros «sub oculos subiectio» [5].

In dieser Bedeutung wird der Terminus tradiert [6], von Kant [7] aufgegriffen und als Ausdruck für die «Versinnlichung» (Darstellung, exhibitio, subiectio sub adspectum) reiner Verstandes- und Vernunftbegriffe neu verwendet. Die H. sind zu unterscheiden von den bloßen «Charakterismen», d. h. den Bezeichnungen der Begriffe durch begleitende sinnliche Zeichen (Worte, algebraische, mimische Zeichen), die lediglich der Reproduktion dienende Ausdrücke für Begriffe sind. Kant unterscheidet zwei Arten von H. als Funktionen der Urteilskraft: die «direkte» Darstellung des Begriffs durch das «Schema» («schematische H.») und die «indirekte» Darstellung durch das «Symbol» («symbolische H.»):

a) *Schematisch* heißt die Darstellung dann, wenn «einem Begriffe, den der Verstand faßt, die korrespondierende Anschauung a priori gegeben wird». Sie heißt auch «Demonstration», was, im Unterschied zum Sprachgebrauch der Vorgänger, nicht mehr auch eine diskursive (Beweis), sondern nur noch eine «intuitive Vorstellungsart» meint. Eine Weise der schematischen H. ist die «Konstruktion» der (mathematischen) Begriffe [8]. Die Funktion der schematischen H. innerhalb der Transzendentalphilosophie liegt vor allem im Ausweis der «Realität» der reinen Verstandesbegriffe. Nach der ‹Kritik der Urteilskraft› (§ 59) geschieht das mittels des transzendentalen Schemas. Die Funktion des Beispiels als einer Weise der Demonstration im weiteren Sinn ist dort auf die Darstellung empirischer Begriffe beschränkt. Im allgemeinen gesteht Kant jedoch zu, daß die schematische H. den Nachweis der objektiven Realität der reinen Verstandesbegriffe nicht ohne den Rekurs auf die Darstellungsfunktion des Beispiels leisten kann [9].

b) Die *symbolische* H. ist die Versinnlichung eines Vernunftbegriffs, dem keine Anschauung adäquat sein kann, mittels einer bloßen Analogie zum schematisierenden Verfahren der Urteilskraft. Sie kommt mit diesem nur hinsichtlich der Verfahrensregel, der «Form der Reflexion», nicht aber dem Inhalt nach überein. Solche symbolische H. liegen vor im ausdrücklichen bildlichen Vergleich, in der immanenten Metaphorik der Sprache (auch der philosophischen, z. B. in «Grund», «Substanz» usw.). Das Schöne ist eine symbolische H. des Sittlichguten.

Anmerkungen. [1] W. T. KRUG übersetzt: «Compendium». Allg. Handwb. der philos. Wiss. 2 (²1833) 479. – [2] ARISTOTELES, Eth. Nic. I, 7, 1098 a 21; Met. VII, 2, 1028 b 31. – [3] H. LAUSBERG: Hb. der lit. Rhet. (1960) § 810. – [4] QUINTILIAN, Inst. orat. 9, 2, 40. – [5] CICERO, De orat. 3, 53, 202. – [6] Vgl. MICRAELIUS, Lex. philos. 582. – [7] KANT, KU § 59. – [8] KU § 57 Anm. I; KrV B 741f. – [9] Vgl. KU § 57, Anm. I; KrV B 291f. G. BUCK

Hysterie, hysterisch (von griech. ἡ ὑστέρα, die Gebärmutter, und dem späteren ὑστερικός, hysterisch) werden heute, soweit in der *Psychiatrie* überhaupt noch gebräuchlich, auf fünf verschiedene Sachverhalte angewandt: 1. den hysterischen Charakter (bzw. Persönlichkeit), der durch folgende Adjektive beschrieben wird: launenhaft, erregbar, lügenhaft, beeinflußbar, egozentrisch, eitel, geltungsbedürftig, theatralisch, kokett, leicht enttäuscht, emotionell labil, phantasiebegabt, oberflächlich, zu psychogenen Krankheiten neigend; diese Züge können einzeln oder gemeinsam auftreten; 2. die krankhafte Erscheinungsform nicht organisch-somatisch begründeter psychischer Störungen (Psycho- und Angstneurosen); 3. die Konversions-H., d. h. eine durch Verdrängung unangenehmer Erlebnisse entstehende körperliche und psychische Krankheitserscheinung (psychosomatische Krankheit, z. B. psychogene Blindheit, Taubheit, Anästhesie, Lähmung, psychogene Anfälle, nichtpsychotische Erregungs- und Ausnahmezustände, Somnambulismus); 4. die abnorme Reaktion auf traumatisierende Erlebnisse (Renten-, Kriegs-, Schreckneurosen); 5. ausdrucksstarke, eventuell theatralische, stark umweltwirksame Verhaltensweisen, die Emotionen «ausspielen», um Aufmerksamkeit, Sympathie oder Mitleid zu erregen.

Bereits im alten *Ägypten* (um 1900 v. Chr.) taucht die Anschauung auf, daß Beschwerden und Störungen an verschiedensten Körperteilen mit dem Uterus (Gebärmutter) zusammenhängen. Es werden genannt: Leiden an beiden Füßen, in beiden Beinen, in beiden Ohren, im Nacken, Nicht-aufstehen-Können [1]. Man nahm aber auch an, daß der Uterus seinen kleinen Platz im kleinen Becken verlasse und im Körper umherwandere, und empfahl Maßnahmen, ihn zurückzubringen [2].

Ähnliche Vorstellungen finden sich bei PLATON. Im ‹Timaios› werden bestimmte Körperorgane, so auch die Gebärmutter, als eine Art Wesen mit Eigenleben verstanden, ausgestattet mit Bedürfnissen, die zur Befriedigung drängen, und der Möglichkeit, durch Wanderung im Körper Schaden anzurichten, falls die Bedürfnisbefriedigung längere Zeit unterbleibt [3]. So wird schon hier der Globus hystericus im Hals mit sexueller Frustration in Zusammenhang gebracht. Bei HIPPOKRATES und seiner Schule heißt ein solches Erscheinungsbild πνίγες ὑστέρικαι (hysterische Erstickungszustände), verbunden mit Fieber, Frost und Kreuzschmerzen, angeblich beruhend auf Lageveränderungen des Uterus aus Feuchtigkeitsmangel und infolge Verhaltung des Monatsflusses [4]. Die Ursache wird rein somatisch in fehlendem Geschlechtsverkehr und «unangemessener Entleerung des Leibes» gesehen. Dabei können auch Herzklopfen, Zähneknirschen, Schweißausbruch, Stimmverlust auftreten, woraus auf Beziehungen zur heiligen Krankheit, der Epilepsie, geschlossen wird. Zur Behandlung wird z. B. Heirat und Geschlechtsverkehr empfohlen [5]. Fast die gleichen Anschauungen vertritt ARETAIOS, der etwa 200 Jahre später schreibt: Der Uterus strebe wie ein Lebewesen plötzlich nach den oberen Teilen des Körpers, bedränge die Eingeweide heftig und könne die Frau ersticken wie beim epileptischen Anfall, aber ohne Spasmen [6]. GALEN (um 150 n. Chr.) führte die H. sowohl bei der Frau als auch beim Manne auf eine Stauung des Samens (er vermutete ein dem männlichen Samen entsprechendes Sekret im Uterus) infolge sexueller Abstinenz zurück. Dadurch werde der Körper vergiftet [7].

Vorläufer einer Psychotherapie hysterischer Zustände findet man bereits in der Antike und im frühen Mittelalter, z. B. bei ERASISTRATOS (um 293 v. Chr.) [8] und dem am Hofe Harun al-Raschids 800 n. Chr. tätigen Arzt GABRIEL BAKHTISCHWAH [9].

Im Mittelalter und noch bis ins 17. Jh. hinein werden hysterische Symptome bei Frauen zwar öfters beschrieben, aber immer als Besessenheit vom Teufel oder Behextheit gedeutet und durch Bestrafung der Patientinnen oder der vermeintlich an der Krankheit schuldigen Person geahndet. So galten z. B. Anästhesien der Hand, die man später als typisch hysterisches Symptom erkannte, als sicheres Kennzeichen für einen Bund mit dem Satan. Erst 1563 schrieb der aus Brabant stammende Arzt WYER gegen die Blendwerke der Dämonen, gegen Zaubersprüche und Giftmischer und betonte, daß hysterische Weiber gewöhnlich Opfer ihrer zerrütteten Einbildungskraft seien [10]. 1603 nahm der englische Arzt E. JORDEN das Erlebnis eines Hexenprozesses gegen eine Frau in London, die eine 14jährige mit typischen hysterischen Symptomen behext haben sollte, zum Anlaß, die H., welche er «suffocation of the mother» nannte, als geschlechtsgebundene Nervenkrankheit zu beschreiben; sie könne alle möglichen anderen Krankheiten imitieren. Er erwähnte auch die antike Vorstellung, daß der Uterus im Körper wandere [11].

Aus dem Mittelalter sind noch die ziemlich häufigen Erscheinungen der *Massen-H.*, d. h. durch Suggestion entstandene Epidemien abwegigen Verhaltens in bestimmten Menschengruppen, zu erwähnen (Kinderkreuzzug 1212, Hallelujabewegung 1233, Pastorellen 1251 [12], Flagellanten, Tanzwut 1274 [13]). Typisch hysterischen Charakter zeigt eine Epidemie im Ursulinen-Kloster von Loudun (1632) [14].

Eine interessante, auf den Anschauungen des Neuplatonismus fußende Lehre der Krankheiten entwickelt Paracelsus (etwa 1535) [15]. Er bezeichnete die H. als die «hinfallenden siechtage der mutter». «mutter» ist Himmel und Erde zugleich, denn der Mensch stammt aus dem Makrokosmos und ist gleichzeitig der Mikrokosmos. Die Paroxysmen bei Epilepsie und H. sind in gleicher Weise von den Konjunktionen der astra der vier Elemente geschmiedet. Die Konsequenz ist die Behandlung nach alchemistischen Grundsätzen mit Wundertränken und Geheimmitteln.

Wohl einer der ersten, der die Krankheit H. von den Organen des weiblichen Beckens löste, war Ch. Lepois. Er erkannte (1618), daß sie bei noch nicht geschlechtsreifen Mädchen und auch bei Männern vorkäme, und sah als Ursache eine Veränderung der Hirnflüssigkeiten (colluvies serosa) oder deren Ergießung in die Ventrikel an [16]. Eine sehr realistische Beschreibung der H., die er für die häufigste Krankheit hält, gibt Th. Sydenham 1670; er erwähnt Halbseitenlähmungen, Konvulsionen, Kopfschmerzen, Erbrechen, Herzklopfen, Husten als psychogene Symptome; er erkennt zwar, daß sie «from some violent commotions of the mind (strong emotion)» hervorgerufen würden, glaubt aber dennoch, daß «animal spirits» eine ursächliche Rolle spielten. Zur Differentialdiagnose gegenüber organischen Krankheiten müsse man den psychologischen Status des Patienten ergründen. Die H. beim Manne nennt er ‹Hypochondrie› [17].

In der Aufklärung wird die H. teils als Hirnkrankheit (z. B. von Lanzoni [18]), teils durch Affektionen im Uterus (z. B. von Hoffmann [19]), teils durch physische Erschöpfung (z. B. von Whytt [20]) erklärt. Reil geht 1803 so weit, dem psychisch krank gewordenen «idealistischen Einsiedler» zur Behandlung eine Bordellnymphe zur Gefährtin zu empfehlen [21]. - Bis zur Mitte des 19. Jh. wird eine ziemlich sachliche und zum Teil heute noch akzeptable Auffassung über die Genese und die Symptomatik der H. vertreten. Hufeland z. B. sieht sie 1836 als die beim weiblichen Geschlecht vorkommende Krankheit an, die beim männlichen Hypochondrie heiße. «Nächste Ursache» - man würde sie heute als konstitutionell bezeichnen - sei eine erhöhte und abnorme Sensibilität des Nervensystems, vorzüglich des Magen-Darm-Traktes. Als «entfernte Ursachen» - auslösende Erlebnisse - nennt er Exzesse in venere et onania bei beiden Geschlechtern, übermäßige Anstrengung der Denkkraft oder des Gefühls, anhaltende physische oder moralische Leiden, Schmerzen und Kummer [22].

1862, mit der Bestellung des Neurologen J.-M. Charcot zum Chefarzt der Salpêtrière in Paris, die seit dem 17. Jh. zur Unterbringung von Bettlern, alten Frauen, Prostituierten und gefallenen Mädchen diente, kommt es geradezu zu einem «Aufblühen der H.»; man spricht von einer «grande hystérie» [23]. Diese Entwicklung hat drei Gründe: 1. Die Neurologie entwickelt sich zu einer eigenen Wissenschaft, welche viele bedeutende Persönlichkeiten (z. B. S. Freud) anzieht. 2. Die besondere Geisteshaltung der viktorianischen Frau bewirkt eine starke Prüderie, welche sich äußerlich in der Mode, allgemein in der Verdrängung der Sexualität zeigt. Die unterdrückte Sexualität findet im dramatischen, großen hysterischen Anfall, der häufig orgiastische Züge aufweist, ein moralisch akzeptables Ventil, da er ja als krankhaft und ungewollt außerhalb der ethischen Norm steht. 3. Die H. wird durch das Interesse der jungen Neurologen noch bestärkt und in Charcots Hospital geradezu herangezüchtet. Er und seine Schüler, vor allem P. Janet [24], erkennen die große Bedeutung der hereditären Disposition, die man als krankhafte Hirnstörung definiert, der Suggestibilität, der psychischen Ansteckung, das Vorkommen bei Männern eher in den unteren, bei Frauen in den höheren sozialen Schichten, den Einfluß von Träumen und ihre psychische Verarbeitung, die therapeutische Wirkung der Hypnose und manches mehr.

Auf diesen Erkenntnissen fußend begründen J. Breuer und S. Freud 1892 [25] die Psychoanalyse, und Freud und seine Schüler entwickeln die analytische Psychotherapie. In der ersten Fassung seines H.-Begriffes knüpft Freud an Charcots Konzeption der traumatischen Bedingtheit der hysterischen Symptome an; während jedoch Charcot von einer organischen Einwirkung ausgeht, betont Freud das psychische traumatische Erlebnis: Es ruft eine Dissoziation des Bewußtseins hervor, in der «peinliche Kontrastvorstellungen» zur bewußtseinsrepräsentierten Intention in Form eines «Gegenwillens» diese Intention an ihrer Verwirklichung hindern. Hysterische Symptome lassen sich somit als «Objektivierung der peinlichen Kontrastvorstellung» [26] vorstellen. Mit der Entwicklung der Konzeption von Abwehr, Verdrängung und ihren Auswirkungen auf die Erregungsverteilung im psychischen System prägt Freud den Begriff der Konversions-H. Die Entstehung der hysterischen Symptome wird nun konzipiert als Umsetzungsprozeß des von der verdrängten Vorstellung losgelösten Affektes in körperliche Symptome [27]. Freud erkennt die Bedeutung der Katharsis als Heilfaktor, den Symbolcharakter der H. Er beschreibt den hysterischen Anfall als «Pantomime», konstatiert Parallelen zwischen hysterischen Symptomen und Träumen.

Im Ersten Weltkrieg beobachtete man unter dem Einfluß furchterregender Erlebnisse an der Front und in Kriegsgefangenenlagern vielfach hysterische Bewegungsstörungen (Zittern, «Lähmungen» u. ä.) [28], die zum Teil auch epidemisch, d. h. als Massenerscheinungen, auftraten [29]. Dem steht das eigenartige Phänomen gegenüber, daß im Zweiten Weltkrieg ähnliche Erscheinungen auf den europäischen Kriegsschauplätzen fast gar nicht vorkamen. An ihre Stelle traten Organneurosen, vor allem am Magen-Darm-Trakt. Teils im Zusammenhang mit den Kriegen und ihren organischen oder vermeintlichen Körperschädigungen, teils nach schädigenden Erlebnissen im Beruf und heute im Straßenverkehr entwickelt sich unter bestimmten konstellativen Bedingungen die Renten-H., über deren Psychologie M. Scheler bereits 1915 geschrieben hat [30]. Als in der ersten Hälfte des 20. Jh. beobachtete und erforschte Phänomene sind noch zu erwähnen der hysterische Dämmerzustand in besonderen Situationen (z. B. Gansersches Syndrom im Gefängnis) [31] und die zur H. zu rechnenden Primitivreaktionen und hyponoischen Reaktionen (Kretschmer 1924 [32]). Etwa seit 1926, mit dem Auftreten der Therese Neumann von Konnersreuth, hat eine Reihe von Forschern sich um die psychologisch-psychopathologische Erklärung der religiösen Stigmatisation bemüht. Seit Franz von Assisi ist über fast 350 Personen, vorwiegend Frauen, berichtet worden, bei denen zu bestimmten Zeiten die blutenden Wundmale

Christi ohne äußere Einwirkungen – von Betrugsfällen abgesehen –, zusätzlich aber auch ekstatisch-visionäre Zustände und ob ihrer Echtheit sehr umstrittene langdauernde Fastenperioden aufgetreten sind. Bei den gut belegten Fällen fand man stets eine als hysterisch anzusehende prämorbide Persönlichkeit [33]. Die Erscheinungen selbst werden als autosuggestiv und psychogen verstanden [34], ähnlich wie bei der «eingebildeten» Schwangerschaft (grossesse nerveuse).

Ein sozial-kommunikatives Konzept der H. wurde von SZASZ (1961) entwickelt [35]. Die Symptome werden als Körpersprache (auch protolanguage) aufgefaßt, in welcher die Patienten ihre Probleme zum Ausdruck zu bringen versuchen, die sie nicht anders äußern können, weil sie sozial nicht akzeptabel sind.

Die modernste Auffassung der H., die der behavioristischen Psychologie, beruht zum Teil auf den Forschungen von I. P. PAWLOW (1932). Dieser erklärt das Erscheinungsbild neuro-physiologisch. Aufgrund einer Schwäche der Großhirnhemisphären, die ihre hemmende Wirkung auf die subkortikalen Strukturen verlieren, komme es zu «affektiven Ausbrüchen, Krampfanfällen» und «mehr oder minder instinktiven und reflektorischen Tätigkeiten». Breitet sich die Hemmung «tiefer nach unten im Gehirn aus, erhalten wir das andere Extrem, den passiven Zustand des hysterischen Organismus in Form einer tiefen Hypnose». «Starke Erregung durch Emotion erhöht die Erregbarkeit der Rinde ... und führt zur Überlastungshemmung». Das hysterische Subjekt «lebt mehr oder weniger nicht ein Verstandes-, sondern ein emotionelles Leben ... es wird durch die subkortikalen Funktionen gelenkt». Dabei spielen «fremde und unbeabsichtigte Suggestionen sowie auch ... Selbstsuggestionen» eine Rolle [36]. Die modernen Verhaltenstherapien fußen vor allem auf den Untersuchungen PAWLOWS über Konditionierungsvorgänge [37]. WOLPE (1958) formuliert: «Hysterische Symptome sind konditionierte Antworten auf Stress» [38], und EYSENCK (1965): «Hysterische Störungen werden – wie alle neurotischen Beschwerden – durch einen Lernprozeß erworben» [39]. Eysenck hat durch faktorenanalytisch aufgebaute Fragebogen (MPI) Persönlichkeitsmerkmale nach verschiedenen Dimensionen (Neurotizismus, Introversion, Extraversion) herausgearbeitet [40]. Die hysterische Persönlichkeit rangiert in diesem Schema auf der Seite der Extraversion – ähnlich wie bei C. G. JUNG [41] – und ein wenig in Richtung Neurotizismus. Aus diesen theoretischen Vorstellungen resultiert die Behandlung durch Verhaltenstherapie: Dekonditionierung (Löschung) unerwünschter Verhaltensweisen, Konditionierung (Aufbau) erwünschten Verhaltens, das mit dem unerwünschten nicht vereinbar ist, ohne Berücksichtigung nicht beobachtbarer – unbewußter – Vorgänge.

Anmerkungen. [1] Papyrus KAHUN (med.) 7 (1, 23-25), in: H. VON DEINES, H. GRAPOW und W. WESTENDORF: Grundriß der Med. der alten Ägypter 4/1 (Berlin 1958); vgl. a. a. O. Papyrus EBERS 833 (97, 1-5). – [2] a. a. O. Papyrus EBERS 795 (94, 7-8). – [3] PLATON, Tim. 44 d ff. – [4] HIPPOKRATES; zit. W. LEIBRAND und A. WETTLY: Der Wahnsinn. Gesch. der abendländ. Psychopathol. (1961) 55. – [5] zit. F. G. ALEXANDER und S. T. SELESNICK: The hist. of psychiat. (New York 1966) 32. – [6] ARETAIOS, zit. LEIBRAND/WETTLY, a. a. O. [4] 115. – [7] GALEN, zit. I. VEITH: Hysteria. The hist. of a disease (Chicago/London 1965) 37. – [8] ERASISTRATOS, zit. J. B. FRIEDREICH: Versuch einer Literärgesch. der Pathol. und Ther. der psych. Krankheiten (1830) 53. – [9] G. BAKHTISCHWAH, zit. FRIEDREICH, a. a. O. 85. – [10] J. WYER: De praestigiis daemonum et incantationibus et veneficiis lib. VI (Basilea 1563), zit. FRIEDREICH, a. a. O. [8] 130. –

[11] E. JORDEN: A brief discourse of a disease called the suffocation of the mother (London 1603). – [12] A. BORST: Relig. und geistige Bewegungen im Hoch-MA. Propyläen Weltgesch. (1963) 5, 489-561. – [13] J. F. C. HECKER: Der schwarze Tod im 14. Jh. (1832); Die Tanzwut, eine Volkskrankheit im MA (1832). – [14] H. W. GRUHLE: Verstehende Psychol. (²1956) 270. – [15] W. WINDELBAND: Lb. der Gesch. der Philos. (³1903) 302. 306f. – [16] CH. LEPOIS (CAROLUS PISO): C. PISONIS Selectionum observationum et consiliorum de praetervisis hactenus morbis, effectibusque praeter naturam ab aqua seu serosa colluvie et dilluvie ortis, lib. sing. (Ponte ad Monticulum 1618), zit. GILLES DE LA TOURETTE: Die H. nach den Lehren der Salpêtrière, dtsch. K. GRUBE (1894) 8f. – [17] TH. SYDENHAM: Epistolary diss. on the hyst. affections. Works, hg. J. D. COMRIE (London 1922) 135. – [18] G. LANZONI: Consultationes XI (1714) Opera omnia 2 (Lausanne 1738), zit. FRIEDREICH, a. a. O. [8] 245. – [19] FR. HOFFMANN: Medicin. rat. systemat. IV/2 (1740), zit. FRIEDREICH, a. a. O. [8] 260. – [20] R. WHYTT: Observations on the nature, causes and cure of those disorders which have been commonly called nervous, hypochondriac or hysteric (1765), zit. ALEXANDER/SELESNICK, a. a. O. [5] 110. – [21] J. CHR. REIL: Rhapsodien über die Anwendung der psych. Curmethode auf Geisteszerrüttungen (1803). – [22] C. W. HUFELAND: Enchiridion medicum oder Anleitung zu med. Praxis (²1836). – [23] J. M. CHARCOT: Neue Vorles. über die Krankheiten des Nervensystems, insbes. über H., dtsch. S. FREUD (1886). – [24] P. JANET: Der Geisteszustand der Hysterischen (Die psych. Stigmata) (1894). – [25] J. BREUER und S. FREUD: Über den psych. Mechanismus hyst. Phänomene (Vorläufige Mitteilung), Neurol. Centralbl. 12 (1893) 4-10. 43-47; S. FREUD: Stud. über H. (1895). Werke 1, 1-238. – [26] a. a. O. 84; Ein Fall von hypnotischer Heilung (1892/93). Werke 1, 7ff. – [27] Die Abwehr-Neuropsychosen (1894). Werke 1, 62ff. – [28] O. BINSWANGER: Hystero-somat. Krankheitserscheinungen bei der Kriegs-H. Mschr. Psychiat. Neurol. 38 (1915) 1-60. – [29] H. STERN: Die hyst. Bewegungsstörungen als Massenerscheinungen im Krieg, ihre Entstehung und Prognose. Z. Neurol. 39 (1918) 246-281. – [30] M. SCHELER: Die Psychol. der sog. Renten-H. und der rechte Kampf gegen das Übel, in: Abh. und Aufsätze (1915) 2, 229-262. – [31] S. GANSER: Zur Lehre vom hyst. Dämmerzustand. Arch. Psychiat. 38 (1904) 34. – [32] E. KRETSCHMER: H., Reflex und Instinkt (⁶1958) 174. 84. – [33] A. E. HOCHE: Die Wunder der Therese Neumann von Konnersreuth (1933). – [34] S. BORELLI: Stigmatisation. Hb. der Neurosenlehre und Psychother. (1961) 5, 316-328. – [35] T. S. SZASZ: The myth of mental illness (New York 1961) 129. – [36] I. P. PAWLOW: Versuch einer physiol. Interpretation der Symptomatol. bei der H., in: Werke (1953) III/2, 437-454. – [37] Conditional reflexes (Oxford 1927). – [38] J. WOLPE: Psychother. by reciprocal inhibition (Stanford 1958). – [39] H. J. EYSENCK und S. RACHMAN: The causes and cures of neurosis. An introd. to modern behaviour ther. based on learning theory and principles of conditioning (London 1965, dtsch. 1968). – [40] H. J. EYSENCK: Classification and the problem of diagnosis, in: Handbook of abnorm. psychol. An exp. approach, hg. H. J. EYSENCK (London ³1968) 1-31. – [41] C. G. JUNG: Psychol. Typen (1921).

Literaturhinweise. J. B. FRIEDREICH s. Anm. [8]. – W. LEIBRAND und A. WETTLY s. Anm. [4]. – F. G. ALEXANDER und S. T. SELESNICK s. Anm. [5]. – G. DE LA TOURETTE s. Anm. [16]. – M. LEWANDOWSKY: Die H., in: Hb. der Neurol., hg. M. LEWANDOWSKY (1914). – I. VEITH s. Anm. [7].   H. E. KEHRER

Hysteron/Proteron (von griech. ὕστερον, Späteres, πρότερον, Früheres; in logischer Bedeutung: consequens und antecedens) ist ein aus der aristotelischen Logik [1] entwickelter Terminus für einen logischen Fehler im Beweisverfahren, der darin besteht, daß man das zu Beweisende in irgendeiner Form (d. h. direkt: als Ganzes bzw. nicht einmal desselben, oder indirekt: Voraussetzungen des zu Beweisenden) im Beweisgang verwertet: also durch das Spätere das Frühere beweisen will (διὰ τῶν ὑστέρων τὸ πρότερον). Das H./P. ist nach Aristoteles nicht eine Form der petitio principii (αἰτεῖσθαι τὸ ἐξ ἀρχῆς), sondern beide fallen unter den allgemeinen Begriff: den geforderten Beweis nicht liefern (μὴ ἀποδεικνύναι τό προκείμενον).

Anmerkung. [1] ARISTOTELES, Anal. pr. II, 16, 64 b 28-33.   M. GATZEMEIER

ARTIKELVERZEICHNIS

Galimathias
Galvanismus
Ganz Andere (das)
Ganzes/Teil
Ganzheit
Ganzheitsmethode
Ganzheitspsychologie
Ganzqualitäten
Gattung, Genus
Gebärde, Gebärdensprache
Gebot
Gebrauchsdefinition
Gebrauchsnorm
Gedächtnis
Gedächtnisspanne
Gedächtnistäuschung
Gedanke
Gedankending (ens rationis)
Gedankenexperiment
Gedankenfreiheit
Gedankensystem
Geduld
Gefallen, Wohlgefallen
Gefordertheit
Gefüge
Gefügegesetzlichkeit
Gefühl
Gefühl, moralisches
Gefühl schlechthinniger
   Abhängigkeit
Gefühlsdrang
Gefühlsmoral
Gefühlsreligion
Gefühlstheologie
Gegeben(es)
Gegenbesetzung
Gegensatz
Gegenseitigkeit
Gegenstand
Gegenstandstheorie
Gegenteil
Gegenwart
Gegenwart, lebendige
Gehabe(n)
Gehalt
Gehäuse
Geheimwissenschaft
Gehorsam
Geist
Geist, freier
Geist, Laplacescher
Geist, objektivierter
Geistesgeschichte
Geisteskrankheit
Geisteswissenschaften
Geisteswissenschaftliche
   Pädagogik
Geistiges Sein
Geistseele, Vernunftseele
Geiz
Gelassenheit
Geld
Gelehrtenrepublik
Gelten, Geltung
Geltungsstreben
Geltungstheorie
Gemeinde

Gemeinschaft
Gemeinschaftsgefühl
Gemeinsinn
Gemeintes
Gemeinwesen
Gemeinwohl
Gemüt
Gemütsbewegung
Gemütsruhe
Gen
Genau dann, wenn – so
Genealogie
Generalisation
Generalisator
Generalisierung
Generalthesis
Generatianismus und
   Traduzianismus
Generatio
Generation
Generationswechsel
Generell
Genese, genetisch
Genetik
Genie
Genius malignus
Genotyp/Phänotyp
Genugtuung (Satisfaktion)
Genus, Sexus
Genuß
Geographie, philosophische
Geometrie
Geopolitik
Geopsychisch
Geosophie
Geozentrisch, geozentrisches
   Weltsystem
Gerechtigkeit
Gericht (Gottes)
Geschichte, Historie
Geschichte/Historie
Geschichte der Natur
Geschichte, pragmatische
Geschichten
Geschichtlichkeit
Geschichtsauffassung,
   materialistische
Geschichtslosigkeit
Geschichtsphilosophie
Geschichtstheologie
Geschichtszeichen
Geschlechtlichkeit
Geschmack
Geselligkeit, gesellig
Gesellschaft
Gesellschaft, bürgerliche
Gesellschaft,
   geschlossene/offene
Gesellschaft, industrielle
Gesellschaftsordnung
Gesellschaftsvertrag,
   Herrschaftsvertrag
Gesetz
Gesetz, ewiges
Gesetz, moralisches
Gesetz, natürliches
Gesetz, physikalisches

Gesetze, kategoriale
Gesetze, statistische
Gesetzlichkeit
Gesetzlichkeit, biologische
Gesinnung
Gesinnungsethik
Gestalt
Gestalten, physische
Gestaltkreis
Gestaltpsychologie
Gestaltqualität
Gestalttheorie
Ge-stell
Gestirn, Sterne
Gestirngeister
Gesund, Gesundheit
Geviert
Gewalt
Gewaltenteilung
Gewesenheit
Gewissen
Gewißheit
Gewohnheit
Gewohnheitsrecht
Gewöhnung
Geworfenheit
Geziemende (das)
Glanz
Glaube
Glaube, philosophischer
Glauben und Wissen
Glaubensartikel
Glaubensgewißheit
Glaubensphilosophie
Glaubens- und Gewissens-
   freiheit
Gleichförmig, Gleichförmig-
   keit
Gleichgültigkeit
Gleichheit
Gleichmut
Gleichung, persönliche
Gleichursprünglich
Gleichzeitigkeit
Globalisierung
Globus intellectualis
Glossematik
Glück, Glückseligkeit
Gnade
Gnadenstreit
Gneumatologie
Gnoseologie
Gnosis
Gnostologie
Gott
Gottebenbildlichkeit
Gottesaufweis
Gottesbeweis
Gottesbeweis, axiologischer
Gottesbeweis,
   entropologischer
Gottesbeweis, historischer
Gottesbeweis, moralischer
Gottesbeweis, ontologischer
Gottes Mummerei
Gottförmig
Gottheit

Gottmensch
Gottwerdung, Vergottung,
   Vergöttlichung
Gradualismus
Grammatik
Grammatik, logische
Graphologie
Gratuität
Gravitation
Grazie, Anmut
Grenzbegriff
Grenze (Peras)
Grenze, Schranke
Grenzsituation
Größe
Größe, historische
Großmut
Groteske (das)
Grund
Grundgesetz, biogenetisches
Grundlagenstreit
Grundnorm
Grundrechte
Grundsatz
Grundsätze, praktische
Grundwissenschaft
Gruppe, soziale
Gruppendynamik
Gültigkeit
Günstling der Natur
Gut, das Gute, das Gut
Gut, höchstes
Güte
Güterlehre, Güterethik

Habe, Haben
Habitualitäten
Hackordnung
Haecceitas
Haggada
Haikai
Halacha
Halkyonisch
Halluzination
Halo
Haltung
Handeln, Handlung, Tat,
   Tätigkeit
Handeln, soziales
Handelsstaat, geschlossener
Handlung, bedingte
   zukünftige
Handlungshemmung
Handlungskette
Haptisch/optisch
Häresie
Harmonie
Harmonie, prästabilierte
Häßliche (das)
Haus
Haushalt
Hayathologie
Heautonomie
Hebdomaden
Hedonismus
Hegelianismus

Hegemonikon
Heil, Heilsgeschichte,
    Heilstatsache
Heilbringer
Heilig, Heiligkeit
Heimat, Heimatkunde
Heimwelt
Heiterkeit, das Heitere
Held, Heros
Heliozentrisch, helio-
    zentrisches Weltsystem
Hellenismus
Hellsehen
Hemmen/Enthemmen
Hemmung
Hemmung, vitale
Hen
Henaden
Henologie
Henotheismus
Heraklitismus
Hermeneutik
Hermeneutisch-
    pragmatisch
Hermesianismus
Hermetismus, hermetisch

Herrenmoral
Herrlichkeit
Herrschaft
Herrschaft und Knechtschaft
Herrschaftsform(en)
Herrschaftswissen
Herz
Heterogonie
Heuchelei
Heuristik, heuristisch
Hexis (habitus)
Hierarchie
Hierarchiegesetz
Hierarchisierung
Hilbertsches Programm
Hilfssatz
Himmel
Hinduismus
Hinterfragen
Hintergrundserfüllung
Hinweisdefinition
Historik, ars historica
Historiosophie
Historische Schule
Historismus
History of Ideas

Hochherzigkeit
Hochmut
Hoffnung
Höherentwicklung
Holismus
Hölle
Hominisation
Hominismus
Homme éclairé
Homme naturel/homme civil
Homo creator
Homo faber
Homo insciens oder insipiens
Homo loquax
Homo ludens
Homo-mensura-Satz
Homo natura
Homo pictor
Homo sapiens
Homo viator
Homoiomerien
Homologie
Homonym
Homöostase
Honnête homme
Horizont

Hörnerfrage
Horror vacui, fuga vacui
Hospitalität
Humaniora
Humanismus, Huma-
    nität
Humanitas
Humor
Hybris
Hyle, sensuelle
Hylemorphismus
Hylogenese
Hylozoismus
Hypermoral
Hyperphysisch,
    Hyperphysik
Hypnose
Hypochondrie
Hypolepsis
Hypostase
Hypostasierung,
    hypostasieren
Hypothese, Hypothesis
Hypotypose
Hysterie, hysterisch
Hysteron/Proteron

AUTORENVERZEICHNIS

Abeler H. 867–871
Adam A. 1168–1170
Anger H. 933f. 984f.
Anzenbacher A. 129–133

Bartsch H.-W. 398f.
Bartuschat W. 516–523 960–972 1022
Baum R. 1149f.
Baumgartner H. M. 24f.
Beck H. 17–20
Beckmann J. P. 985f.
Behse G. 719f. 856–860
Beierwaltes W. 105–117
Belaval Y. 1001–1003
Bender H. 1053f.
Bendszeit K. 902–910
Bergius R. 269 1056
Bertalanffy L. von 80–82 1184–1186
Best O. F. 1045–1049
Bien G. 441–443 624 1007–1017 1096–1099 1212–1216 1252–1254
Biesterfeld W. 1100–1112
Biller G. 316–322 988f.
Birkner H.-J. 98 99–101 664f.
Blankenburg W. 210f.
Böckmann P. 63–72
Böhme G. 399–401
Bormann C. von 925–927
Borst A. 999–1001
Brachfeld O. 235–237
Breidert W. 879f.
Brinkmann Heinrich 675 845f.
Brugger W. 808–811
Büchsel E. 1
Buck G. 1266f.
Burkert W. 721–725
Busche J. 1050–1053

Claesges U. 269f. 1236
Claessens D. 998

Deku H. 622f.
Derbolav J. 992–994
Diemer A. 211–215
Dierse U. 220–224 338–343 416–439 533–535 648–655 756–783 785–787 789–798 818
Dittberner H. 140–145

Elze M. 841f.
Emmel H. 89–93 258–262
Engelhardt P. 670f.
Engfer H. J. 1194–1200
Euchner W. 476–480
Ewert O. 93–96

Fabian B. 282–285 1147
Fichtel S. 977–980

Flasch K. 741–748
Forsthoff E. 922–924
Franke Ursula 82–89 1003–1007
Franzen W. 831f.
Freudenthal H. 324–327
Friedrichs D. 134f.
Fuchs H.-J. 1150f. 1153–1156
Fulda F. 191–199 875–877
Funke G. 140 597–616 620–622 981–983 990f. 1120–1123

Gabriel G. 32 833–835 1131f.
Gadamer H.-G. 1061–1073
Gatzemeier M. 873–875 1272
Geldsetzer L. 207–210
Girndt H. 994–996
Goerdt W. 845 1126 1167f. 1172f.
Goldammer K. 146
Görlich Chr. F. 929–933
Grawe Ch. 1173–1179
Groß H. 728f.

Haase W. 887–900
Haendler K. 500f.
Hager F. P. 344f. 1022f. 1057–1059 1060f. 1237f.
Hahn M. 401f. 1137
Halbfaß W. 592–594
Harstick H.-P. 1137–1141
Hauser R. 74f. 329–334 976f.
Hedinger H.-W. 1132–1137
Heede R. 1171
Heftrich E. 886f.
Heidrich P. 219f. 835f.
Heintel E. 129–133 646–648
Held K. 138–140 983f.
Hennig J. 136–138
Henrici P. 863
Hermann Armin 1–3
Herold N. 501–514
Herrmann Theo 20 22–24
Herzog R. 256–258 476
Heyde J. E. 101–103 927–929
Hinrichs W. 456–458 1037–1039
Hinske N. 1187–1194
Homann K. 413–416
Horstmann R. 836–840
Hülsmann H. 79f. 206f. 216f. 232–235 532

Jammer M. 863–866
Janich P. 531f. 885f.
Janssen P. 1039 1200f.

Kambartel F. 882–885
Kaulbach F. 3–5 13–17 206 878f. 880–882
Kaupp P. 459–466
Kehrer H. E. 1251f. 1267–1272

Keller-Hüschemenger M. 656–658
Kimminich O. 675–677
Kirchhoff R. 30f.
Klages H. 475
Klein H. 449–451
Klemenz D. 1216f.
Knispel W. 226–232
Kobusch Th. 1030f.
Kodalle K.-M. 1113–1115
Kohlenberger H. K. 169–180 334f. 536–539 665–670
Kötting B. 735–741
Krafft F. 25–27 1206–1212
Kramer W. 677f.
Krawietz W. 480–493 918–922
Kremer K. 1239–1241
Kretz H. 1056f.
Kuhlen R. 714f.

Lanczkowski G. 840f. 1033f. 1060
Laßlop P. 262–264
Lemay R. 552–559
Lepenies W. 997f. 1131
Lewin B. 987
Link H.-G. 1157–1166
Lipp W. 1099f.
Loch W. 103–105
Locher A. 946–951
Lohff W. 646 1031–1033
Loos F. 335–338
Lübbe H. 403f.
Lumpe A. 1179f.

Mainzer K. 934–937
Malter R. 1074f.
Marquard O. 182–191 268f. 871–873 1054–1056
Maydell A. v. 243–247
Mayer G. 495–499 729–735
Menne A. 117–119 136 237f. 268 269 277f.
Menze C. 1217–1219
Metzger W. 547–552
Meyer R. 316–322
Mittelstraß J. 329 671f. 1049f.
Mühle G. 278
Müller A. 623f. 625f.
Müller Gotthold 662–664
Müller J. B. 1078f.
Müller Kurt 79 1126

Nádor G. 986 987f.
Neumann O. 42–46
Neumeister S. 1149f.
Nieke W. 73f. 1171
Niewöhner Fr. 658–662 1080–1084
Nobis H. M. 27–30 180f. 1237
Nusser K. 146–154 671

Oeing-Hanhoff L. 5–13 52–54 55–62 154–157 1130f. 1236f.
Oesterle G. 82–89
Orth E. W. 33f. 270–272 1183f.
Otte G. 617–620
Otto E. 673f.

Padberg R. 748–751
Papalekas J. Chr. 1084–1087
Pape I. 1225–1230
Pauleikhoff B. 989f.
Perpeet W. 75–79 561f.
Pesch O. H. 691–696
Peters A. 310f. 707–713
Pinomaa L. 338–343 500f. 532f.
Plumpe G. 494f.
Pohlmann R. 96–98
Preisendanz W. 1232–1234
Probst P. 99 552 574 674
Pronay A. 1181–1183

Rabe Hannah 1017–1021
Ratschow C. H. 811–814
Rausch H. 1123–1126
Reble A. 215f.
Reckermann A. 1075–1078
Red. 98f. 117–119 181f. 248–256 258–262 269 532 643–645 718f. 830f. 832f. 924 983 1022 1112f. 1126f. 1200 1201f. 1259f.
Reichelt H. 408–413
Reiner H. 31f. 99 217–219 539f. 574–592 937–946
Reinhardt K. 713f.
Remane A. 1180
Rendtorff T. 238f. 439–441
Rensch B. 277 443f. 535f. 910 1166f. 1170
Renthe-Fink L. von 404–408
Rescher N. 997 1266
Riedel M. 239–243 274–277 466–473
Riedlinger H. 217 272f.
Rieks R. 1043–1045 1147–1149 1231f. 1234–1236

Ries W. 204–206
Riesenhuber K. 951–960
Risse W. 715 720f.
Ritter H. H. 119–129
Ritter J. V 285–309 679–691
Roebling Irmgard 900–902
Roloff D. 842–844
Romberg R. 1219–1225
Roos H. 846–849
Rothe K. 199–204 1088–1096
Röttgers K. 562–570
Rücker Silvie 89–93
Rudolph G. 594–597
Ruhnau J. 1023–1026

Salzmann Chr. 22
Samson L. 1238f.
Saner H. 145f. 877f.
Sauerwald G. 1039–1043
Schalk F. 1171f. 1186f.
Schellong D. 753–756
Schepers H. 1115–1120
Scherner M. 311–315 1202–1206
Schlüter D. 626 672 814–818 818–830 1079f.
Schmidt E. G. 1206
Schmidt Franz 849–856
Schmidt W. H. 725–727
Schmidt-Sauerhöfer P. 264–267
Schmithausen L. 1130
Schneider J. 62
Scholtz G. 345–398 416–439 1141–1147
Schönpflug U. 46–52 243 860–863 1241–1251
Schreiber H.-L. 335–338
Schrott B. 162–169
Schulte-Sasse J. 473–475
Schümmer F. 451–456
Schütte K. 1126
Schwarz H. 1180f.
Schwemmer O. 924f.
Seils M. 3 751–753 835
Spaemann R. 309f. 697–707 973–976

Specht R. 273
Stenius E. 860
Stierle K. 444–449
Strohal R. 990
Strube W. 540–547
Studer B. 1255–1259
Stuke H. 1026–1030
Stupperich R. 715–717
Sünkel W. 1074
Szabó A. 1260f.

Tellenbach H. 1056f.
Theissmann U. 1080
Theunissen M. 674f.
Thiel Ch. 910–918
Thümmel W. 678f.
Tonelli G. 866f. 1261–1265
Traub H. 1127–1130

Veraart A. 54f. 134
Verbeke G. 157–162 523–531
Verschuer O. v. 268 278 310
Voigt A. 247f. 570–574
Vonessen F. 559–561
Vorster H. 627–643

Wagner F. 783–785 787–789 798–808
Warning R. 279–282
Weber W. 224–226
Weier W. 1151–1153
Weinert F. E. 35–42
Weische A. 267 672f. 1147–1149
Weisgerber L. 247
Welzel H. 335–338
Weyand K. 937
Wiehl R. 243–247
Wieland G. 514–516
Willms B. 996f.
Winckelmann J. 1087f.
Winkler E. 20–22 322–324 327f. 328f.
Witte W. 328 999
Wokart N. 1034–1037
Wyller E. A. 1059f.

ZUR FORMALEN GESTALTUNG

1. Text

Titel. In Doppel- und Mehrfachtiteln werden die Stichwörter, wenn sie Gegensätze bezeichnen, durch Schrägstrich, wenn sie einander ergänzen, durch Komma getrennt.

Die *Anfangsbuchstaben Ä, Ö, Ü* (nicht aber *Ae, Oe, Ue*) der Titelstichwörter sind alphabetisch wie *A, O, U* behandelt worden.

Abkürzungen. An Stelle des Titelstichworts tritt bei Substantiven der Anfangsbuchstabe mit Punkt; Adjektive werden nicht abgekürzt. Sonst sind im Text nur allgemein gebräuchliche Abkürzungen verwendet.

Auszeichnungen. Namen von Autoren, die Gegenstand eines Artikels sind, werden, wenn sie in einem Gedankenzusammenhang zum erstenmal vorkommen, in KAPITÄLCHEN, die übrigen Hervorhebungen *kursiv* gesetzt. Namen der Verfasser von Untersuchungen zum Gegenstand des Artikels werden nicht ausgezeichnet.

Anführungszeichen und Klammern. In *einfachen* Anführungszeichen ‹ ... › stehen Werktitel, Teil- und Kapitelüberschriften sowie metasprachlich verwendete Ausdrücke. In *doppelten* Anführungszeichen « ... » stehen Zitate (ausgenommen griechische und in runden Klammern beigefügte Übersetzungen von griechischen und lateinischen Zitaten).

In *eckige* Klammern [...] sind Einfügungen des Artikelautors in Zitate sowie Anmerkungsziffern gesetzt.

2. Anmerkungen und Literaturhinweise

Um den Text zu entlasten, sind die Belegstellen (mit Ausnahme der biblischen) in den Anmerkungen zusammengefaßt.

Beziehen sich mehrere aufeinanderfolgende Anmerkungen auf denselben Autor und/oder dasselbe Werk, wird der Verfassername bzw. der Werktitel nicht wiederholt.

Wenn sich eine spätere auf eine frühere, nicht unmittelbar vorhergehende Anmerkung bezieht, wird in der Regel die Nummer der früheren Anmerkung wiederholt:

[1] F. KLUGE: Etymol. Wb. dtsch. Sprache (^{11}1963) 8. – ... [4] KLUGE, a. a. O. [1] 432.

Zitierweisen. Sie folgen dem für Epochen, Autoren und Werke üblichen wissenschaftlichen Gebrauch, doch werden Sigeln, die nur dem Fachmann bekannt sind, mit wenigen Ausnahmen (vgl. Abkürzungsverzeichnis Nr. 1) vermieden oder von Fall zu Fall neu eingeführt:

[1] DESCARTES, Werke, hg. ADAM/TANNERY (= A/T) 10, 369. – [2] Vgl. A/T 7, 32.

Zitiert wird nach der systematischen Gliederung der Werke und/oder nach Ausgaben bzw. Auflagen:

a) Nach Gliederung: [1] PLOTIN, Enn. II, 4, 15 = ‹Enneaden›, Buch 2, Kapitel 4, Abschnitt 15. – [2] THOMAS VON AQUIN, S. theol. I/II, 20, 2 = ‹Summa theologiae›, Pars I von Pars II, Quaestio 20, Articulus 2.

b) Nach Ausgaben: [1] PLATON, Phaid. 88 d 3-5 = ‹Phaidon›, S. 88, Absch. d (Paginierung nach der Ausgabe von HENRICUS STEPHANUS, Paris 1578), Zeilen 3-5 (nach der Ausgabe von IOANNES BURNET, Oxford ^{1}1899-1906). – [2] KANT, Akad.-A. 7, 252, 3 = Gesammelte Schriften, hg. (Königl.) Preuß. Akad. Wiss. (ab Bd. 23 hg. Dtsch. Akad. Wiss. zu Berlin), Bd. 7, S. 252, Z. 3.

c) Nach Auflagen: [1] KANT, KrV A 42/B 59 = ‹Kritik der reinen Vernunft›, 1. Aufl. (1781), S. 42 = 2. Aufl. (1786), S. 59.

d) Nach Gliederung und Ausgaben: [1] ARISTOTELES, Met. II, 2, 994 a 1-11 = ‹Metaphysik›, Buch 2 (α), Kap. 2, S. 994, Sp. a, Z. 1-11 (nach Arist. graece ex rec. IMM. BEKKERI, Berlin 1831). – [2] JOHANNES DAMASCENUS, De fide orth. II, 12. MPG 94, 929ff. = ‹De fide orthodoxa›, Buch 2, Kap. 12 bei J. P. MIGNE (Hg.), Patrologiae cursus completus, Ser. 1: Ecclesia graeca, Bd. 94, S. 929ff.

Interpunktion. Nach Autorennamen steht ein Doppelpunkt, wenn eine ausführliche bibliographische Angabe folgt, ein Komma, wenn das Werk abgekürzt zitiert ist.

Die Zeichensetzung in *Stellenangaben* folgt weitgehend altphilologischem Gebrauch und entspricht folgenden Regeln:

Kommata trennen in Angaben nach Gliederung Buch von Kapitel und Kapitel von Abschnitt, in Belegstellen nach Ausgaben Band von Seite und Seite von Zeile (vgl. oben a) Anm. [1] und b) Anm. [2]).

Punkte bedeuten in Stellenangaben ‹und›; sie stehen z. B. zwischen Kapitel und Kapitel bzw. Seite und Seite:

[1] ARIST., Met. V, 19. 20 = Buch 5 (Δ), Kap. 19 und 20. – [2] KANT, Akad.-A. 7, 251. 265 = Bd. 7, S. 251 und 265.

Strichpunkte sind gesetzt, wenn auf eine untergeordnete Gliederungseinheit (Abschn., Art.) eine übergeordnete (Buch, Teil, Kap.) folgt:

THOMAS, S. theol. I, 14, 11; 44, 3; 55, 2 = Pars I, Quaestio 14, Art. 11; (Pars I) Quaestio 44, Art. 3; (Pars I) Quaestio 55, Art. 2

oder wenn die nächste Stellenangabe einem anderen Band bzw. Werk entnommen ist:

HEGEL, Werke, hg. GLOCKNER 11, 52; 10, 375 = Bd. 11, S. 52; Bd. 10, S. 375.

Literaturhinweise. Die Angaben sind normalerweise chronologisch, gelegentlich auch nach sachlichen Gesichtspunkten geordnet und entsprechen den üblichen Regeln, doch wird der Erscheinungsort nur bei fremdsprachigen Publikationen genannt.

Zeitschriften und andere Periodika werden nach dem von der UNESCO empfohlenen ‹Internationalen Code für die Abkürzung von Zeitschriftentiteln› zitiert (Abdruck in: World med. Periodicals, New York ^{3}1961, XI ff.; vgl. dazu Abkürzungsverzeichnis Nr. 2). Wie auch bei mehrbändigen Werken steht in den Stellenangaben die Bandzahl vor, die Seitenzahl nach dem Erscheinungsjahr.

ABKÜRZUNGEN

1. Sigeln für Ausgaben, Buchtitel, Lexika und Sammelwerke

CSEL	Corpus scriptorum ecclesiasticorum latinorum editum consilio et impensis Academiae litterarum Caesareae Vindobonensis 1–80 (Wien 1866ff.)
EISLER[4]	R. EISLER: Wörterbuch der philosophischen Begriffe 1–3 ([4]1927–1930)
GRIMM	J. und W. GRIMM: Deutsches Wörterbuch 1–16 (1854–1916)
KpV	Kritik der praktischen Vernunft ([1]1788)
KrV	Kritik der reinen Vernunft ([1]1781 = A, [2]1787 = B)
KU	Kritik der Urteilskraft ([1]1790, [2]1793)
LALANDE[10]	A. LALANDE: Vocabulaire technique et critique de la philosophie (Paris [10]1968)
LThK[2]	Lexikon für Theologie und Kirche, hg. J. HÖFER/K. RAHNER 1–10 ([2]1957–1965)
MEGA	MARX/ENGELS, Hist.-krit. Gesamt-A.: Werke, Schriften, Briefe; Abt. 1–3 (Frankfurt a. M./Berlin/Moskau 1927–1935), nicht vollständig erschienen
MEW	MARX/ENGELS, Werke 1–39 (Ostberlin 1956–1968)
MG SS	Monumenta Germaniae historica inde ab anno Christi 500 usque ad annum 1500. Auspiciis Societatis aperiendis fontibus rerum Germanicarum medii aevi. Ed. GEORGIUS HEINRICUS PERTZ. Unveränd. Nachdruck Scriptores T. 1–30 (Stuttgart/New York 1963/64)
MPG	J. P. MIGNE (Ed.): Patrologiae cursus completus, Series I: Ecclesia graeca 1–167 (mit lat. Übers.) (Paris 1857–1912)
MPL	J. P. MIGNE (Ed.): Patrologiae cursus completus, Series II: Ecclesia latina 1–221 (218–221 Indices) (Paris 1841–1864)
RE	Paulys Real-Encyclopädie der classischen Altertumswissenschaft. Neubearb. hg. G. WISSOWA, W. KROLL u. a. Reihe 1. 2 [nebst] Suppl. 1ff. (1894ff.)
RGG[3]	Religion in Geschichte und Gegenwart 1–6 ([3]1957–1962)
SVF	Stoicorum veterum fragmenta collegit IOANNES AB ARNIM 1–4 ([2]1921–1923)
VS	H. DIELS/W. KRANZ (Hg.): Die Fragmente der Vorsokratiker, griechisch und deutsch 1–3 ([13]1968)

2. Periodika (Beispiele)

Abh. preuß. Akad. Wiss.	Abhandlungen der (königl.) preußischen Akademie der Wissenschaften (Berlin)
Arch. Begriffsgesch.	Archiv für Begriffsgeschichte (Bonn)
Arch. Gesch. Philos.	Archiv für Geschichte der Philosophie (Berlin)
Bl. dtsch. Philos.	Blätter für deutsche Philosophie (Berlin 1927–1944)
Dtsch. Vjschr. Lit.wiss.	Deutsche Vierteljahresschrift für Literaturwissenschaft und Geistesgeschichte (Stuttg.)
Dtsch. Z. Philos.	Deutsche Zeitschrift für Philosophie (Berlin)
German.-roman. Mschr.	Germanisch-romanische Monatsschrift (Heidelberg)
Gött. gel. Anz.	Göttinger Gelehrte Anzeigen
Hist. Z.	Historische Zeitschrift (München)
J. Hist. Ideas	Journal of the History of Ideas (Lancaster, Pa.)
J. symbol. Logic	Journal of Symbolic Logic (Providence, R.I.)
Kantstudien	Kantstudien (Berlin, NF Köln)
Mind	Mind (Edinburgh)
Philos. Rdsch.	Philosophische Rundschau (Tübingen)
Philos. Jb.	Philosophisches Jahrbuch (Freiburg i. Br.)
Proc. amer. philos. Soc.	Proceedings of the American Philosophical Society (Philadelphia)
Rev. Mét. Morale	Revue de Métaphysique et de Morale (Paris)
Rev. philos. Louvain	Revue philosophique de Louvain
Rhein. Mus. Philol.	Rheinisches Museum für Philologie
Sber. heidelb. Akad. Wiss.	Sitzungsberichte der Heidelberger Akademie der Wissenschaften
Studia philos. (Basel)	Studia philosophica. Jb. Schweiz. philos. Ges.
Z. philos. Forsch.	Zeitschrift für philosophische Forschung (Meisenheim/Glan)

3. Häufig verwendete Abkürzungen

A	KrV[1]
A.	Ausgabe
a | b ...	Seitenteiler
a.	articulus
a. a. O.	am angegebenen Ort
Abh.	Abhandlung(en)
Abschn.	Abschnitt
Abt.	Abteilung
Adv.	adversus
ahd.	althochdeutsch
Akad.	Akademie
Amer.	American
Anal.	Analyse, Analytica
Anm.	Anmerkung(en)
Anz.	Anzeiger
Aphor.	Aphorismus
Arch.	Archiv(es)
Art.	Artikel
Ass.	Association
AT	Altes Testament
B	KrV[2]
Beih.	Beiheft
Ber.	Bericht
Bespr.	Besprechung
Bibl.	Bibliothek
Biol.	Biologie
Bl.	Blatt, Blätter
Br.	Brief(e)
Bull.	Bulletin
c.	caput, capitulum, contra
cath.	catholique
ch.	chapitre, chapter
Chem.	Chemie
conc.	concerning
corp.	corpus
C. R.	Compte(s) rendu(s)
CSEL	s. Sigeln
Dict.	Dictionnaire, Dictionary
disp.	disputatio
Diss.	Dissertatio(n)
dtsch.	deutsch
ebda.	ebenda
eccl.	ecclesiasticus
Ed.	Editio
Einf.	Einführung
Einl.	Einleitung
Eisler	s. Sigeln
engl.	englisch
Ep.	Epistula
Erg.Bd.	Ergänzungsband
Eth.	Ethica
etymol.	etymologisch
evang.	evangelisch
fol.	folio
Frg.	Fragment
frz.	französisch
G.	Giornale
gén.	général(e)
gent.	gentiles
Ges.	Gesellschaft
Gesch.	Geschichte
griech.	griechisch
Grimm	s. Sigeln
H.	Heft
Hb.	Handbuch
hg.	herausgegeben
hist.	historisch
idg.	indogermanisch
Inst.	Institut, institutio
int.	international
Intr.	Introductio
ital.	italienisch
J.	Journal
Jb.	Jahrbuch
Jg.	Jahrgang
Jh.	Jahrhundert
Kap.	Kapitel
kath.	katholisch
KpV	s. Sigeln
krit.	kritisch
KrV	s. Sigeln
KU	s. Sigeln
Lalande	s. Sigeln
lat.	lateinisch
Leg.	Leges = Nomoi
Lex.	Lexikon
lib.	liber
ling.	lingua
Lit.	Literatur
log.	logisch
LThK	s. Sigeln
LXX	Septuaginta
MA	Mittelalter
Math.	Mathematik
Med.	Medizin
Med(it).	Meditationes
MEGA	s. Sigeln
Met.	Metaphysik
MEW	s. Sigeln
MG SS	s. Sigeln
Mh.	Monatshefte
mhd.	mittelhochdeutsch
MPG	s. Sigeln
MPL	s. Sigeln
Ms.	Manuskript
Mschr.	Monatsschrift
Mus.	Museum
nat.	naturalis
ND	Nachdruck
NF	Neue Folge
nhd.	neuhochdeutsch
NT	Neues Testament
p.	pagina
Philol.	Philologie
Philos.	Philosophie
Phys.	Physik
post.	posteriora
pr.	priora
Pr.	Predigt
Proc.	Proceedings
Prol(eg).	Prolegomena
Prooem.	Prooemium
prot.	protestantisch
Ps.	Psalm
Ps-	Pseudo-
Psychol.	Psychologie
publ.	publiziert
q.	quæstio
Quart.	Quarterly
quodl.	quodlibetalis, quodlibetum
r	recto (fol. 2r = Blatt 2, Vorderseite)
Rdsch.	Rundschau
RE	s. Sigeln
Red.	Redaktion
red.	redigiert
Reg.	Register
Relig.	Religion
Res.	Research
Resp.	Res publica = Politeia
Rev.	Revue
Rez.	Rezension
RGG	s. Sigeln
roy.	royal(e)
russ.	russisch
S.	Summa
Sber.	Sitzungsbericht(e)
Sci.	Science(s)
Schr.	Schrift(en)
s. d.	siehe dort
Slg.	Sammlung(en)
Soc.	Société, Society
Soziol.	Soziologie
span.	spanisch
Stud.	Studie(n)
Suppl.	Supplement(um)
s. v.	sub voce (unter dem Stichwort)
SVF	s. Sigeln
T.	Teil
Theol.	Theologie, Theologia
UB	Universitätsbibliothek
Übers.	Übersetzung
Univ.	Universität
v	verso (fol. 2v = Blatt 2, Rückseite)
Verh.	Verhandlungen
Vjschr.	Vierteljahresschrift
Vol.	Volumen
Vorles.	Vorlesung
VS	s. Sigeln
Wb.	Wörterbuch
Wiss.	Wissenschaft(en)
Wschr.	Wochenschrift
Z.	Zeitschrift
Zool.	Zoologie
Ztg.	Zeitung

HÄUFIG VERWENDETE ZEICHEN

1. Symbole der Junktoren- und Quantorenlogik (Aussagen- und Prädikatenlogik)
(vgl. Art. ‹Aussagenlogik›, ‹dialogische Logik›, ‹indefinit›, ‹Prädikatenlogik›)

Zeichen	Gesprochen	Name
a) Kopulae		
ε	ist (hat)	(affirmative) Kopula
ε′	ist (hat) nicht	(negative) Kopula
b) Logische Junktoren		
¬	nicht	Negator
∧	und	Konjunktor
∨	oder (nicht ausschließend, lat. vel)	Adjunktor
→	wenn ..., so (dann) ...	(Subjunktor) Implikator
↔	genau dann wenn ..., so (dann) ...	(Bisubjunktor) Biimplikator
c) Logische Quantoren		
$\bigwedge_x$	für alle x gilt	Allquantor
$\mathbb{A}_x$	für alle x gilt (wobei der Variabilitätsbereich von x indefinit ist)	indefiniter Allquantor
$\bigvee_x$	es gibt mindestens ein x, für das gilt	Existenzquantor
$\mathbb{V}_x$	es gibt mindestens ein x, für das gilt (wobei der Variabilitätsbereich von x indefinit ist)	indefiniter Existenzquantor
d) Folgerungssymbole		
≺	impliziert (aus ... folgt ...)	Zeichen für den Folgerungsbegriff der dialogischen Logik
⊩	aus ... folgt ...	Zeichen für den semantischen Folgerungsbegriff

2. Regel- und Kalkülsymbole (vgl. Art. ‹Kalkül›)

⇒ es ist erlaubt, von ... überzugehen zu ...
⇔ es ist erlaubt, von ... überzugehen zu ... und umgekehrt
⊢ ist ableitbar
=$_{df}$ ⎫
⇋   ⎬ nach Definition gleich
:=   ⎭

3. Relationssymbole

= gleich
≠ nicht gleich
≡ identisch
≢ nicht identisch
~ äquivalent
< kleiner
≤ kleiner oder gleich
> größer
≥ größer oder gleich

4. Symbole der Modallogik (vgl. Art. ‹Modallogik›)

◊ es ist möglich, daß
□ es ist notwendig, daß

5. Symbole der Syllogistik

S Subjekt
P Prädikat
a affirmo universaliter (ich bejahe universell)
i affirmo partialiter (ich bejahe partiell)
e nego universaliter (ich verneine universell)
o nego partialiter (ich verneine partiell)

6. Symbole der Mengenlehre (vgl. Art. ‹Mengenlehre›)

∅ leere Menge
∈ Element von
∉ nicht Element von
⊆ enthalten in
∪ vereinigt (Vereinigung von ... und ...)
∩ geschnitten (Durchschnitt von ... und ...)